2005

中国文化年鉴

图书在版编目（CIP）数据

中国文化年鉴. 2005/孙家正主编. –北京：新华出版社，2006.12

ISBN 7-5011-7742-2

Ⅰ.中… Ⅱ.孙… Ⅲ.文化事业–中国–2005–年鉴 Ⅳ.G12-54

中国版本图书馆CIP数据核字（2006）第142384号

中国文化年鉴（2005）

责任编辑：梁秋克
封面设计：杨会来　吴昊天
封面篆刻：庞书田

出版发行：新华出版社
网　　址：http://www.xinhuapub.com
地　　址：北京市石景山区京原路8号
邮　　编：100043
经　　销：新华书店
广告总代理：北京厚积广告有限责任公司
印　　刷：北京雷杰印刷有限公司
开　　本：850×1168mm　1/16
印　　张：59.125印张
彩色插页：4.5印张
字　　数：1589千字
版　　次：2006年12月第1次
印　　次：2006年12月北京第1次印刷
书　　号：ISBN 7-5011-7742-2
定　　价：290.00元

本社购书热线：(010) 63077112

《中国文化年鉴》(2005年版)
编辑委员会

蒲　通	文化部对外文化联络局副局长（港澳台文化事务司副司长）
降巩民	北京市文化局局长
董暖田	天津市文化局党委常委、纪委书记
冯韶慧	河北省文化厅副厅长
成葆德	山西省文化厅厅长
明　锐	内蒙古自治区文化厅副厅长
张春雨	辽宁省文化厅副厅长
周维杰	吉林省文化厅厅长
王珍珍	黑龙江省文化厅副厅长
马博敏	上海市文化广播影视管理局艺术总监
尹　明	江苏省文化厅副厅长
杨建新	浙江省文化厅厅长
杨　果	安徽省文化厅厅长
陈秋平	福建省文化厅副厅长
李玉英	江西省文化厅厅长
李宗伟	山东省文化厅副厅长
李庚香	河南省文化厅副厅长
张儒芝	湖北省文化厅副厅长
唐富军	湖南省文化厅副厅长
孙　强	广东省文化厅助理巡视员
王炳林	海南省文化广电出版体育厅副厅长
李格训	广西壮族自治区文化厅副厅长
王洪华	重庆市文化局局长
胡继先	四川省文化厅副厅长
张继增	贵州省文化厅厅长
贺光曙	云南省文化厅厅长
辛高锁	西藏自治区文化厅副厅长
蒋惠莉	陕西省文化厅副厅长
高稼农	甘肃省文化厅副厅长
曹　萍	青海省文化厅厅长
王邦秀	宁夏回族自治区文化厅厅长
韩子勇	新疆维吾尔自治区文化厅副厅长
李立中	新疆生产建设兵团党委宣传部副部长

《中国文化年鉴》(2005 年版)
编 辑 部

《中国文化年鉴》（2005年版）特约撰稿人

陈向红	万　素	吴江波
张永新	关红雯	张　剑
闫晓东	赖祖金	李红琼
王建华	李建军	关　宇
徐恒秋	范兰新	冯彦瑞
杨　渊	赵增春	唐晓光
张宝宗	马　军	黄锦秋
李文娣	毛时安	蒋坤赤
李兆群	骆　威	葛　光
李　伟	赵建宏	孙雪琴
刘显世	王昊宇	包东坡
陈卫军	王　林	徐　健
马仲川	李武斌	郭道荣
干德明	李忠东	颜力飞
姚维平	李海泉	梁朝阳
邓福林	白永金	李　勇
安战国		

National Palace Museum

1、国务委员陈至立与故宫博物院领导在晚会现场

2、孙家正部长在故宫80周年招待会上宣读李长春同志贺信

3、郑欣淼院长向来故宫博物院参观的国民党主席连战赠送纪念品

4、大型纪录片《故宫》发行新闻发布会

5、中英德日美五大博物馆馆长对话紫禁城

6、以院徽和80周年院庆标识为核心的VI（视觉形象识别）系统正式发布启用

7、古书画研究中心、古陶瓷研究中心揭幕仪式现场

8、“马衡先生捐献文物特展”开幕式

9、中日故宫文化资产数字化应用研究所项目二期签约

中國美術館

陈晓光副部长参观书法展

“大俗之雅”展览开幕式

中国美术馆贵宾厅一角

夜色中的中国美术馆

承前启后，革故鼎新
倾力打造国家美术馆文化形象

中国美术馆是国家造型艺术博物馆，自1963年建馆至今，40多年来，经过几代人的共同努力建设，发展成为拥有六万余件藏品、能够举办和承办国际一流水平大型美术展览，在国际上具有声誉和影响的国家艺术殿堂。自2003年的改造装修工程结束以来，更以崭新的姿态和硬件设施、一流的优势与国际同类馆相媲美。

中国美术馆多年来的办馆宗旨是坚持以文化创新为动力，以弘扬、培育民族精神为任务，以满足人民群众精神文化需求为目的，有效发挥美术馆作为国家公益性文化设施的功能，锐意改革，开门办馆，走出了一条具有符合中国国情和先进发展方向的办馆新路。

今天，中国美术馆已走过了40余年的奋斗历程，在几代美术馆人艰辛的努力下，已由创业的初期，进入成熟并全面发展的时期。在邓小平理论和“三个代表”重要思想的指导下，中国美术馆人在工作实践中贯彻落实十六届四中全会、五中全会精神，坚持开拓创新，立志再攀高峰，真正把中国美术馆建成国际水平的国家美术展览中心、美术收藏中心、美术研究中心、重大美术活动中心、美术交流中心和美术公共教育服务中心。

中国画研究院

中国画研究院是文化部直属的最高中国画创作、研究机构。

中国画研究院的前身系1977年12月经国务院批准成立的中国画创作组。1981年11月正式成立了中国画研究院。首任院长为李可染，副院长蔡若虹、叶浅予、黄胄。现任院长龙瑞、副院长解永全。

座落在北京西三环北路的中国画研究院，占地约1.53公顷，是一座仿苏州园林的优美建筑，园内的古塔、小桥、流水、曲廊、甬道、草坪与设计独特的中国画研究院美术馆及48套画室巧妙地结合在一起，为艺术家的研究、创作和艺术作品的展示、交流，提供了良好的环境条件。

中国画研究院内设创作研究部、理论研究部、教学培训部、艺术交流中心、院办公室、人事处、财务部、总务处、美术馆等部门，共有在职人员60余名。其中具有高级以上专业职称的创作和理论研究人员40余名，是一支年富力强的创作、研究队伍。

•龙瑞院长会见台湾文化界友好人士•

•龙瑞院长在为学员上课•

•中国画研究院党组织积极开展党员先进性教育活动•

中国画研究院成功承办了第三届全国画院优秀作品展　图为开幕式盛况

来自全国各地的美术家与美术爱好者从四面八方会聚郑州美术馆（摄影 立鸿）

•中国书画研究院院内景色

国艺术节
湖北省文化厅
2007相聚湖北
湖北剧院
湖北省文化厅
党组书记、厅长
杜建国
舞剧《城》
艺术的盛会
人民的节日
第八届中国艺术节
广告

澳门特别行政区政府文化局

1、第二十九届世界遗产大会上“澳门历史城区”获得大会一致通过，列入《世界遗产名录》

2、澳门世界遗产建筑卢家大屋内上演澳门中乐团精品音乐会

3、澳门乐团2005年到北京、天津及长江三角洲等地演出，广受欢迎

4、2005年10月澳门国际音乐节于首次重开的岗顶剧院演出《鲍罗丁四重奏60周年巡演》

5、2005年澳门国际音乐节——百老汇经典音乐剧《梦断城西》

6、文化局何丽鑽局长赴港参加由香港特区政府举办的“亚洲文化合作论坛2005”

7、行政长官何厚华代表澳门特区接受由国务委员陈至立交送的澳门世界遗产证书

8、中国代表团于会上起立鼓掌祝贺“澳门历史城区”列入《世界遗产名录》

9、“澳门历史城区”成功申报后，文化局举办“让我们一起欢呼——《澳门：世界遗产》明信片全球寄发活动

10、2005年澳门国际音乐节——普契尼三幕歌剧《蝴蝶夫人》

11、澳门演艺学院舞蹈学校与上海市舞蹈学校联合开办“全日制中等专业舞蹈课程”

12、文化局何丽鑽局长参加于广东佛山举行的“亚洲文化部长论坛”

13、行政长官何厚华于北京人民大会堂举办的世界遗产证书颁发仪式上讲话

14、《澳门：世界遗产》证书

15、澳门代表团出席世界遗产证书颁发仪式

(1)

(2)

(3)

(4)

(5)

(6)

(7)

(8)

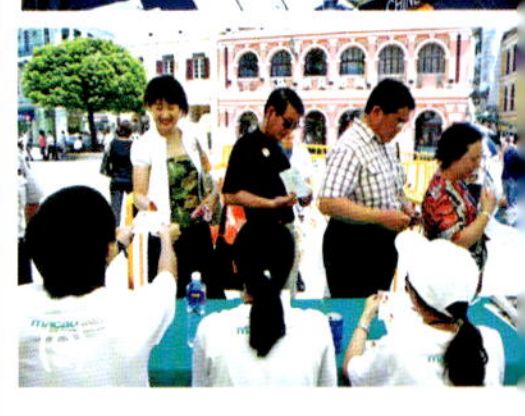
(9)

(14)

UNITED NATIONS EDUCATIONAL, SCIENTIFIC AND CULTURAL ORGANIZATION

CONVENTION CONCERNING THE PROTECTION OF THE WORLD CULTURAL AND NATURAL HERITAGE

The World Heritage Committee has inscribed

The Historic Centre of Macao

on the World Heritage List

Inscription on this List confirms the exceptional and universal value of a cultural or natural site which requires protection for the benefit of all humanity

DATE OF INSCRIPTION 17 July 2005

DIRECTOR-GENERAL OF UNESCO

(12)

(13)

(10)

(11)

(15)

目 录

Content

总 类

专业艺术

社会文化和图书馆事业

文化市场

文化产业

对外文化交流

与港澳特别行政区和台湾地区文化交流

艺术科研、艺术教育与文化科技

文化政策法规

文化设施建设

地方文化事业

总类

General category

中央关于精神文明建设和文化建设的重要文件及党和国家领导人关于加强文化建设的论述

一、《中共中央关于加强党的执政能力建设的决定》(2004年9月19日中国共产党第十六届中央委员会第四次全体会议通过)把坚持马克思主义在意识形态领域的指导地位，不断提高建设社会主义先进文化的能力，作为加强党的执政能力建设的一个重要方面。

《决定》指出，党要带领人民推进中国特色社会主义伟大事业，必须大力发展社会主义文化，不断巩固全党全国人民团结奋斗的共同思想基础。要牢牢把握先进文化的前进方向，坚持为人民服务、为社会主义服务的方向和“百花齐放、百家争鸣”的方针，贴近实际、贴近生活、贴近群众，创新内容、创新形式、创新手段，努力铸造中华文化的新辉煌，为激励人民奋勇前进提供强大的精神动力和智力支持。(一)积极推进理论创新，加强马克思主义理论研究和建设。坚持马克思主义在意识形态领域的指导地位，不断增强党的思想理论工作的创造力、说服力、感召力，着力回答重大理论和实际问题。善于把人民群众的实践经验升华为理论，善于用理论创新的成果指导路线方针政策的制定，通过理论创新推动制度创新、科技创新、文化创新以及其他各方面的创新。大力营造理论创新的社会环境，反对主观主义和形而上学，破除对马克思主义的错误的和教条式的理解，抵制各种否定马克思主义的错误观点。加强马克思主义执政理论建设，深入探索党的执政规律。实施马克思主义理论研究和建设工程，繁荣发展哲学社会科学，建设充分反映当代马克思主义最新理论成果的学科体系和教材体系。全面落实用邓小平理论和“三个代表”重要思想武装全党、教育人民的战略任务。推动“三个代表”重要思想的普及，抓好进教材、进课堂、进头脑的工作。关心和爱护理论工作者，培养和造就一批马克思主义理论家，特别要重视培养中青年理论人才，鼓励他们为党和人民事业的发展发挥思想库作用。(二)深化文化体制改革，解放和发展文化生产力。根据社会主义精神文明建设的特点和规律，适应社会主义市场经济的要求，进一步革除制约文化发展的体制性障碍。坚持把社会效益放在首位，实现社会效益和经济效益的统一，把文化发展的着力点放在满足人民群众精神文化需求和促进人的全面发展上。以体制机制创新为重点，增强微观活力，健全文化市场体系，依法加强管理，促进文化事业全面繁荣和文化产业快速发展，增强我国文化的总体实力。推动中华文化更好地走向世界，提高国际影响力。抓好队伍建设，引导文化工作者深入实际、深入生活、深入群众，为人民奉献更多无愧于时代的精神文化产品。加强文化发展战略研究，抓紧制定文化发展纲要和文化体制改革总体方案。(三)牢牢把握舆论导向，正确引导社会舆论。坚持党管媒体的原则，增强引导舆论的本领，掌握舆论工作的主动权。坚持团结稳定鼓劲、正面宣传为主，引导新闻媒体增强政治意识、大局意识和社会责任感，进一步改进报刊、广播、电视的宣传，把体现党的主张和反映人民心声统一起来，增强吸引力、感染力。重视对社会热点问题的引导，积极开展舆论监督，完善新闻发布制度和重大突发事件新闻报道快速反应机制。高度重视互联网等新型传媒对社会舆论的影响，加快建立法律规范、行政监管、行业自律、技术保障相结合的管理体制，加强互联网宣传队伍建设，形成网上正面舆论的强势。(四)努力探索新方式新方法，加强和改进思想政治工作。加强理想信念教育，弘扬以爱国主义为核心的民族精神和以改革创新为核心的时代精神，弘扬集体主义、社会主义思想，使全体人民始终保持昂扬向上的精神状态。坚持依法治国和以德治国相结合，实施公民道德建设工程，发扬中华民族传统美德，在全社会倡导爱国守法、明礼诚信、团结友善、勤俭自强、敬业奉献的基本道德规范，反对拜金主义、享乐主义、极端个人主义，消除封建主义残余影响，抵御资本主义腐朽思想文化的侵蚀。坚持尊重人、理解人、关心人，有针对性地解决不同社会群体的思想问题，既要鼓励先进又要照顾多数，既要统一思想又要尊重差异，既要解决思想问题又要解决实际问题。广泛开展群众性精神文明创建活动，积极发展健康向上、各具特色的群众文化。切实抓好青少年的思想品德和心理素质教育，健全学校、家庭、社会各负其责又密切配合的教育网络，把社会主义思想道德生动具体地融入青少年成长的各个环节，营造有利于青少年健康成长的思想文化环境。

二、胡锦涛总书记在中共中央政治局第七次集体学习（2004年8月12日）时强调，要始终坚持先进文化的前进方向，大力发展文化事业和文化产业。

胡锦涛指出，大力发展社会主义文化，建设社会主义精神文明，是贯彻落实“三个代表”重要思想的必然要求，是全面建设小康社会的必然要求，也是促进经济社会协调发展和人的全面发展的必然要求。我们必须从全面建设小康社会的全局和实现中华民族伟大复兴的高度，深刻认识加强文化建设的战略意义，在推进社会主义物质文明和政治文明建设的同时，更加自觉地推进社会主义文化建设。他指出，进入新世纪新阶段，面对改革发展稳定的繁重任务，面对世界各种思想文化的相互激荡，我们要更好地把全国各族人民的意志和力量凝聚起来，万众一心地为实现全面建设小康社会的宏伟目标而奋斗，就必须大力加强中国特色社会主义文化建设，不断为改革开放和现代化建设提供有力的思想保证、精神动力和智力支持。胡锦涛强调，建设中国特色社会主义文化，必须牢牢把握先进文化的前进方向，最根本的是要坚持马克思列宁主义、毛泽东思想和邓小平理论在意识形态领域的指导地位，坚持用“三个代表”重要思想统领社会主义文化建设。发展文化事业和文化产业，是社会主义文化建设的重要组成部分。发展各类文化事业和文化产业，都要坚持正确导向，把社会效益放在首位，做到社会效益和经济效益的统一，努力宣传科学真理、传播先进文化、塑造美好心灵、弘扬社会正气、倡导科学精神。要坚持解放思想、实事求是、与时俱进，根据新形势下社会主义文化建设的特点和规律，按照文化事业和文化产业的发展要求，不断推进文化体制和机制创新，支持和保障文化公益事业，增强文化产业的整体实力和竞争力。胡锦涛指出，当今世界，文化赖以发展的物质基础、社会环境、传播条件发生了深刻变化。我们要深入研究新形势下我国文化建设面临的新情况新问题，善于在更加开放的环境中建设中国特色社会主义文化。我们要发扬与时俱进的时代精神，坚持古为今用、推陈出新，大力发扬中华文化的优秀传统，大力弘扬中华民族的伟大精神，使中华民族的优秀文化成为新的历史条件下鼓舞我国各族人民不断前进的精神力量。同时，我们要坚持从我国国情出发，坚持以我为主、为我所用，辩证取舍、择善而从，积极吸收借鉴国外文化发展的有益成果，更好地推动我国文化的发展繁荣。一切有利于加强我国社会主义文化建设的有益经验，一切有利于提高我国人民精神境界的文化成果，一切有利于发展我国社会主义文化事业和文化产业的管理方式，都要积极研究借鉴。要始终高举社会主义文化旗帜，在文化观念上决不照抄照搬，在发展模式上决不简单模仿，坚决防范和抵御各种腐朽落后的文化观念侵蚀干部群众的思想，确保国家的文化安全和社会稳定。胡锦涛强调，各级党委要加强和改进对文化工作的领导，充分发挥全体文化工作者的积极性创造性，支持和鼓励他们紧密结合亿万人民全面建设小康社会的伟大实践，创造出更多体现时代精神、符合人民要求的具有中国特色、中国风格、中国气派的文化成果，更好地为人民服务、为社会主义服务、为全党全国工作大局服务。

三、全国宣传部长会议（2004年12月17日至18日）上，中共中央政治局常委李长春在讲话中强调，宣传思想战线要高举邓小平理论和“三个代表”重要思想伟大旗帜，全面宣传贯彻党的十六大和十六届三中、四中全会精神，全面宣传贯彻科学发展观，解放思想、实事求是、与时俱进，贴近实际、贴近生活、贴近群众，创新内容、创新形式、创新管理体制和工作机制，努力做到在领导方式上有新改进，在繁荣发展上有新思路，在实现途径上有新手段，在破解难题上有新举措，在推进工作上有新成效，不断提高建设社会主义先进文化的能力。李长春从十个方面总结了党的十六大以来宣传思想工作的进展和成效。他指出，在以胡锦涛同志为总书记的党中央的坚强领导下，宣传思想战线推动兴起学习贯彻“三个代表”重要思想新高潮，巩固发展全党全国人民团结奋斗的共同思想基础；推动学习贯彻党的十六大和十六届三中、四中全会精神，营造全面建设小康社会的浓厚氛围；实施马克思主义理论研究和建设工程，促进哲学社会科学繁荣发展；切实改进新闻宣传，进一步提高舆论引导水平；大力弘扬民族精神和时代精神，保持和发展昂扬向上、团结奋进的精神状态；切实加强和改进未成年人思想道德建设和大学生思想政治教育，形成全党全社会关心青少年健康成长的良好局面；积极稳妥地推进文化体制改革，促进文化事业和文化产业繁荣发展；加强和改进对外宣传和文化交流，努力增强针对性和实效性；广泛开展“三项学习教育”活动，组织实施“四个一批”人才培养工程；深入开展调查研究，认真解决宣传思想工作面临的新问题。李长春强调，十六大以来的工作启示我们，宣传思想工作必须坚持以邓小平理论和“三个代表”重要思想为指导，坚持以服务经济建设、服务全党全国工作大局为中心任务，坚持以“三贴近”为重要原则，坚持以弘扬主旋律为着力点，坚持以改革创新为动力，坚持以求真务实为基本要求。这六条，坚持了十三届四中全会以来宣传思想工作的宝贵经验，反映了十六大以来的新探索新成果，丰富了我们对宣传思想工作的规律性认识，对做好今后的工作具有重要的指导意义。他说，在肯定成绩的同时，必须清醒地看到新形势下宣传思想工作的长期性、艰巨性、复杂性，宣传思想工作与形势发展的要求比，与中央和广大干部群众的要求和期望比，还有很多不适应的地方。务必要巩固成果、趁势而上，奋力开拓、重在落实，不断推动宣传思想文化工作取得新进展、新成绩。李长春对深入宣传贯彻十六届四中全会精神，进一步加强和改进宣传思想工作，不断提高建设社会主义先进文化的能力，提出六点要求：第一，积极推进理论武装和理论创新，不断提高巩固马克思主义在意识形态领域指导地位的能力；第二，牢牢把握正确舆论导向，不断提高引导社会舆论的能力；第三，大力弘扬民族精神和时代精神，不断提高社会主义市场经济条件下思想道德建设的能力；第四，坚持解放和发展文化生产力，不断提高满足人民群众日益增长的精神文化需求的能力；第五，加强对外宣传和文化交流，不断提高推动中华文化走向世界的能力；第六，坚持“三贴近”的原则，不断提高创新宣传思想工作的能力。他强调，这六个能力，紧密联系，相互贯通，是提高建设社会主义先进文化能力的重要内容，也是新形势下加强和改进宣传思想工作的基本要求和努力方向。

文化部领导讲话

文化部部长孙家正在全国文化厅局长会议上的讲话

同志们：

2003 年是极不平凡的一年，国际形势复杂多变，国内遭遇突如其来的非典疫情和地震、洪涝、干旱等多种自然灾害。全党、全国人民在以胡锦涛同志为总书记的党中央领导下，以邓小平理论和“三个代表”重要思想为指导，妥善应对和战胜来自国际国内的各种挑战和困难，坚持两手抓，取得了防治非典工作的阶段性重大胜利，保持了经济较快增长和各项事业全面发展的良好势头。文化系统主动配合党和国家工作大局，积极参与其中，努力推进文化建设和文化体制改革，文化工作的各个领域都取得了积极的进展。

12月上旬党中央召开了全国宣传思想工作会议，胡锦涛总书记的重要讲话，是新时期宣传思想工作的纲领性文献，李长春同志和刘云山同志也作了重要讲话，对当前和今后一个时期宣传思想工作作了全面部署，提出了明确要求。文化系统应当及时地认真学习和贯彻。这次会议的主题是:高举邓小平理论和“三个代表”重要思想的伟大旗帜，全面贯彻十六大、十六届三中全会和全国宣传思想工作会议精神，总结2003年工作，部署2004年任务，以繁荣、发展为中心，以改革、创新为动力，以贴近实际、贴近生活、贴近群众为基本要求，全面推进我国社会主义文化建设。

一、关于今年的工作

一年来，文化系统始终坚持以邓小平理论和“三个代表”重要思想为指导，积极落实中央关于文化建设和文化体制改革的各项任务，大力发展文化事业和文化产业，充分依靠广大文化艺术工作者的创造性劳动，以良好的精神状态，克服非典造成的影响，在文化工作的各个方面都取得了令人瞩目的成绩。概括起来，我认为在八个方面取得了重要进展。

（一）制定了加强公益文化建设和促进文化产业发展的若干意见，促进了文化建设的全面发展。2003年，文化系统把贯彻落实党的十六大精神作为头等大事，按照“两手抓、两加强”的要求，对文化事业和文化产业进行了专题调研。调研以党的十六大精神为指导，在对国内外文化事业和文化产业发展情况以及中央、地方制定的相关政策进行分析的基础上，重点研究了在全面建设小康社会的战略机遇期文化事业和文化产业发展面临的形势和任务以及发展文化事业和文化产业的思路与措施，形成了《关于扶持和加强公益文化事业建设的若干意见》和《关于支持和促进文化产业发展的若干意见》。今年8月全国文化厅局长座谈会对文件进行了讨论和修改。会后，前者报送中央文化体制改革领导小组办公室及国家发改委、财政部，成为制定文化体制改革总体方案和国家文化发展纲要的重要参考文件，后者以文化部文件的形式下发。这两份文件对各地贯彻十六大精神、明确文化建设的思路起到了很好的启示作用。2003年，许多地方的党委、政府非常重视和关心、支持文化建设，切实把文化建设列入了重要议事日程，通过制定规划、出台和落实文化经济政策，加大投入，促进文化事业和文化产业的发展，文化工作出现了崭新的局面。

（二）实施国家舞台艺术精品工程，推动了舞台艺术的进一步繁荣。2003年，以国家舞台艺术精品工程为龙头，艺术创作与生产取得明显成效。精品工程不是一般的评奖活动，而是一项着眼于提高文化产品的品位、质量，着眼于文化积累的文化建设工程。在近几年涌现的一大批优秀作品的基础上，我们遴选、资助了全国30台初选剧目，推动了这些剧目的加工修改，通过观众、专家、领导三结合的选拔方式，推出了2002~2003年度10大精品剧目。初选剧目经修改后，其整体水平都有了较大的提高。各地对精品战略的配套措施进一步完善，经费投入大幅度增加。精品剧目市场演出广受欢迎，品牌效应备受关注。开展了精品工程优秀剧本征集活动，采取竞标或推荐的方式，提供给有实力的专业艺术院团投排演出。虽受非典影响，但今年中直院团的演出场次和收入几乎与去年持平。在京剧、话剧、舞剧、民乐、交响乐等方面均有新剧目和新曲目推出。各地狠抓艺术创作，除了对基础较好的优秀剧目进行加工、修改、提高，力争打磨成精品以外，还创作改编了不少优秀作品，促进了文艺舞台的进一步繁荣。2003年，我们改革了文艺评奖制度，将“文华奖”和“中国艺术节奖”两奖合一，评选周期由两年改为三年，“群星奖”的评选也由每年一次改为每三年一次，使政府专业艺术和业余艺术评奖更趋规范，更加有利于各类艺术的繁荣发展。精心组织“以科学战胜非典，用艺术振奋精神”的全国著名艺术家捐赠义演活动，举办了第二届中国昆曲艺术节，西部地区舞蹈编导、戏剧综合培训班，开展了送文化下乡活动，向基层剧团推荐优秀剧目，进一步丰富了城乡群众的文化生活，促进了文艺创作的普遍繁荣。

（三）“四基”建设扎实推进，群众文化生活日益丰富。2003年，基层文化工作以推进“四基”建设，贯彻“一会一文”精神（2002年召开的全国基层文化工作会议和国办7号文件）作为中心任务，围绕农村、乡镇和城市社区文化建设两个重点，继续在基本建设上下功夫，努力打好基础。提出了增加农村文化建设投入、实施支持农村文化建设有关项目的思路和措施，加强了对西部地区、少数民族地区文化建设的扶持力度。县级图书馆、文化馆两馆建设项目顺利实施。据统计，2002~2003年，全国共补助县级图书馆、文化馆建设项目467个，总建设规模达78.36万平方米，计划总投资达8.3亿元（中央补助2.2亿元，各地配套自筹资金6.1亿元），现已实际完成3.3亿元投资。在全国补助项目中，有219个项目正处在设计和准备建设阶段，153个项目处于在建施工阶段，95个建设项目已经竣工，竣工面积达16.39万平方米。开展了全国群艺馆、文化馆评估定级工作，推进了图书馆之间跨行政区域、跨系统的协作与联合。全国文化信息资源共享工程初步形成了以国家中心、省级分中心为骨干，基层中心为服务终端的工作网络体系，除31个省级分中心外，发展了近千个基层中心，终端用户已达到5万多个。中国民族民间文化保护工程完成了工程总体规划和第一期实施方案，以及项目预算文本的制定，对工程试点工作进行了部署，为2004年的全面实施做好了准备。送书下乡工程正式启动。中华再造善本工程在海内外产生了广泛影响。

（四）制定了文化市场发展纲要，日趋良好的市场环境促进了文化产业的发展。今年，文化部制定了《2003—2010年文化市场发展纲要》，提出了未来8年我国文化市场中长期发展的规划和目标。2003年，我们开始逐步调整文化市场结构，引导文化市场主体走集约经营的产业化道路，在网络、音像、娱乐市场推广连锁化、品牌化、超市化等现代经营理念，已经取得良好效果。李长春同志在考察上海时，对于发展连锁网吧的管理思路给予了充分肯定。同时，进一步扩大文化市场准入范围，允许外商参与文化场所的建设、改造和经营，鼓励国内资本进入文化市场，目前文化市场各行业已基本实现了对民营资本的全方位开放。为更好地贯彻纲要精神，文化部改进了文化市场管理手段。首先，加大行政审批制度改革力度，取消了17项涉及文化市场的行政审批，逐步从审批为主管理转向服务为主管理。其次，坚持治理整顿要为市场建设服务的原则，从搞大规模停业整顿转向对重点问题、重点地区进行集中治理。第三，加快建设全国联网的计算机监控体系，从传统的手工管理转向高科技管理。正在建立的网吧监控平台，将实现对网吧经营的即时监管。通过转变管理思路，改进管理手段，文化市场体系建设取得了一定进展，我国文化产业的竞争力正在逐步提高。一批具有现代经营意识的文化企业正在崛起，一些具有民族特色的文化产品打入了国际市场，我们择选其中的成功案例，汇编成《中国文化产业发展典型案例选编》一书，供文化行业学习和参考。

（五）成功举办了“中法文化年”等重要双边和多边文化外交活动，对外文化交流空前活跃。中法互办文化年是江泽民主席和希拉克总统共同倡议的。经过三年的紧张筹备，“中法文化年”于今年10月6日在法国拉开帷幕。这是新中国成立以来我在境外举办的最大规模的对外文化交流活动。胡锦涛主席和希拉克总统分别为活动发来贺信，陈至立国务委员、法国外长德维尔潘等社会政要、名流、记者等近千人出席“中法文化年”开幕式。希拉克总统致信陈至立国务委员，称“中法文化年”的各种活动大获成功，观众踊跃，显示了一股中国热。“中法文化年”通过展示文化这一社会生活的重要组成部分，让尽可能多的法国公众走近了中国，了解了中国，从而使法国、欧洲乃至全世界认识了真正的中国，扩大了中华文化在世界上的影响。2003年，国际文化交流与合作空前活跃。在我国的倡议和组织下，第一次举办了国际文化部长级会议“亚欧会议—文化与文明会议”，搭建了一个横跨亚欧不同文化与文明在互相尊重基础上的对话平台，创立了一项具有重大影响和历史意义的重大国际文化交流、合作的形式和机制。参加第六届国际文化政策论坛部长级会议，阐述了中国政府支持文化多样性和制定《文化多样性国际公约》的立场。海外中国文化中心建设效果显著，已开幕的新老文化中心全年开展活动百余项，对外文化交流在更广阔的空间和更深的层次上得到拓展和繁荣。中心建设规划取得实质性进展，在法国、埃及、马耳他、韩国建立了“中国文化中心”，与英、印、意、德互设文化中心筹备工作进展顺利。配合党和国家领导人出访举办文化活动，在最大规模最高层次上形成了最大影响，为国家领导人出访营造了友好和谐的气氛，并越来越受到中央领导的肯定和外交部等部门的重视，国事外宣品牌逐步确立。大型国际文化活动异彩纷呈，上海国际艺术节、吴桥国际杂技节、无锡国际民乐展等文化交流的重要品牌逐渐形成，中国成为亚洲文化中心的构想正在逐步实现。春节品牌战略渐成声势，确定从明年起与国务院侨办合作，共同在英、法、泰、美、澳举办春节系列活动。东方文化研究计划正式启动，接待了俄罗斯汉学家代表团和埃及汉学家等国际友人访华，产生积极效应。积极整合资源，充分调动地方参与对外文化交流的积极性，约请北京、上海、广东等地参与中法文化年活动，与泉州市政府，福建、广东省文化厅等合作举办了海湾中国文化周。对港澳台工作深入有效，重点推动了一批优秀文化项目入岛交流。

（六）文化经费投入创历史新高，重点设施建设规模空前。近年来，中央及各级政府加大了对文化事业发展的投入力度，全国文化事业经费明显增加。1998~2002年，全国文化事业费总和达到324.2亿元（年均64.84亿元），是“八五”时期121.23亿元（年均24.25亿元）的2.7倍。2002年，全国文化事业费为83.66亿元，比2001年增长了17.8%，高于财政支出增长幅度（16.4%）1.4个百分点。特别是中央本级文化事业费“十五”期间的前三年就达到了13.83亿元，比“九五”时期增加了1.25亿元，增长9.9%，2003年中央本级文化事业费5.37亿元，达到历史上的最高点。

近几年全国文化基础设施建设进入了历史最好时期，仅中央财政已经支持建设或已批准立项建设的重大项目就有6个。2002年，全国文化（文物）系统固定资产投资项目总数达到972个，建筑面积493.7万平方米，共完成投资30.9亿元。全国投资在5000万元以上的在建项目36个。2003年，各地又有一批大型文化基础设施项目上马。如海南省投资1.2亿元规划新建的海南省图书馆已经开工建设，投资3亿元的重庆市图书馆已经立项，广东省投资5亿元对省立中山图书馆改建扩建等等。同时，中央和省级财政通过设立专项扶持资金，加大对基层公共文化建设的扶持力度，国家发改委从2002年到2005年计划总投资4.8亿元，用于重点扶持中西部地区县级文化馆、图书馆设施建设，最终实现县县有图书馆、文化馆的目标。中央和各级宣传、财政部门、文明办也对基层文化设施建设给予积极支持，产生了很好的社会效益和经济效益，调动了地方投入的积极性，对于加强基层文化建设产生了积极作用。

（七）深入宣传、贯彻《文物保护法》及其实施条例，全面加强了文物保护。今年以来，文物系统以“摸清家底”为基础，开展了全国重点文物保护单位“四有”档案备案和国有馆藏一级文物建档工作，从试点地区情况来看，这项工作十分必要和紧迫，是文物保护的前提和基础性工作。与建设部联合公布了第一批历史文化名镇（村）。加强对世界文化遗产地的管理，开始了高句丽史迹申报世界遗产的前期工作。继续推进了故宫、布达拉宫等重点文物保护维修工程，开展了三峡工程、青藏铁路等国家重点工程中的文物保护和考古发掘工作，启动了云冈石窟防水保护工程和整治工程，研究制定了龙泉府遗址等10余项大遗址的保护规划，批准实施了陕西汉阳陵等40余项重点遗址保护方案。启动了文物保护与中华文明探源研究等重点科研项目。认真学习贯彻中央领导同志关于加强和改进博物馆工作的指示，博物馆事业在建设、管理、服务方面取得明显进步。去年，开展了博物馆“三贴近”的试点工作，评选了第五届全国博物馆陈列展览“十大精品”，这些展览精品引起了社会广泛关注，正在成为国内外的著名品牌。进一步规范了社会文物工作，整顿了文物市场，加强了对珍贵文物出入境的管理，并通过政府间合作促进了境外文物的回归。进一步加强了对外文物展览，与意大利、法国等国家在文物修复和培训领域加强了合作。

（八）文化体制改革试点工作稳步展开。按照党中央、国务院的统一部署，文化系统通过深入调查研究，在把握文化体制改革的方向、基本思路和重点的前提下，加强总体设计，制定了文化体制改革试点工作方案。向中央提出了改革的政策建议，加强了对文化系统试点工作的指导与协调。目前，文化部确定的7个试点单位和9个综合试点地区文化系统的改革试点工作正在逐步展开。文化系统的改革试点工作得到中央的高度重视和有关部委的支持，至立同志受长春、云山同志委托，亲自主持召开由发改委、财政部、税务总局等有关部门负责同志参加的会议，专门研究“中演中展”转企改制，组建中国对外文化集团公司的有关事宜，充分体现了党中央和国务院领导同志对文化体制改革的重视、关心和支持。文化单位布局结构调整和转企改制是两个重点和难点，文化部对此进行了深入的分析和研究，并且正在制定具体的实施方案。我们完全有理由相信，有党中央和国务院的坚强领导，文化体制改革一定能取得预期的成功。

文化建设取得的成绩和进步与文化工作所处的大环境、大气候有着直接关系。文化建设的实践充分证明了邓小平理论和“三个代表”重要思想的理论力量。文化事业的发展和繁荣，归功于党中央和国务院的正确领导，归功于各级党委和政府的重视和关心，归功于文化艺术工作者的努力和全社会的支持。作为文化部门，我们必须保持清醒头脑，增强忧患意识，着力找出事业发展和我们工作中的薄弱环节。当前的主要问题和不足:一是文化产品、文化服务的数量和质量，尤其是质量，不能满足人民群众日益增长的文化需求;二是文化发展不平衡，广大农民，特别是一些边远、贫困地区农民的文化生活依然十分贫乏;三是文化体制改革滞后，法律不健全，政策不配套，机制不灵活，文化产业发展不快，文化产品进出口逆差较大;四是我们的作风还不够深入，有些关键措施抓得不狠，督促检查抓得不力。我们应通过总结和反省，明确明年和今后几年努力的方向和重点。团结一心，勤奋工作，努力开拓文化建设的新局面。

二、深入学习贯彻十六大、十六届三中全会和全国宣传思想工作会议精神，全面落实文化建设的各项任务

新中国成立以来，党中央一共召开了四次宣传思想工作会议。这次全国宣传思想工作会议的召开，充分体现了新形势下中央对宣传思想工作的高度重视。文化系统要认真学习、深刻领会锦涛同志和长春、云山同志的重要讲话，把思想和行动统一到中央精神上来。同时，要紧密结合实际，不断加深理解，自觉运用到各项文化建设工作中去。

发展是党执政兴国的第一要务。文化工作也要把发展繁荣作为中心任务。文化工作重在建设，文化建设是一种在积累中发展，在发展中创新的渐进过程。近几年来，文化部门依靠广大文化艺术工作者的创造性劳动，为文化的发展繁荣创造条件和氛围，提供服务和保障，在继承中创新，在改革中前进，取得了新的成绩。同时，也使我们对如何更好地推进文化建设有了更为深切的体会。贯彻十六大、十六届三中全会和全国宣传思想工作会议精神，必须牢牢抓住发展、繁荣这个主题，聚精会神搞建设，一心一意谋发展。我和在座的文化厅局长，应该立志成为文化建设部长、文化建设厅长、局长。这个“建设”是一个全面的、整体的概念，就其基本内容来说，它包括五个主要方面，即:思想理论建设、组织队伍建设、法规制度建设、基础设施建设和文化业务建设。

第一，坚持以马列主义、毛泽东思想、邓小平理论和“三个代表”重要思想为指导，加强文化领域的思想理论建设，保持文化建设的正确方向。

文化建设的方向由中国特色社会主义文化的性质所决定的，是以明确的目标为前提的。我们始终坚持以满足人民群众精神文化需求，提高全民族素质，促进人的全面发展为宗旨，以培养有理想、有道德、有文化、有纪律的社会主义公民，建设富强、民主、文明的社会主义现代化国家为目标，深入学习邓小平理论和“三个代表”重要思想，紧密结合我国文化领域的思想实际和工作实际，不断推进文化领域的思想理论建设，对文化队伍和文化工作进行及时的、有针对性的思想政治引导。

一是坚持以“三个代表”重要思想统领文化建设，维护马克思主义在文化领域的指导地位。在经济全球化、世界多极化曲折发展趋势下，各种思想文化相互交流、激荡。在这一形势下，如何坚持在马克思主义的指导下，坚定不移地走中国特色社会主义文化发展的道路是一个重大原则问题。为此，我们要继续引导文化界认真学习“三个代表”重要思想，紧密联系新时期文化领域的实际，正确认识和处理好文化工作中的若干重大关系，把“为人民服务，为社会主义服务”的方向、“百花齐放、百家争鸣”的方针和弘扬主旋律、提倡多样化的要求贯彻落实到文化工作的实践中，真正坚持中国先进文化的前进方向。目标明确，方向正确，队伍才有凝聚力，工作才有一往无前的生机和活力。几年来，文化界团结稳定的局面不断发展，文化艺术工作者的精神风貌积极向上。在近些年涌现的优秀作品中，在深入基层的文化下乡活动中，特别是在抗洪救灾、抗击非典以及赴西藏高原等艰苦地区的文艺演出中，文艺界表现出与人民休戚相关、生死与共的动人情景。

二是坚持从社会主义现代化建设的全局出发，认真研究战略机遇期的文化建设，从整体和长远上把握社会主义初级阶段中国文化建设的发展战略和方针政策。坚持重在建设的方针，始终以促进文化艺术的发展繁荣为中心，充分发挥文化艺术工作者的积极性和创造性。几年来，优秀作品不断涌现，群众文化生活日益丰富，对外文化交流取得突破性进展，文化建设处于蓬勃发展的新时期。我们要随时注意分析形势，关心全局，坚持从国家和人民的根本利益出发，从社会主义初级阶段的基本国情出发，推进文化建设。2002 年 7 月非典南戴河召开的座谈会上，我们就曾研究了国内外形势的发展变化和全面建设小康社会对文化建设的新要求，研究了人民群众文化需求和文化发展的新趋势，增强了文化工作的紧迫感。同时，也冷静地分析了我国文化建设的基础和条件，认识到我国将长期处于社会主义初级阶段的基本国情，认识到城乡之间、区域之间经济社会发展的不平衡，认识到坚持以经济建设为中心的必要性，从而提高了贯彻党的基本理论基本路线的自觉性，增强了从实际出发，区别对待、分类指导的观念，增强了大局意识，提高了推进文化建设、促进协调发展，为实现全面建设小康社会宏伟目标而努力工作的自觉性、积极性和主动性。

三是增强与时俱进、开拓创新意识，努力推动文化思想和观念、内容和形式、体制和机制、方式和方法的创新。十六大确立了“三个代表”重要思想的指导地位，把理论创新、体制创新、科技创新、文化创新作为治党治国的根本之道。文化系统本身也面临着倡导文化创新，推进体制改革，促进文艺繁荣的繁重任务。为此，在“三个代表”重要思想学习的新高潮中，文化系统要紧紧抓住“与时俱进”这一关键，引导和促进文化创新。同时，耐心细致地做好思想政治工作，加强调查研究，先行试点，积极审慎地推进文化体制改革。

第二，实施“人才兴文”战略，加强文化队伍建设，为文化事业发展提供组织保证、人才保证和智力支持。

前不久，党中央召开了全国人才工作会议，确定了“人才强国”的战略。文化系统一定要认真学习、领会党中央这一决策的重大意义，认真在文化系统加以贯彻和落实。

首先要加强文化部门和文化单位领导班子建设，要特别注意以下几个方面:一是注重学习，在思想上、政治上、组织上与党中央保持高度一致，坚持用党中央的要求统一思想，提高认识，凝聚人心，为建设坚强、团结的文化工作领导集体奠定坚实的思想政治基础。二是坚持民主集中制，为班子的坚强、团结和科学决策提供制度上的保证。三是适应新时期文化工作的需要，改进和完善领导班子的结构。要特别重视选好一把手，强调一把手的重要责任。同时，强调配合协调，增强整体能力。四是着力推进干部人事制度改革，认真贯彻执行干部选拔任用条例，扩大干部工作民主化、公开化，实行测评、公示、交流、轮岗等制度，促进干部队伍建设取得明显成效。五是要高度重视党风廉政建设，紧紧抓住思想教育、制度建设、加强监督等重要环节，切实纠正行业不正之风，努力建设政治强、作风正、业务精的文化艺术工作队伍。

把人才战略作为繁荣文化事业的根本战略，努力造就一支高素质、结构合理的文化人才队伍。一定要在文化系统形成尊重知识、尊重人才、尊重劳动、尊重创造的浓厚风气、良好氛围和有效机制。人才不是抽象的概念，它总是与特定的事业发展及岗位要求相联系。我们必须根据文化事业发展要求，从文化领导、经营管理、专业艺术和技术三个层面认真地评估文化系统的人才状况，从思想观念、体制机制、政策待遇、方式方法等方面进行改革，打开视野，拓宽渠道，促进各类人才脱颖而出，真正做到人尽其才。要切实抓好各门类文化艺术人才、文化艺术经营管理人才和文化艺术发展所需要的科技人才的培养、引进和使用。进一步加强各级领导班子建设。推进文化事业单位的用人制度改革，激活内部用人机制。改善现有的文化人才队伍结构，积极拓宽选人用人渠道，培养熟悉市场经济规律、熟悉文化营销策略的经营管理人才。

第三，加强法制建设、深化体制改革，为文化持续发展和更加繁荣提供制度保障。

由于体制问题，文化立法长期处于分散和滞后状态。1998年机构改革重新设立政策法规司后，一方面抓紧应急法规的制定，一方面编制文化立法纲要，着手构建完整的文化法规体系，文化法制建设取得明显成效。特别是文化市场的管理，改变了被动治理的局面，走上了主动建设社会主义文化市场体系，实施依法管理的轨道。下一步，在中央的关心和重视下，我们将配合全国人大和国务院法制办，进一步研究切实可行的文化立法计划，有步骤地加快立法进程，为文化建设提供更好的法制环境。

这几年来，文化系统不断积极探索体制改革，大体经历了两个阶段：第一阶段是1998年至十六大前，改革主要集中在四个方面，一是以机构改革和下放行政审批权为主要内容的政府职能的转变。二是以转变机制为主要内容的事业单位内部改革，一定程度上增强了文化单位的活力。三是推进结构调整。在“实话”和“青艺”的基础上组建了国家话剧院，在“革命博物馆”和“历史博物馆”基础上组建了国家博物馆。文化领域所有制结构调整也取得了明显成效，国有经济为主，多种经济成分共同发展的格局正在形成。四是探索文化宏观体制改革的思路，提出了“党委领导，政府管理，行业自律，文化企事业单位依法运营”的文化新体制思路和“五个加快”的改革措施。改革取得了一定成效，但从总体上看，并未在体制和机制上实现根本性的突破。第二阶段是十六大后，根据中央的要求和部署，文化体制改革进入了整体设计、全面推进的重要阶段。坚持以繁荣和发展为中心，以改革创新为动力，大力发展文化事业和文化产业，同时，开始了以面向市场，培育文化企业，发展文化产业为重点的改革试点工作。"中演中展"率先开始了转企改制的探索，其他试点单位也已陆续启动。我们要在中央的统一领导下，善于抓住机遇，大胆进行体制机制创新，进一步破除体制性障碍，为文化的更大发展铺平道路。

第四，加强重点文化基础设施的建设。

长期以来，文化基础设施落后，投入严重不足，已成为一个突出问题。这几年，在党和政府的关心下，有了突破性进展。1998年至2002年的五年间，全国文化基础设施建设实际完成的投资额达107.7亿，超过"六五"、"七五"、"八五"的总和。特别是中直单位的基础设施有了较大改善，国家大剧院、国家博物馆、国家图书馆二期工程暨数字图书馆工程、国家话剧院剧场、中国美术馆改扩建、故宫和布达拉宫维修工程等已由国家发改委批准或支持开始立项、建设，总投资约90亿元，目前已完成投资12亿元。2002年全国投资在亿元以上的大型文化设施在建项目19个，筹建新开工项目5个，竣工项目6个。其中包括:国家图书馆的维修和数字化技术工程，工程完成后，国家图书馆的数字化、现代化建设将迈上一个新台阶。国家博物馆改扩建工程投资近20亿元，扩建后的面积将由原来的6.5万平方米增加到15万平方米。中国美术馆维修、扩建工程一期已完工，投资1.5亿元，二期工程投资6亿元，二期工程完工后，将由2.6万平方米增加到6.6万平方米，可以步入世界一流美术馆行列。国家话剧院剧场工程投资1.8亿元，建筑面积1.5万平方米。故宫大修及地下展览馆工程的规划和方案正在论证中，预计投资15亿元。同时，着手对故宫周围环境进行整治，完工后，这座世界上规模最大的皇宫，将更加气势恢弘。总投资约40亿元的国家大剧院将于明后年建成投入使用。

全国文化信息资源共享工程已经启动，此项工程建成后，我们将拥有一个面向基层最广大群众的文化信息服务系统，中央财政已投入4500万元，省级计划配套投资2.5亿元，目前已投入5953万元。此外，从1998到2003年的5年间，中央文化事业费已安排4亿元，定点资助22个省、区、市的700个贫困县，建设201个县级宣传文化中心、1525个乡镇宣传文化站、100个村文化室，产生了良好的社会效益和经济效益。在改善广大基层群众文化生活、提高群众思想道德和科学文化素质、促进城乡协调发展、经济与文化协调发展方面发挥了重要作用。

只要我们持之以恒、坚持不懈地努力下去，全国文化基础设施就会逐步完善起来，最终构建起一个覆盖全国城乡的文化基础设施网络，实现小康社会目标赋予文化建设的光荣任务。

第五，加强文化业务建设，策划并启动一系列重大文化建设项目。

文化工作门类众多，头绪繁杂，而外界观之，却往往是唱唱跳跳、热热闹闹而已。文化部门也常常是忙忙碌碌，日计有余，月计不足。如何提高文化工作的水平和品位，如何抓住重点，推进文化建设，是必须认真研究和解决的重要课题。为此，我们应当在两个方面继续作出努力。

一是在思想上，充分认识文化工作关系到民族素质的提高，坚持把思想道德建设作为文化建设的中心环节，努力提高文化产品和文化服务的质量，防止思想淹没在事务之中，重点淹没在一般之中。二是在工作上，注意策划并启动一批重大文化项目。这样，不仅能够拓宽文化建设的领域，也将极大地提高文化工作的档次和品位，促进"百花齐放"和全面繁荣。几年来，我们陆续启动的主要文化项目有：舞台艺术精品工程。这一工程不同于一般的评奖，而是着眼于发展过程中的积累，繁荣基础上的提高，意在通过这一工程，为中国舞台艺术积累一批优秀的保留剧目。群众文化工作的“四基”建设及“文化下乡”活动。“四基”建设的提出，特别是全国首次基层文化工作会议的召开影响重大，意义深远。实施“中华文化推广计划”，加快在海外设立“中国文化中心”，举办了中国文化美国行、中法文化年、中非文化论坛等重大对外文化活动，创立了国际艺术节、海外春节活动等文化交流的重要品牌。对外文化交流取得了突破性进展，构建了全方位对外文化交流的格局。民族民间文化及口头非物质文化遗产的保护，制定了保护规划，加快了立法进程，成立了保护研究中心，申报工作成效显著，在国内外产生良好影响。纂修清史、再造善本、20世纪美术作品征集等文化项目引起了社会的广泛关注，产生了积极影响。创办了部级领导干部历史文化知识讲座。这项活动受到部级领导干部的广泛欢迎，得到了中央领导的肯定和支持。

与此同时，各地也积极策划和启动了一批重点文化建设项目，对于繁荣当地的文化艺术起到了重要作用。这些重大文化项目，关系到我国文化事业的全局和长远，时间跨度长达几年，甚至十几年，有的是文化部门独立运作，有的是联合相关部门共同运作，有的则是文化部门牵头，几个甚至十几个部门协同动作，这不仅有利于形成合力，扩大影响，也大大增强了社会各方面对文化工作的支持力度。最近，财政部负责同志指出，这几年，文化部的事业费大幅度增加，但增加的基本上是文化项目经费，确实干了不少大事，文化界及社会反映很好。同时也提醒我们，这些项目意义深远，投资较大，应集中精力，滚动推进。对此，我们应当认真研究，精心设计和实施，切实地把这些项目做好，以充分发挥其应有的巨大效益。

三、关于2004年的任务

2004年是实现“十五”计划的关键一年，也是全面贯彻落实十六大和十六届三中全会、全国宣传思想工作会议精神，深化改革，扩大开放，促进发展的重要一年。全国文化系统要高举邓小平理论和“三个代表”重要思想的伟大旗帜，坚持解放思想，实事求是，与时俱进。明年是邓小平同志诞辰100周年、新中国成立55周年，认真组织好相关的文化艺术纪念活动，努力营造隆重、热烈、祥和的氛围。关于明年工作，在《2004年文化工作要点》中已经比较全面和明确，主要有深入学习和全面贯彻党的十六大精神和“三个代表”重要思想，推进战略机遇期文化建设;以多出优秀作品和人才为重点，积极促进文艺的繁荣发展，努力满足人民群众的精神文化需求;以“四基”建设为重点，加强基层文化建设;坚持一手抓繁荣，一手抓管理，加快文化市场体系建设;进一步完善文化产业政策，积极支持和促进文化产业发展;努力拓展艺术科研工作，加强艺术职业教育;加强对外文化交流，努力扩大中华文化在世界上的影响;进一步加强文化遗产保护，促进文博事业全面发展;积极推动文化体制改革试点工作和加强文化法制建设等。关于文物工作，霁翔同志已作了全面部署。他的报告事前已送我看过，我完全赞成。具体工作我不再逐项阐述，只强调以下几点。

（一）清醒地认识文化工作面临的形势，以“三个代表”重要思想统领文化工作，坚持不懈地抓好思想政治建设。从初步小康到全面建成小康社会将是中国社会发生重大变化的历史时期。在此过程中，我们将面临复杂多变的国内外形势，各种思想文化的相互交融和激荡将会不断加剧。作为文化部门的领导者和管理者，必须始终保持清醒和坚定，在思想上政治上和党中央保持一致，增强政治意识、责任意识和忧患意识，坚持以“三个代表”重要思想统领文化建设，才能始终保持中国先进文化的前进方向。要认真总结几年来文化系统加强思想政治引导的思路和措施，始终把思想政治建设作为搞好新时期文化工作，提高文化队伍凝聚力和战斗力的一项根本措施。要按照胡锦涛同志在全国宣传思想工作会议上提出的要求，着眼于巩固马克思主义在我国意识形态领域的指导地位，着眼于服务经济建设这个中心和全党全国工作大局，着眼于促进社会全面进步和人的全面发展，坚持贴近实际、贴近生活、贴近群众，努力为经济发展和社会进步提供思想保证、精神动力和智力支持，促进综合国力的提高和全面建设小康社会奋斗目标的实现。

要以维护团结为重点，进一步加强领导班子建设。文化部门乃至整个文化系统的团结稳定至关重要，这是推进文化建设的组织保证。增强团结，维护稳定，促进发展，始终是文化领域不可须臾忽视的一个重要方面。加强思想政治建设，文化系统的各级领导班子是关键。要以班子建设为龙头，带动整个文化系统的思想理论、组织队伍、法规制度、基础设施和文化业务建设，促进文化队伍思想政治素质和文化业务素质的全面提高。

（二）增强精品意识，促进文化产品和文化服务质量的提高，促进文化艺术的全面繁荣。文化产品和服务影响人的精神世界，应视质量为生命，努力实现思想性、艺术性、观赏性的统一。增强精品意识，创立各类文化艺术品牌，无论是对于实施正确文化导向，还是对于增强社会效益和经济效益均十分重要。中直文化单位地位重要，代表国家文化艺术的水准，对全国文化艺术工作影响重大。这几年，党中央、国务院十分关心中直文化单位的建设，加大投入和支持的力度，中直文化单位的工作有了明显进步，但与其地位相比，确实存在着不小的差距，面临着很大的压力。中直文化单位，人才济济，实力雄厚，又在中央直接关心下，应该确立更高的标准，应该有更大的作为。对此，文化部党组将高度重视，专题研究，抓住症结，认真对待，特别是在深化改革、推出精品，创立在国内外有重大影响的品牌方面，力争有突破性进展。各地也要努力创作一批能够立得住、留得下、传得远的精品力作；推出一批具有广泛社会影响力和市场号召力的顶尖艺术人才；培育一批享誉中外、能代表当代中国文化艺术发展最新水平的文化机构；形成一批在国际上具有较高知名度的文化艺术活动。通过这些文化品牌，切实拉动我国文化艺术的普遍繁荣。

（三）根据十六大、十六届三中全会和全国宣传思想工作会议精神，锐意改革，为文化艺术的持续发展和更加繁荣，提供体制和机制保障。从当前情况来看，改革的势头是好的，试点工作正在稳步推进，同时，改革的艰巨性和复杂性也随之显现。在此关键阶段，文化部门认识的统一、态度的坚定、工作的周密，至关重要。文化体制改革关系到文化发展繁荣的制度保障，是党中央直接领导的一项关系全局的重要工作。作为文化部门，我们必须把思想统一到中央的要求上来，积极、主动、扎扎实实地做好工作，确保改革的顺利进行。文化体制改革是一项艰巨复杂的社会系统工程，牵涉到方方面面的利益，既有结构的调整、体制的转换，又有资源的整合、人员的分流，矛盾与困难较多。在今后改革的过程中，进一步统一思想，坚定信心，提高广大文化工作者主动参与改革的积极性，仍然是一项重要的任务。明年，要按照中央的统一部署和要求，继续抓紧抓好试点工作，充分交流各地试点单位的经验，为面上的推开做好准备。

（四）牢记“两个务必”，坚持“三个贴近”，切实加强作风建设，使文化部门真正成为文化建设的促进部、保障部、服务部。党的十六大闭幕后，胡锦涛总书记带领中央书记处同志到西柏坡参观学习，号召全党特别是领导干部结合新的形势，切实坚持“两个务必”，大力发扬艰苦奋斗的作风，努力开创全面建设小康社会的新局面。对于锦涛同志的讲话精神，我们文化系统的同志应当很好地学习和贯彻，并努力付诸实践。首先，要以贯彻《行政许可法》为重点，进一步转变政府职能，规范政府行为。《行政许可法》对于改革行政管理方式具有深远的意义，文化系统的各级领导干部和工作人员，都要认真学习和贯彻，并以此为契机，全面推进依法行政。第二，要深入基层，调查研究，突出重点，狠抓落实。深入实际调查研究是我们党的优良传统，在文化工作呈现纷繁复杂情况的今天，我们更应发扬这种精神，坚持深入基层调查研究，把良好的愿望变为清晰的思路，把思路变为切合实际的方案，把方案分解为具体的项目，把项目落实到责任单位和责任人。在工作中应突出重点，狠抓落实。近年来，一些重点文化工程纷纷铺开，要对这些项目进行科学有效的管理，抓紧每一个环节，直到工程的全面竣工。第三，要勤俭节约，艰苦奋斗。要摒弃豪华奢靡之风，兢兢业业做项目，精打细算办活动，把该花的钱计划好，把不该花的钱省下来。在文化系统要杜绝铺张浪费现象，形成勤俭节约办文化的好风气。第四，坚持不懈地抓好党风廉政建设和反腐败斗争，切实纠正行业不正之风。这是一项长期的工作，要警钟长鸣，领导干部要真正做到情为民所系，权为民所用，利为民所谋，文艺队伍要真正成为人民所信赖和欢迎的队伍。

同志们，党的十六大、十六届三中全会确定了新世纪新阶段文化建设的各项任务，全国宣传思想工作会议对文化工作提出了新的要求，文化事业正面临新一轮蓬勃发展的机遇。我们要紧密团结在以胡锦涛同志为总书记的党中央周围，坚持以“三个代表”重要思想统领文化建设，团结一心、锐意进取，勤奋踏实地工作，推动中国特色社会主义文化的繁荣发展，为全面建设小康社会做出新的贡献。

文化部部长孙家正在全国文化厅局长座谈会上的讲话

（2004年8月3日）

同志们：

每年年中召开一次全国文化厅局长座谈会，研究一些事关文化工作全局的重大问题，交流情况与经验，对做好文化工作是十分必要的。党的十六大对文化建设和文化体制改革提出了很高的要求，十六届三中全会又提出了树立以人为本的科学发展观，对于文化建设影响深远。我们这次会议的主要目的就是认真学习近期中央领导同志关于文化工作的指示精神，深入贯彻科学发展观，落实全国加强和改进未成年人思想道德建设工作会议精神，深化文化体制改革，加强公共文化服务体系建设，积极推进文化创新，促进文化事业和文化产业的全面发展。

今年是我国实现“十五”计划,全面贯彻落实党的十六大、十六届三中全会精神，深化改革，扩大开放，促进发展的重要一年。上半年，文化系统按照党中央和国务院的部署，努力落实科学发展观，积极推进各项文化建设，认真贯彻落实《中共中央国务院关于进一步加强和改进未成年人思想道德建设的若干意见》，积极稳妥地推进文化体制改革试点工作，各项文化工作进展顺利，在专业文艺创作、基层文化建设、文化市场管理、文化产业发展、对外文化交流、贯彻《行政许可法》与加强文化法制建设以及文物工作等方面，都取得了新的成绩和明显的进展，这是大家共同辛勤努力的结果，我代表文化部党组向同志们表示感谢！本次会议期间，大家认真学习了中央领导同志近期关于文化建设和文化体制改革的指示精神，听取了几个省市关于加强未成年人思想道德建设、文化市场管理和文化体制改革情况的发言。同时，围绕会议主题，进行了积极的讨论和交流，会议开得很好。下面，我仅就文化系统如何贯彻落实科学发展观，抓好几项重点工作讲几点意见。

一、认真贯彻落实科学发展观，做好新形势下的文化工作

（一）深刻认识科学发展观的内涵和重大意义

党的十六届三中全会通过的《中共中央关于完善社会主义市场经济体制若干问题的决定》对于树立科学发展观提出了要求，指出：要“坚持以人为本，树立全面、协调、可持续的发展观，促进经济社会和人的全面发展”；要“按照统筹城乡发展、统筹区域发展、统筹经济社会发展、统筹人与自然和谐发展、统筹国内发展和对外开放的要求”，推进改革和发展。以人为本，全面、协调、可持续的发展观，是以胡锦涛同志为总书记的党中央在新的历史

条件下，在邓小平理论和“三个代表”重要思想指导下，根据新的形势和任务提出的科学的发展观。科学发展观坚持以经济建设为中心，坚持经济社会协调发展、城乡协调发展、区域协调发展，对外开放与国内建设协调发展，坚持可持续发展，以人为本；坚持社会主义物质文明、政治文明和精神文明的协调发展，强调在经济发展的基础上，促进社会全面进步和人的全面发展，是解决当前经济社会发展中诸多矛盾必须遵循的基本原则。科学发展观是新一届党中央提出的重大战略思想和新的执政理念，是对中国发展道路的理性选择，是我们党对社会主义市场经济条件下经济社会发展规律在认识上的重要飞跃。牢固树立和认真落实科学发展观，是全面贯彻“三个代表”重要思想和党的十六大精神的具体体现，也是全面建设小康社会的必然要求，对于加强新时期的文化建设具有重要的现实意义和深远的历史意义。

（二）充分认识文化建设在落实科学发展观中的重要作用

文化是经济和社会可持续发展的重要保证，文化发展是社会发展的重要领域。法国的一位前文化部长说过，21世纪的发展无非是文化的发展，要么是文化的发展，要么什么也不是。文化即人，是人的外化，文化的发展就是人的发展。繁荣发展文化事业是生活质量提高和人的全面发展的需要。人人享有公共文化服务，不仅是国家公共建设的主要任务，也是公民的基本权利。坚持以人为本的方针，大力繁荣发展文化艺术事业，对于建设社会主义精神文明，提高国民素质，促进人的全面发展和社会全面进步具有重要意义。因此，文化建设既是落实科学发展观的重要方面，又是实现科学发展观的文化保证。在落实科学发展观中，文化建设占有重要地位。文化工作重在建设，贵在积累。文化建设要坚持科学发展观，以繁荣和发展为中心，以改革和创新为动力，着眼于人的素质提高，为全面实现小康社会，维护全体人民的文化权益，改善贫困地区人民群众的文化生活，实现人的全面发展和城乡协调发展做出应有的贡献。文化工作者要进一步增强责任意识，充分认识文化建设在落实科学发展观中的重要作用，进一步增强做好文化工作的责任感和使命感。

（三）科学发展观的提出为文化发展带来了新的机遇

中央提出的科学发展观，突出了以人为本的思想，不仅把文化建设作为社会全面、协调、可持续发展的重要手段，而且是重要内容、重要目标和根本保证之一。“三个代表”重要思想的提出，将“代表中国先进文化的前进方向”确立为党的指导思想之一，大大提高了文化工作的地位，为文化建设提供了前所未有的重大机遇。现在新一届党中央又提出科学发展观的重大战略，这是广大文化工作者应该紧紧抓住并有所作为的新的重大机遇。科学发展观的思想提出后，各级党委和政府对文化工作的认识都有了新的提高，认识到位了，投入加大了，这是衡量重视文化工作的两个标志。我们要为党委、政府当好参谋，抓住机遇，乘势而上，把文化工作推向一个新的发展阶段。

（四）正确认识“发展”，树立科学的文化发展观

树立科学的发展观，要全面把握发展的内涵。对于一个国家来说，发展不仅仅是经济增长，还包括经济结构的优化，科技水平的提高，人民生活的改善，社会的进步，归根到底，是为了人的发展。对于文化工作来说，发展也不仅仅是表面的繁荣和热闹，而是切实满足人民群众日益增长的多方面、多层次的文化需求，逐步提高国民素质。要坚持执政为民，从人民群众的根本利益出发，让文化发展的成果为最广大的人民群众所享受。要按照贴近实际、贴近生活、贴近群众的要求，改进文化工作，特别要进一步提高公益性文化事业单位的服务质量和水平。人民群众的满意就是我们最大的政绩。

首先，文化发展的中心和重点，是繁荣创作，为人民群众奉献更多的优秀作品。当历史再过几十年或几百年，回忆21世纪初叶的时候，有哪些作品还继续称为精品，抑或是能在社会上广泛流传的？如果有，那才是真正有生命力、有艺术价值的作品。因此，繁荣创作是我们必须始终抓住不放的主题，其他的一切工作都是保障，都是为繁荣文艺服务的。

第二，文化工作重在建设。文化建设是一种在积累中发展，在发展中创新的渐进过程，树立科学的文化发展观要防止和警惕急功近利的思想，以求真务实的态度，从国家和人民的根本利益出发，从社会主义初级阶段的基本国情出发，扎实推进文化建设。要把发展和繁荣作为文化工作的第一要务，从整体和长远上把握社会主义初级阶段中国文化建设的发展战略和方针政策。敏锐把握国内外形势的发展变化和全面建设小康社会对文化建设的新要求，人民群众文化需求和文化发展的新趋势，增强文化工作的紧迫感和针对性。

第三，文化建设的持久推动力是改革和创新。改革不仅是对文化体制和机制的创新，也包括文化本体的创新，如文化思想和观念，文化内容和形式等。凡是几百年上千年仍然散发着艺术魅力的杰出作品，无不是那个时代的文化人艺术创新的成果，无不是当时艺术家惊世骇俗的创造。扬州八怪的作品，当时称之为“怪”，其实，它不过是对传统内容的大胆改造，对表现形式的另辟蹊径而已。他们的作品都有中国传统文化的底蕴，都与中国古代的文人书画一脉相承，他们的血管里所流的依然是祖先的基因。即便所谓先锋派，中国的与外国的也不一样，他们分别带有自己抹不掉、擦不去的痕迹，这是文化的渊源与艺术的法则使然。

第四，无论是改革还是发展，其核心是人才问题。所以，文化部提出“人才兴文”战略，并不是心血来潮，只有人，才能创造新体制，驾驭新体制。“人才兴文”是一个根本性的战略问题，对文化事业的发展具有决定性的作用。文化系统要认真贯彻落实《中共中央国务院关于进一步加强人才工作的决定》和《文化部关于实施“人才兴文”战略，进一步加强文化人才队伍建设的若干意见》，把文化人才队伍建设纳入人才强国战略和文化发展的总体布局，努力培养和造就一支高素质的文化人才队伍。

第五，要坚持从实际出发，因地制宜，分类指导，鼓励创造。要充分认识到我国将长期处于社会主义初级阶段的基本国情，认识到城乡之间、区域之间经济社会发展的不平衡，了解和把握各地、各级文化部门开展工作的不同特点和不同重点，允许有自己的创造和发明，允许有适合本地情况的政策和规定。我们国家地域之广，民族之众，习俗之多，经济基础和物质条件差异之大，都不允许我们用一个模式、一种方法去解决存在的问题。因此，我们既要看到全面建设小康社会带来的加快发展的趋势，又要看到在战略机遇期难以改变的基本国情，这样才能有助于我们坚持实事求是的思想战线，正确认识文化工作的地位和作用，增强大局意识，这是文化工作贯彻落实科学发展观的基础，也是前提。

二、深入贯彻落实全国加强和改进未成年人思想道德工作会议精神，并以此为契机，大力加强公共文化服务体系建设

《中共中央国务院关于进一步加强和改进未成年人思想道德建设的若干意见》下发后不久，党中央又第一次专门召开了全国加强和改进未成年人思想道德建设工作会议，这充分体现了以胡锦涛同志为总书记的党中央对未成年人健康成长的深切关怀和高度重视。文化系统要认真学习领会胡锦涛总书记的重要讲话和会议精神，真正认识到加强和改进未成年人思想道德建设事关重大，文化系统责任重大。要结合文化工作实际，充分发挥文化工作在未成年人思想道德建设中的重要作用，并以此为契机，大力加强公共文化服务体系建设。

（一）加强设施建设，为未成年人思想道德建设创造良好的环境和条件

加强设施建设，为广大未成年人提供更多的健康有益的文化活动场所，加大公益性文化设施免费向未成年人等社会群体开放力度，丰富未成年人的课外文化生活，是为未成年人创造良好文化环境的重要内容。为此，各级文化部门应当积极争取财政和发展改革部门支持，建设与未成年人需求相适应的各类公益文化设施。同时，为做好此项工作，文化部、国家文物局于今年3月下发了《关于公共文化设施向未成年人等社会群体免费开放的通知》，并多次召开会议，研究、落实免费开放措施。从当前情况看，各级文化部门和单位按照职责分工和工作任务，积极做好免费开放的各项保障工作，未成年人文化工作出现了很好的发展势头，社会反响强烈，受到了人民群众的欢迎，体现了文化部门为公众提供公共文化服务的积极姿态。各开放单位针对免费开放后客流量大大超过接待能力的情况，通过电话预约、合理安排开放时间和参观线路，调控参观流量。建立文物安全和重大安全事故预警制度，防止文物损坏和群体安全事故的发生。

公共文化设施面向未成年人等社会群体免费开放后，观众数量增加，经费出现不同程度的紧张。团体参观对象大多是中小学生，人多量大，学生的人身安全问题以及展馆的文物安全问题都必须引起各级文化部门的高度重视。公共文化单位的服务水平还不能充分适应扩大开放的要求，工作人员的工作素质、服务能力都有待进一步提高。各级文化部门和单位要高度重视这些问题，采取有效措施加以解决。要加强督促检查工作，努力从内容、形式、服务等方面加以改进，适合未成年人的特点和需求，把免费开放工作好事做好，落到实处。要通过新闻媒体向广大群众宣传、介绍公共文化设施向未成年人免费开放工作，积极争取社会各界的关心和支持。要积极与财政部门沟通，争取必要的经费，改善现有服务设施和设备，为进一步提高服务水平提供保障。

（二）加强创作和演出，全面繁荣少儿文化艺术

加强未成年人思想道德建设是一个整体的要求，而不是局部的。在创作上也不宜硬行规划哪些是针对成年人的，哪些是针对未成年人的，所有文艺作品的创作都要考虑对未成年人积极健康思想道德的熏陶和培养问题。当前，我国面向未成年人的艺术创作是一个薄弱环节，很难满足广大未成年人的文化艺术需求。这一点在少儿动漫产业中表现更为突出。日本、欧美的动漫产业占据了我国的大部分市场，我们失掉的不仅仅是少儿动漫产业这个市场，也失掉了一个对少年儿童进行中华文化教育的阵地。对此，各级文化系统要积极创造条件，鼓励作家、艺术家深入生活，熟悉和把握未成年人的思想情感和观念，创作出更多优秀的面向未成年人的艺术作品。进一步组织和开展全国性和地方性的儿童剧调演等活动，推动少儿文艺创作的繁荣发展。树立精品意识，加大少儿文艺创作资金投入力度，对基础较好的少儿文艺作品进行修改、加工和打磨，扶持一批重点少儿文艺作品的创作与生产。国家舞台艺术精品工程继续支持少儿文艺创作，在资金、创作等方面向少儿文艺作品倾斜。积极推动少儿文艺演出。少儿文艺演出要坚持把社会效益放在首位，努力实现社会效益和经济效益的统一。要鼓励艺术院团积极开展面向未成年人的演出。少儿艺术院团要转变观念，面向市场，加大市场营销力度，通过“亲子场”、“双休日剧场”等多种形式，开拓少儿文艺演出市场。

制定和实施少儿文化事业发展规划。要和教育部门联系，规划、创作、编选一些课本剧，深入学校，深入课堂，深入人心，通过生动活泼的形式，使孩子们接受良好的思想道德教育，打好做人做事的根基。根据国务院要求，1992年由文化部牵头，有关部门共同制定并实施了“蒲公英计划”即《九十年代中国儿童文化艺术事业发展纲要》。该计划对发挥各职能部门作用，调动各方面积极性，共同促进儿童文化艺术事业的繁荣起到了重要作用。文化系统要积极开展对未成年人精神文化需求状况的调查和研究，贯彻落实《中国儿童发展纲要》，抓紧制定《2005～2010年“蒲公英计划”暨中国少儿文化艺术事业发展纲要》，加强对全国少儿文化艺术事业建设的宏观管理和科学指导。

（三）加强市场建设，丰富和净化未成年人的文化生活

要有针对性地加大文化市场整治力度，整顿文化市场秩序。文化系统要联合公安、工商等部门，切实抓好网吧专项整治工作，加强对经营性娱乐场所的规范和管理，严肃查处危害未成年人的读物和视听产品，严格审查面向未成年人的游戏软件。积极引导和大力扶持网络内容提供商开发推广弘扬民族精神、有益于未成年人健康成长的游戏软件产品，扶持民族动漫产业的发展。组织开展主要针对在校学生、青少年群体的全国文化市场法制宣传活动，引导广大未成年人自觉进行健康有益的文化消费。同时，积极引导未成年人努力学习，掌握网络技术，办好少儿文化网站，活跃和丰富未成年人健康文明的网络文化生活。

（四）加强领导，突出重点，全面推进未成年人文化建设

要充分发挥全国少儿文化艺术委员会的作用，加强对少儿文化艺术工作的领导。全国少儿文化艺术委员会是根据中央精神成立的促进儿童文化艺术事业繁荣的协调机构，以文化部为牵头单位，有10个部委参加，多年来，在制定规划、协调和解决全国少儿文化艺术工作重大问题方面发挥了重要作用。文化部将会同有关部门，根据新的情况进行充实调整，充分发挥该机构的组织协调作用，促进优秀少儿文艺作品的创作，加强对未成年人文化工作的指导。

把丰富农村未成年人的文化生活作为重点，积极扶持农村儿童文化园的建设。未成年人的文化工作重点在基层，难点也在基层。要以农村和城市社区为重点，抓好落实。重点抓农村儿童文化园建设，鼓励全国各地农村广泛发动社会力量，兴办农村文化设施。继续加强对已建儿童文化园的工作指导，做好这些文化设施的巩固和提高工作，同时研究制定扶持政策，鼓励以多种形式兴办农村文化设施，努力满足广大农村少年儿童的精神文化生活需要。

利用全国文化信息资源共享工程，加大为未成年人提供文化服务的力度。要根据未成年人的心理特点和文化需求，开辟专门的少儿文化板块，整合一批为广大未成年人喜闻乐见的、艺术性和思想性相结合的精品文化资源，为未成年人提供网络文化服务。同时，要与教育部门协作，认真选择一批条件成熟的学校，以及未成年人文化生活相对贫乏的社区、乡村，进行基层网点建设。提供资源服务，充分发挥共享工程在未成年人思想道德建设方面的作用。

三、加强文化市场整治工作，全面推进文化市场体系建设

随着改革和发展的进程，文化市场将成为群众接受文化的主要渠道和场所。一方面，多层次的文化需求主要通过市场来满足，另一方面，文化的娱乐功能、教育功能、陶冶情操等各种功能，也要通过文化市场来实现。保持文化市场的持续健康发展，满足人民群众的精神文化需求，为人民群众营造健康文明的文化生活环境，是各级文化部门的重要责任。

（一）深入贯彻《行政许可法》，转变政府职能，实现文化市场的管理创新

《行政许可法》的公布施行，对于加快政府职能的根本转变，推进依法行政工作，促进行政管理方式的改进和行政管理水平的提高，产生了全面而深刻的影响。国务院行政审批制度改革领导小组根据国家行政审批制度改革和《行政许可法》的精神，对文化部的行政审批项目进行了审核，前后共取消23项行政审批，其中17项为文化市场方面的审批。保留了29项审批项目，其中16项为行政许可，13项为非行政许可，16项行政许可中有15项为娱乐、演出、音像、网络、美术品等文化市场方面的审批。要适应社会主义市场经济发展的形势和要求，以行政许可法的贯彻落实作为突破口，进一步加快文化市场法制建设，坚持立法与执法相结合，加快立法步伐，强化执法体系，继续推进综合执法改革。要切实转变政府职能，转变工作方式和思路，树立依法行政、廉洁行政和优质服务的观念，积极利用先进的管理思想、管理模式和科技手段，构建政府依法监管、企业依法自主经营的文化市场体系，努力创造有效监管体制和良好调控机制，使文化市场走上结构合理、监控有效、运行规范的发展轨道。

（二）以全国网吧专项整治工作为重点，进一步整顿和规范文化市场秩序

网吧的整顿和规范一直是中央领导和人民群众密切关注的问题。为此，国务院召开全国网吧等互联网上网服务营业场所专项整治工作电视电话会议，成立了由文化部牵头的全国网吧专项整治协调小组，开展全国网吧整治工作。会议之后，各级文化部门迅速部署、扎实推进专项整治工作，重点突出，效果明显。同时，积极探索综合治理和建立长效机制问题，网吧专项整治工作已经取得阶段性成果。但也还存在着一些问题。一些地区对网吧专项整治工作的认识还不到位；整治工作还没有充分落到基层，落到实处，还存在一些工作的死角；少数地区黑网吧现象仍很严重；一些地区对网吧接纳未成年人的行为处罚力度不够；大多数地区还未能落实专项整治工作的必要经费，接下来还有许多工作要做。

文化系统要继续深入贯彻落实电视电话会议精神，认真落实《互联网上网服务营业场所管理条例》，深入开展全国网吧专项整治工作，为未成年人营造绿色网上空间。针对黑网吧向农村蔓延的情况，抓紧对农村网吧的集中治理。各级文化行政部门要充分发挥在网吧专项整治工作协调（领导）小组中的牵头作用，主动协调各有关部门开展工作，严厉查处网吧违规接纳未成年人的行为。打击网上传播的有害文化信息行为，净化和规范网络文化经营活动。实施网吧经营管理技术措施，运用高科技手段实现对网吧和互联网文化活动的全程实时监管。堵疏结合，引导建设一批非营业性的互联网上网服务场所。

（三）健全文化市场体系，完善管理机制，为繁荣社会主义文化创造良好的社会环境

文化市场是社会主义文化建设的重要组成部分。十多年来，文化系统在机构改革、法制不健全、职能交叉的情况下开展了卓有成效的文化市场管理工作。随着社会主义市场经济体制的不断健全，市场秩序不断规范，文化市场工作推进管理创新，以规范促发展，以管理促繁荣，取得了显著成效。但是，文化市场产业化程度低，文化企业散小乱差的局面没有根本改变；文化市场秩序混乱的问题依然存在；文化市场法律法规体系尚不完善；文化市场管理相对滞后，统一的市场管理体系尚未建立；文化市场行政执法体系尚不健全，等等。这些问题都是发展过程中出现的问题，同样需要在发展和繁荣中解决。

文化市场要坚持“以立为本，重在建设”，以开放促发展，以管理促繁荣。积极推进体制创新和科技创新，促进文化建设与市场经济和高新技术的结合，通过管理促进文化市场的有序繁荣和健康发展。调整文化市场准入政策，提升入市企业的层次，培育一批有市场竞争力的企业群体。努力把总量调控和结构调整结合起来，引导文化市场由数量增长和粗放增长为主转向规模发展和集约发展为主。去年，文化部制定了《2003～2010年文化市场发展纲要》，就健全文化市场体制，完善文化市场管理机制提出了总体框架，对各门类文化市场提出了相应发展目标。要按照《纲要》的要求，建设门类齐全、结构合理、供求均衡、政府调控与市场机制相结合、统一开放、竞争有序的中国特色社会主义文化市场体系。

四、积极拓展对外文化交流渠道，努力开创对外文化交流新局面

当今世界，文化因素在国际关系中的地位日趋突出，利用文化提高国际地位和影响力日益成为世界各国的重要战略选择。随着经济全球化和政治多极化的不断发展，不同文化相互交流和激荡将会日益加剧，文化的竞争不仅表现在文化产品上，而且渗透在物质产品的文化内涵中，渗透在社会生活的各方面。文化系统要从战略高度充分认识对外文化交流工作的重要地位，配合国家外交大局，努力开拓对外文化交流新局面。

（一）加强调研，认真思考对外文化交流的重大问题

今年上半年，文化部召开了对非洲地区文化工作会议，对欧亚地区文化工作会议和全国文化厅（局）外事处长会议。这些会议既是每年都召开的常规会议，同时也是研究对外文化交流重大问题的战略性会议。要紧密联系对外文化交流发展的实际情况，结合工作的一些热点难点问题，深入研究，深入思考。例如，如何正确处理传统与当代的关系，对外文化交流的任务不仅要介绍五千年的历史文化遗产，还要让世界了解开放的当代中国文化；例如，如何正确处理引进与输出的关系，在不断创新发展的基础上，把丰富多彩的中国文化全面推向世界；又如，怎样正确处理中央和地方、官方交流和民间交流的关系，建立以政府政策为导向，以民间交流为主体，以市场机制为杠杆的对外文化交流格局；再如，如何正确处理对外文化交流与对外文化贸易、对外文化合作和涉外文化产业的关系，既要维护中国文化主权，坚持我国思想文化的独立性，又要发展对外文化贸易，使其成为对外贸易的重要组成部分。通过研究这些问题，解决对外文化交流中的实际问题，并理顺以下几个工作思路：

一是要下决心改变对文化部门的看法，这种看法认为文化工作就是唱唱跳跳，热热闹闹。一定要使文化工作提高文化品位。文化工作面对的空间是无限的，既是面对全社会，又是面向全世界。要对中国文化发展和世界文化发展有独特的见解，以一个大国的身份和世界其他国家进行平等对话。

二是要强调对外文化宣传的政治意义，注重宣传效果，切实加强对外文化宣传工作。集中力量筹办大型文化艺术活动，积极推动中华文化走进东欧和中亚地区，积极参加该地区的多边文化活动，弥补双边文化交流不足以及充实力量调整布局，强化地区文化交流前方阵地建设。进一步转变观念，加强中央与地方的协调与合作，整合资源，形成合力。要充分调动地方对外文化交流的积极性，要发挥各地独特的优势，以友好城市为切入点，把中国优秀文化推出去。加快对外文化交流的法规建设步伐，进一步打好品牌战略。

三是要做好重点国家和地区的文化工作。抓住主要对象国家，开展有针对性的文化交流与宣传活动，为经济建设和改革开放营造良好的国际环境。积极推动我文化艺术精品走向世界，打造文化品牌。继续拓宽对外文化交流渠道，通过各种方式将我优秀文化推向世界。努力推动建立官方主导、市场开发、财政补贴的机制，鼓励文化企业走出去。积极引进外国优秀文化成果，注意品种的多样性，为促进我国文化事业发展和社会主义精神文明建设服务。积极参加和举办多边国际文化活动。进一步加强与联合国教科文组织、世界知识产权组织和亚欧基金等重要国际组织的联系与合作，利用多边活动的国际舞台，拓展我对外文化工作的领域和空间。积极参加联合国教科文组织和世界知识产权组织主办的多边活动，特别是高层会议，以影响国际文化领域文化方针政策的制定，促进世界文化多样性的发展。进一步加强和改进对外文化宣传工作。按照“政府引导、市场运作、提高质量、进入主流”的原则，不断提高外宣品质量，加强针对性和预见性，采用新的科技手段，建立统一的外宣网站，引进新的管理监督机制。要在巴黎、开罗、汉城和马耳他等中国文化中心积极开展文化宣传工作，使这些中心成为我国强有力的文化宣传阵地。做好莫斯科、柏林、德里等规划中的中国文化中心的创建工作。同时在开展对外文化工作条件较好的一些国家，以不同的方式逐步开设中国文化中心。

（二）突出重点，继续搞好大型对外文化交流活动

今年上半年，对外文化工作稳步推进，对

外文化交流十分活跃。"中法文化年"的中国文化年第二个时段及中法建交40周年纪念日庆祝活动高潮再起。举办"中法文化年"是中央领导倡议的，文化部牵头，17个部委参与的大型对外文化交流活动，规模之大，规格之高，影响之广，都是前所未有的。这是我们贯彻中央关于"大国是关键，周边是首要，发展中国家是基础"这一外交战略方针的实际举措，它对于宣传古老的中国、多彩的中国、现代的中国，起到了其他方式和渠道难以替代的作用，得到了中央领导的肯定和有关部门的称赞。今年，对大型文化交流活动要整体布局、整体规划。明年，美国大选之后，要到美国去搞一次轰轰烈烈的影响深远的大型文化交流活动。春节品牌有声有色，打造春节品牌活动在全球范围内展开。配合国家总体外交，高层文化交流频繁。国际多边文化活动异彩纷呈，好戏连台。对港澳台交流工作有条不紊，稳步推进。这个局面是长时期开展对外文化交流活动积累的结果。如何提高文化工作的水平和品位，如何抓住重点，推进文化建设，在稳定中发展，在积累中创新，是必须认真研究和解决的重要课题。

今年下半年要根据世界各国的不同情况，加大对外文化交流力度。办好在中国举办的"法国文化年"，这是从另一个角度，反弹琵琶来宣传中国，让外国人直接感受中国的改革开放、中国的世界胸怀、中国的文化精神和中国人民的精神风貌。同时，也要办好中华文化非洲行等重大文化交流活动和国际文化政策论坛部长级年会等重大会议。协助各有关方面筹办好第六届中国上海国际艺术节、第七届北京国际音乐节、第七届中国国际合唱节和武汉国际杂技节。积极推进加入《保护非物质遗产国际公约》进程，推动联合国教科文组织《维护世界文化多样性国际公约》进展。落实第六届亚洲艺术节的各项活动。配合领导人出访，加大组织系列文化活动的力度。利用中国与部分东欧国家建交55周年的契机，精心策划打造国庆55周年品牌的文化活动。

（三）不断强化特色，提高质量，注意提高对港澳台文化工作的层次和水平

近年来，祖国内地与港澳台地区的文化交流已在各个文化门类蓬勃开展，深入进行。文化交流的形式涉及到演出、展览、讲学、学术研讨、参观考察等方面，涵盖了文学、音乐、舞蹈、戏剧、美术、曲艺、杂技、文物、民族民俗艺术、艺术教育、公共图书馆、文化设施管理等门类。

文化认同，人心回归，文化系统要发挥作用。有关省市也要经常组织大型文化交流活动。香港、澳门回归祖国后，人心回归是长期的任务。要通过文化交流，加深港澳同胞对祖国的了解，对中华文化的认同，增进他们对祖国的向心力。推出祖国优秀的民族传统文化项目，举办一系列特色鲜明的文化活动，加深港澳同胞对祖国的亲情和人心回归意识。要重点做好协助香港特区政府筹备11月举行的第二届亚洲文化部长合作论坛。做好香港演艺经理人、澳门民政署代表团、港澳文化界知名人士、热心支持文化的经贸人士来内地访问的接待工作。积极筹备庆祝澳门回归5周年大型演唱会。积极筹备在香港举办的纪念邓小平同志诞辰100周年展览。

在对台工作方面，祖国大陆与台湾的文化交流呈现持续稳定发展的态势，双向交流的项目和人数逐年增多。尽管台湾岛内的政治局势风云变幻，两岸关系跌宕起伏，但是，我们坚决贯彻中央的部署，扎实工作，坚定维护"一个中国"的原则，大力开展对台文化交流工作，在弘扬中华文化，做好台湾人民工作，促进两岸关系发展方面，取得了显著成果。要密切跟踪岛内局势，研究新问题，探索新思路，稳步推进对台文化交流。增强台湾同胞对中华文化同根同源的共识，沟通两岸人民的骨肉之情，宣传祖国大陆改革开放的大好形势，增加对"统一"的认同，积极推动两岸关系的发展。针对台湾当局的"文化台独"阴谋，加强与岛内文化机构、团体的合作，增强民族凝聚力。要健全、完善中华文化联谊会的组织，召开理事会议，发展联谊会团体会员。做好在云南举办的“情系香格里拉——两岸文化联谊行”大型文化活动和在厦门联合举办的海峡两岸歌仔戏艺术节。同时要积极落实今年对台文化交流计划内项目，重点推动“国家舞台艺术精品工程”优秀剧目、少儿艺术团、西部风情艺术团等项目的入岛交流工作。

五、继续搞好试点工作，加快推进文化体制改革

文化体制改革是当前摆在我们面前的一项重大的任务，党的十六大把文化建设和文化体制改革放在十分重要的位置，因为文化体制改革同经济体制改革和政治体制改革一样，都是关系社会主义现代化建设全局的重要工作，同时也是新的历史条件下社会主义文化艺术发展的自身要求。要深刻认识文化体制改革在落实科学发展观中的重要意义，坚持以繁荣发展为中心，以改革为动力，解放思想，统一认识，开拓创新，按照中央的部署，结合文化工作实际，坚定不移、扎扎实实地推进文化体制改革。

（一）文化体制改革试点工作的进展情况

文化体制改革试点工作是中央直接领导下的一项重要工作。去年以来，按照党中央、国务院的统一部署，我们开展了文化体制改革试点工作。一年来，文化部根据中央的统一部署，积极推进文化体制改革试点工作，今年2月在桂林召开了文化系统文化体制改革试点工作座谈会，6月在北京召开了文化系统转企改制工作座谈会，交流情况，总结经验，研究问题和解决办法，加快推进试点工作。总体上看，各综合试点地区文化部门和试点单位本着积极稳妥、大胆试验、取得经验的原则，以积极的态度和求实的精神深入调查研究，认真制定方案，研究配套政策，精心组织实施，试点工作取得了初步成效。主要表现在以下几个方面。

1.改革配套政策进一步完善。为进一步推动文化体制改革试点工作，国务院办公厅印发了《文化体制改革试点工作中支持文化产业发展的规定》和《经营性文化事业单位转制为企业的规定》(国办发[2003]105号文件)，对于推动文化体制改革试点过程中的转企改制工作起到了重要作用。各地根据文件精神，紧密结合当地实际，出台了一系列鼓励转企改制的优惠措施。如浙江、重庆、云南、沈阳、西安、丽江等省市分别就贯彻落实国办发105号文件精神，支持文化产业发展和经营性文化事业单位转企改制等问题做出具体的改革规定，这些规定以105号文件为基础，结合当地的实际，比105号文件优惠力度更大，为推动经营性文化事业单位转企改制提供了有力的政策保障。

2.公益事业单位内部机制改革进一步深化。国家图书馆正在进一步深化内部三项制度改革，着力提高服务水平和服务能力。北京市朝阳区文化馆实施了馆长负责制、全员聘用制、项目负责制、签约制、合同制、义工制等多种用人机制并存的改革，并按照公益性文化单位要改善服务的要求，积极参加社区文化建设，提高了服务水平和服务质量。

3.布局结构调整初见成效。北京、重庆、西安、广东都对原有的文化资源进行了重组，在一定程度上优化了资源配置。推进行业协会建设，上海音像制品分销业、演出业等行业协会的筹备工作已初步完成。

4.转企改制取得了突破性进展。经过一年多的艰苦努力和实践，一批经营性文化单位实行或将要实行转企改制。转企单位主要有三类：第一类是电影公司，如，浙江、广东、西安、沈阳、丽江等地的电影公司实行了转企改制；第二类是演出经纪机构。如“中演中展”转企改制组建了中国对外文化集团公司。今年3月，国务院对“中演中展”转企改制组建中国对外文化集团公司作了批复。4月5日，中国对外文化集团公司正式挂牌成立。目前，文化部根据国务院的批复精神，已对中演中展转企改制组建中国对外文化集团公司的实施方案作了批复。《中国对外文化集团公司章程》已由文化部和财政部联合批准。第三类是部分艺术表演团体转企改制。院团转企改制是文化体制改革的难点之一。北京市继北京儿艺成功改制之后，决定以北京歌剧舞剧院为重点，继续推进其他国有院团的改革。辽宁、广东、浙江、深圳、丽江都实施了艺术表演团体转企改制的试点。

试点工作还存在着一些问题，首先是思想观念有待进一步转变，要克服畏难情绪和等待观望态度，进一步解放思想。其次是投入不足。对公益文化事业增加投入和落实经营性事业单位转企改制经费都存在一定困难，有关配套政策尚待进一步落实与完善。

中央部署的文化体制改革试点工作还有几个月就要结束了。年底之前，中央要对试点工作进行总结，并研究出台新的指导全面改革的文件。要抓紧时间，更加积极主动地推进试点工作，要在突破难点上下功夫，争取为全面改革提供更多有益的经验。试点要抓紧，面上不要互相惊扰，要以积极的心态迎接改革，做好思想、工作上的各种准备，力争掌握主动权。文化部将加快对直属单位包括中直院团的改革调研，拿出方案，抓紧实施。各试点地区和单位要在10月份以后，陆续开展试点总结工作，认真总结经验教训，提出意见建议，为中央决策提供依据。文化部将在11月召开试点工作总结会议，并研究拟定总结报告。

（二）进一步统一认识，为文化体制改革的全面铺开做好准备

1.充分认识文化体制改革的必要性与紧迫性，为全面推进文化体制改革做好思想准备。

深化文化体制改革是社会主义市场经济条件下解放文化艺术生产力，促进文化事业和文化产业发展的重要保证。党中央、国务院十分重视文化体制改革工作，长春同志、云山同志、至立同志十分关心和重视文化体制改革试点工作，并给予具体的指导。文化系统要认真学习、深刻领会中央关于文化体制改革的总体部署和中央领导同志的讲话精神，把思想认识统一到中央的精神上来，与党中央保持高度一致。从目前情况看，改革是大势所趋，早改早主动。必须下定决心，坚定不移地推进改革，这要成为文化系统的共识，有了这个共识，改革才能加快步伐，才能取得预期的成功。

2.明确文化体制改革的基本思路，为全面推进文化体制改革做好工作准备。

文化体制改革要坚持长春同志讲的“一二三四”，这是一个基本思路。

首先要坚持一个目标，就是要最大限度地满足人们日益增长的精神文化需求，这是我们当前面临的一个突出任务。“三个代表”最根本的是代表最广大人民群众的根本利益。在社会主义市场经济条件下，如何保障和维护人民群众的基本文化权益，坚持以人为本，促进人的全面发展，满足人民群众日益增长的精神文化需求，既是文化建设的根本任务，也是文化体制改革的出发点和落脚点。改革必须牢牢把握这一正确的方向，这是文化系统落实科学发展观的关键所在。

第二，要坚持两个轮子，一是大力发展公益性文化事业，二是大力发展经营性文化产业。文化事业和文化产业是推动文化发展的两个轮子，缺一不可。发展文化事业主要是为广大人民群众提供良好的公共文化服务，保障公民的基本文化权益。发展文化产业是社会主义市场经济条件下增强我国文化实力和竞争力、满足人民群众精神文化需求的重要途径。因此，文化体制改革要以发展为主题，以繁荣为中心，坚持“两手抓、两加强”，即一手抓文化公益事业，增加投入，转换机制，增强活力，改善服务，完善公共文化服务体系；一手抓文化产业，以创新体制、转换机制、面向市场、增强活力为重点，发挥市场机制对文化资源配置的重要作用，促进文化事业的全面繁荣和文化产业的跨越式发展。

第三，要认清三个关系。第一个关系是两个要求相统一，既要符合社会主义市场经济规律的要求，又要符合社会主义精神文明建设的要求。第二个关系是两个效益相统一，即社会效益和经济效益，要坚持把社会效益放在首位，实现社会效益和经济效益的统一。第三个关系是宏观管理和微观搞活相统一。在发展过程中，既要增强微观的活力，又要完善宏观的管理，两者结合。要始终坚持党的领导，同时调动广大文艺工作者的积极性和创造性。

文化产品作为精神产品，同时具有意识形态属性和商品属性，意识形态属性是它的特殊性，商品属性是它的普遍性，既不能用特殊性来排斥普遍性，也不能用普遍性来忽视特殊性。正确处理普遍性与特殊性的关系，就是要把文化产品的思想性、艺术性和观赏性有机统一起来，注重文化产品品位的提高和大众鉴赏的引导，就是要把两个规律和两个效益统一于质量，实现于市场。在发挥市场机制作用的过程中，思想文化的引导和以法律、行政、经济手段进行宏观调控和市场监督是必要的。这种引导和调控本身就是社会主义市场经济的重要职能。

第四，要抓住四个关键环节。一是要抓住微观主体，重塑文化市场主体。经营性文化单位转企改制是重塑和培育市场主体，确立国有文化企业主导地位，充分发挥国有文化企业骨干作用的要求。国有文化单位是我国文化建设的主导力量，在发展和繁荣先进文化，建设社会主义精神文明中担负着重要责任。党的十六大提出了建立以公有制为主体，多种所有制共同发展的基本经济制度。目前，我国的文化产业虽然有了较大的发展，但从严格意义上说，真正具有国际竞争力的大型国有文化骨干企业还基本上没有，与此同时，一些非国有的文化企业却正在雨后春笋般地成长。防止国有文化单位在市场竞争中被边缘化，是一个现实的问题。我们面临着重塑国有或者国有控股的文化市场主体的任务。就这个意义来讲，文化体制改革的关键环节，就是国有文化单位的转制问题。要形成一批自主经营、自负盈亏、自我发展、自我约束、有竞争能力的文化企业和企业集团。

目前，经营性单位转企改制刚刚开始，要打造一大批现代市场主体，任务还十分艰巨。经营性文化单位的转企改制将带来大发展。培育和重塑国有市场主体的目标就是要通过转制、改组、改造、兼并、重组等方式，建立现代企业制度，形成国有资本布局合理，产业和产品结构优化，技术装备先进，大中小企业合理分工的产业群体，重塑和培育一批自主经营、自负盈亏、激励和约束机制相结合的国有和国有资本控股的市场竞争主体，充分发挥国有文化企业的主导作用。具体来说，要在以下几个方面加大力度：一是要继续推动国有演出展览等中介机构的转企改制；二是有条件的国有艺术表演团体和演出场所，要逐步转制为企业，按照现代企业制度，改组改造成自主经营、自负盈亏的经营实体；三是要鼓励和支持一部分国有演出团体、演出场所和演出经纪机构联合、联办、兼并，以资本、资源为纽带进行重组，形成跨地区、跨行业、跨部门、跨所有制甚至跨国经营的企业集团。符合条件的可以上市融资，进一步增强实力和竞争力。

二是要完善市场体系。我国的文化市场虽然也在发展，但总体上还没有形成比较完善的市场体系。要改变国有文化单位单一、垄断经营的局面，充分发挥市场在国家宏观调控下对文化资源配置的基础性作用，应当着手对文化产业的布局结构、所有制结构、产品结构进行调整，建立健全完善统一、竞争有序的市场体系。要调整文化领域的准入政策，对社会资本全面开放，除了必须由国家垄断的行业或领域外，对一般性竞争领域要放宽资本准入。在我国入世承诺的基础上，认真研究外资安全有效进入我国文化领域的机制，形成多种投资主体合力兴办文化事业、发展文化产业的格局。

三是要改善宏观管理。宏观管理根本的是要强化依法管理，近年来，我们一方面抓紧应急法规的制定，一方面编制文化立法纲要，着手构建完整的文化法规体系，文化法制建设取得明显成效。特别是文化市场的管理，改变了被动治理的局面，走上了主动建设文化市场体系、实施依法管理的轨道。下一步，在中央的关心和重视下，我们将配合全国人大和国务院法制办，进一步研究文化立法计划，加快立法进程，为文化建设提供更好的法制环境。

四是要转变政府职能。行政许可法已于7月1日正式实施，文化系统要以此为契机，切实转变政府职能，规范行政行为，坚持依法行政。政府部门要做到有所为，有所不为，要真正实现政企分开、事企分开，文化行政部门要由管理直属单位转向面向全社会，文化部不是文化系统的文化部，而是中华人民共和国的文化部。

关于今年下半年的工作，《2004年文化工作要点》中已经布置，我不再具体阐述。下半年的特点是工作任务重，大型活动多，希望同志们抓住重点，在突破难点上做出成绩。

下半年，文化系统要在继续认真学习贯彻科学发展观，落实全国加强和改进未成年人思想道德建设会议精神，继续搞好文化体制改革试点工作的同时，办好各项大型文化活动，抓好重点文化建设项目的实施。要继续搞好2003~2004年度国家舞台艺术精品工程十大精品剧目的评选。加快全国文化信息资源共享工程网点建设速度，力争在年内完成2000个基层点的建设。中华再造善本工程要完成130种图书的制作和100条提要的撰写。送书下乡工程要完成180万册图书的赠送任务。民族民间文化保护工程要抓好试点。“百县千乡”宣传文化工程要继续向西部地区倾斜。积极推动国家大剧院、国家博物馆改扩建工程、中国美术馆一期和二期工程建设，推动在韩国和法国的中国文化中心的建设。

要认真组织好纪念邓小平同志诞辰100周年和庆祝建国55周年大型文艺晚会、纪念邓小平同志诞辰100周年展览；办好第七届中国艺术节、第四届中国京剧艺术节、第十三届孔雀奖全国少数民族声乐比赛、第十届全国美展、第六届中国上海国际艺术节、第七届北京国际音乐节、庆祝澳门回归5周年大型演唱会等大型艺术活动；做好“中国文化年”闭幕及“法国文化年”开幕工作，中华文化非洲行、第六届亚洲艺术节等系列文化交流活动；精心策划打造国庆55周年品牌文化活动；办好首届深圳国际文化产业博览会等。

由此可见，下半年改革和发展的任务都将十分繁重。越是在这种情况下，越是要求我们始终保持积极进取的精神和沉着冷静的心态，从容不迫地应对迎面而来的各种困难和挑战，坚信有党中央的正确领导，有广大文化工作者的热情支持，历史赋予我们的文化建设和文化体制改革的各项任务，就一定能够取得最后的成功。

同志们，党的十六届四中全会的主要议程已经确定：即研究加强党的执政能力建设问题。这是以胡锦涛同志为总书记的新一届党中央，根据新世纪新阶段党所面临的新形势新任务所作的又一重大战略决策。能否在国际形势深刻变化、国内改革发展处在关键时期的条件下，带领全国各族人民全面建设小康社会，实现推进现代化建设、完成祖国统一、维护世界和平与促进共同发展这三大历史任务，是一个关系社会主义事业兴衰成败、关系中华民族前途命运，关系党和国家长治久安的重大战略课题，也是对党的执政能力的严峻考验。文化是民族之魂，如何树立民族自信心和自豪感，增强民族凝聚力和创造力，重建中华民族的思想道德价值体系，是体现党的执政能力的重要方面，也是文化系统的重要职责。十六届四中全会召开后，我们要按照中央的统一部署，认真学习有关决议，努力将全会精神贯彻到文化工作的实践中去，把党领导文化建设的各项方针、政策落实到文化工作的每个环节中去，从而更好地为我国现代化建设的全局服务。

文化部部长孙家正在文化体制改革试点工作座谈会上的讲话

（2004年2月25日）

同志们：

历时两天的文化体制改革试点工作座谈会就要结束了。两天来，与会同志畅谈了学习长春同志讲话的体会，交流了改革试点工作的情况，进一步统一了思想，增强了改革的信心，明确了今后的工作任务和重点，为推动试点工作的深入开展，全面推进文化体制改革，奠定了更加坚实的思想基础。

深化文化体制改革是社会主义市场经济条件下解放文化艺术生产力，促进文化事业和文化产业发展的重要保证。中央和国务院高度重视文化体制改革，对文化体制改革做出了一系列重要部署。党的十六大及十六届三中全会明确了建设先进文化在全面建设小康社会中的重要地位和作用，明确了文化体制改革的基本原则，提出了深化文化体制改革的总体目标和主要任务。十六大以后，我国文化体制改革的步伐明显加快。去年中央召开了文化体制改革试点工作会议，长春同志、云山、至立同志作了重要讲话，会后下发了中办发〔2003〕21号文件，对改革试点工作做了全面部署。为确保改革试点工作的顺利开展，支持文化产业发展和经营性文化事业单位转企改制，去年年底国办出台了〔2003〕105号文件，就有关政策作出了规定。今年1月中旬，文化体制改革试点工作领导小组召开会议，对学习贯彻这两个规定、进一步推进改革试点工作做了部署。长春同志高度重视文化体制改革，多次深入宣传、文化、广播影视、新闻出版等基层单位进行调研，就文化建设和文化体制改革作了很多重要指示。春节前，长春同志、云山同志和至立同志来文化部视察工作并看望大家，长春同志在听取部党组的工作汇报后作了重要讲话，充分肯定了文化部党组前一阶段所做的各项工作，同时对今后的工作提出了五点希望：一是宣传思想文化战线要继续解放思想，与时俱进，开拓创新。二是要大力发展公益性文化事业，提高公共文化服务水平。三是要大力促进经营性文化产业的改革和发展。四是要加强文化市场管理，转变管理方式，从以行政管理为主向依法管理为主转变。五是转变政府职能，加强文化管理部门的自身建设。前不久，长春同志充分肯定北京市儿童艺术剧院的股份制改造，指出这是具有示范意义的改革举措。要大力推动一般院团通过股份制改造，一步实现转制。

文化体制改革是中央直接领导下的一项重要工作。文化系统一定要认真学习深刻领会中央关于文化体制改革的总体部署和中央领导同志的讲话精神，把思想统一到中央的精神上来，贯彻到改革试点工作的实践中去。下面，我就此谈几点意见：

一、进一步认清形势和任务，增强改革的主动性和紧迫感

（一）文化体制改革是全面建设小康社会，促进经济、政治、文化协调发展的需要，也是新的历史条件下文化艺术繁荣发展的内在需要。党的十六大把发展作为党执政兴国的第一要务，党的十六届三中全会提出了“以人为本，树立全面、协调、可持续的发展观，促进经济社会和人的全面发展”。改革是推动发展的根本动力。改革开放20多年的实践证明，社会主义市场经济体制的确立和完善，社会主义民主政治建设的推进，要通过改革来实现。同样，随着我国社会主义经济体制的确立和社会主义民主政治建设的推进，文化体制作为上层建筑，要适应社会主义市场经济体制的要求，符合社会主义精神文明建设的特点和规律，也要通过改革来实现。

随着我国改革的深入和对外开放的不断扩大，文化赖以生长和发展的物质基础、体制环境、社会条件、传播手段发生了深刻的变化，文化工作的环境、任务、内容、形式、对象等也随之发生了变化。长期计划经济体制下形成的文化体制与机制的相对落后，与十六大提出的大力发展社会主义先进文化和全面建设小康社会奋斗目标的要求，与人民群众日益增长的精神文化需求，与社会主义市场经济体制的逐步完善，与我国加入世贸组织后对外开放的新形势不相适应。因此，文化系统的同志务必清醒地认识到创新文化体制机制的重要性和紧迫性，准确把握新的历史条件下文化工作的特点规律，增强改革的主动性和积极性；务必清醒地认识到只有通过深化改革，进一步革除束缚文化艺术生产力发展的体制和机制弊端，才能充分发挥社会主义市场经济体制的作用和国有文化企事业单位的主导作用，才能充分调动社会各方面的力量和广大文化工作者的积极性、创造性，才能建立和完善有利于推动文化创新，多出精品、多出人才的文化管理体制。只有通过深化改革，才能完善公共文化服务体系，增强公益文化事业单位的活力，大力发展文化产业，壮大我国的文化实力和竞争力。

（二）正确把握文化体制改革的方向、基本思路和改革重点。我国的文化是中国特色社会主义文化，文化体制改革要始终坚持以“三个代表”重要思想为指导，努力建设先进文化，确保改革朝着正确方向推进。“三个代表”最根本的是代表广大人民群众的根本利益。在社会主义市场经济条件下，如何保障和维护人民群众的基本文化权益，坚持以人为本，促进人的全面发展，满足人民群众日益增长的精神文化需求，既是文化建设的根本任务，也是文化体制改革的出发点和落脚点，改革必须牢牢把握这一正确的方向。

根据中央对文化体制改革的总体要求，当前文化体制改革的基本思路，就是围绕发展社会主义先进文化这一主题，大力发展公益性的文化事业，大力发展经营性的文化产业，促进文化艺术的全面繁荣。文化事业和文化产业是推动文化发展的两个轮子，缺一不可。发展文化事业主要是为广大人民群众提供良好的公共文化服务，保障公民的基本文化权益。发展文化产业是社会主义市场经济条件下增强我国文化实力和竞争力、满足人民群众精神文化需求的重要途径。因此，文化体制改革要以发展为主题，以繁荣为中心，坚持“两手抓、两加强”，即一手抓文化公益事业，加大投入，转换机制，增强活力，改善服务，完善公共文化服务体系；一手抓文化产业，发挥市场机制对文化资源配置的重要作用，通过改革，促进文化事业的全面繁荣和文化产业的跨越式发展。要坚持把社会效益放在首位，实现社会效益和经济效益的统一。文化产品的生产要坚持面向市场，面向群众，为人民群众提供更多健康向上和为大众所喜闻乐见的产品。同时文化产品作为精神产品，它具有意识形态属性和自身规律。因此，在发挥市场机制作用的过程中，思想文化的引导和以法律、行政、经济手段进行宏观调控和市场监督是必要的。这种引导和调控本身就是社会主义市场经济的重要职能。正确处理普遍性与特殊性的关系，就是要把文化产品的思想性、艺术性和观赏性有机统一起来，注重文化产品品位的提高和大众鉴赏的引导，使两个规律、两个效益统一于质量，实现于市场。

当前改革的重点就是要大力培育文化企业，大力发展文化产业。一方面要通过经营性事业单位的转企改制，打造一批具有实力和竞争力的大中型国有或国家控股的文化企业，另一方面，要大力发展民营文化企业，形成以国有文化为主导、多种所有制共同发展的格局。这次有一批单位确定为转企改制的试点。对此，一要有光荣感。试点是改革的探索者和先行者，同志们将为文化新体制的建立作出贡献。二是要满怀信心。改革的试点，同时也是发展的重点。对于经营性文化单位的转企改制将带来大发展。

要充分发挥市场在国家宏观调控下对文化资源配置的基础性作用，着手对文化事业和文化产业的布局结构、所有制结构、产品结构进行调整。加快结构调整，应当主要从以下几个方面着力进行：一是大力加强公共文化服务建设，加强对重要文化单位和文化项目的扶持力度。要根据经济和社会发展水平、人口结构、环境条件和文化事业发展的需要，对公益性文化单位的数量、布局、种类进行统筹规划，逐步形成结构合理、发展平衡、网络健全、运营高效、服务优质的公共文化服务体系。同时，根据艺术品种、艺术水准、布局结构、民族特色等因素，对艺术表演团体进行分析研究，由地方党委、政府统筹考虑，确定重点保护和扶持的对象。二是通过转制重组，大力发展文化产业。要进一步推动文化产业结构的调整，打破地区、行业、部门、所有制界限，促进文化资源重组。依托有实力的文化企业，以市场为导向，以资本为纽带，通过联合、重组、兼并、上市等方式，组建一批实力雄厚的文化产业集团。三是进一步调整文化产品结构，要实施精品战略，弘扬主旋律，提倡多样化。要探索建立有效利用高新技术创新文化产品和服务的内容、样式和传播方式的机制，增强文化产品和服务的科技含量，推动文化产品结构的升级换代。四是要调整文化领域的准入政策，首先是对社会资本全面开放，其次是在我国入世承诺的基础上，认真研究外资安全有效进入我国文化领域的机制，形成多种投资主体合力兴办文化事业、发展文化产业的格局。

二、认真学习和贯彻国办发〔2003〕105号文件精神，落实文化体制改革试点工作的各项配套政策

（一）全面理解和掌握文件的基本精神，提高贯彻落实文件精神重要性的认识。建立健全支撑保障体系是确保文化体制改革顺利推进的重要条件。政策体系是文化建设和文化体制改革保障体系中的重要组成部分。国办印发的《文化体制改革试点中支持文化产业发展的规定（暂行）》和《文化体制改革试点中经营性文化事业单位转制为企业的规定（暂行）》的出台，为文化体制改革试点工作的顺利实施，加快文化产业发展提供了有力的政策保障。这两个“规定”涉及的配套政策，是针对试点工作中迫切需要解决的问题制定的，是改革试点工作中的指导性文件，操作性很强，内容包括财政税收、投资和融资、国有资产的处置、收入分配、社会保障和人员分流安置等，主要是要解决培育和重塑文化市场主体，鼓励社会资本进入文化产业，刺激文化产品和劳务出口，运用高新技术改造传统产业，转制单位人员的养老保险，文化企业国有资产授权经营等问题。从政策的内容看，十分丰富，政策支持的力度还是相当大的，有些政策较以往有较大的突破。这个文件的出台，既是推进改革的重要保障，又是促进发展的有力措施，充分体现了中央和国务院对改革试点工作的高度重视。各试点地区和试点单位要认真学习文件，全面理解文件的精神实质和政策内涵，进一步提高对学习贯彻文件重要性的认识，增强改革的主动性和自觉性。

（二）要结合本系统、本地区、本单位的实际，认真贯彻落实改革配套政策。制定两个“规定”的出发点主要有两个方面，一是为支持产业发展，减轻文化企业负担，增强其发展实力，制定了相关的财税扶持政策；二是为促进转变政府职能，减少审批环节，拓宽投融资渠道，鼓励社会对文化的投入，制定了相应的投融资政策。文件既考虑到文化领域的一般性，又考虑到文化领域各系统各单位各门类的不同特点。贯彻落实两个“规定”，要结合经营性文化单位的转企改制进行。根据中央文化体制改革试点工作会议的精神，除了国家应当重点扶持的文化单位以外，所有经营性文化单位都应当逐步转企改制。演出公司、展览公司、音像公司等经营性文化单位以及一般性艺术表演团体，要积极借鉴现有文化单位改革的成功经验，在搞好国有资产评估、授权经营、建立和完善监管体制、确保国有资产保值增值的前提下，实行转企改制，并且力争一步到位，实行股份制，建立现代企业制度，完善法人治理结构，成为发展文化产业的新型市场主体。要努力创造条件通过股份制改造实现投资主体多元化，条件成熟的可以申请上市。这次北京儿艺、中演中展等单位的转制就是一种积极的探索。贯彻落实两个“规定”，要与文化领域的结构调整相结合。除了加快布局结构、产业结构调整外，资本结构的调整是结构调整的重要方面。加入世贸组织后，我国文化领域的开放程度和范围将不断扩大，文化领域在对社会资本全面开放的同时，要认真研究当前外资进入文化领域的范围，既要积极探索，促进发展，又要维护国家的文化安全，特别是要把握好文化产品的市场准入关，依法对文化企业和文化产品的市场准入进行审查和管理，完善市场机制，加强市场监管。文化单位的改革要充分重视社会保障问题，妥善安置分流人员。

这事关广大干部职工的切身利益和社会稳定。要通过积极稳妥的过渡，避免改革中人员的大批下岗。对分流人员，要为他们再就业积极创造条件。可以采取多种方式予以安置，比如，安排到图书馆、文化馆、文化站或其他文化事业单位从事专业性工作或辅助性工作。在认真贯彻执行国办发〔2003〕105号文件的基础上，有条件的地方，可以根据本地的实际情况，积极争取更多的扶持政策。

三、解放思想，转变观念，大胆探索，加快推进改革试点工作

（一）要进一步解放思想，转变观念，树立科学的文化发展观。文化体制改革是一场深刻的变革，首先是思想观念的变革。一个地区、一个部门、一个单位能不能有新局面，改革能不能有新突破，各项工作能不能有新举措，都取决于思想观念。各级文化部门是思想文化战线的重要部门，是指导全国和各地文化工作的指挥部，也是党中央、国务院和各级党委、政府的重要参谋，要努力实践“三个代表”重要思想，按照十六大提出的要求，解放思想、与时俱进，开拓创新，树立科学的发展观，真正做到发展要有新思路，改革要有新突破，开放要有新局面，各项工作要有新举措。进一步解放思想，转变观念，与时俱进，是文化系统面临的一项重大任务。只有进一步解放思想，更新观念，才能冲破落后的传统观念和主观偏见的束缚，增强改革的自觉性，才能正确分析和判断形势，为改革和发展创造良好的环境和氛围，提供坚实的思想基础。要按照党的基本理论、基本路线、基本纲领和基本经验，充分认识社会主义市场经济条件下，文化与政治、经济之间日益相互交融，文化对经济、政治所产生的影响，充分认识在世界多极化和经济全球化的国际背景下，文化在综合国力的竞争中所处的重要地位。要冲破一切影响发展的思想观念，从长期以来在计划经济体制下形成的文化发展观转向适应社会主义市场经济体制的新的文化发展观。要树立全局的观念，坚持从社会主义现代化建设的全局出发，坚持从国家和人民的根本利益出发，坚持从文化艺术的长远发展和全面持续繁荣出发，把握文化体制改革的方向和文化建设的发展战略目标，增强推进改革的责任感和使命感。

当前，在推进改革的进程中，可能会遇到各种各样的困难，但是，我们既要充分考虑到改革的艰巨性和复杂性，也要看到改革的有利条件，树立必胜的信心，抓住机遇，推进改革。新中国经过50多年的建设与发展，特别是改革开放20多年来的建设与发展，我国的经济基础和实力大大增强，为文化事业发展提供了物质保障；经济领域的改革和社会主义市场经济体制的确立，社会主义民主政治建设步伐的加快，为文化体制改革创造了良好的外部环境；长期以来我们坚持党的一切从实际出发，实事求是，理论联系实际的思想路线，为我们进一步解放思想，推进改革奠定了思想基础和理论基础；20多年来文化体制改革进程中积累的经验，以及国外先进的管理经验，为我们的改革提供了有益的借鉴；高新技术的飞速发展，为文化产品的生产和传播提供了更为便利、高效的平台，大大促进了文化生产力的解放，为改革传统产业和管理模式创造了条件。因此，文化系统必须充分认识这些有利条件，振奋精神，坚定信念，抓住机遇，推进改革。

（二）文化系统要加快推进改革试点工作，为面上的展开提供经验。自中央改革试点工作会议以来，文化部按照中央的统一部署，积极稳妥地推进试点工作。文化部党组深入学习领会中央关于文化体制改革试点工作的精神，进一步明确了改革的目的、意义、主要任务和实施重点，在深入调研的基础上，制定了《文化部文化体制改革试点工作方案》。《方案》明确了文化体制改革试点工作的重要意义、指导思想、目标、总体要求，对试点地区和试点单位改革的主要任务和工作步骤进行了安排。为保证改革试点工作的顺利实施，文化部加大了对试点工作有关配套政策的研究力度，多次深入试点地区和试点单位了解情况，摸清底数，同时到有关部委和科研院所进行调研，了解配套政策情况，并结合文化系统的实际情况，研究提出了有关改革的配套政策建议，同时起草了《关于加强和扶持文化公益事业发展的若干意见》和《关于促进文化产业发展的若干意见》，为总体改革配套政策的制定提供参考。各试点单位成立了试点工作领导小组，对改革试点工作进行了动员，并针对干部职工因为转企改制而出现的思想问题，积极开展思想政治工作，稳定干部职工情绪，确保改革试点和现有工作不间断。同时，各试点单位根据文化部改革试点工作方案，结合本单位的实际，制定了本单位的改革方案和实施细则。除“中演中展”外，其他6个单位的改革方案都已由文化部批准实施。“中演中展”是文化部确定转企改制的试点单位，国务院高度重视，陈至立同志受长春、云山同志委托，主持召开文化体制改革领导小组会议，专门研究“中演中展”转企改制组建中国对外文化集团公司的有关事宜，有关部门也给予了积极支持。目前，“中演中展”改革方案多次征求有关部门意见，先后易稿20余次，现已报国务院审批。一些试点单位已经进入改革试点工作的实质性运作阶段。国家话剧院正在开始对改革中实行企业化管理的部门，以及筹建各类公司所涉及的相关事宜进行法律咨询。上海中国画院在各方支持下，研讨了艺术基金的建立、运作，以及机构、人员管理模式等一系列问题。北京朝阳区文化馆已经开始实施馆长负责制、全员聘用制、项目负责制、签约制、合同制、义工制等多种用人机制并存的改革，并按照公益性文化单位要改善服务的要求，积极参加社区文化建设，提高了服务水平和服务质量。

各综合试点地区的文化部门按照中央的统一部署，在当地党委、政府的领导下，根据各地实际，积极创新，做了大量细致的工作，积极推进综合改革试点工作。各地在广泛调研的基础上，明确了改革思路与目标，制定了改革方案，并认真组织实施。浙江省就文化部门职能转变、公益性文化单位和艺术院团改革、文化产业发展等开展了调研，制定了《浙江省文化厅系统体制改革综合试点总体方案》和文化经营单位、艺术院团、公益性文化单位改革三个子方案。深圳市着重研究制定和完善了吸引社会资金投入公益性文化事业、支持文化产业发展、文化事业单位转企改制三个方面的有关政策。广东省文化厅制定了《文化体制改革试点工作方案》和《广东粤剧艺术大剧院组建方案》等系列改革方案。

各改革试点地区在制定改革方案的基础上，认真组织改革的实施。上海市以举办中国上海艺术节为突破口，探索改进重大文化活动的组织承办机制，并积极推进文化行业协会的筹建工作，目前，音像制品分销业、演出业等行业协会的筹备工作已初步完成。西安市提出了整合文化资源优势，实现文化资源最佳配置的具体构想，在布局结构调整方面进行了有益的探索。沈阳市文化局选择了市群众艺术馆、沈阳市杂技团和市电影公司3家单位作为改革试点单位，先行一步，为改革全面铺开积累了经验。北京市的儿童艺术剧团股份有限公司已经正式挂牌并投入运营。深圳市院团改革实行一团一策，拟对深圳粤剧团和深圳歌舞团进行转企改制。并通过改革，加强对文化市场的监管，加快文化市场建设，发展文化连锁经营，积极培育中介组织和行业协会。

文化体制改革试点工作是中央直接领导，由各文化行政主管部门组织实施的一项重要工作。特别需要强调的是，这次改革试点工作一直受到党中央和国务院的高度重视，也得到了各级党委、政府的高度重视，以及各级发展改革、财政、税务、工商、劳动和社会保障等有关部门大力支持，并在中央文化体制改革试点工作领导小组的直接指导下，积极稳妥地推进和实施。我们坚信，有党中央、国务院的正确领导，通过各级文化部门和广大文化艺术工作者的不懈努力，改革试点工作一定能取得预期的成效，为全面推进文化体制改革提供有益经验。

在这次座谈会上，大家交流了各地、各单位推进改革试点的经验和做法，共同探讨和研究了存在的难点及对策，为下一步推进改革提供了一个很好的机会。中央部署的试点工作实际上还有半年多的时间，会议结束后，各试点地区和试点单位要在党委和政府的统一领导下，抓紧工作，加快推进试点工作，文化部将在10月召开试点工作总结会议，并研究拟定总结报告，报中央审定。

同志们，深化文化体制改革是中央确定的一项战略任务，也是文化系统的一项光荣而艰巨的任务。我们相信，改革必将调动广大文化工作者的积极性和创造性，调动全社会办文化的积极性，促进文化事业和文化产业的更大发展。让我们在以胡锦涛为总书记的党中央正确领导下，高举邓小平理论和“三个代表”重要思想伟大旗帜，团结一心，努力工作，为深化文化体制改革，促进社会主义文化的繁荣发展做出应有的贡献。

文化部部长孙家正在文化系统转企改制工作座谈会上的讲话

2004年6月17日

同志们：

文化系统转企改制工作座谈会是文化体制改革试点工作进程中的一次很重要的会议。18位同志介绍了各地、各单位转企改制工作的情况，交流了一些好的经验和做法，对完善转企改制的配套政策提出了一些建议。会议开得很好。

文化体制改革试点工作是中央直接领导下的一项重要工作。实施一年多来，长春同志、云山同志和至立同志多次深入文化系统进行调研，并作了很多重要的指示，至立同志还亲自主持召开有关部门参加的协调会，帮助解决“中演中展”转企改制中的困难，充分体现了党中央国务院高度重视试点工作。今年2月，文化部在桂林召开了文化体制改革工作座谈会，传达和学习了长春同志关于文化体制改革的一系列讲话精神，各综合试点地区和试点单位交流了各自的情况，进一步统一了思想，明确了工作重点和任务。在其后的4个月时间里，文化系统加快推进改革试点工作，在公益文化单位的内部改革和经营性文化单位的转企改制两个方面都取得了积极的进展。在党中央国务院发出关于加强未成年人思想道德建设的若干意见后，各地文化部门和公益性文化单位积极行动起来，克服困难，采取各种措施，包括图书馆、博物馆、文化馆在内的各种公共文化设施都开始向未成年人及其他有关社会群体免费开放，提高了服务能力和服务水平。各级党委和政府也都不同程度地增加了对公益文化设施的投入。经营性文化单位的转企改制工作虽然在有些地方遇到一定的困难，但总体上是积极向前推进的，有的地方还取得了很好的效果。试点的实践证明，中央关于开展文化体制改革试点工作的方针政策是正确的。下面，我就文化系统经营性文化事业单位转企改制这个重点问题，讲几点意见，供大家参考。

一、文化系统改革试点工作的总体情况

改革试点工作整体进展是积极而稳妥的，主要做了以下两个方面的工作。

（一）深入调查研究，制定改革方案，研究配套政策

文化部在深入调研的基础上，制定了《文化体制改革试点工作方案》。《方案》要求试点地区文化部门和试点单位把文化体制改革的任务与本地区、本单位文化工作的实际结合起来，突出重点，抓住关键，把思想变为思路，把思路变为意见和方案，把方案分解成项目，把项目落实到单位和责任人。各试点单位根据文化部《改革试点工作方案》，制定了符合本单位实际的改革方案和实施细则。去年年底，文化部批准6个改革试点单位的改革方案实施。今年3月，国务院对“中演中展”转企改制组建中国对外文化集团公司的有关问题作了批复。文化部会同财政部联合印发了《中国对外文化集团公司章程》。4月，中国对外文化集团公司举行了挂牌仪式。各综合试点地区的文化部门按照中央的统一部署，在当地党委、政

府的领导下，根据各地实际，在广泛调研的基础上，制定了改革方案。

加大了对试点工作有关配套政策的研究力度。文化部对试点地区、试点单位以及有关部委和科研院所进行调研，摸清底数，了解配套政策，并结合文化系统的实际情况，研究提出了有关改革的配套政策建议，同时起草了《关于加强和扶持文化公益事业发展的若干意见》和《关于促进文化产业发展的若干意见》，为总体改革配套政策的制定提供参考。深圳市着重完善了吸引社会资金投入公益性文化事业、支持文化产业发展、文化事业单位转企改制三个方面的有关政策。西安市出台了《市属部分事业单位改制为企业若干政策意见》，研究制定了《关于落实国办发[2003]105号文件支持文化产业发展的若干意见》和《关于落实国办发[2003]105号文件经营性文化事业单位转制为企业的规定的实施意见》。浙江省制定出台了《浙江省人民政府关于省级国有文化单位改革试点的若干意见》，明确了省级国有文化单位改革试点的主要任务，对公益性文化事业单位和经营性文化事业单位转企改制提出了政策措施。沈阳市制定了《关于文化经济政策和改革配套政策的意见和建议》。重庆市研究起草了《重庆市委市政府关于积极培育文化市场加强文化产业发展的意见》、《重庆市在文化体制改革中支持文化产业发展的实施办法》、《重庆市文化体制改革试点中经营性文化事业单位转制为企业的实施办法》等。

（二）积极推进试点工作的实施

一些试点单位已经进入改革试点工作的实质性运作阶段。国家图书馆正在进一步深化内部三项制度改革，着力提高服务水平和服务能力。“中演中展”组建的中国对外文化集团公司挂牌后积极推动企业的经营运作。上海中国画院在各方支持下，研讨了艺术基金的建立、运作以及机构、人员管理模式等一系列问题。北京朝阳区文化馆已开始实施馆长负责制、全员聘用制、项目负责制、签约制、合同制、义工制等多种用人机制并存的改革，并按照公益性文化单位要改善服务的要求，积极参加社区文化建设，提高了服务水平和服务质量。

一是加大了布局结构调整力度，促进文化资源的优化配置。如北京市准备以北京京剧院为龙头，联合北方昆曲剧院、北京市河北梆子剧团，筹建北京戏曲艺术剧院。重庆市将市歌剧院、歌舞团、曲艺团、京剧团等专业院团组成重庆乐团。西安市将以西安易俗社为基础，合并西安青年秦腔艺术团、西安五一剧团、西安秦腔一团，组建西安艺术研究院。广东将广州交响乐团与星海音乐厅以“团厅合一，产销一体”的形式进行资源重组。并将南海聚华园学校创办成兼教育、艺术、文博、图书馆等综合功能的文化园区。重庆整合艺术院团的舞美、设备资源，将组建重庆舞美设备公司等。

二是一批经营性文化单位正在实施转企改制。转企单位主要有三类：一类是电影公司。如，浙江、广东、西安、沈阳、丽江等地的电影公司实行了转企改制；第二类是部分艺术表演团体转企或直接进行股份制改造。例如北京儿童艺术剧院实行股份制改造后排演的《迷宫》，从5月29日开始首次商业演出，仅前15场观众就超过2.5万人，票房收入252万元。浙江省歌舞剧院下属的4个团，目前正准备与企业联合，实行整体转制和股份制改造，辽宁省歌舞团、辽宁省大剧院转企后将成为国有独资文化企业，西安说唱团正准备转制为股份制，深圳粤剧团将改制为民办公助的文化企业，成立深圳市粤剧团有限责任公司，深圳市歌舞团也将转制为华侨城集团所属的文化企业。丽江市民族歌舞团在与深圳能量实业有限公司合作，成功推出《丽水金沙》的基础上，以能量实业有限公司现金入股（占55%），歌舞团演职员入股（占45%）的方式组建了丽江市民族演艺有限责任公司。第三类是中介单位的转企改制。如“中演中展”等演出展览机构实行了转企改制。

总体来看，文化系统对改革试点工作思想认识是不断深化的，态度是积极的，步骤是稳妥的，试点工作正在按照中央的统一部署向前推进。

二、经营性文化单位转企改制是改革的重点和关键环节

（一）经营性文化事业单位的转企改制，是文化领域适应社会主义市场经济体制的一项重大体制变革和一次战略性结构调整

在长期计划体制下，我国形成了庞大的国有事业单位（其中包括很多经营性事业单位）及其与之相适应的事业体制。目前全国文化系统共有文化事业单位5万多个，从业人员近40万人。这些事业单位曾为满足人民群众精神文化生活需要和繁荣发展我国文化事业做出了重大的贡献，这种事业体制也曾对文化资源的配置调节起到过重要的作用。然而，随着社会主义市场经济体制的逐步建立，这种庞大的事业体系已逐渐不能适应新的经济体制发展的要求。由于受事业体制的限制，一些经营性单位被捆住了手脚，加上观念滞后，机制不灵活，缺乏市场意识，经营不善，场馆设施陈旧，致使这些单位长年亏损，面对激烈的市场竞争，难以为继，同时造成国家资源的闲置和浪费。长期以来，这些经营性事业单位不能很好地为公众提供丰富多彩和健康向上的文化产品和优质的服务，不能很好地满足广大人民群众精神文化生活的需求，因而既没有好的社会效益，更没有好的经济效益，也制约了自身的发展。

十六大明确提出了要把深化改革与调整结构促进发展结合起来。从布局结构看，通过经营性文化单位的转企改制，使一部分经营性单位从公益性事业单位中分离出来，进一步明确了图书馆、博物馆、文化馆等公益性文化事业单位的公共文化服务的定位和职能，促进了公共文化服务体系的完善。同时，经营性文化事业单位通过转企改制，成为独立的经济实体，将解决长期以来困扰我国市场主体中缺乏国有文化市场主体及大型国有或国家控股的文化企业的结构性问题。从产业结构看，经营性文化事业单位的转企改制，将促进我国产业结构特别是第三产业结构的调整。我国已将文化产业列入服务业或第三产业，并将其视为新的经济增长点。十六大以后，我国的文化产业得到了进一步的发展。2003年，据不完全统计，文化部门主管的文化娱乐业、音像分销业、演出经纪与代理业、艺术品经营等门类的文化市场经营单位共有29.2万个，从业人员近118万人，创增加值146亿元。但与发达国家相比，我国文化产业仍然处于起步、探索、培育、发展的初级阶段。如，美国的娱乐业，年收入4000亿美元,是美国第二大产业。日本2001年度文化产业总产值约占GDP的18.3%,仅次于制造业而成为第二大支柱产业。而我国2000年包括教育在内的文化艺术及广播影视业的增加值占GDP的比重仅为2.71%。文化企业是整个产业的基础，只有具备大批有活力的微观主体，才有可能造就宏观的文化产业。目前我国的文化企业还基本上处在小、散、滥的状态，缺乏一批拥有人才、资金、技术、信息等资源优势，具有较强竞争力的龙头品牌企业。因此，要通过转企改制，进一步挖掘国有文化资源的巨大潜力，充分发挥经营性国有文化单位在人才、资金、技术、信息等方面的资源优势。例如，由于历史原因，我国各类高级优秀文化人才很多都集中在国有文化部门，这是一种宝贵的人力资源。而文化产品或服务的生产与再生产过程，在本质上是具有一定知识结构和创新能力的人才对文化资源进行挖掘、创新的过程。依托人才资源来盘活存量资产和存量文化资源，是国有文化单位的优势。同时，长期以来国家对这些单位的投入，为这些单位积累了相当的物质基础。要通过转制，进一步发挥这些单位在提升优化产业结构、引领产业发展方向等方面的优势，增强我国文化产业的整体实力。

（二）经营性文化单位转企改制是重塑和培育市场主体，确立国有文化企业主导地位，充分发挥国有文化企业骨干作用的要求

国有文化单位是我国文化产业的主导力量，在发展和繁荣先进文化，建设社会主义精神文明中担负着重要责任。党的十六大提出了建立以公有制为主体，多种所有制共同发展的

有一个坚强的结构合理的领导班子，除了艺术规律的专家之外，特别要有熟悉市场的经营管理人才。其他方面，诸如资金、等方面，也十分重要，但国家对转企改制化单位给予了政策上的优惠，改革所需的由财政帮助解决。精明的企业领导者，会利用这些政策消除旧体制带来的各种不素，充分发挥潜在的优势，摆脱单纯依赖的局面，迅速转向市场，向市场要效益，市场求得更大的发展。企业在融资、分配面的优势也是事业单位所没有的。因此，备上述要素的情况下，这些文化单位通过改制，可能会赢得极好的发展机遇。

（四）要精心组织艺术表演团体转制的实施工作

艺术表演团体的改革是文化体制改革要组成部分。一些艺术院团的结构调整、重组和转企改制是试点工作的重点和难点之一，因而其改革试点具有重要而特殊义。过去，我们比较多地停留在对艺术表体属性的争论上，即艺术院团到底是公益位，还是经营性单位，抑或是半公益性半性单位。原来，我们也一般认为儿童艺术是纯公益性的事业单位，然而北京儿艺的改制使我们的争论失去了意义，它为我们了一个全新的典型，即传统观念上认为公很强的艺术院团，同样可以面向市场，转业，而且是一步到位，实现了股份制改造。短短的几个月时间里，北京儿艺已经初步了改革带来的生机。与之相比，其他类型的术表演团体，只要具备某些条件，是否也实行企业体制呢？这的确是我们应当深入和大胆探索的问题。在目前全国2600多有和集体所有制艺术表演团体中，确有一些方，包括中直院团，存在重复建设、资源的问题。因此，要下决心进行结构调整和重组，集中优势，办好重点院团。一些歌杂技之类的院团，甚至包括某些所谓严肃艺的院团，并不是绝对不可以实行企业体制，键是看能否最大限度地集约资源，调动演职

基本经济制度。文化体制改革要适应经济体制的改革。目前，我国的文化产业虽然有了较大的发展，但从严格意义上说，真正具有国际竞争力的大型国有文化骨干企业还基本上没有，与此同时，一些非国有的文化企业却正在雨后春笋般地成长。防止国有文化单位在市场竞争中被边缘化，是一个现实的问题。据有关部门统计，目前在我国文化市场（文化部门管辖范围）所有制结构中，就经营单位、从业人员、增加值而言，国有经济约占6.7％、15.5％、22.9％,集体经济约占22.4%、28.3%、20.3%，私营经济约占4.0％、5.9％、4.4％，个体经济约占62.1％、35.1％、30.7%，联营经济约占2.5%、2.5%、3.9％，股份制经济约占1.1％、4.2％、5.2％，外商和港澳台投资约占1.0％、4.2%、5.2%。由此可见，国有文化企业的实力还不够强，所占的市场份额还不够大，还不能形成以公有制为主体、多种所有制共同发展的格局。

目前，经营性单位转企改制刚刚开始，要打造一大批现代市场主体，面临的任务还十分艰巨。我在今年2月的桂林会议上讲过，转企改制的试点单位，一要有光荣感。试点是改革的探索者和先行者，同志们将为文化新体制的建立做出贡献。二是要满怀信心。改革的试点，同时也是发展的重点。对经营性文化单位的转企改制将带来大发展。培育和重塑国有市场主体的目标就是要通过转制、改组、改造、兼并、重组等方式，建立现代企业制度，形成国有资本布局合理，产业和产品结构优化，技术装备先进，大中小企业合理分工的产业群体，重塑和培育一批自主经营、自负盈亏、激励和约束机制相结合的国有和国有资本控股的市场竞争主体，充分发挥国有文化企业的主导作用。具体来说，要在以下几个方面加大力度：一是要继续推动国有演出展览等中介机构的转企改制；二是有条件的国有艺术表演团体和演出场所，要逐步转制为企业，按照现代企业制度，改组改造成自主经营、自负盈亏的经营实体；三是要鼓励和支持一部分国有演出团体、演出场所和演出经纪机构联合、联办、兼并，以资本、资源为纽带进行重组，形成跨地区、跨行业、跨部门、跨所有制甚至跨国经营的企业集团；四是除了必须要由国家垄断的行业或领域外，对一般性竞争领域要放宽资本准入。要通过股份制改造，通过企业上市，扩大国有文化企业的融资能力，增强实力和竞争力。

（三）为经营性文化单位的转企改制营造良好的环境

随着文化市场的发展，各类市场主体的不断壮大，需要有一个公平公正有序的市场环境为其发展提供平台。各级文化部门要加快促进竞争有序、统一开放的市场体系的建设，为文化企业的发展提供良好的发展环境。一是要进一步放宽市场准入。根据国务院关于行政审批制度改革的要求，文化部进一步转变政府职能，加大了行政审批改革力度。目前，文化部已取消了17项涉及文化市场的行政审批，为文化企业发展提供了更为宽松的环境。2002年，文化部对《营业性演出管理条例实施细则》进行了修改，除保留涉外演出公司与非涉外公司的区分外，在艺术生产经营各个环节全面向社会开放，吸引社会力量，举办艺术团体，兴办演出经纪机构，投资兴建演出场所。最近，文化部已通过对《营业性演出管理条例》的修改草案，主要是放宽市场准入，扩大对内开放，统一国民待遇，进一步下放行政审批权。二是要建立健全竞争约束机制，市场退出或淘汰机制。文化产品作为精神产品，它的生产和流通有其一定的特殊性，因此，在放宽市场准入的同时，要把好市场准入关。要进一步研究和明确文化市场准入规则和退出办法。对文化产品要有必要的审查和许可制度，建立健全文化单位的综合评估体系。三是要进一步完善文化市场法制建设。文化部下一步将继续对不适应新形势要求的行政法规和部门规章进行修订，积极推动艺术品管理、互联网文化管理等法规的制定，并着手开展文化市场法的调研。四是要加强文化市场稽查。要根据文化市场的发展需要，进一步建立健全以综合执法为

模式的文化市场稽查机构，落实人员
高执法队伍的素质。

三、当前文化单位转企改制中需
的几个问题

（一）要进一步解放思想，转变
强紧迫感

文化系统的同志们要进一步解放
变观念，充分认识转企改制工作在深
制改革中的重要意义，克服等待观望
增强紧迫感和使命感。发展、繁荣是
心，改革是动力。根据中央对试点工
和文化部关于试点工作的实施方案，
将要对试点工作进行总结并形成一批
为明年文化体制改革的全面推进提供
试点地区要加快推进试点工作，及时
完成情况，总结成功经验，找出存在
出对策建议。各级文化管理部门要加
试点工作的指导，积极推动经营性单
改制工作。综合改革试点地区的改革
区域内所有的文化企事业单位，文化
部门要加强对本地区整个改革工作的
前，一些地区虽然确定了若干省市直
为转企改制试点，但由于种种原因一
入实施阶段。要鼓励和保护一些企事
身改革的热情，加强指导，并为它们
有利条件。此外，要积极争取落实转
启动经费。经营性事业单位的转企改
政资金保障，但由于认识问题或财政
等，致使必要的资金支持不能到位。
要继续积极与财政部门沟通，多向当
府汇报请示，争取更大的支持，并且
措资金，以落实转制经费的到位。

（二）要认真学习和贯彻落实
[2003]105号文件，根据当地实际，
定扶持文化产业发展和经营性单位
制的政策措施

文化体制改革是一项政策性非常
作，它与劳动、人事、分配、社会保障
管理等各方面的改革相衔接。经营性
转企改制是从事业体制向企业体制的转

全面改革的文件。担负试点工作地区和单位的任务，是光荣而艰巨的，希望大家通过这次会议，更加积极主动地推进试点工作，抓住重点，突破难点，争取为全面的改革提供更多有益的经验，为建立健全新的文化体制，为繁荣发展文化事业和文化产业，做出更大的贡献。

文化部部长孙家正在“纪念邓小平同志诞辰100周年——邓小平文艺思想研讨会”上的讲话

邓小平文艺思想是邓小平理论的重要组成部分，是在继承马克思主义文艺理论和毛泽东文艺思想的基础上，结合社会主义现代化建设新时期的中国国情，结合文艺战线出现的新情况、新问题、新任务而形成的。邓小平文艺思想对中国特色社会主义文艺的性质、方向、特征、地位、职能、作用以及党的文艺方针政策，进行了全面、系统的论述，是我们进行文化建设的指导思想。改革开放以来，我国文化事业发展和文学艺术的繁荣，都是在邓小平文艺思想的指导下实现的。下面，我就如何贯彻落实邓小平文艺思想，指导文化工作实践谈几点体会。

一、牢记我们的文艺属于人民，始终坚持先进文化的前进方向

邓小平同志谆谆教导我们：“我们的文艺属于人民”；“对人民负责的文艺工作者，要始终不渝地面向广大群众，在艺术上精益求精，力戒粗制滥造，认真严肃地考虑自己作品的社会效益”；“文艺创作必须充分表现我们人民的优秀品质，赞美人民在革命和建设中、在同各种敌人和各种困难斗争中所取得的伟大胜利”；“力求把最好的精神食粮贡献给人民”。邓小平同志还一再教导我们：要“批判和反对封建主义在党内外思想政治方面的种种残余影响”，“要批判和反对资产阶级损人利己、唯利是图、一切向钱看的腐朽思想。”

邓小平同志的这些教诲，给我们指明了先进文化的前进方向。在当代中国，发展先进文化，就是发展面向现代化、面向世界、面向未来的，民族的科学的大众的社会主义文化，以不断丰富人们的精神世界，增强人们的精神力量。

代表先进文化的前进方向，就要坚持马克思列宁主义、毛泽东思想和邓小平理论的指导地位，用“三个代表”重要思想统领社会主义文化建设。大力发展先进文化，支持健康有益文化，努力改造落后文化，坚决抵制腐朽文化。

代表先进文化的前进方向，就要始终坚持为人民服务、为社会主义服务的方向和“百花齐放、百家争鸣”的方针，坚持贴近实际、贴近生活、贴近群众，始终以满足人民群众精神文化需求，提高全民族素质，促进人的全面发展为宗旨，以培养有理想、有道德、有文化、有纪律的社会主义公民，建设富强、民主、文明的社会主义现代化国家为目标。

二、牢记以人为本，全面落实科学发展观，扎扎实实推进文化建设

以人为本，全面、协调、可持续的发展观，是以胡锦涛同志为总书记的党中央在新的历史条件下，在邓小平理论和“三个代表”重要思想指导下，根据新的形势和任务提出的重大战略思想，也是对邓小平同志“发展是硬道理”重要思想的发展和深化。

科学发展观的提出，为文化建设提供了前所未有的重大机遇。“三个代表”重要思想，将“代表中国先进文化的前进方向”确立为党的指导思想之一，大大提高了文化工作的地位。科学发展观突出了以人为本的思想，不仅把文化建设作为社会全面、协调、可持续发展的重要手段，而且作为其重要内容、重要目标和根本保证之一，更加凸显了文化的重要地位。这是广大文化工作者应该紧紧抓住并有所作为的新的重大机遇。我们一定要抓住机遇，乘势而上，把文化建设推向一个新的发展阶段。

文化建设，重在建设，贵在积累。要扎扎实实推进思想理论建设、组织队伍建设、法规

制度建设、基础设施建设和文化业务建设，力戒急功近利和形式主义的作风。既要敏锐把握国内外形势的发展变化和全面建设小康社会对文化建设的新要求，人民群众文化需求和文化发展的新趋势，增强文化工作的紧迫感和针对性，还要充分认识到我国将长期处于社会主义初级阶段的基本国情，实事求是，求真务实，注重实效。

三、进一步解放思想，促进文化创新，推动文化体制改革

创新，是邓小平理论的突出品格，也是文化的本质特征。中华民族是一个富有创新精神的民族。正因为中国文化传统中，蕴涵着一种生生不息的思想活力和创新精神，中华民族才能够随着时代发展，不断实现自身的改造和更新。

党的十六大明确把理论创新、制度创新、科技创新、文化创新作为我们党必须长期坚持的治党治国之道。因此，文化创新不仅关系到文化的自身发展，更关系到社会主义现代化建设的全局，关系到我们民族的未来，是我们应该深入研究、认真实践的时代课题。

文化创新首先是文化本体的创新。文化本体创新的核心是文化思想的解放和创新。文化思想和观念、内容和形式应适应时代的发展，合乎人民的需要。这就要求我们的先进文化发展必须深深植根于中国社会主义现代化建设的实际，着眼于当代世界科技文化发展的前沿，适应中国先进生产力的发展要求，遵循中国先进文化的前进方向，符合中国最广大人民群众的根本利益。人民是文艺工作者的母亲，人民群众创造新生活的实践是文化艺术的源泉。深入生活、深入实际，感受时代的脉搏，倾听人民的心声，始终保持同人民群众的血肉联系，文化的发展才有不竭的源泉和持久的推动力，文化的改革、创新也才会有正确的价值取向和根本的检验标准。

创新是一个探索的过程。推动文化创新，必须解放思想，尊重文艺发展的自身规律，为文化创新和文化艺术的全面繁荣，营造良好的环境和氛围。在市场经济环境下，推动文化创新，还必须科学地、全面地认识文化的功能。文化如水，滋润万物，悄然无声。要防止以实用主义的态度简单化地对待文化艺术。

当前，体制创新是文化创新的关键，必须坚定不移地积极推进文化体制改革。我国现行的文化体制是在长期计划经济体制下形成的，从总体上看，难以适应社会主义市场经济的发展，难以适应人民群众日益增长的精神文化需求，难以适应文化艺术自身发展的要求，必须加快改革进程。

文化体制改革的目的就是为了充分调动文化艺术工作者的积极性和创造性，推动文化创新，多出优秀作品，多出人才；就是要充分调动广大群众的积极性，动员全社会的力量广泛参与文化建设，使文化建设置身于社会的大环境，真正成为人民群众自己的事业；就是要充分发挥市场机制的作用，发展文化产业，使之成为繁荣文化艺术，满足人民精神文化需求的重要途径。

在市场经济条件下，推进文化体制改革，就是要发展文化公益事业和发展经营性文化产业。这是文化建设的两项基本任务，也是文化体制改革两个重要方面，必须统筹规划，真正做到“两手抓”、“两加强”。

推进文化体制改革，必须处理好社会效益与经济效益的关系，力争两个效益的统一。既要发挥市场机制作用，也应注意思想文化的引导和以法律、经济手段为主的宏观调控。推进文化体制改革，必须健全法规建设。只有健全相应的法规体系和执法体系，政府对于文化事务的管理，才能真正实现从微观向宏观、从直接向间接、从传统的行政管理向依法管理转变。

四、大力推进人才兴文战略，加快人才队伍建设

1979年，邓小平同志在第四次文代会的《祝词》中说：“必须十分重视文艺人才的培养。在一个9亿多人口的大国里，杰出的文艺家实在太少了。这种状况与我们的时代很不相称。

我们不仅要从思想上，而且要从工作制度上创造有利于杰出人才涌现和成长的必要条件。”

今天重温邓小平同志的话，仍然是感慨良多。25年来，我们的文化人才队伍有了很大发展，艺术园地硕果累累，但杰出的文艺家还是实在太少了，仍然与我们的时代很不相称，与全面建设小康社会的伟大事业很不相称。我们纪念邓小平同志，一定要大力推进人才兴文战略，把人才战略作为繁荣文化事业的根本战略，努力造就一支高素质、结构合理的文化人才队伍。

随着建设小康社会的全面展开，我们今天对人才需求的种类增加了，数量扩大了，要求的质量大大提高了。必须根据文化事业发展要求，切实抓好各门类文化艺术人才、文化艺术经营管理人才和文化艺术发展所需要的科技人才的培养、引进和使用；必须推进文化事业单位的用人制度改革，激活内部用人机制；必须改善现有的文化人才队伍结构，积极拓宽选人用人渠道，培养熟悉市场经济规律、熟悉文化营销策略的经营管理人才；必须在文化系统形成尊重知识、尊重人才、尊重劳动、尊重创造的浓厚风气、良好氛围和有效机制。

文化部部长孙家正在全国网吧等互联网上网服务营业场所专项整治工作电视电话会议上的发言

（2004年2月19日）

同志们：

经党中央、国务院领导同志同意，文化部、国家工商行政管理总局、公安部、信息产业部、教育部、财政部、国务院法制办公室、中央精神文明建设指导委员会办公室、共青团中央决定于2004年2月至8月，在全国开展一次网吧等互联网上网服务营业场所专项整治工作，尽快实现网吧等互联网上网服务营业场所状况的根本好转。今天的电视电话会议将就此做出部署，会议上国务委员陈至立同志还要作重要讲话，各地文化行政部门一定要认真学习和贯彻。下面我代表全国网吧等互联网上网服务营业场所专项整治工作协调小组及文化部提出以下几点意见。

一、加强领导，形成合力

由国务院领导同志挂帅，文化部牵头，会同工商总局、公安部、信息产业部、教育部、财政部、广电总局、法制办、中央文明办、团中央已经成立专项整治工作协调小组，统一领导、协调专项整治工作。国务院办公厅转发了文化部等部门制定的《关于开展网吧等互联网上网服务营业场所专项整治的意见》，就网吧等互联网上网服务营业场所专项整治工作的关键环节提出了意见，明确了工作重点、工作方式和各个部门的管理职责。搞好网吧整治工作，核心在于坚决贯彻执行《互联网上网服务营业场所管理条例》，确保执法到位。各地区各有关部门要严格按照《国务院办公厅转发文化部等部门关于开展网吧等互联网上网服务营业场所专项整治的意见的通知》的要求，以高度的责任感紧急动员起来，成立分管党政领导负责的专项整治领导小组，建立联席会议制度，制定本地实施方案，召开会议安排部署，迅速形成整治工作的强大声势。

二、突出重点，集中整治

这次专项整治工作的重点，一是无证照或证照不全的“黑网吧”以及以电脑学校、劳动职业技术培训班、电子阅览室、计算机房名义变相经营网吧问题；二是网吧接纳未成年人进入问题；三是在网上传播有害文化信息问题。对擅自设立互联网上网服务营业场所，或者擅自从事互联网上网服务经营活动的，由工商行政管理部门或者由工商行政管理部门会同公安机关依照条例和《无照经营查处取缔办法》的规定，坚决予以取缔。各级文化行政部门要以解决未成年人禁入问题为工作重点，再次公布举报电话，采取实际步骤鼓励举报并严厉查处违法接纳未成年人的经营行为。对累计两次接纳未成年人进入的责令停业整顿，对累计三次接纳未成年人进入的，吊销《网络文化经营许可证》；对情节严重或在规定营业时间以外接纳未成年人的，一律吊销《网络文化经营许可证》。对为逃避监督检查关闭通道、反锁门窗超时经营的，从严予以查处。公安机关要进一步加强对互联网上网服务营业场所的信息网络安全、治安和消防安全的监督管理。加强互联网内容监管工作，加大对违法互联网文化产品传播、展览、比赛等活动的查处力度。对未经文化部许可擅自利用互联网从事网络游戏、音像、演出剧（节）目、艺术品、动画等互联网文化经营活动的，由文化行政部门依照《无照经营查处取缔办法》予以取缔。对未经文化部内容审查，擅自传播进口互联网文化产品的，由文化行政部门依法查处，并会同信息产业部门依法处理。对于利用网吧等互联网上网服务营业场所制作、传播违法信息的，由公安机关依法从严查处。

三、明确责任，属地管理，加强监督，群防群治

网吧管理和整治，关键在地方、在基层。要实行属地管理原则，把责任落实到地方政府、基层以及社区，一级抓一级，并严格实行责任追究制度，确保任务到位、组织到位、责任到位、措施到位、处罚到位。文化部将会同有关部门派出督查组，督促指导各地做好专项整治工作。要加强行业协会和社会监督体系建设，促进行业自律，加强普法工作，支持新闻媒体进行舆论监督，广泛发动家庭、学校和社会，邀请家长、老师、人大代表、政协委员以及社会各界关心未成年人健康成长的人士广泛参与，建设一支基础广泛的义务监督员队伍，建立群防群治机制。加强学校法纪和道德教育，严格校纪校规，规范学生上网行为。有关新闻单位要加大网吧管理和整治的宣传力度，使广大人民群众充分认识黑网吧和网吧违法违规经营行为的危害性。各地文化、财政、公安、工商等部门要根据本地实际制定举报奖励办法，在新闻媒体、网吧经营场所、中小学校等公布举报电话、举报信箱，鼓励广大群众积极举报。

四、标本兼治，建立长效管理机制

网吧管理工作是一项长期的艰巨的任务，需要标本兼治，疏堵结合，建立长效管理机制，从法制、体制和机制等关键环节解决问题。一年多的管理实践告诉我们，管好网吧，不仅需要科学合理的管理思路和政策法规，以及高科技的管理手段，而且要有一支强大的管理稽查队伍，一套成熟的管理经验和方法。否则管理就很难到位。要认真总结经验，从有利于加强网吧管理出发，进一步完善和调整有关政策法规，将专项整治的成功举措转化为持之以恒的日常监管的具体办法，建立健全长效管理机制，坚决防止反弹。要实施经营管理技术措施和信息网络安全技术措施，利用远程计算机监管体系对网吧实行全程实时监管。继续坚持一手抓整顿和规范，一手抓改造和提高，推广连锁主题网吧，促进市场整合，引导互联网上网服务营业场所向规模化、连锁化、主题化、品牌化方向健康发展，全面改造和提升现有网吧产业。提倡孩子在家长、老师以及其他责任人的监护指导下，在家庭、学校以及其他公共科技、文化场所上网，为未成年人提供健康文明的上网场所和上网机会。家长和学校以及社会各界要承担起应有的责任，与政府有关部门一道齐心协力，密切合作，共同帮助未成年人健康成长。筹建网吧行业协会，鼓励社会监督，建设政府管理、行业自律、社会监督、企业依法经营的群治群防、综合治理体系。规范网络文化市场，发展信息内容产业。各级文化行政部门要积极配合公安机关以网吧为切入点，以网络游戏为重点，加强网上内容监管，严格实行对包括引进游戏在内的网络文化产品的内容审查制度，优先保障本土网络文化产业的开发和发展，为广大网民提供健康向上、丰富多彩的网络文化产品。

最后，我代表文化部对各级文化行政部门提出几点要求。各级文化行政部门要提高认识，统一思想，充分认识开展网吧等互联网上网服务营业场所专项整治工作的必要性和紧迫性，实行一把手负责制，健全工作制度，积极会同工商、公安等部门立即组织对网吧的全面细致的突击检查和整治行动，加强对网吧等互联网上网服务营业场所经营单位经营活动的监督管理，严厉查处接纳未成年人进入等违法违规行为，使网吧等互联网上网服务营业场所违法经营活动蔓延的势头得到明显遏制，使群众反映强烈的突出问题得到有效解决，尽快实现网吧等互联网上网服务营业场所经营秩序的根本好转。同时，作为此次行动的牵头部门，要主动争取当地党委、政府的领导和支持，协调有关部门，认真组织、协调好此次专项整治工作，并积极会同各部门建立对网吧等互联网上网服务营业场所管理的长效机制。

各地文化行政部门要坚持从严管理、控制总量、合理布局、优化结构，实行日常检查、突击检查与技术监管相结合，进一步加大稽查的力度，巩固和深化专项整治成果。要举一反三，在努力搞好网吧专项整治工作的同时，全面加强对演出市场、娱乐市场、音像市场以及其他文化市场的监督管理，保障文化市场有序繁荣和健康发展。

党中央、国务院领导同志明确要求加强对网吧的管理，坚决取缔“黑网吧”，保护青少年身心健康成长。管好网吧等互联网上网服务营业场所，为未成年人健康成长创造良好的社会环境是各有关部门义不容辞的责任。各地区各有关部门要在当地党委、政府的坚强领导下，下最大的决心，尽最大的努力搞好网吧等互联网上网服务营业场所专项整治工作，尽快实现网吧等互联网上网服务营业场所状况的根本好转。

文化部部长孙家正在“全国文艺集成志书编纂出版成果表彰大会”上的讲话

各位领导、各位专家，同志们：

我国民族民间文化建设的重大基础工程—跨越两个世纪、历时25年的10部“中国民族民间文艺集成志书”，完成了近5亿字全部省卷的编纂工作，标志着这一宏伟工程基本竣工。

这样的成绩，是一点一滴积累起来的，来之实在不易。它凝聚了多少文化工作者的心血、智慧乃至生命。我们的10大总主编，吴晓邦、马学良、吕骥、钟敬文、张庚、李凌6位同志已先后谢世，现在健在的只有4位，他们是周巍峙、孙慎、贾芝和罗扬同志，也已经都是八九十岁的老人。有多少文化工作者，从青年学子、干部变成了白发苍苍的老专家、老干部。这里我代表文化部党组，向以周巍峙同志为首的全国文艺集成志书工作者，包括参加收集普查、收集、整理、编纂、审稿、出版业务工作和组织工作的专家、领导，表示敬意和慰问；向为民族民间文化资源的普查、收集工作默默奉献的广大基层文化干部和民间艺术家表示感谢。特别要向本次大会“特殊贡献个人奖”“组织工作优秀集体奖”等奖项的获得者，表示最热烈的祝贺。同时，对中央领导同志和有关方面的负责同志在百忙之中出席大会表示衷心的感谢。

本次大会，既是表彰大会，又是总结大会，这是一个承前启后、继往开来的大会。借今天的机会，我想在这里谈几点想法。

一、切实提高对民族民间文化重要性的认识

民族民间文化保护，首先要解决的还是认识问题。这虽然是老生常谈，但思想认识问题不解决，民族民间文化保护工作就始终不能放在它应有的位置上得到重视。经过社会各界的呼吁、宣传，以及我们多年来的工作成果逐渐为人们认识和了解，对民族民间文化，应该说达成了以下一些共识：

1.民族民间文化是民族文化遗产和文化事业中不可缺少的组成部分。

我们的祖先在悠久的历史长河中，创造了内容丰富、形式多样的文化，给我们留下了宝贵的文化遗产。从形式上说，可以分为物质形态的“有形”的文化遗产，如文物、典籍等；

口头、非物质形态的文化遗产，即民族民间文化，也称“无形”文化或口头与非物质文化。文化遗产的“有形”和“无形”部分、物质部分和非物质部分，共同构成文化遗产的整体，缺一不可。

建设社会主义文化，必须始终把保护和弘扬民族民间文化放在重要位置。

2.民族民间文化具有极为强大的生命力，对延续中华文明、保持民族文化的独立性、维护国家文化安全具有不可替代的独特作用。

民族民间文化体现了我们民族的特征，是我们文化的“根”和“母体文化”。民族民间文化中，有很多是劳动人民在生产生活实践中直接创造出来的，没有更多的艺术加工，与“有形”的典籍文化、高雅文化相比，显得更为直观、简明。惟其如此，也更加真实地反映了当时的生产生活实际，因而更加宝贵。作为文化遗产中“无形”的部分，正因其无形而内在生命力十分坚韧，它像“水”一样，至柔而至刚。中华文明成为世界几大文明中唯一绵延至今从未间断的文明，民族民间文化的传承功不可没。同时，其表征形态上，有时候又十分脆弱，容易因外在条件的变化而受到破坏。在当前文化交流与冲突日益频繁的形势下，民族民间文化是我们对外文化交流的主要手段，也是改变文化交流不平衡状态的主要工具。因此，保持民族文化的独立性，显得尤为重要。

3.民族民间文化是文艺创作、文化创新的基础和源泉，对于推进社会主义先进文化建设具有重要作用。

民族民间文化既是民族的文化遗产，也是生存着的活文化。一些民族民间文化，如西藏的藏戏、新疆的木卡姆等，在许多地区仍然广受老百姓的欢迎。丰富的民族民间文化，又是我们进行文艺创作取之不尽、用之不竭的源泉。今天的文艺创作家，只有具备民族性的文艺素养，只有从大众、从民族民间文化中汲取养分，才能真正创作出为广大人民群众喜闻乐见具有民族精神和民族气派的作品。现在，我们拥有的大量的民族传统文艺，为广大艺术家的修养和创作提供了宝贵的滋养原料和创作素材。只有重视民族民间文化的发展并从民族民间文化中汲取营养，建设民族的、大众的社会主义先进文化才不是空话。

4.重视民族民间文化保护是世界各国文化发展战略的一种趋势。

当今世界，全球化的趋势日益明显和加强。全球化促进了世界各国各民族文化间的交流、沟通、理解和相互尊重。但是，这种交流又是不平衡、不对称的。西方发达国家凭借其科技、经济的优势，在政治上、文化上推行“单边主义”，给广大发展中国家的民族民间文化以强烈冲击，造成“文化趋同”的现象，文化的多样性和丰富性受到严重威胁。越来越多的国家包括同为发达国家的法国、加拿大等国家，逐渐意识到问题的严重性，呼吁团结起来共同抵制现代工业文化对传统民族民间文化的冲击。文化的多样性和民族文化的保护发展问题，成为了最近几次联合国教科文组织会议的主题。2003年10月，《保护非物质文化遗产公约》在联合国教科文组织第32届会议上正式通过，包括我国在内的多个国家已经正式加入该公约。

党的十六大报告中明确提出“扶持对重要文化遗产和优秀民间艺术的保护工作”，把民族民间文化保护工作提高到了从来没有过的高度。这是中国共产党根据国际形势发展变化的新特点和我国民族民间文化的现状做出的科学判断，对当前社会主义先进文化建设工作提出的新要求，是对马克思主义文艺理论的丰富和发展。

“十部文艺集成志书”编纂出版工程，作为我国政府在上个世纪开展的最有代表性的民族民间文化抢救保护项目，得到海内外的广泛赞誉。“集成”的实施与完成，是符合“三个代表”重要思想、符合科学发展观要求的一项伟大的当代文化建设事业。

二、“十部文艺集成志书”工程是我国民族民间文化保护的伟大事业，必将彪炳史册

“十部文艺集成志书”工程从发起到现在，已进行了25年。25年来，数以万计的文艺工作者为这一伟大的事业辛勤耕耘，甘于寂寞，无私奉献，有的甚至献出了生命，涌现出许多感人的先进事迹：有在洪灾、火灾等自然灾害面前为抢救“集成”资料和设备不幸牺牲的；有在采风途中遭遇车祸的；有身患严重疾病仍然坚持工作、最后牺牲在工作岗位上的；有专门开小吃店换取了1000多个民间故事的。许多同志，从青年干到中年、老年，甚至在离休、退休以后仍然坚持工作。参加编纂、审稿工作的，许多已经是名誉中外的大专家，为了民族的文化事业，他们不计较工作条件和报酬，经常在条件很差的小招待所、旅店里，兢兢业业地工作。

“十部文艺集成志书”工程的伟大意义，我认为应该有以下几个方面：

1.“十部文艺集成志书” 基本摸清了我国各地各民族民间文化的家底，是了解和认识中国民族民间文化最权威、最全面的大型文献。

“十部文艺集成志书”是由文化部牵头、全国艺术科学规划领导小组组织领导的一项跨世纪的文化基础建设工程。也是改革开放以来，我国文化战线上在民族民间文化保护方面所做的动员人数最多、影响力最深远，并具有历史性和前瞻性的一项里程碑式工作。

“十部文艺集成志书”按当时的行政区划分省立卷，每省10卷，共298卷（海南未设“曲艺志”、“曲艺音乐”2卷，澳、港、台暂缺），约5亿字。这是一项前无古人的开创之作，它以超乎中国以往任何历史时期的、即使在世界文化史上也是绝无仅有的广度和深度，对中国民族民间文艺进行的一次全面、深入的普查和挖掘，全面、系统地收集和保存了我国各地各民族民间优秀文学艺术遗产，完整和准确地记述了它们的历史和现状，是一套气势恢弘，具有中华民族深厚文化传统和独特民族风格的民族民间文学艺术的鸿篇巨制。

它第一次将中华民族几千年来散落在民间的无形的精神遗产变为有形的文化财富，为研究中国民族民间文艺、研究中国的社会、历史，研究中国的民情、风俗提供了最为完整、系统、丰富、可靠的资料。

2.积累了大量极具科学价值的文艺基础资料和最新发现，直接促进了民间音乐学、民间舞蹈学、戏曲曲艺学、民间文学等文艺学科的建立、建设和发展，为民族学、社会学、哲学、民俗学、人类学等学科提供了丰富的素材，极大地推进了我国的社会科学研究。

“十部文艺集成志书”的成果，除正式出版的298部省卷外，各地收集、整理、保存了近100亿字文字资料，包括各种珍贵的手抄本、油印本、县卷本等基础资料。仅三部民间文学集成，全国就编辑了县卷本4000余册。为编纂三部民间文学集成，新疆在普查的集成上编辑出版的文艺卷、民族卷就有400多卷；河南为编纂《中国曲艺志》“河南卷”，编印的基础资料卷有99册。此外，收集整理的录音、录像、实物等基础资料数量也非常之多。特别是通过“集成”工作，发掘、整理了许多原来不为人知的剧种、舞种、歌种、民间故事传说等足以改变文化艺术史的重大发现。由于近20多年是我国社会发生极为深刻变化、也是民族民间文化消失速度最快的时期，许多民间文化已成“绝响”，这些保存下来的资料就显得极为珍贵。它们是反映当地民间文化的第一手资料，为我们民族保留了这个时代的“基因”。现在回过头来看，这个工程如果晚开展几年，民族民间文化的资源会流失得多得多，花费的人、财、物也要多得多。当时在国家财力并不充裕的情况下搞这么一个大工程，是需要有相当的胆识和远见的。

3.完善了艺术科研体系的层次架构，锻炼、培养了一大批民族民间文化的专门人才。

“十部文艺集成志书”本身的厚重无须讳言，同时，它的成果也向艺术科研的两个重要方面延伸：一方面是基础资料建设。在5亿字

的背后，是经过认真收集整理的数十亿字第一手珍贵资料，这成为集成志书能够精选成帙的坚实基础。另一方面是史论研究。在近年来的艺术学科获奖的史论研究专著、论文中，很多都是在集成志书成果基础上的继续和深化，其中的获奖者更不乏文艺集成志书编纂工作的参与者并从中获益。正是由于“十部文艺集成志书”的编纂出版，确立了集成志书在艺术科学研究领域中的学术地位，完善了我国民族民间文艺的科学研究体系的层次架构，形成了“资料建设——志书集成——历史研究——理论研究——文艺批评”的完整梯序，把我国的艺术科研推向了一个新的起点和高度。

为编纂“十部文艺集成志书”，各地恢复或重建了工作机构，并逐渐建立了民族民间文化的工作和科研机构网络。数以万计的文化工作者投入到工作中，也逐渐成长为文艺科研的骨干力量，弥补了由于10年“文革”带来的人才断层。目前我国民族民间文化的主要研究力量，都是通过“集成”工作锻炼和培养起来的。各地在“集成”工作的基础上推出了一大批填补学术空白的民族民间文化科研成果。这些，都为下一步我国的民族民间文化保护工作打下了很好的基础。

4.为繁荣社会主义文化建设、为对外文化交流提供了很好的材料。

“十部文艺集成志书”全面地反映了中华民族数千年民族民间优秀文学艺术成果，为繁荣当前的文艺创作，提供了取之不尽、用之不竭的素材；它系统、深刻地揭示了民族民间文艺的发展规律和经验教训，为各级政府和文化主管部门制定全国或本地区文化政策提供了历史的依据；它以其丰富的内涵，精美的印刷和装帧，为世界文化宝库增添了绚丽多彩的瑰宝，对于发展中外文化交流，增强中华民族的凝聚力和自豪感，将产生深远的影响。各地在“集成”的基础上创作出一大批屡获国际、国内大奖的作品，如山西的《黄河儿女情》、湖北的《土里巴人》等。

5.有力地促进了西部地区各少数民族收集、整理、研究民族文艺的工作，推动了这些地区的文化和社会发展，具有很大的政治影响。

西部民族地区的“集成”编纂，几乎每卷都具有开拓性意义。国务院新闻办公室发布的有关西藏文化问题的5个白皮书，个个都提到了西藏“十部文艺集成志书”，高度评价它在巩固民族团结、维护国家稳定、反击“共产党毁灭藏族传统文化”谬论的作用。

6.推动了我国民族民间文化保护的立法和“保护工程”的立项。

由于篇幅的限制以及当时特定历史条件的制约，“十部文艺集成志书”也存在这样那样的不足。如各省卷的编纂水平和质量参差不齐，对民间文化的记录保存不够完整，工程进展不平衡等问题。但瑕不掩瑜，“十部文艺集成志书”工程以它厚重的成果，为我国民族民间文化保护的立法和“保护工程”提供了重要基础和经验，也因此，它被海内外学者誉为“修筑中华民族文化万里长城”的伟大工程，确实是“利在当代、功在千秋”的伟大事业，功德无量。

三、在“集成”的基础上，进一步发展我国的民族民间文化保护事业

在“集成”工程即将全面竣工的时候，文化部会同财政部、国家民委、中国文联于2003年启动了“中国民族民间文化保护工程”，力图使我国的民族民间文化保护工作能够承前启后，成为我国文化事业中的一项常规性工作。希望大家借本次大会的机会，就以下问题进行交流和探讨：

1. 再接再厉，圆满完成“十部文艺集成志书”的全部编纂、出版工作。

截止到今年底，“十部文艺集成志书”298部省卷已全部完稿，已出版224卷（近4亿字），还有74卷计划在2006年全部出版。成果辉煌，但是现在还不能说“集成”的编纂工作已经大功告成，离全部出版还有很多艰苦、细致的工作要做。已完稿但还没有出版的这74卷，要在2005年完成审稿、修改工作，2006年出版。由

于还没有出版的大部分是西部民族地区的省卷，这些地区的编纂出版工作难度大、社会影响也大。希望承担这些卷编纂、编审、出版任务的各有关单位，继续加强领导，给予人力、物力、财力方面的保证，确保全部卷按期高质量完成出版。需要强调的一点是，根据国家对科研项目管理的规定，原有项目没有完成的单位或个人，不宜承接新的项目。

在某种意义上说，通过“集成”收集、整理的基础资料，比我们出版的这些省卷，更加宝贵。随着各地“集成”编纂出版工作陆续完成，集成基础资料的保护迫在眉睫。为了编纂的便利，许多资料保存在个人手中，保存条件较差，已经或正在流失、毁损。各地承担集成编纂工作的单位，要完善管理制度，集中保存这些基础资料，加快利用科技手段实现数字化永久保存。

2.认真总结“集成”工作的经验教训，为“中国民族民间文化保护工程”提供有益的借鉴。

“保护工程”是在“集成”工程的基础上，在新世纪、新的历史时期我国民族民间文化保护工作的新发展。二者间既有联系，又有区别。它们都包括对民族民间文艺资源的收集、记录、整理的工作内容，这是民族民间文化保护的一种方式。当然，时代不同，收集记录保存的方式方法也不同。“集成”更多的用文字记录、出版的方式，现在则是多媒体的全面记录保存。

如果说“集成”的重点在于记录、保存我国的民族民间文艺资源，“保护工程”的重点则是保护与传承，是要选择那些具有重要历史和艺术价值、而又濒临灭绝的文化艺术品种，通过代表作命名、扶持传承人等方式实施“活态”保护。怎样去选择？了解家底是关键。应该说，“集成”对家底的了解是最全面、最权威的。所以，“保护工程”绝不是重起炉灶，也不是全新的项目。可以想象，如果没有20多年来的记录保存，我们的民族民间文化会缺少多少内容。“集成”是基础、先导，“集成”工作者是保护工作的先行者。

“集成”和“保护工程”一样，都是工作内容复杂、涉及范围广、时间跨度长，政策性强。“保护工程”要学习“集成”的成功经验，也要吸取工作中的教训。想当年，“集成”工程的发动是多么的轰轰烈烈。据《中国民族民间文艺集成志书题名录》的不完全统计，大部分省、自治区、直辖市的“集成”工作由副书记、副省长挂帅，全国近200名文化厅长、4000多名文化局长组织实施，一些地、市甚至党政一把手作动员报告。相信在座的领导大部分都是当时“集成”工作的组织领导者。到了后来，也遭遇了冷清的时候。由于各种原因，特别是机构和人员的频繁调整，严重影响了各地的编纂工作进度。由于我们有国家财政的支持，有较为稳定的组织机构和工作队伍，特别是有大家永不放弃的精神、踏踏实实的工作作风，“集成”才没有夭折。这些都是值得“保护工程”学习的。当然，“保护工程”还要进一步加强规划的科学性和管理工作的严密性，一步一个脚印，扎扎实实地把我国的民族民间文化保护工作向前推进。

各地要在这次大会的基础上，认真回顾和总结本省区的“十部文艺集成志书”编纂工作经验与教训，为“保护工程”的组织实施提供可借鉴的经验。

3.学习、研究和宣传“集成”，最大限度地发挥“集成”的效益。

党的十六大以来，文化建设在国家政治生活中的地位不断提高，也对我国的文化工作提出了新的更高的要求。“三个代表”重要思想把先进文化建设当作执政党的宗旨和奋斗目标的组成部分；科学发展观坚持以人为本，促进经济与社会、人与自然的协调发展；十六届四中全会明确把提高建设社会主义先进文化的能力，作为加强党的执政能力建设的一项重要任务。当前，文化战线学习、深刻领会和贯彻落实十六届四中全会精神，要大力倡导学习研究的风气。特别是文化行政部门的领导干部，要力戒浮躁，要增强学习的主动性、自觉性。“集成”就是我们学习、了解中国民族民间文化的最好教材。

长期以来，由于埋头于编纂出版工作，“集成”缺少必要的宣传，养在深闺人不识，它的影响远没有达到应有的程度。这几年，已经完成编纂出版工作的部分省区，出版了一些“集成”的研究成果。今后，要加大宣传力度，利用多种方式积极宣传“集成”的工作成果和先进事迹。要利用“集成”的成果，进行编写乡土教材的尝试，充分发挥“集成”在培育民族精神方面的作用。进一步加强“集成”的科研工作，推出一大批有影响力的研究成果，为文化事业发展服务。文化部门从事民族民间文化领导组织工作的同志，要通过认真学习本省的“十部文艺集成志书”，了解掌握本地各民族民间文化的资源状况。

同志们，现在是我国民族民间文化保护事业最好的时期。让我们再接再厉，发挥我们的聪明才智，为弘扬民族优秀文化遗产继续做出更大的贡献。

文化部副部长孟晓驷在2004年外事处长会议上的讲话

同志们：

江南二月，草长莺飞。南昌故郡，人杰地灵。在这样一个美好的季节，在这样一个美丽的城市，召开各省、自治区、直辖市文化厅局外事处长会议，与各位代表共商对外文化交流大计，心情特别高兴。今天的会场，可谓胜友如云，高朋满座；这次会议，可谓良辰、美景、赏心、乐事，四美兼备；同时更加希望各位代表深通天理、吐露真言，二难并举，把我们这次会议开实开好。首先，请允许我代表文化部党组和孙家正部长，向出席会议的各位代表表示热烈的欢迎，对你们一直以来为对外文化工作所付出的艰辛和所取得的成绩表示诚挚的敬意！

这次会议的主题是，以“三个代表”重要思想和党的十六大精神为指导，传达并学习全国宣传思想工作会议精神和胡锦涛总书记、李长春同志在会议上所作的重要讲话，全面贯彻执行“统筹规划、突出重点、整合资源、形成合力、集中力量办大事”的工作方针，总结经验，沟通信息，共同规划对外文化交流的未来，携手开创对外文化工作的新局面。

下面，我想谈三个方面的问题。

一、当前国内国际环境和对外文化交流形势

刚刚过去的2003年是不同寻常的一年，也是充满成功和喜悦的一年。面对突如其来的非典疫情，以胡锦涛同志为总书记的党中央处变不惊，果断决策，取得了抗击非典斗争的伟大胜利，国民经济继续保持快速增长。神舟5号宇宙飞船载人航天飞行圆满成功，书写了中国科技征程上的又一光辉篇章，极大地振奋了中华儿女的民族精神。同样，去年也是文化工作艰辛备尝而又卓有成效的一年。继“三个代表”重要思想明确了文化建设在我党工作中的重要地位以后，十六届三中全会又确定了完善社会主义市场经济体系的目标，为深化文化体制改革奠定了基础；各级政府更加重视对文化的投入，文艺舞台丰富多彩，文化市场日趋规范，基层文化工作稳步推进，文化立法得到加强，文化事业蓬勃繁荣，文化产业快速发展。在全面建设小康社会的开局之年，我国经济发展、民族团结、社会稳定，有中国特色社会主义文化建设已有一个良好的开端。

2003年是国际形势波澜起伏、国际关系剧烈调整变化的一年。综观全年国际形势，总体和平、缓和、稳定，局部战乱、紧张、动荡，其特点主要体现为：第一，围绕未来国际秩序和反恐斗争方向的矛盾进一步加剧。“9·11”之后，美国实行“单边主义”政策，推行新一轮战略扩张，伊拉克战争的发动及其后续问题发人深思。第二，国际安全形势更为错综复杂，中东和平进程几经波折，朝鲜半岛问题的解决仍然困难重重，全球恐怖主义活动猖獗，非传统安全的挑战日益严峻。第三，区域一体

化进程加快，世界经济开始复苏。同时应该看到，经济全球化在带来更为开放的市场、资金、技术和人才的同时，也导致南北差距继续拉大，发展中国家面临更大挑战。

展望新世纪前20年国际形势发展的基本态势，我们认为，第一，和平与发展作为时代的主题不会改变。胡锦涛总书记在南北领导人非正式对话会议上指出，“发展是人类文明进步的基础，是解决全球面临的各种矛盾和问题的关键所在。只有实现全球协调、平衡、普遍发展，才能实现世界的持久和平与稳定。”发展是治本之策，是和平与稳定的基础，是世界人民的共同愿望。第二，世界多极化和经济全球化的趋势不会改变；第三，中国所面临的国际环境，机遇大于挑战的总体格局不会改变。

改革开放以来，我国综合国力逐步增强，国际地位日益提高，对外关系普遍发展，这为我们开展对外文化交流搭建了更为广阔的战略平台。应该看到，今天的对外文化工作与传统的对外文化工作相比，已经有了很大的不同。在世界政治多极化和经济全球化的大背景下，全球文化向多元化方向发展是大势所趋，国际间不同文化之间相互渗透，文化与经济和政治相互交融，在综合国力竞争中的地位和作用越来越突出。党的十六大报告首次明确提出，要扩大对外文化交流，增进人民之间的友谊，推动国家关系的发展。李长春同志在去年12月召开的全国宣传思想工作会议上指出：“对外宣传和对外文化交流对扩大我国在世界上的影响，树立当代中国的崭新形象，维护国家利益，促进对外交流与合作发挥着重要作用。要认真研究制定对外宣传和对外文化交流的总体战略，统筹文化艺术、广播影视、新闻出版等多种渠道和手段，大力实施走出去战略，加强对外舆论宣传，主动参与国际文化竞争，努力构建全方位、多层次、宽领域对外宣传和对外文化工作的新格局。”完成这一使命，要求我们的工作要有新的思路、新的举措和新的发展。面对新的形势，我们要努力摸索对外文化工作的新规律，把握对外文化工作的新特点，抓住机遇，迎接挑战，推动对外文化交流与合作向更高的层次和更深、更广、更新的领域发展。

二、我国目前对外文化工作的基本情况

近几年来，在党中央和国务院的领导下，我国的对外文化工作成绩斐然，在我国整体外交中的地位日益突出，发挥着不可替代的重要作用，已成为继政治、经济之后我国对外关系的第三根支柱。如今，我国领导人在与外国领导人会谈中，文化交流常常被列为重要的话题之一，双边文化协定和年度执行计划的签署已经成为我国领导人出访的重要成果之一。对外文化工作的地位日益受到肯定，对外文化交流的作用日益被人看重。具体讲，我们主要做了以下几方面的工作：

（一）对外文化宣传工作的战略基本确立

中华文化博大精深，富有无穷的魅力和强大的影响力。为充分发挥和利用这一优势，适应国家整体外交发展的要求，文化部会同有关部委制定了《中华文化教育推广战略计划》，实施“中华文化走出去”战略。《中华文化教育推广战略计划》是一项跨部门的长期性战略计划；它的出台标志着我国对外文化工作在观念和策略上已发生了重要转变，即从原来的被动防御逐步转向主动出击，也意味着我们的胸怀更加博大、态度更加积极、内容更趋整合、方式更加灵活。我们在不断巩固和加深与广大发展中国家的传统友谊、深化与周边国家的睦邻友好合作关系的同时，重视配合我国的大国外交政策，重点推动与美国、欧盟、俄罗斯和日本等世界各大国和集团的交流与合作，通过出国举办文化周、文化月、文化季、文化年以及其他大型文化活动，直接向当地人民介绍中国文化，展示当代中国形象，取得了显著效果。在这一对外文化工作战略的指导下，中国将以更加开放的姿态来拥抱世界，对外文化交流也将进入一个更高的境界。特别是我们从近年来的工作中归纳出了一些规律性的经验做法，概括出了一些成功的工作模式，比如建设

以政府为主导，以民间交流为主体，以市场机制为杠杆的对外文化交流格局，建设以中央为主力、地方为基础、驻外使领馆为前方阵地的上下一体、内外连通的对外文化工作网络体系。比如加强世界文化发展趋势和我国对外文化战略研究，强调地区战略和国别政策的对外工作思路；加快法制建设，切实简政放权，转变职能，加强宏观管理和总体把握能力的对内工作思路。比如围绕重大国事活动开展文化外宣、突出大型精品工程开展文化交流的工作模式，比如采用高新科技手段和现代运作方式开展对外文化工作的战略方向等等。这些总结和概括是集体智慧的结晶，也是我们宝贵的财富，它在一定程度上确立了今后几年的总体工作框架，具有很强的指导和启迪意义。

（二）积极参与国际文化合作，促进世界文化多元化发展

随着经济全球化进程的加快和科学技术的迅猛发展，综合国力的竞争越来越激烈，强势文化对弱势文化的影响也进一步加剧，以美国为首的西方国家加紧在全球实行文化渗透，各国维护世界文化多样化的呼声日益高涨。在这种情况下，我们开始加大参与国际多边文化活动的力度，重点参与高层次国际组织的活动，在文化领域发出自己的声音。近年来，我国在文化领域国际组织的存在逐年加强，参与程度逐年加深，发挥的作用和影响越来越大。2003年12月，我们成功举办了“亚欧会议文化与文明会议”，邀请到26个国家和国际组织的200多位代表与会，共同推动维护世界文化的多样性和统一性，促进不同文化与文明之间的对话。我们认为，积极参与多边国际文化活动，促进世界多元文化的发展，是我们宣传中华文化、宣传中国经济和社会发展成就的一个好机会。参加一次国际多边文化会议，可以做几十个国家文化部长的工作，放大了中国在国际文化舞台上的声音，效果很好。

（三）统筹规划，突出重点，打好中华文化宣传品牌

对外文化工作千头万绪，只有做到统筹规划，整合资源，抓住主要矛盾和要害问题，才能有条不紊地推动对外文化工作。在这方面，我们主要做了五项工作：

1.重视配合国家领导人的国事访问开展文化活动。近年来，我们主动配合国家领导人出访等重大国事、外交活动，积极策划、组织并实施具有针对性的文化宣传活动，产生了广泛而深远的影响。实践证明，这是展示我国文化实力、打入国外主流社会、扩大中华文化影响的行之有效的方式。

2.精心打造富于民族文化气息的外宣品牌。我们重视借助中华文化传统节日的影响，针对春节历史悠久、文化内涵丰富、影响广泛、气氛热烈等特点，将庆祝春节与开展对外文化交流结合起来，提出“把春节建成宣传中国和传播中华文化的新载体和品牌”。从2002年起，我们积极组织各类文艺团组在春节期间赴国外演出、办展，并向驻外使领馆提供精心制作的春节外宣品。两年来，打造“春节品牌”的活动成果明显，寓宣传于娱乐之中，达到了潜移默化的作用。（今年春节成绩：马来西亚10万人，泰国上百万人，法国的中国人盛装游行盛况空前，餐馆用中国话问候您好等等。）应当说今年春节在海外十分成功。我们高兴地看到这几年来，春节在海外的影响正在扩大，关注春节的外国人越来越多，我们有信心逐步使春节成为一个国际化的节日。

3.集中力量，扩大影响。这两年，我们抓住时机，集中力量办大事，有重点、有选择地在国内外举办了一系列大型文化交流活动。如中日文化年、中韩文化交流年等，这些活动涉及范围广、规模大、内容丰富，引起了良好的反响。我们加大了对欧盟国家的文化工作力度，先后邀请了14位欧盟和西欧国家的文化部长访华，打破了长期以来我国同欧盟国家文化沟通不利的局面，使中欧文化交流进入了建交以来最为活跃的时期。此外，我们还在国内举办了国际文化艺术主题年、“相约北京”联欢活动等一年一度的大型文化活动，引进世界一流的艺术精品，繁荣了国内文化市场。

4.成功举办“中法文化年”活动。中法互办文化年是由两国元首亲自倡议发起、新中国成立以来规模最大的国家间文化交流宣传活动，这次活动具有决策层高、时间跨度长、参与范围广、项目质量精、覆盖面积大等特点。为此，中央财政拨出专项资金，我部抽调精兵强将成立专门工作班子，经过周密策划、多方协调、精心准备，中国文化年已于2003年10月在法国隆重开幕，开幕式系列活动以其新颖独特的风格取得了轰动效应。春节期间，中国人的盛装游行，埃菲尔铁塔变红，特别是胡锦涛主席的访问，把中国文化年推向一个新的高潮。中国文化年的举办证明，中华文化应当而且可能为世界文化做出新的贡献。

5.在中央领导同志的直接关心和推动下，我们在海外建立中国文化中心的工作近年来取得了突破性进展。在埃及、法国和马耳他开设的三个中国文化中心已正式揭幕，在韩国的中国文化中心正在积极筹建之中。此外，我国已与德国、英国、俄罗斯签署了互设文化中心的相关文件，在印度、泰国、日本设立中国文化中心一事也已得到国务院的原则批准。在世界主要国家设立中国文化中心，是党中央面对新的国际形势作出的重大战略决策，对开创对外文化工作新局面具有深远的意义。我们要积极稳妥地推动海外中国文化中心的设立，把中心建设成宣传中国的“窗口”和体制创新、充满活力、贴近国外主流社会的对外文化工作前沿阵地。

6.运用高科技手段，使文化外宣工作达到事半功倍的效果。近几年来，中央领导同志十分重视发展互联网的工作。最近李长春同志在全国宣传思想工作会议上说，充分利用互联网开展对外宣传，扩大出版物的海外发行，在世界上更多地构筑宣传当代中国，传播中华文化的窗口、桥梁和前沿阵地。我部非常重视外宣互联网站的建立和运行情况。2002年元旦，中文版“文通网”投入运行，网站分门别类地介绍了中国文化的起源和发展，及时报告文化新闻，通报在国内和国外及各文化处组举办的文化活动，公布我与世界各国商签文化协定和文化交流执行计划的有关内容和情况，以及通知文化外宣品如电影、展览、图书画册等制作、投入使用的有关情况，还为国内外以及中央地方的文化工作者搭起了对话、交流的平台，引起了文化界人士的普遍关注。在此基础上，文通网英文版去年10月投入试运行，它所提供的有关中国文化数据库的信息量，快捷便利的检索以及图文并茂生动形象的传播方式是其他任何一种载体不能比拟的，它将使我们的外宣工作达到事半功倍的效果。

以上是我们对近几年工作简单的回顾。春节前夕，李长春同志到文化部视察工作时，特别指出，去年我国对外文化交流有重大进展，是整体文化工作中的一个亮点，这是中央领导同志对我们工作的又一次充分肯定与鼓励。这几年，我们集中力量办了一些大事，对外文化交流取得了令人瞩目的成绩。这些成绩的取得与在座各位代表的共同努力是分不开的。在此，我谨代表文化部党组和孙家正部长，向出席会议的各位代表表示衷心的感谢，并通过你们向所有工作在对外文化交流第一线的同志们表示诚挚的慰问和美好的祝愿!我想，成绩只能属于过去，属于昨天。我们应当记住，最好的不是在昨天和今天，最好的永远是在明天。我也更多地强调，对外文化交流工作，我们不是要追求优秀，而是要追求卓越。所以，前面的路还很长，我们不能因此而满足，而要以“功成唯志”，“更进一竿”的精神，不断开拓创新，以更加卓越的工作成绩去造就和迎接中华文化的伟大复兴。今年春节，联合国秘书长安南曾经代表整个世界向中国拜年，中法文化年创造了众多世界第一，比如埃菲尔铁塔第一次披上了中国红，香榭里舍大街第一次允许外国人盛装游行，应该说对外文化工作开局很好，面临的形势十分有利，但这只是第一步。我们就是要有信心，有抱负，有作为，有担当，通过大家富有创意、卓有成效的工作，不断推动中华文化走出去，从而让整个世界为中国喝彩。

文化部副部长孟晓驷在2004年全国文化市场工作年会上的讲话

（2004年12月·陕西西安）

同志们：

非常高兴又有机会与大家相聚，在这种轻松愉快的场合，见到老朋友，结识新朋友，心里总是倍感亲切。年终岁末，把各地主管文化市场工作的负责同志请到一起，总结工作，谋划未来，这是市场司的一项传统。今年，这项传统有了新的气象，不仅请来了处长，还请来了主管厅（局）长，规格更高，利于沟通和交流，也便于今后开展工作。在此，我谨代表文化部向各位与会代表并通过你们向辛勤工作在全国文化市场管理第一线的同志们致以诚挚的问候和崇高的敬意。

一、当前文化市场工作的基本评价

近年来，文化部和各级文化行政部门坚持以“三个代表”重要思想为指导，深入贯彻党的十六大精神，坚持先进文化前进方向，围绕中心，服务大局，锐意改革，文化市场工作整体推进，各方面都有新的进展，尤其是坚持两手抓的能力不断加强，抓繁荣思路明确，抓管理措施有力，市场建设与监管逐步协调统一。

一是抓市场建设和繁荣思路明确，运作有力。近年来，我国经济快速增长，综合国力显著加强，人民群众生活质量大为改善，对精神文化产品的需求日益迫切，这就要求我们采取有效举措积极推动文化市场建设。应当说，文化部和各级文化行政部门在产业发展，市场繁荣上都有切切实实的行动，不仅干出了成绩，而且还有亮点，思路十分清晰。

首先，总结20余年来我国文化市场建设和管理的基本经验，去年发布了《2003~2010年文化市场发展纲要》，对现阶段和今后一个时期文化市场发展的主要目标和基本思路进行合理规划，对加强和改进文化市场工作进行全面部署，具有重要的指导意义和现实意义。

其次，成功举办了首届中国国际音像博览会、两届中国国际网络文化博览会和首届中国画廊推介展暨国际画廊邀请展等一系列大型会展活动，集中展示了我国在音像、网络文化、艺术市场等方面的优秀成果，搭建了产品博览、贸易洽谈和行业对话的广阔平台，有力促进了中外业界之间的交流与合作，为我国文化产业赢得了国际同行的认可和赞誉，也得到了中央领导同志的充分肯定。中共中央政治局常委李长春同志在参观网博会时强调，网络文化产业已成为文化产业中极富发展潜力的新兴领域，要紧紧抓住当前难得的发展机遇，努力用先进科技传播先进文化，积极鼓励扶持民族原创的、健康向上的网络文化产品的创作和研发，促进网络文化产业持续快速协调健康发展，为人民群众特别是广大青少年营造良好的网络文化环境。李长春同志还就文化产业与信息产业的结合与发展作出重要指示，是今后一个时期我国发展文化产业、特别是发展网络文化产业的重要原则。

再次，积极实施走出去战略，推动文化产品出口。文化部、商务部、海关总署经过大量调研和协商，出台了促进国产音像制品出口的有力措施，海内外企业深受鼓舞，成品出口业务大幅增长，海外营销网络快速发展，国产音像走出去步伐明显加快。在电影的海外发行、演出展览的跨国商业运作等方面，也有实质性进展。

另外，在市场规范和产业培育方面探索出了新的机制。大棚演出一直是文化行政部门的一块心病。今年我们在河南宝丰举办了首届全国民间职业剧团团长培训班，把民间职业剧团的负责人召集在一起，培训学习、观摩研讨，跳出了事后监管的惯有模式，把主动权牢牢掌握在自己的手中。娱乐市场方面，我们支持和倡导的长沙歌厅模式在河南郑州等一些地方开花结果，规模更大，声势更隆，节目健康向上，观众也好评如潮。另外，积极筹建上海国家动漫游戏振兴基地，开展游戏产业的培训、研发、孵化和国际合作，也是一种有益的尝试和创新。

由于思路明确，运作有力，近年来文化市场呈现出全面繁荣的景象。正版音像制品市场占有率显著提高，音像连锁、超市、电子商务快速发展；城市演出依然活跃，农村演出逐步规范；连锁网吧竞争有序，网络文化发展迅猛。

二是市场管理措施得当，经验丰富。在长期的文化市场管理工作中，各级文化市场工作者充分发挥自身聪明才智，结合当地工作实际，不断创新工作机制，改进工作方法，探索出了一些新的经验。突出表现在四个方面：

其一，坚持突出重点，以点带面，整体推进。针对不同时期，不同阶段，文化市场工作所面临的新形势和新任务，我们始终注意集中力量解决主要矛盾和重点问题，尤其是对涉及人民群众切身利益的根本问题，始终置于首要位置，重点解决。今年，我们紧紧围绕网吧专项整治这项中心工作，重点根治网吧违规接纳未成年人、无证经营及传播有害信息等问题；尽管还存在城乡结合部、农村地区这些薄弱环节，但从总体上看，市场面貌有了根本改观。11月初，面对DVD压缩碟大规模冲击音像市场，可能造成灾难性后果的情况，我们紧急部署专项行动，重点予以打击，作用也非常明显。

其二，坚持深入市场管市场。市场状况错综复杂，整治工作千头万绪，我们大力支持文化市场执法人员，深入市场开展明查暗访，调查了解市场信息，掌握第一手资料，从而准确评估市场形势，及时作出整治反应。近年来，我们破获的文化市场大案要案主要是通过这种手段获取线索，突击查处的。

其三，探索运用技术手段监管市场。文化市场工作涉及面广，而监管手段有限，力量缺乏，这是一个矛盾。我们十分注重运用高新技术提高文化市场管理的科技含量和监管效能。特别是在网吧的管理方面，我们积极推进网吧技术监控平台建设，建立健全文化市场动态监测网络，加强实时跟踪监控，初步解决了监管缺位的问题。另外，还建立中国文化市场网，大力推进文化市场电子政务工作，形成了文化市场信息报送和快速反应机制。

其四，努力探索建立长效机制。文化市场整治不可能一蹴而就，一些问题往往有反复。近年来，我们不断完善文化市场法规，开展执法人员培训考核和经验交流，提高执法人员素质。建立文化市场举报制度，公布举报电话和信箱，聘请义务监督员，完善社会监督机制。支持行业协会建设，加强行业自律，上海、广东、山东、江苏等地分别建立了文化娱乐业协会、音像分销协会等协会组织，全国网吧协会就达700多个。另外，我们还与公安、工商等部门建立了经常性联系机制，加强沟通协调和部门协作。由于充分凝聚了政府、社会和行业的力量，形成了全方位的长效监管机制，达到了亲抓共管的目的，有效巩固了治理整顿的成果。

通过不懈努力，一些领导忧心、群众关心的热点问题、焦点问题得到了妥善解决，文化市场秩序大为改观，工作成效十分明显。

三是理论研究气氛活跃，成果丰硕。近年来，广大文化市场工作者贴近实际、贴近生活、贴近群众，加强理论探讨，从文化市场管理实践中提炼出了一批新鲜的理论成果和工作经验，概括出了一些新颖的思路和发展模式。这些鲜活的理论成果应用于指导文化市场建设，增强了我们工作的预见性和前瞻性，逐步摆脱了被动防守的局面。

法制建设再上新的台阶。我们在广泛调查研究和征求意见的基础上，修订了《营业性演出管理条例》，预计将于近日内上报国务院常务会议审议通过；同时根据《行政许可法》精神和文化市场发展规律及形势，适时对演出、娱乐、音像、艺术品、网络文化和执法等方面的一系列法规、规章进行了系统的修订，力度之大，范围之广，在文化市场工作中都是不多见的。这些法规，对内适应体制改革的现实需要，下放行政审批权力，简化审批程序，增强公共服务，引导结构调整，为文化市场的繁荣发展扫清了体制性障碍；对外适应扩大开放的时代要求，积极面对加入世贸组织和签订CEPA的机遇与挑战，对港澳服务提供者开放了音像分销、演出、艺术品和网络等领域的部分市场，进一步加强了内地与港澳地区之间的文化交流和贸易往来。通过及时把市场研究的理论成果转化为现实动力，不断完善政策法规，排除妨碍文化生产力发展的因素，目前我们已初步形成了以法规规章为主体的文化市场法规体系。

理论研究开创了新的局面。2003年，我们组织对文化市场各个门类的发展现状和趋势进行了系统的研究，编辑出版了《2003文化市场发展报告》。报告汇集了市场整治、产业发展等方面的大批优秀成果，是对近年来文化市场发展的高度概括和全面总结，也是我们开展理论研讨的一大创举。此外，在音博会、网博会和画廊展期间，陆续举办了一系列的国际论坛、高层峰会、研讨会和报告会，邀请国内外的知名专家、学者、业内人士及高层官员，围绕当前领导重视、业界关注、群众关心的战略性问题，如“挑战与选择：全球化网络化时代的音像业”、“艺术与诚信”及网络文化、动漫游戏、网吧发展等主题，进行理论研讨、形势分析，规格高，层次高，参与人员广泛，在业界和社会上均产生了巨大反响，对我们制定政策、拟定规划和绸缪未来也有重要意义。

成绩来之不易。回想起来，近几年领导批示多、社会关注多、突发事件多，压力相当大。但全体文化市场工作者直面现实，迎接挑战，奋勇拼搏，不仅没有被压力所压倒，而且开创了全新的工作局面，这种精神确实难能可贵。作为一名长期从事文化市场管理工作的同志，我为此感到骄傲和自豪。

二、今后文化市场工作的基本思路

不久前，党的十六届四中全会胜利召开，审议并通过了《中共中央关于加强党的执政能力建设的决定》。全会把提高建设社会主义先进文化的能力，作为加强党的执政能力建设的一项主要内容，作出重要部署，提出明确要求，体现了全党对文化建设的高度重视。我们一定要紧密联系文化市场工作实际，深刻领会，抓好落实。下面，我就深入学习贯彻十六届四中全会精神，进一步加强和改进文化市场工作，讲几点意见：

（1）以机制体制创新为重点，大力发展文化产业，健全文化市场体系

当前，我国正处于全面建设小康社会，加快推进社会主义现代化的新的发展阶段。经过20多年的改革开放，文化市场赖以生存和发展的经济基础、体制环境和社会条件发生了深刻的变化，给文化市场建设和管理带来一系列重大影响。党的十六大明确提出了“健全文化市场体系，完善文化市场管理机制”的历史性任务。我们要紧紧抓住国家不断建设社会主义市场经济，积极推进文化体制改革的历史机遇，大刀阔斧地推进文化市场体系建设。

要不断完善文化产业政策，大力发展文化产业，积极培育和开拓文化市场。要适应经济市场化不断发展的趋势，进一步巩固和发挥国有文化单位的主导作用，积极推动国有文化单位实行公司化和集团化改造，增强国有文化单位的整体实力；要继续放宽市场准入条件，打破条块分割和市场封锁，加快市场整合，改进服务和监管，鼓励、支持和引导个体、私营等非公有资本及外资向文化产业领域流动，参与文化市场的建设和开发，形成多元化的资金筹措机制。要明确产业发展规划，加速发展高新技术文化产业和新兴文化产业，改造和提升传统文化产业，促进文化产业升级换代。支持各地优先发展特色文化产业和优势文化产业，试点兴建一批文化产业基地和文化产业园区，规划实施一批文化产业重点工程，扶持一批文化企业集团，逐步形成具有一定规模的文化产业群体和具有较大包容性和扩张性的综合性集团，使文化产业上规模、上水平，提升我国文化产业的整体素质和层次，增强我国文化产业的国际竞争力。

要统筹文化产业与文化市场关系，积极推动文化市场进行战略性结构调整。产业与市场密不可分。产业是在市场中发展的，要进一步制定并完善文化产业政策，确立科学的政策框架和游戏规则，培育文化产业发展的宽松、和谐环境，充分发挥市场对文化资源配置的基础性作用，发掘经营主体的创造力和积极性，以市场为导向，以利益为纽带，调节、规范和引导产业资金的流向、使用，实现文化资源的优化配置，逐步建立政府调节市场、市场引导企业的文化产业运行框架和文化市场管理机制。市场是为产业发展服务的，要继续整顿和规范文化市场秩序，打破市场界限、地域界限和行业界限，创造良好的文化产业发展环境。没有良好的市场环境，不可能造就健康的产业。要以是否符合广大人民群众的根本利益、是否代表先进文化的前进方向为指针，进一步革除制约文化发展的体制性障碍，全面解放和发展文化生产力。反映不了人民的利益、文化的进步和社会的发展，文化产业发展就要走弯路，文化市场繁荣就要成畸形。要将文化产业发展与文化市场建设有机结合起来，通过积极的政策引导，有效的措施落实，严格控制市场总量，规范经营行为，调整产业结构，逐步建立门类齐全、机制健全、体制安全的社会主义文化市场体系。

（2）明确重点，依法行政，继续深入整顿和规范文化市场秩序

继续加大文化市场整治力度，坚决果断地打击违法文化经营活动，深入整顿和规范文化市场秩序，既是维护广大人民群众根本利益和发展文化生产力的现实要求，也是为先进文化的传播和小康社会建设创造良好社会文化环境的必然选择。当前，文化市场工作要把握重点，集中精力解决以下关键问题：

第一，要维护文化市场的规范、繁荣和长期稳定。党的十六届四中全会在强调发展社会主义市场经济、民主政治和先进文化的基础上，提出把建设社会主义和谐社会纳入现代化建设的总体框架当中，充分体现了党对经济社会协调发展和国家长治久安的高度重视。文化市场涉及市场经济和先进文化建设两个领域，当前不仅面临着难得的历史发展机遇，也存在一些问题，有些还相当严重，有可能产生矛盾和冲突，阻碍文化市场的发展。因此，整顿和规范文化市场秩序的首要任务就是缓和社会矛盾，协调各方利益，维护文化市场的规范繁荣和长期稳定，一方面不断巩固已经取得的成果，另一方面聚精会神搞建设，一心一意谋发展。稳定是压倒一切的大事，也是保障文化市场规范发展的前提和基础。

第二，要促进民族文化的传承和创新。当前，经济全球化的趋势日趋明显，西方主要发达国家对文化全球化、文化服务贸易自由化的要求也愈加强烈。在此形势下，加强文化市场监管，维护文化多样性，促进民族文化的传承和创新是我们义不容辞的责任。要继续加大对进口演出、音像、网络游戏等节目的监管力度，严格审批程序，加强内容审查，防止非法文化内容和不良文化思潮通过文化市场传播，自觉维护国家文化安全；要采取有效措施，为民族文化发展创造条件，充分激发民族文化活力，发掘民族文化市场潜力，努力扩大民族文化产品和服务的市场份额，推动民族文化产品出口。

第三，要坚决保护知识产权。知识产权是民族创新的精神动力，是时代发展的力量源泉。文化产业与其他产业的最大区别，就表现为在文化产品和文化服务中，蕴含了知识产权这种无形智力财产。而侵犯知识产权的行为，不仅损害著作权人的合法权益，偷逃国家税收，阻碍产业发展，而且将严重破坏民族的原创精神，妨碍文化创新，导致国家文化竞争力和综合国力的停滞不前。国家高度重视知识产权保护工作，将其列入整顿和规范市场经济秩序的重要内容，并专门成立知识产权保护工作小组，统筹协调保护行动。我们要继续不遗余力地打击侵权盗版行为，坚决将违法犯罪分子绳之以法，依法追究法律责任。

第四，要维护未成年人合法权益，为未成年人的健康成长创造良好的社会文化环境。党的十六大把“三个代表”重要思想确立为我们工作的指导思想，无论是建设社会主义先进文化，还是发展社会生产力，落脚点都是维护最大人民群众的根本利益。当前，在文化市场方面，最能反映人民群众根本利益的就是未成年人问题，不仅群众反响强烈，社会高度关注，各级政府和领导也十分重视。中央今年专门下发了《关于进一步加强和改进未成年人思想道德建设的若干意见》，提出了具体要求。我们要始终把未成年人问题作为文化市场整治工作的抓手，放在突出位置，优先予以解决。既要坚决打击非法经营活动，严防死守，防止违法文化产品进入市场流通；又要积极疏导，提供更好的精神文化产品和服务。当前，重点仍是巩固网吧专项行动成果，防止违规接纳未成年人和有害信息的传播。

（3）积极落实科学发展观，进一步加强文化市场管理能力建设

树立和落实科学发展观，推动社会主义物质文明、政治文明、精神文明协调发展是党领导我们执政兴国的成功经验，也是加强党的执政能力建设，继续推动经济社会发展，促进社会全面进步和人的全面发展的必然选择。具体落实上，要坚持用科学发展观统筹文化市场工作，进一步加强文化市场能力建设。

一是要有改革的精神。《行政许可法》发布实施后，我们主动取消和下放了一批文化市场行政审批项目，在简政放权上步子很大，但在转变职能上进展还不够。要积极适应形势变化，把握时代方向，与时俱进，不断深化文化市场管理和执法体制改革，把管理工作的重点放在服务、协调和引导上来，认真总结经验，努力探索实践，尽快形成党委领导、政府管理、行业自律、企事业单位依法运营的文化市场管理体制。当前，尤其要积极稳妥推进文化市场综合行政执法改革，这是关系到文化市场前途和命运的根本性问题，涉及面广，政策性强。要按照中办发〔2004〕24号文件精神，从实际出发，立足现实，顾全大局，结合深化文化体制改革，积极探索创新适合本地区发展的文化市场综合执法模式，形成有效的管理、监督和制约机制。试点地区的文化行政部门态度要积极，工作要主动，既要大胆探索、勇于创新，也要细致稳妥、有序推进，决不能犹豫观望，坐失良机。对试点的模式、步骤和成效要加紧调查研究，发现问题要及时反映，相关建议要勇于提出。对试点涉及的执法人员要耐心细致地做好思想工作，积极争取党委、政府及有关部门妥善予以安置，做到人员合理调整，工作平稳过渡。上级文化行政部门也要高度重视和关注辖区内试点工作的进展情况，对于关系到文化市场行政执法工作的原则问题、方向问题要及时给予指导，提出指导性意见。目前尚未开展试点工作的地区，也要高度重视和关注试点工作，进一步加强与当地党委和政府相关部门的沟通协调，及早做好准备，有计划、有步骤地推进文化市场综合行政执法改革，务求取得实效。

二是要有大局的意识。文化市场工作要服从和服务于改革开放的大局，切实把维护和体现最广大人民群众的根本利益贯彻到文化市场的政策方针和工作部署上，落实到具体行动中。要进一步消除妨碍文化市场发展的行业壁垒、地区壁垒，坚持权为民所用，情为民所系，利为民所谋。对那些以权谋私、滥用职权甚至为违法经营活动提供保护伞的有关责任人员一定要严惩不贷。要继续加强对文化市场的宏观调控和统筹规划，促进文化市场的全面发展。整顿工作搞好了，繁荣工作要跟上；城市工作搞好了，农村工作要跟上；国内工作搞好了，出口工作要跟上；局部工作搞好了，整体工作要跟上。全国文化市场是一盘棋，只有统筹兼顾，把每一步棋下好了，才能取得全面的胜利。

三是要有发展的眼光。时代在发展，社会在进步，认识文化市场当前状况、规划文化市场发展方向、管理文化市场日常事务的能力也要不断完善、不断提高。要以党的十六大和十六届三中、四中全会精神为指导，立足当前，着眼长远，认真思考带有战略性、前瞻性和全局性的问题，推动文化市场工作向更新的领域和更高的层次发展。要善于在纷繁复杂的矛盾中，透过现象，认清事物的本质，紧紧围绕发展这个第一要务，抓主要矛盾，抓重点问题，抓紧要事务，抓历史机遇，推动文化市场的全面协调可持续发展。当前，我们还面临许多问题，但这些都是发展中存在的问题，也要在发展中予以解决。

同志们，陕西在中国革命和建设中起过非常重要的作用。老一辈无产阶级革命家扎根陕北，运筹帷幄，催生了伟大的新中国。作为新中国的文化市场工作者，面对新形势新挑战，文化市场管理工作将更加艰巨，担负的责任将更加繁重。让我们高举邓小平理论和“三个代表”重要思想伟大旗帜，认真贯彻落实十六大、十六届三中、四中全会精神，在延安精神的激励下，开拓进取，扎实工作，为建立完善的社会主义文化市场体系，全面推进社会主义先进文化建设作出更大的贡献。

谢谢大家。

解放思想　求真务实　努力促进我国文化产业快速发展

文化部副部长孟晓驷在全国文化系统文化产业工作会议上的工作报告

（2004年11月16日）

同志们：

第一次全国文化系统文化产业工作会议今天在我国改革开放的前沿城市——深圳隆重召开了。这次会议是在党的十六大和十六届三中、四中全会强调发展文化产业、全国文化体制改革试点工作取得阶段性成果、我国文化产业面临新的发展机遇的形势下召开的。会议的主要任务是，科学分析当前我国文化产业所面临的形势，认真总结近几年文化产业发展的主要经验和不足，部署今后一个时期全国文化系统文化产业的主要工作和任务。

一、我国文化产业所面临的形势

（一）经济结构的不断调整和生活水平的逐步提高为我国文化产业发展创造了广阔的空间

当今世界正在经历一场广泛而又深刻的产业结构转型升级运动。发达国家的制造业正在大量向发展中国家转移，以中国、东亚为代表的发展中国家正在成为新兴的世界工厂。随着发达国家产业结构的转型升级和全球产业布局的国际转移，发达国家把人才资源更多地投向富有创造性的工作，在全球范围内掀起了波澜壮阔的知识经济与创意经济的浪潮，以信息产业为代表的高新科技产业和以文化产业为代表的高新创意产业乘势崛起，有人预测，信息产业和文化产业将会成为21世纪的领导产业。发展文化产业不仅是世界经济结构调整的重大趋势，也是我国经济结构转型升级的战略选择。改革开放25年来，我国经济持续快速发展，人民生活水平不断提高。据统计，2003年我国的GDP达到11.67万亿元，按现行汇率计算，人均GDP突破1000美元，跨上一个重要的台阶，中国进入了全面建设小康社会的重要战略机遇期。研究资料表明，当一个国家人均GDP超过1000美元时，城乡居民的消费结构就会发生根本性的变化，精神文化消费支出的增长将会大大高于物质消费支出的增长。正是这种多元化多层次的精神文化需求的日益增长，有力地拉动了我国经济结构转型升级，推动着我国文化产业的快速发展。据有关部门测算，中国文化市场的潜在消费能力为3000亿元，占2000年GDP的3%左右，而在实际生活中文化产品的消费是800多亿元，只占消费能力的1/3还不到。如果按照目前中国经济的发展水平和文化产品的消费水平继续发展，那么到2005年，中国文化产品的潜在消费能力将达到6000亿元。显然我国文化市场存在着很大供求缺口，我国文化产业拥有广阔的市场前景和巨大的发展潜力。

（二）社会主义市场经济体制的确立和现代科学技术的进步为我国文化产业发展准备了充分的条件

随着我国从计划经济体制向社会主义市场经济体制的转轨变型，文化建设的基础平台正在发生根本性的转换。这就要求文化建设必须转换到社会主义市场经济体制的总体框架内运行。当今时代，高新科技已经成为社会生产力发展的火车头，它在文化产品生产领域——从内容到形式、从生产方式到传播方式——必将得到广泛应用，必将极大地促进文化产品生产的发展与创新，带来文化产品、文化服务和文化传播领域的重大革命。随着科学技术和市场经济的发展，文化产品只有采用工业化大生产方式批量制作和复制，通过现代传播技术迅速传播和推广，才能获得亿万受众；只有运用现代经营管理方式和组织方式，通过市场交易实现自身价值，才能获取巨大的经济效益。在一定程度上，文化产业的应运而生，就是当代科技成果融入文化生产过程所带来的相应的生产关系和生产方式变化的必然结果。发展文化产业是社会主义市场经济的要求，也是科学技术进步的必然结果。坚持我国文化的社会主义性质和前进方向，推进文化艺术的生产、流通与市场经济的结合，与科学技术的结合是发展文化产业的前提和必经之路。只有用现代市场经济手段和现代高新技术手段改造和提升我国文化生产交换过程，直接应用现代市场经济和高新科技的运作手段和经营模式来发展文化产业，实现文化生产方式和交换方式的转轨变型和升级换代，才能进一步解放和发展文化生产力，满足人民群众日益增长的精神文化需求。

（三）世界范围内文化产业的崛起和日趋激烈的国际文化竞争为我国文化产业发展提出了迫切的要求

当今日趋激烈的综合国力的竞争，越来越突出地表现在知识力量和文化力量的竞争。蓬勃发展、潜力巨大的文化产业是当代及未来综合国力的重要组成部分。文化产业在许多发达国家已经成为重点产业和支柱产业，显示了强劲的发展势头和巨大的潜力。冷战以后，世界格局重新洗牌，全球化面临滑向全球西化甚至全球美化的危险。睁眼看当今世界文化产业发展的态势，老牌强国欧美发达国家强者更强，正在企图覆盖各国文化特性，世界文化多样性遭遇前所未有的单一化威胁。美国出口最多的早已不是从广袤肥沃的土地里出产的土豆，也不是从工厂流水线上驶下的汽车，而是批量生产的大众文化产品。随着经济全球化和我国加入WTO，发达国家凭借雄厚的经济实力和强大的文化传播优势，借助现代市场机制和高新科技手段，不仅将大量的精神文化产品输入中国，与我国文化企业同台竞争，抢占我们国内文化市场，而且借机宣扬西方的生活方式、政治理念和价值观念，企图利用文化手段达到其政治目的，甚至是想达到经济政治手段难以达到的战略目的，这严重威胁了我国的文化主权和文化安全。来自文化的挑战首先应当以文化的手段来回应。只有以强大的文化产业为依托，中华文化才能赢得国际文化竞争的战略主动。

中华文化博大精深，源远流长，具有丰厚的文化资源。在广袤的土地上原生、历经至少5000年而不衰并不断发展壮大的中华文化，植根于世界1/5以上的人口之中，具有独特的巨大优势。不断壮大的经济实力，良好外部环境和高度发达的现代化科学技术，为我国文化产业蓬勃发展提供了强大的经济基础、开放的外部条件和充分的技术手段。在以经济建设为中心的时代，忽视文化的经济功能是不合时宜的。只有大力发展文化产业，才能实现文化生产方式的根本性变革，为社会主义文化建设寻找新的动力，增添新的活力；只有大力发展文化产业，中华文化才能凭借自身的潜力、实力和魅力立于世界文化舞台，赢得自身应有的世界文化地位。我们应当针对新的形势，及时调整策略，立足于我国丰厚的文化资源，充分开发我国广阔的文化市场，并将资源优势和市场优势转化为产业优势和竞争优势，让我国从文化资源大国走向文化产业大国，从文化市场大国走向文化生产大国。

二、当前我国文化产业发展现状及其问题

（一）党中央高度重视文化建设，文化产业地位日益提高，政策不断完善

党的十六大报告明确指出，“发展文化产业是市场经济条件下繁荣社会主义文化、满足人民群众精神文化需求的重要途径。”要“完善文化产业政策，支持文化产业发展，增强我国文化产业的整体实力和竞争力”。党的十六大明确将积极发展文化产业作为新时期建设中国特色社会主义文化的重要战略任务，最终把发展文化产业从部门行为上升成为党的主张和国家意志，给予文化产业前所未有的关注和重视，使我国文化产业进入一个新的历史发展阶段。2003年8月12日中共中央政治局以文化产业为主题组织第七次集体学习，胡锦涛总书记进一步强调要大力发展我国文化产业。十六届三中全会通过的《中共中央关于完善社会主义市场经济体制若干问题的决定》，提出要按照“创新体制、转换机制、面向市场、壮大实力”的要求大力发展经营性文化产业，为我国文化产业发展指明了方向。今年6月7日，李长春同志在视察北京儿童艺术剧院股份有限公司时又指出：文化产业面向市场、面向群众，创新体制、转换机制，是解放文化生产力，发展社会主义先进文化，满足人民群众日益增长的精神文化需求的根本途径。党中央、国务院一系列重要指示以及领导同志的讲话精神，把我国文化产业发展提升到空前的战略高度，有力地保证了文化产业的健康发展。

为从政策上支持和促进文化产业发展，2001年，国务院办公厅转发了国家计委《“十五”期间加快发展服务业若干政策措施的意见》，将文化明确为服务业的组成部分和新的经济增长点。2003年底，国务院办公厅《关于文化体制改革试点中支持文化产业发展和经营性文化事业单位转制为企业的两个规定的通知》，又提出一系列有关财税、投融资、国有资产的处置、收入分配、社会保障等方面的配套政策，初步形成了国家在促进文化产业方面的政策体系。根据中央的精神和国务院的要求，近年来，文化部十分注意研究制定文化产业政策。在国家发改委的指导下，2001年下发了《文化产业发展第十个五年计划纲要》，确定了“十五”期间文化系统发展文化产业的基本方针、奋斗目标和主要任务。2003年又制定下发了《文化部关于支持和促进文化产业发展的若干意见》，进一步阐述了发展文化产业的重要意义、指导思想、具体措施和组织保证。前不久，又出台了《文化部关于引导和支持非公有制经济发展文化产业的意见》。这些文件初步形成一套比较完整的文化系统发展文化产业的基本思路和措施。

十六大以后，党中央加强了对文化发展和改革的领导，中央成立了文化体制改革领导小组，在试点基础上，正在抓紧制定文化发展纲要和文化体制改革的总体方案。各级党委、政府高度重视文化产业工作，许多地方把发展文化产业纳入地方经济和社会发展的总体规划。绝大多数省、自治区、直辖市以及计划单列市普遍从深入调研入手，在充分掌握本地文化产业资源和国内外文化产业发展动态的基础上，结合当地实际，制定了各自的文化产业发展规划和具体意见。如北京、上海、天津、山西、江苏、安徽、河南、湖南、贵州、云南、西藏、甘肃等地专门针对发展文化产业出台了相关文件，辽宁、吉林、黑龙江、浙江、江西、湖北、广东、广西、重庆、四川、陕西、内蒙古、新疆等地也就文化产业发展先后出台了一系列政策和措施。广大文化产业工作者积极探索，大胆实践，使我国文化产业各个门类都呈现出良好的发展态势。

（二）文化产业实力日益增强，文化产业体系逐步健全

据国家统计局测算，2003年，我国文化及相关产业有从业人员1274万人，占城镇从业人员的5.0%，实现增加值3577亿元，占GDP的3.1%。其中直接从事文化活动的文化服务各行业共有从业人员645万，占城镇从业人员的

2.5%，实现增加值1718亿元，占GDP的1.5%。从就业总量而言，文化服务业就业人员规模已经高于“批发和零售业”；从经济总量而言，文化服务业的经济总量与“房地产业”大体相当。目前我们文化系统的文化产业已经形成了比较完整的门类。截至2003年底，据不完全统计，文化部门主管的文化娱乐业、音像分销业、演出经纪与代理业、艺术品经营等门类的产业单位共有34.9万个，从业人员近166.97万人，创增加值近307亿元。由此可以看出，文化产业已初具规模，有些地方文化产业不仅已经发展成为当地国民经济新的增长点，而且被作为当地的支柱产业加以积极培育。

（三）文化体制改革日益深化，文化产业多元发展格局逐步形成

在中央文化体制改革领导小组和中宣部直接领导下，文化体制改革试点工作积极稳妥推进，组建大型文化企业集团取得明显成果，经营性国有文化事业单位转企改制工作进展顺利，涌现出中国对外文化集团公司、北京儿艺股份有限公司、江苏文化产业集团公司、广东现代舞蹈艺术发展有限公司、沈阳杂技演艺集团、深圳歌舞团股份有限公司等一批由经营性文化事业单位转制而来的、有市场竞争力、有社会影响力的国有或国有控股文化企业。国有文化单位的实力不断壮大，活力不断增强，党委领导、政府管理、行业自律、企业依法自主运营的运行机制正在逐步建立。

文化产业作为国民经济的一个新的增长点，已成为我国非公有制经济投资的热门领域。经过20年左右的艰苦努力和不懈探索，文化部门主管的文化市场和文化产业领域，已经在几乎所有行业和所有环节实现了对民有资本的全方位、全过程开放，这一体制巨变进程几乎是在不知不觉、润物无声的状态下实现的。目前全国文化产业各个行业门类中非公有制经济所占的比重快速上升，并出现上海盛大网络发展有限公司、浙江宋城集团、北京麦乐迪、湖南三辰影库等一批在全国影响较大的民营龙头企业，增强了文化产业的经济活力，成为发展文化产业的一支重要的力量。以国有经济为主导、以公有制为主体，多种所有制成分、共同发展的文化产业格局正在形成。

（四）文化产业重大活动丰富多彩，先进典型不断涌现

为了引导我国文化产业健康发展，继去年成功举办首届中国国际网络文化博览会取得初步经验后，今年我们又把目光扩大到音像、艺术品等有关文化产业门类，相继举办了首届中国国际音像博览会、第二届中国国际网络文化博览会；配合今年第五届艺术产业论坛，我们还举办了中国画廊推介展暨国际画廊邀请展，明年将会上升成为中国国际艺术博览会；另外中国娱乐演出网上博览会作为一个永不落幕的虚拟博览会开幕已有一年，一旦时机成熟也有可能落地举办。争取经过几年的努力，在文化产业的各个主要门类分别打造一个国内第一、国际知名的博览会品牌，进而形成一个涵盖文化产业各个主要门类的博览会系列。而后天即将开幕的深圳国际文化产业博览会则是对文化产业各个门类的一次整体展示和全面检阅。近几年各地还举办了一系列独具特色的文化产业博览活动，比如上海国际艺术节的艺术博览会、四川经济贸易洽谈会中的西部文化产业博洽会、陕西经济贸易洽谈会中的文化产业博览会，以及武汉国际文化产业博洽会、青岛国际动漫展等重要活动。这些博览活动的成功举办，充分展示了近些年来我国文化产业快速发展的巨大成果，显示了我国文化产业蓬勃发展的广阔前景，标志着我国文化产业进入了总体起飞和全面发展的时代。

在文化产业蓬勃兴起的过程中，涌现出一大批先进典型。去年文化产业司总结了60个单位的典型经验和做法，编辑出版了《中国文化产业典型案例》一书，这次会议我们将推出一批工作典型，同时命名42个各具特色的文化产业示范基地。今后我们对已经命名的文化产业示范基地将实行动态管理，推进示范基地建设，扶持发展龙头文化企业，通过示范基地的引导和带动作用，促进全国文化产业持续健康有序发展。

（五）文化产业人才队伍日益壮大，理论研究不断加强

为指导和推动全国文化系统文化产业发展，1998年，文化部就设立了文化产业司。近几年来，全国有25个省市、自治区、计划单列市文化厅局相继设立了文化产业处室，有些地方还成立了由政府有关部门组成的文化产业工作领导小组，加强了对文化产业工作的指导。近年来，为培养文化产业人才，文化部通过两个国家文化产业创新与发展研究基地举办了多次较高层次的人才培训班，今年8月，为支持西部文化产业发展，文化产业司又与清华大学继续教育学院合作，举办了11个省市自治区的西部文化产业经营管理人才培训班。各地文化产业管理部门也组织了多种形式的人才培养活动，举办了各种有针对性的专题人才培训班。在文化行政部门的示范带动下，一些大专院校把文化产业纳入学历教育体系，广泛开展职业培训和在职培训，文化产业人才队伍日益壮大，从业人员素质不断提高。

1999年和2002年，文化部分别在上海交通大学和北京大学建立了两个国家文化产业创新与发展研究基地，加强了对文化产业的理论研究，取得了一批有价值的研究成果，在文化产业理论研究方面发挥了重要作用。上海交通大学基地联合中国社科院文化研究中心连续三年编撰出版了《中国文化产业蓝皮书》，并成功举办了三届“21世纪中国文化产业论坛”。北京大学基地从2003年开始编撰出版《中国文化产业年度发展报告》。目前，全国一些综合性大学和研究机构也已经把文化产业纳入学科建设和研究课题的范围，初步形成覆盖文化产业各个行业门类的文化产业理论研究体系和研究队伍。与此同时，各地根据自己的实际情况，举办了多种形式的理论研讨活动，形成一批对指导本地文化产业发展有重要参考价值的研究成果。

为吸收和借鉴国外发展文化产业的先进理论和实践经验，建立中外文化产业良好的合作与交流渠道，1999年文化部与亚欧基金共同举办了亚欧文化产业和文化发展国际会议，来自24个亚欧基金成员国和欧盟以及联合国教科文组织的代表出席了会议。2002年，文化产业司又与日本经济产业省商务情报政策局和韩国文化观光部文化产业局共同发起了每年一届的中日韩文化产业论坛。这些国际性的会议和活动的成功举办，丰富了我们的头脑，开阔了我们的眼界，促进了中外文化产业的交流与合作。

应该说，近几年来，我国的文化产业由起步探索逐步走向培育发展阶段，并呈现出蓬勃发展的局面，这与中央高度重视和直接指导密不可分，也与全国各地广大文化产业工作者的辛勤努力分不开。广大文化产业工作者筚路蓝缕，开拓前进，为我国社会主义文化建设闯出了一条崭新的道路，开辟了一片崭新的天地。在这里，我代表文化部党组和家正部长向大家并通过你们向工作在全国文化产业第一线上的同志们表示诚挚的慰问！

在文化产业发展取得显著成绩的同时，我们必须清醒地看到，我国的文化产业还处于起步发展的初级阶段，经济产值在国民经济中所占的比重还很小，就业人数偏低，市场机制不完善，发展速度和效益都需要有一个较大的提高。具体表现在，文化产品和文化服务的数量和质量，还不能适应广大群众日益增强的消费需求和多层次、多形式、多样化的消费特点；文化产业的整体实力还不能适应日趋激烈的国际竞争；文化产业的管理手段还不能适应社会主义市场经济体制的要求。究其原因，一是影响文化产业发展的认识性偏差和功能性错位尚未得到解决。一些人思想观念滞后，对发展文化产业的重要性、紧迫性认识不足；面向市场，需求导向的文化生产理念还没有得到确立。二是束缚文化产业发展的体制性障碍和结构性矛盾尚未得到革除。市场取向的体制机制改革滞后，社会化、市场化程度低；文化产业结构调整乏力，供不应求与供过于求的情况同时存在，造成了巨大的结构性供求缺口；部门职能交叉、行业垄断和地区封锁现象仍然比较严重，难以形成统一开放、竞争有序的市场体系；文化产品科技含量低，创新能力不足，竞争力不强。三是促进文化产业发展的政策环境和市场环境尚未得到完善。文化产业管理方式滞后，许多地方还习惯于用计划经济的手段兴办文化产业，管理文化产业；文化产业政策不完善，立法层次低，管理人才缺乏；文化市场秩序还不规范，侵犯知识产权现象屡禁不止，违法经营问题依然突出。

总之，我国文化产业既面临着难得的发展机遇，又有许多矛盾、困难和问题需要应对。这些矛盾、困难和问题，处理得当，将会有力地促进文化产业发展，反之，也会直接影响文化产业深入持续健康的发展。因此，要实现我国文化产业的快速发展，我们必须振奋精神，增强信心，切实抓住大好机遇，在发展中扎扎实实地解决好前进中遇到的各种矛盾、困难和问题，把我们的工作向前大大地推进一步。

三、今后一个时期文化系统发展文化产业的主要工作和任务

（一）充分认识发展我国文化产业的战略意义，用科学发展观指导文化产业工作

科学发展观要求我们把文化建设视为一个巨大的系统工程。只有把握全局，统筹兼顾，从战略高度处理好事关全局、事关根本的重大关系，才能推动文化建设迈向更高境界。改革开放以来，文化产业应运而兴，使整体文化建设产生了积极的裂变。由过去单纯的福利型的文化事业变为文化事业与文化产业两个方面。文化事业由于与文化产业的关系得以廓清，其公益性日益凸现，除自身需要不断增强活力外，还呼唤着政府不断加大投入；而文化产业，作为精神文明建设新的方面军和经济发展新的高地，终于与文化事业一起以主角的身份迈进了文化建设的一个新时代，其发展趋势势不可挡。

我们要充分认识发展我国文化产业的战略意义，以邓小平理论和“三个代表”重要思想为指导，认真贯彻落实党的十六大和十六届三中全会、四中全会精神，用科学发展观指导文化产业的建设和发展。不仅要把文化产业放在整个文化建设的全局上加以研究，而且应当置于整个国民经济结构调整和产业结构升级换代的战略高度加以研究。要健全工作机构，加强组织领导，积极争取当地党委、政府的支持，把发展文化产业纳入地方经济和社会发展的总体规划，努力把文化产业工作从部门行为上升成为政府行为。要结合当地实际，创造性地开展工作，积极争取有关部门的支持，落实和完善文化产业政策，努力把文化产业工作从文化部门的单打独斗转变成为社会各界的共同行动。要以宽广的眼光观察世界，正确把握时代发展要求，深刻认识我国国情，明确文化产业发展思路，制定文化产业发展规划，促进我国文化产业持续快速健康发展，为繁荣文化艺术增添新的活力，为国民经济发展培育新的增长点。

（二）深化文化体制改革，不断增强文化产业活力

在社会主义市场经济条件下，文化突围，走入市场，走向产业，是推进文化体制创新的根本出路。不进行文化体制改革，偏离市场取向，偏离产业取向是没有远大前途的。我们必须加快文化体制创新，从旧的计划体制向与社会主义市场经济相适应的新型文化体制转型，努力通过深化文化体制改革促进文化产业发展，通过发展文化产业推动文化体制改革。

要突破体制性障碍，实行国有文化单位体制的根本性改革。当前许多国有文化单位缺乏生机活力，艺术生产的“计划”性与艺术产品的“市场”性之间的矛盾十分突出，面临着国有企业与文化企业的双重困境。这是多年来文化体制深层次矛盾的反映，应当通过深化改革逐步解决。要积极推进经营性文化生产服务单位的产业化进程，从转企改制入手，让它们卸下包袱进市场。同时要推动国有文化企业实行公司制改造，尽快建立现代企业制度，形成科学合理、灵活高效的管理体制和文化产品生产经营机制。形成国有资本布局合理、产业和产品结构优化、技术装备先进、大中小企业合理分工的产业群体，并充分发挥国有文化企业的骨干作用。

同时，要突破政策性障碍，为民营文化企业的壮大发展创造良好的政策环境。我国文化产业正处于成长期，面对中国文化产业的体制瓶颈、结构瓶颈、资本瓶颈、科技瓶颈以及人才瓶颈等制约因素，文化破壁，要突破部门壁垒、行业壁垒和地区壁垒，在各个方面打破行业内部小循环，走向社会大循环，健全统一开放、竞争有序的现代文化产业体系，形成有利于企业公平竞争、资源优化配置的市场运行机制。各级文化行政部门要按照《文化部关于引导和支持非公有制经济发展文化产业的意见》要求，进一步转变观念，开阔思路，把有可能吸收的非公有制经济的发展资金更多地引入文化产业领域，鼓励、支持和引导非公有经济发展文化产业，逐步形成投资主体多元化、资金来源多渠道、投资方式多样化、项目建设市场化的文化产业发展新格局。

（三）调整文化产业结构，不断提升文化产业层次

要把深化改革同调整结构和促进发展结合起来，加快推进文化产业结构的战略性调整。首先要实行国有文化单位布局结构的战略性调整。现有的国有文化单位总量过大、低水平重复建设问题严重，脱离市场的艺术生产能力严重过剩。现有的国有文化单位布局结构都是在计划体制下建立起来的，应当按照新的市场经济的要求进行布局结构调整，有进有退，有所为有所不为，加强重点，放开一般，集中优势资源，增强竞争实力，盘活存量，做强做大。

当前我国文化产业散、滥、小、差现象比较普遍，一直处于低水平、小规模的粗放经营状态，始终不能提升到相应的产业层次和规模。但是继续依靠手工作坊、小摊小贩形态的经营模式发展文化产业已经过时了。必须引导我国文化产业从数量扩张、粗放经营的初级产业形态走向规模竞争、集约经营的高级产业形态，逐步建设现代文化产业体系。要逐步提高入市门槛，促进市场整合，努力以规模经营、规范发展策略取代散滥小差、放任发展策略；要逐步淘汰摊贩式、作坊式经营业态，积极发展连锁经营、大型超市、电子商务，努力以现代流通形式取代传统流通形式；要突出重点，以点带面，抓住真正能够形成产业链，具有重大产业带动效应的关键行业优先发展；抓住真正为大众所需求、具有巨大市场潜力的重点行业优先发展，形成若干龙头行业，从而带动整个文化产业的快速发展。要把培育、壮大、发展文化企业作为文化产业发展的战略性工程来抓，加强产业整合，推动文化产业按照专业分工和规模经营的要求，运用联合、重组、兼并等形式，促进在市场竞争中形成一批能够与世界对话的大型的文化企业集团，为我国文化产业造就健壮的骨骼，增强民族文化产业的体质。

（四）加快文化科技创新，不断提高文化产业科技水平

必须加快文化科技创新，不断提高文化产品及其服务的科技含量，不断提高科学技术对于文化发展的贡献率。在全球科技革命的时代背景下，文化换装，用现代高新科技和先进适用科技改造和提升文化产业，是推进文化科技创新的重要内容。要加速发展高科技文化产业和新兴文化产业，用高新技术和先进适用技术改造和提升传统文化产业，形成高新文化产业为先导、基础文化产业和主导文化产业为支撑、各类文化产业全面发展的产业格局，推动传统文化产业向现代文化产业转变。九届全国人大四次会议通过的《国民经济和社会发展第十个五年计划纲要》指出，要“推动信息产业与有关文化产业结合”。以数字化、网络化和多媒体化为代表的当代信息革命，不仅带来了崭新的经济形态——数字经济和网络经济，而且带来了崭新的文化形态——数字文化和网络文化。当前我国信息产业蓬勃发展，已经成为国民经济和社会发展的第一产业和骄阳产业，而文化产业才刚刚起步，还是一个幼稚产业和弱势产业。但是，根据业内人士分析，当代信息革命已经走过了硬件为王到软件为王的转型过程，正从网络为王时代走向内容为王时代。只有网络产业与内容产业融合发展，信息产业才会有更加远大的前途。正是在这个意义上，当代信息产业已不再是单纯的信息技术产业，而是信息技术产业与信息文化产业的统一。据统计，索尼公司2003年总销售额为74964亿日元，其中大约63.5%为电子业务，游戏、音乐、影视及其他业务约占1/3。但是约占销售总额2/3的电子业务不但未能盈利，反而为公司带来353亿日元的亏损，而游戏、影视和音乐等业务则成为盈利大户。这种状况自20世纪90年代索尼公司正式进入文化产业就已出现，近来更加明显。软硬结合，相互促进，内容为王，渠道制胜成为索尼公司的发展战略。同样，文化产业只有与信息产业相结合，以信息化带动产业化，以产业化促进信息化，走新型产业化道路，我国文化产业才有可能实现超常规跨越式发展。信息文化产业的崛起是当代信息革命最为突出的标志之一，用先进科技传播先进文化，实现高科技与高文化的和谐发展是中国文化产业发展的必然选择。

（五）实施人才兴文战略，建设一支宏大的文化产业人才队伍

人力资源是第一资源。松下公司是著名的电器公司，但公司的董事长松下幸之助甚至说，松下电器是制造人才的地方，兼而制造电器设备。人才是当前文化产业发展最为紧缺的资源之一。作为知识和智力密集型的文化产业，人的因素在其发展中起着重要的作用。要实现我国文化产业的快速发展必须实施人才兴文战略，坚持大力培养、积极引进、合理使用文化产业人才，特别是要培养熟知国际文化市场的外向型人才，逐步建立一支懂文化、善经营、通管理、精技术的复合型文化产业人才队伍。从国有文化部门人才结构来看，一方面行政管理和后勤服务人员过剩，另一方面经营管理和科技人才短缺。为了解决结构性人才失衡问题，一方面要调整人员结构，优化人员配置，促进国有文化单位富余人员分流，充分发挥现有人才的作用，创造一个人尽其才、才尽其用的用人环境，另一方面要利用各种社会资源、开辟多种渠道，建立文化产业的人才培养体系，逐步形成良好的人才培养机制，加快引进和培养文化科技、经营管理以及其他各类紧缺人才。要放宽眼光，敞开怀抱，树立“不求所有，但求所在”，“不求所在，但求所用”的观念，广纳贤才，形成一支宏大的人才队伍。十年树木百年树人，我们不能继续单纯依靠从头开始培养的工作模式。要善于借脑、借力、借势，动员全社会的力量，共同发展文化产业。

（六）实施走出去战略，努力开拓国际文化市场

随着文化产业和文化市场在世界范围内的崛起和发展，对外文化贸易不仅是维护我国文化主权，保障我国思想文化独立的重要领域，而且已经成为对外服务贸易的一个重要组成部分。随着经济全球化的发展和我国加入世贸组织，对外文化贸易逐步成为我国文化走向世界的主要渠道和方式。但是，与我国经济建设领域存在巨大的外贸顺差相反，我国文化建设领域存在巨大的外贸逆差。这两者之间的巨大反差要求我们必须重新审视对外文化工作的功能定位，调整我们的对外文化策略，建立健全新型文化外贸体制，为我国文化产业争取更好的国际贸易待遇，努力赢得国际文化竞争的战略主动。改革开放以来，我国综合国力逐步增强，国际地位日益提高，对外关系普遍发展，这为我国文化“走出去”搭建了更为广阔的平台。我们要学习和借鉴经济领域促进对外贸易的政策和做法，适时修正思路，调整政策，更多地通过外贸方式推动中华文化走出去，在赚到掌声、赚到喝彩的同时赚钱回来，实际上这种对外文化交流的动力更大，后劲更足，效果更为持久，影响也更加广泛。这给我们提出了正确处理对外文化事业和对外文化产业的关系问题。中国文化企业不能永远只在内河航行，它们必须驶向蔚蓝色的海洋。只有走出去，才能享受世界贸易组织的权利；只有实施“走出去”战略，才能在世界文化市场上占有一席之地。否则就是自动弃权行为，就是自动放弃我们以出让部分国内市场为代价而换取的进入国际市场的权利。我们应进一步改革对外文化工作体制，正确处理对外文化交流与对外文化贸易、涉外文化合作与涉外文化产业的关系，更多地采取市场运作方式从事对外文化交流，在更宽领域里拓展对外文化贸易，通过出口更多的附加值大的高端文化产品，积极参与高端文化竞争，把我国涉外文化产业做强做大；要将全国对外文化资源纳入一个整体，形成中央与地方、官方与民间、国内与国外整体联动的工作网络和战略布局，打造中华文化优秀品牌，发挥国家营销的整体优势，开拓新领域，探索新途径，推动中华文化进入世界文化市场。要鼓励中国文化企业走出去，直接进行海外投资，进入世界文化市场；鼓励中国文化产品走出去，建立合理有效的政策服务体系和办事机构，推动出口导向型企业发展和产品生产。要充分研究世界贸易组织的游戏规则，广泛了解西方国家推动文化产品出口的政策措施，通过政府的政策引导，建立起有中国特色的文化产品对外贸易服务体系和政策体系，在推动中国文化产品出口的同时，宣传中国的国家形象，努力获取文化产品出口的外贸利润，逐步缩小文化贸易逆差，保障多出进好的原则得到切实贯彻，使我国从文化进口大国转变成为文化出口大国。

（七）转变职能，转变作风，加强宏观政策调控

要坚持社会主义市场经济的改革方向，在政府宏观调控下充分发挥市场对于资源的基础性配置作用，实现政府对于市场的高效能引导作用和市场对于资源的基础性配置作用的统一，变企业围着政府转为企业围着市场转，形成政府引导市场、市场引导企业的格局。我们要以全新的管理理念武装自己，从计划体制时代的行政领导者变为市场经济时代的政策指导者，转变政府职能，转变工作方式，实现文化管理体制的根本性转变。要明确职责，准确定位，推动管理创新，规范政府行为，实现政府职能逐步归位。特别是要加快行政审批制度改革，阳光作业，提速运行，精简审批事项，提高审批效能。与英美国家实行自由放任、“一臂之距”的文化管理政策不同，在我国，促进文化产业发展，政府大有可为。要抓住难得机遇，积极促成把发展文化产业作为振兴国民经济、促进产业升级和建设精神文明的重大举措，纳入国家发展的总体框架和战略规划。要促进文化产业立法，完善文化产业政策，努力为文化产业发展提供一个合理的政策法规框架；要健全文化产业体系，完善公共服务，努力为文化产业发展搭建一个广阔的市场运作平台；要加强文化市场管理，保护知识产权，努力为文化产业发展创造一个良好的文化市场环境。需要强调的是，完善文化产业政策是十六大明确提出的一项重要任务，也是保证文化产业快速、健康、全面发展的重要手段。作为政府文化产业主管部门，要始终将完善文化产业政策作为一项重要的工作来抓。

（八）因地制宜，因势利导，发展区域文化产业

据研究，当人均国民生产总值达到一万美元的时候，文化消费就会进入快速发展时期。美国在1943年、日本是1971年、韩国在1993年分别到达一万美元，文化产业分别进入快速发展时期。我国经济发展虽然很不平衡，但是东南沿海一些城市和地区已经超过这一水平，完全可以先行一步，率先发展文化产业，跨入文化产业的快速发展期。中西部地区虽然经济发展相对滞后，但是拥有丰厚的民族民间和自然文化遗产，也可以突出特色，发扬优势，优先发展特色文化产业和优势文化产业。因此要因地制宜，因势利导，试点兴建一批文化产业创业和试验基地，规划实施一批文化产业重大项目和重点工程，扶持一批文化企业集团和优秀品牌，形成一批文化产业强省、强市，甚至形成各具特色的区域文化产业，这样由点及面，积少成多，就可以逐步使文化产业成为部分地方乃至整个国民经济的支柱产业，以全面振兴我国文化产业。同时要积极鼓励东部地区与西部地区优势互补，加强协作，大力支持开发农村文化产业，促进文化产业全面协调发展。

同志们，新世纪的前一二十年，是中国的战略机遇期，是中国文化的战略机遇期，也是中国文化产业建设和发展的战略机遇期。只有实行文化产业布局结构的战略性调整和文化体制的深层次改革，只有实行政府对于市场的高效能引导作用和市场对于资源的基础性配置作用相统一，实现文化体制的转轨变型；只有用好国内国外两种资源、两个市场，只有用现代市场经济手段和现代高新技术手段改造和提升整个文化产业，实现整个文化产业的升级换代，才有可能实现我国文化产业的快速发展。我们一定要抓住难得的历史性机遇，解放思想、求真务实、振奋精神、开拓进取，不断开创文化产业工作的新局面，为我国文化产业的建设和发展做出应有的贡献。

文化部副部长陈晓光在文化部直属艺术院团年度工作会上的讲话

同志们：

刚刚过去的一年是不平凡的一年。一年来，10个国家艺术院团在非典的严峻挑战和演出市场极其困难的情况下，以良好的精神状态，锐意进取，积极努力，不仅克服了非典的影响，而且在创作演出方面取得很大的成绩。仅就演出场次及收入而言，我们大多数院团都与去年的演出收入持平，有的院团还超过去年的演出收入。我想首先在这里向大家公布一下艺术司统计的截止到2003年12月1日各院团演出场次和演出的毛收入的情况：

中国京剧院：演出147场，演出收入417万元。中国国家话剧院：演出115场，演出收入97万元。中国儿童艺术剧院：演出211场，演出收入214万元。中国歌剧舞剧院：演出105场，演出收入1127万元。中央歌剧院：演出67场，演出收入529万元。中央芭蕾舞团：演出83场，演出收入430万元。中国歌舞团：演出164场，演出收入1323万元。东方歌舞团：演出128场，演出收入2180万元。中国交响乐团：演出79场，演出收入310万元。中央民族乐团：演出100场，演出收入205万元。

10个院团全年演出总场次1199场，总收入为6832万元。去年的演出总收入为6700万元。

以上的统计数字说明，几乎每一个院团都把非典造成的损失减少到了最低程度，保证了剧院创作演出的正常进行，保证了广大演职人员的基本收入。我代表部党组，向辛苦一年的院团长们并通过你们向所有国家院团的演职人员和工作人员表示慰问和感谢!

下面我讲两个问题：一是2003年国家院团创作演出的基本情况；二是2004年国家院团艺术工作的基本要求。

一、2003年创作演出的基本情况

（一）剧目创作情况

2003年，国家院团在创作上取得了一定的成绩，一批新创作剧目、加工整理剧目和复排剧目立在舞台上，其中一些剧目、节目取得良好的社会反响和市场效益。中国京剧院创排上演了《泸水彝山》、《图兰朵公主》、《张协状元》、《乌纱记》、《真情颂》5台新剧目，复排剧目27出；国家话剧院创作演出了《哥本哈根》、《赵氏孤儿》、《青春禁忌游戏》、《半生缘》4台新剧目，修改复排演出了《叫我一声哥》、《萨勒姆的女巫》、《恋爱的犀牛》、《非常麻将》、《故事新编》等5部作品；中国儿童艺术剧院创排了一台适合校园演出的喜剧《我管小偷叫舅舅》。中央歌剧院新排了《卡门》、新版《费加罗的婚礼》，演出了《蝴蝶夫人》、《乡村骑士》、《魔笛》、《塞维利亚的理发师》等经典歌剧，并参加了大型景观歌剧《阿依达》的演出；中国歌剧舞剧院新创作了民族舞剧《篱笆墙的影子》和民族歌剧《瑶姬传奇》；中央芭蕾舞团演出新版《天鹅湖》；中国交响乐团推出了交响组曲《二泉映月》；东方歌舞团将《蔚蓝色的浪漫》与《华彩唱风流》中的精彩作品重新组合，编排了《浪漫与风流》。另外，《杜十娘》、《花木兰》、《兰花花》、《秘境之旅》、《翡翠之城》、《香格里拉》、《现代芭蕾晚会》等文化部立项的重点剧目正在创作和修改之中。中央民族乐团承办了第九届全国音乐作品比赛，征集积累了一批优秀曲目。值得一提的是，《叫我一声哥》、《大红灯笼高高挂》、《乐府画廊》3部作品在入选2002~2003年度国家舞台艺术精品工程初选剧目后，经三个院团认真的修改加工，荣获了“国家舞台艺术精品工程提名剧目”称号。另外，包括《大红灯笼高高挂》在内的6部剧目经专家们提名推荐，又滚动进入2003~2004年度国家舞台艺术精品工程提名剧目，并在加工修改后角逐今年的十大精品剧目。

（二）市场演出情况

由于突如其来的非典疫情的影响，院团已经签订的演出合同被迫中止或推迟，蒙受了很大的经济损失，而且长达三四个月无法排练和演出。但演出场次和演出收入依然和去年打了一个平手。我一直在思考你们到底靠什么，妙手回春，挽回损失，取得了大灾之年创作与演出的丰收。我看可以归纳为以下几个方面的因素：

第一，抓住机遇，主动抢占市场

非典之后，北京乃至全国各地都出现了一个演出热季，许多演出活动相对集中，包括港台歌星也都纷纷登陆亮相，一时间，演出市场疾风暴雨，其数量和密度都是前所未有的。我们的院团抓住这个机会，主动出击，抢占市场。我比较注意北京的演出新闻和广告，发现几乎所有的演出活动中都有国家院团参加，如北京国际戏剧演出季、上海国际艺术节、北京国际音乐节、北京国际舞蹈演出季等。同时，我们的院团自己也主动策划一些演出，去市场中抢一块“蛋糕”，如举办一些专题性音乐会，特别是国庆节和纪念毛泽东同志110周年诞辰期间，我们的院团演出了一系列的剧目、节目和音乐会，在社会上引起强烈的反响。

第二，演出形式灵活多样

非典之后，国家院团既有大型剧目的演出，也有小型节目的演出；既有本剧院独立的演出，也有与各方联合的演出。内容丰富多彩，形式多种多样。许多院团举办广场演出、公园演出、校园演出，如中国交响乐团在长城，中央歌剧院在世纪坛，东方歌舞团在朝阳公园，中国儿童艺术剧院足迹走遍中小学等。有的院团启动外地演出市场，如国家话剧院成功举办了“上海演出周”。有的院团参与慰问医务工作者的演出，如在“以科学战胜非典，用艺术振奋精神”著名艺术家捐赠义演活动以及慰问小汤山医院等活动中，国家院团积极参与，倾情奉献；中国京剧院、中国歌剧舞剧院等院团还采用录制专题节目等方法表达对医务工作者的敬意。另外，还有“三下乡”慰问演出，中央民族乐团到新疆，中国儿童艺术剧院到广东，东方歌舞团到云南、贵州，中央芭蕾舞团到陕西等。在中外文化交流中，国家院团也不负重望，中央民族乐团和中央芭蕾舞团参加“中法文化年”活动，在欧洲高频率巡回演出，主流媒体竞相报道，赞誉不绝。国家院团还参加了俄罗斯文化周以及澳大利亚、日本、韩国、香港、澳门等国家和地区的交流演出，为中外文化交流做出很大的贡献。

第三，采取措施，建立符合市场规律的有效机制

为挽回非典造成的影响和损失，所有的院团都采取了有力措施，开拓演出市场。如中国歌舞团实行了目标责任制，将演出场次落实到人，建立了合理的奖惩制度。中央歌剧院建立了新的演出奖励机制，调动了本院演职员工和社会力量的积极性。还有一种方式也值得注意，就是建立各种形式的市场联合体来共同开拓市场，承担市场风险。如东方歌舞团与中文票务的合作，中央芭蕾舞团与田野阳光公司的合作，中国歌剧舞剧院与歌华的合作，中央歌剧院与北京报业集团的合作等，最近还有中国京剧院与歌华公司就《图兰朵公主》剧目的合作。有的是票务方面的合作，有的是演出代理

方面的合作，有的是演出宣传方面的合作，我看都是有成效、有思路的合作方式，只要对于演出市场有利，对于院团发展有利，只要能够取得双赢，就可以合作下去。

第四，向管理要效益

管理出效益，这一理念已经是国家院团的共识。各院团纷纷调整和完善各项规章制度，调整内设机构，提高管理水平。尤其是在十六大提出文化体制改革的任务之后，院团进一步加强改革意识，更加积极主动地调整那些不利于艺术生产的管理机制。国家话剧院、东方歌舞团作为中央确定的改革试点单位，都制定了《深化改革的总体方案》。中国京剧院提出今年是“管理年”，从内设机构、人事制度、分配机制几个方面进行调整和完善，并设立了演出经营部以加大演出营销力度。中央歌剧院制定了一整套的改革方案，包括用人制度、分配制度、业务考核制度等方面的管理办法，还设立了演出营销中心和创作策划中心，为新剧目创作、生产、演出开发营销打下坚实基础。中国儿童艺术剧院建立和巩固科学的管理制度，调整了演出津贴分配原则，实行人事代理签约制等新制度。中国交响乐团增强营销理念，提高了服务意识，成立了公关销售部，在音乐艺术院团中率先推出套票优惠卡，受到观众的欢迎。中国歌舞团以舞台美术部为改革试点单位，为舞美服务社会化打下基础。

总之，2003年国家院团的艺术创作与演出工作取得了很大成绩，这是各院团领导班子集体努力的结果，是全体艺术家和工作人员共同奋斗的结果。当然，我们的工作还存在着许多问题和不足，在充分看到成绩的同时，也要认真总结过去一年的经验和教训，以利于在新的一年中取得更大成绩。我认为，2003年我们存在的主要问题包括以下几个方面：

首先，还是剧目问题。

前边提到的创作演出的数十台作品，数量不可谓不多，能够留住的优秀作品会有多少？我们代表国家艺术水准，对全国的艺术创作具有率先垂范的作用，有着资金、人才等多方面的优势，但与地方相比，还有不少差距。不久前公布的首轮国家舞台艺术精品工程“十大精品”剧目中，国家院团榜上无名，我心里很难受，我想大家的心里也不会平静的。面对这样一个现实，我们应该回过头来审视我们的创作，审视我们剧目的题材、质量等等诸方面的问题。

其次，演出市场问题。

国家院团在演出市场中的主导地位还不稳固，一部分院团的演出基本上还处于低层次的运作方式，大多数是“打工”式演出，我们挣小钱，中介公司挣大钱，我们的品牌优势、艺术人才优势在演出市场中的作用还没有得到充分发挥。各院团之间演出效益还很不平衡，这其中有艺术品种的问题，有市场的问题，但也不能排除思想观念和运作方式的问题。

另外，由于管理体制的滞后，也严重影响了国家院团的创作和演出，突出表现在人事管理体制不能适应市场经济的要求，在队伍管理上不能建立有效的人员进出渠道，难以将最优秀的艺术人才用于艺术创作和演出，人才资源流失严重；在分配制度上依然存在“大锅饭”体制，甚至出现从“大锅粥”变为“大锅肉”的现象；在艺术观念和表现手法上存在缺乏革新、躲避现实的现象，缺乏严密的艺术论证和市场论证，导致剧目立在舞台上后缺乏情感冲击力和艺术感染力，严重影响了剧目的艺术水准及社会效益和经济效益等等。虽然，这些问题绝不是一朝一夕能够解决的，但我们要心中有数，要想出对策，否则会越来越严重地影响我们的创作生产和演出市场。

二、2004年对国家院团工作的基本要求

2004年是实现“十五”计划的关键一年，也是全面落实十六大和十六届三中全会精神、深化文化体制改革、发展文化事业和文化产业的重要一年。我们要按照《中共中央关于完善社会主义市场经济体制若干问题的决定》的要求，坚持解放思想、实事求是、与时俱进，坚持贴近实际、贴近生活、贴近群众，进一步创新体制，转换机制，面向市场，壮大实力，把国家艺术院团建设成为真正在全国具有导向性、代表性和示范性，富有活力和市场竞争力的艺术团体。为此，2004年的主要工作任务是：在艺术创作上，要力争推出几部现实题材和具有创新精神的作品；在演出市场上，要以国家院团的品牌作品更多地占有演出市场的份额；在人才培养上，要推出一批有影响的优秀青年艺术人才；在体制改革上，要在建立比较完善的适应市场经济规律的管理体制和运行机制方面取得突破性进展。我在这里提几条具体的要求。

（一）艺术创作要重视现实题材和创新精神

重视现实题材和艺术创新问题，已经是一个老生常谈的问题了，我在2002年、2003年的全国艺术创作会议以及中直院团的一些会议上已经多次强调过这个问题。今天，又把这个问题提出来，不厌其烦地强调、强调、再强调，说明在我脑子里，这是个极其重要的问题。而且实践也说明，10个国家院团的“软肋”就是现实题材的作品创作和艺术创新的问题。理论上的问题我不再阐述，我只想就我们国家院团在现实题材作品和艺术创新方面存在的问题谈一点看法。

第一，现实题材作品创作在我们的创作规划中没有引起足够的重视，现实题材的作品在创作剧目中所占据的比例严重失衡。

2003年的新作品中几乎没有关注现实的作品，如果说有的话，我看只有国家话剧院的《叫我一声哥》和中国歌剧舞剧院的《篱笆墙的影子》还勉强算数。2004年各院团所报创作计划中也凤毛麟角。当然，反映现实的作品相对来讲，由于其历史沉淀的时间短，人们对现实生活的认识还没有上升为理性认识，再加上有些艺术品种反映现实有较大的难度，反映到艺术作品创作上就会有各种困难。但是，正因为现实题材的作品创作上有难度，所以更应该知难而上。国家院团是舞台艺术创作的排头兵，在全国起着示范性和导向性作用，国家院团的舞台艺术作品要主导当前整个艺术创作的态势，我们的创作要将视角对准改革开放的时代，对准人民群众的日常生活，展示他们的喜怒哀乐，紧扣时代脉搏，弘扬社会正气，高扬时代主旋律，以塑造人物形象为中心，力求以情感人，做到思想性、艺术性和观赏性的有机统一，从而唤起全社会对现实题材优秀作品的关注，形成良性循环。现实题材作品应该而且完全能够占据艺术创作的重要位置，一个时代文艺发展的“弄潮儿”应由直面时代主潮的作品来担当。所以，我们要重视现实题材作品的创作，首先要做好策划，然后采取切实措施，全力组织创作。

第二，艺术创新问题也没有引起我们足够的重视。

我们天天讲创新是艺术生命力的源泉，只有植根于现实生活和时代精神的创新作品，才能结出丰硕的果实，成为流传下去的艺术精品。但从国家院团总体的舞台呈现上看，艺术创新精神离我们还有距离。所谓艺术创新，就是要用开拓进取的精神、深厚的思想内涵、健康的审美情趣和多样的艺术形式，创作出崭新的、具有较高文化价值的艺术作品。不管是哪一个艺术品种，都要不断推出创新剧目，才能不断推出新的优秀人才，不断吸引新的观众，这样的艺术品种才可能是朝阳艺术。哪怕是古老的艺术品种和有悠久历史的剧团，也要抱定“追求朝阳”的信念。当然，创新也不是异想天开、随心所欲、孤芳自赏，而是面对市场经济条件下文艺创作出现的复杂情况，需要对现实社会生活作透彻的理解和对人们审美需求的深刻感悟；需要对艺术与市场关系的准确判断与把握。创新也是一个在艺术实践中不断探索、不断总结的过程。探索有成功的希望，也有失败的可能。只要我们去努力创造一个有利于繁荣舞台艺术、不断创新的良好氛围，使舞台艺术在不断创新中保持旺盛的生机，国家院团才可能推出具有创新精神的艺术作品。

（二）重视人才建设，实施人才战略

前不久，中央召开了全国人才工作会议，把实施人才强国战略放在关系党和国家事业发展全局的重要地位，胡锦涛、温家宝、曾庆红等中央领导同志作了重要讲话。我们要认真学习、贯彻落实好全国人才工作会议的精神。结合国家院团的人才工作，我谈几点想法和体会。

1.人才资源可以说是国家院团创作、演出、经营、管理的第一资源。

当前，国家院团处于一个改革形势不断深化的时期，一个国内国际演出市场竞争日益激烈的时期，一个艺术创新与发展日新月异的时期。在生存与发展的各个方面，我们都面临很大的机遇与挑战，能否抓住机遇、克服压力、迎接挑战，能否使创作、演出、经营、管理等各项工作不断取得新的进步，能否积极稳妥地不断推进体制与机制改革的各项工作，关键在人才。毛泽东同志讲过："政治路线确定以后，干部就是决定的因素。"邓小平同志说过："改革经济体制，最重要的、我最关心的，是人才。改革科技体制，我最关心的，还是人才。"江泽民同志更是明确指出："人才资源是第一资源。"人才兴文，人才兴业，国家院团的工作实践从正反两方面反复证明了这一点，经营管理是如此，创作演出更是如此。用好一个院团的管理干部就能兴旺一片事业，用好一个创作人员就能生产一部优秀作品。人才不仅是创作演出经营管理的基础，同时也是院团的品牌和名片。应该说，我们拥有一批懂艺术懂经营懂管理的院团长，拥有一批任劳任怨、勤恳负责的中层管理干部，拥有一批才华横溢、锐意创新的创作队伍，拥有一批造诣精深、名声在外的优秀演职员队伍。国家院团目前所取得的各项成绩是与我们拥有这样一支过硬的人才队伍密不可分的。但是，面对当前院团工作的任务和形势，我们的人才工作还有许多不适应的地方，还存在许多不容忽视、亟待解决的问题。主要是：人才工作还没有成为所有院团长自觉地有意识地去思考研究的工作；院团人才的专业、年龄结构分布不够合理；院团吸引人才、培养人才、使用人才的措施不够系统配套，适应社会主义市场经济发展的人才工作机制尚不健全；优秀人才流失严重；有些院团长识别人才的能力还有待提高，容纳人才的胸怀还需要开阔；有些单位还存在着高素质、高层次的经营管理和创作表演人才短缺等等。对这些问题，我们要高度重视，认真分析，在实践中摸索经验，找出办法，采取有效措施，抓紧加以解决。

2.国家院团要做好人才工作，院团长首先要有爱才之心、识才之智、容才之量、用才之能。

要充分认识人才资源是院团工作的基础性、战略性、决定性的第一资源，只有思想上认识了人才对院团工作的重要性，才能有恋才之情，才能有爱才之心。要牢固树立人人都可成才的观念，有了这样的观念，我们才能重视院团人才的培养工作，才能大力营造有利于人才成长的机制和环境，才能盘活院团现有人才资源，不求全责备，而是用其所长，把每一个人的积极性都调动起来，把每个人的价值都发挥出来，才能形成人尽其才、才尽其用和人才辈出的局面。要不拘一格选人才，做到不唯学历，不唯职称，不唯资历，不唯身份，唯才是举。既不能唯我有才，井底观天，夜郎自大，也不要只信奉"外来的和尚会念经"，要根据具体项目具体情况，立足本单位，放眼全国乃至全球选拔人才，使用人才。认准人才后，要用事业吸引人才，用感情打动人才，用适当的待遇留住人才，用制度和法规约束管理人才，不能"受制于人"。

3.国家院团要做好人才工作，就要完善人才工作机制。

一是要建立和完善人才培养机制，建立多渠道多方式的脱产学习、外出进修、岗位培训等继续教育和培养制度。中央芭蕾舞团、东方歌舞团和中国京剧院在这方面都有成功的尝试，取得了较好的效果。二是要完善按劳分配为主体，多种分配方式并存的分配制度，在坚持效率优先、兼顾公平的前提下，可逐步实行各种生产要素按贡献参与分配，健全与社会主义市场经济相适应、与工作业绩紧密联系、鼓励人才创新的分配机制。中央芭蕾舞团的演员专项资金和优秀人才基金是一种有益的尝试。三是在现有职称制度下，要打破论资排辈，坚持四个“不唯”，按德才兼备的原则，坚持走群众路线，建立以业绩为重点，由德、能、勤、绩等要素构成的人才评价体系和激励机制。四是要深化各类人才选拔任用机制的改革。专业人员要坚持考聘上岗，该淘汰的就要淘汰；管理人员要坚持公开、竞争、择优的原则竞争上岗，能上能下；经营人员可面向社会招聘，与经营业绩相联系并逐步专业化。

4.国家院团要做好人才工作，就要重视青年人才的培养。

青年人才是国家院团事业的未来和希望，要注意培养、选拔、使用好青年人才，敢于让优秀的青年人才担当重任，这不仅是事业后继有人的需要，也是艺术创作和表演行业特殊的规律。我国古代有很多著名的青年才俊大器早成、大有作为的例子，现在很多著名的艺术家也都是在较年轻时崭露头角，一举成名的。要做好青年人才的培养工作，一是要把好进人关，把艺术院校和社会上真正优秀的青年人才吸引选拔到院团来。二是要创造一切机会让青年人才展现才华。中央民族乐团鼓励青年人才参加各项专业艺术比赛，中国京剧院为三位青年演员举办申报梅花奖的专场演出，中国歌舞团注意包装青年演员，东方歌舞团给演员创造上电视专题节目的机会等等，这些都是好的做法。三是要关心爱护青年人才。要敢于使用青年人才，让他们勇挑重担，在使用中锻炼青年人才；要为青年人才创造学习与培训的机会；要严格要求青年人才，正确使用青年人才，用其所长；要创造条件改善青年人才的生活待遇，关心他们的生活。

总之，国家院团做好人才工作，就是要建好人才选拔机制和激励机制，抓好培养、吸引、使用三个环节，开发院团内外两种人才资源，建设管理、经营和创作演出三支人才队伍，做到四个“不唯”，鼓励人人都做贡献，人人都成才。一位哲人说：创造一个空间，让每一颗星星都放出自己的光彩。只要我们做好院团的人才工作，院团创作、经营、演出、管理等各项工作一定会有新的局面，一定会取得新的成绩。

（三）院团领导班子建设要以团结为大局，实行民主集中制

目前，在企业当中很流行一个词——团队精神。其实，团队精神是常被用于描绘一种理想状态。它代表一种思想和工作方式的转变，是工业经济时代的线性分级制向新经济时代的更有效的环境结构转变的一个范例。其实在艺术行业中，对我们以往所讲的“集体主义”精神也有很多说法，比如梨园行讲的“一棵菜”精神就很形象。很多单位都会讲：“我们要提倡团队精神”，“我们要以团队精神发展我们的事业”。那么，对我们艺术院团来说，理想的、真正具有战斗力的团队精神是什么样的呢？

首先，我认为一个理想的团队必须是充分沟通、互相理解的团队。无论是领导班子之间还是同事之间都应该以坦诚的心态进行充分有效的沟通，无论是对工作的意见或建议，还是个人的想法和看法。只有充分沟通，才能心往一块儿想，劲往一处使。在领导班子中间，如果没有交流，各自为阵，甚至产生裂痕，必然就会影响、挫伤大家的积极性。其次，一个理想的团队必须是紧密配合的团队。关于这一点，有一个很形象的比喻，一只手叉开五指伸出去，不会有什么力量，而五指握成拳头，则会变得很强大。这个道理很简单，但要做到这一点却是非常不容易的。再者，一个理想的团队应该是领导者以身作则的团队。在一个团队中，领导者都应该具备以下两个很重要的自觉意识：一是以身作则。要求每一个演职员做到的，领导者必须首先要做到，领导者还必须做得更好。二是勇于负责。每一个领导者都负有比演职员更重的责任，因此每一个领导者都应该勇于对自己所分管的部门或工作负起责任，不要把自己的责任推给上级，也不要把自己的责任推给伙伴，更不能把责任推给下面的人。说一千道一万，中心意思就是要把领导班子的团结搞好，团结是院团制胜的法宝，团结更是发展的根本，团结搞好了，才能开创院团工作的新局面。

做好团结工作，基本保证是实行民主集中制，这是我们的“尚方宝剑”。大家都知道，这一届部党组每一个成员都注重并自觉维护党组的团结，在工作中互相支持，互相理解，互相体谅，形成了既有民主，又有集中；既有统一意志，又有个人心情舒畅，这样一种生动活泼的政治局面，为全部各级领导班子做出表率，靠的就是民主集中制这个法宝。所有的国家院团都要既在全剧院内实行民主，更要在班子内部实行民主。要充分发挥每一个人的积极性，调动班子成员团结一致，一心一意为院团工作着想。在民主的基础上，还要做好集中，这就对“一把手”提出了更高的要求，是否调动了大家的积极性?是否集中了大家的智慧?是否做出了实事求是的正确决策?所以，能否贯彻民主集中制，关键在“一把手”，“一把手”要当好班长，要有胸怀，要有远见，要讲究思想方法和工作方法，要真正发挥“领头羊”的作用。

（四）艺术团体体制改革要有突破性进展

十六大报告为文化体制改革指明了方向，提出了基本的要求，就是要“根据社会主义精神文明建设的特点和规律，适应社会主义市场经济发展的要求，逐步建立有利于调动文化工作者积极性，推动文化创新，多出精品，多出人才的文化管理体制和运行机制”。上半年召开的文化体制改革试点单位工作会议进一步明确提出了改革的思路和方向，提出了具体的要求。国家院团中国家话剧院和东方歌舞团作为试点单位都拿出了具体的改革方案，已经开始付诸实施。其他院团的改革，部党组也会在试点工作取得经验后，根据中央的统一部署再做安排。因此，关于各院团的改革，我谈几点认识：

第一，观念要创新。

艺术表演团体的改革，历经艰难，道路比较坎坷。在许多人的思想观念里，改革就是合并院团，减人减钱，所以对于改革，人人都有不同的心态，不同的认识，甚至不同的院团对改革也有不同看法和态度，包括最近一段时间所传言的院团合并问题，许多院团长找过我，有不同的说法，这都可以理解。关键是我们如何正确对待改革，如何抓住改革的机遇，发展自己，壮大自己。改革确实是严峻的挑战，但是，我更认为，改革也为我们提供了良好的机遇，比如目前正在进行试点的这次文化体制改革，因为中央高度重视，各有关部门全力配合，就有可能在一系列配套政策上有实质性的突破，对我们这些国家院团只会带来切实利益。实践证明，改革不仅使我们院团轻装上阵，而且也使我们不断获得国家和社会的大力支持，没有改革，我们的院团不可能像现在这样稳步发展。所以要与时俱进，做好改革的思想和理论准备，做好动员和宣传工作，提高广大演职人员的思想认识，把让我改革转化为我要改革。正确对待改革，全力投入改革。

第二，体制要创新。

国家院团实行什么样的管理体制，这是大家目前比较关注的问题。从大局来看，国家院团目前事业单位的性质不会改变，但是，在管理体制上可能要有所突破，比如事业单位实行企业管理，甚至实行股份制改造等；比如以自主经营、自负盈亏的独立文化单位进行社会化管理等。不管实行什么样的管理体制，我们都要认真研究，科学论证，各院团也要做好充分的准备，迎接改革的又一个高潮的到来。

第三，制度要创新。

在院团内部机制的改革上，各院团要有所作为，不要等待。我看许多院团已经行动起来，进行内部机制的改革，为整个文化体制改革的实施做好充分的准备。要按照事业单位企业化管理的思路，建立和完善我们的各种机制，鼓励机制创新。要实行演员的考聘上岗、不称职淘汰制度，要实行管理干部的公开、竞争、择优的选拔制度，要建立和完善吸引、培养、使用人才的激励制度，要实行多劳多得、奖勤罚懒、奖优罚劣的分配制度，要引入计算投入产出的成本核算制度，要鼓励院团内部各种有益的探索和制度创新。

第四，做好改革试点工作。

试点院团要积极稳妥地做好改革的试点工作。东方歌舞团和国家话剧院是文化部所属院团的改革试点，两个院团都提出了改革方案，要按照部党组的精神，认真组织落实改革的每一个步骤，扎扎实实，稳步推进，并不断总结经验，为其他院团的改革提供有效的思路和办法。

第五，要正确处理改革、发展、稳定的关系。

要充分认识到，我们的改革是为了发展而稳步进行的改革，稳定是改革和发展的前提。目前部里还没有具体的改革调整的方案，即使将来有了改革方案，也是在稳定基础上谋求发展的改革方案，这一点大家要有信心。所以，当前除试点院团外，各院团要在稳定的基础上，加强内部管理，使院团的创作、演出、经营、管理等各项工作在2004年取得更大的成绩。

文化部副部长陈晓光在2004年全国艺术创作工作会议上的讲话

同志们：

在去年的全国艺术创作会议上，我重点从理论上阐述了艺术创新、艺术产品坚持“三性”统一、艺术生产要重视市场取向、艺术生产方式要探索产业运作模式等问题。经过一年多的实践探索，特别是国家舞台艺术精品工程的顺利实施，为我们提供了更多艺术创作生产的经验。因此，今年的全国艺术创作工作会议的主旨是：坚持一切从实际出发的原则，以求真务实的精神，认真分析和审视当前全国艺术创作生产和国家舞台艺术精品工程的状况；探讨在市场经济条件下舞台艺术创作如何繁荣发展的基本规律；研究如何以舞台艺术精品工程为龙头，带动全国艺术创作沿着良性循环的轨迹前进，为繁荣我国的文艺事业奠定坚实的基础。

下面我讲四个问题：

一是国家舞台艺术精品工程的基本评估；二是国家舞台艺术精品工程剧目投入产出情况；三是进一步完善国家舞台艺术精品工程的运作机制；四是今年全国艺术创作工作应注意的主要问题。

一、国家舞台艺术精品工程的基本评估

在文化部、财政部和各地党委、政府及文化厅局的共同努力下，2002~2003年度的国家舞台艺术精品工程推荐遴选工作取得圆满成果，推出了十大精品剧目。2003~2004年度的精品工程初选剧目也已经确定，30台初选剧目准备参加新的角逐。第一年十大精品剧目推出以后，社会各界特别是文艺界的领导、专家、学者都纷纷发表了对精品工程的看法与意见，广大观众的反响更是此起彼伏，概括归纳起来主要有以下几个方面：

（一）精品工程是推进艺术精品生产的创举，是繁荣舞台艺术的重要举措

精品工程的实施，充分体现了党和政府对文艺事业的关心和支持。国家对精品工程的巨大投入，各地党委、政府给予极大关注和支持，都说明实施国家舞台艺术精品工程在促进我国文艺发展方面具有举足轻重的地位和作用。精品工程的实施，有力地激发了文艺工作者的创作积极性，创作艺术精品已经成为各地文艺团体和艺术家们的首选任务。艺术精品的概念，精品创作的理念，在我们的艺术团体和艺术家中前所未有地深入人心。精品工程的实施，改变了艺术创作工作中的一些不良机制，包括评奖机制，为进一步克服文艺创作中急功近利、浅尝辄止的浮躁心态，为艺术家们潜心创作、精益求精创造了良好的契机。文艺理论家李准同志认为，国家舞台艺术精品工程是有中国特色的、用宏观调控方法推动舞台艺术精品生产的一个创举，是在新形势下用科学管理来繁荣我国社会主义文艺的一个具有标志意义的积极探索，逐步形成了一种用符合艺术规律

的宏观调控方式成批地推出舞台艺术精品的管理机制。文艺评论家毛时安同志认为，国家舞台艺术精品工程的实施，为一批改革开放以来具有较大影响、基础较好、具有再创作空间和潜力的艺术作品，提供了进一步加工、修改、提高、竞争的平台，为较好的作品向久演不衰的精品力作提升，创造了一个全新的创作机制。舞蹈编导马跃同志认为，国家舞台艺术精品工程是保护、发展、繁荣民族文化艺术的一个具有战略眼光的重大举措，它抓住了时机，为中华民族舞台艺术走高水准、走向全世界搭起了一个很好的平台。

（二）精品工程剧目代表了当前我国舞台艺术创作的最高水准

2002~2003 年度十大精品剧目代表了我国当前舞台艺术创作的最高水平和发展方向。这些作品的创作者站在时代的高度，深刻领悟时代精神，把握时代脉搏，深入开掘作品思想内涵，立足本民族、本剧种特色，积极向其他艺术形式借鉴和学习，综合运用各种舞台艺术手段，创作出具有代表性的优秀艺术作品。剧作家苏叔阳同志说，十大精品剧目的确是这些年各剧种之中的佼佼者，倘或全国的舞台艺术都在这种水平线上下流动，那么舞台艺术的繁盛与绚丽就是无可置疑的了。李准同志说，国家舞台艺术精品工程实施一年，获得的成功是巨大的，它推出的十大精品剧目在整体的思想艺术造诣和创新力度上都代表了当前我国舞台艺术创作的最高水平和发展方向。中国文联书记处书记、戏剧评论家廖奔同志说，精品工程剧目是高水平的综合呈现。文艺评论家童道明同志说，这些剧目代表了我国当代舞台艺术的最新成就，这个“新”既是艺术家适应舞台艺术需要不断突破自我的自身创新要求的结果，也是适应新时代的新观众群体的新的审美需求的结果。

（三）精品工程是着眼文化积累的百年大计

一年多的实践证明，精品工程不是一项新的评奖活动，而是一项旨在提高艺术产品质量、着眼民族文化积累的文化建设工程。它是对具备基础的剧目进一步加工修改、打造优秀作品的艺术生产过程。毛时安同志说，中国的民族文化，怎样相伴着民族振兴而做出自己应有的贡献和积累，已经成为每一个有使命感、责任感的文艺工作者时常萦绕于怀的问题了。正是在这样一个重要的历史时刻，国家舞台艺术精品工程的实施，为解决这些长期困扰我们的基础性、长远性建设性的文化问题，推出了一项具有深远战略意义的举措，为中国舞台艺术的进一步健康发展，也为民族文化的积累创造了一个历史性机遇。国家舞台艺术精品工程对艺术工作者和艺术家，是一种极其重要的倡导，倡导大家克服浮躁和急功近利，静下心来，沉下气来，潜心为我们这个时代、这个民族的文化积累，认认真真、一丝不苟地做些工作。若干年后，我们回过头看将会发现，这是一件利国利民、功在长远的文化积累工程。上海文广局艺术总监马博敏同志说，这样一个做法，使院团走出过去“狗熊掰棒子”似的艺术创作的恶性循环，进入全新的精品理念。总政宣传部艺术局副局长汪守德同志认为，精品工程着眼于文艺的千秋大业。浙江省文化厅副厅长吴天行同志说，精品工程打造的是代表当代中国最高水准、具有鲜明民族特色的舞台艺术精品，它使我们中华民族能够自立于世界民族之林。精品工程担负的是历史的记录和文化的积累的任务，要让后人对这一时期的舞台艺术有一个清晰的认识和判断。

（四）精品工程吸引了社会舞台艺术的广泛关注

精品工程的实施，第一次把舞台艺术发展置于全社会的大背景中，突破了文化人自己热闹的小圈子，引起了社会的广泛关注。

2002 年 12 月初选剧目确定以后，剧目所在艺术院团和当地党委、政府及宣传文化部门予以高度重视，并采取切实措施，对初选剧目进行深度加工修改。许多省市成立领导组或指挥部，党政领导亲自过问精品工程工作。中央财政投入 1830 万元，地方财政又配套投入 2000

多万元，使剧目加工有了资金保障。文化部门和艺术院团采取各种措施，改革院团内部管理机制，引进社会优秀人才，调动全剧院人员的积极性，使精品工程在剧院内甚至在当地群众中深入人心，取得较好的社会效益。

党中央和国务院领导同志李长春、刘云山、陈至立等对实行精品战略、实施精品工程，给予了充分肯定和具体指导。从2003年2月初到2004年元月，首轮国家舞台艺术精品工程十大精品剧目陆续进京，向首都人民展示风采。展演期间，中央领导同志多次观看演出。陈至立等领导同志还出席了首轮精品剧目的冠名授牌仪式，对精品工程各项工作予以充分肯定。孙家正部长说，冠名仪式并不意味着首轮精品工程工作的结束，相反，是一个新的开始，精品剧目要经受观众和历史的不断检验。财政部部长金人庆同志观看了多场精品剧目演出后欣喜地说：国家这4000万元的钱花得值。中宣部副部长李从军同志说，文化部所抓的舞台艺术精品工程是坚持先进文化发展方向、繁荣发展中国特色社会主义文艺的重大举措，对于培育我国传世的艺术经典作品将起到很好的推动作用。

为了鼓励精品剧目多演出，在演出市场上站得住、留得下，中央财政又对每台精品剧目投入100万元，用于扩大演出，让更多的人能欣赏到这些精品佳作。精品剧目所在省区政府也相继予以奖励。可以说，从中央领导到中宣部、文化部、财政部领导，从地方党委、政府到文化部门、艺术院团及广大群众，对于精品工程给予了前所未有的关注与支持。这是我们从事文化艺术工作的人应该引以为自豪和骄傲的，也激励我们在五年的时间里，以优异成绩完成精品工程这项艰巨任务。

二、国家舞台艺术精品工程剧目投入产出情况

我曾经说过，所谓精品，一定要有接近经典的品质。什么是经典？经典是经过了时间和空间的检验，已经流传于世、家喻户晓的杰作。一部艺术作品能够经受时间和空间的检验，就是经受了历史和人民群众的检验，就是经典。现在推荐遴选出来的十大精品剧目具备一定的经典素质，今后会不会成为经典，就要看它有没有旺盛的艺术生命力。旺盛的生命力的标志是什么？我看主要是两条，一是艺术质量达到相当水平，二是能够在市场中持续不断地演下去。截至去年10月份，第一年度推出的30台初选剧目总共投入12574.9万元，演出总收入9050.7万元，平均投入产出比为1：0.72，总体呈现为投入大于产出，尚未收回成本。投入资金中，国家和地方财政投入资金为8746.2万元，占69.55%；单位自筹资金为2911.5万元，占23.15%；社会赞助为131.5万元，占1.05%。说明投资渠道比较单一，社会赞助和投资匮乏，院团对财政资金的依赖性还比较强。

30台初选剧目投入产出比在1：1以（演出收入超过投入）的有7台剧目，仅占23.3%。另有1部作品的投入产出比为1：0.9446，接近持平。其他22台剧目，投入产出比低于平均值。从单一剧目来说，投入产出比最高的《一二三，起步走》达到1：5.31，最低的《羽娘》只有1：0.03，二者相差177倍。

截止到今年2月底，十大精品剧目的投入产出情况如下：

《宰相刘罗锅》投入460万元，演出119场，产出1176万元。

《贞观盛事》投入404.7万元，演出76场，产出400万元。

《金子》投入219.4万元，演出156场，产出226.6万元。

《贬官记》投入290万元，演出367场，产出110.4万元。

《陆游与唐琬》投入294万元，演出105场，产出227万元。

《商鞅》投入351万元，演出105场，产出141.5万元。

《苍原》投入460万元，演出95场，产出553万元。

《红梅赞》投入791万元，演出120场，产出217.8万元。

《依依山水情》投入460万元，演出115场，产出131万元。

首轮精品工程的十大精品剧目，尽管代表了当前舞台艺术发展的最高水平，但投入产出和演出状况依然不容乐观。《宰相刘罗锅》、《金子》、《苍原》产出超过了投入，《贞观盛事》的投入产出接近持平，但大部分剧目还没有收回成本。在演出场次上虽然都达到一定数量，但单场经济效益作比较，最低的每场甚至只有几千元。出现这样的状况有客观原因，如剧目首演时间的差异、地区经济发展水平和市场购买能力不平衡、院团经营能力不强以及票价价位差异等多种因素。特别是由于国家和地方财政对精品剧目给予了大量投入，加大了投入产出的对比，相对减低了产出比。但通过这些数字，我们可以感到，精品剧目要想真正立住，真正流传下去，还需正视十分巨大的市场压力。舞台艺术要在舞台上生存，精品剧目更要在演出市场中得到检验。我们对这十大精品剧目寄予厚望，希望到今年授牌一周年的时候，这十大精品剧目的院团主动把演出场次与产出情况上报艺术司。政府要代表人民的利益，纳税人的钱不能白花。我们要建立跟踪机制，进入精品工程的十大剧目绝不允许“刀枪入库”、“马放南山”，一定要产出两倍、三倍甚至几倍、几十倍的效益来。

三、进一步完善国家舞台艺术精品工程的运作机制

精品工程已经有了一个非常良好的开端，但这只是万里长征的第一步，我们必须实事求是地看到，精品工程实施工作中还存在许多不足和问题，精品剧目也存在这样那样的缺憾，需要我们进一步改进和提高。如关注现实、表现现实生活，特别是深刻反映改革开放和现代化建设波澜壮阔社会生活的艺术创作，仍然是薄弱环节；形式大于内容、概念大于形象的作品比较多见；有的剧目还存在较为明显的缺憾，虽然做到了好看感人，但缺少震撼人心的力量，尤其是在主题的开掘、主要人物的塑造、艺术表现的深度等方面存在一定差距；专家、领导和现场观众三结合评审方式的方向是对的，但如何更加科学还有待探索；入选的精品剧目如何开拓市场，增加演出，扩大影响，赢得更好的两个效益，如何走出国门，参与国际竞争，还面临着艰巨的任务；如何将对艺术精品的追求变成一种院团和艺术工作者自觉自愿的行为，使之成为长效的机制，仍需取得共识和不懈努力。

我们要认真研究和正视存在的各种问题，保证国家舞台艺术精品工程真正成为推出精品的重要措施和有效手段。我想特别对精品工程的运作机制提出几点要求：

（一）进一步完善申报机制

从精品工程剧目选拔情况来看，现有的申报机制是卓有成效的。申报工作首要的就是把好作品推荐上来，要依靠各地文化厅局，保证优秀剧目不被遗漏。第一年的166台剧目也好，第二年的85台剧目也好，大家做了大量艰苦细致的推选工作。从这个意义上说，各地文化厅（局）是国家舞台艺术精品工程办公室的重要组成部分。第二轮的申报中我们提出了演出场次的硬性规定，这是贯彻“三贴近”精神的重要措施，也是检验精品剧目是否具有生命力的前提条件。尽管有些基础较好的剧目因为演出场次不够不能参加精品工程竞争，但这个规定体现出一个方向，我们不打算做丝毫的动摇和让步。

（二）进一步完善加工修改机制

首轮初选剧目加工修改工作，各地文化主管部门和艺术院团采取了许多有力措施，如成立领导小组、予以经费保障、制定剧目修改方案、内部运行机制等。特别是在剧目加工修改方面，在原有的基础上对剧目进行精益求精的打磨和提高，使大部分剧目艺术质量得到提高，有的甚至出现了质的飞跃。但也不排除有些剧目加工修改后变化不大，甚至个别剧目反而不如原来。原因很多，也很复杂。第二年度初选剧目的加工修改已经开始，所在院团要借鉴上一届的经验和教训，全力以赴，兢兢业业，扎扎实实，把初选剧目打造成舞台艺术精

品。

（三）进一步完善推荐遴选机制

与以往的艺术活动不同，首轮精品工程遴选分为初选和终审两个环节。初选采用专家推荐、领导小组审定批准的办法。终评采用了评审团到院团所在地审看验收，领导、专家、观众三结合评审的方式。首轮精品剧目的推荐遴选，基本上做到了公开、公正、公平。即使这样，这一办法也还需要进一步完善。

关于专家评委的问题，坚持回避制非常重要，但也有人提出还应该实行轮换制，吸纳更多的有作为、有成就的中青年艺术家参与。关于文化主管部门领导作为问题，有人提出能不能扩大到全国各省、自治区、直辖市。关于观众评委的问题，目前实行的办法应该说是基本符合艺术的横向和纵向的比较，因此观众评委所占分数比例应该降低。关于剧目演出场次和经济收入，是否纳入评选指标，也有提出不同意见。这一系列问题，需要我们认真研究，找出对策。

（四）进一步完善展演机制

去年12月份，在北京举办了首届十大精品剧目展演，这是扩大精品工程影响，让精品剧目在市场和观众中进一步接受检验，使精品剧目不断提高艺术质量和水平的重要举措。今后，这种方式应该坚持下去，并要建立一套良性的有效的运作机制。在北京举办展演后，应该辐射到更多地区，是否可以按照市场规律建立各地争办的机制，或者按照艺术品种、地区分布举办各种不同形式、不同规模的展演活动，但不要搞成劳民伤财、没有经济效益的变相汇演。我们的精品剧目还要着力开拓国际市场，走出国门，展示当代中国舞台艺术的风采。无论是国内展演还是国际演出，都要重视宣传工作，目前，在精品剧目的宣传和推介方面还是一个薄弱环节。

四、今年全国艺术创作生产应该注意的主要问题

今年是国家舞台艺术精品工程实施的关键一年。如果说第一年我们是“摸着石头过河”，今年各个环节的工作就必须做得更加完善和到位。结合精品工程，我对今年全国艺术创作工作提出以下建议和意见：

（一）关注现实是当前艺术创作的重要导向

国家舞台艺术精品工程，从某种角度来说代表着我们国家的艺术形象，毫无疑问要理直气壮、旗帜鲜明地表现出民族的风貌、民族的品格、民族的力量、民族的精神。没有这一点，也就谈不上国家的艺术形象。国家舞台艺术精品工程剧目，应该是当代艺术家敏锐地感受时代气息和时代脉搏，把握舞台艺术创造的自身规律，以对时代生活的深刻理解和认识去开掘表现题材、塑造人物形象、反映生活、提示时代精神的精心之作。但是，应当指出的是，在关注现实、表现现实生活特别是改革开放和现代化建设社会生活方面，仍然是艺术创作的薄弱环节。第一年度的十大精品剧目，真正意义上的现实题材作品几乎没有，只有《华子良》和《红梅赞》离我们现代生活算是近一点。经过引导，第二年度的初选剧目情况略有好转，直接反映现实生活的作品占据一定比例，如《万家灯火》、《又一个黎明》、《虎踞钟山》、《秋天的花鼓》、《父亲》、《村官李天成》等。因此，创作具有时代精神、直面现实生活的作品，是国家舞台艺术精品工程的重要导向，也是全国艺术创作工作所面临的首要任务。

从时代的视角来审视我们当前的舞台艺术创作生产，我们就会发现，整体来看，舞台艺术远离或游离于现实生活与时代精神的现象比较严重，与其他姊妹艺术品种比如文学、影视等比较，这个问题更为明显。去年在宁波的创作会议上，我对这个问题已经提出了要求，在昆明的精品工程申报工作会议以及中直院团年度工作会议上，我又对现实题材的创作问题予以强调。现实题材创作的重要性，我们大家包括艺术创作者都有十分清醒的认识和态度，现在摆在我们面前的任务，一是如何组织现实题材作品的创作，二是如何从浩如烟海的文艺作品中遴选具有现实代表意义的作品，进行修改

打磨，使之成为优秀的舞台艺术作品。我们首先从精品工程抓起，国家舞台艺术精品工程是全国舞台艺术创作的龙头，在全国起着示范性和导向性作用，要引导当前整个艺术创作的潮流，精品工程的初选和最后入选10台剧目要有现实题材的作品。我们的舞台艺术精品创作只有把视角对准人民群众的日常生活，对准火热的现代中国人的生活，对准正在发生着巨大变化的崭新的时代生活，才能使我们的精品工程真正反映时代、代表时代，成为具有时代意义的一项重要工作。否则，我们花这么大的力气来实施的精品工程，其历史意义和现实意义就会大打折扣。

当然，我们强调现实题材的创作生产，并不是排除或不重视历史题材的创作与生产。历史题材的作品仍然是舞台艺术创作的重要组成部分，关键是历史题材的作品能否通过历史人物的形象塑造，与现实生活和现代人的思想观念相呼应，提示现实生活的真谛，打动现代人的心灵。十大精品剧目在这方面的成就是很大的，如《商鞅》、《金子》、《宰相刘罗锅》、《贞观盛事》等，都对我们的现实生活有很大的启迪与借鉴，是成功的示范和导向。

（二）精益求精是打造艺术精品的重要手段

舞台艺术创作生产作为一种复杂而不可重复的创造性劳动，即使是在大众式文化消费与日俱增的现代社会，真正受人欢迎和推崇的仍然是经过千锤百炼的思想性、艺术性和观赏性统一的艺术精品。2002~2003年度国家舞台艺术十大精品剧目，让人感受到的一个突出变化，就是经过精心打磨，反复锤炼，艺术质量和艺术水准得到了很大提高。说明精益求精是打造艺术精品的非常重要的手段，也是恪守艺术规律的做法。

已经入选的第一年度的十大精品剧目，还有没有必要进一步加工修改？还有没有精益求精、再上一层楼的余地？我看是有的。刘厚生同志对《金子》无比偏爱，认为《金子》是川剧中的《茶馆》，是里程碑式的作品，但他仍然提出："《金子》一戏，尽管成就不俗，但从剧作到演出，仍然还有改进的余地。"千万不要认为拿到精品工程的金字招牌就一劳永逸了，如果谁这样想，谁的剧目就不能继续向经典迈进。进入精品工程只是运动场上的起跑线，是滚滚河水的溪流源头。最后能否成为真正意义上的精品之作，还要在实践中不断打磨和提高，还要经受住历史与群众的不断检验。

没有进入十大精品的初选剧目，是否就此灰心丧气、一蹶不振、弃之不管了？我看大可不必。没有入选的20台初选剧目大部分已经具备了相当的基础，甚至有些剧目也基本上具备了精品剧目的条件，只是出于数量的限制、竞争的残酷等客观原因而未能入围。如果从此不再继续打磨、束之高阁，恐怕这些剧目就永远成为历史了，我们投入的大量心血和财力都会付诸东流。况且，精品工程还有一个"滚动管理"的机制，给未能进入精品剧目行列的剧目，提供了再次冲刺精品的可能。其实，即使这些剧目不再参加精品工程的角逐，依然可以在演出市场中大有作为，因为毕竟这些剧目具有一定的艺术实力。通过精品工程为剧团立起一部保留剧目，为社会提供一台久演不衰的好作品，是非常有意义的好事，也是我们的初衷。进入今年精品工程初选的30台剧目需要进行加工修改，这是不用特别强调的。我想，不管是文化厅的同志，还是剧团的同志，已经憋足了劲，正在积蓄力量，准备大干一番，向最后的角逐奋力冲刺。我只希望大家认真总结、交流经验，特别是对上一年度的剧目加工修改经验要认真分析，虚心学习。我们要充分尊重艺术规律和市场规律，坚持从实际出发，从艺术本身特性出发，不要盲从别人的观点和意见，包括领导和专家的意见也要全面、客观地分析，不要泼洗澡水的时候连孩子一起泼掉。

总之，任何一部精品剧目的打造成功，并且真正能够留得下、立得住、传之久远，又能做到异地共赏、异时共存，绝非一日之功、一蹴而就。没有对人民、对历史、对艺术高度负责的精神，是不可能打磨出精品剧目的。

（三）人才战略是不断推出艺术精品的基本保证

去年年底，中央召开了全国人才工作会议，把实施人才强国战略放在关系党和国家各项事业发展的重要地位。今年年初，我在中直院团年度工作会议上，就贯彻落实中央人才工作会议精神，结合中直院团的人才现状，提出了一些想法和体会。今天，结合艺术精品的创作生产，我对实施人才战略、做好人才工作再强调几点意见。

第一，人才资源是进行艺术生产的第一资源。在实施国家舞台艺术精品工程的过程中，我们都能够充分地感觉和认识到，人才难得，将才难求。用好一个或一批创作人员就能生产一部优秀作品，用好一个院团管理人才或一个班子就能兴旺一片事业。在艺术上有领军人物，有著名艺术家，在管理上不仅懂艺术而且懂管理、懂经营的院团长，才能够推出优秀艺术作品。实践证明，国家舞台艺术精品工程的入选剧目都是优秀人才智慧与创造的结晶，舞台艺术精品的竞争，说到底是人才综合实力的竞争。国家舞台艺术十大精品剧目的产出院团，都聚集了一批懂艺术、懂经营、懂管理的院团长，一批任劳任怨、勤恳负责的管理干部，一批才华横溢、锐意创新的创作人员，一支造诣精深、技艺精湛的演职员队伍。因此，在实施国家舞台艺术精品工程过程中，在抓艺术创作的过程中，要树立“人才资源是第一资源”的观念，充分认识到人才资源在艺术创作和精品生产中的基础性、战略性、决定性作用。

第二，在精品工程剧目审看遴选的过程中，我们一方面为这些初选剧目所达到的艺术水准叫好，同时也发现和感觉到许多由于艺术人才方面的问题造成的缺憾，甚至为人才方面出现的危机而忧心忡忡。在创作上，编剧、编舞、作曲甚至导演和舞美设计，都出现一个人在几台戏中担任创作任务的现象，说明拔尖人才凤毛麟角；在表演上，虽然人才资源很丰富，但是真正称得上领军人物的屈指可数；在经营管理上，虽然出现了一些懂市场、会经营、具有管理水平和能力的院团长，但是总体看，我们在院团管理、生产经营以及市场开拓方面还大量缺乏专门人才。这些问题的存在一方面是因为体制造成的，还没有建立起完善的市场经济体制下的人才管理模式；另一方面是我们的观念和管理还比较落后，甚至有些还属于计划经济时代的思维方式和做法。这些问题如果不能得到及时有效的解决，就会严重阻碍精品工程和艺术创作的持续发展。当然，人才问题的解决，还要靠文化体制改革的进一步深化，靠我们进一步解放思想、转变观念，建立适应市场经济规律和艺术规律的艺术人才管理体制。

第三，实施人才战略是今年至今后一个时期的一项重中之重的工作。中共中央、国务院《关于进一步加强人才工作的决定》全面部署了人才工作的任务，明确提出实施人才强国战略是党和国家一项重大而紧迫的任务，人才问题是关系党和国家事业发展的关键问题。我们要采取有效措施，贯彻落实中共中央和国务院的决定，实施人才战略，做好人才工作，为不断推出艺术精品提供人才保障。

一是要充分利用和配置现有艺术人才资源，发挥人才资源优势。我们的艺术院团集中了大批优秀艺术人才，他们是发展文艺事业、壮大文化产业的主要力量，要充分调动他们的积极性和创造性，形成人尽其才、才尽其用的良好机制。我们要创造一个空间，让每一颗星星都放出自己的光彩。

二是营造吸引、引进优秀艺术人才的良好环境，要有海纳百川的胸襟，伯乐识马的眼力，用事业吸引人才，用感情打动人才，用待遇留住人才，用法规和制度管理人才。要不拘一格使用人才，无论院团内外、国际国内，都要纳入我们的视野，天下英才，唯我所用。做到不唯学历、不唯职称、不唯资历、不唯身份。唯才是举，唯才是用。

三是要建立和完善人才培养机制，形成长

江后浪推前浪、人才辈出的良好趋势。在充分发挥老一代艺术家作用的前提下，在大胆培养和使用青年艺术家作用的前提下，青年人才是艺术事业的未来和希望。要敢于让优秀的青年人才担当重任，把他们推到前台。这不仅是事业后继有人的需要，也是艺术创作和表演事业特殊规律的要求。

四是建立艺术人才激励机制和奖励制度，对于为艺术创作和生产做出突出贡献的优秀艺术人才，国家和各级政府应该予以重奖，给予应得的荣誉和待遇。

（四）演出市场是艺术精品赖以生存的沃土

过去，艺术创作很少强调市场营销。去年在创作会议上，我提出艺术创作生产要重视市场取向的观点。经过一年的实践检验，我更加深刻地认识到，艺术生产注重市场取向和市场营销，这是由我国社会主义市场经济体制决定的。“二为”方向不仅体现在作品的内容上，也体现在作品的演出实践中。多演出是一切艺术作品也包括精品剧目保持艺术生命力的关键。不演出、没有市场，即使是精品剧目也不可能留存下来。可以这样认为，随着文化市场的逐步完善、成熟，市场营销理念将会影响我们的创作观念，让我们的艺术创作和艺术生产更加贴近生活，贴近群众，贴近实际。

关于精品剧目的市场营销，我认为在实践中应特别注意以下两个问题：

一是精品剧目也要注重市场营销。长期以来，我们文艺作品不注重演出经营，不注重市场营销，许多好作品不为人知，没有发挥其应有的作用。不要以为是精品剧目就忽视市场营销，就不去开拓演出市场。如果只是“守株待兔”，抱着“酒香不怕巷子深”的态度，没有一整套完善的、实事求是的营销策略，即使是精品剧目也逃脱不了“有观众无市场”的尴尬局面和困境。好的文艺作品要让更多的消费者享用，走进市场更多地演出，是一条必由之路。除演出之外，市场营销的形式和手段还有很多，如音像发行、影视播出、版权交易等，其中有许多课题和技巧，需要艺术经营管理者深入研究和掌握。

二是精品剧目要力争更大的市场份额。人们对于艺术产品的消费“口味”是各不相同的，有些人喜欢“阳春白雪”，有些人偏爱“下里巴人”。因此在剧目创作之初，就应清醒地认识到自己的作品定位服务于哪一类市场群体，搞清楚这市场群体的消费偏好和消费模式，做好市场调查和预测。在演出的过程中不断地扩大自己的市场范围，就像一个石子扔进水中不断扩大波纹涟漪。我希望我们的精品剧目以及提名剧目都能够在市场中占据越来越大的份额。

精品剧目在市场份额不断扩大的基础上，还要充分考虑对市场和观众群体的引导和提高的问题。要注重利用精品剧目的品牌效应，提高艺术消费者的欣赏水平和鉴赏能力，这是精品剧目承担的责任和义务。

（五）院团管理要为艺术精品创造良好的条件和环境

艺术精品的诞生与成长需要良好的条件与环境，其中最重要、最直接的是剧目所在院团的生产条件和管理状况。能否打磨、锤炼出精品剧目，首要的是院团是否具备打造艺术精品的条件，这其中既包括艺术条件和物质条件，也包括院团的管理水平和动作能力，后一条件更为重要。

我们经常遇到这样尴尬的事情，一部作品、一台节目，立意新颖，策划水平很高，主要创作人员是一流的，演员也是不错的，或者整个院团资源很丰富，甚至人才济济，但由于剧团管理无序，剧目立在舞台上总是不尽如人意，差些火候。我一直在思考这个问题，到底是为什么？症结在哪里？我发现问题就是出在院团管理上。一些院团由于缺乏科学的管理制度，缺乏先进的现代管理方式，没有形成良好的艺术创作生产的氛围和条件，不可能创作生产出艺术精品。

在实施精品工程的过程中，许多承担任务的院团，随着剧目的加工提高，不仅艺术水平在提高，管理水平也在提高。我们要通过实施精品工程，在全国的艺术院团中树立良好的管理氛围。加强院团管理，提高科学管理水平，打造管理先进、运转有效的名牌剧团。通过精品剧目的创作生产，为院团新体制、新机制的形成提供启示和经验，为艺术创作生产创造良好的基础条件和环境。

当然，院团的管理水平在一定程度上受制于文化体制的影响，因此，要按照党的十六大提出的要求，“逐步建立有利于调动文化工作者积极性，推动文化创新，多出精品，多出人才的文化管理体制和运行机制”。在今年2月召开的文化体制改革试点单位座谈会上，孙家正部长、赵维绥副部长都做了重要讲话，提出了指导性意见和要求，并做了具体的部署。各地广大艺术院团要认真学习贯彻，要借助文化体制改革的东风，借助国家舞台艺术精品工程的动力，进一步解放思想，开拓进取，在院团管理体制改革方面取得突破性进展。

（六）带动文艺创作的普遍繁荣是实施精品工程的追求目标

有人形容说，“国家舞台艺术精品工程就像一次新的长征，是艺术上的宣言书、宣传队和播种机。”这个比喻是有道理的。实施国家舞台艺术精品工程，目的是打造、推出一批代表这个时代的艺术精品，并使之流传下去。但更为重要的是，通过这个工程，推动舞台艺术的创作生产，带动舞台艺术的普遍繁荣和全面发展。这是我们的追求目标，也是实施精品工程的深远意义所在。

“优秀作品是一个国家、一个时代精神文化水平的集中反映，对精神产品生产具有重要的示范和影响作用。”普遍繁荣是精品剧目涌现的基础，而精品的示范和导向又会进一步带动艺术的普遍繁荣，二者之间是辩证的关系。因此，在具体工作中，我们要正确处理精品生产与普遍繁荣的关系。要充分认识到，精品剧目的产生，必然是以大量优秀剧目为基础，否则，精品剧目就会成为无源之水、无本之木，就会是“瘸子里拔将军”的精品。这样的精品不可能长成参天大树，不可能流传下去。从文艺发展的历史来看，文艺精品的接连涌现是与文艺的普遍繁荣紧密联系的。唐诗、宋词、元曲、明清小说中的经典之作，都是在大量文艺作品的基础上冶炼结晶而来的。

精品剧目对整个艺术生产的示范和导向作用主要表现在几个方面：一是用精品意识来创作生产艺术产品。不管是哪一个艺术品种和艺术形式，都应该树立精品意识，特别是创新意识。要以提高艺术质量和艺术作品的市场竞争力，以至逐渐形成艺术品牌为原则。二是用精品方式来创作生产艺术产品。不管是大型剧目，还是中小型产品，都应该精益求精，不断打磨。好作品是磨出来的。三是用精品标准来检验艺术产品。要坚持艺术作品的思想性、艺术性和观赏性的统一，坚持艺术创作生产“三贴近”和“两个面向”的原则，做到群众喜闻乐见、雅俗共赏。四是在抓精品过程中，不同院团在创作生产上要有所侧重，不能“一窝蜂”都搞大型作品、豪华包装。要注重中小型节目，注重受到农民欢迎的小剧、小戏、小节目创作。特别是地县级院团主要应该立足生活，立足本地，多创作演出深受不同界别、阶层的群众喜爱的中小型剧节目，形成层次繁多、格局丰富的系列艺术品牌。

同志们，温家宝总理在刚刚结束的人大、政协会议上所做的政府工作报告中明确提出，必须把文化建设摆到更加重要的位置，进一步实施精品战略，提供更多健康向上、人民群众喜闻乐见的精神文化产品。我们担负着创作文艺精品、推动文艺事业全面繁荣发展的艰巨任务，必须把中央的要求落到实处，把人民群众的需求落到实处，脚踏实地，求真务实，创作出更多更好的艺术精品，为这个伟大的时代增添绚烂夺目的光彩。

加大力度　加快进度
推动共享工程实现跨越式发展

文化部副部长周和平在全国文化信息资源共享工程工作会议上的讲话

（2004年4月10日）

同志们：

今天，我们在这里召开全国文化信息资源共享工程工作会议，主要目的是总结交流工程实施以来的经验，部署下一阶段的工作任务，加快共享工程的建设。首先，我代表文化部和孙家正部长对参加会议的各位代表表示亲切的问候，对受表彰的先进单位表示衷心的祝贺，对各级财政部门给予工程的支持表示感谢。本次会议得到了江苏省政府、文化厅的大力支持，我代表与会同志表示衷心感谢。下面，我就共享工程工作谈几点意见。

一、两年来工作的回顾

共享工程自2002年4月正式启动以来，在各级政府的重视下，在各级财政部门的大力支持下，从无到有，从小到大，取得了阶段性成果。主要表现在：

1.工作网络初步形成

共享工程启动以来，在较短的时间内建立了以国家中心、省级分中心为骨干，基层中心为服务端的工作网络体系。目前已建立省级分中心32个，基层中心上千个，终端用户达到5万多个。福建省惠安县、深圳市、上海市徐汇区等已经在辖区所有乡镇、社区建有共享工程基层网点。江苏省各级政府已投入3000万元建设共享工程，基层站点建设走在全国前列，显示出很强的发展势头。

2.数字资源初具规模

按照“需求牵引，突出特色”的原则，共享工程汇集了全国图书馆、博物馆、美术馆、艺术研究院（所）、艺术表演团体等机构的各类优秀文化信息资源，同时制作了适合农村需求的独具特色的文化信息资源库，形成了由45个资源库组成的文化信息资源库群。国家中心已加工数字资源1.8 TB，内容涵盖历史、文化艺术、法律、科普、卫生保健知识和生活百科等领域。各级分中心建设的资源总量也达到4TB，建成了一批具有地方特色的数字资源库。如北京市建设的“北京记忆”多媒体数字资源库，用详实的资料、图片反映了老北京的文化，具有很强的地域特色。

3.技术平台日臻完善

共享工程第一期网络平台、资源建设、用户服务等技术研发已经完成并投入使用，由光缆连接和卫星接发的两种网络通道已基本建成，工程网站已经全面开通。为了确保服务到位，还开通了24小时资源自动应答与传输服务，使各省级分中心能够方便快捷地获取所需资源。在计算机网络基础设施相对完善的广东省，技术平台已经成熟，基层中心联成网络，省级分中心把共享工程与政府其他工程相结合，并大力开展网上信息服务，迅速扩大了基层信息服务阵地，成效显著。

4.基层服务初见成效

共享工程本着边建设、边服务的方针，收到了良好的社会效益。许多地方的图书馆、文化馆、文化站依托工程资源开展了丰富多彩的文化服务，活跃了基层的文化生活。山西省在为农村地区服务方面成绩突出，他们克服困难，通过实施共享工程活跃丰富了农村群众的文化生活。此外，共享工程的优秀文化资源已经进入校园、进入军营、进入社区、进入企业等，受到群众的普遍欢迎。

5.社会影响逐步扩大

共享工程的实施，在活跃基层文化生活方面产生了积极的作用，社会影响日益扩大。四川省在加强基层站点建设的同时，发挥共享工程的品牌效应，与社会网络服务商合作，增强基层文化阵地的辐射力、影响力，并不断强化基层服务网点的管理和培训，提升服务质量，树立了共享工程良好的社会形象。此外，共享工程这一新型服务方式和随之带来的社会效益，也引起了社会的广泛关注，媒体对共享工程的报道不断增加，产生了广泛的影响。两年来，工程建设的主要经验有以下几点：

1.领导重视。共享工程良好的社会效益，越来越受到各级党委、政府的重视。很多地方将工程列入当地社会事业发展的总盘子，纳入文化发展总体规划。多数省级文化主管部门将共享工程列入工作的重要议事日程，积极推进共享工程的发展。江苏省政府将共享工程建设作为新时期全省基层文化建设的重要内容，列为全省信息化建设的重要项目，提出了具体要求，制定了建设规划和资金投入额度，保证了工程的持续发展。

2.财政支持。工程之所以能够快速发展，与各级财政的大力支持直接相关。到2003年底，中央财政已经投入了4500万元，今年在继续投入2000万元的基础上，还将增加用于支持中西部农村基层网点建设的经费。地方各级财政计划投入3.2亿元，已到位1.7亿元。财政投入的加大不仅保障了工程建设的进度和效果，而且极大地鼓舞了文化工作者的工作热情。

3.措施有力。各级文化、财政等部门加强领导，狠抓机构建设，为工程建设提供了组织保障。多数省、自治区、直辖市迅速建立了共享工程领导小组，从资金、政策等方面予以有力支持。国家中心及各省分中心成立后，艰苦创业，不断开拓，发挥各自优势，采取多种方式，积极进取，创造性地开展工作。正是有了这些有力举措，工程才能够迅速推进，形成规模。

两年来的工作为工程的发展打下了良好的基础，共享工程开始进入了发展的快车道。作为文化创新工程，在发展中也出现了一些问题，主要是：

1.认识问题。有些地方对工程缺乏足够的认识，还没有把工程作为重要的文化建设项目列入议事日程，向党委、政府和有关方面汇报、沟通得不够，还没有引起当地领导和财政部门的重视。

2.投入问题。从经费投入情况看，各地差异很大。目前仍有一些省的建设资金没有到位，没有建立基层点。个别省甚至毫无进展。

3.技术问题。目前，共享工程在技术上还存在着明显缺陷。如资源加工软件的开放性较差，传输信号质量不够稳定，资源发布软件层次复杂，不够人性化等。

4.共享机制问题。一个有效、协调的共享机制还没有形成。在资源建设方面，文化部门自身资源还没有实现整合与共享，与其他系统的资源共享成效还不够显著。另外，就网络、服务平台而言，支持共享的技术还不够成熟。

5.队伍问题。由于工程刚刚启动，工作人员对技术熟悉程度不一。有的基层中心工作人员不能熟练掌握技术，难以适应事业发展。随着工程的深入开展，管理人才、技术人才等短缺的问题也日益突出，已经影响了工程建设的速度和质量。

这些问题的存在，一定程度上已影响到工程的进展，亟待加以解决。

二、从落实科学发展观的高度，充分认识共享工程的重要意义

共享工程是利用先进技术广泛快捷地传播优秀文化信息资源的文化创新项目，得到了中央领导同志的高度重视。中共中央政治局常委李长春同志先后三次对共享工程做了专门批示。2003年5月，他在《发展先进文化必须加强农村阵地建设》一文上批示："在数字技术发展的时代，要对基层图书馆的规划建设有新思路，不要再走县买书的老路。要全国共享资源"。2003年8月19日，他再次对共享工程做出批示："要加大全国文化资源共享工程的力度。并和数字图书馆紧密结合起来，这是繁荣社会主义文化的标志性工程之一，意义重大。要结合制定文化发展纲要，将其作为重要课题。"2004年年初，他又一次批示，要求"加大推动共享工程的力度，加快进度，使广大人民群众早受惠"。今年2月制定的《中共中央国务院关于进一步加强和改进未成年人思想道德建设的若干意见》中明确指出，"要积极推进全国文化信息资源共享工程建设，让健康的文化信息资源通过网络进入校园、社区、乡村、家庭，丰富广大未成年人的精神文化生活”，充分肯定了共享工程的作用，并对共享工程建设提出了新的更高的要求。另外，在中央严格控制机构编制的情况下，中编委批准设立全国文化信息资源建设管理中心，也充分说明了国务院对共享工程的重视。在今年的全国人大、政协会议上，财政部金人庆部长在财政预决算报告中，将共享工程列为国家财政支持的重要文化项目。中央的高度重视，给工程建设指明了方向，也是我们继续推动工程发展的思想动力。有关部门的支持也为工程的发展提供了有力保障。

共享工程的重要意义体现在以下几个方面：

（一）共享工程是建设先进文化、落实科学发展观的重要内容

建设先进文化是落实科学发展观的重要内容，也是全面建设小康社会的题中之意。文化建设是社会事业的重要组成部分，没有文化的发展就没有社会的发展，没有文化的进步也就没有社会的全面进步。目前，文化建设仍然存在很多困难。一是文化投入总量不足。我国人均文化事业费不到7元，2002年文化事业费83.66亿元，仅占财政支出的0.38%。二是基层文化设施落后陈旧。全国县级图书馆1/3无馆舍或馆舍简陋，1/4没有购书费，全国人均图书拥有量只有0.3册，人均购书费0.29元。三是东西部之间、城乡之间文化差距逐步拉大，农民看电影难、看戏难、看书难的矛盾日益突出。四是队伍素质下降。如乡镇文化站的工作人员中具有大专以上学历的不足1/3，人员年龄老化，多年没有补充新人。中央领导同志对这些问题十分重视，对基层文化建设做出多次批示。科学发展观的提出给文化建设创造了良好的发展机遇。没有先进文化就不能实现社会的全面、协调、可持续发展，只有发展先进文化，科学发展观才能得到真正落实。因此，我们要增强使命感，从落实科学发展观的高度重视并大力推进共享工程，促进文化事业的发展。

（二）共享工程是建设先进文化的重要组成部分

为了改变文化事业发展相对滞后的状况，最近几年，政府加大了对文化建设的投入，文化事业进入一个新的发展时期。从经费增长看，2003年全国文化事业费为92亿元,是1978年4.44亿元的20多倍。中央本级的文化事业费“八五”期间仅1亿多，“九五”期间是2亿多，进入“十五”后，每年增长1亿多，2004年达6亿多，2002年到2003年增幅达46%，2003年较2002年全国文化事业费的增长幅度达17.8%，首次超过当年财政支出的增长幅度。最近几年，中央财政投资建设的文化工程项目就有国家大剧院工程、国家博物馆建设工程、国家图书馆二期工程暨数字图书馆工程、国家话剧院剧场建设工程、中国美术馆改扩建工程、故宫大修工程等。中央财政还支持实施了一些重大的、有影响的公益文化项目，除全国文化信息资源共享工程外，还有中华再造善本工程、中国民族民间文化保护工程、全国送书下乡工程、清史纂修等。在基层文化建设投入方面，国家发改委从2002年到2005年计划总投资4.8亿元,用于扶持西部地区县级文化馆、图书馆设施建设，实现县县有图书馆、文化馆的目标。在中央财政的带动下，各地加强了对文化事业的投入，近年来很多省图书馆都建了新馆。目前，全国投资1亿以上的文化工程项目就有26个，各地兴起了文化建设的热潮。

共享工程是国家文化建设的重要组成部分，是建设先进文化的重要内容，目的是满足基层群众尤其是广大农民对于精神文化的需求，它已经成为建设先进文化的一支重要的新生力量。

（三）共享工程是加强基层文化建设、特别是农村文化建设的有利措施

目前，城乡之间、东西部之间文化差距和信息鸿沟日益拉大，农民看书难、看戏难、看电影难等问题长期得不到解决。共享工程的实施，在一定程度上缓解了部分地区“三难”的状况，受到农民的广泛欢迎。作为一项国家文化工程项目，共享工程在提升国办文化单位服务能力的同时，也将在农民自办文化中发挥积极作用。在我国广大农村，尤其是中西部地区，一方面农村文化生活匮乏，另一方面在农民中蕴藏着巨大的办文化的积极性。农村文化一定要培养一支不走的文化队伍，否则农民群众的文化生活就得不到保障。所以，我们要两条腿走路，一手抓国办，一手抓民办。共享工程便捷的服务方式为农民自办文化提供了一个有利的条件，因此，要制定相应政策鼓励农民自办文化，通过工程的实施，逐步形成以国办文化为主导、农民及其他社会各界共办文化的新格局，真正解决基层群众尤其是广大农民文化生活匮乏的问题。

（四）共享工程是利用高科技手段建设先进文化的新尝试

共享工程利用高新科技传播文化，改变了文化服务手段落后的面貌，在社会上树立了文化事业的崭新形象。同时，工程紧跟时代发展步伐，在计算机网络日益普及的今天，也改变了长期以来很多基层文化单位连一台计算机都没有的困境，提升了各级图书馆计算机网络化水平，给我国基层文化单位改善服务、增强活力创造了条件。

总之，我们要从落实科学发展观的高度，充分认识工程的重要性，积极争取党政领导的高度重视，把共享工程纳入各地党和政府的重要议事日程。各地文化主管部门负责人要把工程作为重要工作来抓，力求近一两年有大的突破，推动工程顺利发展。

三、今后一段时期的工作要求

最近一两年是共享工程发展的关键时期，我们要以资源建设和基层服务为重点，加快工程建设进度，加大工程建设力度，全面推进共享工程的发展。

（一）科学论证，整体规划

各级文化部门要把工程的整体规划作为一项重要工作来抓。首先，要列入当地信息化建设的总盘子。正在起草的国家信息化建设规划已经把共享工程列入其中；各省文化部门也要积极争取将共享工程列入本省信息化建设的总盘子，从思想上予以重视，从组织保障、政策支持、资金投入上予以明确。其次，要列入文化建设总盘子。共享工程将被列入国家的文化发展纲要之中，各地也要把共享工程列入当地文化发展规划，列入当地文化建设的总盘子。第三，地方建设要列入全国工程的总盘子。在工程建设过程中，一定要树立全局意识，统筹规划，有序进行。

（二）整合资源，建立机制，加快优秀文化信息资源建设

1.要加紧建设基础资源库。

资源建设一定要先期调研，根据需求设计好资源库，建立全面科学的资源结构。各地要按照需求牵引的原则，根据不同受众群体的特点建立专题资源库。要按照中央8号文件的要求，抓紧建设针对未成年人教育的资源库。要发挥网络的优势，建立互动性的资源。各地应高度重视，准确定位，量力而行，树立地方品牌，丰富和充实具有浓郁乡土气息和地方风格的民间音乐、美术、戏剧、戏曲等艺术资源，满足广大农民的文化需求。共享工程要顺应数字电视推广和普及的趋势，与数字电视技术相结合，借助数字电视推动共享工程的发展。

2.要进一步加大资源整合力度。

资源建设是共享工程的核心，共享机制则是资源建设的重要保障。共享工程资源建设虽然已经初具规模，但与基层群众的需求相比还远远不够，工程所应发挥的效益还没有得到充分体现。在资源建设中，一方面要通过行政和经济的手段，整合文化系统内的可控资源，把国家舞台艺术精品工程、中国民族民间文化保护工程、中华再造善本工程、全国送书下乡工程、清史纂修等国家文化项目的成果及时整合进来，把各地文化系统内部的各种资源整合进来；另一方面要广泛吸纳各类社会资源。对其他系统实施的如五个一工程、全国农村党员干部现代远程教育、校校通工程、村村通工程、2131工程等项目，要加强协调，努力实现数字资源的共建共享。对信息内容提供商，也要加强联系与合作，避免重复建设。在资源建设过程中，要采取多种渠道解决版权问题，如鼓励作家捐赠版权等。

（三）完善技术环境，不断开发创新，尽快形成稳定、便捷、开放的技术平台

首先，资源平台要开放便捷。国家中心要尽快改进资源加工软件平台，做到及时便捷地增加内容。

其次，传输平台要稳定畅通。目前，很多基层站点反映资源传输信号不稳定，画面不清晰。国家中心下一步要加紧技术研发，保证传输平台的稳定畅通。

再次，用户平台要简便易行。共享工程是服务基层、面向广大群众的工程，要时刻为群众着想，技术上要便于操作，使群众一点即通，越“傻瓜”越好。目前的用户平台过于复杂，只有经过培训的专业工作人员才能操作，普通群众不便使用。这种局面必须改变，否则随着基层站点的增长，将会成为制约工程建设速度的瓶颈。

（四）坚持两条腿走路，加快基层站点建设

基层站点建设要两条腿走路，一是在文化系统中拓展，包括图书馆、博物馆、文化馆、文化站等。二是在文化系统外拓展，如青少年宫、中小学校、农民文化中心户等，使共享工程最大限度地为公众服务。

站点建设方式也要坚持两条腿走路。一方面，作为政府文化项目，工程要坚持公益性原则。另一方面，要广泛开辟渠道，积极探索与社会力量，包括网络服务商、信息内容提供商、社区物业管理公司等方面的合作途径。

（五）加强管理，规范服务，确保工程顺利发展

共享工程是传播先进文化的工程，我们要加强管理，使之成为绿色工程。

首先，要加强工作网络的管理。要高度重视管理工作，尽快完善各种制度，尤其是加强对基层点的管理。前一阶段，个别地方的基层站点被媒体曝光，就是在管理上出了问题。虽然这样的基层站点为数很少，但是给共享工程带来了一定的负面影响。为更好地推动工程发展，今后在工程建设过程中可能需要借鉴一些市场运作的方式，在这种情况下，更要严格执行有关规章制度，做到办法先行，制度先行，在管理上不出现疏漏。

其次，加强经费管理。要严格按照《共享工程专项资金管理暂行办法》的规定，对工程经费进行严格管理。财政部将对每个文化项目进行绩效评估。我们去年对系统内部各个项目进行了评估，年底进行了审计。今后各个项目要严格按照政府采购的要求，进行公开招投标。经费一定要用好，这是事关事业发展的大问题。我们要从事业发展的高度认识管理的重要性。

再次，共享工程要纳入政府对社会文化的总体评估体系和评价体系。文化部已把工程实施情况作为评选全国文化先进县、图书馆评估定级的重要参考依据。目前正在积极调研，准备将共享工程的实施情况作为各个地区社会文化事业发展的衡量标准之一。

（六）加大宣传力度，营造良好的社会氛围

共享工程是一项新型的文化项目，很多人还不了解。我们要利用各种媒体，运用多种方式进行宣传，形成一定的舆论氛围。各地实施工程的经验和做法要与部里及时沟通，通过《文化信息》、《文化要情》等信息渠道扩大影响，交流经验。此外，要充分发挥工程的网络优势，利用自身网络和其他网络进行宣传。

（七）主动与财政部门沟通，积极争取经费支持

共享工程是文化部和财政部共同实施的文化工程，各级文化部门要积极与当地财政部门沟通，要让财政部门了解共享工程对推动社会发展的作用，争取投入不断增加。同时，还要主动向党委、政府汇报，争取地方党政领导的重视和支持。

（八）加强队伍建设

加强队伍建设是工程持续发展的关键因

素。全国管理中心要加大培训力度，各省分中心也要加大对基层的培训和指导力度，使基层工作者熟练掌握技术。同时，要积极引进各种技术人才、管理人才，通过优惠政策、灵活机制、宽松环境吸引人才，建立一支高素质的工程建设队伍。

共享工程是一项艰巨而长期的工作，需要大家付出心血和汗水。我们要充分认识肩负的重任，振奋精神，团结协作，群策群力，开拓进取，在“三个代表”重要思想的指引下，推动工程的顺利发展！

总结经验　搞好试点　全面推进中国民族民间文化保护工程

文化部副部长周和平
在中国民族民间文化保护工程
试点工作交流会上的讲话
（2004年4月16日）

同志们：

中国民族民间文化保护工程试点工作交流会就要结束了。这次会议是继2003年贵州试点工作会议之后，关于实施民族民间文化保护工程的又一次重要会议。会议的主要任务是贯彻落实“三个代表”重要思想和党的十六大精神，以科学发展观为指导，总结并交流贵州会议以来民族民间文化保护工程试点工作的经验，公布第二批国家级试点，明确民族民间文化保护工程下一步的工作思路，部署2004年的工作任务。会议期间，云南省和有关省、区、市分别介绍了本地实施保护工程的情况，交流了开展试点工作的经验和体会。大家还实地考察了大理白族自治州、丽江市的民族民间文化保护工作情况。会议内容丰富，时间紧凑，大家反映收获很大。在这里，请允许我代表文化部和与会的各位代表，向中共云南省委、省人民政府，大理白族自治州和丽江市党委、政府，以及为会议付出辛勤劳动的云南省文化厅等有关方面的同志表示诚挚的谢意！同时向参加这次会议的全国人大教科文卫委员会、财政部、国家民委和中国民协的领导同志以及新闻界的朋友们表示感谢！

在这次会上，全国人大常委方新同志、国家民委金星华司长和财政部教科文司的王家新处长对如何进一步做好民族民间文化保护工程工作做了重要讲话，大家要认真学习、领会，并在下一步工作中贯彻执行。下面，我代表文化部，就进一步推进民族民间文化保护工程试点工作谈几点意见。

一、民族民间文化保护工程启动以来取得的进展

自2003年中国民族民间文化保护工程启动以来，在文化部、财政部和其他相关部门的努力推动下，我国的民族民间文化保护工作取得了明显进展。民族民间文化保护工程已经正式立项并开始实施，民族民间文化保护工程的领导机构和工作机制进一步完善，首批试点工作积极开展并取得了可喜成果，保护民族民间文化的意识逐渐深入人心。2003年，我国古琴艺术继2001年昆曲艺术之后，被列入联合国教科文组织“人类口头与非物质遗产代表作”名录。民族民间文化保护工作有了很好的基础。主要体现在以下几个方面：

一是各级党委、政府和有关部门对民族民间文化保护工作重要性的认识逐步提高。贵州会议之后，许多省、区、市把民族民间文化保护工作作为贯彻落实党的十六大精神和实践“三个代表”重要思想，落实科学发展观，促进经济、社会协调发展的重要内容，纳入当地发展先进文化、建设文化大省（区、市）的战略目标，列入重要议事日程，通过召开会议、落实经费、建立机构和队伍、制定保护规划、开展普查、推进试点等各项措施积极推进民族民间文化保护工程的开展。许多地方建立了由文化部门牵头，民委、财政、建设、旅游、宗教、文联等有关部门分管领导组成的民族民间文化保护工程领导小组，明确了专门机构负责工程的具体实施，为推进民族民间文化保护工程提供组织保证。一些地方党委、政府领导专

门听取文化、财政部门关于民族民间文化保护工作的汇报，召开党委会或政府办公会等专题研究民族民间文化保护工作，积极解决试点工作和工程实施中出现的困难和问题，为民族民间文化保护工作的开展提供了良好的保障。陕西省在今年3月以省政府的名义，召开了全省优秀民间文化保护工程领导会议，下发了《关于加强优秀民间传统文化保护工作的通知》，成立了陕西省民间文化保护工程领导小组，副省长到会作了重要讲话，对全省民族民间文化保护工作进行了总体部署，落实了一系列扶持政策和措施。

二是民族民间文化保护工程产生了广泛的社会影响。民族民间文化保护工程是全社会的事业。在各地文化部门的积极推动下，“保护工程”受到了社会各界的高度重视。许多在学术领域具有很高造诣的著名文化学者、民俗和民间艺术专家踊跃参与到工程建设之中，在确定保护项目的具体工作思路、保护方案的制定、民族民间文化资源普查等方面为工程实施献计献策，保证了工作的科学性和规范性。一些试点地区的教育部门在中小学开设优秀民族民间文化课程，通过学校教育加深少年儿童对民族民间文化的认识，从小培养热爱民族民间文化的感情。各级政府、文化部门通过电台、电视台、报纸、互联网等新闻媒体，利用多种方式，充分发挥舆论的导向作用，积极开展民族民间文化保护的宣传工作，产生了比较大的社会影响。文化文物系统充分利用文化单位的资源优势，通过举办活动、展览等，加强了对优秀民族民间文化的介绍与宣传。中国美术馆在2004年春节期间举办了陕西优秀民间艺术作品展，在社会上产生了良好反响。天津等省、区、市在博物馆和其他文博单位开辟民间文化藏品展室，举办特色展览，通过灵活多样的形式，充分展示地方民间文化资源，宣传地方文化特色。广大群众对民族民间文化保护工作有了更多了解，自觉保护民族民间文化资源的意识逐步增强。社会各界对民族民间文化保护工作积极关注和支持，为民族民间文化保护工程的开展创造了良好的社会环境。

三是开展民族民间文化保护的工作思路正在逐步形成。在民族民间文化保护工程试点工作中，各级文化部门认真落实文化部关于试点工作的部署，积极探索，逐步形成了本地开展民族民间文化保护工程的工作思路。试点工作会后，各地文化部门根据文化部的要求，积极部署普查工作与试点工作，取得了很大进展。云南省通过制定普查方案和进行试点、培训骨干等，在全省范围内启动了民族民间文化资源普查工作，确定了下一步保护的重点项目。陕西、浙江、福建等省、区、市在普查工作的基础上，即将建立本省（区、市）民族民间文化保护目录清单。在工程实施过程中，各地加强了对工作队伍的建设和培养。一些地方以当地艺术研究所或群艺馆为依托，成立了民族民间文化保护中心，并明确规定其职能和任务，充分发挥现有文化单位和文化工作队伍在“保护工程”中的作用；一些地方在明确了省、地、县三级保护工作机构的基础上，制定民族民间文化保护工作岗位职责，建立培训上岗制度，将民族民间文化保护工作纳入文化单位规范化建设的考核内容；有的地方还将民族民间文化保护工程与其他文化工程实施有机结合起来，充分利用全国文化信息资源共享工程的优势，对民族民间文化资源数字化，既加强了民族民间文化资源的保存，又丰富了“共享工程”的内容。

四是各级财政对民族民间文化保护工作的支持力度逐步加大。在工程实施的过程中，各级财政和文化部门通力协作，密切配合，加大了财政投入力度，为工程和试点工作的顺利实施提供了保证。财政部在2002年投入100万元、2003年投入500万元用于前期项目论证和工程启动经费的基础上，2004年正式将民族民间文化保护工程列入预算项目，并投入2000万元支持试点工作的开展。在各级党委、政府的重视和支持下，许多省、区、市将民族民间文化保护工作列入财政预算，安排了专项资金，用于民族民间文化保护规划制定、资源普查、队伍培训等方面。浙江省从2002年到2005年，每年安排500万元专项资金，用于优秀民间艺术资源的发掘、保护和民间艺术人才的培养，首批民族民间艺术保护工程专项补助经费438万元已于去年10月中旬下发。重庆市把民族民间文化艺术保护工作纳入基层文化建设的重要内容，每年增加投入1000万元，5年共计增投资金5000万元作为支持区县文化基础设施和民族民间艺术、特色文化项目的建设。黑龙江省已将民族民间文化保护工程列入2004年度部门预算。有的省、区、市专门拨出试点工作专项补助经费，用于支持开展试点工作；有的省、区、市把民族民间文化保护工作纳入基层文化建设的总盘子中，在文化设施建设方面统筹规划，在补助资金的使用方面向民族民间文化保护工作倾斜；有的省、区、市设立了民族民间文化保护的科研课题，加强了民族民间文化保护工程的立项和项目规划的制定工作，积极争取地方财政的支持。为了调动各方面参与民族民间文化保护工作的积极性，各地加强了相关政策的研究，落实了一系列保障措施，在建立民族民间文化保护的良性投入机制上进行了积极探索。

虽然民族民间文化保护试点工作有了可喜进展，取得了一定成绩，但是，必须看到当前民族民间文化保护工作还存在一些不足，存在一些不容忽视的困难和问题。一是缺乏对民族民间文化保护工作重要性的认识。一些地方还没有把民族民间文化保护工作列入文化部门的重要议事日程，缺乏开展民族民间文化保护工作的紧迫感。二是工作开展不平衡。一些地方工作的积极性和主动性不够，工程启动以来部署的各项任务没有得到很好的贯彻、落实，个别地方至今尚未对工作进行部署。三是有的地方缺乏对本地民族民间文化保护工作的总体规划和前瞻性研究，政策不到位、措施不具体，工作缺乏科学性，专家作用未得到充分发挥。四是有的地方没有建立行之有效的部门协调机制，各部门和社会各方面力量的作用没有得到充分发挥等。这些问题需要在深入推进“保护工程”的过程中，认真加以解决。

二、从落实科学发展观的高度，提高对民族民间文化保护工作重要性的认识

为贯彻落实党的十六大精神，实践“三个代表”重要思想，进一步加强民族民间文化保护工作，继承和弘扬中华民族优秀文化传统，建设中国特色的社会主义先进文化，文化部、财政部决定在全国实施中国民族民间文化保护工程。这是一项由国家重点扶持的文化建设工程。实施中国民族民间文化保护工程，对于传承中华文明，发展先进文化；弘扬中华民族优秀文化传统，增强中华民族的凝聚力，维护国家的团结统一；坚持科学发展观，全面建设小康社会，实现经济社会的全面、协调、可持续发展；维护国家文化主权和文化安全，均具有重要的现实意义和深远的战略意义。下面，我结合当前保护工作的基本情况，谈几点理解和认识。

一是充分认识加强民族民间文化保护对于落实科学发展观的重要意义。文化是一定的历史阶段、一定的地域环境、一定的人类种群的一种生存状态、生活方式、思维方式的反映。中华民族之所以能够独立于世界民族之林，就在于拥有了真正体现鲜活民族精神的、在人民群众生产生活实际中创造的文化。民族民间文化是我们的根，是文化发展的源泉。

党的十六届三中全会提出科学的发展观，强调经济和社会协调发展，城市和农村要协调发展，区域之间也要协调发展，人与自然也要协调发展。全面、协调、可持续发展就是以人为本的科学发展观。在科学的发展观中，文化占有重要地位。没有文化的发展，就缺乏人文关怀。在社会飞速发展的过程中，在物质财富极大丰富的条件下，民族民间文化给人们心理上以一种特殊的关切感，不断给人的心灵以滋润和慰藉。加强民族民间文化保护工作，符合十六届三中全会提出的科学发展观的要求，也是落实科学发展观，促进经济社会全面、协调、可持续发展的重要举措。

当今社会，文化资源、人文环境、民族素

质在实现经济社会发展的过程中发挥着越来越重要的作用。民族民间文化是中华文化的根基和重要组成部分，也反映了中华民族千百年来的智慧和创造力。通过对优秀民族民间文化的保护，使优秀民族民间文化薪火传承，将极大地增强中华民族的自豪感、自信心和凝聚力，提高整个民族的文化素质，维护健康的文化生态，为实现经济、社会的全面、协调、可持续发展发挥重要作用。因此，文化部门的同志们一定要站在建设先进文化的高度，提高对民族民间文化保护工作重要性的认识，树立和落实科学发展观，把民族民间文化保护作为文化工作的重要内容，并学会用科学的发展观来指导我们的民族民间文化保护工作，促进民族民间文化保护工作的顺利开展。

二是充分认识加强民族民间文化保护工作对坚持文化多样性、维护我国文化主权的重要作用。随着经济全球化进程的加快，文化与经济和政治相互交融，各个国家保护本民族文化特性，维护世界文化多元性的呼声十分强烈。我国是一个统一的多民族国家，中华文明具有鲜明的多元一体特征。56个民族的文化多姿多彩，共同构建了中华文明的丰富与完整。我国民族民间文化的多样性、丰富性与独特性一直为世界所瞩目。

当前我国民族民间文化正面临着严峻冲击。一是经济全球化带来的西方发达国家价值观念、生活方式对我国民族民间文化以很大冲击。当前一些西方发达国家凭借强大的综合国力、先进的科技手段和发达的文化传播媒介，企图引领世界文化的潮流，对包括我国在内的发展中国家的民族民间传统文化生态造成了严重的冲击，世界各民族文化的多样性和丰富性受到严重威胁。二是由于目前在我国民族民间文化资源保护尚未得到充分重视，大批有历史和科学价值的民族民间传统文化资源以各种形式，通过各种渠道流往海外，严重影响了我国民族民间文化的生存和发展。实施民族民间文化保护工程，对我国优秀民族民间文化进行积极保护，是坚持文化多样性、维护我国文化主权和文化安全的一项重要战略措施。

三是充分认识加强民族民间文化保护是建设先进文化的一项重要内容。党的十六大报告中指出，发展先进文化，就是发展面向现代化、面向世界、面向未来的，民族的、科学的、大众的社会主义文化。在建设先进文化的历史任务面前，我们不能舍弃祖先留下的民族民间文化。正如孙家正部长指出的，“民族民间文化是我们的根，是文化发展的源泉。”离开了民族民间文化，文化建设就成了无源之水，无本之木。文化建设不能不研究民族民间文化保护问题。

民族民间文化来源于各族人民长期的生产生活实践，与广大人民群众的生产生活密切相关，它贴近实际、贴近生活、贴近群众，具有民族性与大众性的特点，与先进文化建设血脉相通。对于民族民间传统文化，应按照取其精华、去其糟粕、推陈出新的方针，本着弘扬先进文化、提倡有益文化、改造落后文化、抵制腐朽文化的精神，处理好保护与发展的关系。在先进文化建设中，我们要坚持继承和创新的统一，善于从民族民间文化的丰厚土壤中，继承和弘扬优秀的传统文化，努力创造既有丰厚历史底蕴又有鲜明时代特色的中国特色社会主义先进文化。

关于民族民间文化保护工作，孙家正部长最近在《人民日报》上发表了两篇重要文章，一篇是《树立科学发展观，推进民族民间文化保护工作》；一篇是《我们不能忘了“回家的路”》。这两篇文章，对如何开展民族民间文化保护工作，如何认识并正确处理保护工作中的各种关系，具有重要的指导意义。大家要认真学习好、领会好这两篇文章的精神，在今后的工作中，注意从政策理论上做些探索，自觉用政策理论指导我们的工作。做好民族民间文化保护工作，还是要从提高认识入手，解决思想认识问题。认识到位了，重要性认识充分了，才可能积极争取到党委、政府的重视与支持，才可能在推进民族民间文化保护工作上取得实效。

三、搞好试点，以点带面，扎实推进民族民间文化保护工作

最近，文化部、财政部下发了《关于实施中国民族民间文化保护工程的通知》（文社图发[2004]11号），公布了《中国民族民间文化保护工程实施方案》。文件对工程的总体目标、方针、原则、保护对象、方式和内容、实施的步骤、组织机构和保障措施作了比较明确的规定。这是实施中国民族民间文化保护工程的指导性文件。下面我就如何贯彻文件精神，做好试点，推进民族民间文化保护工作，讲几点要求。

（一）切实抓好工程试点工作。根据民族民间文化保护工作面临的形势和工作需要，文化部和财政部提出了民族民间文化保护工程试点先行、逐步摸索、取得经验、以点带面的工作思路。民族民间文化保护工作是一项探索性工作，试点的目的就是探索民族民间文化保护工程建设的具体途径。从去年第一批试点的工作情况来看，试点可以把民族民间文化保护的思路、意图、办法在某一地区或通过某一项目进行实验，集中力量处理和解决在保护工作中可能出现的各种情况和问题。试点经验对工程的全面推进具有重要的借鉴价值和指导作用，运用得好，可以发挥典型引路的作用。为了推进“保护工程”，今年文化部和财政部在第一批10个试点的基础上，又决定扩大试点。在这次会上，公布了“保护工程”第二批29个试点名单，再加上第一批10个试点，将涵盖全国31个省（区、市）及相关的部门和单位。

试点工作要按照分级负责、分类指导的原则来进行。综合性试点要从宏观管理角度，侧重民族民间文化保护工作的制度建设和机制创新，对民族民间文化保护的政策法规和保护工作制度建设、经费投入机制、工程组织工作体系等进行研究和探索。专业性试点要针对民族民间文化某一门类的现状，制定保护标准和具体保护措施，侧重探索专业门类民族民间文化保护的思路、办法和措施。

这次公布的综合性试点地区和有试点项目的地区，要按照不同类型试点的任务要求，抓紧制定具体的试点工作方案，并落实好各项保障措施。同时，各地也要根据本地实际，安排好本省、区、市的试点地区和试点项目。各地文化部门要把试点作为文化工作的一项重要任务，制定切实可行的措施，加强对试点工作的指导。今后，文化部将加强对试点工作的指导，及时了解各地试点项目进展情况，总结交流工作经验。这些试点地区和试点项目要充分发挥典型示范作用，积极引导和带动“保护工程”在全国的开展。

（二）加强政策理论研究，积极推动立法工作。民族民间文化保护是长期的工作，必须有法律作为保障。近几年来，全国人大教科文卫委员会为民族民间文化保护立法开展了大量卓有成效的工作。但是法律从酝酿、起草、修改到最终形成要有一个过程，文化部门要主动通过开展民族民间文化保护工作的实践，积极推动立法进程。目前，文化部已经起草了《关于加强民族民间文化保护工作的意见》（征求意见稿），提出了民族民间文化保护工作的思路、目标、任务和各项保障措施，并在这次会议上征求了各位代表的意见。回去还将征求各有关部委的意见，修改完善后，争取尽早转发这份《意见》，加大推进民族民间文化保护工作力度，为立法做好准备。

各省、自治区、直辖市文化部门要积极推动地方民族民间文化保护法规的制定工作。已经颁布民族民间文化保护地方性法规的省，如云南省和贵州省，要积极开展对法规的宣传，强化全社会依法保护民族民间文化的意识，抓好法规的贯彻执行，严格按照法规开展民族民间文化保护工作；已经着手制定但尚未颁布民族民间文化保护地方性法规的广西、浙江、江苏、新疆等省、自治区、直辖市，文化部门要积极配合省人大，加快立法进度，积极争取地方人大审议并出台法规；目前还没有考虑制定地方性保护法规的省、自治区、直辖市，文化部门要积极工作，争取人大对民族民间文化保护工作的重视，并结合当地民族民间文化保护

的实际情况，抓紧制定本地区民族民间文化保护的政策性法规，规范本地区民族民间文化保护工作，为民族民间文化保护立法提供实践。

（三）积极准备，争取尽早建立各级民族民间文化保护名录。建立各级民族民间文化保护名录，是做好保护工作的重要抓手，也是保护工作的突破口，必须下大力气抓好抓实。

首先，要建立民族民间文化保护名录体系。国家级民族民间文化保护名录要重点收录具有重大历史和科学价值、并处于濒危状态的民族民间文化门类项目，由国务院公布；省、市、县各级也要根据本地民族民间文化资源的实际情况，建立本级民族民间文化保护名录，由各级人民政府公布。

其次，要制定民族民间文化保护名录的标准体系。文化部要着手调动专家力量，在广泛调研和科学论证的基础上，借鉴国际做法，尽快制定国家级民族民间文化保护名录的标准，报国务院批准。各地要参照国家标准，制定地方保护名录标准，进而逐步形成我国民族民间文化保护名录的标准体系。

第三，要设立民族民间文化保护名录的申报、批准程序。建立民族民间文化保护名录，必须有一套科学、规范的程序作保证。要充分发挥专家的作用，科学论证，逐级筛选。今后，国家级保护名录要从各省、区、市保护名录中筛选，省级保护名录要在地市级保护名录中产生；地市级名录要在县级名录中产生。参照国际做法，民族民间文化保护名录的建立工作要与联合国教科文组织的“人类口头与非物质遗产”申报工作接轨，在国家级保护名录的基础上筛选出申报“人类口头与非物质遗产”的项目。

（四）开展资源普查工作，摸清民族民间文化的家底。搞好民族民间文化资源普查，是做好民族民间文化保护工程的基础。各地要紧密结合试点工作，积极开展资源普查工作，摸清本地民族民间文化资源的家底。普查要达到三个目的，一是全面了解和掌握本地民族民间文化资源状况，为研究和分析民族民间文化保护工作情况提供依据；二是确定一批具有较大历史价值、特色鲜明，又处于濒危状态、急需抢救的项目，制定保护目录清单。三是通过记录、保存等方式，对普查中搜集到的濒危的民族民间文化资源进行抢救性保护。

在进行普查的过程中，按照分级负责的原则，文化部要对全国的民族民间文化资源普查工作通盘部署。各省也要充分发挥主动性，因地制宜地开展本地资源的普查工作，积极探索资源普查的方法和途径。普查要坚持专题普查与全面普查相结合的原则，首先选择一些重点门类进行普查，其次要加强对已有普查成果的有效整合和合理利用。多年来，各地各部门已经开展了一些卓有成效的普查工作，积累了丰富的资料和成果。进一步的普查要建立在现有的工作基础上，避免重复劳动。

（五）加强民族民间文化保护工作队伍建设。民族民间文化保护是一项专业性很强的工作，需要有一支专兼职结合的工作队伍来完成。

首先，要落实民族民间文化保护组织工作机构。民族民间文化保护工程牵涉面很广，任务很重，各地文化部门一定要根据本地实际情况，尽快落实组织工程实施的机构，并对其工作任务、职能作出明确的规定。

其次，要抓好专兼结合的工作队伍建设。要组织一批熟悉民族民间文化保护业务的同志，作为工作的专职队伍；团结大专院校、科研院所、社会团体等方面的专家，作为工作的兼职队伍，充分发挥专家在保护工作中的重要作用，建立一支业务素质好、年龄和专业结构合理的民族民间文化保护队伍。

第三，要加大培训力度。民族民间文化保护是一项开创性的工作，对各级各类工作人员的业务素质和管理素质要求很高。在工程实施的过程中，一定要抓好业务骨干和工作队伍的培训工作。培训要按照分级负责的原则，文化部负责培训到省级文化部门，省级文化部门培训到市县，逐步形成比较完善的民族民间文化保护工作人才培训体系。培训对象要包括从事保护工作的有关管理人员、专业人员和民族民间文化传承人等；培训方式可以采用课堂讲授、函授、远程教育等多种形式；培训内容包括国际国内有关政策法规、民族民间文化保护的方式方法、业务标准规范等等。要尽早进行培训教材的编写工作，使培训工作逐步专业化、规范化。

（六）加大投入，努力建立完善的民族民间文化保护投入机制。民族民间文化保护必须有可靠的经费支持作保障。首先，要积极争取各级财政对民族民间文化保护工作的支持。各级文化部门要把这次文化部和财政部联合下发的文件作为抓手，把文件精神用好用足，积极主动争取财政部门支持，积极策划一些地方性民族民间文化保护项目，落实民族民间文化保护工作所需经费，增加投入，为工程实施提供有力保障。其次，在增加投入的同时，必须加强资金的使用和管理。在实施民族民间文化保护工程的过程中，一定要引入项目管理和绩效考评机制，合理使用并管理好工程专项资金。中央和省级专项资金要专款专用，加强管理，严格费用核算，提高使用效益。同时要建立事前审核、事中监督和事后考核的管理制度，确保专项资金的使用合法、合规，绝不容许出现挪用专项资金的现象。第三，要坚持两条腿走路的原则。在政府发挥主导作用的同时，研究、制定扶持政策和措施，充分调动社会各方面的积极性，积极吸纳社会资金，投入民族民间文化保护工程建设，努力形成政府主导，社会力量广泛参与的良性投入机制。

（七）加大民族民间文化保护的理论研究和宣传力度。民族民间文化保护是一项长期的工作任务，目前在我国刚刚起步。理论研究和学科建设都比较薄弱，因此，要加强理论研究和学科建设的力度，推动一批相关领域的学科建设，加强后续人才培养。要组织开展专门的课题研究，加强经验总结，积极探索民族民间文化保护工作规律，使民族民间文化保护工作在科学的理论指导下，规范有序地进行。

实施民族民间文化保护工作，需要全社会的支持。各地要结合试点工作加大民族民间文化保护的宣传力度。博物馆、群艺馆、文化馆、图书馆等公共文化单位要把宣传和介绍优秀民族民间文化作为重要任务，有针对性地举办各种活动，宣传、弘扬优秀民族民间文化。鼓励和支持各级各类学校开展优秀民族民间文化的教学、研究活动。利用各种新闻媒体，采用多种方式，大力宣传民族民间文化保护工作的重要意义，积极普及民族民间文化保护知识，培养全民保护民族民间文化的观念和意识，努力在全社会形成保护民族民间文化的社会环境和舆论氛围。

（八）加强领导，为民族民间文化保护工程提供有力保障。民族民间文化保护意义重大，任务繁重，必须紧紧依靠各级政府的组织和领导。各级文化部门一定要按照“政府主导，社会参与；长远规划、分步实施；明确职责、形成合力”的原则，推进民族民间文化保护工程的实施。

首先，要明确责任。开展民族民间文化保护工作，地方各级政府必须要承担主要责任。要以政府为主，制定规划、组织力量、落实经费、加强管理。各地文化部门作为“保护工程”的牵头实施部门，要及时向党委政府反映和汇报“保护工程”开展的情况，争取党委政府的重视和支持，积极推动把民族民间文化保护工作纳入重要议事日程，纳入当地国民经济和社会发展总体规划，纳入城乡建设规划，所需经费列入财政预算。同时要坚持政府保护与民间保护相结合，财政投入与社会资金相结合，调动社会各方面的积极性，广泛吸纳社会资金，参与工程建设。

其次，要制定规划。根据民族民间文化保护工作的形势和需要，制定好工程规划。在规划中要与经济社会发展规划相衔接、与文化发展纲要相配套，既要有长远目标，也要有近期计划。在规划中，要分阶段提出目标、任务和要求，一切从实际出发，循序渐进，逐步实施。对那些具有重大历史、文化和科学价值、处于濒危状态的民族民间文化种类和项目要优先安排，抓紧抢救。

第三，要建立协调协作的工作机制。首先，各级文化行政部门要在当地党委政府的领导下，切实担负起民族民间文化保护工作的牵头、组织与协调的职责，主动与财政、发改委、民族、文联等有关部门系统加强沟通与联系，各司其职、各负其责，共同协作，形成共同推进民族民间文化保护工程的合力，建立职责明确、分工协作的工作协调机制。其次，要积极整合文化系统资源，建立资源共享机制。在民族民间文化保护工作中，各级各类博物馆、图书馆、艺术馆、科技馆、文化馆、艺术院校、艺术表演团体、科研单位等都蕴涵丰富的人才队伍和资源优势，要加强对这些资源的整合；同时，与文化部正在组织实施的几大文化工程，如舞台艺术精品工程、全国文化信息资源共享工程、送书下乡工程、中华再造善本工程、清史纂修工程等的资源也要加强整合，发挥文化系统的整体优势，争取在较短时间内，使保护工作取得成果，发挥效益。第三，要加强信息沟通和交流。各地区和各单位要主动与"保护工程"领导小组办公室和国家中心建立联系，经常沟通信息，及时了解全国民族民间文化保护工作情况，认真学习和借鉴其他地区在民族民间文化保护工作中取得的经验，推动保护工作的开展。

同志们，民族民间文化保护关系到中华文化的传承和发展，是树立和落实科学发展观的重要内容，也是促进各地经济、社会协调发展的重要举措。各级文化部门要按照科学发展观的要求，认真总结试点工作取得的经验，积极探索推进"保护工程"建设的新途径和新方法，充分发挥工程试点的带动与示范作用，扎扎实实地做好"保护工程"的各项工作，努力把民族民间文化保护工作推进到新阶段！

深入学习贯彻"三个代表"重要思想　努力把老干部工作提高到一个新水平

文化部副部长赵维绥在文化部系统离退休干部工作会议上的讲话

（2004年1月8日）

同志们：

今天，我们召开文化部系统离退休干部工作会议，是在全党兴起学习贯彻"三个代表"重要思想新高潮，深入贯彻党的十六大精神和十六届三中全会、中央经济工作会议、中央宣传思想工作会议精神，落实部党组对老干部工作的具体指示和要求，专门研究我部老干部工作的一次重要会议。

刚刚结束的全国组织工作会议要求，要重视和加强老干部工作，继续坚持从政治上、思想上、生活上关心老干部，完善离休干部"三个机制"，加大督促检查的力度，确保"两费"落实；探索在新形势下做好老干部工作的方法和途径，加强老干部思想政治建设，充分发挥老干部在改革开放和现代化建设中的积极作用。对于中央的要求，我们要认真学习，努力贯彻落实。

一年来，文化部系统离退休干部工作部门，在部党组和各级党委的正确领导下，坚定不移地贯彻落实党中央、国务院有关老干部工作的方针政策，突出重点，狠抓落实，努力研究解决老干部工作中出现的新情况新问题，克服种种困难，做了大量细致、扎实、有效的工作，取得了显著成绩。

一、全面落实老同志的各项政治待遇

落实好老干部政治待遇是党中央对老干部工作的一贯要求，各级老干部工作部门除了要继续落实老干部待遇外，还应从政治上关心老同志。为贯彻中央精神，中组部下发了《在离退休干部中兴起学习贯彻"三个代表"重要思想新高潮的通知》，我部各级老干部工作部门充分发挥离退休干部党支部的作用，组织老同志认真研读江泽民同志原著及《“三个代表”重要思想学习纲要》等，同时还通过组织报告会、座谈会、读书班、就近就地参观活动等各种形式，增强学习效果。各单位老干部工作部门定期组织老同志学习政治理论、参加会议、阅读有关文件、组织老干部参观学习、请老干部参加重要会议和重大活动以及听取老干部意见等制度逐步形成。我部还按照中央有关批示，积极推进老年大学工作。

二、老同志的生活待遇得到进一步保障

各单位认真贯彻落实党中央、国务院《关于〈离休干部“两费”保障工作的基本要求〉的通知》精神，积极做好离退休人员的“两费”按时发放及医药费报销工作，从不拖欠，对一些确有困难或行动不便的老同志还代为报销医药费。为落实老同志生活待遇，各单位领导积极筹措资金，克服了不少困难，离退休干部工作部门做了大量的工作，使老同志的各项生活待遇落到了实处。各单位还组织老干部体检，加强重点服务对象的探望慰问工作，进行离退休干部健康休养活动，并组织各种健康讲座，提高老同志的自我保健意识。

三、积极开展文体活动，丰富老同志们的精神文化生活

离退休干部工作部门有计划地安排一些文明向上、适合老年人特点的文体活动，如召开团拜会、观摩电影、开祝寿会等活动。还组织到北京野生动物园、植物园、清西陵等地的秋游活动，有助于老同志的身心健康。一些单位组织参加了《第二届青春常在〈夕阳红〉老年风采》电视大赛。各单位还积极为老干部提供和改善活动条件，建立活动站，添置设备，不断加大投入力度，提高服务质量，受到老同志们的欢迎。

四、在抗击非典中充分发挥老干部工作部门的职能作用，保证了老同志们的身体健康和生命安全

面对突如其来的非典疫情，各单位老干部工作部门按照部非典防治工作应急小组的统一部署，及时调整工作安排，暂停或取消了原计划举办的一些活动，紧紧围绕抗击非典开展工作。为了防止病毒交叉感染和疫情扩散，老干部工作部门在部党组和各级党委的统一领导下，动员一切可以动用的人力、物力、财力，果断采取防治措施，千方百计地做好为老同志消毒、送药等服务工作，及时把党的温暖送到他们身边，离退休干部局为方便机关老同志报销医药费，进行了医药费报销手续的改革，保证广大老同志平安度过了非典时期，并将这个办法沿用下来。

五、加强老干部部门的自身建设，工作人员素质得到进一步提高

各单位重视老干部部门的自身建设，加强工作人员的政治理论学习，通过举办培训班，学习和实践“三个代表”重要思想，强化服务意识和务实工作作风。根据中组部通知要求，各单位老干部工作部门组织开展了以公道正派为主要内容的“树组工干部形象”学习教育活动，使各级老干部工作部门领导班子和干部队伍的思想政治素质得到了进一步提高。我们的老干部工作者勇于吃苦、甘于奉献、勤勤恳恳、兢兢业业，承担了艰巨繁重的工作任务，坚持工作重心下移，做到分片管理，分散活动，把各活动站服务工作作为一线重点保障，把党的关怀和温暖送到了每一个老干部的心坎上，赢得了广泛赞誉。

当然，我们也应该看到，各单位的老干部工作发展不平衡，还存在着一些矛盾和问题，有的单位对老干部工作重视不够，抓得不紧，老干部的政治、生活待遇还需进一步落实；部分工作人员的政策水平和办事效率离老同志们的要求还存在一定差距。这都需要我们在新的一年里加以克服和改正。

同志们，随着我国改革开放不断深入，社会主义市场经济体制逐步建立，老干部工作中的新情况、新问题不断出现。面对新形势新任务，各单位要根据自身特点探索做好老干部工作的新方法、新途径，要做到热运行、冷思考，这样才更具有针对性。服务要有新思路、新办法，工作要有主动性，发挥老同志的自律作用，加强老干部工作制度建设，做到统一政策、网络管理、突出重点、分散服务。新形势下的老干部工作对我们的要求更高了，这就要求我们在已有成绩的基础上再接再厉，与时俱进，务实创新，进一步做好老干部工作。这里，我代表部党组为贯彻全国老干部局长会议精神，做好2004年文化部老干部工作谈几点意见。

一、政治理论学习与老干部工作实际相结合，把学习贯彻“三个代表”重要思想不断引向深入。在全党兴起学习贯彻“三个代表”重要思想新高潮是推进新世纪新阶段党和国家事业继往开来、与时俱进的重大举措。中央要求，要继续把学习贯彻“三个代表”重要思想新高潮的活动不断引向深入。各单位要采取各种措施，组织广大老干部认认真真、原原本本地学习江泽民同志《论“三个代表”》等一系列重要著作，学习胡锦涛同志“七一”重要讲话，并把《“三个代表”重要思想学习纲要》作为重点辅导材料，全面深入领会“三个代表”重要思想的科学内涵和精神实质。老同志的学习要理论联系实际，要充分发挥离退休干部党支部和老干部活动站先进文化教育阵地的作用，举办各种学习活动和培训班。还可以组织老同志就近就地参观工农业生产建设项目，让老同志切身感受改革开放和现代化建设的最新成就，加深对“三个代表”重要思想的理解。离退休干部党支部要按照上级党组织的安排部署，根据老干部马列主义理论功底厚、思想觉悟高、党性强、十分关心党和国家前途命运，以及高龄多病、行动不便等特点，从实际出发，采取灵活多样的方式和各种有力措施组织好学习。同时，积极主动地为老同志办实事、办好事，用我们的实际行动实践“三个代表”重要思想，使广大老同志从中感受到“三个代表”重要思想的巨大指导作用，更加增强学习的自觉性和主动性。

二、贯彻“三个代表”重要思想，落实老干部的政治待遇。加强离退休干部党支部建设，是老干部党员自身建设的必然要求，也是做好老干部思想政治工作的重要保证。新世纪新阶段，离退休党员比重不断加大，离退休干部党支部建设已经成为党的基层组织建设的重要组成部分。这些年来，离休干部大都进入高龄期、高发病期，身体素质下降，行动越来越不方便，部分离休干部党员参加集中活动力不从心，需要我们在组织设置、活动方式等方面采取更加灵活多样的形式。在离退休党支部党费使用上，对符合党费使用范围的，应按照统筹安排、量入为出、收支平衡、略有节余的原则，积极安排使用或下拨党支部，为他们开展组织活动创造条件。要重视离退休干部党支部书记的选配工作。

老同志离退休后，基本政治待遇不变，这是党中央、国务院制定的有关老干部工作的一项基本政策。各单位要把认真落实各项政治待遇工作纳入各单位的思想政治工作中，统一研究，统一部署，统一检查。要定期听取老干部的意见和建议，加强老干部思想政治工作的针对性、灵活性和实效性，请老干部参加重要会议和重大活动，组织参观学习、阅读文件，在重大节日和老干部生病住院时走访慰问等。继续坚持离退休干部情况通报制度，向老同志通报文化工作形势、业务工作和老干部工作情况，把老同志的政治学习与文化部中心工作和本部门的主要业务结合起来。同时，还要不断总结经验，大胆探索实践，努力在老干部思想政治工作的机制、形式、方法和途径上有所创新，进一步提高老干部思想政治工作水平。

三、认真贯彻中央政策，从生活上更好地关心老同志。老干部是我们党和国家的宝贵财富。为进一步落实好老干部的生活待遇，党中央、国务院制定了一系列方针政策。曾庆红同志在老同志迎春茶话会上的讲话中指出，要全面落实中央有关老干部的方针政策，抓紧建立和完善离休干部离休费保障机制、医药费保障机制及财政支持机制，切实解决好离休干部的“两费”问题。我们一定要从讲政治的高度，切实把老同志的生活待遇落实好。我部各单位要保证离休干部的离休费按时足额发放，医药费按规定实报实销。中央领导同志多次强调老干部要分享改革发展成果，中央及有关部门在制定政策中充分体现了这一原则。各单位在制定政策中，也要把这一原则贯彻落实好。老干部工作部门要主动向制定政策的部门和党委提出意见，当好参谋，切实保证在政策调整中老同志能分享到改革发展成果。在制定有关分配住房和医疗等各项改革措施时，都要充分考虑老干部的利益，让老干部切实感受到改革发展稳定带给他们的实际利益。对于那些生活上有特殊困难的老同志，我们应重点关心、帮助，有针对性地解决问题，做到特殊情况特殊处理，及时为他们排忧解难，不要搞花架子，搞形式主义。春节快到了，各单位要认真做好老干部的慰问工作。

四、不断改善老干部活动场所，组织离退休人员开展健康有益、积极向上的文体活动。要加强对现有各活动站的管理和利用，使之成为老同志活动健身、理论学习、开展文体活动、参与精神文明建设的场所和阵地。活动场所建设与管理、老年学习班的办学方向和教学内容，都要适应离退休干部的特点，适应思想政治建设的需要。对一些高龄党员，组织学习、开展活动的方式一定要灵活，有利于他们的身体健康。对一些因长期生病等原因出不了家门的老同志，要派专人定期上门走访看望，通报情况，使他们切实体会到组织的关怀。要逐步增加适合老同志阅读的书籍和报刊，开阔老同志们的视野。利用重大节日和纪念日，邀请老干部进行座谈、讨论。要根据老同志们的特点和爱好，本着量力自愿和就地就近的原则，组织他们参加歌咏、舞蹈、书画、棋牌等活动，丰富老同志的文化生活。各直属单位要对老干部活动站的建设给予关心和支持，积极筹措资金，逐步改善老干部活动站的条件，保证活动站的正常开办和运转。

五、切实加强自身建设，培养一支过硬的工作队伍。新世纪新阶段，老干部工作面临着许多新的任务，对工作人员的政治素质、业务能力提出了新的更高的要求。坚持用时代发展的要求审视自己，以改革的精神加强和完善自己，全面加强老干部工作部门自身建设，这是做好新形势下老干部工作的重要保证。要深化和拓展以公道正派为主要内容的“树组工干部形象”学习教育活动。老干部工作部门是否坚持公道正派原则最重要的是看对老同志的态度怎么样，对老干部政策贯彻落实得怎么样，各项老干部工作做得怎么样。要结合老干部工作部门的实际，提出坚持公道正派的规范性要求，抓住关键部分和薄弱环节建立和完善制度，努力建立健全坚持公道正派原则的长效机制，不断提高服务管理水平。各项老干部工作任务的贯彻落实，关键是要有一支政治素质高、工作能力强的工作队伍。特别是当前，老干部工作出现了一些新情况、新问题，要解决这些问题，就必须以改革的精神，全面加强自身建设。

一方面，要重视老干部工作部门的领导班子建设，要选拔那些认真学习实践“三个代表”重要思想、热心老干部工作、德才兼备、群众公认的优秀干部担任老干部工作部门的领导职务，进一步优化班子结构，提高班子的整体素质。加强对老干部工作人员的培训是事关老干部工作全局的基础性工程，要摆上重要日程，切实抓好。组织他们深入学习“三个代表”重要思想和党的老干部工作方针政策，提高老干部工作人员的思想政治素质和业务能力，不断增强服务意识，以高度的政治责任感、饱满的工作热情，全身心地投入到本职工作中去。另一方面，要保持老干部工作机构和人员队伍的稳定，胡锦涛总书记在党的十六届二中全会上的讲话中特别强调：“要切实做到老干部工作部门的力量不削弱、老同志们的待遇不改变，特别是财政上要保证必要的经费，让老同志们吃个‘定心丸’。”各单位要按照胡锦涛总书记的讲话精神，确保老干部工作机构、编制和人员的稳定，确保工作不断、队伍不乱、人员不散、力量不削弱。

六、要进一步加强对老干部工作的领导。做好老干部工作是党中央、国务院对各级党委和政府提出的一项重要政治任务，也是党的组织部门和老干部部门义不容辞的责任。老干部工作不是中心但牵动中心，它是改革、发展、稳定大局的一部分。各单位要切实负起责任，把老干部工作纳入本单位本部门工作全局，统筹规划，同步推进。党政主要负责同志特别是分管的同志一定要把这项工作放在心上，切实做到思想认识到位、履行职责到位、工作措施到位，拿出必要的时间和精力，真正抓好。要重视来信来访工作，对老同志反映的重要问题，领导干部要亲自出面，协调有关部门妥善处理。作为从事老干部工作的工作人员，要切实转变观念，更新思想，站在讲团结、讲大局、讲稳定的高度，进一步提高对老干部工作的认识，增强责任感、使命感和荣誉感，以饱满的政治热情和扎实的工作作风，扑下身子，真抓实干。各司局、各直属单位的领导同志应该是老干部工作的积极参与者，支持老干部工作部门开展工作，解决实际问题。老干部工作部门应积极争取有关部门和领导的支持，真正担负起管理、服务和关心、照顾的责任。

经党中央批准，今年下半年将召开全国老干部先进个人和先进离退休干部党支部表彰大会。各单位要采取多种形式，大力弘扬老同志学习、实践“三个代表”重要思想表现出的高尚品格和崇高精神，树立新时期广大老同志的先进形象。

同志们，让我们以邓小平理论“三个代表”重要思想为指导，认真贯彻落实党的十六大、十六届三中全会精神和全国组织部长会议的部署，紧紧围绕全面建设小康社会的奋斗目标和改革发展稳定的大局，适应党的建设的新形势，以与时俱进的精神，进一步落实好老干部的政治、生活待遇，加强思想政治工作，充分发挥老干部在社会物质文明、政治文明和精神文明建设中的作用，努力把新形势下的老干部工作提高到一个新水平。

在新春佳节即将到来之际，我给大家拜年，祝大家身体健康、家庭幸福、事业有成，祝愿我部离退休干部工作不断迈上新台阶！

文化部副部长、故宫博物院院长郑欣淼关于故宫博物院彻底清理文物藏品的研究报告

彻底弄清文物藏品的“家底”，是几代故宫人持续为之努力并决心完成的一项工作，也是目前有待继续完成的一件大事。故宫博物院正在制定规划，决定从2004年至2010年，集中7年时间，对全院藏品及所有库房宫殿进行一次全面彻底地清查和整理。据初步估计，经过清理，按照国家关于文物藏品的标准，故宫院藏文物总数可从现在的近百万件增加到150万件以上。这是与故宫大规模修缮具有同等重要意义而且相关联的一项紧迫而艰巨的基础性工程。

一、故宫历史上文物藏品的四次大清理

故宫博物院的藏品主要是明清皇家的收藏，加上新中国成立50多年来努力征集的文物。故宫文物清理的重点是宫廷藏品。80年来，只要故宫博物院工作秩序正常，这种清理就一直未停止过。而同时处理宫廷的其他物品、“非文物”甚至“重复品”等，也是直到上世纪70年代末才停止的一个重要内容。

故宫博物院的文物清理、点查，从博物院成立前到新世纪初，大致有4次，每次都持续在10年左右：

1.1924~1930年，其后又用四五年时间进行点收。1924年11月逊帝溥仪被驱逐出宫后，“清室善后委员会”即组织开展大规模的物品点交。是年12月24日开始，不到一年，点查完大部分，为1925年10月故宫博物院成立奠定了基础。后由博物院继续主持清点，除宫内各处及东华门内实录大库外，又清点了诸如景山后的寿皇殿、皇史宬及清太庙、堂子等，1930年3月基本结束。期间公开刊行《故宫物品点查报告》6篇28册，共统计物品9.4万余号、117万余件。当时宫中仓储物品甚多，如茶叶就有7个库房。故宫博物院对金砂、银锭以及部分茶叶、绸缎、皮货、药材、食品、布匹等进行

了公开处理。故宫文物在南迁存沪期间，还进行了一次逐件点收，详细登记，油印了《存沪文物点收清册》，作为南迁文物的原始清册。故宫北平本院从1934年至1943年2月期间曾停止开放5年半，先后对留院文物进行了一次点收，总数达9.37万号、118.9万件，并对以前未经点收的各宫殿廷院的陈设品编号登记，1945年有《留院文物点收清册》问世。

2.1954~1965年。1954年，故宫博物院制定了以清理文物、处理非文物、紧缩库房、建立专库为主要内容的《整理历史积压库存物品方案》以及《清理非文物物资暂行办法》，开始了全面整理工作。分两个步骤进行。第一步，从1954~1959年，主要是清理历史积压物品和建立文物库房，成立了处理非文物物资审查小组，政务院批示由中央监察委员会、最高人民检察院、最高人民法院、文化部社会文化事业管理局及故宫博物院组成故宫博物院非文物物资处理委员会，先后共处理各种“非文物物资”70万件又34万斤。对全院库藏的所有文物，参照1925年的《故宫物品点查报告》和1945年的《留院文物点收清册》，逐宫进行清点、鉴别、分类、挪移并抄制账卡。在整理中，从次品及“废料”中清理出文物2876件，其中一级文物500余件，如商代三羊尊、宋徽宗《听琴图》及一批瓷品等都极为名贵。第二步，从1960~1965年，按照《以科学整理工作为中心》的规定，对藏品进一步鉴别划级，建立全院的文物总登记账，并核实各文物专库的分类文物登记账。制定了文物分类标准，将文物划分为三级，编制了《院藏一级品简目》。经过几年的核对，基本做到物、账相符，并以故宫旧藏汇总为“故”字号文物登记账，与核对过的1954年开始登记的“新”字号文物登记账，合为故宫博物院藏品总登记账。这是一项相当艰巨、繁复的工作。当初面对清宫堆积如山的物品以及藏品中玉石不分、真赝杂处的状况，有人担心50年也干不完，但10年时间就基本完成了，并制定了有关保管工作的规定和办法，使故宫的文物管理工作走上了正轨，这是个了不起的成就。

3.1978~上世纪80年代末。“文革”期间，故宫的文物保管工作停顿。恢复工作后，清理了一级藏品，健全了一级品档案。1978年，恢复保管部建制，重新制定了《库藏文物进一步整理七年规划》和《修缮库房的五年规划》。这次整理的主要任务，是把库房中过去还没有完成和没有做好的继续做好。具体工作是：划分级别，鉴定年代，给文物贯号，做好文物排架，补齐文物卡片，核对文物数字。此次整理的难点是实物、账卡、单据上的混乱。混乱的原因，主要是以前的工作指导思想上有“甩包袱”的想法，将批量的、认为重复品太多的文物单拨调出来，准备做“拨交”出去用，因此打乱了原来按年代、级别、类型分类存放的基础，加上“文革”中工作中断，长期无专人管理，使库房工作的许多头绪没能有效地衔接上，出现一时的混乱。这次整理先后用了10年完成。大部分分类库房在完成整理后都进行了小结，并通过了保管验收组的验收。

4.1991~2001年。1990年故宫博物院地下库房第一期工程完工，1997年第二期建成。从1991年起，在10年中，院藏文物的60%从地面库房搬向地下库房。地面库房的大迁移和大的调整，几乎移动了所有文物。院内先后制定并修订了《故宫博物院文物出院出库管理制度》、《故宫博物院藏品管理条例》和《故宫博物院地下藏品库房管理细则》等。提出并实施了“对移入地下库房的藏品进行分类验收和更换院内在陈文物提单”的工作，核查文物数字，登录文物信息，解决历史遗留问题，分清保管与陈列责任，为进一步摸清家底，实现数字化管理打下坚实的基础。

经过几代故宫人的整理、鉴别、分类、建库等，基本上做到账目比较清楚、管理制度逐步健全。但是，由于宫廷藏品及遗物数量巨大、种类繁多、存贮分散，以及过去对文物认识的局限性等原因，虽进行过多次清理，仍存在某些文物账物不相符合、大量重要的宫廷藏品未列为文物、一些库房尚待进一步清理等问

题，至今院藏文物还没有一个确切的数字。

二、彻底清理文物藏品的条件已经具备

现在进行的文物藏品清理，在故宫博物院历史上是第五次。这是一次彻底的全面的清理，是必须完成、经过努力也能够完成的工作，因为它不仅总结了过去的经验教训，而且在思想认识上有了新的提高，并具备了一些必要的物质条件。

1.这次清理是故宫博物院自身发展的必然要求。2002年10月，国家决定故宫博物院划归文化部领导。文化部孙家正部长对故宫工作十分重视，在强调搞好大规模修缮的同时，要求一定认真清理文物藏品，真正摸清家底。这是一个适时而又重要的指示。文物藏品是博物馆赖以存在以及开展业务活动的基础，藏品质量的高低和数量的多少是衡量一个博物馆地位及其作用的主要条件。弄清了故宫博物院藏品的种类和确切数量，才能有效地实施保护，才能对它的内涵、特点以及价值有更为全面、准确的认识，也才会对它进行更为深入的研究和挖掘。这是博物馆的基础工作，是科学管理的前提，是向世界一流博物馆大步迈进的故宫博物院首要的而且务必搞好的一项工作。还应看到，故宫的丰富藏品是中华民族珍贵的文化财产；故宫博物院代表国家进行保管，弄清这些财产的底数并认真妥善地加以保管，是对国家对民族负责任的表现，是不容许有半点疏忽与懈怠的。

2.这次清理是在文物认识视野不断开拓并日益取得共识的思想基础上进行的。故宫曾处理过大批的宫中物品。除上世纪50年代处理过上百万件（斤）外，70年代初又处理了近37万件。处理前都履行了严格的审批程序。现在看来，绝大部分确实应该处理，例如1955年第一次处理中仅皮货就10万余件。但其中相当一部分还是有独特价值的，特别是那些以年代晚近、材质不好、艺术性差或重复品太多为由处理了不少物品，如乾隆以后的假次书画、宗教画、近代书画，同治、光绪时期的粗制硬木家具，嘉庆后的大量瓷器重复品、民国时期的小钟表、大批八旗盔甲乃至解放后的国际礼品等，今天从完整保护人类文化遗产的视角看，这些无疑都是有一定的文物价值，是反映宫廷历史文化某些方面的实物见证。即使重复品多，也只是从清宫而言，如从全国范围看，又是极其少有的。当然对这些物品的处理，不只是某个部门或少数人的认识，而是当时中国文博界与整个社会文物保护认识程度的一个反映。从上世纪80年代后期，故宫对此开始了反思，陆续将院里现存的原已注销的一些文物又收库保存。随着全社会文物保护意识的空前提高，故宫人的文物观念在拓宽和深入，认识到宫廷遗存是反映故宫历史不可分割的活见证，与古建筑、宫藏历代文物密不可分并具有同等的重要性。这一共识是搞好清理工作的重要思想基础。

3.大规模古建修缮是促进文物清理的一个契机。这种促进体现在两个方面：一是调整并确定地面文物库房。过去故宫文物都在地面库房存放，库房不固定且条件不好，文物经常搬来搬去，影响了文物的管理与核对工作。地下库房建好后，60%的文物有了稳定的栖身地，但地面库房尚须认真解决。这次修缮不仅要解决殿堂的破败问题，而且与它的使用功能结合起来一并考虑。修缮规划中已包括了地面库房的设置，并将根据不同文物的特点要求进行设计修建。有了固定的并且具有良好设施条件的库房，就为文物清理创造了必要的条件。二是在修缮过程中，对宫殿内的物品要搬迁，许多几十年未动过的物品也要动动，这就促使人们对这些物品进行整理、清点。

三、彻底清理文物藏品的九项工作

故宫博物院这次文物藏品的彻底清理，包括点核、整理、鉴定、评级等一系列工作，具体来说，主要有以下9个方面。

1.继续完成90余万件文物账、卡、物的“三核对”任务。按照原定计划，地库所藏60余万件文物、地面库藏30余万件文物，都应在2005年完成清点、验收工作。48处佛堂的整理、清点工作按照计划，逐年完成。在核查中要认真研究解决历史遗留问题，这包括两个方面：一是上世纪60年代“三核对”时遗留的问题，也就是有账无物的问题。这次大部分地面库房文物都移送到地库了，经过地库文物的整理、核对，这些遗留问题应该了结了，使账内文物有一个准确的数字。二是更换院内在陈文物的提单。这项工作的难度很大，难在有些提单是上世纪50年代、60年代提用的，当事人早已退休甚至作古，上世纪50年代的文物上没有文物号（“故”字号是上世纪60年代才给的），加上单据的交接手续不健全，或单据管理不善，使得库房管理人员不知自己库房的东西在陈，而在陈文物的管理者又不知此物是谁家的，造成想当然的误领，重新贯号，造成一个文物有两个文物号。此次更换提单，搞清问题很重要，而且应建立定期审核和更换提单的制度，勿使后人再重复我们的工作。这是我们这代人的责任。

2.审慎地整理“文物资料”。“文物资料”是故宫博物院当年评定文物等级时，对于认为不够三级文物而又有着文物价值、即介于“文物”与“非文物”之间藏品的称呼。古器物部、古书画部、宫廷部、古建部都有，约10多万件，门类繁杂。列为“资料”有多种原因：有的因为有些伤残，例如3800多件陶瓷资料，从新石器时代到民国，时间跨度长达4000年之久，品种应有尽有，特别是明清两代的官窑瓷器，有许多弥补了完整器物的空白，更有一批珍品，代表了各个历史时期瓷业制作的最高成就，只是由于流传过程中产生伤残而列入资料；有的是对文物认识上的局限，例如两万多件清代帝后书画，因其中有代笔或认为水准不高而全部列为资料，又如过去只重视皇帝后妃的成衣，而把相当数量不同级别的官服“补子”，其中也有皇帝服饰上的“补子”，都作为服饰的“配件”来对待；再如清代“样式雷”制作的“烫样”，是遗留下来的珍贵的皇家建筑模型，故宫收藏最多，达83件，但也作为资料由古建部管理；由于过去对宫廷遗物不够重视，许多反映清代典章制度的物品被列为资料，例如反映清代官员觐见皇帝制度的近万件红绿头签，反映皇宫警卫制度的上千件腰牌等；还有一些曾作为文物收藏，后又降为资料，等等。这次清理中，对这10万多件资料要进行认真的整理、鉴别，凡是够文物定级标准的，都应登入文物账并进行定级。

3.对未登记、点查的藏品彻底清理。故宫博物院有些藏品，只知道大概情况，但因未进行过清理，具体的数量尚不清楚。例如，文物管理处保管10多箱清代各朝的未流通的货币，约10万多枚；存放在延禧宫库房三楼、慈宁宫庑房等地的原附属于文物的各种质地（紫檀、雕漆、玻璃）的匣、盒、座、托等实物，以及大量的“附件”；古建部库房内和未开放殿堂内的屏风、隔扇等；古器物部保存的上世纪50、60年代从全国100多个古窑址采集的3万多陶瓷标本，以及散存在院内各处的晚清家具、大批匾、联等等。这些都要从头开始，仔细清理点查，或定为文物，或作为资料，必须弄清楚。

4.在全面清理中重视发现文物藏品。故宫地面文物库房分散，有的长期未彻底清理过，近年来在搬库、清库中陆续发现一些文物。有的竟是整箱未登记的文物。如古书画部发现一批封存于1964年的1000余件书法，它是收购秋醒楼的尺牍中的近代部分，未做入库单，后因诸多原因长久搁置在一个木箱里，未作移交。宫廷部在一个存放近千件铺垫的库房内发现了装有53只枕头的一个木箱，而故宫库存的文物枕头不足10件。有些是散落在文物柜的底部或背后及夹缝里，不易察觉，如古书画部就从中发现了40多件书画，其中清末以近代科学手段测绘的巨幅《台湾全图》，具有重要的政治意义。有的与破旧的物品堆放在一起。例如宫廷部对御茶膳房地上堆放已久的破旧地毯和帐帘进行保洁清理和熏蒸入库时，发现了一批袁世凯称帝时制作的大型帘子，填补了故宫织绣类中“洪宪”款文物缺项。当然这类发现不可能很多，但在宫廷遗物日渐珍稀的情况下，尽可能地去搜寻，是值得的。

5.把图书馆应列为文物的善本、书版等归

入文物账进行管理。故宫博物院1925年成立后，专设图书馆典藏图书。图书馆以明清两朝宫廷藏书为基础建成，到1930年藏书总数逾50万册。南迁文物中运台图书1334箱，15.7万余册，占运台文物总数的1/4。在部分善本南迁后，北京故宫博物院图书馆继续清点和整理清宫遗存下来的古书，重建善本书库、殿本书库，从1949~1978年，故宫博物院又14次把3900余种、14万多册善本及其他书籍外拨给国家图书馆及部分省市及大学的图书馆。现在故宫图书馆善本特藏已建账19.54万册，它们除有重要的文化传承的价值外，其本身就是珍贵的文物。例如，2300余册清代皇帝亲笔抄写的佛、道经书，百余册逊帝溥仪的启蒙练习本及相关图书，约8000余册臣工抄写的佛、道经书，以及精美的菩提叶写经、玉版写经等。另外，还有约21万余块珍贵的印书用书版。善本书虽然得到妥善保管，但都没有纳入文物总账，也是唯一一类没有定级的藏品。21万块书版更是长期尘封在城楼和角楼上。把这批图书和书、版列入文物的工作已正式启动。

6.在认真清理上述藏品外，对于新中国成立以来故宫博物院古建筑修缮工程档案，除院档案室存档外，古建部收存的大量资料也要重视整理、保管和利用。例如，4000多张工程类底图、蓝图，近10年来测绘的6000余张实测底图，几万张记录故宫建筑近几十年历史的影像资料，特别是228张彩画小样和70张装修小样，是上世纪50、60年代组织故宫一批老画匠画的，沥粉贴金，严格按照比例，根据实例用传统工艺加工制作，当年参与其事的老匠师多已作古，实例或已不存，或已褪色失真，更显得弥足珍贵。

7.解决文物藏品的统一管理问题。现在故宫博物院的文物藏品，主要由古书画部、古器物部、宫廷部、图书馆和文物管理处分别管理，但仍存在同类物品由不同部门管理的问题。有的是因藏品的完好程度不同而分开，如同是贴落、唐卡类文物，破烂的在宫廷部，整洁的在书画部；生活用具、钟表、乐器类，很多名贵的在文物管理处，一般的在宫廷部。有的因质地不同而分开，如同是“样式雷”的遗物，“烫样”在古建部，建筑图纸则由图书馆管理。这显然不利于对藏品的完整管理、科学保护和深入研究，需要切实解决，做到统一管理。

8.编印文物藏品总目及珍品图录。在认真清理的基础上，适时编印《故宫文物藏品总目》并向社会公开发行，以俾世人了解故宫藏品的奥妙，更好地为人们的观赏、研究等不同需要服务，也利于社会的监督。正在编印出版的60卷本的《故宫博物院藏品文物珍品大系》，比较概括地介绍了故宫的文物精华，但由于篇幅的限制以及故宫在文物整理研究工作进展的影响，一些文物门类未能包括，大量应向社会介绍的精品尚未披露，精美的故宫古建筑及其彩饰壁画以及大量不可移动文物等都未列入。拟在现60卷基础上，编辑出版《故宫博物院文物珍品分类大系》，这是一项卷帙浩繁、需要长时期努力的文化建设工程，是与故宫文物的整理、研究结合在一起且互相促进的工作。

9.结合清理做好文物的鉴别定级。对于文物资料以及新发现的藏品要认真鉴定，确定是否文物并评判其等级。特别是对原有的一级文物要重新认定。故宫博物院的一级文物，大部分是上世纪60年代鉴定的，由于受当时认识水平的局限，一级品中有部分文物存在水平不够及反复鉴定为伪品的，需要降级；二级文物中又有一些可以提升为一级文物。另有一些宫廷内文物，因过去对其价值认识不足，定级偏低，需要提升。

四、彻底清理文物藏品与全面提升文物管理水平相结合

故宫博物院文物藏品的清理，不只是要做到家底清楚、账物相符，而且要与加强文物的科学管理、安全管理等工作结合起来，使文物管理水平不断得到提高。因此，这不只是管理文物的部门的任务，也需要资料信息中心、文物保护科技部、展览宣教部等多个方面的配合和支持。从故宫实际出发，在清理中要同时做

好四项工作。

1.提高文物管理的信息化水平。故宫博物院信息化建设工作是以文物管理和古建信息管理这两个核心数据库的建设为主，利用建立办公自动化工作平台的契机，切实发挥这两个信息系统的效益，全面提升全院业务管理工作的水平。其中文物管理系统从1993年起至今已基本将院藏所有文物账务信息收录在内，下一步将继续充实、完善文物收藏位置的数据和文物档案影像的数据，引进计算机“流程管理”的理念，力争在2到3年的时间里，实现馆藏文物流通的全面信息化管理。届时故宫文物流通的全过程，院藏百万件文物的账务管理、库房管理、文物修复管理以及展览信息、文物利用信息，乃至从业人员的工作状况管理均能通过信息系统直观、实时地反映出来；同时，拟大力加强在文物影像采集方面投入的力度，力争在近年内完成所有院藏一级文物的档案影像数据采集工作，并为后续的文物档案影像采集工作建立起完整的工作模式、工作规范和工作标准；力争在10~15年时间内完成所有院藏二级文物的档案影像数据采集工作。

2.重视文物藏品的修复与抢救。故宫博物院的文物藏品，特别是大量宫廷藏品，因多年来未曾维护过，或保管方面的原因，有些损坏严重，要在清理过程中进行修复，有的带有抢救性质。这主要反映在两方面：一是宫廷文物，如武备、仪仗、生活用具、钟表、外国文物等，特别是家具和宫灯，损坏严重且数量大，修复难度也大；另有一批清末京剧名角的唱片，数千张清宫老照片的玻璃底版（大部分照片现存台北故宫博物院）等，亦急需抢救。初步估计，应列入保护规划的宫廷文物约18万件，需1.46亿元保护经费。二是宫廷原状陈列，由于自然损耗，特别是近年来有害环境的加剧，这些陈列品因质地、原状等原因而表现出不同程度的损坏，许多急需抢救或予以必要的复制。这方面任务也很艰巨。这就要求加强文物科技保护工作，既积极引进先进的技术与设施，又注意发挥和保护传统工艺，重视无形文化财产的传承。

3.加强对文物库房的建设和管理。文物安全不只是防火防盗，还要防止因库房条件限制所出现的伤害文物问题。这是有经验教训的。对于地面库房，故宫博物院在这次修缮中决心适合文物特点，按照要求认真完成。3万多平方米的地下库房，已存有60多万件各种文物，这些文物例如书画、青铜、织绣、漆器等，对温度、湿度多有不同要求，但现在整个地下库房却是相同的温度和湿度。由于通风问题，多年来地下库房中集聚的有害气体也会对文物和人员造成损害。故宫博物院对此已引起高度重视，将认真检测研究，经过科学论证，采取积极措施，进行必要的改造。

4.探索并完善文物管理新体制。我国博物馆一般都设有陈列部和保管部，专事文物的陈列和保管工作。故宫博物院在以往改革中取消了这两个部门，而由新成立的专业部门（古器物部、古书画部、宫廷部）承担上述职责。这种管理体制有明显的优点，但因没有了原来的制约、监督，尽管强调提用文物方和库房保管应是不同的人员，但往往难免混岗，同样的人一起干同一件事，容易产生管理漏洞。为了完善这个新体制，故宫博物院专门成立了文物管理处，统管文物总账及出入库管理，账物分管，并总结以往工作，制定有效的管理办法，杜绝存在的问题。

故宫博物院的文物藏品清理工作已开始启动。除了继续进行“三核对”外，对其他藏品的整理也陆续展开。古器物部结合筹建古陶瓷研究中心，已对3万多陶瓷片及在账与不在账的陶瓷资料进行清洗、鉴别。图书馆已完成了书版整理1/3的工作。从今年4月27日~6月15日，馆里抽出专人，用了40个保洁工，把在东华门城楼存放了几十年的8.8万多块书版安全搬运到慈宁宫，并进行了除尘、整理、分类排放。在这数十部有汉文、蒙文、满文的书籍书版中，意外发现了2002年紫禁城出版社出版《满文大藏经》时所缺的2万块书版中的1.4万多块，还有5000多块可能放置在其他地方，同时发现清逊帝时期制造的8块金砖。由于各个部门领导重视，组织得力，已取得了明显成绩，使人们对彻底完成这项任务充满了信心。从这段实践看，必须按照计划稳步推进，不能急，也不能拖拉；有的部门清理任务比较重，有的部门相对较轻，要加强重点部门的工作，注意处理好日常业务工作以及临时性紧迫工作与清理的关系；在清理中采取多种办法，利用必要的社会力量；院里要有专门工作小组进行督促、检查、验收，并做好协调工作，及时研究解决出现的问题。

坚持以“三个代表”重要思想为指导　积极开创文化部党建工作新局面

中纪委驻文化部纪检组组长、部机关党委书记常克仁在文化部2004年党的工作会议上的讲话

(2004年2月12日)

同志们：

2003年，是我们党和国家历史上极不平凡的一年，也是我们文化系统取得丰硕成果的一年。在这一年里，文化系统坚持以邓小平理论和“三个代表”重要思想为指导，坚持“两手抓”的方针，积极抗击非典，努力落实中央关于文化建设和文化体制改革的各项任务，大力发展文化事业和文化产业，充分依靠广大文化艺术工作者的创造性劳动，以良好的精神状态，克服非典造成的影响，在制定文化政策、繁荣舞台艺术、丰富群众文化生活、建设文化市场体系、发展文化产业、活跃对外文化交流、加大文化经费投入、扶持文化基础设施建设，加强文物保护力度，开展文化体制改革试点工作等各方面，都取得了令人瞩目的成绩。文化部各级党组织和广大党员干部积极、主动地服务党和国家工作大局，紧紧围绕文化建设和文化体制改革的中心任务，扎实有效地开展工作，为全年文化工作各项任务的顺利完成，提供了有力的思想和组织保证。

2003年12月上旬，党中央召开了全国宣传思想工作会议，12月下旬，中央国家机关第十八次党的工作会议和全国文化厅局长会议相继召开。这几个重要会议，对于我们做好今年的党建工作有着很重要的指导意义，各级党组织要认真学习领会、贯彻落实。

本次会议的主要任务是：以邓小平理论和“三个代表”重要思想为指导，深入学习、全面贯彻党的十六大和十六届三中全会精神，总结工作，明确任务，动员我部系统各级党组织和广大党员干部围绕中心，服务大局，进一步振奋精神，开拓进取，全面推进我部党的建设。

一、总结工作，探索规律，不断积累党建工作新经验

一年来，我部各级党组织按照部党组和中央国家机关工委的有关部署和要求，坚持以“三个代表”重要思想为指导，全面贯彻落实党的十六大精神，按照党中央关于新时期党的建设的伟大工程的总体部署，坚持围绕中心、服务大局、与时俱进、开拓创新，紧密结合本单位工作实际，不断加强党的思想、组织、作风和制度建设，我部党的建设在各方面都取得了新进展。

(一)以兴起学习贯彻“三个代表”重要思想新高潮为重点，扎实有力地推进理论武装工作

2003年，各级党组织把学习贯彻“三个代表”重要思想和党的十六大精神作为首要政治任务，围绕主题，把握灵魂，狠抓落实，积极组织广大党员和职工认真学习领会，努力做到入心入脑，真学、真信、真用，取得了较好的效果。部直属机关党委主要做了四方面的工作。

一是规范基层党委中心组学习制度，发挥中心组带头示范作用。明确要求基层党组织完善中心组学习制度，并且加强了对中心组学习情况的督促检查。通过规范基层党委中心组学习制度，促进其发挥示范带头作用，坚持用党

的理论创新的最新成果统一领导班子的思想认识，努力在工作中形成新思路，推出新举措，开创新局面。

二是做好学习“三个代表”重要思想的指导和服务工作。代部党组起草下发有关通知和学习计划，对《“三个代表”重要思想学习纲要》的学习活动进行部署。7月初，召开了兴起学习贯彻“三个代表”重要思想新高潮动员会，孙家正同志作动员报告，就结合文化工作实际学习“三个代表”重要思想提出了要求。部直属机关党委购买了近400册《纲要》，发至机关处以上干部。组织各单位开展了学习“三个代表”重要思想知识竞赛活动，2270人参加书面答题。监察局、中录总社、艺科所等11个单位党组织获得“最佳组织奖”。

三是开展“三个代表”重要思想的学习培训。7月21日至8月8日，举办了3期学习“三个代表”重要思想党支部书记学习班，近240位基层党支部书记参加了学习。通过集中办班的形式，深入系统学习“三个代表”重要思想，进一步提高了基层党支部书记的政治素质和理论水平。

四是及时沟通信息，总结经验，交流体会。以工作简报为平台，及时编发以“三个代表”重要思想学习为主题的系列简报，交流各单位学习贯彻“三个代表”重要思想的情况。在党的十六大闭幕一周年之际，组织召开了“学习贯彻‘三个代表’重要思想交流汇报会”，对部系统一年来的学习情况进行梳理、回顾和小结，进一步推动“三个代表”重要思想的学习向纵深发展。会上，外联局、国家图书馆、中央文化管理干部学院和东方歌舞团分别作了交流发言。

各司局、各单位党组织积极组织广大党员干部深入学习十六大报告和党章，认真研读江泽民同志重要著作，认真学习胡锦涛同志重要讲话、《“三个代表”重要思想学习纲要》和党的十六届三中全会精神，深刻领会“三个代表”重要思想的精神实质和根本要求，努力用“三个代表”重要思想武装头脑，指导实践，推动工作。国家图书馆、国家博物馆、国家话剧院、中央民族乐团、中外文化交流中心等单位党组织结合实际，制定了详细的学习计划，并组织开展了多种形式的学习活动。办公厅、中国歌舞团、文化市场发展中心、文化设施建设管理中心等单位党组织分别通过举办读书活动、学习班、知识竞赛，组织参观学习，召开报告会、座谈会等形式，迅速兴起了学习“三个代表”重要思想的新高潮。其中，儿童艺术剧院党委组织开展的“抗非典、读好书、促党建”活动，将抗击非典与学习知识、提高党性修养相结合，取得了很好的效果。离退休干部局和离退休人员服务中心党委组织离退休干部学习交流，老同志们政治热情高，学习更加认真，提高了认识。

（二）围绕中心、服务大局，在防治非典的斗争中充分体现并不断增强党组织的凝聚力和战斗力

面对突如其来的非典灾难，各级党组织坚决贯彻党中央、国务院的部署，迅速传达落实部党组会议精神，动员、组织广大党员和干部职工，积极投身于防治非典工作，坚持“两手抓”，坚守岗位，履行职责，认真做好发布防治信息、切断传播途径等工作。在此期间，部机关服务局党委充分发挥党支部的战斗堡垒作用和党员先锋模范带头作用，组织全体党员干部始终站在同疫情战斗的最前线，得到了部党组的肯定和广大职工群众的赞誉。各级党组织和广大党员干部团结带领职工群众，经受住了考验，在防治非典工作中充分展示并且进一步加强了党组织的凝聚力、战斗力和影响力。

部直属机关党委参与了部防治非典应急工作小组的日常工作，及时将各种防治非典的宣传材料发至机关和直属单位，做好防治非典知识的普及工作。认真细致地做好防治非典信息的上传下达工作。每天向中央国家机关工委汇报我部疫情，及时上报我部各基层党组织和共产党员在抗击非典过程中发挥作用的情况。承办“文化部防治非典型肺炎工作纪实展览”，反映我部系统广大干部职工在党中央领导下抗击非典工作的全过程，展现了我部各级党组织和广大党员、干部、职工在这场斗争中的勇气和力量。部工会、部团委组织开展了捐款活动，募集到190余万元款项。部系统7625名干部职工踊跃捐款，表达了对身处抗击非典第一线的白衣战士的崇敬和战胜非典的决心。部青联先后两次组织青年演员分别为中日友好医院、北京医院的医务人员进行慰问演出。中央国家机关工委“紫光阁”网站刊发我部防治非典工作信息8条，中央国家机关工委《信息交流》也多次介绍我部有关情况。我部1名同志受到中央国家机关工委表彰，2名同志被评为首都防治非典工作优秀共产党员。27个单位被评为文化部防治非典工作先进集体，34名同志被评为先进个人。

（三）从做好各项基础性工作入手，为不断加强基层党组织建设提供有力保证

基层党组织建设是一项长期的基础性的工作，须臾不可忽视。一年来，部直属机关党委把对基层党组织相关人员培训作为基础，有效推动了基层党组织建设。

一是做好党支部书记岗位培训工作。根据《关于加强中央国家机关党支部书记岗位培训工作的意见》，部直属机关党委结合“三个代表”重要思想的学习贯彻，对党支部书记进行了岗位培训。此次培训以中央国家机关工委编发的《机关党支部工作手册》为主要教材，由机关党委9位同志分别就组织、宣传、统战、纪检、稳定、群众工作等方面进行业务讲解和介绍，并组织了小组讨论交流和座谈调研。培训结束前，进行了理论和业务知识测验，检验学习成果。参加培训的党支部书记普遍反映，培训主题明确，重点突出，形式多样，通过学习不仅提高了理论水平，增强了党性观念，进一步增强了做好新形势下党支部工作的使命感和责任感，而且丰富了党务知识，提高了开展党支部建设各方面工作的能力。中国艺术研究院、离退休人员服务中心也分别举办了党支部书记和党支部委员培训班，进行了理论和业务培训，有效推进了党支部建设。

二是做好入党积极分子集中培训工作和党的发展工作。举办了文化部入党积极分子培训班,部系统近250名入党积极分子参加了为期4天的培训，系统学习党的历史、党的基本理论和基本知识。参加学习的同志普遍反映，此次培训虽然时间不长，但是收获不小，进一步端正了入党动机，表示要继续加强学习，不但要在行动上要求入党，更要做到在思想上入党。各级党组织本着积极慎重的方针，做好党的发展工作，去年共发展新党员69名，为党组织增添了新鲜血液。

三是开展党内统计人员培训。举办了2期党内统计培训班，为各基层党组织培训统计人员，学习应用中组部的计算机统计软件。以往由手工填报的统计报表，经常出现一些小错误，需要反复核对和修改，每年的统计工作至少要用2个月时间才能完成。经过培训后，各单位直接用计算机进行党内统计，消除了错误数据，缩短了统计工作时间。我部共有49个基层统计单位，其中40个单位都在培训班上完成了2003年的党内统计。从统计效果看，这次培训大大提高了我部党内统计工作的效率和质量。

四是加强基层党组织班子建设。加强了与有关司局及基层党组织的沟通，提醒和督促任期届满的党组织改选换届，指导新成立或进行结构调整后的新单位建立党组织。中国歌剧舞剧院等单位党组织顺利完成了换届选举，《清史》纂修领导小组办公室建立了党总支，国家博物馆、国家话剧院建立了党委。对2003年党员领导班子民主生活会进行了部署和检查，列席各单位民主生活会；收集党员群众的意见和建议，向部党组进行汇报。今年共有46个司局和直属单位、171名在职司局级领导干部参加民主生活会。通过召开民主生活会，交流沟通了思想，促进了领导班子的团结，增强了领导班子的凝聚力、影响力和战斗力。

（四）结合典型案例深入开展党风廉政教育，从思想上筑起拒腐防变的牢固防线

各级党组织认真贯彻落实中央纪委二次全

会和中央国家机关第十五次党的纪检工作会议精神，通过利用典型案例进行警示教育等形式，广泛深入地开展党风廉政教育，加强了党风廉政建设。部直属机关纪委组织有关人员旁听东城区法院的审判，并进行座谈。各单位利用张景生等人违法违纪案件，王从干、张庆华等人伪造国家机关公文事件进行警示教育，结合实际查找问题。中国京剧院等单位组织观看了慕绥新、马向东腐败案等录像。计财司党支部组织召开了专题民主生活会，利用典型案件进行警示教育，分析原因，引以为戒，加强管理。社图司党支部认真学习了《党员领导干部廉洁从政手册》，并组织讨论，引导大家进一步端正思想，树立正确的人生观、世界观和价值观。

部直属机关纪委代部党组修订并印发了《文化部党风廉政建设责任制规定》，并对有关单位党风廉政建设责任制落实情况进行了检查，广大党员领导干部严格执行廉洁自律的各项规定，党风廉政建设责任制进一步得到落实。故宫博物院、恭王府管理中心等单位还结合本单位实际，制定了领导班子廉政建设措施。我部系统177名司局级干部、821名处级干部参加了党员领导干部廉洁从政知识测试活动。

认真做好信访工作。去年部直属机关党委共收到群众来信15件，接待来访2人，基本做到事事有回音，件件有着落。特别是署名信，在了解情况后都有明确的答复。

（五）持之以恒地做好维护稳定工作，为各项工作的开展营造良好的环境

及时传达贯彻上级有关精神，积极做好稳定工作。重要节日、纪念日和重大会议、活动期间，各级党组织积极采取有效措施，加大安全防范工作力度，有效地维护了社会稳定。

坚持开展同“法轮功”邪教组织的斗争。会同中央国家机关工委稳定办，对2名原“法轮功”练习者转化情况进行验收。认真查找失控人员，积极开展反弹人员的转化工作。组织204人次参观反对邪教的展览，加强宣传教育，引导党员干部群众树立对宗教信仰的科学认识，把握邪教的本质特征，自觉同邪教及其组织进行坚决斗争。

（六）积极做好统战工作，把各方面的力量凝聚到繁荣发展中国特色社会主义文化事业上来

坚持并完善党政领导联系统战对象、同党外高层人士谈心、向党外人士通报情况的统战工作“三项制度”，认真做好民主党派和无党派人士工作，最大范围地团结各方面力量，最大限度地调动各种积极因素，共同投身于促进文化事业繁荣发展的历史进程中。

充分发挥部侨联的作用，积极开展侨务工作，关心归侨、侨眷生活，帮助解决实际问题。以扩大经营和弘扬中华文化为纽带，加强与海外侨胞中的代表人士和社团的联系，加强与侨界及文化部门的联系，创造有利工作条件。部侨联在没有专职工作人员、没有任何拨款的情况下，通过“内引外联”，成功地在日本举办了中国书画美术展，在浙江安吉县举办了“和平与进步·当代中日书法艺术大展”，积极开展一系列健康向上的文化活动，今年实现创收20万元，为自身发展和服务归侨侨眷积累了经济实力。

部直属机关党委对我部民主党派、党外知识分子、台胞台属、归侨侨眷等有关情况进行了统计，全面掌握了我部统战对象的详细情况，为有针对性地开展统战工作积累了第一手资料。与人民日报社总编室共同举办文化部艺术家“弘扬奉献精神座谈会”，在文化艺术界倡导奉献精神，《人民日报》对此进行了专版报道。

（七）深入细致地开展工会和妇委会工作，努力维护广大职工和妇女群众的合法权益

认真学习贯彻全国总工会十四大精神，以关心职工生活，维护职工合法权益，调动职工的积极性为重点，开展了全系统元旦、春节期间送温暖活动。部工会为244户特困职工送去慰问金11.6万元，全系统共慰问特困职工573户。坚持机关职工重病必访、病故必访、家有重大突发事件必访，为结婚的机关职工和生育的女职工送贺礼。坚持举办机关职工英语培训班。

开展小型多样的文体活动，活跃职工业余生活。举办全系统工会干部和妇女干部春节联谊活动、机关职工春节联欢会、全系统工会职工篮球赛和保龄球赛。部工会、妇工委在全系统职工中继续开展了创建五好文明家庭活动，我部一名女职工的家庭被评为“全国五好文明家庭”。

加强自身建设，提高工作水平。抓好机关司局和直属单位工会的改选换届工作，中国交响乐团正式成立了工会组织。继续深入开展建设“职工之家”活动，对已建成优秀职工之家和合格职工之家的工会进行了奖励。加强工会财务管理，部工会经费审查委员会建立了工会经费收支预决算会审制度。

（八）关心、支持共青团和青联工作，指导和帮助青年成长成才

青年是我们事业的希望。部直属机关党委十分重视青年工作，并为青年工作营造了良好的环境。一年来，部团委、部青联坚持服务党政中心工作，服务青年成长需要，积极促进了团员青年的全面进步。

一是认真组织团员青年开展理论学习、读书成才活动。牵头举办了“全国文化青年论先进文化建设征文评选”活动，引导全国文化系统青年工作者深入学习贯彻“三个代表”重要思想，树立勤奋学习、钻研业务的良好风气，为青年搭建交流平台。活动收到来自30个省份的应征文章1021篇，共评出76篇获奖文章，辑成《文化青年论先进文化建设》一书。孙家正部长亲自为该书作序，勉励青年勤于学习、勇于创新，同时，孙部长等四位部领导接见了来自全国各地的获奖青年代表，体现了部党组对青年的亲切关怀和殷切期望。一年来，部团委还先后组织开展了学习“三个代表”百题竞答、机关青年季度读书竞赛、青年业务论坛等活动，促进了青年学习风气的养成。

二是突出行业特点，发挥青年优势，积极推进文化志愿者活动。结合纪念学习雷锋40周年，牵头开展“文化法律进社区”活动，把文艺演出和法律普及送到社区，受到社区和居民的欢迎。各直属单位团组织积极响应部团委开展“送文化到身边”主题团日活动的号召，组织小型演出、艺术辅导、信息咨询等文化志愿者行动。协调、联合全国35家文化厅局和单位团组织发起“争当一名文化志愿者”倡议，倡导“以文化服务社会，把艺术奉献人民”。

三是树立典型，宣传先进，引导青年积极上进。在部系统团组织内开展创建先进集体和评优表彰活动。通过各种形式宣传获表彰集体和个人的先进事迹和工作成绩，引导团员青年“讲学习、比贡献、求进步”。一年当中，我部系统获得全国五四红旗团组织、全国青年文明号、中央国家机关五四红旗团组织各1个，中央国家机关五四红旗团组织创建单位2个，中央国家机关优秀团干部3名、优秀团员3名。我部获得上级表彰的奖项之高、数量之多在中央国家机关各部委中位居前列。另外，在近期召开的团中央十五届二中全会上，文化部团委被授予“全国五四红旗团委”称号。

一年来，我部党建工作所取得的新进展，是与部党组和中央国家机关工委的正确领导分不开的，是各级党组织、专兼职党务干部和广大党员共同努力的结果。在此，我代表部直属机关党委，向我部全体共产党员和广大党务干部表示衷心的感谢！

回顾总结一年的工作，是为了总结工作经验，找出工作差距，理清工作思路，更好地指导和改进今后的工作。各司局、各直属单位党建工作是文化部党建工作的重要组成部分。绝大多数司局和直属单位党组织非常重视2003年党建工作总结，为大力推进我部党的建设工作提出了许多鲜活的宝贵经验。到目前为止，部直属机关党委已先后收到35个司局和直属单位党组织的工作总结。其中，许多司局和直属单位党组织已先行对2004年的党建工作作了计划安排。由于时间的关系，不可能在这里把各基层党组织许多好的思路和做法都说到，希望各司局和直属单位党组织在结合实际创造性地开展党建工作的同时，进一步加强相互之间党建工作经验的交流和学习，共同探索新形势下做好党建工作的新思路和新举措，从而全面推动我部党建工作整体水平的提高。根据各司局和直属单位党组织的总结情况，回顾一年的工作，我们有以下几点体会：

第一，做好党建工作一定要有创新精神。新的形势下，党建工作要体现时代性、把握规律性、富于创造性，必须在实践中勇于改革，锐意创新。机关党建的创新本质上也是改革，是用马克思主义的科学态度和创造精神来研究机关党建的新情况，解决机关党建的新问题。创新要克服因循守旧、不接受新事物的积习，改变对机关党建工作无所作为的精神状态，也要避免形式主义，搞花样翻新，忽略党的活动的政治性、严肃性。要从实际出发，找准创新的切入点。要确立以人为本的理念，着眼于人的全面发展。要把发展党内民主，充分调动党员积极性作为党建创新的重要内容，推进政治文明建设。要不断推进党建工作内容、体制、机制和方法的创新，努力开创我部党建工作新局面。

去年我们举办的“三个代表”重要思想党支部书记学习班，就是一个尝试，参加学习的同志认为效果比较好。这次学习把理论学习与业务培训结合起来，突出了理论学习的针对性和实用性，强化了业务培训的理论性和系统性。同时，以往都是对直接管理的基层党组织进行培训，这次首次覆盖了从机关司局到直属单位所有基层党支部，受到基层的广泛欢迎。培训到支部，为加强基层组织建设夯实了基础。学习班上，机关党委9位同志分别就分管工作进行了业务讲解和介绍，这种做法既突出了培训的针对性，又锻炼了机关党委的干部，督促大家不断提高自身业务水平。此外，学习班结束前进行了理论和业务知识测验，适当施加学习压力，提高了大家学习的主动性，保证了学习效果。

第二，做好党建工作一定要有全局观念。围绕中心，服务大局，是党建工作的根本出发点。全局观念首先体现为党建工作要为我部的中心工作服务。比如，在非典肆虐期间，我们及时宣传防治非典知识，了解上报干部职工的思想状况，筹备纪实展览等服务工作。又如，耐心细致地做好“法轮功”练习者的转化和查找工作，为我们中心工作的开展维护稳定的环境。

全局观念还体现为党建工作不仅要做好组织、宣传、纪检、统战等工作，还要高度重视并积极做好群众工作，发挥群众组织的桥梁和纽带作用，使党的各项工作都得到较好的落实。比如，今年部团委举办“全国文化青年论先进文化建设征文”活动，发起“争当一名文化志愿者”倡议活动，在团结和带领团员青年学习贯彻“三个代表”重要思想，服务大局、服务社会方面，发挥了积极作用。

第三，做好党建工作一定要有基层意识。党建工作的基层意识，体现为将工作重心放在基层，重视和加强党的基层组织建设。党的基层组织是党的全部工作和战斗力的基础。党的路线方针政策最终要靠基层党组织去贯彻，党的各项任务最终要由基层党组织和党员去完成。基层党组织在党建工作中发挥着极为重要的作用，党建工作的基础在基层，因此，党建工作的重心要放在基层。

党建工作的基层意识，还体现为依靠基层党组织开展工作。我部各基层党组织，都有着各具特色的资源和优势，富有极大的潜力。在我部党建工作中，部直属机关党委应当起到整合资源、挖掘潜力的作用，充分发挥基层党组织的特长和优势，大胆依靠基层党组织完成部分工作，为基层党组织和基层党务干部提供展示自我的舞台和交流沟通的平台。去年，我们依托中央文化管理干部学院培训基层党组织党内统计人员，作了一次有益的尝试。这次培训的教员、教学场所和教学设备，全部来自干部学院，在部直属机关党委人手紧缺的情况下保证了培训工作圆满完成，同时也使广大基层党务干部更加深入地了解干部学院，展现了干部学院党务干部的素质。在今后的工作中，我们将根据各基层党组织的资源优势，依靠基层开展党建工作。

第四，做好党建工作一定要抓好落实。党的工作既要有计划、有布置，也要有检查、有落实，这样才能保证各项工作取得实实在在的效果。这一点，在实际工作中也有所体现。比如，我们要求去年因公出差等原因未参加司局级干部十六大精神学习班的29位司局级干部进行补习，每人提交一篇学习体会文章，以促进对“三个代表”重要思想的学习。28位司局级干部在认真自学的基础上，结合工作实际撰写了体会文章。又如，在检查中心组学习情况的过程中，被检查单位表示，抽查学习情况是促进党委中心组理论学习的好方法，有利于规范学习制度，保证学习质量。在今后的工作中，我们要进一步发扬求真务实的精神，抓好各项工作的检查落实，保证党的工作真正取得实效。

回顾一年的工作，我部系统党建工作还存在一些问题与不足。一是少数基层党组织未能按期改选换届，个别基层党组织领导班子不健全；二是党建信息的上传下达缺乏快速、高效的途径；三是部直属机关党委对基层党组织的指导、帮助、督促、检查力度有待进一步加强；四是部直属机关党委对基层党组织在服务意识和水平上有待进一步提高，在服务方式和方法上有待进一步改进。我们将在今年的工作中，努力解决问题，弥补不足，开阔思路，积极探索，进一步提高党建工作水平。

二、突出重点，狠抓落实，努力开创我部党建工作新局面

2004年是实现“十五”计划的关键一年，也是全面落实党的十六大、十六届三中全会和全国宣传思想工作会议精神，深化改革，扩大开放，促进发展的重要一年。新的形势、新的任务，对我部党建工作提出了新的更高要求。2004年我部党建工作的总体要求是：以邓小平理论和“三个代表”重要思想为指导，认真贯彻党的十六大、十六届三中全会和全国宣传思想工作会议精神，坚持围绕中心、服务大局、与时俱进、改革创新，以加强基层党组织建设为重心，扎实开展以学习“三个代表”重要思想为中心内容的保持共产党员先进性教育，全面推进党的思想、组织、作风和制度建设，保证我部中心任务的完成，为推动中国特色社会主义文化的繁荣发展，为全面建设小康社会做出新贡献。按照这个总体要求，这次会议印发了《文化部2004年党建工作要点（讨论稿）》，将在讨论修改后下发执行。这里，我再强调几点。

（一）深入学习贯彻“三个代表”重要思想，大力加强党组织领导班子思想政治建设

学习贯彻“三个代表”重要思想是一项长期的战略任务，要继续作为今年理论武装工作的首要任务来抓。按照武装头脑、指导实践、推动工作的要求，着力在学习的系统性上下功夫，在理论联系实际上求深入，在解决问题、推动工作上见成效，努力提高理论素养，坚定理想信念，密切联系群众，创造新的业绩。

要继续组织党员干部进行深入系统的学习，全面把握“三个代表”重要思想的科学体系和根本要求，进一步深化对“三个代表”重要思想时代背景、实践基础、科学内涵、精神实质和历史地位的认识，不断增强学习贯彻的自觉性和坚定性，真正做到入心入脑。坚持学以致用、用有所成、学用相长，自觉把学习贯彻“三个代表”重要思想作为提高政治素质和理论水平的根本途径，指导主观世界的改造，坚定理想信念，牢固树立正确的世界观、人生观和价值观，解决好权力观、地位观和利益观问题。

坚持以党委中心组为龙头、处级干部为重点、从战略高度加强青年干部教育、党支部抓落实的理论武装工作格局，抓好理论武装工作任务的落实。一是要发挥好党委中心组龙头作用。认真执行中央关于党员领导干部理论学习的各项制度，进一步加强和改进党委中心组学习，提高学习质量，把理论学习与专题研讨、

调查研究、解决实际问题相结合，提高学习的系统性、针对性和实效性。部直属机关党委将继续对党委中心组学习情况进行检查，重点检查理论联系实际形成工作思路和工作举措，提高思想政治素质和党性锻炼的新成效。二是要加强处级干部的学习。运用辅导报告、专题培训等有效形式，进一步提高处级干部的马克思主义理论水平。三是要推进青年干部理论学习。要从确保党的事业后继有人的战略高度重视青年干部的理论武装工作，积极为青年的理论学习创造条件，加强指导，提供服务。四是要落实党支部理论武装工作的责任。党支部是理论学习的直接组织者，要不断探索新方法，提高理论学习的效果。

思想政治建设是领导班子建设的核心问题。把思想政治建设放在首位，是我们党长期以来加强领导班子建设的一条基本经验，也是党的优良传统。2003年9月中组部召开的中直和中央国家机关领导班子思想政治建设座谈会，对新形势下加强领导班子思想政治建设提出了明确要求。部党组随即印发了《关于加强领导班子思想政治建设的意见》。各级党组织要按照部党组的要求，切实加强党组织领导班子思想政治建设。加强领导班子思想政治建设，要坚持用“三个代表”重要思想武装头脑，以维护班子团结为重点，带动和促进全体党员干部思想政治素质的全面提高。

（二）坚持不懈抓好党风廉政建设，扎实开展保持共产党员先进性教育活动

各级党组织要深刻认识加强党风廉政建设的极端重要性，坚持不懈地抓好这项工作。要全面落实党风廉政建设责任制，强化监督检查，严格责任追究。认真贯彻落实党员干部廉洁自律的各项规定，自觉遵守四大纪律八项要求。要认真学习贯彻党内监督条例和党纪处分条例，着力建立教育、制度、监督并重的惩治和预防腐败体系，积极从源头上防治腐败。

在全党开展保持共产党员先进性教育活动，是党的十六大根据我们党在新世纪新阶段肩负的历史使命，准确把握时代要求和党员队伍现状的基础上作出的一项重大决策；是加强党的执政能力建设，增强党的创造力、凝聚力和战斗力，保持党的先进性的一项基础工程。2003年2月至9月，中央选择党政机关、农村、城市基层等不同类型的19个单位，开展了先进性教育试点工作，积累了许多有益的经验。

中央决定今年第四季度在全党普遍开展先进性教育活动，各级党组织要认真做好各项准备工作。一是摸清党员队伍中存在的问题和党员教育管理工作状况，了解基层组织建设状况，明确要解决的主要问题和要达到的目标要求。二是调整、整顿组织不健全、软弱涣散的基层党组织，分层次培训教育活动的骨干。开展保持共产党员先进性教育活动是今年党的建设的一项重要任务，我们一定要按照中央的部署和要求，高度重视，加强领导，精心组织，扎实推进，达到提高党员素质、加强基层组织、服务人民群众、促进各项工作的目的。

（三）高度重视并进一步加强党的群众工作

群众工作是党的工作的重要组成部分。高度重视群众工作，充分发挥群团组织的党联系群众的桥梁和纽带作用，通过群团组织把党的关心和温暖及时送到群众的心坎上，是实践“三个代表”重要思想的具体体现，也是做好党建工作的重要基础。我部系统群众工作有着丰富的资源优势，也有着良好的工作局面。各级党组织要进一步加强对群团工作的指导和支持力度。要发挥群团组织的自身优势，把群众的思想政治工作做深做细做实。要牢固树立群众利益无小事的服务意识，多做得人心、暖人心、稳人心的工作，多为群众办好事、办实事，把好事办好，难事争取办成。

加强和改进新形势下党的群众工作，对于巩固党的执政基础具有决定性的意义。我们党的最大政治优势是善于组织群众、宣传群众、联系群众，党执政后的最大危险是脱离群众。工会、共青团、妇委会是党领导的工人阶级、先进青年、各族各界妇女的群众组织，是党联系群众的桥梁和纽带，是最具代表性的重要群众团体。各级党组织要高度重视工会、共青团、妇委会工作，要按照党的路线方针政策，对工会、共青团、妇委会实行统一领导，使其坚持正确的政治方向，同党中央在政治上、思想上、行动上保持高度一致。要支持群众组织依照法律和各自的章程独立负责地开展工作，坚持统一领导，积极为群众组织的发展出谋划策，解决实际困难，帮助群众组织增强凝聚力和吸引力，更好地发挥维护权益、思想教育、民主参与、民主监督等作用，团结和引导我部广大职工、青年和妇女积极投身文化建设和改革的实践，勇于开拓进取，认真做好本职工作。

（四）进一步加强自身建设，努力提高党建工作水平

关于加强自身建设的问题，已经讲过很多了。这里我再强调一点，就是要着眼于形势发展的需要，坚持以人为本，建设一支高素质的党务干部队伍。党务干部的整体素质，直接关系到党建工作的成效和水平。加强和改进我部党的建设，必须有一支优秀的党务干部队伍。我部广大党务干部恪尽职守，勤奋工作，任劳任怨，做出了重要贡献。新时期党建工作的任务，对我们提出了新的要求。我们要坚持以“三个代表”重要思想为指导，不断提高党务干部的政治和业务水平，努力建设一支党性强、作风正、有能力、热爱党务工作的专兼职党务干部队伍。这需要各级党组织共同努力，长期坚持下去。部直属机关党委将继续进行党务干部培训，拓宽党务干部的知识面，为提高党务干部的理论水平和工作能力创造一些条件。各级党组织也要结合实际，通过开展培训、专题调研、座谈等形式，提高党务干部素质。只要我们坚持以人为本，把人的素质提高了，跟上形势和任务的变化，我们就可以顺利完成各项工作任务，使新时期的党建工作有声有色，富有成效。

借这个机会，我也想谈谈加强部直属机关党委自身建设的问题。今年，部直属机关党委将进一步加强作风建设。改进领导方式和工作作风，主动为基层党建工作搞好服务，是部直属机关党委应尽的职责。部直属机关党委将进一步转变工作作风，改进工作方式，在宏观规划、分类指导、搞好服务上多下功夫。根据基层党组织所在单位性质、工作基础和实际环境的不同特点，注意在工作上实行分类指导，把上级精神和基层实际结合起来，为基层创造性地开展工作多留空间。进一步增强为基层服务的意识，经常深入基层，及时倾听广大党员和党务干部的意见和建议，继续关注基层党组织的生动实践，及时总结来自基层、来自群众的新鲜经验，努力把握党建工作的规律性。我们将在今年建设“文化党建”网站，作为发布党建信息、交流党建工作经验的平台，开辟与基层沟通联系的新途径。我们也真诚希望各级党组织、广大党员和党务干部继续关心和支持部直属机关党委的工作，欢迎随时提出批评和建议。

同志们，让我们紧密团结在以胡锦涛同志为总书记的党中央周围，高举邓小平理论和“三个代表”重要思想伟大旗帜，在部党组的领导下，振奋精神，开拓进取，扎实工作，共同努力，为完成我部系统党建工作的各项任务，推动中国特色社会主义文化的繁荣发展，做出新的更大贡献！

把握大局　突出重点
扎扎实实推进文物工作

国家文物局局长单霁翔

在全国文物局长会议上的工作报告

（2004年12月20日）

2004年文物工作情况

在党中央、国务院的关怀和文化部党组的领导下，全国文物、博物馆系统干部职工深入学习贯彻“三个代表”重要思想和党的十六届四中全会精神，始终坚持文物工作基本方针，贯彻落实《文物保护法》及其配套法规所确立的原则和制度，紧紧围绕党和国家中心工作，创新务实，团结进取，顺利完成了去年全国文物局长会议部署的各项工作。

一、深入学习，依法行政，加强法制建设和宏观政策研究，进一步宣传贯彻落实《文物保护法》

1.按照党中央的部署，国家文物局在全系统组织并兴起学习贯彻“三个代表”重要思想新高潮，认真学习党的十六届四中全会精神，认真学习胡锦涛主席致第二十八届世界遗产委员会会议的贺辞，就“三个代表”重要思想与文物工作、科学发展观与文物工作等重大理论问题进行了深入研讨，并将学习体会形成理论，用以指导工作实践。

2.依法行政，贯彻实施《行政许可法》，规范文物行政许可工作。按照国务院的部署，本着立足于《文物保护法》，规范于《行政许可法》的原则，加强以规范行政许可工作为主要内容的制度建设，制定了《国家文物局行政许可项目说明》，保证了行政许可工作有序进行。

3.加快政策研究工作步伐。深入调查研究，重点组织基础性政策研究项目，为文物事业可持续发展打好基础，完成世界文化遗产管理体制的调研工作。由国务院研究室牵头，国家文物局协调，有关部委参与调研形成的《关于加强我国世界文化遗产保护管理工作的意见》，已经国务院同意并由国务院办公厅转发，成为第一个关于世界文化遗产保护管理工作的规范性文件。

《文物工作对国民经济和社会发展贡献率研究》课题进展顺利。该课题是多学科、跨领域的综合性研究课题，经广泛征求意见，制订了课题研究规划方案，开展了第一阶段研究工作。以加强博物馆陈列展示和社会服务为主题的《我国博物馆建设现状研究》基础性调研工作启动。课题组已就加强博物馆展示宣传和社会服务工作提出了若干政策性建议。着手编制《文物、博物馆事业“十一五”发展规划》，已完成了规划大纲基本思路并报送国家发展改革委。《文物保护项目及经费“十一五”规划》的编制工作也进展顺利。

4.加强立法工作。发布了《文物保护行业标准管理办法》、《全国重点文物保护单位保护规划编制审批办法》、《文物保护科学和技术研究课题管理办法》、《国家文物局突发事件应急工作管理办法》等规范性文件。《长城保护管理条例》已经文化部部务会议通过拟上报国务院，《文物行政处罚程序暂行规定》已经文化部部务会议通过发布，已完成《博物馆管理条例》、《文物档案管理办法》等起草工作。

各地文物行政部门也高度重视文物立法工作，积极对国家文物局的立法项目提出建议和意见，并主动争取地方人大和政府对立法工作的支持。北京市人大常委会发布了《北京市实施〈中华人民共和国文物保护法〉办法》，四川省人大常委会发布了《阆中古城保护条例》等。

5.加强文物保护宣传工作。召开了全国文物宣传教育工作会议，进一步明确了今后一个时期文物宣传工作的总体思路和主要任务，对切实加强文物宣传工作的领导和加快队伍建设作出部署。

编辑出版了第一部《中国文物年鉴》(2003年)。完成了征集“中国文物保护标志”的第一阶段评选工作。举办了“文物保护宣传大型公益演出”活动。系列片《中华文明》完成了后八集的拍摄工作。开展了评选表彰第二批全国文物工作先进县活动。

随着《文物保护法》宣传工作的不断深入，广大人民群众的文物保护意识不断提高，继陕西省眉县农民群众发现珍贵文物主动报告文物部门的事迹在社会上广为传诵以来，又涌现出一批人民群众自发保护文物的先进事迹。

今年7月下旬，贵州省黎平县全国重点文物保护单位地坪风雨桥被特大山洪冲垮。当地政府和村民怀着对历史文化遗产保护的强烈责任感，奋战五天五夜，抢救回73%的建筑构件，保证了今后修复工作得以开展。

国家文物局组织新闻媒体对此事迹进行了集中宣传报道。文化部、国家文物局授予贵州省黎平县地坪乡“文物保护特别奖”，并颁发奖金20万元。

各地围绕今年国际博物馆日的主题开展了丰富多彩的活动，得到了社会的广泛关注。内地和港澳地区百余家博物馆参加了“2004博物馆及相关产品与技术博览会”，同时举办了“2004北京博物馆馆长论坛”。

二、突出重点，扎实做好文物保护各项基础工作

1.加强全国重点文物保护单位记录档案备案工作和馆藏文物一级品的建档工作是2003年启动的重点基础工作之一。在各级文物行政部门的共同努力下，各类档案建设工作正在有序进行。

发布了《全国重点文物保护单位记录档案备案工作规范》。完成了第一到第四批全国重点文物保护单位档案备案工作，第五批全国重点文物保护单位的档案备案工作已开始运作。全国重点文物保护单位保护维修现状调研和分析工作已进入数据采集阶段。

开展全国重点文物保护单位资料汇总和全国县（市）级以上文物保护单位的资料收集工作。出版了《全国重点文物保护单位》，做好出版《全国县（市）级以上文物保护单位名录》的准备工作。

国有馆藏一级文物建立档案工作进展顺利。截至目前，全国已有22个省（区、市）和部分国家部委直属博物馆报送了一级文物档案32676份。

“文物调查及数据库管理系统建设”项目试点工作进展顺利。在颁布《博物馆藏品信息指标体系规范（试行）》和《博物馆藏品二维影像技术规范（试行）》的基础上，已完成《博物馆藏品信息指标著录规范》编制工作。

2004年8月，国家文物数据中心实现与河南省文物数据中心网络的连通，在安全保密的基础上，可以实时浏览省级数据中心文物数据。国家文物数据中心与其他试点省份的连通将于年底以前实现

2.推动文物保护管理机构建设，强化文物安全执法工作。

云南、浙江、内蒙古、江苏等省、自治区成立了文物局，有22个省级文物行政部门设置了文物行政执法机构。不少县级以上文物行政执法机构得到充实，文物执法队伍逐步健全。全国有807个县级以上文物行政部门成立了文物行政执法机构，有专兼职执法人员4279人。

召开了全国文物行政执法工作交流会，分析文物行政执法工作面临的新形势、新问题，提出了进一步加强文物行政执法工作的意见。国家文物局先后为21个省级文物行政部门的文物行政执法机构配发了执法督察车。

加强了田野文物的技术防范设备研制工作。采用地震监测、声控等技术应用于田野石刻、古墓葬的防盗工作，研究成果通过了公安部安全与警用电子产品检测中心的检测。

推进《文物系统博物馆风险等级和安全防护级别的规定》的落实工作。第一、二批一级风险单位有70%已经达标，第三批一级风险单位也开始制定达标方案。

与公安部、国家旅游局、国家宗教局联合开展古建筑消防安全专项检查工作，并对北京、山西、西藏等9个省、自治区、直辖市进行了消防专项整治督察，消除了一批安全隐患，完善了一批古建筑消防设施，并向国务院做出报告。

加大与相关部门联合打击文物犯罪工作力度。侦破了一批盗掘古墓葬、盗窃文物案件。安徽“3·25”特大盗掘、倒卖、走私文物案被侦破，抓获境内外犯罪嫌疑人30余名，追缴各类文物417件，并已全部移交博物馆收藏。

3.世界文化遗产保护管理工作取得新进展。

在党中央国务院直接领导下，圆满完成了第28届世界遗产委员会会议的有关工作任务。胡锦涛同志为大会致贺辞。我国高句丽世界文化遗产申报项目和清代沈阳故宫、盛京三陵扩展项目顺利通过审议，列入《世界遗产名录》。

按照国务院办公厅转发的《关于加强我国世界文化遗产保护管理工作的意见》，对今后一个时期的世界文化遗产保护管理工作进行了

部署，对世界文化遗产地管理机构负责人进行了培训。完成了中国世界文化遗产预备清单报送资料的汇总整理。

澳门历史建筑群申报世界遗产工作顺利通过了国际专家的考察评估。安阳殷墟申报世界遗产的环境整治和遗产展示工作稳步推进，为明年的专家考察评估进行了充分的准备。

4.加强不可移动文物的维修和保护管理工作。

召开了第一次全国文物保护工程汇报会。会议听取了各省级文物行政部门的工作汇报；就文物保护工程计划安排、文物保护工程资质、文物保护工程施工监理等方面的问题进行了认真研讨。

完善了文物保护工程资质认证、管理工作程序。颁发了第一批文物保护工程勘察设计单位和施工单位的资质证书，对首批个人从业资格进行了审核，近期将发布获得者名单。

西藏布达拉宫、罗布林卡、萨迦寺三大重点文物保护工程进展顺利。完成故宫总体保护规划大纲并上报国务院。故宫中轴线两侧、午门等文物建筑维修方案开始实施。进一步完善山西应县木塔保护维修工程方案。完成了云岗石窟保护工程的水文地质勘察，进入方案设计阶段。

柬埔寨吴哥窟周萨神殿保护工程顺利进行，工程进度和质量得到了柬埔寨政府及国际同行的好评。与柬埔寨政府签署了关于进一步合作保护吴哥窟的谅解备忘录。

启动第六批全国重点文物保护单位申报遴选工作。各省、自治区、直辖市文物行政部门高度重视申报项目的预审和申报材料的报送，目前正在进行汇总和初审工作。

5.重视大遗址保护规划编制。

召开了全国大遗址保护规划现场研讨会。会议以现场考察研讨的形式，交流大遗址保护规划编制方面的经验，研讨进一步加强大遗址保护规划编制工作的目标和任务。

批复了陕西大明宫遗址、湖南里耶遗址、安徽凌家滩遗址、湖北放鹰台遗址、江苏龟山汉墓等一批保护规划和河北元中都遗址、陕西半坡遗址等20余项保护工程方案。启动了28处旧石器时代遗址保护现状调查和30处重点大遗址保护规划纲要的编制工作。

启动丝绸之路（新疆段）重点文物抢救保护工作。新疆自治区文物局编报了丝绸之路（新疆段）重点文物抢救保护计划。根据国务院领导指示，国家财政将在五年内安排4亿元用于新疆丝绸之路重点文物抢救保护工程。

开展渤海国家遗迹文物保护工作。由国家发展和改革委员会牵头制定的保护工作方案已报经国务院同意，并合理确定了保护资金规模。

6.做好配合国家重点建设工程的文物保护和考古工作。

三峡工程有关考古发掘项目继续进行，与国务院三峡工程建设委员会联合印发了《关于进一步做好三峡库区文物保护工作的通知》。白鹤梁石刻原址水下保护工程等项目顺利实施。

与发展改革委、水利部、国务院南水北调办公室联合成立了南水北调工程文物保护工作协调小组。在全面勘察和专家论证的基础上，完成了南水北调工程（东、中线）沿线各省文物保护方案，已开工地段文物保护工程进入实施阶段。

针对丹江口库区文物抢救和保护工作因经费拖欠致使前期工作缓慢等情况，会同有关部门赴实地调查研究提出要求，并向国务院作出报告。国务院领导明确要求各有关部门和地方政府大力支持南水北调工程的文物保护工作。

提高考古工作的宏观管理水平，积极引导考古工作者树立科研意识，课题意识。陕西岐山周公庙遗址、湖北郧西黄龙洞遗址、浙江余姚田螺山遗址等获得重要考古发现 。

陕西、吉林、辽宁、河南、内蒙古、上海等地加大考古资料整理力度，出版了《北周安伽墓》、《唐惠庄太子墓》、《高句丽王陵》、《丸都山城》、《五女山城》、《禹州瓦店》、《白音长汗》、《马桥》等一批重要的考古发掘报告。

向国务院报送了《关于进一步加强我国水

下考古工作的报告》并得到批准，组织专家开始编制南海海域水下文化遗产保护和考古工作规划。开展了南海1号南宋沉船的第5次探摸工作和东山岛沉船的发掘工作。

开展了与瑞士合作发掘山东临朐白龙寺遗址、与美国合作进行中国水稻起源考古学研究等涉外考古调查、发掘项目。积极筹备赴巴基斯坦考古工作。

7.加强未成年人思想道德建设，坚持“三贴近”原则，加强博物馆宣传展示和社会服务工作。

贯彻全国加强和改进未成年人思想道德建设工作会议精神，印发《关于贯彻全国加强和改进未成年人思想道德建设工作会议精神的意见》和《关于加强文物系统爱国主义教育基地免费开放和建立辅导员队伍的通知》等文件。与文化部联合发出《关于公共文化设施向未成年人等社会群体免费开放的通知》等文件，各地博物馆、纪念馆根据自身特点制订措施，已免费接待未成年观众1000多万人次。参加了“红色旅游”及“一号工程”考察组，赴韶山、井冈山和延安等革命纪念地进行考察，就全国爱国主义教育示范基地和各地公益性文化设施向未成年人免费开放等问题进行了调研。参与了“红色旅游”项目的规划大纲起草工作。

按照博物馆“三贴近”试点工作的部署，河南博物院已编制了《河南博物院全面提升工程项目规划》，启动了基本陈列调整工作。广东省形成中心辐射、分级多节点的动态博物馆陈列展览协作交流网络。

国家博物馆等单位承办的《邓小平诞辰100周年纪念展览》在北京、香港、澳门展出获得良好反响。井冈山、延安、西柏坡等爱国主义教育基地不断加强自身建设，并在全国各地举办“井冈山精神”、“延安精神”、“西柏坡精神”巡回展览，受到广大群众的热烈欢迎。

中国财税博物馆、辽宁省博物馆、天津博物馆落成并向公众开放。一批省级博物馆加快建设步伐，首都博物馆、山西博物馆、重庆中国三峡博物馆等大型博物馆将于近期向公众开放。

8.加强文物流通领域管理，促进海外珍贵文物回流。

建立了文物拍卖许可准入制度。遵循严格管理、稳步发展、分类经营、优存劣汰的整体布局原则，严格对全国申报的126家拍卖企业进行了审核，依法批准了其中的88家，颁发了文物拍卖许可证。

召开了全国文物商店管理工作座谈会。针对文物商店面临的新情况新问题，提出了稳步推进国有文物商店改革的要求和原则。积极开展征集国家重点珍贵文物工作。

与外交部、文化部共同向我驻外使领馆发出《关于请协助提供留存境外珍贵文物信息的函》。在国家有关部门和驻外使领馆的协助下，征集了一批珍贵文物。

加强文物出入境的管理工作。密切配合公安、工商、海关等部门，严厉打击文物走私、倒卖等犯罪活动。北京、广东、浙江等地海关，共截获3批走私文物和古生物化石1700多件。组织鉴定涉案文物共2万余件，办理司法部门移交文物1400余件。

9.积极配合我国外交工作大局，扩大文物对外交流与合作。

召开全国文物外事工作会议，总结了近年来文物外事工作所取得的成绩，提出了加大文物外事规章制度建设，加强宏观管理和整体调控，规范对外文物交流项目的总体思路。

加强了与各国和有关国际组织之间的交流与合作。积极参与国际有关文化遗产保护重要问题的探讨和行动。我国在国际文化遗产保护领域的地位和作用不断提高。

加强了与各国政府间的文物交流项目。与意大利、法国、阿富汗、印度等国家政府有关部门开展合作。与美国、澳大利亚、英国、秘鲁、印度、希腊、坦桑尼亚、肯尼亚等国家政府及有关部门达成合作协议或意向。

与有关国际组织和民间机构的合作得到拓展和加强。在北京召开国际古迹遗址理事会执委会会议和亚太地区会议。我国文物保护机构与世界银行、美国盖蒂研究所、梅隆基金会、亚欧基金会等机构开展了更加深入的交流与合作。

文物出境展览的质量、数量和组织水平不断提高。中法文化年“康熙时期艺术展”、“神圣的山峰展”等文物展览受到法国公众热烈欢迎。全年赴境外的文物展览达40余项。成功举办了赴美国“走向盛唐展”、赴日本“中国国宝展”、赴阿根廷“上海博物馆青铜器展”、赴台湾地区“康雍乾盛代精华展”等一批大型展览，文物出境展览的质量、数量和组织水平不断提高。

三、大力推进教育培训工作，提高科技工作水平，强化事业经费预算管理，为文物保护工作提供有力保障

1.文物科技信息工作取得新进展。

召开全国文物保护科技工作会议。会议回顾了新中国成立55年来文物科技工作所取得的成绩，重点部署了今后的工作。同时举办的“历史文化遗产保护的科学和技术成果展”，全面展示了我国在历史文化遗产保护科学和技术方面取得的成就。

经国家标准化管理委员会批准，确定了文物保护行业标准归口管理范围。编制完成了《筹建全国文物保护标准化技术委员会建议书》。

对近年来开展的国家文物局科研课题项目进行总结，其中大部分完成了结题验收。完成“中国数字博物馆研究”、“博物馆发展规划与立法研究”等9项重点科研课题。“馆藏文物腐蚀损失调查”、“湖南简牍保护”、“中国世界文化遗产地动态管理信息和预警系统”等重点科研项目按计划顺利进行。

确定敦煌研究院、湖北省博物馆、秦始皇兵马俑博物馆3个单位为首批国家文物局重点科研基地。拟订文物科技成果推广应用管理办法，确定以漆木器脱水保护、白蚁防治等科研成果为推广应用重点，探索推广应用科技成果的工作模式。

2.文物事业单位改革进一步深化。

认真抓好全国文化体制改革试点单位中国文物研究所的改革工作，以人事制度、分配制度的改革推进管理体制和工作机制的创新，建设代表国家水平、与世界文物保护和高新技术接轨的科研机构，努力实现多出成果、多出人才的目标。目前已经取得阶段性成果。

国家文物局面向全国文物系统公开招聘直属单位领导干部，各地有18名干部报名应聘，有4位同志走上了工作岗位。

3.大力推进教育培训工作。

继续举办省级文物局局长、博物馆馆长、考古所所长、古建所所长和世界文化遗产地的保护管理机构专业管理干部培训班，培训了一批高级管理干部。同时还举办了西部和少数民族地区文博干部培训班。

继续开展全国文博系统各类专业技术培训，举办了第三期水下考古培训班、第二期全国古建筑保护培训班（北方班）、西藏地区文物鉴定建档培训班、全国馆藏近现代文物保管专业培训班等。

在举办各类培训班的基础上，逐步推行持证上岗制度。已经有182位同志获得国家文物局颁发的岗位资格证书。

全国文物系统的各个社团充分发挥自身优势，积极开展工作。中国文物学会、中国博物馆学会、中国收藏家协会等社团开展的学术研究、宣传和培训活动，在文博行业和社会公众中取得良好反响，中国古迹遗址保护协会成功举办了会员大会，中国同泽书画研究院被评为全国先进民间组织并受到民政部的表彰。

4.计划财务工作得到强化。

规范和完善部门预算编报工作。完成2005年年度部门预算。举办了部门预算培训班。对云南省、安徽省的文物维修专项经费使用情况进行了检查。

进一步完善了文物统计制度。完成了全国文化文物统计年报资料汇总编印及发布工作，对统计资料进行研究分析。完成了文物机构普查数据二次开发工作。

在充分肯定成绩的同时，我们也清醒地认识到，虽然文物保护的法律体系正在逐步形成，但法律的执行力度和对违法现象的处罚力度与法律要求有很大距离，一些多年遗留的问

题也没有得到有效解决。

1.文物安全形势依然严峻，盗窃、盗掘、走私文物和火灾案件时有发生。根据各地上报的案件资料统计，今年发生的36起馆藏文物、寺庙文物、田野石刻被盗案件中，只有7起被侦破，破案率仅为20%。城市化进程中文物遭到损害的事件屡见不鲜，法人违法的现象比较突出，一些违法事件没有依法得到严肃处理。

2.擅自改变文物保护单位管理体制的行为并未从根本上得到纠正。在《文物保护法》公布实施以及国务院办公厅转发九部委《关于加强我国世界文化遗产保护管理工作的意见》之后，一些世界文化遗产地和全国重点文物保护单位仍然没有理顺管理体制。

3.加强文物保护管理机构建设迫在眉睫。文物保护管理机构少、级别低、队伍薄弱的状况没有得到很大改变，相当多的地方尚未建立专门的行政执法队伍，难以适应日益繁重的文物保护任务，难以使《文物保护法》得到更加深入的贯彻执行。

4.文物保护的科技水平和科研成果转化力度有待提高。基础理论研究严重不足、科技研发推广意识薄弱、科研力量分散、先进设备缺乏、资源利用率低下、管理机制落后等问题仍然困扰着文物保护科技事业的发展，使文物科技工作对文物保护事业的贡献率不高。

5.文物保护规划制订、文物维修工程、馆藏文物修复等工作的课题研究意识亟待加强。不注重对这些重要工作的学术研究资料整理及成果积累，既不利于这些工作本身的深入开展，不利于工作成果的推广应用，不利于全社会对文物保护工作的关心和了解，也不利于管理部门的监督检查。

2004年的工作体会

1.党中央、国务院的高度重视和正确领导是做好文物工作的根本保证。只有深入贯彻执行党的文物工作方针，坚持各级政府对文物工作的领导，依靠各有关部门对文物工作的支持，才能保证文物事业始终沿着正确的方向健康发展。

2.牢固树立和落实科学发展观，是每一个文物工作者的神圣职责和光荣任务。只有紧紧抓住国家综合国力全面提高，社会经济可持续协调发展的大好时机，一方面脚踏实地地做好各项基础工作，一方面着力研究带有全局性、前瞻性、战略性的重大问题，才能保证祖国的文化遗产得到持久永续的保护和传承。

3.依法行政，加强执政能力建设，提高管理水平，是做好文物保护工作的根本保障。只有坚持文物法制建设，不断丰富和完善文物保护法规体系，加大执法力度，才能扭转当前文物安全形势严峻的被动局面，使文物得到有效保护和合理利用。

4.增强广大人民群众保护文物的自觉性，是做好文物工作最为坚实的社会基础。只有不断加大文物工作方针和《文物保护法》的宣传力度，提高全社会的文物保护意识，紧紧依靠广大人民群众的力量，才能和全体人民群众一道共同保护好中华民族的珍贵遗产。

综合以上的体会，我们感受最深的就是文物事业的每一步发展，每一点进步都离不开党中央、国务院的高度重视和亲切关怀，离不开各级党委、政府和有关部门的大力支持，离不开广大人民群众的积极参与，更离不开文物战线广大干部职工的顽强拼搏和辛勤努力。在此，请允许我代表国家文物局向所有为文物工作付出辛勤劳动，做出巨大贡献的同志们、朋友们表示崇高的敬意和诚挚的感谢。

2005年的工作任务

2005年，全国文物系统广大干部职工要进一步深入学习党的十六届四中全会精神，用科学发展观指导文物工作，全面完成“十五”规划的各项工作任务，科学筹划“十一五”规划的工作重点，把加强党的执政能力建设融入各项工作实践，为文物事业的繁荣发展奠定坚实基础。

把加强党的执政能力建设融入各项工作实践，就要求文物事业必须遵循社会经济发展的规律，进一步树立文物事业是综合国力的重要组成部分，保护文物就是提高先进生产力的观念，正确处理好文物保护工作与经济建设、城乡基本建设的关系，卓有成效地开展工作。

把加强党的执政能力建设融入各项工作实践，就要求文物事业作为社会主义先进文化建设的重要组成部分，应致力于弘扬民族精神，全面提高人的素质，通过对文物的保护、研究、展示，不断丰富人们的精神世界，促进人们思想道德和科学文化素质的提高。

把加强党的执政能力建设融入各项工作实践，就要求文物事业从代表广大人民群众的根本利益出发，保护好优秀民族文化遗产，并将其千秋万代传承下去，在坚持国家保护为主的前提下，广泛动员全社会、全体人民群众参与文物保护工作，推进文物事业的可持续发展。

一、认真制订事业发展规划，加强基础理论研究，完善法律体系，加强宣传工作

1.认真制订国家《文物、博物馆事业“十一五”发展规划》。

2006~2010年是文物、博物馆事业发展的关键时期。认真制订国家《文物、博物馆事业“十一五”发展规划》关系到文物工作方针能否落到实处，关系到文物事业各个领域的发展目标能否实现，关系到文物工作能否获得较快发展。各级文物部门必须高度重视，认真调查研究，共同做好规划的编制工作。

在《“十一五”文物事业发展规划思路》的基础上，规划的编制必须坚持文物工作方针和各项原则，严格遵循《文物保护法》的各项规定，明确文物事业总体发展的方向和思路，筹划总体发展战略、事业发展的重点项目及指标，部署需要重点加强的基础工作，确定保障规划实施的法律和政策措施，强化文物保护在促进社会、经济发展中的贡献和作用。

在规划编制过程中，要深刻认识全面建设小康社会的发展趋势，重点分析城市化进程中文物保护面临的严峻形势，充分反映国家和全社会对提高文物保护水平的要求，努力使规划成为全面贯彻落实科学发展观的规划，成为促进文物事业全面协调可持续发展的规划。规划编制工作要充分发扬民主，提高规划的预见性、科学性和指导性。

2.加强文物工作的基础理论研究。

在抓好各项基础工作的同时，要以科学发展观为指导，针对文物工作面临的新形势、新任务，着力研究带有全局性、前瞻性、战略性的重大理论问题，重点做好《文物工作对国民经济贡献率研究》、《城市化进程中的文化遗产保护研究》、《文物保护单位的开放和利用研究》等理论研究工作。

3.健全和完善文物保护法规体系。

依照《文物保护法》的要求，根据文物事业发展的实际需要，制定文物立法工作计划，加快立法步伐，确保立法质量。公布并实施行政法规《长城保护管理条例》和部门规章《文物行政处罚程序规定》，完成行政法规《博物馆管理条例》和《水下文物保护条例》的起草工作。

各地要根据修订后的《文物保护法》，结合本地文物保护工作的实际，协助各级人大和政府修订或起草本地区文物保护实施条例。对世界文化遗产地和较大型的文物保护单位，也要根据加强保护工作的实际需要，制定专门的管理办法。

4.加强文物宣传工作，营造良好舆论氛围。

以《文物保护法》的宣传为核心，认真做好文物保护领域重大事件、重要活动的宣传报道和舆论引导工作。建立新闻发布制度，及时向社会通报文物工作的进展情况。继续组织新闻媒体开展大规模的文物保护宣传活动，做好“文物保护好新闻”的评选工作和“中国文物保护标志”征集工作。

二、加强文物安全工作，完善对全国重点文物保护单位的管理，全面推进世界文化遗产保护管理工作，继续做好大遗址保护规划编制工作、配合国家重点建设工程的文物保护工作和文物维修管理工作，进一步规范社会文物管理工作，促进文物对外交流与合作

1.加强文物安全工作。

制定《文博单位安全管理制度》，继续推动

风险等级达标工作，做到第一、二批一级风险单位的达标率为90%以上，第三批一级风险单位的达标率为30%以上。推广田野石刻、古墓葬安全防范新技术试点成功经验，扩大试点单位范围，公布一批破坏文物大案要案的处理情况。

各级文物行政部门要认真贯彻《行政许可法》，牢固树立依法行政的观念，加强行政执法检查，严格规范执法程序，维护《文物保护法》的权威，认真履行神圣职责，切实解决有法不依、执法不严的问题，敢于坚持原则，旗帜鲜明地与破坏文物的违法犯罪行为作坚决的斗争。

2.完成全国重点文物保护单位记录档案备案工作和国有馆藏一级文物建档工作。

在全面总结第一批至第四批全国重点文物保护单位记录档案备案工作成功经验的基础上，完成第五批全国重点文物保护单位记录档案备案工作。

完成国有馆藏一级文物建档工作，编制《全国馆藏一级文物总目录》。加强文物调查数据库系统建设，继续开展馆藏文物数据采集工作。

3.完成第六批全国重点文物保护单位评审上报工作。

组织专家对各省、自治区、直辖市申报全国重点文物保护单位的材料进行审核，及时上报。必要时根据保护需要，选择具有重大历史、艺术、科学价值的不可移动文物，直接确定为全国重点文物保护单位，报国务院核定公布。

4.全面推进世界文化遗产保护管理工作。

学习贯彻胡锦涛同志致第28届世界遗产委员会会议的贺辞精神，落实国务院办公厅转发9部委《关于加强我国世界文化遗产保护管理工作的意见》，明确各项具体工作任务和目标。

通过国家文物保护部际联席会议，协调解决世界文化遗产保护和管理中的重大问题，提升世界文化遗产的管理层次。制定《世界文化遗产保护管理条例》，加快世界文化遗产的地方立法和世界文化遗产地保护规划制定工作，提高世界文化遗产保护的科学技术含量，建立世界文化遗产管理信息库和动态管理系统、预警系统。建立世界文化遗产保护专家咨询制度，充分发挥专家咨询在世界文化遗产保护管理工作中的重要作用。

建立国家世界文化遗产保护监测巡视制度，对世界文化遗产的保护状况定期进行周密的专业检查、审议和评估，对于在世界文化遗产保护和管理工作中存在的问题和隐患认真进行分析和梳理，及时予以解决。

开展对世界文化遗产保护管理人员的培训和资质认证工作。逐步实行世界文化遗产保护管理人员持证上岗制度，世界文化遗产保护管理机构的主要负责人应接受系统培训，并取得国家文物局颁发的资格证书。

对世界文化遗产地的经营权转让或抵押给个人、社会团体或企业作为资产经营的，应限期改正。同时世界文化遗产保护范围内的经营项目应实行特许经营，并将有偿出让的收入用于世界文化遗产的保护。

加强世界文化遗产保护管理的宣传教育，向社会公众普及世界文化遗产保护的理念和知识。特别要加强青少年世界文化遗产教育，专门制定世界文化遗产青少年教育计划，为世界文化遗产保护事业的长远发展奠定坚实的基础。

继续做好世界文化遗产申报工作。及时制定世界文化遗产申报规划，按照世界遗产委员会的相应保护标准，重新设定《中国世界文化遗产预备名单》，新的世界文化遗产提名应在列入预备名单的文化遗产中产生，同时对预备名单实行动态管理，以改变重申报、轻管理的状况。

5.继续做好大遗址保护规划编制工作。

积极把握国家财政增加对大遗址保护投入的契机，推广大遗址保护所取得的成功经验，按照《全国重点文物保护单位保护规划编制要求》，进一步强化大遗址保护规划编制工作。重点做好丝绸之路（新疆段）等30处重点大遗址保护规划纲要的编制工作。

做好渤海国家遗迹保护工程、南海海域水下文化遗产保护工程、大运河文化遗产保护工程等重点项目。强化考古发掘管理工作，启动考古发掘电子审批系统，组织召开全国考古工作汇报会，并评选田野考古奖。

6.继续做好配合国家重点建设工程的文物保护和考古工作。

重点开展南水北调工程中的文物保护工作。落实协调小组第一次会议的各项部署，做好已开工项目的文物抢救工程。进一步做好三峡库区文物保护，完成白鹤梁石刻原址水下保护工程等重点项目，总结并验收三峡库区考古发掘和地面文物保护的成果。

7.加强文物维修管理工作，做好重点文物保护维修工程。

继续完善文物保护维修的法规体系建设，根据当前文物保护维修管理工作的需要，制定《文物保护工程监理管理办法》，实施监理单位资质认证制度，同时制定《文物保护工程招投标管理办法》，全面加强文物保护工程的管理工作。

按照《长城保护工程总体工作方案》组织实施长城保护工程。继续做好西藏布达拉宫、罗布林卡、萨迦寺三大重点文物保护维修工程，充实工程技术力量，加强质量管理力度。进一步做好北京故宫、山西应县木塔、云冈石窟的维修方案设计工作，并实施保护工程。

8.坚持“三贴近”原则，进一步提高文物工作的社会服务水平。

充分发挥博物馆在未成年人思想道德建设中的独特作用，继续搞好博物馆、纪念馆等对未成年人免费开放工作。积极支持河南博物院的“三贴近”试点工作。进一步推动“一号工程”中的文物保护工作，促进“红色旅游”涉及的文物保护项目实施。

制定《博物馆馆藏环境达标规范》，确保馆藏文物的科学保存。推进中国文化遗产展示中心的筹备工作。协调组织“纪念抗日战争胜利60周年”、“纪念陈云同志诞辰100周年”、“纪念郑和下西洋600周年”等大型展览项目。办好第六届全国博物馆“十大陈列展览精品”评选活动。

9.加强社会文物管理，引导和规范文物流通。

加强文物进出境、文物鉴定、文物拍卖资质等方面的政策研究和基础调查工作，依法规范文物拍卖企业的经营行为。继续对各地文物进出境审核机构鉴定人员进行培训和考核。继续开展国家重点珍贵文物专项征集工作，努力完成一批具有重大价值和影响的文物征集项目。

10.促进文物对外交流与合作。

充分发挥文物外事工作在我国整体外交大局中的独特作用，努力提高文物工作对外开放的水平，增强开展国际合作的能力，在对外工作中强化大局意识、主权意识和文物安全意识，以维护国家利益和确保文物安全作为工作的基本原则。

完善文物外事工作法规体系，制定中长期发展规划，有计划、有步骤地了解和借鉴其他国家在文物保护方面的先进管理经验和科学技术。支持各地文物保护科研机构开展对外合作，通过国际合作实现科学技术创新，推广应用新技术、新手段和新方法。

加快“走出去”实施文化遗产保护合作项目的步伐。继续搞好柬埔寨吴哥窟周萨神庙文物保护工程的同时，考察下一步的援助项目。落实赴巴基斯坦、阿富汗和蒙古等国家开展的合作项目。办好在我国西安召开的国际古迹遗址理事会第15届大会。

进一步加强与各国政府间的合作。继续重点开展与文化遗产保护先进国家的交流与合作；扩大与周边国家在文化遗产保护领域的合作范围和合作深度；同时加大与亚洲、非洲和美洲的发展中国家的交流力度。

对外文物展览要实施品牌战略，策划精品工程，加强管理，注重实效，提高组织水平和学术研究水平，防止对外文物展览过多、过滥、质量差、学术水平低的现象发生。

三、加大对保护工作的投入，大力推动科技发展，深化事业单位改革，加强干部队伍建设

1.加大对文物保护工作的投入，加强文物保护经费的管理。

完成“文物保护项目及经费‘十一五’专项规划”的编制工作，积极争取有利于文物事业发展的经济政策和资金支持。巩固预算编制成果，强化项目经费执行能力，提高资金使用效率，逐步建立文物保护专项经费跟踪监督年报制度。

2.大力推动文物保护科技发展。

成立全国文物保护标准化技术委员会，组织开展文物保护行业标准的编制工作。继续开展重点科研基地的遴选工作，加强对重点科研课题的管理，开展建立文物科技成果推广应用示范单位的试点工作。加强文物保护规划制订、文物维修工程、馆藏文物修复等方面的科学研究工作。

3.深化文物事业单位改革。

以发展为主题，始终坚持把社会效益放在首位，通过深化人事制度和分配制度的改革，创新管理体制和运行机制，调动文物工作者的积极性，多出成果，多出精品，多出人才，满足人民群众的精神文化需求，促进人的全面发展。

4.加强文物、博物馆干部队伍建设。

在扩大文博干部队伍的同时，着重做好改善队伍结构和提高队伍素质工作。继续举办省级文物机构和世界文化遗产地保护管理机构负责人培训班，逐渐将培训对象扩大到省会城市、历史文化名城的文物机构负责人。各地也要积极创造条件，逐步培训县级以上文物机构负责人。努力建立一支思想好、作风硬、业务精、管理强的高素质人才队伍。

要牢固树立正确政绩观，大兴求真务实之风，大兴调查研究之风，深入实际、深入基层，及时发现新情况，认真解决新问题，各项工作都要经得起实践检验、群众检验和历史检验，健全工作督查制度，各项工作都要抓落实，认真执行中央改进会风、文风的决定，坚决反对形式主义、作表面文章。

要按照中央的部署和要求，在2005年周密部署，统筹安排，切实做到把学习实践“三个代表”重要思想和十六届四中全会精神作为主线贯穿始终，充分认识在全党开展先进性教育活动的重要性和必要性，全力以赴、扎扎实实地抓好。通过开展先进性教育活动，达到提高干部素质、加强基层组织、促进各项工作的目的。

同志们，文物工作在全面建设小康社会的伟大进程中发挥着巨大作用。我们要在2005年的工作中，全面把握“三个代表”重要思想对文物事业的要求，不断增强做好文物工作的自觉性和坚定性，树立和落实科学发展观，增强推进文物事业全面、协调可持续发展的使命感和责任感，不断解决文物事业发展道路上遇到的新情况、新问题，把握大局，突出重点，扎扎实实地推进文物工作。

2004年度文化事业发展综述

2004年，在党中央、国务院领导下，全党和全社会对文化建设更加重视，文化在现代化建设中的地位和作用越来越突出。在各级党委政府的重视和领导下，在文化部门和文化工作者的共同努力下，文化建设出现一个新的热潮，文化体制改革正在向纵深发展，取得了明显成效。

2004年，全国文化事业经费总投入达163.58亿元，其中中央及各级政府加大了对文化事业的投入，财政补助经费首次突破百亿元，达113.62亿元，比上年增加19.6亿元，增长幅度为20.9%。文化事业费增长幅度超过财政支出增长幅度5.8个百分点。其中，中央本级文化事业费达到7.06亿元，比上年增长了1.7亿元，增长了31.68%。全国人均文化事业费（按人均财政拨款）8.74元，扣除中央财政补助收入，全国地方人均文化事业费8.66元。全国共有各类文化事业机构50244个，从业人员383928人。

一、专业艺术事业

文艺创作演出势头良好。艺术创作和演出更加贴近群众、贴近生活、贴近实际。2004年，通过全国性的赛事、活动及展览，在音乐、戏剧、舞蹈、美术、杂技、小品等各艺术门类都涌现出一批有较高水准的作品和人才。第七届中国艺术节于9月在浙江举办。本届艺术节积极探索"政府主导、社会参与、市场运作"的办节思路，充分发挥地方的积极性，改进评奖机制，首次将"文华奖"与"中国艺术节奖"合并，50余部文华奖获奖作品参加展演，并在艺术节上评出文华大奖；促进专业艺术和群众艺术的结合，使艺术节的宗旨"艺术的盛会，人民的节日"进一步凸显出来，受到人民群众的欢迎。同时，本届艺术节还十分注重市场营销，改变了以往"奖到封箱"的状况，为文华奖获奖作品走向市场开辟了道路。在促进文艺创作繁荣方面，以国家舞台艺术精品工程为龙头，抓精品建设，抓文化积累，抓现实题材，抓面向市场。全国各类艺术表演团体创作演出了大量优秀剧目，艺术质量和两个效益都有了明显提高。在本年度"国家舞台艺术精品工程"剧目验收前在京举办了现实题材戏剧展演，同时，修订了"精品工程"评审标准，将演出场次和收入列入重要的评审参照。今年遴选出的10大精品剧目不仅具有较高的艺术品位，而且具有相当好的市场效益。为保持并发展艺术创作和演出的良好势头，注重抓好国家级院团和基层艺术表演团体这两端。中直院团潜心创作，努力演出，市场意识大为增强，营销办法、手段也越来越多，进一步健全了创作机制、营销机制、筹资机制和分配激励机制。2004年，10个中直院团共演出1300场，所有院团演出场次都超出了规定演出场次，演出经济效益有了较大增长，如东方歌舞团创作的《蔚蓝色的浪漫》、《华彩唱风流》三年来已从市场获得8000万元的回报，中国歌舞团创作的《秘境之旅》两年来创收近2000万元，从而使文艺创作和演出在市场的开辟中实现了繁荣。为加强基层演出，文化部通过出资购买优秀剧目的演出权，向基层剧团推荐并无偿提供，确保基层群众有好戏看。制定了《国家昆曲艺术抢救、保护和扶持工程实施方案》，以昆曲保护为契机，在贯彻抢救、保护、扶持三策并举的同时，为传统艺术再造生机。此外，圆满完成了纪念邓小平诞辰100周年、庆祝建国55周年等大型文艺晚会，成功举办了第七届中国艺术节、第十届全国美展、第四届中国京剧艺术节等大型文化活动。

2004年全国文化部门共有艺术表演团体2580个，比上年减少19个，从业人员132623人；全年国内演出总场次达42.5万场，比上年增加3.5万场，其中到农村演出23.4万场，比上年增加1.4万场。国内观众总计38701万人次，比上年减少462万人次，平均每团演出165场次，比上年增加18场。当年总收入483254万元，其中财政补助收入323338万元，演出收入91111万元；总支出为483372万元，其中排练制作费22138万元。经费自给率为28.7%，比上年减少0.8%。全国文化部门所属艺术表演场所1846座，演出场次61.5万场，观众达68582万人。

二、社会文化和图书馆事业

公共文化服务体系加快构建。围绕维护广大人民群众基本文化权益和满足人民群众文化需求，积极构建布局合理、设施完善、功能齐备、服务方便的公共文化服务体系。目前全国共有公共图书馆2720个，博物馆1515个，群众艺术馆382个，文化馆2846个，文化站38588个，初步形成了比较完善的公共文化服务体系。开展了公共图书馆、文化馆评估定级工作，公共文化服务机构规范化建设得到加强，管理水平和服务质量不断提高。贯彻《中共中央 国务院关于进一步加强和改进未成年人思想道德建设的若干意见》，博物馆、纪念馆、美术馆、图书馆、文化馆等公共文化设施全面向未成年人免费开放，产生了良好的社会反响，被评为2004年中国电视国内十大新闻之一，成为文化领域的一大亮点。对农村文化建设和农民自办文化情况进行了系统的调研，研究起草了《关于进一步加强农村文化建设的决定》。由中央财政扶持的重大公益性文化项目进展顺利：中国民族民间文化保护工程公布了第二批29个试点，涵盖了所有省区市；全国文化信息资源共享工程省级分中心增加到32个，基层中心达到1710个，终端用户达5万多个；中华再造善本工程出书140种；送书下乡工程向全国22个省赠送了176.8万册图书；清史纂修工程正在按计划顺利进行。历时25年，动用10万人力的“十部中国民族民间文艺集成志书”的编纂工作基本完成，298部省卷全部完成初稿。

2004年，全国共有群众文化事业机构数41421个，共举办展览120702个，组织文艺活动424479次，举办训练班168301次，藏书10104万册。全国共有公共图书馆2720个，比上年增加11个；总藏量46152万册（件），总流通22100万人次，新购图书1228万册，坐席47.2万个。

三、文化市场

文化市场体系逐步完善。文化系统坚持一手抓整顿规范，一手抓活跃繁荣，努力为完善文化市场体系营造良好的法制环境、市场环境、政策环境和社会环境，文化市场在治理整顿中逐步走向规范和繁荣。按照国家整顿和规范市场经济秩序的总体部署，文化部门以网吧等上网服务营业场所专项整治为重点，进一步整顿和规范网络文化市场秩序。在由文化部牵头的九部委的共同努力下，群众反映最大、社会影响最坏的黑网吧猖獗、未成年人进入和有害信息传播问题得到了有效控制。同时，加强调查研究，不断探索长效管理机制，坚持以科学的手段加强网吧和文化市场监管。在加强文化市场建设方面，文化部牵头成立了支持动漫和电子游戏产业发展专项工作小组，联合筹建上海国家动漫游戏产业振兴基地，积极扶持国产动漫游戏产业发展；与商务部、海关总署联合出台有关产业政策，积极实施“走出去”战略，推动国产音像制品出口，拓展了国产音像制品在国外的市场空间，效果显著；成功举办首届音博会、第二届网博会和首届中国画廊推介展暨国际画廊邀请展等一系列大型会展活动，逐步搭建了产品博览、贸易洽谈和行业对话平台，开始形成具有国际影响的文化品牌，对于引导产业发展、规范市场秩序具有示范性、导向性作用。以民间职业剧团为龙头，充分发挥政府引导作用，积极培育农村文化市场，活跃农村文化生活，把农村演出市场繁荣与“三农”问题统筹考虑，统一解决。在河南宝丰举办了全国首届民间职业剧团长培训班，对于提高民间职业剧团的人员素质、引导民间职业演出团体守法经营、文明演出、增强市场竞争能力，产生了广泛的积极的影响。

四、文化产业

文化产业蓬勃发展。在中央对文化产业发展的高度重视下，2004年我国文化产业的发展速度明显加快。召开了全国文化系统文化产业工作会议，总结了近年来发展文化产业的经验，部署了今后的主要任务，确定了42个文化产业示范基地，以典型经验引导全国文化产业的快速发展，起到了积极的促进作用。文化系统进一步完善文化产业政策，深入进行文化产业调研，扩大准入领域，制定下发了《文化部关于鼓励、支持和引导非公有制经济发展文化产业的意见》，调动了非公有制经济参与文化产业发展的积极性。以国有文化企业为主导、多种所有制经济共同参与、投资主体多元化、融资渠道社会化、投资方式多样化、项目建设市场化的文化产业发展新格局正在形成。与广东省和广电总局、新闻出版总署共同成功举办了首届深圳国际文化产业博览会，李长春、刘云山等中央领导同志视察博览会主会场和大芬村后给予充分肯定。加强文化产业人才培训工作，充分发挥国家文化产业创新与发展研究基地的作用。积极实施“走出去”战略，参加在日本举办的第三届中日韩文化产业论坛。配合有关部门完成文化产业统计课题研究。

2004年，全国文化娱乐业共184875家，从业人员1464512人，注册资本金109059787千元，固定资产原价49121102千元，营业收入38627729千元，利润总额1426385千元。其中歌舞娱乐场所53046个，游戏电子游艺经营场所19521个，其他娱乐场所10928个，网吧94465个，经营性互联网文化单位2884个，其他4023个。

除娱乐业外，当年全国文化市场其他经营单位总计124952个，从业人员362401人，注册资本金16448796千元，固定资产原价22485798千元，营业收入18060479千元，利润总额233189千元。其中文化艺术经纪与代理业647个，音像制品批发、零售业1434个，音像放映业2917个，音像制品零售出租单位104629个，画店、画廊430个，艺术品公司445个，艺术品拍卖公司161个，其他15723个。

五、文化科技与艺术教育事业

文化人才队伍建设进一步加强，艺术教育和文化科技工作稳步开展。在整个文化工作中，艺术教育和文化科技是基础性工作，为文化的繁荣发展提供智力支持、科技支撑和人才保障。设立了“文化部创新奖”，以此为抓手，促进文化科技的进步和创新。开拓艺术科研工作，开展了高等艺术院校共建工作，下发了教育部、文化部关于共建中央戏剧学院等三所艺术高校的意见。加强了对中等艺术学校的管理和指导。艺术教育和社会艺术水平考级管理工作在新的形势下继续得到加强，修订了《社会艺术考级管理办法》。

贯彻全国人才工作会议精神，积极落实“人才兴文”战略，制定《文化部关于实施“人才兴文”战略，进一步加强文化人才队伍建设的意见》。

2004年，全国文化系统共有中等艺术专业学校129所，教职工9957人。

六、对外及对港澳台地区文化交流

对外文化交流空前活跃，对港澳台文化工作得到加强。坚持对外文化工作为国家现代化建设和外交大局服务的方针，策划组织了丰富多彩的对外文化交流活动，取得了明显成效，在国内外产生了积极影响。主动配合党和国家领导人出访和举办重大国事活动，积极开展文化外交。在法国举办的“中国文化年”历时10个月，获得圆满成功，400余个精心编排的高质量、高水平、多领域的项目，充分展示了中华文化和中国改革开放进步的吸引力和影响力。根据中央加强对非洲工作的精神，举办了历时7个月的“中非文化交流主题年”活动，覆盖22个非洲国家和地区。积极参与和举办国际多边文化活动，增强了我国在国际文化事务中的影响力和主导权。主办和参加了国际文化政策论坛第七届部长级年会、2004年北京国际文化论坛等国际多边文化合作活动。全力打造春节、国庆、“相约北京”、中国上海国际艺术节等国际文化宣传和交流品牌。海外“中国文化中心”建设稳步发展，已建文化中心活动质量高、数量大，在驻在国主流社会产生了积极影响。成功举办了第六届亚洲艺术节、第七届北京国际音乐节、第六届中国上海国际艺术节、第六届中国武汉国际杂技艺术节等大型国际文化艺术活动。

围绕文化认同，人心回归，有针对性地进一步加强了与港澳台地区的文化交流与合作，坚决反对文化台独，坚持为祖国统一大业服务。在香港、澳门举办了《世纪伟人——纪念邓小平诞辰100周年展览》，使港澳同胞进一步了解“一国两制”的伟大思想及其重要意义。在云南举办了“情系香格里拉—两岸文化联谊行”大型文化活动，增进了两岸文化界的联系，增强了台湾同胞对中华文化同根同源的共识。

2004年，派出政府文化代表团访问了21个国家，接待18个国家的政府文化代表团。签署政府文化合作协定3起，签署年度文化交流执行计划22起，签署文化合作议定书1起。经文化部审批的对外文化交流项目共1647起，32272人次；对港澳地区文化交流项目共246起，5228人次；对台湾地区文化交流项目共271起，2601人次。

七、文物博物馆事业

文博事业全面推进。加强文物工作的政策研究，完成了世界文化遗产管理体制的调研，形成的《关于加强我国世界文化遗产保护管理工作的意见》，由国务院办公厅转发，成为第一个关于世界文化遗产保护管理工作的规范性文件。开展《文物工作对国民经济和社会发展贡献率研究》、《我国博物馆建设现状研究》工作。发布了《文物保护行业标准管理办法》、《全国重点文物保护单位保护规划编制审批办法》等规范性文件。

加强文物立法工作，《长城保护管理条例》已上报国务院审批，发布《文物行政处罚程序暂行规定》，完成《博物馆管理条例》、《文物档案管理办法》等起草工作。

扎实做好文物保护各项基础工作。继续开展全国重点文物保护单位记录档案备案工作和馆藏文物一级品的建档工作，国有馆藏一级文物建立档案工作进展顺利。截至2004年，全国已有22个省（区、市）和部分国家部委直属博物馆报送了一级文物档案32676份。“文物调查及数据库管理系统建设”项目试点工作进展顺利，国家文物数据中心与全国各试点省份实现连通。

推动文物保护管理机构建设，强化文物安全执法工作。2004年，云南、浙江、内蒙古、江苏等省、自治区成立了文物局，有22个省级文物行政部门设置了文物行政执法机构。不少县级以上文物行政执法机构得到充实，文物执法队伍逐步健全。全国有807个县级以上文物行政部门成立了文物行政执法机构，有专兼职执法人员4279人。加大与相关部门联合打击文物犯罪工作力度。侦破了一批盗掘古墓葬、盗窃文物案件。加强文物流通领域管理，建立了文物拍卖许可准入制度。遵循严格管理、稳步发展、分类经营、优存劣汰的整体布局原则，严格对全国申报的126家拍卖企业进行了审核，依法批准了其中的88家，颁发了文物拍卖许可证。

世界文化遗产保护管理工作取得新进展。在党中央国务院直接领导下，圆满完成了第28届世界遗产委员会会议的有关工作任务。胡锦涛同志为大会致贺辞。我国高句丽世界文化遗产申报项目和清代沈阳故宫、盛京三陵扩展项目顺利通过审议，列入《世界遗产名录》。

做好配合国家重点建设工程的文物保护和考古工作。三峡工程有关考古发掘项目继续进行，与国务院三峡工程建设委员会联合印发了《关于进一步做好三峡库区文物保护工作的通知》。白鹤梁石刻原址水下保护工程等项目顺利实施。在全面勘查和专家论证的基础上，完成了南水北调工程（东、中线）沿线各省文物保护方案，已开工地段文物保护工程进入实施阶段。经国务院批准，组织专家编制南海海域水下文化遗产保护和考古工作规划。开展了南海1号南宋沉船的第5次探摸工作和东山岛沉船的发掘工作。启动了丝绸之路（新疆段）重点文物抢救保护工作。开展渤海国家遗迹文物保护工作。

加强博物馆宣传展示和社会服务工作，加大对未成年人服务的力度。各地博物馆、纪念馆根据自身特点制定措施，免费接待未成年观众一千多万人次。

加强了与各国和有关国际组织之间的交流与合作。积极参与国际有关文化遗产保护重要问题的探讨和行动。我国在国际文化遗产保护领域的地位和作用不断提高。文物出境展览的质量、数量和组织水平不断提高。中法文化年的重要项目《康熙时期艺术展》、《神圣的山峰展》等文物展览受到法国公众热烈欢迎。全年赴境外的文物展览达40余项。成功举办了赴美国《走向盛唐展》、赴日本《中国国宝展》、赴阿根廷《上海博物馆青铜器展》、赴台湾地区《康雍乾盛代精华展》等一批大型展览。

2004年，全国文物保护业机构总计3965个，比上年增加83个；从业人员77101人，增加12887人，其中具有专业资质人员有6901人。文物藏品23879724件（套），其中一级品46122件；参观人次共145303千人次，比上年增加50843千人次，其中外宾参观6176千人，青少年参观34535千人次；总收入5080034千元，其中门票收入2250344千元，比上年增加1156394千元。其中，文物保护管理机构2151个，从业人员28128人，文物藏品2185680件，举办展览1828个，参观人数47909千人次。

博物馆1544个，比上年增加37个，从业人员36910人，比上年增加2259人，文物藏品11213775件，举办展览5070个，参观人数89490千人次。

文物商店106个，比上年减少7个，从业人员2478人，减少30人，文物藏品7845042件。文物科研机构80个，从业人员3267人；其他文物机构74个，从业人员3454人。

八、文化设施建设

2004年以来，我部加强了重点文化基础设施建设的管理，进一步推进文化工程建设，全年完成投资7.776亿元（其中国内项目7.064亿元，国外项目7120万元）。国家级重大文化设施建设进展顺利，国家大剧院开始内部设备采购、安装；国家博物馆通过了工程顶层加高方案论证，完成了可行性研究报告并上报有关部委，完成了建筑设计国际公开招投标工作，确定了设计单位；故宫修缮保护工程完成了午门正楼修缮、珍宝馆、钟表馆两馆改造工程；国家图书馆二期工程完成了初步设计和施工、监理单位招投标；中国美术馆二期工程报经国务院批准立项。

同时，中央和省级财政通过设立专项扶持资金，加大对基层公共文化建设的扶持力度，国家发改委从2002年到2005年计划总投资4.8亿元，用于重点扶持中西部地区县级文化馆、图书馆设施建设，最终实现县县有图书馆、文化馆的目标。中央和各级宣传、财政部门、文明办也对基层文化设施建设给予积极支持，调动了地方投入的积极性，对于加强基层文化建设产生了重要作用。

2004年，全国文化文物系统固定资产投资项目总数达1353个，比上年增加191个，增长16.4%。计划总投资305.8亿元，比上年增加39.9亿元，增长15.01%；计划施工面积（建筑面积）595.3万平方米。全国投资在亿元以上筹建准备开工的大型文化设施项目有16个，投资在5000万元以上的在建项目有50个。除以上国家重点文化设施建设项目外，各地也有一批大型文化基础设施项目上马。如山西省大剧院、江苏省大剧院、浙江省美术馆、广州图书馆新馆、深圳市博物馆新馆等已立项，并开工建设。

2004年，全国文化事业单位基本建设交付使用的项目有298个，建筑面积总计45.2万平方米，本年计划投资403174万元，其中国家投资207739万元，实际完成投资额376130万元。

九、文化体制改革

文化体制机制改革不断深化。在中央的统一部署下，文化系统始终坚持“两手抓、两加强”，对改革的认识不断深化，改革的主动性不断增强。在试点工作中突出重点，积极推进，稳步实施，取得新的进展。一是加强了对9个综合改革试点地区和7个改革试点单位的指导，加大试点工作有关配套政策研究，事业单位内部机制改革进一步深化，经营性文化单位的转企改制取得突破性进展。召开了文化系统的改革试点工作座谈会、转企改制工作座谈会和全国画院改革座谈会，分析和总结了文化系统改革试点情况，推动了典型经验的宣传和推广。文化系统7个试点单位的改革都有不同程度的进展。在中央及国务院领导同志的支持下，“中演中展”顺利完成转企改制工作，于今年4月，正式挂牌成立中国对外文化集团公司。国家图书馆进一步深化了内部三项制度改革，提高了公共服务水平。国家话剧院在推动话剧与影视舞美制作等业务资源延伸、整合方面进行了大胆尝试。东方歌舞团以产品为中心，积极探索艺术生产的产业化运作方式，努力拓展国内外演出市场，取得了很好的经济效益。上海中国画院在酝酿建立艺术基金的同时，创立了“签约画师”等人员管理的新模式。朝阳区文化馆实施了全员聘用制、项目负责制、签约制、义工制等多种用人机制并存的改革，并按照增强活力、改善服务的要求，积极参加社区文化建设，提高了服务水平和服务质量。中国文物研究所通过全员聘用制引进了一批高级研究人才，在机构人员项目等方面为搭建“国家研究中心”平台奠定了基础，承担国家重要课题项目越来越多。同时，9个综合试点地区的文化部门按照中央的统一部署，在当地党委、政府的领导下，根据本地实际，积极推进改革试点工作，创造了许多新的做法和经验。

二是对文化系统面上的改革加强了领导。继续贯彻文化部、中组部、中宣部、人事部《关于深化文化事业单位人事制度改革的实施意见》的精神，进一步深化了文化事业单位内部机制改革。积极贯彻落实中办发[2004]24号文件精神，推进文化市场综合执法改革。

三是以贯彻实施行政许可法为契机，进一步加快了政府职能转变。改革了行政审批制度和文艺评奖制度，进一步规范行政行为，积极推行电子政务，改进机关工作作风，使各项文化工作更加贴近群众、贴近实际、贴近基层。机关各项建设也取得新的进展。

四是就中直院团体制改革问题进行了广泛调研，提出了直属院团和其他单位改革的初步方案。

十、文化法规建设

文化法规建设稳步推进。以《行政许可法》的贯彻落实作为突破口，进一步加强文化法制建设，文化行政部门依法行政观念得到加强，依法行政水平不断提高。出台了一系列配套文件，保证了《行政许可法》的顺利实施，取消和下放了一批行政审批项目，修订了一批部门规章，并以文化部令的形式重新予以发布。继续推动《民族民间文化保护法》、《图书馆法》的立法进程。

重大艺术活动

第七届中国艺术节

中华人民共和国主席胡锦涛致第七届中国艺术节的贺信

值此第七届中国艺术节举办之际，我谨向本届艺术节表示热烈的祝贺！向参加艺术节的文艺工作者和海内外艺术家致以亲切的问候！

中国艺术节作为我国文化艺术的盛会，是优秀文艺作品争奇斗艳的园地和艺术家展示才华的舞台，也是人民群众欢乐喜庆的节日。长期以来，中国艺术节坚持正确的文艺方向，推动了我国文化艺术事业的繁荣，促进了举办地区经济社会的发展，为人民群众奉献了美好的精神食粮。

优秀文艺作品具有激励人心、感召社会的强大力量。在全面建设小康社会、开创中国特色社会主义事业新局面伟大征程上，广大文艺工作者担负着讴歌时代精神、塑造美好心灵的光荣职责。希望大家深入火热生活，焕发创造激情，用丰富多样的艺术形式，描绘我们这个伟大时代的灿烂画卷，创作人民群众喜爱的艺术精品，努力为我国文艺事业发展和人类文明进步作出贡献。

祝第七届中国艺术节圆满成功！

第七届中国艺术节总结

由文化部主办、浙江省人民政府承办的第七届中国艺术节，于2004年9月10日开幕，9月26日闭幕，历时17天。杭州为主会场，宁波、温州、绍兴、嘉兴为分会场。本届艺术节以前所未有的盛大规模、整体水平、创新机制和人民群众的广泛参与，充分体现了“发展先进文化，振奋民族精神”的主题和“艺术的盛会，人民的节日”的宗旨，圆满完成了预定的各项任务。

一、总体评价

作为新世纪第一次国家艺术盛会，第七届中国艺术节是一次规模盛大、热烈隆重的艺术盛会。51台全国第十一届文华奖参评剧目演出102场，评出了文华大奖12台、文华大奖特别奖1台、文华新剧目奖38台、文华单项奖180余个、艺术节特别奖2台；邀请了41台国内外及港、澳特别行政区和台湾地区祝贺演出剧目，演出近130场，向港、澳特别行政区和台湾地区的4台剧目颁发了第七届中国艺术节组委会特别奖；安排了全国第十三届“群星奖”音乐、舞蹈、戏剧、曲艺、美术、书法、摄影7个门类和成人、少儿、老年3个组别的16场评奖决赛演出和3个终评展览，评出了群星奖111个、优秀作品奖103个，同时在浙江全省各地举办了丰富多彩的群众文化活动；主会场主办的各类展览展示、学术研讨及交流项目24个，各分会场和有关市县也举办了形式多样的展览活动50余项。本届艺术节参加各类演出、展览和研讨活动的人员达1.5万人，直接参与艺术节各项活动的观众近100万人次，接待国内重要嘉宾322人，其中副部（省）以上嘉宾50余人，接待外国嘉宾220余人，港、澳特别行政区和台湾地区嘉宾及海外侨领125人；全国30个省、自治区、直辖市派出了代表团前来观摩；中国文联所属的各艺术家协会的负责人和一大批著名艺术家参加了艺术节活动。海内外200余家新闻媒体的500多名记者对艺术节进行了广泛深入的报道。

第七届中国艺术节于9月10日晚在杭州隆重开幕，中共中央总书记、国家主席胡锦涛发来贺信，中共中央政治局委员、书记处书记、中宣部部长刘云山，全国人大常委会副委员长李铁映出席了开幕式。闭幕式于9月26日在绍兴举行，原中共中央政治局常委李岚清，国务委员、第七届中国艺术节主席陈至立，全国政协副主席徐匡迪出席了闭幕式。“中国艺术节作为我国文化艺术的盛会，是优秀文艺作品争奇斗艳的园地和艺术家展示才华的舞台，也是人民群众欢乐喜庆的节日。”胡锦涛同志的贺信为本届艺术节的举办，也为中国艺术节的科学持续发展指明了方向。党中央、国务院领导同志的重视和关心，极大地鼓舞了全国广大文化艺术工作者。本届艺术节从整体上体现了思想性、艺术性、观赏性有机统一的要求，充分满足了广大人民群众的精神文化需求。艺术节坚持改革，创新机制，积极探索“政府主导、社会参与、市场运作”的新路，促进艺术与人民、艺术与时代、艺术与市场的结合，是推进文化体制改革的一次有效探索，也是文化艺术工作贯彻“三个代表”重要思想，发展先进文化的一次成功实践。本届艺术节吸引了亿万人民的关注，已成为2004年全国文化工作的一大盛事。

二、主要特点

（一）丰富多彩的艺术盛会

从本届艺术节起，文化部实行评奖改革，将专业舞台艺术的“文华奖”、“中国艺术节奖”和群众文化的“群星奖”合并，并将“文华奖”、“群星奖”评奖活动作为中国艺术节的主体活动内容，这样不仅大大丰富了艺术节的内涵，同时也提高了办节规格和评奖工作的权威性、竞争性和影响力，使本届艺术节真正成为角逐国家文化艺术政府最高奖、体现国家舞台艺术和群文活动最高水平和最新成果的艺术盛会。第七届中国艺术节在活动安排上，既注重以“文华奖”、“群星奖”评奖活动为主体，又安排了一系列祝贺演出和群众文化展演；既注重戏剧、音乐、舞蹈、曲艺等舞台艺术的演出活动，又兼顾美术、书法、摄影和文物、博物等各种文化艺术门类的展示和交流；既注重全面展示我国内地艺术成就，邀请香港、澳门特别行政区和台湾地区的演出团体前来演出，体现了中华民族艺术的大团圆，又努力打造中外文化交流的平台，特邀五大洲39个国家的嘉宾和6个国家的演出团体前来参加艺术节或进行祝贺演出。

（二）欢乐喜庆的人民节日

人民节日人民办，人民节日为人民。让人民享受艺术的成果，成为本届艺术节最大的亮点之一。

人民节日人民办。第七届中国艺术节从筹备之初，就十分注重全社会的广泛发动，依靠人民群众的聪明智慧和力量办好艺术节。面向社会广泛征集第七届中国艺术节标志、吉祥物设计方案和开幕式文艺演出策划方案，收到的各类应征稿件和方案数以千计，既吸引了人民群众的关注和参与，又扩大了艺术节的影响。大型群文活动《风从东海来》作为第七届中国艺术节暨浙江省第五届广场文化艺术节开幕演出，由1500名群众演员参与的庞大场景，汇聚并展示了浙江省群众文化精粹和群文建设的成果。第七届中国艺术节期间，浙江全省11个市90个县（市、区）共举办各类群众文化活动600余场次。仅粗略统计，整个第七届中国艺术节群文活动吸引来自海内外的观众至少在50万人次以上，浓郁而喜庆的办节氛围把群众文化活动推向了前所未有的高潮。

人民节日为人民。为了让更多的群众能够在艺术节期间得到艺术享受，本届艺术节还采用市场化的招标方式，通过企业出资赞助部分演出的方式，降低门票价格，以使更多的老百姓能够走进剧场。针对广大普通市民特别是低收入者看戏难的问题，组委会在确保每场演出必须有10%~15%比例的50元低价票的同时，先后推出专供低收入者的20元低价票、“亲情套餐”、“家乡人看家乡戏”等一系列面向特定群体的优惠活动，使更多渴望欣赏优秀作品的低收入者能够踏进艺术的殿堂，一睹中外艺术家们的风采，充分体现了“人民的节日”的办节宗旨。还有一大批工人、教师、医务人员、外来打工人员等近30000余人免费观看了艺术节开幕式的7场预演。艺术节期间，组委会在各个城市广场上举办的大型群众演出多达23场；组委会举办的《旷世墨宝》、《百年回眸》、《画之大者》、《文化江南》等24个传统性与时代性融合、经典性与通俗性并存、即时性和持久性统一的文化艺术展览和展示活动中，有22个向群众免费开放。本届艺术节开幕式，首次请一位九旬老人和一名儿童，作为人民群众的代表为自己的节日鸣锣开幕。本届艺术节还利用评奖导向的杠杆作用，大力强化艺术产品要为人民服务、为观众喜爱的要求，第一次在“文华奖”的评奖条件中加入观众意见，同时剧目的演出场次、观众人数、票房收入等都作为评奖的重要参数；第一次将群众文化活动纳入国家级艺术盛会，“群星奖”与“文华奖”同时评选，进一步确立了艺术节的人民性和广泛性；第一次设立由观众投票产生的“观众最喜爱的剧目奖”、“观众最喜爱的演员奖”和“观众参与奖”，旨在大力倡导和实践艺术面向群众、服务群众的正确方向。

（三）创新机制的运作实践

充分发挥浙江市场经济发达、文化市场活跃、文化需求旺盛、文化设施比较完备的优势，加大体制创新、机制创新、工作创新的力度，探索新时期举办中国艺术节的新路子。

在筹备工作机制上，注意充分调动各方面积极性。文化部与浙江省协调一致，高度默契，浙江省筹委会与杭州、宁波、温州、绍兴、嘉兴5个承办城市通过分解任务联动运作，各有关职能部门之间既明确分工又互相配合。在艺术创作生产机制上，无论是参评剧目的创作生产还是开幕式大型文艺晚会的排演，都注意面向社会、面向全国组织艺术资源和创作力量，吸引全国各地乃至海外的优秀艺术家加盟。

在剧目演出机制上，坚持剧目演出“概不赠票”。与邮政等部门全面合作，采用团体预售、网上直售、电话订售、售票点门售等多种方式，多渠道开展票务营销，使演出市场出现了罕见的火爆景象，仅杭州主会场的票房收入近1000万元。尤其令人瞩目的是，在剧目的评选上，本届艺术节也采取了市场化运作的方式。所有获得2004年4月评出的第十一届“文华奖”新剧目奖的剧目，都是在演满50场之后，才获得参演第七届中国艺术节的资格，并角逐“文华大奖”和“文华奖”各单项奖。

在项目运作机制上，实行政府指导与市场运作有机结合，运用市场手段组合各种要素，优化资源配置。实行艺术节组织运作事务公开，扩大文化经营准入范围，鼓励社会力量参与艺术节演出营销、筹措资金、组织接待、宣传策划、票务广告等方面的工作，将部分公益性项目向社会推介，吸纳社会力量参与举办，一些企业参与了外国及港澳台地区剧目的演出运作以平抑票价，保险企业还免费为所有来宾、参演参展人员和持票观众提供了人身保险。"政府主导，社会参与，市场运作"的办节思路，成为浙江上下的共同实践。广泛吸引社会力量以冠名、协作、代理、捐赠等形式支持艺术节的筹办，浙江省共从社会筹措资金和实物5000余万元。第七届中国艺术节是政府行为、公益活动，追求的是社会效益的最大化。同时，艺术节又拥有极为丰富的资源，给举办地的各行各业，特别是服务行业，带来众多的商机。

（四）促进发展的强大动力

第七届中国艺术节在浙江举办，对浙江省实施"八大战略"，建设文化大省是难得的契机，对浙江文化事业的发展产生积极影响。

一是推动了艺术创作、生产和演出。为迎接艺术节，浙江全省共创作新剧目40余台，不仅为艺术节奉献出一批艺术上较为精湛的好作品，而且极大地繁荣了演出市场，丰富了人民群众的文化生活。

二是推动了文化基础设施建设。几年来，浙江全省共新建、改建了43个演出场馆，城市文化设施面貌大为改观，农村基层的文化设施建设也得到了加强，初步形成了浙江省现代文化设施建设的新格局。

三是推动了群众文化活动。结合迎接和举办艺术节，浙江各地党委、政府积极促进文艺面向基层、面向群众，组织开展各类群众自主参与的群众文化活动，广场文化、社会文化、校园文化、村镇文化、军营文化、企业文化等得到了广泛开展。

四是推动了文化体制改革。作为文化体制改革综合试点省份，浙江省委、省政府在艺术节的筹备工作中十分强调贯彻改革精神，注重体制机制创新，在剧目排演、资金筹措、活动安排、项目运作等方面，都进行了一些改革尝试，为进一步深化文化体制改革提供了经验。

三、主要经验

第七届中国艺术节在党中央、国务院的关心和领导下，在中央和国务院有关部门的大力支持和全国广大文艺工作者的积极参与下，通过浙江人民的共同努力，取得了圆满成功。党中央、国务院领导的关心和重视，确立了正确的工作方针原则，为做好第七届中国艺术节工作指明了方向。文化部与浙江省密切合作、高度协调、高效有序的组织工作，也是成功举办第七届中国艺术节的重要保证。第七届中国艺术节不仅创下了中国艺术节的诸多之最，也积累了许多新的办节经验和办节机制，使本届艺术节成为一届有亮点、有新意、高水平的国家艺术盛会。主要表现在：

（一）指导思想正确明晰，组织工作科学缜密

文化部成立了以陈晓光副部长为组长的第七届中国艺术节工作领导小组，具体负责对第七届中国艺术节筹备工作的指导。浙江省成立了以梁平波副书记为主任，省委常委、秘书长张曦，省委常委、宣传部长陈敏尔，副省长盛昌黎，杭州市委副书记、代市长孙忠焕同志为副主任的浙江省筹委会，并将艺术节承办工作写进了《浙江省建设文化大省纲要（2001～2020年）》，列入了近年来省委、省政府的重要议事日程。2000年底，省筹委会正式组建后，先后召开了四次筹委会全体会议，不断推进第七届中国艺术节筹备工作。各承办城市也相应成立了当地的筹备工作机构，负责当地的组织工作。筹委会制定了《第七届中国艺术节总体方案》，明确了凸显时代精神、推动全民参与、体现地域特色、创新运作方式、扩大文化交流的办节思路。部省双方建立了科学顺畅的工作机制，以部省联席会议制度的形式研究解决艺术节组织筹备工作中的重大问题，先后六次召开部省联席会议，研究艺术节总体方案、艺术节组委会机构组成、艺术节开闭幕式活动等重要工作。

（二）场馆建设先期启动，演出设施设备先进

浙江省成功申办第七届中国艺术节后，即着手启动场馆设施建设。2001年2月，第七届中国艺术节浙江省筹委会场馆建设领导小组在各承办城市召开现场会，明确了第七届中国艺术节演出场馆建设初步规划，制定了《第七届中国艺术节演出场馆准备工作的要求》，各主分会场根据规划，分别新建或改建了43个场馆用于第七届中国艺术节各类演出活动。良好的场馆设施设备条件为第七届中国艺术节的成功举办奠定了坚实的硬件基础。

（三）全力打造“平安节庆”，保障措施扎实有效

文化部和浙江省高度重视第七届中国艺术节安全保卫工作。早在2004年4月，第七届中国艺术节浙江省筹委会与浙江省公安厅就联合部署了第七届中国艺术节安全保卫工作，省筹委会主要领导和省公安厅主要领导分别签订了《“七艺节”安全保卫责任书》，由浙江省公安厅作为总责任单位负责第七届中国艺术节安全保卫工作。之后，浙江省筹委会与浙江省公安厅抓紧组建了第七届中国艺术节安全保卫工作班子，制定了《“七艺节”安全保卫工作总体方案》，提出了总体要求，进行了总体部署。省公安厅与各承办城市公安部门签订了工作责任书，着手制定全保卫工作各子方案和大型活动应急方案，公安、消防部门对第七届中国艺术节所有演出场馆进行了安全大检查，逐项落实各场馆的工作方案制定、人员安全教育以及一系列具体措施。所有相关的场馆、宾馆都签订了安全责任书，由属地公安部门负责落实。切实加强了对社会突出治安问题的整治工作，在3个月里先后组织开展了4次全省统一集中行动。整个艺术节期间，全省公安机关累计出动警力35000余人次，完成了400余场次安全保卫任务，特别是集中投入了大量警力确保艺术节开闭幕活动等重大活动的安全，为艺术节的顺利举办做出了重要贡献。同时，第七届中国艺术节浙江省筹委会与中国人民财产保险有限公司浙江省分公司签订了第七届中国艺术节保险保障协议，为出席活动的嘉宾、邀请的国内外来宾和全体演职人员、全体青年志愿者和参加采访的媒体记者投保了团体人身意外伤害保险，并为广大参与艺术活动的老百姓投保了公众责任保险，为艺术节的各方来宾系上了一条“保险带”。此外，与卫生、电力部门密切协作，保证了饮食和用电安全。

（四）舆论宣传高潮迭起，节日氛围浓厚热烈

文化部和浙江省制定了周密的宣传工作方案，围绕第七届中国艺术节倒计时实施了许多有亮点、有新意的宣传活动，如浙江书画名家创作义卖活动，倒计时150天“迎七艺·浙江大地风筝放飞活动”，倒计时100天举办“百架钢琴迎七艺”活动，并在浙江省本级及5个承办城市电视媒体同步播出第七届中国艺术节电视公益宣传片，倒计时50天举行“社区喜迎第七届中国艺术节”活动，为主会场杭州近百个社区赠送第七届中国艺术节精选剧目片段宣传VCD，还组织了京剧、昆曲“名家名段进社区”活动等，都取得了很好的宣传效果，扩大了第七届中国艺术节的影响。第七届中国艺术节浙江省筹委会在上海举行了第七届中国艺术节项目推介会，在北京举行了第七届中国艺术节组委会新闻发布会。在整个筹备期间，组委会与新闻单位之间保持了密切的互动和良好的工作关系，所有的筹备情况和工作进展，都由组委会通过新闻发布的方式借助媒体向社会公布，取得了良好的社会反响，吸引了广大人民群众的关注。艺术节举办期间，组委会建立了软硬设施堪称一流的新闻中心，从新闻发布会安排、设备提供、记者发稿到演出观摩、食宿交通等方面都为媒体提供了全方位的服务。第七届中国艺术节组委会新闻中心共举办了40多场新闻发布会。来自全国各地和国外的新闻记者，通过报纸、电视、电台、网络等媒介，将这一“艺术的盛会，人民的节日”描摹得异彩纷呈。组委会和各承办城市都不断加大社会宣传力度，紧扣“贴近实际、贴近生活、贴近群众”的要求，通过设置充气拱门、宣传气球、彩旗彩灯、跨街横幅、巨型广告牌，张贴和悬挂宣传画、宣传标语、标识和吉祥物图案等形式和手段，营造了很好的宣传效果，使节庆气氛日渐浓厚，烘托出浙江省人民关心艺术节、支持艺术节、参与艺术节的良好氛围。

（五）努力体现办节思路，市场运作成效显著

本届艺术节坚持“政府主导、社会参与、市场运作”的办节思路，充分运用市场手段组合各种要素，优化资源配置，实现政府指导与市场运作有机结合。浙江省筹委会先后制定出台了《第七届中国艺术节筹资工作方案》、《第七届中国艺术节广告和专有权内部操作规程》、《单位和个人参与第七届中国艺术节活动享受若干优惠政策的规定及实施细则》、《单位和个人参与第七届中国艺术节活动享受若干优惠政策的补充规定》、《第七届中国艺术节产业化筹资方案》、《第七届中国艺术节实物捐赠方案》共7个相关文件，积极鼓励社会各界参与艺术节。同时，向社会公告了21个具体合作项目；开展了浙江书画名家捐赠书画作品活动；召开了第七届中国艺术节社会合作筹资工作座谈会，不断推动第七届中国艺术节社会合作筹资工作进程。据不完全统计，近500家企事业单位向第七届中国艺术节捐赠资金和实物价值达5000余万元。第七届中国艺术节确定票务营销采用市场化运作，采用主会场和各分会场演出票务中心发售、各场馆门售、网上直售、热线订购、邮政上门入户投递等多种形式，构建灵活、便捷的票务销售网络，为老百姓购票提供便利。组委会票务中心向省内外各有关部门和单位发出《单位购票征订函》，并在一些中央及省内媒体上刊登演展预告。

（六）接待工作周密细致，后勤保障措施得力

第七届中国艺术节接待工作主要分为嘉宾接待和参演参展团体接待两大块，浙江省专门成立了由分管副省长挂帅的接待工作班子，制定了总体接待方案，按照“统一部署、分类安排、对口接待、各负其责”的原则周密细致地开展工作，组委会还专门制订了第七届中国艺术节51台参评剧目和30台祝贺演出剧目的接待标准，明确了不同艺术品种剧目的接待人数、时间范围、食宿标准等，以便实际操作。仅主会场就与杭州46家星级宾馆签订了合同，预订了近4000间客房，其中21家宾馆2200余间客房用于嘉宾接待，13家宾馆600余间客房用于参演团体接待，11家宾馆1100余间客房用于接待群文参演参展人员，2家宾馆200余间客房用于接待国内新闻记者。艺术节期间，参与接待工作的全体工作人员素质高，责任心强，发扬吃苦耐劳、精益求精的精神和求真务实、认真细致的作风，处处为宾客着想，受到了海内外来宾的称赞。北京、山东、广西、河南、河北、海南等兄弟省市党委、政府和文化部门纷纷发来感谢电和感谢信，盛赞本届艺术节的接待工作。浙江全省及各承办城市各部门积极为第七届中国艺术节作贡献，供电部门周密部署、细致服务，确保艺术节期间不出现一秒钟停电事故；邮政、电信部门确保了艺术节期间的通信、通讯畅通；经贸、旅游等窗口行业积极开展“迎七艺、创文明、树新风”活动，取得可喜的成果。更值得一提的是，当地广大市民群众的文明程度有了显著提高，市民群众所表现的文明看戏、文明待客都给各地来宾留下了深刻的印象。特别是志愿者活动形成声势，在雅典奥运会上夺取金牌的浙江籍运动员罗雪娟、朱启南、孟关良、周苏红等以“七艺节青年志愿者形象大使”的身份，与来自浙江各地的万名青年志愿者一起，参加了以“传承文化、志愿七艺”为主题的青春誓师活动。在第七届中国艺术节期间，万名青年志愿者为中外来宾提供包括文秘、翻译、礼仪、场馆、接待、讲解、导游、司机、医疗等在内的十几个门类的志愿服务，成为艺术节上一道亮丽的风景线。

（七）协调配合团结协作，工作作风扎实顽强

在第七届中国艺术节多姿多彩艺术活动的背后，是一支庞大的埋头苦干的工作人员队伍，仅在杭州主会场，这支队伍就多达3000多人。在这个临时大家庭里，大家团结合作，敬业务实，夜以继日，埋头苦干。以高度的责任感和使命感，以周密细致的组织方案和切实可行的操作程序，以一流的精神状态和一流的工作质量，以扎实的工作作风和无私奉献的精神，为艺术节的成功举办做出了贡献。

中国艺术节自1987年首次举办以来，正逐步成为我国人民文化生活中的一件大事，成为荟萃艺术精品、促进文艺繁荣、实践先进文化的大舞台，成为满足广大群众精神文化需求的艺术盛会和人民节日。第七届中国艺术节的成功举办以及在办节机制上的成功探索，对今后举办各种文化艺术活动，发展文化产业提供了宝贵的经验。

第六届中国上海国际艺术节

在文化部和上海市委、市政府的领导下，在社会各界的支持和帮助下，经过组委会全体委员及组委会办公室和各部门工作人员的辛勤努力，第六届中国上海国际艺术节于2004年10月15日隆重开幕，至11月18日胜利闭幕，历时一个月又三天。本届艺术节是在党的十六届四中全会刚刚胜利闭幕的新形势下举行的。胡锦涛总书记来沪视察时要求上海努力走在发展社会主义先进文化的前列；上海市文化工作会议又提出了建设国际文化交流中心的目标，这对高起点、高规格办好第六届中国上海国际艺术节起到了引导作用。我们在认真总结已经取得五届艺术节成功经验和认真学习借鉴国内外优秀艺术节运作模式的基础上，确立了新的标杆。第六届中国上海国际艺术节无论是舞台演出、群文活动，还是演出交易、展览、博览、“节中节”等各项活动，都办出了新的水平，登上了新的台阶。

一、盛况概述

第六届中国上海国际艺术节共邀请了来自15个国家的58台优秀剧（节）目参演，其中国外剧（节）目31台，国内27台，演出106场，观众逾40万人次。本届艺术节舞台演出荟萃中外精品力作，云集世界大师名团，好戏连台、高潮迭起，五彩缤纷、争奇斗艳，是一次名副其实的中外艺术的盛会。

来自32个国家和地区、160余家中外著名艺术节、演出经纪机构、演出团体的400余名代表，加盟本届国际演出交易会，以各种形式达成合作意向的演出项目有124个，在派出项目上又有新的突破，众多优秀民族文化产品“借船出海”驶入国际市场。

作为本届艺术节重要组成部分的展览、博览活动共有11项，其中不乏名家名作，引人瞩目，观众人流如潮，据统计，有超过50万的市民和海内外游客踊跃参观了各项展、博览会。

群文活动是艺术节重要载体，本届艺术节除继续保留“天天演”等品牌外，重点增加“民间、民俗、民风”内容；首次开辟“中外艺术家进企业”的新渠道，拓展了群文活动发展的新天地；“周周演”吸纳了青少年参演并策划系列活动，让青少年成为群文演出的生力军登上舞台，一显身手。近百万市民参加了各种形式的群文活动，使艺术节成为展示和检阅群文活动的一大舞台。

首次在中国举办的国际文化政策论坛第七届部长年会，与第六届中国上海国际艺术节同时开幕。艺术节期间还成功举办了“法国文化在上海”等3个节中节活动，为提升艺术节的文化内涵、促进各国文化交流、推进世界文化多样性作出了积极贡献。

经过六年的精心打造，中国上海国际艺术节已经真正成为展示中外文化艺术精品的窗口，引进世界优秀文化成果的舞台，拓展中外演出交易的市场，为推进上海建设国际文化交流中心的目标作出了积极贡献。

二、主要特色

（一）艺术节的国际性更加延伸和凸显

文化部选定在本届艺术节开幕时隆重召开“国际文化政策论坛第七届部长年会”，与此同时，中法互办文化年的重要组成部分“法国文化在上海”在艺术节大放异彩，体现了中国上海国际艺术节在中外文化交流中的地位与作用。

出席国际文化政策论坛第七届部长年会的20余位各国文化部长，18名观察员和6个国际组织的数百名代表出席了艺术节的开幕式，参与了在豫园举行的艺术节群文活动。为期2天的会议通过了旨在促进世界文化多样性进程的《上海声明》。中法互办文化年的重要组成部分“法国文化在上海”系列活动，包容了音乐、舞蹈、展览等11项活动，充分展示了浪漫法国的精彩艺术，规模之大、质量之高、周期之长均创历届嘉宾国文化周之最。这两项国际文化盛会，为各国文化官员、艺术家和其他文化艺术界人士提供了一个面对面交流的机会，有利于各国文化人士相互学习与合作对话。对增进各国文化界之间的相互了解和友谊，维护世界文化多样性产生了积极推动作用。

（二）艺术节的经典性、创新性、包容性交相辉映

由于艺术节着力打造国内外文化艺术的名品、名牌，使之成为展示中华文化艺术精品的窗口和引进世界优秀文化成果的舞台。本届艺术节的主体演出继续高举“经典一流”和“探索创新”两面旗帜。坚持精品战略，强化原创意识，精心遴选高质量的中外参演剧（节）目，舞台演出品质持续提升。荟萃名家名流名品名作，是艺术节之“本”，而鼓励新创新作新人新品，是艺术节之“神”。

本届艺术节四大系列，无论是音乐之声、舞蹈之韵，还是戏剧之魂、流行之魅，无不云集了中外大师名团精品力作，内容厚重，其中不仅有世界级大师指挥家艾森·巴赫、长笛演奏家詹姆斯·高威、大提琴家马友友、男高音歌唱家安德烈·波切利等竞相献艺；而且有“音乐王国”美誉的奥地利首次呈集束规模登陆上海滩，共有五个奥地利著名音乐团体在艺术节演出七台音乐会，这是历届艺术节中一个国家的艺术团体参演之最；本届艺术节集中演出三台不同风格不同类型的中外歌剧，尚属首次，超大型景观歌剧《卡门》、首创360度全视角景观，气势恢弘；法国多媒体喜歌剧《游侠骑士》融古典音乐和现代多媒体技术于一体，创造了全新的舞台样式，今年五月刚在巴黎首演，就把上海选为世界巡演第一站，可见艺术节的吸引力和影响力。探索性的寓言体歌剧《赌命》从内容到形式都别具一格，引人关注。如果说经典艺术为上海这座城市增添了浓郁文化氛围的话，那么经典艺术与反映世界文化潮流多元化发展动向的创新艺术相互交融，则更展现出城市文化的勃勃生机。

入选国家舞台艺术精品的新编京剧历史剧《贞观盛事》、豫剧现代戏《村官李天成》、川剧《金子》、舞剧《瓷魂》成为艺术节一大亮点。歌剧《赌命》、昆剧《一片桃花红》等则展示了上海文艺工作者的风采。而来自摩纳哥蒙特卡洛芭蕾舞团的新版芭蕾舞剧《罗密欧与朱丽叶》、德国莱茵歌剧院芭蕾舞团的《天鹅湖》、西班牙弗拉门戈舞剧《莎乐美》等独具匠心、新意扑面，洋溢着创新活力与时尚理念，使艺术节舞台生机盎然。另外，喜欢流行音乐的年轻人也能找到属于他们的天地，热力四射的S.H.E演唱会、巨星云集的反盗版演唱会、中日韩超级音乐盛会成为了年轻观众的欢乐天地。这充分显示出艺术节既追求卓越，又对不同风格、不同类型的文化艺术形式具有包容性，经典性、创新性、包容性齐头并进、同步发展的特点。

（三）艺术节的群众参与性更加突出

群文活动是历届艺术节的重要组成部分。本届艺术节以民间、民俗、民风为主流，以中外艺术家进企业为新特点，无论是组织规模、活动样式，还是涉及领域、参与人数都进一步提升。由于注重市民参与，贴近市民需求，使本届艺术节的群众文化与时俱进，推陈出新，

高潮迭起。

由艺术节中心和宝山区联合推出的第六届中国上海国际艺术节暨第四届上海国际宝山民间艺术节开幕活动，集中了16个国家和地区，19支艺术团的500多名中外民间艺术家，充分展示了上海现代民间艺术特色和各国不同艺术风情。来沪的外国艺术家还深入宝山的乡村、海岛、社区、企业、校园和120多个居民家庭开展丰富多彩的联谊活动。

艺术节群文活动的品牌——南京路和豫园的“天天演”以及静安寺、黄浦区的“周周演”，共演出70余场，1000多位中外艺术家参加了演出，60余万人次观看了演出，这种多点组合的形式形成艺术节群文活动此起彼伏的连绵效应；“十月歌会大家唱”合唱专场、“我们的家园”社区文化综合展演、上海市首届中老年书画大赛等，更是吸引了近70万市民争相参与。本届艺术节首次举办青少年主题系列活动。活动为青少年思想、艺术素质教育搭建平台。艺术节组委会还安排外国艺术家进入企业联欢，德国和瑞士的两支乐团与生产第一线的工人共同享受艺术的欢乐。

艺术节组委会把为人民群众提供优秀的文化产品作为落实科学发展观的重要内容，努力满足人民群众日益增长的精神需要。一方面让广大市民登上舞台，一展才艺；另一方面创造条件让更多的普通群众走进高档剧院。本届艺术节在总结去年成功经验的基础上，进一步扩大了公益优惠票的范围。通过政府拨款补贴、降低演出成本、社会企业资助相结合的办法，推出10余万张公益优惠票，使广大普通人民大众都能走进剧院，欣赏世界一流的文化艺术精品。

（四）艺术节演出交易成果显著

本届国际演出交易会的规模是历届之最，有来自32个国家和地区的演出机构等400多位代表参加，比去年增加30%以上，其中国内参展机构为60余家，国外的参展机构数达90余家，首次超过了国内机构。本届交易会注重演出剧（节）目的推介，以各种形式达成演出合作意向的项目有124个。众多优秀民族文化产品，利用演出交易会搭建的广阔平台，“借船出海”，驶入国际市场；更多国际文化精品也从这个日益增长的平台走进中国。如上海赛邦文化交流有限公司与四川歌舞剧院签署了2005年《变脸》节目欧洲巡演的协议，并与西班牙、瑞士、意大利、德国等欧洲演出商达成这一项目的合作意向。还引进包括《超级女郎》、《百老汇歌手演唱会》等6个项目来中国演出的意向。世界最著名经纪公司之一的英国阿斯康奈斯·霍尔特公司也与中国上海国际艺术节中心签约，在明年艺术节上演世界顶级交响乐团——柏林爱乐乐团与著名指挥家西蒙·拉特尔联袂合作的节目。上海文广新闻传媒集团以专场演出的形式将旗下院团的优秀力作集体推出，很快达成了32个合作意向。上海城市舞蹈有限公司出品的舞剧《红楼梦》、杂技舞剧《天鹅湖》以及新疆、四川等地富有民族特色的节目，也为广大演出商所看好。

演出交易会专门安排了为期一天半的“艺术节论坛”和首次举办的“中英演艺论坛”，邀请全球两个最大国际演艺界权威组织之一的“国际演艺经理人协会”（IAMA）共同组织和主持。中外演艺界代表就文化外交、加强合作、拓展市场、培养观众等共同关心的问题竞相发言，气氛热烈。交易会还首次设立“优秀展厅布展”、“优秀推介演出”、“优秀洽谈成果”等奖项，进一步体现了国际性、实效性、专业性。

（五）艺术节的展、博览规模空前、佳品荟萃，成为中外艺术家争相展示的展台和橱窗

艺术节展、博览品牌项目——上海艺术博览会荟萃万余件现代风格的绘画、雕塑、工艺品、装饰艺术品等佳作，其中一批世界大师级雕塑作品参展，成为本届艺博会的最大亮点。罗丹的《巴尔扎克》、杜比菲的《恩石》、阿曼的《大提琴柱》、雷诺阿的《维纳斯》、博科罗的青铜雕塑《马与女骑士》等作品，数量与风格之多样，品质和水准之高超，可谓历届之最。而且当代著名雕塑家麦克唐纳的作品《升腾》在艺博会后落户东方绿舟。作为目前国内极具影响力的高层次的第六届中国工艺美术大师精品博览会展出佳作1.2万余件，其中大型骨雕《故宫》在展出前就已名震沪上。同时结合在沪召开的“2004年世界工程师大会”，推出“现代科技与传统文化”的全新主题，倾力挖掘和展示传统工艺的精华。本届博览会除特辟专馆举办“百名大师作品联展·亲身领略大师风采”活动外，还对中国顶尖工艺美术大师的优秀代表作150件进行慈善拍卖，资助贫困儿童。体现“海纳百川、追求卓越”精神的上海双年展，围绕“影象生存”这一新颖主题，汇集了30多个国家和地区的100多位艺术家独具创意的影象作品，充分展示当代文化活动的原创能力。而“法国文化在上海”主题系列展——“法国印象派画展”规模之大、艺术水准之高堪称中国有史以来举办的西方绘画作品展览之最。此次展示的作品是从世界著名的法国奥塞美术馆中挑选出的51幅印象派顶级油画作品，均为印象派绘画史上最主要的14位画家马奈、莫奈、德加、塞尚等在不同时期的代表作。“法国阿尔卑斯滨海省艺术精品展”的150件展品分别出自世界著名超现实主义绘画大师米罗、著名印象派画家毕加索以及夏加尔、马蒂斯等顶级艺术大师之手，展品包括钢塑作品、版画、瓷盆、老招贴画等。跨越五大洲16个国家的“世界和平美术大展”是上海市美术家协会和日本美术世界株式会联合举办的“亚洲和平美术展”的首次扩容，集中展示176位知名画家（其中中国画家34位）的近200幅风格各异的作品。首次来上海展出的“世界最美的书设计艺术展”、“中国书画复制精品展”，彰显中国书法精髓的“胡问遂书法纪念展”等各具特色。

此外，从去年起，中国（上海）国际乐器展览会与上海国际专业灯光音响设备与技术展览会正式加盟艺术节展览行列。本届艺术节有来自18个国家和地区的800多家中外展商参展，集中展示各种高新技术和产品。

为面向观众、服务观众，本届艺术节部分展、博览还免费入场，同时举行了专题论坛、鉴赏讲座等活动。

三、主要成功经验与不足

（一）成功经验

1.加强资源整合和开发，开创市场化运作新模式，艺术节市场化运作更趋成熟。

本届艺术节在市场化运作机制上又有新的创新。虽然历届艺术节都得到社会各界以各种形式的热情支持，但是由一家企业全程联办艺术节却是第一次。上海东上海联合置业有限公司去年是艺术节的全程合作伙伴，今年又跃上新的台阶，进一步加大支持与合作的力度，这是艺术节与企业合作的又一个可喜成果，开创了艺术节办节的一个新模式，也是艺术节成功进行市场化运作的一个有益举措，这种双赢的合作，为艺术节的持续稳定发展注入了活力。

我们积极探索符合艺术规律、适应市场经济的办节思路，鼓励社会力量参与艺术节演出营销、筹措资金、组织接待、宣传筹划、票务广告等方面的工作，普遍实行公开招标、特约赞助、代理、共同主办、协办、承办、经营权出让、项目冠名、股份合作等运作方式。由于艺术节的影响不断扩大，社会各界赞助艺术节更趋踊跃。本届艺术节以各种形式赞助艺术节的企业达80余家，其中民营企业占70%以上。

2.艺术节办公室明确分工，责任到人，认真细致做好各项重大活动的预案，准备工作充分周全。

今年艺术节与国际文化政策论坛第七届部长年会同期开幕，这既是展示艺术节的机会，也是对艺术节工作的挑战，中外嘉宾数量多、规格高。艺术节办公室在保证部长年会活动优先的前提下，认真策划设计艺术节开幕的一系列活动，从组委会全会、大型招待会到开闭幕式、从中外嘉宾接待、重要会见到文化部、市领导活动安排等，办公室都做了大量案头工作和细致的协调工作，从而保证了艺术节各项活动隆重、热烈、顺利地进行。此外，办公室及时收集有关信息，通过不同方式在第一时间呈报市领导。

3.增强宣传意识和服务意识，营造温馨氛围，积极主动为记者提供全方位服务。

艺术节期间，艺术节中心认真做好宣传资料、公益广告投放、专题宣传策划等工作，组织力量编印了涵盖艺术节全方位信息和大量素材的《宣传指南》、《剧节目彩排时间表》等。还首次独立担任接待中央媒体的重任，不仅热情周到地安排好食、住、行等生活细节，而且尽力解决观摩票等问题，积极为新闻媒体采访报道和宣传艺术节提供极大的便利。据粗略统计，共投放平面媒体公益广告97次，组织策划平面媒体报道千余篇，电视媒体报道近500条，召开新闻发布会20余次。中心还积极开拓网络资源，改版艺术节网站，更为及时全面地收集反映艺术节各方面信息以及各类文化咨询，使艺术节网站的信息量、点击量大幅增长，成为上海的一个文化窗口，成为更具权威性的官方网站，进一步扩大了艺术节在国内外的影响力。

4.建立艺术节票务网，完善售票网络，主动出击推销票务。

艺术节中心自第五届开始建立自己的票务网，第六届开始艺术节中心票务网首次独立承担艺术节期间所有票务的统筹、协调、发售、统计工作，并独立承担政府优惠票的配售工作。中心的票务网采取一系列有效措施，建立艺术节票务专用网站，完善售票网络和服务，与各票务公司互惠合作，有10余家票务代理公司作为艺术节的票务承销商；国庆前夕，在全市设立四个点集中三天公开推行政府优惠票的销售，在国庆期间，采用流动车进行宣传售票活动等。本届艺术节总出票率达95%以上，有10台剧（节）目出票率达100%。在圆满完成领导交办的任务之外，艺术节中心票务网不仅维持了自我生存，而且产生了赢利。

5.初步形成了遴选参演剧（节）目由部门初选、专家评审、领导定夺的规范化程序。

为了确保艺术节参演剧（节）目的质量，凡申请参加艺术节演出的中外剧（节）目，一般先由艺术节中心演展部负责初选；有部分剧（节）目邀请相关文化专家评审，提出意见，供领导参考；然后由艺术节中心领导选定，最后交艺术节组委会批准，艺术节开闭幕式剧（节）目则由市领导拍板。本届艺术节继续遵循这一方法与程序，并不断强化与规范，事实证明，这是行之有效的办法。

6.广交朋友、广开渠道，形成广泛的国际合作网络。

艺术节已成功举办了六届，目前已与世界各国30多个著名艺术节、100多家演出经纪机构和50多个著名演出团体以及墨西哥、加拿大、日本东京、澳大利亚、新加坡、法国戛纳的演出交易会等建立了联系，并与国际演艺界权威组织“国际演艺经理人协会”（IAMA）建立了合作关系，还发起成立了亚洲艺术节联盟，这为艺术节演出交易会的举办和艺术节参演剧（节）目的遴选编织起巨大的交流合作网络。同时，移居海外的著名艺术家和华人已固定成为艺术节牵线搭桥的热心引线人，每年为艺术节举荐并洽谈许多项目。艺术节中心有意识培养这些引线人成为艺术节的剧（节）目代理，目前这样的代理人已在欧洲、澳洲、亚洲、美洲形成网络，为艺术节的参演剧（节）目建设起到了重要补充作用。现在每届艺术节的参演节目近三分之二是由艺术节中心自身联络获得，艺术节的嘉宾国文化周已初步排到了2008年。

7.进一步加强与区县政府的合作，充分发挥区县政府的积极性，这是艺术节群文活动取得成功的重要条件。

本届艺术节期间举办的宝山国际民间艺术节和南京路、豫园的“天天演”、静安寺的“周周演”等群众性文化活动，取得了社会各界的广泛欢迎和好评。与活动相关的宝山、黄浦、静安等区政府全力支持，积极投入人力、物力、财力。从策划到组织，从宣传到演出，各区的热情很高，因此，只要把各区县的力量积极调动起来，充分发挥区委、区政府和区属宣传文化系统的作用，艺术节的群文活动就一定开展得更加蓬勃兴旺。

（二）不足之处

我们在总结经验时，也清醒地意识到本届艺术节还存在一些不足之处，需要加以克服和解决，不断提升办节水平，把艺术节办得更好。

1.艺术节中心对报名加入艺术节的参演、参展项目要有规范的审批程序，对正式入选的参演、参展项目要有规范的合同文本，明确双方的权利、义务与责任（包括以票抵费、组委会购票折扣、领导邀请、礼宾统筹、宣传海报），以免临到艺术节时互相推诿扯皮。

2.本届艺术节开幕式的演出剧目因各种原因确定较晚，今后开、闭幕式演出剧目一定要早策划、早启动、早决断、早操作（包括演出实况转播版权等一系列相关事宜），要有充分的余地，以免临时仓促安排带来的被动局面。

3.细节决定成败，本届艺术节期间的100多场演出基本正常。但也出现剧院舞台顶灯爆裂而停演20多分钟和某场舞蹈中场休息时间过长以及高架对旗日期差错重新更换等小问题。今后要加强对剧场和演出团体以及制作部门的监管，以免发生类似事故。

4.由于个别演出单位所承办演出是代报批文形式，其经济利益不受票房影响。所以演出公司不关心项目出票情况，宣传不力，导致个别艺术质量较高的演出出票率很低。今后需在这方面加强监督和管理，并改善机制。

中国文化年鉴

Chinese Culture Yearbook

专业艺术

Professional arts

中国文化年鉴

综　述

2004年主要工作回顾

2004年，文化部艺术司在部党组的统一部署和分管部长的直接领导下，经过新老班子的接替和充实，全司同志团结协作，求真务实，创新工作思路，改善工作方法，开拓工作局面，较为圆满地完成了各项工作任务。

一、以“三个代表”重要思想为指导，加强文艺队伍的思想建设和职业道德建设

文艺工作者素有“人类灵魂工程师”之称。加强文艺队伍的思想建设和职业道德建设，是全面建设小康社会和繁荣社会主义文艺的要求，也是市场经济条件下坚守社会主义文艺使命的重要任务。在部党组的统一布置下，为加强文艺队伍的思想建设和道德建设，艺术司与人事司共同主办了以“三个代表”重要思想、马克思主义新闻观、职业精神与职业道德学习教育为内容的“三项学习教育”培训班。培训班以邓小平理论和“三个代表”重要思想为指导，认真贯彻十六大精神，落实中央人才工作会议部署，借鉴中央有关部门举办的新闻战线、艺术创作界培训班的经验，请孙家正部长等文艺界的领导以及文艺工作者的代表作讲座，结合文化系统和文艺工作的实际，对各自治区、直辖市、省文化团体的代表进行了培训，并通过他们对各地的工作产生了广泛而积极的影响。

在各地广泛开展“三项学习教育”的过程中，我们根据中央领导及部党组的要求，注重把握正反两方面的现象，把“三项学习教育”不断引向深入。在国务院授予常香玉同志“人民艺术家”荣誉称号之际，配合中宣部组织中直文艺界开展向常香玉同志学习，走“德艺双馨”艺术道路活动。鼓励文艺工作者学习常香玉同志对艺术精益求精、勇于创新的艺术品格，学习她贴近群众的艺术追求，学习她热爱祖国、热爱人民的火热情怀。与此同时，针对文艺界“假唱”、“身体写作”以及“吹捧炒作之风”等不良现象，根据部党组要求，及时组织“文艺界大力提倡德艺双馨座谈会”、“青年艺术家德艺双馨教育报告会”等，对少数文艺工作者放松自身道德修养，背离文艺为人民服务的宗旨，淡漠文艺的社会责任，盲目追名逐利的现象，对个别媒体不能摆正社会效益与经济效益的关系，热衷于隐私绯闻的做法进行了批评。这对于加强文艺队伍思想建设和职业道德建设，对于落实中央提出的文艺工作“三贴近”原则起到了积极的作用。

二、以国家舞台艺术精品工程为重要抓手，全面促进文艺创作生产和文化市场繁荣

1.在本年度的全国艺术创作会议中，认真审视和分析了当前全国文艺创作和国家舞台艺术精品工程的实施状况，探讨了在市场经济条件下繁荣文艺创作的路径和方法，研究了如何以国家舞台艺术精品工程为重要抓手，促进全国艺术生产和文化市场繁荣。

2.修订国家舞台艺术精品工程的评审标准，使演出场次和演出收入的量化分析成为评审标准的组成部分。评审标准的修订使国家舞台艺术精品工程的宗旨和具体实施办法体现了党的十六大精神和“三个代表”重要思想，更符合当前改革文化体制、繁荣文化市场的思路。在2003～2004年度国家舞台艺术精品工程“十大精品”的评选过程中，就采取了评审组评价与市场评价（包括演出场次和演出收入两个部分相结合的方式。将演出场次和演出收入纳入评审条件，是对上一年度观众参与评选办法的量化分析，它将促使精品生产面向市场，同时又通过市场来检验精品生产。与此同时，也对评审组的构成进行了调整，除各艺术门类的专家外，还广泛吸收专家、学者、演出经营人员、重要媒体资深文艺记者以及相关管理人员加入，这也促使当选的“精品”具有更广泛的代表性。

3.举办初选剧目研修班，帮助剧目进行修

改提高，同时又加大精品剧目的演出展销力度。在2003～2004年度初选剧目主创人员研修班中，由资深专家以讲座形式，针对当前舞台艺术创作中存在的问题与难点进行深入探讨，为主创人员修改作品启发思路。为使精品剧目真正做到“异时共存，异地共赏”，使“贡品”也成为人民群众所喜爱的精神食粮，我们已与有关部门接洽，加大精品剧目的演出展销力度。将于2005年4月在北京、5月在成都、10月在广州开展精品剧目演出展销活动，把最优秀的精神食粮奉献给人民群众。与此同时，努力通过音像制作扩大国家舞台艺术精品剧目的社会影响。艺术司与广州“俏佳人”音像公司联合制作发行的2002～2003年度十大精品剧目，已产生了良好的社会效益，今后将进一步进行这方面的工作。

4.完善国家舞台艺术精品工程剧本征集办法，实行项目扶持制度，使生产文艺佳作的工作重心前移。剧本征集是国家舞台艺术精品工程的重要组成部分，为鼓励新剧目创作并使优秀剧目的生产尽早得到扶持，今年对剧本征集办法进行了修订。一是加强了剧本征集的针对性，主要以已经与院团签订排演意向但又尚未进入排练演出的作品为主；二是由作者直接投稿改为各省、自治区、直辖市文化厅（局）申报，借此调动这一级文化主管部门的积极性；三是对入选剧本分别给予20万元至40万元的资金扶持，使这项工作抓手的重心前移，以提高成功率。

5.在普遍繁荣中抓精品剧目，以精品剧目促普遍繁荣，是一个工作的两个方面。为此，艺术司配合国家西部大开发战略的实施，为进一步提高西部地区文艺队伍的整体业务水平，促进西部地区精品剧目建设，先后开办了“西部作曲理论培训班”、“西部歌曲创作培训班（柳州）”、“西部舞蹈编导培训班（西安）”和“西部戏剧编导培训班（青海）”还举办了“聚集西部宁夏行”中国画画家西部写生创作展览活动。与此同时，为解决基层院团创作经费短缺、创作人员匮乏、演出剧目单一的状况，艺术司受部里委托，出资购置了12部思想性、艺术性和观赏性俱佳的优秀剧目的著作权，无偿提供给全国基层院团演出，不仅解决了基层剧团演出缺少优秀剧本的状况，而且将近年来创作的优秀作品送到广大群众中去，丰富了基层群众的文化生活，也使优秀作品的社会效益和经济效益得到最大程度的发挥。

三、加强对中直院团的联系和服务，促进中直院团艺术生产和机制创新

1.召开中直院团艺术生产工作会议。10个中直院团总结了2003年度的艺术生产情况，提出了2004年的创作和演出计划。陈晓光副部长在工作会议中针对中直院团的总结和计划作了重要讲话。孙家正部长在听取各院团长的工作汇报后与院团长们进行了座谈，孙家正部长既讲成绩，也讲不足，既讲经验，也讲教训，从“繁荣、改革、人才、班子”四个方面作了重要讲话，使中直院团的领导们明确了新的一年的工作思路。

2.组织“国家级院团五月演出季”。为落实部党组对中直院团“以繁荣创作为中心”的工作思路，本年继续组织了中直院团“演出季”。“演出季”共推出15台剧目、32场演出。演出的剧目有：中国京剧院的《五彩中华》和《杨贵妃》、中央芭蕾舞团的《红色娘子军》和《时代舞者》、国家话剧院的《九三年》、中央歌剧院的《塞维利亚理发师》、东方歌舞团的《蔚蓝色的浪漫》、中央民族乐团的《乐府画廊》、中国交响乐团的《钢琴交响狂想曲》和合唱《西域之歌》、中国儿童艺术剧院的《香格里拉》和《走近莎士比亚》等，演出展示了舞台表演艺术的国家水准，也展示了中直院团的艺术生产实力。

3.有效贯彻中直院团重点剧目扶持制度。为有效促进中直院团艺术生产，多出精品，多出人才，在《文化部直属艺术表演团体优秀剧（节）目创作专项奖金管理办法》的基础上，从所确定剧（节）目中再确定5台左右的“重中之重”剧目，加大扶持力度，力争推出真正的精品力作。

4. 建立司领导与中直院团的联络制度。三位司领导分别联系十个院团，通过深入各院团，在艺术司和中直院团之间形成密切的工作关系。这一制度的具体要求是，通过调研了解中直院团艺术生产的基本情况，协助中直院团做好艺术生产规划和安排，协助中直院团做好重点剧（节）目生产的实施。

5.继续完善中直院团演出奖励制度。从演出补贴经费中，列出专项经费，解决重点剧目的演出奖励，鼓励重点剧目多演出。奖励办法为：京剧、歌剧、交响乐演出超20场奖励50万元；舞剧、话剧、民族音乐超30场奖励50万元；歌舞、儿童剧演出超100场奖励50万元。这一举措不仅调动了中直院团艺术人员的积极性，而且使各院团正确处理了生产与改革的关系，在深化体制改革的过程中，紧紧抓住艺术生产，为逐步建立起符合艺术规律和市场经济规律的管理体制和运行机制向前迈了一大步。

四、争取国家立项以促进文化建设，努力提高建设先进文化的能力

1.制定《国家昆曲艺术抢救、保护和扶持工程实施方案》。为贯彻落实党中央和国务院领导同志关于进一步抢救、保护和扶持昆曲艺术的重要批示精神，组织调查小组，分赴全国昆曲院所在地郴州、永嘉、杭州、上海、南京、苏州、北京进行调研，并完成《关于昆曲沿革兴衰的历史》、《关于昆曲现状的调查报告》。经与财政部协商，从2005年到2009年，国家财政每年出资1000万元扶持昆曲艺术，由此制定了《国家昆曲艺术抢救、保护和扶持工程实施方案》，并于11月25日至27日在苏州召开全国昆曲工作会议，部署了今后5年的昆曲工作：（1）抢救一批濒临失传的传统剧目；（2）创作一批昆曲新剧目；（3）对优秀传统折子戏进行录像；（4）保护昆曲历史文献和资料；（5）扶持公益性推广演出；（6）昆曲人才培养。以上六方面工作的落实，为进一步做好昆曲艺术的抢救、保护和扶持工作打下了良好的基础。

2.制定《国家美术作品收藏和捐赠奖励实施办法》。由文化部和财政部设立的、专门用于对国家美术作品收藏和捐赠奖励的专项资金共2.5亿元，每年5000万元。《实施办法》规定了资金的奖励范围、奖励条件、组织机构以及具体的管理与使用原则，保证国家对优秀美术作品的收藏，鼓励艺术家、收藏家及社会各界人士向国家捐赠优秀美术作品，丰富国家的美术收藏。

3.成功申报“国家重大历史题材美术创作工程”。国家重大历史题材美术创作工程以繁荣美术创作为中心，坚持“二为”方向和“双百”方针，作品主要表现中国波澜壮阔的反帝、反封建、反殖民主义斗争和社会主义革命、建设的重大历史事件。作品计划包括中国画、油画、雕塑（包括壁画、浮雕）作品共100件，于2008年10月之前全部完成。国家重大历史题材美术创作工程成立专门的工程领导小组和艺术委员会，拟定《国家重大历史题材美术创作工程实施办法》并设立一个亿左右专项资金，专款专用，保证创作工程的顺利实施。

4.《国家重点地方剧种文化生态保护工程》和《国家交响乐整理、保存、推广工程》等方案也在积极草拟申报之中。

五、确立由办向管转换的工作思路，认真落实并圆满完成中央交办的各项重大任务

1.在纪念邓小平诞辰100周年、庆祝建国55周年等大型文艺晚会的创演活动中，改变以往政府部门直接操办活动的做法，在工作思路上实现了由办向管的转换。

纪念邓小平诞辰100周年大型文艺晚会《小平你好》以中国歌舞团为创演主体，建国55周年大型文艺晚会《五星红旗迎风飘扬》以东方歌舞团为创演主体，充分调动了中直院团的积极性并发挥了其创演优势，产生了很好的效果。大型文艺晚会《小平你好》，热情讴歌了邓小平同志对中国革命、改革开放和社会主义现代化建设的丰功伟绩。晚会大气磅礴，情深无限，令人感怀，催人奋进。大型文艺晚会《五星红旗迎风飘扬》，展现了共和国建立55周年来，特别是改革开放26年来的伟大实践和辉煌成就，展示了全国各族人民在党的领导下意气风发、昂扬向上、建设伟大祖国的壮阔情怀和豪迈风采，晚会气势恢弘、景色绚丽、异彩纷呈、高潮迭起。两台晚会都得到了中央领导同志的高度赞扬和广大观众的热烈欢迎。另外，以东方歌舞团为创演主体的、欢迎金正日访华的文艺晚会，也获得了圆满成功，得到了金正日的高度赞扬并应邀随同李长春同志出访朝鲜演出。

2.文化部春节晚会多年来一直以代表国家水准的作品和人才的展示，以高雅的艺术品位和清新的审美情趣，博得海内外广大电视观众的高度评价。但为办好晚会，艺术司每年都要抽调相当人力，投入到具体的晚会创作和制作中。根据部领导的指示，本年定向委托东方歌舞团组织实施文化部春节电视文艺晚会，此举将充分调动艺术表演团体和相关文化企业的积极性和创造,实现艺术资源的充分利用与整合。

3.充分尊重并发挥活动举办地政府的积极性，成功举办了包括第七届中国艺术节在内的多项活动。第七届中国艺术节从整体上体现为“人民的节日，艺术的盛会”，它的成功举办极大地满足了广大人民群众的精神文化需求。第七届中国艺术节坚持改革，创新机制，积极探索“政府主导、社会参与、市场运作”的新路，促进艺术与人民、艺术与时代、艺术与市场的结合，是推进文化体制改革的一次有效探索，也是文化艺术战线贯彻邓小平理论和“三个代表”重要思想的一次成功实践。演出剧目的充实和评奖机制的改革，使第七届中国艺术节成为目前中国档次最高、规模最大的国家艺术盛会。在第七届中国艺术节中，将专业舞台艺术的“文华奖”与“中国艺术节奖”合并，“文华奖”的评选活动与“群星奖”的评选活动一并成为中国艺术节的主体活动内容，由此大大丰富了艺术节的内涵，提高了艺术政府最高奖、体现国家舞台艺术和群众活动最高水准及最新成果的艺术盛会。

4.在艺术司代部举办的其他各项活动中，我们都勇于创新工作思路，开拓工作局面，使老活动办出了新面貌，办出了新水准。例如：5年一届的全国美展是我国影响最大、规模最大、最具权威的综合性美术展览，是孕育优秀美术作品的摇篮和推出优秀美术人才的重要渠道。第十届全国美展在筹备中特别强调创作要表现中国艺术精神和民族艺术特色，为此，在艺术设计展区首次设立“和而不同——设计让人们的生活更美好”的主题，展览反映了在经济全球化的文化语境下，中国当代设计的专业分布和学术思考，体现了中国设计界对诸如本土设计、产业结合、生态环境保护、以人为本等问题的关注。

第四届中国京剧艺术节中，首次设立京剧武戏擂台赛，对京剧武戏的传承和创新起到了积极的促进作用；京剧节期间安排的儿童题材京剧展演活动，则为未成年人思想教育提供了优秀的传统艺术精神食粮。庆祝建国55周年现代戏展演，强调了戏剧艺术贴近实际、贴近群众、贴近生活的“三贴近”原则，取得了很好的社会效果。

全国流行音乐新人选拔赛是政府首次举办的全国流行音乐赛事，这不仅是政府对大众音乐文化的肯定，也是规范、引导音乐发展繁荣的重要手段。第六届全国舞蹈比赛首次打破了职业与非职业的界限，并打破舞种界限，有效促进了舞蹈界的繁荣和舞蹈艺术的发展。

第六届全国杂技比赛注重市场运作，不仅票房一路飙升，而且利用比赛拉动了国外市场。第四届全国小品比赛不仅推出一批具有强烈时代气息的作品，而且使小品成为一种自成体系的艺术样式。

六、加强艺术司干部自身思想建设、作风建设和队伍建设，使艺术司成为有凝聚力和文化建设能力的优秀集体

1.思想建设。艺术司组织全司党员干部认真学习《中国共产党党内监督条例（试行）》、《中国共产党纪律处分条例》、《中共中央关于加强党的执政能力建设的决定》和《行政许可法》。通过学习使全体党员干部充分认识到，

作为全国文化艺术主管部门的管理者，要有足够清醒的认识，必须做到防微杜渐，防患于未然，始终保持个人的清廉，努力按照党员干部的标准严格要求自己，自觉维护党纪条规的尊严，认真履行责任和义务，做遵守和维护党的纪律的模范。按照“四大纪律，八项要求”，同党中央保持高度一致，维护党的严肃性，不断增强党的创造力、凝聚力和战斗力。

2.队伍建设。通过工会举办的广播体操比赛等活动，积极培养集体荣誉感；通过跨处室联合参与活动，在同事之间形成良好的团结协作关系。无论是对工作的意见或建议，还是个人的想法和看法，司领导和一般干部、同事之间都能以坦诚的心态做充分有效的沟通。大家认为，只有充分沟通，才能心往一块儿想，劲往一处使，才能真正把工作做好。

3.作风建设。牢固树立求真务实的工作作风，竭诚为人民服务，这是艺术司全体党员干部通过组织学习“德艺双馨报告会”后形成的共识。司领导要求将这一共识贯穿在各项工作中，要求每项活动事先有详尽的方案，事后有全面的总结。本年度确定的司领导与中直院团的联络制度，正体现了求真务实的作风建设，得到了院团的欢迎与关注。

4.信息建设。在《艺术通讯》上长期开设“文化体制改革大家谈”栏目，关注文化改革，追踪改革热点难点，进行探讨和交流。认真编写工作简报，报送文化要情，建立艺术信息报送网络，沟通工作渠道，为上级领导与主管部门做好参谋。

七、以管促办，以大带小，统筹考虑，努力创新2005年的各项工作

1.继续抓好繁荣文艺创作和演出的基础工程。2005年是国家舞台艺术精品工程实施的第三个年头，我们要在头两年的基础上，对精品剧目提出更高的要求，以真正实现精品剧目占有市场、服务大众、流传久远的目标。与此同时，随着国家重大历史题材美术创作工程，国家昆曲艺术抢救、保护和扶持工程，20世纪美术作品收藏和捐赠奖励等项目的实施，一方面在不断创新中增加国家新的文化积累，一方面使传统的艺术瑰宝在新的时代中再度辉煌。

2.加强大型文艺活动的针对性，有效实现文艺创作的“三贴近”。2005年是抗日战争和世界反法西斯战争胜利60周年，组织举办相应的音乐会及优秀剧目展演，能唤起广大人民群众的爱国热情和图强意识。同时，根据中央“加强未成年人教育”及关注“三农”问题的工作重点，将举办全国儿童新剧目展演，如有可能，也将推出农村题材剧目展演。我们还将继续购买一部分优秀剧目的演出权，为繁荣基层文化而“送戏（剧本）下乡”。

3.继续深化国家级艺术院团的改革，实现人才、剧目并举，创作、演出共荣。文化部直属的国家级艺术院团，在全国艺术表演团体中一直具有代表性、示范性和导向性。在新的一年中，我们不仅要促其产生优秀人才，而且要促其生产优秀剧目，不仅要促其剧目艺术水准高，而且要促其市场效益好。为此，要促其进一步深化改革，不仅在用人制度、分配制度等方面深化，而且要深化其创新意识、经营理念，使其不仅在名称上而且在实力上都真正无愧于“国家级”，也使其不仅在艺术生产上而且在机制改革上也无愧于其代表性、示范性和导向性。

2004年全国艺术创作工作会议

2004年全国艺术创作工作会议于3月23日～25日在江城武汉召开。来自全国各省、自治区、直辖市、计划单列市文化厅（局）、解放军总政宣传部以及中直院团的负责同志参加了会议。文化部副部长陈晓光到会并作了主题报告。艺术司司长冯远主持了会议。

今年创作会议的主旨是：坚持一切从实际出发的原则，以求真务实的精神，认真分析和审视当前全国艺术创作和国家舞台艺术精品工程的状况；探讨在市场经济条件下舞台艺术创作繁荣发展的基本规律；研究如何以国家舞台艺术精品工程为龙头，带动全国艺术创作步入良性循环，为繁荣我国的文艺事业奠定坚实的基础。

在分组讨论中，与会同志高度评价陈副部长的主题报告实事求是、求真务实，与刚刚结束的“两会”精神一脉相承。各地、各单位的同志讨论、交流了抓好艺术生产、促进艺术繁荣的经验体会，还对精品工程提出了有益的意见和建议。

本次会议特邀文艺评论家李准、作家苏叔阳、编剧黄维若、导演陈薪伊以及上海文广局艺术总监马博敏作了专题发言。他们的发言或从创作角度、或从艺术管理角度，就当前舞台艺术创作与生产中的突出问题发表了看法，发言生动活泼、深入浅出，信息量丰富，受到了大家的欢迎。

本次会议期间，还举行了国家舞台艺术精品工程2003～2004年度初选剧目签约仪式。国家舞台艺术精品工程领导小组办公室主任、艺术司司长冯远与初选剧目演出单位及所在省、市、区文化主管部门签订了创作生产责任制，总额1585万元的前期资金已经到达院团。从3月至8月份，由院团对初选剧目进行修改加工，10月份开始，文化部继续采用专家、领导、观众三结合的方式进行选拔验收；2005年春节前后，本年度精品剧目将在北京举行展演。

文化部举办全国文化系统“三项学习教育”培训班

2004年6月1日至4日，文化部在京举办“三项学习教育”培训班，来自文化部直属单位，各省、自治区、直辖市及计划单列市的部分文艺团体领导干部参加了学习教育活动。

培训期间，学员们学习了李长春同志在与第一期新闻媒体总编辑和台长培训班学员座谈时的讲话、刘云山同志在第二期新闻媒体和台长培训班上的讲话等“三项学习教育”的重要文献，听取了领导、专家的专题讲座。

文化部部长孙家正进行动员，并作了题为《关于文化发展的三个问题》的讲课，重点阐述了文化的方向问题、建设问题和创新问题，提出要正确处理事关文化发展全局的“八大关系”，踏踏实实搞好“五大建设”。中宣部副部长李从军阐述了文化工作的战略地位和作用，分析了文化产业发展的基本状况和问题，并对文化体制改革特别是艺术院团改革的重要性和基本做法作了深刻的分析。培训班还邀请了全国影视创作重大题材领导小组副组长、文艺评论家李准和中国人民大学教授葛晨虹分别就文艺精品创作、文化领域职业道德等课题，为学员们进行了讲授。文化部副部长陈晓光在总结讲话中，要求各级文化部门充分认识文化系统开展“三项学习教育”的重要意义，采取积极措施把学习教育活动推向深入，把“三项学习教育”与牢牢把握文艺方向、坚持“三贴近”原则、繁荣文艺创作、推进文化体制改革、实施文化人才战略等文化工作实际紧密结合起来，在实践中学习，在实践中提高。

学员们反映，培训班办得十分及时，很有必要，大家通过学习，收获很大。

一是统一了思想。通过学习，更加清醒地认识到贯彻“三个代表”重要思想、坚持马克思主义文艺观、加强职业道德和职业精神的重要意义。学员们认为，必须坚持马克思主义的指导地位，用“三个代表”重要思想统领文化工作全局，用“三贴近”的要求指导艺术生产。河南省豫剧三团的学员从豫剧《村官李天成》的成功中得到最深的体会是，创作人员必须与基层群众打成一片，咀嚼他们的酸甜苦辣，体察他们的精神世界，感受他们的喜怒哀乐。该剧的成功证明，只要坚持“三贴近”，主旋律作品也能得到市场的青睐。学员们认为，文艺队伍职业道德建设是当前一项刻不容缓的重要任务，是队伍建设的重中之重。职业道德建设一定要坚持马克思主义文艺观，建立行业道德规范，建立激励和惩罚机制。

二是明确了目标。就是要树立和落实科学发展观，以繁荣和发展为中心，以改革和创新为动力，扎实推进思想理论、组织队伍、法规制度、基础设施和文化业务建设，促进文化事业的全面繁荣。学员们认为，当前文化体制改革的任务十分紧迫，党中央、国务院越来越重视文化体制改革，中央领导同志的多次批示和中央有关文件为文化部门的改革指明了目标和方向，而文化体制改革实践在试点单位的逐步深入，必将为全国的改革提供示范性的经验和指导。

三是增强了信心。学员们认为，党的十六届三中全会明确提出了“坚持以人为本，树立全面、协调、可持续的发展观”，文化建设既是落实科学发展观的重要方面，又是实现科学发展观的文化保证。今后一个时期是文化发展的重要战略机遇期，一定要牢牢抓住。通过学习，学员们认清了形势，交流了经验，增强了做好文化工作的信心，坚定了繁荣文艺、为人民群众提供更多更好精神文化产品的信念。

学员们在讨论中也提出了一些建议：

一是关于文艺创作的方向问题。学员认为，必须正确处理“一家”与“百家”的关系。艺术上的争鸣是可以的，但指导思想上不能含糊，那就是必须坚持马克思主义的指导地位。当前文艺界出现了一些不能令人民群众满意的小说、影视作品，对未成年人的成长产生了不良影响，应该引起文艺界的警惕和自省，文化工作者有责任和义务为社会营造健康、良好的文化环境。当前意识形态领域并不是风平浪静，新疆、厦门的学员结合实际说，一些分裂分子、“台独”分子经常利用文化、语言文字大做文章，鼓吹“疆独”和“台独”。文化工作者必须坚定立场，排除“杂音”，始终坚持正确的方向。

二是关于改革的问题。有的学员认为，剧团改革是系统工程，不是仅靠文化部门出台一个文件就能解决的，目前改革缺乏法律、法规和制度保障，相关部门协调不够，实施起来经常碰壁，因此建议各有关部门加强沟通协调机制。有的学员认为各地、各剧种的条件和情况千差万别，建议在制定改革方案时不要搞“一刀切”。有的学员认为，在制定改革政策时，要防止重视经济效益、轻视社会效益的倾向。还有人建议加强对国外文化管理经验的研究借鉴。

三是关于人才建设的问题。首先是班子建设。市场经济对剧团领导者的素质提出了更高的要求，学员们感到过去的一些领导方法已经不适应新的形势了，建议加强对领导班子成员的培训，把一些能吃苦、会创新、懂管理、善经营的干部充实到班子中去。其次是专业艺术人才的问题。目前人才断档、青黄不接的问题在艺术院团普遍存在，一些剧种存在“人亡艺绝”（指老艺人去世后对剧种的影响）的危险。一些西部地区的学员提出，希望文化部直属院团及北京、上海等条件好的剧团，帮助西部剧团培养艺术人才。

四是关于职业道德建设的问题。学员们指出，现在一些明星一首歌要价几十万，各种绯闻、丑闻不断，在群众中造成很坏的影响，严重影响文艺工作者的社会形象；他们建议有关部门出台办法遏制这些不良现象，同时应大力树立、宣传像豫剧大师常香玉一样德艺双馨的先进典型，号召文艺界向他们学习，自觉抵制不正之风。他们还指出，现在一些媒体热衷于追捧明星，对各种花边新闻津津乐道，而对大多数文艺工作者的辛勤工作报道不力，建议媒体客观地报道文化新闻。

文化部已对进一步深入开展“三项学习教育”活动提出要求，全国文化系统将按照中央部署，在近期掀起开展“三项学习教育”活动的热潮。

首都艺术界呼吁艺术家德艺双馨

4月8日，文化部召开“文艺界大力提倡德艺双馨座谈会”，与会的老中青艺术家们严肃批判了当前文艺界出现的一些不良现象，认真剖析了其中原因，并纷纷为加强文艺队伍作风建设建言献策。

与会艺术家认为，文艺界的一些不文明现象，如所谓的“假唱现象”、“罢演风波”、“演艺圈潜规则交易”、“身体写作”、“吹捧炒作之风”、“评奖暗箱操作”等等，已经玷污了文艺工作者的形象，在社会上形成了不良影响。词作家任志萍把文艺界出现的一些不文明“作品”称为“假冒伪劣产品”，甚至是毒害社会的“有毒产品”。歌唱家刘秉义说，有些青年演员不是脚踏实地提高艺术功底，而是依靠高密度的炒作包装努力迅速走红，这种怪现象污染了青年演员的心灵。全国十大杰出青年、京剧表演艺术家于魁智说，有些人千方百计通过不正常手段评上高职称，其实名不符实，给院团管理、艺术事业发展带来不利。中国国家交响乐团指挥李心草说，艺术院校招生中的种种黑幕已经影响了教学效果。如果教学出了问题，文艺人才梯队建设就会出问题。

与会艺术家认为，上述问题在当前社会转型期有越演越烈之势。少数人放松了自身修养，背离了文艺为人民服务的宗旨，面对种种诱惑，急功近利，心态失衡，忽视社会责任，盲目追求名利；一些单位和媒体没有摆正社会效益与经济效益的关系，混淆是非评判标准，也对种种不良现象起到推波助澜的作用。这些现象如不及时遏制，对文化事业的发展贻害无穷。

艺术家们认为，加强文艺队伍作风建设，必须认真学习和落实中央提出的“三贴近”原则。艺术家要从自身做起、从现在做起，加强自身修养，走德艺双馨之路。歌唱家刘维维说，艺术家要把良心还给人民，脚踏在中国的大地上，为中国老百姓服务。艺术来自人民、应当回报人民。舞蹈家贾作光说，艺术家被称为人类灵魂的工程师，如果自己的灵魂就不干净，又如何能去净化别人的灵魂?要加强思想改造，把人民的情感化为自己的情感。不能单纯以市场价值的好坏评价艺术家的成败，人民是文艺工作者的母亲，真正的艺术家属于人民。总政歌剧团团长王祖皆说，高尚的道德情操是文艺工作者的立身之本，智慧之源。真正优秀的文艺名家不是自封的，也不是炒做出来的，而是靠执着的追求和脚踏实地的努力干出来的。歌唱家孙毅说，艺术家应当反省自己是否做到了“三个一致”：党和人民给予的荣誉与自己做出的贡献是否相一致，社会地位与自己的公众形象是否相一致，人民对自己的厚爱与自己对人民的回报是否相一致。

要遏制和解决文艺界的种种不良风气，光靠文化部门的努力还不够，需要全社会通力合作，进行综合治理。首先，政府部门要加强引导。琵琶演奏家吴玉霞说：“提倡德艺双馨，需要政府方面培植一种土壤，营造一种环境。也就是要明确弘扬什么，反对什么”。任志萍说：“要奖惩分明，树立正面典型，处罚那些不文明行为”。刘秉义说，要规范演出市场，对假唱、漫天要价等问题加强管理。新闻媒体要予以配合，把握正确的文艺导向。表演艺术家史红梅、舞美专家苗培如建议要加大主旋律创作的宣传力度，对优秀演员和作品，进行有意识的普及和推广。马跃、王蓉蓉、刘维维等艺术家提出，媒体要增强社会责任感，加大正面宣传。第二，艺术教育要不断完善。提高群众的文化素质和艺术欣赏水平，用高雅艺术占领文化市场。第三，文艺工作者要成为塑造社会形象的带头人。艺术家是精神文明的建设者，又是社会公众人物，因此，应该加强职业道德建设，注重自己的形象建设，为全社会的精神文明建设起到表率作用。

国家舞台艺术精品工程

2003～2004年度国家舞台艺术精品工程初选剧目评语

继2002~2003年度“十大精品剧目”和20部“精品提名剧目”冠名授牌之后，2003~2004年度的国家舞台艺术精品工程初选剧目已经评选产生。在各地送报的76部作品中，经各专家组认真选拔推荐，有24部作品成为2003~2004

年度国家舞台艺术精品工程的初选剧目。同时，根据“动态管理”的原则，对首轮“精品提名剧目”中有潜力冲刺“精品剧目”者，经演出单位的申报和专家组的遴选，有6部作品滚动进入2003~2004年度“初选剧目”。

2003~2004年度国家舞台艺术精品工程的推荐选拔工作，特别对现实题材予以关注，强调作品的创新意识；同时，还将通过强化演出场次等硬性指标，使“异时共存、异地共赏”、“三性”统一的标准更具有可操作性。我们希望广大文艺工作者和广大观众一起来关注这项重要的演艺文化建设，关注国家舞台艺术精品工程。

《膏药章》　京剧　湖北省京剧院演出

江湖郎中膏药章因救小寡妇而卷入“风化案”，本与革命不沾边却又阴差阳错地被推到革命漩涡之中，一系列的误会和巧合，引发了一段啼笑皆非而又辛酸无奈的故事。

该剧描写了辛亥革命这一中国历史大变革时期一个普通小人物的情感历程和人生际遇，以特有的视角和叙述方式，艺术地揭示了这一特定历史时期底层人物的命运遭际和辛亥革命的不彻底性。全剧情节起伏跌宕，语言风趣幽默，节奏张弛有度，表演生动传神，充满着机趣和滑稽的喜剧氛围，看似荒诞，实则深刻，具有较好的观赏性。

《凤氏彝兰》　京剧　云南省京剧院演出

彝家女叶子与汉人秀才赵明德渐生情愫，但赵囿于汉家礼俗而失去机缘，反把叶子推入土司凤世雄怀中。凤世雄死后，在抢夺土司权柄的家族争斗中，九死一生的境遇使原本善良的叶子产生了掌握权柄的强烈欲望，并最终登上了土司宝座。于是，一个越来越像主子的女人与一个越来越像奴才的男人演绎了一幕人间悲剧。

该剧十分真切地刻画了权力对于人性、情感的异化。女主人公内心丰富复杂的变化细腻真切，与她相伴的男主人公的奴化过程也较为真实。该剧既有浓郁的地域色彩，又带有普遍的人性意义，体现了欲望与情感的纠缠与冲突。作品的叙事风格有强烈的个性特点，张扬着生命的野性和力度。

《班昭》　昆剧　上海昆剧团演出

为给《汉书》找到合适的继承人，14岁的班昭嫁给了二师兄曹寿，但曹寿不耐寂寞，游走宫廷。兄长临终，班昭毅然继承了父兄遗志，在经历了夫亡、友散等生活、情感磨难后，在大师兄马续的支持和感召下，班昭终于完成史学巨著。

该剧描写班昭一生感情生活的不幸和坚守书斋的心路历程，并通过马续与曹寿的人格对比，高扬了知识分子的文化使命感和矢志不渝、为事业默默奉献的精神。班昭的扮演者综合运用旦角行当各种表演元素把人物少年时的天真活泼、青年时的情感激荡、中年时的落寞苦闷、老年时的恬淡平静刻画得相当自然、生动，为戏曲舞台塑造了少见的古代女学者形象。此剧从文本到舞台艺术，对继承与创新、高雅与通俗的辩证关系，作出了富有成效的探索。

《变脸》　川剧　四川省川剧院演出

这是一部以变脸技艺为载体，集中展现民国初年黑暗的时代情状和病态的社会众生相的悲剧，该剧通过江湖艺人水上漂与一个被贩卖7次年仅9岁的小女孩狗娃之间悲欢离合的感人故事，表现了在那个凄风苦雨的年代底层艺人的凄苦命运，以及他们与命运的抗争和搏斗。

该剧充分发挥戏曲本体功能，调动川剧帮打唱的独特艺术手段，妥帖地将水上漂和狗娃的情感纠葛和悲剧命运层层推进。全剧构思奇巧，情节跌宕，表演情感浓烈，慑人心魄，音乐苍凉悲壮，风格鲜明。该剧展示了20世纪初叶的巴蜀风情。

《徽州女人》　黄梅戏
安庆市黄梅戏二团演出

这是百余年前徽州一个幽蔽的小村落中所发生的一个凄婉的故事：一个15岁的女子满怀着羞涩与憧憬嫁至婆家，丈夫却剪下辫子出走了。女子独守空房35载，盼到丈夫归来，却同时见到丈夫从外面另娶的妻子。

作品通过对这样一个被伤害的女性的独特关注，表达了对其生存境况背后的封建文化的批判和反思。

该剧的演出，以对舞台艺术语汇的积极开拓，对现代舞台技术手段的积极调动和对营造舞台美感的着意追求，对戏剧情感的诗化表达，形成了自己鲜明的特色，在黄梅戏的发展和创新方面做出了有益的探索，让人耳目一新。

《董生与李氏》　梨园戏

福建省梨园戏实验剧团演出

塾师董生受彭员外临终嘱托，监视彭之寡妻李氏以防其再嫁。董生在无奈中履行其承诺，却因此与李氏产生了爱情，进而“监守自盗”。最后，他们克服了自身的心理障碍，战胜了彭员外幽灵的淫威，结为夫妻，争取到幸福的生活。

本剧主要故事情节取材于尤风伟现代农村题材短篇小说《乌鸦》，而改为古代戏，重新对主要人物的身份、性格及情节发展作了安排。该剧在梨园戏传统结构的框架下，富于传奇色彩，人物性格鲜活生动，语言诙谐幽默，表演细腻典雅，生动地描写了古代社会生活及下层人物追求美好生活的不懈努力。

《秋天的花鼓》　花鼓戏

长沙市花鼓戏剧院演出

这是一出表现当前基层剧团生存状态的现代戏。一个面临生存困境的县剧团，被接到贫困的山村演出，在演出费没有着落的情况下，一场不小的波澜发生了。然而，乡亲们的真诚与热情，使演员们深受感动，决定为村民们解困义演，并从中获取了精神力量和生存启示。

该剧通过有趣的情节展示了大众心理中那种浓郁的艺术情结和文化激情，形象而鲜明地揭示了人民需要艺术，艺术更需要人民这样一个非常具有现实意义的主题。演出充满了乡土气息和花鼓戏特有的温馨喜悦，不仅能与文艺工作者产生强烈的共鸣，并深受广大普通观众的欢迎，有着良好的市场前景。

《木兰传奇》　龙江剧

黑龙江省龙江剧院演出

豆蔻年华的花木兰代父从军，在军营受到校尉金勇呵护，结为兄弟。该剧通过花木兰与金勇等人物间颇具戏剧性的关系，展示了在特定情境下人与人的战友情、兄弟情乃至儿女情。更为突出的是，这一切又都能自然而然地升华、凝聚为“荣辱得失身外事，兴国安邦赤子情”的爱国情怀，渗透出一种带有理性色彩的悲壮美。该剧的二度创作也较出色，既充分发挥了龙江剧的特色，又较全面地展示了演员唱、念、做、舞的表演技能，具有很强的观赏性。

《胡风汉月》　评剧

石家庄市评剧院青年评剧团演出

东汉末年，战乱频仍。一代才女蔡文姬家毁父亡，没入南匈奴。蔡文姬在匈奴12年，逐渐适应了北方草原的文化与习俗。董祀奉丞相曹操之命用重金赎回蔡文姬，文姬的情感陷入痛苦之中。但她最终以国家大业为重，别夫离子，踏上了回归之路。

该戏围绕蔡文姬在北国草原先留后去的感情纠葛，展开一系列矛盾与冲撞，通过对蔡文姬身上体现的汉文化与匈奴文化融汇过程的描述，刻画了主要人物蔡文姬和左贤王的鲜明性格。该戏的唱词和道白既文雅又通俗，提高了评剧的文学品位。同时，该剧在音乐上富于地域色彩，增强了剧种的表现力。

《村官李天成》　豫剧

河南省豫剧三团演出

这是一出以树立新时期优秀“村官”典型为主旨的豫剧现代戏。在力求准确把握时代精神的基础上，比较成功地塑造了一个带领群众跨越小农经济藩篱、闯市场脱贫致富的基层干部形象。

该剧从当前农村产业调整、社会转型的种种现实矛盾中提炼戏剧冲突，贴近生活、贴近群众。在解决冲突中，以真切的心理刻画和情感抒发，努力展示人物的思想境界和人格魅力。该剧演出风格质朴，演员表演和舞台处理既有浓郁的时代特征和生活气息，又较好地发挥了歌舞化的戏曲特点。

《驼哥的旗》 粤剧 深圳市粤剧团演出

故事发生在抗日战争敌我相持的岭南山区。经营小饭馆的驼哥在国、共、日拉锯战中，委曲求生，国民党来了，他就挂起青天白日旗；东江纵队来了，他就挂起镰刀铁锤的大红旗；日寇来了，他又挂起膏药旗。在艰难处境中，他与被战争拆散姻缘的金兰相识相知，与已经参加东江纵队的赵大明冰释误解。在日军的疯狂搜索中，在国民党军卖国求荣、残害百姓中，他最终觉醒，面对日军的进犯，驼哥挂起了红旗。

该剧通过驼哥等一群小人物的遭遇，真实生动地再现了乱世中普通百姓的苦难、无奈、坚忍，直至在现实的教育下走向觉醒与反抗，并最终团结在中国共产党红旗下的演变历程。作品选材独特，开掘较深，人物鲜活可信，以小人物、小事件折射出大时代、大背景，让观众在会心一笑中体味人生况味及时代真谛。全剧富有幽默感，夸张而不失分寸，岭南地方特色鲜明，是一部不可多得的现代戏。

《满都海斯琴》 内蒙古剧

内蒙古民族歌舞剧院演出

满都海斯琴是500年前蒙古族女英雄，她为了内蒙古的统一与富强，为了蒙汉团结，两度舍弃了真挚的爱情，辅佐两代可汗，平息了100多年来蒙古各部落的内部战乱，维护了中华民族的和平、统一和草原的繁荣昌盛。

该剧在戏剧形式、音乐风格、题材开掘等方面都作了大胆的尝试，为内蒙古剧的发展奠定了良好的基础，并以新颖、独特的艺术表现形式体现出浓郁的内蒙古剧的特色和风格。通过突出历史积淀与现代意识的有机统一和歌、舞、剧的紧密结合来演绎故事情节，成为仙蒙古剧发展过程中的一次成功实践。

《生死场》 话剧 国家话剧院演出

本剧改编自萧红的同名小说，该剧在思想性与艺术性上都作了深入开掘，这部带有叙事诗品格的乡土话剧，描写苦难深重的中国农民，从愚昧求生到凝聚起奋起抗争的精神，走上觉醒之路。导演在舞台呈现中，努力探索和充分运用民族戏剧美学的写意手法、大幅度的肢体语言、流动的心理时空和强烈的戏剧节奏，演绎了有声有色的人物与故事。

《父亲》 话剧 辽宁人民艺术剧院演出

母亲和大女儿、小儿子、小女儿正在等待父亲出院回家。父亲回来了，大哥宣布他主动辞职了，父亲一下子晕倒……父亲恳求领导让大儿子回工厂上班，大儿子拒绝了，但头一笔生意就让姐夫和同伙骗走巨款；大女儿愤然离婚，走上街头卖报纸换取微薄收入；小儿子爱上发廊妹，遭到父亲反对，到建筑工地干活又受伤；只有大学毕业的小妹到开发区一家国企找到了岗位……父亲以一双受残的手卖起了羊肉串……

该剧以浑厚有力的现实主义表现手法，丰富、真实、生动地反映了转型时期一个工人家庭的生存状态和精神风貌。父亲和他的子女们在艰难困苦中的跋涉和奋起，表现了这个家庭成员的顽强生命力和不屈不挠的意志，其强烈的精神张力十分感人。此剧具有丰富的思想内涵和审美价值，具有较强的现实意义。作品生活底蕴丰厚，充满真挚的情感。

《虎踞钟山》 话剧

南京军区政治部前线话剧团演出

话剧《虎踞钟山》艺术地再现了新中国成立初期著名军事家刘伯承元帅来到南京钟山脚下，创办新中国第一所军事院校这一段鲜为人知的故事。剧情随着几位军人跌宕起伏的命运变迁和悲欢离合的感情历程展开，描写了以刘伯承元帅及将军学员们为代表的一代革命军人，在新中国成立之初我军从战争走向和平阶段，面向现代化、正规化建设的新课题所经历的艰难转折。

该剧站在世纪之交的高度，将新中国成立初期的历史同今天改革开放的大变革联系起来，找到了时代的共鸣点，让历史风云震荡观众心灵，揭示了我军建设与时俱进、永葆胜利之师的深刻主题。剧中塑造了一系列各具特性、血肉丰满的革命历史人物，挖掘出了他们各自的心灵闪光点与独特表达方式，并通过有效的组织结构和舞台调度，使之鲜活生动，富于戏剧性和喜剧色彩，增强了可看性和戏剧效果。

《又一个黎明》　话剧

陕西人民艺术剧院演出

一个同歹徒搏斗受伤的英雄在医院治疗时，才发现自己儿时的一场恶作剧竟然毁了一个人的一生。围绕着这一事件，诸多人物上演了一幕真诚与虚假、真实与谎言、宽容与怨恨的人间戏剧。

该剧是一部探索、剖析当代人内心世界和社会道德价值观念的作品。思想深刻，贴近生活，内涵丰富，主题深邃。作品通过人物的自省与反思，提出了当代人精神困境这一现实问题，有较强的思辨色彩和思想深度。

《万家灯火》　话剧

北京人民艺术剧院演出

随着改革开放的不断深入，普通人的生活出现了越来越多的变化。《万家灯火》以北京南城百姓近10年的生活变迁为主线，以金鱼池地区危旧房改造为背景，表现了北京老城居民的生活环境和生活状态，反映了党和政府为改善群众生活所做出的实际成效。

该剧以多场次的结构形式，写实的艺术笔触，真实地、广角式地再现了北京老城居民日常生活中的快乐与辛酸、幸福与不幸，以及对美好生活永不放弃的希望和感激之情。艺术家们充分发挥了他们善于刻画市井百姓和小人物的特长，以对北京生活的熟悉，驾驭语言的艺术功力，特别是善于挖掘生活细节以及人物性格上的幽默和喜剧性等，成功地塑造了一群可亲可信可感的人物形象。

《爱尔纳·突击》　话剧

北京军区政治部战友话剧团演出

性格懦弱的许三多入伍后在雷厉风行的钢七连是个孬兵，在班长的鼓励帮助下，从一个唯班长是从的弱兵，成长为一个个性独立的好兵。

该剧是一部对军旅话剧具有创新突破的好戏，也是一部洋溢着清新气息的好戏。该剧以一个憨直朴实的士兵内心发展为经，以军队现代化建没进程为纬，烘托出可爱的士兵形象。从生活中提炼出来的名词，由凡人小事中生发出的哲理，让人在诙谐的氛围和剧情发展中得到感悟。

《红领巾》　儿童剧

北京儿童艺术剧院演出

欢乐的假期生活开始了。郝强等几个少先队员一起到郊外游玩。有的人就用红领巾做成游泳裤下水游泳。奇特的事情发生了——他们掉进了时光隧道，转眼间回到了20世纪30 年代。他们遇到了铁柱、二娃子等团员。两代少年经历了相认、相知、相通的心路历程，终于在特定的战争环境中融为一体。为建立新中国，铁柱他们都牺牲了。少先队员们经过血与火的洗礼，长大了，懂事了，他们将继承烈士的遗志，为了美好的明天而努力。

该剧具有较强的现实意义和鲜明的时代特征，立意高远，构思独特。该剧创作者回避了枯燥的说教，以诗意与浪漫的手法，对现代少年进行革命传统教育，构建了一个新颖奇特的故事。本剧的剧作、导演、表演、舞美、音乐和谐统一，具有很强的观赏性。

《一二三，起步走》　儿童剧

江苏省苏州市滑稽剧团演出

山村女孩安小花陪老师来苏州联系城乡联合办学事宜，由于城里同龄小男孩孙发发的恶作剧，老师病发住院。小花为了解决住院费用的燃眉之急，毅然做钟点工去赚钱，谁知，来到的正是孙发发家。从此，她与孙发发，以及这个城市中的一批长辈、同龄人相遇，于是，师生之间、父母子女之间、城市乡村几代人之间产生了思想、行为、道德的碰撞。几经周折，他们对人生道路上应该怎样“一二三起步走”产生了新的理解和追求。

全剧倾力塑造了小花这个栩栩如生的农村儿童形象，在她身上既显示了传统美德的光彩，又显示出现代儿童积极向上、关心他人、敢闯敢干的品质。她和三个城市儿童的心灵冲撞与沟通，让我们看到现代少年儿童勇于探求生活真谛的可贵精神。该剧第一次用滑稽戏的艺术形式表现儿童剧的内容，丰富了儿童剧的剧目建设，独特的风格样式、充满激情的艺术表现赢得了社会广泛的关注，具有积极而广泛的社会影响。

《原野》　歌剧　中国歌剧舞剧院演出

该剧表现在中国这块古老的土地上，封建思想与伦理道德对人性的全面扭曲与束缚，深刻地揭示了反封建的严肃主题。

该剧剧本简洁，戏剧性较强，为音乐提供了较好的基础，其台词也较口语、本色，时有佳句。音乐感情浓烈，将音乐性和戏剧性很好地统一起来。在风格把握和语言的运用上，借鉴西方音乐的新手法，做了可贵探索。导演敏锐地抓住原著的表现主义特征，加以探索，全剧力求做到虚实互补，再现与表现结合得较为完美。

《我心飞翔》　歌剧　总政歌剧团演出

该剧以新中国成立初期一批海外学子冲破重重阻力，回归祖国、报效祖国的感人事迹为素材，塑造了以秦时钺为典型的一代中国知识分子的艺术形象，讴歌了中华民族“自强自立，生生不息”的伟大民族精神。通过主人公艰难曲折的人生历程，使人们深刻地认识到，在这个充满机遇、挑战和竞争的时代，人才的培养和竞争是实现“中华崛起，民族复兴”的关键所在。

该剧把重大的思想主题蕴涵于高雅的艺术体裁中，在严肃的正歌剧中融入现代的、时尚的审美元素。剧本、音乐简练精巧，较好地表达了新中国成立初期我党争取尖端科学家们归国这一段历史，具有鲜明的爱国主义思想和科技兴国强军的思想内涵。

《八桂大歌》　民族歌会

广西柳州市歌舞团演出

歌会由“劳动”和“爱情”这两大人类基本活动的需求为主要内容，构成两个篇章，展示广西各民族人民的生存状态、价值理想、民族活动和生命意义。

该作品整体上给人以气势恢弘、色彩绚丽的印象。既体现出丰厚的民族文化底蕴，又飘洒出清纯的民族风情色彩。它以质朴而优美的民歌，串起“劳动”和“爱情”篇两部画卷，以新颖的艺术形式，尽情演绎和礼赞了八桂大地上各族人民的生活风貌。

《天地人和》　交响乐

上海交响乐团演出

该作品由朱践耳不同历史时期创作的四部具有代表性的交响音乐作品构成，它们分别是：节日序曲、第六交响曲《3Y》、唢呐协奏曲《天乐》和第十交响曲《江雪》。作品对民族音乐的交响化和交响音乐的民族化进行不断探索，充分体现了天、地、人、和的思想。

该作品在音乐会演奏思维方面，强调虚实合一、情理合一、神形合一；写作技法方面突出传统与现代合一、有调性和无调性合一、民族性和国际性合一的特点，达到了较高的境界。

《瓷魂》　舞剧　江西省歌舞剧院演出

这是一个在瓷都景德镇家喻户晓的故事。青年窑工高岭双喜临门：一喜是即将与师妹青花结为夫妻；一喜是亲手烧制的瓷盘即将大功告成。但是，当婚礼的喜乐奏响之时，师傅青泰手起锤落，砸碎瓷盘。高岭迷惘、痛苦、绝望。师傅告诉他，瓷无魂，有如人无心，必须将精魂融入瓷中，瓷品才有真正的灵性。在师傅的鼓励下，高岭、青花踏上了漫漫寻瓷之路。他们在塑造新瓷，也在重塑自我。烧制新瓷时，窑体欲炸，青泰、高岭、青花争相护窑，在瓷灵的感召下，青花从容步入熊熊窑火，年轻的生命凝结成不朽瓷灵。全剧由碎瓷、问瓷、寻瓷、塑瓷和祭瓷五幕构成。

该剧主题突出，立意深远，借助民间传说的陶瓷文化背景，宣扬了中华文化的魅力，提倡为创建民族优秀文化而献身的高尚精神。该剧舞蹈可视性强，语汇清晰，个性鲜明，几位主要人物的塑造是成功的。

《妈勒访天边》　舞剧
南宁市艺术剧院演出

《妈勒访天边》是一个古老而年轻的故事。相传在很久以前，壮族的祖先生活在没有阳光的地方，为了邀请太阳光临阴暗寒冷的家乡，一位美丽的孕妇带着对光明和温暖的渴望到天边去寻访太阳。她没有走完寻访太阳的路，儿子——“勒”接过了她的拐杖继续母亲的道路。在他的身后，相继出现无数双赤脚朝着同一个方向走去，走向太阳升起的地方……

该剧根据壮族的一则神话衍生。围绕寻找太阳火种的戏剧动机，精心设计了若干事件和场景，主题寓意深刻，故事情节洗练而富于诗意。剧中舞蹈色彩丰富，个性比较突出，双人舞编排富有创意。剧中大型唱诗歌队的综合舞台运用，营造了壮族史诗般的艺术氛围，舞台美术和服装设计新颖巧妙，有效提升了舞台艺术形象的品位。

《风雨红棉》　舞剧　广东歌舞剧院演出

该剧以1927年广州起义为背景，以脍炙人口的“刑场上的婚礼”为故事进行结构。该剧通过周文雍、陈铁军经历了血与火考验的爱情，谱写了一曲动人的生命之歌。

舞剧《风雨红棉》的演绎立意清晰，剧情紧凑而流畅；音乐有时代感，富有激情；舞美简洁而具地方特色。尤其是编舞的独到，给予两个主人公很好的刻画。全剧洋溢着浓郁的革命浪漫情怀和青春气息，激发起当代观众很高的审美热情。

《阿炳》　舞剧　无锡市歌舞团演出

舞剧《阿炳》以阿炳青年时期的一段人生经历，浓缩了他坎坷的一生，通过他的心路历程和人生感悟，揭示了真、善、美是人类永恒不灭的理想追求。该剧由序幕《生》、一幕《知》、二幕《爱》、三幕《葬》、四幕《死》、尾声《泉》六部分组成，塑造阿炳、琴妹及阿炳父母4位个性鲜明的人物形象，表现了在旧中国封建伦理道德的禁锢下所造成的两代人的悲惨命运。

该剧以丰富的想象力和新颖的舞蹈语言取得了艺术上的成功。一是把拉二胡的形象提炼成具有鲜明人物个性的舞蹈；二是寄情于琴，寄声于舞，在人性情爱的交织中深化了主题，使题材内容和人物形象达到了艺术的和谐统一。全剧结构凝练、编舞流畅、音乐动听、舞美简洁，有着深厚的江南文化底蕴。

《大梦敦煌》　舞剧　兰州歌舞剧院演出

该剧以闻名世界的敦煌为背景，刻画了青年画师莫高不断追求艺术最高境界的坚忍形象和将门之女月牙冲破封建桎梏、忠贞不渝的纯洁真情。

以舞剧形式表现敦煌已属不易，但经过合理的剪裁材料，以莫高、月牙的爱情故事为主线，准确地呈现并把握了敦煌文化的精髓，为这一文化艺术宝库的宣扬添加了宝贵的一笔。该剧多角度地调动各种艺术手段，使作品成为一部精美的艺术佳作。

《大红灯笼高高挂》　芭蕾舞剧
中央芭蕾舞团演出

故事发生在上个世纪20年代。一个年轻的女子被强行塞入花轿，拼命地抗争最终未能摆脱悲剧命运，她成了老爷的三姨太。在唱堂会、打麻将的终日消磨中她利用短暂的机会与昔日恋人——戏班中年轻的武生相会，恋情却被居心叵测的二太太发现。在二太太的告密下，老爷当场捉拿了越轨的这对恋人，幻想夺回宠爱的二太太换来的却是老爷的一记耳光。在失意的痛苦中，二太太将满院的红灯笼撕得粉粹。震怒之中的老爷将一对恋人和二太太送上刑场。在死亡面前，他们尽释前嫌，用爱和宽容彼此拥抱。

该剧具有强烈而鲜明的艺术追求，创意独特，制作精良，大胆地吸收融汇多种艺术形式的精华，并做到完整、统一、协调。全剧结构紧凑，一气呵成。戏剧情节连贯流畅，亮点不断。音乐具有浓郁的民族风格，舞美、服饰设计精美，想象力丰富。

2003～2004年度国家舞台艺术精品剧目评审办法

一、评审宗旨

贯彻落实党的十六大精神和“三个代表”重要思想，坚持“二为”方向和“双百”方针，坚持贴近实际、贴近生活、贴近群众，坚持把社会效益放在首位，实现社会效益和经济效益的统一，坚持公开、公平、公正的原则，推出一批具有强烈时代精神和艺术魅力，代表当前我国舞台艺术发展的最高水准，思想性、艺术性、观赏性相统一的精品力作，促进社会主义文艺事业的繁荣发展和积累创新。

二、评审标准

1.作品具有时代精神和现实意义，形象鲜活，内涵丰厚，能够代表当前本艺术品种的最高水平。

2.作品在继承本艺术品种的特色和传统的基础上，具有创新意识和推陈出新意义，有助于推动本艺术品种发展。

3.作品具有独特的艺术表现力、较强的艺术感染力、较高的艺术价值和较强的艺术生命力。

4.作品雅俗共赏，喜闻乐见，在坚持社会效益的前提下，体现社会效益和经济效益的统一。

三、评审方式

（一）精品工程剧目选拔采取评审组评价与市场评价相结合的方式

其中，市场评价由剧目演出场次和演出收入评价两部分组成。

（二）评审组评价方式

评审组对初选剧目进行现场观摩后，每位成员对30台剧目进行排序，采用顺位法统计出每台作品的排序，折成序号对应分即为评审组评价得分。

（三）市场评价方式

1.核定演出场次和演出收入。演出场次与演出收入以该剧目最近三年（2001年9月1日至2004年8月31日）的年平均场次和年平均演出收入计，不到三年的以实际演出时间的年平均场次、平均收入计。

2.演出收入和演出场次分别乘以区域系数和艺术品种系数。区域系数以东中部和西部两个区域的近三年年平均文化事业费为参照，大致为东中部为1，西部为1.2；艺术品种系数根据近年来不同艺术品种的市场演出情况为参照，大致为：舞剧为1，歌剧、昆曲、交响乐为1.5，其他艺术品种为0.6。

3.演出场次与演出收人分别排序、折分，按演出场次与演出收入7：3的权重相加，再行排序。

4.排出最终顺序后，折成序号对应分即为市场评价得分。如出现分数并列，参考演出场次排序而定。

（四）评审组评价得分与市场评价得分按6：4的权重相加

得出剧目总得分如出现分数并列，参考市场评价排序而定。

（五）得分前十名剧目经国家舞台艺术精品工程领导小组审定批准为本年度精品剧目，并通过新闻媒体向全社会公布

排名第11～20的作品，经院团申报、专家论证、精品工程领导小组审定，可滚动进入下一年度精品工程初选剧目。滚动进入的数量不超过6台，每台剧目滚动进入的机会只限一次。

四、演出场次和演出收入申报

评审之前，参加评审的艺术院团，向国家舞台艺术精品工程领导小组办公室申报初选剧目的演出场次和演出收入情况。申报内容包括：

1.艺术院团演出场次、演出收入数量及相关证明。

2.所在省级文化主管部门业务部门复核意见。

3.所在省级文化主管部门纪检监察部门审核意见。

五、评审组组成

1.评审组成员约30人，由专家、学者、演出公司经理、剧场经理、重要媒体记者以及文化部、财政部的相关管理人员组成，其中专家学者占50％以上。

2.评审组成员须公正、正派，具有良好的社会形象、较高的艺术成就和知名度。

3.评审组成员实行严格回避制度。凡参与初选剧目的策划、编剧、导演（编导）、表演、音乐（作曲）、舞台美术、灯光设计等工作的人员（以节目单为准），将一律回避，不参加评审工作。

4.评审组成员实行轮换制度。每届评审，应更换评审组成员总人数的1/3以上。除特殊情况外，评审组成员任职一般不超过三届。

六、评审纪律

1.精品工程评审坚持公开、公平、公正的原则。评审组成员采取社会公示制度。评审组成员个人对前十名剧目的排序将视情况向社会公布。中纪委驻文化部纪检组对推荐选拔工作实施全程监督。

2.评审期间，评审组成员不得接受相关院团及其有关人员的宴请和财物；不得徇私舞弊，为参评剧目说情拉票；不得在结果公布之前透露与评审结果有关的情况。违纪行为查证属实的，将根据情况给予取消该成员的评审结果、取消该成员参加其他艺术活动资格等处理。构成违法犯罪的，将依法追究法律责任。

3.接受评审的艺术院团，应当如实申报初选剧目的演出场次、演出收入等资料，不得弄虚作假，向评审组成员进行送礼行贿等违纪违法行为。如有弄虚作假、送礼行贿，经查实的，国家舞台艺术精品工程办公室将视情节予以通报批评、取消该剧目评审资格等处罚。已获得精品剧目的，取消精品剧目称号。情节严重构成违法犯罪的，将依法追究相关责任人的法律责任。

4.各省、自治区、直辖市文化厅（局），对本地本部门申报材料负有监督审核责任。如未尽到责任，造成不良影响的，将视情节给予通报批评、取消所在省、自治区、直辖市一至三年申报国家舞台艺术精品工程资格等处罚。

2003～2004年度国家舞台艺术精品工程授牌仪式

2003～2004年度国家舞台艺术精品工程授牌仪式于2005年1月12日在北京国安剧院举行。国务委员陈至立出席并向荣获“十大精品剧目”的院团授牌。

文化部部长孙家正、副部长孟晓驷，财政部部长助理王军为《妈勒访天边》等20台“精品提名剧目”颁奖，文化部副部长周和平、赵维绥为《蓝花碗·金豆子》等8部优秀剧本颁奖。授牌仪式由文化部副部长陈晓光主持。广西壮族自治区副主席吴恒、文化部部长助理丁伟等也出席了仪式。

相较于第一年度，2003~2004年度国家舞台艺术精品工程精品剧目评审工作进行了调整和完善：在评审组构成上，由专家、学者、演出经营人员代表、媒体资深文艺记者代表以及文化部、财政部的相关管理人员共同组成，使评审队伍具有更广泛的视野，更具代表性；在评审办法上第一次将演出场次和演出收入纳入评价体系，采用评审组评价与社会评价相结合的方式，统筹考虑艺术门类差异和区域差异，从而使社会效益和经济效益得到进一步的统一；特别是评选结束后将在北京、广州和成都三地的展演活动将为精品剧目提供一个展示的舞台，使它们进一步接受观众和市场的考验，在服务大众的过程中，不断提高自身艺术质量，继续发掘自身潜力，锻炼并打造出思想性、艺术性和观赏性相统一、能够经得起群众和历史检验的优秀作品。选拔机制的不断完善标志着这项旨在提高艺术产品质量、着眼艺术产品文化积累的文化建设工程取得了一个阶段性的进展。

财政部已经将国家舞台艺术精品工程作为专项资金绩效考评试点项目。要通过绩效考评使这项事关文化建设的工程办得更好，越办越好。

本次授牌仪式也是正在召开的全国文化厅（局）长会议的重要组成部分。参加本次全国文化厅（局）长会议的各省、自治区、直辖市以及各省会城市的文化厅（局）长出席了授牌仪式，并同首都各界群众一起观看了2003~2004年度十大精品剧目之一的“广西民族歌会”《八桂大歌》。该歌会由“劳动”和“爱情”两个篇章构成，气势恢弘、色彩绚丽，既体现丰厚的民族文化底蕴，又飘洒出清纯的民族风情色彩，展示了广西各民族人民的生存状态、价值理想和生命意义。精彩的演出充分展示了国家舞台艺术精品的形象，受到与会领导和观众的一致赞扬。

为配合全国文化厅（局）长会议的召开，国家舞台艺术精品工程办公室特别制作了“国家舞台艺术精品工程展览”。对这一工程实施两年来所取得的成果作了图片和影像展览。出席全国文化厅（局）长会议的国务委员陈至立同志与文化部部长孙家正等部领导参观了展览。

2003~2004年度国家舞台艺术精品工程十大精品剧目揭晓

（附获奖名单）

2003~2004年度国家舞台艺术精品工程精品剧目，经过近一年的加工打磨和一个多月的评选审议，已经正式揭晓。通过评审组评价与社会评价相结合的评价方法，舞剧《大梦敦煌》、话剧《父亲》、儿童剧《一二三，起步走》、歌舞《八桂大歌》、话剧《虎踞钟山》、梨园戏《董生与李氏》、舞剧《大红灯笼高高挂》、京剧《膏药章》、川剧《变脸》、话剧《万家灯火》等10部作品荣获了2003~2004年度“十大精品剧目”的称号。以上顺序也是“十大精品剧目”综合评价的排序。

由文化部和财政部联合实施的国家舞台艺术精品工程，是一项提高艺术产品质量、着眼艺术产品文化积累的文化建设工程。一年一度的精品剧目评审，是一个优秀作品选拔、打磨和积累的过程，是一个在普遍繁荣基础上择善求精的过程。经过各地文化主管部门的选拔，80多台剧目申报了2003~2004年度国家舞台艺术精品工程初选剧目。经过专家评审，先期推荐了30台初选剧目。30台初选剧目产生后，中央财政专项拨款1500多万元，初选剧目所在地也都投入了相应的资金，使这些剧目在演出实践中不断听取各方面意见，扎实认真地进行加工打磨，艺术质量有了明显提高。除已获“十大精品剧目”称号的剧目外，还有约1/5左右、具有较大提升潜力的初选剧目，将根据“总量控制、动态管理、滚动发展”的原则，滚动进入下一年度的精品工程初选剧目行列，在演出实践中继续修改提高，去竞争下一年度的精品剧目。对于已经获得十大精品剧目称号的剧目，也将通过持续演出接受观众和市场的考验，通过服务大众而逐渐提高并显现“异地共赏，异时共存”的“经典”品质。

国家舞台艺术精品工程的顺利实施，需要自身运作机制的不断完善来支撑。根据上一年度精品工程的实施情况，精品工程办公室对遴选机制和评审办法进行了修订和完善。一是进一步明确了评审标准，对“精品剧目”的内涵作了比较明确的解释：要求作品具有时代精神和现实意义，形象鲜活，内涵丰厚，能够代表当前本艺术品种的最高水平；在继承本艺术品种的特色和传统的基础上，作品要具有创新意识和推陈出新意义，有助于推动本艺术品种发展；作品要具有独特的艺术表现力和艺术感染力、较高的艺术价值和艺术生命力；作品要雅俗共赏，群众喜闻乐见，在坚持社会效益的前提下，体现社会效益和经济效益的统一。二是对评审组成员构成进行了微调，使评委的代表面有所扩大。评审组由专家、学者、演出经营人员代表、媒体资深文艺记者代表以及文化部、财政部的相关管理人员组成，其中文艺界的专家学者占2/3以上，实现了评委人数的精简。三是本年度精品剧目评审采用了评审组评价与社会评价相结合的方式。社会评价由剧目演出场次和演出收入两部分组成，通过统筹考虑艺术门类差异和区域差异，对各剧目近一年的年平均演出场次和演出收入进行了定量分析。为确保统计数据的真实性，此次评审要求各院团递交的相关材料必须出具演出合同、演出收入凭证等相关证明，同时签署省级文化主管部门和纪检监察部门的审核意见。

获得“十大精品剧目”的作品，表现现实题材的有5台，较之去年的入选作品有很大改观。这些作品深刻地反映出文艺工作者对现实生活独特而丰富的观察、思考与体验。一些历史题材的作品也都具有较强的现实性或真善美的指向性，艺术家站在时代的高度，对传统文化和历史精神进行了创造性的继承和弘扬。本年的“十大精品剧目”，绝大多数演出场次都超过了百场。舞剧《大梦敦煌》、《大红灯笼高高挂》、话剧《万家灯火》等作品都是近几年演出市场上常演不衰的剧目，有的还在国外引起了强烈反响。儿童剧《一二三，起步走》演出场次更是高达3000多场，并被多个院团、剧种移植改编，取得了社会效益与经济效益的双丰收。

2003~2004年度“十大精品剧目”的揭晓，只是精品工程年度规划的一个阶段性成果。对这些作品进行展演和推广，使其进一步接受市场和观众的检验，将是下一阶段重要的工作内容，并已定于2005年4月份在北京、5月份在成都、9月份在广州举办“十大精品剧目”的展演，此举也分别得到了北京市、四川省、广州市政府及文化主管部门的支持。同时，“十大精品剧目”音像资料的发行工作也即将展开。国家舞台艺术精品工程的实施以及精品剧目的推广工作有赖于社会各界的广泛支持，共同促进我国舞台艺术的全面繁荣和健康发展。

十大精品剧目名单（以得分高低为序）

舞剧《大梦敦煌》　甘肃省兰州歌舞剧院
话剧《父亲》　辽宁人民艺术剧院
儿童剧《一二三，起步走》　江苏省苏州滑稽戏剧团
歌舞《八桂大歌》　广西柳州市歌舞团
话剧《虎踞钟山》　南京军区政治部前线话剧团
梨园戏《董生与李氏》　福建省梨园戏试验剧团
舞剧《大红灯笼高高挂》　中央芭蕾舞团
京剧《膏药章》　湖北省京剧院
川剧《变脸》　四川省川剧院
话剧《万家灯火》　北京人民艺术剧院

滚动进入2004~2005年度初选剧目的作品名单（以得分高低为序）

舞剧《妈勒访天边》　广西南宁市艺术剧院
昆曲《班昭》　上海昆剧团
话剧《生死场》　国家话剧院
舞剧《瓷魂》　江西歌舞剧院　江西艺术职业学院
儿童剧《红领巾》　北京儿童艺术剧院
龙江剧《木兰传奇》　黑龙江省龙江剧院

2003~2004年度国家舞台艺术精品工程剧本征集扶持办法

一、征集宗旨

为确保国家舞台艺术精品工程的顺利实施，加大对新创作品的扶持力度，不断推出优秀艺术作品，促进全国文艺创作繁荣，根据《国家舞台艺术精品工程实施方案》有关规定。进行2003~2004年度国家舞台艺术精品工程剧本征集和扶持工作。

二、征稿要求

1.体现先进文化前进方向，贴近实际、贴近生活、贴近群众，讴歌民族精神和时代精神，颂扬美好生活，具有深刻思想内涵。提倡和鼓励创作现实题材作品。

2.语言生动、情节感人、人物鲜明，具有较高的思想性、艺术性和观赏性。

3.具有较好的社会效益和经济效益前景。

4.剧本体裁包括戏曲、话剧、歌剧、音乐剧、舞剧、儿童剧等，题材不限。

5.剧本须未经排演。

三、剧本申报

1.各省、自治区、直辖市文化厅（局）、新疆生产建设兵团文化局主管的艺术表演团体决定排演的剧本，由上述文化主管部门申报。

尚未有院团排演的剧本，作者可以经由所在地文化主管部门申报，也可以经由其他省份文化主管部门申报。

每个文化主管部门申报数量不超过3部。

2.文化部直属院团直接向精品工程办公室申报，每院团申报1部。

3.部队系统由总政宣传部申报，申报数量不超过3部。

4.中央有关部委（单位）所属院团经主管部门同意后直接向精品工程办公室申报，每院团申报1部。

四、评审程序

国家舞台艺术精品工程办公室聘请专家组成“剧本评审委员会”，对应征剧本进行评审和推荐。本着优中选优、宁缺毋滥的原则，选出10部左右入选剧本，并报国家舞台艺术精品工程领导小组审核确定。

五、扶持办法

1.经选定的剧本为“国家舞台艺术精品工程资助项目”。国家舞台艺术精品工程办公室与文化主管部门和演出单位签订排演协议，根据艺术品种区别，向演出单位提供20~40万元的经费支持。

2.入选剧本中尚未有院团排演意向的，评审委员会认为具有较高艺术价值和市场潜力的，将由精品工程办公室向全国有实力的艺术院团进行推荐。院团与作者达成排演协议的，列入国家舞台艺术精品工程资助项目。

3.列入国家舞台艺术精品工程资助项目的作品应当在精品工程办公室规定时间内立于舞台，进行公演。

4.排演单位按合同和国家相关规定向作者支付版权费用。

5.按照国家舞台艺术精品工程的要求，对于确定项目各地政府应给予相应的配套投入。

六、其他事项

1.各申报单位自行安排本地区、本单位剧本征集工作，认真填写申报表，并须于2004年10月30日之前报送国家舞台艺术精品工程办公室。

2.剧本来稿一式两份，须打印稿，并备有软盘。来稿不再退还，请留好底稿。

3.入选作品将于2004年12月10日前后，在《中国文化报》等新闻媒体公布。

4.申报地址：文化部艺术司综合研究处

邮　编：100020

地　址：北京市朝阳门北大街10号

联系电话：65551768 65551769

电子邮箱：ystx@china.com.cn

2003～2004年度国家舞台艺术精品工程剧本征集入选作品

2003～2004年度国家舞台艺术精品工程剧本征集工作基本结束。根据修改后的剧本征集扶持办法，本年度共收到各省、市、区文化厅推荐的剧本54部，除2部舞剧、舞蹈诗作品不符合申报资格外，实际有效申报52部。这些作品分戏曲组，话剧、儿童剧、曲艺组和歌剧、音乐剧、歌舞剧组进行了评选。文化部监察局对评选过程实施了全程监督。

戏曲组作品数量最多，共收到35部申报作品。从总体上看，在历史题材、新编历史剧以及现实题材创作三方面都有一定成绩，现实题材创作尤为突出。反映戎冠秀成长的《蓝花碗·金豆子》（编剧：刘兴会）在英模人物塑造上有一定突破。反映艾滋病题材的《飘扬的红丝带》（编剧：张毅、原长松）直面现实、质朴感人。描写历史人物的《大儒还乡》（编剧：齐致翔、王志梧、杨戈平）以独特视角开掘心灵深处，具有现代意识。《金圣叹快事》（编剧：周长赋）等作品也获得较好的评价。

在话剧、儿童剧、曲艺申报作品中，国家话剧院的《红尘》（编剧：霍达、王为政）、上海市文广局申报的《道拉斯先生到达之前》（编剧：贺国甫、宗福先）分获第一、二名。

在歌剧、音乐剧、歌舞剧申报作品中，湖北省歌舞剧院的音乐剧《大三峡》（编剧：李穗）、中央歌剧院的歌剧《杜十娘》（编剧：居其宏）分获第一、二名。

剧本征集是国家舞台艺术精品工程的重要组成部分，对于鼓励新剧目创作具有积极意义。2002~2003年度国家舞台艺术精品工程曾经评选了《秦始皇》、《伙夫县长》等5部作品，向全国艺术院团推荐。

本年度入选的8部作品的排演单位将获得20万元的资助，编剧也将获得5万元的奖金。国家舞台艺术精品工程办公室将对以上剧目进行跟踪指导，确保剧目早日立于舞台，进行公演；同时，将敦促各地政府给予相应的资金配套投入。

2004~2005年度国家舞台艺术精品工程申报工作会议

乘着第七届中国艺术节圆满落幕的东风，在2003~2004年度国家舞台艺术精品工程精品剧目评审工作即将展开之际，10月11日~13日，2004~2005年度国家舞台艺术精品工程申报会议在美丽的蓉城成都隆重举行。来自全国各省、自治区、直辖市文化厅（局）的负责同志60余人，齐聚锦官城，总结近两年来国家舞台艺术精品工程的成绩，共商舞台艺术发展的百年大计。文化部副部长陈晓光同志出席会议并作重要讲话。艺术司司长于平、副司长蔺永钧、刘中军参加了会议。

国家舞台艺术精品工程申报工作会议已经召开过两次。2002年8月，首届精品工程申报会在山东烟台召开。2003年9月，首轮（2002~2003年度）精品工程推荐选拔工作评审间隙，在春城昆明举行了第二次精品工程申报工作会议。陈晓光副部长在第二届申报会上作了重要讲话，就进一步做好精品工程工作提出了四个问题：艺术生命力问题、艺术质量问题、市场竞争力问题以及精品剧目的生长环境问题。

现在，首轮精品工程已经基本完成，第二年度也完成了确定初选剧目、加工修改初选剧目等工作，尤其是在总结首轮精品工程成败得失的基础上，对精品剧目的评审办法和剧本征集办法已进行了修订和完善。值此评审活动即将开始之际，召开第三次申报会议，部署第三个年度精品工程各项工作，无疑具有重要意义。

本次申报会议上陈部长的讲话共分为三个部分：2003~2004年度初选剧目的修改加工情况；2003~2004年度精品剧目评审办法和优秀剧本征集办法修订情况；2004~2005年度精品工程申报工作的几点要求。

10月13日的大会发言和分组讨论中，北京市文化局艺术处处长汪丽娅、上海市文广局艺术处处长吕晓明、福建省文化厅副厅长范碧云、江苏省文化厅剧目工作室主任陈晶、广东省文化厅副厅长余其铿、四川省文化厅副厅长胡继先分别介绍了本省本市在实施精品工程、繁荣艺术创作中的做法和经验。这些省市采取得力措施，在近两年的艺术创作和精品工程剧目加工修改中取得较好成绩。例如：江苏省设立了省精品工程；福建省积极争取地方政府支持，加强基础建设，加大人才培养力度；广东省积极修改加工《风雨红棉》，赢得文华大奖；四川省利用开展艺术活动推出人才；北京、上海都在首轮精品工程评审中捧回"金牌"。

与会同志高度赞扬了实施精品工作的重要作用。有的同志建议，精品工程不要只开展5年，应该坚持下去，而且在可能的情况下，把现有的专项资金上升为国家艺术基金。对于精品工程评审办法和剧本征集办法的修订和完善，大家给予了肯定，认为修订后的办法更客观公正，也更科学合理。尤其是，把演出场次、演出收入纳入评价体系，并根据不同艺术品种、不同地域进行核定，是精品工程的创举。代表们希望，今后精品工程能在宣传推广、展演巡演方面加大力度，不断扩大精品工程的社会影响。艺术司有关同志表示，将认真听取大家的意见和建议，积极完善和规范精品工程的各种运作机制，把精品工程做得更好。

2004～2005年度国家舞台艺术精品工程初选剧目名单

（附评语）

编者按：2004～2005年度国家舞台艺术精品工程初评工作于2004年12月中旬在京进行。经过专家的认真审看，并经文化部、财政部批准，24部作品当选2004～2005年度国家舞台艺术精品工程初选剧目。按照“总量控制、滚动发展”原则，上年度获提名剧目的《妈勒访天边》等6部作品，同时滚动进入2004～2005年度初选剧目。

京剧昆曲（4台）

《图兰朵公主》（京剧） 中国京剧院
《狸猫换太子》（京剧） 上海京剧院
《班昭》（昆曲）★ 上海昆剧团
《宦门子弟错立身》（昆曲） 北方昆曲剧院

地方戏曲（8台）

《木兰传奇》（龙江剧）★黑龙江省龙江剧院
《老表轶事》（花鼓戏） 湖南省花鼓戏剧院
《凤阳情》（评剧） 天津评剧院
《梦断婺江》（婺剧） 浙江婺剧团
《人影》（唐剧） 河北省唐山市实验唐剧团
《程婴救孤》（豫剧） 河南省豫剧二团
《补天》（吕剧） 山东省吕剧院
《迟开的玫瑰》（眉户戏） 陕西省戏曲研究院青年团

话剧（6台）

《生死场》★ 国家话剧院
《立秋》 山西省话剧院
《黄土谣》 总政话剧团
《平头百姓》 南京市话剧团
《凌河影人》 辽宁人民艺术剧院 朝阳话剧团
《秋天的二人转》 哈尔滨市话剧院

儿童剧（2台）

《红领巾》★ 北京儿童艺术剧院股份有限公司
《宝贝儿》 济南市儿童艺术剧院

音乐剧（2台）

《五姑娘》 嘉兴市文化局艺术中心 浙江艺术职业学院
《赤道雨》 海政歌舞团 海政电视艺术中心

舞剧（4台）

《妈勒访天边》★ 广西南宁市艺术剧院
《瓷魂》★ 江西省歌舞剧院 江西职业艺术学院
《红河谷》 江苏省无锡市歌舞团
《惠安女人》 福建省歌舞剧院

歌舞（3台）

《云南映象》 《云南映象》文化产业发展有限公司
《一个士兵的日记》 总政歌舞团
《秘境之旅》 中国歌舞团

木偶（1台）

《钦差大臣》 福建省泉州市木偶剧团

（带★者为滚动入选作品）

初选剧目评语

《图兰朵公主》 京剧 中国京剧院

《图兰朵公主》原是一部意大利歌剧，一个传说中的中国故事。京剧改编者以东方人的审美视点和价值取向，运用京剧艺术精美的表现手段，对这一通过外国人视野折射出的中国故事和带有诡异复仇色彩的人物性格、心理，重新进行了改造。京剧《图兰朵公主》以图兰朵与卡拉夫这对青年男女的爱情为线索，以生动的舞台语汇展示了卡拉夫与图兰朵相识、相认、相恋的曲折过程。同时编织出陆玲与铁木尔·燕蓟王的爱怨纠葛，强调真诚与理解，从而赋予这一故事更具血肉浓情和真诚挚爱的丰富内涵。

邓敏、黄炳强、魏积军等主要演员唱做俱佳，功底深厚。导演对多种艺术手法的运用强化了本剧的表现力。该剧舞台场景灿烂恢弘、壮丽明快，颇具审美价值。

《狸猫换太子》 京剧 上海京剧院

北宋年间，真宗的李、刘二妃先后有孕。刘妃为争后位，与内侍郭槐定下毒计，以狸猫换太子，诬陷李妃产下妖孽，将李妃贬入冷宫。

宫女寇珠与大内总管陈琳，冒风险暗将太子送与八贤王抚养。7 年后，真宗立八贤王抚养的赵祯为太子。刘后、郭槐恐当年的阴谋败露，定计逼死寇珠并火焚冷宫。李妃遇救逃出，流落民间。陈琳因助李妃出逃受疑，惨遭迫害……11 年后，少帝赵祯临朝亲政。流落民间的李妃因悲呼“赵桢我儿”，被解送开封府问罪。包拯审讯时发现案涉宫闱，遂查找人证。刘后、郭槐先下手毒死陈琳。岂料，陈琳的养女寇玉将其密折辗转送至包拯。包拯又设计“阴审”郭槐，获得口供，并得八贤王挺身作证，沉冤终得昭雪。

该剧重新诠释、演绎了狸猫换太子的传奇故事，以展现人世间的真善美和歌颂人性的伟大力量为基调，塑造了陈琳、寇珠等性格鲜活的舞台艺术形象，表演上流派纷呈、个性突出、张弛有序、极具魅力；在创作理念上，借鉴和采用了传统连台本戏吸引观众的众多手法和技巧，把京剧连台本戏的创演提到了一个新的高度。

《班昭》　昆曲　上海昆剧团

为给《汉书》的续写找到合适的继承人，14 岁的班昭嫁给了二师兄曹寿，但曹寿不耐寂寞，游走宫廷。兄长临终，班昭毅然继承了父兄遗志，在经历了夫亡、友散等生活、情感磨难后，在大师兄马续的支持和感召下，班昭终于完成了史学巨著。

该剧描写班昭一生感情生活的不幸和坚守书斋的心路历程，并通过马续与曹寿的人格对比，高扬了知识分子的文化使命感和矢志不渝、为事业默默奉献的精神。班昭的扮演者综合运用旦角行当各种表演元素，把人物少年时的天真活泼、青年时的情感激荡、中年时的落寞苦闷、老年时的恬淡平静刻画得自然、生动，为戏曲舞台塑造了少见的古代女学者形象。

《宦门子弟错立身》　昆曲

北方昆曲剧院

该剧依据《永乐大典戏文三种》所存的同名南戏改编，描写宦门子弟完颜寿马和流浪女艺人王金榜之间所发生的离奇而独特的恋爱故事，谱写了一曲女真族皇亲与汉族艺人和亲的民族团结之歌。

该剧在现存残本的基础上，力求保存已成隔世遗音的古剧风范。同时，对原剧的情节和人物进行补充、完善和创新，再现金元时期的舞台风貌和杂剧艺人的演艺生活，有别于常见的才子佳人戏。

《木兰传奇》　龙江剧

黑龙江省龙江剧院

豆蔻年华的花木兰代父从军，在军营受到校尉金勇呵护，结为兄弟。十年战火洗礼，木兰荣升大将军，金勇为她副将。战斗中木兰受伤。养伤期间，民女韩梅仰慕花将军，并向其求爱，木兰情急之中，泄露了女容。金勇知道与自己相濡以沫十年的花将军竟是个女郎，于是中秋月夜，借敬三杯酒坦露爱意。木兰许诺“班师回朝之日，便是婚庆之时”。敌军偷营，决战中，为掩护木兰，金勇壮烈牺牲。木兰勇冠三军，手刃番王。班师之日，木兰哭坟凭吊金勇，感天动地。天子下诏书，册封木兰。木兰双手书“荣辱得失身外事，兴国安邦赤子情”，辞封还乡。

该剧通过花木兰与金勇等人颇具戏剧性的关系，展示了特定情境中人与人之间的战友情、兄弟情乃至儿女情。更为突出的是，这一切又都能自然而然地升华和凝聚为“荣辱得失身外事，兴国安邦赤子情”的爱国情怀，渗透出一种带有理性色彩的悲壮美。

《老表轶事》　花鼓戏

湖南省花鼓戏剧院

新中国成立初，旧文人文有章为人代书养家糊口，在得知表亲毛泽东当上国家领袖后，百感交集。为了改变自己穷困潦倒的命运，在众街坊的鼓动下，向毛泽东写了封信，要求毛泽东“钦赐”他一个官（建设厅长）当。毛泽东收信后，特派毛岸英到湖南看望文有章。并通过毛岸英给文有章捎去回信，阐明了新旧社会、共产党与国民党的本质区别，诚恳委婉地批评了文有章“一步登高的做官思想”已经极端落后。文有章等在毛泽东大公无私伟大品格的教育感染下，深刻地认识到时代的变化和为人民服务的无尚光荣，重新走上了自食其力的劳动岗位。

该剧选材独特，思想内涵丰富，有强烈的现实意义。所写的虽是小事情、小人物，但故事情节结构如同行云流水，酣畅淋漓。主人公文有章的性格刻画十分生动鲜活，心理活动曲折细腻、合情合理，时而让人忍俊不禁、时而可爱可亲，并透露出戏曲现代戏难得的幽默感。在唱腔、音乐方面，坚持了湖南花鼓戏的本体，又与人物及情节发展丝丝入扣。

《凤阳情》　评剧　天津评剧院

该剧通过明代开国皇帝朱元璋的“大脚皇后”马秀英充满传奇而又质朴的一生，充分展现了她体恤民情、关爱百姓的情怀。从马秀英和朱元璋的相识、相知到对皇子的悉心教诲，以及从她对丈夫重刑天下的直言规劝到对苦难乡亲的体贴入微，处处都体现了她以民为本的深厚情谊和平民意识。

该剧通过对明代开国皇后马秀英质朴而又传奇一生的描写，体现了“民为根基”的主题思想，很有现实的启示作用。剧本一系列的情节展现，都使人们为这位“平民皇后”的独特作为深深感动。整个演出完美和谐，具有很强的艺术感染力，舞台艺术设计比较清新，唱腔设计丰富而又具有鲜明的评剧特色。

《梦断婺江》　婺剧　浙江婺剧团

太平天国后期，侍王李世贤攻占江南重镇金华，欲重振天国雄风，终因人心离散，未能挽狂澜于既倒，走上了一条悲壮的不归路。本剧以李世贤、柳彦卿两位男女主人公的关系为主线，通过相识、相知、化敌为友，展示了主人公错综迷离的人生道路，演绎出发人深省的历史教训。

该剧透过历史文化背景，折射出太平天国败亡的前车之鉴，以跌宕多姿的戏剧场面，展现出多灾多难的社会人生，在戏曲领域中，率先以独特的视角对农民起义这一历史现象进行了新的解读，具有一定的学术品位和美学价值。

《人影》　唐剧

河北省唐山市实验唐剧团

民国初年冀东某古镇，以霍老满为掌柜的霍家班与以赵太爷为东家的赵家班打赌较量唱起了对台戏。在一次次的赌赛中，霍老满女儿小菊被当作赌注一输再输，先是输给赵家当丫头后是输给赵家当二房，就连与箭杆王的爱情也因世俗、礼教等社会压力而导致失败。赵太爷死后，苦苦挣扎的霍小菊成了赵家的当家人，孤独地走完了自己的一生。该剧通过对皮影艺人艰苦生活的展示以及艺人们对艺术执著追求的描写，反映出旧社会对于女性、对于人性的盘剥和倾轧。

《人影》以皮影艺术的展示为背景，围绕两个皮影班社唱对台戏的矛盾结构戏剧，波澜起伏回肠荡气。穿插其间的霍小菊、箭杆王的情感纠葛，体现了一种中国民间艺人闯荡江湖的侠义豪情以及献身艺术的艺德人格。该剧创作手法独特新鲜，呈现样式别具一格，“人影同台”让人耳目一新。

《程婴救孤》　豫剧　河南省豫剧二团

故事发生在春秋时期晋国。晋国忠臣赵盾一家300余口被奸贼屠岸贾所害。围绕着赵氏孤儿的生死存亡，程婴等人冒死历险，慷慨赴义。其间，救孤之险，育孤之艰，失子之痛，被唾骂的屈辱，被误解的痛苦……展示了一个动人曲折的故事。但最终正义得到伸张。

该剧比较成功地对原著进行了推陈出新、去芜取菁的整理和改造。矛盾冲突集中，情节推进紧凑，人物性格鲜明。把原著中忠奸斗争和家族仇恨转换为正义与邪恶的较量，善良与残暴的比拼。强调了救孤的正义性和程婴等人前赴后继、赴汤蹈火而不辞的英雄气概。展示了程婴坚忍顽强、忍辱负重的人格力量和舍生取义的奉献精神。李树建塑造的程婴形象，声情并茂、生动感人，为该剧的成功起到了重要作用。

《补天》　吕剧　山东省吕剧院

新中国成立初期，为边疆的安全和开发，20万解放军转为新疆生产建设兵团。1950年又征2万女兵入疆，其中有8000山东姑娘。她们面对恶劣的生存环境，青春的憧憬和梦想发生了急剧的错位，曾为之恐惧、哭泣、逃跑……当她们感受到男兵们火的激情和血的生命之后，震撼了、内疚了、转变了，终于像一颗颗沙粒融入浩瀚的大漠。

《补天》以一种“群像展览”式的结构，演出了一个特定年代发生的特殊故事。在厚重的舞台呈现中，以细节刻画为主要手段，突出了不同人物的不同性格和相同命运，有力地展示出牺牲和奉献的强大精神力量，具有较强的艺术感染力。

《迟开的玫瑰》　眉户戏

陕西省戏曲研究院青年团

故事发生在上世纪80年代初西部某大城市的深巷小院。年仅19岁的乔雪梅考上北京一所重点大学时，母亲突遇车祸身亡。面对瘫痪的父亲和3个未成年的弟妹，她毅然放弃上大学的机会，挑起赡养老父、抚育弟妹的重担，直至老父含笑而终，弟妹事业有成，才与默默爱她的工人许师傅成婚。她还通过自己执著的努力取得了大学文凭，创办了老年公寓，为身边的下岗工人们打拼出一片属于自己的天地。

《迟开的玫瑰》撷取了一个普通人生命进程中具有典型意义的几个“生日”，集中展示了主人公乔雪梅16年中的人生坎坷与命运跌宕，形象地刻画出她那奉献中奋发的崇高品格，从而弘扬了改革开放新时期所需要树立的价值观和道德观，催人奋进。全剧的舞台呈现着现实主义与浪漫主义相交融的艺术魅力和虚实相生的戏曲韵味，具有较高的艺术性和观赏性。

《生死场》　话剧　国家话剧院

本剧自萧红同名小说改编。“九一八事变”前后，东北一个偏僻的村庄里，农民赵三本欲杀地主，待地主救他之后再不提此事。农民二里半为儿子提亲不成，怕村人看不起而热情招呼日本兵。农民成业宣传抗日，村人初无响应，待遭到杀戮后渐渐觉醒，团结起来，共同抗日。

该剧在思想性与艺术性上都作了深入开掘。作为一部带有叙事诗品格的乡土话剧，该剧描写苦难深重的中国农民，从愚昧求生到凝聚起抗争的精神并走上觉醒之路。导演在舞台呈现中，努力探索和充分运用民族戏剧美学的写意手法、大幅度的肢体语言、流动的心理时空和强烈的戏剧节奏，演绎了有声有色的人物与故事。

《立秋》　话剧　山西省话剧院

民国初年，时局动荡，汇通天下的丰德票号面临客户挤兑、天津分号被烧、大批国外借款不能收回的困境。生死存亡之际，“银行派”和“票号派”各执一端，导致剧烈冲突。同时，两代人、两个家族之间的爱情婚姻纠葛也一波三折。

该剧从晋商命运入手，着眼于国家与民族的盛衰，眼界高远，足以激荡人心、鼓舞精神，在戏剧结构上，开场即展示危机，随着危机加深，人物关系也迅速呈现自身脉络，戏剧冲突力度逐渐加强。

《黄土谣》　话剧　总政话剧团

凤凰岭老支书弥留之际为筹办村企业而欠下的18万元债务而放心不下，三个儿子赶回家中面对这一情况立即陷入困境。最后，在军队任副团长，正面临转业的长子建军发誓由他个人来归还全部欠款，并打算回家乡带领乡亲们致富，以偿还几十年所欠人民的“债”。

该剧是一部立意高远、有思想力量、有强烈现实性的作品。作者对当今中国世道人心有深切体会与了解，因此在物欲横流的大背景下讴歌信念、道义与操守，并且做到声情并茂，入情入理。

人物设置比较得体，形象刻画较有个性。场景、时间、矛盾集中，有利于迅速激化矛盾，推进剧情发展，更为细腻深入地展示人物内心动荡变化。

《平头百姓》　话剧　南京市话剧团

该剧以真人真事为基础，着力刻画了一位平民英雄——下岗工人张明华的艺术形象。以艺术的方式着力表现了在当代改革开放阵痛期的普通老百姓脚踏实地、百折不挠、奋斗不息的实干品德和精神追求，体现了中华民族普通百姓平凡而伟大的美德和精神风貌。

该剧具有较强的时代特色，主题鲜明，取材真实，视角独特，情理交融，有一定的情感冲击力和艺术感染力，是一部平民视角的英雄戏剧。

《凌河影人》　话剧

辽宁人民艺术剧院、朝阳话剧团

该剧讲述了辽西大凌河一带民间皮影艺人的一段传奇故事：两大皮影班主为争夺“热河皮影王”结下血海深仇。20年后两家被日寇同时围在大凌河边修筑铁路桥，面临死亡；两代皮影艺人释家仇共赴国难，最后与大桥同归于尽，上演了惊天动地的“活人影”。

该剧取材抗战时期辽西底层皮影艺人生活，题材独特，剧作冲突激烈，人物鲜明，结构紧凑，主题紧扣爱国主义和英雄主义，具有较强的艺术感染力和震撼力，又有厚重的历史感和文化底蕴，具备了良好的修改基础，有较大的上升空间。

《秋天的二人转》　话剧

哈尔滨市话剧院

作品讲述了一位依靠收废品为生的男人（老锁）和一位与自己相差15岁的东北二人转女艺人（二平）情感纠葛的故事。50多岁的老锁与小自己15岁的二平，从反感到同情、相互接近最后发展到爱得难舍难分，上演了一部人生的二人转。该剧同时也描写一群对生活不消极、质朴、善良、诚实可爱的小人物。

该剧是一部具有浓郁北方风味和地方色彩的作品。它比较好地把地方民间艺术（二人转）与话剧艺术结合在一起，为该剧增加丰富的内涵及观赏性。作者关注生活，表现现实生活中小人物苦涩、悲凉中充满欢乐，痛苦中孕育希望。剧本结构、语言较流畅，演员有实力，舞美较洗练。

《红领巾》　儿童剧

北京儿童艺术剧、院股份有限公司

欢乐的假期生活开始了。郝强等几个少先队员一起到郊外游玩。有的人就用红领巾做成游泳裤下水游泳。奇特的事情发生了——他们掉进了时光隧道，转眼间回到了20世纪30年代。他们遇到了铁柱、二娃子等儿童团员。两代少年经历了相认、相知、相通的心路历程，终于在特定的战争环境中融为一体。为建立新中国，铁柱他们都牺牲了。少先队员们经过血与火的洗礼，长大了，懂事了，他们将继承烈士的遗志，为了美好的明天而努力……

该剧具有较强的现实意义和鲜明的时代特征，立意高远，构思独特。该剧创作者回避了枯燥的说教，以诗意与浪漫的手法，对现代少年进行革命传统教育，构建了一个新颖奇特的故事。表现了两代少年的感情与思想的碰撞，展现了他们对理想与未来的追求。

《宝贝儿》　儿童剧

济南市儿童艺术剧院

该剧围绕一条叫“宝贝儿”的狗，表现了丁放等孩子与梁爷爷关系的发展和变化。

作品以一个特定的视角，生动表现了当代少年儿童的精神风貌。时代感强，童趣浓郁，思想性和娱乐性结合得较为自然。

《五姑娘》　音乐剧

嘉兴市文化局艺术中心

浙江艺术职业学院

该剧叙述了百年前发生在江南水乡的一个爱情悲剧。富家少女五姑娘与青年农民徐阿天相互爱慕，但其私情被五姑娘同父异母的哥哥发现，于是惩罚徐阿天去窑场做无偿苦工，还胁迫他在庙会上扎肉提香忏悔，从肉体上和精神上对其迫害，并策划将他置于死地，同时逼迫五姑娘嫁给乡绅沈善人的儿子。五姑娘自知难逃魔掌，为了保护恋人徐阿天，在新婚之时断然选择了不自由毋宁死的结局。

此剧是一部民族气息浓郁的音乐剧，为创作有中国特色的本土化原创音乐剧做了有意义的探索。剧本、音乐、导演和表演均有很好的基础。故事是一个民间传说，但叙述并不陈旧。全剧戏剧结构紧凑，但节奏处理跌宕起伏，张弛有度，从而具备了相当的感染力。该剧音乐能从江南田歌这一古老的民歌中汲取素材，并在人物性格和剧情发展过程中赋予其戏剧性，情感发展脉络清晰。全剧音乐风格协调统一。

《赤道雨》　音乐剧

海政歌舞团、海政电视艺术中心

该剧以中国海军舰艇三次编队出访为背景，以长城舰舰长潘天雨和旅美华人肖可悦这对青梅竹马恋人曲折坎坷的恋情为线索，展现了中国人民海军的逐步壮大和现代军人的精神风貌，以及祖国繁荣崛起对海外华人产生的重大感召力量。

该剧选材有强烈的时代感，在音乐剧的形式上也做了大胆尝试。

《妈勒访天边》　舞剧

广西南宁市艺术剧院

《妈勒访天边》是一个古老而年轻的故事。相传在很久以前，壮族的祖先生活在没有阳光的地方，为了邀请太阳光临阴暗寒冷的家乡，一位美丽的孕妇带着对光明和温暖的渴望到天边去寻访太阳。她没有走完寻访太阳的路，儿子——“勒”接过了她的拐杖继续着母亲的道路。在前进的路上，他没有屈服于高山猛兽，却被爱情征服。母亲的嘱托，家乡的期盼，终于使勒割舍了温情，重新踏上了寻访太阳的路。在他的身后，相继出现无数双赤脚朝着同一个方向走去，走向太阳升起的地方……

该剧根据壮族的一则神话衍生。围绕寻找太阳火种的戏剧动机，精心设计了若干事件和场景，主题寓意深刻，故事情节洗练而富于诗意。剧中舞蹈色彩丰富，个性比较突出，双人舞编排富有创意。剧中大型唱诗歌队的综合舞台运用，营造了壮族史诗般的艺术氛围，舞台美术和服装设计新颖巧妙，有效提升了舞台艺术形象的品位。

《瓷魂》　舞剧

江西省歌舞剧院、江西艺术职业学院

这是一个在瓷都景德镇家喻户晓的故事。青年窑工高岭双喜临门：一喜是即将与师妹青花结为夫妻；二喜是亲手烧制的瓷盘即将大功告成。但是，当婚礼的喜乐奏响之时，师傅青泰手起锤落，砸碎瓷盘。高岭迷惘、痛苦、绝望。师傅告诉他，瓷无魂，有如人无心，必须将精魂融入瓷中，瓷品才有真正的灵性。在师傅的鼓励下，高岭、青花踏上了漫漫寻瓷之路。他们在塑造新瓷，也在重塑自我。烧制新瓷时，窑体欲炸，青泰、高岭、青花争相护窑，在瓷灵的感召下，青花从容步入熊熊窑火，年轻的生命凝结成不朽的瓷灵。全剧由碎瓷、问瓷、寻瓷、塑瓷和祭瓷等五幕构成。

该剧主题突出，立意深远，借助民间传说的陶瓷文化背景，宣扬了中华文化的魅力，提倡为创建民族优秀文化而献身的高尚精神。该剧舞蹈可视性强，语汇清晰，个性鲜明，几位主要人物的塑造是成功的。在双人舞的处理上牢牢地把握住人物的关系，突出个性，在大场面和群舞处理上，能区别于一般舞剧惯用的生活场景和大歌舞模式，既推进了剧情又强化了可舞性。

《红河谷》　舞剧　江苏省无锡市歌舞团

根据同名电影改编创作的舞剧《红河谷》，通过“秘境奇遇”、“雪域纯情”、“红河惊涛”、“圣殿大义”、“珠峰喋血”五幕戏，集中表现了头人之女丹珠、藏奴格桑、汉族姑娘山妹、英国远征军指挥官罗克曼及藏地头人这五个主要人物扣人心弦的情感纠葛与矛盾，演绎了1904年英军进犯西藏时，藏汉人民团结一心，在血与火、生与死的拼杀中，抵御外敌入侵的英雄故事。

该剧以爱情与战争交织，以侵略与反侵略为主线，结构脉络清晰严谨，剧情引人入胜，着力塑造的五个主要人物血肉丰满，个性鲜明，舞蹈风格浓郁，色彩斑斓，可视性强。特别是以血肉之躯面对敌人炮火的场面震撼人心，壮烈感人，展现了藏汉人民宁死不屈、守土有责的爱国主义与英雄主义精神，是一个题材重大，内容深刻，艺术上也比较讲究的作品。

《惠安女人》　舞剧　福建省歌舞剧院

阿兰刚刚降生其父便在海上遇难。痛不欲

生的母亲将阿兰托付给妹妹，自己则跳海殉情。阿兰成人后遵从养母之命嫁给未曾谋面的渔民阿涛，按照旧俗阿兰必须在花烛之夜的天亮前离开夫家。之后阿兰只是在“开渔节”与丈夫阿涛度过了最幸福的一天，然而新的海难又将阿涛的生命吞没。连遭不幸让阿兰变得成熟和清醒，于是她带领姐妹们向大海、也向多舛的命运宣战……

该剧表现身居弱势的惠安女人历经一次次海难和巨大悲痛后生命意识的觉醒——在社会与大自然面前只有成为强者才能掌握自己的命运；从而歌颂了惠安女人坚忍不拔的精神品格和以弱小之躯造福世人的伟大情怀。作品结构严谨，剧情感人，舞蹈编排较为流畅。

《云南映象》　歌舞

《云南映象》文化产业发展有限公司

该作品是一部反映云南地区不同民族土风土味的歌舞集，为著名舞蹈艺术家杨丽萍出任总导演并领衔演出。

将乡野、歌墟、广场上老百姓唱的歌、跳的舞进行重新梳理、编排、移到舞台上演出，其本身就是一个富有智慧和艺术想象的创造。作品演出伊始便引起社会的强烈反响，最根本的就是歌、舞、服装、道具、台上出现的锣鼓等均出自本乡本土，保其本色，有着几千年遗存的文化含量。演员的绝大部分也来自农民或其他业余舞者，他们唱的歌、跳的舞几乎是生命本能的爆发，充满喷薄的活力和真实的魅力，既撞击人心又煽动情感。它既是舞台艺术品，也具有保护文化遗产和学术研究价值。

《一个士兵的日记》　歌舞　总政歌舞团

这是一部以士兵日记的形式做串联，采用了话剧、歌剧、音乐剧等多种艺术表现手段，表现火热军营生活及生龙活虎的战士形象的大型音乐舞蹈。

大型音乐舞蹈《一个士兵的日记》是一部恢弘、大气、壮美的悦耳醒目之作。创意、气势、色彩及演员的表演，都展现出了自身的优势和实力。整台音乐（包括歌曲）、舞蹈浑然一体，互相关联，具有较强的艺术感染力。舞美设计既体现了特定的环境，又恰到好处地起到了营造舞台氛围的作用。

《秘境之旅》　歌舞　中国歌舞团

歌舞以一位远方旅游者引领观众进行了一次神奇动人的西部秘境之旅，由此展现出壮、彝、苗、景颇、傣、瑶、维吾尔、藏等西部少数民族多彩多姿的音乐舞蹈。

歌舞《秘境之旅》吸收了杂技、魔术、艺术体操及踢踏舞等艺术形式，强调歌、舞、乐的交融与传统歌舞的现代化效果，具有很强的观赏性。以旅游者串联节目的结构方式也具有一定的新意。

《钦差大臣》　木偶戏

福建省泉州市木偶剧团

该剧改编自讽刺大师果戈理170年前发表的话剧《钦差大臣》。乌有县令钱三及其属吏贪贿成风，天怒人怨。一日，忽得密报京都钦差大臣微服私访，已到县城。众污吏不胜惶恐。京中纨绔贾四携仆嬉游，因盘缠挥霍殆尽而困于客栈。不意被钱三等人误以为微服私访的钦差，迎入内衙百般奉承，钱三更是怂恿其女献媚邀宠。贾四将错就错，人财两得。正当钱三宴客招婿之时，忽闻：假钦差不知去向，真钦差驾临县境，一场闹剧在众人鄙夷的笑声中收场。

该剧运用中国古老的线戏艺术，对果戈里同名剧作予以创造性的改编和诠释，达到思想性、艺术性与木偶艺术技巧的高度统一。此剧的创作对用传统傀儡戏塑造人物性格、表现有深刻思想内容的作品是一次比较成功的尝试。演员在舞台上空通过三米多长的丝线操纵偶形难度极大，颇见真功。剧本改编干净洗练，不失原作精髓又颇有新意；偶人制作精巧精致，表演精湛细腻。

2004~2005年度国家舞台艺术精品工程初评评委名单

组　长：于　平　　文化部艺术司司长

副组长：蔺永钧　文化部艺术司副司长
　　　　刘中军　文化部艺术司副司长
　　　　王家新　财政部教科文司副司长

委　员：

戏曲组（8人）

王仁杰	福建泉州艺术研究所	一级编剧
郭启宏	北京人民艺术剧院	一级编剧
张静娴	上海昆剧团	一级演员
黄天博	湖南省湘剧院	一级导演
宋关林	中国京剧院	副院长
刘　坚	中国戏曲学院研究所	研究员
李庆成	中国儿童艺术剧院	原副院长
吕育忠	艺术司戏剧处	助理调研员

话剧、儿童剧组（8人）

刘锦云	北京人民艺术剧院	一级编剧
李宝群	辽宁省艺术研究所	一级编剧
王福麟	煤矿文工团	一级演员
李　涵	上海儿童艺术剧院	一级编剧
郭福民	中央戏剧学院	教　授
邵钧林	南京军区前线文工团	一级编剧
黄定山	解放军艺术学院戏剧系	教　授
查振科	艺术司戏剧处	处　长

曲艺、杂技、木偶组（4人）

黄霞芬	江苏省曲艺家协会	一级演员
赵玉贵	北京杂技团	二级舞台技师
闫　毅	陕西省民间艺术剧院	一级演员
曹建平	广州市杂技团	二级导演

舞剧组（8人）

舒　巧	上海歌舞团	一级编导
赵国政	解放军艺术学院	教　授
王　伟	北京舞蹈学院	教　授
王才军	中央芭蕾舞团	一级演员
马家钦	苏州歌舞团	一级编导
温中甲	中国歌剧舞剧院	一级作曲
吴　旋	空军政治部歌舞团	一级作曲
邓　林	艺术司音舞处	副处长

歌剧、音乐剧、歌舞组（9人）

戴嘉枋	中央音乐学院	教　授
张名河	广西壮族自治区文化厅	原副厅长
黄小曼	中央歌剧院	一级演奏员
张润华	广州市文化局	一级演员
张卓娅	总政歌舞团	一级作曲
刘维维	东方歌舞团	一级演员
马盛德	中国艺术研究院	副研究员
刘　青	总政歌舞团	一级作曲
余建军	艺术司音舞处	处　长

文华奖

第十一届文华新剧目奖获奖作品暨第七届中国艺术节参演剧目介绍

编者按： 日前，备受社会各界关注的第十一届文华新剧目奖评选结果在北京揭晓。经过各专业评委的认真审评，并经文化部批准，在全国28个省（市、区）申报的102台剧目中，51台剧目获得文华新剧目奖。由于文华奖与中国艺术节奖两奖合一，上述获奖剧目同时成为第七届中国艺术节的参演剧目，将于9月10日至26日赴浙江演出。中国艺术节期间，文化部将结合观众意见，组织专家进行文华奖和单项奖的评选。按照新颁布的《文华奖奖励办法》，获奖剧目如不能参加第七届中国艺术节演出，或者在2004年8月底之前不能完成参评剧目规定的演出场次（指2003年首演的作品），将视其自动放弃文华新剧目奖获奖资格。

京剧、昆曲、地方戏（23台）

艺术品种	剧目	题材	演出单位
京剧	《凤氏彝兰》	历史	云南省京剧院
京剧	《巾帼红玉》	历史	贵州省贵阳市京剧团
京剧	《图兰朵公主》	历史	中国京剧院
京剧	《春秋霸主》	历史	山东京剧院
京剧	《三寸金莲》	历史	湖北省武汉市京剧团
昆曲	《宦门子弟错立身》	改编	北方昆曲剧院
川剧	《巴山秀才》	历史	四川省川剧院
豫剧	《程婴救孤》	历史	河南省豫剧二团
山东梆子	《山东汉子》	现实	山东省菏泽市地方戏剧院
评剧	《凤阳情》	历史	天津评剧院
花鼓戏	《老表轶事》	现实	湖南省花鼓戏剧院
花鼓戏	《月亮光光》	现实	陕西省商洛市剧团
甬剧	《典妻》	现代	浙江省宁波市艺术剧院
黄梅戏	《长恨歌》	历史	安徽省黄梅戏剧院

绍剧	《真假悟空》	神话故事	浙江绍剧团
唐剧	《人影》	现代	河北省唐山市实验唐剧团
曲剧	《惊蛰》	现代	河南省南阳市曲剧团
越剧	《藏书之家》	历史	浙江小百花越剧团
越剧	《家》	现代	上海越剧院
莆仙戏	《江上行》	历史	福建省莆仙戏剧院
楚剧	《娘娘千岁》	历史	湖北省地方戏曲艺术剧院
藏戏	《卓瓦桑姆》	历史	西藏自治区藏剧团
赣剧	《詹天佑》	现代	江西省鄱阳县赣剧团

话剧、儿童剧、曲艺、木偶（11台）

艺术品种	剧目	题材	演出单位
话剧	《北街南院》	现实	北京人民艺术剧院
话剧	《平头百姓》	现实	南京市话剧团
话剧	《打工棚》	现实	云南省话剧团
话剧	《秋天的二人转》	现实	黑龙江省哈尔滨市话剧院
话剧	《兵心依旧》	现实	南京军区政治部前线话剧团
话剧	《老柿子树》	现代	甘肃省话剧院
话剧	《凌河影人》	现代	辽宁人民艺术剧院 朝阳话剧团
儿童剧	《我能当班长》	现实	山西省话剧院 山西戏剧职业学院 山西省文化厅创作室
木偶剧	《钦差大臣》	改编	福建省泉州市木偶剧团
木偶剧	《石三伢子》	现代	湖南省木偶皮影艺术剧院
曲艺	《大脚皇后》	历史	江苏省苏州市评弹团

舞剧、舞蹈诗、歌剧、音乐剧、歌舞（17台）

艺术品种	剧目	题材	演出单位
歌剧	《我心飞翔》	现实	总政歌剧团
歌剧	《羽娘》	历史传说	沈阳军区政治部歌舞团
音乐剧	《快乐推销员》	现实	江苏省镇江市歌舞剧院
音乐剧	《五姑娘》	历史	嘉兴市文化局艺术中心 浙江艺术职业学院
音乐剧	《蓝眼睛·黑眼睛》	现实	浙江歌舞剧院
舞剧	《风雨红棉》	革命历史	广东歌舞剧院
舞剧	《玉鸟》	历史传说	浙江杭州市歌舞团
舞剧	《瓷魂》	历史	江西省歌舞剧院 江西职业艺术学院
舞剧	《惠安女人》	现代	福建省歌舞剧院
舞剧	《天祭》	历史	辽宁省沈阳歌舞团
舞剧	《霸王别姬》	历史	上海东方青春舞蹈团
舞剧	《西厢记》	改编	山西省歌舞剧院
舞剧	《额吉》	现实	内蒙包头市歌舞剧团
歌舞	《喀什噶尔》	现实	新疆喀什地区歌舞团
歌舞	《秘境之旅》	现实	中国歌舞团
歌舞	《大唐华章》	历史	四川省歌舞剧院
歌舞	《八桂大歌》	现实	广西柳州市歌舞团

文化部第十一届文华奖获奖名单

（附评语）

（按艺术品种分类排列，各艺术品种以得票多少为序）

一、文华大奖（12个）

戏曲

《程婴救孤》　河南省豫剧二团

《凤氏彝兰》　云南省京剧院

《老表轶事》　湖南省花鼓戏剧院

《典妻》　浙江省宁波市艺术剧院

《图兰朵公主》　中国京剧院

话剧

《凌河影人》　辽宁人民艺术剧院 朝阳话剧团

《平头百姓》　南京市话剧团

歌剧

《我心飞翔》　总政歌剧团

音乐剧

《五姑娘》　浙江省嘉兴市文化局 浙江艺术职业学院

舞剧

《风雨红棉》　广东歌舞剧院

《瓷魂》　江西省歌舞剧院 江西职业艺术学院

歌舞

《八桂大歌》　广西柳州市歌舞团

二、文华大奖特别奖（1个）

《真假悟空》　浙江绍剧团

三、文华新剧目奖（38个）

戏曲

《巴山秀才》　四川省川剧院

《家》　上海越剧院

《宦门子弟错立身》　北方昆曲剧院

《山东汉子》　山东省菏泽市地方戏剧院

《卓瓦桑姆》　西藏自治区藏剧团

《流花溪》　浙江省杭州越剧院

《人影》　河北省唐山市实验唐剧团

《凤阳情》　天津评剧院

《春秋霸主》　山东京剧院
《惊蛰》　河南省南阳市曲剧团
《月亮光光》　陕西省商洛市剧团
《三寸金莲》　湖北省武汉市京剧团
《藏书之家》　浙江小百花越剧团
《巾帼红玉》　贵州省贵阳市京剧团
《江上行》　福建省莆仙戏剧院
《娘娘千岁》　湖北省地方戏曲艺术剧院
《詹天佑》　江西省鄱阳县赣剧团
《长恨歌》　安徽省黄梅戏剧院

话剧

《秋天的二人转》黑龙江省哈尔滨市话剧院
《北街南院》　北京人民艺术剧院
《兵心依旧》南京军区政治部前线话剧团
《老柿子树》　甘肃省话剧院
《打工棚》　云南省话剧团

儿童剧

《我能当班长》　山西省话剧院
山西戏剧职业学院
山西省文化厅创作室

音乐剧

《蓝眼睛·黑眼睛》　浙江歌舞剧院
《快乐推销员》　江苏省镇江市歌舞剧院

舞剧

《惠安女人》　福建省歌舞剧院
《玉鸟》　浙江杭州市歌舞团
《霸王别姬》　上海东方青春舞蹈团
《西厢记》　山西省歌舞剧院
《天祭》　辽宁省沈阳歌舞团
《额吉》　内蒙古自治区包头市歌舞剧团

歌舞

《秘境之旅》　中国歌舞团
《大唐华章》　四川省歌舞剧院
《喀什噶尔》　新疆喀什地区歌舞团

木偶

《钦差大臣》　福建省泉州市木偶剧团
《石三伢子》　湖南省木偶皮影艺术剧院

曲艺

《大脚皇后》　江苏省苏州市评弹团

四、文华单项奖（150个）

（一）文华剧作奖（17个）

戏曲

《程婴救孤》　陈涌泉
《凤氏彝兰》　李莉　佳倍
《老表轶事》　赵凤凯　彭铁森
《典妻》　罗怀臻
《巴山秀才》　魏明伦　南国
《山东汉子》　韩枫　张广文
《春秋霸主》　刘桂成
《巾帼红玉》　陈泽恺
《江上行》　长赋

话剧

《凌河影人》　隋治操　刘家生　张汉良
《平头百姓》　王立信
《秋天的二人转》　杨利民
《老柿子树》　张明　杨晓文

歌剧

《我心飞翔》　冯柏铭　黄维若

音乐剧

《五姑娘》　何兆华　刘志康　金梅

木偶

《钦差大臣》　王景贤

曲艺

《大脚皇后》　傅菊蓉　赵开生

（二）文华导演奖（23个）

戏曲

《程婴救孤》　黄在敏　张平
《凤氏彝兰》　张树勇
《老表轶事》　谢平安　何艺光
《图兰朵公主》　曹其敬
《真假悟空》　杨小青　陈伟龙
《巴山秀才》　熊源伟
《山东汉子》　赵伟明　霍德同
《卓瓦桑姆》　次旦多吉
《流花溪》　杨小青　展敏
《凤阳情》　张曼君
《春秋霸主》　王晓镝　白云明
《惊蛰》　李杰
《娘娘千岁》　余笑予

话剧
《凌河影人》 刘喜廷
《平头百姓》 李建平
《秋天的二人转》 邢友江
《北街南院》 任鸣
《兵心依旧》 潘西平 姚艳莉
《打工棚》 潘伟行
儿童剧
《我能当班长》 王春燕
音乐剧
《五姑娘》 陈蔚
木偶
《钦差大臣》 吕忠文 韦宏
《石三伢子》 熊国安 张杰
（三）文华编导奖（11个）
音乐剧
《快乐推销员》 信洪海 徐国富 朱元淦
舞剧
《风雨红棉》 文桢亚 陈军 高原 孙跃颉
《瓷魂》 苏时进
《惠安女人》 杨伟豪 谢南 吴玲红
《玉鸟》 丁伟
《霸王别姬》 赵明
《西厢记》 岳丽娟 唐俊桂
《额吉》 厚瑞杰
歌舞
《八桂大歌》 张继钢
《秘境之旅》 陈维亚等
《大唐华章》 陈维亚
（四）文华音乐创作奖（15个）
戏曲
《老表轶事》 欧阳觉文 陈耀
《典妻》 汝金山
《图兰朵公主》 朱绍玉
《家》 蓝天
《山东汉子》 苏本栋 张占申
《卓瓦桑姆》 边多
《三寸金莲》 尹晓东 陈建忠
《藏书之家》 翁持更 刘建宽
歌剧
《我心飞翔》 张千一 周雪石
音乐剧
《五姑娘》 莫凡
舞剧
《风雨红棉》 方鸣
《瓷魂》 张小夫
《惠安女人》 吴少雄
歌舞
《八桂大歌》 方鸣 杜鸣
《喀什噶尔》 依克木·艾山
努斯莱提·瓦吉丁 周吉
（五）文华舞台美术奖（16个）
戏曲
《程婴救孤》 薛殿杰 白少杰
刘海山 伊天夫 高洋
《典妻》 周本义 邢辛
《图兰朵公主》 高广健 胡耀辉
《真假悟空》 田立为
《宦门子弟错立身》 于少非
《惊蛰》 何礼培
《三寸金莲》 黄海威
话剧
《凌河影人》 柴君
《平头百姓》 徐海珊
儿童剧
《我能当班长》 修岩 祁兴隆
舞剧
《风雨红棉》 胡加
《瓷魂》 张继文
歌舞
《八桂大歌》 罗江涛
《秘境之旅》 陈黎 郑娜
《大唐华章》 韩春启
《喀什噶尔》 姑丽尼沙 阿尔孜姑丽
（六）文华表演奖（68个）
戏曲
李树建 《程婴救孤》饰程婴
郑慧娟 《程婴救孤》饰彩凤
程联群 《凤氏彝兰》饰凤彝兰

周凯　《凤氏彝兰》饰赵明德
周回生　《老表轶事》饰文有章
王锦文　《典妻》饰妻
邓敏　《图兰朵公主》饰图兰朵
黄炳强　《图兰朵公主》饰卡拉夫
刘建杨　《真假悟空》饰孙悟空
赵秀治　《真假悟空》饰唐僧
陈智林　《巴山秀才》饰孟登科
赵志刚　《家》饰觉新
柯军　《宦门子弟错立身》饰完颜寿马
高凤兰　《山东汉子》饰田云
尼玛康珠　《卓瓦桑姆》饰卓瓦桑姆
参丹　《卓瓦桑姆》饰哈江
次仁拉姆　《卓瓦桑姆》饰斯马让果
谢群英　《流花溪》饰秋花
陈晓红　《流花溪》饰冬花
史凤敏　《人影》饰小菊
崔立国　《人影》饰箭杆王
曾昭娟　《凤阳情》饰马秀英
宋昌林　《春秋霸主》饰齐桓公
张兰珍　《惊蛰》饰桂玉娟
王海清　《月亮光光》饰林怡芳
刘薇　《三寸金莲》饰戈香莲
茅威涛　《藏书之家》饰范容
陈辉玲　《藏书之家》饰花如笺
侯丹梅　《巾帼红玉》饰梁红玉
郑仁森　《江上行》饰刘顺泉
彭青莲　《娘娘千岁》饰林金凤
吴斌　《娘娘千岁》饰韩公公
于文华　《詹天佑》饰詹天佑
李文　《长恨歌》饰杨玉环
黄新德　《长恨歌》饰李隆基

话剧

宋国锋　《凌河影人》饰河西红
张玉春　《凌河影人》饰震东川
于东江　《平头百姓》饰张明华
张燕燕　《平头百姓》饰李惠琳
王凤滨　《秋天的二人转》饰老锁
朱旭　《北街南院》饰老杨头
濮存昕　《北街南院》饰谭天
高兰村　《兵心依旧》饰陈之江
郑子荣　《老柿子树》饰娘
王砚辉　《打工棚》饰赵天云

歌剧

戴玉强　《我心飞翔》饰秦时钺
王静　《我心飞翔》饰杰费琳
冯瑞丽　《我心飞翔》饰鄢雨萍

音乐剧

章小敏　《五姑娘》饰五姑娘
严圣民　《蓝眼睛·黑眼睛》饰杜承荣

舞剧

李舒　《风雨红棉》饰陈铁军
汪洌　《风雨红棉》饰周文雍
吴健　《瓷魂》饰高岭
杨奕　《瓷魂》饰青花
潘圆圆　《惠安女人》饰阿兰
王永林　《玉鸟》饰玄
刘时凯　《霸王别姬》饰项羽
徐晓燕　《西厢记》饰红娘
刘福洋　《天祭》饰阿密丹
李倩　《天祭》饰天齐儿
王颖　《额吉》饰青年萨日伦

歌舞

《秘境之旅》　演出集体
《大唐华章》　演出集体
《喀什噶尔》　演出集体

木偶

《钦差大臣》　演出集体
聂世棋　《石三伢子》饰石三伢子
张静　《石三伢子》饰幺妹

曲艺

《大脚皇后》　演出集体

获奖剧目评语

文华大奖（12台）

《程婴救孤》　豫剧　河南省豫剧二团

晋国忠臣赵氏一家300余口被奸臣屠岸贾所害，程婴等人慷慨赴义、冒死救孤，与屠岸贾展开了一场正义战胜邪恶的壮烈斗争。

该剧成功地对原著进行了推陈出新、去芜存菁的整理和改造，把原剧忠奸斗争、家庭仇恨的矛盾冲突转换为正义与邪恶的较量，善良与残暴的比拼，强调了救孤的正义性和程婴等人前仆后继、赴汤蹈火而不辞的英雄气概，充分展示了程婴坚忍顽强的人格力量和舍生取义的民族精神。舞美古朴厚重，演员阵容强大，特别是李树建饰演的程婴形象熠熠生辉，极富光彩和魅力。

《凤氏彝兰》　京剧　云南省京剧院

剧作家让故事在不同民族、不同文化背景下的两个男女之间发生。彝家山寨的看坟女娃小叶子和落难秀才赵明德两情相爱，身为奴隶的他们不仅不能守护爱情，也难以保全性命。小叶子为救爱人嫁给土司爷，继而又登上土司爷的宝座，随之变化的不仅是爱情和地位，还有为追逐权力而导致的人性异化。故事跌宕起伏，人物命运大开大合。当悲剧落幕时，带给观众的不仅是叹息，还有对人性的认识和思考。

二度创作在把握剧情和人物的同时，还将京剧传统表演艺术和彝族风情较好地结合，营造出颇具个性的舞台空间。演员表演富有激情，唱腔饱满高昂。

《老表轶事》　花鼓戏

湖南省花鼓戏剧院

该剧根据毛泽东同志的一位亲戚的故事创作而成，惟妙惟肖地刻画了一位乡村中传统知识分子在社会转型时期的心路历程。

该剧艺术视角独特，人物形象丰满，思想内涵丰富，现实意义强烈，语言幽默风趣，剧情生动活泼，剧种特色鲜明，喜剧风格浓郁，既引人入胜，又发人深省。导演的处理，唱腔的设计，都比较成功。文有章这个角色的表演尤为突出。该剧是一出好听、好看、有戏、有味的喜剧，亦庄亦谐，寓教于乐。

《典妻》　甬剧　浙江省宁波市艺术剧院

该剧述说民国初年浙东一户贫苦农家，丈夫将妻子典给50多岁的秀才，替其生子传代。一年后，妻子为老秀才生下儿子秋宝，身为母亲的“妻”在两个儿子和两个男人之间，受尽精神和肉体上的折磨，生活在万般无奈的痛苦和尴尬中。

该剧以柔石小说为起点，在主题思想的发掘、人物形象的塑造、艺术风格的强化等方面进行了新的创造，提升了甬剧这个小剧种的文化品位。导演手法流畅细腻，舞台呈现精致、精到、精美，富有浓厚的浙东文化底蕴。演员阵营整齐，尤其主演朴实含蓄动情的演唱为“妻”的凄美形象的塑造发挥了重要作用。

《图兰朵公主》　京剧　中国京剧院

《图兰朵公主》原是一部意大利歌剧，一个传说中的中国故事。京剧改编者完整地保留了原作的美学精神，并成功地继承和发展为传统的中国戏曲演出形式。

主要演员扮相英俊秀美，功底深厚，文武兼备，唱念做打俱佳。舞台美术设计使用现代手段，技巧娴熟。演出意境缠绵，妙趣横生，场面灿烂恢弘，壮丽明快，颇具审美价值。

《凌河影人》　话剧

辽宁人民艺术剧院、朝阳市话剧团

该剧以两代皮影人富有传奇色彩的故事，展现出中国人深明大义、同仇敌忾的民族精神。

全剧故事抓人，结构严谨，激扬壮烈，刚韧有力。人与影的巧妙结合创作出独特新颖的演出样式与艺术风格。日寇形象的幕后处理独具匠心。表演的雕塑化造型与皮影戏的风格相映成趣。宋国锋与张玉春的表演体现了皮影艺人的风采，舞台魅力深厚。舞台设计中三块幕布幔的构图变化别具一格。

《平头百姓》　话剧

江苏省南京市话剧团

该剧以真实的生活原型为基础，融合了诸多具有优良品质的先进平民人物的事迹，令人信服地塑造了平民英雄张明华的艺术形象，是一部写出了老百姓心声的好戏。

该剧剧本具有鲜明的时代特征，情节朴实无华，细节丰富感人，对现实生活矛盾的描写分寸得当，既表现了百姓生活中的艰辛酸楚，又不失催人奋起的昂扬精神与浩然正气。在导演及舞美处理上，该剧以真实而洗练的现实主义创作风格为基础，适当结合浪漫主义手法，产生了深化并升华剧情意境的良好效果。全剧的演员阵容比较整齐，主要演员于东江的表演尤为亲切自然。

《我心飞翔》　歌剧

解放军总政治部歌剧团

这是一部颇有新意的原创歌剧。全剧张扬着饱满的爱国主义热情，生动地再现了半个世纪前海外中国科学家在复杂的国际形势下，毅然回归祖国，报效人民的赤子之心，简练而深刻地创造了那个非常时期的典型环境，细腻地刻画了主人公丰富的内心世界，使全剧产生了强烈的感召力。

该剧的音乐结构严谨而巧妙，特别是在实验室与法庭的两场戏中，把主人公内心的抒发（独唱）与众人的反应（合唱、重唱）有机地融合在一起，显示了该剧音乐的立体感，具有很强的感染力。音乐在本剧中不仅起到抒发、表达和渲染的作用，同时也成为推动全剧戏剧动作的主要手段。舞美设计简洁，特别是前后两次使用多媒体投影，有力地发挥了表现主题的巨大作用。

《五姑娘》　音乐剧

浙江省嘉兴市文化局

浙江艺术职业学院

这是一部品位较高的作品。剧作优美而精致地展现了江南水乡的生活风貌，深情地讴歌了男女主人公超越封建束缚的真情和挚爱，把这个当地人深谙熟知的爱情故事表现得非常美好、热烈而哀婉。

该剧情节单纯，叙述简练，是精到的音乐剧写法。导演处理张弛有度，浓淡相宜，展示了娴熟的导演技巧。音乐创作把民间音乐素材和专业作曲技法融合得天然得体，朴素而不张扬，清丽而不矫情，贯穿始终且风格统一，体现了扎实的作曲功力。同时，本剧在舞蹈、舞美、服装、布景、道具及灯光等方面的创作与制作上均表现出很高的专业素质和现代感。演员在歌唱、表演和舞蹈方面也表现出了较高的歌剧和音乐剧素养。

《风雨红棉》　舞剧　广东歌舞剧院

舞剧《风雨红棉》以现代人的视角，以刻画人性为着重点，将革命者的形象有血有肉地展现在艺术舞台上。

该剧在舞蹈肢体语言、音乐、舞美、特效等综合艺术表现手段上，力求不落俗套，敢于大胆突破和创新，摆脱了过去革命题材惯用的刀枪、打杀的手法，而是从人性的角度挖掘题材，深化戏剧矛盾，加强人物感情的细腻描述，构造出“禁锢婚礼”（包办婚姻）、“精神婚礼”（假扮夫妻）、“刑场婚礼”（英勇就义）三大结构，使全剧结构严谨，节奏流畅，一气呵成。主要人物和群众角色舞台形象鲜明突出，综合艺术表现手法恰如其分，颇具创意，使作品更具震撼力和艺术感染力，达到了思想性、艺术性、观赏性的高度统一，使观众自觉与不自觉地受到感染和教育。

《瓷魂》　舞剧

江西省歌舞剧院、江西职业艺术学院

这部舞剧立意鲜明：只有把生命的诚挚冶炼于水火，并孜孜不倦地追求，才能提升生活美与艺术美的真谛，达到艺术的最高境界。

全剧结构完整、统一，人物性格鲜明、生动，舞蹈语汇新颖、独到、准确。高潮迭起，引人入胜。主要段落的舞蹈——如寻找瓷魂的双人舞，几段男群舞——运用不同空间的对比、反复再现等手法，激情四射，充满力度与美感，有震慑人心的艺术魅力。音乐主题优美，层次丰富、细腻，对比强烈，演员表演到位，舞美、灯光也比较出色，是一部优秀的舞剧作品。

《八桂大歌》　歌舞　广西柳州市歌舞团

该节目用歌唱、舞蹈和戏剧性表演构成一幅幅优美动人的画面，歌颂劳动，赞美爱情，表现了广西各族人民热爱生活、热爱家乡的乐观情怀，昂扬向上，给观众以愉悦的审美享受。

整台演出洋溢着鲜明的民族特色，具有浓郁的地域风情。其中，无论是音乐还是舞蹈，都大量吸收了民族、民间艺术的丰富营养，根基是深厚的、丰腴的。这种珍爱、保护和发展民族文化的创作态度在当今显得尤为可贵。演出的质量实属上乘，编、导、演和舞台美术以及其他舞台部门都在努力追求精致、优美，使舞台呈现的内容非常丰富，形式新颖，多姿多彩，十分喜人。

文华大奖特别奖（1台）

《真假悟空》　绍剧　浙江绍剧团

取经路上，孙悟空打死强盗，唐僧责其违反佛门宗旨，将他赶走。孙悟空怪唐僧善恶不分，负气回了花果山。六耳猕猴乘虚而入，假扮悟空蒙蔽唐僧。悟空听从观音教诲再去保护唐僧时，唐僧面对两个悟空难辨真伪。孙悟空在与假悟空争斗中吸取教训，用智慧诱使六耳猕猴露出原形。唐僧终于认清妖猴，师徒同心共赴灵山。该剧以此表现了合力打假、同心求真的精神力量。

绍剧猴戏以其高亢的唱腔、洒脱的表演，在戏剧舞台上独树一帜。该剧在文本创作上颇具新意，在导演、表演、音乐、舞蹈等方面亦有新的突破，给传统题材注入了新的内蕴，是新编神话剧中不可多得的上乘之作。

文华新剧目奖（38台）

《巴山秀才》　川剧　四川省川剧院

该剧生动展现出剧作家对于民生疾苦的深切关怀，深刻揭示出清末四川人祸甚于天灾、官府沆瀣一气、提督草菅人命、朝廷腐败不堪的黑暗现实。这一题材的选取源于史实但又高于史实本身，具有为民请命，为百姓呼吁的现实干预精神。具体体现在袁铁匠、霓裳等一系列社会中下层人物身上。该剧着重塑造了一位迂腐而不失智谋、正直而敢于献身的知识分子形象，尤其描绘出成长中的人物性格，体现出发展与升华中的英雄精神。

该剧由川人川剧演川事，呈现出分外浓郁的地方特色，在颇具几分麻辣烫的戏剧特色中又显得精致大气。主要演员以及导演、舞美的整体创造，使得整台演出流畅、完整、颇为感人。

《家》　越剧　上海越剧院

剧作者在把握原著内涵的基础上，做了大胆的截取，把视线集中在以觉新为主的五个人物身上，集中描写封建大宅院内青年的追求和命运的冲突，揭示他们内心深处的撞击和无奈。

导演采取意向性创作思路，以“生命在黑暗当中跃动的一片绚丽”为形象的种子，生发全剧的整体形象，与舞美共同营造出象征封建主义高墙的氛围，一片梅和荷的空间，平面转台的运用为抒发青年的爱情、激情和悲情提供有力的支持，构成视觉的空灵和流动美，形成全剧的诗化品格。造型设计既注重突出演员的形体美，又保持戏剧宽松、悬垂的特征，为演员的舞蹈和造型提供了支点。演员在表演上也比较好地解决了戏曲形式和人物形象的关系，各自塑出人物的个性特征。因此，全剧的形象配置，在对比中相得益彰。主演功力深厚，表演分寸准确，对长衫、长围巾的创造性运用，扩大了表现力，深得观众欢迎。

《宦门子弟错立身》　昆曲

北方昆曲剧院

该剧依据《永乐大典戏文三种》所存同名南戏改编，描写宦门子弟完颜寿马与流浪女艺人王金榜之间所发生的刻骨铭心的恋爱故事。

该剧在现存残本的基础上尽量保持古剧风范，对原剧的情节、人物进行了完善和新的创造，在轻松和谐、跌宕有致的戏剧氛围中，丰富了人物的内涵，提高了爱情的品位，再现了金元时期的舞台风貌和杂剧艺人的演艺生活，具有较强的观赏性，从而使本剧兼具一定的学术价值和当代审美价值。

《山东汉子》　山东梆子

山东省菏泽市地方戏剧院

该剧取材于真人真事，用细腻的笔触刻画了两位平民真实微妙的情感世界，塑造了一位憨厚、执著、善良可爱的当代山东汉子形象，将助人为乐的个案推向了极致，展示了人对生命的关爱，讴歌了人世间的真情与真诚，具有较深刻的警示作用。

全剧风格清新，情感浓烈，编导手法上虚实结合，巧妙地运用戏曲程式，表演上载歌载舞，使比较单纯的戏剧情节变得有滋有味、有声有色，整台戏充满了诗情画意，具有很好的观赏性，两位主要演员的表演朴实自然，声情并茂，令人赞叹不绝。

《卓瓦桑姆》　藏剧　西藏自治区藏剧团

该剧改编自著名传统藏戏，是西藏一个家喻户晓的故事。曼扎岗国国王嘎拉旺波，因娶魔女哈江作王后而苦恼万分。卓瓦桑姆前往帮助国王，并为其生下一儿一女。魔女对卓瓦桑姆怀恨在心，欲杀害其一双儿女。卓瓦桑姆被逼无奈带着儿女逃离。15年后，卓瓦桑姆的儿子拉色杰布当上邻国国王，率兵与魔女交战，最终消灭了魔女哈江。

该剧在继承传统的基础上进行了大胆的改编创作，使其舞台演出面貌一新，无论从演唱风格到舞美、音乐、服装等，都充分体现了藏民族独特的艺术风貌。另外，该剧还吸收借鉴了其他姐妹艺术的营养，加强了音乐上的创新和乐队的伴奏，拓宽和丰富了藏戏艺术的表现力、感染力，为藏戏艺术的改革和发展积累了多方面的经验。

《流花溪》　越剧　浙江省杭州越剧院

该剧讲述了清末民初的一个古老封闭的大家族中，四代女人恩怨沉浮、悲欢离合的故事。整体感觉流畅，情节感人。

导演手法细腻、诗化。音乐上有创新，听起来让人感到更加悲凉。打击乐中瓶子和声响的运用，呈现出和整出戏比较吻合的音响效果，让人有耳目一新之感。该剧演员整体不错，尤其是女主角秋花，年龄跨度大，把念唱与情感从内心到外化结合得比较好。舞美和灯光都围绕这个戏的本体要求而设计，剧场效果非常感人。

《人影》　唐剧

河北省唐山市实验唐剧团

该剧取材于河北民间皮影艺人生涯，具有相当的传奇色彩和新颖性。编剧切入创作的视点十分独特。特别是箭杆王与翟志满之间围绕皮影唱对台的矛盾波澜起伏、回肠荡气，其间又穿插霍女小菊和箭杆王之间的爱情。体现了一种中国民间艺人闯荡江湖时的侠义豪情，以及献身于艺术、一诺千金的艺德人格。

该剧在舞台体现上，大胆采用了唐山皮影的表现手法，让人耳目一新。男主角箭杆王的表演在英武气间有一种潦倒的挣扎感。

《风阳情》　评剧　天津评剧院

该剧通过对马秀英这位民间广为流传的“平民皇后”传奇而又质朴的一生的描写，从她和朱元璋的相识、相知到对皇子的严格教诲，从对朱元璋重刑定天下的执意规劝，到对家乡百姓的深刻同情与解救，都体现了她不忘根本、体恤民生、爱护百姓的民本情怀。剧中一系列的情节表现，都使人们为马秀英“平民皇后”的独特作为所感动。

该剧具有较强的思想感染力，这来自于创作人员对舞台艺术成功的整体把握。舞美设计清新，音乐丰富而又具有鲜明的剧种特色，特别是主要演员对剧中人物性格的准确把握和念唱俱佳的表演，给观众留下了深刻的印象。

《春秋霸主》　京剧　山东省京剧院

《春秋霸主》描写的是东汉时期齐桓公称霸中原的功过是非与成败得失，完成了“人心定国”的主题阐释。该剧是性格悲剧，也是英雄史诗，对历史和人生都有相当的警示作用。

主要演员嗓音洪亮，演唱韵味纯正，表演稳重深沉。舞台布景烘托出悲剧气氛。演出风格古朴凝重，具有磅礴的气势。

《惊蛰》　曲剧　河南省南阳市曲剧团

该剧取自上世纪初青年男女反对封建礼教、争取婚姻自由的题材，但有自己独特的审视角度和表达方式。女主人公桂玉娟，从怨恨、理解、帮助到自写休书、自我解放，塑造了一个遭受封建礼教迫害而始终坚持自尊自爱、自主自强的女性形象；男主人公林子枫面对爱情的“绊脚石”，同样寄予了深深的同情，两个玉娟从情敌转为姐妹，因而构筑起一组独特的三角关系，共同冲击封建礼教，争取婚姻自由和人格尊严。

该剧的整体呈现有较好的分寸感。舞台表达深沉厚重，导演处理干净有力，音乐唱腔优美动听，演员较好地塑造了角色。

《月亮光光》　花鼓戏

陕西省商洛市剧团

该剧表现的故事发生在“文革”时期。在“文革”这种特定的社会背景下，一个城市姑娘、教授的女儿，流落大山深处，为了广大山民们的深情厚谊，为了山乡的教育事业，她在父亲的冤案平反之后，多次放弃离开大山、回到自己家乡去圆“大学梦”的机会，甘愿留在贫穷的山乡，做一个大山里的老师，与山民和孩子们的命运融为一体，为夜空带来了星光。

主要演员克服了角色年龄的大跨度，在驾驭人物上把握不错，表演到位，较好地塑造了一个朴实、真诚、善良，甘为山区教育事业奋斗终身的教师形象。音乐设计也发挥了花鼓戏的特色，有着比较浓郁的陕南泥土气息。

《三寸金莲》　京剧

湖北省武汉市京剧团

该剧根据冯骥才小说改编，讲述了贫家少女戈香莲6岁被奶奶裹足，10年后凭借“三寸金莲”嫁给了富户佟家傻少爷，通过两次裹脚，她从失宠到掌权，品尝到了裹足的甜头，使她从一个裹足的受害者变成了封建礼教的卫道士。若干年后，当自己的亲生女儿也要面临裹足时，她心痛，犹豫了，真挚的母爱和善良的人性同传统的封建礼教产生了强烈的撞击。

该剧具有一定的社会内涵和深厚的文学底蕴。是一出观点独特的好戏。它以裹足和放足为矛盾焦点，形象地反映了中国妇女近千年来在封建礼教所禁锢下，身心备受摧残，渴望得到解放的悲惨状况。该戏好听、好看，从内容到形式都独具民族特色，展现戏曲神韵。

《藏书之家》　越剧　浙江小百花越剧团

该剧以中国现存最早的藏书楼天一阁为背景，讲述了一个在明末天下动乱的年代，天一阁的范氏之家为收尽天下奇书而惨淡经营，在家人病、亡，经济拮据的境况下，仍不泯藏书之志的传奇故事。

该剧剧情曲折，立意深沉，较好地表现了以天一阁传人范容为代表的那一时代中国传统知识分子的信念和品格。该剧表达的人文精神，在今天仍然有积极的现实意义。全剧的舞台艺术呈现有清新之感。主要演员以丰富的内心体验，以充满感情和唱念与表演演绎人物，使观众得到艺术的感悟。

《巾帼红玉》　京剧

贵州省贵阳市京剧团

该剧取材于梁红玉击鼓抗金的故事，具有强烈的爱国主义精神。戏剧情节的前半部描写梁红玉漂流江湖，遇韩世忠搭救，共同抗金；后半部突出击鼓抗敌。

戏剧情节有一定的传奇性，比较清晰流畅，尤其是女主角，唱念做打俱佳，较出色地塑造了巾帼英雄的形象。

《江上行》　莆仙戏　福建省莆仙戏剧院

作者根据《警世通言》中的《宋小官团圆破毡笠》进行了新的创作，突出江上儿女刘宜春重感情、重人格的淳朴心灵，把原著的大团圆的结局，改为相聚又相离。刘宜春抛弃荣华，再度“江上行”，深入浅出地体现作者对世俗社会物质、精神、道德的思考。

编导以江和船贯穿全剧，构成一幅流动、清新的水粉画。导演和演员注意发挥莆仙戏优雅的唱腔和独特的表演手段，反复运用富有剧种特色的“蝶步”，使全剧既有莆仙神韵，又有现代气息。特别是丑角和彩旦的表演，为全剧增添了夸张、诙谐的色彩。

《娘娘千岁》　楚剧

湖北省地方戏曲艺术剧院

朝廷下旨选妃，南阳知府和知县奉旨选美。一时间千娇百媚、燕瘦环肥群集。为了攀高倚贵，众官吏明争暗斗，尽显官场百态。令人回味的是美女们进宫后，等来的却是为皇上陪葬的悲惨结局。

该剧通过皇帝选美的故事，对人性欲望进行了辩证解读，从而丰富了这部通俗作品的思想内涵，该剧的舞美，仅仅动用六块景片来变换场景，营造氛围，舞台艺术手法简洁、洗练，有较强的观赏性。

《詹天佑》 赣剧 江西省鄱阳县赣剧团

本剧以演绎中国“铁路之父”詹天佑的爱国情、塑造民族魂为追求的宗旨。这出戏的主创人员大多出于江西，演出的团体也来自詹天佑的故乡，他们共同酿就了该剧浓郁的地域特色。

由一个长期活跃在基层、扎根于农村的县级剧团推出《詹天佑》，这是中国戏曲庞大体系中源于民间的又一次活力变奏。新编赣剧《詹天佑》的排演，使得有着“中国戏曲活化石”之称的弋阳腔，在一定意义上获得了在其原产地的“复活”与更新，这是戏曲创作中重拾传统有益的实践。

《长恨歌》 黄梅戏 安徽省黄梅戏剧院

古往今来，表现李（隆基）杨（玉环）爱情的各类文艺作品不胜枚举，本剧以白居易《长恨歌》为基础素材，并适当参考借鉴同类题材的戏剧作品，对李杨爱情进行了当代包装、演义和阐释，使古老的爱情故事透出青春的气息和盎然的新意。

本剧立足当代价值观念和审美心理，将笔触直达人性、情欲的深层，揭示了李杨爱情发生的合理性、必然性，李杨爱情发展的曲折性、传奇性，以及李杨爱情本身固有的两面性。李杨爱情故事背景宏阔、内涵丰厚，本剧善于捕捉人物微妙的心态、意绪，并使古今沟通。采撷编织若干耳熟能详的经典片段，着意点染，可以说找到了传统古典美与现代美的结合点。

《秋天的二人转》 话剧

黑龙江省哈尔滨话剧院

此剧以独特的视角、选材和风格，生动地表现了下层小人物的生存状态和喜怒哀乐。编剧技巧娴熟，导演手法流畅，演员表演淳朴自然，轻松自如。舞台美术突破常规。虽然一景到底，但配合剧情，展示人物，较好地阐释了导演的舞台构想。

该剧突出的特点是将二人转艺术结合到话剧表演中，既不喧宾夺主，又恰当地营造了生动、鲜活的气氛。同时，将二人转的内容选择与人物心情描写勾连在一起，揭示了主要人物质朴而善良的心灵。

《北街南院》 话剧 北京人民艺术剧院

该剧继承发扬了北京人艺以反映当代北京人民生活为己任的创作传统，以SARS肆虐京城这一突发事件为切入点和凝聚点，运用生动的戏剧情节和艺术语言，刻画了京城百姓的群像，真切地展示了平民百姓在非常时期体现出的人际关系、思想感情和精神品质，谱写了一曲人间真情的颂歌。

该剧剧本笔触细腻传神，颇具北京风味。导演手法娴熟老练，收敛自如。场景设计真实凝练且富有浓郁的生活气息，为演员提供了很好的动作环境与表演空间。演员阵容强大整齐，主要演员所扮演的角色神采各具。整体观之，不失之一部较好地把握了时代脉搏跳动的现实主义作品。

《兵心依旧》 话剧

南京军区政治部前线话剧团

该剧以理想主义的激情，演绎了3位生死相依的战友转业之后，在市场经济的战场上相互竞争、激烈碰撞的人生经历。该剧拓展了部队题材，富有新意，讴歌了军人为人民服务的奉献精神和永不言败的战斗信念。在鲜明的演出风格中闪现耀眼的光彩。

全剧故事流畅，个性鲜明。陈之江的艺术形象生动鲜明。导演处理得当。布景设计的风格化与稍事夸张的表演较为协调。全剧充满激情，是一支嘹亮的创业之歌。

《老柿子树》 话剧 甘肃省话剧院

该剧以充满激情的笔触，讲述了抗日战争时期陇南一户李姓人家的生活变迁和感情经历。全剧以母亲对她4个儿子的培养和教育为主线设计情节，清晰明了。情感真挚动人。

该剧情节流畅，语言精练，人物形象鲜明。

《打工棚》 话剧 云南省话剧团

该剧将改革开放以来逐渐形成的民工阶层作为表现主体，创作视角独特，选材平易通俗，贴近现实，贴近观众，戏剧矛盾尖锐有力，比较真实地塑造了当代打工者的群像，写出了他们的苦恼、困惑以及理想及憧憬，并突出地展现了身处逆境的共产党员的优秀品质和凛然正气。

该剧导演在二度创作中有一定的艺术追求，打工棚里的场面处理得很有生活气息。主要演员的表演朴实自然，感情充沛。配乐富有艺术激情和民族特色，较好地起到了烘托剧情的作用。

《我能当班长》　儿童剧

山西省话剧院

山西戏剧职业学院

山西省文化厅创作室

该剧注目于我国从应试教育向素质教育转换的时代特点，以轮流当班长的新举措为主要内容，生动地描写了青少年心中隐藏的“我能行”的自信心和责任感。

该剧形式新颖，生动活泼。舞台单纯而不单调，“踢球”、“双杠运动”等形体设计洗练、生动，桌椅整齐、干净的摆放，使舞台充满动感。演员表演自然质朴，广泛地吸收了戏曲、武术等其他艺术的表现语汇，具有较强的观赏性。

《蓝眼睛·黑眼睛》　音乐剧

浙江歌舞剧院

这是一部可圈可点的反映现代生活题材的音乐剧。该剧的意图是通过对一个奥地利女子坎坷的恋爱婚姻之路的描述，歌颂主人公对中国的深厚情感、对丈夫坚贞的爱情以及充满人性温馨的天伦亲情，给观众以生活哲理的启迪。

该剧编剧基本取材于生活原型，故事真实可信，主题立意好，音乐在通俗与美声的结合上进行了有益的探索，并有所突破。导演手法有不少亮点，如“板登龙”的舞蹈，平安夜歌曲的运用等等。同时，该剧剧组全体人员在音乐剧的市场化运作上进行了有效的探索，值得充分肯定。

《快乐推销员》　音乐剧

江苏镇江市艺术剧院

《快乐推销员》在“推销”快乐，在体贴、关心他人的剧情发展中展示了当代青年人的精神风采。剧中的舞蹈以跳跃轻快的节奏和活泼风趣的造型，显示了当代青年人的开朗、乐观、幽默的青春气息。更重要的是，全剧努力张扬高尚的道德风尚，努力探索现代题材音乐剧的创作道路，努力适应青年观众的审美情趣，让观众在载歌载舞的精彩表演中得到审美的愉悦。

在对音乐剧这一艺术样式的探索中，主创人员努力追求创新，并取得了成效，这在演出市场的检验中得到了肯定性的答案，并证明了这出戏的生命活力。

《惠安女人》　舞剧　福建省歌舞剧院

这是一部浸润着深厚人文精神的力作。塑造了惠安女人这一中国女性中的独特群体面对大海和礼教传统而进行的生生不息的抗争，体现了惠安乃至于中国女性伟大的人性之美。

该剧源于生活，以朴实而凝练的风格着力刻画了悲喜交集的矛盾，民俗风情编织于人物与情节之中，特色鲜明亮丽。该剧的音乐着力刻画了人物内心情感的涌动和冲撞，既有鲜明的戏剧性，又与民俗风情融会贯通，成为绚丽多姿的整体，是一部很好的舞剧音乐作品。

《玉鸟》　舞剧　浙江杭州市歌舞团

舞剧从良渚文化的“玉鸟”造型中受到启发，通过对史前文明人类生存状况的虚构，试图表现人类从蒙昧、残忍、贪婪迈向知识、善行、执守的艰难脚步和追求光明的不懈努力。

该剧采用倒叙手法，从今日之博物馆追溯到远古之部落，人物性格鲜明，冲突惨烈，舞剧语言新颖，舞美设计及舞台效果较有新意。

《霸王别姬》　舞剧

上海东方青春舞蹈团

《霸王别姬》是一种表现历史题材的大型舞剧，它以楚汉相争的历史为背景，述说了一段千古绝唱的爱情故事。

整个舞剧具有较强的震撼力和感染力。编

导运用现代手法处理一个古老的故事，以既古典又时尚、既浪漫又现实的独创手段去体现作品的思想性、艺术性和观赏性。剧中许多舞段都有精彩之处，如楚河汉界一场，用独特的舞蹈语言去表现楚汉两军对垒争分天下的场面；最为巧妙的是通过刘邦和项羽那段黄袍舞，形象地揭露了刘邦想称帝的野心。群舞演员整体技术表现力很强，几个主要演员都很好地塑造了剧中人物的形象，舞美、灯光、音乐、服装也都达到了较高的水平，使整个舞台气势磅礴。可以看出，编导在创作过程中努力追求新的尝试，去创造新的艺术风格。

《西厢记》　舞剧　山西省歌舞剧院

《西厢记》是根据王实甫的杂剧改编而成的。以舞剧形式演绎古典名著存在着一定难度，该剧是一次大胆的尝试，它比较忠实地反映了原著的主题思想，质朴地讲述了唐代中叶发生在山西南部的那一段动人的爱情故事。

该剧编导根据舞剧的艺术特点对原著内容进行了删减和浓缩，特别是尝试用男子群舞的手法大写意地表现王老夫人和封建势力，其中，王老夫人与红娘的双人舞的创作有新意，给观众留下较深印象。该剧用丰富的舞蹈语汇揭示人物的性格特征，展开戏剧矛盾冲突，塑造的人物形象栩栩如生。特别值得一提的是该剧较好地塑造了红娘这一鲜活的艺术形象。

《天祭》　舞剧　辽宁省沈阳歌舞团

舞剧通过公主天齐儿舍鄂海而嫁蒙科尔沁王阿密丹，后又在两人的厮杀中以自己的胸膛挡住双方刀剑而死，以突出一个“和”字。

故事脉络比较清晰，容易理解。舞美富丽堂皇，很能吸引观众，几位主人公的独舞组合严谨，舞者技巧高超。全剧最后的三人舞表演贴切，感人。

《额吉》　舞剧

内蒙古自治区包头市歌舞剧团

《额吉》是表现一个蒙族妇女一人领养5个汉族孤儿的故事。舞剧塑造了一个有爱心、勇于自我牺牲的母亲的感人形象，其中不少场面十分动人，催人泪下。这种弘扬民族团结，为了他人孩子的幸福成长而作出伟大奉献的精神具有强烈的现实意义和教育意义。而更难能可贵的是，舞剧始终用民族舞蹈语言来表述故事，不管是独舞、双人舞、群舞，都可以看到编舞者努力寻求用蒙族舞蹈的韵律来创作和编排。

演员认真投入，风格掌握得很好。尤其老年额吉的扮演者感情细腻，举手投足都可看出演员多年蒙族生活的积累。母亲形象高大感人，尤其最后一场烛光舞，把一个伟大母亲的幸福和老年时的孤寂心境表达得感人至深。

《秘境之旅》　歌舞　中国歌舞团

《秘境之旅》是中国歌舞团近年来创作演出的一部较好的作品。它的成功之处首先是创意很好，编导者通过一位远方旅行者寻觅和发现神奇秘境的手法，展现了中国各民族舞蹈独有的艺术魅力。这种弘扬和发展民族艺术的新探索是值得肯定的。

整台节目构思宏大，基调明朗向上，制作精巧，演出富有激情，使整台演出具有很高的欣赏价值。舞蹈和服装设计很有特色。前者形式感很强，舞蹈语汇优美动人；后者绚丽多彩，有浓郁的民族风格，两者互相映衬，为这台节目增光添彩。

《大唐华章》　歌舞　四川省歌舞剧院

这是一部热情弘扬盛唐灿烂文化，激发人们传承祖先优秀文化遗产，从而为我国现代文化建设做出贡献的好作品。整台节目立意很好，主创人员努力贯穿创新的理念。比如，编导者用精心的结构，流畅的连接和华丽的服装在舞台上再现了《春江花月夜》、《霓裳羽衣舞》等著名的古典乐章，展示了盛唐文化的灿烂，使之产生了强烈的视觉冲击力，给人以美的享受。

演员们表现出积极热情的创作态度，特别是舞蹈演员训练有素，肢体语言准确生动，并很好地完成了高难度技巧。

《喀什噶尔》　歌舞

新疆喀什地区歌舞团

该节目体现出浓郁的新疆各民族特色鲜明

的艺术风格，令人陶醉，令人兴奋。作为主题歌舞节目，创作者抓住喀什曾是古丝绸之路的交汇点，演绎出一个东西方文化艺术空前盛大的会聚，以本地区、本民族的艺术样式为依托，尽情地展现东西方各个民族的文化艺术精粹，使整台演出气势恢弘而又朴实无华，丰富多彩而又风格统一，竭尽全力地歌颂南疆人民的艺术才华、乐观向上的精神风貌和宽阔的胸怀，这正是该节目的成功之处。

主创人员本着对民族、民间文化的热爱、继承和发扬的精神，将木卡姆套曲在节目中给予了很好的表现。这是值得赞扬的创作态度。

《钦差大臣》　木偶

福建省泉州市木偶剧团

该剧由俄国果戈理的同名话剧改编而成。改编者充分尊重外国经典名剧创作主旨，在保留原作现实主义讽刺风格的基础上，以中国人的审美理念，对原作给予了创造性的改编诠释，创作出了这部具有警世深度的作品，引发人们对社会制度及本质的思考，使这台中国版的傀儡戏具有鲜明的时代特色和深刻的思想内涵，达到了思想性、艺术性、观赏性的高度统一，是西方古典名剧中国化、木偶化的成功佳作。

这出戏结构紧凑、制作精细、动作高雅、技巧复杂，表演细腻、韵味独特。将木偶戏变形夸张、滑稽、风趣、幽默的艺术特点发挥得很充分，把一场荒唐闹剧演绎得淋漓尽致，把剧中人物虚伪、浅薄、善变、奸诈的丑态刻画得入木三分，凸现了鲜明的木偶特色。使中华民族最古老的提线木偶艺术在与时俱进中焕发了新的光辉。

《石三伢子》　木偶

湖南省木偶皮影艺术剧院

这是一部在我国戏剧舞台上首次运用木偶艺术形式塑造时代伟人毛泽东少年形象的儿童剧。该剧以鲜明的主题、新颖的形式、感人的情节、巧妙的构思、深刻的内涵、独特的技巧、现实主义和浪漫主义相结合的手法，表现了少年毛泽东在韶山冲的成长历程。塑造了少年毛泽东天真活泼、淳朴善良、顽皮可爱、聪慧好学、机敏而又真实可信的艺术形象。

全剧充满童真童趣，乡土气息较为浓厚，人物形象十分鲜活，木偶造型精美生动，极大地满足了少年儿童好奇、好玩、喜欢嬉戏、幻想的审美需求。该剧意蕴深刻，回味无穷，是一部启迪孩子心智，集思想性、艺术性、娱乐性、观赏性、教育性于一体的优秀儿童木偶剧。

《大脚皇后》　苏州评弹

江苏省苏州市评弹团

该剧在选材上充分注意发挥评弹艺术的特长，入木三分地刻画了朱元璋的微妙心态和大臣、宦官与书生各色人等的种种世相，尤其是精心描画出一个智慧大度的马皇后的艺术形象，令人信服赞叹。

演员气质雍容高雅，说表惟妙惟肖，弹唱韵味淳厚，富有艺术魅力。准确地运用流派来表现与刻画人物，快板书令人耳目一新，充分显示了演员全面的艺术才华与勇于创新的精神。演出以小见大，演绎出“是是非非谓之智，非是是非谓之愚”的主题内涵，对世人有很好的启迪作用。

舞台艺术创作与生产

纪念邓小平同志诞辰100周年——邓小平文艺思想研讨会

2004年9月2日，由文化部、光明日报社举办的“纪念邓小平同志诞辰100周年——邓小平文艺思想研讨会”在京召开。文化艺术界的专家学者、文化部各司局及有关直属单位负责同志和参加“邓小平文艺思想与中国特色社会主义建设”征文活动代表共计50余人参加了研讨会。文化部部长孙家正、光明日报社编委李春林出席并讲话。

此次研讨会是在“邓小平文艺思想与中国特色社会主义建设”征文活动的基础上召开的。为了缅怀邓小平同志的丰功伟绩，进一步学习、研究和科学把握邓小平文艺思想，从3月中旬起，文化部教科司、光明日报社文艺部、中国艺术研究院共同推出“邓小平文艺思想与中国特色社会主义建设”征文活动，截止到9月2日，共收到来稿80余篇，在光明日报上刊发优秀征文18篇。与会人员围绕邓小平文艺思想的历史地位和时代特征、邓小平文艺思想与中国文化建设、强化社会主义文化的中国特色等论题做了精彩的发言。

邓小平同志是中国改革开放和现代化建设的总设计师，也是新中国文化事业的总设计师。“纪念邓小平同志诞辰100周年——邓小平文艺思想研讨会”的召开，寄托了文化艺术界对伟人的深切怀念，并对我们进一步学习和领会邓小平同志文艺思想，加快文化建设，促进艺术繁荣，适应全面建设小康社会时期人民群众的文化需求具有十分重要的意义。

孙家正部长在总结讲话中强调，纪念邓小平同志，就要落实科学发展观，扎扎实实推进文化建设，始终代表先进文化的前进方向，进一步解放思想，推动文化创新，积极推进文化体制改革，大力推进人才兴文战略，加快人才队伍建设。

中直院团举办大型演出活动纪念邓小平百年诞辰

在纪念世纪伟人邓小平百年诞辰的日子里，中央歌剧院、中国交响乐团等中央直属院团精心策划、组织、编排了大型文艺演出，奉献给广大观众，表达了艺术家和广大人民群众对小平同志深切的热爱和怀念之情。

中央歌剧院排演的《小平百年——北京记忆》大型音乐会于8月22日晚在世纪剧院成功演出。

音乐会以一批歌颂祖国和人民的节目开篇：天真无邪的孩子们用清脆的童音演唱着“春天在哪里呀，春天在哪里”，又用《嘀哩，嘀哩》的童声合唱把观众带入到童年的美好回忆中。随后的《祖国，慈祥的母亲》、《妈妈教我一支歌》等歌曲热情地歌颂着祖国。艺术家们有感于小平同志“我是中国人民的儿子”这份深厚的赤子情怀，在歌声中抒发了小平同志对祖国、对人民的深厚感情。音乐会的第二部分由一批历史题材的歌曲如《再见了大别山》、《乘胜追击》(选自《淮海战役组歌》)等组成，再现了烽烟迭起的战争年代，回顾了共产党领导中国革命取得胜利的伟大进程。音乐会还为观众奉献了《年轻的朋友来相会》、《十五的月亮》、《在希望的田野上》等一批表现改革开放后人民多姿多彩生活的歌曲，其中，《故乡的云》、《东方有一个梦》等让人们忆起小平同志要到香港走一走、看一看的美好愿望，《春天的故事》则使听众深深沉浸在对小平同志永远的怀念之中。这些曲目经久而弥新，至今仍深入人心。著名播音员虹云在交响乐团的伴奏下朗诵了散文《心中的树》，她声情并茂的表演令许多观众热泪盈眶。整台晚会高潮迭起，掌声不断。

中国交响乐团为纪念邓小平同志百年诞辰积极策划的大型声乐套曲《小平之歌——纪念邓小平诞辰100周年专题交响音乐会》于9月1日晚在全国政协礼堂隆重举行。

中国作家协会名誉副主席翟泰丰为晚会写诗作词，中国音乐家协会主席、著名作曲家傅庚辰为晚会节目作曲。整台音乐会将贯穿“小平您好”的主线，抒发人民真诚的问候。音乐会通过一个世纪以来伟人邓小平在人民革命和社会主义建设的伟大事业中的巨大贡献和感人至深的故事，生动地展示小平同志与人民群众血肉相连的真挚情感，抒发了人民群众对一代伟人、改革开放和现代化建设总设计师邓小平同志的无比崇敬和深情怀念。

《小平之歌》内容丰富，诗情感人，乐曲激荡，名家云集，好歌荟萃。整场音乐会既有战场上激扬奋进的高昂节奏，又有优美动听震撼情感的悠悠旋律，既有历史的回荡，又有时代的吟颂。晚会上，观众将同吟激情烧灼的诗，同咏动人心魄的曲，共颂伟人时代的奇想，一道引吭高歌我们的伟大时代。

中央直属院团的艺术家们为各场晚会进行了紧张而充分的准备工作。众多的优秀艺术家都以极大的热情投入到排演之中。他们满怀着对小平同志的深厚感情，克服种种困难，积极参加晚会排练演出，确保各场文艺演出的圆满成功。

大型交响诗《中国人民的儿子——邓小平》

为了纪念邓小平同志诞辰100周年，由国资委宣传局、中国唱片总公司联合举办的大型交响诗《中国人民的儿子——邓小平》在人民大会堂隆重举行。7月21日晚，人民大会堂座无虚席，中宣部、文化部、新闻出版总署、国资委等中央有关部门的领导及邓小平同志的亲属与首都6000多名观众观看了演出。

这次演出是纪念邓小平同志诞辰100周年系列活动的第一场大型演出，诗歌、交响乐、合唱水乳交融，歌颂了邓小平同志波澜壮阔的一生和伟大业绩。

演出生动地再现了邓小平同志的伟大一生。演出内容分四大部分:《红色的道路》、《蓝色的岁月》、《绿色的故事》、《金色的旋律》。通过《别故乡》、《通向未来的小径》、《你站在联合国的讲坛上》、《第三次复出》、《改革!改革!开放!开放!》，通过诗歌和音乐，艺术地概括了邓小平同志的革命生涯。特别是《邓小平与希望工程》、《圣洁的角膜》等诗篇，深情歌颂了邓小平同志情系人民的崇高品质。

本次演出名家荟萃，堪称交响诗的经典之作。现场进行演奏的交响乐队是来自邓小平同志的故乡——四川音乐学院的青年交响乐团和合唱团。一批来自全国各地杰出的艺术家担当现场朗诵，83岁高龄的著名表演艺术家孙道临，著名的表演艺术家姚锡娟，在国内外享有盛誉的配音艺术家乔臻与丁建华，著名表演艺术家达式常、宋春丽、徐涛等精心合作，以其精湛的表演赢得了观众的肯定。著名作曲家叶小刚、四川音乐学院院长敖昌群、深圳交响乐团青年作曲家董乐弦等为音乐会创作了深情优美的旋律，深深打动着每一个观众的心扉。整场演出近两个小时，人们被美妙的音乐和感人至深的诗歌所打动，深深感受到邓小平同志的伟大情操，得到最真切的爱国主义教育。

《小平你好》大型文艺晚会

歌如春潮，咏唱着世纪伟人的不朽业绩；诗传心声，倾诉着中国各族人民对邓小平同志的深深缅怀，纪念邓小平同志诞辰100周年大型文艺晚会《小平你好》，8月20日晚在人民大会堂隆重举行。胡锦涛、江泽民、吴邦国、温家宝、贾庆林、曾庆红、黄菊、吴官正、李长春、罗干等党和国家领导人同6000余名首都各界人士一起观看了演出。

长安街华灯齐放，人民大会堂灯火辉煌。“小平您好”这四个大字，在晚会中不断叠现，表达出中国各族人民的共同心声。音乐缓缓响起，大幕徐徐拉开，邓小平同志伟大而壮阔的一生浓缩在精彩纷呈的歌舞中，邓小平同志为我国改革开放和现代化建设描绘出的壮美图景艺术地再现在人们眼前。

整台晚会分为序幕、“烽火岁月”“春潮澎湃”“大地深情”和“走在春风里”五个部分。“烽火岁月”，展示了邓小平同志作为一位伟大的军事家，从千里跃进大别山到淮海战役，从进军大西南到和平解放西藏，为民族独立和人民解放浴血奋战建立的卓著功勋；“春潮澎湃”，表现了邓小平同志作为我国社会主义改革开放和现代化建设的总设计师，带领全党全国人民解放思想、实事求是，开创中国特色社会主义伟大事业的雄壮进程；“大地深情”，生动讲述了这位世纪伟人对祖国和人民浓浓的情、深深的爱，展现出邓小平同志的人格魅力和博大情怀；“走在春风里”，以人们熟悉的音乐旋律，抒发出中国各族人民对邓小平同志的深深怀念，表达了中国各族人民在中国共产党领导下继往开来、开拓创新，走向新胜利的坚定决心。

“我是中国人民的儿子，我深情地爱着我的祖国和人民”，邓小平同志熟悉的声音在大会堂里回荡，感情的潮水在人们的心田汹涌澎湃。“春天”这个与邓小平同志紧密相连的意象，在晚会中反复咏叹，铺陈出邓小平同志给中国大地带来的蓬勃生机，给中国人民带来的幸福生活，表达了中国人民对邓小平同志的敬仰和热爱。

春风沐九州，鲜花献伟人。合唱《走在春风里》，唱出了以胡锦涛同志为总书记的党中央决心带领全党全国各族人民，高举邓小平理论和“三个代表”重要思想伟大旗帜，聚精会神搞建设，一心一意谋发展，从胜利走向新的胜利!

晚会结束时，胡锦涛、江泽民、吴邦国、温家宝、贾庆林、曾庆红、黄菊、吴官正、李长春、罗干走上舞台，与参加演出的文艺工作者亲切握手，祝贺演出成功，并与他们合影留念。

出席晚会的还有：王兆国、回良玉、刘淇、刘云山、吴仪、周永康、贺国强、郭伯雄、曹刚川、曾培炎、王刚等。

这台晚会是由中央宣传部、文化部、广电总局、解放军总政治部、中国文联、北京市政府共同举办的，来自全国各地文艺团体的1600多名文艺工作者参加了演出。

国庆55周年大型文艺晚会《五星红旗迎风飘扬》

由首都国庆55周年庆祝活动领导小组办公室主办，文化部组织实施的大型文艺晚会《五星红旗迎风飘扬》于9月28、29、30日在北京人民大会堂成功地举办了三场演出。党和国家领导人胡锦涛、吴邦国、温家宝、贾庆林、曾庆红、黄菊、吴官正、李长春、罗干等出席观看了9月30日晚的演出，与首都各族各界群众6000多人欢聚一堂，共庆佳节。这台晚会在90分钟的节目中，展现了共和国55年来，特别是改革开放26年来的伟大实践和辉煌成就，展示了全国各族人民在党的领导下昂扬向上、意气风发、建设伟大祖国的豪迈情怀和精神风貌。晚会气势恢弘，异彩纷呈，高潮迭起，得到了领导同志的高度赞扬和观众的热烈欢迎。演出结束后，胡锦涛等党和国家领导人走上舞台，与参加演出的艺术工作者亲切握手，祝贺演出取得圆满成功。

这台晚会以毛泽东思想、邓小平理论和“三个代表”重要思想为指导，以艺术的形式讴歌建国55年来，特别是改革开放26年以来我国社会主义建设所取得的伟大成就；讴歌革命先辈为创建新中国英勇牺牲的精神；讴歌当前我国政治稳定、经济发展、社会进步、民族团结、人民安居乐业的大好形势；讴歌各族人民爱党、爱国、爱家、热爱新生活的喜悦心情；充分体现我国人民在以胡锦涛同志为总书记的党中央领导下，团结一心，蓬勃向上，昂扬振奋的精神风貌。唱响了共产党好、社会主义好、改革开放好的时代主旋律。整台晚会立足于全党、全国的大局，体现了政治气势和隆重热烈的喜庆气氛。

晚会改变了以往惯用的“编年体”、“篇章式”组合方式，以“散文诗”的结构方式，选取在国庆节的清晨，五星红旗升起的特定时间里，不同地区、不同人物的喜悦心情，展示新中国的新面貌和人民群众的精神风貌；改变以重大历史事件或历史进程为主体的方式，以普通人民群众的生活和情感为表现主体，进行典型化处理；改变主持人串联方式，以戏剧化、人物化手法连接整场晚会，使晚会更加流畅自然；改变歌舞节目平铺直叙的方式，运用“蒙太奇”组接方式形成时空交错，增强了艺术感染力，达到了较高的艺术境界，整台晚会喜庆热烈，气势磅礴，感人肺腑。

晚会选取了经过历史考验的、代表不同时期的脍炙人口音乐作品为主体，把经典作品与新创作品结合起来，把原版演唱与音乐变奏结合起来，把歌曲演唱与器乐演奏结合起来，把音乐动效与戏剧内容结合起来。晚会充分运用舞台灯光、音响等现代科技手段，首次在人民大会堂使用立体声环绕音响系统，达到逼真、震撼的效果。特别是电脑灯、投影仪的成功运用，使大会堂穹顶变成了广袤无垠的灿烂星空。在舞台设计上形成色彩绚丽的舞蹈大场面与极富戏剧性小空间相结合、高科技舞美手段和多信息量大屏幕影像结合，创造了独特的艺术氛围。

晚会结束前高潮处大屏幕的运用，通过画面映出毛泽东、邓小平、江泽民、胡锦涛同志与人民群众在一起的感人场景，生动反映出领袖同人民心连心，中国共产党领导中国人民在艰苦卓绝的漫长岁月拓开了通向光明的大道；人民的领袖为共和国的诞生、社会主义建设事业蓬勃发展和中国的改革开放立下了不朽功勋。

整台晚会构思有新意，节目有突破，演出阵容强大。为了突出宏大的气势，保证晚会的整体艺术水平，文化部调集了中央、部队和地方文艺团体以及艺术院校等50多个单位的1300多名文艺工作者，一大批优秀的艺术家参加了演出。编创人员不畏劳苦，对策划方案和文学台本反复推敲，在短短的一个月时间里，十易其稿。由于全体参演单位和演职人员的团结一致、共同努力，终于向全国人民奉献出一台高水平、高质量、大气磅礴、充满真挚情感的文艺晚会。

国庆55周年优秀现代戏展演

为了在伟大祖国建国55周年期间给首都北京营造欢庆、祥和的节日气氛，文化部、北京市人民政府、解放军总政治部宣传部在北京共同举办庆祝中华人民共和国建国55周年优秀现代戏展演。

自2004年9月29日由北京京剧院演出大型京剧交响剧诗《梅兰芳》开锣，至10月12日安徽省铜陵市黄梅戏剧团演出的一出充满青春朝气和快捷时代节奏感的现代城市题材黄梅戏《青铜之恋》圆满落幕，在半个月里集中展示了戏曲、话剧、歌剧、音乐剧、儿童剧等不同艺术门类、舞台形态多元、风格样式迥异的15台现代题材剧目。其中戏曲5台，组台小戏1台，儿童剧1台，话剧6台，音乐剧1台，歌剧1台。5台戏曲作品是：陕西商洛市花鼓剧团花鼓戏《月亮光光》，山东菏泽地方戏剧院山东梆子《山东汉子》，安徽铜陵市黄梅戏剧团黄梅戏《青铜之恋》，北京京剧院京剧《梅兰芳》，北京评剧院评剧《刘巧儿新传》。6台话剧作品是：南京市话剧团的《平头百姓》，云南省话剧团的《打工棚》，湖北省话剧院的《临时病房》，宁夏话剧团的《农机站长》，国家话剧院的《生死场》，总政话剧团的《黄土谣》。歌剧作品是总政歌舞团创作的《我心飞翔》。音乐剧作品是海政歌舞团、电视艺术中心创作的《赤道雨》。儿童剧作品是北京儿童艺术剧院股份有限公司的《红领巾》。组台小戏共4出，它们是：吉林省地方戏曲剧院民间艺术团的《没事找事》，浙江省上虞市越剧团的《人参风波》，广西彩调剧团的《追》，广西桂林市桂剧团的《砸锁》。

9月29日晚，文化部艺术司司长于平到长安大戏院，在庆祝中华人民共和国55周年优秀现代戏展演式上致词。他说到，这次举办优秀现代戏展演的目的，是为了贯彻党的十六大精神和“三个代表”重要思想，坚持“二为”方向和“双百”方针，进一步落实中央领导同志关于“贴近实际、贴近生活、贴近群众”的指示精神，本着促进现代题材戏剧作品创作与演出的宗旨，鼓励文艺工作者关注现实，关注时代，关注群众，以反映人民心声，弘扬时代主旋律为使命，更多地推出无愧于时代，反映现实的精品佳作，为全面建设小康社会提供精神动力。

于平司长还指出，一个时代文艺发展的“第一提琴手”应由直面时代主潮的作品来担当。绚丽多彩的艺术形式，震撼心灵的时代旋律，是时代发展的需要。现实题材的作品理应在当代艺术创作中占据重要位置，现代戏以反映现代人的现实生活为其显著特点，它的活力和魅力集中体现为新鲜活泼的艺术观念、与时俱进的时代精神、浓郁充沛的生活气息，折射出当代人的精神面貌、观念变化和生活热点。参加本次展演的剧目，汇集了近年来各地创作演出的优秀之作，这些作品自觉将视角对准人民群众的日常生活，展示他们的喜怒哀乐，紧扣时代脉搏，弘扬社会正气，高扬时代主旋律，以塑造人物形象为中心，以情感人，使思想性、艺术性、观赏性达到了较好的统一。

文化部领导十分重视现代戏的创作演出，本次展演期间，文化部副部长陈晓光、艺术司司长于平、副司长蔺永钧、刘中军等有关领导同志分别观看了这15台剧目，还代表主办单位向每个参演剧团颁发了“优秀现代戏展演剧目纪念”奖牌，并与演职员们亲切地握手合影，祝贺演出成功。10月10日，由文化部、北京市人民政府、总政宣传部三家主办单位联合召开的现代戏理论研讨会在文化部301会议室如期召开，由文化部艺术司戏剧处处长查振科主持会议。首都专家、学者、媒体40余人与会，由评点展演的15台优秀现代戏剧目，引发出对当前现代戏创作成败得失的思考，也对现代戏发展的历程、取得的成就和目前依然存在的问题深入探讨，力求为现代戏的进一步发展提供理论支撑。

关于昆曲现状的调研报告

薪传600余年的昆曲曾几经兴衰，至解放前夕已濒临衰亡。中华人民共和国成立后，鉴于昆曲的宝贵价值，党和政府对昆曲关怀备至，予以大力支持，积极提倡，使这一古老的艺术焕发新的生机。50年代经过整理改编的昆曲《十五贯》赴京演出，曾轰动全国，传为“一出戏救活一个剧种”的佳话。“文革”中，昆曲和其他戏曲剧种一样受到严重摧残，所有昆曲院团被迫解散。粉碎“四人帮”后又重获新生，但元气俱伤，步履维艰。为保护和振兴昆曲艺术，1985年，文化部颁发了《关于保护和振兴昆剧的通知》，1986年成立了文化部振兴昆剧指导委员会，1987年文化部再次发出《关于对昆剧艺术采取特殊保护政策的通知》，1995年文化部又提出了“保护、继承、革新、发展”的昆曲工作八字方针，1996年举办了全国昆剧新剧目展演，2000年举办了首届中国昆曲艺术节，2001年5月18日，中国昆曲艺术被联合国教科文组织授予世界首批“人类口头遗产和非物质遗产代表作”，随后文化部制订了《保护和振兴昆剧艺术十年规划》。2002年11月，在苏州举办了全国昆曲优秀中青年演员评比展演，推出了一批优秀的昆曲青年演员，同时还表彰了32位长期潜心昆剧艺术、成就显著的昆剧艺术工作者。2003年11月，在苏州举办了第二届中国昆曲艺术节，为昆曲艺术的保护和振兴起到了积极作用。

昆曲院、团、所所在的地方政府和文化主管部门，近年来为保护扶持昆曲艺术纷纷采取切实措施，做了大量的工作。北京从2002年起设立昆曲特殊扶植经费100万元，对离退休人员的经费实行单列，实报实销，对艺术生产经费及大型建设专项另行申请，2003年还投入260万元对北方昆曲剧院办公区和部分排练厅等硬件设施进行装修，使办公条件和排练条件有了很大的改善；江苏省委省政府在2000年拨出2000万元专款，用于江苏省昆剧院（江宁府学）的维修改造，使其成为江苏著名旅游景点朝天宫古建筑群的重要组成部分，省委宣传部每年拨出100万元专款用于保护和扶持昆曲；上海对今年招收的昆曲学员采取优惠政策，对每位学员每年补贴5000元，专门用于昆曲演出的剧场也在艺海大厦兴建，同时采取鼓励昆曲进大学演出，每场补助6000元，从去年开始对昆曲专家咨询委员会的9位艺术家每月补贴1200元；苏州制订了《保护、继承、弘扬昆曲遗产工作十年规划纲要》，将保护昆曲列入文化强市建设规划纲要，并正在草拟《苏州市昆曲保护条例》的地方性法规，定期出资举办三年一届的中国昆曲艺术节，中国昆曲博物馆一期工程（投资600万元）已竣工；浙江从去年恢复了浙江昆剧团的独立建制，并于今年5月18日正式挂牌，省文化厅每年拨出100万元专款扶持昆曲，去年还拨款30万元，用于浙昆和浙江省文化音像出版社录制32折经典传统戏；湖南省昆剧团从2003年起由差额改为全额拨款单位，并想方设法增加投入，郴州出资54万元，省财政出资60万元用于改建昆曲毕业生宿舍，今年还设法解决了36名毕业生编制问题；浙江永嘉昆曲传习所从2003年起改为全额拨款单位，核定编制12人，2003年拨款数已达58万元。

但从整体上看，昆曲依然没有摆脱困境。面对着传统、现实和未来，昆曲有着太多的不安和窘迫，还有许多的问题、困难需要解决。

一、当前昆曲的现状

（一）全国昆曲院、团、所基本情况

目前全国现存的昆曲院、团、所是北方昆曲剧院、上海昆剧团、江苏省昆剧院、江苏省苏州昆剧院、浙江昆剧团、湖南省昆剧团、浙江永嘉昆曲传习所，性质都属全民事业单位，全额拨款单位有江苏省昆剧院、江苏省苏州昆剧院、湖南省昆剧团、浙江永嘉昆曲传习所，差额拨款单位是北方昆曲剧院（60%）、上海昆剧团（50%）、浙江昆剧团（88.92%），其中北方昆曲剧院、浙江昆剧团的差额部分由专项资金补齐，上海昆剧团由四项资金（重点项目、新创剧目、人才培养、演出补贴）补齐。

（二）人员状况

全国目前昆曲院、团、所在编人员总人数为625人，离退人员总人数为372人。

（三）近三年经费情况

全国昆曲院、团、所近三年国家拨款总额分别为：2001年2754.19万元；2002年3479.79万元；2003年4676.42万元，总体呈上升趋势。

（四）近三年演出情况

2001年全国昆曲院团共演出947场，其中赴港澳台地区及国外演出为53场，演出总收入263.1万元。

2002年全国昆曲院团共演出1597场，其中赴港澳台地区及国外演出为27场，演出总收入323.53万元。

2003年全国昆曲院团共演出1752场，其中赴港澳台地区及国外演出为39场，演出总收入396.22万元。

（五）人才状况

1.创作人员情况。全国昆曲院、团、所现有一级编剧2人，二级编剧3人，三级编剧1人；一级导演2人，二级导演4人，三级导演1人；一级音乐创作3人，二级音乐创作3人，三级音乐创作1人；一级舞美设计4人，二级舞美设计6人，三级舞美设计18人。

2.演员情况。全国昆曲院、团、所34岁以下的一级演员有2人，二级演员有10人，三级演员有43人，四级演员有52人；35至45岁的一级演员有13人，二级演员有32人，三级演员有50人，四级演员有2人；46至60岁的一级演员有18人，二级演员有16人，三级演员有8人。

3.演奏员情况。全国昆曲院、团、所34岁以下的三级演奏员有15人，四级演奏员有25人；35至45岁的一级演奏员有2人，二级演奏员有16人，三级演奏员有26人，四级演奏员有1人；46至60岁的一级演奏员有4人，二级演奏员有23人，三级演奏员有21人。

（六）剧目情况

1.整理、恢复上演传统剧目。全国昆曲院、团、所整理、恢复上演的剧目有《牡丹亭》、《长生殿》、《西厢记》、《桃花扇》、《百花记》、《琵琶记》、《雷峰塔》、《风筝误》、《李慧娘》、《奇双会》、《千里送京娘》、《钟馗嫁妹》、《钗钏记》、《渔家乐》、《十五贯》、《烂柯山》、《窦娥冤》、《荆钗记》、《连环记》、《白兔记》、《西园记》、《墙头马上》、《救风尘》、《鸣凤记》、《狮吼记》、《绣襦记》、《彩楼记》、《义侠记》、《党人碑》、

《龙舟会》、《杀狗记》、《玉簪记》、《满床笏》、《花魁记》近40本，200余折。

2.近年来新创剧目。近年全国昆曲院、团、所新创剧目有《贵妃东渡》、《宦门子弟错立身》、《班昭》、《妙玉与宝玉》、《伤逝》、《看钱奴》、《公孙子都》、《张协状元》。

（七）剧场情况

目前，全国昆曲院、团、所有属于自己剧场的有：上海昆剧团、江苏省昆剧院、江苏省苏州昆剧院和湖南省昆剧团。但均属只能演出折子戏的小剧场，各方面条件欠佳，设备陈旧，没有固定的观众坐席，只能容纳100至200人。北方昆曲剧院、上海昆剧团、浙江昆剧团和江苏省苏州昆剧院所在地的政府部门，正在积极规划兴建专门用于昆曲演出的剧场。

二、当前昆曲面临的主要困难和问题

直接担负保护和振兴昆曲这一使命的7个院团（所），当前面临诸多困难和问题，严重影响甚至阻碍了昆曲保护振兴工作的正常进行。

（一）创作人才严重缺乏

全国现有的7个昆曲院、团、所，目前在职的具有国家三级职称以上的编剧有6人、导演7人、音乐作曲7人，创作人才严重缺乏，而且不是老的老，就是少的少，无力担负起院团的创作重任，而导致的结果是剧院团上演新剧目没米下锅，上演传统剧没人整理改编。尽管昆曲界不乏文化素养较高的演员或演奏员，但演员毕竟是演员，演奏员毕竟还是演奏员，所整理改编或作曲的剧目大抵是质量不高，或是剧情不合理，或是人物性格发展前后不一，或与昆曲的格调相差甚远，严重阻碍了昆曲的发展和普及。

（二）缺乏新生代表演艺术尖子人才

近年来，由于每年举办一次昆曲活动，每三年举办一次昆曲艺术节，一批中青年演员得到了锤炼，使昆曲表演艺术接班人问题得到了缓解，但各昆曲院、团、所目前缺乏新生代表演艺术尖子人才。新中国成立后培养的昆曲接班人如北方昆曲剧院的李淑君、丛兆桓、洪雪飞（已故）、蔡瑶铣、侯少奎；上海昆剧团的张洵澎、张静娴、梁谷音、岳美缇、蔡正仁、计镇华、刘异龙、王芝泉；江苏省昆剧院的张继青、石小梅、胡锦芳、林继凡、黄小午、张寄蝶；浙江昆剧团的汪世瑜、沈世华、王奉梅；湖南省昆剧团的雷子文等，在昆曲界乃至戏曲界享有很高的声誉，时至今日，这批知名的昆曲表演艺术家一半已退休，另一半也已接近退休年龄。尽管目前尚有一批中生代优秀昆剧演员，如北方昆曲剧院的杨凤一、王振义、史红梅；上海昆剧团的张军、谷好好；江苏省昆剧院的柯军、徐云秀、孔爱萍；江苏省苏州昆剧院的王芳；浙江昆剧团的林为林、张志红；湖南省昆剧团的张富光等，但已呈现出表演艺术青黄不接的窘境。更为严重的是，目前全国昆曲院、团、所新生代昆曲表演艺术尖子人才更为缺乏，加上各昆曲院、团、所的行当又不齐全，甚至到了难以为继的地步。昆曲艺术的传承，从某种意义上来说就是表演艺术精粹的传承，如不加紧新生代昆曲表演艺术尖子人才的培养，昆曲表演艺术岌岌可危。

（三）传统剧目严重流失

昆曲艺术在长达200年的辉煌期间，剧目纷繁，精品迭出，尽管至清末昆曲已处于衰落状态，但经常上演的剧目仍有800余出折子戏，到解放前，“传”字辈演员经常上演的折子戏也还有400余出，解放后党和国家培养的第一代昆曲演员，继承了近200余出折子戏，改革开放后培养的昆曲演员继承的折子戏只有近百出。由于演出机会少、请老演员传授技艺缺少资金等原因，青年演员会演的戏越来越少，目前一个优秀的青年演员真正经常性上演的经典剧目只达10余出。传统剧目流失速度之快，令人触目惊心。

（四）艺术创作生产经费严重不足

对特殊的剧种要有特殊的政策、特殊的支持，是一直强调的话题，但强调多实施少。尽管近年来各级政府部门加大了对昆曲保护和扶持的力度，但艺术创作生产经费还是显得杯水车薪。

各地文化主管部门对剧目生产投入多是以原创新剧目为主，而因昆曲多是整理改编传统戏，往往被纳入复排剧目范畴，而得不到重点投入。

（五）新创作剧目不力

近年来，各昆曲院、团、所的剧目创作大都以整理改编传统剧目为主，还都集中在少数几个剧目上，如《牡丹亭》、《长生殿》、《桃花扇》等，尽管浙江永嘉昆曲传习所的《张协状元》、北方昆曲剧院的《宦门子弟错立身》获得了巨大的成功，但像上海昆剧团《班昭》这样具有原创性、时代感的新创剧目很少。新创剧目的不力，直接导致了昆曲艺术的停滞不前。

（六）昆曲艺术从业人员待遇偏低

目前全国昆曲院、团、所的昆曲从业人员待遇普遍偏低，刚毕业的昆曲学员拿到手上的月工资还不到800元，演出补贴各院、团、所不等，每场在5元至30元之间，加上院、团、所住房紧缺，不少人还要支付房租，尽管各院、团、所采取了住房补贴制，但仍然改变不了年轻昆曲从业者生活困难的窘境。浙江永嘉昆曲传习所的10位演员，住房条件很差，就挤在两间房内，甚至还两人同一床；浙江昆剧团目前有40位演职员在外租房（剧团给每人每月补助250元），上海昆剧团也有18人在外租房（按职称每人每月补助300至500元）。

（七）人才流失严重

由于昆曲从业者待遇偏低，直接导致了人才的流失。1989年，苏州大学开办了昆曲专业本科班，共招收了20位学生，毕业后无一人从事昆曲艺术；1993年杭州大学中文系招收了32位昆曲编剧，毕业后没有一人愿意从事昆曲编剧；北方昆曲剧院1988年毕业的60位昆曲学员，至今只留下13人，上海昆剧团1993年毕业的55位学员，至今只留下14人，浙江昆剧团2000年毕业的44位学员，至今只留下19人。

（八）昆曲观众极度萎缩

目前全国昆曲院、团、所的演出场次大都在旅游景点完成，演出收入很低，每场大都在600至800元之间。在正规剧场演出，票价在5至30元不等，对学生还采取半价制，但买票入场看昆曲的观众还是寥寥无几。昆曲观众的极度萎缩，严重阻碍了昆曲的振兴和发展。

（九）缺乏昆曲演出剧场

作为世界文化遗产的昆曲，具有非常厚重的传统文化底蕴，应该经常性地被演绎在舞台上，供世人观赏，让世人了解，另外，经常性的昆曲演出，不仅能对昆曲传统剧目起到保护和继承作用，而且能磨练出一支技艺卓越、实力超群的演员队伍。时至今日，全国7个现存昆曲院、团、所没有一个拥有自己真正意义上的昆曲演出剧场。目前的剧场实行承包经营，场租昂贵，演出一场的场租大都在1万至2万元之间（装台时间费用另计），加上昆曲的市场又小，演出越多赔得越多，各昆曲院团只能减少演出场次，结果形成越不演观众越不熟悉，越不熟悉越没人看的恶性循环。

此外，在“六团一所”中，除上述普遍情况外，湖南省昆剧团和浙江永嘉昆曲传习所还有一些特殊情况和要求。如湖南省昆剧团地处郴州，观众群更少一些，该团一直有迁往长沙的愿望；永嘉昆曲传习所现在演员人数太少（老演员已退休，在编的只有7名新毕业的青年演员），有扩编建团的要求；江苏省昆剧院和上海昆剧团希望理顺管理体制等。如何使他们能更好地生存发展，还需当地政府进一步具体研究。

三、对抢救和扶持昆曲艺术的思考和建议

近年来，在党和政府的积极倡导和扶持下，保护和振兴昆曲方面所取得的成绩有目共睹，不仅保护继承了一大批传统经典剧目，而且也新创了不少优秀剧目，推出了一批优秀青年演员；各种形式的昆曲普及工作，产生了广泛的影响；在对外文化交流中，不仅弘扬了中华民族优秀传统文化，而且也拓展了国际演出市场——如果我们不看到这些成绩，对以往的努力采取虚无主义态度，就会挫伤斗志，丧失信心。但是我们应清醒地认识到这样的现实：

昆曲艺术还远没有走出困境，远没有实现良性循环。

1.将扶持昆曲政策落到实处。关注昆曲的现状和前途，花大力气保护和振兴昆曲，是因为昆曲在民族文化总体格局中占有重要地位，对弘扬民族优秀文化、发展先进文化起着重要作用。昆曲在民族文化中的地位以及在海内外的影响，是经过历代艺术家呕心沥血、不断创造，在漫长的发展过程中历史地形成的。它是我们民族引以自豪的宝贵财富。昆曲绝不是可有可无的，它不仅属于中国，也属于世界；它不仅属于现在，也属于未来。长期以来，党和政府一直大力倡导弘扬民族优秀文化，作为中国戏曲的代表性剧种，应将昆曲列为国家重点保护的剧种。文化部曾下发了一系列关于保护和振兴昆曲的文件，但令人遗憾的是，一些政策性的文件一下发到地方，无形之中就打了折扣，没有将措施落到实处。如长期困扰昆曲院团的经费问题，各地就一直没有很好解决；目前昆曲演出市场远没有建立起来，全国各昆曲院团所的演出场次大多在旅游景点完成，而且票房收入大都在每场600至800元之间；演员报酬低，劳务补贴每场在5至30元不等。

有关部门应理解昆曲在民族文化中的地位和其面临的实际困难，对所制定的与昆曲相关政策，采取一些切实可行的措施，给予昆曲多一点实质性的支持和帮助。尽快建立“保护和扶持昆曲艺术专项资金”，加快剧场及其他硬件建设，创造更有利于昆曲保护和发展的条件。如果我们对昆曲这一“人类口头遗产和非物质遗产代表作”舍不得投资抢救、保护，等到它一旦在舞台上消亡，再投入多少钱也无法挽回由此给我国民族传统文化带来的严重损失。

2.对昆曲艺术的内涵及本质特征进行再认识。昆曲的保护和振兴不能急功近利，要立足长远，要做长期艰苦的工作。要对昆曲艺术的内涵及本质特征进行再认识，如果认识不透彻就会在今后的保护与发展中弱化、丢失自我，甚至出现偏差。昆曲艺术之所以在民族文化中占有重要地位，是因为这门艺术本身积淀着丰厚的艺术成果。艺术手段多样，艺术形式精美，表现力、感染力和艺术魅力确实具有独特的优势。昆曲能发展到今天，必有它自身特有的艺术规律。把握好保护、继承、革新、发展的辩证关系就显得格外的重要。当前，保护、继承重于创新、发展，但一个剧种如果没有新创剧目，那也谈不上保护和振兴。当年一出《十五贯》救活了昆曲，近年浙江永嘉昆曲传习所整理改编的《张协状元》又救活了昆曲的一个流派，就充分说明了昆曲新创剧目的重要性。创新和发展是保护的最好办法。联合国教科文组织明确指出：非物质文化遗产主要是靠创造、保持和改造（改编）这种遗产的群体的人（代表人物）不断地创新和实践（使用）来保护的。近年来，昆曲新剧目的创作一直是薄弱环节，像《班昭》这种原创性和具有时代感的新创剧目更少，昆曲新剧目的创作事关昆曲艺术的前途和命运，我们必须要加强这方面的工作。

3.抢救传承昆曲表演艺术的精髓。昆曲艺术薪尽火传延绵至今，在很大程度上是依附于昆曲表演艺术精髓的传承。抢救传承昆曲表演艺术的精髓，是目前昆曲的一大要务。在全国范围内，目前够得上“抢救”资格的老演员大约在20人左右，这和50年前抢救传字辈老艺人时的情形差不多，也是20人左右。如再不及时进行“抢救”的话，现存本身就不多的昆曲剧目，就面临着步步消亡的困境。我们不仅要调动老一代艺术家的积极性，而且要为中青年演员营造一个刻苦求学的良好环境，分年度有计划地分别为老一代艺术家录音录像，保护和抢救一批濒临失传的传统剧目，定期聘请知名昆曲表演艺术家举办各种形式的短期培训班，为青年演员传授技艺，使昆曲艺术薪火相传，延绵不断。

4.建立一支行当整齐、充满活力、德艺双馨的一流艺术人才队伍。保护和振兴昆曲，需要党和政府予以重视和关怀，需要社会各界的大力支持，同时更需昆曲界自身的加倍努力。

这支队伍应当是阵容整齐的队伍。根据昆曲在民族传统文化中所处的地位，根据昆曲艺术事业保护和振兴的需要，每个昆曲剧院团应建立一支优秀的昆曲演出队伍，以及一流的专业创作队伍。针对演出队伍行当不全的问题，要抓紧培养，使各行当阵容整齐，水准一流。为此，要大力支持艺校的建设与发展，强化昆曲院团与戏校的合作，免除昆曲学员的学习费用，吸引生源，培养高素质的昆曲艺术接班人，使昆曲艺术薪火相传、后继有人。

这支队伍应当是充满活力的队伍。要在艺术竞争中形成队伍，编制相对稳定，人员可以流动，优化组合，不断创新用人机制，把一些已不适合在昆曲队伍中工作的人员进行剥离。昆曲院团应打开大门，加强合作，优势互补，信息共享，人才流动，形成开放的大昆曲格局。

这支队伍应当是德艺双馨的队伍。造就德才兼备的昆曲艺术工作者是发展先进文化的需要，也是昆曲艺术自身发展的需要。因此，要长期不断地以各种方式抓紧艺术队伍的思想建设，使艺术人才有崇高的职业道德，以弘扬民族文化为职责，以保护振兴昆曲艺术为己任。

5.大力培养昆曲观众，普及昆曲艺术。每个剧种都有自己的观众群体，都有自己的知音，这是剧种赖以生存的基础。当前，如何吸引更多的人来关心、支持、欣赏昆曲，是各级政府主管部门和每一个昆曲从业者的责任。我们不仅要将昆曲艺术纳入大、中、小学的课程，使下一代从学校教育中就开始获得相关的昆曲知识，培养欣赏昆曲的能力，而且还要鼓励各昆曲院团深入学校举办各种形式的昆曲普及演出活动，真正培养出一批热爱民族文化，能欣赏昆曲艺术的忠实观众。另外，在昆曲的形成、发展乃至衰弱的过程中，昆曲曲社为昆曲艺术的生存发展作出了不可否认的作用，这是一支保护振兴昆曲不可忽视的重要力量。昆曲曲社起着普及昆曲艺术、改良昆曲艺术生存的社会土壤、争取新的观众等方面的重大作用。在世界范围内，活跃着近百支昆曲曲社队伍，对它们不仅要加以保护、支持和引导，使之健康发展，而且要与它们建立起广泛的联系。昆曲曲社的成员在学习、表演、宣传昆曲的过程中，就成了昆曲的爱好者和参与者，同时他们也是昆曲的热心观众，有了他们的参与和支持，昆曲艺术才能具有更加广泛的社会基础。

第四届中国京剧艺术节在上海成功举办

经过三年的精心筹备，第四届中国京剧艺术2004年12月1日在上海隆重开幕，15日闭幕，整个京剧节历时15天。本届京剧艺术节的举办，文化部党组给予了高度重视，指示有关部门要办出特色、办出新意、办出社会影响，真正办成“艺术的盛会，人民的节日”。根据部领导的指示，有关部门在剧目选拔、内容安排、组织运作等各方面进行了仔细周密的筹划，尤其是得到上海市委市政府及有关部门、社会各界的全力支持，为本届京剧艺术节的圆满成功提供了有力的保障。第四届中国京剧艺术节具有以下几个特点：

一、规模宏大，内容丰富

以《国色天香》为主题的开幕式气势恢弘，充分展现京剧艺术的魅力和波澜壮阔的发展历程，百人乐队、1000多名专业演员、2000多名群众演员参加了开幕式。本届京剧节共有29台剧（节）目、8000余名演职员参加演出，15天期间，共演出50多场，6万余名观众到剧场观看了演出。数百位海内外嘉宾、数千人的各地观摩团队赴沪观看演出，参与各项京剧节活动。中国戏曲学院组织了上百人的队伍前往上海，连非京剧院团的浙江昆剧院也组织了数十人去上海观摩学习。

本届京剧艺术节打破以往京剧节主要是演出评奖剧目的格局，既有参赛的剧目和武戏折子戏演出，也有专题演出（儿童题材京剧），展演性演出。“纪念梅（兰芳）、周（信芳）诞辰

110周年”活动，有3台展现梅、周表演艺术流派的演出，以及纪念梅、周座谈会和梅、周表演艺术研讨会。“京剧传承与发展”理论研讨会吸引了众多海内外专家、学者和艺术家，共同探讨京剧艺术发展的未来。为嘉奖业外人士支持京剧艺术事业，组织了金菊奖评选活动，一批热心扶持和普及京剧艺术的社会人士受到表彰。其他还有有关京剧的系列展览活动，京剧艺术进校园活动，等等。这些多姿多彩的内容营造了一个热烈而浓郁的京剧艺术盛会。

二、好戏连台，亮点纷呈

1.新剧目演出是京剧节的重头戏。本届京剧节共有15台新剧目参演，这15台新剧目是从29个省、自治区、直辖市申报的35台剧目中遴选出来的，这些剧目经过一段时间的加工修改，艺术质量得到很大提高，有的作品甚至有了质的飞跃。广大京剧艺术工作者把三年一度的京剧节看作京剧界的盛事、大事，忘我地投入到艺术创作中，使得本届京剧节成为高水平、高质量的艺术节。3台获得金奖的作品（上海京剧院《廉吏于成龙》、北京京剧院《梅兰芳》、中国京剧院《泸水彝山》）获得普遍赞誉，好评如潮；6台获得优秀剧目奖的作品，具有较深的艺术底蕴，同样赢得观众和媒体的交口称赞；2台获得优秀保留剧目创新奖的作品（天津市青年京剧团《楚宫恨》、上海京剧院《乌龙院》）充分展现了传统剧目推陈出新的新貌；这届京剧节特别还有台湾新剧团的剧目参赛，他们成功地将川剧《巴山秀才》改编成京剧，被授予“评委会特别奖”。

2.儿童题材京剧展演赢得社会各界的高度关注。为贯彻落实《中共中央国务院关于进一步加强和改进未成年人思想道德建设的若干意见》的精神，实施京剧艺术的发展必须从少儿抓起的战略思路，本届京剧节特别设立少儿京剧板块。4部少儿剧目中有两部传统题材（江西省京剧团《岳家小将》、宁夏京剧团《新闹龙宫》），两部革命历史题材（青岛市京剧院《北斗星》、江苏省长荣京剧院《闪闪的红星》），思想内容极富教育意义，表现上又非常适合儿童审美趣味，深受孩子以及家长、老师的欢迎。少儿京剧在京剧节期间推出意义重大，影响深远。为使少儿京剧得到更有力的推动，文化部拟在2005年“六一”之际，组织这4台少儿京剧进京展演和在全国部分地区巡演。

3.武戏擂台赛令人耳目一新。武戏演员在剧目中一直充当配角，武戏艺术也因此没有引起足够重视。为改变这一现状，提高武戏演员地位和知名度，促进武戏人才的培养和成长，本届京剧节特设了武戏擂台赛。从申报的70个武戏折子戏中选拔出26个组成5台专场演出。此举在京剧界，包括整个戏曲界引起强烈震撼。中国人寿保险公司免费为武戏参赛演员投保，主角20万元，配角5万元，总保险额3850万元。擂台赛安全落下帷幕，但此举具有重要意义，对武戏演员人身安全保险规范将起推动作用。擂台赛共评出6个金奖、8个银奖、13个铜奖、5个集体奖，极大鼓舞武戏演员的士气。

三、人民群众参与广泛，市场运作成功

开幕式上，两千多京剧爱好者相互拉歌，演唱京戏、京歌，气氛十分热烈。京剧节期间，人民群众除了走进剧场欣赏到精湛的京剧艺术表演外，“中国京剧艺术展暨刘令华国粹油画展”、“中国京剧文化收藏展”、“关良京剧人物画、郑长符京剧脸谱画展”、“海纳百川——上海舞台艺术历史典藏展”等展览也吸引了大批观众走近京剧，了解京剧。京剧节期间，部分京剧院团、艺术家还开展了京剧艺术进校园活动，为年轻的大学生演京剧，讲解京剧艺术，普及京剧知识。民间票友社团也组织了票友演出活动。整个京剧节期间，约有数十万市民参与了各种活动。从京剧普及的群众活动中，大家深有感触地体会到，只要社会各方面力量共同努力，做扎实普及推广工作，京剧艺术完全能够赢得年轻观众的喜爱。

本届京剧节在市场运作方面的经验值得总结。组委会将参演院团的接待任务，按照规定的时段和人数明确到单位（剧场），票务由中

介公司运作，剧场与中介公司风险共担，政府给予补贴，大大调动了剧场和中介公司的积极性。在京剧节开幕前两个月，票务销售就已启动，由于宣传得力，票价合理，方式得当，至京剧节开幕，出票率高达95%，少儿京剧、武戏折子戏达100%，少儿京剧最后不得不加演数场仍不能满足观众需求。

本届京剧节产生巨大社会反响，除了领导重视、内容丰富、作品质量高以外，宣传到位，覆盖面广是一个重要因素。早在筹备阶段，就制定了扎实细致的宣传方案。京剧节从筹备到闭幕，组委会分别在北京和上海召开四次大的新闻发布会，各个剧目也在演出期间召开新闻发布会。在京剧节举办期间，40余家中央和地方各级电台、电视台、网络、报纸、杂志等平面和立体媒体，对京剧节进行全方位的持续报道。

中国京剧艺术节为上世纪90年代设立的大型艺术节，每三年一届。1995年在天津举办了第一届，以后分别在北京、南京举办了第二、第三届，每届都推出了一批优秀剧目和优秀人才。京剧节已成为具有重大影响力的国家艺术活动。

本届京剧节许多经验值得总结，如：(1)儿童京剧展演，既是对儿童思想道德教育的好形式，同时又是培养新一代京剧观众的有力措施，不但应在以后的京剧节中保留此项内容，而且也应体现在其他艺术活动中；把儿童剧创作和少儿思想道德教育与艺术普及教育有机结合起来。(2)要重视对武戏人才的培养，为武戏演员提供艺术展现的机会，促进武戏人才的健康成长，推动武戏演员人身安全保险的制度化。把武戏擂台赛作为京剧节的一项常规内容。(3)本届京剧节的市场运作是成功的。要继续探索京剧节以及其他艺术活动的市场运作形式，使政府主办的艺术活动真正达到社会效益与经济效益有机统一。(4)政府主办的艺术活动要注重覆盖面，提高人民群众参与的广度。不仅给人民群众提供可供观看、欣赏的艺术，还要有措施、有形式便于人民群众积极参与到活动中来，在艺术活动中把“三个代表”重要思想真正落到实处。

京剧是我国戏曲艺术的宝库，在众多种类的戏曲艺术中，京剧艺术处于首要地位，京剧艺术的兴盛发展对地方戏曲艺术必然产生积极影响。党和政府始终将文化艺术放在十分重要的战略地位，中央领导同志也一直对京剧艺术事业给予深切关怀和支持。我们坚信，在党和政府的重视和支持下，在广大文艺工作者的共同努力下，包括京剧艺术在内的我国整个文化艺术事业必将有更加辉煌的未来！

第四届中国京剧艺术节获奖名单

综合奖（排名不分先后）

一、金奖

《廉吏于成龙》	上海京剧院
《梅兰芳》	北京京剧院
《泸水彝山》	中国京剧院

二、优秀保留剧目创新奖

《楚宫恨》	天津青年京剧团
《乌龙院》	上海京剧院

三、优秀剧目奖

《襄阳米颠》	湖北省襄樊市京剧团
《妈祖》	天津京剧院
《樊姬夫人》	湖北省京剧院
《东坡宴》	浙江京剧团
《天马歌》	青海省戏剧艺术剧院
《李清照》	济南市京剧院

四、剧目奖

《酒魂》	辽宁省锦州市京剧院
《走西口》	山西省京剧院
《霸王别姬》	广西京剧团

五、评委会特别奖

《巴山秀才》	台北新剧团

单项奖（排名不分先后）

一、荣誉编剧奖

剧目	姓名
《楚宫恨》	李瑞环

二、优秀编剧奖
《廉吏于成龙》 梁波 戴英禄 黎中城 王涌石
《襄阳米颠》 习志淦 谢鲁
《妈祖》 马金星 刘益民
《东坡宴》 莫江陵 顾颂恩
《李清照》 罗怀臻
三、优秀导演奖
《泸水彝山》 高牧坤
《廉吏于成龙》 谢平安
《樊姬夫人》 余笑予
《梅兰芳》 陈薪伊
《酒魂》 欧阳明
《李清照》 黄在敏
四、优秀音乐奖
《走西口》 续正泰
《妈祖》 陈建忠
《梅兰芳》 朱绍玉
《廉吏于成龙》 高一鸣 尤继舜 龚国泰
《樊姬夫人》 谢振强 沈鹏飞
五、优秀舞美奖
《梅兰芳》 李锐丁
《走西口》 范晓惠
《泸水彝山》 苗培如
《妈祖》 王卫中
《襄阳米颠》 田少鹏
《天马歌》 李威
六、荣誉表演奖
《廉吏于成龙》 尚长荣
七、优秀表演奖
《梅兰芳》 于魁智 孟广禄 赵葆秀
《襄阳米颠》 孟祥宏
《天马歌》 杨海东
《廉吏于成龙》 关栋天
《楚宫恨》 赵秀君 张克
《巴山秀才》 李宝春
《泸水彝山》 张建国 袁慧琴
《樊姬夫人》 张慧芳
《东坡宴》 陈少云
《妈祖》 王艳
八、表演奖
《梅兰芳》 李岩 李胜素
《襄阳米颠》 李兰萍 王玉玺
《霸王别姬》 张丽萍 张祖强 梁建国
《天马歌》 张萍
《巴山秀才》 孙正阳 朱传敏
《泸水彝山》 马帅
《樊姬夫人》 舒桐
《乌龙院》 范永亮 严庆谷
《东坡宴》 赵东海 陈银凤
《走西口》 尚继春
《酒魂》 杨占坤 王桂荣 杨占凯
《李清照》 李青

组织奖

上海市文化广播影视管理局

武戏擂台赛（按演出次序排列）

一、金奖
《赚历城》 田磊
《铁笼山》 奚中路
《火烧余洪》 刘魁魁
《林冲夜奔》 王立军
《泗州城》 阎巍
《金钱豹》 孙亮
二、银奖
《百草泉》 冯蕴
《八大锤》 金喜全
《岳飞与杨再兴》 王平
《盗王坟》 张森
《两狼关》 李静文
《盗库银》 张淑景
《虹桥赠珠》 李红艳
《金刀阵》 严庆谷
三、铜奖
《十八罗汉斗悟空》 王琳琳
《伐子都》 董宏利
《雁荡山》 浦冲聪
《三岔口》 魏友宝 和志杰
《火神阻路》 年金鹏
《钟馗嫁妹》 张立
《闹天宫》 李继春

《插入敌后》 刘建杰
《金雁桥》 张强
《雁荡山》 王永立
《挑滑车》 詹磊
《盘肠战》 康云翔

四、集体奖

《百草泉》 中国戏曲学院
《雁荡山》 甘肃省京剧团
《盗库银》 北京京剧院
《火烧余洪》 中国京剧院
《雁荡山》 新疆乌鲁木齐市京剧团

全国第十届音乐作品（交响音乐）评奖

为弘扬高雅艺术、促进我国交响音乐事业的发展，贯彻文化部“大力发展民族交响乐、努力创作中国自己的经典交响乐作品”的号召，由文化部主办，中国交响乐团、中国交响乐发展基金会承办的“全国第十届音乐作品（交响音乐）评奖”于2004年3月25日圆满结束。

此次评奖活动从全国10个省市文艺团体、艺术院校共征集参评作品69部（其中有6部作品不符合参赛规格，评委会认真取消参赛资格）。这63部作品包括大型作品（15分钟以上）32部，中、小型作品（15分钟以内，含15分钟）31部。音乐体裁包括交响曲、协奏曲、交响诗、组曲等。其中个别作品已在音乐会上演出过。由国内11位著名作曲家、指挥家组成的评审委员会，在文化部领导的大力支持下，本着严谨、务实、公平、公正的态度，采取封闭式集中审评，不辞辛苦，全力以赴，逐一对作品参照总谱认真审听，评出20部入围复赛的作品；又对这20部作品进行反复审听，最终评出20部获奖作品，其中大型作品：一等奖1名、二等奖2名、三等奖3名；中、小型作品：一等奖1名、二等奖2名、三等奖3名，优秀创作奖8部，圆满结束了这次交响音乐作品评奖活动。至此，文化部每年一届的音乐作品评奖活动已成功举行了10届。此次评奖活动充分体现了这一赛事所具有的高规格、权威性和专业性的特点，无疑将有力地促进我国交响音乐事业的发展，繁荣民族交响乐作品的创作。20部获奖作品在一定程度上反映了我国民族交响乐创作的时代风貌和创作水准，为我国民族交响乐天地又增色添彩。

首届全国流行音乐新人选拔赛

（附获奖名单）

经过20余年的发展，流行音乐已经成为一种深受广大人民群众，尤其是年轻人喜爱的艺术样式。为了规范、引导、促进我国流行音乐的繁荣与健康发展，我们在27届“哈尔滨之夏”音乐节期间举办了首届全国流行音乐新人选拔赛。经过预选，有77组选手约120多人分流行歌手独唱、声乐组合、乐队组合三个项目组参加了在哈尔滨的复、决赛。经过全面、认真、严格地评选，章程规定的各奖项已顺利产生。中国煤矿文工团的张芯、北京艺术设计学院的艾梦萌；沈阳音乐学院的蓝雨组合；空政歌舞团的飞翔鸟乐队分别获得演唱、演奏一等奖。这是我们首次组织流行音乐的赛事，通过组织这次选拔赛，我们取得了一些成绩，积累了一些经验，对于如何办好下一届全国流行音乐新人选拔赛有了一些理性的认识。

首届全国流行音乐新人选拔赛具有以下几个特点：

一、政府首次举办全国流行音乐的赛事，反映很好，评价很高

媒体评价“这是流行音乐‘登堂入室’的标志”，“是政府对大众音乐文化的肯定”，“是文艺坚持‘三贴近’的重要举措”，“是规范、引导流行音乐发展繁荣的重要手段”。大多数媒体和业内专家都认为政府举办这样的赛事是一件好事，应该坚持办下去，逐步办成有影响的权威赛事。

二、参赛选手广泛，艺术样式丰富，演唱演奏风格多样

本次选拔赛虽是首次，有宣传不力之憾，但仍然有20多个省、自治区、直辖市和部队的选手报名参加预选，既有文艺院团的职业选手，也有大中学校的学生和群艺馆、文化馆的工作人员，还有社会上的自由职业者。比赛分流行歌手独唱、声乐组合、乐队组合等项目组进行，样式较为丰富，除了这些年常见的流行唱法之外，民谣、爵士、摇滚、重金属、HIP—HOP、R&B等风格样式异彩纷呈，基本囊括了当前我国流行音乐多样化发展的现状。

三、改革后的评奖办法，深受参赛选手赞许

过去，社会上有各种各样的流行音乐赛事，水平参差不齐，时有不公正的丑闻传出。此次全国流行音乐新人选拔赛，我们吸收了这几年探索评奖改革的成果，在评奖中废除打分制，使用排序法，加强观众参与评奖的力度，增设观众最喜爱的歌手奖，坚持中纪委驻文化部监察局进行全程监督的制度。整个评选工作进展顺利，参加评选工作的评委评价说"你们主办的这个比赛，在评奖办法和程序上是最科学、最严谨的"；很多参加过各种赛事的选手评价说"文化部主办的全国流行音乐新人选拔赛是最公正的"。

四、第一次进行乐队组合比赛，水平很高

过去各种流行音乐的赛事均没有乐队组合参加，本次组织乐队组合比赛，虽仅有11个组合进入复赛，但水平很高，有很多业内专家用"意想不到"来形容他们的惊喜。他们认为，乐队组合的水平接近当前世界流行音乐乐队的水平，并且风格多样，组委会的奖项设置就显得太少了。

获奖名单

一、流行歌手独唱演唱奖

流行歌手独唱演唱一等奖（2名）：

张　芯　　中国煤矿文工团
艾梦萌　　北京艺术设计学院

流行歌手独唱演唱二等奖（6名）：

阿鲁阿卓　　解放军艺术学院
张文博　　四川音乐学院
陈　笛　　解放军艺术学院
韩　崇　　沈阳音乐学院流行音乐系
单　丹　　沈阳音乐学院流行音乐系
米　纳　　空军政治部歌舞团

流行歌手独唱演唱三等奖（10名）：

夏　寒　　沈阳音乐学院流行音乐系
黄若静　　武警福建总队文工团
彭　博　　沈阳音乐学院流行音乐系
林　佳　　珠海市群众艺术馆
吴佳佳　　中北英皇演艺专修学校
栗　锦　　中北英皇演艺专修学校
陈珊珊　　广西艺术学院
黄　涛　　上海宝山区文化馆
陈　韬　　浙江职业艺术学院
杜　慧　　河北交响乐团

二、声乐组合演唱奖

声乐组合演唱一等奖（1个）：

蓝雨组合　　沈阳音乐学院流行音乐系

声乐组合演唱二等奖（1个）：

星期天组合　沈阳音乐学院流行音乐系

声乐组合演唱三等奖（4个）：

BLUE组合　沈阳音乐学院流行音乐系
Green组合　　广西艺术学院
冰咖啡组合　　中北英皇演艺专修学校
Blue Ocean组合中北英皇演艺专修学校

三、乐队组合演奏奖

乐队组合演奏一等奖（1个）：

飞翔鸟乐队　　空军政治部歌舞团

乐队组合演奏二等奖（1个）：

传奇乐队　　沈阳音乐学院流行音乐系

乐队组合演奏三等奖（4个）：

III朝乐队　　广州歌舞团
绿色的梦乐队　　沈阳音乐学院流行音乐系
音天诱惑乐队　　天津音乐学院
红色浆果乐队　　天津音乐学院现代音乐系

四、新作品创作奖、观众最喜爱的歌手奖和评委会特别奖

声乐组合与流行歌手独唱新作品创作一等奖（2个）：

《红舞鞋》　作曲 末吉觉　作词 艾梦萌

《山歌牵出月亮来》

作曲 何超立　作词 胡红一

声乐组合与流行歌手独唱新作品创作二等奖（4个）：

《塔里木的胡杨》

作曲 王晓宁 作词 陈宗涛

《阿鲁阿卓一团火》

作曲 张卓娅 王祖皆　作词 宋小明

《小星星》　作曲 樊桐舟 作词 樊桐舟

《孤叶》　作曲 彭博　作词 彭博

声乐组合与流行歌手独唱新作品创作三等奖（10个）：

《Good morning Good afternoon Good night》

作曲 深白色　作词 深白色

《友伴》　作曲 骆子韬　作词 骆子韬

《可可西里》作曲 王付林　作词 王付林

《赫哲人家》　作曲 徐豪　作词 林子丰

《飞》　作曲 艾野　作词 艾野

《蝴蝶吻花山》

作曲 捞仔　作词 陈洁明

《妩媚》　作曲 张江　作词 妍妍

《飞吧》　作曲 梁慧　作词 黄若静

《为了你》　作曲 张江 韩 崇

作词 韩 崇

《宝黛传说》　作曲 肖白　作词 路明明

乐队组合新作品创作一等奖（1个）

《风暴》　作曲 郝松

乐队组合新作品创作二等奖（1个）

《无奈的笑》　作曲 聂野

乐队组合新作品创作三等奖（1个）

《诱惑》　作曲 张亦秋　作词 张亦秋

观众最喜爱的歌手奖（1名）：

张文博　四川音乐学院

评委会特别奖

为表彰以下三家单位对流行音乐人才的培养，特颁发评委会特别奖（3个）：

沈阳音乐学院

天津音乐学院

中北英皇演艺专修学校

第六届全国舞蹈比赛在厦门落幕

（附获奖名单）

全国舞蹈比赛是由文化部主办的舞蹈专业领域的重要赛事。从1980年创办以来，取得了很大的成绩，推出了一大批优秀作品，也推出了一大批新人。自1995年以来，该赛事已规范为三年一届，成为政府宏观调控舞蹈事业发展的一个重要手段。

第六届全国舞蹈比赛由文化部主办，厦门市政府与福建省文化厅共同承办，于2004年5月23日至6月3日在厦门市举行，取得了很好的成绩，达到了预期目标。

一、本届比赛与以往相比有以下几个特点

1.首次打破职业与非职业界限，面向全社会，规模空前。包括港、澳、台全国共有29个省、自治区、直辖市、特别行政区的335个新作品报名参赛。所报作品中72%为2003、2004年新创作的节目，预赛演员达到2800多人次，进入厦门复赛现场的有166个节目，约1500人次。参赛单位范围之广，参加人数之多，均属空前。

2.打破舞种界限，政策向创作倾斜，反映很好。以往的舞蹈比赛大多按民间舞、古典舞、芭蕾舞等舞种形式分类，由于传统舞种形式无法概括不断发展的创作实践，因而又创造了很多无法自圆其说的舞种概念，在艺术上形成很多条条框框，不利于创作的发展创新。此次比赛，在第五届全国舞蹈比赛的基础上，打破舞种界限，不分舞种，将体裁形式细分为独舞、双人舞、三人舞、群舞四个项目组进行比赛，重点从作品的主题立意、编排技法、演员表演、演出效果等方面去评比，不再把注意力放在舞蹈语汇的种属特性上，这样做的结果是促进了创作发展，受到了广大创作人员的普遍肯定和赞赏。

3.评委构成注重四结合、四为主，总体反映良好。此次评委构成坚持老中青相结合，以中年为主；坚持编导、教学、表演、评论专业相结合，以编导为主；坚持京内与京外相结合，以京内为主；坚持地方与部队相结合，以地方为主的原则。多年来，舞蹈界评委专家年龄结构趋于老化，专业结构偏于表演，不利于推进舞蹈创作、促进舞蹈发展，我们迫切感到要调整专家队伍的专业结构，大力培养中青年专家。作为一次尝试，舞蹈界总体反映良好，尤其是广大舞蹈演员和中青年编导普遍认为，评委的舞蹈观念开放、能紧跟舞蹈发展的实际，评委中没有人为形成圈子的负面影响。

4.改革评奖办法，引入观众参与机制，提高评奖的公正性。

为保证评奖的公正性，我们邀请文化部监察局派人进行全程监督。同时我们在评委总数较多的前提下，坚持使用与淘汰法相结合的顺位法，并且设立了观众最喜爱的节目奖和观众最喜爱的演员奖。设立这样的奖项旨在鼓励和引导舞蹈创作面向市场、面向观众，坚持贴近生活、贴近群众、贴近实际，更好地为人民服务，为社会主义服务。

5.比赛注重宣传，效果明显。在比赛活动的组织中，我们很注重宣传工作，以求社会效益的最大化。新华社、《人民日报》、《光明日报》、《解放军报》、《中国青年报》等报纸均不止一次对比赛进行了报道。中央电视台、北京电视台、福建电视台、厦门电视台等十余家电视台和中央人民广播电台等传媒对第六届全国舞蹈比赛进行了不同程度的报道或转播。另外，我们在厦门设立了专门的网站网页，网上相关报道有200多条，中新网、新华网、新浪网、人民网、央视国际等网站都对比赛做了相关报道，这样就形成了电视、电台、报纸、网络与户外宣传等多形式、立体化的宣传效果，力度很大，影响较好。

6.注重政府扶持与市场运作相结合，成绩显著。本届比赛在组织之初，我们一再要求承办单位走政府扶持与市场运作相结合的路子，经过不懈努力，社会筹集资金350万元，11场复赛，6场决赛，1场闭幕晚会，全部实行市场化操作，除部分预留工作票外，其余门票全部售空，门票收入80余万元。厦门市政府基本做到了收支平衡，略有节余。这种以活动养活动的思路和相关方法，为今后政府主办文艺活动积累了有益经验。

二、本届赛事的结果、成绩与不足

经过11场复赛和6场决赛，比赛于6月2日结束，经过评委会认真、严格地评选，《岁月如歌》、《鼓舞声声》、《俏花旦》、《追潮》获群舞项目组创作一等奖，《兄弟们》获三人舞项目组创作一等奖，《鸟仔》、《七步》获双人舞项目组创作一等奖，《舞狮人》、《漠海孤雁》、《枫叶红时》获独舞项目组创作一等奖。推出了唐黎维、刘岩、张荪等一大批优秀演员，对近几年的舞蹈成果进行了一次集中检阅，起到了“评比、展示、交流、规范、引导”的作用，但也发现舞蹈发展中一些原有的问题仍然比较明显地存在。

1.新人大量涌现，但编导智能结构问题突出。此次比赛涌现了一大批优秀演员，获一、二等奖的7名演员，人人可以成为独挑大梁的舞剧主角。也涌现出一批中青年编导，获一、二、三等奖作品的编导平均年龄为35岁左右的中青年，并且很多是崭露头角的新人。从获奖编导中可看出我们的编导在成长中存在的问题，一般而言，大部分编导毕业于学院，编舞技法上问题不突出，最突出的是生活积累问题，我们的编导在创作与当代生活的关系上还缺乏时代意识，有的编导自发地把握了时代生活的本质及其特征，就成功了，但这种把握还没有成为有意识的自觉行为，带有很大的偶然性。这是下一步人才培养计划中应该有针对性地去解决的问题。

2.主旋律作品旗帜鲜明，但比重相对较小。过去的比赛中会出现一批以宏扬民族自强不息精神为主的主旋律作品，此次比赛由于部队作品相对较少，这一类作品也相对少了，仅有四川的《岁月如歌》、北京的《鼓舞声声》、广西的《追潮》等几个作品。这一类主旋律作品约占全部作品的13%，比重仍然很小，大部分编导仍然把眼光放于尘封旧事、闲情逸志、花前月下、古风遗俗等题材上，关心火热现实生活、讴歌改革开放以来的丰功伟绩和中华民族当代精神生活的作品仍是少数。

3.全国舞蹈总体发展繁荣，但地域发展不平衡。获奖作品中东部省份和地区占55%、中部占12%，西部占33%，获奖演员中东部省份和地区占90%、中部占4%、西部占6%，占总参赛节目17%的军队节目占获奖作品的18%，占总参赛节目16%的学院节目占获奖作品的27%，占总参赛节目67%的各省市单位的节目占获奖作品的55%。这一组数字仍然说明，东部以经济实力拥有较为集中的创作人才，西部以丰富的舞蹈资源略胜于中部省份。军队与学院以集中的人才和优胜劣汰的编创体制胜于各省市单位。这是一个令人深思的问题。各省区中，四川、广西、云南三省的舞蹈创作力量较强。中直院团舞蹈创作力量薄弱的现状也值得重视。

4.芭蕾舞创作令人担忧。连续三届舞蹈比赛，芭蕾均只有10余个作品参赛，水平都无法达到进入复赛水准。我国芭蕾舞界重大剧目轻小节目、重传统经典轻现代创作、重演员培养轻编导培养已有时日，长此以往，中国芭蕾将难以有“芭蕾舞中国学派”的大建树。我们的芭蕾将成为上个世纪、乃至上两个世纪的博物馆艺术，难以与时俱进地成为反映当代现实生活的艺术样式。

第六届全国舞蹈比赛刚刚结束，其积极的效益与影响会逐步显现，据了解，全国已有很多院团自发地学习移植相关获奖节目。

获奖名单

独舞项目创作奖

独舞创作一等奖

《舞狮人》 编导 李福祥
《漠海孤雁》 编导 陈凯
《枫叶红时》 编导 杨笑阳

独舞创作二等奖

《摩梭夜歌》 编导 高度
《赤壁怀古》 编导 赵小刚
《书韵》 编导 江靖弋
《绿带当风》 编导 佟睿睿

独舞创作三等奖

《一个不能停留太久的地方》 编导 余粟力
《胭脂扣》 编导 张云峰
《翠狐》 编导 田露
《任逍遥》 编导 张元春
《大山彝人》 编导 郭田

独舞优秀创作奖

《龙之印》 编导 高吉武 董华兴
《雾语》 编导 金星
《长怨悠悠》 编导 柴明明 孙育鹏
《湘君》 编导 李珊珊
《山里人》 编导 阿布力皮孜
《雨夜》 编导 孙育鹏
《心舞》 编导 万马 尖措
《阮玲玉》 编导 宝金
《婉容》 编导 孔岩

双人舞项目创作奖

双人舞创作一等奖

《鸟仔》 编导 章东 新冯蔚
《七步》 编导 田劲 顾佩英

双人舞创作二等奖

《灯》 编导 王成 苏焕振
《太阳不是黑色》 编导 昕娜
《日子》 编导 史晶歆

双人舞创作三等奖

《金子·虎子》 编导 马涛
《牛角梳》 编导 陶春
《鸣凤》 编导 何川

《哎……无奈》 编导 易杰 纪家萱

双人舞优秀创作奖

《金石吟》 编导 周玉 申旭光

《战友》 编导 曾焕兴

《悄悄话》 编导 谢南

《远去的村庄》 编导 张冬 丛明玲

《羚羊的情怀》 编导 格珍

三人舞项目创作奖

三人舞创作一等奖

《兄弟们》 编导 何川

三人舞创作二等奖

《我的兄弟姐妹》 编导 吴庆东

三人舞创作三等奖

《岁月》 编导 傅小青

《山坳里的男人》编导 朱萍 黄亦川

三人舞优秀创作奖

《古厝》 编导 谢南

《勒哇阿佳》 编导 华措

《彩蝶戏鼓》 编导 亚依

群舞项目创作奖

群舞创作一等奖

《岁月如歌》 编导 李楠

《鼓舞声声》 编导 高度

《俏花旦》 编导 刘凌莉

《追潮》 编导 高骞 闵锐

群舞创作二等奖

《圈舞》 编导 李楠

《都市印象》 编导 范东凯

《海那边》 编导 郭峰 种俐俐

《壮族大歌》 编导 李紫君 刘滨

《天织女》 编导 苏冬梅

《小河淌水》 编导 章东新 冯蔚

《石磨的歌》 编导 何川 周全莉

《溜溜的康定溜溜的情》编导 马东风

群舞创作三等奖

《当代节奏》 编导 佟睿睿

《佤之祭》 编导 章东新 冯蔚

《火》 编导 于晓雪

《恋舞彝山》 编导 王舸

《踩云彩》 编导 王佳敏 梁芳

郭玲 何军

《从头再来》 编导 姚晓明

《美阿里》 编导 金英花

《中国红》 编导 姚晓明

《远古灯舞》 编导 美丽古力

《地道战》 编导 张丽娟 洪烨

《吴侬软语》 编导 胡亚文

《布里亚特情韵》

编导 塔娜 高娃 索德米德

群舞优秀创作奖（排名不分先后）

《西藏红》（霍姆斯斯） 编导 向阳花

《百舸争流》 编导 杨嵘 丛明玲

《新“阿里郎”颂歌》 编导 刘立功

《春到高原》 编导 格珍

《动感萨巴依》 编导 刘立功

《彩袖飞舞》 编导 仁青吉

《梆声映彩虹》 编导 马秀英

《女人坊》 编导 蒋立秋

《花影月色》 编导 朱萍

《苗山节拍》 编导 莫红燕

《赤髀横裙》 编导 颜荷

《黄山云涌》 编导 王燕平 于晓雪

《苗女欢歌》 编导 冷静

《回归草原》 编导 索日娜

《水云间》 编导 张婷婷

《破界》 编导 曾金星 余碧艳

《黄孩子》 编导 杨敏健

独舞项目表演奖

独舞表演一等奖

《枫叶红时》 表演者 唐黎维

《胭脂扣》 表演者 刘岩

《一个不能停留太久的地方》

表演者 张菥

独舞表演二等奖

《龙之印》 表演者 董华兴

《长怨悠悠》 表演者 柴明明

《书韵》 表演者 王磊

《赤壁怀古》 表演者 汪子涵

独舞表演三等奖

《漠海孤雁》 表演者 张坤

《摩梭夜歌》 表演者 枫叶
《湘君》 表演者 李倩
《任逍遥》 表演者 刘福洋
《绿带当风》 表演者 陈颖洁

独舞优秀表演奖

《山里人》 表演者 吾麦尔江
《翠狐》 表演者 郭娇
《舞狮人》 表演者 姚弦
《大山彝人》 表演者 念云华
《阮玲玉》 表演者 胡博
《雾语》 表演者 邵丹
《心舞》 表演者 门大成
《婉容》 表演者 张鹤
《雨夜》 表演者 门洋

双人舞项目表演奖

双人舞表演一等奖

《鸟仔》 表演者 陈凤辉 史记
《七步》 表演者 李楠 汤成龙

双人舞表演二等奖

《哎……无奈》 表演者 易杰 纪家萱
《战友》 表演者 赵欣 宿哲
《金子·虎子》 表演者 王丹 刘凯

双人舞表演三等奖

《牛角梳》 表演者 钱学涛 马晓娟
《灯》 表演者 张小春 宋名名
《鸣凤》 表演者 张娅姝 刘俊佳
《太阳不是黑色》 表演者 娄胡剑 李婷

双人舞优秀表演奖

《金石吟》 表演者 吴连鹏 刘峰
《日子》 表演者 高群 吴健
《悄悄话》 表演者 林文娟 刘宗峰
《远去的村庄》
表演者 张冬 丛明玲
《羚羊的情怀》
表演者 加永江村 格桑拉姆

三人舞项目表演奖

三人舞表演一等奖

《兄弟们》
表演者 郝继伟 郭屹 陈珂

三人舞表演二等奖

《古厝》
表演者 倪晓燕 张焕鹏 倪达文

三人舞表演三等奖

《彩蝶戏鼓》
表演者 罗玉珍 吴秀英 扎西白姆
《我的兄弟姐妹》
表演者 马涛 路遥 申旭光

三人舞优秀表演奖

《山坳里的男人》
表演者 蒋新光 李勰 陈舟
《岁月》
表演者 魏燕宁 王斐 祝玉峰
《勒哇阿佳》
表演者 闵晓晶 陈冲 谢丹

群舞项目表演奖和优秀组织奖

群舞表演一等奖

《海那边》 厦门小白鹭民间舞团
厦门戏曲舞蹈学校
《岁月如歌》 四川省舞蹈学校
《鼓舞声声》 北京舞蹈学院
《俏花旦》 四川省歌舞剧院

群舞表演二等奖

《壮族大歌》 广西艺术学院
《小河淌水》 厦门小白鹭民间舞团
《当代节奏》 上海东方青春舞蹈团
《追潮》 广西艺术学院
《新"阿里郎"颂歌》 厦门戏曲舞蹈学校
《都市印象》 厦门歌舞剧院
《溜溜的康定溜溜的情》 四川省歌舞剧院
《天织女》 成都军区战旗歌舞团

群舞表演三等奖

《佤之祭》 厦门小白鹭民间舞团
《圈舞》 四川省舞蹈学校
《动感萨巴依》 江苏无锡文化艺术学校
《春到高原》 西藏自治区歌舞团
《百舸争流》 厦门歌舞剧院
《西藏红》(霍姆斯斯)西藏那曲地区艺术团
《花影月色》 浙江歌舞剧院
《布里亚特情韵》 内蒙古呼伦贝尔市民族艺术学校

《火》 云南艺术学院附属艺术学校
《黄山云涌》 安徽艺术职业学院
《赤髀横裙》福建省宁德市畲族歌舞团
《美阿里》 延边大学艺术学院舞蹈系

群舞优秀组织奖（排名不分先后）

《踩云彩》 云南红河州歌舞团
《石磨的歌》 四川省乐山市歌舞剧团
《远古灯舞》 新疆艺术学院舞蹈学院
《吴侬软语》 浙江歌舞剧院
《恋舞彝山》东北师范大学音乐学院舞蹈系
《中国红》 湖北省青年艺术团
《彩袖飞舞》 青海省民族歌舞剧院
《回归草原》 西安市艺术学校
《地道战》 河北省歌舞剧院
《梆声映彩虹》 宁夏歌舞团
《女人坊》 珠海汉胜工业有限公司艺术团
《从头再来》 湖北省青年艺术团
《苗山节拍》 贵州都匀市歌舞剧团
《水云间》美国加州大学台湾籍留学生
《黄孩子》 澳门演艺学院
《破界》 香港T&Y创作坊
《苗女欢歌》 台北豫和舞耘舞蹈团

作曲奖、服装设计奖、灯光设计奖和观众最喜爱奖

优秀作曲奖

《大山彝人》 作曲 李沧桑
《绿带当风》 作曲 戴伟
《山坳里的男人》 作曲 王天明
《枫叶红时》 作曲 印青
《鸣凤》 作曲 林幼平

优秀服装设计奖

《长怨悠悠》 服装设计 宋立
《俏花旦》 服装设计 崔炳华
《恋舞彝山》 服装设计 韩春启
《都市印象》 服装设计 范东凯
《摩梭夜歌》 服装设计 王晓帆

优秀灯光设计奖

《鼓舞声声》 灯光设计 任冬生
《海那边》 灯光设计 林宏恩
《枫叶红时》 灯光设计 杨卫东
《都市印象》 灯光设计 陈玉生 范东凯
《古厝》 灯光设计 陈建康

观众最喜爱的节目奖

《海那边》 厦门小白鹭民间舞团
厦门戏曲舞蹈学校

观众最喜爱的演员奖

《海那边》表演者厦门小白鹭民间舞团
厦门戏曲舞蹈学校

全国首届木偶皮影艺术研讨会

由全国首届木偶皮影艺术学会主办的全国首届木偶皮影艺术研讨会5月21日在湖南省长沙市召开。来自北京、上海、广东、陕西、成都、福建、湖南等省市的木偶皮影艺术团体的领导、专家、表演艺术家汇聚星城，共同探讨木偶皮影艺术发展走向。这是新中国成立50多年来木偶皮影界首次举办这样的活动。

我国的木偶戏相传起源于两千多年前的殷周时代，至唐代已趋成熟，宋代达到高峰。我国的皮影戏起源相传在西汉时期，元代已作为军队的一种主要娱乐活动而随军流动演出。当代木偶皮影艺术在国际上独树一帜，产生过巨大影响，被誉为“比黄金还贵重”的艺术。由于受到现代传播手段的冲击，木偶皮影艺术面临种种困境，如何走出低谷，使千年古艺绽放出新的光彩，是全国木偶皮影界普遍关心的问题。研讨会上各方面专家讨论得最热烈的核心问题之一便是：传统的木偶皮影艺术如何与现代的多种表演手法相结合，进而在不断创新中发展木偶皮影艺术，使之更加适应当代观众的精神文化需求。

福建泉州木偶剧团王景贤团长提出：当代木偶皮影戏过多拘泥于传统民间故事和神话，因而创新度不够，当代的歌舞、武术等表现形式的加入无疑是一件好事，但是，木偶皮影戏的本体传统绝不能丢。由于当代的木偶皮影艺术趋同化越来越严重，在不断发展过程中突出自己的艺术特色也是非常重要的。四川成都木偶剧院艺术总监唐大玉认为：随着现代各种表现手法的融入，肯定会使传统木偶皮影戏的本体表现力淡化。木偶皮影戏如果不能与时俱进就会渐渐失去观众和市场，因此就必须在创新的过程中把艺术性与市场性高度统一起来。文化部艺术司李延年认为：眼下对木偶皮影戏的包装已成为时尚，但不能形式大于内容，更不能以削弱木偶皮影本体为代价。一些话剧、歌舞导演加盟到木偶皮影戏行列为其排戏、导戏是好现象，无疑是为木偶皮影艺术注入一股清新之风，但这些编导应首先了解、熟悉木偶艺术的规律，切不可消减木偶皮影本体的艺术个性。研讨会上陕西省民间艺术剧院的闫毅手举偶型边表演边讲解，生动活泼，他的精湛技艺、扎实的功底博得了在场专家和新闻记者们的一致称赞。

金狮奖第四届全国小品比赛亮相长沙

由文化部和长沙市人民政府共同主办的金狮奖第四届全国小品比赛于6月23日至26日在湖南省长沙市举行。来自全国26个省、市及解放军系统37个单位的42个作品分5台进行决赛，这些作品是从全国有关部门推荐的223个作品中筛选出来的。经过初评和决赛两轮评判，本届比赛共评出金奖8个、银奖12个、铜奖16个、优秀奖6个和一批单项奖。

小品艺术形式灵活，轻便快捷，一些优秀的作品或诙谐幽默、令人捧腹，或情趣盎然、发人深思，是一种雅俗共赏、深受群众喜爱的艺术品种，在丰富人民群众精神文化生活方面具有独特的、不可替代的作用。对于像小品这样娱乐性强又有着广泛的群众基础的艺术品种，文化部历来就十分重视并给予热情关爱和扶植。上世纪80年代小品艺术崭露头角，文化部对小品艺术的成长就给予特别关注，并以比赛等方法为举措促使其健康发展。文化部主办的前三届小品赛事推出一大批生活气息浓郁、受到广大观众喜爱的优秀小品和创作演出人才，对于小品艺术创作、演出的繁荣起到积极的促进作用。本次比赛距上届5年时间，是对小品艺术成果的一次集中检阅和展示。

从本届比赛的作品中，我们可以看到这样一些特点：贴近现实、贴近生活、贴近群众，具有强烈的时代气息。全国报送的200多个作品中，90%以上是反映现实生活的，在参加决赛的42个获奖作品中，有39个是现实题材的，这说明关注现实生活、反映现实生活已成为小品艺术工作者们自觉的行动。现实生活是一切艺术形式赖以生存的沃土，只有深深扎根现实生活，像小品这样的艺术才会有火热的人气，才会叶茂花繁。把创作的触角深入到社会生活的各层面，力求通过司空见惯的现象反映出生活中本质的一面，从纷繁的生活中挖掘出积极向上的民族精神是广大小品艺术工作者神圣的职责。在参赛作品中一些作者对作品主题的开掘令人称道。《二月玫瑰》可以说是一束散发着淡淡幽香的小品新花。情人节这天，某部女兵班收到一把鲜嫩欲滴的玫瑰，花是谁送的，又是送给谁的呢?用女兵自己的话来说：这可是个“敏感得要死”的事。这个“烫手的山芋”从你手中传到她手中，像是“击鼓传花”的游戏。当弄清玫瑰的来历后，女兵们又争相要花，表现了女战士们活泼可爱和对美好生活的向往。该作品清新亮丽，细腻精致，是不可多得的上乘之作。寒风凛冽的年三十晚上，城市清洁女工从车水马龙中救起一个醉酒的老板，并脱下自己的大衣给老板盖上，于是一连串的误会发生了……《老板与清洁工》这个作品在机巧中隐喻着人无贵贱高低之分、真情待人最可贵的哲理。

取材广泛是本届比赛的一大亮点。从反映城里人眼下惯犯时髦病的《烦恼》到质朴清新的农村题材的《信用人家》、《喜洋洋》；从针砭时弊的《名副其实》、《婚托》到荒诞类型的《唐僧减员》、《倒霉的狗》；从反映新时期军民关系的《保险》到呼吁人伦回归的《慈母泪》、《如此孝心》等等，作品题材丰富多样。社会生活本身是五彩缤纷多姿多彩的，小品作者从生活的海洋中拾取贝壳、撷取浪花，靠的是识珠的慧眼，对拾回宝物的雕塑还要凭借另一种技艺，这样才能使珍宝发光，遗憾的是在这次参赛作品中，有些选材很好，视角也不一般，但终因艺术处理不够独到而使作品流于一般。

小品艺术有以小见大的特性，获奖作品《城里人乡下人》、《就这一个字》、《尊严》是小中见大的成功之作。城里人乱丢垃圾，进城观光的老太婆捡起来丢到垃圾箱；新战士为干部纠正大会上念的错字；知识分子遭人辱骂而不惧豪强执意要让对方道歉等小品中，无一不寄寓深层意蕴。

《刺客》被认为是本次比赛出现的另类作品。在过去的小品舞台上，从未出现过这类作品。作者把古代《刺客列传》的故事搬上小品舞台，两个“侠客”精彩的对打场面配上音响效果引人入胜，令人赞叹。

看完五场比赛演出，专家评委都很兴奋。大家为小品艺术取得的成就而高兴，对小品的前景充满信心，正如担任本届比赛评委主任的著名小品艺术家赵本山所说：从自己这些年的感受来说，小品创作的确很难，这次在长沙一下子看到这么多的好作品打心里感到高兴。我对小品前途充满信心，小品的魅力是无限的，小品的发展是阳光灿烂的。

金狮奖第六届全国杂技比赛在广州隆重举办

（附获奖名单）

由文化部、广州市人民政府主办的金狮奖第六届全国杂技比赛于2004年10月1日至7日在广州市举办。文化部副部长陈晓光在金狮奖第六届全国杂技比赛开幕式上讲话指出，中国是个杂技大国，具有2000多年历史的杂技，是中华民族文明史上闪着耀眼光辉的艺术瑰宝。新时期以来，广大杂技艺术工作者大胆创新，使古老的杂技艺术焕发青春，并昂首阔步走向国际舞台。中国杂技健儿们用自己的青春和汗水，在世界舞台上捧金夺冠，为祖国赢得了荣誉。杂技成为得奖最多、社会效益与经济效益皆佳的艺术品种，成为对外文化交流的重要力量，为传播中华民族优秀文化做出了突出贡献。他还指出，四年一届的金狮奖全国杂技比赛，是促进中国杂技艺术繁荣发展的有效举措，是不断推出优秀杂技艺术作品和优秀杂技人才的摇篮。许多推往国际赛场、演出市场和参加国内重大文艺活动的优秀节目，都从这里诞生。本次参赛的作品是经过严格选拔出来的优秀作品，是中国杂技艺术家们汗水和智慧的结晶。他表示：相信本次比赛一定能赛出水平，赛出精彩，为中国杂技艺术的发展发挥推动作用，为人民群众奉献更多更好的艺术精品，为建国55周年献上杂技艺术家们的美好祝愿。

短短一周内，来自全国45个杂技团体的65个节目参加了比赛，最终评出金奖25个、银奖15个、铜奖25个和单项奖96个。此次大赛热点多、亮点多，既突破传统，又创新理念，获得圆满成功。本届杂技比赛呈现以下新特点：

一、追求“更难更新更美”，弘扬优秀传统文化艺术

四年一届的金狮奖全国杂技比赛，是优秀杂技艺术作品和优秀杂技人才的摇篮。此次杂技比赛一如既往地以“更难更新更美”作为追求的宗旨，充分展现杂技艺术的技巧与美感。此次参赛的各代表队纷纷拿出多年磨练的“绝活”，展现国内乃至全世界最高难度的动作，以意想不到的力度冲击观众的视听感觉，使广大观众在赞叹杂技艺术高超技巧的同时也领略到其无与伦比的美感。

创新是杂技艺术的生命。本届杂技比赛的众多节目将声光电、音乐、舞蹈等元素融入到杂技表演中，使传统的单一崇尚技巧的杂技成为集技巧性、表演性和观赏性于一体的综合艺术，技巧与美感得到了完美的统一。

二、面向社会，贴近群众，取得巨大的社会效益

杂技艺术来自民间。面向社会，贴近观众

是杂技艺术的灵魂，也是其发展的方向。

为了让更多的观众能够了解和欣赏到精彩的杂技艺术，本次杂技比赛在宣传策划阶段就立足群众、面向群众。有关方面在比赛前和比赛期间，策划组织了一系列的宣传活动，动用了包括汽车亭、地铁站、公交车等媒介在内的广告资源，让金狮奖杂技比赛成为羊城的热门话题，成为老百姓争相参与的艺术盛会。

本次比赛以广大群众喜闻乐见的广场表演的形式拉开序幕，深受人们的欢迎和好评。比赛期间，各场馆纷纷推出低价位门票，让更多的观众走进场馆，走近杂技。据统计，本次比赛中六大场馆的上座率都达到了80%以上，各个场馆座无虚席，掌声、欢呼声此起彼伏，舞台上下充分互动，精彩纷呈，高潮迭起。比赛前后，还开展了杂技知识普及讲座、比赛吉祥物公开征集以及展示杂技演员风采的“全国十大杂技宝贝”评选等系列活动，使广大群众与杂技进行了近距离的接触，取得了巨大的社会效益。

三、加强交流，开拓市场，让杂技艺术花开海内外

本届杂技比赛遵循艺术表演规律和市场经济规律，以高品位、低票价的运作方式，既保证了比赛的顺利进行，又培育和拓展了杂技演出市场，取得了突破性的成效，15场比赛和闭幕式晚会的票房总收入达到100万元。比赛期间举办杂技论坛，专家学者、演出商和杂技团领导围绕杂技艺术的发展、演出市场的培育等议题进行了深入的探讨。比赛期间还举办了供需双方的洽谈会商活动，前来观摩选购的12个国家和地区的24位国际朋友被中国的杂技艺术深深吸引，纷纷向参赛团体发出演出邀请，法国著名的“明日艺术节”也对中国的杂技团发出了邀请。短短几天，就有15个参赛团体与外商签署了赴境外表演的意向书或协议。

本次金狮奖杂技比赛走出单纯比赛的圈子，以比赛为契机，推进了杂技艺术的对外交流，不仅取得了良好的经济效益，还将中国的优秀文化传播到世界，展示中华民族的文化精髓，让世界更好地了解中国。

此次金狮奖全国杂技比赛是继第二届全国木偶皮影比赛后，在广州成功举办的又一次艺术盛会，广东省及广州市有关部门的成功组织和努力工作使本次比赛得到了群众的满意、参赛队伍的满意和市场的满意。通过本次金狮奖全国杂技比赛，推动了杂技艺术进一步的发展，广大群众度过了一个美好的节日，越来越多中国优秀传统文化走出了国门，走向了世界。

获奖名单

金奖（25个）

《达瓦孜》 新疆维吾尔自治区杂技团
《行为艺术——度》 福建省杂技团
《红鼻头——浪桥钻圈》 沈阳军区前进杂技团
《阳光女孩——技巧造型》 广州杂技团
《转动地圈》 沈阳杂技演艺集团沈阳杂技团
《攀——双爬杆》 山东省济宁市杂技团
《追求——抖杠》 广州杂技团
《五人踢碗》 内蒙古自治区杂技团
《魔术·京韵手彩》 上海杂技团
《超越——蹦床》 广州杂技团
《空中大飞人》 上海马戏学校
《霸王剑魂·跳板浪桥》 上海杂技团
《绸吊顶技》 沈阳军区前进杂技团
《旋转皮条——觅》 成都军区战旗杂技团
《浪桥飞人——大鹏》 云南省杂技团
《皮条》 山东省杂技团
《绸调——大红绸子飘起来》 成都军区战旗杂技团
《时空聚焦·抛接技巧》 上海杂技团
《蹬人》 山东省杂技团
《杯水娇柔》 北京杂技团
《腾飞·上九天——抛轿子》 天津杂技团
《球上技巧》 吉林省长春市杂技团
《大连女孩车技》 辽宁省大连杂技团
《剪纸娃娃——抖空竹》 陕西省杂技团

《科技灵光——晃圈》 广东省深圳福永杂技艺术团 深圳市福永艺术团

银奖（15个）

《高空软钢丝》 沈阳军区前进杂技团
《小晃管》 沈阳军区前进杂技团
《魔方》 沈阳军区前进杂技团
《青春节奏——足尖空竹》 广州杂技团
《英雄小子——升降软钢丝》 广州杂技团
《造型——我们在一起》 成都军区战旗杂技团
《花棍——欢歌秧鼓》 成都军区战旗杂技团
《飞天梦——空中体操》黑龙江省杂技团
《玩空竹》 重庆杂技艺术团
《蹦床爬杆》 河南省杂技团
《心之攀——转台高椅造型》 山东省济南市杂技团
《转碟——茶花赋》 云南省杂技团
《苏堤春晓——双人蹬伞》 浙江省曲艺杂技总团
《太阳神之子——转动地圈》 宁夏回族自治区银川市杂技团
《杯韵——双人滚杯》 浙江省曲艺杂技总团

铜奖（25个）

《快乐酒吧——手技》 河南省郑州杂技团
《晃梯顶技》 中国铁路文工团杂技团
《高椅》 吉林艺术学院附属中专杂技科
《球技——手技》 中国铁路文工团杂技团
《翠竹菁菁——柔术》 河南省郑州杂技团
《抖空竹——竹》 中国铁路文工团杂技团
《潇湘飘雪——溜冰》 湖南省艺术职业学院杂技班
《双蹬人》 新疆生产建设兵团杂技团
《舞叉闹海》 山东省聊城杂技团（蒲公英杂技学校）
《心韵——顶圈》 浙江省杭州艺术学校
《滚灯》 内蒙古自治区杂技团
《大飞人》 河南郑州杂技团
《力与美——皮条》 浙江省杭州杂技总团青少年杂技团
《倒立双人技巧》 四川省遂宁市杂技团
《力量组合》 辽宁省锦州市杂技团
《魔术——酥油花》青海省民族歌舞剧院
《滑稽表演——塑像前的恋人》 新疆维吾尔自治区杂技团
《花坛》 江苏省南京市杂技团
《红豆青豆——软功》 江苏省盐城市杂技团
《生命律动——皮吊》 广东省深圳福永杂技艺术团
《随想——单手技巧》辽宁省大连杂技团
《双童比巧——双翘碗》 陕西省杂技团
《阳光少年——草帽》 广东省深圳福永杂技艺术团 深圳市福永艺术团
《魔术——大红灯笼挂起来》武警文工团
《马术》 上海杂技团

艺术司在西宁举办西部戏剧编剧导演培训班

针对当前西部地区戏剧编剧导演人才严重匮乏的现状，为培养编剧导演创作队伍，提高其业务素质，促进艺术创作的繁荣与发展，进一步加强西部文化专业干部队伍建设，由文化部艺术司主办，青海省文化厅承办的“第二届西部戏剧编剧导演培训班”于8月24日至9月5日在青海省西宁市举办。来自西部地区五个省、自治区和直辖市的30余名戏剧编剧、导演及艺术理论研究人员参加了这次培训。

8月24日的开班典礼上，藺永钧副司长做了讲话。他说：艺术生产离不开艺术人才，精品的打造离不开能工巧匠。当前舞台艺术进一步繁荣，呼唤着更多优秀艺术人才的涌现。人才问题是战略性问题，党历来重视对人才的培养和使用。陈晓光副部长在今年的全国艺术创作工作会议上谈到今年全国艺术创作生产应注意的主要问题时指出，人才战略是不断推出艺术精品的基本保证。这届培训班上，请到的编剧和导演专家们，将以系列讲座的方式，或讲授自己的艺术实践经验、创作体会及方法，或介绍戏剧艺术在当今的变化和各种发展走向，或从大文化的视角切入分析优秀艺术作品。这些课程的设置使大家了解现代艺术的发展，提供全国乃至世界的艺术创作信息。希望大家通过学习，对当代戏剧艺术的现状及前景有个基本的了解，更重要的是为了开拓视野，提高鉴赏水平，进而提升我们的艺术品位，对今后的创作起到启示作用。蔺司长还与各省学员代表现场对话，就目前我国戏剧艺术创作的现状、创作队伍的培养及如何加强创作力度等问题进行讨论，交换了看法。曹萍厅长代表青海省文化厅和全省文化系统的干部职工发表了热情洋溢的致辞，向各位领导、专家和兄弟省市的学员们表示热烈的欢迎。

这次培训班为期14天，邀请了刘树纲、郭启宏、查明哲、黄维若、戴英禄、朱良志、曹其敬、陈薪伊等国内著名的编剧、导演、专家、学者进行了《从自己的创作实践看戏剧观念的改变》、《历史剧的创作》、《关于戏剧场面》、《谈剧本分析与导演构思》、《戏剧创作漫谈》、《中国传统美学与艺术》、《千人千面，一戏一格》、《寻觅文化气质》等8个专题讲座。培训班采取课堂教学与问答、讨论相结合的授课方式，不但活跃了课堂气氛，让授课更有针对性，也增进了戏剧同行间的沟通与交流。学员们在认真聆听专家学者教诲的同时，还观摩了话剧、京剧、歌剧、川剧、越剧、闽剧、黄梅戏等多种戏剧种类的优秀艺术作品，通过具体作品之间的比较、分析，与抽象的理论相对照，使学员们开阔了眼界，增长了见识，活跃了思维，拓宽了创作思路。

在半个多月紧张而有序的学习过程中，学员们深感这次学习机会的弥足珍贵，抓紧点滴时间进行学习与交流。在结业式上，学员代表发言认为，艺术司办这样的培训班是切切实实地为西部艺术创作做了件好事。授课的专家学者学识水平国内一流，他们认真、严谨、负责；讲课深入浅出，活泼生动，使学员们受益匪浅。老师们渊博的学识不但使学员们深深折服，他们高尚的品格和对艺术的不懈追求更是令人肃然起敬。这次培训班课时安排紧凑，课程设置合理，让学员学到了许多新的知识，虽然付出了辛苦，受到了劳累，但也有了一份沉甸甸的收获。他们表示通过这次培训班的学习，感到了肩上的重任，他们将以此为新的起点，在今后的艺术实践中不断努力，让西部的戏剧艺术事业有新的起色。

文化部艺术司戏剧处查振科处长在结业仪式上作总结讲话。他认为这次培训班举办得顺利、圆满、成功，达到了开拓视野、撞击观念、推动创作的预期效果。今后艺术司将继续关注西部艺术创作人才培养，戏剧创作人员的各项培训班将坚持办下去。

艺术司在西安举办西部杂技编导培训班

为开拓杂技编导视野，拓新创作观念，提高编导人员的素质，由文化部艺术司主办、陕西省文化厅协办、陕西省杂技艺术团承办的西部杂技编导培训班于2004年10月20日~30日在西安市举办。来自西部及其他地区各杂技团从事编导的30多名学员参加了为期10天的学习。文化部艺术司邀请了国家艺术院团、艺术院校的专家、教授、学者进行了戏曲、戏剧、舞蹈、音乐、美学、杂技内容的授课并对国内外的杂技精品节目进行作品赏析。

文化部艺术司司长于平、陕西省文化厅厅长秦天行出席开班典礼。于平司长侧重当前杂技艺术在求新求变中与舞蹈的结合，以《强化杂技审美的舞蹈设计》为题，为培训班讲了第一课，在学员中引起很大反响。学员们说："于司长的课既有舞蹈方面的理论，又结合杂技现状，很有针对性，听了很开窍、很解渴。"中央音乐学院安平教授讲授的《世界音乐》更是别开生面，互动式的教学方式和深入浅出的作品分析引人入胜。十多位授课者各有侧重、各有亮点，讲台上的内容如涓涓流水，听课者则如饥似渴津津有味。很多学员希望把培训班继续办下去，并要求增添舞台美术、化妆造型方面的课程。

文化部艺术司副司长蔺永钧、陕西省文化厅副厅长孙豹隐出席结业式并讲话。蔺永钧说：相对于杂技艺术的飞速发展，我国杂技的编导人才显得十分匮乏，编导水平相对较弱，杂技继续大步前行有些后劲不足。面对广阔的国内国际市场，要有更为精彩的崭新作品，使我国杂技水平居于世界杂技界的领先地位，编导的作用至关重要。本届培训班是首次举办的杂技专业培训班，就是要给我国杂技编导人才更多的艺术营养，提高杂技作品的艺术品格，为杂技创作提升审美的品位，为杂技未来注入充沛的活力。

蔺永钧副司长还在培训班结业典礼上与学员们共同探讨了三个问题：一是关于技与艺的关系。他指出，当代中国杂技已告别了单纯表现技巧的局限，自觉追求艺术的完美，注重作品的完整性。“新、奇、难、美”四字的完美统一始终成为杂技创作的最高追求，并使节目从通俗向雅致精致发展。二是关于本体与吸纳的关系。他认为，当代观众多层次的审美需求对杂技编导提出了更高的要求，杂技编导不仅要有较高的学识和艺术素养，更要有对杂技艺术独特的理解和独特的体验。今天的杂技创作是需要用个性创造力和想象力来完成的。编导们只有从自身独特的感觉出发，才能避免雷同，创作出风格多样、充满艺术魅力的杂技节目。杂技编导有意识地从单一化向多元化发展是新世纪杂技创作的一个显著特征，但又必须把握好杂技独特的本质，不能忽略杂技技巧对观众永不衰竭的吸引力。三是关于传统与创新的关系。他提出，作品出新是艺术发展的必然趋势，任何艺术品都要关注当代人的社会意识和审美取向。一些节目的成功在于不仅创作中难度大，同时又能体现杂技人的现代观念与创作实力，符合现代人的审美要求，顺应现代人的行为观念与思维方式。

《2003～2004年度文化部向全国基层剧团推荐优秀剧目集》出版

我国约有2600多个艺术表演团体，全年演出约40万场，其中面向农村的演出每年都在25万场，占总演出场次的60%。面向农村演出的剧团大都是地、县级剧团，这些剧团由于创作经费短缺及创作人员匮乏，往往演出剧目单一。为了更好地贯彻党的“二为”文艺方针，为广大群众提供优秀的精神食粮，促进社会主义精神文明建设，文化部2001年开始向全国征集选购部分社会效益和经济效益俱佳并适合基层演出的剧本，无偿提供给地县级剧团移植排演。一方面解决基层剧团缺少优秀剧本的状况，另一方面，将近年来创作的大批优秀作品送到广大群众中去，丰富基层群众文化生活，使优秀作品真正赢得两个效益。

在部领导直接关心指导下，在各地文化厅局的大力支持下，《2002年文化部向基层推荐优秀剧目集》如期出版并无偿提供给基层剧团，受到各级文化主管部门和基层剧团的欢迎，赞誉这是一件普及推广先进文化的重要举措。李长春同志对此项工作做出“这个举措很好”的批示，予以充分肯定。部司领导也指示将这项实实在在“面向群众”的工作连续进行下去。

2003年下半年，艺术司向各地文化厅局发出推荐优秀移植剧目的通知后，得到各文化厅局的积极响应。2004年7月，艺术司聘请专家组成评选小组，从全国推荐来的近40部作品中选出12部经过市场考验并深受群众喜爱的作品。其中反映当代农村生活的作品居多，有湖北省黄梅戏剧团《未了情》、河南省曲剧团《婚姻大事》、郑州市豫剧团《老子儿子弦子》、江苏省淮海戏剧团《豆腐宴》、盐城市淮剧团《十品村官》、吉林省长春市双阳区评剧团《三醉酒》、宁夏青铜峡市文工团眉户剧《大棚情缘》、贵州省贵阳市艺术中心方言话剧《龙二哥的婚事》。此外，还有3台近代或历史题材剧目，它们是深圳市粤剧团《驼哥的旗》、张家口青年晋剧团《梳妆楼》、枣阳市曲剧团《刘秀还乡》；入选剧目中有1台儿童剧，是常州市滑稽剧团的滑稽戏《我要做好孩子》。这12部作品的作者及首演单位均已与艺术司签订了《文化部向基层剧团推荐优秀演出剧目有关著作权的协议》。

造型艺术

第十届全国美术作品展览成果丰硕

（附获奖名单）

经过五年的积蓄和等待，2004年我们终于迎来了第十届全国美术作品展览，这是美术界的盛大节日，是本世纪初重要的美术盛会，也是全国美术工作者献给共和国55岁生日的一份厚礼。

全国美术作品展览是由文化部与中国美术家协会共同主办的国家级综合性美术展览，每五年举办一次，从1949年举办第一届至今，已经走过了55年的风雨历程。半个世纪以来，它伴随着新中国的发展、强大而不断成长、成熟，及时反映了新中国各个阶段美术事业发展的成绩，见证了新中国历史变迁的进程。如今，全国美展已经成为我国规模最大、参与范围最广、作品种类最多、最具影响力和权威性的综合性美术大展，成为孕育优秀美术作品的摇篮和推荐优秀美术人才的重要渠道，对普及、推动并繁荣我国美术事业起着不可替代的作用。

第十届全国美展以党的十六大精神为指导，坚持“为人民服务，为社会主义服务”的方向和“百花齐放，百家争鸣”的方针，贯彻邓小平理论和“三个代表”的重要思想，以培育美术新人、推动美术创作、繁荣和发展社会主义美术事业为宗旨。本届全国美展是历届中规模最大的一次，整个展览的筹备工作从2003年下半年开始启动。十届美展组委会由孙家正部长担任名誉主任，陈晓光副部长和中国美术家协会主席靳尚谊同志任组委会主任，中国美术家协会副主席刘大为、中国美术馆馆长冯远和文化部艺术司司长于平同志任副主任。组委会全面负责领导展览筹备和展出的各项工作。

第十届全国美展的展览分两个阶段进行，第一阶段是各种类作品的分展区展览。自2004年8月中旬至11月中旬，艺术设计作品在上海，中国画在杭州，水彩画、水粉画在汕头，油画和壁画在广州，版画在成都，雕塑作品先后在长春和厦门，漆画、年画、宣传画、连环画、漫画和插图在南京，港澳台特邀作品在深圳分别展出。在本届全国美展组织工作方面，组委会和各地承办方面都积极努力，特别是各分展区的地方政府领导和各相关部门，不仅在经费上给予支持，而且在组织、宣传等方面做了大量工作。尤其值得一提的是，香港和澳门特别行政区政府和当地的艺术家们也表达了他们要求参加全国美展的强烈愿望。在坚持一国两制原则的基础上，考虑到港澳艺术家积极要求参展的热情，本届全国美展在深圳举办了港澳台作品邀请展，香港艺术发展局和澳门文化厅积极参与到展览的组织工作中，出资出力帮助港澳艺术家参加展览。9月12日~10月10日港澳台作品邀请展在深圳隆重展出，吸引了大批港澳台地区的艺术家和游客前往参观，也让他们感受到了全国美展对港澳台地区美术发展和艺术创作的关注与重视。港澳台作品邀请展有力地加强了港澳台艺术家和内地的联系，同时反映出港澳艺术家和有关机构对全国美展的重视。

第十届全国美展第一阶段各个分展区的展览都是盛况空前的，成为了当地民众的文化节日，吸引大量群众踊跃参观，其中包括大量的青少年和儿童。在有些展区，当地的不少学校甚至将美术课堂直接搬到了美展现场。第十届全国美展在各地都取得了良好的效果，各展区在社会影响、经济效益方面都有不错的收获。

第十届全国美展第二阶段是获奖作品展。为了保证本届全国美展评奖的公平、公正和权威，十届美展组委会制定了详细的《第十届全国美术作品展览各展区评选、评奖工作条例》，规定了严格的评选程序和复议程序。评选和评奖工作采取民主评议和投票相结合的方式。若个别评委对投票结果有不同意见，在获得半数以上评委支持基础上可以进行复议，再次投票获2/3以上评委同意方可考虑更改评审结果。全国各分展区参展的3100件作品是从数万件送展作品中挑选出来的，各展区评审委员会又对参展作品进行了严格的评审，选出近600件获奖提名作品。

10月22日到24日，第十届美展总评审委员会对提名作品进行了最后的评定。陈晓光同志在美展总评的动员会上作了重要讲话，他指出全国美展作为我国美术工作的重要活动，对于发展繁荣美术事业具有不可替代的作用，并简要总结了全国美展第一阶段的展览情况，进而对美展总评工作提出要求。晓光同志要求评委们对待总评工作要坚持公正性和权威性，力争把近五年来的优秀美术作品选拔出来。他强调“获奖作品的评选和展览是全国美展最重要的阶段，某种程度上获奖作品对当下美术创作导向的影响是很大的”，因此各位评委要“本着公平、公正的原则，以海纳百川的胸怀进行评选。认真把关，使获得金、银、铜奖的作品，特别是金奖作品要经得起历史和群众的检验”。他还指出评选工作要“重视作品的导向性，注重表现时代精神和民族气派的美术作品”。另外，晓光同志还对获奖作品的展览、收藏和研究工作提出了具体的意见和建议，要求一方面继续做好获奖作品展及其国内外巡展的筹备、计划、组织和宣传工作，争取使全国美展获得更大的社会效益和经济效益；另一方面中国美术馆要积极做好获奖作品的收藏和研究工作，为国家多收藏一些好的作品，留下时代精神的真实写照。最终，根据各展区评委会的评审和提名，第十届美展总评委会共评出金奖作品18件、银奖作品73件、铜奖作品199件，优秀奖作品307件。

12月10日上午10时，第十届全国美展获奖作品展在中国美术馆隆重开幕。开幕式由中国美术馆馆长冯远主持，全国人大副委员长李铁映、全国政协副主席郝建秀、文化部部长孙家正、副部长陈晓光、中宣部副部长李从军、中国文联党组副书记覃志刚、中国文联副主席李牧、中国美协主席靳尚谊等出席了开幕式并为获奖作品展剪彩。晓光同志在开幕式上致辞指出“全国美展是我国重要的美术活动，是推动美术创作发展、推广美术创作成果、推出美术人才的重要举措”，“全国美展为我国美术事业的发展和繁荣，提供了更加厚实的基础和更加坚固的支撑，成为人民群众享受艺术、欣赏艺术、参与艺术的重要形式，为人民群众提供了丰富多彩的精神食粮”；“第十届全国美展集中展示了我国当代美术创作繁荣发展的面貌，体现了美术家们对艺术的追求与探索精神，是近五年来全国美术创作成就的一次巡礼”。最后，他希望“通过全国美展能够激发全国美术工作者们更高的创作热情，继承发扬关注现实、表现生活的优秀艺术传统，不断探索，勇于创新，努力创作具有时代精神和民族气派的优秀艺术作品，推动美术事业的全面繁荣，为促进先进文化的发展做出贡献”。出席开幕式的还有中国美协副主席刘大为、中宣部文艺局副局长汤恒、艺术司副司长刘中军以及中国美协顾问、著名画家华君武等。

获奖作品展集中展示的597件作品是本次美展3100件参展作品中的佼佼者，它们题材广泛、内容丰富、形式多样，展示了近五年来我国美术创作的发展和成就，各个种类的作品都呈现出良好的发展态势。中国画艺术源远流长，它是中华民族独特艺术精神的展现，本届参展的中国画作品显示了艺术家们在更精深的层面上对传统文化形式的当代内涵的诉求和“笔墨当随时代”的现代创作形态的探索，展现了中国画发展的广阔前景。中国油画则在经历了百年的借鉴、探索、融合和创新之后，显现出中华民族的自觉意识、人文精神和对当下现实生活的深切关注，无论在题材内容、风格形式还是在表现手法和创作技巧上都更趋成熟和多样化。有着悠久历史和优良传统的版画整体水平有明显的提升，显示出旺盛的生命力，作品多版种的艺术取向和艺术语言的锤炼充分体现了版画家们的创造精神和文化智慧。水彩、水粉画形成多样发展的良好格局，表现域更为广泛，这与画家们兼具西画素养和水墨传统，在弘扬民族精神的基础上不断追求创新的努力和尝试是分不开的。雕塑和壁画随着近年来城市环境建设的发展而取得了更广泛的发展空间，更多个性化、民族化和具有时代感的精品涌现出来，艺术家们在材料、技艺方面的尝试也取得了很好的效果。漆画、年画、宣传画、插图、连环画、漫画等小画种作品，或是带有浓郁的民族、地域特色，或是脱胎于传统，或是中西融合的产物，都以自己独特的方式展现各自的艺术魅力。艺术设计展区的作品以“和而不同——设计让人们生活更美好”为主题，涉及城市建筑、公共环境艺术、工业制造、民艺器物、传媒广告、衣着服饰等等诸多领域，体现了设计界对本土设计、生态环境、以人为本、人与自然等问题的思考和设计者们不懈的努力与探索。而港澳台参展作品则显示了在中西文化交融的背景下、特殊的历史人文环境所造就的多彩的、独特的艺术景观。

应该说，获奖作品展是近五年来广大美术工作者遵循先进文化的前进方向，努力表现多姿多彩的生活和讴歌时代的进步精神，遵循艺术规律，努力推进中国美术创新和繁荣的新成果的一次整体展示，也提示和引导着未来美术事业发展的趋向。

第十届全国美术作品展览是五年来我国美术工作的一次阶段性的经验总结，为今后全国美术创作的发展和美术事业的繁荣提供了厚实的基础和坚固的支撑；它也是新世纪中国美术事业的辉煌开端，相信广大美术工作者会以高昂的热情和勤奋努力的工作去创造中国美术事业更加灿烂的未来。

获奖名单

金　奖（18件）

何晓云	《嫩绿轻红》	解放军	国画
刘文洁	《物华》	浙江	国画
袁　武	《抗练组画》	解放军	国画
骆根兴	《西部年代》	解放军	油画
忻东旺	《早点》	天津	油画
陈　坚	《公元一千九百四十五年九月九日·南京》	解放军	油画
叶武林（助手：秦秀杰 白羽平　闫博） 闫振铎（助手：白羽平 闫博　秦秀杰）	《受难者·反抗者》	北京	壁画
宋惠民　李福来（创作组组长） 任梦樟　晏阳 王希奇等	《赤壁之战》	辽宁	壁画
王绍波	《渔歌》	山东	水彩
汤志义	《渔舟飘至》	福建	漆画
苏凌　朱道平	《夏华秋实》	江苏	漆画
俞孔坚　庞伟　黄征征 邱钦源　李向华　凌世红	《中山岐江公园》	北京	环境艺术设计

秦一峰　岑沫石	《南京路下沉广场方案》	上海	环境艺术设计
李薇	《夜与昼服装系列》	北京	服装设计
凌雅丽	《紫原戊彩》	上海	服装设计
滕菲	《对话与独白》	北京	首饰设计
高峰	《故乡情组器之一涌波》	北京	陶艺
裘海索	《寻凤　行凤　循凤》	浙江	服装设计

银　奖（73件）

庄道静　咸宜	《百合》	北京	国画
周一新	《水浒忠义堂》	宁夏	国画
刘铁泉	《离离原上草》	辽宁	国画
孔紫	《三伏》	解放军	国画
花俊	《回音》	浙江	国画
何加林	《山色空濛雨亦奇》	浙江	国画
阳先顺	《锦绣山庄》	湖南	国画
墨金子	《父亲的大衣》	湖北	国画
王伟	《战士》	山东	国画
赵建成	《西部放歌——灵光》	山东	国画
唐秀玲	《走过四季》	山东	国画
丁培莉	《在另一个季节》	上海	国画
喻慧	《掠影》	江苏	国画
叶健	《轮》	北京	油画
徐唯辛	《工棚》	北京	油画
俞晓夫	《寓言三联画》	上海	油画
努尔·买买提	《情系故土》	新疆	油画
孔平	《追星》	解放军	油画
闫平	《青庄稼》	山东	油画
眠生子	《沐浴》	吉林	油画
孙洪敏	《女孩·女孩》	广东	油画
陈子君	《诙谐生活》	广东	油画
刘仁杰	《通道》	辽宁	油画
陈欣	《事象地平线》	浙江	油画
蒋梁	《祈思》	浙江	油画
王维安	《王金庄农民的节日》	河北	油画
陈树东	《开垦》	解放军	油画
徐匡	《奶奶》	四川	版画
徐仲偶	《土地》	四川	版画
陈云岗	《中国老子》	陕西	雕塑
殷小烽	《修复的嬷嬷人》	吉林	雕塑
刘大顺　姜晓梅	《无题》	辽宁	雕塑

姜煜	《姜煜》	辽宁	雕塑
冯健亲 黄培中 张承志 邬烈炎	《郑和下西洋》	江苏	壁画
杜飞	《北大荒人颂》	北京	壁画
杜国浩	《洁白的屏障》	上海	水彩
丛如日	《变奏》	山东	水彩
杜拙	《灿烂依然》	浙江	水彩
戴永强	《闲阳》	湖南	水彩
林月光	《金色年华》	广东	水彩
苏海青	《大潮一百年沉浮·百年奋进之一》	山东	水彩
吴涛毅	《静静的艾敏河　之一至四》	北京	插图
姚莉芳	《徐志摩诗歌作品《雁儿们》》	福建	插图
李汉玉	《乡村歌谣》	江苏	插图
杨宏富	《邓爷爷我爱您》	上海	插图
季红跃 丁羽中	《美人鱼与红蜡烛》	安徽	连环画
顾宝新	《西游记》	江苏	连环画
胡博综 胡莅	《秦淮世家》	江苏	连环画
宋雨桂 杨仁恺 王弘力 郭德福	《盛京演义》	辽宁	连环画
冯军荣	《黄河纤夫》	陕西	漫画
于新 于迪	《喜船》	山东	年画
白小华	《午门瑞雪》	北京	漆画
许剑武	《秋日里》	福建	漆画
陈金华	《大地飞歌》	福建	漆画
陈锦钦	《大砖》	广东	漆画
尚可 陈世宁 许朝晖	《万众一心》	江苏	漆画
黄山	《汾水古渡秋风楼》	山西	漆画
王红卫 吕淳	《传承与超越》	北京	书籍装帧
陈卓	《弦舞丹青》	北京	多媒体
刘正法 杨杰	《点·线·面系列》	上海	招贴
苗登宇	《洞见之科学精神·时代精神·民族精神·人文精神》	山东	招贴
邓水清 孙舜尧	《保护森林，爱护自然》	湖南	招贴
刘云华	《传统　文明　创新》	陕西	招贴
韩文强 李晓明	《海风痕迹》	北京	环境艺术设计
朱宏 赵睿翔	《M8 地铁方案》	上海	环境艺术设计
王澍 陆文宇	《垂直院宅》	浙江	建筑设计
林学明 陈向京 梁建国 曾芷君 蔡文齐 张宁 林楠	《长隆酒店室内总体设计》	广东	环境艺术设计

蔡军　王小龙	《明@style》	北京	工业设计
唐绪祥	《咖啡具》	北京	工业设计
张剑	《弹簧淋浴空间》	江苏	工业设计
吴碧波	《传奇——西湖四季》	浙江	服装设计
陈琦	《青花组合》	陕西	陶艺

铜　奖（199件）

韩敬伟	《山鸣谷应》	辽宁	国画
杨金星	《甲申小满》	江西	国画
刘欣	《云卷云舒》	黑龙江	国画
张江舟	《逐光者》	北京	国画
于文江	《山寨小溪》	北京	国画
郭全忠	《早读》	陕西	国画
赵新平	《新巢》	陕西	国画
白云乡	《静山如太古》	河北	国画
朱兴华	《兰亭雅集园》	河北	国画
张吉吉	《隐耕还林归牧　有山过雨太行》	河北	国画
李小可	《古都老屋》	北京	国画
王颖生	《踱步之一·之二》	北京	国画
王冠军	《锦瑟华年系列之三·联通无限》	北京	国画
姚大伍	《春林日暮倦鸟啼》	北京	国画
任惠中	《人民代表》	解放军	国画
谢淼	《节日之前》	解放军	国画
宫丽	《平安夜》	解放军	国画
李翔	《父老乡亲》	解放军	国画
郑力	《晴雪》	浙江	国画
何水法	《红灼芳芳》	浙江	国画
姚晓东	《萧瑟秋风》	浙江	国画
张捷	《家园》	浙江	国画
朱唯践	《诗友图》	浙江	国画
陈磊	《风行水殿》	浙江	国画
陈超历	《冰香沉屑》	浙江	国画
周荣生	《金色圣山》	内蒙古	国画
赵雨灏	《阳光变奏》	天津	国画
刘万鸣	《碧空无际》	天津	国画
赵国经　王美芳	《八月》	天津	国画
方向	《春雨》	广东	国画
唐明生　王林	《云起青溪头》	广东	国画
李乃蔚	《清音》	湖北	国画
徐晓华	《后宫》	湖北	国画

李传真	《远方》	湖北	国画
陈孟昕	《暖月亮》	湖北	国画
徐先堂	《寒林》	山东	国画
桑建国	《花季》	安徽	国画
王仁华	《美眉》	安徽	国画
王法	《幽篁集禽图》	江苏	国画
张明	《耕读人家》	江苏	国画
周京新	《羽琳琅》	江苏	国画
朱春林	《山高水长》	北京	油画
邱昕	《猜火车》	北京	油画
尹齐	《室内》	北京	油画
聂鸥	《在山乡》	北京	油画
于小冬	《转经道之红》	天津	油画
祁海平	《黑色主题N0.36》	天津	油画
陈钧德	《山林云水图系列之九》	上海	油画
金焰	《鱼城》	上海	油画
徐乔健	《上海的九月》	上海	油画
薛智国	《大荒》	黑龙江	油画
张新权	《信号台》	江苏	油画
雷波	《郊外》	广西	油画
罗田喜	《三伏天》	解放军	油画
窦鸿	《边关雪》	解放军	油画
秦文清	《骤雨》	解放军	油画
李蕾	《与黎明同行》	解放军	油画
王宏剑	《孟良崮》	河南	油画
崔国强	《早春·1·2004》	陕西	油画
钟晓京	《沙发组画》	陕西	油画
梁峰	《雨夜》	海南	油画
李前	《渤海湾》	山东	油画
张伟时	《冬捕》	吉林	油画
黄茂强	《归来者》	广东	油画
林永康	《蒸汽时代》	广东	油画
谢太为	《汉子》	广东	油画
魏克健	《双人造型》	广东	油画
段远文	《暖风》	广东	油画
范勃	《不尽的黄昏》	广东	油画
王伟	《烟房7号》	辽宁	油画
王岩	《禽殇》	辽宁	油画
刘明	《亮·日》	辽宁	油画
陈宁	《尕海日出》	浙江	油画

杨参军	《镜》	浙江	油画
来源	《寂静之吹拂》	浙江	油画
李成民	《盛世景观——展佛》	浙江	油画
马虹	《雪》	河北	油画
马志明	《外婆家的地窖》	江西	油画
李永刚	《高原春秋》	云南	版画
孔国桥	《口述历史》	浙江	版画
陈龙	《炽土》	黑龙江	版画
万子亮	《初春的风景》	江苏	版画
戴政生	《长河》	重庆	版画
孔超	《流行色》	山东	版画
陈超	《山丹丹》	江苏	版画
凌君武	《清风·明月·我》	江苏	版画
王轶琼	《中国香》	江苏	版画
颜重鼎	《禽流感祭》	甘肃	版画
李传康	《一家四口》	解放军	版画
苏和	《静谧》	内蒙古	版画
张敏杰	《交响乐团与空中飞人》	浙江	版画
郑子江	《沉吟深秋》	黑龙江	版画
刘长宏	《底蕴》	黑龙江	版画
都平	《替代·镜头1-2-3》	云南	版画
陆声设	《行走系列之一》	广东	版画
丁晖明	《难忘的记忆》	安徽	版画
班苓	《晾》	安徽	版画
康剑飞	《圣宴》	天津	版画
贾力坚	《模范》	解放军	版画
崔国琦	《黄河谣·一方水土》	河南	雕塑
钱云	《可见证CHINA（1978~2004）》	浙江	雕塑
林岗	《西泠话雨》	浙江	雕塑
邓柯	《乡情·岁月印象》	湖南	雕塑
陆金　马业长	《蓝色的梦》	安徽	雕塑
周阿成	《一路走好》	江苏	雕塑
余澎	《电闪雷鸣》	广东	雕塑
钟志源	《清风》	广东	雕塑
黎明	《一线》	广东	雕塑
李彤彤	《临界状态·竹林七贤》	辽宁	雕塑
张哲宇	《逝去的荣光》	辽宁	雕塑
蔡志松	《故国·颂》	北京	雕塑
李东江	《自行车——人群》	吉林	雕塑
王熙民　包阿华	《和平友谊　团结进步》	北京	壁画

孙韬	《逐日》	北京	壁画
于长江　陈嵘　张跃	《画说深圳》	广东	壁画
李福来（组长） 任梦璋（副）　晏阳 李武　曹庆棠等	《济南战役城区攻坚战》	辽宁	壁画
赵嵩青	《大禹登具丘山而王天下》	山东	壁画
李建勋	《逐日·逐日》	重庆	水彩
谷刚	《周庄》	辽宁	水彩
陆庆龙	《都市随想》	江苏	水彩
初剑	《三大歌》	山东	水彩
宋守安	《乡恋》	山东	水彩
戴小蛮	《原乡》	湖南	水彩
党朝阳	《山痕》	湖南	水彩
蒋烨	《迷彩青春》	湖南	水彩
杨青	《山脚下的风景》	湖北	水彩
李意淳	《转过街角的孩子》	河南	水彩
颜苏平	《男人·女人组画》	广东	水彩
赵明	《一岁一枯荣》	广东	水彩
陈朝生	《协奏金秋》	广东	水彩
周天涯	《蕉荫晨曲》	广东	水彩
刘清华	《家园》	广东	水彩
廖剑华	《流金岁月》	广东	水彩
曾长航	《网》	广东	水彩
郭北平	《家有老娘》	陕西	水彩
吕智凯	《曦》	陕西	水彩
陈国力	《胜利者——无名的战士》	山东	水彩
殷晓峰	《雕塑工作室》	吉林	水彩
祝重华	《波·鱼·月》	北京	漆画
王晓伟	《塔吉克早市》	北京	漆画
苏国伟	《艳冬》	福建	漆画
郑频	《晨妆》	福建	漆画
谢震	《夏天》	江苏	漆画
王加仁　周伐耕	《中国红》	江苏	漆画
李小康	《花与花布》	江苏	漆画
吴可人	《雪域祥云》	江苏	漆画
徐华华　方国新	《姑苏如画》	江苏	年画
成砺志	《春暖万家》	江苏	年画
陈冰青	《木头人》	江苏	宣传画
唐家路	《立命之本》	山东	招贴
朱鸣	《口下留情》	安徽	宣传画

金伟　肖飞	《水是生命》	江西	宣传画
高晋民	《基石》	陕西	招贴
李方杰	《小蝌蚪找妈妈》	湖南	宣传画
程真	《乡愁》	黑龙江	插图
袁江	《梦呓》	湖南	连环画
陶文杰	《人类的朋友——鸟》	浙江	插图
任焕斌	《黑白世界》	陕西	插图
谌宏微	《王若飞》	贵州	连环画
卢波　李静婷	《东方迷梦》	江苏	连环画
章燕紫	《红玫瑰与白玫瑰》	江苏	插图
周一清	《木马史诗》	江苏	插图
黄向群　姚震宇	《天地震风尘》	江苏	连环画
司徒圻　司徒宁	《卡通时代》	江苏	漫画
叶霆	《教学相长》	江苏	漫画
王俊才	《人不可貌相》	内蒙古	漫画
王一定	《女儿红》	浙江	年画
肖勇　赵字	《北京首届奥林匹克文化节》	北京	视觉形象设计
王广福　赵一峰	《视觉形象》		
宋协伟　何君	《乃正书昌耀诗》	北京	书籍装帧
刘彦	《探索》	北京	书籍装帧
袁由敏	《感受格调》	浙江	招贴
吴王韬	《保护绿色》	福建	招贴
米粟浩　王慧	《街角》	山东	多媒体
郇磊	《装饰知觉与装饰意境》	山东	书籍装帧
唐国峻	《合璧系列1．2．3》	山东	招贴
唐家路	《碰撞》	山东	招贴
张培源	《竹报平安》	山东	招贴
刘菁	《2050野生动物园》	陕西	招贴
杨博	《自由设计与生活》	陕西	动画设计
王伟　曹德利　姜民	《“阳光广场”大连金石滩主题公园入口》	辽宁	环境艺术设计
文增著	《大门设计“气壮山河”》	辽宁	环境艺术设计
吴亚生	《翼之屋》	上海	环境艺术设计
丁宁	《对话空间》	山东	环境艺术设计
张欣	《城市细胞》	广西	环境艺术设计
郝大鹏　徐保佳	《重庆洪崖洞传统山地民居风貌区规划方案》	重庆	环境艺术设计
李淳	《橘子红了》	北京	包装设计
何晓佑　王一凡	《多功能电子手杖》	江苏	工业设计
胡海泉	《R90-11轻型直升飞机》	辽宁	工业设计

陈江波	《城市新概念公共卫生间》	辽宁	服装设计
李磊夫　何晓明	《梅・兰・竹・菊》	辽宁	服装设计
陶音　陶宁	《藏缘》	浙江	服装设计
邓玉萍	《花非花》	广西	服装设计
刘立宇	《生存・角落NO.2・韵》	北京	玻璃艺术
白明	《器——形式与过程》	北京	陶艺
成乡	《云》	上海	玻璃艺术
许静宇	《生命》	山东	雕塑
刘耕田	《善者》	山东	布艺
张晓莉	《激动的刷子、流淌的刷子》	湖北	陶艺
许群	《青与白系列》	浙江	陶艺

国家艺术院团

中直院团2004年艺术生产计划

继2003年中直院团创作演出取得不俗成绩之后，中直院团又筹划、部署了2004年艺术生产计划。从各团的计划可以看出，各个院团不仅重视新剧目创作，而且注意加工修改近年来创作的有潜力的剧目，逐步积累作品，形成新创作剧目与加工修改作品、优秀保留剧目相映成辉的喜人局面。

新剧目创作丰富多彩。2004年中直院团每个团都有1台以上的新剧(节)目投入创作，这就使得新创作剧目艺术品种齐全，数量丰富。新创作剧(节)目中不仅有京剧、话剧等艺术品种，而且还有深受中小学生和年轻人喜爱的校园短剧、小剧场歌剧以及音乐剧。这说明中直院团的艺术生产更加务实，更加贴近现实、贴近群众。中国京剧院拟排演《关汉卿》、《呼延庆打擂》等新剧目；国家话剧院拟排演《红尘》、《九三年》、《音乐剧》、《进入黑夜的漫漫历程》、《半生缘》、《没有父亲的人》等作品；中国儿童艺术剧院继续创作演出校园儿童短剧，童话音乐剧《饼干人》、话剧《走进莎士比亚》，儿童剧《姜汁面包》；中央芭蕾舞团做好纪念建团45周年演出、纪念巴兰钦诞辰百年演出；中国歌舞团创作歌舞晚会《翡翠之城》；大型音乐会《蓝星——我们的伊甸园》；中央民族乐团创作完成民族音乐会《现代土风》。中国交响乐团创作演出钢琴协奏曲《古疆武曲》以及一台合唱音乐会。东方歌舞团计划新创作大型婚俗晚会《火一样的羞涩》、音乐剧《真假秋香》；中央歌剧院创作演出大型歌剧《杜十娘》、《图兰朵》、《太平公主》，小剧场歌剧以及各种音乐会，不断丰富剧院的“货架”。中国歌剧舞剧院创作演出音乐剧《花木兰》、民族舞剧《兰花花》，与外方合作演出《贵妃东渡》等剧目。

中直院团“三下乡”圆满完成任务

遵照中宣部、中央文明办、文化部等14部委开展去冬今春“三下乡”活动的指示，我部2004年元旦、春节期间派出中国歌舞团、中国儿童艺术剧院和中国歌剧舞剧院到重庆、青海、江西、广西四省区市为贫困地区、革命老区、少数民族地区的人民群众进行了25场文艺慰问演出，观众达38万人次。中直院团把今年的“三下乡”活动作为贯彻落实十六大精神和“三个代表”重要思想、全面建设小康社会、推动农村精神文明建设的实际行动，作为文艺工作者向广大农民群众奉献精神食粮，同时向他们学习的极好机会，表现出昂扬的精神风貌，饱满的热情，受到各地群众的热烈欢迎，在社会上产生了良好反响。中国歌舞团不久前荣获全国“三下乡”先进集体荣誉称号，这次“三下乡”又一马当先，该团兵分两路，一路于2003年12月19日~26日赴重庆三峡地区下乡慰问演出，一路于12月20日至年底赴青海西宁地区下乡慰问演出。在重庆巴南区演出时，当地老百姓自发组织了腰鼓队欢迎慰问演出团的到来，场景热烈动人。当地政府在演出现场组织了为农民工发放工资和优惠销售年货的活动，农民工一年忙到头，难得看到一场演出，为了看中国歌舞团的演出，头一天就翻山越岭到这里住下。与慰问团同台演出的农民工王鸿说：“今天真是大开眼界，作为一个建筑工人，能与中央慰问团同台演出真是很欣慰。”中国歌舞团到青海西宁演出，由于高原海拔2700多米，不少演员出现胸闷气短等高原反应，尤其是舞蹈演员每场演出下来都出现体力透支、呼吸困难的现象，但大家毫无怨言，坚持完成任务。在大通县的演出，正赶上气温骤降，露天最低气温已达零下20摄氏度，寒风凛冽，在这样恶劣的气候条件下，全体演职员依然精神饱满地投入了演出，受到当地群众和政府的高度赞扬。中国儿童艺术剧院于2003年12月30日~2004年元月4日赴革命老区江西上饶地区的一市三县进行了10场慰问演出。慰问演出团深入到乡镇街头、干休所、福利院、学校、解放军营地，为农民、学生、老革命干部、解放军战士演出。在上饶军分区干休所演出时，年高91岁的老红军张巨才带病赶来，与50多位古稀之年的老八路、老新四军一起观看，在演出即将结束时，老人突然提出要为大家表演朗诵，他以军人特有的洪亮声音朗诵毛泽东诗词《七律·长征》，男高音演员同声合唱，乐手进行了伴奏，全体老战士也加入了演唱行列，挺身直立，宛若一组雄浑的英雄雕塑。一位胶东参军的老政委说，你们的演出让我想起了年轻的时候，请给党中央带个话，就说我们谢谢了！慰问演出团全体同志专程赶到方志敏烈士的故乡弋阳漆工镇湖塘村，瞻仰了烈士的故居，参观了漆工暴动纪念馆，冒雨为方志敏故乡的学生和群众进行了专场演出。演职员还参观了上饶集中营旧址，深为方志敏和其他革命前辈的崇高理想和不屈气节所感动。慰问演出团在“三下乡”演出的同时，还在弋阳县就濒于失传的“活化石”弋阳腔做了调查，提出了保护弋阳腔的建议，当地领导对此十分感动。中国歌剧舞剧院也是荣获全国“三下乡”先进集体称号的单位，接到“三下乡”任务后，剧院进行了充分准备，精心制定了适合群众欣赏情趣的演出方案，由院党委书记金一伟、副院长林文增、徐沛东带队，于2004年2月17日~27日赴广西，在融安、柳州、宾阳、钦州、田阳等市县为15万当地群众进行了演出。各地党政部门都极其认真周密地组织了群众观看演出的活动，并进行了电视实况转播。慰问演出团带去的一台节目精彩、热烈、完整、紧凑，演出效果超过了以往任何一次下乡演出，赢得了当地观众的高度好评。看到群众的喜悦心情，演出团的全体同志情绪非常高涨，深深感受到群众需要艺术，尤其是高水准的艺术。国家级艺术院团的演出，给老乡们带来的不仅仅是一次娱乐休闲，更是一次精神上的享受和鼓舞，同时也使文艺工作者受到了一次深刻教育，更加意识到自己身负的社会责任。

2004年度国家艺术院团演出季

2004年4月23日，随着国家话剧院话剧《九三年》的上演，拉开了2004年国家院团演出季的帷幕。在为期一个月的时间里，文化部直属艺术院团将演出包括戏剧、歌舞、音乐在内的16台剧(节)目。国家艺术院团演出季，始于2002年，旨在检阅国家艺术院团的创作成果，由政府搭建平台，十个院团集体出击，共同打造国家艺术院团的品牌。

参加今年演出季的剧目有：中国京剧院的《图兰朵公主》、中国儿童艺术剧院的话剧《走进莎士比亚》、音乐剧《香格里拉》、中国歌剧舞剧院的歌剧《杨贵妃》、歌舞《五彩中华》、中央歌剧院的歌剧《塞维利亚的理发师》、《艺术歌曲精品音乐会》、中央芭蕾舞团的《红色娘子军》以及该团与爱尔兰雷克斯舞蹈团联合演出的《芭蕾精品晚会》、东方歌舞团的《蔚蓝色的浪漫》、中国交响乐团的《<西域之歌>合唱音乐会》、《交响音乐会》、《全国第十届音乐作品评奖获奖作品音乐会》、中央民族乐团的大型民族交响音乐会《乐府画廊》。

中国京剧院推出“2004年新春演出季”

2004年2月16日至4月12日，中国京剧院以“培育市场逆流而上，新（好）戏迭出大有看头”为主题，在演出市场淡季时期大胆出击，推出了“2004年新春演出季”。演出季一经推出，得到了首都京剧观众和新闻媒体的广泛关注，取得了良好的社会反响和社会效益，为北京的演出市场增添了一抹生机和活力。

一、演出季展示了剧院实力，推动了院团业务建设

“2004年新春演出季”演出运作方式之新、时间之长、剧目之丰富、阵容之强大，创下剧院历年演出季之最。39出戏、55场演出(一团26场、二团9场、三团11场、张火丁戏剧工作室9场)集中亮相于长安大戏院和保利剧院。全院三个演出团、张火丁戏剧工作室的34名国家一级演员、毕业或就读的研究生近20人参加了演出。北京京剧院、天津京剧院、大连京剧团的数名艺术家应邀参加，体现了中国京剧院的强大实力。

中国京剧院2003年推出的5出大戏《张协状元》、《泸水彝山》、《乌纱记》、《春闺梦》、《图兰朵公主》此次集中亮相首都舞台，提高了观众对这些新剧目的认知度，为新编、新创剧目进一步走向市场打下了基础。近年来恢复、整理的数十出传统戏轮番上演，既丰富了剧院的演出剧目，也为京剧传统剧目的传承起到了很好的宣传和促进作用。同时，演出季为一些不常登台演出的中、青年演员创造了良好的自我展现机会，提高了演员的舞台表现能力，增强了自信心。

演出季期间，中外观众近2.4万人观看了演出，总收入达到182万元，基本实现了收支平衡。丁关根、孙家正、高强、腾文生、孙炳华、孟晓驷、刘华秋、张百发等领导同志在百忙之中饶有兴致地观看了演出季的数场演出。演出季中，文化部还主办了招待各国驻华使馆、驻华机构的专场演出，106个国家的来宾观看了演出，对演出给予了很高的评价。

二、演出季锻炼了队伍，改善了剧院管理水平

为确保演出季的顺利进行，剧院各部门各司其职，协同工作，共同投入演出季工作。业务办公室根据院领导的统一安排，具体负责整个演出季的演出安排、央视录像、媒体宣传、组织观众等工作，并在演出期间每天安排人员值班，基本上做到了各负其责，各尽其职。各演出团积极筹备演出，从演出季前两周到整个演出期间，团练功厅从早到晚没有一天的闲暇，大家加班加点打磨、排练。同时各团也尽量发挥各自的优势，相互协调补台，顺利完成演出任务。一团在本次演出季中充当了打先锋、保结尾的角色，前后两次演出同是在“黑色星期一”，可是从团领导到主要演员以大局为重，从剧院的整体利益出发，在演出时间紧、任务重的情况下，团里没有提出换戏、改戏的要求，而是通过自身协调、合理安排克服了困难，体现出良好的全局观念。在演出季期

间，一团还完成赴海南《现代戏演唱会》的演出。二团在演出剧目有变时及时调整演出，青年演员专场演出补得上、打得赢，青年演员在舞台上的良好表现得到了观众的肯定。三团在完成本团演出任务的同时，认真配合张火丁戏剧工作室的演出，表现出很强的协作精神。另外，此次演出季剧院舞美中心充分体现了“大舞美”的概念，合理安排舞美工作人员，保证了演出的顺利进行。演出季使剧院的演职员队伍水平有所提高、工作更加成熟有序。

在演出季期间，剧院还完成了中层干部选拔、聘任工作。各演出团和行政各部门，利用各自的工作、排练间隙，合理安排时间，确保了剧院人事任用制度改革的顺利进行。各团无论是原职领导还是竞聘人员都表现出了良好的职业素养，他们各负其责，没有因为参加竞聘而影响到团里的演出。剧院中层干部聘任工作受到了文化部领导和艺术家们的好评。演出季和干部聘任工作圆满完成，体现出了剧院管理水平的提升态势。

媒体反响强烈。演出季取得了良好的社会效应。剧院“2004年新春演出季”受到了媒体的广泛关注。新闻宣传工作以与北京文艺台、北京娱乐信报、SOHU网站建立媒体协办关系为支点，带动全面宣传。同时，通过新闻发布会、做访谈专题、开辟报刊专栏、栏花广告、专家采访等多种形式，有计划、有步骤地展开宣传攻势，加强了演出季宣传的广度和深度。强大的宣传攻势，使演出季取得了良好的社会效益，吸引了社会各界对演出季的关注，宣传工作达到了预期效果。

据统计，演出季期间各类媒体消息、报道、评论文章共120余条(《图兰朵公主》专题近60条)，北京文艺台《空中大戏院》专题采访7期(每期时间1小时)，剧院22名主要演员参加了访谈。娱乐信报《戏剧周刊》专版4期。人民日报、新华社、光明日报、中央电视台、中国新闻网等国家级重要媒体以及北京晚报、北京日报、北京青年报和北京电视台、北京交通电台等首都新闻媒体对该院的演出季给予了极大关注。其他省、市、地区的主要媒体今晚报、安徽日报、南方都市报、合肥晚报、成都晚报、西安晚报等，发布了剧院演出季相关消息。

中日联合推出大型歌剧《杨贵妃》

中国歌剧舞剧院大型歌剧《杨贵妃》，于2004年5月与首都观众见面。该剧故事情节曲折感人，不仅歌颂了中日两国人民世世代代的深情厚谊，也歌颂了中国女性对爱情忠贞不渝的高尚情操。

一、主创阵容强强联手

大型歌剧《杨贵妃》由著名剧作家、西安市易俗社社长冀福记编剧。著名导演李稻川执导并参与了歌剧《杨贵妃》的编剧。她曾执导过歌剧《原野》等多部歌剧，有着丰富的歌剧执导经验。曲作者著名作曲家金湘以创作歌剧《原野》而享誉海内外。他创作的歌剧《杨贵妃》，不仅追求音乐的戏剧性，同时追求音乐的抒情性和人物音乐形象的鲜明个性，追求从唱段到乐队配器的形式美；内涵深刻，旋律流畅，具有很强的可听性。音乐风格不仅具有浓郁的中国韵味，而且吸收日本音乐的素材，更加绚丽多彩。演唱形式丰富多彩，二重唱、三重唱和六重唱，以及气势磅礴、感人肺腑的大合唱。男女主角优美抒情的重唱“在天愿做比翼鸟，在地愿为连理枝”的主题音调贯穿全剧。乐队配器中丰富且具有个性的乐队音色，与歌剧五幕场景、剧情的色调交相辉映。舞美、灯光、服装均由著名舞美设计专家胡晓丹制作。

主要演员云集了目前国内音乐界最有实力的歌剧演员，如饰演杨玉环的女高音歌唱家王燕、饰演唐玄宗的男高音歌唱家赵登峰(特邀)、饰演陈玄礼的男低音歌唱家曲波(特邀)等，他们均有过在多部中国和外国歌剧中扮演主要角色的舞台经验，并在国内外重大音乐赛事中获奖。有着丰富歌剧指挥经验的中国歌剧舞剧院青年指挥家张峥担任该剧指挥。

二、文化使者功不可没

在中国歌剧事业迟迟不能走出困境的今天，耗资数百万元的大型歌剧《杨贵妃》能够得以问世，首先得益于歌剧的投资方——热爱中华民族文化、致力于日中文化交流的深见东州先生，他已被中国歌剧舞剧院聘为名誉一级演员，被北京京剧院聘为二级演员。他不仅出资支持中国歌剧事业的发展，还参与策划、筹备，并亲自在剧中饰演赤雄。作为中日两方连接桥梁的原中国歌剧舞剧院男高音歌唱家，现任日本国中国文化艺术中心董事长、日本中国民族歌舞团团长等职的程波先生，是该剧的总策划和总制作人。深见东州、程波等作为致力于中日两国文化交流的文化使者，功不可没。

中国交响乐团举办《西域之歌》合唱音乐会

在一年一度的“五一”国际劳动节之日，中国交响乐团合唱团为首都观众献上了一台《西域之歌》合唱音乐会。音乐会上艺术家们演唱了近半年来所排练的合唱作品新曲目。最受欢迎的是以中国民族民间歌谣为“母语”和“基因”的无伴奏合唱系列，其中四川民歌《槐花几时开》、贵州民歌《毛风细雨顺风来》、青海山调《四季歌》、甘肃民歌《上去高山望平川》、哈萨克民歌《我的花儿》等，经过作曲家们遵循保留原生态歌词、音调和风格，并运用现代写作技法与合唱艺术规律重新改编后，合唱艺术家们的投入极大热情的演唱，使观众们更加体会到合唱艺术是最为纯粹自然，最为通达圆满展示人声魅力的艺术。这台魅力独具的合唱音乐会的指挥由研究生李默然女士担任。

中央歌剧院实力演绎《印象与浪漫》

2004年6月25日晚，中央歌剧院交响乐团、合唱团在国图音乐厅演出了一场名为《印象与浪漫》的交响音乐会。本场音乐会由指挥家俞峰执棒。

音乐会曲目为德彪西、拉威尔、马勒等印象派、浪漫派大师的经典作品《牧神午后》、《达芙妮与克罗埃》和《D大调第一“巨人”交响曲》。该套曲目的色彩丰富，变化多样，音乐内涵深刻，是一套演奏难度相当高的音乐作品。中央歌剧院交响乐团首次排演这套曲目，可说是对乐团的一种挑战与考验。

中央歌剧院交响乐团已建团50余年。由他们演奏的《茶花女》、《蝴蝶夫人》、《卡门》、《图兰朵》、《刘胡兰》、《草原之歌》、《阿依古丽》等中外歌剧名作影响深远；同时该团还为《中外艺术歌曲》等许多大型文艺演出提供伴奏。由于该乐团近几年来很少排演交响音乐会，本场高难度的交响音乐会的推出，引起了社会各界的广泛关注。

德彪西的《牧神午后》是开场曲目，在俞峰的棒下，乐团娓娓诉说着法国式的甜美与飘逸。乐团的音色温暖、柔和，在恬淡中蕴涵着一种内在的冲动。接下来是拉威尔的《达芙妮与克罗埃》第二组曲，这是一部音色对比强烈、感情变化相当大的组曲，属于高难度的作品。中央歌剧院在本场演出中，又选用了加入合唱声部的版本，虽然增加了音乐会的可听性，但是增加了演出的难度。中央歌剧院交响乐团、合唱团把这部组曲演绎得十分完整，尽情尽理，乐队与合唱队充分体现出“一家人”的优势，相互配合得天衣无缝。乐队中的双簧管、中提琴等声部的表现出色，充分体现出乐团的实力与特点。

音乐会的下半场是马勒的《D大调第一“巨人”交响曲》。古斯塔夫·马勒的交响乐作品素来以气势庞大、篇幅宏伟和技巧难度高著称。中央歌剧院交响乐团在俞峰的带领下，把音乐一步步地推向辉煌，留给人们美好的回味与联想。

中央歌剧院交响乐团除了完成歌剧演出之外，2004年以来，已经排演了《今夜无人入睡》、

《艺术歌曲精品音乐会》、《印象与浪漫》交响音乐会等多种形式的音乐会，获得了社会各界很好的反响。

《印象与浪漫》交响音乐会的实际排练时间只有一周，而乐队队员的分谱发放也只有十多天的时间。由于分谱是按两个人一份(一个谱台)发放的，而乐团的演奏员对本场音乐会的热情又非常高，于是就出现了互相借分谱回家练习和有的演奏员自费复印分谱的十分可喜的现象。事后，有的演奏员建议再早一些把分谱按人数发下来，这样能够提高排练效率，提高演奏的水平。由此可见中央歌剧院艺术家们潜在的主观能动性与进取精神，同时也看到了艺术家们扎实的功底与工作热情。从今年中央歌剧院艺术品种的丰富与社会各界良好的口碑来看，这一年确确实实是歌剧院上上下下大胆开拓、大胆实践、用心良苦的一年。

一个能演歌剧、能演声乐音乐会和交响乐的乐团堪称实力雄厚。《印象与浪漫》交响音乐会的演出是成功的，展示了中央歌剧院艺术家们的实力与敬业精神。但通过交响音乐会的演出，也暴露出一些非常实际的问题。例如音乐会所能提供给听众的微小细节和层次感还有所欠缺，不够丰富等，这主要是由于乐器的老化造成的。中央歌剧院交响乐团的乐器已经有很多年没有进行系统地更新了。

中央歌剧院演出红色经典音乐会

2004年7月1日晚，中央歌剧院在北京民族宫剧场上演了一台精彩的“红星照耀中国—红色经典音乐会”。音乐会上，歌剧团、合唱团的歌唱家们饱含着对伟大的中国共产党无限热爱，歌颂党、赞美党，用心、用歌声、用真挚的情感向党的83岁生日献礼。

“红色经典音乐会”精选了自毛泽东时代以来最鼓舞人心的声乐作品。熟悉的旋律和曾经鼓舞人们奋发向上的词句，引领观众回忆起自己曾经历过的火红年代：从革命初期到社会主义建设时期……艺术家们用歌声赞颂与讴歌了党带领全国人民走过的每一个辉煌年代。

音乐会以《东方红》高亢的旋律揭开了序幕，观众的情绪一下子被音乐所感染。再次听到熟悉的旋律，仿佛把人们带回到毛主席领导人民革命的年代，使人们回想起那充满激情的火热年代。

《忆秦娥·娄山关》、《渔家傲·反第一次大围剿》、《七律·长征》、《清平乐·六盘山》、《七律·人民解放军占领南京》，一首首充满豪情的主席诗词抒发了领袖的豪情，也激发人们热血沸腾。当歌唱家李迢迢演唱起父亲劫夫先生谱曲的毛主席诗词《蝶恋花·答李淑一》，人们通过歌声感受到了父女两代艺术家对伟大领袖的崇敬之情，全场无不为之动容。

歌曲《二月里来》、《延安颂》、《太阳最红，毛主席最亲》、《毛主席的话儿记心上》、《草原上升起不落的太阳》、《天山牧民把歌唱》更是抒发了人民对党、对领袖的热爱。台上是歌唱家充满感情的歌唱，台下是观众激动地边拍手、边跟唱，台上台下情绪激昂，从二十出头的年轻人到八旬老人，无不被歌声所感动。

“红色经典音乐会”是中央歌剧院与观众情感相通的音乐会，为了在党的生日之际办好音乐会，中央歌剧院领导高度重视，精心组织，艺术家们倾情演绎。演出三天前，门票已销售一空。音乐会即将开演的前夕，北京突降大雨，音乐会组织者非常担心观众不能按时观看演出，令他们吃惊而又高兴的是不仅座无虚席，而且观众情绪激扬。

中央歌剧院金曲奏响兰州“金海湾”

2004年7月17、18日，中央歌剧院携本院歌剧团、合唱团、交响乐团近160人的庞大阵容赴西北重镇兰州，参加了在那里举行的中国·甘肃·兰州金海湾艺术节。剧院成功演出了两场中外经典作品音乐会，受到了当地观众、政府官员和专业人士的极大欢迎。

中央歌剧院此次赴兰州由院长刘锡津、副院长苏建忠带队，演出阵容强大，包括一大批知名的优秀歌唱家王霞、黄越峰、刘维维、刘珊、贺磊明、杜吉刚、柳红玲、王海涛、聂建华（特邀）、王丰（特邀）等。两场音乐会分别为《中国经典歌曲音乐会》（兰州金海湾艺术节的开幕式音乐会）和《西洋歌剧精品音乐会》，在这两场音乐会中，各位歌唱家演唱了各自拿手的歌曲或歌剧选段，中央歌剧院合唱团的交响乐团也以精彩的表现向兰州观众显示出了国家级剧院的优秀素质和良好技艺。

Cultural industries

社会文化与图书馆事业

综　述

2004年，为贯彻落实十六届三中全会精神，按照部党组关于加强农村文化建设的部署，社会文化工作进一步加大工作力度。农村文化建设思路进一步明确，重大文化工程继续推进，非物质文化遗产保护工作成效显著，未成年人文化工作取得很大进展，社会文化工作取得很大成绩。

一、落实中央8号文件精神，研究制定公共文化设施免费开放的有关政策

为了落实《中共中央 国务院关于进一步加强和改进未成年人思想道德建设的若干意见》（中发[2004]8号）精神，充分发挥公共文化设施在未成年人思想道德建设中的重要作用，进一步提高政府为全社会提供公共文化服务的水平，我部起草了《文化部、国家文物局关于公共文化设施向未成年人等社会群体免费开放的通知》。通知要求：从2004年5月1日起，全国文化、文物系统各级博物馆、纪念馆、美术馆要对未成年人集体参观实行免票；对学生个人参观可实行半票；家长携带未成年子女参观的，对未成年子女免票。对持有相关证件的现役军人、老年人、残疾人等特殊社会群体，也要实行门票减免或优惠。被确定为爱国主义教育基地的各级各类公共文化设施要积极创造条件对全社会开放。

《通知》指出，公共文化设施在向未成年人等社会群体免费开放的同时，要坚持把社会效益放在首位，积极开展未成年人喜闻乐见的文化艺术活动，把思想道德建设内容融于其中，充分发挥对未成年人的教育引导功能。博物馆、纪念馆、美术馆要加强陈列设计，根据未成年人的心理特点和教育需求，举办学术性、专业性和知识性、趣味性、观赏性紧密结合的陈列和展览，增强吸引力和感染力。有条件的地方可根据本地实际，创办少儿图书馆等未成年人文化设施或场所。公共图书馆要通过开设少儿阅览室、举办面向未成年人的讲座与培训、设立少儿集体参观接待日等方式，有针对性地向未成年人提供服务，培养未成年人使用图书馆的意识，积极开展适合未成年人实际需求的各种文献信息服务。文化馆、文化站要加强少儿文化活动的辅导和培训工作，组织开展丰富多彩的少儿文化活动。

《通知》强调，全国文化信息资源共享工程要根据未成年人成长进步的需求，精心制作知识性、趣味性、科学性强的文化信息资源；基层网点要完善服务环境，规范服务内容和方式，努力让健康的文化信息资源通过网络进入校园、社区、乡村、家庭，丰富广大未成年人的精神文化生活。各级博物馆、公共图书馆、纪念馆、美术馆等要积极利用互联网站，开设专门为未成年人服务的网页、专栏，提供为广大未成年人喜闻乐见的文化服务内容；组织开展各种形式的网上文化活动。

《通知》提出，各级文化、文物部门可通过媒体，公共文化单位可在设施或场所的显著位置向公众公示、宣传和介绍公共文化设施向未成年人等社会群体免费开放的有关情况，方便群众了解、使用和监督。公共文化设施要充分发挥文化志愿者的积极作用，在售票窗口接待、参观场所引导、图书音像材料提供以及讲解安排等方面规范服务，为未成年人等社会群体参观创造良好的服务环境。古遗址、古建筑文物单位，特别是全国文物保护单位和列入世界文化遗产名录的文物保护单位，要妥善处理好扩大开放和有效保护文物安全的关系，根据本单位具体情况，落实免费开放措施，合理调控流量，积极预防可能出现的文物损坏、群众安全等问题。

《通知》还提出，各级文化、文物部门要积极争取财政部门的支持，落实公共文化设施向未成年人免费开放所需资金，落实配套设施建设和设备更新经费，对因免票或优惠所减少的收入，给予必要补偿。

《通知》最后强调，公共文化设施向未成年人等社会群体免费开放，有利于发挥公益性文化事业的潜能，体现了“三贴近”的要求。各

级文化、文物部门要高度重视这项工作，加强领导，认真部署，加强监督和检查，切实把这项工作落到实处。《通知》的下发，使博物馆、纪念馆、美术馆等公共文化设施对未成年人免费或优惠开放获得了政策上的保障，它们对广大未成年人进行思想道德和文化科学教育的功能也得到了充分的发挥。从“五一”以来实施的情况看，博物馆、美术馆、图书馆等公益文化设施免费开放，对社会公众尤其是未成年人的思想道德教育起到了积极的作用，社会效益非常显著，在社会上产生了良好的反响。

为落实文化部、国家文物局《关于公共文化设施向未成年人等社会群体免费开放的通知》要求，确保公共文化设施向未成年人等社会群体免费开放工作有序、持久地开展，4月2日，文化部召集文化部、国家文物局直属公共文化单位，对免费开放工作进行研究部署。从文化部、国家文物局直属单位的情况看，有的已经实施免费开放，有的正在紧张筹划，为5月1日正式免费开放进行各项准备工作。

故宫博物院从3月1日起，每周二对中小学生参观实行免费参观和义务讲解，目前已免费接待中小学生近3000人，除北京外，还有天津、河北、内蒙古、黑龙江、江苏等地学校预约免费参观。为提高服务质量，充实讲解员队伍，故宫已号召院党、团员和业务干部参加讲解员培训，还准备从社会招募、培训志愿者。国家博物馆决定在以往对青少年等社会群体参观免费和优惠的基础上，进一步加大免费力度。从今年5月1日起，中小学校组织的集体参观免费；现役军人、未成年人个人参观半价优惠；家长携带未成年人参观时，未成年人免费；老年人、残疾人持证参观免费。并将针对未成年人特点，多举办知识性、趣味性强的专题展览，编写通俗易懂的讲解词和文字说明，适当调低文字说明的高度位置，便于青少年和残疾人浏览。开辟青少年专用教育活动室，增加保洁人员和保洁次数，为青少年提供舒适、安全、卫生的参观环境。加强国家博物馆网站建设，根据未成年人成长需要，制作知识性、趣味性、科学性强的文化信息资源。文化部恭王府管理中心已拟定了向未成年人、老年人、军人、残疾人免费开放的计划，并就游客安全和园内文物保护等问题作出了安排。国家图书馆决定，每月的第一周接待家长带未成年人参观，不定期开设针对青少年的专题讲座。为中小学校图书馆提供文献服务，并计划设立适合少年儿童的多媒体阅览室。北京鲁迅博物馆已对未成年人（集体参观）、军人、残疾人、低保困难群众参观实行了免费，目前正在改造馆内设施，培训讲解员，编印有关鲁迅的生平和作品的宣传资料，力争把博物馆办成深受学生欢迎的第二课堂。中国美术馆、梅兰芳故居纪念馆等单位也制定了免费参观的办法和措施。

为切实落实好公共文化设施对未成年人等社会群体免费开放，文化部对直属公共文化单位提出要求：一是制定规章制度。各有关单位要根据中央文件精神和文化部要求，结合本单位实际，研究制定免费向未成年人开放的具体制度和措施，确保开放工作安全有序进行。要头脑清醒，态度积极，措施得力，持之以恒。二是实施社会公示。各直属单位要向社会公示免费开放的有关情况。第一要在各开放单位的显要位置，设立针对游客的“免费开放制度须知”。第二要通过新闻媒体，公开发布开放的措施、时间、预约电话、人员疏导办法等具体情况和措施，方便群众了解。三是制定安全预案。切实做好未成年人和一般游客人流的组织、疏导和安全保障工作。充分考虑到文物保护和游客人身财产安全，杜绝安全事故隐患。四是提高展览质量。各单位要针对未成年人的特点，进一步增强展览陈列的趣味性和吸引力。五是改进服务措施。及早组织培训，扩大讲解员队伍，做好为未成年人讲解服务工作。六是积极策划项目。策划开发一批富有教育和娱乐意义的纪念品，实现社会效益和经济效益的同步增长。七是利用网络资源。充分利用互联网，发挥文化信息资源共享工程的作用，制作为未成年人服务、吸引未成年人参与的互动内容。八是加强新闻宣传。主动和各新闻媒体沟通，策划专题栏目，推出宣传亮点，进行重点报道，扩大免费开放的影响。九是落实经费保障。积极与财政部门沟通，争取国家财政补偿文化单位因免费开放减收的损失，同时争取必要的经费，增加和改善现有设施，为进一步提高文化设施的服务水平提供保障。文化部将在“五一”前对各单位落实免费开放情况和安全措施情况进行检查。

在《通知》下发前，一些地方的公共文化单位已就向未成年人等社会群体免费开放进行了积极而有益的探索。以浙江省为例，杭州市园林文物所属的所有博物馆在2003年就面向社会公众免费开放。2004年1月，浙江省两家省直博物馆——浙江省博物馆、中国丝绸博物馆向社会公众实行免费开放。此外，舟山博物馆、长兴县博物馆等也先后对公众免费开放。

为做好免费开放的管理和服务工作，浙江省各博物馆采取了一系列相关措施：如浙江省博物馆制定适应免费开放的《参观须知》，增设观众参观线路导示标志，加强公厕、园林美化等公共设施建设，并在馆区重点部位和展厅内增加管理人员，以确保展厅文物和观众的安全；中国丝绸博物馆向观众发放参观导览和宣传页，推出定时免费讲解和织机操作表演，观众免费使用中英文语音导览机，举办馆校互动研讨会，推出丝绸手绘扎染“中国结”等免费手工制作活动，并聘请专职保安人员，加强馆区和展厅的保卫工作；长兴县博物馆通过岗位目标责任制，实行规范化管理。提升工作人员服务形象，加强巡查，保持良好卫生状况。

免费开放后，参观人数明显增加，浙江省博物馆1~2月参观人次达到21万，中国丝绸博物馆为1.9万，均成倍增长。浙江省博物馆还通过举办为民“鉴宝”等活动，进一步拓展为公众服务的领域。

武汉市8家博物馆、纪念馆从今年2月19日开始，对中学学生团体免费开放。除中山舰博物馆因配套设施、安全等因素暂时不具备对外开放条件外，武汉市的市博物馆、市革命博物馆、八路军武汉办事处旧址纪念馆、八七会议会址纪念馆、武汉国民政府旧址纪念馆、詹天佑故居陈列馆、盘龙城博物馆、晴川阁管理处等8家单位均全年向武汉地区的中小学生团体（包括高中生、职高、技校、中专生）免费开放。武汉市各博物馆、纪念馆在发挥传统展览作用的基础上，还不断丰富展览形式，如武汉市博物馆推出了武汉历史陈列精品展、世界珍奇蝴蝶展、当代12家油画风景写生展，同时与江汉区青教办联合推出以“传承民族精神，建设小康江汉”为主题的革命传统教育周活动。市革命博物馆在丰富农讲所旧址陈列、毛泽东旧居陈列展览内容的同时，精心推出“人民领袖毛泽东”大型图片展览。八路军武汉办事处旧址纪念馆恢复了部分历史原貌，新增了武汉抗战陈列展览、新世纪与武汉展览、孩子剧团展览等内容。八七会议会址纪念馆新增了“毛泽东在湖北”大型图片展览。武汉国民政府旧址纪念馆“武汉国民政府史迹展”吸引了国内外知名专家、学者，黄浦老战士及历史学家还将应约进行为时一周的历史讲座。免费开放的举措，深受社会各界欢迎。学校团体预约参观、家长携子女参观异常火爆。据初步统计，免费开放一个多月来，8家博物馆、纪念馆已接待观众10多万人，与免费开放前同一时期相比增长近4倍。

山东、海南等地的文博场馆也制定了具体执行措施，确保5月1日向未成年人免费开放。从3月27日起，济南市博物馆对学生等未成年人全部实行免费开放。与此同时，还把每周五定为“免费开放日”，社会各界人士均可免票参观。省美术馆从4月1日起开始实施免票，以便让更多的艺术学子走进美术馆学习观摩。

二、开展全国农村文化调研，研究农村文化政策

2004年，在党中央、国务院和各级党委、政府的重视下，我国农村文化建设力度不断加大，农村文化建设呈现出良好的发展势头。农村文化投入持续增加。文化基础阵地建设取得很大成绩。农村文化队伍素质逐渐提高，文化

活动形式多样，农民的文化生活也日趋丰富，先进文化在农村得到了有效的传播。

1.农村文化设施建设有了很大发展。农村文化设施是开展农村文化活动，传播先进文化的重要阵地。为切实推动农村文化建设，文化部联合国家发改委和财政部等有关部门，以农村文化设施建设为抓手，加大了对文化基础设施的投入和建设力度。1992年，原国家计委、财政部、文化部等20个部委在我国边境地区实施万里边疆文化长廊建设。截止到2001年国家计委累计补助县级文化馆、图书馆建设和边疆地区文化长廊建设资金1.76亿元，财政部累计补助地方文化设施维修和边疆地区文化长廊建设资金1.1亿元。2002年全国基层文化工作会议以后，国家发改委又决定从2002年到2005年投资4.8亿元,用于扶持农村县级文化馆、图书馆设施建设，实现县县有图书馆、文化馆的目标。2002年~2003年，全国1078个两馆建设项目已有467个开工建设，目前已实际完成投资1.39亿元；95个县级图书馆、文化馆建设项目已经竣工，竣工面积达16.39万平方米。有219个项目正处在设计及准备建设阶段，153个项目处在在建施工阶段，两者建设规模达到了61.97万平方米。财政部将边疆文化长廊建设补助资金和基层文化设施设备维修补助资金从每年1100万元增加到3000万元，支持农村文化建设。2004年，中央财政对西部12省份的两馆建设的193个项目共补助8920万元，用于加强文化设施基础建设。在各级各部门的努力下，全国已经形成了比较成熟的县乡、镇农村文化网络。西部地区有的地方在发展固定文化设施的同时，积极发展流动文化车，探索建设与固定文化设施相互补充、相互依存的流动文化服务网络。

2.重大文化工程在农村地区深入推进。近几年，文化部和财政部、国家发改委等部委联合实施了一些重大有影响的文化项目，包括全国文化信息资源共享工程、送书下乡工程等。项目有的直接面向广大农村，为农民群众提供文化服务，有的充分发挥自己对农村地区的文化辐射能力，产生了很好的社会效益和经济效益。

全国文化信息资源共享工程是利用现代信息技术，对文化信息资源进行数字化加工和整合，通过网络等传输渠道最大限度地为社会公众服务的文化工程。它开辟了一个不受地域、时空限制的崭新的文化传播渠道，这对于迅速扭转我国广大中西部地区特别是贫困地区的信息匮乏和经济、文化落后的状况将起到显著的作用。到2004年9月，省级共享工程资源建设管理分中心增加到32个，基层中心达到1710个，终端用户达5万多个，辐射人群上千万。2004年，文化部重点加快网点建设速度；开展多种方式的共建，积极拓展基层服务网点。由中央财政支持在西部地区建成100个共享工程基层示范点；与中央文明办合作，在宣传文化中心由文明办投资建成100个共享工程基层中心；与教育部合作，利用农村中小学远程教育工程基层点的设备向当地群众传播共享工程文化资源，将“农村中小学现代远程教育工程”与共享工程的实施结合起来；与全国妇联实施的全国“美德在农家”活动合作，在村级建立100个示范点；与中宣部“百县千乡文化工程”合作，已建设西部示范点100个。

送书下乡工程是我部与财政部联合实施的扶持农村特别是中西部农村地区文化建设的文化工程。2003年~2005年，由国家财政每年投入2000万元，集中采购一批内容健康，实用性、可读性强，适合农村读者需要的图书，配送到广大农村，解决基层图书馆等公益文化机构图书资源不足的问题，为西部地区农村群众提供丰富的精神食粮。工程涉及22个省份，其中包括西部12个省、自治区、直辖市和3个少数民族自治州的200多个县、近2000个乡镇。2004年，共选出图书442种作为2004年送书下乡工程专用图书。8月初，1768000册图书全部印制完成入库。9月16日，赠送的图书全部装车发运完毕。

中国民族民间文化保护工程是由政府组织实施推动的对我国境内具有历史、文化和科学价值的民族民间文化资源进行系统保护的一项规模庞大、涉及面广的系统工程。其主要内容是，通过建立分级保护制度、保护名录、命名民族民间文化传承人（团体），设立民族民间传统文化保护专项资金，建立民族民间文化生态保护区等各种形式，充分利用现代科技手段，对集中体现中华民族创造才能的优秀民族民间文化项目，特别是具有重大历史、文化和科学价值以及濒危的民族民间文化项目，进行有针对性、系统的抢救、保护和合理利用等。这项工程对发掘和保护西部地区丰富的民族民间文化资源，推动西部文化事业的建设和发展具有重要作用。2004 年确定了第二批 29 个试点。其中综合性试点 3 个，专业性试点 26 个。此外，还先后起草并下发了文化部、财政部《关于实施中国民族民间文化保护工程的通知》（文社图发[2004]11 号）和《中国民族民间文化保护工程实施方案》；组织起草了《关于加强民族民间保护工作的意见》（征求意见稿）；制定了《“保护工程”专家委员会章程》；起草了《中国非物质文化遗产保护工作部际联席会议制度》；研究制定《国家级非物质文化遗产名录的标准与办法》。目前，各地试点工作正在深入开展。一些中西部地区的民族民间文化保护已经取得初步成果。

3.农村文化活动方式有了很大创新。随着农村文化建设力度的不断加大，广大农民群众的文化生活得到很大改善，农村文化工作在提高广大农民群众思想道德和科学文化素质，促进农村经济与社会协调发展方面发挥着越来越重要作用。各地县级图书馆、文化馆和乡镇文化站充分利用文化设施，开展文艺调演、书画、摄影展、文学讲座等丰富多彩的阵地活动。许多基层文化工作者深入乡村，宣传、贯彻党的路线、方针、政策，普及科学文化知识，开展图书流通借阅，演出文艺节目，辅导农村文艺骨干，促进各乡镇业余文艺队伍和文艺骨干建设。舞龙、舞狮、高跷、扭秧歌、走旱船等具有地方传统特色的艺术活动蓬勃开展，农村小戏等具有乡土气息的优秀节目受到欢迎。农民参与文化建设的主动性和积极性有了很大提高。

为进一步加强农村文化建设，按照中央要求和全国基层文化工作会议精神，文化部党组把加强农村文化建设政策调研作为今年工作重点，于 6 月中旬到 7 月中旬，组织开展了农村文化建设专题调研。这是 2002 年全国基层文化工作会议之后的又一次比较大的调研活动，目的是搞清当前农村文化建设的基本情况，研究和分析农村文化建设的困难和问题，有针对性地策划一些大的项目，制定一些大的政策，进一步推动农村文化建设，促进农村经济社会的全面、协调、可持续发展。文化部组成 6 个调研组，分赴浙江、福建、湖南、四川、甘肃、宁夏等地农村，就农村文化建设和农民自办文化情况进行了专题调研。

调研了解到，2002 年全国基层文化工作会议之后，各级党委和政府认真贯彻会议精神，从农民精神文化需求和基层文化工作的实际出发，采取措施，切实推进新形势下农村文化建设，农村文化工作取得了可喜进展。主要表现在：

（一）各级党委、政府对农村文化建设重视普遍增强

全国基层文化工作会议以后，各省、区、市分别召开会议，下发文件，贯彻落实会议精神，围绕“四基”建设，出台相关政策，落实具体措施，较好地推动了农村文化建设。浙江、四川、福建等省按照“三个代表”重要思想的要求，把建设文化大省作为发展方略，提出建设文化大省的奋斗目标，农村文化建设纳入其中，成为重要内容。福建、湖南专门召开农村文化工作会议，专题研究农村文化建设问题，宣传、文化、教育、建设、财政、发改委等部门互相配合，共同研究出台相关配套政策性文件，为推进农村文化工作提供了有力的政策保障。许多地方党委和政府认真落实基层文化建设“四个纳入”的要求，努力将农村文化建设纳入党委政府的重要议事日程、纳入各地经济和社会发展规划、纳入领导干部目标管理责任制、纳入财政预算，并出台具体举措，使这“四纳入”落到实处。四川省有关部门还联合组成督查组，深入全省21个市州，督查基层文化工作会议精神的落实情况。湖南省文化厅与财政厅、省发改委等部门根据省人大代表的建议案，联合深入湘潭、株洲等地调研乡镇文化站建设情况，研究起草《湖南省乡镇文化站建设条例》(初稿)，纳入省人大明年立法计划。甘肃省酒泉市所辖县区都实行了目标管理责任制，将年度文化工作任务进行细化、量化，每年从各级文化部门一直到乡镇文化站都签定目标责任书，将文化工作列为年终干部考核的一项重要内容。

(二)加大投入，农村基层文化设施建设得到加强

各地党委政府按照全国基层文化工作会议精神和国办发[2002]7号文件的要求，加大了对农村文化建设的投入力度，文化阵地建设有了很大发展。从调查的情况来看，基层文化投入的重点仍是文化设施的建设。一些地区的文化基础设施已初具规模，并呈现出良好发展态势。四川省在两馆建设方面，除中央下拨的5000万建设资金外，省财政建立专项资金，投入3000万元，地方筹集1亿元，2005年将完成基础设施建设。省财政、省发改委、省委宣传部投入建立农村文化站的专项资金1500万元，计划建立300个乡镇文化站；省财政每年投入全国文化信息资源共享工程四川省省中心100万元，2004年增长至250万元，同时投入300万元，在地方建立300个共享工程基层服务示范站；农村2131工程每年投入100万元专款；基层文化骨干培训每年投入50万元。浙江省每年1500万元基层文化建设专项资金主要用于补助欠发达地区基层文化设施建设。对每一个新建、修建、改建馆舍的县级文化馆、图书馆，分别给予5万~20万元的经费补助，对新建设、修建、改建馆舍的每个乡镇文化站，分别给予5万~10万元的经费补助，对欠发达地区，在经费补助上给予倾斜。至2003年底，共补助基层文化建设项目279项，落实补助资金2659万元。2002年，各级财政投入于文化站建设资金总数达8373.8万元，站均达5.82万元。甘肃省“九五”期间文化事业费中财政补助年均7866万元，年均递增在6.6个百分点，进入“十五”，2001年文化事业费总支出达到1.12亿元，比“九五”末的2000年增加2100万元，增长23%，2002年文化事业支出水平达到1.32亿元，比2001年增长18%，去年文化事业支出水平达到1.57亿元，达到“九五”以来最好的水平，而且已落实“两馆”建设项目建设资金5462万元。从1998年开始，宁夏回族自治区财政每年拨款100万元，另外自治区宣传部每年从宣传文化建设费中拨出30万~50万元，共同用于经济困难县区乡镇文化站的新建。截止到2003年，自治区财政投入资金800万元，加上中央文明办及自治区文明办投入200多万元，共计投入1000多万元，新建文化站(宣传文化中心)140个，占全区乡镇总数的37.5%。湖南省2001~2003年间文化基础设施建设的投入逐步递增，其中2001年增长17%，2002年18%，2003年34%。2002年湖南省按照1：1配套比例落实了39个“无馆舍”县级图书馆、文化馆配套资金。湖南省省财政、文化厅每年拨出扶贫建站资金扶持湘西、湘东、湘南贫困地区文化站的建设，资金数额由1991年的80万元增加至近3年的200万元，已扶持乡镇文化站100多个。福建省泉州市近年来市级财政仅对重大文化设施的投入已近5亿元。

重点文化建设工程稳步实施，在农村文化建设中发挥了积极的推动作用。中央财政扶持实施的全国文化信息资源共享工程、送书下乡工程、中国民族民间文化保护工程等在各地逐步展开，促进了各地不断加大农村文化经费投入，带动了农村文化资源的整合，促进了农村文化建设。四川省每年投入全国文化信息资源共享工程四川省省中心100万元，2004年增长至250万元，同时投入300万元，在地方建立300个共享工程基层服务示范站；共享工程基层网点建设在各地推进迅速，并与网吧进行连锁经营，探索了一条新路。同时，与四川省电信部门合作，推出了短信服务，社会影响逐步扩大。湖南省将“全国文化信息资源共享工程”与省委组织部的“党员现代远程教育”网络平台紧密结合。在常德、岳阳、韶山三个“远程教育”试点市首先建立了资源合作模式——即依托“党员现代远程教育”网络平台，为农民群众提供丰富的文化艺术科技等资源内容，然后在全省推广，使共享工程基层网点建设在乡镇取得突破性进展，让广大农民群众受益。实践证明，组织实施重点文化建设工程，是推动农村文化事业稳步发展的有效手段，是把农村文化建设落到实处的有效体现。

（三）农村文化队伍的待遇和素质有所提高

四川省全面加强乡镇文化机构和农村文化队伍建设。明确规定，乡镇文化机构为乡（镇）政府领导下的公益性文化事业单位，设置文化专干编制1名~2名，经费列入财政预算，乡镇文化站“机构、编制、人员、经费”四个落实基本到位。甘肃省酒泉市重点解决了农村乡镇文化专干的待遇问题。经2003年调查，全市有乡镇文化专干131人，待遇问题得到了解决。文化专干干部身份占80%左右，县市或乡镇聘用的占20%。平均年龄为40岁，工资均在千元左右。2002年在全市乡镇事业编制平均精简21%的情况下，一些乡镇文化工作队伍还得到了加强。各级文化部门还采用鼓励系统职工报考大中专院校及参加电大函授、举办各类培训班等方式，努力提高职工的文化素质和专业水平。宁夏回族自治区文化厅每年组织文化系统干部职工参加为期半个月的继续再教育学习，使学习与晋升职务职称和竞聘上岗相结合，以提高群众文化干部的素质。浙江省采取了与浙大联办群文大专班、专升本，在浙江艺术职业学院开设群文音乐、舞蹈班、社区文化管理专业，举办全省文化站长培训班等形式，加大农村文化专业人才培养力度。

（四）积极探索有效的农村文化工作新机制

一是普遍用大文化的思路开展农村文化工作。各地在进行农村文化建设的过程中，普遍以大文化的思路开展工作，扩大农村文化机构职能，把农村文化机构建成综合性的农村文化载体，将秧歌等传统文化形式、庭院文化、校园文化、网络文化涵盖其中，使之成为农民学文化、受教育的学校，成为推广科学技术、带领农民致富的示范基地，成为抵御不良风气的阵地，更好地满足农民群众多方面的文化需求。福建南平的祠堂文化就是明显的例子，过去具有封建色彩的祠堂，在农民手中改头换面，成为了宣传先进文化，传播先进科技，倡导文明生活的重要文化设施。

二是农村文化工作重点普遍下移，立足乡镇，深入农户。乡镇文化机构成为各地农村文化建设的重点。四川省财政针对乡镇文化设施建设设立了专项扶持资金，并就文化站机构建设出台了针对性政策。甘肃、宁夏省级财政设立了主要用于扶持文化站建设的基层文化专项补助经费。浙江省制定《万村文化建设工程规划》，计划2004年至2010年，经过7年的努力，实现1358村级文化建设目标，即在全省10000个行政村中，因地制宜建设起一批规模适当、设施良好的村级农民文化园；培育省级文化示范村（文化特色村）300个，市级文化示范村（包括文化特色村）500个，县（市、区）级文化示范村（文化特色村）800个，出现“万村创建、千村示范”的加强村级文化建设新局面；进一步完善村级文化网络，健全村级文化员队伍，建成一批特色文化项目，形成初具规模的省、县（市、区）、乡（镇）、村四级文化网络，全面提高农村文化的整体水平，促进农村小康社会建设。

三是建立评选和表彰机制，发挥典型的示范作用。四川省采取以奖代补的方式，鼓励基层对文化基础设施建设的投入，计划在5年内评选出300个示范性文化站和300个示范性信息服务中心，每个奖励1万~5万元。湖南省文化厅自1988年起，开展了“百强文化站”、“百优群众文化艺术之乡”、“百佳民间剧团评选活动”；2004年5月，湖南省委宣传部和省文化厅联合表彰了一批农村文化先进单位和个人。浙江省海宁市对村文化活动中心和活动室制定了具体标准，安排专项资金用于镇、村文化设施、农村文化示范户的补助和奖励。这些评选和表彰活动以点带面，引导农村文化的健康发展。各地在发展文化事业过程中，还注意发掘典型，推广经验，如四川省苍溪县庭院文化建设、浙江嵊州发展民间职业剧团、台州市农村文化俱乐部建设等等，都在当地乃至全省发挥了积极的导向和示范作用。

（五）农民自办文化有了很大发展

近几年，农民自办文化在各地农村悄然兴起，发展迅速，已成为新时期农村文化生活的重要形式和国办文化的重要补充。农民自办文化形式多样，能充分满足各年龄段农民的多层次的文化需求。湖南省除了农民个人自办文化、单位自办文化的类型以外，还出现了文化部门和个人联合办文化、文化部门和企业联合办文化的新类型。如长沙市望城县坪塘镇政府与投资商签订共建合同，明确双方出资数额和权利义务，镇出地、出机构建设标准和业务指导，投资商出资并负责运营和管理，共吸收两位投资商近400万元的民间资本建成了坪塘镇宣传文化法制站。岳阳市引进国家级大公司与文化部门全资组建乡镇文化发展有限公司，在条件较好的地方建设乡镇文化站示范点，按照市场法则运作，统一征地、统一设计、统一建设、统一经营，实行连锁管理模式，把发展文化产业与农村文化设施建设结合起来。目前已开始注册公司，正在选择示范点，力争年内建成10个乡镇文化示范点，即集影视、娱乐、培训、图书阅览、招待所于一体的乡镇文化活动中心。

有的民办文化实体顺应市场，机制灵活，筹资方式多样，在广大农村具有极高的市场占有率和竞争力。民间职业剧团不断发展壮大，成为新时期农民自办文化的重要形式。浙江嵊州拥有民间剧团100个左右（其中演出时间在8个月以上，演出450场的常年性剧团有30多个）；主要演员450人，从艺人员3000名左右；全年累计演出16000多场，总收入近2000万元。福建省泉州市有高甲戏、木偶戏、歌舞等民间职业剧团168个，南音社团300多个，农民铜管乐队106个，舞龙舞狮60多个，诗社、书画社、灯谜社等70多个，还有数量众多的北管乐队、民间舞蹈队、家庭文艺队等农村文艺队伍。这些剧团机制灵活，适应性强，真正做到“养事业不养人”，与演员签订合同，期满可双向选择。同时对剧目创作敢于投入，每年都要聘请专业剧团的导演、编曲进行指导，力求提高表演水平。这些文艺队伍在满足农民文化各类需求的同时，不断发展和壮大。武夷山市西林街下岗职工左国栋开办的“一分钱图书社”以7种形式的会员制方式运作，目前已发展固定会员2300余户，直接和间接的读者达6000多人，藏书约10万册。同时大力发展连锁经营，扩大了服务面，促进了图书的流通和利用率，增加了收益。

我们在调研中发现，农民参与乡镇文化站建设的积极性也比较高，乡镇文化机构的形式日趋多样化。在甘肃出现了民办公助、在宁夏出现了国办私营的文化站。像宁夏银川市永宁县杨河镇文化站专干张立军投入70万元自有资金为文化站购置房屋270平方米，开办图书阅览、图书音像出租零售、多功能活动室等业务。这些文化站打破了国办文化站的现有管理和文化服务模式，以商养文，以文养文，表现了一定活力。但是与一般国办文化站相比，在承担农村公共文化服务职能方面有很大的欠缺。如何评价这两种农村文化组织形式，尚待进一步探索。

各级政府在引导农民提高自办文化艺术水准和加强对农民自办文化管理等方面进行了有益的探索。很多地方积极鼓励和扶持农村文化中心户的发展，注意发挥他们在农村文化生活中的作用。宁夏吴忠市利通区在农民群众中选拔出热爱文化体育运动，经济条件比较好的家庭，作为农村宣传文化体育中心户，并由各级文化体育部门支持，配备图书报刊、文艺体育器材和硬件设施，使其能够具备开展小型文化体育活动的条件，并成为乡镇文化站、村文化室的自然延伸。福建省邵武市在加强文化中心户建设的过程中，注重发动政府各部门的参与，凝聚各方力量，形成工作合力。市政府拨付25万元专款用于中心户建设。市文明办、教育局、文化局、广电局、司法局、农业局、科委、科协、卫生局、邮政局、电信局等有关部门把农村文化中心户工作列入全年服务内容，并制定出具体可行的实施办法。如电信局免收部分文化中心户电话初装费，广电局为文化中心户免费安装调频广播，邮政局为每个中心户订制邮箱，文化科技卫生部门送戏、送书、送科技知识、送医到中心户等等。这种自上而下的协调合作与对接帮助，形成了邵武市文化中心户建设齐抓共管的崭新局面。

（六）农村文化建设与农村经济发展紧密结合，农村文化市场有了初步发展

在调研中，各地普遍反映，实现农村文化可持续发展的根本动因在于调动农民自身积极性，文化建设必须与农民发展经济，与农民脱贫致富结合起来；发展农民文化的关键在于培育文化市场，发展农村文化产业。

农村文化建设必须以满足农民群众综合性文化需求为前提，在求富、求知、求乐这些需求中，求富是第一位的，也是其他文化需求的出发点。当前，农民最迫切需要的是掌握科技知识和致富本领，因此，只有与农民群众的生产经营活动紧密结合，农村文化建设才有生命力。福建南平市将文化家庭的创建活动与农民致富的愿望紧密结合，培育建立了覆盖影响80%农户的一批不同类型、特色鲜明的农村文化中心户和社区文化之家。这些文化家庭通过科普宣传、科技讲座、信息咨询和农技交流活动，增加了农民收入，改善了生存环境，推动了家庭经济乃至社会整体经济的有效发展，实现了文化工作与经济的有机结合。四川苍溪县庭院文化的兴盛是与生态庭院经济不可分割、互为促进的，庭院文化使庭院经济有了知识支撑，庭院经济催生了庭院文化。苍溪县店子乡鲜家沟村庭院文化建设突出文化的科技含量，这与该村讲究科学种植的庭院经济密不可分。为了更好地掌握科学种植知识，全村70%的农户建起了家庭文化中心，购置了许多科技用书，还有很多农户配置了上网电脑。随着科学文化素质的逐步提升，村民视野日益扩大，不断引进优良品种和先进技术，先后与省内外23家科研单位、农科所建立了合作关系，成为蔬菜水果新品种的实验基地。目前，许多农户利用网络销售本地特产，庭院文化促使庭院经济兴旺发展。农民看到了庭院文化对庭院经济的巨大作用，反过来积极扩大庭院文化的规模，互为促进，实现了两个文明建设的双丰收。

在推动农村文化建设过程中，各地纷纷利用地方独特的文化品牌，采取“文化搭台，经济唱戏”的模式，提高农民的文化消费意识，摸索发展农村文化产业的新路子。福建泉州市紧密配合招商引资等经济工作，积极打造文化活动品牌，如石狮的舞狮、蚶江的灯谜、晋江的戏剧展演、德化的瓷都文化广场，这些文化活动一方面丰富了基层农民群众文化生活，另一方面展示了深厚的文化底蕴和良好对外形象，为各地经济的腾飞奠定良好的外部环境。四川省注意依托文化馆、图书馆、文化站等公益性文化设施，发挥其社会功能，在满足群众文化需求的同时，引导他们树立文化消费意识，逐步培养农村文化市场。主要做法是注意抓住地方特色打文化品牌，形成文化市场，以此带动农村文化的蓬勃发展。如都江堰的清明放水节，新津的纯阳观庙会、龙泉洛的客家水龙节、黄龙溪的大年火龙表演、苍溪的梨花节等，活动丰富多彩，吸引了越来越多的农民积极参与，在获得经济回报的同时，文化建设也得到了加强。

调研认为，2002年全国基层文化工作之后，农村文化建设虽然取得了一些进展，但总体上来看，发展速度仍然相对缓慢，与广大农民群众日益增长的文化需求不相适应；其滞后于农村经济和社会发展需要的整体状况也并未发生根本性改变。具体而言，农村文化建设面临的主要困难和问题有以下几个方面：

（一）农村文化发展存在着明显的不平衡性

首先从城乡发展整体情况来看，农村文化与城市文化差距日益拉大，突出表现在农村文化事业经费投入严重不足。像四川省2003年对农村文化事业的投入总额只占全省文化财政补助收入的29.9%；城市文化投入则高达70.1%，是农村文化投入的两倍多。此外，城市文化建设所拥有的丰富的文化资源和有利的人才条件，更使农村在文化建设方面的差距日益拉大。同时，由于经济、社会发展水平的不同，东部、中部和西部的农村文化建设状况也有很大差别。这种差别体现在农村文化经费投入、设施建设、队伍素质、资源总量和活动开展等各个方面。东部的浙江、福建等省对农村文化建设的投入力度大。2002年，浙江省财政仅投于文化站建设资金总数就达8373.8万元，站均达5.82万元。并计划每年安排1500万元专项资金，主要用于欠发达地区基层文化建设补助。福建省各地积极加大对文化事业的投入。近年来泉州市级财政仅对重大文化设施的投入已近5亿元，南平市2003年文化事业投入为5766万元，已占当年财政收入的2.7%。而湖南、四川、甘肃、宁夏等中西部地区限于财力，在对农村文化的投入上相对要少很多。像湖南省财政、文化厅扶持湘西、湘东、湘南贫困地区文化站建设而拨出的扶贫建站资金，近三年才增加到200万元。

在一省内部，经济发达地区和落后地区的农村文化建设之间也存在明显的不平衡性。在湖南省，东、中、西部地区经济发展不同，常德、株洲、岳阳、长沙经济实力较强，衡阳等地次之，湘西最为落后。农村文化建设与之相应，也存在发展不平衡问题。同样，四川以成都平原为中心的周边农村，农民较为富庶，农村文化设施基本完备，经费有一定保障。占全省62%的丘陵和山区多为少数民族聚集区，土地贫瘠，生存条件恶劣，农民温饱都成问题，文化事业发展缓慢，甚至农村文化设施数量与上世纪80年代相比呈现不同程度的下降趋势。在甘肃和宁夏两省区的川区和山区，由于经济发展情况不同，农村文化建设的面貌也存在很大不同。甘肃省河西地区的酒泉市乡镇文化站设施建设完善，设备也比较齐全，文化专干每月工资能拿到1000元左右，而在山区的临夏回族自治州，由于其经济极为落后（每年财政收入占支出的13%左右），国办乡镇文化站已经完全消失。位于川区的宁夏吴忠市利通区在“九五”期间，平均每年通过财政预算拨付20万元农村文体活动经费，“十五”期间每年平均30余万元。而位于山区的西海固地区则困难得多。

（二）农村文化经费投入仍然严重不足

首先，虽然文化事业经费总量有所增加，但占财政总支出的比例并没有随着财力增长而增长。不少地方文化事业经费占财政支出的比例多年徘徊在1%以下。而且，如果扣除项目建设和政策性增资因素，有的地方文化经费投入甚至处于负增长。

其次，农村文化单位业务经费难以得到充分保证。宁夏人均文化事业费处于全国较高水平，在全国排第八位，但基本只保工资，真正用于事业建设和业务方面的经费很少。在部分贫困地区和财政补贴县，业务建设几乎没有经费保障。宁夏全区公共图书馆年购书费在1万元以上的不到2/3，没有购书费的占48%，造成新书难以购进，人均购书费只有0.18元。湖南省的人均购书费2002年只有0.1元，2003年0.11元。许多文化馆只能维持正常的工作，业务经费严重缺乏。这种情况在乡镇尤甚。许多乡镇文化站没有预算或投入偏少，事业建设和购书、业务、活动经费、日常办公费等，都不能保证。有的乡镇甚至连人员工资都无法开支。乡镇文化站图书室多无足够的购书经费。福建省南平市文化站的活动经费均未列入当地财政预算。有80%的文化站无活动经费，仅有的20%的文化站只是在举办重大活动时当地财政才会给予适当补助。

第三，与其他行业相比，文化建设投入明

显偏低。仅以甘肃省去年财政列支事业费相比较，科教文卫体中，文化事业费列支1.57亿元，人均文化事业费只有6.02元，而教育事业费为47.57亿元，是文化事业费的30倍，卫生事业费列支11.8亿元，是文化事业费的7.5倍。

农村文化建设投入过少的根本原因在于乡镇财政情况的紧张。在目前县、乡财政分灶吃饭，分级核算的体制下，乡镇财政本身困难，多为吃饭财政，难以拿出足够资金加大对农村文化工作的投入。随着农村税费改革的深入进行，在减轻农民群众负担的同时，也在客观上使乡镇财政更加困难。以四川省为例：税费改革前，四川省农村文化事业费主要来自向农民征收的文化提留，平均每人5角钱，税费改革后，文化事业费主要依靠中央转移支付，而且主要投入县级以上文化事业，用于乡镇一级文化事业的经费比例极低。大多数乡镇因为历史原因普遍负债严重，有钱用于还债，财政脆弱，对文化投入没有保障。广元市所辖261个乡镇中，90%以上乡镇负债平均超过300万，而年财政收入平均只有100万元，文化站业务经费基本没有，文化站专干的工资都难以保证，根本没有资金组织开展文化活动。

（三）农村基层文化设施极为落后

虽然近年来在中央和各级财政的支持下，农村基层文化设施建设有了很快发展。但是，在一些财政极为紧张的老少边穷地区，农村“两馆一站”设施建设仍然不容乐观。

首先，由于市县乡各级财政财力有限，农村文化设施的建设投入得不到根本保证。甘肃省临夏州康乐县文化馆、图书馆（两馆合置办公）馆舍在1996年旧城改造中拆除后，由于财政上的原因至今仍未落实，两馆30余人挤在5间上世纪50年代修建的土屋中办公，更谈不上开展正常的业务活动。在建设过程中，也存在文化设施布局不合理，施工管理欠规范等问题。

其次是农村文化设施建设仍然存在许多空白点。截止到目前，四川省仍有5个县没有文化馆，69个县没有图书馆，1500多个乡镇没有文化机构，无馆县数量占全国1/3，居全国之首。广元市261个乡镇建立了240个文化站，但真正有自已阵地的只有1/3，苍溪县65个乡镇只有15个有阵地，其他的最多只有一间办公室，无法开展活动，制约了文化发展。甘肃省临夏州除中央文明委支持兴建了23个乡镇宣传文化中心外，已经没有公办乡镇文化站，虽然2002年以来，中央财政已经从两馆建设资金中投资300万元，支持临夏州建设5个县市图书馆、文化馆，但由于农村文化设施欠账大、底子薄、基础差，该州设施建设滞后的情况仍未得到根本改变。

三是现有的农村文化设施面积严重不足，设备过于老化，难以开展正常的文化活动。宁夏石嘴山市永宁县文化馆、图书馆共用一座1680平方米的楼房，两单位使用面积均达不到县级文化馆、图书馆的最低设施标准。另外，许多地方的图书馆、文化馆馆舍多为上世纪80年代建设，经过20多年，很多馆舍老化严重，危房、老房比比皆是。馆内设备简单陈旧，难以吸引群众的积极参与。现有乡镇文化机构中，很多只有一块牌子或一间办公用房，根本无法开展活动。福建省泉州乡镇文化站中有独立活动阵地的只有74个，占45.96%，其中面积400平方米以上的文化站仅有36个，占22.36%，有9个文化站只有招牌，没有站址、设施和经费。同时还有不少行政村至今无文化室，特别是在山区，村文化室极少。永宁县有30%的乡镇文化站属于无法正常开展活动的挂牌文化站，有的甚至处于停顿、半停顿和瘫痪、半瘫痪的状态。

在调研中很多地方反映，目前农村基本文化阵地建设最困难的不是如何建起来，而是如何确保文化设施的永续利用。目前，很多乡镇文化站观念不新、机制不活、投入不够、阵地萎缩、辐射功能差，难以充分发挥国办文化单位的重要作用。还有一些乡镇文化站建起时相当漂亮，但投资不配套，没有图书和活动器材，许多成为“空壳文化站”，有的已经流失，挪作他用。据湖南省反映，有的文化扶贫点虽建成文化站，配备了设施，但无专人管理和组织，建成容易巩固难，最后捐赠的图书竟被农民当废品变卖。同时，由于农村文化设施缺乏规范的建设管理和监督机制，文化阵地萎缩现象十分严重。宁夏石嘴山市乡镇区划调整后，文化设施面临优势互补的极好机会，但因乡镇财政短缺，一些文化站的设施被变卖、出借、转让、租赁。全市文化站活动用房流失面积为4200平方米，占原有文化站用房面积的35%。有的乡镇合并后已将文化站用房抵押或出租，造成乡镇文化站阵地面积严重不足。贺兰县在原文化馆用地上翻建的2000平方米文化楼，文化馆仅占用960平方米，其他面积被民政、人事、地震、党校、残联等9个部门和单位挤占。由于没有对文化设施进行合理利用，一些文化站或农村电影院已经变成了存放旧物的仓库。文化阵地的萎缩，不仅造成了国有资产的流失，也使农村文化工作举步维艰。

（四）农村基层文化队伍素质偏低

我们从调研中了解到，目前很多农村文化站专干仍然年龄偏大，大多数已40岁以上。据统计，湖南省衡阳市祁东县文化专干71人，45岁以上占80%，30岁以上占10%，30岁以下占10%。这些文化专干大多是上世纪80年代初从事文化工作的，专业知识已趋于老化，知识结构也偏低。根据宁夏文化部门的统计，在现有434人的乡镇文化站队伍中，具有大专以上学历的仅占4%。在福建省南平市文化站191名工作人员中，学历为大学本科以上的仅为2人，大专38人，中专66人，高中85人。工作人员中没有高级职称，中级职称9人，初级职称59人。基层文化干部的专业理论素质偏低，对各项现代技术特别是网络信息技术的掌握尤其欠缺。造成这种现象的主要原因，首先是农村文化站文化专干待遇偏低，难以吸引具有较高知识水平的人才。湖南省只有约30%的文化专干的工资全额纳入了县区财政预算，约70%的文化专干、文化辅导员的工资由县乡二级财政共同补贴，有的专干甚至不在编，乡镇政府连人头费也不负担。如东安县2002年前县财政给每名文化专干只补贴1300元，低于城市最低生活保障线，乡镇补贴则无法落实；永州市芝山区27名文化辅导员，每月只能领到区财政的35元工资。衡阳市祁东县71名文化专干，全额拨款32名，差额拨款29个（有的最低一年才200元），差额拨款的乡镇财政无法补齐，只好实行全额拨款者上22天班，差额拨款者上11天班。在甘肃，有的乡镇专干月工资高的500元，低的200元，还有的以承租房屋为报酬，实行自负盈亏，待遇得不到落实。宁夏石嘴山市各县区最低的定额工资，一人一年只有2000元。该市惠农区文化专干工资待遇是乡镇招聘干部中标准最低的，这一现象在当地曾引起强烈反响，导致文化站专干人心极不稳定，精力难以放在文化事业的发展上。年富力强的同志纷纷跳槽外出。同时，乡镇文化站工作人员的社会保险和医疗保险也难以解决。宁夏全区434名文化站（中心）人员中，国家干部56名、正式职工64名、合同工人36名，其余278名（临时工、招聘干部等）属待遇无保障人员，他们在文化站工作15年以上的达200余人。他们的社保、医保普遍不到位，职称招聘缺条件，大都有后顾之忧。和农村其他事业相比，文化工作相对清苦，作出的成绩又很难得到及时的肯定。从事农村文化工作既难以评上专业技术职称，又几乎没有提拔晋升的机会，导致广大文化专干工作积极性不高，干劲不足。农村文化单位未设进门门槛，工作人员良莠不齐，整体水平偏低。近几年来，调进或分配的新增人员都不是专业人员，致使许多文化单位人员虽多，但真正能胜任工作的业务人员却寥寥无几。

（五）农村基层文化资源严重匮乏，活动形式单一的状况没有根本改变

由于目前很多县乡财政非常困难，再加上文化经费投入严重不足，公共文化资源十分贫乏，农村文化消费普遍低下。据调查，甘肃省和政县电视户拥有率不足15%，边远山区和少数民族村社不足5%，农民对文化生活的投入非常有限，多数乡村农民每年用于订书报刊物、看戏看电影的支出为零。甘肃临夏州图书馆1992年成立以来未购进一册新书，现藏1.1万册图书均属个人和单位捐赠图书，利用价值不高，流通量小。在该州县、市馆中，有的馆甚至20多年未购进一本新书，所藏图书均系“文革”和“文革”以前的旧书。四川省各地县级图书馆、乡镇图书室藏书量普遍不高，而且多为旧书，新书很少，难以满足农民的读书需求。农民急需的科技图书很少，看书难问题一定程度上没有得到解决；随着院团改革的进行，原有的各县川剧团多数解散，送戏下乡活动无法开展，看戏难问题也十分严重；虽然“2131工程”能够做到在农村经常性放映电影，但是基本是老片，在有线电视较为普及的四川，农民更需要的是科教片和农村题材故事片。宁夏绝大多数公共图书馆至今还没有将自动化技术应用于工作之中，更无法提供电子网络信息服务。在自办文化站（室）中，也普遍存在图书陈旧、无钱订阅报刊杂志等问题。另外，大部分文化站（中心）由于受现有场地、经费限制，同时也受干部专业素质、观念的局限，文化活动手段过于简单，形式过于陈旧，活动内容也缺乏创新，主要以唱歌、跳舞、扭秧歌、鼓乐队等传统活动方式为主，受众人群则以老年和妇女为主。可提供的文化服务内容和文化资源严重匮乏，群众所喜闻乐见、丰富多彩的文化活动形式没有被充分挖掘和利用，文化阵地的宣传、教育、辅导、娱乐的功能没有充分发挥，对群众没有多少吸引力，没有很好地发挥其应有的功能作用。大部分文化馆为了自身生存，忙于创收或为了应付上级交办的任务，很少下乡辅导。文化馆站的功能在逐渐萎缩和降低。基层文化网点缺少经常性的文化活动项目，许多成为老年人在打麻将的场所。

（六）农村基层文化管理体制不顺

目前在农村文化发展过程中还存在一些体制性障碍。首先，农村文化站由乡镇政府负责管理的现行体制，不利于文化站公共文化服务职能的发挥。目前在全国大多数地区，农村文化站都是由乡镇进行管理的，县文化主管部门和业务单位对文化站只有业务指导关系。在这种体制下，第一，在基层普遍产生了文化专干不专的问题。很多文化站干部常年承担行政工作任务，主要业务变成了帮助村队完成收取统筹款和提留款，基本没有精力考虑组织文化活动的任务，业务技能一年不如一年。根据宁夏石嘴山市的统计，当地县区文化站长主要精力放在农村基层文化工作上的，只占站长总数的17%，其余的或兼职、或外借。中卫市大多数文化站干部都由乡镇干部兼职，基本没有开展文化站常规业务活动。在福建省南平市124名文化站长中，有50%多兼任了乡镇的其他职务，最多的竟兼任了3个岗位。第二，由于农村文化站干部普遍以块（乡镇）为主管理，县级文化主管部门无法调配，文化站人员长期处于固定状态，不能交流，缺乏活力。第三，由于乡镇财政对文化站投入极少，管理不力，导致相当一部分文化站形同虚设。有的乡镇领导认为建文化站是上级文化部门的事，没有真正把文化工作列入议事日程，使一些文化设施建设陷入加强中有削弱、建设中有流失、功能逐渐弱化甚至有名无实的困境。更有甚者，常常会出现因为乡镇财政紧张，导致文化站被出租或被挤占挪作他用的现象。

其次，机构改革中文化部门与其他部门之间的合并，并没有形成促进农村文化事业的合力，反而在客观上带来了多头管理，影响了农村文化资源的整合。目前在全国很多地区，各级政府按照机构改革和农村税费改革中“减人、减事、减支”的要求，对文化部门和其他一些社会事业发展部门如体育、广电、旅游、教育等进行了合并。据统计，浙江省11个市，88个县（市、区），仍然称文化局的，有5个市，23个县（市、区），尤其是乡镇、街道一级，大多是按照上级要求，与宣传、广电、体育、农技、教育等部门合并，改为综合性的文广站、宣传文化中心、公共事业服务中心等，造成文化站对应多个部门，机构性质界定不清，公益性文化的职能不同程度受到削弱。在机构改革中，有的地方改一乡一站为区域中心站，由相邻几个乡镇共建一个文化站，“乡乡有文化站”的要求没有得到切实贯彻。有的地方则把乡镇文化机构定为“准公益性”，并把改革的目标定为逐步向“自收自支”过渡，或“走向市场”，与中央关于文化站定性为公益性质不相一致，不利于农村文化工作的开展。宁夏在去年乡镇机构改革的过程中，将文化站与宣传、科技、法律、电影、电视、广播等合并，改为宣传文化法律服务中心后，原来的文化站干或下岗回家，或转为干别的工作，农村文化工作产生了很多困难。

再次，部门关系不能理顺，对事业发展造成消极影响。关于这一点，农村电影管理体制体现得最明显。目前，电影事业管理的职能中央一级在广电总局，但基层电影发行与放映队伍则大多是文化单位，只有西部的西藏、宁夏、甘肃从省、市、县各级都统一归属广电部门管理。这种“首尾分离”的管理体制，不利于农村电影“2131 工程”和农民看电影问题的解决。宁夏、甘肃在将农村电影事业统一划归广电部门后，调动了各级文化部门的积极性，有利于电影发行放映机制的改革，促进了农村电影队伍建设，产生了很好的效果。

（七）农民自办文化尚未引起足够重视，缺乏明确的政策保障和引导

目前，随着农民自办文化的深入发展，各种各样农民自发举办的文化特色村、文化俱乐部、文化示范户和民间剧团等日趋活跃，群众参与文化建设的热情很高，日益成为国办文化的重要补充力量。但在自办文化发展过程中也暴露出一些问题。第一，是农民自办文化的定位不明确。资产规模、营利大小影响着自办文化的规范发展。目前，大多数农民自办文化尚处在萌芽阶段，规模较小，即便是经营性的自办文化形式，获得经济利益也较少。在湖南，由于无相关的扶持政策和自办文化的微利性，许多农民自办文化多是在当地文化部门登记备案，少去工商部门登记。第二，扶持农民自办文化发展的政策尤其是经济优惠政策制定较为滞后。目前，全国农民自办文化正在走向规模化，但是吸引社会投资、赞助、捐赠的经济优惠政策和其他相关的扶持政策，如融资政策、市场准入政策，税费减免政策等却仍未出台，远远滞后于农民自办文化的发展。第三，缺乏及时有效的引导和管理。在自办文化初始阶段，文化部门应该给予对口的业务指导和扶持，引导其弘扬社会主义的先进文化；同时，由于农民自办文化自发性较强，特别是一些经营性的自办文化，注重经济效益多于社会效益，如果对此缺乏组织和管理，很容易出现一些问题。在对于民办文化的引导和管理方面，各地虽也做了一定工作，但仍未形成一定的业务指导和规范管理的工作机制，有待进一步加强。

（八）腐朽、落后文化的影响有所抬头

由于农村文化建设投入严重不足、文化资源极为匮乏等多方面因素的制约，农村文化阵地难以充分发挥自身在提高农民文明素质、活跃农村文化生活中的作用。农民群众很少能受到社会主义先进文化的教育和熏陶，一些封建的落后观念在农村仍然很有市场，而且宗教活动在农村非常兴盛。在调研中发现：浙江有些地方几乎每隔 5 到 10 公里就有一座由村民捐建的神庙或教堂，且装修华丽，而在有些乡镇，漫山都是修建的坟墓，且形成攀比之风。在许多文化工作比较差的农村地区，“打道场”、烧香拜佛、占卦算命、看风水等封建迷信活动等非常盛行。打架斗殴、酗酒闹事、聚众赌博、色情演出等违法乱纪事件时有发生。可以说，农村文化严重落后于农村经济社会发展的状况已经影响到了我国的社会稳定和农村基层政权建设，影响到了农村全面建设小康社会的实现，必须及时加以重视和解决。

根据对 6 个省区的调研，立足当前农村文化建设的实际，总结各地农村文化建设的经验和归纳各方意见，我们建议：

（一）提高认识，明确农村文化建设的目标和任务

农村文化是社会主义文化事业的重要组成部分；农村文化建设也是农村全面建设小康社

会的重要组成部分，其目标是与经济建设、政治建设的目标相适应的。农村文化建设必须满足农民日益增长的文化生活需求，努力提高农民的思想道德素质和科学文化素质，为农村经济发展和社会进步提供思想保证、精神动力和智力支持，促进有中国特色的社会主义新农村的建设。要按照“三个代表”重要思想的要求，认真研究和摸索全面建设小康社会农村文化发展的特点和规律，突出文化的创新与发展，以乡镇文化建设为重点，加强基本阵地、基本队伍、基本活动方式、基本活动内容的建设，大力推进农村文化工作，努力使农村文化建设有新的作为、新的成绩和新的气象。

按照树立和落实科学发展观的要求，针对目前农村文化建设明显滞后的状况，当前农村文化建设的基本思路和目标是：以“三个代表”重要思想和党的十六大精神为指导，坚持和树立科学发展观，抓住基本阵地、基本队伍、基本活动内容和基本活动方式这几个中心环节，加大投入力度，进一步完善固定阵地与流动阵地相结合的网络体系，加强专兼结合的工作队伍建设，充分运用现代科技成果不断创新农村文化服务内容、方式和手段，争取通过几年的不懈努力，使农村基层文化单位的活力明显增强，文化服务水平有很大提高，文化发展水平明显低于城市的问题逐步解决，农民群众的文化生活和农村文化建设面貌得到改善。

建设目标是：到2010年，基本实现县县有图书馆、文化馆或综合性文化艺术中心，乡乡有文化站，大部分行政村建有文化室，公益文化服务体系覆盖到全国所有农村乡镇；图书馆、文化馆等在服务内容、方式和手段上充分运用现代科技成果，管理水平和综合服务能力有较大增强；农村文化工作的服务范围明显扩大，在群众文化生活中的主导作用日益突出；经常参加群众文化活动的人数明显增加；以政府为主导的、社会广泛参与的文化服务体系初步形成。

到2020年，形成比较完善的适合社会主义市场经济体制，与全面建设小康社会相适应的，门类齐全、结构合理、运行规范的农村公益文化服务体系；广大农民群众能就近方便地享受到公共文化服务，文化生活质量有显著提高。

（二）加强领导，切实推进农村文化建设“五纳入”

推进农村文化建设,领导是关键。各级党委和政府要进一步提高认识,把农村文化建设纳入重要议事日程,与经济和其他各项工作统筹规划，通盘考虑，在抓好农村经济建设的同时,切实重视和加强农村文化建设，增加农村文化建设的投入，把农村文化工作抓实、抓好,切实负起责任。要进一步强调切实将农村文化建设纳入当地国民经济和社会发展总体规划，纳入各级党委政府重要议事日程，纳入政府目标管理责任制，所需经费纳入政府财政预算，文化设施建设纳入城乡建设整体规划。要确保做到农村文化事业在议程上有位置，内容上有安排，资金上有支持，考核上有指标，措施上有保证。建议召开全国农村文化工作会议，以党中央、国务院名义印发《关于加强农村文化工作的决定》，明确农村文化建设的目标、任务、思路、措施和要求，并在适当时机组成督察组，检查农村文化建设情况。

针对农民需求的多元化和农村文化工作涉及多部门的特点，建议在各级政府建立农村文化工作联席会议制度，由政府分管领导牵头，文化、计划、财政、人事、编制、农业、建设、民政、税务等有关部门参加，定期研究基层文化工作，解决基层文化建设中的突出困难和问题。在联席会议的指导下，加强对各系统各项农村文化资源的整合，尤其要注意推动重大文化工程在基层的资源共享，积极加强全国文化信息资源共享工程与中小学远程教育、党员现代远程教育工程的相互协作，利用高科技服务农村。

（三）加大投入，拓宽农村文化投入渠道

各级财政要增加投入，逐步改善农村文化基础建设薄弱的局面。加强中央财政支持基层文化建设的力度，落实中央关于新增教育、卫生、文化等社会事业经费投入部分主要用于农村的要求，建议：

文化投入要重点向农村倾斜。各级人民政府要逐年增加文化投入，增长幅度不低于同期财政经常性支出的增长幅度。从2004年起到2010年，中央及省、市（地）、县级人民政府每年增加的文化事业经费主要用于发展农村文化事业，要确保税费改革后农村文化的投入不低于改革前的水平并力争有所提高。要研究制定具体补助办法，规范政府对农村文化事业补助的范围和方式。

保证农村文化经费投入。县级人民政府负责落实文化馆、图书馆等公益性文化事业单位的发展建设资金、日常工作经费、离退休人员费用，保证公共图书馆有一定数量的购书经费。根据农村文化单位编制和国家有关工资标准的规定，确保农村文化机构工作人员工资按时足额发放。中央和省级财政对贫困地区农村文化机构基础设施建设和设备购置给予补助，并通过专项转移支付对困难地区的县级图书馆图书购置、文化信息资源建设、民族民间文化保护、文化队伍培训等项目给予补助。

积极争取中央建立专项补助资金，通过转移支付扶持西部群艺馆和乡镇文化站建设。2002年国家发展改革委实施县级文化馆、图书馆建设项目以后，西部地区的县级文化设施建设面貌有了很大改善。相比较而言，地市一级群艺馆建设缺少资金扶持，设施落后，不适应群众文化工作的需要；由于文化事业的投入历史基数太低，农村集体经济普遍比较薄弱，县乡财政困难，西部农村乡镇文化站设施落后状况没有得到根本改变。为加快农村文化事业发展，解决农村特别是西部地市群艺馆、农村文化站设施建设问题，我们建议设立专项扶持资金，对西部地市群艺馆、农村文化站建设给予扶持。采取中央和地方共同投入的办法，对西部地区12个省、自治区、直辖市以及纳入西部开发范围的湖南湘西、湖北恩施、吉林延边三个少数民族自治州的132个地市群艺馆和乡镇文化站建设予以扶持。设施建设资金不足部分以及用地、人员配备、设备购置由地方负责解决。建成后的地市群艺馆要成为当地的群众文化活动中心、理论研究中心、文化信息中心和传播先进文化的重要阵地；文化站不但要发挥文化站的原有功能，还要在农村科普、卫生、计划生育、教育、体育等方面发挥充分作用，努力成为当地农村思想道德教育的重要阵地、丰富农民群众精神文化生活的重要场所和传播科学文化知识的重要课堂，成为农村乡镇社会事业发展的平台。

中央和省级人民政府要把文化扶贫纳入扶贫计划，作为政府扶贫工作的一项重要内容，并在国家扶贫资金总量中逐步加大对文化扶贫的投入，帮助贫困地区重点解决基础文化设施建设，改善服务条件，解决农民看书难、看电影难、看戏难等方面的困难。

协调有关部门，开辟国债、彩票等渠道加大对文化事业的投入。力争通过国债资金发展乡镇文化站建设，并争取从彩票收益中切分一定比例资金用于基层文化建设。

抓好面向基层的重点文化建设项目。进一步加大对农村文化建设的投入，继续加强对全国文化信息资源共享工程、送书下乡工程、民族民间文化保护工程等重大文化项目的扶持力度，把给广大农民带来实惠的这些项目抓好。

协调财政、税收部门，借鉴国外和地方经验，进一步实行优惠财税政策，鼓励社会捐赠公益性文化事业，鼓励企业、个人投资文化，形成政府投入为主、社会投入为辅的农村文化投入多元化格局。

（四）抓好农村文化阵地建设，完善农村文化工作网络

当前农村国办文化机构在提供公共文化服务，活跃农民群众文化生活中，仍然发挥着主导作用。图书馆、文化馆（站）在农村担负着传播知识、宣传教育、向农民群众提供精神文化产品、提高广大农民思想道德和科学文化素质的重任，是社会主义先进文化建设的重要组成部分。

一是要加强文化站建设。要进一步增加对

文化馆、图书馆、文化站日常经费的投入。充分利用好各项专项资金，在解决西部地区和老少边穷地区无文化馆、图书馆县的设施建设的基础上，加强文化站建设。

二是要推进图书馆、文化馆（站）等公益文化单位改革。要按照中央关于全国文化体制改革的部署和要求，进一步推进农村公益文化单位内部机制改革，在增加投入的前提下，加强管理，逐步提高公益文化单位的服务水平，增强活力。

三是发展农村文化室和农村文化中心户，促进文化工作网络的延伸。根据因地制宜、分类指导的原则，推进农村文化设施建设。扶持老少边穷地区文化事业的发展，积极推动在西部地区发展流动文化设施。

四是建立健全基层文化设施建设的评估定级机制和农村文化工作的考评机制。由文化部或各省、市、区文化部门制定详细、具体的乡镇文化设施评估定级指标和农村文化工作考评标准，实行制度化和动态化管理，以推动基础设施的建设和农村文化工作的开展。

（五）采取措施，丰富农民群众精神文化生活

组织开展健康向上的群众文化活动，进一步活跃广大农民群众的文化生活。根据地域、民族特点和群众生产生活实际，利用各种节庆日，开展各种健康向上的群众文化活动。

一是要深入开展文化下乡活动。动员和鼓励专业艺术团体、群艺馆、文化馆、图书馆等深入到农村去，为农民送戏、送书、送电影、送文化科技知识。加强“下乡文化”建设，传播正确思想和科学知识，努力提高农民群众的思想道德和科学文化素质。政府组织的文化下乡所需经费由同级财政给予补助。省、市、县级文化机构要建立经常性下乡服务制度，各地要为每个县文化机构配备一辆下乡服务车，中央对贫困、民族地区购置下乡服务车及其附属设备给予资金补助，下乡服务车的日常运行费用由地方财政负责。要通过文化下乡，加强群众业余文艺骨干的培养，促进农村贫困地区的文化建设。

二是要加大城市对农村文化的支持和服务，促进城市和农村文化协调发展。组织城市的各级各类文化机构开展“一帮一”活动，采取援赠设备器材、人员培训、工作指导等方式，对口重点支援县级文化机构和乡（镇）文化站建设。建立省、市文化单位工作人员在晋升高级职称前到农村累计服务一年的制度。

三是要建立有效的农村文化扶贫工作机制。充分借鉴扶贫工作形成的成功经验，实行省内或省际间的对口扶持、责任到人，帮助农村文化事业的发展。政府各相关部门要立足于各自职能，采取有效形式，为农村提供更多、更好、更受欢迎的文化产品和文化服务。

四是要扶持各种地方剧种、曲艺、农村小戏，精选适合农村基层演出的优秀作品向全国县级及以下的剧团（队）推荐，鼓励获奖作品的移植演出，促进农村文艺创作。各级各类专业艺术表演团体要把深入农村演出作为经常性工作任务，持之以恒，形成制度。中央财政建立专项经费，用于优秀小戏剧（节）目的移植推广、基层剧团的排演补贴、送戏下乡的场次补贴等方面，形成政府补贴、剧团服务、群众看戏的机制。文化部将购买版权的作品提供给全国基层文艺剧团（队）移植、改编并为群众演出。

（六）鼓励和扶持农民自办文化

农民自办文化的发展是近年来农村文化建设中的新现象。各级文化部门应充分重视研究农民自办文化的特点和趋势，及时出台扶持其发展的有关优惠政策，加强对自办文化的引导和管理。首先，协调财政、税务、工商等部门，出台税费减免、财政扶持等相关优惠政策。其次，将民办文化从业人员纳入到岗位考核和业务评估体系，对于专业技术达到相应水准的民办图书馆、民办剧团及其从业人员，可以考虑评定相应的职称。第三，将民办文化纳入政府部门表彰、评估和奖励体系，有计划、有重点、分类别地树立农民自办文化典型，定期表彰和奖励优秀的农民自办文化单位和个人，引导和扶持民办文化的发展。第四，通过简化登记审核、加强业务指导、提供参加对外文化交流项目、组织文艺汇演等方式，促进农民自办文化的健康发展和繁荣。

（七）加强队伍建设，建设高素质的农村文化工作队伍

提高农村文化队伍素质。实施基层文化单位从业人员职业资格制度。抓紧制定有关实施农村文化工作人员职业资格制度的政策规章，把紧农村文化工作人员入口。尽快推行全国统一的农村文化工作人员职业资格考试。制定优惠政策，吸引大中专毕业生和社会优秀人才到图书馆、文化馆和乡镇文化站工作，促进文化专干队伍的年轻化、专业化、知识化。加强对农村文化站工作人员日常的监督考核，实行持证上岗。到2005年，全国县级图书馆、文化馆工作人员要全部具备职业资格；到2010年，全国大多数乡（镇）文化站工作人员要具备职业资格。对农村基层文化工作岗位上的非专业人员要有计划清退，对达不到职业资格标准的人员要逐步分流。建立每五年一次的考核清退制度。制定完善、合理的职称晋级制度，对长期从事基层文化工作，具有突出成绩的农村文化工作人员要适当放宽晋级限制。

加强对农村基层文化工作人员的培训工作。实施基层文化工作人员岗位培训计划，制定全国文化站岗位人员培训计划或方案，争取每3~5年全国文化站所有工作人员得到一次轮训。文化艺术院校要针对我国农村文化实际需要，通过改革培养模式，调整专业设置和教学内容，强化面向农村需要的专业教育，可采取初中毕业后学习5年或高中毕业后学习3年的高等专科教育等方式，定向为农村培养适用的文化艺术人才。鼓励高校毕业生和城市文化机构的在职或离退休文化艺术人员到农村服务。建立健全继续教育制度，加强农村文化单位人员业务知识和技能培训，鼓励有条件的文化站工作人员接受文化艺术学历教育。发展业余兼职的群众文化队伍，积极培养农民文化活动积极分子等业余文化骨干。实施“东西部文化人才援助行动计划”，加强东西部文化系统之间开展对口援助、交流，逐步提高农村文化工作队伍的整体素质。

（八）调整农村基层文化管理体制，积极推进农村文化的政策法规建设

要在充分调研的基础上，清除目前推进农村文化建设的主要体制性障碍。首先是要改革乡镇文化站的管理体制。将乡镇文化站的管理权限从乡镇收回，由县级文化行政部门进行管理。明确乡镇文化站的公益性，确保城乡并镇后保留乡镇文化机构，落实乡镇文化专干的编制和人头费，保证日常文化工作的经费投入，有计划地组织和指导农村文化活动的开展。其次是改革农村电影发行、放映工作管理体制。针对目前农村电影发行放映管理体制“首尾分离”的现状，为解决农民看电影难的问题，建议理顺农村电影工作体制，将中央、省、市、县各级的农村电影发行、放映工作统一由文化部门划归广电部门管理，促进农村电影事业的顺利发展。

在新形势下，如何发挥政府部门宏观管理作用，引导国办文化和民办文化的共同发展，是一个重要课题。建议在与财政部、发改委、税务总局、中编办等部门进行调研的基础上，针对农民自办文化和农村文化经费投入、队伍建设、设施建设等制定具体政策。根据目前农村文化建设中出现的新问题和新情况，特别对涉及土地、税收、捐赠、市场准入等重大问题，进行明确界定和规定。同时，积极宣传《公共文化体育设施条例》，检查督促《条例》贯彻落实。抓紧《文化站管理办法》（1992年）等基层文化机构管理规章的修订工作，推进《图书馆法》、《民族民间传统文化保护法》等法律法规的立法进程。

根据调研情况，我们认为在2002年全国基层文化工作会议之后，再由中央或国务院对农村文化建设问题作出部署，对于巩固全国基层文化工作会议成果，推动农村建设，十分必要。为此，我们组织起草了《关于进一步加强农村文化工作的决定》，提出了当前农村文化建设的思路、原则、目标和政策、措施。

文件认为，农业、农村和农民问题是关系我国改革开放与社会主义现代化建设全局的根本性问题。农村文化建设必须站在我国经济社会协调发展的高度，从农村经济和社会事业发展的全局去考察。农村文化工作是社会主义文化事业的重要组成部分，是推动农村经济社会协调发展的重要因素，也是农村全面建设小康社会的重要内容。文件强调，加强农村文化建设，既是实践“三个代表”重要思想，树立和落实科学发展观的内在要求，也是实现国家长治久安和全面建设小康社会的需要；既是抵御腐朽落后文化，建设和发展先进文化的重要手段；也是培育社会主义新型农民，提高农民素质的重要途径。

1.关于发展农村文化事业和文化产业。

党的十六大指出：“要积极发展文化事业和文化产业”。农村蕴涵着丰富的文化资源，这是发展文化产业的重要基础；农村又包含了2/3的人口，文化市场消费潜力巨大。目前文化产业在农村虽然有所发展，有的还形成了一定品牌，但大部分规模较小，分布较散，难以形成规模效益。在大力发展文化事业的同时，也要适应社会主义市场经济的要求，积极发展文化产业，开发利用农村文化资源，使资源优势变为产业优势；激活农民群众的消费需求，拓展农村文化市场。努力让农村文化的两个轮子都转起来，推动文化与经济社会的协调发展。

2.关于坚持两条腿走路，发挥政府和农民两个积极性。

我国70%人口在农村，根据农村文化建设薄弱的实际，加强农村文化建设，光靠政府力量是不行的。农村文化建设必须围绕“四基”建设这个中心环节，以乡镇为重点，以村为基础，调动政府和农民两个积极性，确立国办为主导，国办、民办并举的建设思路。

一方面要明确各级政府在农村文化建设中的责任。各级政府要在农村文化建设中发挥主导作用。农村文化设施、场所、设备和人员培训等方面的问题，必须按照分级负责、地方为主的原则，由各级政府负责。县乡两级政府在农村文化建设中负有主要责任。

另一方面要充分调动农民自办文化的积极性。农民既是农村文化的受益者，也是农村文化建设的参与者。引导农民自办文化，是加强农村文化建设的重要途径，因此，要积极发展民间剧团、文化户、文化大院、个人图书室等文化实体，为农民自办文化创造良好的政策氛围和外部环境。

3.关于加大投入。

根据中央关于“今后每年新增教育、卫生、文化等事业经费，主要用于农村”的要求，文件强调各级财政要增加投入，逐步改善农村文化建设薄弱的局面。

一是政府文化投入要重点向农村倾斜。中央及省、市（地）、县级人民政府每年增加的文化事业经费主要用于发展农村文化事业，要确保税费改革后农村文化的投入不低于改革前的水平并力争有所提高。各级财政要保证农村公共文化单位的必要经费开支。

二是通过实施重大文化工程，以项目为支撑，以项目带动农村文化建设。随着政府财政预算体制改革的深入，增加文化经费投入，越来越依靠项目的支撑。要进一步加大现有重大文化工程的实施力度，丰富农村文化资源。同时，争取实施新的文化建设项目，比如，积极争取中央建立专项补助资金，通过转移支付扶持乡镇文化站建设；实施“文化兴边”战略，支持边疆地区文化站建设等。

三是强调拓宽多种渠道，增加政府对农村文化建设的投入。逐步形成以政府投入为主导，社会投入为补充的多渠道投入农村文化建设的良性机制。

4.关于深化农村文化机构改革。

当前农村国办文化机构在提供公共文化服务，活跃农民群众文化生活中，仍然发挥着主导作用。图书馆、文化馆（站）在农村担负着传播知识、宣传教育、向农民群众提供精神文化产品、提高广大农民思想道德和科学文化素质的重任，是社会主义先进文化建设的重要组成部分。文件强调，必须用改革的精神，以全国文化体制改革试点工作会议精神为指导，加强农村文化机构建设。

一是明确图书馆、文化馆、博物馆、文化站等文化单位的公益性质。对县文化馆、图书馆、博物馆的功能进行重新定位，明确县乡文化机构的公益性质和社会教育功能，这是基层文化机构今后生存和发展的重要根据。只有定位清楚了，图书馆、文化馆等才有充分的生存和发展空间。

二是要实现“三个下移”。各级文化机构要按照“贴近实际、贴近生活、贴近群众”的要求，文化工作的着重点要放到农村，实现工作重点的下移、文化资源的下移和文化服务的下移。

三是工作内容要实现从“小文化”向“大文化”的转变。农村文化工作要与农民群众的生产经营活动紧密结合起来，与农民的多种文化需求紧密结合起来，与提高农民群众的素质紧密结合起来，扩大工作服务范围，开展对农民群众的文化培训，增强对农村基层服务的辐射功能，满足广大农民群众求富、求知、求乐的需求。

四是强调面向老年人和未成年人，加强管理，提高服务水平。各级政府要切实做好农村老年和未成年人文化设施建设的规划和部署，现有文化服务设施要建立健全老年和少儿文化活动场所，并充分利用现有条件，积极开展面向老年人和未成年人的文化服务。

5.关于整合农村文化资源，促进资源共享。

文件指出，要加强农村文化资源的整合力度。打破部门和所有制界限，统筹规划、合理配置、综合利用农村文化资源，建立起以公有制为主导、多种所有制形式共同发展的农村文化服务网络，实现优势互补、资源共享。具体措施有：

一是农村中小学要利用假期和课余时间向农民群众免费开放，提高设施利用率。

二是充分发挥农村中小学教师在活跃农村文化生活和指导未成年人文化生活中的积极作用。

三是推动重大文化工程在基层的资源共享，加强全国文化信息资源共享工程与中小学远程教育、农村党员干部现代远程教育工程的相互协作，利用高科技服务农村。

6.关于加强队伍建设。要加强农村文化专兼两支队伍建设。

对于专职队伍建设，文件提出的具体措施有：一是逐步在基层文化单位实行人员从业资格制度。二是文化艺术院校要针对我国农村文化实际需要，调整专业设置和教学内容，强化面向农村需要的专业教育。三是促进城乡人才的交流，注重发挥文化志愿者的积极性。鼓励高校毕业生和城市文化机构的在职或离退休文化艺术人员到农村服务。四是建立健全继续教育制度，鼓励有条件的文化站工作人员接受文化艺术学历教育。

对于业余队伍建设，文件强调，要继续开展好文化下乡活动，促进乡下文化建设，通过扶持和发展，在农村培育和发掘一批热爱农村文化事业，愿意扎根基层，服务群众的文化骨干，建立一支不走的农村文化工作队伍。

7.关于加强领导。

推进农村文化建设，领导是关键。文件强调：

一是农村文化建设要“五个纳入”：即农村文化建设要纳入当地经济和社会发展总体规划，纳入各级党委政府重要议事日程，纳入政府目标管理责任制，所需经费纳入政府财政预算，文化设施建设纳入城乡建设整体规划。

二是要建立和完善社会文化综合评价体系。要把农村文化工作作为评价各级政府工作的重要内容，纳入创建文化先进县、文化先进乡镇和其他精神文明建设等相关评价体系。建立健全图书馆、文化馆、文化站等的评估定级机制，将服务农村、服务农民情况作为图书馆、文化馆、文化站工作的重要考核内容。

调研以后，我们与中办、国办有关方面进行了沟通，征求了他们对如何下发文件的意见，取得了初步共识。会后与发改委和财政部等有关部门进行了沟通，研究、落实文件提出的各项政策和措施，为出台文件做好前期的准备工作。

三、加大社区文化工作力度

在我国，社区还是一个处在发展中的新事物。随着我国城市化的发展，社区概念逐渐被政府部门和全社会广泛接受，并渐渐由此延伸扩展为“社区服务”、“社区建设”等概念。社区是现代城市的基础，是城市社会主义精神文明建设的窗口，也是城市文化建设的重要阵地。加大社区文化建设，是落实党的十六大和十六届四中全会精神的内在要求，提高党在城市基层的执政能力的重要举措。2002年国务院召开的全国基层文化工作会议，明确了城乡基层文化建设要以城市社区和农村乡镇为重点的工作思路。近年来，宣传部门和文化部门围绕社区文化做了很多工作，社区文化建设取得了很大进展，促进了城市经济社会协调发展，提高了城市化水平，促进了社会稳定。

1.对文化建设的经费投入不断增加。

中央财政对文化建设的投入这几年有了较大幅度的增加。2003年的文化事业费达到了94.03亿元，比2002年增加10.32亿元，增长幅度为12.3%。城市文化占文化事业费总额的71.9%，投向社区文化建设的经费占了其中很重要的一部分。中央本级文化事业费“十五”期间的前三年就达到了13.83亿元，比“九五”时期增加了1.25亿元，增长9.9%，2003年中央本级文化事业费5.37亿元，达到历史上的最高点。全国人均文化事业费则达到了7.27元，比2001年增长了1.57元。基层文化设施建设有较快发展。在国家财力不断增强的情况下，中央和省级财政还设立了专项扶持资金，加大对基层公益文化建设的扶持力度。最近两年，文化部在其他部门的支持下实施的一些重大有影响的公益文化项目，如全国文化信息资源共享工程、民族民间文化保护工程等，也在基层社区产生了很好的影响。各级政府对文化事业投入的不断加大，促进了社区文化建设的蓬勃发展。

2.社区公共文化服务网络迅速发展。

由于各级党委、政府对文化建设的重视普遍增强，各地的公益文化事业有了很大发展。至2003年底，全国共有县以上公共图书馆2709个，文化馆3228个（含群艺馆），文化站38588个，共有从业人员17.31万人。有的公益文化设施，如公共图书馆和文化馆（站）等，从省到市、县、乡镇，已形成比较健全的文化服务网络。一些城市的公共文化设施服务网络已初步形成。除文化系统外，厂矿企业、党政机关、学校等部门的图书馆、展览馆、科技馆、工人文化宫（俱乐部）、青少年宫等公益文化事业也有了快速发展。据统计，目前全国共有高校系统图书馆1100多个，科研专业图书馆8000多个，工人文化宫（俱乐部）39015个，青少年宫 1200多个、科技馆400多个，展览场馆158个。各个系统的公益文化事业网络立足社区，服务社区，互相补充，相互促进，对社区文化的发展起到了重要的辐射作用，成为我国文化事业的重要组成部分。此外，许多房地产开发商也十分重视开发区的文化建设，并通过对社区文化的支持，获得了良好的社会效益和经济效益。

3.社区文化建设在促进社区稳定，提高广大社区居民的思想道德和科学文化素质等方面发挥了不可替代的作用。在各级党委和政府的领导下，许多社区克服经费、设施、人员等方面存在的困难，自觉地把工作纳入到当地经济和社会发展的大局中，组织广大社区居民开展丰富多彩的文化活动，努力提供科学、文明、健康的文化服务，在社会和广大人民群众心中树立了良好的形象。一些公益文化单位面对不断变化的新形势、新情况，及时大胆地进行机制改革，增强活力，面向社区，改善服务。社区文化工作内容不断充实，手段不断创新，社区文化对群众产生了很大的影响力和吸引力。

虽然目前我国的社区文化建设已经有了很大发展，但由于我国经济、社会发展不平衡，特别是东部城市和西部城市之间，大城市和中小城市之间的社区建设还存在比较大的差距。社区文化建设也还存在很多困难和问题。

一是文化经费投入仍然严重不足。长期以来，文化事业费投入总量偏少、比例偏低。虽然这些年中央和地方文化事业经费总量有所增加（特别是中央财政），但占财政总支出的比例，并没有随着财力的增长而增长。同教育、卫生、体育、科学、通讯和广电等其他社会事业相比，文化事业费占国家财政总支出的比重偏低。1998年到2002年，全国教育事业投入总计投入20265亿元，科技事业投入3055亿元，文体广事业合在一起总计投入1064亿元，其中文化事业经费投入仅为323.87亿元。相当于教育事业投入的1/70和科技事业投入的1/10。多数地方的文化事业经费占财政总支出的比例多年也徘徊在0.4%~0.5%之间。文化事业经费投入的不足，使很多基层社区的文化活动的开展受到严重制约，影响了社区公共文化服务功能的充分发挥。

二是社区文化资源比较匮乏。由于经济落后地区，特别是一些中小城市对公益文化事业投入严重不足，导致许多面向社区提供服务的文化设施在工作上捉襟见肘，基层社区文化资源仍然比较匮乏。2002年全国县区级图书馆人均藏书量仅为0.1册，远远低于国际图联人均2册的标准，也低于全国图书馆人均藏书量0.3册的标准。县区级图书馆面向社区的辐射能力受到严重影响。很多社区图书馆图书配置不尽合理、更新缓慢，无法满足读者需求；大多是一次性购入藏书后就再没有固定的经费添置新书了。许多社区文化工作手段陈旧落后，内容和形式缺乏创新，特别是科技含量过低，对群众没有吸引力；有些社区甚至无法开展正常的文化活动。

除了以上这些困难外，一些地方领导对社区文化建设的重要性认识不够；社区文化建设的政策法规不健全，缺乏必要的保障措施；公益性文化设施总量不足，特别是室内文化活动场所严重不足；对社区的资源共享缺乏配套的扶持政策；社区文化人才老化等问题的存在，也严重影响了社区文化建设的整体进程。我们必须从实践“三个代表”重要思想和落实十六大精神的高度，认真研究和解决社区文化建设发展中存在的问题，为推动文化与政治、经济协调发展做出贡献。

2004年11月，中央文明办、文化部等部门在广东省深圳市举办“四进社区”文体展演活动。活动期间，文化部召开了全国文化先进社区命名表彰暨经验交流会。主要任务是深入贯彻党的十六大和十六届三中、四中全会精神，进一步落实中央文明委关于“四进社区”活动的工作要求，总结2002年以来科教、文体、法律、卫生“四进社区”特别是“文化进社区”活动的情况，交流各地社区文化建设的经验，命名表彰全国文化先进社区，研究部署进一步推进文化进社区的各项工作。周部长在会上作了重要讲话。

周部长指出，在这次“四进社区”活动中评选出来的123个“全国文化先进社区”是各地近年来在社区文化建设中涌现出的先进典型。这些社区在加强文化建设的过程中有许多成功的做法，也积累了丰富的经验，需要认真地加以总结和推广。

1.各级党委和政府的高度重视是社区文化建设的根本保证。近年来，社区文化建设受到了各级党委、政府和全社会的高度重视，面临着非常好的形势。这些全国文化先进社区之所以在文化工作上取得了令人瞩目的成绩，就在于能够首先围绕党委、政府的中心任务开展工作，得到了各级党委和政府的重视和支持。在各级宣传和文化部门的支持下，不少社区专门成立了社区文化工作委员会或者社区文化工作领导小组，形成了社区主要领导总体抓、分管领导负责抓，专职人员具体抓，社区党团组织一起抓的有效运行机制，保证了社区文化工作的顺利开展。一些社区还制定了社区文化建设计划，对文化建设作出总体部署和科学规划，确立了社区文化发展的长远和阶段性目标，保证了社区文化工作的顺利开展。

2.增强阵地意识，加大社区文化设施建设

力度。文化设施是开展社区文化工作的重要基础。这次评选的“全国文化先进社区”中有不少社区在文化建设过程中，出台了一系列刚性较强的社区文化建设措施，加强了对社区文化基础设施建设的科学规划，加大资金投入的力度。深圳市早在上个世纪80年代中后期，就提出并实施了街道社区文化建设“四个网络”重点规划。目前全市仅达标社区图书馆就达到了400多家。福田区从2002年开始在3年内投入13亿元建设文体设施，努力为居民构筑“一公里文化圈”，切实增强了文化设施的辐射能力；不少社区将社区文化活动站室建设作为基础文化设施建设的重点，先后投入资金加强社区文化活动站室建设，为社区群众开展各类大规模、高品位、经常性的文化活动提供了强有力的保障。

3.增强群众意识和创新意识，深入社区开展各种为群众喜闻乐见的文化活动。很多文化先进社区在精神文明建设中，以开展多种形式的文化活动为抓手，丰富居民群众的文化生活，提高群众的政治素质和文化素养，巩固先进思想文化阵地。深圳市坚持让先进文化走进社区、贴进百姓、融入生活，构建了参与面广，与社区生活紧密相连、经常化、制度化的基层文化活动体系，涌现出了一大批社区文化活动品牌和文艺精品。一些社区立足居民家门口，在社区文化建设上坚持推陈出新，活动形式和内容不断更新。有的社区还对公益性社区文化活动采取了社会化运作方式，通过公开招标等手段，吸引社会团体、企事业单位承办，很好地调动了社会文化资源。部分社区还积极开展国际文化交流活动，展现了社区居民健康、文明的精神面貌。这些广泛开展的社区文化活动，丰富了社区群众的文化生活，也提高了社区居民的素质，促进了社区文明程度的提高。

通过不懈的努力，这些文化先进社区营造了积极向上、文明健康的社会氛围，培养了社区居民对社区的认同感和归属感，进一步增强了社区居民的凝聚力，提高了居民的思想道德水平和社区文明程度，在城市现代化建设中发挥了积极作用。他们在社区文化建设实践中取得的经验，对于其他地方的社区文化建设具有很大的示范和借鉴意义。

周部长强调，加大城市社区文化建设力度，是政府公共服务职能实现的具体体现，也是贯彻科学发展观的必然要求，今后要重点做好以下工作。

1.进一步提高对社区文化建设重要意义的认识。当前，我国城市化速度日益加快，并且已进入了全面建设小康社会、加快推进社会主义现代化的战略机遇期。据统计，目前我国城市已经达到660多个，城市化水平已超过40%，5亿多人生活在城市。但是，应该指出，目前我国的城市化还处在初期阶段。虽然很多城市的人均国民生产总值已经达到了1000美元，但这只意味着人们基本的吃穿住的需求得到了满足，与广大城市居民日益提高的精神文化生活的需求还不相适应；城市化的发展与世界城市的发展也存在着很大的差距。文化是城市发展的灵魂。评价一个城市的综合素质，关键是看这个城市的人文精神和文化品位。而社区文化的面貌，是城市社会文明水准的最直接的体现。社区文化搞得好不好，对城市社会的稳定、公民文化素质的提高和经济、社会的全面协调发展有着非常重要的影响。因此，在全球化和工业文明带动城市化发展的形势下，我们应主动适应这一社会发展趋势，确立具有文化内涵的城市建设理念，建立一套设施配套、功能完善、管理规范的社区公共文化服务体系，加大社区文化建设力度。

2.加大投入力度，推动设施建设，为社区文化发展做好基础性工作。社区文化重在建设。首先，在社区文化建设中，政府要发挥主导作用，动员社会力量，加大在社区文化设施上的投入，逐步形成多渠道、多元化的经费投入体制。要切实加大政府资金投入力度，确保文化事业经费的投入不低于当年财政收入的增长幅度。对政府兴办的群艺馆、图书馆、文化馆、文化站等公益性事业单位要给予经费保证。要保证社区重大文化活动有专项经费补助。其次，要按照《公共文化体育设施条例》的规定，加强对社区文化设施的建设和管理。新建、改建、扩建居民住宅区，应当按照国家有关规定，抓好与小区面积、人口相配的社区公共文化体育设施建设；对图书馆、博物馆等公共文化设施建设，要搞好规划，形成网络，并可实行总馆、分馆制。对于设施陈旧、功能不全的图书馆、文化馆、文化站一定要及时地维修改建。第三，鼓励社会力量参与社区文化建设，建立有效的融资机制，拓宽筹资渠道，以弥补社区文化建设资金的不足。

3.努力创新文化活动方式，动静结合，吸引广大群众积极参与社区文化建设。社区文化建设是政府提供公共文化服务的重要体现。市、区图书馆、群艺馆、文化馆、街道文化站要发挥文化阵地的辐射功能，创新文化活动方式，加强对基层文化工作的指导和服务。在对象上，社区文化工作要体现“以人为本”的服务理念，工作重心要下移，把工作面向社区广大群众，并有针对性地开展一些常规性的工作，尤其要重视对老年人和未成年人提供文化服务。积极开展老年教育工作，加强对老年人的人文关怀，组织老年人参与各种愉悦身心的活动。以社区为阵地加强对未成年人的思想道德和文化艺术教育，建立学校、社区、家庭“三位一体”的未成年人思想道德教育网络，为未成年人的健康成长营造良好的社会氛围。在形式上，要动静结合，既要广泛开展社区群众性活动，推出一批群众喜爱的名牌节目，活跃社区文化生活，也要注意整合现有的图书、音像等各种文化资源，提供一些静态的文化活动方式。充分发挥各级图书馆、博物馆的职能，开展图书馆、博物馆服务进社区及社区读书和讲座活动。尤其要注意利用全国文化信息资源共享工程基层网点建设的有利时机，大力发展社区基层文化信息网络，提高文化资源的共享水平，为广大社区提供健康快捷、内容丰富的文化信息产品和文化信息服务。

4.充分发挥专职文化工作者的作用，充分调动社区居民参加文化建设的积极性，形成专兼结合的社区文化工作队伍。社区是人才荟萃之地。社区居民既是社区文化建设的受众者，也是社区文化建设的主体。社区的事，大家办，社区文化建设靠大家，这是社区文化建设的最高境界，也是社区认同感和凝聚力的具体体现。文化部门要充分调动社区居民的积极性，建立各种群众性合唱团、秧歌队、书法社、读书社、少儿艺术团等团队和组织，善于发现社区各行各业的人才，建立社区文化人才库。通过这些社区文化工作业余骨干队伍，带活整个社区文化建设局面。要加强社区文化专职工作人员队伍的建设，各级文化部门要关心他们的工作、生活待遇，以保证社区文化队伍的稳定。制定社区文化队伍的培训计划，开展岗位培训和继续教育工作，为他们提供学习机会。充分发挥各专业文艺团体和图书馆、文化馆、站的辅导、培训功能，将对业余文艺演出团队的辅导与培训作为他们的一项重要任务。要善于发挥离退休专业文艺人员的专长，使其能够在社区文化活动中发挥余热，在社区文艺团队中起到重要作用。

5.建立健全社区文化共建共享机制，整合资源、立体推进社区文化建设。社区文化建设关系方方面面，要搞好社区文化建设，光靠文化部门一家是远远不够的。因此，要明确政府各有关部门在社区文化建设方面的职责，齐抓共管，形成合力。各级文化部门要在文明办的指导下，主动与宣传、民政、卫生、教育、体育等有关部门和团体密切合作，将社区文化建设与群众性的精神文明创建活动紧密结合起来，发挥各自优势，广泛开展军民共建、警民共建、区域共建、文企共建、文校共建等多种形式的文化活动，形成共建合力。其次，组织引导辖区内各机关、团体、部队、企事业单位积极参与到社区建设中来。挖掘、整合、利用各种社区文化资源，利用社区辖区内各单位在资金、人才、设备、管理上的优势，制定优惠政策，采取有效措施，动员辖区内单位参与社区文化建设，促进文化资源的共享。

6.加强领导，积极探索社区文化在新形势

下的管理模式。要逐步建立各级党委统一领导、党政主要领导亲自抓、各个部门分工负责的社区文化工作协调领导机构，并形成市、区、街道三级管理网络。要把社区文化工作摆上重要工作日程，把社区文化建设纳入当地国民经济和社会发展总体规划，纳入各级政府的目标管理责任制，纳入各级财政预算。各级文化部门要给党委、政府当好参谋，并切实担负起管理社区文化的职责，抓紧研究制定本地区社区文化发展规划，及时总结社区文化建设的阶段性成果，采取实际措施，逐步解决目前社区文化建设中出现的各种问题，指导和规范社区文化工作的顺利发展，努力开创社区文化工作的新局面。

四、推动社会文化工作的规范化建设

随着改革开放步伐的加快和社会的迅速发展，社会文化事业也产生了很大变化。党的十六大提出“全面建设小康社会”的奋斗目标，既为我们指明了社会文化发展的方向，也对我国社会文化的发展提出了更高的要求。为及时了解和掌握目前社会文化工作的实际情况，分析新时期社会文化事业的发展态势，我们拟制定和提供一套符合中国国情的社会文化发展指标体系，以科学地分析研究在全面建设小康社会中社会文化发展的总体情况和各项具体指标，探索社会文化从以计划经济为依托的社会文化模式向以社会主义市场经济为基础的社会文化模式转化的具体路径，为宏观把握社会文化的发展趋势提供切实的依据，为各级政府、文化部门指导社会文化建设提供参考。

制定和完善《社会文化建设评估指标体系》是政府职能转变的需要。近年来，各级政府、文化部门明确思路，勇于探索，在推进文化体制改革、转变政府职能等方面取得了很大进展，通过各项工程和项目的实施，有力地推动了社会文化建设。但是从实际状况来看，社会文化事业仍然缺乏宏观性的管理手段，特别是缺少一个比较全面的评价标准。制定社会文化评估体系，既可以对各地政府和文化部门加强社会文化建设起到重要指导作用，也可以利用指标体系，对各级政府和部门工作进行评估，促进各级党委、政府对社会文化建设的重视和支持，推动社会文化工作的规范化建设和社会文化事业的健康发展。

目前，各地文化部门已经对这项工作进行了积极探索，并具备了一定基础。广东、上海、河北、辽宁、江苏、新疆等省、自治区、直辖市自20世纪90年代中后期，就制定了文化站评估、先进文化乡镇和社区的评选标准，开展了对乡镇文化站和文化建设先进乡镇的评估定级工作，产生了很好的效果，加强了对社会文化的管理，推动了基层文化工作。我司制定的《全国文化先进县评定标准》对全国先进文化县工作起到了很大的指导作用。分别由图书馆处和群众文化处完成的《全国公共图书馆评估指标》和《全国群艺馆、文化馆评估指标》两个指标也直接指导了全国图书馆、群艺馆（文化馆）评估活动的进行，对图书馆、群艺馆和文化馆的建设和发展，起到了很大的推动作用。我处2003年所做的《战略机遇期的群众文化生活与群众文化发展指标体系》对战略机遇期文化的有关情况进行了研究。除文化部门外，中央文明办关于全国文明城市、文明村镇、文明单位评选标准和文明城市测评体系，民政部、国家体育总局关于评价相关业务工作的标准和办法也启发了我们的思路，提供了很好的借鉴和参考。在以上这些文件的基础上，我们着手起草了《社会文化建设评估指标体系》中若干评选标准和指标体系。

根据我们的初步构想，社会文化发展评估体系由一系列相互联系又相对独立的评估指标所构成。这些评估指标按照评估对象的不同大致可分为四类。

第一，政府类。即对市、区（县）、社区（乡镇）等各级政府社会文化工作的综合性评估指标。主要包括：《全国文化建设先进城市评选标准》、《全国文化建设先进社区评选标准》、《全国文化建设先进乡镇评选标准》等。

第二，业务类。即对文化单位整体业务工作的全面评估。其中包括《全国群艺馆、文化馆评估指标》、《全国公共图书馆评估指标》及《全国文化站评估指标》。

第三，社会类。即对各种社会力量举办的文化设施、文化服务和文化活动项目等进行的评估。

根据目前文化管理的实际情况，我们认为：对具体业务建设可进行指标量化，对先进社区和先进乡镇等政府的评定可参照全国文化先进县评估的办法，仍然采取标准的形式。我部在文化馆、图书馆两个评估指标体系和文化先进县评估标准的基础上，先后起草了《全国乡镇（街道）文化站评估办法及标准》、《全国文化建设先进乡镇评估标准》、《全国文化建设先进街道社区评选标准》、《全国文化建设先进城市评估指标》以及《全国文化建设先进城市、先进社区、先进乡镇评定办法》等五份文件草案，并将在稍后时间内，研究制定活动和社会力量办文化的评估指标。评估体系的制定原则是：着眼于发展，既有全面性，又有前瞻性；着眼于实际，既有科学性，又有可操作性；既能够全面反映某一地区政府的文化建设情况或某一部门的业务工作成绩，也能够对以后的工作进行正确的引导；既能够科学严谨地提出具体的指标，又要能够应用于以后的实际评估工作中。

评估指标体系主要由以下指标组成：

（一）《全国文化建设先进城市评估指标》

《全国文化建设先进城市评估指标》是在我处去年所作的《战略机遇期的群众文化生活与群众文化发展指标体系》研究的基础上制定的。由于城市文化建设涵盖面较广，我们在制定标准的时候，主要考虑从宏观方面来把握城市文化建设。指标包括公共文化资源、活动、队伍建设、经费、群众文化人口五部分。其中公共文化资源对文化馆站、图书馆、流动文化设施、图书馆藏、电影放映等各方面建设提出了指标。活动包括图书流动、群众文化活动、文化场所事故率和开放时间等内容。《评估指标》对社会文化队伍的学历标准和文艺骨干数提出了要求。经费包括文化事业财政补助收入和群艺馆、文化馆、图书馆财政拨款和购书费等。群众文化人口主要测评群众文化人口占总人口的比例，人均周活动时间和城镇居民家庭教育文化服务消费占家庭消费支出比重等。

（二）《全国文化建设先进街道社区评选标准》

根据中央文明办、民政部《关于做好推荐全国创建文明社区示范点工作的通知》：“社区是指聚居在一定地域范围内的人们所组成的社会生活共同体。目前城市社区的范围，一般是指经过社区体制改革后作了规模调整的居民委员会辖区。”但是，在各地实际进行社区建设的过程中产生了不同的管理模式。大多数地区将社区定位于“小于街道，大于居委会”，如北京、沈阳、武汉等地；上海、内蒙古等地方则直接将社区定位于街道，构建了一套街道社区管理体制。为利于各级政府在社区文化建设中发挥引导作用，我们采取了后一种办法，将社区定位于街道。

《全国文化建设先进街道社区评选标准》从组织领导、设施建设、活动与管理、队伍建设4个方面对社区文化工作进行衡量和评价。在内容上强调了政府对社区公益文化建设的责任，要求政府在文化建设规划、经费投入等方面加强对社会文化的支持，并对社区文化的“共建联办、资源共享”机制提出了一些相应的标准。如要求建立和社区各单位的共建联办机制，成立由驻区各有关单位组成的社区文化组织等。社区单位文化设施开放率则对社会各单位的文化资源共享提出了要求。此外，还对社区文化指导员制度的设立作了一些规定。

（三）《全国文化建设先进乡镇评估标准》

《全国文化建设先进乡镇评估标准》从组织领导、基础设施建设、活动和队伍建设等方面对乡镇文化建设提出了一定标准。基本思路是强调各级政府对农村公益文化建设的责任，尤其是在文化站设施建设和经费投入作出了比较硬性的规定。在队伍建设上，则根据目前工作的重点，着重提出加强对文化站工作人员的培训。

（四）《全国乡镇（街道）文化站评估办法及标准》

《全国乡镇（街道）文化站评估办法及标准》的指导思想是按照贴近实际、贴近群众、贴近生活的要求，以基本阵地、基本工作队伍、基本活动内容和方式4个方面为重点，综合考察和评定乡镇（街道）文化站建设状况，通过评估检查全国乡镇（街道）文化站建设情况，促进乡镇（街道）文化站规范化建设，提高文化站管理水平与工作质量，推动基层文化建设。《指标》对参评的基本条件和各等级定级必备条件作出了规定。其中参评基本条件强调了文化站既要有机构、也要有独立的设施，还要有编制和经费。具体指标共分办站条件、队伍建设、业务工作、领导管理、提高指标五大部分。第一部分“办站条件”对文化站、站办图书室等设施面积、设备配备、经费投入等各方面提出了比较详细、具体的标准。第二部分“队伍建设”对社区文化队伍的编制、待遇、队伍和素质提出了一些要求。第三部分“业务工作”则从阵地活动、辅导工作、文艺创作、民族民间艺术、站办刊物信息资料、开展文物保护工作、承担文化市场管理等方面作出要求。第四部分为领导管理。要求文化站建立健全完善的财务财产、安全保卫、人事奖惩和档案管理等各项制度。五是提高指标。对获得县级以上奖励的文化站进行适当加分。

（五）《全国文化建设先进城市、先进社区、先进乡镇评定办法（试行）》

除以上4份标准和指标外，我司还统一制定了《全国文化建设先进城市、先进社区、先进乡镇评定办法（试行）》，以规范全国文化建设先进城市、先进社区、先进乡镇的评选表彰工作，提高评选表彰质量。《办法》对先进城市、先进社区和先进乡镇的申报和评选、表彰和奖励、抽查与复查等作出了比较详细的规定。初步确定每3年评选表彰一次，并按照自愿申报、逐级推荐、提前公示、择优评选的程序进行评选，同时将建立复查制度，加强动态管理。

指标体系初步完成后，先后征求了部内各司局、国家文物局和各地文化厅局的意见，进行了多次修改。目前仍在进步完善之中。

五、民族民间文化保护工作取得很大进展

为贯彻落实“三个代表”重要思想和党的十六大精神，以科学发展观为指导，总结并交流贵州会议以来民族民间文化保护工程试点工作的经验，公布第二批国家级试点，明确民族民间文化保护工程下一步的工作思路，部署2004年的工作任务。我部在云南省召开了中国民族民间文化保护工程试点工作交流会。这次会议是继2003年贵州试点工作会议之后，关于实施民族民间文化保护工程的又一次重要会议。会议期间，周和平副部长作了重要讲话。

周部长指出，自2003年中国民族民间文化保护工程启动以来，在文化部、财政部和其他相关部门的努力推动下，我国的民族民间文化保护工作取得了明显进展。民族民间文化保护工程已经正式立项并开始实施，民族民间文化保护工程的领导机构和工作机制进一步完善，首批试点工作积极开展并取得了可喜成果，保护民族民间文化的意识逐渐深入人心。2003年，我国古琴艺术继2001年昆曲艺术之后，被列入联合国教科文组织“人类口头与非物质遗产代表作”名录。民族民间文化保护工作有了很好的基础。主要体现在以下几个方面：

一是各级党委、政府和有关部门对民族民间文化保护工作重要性的认识逐步提高。贵州会议之后，许多省、区、市把民族民间文化保护工作作为贯彻落实党的十六大精神和实践“三个代表”重要思想，落实科学发展观，促进经济、社会协调发展的重要内容，纳入当地发展先进文化、建设文化大省（区、市）的战略目标，列入重要议事日程，通过召开会议、落实经费、建立机构和队伍、制定保护规划、开展普查、推进试点等各项措施积极推进民族民间文化保护工程的开展。许多地方建立了由

文化部门牵头，民委、财政、建设、旅游、宗教、文联等有关部门分管领导组成的民族民间文化保护工程领导小组，明确了专门机构负责工程的具体实施，为推进民族民间文化保护工程提供组织保证。一些地方党委、政府领导专门听取文化、财政部门关于民族民间文化保护工作的汇报，召开党委会或政府办公会等专题研究民族民间文化保护工作，积极解决试点工作和工程实施中出现的困难和问题，为民族民间文化保护工作的开展提供了良好的保障。陕西省在今年3月以省政府的名义，召开了全省优秀民间文化保护工程领导会议，下发了《关于加强优秀民间传统文化保护工作的通知》，成立了陕西省民间文化保护工程领导小组，副省长到会作了重要讲话，对全省民族民间文化保护工作进行了总体部署，落实了一系列扶持政策和措施。

二是民族民间文化保护工程产生了广泛的社会影响。民族民间文化保护工程是全社会的事业。在各地文化部门的积极推动下，“保护工程”受到了社会各界的高度重视。许多在学术领域具有很高造诣的著名文化学者、民俗和民间艺术专家踊跃参与到工程建设之中，在确定保护项目的具体工作思路、保护方案的制定、民族民间文化资源普查等方面为工程实施献计献策，保证了工作的科学性和规范性。一些试点地区的教育部门在中小学开设优秀民族民间文化课程，通过学校教育加深少年儿童对民族民间文化的认识，从小培养热爱民族民间文化的感情。各级政府、文化部门通过电台、电视台、报纸、互联网等新闻媒体，利用多种方式，充分发挥舆论的导向作用，积极开展民族民间文化保护的宣传工作，产生了比较大的社会影响。文化文物系统充分利用文化单位的资源优势，通过举办活动、展览等，加强了对优秀民族民间文化的介绍与宣传。中国美术馆在2004年春节期间举办了陕西优秀民间艺术作品展，在社会上产生了良好反响。天津等省、区、市在博物馆和其他文博单位开辟民间文化藏品展室，举办特色展览，通过灵活多样的形式，充分展示地方民间文化资源，宣传地方文化特色。广大群众对民族民间文化保护工作有了更多了解，自觉保护民族民间文化资源的意识逐步增强。社会各界对民族民间文化保护工作积极关注和支持，为民族民间文化保护工程的开展创造了良好的社会环境。

三是开展民族民间文化保护的工作思路正在逐步形成。在民族民间文化保护工程试点工作中，各级文化部门认真落实文化部关于试点工作的部署，积极探索，逐步形成了本地开展民族民间文化保护工程的工作思路。试点工作会后，各地文化部门根据文化部的要求，积极部署普查工作与试点工作，取得了很大进展。云南省通过制定普查方案和进行试点、培训骨干等，在全省范围内启动了民族民间文化资源普查工作，确定了下一步保护的重点项目。陕西、浙江、福建等省、区、市在普查工作的基础上，即将建立本省（区、市）民族民间文化保护目录清单。在工程实施过程中，各地加强了对工作队伍的建设和培养。一些地方以当地艺术研究所或群艺馆为依托，成立了民族民间文化保护中心，并明确规定其职能和任务，充分发挥现有文化单位和文化工作队伍在“保护工程”中的作用；一些地方在明确了省、地、县三级保护工作机构的基础上，制定民族民间文化保护工作岗位职责，建立培训上岗制度，将民族民间文化保护工作纳入文化单位规范化建设的考核内容；有的地方还将民族民间文化保护工程与其他文化工程实施有机结合起来，充分利用全国文化信息资源共享工程的优势，对民族民间文化资源数字化，既加强了民族民间文化资源的保存，又丰富了“共享工程”的内容。

四是各级财政对民族民间文化保护工作的支持力度逐步加大。在工程实施的过程中，各级财政和文化部门通力协作，密切配合，加大了财政投入力度，为工程和试点工作的顺利实施提供了保证。财政部在2002年投入100万元、2003年投入500万元用于前期项目论证和工程启动经费的基础上，2004年正式将民族民间文化保护工程列入预算项目，并投入2000万元支持试点工作的开展。在各级党委、政府的重视和支持下，许多省、区、市将民族民间文化保护工作列入财政预算，安排了专项资金，用于民族民间文化保护规划制定、资源普查、队伍培训等方面。浙江省从2002年到2005年，每年安排500万元专项资金，用于优秀民间艺术资源的发掘、保护和民间艺术人才的培养，首批民族民间艺术保护工程专项补助经费438万元已于去年10月中旬下发。重庆市把民族民间文化艺术保护工作纳入基层文化建设的重要内容，每年增加投入1000万元，5年共计增投资金5000万元作为支持区县文化基础设施和民族民间艺术、特色文化项目的建设。黑龙江省已将民族民间文化保护工程列入2004年度部门预算。有的省、区、市专门拨出试点工作专项补助经费，用于支持开展试点工作；有的省、区、市把民族民间文化保护工作纳入基层文化建设的总盘子中，在文化设施建设方面统筹规划，在补助资金的使用方面向民族民间文化保护工作倾斜；有的省、区、市设立了民族民间文化保护的科研课题，加强了民族民间文化保护工程的立项和项目规划的制定工作，积极争取地方财政的支持。为了调动各方面参与民族民间文化保护工作的积极性，各地加强了相关政策的研究，落实了一系列保障措施，在建立民族民间文化保护的良性投入机制上进行了积极探索。

虽然民族民间文化保护试点工作有了可喜进展，取得了一定成绩，但是，必须看到当前民族民间文化保护工作还存在一些不足，存在一些不容忽视的困难和问题。一是缺乏对民族民间文化保护工作重要性的认识。一些地方还没有把民族民间文化保护工作列入文化部门的重要议事日程，缺乏开展民族民间文化保护工作的紧迫感。二是工作开展不平衡。一些地方工作的积极性和主动性不够，工程启动以来部署的各项任务没有得到很好的贯彻、落实，个别地方至今尚未对工作进行部署。三是有的地方缺乏对本地民族民间文化保护工作的总体规划和前瞻性研究，政策不到位、措施不具体，工作缺乏科学性，专家作用未得到充分发挥。四是有的地方没有建立行之有效的部门协调机制，各部门和社会各方面力量的作用没有得到充分发挥等。这些问题需要在深入推进“保护工程”的过程中，认真加以解决。

周部长强调，要从落实科学发展观的高度提高对民族民间文化保护工作重要性的认识。为贯彻落实党的十六大精神，实践“三个代表”重要思想，进一步加强民族民间文化保护工作，继承和弘扬中华民族优秀文化传统，建设中国特色的社会主义先进文化，文化部、财政部决定在全国实施中国民族民间文化保护工程。这是一项由国家重点扶持的文化建设工程。实施中国民族民间文化保护工程，对于传承中华文明，发展先进文化；弘扬中华民族优秀文化传统，增强中华民族的凝聚力，维护国家的团结统一；坚持科学发展观，全面建设小康社会，实现经济社会的全面、协调、可持续发展；维护国家文化主权和文化安全，均具有重要的现实意义和深远的战略意义。

一是充分认识加强民族民间文化保护对于落实科学发展观的重要意义。文化是一定的历史阶段、一定的地域环境、一定的人类种群的一种生存状态、生活方式、思维方式的反映。中华民族之所以能够独立于世界民族之林，就在于拥有了真正体现鲜活民族精神的、在人民群众生产生活实际中创造的文化。民族民间文化是我们的根，是文化发展的源泉。

党的十六届三中全会提出科学的发展观，强调经济和社会协调发展，城市和农村要协调发展，区域之间也要协调发展，人与自然也要协调发展。全面、协调、可持续发展就是以人为本的科学发展观。在科学的发展观中，文化占有重要地位。没有文化的发展，就缺乏人文关怀。在社会飞速发展的过程中，在物质财富极大丰富的条件下，民族民间文化给人们心理上以一种特殊的关切感，不断给人的心灵以滋润和慰藉。加强民族民间文化保护工作，符合十六届三中全会提出的科学发展观的要求，也是落实科学发展观，促进经济社会全面、协调、可持续发展的重要举措。

当今社会，文化资源、人文环境、民族素质在实现经济社会发展的过程中发挥着越来越重要的作用。民族民间文化是中华文化的根基和重要组成部分，也反映了中华民族千百年来的智慧和创造力。通过对优秀民族民间文化的保护，使优秀民族民间文化薪火承传，将极大地增强中华民族的自豪感、自信心和凝聚力，提高整个民族的文化素质，维护健康的文化生态，为实现经济、社会全面、协调、可持续发展发挥重要作用。因此，文化部门的同志们一定要站在建设先进文化的高度，提高对民族民间文化保护工作重要性的认识，树立和落实科学发展观，把民族民间文化保护作为文化工作的重要内容，并学会用科学的发展观来指导我们的民族民间文化保护工作，促进民族民间文化保护工作的顺利开展。

二是充分认识加强民族民间文化保护工作对坚持文化多样性，维护我国文化主权的重要作用。随着经济全球化进程的加快，文化与经济和政治相互交融，各个国家保护本民族文化特性，维护世界文化多元性的呼声十分强烈。我国是一个统一的多民族国家，中华文明具有鲜明的多元一体特征。56个民族的文化多姿多彩，共同构建了中华文明的丰富与完整。我国民族民间文化的多样性、丰富性与独特性一直为世界所瞩目。

当前我国民族民间文化正面临着严峻冲击。一是经济全球化带来的西方发达国家价值观念、生活方式对我国民族民间文化以很大冲击。当前一些西方发达国家凭借强大的综合国力、先进的科技手段和发达的文化传播媒介，企图引领世界文化的潮流，对包括我国在内的发展中国家的民族民间传统文化生态造成了严重的冲击，世界各民族文化的多样性和丰富性受到严重威胁。二是由于目前在我国民族民间文化资源保护尚未得到充分重视，大批有历史和科学价值的民族民间传统文化资源以各种形式，通过各种渠道流往海外，严重影响了我国民族民间文化的生存和发展。实施民族民间文化保护工程，对我国优秀民族民间文化进行积极保护，是坚持文化多样性、维护我国文化主权和文化安全的一项重要战略措施。

三是充分认识加强民族民间文化保护是建设先进文化的一项重要内容。党的十六大报告中指出，发展先进文化，就是发展面向现代化、面向世界、面向未来的，民族的、科学的、大众的社会主义文化。在建设先进文化的历史任务面前，我们不能舍弃祖先留下的民族民间文化。正如孙家正部长指出的，“民族民间文化是我们的根，是文化发展的源泉”。离开了民族民间文化，文化建设就成了无源之水，无本之木。文化建设不能不研究民族民间文化保护问题。

民族民间文化来源于各族人民长期的生产生活实践，与广大人民群众的生产生活密切相关，它贴近实际、贴近生活、贴近群众，具有民族性与大众性的特点，与先进文化建设血脉相通。对于民族民间传统文化，应按照取其精华、去其糟粕、推陈出新的方针，本着弘扬先进文化、提倡有益文化、改造落后文化、抵制腐朽文化的精神，处理好保护与发展的关系。在先进文化建设中，我们要坚持继承和创新的统一，善于从民族民间文化的丰厚土壤中，继承和弘扬优秀的传统文化，努力创造既有丰厚历史底蕴又有鲜明时代特色的中国特色社会主义先进文化。

周部长指出，关于民族民间文化保护工作，孙家正部长在《人民日报》上发表了两篇重要文章，一篇是《树立科学发展观，推进民族民间文化保护工作》；一篇是《我们不能忘了“回家的路”》。这两篇文章，对如何开展民族民间文化保护工作，如何认识并正确处理保护工作中的各种关系，具有重要的指导意义。大家要认真学习好、领会好这两篇文章的精神，在今后的工作中，注意从政策理论上做些探索，自觉用政策理论指导我们的工作。做好民族民间文化保护工作，还是要从提高认识入手，解决思想认识问题。认识到位了，重要性认识充分了，才可能积极争取到党委、政府的重视与支持，才可能在推进民族民间文化保护工作上取得实效。

周部长在会议上提出，要搞好试点，以点带面，扎实推进民族民间文化保护工作。文化部、财政部下发了《关于实施中国民族民间文化保护工程的通知》（文社图发[2004]11号），公布了《中国民族民间文化保护工程实施方案》。文件对工程的总体目标、方针、原则、保护对象、方式和内容、实施的步骤、组织机构和保障措施作了比较明确的规定。这是实施中国民族民间文化保护工程的指导性文件。

1.切实抓好工程试点工作。根据民族民间文化保护工作面临的形势和工作需要，文化部和财政部提出了民族民间文化保护工程试点先行、逐步摸索、取得经验、以点带面的工作思路。民族民间文化保护工作是一项探索性工作，试点的目的就是探索民族民间文化保护工程建设的具体途径。从去年第一批试点的工作情况来看，试点可以把民族民间文化保护的思路、意图、办法在某一地区或通过某一项目进行实验，集中力量处理和解决在保护工作中可能出现的各种情况和问题。试点经验对工程的全面推进具有重要的借鉴价值和指导作用，运用得好，可以发挥典型引路的作用。为了推进“保护工程”，今年文化部和财政部在第一批10个试点的基础上，又决定扩大试点。在这次会上，公布了“保护工程”第二批29个试点名单，再加上第一批10个试点，将涵括全国31个省（区、市）及相关的部门和单位。

试点工作要按照分级负责、分类指导的原则来进行。综合性试点要从宏观管理角度，侧重民族民间文化保护工作的制度建设和机制创新，对民族民间文化保护的政策法规和保护工作制度建设、经费投入机制、工程组织工作体系等进行研究和探索。专业性试点要针对民族民间文化某一门类的现状，制定保护标准和具体保护措施，侧重探索专业门类民族民间文化保护的思路、办法和措施。

这次公布的综合性试点地区和有试点项目的地区，要按照不同类型试点的任务要求，抓紧制定具体的试点工作方案，并落实好各项保障措施。同时，各地也要根据本地实际，安排好本省、区、市的试点地区和试点项目。各地文化部门要把试点作为文化工作的一项重要任务，制定切实可行措施，加强对试点工作的指导。今后，文化部将加强对试点工作的指导，及时了解各地试点项目进展情况，总结交流工作经验。这些试点地区和试点项目要充分发挥典型示范作用，积极引导和带动“保护工程”在全国的开展。

2.加强政策理论研究，积极推动立法工作。民族民间文化保护是长期的工作，必须有法律作为保障。近几年来，全国人大教科文卫委员会为民族民间文化保护立法开展了大量卓有成效的工作。但是法律从酝酿、起草、修改到最终形成要有一个过程，文化部门要主动通过开展民族民间文化保护工作的实践，积极推动立法进程。目前，文化部已经起草了《关于加强民族民间文化保护工作的意见》（征求意见稿），提出了民族民间文化保护工作的思路、目标、任务和各项保障措施，并在这次会议上征求了各位代表的意见。回去还将征求各有关部委的意见，修改完善后，争取尽早转发这份《意见》，加大推进民族民间文化保护工作力度，为立法做好准备。

各省、自治区、直辖市文化部门要积极推动地方民族民间文化保护法规的制定工作。已经颁布民族民间文化保护地方性法规的省，如云南省和贵州省，要积极开展对法规的宣传，强化全社会依法保护民族民间文化的意识，抓好法规的贯彻执行，严格按照法规开展民族民间文化保护工作；已经着手制定但尚未颁布民族民间文化保护地方性法规的广西、浙江、江苏、新疆等省、区、市，文化部门要积极配合省人大，加快立法进度，积极争取地方人大审议并出台法规；目前还没有考虑制定地方性保护法规的省、区、市，文化部门要积极工作，争取人大对民族民间文化保护工作的重视，并结合当地民族民间文化保护的实际情况，抓紧制定本地区民族民间文化保护的政策性法规，规范本地区民族民间文化保护工作，为民族民间文化保护立法提供实践。

3.积极准备，争取尽早建立各级民族民间文化保护名录。建立各级民族民间文化保护名录，是做好保护工作的重要抓手，也是保护工作的突破口，必须下大力气抓好抓实。

首先，要建立民族民间文化保护名录体系。国家级民族民间文化保护名录要重点收录具有重大历史和科学价值，并处于濒危状态的民族民间文化门类项目，由国务院公布；省、市、县各级也要根据本地民族民间文化资源的实际情况，建立本级民族民间文化保护名录，由各级人民政府公布。

其次，要制定民族民间文化保护名录的标准体系。文化部要着手调动专家力量，在广泛调研和科学论证的基础上，借鉴国际做法，尽快制定国家级民族民间文化保护名录的标准，报国务院批准。各地要参照国家标准，制定地方保护名录标准，进而逐步形成我国民族民间文化保护名录的标准体系。

第三，要设立民族民间文化保护名录的申报、批准程序。建立民族民间文化保护名录，必须有一套科学、规范的程序作保证。要充分发挥专家的作用，科学论证，逐级筛选。今后，国家级保护名录要从各省、区、市保护名录中筛选，省级保护名录要在地市级保护名录中产生；地市级名录要在县级名录中产生。参照国际做法，民族民间文化保护名录的建立工作要与联合国教科文组织的“人类口头与非物质遗产”申报工作接轨，在国家级保护名录的基础上筛选出申报“人类口头与非物质遗产”的项目。

4.开展资源普查工作，摸清民族民间文化的家底。搞好民族民间文化资源普查，是做好民族民间文化保护工程的基础。各地要紧密结合试点工作，积极开展资源普查工作，摸清本地民族民间文化资源的家底。普查要达到三个目的，一是全面了解和掌握本地民族民间文化资源状况，为研究和分析民族民间文化保护工作情况提供依据；二是确定一批具有较大历史价值、特色鲜明，又处于濒危状态、急需抢救的项目，制定保护目录清单；三是通过记录、保存等方式，对普查中搜集到的濒危的民族民间文化资源进行抢救性保护。

在进行普查的过程中，按照分级负责的原则，文化部要对全国的民族民间文化资源普查工作统盘部署。各省也要充分发挥主动性，因地制宜地开展本地资源的普查工作，积极探索资源普查的方法和途径。普查要坚持专题普查与全面普查相结合的原则，首先选择一些重点门类进行普查，其次要加强对已有普查成果的有效整合和合理利用。多年来，各地各部门已经开展了一些富有成效的普查工作，积累了丰富的资料和成果。进一步的普查要建立在现有的工作基础上，避免重复劳动。

5.加强民族民间文化保护工作队伍建设。民族民间文化保护是一项专业性很强的工作，需要有一支专兼职结合的工作队伍来完成。

首先，要落实民族民间文化保护组织工作机构。民族民间文化保护工程牵涉面很广，任务量很重，各地文化部门一定要根据本地实际情况，尽快落实组织工程实施的机构，并对其工作任务、职能作出明确的规定。

其次，要抓好专兼结合的工作队伍建设。要组织一批熟悉民族民间文化保护业务的同志，作为工作的专职队伍；团结大专院校、科研院所、社会团体等方面的专家，作为工作的兼职队伍，充分发挥专家在保护工作中的重要作用，建立一支业务素质好、年龄和专业结构合理的民族民间文化保护队伍。

第三，要加大培训力度。民族民间文化保护是一项开创性的工作，对各级各类工作人员的业务素质和管理素质要求很高。在工程实施的过程中，一定要抓好业务骨干和工作队伍的培训工作。培训要按照分级负责的原则，文化部负责培训到省级文化部门，省级文化部门培训到市县，逐步形成比较完善的民族民间文化保护工作人才培训体系。培训对象要包括从事保护工作的有关管理人员、专业人员和民族民间文化传承人等；培训方式可以采用课堂讲授、函授、远程教育等多种形式；培训内容方面，包括国际国内有关政策法规、民族民间文化保护的方式方法，业务标准规范等等。要尽早进行培训教材的编写工作，使培训工作逐步专业化、规范化。

6.加大投入，努力建立完善的民族民间文化保护投入机制。民族民间文化保护必须有可靠的经费支持做保障。首先，要积极争取各级财政对民族民间文化保护工作的支持。各级文化部门要把这次文化部和财政部联合下发的文件作为抓手，把文件精神用好用足，积极主动争取财政部门支持，积极策划一些地方性民族民间文化保护项目，落实民族民间文化保护工作所需经费，增加投入，为工程实施提供有力保障。其次，在增加投入的同时，必须加强资金的使用和管理。在实施民族民间文化保护工程的过程中，一定要引入项目管理和绩效考评机制，合理使用并管理好工程专项资金。中央和省级专项资金要专款专用，加强管理，严格费用核算，提高使用效益。同时要建立事前审核、事中监督和事后考核的管理制度，确保专项资金的使用合法、合规，绝不容许出现挪用专项资金的现象。第三，要坚持两条腿走路的原则。在政府发挥主导作用的同时，研究、制定扶持政策和措施，充分调动社会各方面的积极性，积极吸纳社会资金，投入民族民间文化保护工程建设，努力形成政府主导，社会力量广泛参与的良性投入机制。

7.加大民族民间文化保护的理论研究和宣传力度。民族民间文化保护是一项长期的工作任务，目前在我国刚刚起步。理论研究和学科建设都比较薄弱，因此，要加强理论研究和学科建设的力度，推动一批相关领域的学科建设，加强后续人才培养。要组织开展专门的课题研究，加强经验总结，积极探索民族民间文化保护工作规律，使民族民间文化保护工作在科学的理论指导下，规范有序地进行。

实施民族民间文化保护工作，需要全社会的支持。各地要结合试点工作加大民族民间文化保护的宣传力度。博物馆、群艺馆、文化馆、图书馆等公共文化单位要把宣传和介绍优秀民族民间文化作为重要任务，有针对性地举办各种活动，宣传、弘扬优秀民族民间文化。鼓励和支持各级各类学校开展优秀民族民间文化的教学、研究活动。利用各种新闻媒体，采用多种方式，大力宣传民族民间文化保护工作的重要意义，积极普及民族民间文化保护知识，培养全民保护民族民间文化的观念和意识，努力在全社会形成保护民族民间文化的社会环境和舆论氛围。

8.加强领导，为民族民间文化保护工程提供有力保障。民族民间文化保护意义重大，任务繁重，必须紧紧依靠各级政府的组织和领导。各级文化部门一定要按照“政府主导，社会参与；长远规划、分步实施；明确职责、形成合力”的原则，推进民族民间文化保护工程的实施。

首先，要明确责任。开展民族民间文化保护工作，地方各级政府必须要承担主要责任。要以政府为主，制定规划、组织力量、落实经费、加强管理。各地文化部门作为“保护工程”的牵头实施部门，要及时向党委政府反映和汇报“保护工程”开展情况，争取党委政府的重视和支持，积极推动把民族民间文化保护工作纳入重要议事日程，纳入当地国民经济和社会发展总体规划，纳入城乡建设规划，所需经费列入财政预算。同时要坚持政府保护与民间保护相结合，财政投入与社会资金相结合，调动社会各方面的积极性，广泛吸纳社会资金，参与工程建设。

其次，要制定规划。根据民族民间文化保护工作的形势和需要，制定好工程规划。在规划中要与经济社会发展规划相衔接、与文化发展纲要相配套，既要有长远目标，也要有近期计划。在规划中，要分阶段提出目标、任务和要求，一切从实际出发，循序渐进，逐步实施。对那些具有重大历史、文化和科学价值、处于濒危状态的民族民间文化种类和项目要优先安排，抓紧抢救。

第三，要建立协调协作的工作机制。首先，各级文化行政部门要在当地党委政府的领导下，切实担负起民族民间文化保护工作的牵头、组织与协调的职责，主动与财政、发改委、民族、文联等有关部门系统加强沟通与联系，各司其职、各负其责，共同协作，形成共同推进民族民间文化保护工程的合力，建立职责明确、分工协作的工作协调机制。其次，要积极整合文化系统资源，建立资源共享机制。在民族民间文化保护工作中，各级各类博物馆、图书馆、艺术馆、科技馆、文化馆、艺术院校、艺术表演团体、科研单位等都蕴涵丰富的人才队伍和资源优势，要加强对这些资源的整合；同时，与文化部正在组织实施的几大文化工程，如舞台艺术精品工程、全国文化信息资源共享工程、送书下乡工程、中华再造善本工程、清史纂修工程等的资源也要加强整合，发挥文化系统的整体优势，争取在较短时间内，使保护工作取得成果，发挥效益。第三，要加强信息沟通和交流。各地区和各单位要主动与"保护工程"领导小组办公室和国家中心建立联系，经常沟通信息，及时了解全国民族民间文化保护工作情况，认真学习和借鉴其他地区在民族民间文化保护工作中取得的经验，推动保护工作的开展。

六、切实推进未成年人文化建设

未成年人是我国的未来和希望。党和国家一直关注着广大未成年人的健康成长。文化工作是未成年人思想道德建设的重要组成部分，也是提高未成年人文化素质和文明素养的重要手段。多年来，文化部对未成年人文化建设非常重视，并取得了一定成绩。

1.加强未成年人文化工作的领导。为推动未成年人文化工作的开展，文化部将未成年人文化建设纳入文化事业发展总体规划，针对未成年人文化建设，通过制定规划、研究政策、组织活动和评估、指导等手段，很好地发挥了统筹管理全国未成年人文化工作的职能作用。

1994年之前，文化部专门有少儿文化司，负责指导和协调全国的少儿文化艺术工作。1994年，少儿文化艺术管理的职能并入社会文化司。1998年，文化部机构改革后，社会文化图书馆司承担管理全国少儿文化艺术的职能。1992年10月，为加强对全国少儿文化艺术事业建设的宏观管理和科学指导，促进全国少儿文化艺术事业的发展和繁荣，由文化部牵头，国家教委、广电部、农业部、新闻出版署、全国妇联、共青团中央、少儿艺委会等部委联合印发了《蒲公英计划——九十年代中国儿童文化艺术事业发展纲要》。该计划对发挥各职能部门作用，调动各方面积极性，共同促进儿童文化艺术事业的繁荣起到了重要作用。在全国少儿文化艺术委员会的领导下，文化部加强沟通协调，与有关部门分工协作，多年来在推动未成年人文化建设方面进行了积极工作。同时，为推动未成年人文化工作的开展，文化部先后颁布了《互联网上网服务营业场所管理条例》、《互联网文化管理暂行规定》等一系列法律法规和部门规章，从各个方面对保障未成年人的文化权益作了规定。这些法律规章的颁布实施，为维护文化市场的正常秩序，弘扬民族文化，引导青少年健康成长，清理和净化文化市场奠定了坚实的基础。

2.加强文化基础设施建设，为未成年人提供文化阵地。近年来，文化部以基本文化阵地建设为重点，积极抓好公共文化设施建设，满足人民群众开展文化活动的基本需求。2003年6月，国务院颁布了《公共文化体育设施条例》。《条例》明确规定了公共文化体育设施管理单位，应当根据设施的功能、特点对学生等实行免费或者优惠开放等，为充分发挥公共文化体育设施为未成年人服务的功能创造了良好的条件。2002年1月，国务院办公厅转发了《文化部、国家计委、财政部关于进一步加强基层文化建设的指导意见》(国办发〔2002〕7号)。《意见》明确指出，要在现有公共文化服务设施中开辟少儿文化活动场所，建设青少年校外文化活动设施和场所。文化部在群艺馆、文化馆、图书馆评估定级工作中，对开辟单独的少儿文化活动场所有专门要求。在中央财政支持建立的公共文化设施中，也明确要求要有专门的少年儿童文化场所。目前，许多图书馆、文化馆、文化站等专门开辟了少年儿童文化场所，如少儿阅览室、少儿文化活动室等，为未成年人开展文化活动提供了良好条件。

目前，文化系统管理的未成年人文化设施主要有两种，一是独立建制的少年儿童图书馆，一是蒲公英农村儿童文化园。现全国已经有少年儿童图书馆84个，收藏有大量的适合未成年人阅读和学习的图书，这些少年儿童图书馆通过良好的服务，为广大未成年人求知求学创造了优异的条件。1992年以来，文化部积极倡导社会各界力量创办“蒲公英农村儿童文化园”。当前全国各级各类蒲公英农村儿童文化园已发展到200多所，其中已有50多所被文化部授予“国家级蒲公英农村儿童文化园”称号。这些蒲公英儿童文化园通过开展丰富多彩、健康活跃的文化科技活动，为农村未成年人提供了积极向上的精神食粮，成为展示当地农村少年儿童文化建设的特色窗口。

3.扩大开放，完善服务，充分发挥各类公共文化设施为未成年人服务的社会功能。为贯彻落实中央8号文件精神，切实推进公益文化事业改革和发展，文化部、国家文物局于今年3月19日下发了《关于公共文化设施向未成年人等社会群体免费开放的通知》(文社图发[2004]7号)，要求从2004年5月1日起，全国文化、文物系统各级博物馆、纪念馆、美术馆要对未成年人集体参观实行免票；对学生个人参观可实行半票；家长携带未成年子女参观的，对未成年子女免票。被确定为爱国主义教育基地的各级各类公共文化设施要积极创造条件对全社会开放。随着《通知》的下发，博物馆、纪念馆、美术馆等公共文化设施对未成年人免费或优惠开放获得了政策上的保障，它们对广大未成年人进行思想道德和文化科学教育的功能作用也得到了充分的发挥。同时，根据中央文明办关于成立“未成年人思想道德建设重点工作专项工作小组”的要求，文化部、教育部、科技部等决定组成“全国公益性文化设施工作小组”，并共同提出了关于公益性文化设施免费开放的意见，就各系统的公共文化设施资源向未成年人免费开放作出规定，进一步加大公共文化设施免费开放的力度，促进公益性文化设施更好地为广大未成年人和社会公众服务。

此外，为充分利用各种文化教育设施资源，2002年4月，文化部和教育部联合下发了《关于做好基层文化教育资源共享工作的通知》(文社图发〔2002〕12号)。该通知的下发，对整合文化部门与教育部门的文化设施资源，为未成年人提供广阔的文化活动空间创造了良好的条件。

4.加强少儿文艺精品创作，开展丰富多彩的少儿文化活动，满足未成年人的精神文化需求。近年来，各地作家、艺术家通过深入未成年人的生活，创作出一批思想内容健康、富有艺术感染力的儿童剧、少儿音乐、少儿舞蹈等优秀文艺作品，丰富了未成年人的精神生活。文化部还出资购买了一批思想性、艺术性和观赏性俱佳的优秀少儿剧目著作权，无偿推荐给全国基层院团演出，以丰富未成年人的文化生活。同时，在巩固文化馆、群艺馆等文化阵地的基础上，积极组织开展适合不同层次、不同年龄少年儿童参加的各类文化活动和丰富多彩、形式多样的艺术培训活动，并对未成年人自发的文化娱乐活动给予支持与指导。

为丰富少年儿童业余文化生活，繁荣少儿文化艺术，文化部还在全国群众文化“群星奖”中专门设立了少儿组，以鼓励各地少儿文化工作者为未成年人创造更多更好的文化艺术精品。该奖项的前身是于1997年设立的“蒲公英奖”。自2000年正式开展评选活动以来，迄今为止已评选四届。4年来，在该奖项的推动下，产生了一批为少年儿童喜闻乐见的优秀文艺作品，促进了少儿文化艺术事业的繁荣和发展。随着“群星奖”和“蒲公英奖”的进一步整合，文化部门将加强对评奖活动的统一组织、统一协调，以更好地发挥政府评奖的导向性，为未成年人提供更多的文化艺术精品。

5.积极通过重大文化建设工程为未成年人提供规模化的优秀文化资源，促进民族文化传承。近年来，文化部和相关部委联合实施了一些重大文化工程，加强文化资源的建设，并积极利用先进的高科技手段，传播到城乡基层，努力满足广大群众尤其是未成年人的文化需要。

全国文化信息资源共享工程是一项利用现代信息技术，对文化信息资源进行数字化加工和整合，通过网络等传输渠道最大限度地为社会公众服务的重大文化工程。李长春同志曾明确批示："要加大全国文化资源共享工程的力度，并和数字图书馆紧密结合起来。这是繁荣社会主义文化的标志性工程之一，意义重大。"自2002年4月实施以来，目前中央财政已投入4500万元，在国家图书馆建成了全国文化信息资源建设管理中心，在各省图书馆建立了31个省级分中心，并以各基层图书馆为依托，发展了一批基层中心。据不完全统计，终端用户已达到5万多个。资源建设管理中心和省级分中心通过采用最新的数字图书馆技术，汇集了全国公共图书馆、博物馆、美术馆等机构的各类优秀文化信息资源，初步建成了独具特色的文化信息资源总库。目前共有45个多媒体资源库组成的文化信息资源库群，近6TB的资源可提供对外服务。同时，文化部还加大了对基层示范点建设的支持力度，带动地方基层网点建设。目前，资源建设管理中心先后与重庆等省、市签署了试点协议，并在一些市、县、乡镇、社区建立了基层中心。这些基层网点通过为广大未成年人提供非营利的文化服务，用先进的网络手段丰富了少年儿童的文化生活。

中国民族民间文化保护工程是在过去民族民间文化保护工作成果的基础上，结合新时期的新情况和新特点，由政府组织实施推动的对我国境内具有历史、文化和科学价值的民族民间文化资源进行系统保护的一项规模庞大、涉及面广的系统工程。它以保护无形文化遗产，也就是国际上所说的"人类口头和非物质遗产"进行系统保护的一项重要工程。该工程将充分运用现代科技手段，对集中体现中华民族创造才能的优秀民族民间文化项目，特别是具有重大历史、文化和科学价值以及濒危的民族民间文化项目，进行有针对性、系统的抢救、保护与合理利用等。这一工程对增强农村未成年人对民族文化的认知，增强民族自豪感，传承民族民间文化具有巨大作用。

送书下乡工程是我部与财政部为解决农民群众"看书难"问题而联合实施的扶持农村地区文化建设的文化工程。自2003年至2005年，文化部、财政部每年投入2000万元向300个国家级扶贫开发工作重点县图书馆和3000个乡镇图书馆（室），赠送农村适用图书390万册。这一工程将极大地扭转广大农村未成年人无书可读的现状，对提高农村未成年人的文化素质起到深远影响。

6.加强网吧等文化市场管理，为未成年人健康成长创造良好的文化环境。为维护文化市场秩序，营造有利于未成年人健康成长的文化环境，文化部会同有关部门，对网吧、电子游戏经营场所等各类文化市场加强了管理。根据中央8号文件关于"取缔非法、控制总量、加强监管、完善自律、创新体制"的要求，今年2月，在国务院的统一部署下，文化部大力加强了对网吧的整治和管理。文化部明确要求，各级文化行政部门要以解决未成年人禁入问题为工作重点，对接纳未成年人进入的网吧规定了严厉的处罚措施。各级文化部门还邀请社会各界关心未成年人健康成长的人士广泛参与，建设一支基础广泛的义务监督员队伍，鼓励新闻媒体和广大群众积极对网吧违法经营行为进行举报，努力建设政府管理、行业自律、社会监督、企业违法经营的群防群治、综合治理体系。与此同时，根据《国务院办公厅转发文化部等部门关于开展电子游戏经营场所专项治理意见的通知》（国办发〔2002〕4号），文化部联合公安、工商部门开展了电子游戏经营场所专项治理，从根本上扭转了电子游戏机混乱的局面，为未成年人的健康成长创造了良好的文化环境。

2004年2月，中共中央、国务院联合下发了《关于进一步加强和改进未成年人思想道德建设的若干意见》（以下简称《意见》），并召开了全国加强和改进未成年人思想道德建设工作会议，对新时期未成年人思想道德建设作了全面部署。胡锦涛同志明确指出："要把加强和改进未成年人思想道德建设摆在更加突出的位置，作为精神文明建设的重中之重"。《意见》下发后，文化部高度重视，立即组织学习贯彻，制定具体措施，把中央精神落到实处。3月12日至13日，孙家正同志主持召开部党组会议，结合贯彻落实《意见》，专题研究加强文化系统思想建设问题。会议提出，要认真贯彻落实科学发展观，坚持执政为民，从人民群众的根本利益出发，让文化发展的成果为最广大的人民群众享受，按照贴近生活、贴近群众、贴近实际的要求，改进文化工作，特别要进一步提高公益性文化事业单位的服务质量和水平。根据中央文明办《关于进一步加强和改进未成年人思想道德建设的若干意见目标任务分工意见》，文化部作为牵头部门负责落实的任务共有9项，作为责任单位配合其他部门落实的工作有15项，共24项工作，已制定了具体工作计划和进程，确定了责任单位和责任人。

文化部和国家文物局还下发了《贯彻<关于进一步加强和改进未成年人思想道德建设的若干意见>的意见》。文件指出，各级文化文物部门和广大文化文物工作者要深入学习《意见》，深刻领会中央精神，充分认识文化文物工作肩负着加强未成年人思想道德建设的重要责任，增强做好少儿文化工作的使命感。各级文化文物部门必须把少儿文化工作放在重要地位，充分发挥文化文物工作在丰富未成年人精神文化生活，提高未成年人思想道德和科学文化素质方面的重要作用。要从内容形式、方法手段、队伍建设、经费投入等方面切实加强基层的少儿文化工作。把加强未成年人思想道德建设作为少儿文化工作的中心环节。各级文化文物部门要制定计划，进一步明确少儿文化工作的目标、任务和措施。要加强少儿文化工作的针对性和实效性，增强少儿文化活动和文艺作品的吸引力和感召力，引导未成年人树立正确的世界观、人生观和价值观，积极营造未成年人健康成长的良好文化氛围和社会环境。

文件提出，要繁荣少儿文艺作品的创作，鼓励作家、艺术家深入生活，创作出更多优秀的有利于未成年人健康成长的文艺作品。积极筹备组织全国儿童剧调演，推动少儿文艺创作的繁荣。树立精品意识，加大少儿文艺创作资金投入力度，扶持一批重点少儿文艺作品的创作与生产。国家舞台艺术精品工程要继续把扶持少儿文艺创作作为重点之一。整个文化艺术工作都要有利于精神文明建设，有利于青少年的健康成长。鼓励和支持面向未成年人的演出。文化部将继续出资购买思想性、艺术性和观赏性俱佳的优秀儿童剧目著作权，无偿推荐给全国基层院团演出。各级文化部门要协调有关部门，积极开展课本剧、高雅艺术进校园等活动。在制定和落实艺术院团演出场次补贴制度和奖励制度时要向少儿艺术演出倾斜，鼓励艺术院团积极开展面向未成年人的演出。少儿艺术院团要转变观念，面向市场，加大市场营销力度，通过多种形式，开拓演出市场。

文件强调，要充分发挥爱国主义教育基地的教育示范作用。认真抓好文化文物系统的博物馆、纪念馆、展览馆、烈士陵园等爱国主义教育基地的建设、使用和管理，在人员和资金等方面给予更多支持。要认真总结国内外针对未成年人陈列展览的成功经验，加强陈列展览的预见性和计划性。针对未成年人的兴趣爱好，积极探索新的展示艺术和表现手法，注重高新技术和材料的合理运用。要设计适合未成年人参与的活动项目，激励和培养未成年人的参与意识和探索精神。爱国主义教育基地等公益性文化设施要根据自身具体情况，采取聘请专业人员、招募志愿者等多种方式建立内外结合、专兼职结合的讲解员和辅导员队伍。鼓励思想品德高，专业学识丰富，热心青少年教育，了解未成年人心理特点和需求的有志之士加入讲解员、辅导员队伍。各级文化文物部门要重视讲解员、辅导员队伍的建设，加强培训，不断提高讲解员、辅导员的思想素质和业务水平，面向广大的未成年人开展爱国主义、集体主义、社会主义、民族精神和科学文化教育活动。

文件还提出，要加强未成年人文化阵地的建设和管理。各省（自治区、直辖市）和有条件的地（市、州）、县（区）应因地制宜建立儿童图书馆。公共图书馆、文化馆都应设立专门的少儿阅览室。各级文化馆和文化中心都要开辟专门的少儿文化活动场所。省级文化行政部门要会同建设部门研究制定少儿文化设施和场所的建设标准，规范少儿文化设施和场所建设。要将少儿文化设施建设纳入文化先进县的评选工作，列为公共图书馆、文化馆评估定级的重要标准和条件。积极鼓励和引导社会力量兴办少儿文化设施和场所，资助公益性少儿文化活动。对社会力量兴办的少儿文化设施和场所，可根据国家有关规定和实际情况，在土地使用等方面比照公共文化设施的建设予以支持。定期对少儿文化设施和场所建设情况进行检查，名不副实的要限期改正，被挤占、挪用和租借的要限期退还。文化文物系统的各级各类少儿文化设施和场所，要加强管理，改善服务，建立健全公共文化设施服务公示制度，对未成年人的服务方式、开放时间等内容进行公示，方便广大未成年人了解和使用。尽可能考虑到中小学生的学习时间，调整服务时段，配备必要的设施、设备和专业人员，为未成年人享受文化服务提供便利。要不断提高工作人员的整体素质，营造干净整洁、庄重有序的服务氛围。规范在售票窗口接待、参观场所引导、图书音像材料提供以及讲解安排等方面的服务，为未成年人参观创造良好的环境。

文件指出，要落实公共文化设施向未成年人免费开放的重要措施。全国文化文物系统的各级博物馆、纪念馆、美术馆要认真落实《文化部、国家文物局关于公共文化设施向未成年人等社会群体免费开放的通知》（文社图发[2004]7号）的要求，从2004年5月1日起，对未成年人集体参观实行免票；对学生个人参观可实行半票；家长携带未成年子女参观的，对未成年子女免票。要根据出现的新情况和新问题，积极落实各项保障措施，进一步提高服务水平，维护公共文化设施的良好秩序。根据本单位具体情况，采用合理安排开放时间和调整参观线路等各种方式，调控参观流量。建立健全文物安全保卫制度和重大安全事故预警制度，积极预防文物损坏和群体安全事故的发生。

文件还提出，要积极组织开展丰富多彩的未成年人文化活动。充分利用国家法定节假日、传统节日和各种纪念日等具有特殊意义的重要日子，组织开展健康有益、文明向上的文化活动。广泛开展面向未成年人的广场、社区、家庭、校园和乡镇文化活动。组织开展未成年人歌咏比赛活动，举办科技知识讲座、读书活动和民俗文化活动等，活跃未成年人文化生活。进一步办好少儿文艺评奖和调演展演活动。积极开展中外未成年人的国际文化交流活动。进一步加强对未成年人文化活动的指导和管理，及时总结和积极推广思想主题鲜明的读书、讲座、艺术培训、歌咏、文艺比赛和社会实践等多种未成年人喜闻乐见的文化活动方式，注意利用现代科技手段和传媒方式推进活动方式的创新。充分考虑农村未成年人的文化需求，鼓励各级各类文化单位和广大文化艺术工作者定期创作和排演适合农村未成年人需要的剧节目，定期组织送戏送节目到农村。对坚持为农村未成年人提供服务的文化文物单位和个人，文化文物部门要给予表彰和奖励。在“送书下乡工程”中，要面向未成年人特别是西部地区的未成年人及时配送一定数量的文化科技知识类图书。各级文化部门要把解决农村未成年人看电影难的问题摆上重要议事日程。积极与有关部门配合，搞好农村电影放映，增加适合未成年人观看的影片。制定农村未成年人电影定点定线放映工作计划，定期为未成年人放映一定数量的爱国主义影片和集思想性、趣味性和娱乐性为一体的影片。鼓励和引导社会力量支持农村电影放映工作。各级文化部门要为坚持深入偏僻乡村为未成年人服务的农村电影放映队提供方便条件。解决农村电影放映员的编制、待遇和放映经费问题。文化部门的影剧院要对未成年人实行优惠政策。要充分利用广场等公共文化场所为未成年人开展露天电影放映工作。

文件特别强调，要充分发挥全国文化信息资源共享工程传播优秀少儿文化的作用。要继续凭借中华文化的优势，借助现代数字高新技术手段，加工整合数字文化资源，加强对少儿文艺资源的传播。全国文化信息资源共享工程要建立面向未成年人的专门的少儿文艺版或少儿版。根据未成年人成长进步的需要，汇聚和制作一批内容丰富的少儿文化资源和宣传爱国主义、集体主义和社会主义的思想教育资源，以及科学性和通俗性相结合的科普作品，知识性和趣味性相结合的艺术精品，通过生动活泼的表现形式，为未成年人提供丰富的精神食粮。文化部门要积极会同教育、电信等部门和网络服务提供商，选择一批条件成熟的学校，未成年人较多和少儿文化生活相对贫乏的社区和乡村，建设共享工程的基层网点，进一步扩大和完善共享工程的工作网络。充分利用共享工程的网络平台，组织开展各种对未成年人有吸引力的文化活动，开辟网络艺术课堂，鼓励文化工作志愿者利用网络等现代科技手段，解答未成年人在学习和生活中遇到的各种问题，把共享工程建设成为未成年人思想教育和文化艺术教育的重要网络文化阵地。

文件指出，要为未成年人健康成长创造良好的文化市场环境。清理整顿文化娱乐场所，净化中小学校园周边的文化环境。严格执行中小学校周边200米内不得开设歌舞厅、游戏厅、网吧等经营性娱乐场所的规定。禁止未成年人在非节假日进入电子游戏经营场所。严禁歌舞娱乐场所接纳未成年人进行消费或在场所内从事任何形式的经营性活动。严厉查处网吧违规接纳未成年人的行为。打击网上传播的有害文化信息行为，净化和规范网络文化经营活动。认真实施网吧经营管理技术措施，运用高科技手段实现对网吧和互联网文化活动的全程实时监管。堵疏结合，引导建设一批非营业性的互联网上网服务场所，为未成年人提供健康有益的绿色网上空间。加强文化产品的内容审查，提供符合未成年人文化需求的读物和视听产品。坚决查处传播淫秽、色情、暴力等不良内容的各类未成年人读物和视听产品。研究制定《进口娱乐产品内容审查办法》，实行对包括网络游戏在内的电子游戏引进产品的内容审查制度，查处含有诱发未成年人违法犯罪和色情、暴力、恐怖等有害内容的游戏软件产品。积极引导和大力扶持网络内容提供商开发推广弘扬民族精神、有益于未成年人健康成长的游戏软件产品。组织开展主要针对在校学生、青少年群体的全国文化市场法制宣传活动，引导广大未成年人自觉进行健康有益的文化消费。加强文化行政执法队伍建设，整顿文化市场秩序，为未成年人创造良好的成长环境。

文件还提出，要切实加强未成年人文化工作队伍建设。各级文化文物部门和公共文化单位要采取各种措施，逐步提高少儿文化工作者的待遇，鼓励素质好、业务精、热情高的优秀大学毕业生从事少儿文化工作。根据新形势的要求，少儿图书馆的工作人员，其他公共图书馆、文化馆的少儿文化专干应加强学习，熟悉未成年人出现的新问题，掌握未成年人的心理变化特点。安排一批文艺骨干充实少儿文化工作队伍。文化系统的艺术职业院校、专业艺术院团和群艺馆、文化馆要充分发挥文艺人才基地的作用，面向社会广泛开展少儿艺术培训活动，加强少儿专业和业余文艺人才的培养。进一步规范社会艺术水平考级活动，充分发挥艺术水平考级对提高未成年人综合素质的作用。

文件最后指出，要加强和改善对未成年人文化工作的领导。根据工作需要，各级文化文物部门要确定相应机构和人员负责少儿文化工作。在各级党委政府的统一领导下，各级文化文物部门要将《意见》中对少儿文化工作提出的任务进行分解，明确责任部门和责任人，制定有效措施，狠抓贯彻落实。加强对未成年人精神文化需求状况的调查和研究，出台有关政策和规章，制定和实施少儿文化发展规划。积极争取有关部门和全社会的支持，逐步建立齐抓共管共办的领导体制和工作机制。加大对公益性少儿文化单位的经费投入力度，保证少儿文化工作的开展。落实公共文化场所因免费或优惠开放所需的补偿资金，落实配套设施建设、设备更新等经费，保证公共文化设施的正常运转。认真策划少儿文化建设项目，积极争取财政部门的支持，为少儿艺术创作、文化活动场所建设、文化活动开展和队伍建设提供经费保障。逐步形成政府投入为主、社会多渠道筹资为辅的投入格局，进一步促进全国未成年人文化艺术事业的繁荣和发展。

七、全国文化信息共享工程取得阶段性成果

全国文化信息资源共享工程自2002年4月正式启动以来，在各级政府的重视下，在各级财政部门的大力支持下，从无到有，从小到大，取得了阶段性成果。主要表现在：

工作网络初步形成。共享工程启动以来，在较短的时间内建立了以国家中心、省级分中心为骨干，基层中心为服务端的工作网络体系。目前已建立省级分中心32个，基层中心上千个，终端用户达到5万多个。福建省惠安县、深圳市、上海市徐汇区等已经在辖区所有乡镇、社区建有共享工程基层网点。江苏省各级政府投入3000万元建设共享工程，基层站点建设走在全国前列，显示出很强的发展势头。

数字资源初具规模。按照“需求牵引，突出特色”的原则，共享工程汇集了全国图书馆、博物馆、美术馆、艺术研究院（所）、艺术表演团体等机构的各类优秀文化信息资源，同时制作了适合农村需求的独具特色的文化信息资源库，形成了由45个资源库组成的文化信息资源库群。国家中心已加工数字资源1.8TB，内容涵盖历史、文化艺术、法律、科普、卫生保健知识和生活百科等领域。各级分中心建设的资源总量也达到4TB，建成了一批具有地方特色的数字资源库。如北京市建设的“北京记忆”多媒体数字资源库，用详实的资料、图片反映了老北京的文化，具有很强的地域特色。

技术平台日臻完善。共享工程第一期网络平台、资源建设、用户服务等技术研发已经完成并投入使用，由光缆连接和卫星接发的两种网络通道已基本建成，工程网站已经全面开通。为了确保服务到位，还开通了24小时资源自动应答与传输服务，使各省级分中心能够方便快捷地获取所需资源。在计算机网络基础设施相对完善的广东省，技术平台已经成熟，基层中心联成网络，省级分中心把共享工程与政府其他工程相结合，并大力开展网上信息服务，迅速扩大了基层信息服务阵地，成效显著。

基层服务初见成效。共享工程本着边建设、边服务的方针，收到了良好的社会效益。许多地方的图书馆、文化馆、文化站依托工程资源开展了丰富多彩的文化服务，活跃了基层的文化生活。山西省在为农村地区服务方面成绩突出，他们克服困难，通过实施共享工程活跃丰富了农村群众的文化生活。此外，共享工程的优秀文化资源已经进入校园、进入军营、进入社区、进入企业等，受到群众的普遍欢迎。

社会影响逐步扩大。共享工程的实施，在活跃基层文化生活方面产生了积极的作用，社会影响日益扩大。四川省在加强基层站点建设的同时，发挥共享工程的品牌效应，与社会网络服务商合作，增强基层文化阵地的辐射力、影响力，并不断强化基层服务网点的管理和培训，提升服务质量，树立了共享工程良好的社会形象。此外，共享工程这一新型服务方式和随之带来的社会效益，也引起了社会的广泛关注，媒体对共享工程的报道不断增加，产生了广泛的影响。

在2004 年全国文化信息资源共享工程会议上，周和平副部长发表了重要讲话。

周部长指出，两年来，工程建设的主要经验有以下几点：一是领导重视。共享工程良好的社会效益，越来越受到各级党委、政府的重视。很多地方将工程列入当地社会事业发展的总盘子，纳入文化发展总体规划。多数省级文化主管部门将共享工程列入工作的重要议事日程，积极推进共享工程的发展。江苏省政府将共享工程建设作为新时期全省基层文化建设的重要内容，列为全省信息化建设的重要项目，提出了具体要求，制定了建设规划和资金投入额度，保证了工程的持续发展。二是财政支持。工程之所以能够快速发展，与各级财政的大力支持直接相关。到2003年底，中央财政已经投入了4500万元，今年在继续投入2000万元的基础上，还将增加用于支持中西部农村基层网点建设的经费。地方各级财政计划投入3.2亿元，已到位1.7亿元。财政投入的加大不仅保障了工程建设的进度和效果，而且极大地鼓舞了文化工作者的工作热情。三是措施有力。各级文化、财政等部门加强领导，狠抓机构建设，为工程建设提供了组织保障。多数省、自治区、直辖市迅速建立了共享工程领导小组，从资金、政策等方面予以了有力支持。国家中心及各省分中心成立后，艰苦创业，不断开拓，发挥各自优势，采取多种方式，积极进取，创造性地开展工作。正是有了这些有力举措，工程才能够迅速推进，形成规模。

周部长指出，两年来的工作为工程的发展打下了良好的基础，共享工程开始进入了发展的快车道。作为文化创新工程，在发展中也出现了一些问题，主要是：认识问题。有些地方对工程缺乏足够的认识，还没有把工程作为重要的文化建设项目列入议事日程，向党委、政府和有关方面汇报、沟通得不够，还没有引起当地领导和财政部门的重视。投入问题。从经费投入情况看，各地差异很大。目前仍有一些省的建设资金没有到位，没有建立基层点。个别省甚至毫无进展。技术问题。目前，共享工程在技术上还存在着明显缺陷。如资源加工软件的开放性较差，传输信号质量不够稳定，资源发布软件层次复杂，不够人性化等。共享机制问题。一个有效、协调的共享机制还没有形成。在资源建设方面，文化部门自身资源还没有实现整合与共享，与其他系统的资源共享成效还不够显著。另外，就网络、服务平台而言，支持共享的技术还不够成熟。队伍问题。由于工程刚刚启动，工作人员对技术熟悉程度不一。有的基层中心工作人员不能熟练掌握技术，难以适应事业发展。随着工程的深入开展，管理人才、技术人才等短缺的问题也日益突出，已经影响了工程建设的速度和质量。这些问题的存在，一定程度上已影响到工程的进展，亟待加以解决。

周部长强调，共享工程是利用先进技术广泛快捷地传播优秀文化信息资源的文化创新项目，得到了中央领导同志的高度重视。中共中央政治局常委李长春同志先后三次对共享工程做了专门批示。2003年5月，他在《发展先进文化必须加强农村阵地建设》一文上批示："在数字技术发展的时代，要对基层图书馆的规划建设有新思路，不要再走县县买书的老路。要全国共享资源"。2003年8月19日，他再次对共享工程做出批示："要加大全国文化资源共享工程的力度。并和数字图书馆紧密结合起来，这是繁荣社会主义文化的标志性工程之一，意义重大。要结合制定文化发展纲要，将其作为重要课题。"2004年年初，他又一次批示，要求"加大推动共享工程的力度，加快进度，使广大人民群众早受惠"。今年2月制定的《中共中央国务院关于进一步加强和改进未成年人思想道德建设的若干意见》中明确指出，"要积极推进全国文化信息资源共享工程建设，让健康的文化信息资源通过网络进入校园、社区、乡村、家庭，丰富广大未成年人的精神文化生活"，充分肯定了共享工程的作用，并对共享工程建设提出了新的更高的要求。另外，在中央严格控制机构编制的情况下，中编委批准设立全国文化信息资源建设管理中心，也充分说明了国务院对共享工程的重视。在今年的全国人大、政协会议上，财政部金人庆部长在财政预决算报告中，将共享工程列为国家财政支持的重要文化项目。中央的高度重视，给工程建设指明了方向，也是我们继续推动工程发展的思想动力。有关部门的支持也为工程的发展提供了有力保障。

周部长指出，要从落实科学发展观的高度，充分认识共享工程的重要意义。共享工程的重要意义体现在以下几个方面：

1.共享工程是建设先进文化、落实科学发展观的重要内容。建设先进文化是落实科学发展观的重要内容，也是全面建设小康社会的题中之意。文化建设是社会事业的重要组成部分，没有文化的发展就没有社会的发展，没有文化的进步也就没有社会的全面进步。目前，文化建设仍然存在很多困难。一是文化投入总量不足。我国人均文化事业费不到7元，2002年文化事业费83.66亿，仅占财政支出的0.38%。二是基层文化设施落后陈旧。全国县级图书馆1/3无馆舍或馆舍简陋，1/4没有购书费，全国人均图书拥有量只有0.3册，人均购书费0.29元。三是东西部之间、城乡之间文化差距逐步拉大，农民看电影难、看戏难、看书难的矛盾日益突出。四是队伍素质下降。如乡镇文化站的工作人员中具有大专以上学历的不足1/3，人员年龄老化，多年没有补充新人。中央领导同志对这些问题十分重视，对基层文化建设做出多次批示。科学发展观的提出给文化建设创造了良好的发展机遇。没有先进文化就不能实现社会的全面、协调、可持续发展，只有发展先进文化，科学发展观才能得到真正落实。因此，我们要增强使命感，从落实科学发展观的高度重视并大力推进共享工程，促进文化事业的发展。

2.共享工程是建设先进文化的重要组成部分。为了改变文化事业发展相对滞后的状况，最近几年，政府加大了对文化建设的投入，文化事业进入一个新的发展时期。从经费增长看，2003年全国文化事业费为92亿元,是1978年4.44亿元的20多倍。中央本级的文化事业费“八五”期间仅1亿多，“九五”期间是2亿多，进入“十五”后，每年增长1亿多，2004年达6亿多，2002年到2003年增幅达46%，2003年较2002年全国文化事业费的增长幅度达17.8%，首次超过当年财政支出的增长幅度。最近几年，中央财政投资建设的文化工程项目就有国家大剧院工程、国家博物馆建设工程、国家图书馆二期工程暨数字图书馆工程、国家话剧院剧场建设工程、中国美术馆改扩建工程、故宫大修工程等。中央财政还支持实施了一些重大的、有影响的公益文化项目，除全国文化信息资源共享工程外，还有中华再造善本工程、中国民族民间文化保护工程、全国送书下乡工程、清史纂修等。在基层文化建设投入方面，国家发改委从2002年到2005年计划总投资4.8亿元,用于扶持西部地区县级文化馆、图书馆设施建设，实现县县有图书馆、文化馆的目标。在中央财政的带动下，各地加强了对文化事业的投入，近年来很多省图书馆都建了新馆。目前，全国投资1亿以上的文化工程项目就有26个，各地兴起了文化建设的热潮。

3.共享工程是加强基层文化建设、特别是农村文化建设的有利措施。目前，城乡之间、东西部之间文化差距和信息鸿沟日益拉大，农民看书难、看戏难、看电影难问题长期得不到解决。共享工程的实施，在一定程度上缓解了部分地区“三难”的状况，受到农民的广泛欢迎。作为一项国家文化工程项目，共享工程在提升国办文化单位服务能力的同时，也将在农民自办文化中发挥积极作用。在我国广大农村，尤其是中西部地区，一方面农村文化生活匮乏，另一方面在农民中蕴藏着巨大的自办文化的积极性。农村文化一定要培养一支不走的文化队伍，否则农民群众的文化生活就得不到保障。所以，我们要两条腿走路，一手抓国办，一手抓民办。共享工程便捷的服务方式为农民自办文化提供了一个有利的条件，因此，要制定相应政策鼓励农民自办文化，通过工程的实施，逐步形成国办文化为主导，农民及其他社会各界共办文化的新格局，真正解决基层群众尤其是广大农民文化生活匮乏的问题。

4.共享工程是利用高科技手段建设先进文化的新尝试。共享工程利用高新科技传播文化，改变了文化服务手段落后的面貌，在社会上树立了文化事业的崭新形象。同时，工程紧跟时代发展步伐，在计算机网络日益普及的今天，也改变了长期以来很多基层文化单位连一台计算机都没有的困境，提升了各级图书馆计算机网络化水平，给我国基层文化单位改善服务、增强活力创造了条件。

周部长对今后一段时期的工作提出了要求，指出最近一两年是共享工程发展的关键时期，我们要以资源建设和基层服务为重点，加快工程建设进度，加大工程建设力度，全面推进共享工程的发展。

要科学论证，整体规划。各级文化部门要把工程的整体规划作为一项重要工作来抓。首先，要列入当地信息化建设的总盘子。正在起草的国家信息化建设规划，已经把共享工程列入其中，各省文化部门也要积极争取将共享工程列入本省信息化建设的总盘子，从思想上予以重视，从组织保障、政策支持、资金投入上予以明确。其次，要列入文化建设总盘子。共享工程将被列入国家的文化发展纲要之中，各地也要把共享工程列入当地文化发展规划，列入当地文化建设的总盘子。第三，地方建设要列入全国工程的总盘子。在工程建设过程中，一定要树立全局意识，统筹规划，有序进行。

要整合资源，建立机制，加快优秀文化信息资源建设。一是要加紧建设基础资源库。资源建设一定要先期调研，根据需求设计好资源库，建立全面科学的资源结构。各地要按照需求牵引的原则，根据不同受众群体的特点建立专题资源库。要按照中央8号文件的要求，抓紧建设针对未成年人教育的资源库。要发挥网络的优势，建立互动性的资源。各地应高度重视，准确定位，量力而行，树立地方品牌，丰富和充实具有浓郁乡土气息和地方风格的民间音乐、美术、戏剧、戏曲等艺术资源，满足广大农民的文化需求。共享工程要顺应数字电视推广和普及的趋势，与数字电视技术相结合，借助数字电视推动共享工程的发展。二是要进一步加大资源整合力度。资源建设是共享工程的核心，共享机制则是资源建设的重要保障。共享工程资源建设虽然已经初具规模，但与基层群众的需求相比还远远不够，工程所应发挥的效益还没有得到充分体现。在资源建设中，一方面要通过行政和经济的手段，整合文化系统内的可控资源，把国家舞台艺术精品工程、中国民族民间文化保护工程、中华再造善本工程、全国送书下乡工程、清史纂修等国家文化项目的成果及时整合进来，把各地文化系统内部的各种资源整合进来；另一方面要广泛吸纳各类社会资源。对其他系统实施的如五个一工程、全国农村党员干部现代远程教育、校校通工程、村村通工程、2131工程等项目，要加强协调，努力实现数字资源的共建共享。对信息内容提供商，也要加强联系与合作，避免重复建设。在资源建设过程中，要采取多种渠道解决版权问题，如鼓励作家捐赠版权等。

要完善技术环境，不断开发创新，尽快形成稳定、便捷、开放的技术平台。首先，资源平台要开放便捷。国家中心要尽快改进资源加工软件平台，做到及时便捷地增加内容。其次，传输平台要稳定畅通。目前，很多基层站点反映资源传输信号不稳定，画面不清晰。国家中心下一步要加紧技术研发，保证传输平台的稳定畅通。再次，用户平台要简便易行。共享工程是服务基层、面向广大群众的工程，要时刻为群众着想，技术上要便于操作，使群众一点即通，越“傻瓜”越好。目前的用户平台过于复杂，只有经过培训的专业工作人员才能操作，普通群众不便使用。这种局面必须改变，否则随着基层站点的增长，将会成为制约工程建设速度的瓶颈。

要坚持两条腿走路，加快基层站点建设。基层站点建设要两条腿走路，一是在文化系统中拓展，包括图书馆、博物馆、文化馆、文化站等。二是在文化系统外拓展，如青少年宫、中小学校、农民文化中心户等，使共享工程最大限度地为公众服务。站点建设方式也要坚持两条腿走路。一方面，作为政府文化项目，工程要坚持公益性原则。另一方面，要广泛开辟渠道，积极探索与社会力量，包括网络服务商、信息内容提供商、社区物业管理公司等方面的合作途径。

要加强管理，规范服务，确保工程顺利发展。共享工程是传播先进文化的工程，我们要加强管理，使之成为绿色工程。首先，要加强工作网络的管理。要高度重视管理工作，尽快完善各种制度，尤其是加强对基层点的管理。前一阶段，个别地方的基层站点被媒体曝光，就是在管理上出了问题。虽然这样的基层站点为数很少，但是给共享工程带来了一定的负面影响。为更好地推动工程发展，今后在工程建设过程中可能需要借鉴一些市场运作的方式，在这种情况下，更要严格执行有关规章制度，做到办法先行，制度先行，在管理上不出现疏漏。其次，加强经费管理。要严格按照《共享工程专项资金管理暂行办法》的规定，对工程经费进行严格管理。财政部将对每个文化项目进行绩效评估。我们去年对系统内部各个项目进行了评估，年底进行了审计。今后各个项目要严格按照政府采购的要求，进行公开招投标。经费一定要用好，这是事关事业发展的大问题。我们要从事业发展的高度认识管理的重要性。再次，共享工程要纳入政府对社会文化的总体评估体系和评价体系。

要加大宣传力度，营造良好的社会氛围。共享工程是一项新型的文化项目，很多人还不了解。我们要利用各种媒体，运用多种方式进行宣传，形成一定的舆论氛围。各地实施工程的经验和做法要与部里及时沟通，通过《文化信息》、《文化要情》等信息渠道扩大影响，交流经验。此外，要充分发挥工程的网络优势，利用自身网络和其他网络进行宣传。

要主动与财政部门沟通，积极争取经费支持。共享工程是文化部和财政部共同实施的文化工程，各级文化部门要积极与当地财政部门沟通，要让财政部门了解共享工程对推动社会发展的作用，争取投入不断增加。同时，还要主动向党委、政府汇报，争取地方党政领导的重视和支持。

要加强队伍建设。加强队伍建设是工程持续发展的关键因素。全国管理中心要加大培训力度，各省份中心也要加大对基层的培训和指导力度，使基层工作者熟练掌握技术。同时，要积极引进各种技术人才、管理人才，通过优惠政策、灵活机制、宽松环境吸引人才，建立一支高素质的工程建设队伍。

八、认真抓好农村电影工作

“送电影下乡”活动是文化下乡的重要内容之一。自2002年该活动开展以来，在各级文化、广电部门的积极支持下，农村电影放映工作有了很大进展，丰富了农民群众的文化生活。为了积极贯彻中宣部、中央文明办、文化部等十四部委《关于深入开展文化科技卫生“三下乡”活动的通知》(中宣发[2003]35号)的要求，活跃节日期间广大群众的文化生活，文化部与广电总局在2004年元旦、春节期间联合开展了送电影下乡活动。2003年12月，文化部办公厅、广电总局办公厅联合印发了《关于开展2004年元旦、春节期间送电影下乡活动的通知》(文明电字[2003]第12号，以下简称《通知》)。《通知》要求2004年元旦、春节期间送电影下乡活动要深入贯彻党的十六大和十六届三中全会精神，紧紧围绕全面建设小康社会的奋斗目标，服务改革发展稳定大局，贴近实际、贴近生活、贴近群众，努力在丰富农民群众精神文化生活上，在引导农民群众养成科学文明健康生活方式上，在实现常下乡、三扎根和城乡互动上，取得新进展。《通知》同时要求各地文化行政部门要把送电影下乡作为当前工作中的一件大事，摆上重要日程，切实加强对活动的领导，要根据中央关于“三下乡”活动的统一部署，结合本地工作实际，统筹计划、安排本地送电影下乡的工作计划，落实具体的保障措施。

《通知》印发后，各级文化行政部门高度重视，积极筹划，周密部署，保证这项活动的顺利开展；各地基层电影公司和放映队想方设法克服资金缺乏、气候严寒等种种困难，确保放映任务的顺利实施。在各方面的努力下，2004年元旦春节送电影下乡工作圆满地完成了任务。据不完全统计，两节期间，单是西部12省、区、市，就放映电影15万余场，观众近3000万人次。

1.加强领导，制定计划。许多地区成立了由文化行政部门主要领导挂帅的“三下乡”工作领导小组，制定了详细的送电影下乡计划或方案，加强对活动的统一领导和协调。湖北省文化厅召开了送电影下乡专题会议，制定《全省2004年元旦春节期间送电影下乡工作实施方案》，提出了工作的具体目标和要求。内蒙古自治区文化厅要求各地把送电影下乡工作作为“三下乡”活动的主要抓手和促进农村牧区文化工作的主要内容，确保元旦春节期间让广大群众看上看好电影，努力实现“村村挂银幕，户户看电影”的目标。各级文化行政部门的重视和有力领导为送电影下乡工作的顺利开展提供了保证。

2.针对需求，丰富内容。各地在送电影下乡的过程中，针对广大农民的精神文化需求，组织了丰富的电影片源，满足农民群众看电影的需要。其中既有《邓小平》、《惊涛骇浪》等情节生动的爱国主义故事片，也有深入浅出的科教影片。海南省一些农业大县举办了“农业科技电影周”活动，为当地群众提供了学习农业科技知识的机会。湖北省配合“世界艾滋病日”系列宣传活动，在全省17个艾滋病示范区放映了340多场预防艾滋病的专场电影，在当地起到了良好的反响。民族地区专门把民族语译制电影送到了少数民族聚居山区、牧区，使少数民族群众节日期间在自己的家门口就能看到电影。

3.创造条件，加强扶持。为了解决农村电影放映成本居高不下的问题，四川省在送电影下乡的过程中向全省推广成都市“零片租”扶持农村电影放映的经验。很多州市与各县文体局签订“零片租”协议书，免费向各县供应拷贝，免费进行影片的维修和机器设备的维护保养。其他一些省、区、市也在拷贝片租等方面采取了一些优惠政策，调动了基层电影放映队的积极性。

4.加强监督，规范管理。贵州省在电影下乡工作中，切实加强农村电影放映工作的规范化建设，专门设计了2004年元旦春节送电影下乡活动放映记录表、统计表及汇总表。由各电影放映队填写活动记录表，并由放映村寨行政领导签署意见。县级文化主管部门根据记录表填写统计表，地（市）级文化行政部门统一汇总上报。最后由贵州省文化厅核实放映场次后，给予每场电影补贴放映费用50元。这种做法加强了对送电影下乡活动的监管，对调动基层电影放映队送电影下乡工作的积极性起到了很大作用。

5.扩大宣传，造成影响。各地文化行政部门在送电影下乡工作中，加强新闻宣传工作，不仅利用新闻媒体对活动的开展进行专题报道，还利用自制的宣传车深入到乡镇村寨进行宣传，为送电影下乡活动创造了良好的舆论氛围，产生了良好的社会影响。

为进一步推动农村电影放映工作，调动各地农村电影放映队和放映员工作的积极性，我部对2004年“送电影下乡”活动补贴经费发放方式进行了调整，主要用于奖励在“送电影下乡”活动中成绩突出的优秀农村电影放映队和放映员。在各省、自治区、直辖市文化厅（局）、广电局推荐的基础上，文化部决定对在2004年“送电影下乡”活动中成绩突出的北京市怀柔区长哨营满族乡电影放映队等202个优秀农村电影放映队和唐桂斗等397位优秀农村电影放映员给予奖励。每个优秀农村电影放映队奖励3000元，每位优秀农村电影放映员奖励1000元。奖金从2004年元旦春节“送电影下乡”活动补贴经费中支出。并加强对优秀电影放映队和优秀电影放映员先进事迹的宣传，充分调动他们工作的积极性，为丰富农民群众的精神文化生活，推动农村文化建设做出更大贡献。

九、继续推进老年大学试点工作

1999年全国老龄工作委员会成立，明确把管理全国老年非学历教育的职能交给文化部。主管老年教育对文化部来讲是一项新工作、新任务，经过研究我们提出了试点先行，推进文化系统兴办老年大学，带动非文化系统继续巩固和大力兴办老年大学的工作思路，并于2000年在河北、山西、山东、河南和辽宁五省建立10个文化系统兴办的县级老年大学试点，每个试点拨付一定的资金。几年来，这些试点老年大学积极探索老年教育发展的新思路、新办法，在管理制度、课程建设等方面，作了大量的工作，取得一些有价值的经验，影响和带动了当地老年教育工作的开展。为了总结近年来文化系统老年大学的办学经验，促进老年事业的繁荣与发展，2004年8月16~18日 文化部在山西省襄垣县召开全国文化系统老年大学试点经验交流会，出席会议的人员有社图司、有关省文化厅社文处主管老年教育的同志和10个试点老年大学的负责人及中国老年大学协会领导同志等。会上大家各自交流了办学的经验与体会，参观了襄垣县老年大学，试点老年大学还共同发起了“旨在推动全国文化系统开展老年教育工作，为我国老年教育事业普及与提高做出贡献的倡议”。通过召开这次会议使各试点省份文化厅及试点老年大学明确了今后工作思路，增进了了解，密切了联系，增强了进一步办好老年大学的信心，达到了预期的效果。今后文化部要运用各种方式，进一步扩大试点范围，充分调动各方面的办学积极性，促进老年教育事业的发展。

修改、完善《全国老年大学（学校）管理办法（试行）》。为加强对老年大学（学校）的管理，促进全国老年教育事业的发展，我司组织起草了《全国老年大学（学校）管理办法（试行）》。《办法》包含总则、管理机构、教育教学、内部管理、保障、扶持和附则。《办法》阐明了老年大学的性质，明确了老年大学的主管部门及其职责，并对举办老年大学（学校）应具备的基本条件作了明确要求，对老年大学的教育对象、教学形式、教学时间安排、学科设置、学制以及教育评价作了规定，并对老年大学在各方面的规范管理作了要求。该《办法》先后征求了中组部、老龄委、教育部、民政部的意见，目前正在进一步修订中。

制定部门有关规章时要求各地有老年大学。为进一步促进老年教育工作在全国的开展，我们在制定全国文化先进县复查标准和全国文化先进县标准时，增设了每个县有一所老年大学的要求，这增强了各地文化部门对老年教育工作重要性的认识，调动了各地兴办老年大学的积极性。

组织开展老年人各种文化活动，丰富老年人精神文化生活。2004年，各级文化部门和文化单位充分利用现有文化阵地及文化广场、剧场等其他文化设施，举办了许多大中型老年文化活动，活跃了广大老年群众的精神文化生活，促进了老年文化活动的开展。文化部主要开展两项示范性文化活动。一是第六届中国老年合唱节。自1999年国际老年人年以来，文化部已连续5年举办中国老年合唱节。中国老年合唱节作为一种导向性文化活动，深受老年人欢迎，在社会上也产生了越来越大的影响。由文化部主办，中国合唱协会和河北省文化厅协办的第六届中国老年合唱节于2004年9月24日~30日在河北省北戴河举行，来自全国19个省、区、市41个老年合唱团2000多老年人参加了此次合唱节。二是第十三届“群星奖”老年组评选活动。群星奖是文化部设立的群众文化的最高奖项。自1991年在全国开展以来，对活跃人民群众文化生活起到重要的作用。为进一步提高评奖的水平，去年我们对文艺评奖进行了改革，首次在“群星奖”奖项中增设了老年组，引导群众文艺创作和演出向老年题材和老年人群体倾斜。为此各地积极组织老年组节目，极大地调动许多老年人参与老年文化活动的积极性，全国第十三届“群星奖”评选活动于今年9月在浙江省举办，在音乐、舞蹈、戏剧、曲艺、美术、书法与摄影7个门类中有35个老年人创作演出节目获“ 群星奖”、35个获“优秀作品奖”。

中国文化年鉴

Chinese Culture Yearbook

文化市场

Cultural market

压力最大、力度最大、成果也最大的一年。许多地方是党委政府领导亲自抓，各级文化部门连续作战，严格执法，许多基层文化执法部门日夜巡查，付出了巨大的劳动。重庆、湖南等省市党委政府领导高度重视网吧整治工作，多次亲赴现场检查。黑龙江、湖北等省积极建设网吧监管技术平台，不断提高管理工作的科技含量。浙江省文化文物稽查队改变工作方式，从突击检查转向日常监管，要求各级文化市场稽查机构日均至少有一个检查组在市场进行检查。福建、天津、山西、安徽等省加强舆论宣传，鼓励群众举报，营造整治工作的良好舆论氛围。江苏、河北等省聘请了1万余名网吧义务监督员，有效保证了对网吧的社会监督。

为加强对进口网络游戏的管理，文化部于4月份设立了进口游戏产品内容审查委员会，开展了对进口网络游戏内容审查和国产游戏的备案工作。与此同时，文化市场司加大了打击违法网络游戏的力度，共查处了6款内容违法的游戏、4家未经批准擅自从事网络游戏经营活动的单位，以及2家非法提供网络游戏“私服”、“外挂”的网站。浙江、四川、湖北利用监管平台对违法网络游戏进行封堵，效果显著。

深入整顿音像市场。为保证国产影片《十面埋伏》的顺利上映，文化市场司重点打击《十面埋伏》的违法音像制品。通过各级文化市场管理部门和稽查队伍的努力，有效地遏制了盗版蔓延的势头，保证了电影票房。为净化未成年人的文化环境，加强对校园周边文化市场的管理，文化市场司发布了《关于严厉打击粗口歌、哈狗帮、摇头玩等违法音像制品的紧急通知》，有效防止了粗口歌等违法音像制品进入学校或校园周边地区。第三季度，一种名为DVD压缩碟的违法音像制品大规模冲击音像市场，这种压缩盘成本低、容量大，导致正版音像制品尤其是电视剧和电影的销售急剧下降。文化市场司于11月发出《关于立即开展音像市场治理冬季行动，严厉打击DVD压缩碟的紧急通知》的明传电报，要求各级文化市场稽查机构坚决打击DVD压缩碟。截至目前，全国共收缴压缩盘500多万套，其中仅广东一地就查获300多万套，为经营单位挽回经济损失近2亿元。广东、四川、吉林等省在打击压缩碟专项行动上走在全国的前列。

指导重点案件的查处和落实。6月，文化市场司与四川省文化厅共同查处了四川成都违规慈善演出案，对有关单位和责任人进行了相应处理，绝大部分演员已退回非法报酬。中央电视台《焦点访谈》栏目两次播报查处进展情况。查处了部分地区色情演出案，下发了《关于广东、浙江、云南、安徽、湖北等地色情淫秽表演查处情况的通报》。参与查办了公安部部级监办案件辽宁“7·15特大违法音像经营案”，3月19日主犯王金声及另2名同案犯被抓获，“7·15”案全面告破。7月，文化市场司在广东先后破获两起特大违法音像经营案件，分别查获各类违法音像制品107万盘和157万盘。9月，文化部、商务部、国家保护知识产权工作组与广东省文化厅、广州市文化局一起破获6个违法音像制品的仓库，收缴违法音像制品60多万盘。前三季度，全国共收缴违法音像制品1.3亿张。江苏、广东在打击地下音像仓库、窝点方面成效显著。广东全省文化行政部门查缴的违法音像制品已超过1亿盘(张)；江苏省今年查缴违法音像制品的力度很大，在不到一个月的时间组织南京、苏州、常熟等地文化部门开展行动，收缴盗版音像制品140余万张，11月份在13个市县一次性销毁盗版光盘1120万张。深圳市在加强门店管理，协调公安、检察、法院加强案件移送方面作出了表率。陕西、辽宁在关闭、整顿大型非法音像制品集散地方面取得了突破性进展。但是，从全国来看，普遍存在案件查处多，深入处理少；盗版查缴多，刑事处罚少；门店查处多，行政处罚少等现象。另外，江西九江稽查队在查处娱乐场所违法行为时遭到暴力抗法，多人受伤，应该奖励。浙江省文化厅妥善平稳处理张惠妹演唱会风波，有思路，有办法，值得肯定。相反，有极少数省文化厅对违规涉外演出

文化市场

Cultural market

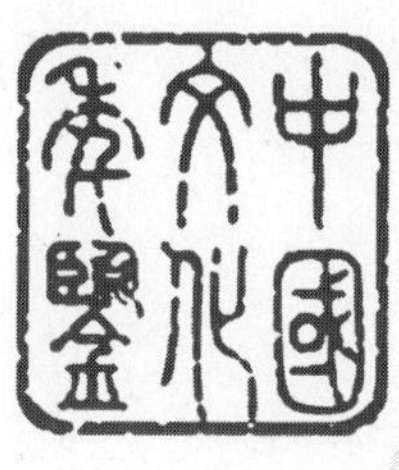

综　述

2004年，全国各级文化行政部门坚持以党的十六大、十六届三中、四中全会精神为指导，按照《文化市场发展纲要》的要求，贯彻"一手抓繁荣、一手抓管理"的指导思想，出台发展繁荣文化市场的政策措施；大力整顿规范文化市场经营秩序；积极推动综合执法改革，加强管理和执法队伍建设，取得了显著成效。

2004年主要工作回顾

一、依法行政，与时俱进，积极推进文化市场法制建设

（一）修改文化市场法规，健全各项规章制度

完成《营业性演出管理条例》的修改工作。文化市场司联合政策法规司、国务院法制办的同志先后赴浙江、广西、河南等地实地调研，将修改稿提交给各地文化部门征求意见，国务院法制办又征求了20多个国家部委局和各地法制部门的意见。目前，《营业性演出管理条例》的修改已进入国务院法制办报审程序。

着手修改《娱乐场所管理条例》。文化市场司召开了由部分省市县文化市场管理部门代表、娱乐场所经营者代表和社会公众代表参加的《娱乐场所管理条例》修改工作座谈会，充分听取各方面的意见。明年这项工作将全面展开。

着手起草《艺术品经营管理条例》。针对艺术品市场涉及面广，立法基础和管理基础相对薄弱，条例的起草难度较大等特点，文化市场司先后在北京、上海、江苏等地对艺术品市场进行调研，并在京召开了由国务院法制办、检察院、法院等有关部门和法律工作者参加的关于艺术品市场打假适用法律法规座谈会。

根据《行政许可法》的相关精神和国务院取消和调整的三批行政许可项目变化的实际要求，文化市场司对《营业性演出管理条例实施细则》、《美术品经营管理办法》、《互联网文化管理暂行规定》、《中外合作音像制品分销企业管理办法》、《音像制品批发、零售、出租管理办法》等5个部门规章进行修订，并发布了《文化部关于贯彻实施〈行政许可法〉，转变政府职能，改进和加强文化市场监管工作的通知》、《文化市场举报办理规定》等文件，大力推进管理创新。全国各省、区、市也相应取消和调整了一批行政审批项目，并修改了一批地方性法规。北京市认真贯彻《行政许可法》和文化部《通知》精神，简化审批程序，对外地演出公司进京不设置任何障碍。

（二）突出重点，大力整治文化市场经营秩序

网吧专项整治工作基本达到预期目标，市场面貌总体改观，长效机制基本建立。2月，国务院办公厅转发了《文化部等部门关于开展网吧等互联网上网服务营业场所专项整治的意见》，并于19日召开了全国电视电话会议对专项整治工作进行动员部署，决定由文化部牵头联合有关部门在全国开展网吧等互联网上网服务营业场所专项整治行动。10月，按照中央领导指示，文化部等9部门再次研究决定将专项整治工作延长到年底。2月以来，文化部根据全国整治工作的进展，及时出台指导性文件，有力地推动了整治工作的开展。全国网吧专项整治工作领导小组办公室先后派出督查组赴全国20多个省、区、市进行检查督导。据统计，全国网吧专项整治期间，全国各级文化行政部门共检查网吧180万家次，出动执法人员250万人次，罚款1亿多元，暂扣电脑等设备15.9万台，责令停业整顿1.8万家，吊销《网络文化经营许可证》1631家。全国文化行政部门受理了6万多件群众举报，聘请了6.3万名网吧社会义务监督员，初步形成群防群治、齐抓共管的综合治理机制。通过专项整治，网吧违法违规经营现象得到初步遏制，网吧市场经营秩序明显好转，基本达到了预期目标。今年的网吧专项整治工作堪称文化市场专项治理工作中

压力最大、力度最大、成果也最大的一年。许多地方是党委政府领导亲自抓，各级文化部门连续作战，严格执法，许多基层文化执法部门日夜巡查，付出了巨大的劳动。重庆、湖南等省市党委政府领导高度重视网吧整治工作，多次亲赴现场检查。黑龙江、湖北等省积极建设网吧监管技术平台，不断提高管理工作的科技含量。浙江省文化文物稽查队改变工作方式，从突击检查转向日常监管，要求各级文化市场稽查机构日均至少有一个检查组在市场进行检查。福建、天津、山西、安徽等省加强舆论宣传，鼓励群众举报，营造整治工作的良好舆论氛围。江苏、河北等省聘请了1万余名网吧义务监督员，有效保证了对网吧的社会监督。

为加强对进口网络游戏的管理，文化部于4月份设立了进口游戏产品内容审查委员会，开展了对进口网络游戏内容审查和国产游戏的备案工作。与此同时，文化市场司加大了打击违法网络游戏的力度，共查处了6款内容违法的游戏、4家未经批准擅自从事网络游戏经营活动的单位，以及2家非法提供网络游戏“私服”、“外挂”的网站。浙江、四川、湖北利用监管平台对违法网络游戏进行封堵，效果显著。

深入整顿音像市场。为保证国产影片《十面埋伏》的顺利上映，文化市场司重点打击《十面埋伏》的违法音像制品。通过各级文化市场管理部门和稽查队伍的努力，有效地遏制了盗版蔓延的势头，保证了电影票房。为净化未成年人的文化环境，加强对校园周边文化市场的管理，文化市场司发布了《关于严厉打击粗口歌、哈狗帮、摇头玩等违法音像制品的紧急通知》，有效防止了粗口歌等违法音像制品进入学校或校园周边地区。第三季度，一种名为DVD压缩碟的违法音像制品大规模冲击音像市场，这种压缩盘成本低、容量大，导致正版音像制品尤其是电视剧和电影的销售急剧下降。文化市场司于11月发出《关于立即开展音像市场治理冬季行动，严厉打击DVD压缩碟的紧急通知》的明传电报，要求各级文化市场稽查机构坚决打击DVD压缩碟。截至目前，全国共收缴压缩盘500多万套，其中仅广东一地就查获300多万套，为经营单位挽回经济损失近2亿元。广东、四川、吉林等省在打击压缩碟专项行动上走在全国的前列。

指导重点案件的查处和落实。6月，文化市场司与四川省文化厅共同查处了四川成都违规慈善演出案，对有关单位和责任人进行了相应处理，绝大部分演员已退回非法报酬。中央电视台《焦点访谈》栏目两次播报查处进展情况。查处了部分地区色情演出案，下发了《关于广东、浙江、云南、安徽、湖北等地色情淫秽表演查处情况的通报》。参与查办了公安部部级监办案件辽宁“7·15特大违法音像经营案”，3月19日主犯王金声及另2名同案犯被抓获，“7·15”案全面告破。7月，文化市场司在广东先后破获两起特大违法音像经营案件，分别查获各类违法音像制品107万盘和157万盘。9月，文化部、商务部、国家保护知识产权工作组与广东省文化厅、广州市文化局一起破获6个违法音像制品的仓库，收缴违法音像制品60多万盘。前三季度，全国共收缴违法音像制品1.3亿张。江苏、广东在打击地下音像仓库、窝点方面成效显著。广东全省文化行政部门查缴的违法音像制品已超过1亿盘（张）；江苏省今年查缴违法音像制品的力度很大，在不到一个月的时间组织南京、苏州、常熟等地文化部门开展行动，收缴盗版音像制品140余万张，11月份在13个市县一次性销毁盗版光盘1120万张。深圳市在加强门店管理，协调公安、检察、法院加强案件移送方面作出了表率。陕西、辽宁在关闭、整顿大型非法音像制品集散地方面取得了突破性进展。但是，从全国来看，普遍存在案件查处多，深入处理少；盗版查缴多，刑事处罚少；门店查处多，行政处罚少等现象。另外，江西九江稽查队在查处娱乐场所违法行为时遭到暴力抗法，多人受伤，应该奖励。浙江省文化厅妥善平稳处理张惠妹演唱会风波，有思路，有办法，值得肯定。相反，有极少数省文化厅对违规涉外演出制止不力，查处不力，甚至为违规涉外演出发放准演通知，这是坚决不允许的。

二、加大政策引导和扶持力度，举办各具特色的会展活动，发展繁荣文化市场

（一）积极推动国产音像制品出口，举办国际音像博览会

根据中央领导同志批示精神，今年文化市场司在推动国产音像制品出口方面做了大量工作，曾两次邀请国内主要音像出版发行单位和商务部、海关总署等部门，召开国产音像制品出口座谈会，广泛听取和征求意见，研究探讨出口政策。7月份文化部与商务部、海关总署联合下发了《关于促进国产音像制品出口的通知》，建立了方便快捷的出口审核机制，实行出口补贴、奖励等优惠政策，鼓励和支持音像经营单位开拓海外市场。在政府的积极扶植下，国产音像制品出口快速发展。据统计，仅广东音像城2004年头三个季度的国产音像制品出口总额就接近1900万元，预计全年将达到2500万元，比去年同期增长约20%，出口地遍及全球40多个国家和地区。除单纯的制成品出口外，天津北洋音像出版社、北京好望角音像有限公司等单位相继在美国、加拿大、澳大利亚以及欧洲等地建立海外音像销售、租赁和连锁营销网络。11月18日，广州俏佳人、广东孔雀廊和美国世界电视广播有限公司等8家单位在美国洛杉矶联合成立美国中国音像城有限公司，专营国产音像制品。音像经营单位走出国门，拓展了国产音像制品的市场空间，引起了海外影视音像机构对国产音像制品的高度关注。

9月26日至29日，文化部、广东省人民政府在广州举办首届中国国际音像博览会。本次博览会共有220多家境内外音像企业、行业机构和国际组织参展，来自美国、英国、日本、马来西亚以及中国香港、澳门等国家和地区的单位52个。展会为产品博览、贸易洽谈和行业对话提供了广阔平台，吸引了大批境内外音像业内人士。据不完全统计，博览会4天时间，专业观众人数达3万多人次，共达成合作或交易意向34000单，总金额接近10亿元人民币。博览会期间还举办了国际音像业高级论坛，邀请中外专家围绕《挑战与选择：全球化、网络化时代的音像业》这一主题进行探讨。音博会是改革开放20多年来中国音像业界面向国际社会的首次集体亮相，对加强中外文化产业合作、促进音像产业繁荣发展具有重要意义。

（二）积极扶植国内动漫游戏产业的发展，成功举办第二届中国国际网络文化博览会

8月，文化部牵头联合财政部、信息产业部、国家税务总局、发改委、商务部等部门成立了支持动漫和电子游戏产业发展专项工作小组，研究支持动漫和电子游戏产业发展的具体措施。今年文化部批准了上海华东师范大学、中国社会科学院文化研究中心和上海宽视网络有限公司联合筹建上海国家动漫游戏产业振兴基地。动漫基地主要开展游戏产业的培训、研发、产业孵化和国际合作等工作，将成为我国网络游戏产业的孵化器，为我国动漫游戏产业的发展提供智力和资金支持。目前，除上海外，我国动漫游戏产业在四川、湖南、广东、北京等地蓬勃开展，四川、北京分别建设了自己的数字娱乐产业基地。

10月28日至31日，文化部联合有关部门在北京展览馆举办了第二届中国网络文化博览会，以“网融世界、创意中国”为主题，积极引导中国信息产业从网络为王向内容为王转型升级，引导以动漫游戏为代表的中国网络文化产业从引进为主向原创为主转型升级。网博会期间还举办了中国国际网络文化论坛、2004中国网吧产业发展峰会和国家原创动漫产业发展年会等活动。李长春、刘云山同志参观了网博会。长春同志对网博会给予了积极评价，他强调：网络文化产业已成为文化产业中极富发展潜力的新兴领域，要促进我国信息产业与文化产业的战略性合作，引导网络产业与内容产业相融合，走新型产业化道路，积极鼓励扶持民族原创的、健康向上的网络文化产品的创作和研发，促进网络文化产业持续、快速、协调、健康发展，为人民群众特别是广大青少年营造良好的网络文化环境。如今，网博会已成为网络文化产业的一个知名展会品牌。

（三）推广诚信经营，举办第五届中国艺术产业论坛、中国画廊推介展暨国际画廊邀请展

11月5日至9日，文化市场司与政协全国委员会教科文卫体委员会办公室在国家博物馆共同主办了第五届中国艺术产业论坛，中国画廊推介展暨国际邀请展。论坛的主题是“艺术与诚信”，邀请了14位国内外知名专家学者演讲。论坛期间同时举办了中国画廊推介展暨国际画廊邀请展。展览共有52家参展单位，其中国内32家，能够代表我国画廊业的发展水平。特别是上海、江苏、北京、山东等省市积极支持配合，做了大量工作。此次展览有很多重要的艺术作品，包括以6000多万收购价，创下中国书画最高价位记录的陆俨少的《山水百开册页》，以及阿曼、罗丹、达利等世界著名大师的艺术品。展览会共接纳参观人数逾万人，舆论反映良好。此次参展的国内画廊自愿联合成立中国画廊诚信联盟，并向公众发布《中国画廊诚信宣言》。诚信联盟的成立对于促进行业自律，加强行业合作，提升行业形象有着重要的意义。

三、指导文化市场综合执法改革，加强执法队伍建设

（一）关注指导文化市场综合执法改革

在总结前几年综合执法调研工作的基础上，文化市场司形成了《文化部关于文化行政执法改革的意见》，将文化部关于综合执法改革的意见和建议下发各地，指导各地开展综合执法改革。

文化市场司积极参加中宣部组织的文化市场综合执法调研工作，并根据目前文化市场执法工作的形势，提出了综合执法改革应纳入文化体制改革试点范围，加强县级农村文化市场管理和执法力量等许多重要建议，并被吸收到中办发[2004]24号文件中。为贯彻文件精神，文化市场司在成都召开了试点省市文化管理部门和执法机构负责人座谈会，了解各地试点工作进展情况，就改革中涉及到的问题进行深入沟通并达成共识。在此基础上，起草了《文化部关于贯彻中办发[2004]24号文的通知》印发各试点地区党委、政府及文化行政部门，明确提出文化部门贯彻中办发[2004]24号文件的意见和建议。为了及时了解各地的工作进展情况，文化市场司落实专人负责与试点地区文化部门建立了经常性的热线联系，了解各地工作进展情况，具体指导地方进行综合执法改革。根据各试点单位的意见和建议，再次下发了《文化部关于进一步贯彻落实中办发[2004]24号文件精神的实施意见》。

（二）加强执法队伍建设

针对目前文化市场管理的形势，文化市场司将《文化市场稽查暂行办法》、《文化市场行政处罚程序规定》、《文化市场行政执法错案责任追究暂行办法》进行修改合并，起草了《文化市场行政执法管理办法》。为了规范文化市场举报工作的管理，规范执法机构对群众的举报受理办理，文化部下发了《文化市场举报办理规定》。文化市场司对文化市场执法文书进行了整理、修订，重新制定了20多种常用文书，拟在全国进行统一；利用互联网统计全国文化市场行政执法数据，对全国每一季度执法工作进行汇总分析，并以专报的形式上报作为中央领导决策的参考依据。据统计，2004年前三季度全国共出动检查2674343人次，检查经营单位2242437家次，共收缴物品123802106件，停业整顿文化经营单位23584家，取消经营资格6238家。今年，根据部里安排，文化市场司拟召开全国文化市场执法工作会议，回顾、总结10年来的执法工作，交流执法经验，研究新形势下的执法工作。但由于综合执法改革的开展，召开会议的时机不太成熟，但文化市场司仍对行政执法先进集体和个人进行表彰。经认真审核研究，评选出68个“全国文化市场行政执法先进集体”，99名“全国文化市场行政执法先进个人”，并发布了表彰决定。

（三）加强业务培训和学习，提高管理人员和经营者素质

为规范和发展农村演出市场，提高民间职业演出团体负责人的政策法律意识，文化市场司于5月份在河南宝丰召开了全国首届民间职业剧团长学习班，来自全国各省市自治区管理部门和民间职业剧团负责人300多人参加了学习。学习班通过实地观摩、研讨多种形式，就演出市场的法制建设，演出剧节目的创意和策划以及民间艺术市场的培育等专题进行了讲解，对民间职业演出团体创新能力差、竞争手段单一、演出方式陈旧等问题进行了深入剖析。此次学习班在提高民间职业剧团的人员素质、增强市场竞争能力方面起到了积极的推动作用。学习班期间，宝丰县300个民间职业演出团体联合发出倡议，要守法经营，文明演出，坚决抵制庸俗和不健康的节目，保护未成年人的合法权益。此次学习班产生了广泛的现实影响，促进了宝丰县的农村文化市场管理工作，各地对河南宝丰非法演出团体的举报有所减少。

举办文化稽查人员培训班。4月20日~23日，文化市场司在江西井冈山举办全国文化市场稽查暨新版音像制品防伪标识培训班，来自全国省级文化市场稽查管理部门的130余名代表参加了学习和培训，会议就新版音像制品防伪标识识别、文化市场综合执法改革、稽查队伍作风建设等问题进行了系统培训和探讨。

举办文化市场统计学习班。3月22日~23日，在杭州召开了全国文化市场统计工作年会，对2003年的统计资料进行汇总。据统计，2003年，全国文化市场产业经营单位29.3万家，从业人员118.3万人，年实现利润74.1亿元，创增加值224.5亿元。2003年全国省、市、县三级文化市场管理稽查机构共3365个，20885人，其中纳入当地编制的稽查机构2087个，13099人。根据需要，今年上半年重新修订了文化市场统计指标体系，并于10月初在郑州市举办了全国文化文物和文化市场统计培训班。在修改指标体系工作中，湖北省文化厅市场处给予了大力支持。

11月，在广州举办了音像市场监督员培训班，70多名音像市场监督员系统学习了监督员的职责、权利、任务，并与11个省稽查队长进行了沟通交流，取得了较好的效果。

2004年文化市场状况分析

一、演出市场持续繁荣红火，在规范中不断发展

城乡演出市场繁荣发展。据文化部统计资料显示，2003年我国共有各类专业文艺表演团体2601个，演出场次39万场，观众3.91亿人次，平均每团演出147场，演出收入7.17亿元，比上年增长0.7亿元，增长10%，经费自给率29.5%。目前，大中城市演出市场发育良好，已经形成了庞大而稳定的观众群体，全年庞大的演出市场就这样被各个城市热情的观众消化下来，呈现出多层次、高消费、高利润的特点。农村演出市场异军突起。城镇、乡村的演出市场以更为朴实、更为贴近实际的风格满足着广阔的农村旺盛的文化消费需求。我国各类国有专业文艺表演团体在政策鼓励下和市场调节下，深入农村演出22万场，占总演出场次的56%。而真正在农村演出市场发挥主体力量的是民间职业剧团。据统计，全国在文化行政部门登记注册的民间职业剧团共6806个，每团每年平均演出100场次以上。2003年起，农村文化市场经营主体数量规模和利润率均已超过城市，县及县以下文化经营单位共有16万家，比上年增长16%，占全国总数的54.8%，主营业务利润增幅40%，尽管经济规模上还存在较大差距，但迅速增长的趋势显著。农村演出市场呈现出低成本、低利润、高数量的趋势，在形式、内容、主体各方面都以迥异于城市演出市场的特点，同时、同步促进着全国的文化市场的发展。

演出国际国内交流增长，市场渠道畅通。在引进大量国外优秀演出剧目和品牌的同时，很多商业性演出作为中国主要文化产品走出了

国门。一方面，引进国外和港澳台地区的表演团体和个人数量持续增长。2004年文化部共审批了商业性涉外（含港澳台地区）表演团体639项，省级文化行政部门7月份以后审批港台地区12个团体486人275场次的演出，总计数千团体和人次。非商业性文化交流举办的“相约北京”国际艺术节、“中国吴桥杂技艺术节”、“北京国际音乐节”、“中国上海国际艺术节”、“广西南宁国际民歌节”等大型艺术节，也吸引了一批高水平的外国文化表演团体前来访演，总计来访267起，9114人次。另一方面，我国商业性演出正探索走出国门的道路，逐步解决文化产品进出口贸易逆差的问题。我国民乐表演团体女子十二乐坊出乎意料地在国际演出市场获得巨大的成功，出访欧美以及日韩等多个国家，在合理的纯商业运作中实现了文化产品的出口，具有典型意义。而我国的杂技也基本成为了较具强势的文化产品，具有了品牌效应。2004年官方组织的演出团体出访380起，10908人次，其中60%为有偿商业演出。对外推出商业性演出，实现了中国文化“既是民族的，也是世界的”文化交流目的，更重要的是通过“出口导向”促进国内演出市场的发展。

国内各地区间商业演出活动联系日渐频繁，演出市场营销逐渐形成网络状发展。我国幅员广阔，国内市场开发仍有巨大前景。各地区纷纷举办演出交易会，今年举办的有华中六省演出工作会、华东六省一市演出工作会、江浙沪地区演出会议、西北地区演出工作会等，不仅管理部门通过召集会议交流管理经验，更为演出经营者打造一个平台，交换商机，带动、促进相邻地区间演出市场的交流和发展。而经营者也自发地经营演出网络，演出公司、演出经纪公司之间形成千丝万缕的联系，在演员、场地、食宿安排等方面形成了各种层次的合作关系。今年，巡回演出呈上升趋势，一个市场反响良好的演出团体和节目通常要表演10场以上或更多，仅由文化部审批的涉外演出项目中，就有1/3以上进行多城市、多场次的巡演。虽然距离“全国演出一盘棋”的局面仍有相当的距离，但开发演出营销网络对实现演出市场资源的有效配置、提高市场份额、促进各地区演出市场的竞争与融合有着重要的积极意义。

演出形式嬗变，形成了混业经营、产业互动的良好格局。演出产业自身在发展，同时又以其最丰富活泼的形式、对文化意义最具张力的承载功能，渗透、融合并促进整个文化娱乐产业和服务贸易的发展。因此，演出市场上除了在演出场馆表现演出最为纯粹的欣赏价值功用之外，还迅速地与其他文化娱乐产业和服务贸易相结合、渗透，并成为其中的主要亮点，带动并促进了餐饮、娱乐、旅游乃至商业的发展。

演出渐与娱乐业相融合。演出本属于娱乐这一大范畴之中，但近年来结合更加紧密，娱乐场所中的演出日益增多，分量逐步加重，表演团体、人数、场次呈上升趋势。大型综合娱乐场所引进大型演出、甚至涉外表演团体已经较为普遍，自2004年7月，文化部将外国表演团体或个人来华在歌舞娱乐场所进行6个月以内的定点营业性演出的审批权限下放到省级文化行政部门后，仅7～10月份全国就有911个外国团体在娱乐场所进行了22346场表演。全国今年兴盛起了一种演出和娱乐并重的新型场所——演艺吧，增强了演员和观众之间的互动，吸引了众多的消费者。较为新颖的戏曲茶座也在悄然兴起，河南郑州已有戏曲茶座十余处，观众能在就餐时品尝正宗的河南风味的同时品味道地的豫剧表演，相当多的消费者乐在其中。

演出娱乐促进并带动了旅游业的发展，为旅游业带来新的经济增长点和文化内涵。以前我国旅游业的模式多为单纯的山水旅游、园林旅游，现在已经向文化旅游转化。旅游中的人群走出“斗室文娱”的束缚，与现场形式的表演具有天生的亲和力。演出对当地文化特色具有最直观的表达力，迅速成为当前旅游的重点和亮点。比如在湖北的神农架旅游中，可以了解到神秘的野人传说和欣赏到当地的土家风情；在浙江杭州剧院的旅游专场中，着重表现越国的历史和演绎了西湖数千年白蛇、梁祝等动人的爱情故事。尽管如此，演出娱乐对旅游业的促进作用还远远未能完全发掘出来，国际上东南亚等国家已经将文化娱乐作为带动旅游产业发展的动力，加大投入并重点扶持。

二、艺术品市场火爆开场，艺术品经营行情看涨

2004年对中国艺术品市场而言是具有历史性发展意义的一年，上半年，陆俨少的《山水百开册页》创下了6000多万中国画的最高拍卖纪录，下半年，嘉德的秋季拍卖又创下了4亿多万的拍卖成交纪录，刚刚结束的上海艺术博览会成交额也轻松超过了亿元大关，所有的这一切都表明中国艺术品市场已进入了蓬勃的发展和扩张期。

收藏群体急剧扩大，艺术品收藏热节节升温。上世纪80年代改革开放初期，随着台湾和香港地区经济崛起，内地名家书画作品在国际市场上价格大幅上扬，掀起了我国艺术品市场的第一次高潮。1993年至1994年，随着艺术品拍卖业的产生，中国艺术品价格出现第一次真正意义上的大幅上涨，这是艺术品市场的第二次高潮。2000年中国加入世贸组织后，海外投资商进入艺术品市场，中国艺术品价格在国际市场上不断上涨，屡屡刷新成交纪录，可以说艺术品市场的第三次高潮已经来临，并一直延续到今天。在这个背景下，艺术品“收藏热”节节升温，媒体津津乐道地跟踪报道艺术品的拍卖价格，许多电视台更是纷纷开办收藏、鉴赏之类的栏目，新兴的民营资本家、个体业主包括高收入的工薪阶层也开始进入艺术品投资领域。在艺术品市场发达的国家，收藏群体每年仅有0.1%的增长，而在中国收藏群体则呈几何形的递增趋势，艺术收藏前所未有地为人关注。

2004年中国的画廊行业呈现出蓬勃发展的良好态势。首先，以经纪代理为主要经营方式的画廊不断增多，很多传统画廊也纷纷转型，开始代理当代艺术家的作品。其次，外资画廊抢滩中国，2004年中国放开了外商投资艺术品的准入限制，很多国家的艺术商人纷纷在北京、上海等较为发达的地区开设画廊，如北京798工厂已成为外资画廊的聚集地，深圳大芬油画村产销兴旺。第三，有实力的民营企业涉足画廊行业，特别是房地产企业，为了提升房地产的文化形象，相继投资开设规模不等的画廊或美术馆。如南京长风堂美术馆及画廊，红色经典美术馆及画廊、北京经典美术馆及画廊等等，它们在短短几年内，就异军突起在市场中享有一定的声誉。第四，画廊的整体水平和实力不断壮大，几年前中国画廊行业还处于低水平的营销状态，为生存而挣扎，2004年在法国菲亚特博览会、瑞士巴塞尔博览会等国际知名的博览会中开始出现中国画廊的身影，这无疑是中国画廊实力增强的最好证明。

2003年中国遭遇非典的危害，但拍卖市场反而逆势飘红，几乎所有艺术品拍卖公司都取得了相当好的成绩。2004年艺术品拍卖继续走强，2004年嘉德的秋拍成绩接近去年秋拍的两倍，其他的艺术品拍卖公司的成交额和成交率也都达到历史最高点，成交价比估价高数倍数十倍的现象，特别是在中国近现代书画拍卖市场上频频出现，成交率占100%的专场也时有发生。据不完全统计，截至12月1日，中国艺术品拍卖企业总成交额突破58亿元人民币大关，估计到年底随着上海新一轮的拍卖活动，总额将突破60亿元人民币，特别是中国内地的拍卖公司首次在中国艺术品方面的成交总额超过香港地区，北京事实上取代香港成为全球中国艺术品的交易中心。

三、音像制品进出口快速增长，中外音像业界交流日益频繁

7月6日，文化部与商务部、海关总署联合下发《关于促进国产音像制品出口的通知》，建立新的出口审核机制，实行出口补贴、奖励等优惠政策，鼓励和支持音像经营单位开拓海外市场。受利好政策影响，国产音像制品出口增长迅猛。前三个季度，广东音像城国产音像制品的出口额接近1900万元，预计全年将达到2500万元，比2003年增长约20%。北京、天津、上海等地的音像出口数额也有大幅提升。国产音像制品的出口地已遍及全球40多个国家和地区。另一方面，2004年共批准进口音像制品3341种，其中录像制品2136部，录音制品1205种。共有71家音像出版单位进口音像制品。2004年进口音像制品总量比2003年全年增加409部，增加13.95%.其中录像制品增加250部，增加13.26%;录音制品增加159种,增加15.20%。

一些经营单位将音像出口作为新的效益增长点重点推进。除制成品出口外，天津北洋音像出版社、北京好望角音像有限公司、浙江省音像出版社等单位还采取多种形式，相继在美国、加拿大、澳大利亚以及欧洲等地设立门店，建立海外音像销售、租赁和连锁营销网络。尤其值得注意的是，11月18日广州“俏佳人”、广东“孔雀廊”、“飞仕”、“东和兴”、黑龙江“东宝”、广州音像出版社和美国世界电视广播有限公司等8家单位在美国洛杉矶市联合成立美国中国音像城有限公司，专营国产音像制品，标志着国产音像制品登陆北美市场迈出重要一步。在进口方面，2004年5月文化部下发《关于加强和改进音像制品进口管理的通知》，明确禁止以任何形式变相进口、平行进口音像制品，有效解决了一版多卖，授权期限过短等问题，音像进出口秩序更加规范。

由于经济实力的提升，综合国力的加强，我国音像市场和音像产品受到越来越多海外机构的青睐。在首届音博会上，来自美国、英国、日本、马来西亚以及中国香港、澳门等国家和地区的境外参展单位就有52个，约占总展位的1/4。其中，国际唱片业协会（IFPI）及其所属的百代、索尼、贝塔斯曼、环球、时代华纳、滚石等世界知名唱片公司和美国电影协会（MPA）下属主要成员公司，或单独设立展位，或与其合作企业联合设立展位，积极推销其影视音像节目，显示出进军中国市场的坚定信心。香港贸易发展局、香港电视广播有限公司等机构还专门组团观摩展会。不仅如此，包括国际唱片业协会杰森·伯曼主席、百代音乐集团副主席、百代音乐集团北美区主席兼首席执行官戴卫·曼恩和美国电影协会高级副总裁兼亚太区主任迈克尔·艾理善、华纳家庭录影执行副总裁约翰·奎因在内的多位国际影视音像界的高层领导，都在音博会期间莅临广州，参与展会的各项活动。

美国南海艺术中心、常青图书公司、香港联合出版集团属下的东方书店在旧金山召开“中国音像制品市场开拓研讨会”。拥有40多家子公司、合资公司和相关企业，在新加坡证券交易所主板挂牌上市的大众控股有限公司也准备在新加坡、马来西亚、印尼等东南亚国家建立中国音像制品连锁店。此外，新加坡亚洲电视论坛和亚洲影展及会议、戛纳音乐节等展会也对中国音像制品表示出极大兴趣，纷纷邀请中国企业参展。

四、网络游戏产业异军突起，网络游戏产品结构有待调整优化

网络文化产业作为一种新的产业形态，它在中国的产生和发展还是近几年的事。网络游戏异军突起，成为继网络广告和短信之后互联网企业的盈利增长点，并且连续两年创造了两个中国首富，去年网易的丁磊和今年盛大的陈天桥，成为产业界的奇迹。2003年中国网络游戏产值已经达到25.5亿元人民币的规模，对相关产业的带动作用更为明显，对通信业业务收入直接贡献87.1亿元人民币，对IT产业直接贡献35亿元人民币，对媒体及传统出版业贡献26.4亿元人民币。根据赛迪顾问的统计，2004年上半年，我国网络游戏产业产值已经达到了15.5亿元的规模。根据易观国际预计，2004年中国网络游戏市场规模将达到36亿元人民币，比上年增长82.7%，不仅远远超过了IDC的预期（IDC预计2004年中国网游产值为25亿元），而且超过了非点对点短信服务的营业额。

当前在网络教育、电子邮箱、搜索引擎、网络广告、网络短信、网络游戏等互联网几种主要盈利模式中，网络游戏所占比例为20%。如果按照前文所述，将前四种盈利模式不计，网络游戏已经超越短信成为我国网络文化产业的排头兵。2004年，网络游戏产品的市场投放量急剧增多，这是其成为社会热点和投资热点后的市场正常反应。根据赛迪顾问统计，截止到2004年8月，国内取得代理运营权的网络游戏产品共有168款，其中运营游戏74款，公测62款，内测32款。其中新引进和自主研发的游戏数量呈不断上升趋势。

韩国游戏依然占据主导，国产游戏比例不断上升。韩国游戏依然一家独大，2004年中国市场共有74款韩国网游，占据了44%的市场份额，内地网游也在奋起直追，数量上有了很大的进步，约有60款，占36%。但是从盈利状况上来说就比较差强人意了，内地网游盈利的仅仅28%，大大逊于韩国。无论是经典的老牌游戏，如《传奇》、《奇迹》、《仙境传说》，还是今年新引进的掀起游戏市场惊涛骇浪的《A3》和《天堂2》均是韩国产品。国产游戏也有一批代表之作：如《大话西游ONLINE2》、《传奇世界》和《剑侠情缘ONLINE》、《联众世界》，但是今年新推出游戏，如金山的《封神榜》、久诚的《天外》和《快乐西游》等成功与否还有待市场的检验。

令人欣慰的不仅是国产游戏数量的增长，而且也在走出国门，积极拓展海外市场。金山公司与台湾最大的网游运营商智冠结盟，拳头产品《剑侠情缘网络版》在台湾已经排名第五，并已相继签约中国香港特别行政区、新加坡、马来西亚和越南等国家和地区，进军韩国、日本、泰国和印度的谈判正在紧张地进行当中。2005年《剑网》的海外收入有望突破5000万元。而据估算，这已经相当于该公司去年收入的20%~30%左右。而目前内测的金山《封神榜》有望成为继《剑网》之后打入海外市场的第二款产品。继《航海世纪》成功打入韩国市场之后，一款以纸娃娃换装系统、机甲合体为主玩点的Q版网游——《星空之门》打入了以“游戏鼻祖”自居的日本市场，在日本掀起了不小的震动。在企业的自发努力之外，政府也在为企业积极搭建平台，齐齐哈尔光谱咨询公司的《魂ONLINE》也在今年10月的第二届中国国际网络文化博览会上正式签约法国，进军欧洲市场。

从游戏类型上说，产品同质化现象依然严重：以打怪、练级、换装备以及PK为主的角色扮演类游戏（可以被称为《传奇》模式）还是市场的主导产品，特别是《传奇》的成功使得许多游戏开发商和引进单位依然在遵循《传奇》模式。但是2004年由于网络游戏用户的多元化倾向，即越来越多的上班族和女性加入了这个队伍，使得棋牌类游戏和Q版等休闲类游戏出现了很好的发展势头，除了联众世界和基地城市之外，《泡泡堂》、《冒险岛》等深受欢迎，新引进的游戏也在进行自觉的结构调整，如上海米果引进的《星钻物语》就是一款没有PK非常卡通的游戏，其定位也是女性玩家为主。

五、文化市场存在的主要问题

2004年文化市场管理部门围绕规范市场秩序和繁荣文化市场两大主题开展工作，在推进管理创新，以规范促发展，以管理促繁荣上取得了显著成效。但我国文化市场还处于成长阶段，存在着诸多问题。概述如下：

（一）音像市场盗版走私依然猖獗，产业结构调整迟缓

2004年，盗版走私依然猖獗，但数量已有较大幅度下降。从广东查缴的违法音像制品数量看，以前海关查获的数量约占全省查获总量的1/2左右，而今年这一数字已降至1/3弱。非法网络下载和非法视频点播的情况仍没有根本改善，前者已对唱片业造成巨大冲击，后者的不利影响也不可低估。值得注意的是，通过互联网交换和共享影音文件及兜售违法音像制品的活动正在加剧，执法监管的难度还在加大。至于低成本的刻录，流通渠道仍主要局限于电子电器市场、电脑软件市场和出租门店，而非法地下生产线则以广东为据点逐渐向福建、江西、湖南等周边地区甚至越南、缅甸等周边国家转移。由于多方面的原因，音像产业结构的

调整缓慢而缺乏活力。

以上因素对音像业的侵蚀是渐进式的，而自9月下旬开始大规模爆发的DVD压缩碟对音像市场的冲击则是灾难性的，其严重后果目前已现端倪。10月、11月，广东音像城音像制品的销售量和销售额快速直线下降。从目前的情况看，12月及元旦春节期间的下降趋势也不可避免。销售下降又表现在两个方面，一是销售商大量退货，一是发行商库存积压。据了解，目前一些主要音像发行商，积压的音像制品少则上百万片，多则几千万片，预期直接经济损失高达数百万甚至上亿元。目前，音像节目尤其是电视剧节目的版权交易大幅萎缩。据了解，主要发行商手头积存的电视、卡通、电影节目的版费均在千万元以上，仅此项损失就高达10亿元之巨。另一方面，新剧的版权交易基本陷于停顿，不少今年制作的电视剧至今没有卖出音像版权。对音像业而言，DVD压缩碟带来的不仅仅是经济上的损失，更多的还是因此而引起的巨大心理恐慌。

（二）演出市场主体不成熟，市场的规范和管理有待进一步加强

城市演出市场存在一定的恶性竞争现象，以高票价为标识，以假票现象为赘生。有这样三种现象，一种是成本估算不合理，不计成本的引进演员和表演团体。第二种是市场分析预见能力差，同类引进的情况屡屡发生。第三种是运作能力差，演出档期“撞车”频频。高票价问题是演出市场的痼疾。票价的形成是一个综合性因素，是多种不规范经营、管理体制不顺杂糅的后果。农村演出市场演出秩序的混乱集中体现在民间职业表演团体的经营管理不善和农村文化市场管理的薄弱。

市场的规范与发展仍然有待于管理体制的进一步理顺。1997年施行的《营业性演出管理条例》确立了我国演出市场管理的以主体资格准入制度、项目审批制度为基础的基本模式和基本管理制度。7年过去了，随着改革开放的深入，演出市场得到了巨大发展，面临的环境和问题也发生了重大变化。首先，主体资格准入制度和过细的项目审批束缚了演出市场的发展。《条例》规定，个体演员进行营业性演出应具备个体演员证，营业性演出必须经过文化行政部门的审批，政府部门有限的行政资源管不了、管不好、也没有必要对个体演员参加演出的自由和所有形式的表演活动进行逐项审批。其次，涉外演出的特许经营制度造成了国民待遇的不平等，阻碍了资金和其他行业进入演出市场。最后，演出市场的进出口管理相互脱节，不能统一进出口渠道和管理机制。长期以来，对外演出文化产品的出口仍以官方文化交流为主，停留在官方文化交流的层面。如果主办方不充分了解国外演出市场经营状况、国内外演出艺术市场流通渠道和国外市场需求，不以市场为主导、对外演出市场将难以获得大的发展。

（三）画廊业整体水平仍然不高，缺乏必要的政策支持

首先，我国画廊行业没有建立起以经纪代理制画廊为主体的市场结构。目前在经纪类的画廊中，实力强、影响大的多数是外资画廊，他们背后有国外资金的支持，有良好的宣传推广资源,而真正本土的国内画廊，多数是工艺品店性质的，甚至仅提供画框、室内装饰设计等活动，并不能引导艺术审美和消费，更谈不上发现有潜力的艺术家了。其次，艺术品的私人交易行为，影响了画廊的经营。当画廊通过宣传、展览等方式将艺术家的价格提升到一定位置时，画家的私下交易会破坏了这个价格体系。私人交易是画廊发展的致命伤，艺术家只有彻底摆脱经济利益至上的错误想法，把艺术放在首位，通过与画廊的相互协作、相互理解与相互信任，真正发挥画廊的中介作用，才会使画廊和自身的艺术创作取得双赢。第三，拍卖市场的过速发展，抢占了画廊的市场份额。拍卖行实际充当了一级市场角色，占领了画廊的部分市场。另外，博览会也占有了部分市场份额。这更加削弱了画廊等代理机构作为一级市场主体的功能，一、二级市场发展不平衡和错位现象也阻碍了画廊的发展脚步。第四，画廊的发展还缺乏政策上的扶植。目前画廊行业在国民经济中被列为零售类行业，没有被纳入文化产业的范畴，也没有享受到文化产业的优惠政策。零售业的税费很高，而且大多数的画廊还要代缴画家的个人所得税，税务负担，压减了画廊的利润空间。

（四）网吧整治取得阶段性成果，长效机制基本建立

2004年网吧专项整治工作取得了显著的效果，但成果还只是阶段性的，一些工作还没有完全落到基层，落到实处，尤其是在中小城市和农村地区有些问题还比较突出。特别是通过整治反映出了一些深层次问题。第一，未成年人问题。一方面，一些经营者受经济利益驱使，把关不严或有意容留，造成未成年人进入网吧屡禁不止。另一方面，由于上网已经成为未成年人的一种新型生活方式，一些未成年人抵御不了网吧的吸引，不顾家长、学校和社会及法规的限制，千方百计混进网吧。同时，由于我国各地经济、社会发展不平衡，仅靠学校、家庭的条件还难以满足未成年人的上网需求，仅靠禁入网吧不能从根本上解决问题。需要加强对未成年人的教育，疏堵并举，教育引导未成年人文明上网。目前各地中小学生普遍缺乏必要的上网场所，是个亟待解决的问题。第二，农村网吧管理问题。近年来，农民通过互联网与外界进行交往沟通和文化娱乐的需求愈加旺盛。一些农民抓住农村市场对互联网的持续高涨的需求开办网吧。但不少农村网吧由于规模小，无法通过行政管理部门的行政许可，由于利益驱动，经营者无照经营网吧现象突出。农村地区青少年是上网的主要人群，一些经营者为牟取利益，大肆接纳未成年人，严重影响青少年健康成长。对农村网吧的监管难度大，监管力量不足。现有的执法力量日常监管主要集中在县城，平时很难深入到乡镇检查。在农村乡镇，文化、工商等部门的执法力量都很薄弱。一些地区在机构改革中弱化文化行政执法，直接导致农村文化市场成为管理真空。第三，监管不力与行政干预过多并存，合法经营者税费负担过于沉重。《条例》规定网吧每日营业时间限于8时~24时，但各地超时营业的现象不同程度的存在。在实践中解决网吧超时营业的问题难度很大，行政管理成本过高，致使规定很难落实，法规的严肃性受到影响。网吧交纳税费过高，在一定程度上影响到经营者合法经营。2003年1月15日，财政部、国家税务总局《关于营业税若干政策问题的通知》（财税[2003]16号）规定“单位和个人开办‘网吧’取得的收入，按‘娱乐业’税目征收营业税”。网吧的税率从原来的3%~5%骤然提高到20%，此外，在相当多的地区，一些政府部门对网吧乱收费的现象比较突出，有的网吧一年要向各管理部门交纳各种名目的费用达10万元以上。政府部门乱收费挫伤了经营者合法经营的积极性，损害了政府的管理权威，增加了经营者的经营成本，也使得一些经营者铤而走险，违法经营。

（五）网络游戏业百端待举，市场管理亟待加强

近些年，由于大众对互联网文化内容的巨大需求以及电信基础设施建设的推进和电脑等硬件的不断普及，带动了网吧和网络游戏产业的超常规的高速发展，在这样高速发展的背景下，网络游戏产业也不可避免地出现了这样和那样的问题，有的问题还非常严重，主要表现为：一是认识有偏差，对网络游戏市场中存在的问题有夸大化或者忽略化等两种极端认识。二是网络游戏产品中存在色情、赌博、暴力、愚昧、迷信以及危害国家安全等不健康内容。三是未经内容审查的境外网络游戏产品充斥我国网络游戏市场，缺少拥有自主知识产权的原创网络游戏产品。四是“私服”、“外挂”等非法经营行为比较突出，影响了网络游戏的健康发展。五是容易影响缺乏自制能力的未成年人的身心健康，有的深陷其中、不能自拔并诱发一系列社会问题。

从总体上看，文化市场的现状还不能满足广大人民群众的需要，我们要树立长期作战的思想，坚持群策群力齐抓共管的策略，广泛动员全社会力量参与文化市场管理。我们相信，在党中央、国务院的统一部署和坚强领导下，在全体文化市场管理人员的共同努力下，我国文化市场一定会取得更大的发展，文化市场欣欣向荣的明天一定能够实现。

2004年中国演出市场发展状况及管理思路

2004年，中国的演出市场又走过了热闹红火的一季，城乡各地演出都呈现出生机勃勃的景象。演出市场自身在繁荣中发展、分化、嬗变，演出市场的管理也开创了一个新的局面。

一、演出市场现状

演出市场是我国文化市场的重要组成部分。随着今年我国社会稳定，经济发展的持续利好，人民消费水平和审美要求逐步提高，演出市场的这一年的繁荣真切地体现出“歌舞升平”的经济效益与社会效应。

（一）城乡演出市场繁荣发展

1.大中城市演出市场持续繁盛。

据文化部统计资料显示，2003年我国共有各类专业文艺表演团体2601个，演出场次39万场，观众3.91亿人次，平均每团演出147场，演出收入7.17亿元，比上年增长0.7亿元，增长10%，经费自给率29.5%。而与往年一样，占据演出市场最夺目位置的还是各种大型演出、演唱会。北京、上海最是星光璀璨，以北京市为例，仅今年的演唱会就达40余场，且场场叫好叫座，甚至连12月份这最后的“淡季”也仍有6场演唱会在最后积极地抢占市场份额，平均5天一场，用“扎堆儿”一词形容毫不为过。在众多的明星当中，港台歌星的演唱会以其高涨的人气，活泼的舞台表现风格，到位的宣传包装等优势，继续风光无限，尤以面向有一定经济实力观众群的怀旧歌手如蔡琴、刘德华的演唱会取得巨大成功；而国内一些拥有扎实唱功、多首成名歌曲的实力派歌手如刘欢、孙楠也开始通过演唱会的形式自我表现，同样取得不错的成绩；国外大型演出愈发注重宣传的营销战略，惠特尼·休斯顿、安德烈·波切利的演唱会、迪斯尼冰上芭蕾、爱尔兰“王者之舞”以及一些高雅音乐都给首都的演出市场带来了一场场的音乐饕餮。除北京、上海外，广州、天津、西安、各省会城市以及江浙地区等发达地区的中等城市今年的演出市场都可圈可点。目前，大中城市演出市场发育良好，已经形成了庞大而稳定的观众群体，全年上百亿元的演出产业就这样被各个城市热情的观众消化下来，呈现出多层次、高消费、高利润的特点。

2.农村演出市场异军突起。

城镇、乡村的演出市场以更为朴实、更为贴近实际的风格满足着广阔的农村旺盛的文化消费需求。我国各类国有专业文艺表演团体在政策鼓励下，在市场调节下，深入农村演出22万场，占总演出场次的56%。而真正在农村演出市场发挥主体力量的是民间职业剧团。据统计，全国在文化行政部门登记注册的民间职业剧团共6806个，每团每年平均演出100场次以上，观众人数更是一个只能存在于想象中的庞大数字。农村文化消费有其自身的特点：文化消费需求旺盛，文化消费能力却相对较低；消费主体分散、但集镇式文化消费集中；日常性文化消费疲软、而节庆、婚丧活动性文化消费强劲。民间职业表演团体来自农村、服务于农村，针对农村文化消费特点，以其灵活的形式、微薄的利润、敏锐的市场导向活跃在农村的大小庙会、物资交易会、集镇和年节与婚丧嫁娶的活动中，为广大农村和农民提供文化服务。民间职业表演团体的兴盛在今年才真正浮出水面。一部分民间职业剧团以原汁原味的地方戏曲为主要表演形式进行本地演出，深受广大乡村观众的欢迎，比如浙江嵊州的越剧团，陕西、山西的皮影、木偶剧团，东北地区的二人转演出，广东汕头的潮剧团等，团体数量和表演场次都非常可观。部分民间职业剧团在全国流动演出，比如河南宝丰县，已有以歌舞、魔术、杂技等表演形式的民间职业团体近2000个，全国各地几乎都有宝丰团的足迹，每年从全国汇回资金达数千万元，文化已经成为该县的六大支柱产业之一。2003年起，农村文化市场经营主体数量规模和利润率均已超过城市，县及县以下文化经营单位共有16万家，比上年增长16%，占全国总数的54.8%，主营业务利润增幅40%，尽管经济规模上还存在较大差距，但迅速增长的趋势显著。农村演出市场呈现出低成本、低利润、高数量的趋势，在形式、内容、主体各方面都以迥异于城市演出市场的特点，同时、同步并以更强劲的势头促进着全国的文化市场的发展。

（二）演出国际国内交流增长，市场渠道畅通

商品的流通是市场发展的命脉。在演出市场节目生产水平提高、观众需求增长的同时，如何使演出的营销渠道畅通是将市场做大做强的有效手段。今年的演出市场国际国内交流都有显著增长。

1.国际间，在引进大量国外优秀演出剧目和品牌的同时，很多商业性演出作为中国主要文化产品走出了国门。

一方面，引进国外和港澳台地区的表演团体和个人数量持续增长。2004年文化部共审批了商业性涉外（含港澳台地区）表演团体639项，省级文化行政部门7月份以后审批港台地区12个团体486人275场次的演出，总计数千团体、人次。非商业性文化交流举办的“相约北京”国际艺术节、“中国吴桥杂技艺术节”、“北京国际音乐节”、“中国上海国际艺术节”、“广西南宁国际民歌节”等大型艺术节，也吸引了一批高水平的外国文化表演团体前来访演。总计来访267起，9114人次。以上无论商业性还是交流性演出，对促进国内演出市场的繁荣都起到了不可磨灭的作用。

另一方面，我国商业性演出正探索走出国门的道路，逐步解决文化产品进出口贸易逆差的问题。今年的我国民乐表演团体女子十二乐坊出乎意料的在国际演出市场获得巨大的成功，出访欧美以及日韩等多个国家，在政府未曾大力支持的情况下，在合理的纯商业运作中实现了文化产品的出口，具有典型性的战略意义。而我国的杂技也基本成为了较具强势的文化产品，具有了品牌效应。像河南由农民创建的濮阳市艺术服务中心的儿童杂技表演不仅走出国门，还长期出现在美国迪斯尼乐园，并成为乐园中最受小朋友们欢迎的金牌节目。2004年官方组织的演出团体出访380起，10908人次，其中60%为有偿商业演出。对外推出商业性演出，实现了中国文化“既是民族的，也是世界的”文化交流目的，更重要的是通过“出口导向”促进国内演出市场的发展。

2.国内各地区间商业演出活动联系日渐频繁，演出市场营销逐渐形成网络状发展。

我国幅员广阔，国内市场开发仍有巨大前景。各地区纷纷举办演出交易会，今年举办的有华中六省演出工作会、华东六省一市演出工作会、江浙沪地区演出会议、西北地区演出工作会等，不仅管理部门通过召集会议交流管理经验，更为演出经营者打造一个平台，交换商机，带动、促进相邻地区间演出市场的交流和发展。而经营者也自发的经营演出网络，演出公司、演出经纪公司之间形成千丝万缕的联系，在演员、场地、食宿安排等方面形成了各种层次的合作关系。今年，巡回演出呈上升趋势，一个市场反响良好的演出团体和节目通常要表演十场以上或更多，巡回演出增加了演出单位的收益，满足了各地区观众的观赏需求，调节各地区间演出市场发展的不平衡、部分弥补了现场演出传播率远低于电视、网络等其他文化消费形式的不足。今年仅由文化部审批的涉外演出项目中，就有1/3以上进行多城市、多场次的巡演。虽然距离“全国演出一盘棋”的局面仍有相当的距离，但开发演出营销网络对实现演出市场资源的有效配置、提高市场份额、促进各地区演出市场的竞争与融合有着重要的积极意义。

（三）演出形式嬗变，形成了融业经营、产业互动的良好局面

演出产业自身在发展，同时又以其最丰富活泼的形式、对文化意义最具张力的承载功能，渗透、融合并促进整个文化娱乐产业和服务贸易的发展。演出的形式最为丰富活泼，即使是以列举的方式也不能界定演出完整的定义。歌唱、舞蹈、音乐、戏剧、曲艺、杂技、马戏、魔术、皮影木偶、模特表演等门类不一而足，都可以适应各种场所、各种层次、各种需求。而演出的内容带来现场的艺术、文化感染力和传播力也是任何文化消费模式都不可比拟的。因此，演出市场上除了在演出场馆表现演出最为纯粹的欣赏价值功用之外，还迅速地与其他文化娱乐产业和服务贸易相结合，渗透、与之融合，并成为其中的主要亮点，带动、促进了餐饮、娱乐、旅游乃至商业的发展。

1.演出渐与娱乐业相融合。演出本也属于娱乐这一大范畴之中，但近年来结合更加紧密，娱乐场所中的演出日益增多，分量逐步加重，表演团体、人数、场次呈上升趋势。大型综合娱乐场所引进大型演出、甚至涉外表演团体已经较为普遍，自2004年7月，文化部将外国表演团体或个人来华在歌舞娱乐场所进行6个月以内的定点营业性演出的审批权限下放到省级文化行政部门后，仅7月份～10月份全国就有911个外国团体在娱乐场所进行了22346场表演。全国今年兴盛起了一种演出和娱乐并重的新型场所——演艺吧，增强了演员和观众之间的互动，这种形式结合了演出和娱乐的双重优势，吸引了众多的消费者。较为新颖的戏曲茶座也在悄然兴起，河南郑州已有戏曲茶座十余处，观众能在就餐时品尝正宗的河南风味的同时品味道地的豫剧表演，相当多的消费者乐在其中。戏剧演员们也能够同时实践和展示自己，实现个人价值。

2.演出娱乐促进并带动了旅游业的发展，为旅游业带来新的经济增长点和文化内涵。很多地区都在大力发展旅游业，需要多层次、多角度发掘新的旅游市场和亮点，以前我国旅游业的模式多为单纯的山水旅游、园林旅游，现在已经向文化旅游转化。旅游中的人群走出“斗室文娱”的束缚，与现场形式的表演具有天生的亲和力。演出对当地文化特色具有最直观的表达力，迅速成为当前旅游的重点和亮点。比如在湖北的神农架旅游中，可以了解到神秘的野人传说和欣赏到当地的土家风情；在浙江杭州剧院的旅游专场中，着重表现越国的历史和演绎了西湖数千年白蛇、梁祝等动人的爱情故事。尽管如此，演出、娱乐对旅游业的促进作用还远远未能完全发掘出来，国际上东南亚等国家已经将文化娱乐作为带动旅游产业发展的动力，加大投入并重点扶持。

3.利用演出来进行商业促销更是屡见不鲜。仅深圳市的促销性歌舞、模特表演以年粗略估计就有2000余场。这么多散布在餐饮、娱乐、旅游、商业促销中的演出在文化管理部门放开了国内营业性演出的审批、改为备案制度之后，取得了更广阔的发展空间。

二、演出市场存在的主要问题

正如经济的高速发展会带来一系列问题与挑战一样，2004年中国的演出市场在繁荣发展的同时也存在着很多问题与不足。这些不足主要反映在市场的无序经营和管理体制不顺等方面。

（一）市场主体不成熟，存在无序竞争

1.城市演出市场的混乱以恶性竞争为表现，以高票价为标识，以假票现象为赘生，反映了演出经营管理水平差，市场诚信缺失。

演出市场混乱的重要表现就是恶性竞争。有这样三种现象，一种是成本估算不合理，不计成本地引进演员和表演团体。尤以港台歌星的高出场费为甚，经常数十个演出经纪公司争夺二三明星，只能通过层层加价获得竞争惨烈的胜利，致使演出的出场费形成刚性机制，逐年水涨船高，如今年的惠特尼·休斯顿来华演出，出场费高达600万元，令人咋舌。不仅这种不必要的成本开支以高票价形式被转移到观众身上，也使演出本身利润微薄。第二种是市场分析预见能力差，同类引进的情况屡屡发生。比如，今冬明春即将有两个土耳其“热情如火”舞蹈史诗和两个美国百老汇“明星歌舞荟萃”于相近的时间段内在北京演出市场出现并一争高下，同源同类的歌舞受众必然固定在相同人群，这种竞争的结果也可想而知。第三种是运作能力差，演出档期“撞车”频频。6月份孙燕姿与左麟右李的流行大碰撞、10月份钢琴家让·伊夫·蒂伯戴和歌唱家安德烈·波切利的高雅音乐大对决，带来的教训可能就是，演出市场并不需要“狭路相逢勇者胜”，而是需要具备科学运作统筹能力的“智者胜”。

高票价问题是演出市场的痼疾。票价的形成是一个综合性因素，是多种不规范经营、管理体制不顺杂糅的后果。如前面提到的恶性竞争造成的高演艺成本、场馆设施滞后的高剧场场租、票务营销混乱带来的高票务代理、大量索要赠票造成的高管理负担等问题，使演出行业陷入高风险、高票价的怪圈。今年的高票价问题依然严峻，像蒙特卡洛芭蕾舞团的演出最高票价高达2万元天价。票价居高不下，使文化产品的价格标准与广大群众的购买力比例失调，造成公民的平均文化消费水平与巨大市场潜力的巨大差距，妨碍了艺术的传播与再生产。高票价问题一直处于社会关注的热点之中。

假票问题是高票价问题、演出经营秩序混乱的赘生物。假票现象出现于2000年，从2003年下半年起至今，大型商业性演出活动中出现假票已成为普遍现象。随着演出市场的火爆以及管理的相对缺位，犯罪资金、人员纷纷流入制售假票行业，一方面利用票价过高，观众贪图便宜的心理，另一方面利用赠票成风造成的黄牛倒票渠道，在演出前一两个小时兜售，致使识别能力不强的观众上当受骗，造成经济损失的同时搞乱现场秩序。假票现象暴露了演出经营的混乱和大型活动管理的弊病。

2.农村演出市场演出秩序的混乱体现在民间职业表演团体的经营管理不善和农村文化市场管理的薄弱。

民间职业表演团体数量众多，流动性强，从业人员素质不高，有“草台班子”之称，难免良莠不齐。首先，民职剧团经营与生产管理不善，资金薄弱，演出节目质量粗糙，品种单一，舞台、服装硬件设施差、包装宣传跟不上等问题阻碍了民职剧团的资金积累和再生产，使得满足广大农民文化需求只能停留在较低层次。

更为严重的是，演出内容方面易出现恶性事故。大棚内格调低下和不健康的演出一度泛滥，毒害农村广大观众尤其是未成年人的身心健康，破坏农村演出秩序，败坏整个民间演出市场的声誉。山东、广西、浙江本年度都曾发生类似事件，一时间成为社会和媒体关注的热点，造成恶劣影响。

民职剧团演出的安全问题也亟待整治。在各种物资交流会、庙会集镇演出中，场地舞台均为临时搭建，存在众多安全隐患。河南信阳地区曾发生大棚杂技演出发生看台坍塌，2死76伤的恶性事故。而农村文化市场管理薄弱的问题在查处农村色情表演时表露无疑。如山东省泰安市宁阳县一年审批、备案的演出为40场，而文化市场稽查队编制只有3人，交通工具、办案经费都严重匮乏。可见，不通过行业自律，单纯靠行政手段难以对广大农村演出市场进行有效监管。

（二）市场的规范与发展仍然有待于管理体制的进一步理顺

1997年施行的《营业性演出管理条例》确立了我国演出市场管理的以主体资格准入制度、项目审批制度为基础的基本模式和基本管理制度。多年来的实践证明，《条例》的立法精神是符合我国演出市场发展和社会主义精神文明建设要求的，对促进全国演出市场的繁荣健康有序发展起到了决定性作用。7年过去了，随着改革开放的深入，演出市场得到了巨大发展，面临的环境和问题也发生了重大变化。

首先，主体资格准入制度和过细的项目审批束缚了演出市场的发展。《条例》规定，个体演员进行营业性演出应具备个体演员证；营业性演出必须经过文化行政部门的审批。正如我们前面提到的，演出从业人员数量庞大且流动性强，演出市场总量丰富、形式多样，政府部门有限的行政资源管不了、管不好、也没有必要对个体演员参加演出的自由和所有形式的表演活动进行逐项审批。

其次，涉外演出的特许经营制度造成了国民待遇的不平等，阻碍了资金和其他行业进入演出市场。几年来，相当数量的涉外演出和大型活动在由其他社会力量主办时，由于没有涉外演出资质，不得不委托有资质的公司申报演出。而现有的一些涉外演出公司不思进取，靠卖批文维持公司运转，根本不能起到监督、管理演出的实质性作用，同时经常用虚假合同、虚假委托骗取批文，严重扰乱了演出市场的秩序，成为演出市场发展的障碍。

此外，一些地方文化管理部门观念陈旧、不能及时适应《行政许可法》的要求，转变职能，加强服务。如有的地区演出管理和审批权力在省级演出公司，演出公司自己批复自己的演出请示，行政主体不清晰，责权不明确，造成了当地演出市场秩序的混乱。另外一些地方保护主义倾向抬头，对外来演出团体设置种种行政障碍，不利于演出市场一体化进程，影响了演出营销渠道的畅通。

最后，演出市场的进出口管理相互脱节，不能统一进出口渠道和管理机制。长期以来，对外演出文化产品的出口仍停留在官方文化交流的层面，在不了解国内演出市场经营状况、不掌握国内外演出艺术市场流通渠道、不了解国外市场需求的情况下，以政府有限的人力物力组织少数国有艺术院团到国外无偿演出、宣传，不等于中国文化产品走出去，也不能真正扭转文化贸易逆差。就像在文化外宣中不以市场为资源配置的主体，盲目推出演出出口的拳头品牌——杂技，欧美有些城市在市场远未达到饱和的程度下，已经形成了中国杂技团之间的恶性竞争。长此以往，不以市场为主导、不能形成市场自发机制，对外演出市场将陷入缓慢甚至停滞发展的境地。

三、演出市场管理的对策与思路

在充分了解和研究2004年演出市场的基本状况和存在问题的基础上，文化市场演出管理部门这一年来以及今后的管理对策与思路都非常明确：坚定不移的以演出市场法制建设为中心，贯彻行政许可法要求，简政放权，加强服务和管理；坚持城市和农村演出市场并重，继续以不同管理手段促进城乡演出市场的繁荣；扶植演出行业协会发挥并加强监督和自律作用，引导演出市场的有序经营。

（一）继续推进《营业性演出管理条例》的修订及其宣传贯彻工作，以法制建设为中心，促进演出市场的繁荣，加强演出市场的管理

2004年对于演出市场是意义非凡的一年。《营业性演出管理条例》的修订在这一年里酝酿、创新、积聚并最终走向成熟。新条例的出台，将是在演出管理体制方面实现巨大的突破性进展，在演出市场的发展历程中具有里程碑意义。

随着政治体制改革进程的推进和依法治国基本方略的贯彻实施，立法建设已经成为政府部门转变职能、推进依法行政的基础。较之组织各种活动、评奖，通过法规实现市场监管、规范市场行为、促进演出市场的繁荣有序发展是政府部门最明智、也最有效的管理办法。新修订的《营业性演出管理条例》在以下几个方面做出了修改：

第一，放宽市场准入，取消四种限制。

取消涉外演出经营资格限制，取消对个体演员独立从事营业性演出活动的限制，取消对演出场所在本场所内独立举办演出活动的限制，取消对非法人单位举办营业性演出活动的限制。限制取消后，使一般演出公司避免了涉外经纪公司从中渔利，节省了报批的开支，统一了国民待遇，吸引更多经济实体从事演出经营。取消了对个体演员证，只要有一技之长，任何人在演出市场上有其立足之地，吸引更多从业人员加入演出行业。

第二，简政放权，简化了两种审批。

一般性非涉外演出活动由审批制改为备案制，再多的商业促销、模特走台、即兴表演都可以既合理又合法的存在了；涉港澳台演出下放至省级文化行政部门审批，减少审批环节，节约行政成本，也便利了经营单位。促进地方文化行政部门转变职能，祛除地方保护主义，推进依法行政。

第三，在法规中明确写入行业协会的作用。

使演出行业组织在演出市场中服务、沟通、协调、公证、监督等方面的权利和义务得到体现。

今年条例的修订还与取消和下放行政审批权、贯彻和实施《行政许可法》的工作交织推进，相辅相成。文化部起草发布了《关于贯彻实施〈行政许可法〉，转变政府职能，改进和加强文化市场监管工作的通知》，以积极配合和贯彻《行政许可法》的实施，切实转变政府职能，进一步做好文化市场监管工作，把《行政许可法》在文化市场管理领域进一步具体化。《通知》在发展规划、审批程序、市场一体化、行业协会等方面提出了新的意见。

以上政策的重大调整充分体现出了政府的服务与监督职能，管理体制、生产关系的理顺将极大地促进生产力的发展。明年的工作仍将围绕新条例的实施进行宣传和贯彻，对演出市场的经营者和管理者而言都将带来巨大而有益的挑战。

（二）坚持城市和农村演出市场并重，继续以不同管理手段针对不同特点促进城乡演出市场的繁荣

1.对大中城市加强对演出经营活动的管理，规范演出市场秩序，保持城市演出市场稳定发展。

一直以来，对城市演出市场的管理就是以严密监管和调查研究为主，并不对其进行过多行政干预。今年，对于危害演出市场有愈演愈烈之势的假票黑潮，演出管理部门联合有关部委，开展了打击演出市场制售假票行动，为演出市场保驾护航。针对假票问题的特点，加强大型商业性演出活动的管理，督促有关部门加大执法力度，严厉查处，已破获制售假票案两起，涉案金额80余万元。并强调和要求演出单位提高大型商业演出活动的技术防伪手段。另外，对于高票价问题形成的机制和演出市场新形式已经开展了广泛的调查研究，纳入到下一步管理计划。

2.为扭转一直以来农村演出市场基础薄弱的局面，今年重点加强了对农村演出市场的规范管理、正面引导和奖励扶持。

今年初，《中共中央国务院关于促进农民增加收入若干政策意见》进一步提高了“三农”问题在国民经济发展中的战略地位，进一步加大了解决“三农”问题的力度。为配合中央一号文件的实施，规范和发展农村演出市场，提高民间职业演出团体负责人的政策法律意识，全面推进农村小康社会建设，今年5月下旬，在河南宝丰召开了全国首届民间职业剧团长学习班，来自全国各省市自治区管理部门和民间职业剧团负责人共300多人参加了学习。学习班特别就演出市场的法制建设，中外演出市场的现状和趋势，演出剧节目的创意和策划，演出市场营销，以及民间艺术市场的培育和发展进行了专题讲解，对民间职业演出团体创新能力差、竞争手段单一、演出方式陈旧、品牌意识薄弱等问题进行了深入的有针对性的剖析。学习班还通过实地观摩、论坛研讨和座谈会多种形式，对开发民间艺术资源，建立民间艺术市场运作机制，发展文化产业等问题进行了一系列具有开拓意义的工作。此次学习班对提高民间职业剧团的艺术水平和人员素质、增强市场竞争能力、树立政策法规意识起到了积极的推动作用。

对农村演出市场既要在维护演出市场秩序、打击非法演出上下功夫，也要在正面的引导和培育上做文章。学习班期间，在文化部、河南省文化厅和地方政府的积极引导下，宝丰县300个民间职业演出团体联合发出倡议，要守法经营，文明演出，坚决抵制庸俗和不健康的节目，保护未成年人的合法权益，在获得经济效益的同时，不忘社会效益。学习班不仅取得了一时的成功，而且产生了现实的广泛影响，促进了宝丰县的农村文化市场管理工作，各地对河南宝丰非法演出团体的举报大幅度减少，一度困扰各地文化市场管理部门的宝丰民间团体非法演出的问题得到缓解。

充分发挥政府导向作用，积极推动农村基层演出奖励活动。基层演出团体是中小城市和农村演出市场的主力军，最熟悉基层文化生活。他们既是土生土长的民间艺术的创造者，也是中小城市和农村演出市场的实践者，是农村小康文化建设的主力军，对破除封建迷信，宣传科学文明，提高农村人口素质，倡导先进文化有着积极而深远的意义。为此，文化部、中宣部对深入农村基层的演出单位进行奖励，充分发挥了政府导向作用，调动国家核拨经费的文艺院团深入基层演出，鼓励贴近农民生活的优秀剧节目演出，促进了民间文艺团体开展积极向上的演出活动。

2004年中国音像市场发展状况及趋势分析

对中国音像业而言，2004年是不平凡的一年。前三个季度基本保持了平稳发展的势头，中国国际音像博览会的成功举办对此作了完美注解。自10月份开始，全行业遭遇严峻考验，DVD压缩碟则是其罪魁祸首。这种悲喜交加的际遇，正是中国音像市场2004年度的真实写照。

一、2004年我国音像市场发展的基本状况

从对广东音像城1月份~8月份发行数据的统计情况看，与2003年相比，今年音像制品的销售数量和金额均有较大幅度的滑坡。其中，销售量下降最为明显的月份是1月和7月，降幅分别达到49.8%和48.8%；销售额下降最为明显的月份是1月和8月，降幅分别达到72.7%和70.6%。对比2000年以来的数据，2004年销售量与2002年同期相当，但销售额则不足2002年同期的1/2，大约下降到2000年的水平。由此可以看出，音像行业的竞争继续趋于激烈，低价倾销仍是扩大发行收入的主要手段，同时也显示出行业整体竞争力不强，基础实力薄弱的状况。

但是，考虑到各大音像发行单位的业务主要在场外完成，并且版权交易相当活跃，推广活动颇为频繁的事实，今年前三个季度，音像业仍基本保持了平稳发展的势头。这一点，从音像制品防伪标识的发放数量也可以看出来。2004年全年发放标识约5.5亿枚，仅较2003年减少3.5%，如果排除更换新标造成的延误，数量应当与去年基本持平。尽管如此，自2001年音像业走出3年低谷后，连续高速增长的趋势则出现明显放缓甚至停滞的迹象。

前三个季度的基本情况主要反映在以下几个方面：

1.中国国际音像博览会成功举办，全面展示了我国音像业改革开放以来的发展成果。

9月26日至29日，文化部、广东省人民政府在广州成功举办首届中国国际音像博览会。共有220多家境内外音像企业、行业机构和国际组织参展，展位面积达18000平方米，比原定的9000平方米翻了一番，特装展位面积占80%以上。除西部以外的16个省、市的国内单位参展，其中90%以上是民营企业。

由于是改革开放20多年来中国音像业界面向国际社会的首次集体亮相，境内参展单位都把音博会看作展示自身的重要舞台。许多企业设立专门展台，推出“拳头”产品，演示拥有自主知识产权并具有浓厚民族特色和时代精神的音像节目。琳琅满目的产品，精巧的设计，显示出国内音像制作发行单位产品结构正在逐步调整，节目类型划分明确，音乐、百科、影视等都已形成较为细致的分工和特色。展期中，佛山天艺、杰盛唱片、星文唱片、飞碟唱片、艺洲人、泰盛文化等知名品牌还邀请合作

艺人杨澜、阎维文、闪亮组合、红缨束女子打击乐队等，开展现场签约、签售、演奏、见面及首发等丰富多彩的推广活动，聚集人气，扩大影响。

展会为产品博览、贸易洽谈和行业对话提供了广阔平台，吸引了大批境内外音像业内人士，取得较好的成果。据不完全统计，博览会4天时间，专业观众人数达3万多人次，共达成合作或交易意向3.4万单，涉及金额近10亿元人民币。9月26日下午和27日上午，音博会还举办了国际音像业高级论坛，邀请中外专家、学者和行业人士围绕《挑战与选择：全球化、网络化时代的音像业》这一主题，进行研究和探讨。

2.音像市场和音像制品受到海外影视音像机构高度关注，中外音像业界交流更加频繁。

由于经济实力的提升，综合国力的加强，我国音像市场和音像产品受到越来越多海外机构的青睐。在首届音博会上，来自美国、英国、日本、马来西亚以及中国香港、澳门等国家和地区的境外参展单位就有52个，约占总展位的1/4。其中，国际唱片业协会（IFPI）及其所属的百代、索尼贝塔斯曼、环球、时代华纳、滚石等世界知名唱片公司和美国电影协会（MPA）下属主要成员公司，或单独设立展位，或与其合作企业联合设立展位，积极推销其影视音像节目，显示出进军中国市场的坚定信心。香港贸易发展局、香港电视广播有限公司等机构还专门组团观摩展会。不仅如此，包括国际唱片业协会杰森·伯曼主席、百代音乐集团副主席、百代音乐集团北美区主席兼首席执行官戴卫·曼恩和美国电影协会高级副总裁兼亚太区主任迈克尔·艾理善、华纳家庭录影执行副总裁约翰·奎因在内的多位国际影视音像界的高层领导，都在音博会期间莅临广州，参与展会的各项活动。

国产音像制品的市场潜力引起海外影视音像机构的极大关注。文化部召开“中国音像制品出口座谈会”后，美国南海艺术中心、常青图书公司、香港联合出版集团属下的东方书店深受鼓舞，随即在旧金山召开“中国音像制品市场开拓研讨会”，积极进行呼应。拥有40多家子公司、合资公司和相关企业，在新加坡证券交易所主板挂牌上市的大众控股有限公司也准备在新加坡、马来西亚、印尼等东南亚国家建立中国音像制品连锁店。此外，新加坡亚洲电视论坛和亚洲影展及会议、戛纳音乐节等展会也对中国音像制品表示出极大兴趣，纷纷邀请中国企业参展。

随着音像节目进出口活动的大量增加，中外音像业界之间的交流也更加频繁。为加强内地与港澳之间的合作，文化部根据《行政许可法》及CEPA的要求，对《中外合作音像制品分销企业管理办法》、《音像制品批发、零售、出租管理办法》进行了重新修订，废除和修改了一些不适应的条款，增加了对香港和澳门服务提供者在内地设立音像制品分销企业的特别规定。

3.国产音像制品出口快速增长，进出口秩序逐步规范。

今年2月7日、4月7日，文化部两次召开国产音像制品出口座谈会，研究探讨出口政策，并于7月6日与商务部、海关总署联合下发《关于促进国产音像制品出口的通知》，建立新的出口审核机制，实行出口补贴、奖励等优惠政策，鼓励和支持音像经营单位开拓海外市场。受利好政策影响，国产音像制品出口增长迅猛。前三个季度，广东音像城国产音像制品的出口额接近1900万元，预计全年将达到2500万元，比2003年增长约20%。北京、天津、上海等地的音像出口数额也有大幅提升。国产音像制品的出口地已遍及全球40多个国家和地区。

一些经营单位将音像出口作为新的效益增长点重点推进。除制成品出口外，天津北洋音像出版社、北京好望角音像有限公司、浙江省音像出版社等单位还采取多种形式，相继在美国、加拿大、澳大利亚以及欧洲等地设立门店，建立海外音像销售、租赁和连锁营销网络。尤其值得注意的是，11月18日广州“俏佳人”、广东“孔雀廊”、“飞仕”、“东和兴”、黑龙江“东宝”、广州音像出版社和美国世界电视广播有限公司等8家单位在美国洛杉矶市联合成立美国中国音像城有限公司，专营国产音像制品，标志着国产音像制品登陆北美市场迈出重要一步。

进口方面，2004年5月文化部下发《关于加强和改进音像制品进口管理的通知》，明确禁止以任何形式变相进口、平行进口音像制品，有效解决了一版多卖，授权期限过短等问题，音像进出口秩序更加规范。

4.音像市场整治力度持续加强，知识产权保护仍然任重道远。

今年，国家对知识产权保护的决心进一步加强。年初，全国整规办将知识产权保护列为2004年整顿和规范市场经济秩序的重点工作之一。同时，为履行入世承诺，维护著作权人的合法权益，保护知识创新，国家专门成立知识产权保护小组，协调知识产权保护行动。音像市场整治方面，力度持续加大，成果显著。3月19日凌晨，辽宁“7·15特大违法音像经营案”的首犯王金声及另2名同案犯宋春东、刘春水在沈阳落网。至此，这起涉案金额达200余万元，公安部列入部级督办，并进行网上通缉的案件全面告破。7月上中旬，文化部连续下发通知，紧急动员全国各地文化市场稽查管理队伍，严厉打击电影《十面埋伏》的违法音像制品。随后，派出多个检查组，分赴辽宁、广东、四川、重庆、陕西和湖南等地区进行重点督导，并对盗版比较猖獗的辽宁西柳市场、陕西朝阳文化广场、西安电器城等场所提出限期关闭的处理意见。截至7月31日，全国共查获10余个版本的盗版《十面埋伏》3万多张。由于动员及时，行动迅速，市场局面基本被控制，高清晰的盗版版本在较长时间内未敢上市。7月19日~20日，广东省文化稽查总队、广州市文化稽查队先后破获两起特大违法音像经营案件，分别查获以美国大片为主的各类违法音像制品107万和157万盘，查缴违法音像制品封面50余吨。9月中旬，文化部、商务部、国家保护知识产权工作组协调广州破获6个储存违法音像制品的仓库，收缴违法音像制品60多万盘。截至11月15日，广东全省文化行政部门查缴的违法音像制品已超过1亿盘(张)。

此外，文化部还加强了对突发事件的应对处理。5月初，文化部和广电总局经内容审查后决定不予批准引进由香港无休映像有限公司出品的电影《江湖》。广东、福建极少数不法分子趁机与香港不法商人内外勾结，走私和非法复制《江湖》的音像制品和拷贝，通过地下发行网络进入内地市场。文化部与广电总局及时下发了《关于严厉打击电影〈江湖〉违法音像制品和走私拷贝的通知》，组织打击走私盗版行为，成功地阻止了盗版《江湖》音像制品和拷贝的蔓延。第三季度开始，盗版DVD压缩碟大规模冲击音像市场，导致正版音像制品尤其是电视剧和电影的销售急剧下降。为保护知识产权，维护民族音像业根本利益，文化部于11月3日发出《关于立即开展音像市场治理冬季行动，严厉打击DVD压缩碟的紧急通知》的明传电报，要求各级文化市场稽查机构把打击DVD压缩碟作为当前稽查管理工作的主要任务，坚决予以打击。各地迅速行动，有效防止了DVD压缩碟的泛滥，广东、四川、湖北等地有较大收获，其中仅广东一地就查获DVD压缩碟300多万套，为经营单位挽回经济损失近2亿元。通过采取以上一系列行动，降低了著作权人和音像出版发行单位的损失，有力推动了音像及相关产业的快速发展。

政府部门监管力度在加大，知识产权保护方面的法规也在逐步完善。年末，最高人民法院、最高人民检察院联合发布了《关于办理侵犯知识产权刑事案件具体应用法律若干问题的解释》，大幅降低了知识产权刑事制裁标准，明确规定复制发行违法音像制品1000张的，应当以侵犯著作权罪判处3年以下有期徒刑或拘役；复制发行违法音像制品5000张的，应当以侵犯著作权罪判处3年以上7年以下有期徒刑。《解释》的施行，为加强音像市场管理，保护正版经营，严厉打击盗版奠定了良好的法律基础。尽管如此，侵权盗版带来的巨大冲击，绝非一朝一夕可以杜绝，知识产权保护仍然任重而道远。

5.清理整顿校园周边环境，营造良好的社会环境，逐渐成为音像市场整治的工作重点。

2004年5月下旬，为贯彻落实《中共中央国务院关于进一步加强和改进未成年人思想道德建设的若干意见》，提高广大青少年尤其是在校学生的知识产权保护意识，结合音像市场特点，文化部、教育部和共青团中央联合组织开展了以“尊重知识，拒绝盗版”为主题的第六届全国音像市场法制宣传活动。宣传活动5月20日正式启动，三辰影库、爱书人、美亚、国美等12家全国音像连锁企业共同签字，面向社会公开承诺在此次宣传活动及今年寒暑假期间，实施多种优惠措施，向中小学生销售正版音像制品。同时，在中国文化市场网、中国音像电影网等网站设立第六届音像市场法制宣传专栏，重点介绍知识产权保护法规、盗版音像制品识别及经典案例等内容。在音像电影频道开通正版公告栏，发布正版音像制品特征，指导执法人员鉴别盗版。各地文化部门积极配合教育部门和共青团组织，通过邀请专家讲座、举办主题班会、组织正版音像进校园等形式，开展了丰富多彩的法制宣传活动。

为切实把加强未成年人的教育和培养落到实处，丰富未成年人的精神文化生活，今年上半年，文化部组织开展了面向社会公开征集“百部未成年人优秀音像制品”活动。从5月10日在媒体、网站上发布征集启事开始，截止到6月18日，共征集到各类音像制品2000余种。6月下旬，聘请从事青少年心理、教育研究等领域的专家组成评审组，按照导向正确、内容健康、制作精良等原则，着重考虑到未成年人心理特征、知识水平和欣赏习惯等特点，评选出112部适合广大未成年人的电影、动画、科教、电视剧、音乐类优秀音像制品。征集活动受到社会各界广泛关注，辽宁电台经济台于同期开展类似活动，并通过电台、电视、报纸等媒体广泛宣传。中国儿童中心受征集活动启发，运作未成年人优秀音像制品评选活动，积极向市场推广。此外，文化部还与财政部、广电总局、教育部、共青团中央和全国妇联联合下发通知，进一步加强对少年儿童电影工作的领导和指导。

大力清理整顿校园周边文化市场，坚决打击毒害未成年人身心健康的违法音像制品。6月份，针对粗口歌、哈狗帮、摇头玩等违法音像制品虽几经打击，但仍通过地下发行渠道和互联网流通传播，一些歌舞娱乐场所特别是迪厅、舞厅等违法播放，有的还进入学校或在学校周边公开租售，严重危害广大群众特别是未成年人身心健康的现象，文化部及时下发《关于严厉打击粗口歌、哈狗帮、摇头玩等违法音像制品的紧急通知》，重点整治学校和校园周边文化市场环境。各地组织专门力量，协调有关部门，有效防止粗口歌等违法音像制品进入学校或校园周边地区。

6.行业组织和协会在维护会员权益、加强行业自律方面作用逐步加强。

2004年，音像行业组织和协会建设明显加速。2月初，为方便信息交换、业务探讨、法律咨询和对外交流，中国音像协会分销工作委员会在京成立。3月15日，广东11家音像公司共同发起成立广东联合传媒有限公司，签署反盗版宣言书。联合传媒采取公司建制，制定的规则对成员单位具有约束力。同月，江苏省音像制品分销协会成立，首批会员包括南京中录、扬州扬子江音像等118家单位。9月27日，广东省音像制品分销业商会在音博会期间宣告成立，为实现市场调节分配、资源整合利用及集中行业力量打击侵权盗版迈出坚实一步。此外，湖北、辽宁、福建石狮等地在组建行业协会方面也有可喜进展。

目前，行业协会的作用正明显加强。江苏省音像制品分销协会委托南京、无锡、苏州等地的15家律师事务所组建维权律师团，负责整体策划提起民事诉讼，配合政府部门打击盗版等事务。DVD压缩碟形成规模后，广东音像商会立即向文化部等部门反映情况，寻求政府支持，并主动协调会员单位，制止违规操作，为维护会员权益做了大量工作。实践表明，通过行业组织和协会这种利益共同体，在企业和政府之间建立沟通的桥梁和纽带，形成良性互动关系，进而实现自我约束、相互监督、公平竞争、有序发展格局的尝试，将对促进产业发展、加强行业自律、规范市场秩序具有重要意义。

二、当前我国音像市场面临的主要问题及其影响

2004年，盗版走私依然猖獗，但数量已有较大幅度下降。从广东查缴的违法音像制品数量看，以前海关查获的数量约占全省查获总量的1/2左右，而今年这一数字已降至1/3弱。非法网络下载和非法视频点播的情况仍没有根本改善，前者已对唱片业造成巨大冲击，后者的不利影响也不可低估。值得注意的是，通过互联网交换和共享影音文件及兜售违法音像制品的活动正在加剧，执法监管的难度还在加大。至于低成本的刻录，流通渠道仍主要局限于电器电子市场、电脑软件市场和出租门店，而非法地下生产线则逐渐从广东向福建、江西、湖南等周边地区甚至越南、缅甸等周边国家转移。由于多方面的原因，音像产业结构的调整缓慢而缺乏活力。

以上因素对音像业的侵蚀是渐进式的，而自9月下旬开始大规模爆发的DVD压缩碟对音像市场的冲击则是灾难性的，其严重后果目前已现端倪。10月、11月，广东音像城音像制品的销售量和销售额快速直线下降。从目前的情况看，12月及元旦春节期间的下降趋势也不可避免。

1.音像制品销售急剧下降。

DVD压缩碟将多部影视节目压缩至DVD盘片，可通过DVD机或电脑DVD光驱播放。由于容量大、价格低、兼容性强，其传播速度极快。目前，在全国主要大中城市均已发现这种新形势的盗版光盘，一些地区已侵蚀音像销售渠道。9月下旬以来，正版音像制品销售开始急剧下降，一般节目业务量下降50%，畅销品种降幅高达90%，电视剧、卡通及电影类节目损失尤为严重。广东伟佳音像的电视剧节目，国庆之后销售量就急剧下降80%。

2.出现大量退货和积压。

销售下降又表现在两个方面，一是销售商大量退货，一是发行商库存积压。以俏佳人为例，其购买的电视剧《沧海百年》和《金手指》在央视刚播完，按惯例应处于出货高峰。但受DVD压缩碟的影响，批发商大规模退货，退货率高达50%， 20天时间内亏损200多万元。其他以电视剧、卡通和电影为主业的发行公司，情形基本类似。退货加上原有库存，已使发行商不堪重负。据了解，目前一些主要音像发行商，积压的音像制品少则上百万片，多则几千万片，预期直接经济损失高达数百万甚至上亿元。由于部分新闻媒体错误宣传DVD压缩碟的质量介于VCD与DVD之间，并对正版音像制品的售价提出质疑，误导消费者甚至音像销售商，在一定程度也助长了退货风潮。

3.音像版权交易大幅萎缩。

销售不畅，发行受阻，音像发行商信心大受打击。目前，音像节目尤其是电视剧节目的版权交易大幅萎缩。一方面，已经达成版权协议的电视剧节目，发行商不敢轻易提货，而宁愿牺牲已经支付的定金，否则就会多做多赔。据了解，主要发行商手头积存的电视、卡通、电影节目的版费均在千万元以上，仅此项损失就高达10亿元之巨。另一方面，新剧的版权交易基本陷于停顿，不少今年制作的电视剧至今没有卖出音像版权。受此影响，音像版费行情下跌明显，原来1集电视剧8万元甚至超过10万元，最高达到12万元，现在已不足5万元。

4.造成行业巨大的心理恐慌。

对音像业而言，DVD压缩碟带来的不仅仅是经济上的损失，更多的还是因此而引起的巨大心理恐慌。2001年以来，音像业连续3年保持高速增长势头，音像产业结构稳步调整，音像经营单位干劲十足。可以说，对于音像市场的发展前景，音像行业从来没有如此充满信

心。但是，DVD压缩碟的出现，对踌躇满志的业内人士，无疑是当头一棒。首先，对DVD压缩技术的应用和流传没有足够重视和充足准备；其次，巨大的经济损失与此前的扩张势头形成了鲜明的心理反差；最后，对行业的发展前景缺乏基本的信心。当DVD压缩碟形成规模效应时，音像发行企业手足无措，广东音像城内人心惶惶。因此，当广东音像分销商会和联合传媒的主要成员11月3日上京反映情况时，文化部在当天发出严厉打击DVD压缩碟的内部明电，表明坚决打击盗版的决心时，对商会及其成员提出的首要要求就是坚定信念，稳住阵脚，积极应对。事实证明，这一举措是完全正确的。

实际上，以上只是DVD压缩碟带来的直接结果，其对音像行业的影响远不止如此。

1.音像分销格局将重新洗牌。

显然，DVD压缩碟已成为当前音像市场面临的主要难题。能否妥善解决，直接关系到音像业的发展。目前，有两种意见：一种是共渡难关，挺过元旦春节这3个月，利用喘息之机尽快处理库存。这种意见最大程度减少了音像发行商的损失，也为企业转型赢得了时间，是一种较为冷静的处理。另一种是存在的就是合理的，将压缩技术进行应用，其结果是以电视剧、卡通和电影为主业的发行企业库存血本无归，多年积累绝大部分损失殆尽。显然，百科、戏剧、音乐等节目不足以满足市场需求，而各家公司的影视节目数量有限，部分企业可能会一面做正版，一面做盗版，或者干脆做盗版，并且变本加厉，逐步改善的市场秩序将回归无序状态。这是政府、商家和行业都不愿意看到的一种结果。但是，不管怎样，以影视节目为主业的分销企业仍将蒙受巨大损失，音像分销企业的座次将重新排定，分销格局大洗牌的结局不可避免。

2.音像产品结构将日趋多元化。

可以看出，遭遇DVD压缩碟冲击最大的仍是电视剧、电影、卡通，尤其是经典、畅销的节目，而百科、教育、戏曲等节目受影响相对较小。对于录音制品，目前还未形成大的压力。不过，从深层次来看，DVD压缩碟的冲击恰好也暴露了音像分销业产品结构单一，节目内容趋同，自身风险意识不足的弊病。经此一劫后，将有更多的企业逐渐调整自身产品结构，将视角伸向各个节目领域，产品多元化、多样化的趋势将日趋明显。

3.关联产业投资吸引力下降。

目前，DVD压缩碟已对音像出版、发行、复制以及包装印刷等行业造成较大冲击，节目发行萎缩，加工订单下降，一些复制厂加工量甚至不足平常的1/3。其实，音像业仅是首当其冲的受害方，DVD压缩碟对影视业等关联产业的冲击可能更为深远，甚至将造成产业链脱节，形成恶性循环。据了解，音像版权费用一般占电视剧投资的10%~30%，版费的降低将直接增加投资商的风险，导致预期投资资金转移，专业人才大量流失，行业投资吸引力下降。其结果是，影视投资紧缩，节目数量下降，精品力作减少，可供发行商选择的余地不足，反过来又影响投资商的投资热情。目前，由于电视剧等版权的交易几乎停顿，版费大幅下降，已有投资商对电视剧的制作持审慎态度。这种不利局面的改善，有赖于两方面的因素：一是音像、影视行业紧密协作，团结一致；二是政府部门整合执法资源，坚决打击盗版。

4.音像制品出口将大幅增长。

堤内损失堤外补。毋容置疑，国内音像市场的严峻形势将使启动和扩大音像制品出口业务成为摆脱当前困境的一种明智选择。已经开展出口工作的单位，将在巩固原有业务的基础上，进一步扩大出口地域，建立海外营销体系，力争占领更多的市场份额。目前，广东“俏佳人”、“孔雀廊”、北京“好望角”、天津北洋音像出版社等单位在这方面进展较快。而尚未开展出口业务的单位，将会积极对外宣传推介自己的产品，努力开拓海外音像市场。DVD压缩碟出现后，已有部分音像发行单位与海外客商进行了密切的接触，不久将有批量的国产音像制品远赴重洋。

5.音像电子商务将快速推进。

音像电子商务的快速发展已有目共睹，不仅出现了类似卓越、当当、贝塔斯曼等以音像制品网上销售为主业的专业网站，而且连搜狐、新浪、网易等门户网站在其网上商城中也适时推出了音像业务。在此情况下，DVD压缩碟及其他侵权盗版形式对传统音像销售模式的冲击，将进一步推动音像电子商务的快速发展。首先，通过互联网在线销售可以降低运营成本，减少营销费用，通过接近或略高于单位成本的价格，吸引更多的消费者，尤其是固定客户，达到批量销售的目的；其次，在线销售可以缩短选择距离、增加选择余地、提供选择信息、扩大选择服务尤其是搜索服务和快递服务。与传统销售模式相比，电子商务具有无可比拟的优越性，而且这种优越性是适合音像销售特点并可快速应用的。这也是音像电子商务将快速推进的现实基础。

其实，DVD压缩碟也是众多的盗版形式之一，只是其危害更深、破坏力更强。随着我国加入世贸组织3年过渡期的悄然而逝，国际社会对我国知识产权保护工作的日益关注，民族文化产业发展的迫切需要，政府对侵权盗版的打击力度只会越来越大，态度只会越来越坚决。因此，音像业当前面临的困境也只是暂时的。

网吧专项整治情况综述

2004年对于网吧管理工作来说，是不平凡的一年。自网吧在中国出现以来，一场规模最大、力度最大、范围最广的网吧专项整治2004年在全国展开，其对中国网吧行业的发展影响也是深远的。

一、开展网吧专项整治

2002年9月国务院颁布了《互联网上网服务营业场所管理条例》，实现了网吧管理有法可依。但由于一些地方管理不严，执法不力，网吧等互联网上网服务营业场所违法接纳未成年人等现象屡禁不止，网上传播有害文化信息等问题日益突出，危害了未成年人的身心健康，特别是黑网吧已成为社会公害，人民群众反应十分强烈。党中央、国务院领导同志对此高度重视，果断做出决策，决定在全国开展网吧专项整治，以使网吧市场尽快走上健康有序发展的轨道，为青少年的健康成长创造良好的社会环境。文化部迅速做出部署，2004年1月12日文化部发出《关于加强春节、寒假期间互联网上网服务营业场所管理工作的紧急通知》（文明电字[2004]2号），拉开了2004年全国网吧专项整治的序幕。

2004年2月17日，经党中央、国务院领导同志同意，国务院办公厅印发了《关于转发文化部等部门关于开展网吧等互联网上网服务营业场所专项整治意见的通知》（国办发[2004]19号，以下简称19号文件），决定于2004年2月至8月在全国开展网吧专项整治工作。此次专项整治工作的重点是坚决取缔无证照或证照不全的黑网吧，整治以电脑学校、劳动职业技术培训班、电子阅览室、计算机房等名义变相经营网吧的行为；严厉查处网吧违法接纳未成年人进入的行为；打击网上传播有害文化信息行为，净化和规范网络文化经营活动。同时，从专项整治之日起，暂停审批新的网吧等互联网上网服务营业场所。19号文件还对网吧接纳未成年人进入行为的处罚进行了细化，对加强对网吧的互联网接入服务管理做了具体规定。19号文件还特别强调了建立健全专项整治工作组织保障体系，成立全国网吧专项整治工作协调小组。19号文件还将财政部门作为网吧管理的成员单位，要求财政部门保证网吧日常管理工作必需的经费，支持建立计算机监管体系，落实专项整治经费及举报奖励经费。专门在文件中就经费问题提出要求，在近年来文化市场的专项整治中也是第一次。此外，19号文件还就实行群防群治、加大舆论宣传力度和建立长效机制提出了要求。

2月19日，文化部等部门联合召开全国网吧等互联网上网服务营业场所专项整治工作电视电话会议，国务委员陈至立出席会议并做重要讲话，文化部部长孙家正及工商总局、公安部、信息产业部、教育部、中央文明办有关领导发言，国务院副秘书长陈进玉主持会议。各省、自治区、直辖市政府分管省长（主席、市长）在分会场出席会议。这次会议是近年来文化市场管理中规格最高的一次会议。河南、浙江、广东等省还将全国电视电话会议套开到市、县一级。通过全国电视电话会议，国家关于开展网吧专项整治的精神迅速传达到了基层。

与此同时，全国网吧等互联网上网服务营业场所专项整治工作协调小组成立，文化部部长孙家正任组长。

全国网吧专项整治电视电话会议结束后不久，2月26日中共中央国务院印发《关于进一步加强和改进未成年人思想道德建设的若干意见》（中发[2004]8号），对加强网吧管理工作提出了明确要求，按照取缔非法、控制总量、加强监管、完善自律、创新体制的要求，切实加强对网吧的整治和管理。这也是有史以来第一次在中共中央国务院发布的文件中对网吧管理工作提出要求，足见党中央、国务院对网吧管理工作的高度重视。

各级地方党委、政府对专项整治工作十分重视。全国所有省、自治区、直辖市政府都制订了专项整治工作方案。有15个省、自治区、直辖市成立了由分管副省长（主席、市长）任组长的整治工作领导（协调）小组。陕西省委书记李建国、重庆市市长王鸿举等党政领导亲自检查网吧整治工作，湖南、辽宁、广东、河南、山东、北京、贵州、宁夏、新疆、湖北等省（区、市）政府分管书记、省长（主席、市长）多次参加网吧整治行动，对本地区整治工作提出具体要求。

全国网吧专项整治协调小组办公室加强了对整治工作的指导，协调小组办公室先后召开了9次会议，分析整治工作进展，研究工作措施。

4月20日，协调小组办公室部署4月26日至30日在全国开展网吧专项整治统一行动周活动。要求各地以黑网吧问题、网吧接纳未成年人问题及黑网吧互联网切断为重点问题，以城乡结合部、县城和农村乡镇为重点部位，进行集中检查和执法。文化部部长孙家正参加了统一行动周的启动仪式。各地开展了声势浩大的统一行动，有力地震慑了违法经营，使专项整治工作掀起了高潮。

5月18日，全国网吧专项整治工作协调小组召开全体会议，国务委员陈至立出席会议并做重要讲话，协调小组组长、文化部部长孙家正做报告，协调小组各成员单位领导发言。会议指出，专项整治工作得到人民群众的拥护，但整治工作形势依然严峻，距专项整治工作确立的网吧经营秩序根本好转的预期目标还有很大的距离，也不断出现新的问题、新的困难。许多问题还相当严峻，亟待解决。对这项工作的长期性、艰巨性要有充分的认识。会议要求进一步统一思想，提高认识，加强领导。克服畏难情绪和厌战情绪。继续紧紧抓住黑网吧和接纳未成年人进入网吧这两个重点问题，严格执法。加强对未成年人的宣传教育，引导和规范未成年人的上网行为。研究制订有效措施，加大对农村网吧的整治力度，坚决遏制黑网吧向农村蔓延的势头。

针对中小学生暑假期间有可能出现的未成年人进入网吧现象，未雨绸缪，6月18日，文化部、国家工商行政管理总局、教育部、共青团中央发出《关于暑假期间开展禁止未成年人进入网吧特别行动的通知》（文明电字[2004]17号）。要求在暑假前对网吧从业人员普遍进行一次再动员、再宣传、再教育。同时，在中小学中广泛开展宣传教育活动。文化部还转发了广州市网吧专项整治工作协调小组办公室《致全市中小学生家长的公开信》。各地参照广州市的做法，在暑假前和暑假期间开展了广泛的宣传教育活动。

在总结前一阶段工作经验的基础上，根据网吧整治工作的形势和问题，经国务院领导同志同意，文化部等部门决定将网吧专项整治工作延长到2004年12月31日。10月18日，文化部、国家工商行政管理总局、公安部、信息产业部、教育部、财政部、国务院法制办公室、中央文明办、共青团中央联合发出了《关于进一步深化网吧专项整治工作的意见》（文市发[2004]38号），就下一阶段的网吧整治工作做出全面部署。继续突出重点开展整治，特别是要从统筹城乡发展的高度来认识加强农村网吧管理的重要性，切实加强对农村地区网吧的管理。

38号文件再次加大了对网吧接纳未成年人行为的处罚力度。对累计2次接纳未成年人进入或一次接纳3名以上（含3名）未成年人的网吧，要责令停业整顿，时间不得少于15天；对累计3次接纳未成年人进入、一次接纳8名以上（含8名）未成年人或在规定营业时间以外接纳未成年人的，要吊销其《网络文化经营许可证》并切断其互联网接入服务。

严防黑网吧向城乡接合部、农村转移蔓延。对前一阶段已取缔的黑网吧，要采取“回头看”的形式，防止其死灰复燃。充分发挥基层工商所、派出所等基层管理部门的作用，保证对黑网吧的及时发现、及时查处。加强对高校上网场所的管理。对利用学校网络教室、计算机房和图书馆电子阅览室等场所变相经营网吧的，要予以查处取缔。

在严格执法的同时，要充实完善长效管理机制。各级网吧专项整治工作协调（领导）小组在本次专项整治结束后，将及时调整为网吧管理工作协调（领导）小组或联席会议，做到思想不松、机构不撤，保持原有的工作体系和工作机制。加强社会监督，坚持群防群治。向投资者宣传网吧市场准入政策，遏制对网吧的盲目投资。继续推进网吧连锁，改善市场结构。

强化学校、家庭的教育监护责任，指导教师、未成年人的监护人有效防止、矫治未成年人的不良行为。对严重沉溺网络游戏的未成年人，积极进行心理矫治。对违反《未成年人保护法》、《预防未成年人犯罪法》，不履行监护职责的未成年人的监护人，由公安机关依法予以训诫，责令其严加管教。充分发掘网络资源对未成年人开放，抓紧落实学校计算机网络资源对学生开放。积极探索建设非营业性的互联网上网场所向未成年人开放。

二、专项整治初见成效

据统计，2月至8月全国各级文化行政部门共检查网吧180万家次，出动执法人员250万人次，罚款10115万元，暂扣电脑等设备13.8万台，责令停业整顿1.8万家，吊销《网络文化经营许可证》1631家。全国工商行政管理部门出动执法人员69万人次，取缔无照经营的黑网吧3.78万家，查封违法经营场所1.96万处，没收电脑等设备16.31万台，向司法机关移交案件340起。全国公安机关共出动警力16.8万人次，检查网吧14.1万家次，查处各类违法经营网吧1.9万家。

通过专项整治，黑网吧受到沉重打击，网吧接纳未成年人、传播有害信息等违法违规经营行为得到初步遏制。目前，在大中城市，网吧市场秩序已得到根本扭转，中小城市和农村网吧市场面貌也大有改观。

在整治工作中，各地在加大行政执法力度的同时，努力探索长效管理机制。各地加大新闻宣传力度，向社会公布举报电话，鼓励群众举报。北京、山西、浙江、贵州等地还建立了举报奖励制度。全国各级文化行政部门共受理群众举报6.1万件。各地广泛发动社会力量监督网吧经营，全国文化行政部门共聘请网吧社会义务监督员6.3万名。一些地区成立了行业协会，倡导行业自律，全国已成立网吧行业协会752个。目前，各地已初步形成了齐抓共管的综合治理机制，网吧管理的长效机制初步建立。

根据《互联网上网服务营业场所管理条例》的规定，各地按照文化部“关于统筹规划，分步实施；全国联网，分级监控；功能完备，标准统一”的要求，建设了网吧计算机监管系统。目前，河北、山西、黑龙江、江苏、浙江、河南、湖北、湖南、广东、四川、甘肃等省已完成或基本完成本省的网吧监管计算机系统安装工作，其他地区也正在积极推进这一工作。在2004年的网吧专项整治过程中，这一系统发挥了积极的作用。特别是在文化部部署查处非法网络游戏后，这一系统发挥了独特的作用，能够及时发现非法网络游戏的踪影，提高了管理的效率和针对性。通过建设网络文化市场的计算机管理系统，形成统一、高效、便捷的网络文化市场管理平台，将提高管理工作的科技含量和管理效能，从而实现在文化市场管理中的人工管理与技术管理相结合。

同时，通过对有关数据的分析可以发现：

网吧数量有所下降。截至2004年2月19日，全国网吧（均指有证合法网吧，下同）总数为118535家，经过专项整治到8月31日，全国网吧总数下降到109768家，下降了7.4%。从地域分布看，湖南数量最多，为10991家。网吧数量超过5000家的还有山东（8139家）辽宁（7640家）、四川（7572家）、江苏（5900家）、浙江（5590家）、河北（5506家）。北京、天津、海南、西藏、青海、宁夏等地的网吧数量都在1000家以下。

网吧规模不断提高。2002年，根据《条例》的授权，文化部制定了网吧的计算机设备台数、单机面积的标准，即直辖市、省会城市和计划单列市的每一场所的计算机设备台数不得少于60台，且每台占地面积不得少于2平方米；直辖市、省会城市和计划单列市以下的地区，每一场所的计算机设备总数不得少于30台，且每台占地面积不得少于2平方米。西部地区可以参照以上标准，适当下调计算机设备总数，但每台占地面积标准不变。自2002年以来，文化行政部门根据标准通过重新审核登记等措施淘汰了一大批规模不达标的网吧，提高了网吧的规模化水平，提升了产业水平。截至8月31日，全国网吧计算机终端总数为4620826台，平均每个网吧计算机终端数为42.1台。北京的规模化程度最高，平均每个网吧计算机终端数为117.3台。平均每个网吧计算机终端数60台以上的还有上海（88.0台）、陕西（79.7台）、天津（66.5台）、广东（60.6台）、福建（60.5台）。陕西、广东、福建三省全省网吧平均规模超过60台，显示当地网吧规模化程度已相当高。除西藏外，全国其他各省、自治区、直辖市网吧的平均规模均已超过30台。可见，近年来文化部采取的提高网吧规模的政策已初见成效。

中国艺术品市场综述

2004年是中国艺术品市场繁荣发展的一年，这一年的艺术品市场用火爆二字形容并不过分。艺术品的一级市场，中国的画廊行业呈现出蓬勃发展的良好态势；艺术品的二级市场，中国的艺术品拍卖和艺术品博览会连创新高，上半年，陆俨少的《山水百开册页》创下了6000多万元中国画的最高拍卖纪录，下半年，嘉德的秋季拍卖又创下了4亿多万的拍卖成交纪录，4月举办的中国画廊博览会创造了很好的社会效益和经济效益，11月举办的上海艺术博览会成交额也轻松超过了亿元大关，这表明中国艺术品市场进入了蓬勃发展时期。

一、2004年中国艺术品市场中出现的热点现象及需要注意的问题

1.收藏群体的急剧扩大，带来艺术品收藏热的现象。

上世纪80年代改革开放初期，随着台湾和香港地区经济崛起，内地名家书画作品在国际市场上价格大幅上扬，掀起了我国艺术品市场的第一次高潮。1993年至1994年，随着艺术品拍卖业的产生，中国艺术品价格出现第一次

真正意义上的大幅上涨，这是艺术品市场的第二次高潮。2000年中国加入世贸组织后，海外投资商进入艺术品市场，中国艺术品价格在国际市场上不断上涨，屡屡刷新成交纪录，可以说艺术品市场的第三次高潮已经来临，并一直延续到今天。在这个背景下，产生了“收藏热”的现象，媒体不仅津津乐道地跟踪报道艺术品的拍卖价格，许多电视台更是纷纷开办收藏、鉴赏之类栏目，新兴的民营企业、个体业主包括高收入的工薪阶层也开始进入艺术品投资领域。在艺术品市场发达的国家，收藏群体每年仅有0.1%的增长，而在中国收藏群体则呈几何形的递增趋势，艺术收藏前所未有的为人关注。

但我国的收藏群体起步比较晚，在消费心理和投资取向上还有趋利跟风的特点，大部分都并不具备成熟的收藏和投资技巧。这类收藏者容易被市场炒作所迷惑，分不清优劣真伪，盲目追捧市场中的走红艺术家或作品，但市场的发展和成熟会逐渐沉淀那些被炒作的书画家，最后损失的还是收藏者。因此，要冷静地看待目前的“收藏热”，一个成熟而稳定的收藏群体，是建立在成熟的市场之上的。在我国艺术品市场还处于初级阶段的今天，在鉴定体系、评估体系、市场信用体系没有建立的今天，对艺术收藏者自身素质的要求是很高的，要进入收藏需要做很多准备工作。

首先，应当通过正当途径购买艺术品。获得艺术品的途径很多。常见的有画廊、拍卖会、古玩市场、经纪人或直接从画家那里购买等形式。艺术市场上经常出现因假货、价格欺骗等原因而需要退换的事情，如果不是在正规经营单位购买，消费者将无法维护自己的正当权益。因此初入市的收藏者应当在画廊、拍卖会等正规经营单位购藏作品。作为一级市场的画廊，除了为人们提供市场价位比较稳定的艺术品，还更多地提供了价格走向不确定性的青年画家的作品。作为二级市场的拍卖行，其拍品基本上都有比较稳定的市场定位和价格定位。投资较少和初入市的投资人，可以把目光主要集中在画廊上，同时关心拍卖市场的发展。如果投资达到相当规模，又想获得高端的艺术品，那么拍卖行无疑给投资人提供了最佳的投资方向。

其次，要关注市场信息，注意资料收集。作为一个艺术品投资者，如果你没有接受过系统、专业的培训，那么能具备一定的理论知识和鉴定技巧是相当有益处的。在收藏某件作品前，应当要了解作者的简历、背景等等材料，每一件作品都是在一定的文化现象、时代特色、历史背景下创作完成的，这些条件通常会成为一件作品真假的有力判断依据。目前，有很多艺术市场的专业网站，有些网站会提供同一画家5年、10年内的成交价列表或柱状图分析，这样的数据，可以大概分析市场的基本走势，比较画家价位的变化情况。总之，掌握的市场动态、信息多、真实，就能获得艺术市场的先机，并能以相对更低的投入获得更多的回报。

第三，企业投资艺术品要注意艺术市场的大方向，不能因企业利益，影响市场的价格框架。企业投资艺术收藏，标志着艺术品投资时代的到来。从许多报道的情况来看，目前大量资金投资艺术品的企业家，多数是为了建造自己的博物馆，以改善企业文化形象，或依此吸引大众注意获得广告效益。企业的艺术投资带来了新的艺术判断标准，以前社会对艺术的判断，是以公众接受程度为主，接受程度是在传统艺术准则之内的，是主流性的审美趣味。但企业投资将艺术判断变为与投资相关的经济问题，其中可能会夹杂着一定的利益需求，甚至是企业领导人的个人喜好，这种艺术判断标准对艺术审美、艺术创作、艺术价格都会产生相应的影响。如一些高价买卖个案，可能会影响到这些画家的艺术地位的确定。因此，企业投资时，应当充分考虑艺术规律和价值规律。

2.以画廊为基础的一级市场呈现蓬勃发展的态势。

2004年中国的画廊行业呈现出蓬勃发展的良好态势。首先，以经纪代理为主要经营方式的画廊不断增多，很多传统画廊也纷纷转型，开始代理当代艺术家的作品。其次，外资画廊抢滩中国，2004年中国放开了外商投资艺术品的准入限制，很多国家的艺术商人纷纷在北京、上海等较为发达的地区开设画廊，如北京798工厂已成为外资画廊的聚集地。第三，有实力的民营企业涉足画廊行业，特别是房地产企业，为了提升房地产的文化形象，相继投资开设规模不等的画廊或美术馆。如南京长风堂美术馆及画廊、红色经典美术馆及画廊、北京经典美术馆及画廊等等，它们在短短几年内，就异军突起在市场中享有一定的声誉。第四，画廊的整体水平和实力不断壮大，几年前中国画廊行业还处于低水平的营销状态，为生存而挣扎，2004年在法国菲亚特博览会、瑞士巴塞尔博览会等国际知名的博览会中开始出现中国画廊的身影，这无疑是中国画廊实力增强的最好证明。

画廊是整个艺术品运作中的关键所在，在官方的判断标准逐渐减弱，市场效应作为画家成功与否重要标志的今天，画廊的重要性便凸现出来。因为画廊具有发现画家、推广作品、销售作品的重要功能，作为艺术市场的基础，只有画廊的繁荣才能带动艺术市场的真正发展。但我国画廊业整体水平不高，多数仍停留在作品销售的初级营销阶段，在对新艺术家的发掘、宣传、作品推广方面，与海外同行存在着很大的差距，中国画廊的发展还面临很多的问题，主要表现在：

首先，我国画廊行业没有建立起以经纪代理制画廊为主体的市场结构。对于艺术家来说，所创造出的产品需要通过画廊有针对性的包装推广才能够实现产品价值的最大化。对于社会来说，可以通过画廊实现艺术普及教育的功能，可以发掘与培养更为出色的艺术家和鉴赏家。可见，经纪类型的画廊直接影响和带动着艺术创作和艺术市场的繁荣，它应当是画廊行业的主体。但目前在经纪类的画廊中，实力强、影响大的多数是外资画廊，他们背后有国外资金的支持，有良好的宣传推广资源,而真正本土的国内画廊，多数是工艺品店性质的，甚至仅提供画框、室内装饰设计等活动，并不能引导艺术审美和消费，更谈不上发现有潜力的艺术家了。当然，越来越多的中国画廊开始进入经纪领域 ，但都集中在油画业务，代理中青年国画家的画廊十分稀少，但由于文化教育、艺术鉴赏、艺术接受与艺术消费观念的差异，在中国艺术市场中占主流的仍然是中国画，代理中青年国画家的画廊的兴起，必然会推动中国绘画创作的繁荣。

其次，艺术品的私人交易行为，影响了画廊的经营。私人交易一直是艺术品市场发展的桎梏，当画廊通过宣传、展览等方式将艺术家的价格提升到一定位置时，画家的私下交易会破坏了这个价格体系。消费者可能会觉得从画家手中购买会得到更大的优惠，画家也会觉得直接交易免除了画廊的中介费用，对双方都是有利的，但是他们忽略了画廊对画家的投入。私人交易是画廊发展的致命伤，艺术家只有彻底摆脱经济利益至上的错误想法，把艺术放在首位，通过与画廊的相互协作、相互理解与相互信任，真正发挥画廊的中介作用，才会使画廊和自身的艺术创作取得双赢。

第三，拍卖市场的过速发展，抢占了画廊的市场份额。近几年，拍卖市场十分火爆，拍卖行有实力收购和经营精品之作，也能为画家提供不亚于画廊的包装宣传效果，而且，拍卖行以竞买方式销售作品，成交价往往高于画廊，因此很多画家直接把作品送到拍卖行销售，拍卖行实际充当了一级市场角色，占领了画廊的部分市场。另外，还有一些画家在艺术博览会上直接销售作品，博览会也占有了部分市场份额。这更加削弱了画廊等代理机构作为一级市场主体的功能，拍卖会、博览会在一定程度取代了一级市场的功能，一、二级市场发展不平衡和错位现象也阻碍了画廊的发展脚步。

第四，画廊的发展还缺乏政策上的扶持。目前画廊行业在国民经济中被列为零售类行业，没有被纳入文化产业的范畴，也没有享受到文化产业的优惠政策。对于刚刚起步的画廊来说，零售业的税费是很高的，而且大多数的画廊还要代缴画家的个人所得税，税务负担，压减了画廊的利润空间，因此画廊业的发展壮大还依赖于国家在财税政策上的扶植。

当然，我国的画廊还面临赝品冲击等其他问题，画廊的繁荣还需要一个过程，但是，2004年中国的画廊业已经呈现出了上升的趋势，我们相信随着市场的逐步规范、经济的发展，中国画廊业将会出现持续繁荣的景象。

3.拍卖进入了历史的黄金期。

2003年中国遭遇非典的危害，但拍卖市场反而逆势飘红，几乎所有艺术品拍卖公司都取得了相当好的成绩。2003年开始，在世界中国艺术品拍卖市场上，中国除在瓷器杂项和油画等品种的经营上与国际市场有较大差距外，在中国近现代书画拍卖成交价方面创下了多项全球新纪录。2004年艺术品拍卖继续走强，2004年嘉德的秋拍成绩接近去年秋拍的两倍，其他的艺术品拍卖公司的成交额和成交率也都达到历史最高点，成交价比估价高数倍数十倍的现象，特别是在中国近现代书画拍卖市场上频频出现，成交率占100%的专场也时有发生。据不完全统计，截至12月1日，中国艺术品拍卖企业总成交额突破58亿人民币大关，估计到年底随着上海新一轮的拍卖活动，总额将突破60亿人民币，特别是中国内地的拍卖公司首次在中国艺术品方面的成交总额超过香港地区，北京事实上取代香港成为全球中国艺术品的交易中心。

2004年艺术品拍卖成交额超过1亿元的有11家公司（见下表）。

1	北京翰海拍卖有限公司	118537.173（万元）
2	中国嘉德国际拍卖有限公司	105518.964（万元）
3	佳士得香港有限公司	84507.143（万元）
4	香港苏富比有限公司	55513.951（万元）
5	中贸圣佳国际拍卖有限公司	35799.400（万元）
6	北京荣宝拍卖有限公司	21693.132（万元）
7	上海朵云轩艺术品拍卖公司	21688.695（万元）
8	天津市文物公司	20746.401（万元）
9	上海崇源艺术品拍卖有限公司	20493.957（万元）
10	北京华辰拍卖有限公司	17565.834（万元）
11	中国嘉德广州国际拍卖有限公司	11165.044（万元）

从数字上看，中国的拍卖市场可谓异常火爆。但我们在用“火爆”、“井喷”等词汇来形容中国艺术品拍卖业的时候，还应冷静想想在这些现象背后存在着什么问题。首先，在西方艺术品市场比较成熟的国家，很难出现一件拍品的成交价比估价高数倍乃至数十倍的现象，这种现象的频繁出现意味着市场中有着不正常的投机和炒作现象；其次，因拍假画而引起的法律纠纷呈上升趋势；第三，拍卖公司数量急剧增加，规模不断扩大，一些地方拍卖公司过多和过乱，导致恶性竞争发生。这些都表明中国艺术品拍卖业尚不成熟，还存在很多“泡沫”。投资者和经营者要清楚地认识到在当前艺术品市场一片红火的情况下，我国艺术品拍卖业正面临着前所未有的严峻考验。

首先是面临国外大型拍卖公司抢占中国市场的挑战。上世纪90年代中期，世界两家最大的艺术品拍卖公司苏富比和佳士得相继在上海设立了办事处（现迁至北京），开始进入中国内地市场，2004年德国最负盛名的纳高公司也开始在北京举办中国艺术品拍卖预展。这是一个信号，说明中国艺术品的收藏中心点正向中国转移，说明国际大拍卖行开始吸引中国买家。事实上，近几年国外拍卖公司中国艺术品的买家构成中，来自中国的买家占了50%，中国买家所占的交易份额近30%。2003年全球中国艺术品成交额超过50亿元，根据统计，世界范围内中国艺术品拍卖的利润，国内公司和国外公司各占一半。但未来市场占有率会怎样变化？国外公司会不会凭借成熟的拍卖规则和运作理念挤压国内公司，获取到更多的市场份额？加入WTO后，中国拍卖业尤其是中国的艺术品拍卖业，面临国外同行竞争是一个客观存在。

其次，鉴定评估专业人才在此后几年将面临青黄不接的时期，中国拍卖业将面临专业人才匮乏的挑战。国外拍卖公司大多员工都受到过系统和良好的专业训练，如苏富比公司在伦敦亚非学院就设有自己的员工培训基地，在人才储备方面优于国内企业。而我国的鉴定和评估专家多数是经验性的，缺乏系统的艺术品鉴定教育，这方面的专业人才十分缺少。尤其是今后几年，现有的鉴定专家多数年事已高，而新的艺术品鉴定人才没有跟进，鉴定人才出现断档。拍卖公司缺乏艺术品鉴定和评估的专业人士，就会在艺术品的选择方面难以把关，买家也会相应降低对拍卖行的信任程度，人才的问题很大程度上影响了中国拍卖业的发展。

第三，中国拍卖业将面临新型拍卖方式的挑战。目前我国各拍卖公司仍主要采取现场击槌拍卖的传统方式经营。在拍卖业成熟的西方国家，拍卖企业已开始使用电子商务，利用网络信息技术进行资源管理，网络拍卖比较普及。但在我国由于银行信用制度以及电子支付和交易方面的法律法规尚不健全，网上拍卖这种新型方式在短期内还难以被广泛接受。但中国拍卖业要及时与世界市场衔接和沟通，必须尽快提升技术力量。

第四，中国拍卖业面临重组整合的挑战。近几年增设拍卖艺术品业务的公司数量激增，但市场是有限的、买家是有限的，拍卖企业之间为了争夺客源和货源，采取一些不规范的操作，如雇托儿、哄抬画价，赝品、伪作充斥市场的情况屡有发生。因此，一方面要规范拍卖市场秩序，一方面要调整拍卖业的产业结构，进行整合重组，提升行业层次。因为在更多国外大公司准备进入中国市场的今天，国内需要的是能与国际大公司相抗衡的大型艺术品拍卖企业，需要出现中国的“苏富比”和“佳士得”，而不是需要更多的小企业。

二、2004年中国艺术品市场迅猛发展的主要原因

2004年中国艺术品市场迅猛发展的现象不是偶然的，而是由很多内在外在因素共同促成的，分析起来主要有以下几点。

1.中国经济的飞速发展，是艺术品市场发展的直接外因。

首先，经济的发展，人民收入水平的提高造就了庞大的艺术品收藏群体。近几年，中国国民生产总值大幅提高，人均GDP达到1000美元，北京、上海等地还要高于此数，这就给艺术品市场奠定了消费基础。这个基础分为两级，一是艺术品的普通消费。随着中国住房改革政策的推出，购房与装修的支出，已成为中国城市居民的消费热点。据中国发展战略学研究会预计，到2005年中国室内装饰工程需求量将超过6000亿元，它所带动的装饰材料和用品也将超过4000亿元。以北京市为例，2003年，北京市新开工建筑面积总和为1.2亿平方米，竣工面积4800万平方米，其中2880万平方米的房屋进行了家庭装修，约合28~29万户家庭。北京市原有建筑面积总和为6亿平方米，其中每年有5%进行二次装修，约合30万

户家庭。如果这50多万户进行装修的家庭平均每户消费为8万元人民币，那么北京市居民每年用于家庭装修、改善环境的费用将高达400亿元。作为艺术品最基础的装饰功能，它是依附于建筑空间而存在的，试想一下，数量巨大的已建成的商品房，以及大量即将进入流通的国有公房，其内部空间和墙壁上不可能都是空白，这就给艺术品的普通消费提供了巨大的空间。二是艺术品的高端消费。中国的中产阶级及富裕人群的增加，带动了艺术品的高端消费。俗话说："盛世藏古董，乱世买黄金。"这是中国千百年来的投资观念，被认为是可以真正留给后人的有价财产，当今一部分的富裕阶层仍然持有这种理念，因此他们成为了拍卖会上的常客，成就了中国艺术品拍卖业今日的兴旺现象。但是新一代的富裕人群在艺术品投资方面与前人有一定的差别。这些新生代富豪将高价收买艺术品视为公司及个人实力、地位和财富的象征，喜欢在拍卖会上竞价，《华尔街日报》报道说，中国购买者正在世界各地对中国艺术品提出高额报价。在许多艺术品拍卖中，中国的竞买者甚至比美国买家报价高30%。而且新生代富豪除收藏古董外还热衷收购中国近现代艺术品及流失在海外艺术品。最近几年，我国加大了打击艺术品走私的力度，并努力从国外追回流失的国宝。同时，商界也开始行动起来，很多人用高价到海外寻购中国艺术品。这些国宝重返祖国，已经成为中国经济地位上升的重要标志。另外，兴建私人博物馆成为富豪新时尚。北京的经典房地产集团、南京天地集团、大连万达集团等等都开设了私人博物馆，这类私人博物馆的数量近年来一直在稳定增长。以往，中国艺术品市场中最有实力的收藏家和投资家主要集中在海外和港台地区，现在，内地收藏家和投资家的阵营正在扩大。去年在苏富比和佳士得秋拍的中国瓷器和书画专场，10件超过千万元的拍品中，大陆买家就占了70%。这就说明，中国收藏家的实力在国际市场上已经占有相当重要的地位。《华尔街日报》更是预言，中国新生的商界领袖正在成为推动中国艺术品拍卖市场发展的主要动力。可见，中国经济的增长带动了艺术品市场全方位的发展，稳定的消费群体的形成，是艺术市场发展的真正动力。

另外，中国投资环境的改善，也带动了艺术品市场的繁荣。经济的增长，民营资本的兴起，带动了中国金融行业的发展。大多数经济学家认为，持续景气的经济发展必然导致旺盛的投资欲望。在中国，个人投资的形式主要分为以房地产为代表的不动产和以股票、期货为代表的动产。从上世纪90年代以来，国内大量的闲置资金就转向了艺术品、邮票以及影视、演出、办学等文化教育产品，在1994~1996年间形成了中国艺术品拍卖的第一个"黄金时代"。2000年以来，中国股市出现下滑态势，很多的民间资本开始寻找新的投资渠道，与其他投资相比，艺术品投资保险系数较高，艺术品具有保值升值特性，会在时间的经历中不断沉淀其固有的文化价值、历史价值和市场价值，其升值的快慢与市场经济环境有关，但整体上是呈逐步上扬态势的。据某专业杂志报道，近20年以来，全世界艺术品市场每年的投资增长率超过30%，中国艺术品的增长率要高于此数，以齐白石为例，10年前他的作品的价格是每平尺1.5万元，而现在每平尺增长了近10倍。

2.大众艺术鉴赏水平的不断提高，是艺术品市场繁荣的内因。

中国书画本身具备极高艺术魅力，能够极大地满足人的审美需要。随着人民对精神文化需求的增加，对审美产品的需求量也会增加。以前人们获得艺术知识的主要渠道是学校的美术基础教育，但这种教育往往集中在中小学，进入高等教育后，美育只局限于专业高等院校。但现在，开设美术专业的高等院校在增多，美术专业也成为热门专业，尤其是与生活密切相关的设计类艺术专业，考生更是趋之若鹜。据统计，2004年报考中国美院的学生就达20余万人，全国美术专业的报考人数有数百万人，美术已成为高等院校的重点专业。而且美术史、艺术鉴赏、美学教育甚至艺术管理课程也已经在各个院校普及，成为众多美术爱好者的必修课程。而且这种教育不是简单的美术技法教学，由于美术是历史的图像化记载，了解美术历史有利于对整个历史的了解，对传统哲学的理解，因此现代美术教育更着重于美术历史和理论的教授。这种教育模式使更多的非专业群体关注美术，欣赏美术，了解美术。另外，以前美术欣赏的主要渠道是美术馆的展览，而如今，随着艺术市场的繁盛，画廊、各类民办的艺术展览、私人美术馆展览以及各类艺术博览会也层出不穷，仅北京一年就有5个大型的艺术博览会，重要的回顾性艺术展不计其数，这些展览极大地丰富了人民的文化生活，拓宽了大众的艺术欣赏渠道。2004年美术馆举办的法国印象派展就接纳观众万人，在上海等地举办的巡回展，也都引来数万人排队购票的热潮，首届画廊艺术博览会的日参观人数也逾万人，这些都说明中国的大众艺术鉴赏水平在不断提高，美术爱好群体也大幅度增加。庞大的美术爱好群体，是艺术市场繁荣的基础，他们将成为艺术创作、艺术收藏、艺术经营的主流人才。

3.中国艺术品还有很高的升值空间。

首先，艺术品市场优秀作品的投放量相对较小，而买方群体的不断扩大，会带来艺术品价位急升的现象。2003年以后，艺术品市场的买方群体急剧扩大，几乎是10年前的3倍。然而艺术市场的作品投放量并没有太大变化。因此，在物少人多的情况下，艺术品的市场价格必然持续走高。以中国书画为例，艺术家的一生可能会创作出许多作品，但真正被公认为是力作、成为传世精品的，可能只有几件。齐白石一生创作了大概3万件作品，张大千大约有2万件作品，傅抱石只有3000件作品，他们的精品在市场上是供不应求的，也是收藏家们市场激烈竞价的对象。中国书画市场精品总量太少，持币待购的人数迅速增长，专家分析，这个市场的升值空间之大难以估量。

其次，近现代艺术家相当一部分人在美术史上已有定位，相应会促进作品价位的提升。这些年学术界对20世纪美术发展的研究在不断深入，使一些书画大家在近现代美术史上有了相对准确的公认定位，其作品在市场格外抢手，也是必然的。这些艺术家多半是开宗立派的人物，他们的创作影响和塑造了现代人的审美心理，代表的是近百年中国画最辉煌的成就。从世界艺术市场的规律上看，艺术价值和市场价值的统一，需要有个过程，这些艺术家在20多年来画价一直较低，近几年画价倍增是正常的。

第三，中国经济处于上升期，综合国力的增强还会带动艺术品价格的上涨。现代西方油画大师的一幅名作的价格折合人民币动辄几亿，然而，中国近现代画家最优秀的代表，从吴昌硕、齐白石等大师到当代一流画家屈指可数不过百余位，而就是这百余位画家的精品画作的总和还不到国外一张名画的价格，然而这百余位画家的作品就是整个一部中国近现代美术史！这是真正的差距，表面的画价差距是背后的综合差距的反映。随着中国综合国力的增强，中国艺术品的价位还会有很大的升值空间。

我们相信2004年中国艺术品市场的高速增长，会随着公众对于书画价值的认识成为普遍的共识，随着新富豪和经济集团的产生，随着进入到书画市场的从业人员越来越多，随着国家对于文化产业进一步实质性的扶植，还会持续趋热的稳步发展。

三 、2004年艺术品市场管理现状

2004年艺术品市场的管理主要是努力促进艺术品市场的繁荣，致力为艺术品市场创建良好的政策环境。

1.简政放权，取消艺术品市场的部分审批项目。

自2002年起文化部开始行政审批制度改革，前后共取消了3批行政审批项目，包括对美术品经营单位的前置审批、全国性美术品展

览、比赛的前置审批、美术品拍卖单位及拍卖活动的前置审批以及外商投资美术品经营单位的审批。这些审批的取消，对于扩大市场准入，进一步开放市场，促进市场的繁荣发展有着积极作用。表明政府切实转变政府职能，从审批为主逐渐向服务为主的管理方式过渡，加大了企业的自主权，减轻了企业负担。

2.修改《美术品经营管理办法》，加强对美术品进出口的管理。

《美术品经营管理办法》是艺术市场管理的唯一一部部门规章，随着市场的发展，国务院行政审批制度的改革，《行政许可法》的出台，对美术品市场的管理提出了新的要求，原有的部门规章已经不再适应市场的需要，一些内容也与《行政许可法》相悖，因此文化部于2004年7月修改了《美术品经营管理办法》。

修改后的《美术品经营管理办法》(以下简称《办法》)进一步明确了美术品经营单位设立程序。原稿中对于画廊、画店的设立条件，在专业人员设置、经营面积和注册资金方面都提出了较高的条件，而当前我国的美术品市场刚刚起步，经营单位也多以个体和私营为主，实力较弱，经营分散，很难达到这些标准。因此修改后的《办法》降低了艺术品经营单位的准入条件，除了对专业人员有数量要求外，其他基本上与工商部门制定的一般企业准入标准一致。《办法》中还规定凡符合条件的单位和个人，可直接到工商部门领取营业执照。文化部从原有的审批管理转为事后备案管理。准入条件和审批程序的放开，将吸引更多更广的社会资金进入美术品市场，有利于市场的繁荣。

《办法》进一步加强了对美术品进出口经营活动的管理。国务院以决定的形式公布了文化部对美术品进出口经营活动的管理权限，这对于法规不健全的美术品市场来说，是一个有利的立法依据。而且美术品的进出口是美术品经营活动中至关重要的环节，加强对美术品进出口经营活动的管理，可以有效的遏制当代美术品的走私行为，防止艺术精品的流失。调查表明，在中国当代美术史中占有重要地位的艺术品，90%被国外收藏家和画廊低价收购，随着经济的发展，这些艺术作品已经成百倍、千倍的升值，虽然其中一小部分已经高价被国内买家购回国内，但由于国内外艺术品仍存在巨大的差价，当代艺术品的回流远远没有文物的回流数量多。仍然有很多国外的艺术品企业瞄准我国的当代艺术市场，在瑞士、荷兰、美国都有专门收购中国当代艺术品的机构，其中不乏有大财团支持的企业。而我国企业收藏艺术品的风气尚未普及，艺术品经营单位的经济实力也远不能与国外企业相抗衡，因此当代艺术品的流失情况仍有愈演愈烈之势。而且由于我国对当代美术品的进出口一直没有完善的管理办法，艺术品通过非正规渠道被带出国外，不仅造成我国经济上、税收上的巨大损失，更是我国艺术的巨大损失。艺术品是不可再生的，这些艺术品在若干年后就是文物，就是国宝，如果不事先采取措施进行保护，在不远的将来，我们将花费无数的资金来保护我国的文化财产。而且由于受国外市场审美趣味的影响，一些政治波谱艺术品，含有反动政治内容的艺术品，经常在国际一些重要展览上展出，带来了不好的国际影响，同时也造成国际社会对我国当代艺术的曲解。因此亟须加强美术品进出口经营活动的管理，完善进出口的审核制度。《办法》也用了一定的篇幅，细化了美术品进出口的管理制度。

美术品进出口活动比较复杂，进出口的形式比较多，有进出口单位经常性的进出口销售活动，也有不定期的单次进出境展览展销活动。《办法》中规定对于经常性的进出口销售行为，从减轻企业负担，便于管理的角度出发，将审批权放到省级文化行政部门，省级文化部门对其资质和进出口的艺术作品内容进行审核后，企业就可以办理进出境手续。对于不定期的进出境展览活动，一般都是涉外的国际展览，社会影响较大，因此审批权限仍保留在文化部。当前国际性展览比较多，在入境展览的审批方面重点是对活动的可行性进行审核，确保国际性展览的顺利进行，以提高我国国际性展览运作水准，增强国外艺术品进入国际市场的信心，另一方面重点审核展品内容，避免产生不良社会影响。对于出境展览活动，重点是掌握展品去向，避免精品流失，避免含有反动内容的艺术品进入国际市场。

总之，修改后的《办法》充分体现了政府管理部门鼓励优秀的主流的当代艺术品，通过正规渠道参与国际文化交流和市场贸易，保护艺术精品，杜绝有损我国文化形象和政治形象的有害艺术品在国际市场上流通的原则。

3.举办第六届中国艺术产业论坛，中国画廊推介展暨国际画廊邀请展，树立艺术企业诚信品牌，引导和扶植画廊产业的发展。

中国艺术产业论坛自1999年举办以来，已成为一个品牌，在社会和业界中产生了一定影响。本届的艺术产业论坛由政协全国委员会教科文卫体委员会办公室、文化部文化市场司于2004年11月5日至9日在国家博物馆共同主办。

此次论坛的主题为“艺术与诚信”，随着经济的发展，我国艺术市场已呈现产业化发展的态势，但市场中存在的制假售假、艺术经纪人不规范操作、艺术品走私等问题严重影响着我国艺术品市场的健康发展。2000年，苏富比、佳士得等世界著名的拍卖公司已经暂停中国近现代书画作品的拍卖，公开声称的原因是中国近现代书画的赝品过多，这一举措严重损害了我国艺术品在国际市场中的地位和信誉。因此建立市场的信誉，确立消费者对艺术品投资的信心，是当前我国艺术市场急需解决的问题。从这一角度出发，今年论坛的主题为“艺术与诚信”，邀请了14位专家学者，为我国艺术品市场的发展和管理献计献策。如前瑞士驻华大使、著名中国当代艺术收藏家希克先生，巴塞尔博览会的艺术总监、上海艺术博览会组委会主任、苏富比亚太地区总裁司徒河伟先生以及日本伊藤忠会社的总裁筱原研二郎先生等等。他们的演讲为艺术市场管理提供了很多值得借鉴的经验。这次论坛是历届论坛中级别最高，涉及面最广的，吸引了300多名听众，数百家的新闻媒体对此次论坛进行了跟踪报道。

同期举办的中国画廊推介展暨国际画廊邀请展，共有52家参展单位，其中国内32家，参展单位是经省级文化厅局推荐，文化部文化市场司组织评审小组进行严格审核的，这些参展单位基本上能代表当前我国画廊业的最高水平。在国外画廊展区，有来自法国、韩国、日本、俄罗斯、澳大利亚的20家画廊参展，这些画廊实力雄厚，规模较大，其中韩国的PYO画廊是韩国最大的画廊，这些能够代表国际画廊业发展水准。参展画廊带来了很多重要的艺术作品，包括以6000多万元收购价，创下中国书画最高价位记录的陆俨少的《山水百开册页》，齐白石、张大千等名家的精品力作；当代中青年油画家石冲、丁方的作品；以及阿曼、罗丹、达利等世界著名大师的艺术品，使观众在近距离了解画廊的同时，也享受到了一次视觉的盛宴。这次展览参观人数逾万人，舆论反映良好，很多境外媒体如法新社、读卖新闻等都进行了报道并给予了高度评价。来自巴塞尔艺术博览会的艺术总监、苏富比拍卖公司亚太地区总裁在看完展览后，对于中国画廊质量和艺术水准表示肯定，确立了与中国艺术经营单位合作的信心。

展会举办期间，参展画廊自发成立了中国诚信画廊联盟，为构建中国艺术市场秩序打下了良好基础。参展的国内画廊，都是在业内有着良好口碑和信誉的画廊。他们一直致力于行业自律组织的成立，在行业协会尚未建立之时，这些画廊自愿联合成立中国画廊诚信联盟，并向公众发布《中国画廊诚信宣言》，承诺不销售、经纪、展览假冒他人名义的艺术品；要严格职业操守，不损害当事人利益，牟取不正当利益；要联合抵制行业中不正当竞争行为，协力打击制假贩假行为；要加强企业之间的精诚合作，共同开拓国际艺术市场，推广优秀的中国当代艺术家及其作品，树立重诚信、重艺术的中国画廊形象。诚信联盟的成立对于促进行业自律，加强行业合作，提升行业形象有着重要的意义。

此次展会在社会中引起了广泛的关注，向全世界展示了我国艺术市场发展的历程和现状，对于扩大艺术产业的影响，提升中国画廊行业形象有着积极意义。

四、艺术品市场管理面临的主要问题

1.艺术品市场法规缺位，是艺术品市场发展的桎梏。

首先，当前艺术品市场仅有一部《美术品经营管理办法》，立法层次很低，随着《行政许可法》的实施，部门规章的效力基本上已被废止，然而又没有其他的法规对艺术品市场进行管理，艺术品市场实际上处于无法可依的状态。其次，艺术市场缺乏统一有效的管理，艺术品拍卖、艺术品销售、艺术品经纪、艺术品进出口等分属不同部门管理，然而，这些都是艺术品市场的组成部分，管理职能的交叉，使得艺术品市场实际上处于无人管理的局面。第三，艺术品市场的造假售假问题日益突出，已经严重影响了我国艺术品市场在国际市场中的信誉，还有艺术品走私、色情、反动的前卫艺术品海外倾销等问题，由于没有相应的法规予以制约，没有有效的监管和执法，给不法分子以可乘之机。有报道称“艺术品造假已成为商品造假市场中的最后一片乐土”。因此，立法问题不解决，艺术品市场秩序混乱的现象将难以根治，并有愈演愈烈的趋势。

2.艺术品进出口关税问题，影响了艺术品市场的国际贸易。

艺术品属于不可再生的文化产品，因此艺术品的进出口政策应当与其他文化产品有所区别，应当在内容审核的前提下，鼓励海外艺术品进入中国艺术品市场。尤其我国是艺术品生产大国，新中国成立以来通过走私的渠道流失到海外的艺术品不计其数，近年来随着经济的增长，这些艺术品开始回流到国内，但由于进口关税过高，阻碍了回流的进程。据了解，大部分的国家对艺术品的进口实行零关税，对出口艺术品实行限制，这种制度为进口国带来了无数的文化财产，同时也防止本国的艺术精品流失。根据中国海关公布的有关资料，艺术品被列为进口商品的第二十一类，艺术品的税率一般为25%，相对于其他文化产品而言是比较高的，而在艺术品出境方面却没有任何限制，导致大量作品外流。如果不调整艺术品的进出口政策，将会严重影响中国艺术品的国际贸易，同时也会造成我国艺术精品流失的问题。

3.我国艺术品市场的发展，还缺乏良好的经济环境。

艺术品投资是继房地产、股票之后的第三大投资热点，在国外，企业收藏的艺术品可属于固定资产，收购的艺术品可用来抵押贷款或抵税等等，有些国家还规定建筑的预算中应当有一定比例用于艺术品消费，这些经济政策大大促进了艺术品市场的蓬勃发展。专家建议，应当大力提倡企业、财团、个人等社会力量进行艺术品收藏，向美术馆、博物馆捐献艺术品的应当给予经济、税收等方面优惠等等，只有形成社会对参与艺术市场的热情，才能从根本促进艺术品市场的繁荣。

文化产业

Cultural industries

综　述

2004年是我国文化产业快速发展的关键一年。为认真贯彻落实党的十六大和十六届三中、四中全会精神，根据文化部党组年初确定的“进一步完善文化产业政策，积极支持和促进文化产业发展”的工作部署，按照抓住机遇、开拓创新、突出主线、抓好重点、完善政策、打好基础、树立示范、以点带面、培育人才、加速发展的工作思路，顺利完成了全年的各项工作任务，而且在工作内容和工作形式上有所创新和突破。

一、组织召开全国文化系统文化产业工作会议

经过近一年的精心准备，文化部第一次全国文化系统文化产业工作会议，于2004年11月16日至19日在深圳召开。孙家正部长出席会议并讲话，孟晓驷副部长作工作报告。会议认真总结了6年来全国文化系统文化产业工作情况，推出了37个单位的工作经验，研究和部署了今后一个阶段文化产业工作任务。整个会议取得圆满成功，与会代表反映十分强烈。孙家正评价，这次会议在我国文化系统文化产业发展史上具有里程碑意义。

二、举办首届深圳国际文化产业博览会

2004年11月18日至22日，由文化部、国家广播电影电视总局、国家新闻出版总署和广东省人民政府联合主办，深圳市人民政府承办的首届深圳国际文化产业博览会胜利闭幕。博览会认真落实李长春同志批示精神，精心组织，周密安排，取得了丰硕的成果，实现了打造一个文化产品展示平台、文化项目交易平台和文化信息交流平台的预期目标，成为我国目前最具规模、最具影响力的国际性文化产业博览盛会。李长春同志和刘云山同志视察博览会主会场和大芬油画村后给予充分肯定。

三、命名42个国家文化产业示范基地

为树立典型，抓好示范，文化部认真组织了首批文化产业示范基地推荐评选工作，并在全国文化系统文化产业工作会议期间举行了授牌仪式。5月中旬，文化产业司还与中国美术家协会联手在江苏苏州的胥口镇和辽宁盘锦的兴隆台区建立了两个“文化（美术）产业示范基地”。另外，文化产业司编写的《中国文化产业典型案例选编》一书，三版印刷发行了18000多册，得到各方面的一致好评。文化产业司还与中国文化报合作，在中国文化报上设专栏组织对文化产业典型案例的分析评介。这些基地和案例给各地树立了典范，有力地引导了全国文化产业的健康发展。

四、进一步完善文化产业政策

为适应形势发展的需要，进一步扩大文化产业准入领域，调动非公有制经济发展文化产业的积极性，文化部制定了《文化部关于鼓励、支持和引导非公有制经济发展文化产业的意见》，并于10月18日正式下发。在全国文化系统文化产业工作会议期间，文化部对贯彻落实《文化部关于鼓励、支持和引导非公有制经济发展文化产业的意见》进行了专门部署。该文件下发后，在全国引起很大反响。同时，文化产业司组织编印了《文化产业政策汇编》，作为全国文化系统文化产业工作会议的学习材料，并下发到各个县级文化主管部门，得到各级文化管理干部的广泛好评。

五、加强人才培训工作

为培养文化产业人才，文化产业司积极参与了中国国际民间组织促进会利用国外资金举办的西藏手工艺品项目的培训。在充分发挥北大和上海交大两个国家文化产业创新与发展研究基地培养人才作用的同时，8月上旬，文化产业司和清华大学继续教育学院合作在新疆举办了“西部地区文化产业经营管理人才培训班”，对11个省、自治区、直辖市120多名文化产业管理人员进行了为期一周的培训。

六、积极实施“走出去”发展战略

文化产业司与外联局积极合作，组织近30位国内专家、学者和企业家参加了在日本举办的第三届中日韩文化产业论坛，中方代表团在会议期间的良好表现得到日方和韩方代表的一致好评。

七、组织召开全国文化产业处长会议

为深入贯彻落实《文化部关于支持和促进文化产业发展的若干意见》(文产发[2003]38号),文化产业司于年初在河南郑州市召开了全国文化产业处长会议。传达学习了文化部2004年工作要点,部署了全年的文化产业工作任务。

八、正式开通中国文化产业网

由文化产业司主办的中国文化产业网站,经过近一年的试运行,7月1日面向社会正式运行。正式运行后的中国文化产业网,为政府、企业、社会、个人提供全方位的文化产业信息服务,为社会各界了解文化产业发展动态、参与文化产品的生产、更好地享受文化消费服务提供了一个交流互动的平台,社会各方面特别是基层文化干部反映良好。

九、深入进行文化产业调研

为摸清各地文化产业发展的真实情况,今年文化产业司组织力量先后到北京、辽宁、陕西、安徽、福建、广东、江苏、四川、甘肃、山东、湖北、新疆等地进行了调研,同时在陕西召开了西部部分省份文化产业处长座谈会。调研活动的开展,进一步掌握了更多的第一手资料,为筹备开好全国文化系统文化产业工作会议和制订相关政策奠定了基础。7月底,文化产业司还组织部分地方文化厅局的产业处长考察了美国和加拿大的文化产业。

十、加强文化产业信息交流工作

根据部领导的要求,今年文化部积极组织力量提供了12篇反映文化产业动态的《文化信息》,其中,反映深圳文博会的信息受到了中央领导的重视。文化部还及时向全国人大汇报文化产业发展情况,并向有关方面提供了"关于国外文化产业发展情况"的材料和"加入WTO后我国文化产业面临的挑战及其对策"的材料。

十一、积极配合有关部门完成文化产业统计课题研究

今年文化产业统计研究有了突破性进展,国家统计局于3月29日下发了《文化及相关产业分类》标准,为我国文化产业统计工作走向统一化、标准化奠定了基础。根据国家发改委、中宣部的要求,文化部启动了制订文化产业投资指导目录的工作。

文化部关于命名文化产业示范基地的决定

各省、自治区、直辖市文化厅(局),各计划单列市文化局,新疆生产建设兵团文化局:

为认真贯彻落实党的十六大和十六届三中、四中全会精神,进一步深化文化体制改革,促进文化事业全面繁荣和文化产业快速发展,根据文化产业的发展要求,文化部决定命名42个文化产业示范基地。

这些被命名的基地分布在我国文化系统文化产业的各个行业门类,为满足人民群众精神文化需求和促进人的全面发展,把社会效益放在首位,努力实现社会效益和经济效益的统一,在坚持发展先进文化、推动文化产业发展和文化项目产业化运作方面进行了有益的尝试,并取得突出的成绩。

现将文化产业示范基地的名单公布如下:

中国对外文化集团公司
中录同方文化传播有限公司
北京市长安文化娱乐中心
北京保利文化艺术有限公司
北京儿童艺术剧院股份有限公司
北京麦乐迪餐饮娱乐管理有限公司
天津市西青区文化旅游发展有限公司
河北吴桥杂技文化经营集团公司
山西灵石县王家大院民居艺术馆
辽宁锦州辽西文化古玩商城
辽宁民间艺术团
大连普利文化产业基地

哈尔滨马迭尔集团股份有限公司
上海张江创意产业基地
上海盛大网络发展有限公司
上海大剧院总公司
上海瑞安集团
常州中华恐龙园有限公司
江苏省文化产业集团有限公司
浙江宋城集团控股有限公司
华宝斋富翰文化有限公司
宁波市新彩虹娱乐有限公司
安徽安美置业投资发展集团
山东爱书人音像（集团）有限公司
湖北省民间艺术团
湖南红太阳娱乐有限公司
岳阳汇泽文化发展有限公司
佛山市民间艺术研究社
广州长隆集团有限公司
佛山市孔雀廊影音电器有限公司
深圳华侨城集团公司
深圳大芬油画村
桂林广维文华旅游产业有限公司
桂林愚自乐园
四川自贡中国彩灯文化发展园区
成都武侯祠锦里旅游文化经营管理公司
四川建川实业集团
四川广元市女皇文化园
云南映象文化产业发展有限公司
丽江丽水金沙演艺有限公司
兰州市文化实业发展总公司
西宁新奇工艺装饰有限公司

各地要通过广泛宣传和深入推广文化产业示范基地的先进经验，充分发挥它们的示范、窗口和辐射作用，推动全国文化产业深入发展，从而增强我国文化产业的整体实力和竞争力。

希望被命名为文化产业示范基地的单位进一步深化改革，促进发展，奋力开拓，再创佳绩，为我国文化产业快速、健康、持续发展做出新的更大贡献！

特此决定。

第一批国家文化产业示范基地简介

［中国对外文化集团公司］

中国对外文化集团公司是经国务院批准成立的第一家大型国有文化企业集团，是全国文化体制改革的试点单位。该公司有演出、艺术展览、文化旅游、图书音像期刊出版等较为完整的文化产业链，有策划、营销、宣传、外语、管理、外贸、舞台等多种专业人员，是中国最大的国际演出和艺术展览进口商，也是世界最大的中国演出和艺术展览提供商。公司拥有北京最具影响的文体票务销售网络系统——中演票务通，北京地区80％以上的文体活动票务均在此系统销售，年销售额超过1亿元。该公司还拥有《少林雄风》、《太极时空》、《龙狮》、《英雄天地间》、《四海一家》、《世纪风骨》等品牌演出剧目和展览项目，在海内外演出和艺术展览市场上深受欢迎，每年海外观众达1000万人次。

［中录同方文化传播有限公司］

中录同方文化传播有限公司是国内最大的音像产品的生产单位之一，基本形成制作出版、复制、发行一条龙的产业链条。该社领导班子健全，有创新能力，企业发展速度较快，已具有跨行业、多元化的产业集团模式，下属有三个音像出版社，一个光盘加工厂，一个电视制作公司，一个全国音像综合发行企业，两个中外合资发行企业，一个网吧连锁经营企业，以及一个文化传媒企业。该公司坚持先进文化的前进方向，始终把社会效益放在首位，严把音像产品的出版关，成立20年来，未出过一例违犯国家政策的出版物。近年来，企业连年上台阶，年营业额超过2亿元。

［北京市长安文化娱乐中心］

北京市长安文化娱乐中心，是北京市政府投资在“老字号”长安大戏院基础上易地重建的综合性文化设施，建筑面积21225平方米，建设投资1.8亿元。经营项目主要有:“长安大戏院”的戏曲演出经营、长安控股的“长安舞台艺术有限公司”和京港合资的“天星文化娱乐有限公司”的文化演出经营、同中体产业股份有限公司和美国倍力健身公司的合作项目“中体倍力健身俱乐部有限公司”的体育健身经营,以及4000多平方米商业面积的租赁经营。该中心以长安大戏院为龙头,确立了“以京剧为重点,以民族戏曲为主体,兼顾多种舞台艺术形式,开展多元化演出经营”的思路,把剧场经营同剧目经营有机结合起来,积极参与剧目投资、制作、策划、演出(如京剧连台本戏《宰相刘罗锅》),按市场需求进行商业运作,拓展了广阔的市场空间。截至2003年底,长安大戏院经营总收入1.23亿元,上缴国家流转税金1394万元,上缴国家投资回报金360万元。其中经营演出3294场,接待观众184万余人次,票房收入5434万元,平均上座率达70%,剧场利用率高达136%。

[北京保利文化艺术有限公司]

该公司成立于2000年2月,由中国保利集团公司和保利科技有限公司组建,注册资本为1亿元。目前,拥有控股、参股、受托管理企业23家,业务范围涵盖演出、影视传媒、文化收藏与展出、影剧院经营、广告、演艺经纪、光盘生产与音像发行等领域。保利文化艺术有限公司的经营思路是:以经济效益和社会效益为核心,以优质品牌为基础,以资本运作为手段,完善配套管理机制,做强做大影视传媒、文艺演出两项主业,加大对股权投资项目的管理力度,实现跨越式发展。几年来,保利文化艺术有限公司组织策划了一系列有影响的演出活动,其中大卫·科波菲尔2002年北京演出创下国内演出市场诸多纪录。保利文化艺术有限公司经营管理的保利剧院已成功接待了近300个演出团体的300余场演出。2003年底,保利文化艺术有限公司顺利完成被誉为“中国文化产业第一并购案”——收购北大华亿影视传媒公司。新组建的保利华亿拥有国内影视传媒业最优秀团队资源,形成“影视内容提供+传媒平台+广告业务”的优良架构。其中,保利华亿拥有投资拍摄、收购的影片达160余部,代表作有《卧虎藏龙》、《有话好好说》、《荆轲刺秦王》等;投资制作的电视剧有《我爱我家》、《永不瞑目》、《大宅门》等;旅游卫视成为国内唯一的以旅游为主导的专业化卫星频道。

[北京儿童艺术剧院股份有限公司]

2004年1月16日,北京儿童艺术剧院股份有限公司正式挂牌成立。该公司由北京青年报社控股,北京市文化局下属北京市文化设施运营管理中心、北京市教委下属北京高校房地产开发公司、北京电视台下属北京电视事业开发集团、北京市文化发展中心四家单位共同参股组成。注册资金4000万元,其中增量部分2300万元。作为文化体制改革的试点单位,北京儿艺在整合文化资源、艺术生产策划、产品宣传包装、市场营销运作、后产品开发经营等方面进行了大胆探索,并取得可喜成绩。面向全国开展“20万重金征集儿童剧剧本”活动,取得良好效果;市场化运作大型魔幻童话剧《迷宫》取得圆满成功,截至2004年6月11日,票房收入262万元,后产品销售收入19.3万元;设立“北京盈之宝儿童艺术基金”,坚持送戏下乡;全面开拓儿童市场,策划承办“北京市首届儿童戏剧周”活动等。该公司的经营发展目标是:打造完善以品牌经营为核心的儿童文化产业链,积极参与数字频道、影视剧制作、动漫游戏开发和儿童剧衍生产品生产,代理销售国内外知名儿童品牌,开展青少年艺术培训,开发演出市场和票务市场,迅速成长为一流的文化企业,确保在同行业中的领先地位。

[北京麦乐迪餐饮娱乐管理有限公司]

2000年5月,由北京麦乐迪餐饮娱乐有限公司经营的麦乐迪KTV在北京朝外大街开业,它以“安全、健康、欢乐、时尚”的经营理念和富有创新意识的经营管理方式,迅速赢得北京和外地来京消费者的青睐,口碑极佳。4年多来,麦乐迪已在北京朝阳区、海淀区、西城区和江苏南京相继开办了4家直营连锁店,总经营面积达到17000平方米,员工总数1361人,总计接待消费者数百万人次，至2004年6月累计上缴税费2169.53万元，形成以KTV、餐饮和干果饮品超市三大事业部为主体，下设7个配套职能部门，具有一定品牌影响、连锁化、规模化的现代娱乐企业。面对激烈的竞争，麦乐迪确立了差异化的经营策略：通过低价位的价格策略吸引消费者参与，开发工薪阶层的消费力，满足更多民众的文化需求，扩大文化娱乐消费市场的份额。麦乐迪确立了“一切为了顾客”的服务理念，将这一服务理念体现在服务的全部过程。为保证曲目齐备并及时更新，不仅购买了万余张正版歌碟，还与众多的唱片公司合作举行新歌推广试唱活动。麦乐迪改变了北京地区高档娱乐消费经营场所占据市场主流的格局，并为扭转和改变娱乐场所的行业形象发挥了重要作用，引领了北京歌舞娱乐场所经营的潮流，也带动了全国歌舞娱乐产业结构的调整。

[天津市西青区文化旅游发展有限公司]

自2001年以来，该公司通过各种方式筹集投融资7.2亿元，建设和恢复了一批具有代表性的文化设施，为全区新增文化设施面积258万平方米。参与完成了杨柳青博物馆、平津战役天津前线指挥部旧址陈列馆、霍元甲纪念馆、年画馆、玉成号画庄等重点历史文化遗存的维修改造，修建了明清街、御河人家，重建了峰山药王庙，兴建了7.2万平米的杨柳青广场、4.1公里的南运河景观工程等一批档次高、影响大的文化景观。还采取出售冠名权、联办和征求企业赞助等方式，联合打造出“峰山旅游庙会”、“赶大营”、“灯节”、“插花节”、“绿色生态游”、“西青一日游”等一批具有浓郁民俗风情和地方特色的文化品牌。文化旅游设施的不断完善大大提高了西青的吸引力，文化产业成为全区新的经济增长点。近三年，西青区接待中外游客分别为201万、280万和378万人次，文化旅游综合收入以年均36%以上的速度增长，分别为1.55亿元、2.3亿元和3.2亿元。

[河北吴桥杂技文化经营集团公司]

吴桥杂技文化经营集团公司是河北省吴桥县为把杂技文化产业做大做强而专门成立的市场化运作实体。经过10多年的不懈努力，集团公司由小到大，由弱到强，日臻完善，逐步形成以杂技文化为内涵，杂技旅游、杂技教育、杂技演出和杂技服装道具制作四大产业为主体构架的杂技产业发展格局。创建于1992年的“吴桥杂技大世界”成为发展的龙头，年接待观众达40万人次，门票收入5000万元，观众和门票收入保持年均20%的增长势头，资产也由开业初的2200万元上升到1.2亿元。新开发的杂技名人孙福有故居、杂技专业村等6个产业项目，大大延长了杂技产业链条。吴桥杂技艺术学校带动了民间杂技教育的发展，目前全县各类杂技学校已发展到22家，在校学员达800多人。目前，全县各类杂技团体已发展到100余家，从业人员近万人，每年的演出收入在5000万元以上；从事与杂技相关产品开发、生产的企业20多家，开发产品达到60个大类、800多种规格；28万人中，有3万人直接和间接从事杂技产业的发展。该公司社会效益日益显著，经济效益逐年提高，2003年杂技产业总收入达1.5亿元，占全县GDP总量的6.8%。

[山西灵石县王家大院民居艺术馆]

王家大院民居艺术馆位于山西省灵石县静升古镇，自1997年开放以来，共接待中外游客300余万人次，2004年门票收入有望突破1500万元，成为该县经济发展的重要支撑之一。王家大院民居艺术馆坚持弘扬晋商优秀文化传统，大力发掘整理晋商几百年创业史以及民居文化的内涵，建立完善行之有效的内部管理机制，使艺术馆整体机制达到高起点、高标准、高效率，2001年通过ISO9001国际质量管理体系认证。同时，该馆重视培养科研人才、市场营销人才和管理人才，编制了《王家大院总体保护与旅游开发规划》，在保护挖掘文物资源，投入大量资金，不断完善基础设施的同时，加大文化产品的开发力度。该馆在自身产业不断发展壮大的同时，还为该县解决了部分社会就业，带动了其他相关产业的发展，扩大了灵石县的对外影响，成为山西文化产业的一个品牌。

［辽宁锦州辽西文化古玩商城］

锦州市辽西文化古玩商城于2001年建成并投入使用。该商城建筑面积2.7万平方米，内设210个精品屋和500个经营摊位，同时设有文化商品展览大厅，厅内拥有248个国际标准展位。目前该商城内从业人员达5000多人，年营业额近3亿元。辽西文化古玩商城是锦州市文化局利用社会资金扶持起来的大型民营文化企业，其主要经营古玩、工艺美术品和图书等文化商品，经营品种达3200多种，交易活动辐射整个东北和内蒙古西部以及京、津、唐地区。为扩大影响，促进交易，该商城先后举办了“全国第四届收藏精品大型展销会”、“锦州市大型优秀图书展销会”等32次文化商品展销会。为提高吸引力和凝聚人气，该商城将全市的古玩商会、收藏协会、诗词协会、楹联协会等12个民间文化组织请进商城，无偿提供办公和活动场所，几年来免费为广大市民举办各种讲座41次。为确保公平交易，依法经营，锦州市文化局在商城专门设立了文化市场管理办公室。

［辽宁民间艺术团］

辽宁民间艺术团于2003年4月成立，由赵本山任团长，从建团时的28人目前发展到116人。该团是具有辽宁地方特色的全新体制和机制的省直专业艺术表演团体，不断更新经营理念，始终把“观众需要”和“市场需求”放在首位。他们采取场团结合的方式，积极实施院线制。去年在沈阳市承包两个剧场，建立了刘老根大舞台和铁西和平影剧院“二人转”舞台，今年又在长春市建立了刘老根大舞台，计划明年在北京再建立一个刘老根大舞台。2003年，与上海金茂大厦合作创办了“刘老根大舞台金茂之夜”演出活动，仅半年时间，即演出500场，演出收入1000万元，实现利税170万元。该团以演出业为主，以电视剧制作为依托，以电视栏目广告业为窗口，以艺术教育为基础，形成比较完整的文化产业链条。演出业计划每年演出1000场，演出收入1500万元；影视制作业计划每年生产一部电视剧，每两年拍成一部百集室内情景喜剧；电视栏目每年完成52集的电视栏目制作与播出；艺术教育已成立的本山艺术学院和艺术学校每年各招生200人至250人，办学规模将达到800人至1000人。

［大连普利文化产业基地］

大连普利文化产业基地是由普利文化传播（控股）有限公司投资兴建的。采取项目以自主投资为主，辅以低廉的租金和参股、融资等方式，广泛吸引国内外的文化企业进驻，形成较为完整的文化产业链，促进大连文化产业跨越式发展。该基地由文化产业聚居区、文化物流基地、文化产业生产基地三部分组成。总建筑面积约15.1万平方米，计划总投资7.47亿元，目前已完成投资1.67亿元。基地的发展目标是：到2005年底入驻业户100家以上，实现年产值及交易额2.8亿元以上，其中出版物的批发和零售交易额达到2亿元，艺术创意公司的交易额达到0.8亿元；2007年底入驻业户200家以上，实现年交易额6.5亿元以上，其中出版物的批发和零售额达到5亿元，艺术创意公司的交易额达到1.5亿元；争取到2010年达到12亿元年交易额，其中出版物的批发和零售交易额达到10亿元，艺术创意公司的交易额达到2亿元。

［哈尔滨马迭尔集团股份有限公司］

1999年，哈尔滨市政府决定在传统的哈尔滨冰雪文化的基础上，在松花江上建一座集参观、游览、娱乐、比赛于一体，融冰灯、冰雕、雪雕于一园的大型综合性冰雪乐园，并命名为“哈尔滨冰雪大世界”。从第二届哈尔滨冰雪大世界活动开始，根据“政府扶持、市场化运作、企业化经营”的运行模式，哈尔滨马迭尔集团股份有限公司从投资、策划、管理、经营等方面全面投入了这个项目。截止到2004年2月，“哈尔滨冰雪大世界”已经连续举办了5届，平均每届接待国内外游客100万人左右，成为国内外知名度很高的冰雪文化旅游品牌，创下占地面积、冰雪展品件数、文化活动数量、单体冰建筑等多方面的世界之最，同时创世界冰雪吉尼斯纪录20余项。特别是第5届，占地面积40万平方米，总用冰量为10万立方米，总用雪量15万立方米，冰雪展品2200多件，经营文化活动60多项，总投资为3500万元。“哈尔滨冰雪大世界”给社会和城市经济发展带来了可观的社会效益和经济效益，带动了哈尔滨交通、商业、旅游、餐饮等相关产业的发展。

［上海张江创意产业基地］

张江创意产业基地位于上海浦东腹地，2003年该基地共引进各类高科技研发机构18家，到年底有各类在孵企业382家，申请专利445项，其中发明专利349项。张江创意产业基地以文化创意产业为发展重点，以与基地内信息产业相关的多媒体软硬件开发和制作、动漫画制作、游戏软件（包括网络游戏）的开发和制作以及高科技影视后期制作、产品工业造型设计等为主要发展内容，著名的网络游戏公司上海盛大网络、第九城市、网星游戏及一些韩国网络游戏公司都落户张江。基地内还有3所艺术类大学中国美术学院上海设计分院、上海电影艺术学院、以及与上海戏剧学院合办的上海创意学院。经过5至10年的发展，张江创意产业基地内聚集的文化企业将达到200家左右，从业人员达2万人以上，并将培育出世界级的现代创意产业实体；基地内文化产业总产值将达到300亿元至500亿元，其中出口产值占40％以上。

［上海盛大网络发展有限公司］

上海盛大网络发展有限公司成立于1999年11月，现已发展成为集网络文化产品开发、运营、销售为一体，涉足周边产品、出版物等立体化品牌经营的集团化企业。该公司成立以来连续创出100％的增长速度，2003年的营业收入近7亿元，并带动了电信业、IT设备业、渠道业和出版业等相关产业几倍乃至十几倍于自身的经济效益。2004年5月，盛大网络在美国纳斯达克上市，目前集团公司市值超过10亿美元。盛大网络建立了我国最大的网络文化研发团队和我国最大的网络文化产品运营体系。截至2004年5月底，自主研发和代理运营的产品达10余款，累计注册用户超过2亿人次，最高同时在线用户人数超过120万人，市场占有率超过50％，同时建立了我国最大的网络文化产品技术保障平台、销售体系和客户服务体系。该公司投资4000万元建立的网络游戏研发中心，开发具有中国特色的网络游戏，杜绝暴力、色情和反动内容，传承中华文明和民族文化。目前已自主开发网络游戏产品近10款，推向市场的有《传奇世界》、《神迹》、《英雄年代》、《梦幻国度》等。该公司积极参与社会公益事业，截至2004年5月，累计向社会各界捐款近千万元。

［上海大剧院总公司］

投资12.5亿元建设的上海大剧院以其高标准的设施、高品位的节目和高水准的服务吸引着海内外的观众，并成为展示上海对外文化形象的重要窗口。上海大剧院总建筑面积6.3万平方米，内设大、中、小3个剧院，观众席分别为1800座、750座、300座。每年上演230至250场节目；节目形式以歌剧、芭蕾舞、交响乐为主；演出主体国外、国内、本市各占1/3。上海大剧院总公司制定了“节目是龙头、市场是导向、经营是核心、管理是基础”的经营方针，实行总经理负责制，下设3个中心：艺术中心、管理中心、经营中心。剧院正副总经理各兼任一个中心的总经理。艺术中心是1996年11月注册的企业法人单位，自主经营、照章纳税。上海大剧院从开业始,在保证每月约300万元的基本经费支出基础上，每年能实现2000万元的盈余。至今，上海大剧院已演出2000多场，用于文化发展的积余资金达1亿元。

［上海瑞安集团］

上海瑞安集团所属上海新天地，是瑞安集团投资14亿元，1999年1月开工，2001年6月建成的一个将上海独特的石库门建筑旧区改造成国际水平的餐饮、商业、文化、娱乐的休闲文化景区。上海瑞安集团所属上海新天地的创新理念在于用现代手法保护历史文化建筑，对百年历史的石库门建筑外表整旧如旧，内部彻底现代化，既适应了21世纪都市人的生活需求，又保留了城市的历史风貌。不仅使石库门原先的居住功能改变为商业功能，而且开发了这些历史建筑的观赏价值，给当地群众提供了一个时尚休闲的文化生活区。现在来自十多个国家和地区的餐馆、商店、娱乐业投资经营者带来了世界各国不同的餐饮文化、娱乐文化和休闲文化。新天地许多餐厅、酒吧、茶座含有文化消费性质，引领了文化消费的时尚，倡导了一种新的生活理念：生活艺术化、艺术生活化。其创新理念和文化价值，带动了一个区域的经济发展和土地价值提升，创造了良好的经济效益，成为采用现代手法保护历史文化建筑的典范和以文化产业带动经济发展的典型案例。

［常州中华恐龙园有限公司］

中华恐龙园坐落于常州现代休闲旅游区，园区占地560亩，总投资2.18亿元，是国内第一个恐龙主题公园，是一座现代游乐设施与主题文化相结合，集文化、博物、科普、参与、观赏于一体的新型主题乐园。恐龙园运作3年多来，坚持用产业化的思路对文化资源进行有效的开发，使潜在的文化资源转化为可供大众消费的文化产品。先后成功地举办了“同一首歌——走进常州”、“世纪震撼——恐龙园之春”、“第二届国际模特大赛暨怀旧金曲演唱会”等大型综合文艺活动，并在节假日举办了“百姓欢乐之夜”、“青春激扬之夜”等主题公园活动，使恐龙园成为展示文化精品的大舞台。同时，充分利用馆藏恐龙及其他化石资源，开展与国内各大博物馆的学术交流、展品互换和租赁活动，加强对外拓展，促进中外文化交流，取得了一定的社会效益和经济效益，吸引力和市场竞争力不断提升。

［江苏省文化产业集团有限公司］

江苏省文化产业集团有限公司是全国首家由省政府直接出资组建的国有大型文化企业，2003年2月18日正式挂牌。公司根据“集聚社会资本的平台，配置文化资源的载体，打造文化精品的工厂，文化体制改革的探索者，数码文化领域的拓荒者”的战略定位，以及“立足文化产业传统领域，开拓并发展数码文化产业”的发展战略和“三步走”的实施步骤，先后出资、引资成立了江苏省浪淘沙网吧连锁有限公司、江苏省汉风文化体育有限公司、江苏省传世媒体有限公司、江苏省汉风文化体育有限公司、江苏省世尊投资管理有限公司5个子公司，集团总资产达1.8亿元。公司坚持“股权结构决定公司管理体制，管理体制决定公司运行机制”的改革理念，把“所有制结构多元化，股权结构分散化，不搞一股独大、一股独尊”作为制度创新的切入点和突破口，在投资组建子公司过程中，大胆吸收社会资本尤其是民营资本投资参股，大胆引进民营机制。与此同时，按照建立现代企业制度的要求，把构建母子公司体制、完善法人治理结构、健全企业内部各项规章制度放在一切工作的首位。今年集团确立的目标是“全年实现销售收入2亿元，实现利润1500万元”。

［浙江宋城集团控股有限公司］

浙江宋城集团是一家民营旅游休闲投资开发企业。经过多年的探索，该集团逐渐形成“以旅游休闲和景观房产为主体、以大型基础设施投资为增长点、以文化产业为新优势”的产业结构和发展战略。文化一直是宋城集团参与市场竞争的灵魂与核心竞争力。“宋城模式”的最大特点就是坚持“以先进文化促进经济发展，以经济发展反哺先进文化”，走出一条文化与经济相生相荣的良性循环路子。宋城集团所涉及的文化产业业态丰富，包括全国景区表演的顶尖作品《宋城千古情》、各种民俗民间艺术表演、表现欧美文化的歌舞演出和各景区中国传统文化建筑以及浙江档次最高的民办华美学校等。尤其是总投入超过4000万元，演职员总数超过300人的原创全景式大型歌舞《宋城千古情》，是杭州演出史上规模空前的大制作，以恢弘的叙事和抒情风格，再现了“人间天堂”7000年的美丽、繁华、悲壮与梦想。该歌舞连演8年经久不衰，已成为杭州夜游市场和演出市场的最大亮点和著名的文化旅游品牌。此外，从2003年开始，该集团涉足出版发行和新闻媒体，参股新华书店和报纸杂志经营，发展势头良好。

［华宝斋富翰文化有限公司］

以传承弘扬民族文化为宗旨的浙江富阳华宝斋富翰文化有限公司，集造纸、制版、印刷、装订、出版和发行及文化旅游于一体，其依托自身研制的、被国务院古籍整理出版规划小组确定的专用宣纸，加之先进制版技术与传统石印工艺紧密结合，累计影印出版了4000多种、2000多万册线装古籍，为使我国不同历史时期的文献经典、名人书画流传于世，弘扬国粹和中华民族优秀文化做出重要贡献。该公司的“华宝斋”商标相继获得“杭州市著名商标”和“浙江省著名商标”称号，企业被列为浙江省“五个一批”企业和杭州文化产业发展“5＋8”框架的8家重点单位之一。该公司影印的古籍书画纸、古籍石印线装书先后获得国家轻工部金奖、科技成果奖等各类奖项。影印的磁青封面《弘一大师手写金刚经》在印度召开的第五届世界印刷代表大会上获印刷金奖，长卷《富春山居图》获“吉尼斯”之最。华宝斋富翰文化有限公司从创业至今已有20年，现正在进行二期工程的建设，今后将会发展得越来越好。

［宁波市新彩虹娱乐有限公司］

宁波市新彩虹娱乐有限公司是一家由民营资本组建的有限责任公司。自1996年8月成立以来，尊重市场规律，注重不断创新，确立了“以人为本，面向大众，打造一流文化娱乐公司”的经营目标，坚持走“内容健康向上，形式灵活新颖，特色品牌经营”的雅俗共赏之路，追求“热情、周到、诚挚、灵活”的服务风格。该公司下辖5个分公司，总营业面积达8000平方米，有一个演艺大剧院，一个迪厅和150余个KTV包厢，职工近1000人，设有6个职能部门。目前日均接待顾客3000余人次，日均营业收入20余万元，成为宁波文化娱乐业的纳税大户。公司还有一支50多人的演出艺术团队，不断推出“生日祝福”、“新婚祝福”、“乔迁之喜”等深受群众欢迎的演出节目。几年来，该公司立足宁波，辐射周边，逐渐走向全国，与北京、湖北、广东等地的10多个城市的娱乐演出单位建立了联系。

［安徽安美置业投资发展集团］

安徽合肥大型民营企业安美置业投资集团，于2003年，投资上千万元，建起总建筑面积6600平方米的安美艺术会展中心。该中心是目前安徽省室内硬件设备最好、功能最多的艺术展馆，也是国内综合条件较好的美术展览场馆之一。自开馆以来，面向市场，面向社会，零距离贴近百姓生活，承办了11次全国和省、市的美术书法等展览活动，大大活跃了合肥市民的业余文化生活，收到很好的社会效益和经济效益。为弘扬我国优秀传统文化徽文化和“文房四宝”文化，安美置业投资集团又投资建设总建筑面积近50000平方米的安美艺术城，目前已建成9600平方米。该城建成后将成为安徽最大的文化艺术市场，既可以满足不同的美术会展需求，又可以作为古玩、字画、文房四宝的交流交易场所。

［山东爱书人音像（集团）有限公司］

山东爱书人音像（集团）有限公司始建于1993年。该公司以“传播精神文明、提高民族素质”为己任，在全省树立起“弘扬正版、抵制盗版”的良好企业形象。该公司在省城济南最繁华的泉城路拥有一个2000多平方米的大型零售超市。2001年，又先后斥资在济南、青岛、潍坊、临沂建了4个2000平方米的大型配送基地。截至目前，在山东省共发展了近80家区域配送中心、1300多家加盟连锁店、2000余家批销零售商，销售渠道网络覆盖山东省90%以上地区，市场占有率在75%以上，成为全省最大的音像制品连锁企业。同时，获得全国音像连锁的经营资质。该公司采用先进的连锁分销经营模式，成为中国音像产业连锁经营的典范，整体经营规模居中国音像流通领域第一名，连年取得良好的经济效益，2003年实现盈利800多万元。该公司树立“一切为了客户”的理念，坚持“正版经典、货全价廉”的立业之本，将“维护广大消费者权益”放在经营原则的首位。

［湖北省民间艺术团］

湖北省民间艺术团是湖北省群众艺术馆所属的一个国办民营的艺术表演团体。自1994年成立以来，面向市场，锐意改革，整合资源，开放办团，滚动营销，先后与洪湖、韶山、延安、西藏艺术工作者“联姻”，相继推出《洪湖情》、《红太阳颂》、《延安颂》、《走进西藏》等独具特色的经典性主题文艺晚会，走遍华北、华东、中南、东北的24个省、自治区、直辖市，巡回演出2500多场，年均演出500多场，观众累计280万人次，走出一条艺术团国办民营、独闯市场、服务群众的新路，得到各级领导的肯定和广大观众的欢迎。

［湖南红太阳娱乐有限公司］

湖南红太阳娱乐有限公司是香港中华集团在内地创办的以剧院演出为主要内容的演艺实体。经过10年的艰辛探索和不断努力，已发展成为湖南乃至全国有名的娱乐连锁企业。该公司1994年投资近4000万元，建成红太阳演艺中心，内设观众席位近千个，对传统歌厅的表演和经营进行了改革与创新，以健康向上、雅俗共赏、人无我有、人有我优、人优我变的特色经营，受到广大群众喜爱。该公司确立以大众娱乐性为演出宗旨的经营方针，提供新奇、独特、刺激、鲜活、时尚、短小的各类歌曲、杂技、马戏、魔术、曲艺、小品等节目，最大限度地满足了观众的文化消费需求。近几年来，该公司先后投资8000万元与湖南湘潭、衡阳、常德及深圳福田等国有剧院合作改造，走上连锁经营、规模发展的集团化发展之路。截至目前，该公司累计盘活国有资产近2亿元，解决了600多名下岗职工的就业问题，6家连锁公司每晚接待观众人数达6000多人次，全年有216万观众光顾，经济效益明显。

［岳阳汇泽文化发展有限公司］

岳阳汇泽文化发展有限公司是岳阳市文化局按现代企业制度组建的独立法人公司，注册资本3688万元。目前正在开发和即将开发的项目有5个，已有优良资产6亿多元，5个项目全部完工后预计可形成优良资产20亿元以上。正在开发的项目有汇泽商业文化广场：总建筑面积5万平方米，总投资2.3亿元，项目资金实行全额自筹。全面竣工开业后，新增就业岗位2100个，每年上缴税费1000万元以上，实现利润1500万元以上。岳阳文庙特色文化景区：融民俗风情、风味小吃、文化旅游购物、文博会展于一体，工程总投资5亿元，总建筑面积15万平方米。将于2005年10月全面竣工对外开放，可新增就业岗位3600个，每年景区门票收入估计在千万元以上。岳阳文化艺术培训中心：占地30亩，总建筑面积3万平方米，总投资4000万元，将成为一流的艺术培训基地，每年培训收入在1000万元以上。即将开发建设项目两个：一是将市电影公司老院整体拆除，建两栋高层住宅楼和一栋综合楼，总开发面积5万平方米，总投资6000万元，可实现利润1000万元以上。二是乡镇文化活动中心试点建设。

［佛山市民间艺术研究社］

佛山市民间艺术研究社成立于1956年5月4日，是集民间艺术研究、创作、生产经营、旅游接待、展览宣传于一体的专业机构。多年来，佛山民间艺术研究社设计制作的彩灯扎作、剪纸、秋色等工艺品远销国内和世界各地。该社扎作的彩灯艺术品60%以上出口东南亚、欧洲、美洲等地，先后赴几十个国家和地区展出，其中15次应邀赴新加坡展出，参观人数累计300多万人次，最多一次达30万人次。该社设计制作的工艺品在十多个国家和地区常年展出和陈列。1991年以来，制作的《大彩龙》、《彩龙》、《腾龙》、《大彩灯》四件灯色作品被载入《吉尼斯纪录大全》。1997年，在香港回归庆典活动中，该社所设计制作的灯色工艺品几乎占领了整个香港市场。剪纸作品多次入选全国美术展览和全国工艺美术展览。秋色艺术种类繁多，千姿百态。为保存和弘扬传统的民间艺术，使民间艺术的瑰宝适应市场经济的发展，近年来佛山民间艺术研究社投入资金，改造环境，大力发展旅游商贸，收集了全国相当部分的民间艺术作品。

［广州长隆集团有限公司］

广州长隆集团有限公司位于番禺区大石镇，创建于1997年，是一家大型民营文化企业，现有资产达12亿元。其属下公司主要有香江野生动物世界、长隆夜间动物世界和广州鳄鱼公园。长隆野生动物园投资2亿元，占地面积200公顷，于2000年12月试营业，是目前国内首家、世界最大的夜间动物世界。该集团平均每年接待游客约200万人次，累计接待国内外游客近2000万人次，收入约15亿元。特别是长隆野生动物园的文化旅游表演广场已成为发展文化产业的一个亮点。该广场由“月亮演艺广场”、“魔幻广场”、水上特技表演场地和散布于园区的表演活动场地组成，填补了广州夜间文化旅游的空白，打造了永不落幕的“广州之夜”。该广场的演出与动物园游览紧密结合、相得益彰，成为该集团吸引游客的最大亮点。目前，长隆野生动物园的文化旅游表演场已成为广州一个重要的文化旅游场所，到2004年6月，共演出15000多场，观众达1000多万人次。

［佛山市孔雀廊影音电器有限公司］

佛山市顺德区孔雀廊影音电器有限公司成立于1997年，是我国从事音像行业最早的民营企业之一。至今已发展成为资产3亿多元，厂房面积10000多平方米，员工200多名，集编辑、制作、生产、发行于一体，拥有5000多个节目版权，年产值超亿元的高新技术企业。该公司以弘扬民族文化为己任，多年以来始终坚持把保护、发掘、整理、利用民族地方戏剧资源为经营、发展目标，先后拍摄、录制、发行优秀粤剧、戏曲节目3000多个，累计发行粤剧、戏曲节目达723万张（盒），成为广东地区首屈一指的经营地方戏曲的音像大户。2004年，为响应广东省委建设文化大省的号召，配合文化体制改革，该公司接管了顺德粤剧团，并投入200多万元，组建了“顺德孔雀廊粤剧团”，以市场带剧团，保证每年演出不少于200场。该公司实施“走出去”发展战略，积极向境外发行音像制品，继在我国香港、澳门地区及泰国、马来西亚、新加坡等东南亚国家打开市场后，又先后在美国、加拿大“登陆”，出口额连年递增，发展势头很好。该公司坚持走“正版”经营的道路，共引进节目2000多个，是目前全国音像行业引进节目最多的企业，具有一定的创新能力。

［深圳华侨城集团公司］

自1989年以来，华侨城集团公司相继建成锦绣中华、中国民俗文化村、世界之窗、长沙世界之窗、欢乐谷等文化旅游项目，建成何香凝美术馆、华夏艺术中心、欢乐干线和OCT生态广场，组建了华侨城控股股份有限公司，上市了旅游文化概念股——华侨城A股，还创建了华侨城国际传媒有限公司，并受深圳市委托管理深圳歌舞团。15年来，华侨城集团公司发展迅速，资产规模逐渐扩大，至2003年底，各景区共接待游客8120.3万人次，营业收入累计62.02亿元，利润累计18.1亿元。华侨城集团公司坚持品牌铸造，引领国内人造主题公园潮流；坚持节目创新，保持景区旺盛的生命力；坚持理念创新，不断提高经济实力和竞争力；坚持资本经营，将激活资本要素即激活物质资本、无形资本和人力资本，作为经营管理的核心命题，提高了资本的市场价值，保证了景区的持续发展。

［深圳大芬油画村］

大芬油画村隶属深圳市龙岗区布吉镇，面积4平方公里，户籍居民300多人，外来人口近万人。目前，大芬油画村有各类书画经营门店243家，各类画家、画师、画工2500人，生产的上百万幅油画远销东南亚、欧美、非洲、澳洲等几十个国家，每年出口创汇3000多万港币。去年，大芬油画村油画销售额是8000万元，今年1至5月份已达到5250万元，预计全年油画销售额将达到1.26亿元，产业规模日益凸显，提供大量就业机会，村民收入逐年提高。2002年，大芬油画村首次亮相“广交会”，与美国、西欧、南非等国家和地区的客商签订了数百万美元的合同。大芬油画村从生产“行画”到创作油画，逐渐形成“金字塔”型的结构，行画生产为油画创作奠定了基础，油画创作带动了行画水平的提高。大芬油画村发展前景广阔，预计今后3到5年内各类画廊、书画工作室将达到1000家，从事文化产业的人员将达到1万人，并将实现3亿元的文化产业产值。

［桂林广维文华旅游产业有限公司］

桂林广维文华旅游产业有限公司总投资3.2亿元，分期建设了包括漓江刘三姐歌墟、山水剧场、阳朔东街、书童山休闲度假区在内的“锦绣漓江风景区”。其中在漓江刘三姐歌墟投资9600万元创作的大型山水实景演出《印象·刘三姐》项目，已于2003年完成，并在2004年3月正式公演，成为目前国内乃至世界唯一的一场大型山水实景演出。该公司以弘扬民族民间优秀文化和打造广西民族文化品牌为发展方向，追求“绿色艺术、环保先行”的新理念。在项目运作方面，探索文化产业与旅游产业相结合的新方式和多元投入联合发展的新办法，在区内外和国内外产生了较大影响。该项目利用旅游的营销机制和网络，保证了固定客源和收入，预计明年即可以回收2500万元以上的票房。同时，带动了剧场广告、CD、光盘等副产品的开发，为推动民族文化的发展，促进地方经济和旅游文化产业的发展，起到了积极的作用。

［桂林愚自乐园］

桂林愚自乐园占地面积为1968亩，总投资2980万美元。首期工程占地约900亩，于2003年4月1日建成开放。该项目的建设采取政府政策支持、外资民营企业运作的机制，坚持地域特色与旅游资源的有机整合，民族文化资源与国际艺术精品创作相结合。愚自乐园把“保护自然，创造人文”的发展思路，贯穿于建园的规划与建设全过程。园内设置了陶艺、铸铜、石雕、木雕、版画、琉璃、花艺等不同类型的创作工作室和各种一流的技术设备，为来自世界各国的艺术家及艺术爱好者提供良好的创作、学习、休闲、生活环境，吸引他们以桂林山水为灵感源，进行雕塑精品的创作，并置放在愚自乐园内。愚自乐园将艺术与观光旅游相结合，陆续推出各种寓教于乐的艺术主题活动，以“愚人杯”艺术奖项目带动了大型地景工程、园林造境、设施建设。作为一个国际性的民族文化主题公园，对推动桂林文化艺术旅游市场发展发挥了重要作用。

［四川自贡中国彩灯文化发展园区］

自贡灯会被国家旅游局确定为2004年中国向世界推介的“中国百姓生活游”主要项目之一，自贡市被文化部命名为“民间艺术之乡”。自贡灯会凝聚了中国彩灯文化的精华，是中国彩灯文化的突出代表，现已发展成为国内外知名彩灯品牌。中国彩灯文化发展园区作为历届自贡灯会在当地的举办地，成为中国彩灯的研究、收藏、保护、开发、交易、教学和展示的基地，以及自贡市的园林绿化中心和市民的休闲娱乐中心、夜文化中心。中国彩灯文化发展园区位于自贡市中心，占地93381.82平方米，其中水面约7500平方米。园区内有经国家文物局批准建立的“中国彩灯收藏、保护、研究、展示”的中国彩灯博物馆。该馆建筑面积6375平方米，是目前我国乃至世界独一无二的彩灯文化专业博物馆。园区内有50余米高的彩灯标志性建筑“灯塔”，还有高中档游乐设施项目30余个。自2000年6月自贡市人民政府颁布实施《自贡市彩灯行业管理规定》以来，彩灯产业在自贡得到迅速发展。到2003年底，全市从事彩灯产业的单位已有50家，一年内组织国内外灯展100余次，实现收入近1亿元，解决就业人员1万人次。仅每年春节期间在园区举办的国际恐龙灯会，就能吸引观众50万人次以上，实现收入1000万元左右。

［成都武侯祠锦里旅游文化经营管理公司］

成都武侯祠是1961年国务院公布的全国第一批重点文物保护单位，1984年成立成都武侯祠博物馆。近几年来，该馆制定了《武侯祠文物保护和发展近中期规划》，建成开放了“结义楼”、“听鹂馆”、“听鹂苑”和“桃园”。其中古色古香的戏台“结义楼”，经常演出具有四川特色的文艺节目，吸引各大旅行社纷纷组织游客前来观赏。2001年开工建设、2004年对外开放的“锦里一条街”，为三国、蜀汉文化韵味浓郁的民间传统工艺制作和成都名小吃提供了展示场所，并成为旅游产品销售和影视拍摄基地。为尽快将资源转化为资本，武侯祠锦里旅游文化经营管理公司先后开发三国文化旅游产品6大类、百余种，每年收入增加20%，并向国家商标局申请了8个类别、17件注册商标。另外，公司还在西南地区率先建立了三国文化旅游纪念品超市——香叶轩，让旅游产品与游客零距离接触，进而提高销售收入。成都武侯祠2003年游客总人次118.3万，应收入3549万元，因减免票人数占56万人次，实际收入约2100万元。

［四川建川实业集团］

四川建川实业集团由民营企业家樊建川创办。该集团于2003年建立了建川博物馆和安仁建川文化产业开发有限公司两个文化实体。建川博物馆现有藏品200余万件，主要有抗战文物、“文革”艺术品、老公馆家具、精美笔筒、老照片、绣花鞋等类别。四川安仁建川文化产业开发有限公司发挥建川博物馆的藏品优势，同时结合大邑县安仁古镇、刘文彩庄园、刘湘公馆群等川西民居民俗文化资源，在安仁镇规划建设了文化旅游产业为主的建川博物馆聚落、公馆文化景区、古镇文化区三大板块。其中耗资2.3亿元的一期工程建川博物馆聚落占地500亩，有20多个专业展馆，将成为融教育研究、艺术博览、藏品展示、收藏拍卖、影视拍摄、民俗文化展示、旅游休闲为一体的文化产业龙头项目和西部乃至中国的文化旅游景点。

［四川广元市女皇文化园］

女皇文化园是以中国历史上唯一的女皇帝、杰出的女政治家武则天的祀庙皇泽寺为中心，由四川广元市投资建设的一个文化旅游园区。皇泽寺坐落在广元市区城西乌龙山脚下，初建于北魏晚期。寺内的摩崖石刻造像精美绝伦，现有52窟龛1200余尊。女皇文化园的核心区占地500亩，主要建筑有寺庙区三重大殿、武则天陈列馆、则天广场、仿唐街（村）、水上游乐园等，投资1亿元。为把女皇文化园打造成知名的文化品牌，广元市委、市政府计划分三期建设。一期投资500多万元，进行寺内文物保护、整治环境，已于2002年完成；二期投资6700万元，进行皇泽寺改扩建工程，恢复皇泽寺寺庙区，新建全国第一个武则天专业陈列馆等；三期主要深入挖掘以武则天为代表的中国乃至世界杰出女性文化内涵，进行产业开发。女皇文化园依山就势，规划总投资3.5亿元。景区旅游接待人数2001年、2002年、2003年分别为15万人次、14.5万人次、16万人次，门票收入分别为225万元、210万元、240万元，今年可望达到18万人次。预计以后每年旅游接待人数和门票收入将以30%以上的速度增长。

［云南映象文化产业发展有限公司］

云南山林文化发展有限公司组织创作的大型原生态歌舞集《云南映象》，是一部既有传统之美又有现代之力的舞蹈新作。该剧由著名舞蹈家杨丽萍担任艺术总监和总编导并领衔主演。2003年8月在昆明公演后，先后到杭州、宁波、上海、温州、绍兴、北京、重庆、广州等城市巡演，至今已演出148场，观众达15万人次。2004年3月，《云南映象》赴上海参加第四届中国舞蹈“荷花奖”舞剧、舞蹈诗比赛，荣获舞蹈诗金奖等五项大奖。2004年4月10日至16日，在北京保利剧院以市场运作方式进行公演，连演8场仍无法满足观众的需求，出现多年未见的“一票难求”现象。各地演出商纷纷前来洽谈《云南映象》的演出事宜，国内巡演排到今年10月，国外巡演也将于11月启动。《云南映象》作为民营文化团体创作的文化产品，从组织生产到巡回演出，完全按照产业化的发展思路、企业化的经营管理和市场化的营销方式来运作，148场演出，收入680多万元，已基本收回前期投入，为探索艺术精品与市场结合的新路，积累了宝贵的经验。

［丽江丽水金沙演艺有限公司］

云南丽江丽水金沙演艺有限公司从2002年5月1日起，采取市场化运作方式，向社会推出大型少数民族舞蹈《丽水金沙》文化旅游晚会，取得很好的社会效益和经济效益。两年多来，演出场次逾900场，接纳观众20多万元，收入3000多万元，获得中外游客的广泛好评。该公司盘活国有资产，减轻财政负担，使原有人力物力的作用得到充分发挥；积极推动国有文艺团体的人员走向市场，参与商业演出；深入挖掘云南少数民族文化资源，不断推出群众喜爱、雅俗共赏的文艺节目。如今《丽水金沙》已成为丽江旅游的一个知名品牌。

［兰州市文化实业发展总公司］

兰州市文化实业发展总公司是兰州市文化出版局主管的综合性、集团化大型文化企业。该公司创办于1993年，拥有电影放映（发行）、演出经纪、文化旅游、音乐、美术培训和考级、健身娱乐、广告代理、音像制品、房地产经营等10多个经营项目。2000年3月，该公司以托管方式整体兼并了濒临破产的兰州文化娱乐中心，2002年8月，又全面托管了兰州市解放电影院。对兰州文化娱乐中心予以整合重组，成立了投资主体多元化、产权明晰的新公司—兰州东方红影城，2003年4月开工建设，2004年6月投入使用，使之成为西北地区首家按国家五星级标准定位的现代化多厅影城。对兰州市解放电影院实施了全国电影放映企业的第一例改制，通过改制整合重组了甘肃中放文化投资有限责任公司，现相关设施正在改造中。通过整合、重组和改造，短短4年内，该公司资产规模急速增长，产业结构日趋合理，经济效益快速增长，存量优良资产近2亿元，为今后更大规模发展奠定了良好基础。

［西宁新奇工艺装饰有限公司］

该公司成立于1998年4月，民营企业，主要经营具有高原民族特色的文化工艺品，产品分为6大类、近千种。该公司注重民族文化产品研发，积极打造文化品牌，提高企业知名度，不断扩大市场份额。2002年，利用青海的人文、自然、历史资源研发的半浮雕古银盘，具有很高的观赏和收藏价值，成为青海省政府给外国政府赠送的重要礼品。研发的藏羚羊工艺品，得到国家林业局的高度评价，被青海省博物馆收藏，成为高原特色突出、深受各界欢迎的工艺品精品。该公司建立了一整套规章制度，管理严谨，营运规范，取得了良好的社会效益和经济效益，2003年销售额达600万元。

对外文化交流

Foreign cultural exchange

综　述

2004年，是全国各族人民在以胡锦涛同志为总书记的党中央领导下，深入学习、实践邓小平理论和“三个代表”重要思想，认真贯彻党的十六大和十六届三中、四中全会精神，全面建设小康社会取得丰硕成果的一年，也是继续深入开展改革开放，加快推进社会主义现代化进程，开拓前进的一年。一年来，全国各族人民坚持以邓小平理论和“三个代表”重要思想为指导，树立和落实科学发展观，继续深化改革，扩大开放，促进发展，保持稳定，国民经济发展势头良好，社会主义政治文明、精神文明取得新的成就，各项社会事业不断发展，人民生活进一步改善和提高。2004年，中国的经济影响和实力地位出现了质的飞跃，我国的对外贸易额突破了1万亿美元，成为世界第三大贸易国、第二大石油进口国以及主要的工矿产品进口国。我国的金融状况影响着世界各国的股市和金融市场的行情。我国的经济状况和在国际市场上的作为，都对世界市场的供求、价格等产生着越来越大的影响。

在外交上，一年来，我国继续坚持独立自主的和平外交政策，开展多种形式的双边和多边外交，积极参与国际事务，在重大国际和地区问题上发挥了建设性作用。我国同各大国的关系不断发展，同周边国家的睦邻友好关系继续巩固和加强，同发展中国家的团结合作不断增强和深化。我国的国际地位和国际影响进一步提高，为维护世界和平、促进共同发展做出了新的贡献。

2004年，在党中央和国务院的领导和关怀下，在文化部党组的直接领导和具体安排、组织下，我国的对外文化交流工作取得全面的发展和优异的成绩。对外文化交流的规模和范围进一步扩大，交流的广度和深度有了新的突破，充分发挥它促进和发展我国与世界各国的友好关系，增进我国人民与世界各国人民的了解和友谊，同时，进一步推动我国社会主义文化艺术发展和繁荣的作用，充分体现了“服务大局、空前活跃、充满活力、影响深远”的特点，受到党中央和国务院的重视和各界的好评，成为我国外交工作的三大支柱之一。

从总体说，2004年，我国外交工作的拓展，为对外文化交流工作提出了新的任务。按照“周边是首要，大国是关键，广大发展中国家是基础，多边是重要舞台”的要求，对外文化交流工作积极配合国家整体外交大局，各项工作开展得有声有色，重点活动声势浩大、影响深远，使对外和对港澳台文化交流呈现出空前活跃的新局面，对于弘扬和传播中华优秀文化、促进国家关系的健康发展，发挥着越来越重要的、不可替代的作用。

据不完全统计，2004年由外联局办理、经文化部审批的对外文化交流项目共1647起，32272人次。由港澳台司办理、经文化部审批的对港澳地区的文化交流项目共246起，5228人次；与台湾地区的文化交流项目共271起，2601人次。编发《文化要情》16期、《文化信息》9期、《文化部专报信息》15期、部简报90期、局简报47期、《对外文化交流通讯》12期。制作展览图片192套、橱窗图片12个主题1359套、DVD11.1万盘、多媒体光盘4.5万盘、VCD910套、图书5.4万册。申办外国签证5534人次，赴港澳签注1024人次，新做护照913本，新做通行证779本，编发《文化部护照签证工作动态》6期。

2004年，文化部领导率政府文化代表团访问了马来西亚、缅甸、孟加拉国、泰国、朝鲜、菲律宾、尼泊尔、日本、蒙古、保加利亚、匈牙利、阿尔巴尼亚、波兰、乌克兰、西班牙、葡萄牙、英国、爱尔兰、阿根廷、乌拉圭、秘鲁等国家。同时，接待了爱尔兰、埃塞俄比亚、坦桑尼亚、刚果（布）、毛里求斯、博茨瓦纳、莫桑比克、肯尼亚、尼日利亚、埃及、墨西哥、伊朗、叙利亚、斯里兰卡、缅甸、泰国、朝鲜、日本等国的政府文化代表团。我国政府与巴勒斯坦、马里、巴哈马签署了政府文化合作协定；并与乌拉圭、秘鲁、阿根廷、刚果（布）、莫桑比克、毛里求斯、博茨瓦纳、津巴布韦、坦桑尼亚、纳米比亚、莱索托、马来西亚、泰国、挪威、意大利、保加利亚、立陶宛、罗马尼亚、乌兹别克、亚美尼亚、克罗地亚、爱沙尼亚等国签署了年度文化交流执行计划，与尼日利亚签署了文化合作议定书，与俄罗斯签署了《中俄教育、文化、卫生、体育合作委员会文化合作分委会第四次会议纪要》，与蒙古签署了举办文化周备忘录，与法国签署了《中法文化部长联合声明》，与波兰签署了两国文化部长文化合作备忘录，与摩洛哥签署了中摩文化部长会谈纪要。

一年来，文化部所主管的对外文化交流工作主要有如下几个方面：

一、积极配合重大国事活动，大力开展对外文化宣传

我部继续以配合国家整体外交大局为目标，抓住国家领导人出访和举办重大国事活动等重要时机，全力组织高品位的演出展览等文化宣传活动，展示中华文化魅力，扩大中华文化影响，同时也为领导人出访、举行重大国事活动营造热烈友好的氛围。文化活动既有声有色，又扎扎实实，取得了显著的效果，得到了中央领导的肯定。

为配合胡锦涛主席访问乌兹别克斯坦和出席上海合作组织成员国六国元首塔什干峰会，积极开展对乌兹别克斯坦及上海合作组织其他成员国的文化外交工作，文化 部组派了中国艺术团赴乌兹别克斯坦，参加上海合作组织成员国联合文艺晚会和“中国文化日”活动。我艺术团的演出受到了各国元首及广大观众的热烈欢迎，俄罗斯总统普京特意派人为我艺术家赠送了花篮。

为配合胡主席访问巴西、智利、古巴等国，文化部分别组派中国四川民族艺术团和中国民族艺术团赴上述3 国演出，取得了很好的效果。

吴邦国委员长访问保加利亚期间，我在保举办了“汉字——从甲骨文到计算机”、“锦绣中华”图片展和中国电影周等文化宣传活动。吴邦国委员长出席了汉字展的开幕式。

为配合李长春同志赴朝鲜参加中朝建交55周年活动，文化部组派了120人的大型综合艺术团赴朝演出，受到了朝鲜上至最高领导人下至普通老百姓的交口称赞，引起了空前反响，取得了巨大成功。访演结束后，胡锦涛总书记和李长春同志在艺术团访演报告上作了专门批示，要求文化部转达对全体演职员的感谢并给予鼓励和支持。

文化部还在国内组织了多起配合重大国事活动的文艺演出，其中包括4月19日金正日同志在北京观看的专场文艺晚会、9月4日亚洲政党会议专场晚会和10月9日为欢迎希拉克总统的晚宴音乐演奏活动。各场演出均非常成功，为新形势下开展文化外交提供了新的示范。

二、“中国文化年”获得圆满成功，“法国文化年”隆重开幕

2004年7月2日，中共中央政治局常委李长春和法国总理拉法兰出席了“中国文化年”闭幕式，为历时10个月的“中国文化年”画上了一个圆满的句号。“中国文化年”是一次由中法两国元首倡议，文化部牵头、17个部委以及一些地方参与的中国对外文化交流的重大活动。这次活动规模之大、规格之高、影响之广，都是前所未有的。400余个精心编排的高质量、高水平的项目，涉及政治、经济、文学、艺术、科技、教育、体育、影视、出版、旅游、饮食、时尚等诸多领域，将文化年的三大主题——古老、现代、多彩的中国体现得淋漓尽致，充分展示了中国文化和走向现代化的中国的无穷魅力。

“中国文化年”期间，胡锦涛主席、李长春同志、陈至立国务委员等党和国家领导人及法国总统希拉克、总理拉法兰等法方高层人士出席了相关活动，提升了文化年的影响和政治意义。这是我们贯彻中央关于“大国是关键、周边是首要、发展中国家是基础”这一外交战略方针的实际举措。它对于宣传中国起到了其他方式和渠道难以替代的作用，得到了中央领导的肯定和有关部门的称赞。

2004年10月10日，“法国文化年”在北京隆重拉开帷幕，胡锦涛主席、希拉克总统共同出席了开幕仪式。随后，数十项精彩活动项目在上海、成都、武汉、珠海、厦门、香港等地陆续展开，法国印象派绘画珍品展、《法国时尚100年》展览、“法兰西巡逻兵”飞行表演等十余项活动在我国观众中引起了强烈反响。法国年活动受到了媒体的广泛关注。中央电视台对雅尔音乐会、“法兰西巡逻兵”特技飞行表演和中法击剑精英赛等活动作了现场直播，并专访了中法两国文化部长。报刊、广播、电视等媒体对法国年均作了大量报道。

中法互办文化年是两国元首高瞻远瞩、共同倡议发起的。它对于加深两国人民之间的相互理解和友谊、促进中法全面战略伙伴关系的深入发展具有重大意义。两国领导人高度重视中法文化年活动。两国元首亲自参加了文化年相关活动，并给予高度评价。胡锦涛主席指出：“中法互办文化年是中欧文化交流史上的创举。”胡锦涛主席和希拉克总统在致“中国文化年”开幕的贺信中均指出：“举办中法文化年有益于全面伙伴关系的发展。”

三、积极落实中非合作论坛精神，通过举办“非洲主题年”密切中非关系

由文化部主办的“非洲主题年”活动是建国以来规模最大的对非文化外交活动，是文化部贯彻中央关于加强对非工作的外交方针、在中非合作论坛框架内加大对非文化工作力度所采取的重要举措。

活动包括“请进来”和“走出去”两大部分。“请进来”部分以我邀请非洲9个国家的艺术团和8个国家的政府文化代表团来华参加“相约北京——非洲主宾洲”活动为高潮，温家宝总理亲自出席在人民大会堂举行的“非洲的节日”大型文艺晚会，并会见了来访的8个非洲国家政府文化代表团团长，李长春、刘淇、刘云山、陈至立等领导同志参加了会见。温总理称赞活动办得很成功，并强调一定要加强中非文化关系。活动期间还举办了《非洲艺术风情》、《非洲快照》和《非洲的记忆》等3个艺术展览和湖南非洲艺术节。“走出去”部分以2004年年初上海艺术团访问东南非5国为前奏，7月始“中华文化非洲行”展演活动在非洲全面铺开，覆盖11个国家。陈至立国务委员亲率中国政府代表团出席在南非举行的“中华文化非洲行”活动开幕式，并访问了南非、津巴布韦、坦桑尼亚、毛里求斯等国，不仅提高了“非洲行”的规格，更扩大了活动在非洲大陆的影响，成为文化外交的成功典范。

“非洲主题年”活动历时7个月，声势浩大、高潮迭起，覆盖了从北至南、由东到西的22个非洲国家和地区，被称为中非文化交流史上的创举。此项活动对进一步加强中非文化交流、增进中非相互了解和友好合作关系起到了重要的推动作用。

四、积极参与国际多边文化合作，努力维护世界文化多样性

2004年，文化部继续积极参与国际多边活动，在国际文化领域发挥影响，为维护世界文化多样性作出了重要贡献。

5月，文化部以中国对外文化交流协会名义与德国贝塔斯曼基金会联合主办了“2004年北京国际文化论坛”，我国及来自欧洲和其他地区的专家、学者、政府官员约150人出席论坛。孙家正部长出席论坛开幕式并发表讲话。论坛以“文化多样性——互相学习、共同努力”为主题，对如何维护世界文化多样性的问题进行了深入探讨。论坛的成功举办为促进中欧人民之间的友谊、维护世界文化多样性作出了贡献。

10月，文化部和上海市人民政府共同承办了国际文化政策论坛第七届部长年会，来自法国、加拿大等39个国家的21位文化部长、18位文化部代表以及6个国际组织的代表共150余人出席了会议。孙家正部长、孟晓驷副部长与会。孙家正部长在大会上作了主旨发言并主持了部长年会的部分讨论。会议讨论了传统文化与现代化的关系问题，积极推动《保护文化内容和艺术表现形式多样性公约》的制定工作，并发表了《上海声明》。这是我首次承办

国际文化政策论坛部长年会，也是历届部长年会中规模最大的一次。年会出色的筹备和组织工作得到了与会代表的一致称赞。

我国认真做好遗产申报工作。在第28届世界遗产委员会会议上，我国代表团精心部署，积极开展工作，使我国申报的“高句丽王城、王陵及贵族墓葬”项目顺利地被批准列入“世界遗产名录”。此外，文化部外联局还做好了申报联合国教科文组织人类口头和非物质文化遗产代表作的有关工作。目前，我国已正式向教科文组织推荐新疆维吾尔木卡姆为第三批“代表作”项目。

我国积极与联合国教科文组织开展合作，参与有关国际公约的起草和制定工作。我国参与了《保护非物质文化遗产公约》的制定工作。我国对公约内容十分重视，由文化部牵头，多次组派专家和各有关部委官员参与了公约文本从起草、讨论到最后定稿通过的全过程，充分体现了和在最大程度上维护了包括我国在内的广大发展中国家的利益。我们起草了建议国务院提请全国人民代表大会常务委员会审议并批准《保护非物质文化遗产公约》的请示，该公约在2004年8月的人大常委会会议上得到了正式批准。目前，我国已成为第八个加入此公约的国家。我国积极参与教科文组织《保护文化内容和艺术表现形式多样性公约》的制定工作。我们组织有关部门官员及学术专家对公约进行了数次深入讨论，认真分析公约对我国文化发展的利弊，初步形成了我国对文化多样性及公约的立场和观点，并派代表参加了教科文组织对公约的讨论。

五、全力打造对外文化活动品牌，不断扩大中华文化影响

1.春节品牌。

2004年春节期间，我们继续推出春节文化品牌，在纽约、伦敦、哥本哈根、曼谷、新德里、伊斯兰堡、雅加达、汉城、马尼拉、吉隆坡、巴黎、悉尼等地引起了热烈的反响。以孟晓驷副部长为团长的中国政府文化代表团出席部分亚洲国家的春节文化活动。泰国诗丽吉王后、诗琳通公主、他信总理，马来西亚巴达维总理等亲自参加春节庆祝活动。在马来西亚和泰国，有数十万人踊跃参加春节庆祝活动，形成了浩大的声势和广泛的社会影响。在巴黎香榭丽舍大街举行的庆新春游行，是法国首次允许外国在香街开展的类似文化活动，吸引了70万巴黎人驻足观看。随着春节品牌打造力度的不断加大，中国春节正走进海外的千家万户。

2.“相约北京”联欢活动。

2004年第四届“相约北京”联欢活动以“非洲主宾洲”和“爱尔兰文化节”为重点，有来自亚洲、非洲、欧洲、美洲、大洋洲的30个国家和地区的66个艺术院团以及筹办两项大型艺术展览的共数千名艺术家参加。这届活动与北京国际戏剧演出季联手，形成了强强联合、资源共享、优势互补的有利格局，为首都北京打造出新一届辉煌的艺术盛会。在“相约北京——爱尔兰文化节”活动结束之后，作为互办性质的“中国文化节”在爱尔兰3个城市举办，也取得了良好的效果。

本届“相约北京”联欢活动受到党中央、国务院领导同志的高度重视，温家宝、李长春、刘云山、刘淇、陈至立等党和国家领导人先后出席观看了部分重点演出节目。

3.第六届亚洲艺术节。

第六届亚洲艺术节得到了亚洲各国的广泛响应，有来自亚洲17个国家的近千名艺术家参加，观众约50万人次，是我国历届亚洲艺术节中规模最大、最贴近群众的一次。国务委员陈至立出席观看了艺术节在北京的开幕式演出。巴基斯坦总统穆沙拉夫、泰国总理他信等8个亚洲国家的总统或总理向艺术节发来贺信。亚洲艺术节在维护世界文化多样性、促进亚洲艺术繁荣发展方面发挥了积极的作用，也体现了我国政府“与邻为善、以邻为伴”的外交宗旨，受到广泛称赞。同时，本届艺术节为吉林省老工业基地燃起再创业的激情，带来了对外合作的新机遇，是落实中央关于振兴东北老工业基地战略的具体体现。

4.国庆外宣品牌。

在国庆55周年之际，文化部充分发挥文化外交的优势，结合纪念我国与一些国家建交55周年之契机，组派艺术团到世界各地举办各类展览、演出活动，如在俄罗斯举办“中国文化节”，在波兰、匈牙利、罗马尼亚等东欧国家上演中国京剧院的《图兰朵公主》，产生了很好的影响。此外，我国还通过我国驻外使领馆和海外中国文化中心，组织电视周、讲演和知识竞赛等一系列丰富多彩的文化活动，宣传我国建国55年、特别是改革开放以来社会生活各个领域所发生的巨大变化。

5.其他国际性艺术节。

2004年举办的有第三届中国国际钢琴比赛、第七届中国国际合唱节、第七届北京国际音乐节、第六届中国武汉国际杂技艺术节、第六届上海国际艺术节等国际文化艺术活动都开展得积极活跃。这些文化艺术节已成为联系我国和世界各国人民感情的纽带，并成为知名文化品牌。此外，还有由中国对外文化交流协会主办或参与主办的第10届北京国际手风琴比赛、第四届亚洲老人文艺联欢会等。

6.东方文化研究计划。

2004年，我国正式启动了东方文化研究计划。这是文化部近阶段推出的一项重要计划，旨在促进全球范围内的汉学研究，深化与世界各国学术思想界交流，培养对华友好的汉学家。俄汉学家代表团一行10人应邀来华访问，参加了“中国的今天与明天”学术研讨会。中俄专家学者就中国历史、文化及经济等领域的问题进行了广泛的交流和探讨。加强与俄汉学术界的交流有利于深化中俄两国文化交流，有利于促进中俄两国政治互信，同时可遏制台湾拉拢俄汉学家、推行“弹性外交”的企图。

7.外国文化产业系列讲座。

2004年，文化部外联局举办了9次“外联局外国文化产业系列讲座”，分别邀请了琵雅公司董事长兼总经理矢内广，韩文化观光部文化产业局局长李普京，SONY中国、美国SONY影视娱乐、美国SONY音乐娱乐公司总裁，纽约百老汇尼得兰德演艺公司总经理尼得兰德，美国肯尼迪艺术中心总裁麦克尔·凯撒及加拿大伟大艺术家公司总裁约翰·克里普敦、英国英格兰艺术委员会理查德·拉塞尔等人来部演讲，并请SONY公司CEO出井伸之在央视《对话》栏目谈企业与文化产业，受到中央领导的重视和业内人士的欢迎，为以后工作提供启发、开拓思路。

六、稳步推进驻外文化中心建设，充分发挥窗口和桥梁作用

2004年，我国驻巴黎、开罗等地的5个文化中心积极开展工作，加强与驻在国民众的交流，成为当地人民了解中国的窗口和我国发展与驻在国文化关系的桥梁。

5个中心围绕信息服务、教学培训、不间断活动的功能定位，在“大文化”领域开展工作。据不完全统计，全年各中心图书馆读者22474人次，各类教学班注册人数1313人，专项活动175起（平均每个中心近35起），影视放映573起，稳定地形成了中心活动“大文化”、“不间断”的工作局面。各驻在国总统、总理、部长等政府高层均不同程度地参加了中心活动。各中心的有效工作，使当地人民较为全面地了解了中国文化和中国国情，并得到我国驻在国使馆的高度赞扬。

我国驻外中心的“发现中国”巡回讲座不断得到完善，全年共举行了18次讲座。讲座通过中国京剧、电影、环保、饮食文化、魅力北京等专题介绍中国各方面的情况，受到了各地听众的欢迎。

文化部外联局协调各方力量共同推动驻外文化中心建设，组派了文化、财政两部联合考察组赴法调研巴黎中心二期工程，赴英、德考察选址。外联局推动计财司首次批准各驻外中心业务经费。汉城中心改建工程于2004年12月完工，巴黎中心二期工程和柏林中心办公大楼的经费先后落实，毛里求斯中心大楼翻扩建工程方案和经费也得以落实。

为进一步加强和规范我国驻外文化中心的工作，外联局拟定并试行了《中国驻外文化中心管理暂行规定》，从任务、职责、标准和规范、业务经费等方面，为中心可持续发展奠定了基础。为配合新时期我国外交工作重点，外联局还在尝试多种模式建中心的工作上迈出了积极步骤，拟出了“联合共建中国文化中心的基本要求和共建条件”，并开始在周边国家进行尝试。

七、大力发展中国文化产业，推动文化产品走出国门

为推动中国文化产业的发展和与世界的合作，“中日韩文化产业论坛”在东京举办，三国官、企、学代表踊跃参加，孟晓驷副部长与日、韩副大臣出席致辞并举行三国副部长会谈，共同探讨东亚地区优势互补、加强合作的问题。

为加强对我国对外文化贸易的指导，鼓励中国文化产品、企业走出去，经批准，外联局2004年成立了“国际文化经济处”，并开展了如下工作：制定下发了《文化部关于促进商业演出展览文化产品出口工作的通知》，要求全国文化系统和驻外文化机构加强对外商业演展工作；与北京市文化局联合举办了中国文化企业“走出去”研讨会，中宣部、文化部、新闻出版总署和北京市等10个省市文化厅局的领导、从事国际文化贸易研究的专家学者以及部分文化企业负责人近60人与会，共同探讨了文化企业走出去所面临的问题，并对我国文化企业走出去提出建设性的意见；组织了中国文化贸易代表团访问韩国，对韩国的文化产业进行实地考察，进一步了解韩国文化产业的运行体系和法律保障；启动了国内文化经济贸易人才培训项目，加强政府部门和相关企事业单位在文化贸易领域高级管理人才的培养。这些工作为切实推动我国文化产品走出去打下了重要的基础。

八、重视做好规划、法规和调研工作，夯实对外文化交流基础

为打好对外文化工作基础，适应新时期对外文化交流迅猛发展的需要，外联局一年来加大了对外文化交流规划、法规、调研等方面工作的力度。

在规划方面，拟定了《中华文化推广战略计划》，撰写并向财政部提交了《中华文化推广战略计划专项资金项目申请报告》。《中华文化推广战略计划》项目目前被国家发展和改革委员会列入国家“十一五”文化规划编制目录。

法规建设方面，外联局从2003年起着手《对外文化交流条例》的起草工作。条例如出台，将对我国的对外文化交流提供有力的法律保障。为配合国务院开展的清理行政审批项目工作，我们集中对对外和对港澳台文化交流审批项目进行了全面清理。国务院办公厅国办发［2004］63号文件批准保留了外联局10项涉密的行政审批项目。进一步做好下放部分行政审批权限工作，经研究并报批准，授予了中国作协一定的外事审批权限。此外，还拟定了《外国在华文化中心管理办法》，试行了《中国驻外文化中心管理暂行规定》。

为整合资源，加强中央与地方的协作，我于2004年2月召开了全国文化厅局外事处长会议，孟晓驷副部长与会并发表重要讲话，丁伟局长作了工作报告。与会者围绕会议主题展开了充分讨论，明确了任务，坚定了信心。此次会议还首创了向地方推介我国交流项目的成功经验。

调研方面，外联局加强了对前方使领馆文化处组调研工作的指导，要求报回的调研文章应有针对性和论述深度，能为国内制定对外文化工作方针和政策提供重要的依据和参考。为鼓励调研，从年初开始，我们一方面积极拓展调研文章的使用渠道，另一方面采取公布调研材料使用情况的激励办法，使调研工作的数量指标与质量指标相结合，杜绝为凑文章篇数而敷衍了事的现象。到目前为止，各文化处组报回的调研文章在质量上明显好于以往，许多优秀调研材料被编发为部、局简报和《文化要情》、《文化信息》。为充分发挥这些调研材料的作用，我们还编印了《美国文化调研选编》。

附：

一、2004年我国和各国签订的文化合作议定书、联合声明、纪要、谅解备忘录和年度文化交流执行计划

＊亚洲地区：

《中华人民共和国文化部和马来西亚文化旅游部2004至2007年度文化交流执行计划》

《中华人民共和国文化部和蒙古国教育、科学、文化部关于在蒙古举办中国文化周的备忘录》

《中华人民共和国文化部和泰王国文化部2004至2006年度文化交流执行计划》

《中华人民共和国文化部和蒙古国教育、科学、文化部关于2005年度在中国举办蒙古文化周的备忘录》

《中华人民共和国和东南亚国家联盟文化合作备忘录》

＊亚非地区：

《中华人民共和国政府和巴勒斯坦国政府文化教育合作协定》

《中华人民共和国和摩洛哥王国文化部部长会谈纪要》

＊非洲地区：

《中华人民共和国政府和刚果（布）共和国文化协定2004至2006年度执行计划》

《中华人民共和国政府和莫桑比克共和国政府文化协定2004至2006年度执行计划》

《中华人民共和国政府和尼日利亚联邦共和国政府文化协定2004至2006年度文化教育交流与合作议定书》

《中华人民共和国政府和毛里求斯共和国政府文化合作协定2004至2006年度执行计划》

《中华人民共和国政府和博茨瓦纳共和国政府文化协定2004至2006年度执行计划》

《中华人民共和国政府和津巴布韦共和国政府文化协定2005至2008年度执行计划》

《中华人民共和国政府和坦桑尼亚联合共和国文化协定2005至2007年度执行计划》

《中华人民共和国政府和纳米比亚共和国政府文化协定2005至2008年度执行计划》

《中华人民共和国政府和马里共和国政府文化、科学与技术合作协定》

《中华人民共和国政府和莱索托王国文化协定2005至2008年度执行计划》

＊欧亚地区：

《中华人民共和国政府和保加利亚共和国政府2004至2006年度文化、科学和教育合作计划》

《中华人民共和国文化部和立陶宛共和国文化部2004至2006年度文化交流计划》

《中华人民共和国文化部和波兰共和国文化部2004至2006年度文化合作备忘录》

《中华人民共和国政府和罗马尼亚政府2005至2008年度文化合作计划》

《中华人民共和国文化部和乌兹别克共和国文化部2004至2007年度文化交流计划》

《中华人民共和国和亚美尼亚共和国文化青年事务部2005至2007年度文化合作计划》

《中华人民共和国政府和克罗地亚共和国政府2004至2006年度文化教育合作执行计划》

《中华人民共和国文化部和爱沙尼亚共和国文化部2005至2007年度文化教育合作执行计划》

《中华人民共和国和俄罗斯联邦教育、文化、卫生、体育合作委员会文化合作分委会第四次会议纪要》

＊西欧地区：

《中华人民共和国政府和挪威共和国政府2004至2007年度文化教育合作计划》

＊美大地区：

《中华人民共和国政府和乌拉圭东岸共和国政府2004至2006年度文化交流执行计划》

《中华人民共和国和秘鲁共和国政府2004至2006年度文化交流执行计划》

《中华人民共和国政府和阿根廷共和国政府2004至2007年度文化交流执行计划》

《中华人民共和国政府和巴哈马国政府文化协定》

二、2004年主要大型文化活动

(一)“中国春节品牌”文化活动

自2001年文化部提出“把春节建成宣传中国和传播中华文化的新载体和品牌”，并付诸实施以来，2004年进入第三个年头。为加强领导，精心组织，不断打造，扩大影响，文化部与国务院侨办就合力打造春节外宣品牌进行磋商，双方在“整合资源，形成合力”的原则下，联合立项，分工负责，在固定时间，固定地点开展工作，同时决定2004年春节期间在巴黎、纽约、悉尼、曼谷等地集中举办一系列文化艺术表演，展览活动。文化部的工作主要针对外国主流社会，国务院侨办主要针对海外华人华侨开展工作。在我国驻外使领馆支持、配合下，2004年春节品牌文化活动取得了十分可喜的成绩，影响广泛。

在泰国曼谷，由中国文化部与泰国旅游体育部、曼谷市政府及泰华各界联合会共同举办的2004年春节中国文化周受到泰国王室和政府的高度重视。文化部副部长孟晓驷应邀率中国政府文化代表团赴泰出席庆祝活动。主办单位特地为此次春节活动制作了印有诗琳通公主绘制的金猴吉祥图案的红色T恤衫。泰国诗丽吉王后和诗琳通公主亲临文化周现场，并与我国代表团共同观看了陕西民俗艺术团的精彩表演和文化周的其他活动。泰国副总理颂奇、旅游体育部长顺他雅、曼谷市长沙玛出席文化周开幕式并致辞。据主办单位称，春节期间参加中国文化周活动的人数达到近百万，甚至还有从1000公里外的泰北地区赶来参加节庆活动的民众。

在马来西亚举办的春节文化活动与“中马友好年”在同一天开幕。巴达维总理和夫人以及新任副总理纳吉布多次与中国政府文化代表团一道出席有关活动。纳吉布副总理与孟晓驷副部长共同为广东美院在马举办的《中国当代画展》开幕剪彩，总理夫人还与孟副部长共同观看了上海歌舞团“金舞银饰”迎春节大型晚会。

在法国巴黎，中国文化年在春节期间进入第二轮高潮，此时恰逢中法建交40周年。正在法国进行国事访问的胡锦涛主席与法国总统希拉克1月27日一起参观了在巴黎集美博物馆举办的《孔子文化展》；同一天，中法两国文化部长共同为在凡尔赛宫举办的《康熙时期艺术展》揭幕。这两个展览是中国文化年在春节期间的重要项目。1月24日下午，巴黎市十几天的连绵阴雨天空骤然放晴，由北京市、巴黎市和旅法华人侨团联合举办的盛装行进表演，作为中国文化年中的北京文化周的重点项目，在号称“世界第一街”的香榭丽舍大街举行，50万巴黎市民前往观看。巴黎市长德拉诺埃、巴黎大区议会主席于松、法总统文化事务顾问戴拉诺瓦等法方政要和各界名流与我国文化部长、北京市代市长、驻法大使等共同出席观看。旅法侨团近7000名侨胞与我国内派出的近千名赴法表演者为此次活动进行了精心准备，许多法国人也参加了舞狮、舞龙、太极拳等具有浓厚中国文化色彩的表演。24日晚，巴黎市标志性建筑埃菲尔铁塔有史以来第一次被红灯照亮。这是法国人民送给中国文化年的一份厚礼，表达了他们对中国传统文化和中国人民的敬意与节日的祝福。

在英国伦敦，华人社区于春节期间举行了一系列庆祝春节的活动。当地华人的舞龙队伍从莱斯特广场出发，一直行进到特拉法加广场。我国内组派的艺术团体和当地华人进行了杂技、武术、舞扇以及川剧和京剧表演。在曼彻斯特，表演“金龙游行”的华人华侨载歌载舞地穿越市中心，一直行进到该市的唐人街。

在美国纽约，由云南省歌舞剧院青年舞蹈家和演奏家组成的中国艺术团，于春节期间举办了富有民族特色的演出。该团还赴长岛、长草地、波士顿和费城等地进行了巡演。名家荟萃的“名家名曲贺新春艺术团”在林肯艺术中心用充满乡情和亲情的精彩表演，为观众奉献了一台集歌曲、京剧、小品、民乐为一体的“艺术大餐”。在斯坦顿岛植物园，许多美国人身穿唐装，和华人游客共享春节的欢乐。1月20日，纽约帝国大厦举行了一年一度的庆祝中国农历新年点灯仪式，纽约市长布隆伯格派代表到场祝贺，各界知名人士100多人出席了仪式。

在美国旧金山，中国广播说唱团于正月初二在南湾佛林中心剧场上演了由著名相声演员姜昆主演的大型相声剧《明春曲》。整场演出观众反应热烈，气氛非常活跃。稍后，旧金山交响乐团举办了独具特色的“中国农历新年音乐会”。乐团用西洋乐器演奏了《春节序曲》、《瑶族舞曲》等中国乐曲。旅美中国艺术家们以传统乐器演奏了多首中国乐曲，并在最后与交响乐团联合演奏，获得阵阵掌声。

在澳大利亚，中国驻悉尼总领馆和hurstville市图书馆联合举办的《中国农民画展》拉开了悉尼春节文化活动的序幕。上海小伙伴艺术团、深圳秧歌队、北京金帆艺术团、红樱束女子打击乐团和中华老年人艺术团及《中国明清山水画展》等均参加了悉尼的春节庆祝活动。

此外，在丹麦，我国驻丹麦使馆同哥本哈根市政当局及丹麦华人文化联合会于1月21日下午共同举行春节招待酒会，并举办文艺表演和中国文化图片展。丹麦公主伊丽莎白、哥本哈根市市长米克尔森及丹麦各界名流等近千人应邀参加。丹麦首相拉斯穆森向此次活动发来了书面致辞。伊丽莎白公主和米克尔森市长在招待会上发表了讲话。米在讲话中希望春节成为哥本哈根市的一个文化传统。当晚，在市政厅顶楼燃放大型焰火，并在广场举行舞龙、太极拳表演等群众性庆祝活动。大年初一晚，驻丹使馆与有关单位在丹著名的趣伏里游乐园玻璃剧场举行了中国春节专场文艺演出，演出人员由我国和丹麦艺术家组成，在丹麦社会各界引起较大反响。

在春节品牌文化活动开展期间，当地的媒体做了大量的、连续的、及时的报道，既宣传了文化艺术活动本身的精彩、绚丽和引人入胜，又介绍了中华传统文化的博大精深，增进了各国人民对中国传统文化的认识和对中国人民的友好感情，同时也沟通了海外华人华侨对祖国的感情，其影响是十分深远的。

（二）法国“中国文化年”

中国和法国互办文化年是由两国元首共同倡议并决定，文化部牵头组织，众多部门和省市参加的我国对外文化交流的重大举措。

中国文化年从2003年10月开始，到2004年7月结束，历时10个月，以“古老的中国”、“多彩的中国”、“现代的中国”为大主题，安排了400多个文化项目，内容涉及政治、经济、文化、艺术、科技、教育、体育、影视、出版、饮食、时尚等不同的文化领域，国内参与的部门包括文化部、外交部、财政部、科技部、教育部、国家民委、国务院新闻办公室、国家广播电影电视总局、国家体育总局、国家新闻出版总署、国家旅游局、国家文物局、全国妇联、中国对外友好协会、中国文联和中国作协等16个部委和全国性人民团体。就地域而言，以巴黎为中心，通过友好城市途径，辐射到法国全境，在马赛、图卢兹、普阿蓝大区、里昂、波尔多、埃维纳等10余个友好城市、省区举办了“北京文化周”、“上海文化周”、“重庆文化周”、“广东文化周”以及“广州文化周”、“深圳文化周”、“武汉文化周”等等，向法国人民乃至整个欧洲展示了气势恢弘、神奇瑰丽的华夏文化风采和丰富底蕴。

在60多个重点文化项目中，中央芭蕾舞团以强大的阵容携《大红灯笼高高挂》和《红色娘子军》等新创和经典剧目在法国各大城市巡演，反应十分热烈，受到一致的好评。广州军区战士杂技团以商业运作方式在法国几十个城市巡演120场，并辐射到周边国家。他们精湛的技艺、高难度的动作和绝妙的编排，赢得了各国观众的赞扬。“孔子文化展”、“‘三星堆’文物展”、“敦煌艺术展”、“神圣的山峰”古代绘画展、“康熙时期艺术展”讲述了一个古老的中国如何跋涉过5000年的风雨沧桑，铸造了彪炳史册的辉煌。“走近中国——中国当代生活展”、“中国现代雕塑展”、“中华民族服饰表演”、“中国电影回顾展”、“中国旅游展”、“中央民族乐团巡演”等展示了一个多彩的中国如何兼容并蓄、博采众长，走向繁荣和发展以及我国文艺园地百花齐放，欣欣向荣的景象。“中国当代艺术展”、“二十世纪中国高等教育展”、“中国当代科技成果展”等展现的是一个焕发出勃勃生机、继往开来、与时俱进的中华民族高昂的精神面貌。巴黎中国文化中心为配合中国文化年的举办，也先后组织了“燃烧的辉煌——景德镇陶瓷精品展”、“古乐精华——中国古代乐器展”、“中国茶文化展”和“巴黎·中国时装周”等展示活动，使文化中心的知名度迅速提高，开始成为法国人民了解和认识中国文化的重要窗口。精心编排的众多高质量、高水平的项目将文化年的三大主题体现得淋漓尽致，充分地展示了中国文化以及正在走向现代化的社会主义中国的无穷魅力，特别是中国文化年期间，胡锦涛主席、李长春同志、陈至立国务委员等领导同志的致辞、讲话以及有关方面负责人的演讲，阐述了我国内政外交的大致方针，向法国及世界全面介绍了中国社会主义现代化事业的发展和变化，产生了深远的影响。

中国文化年不仅得到了法国政府的高度重视，而且受到了法国公众的热烈欢迎，据法方不完全的统计，约200万法国公众直接参与了中国文化年活动。2004年1月24日，举世闻名的巴黎香榭丽舍大街第一次向中国人敞开宽广的胸怀，迎接近万人的盛装大游行，观看游行的法国观众达70万人，超过每年法国国庆大游行的观礼人数。这也是法国政府首次批准外国政府和团体在香榭丽舍大街举行如此大型的活动。2004年春节期间，为向中国人民致意，举世驰名的埃菲尔铁塔经过精心设计，披上了通身的红装。这是埃菲尔铁塔自建成以来第一次为一个外国变换颜色。参观“神圣的山峰”展览的观众近15.5万人次；“‘三星堆’文物展”、“孔子文化展”每天的观众达1000人次；“中国当代艺术展”展期120天，观看人次超过10万。广州军区战士杂技团在巴黎大区的55场演出场场爆满，观众达27万人次；红星舞蹈团在法国40个城市演出60场，历时3个月，受到热烈的欢迎。一时间，在法国形成了“看中国文化展，说中国文化年”的新时尚。中国文化年期间，CNN、美联社、法新社、法国国际广播电台、《巴黎人报》、《费加罗报》、《世界报》以及法国电视1台、2台、3台等法国、欧洲乃至世界的主流媒体都进行了大量的报道，对于宣传中国文化年和中国文化产生了良好的影响。

（三）中国“法国文化年”

根据中法两国领导人的倡议，两国文化主管部门达成的协议，在“中国文化年”结束后，“法国文化年”即在中国各主要城市举办，项目达150余个，内容涉及文学、艺术、体育、教育、出版、科技、建筑、摄影。既有文艺表演，又有艺术展览，既有古代的，又有现代的，内容丰富、形式多样、风格别具、异彩纷呈，多视角、全面地向我国观众介绍法国的历史和今日的法国。10月10日，“法国文化年”在北京隆重开幕，胡锦涛主席、希拉克总统共同出席开幕式，气氛热烈友好、融洽欢乐。随后，“法国文化年”数十起演出、表演、展览项目在北京、上海、成都、武汉、珠海、厦门、香港等地陆续推出，在大江南北出现了解法国、欣赏法国艺术的热潮。

“法国文化年”开幕后，仅在北京举办的项目有：

1.10月7日至15日，由国防部、文化部和外交部共同主办的法国空军“法兰西巡逻兵”飞行表演队访华，并赴北京、武汉、珠海和香港巡回演出。

2.10月9日，《法国时尚100年》在国家博物馆开幕，展出法国20世纪的优秀设计作品227件。由文化部主办，中外文化交流中心承办。

3.10月10日，《戴高乐生平展》在北京中华世纪坛开幕。由中国对外文化交流协会、中国人民外交学会和戴高乐基金会共同主办，北京歌华文化发展集团承办。展览通过复原戴高乐生前的生活和工作场景、图片和视听手段展现戴高乐将军的一生和他为法国所做出的伟大贡献。

4.10月10日，中法击剑精英挑战赛在北京天坛公园举办。

5.10月10日，“印象派绘画珍品展”在中国美术馆开幕，并将赴上海展出。由文化部主办，中国美术馆和上海美术馆承办。

6.10月10日，法国文化年开幕式暨雅尔音乐会在故宫午门广场举办。音乐会由文化部、北京市人民政府、国家广电总局主办，北京歌华文化发展集团、故宫博物院和中央电视台承办。

（四）“非洲主题年”

2004年，文化部为贯彻中央关于加强对非洲国家工作的外交方针，加大在中非合作论坛框架内对非文化工作的力度，集中力量组织、举办了“非洲主题年”的大型活动，产生了积极和良好的影响，是中非文化交流史上新的里程碑。

“非洲主题年”活动分“请进来”和“走出去”两部分。

2004年5月在北京举办的“相约北京”联欢活动是“非洲主题年”“请进来”的重要组成部分，既是集中展示非洲表演艺术精华的艺术交流，又是一项重要的文化外交活动，应邀来京参加“相约北京”联欢活动和来华访问的埃塞俄比亚、肯尼亚、坦桑尼亚、博茨瓦纳、莫桑比克、毛里求斯、刚果（布）、尼日利亚等非洲8国政府文化代表团和9国艺术团受到了中方热情友好、高规格的接待，进一步加深了对我国的了解和友情。在京期间，温家宝总理拨冗会见非洲国家政府文化代表团并亲自出席观看非洲艺术团演出，充分显示了中国政府对非洲和非洲文化传统的尊重以及对发展中非友好关系的重视，使他们深受感动。文化部部长孙家正分别与各非洲国家政府文化代表团举行会谈，并与其中5个代表团签署了新的双边文化交流执行计划。文化部还分别给予来访各国一笔小额文化援助。非洲8国政府文化代表团还出席了在中国美术馆举办的“走进非洲”系列展开幕式。系列展的展品来自国内各界人士收藏的非洲艺术品包括绘画、摄影和工艺品等，以不同的形式和视角生动、客观地介绍非洲的富饶、美丽以及非洲人民的勤劳、勇敢和智慧，表达了中国人民对非洲人民的友好感情。8国代表团还赴湖南参观访问，出席观看湖南非洲艺术节的闭幕式演出。湖南非洲艺术节是“非洲主题年”的组成部分，覆盖了湖南的8个主要城市，邀请所有来访的非洲艺术团参加演出，受到了热烈的欢迎。应邀参加“相约北京”联欢活动的非洲9国艺术团共170多名艺术家，带来了不同风格，异彩纷呈的优秀节目。他们在北京公园广场、大学校园和湖南等地的精彩表演极富感染力和表现力，观众反应十分热烈，受到一致的好评。非洲艺术团在人民大会堂的盛大演出更是激情四射，精彩奔放，使观众真正感受到非洲艺术的特殊魅力。

“中华文化非洲行”活动构成了“非洲主题年”“走出去”的主体。

2004年初，文化部派遣由歌舞、器乐、杂技、武术和魔术演员组成的上海艺术团到毛里求斯、塞舌尔、科摩罗、马达加斯加和法属留尼汪访问演出，揭开了“非洲主题年”活动的序幕。出访期间，共演出13场，观众近两万人。毛里求斯的留尼汪是非洲除南非，外华人、华侨最集中的地区，春节又是毛全国性的节日。上海艺术团的到访为节日增添了喜庆气氛，受到极为热烈的欢迎。毛总统贾格纳特两次观看演出并表示艺术团的演出定能有力地促进毛中关系和文化交流。在塞舌尔，艺术团抵达前演出入场券就被抢购一空，出现了一票难求的情况。塞多位部长和政、商界要人出席观看演出。在马达加斯加，艺术团是过去8年到访的规模最大的中国演出团体。马参议长和国民议会议长同时出席观看演出并表示艺术团让马国人民近距离地了解了多彩的中国文化，为两国文化交流提供了很好的范例。科摩罗政府对艺术团到访十分重视，主管部长和当地青年跳着民间舞蹈到机场迎接。科总统阿扎利夫妇及多位政府高官出席观看演出。演出结束后，阿扎利总统还上台发表了热情友好的讲话。他说，文化交流与合作是中科合作的重要方面，上海艺术团的到访使中科关系更加密切。7月中旬，文化部派遣云南杂技团、湖南歌舞团、山东武术团和中国乐器展赴南非举办中国艺术节。南非是“中华文化非洲行”活动今年下半年行程的第一站。陈至立国务委员率中国政府代表团出席了7月13日在比勒陀利亚举行的“锦绣中华”图片展和中国乐器展开幕式及“中华文化非洲行”开幕文艺晚会。南非艺术文化部部长、农业部部长和比勒陀利亚市市长等政府高官陪同陈至立国务委员出席了开幕式活动。3位正部级官员同时出席外国的文化活动在南非极为罕见。陈至立国务委员还会见了祖马副总统。我国艺术团分别在比勒陀利亚、开普敦、约翰内斯堡和德班等南非主要城市演出，给南非人民带去风格别具、内容丰富、清新活泼的东方艺术，赢得当地民众极大的关注和赞扬，受到热烈的欢迎。结束了在南非演出后，“非洲行”3个艺术团又分赴大西洋沿岸的10个中、西非国家。他们以高度的责任感和坚忍的意志克服了条件艰苦，场地简陋等困难，出色地完成了任务，为发展中国与非洲的文化交流，增进中非人民的友谊做出了积极的贡献。在赞比亚，我国武术团的访问演出很好地配合了中赞建交40周年庆祝活动，并在当地掀起“中华武术热”；在刚果（布），前来观看中国艺术团演出的观众逾万人，创“非洲行”在各国访演的最高纪录；在喀麦隆和加纳分别举办了中国艺术节，湖南歌舞团、云南杂技团前往访问演出，同时举办了《锦绣中华》图片展和中国刺绣展，受到了官方的高度重视和观众的热烈欢迎。喀麦隆官方还破天荒地承担了我方人员的接待费用，这在几十年的中非文化交流史上是绝无仅有的；在多哥，我艺术团获得此次出访的最高礼遇，多哥总统埃亚德马在他的家乡会见了歌舞团，并表示多哥人民非常珍视与中国人民的友谊，希望通过文化交流进一步加强两国人民的了解和友谊。我艺术团在尼日利亚、贝宁和马里的演出也同样获得圆满的成功，受到高度的赞扬和好评，向非洲人民宣传了中华传统文化艺术，传递了中国人民的友好感情；此行的最后一站在佛得角，“非洲行”再掀高潮，演出引起了很大的轰动，并辐射到佛得角全国。“中华文化非洲行”活动在非洲11个国家全面展开，内容丰富，影响深远，取得圆满成功。

“非洲主题年”活动在前后7个月的时间内，涵盖了从北至南、由东到西共22个非洲国家和地区，在国内外、尤其在非洲产生了十分积极而广泛的影响，被非洲国家政府称为中非文化交流史上的创举，对进一步加强中非文化交流、增进中非之间的相互了解和友谊以及促进中非友好合作关系的发展起到了重要的推动作用。

（五）第四届“相约北京”联欢活动

由文化部、北京市人民政府和国家广电总局联合主办的第四届“相约北京”联欢活动，于2004年4月27日至5月30日在北京成功举办。来自亚洲、非洲、欧洲、美洲、大洋洲30个国家和地区的66个艺术团组、两个大型艺术展览，共计数千名艺术家参加了本届联欢活动。近50万人次观看了“相约北京”的180场演出、两个展览、一届国际钢琴比赛及参与了北京国际文化论坛的有关活动。其中多台演出经由中央电视台、北京电视台多次播出后，数以亿计的观众通过荧屏欣赏到了“相约北京”的精彩节目。

本届联欢活动受到党中央、国务院领导同志的高度重视。中共中央政治局常委李长春、国务委员陈至立等出席了开幕式。温家宝、李长春、刘云山、刘淇、陈至立等党和国家领导人会见了专程来华参加“相约北京——非洲主宾洲”活动的非洲7国政府文化代表团，并先后出席观看了大型文艺晚会“非洲的节日”和经典音乐剧《猫》等重点演出节目。

本届联欢活动在前几届活动的基础上，不断创新发展，突出了主题鲜明、内涵丰富、亮点纷呈的特点。在内容上，首次将众多的艺术项目划分为主宾洲和主题国、国际访演、国内精品、第三届中国国际钢琴比赛和北京国际文化论坛等系列板块。其中，“非洲主宾洲”和

“爱尔兰主题国”是联欢活动的两大亮点，不仅从艺术层面上集中展示了一洲、一国的魅力，而且突出体现了文化交流配合我国整体外交的工作方向。同时，首次增加了国际钢琴比赛和国际文化论坛两大特色板块，使“相约北京”更富内涵、更具跨度。联欢活动选择英国真正好剧团的经典音乐剧《猫》和俄罗斯柴科夫斯基交响乐团的柴科夫斯基经典作品音乐会作为开、闭幕式演出，体现了国家级艺术节的水准，产生了热烈而轰动的效应。在整个联欢活动中亦不乏艺术精品，如非洲9国艺术团联袂推出的大型文艺晚会“非洲的节日”、南非的《鼓魂》、爱尔兰的话剧《等待戈多》和现代舞剧《鱼美人》、印度的“宝莱坞”大型歌舞晚会、西班牙玛利娅·巴赫特舞蹈团的《弗拉明哥共和国》、荷兰民间舞蹈剧院的《手足之舞》以及“月光女神”莎拉·布莱曼的个人演唱会等。

由于本届联欢活动与北京国际戏剧演出季联手，使得众多的国内优秀戏剧作品集中展现在5月北京的大舞台上，如北京人民艺术剧院的《茶馆》和《北街南院》、国家话剧院的《93年》、北京京剧院的京剧交响剧诗《梅兰芳》、中国京剧院的《江姐》、北京儿童剧院的音乐童话剧《怪物的眼泪》以及昆曲、曲剧、越剧、豫剧、川剧、黄梅戏、花鼓戏、河北梆子等一大批地方戏曲剧目。

广场联欢活动是“相约北京”的主要形式。在历时1个月的本届广场联欢活动中，共有来自亚、非、欧、美四大洲20余个国家的500余名演员，相继在崇文区龙潭公园、朝阳区朝阳公园、东城区钟鼓楼广场、宣武区枫桦豪景广场、丰台区世界公园以及北大百周年纪念讲堂、北展剧场、世纪剧院和国图音乐厅进行了38台85场演出，观众参与人数约20万。与往年相比，今年广场联欢活动最大的特点是，大规模的社区文化活动给予积极的支持。今年推出的“2004北京朝阳流行音乐周”和“北京大学五月阳光文化艺术周”两个新项目均获得极大成功。此外，还分别组织巴哈马青少年歌舞团和以色列卡麦尔民间艺术团与崇文区、朝阳区文化馆的文艺积极分子进行交流，受到双方的欢迎。

“相约北京”联欢活动是国家级大型国际艺术节，以“国际与国内相结合、剧场与广场相结合、高雅与通俗相结合、艺术性与群众性相结合”为指导方针，以“举办在北京、影响在全国、受益在社会”为办节目标。本届联欢活动特点突出，成果显著，特别是实现了几个“首次”，即首次与第二届北京国际戏剧演出季联手，首创“主宾洲”和“主题国”系列板块，广场联欢活动首次与北京的社区文化活动接轨，首次负载了国际钢琴比赛和国际文化论坛等多层次的交流活动。

（六）“中华文化北非行”

由文化部组织和举办的“中华文化北非行”活动于2004年7月至12月在突尼斯、摩洛哥、埃及、毛里塔尼亚、苏丹等北非5国成功举行。期间，文化部与广东省、江苏省、四川省、深圳市联合在突尼斯举办了“广东文化周”、“江苏文化周”和“中国伊斯兰书法展”；在摩洛哥举办了“江苏文化周”；在埃及举办了“深圳文化周”；并组派广东少儿艺术团、四川宜宾杂技团先后访问了摩洛哥、苏丹、毛里塔尼亚等国。“中华文化北非行”活动出访人数达180人。

通过杂技、歌舞、展览、文化官员互访等多种文化交流形式，“中华文化北非行”活动生动地展示了美丽多彩的中华文化以及改革开放以来我国社会主义现代化建设的辉煌成就，受到了北非各国领导人、文化界和普通观众的赞扬和欢迎。此次北非行活动时间跨度长、规模大、内容丰富、影响广泛，是近年来，我国与北非国家文化交流工作的重大发展。

（七）第六届亚洲艺术节

由文化部、吉林省人民政府和长春市人民政府共同主办，外交部为后援单位，第二届亚洲艺术节于2004年8月15日至26日先后在北京市、吉林省举行。巴基斯坦总统穆沙拉夫、菲律宾总统阿罗约、斯里兰卡总统库马拉通加、泰国总理他信、马来西亚首相巴达维、缅甸总理钦纽、老挝总理本杨·沃拉吉、尼泊尔首相德乌帕、越共中央书记处书记阮科恬以及朝鲜等国的文化部长、马来西亚等亚洲16国的驻华大使向艺术节发来贺信。泰国文化部长阿努叻、斯里兰卡文化部长维吉塔、缅甸文化部副部长梭温貌以及日本文化名人栗原小卷、谷村新司等率团专程来华参加了8月18日在北京举行的艺术节开幕式。来自亚洲17个国家的近千名中外艺术家分别在北京市、吉林省举行了剧场演出、街路巡游、广场演出等30余场活动。艺术节期间还举办了“我心中的亚洲”、“亚洲艺术节精彩回顾”、“日本花道展”等展览以及广场电影放映周活动。国务委员陈至立、文化部部长孙家正、中联部部长王家瑞、文化部副部长孟晓驷、外交部部长助理沈国放、吉林省副省长李锦斌等会见了来访的代表团并出席了艺术节在北京的开幕式，吉林省委书记王云坤、省长洪虎等观看了艺术节在长春的演出。参加艺术节活动的观众达50余万人。文化部部长孙家正、副部长孟晓驷举行了盛大的艺术节招待会，邀请各国政府文化代表团、17国艺术团和亚洲国家驻华使节出席。招待会气氛热烈、友好。艺术节期间，举办了开幕式演出、街路巡游、广场演出等多种形式的演出活动，各国艺术家欢聚一堂相互学习、观摩、切磋，彼此信任，在友好、团结、和睦的气氛中向我国观众展现了亚洲艺术的魅力。艺术节的成功举办，促进了亚洲各国之间的文化交流和人民之间的了解与友谊，也增进了亚洲各国间友好关系的发展，受到了各国领导人的重视和肯定，取得圆满成功。

（八）国际文化政策论坛第七届部长年会

由文化部和上海市人民政府共同承办，国际文化政策论坛第七届部长年会于2004年10月14日至16日在上海举行。国际文化政策论坛成立于1998年初，现有会员国63个。出席本届年会的有来自中国、法国、加拿大等39个国家的21位文化部长、18位文化部代表以及联合国教科文组织、法语国家联盟、联合国开发计划署、世界知识产权组织、欧盟委员会和欧洲理事会等6个国际组织的代表共150余人，是论坛历史上规模最大的一次。会议期间，中共上海市委主要负责人会见了各国部长、代表团团长和国际组织代表。以孙家正部长为团长、孟晓驷副部长为副团长的中国代表团出席了本届部长年会。

年会以“传统文化与现代化”为主题，各国代表展开了充分的讨论，普遍认为，对传统文化的保护和发展已经成为维护世界文化多样性和人类社会可持续发展的重要方面。如何在现代化进程中保存和发展传统文化，是世界各国面临的共同问题。本届年会的召开有利于提高各国对保护传统文化重要性的认识，对继承和发扬民族传统文化，进一步维护和促进世界文化多样性，有着积极的意义。

年会期间，文化部部长孙家正、副部长孟晓驷分别和与会的10个国家的文化部长举行了双边会谈，并与莱索托、爱沙尼亚、克罗地亚等国签订了双边文化交流执行计划。孙家正部长担任年会主席，向大会作了主旨发言并主持了部长年会的部分讨论。孟晓驷副部长主持开幕式和论坛联络组会议。各国对中方的组织工作表示满意和感激，认为出色的筹备和组织工作确保了年会的圆满成功。

中国政府文化代表团、文化官员出访一览表

日期	团组名称	访问国家和内容
1.9～1.23	以文化部副部长孟晓驷为团长的中国政府文化代表团一行5人	应马来西亚文化旅游部；缅甸、孟加拉国和泰国文化部邀请，访问马、缅、孟、泰4国。访问期间，马来西亚总理巴达维、副总理纳吉布；缅甸总理钦纽上将；孟加拉国总统伊阿祖丁和泰国副总理颂奇、皇室诗丽吉王后、诗琳通公主分别会见了孟晓驷副部长一行。孟晓驷副部长还分别与马来西亚文化旅游部部长卡迪尔、缅甸文化部部长基昂少将、孟加拉国文化国务部长赛莉玛、泰国文化部部长阿努叻分别举行了工作会谈。在马期间，孟晓驷副部长一行出席了“中马友好年开幕式”，与马方签署了《中华人民和国文化部和马来西亚文化旅游部2004至2007年文化交流执行计划》。在泰期间，与诗丽吉王后、诗琳通公主共同出席在曼谷举办的中国春节文化周开幕式。
1.26～1.29	文化部部长孙家正	作为国家主席胡锦涛随行人员，应邀赴法国进行国事访问。23日，孙家正部长先期抵达巴黎，参加法国中国文化年活动，外联局局长丁伟随行。外联局副局长蒲通等一行也先期抵达巴黎，为文化年活动做准备。24日，孙家正部长观看由北京市、巴黎市及旅法华人侨团联合组织的香榭丽舍大街盛装行进表演，并出席当晚举行的埃菲尔铁塔变红仪式及招待酒会。27日，孙家正部长与法国文化通讯部长阿亚贡共同为在凡尔赛宫举办的《康熙时期艺术展》剪彩。
1.30～2.13	以外联局局长助理王燕生为团长的中国教师代表团一行10人	应日本由源社、日中协会和韩国外交通商部邀请，赴日本、韩国访问。访问期间，代表团与日、韩两国有

		关官员和人士进行了座谈，并赴有关城市参观、访问。
3.5～3.9	文化部外联局局长助理王燕生一行3人	赴法国参加中国文化年“上海里尔一条街”开街仪式并考察文化年其他活动。
4.6～4.18	以文化部部长孙家正为团长的中国政府文化代表团。团员中有国家文物局局长单霁翔、外联局局长丁伟等	应蒙古教育文化科技部、保加利亚和匈牙利文化部邀请，访问蒙古、保加利亚和匈牙利。访问期间，蒙古总理恩赫巴亚尔、保加利亚总统格·帕尔瓦诺夫、匈牙利议会副议长曼杜尔分别会见了孙家正一行。孙家正部长还与蒙古教育文化科技部部长仓吉德、保加利亚文化部部长鲍·阿布拉舍夫、匈牙利文化部部长希莱尔·伊什特万分别举行了工作会谈，就双边的文化交流事宜交换了意见。访蒙期间，与蒙古签署了《中华人民共和国政府和蒙古国政府2004—2006年文化交流计划》、出席了文化部向蒙教育文化科技部援赠文化用品仪式以及在乌兰巴托期举办的“中国文化周”开幕式活动。
4.6～4.11	以文化部副部长赵维绥为团长的中国政府文化代表团一行5人	应朝鲜文化省和“四月之春”友谊艺术节组委会邀请访问朝鲜。访问期间，朝鲜内阁总理朴凤柱、最高人民会议常任委员会副委员长杨亨燮、朝鲜“四月之春”组委会委员长金正浩会见了代表团，双方进行了友好的谈话。代表团一行还参加了“四月之春”的有关活动。
4.15～27	以文化部副部长赵维绥为团长的中国政府文化代表团一行5人	应菲律宾国家文化与艺术委员长和尼泊尔文化旅游和民航部邀请，访问菲律宾和尼泊尔。访菲期间，代表团与菲律宾国家文化与艺术委员会主席艾维琳·潘狄格举行了工作会谈，就两国的文化交流广泛地交换意见。在尼泊尔期间，尼泊尔王国首相苏里亚·巴哈杜尔·塔帕接见了代表团一行。赵维绥一行还

		与尼泊尔文化、旅游和民航部秘书德夫科塔等官员就两国文化关系交换了意见。
4.20~4.25	由文化部副部长孟晓驷率领的中法文化年工作组	应邀赴法国与法方商谈中法文化年事宜。中共北京市委副书记龙新民、外联局副局长蒲通陪同出访。
5.7~5.17	以文化部副部长郑欣淼为团长的中国政府文化代表团一行6人	应环球文化论坛组委会邀请，赴西班牙出席巴塞罗那环球文化论坛，同时顺访葡萄牙和英国。
5.23~6.6	以文化部党组成员、中纪委驻文化部纪检组组长常克仁为团长的中国政府文化代表团一行5人	应乌克兰文化艺术部、波兰文化部和阿尔巴尼亚文化、青年和体育部的邀请，访问乌、波、阿3国。访问期间，乌克兰副总理塔巴奇尼克、阿尔巴尼亚副总理兼议会阿中友好小组名誉主席多克莱会见了常克仁一行。常克仁团长还与乌克兰文化艺术部部长博克茨基、波兰文化部国务秘书托贝尔、阿尔巴尼亚文化、青年和体育部部长克络西举行了工作会谈。在乌克兰还出席了“中国文化日”的有关活动。
6.1~6.12	文化部外联局副局长李新率“中国文化北非行”先遣组一行	应邀赴南非、坦桑尼亚为国务委员陈至立出访两国作准备，同时安排有关“中国文化北非行”活动的有关事宜。
6.11~6.28	以文化部副部长陈晓光为团长的中国政府文化代表团，外联局党委副书记张爱平陪同出访	应阿根廷、乌拉圭、秘鲁文化部门邀请，访问阿、乌、秘3国。访问期间，代表团与三方分别进行了工作会谈。在乌拉圭，与乌方签订了《中华人民共和国政府和乌拉圭东岸共和国政府2004~2006年文化交流执行计划》；在秘鲁，与秘方签订了《中华人民共和国政府和秘鲁共和国2004~2006年文化交流执行计划》。
6.28~7.6	文化部副部长孟晓驷率工作组一行，外联局副局长蒲通随行	应邀赴法国检查中国文化年闭幕活动筹备工作，并出席7月2日在巴黎凡尔赛宫举办的中国文化年闭幕招待会、7月3日在杜伊勒里公园举办的“巴

		黎上海周”活动及7月5日举行的法国文化年第一次新闻发布会和中法文化年混委会第八次会议。蒲通副局长先期于21日赴法落实各项中国文化年闭幕活动。在法期间，会见了中法文化年法方总协调人隆柏，并出席由凡尔赛伊夫林省政府召开的有关中国文化年闭幕招待会暨焰火晚会的协调会等活动。
6.30～7.13	文化部副部长赵维绥率民族民间文化立法考察团一行，政策法规司司长高树勋随行	应邀赴巴西、智利和墨西哥进行考察，访问期间，与3国有关人士进行了座谈，并进行了实地的考察访问。
7.1～7.4	文化部部长孙家正陪同中共中央政治局常委李长春赴法国出席中国文化年闭幕活动	应邀赴法国，陪李长春同志出席在凡尔赛橘园举行的中国文化年闭幕招待会暨焰火晚会。孙家正部长主持招待会。另外，还陪同李长春同志出席在巴黎杜伊勒里公园举行的上海文化游园活动。孟晓驷副部长、蒲通副局长陪同出席有关活动。
7.8～7.20	文化部部长孙家正随国务委员陈至立率领的中国政府代表团出访。外联局局长丁伟随行	应邀访问南非、津巴布韦、坦桑尼亚3国。访问期间，孙家正部长代表中方与津巴布韦和坦桑尼亚分别签订了《中华人民共和国政府和津巴布韦共和国政府文化协定2005～2008年执行计划》和《中华人民共和国政府和坦桑尼亚联合共和国政府文化协定2005～2007年执行计划》。
7.10～8.4	文化部外联局副局长李新率领的工作组一行	应邀赴南非、喀麦隆、加纳参加“中华文化非洲行”活动。
7.13～7.17	外联局局长助理王燕生率中国文化官员考察团一行18人	应邀访问韩国，重点考察了韩国的文化产业部门，与有关人士进行了座谈。
8.6～8.21	文化部副部长周和平率文化部和财政部联合考察团，	应邀赴英国、德国和芬兰3国就文化中心筹建和选址工作进行考察。访问

	随行人员有文化部外联局局长丁伟、计财司司长李雄、财政部教科文司司长李萍、预算司副司长林桂凤等	期间，与3国有关人员进行座谈，并进行实地了解。在芬兰，还考察了解了政府对文化事业的投入情况。
9.6～中旬	外联局党委副书记张爱平陪同中宣部副部长高俊良率领的中国文化考察团	应邀赴奥地利、希腊和意大利进行文化考察活动。
9.10～9.14	文化部部长孙家正随中共中央政治局常委李长春同志率领的中国党政代表团出访。外联局局长助理王燕生陪同。	应朝鲜劳动党总书记金正日的邀请，赴朝鲜进行友好访问。同期出访的还有由文化部组派的中国艺术团，访问和演出都取得圆满成功。
9.11～9.14	文化部副部长孟晓驷随国务委员陈至立出访	应邀访问俄罗斯，参加中俄两国教文卫体合作委员会第五次会议。
9.17～9.23	中国对外文化交流协会常务副会长刘德有	应日本著名舞蹈家花柳千代舞蹈研究所邀请，赴日访问，参加花柳千代80寿辰的祝寿活动，并进行讲学。
9.22～9.26	文化部外联局党委副书记张爱平一行4人	赴印度尼西亚参加“东盟——中国文化合作联合专家会议”，并与来自东盟10国及东盟秘书处的代表共同讨论和修改“中国——东盟文化合作谅解备忘录”草案，还参与了“东盟——中国文化合作计划框架”文件的讨论。通过交流，增进了了解和友谊，达成了共识，会议取得圆满成功。
10.9～10.16	以文化部外联局局长助理兼中国对外文化交流协会副秘书长孙晓红为团长的中国对外文化交流会代表团一行3人	应匈牙利国防军歌舞团和葡萄牙东方基金会邀请，访问匈、葡两国。访问期间，代表团与对方进行了工作会谈。在葡萄牙，与葡东方基金会草签了2005～2007年双边交流计划协议。
10.19～11.1	以文化部副部长周和平为团长的中国政府文化代表团一行5人	应白俄罗斯文化部、爱尔兰艺术体育旅游部和罗马尼亚文化宗教部的邀请访问白、爱、罗3国。访问期间，周和平副部长与白俄罗斯文化部部长吉利

		亚科、罗马尼亚文化宗教部部长勒兹万·特奥多列斯库、爱尔兰艺术体育旅游部部长约翰·奥多纳休分别进行了工作会谈。在白俄罗斯，白总统办公厅副主任普拉列斯科夫斯基和副总理德拉任分别会见了代表团。周和平副部长一行还出席了在白俄罗斯举办的“中国文化日”和在爱尔兰举办的“中国文化节”活动。
10.24～10.26	以文化部副部长孟晓驷为团长的中国政府文化代表团一行6人	应日本经济产业省邀请，访问日本。在日期间，出席了在东京举办的第三届“中日韩文化产业论坛”开幕式，并发表讲话。同时与日韩两国官员会谈，就共同发展文化产业问题交换了意见。另外，还代表文化部向日本松山芭蕾舞团前理事长清水正夫、松山树子和日本舞蹈家花柳千代颁发“文化交流贡献奖”。
10.26～10.29	以文化部副部长孟晓驷为团长的中国政府文化代表团一行6人。团员有：外联局副局长蒲通、中国对外演出公司总经理张宇	应俄罗斯联邦文化与电影署邀请，访问俄罗斯。访俄期间，与俄罗斯文化与电影署署长施维特科依共同主持中俄文化合作分委会第四次会议，并签署了会议纪要，还参加苏州刺绣精品展和“中国文化节”开幕式。
11.15～11.26	文化部前部长、著名作家王蒙一行3人	应俄罗斯中国友好和平与发展委员会主席和哈萨克斯坦文化部邀请，访问俄、哈两国。访问期间，王蒙一行与有关官员和人士进行了友好的谈话，增进了相互间的了解和友谊。
11.29～12.4	文化部副部长孟晓驷一行。外联局局长丁伟陪同出访	应邀赴西班牙出席中西论坛文化委员会会议。
12.14～12.17	文化部外联局副局长蒲通率中国代表团	赴法国巴黎出席联合国教科文组织《保护文化内容和艺术表现形式多样性公约》起草委员会会议。

12.27～12.30	文化部副部长孟晓驷一行，随行人员包括外联局局长丁伟、计财司副司长李雄、人事司司长吕章申等	应韩国文化观光部邀请，孟晓驷副部长一行赴韩国出席汉城中国文化中心开幕式。在韩期间，孟晓驷副部长拜会了韩国外交通商部次官崔英镇、文化观光部部长郑东采，考察了汉城市内的大型网吧等。

中国艺术团组、艺术家赴外国演出一览表

日期	团组（个人）名称	演出情况
1.1～1.20	中国艺术家和新闻工作者一行36人	应奥地利维也纳市政府邀请，由中国唱片总公司组派，赴维也纳与维也纳艺术家交响乐团合作举办“维也纳2004年中国新春音乐会”。
1.8～1.23	中国杂技团一行16人	应邀赴摩纳哥参加国际杂技比赛，由中国对外演出公司组派。
1.10～3.17	“太极时空”杂技团一行47人	应邀赴美国进行商业性演出，由中国对外演出公司组派。
1.11～2.1	江西杂技团一行30人	由文化部组派，中国对外演出公司承办，赴印度、巴基斯坦演出，打造春节文化品牌。
1.15～2.5	上海歌舞团一行23人	由文化部组派，赴马达加斯加、毛里求斯、留尼汪、科摩罗、塞舌尔参加“中华文化北非行”的演出活动。
1.15～2.2	云南少数民族艺术团一行25人	应邀赴美国进行访问演出，由中国对外演出公司组派。
1.16～2.12	吉林艺术团一行40人	由文化部组派，中国对外演出公司承办，赴韩国、印度尼西亚演出，打造春节文化品牌。

1.19～1.26	河北滦南县皮影小组一行10人	应葡萄牙东方基金会邀请，由中国对外文化交流协会组派，赴葡萄牙里斯本市贝伦文化中心演出5场。
1.20～1.28	中国民俗表演团（含陕西社火、安塞腰鼓、北京东城工艺品、朝阳女子大鼓、崇文女子新秧歌、勇山舞狮和中幡等）一行122人	由文化部组派，中国对外演出公司承办，赴泰国曼谷参加为崇颂皇后殿下七秩晋二懿寿暨泰华各界庆祝甲申春节盛典活动，也系文化部打造春节文化品牌活动的组成部分。文化部副部长孟晓驷率中国政府文化代表团参加庆典活动。
1.20～1.29	辽宁省综合艺术团一行22人	应爱尔兰华人团体邀请，由中国对外文化交流协会组派，赴爱尔兰参加都柏林“中国春节唐人街”庆祝活动，并在都柏林市市政大学举行专场演出。
1.20～2.4	云南省杂技团一行35人	由文化部组派，中国对外演出公司承办，赴泰国、菲律宾演出，打造春节文化品牌活动。
1.24～2.4	新疆阿克苏地区塔里木歌舞团一行28人	应阿曼马斯喀特艺术节组委会邀请，赴阿曼参加马斯喀特国际民间艺术节演出活动。
1.26～2.6	南京市文化代表团暨南京民族乐团一行91人	应奥地利中国音乐之友协会邀请，赴奥地利、德国参加“金陵寻梦——猴年中国新年音乐会”演出活动。
1.28～2.4	内蒙古艺术团一行25人	由文化部组派，中国对外演出公司承办，赴缅甸参加打造春节文化品牌活动演出。
1.31～2.21	福建综合艺术团一行26人	应科威特“嗨，二月节”最高组委会邀请，赴科威特参加“嗨，二月节”的演出活动。
1～5	战旗杂技团一行49人	应邀赴英国、荷兰、比利时和奥地利进行商演，由中国对外演出公司组派。

1～12	大连杂技团一行17人	应法国奎斯马戏团邀请，由中国对外演出公司组派，赴法国进行商演。
1～12	沈阳杂技团一行28人	应邀赴美国进行商业性演出，由中国对外演出公司组派。
1～12	河北杂技团一行9人	应邀赴美国进行商业性演出，由中国对外演公司组派。
2.2～2.24	济南市杂技团、吉林歌舞剧院一行33人	应意大利威尼斯狂欢节组委会邀请，赴意大利商演，由中国对外演出公司组派。
2.8～2.12	北京现代舞团一行18人	应意大利威尼斯狂欢节组委会邀请，赴意大利商演，由中国对外演出公司组派。
2.11～2.22	红樱束女子打击乐一行15人	应邀赴澳大利亚进行访问演出，由中国对外演出公司组派。
2.16～2.27	中国杂技团一行10人	应邀赴智利进行访问演出，由中国对外演出公司组派。
2.25～12	德阳杂技团一行16人	应邀赴日本进行商业性演出，由中国对外演出公司组派。
2.29～3.6	中国儿童中心青少年民乐队一行10人	应摩尔多瓦文化部邀请，由中国对外文化交流协会组派，赴摩尔多瓦参加第38届“迎春花”国际音乐节。
2～8	齐齐哈尔马戏团一行36人	应邀赴日本进行商业性演出，由中国对外演出公司组派。
2～5.2	北京杂技团5名演员	应邀赴美国进行商业性演出，由中国对外演出公司组派。
2～8	齐齐哈尔马戏团一行14人	应邀赴泰国进行商业性演出，由中国对外演出公司组派。

3.3~11.2	天津市杂技团一行30人	应英国城市马戏有限公司邀请，由文化部文化艺术人才中心组派，赴英国进行商演。
3.7~3.21	中央音乐学院杨一晨、贾楠一行6人	赴日本参加国际青年音乐比赛，由中国对外演出公司组派。
3.7~3.29	北京京剧院一行46人	应邀赴马来西亚进行访问演出，由中国对外演出公司组派。
3.19~9.30	广州杂技团一行26人	应邀赴西班牙进行商业性演出，由中国对外演出公司组派。
3.20~5.20	杭州青少年杂技团一行19人	应邀赴日本进行商业性演出，由中国对外演出公司组派。
3.22~3.29	福建提线木偶团一行11人	应法国“方位”演出公司邀请，赴法国演出，由中国对外文化交流协会组派。
3.23~3.28	黑龙江艺术团一行6人	应俄罗斯哈巴罗夫斯克州政府的邀请，赴哈巴罗夫斯克参加“2004亚太地区国家新星国际少儿艺术节”。
3~5.1	中国杂技团一行3人	应邀赴瑞士参加演出活动，由中国对外演出公司组派。
3~10	遵义杂技团、德州杂技团一行15人	应德国“幻想乐园”邀请，赴德国进行商业性演出，由中国对外演出公司组派。
3~10	杭州青少年杂技团一行19人	应邀赴西班牙进行商业性演出，由中国对外演出公司组派。
4.3~11.7	遵义杂技团“车技”、“水流星”节目组及黑龙江杂技团“空中体操”节目组一行共21人	应英国Tip Productions Led公司邀请，赴英国进行商业性演出，由辽宁省演出公司组派。
4.4~4.13	黑龙江省歌舞团、南京艺术团一行67人	应蒙古教育、文化、科技部邀请，赴蒙古参加“中国文化周”演出活动，由中国对外演出公司组派。

4.5～5.31	扬州木偶团一行6人	应邀赴西班牙演出，由中国对外演出公司组派。
4.21	著名钢琴演奏家李云迪	应邀赴美国举办个人钢琴独奏音乐会，由中国对外演出公司组派。
4.21～5.5	中国歌剧舞剧院陈小朵一行2人	赴比利时参加2004伊丽莎白国际声乐比赛，由中国对外演出公司组派。
4.22～5.2	杭州青少年杂技团一行14人	应邀赴意大利参加演出活动，由中国对外演出公司组派。
5.8～5.24	中国杂技团一行7人	应瑞士Ggmna sium Inter token邀请，赴瑞士进行访问演出。
5.10～5.31	天津歌舞剧院芭蕾舞团一行25人	应西班牙融汇基金会邀请，赴西班牙参加“西班牙艺术节”活动。
5.18～6.1	蓝天话剧团一行27人	应邀赴新加坡进行访问演出，由中国对外演出公司组派。
5.22～5.30	云南少数民族艺术团和贵州黎平侗族大歌歌唱组合一行40人	应邀赴乌克兰进行访问演出，由中国对外演出公司组派。
5.23～6.4	中国人民大学附属中学艺术团	由文化部组派，赴法国参加昂热市“中国文化年”和巴黎联合国教科文组织总部演出活动。
5.23～6.30	湖北京剧团一行47人	应邀赴日本进行演出活动，由中国对外演出公司组派。
5.27-2005.5.31	北京杂技团一行9人	应邀赴以色列，进行商业性演出，由中国对外演出公司组派。
5.28～12	成都皮影组一行8人	应邀赴日本、韩国进行商业性演出，由中国对外演出公司组派。
6.2～8.2	江西省杂技团一行30人	应希腊Dimni Art艺术中心邀请，赴希腊进行商业性演出。

6.3～7.13	“少林雄风”武术团一行29人	应邀赴澳大利亚进行商业性演出，由中国对外演出公司组派。
6.5～6.24	四川鞭蓉川剧团一行16人	应邀赴日本进行访问演出，由中国对外演出公司组派。
6.7～6.13	广东实验现代舞团一行17人	应意大利威尼斯Fundation Tcatro Fenice邀请，赴威尼斯参加国际舞节演出活动。
6.11～6.16	中国艺术团（由中国杂技团、中央民族乐团和广州军区战士杂技团组成）一行53人	由文化部组派，赴乌兹别克斯坦参加上海合作组织成员国联合晚会“中国文化日”演出活动。
6.11～7.11	中国奇绝艺术组一行10人	应邀赴印度尼西亚进行商演，由中国对外演出公司组派。
6.28～8.8	扬州木偶团一行18人	系官方交流项目，应邀赴委内瑞拉、特立尼达和多巴哥、牙买加和巴哈马进行访问演出，由中国对外演出公司承办。
6.30～7.17	上海音乐学院钢琴系刘馨一行3人	应邀赴澳大利亚，参加2004悉尼国际钢琴比赛。
7.3～7.15	广州市少年宫艺术团一行30人	应邀赴摩洛哥参加“拉巴拉”、拉喀什”和“马“得土安”艺术节和“中华文化北非行”演出活动，由广东省文化厅组派。
7.3～7.31	福建省杂技团一行25人	应土耳其安吉特演出公司(ANKET.A.S)邀请，赴土耳其进行商业性演出，由中国对外演出公司组派。
7.9～8.16	安徽花鼓灯艺术团一行35人	应法国都瓦尔国际民间艺术节组委会邀请，赴法参加艺术节活动。
7.7～9.7	安徽杂技团一行27人	应邀赴印度尼西亚参加演出活动，由中国对外演出公司组派。

7.9～8.15	云南杂技团一行21人	应邀赴南非、加纳、喀麦隆参加“中国艺术节”演出活动，并赴刚果、马里访问演出，由中国对外演出公司组派。
7.11～8.8	湖南歌舞团一行21人	应邀赴贝宁、喀麦隆、加纳访问演出，由中国对外演出公司组派。
7.15～8.8	山东武术团一行20人	应邀赴南非、赞比亚、赤道几内亚、尼日利亚访问演出，由中国对外演出公司组派。
7.15～10.15	新疆歌舞团一行20人	应邀赴印度尼西亚进行商业性演出，由中国对外演出公司组派。
7.18～7.29	广州文化代表团一行42人	应突尼斯文化部邀请，赴突尼斯参加“中华文化北非行”演出活动，由广东省文化厅组派。
7.22～7.25	金海新一行3人	应邀赴罗马尼亚参加第14届金鹿国际流行音乐节比赛活动，由中国对外演出公司组派。
7.22～8.17	中国蓝焰民间艺术团一行28人	应西班牙融汇基金会邀请，赴西班牙参加国际民间艺术节演出活动。
7.25～8	中华老人艺术团一行20人	应泰国国家文化委员会邀请，赴泰国素叻他尼府参加泰国第18届国家文化节，由中国对外文化交流协会组派。
7.27～8	中国青少年民乐团一行35人	应邀赴罗马尼亚参加金孔雀国际艺术节，由中国对外文化交流协会组派。
8.1～8.12	辽宁芭蕾舞团一行54人	应西班牙马德里“yzaca art promotions for spain”邀请，赴西班牙进行商业性演出。
8.1～8.13	中央音乐学院教师王海涛一行3人	应邀赴芬兰赫尔辛基参加第四届芬兰米尔亚姆国际声乐比赛，由中国对外演出公司组派。

8.5～8.9	彝人制造组合（曲比哈布、曲比哈日、木乃圻）一行6人	应邀赴哈萨克斯坦参加第15届亚洲之声国际音乐节比赛，由中国对外演出公司组派。
8.6～8.30	汕头大学艺术团一行26人	应比利时Torhout、Edegem、Bonheiden三地和荷兰Heege国际民间艺术节邀请，赴比利时、荷兰参加艺术节演出，由中国文联组派。
8.7～8.22	北京京剧院一行92人	应西班牙欧艺公司邀请，赴西班牙参加艺术节演出活动。
8.8～8.31	四川宜宾市杂技团一行21人	应埃及国家文化中心委员会、苏丹文化部和毛里塔尼亚文化青年体育部的邀请，前往埃、苏、毛三国访问演出。在埃及参加“城堡山艺术节”活动；在苏丹和毛里塔尼亚参加“中国文化北非行”演出。由四川省文化厅组派。
8.25～8.30	江苏省文化代表团一行41人	应摩洛哥文化部邀请，赴摩洛哥举办“江苏文化周”。此项活动系“中华文化北非行”组成部分。由江苏省文化厅组派。
8.25～8.31	中国民族艺术团一行25人	应雅加达国际艺术节组委会邀请，赴印尼参加国际艺术节。由中国对外文化交流协会组派。
8.27～9.11	四川青年舞蹈团一行16人	应厄瓜多尔厄中友协及基多市文化局和哥伦比亚卡利文化促进会邀请，赴厄、哥两国进行访问演出，由中国对外文化交流协会组派。
8.29～9	中国儿童中心青少年民乐团一行13人	应玻利维亚文化部和乌拉圭演出机构圣·马丁邀请，赴玻、乌两国访问演出。在玻利维亚参加苏克雷国际艺术节。由中国对外文化交流协会组派。
8～2005.8	北京杂技团3名演员	应邀赴加拿大参加商业性演出，由中国对外演出公司组派

8～2005.9	中国杂技团一行7人	应邀赴加拿大参加商业性演出，由中国对外演出公司组派。
9.1～9.9	江苏省文化代表团一行41人	应突尼斯文化部邀请，赴突尼斯举办“江苏文化周”。此项活动系“中华文化北非行”组成部分。由江苏省文化厅组派。
9.2～9.13	中国综合艺术团一行35人	应澳大利亚澳中商贸促进机构和澳中经济文化科技交流中心邀请，赴澳大利亚悉尼、堪培拉和布里斯班参加“同一个月亮”金秋庆典综合文艺演唱会。
9.8～9.14	中国艺术团一行126人	随中共中央政治局常委李长春同志访问朝鲜，由文化部组派，赴朝进行访问演出，在平壤演出三场，受到热烈欢迎。朝鲜劳动党总书记金正日、朝鲜最高人民会议常任委员会委员长金永南、国防委员会副委员长延彦默、党中央书记金国泰、郑河哲、金仲麟、副总理郭范莹等党和国家领导人先后观看了演出，给予了高度的评价。访问取得圆满成功。
9.12～9.19	陕西合阳木偶剧团一行5人	应第10届伊朗国际木偶节组委会邀请，赴伊朗进行演出。
9.15～10.3	湖北省歌剧舞剧院一行50人	应西班牙“亚洲之家”邀请，赴西班牙巴塞罗那和马德里等地参加亚洲节活动。
9.16～12.15	四川省自贡市杂技团一行17人	应德国德华文化交流中心邀请，赴德国演出。
9.18～10.18	湖南京剧团一行26人	应邀赴日本访问演出，由中国对外演出公司组派。
9.23～10.10	上海民族乐团一行20人	应邀赴美国演出，由中国对外演出公司组派。

9.24～10.4	泉州南音专题晚会组一行28人	应巴黎中国文化中心邀请，赴巴黎香榭丽舍剧场演出。
9.27～10.1	深圳艺术团一行26人	应阿尔及利亚文化部邀请，赴阿参加“中华文化北非行”演出活动。
9～2005	北京杂技团一行6人	应邀赴加拿大参加商业性演出，由中国对外演出公司组派。
10.2～10.13	深圳文化代表团一行41人	应埃及文化部邀请，赴开罗、亚历山大和卢克索等城市举办“深圳文化周”。此项目系“中华文化北非行”组成部分。由中国对外演出公司组派。
10.6～11.15	中国杂技团一行15人	应法国VLC演出公司邀请，赴法国里尔进行商业性演出，由中国对外演出公司组派。
10.9～12.8	四川民族艺术团一行40人	系官方交流项目，应邀赴墨西哥、秘鲁、智利、巴西进行访问演出，由中国对外演出公司组派。
10.16～10.26	杭州杂技团一行7人	应邀赴意大利参加商业性演出，由中国对外演出公司组派。
10.17～11.5	武汉杂技团一行20人	系官方交流项目，应邀赴新西兰、斐济、萨摩亚三国进行访问演出，受到三国官方的高度重视和观众的热烈欢迎，由中国对外演出公司组派。
10.18～10.30	遵义杂技团一行30人	系官方交流项目，应邀赴白俄罗斯和阿尔巴尼亚访问演出，并参加在当地举办的“中国文化日”活动。
10.20～11.10	中国京剧团一行60人	系官方交流项目，应邀赴波兰、罗马尼亚和匈牙利进行访问演出，由中国对外演出公司组派。
10.22～11.5	北京京剧院、云南省歌剧舞剧院、贵州侗族大	系官方交流项目，由中国对外演出公司组派，赴俄罗斯参加由两国政府

	歌组合和知名音乐家小组一行140人	文化部门共同举办的“中国文化节”活动，先后在莫斯科、圣彼得堡、弗拉基米尔、科斯特罗马、哈巴罗夫等5个城市演出。文化部副部长孟晓驷、中国驻俄罗斯大使刘古昌、俄罗斯联邦和大众传媒部部长索科洛夫等出席开幕式。中国艺术家的表演受到了热烈的欢迎。
10～2005.1	武汉杂技团一行51人	应荷兰星辰国际马戏公司邀请，赴西班牙和葡萄牙参加“星辰——中演”杂技节巡回演出，由中国对外演出公司组派。
10～2005.1	济南杂技团一行30人	应邀赴匈牙利进行商业性演出，由中国对外演出公司组派。
11.4～2005.1	重庆杂技团一行6人	应邀赴瑞士参加商业性演出，由中国对外演出公司组派。
11.4～2005.1	河北杂技团一行12人	应邀赴瑞士参加商业性演出，由中国对外演出公司组派。
11.15～11.30	新疆歌舞团一行40人	应邀赴文莱进行访问演出，由中国对外演出公司组派。
11.18～12.3	中国民族艺术团一行18人	系民间交流项目，应邀赴古巴和多米尼加访问演出，由中国对外文化交流协会组派。
11.23～2005.11	内蒙古杂技团一行48人	应邀赴美国进行商业性演出，由中国对外演出公司组派。
11.29～2005.11	湖南杂技团一行15人	应邀赴美国进行商业性演出，由中国对外演出公司组派。
11～2005.2	山东杂技团一行51人	应邀赴德国进行商业性演出，由中国对外演出公司组派。
12.1～12.20	成都市文化艺术学校实验艺术团一行7人	应法国欧洲演出公司邀请，赴法国演出，由四川省文化厅组派。

12.1～2005.1	中国杂技团一行15人	应德国吉哈曼和梅恩雅克公司邀请，赴德国演出，由北京市文化局组派。
12.10～2005. 5.9	大连杂技团2名演员	应邀赴南非参加商业性演出，由中国对外演出公司组派。
12.12～2005.2	河北杂技团一行32人	应德国欧洲中国娱乐有限公司和英国wimwigt production有限公司邀请，赴德国和英国商演，由河北省文化厅组派。
12.1～2005. 1.10	郑州杂技团一行8人	应意大利金色马戏节邀请，赴罗马演出，由中国对外演出公司组派。
12.19～2005. 1.3	安徽省杂技团一行22人	应荷兰鹿特丹AHOY演展中心邀请，赴荷兰参加圣诞马戏节演出活动，由辽宁省演出公司组派。
12～2005.5	云南杂技团一行5人	应邀赴加拿大参加商业性演出，由中国对外演出公司组派。
12	战旗杂技团一行48人	应邀赴加拿大进行商业性演出，由中国对外演出公司组派。
12～2005.12	北京杂技团一行6人	应邀赴加拿大参加商业性演出，由中国对外演出公司组派。

中国团体（个人）赴国外举办艺术展览一览表

日期	展览名称	展出情况
1.1～2.1	《新领域——中国艺术展》	应邀在波兰华沙扎亨塔国家艺术画廊展出，由扎亨塔画廊主办，共展出我国当代30名著名艺术家50多幅优秀作品。波兰参议院文化传媒委员会主席思瓦文斯基、文化部艺术司司长波理茨

		卡、外事司司长杰杜什茨卡、两院议员及外国驻波使节共300多人出席开幕式。我国驻波大使苑桂森致开幕词。展览取得圆满成功。
1.27～2.2	《中国现代艺术展》	系官方交流项目，展品共10件，由中国对外艺术展览中心主办，赴瑞典展出，在krstiannstada艺术馆举办。
2.1～7.1	《中国少数民族服装服饰展》	系官方交流项目，展品共164件套，由中国对外艺术展览中心主办，赴芬兰隘斯波市艺术博物馆展出。
2.17～6	《古道新彩——丝绸之路艺术展》	系官方交流项目，应邀赴美国部分城市巡展，由中国对外艺术展览中心主办。
2.19～2.29	《中国当代陶瓷艺术展》	系官方交流项目，展品共80件套，应邀赴哥伦比亚波哥大展出，由中国对外艺术展览中心主办。
3.5～3.14	《中国数码美术及陶艺作品展》	应法国巴黎国际艺术城邀请赴法国展出，由中国美术家协会举办。展出平面作品851件，陶艺作品40件。
4.2～4.12	《中国安徽省版画及福建省漆画联展》	应法国巴黎国际艺术城邀请赴法国展出，由中国美术家协会举办。
4.2～5.3	《中国广州当代书画鉴赏展》	应法国巴黎国际艺术城邀请赴法国展出，由广东省文化厅主办。随行人员广州图书馆和广州画院一行3人。在法期间还举行中国图书捐赠活动。
4.7～4.13	《中国文化周系列艺术展和电影展》	系官方交流项目，应蒙古教育、文化、科技部邀请赴蒙古展出。
4.9～4.19	《中国当代版画小彩画展》	系官方交流项目，展品共80件，赴毛里求斯路岛港市自然博物馆展出，由中国对外艺术展览中心主办。

5.13 ~ 6.27	《中国当代陶瓷艺术展》	系官方交流项目，展品共80件套，应邀赴委内瑞拉国家博物馆展出，由中国对外艺术展览中心主办。
5.26 ~ 6.8	《中国苏州刺绣精品展》	系官方交流项目，共81件展品，应邀赴乌克兰，在基辅乌克兰美术家协会展览厅展出，由中国对外艺术展览中心主办。
6.18 ~ 10.4	《中国敦煌艺术展》	系官方交流项目，展品22件，赴法国尼斯艺术馆展出，由中国对外艺术展览中心主办。
7.3 ~ 8.25	《中国想象·中国当代雕塑展》	由文化部中外文化交流中心和深圳何香凝美术馆共同举办，赴法国巴黎展出，作为我在法国举办的中国文化年闭幕期间的重点项目。
7.13 ~ 7.26	《"锦绣中华"图片展暨中国乐器展》	应邀赴南非展出。
7.20 ~ 7.27	《"锦绣中华"图片展暨中国刺绣展》	应邀赴喀麦隆展出。
8.16 ~ 8.30	《浙江省美术作品展》	应法国法中文化交流协会邀请，赴法国巴黎展出，由浙江画院主办。
9.2 ~ 9.16	《浙江省摄影作品展》	应法国法中文化交流协会邀请，赴法国巴黎展出，由浙江省摄影家协会主办。
9.3 ~ 9.10	《相逢——亚细亚遇欧罗巴》	应英国维多利亚阿尔伯特博物馆邀请，故宫博物院傅红展、李绍毅二人赴英国参加展览活动。
10.27 ~ 11.5	《中国苏州刺绣精品展》	系官方交流项目，应邀赴俄罗斯当代历史中心博物馆举办，展品80件套，由中国对外艺术中心主办。

11.6～11.13	《中国书画艺术展》	系民间交流项目，应法国中国文化中心邀请，赴法国巴黎展出，由文化部归国华侨联合会主办。
12.1～2005.2	《中国刺绣艺术展》	系官方交流项目，展品80件，应邀赴芬兰赫尔辛基和伊萨尔米市展出，由中国对外艺术展览中心主办。
12.6～12.16	《中国伊斯兰书法展》	系官方交流项目，展品106件，应邀赴突尼斯参加“中国文化北非行”展览活动，由中国对外艺术展览中心主办。

国际比赛获奖情况表

日期	国家	比赛名称	参加单位	人数	获奖情况	其他
1.18	摩纳哥	第28届蒙特卡罗国际杂技比赛	中国杂技团	23人	《顶碗》获“金小丑”奖	
1.29～2.2	匈牙利	布达佩斯国际马戏节	中国杂技小组		获银奖	
1.31	摩纳哥	第16届蒙特卡罗“初登舞台”国际杂技比赛	上海杂技学校	10人	《梦·倒立技巧》获“金K奖”	
2.2	匈牙利	第五届布达佩斯国际马戏节	天津杂技团、遵义杂技团	13人	天津杂技团《坛技》、遵义杂技团《女子三人技巧》获银奖，《女子三人技巧》还获欧盟特别奖	

2.8	法国	第25届巴黎“明日”暨第16届“未来”世界杂技节	战旗杂技团、遵义杂技团和北京杂技团	28人	遵义杂技团《柔术转毯》获“未来”金奖，战旗杂技团《钢吊》获“明日”银奖
5.9	罗马尼亚	第11届布加勒斯特国际青少年音乐比赛	中央音乐学院附中	5人	王超获钢琴B组金奖，刘骥获钢琴C组银奖
6	保加利亚	第21届保加利亚瓦尔纳国际芭蕾舞比赛	中央芭蕾舞团、辽宁芭蕾舞团、中国舞蹈学院附中、广州芭蕾舞团等	10人	广州芭蕾舞团傅姝获二等奖，中国舞蹈学院附中曹舒慈获女子少年组三等奖
9.13	法国	第45届图鲁兹国际声乐比赛	中央歌剧院、中国音乐学院等	4人	中央歌剧院沈娜获女子组二等奖
11	韩国	2004年韩国gyeongnam国际音乐比赛（统营市）	中央音乐学院学生岳麟	3人	获第五名
11	英国	第七届英国ivokmairants吉他比赛（伦敦）	中央音乐学院学生苏萌	3人	获第3名

文化部部、局领导会见外国驻华使节和重要外宾一览表

日期	活动内容
1.5	中国对外文化交流协会常务副会长刘德有出席中国艺术研究院举办的“日本狂言和泉流二十世宗家和泉元弥《我的狂言之路》中文版首发式”，并于当晚观看和泉元弥的狂言专场演出。 外联局党委副书记张爱平陪同出席。

1.6	外联局局长助理王燕生宴请摩洛哥音乐家夏尔基。
1.8	外联局局长丁伟会见并宴请日本文化厅审议官素川富司一行。外联局党委副书记张爱平陪同出席。
1.12	外联局副局长孙加木出席外交部新闻司新年招待会。
1.14	中国对外文化交流协会常务副会长刘德有在我部会见日本插花艺术池坊流北京支部负责人三浦有馨。
1.15	赵维绥副部长出席上海合作组织秘书处揭牌仪式。外联局局长助理王燕生陪同出席。
1.15	中国对外文化交流协会常务副会长刘德有出席日本茶道里千家在中日青年交流中心举办的招待茶会。
1.15	外联局副局长孙加木出席古巴革命45周年招待会。
1.16	文化部党组成员、中纪委驻文化部纪检委组长常克仁出席中法建交40周年招待会。外联局局长助理王燕生陪同出席。
1.19	孙家正部长会见应国家广电总局邀请来访的英国文化大臣苔莎·乔维尔女士。双方就“创意英国”、中英艺术管理人员培训项目、中英互设文化中心、中国国家博物馆和大英博物馆合作、中英互为旅游目的地国协议、网络和盗版问题及英国申办2012年奥运会等问题进行了交谈。外联局局长丁伟、局长助理王燕生会见时在座。
2.4	孙家正部长会见应中国人民对外友好协会邀请访华的日本前首相村山富士和日中友好协会会长平山郁夫一行。外联局党委副书记张爱平会见时在座。
2.10	孙家正部长会见加拿大前总理克里斯蒂安，双方就媒体、音像出版等方面的合作事宜交换了意见。外联局党委副书记张爱平会见时在座。
2.10	周和平副部长会见应中国人民外交学会邀请访华的波黑主席团塞族成员办公室主任鲍萨洛一行，双方就加强两国的文化交流与合作交换了意见。外联局副局长孙加木会见时在座。
2.13	孟晓驷副部长出席朝鲜驻华大使崔镇洙在朝鲜驻华使馆举行的金正日诞辰纪念日庆祝活动。外联局副局长李新陪同出席。

2.17	孟晓驷副部长会见克罗地亚新任驻华大使鲍里斯·魏礼奇，双方就加强两国在文化领域的交流与合作、尽快签署《中华人民共和国政府与克罗地亚共和国政府2004～2006年文化合作计划》等事宜交换了意见。外联局副局长李新会见时在座。
2.17	孟晓驷副部长会见保加利亚新任驻华大使安格尔·奥尔贝措夫，双方就加强两国文化关系、纪念两国建交55周年举办文化活动以及保加利亚教育和科学部部长月底访华与我签署《中华人民共和国政府与保加利亚共和国政府2004～2006年文化、科学和教育合作计划》等事宜交换了意见。外联局副局长李新会见时在座。
2.17	中国对外文化交流协会常务副会长刘德有会见并宴请日本广播协会(NHK)北京总局局长加藤青延一行3人，双方就开展进一步合作进行了磋商。文化部外联局党委副书记张爱平出席上述活动。
2.18	外联局党委副书记张爱平会见并宴请泰国驻华使馆新任公使衔参赞瓦信。
2.18	外联局局长助理王燕生会见英国驻华使馆文化参赞沙利文先生一行2人，双方就互设文化中心等问题进行了交流。
2.19	"中朝文化协定和中朝航空运输协定签订45周年"之际，文化部和中国民航总局在贵宾楼举办纪念招待会，赵维绥副部长出席并讲话。23日，朝鲜驻华使馆举行纪念宴会，文化部党组成员、中纪委驻文化部纪检组组长常克仁出席并讲话。外联局党委副书记张爱平均陪同出席。
2.19	外联局局长丁伟宴请韩国教师代表团一行。外联局党委副书记张爱平出席宴请。
2.20	外联局副局长孙加木出席秘鲁驻华大使为其文化专员举办的辞行酒会。
2.20	外联局副局长李新和外联局党委副书记张爱平出席韩国驻华使馆文化参赞柳在沂的宴请，双方就如何促进中韩文化交流与合作交换了意见。
2.23	应奥地利驻华使馆邀请，陈晓光副部长出席奥使馆为迎接维也纳爱乐乐团及乐团指挥小征泽尔来华演出举办的欢迎招待会。外联局局长助理王燕生出席招待会。
2.24	文化部党组成员、中纪委驻文化部纪检组组长常克仁和外联局局长助理王燕生出席中英关系协调小组会议，双方就中英互设文化中心事交换了意见。
2.25	外联局局长助理王燕生会见安徒生2005基金会主席拉斯·希伯格，听取其介绍安徒生诞辰200周年庆祝活动的有关情况。

2.27	应丹麦驻华使馆邀请，陈晓光副部长与正在我国进行国事访问的丹麦首相拉斯穆森出席在人民大会堂举办的纪念安徒生诞辰200周年庆祝活动。外联局局长丁伟、局长助理王燕生出席上述活动。
3.1～3.2	中法文化年混合委员会第7次会议在北京召开，孟晓驷副部长出席会议开幕式并讲话。中法文化年混委会中方主席代表、外联局副局长蒲通，中方总协调人、中外文化交流中心主任吕军，法方主席昂格鲁米、总协调人阿兰·隆柏、法国艺术行动委员会主席达沃尔等参加了会议。双方人员深入探讨了中国文化年闭幕活动、法国文化年的新闻宣传及筹备工作等事宜。
3.1	外联局党委副书记张爱平出席日本国际交流基金会北京事务所所长山崎正亲招待宴会，并于22日宴请山崎正亲。
3.3	中国对外文化交流协会常务副会长刘德有在我部会见并宴请日本民族艺术交流财团川村耕太郎一行6人，双方就今年6月在北京举办《狂言、道白、插花之宴》演出活动进行了磋商。 外联局党委副书记张爱平陪同会见并出席宴请。
3.3	外联局局长助理王燕生会见卢森堡博物馆馆长。
3.4	外联局局长丁伟出席墨西哥使馆为庆祝《中墨2003～2006文化交流执行计划》签署举行的午宴。
3.4	外联局党委副书记张爱平宴请日中文化制作中心社长工藤图房一行。
3.5	孟晓驷副部长会见正在我国访问的保加利亚共和国教育和科学部部长达米亚诺夫一行，并共同签署《中华人民共和国政府和保加利亚共和国政府2004～2006年文化、科学和教育合作执行计划》。外联局局长丁伟会见时在座。
3.5	外联局党委副书记张爱平会见菲律宾师生代表团一行。
3.11	外联局党委副书记张爱平会见印度对外文化关系委员会联秘兼副司长萨尔瓦吉。
3.15	孙家正部长出席文化部为驻华使节举办的专场京剧演出。 孟晓驷副部长、外联局局长丁伟和副局长李新陪同观看演出。
3.17	孟晓驷副部长会见日本国际交流基金会理事长小仓和夫。 中国对外文化交流协会常务副会长刘德有会见并宴请代表团，双方就新时代中日关系的“新思路”进行了探讨。外联局党委副书记张爱平陪同出席。

3.17	孟晓驷副部长会见阿拉伯驻华使团文化委员会主席阿曼驻华大使阿卜杜拉·侯斯尼、文化委员会副主席巴勒斯坦驻华大使扎卡利亚·阿卜杜·拉希姆和委员会成员巴林驻华大使卡利姆·易卜拉欣·沙克尔、阿拉伯国家联盟驻华大使穆罕默德·福阿德·塞瑞以及伊拉克临时驻华代办塔莱勒·哈希姆·胡塔利一行5人，双方就中阿文化关系在两国关系中的重要地位，共同推动中阿文化交流与合作的发展等问题进行了交流。 外联局局长助理王燕生会见时在座。
3.18	孙家正部长会见美国世广卫星集团总裁史麦哲先生。 外联局局长丁伟会见时在座。
3.18	孙家正部长会见日本茶道里千家千玄室大宗匠一行。 外联局局长丁伟陪同出席。
3.18	赵维绥副部长会见并宴请日本琵雅公司社长矢内广。 外联局党委副书记张爱平出席上述活动。 外联局党委副书记张爱平出席日本琵雅公司在文化部大楼举办的业务讲座。 19日，外联局党委副书记张爱平出席日本琵雅公司北京分社开业典礼。
3.22	孙家正部长会见美国维亚康姆公司董事长雷石东。 外联局局长丁伟会见时在座。
3.22	外联局局长丁伟会见并宴请英国古典音乐经济公司总裁马丁·坎贝尔怀特。
3.22	外联局局长助理王燕生会见瑞士三大艺术节(马蒂尼、弗里堡、苏黎世艺术节)组委会代表团一行6人，双方就中瑞两国文化交流及举办国际艺术节等问题交流各自看法，并表达了在官方框架内继续加强两国民间文化交流的愿望。
3.25	文化部党组成员、中纪委驻文化部纪检组组长常克仁会见应黑龙江省省长邀请来访的俄罗斯萨哈(雅库特)共和国副总统阿基莫夫一行，双方就加强中俄两国地区间的文化交流与合作交换了意见。 外联局副局长孙加木会见时在座。
3.30	外联局副局长孙加木会见加拿大安大略皇家博物馆馆长威廉·托塞尔。
4.1	孟晓驷副部长会见意大利外交部秘书长瓦塔尼。 外联局局长丁伟会见时在座。
4.1	外联局党委副书记张爱平会见并宴请韩国歌剧团团长朴起贤，双方就举办“中韩音乐会”事进行了讨论。

4.2	国务委员陈至立在钓鱼台国宾馆会见法国驻华大使蓝峰，双方就中国文化年闭幕活动安排和法国文化年开幕式活动的落实工作交换了意见。 孟晓驷副部长、外联局副局长蒲通会见时在座。
4.2	外联局副局长孙加木出席秘鲁使馆在中华世纪坛举办的画展开幕式。
4.2	外联局局长助理王燕生会见英国驻华使馆文化参赞沙利文，双方就中英互设文化中心事进行了交谈。
4.5	文化部党组成员、中纪委驻文化部纪检组组长常克仁出席挪威当代玻璃与陶瓷艺术展开幕式。 外联局局长助理王燕生陪同出席。
4.5	外联局副局长孙加木会见并宴请委内瑞拉友人鲁塞纳教授夫妇。
4.5	外联局党委副书记张爱平宴请日本日中话剧交流话剧人社理事长伊藤巴子一行 4 人。
4.6～4.11	应朝鲜民主主义人民共和国“四月之春”友谊艺术节组委会邀请，以赵维绥副部长为团长的中国政府文化代表团一行 5 人赴朝鲜进行友好访问并参加艺术节有关活动。
4.7	外联局局长助理王燕生宴请来访的土耳其著名文艺评论家奥拉尔女士一行 2 人。
4.8	孟晓驷副部长会见并宴请加拿大驻华大使夫妇。 外联局局长助理孙晓红陪同出席动。
4.9	外联局局长助理王燕生宴请西班牙伊比利亚中国基金会代表团。
4.11～4.17	应我部邀请，泰国友好人士代表团一行 11 人对北京、安徽和广东进行友好访问。 孟晓驷副部长会见并宴请代表团一行。 外联局党委副书记张爱平出席会见和宴请。
4.12	陈晓光副部长在我部会见应中国作协邀请来访的俄罗斯作家代表团一行 6 人，并就中俄两国文学创作和文学界交流状况进行了交谈。 外联局副局长蒲通会见时在座。
4.15	孟晓驷副部长出席拉脱维亚当代美术作品展开幕式并于当晚出席拉总统访华欢迎仪式、会谈和欢迎宴会。外联局副局长蒲通陪同出席。

4.16	外联局局长助理王燕生出席巴林王国驻华使馆在大使官邸为庆祝中巴建交15周年举办的招待会。
4.20	孟晓驷副部长会见美国派拉蒙家庭娱乐(国际)公司执行副总裁斯蒂文·格里克。外联局副局长孙加木会见时在座。
4.21	外联局党委副书记张爱平会见印度驻华使馆公使邵德仁。
4.22	孙家正部长出席《中捷2004—2006年文化合作议定书》签字仪式和捷总统访华欢迎宴会。
4.22	在中国画廊博览会召开之际，外联局党委副书记张爱平应邀出席中韩文化交流之夜招待会并致辞。
4.23	郑欣淼副部长会见并宴请大英博物馆馆长尼尔·麦克格里格。 外联局局长丁伟陪同出席。
4.23	中国对外文化交流协会常务副会长刘德有会见日本茶道里千家驻京办事处新任负责人坂井晴美一行2人。 外联局党委副书记张爱平会见时在座。
4.26	外联局局长丁伟出席“古罗马文明展”协议签字仪式。
4.27	孟晓驷副部长出席第四届“相约北京”活动暨第二届北京国际戏剧演出季组委会会议和开幕式招待会。当晚，中共中央政治局常委李长春，国务委员陈至立，孙家正部长、孟晓驷副部长出席观看第四届“相约北京”活动暨第二届北京国际戏剧演出季开幕式演出。 外联局局长丁伟、副局长李新陪同出席。
4.29	孟晓驷副部长会见美国亚洲协会候任会长德赛女士。 外联局副局长孙加木会见时在座。
4.29	外联局局长丁伟会见阿尔及利亚驻华大使马吉德·布盖里，双方就发展中阿两国文化关系及2004年在阿举办深圳文化周等共同关心的问题交换了意见。
4.29	外联局局长丁伟出席“爱尔兰现代艺术展”开幕式。
4.30	孟晓驷副部长会见并宴请美国微软公司副总裁、大中华地区总裁陈永正。外联局副局长孙加木陪同出席。

5.10	文化部党组成员、中纪委驻文化部纪检组组长常克仁在我部会见乌克兰新任驻华大使卡梅舍夫·谢尔盖·阿列克谢耶维奇。双方就常克仁即将率团赴乌出席中乌文化合作混委会第一次会议以及我在乌克兰举办“中国文化日”事宜进行磋商，并就进一步推动中乌两国的文化合作交换了意见。 外联局局长助理孙晓红会见时在座。
5.10	文化部党组成员、中纪委驻文化部纪检组组长常克仁会见阿尔巴尼亚驻华使馆临时代办斯巴修，就中国政府文化代表团访阿以及今年下半年我在阿举办“中国文化节”事宜进行了商谈。 外联局局长助理孙晓红会见时在座。
5.10	中国对外文化交流协会常务副会长刘德有会见日本书法家、泰书会负责人柳田泰山等一行4人。 外联局党委副书记张爱平会见时在座。
5.11	外联局党委副书记张爱平出席索尼中国有限公司总裁川崎成一的宴请。
5.14	外联局党委副书记张爱平会见日本茶道里千家专务董事关根秀治。
5.17	外联局党委副书记张爱平会见日本和太鼓表演艺术家坂东胜次一行2人，双方就协会与日方合作举办中华人民共和国成立55周年庆祝活动进行磋商。
5.18	中国对外文化交流协会常务副会长刘德有会见并宴请日本书法家细井清琴一行3人。 外联局党委副书记张爱平陪同出席。
5.19	孟晓驷副部长会见并宴请应邀来访的德国五大博物馆馆长马丁·罗特博士等一行5人，双方就中德两国文化交流现状、两国文博机构的合作与交流、现当代艺术领域的合作和对今后几年交流的展望等问题交换了各自的意见。 外联局局长丁伟陪同出席。20日，外联局局长助理王燕生应邀出席德国驻华公使Lohr先生在大使馆邸为迎接德国五大博物馆馆长一行举办的午宴。
5.19	外联局局长助理王燕生会见瑞士文化委员会国际事务部负责人ThomasLaely博士等一行2人。
5.20	孙家正部长会见塞舌尔文化部长西尔维特·普尔。 外联局局长丁伟、副局长蒲通会见时在座。
5.20	周和平副部长会见日本出版贩卖株式会社常务董事古屋文明。 外联局党委副书记张爱平会见时在座。

5.20	外联局党委副书记张爱平会见斯里兰卡文化基金会主席阿贝塞克拉一行6人。
5.21	孙家正部长、孟晓驷副部长会见并宴请日中文化交流协会代表团一行7人。外联局局长丁伟和党委副书记张爱平陪同出席。
5.21	孙家正部长会见法国总统顾问戴拉诺瓦女士。 孟晓驷副部长陪同出席。 当晚，孟副部长在中山公园来今雨轩宴请戴拉诺瓦。 北京市委副书记龙新民出席宴请，外联局副局长蒲通陪同出席。
5.21	中国对外文化交流协会常务副会长刘德有会见日本岩波书店社长山口昭男。 外联局党委副书记张爱平会见时在座。
5.24	外联局党委副书记张爱平会见日本国际交流基金理事限丸优次。
5.25	郑欣淼副部长出席在故宫神武门举办的巴西“亚马逊原生传统展”开幕式。 外联局副局长孙加木陪同出席。
5.25	外联局副局长孙加木宴请肯尼迪艺术中心副总裁阿历西亚·亚当斯等一行3人。
5.27	外联局副局长蒲通会见罗马尼亚驻华大使伊斯蒂乔亚，双方就商签中罗两国政府新的文化合作计划及今年中罗文化交流项目交换了意见。
5.28	外联局党委副书记张爱平出席日本国际文化推进协会理事长中岛春洋宴请。
5.31	中国对外文化交流协会常务副会长刘德有出席中国艺术研究院举行的日本著名企业家、艺术家《深见东洲画集》出版仪式。
6.1	外联局副局长蒲通出席在法国驻华使馆举办的中法文化年例会，向法方通报了中国文化年闭幕活动的筹备情况，双方还就有关细节问题进行了协商。
6.2	孟晓驷副部长会见日本吉本兴业株式会社社长林裕章一行。 外联局党委副书记张爱平会见时在座。
6.3	中国对外文化交流协会与日本民族振兴财团在京联合举办日本“狂言、说书、插花”表演。协会常务副会长刘德有观看演出并出席招待会。 外联局党委副书记张爱平陪同出席。

6.3	外联局局长助理王燕生会见意大利驻华使馆文化参赞郗士，双方就中意互设文化中心协议文本进行磋商并就意方拟于2006年在华举办“意大利年”和中意签署2004~2007年度文化交流执行计划事交换了意见。
6.4	外联局局长丁伟会见美国百人会理事长杨雪兰女士。
6.4	外联局副局长孙加木出席古巴大使馆向中国国家博物馆赠书仪式。
6.4	外联局党委副书记张爱平出席“2004大相扑中国公演”中方组委会在人民大会堂举办的“日本大相扑欢迎晚宴”。6日，张爱平副书记在首都体育馆观看日本大相扑表演。
6.5	为纪念中韩文化交流协定签订10周年，中国对外文化交流协会与韩国歌剧院在京联合举办中韩音乐会。协会副会长吕志先出席演出开幕式。 外联局党委副书记张爱平陪同出席。
6.7	孟晓驷副部长会见来访的德国歌德学院院长尤塔·林巴赫，双方就歌德学院以及歌德学院北京分院在中德文化交流领域所起到的作用等议题交换了各自的看法。 外联局局长助理王燕生会见时在座。
6.7	外联局副局长蒲通会见法国文化年开幕重点项目《戴高乐生平展》总负责人普洛，与其就该展有关事宜进行商谈。
6.8	外联局副局长蒲通主持召开中法文化年例会，向法方通报了法国文化年开幕重点项目的筹备情况。
6.8	外联局副局长孙加木出席中西论坛第二次年会筹备会议。会议确定了本届年会总议题为“中西合作的新阶段”。
6.12	中国对外文化交流协会与日本驻华大使馆、中日青年交流中心等共同举办日本池坊流插花展览和演出。协会常务副会长刘德有出席开幕式并致辞。 14日，外联局副局长李新会见并宴请代表团。
6.18	应中国对外文化交流协会邀请，日本传统舞蹈大师花柳千代一行2人访华。 18日，协会常务副会长刘德有在我部会见并宴请花柳一行。 外联局局长丁伟出席上述活动。 21日，花柳一行来我部拜会刘德有常务副会长。 外联局副局长李新会见时在座。 22日，花柳一行回请刘德有常务副会长等中方友人。 外联局局长助理王燕生陪同出席。

6.21	外联局副局长孙加木出席在北京国际雕塑公园举行的瑞典雕塑家卡尔·米勒斯2件雕塑作品落成仪式。
6.21	外联局局长助理王燕生会见塞尔维亚和黑山共和国驻华使馆文化参赞隆迪奇，双方就如何落实两国政府2003～2005年文化教育合作执行计划事宜交换了意见。
6.21	外联局局长助理王燕生会见德国歌德学院北京分院院长乌尔里希·诺瓦克及德驻华使馆文化参赞寇文刚，并就德国联邦文化基金会拟在“国际城区发展”的主题框架内与中方合作，开展专家、艺术家访问等具体交流项目事宜交换了意见。
6.24	外联局局长助理王燕生宴请美国纽约百老汇耐德兰德演艺公司负责人耐德兰德。
6.25	外联局局长丁伟会见奥地利驻华大使史伟，双方就奥拟在其驻华使馆设立文化处事宜交换了意见。
6.26～7.1	孙家正部长出席在苏州举行的联合国教科文组织第28届世界遗产委员会会议。会议正式将“高句丽王城、王陵及贵族墓葬”项目列入世界遗产名录。外联局局长丁伟陪同出席。
6.28	赵维绥副部长同阿根廷外交国务秘书在人民大会堂签署《中阿2004～2007年度文化合作计划》及阿根廷总统访华欢迎宴会。
6.28	文化部党组成员、中纪委驻文化部纪检组组长常克仁在我部会见并宴请以朝鲜文化省副相(副部长)申东杰为团长的朝鲜剧场考察团一行9人。 外联局局长助理王燕生出席上述活动。
6.28	中国对外文化交流协会常务副会长刘德有会见日本著名导演池谷薰，双方就开展合作等方面进行交流。 外联局局长助理王燕生会见时在座。
6.29	外联局局长助理王燕生会见来访的俄罗斯文化基金会代表团成员，双方就两国间开展文化交流的形式和文化合作现状等问题进行了探讨。
6.30	外联局党委副书记张爱平会见日本文化振兴财团负责人谷久光，双方就演出、展览和夏令营交流等方面进行了交流。
7.2	中国对外文化交流协会副会长吕志先会见日本多久市代表团，该团是应其友好城市青岛市邀请来华访问的。 外联局党委副书记张爱平会见时在座。

7.5	外联局局长助理孙晓红出席乌克兰驻华使馆为欢迎乌外长访华举办的欢迎活动暨乌驻华使馆与中国社科院俄罗斯、东欧中亚研究所联合举行的《列国志·乌克兰》一书中文版的发行仪式。
7.7	外联局局长助理王燕生在我部会见以色列驻华公使普若璞，双方就落实两国文化协定2002~2005年执行计划等事宜交换了意见。
7.8	外联局党委副书记张爱平主持索尼中国有限公司举办的文化产业讲座，并于当日中午宴请索尼中国有限公司总裁川崎成一。
7.15	孟晓驷副部长出席马里总统访华欢迎仪式、会谈和欢迎宴会，并签署《中马两国政府文化科学与技术合作协定》，并出席欢迎宴会。
7.19	外联局副局长兼中国对外文化交流协会副秘书长孙加木会见并宴请哥伦比亚卡利文化促进会负责人玛丽娅。玛丽娅将邀请我四川舞蹈团于9月5日赴哥伦比亚访问演出。
7.19	外联局局长助理王燕生出席北京音乐台为丹麦王妃亚历山德拉率丹麦国家女子合唱团来华演出而举行的欢迎晚宴。20日，出席观看首场演出。
7.20	孟晓驷副部长出席纳米比亚总统访华工作会谈、签字仪式、欢迎宴会，并签署《中纳文化协定2005~2008年度执行计划》。
7.20	外联局局长助理王燕生出席“宋庆龄和她的姐妹与美国威斯里安学院”展览开幕式。
7.21	孟晓驷副部长会见旅美华人画家周山作、周大荒一行6人。外联局局长助理王燕生会见时在座。
8.24	中国对外文化交流协会常务副会长刘德有会见并宴请日本21世纪燕京书道会会长恩地春洋一行。 外联局党委副书记张爱平出席上述活动。
8.26	外联局党委副书记张爱平会见日本国际交流基金北京事务所新任所长藤田安彦。
8.26	外联局党委副书记张爱平宴请日本时装表演公司负责人铃本弘之，双方就时装表演及展览等方面的交流与合作进行了探讨。
8.27	外联局副局长蒲通会见上海合作组织副秘书长库鲁巴耶夫，双方就文化领域的多边合作等事宜达成共识。

8.30	外联局党委副书记张爱平会见日本国际博览会协会事业局代表团一行。
8.31	中国对外文化交流协会常务副会长刘德有会见日本茶道里千家日本总部专员关根秀治。外联局党委副书记张爱平会见时在座。
9.2	外联局党委副书记张爱平在民族宫剧场会见参加第六届亚洲艺术节的越南代表团团长、越文化通讯部国际司司长范春生并一同观看该团演出。
9.3~9.5	第三届亚洲政党国际会议在北京举行。胡锦涛总书记与会议全体代表合影并出席欢迎宴会。 孙家正部长出席会议开幕式和上述活动。 4 日，孙家正部长出席观看专场文艺演出。5 日，孟晓驷副部长出席会议闭幕式。
7.24	外联局副局长蒲通一行 4 人赴上海出席国际文化政策论坛第七届部长级年会筹备工作会议。
7.27	孙家正部长出席第六届亚洲艺术节新闻发布会，并代表文化部讲话及回答记者提问。吉林省省长洪虎、副省长李锦斌，吉林省文化厅厅长周维杰等领导出席上述活动。外联局局长丁伟主持新闻发布会。中午，孙家正部长宴请吉林省省长洪虎一行。 外联局局长丁伟出席宴请。
7.27	中国对外文化交流协会常务副会长刘德有会见即将离任返回日本的里千家驻北京事务所负责人严琪宗美女士。 外联局党委副书记张爱平会见时在座。
7.29	孟晓驷副部长会见英国真正好集团亚太地区总裁蒂姆·麦克法伦等一行 4 人，双方就中国音乐剧市场发展交换了看法。 外联局局长助理王燕生会谈时在座。
7.29	文化部党组成员、中纪委驻文化部纪检组组长常克仁会见率拉脱维亚广播合唱团访华的拉脱维亚国务秘书帕夫留茨。双方就目前中拉两国文化交流状况进行了会谈，并就进一步推动两国文化合作交换了意见。 外联局副局长蒲通会见时在座。
7.29	中国对外文化交流协会主办的第三届中国文化夏令营在天津开营。来自日本和德国的代表团，以及来自毛里求斯、贝宁、开罗、巴黎和马耳他中国文化中心的优秀学员代表团参加了夏令营。 外联局党委副书记张爱平出席了开幕式。

7.31	中国对外文化交流协会常务副会长刘德有宴请参加第3届中国文化夏令营的日本代表团主要领导。 外联局党委副书记张爱平出席宴请。
8.4	外联局副局长蒲通会见马其顿友协代表团一行，双方就进一步发展两国文化交流交换了意见。
8.1~8.18	胡锦涛主席、温家宝总理分别在人民大会堂会见出席中墨双边混委会的墨方政府代表团一行。孙家正部长陪同会见。 唐家璇国务委员在人民大会堂会见并宴请代表团一行。孟晓驷副部长出席会见和宴请。 孙家正部长出席在钓鱼台国宾馆举行的中墨常设委员会成立暨首次会议，与墨文委主任贝尔穆德斯举行双边会谈。 赵维绥副部长出席外交部长李肇星在钓鱼台国宾馆为代表团一行举行的欢迎宴会。 孟晓驷副部长在钓鱼台国宾馆出席中墨常设委员会首次会议闭幕式。 外联局副局长孙加木出席上述活动。 外联局副局长孙加木出席墨西哥驻华使馆招待会。
8.16	孙家正部长应外交部安排出席在人民大会堂举办的中国和巴哈马政府文化协定签字仪式和温家宝总理为巴总理访华举行的欢迎宴会。 外联局党委副书记张爱平陪同出席。
8.18	外联局党委副书记张爱平会见日本中国文化交流协会常务理事横川健。
8.18	孙家正部长会见并宴请日本栗原小卷和谷村新司一行。
8.19	外联局党委副书记张爱平会见日中文化制作中心工藤国房等二人。
8.24	文化部党组成员、中纪委驻文化部纪检组组长常克仁会见来访的黎巴嫩外交部秘书长穆罕默德·伊萨一行，双方就进一步发展中黎两国文化关系进行了交流。外联局局长助理王燕生会谈时在座。外联局局长丁伟、党委副书记张爱平陪同出席观看专场文艺演出。
9.3~9.5	中国对外文化交流协会与山东省文化厅、临沂市人民政府和中国书法家协会等单位联合在山东省临沂市举办第2届临沂书圣文化活动。 外联局局长助理王燕生出席此次活动。
9.6	周和平副部长会见国际图联秘书长拉马钱德兰·拉苏。

9.13	外联局副局长孙加木会见并宴请加拿大伟大艺术家公司代表团，并出席该团于14日在我部举办的“北美文化市场”文化产业讲座。
9.15	孙家正部长会见法国新任驻华大使高毅。孙部长表示，希望高毅大使在其任期内能够进一步推动和加强中法文化交流活动。双方还就在华举办法国文化年活动交换了意见。外联局局长丁伟、副局长蒲通会见时在座。
9.15	中国对外文化交流协会常务副会长刘德有会见日本国际交流基金新任驻京代表藤田安彦。
9.20	孙家正部长会见法国总统文化顾问戴拉诺娃女士。双方就法国文化年开幕系列活动筹备工作交换了意见。 孟晓驷副部长、外联局局长丁伟、副局长蒲通和中法文化年中方总协调人吕军会见时在座。会见结束后，孟晓驷副部长宴请戴拉诺娃女士。 北京市委副书记龙新民、外联局蒲通副局长和中法文化年中方总协调人吕军出席宴请。
9.20	孟晓驷副部长出席第三届亚洲政党国际会议总结会。
9.21	孟晓驷副部长出席举行的法国文化年第一次新闻发布会并讲话。新闻发布会由外联局局长丁伟主持。 外联局副局长蒲通和法国驻华大使高毅出席新闻发布会并讲话。
9.24	中国对外文化交流协会常务副会长刘德有会见日本文化交流财团负责人川村耕太郎。
9.27	孙家正部长出席在人民大会堂为亚美尼亚总统举行的访华欢迎仪式、双边会谈、签字仪式和欢迎宴会。
9.30	中国对外文化交流协会常务副会长刘德有会见日本国际交流基金前任驻京代表小熊旭。 外联局副局长李新会见时在座。
9.30	外联局党委副书记张爱平会见日本音乐制作公司社长谷村孝子。
10.8	外联局党委副书记张爱平出席纪念“中挪建交50周年”挪威广播交响乐团音乐会。
10.8~10.15	应葡萄牙东方基金会和匈牙利国防军歌舞团邀请，外联局局长助理兼中国对外文化交流协会副秘书长孙晓红率协会代表团出访葡萄牙和匈牙利，并在葡草签了协会与基金会《2005~2007年文化交流合作协议书》。

10.9～10.10	法国文化年开幕系列活动在京举行。孙家正部长陪同法国文化部长雷诺·德瓦布莱出席“法国印象派绘画精品展”开幕式并发表讲话。孟晓驷副部长出席“戴高乐生平展览”开幕式。郑欣淼副部长出席“法国时尚100年”展览开幕式。周和平副部长出席法国文化中心开幕式。10日晚，孙家正部长、孟晓驷副部长、赵维绥副部长出席在故宫午门前举行的雅尔音乐会。 外联局局长丁伟，副局长蒲通、孙加木分别陪同出席。
10.9	陈晓光副部长在我部会见波兰文化基金会主席斯康布斯基。 外联局党委副书记张爱平会见时在座。
10.11	郑欣淼副部长会见来华访问的保加利亚文化部副部长阿巴德捷夫一行，并共同出席在京举办的“保加利亚文化日”活动。 外联局副局长蒲通会见时在座。
10.12	孙家正部长会见古巴文化部长阿贝尔·普列托。 外联局副局长孙加木会见时在座。
10.12	外联局副局长孙加木出席在朝阳公园举行的古巴著名诗人何塞·马蒂头像揭幕式。
10.12	外联局副局长孙加木出席加拿大“织物上的文化——加拿大原住民织物展”开幕式。
10.14	周和平副部长出席第7届北京国际音乐节暨第2届北京国际交响乐演出季开幕式。 外联局副局长孙加木陪同出席。
10.17～10.23	孟晓驷副部长陪同国务委员唐家璇出访巴基斯坦、印度、马来西亚和泰国。
10.18	中国对外文化交流协会常务副会长刘德有会见并宴请日本中华街筹备会负责人北浦慎三一行，就大阪设立中华街一事进行商谈。 外联局党委副书记张爱平出席上述活动。
10.18	外联局副局长孙加木会见并宴请美国百老汇尼得兰德公司总裁罗伯特·尼得兰德，并于次日出席其关于《百老汇及其剧院经营管理》的讲座。
10.20	外联局党委副书记张爱平会见并宴请应我部邀请来访的韩国公务员代表团一行30人。

10.22	孙家正部长会见并宴请来华挑选“中泰一家亲”节目的泰国公主朱拉蓬。外联局局长丁伟、党委副书记张爱平出席上述活动。
10.22	外联局局长丁伟会见英国艺术来访署培训部主任 Nelson Fernandez，就中英艺术管理人员培训计划进行了磋商。
10.22	外联局局长助理孙晓红见并宴请来访的约旦友好人士安曼市文化局长阿卜杜拉·黎德万等一行 2 人，双方就进一步发展中约两国文化关系进行了亲切友好的会谈。
10.25	陈晓光副部长会见埃塞俄比亚青年、体育、文化部副部长莫哈默达·阿赫迈德一行 2 人。 外联局局长助理孙晓红会见时在座。
10.25	陈晓光副部长会见荷兰阿姆斯特丹音乐厅经理 Martijn Sanders，就 2005 年在荷兰举办“中国节”事宜进行了交流。 外联局党委副书记张爱平会见时在座。
10.25	郑欣淼副部长会见应邀来华考察非物质文化遗产保护的联合国教科文组织代表团。 外联局局长助理孙晓红会见时在座。
10.26	孙家正部长会见应中国人民对外友好协会邀请来华访问的朝鲜对外文委代理委员长文在哲。 外联局党委副书记张爱平会见时在座。
10.26	孙家正部长会见安第斯议会副议长富莱迪·埃勒。 外联局局长丁伟会见时在座。
10.27	外联局党委副书记张爱平会见葡萄牙总统访华先遣团及葡驻华大使桑塔纳·卡洛斯，就举办“中葡文化交往史料展”事宜交换意见。
11.1	中国对外文化交流协会常务副会长刘德有会见并宴请日本国际交流基金会北京事务所所长藤田一行。 外联局党委副书记张爱平出席上述活动。
11.3	孙家正部长会见应广电总局电影局邀请来华访问的保加利亚文化部长鲍·阿勃拉舍夫一行 9 人，双方就中保两国文化关系进行了交谈。 外联局局长丁伟会见时在座。

11.3	孙家正部长会见并宴请索尼公司董事长兼首席执行官出井伸之。 外联局局长丁伟、党委副书记张爱平出席上述活动。
11.4	外联局局长丁伟会见意大利驻华使馆公使董贝塔，就为配合意大利总统访华举行文化活动交换意见。
11.5	孟晓驷副部长会见来华参加第五届中国艺术产业论坛中国画廊推介展及国际画廊邀请展的俄罗斯著名画家尼卡斯·萨伏罗诺夫教授，双方就加强两国文化交流与合作，尤其是加强在美术创作方面的友好联系和人员往来等问题进行了交谈。 外联局副局长蒲通会见时在座。
11.5	外联局副局长孙加木出席在世纪坛举行的“墨西哥著名艺术家奎瓦斯作品展”开幕式。
11.8	孟晓驷副部长会见并宴请美国肯尼迪艺术中心总裁迈克·凯瑟。外联局局长丁伟陪同出席。另外，外联局副局长孙加木还出席了迈克·凯瑟举办的文化艺术讲座。
11.8	外联局党委副书记张爱平会见并宴请蒙古教育文化科学部文化艺术局局长额尔登其木格率领的蒙古教育文化科学考察组一行4人，并共同签署了《蒙古在华举办文化周备忘录》。
11.8	外联局局长助理王燕生会见葡萄牙驻华使馆公使马杜斯，商谈为配合葡萄牙总统2005年1月访华在京举办“中葡外交史料展”事宜。
11.9	外联局副局长孙加木出席在世纪坛举行的“智利当代艺术展”开幕式。
11.10	孟晓驷副部长应韩国驻华大使金夏中邀请出席宴会。 外联局局长丁伟、党委副书记张爱平陪同出席。
11.11	外联局局长助理王燕生会见意大利罗马市副市长卡拉瓦利亚，双方就促进中国城市与罗马市间的文化交流等问题交换了意见。
11.12	外联局局长助理王燕生出席观看在天桥剧场举行的英国兰登舞蹈团首场演出。
11.16～11.17	陈晓光副部长出席第四届中国京剧艺术节组委会筹备协调会以及中国上海国际艺术节闭幕式。 外联局副局长蒲通陪同出席。

11.22	孙家正部长会见比利时王储夫妇并出席由文化部和比利时驻华使馆共同主办的“北京交响乐团与比利时指挥艾里克·李德汉合作音乐会”。 外联局党委副书记张爱平出席上述活动。
11.23	外联局局长丁伟会见葡萄牙驻华大使桑塔那·卡洛斯，商谈为配合葡萄牙总统2005年1月访华在京举办“中葡外交史料展”事宜。
11.24	孟晓驷副部长会见塞黑新任驻华大使德拉甘姆·莫姆切洛维奇，双方就加强两国文化交流与合作进行了交谈。 外联局局长助理王燕生会见时在座。
11.29	中国对外文化交流协会常务副会长刘德有会见并宴请日本音乐产业文化振兴财团理事长依田巽。 外联局党委副书记张爱平出席上述活动。
12.6	孙家正部长出席意大利总统访华欢迎仪式、双边会谈、签字仪式和欢迎宴会。
12.10	外联局副局长孙加木会见并宴请澳大利亚大型活动制作人贝利·布鲁斯。
12.13	外联局党委副书记张爱平会见泰国外交部新闻司副局长，商谈举办中泰建交30周年活动事宜。
12.21	孟晓驷副部长会见并宴请法国总统文化顾问戴拉诺娃。 外联局副局长蒲通出席上述活动。
12.22	孟晓驷副部长出席克罗地亚大使博里斯·韦利奇在官邸举行的宴请，双方就继续加强两国文化交流与合作进行了交谈。外联局副司长蒲通陪同出席。
12.23	外联局党委副书记张爱平应邀出席日本茶道里千家国际部长米笑的宴请。
12.30	外联局党委副书记张爱平在我部会见日本著名摄影家玖保田，双方就2005年在北京举办玖保田个人摄影展意向事宜进行了磋商。

外国政府文化代表团、文化官员代表团来访一览表

日 期	团组名称	活动地点和内容
1.8～1.13	以西班牙教育、文化和体育大臣卡斯蒂略为团长的西班牙政府文化代表团一行8人	应文化部部长孙家正的邀请来华访问。孙家正部长会见并宴请了卡斯蒂略大臣一行，宾主进行了友好的谈话，就两国文化交流、合作事宜交换了意见。在京期间，卡斯蒂略一行还分别与教育部部长周济、国家体育总局副局长于再清、北京奥组委副主席蒋效愚举行了工作会谈，签署了两国教育和体育合作文件。另外，还与我国学术和文化界人士举行了座谈。卡斯蒂略大臣一行还赴上海等地参观访问。外联局局长丁伟出席了有关活动。
2.5～2.11	以罗马尼亚文化、宗教部部长勒兹万·特奥多列斯库为团长的罗马尼亚政府文化代表团一行3人	应文化部邀请访华。在京期间，文化部部长孙家正与特奥多列斯库部长举行了工作会谈，双方就文化交流和合作事宜交换了意见。外联局副局长陪同参加。罗文化代表团还赴上海、西安参观、访问。
2.18～2.21	以爱尔兰艺术、体育、旅游部副秘书长迈克尔·格兰特为团长的爱尔兰政府文化代表团	应文化部邀请来华访问。在华期间，外联局副局长蒲通会见并宴请了代表团一行。外联局局长助理王燕生与迈克尔·格兰特一起出席中爱互办艺术节混委会第四次会议。
2.21	奥地利文化代表团魏代勒夫人一行4人	应邀来华访问。访华期间，文化部副部长陈晓光 会见并宴请了魏勒夫人一行，宾主进行了友好的谈话，同时就奥地利拟在华举办画展事宜交换了意见。外联局副局长孙加木陪同出席。
3.7～3.11	以葡萄牙东方基金会主席孟志豪为团长的葡萄牙东方基金会代表团一行5人	应中国对外文化交流协会邀请，来华访问。访华期间，文化部副部长孟晓驷和中国对外文化交流协会副会长吕志先分别会见和宴请代表团。外联局党委副书记张爱平与代表团进行了工作会谈。

3.30～4.7	以阿富汗文化与信息部部长赛义德·马赫杜姆·拉辛为团长的政府文化代表团	应文化部邀请来华访问。在京期间，全国政协副主席白立忱会见了拉辛部长一行，宾主进行了友好的谈话。文化部部长孙家正会见并宴请了代表团。文化部副部长孟晓驷陪同会见，外联局党委副书记张爱平出席了有关活动。国家文物局局长单霁翔和国家广播电影电视总局副局长张海涛也分别会见了代表团一行。随后，代表团赴西安和乌鲁木齐参观访问。在西安，陕西省副省长潘连生会见并宴请了拉辛部长一行。在乌鲁木齐，新疆维吾尔自治区人民政府主席司马义·铁力瓦尔会见并宴请了代表团全体成员。
4.11～4.17	以泰国选举监督委员会主席瓦沙纳警察上校为团长的泰国友好人士代表团一行 11 人	应文化部邀请来华访问。访华期间，文化部副部长孟晓驷会见并宴请了代表团一行，宾主进行了友好的谈话，并就举办中国春节文化活动交换了意见。
5.9～5.12	以爱尔兰艺术、体育、旅游部部长约翰·奥多纳休为团长的爱尔兰政府文化代表团	应文化部邀请来华访问并出席“相约北京”爱尔兰文化节活动。在京期间，文化部部长孙家正会见并宴请了奥多纳休部长一行。外联局局长丁伟陪一行同出席。
5.12～5.25	埃塞俄比亚、坦桑尼亚、刚果（布）、毛里求斯、博茨瓦纳、莫桑比克、肯尼亚、尼日利亚等 8 个国家政府文化代表团	应文化部邀请来华访问，在京期间，出席“相约北京——非洲主宾洲”文化活动。温家宝总理在人民大会堂会见了埃塞俄比亚等 8 个非洲国家政府文化代表团，宾主进行了友好的谈话。中共中央政治局常委李长春、国务委员陈至立、北京市委书记刘淇陪同会见。文化部部长孙家正、副部长孟晓驷、外联局局长丁伟、副局长李新也出席了会见。孙家正部长还会见并宴请了部分非洲国家政府文化代表团，并与5个国家的代表团签订了文化合作交流执行计划。非洲国家政府文化代表团还赴湖南进行参观访问，并出席湖南非洲艺术节闭幕式。

5.14～5.28	以埃及文化部部长法鲁克·胡斯尼为团长的埃及政府文化代表团一行4人	应文化部邀请来华访问。在京期间，代表团出席了“埃及文化周”开幕式及有关活动。文化部副部长赵维绥宴请了胡斯尼部长一行，外联局副局长孙加木陪同出席。外联局局长助理王燕生出席了有关活动。“埃及文化周”活动包括开罗交响乐团、埃及现代舞剧团的演出以及埃及艺术展、埃中文化产业研讨会等，受到中国广大观众的热烈欢迎和赞许。
5.24～5.28	以日本文化厅长官河合隼雄为团长的日本政府文化代表团一行3人	应文化部邀请来华访问。访华期间，文化部部长孙家正会见并宴请了河合隼雄长官一行，外联局局长丁伟、外联局党委副书记张爱平陪同出席。河合隼雄一行出席了在国家博物馆举办的“扶桑之旅——日本文物精品展”开幕式。河合隼雄长官还在“日本文化政策和文化行政”讲座会上发表了题为“我对振兴文化艺术的思考”的演讲。河合隼雄一行还赴敦煌考察访问。
5.26～6.3	以墨西哥国家文化与艺术委员会副主任哈伊麦·努瓦拉特为团长的墨西哥政府文化代表团一行3人	应文化部邀请来华访问。访华期间，文化部副部长孟晓驷会见并宴请代表团一行，宾主之间进行了友好的谈话。外联局副局长孙加木陪同出席。代表团访问北京后，还赴上海和广州访问，与有关部门就今后两国文化交流具体项目交换了意见。
6.3～6.10	以伊朗文化与伊斯兰指导教常务副部长、伊斯兰文化联络组织主席穆罕默德·马哈茂德·阿拉基为团长的伊朗政府文化代表团一行6人	应文化部邀请来华访问，先后在北京、陕西、福建进行友好访问。在京期间，文化部副部长孟晓驷会见并宴请阿拉基常务副部长一行，双方进行了友好的谈话，就两国的文化交流合作交换了意见。外联局局长丁伟、局长助理王燕生陪同出席。阿拉基一行还分别同外交部、国务院宗教事务局、中国社会科学院、中国伊斯兰协会、中国佛教协会、中国孔子学会等有关部门的负责人进行了工作会谈。在外地访问时，也就举办文化交流项目

		和保护、利用伊斯兰文化等问题，与地方有关部门进行友好交谈。
6.11	韩国文化观光部文化产业局局长李普京一行4人	应文化部外联局邀请来华访问。在京期间，外联局局长丁伟会见并宴请李普京局长一行。李普京局长在由中方举办的外国文化产业讲座会上，作了题为“韩国政府在文化产业振兴中的作用”的发言。
6.13～6.22	菲律宾议员联盟文化政策代表团一行10人	应文化部邀请来华访问，先后访问了北京、杭州和上海，并与我有关部门进行了座谈。在京期间，外联局副局长李新会见并宴请代表团。
6.19～6.29	以叙利亚文化部副部长利雅德·伊斯迈特为团长的叙利亚政府文化代表团一行6人	应文化部邀请来华访问，并出席“叙利亚文化周”活动。在京期间，文化部部长孙家正会见了随同叙利亚总统巴沙尔访华的叙利亚旅游部部长萨阿德拉·阿赫·卡拉和代表团一行，并共同出席“叙利亚文化周暨叙利亚综合艺术展”开幕式。文化部副部长郑欣淼会见并宴请伊斯迈特一行。外联局副局长孙加木陪同出席。代表团还赴天津、上海等地参观访问。
7.3～7.9	阿根廷文化国务秘书率阿根廷政府文化代表团	应文化部邀请来华访问。在京期间，文化部有关领导会见并宴请了代表团全体成员，双方进行友好的谈话，就两国文化合作事宜交换了意见。
8.18～8.27	孟加拉国、缅甸、斯里兰卡政府文化代表团、朝鲜文化工作者代表团	应文化部邀请来华访问，并参加在北京和吉林长春举行的第六届亚洲艺术节。诸多国家的高级文化官员对艺术节的成功举办给予充分的肯定和高度的评价。
8.20～8.23	以泰国文化部部长阿努叻·朱里玛为团长的泰国政府文化代表团一行8人	应文化部邀请来华访问。在京期间，文化部部长孙家正会见了阿努叻部长一行，双方还签署了《中华人民共和国文化部和泰王国文化部2004至2006年文化交

		流计划》。阿努叻部长一行参加了第六届亚洲艺术节开幕式，给予了积极的评价。随后，代表团一行赴上海进行参观访问。
9.22～9.30	以巴勒斯坦文化部部长叶海亚·叶哈鲁夫为团长的巴勒斯坦政府文化代表团一行3人	应文化部邀请来华访问，先后在北京、上海、西安等地参观访问。在京期间，文化部副部长郑欣淼会见并宴请叶哈鲁夫部长一行，双方就进一步加强两国文化关系，促进文化交流与合作，增进两国人民的友谊等问题进行了会谈。郑欣淼副部长和叶哈鲁夫部长还代表两国政府签署了《中华人民共和国和巴勒斯坦国政府文化教育合作协议》。外联局局长助理王燕生陪同出席。
10.14～10.22	以摩洛哥文化大臣穆哈默德·阿沙里为团长的摩洛哥政府文化代表团一行2人	应文化部部长孙家正邀请来华访问，先后访问了上海、西安、北京。访华期间，文化部部长孙家正、副部长孟晓驷与阿沙里进行了工作会谈。双方签署了《中华人民共和国和摩洛哥王国文化部长会谈纪要》。
10.20～10.28	约旦安曼市文化局长阿卜杜拉·黎德万和约旦舒曼基金会电影部主任阿德南·姆达纳特	应文化部邀请来华访问，先后访问了北京、西安和上海。在京期间，文化部外联局局长助理孙晓红会见并宴请了黎德万一行，宾主进行了友好的谈话。
10.22～10.30	泰国朱拉蓬公主一行18人	应文化部邀请来华访问，此行主要作为中泰两国于2005年7月在曼谷等地举办的第三次“中泰一家亲”音乐舞蹈晚会挑选中方节目。访华期间，先后在北京和长春观看了专场的文艺演出。文化部部长孙家正会见并宴请了朱拉蓬公主一行，宾主之间进行亲切友好的谈话。
10.24～11.2	联合国教科文组织非物质遗产处处长斯密特和专家布鲁格曼	应文化部邀请来华访问，先后在北京和新疆等地进行访问考察。访华期间，文化部副部长郑欣淼、中国教科文组织全委会秘书长田小刚和新疆维吾尔自治区领导分别会见了斯密特一行。文化部

		外联局局长助理孙晓江与其进行了工作会谈。
11.2～11.4	日本索尼集团董事长兼首席执行官出井伸之一行	应文化部邀请来华访问。在京期间，文化部部长孙家正会见并宴请出井伸之一行，宾主之间进行了友好的谈话，并就发展文化产业问题交换了意见。
11.7～11.13	美国肯尼迪艺术中心总裁麦克·凯萨尔	应文化部邀请来华访问。

外国艺术团组、艺术家来华演出一览表

日　期	团组（个人）名称	演出地点和情况
1.17～1.19	来自美国、俄罗斯、英国的舞蹈演员和中国的演员共200人	参加由中国对外演出公司主办的国际舞蹈演出季闭幕式。
1.21～1.27	英国兰伯特舞蹈团一行33人	应华瀚国际文化发展公司邀请，来华进行商业性演出。
3.4～下旬	德国摩根斯坦·黑克尔音乐组合一行9人	应中国对外演出公司邀请，来华进行商业性演出。
3～4	英国DEEP PUR PLE乐队一行17人	应中国演出管理中心邀请，来华进行商业性演出。
4.27～5.3	英国音乐剧《猫》演出组一行75人	应中国对外演出公司邀请，来华进行商业性演出。
4.28～5	毛里求斯艺术团一行20人	系官方交流项目，应邀来华参加“相约北京”联欢活动，由中国对外演出公司承办。

4.28～5	肯尼亚民间舞蹈团一行20人	系官方交流项目，应邀来华参加“相约北京”联欢活动，由中国对外演出公司承办。
4.28～5	坦桑尼亚JKT艺术团一行25人	系官方交流项目，应邀来华参加“相约北京”联欢活动，由中国对外演出公司承办。
4.28～5	埃塞俄比亚国家剧院歌舞团一行35人	系官方交流项目，应邀来华参加“相约北京”联欢活动，由中国对外演出公司承办。
4.28～5	尼日利亚首都大区艺术团一行30人	系官方交流项目，应邀来华参加“相约北京”联欢活动，由中国对外演出公司承办。
4.28～5	埃及国家艺术研究院舞蹈团一行25人	系官方交流项目，应邀来华参加“相约北京”联欢活动，由中国对外演出公司承办。
4.28～5	博茨瓦纳艺术团一行20人	系官方交流项目，应邀来华参加“相约北京”联欢活动，由中国对外演出公司承办。
4.28～5	南非鼓魂鼓乐团一行20人	系官方交流项目，应邀来华参加“相约北京”联欢活动，由中国对外演出公司承办。
4.28～5	刚果（金）国家艺术学院一行12人	系官方交流项目，应邀来华参加“相约北京”联欢活动，由中国对外演出公司承办。
4.30～5.9	德国基姆湖甩鞭队一行18人	应邀来华参加“相约北京”联欢活动，由中国对外演出公司承办。
5.1～5.8	法国TOURE KUNDA乐队一行13人	应邀来华参加“相约北京”联欢活动，由中国对外演出公司承办。
5.1～5.8	德国嘉碧女子乐队一行8人	应邀来华参加“相约北京”联欢活动，由中国对外演出公司承办。

5.1～5.8	加拿大汤玛斯·海曼乐队一行10人	应邀来华参加“相约北京”联欢活动，由中国对外演出公司承办。
5.1～5.8	保加利亚BTR乐队一行7人	应邀来华参加“相约北京”联欢活动，由中国对外演出公司承办。
5.1～5.8	乌克兰和平鸽乐队一行12人	应邀来华参加“相约北京”联欢活动，由中国对外演出公司承办。
5.2～5.6	日本吉普赛女郎乐队一行13人	应邀来华参加“相约北京”联欢活动，由中国对外演出公司承办。
5.3～5.16	美国廊桥乐队一行7人	应邀来华参加“相约北京”联欢活动，由中国对外演出公司承办。
5.3～5.25	荷兰海特国际剧院歌舞团一行44人	应邀来华参加“相约北京”联欢活动，由中国对外演出公司承办。
5.4～5.8	韩国“乱打”乐队一行13人	应邀来华进行商业性演出，由中国对外演出公司承办。
5.7～5.9	德国法兰克福歌剧院一行39人	应北京歌华太阳文化艺术有限公司邀请，来华在北京世纪剧院演出歌剧《塞维利亚的理发师》。
5.8～5.10	英国STOMP“破铜烂铁打着玩”打击乐团一行20人	应上海中演文化艺术有限公司邀请来华进行商演，先后在北京、上海进行演出。
5.10～5.14	玻利维亚钢琴家罗莎娜·塔玛莉·卡萨拉	应邀来华参加“相约北京”联欢活动，举办专场音乐会，由中国对外演出公司承办。
5.13～5.15	爱尔兰话剧《等待戈多》剧组一行14人	应邀来华参加“相约北京”联欢活动，由中国对外演出公司承办。
5.13～5.16	美国CORE舞蹈艺术团一行18人	应邀来华参加“相约北京”联欢活动，由中国对外演出公司承办。
5.13～5.27	埃及开罗交响乐团一行65人	

5.13～5.27	埃及现代舞团一行19人	应文化部邀请，来华举办《埃及文化周》活动，由中国对外演出公司承办，分别在北京、天津、广州、深圳、大连和苏州等地演出多场，受到广大观众的热烈欢迎。
5.18～5.19	美国青年交响乐团一行75人	应中国对外演出公司邀请，来华进行商业性演出。
5.22～5.25	日本“狂言”演出组一行7人演出公司承办	应邀来华参加“相约北京”联欢活动，由中国对外演出公司承办。
5.23～5.29	巴西大里约桑巴舞团一行32人	应邀来华参加“相约北京”联欢活动，由中国对外演出公司承办。
5.24～5.28	西班牙Maria Pages舞蹈团一行19人	应邀来华参加“相约北京”联欢活动，由中国对外演出公司承办。
5.27～5.29	爱尔兰音乐剧《美人鱼》剧组一行15人	应邀来华参加“相约北京”联欢活动，由中国对外演出公司承办。
5.27～6.4	以色列卡迈尔民间舞蹈团一行40人	应邀来华参加“相约北京”联欢活动，由中国对外演出公司承办。
5.27～6.4	巴哈马青少年舞蹈团一行21人	应邀来华参加“相约北京”联欢活动，由中国对外演出公司承办。
5	爱尔兰“大河之舞音乐会”一行44人	应邀来华参加“相约北京”联欢活动，由中国对外演出公司承办，5月1日在京演出。
5	俄罗斯“柴可夫斯基经典音乐会”一行116人	应邀来华访问演出，由中国对外演出公司承办，5月3日在京演出。
5	奥地利萨尔斯堡管弦乐团一行31人	应邀来华进行商演，由中国对外演出公司承办，5月5日在京演出。
5	荷兰国际舞蹈剧院一行40人	应邀来华进行商业性演出，由中国对外演出公司承办，5月5日在京演出。

5	美国青年交响乐团一行98人	应邀来华参加“相约北京”联欢活动，由中国对外演出公司承办，5月16日在京演出。
5	西班牙古典吉他演奏组一行9人	应邀来华参加“相约北京”联欢活动，由中国对外演出公司承办，5月17日在京演出。
5	爱尔兰“贾达群音乐会”一行45人	应邀来华参加“相约北京”联欢活动，由中国对外演出公司承办，5月25日在京演出。
5	加拿大歌舞剧“八彩虹”剧组一行22人	应邀来华进行文化交流活动，由中国对外演出公司承办，5月25日在京演出。
5	爱尔兰室内乐团一行42人	应邀来华参加“相约北京”联欢活动，由中国对外演出公司承办，5月29日在京演出。
6.1~6.7	韩国音乐小组15人	来华参加由中国对外文化交流协会和韩国歌剧团共同举办的“中韩音乐会”，6月1日在人民大会堂演出。
6.16~6.30	爱尔兰“西域男孩”演唱组一行28人	应上海市演艺总公司邀请，来我国上海演出。
6.17~6.27	叙利亚歌舞团一行45人	系官方交流项目，应邀来我国进行访问演出，由中国对外演出公司承办。
6.29~6.30	加拿大芭蕾舞团《吸血迷情》	应邀来华进行商业性演出，由中国对外演出公司承办。
6	日本“狂言、说书和插花之宴”表演组一行	应邀来华参加由中国对外文化交流协会和日本服装协会联合主办的“狂言、说书和插花之宴”，6月3日在北京东苑戏楼表演。
6	日本“池坊流”插花表演组一行	应邀来华参加由中国对外文化交流协会和日本驻华大使馆联合举办的日本“池坊流”插花表演，6月12日在北京世纪剧院举行。

7.8～7.20	印度舞小组一行10人	系官方交流项目，应邀来华访问演出，由中国对外演演出公司承办。
7.16～8.1	新加坡百合女声合唱团一行28人	应邀来华参加第七届中国国际合唱节，由中国对外演出公司承办。
7.16～8.1	马来西亚亚庇福建会馆爱乐合唱团一行40人	应邀来华参加第七届中国国际合唱节，由中国对外演出公司承办。
7.16～8.1	巴哈马国家青年合唱团一行50人	应邀来华参加第七届中国国际合唱节，由中国对外演出公司承办。
7.16～8.1	波兰维瓦特女声合唱团一行32人	应邀来华参加第七届中国国际合唱节，由中国对外演出公司承办。
7.16～8.1	以色列珊妮女声合唱团一行18人	应邀来华参加第七届中国国际合唱节，由中国对外演出公司承办。
7.17～7.18	印度艺术家舞蹈团一行10人	应邀来华参加文化交流演出活动，由中国对外演出公司承办。
7.20～7.25	美国迪斯尼冰上舞蹈团一行98人	应邀来华进行商业性演出，由中国对外演出公司承办。
7.26～8.4	拉脱维亚广播合唱团一行28人	应邀来华参加第七届中国国际合唱节，由中国对外演出公司承办。
7.26～8.1	印度尼西亚童声合唱团一行55人	应邀来华参加第七届中国国际合唱节，由中国对外演出公司承办。
7.26～8.1	日本神户孙中山纪念馆女声合唱团一行26人	应邀来华参加第七届中国国际合唱节，由中国对外演出公司承办。
8.6～8.15	德国斯克瑞得乐队一行4人	应哈尔滨市文化局邀请，来华参加第二十七届“中国·哈尔滨之夏”音乐会。
8.15～8.26	巴基斯坦艺术团一行26人	应邀来华参加在吉林省长春市举办的第六届亚洲艺术节，由中国对外演出公司承办。

8.15～8.26	朝鲜血海艺术团一行52人	应邀来华参加在吉林省长春市举办的第六届亚洲艺术节，由中国对外演出公司承办。
8.15～8.26	菲律宾国家芭蕾舞团一行16人	应邀来华参加在吉林省长春市举办的第六届亚洲艺术节，由中国对外演出公司承办。
8.15～8.26	马来西亚国家歌舞团一行20人	应邀来华参加在吉林省长春市举办的第六届亚洲艺术节，由中国对外演出公司承办。
8.15～8.26	蒙古鄂尔珲省木偶剧院长河歌手一行4人	应邀来华参加在吉林省长春市举办的第六届亚洲艺术节，由中国对外演出公司承办。
8.15～8.26	孟加拉国家歌舞团一行20人	应邀来华参加在吉林省长春市举办的第六届亚洲艺术节，由中国对外演出公司承办。
8.15～8.26	缅甸国家歌舞团一行20人	应邀来华参加在吉林省长春市举办的第六届亚洲艺术节，由中国对外演出公司承办。
8.15～8.26	尼泊尔艺术团一行11人	应邀来华参加在吉林省长春市举办的第六届亚洲艺术节，由中国对外演出公司承办。
8.15～8.26	日本歌唱家中里丰子一行20人	应邀来华参加在吉林省长春市举办的第六届亚洲艺术节，由中国对外演出公司承办。
8.15～8.26	斯里兰卡国家歌舞团一行15人	应邀来华参加在吉林省长春市举办的第六届亚洲艺术节，由中国对外演出公司承办。
8.15～8.26	泰国舞蹈团一行30人	应邀来华参加在吉林省长春市举办的第六届亚洲艺术节，由中国对外演出公司承办。

8.15～8.26	印度喀拉拉邦武术团一行10人	应邀来华参加在吉林省长春市举办的第六届亚洲艺术节，由中国对外演出公司承办。
8.15～8.26	印度尼西亚努桑塔拉舞蹈团一行23人	应邀来华参加在吉林省长春市举办的第六届亚洲艺术节，由中国对外演出公司承办。
8.15～8.26	越南联合艺术团一行30人	应邀来华参加在吉林省长春市举办的第六届亚洲艺术节，由中国对外演出公司承办。
8.15～8.26	老挝歌舞团一行20人	应邀来华参加在吉林省长春市举办的第六届亚洲艺术节，由中国对外演出公司承办。
8.30～9.9	俄罗斯契诃夫戏剧《普拉车诺夫》剧组52人	应邀来华访问演出，由中国对外演出公司承办。
8	德国曼海姆交响乐团一行	应邀来我国进行商业性演出，8月31日在上海演出，由中国对外演出公司承办。
9.5～9.17	墨西哥白猴乐队一行6人	系官方交流项目，应邀来华访问演出，由中国对外演出公司承办。
9.10～9.12	俄罗斯青年艺术剧院《樱桃园》剧组一行39人	应邀来华演出，在京演出两场，由中国对外演出公司承办。
9.27～9.28	美国阿文·艾利舞蹈团一行	应邀来我国上海演出，由中国对外演出公司承办。
9.29～10.1	美国男子足尖滑稽芭蕾表演团一行21人	应邀来华演出，在京演出四场，由中国对外演出公司承办。
9.29～10.10	瑞士芭赛尔芭蕾舞团一行29人	应邀来我国进行商业性演出，先后在北京、天津、苏州等地表演，由中国对外演出公司承办。
9.30～10.3	英国皇家爱乐乐团一行90人	应上海市演出公司邀请，赴上海演出。

9~10	挪威音乐组合“神秘园”一行13人	应保利文化艺术有限公司邀请，来华进行商业性演出。
10.9~10.18	罗马尼亚丹·布里克剧团一行51人	系官方交流项目，应邀来华进行访问演出，由中国对外演出公司承办。
10.20~10.29	德国莱茵交响乐团一行92人	应辽宁省演出公司邀请，来北京、上海、沈阳等地进行商业性演出。
10.21~10.29	日本日语字母表演组一行4人	应邀来我国进行表演，由中国对外演出公司承办。
10.27~10.31	摩纳哥皇家蒙特卡洛芭蕾舞团《罗密欧与朱丽叶》一行70人	应邀来华进行演出，在北京演出四场，由中国对外演出公司承办。
10	瑞士芭蕾舞团《罗密欧与朱丽叶》剧组一行40人	应邀来华进行商业性演出，由中国对外演出公司承办，10月9日在京表演。
10	日本音乐家一行	应邀来华进行演出活动，10月10日中日两国音乐家共85人，举办“中日现代音乐会”。
11	西班牙阿依达·戈麦斯舞蹈团一行25人	应保利文化艺术有限公司邀请，来北京、上海和江苏进行演出。
11	爱尔兰舞王舞蹈团一行46人	应北京巨石文化传播公司邀请，来北京、上海演出。
11~12	德国不来梅室内乐团一行23人	应湖北黄天演出有限公司邀请，来湖北、河南和北京进行演出。
12.10~12.11	俄罗斯国家交响乐团一行103人	应邀来华进行访问演出，由中国对外演出公司承办。
12.23~12.25	加拿大皇家芭蕾舞团《卡门》剧组一行45人	应邀来华演出，在京共演出10场，由中国对外演出公司承办。
12.27~2005.1.6	奥地利维也纳古典交响乐团一行69人	应北京世纪演出公司邀请，来北京、上海演出。

外国来华举办艺术展览一览表

日期	展览名称	展出情况
2.25～2.31	《爱沙尼亚珠宝展》	系官方交流项目，共266件套，在北京工艺美术馆展出，由中国对外艺术展览中心主办。文化部外联局副局长孙加木和爱沙尼亚驻华大使梅特马汀森出席开幕式并剪彩。
3.10～4.20	《意大利拉芭拉玛当代雕塑展》	系民间交流项目，展品21件，在北京中华世纪坛展出。随后于7月20日～8月20日在上海城市规划展示馆展出，由中国对外艺术展览中心主办。
4.30～5.30	《爱沙尼亚当代艺术展》	系官方交流项目，共65件套，在北京中华世纪坛展出，由中国对外艺术展览中心主办。
5.14～5.20	《非洲·艺术风情展》	系官方交流项目，展出木雕等艺术品数百件，在中国美术馆展出，由中国对外艺术展览中心主办。
5.14～5.20	《非洲的记忆》	系官方交流项目，展品共80件，在中国美术馆展出，由中国对外艺术展览中心主办。
5.14～5.20	《非洲快照》	系官方交流项目，共200幅摄影作品，在中国美术馆展出，由中国对外艺术展览中心主办。
5.14～5.20	《埃及综合艺术展》	系官方交流项目，展品128件，随展人员3名，在中国美术馆展出。文化部副部长赵维绥等出席开幕式，在京展出结束后，还赴上海刘海粟美术馆和苏州美术馆展出，7月17日在苏州闭幕。由中国对外艺术展览中心主办。

5.20~6.8	《卢森堡画家亚瑟·安日尔作品回顾展》	应深圳市关山月美术馆邀请，来华在深圳关山月美术馆展出，由法国巴黎Ante Gtitota艺术顾问公司主办。
6.22~6.29	《叙利亚综合艺术展》	系官方交流项目，展品140件，在北京炎黄艺术馆展出。文化部部长孙家正、叙利亚旅游部部长萨阿德拉阿赫·卡拉、文化部副部长利雅德·伊斯迈特出席开幕式。由中国对外艺术展览中心主办。
7.2~7.25	《进行中的版画——法国画家柯尔内勒作品展》	系民间交流项目，由上海刘海粟美术馆与荷兰“视点中国”商务咨询公司共同主办，在上海刘海粟美术馆展出。
7.19~7.31	《罗马尼亚版画家戴维斯·格莱布作品展》	系官方交流项目，在中国美术馆展出。文化部副部长周和平、外联局副局长蒲通等人出席开幕式。
7.20~9.20	《古希腊——人与神艺术展》	由国家博物馆主办，在该馆展厅展出。
8.20~9.20	《意大利罗泰拉艺术展》	系民间交流项目，展品共58件，在上海城市规划展示馆展出，由中国对外艺术展览中心主办。
8.27~12.27	《法国当代艺术展》	由中国国际书画艺术研究会、山东普利建设发展有限公司和法国里昂市艺术中心合作，共同在济南泉城广场举办。
9.9~9.19	《朝鲜民主主义人民共和国美术展》	系官方交流项目，展品50幅，随展人员3名，在首都图书馆展出。文化部副部长孟晓驷出席开幕式。由中国对外艺术展览中心主办。
9.26~10.4	《中法韩三国油画展》	系民间交流项目，展品共120幅，中法韩3国各40幅，在国际艺苑美术馆展出。由中国对外艺术展览中心主办。
10.2~10.5	《奔向2008——第三届国际少儿艺术展》	系民间多边交流项目，由中国对外艺术展览中心主办，在爱家国际收藏艺术馆展出。

10.12～11.3	《织物上的文化——加拿大原住民手工织品艺术展》	系民间交流项目，展品19件，在首都图书馆展出，由中国对外艺术展览中心主办。
10.21～11.3	《第七届亚洲漫画展》	系民间多边交流项目，由中国对外艺术展览中心主办，在首都图书馆展出。随后还赴苏州图书馆和广州广东美术馆展出，于12月下旬结束。
10.26～11.8	《荷兰艺术品展》	系民间交流项目，由中国对外艺术展览中心和北京中新星达咨询有限公司共同举办，在北京云峰画苑展出。
11.5～11.18	《墨西哥著名画家何塞·路易斯·奎瓦斯作品展》	系民间交流项目，共展出21幅作品，由中国对外艺术展览中心主办，在中华世纪坛展出。
11.9～11.19	《智利当代艺术展》	系官方交流项目，展品56件，在中华世纪坛展出，文化部外联局副局长孙加木出席开幕式。由中国对外艺术展览中心主办。

讲学、培训、考察及其他交流项目

日 期	团组名称	活动地点和内容
3.7～3.28	中央芭蕾舞团顾问戴爱莲	应英国凯切蒂学会艺术顾问及指导教授理查德·格拉斯通邀请，赴英国考察并参加学术研讨会。
3.15	首都经贸大学两名团体操专家	由文化部派遣，赴喀麦隆培训喀方人员，为期2~3个月。
4.6~17	土耳其著名文艺评论家奥拉尔女士一行2人	应文化部外联局邀请来华访问，先后赴西藏、新疆和甘肃等地区进行参观、考察。

5.13~5.23	德国博物馆馆长代表团（成员包括德国五大博物馆馆长）	应文化部邀请来华访问，在京期间，文化部副部长孟晓驷会见了代表团全体成员，客主之间进行了友好的谈话，并就两国博物馆间的交流、合作交换了意见。代表团还先后访问了上海、江南古镇同里、广州和西安。
5.16	美国和墨西哥大学生代表团一行60人	应中国对外文化交流协会邀请，来华参加中国文化教育旅游活动。
6.18~6.23	日本花柳千代舞蹈研究所创始人花柳千代一行2人	应中国对外文化交流协会邀请，来华进行友好访问。
9.17~9.23	中国对外文化交流协会常务会长刘德有及夫人	应日本花柳千代舞蹈研究所邀请，赴日本参加花柳千代80寿辰的祝寿活动并在东京讲学。
9.9~9.19	故宫博物院副院长李季一行5人	应瑞典活尔卡车公司邀请，赴瑞典考察，并为瑞典收藏中国古代陶瓷展遴选展品。
10月中旬	英国古根海姆博物馆馆长杞马斯·克伦斯一行	应邀来我国进行友好访问，在京期间，文化部部长孙家正会见了杞马斯·克伦斯馆长一行，宾主进行了友好的谈话。
11.16~13	中央歌剧院院长刘锡津	应法国驻华使馆文化科技工作处邀请，赴法国进行考察。

Foreign cultural exchange

与港澳特别行政区和台湾地区文化交流

与港澳特别行政区文化交流综述

根据中央关于"要确保香港繁荣稳定和澳门繁荣发展"、"一国两制、高度自治"、"港人治港"、"澳人治澳"的方针政策和认真贯彻落实中央关于加强港澳工作会议精神与胡锦涛同志重要讲话的要求，2004年，文化部加大与港澳地区文化交流工作的力度，继续广泛、深入开展与港澳地区的文化交流，为增进港澳同胞对中华传统文化和社会主义文化艺术的了解和认识，促进港澳的发展繁荣做出了积极的贡献。一年来，经文化部审批，报请国务院港澳事务办公室同意的与港澳地区的文化交流项目达241起，4878人次；其中内地赴港澳的为173起，3604人次；港澳来内地的为68起，1174人次。规模和范围大体与上年度持平，但是交流的深度则有了进一步发展和升华。交流情况列表如下：

内地与香港地区文化交流一览表

赴港项目			来内地项目		
艺术团组	艺术展览	人员学术交流	艺术团组	艺术展览	人员学术交流
90起，2775人次	14起，45人次	18起，41人次	32起，684人次	8起，110人次	7起，43人次

内地与澳门地区文化交流一览表

赴澳项目			来内地项目		
艺术团组	艺术展览	人员学术交流	艺术团组	艺术展览	人员学术交流
23起，601人次	16起，94人次	12起，48人次	4起，212人次	10起，63人次	7起，62人次

多年来，文化部一直十分重视与港澳地区的文化交流工作，始终把认真做好与港澳地区的文化交流作为事关国家统一、领土完整、政权巩固、民族发展的重要政治任务来完成。通过不断学习和实践，我们充分认识到经济是基础，文化是灵魂。增进文化认同、促进人心回归是港澳文化工作的中心任务和长远目标。对港澳的文化交流工作，不单纯是内地与港澳地区的文化活动，它关系到贯彻中央制定的"一国两制"方针以及"港人治港、澳人治澳、高度自治"政策的落实；关系到维护基本法精神的正确体现；关系到中国共产党在全国的执政党地位的巩固；关系到抵御西方和境外敌对势力分裂中国的侵害。因此，我们坚持从大局出发，从政治的高度看待内地与港澳文化交流工作的重要性，认真办好每一项文化交流活动。

2004年，文化部针对香港、澳门的形势和出现的问题，加大与港澳地区文化交流的力度，强调以中华文化凝聚人心，重点做好港澳同胞的统战工作，促使人心回归。我们及时抓紧一切可利用的时机，通过文化交流，达到文化和道德观念的认同，争取做人心回归工作。

要在交流中统一思想，在推广中凝聚人心。2004年共办理内地与港澳地区演出、展览、交流2003项，数千人次。对于每一个交流项目我们都抓紧时间及时办理。哪怕时间再紧，我们也力争办成。无论是港澳官方邀请的项目，还是民间机构、社团邀请的项目，我们都尽力并以最快的速度办理有关手续，确保了文化交流工作的正常顺利开展。

在纪念邓小平同志诞辰100周年之际，文化部与中央文献研究室等单位在香港、澳门举办了《世纪伟人——纪念邓小平诞辰100周年展览》，使港澳同胞进一步了解“一国两制”的伟大思想及其重要意义，极大地震撼了港澳各界人士。实践证明，邓小平同志提出的“一国两制”的方针以及“港人治港”、“澳人治澳”、“高度自治”的政策是非常伟大、非常正确的。他提出的改革开放思想，使中国经济有了突破性的发展，而他对港澳同胞怀有的真挚情感使上万港澳同胞在参观时流下热泪。许多中小学还将展览场地作为课堂，领会邓小平的一生是中国百年历史的缩影，学习邓小平的伟大思想和高尚品质，同时也体会到香港、澳门只有依托祖国的支持和发展，才有更美好的明天。

2004年，文化部在开展与港澳地区的文化交流中，还十分重视将文化认同溶入推进文化产业的发展中。当今世界，各国都致力于将发展文化产业作为国民经济的支柱产业，我国也积极探索，利用中国5000年的文化宝库和博大的文化资源，打造中国的文化产业。香港特区政府也希望依靠祖国的支持，将香港的文化建成品牌文化，成为香港的一大经济来源。特区文化主管部门深深体会到没有内地的支持，香港只能是无源之水，孤掌难鸣。他们极待内地的支持和帮助。为了支持特区政府的工作，让内地与香港更紧密的经贸安排开花结果，我们积极帮助香港开拓文化市场，与他们共同策划举办亚洲文化部长论坛，并组织全国各省、市、区文化厅局支持香港参加会议，帮助香港建立以中华文化为基础，为本源的多元化文化产业，促进香港经济的发展、社会的稳定。文化部部长孙家正率团出席会议，阐述香港与内地文化同出一脉，两地应加强合作，共同推动中国文化产业的发展。我们还将“内地与香港更紧密的经贸关系”的精神贯彻到文化工作，诸如开展在音像业方面的合作，在演艺人员的培养、包装等方面的合作，促使香港、澳门地区民众意识到香港、澳门与祖国内地文化都是中华文化，只是各具不同的地方特色，中华文化要在国际上有竞争力，港澳地区与内地必须联合行动，发挥各自优势，互相取长补短，进一步扩大中华文化在国际上的影响。

我们还支持港澳地区与珠江三角洲地区、泛珠9省市间开展全方位的文化合作，如在图书馆信息、演艺信息方面的交流与合作，以及共同保护文物古迹、联合申报世界文化遗产等，加强对港澳地区的文化交流与合作将增进港澳民众身为炎黄子孙的民族责任感与自豪感，激发他们对中华文化的热爱。

文化部还十分强调充分利用内地举办文化活动的时机，邀请港澳地区文化艺术界人士和热爱支持文化事业的人士来内地参加中国艺术节、国际艺术节、音乐、舞蹈、话剧等会演的观摩，增进他们对祖国文化的认同，培养热爱祖国的感情。澳门出席第七届中国艺术节的嘉宾团在观看了中国艺术节的开幕式后不无感慨地说，中国艺术节是文化的盛事，是人民的节日，只有在太平盛世，文化才能百花齐放，异彩纷呈；只有在人民的物质生活达到一定水平的社会，文化才有更多的发展空间。为了促进港澳艺术界的人心回归，增进民族情感，我们还邀请港澳地区的艺术团体参加艺术节演出。以香港的历史为题材编创的本土音乐剧《酸酸甜甜香港地》在艺术节的演出获得了极大成功。该剧导演毛俊辉先生在港工作之前一直在台湾和美国任职，他非常希望他执导的剧目能到内地演出。我们得知他的想法后，决定帮助他完成心愿，并帮助他联系到内地巡演。文化部领导还亲自观看演出，并为他们颁发了特别奖以示鼓励。

澳门特区则首次派出了自编自创的澳门历史上第一部舞剧《澳门新娘》参加艺术节演出。因澳门缺乏当地艺员，我们协调无锡市歌舞团协助其演出，因该团恰好届时也有演出任务，如帮助澳门势必影响该团的演出，考虑到对港澳工作的重要性，我们做了大量工作，希望无锡歌舞团顾全大局、克服困难，无锡歌舞团最终放下自己的项目，无报酬、无条件地帮助澳门完成了演出，使澳门特区第一次参加内地艺术节演出便获得成功，谱写了爱港澳、爱祖国共创辉煌的艺术合作篇章。

2004年9月，文化部领导还赴港出席了香港文化艺术界庆祝国庆55周年大型晚会，并会见了香港各界朋友，鼓励他们为振兴中华、民族团结、文化繁荣多做工作，鼓舞了港澳同胞的爱国热情。

2004年是澳门回归5周年，为配合澳门各界庆祝回顾5周年活动，文化部组派中国歌舞团和中央芭蕾舞团赴澳门参加庆祝演出活动，整齐的阵容和精彩的表演受到一致的好评和赞扬。

与台湾地区文化交流综述

2004年，台湾局势更为严峻和复杂。陈水扁再次上台后，继续竭力推动台湾“本土化”和“去中国化”，对两岸关系产生了极其恶劣的影响。“台独”分裂势力及其活动日益成为破坏两岸关系稳定的最大威胁，成为实现祖国和平统一的最大障碍。从文化入手、搞“文化台独”是台湾当局力图实现“渐进式台独”的主要手段和重要渠道。今年7月以来，陈水扁就曾在不同场合叫嚣，台湾不仅要以“人权立国”，还要以“文化立国”。我们必须根据中央统一部署，充分调动各种资源，继续扩大和深化两岸交流，充分发挥中华文化的巨大影响，维护两岸同胞的精神纽带，实现争取台湾民心、反“独”促统的政治效果。

文化部根据中央对台工作的指示，采取措施，积极推动和开展与台湾地区的文化交流，取得了显著的成绩，对于加强和活跃海峡两岸同胞的往来，增进两岸同胞的了解和情谊，发挥了积极的作用。据统计，全年由文化部港澳台司承办的文化交流项目共308起，2961人次；其中大陆赴台湾的为177起，1763人次；台湾来大陆的为131起，1198人次。人数和规模比上一个年度略有增加。

在开展与台湾地区的文化交流中，文化部十分重视遵循中央对台工作有关精神和总体部署，积极配合对台工作大局，举办一系列文化交流活动，继续推动文化入台。在组织和安排具体的交流项目中，首先强调积极培育对台文化交流品牌，扩大影响。

2004年7月3日，文化部以中华文化联谊会名义在云南省举办了“情系香格里拉——两岸文化联谊行”大型文化活动。包括58位台湾地区嘉宾、18位港澳特别行政区嘉宾在内的100余位两岸四地文化界知名人士、著名学者、文化机构负责人应邀参加。孟晓驷副部长为活动题写了贺词，郑欣淼副部长、云南省副省长李新华、国家博物馆馆长潘震宙等领导分别出席了开、闭幕式等活动。此次“情系香格里拉”活动以云南省丰富多彩的少数民族文化为依托，通过形式多样的文化参观、访问活动，举办香格里拉民族文化座谈会和纳西东巴文化座谈会等，让两岸四地文化界人士实地领略了滇西北独特的自然、人文景观，更多地了解到中华文化的历史文化渊源，达到了增进两岸文化界的联系与感情，增强台湾同胞对中华文化同根同源的共识的目的。这是文化部注意发挥大陆人文资源优势，推动和主导海峡两岸文化交流的一项重要举措，由于各单位的积极配合，精心安排，取得了良好的效果。

2004年8月28日至9月1日，文化部以中华文化联谊会名义与厦门市人民政府、福建省文化厅及台湾中华民俗艺术基金会在福建省厦门市成功举办了“海峡两岸歌仔戏艺术节”。文化部部长孙家正、国务院台湾事务办公室副主任王富卿、福建省副省长叶双瑜、厦门市市长张昌平、台湾中华民俗艺术基金会董事长曾永义等出席了艺术节开幕式。张昌平市长代表组委会致开幕词，厦门市歌仔戏剧团演出现代歌仔戏《邵江海》。开幕式隆重而又热烈，充满了亲情和乡情。孙家正部长、王富卿副主任等领导同志会见了台湾中华民俗艺术基金会董事长曾永义、台湾明华园戏剧团团长陈胜福等台湾专家、学者和歌仔戏艺术团体代表，并出席了艺术节开幕式等活动，孟晓驷副部长为艺术节题写了贺词。本届艺术节以“弘扬中华民族优秀传统文化、共同推动两岸歌仔戏的发展”为主题，通过举办优秀剧目展演、青年演员比赛以及民间职业剧团广场演出等丰富多彩的活动，充分展示了海峡两岸共同的文化传承。艺术节还举行“两岸歌仔戏学术研讨会”，举办两岸歌仔戏图片展。在研讨会上，两岸的学者和艺术家各抒己见，互相切磋，达成了不少共识；图片展共展出包括台湾方面提供的60幅在内的316幅珍贵图片，系统、全面地展示了两岸歌仔戏发展的历史和现状，体现了两岸蕴含的丰富历史、社会和文化的内涵，成为艺术节的重要组成部分。

在开展两岸文化交流中，文化部注意重点推动高水平的文化艺术项目赴台湾进行交流活动。以中华文化联谊会名义组派的重点文化交流项目有：与宋庆龄基金会联合组派江西赣南青少年采茶艺术团赴台演出；组派大陆著名民乐艺术家赴台举办“国乐名家荟萃音乐会”；赴台举办祖国大陆优秀中青年国画家精品展。2004年上半年入岛交流的江苏省苏州昆剧院“青春版”昆剧《牡丹亭》、北京人民艺术剧院《茶馆》剧组等优秀项目，都受到台湾观众的欢迎和赞扬，产生了广泛的影响。

同时，我们还积极邀请台湾艺术团体和文化艺术界人士来大陆交流，参加全国性或国际性艺术节活动。其中，以中华文化联谊会名义举办了三起引人注目、受到热烈欢迎的交流项目：①王侠军现代玻璃艺术展；②台湾实验国乐团来京参加北京国际音乐节并赴南京、上海演出；③台湾国光剧团来北京演出并参加上海国际艺术节。此外，台湾云门舞集、朱宗庆打击乐团应邀参加第七届中国艺术节，也受到了大陆观众的热烈欢迎。

2004年，我们还进一步加强对台湾文化的调研和对文化交流工作的政策指导。面对复杂多变的台海形势，如何大力推动两岸文化交流，更好地弘扬中华文化、反对“文化台独”、争取台湾民心，已成为当前对台文化工作面临的严峻课题。我们结合两岸关系形势和对台文化交流工作的实际，进一步加强了对台文化交流调研等工作。同时，根据实际情况，研究、制定和出台了一些法规文件，以利于海峡两岸文化交流工作进一步深入地开展。

文化部部、局领导会见港澳人士一览表

日期	活动内容
3.11	文化部副部长赵维绥会见香港特别行政区政协委员文楼和刘诗昆，赞扬近年来，香港在文化艺术领域内所取得的成就，并向他们介绍内地文化发展情况和长远规划。文楼、刘诗昆委员也就香港文化的现状和发展发表了个人看法。港澳台司副司长孙加木会见时在座。
3.12	文化部前部长王蒙会见并宴请香港人大代表、香港培侨中学董事会董事长吴康民和香港人大代表、香港浸会大学校长吴清辉，双方就文学艺术及青少年教育等问题进行了交谈，希望今后进一步加强两地间的文化交流与合作。港澳台司副司长孙加木会见时在座。
10.25	外联局局长丁伟会见并宴请香港特别行政区“熟悉内地事务探访团”一行21人。法规司司长高树勋、外联局副局长孙加木出席上述活动。

文化部部、局领导赴港澳参加活动一览表

日期	活动内容
3.5～3.8	应澳门特别行政区文化局邀请，中国艺术研究院常务副院长王文章一行5人赴澳门参加第十五届澳门艺术节活动。
6.26～6.30	文化部港澳台司副司长孙加木赴澳门筹备文化部在澳门举办的“锦绣中华”图片展和“从甲骨文到计算机”汉字展。
8.24～8.27	文化部部长孙家正一行5人访问香港，出席“纪念邓小平诞辰100周年”图片展开幕式并发表讲话。港澳台司司长丁伟、部办公厅副主任张建康陪同出席。
9.14	文化部副部长周和平一行4人赴香港出席香港文化艺术界庆祝中华人民共和国成立55周年大型晚会。外联局局长助理孙晓红陪同出访。
11.12～11.17	应香港特别行政区政府民政事务局邀请，文化部官员代表团一行9人赴香港参加第二届亚洲文化合作论坛。
11.13～11.16	文化部部长孙家正应邀赴港出席香港特别行政区政府主办的以发展文化产业为主题的第二届亚洲文化合作论坛。港澳台司司长丁伟陪同出访。
11.14～11.18	应香港特别行政区政府民政事务局邀请，各省、自治区、直辖市文化厅（局）长及外事工作人员赴香港参加第二届亚洲文化合作论坛。
12.2	文化部副部长赵维绥赴澳门出席“世纪伟人——邓小平诞辰100周年”展览开幕式。港澳台司副司长孙加木陪同出席。
1.6～1.22	应澳门中华民族文化促进会邀请，文化部原副部长高占祥赴澳门参加庆祝澳门回归5周年活动。

内地艺术团、艺术家赴香港演出一览表

日期	团组（个人）名称	演出情况
1.1～1.15	沈阳杂技团安宁一行50人	应香港新天有限公司邀请，赴香港演出。
1.2～1.5	内蒙古广播艺术团一行39人	应香港康乐及文化事务署邀请，赴香港演出。
1.13～1.18	四川省凉山州歌舞团一行18人	应香港雨果制作有限公司邀请，赴香港演出。
2.10～2.15	北京京剧院王玉珍一行30人	应香港文艺演出有限公司邀请，赴香港访问演出。
2.15～2.15	中国京剧院高牧坤一行61人	应香港文艺演出有限公司邀请，赴香港演出。
2.13～2.17	云南省歌舞剧院民族乐团钱康宁一行19人	应香港雨果制作有限公司邀请，赴香港演出。
2.18～2.23	北京京剧院刘胜利一行70人	应香港文艺演出有限公司邀请，赴香港演出。
2.20～2.24	云南省丽江古城东巴宫民间艺术团一行55人	应香港中国艺术推广中心邀请，赴香港演出。
2.26～3.1	北京舞蹈学院赵铁春一行35人	应香港文艺演出有限公司邀请，赴香港演出。
3.10～3.15	贵州侗歌艺术团梁红杰一行39人	应香港中国艺术推广中心邀请，赴香港演出。
3.16～3.19	佛教音乐团圣辉一行80人	应国际佛光会世界总会邀请，赴香港演出。
3.22～3.29	浙江昆剧团林为林一行60人	应香港中国艺术推广中心邀请，赴香港演出。
4.5～4.15	浙江余姚艺术剧院金黎萍一行60人	应香港越剧团邀情，赴香港演出。
4.27～5.2	中国歌舞团张业生一行130人	应香港中华文化城有限公司邀请，赴香港访问演出。
5.16～5.25	苏州昆剧院蔡少华一行79人	应香港中华文化促进中心邀请，赴香港演出《牡丹亭》(青春版)。
5.19～5.28	苏州昆剧院民乐团一行25人	应香港中华文化促进中心邀请，赴香港演出。
6.18～6.20	中国杂技团李宁一行5人	应香港中华文化艺术有限公司邀请，赴香港演出。
6.26～7.3	山东省即墨小燕子少儿艺术团一行53人	应香港奇艺汇娱乐制作有限公司邀请，赴香港演出。
7.12～7.2	遵义市杂技团和贵州省歌舞团一行共130人	应香港中华文化城有限公司邀请，赴香港演出。
7.29～8.1	中国音乐学院吴碧霞	应香港康乐及文化事务署邀请，赴香港参加演出活动。
8.2～8.8	上海沪剧院52人	应香港上海戏曲艺术协会邀请，赴香港演出。
8.10～8.23	上海芭蕾舞一行3人	应香港芭蕾舞学会邀请，赴香港参加演出活动。
8.16～8.18	中国音乐学院、上海音乐学院施零一行2人	应香港龙音协会邀请，赴香港参加演出活动。
9.4～9.6	重庆市京剧团一行60人	应香港中华艺萃研究会邀请，赴香港演出。
9.22～9.28	天津交响乐团一行93人	应香港"为中国星火基金会匡贫兴学慈善筹款音乐晚会"筹委会邀请，赴香港举办两场以《黄河大合唱》为主题的大型综合性音乐晚会演出活动。
9.28～10.1	上海交响乐团一行80人	应香港中华文化城邀请，赴香港参加由香港特

		区政府康乐及文化事务署举办的“2004年国庆音乐会”演出活动。
9.28~10.2	上海歌剧院合唱团一行66人	应香港中华文化城邀请，赴香港参加由香港特别行政区政府康乐及文化事务署举办的3场国庆音乐会演出活动。
10.2~10.8	云南歌舞剧院一行64人	应香港中华文化城有限公司邀请，赴香港演出。
10.3~10.8	广西合浦县粤剧团一行21人	应香港凯韵乐轩邀请，赴香港演出。
10.7~10.12	云南省红河蒙阳古乐团一行26人	应香港中国艺术推广中心邀请，赴香港演出。
10.14~10.19	上海和平老年爵士乐队一行8人	应香港中国会邀请，赴香港演出。
11.5~11.7	中国木偶艺术剧团一行36人	应香港中国文化艺术交流中心邀请，赴香港演出。
11.27~12.13	中国广播艺术团演奏员张大森	应香港宏光国乐团邀请，赴香港参加演出活动。
12.5~12.12	海南省海口市琼剧团一行55人	应香港旅港海南同乡会邀请，赴香港演出。
12.6~12.12	上海歌剧院夏玲玲	应香港声艺文化协会邀请，赴香港参加演出活动。
12.16~2005.1.5	上海歌剧院演员李卫	应香港特区政府康乐及文化事务署邀请，赴香港参加歌剧《茶花女》演出。
12.18~12.21	中国交响乐团附属少年及女子合唱团一行90人	应香港叶氏儿童合唱团邀请，赴香港举办两场音乐会。
12.20~2005.2.26	武汉艺术学校黄燕	应香港云海艺术团邀请，赴香港参加演出活动。

内地赴香港举办艺术展览一览表

日期	展览名称	展出情况
2.27~5.26	《美食配美器展》	应香港康乐及文化事务署邀请，国家博物馆赴香港举办，随展人员董琦一行8人。
3.23~6.7	《承德避暑山庄珍藏展》	应香港康乐及文化事务署邀请，河北省文物局赴香港举办，局长张立柱一行16人赴港参加展出活动。
5.21~5.25	《江苏省书画名家作品展》	应香港中国艺苑有限公司邀请，中共江苏省委统战部宋玉麟一行10人赴香港举办。
6.2~6.8	《邵华泽、李琦、冯真书画展》	应香港《大公报》邀请，《光明日报》赴香港与其共同举办展览，随展人员赵德润一行7人。
7.9~10.10	《二十世纪景德镇陶瓷艺术展》	应香港中文大学文物馆邀请，江西景德镇陶瓷馆赴香港与其联合举办。

内地文化团组、人士赴港澳进行考察、讲学及学术活动一览表

日期	活动内容
3.25～3.30	应香港大学美术博物馆邀请，故宫博物院副院长肖燕翼赴香港出席“叶承耀藏中国古代书画展览”开幕式，并进行学术交流活动。
4.14～4.26	应香港京昆艺术协会邀请，山东省京剧院侯秉臣一行14人赴香港参加京剧交流活动，并进行讲学。
5.1～5.9	应澳门特别行政区政府文化局邀请，中央音乐学院俞明青一行6人赴澳门担任“第二十二届澳门青年音乐比赛”评委。
6.3～6.6	应澳门特别行政区政府教育暨青年局邀请，中国儿童艺术剧院院长欧阳逸冰一行2人赴澳门进行学术交流活动。
11.15～11.19	应香港中文大学文物馆邀请，南京博物馆赴香港参加学术交流活动。
12.4～12.7	应澳门房产商会邀请，河南开封大相国寺一行60人赴澳门进行文化交流活动。
12.5～12.8	应澳门基金会邀请，中国作协陈建功赴澳门参加散文大赛颁奖活动。

香港艺术团、艺术家来内地演出一览表

日期	团组（个人）名称	演出情况
8.6～8.9	香港亚洲青年管弦乐团一行117人	应上海市演出公司邀请，来上海和广州举办四场音乐会。
10.31～11.4	香港歌手	应上海文化发展基金会邀请，来上海参加第七届亚洲新人歌手大赛。

香港来内地举办艺术展览一览表

日期	展览名称	展出情况
4.28～7.28	“百载香江风情展”	应中国国家博物馆邀请，香港历史博物馆与其共同在京举办。文化部港澳台司副司长孙加木和香港特别行政区政府民政事务局局长何志平出席开幕式并为展览剪彩。
7.6～10.9	“古刚果王国文物展”	由国家博物馆和香港民族艺术与文化有限公司合作，在北京举办。
9～12	参加“中华书画名家全国城市巡回展”	应华瀚国际文化发展公司邀请，香港画家来内地参加由华瀚国际文化发展公司和北京东方新讯传媒研究院在北京、上海、广州等地举办的巡回展。

内地艺术团、艺术家赴澳门演出一览表

日期	团组（个人）名称	演出情况
1.20～1.26	甘肃陇剧院一行26人	应澳门民政总署邀请，赴澳门参加春节文娱表演。
3.16～3.19	佛教音乐团圣辉一行80人	应国际佛光会世界总会邀请，赴澳门演出。
3.18～3.23	安徽安庆黄梅戏二团房蒲生一行55人	应澳门特区政府文化局邀请，赴澳门演出。
7.2～7.10	云南艺术学院舞蹈团一行25人	应澳门特区政府教育暨青年局邀请，赴澳门演出。
11.10～12.8	云南吉鑫集团股份有限公司艺术团一行19人	应澳门饮食业联合商会邀请，赴澳门演出。
11.30～12.2	中国歌舞团一行100人	应澳门归侨总会邀请，赴澳门演出。
12.7～12.15	中央芭蕾舞团一行150人	应澳门娱乐公司邀请，赴澳门演出。
12.13～12.18	上海歌剧院交响乐团	应澳门特区政府文化局邀请，赴澳门演出。

内地赴澳门举办艺术展览一览表

日期	展览名称	展出情况
1.18～3.20	“青海、甘肃春节习俗展”	应澳门民政总署邀请，青海、甘肃两省有关部门联合赴澳门举办。
6.12～6.18	“邵华泽、李琦、冯真书画展”	应澳门《战略论坛》杂志社邀请，《光明日报》赴澳门与其共同举办，随展人员赵德润一行7人。
9.13～11.21	“至人无法——故宫、上海珍藏八大山人、石涛书画精品展”	应澳门艺术博物馆邀请，上海博物馆、故宫博物院与其联合共同在澳门举办。
10.20～12.10	“中国戏曲文化展”	应澳门特别行政区民政总署邀请，中国艺术研究院赴澳门举办。
11.12～11.24	“老舍诞辰105周年纪念展”	应澳门中华文化艺术协会邀请，中国歌舞团姚珠珠赴澳门参加有关活动。
12.1～12.3	“二十世纪华侨华人”图片展	应澳门归侨总会邀请，中华全国归国华侨联合会赴澳门举办。
12.1～2005.2.27	“世纪伟人邓小平”展	应澳门特别行政区政府文化局邀请，国家博物馆赴澳门举办。
12.17～2005.3.20	“日升月恒——故宫珍藏钟表文物展”	应澳门艺术博物馆邀请，故宫博物院赴澳门举办。

澳门艺术团、艺术家来内地演出一览表

日期	团组（个人）名称	演出情况
9.21～9.27	“澳门新娘”舞蹈团一行90人	应浙江省文化厅邀请，来杭州参加第七届中

		国艺术节演出活动。
10.31～11.4	澳门歌手	应上海文化发展基金会邀请，来上海参加第七届亚洲新人歌手大赛。

澳门来内地举办艺术展览一览表

日期	展览名称	展出情况
8	“李瑞林油画展”	应广西桂林市博物馆邀请，澳门画家李瑞林在桂林博物馆举办为期30天的画展。
9～12	参加“中华书画名家全国城市巡回展”	应华瀚国际文化发展公司邀请，澳门画家来内地参加由华瀚国际文化发展公司和北京东方新讯传媒研究院在北京、上海、广州等城市举办的巡回展。

文化部部、局领导会见台湾人士一览表

日期	活动内容
3.17	文化部港澳台司司长丁伟会见并宴请台湾画家欧豪年一行8人，双方进行了友好的谈话。
6.10	文化部港澳台司司长丁伟会见并宴请台湾新家文教基金会行政总监许博允一行，双方就两岸文化交流交换了意见。
9.17	文化部港澳台司司长丁伟会见台湾台北市电影电视演艺业工会理事长杨光友、台湾海峡两岸人民服务中心名誉主任冯沪祥一行14人。双方就当前两岸文化交流交换了意见，并就进一步开展合作达成共识。
11.1	文化部副部长孟晓驷会见并宴请台湾国光剧团和实验国乐团主要演职人员，宾主进行了友好的谈话。
11.18	文化部港澳台司副司长孙加木和党委副书记张爱平会见并宴请应中国艺术研究院邀请来京参加研讨会的台湾中华民俗艺术基金会董事长曾永义一行5人。
11.19	文化部港澳台司副司长孙加木会见并宴请台湾国光剧团豫剧队韦国泰一行9人。
11.25	文化部港澳台司副司长孙加木会见并宴请台湾文博专业参观团一行14人，他们是应中华文物交流协会邀请来京参观访问的。
11.30	文化部部长孙家正会见台湾著名作家白先勇。港澳台司副司长孙加木、人事司副司长殷福、中国对外演出公司总经理张宇陪同会见。
12.2	文化部港澳台司副司长张爱平会见并宴请台湾文化创意产业园区交流考察团一行。
12.29	文化部部长孙家正会见台湾中华两岸文化交流基金会董事长庄汉生。港澳台司副司长张爱平、中国艺术研究院院长王文章会见时在座。

祖国大陆艺术团、艺术家赴台湾演出一览表

日期	团组（个人）名称	演出情况
1.25～2.25	福建省泉州市木偶剧团王景贤一行37人	应台湾雅韵艺术传播公司邀请，赴台湾演出。
1.30～2.17	中国广播艺术团演奏员姜克美	应台湾小巨人丝竹乐团邀请，赴台湾参加音乐会演出。
2.4～2.8	福建省同安民间戏曲学校高甲戏剧团吴志跃一行55人	应台湾金门县采风文化发展协会邀请，赴金门演出。
2.6～3.31	文化部退休人员田桐文	应台湾忠勇国剧社邀请，赴台湾进行京剧表演艺术指导。
2.7～3.2	苏州昆剧艺术团缪学为一行66人	应台湾建辉社会文教基金会邀请，赴台湾演出。
2.18～2.26	江西赣南客家青少年宋荣艺术团刘长泽一行35人	应台湾“中国青年大陆研究文教基金会”邀请，赴台湾演出，由中华文化联谊会组派。
2.23	北京舞蹈学院张峥一行6人	应台湾台北市中山区体育会邀请，赴台湾参加慈善义演。
2.25～4.24	河南省三门峡市豫剧团许宝勋	应台湾国光豫剧队邀请，赴台湾进行豫剧艺术交流、演出活动。
3.6～3.21	上海越剧院赵志刚一行3人	应台湾当代传奇剧场邀请，赴台湾参加“中国传统戏曲实验交流”演出活动
3.6～3.21	江苏艺术昆剧院演员柯军	应台湾当代传奇剧场邀请，赴台湾参加演出活动。
3.24～4.15	河北省唐山市皮影团孙世纪一行14人	应台湾传大艺术事业有限公司邀请，赴台湾演出。
3.28～4.13	中央音乐学院严洁敏一行3人	应台湾台北市国乐团邀请，赴台湾参加传统艺术节“胡琴艺术节”音乐会演出。
3.28～4.13	江苏省艺术剧院二胡演奏家朱昌耀	应台北市国乐团邀请，赴台湾参加“胡琴艺术节——西秦王爷”音乐会演出活动。
4.4～4.15	上海民族乐团二胡演奏家闵惠芬	应台北市国乐团邀请，赴台湾参加“胡琴艺术节”音乐会演出活动。
4.4～4.15	天津音乐学院民乐家、教授宋国生	应台湾台北市主国乐团邀请，赴台北参加传统艺术节“胡琴艺术节”活动。
4.20～5.6	苏州市昆剧艺术团蔡少华一行85人	应台湾新家文教基金会邀请，赴台湾演出优秀昆剧节目。
4.30～5.9	中央音乐学院附中黄和一行13人	应台湾凡宇文化事业有限公司邀请，赴台湾参加音乐会演出活动。
5.1～5.11	成都市自由职业者曾艾	应台湾“中华肖邦音乐基金会”邀请，赴台湾参加钢琴独奏演出活动。
5.9～6.2	福建省福州市闽剧院林培新一行76人	应马祖经贸文化交流联谊会邀请，赴马祖演出。
5.9～6.11	中国京剧院退休演员常贵祥一行3人	应台湾辜公亮文教基金会邀请，赴台湾参加演出活动。
5.9～6.11	天津京剧院演奏员刘云鹏	应台湾辜公亮文教基金会邀请，赴台湾演出。

5.12～5.20	中国残疾人艺术团刘永泽一行46人	应台湾截肢青少年辅健联合会邀请，赴台湾演出，受到热烈的欢迎。
5.15～7.13	四川省川剧院导演李莆	应台湾国光剧团邀请，赴台湾担任该团豫剧队客席导演。
5.19～6.11	天津京剧院李经文一行2人	应台湾辜公亮文教基金会邀请，赴台湾参加演出活动。
5.20～6.3	中央音乐学院钢琴学教授杨峻一行12人	应台湾文艺复兴联盟邀请，赴台湾参加钢琴大赛。
5.20～6.7	河南省歌舞剧院唢呐演奏员郝玉岐	应台湾琴园国乐团邀请，赴台湾参加唢呐独奏音乐会。
5.21～5.24	福建省泉州市夕阳红艺术团郭清辉一行30人	应台湾金门县社教文化活动基金会邀请，赴台湾金门参加演出活动。
5.21～6.1	祖国大陆民乐艺术家一行20人	应台湾传大艺术事业有限公司邀请，赴台湾演出，由中华文化联谊会组派。
5.21～6.3	东方歌舞团演奏员王巍	应台湾造福观音文教基金会邀请，赴台湾演出。
5.21～6.3	上海音乐学院教授吴迎一行3人	应台湾文艺复兴音乐联盟邀请，赴台湾参加钢琴大赛评审活动。
5.21～6.3	中央音乐学院作曲系主任唐建平一行2人	应台湾造福观音文教基金会邀请，赴台湾参加演出活动。
5.22	战友京剧团退休演员杨燕毅	应台湾辜公亮文教基金会邀请，赴台湾参加“新舞台”年度公演活动。
5.22～6.2	中国歌剧舞剧院演员王禾	应台湾文艺复兴联盟邀请，赴台湾参加“雷协悌兹基钢琴大赛”演出。
5.27～5.30	中国音乐学院教师杨清	应台湾艺术大学邀请，赴台湾参加音乐会演出活动。
5.27～6.2	福建省漳州市芗城区新笋仔班芗剧团一行36人	应台湾金门语岛城隍庙管委会邀请，赴台湾金门参加语岛城隍庙建立庆典活动。
6.2～6.11	上海歌剧院院长张国勇	应台湾高雄市交响乐团邀请，赴台湾参加音乐会演出活动。
6.3～6.14	国家话剧院《半生缘》剧组赵有亮一行16人	应台湾“中正文化中心”邀请，赴台湾进行演出。
6.9～6.23	上海音乐学院夏飞云	应台湾高雄市国乐团邀请，赴台湾担任客席指挥，参加音乐演出。
6.17～6.21	北京世纪星碟文化传播有限公司所属“女子十二乐坊”王晓京一行20人	应台湾活力国际演艺事业有限公司邀请，赴台湾进行演出活动。
6.23～7.12	北京人民艺术剧院《茶馆》剧组濮存昕一行67人	应台湾新家文教基金会邀请，赴台湾进行演出活动。
6.29～7.20	成都市川剧院徐棻	应台湾国光剧团邀请，赴台湾担任豫剧队客席编剧。
7.1～7.15	中国音乐学院吴碧霞一行2人	应台湾溯目东方文化事业有限公司邀请，赴台湾进行演出。
7.2～7.5	厦门翔安民间戏曲学校高甲戏	应台湾金门城古地域慈善会邀请，赴台湾金

	实验剧团傅亚林一行50人	门进行演出。
7.11~8.21	上海昆剧团导演沈斌	应台湾国光剧团邀请，赴台湾担任新编昆曲《梁祝》导演工作。
7.16~7.30	内蒙古民族曲艺团董志敏一行37人	应台湾蒙藏基金会邀请，赴台湾进行演出。
7.17~7.27	江苏青少年民乐团王新荣一行31人	应台湾兰阳民族乐团邀请，赴台湾进行演出。
7.23~8.2	四川音乐学院交响乐团敖昌群一行90人	应台湾北美菁英交响乐团邀请，赴台湾演出。
8.5~8.15	上海京剧院吕晓明一行77人	应台湾传大艺术事业有限公司邀请，赴台湾进行演出。
8.5~8.20	星海音乐学院附中李继武	应台湾高雄市儿童弦乐团邀请，赴台湾担任“文化杯音乐比赛”评审工作。
8.12~8.20	凌云集团武汉星海合唱团彭有为一行65人	应台湾新合唱文化基金会邀请，赴台湾参加纪念“黄河大合唱”65周年演出活动。
8.12~8.21	湖南省民族歌舞团龚光胜一行27人	应台湾两岸文化事业有限公司邀请，赴台湾进行演出。
8.20~9.7	笛子文化艺术小组李延煊一行4人	应台湾琴园国乐团邀请，赴台湾参加笛子独奏音乐团演出活动，由中华文化联谊会组派。
8.25~9.8	中央音乐学院民乐系王颖	应台湾小巨人丝竹乐团邀请，赴台湾进行演出。
8.28~9.14	上海民乐团俞逊发一行2人	应台湾台南市民族管弦乐团邀请，赴台湾进行演出。
9.20~9.26	辽宁葫芦岛市古筝新筝乐团胡国庆一行8人	应台湾台北市文化教育交流发展协会邀请，赴台湾进行交流演出活动。
9.25~9.30	福建省宁德市畲族歌舞团翁惠文一行48人	应台湾金门县金马地区两岸交流协会邀请，赴台湾金门演出。
9.25~2005.3	山西省歌舞剧院王宝灿	应台湾南华大学邀请，赴台湾进行演出活动。
10.11~10.25	天津市群众艺术馆张玉恒一行2人	应台湾大汉玉集剧艺团邀请，赴台湾参加“南弹北鼓说明剧”演出活动。
10.15~10.25	上海京剧院安平	应台湾国光剧团邀请，赴台湾参加“天地一秀才”演出活动。
10.18~10.24	中国爱乐乐团助理艺术总监石叔诚	应台湾实验国乐团邀请，赴台湾参加演出活动。
10.20~11.15	上海市曲艺家协会范树元一行3人	应台湾大汉玉集剧艺团邀请，赴台湾进行交流演出活动。
10.25~11.1	山东省济南市曲艺团李向明一行7人	应台湾台北曲艺团邀请，赴台湾进行交流演出活动。
10.24~12.1	北京京剧院李萍一行3人	应台湾辜公亮文教基金会邀请，赴台湾参加演出活动。
10.24~12.5	天津京剧院刘云鹤	应台湾辜公亮文教基金会邀请，赴台湾参加演出活动。
10.30~11.12	上海评弹艺术团刘文国一行10人	应台湾雅韵艺术传播公司邀请，赴台湾进行演出。
10.31~11.5	四川省民族乐团徐亮一行30人	应金马地区两岸交流协会邀请，赴台湾金门参加演出活动。

11.8～11.15	四川省成都市民族乐团杨淮平一行57人	应台湾台北市国乐团邀请，赴台湾进行演出。
11.9～11.20	上海音乐学院夏飞云一行2人	应台湾艺术大学邀请，赴台湾参加“飞云流水”音乐会演出。
11.10～11.18	厦门市同安区吕爱华岳芗剧团洪模范一行40人	应台湾金门烈山与东林社灵忠庙邀请，赴台湾金门演出。
11.13～11.20	安徽省歌舞剧院宇洪杰一行60人	应台湾台北市国乐团邀请，赴台湾进行交流演出活动。
11.19～11.23	厦门翔实民间戏曲学校高甲实验剧团周桂良一行45人	应台湾金门烈山与乡保生大帝管理委员会邀请，赴台湾金门演出。
11.20～11.24	上海交响乐团陈光宪一行100人	应台湾台北市交响乐团邀请，赴台湾演出。
11.23～12.7	中央民族乐团张鑫华	应台湾高雄市国乐团邀请，赴台湾参加演出活动。
11.28～12.8	贵州杂技歌舞艺术团董林生一行34人	应台湾新竹市长和宫管理委员会邀请，赴台湾演出。
11.30～12.1	青海省玉树州民族歌舞团杜新琴一行34人	应台湾蒙藏基金会邀请，赴台湾进行演出。
12.1～12.5	中央歌剧院李爽	应台湾台北市交响乐团邀请，赴台湾参加台北市音乐季演出。
12.1～12.24	江苏艺术剧院二胡演奏家朱耀昌	应台湾摇篮唱片有限公司邀请，赴台湾参加《台湾风情》音乐会演出。
12.1～12.31	上海京剧院周兰芳一行2人	应台湾台北国际票房及台北草山乐坊邀请，赴台湾进行交流演出活动。
12.1～12.31.	中国戏剧家协会会员冯洪起一行2人	应台湾台北国际票房及台北草山乐坊邀请，赴台湾参加首届两市国际票房伶票联合演出活动。
12.5～12.12	中央芭蕾舞团指挥刘炬	应台湾台北市国乐团邀请，赴台湾参加“闵民氏家族”音乐会演出。
12.6～12.13	江苏艺术剧院闵乐康一行2人	应台湾台北市国乐团邀请，赴台湾参加“闵氏家族”音乐会演出。
12.6～12.13	上海民族乐团二胡演奏家闵惠芬	应台湾台北市国乐团邀请，赴台湾参加“闵氏家族”音乐会演出。
12.12～15	中国交响乐团指挥李从草	应台湾台北市交响乐团邀请，赴台湾参加台北市音乐季演出。
12.15～12.30	中国广播艺术团张希和一行19人	应台湾中华微笑协会邀请，赴台湾演出。
12.23～2005.1.9	广东省歌舞剧院舞台主任技师李智明	应台湾当代传奇剧场邀请，赴台湾协助演出。
12.23～2005.1.14	广东省梅州市艺术学校郑博仪一行23人	应台湾苗栗县文化基金会邀请，赴台湾参加“两岸客家人文化风味节”演出。

祖国大陆赴台湾举办艺术展览一览表

日期	展览名称	展出情况
2.1～2.15	焦秉义个人画展	应台湾中华博远文化经济协会邀请，北京白孔雀艺术画家焦秉义一行2人赴台湾举办个人画展。
2.9～2.19	海峡两岸书画联展	应台湾台北市贵州同乡会邀请，贵州省文化厅张继增一行16人赴台湾参加联展活动。
3.13～3.20	黄山缘——中华艺术家巡回展	应台湾中华大学邀请，南京博物馆徐湖平一行2人赴台湾参加巡回展。
3.26～4.6	佛禅艺术——韩玄真书画展	应台湾中华东方茶文化艺术学会邀请，山东省临沂羲之书画院韩玄真赴台湾举办个人书画展。
4.10～4.19	参加书画展	应台湾大道书画协会和中华书画艺术公司同心会邀请，浙江省绍兴青藤书画社叶君萍一行2人赴台湾参加书画展。
5.7～5.30	于希宁画展	应台湾历史博物馆邀请，山东艺术学院教授沈光伟一行2人赴台湾举办画展。
5.14～5.21	南京民国建筑图展	应台湾“国父纪念馆”邀请，南京市文物管理委员会赴台湾举办图片展。随展人员曹志君一行5人。
5.14～6.2	祖国大陆优秀中青年国画家精品展	应台湾台北观想艺术有限公司邀请，北京赛思博艺术文化公司受中外文化交流中心委托，赴台湾举办画展。随展人员吕军一行13人。
6.18～8.25	湄洲妈祖文物特展	应台湾两仪文化事业股份有限公司等的邀请，福建省考古博物馆学会、莆田市博物馆赴台湾举办特展。
7.1～7.10	书画联展	应台湾“中国孔学会”邀请，江苏省常州市文化局赴台湾举办书画展。随展人员江可群一行14人。
8.16～8.30	丰子恺漫画艺术展	应台湾云林县文化基金会邀请，浙江省博物馆赴台湾举办漫画艺术展。随展人员桐乡市文联主席叶瑜荪一行9人。
8.18～8.27	黄秋园、肖海春联合画展	应台湾金鼎文教基金会邀请，上海玉石雕刻厂退休设计师肖海春一行2人赴台湾举办画展。
9.1～10.2	湄洲妈祖文物特展	应台湾两仪文化事业股份有限公司和台湾贺展国际有限公司邀请，莆田市文管会赴台湾举办展览。随展人员俞锦达一行6人。
9.25～10.6	书法联展	应台湾宜兰县文艺作家协会邀请，江苏省东台市医药公司业务员、书法家王湘平一行2人赴台湾举个人书法联展。
10.7～10.21	秦海中国水墨画展	应台湾高雄市两岸世纪发展协会邀请，山东省威海市乳山书画院秦海一行3人赴台湾举办

		画展。
10.14～10.28	绘画联展	应台湾传奇报道杂志社邀请，陕西省长安书画研究院胡树群一行6人赴台湾举办美术作品联展。
11.11～11.18	孙中山先生与北京特展	应台湾“国父纪念馆”邀请，北京市中山堂管理委员会赴台湾举办特展。随展人员崔顺年一行5人。
11.11～11.18	纪念一代伟人孙中山先生 民国建筑与孙中山图片展	应台湾“国父纪念馆”邀请，江苏省南京市孙中山临时大总统办公室旧址纪念馆赴台湾举办图片展。随展人员赵玉一行5人。
11.11～11.18	纪念一代伟人孙中山先生 南京城市的记忆图片展	应台湾“国父纪念馆”邀请，南京中山陵园管理局刘学军一行5人赴台湾举办图片大展。
11.12～11.18	第二届海峡两岸甲骨文书法联展	应台湾中华甲骨文学会邀请，江苏省甲骨文学会会长徐自学赴台湾参加甲骨文书法联展。
11.16～12.13	吴昌硕艺术回顾展	应台湾台北市传统与现代文教基金会邀请，浙江省博物馆赴台湾举办画展。随展人员李刚一行9人。
11.30～12.12	肖慧珠个人画展	应台湾新竹社会教育馆教育基金会邀请，天津市二轻集团有限公司地毯研究所肖慧珠赴台湾举办个人画展。
12.5～12.21	书画联展	应台湾中华书画艺术研究会邀请，江苏省花鸟研究会画家张继馨一行7人赴台湾举办书画联展。
12.13～12.22	傅抱石百年纪念展	应台湾羲之堂文化出版事业有限公司邀请，故宫博物院副院长谢方升、中国美术馆马书林一行12人赴台湾参加展览活动。
12.15～ 2005.3.13	麦积山石窟雕塑、绘画、 摄影展	应台湾佛光山文教基金会邀请，中国艺术研究院赴台湾举办展览。随展人员田青一行8人。
12.20～12.31	2004年两岸书画观摩展	应台湾发展研究院、中国文化统一促进会邀请，北京电影学院邢正赴台湾举办展览。

祖国大陆官员、文化界人士赴台湾访问、考察、讲学和学术交流一览表

日期	活动内容
1.1～3.1	应台湾台北市卧龙国剧团邀请，山东省烟台市京剧院演奏员张建华赴台湾教授乐器演奏技艺，并进行交流活动。
1.7～1.16	应台湾中华兰阳文化协会邀请，广东省广州市文化局周素勤一行10人，赴台湾参加“黄埔军校和孙中山史科征集问题座谈会”。
2.12～2.24	应台湾唐龙艺术有限公司邀请，上海市社区文化负责人参观团一行21人赴台湾进行参观、考察，由上海文化联谊会组派。
2.13～2.23	应台湾文化大学术学院邀请，赴台湾担任“台湾社会音乐能力考级”评审活动。
2.14～2.23	应台湾中国文艺协会邀请，中国作协代表团张笑天一行10人赴台湾进行参观、访问和交流活动。
2.15～2.22	应台湾辅仁大学邀请，上海刘海粟美术馆马楚华、上海美术馆高茜赴台湾进行美术交流活动。
3.4～4.4	应台湾艺术大学邀请，上海大学影视艺术技术学院方虹赴台湾参加台北电影节学生影视作品观摩交流活动。
3.12～3.15	应台湾当代传奇剧场邀请，国家话剧院院长赵有亮赴台湾参加传统戏曲实验交流活动。
3.15～4.18	应台湾艺术大学邀请，浙江昆剧院王奉梅赴台湾进行昆剧艺术教学活动。
3.26～3.30	应台湾大学邀请，中国艺术研究院研究员傅谨一行4人赴台湾参加“两岸戏曲编剧研讨会”。
3.29～4.8	应台湾“中国澹宁书法学会”邀请，青岛中山书画院名誉院长王述功一行16人赴台湾进行书画艺术交流活动。
4.5～4.14	应台湾中华文物学会邀请，北京市文物公司温桂华一行5人赴台湾参加“艺术探源——两岸艺术文物市场探索研讨会”。
4.11～6.20	应台湾再兴青年越剧团邀请，浙江省嘉兴市越剧团吴柏伟赴台湾讲学。
4.19～6.11	应台湾艺术大学表演学院邀请，北京昆曲剧院蔡瑶铣赴台湾讲授昆曲课程。
4.26～5.2	应台湾“中国文哲研究所”邀请，中国艺术研究院刘楚溪、北京作家协会刘祖芬2人赴台湾参加“汤显祖与牡丹亭”学术研讨会。
5.1～6.15	应台湾佛光人文社会学院邀请，上海民族乐团笛子演奏家俞逊发赴台湾举办艺术讲座活动。
5.3～5.12	应台湾中华文物学会邀请，南京博物馆鲁力一行3人赴台湾参加“艺术探源——元明清绘画及画家学术研讨会”。

5.20～8.19	应台湾大学东亚文明研究中心邀请，浙江省图书馆谷辉之赴台湾参加珍本汉籍文献整理编目工作。
5.26～6.6	应台湾中华文物学会邀请，上海崇源艺术品拍卖有限公司季崇建赴台湾参加"艺术探源文物收藏交流座谈会"。
5.29～6.7	应台湾树德科技大学邀请，中国文物研究所高级工程师张之平参加"海峡两岸古迹维护与环境保护学术研讨会"。
6.3～6.14	应台湾沈春池文教基金会邀请，文化行政人员考察团李景和一行 17 人赴台湾进行参观、访问和考察，由中华文化联谊会组派。
6.30～8.30	应台湾万象民族乐团邀请，上海民族乐团笙演奏家翁镇发一行 2 人赴台湾讲学。
7.1～8.9	应台湾中国时报广告奖执行委员会邀请，中央美术学院越阳一行 2 人赴台湾参加"时报广告奖"系列活动。
7.1～8.31	应台湾兰阳舞蹈团邀请，西安市歌舞剧院演奏员安源赴台湾讲学。
7.12～10.25	应台湾戏曲与文学推广协会邀请，上海昆剧院导演周志刚一行 2 人赴台湾担任昆剧艺术教学工作。
7.25～8.3	应台湾中华文物学会邀请，江苏省南京市文物公司陈卫国一行 4 人赴台湾参加"艺术探源——中华文物艺术讲座"研讨会。
7.28～8.4	应台湾历史博物馆邀请，河南博物馆周桂祥一行 3 人赴台湾商谈举办"中原古代王朝秘室展"事宜。
7.31～9.30	应台湾神州国剧团邀请，沈阳钢厂胡连祝赴台湾进行文化交流活动。
7	应台湾周凯剧场基金会邀请，湖北省群众艺术馆肖伟池一行 3 人赴台湾参观、访问，并进行交流活动。
7	应台湾中华东方荣文化学会邀请，湖北省美术学院施江城赴台湾进行艺术交流活动。
7	应台湾宜兰县中国传统艺术推广协会邀请，江苏省启东市华鼎造型艺术研究院夏永涛一行 2 人赴台湾进行版画艺术交流活动。
8.3～8.9	应台湾中国时报广告奖执行委员会邀请，中央美术学院赵阳一行 2 人赴台湾参加"时报广告奖"系列活动。
8.6～8.12	应台湾中华建筑学会邀请，中央美术学院教授楼家本一行 2 人赴台湾参加中国神话雕刻艺术建筑交流活动。
8.12～2005.7.31	应台湾大学邀请，国家话剧院导演林荫宇赴台湾任教。
8.16～8.22	应台湾历史博物馆邀请，中央美术学院范迪安一行 4 人赴台湾参加"两岸当代艺术学术研讨会"。
8.18～10.17	应台湾台北市人文国剧团邀请，北京东方伏苑文化发展有限公司吴文疆赴台湾进行教学活动。
8.25～9.3	应台湾中华文物学会邀请，天津市文物公司杜显武一行 5 人赴台湾参加"艺术探源——中华文物艺术讲座与海峡两岸文物收藏研讨会"。
8.27～10.26	应台湾中兴国剧团邀请，中国京剧院演员包书金赴台湾讲学。
8	应台湾原住民出版有限公司邀请，北京三代文化艺术传播有限公司楼开肇一行 2 人赴台湾商谈有关原住民风情资料片拍摄合作事宜。

9.1～9.20	应台湾台北草山乐坊邀请，南京市京剧琴师刘俊强赴台湾进行专业交流活动。
9.1～2005.1.31	应台湾台南艺术学院邀请，上海民族乐团作曲家顾冠仁赴台湾讲学。
9.14～9.23	应台湾中华文物学会邀请，北京市文物局副局长孔繁峙一行6人赴台湾进行考察、访问和交流活动。
9.16～2005.1.31	应台湾台南艺术学院邀请，中国艺术研究院音乐研究所乔建平赴台湾讲学。
9.19～11.9	应台湾新竹国剧研究协会邀请，江苏艺术剧院演员翁舜和赴台湾进行专业交流活动。
9.20～9.26	应台湾台北艺术家文教推广基金会邀请，中国音乐家协会副主席赵季平一行5人赴台湾进行音乐采风和艺术交流活动。
9.20～2005.7.31	应台湾南华大学邀请，中央音乐学院音乐系教授于润祥和陈自明、中国音乐学院教师沈洽赴台湾讲学。
9.22～9.25	应台湾汉学研究中心邀请，国家图书馆善本特藏部主任张志清一行7人、天津图书馆副馆长孔方恩、河南省图书馆历史文献部周新风等赴台湾参加古籍联合目录资料库合作建置研讨会。
9.24～11．24	应台湾深耕文化基金会邀请，陕西省延安市安基县文化馆樊晓梅赴台湾进行剪纸艺术教学活动。
10.1～12.31	应台湾戏曲专科学校邀请，中国京剧院王镜海赴台湾进行讲学活动。
10.3～12.1	应台湾辜公亮文教基金会邀请，中国京剧院常贵祥赴台湾进行专业交流活动。
10.3～2005.1.20	应台湾戏曲专科学校邀请，河北省歌舞剧院一级编导王家朋赴台湾讲学。
10.10～12.10	应台湾台南艺术学院邀请，中国艺术研究院王清雷赴台湾进行学术交流活动。
10.10～12.10	应台湾高雄县国剧研究会邀请，安徽省六安市京剧团郭利利赴台湾进行教学辅导活动。
10.15～10.21	应台湾年代网际事业股份公司邀请，上海国际文化影视有限公司方俊一行2人赴台湾，洽谈合作、交流事宜。
10.16～10.24	应台湾雅风舞集邀请，北京舞蹈学院潘志涛一行3人赴台湾讲学。
10.19～10.28	应台湾中华档案暨资讯微缩管理学会邀请，中国缩微技术协会孙承鉴一行10人赴台湾参加海峡两岸档案暨微缩学术交流会。
10.20～10.29	应台湾中华文物学会邀请，安徽省考古研究所研究员张敬国赴台湾参加“艺术探源——安徽地区出土玉器”专题论坛活动。
10.20～10.29	应台湾中华文物学会邀请，中国嘉德国际拍卖公司阎东海一行2人赴台湾参加中华文物讲座与海峡两岸文物收藏研讨会。
10.20～10.31	应台湾唐龙艺术有限公司邀请，北京市文化艺术及演出行业管理人员参观团沈春友一行13人赴台湾进行交流活动。

10.20～11.3	应台湾戏曲专科学校邀请，天津曲艺团演员籍薇赴台湾进行说唱曲艺教学活动。
10.26～12.26	应台湾台北郎村国剧团邀请，黑龙江京剧院一级演奏员宋士芳一行2人赴台湾讲学。
10.28～11.2	应台湾中华书道学会邀请，江苏省无锡市书画院画家穆棣一行2人赴台湾参加“怀素自叙帖与唐代草书”学术研讨会。
11.1～11.30	应台湾艺术大学中国音乐系邀请，星海音乐学院饶宁新一行2人赴台湾讲学。
11.1～12.16	应台湾佛光人文社会学院艺术学研究所邀请，上海评弹团演员周红赴台湾进行艺术交流活动。
11.1～12.30	应台湾台北国际票房京昆剧团、台北草山乐坊邀请，山东艺术学院附中孙红一行2人赴台湾进行交流活动。
11.5～11.14	应台湾台北师范学院邀请，中国艺术研究院舞蹈研究所梁力生赴台湾参加“两岸民俗体育学术研讨会”，并进行交流活动。
11.5～11.14	应台南沈春池文教基金会邀请，大陆美术专业人士访问团一行10人赴台湾进行交流活动，由中华文化联谊会组派。
11.10～11.19	应台湾周凯剧场基金会邀请，大陆剧场行政管理人员参观团周志强一行9人赴台湾考察、参观和访问，由中华文化联谊会组派。
11.11～11.15	应台湾清华大学人文社会学院邀请，中央美术学院孔令伟赴台湾参加“第二届青年学者汉学会议”。
11.13～12.31	应台湾昆剧团邀请，浙江昆剧团周雪雯赴台湾讲学。
11.20～12.3	应台湾中央研究院邀请，中国艺术研究院戏曲研究所研究员章治和赴台湾进行交流活动。
11.24～11.30	应台湾中央研究院中国文哲研究所邀请，广东省中山图书馆林子雄赴台湾参加“广东学者的经济研究”学术研讨会。
11.25～12.2	应台湾中国文化大学邀请，江苏艺术剧院郝光一行2人赴台湾参加“两岸戏剧教育教学”研讨会。
11.30～12.11	应台湾龙唐文化艺术经纪有限公司邀请，福建省闽台文化交流中心、福建省文化考察团萨本敦一行22人赴台湾进行交流、考察活动。
12.1～12.5	应台湾中国文化大学邀请，故宫博物院资料信息中心胡锤赴台湾参加数位典藏作业规划与作品管理研讨会。
12.3～12.12	应台湾云林科技大学艺术中心邀请，浙江省群众艺术馆副研究员郭艺赴台湾进行学术交流活动。
12.3～12.13	应台湾台北市师范学院邀请，中央音乐学院教授王次 赴台湾参加“艺术与环境的省思”研讨会。
12.5～12.27	应台湾国光剧团邀请，上海昆剧团沈斌一行2人赴台湾担任昆曲《梁祝》导演和作曲配器交流工作。
12.6～12.12	应台湾汉学研究中心邀请，国家图书馆副馆长陈力赴台湾参加“教学时代汉学研究资源”研讨会。

12.6～12.17	应台湾慈济基金会邀请，中央美术学院唐晖赴台湾进行艺术设计指导活动。
12.8～12.14	应台湾中央研究院历史语言研究所邀请，河南博物院副院长田凯和山东博物馆于芹赴台湾参加“金石拓片数位典藏”研讨会。
12.16～12.25	应台湾台中市吉他协会邀请，江苏省南京艺术学院副院长邹建平一行3人赴台湾讲学。
12.17～2005.1.2	应台湾桔园国际艺术笔展股份有限公司邀请，中央美术学院展望一行2人赴台湾参加“2004高雄国际钢雕艺术节”活动。
12.20～12.29	应台湾中国文化大学化冈博物馆邀请，文化部恭王府管理中心主任谷长江一行5人赴台湾进行文物考察活动。

台湾艺术团、艺术家来祖国大陆一览表

日期	团组（个人）名称	演出情况
1.23～1.24	台湾京剧演员魏海敏	应上海文化联谊会邀请，来大陆参加迎春京剧晚会演出。
4.20～4.28	台湾大提琴演奏家曾素芝	应星海音乐学院邀请，来广州担任全国第五届青少年大提琴比赛评委。
4.26～5.5	台湾台北市主国乐团一行18人	应南京市文化局邀请，来大陆参加“2004年中国南京世界历史文化名城博览会”演出活动。
5.2～5.7	台湾云门舞集舞蹈团	应广东实验现代舞团邀请，参加“首届广东现代舞周”演出与交流活动。
6.29	台湾东吴大学音乐系教授范宇文	应浙江省文化厅邀请，来杭州举行一场交流演出。
7.12～7.21	台湾泰雅新传艺术团一行70人	应青海文化传播中心邀请，来青海演出。
7.16～7.18	台湾音乐剧《地下铁》演出团一行41人	应上海市演艺总公司邀请，来上海演出。
7.22～7.28	台湾新竹欣蕾少儿舞蹈团	应中国群众文化学会邀请，来深圳参加“第三届亚洲儿童艺术花会”演出活动。
7	台湾苹果儿童剧团	应上海文化广播影视管理局邀请，来大陆参加上海国际少年儿童艺术节。

8.10～8.15	台湾台北市永和爱乐合唱团丁原昊一行40人	应青岛群众艺术馆邀请，来青岛进行交流演出活动。
8.11～8.20	台湾台北新世纪文化艺术团利珍尼卡尔一行20人	应中国群众文化学会邀请，来大陆参加呼和浩特国际民间艺术节演出交流活动。
8.22	台湾台北市新合唱文化基金会一行48人	应凌云集团武汉星海合唱团邀请，来武汉共同举办合唱音乐会。
9.6～9.12	台湾云门舞集舞蹈团一行45人	应中国艺术节组织委员会邀请，来杭州参加第七届中国艺术节演出。
9.17～9.28	台湾朱宗庆打击乐团一行17人	应中国艺术节组织委员会邀请，来杭州参加第七届中国艺术节，并赴上海演出。
9.28～10.2	台湾台北市国乐团	应安徽省歌舞剧院邀请，来安徽黄山、合肥等地演出。
10.17	台湾S·H·E演唱组合	应中央歌剧院邀请，来大陆参加演唱组合选拔赛演出。
10.26～11.6	台湾国光剧团一行65人	应中华文化联谊会邀请，来上海参加第六届中国上海国际艺术节演出。
10.28	台湾歌手柯以敏一行2人	应中国红十字总会邀请，来京在人民大会堂参加建会100周年纪念演唱会。
10.29～10.30	台湾华研国际音乐股份公司艺人一行75人	应上海国际艺术节中心邀请，参加第六届中国上海国际艺术节演出活动。
10.30～11.8	台湾实验国乐团一行70人	应中华文化联谊会邀请，参加第六届中国上海国际艺术节演出活动，并来北京演出。
11.6	台湾歌手咏旭一行2人	应上海文化发展基金会邀请，来大陆参加“2004反盗版演唱会”。
11.21	台湾歌手陶喆一行3人	应上海市演艺总公司邀请，来上海参加“2004影视巨星超级盛典”演出活动。

台湾来祖国大陆举办艺术展览一览表

日期	展览名称	展出情况
2.14～2.18	台湾摄影作品展	应广西壮族自治区摄影家协会邀请，台湾嘉义市摄影学会来大陆共同在广西联合举办。

3.17～3.27	台湾当代水墨大师欧豪年70岁回顾展	由中华文化联谊会和中国美术馆联合在京举办。欧豪年一行8人来祖国大陆参加展出活动。
3.20～4.20	台湾艺术家吴炫三艺术生涯回顾展	由上海市文化交流协会在上海明圆文化艺术中心举办。
3.30～4.4	台湾画家解仑"黄色激情"油画展	由上海刘海粟美术馆和台湾欢喜艺术工作坊共同在上海举办。
4.2～4.11	欧豪年70年回顾展	应广州美术馆邀请，在广东省美术馆举办。
4.12～4.18	徐术修个人画展	应湖北海外联谊会邀请，来大陆举办。
4.15～5.18	台湾画家赵春翔画展	由中国美术馆、上海美术馆和香港艺倡画廊在北京（14.5～18）、上海（5.8～18）联合举办。
4.15～4.20	台湾"牛哥漫画家"	应东北大学邀请，在东北大学举办。台湾牛哥漫画文教基金会代表团一行10人前来参加展出活动。
4.22～4.26	参加"中国国际画廊博览会"	应中国录音录像出版社邀请，台湾大未来画廊、朝代艺术画廊等8家艺术机构及20名参展人员前来参加博览会活动。
4.25～4.30	旅台画家倪汝霖八十岁猫画回顾展	由浙江省兰溪市政协三胞联谊会邀请旅台画家倪汝霖前来举办画展。
4	海峡两岸书画名家作品展	应河南省当代中国书画院邀请，40名台湾书画家前来郑州参加展览活动。
5月中旬	台湾画家郑桂林怀乡水彩画展览	应陕西省长安书画研究院邀请，台湾画家郑桂林前来陕西省美术馆举办画展。
7.16～7.25	台湾漫画家几米作品展	由中国国民党革命委员会上海市委邀请台湾漫画家几米来上海举办画展。
7.22～8.3	台湾风光——王侠军现代玻璃艺术作品展	应中华文化联谊会邀请，台湾艺术家王侠军一行15人来京参加展览活动。
8.5～8.11	台湾画家罗彩琴作品展	由北京海峡两岸书画家联谊会邀请台湾画家罗彩琴来京举办个人画展。
8.12～8.18	海峡两岸书画作品联展	应吉林省中山书画院邀请，台湾台北县书法学会李日兴一行5人前来参加展览活动。
8.20～8.30	台湾陈嗣雪女士刺绣作品展》	由南京博物馆邀请，台湾陈嗣雪女士前来举办刺绣作品展。

9.1～9.3	海峡两岸书画联展	应安徽滁州市诗书画联谊会邀请，台湾台北市南菁书法学会一行60人前来参加联展活动。
9.1～12.31	台北故宫博物院珍藏书画复制品展览》	由北京中山公园管理委员会邀请，前来举办。
9.12～10.10	第十届全国美术作品展览落港台作品邀请展	由第十届全国美术作品展览组织委员会邀请，在深圳举办。
9.28～11.30	参加紫砂壶巡回展	应江苏省博物院邀请，台湾成阳艺术文化基金会林秀英一行7人前来参加展览活动。
9～12	参加中华书画名家全国城市巡回展	应华瀚国际文化发展公司邀请，台湾书画家何举贤一行前来参加展览活动。
10	参加孙中山生平事迹展	应武汉国民政府旧址纪念馆邀请，台湾国义纪念馆一行5人前来参加展览活动。
11.3～11.10	台湾画家游三辉个人书画展	由浙江省博物馆邀请，台湾画家游三辉前来举办个人作品展。
11.5～11.9	参加2004年画廊展览	应文化部文化市场发展中心邀请，台湾羲之堂等5家画廊及其负责人前来参加展览活动。
11.14～11.23	参加第八届上海艺术博览会	应上海文化发展基金会邀请，台湾现代画廊施力仁一行6人前来参加展览。
12.15～2005.1.5	生命之光——沙耆九十华诞艺术回顾展	应浙江博物馆邀请，台湾卡门艺术中心前来杭州举办,在西湖美术馆展出。
12.22～2005.1.4	台湾玻璃艺术家王侠军艺术展	由上海文化联谊会邀请，台湾玻璃艺术家王侠军前来举办。

台湾文化界人士来祖国大陆参观、访问、考察、讲学一览表

日　期	活　动　内　容
2.9～2.18	应中国作协邀请，台湾佛光人文社会学院一行50人来北京举办“两岸青年文学与文学创作营”活动。
3.23～3.26	应故宫博物院邀请，台湾王淑芳一行2人来北京进行参观访问。
3.30～4.7	应广西民族文化艺术研究院邀请，台湾清华大学人类学研究所吴芝娴来广西壮族、瑶族铜鼓文化考察研究。

4.5～4.6	应中央音乐学院邀请，台湾音乐界代表团吴漪霁一行23人来北京参加“吴们超百年诞辰学术纪念活动”。
5.10～5.15	应国际民间艺术节组织理事会中国委员会邀请，台湾台北分会张淑增一行7人来京参加国际民间艺术节组织亚太分会年会。
5.18～5.21	应中国博物馆学会邀请，台湾美商活动动感科技股份有限公司派代表，来大陆参加博物馆藏品与技术博览会活动。
5.18～5.25	应中华文物交流协会邀请，台湾中华文物保护协会理事长王度一行14人来京参加文物古迹保护座谈会，并进行交流活动。
6.4～6.5	应中国音乐学院邀请，台湾台北打击乐团音乐总监陈搌馨一行8人来大陆举办打击乐讲座，并进行音乐交流活动。
6.8～6.19	应浙江自然博物馆邀请，台湾台中自然科学博物馆颜重成来大陆，联合进行舟山群岛鸟类繁殖项目调查活动。
8.25～8.30	应中华文化联谊会邀请，台湾学者曾永义及明华园歌剧团一行共150人来大陆参加海峡两岸歌白戏展演及学术研讨会。
9.5～9.14	应中国艺术研究院邀请，台湾怀群一行9人来大陆参加“2004两岸四地戏剧交流暨学术研究会”。
9.6～9.14	应中国作家协会邀请，台湾作家陈若曦一行4人来大陆参观访问。
9.23～9.30	应福建省东南诗社邀请，台湾中华诗学研究会朱万里一行22人来大陆进行参观访问。
9.24～9.27	应广东省文化厅邀请，台湾黑帽魔术协会王凯富一行2人，来深圳参加深圳宝安福永世界魔术交流大会。
10.11～10.20	应国家文物局邀请，台湾文博专业人士交流团一行12人来四川、河南、北京等地进行交流、参观、访问活动。
10.26～10.27	应国家图书馆邀请，台湾汉学研究中心主任庄芳荣一行6人来京进行学术交流活动，举办“中文名称规范”座谈。
11.20～11.25	应河南省文化厅邀请，台湾国光剧团豫剧队韦国泰一行9人来河南参加“海峡两岸河洛文化暨豫剧发展现代研讨会”。
11.28～12.8	应中华文化联谊会邀请，台湾周凯剧场基金会“2004年大陆创意文化园区交流考察团”一行17人来北京进行交流活动。

艺术科研、艺术教育与文化科技

Arts and cultural and scientific research

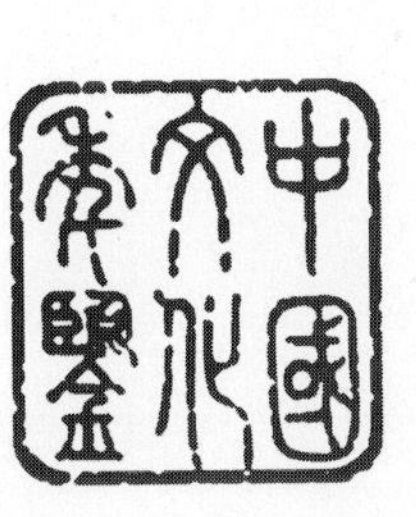

2004年文化科技教育工作综述

2004年，文化部教科司以邓小平理论和“三个代表”重要思想和党的十六大、十六届三中全会、十六届四中全会精神为指导，奋发努力，锐意进取，狠抓落实，圆满完成了各项任务。

一、以创新为主导，积极推进文化科技工作

1.为在文化艺术领域倡导科学思想、弘扬科学精神、积极应用现代科学技术，鼓励广大文化工作者的创造热情，使创新活动渗透到文化艺术生产、流通、服务和管理各个环节，促进文化艺术事业繁荣和发展，3月29日，文化部颁发了教科司起草的《文化部创新奖奖励办法》。创新奖的设立，在全国文化系统产生了热烈的反响，收到推荐的项目69个，符合条件的有68项。这项奖励与原文化部科技进步奖相比，有了较大调整，不仅仅局限于技术范畴，而是与文化建设中心工作更紧密地结合起来。业内同志称赞，创新奖的设立本身就是一个创新。为了积极稳妥地做好这项工作，我司派人先后到广州、苏州、上海、北京等地，进行了广泛深入的调研工作，听取基层的建议和意见。

2.制定《剧场等级评定办法》。对剧场进行等级评定，是规范行业管理，提高文化服务质量的有效手段。根据部领导有关指示精神，从2003年底开始组织有关专家就我国剧场的等级评定开展了调研，并多次召开了研讨会，本年度完成评定办法初稿。

3.组织文化科技项目研究和管理工作。本年度下达了12项部级课题，除纯技术性的课题外，还包括若干交叉项目，与文化建设中心任务更紧密地结合起来。本年度组织鉴定了国家图书馆的网上连续出版物、数字资源建设与应用服务标准体系研究、中国音乐学院的音箫、乐管研究等7个科研项目。

4.推动文化行业标准体系制订。我司经长期调查研究，确立了政府主导，行业协会、企业参与的文化行业标准化工作思路。目前正在组织有关单位和专家进行前期的研究工作，逐步完善、建立文化行业标准体系。今年组织有关单位承担建设部下达的《文化馆建筑设计规范》、《美术馆建筑设计规范》的编制工作。

5.组织有关专家进行我国文化领域科技发展规划研究工作，为今后一段时期文化领域科技发展确定科学、切实可行的战略目标，创造一个良好的工作平台。

二、围绕繁荣文艺中心工作，努力开拓艺术科研工作

1.开展了“邓小平文艺思想与中国特色社会主义文化建设”征文、研讨会和结集出版系列活动。遵照部领导“坚持以邓小平理论和‘三个代表’重要思想统领文化建设，维护马克思主义在文化领域的指导地位”的指示，配合中央纪念小平同志诞辰100周年的活动安排，我们与光明日报社、中国艺术研究院联合举办了“邓小平文艺思想与中国特色社会主义文化建设”征文、研讨会和结集出版系列活动。征文活动得到了社会积极响应，从3月初到8月底，共收到来稿100余篇，在光明日报上公开刊登了20篇。9月2日，文化部和光明日报社联合召开了“纪念邓小平同志诞辰100周年——邓小平文艺理论研讨会”，缅怀邓小平同志在中国革命、建设和改革开放中做出的巨大贡献，特别是邓小平同志对文化艺术事业的亲切关怀和教诲。我们举办此系列活动，力图以此为契机，引导艺术科学研究领域树立一种“围绕文化建设中心，服务现实生活研究”的自觉意识。

2.开展“第二届文化部文化艺术科学优秀成果奖”评选及奖励工作。为鼓励广大艺术科研工作者的探索热情，开展了“第二届文化部文化艺术科学优秀成果奖”，共收到28省区申报的250项成果，经过认真细致的资格审查，245项成果参评。

3.进行全国艺术科学规划2005年度课题申报评审的准备工作。在广泛征求意见的基础上，2004年9月，我们向全国哲学社会科学规划办公室提交了全国艺术科学规划重大选题，并在此基础上拟定了《全国艺术科学“十五”规划2005年度课题指南》，同时，修订了《全国艺术科学“十五”规划2005年度课题申报、评审办法》、《全国艺术科学规划课题管理办法》等规范性管理文件。

4.全国艺术研究院所评估标准的制订工作。继2002年11月颁布《文化部关于加强全国艺术研究院所建设的意见》之后，教科司提请部颁布《全国艺术研究院所评估标准》，将《意见》精神具体化并加以落实，这项工作已列入文化部年度立法计划。目前，修订工作已完成。

5.筹备“第四届全国文艺集成志书编纂出版成果表彰及总结大会”。十部民族民间文艺集成志书的编纂工作，是一项重要的文化建设工程，这项工作历经20余年后，将于今年结束。为了给这项跨世纪工程画一个圆满的句号，经部领导批准，将于今年12月10日在京召开《第四届全国文艺集成志书编纂出版成果表彰及总结大会》，并举办相关展览、研讨会等活动。

6.认真做好艺术科研规划课题管理工作。随着艺术科研规划工作的逐步规范，累计立项课题数量的增加，目前在研课题已达400余项，课题管理工作量巨大，工作难度有所增加。教科司遵循全国哲社办的规定，结合艺术科学研究的具体实际，认真细致，不厌其烦，使这一工作顺利进行。

7.按照全国哲学社会科学规划领导小组统一要求，进行了全国艺术科学规划领导小组办公室主任的调整工作，进一步理顺艺术科学管理体制，同时，按照全国哲学社会科学规划领导小组办公室的统一要求，结合艺术科学规划管理的实际情况和特点，对课题中期管理、鉴定结项等工作进行了相应调整。

8.结合实际情况，积极尝试艺术科研规划课题管理的新形式。根据司工作的实际需求，同时，也为了积极探索艺术科研规划课题管理的新形式，我司于今年开展了全国艺术科学规划委托课题的立项工作。这种工作形式体现了艺术科研规划工作紧紧围绕文化工作的大局，服务于文化建设现实的职能，对于探索艺术科研规划管理工作的新思路具有一定意义。

三、与时俱进，认真做好艺术教育和社会艺术考级管理工作

1.成功举办各类艺术教学比赛。根据《中共中央国务院关于进一步加强和改进未成年人思想道德建设的若干意见》关于“积极推动少儿文化艺术繁荣健康发展。加强少儿文艺创作、表演队伍建设，注重培养少儿文艺骨干力量。”的要求，和文化部关于文化系统的艺术职业院校“要充分发挥文艺人才基地的作用，面向社会广泛开展少儿艺术培训活动。”的指示，本年度司成功举办了全国艺术院校戏曲戏剧表演比赛、第五届全国青少年大提琴比赛、全国艺术院校长笛比赛。今年4月在北京举办的全国艺术院校戏曲戏剧表演比赛有来自24个省市、70多所专业艺术院校的1200多名选手参加了比赛，展示了近10年来戏曲戏剧教育的成果，涌现了一批青少年艺术骨干，推动了戏曲戏剧艺术的繁荣发展。4月广州举办的第五届全国青少年大提琴比赛有来自全国10余所艺术院校、香港特区和新加坡的近百名选手参加比赛。比赛中增设了中国作品演奏奖，体现了对演奏和创作民族作品的倡导和鼓励。8月在沈阳举办了全国艺术院校长笛演奏比赛，共有130余名选手参加了比赛，他们的水平获得了世界许多长笛专家的肯定。通过比赛，展示艺术教育事业建设发展的成就，进一步促进了院校间的相互交流，发现了优秀艺术人才、增强了艺术院校学生的舞台实践。

2.深入开展原部属艺术院校共建工作。为贯彻落实《国务院关于进一步调整国务院部门（单位）所属学校管理体制和布局结构的决定》，加强文化部对艺术院校的行业指导，我司于第一季度，由司领导带队组成调研组，实地考察了中央音乐学院、中央美术学院、中央戏剧学院、中国音乐学院、中国戏曲学院、北京舞蹈学院、上海音乐学院、上海戏剧学院和中国美术学院等原部属艺术院校近年来的办学情况、存在的问题听取了对共建工作的意见建议，并分别与教育部和有关地方教育主管部门进行座谈，征求对文化部共建工作的意见建议，研究具体共建方案，在此基础上向部领导提交了《关于原部属高等艺术院校共建工作调研报告》，提出开展共建工作的意见和建议以及下一步的工作计划。调研报告受到了部领导的充分肯定。在此基础上于2004年9月，教育部、文化部联合签署下发了《教育部、文化部关于共建中央音乐学院、中央美术学院、中央戏剧学院的意见》文件，《意见》分6个层面阐述了院校发展所需的信息资源渠道、艺术创作与实践、教学与艺术科学研究、加强合作等实施共建工作的实质性内容，该工作的完成标志着“共建”工作迈出了关键性的一步。

3.举办首届“舞蹈剧目编导培训班”及“舞蹈组合编创培训班”。为加强“桃李杯”舞蹈比赛剧目创作建设工作，教科司于2004年2月在北京举办了艺术院校首届“舞蹈剧目编导培训班”及“舞蹈组合编创培训班”。来自全国各地的70名院校舞蹈教师骨干参加了培训。通过培训，不仅使全国艺术院校的舞蹈教师较系统地学习了舞蹈剧目、组合编创基本理论和技法，而且结合实际掌握了如何教与学的经验，为今后的教学工作提供了良好的方法。

4.积极努力为中国艺术研究院以及有关艺术院校提供高效服务。教科司会同教育部、国家体育总局和北京市教委等有关部门，协调原部属院校附中在跨省招生录取审批中遇到的问题，完成中国艺术研究院2004年博士、硕士分专业招生计划和毕业研究生建议就业方案的组织报送工作。

5.加快中等艺术职业教育教材建设工作。本年度出版相关教材9种，另有9种已做好出版准备工作。系统、科学、规范教材的出版填补了我国中等艺术教育史上无核心教材的空白，使中等艺术教育逐步走上了健康有序的发展之路。

6.办好第四届中国京剧优秀青年演员研究生班。目前第四届中国京剧优秀青年演员研究生班报名、审核、考试、录取工作已经圆满完成。

7.积极支持、帮助中央、地方院校以及中国中等艺术教育学会的业务建设。

8.加强和改进社会艺术考级工作。随着《行政许可法》的公布与《社会艺术水平考级管理办法》的颁布实施，以审批艺术考级机构为重要管理手段的社会艺术水平考级管理工作，面临着严峻的考验。在新旧管理方式交替时期，教科司在逐步转变管理思路和管理方式的同时，稳扎稳打，较好地完成了艺术考级管理思路的转变以及工作方式，为下一步工作打下了坚实的基础。修改《社会艺术考级管理办法》。为配合《行政许可法》的实施，同时调整和补充《办法》不符合实际情况及未尽事宜，从今年初开始着手对《办法》进行修改。根据“专家论证，政府决策”的指导思想，先后召开了两次专家座谈会，就办法修改原则和内容进行了深入研究与探讨。在广泛听取意见的基础上，为部起草了新的《社会艺术考级管理办法》，并于7月1日颁布，随即在广西和陕西分别召开了工作会议，具体落实新的《办法》。同时进一步加强了管理，对跨省考级机构进行了年检。审批了中国艺术科技研究所等单位设立考级机构和增开考级专业和开考范围。

2004年文化部科技项目一览表

编号	项目名称	申报部门	承担单位	项目类别
04~1	数字图书馆互操作问题的研究	国家图书馆	国家图书馆	图书馆科技
04~2	文化行业标准（WH）-图书馆纸质文献环境温湿度要求	国家图书馆	国家图书馆	图书馆科技
04~3	晋剧传统伴奏乐器的改革创新	山西省文化厅	山西省晋剧院	乐器科技
04~4	蒙古文分类主题词表	内蒙古文化厅	内蒙古图书馆	图书馆科技
04~5	汉画像石、画像砖立体全息视像系统与色层材质分析研究	浙江省文化厅	杭州师范学院	文博科技
04~6	计算机川剧锣鼓	四川省文化厅	四川省川剧学校	乐器科技
04~7	双筒大胡和双筒倍大胡	四川省文化厅	四川省文化厅科技站	乐器科技
04~8	安徽濒危剧种抢救与保护	安徽省文化厅	安徽省艺术研究所	软课题
04~9	福建民族民间文化形态考察与保护策略	福建省文化厅	福建省群众文化学会	软课题
04~10	福建古剧种的研究与保护	福建省文化厅	福建省艺术研究所	软课题
04~11	宁夏文化艺术多媒体信息库	宁夏文化厅	宁夏民族艺术研究所	信息化

2004年文化科技鉴定项目一览表

序号	项目名称	编号	研制单位	申请鉴定单位	鉴定形式
1	网上连续出版物	2004[01]	国家图书馆	国家图书馆	会议鉴定
2	数字资源建设与应用服务标准体系研究	2004[02]	国家图书馆	国家图书馆	会议鉴定
3	音箫、乐管	2004[03]	左继承	中国音乐学院	会议鉴定
4	中外数字图书馆发展与比较研究	2004[04]	国家图书馆	国家图书馆	会议鉴定

开展“第二届文化部文化艺术科学优秀成果奖”评选及奖励工作

为了深入贯彻落实党的十六大关于发展社会主义先进文化、“充分发挥哲学社会科学在经济和社会发展中的重要作用”的精神，进一步调动广大艺术科研工作者的积极性，提高艺术科学研究水平，发现和推出艺术科研精品，促进我国文化艺术事业的繁荣和发展，文化部决定开展第二届文化部文化艺术科学优秀成果奖评选及奖励工作。这是我部在艺术科学研究管理方面的重要举措，要求各地文化行政部门予以高度重视，将这项工作列入本部门2004年度工作计划，在人员和经费上予以支持，积极做好本地区的组织工作，保证这项工作的正常开展。并就有关事项发出通知。

一、文化部文化艺术科学优秀成果奖是文化部设立的社会科学部级奖项。自“九五”以来，五年一届。本届评奖，设一、二、三等奖，由文化部向获奖者颁发奖励证书和奖金。

二、设立文化部文化艺术科学优秀成果奖评奖委员会。评奖委员会由文化部有关人员和全国文化艺术科学界知名学者组成。

评奖委员会按学科分设若干评审组及由评奖委员会秘书长和各学科评审组组长组成的综合评审组，负责参评成果的评审工作。评奖委员会成员及各学科评审组成员由文化部聘任。

三、评奖委员会的组织工作和日常事务由文化部教科司负责。各省、自治区、直辖市文化厅（局）艺术科研管理部门负责组织本行政区划内科研成果的申报遴选工作；文化部民族民间文艺发展中心负责评奖申报受理及分类整理工作。

四、“第二届文化部文化艺术科学优秀成果奖”的评选，坚持政治标准与学术标准统一的原则，保证质量，宁缺勿滥。申请评奖的研究成果应符合学术规范、观点鲜明、论据翔实，具有较高应用价值和学术价值，对文化建设具有推进作用。

五、请各省、自治区、直辖市文化厅(局)艺术科研管理部门及我部有关直属单位科研管理部门对申请评奖的研究成果严格把关。所有参评成果须经地方初评。初评由各地艺术科学规划领导小组办公室或有关主管部门组织进行。经初评遴选后，按以下分配名额择优推荐上报：每个省、自治区6个；直辖市3个；中国艺术研究院30个，国家图书馆3个，其他文化部直属单位各2个。

六、申请评奖成果的研究范围包括：艺术基础理论研究、戏剧（含曲艺、杂技、木偶、皮影）研究、音乐研究、美术研究、舞蹈研究、电影电视广播艺术研究和文化艺术管理研究（含图书馆学研究）。

七、本次申请评奖的研究成果，须是由文化部系统科研人员承担并于1998年11月1日至2004年3月31日期间完成的最终成果，并符合以下要求：

（一）公开出版或发表的专著、论文、研究报告、调查报告、工具书、资料汇编、译著等；

（二）未经公开出版或发表，但确有重要学术价值和应用价值，并作为省级以上人民政府文化行政部门决策依据的研究成果。此类成果必须由文化行政部门出具相关的证明和证据材料。

不在以上时间范围内，且未参加“第一届文化部文化艺术科学优秀成果奖”评选的研究成果，省、自治区、直辖市文化厅（局），认为特别优秀的，也可以申请评奖。

八、文化部文化艺术科学优秀成果奖由个人申请，《文化部文化艺术科学优秀成果奖申请书》同时在文化部网站（网址：http://www.mcprc.gov.cn）和全国哲学社会科学规划办公室网站（网址：http://www.npopss-cn.gov.cn，点击“单列学科”栏目）发布，申请人可直接从网上查询、下载或向所在省、自治区、直辖市文化厅（局）艺术科研管理部门索取并填写，附上有关材料，连同申请评奖的研究成果一式5份送所在单位科研管理部门，经同意并签署意见后，报送至所在省、自治区、直辖市文化厅（局）审核。

文化部各司局及直属单位人员申请评奖的研究成果经单位同意并盖章后直接报送。

经全国艺术科学规划领导小组批准立项并在规定参评时间内完成的课题，可不占用本通知第五条规定的名额，由省级文化厅（局）直接报送参评。

九、 申报中的其他事项：

（一）成果作者为2人以上的，1人申请参评应经其他作者同意并附证明文件；

（二）成果作者已经去世的，可由所在单位代为申请。

十、有下列情况之一者不得申报：

（一）不符合评奖范围的；

（二）弄虚作假或剽窃他人研究成果的；

（三）著作权存在争议的。

十一、严格评奖纪律，反对学术腐败。申请人不得以任何方式对评审专家和工作人员施加影响；参加评审的专家和工作人员不得以任何方式收受申请人的礼金、礼品。违反规定者，一经发现，将予以严肃处理。

十二、评奖的时间安排：从即日起至2004年5月20日为申报受理期；6月30日至8月30日为初评期；8月31日至9月30日为复评期并由评奖办公室在《中国文化报》及有关网站公布拟获奖成果名单；10月1日至10月31日为异议期；11月中旬评奖委员会审定评奖结果并召开颁奖大会。

文化部对“中国民族民间文艺集成志书”编纂出版工作先进集体和先进个人进行表彰

（附获奖名单）

由文化部、国家民委、中国文联有关文艺家协会共同发起并主办的国家社科重大项目“十部中国民族民间文艺集成志书”（简称“十部文艺集成志书”）编纂出版工程，在各级党政部门领导的关心支持下，经过全国广大文化工作者的不懈努力，规划的298卷地方卷书稿全部完成。

“十部文艺集成志书”自1979年陆续发动，各地先后启动各自省卷的编纂工作。由于条件不同，各地的编纂工作进展很不平衡。25年来，一大批文艺工作者为抢救、收集、整理、保护民族文化遗产，默默无闻、无私奉献，贡献了自己的青春乃至生命。为肯定和鼓励自“十部文艺集成志书”编纂出版工程启动以来及2000年“第三届表彰会”以来广大文艺工作者的辛勤工作，文化部决定，对2000年以来完成编纂工作的《中国民间歌曲集成》“云南卷”等67个省卷编辑部、上海市文化广播影视管理局等25个已全部完成所承担省卷编纂任务的文化厅（局）、文联，分别授予“编纂成果集体奖”、“组织工作集体奖”。特别对25年来在“十部文艺集成志书”的组织和编纂工作中成绩突出的内蒙古自治区文化厅等12个文化厅、文联和周述曾等127位同志，授予“组织工作优秀集体奖”和“特殊贡献个人奖”荣誉称号。希望受到表彰的先进集体和先进个人，戒骄戒躁，以本次表彰为新的起点，继续为我国的民族民间文化保护事业、为建设社会主义先进文化做出更大的贡献。

希望文化战线的广大干部学习这些先进集体和先进个人的先进事迹，学习他们为民族文化事业无私奉献的精神和吃苦耐劳、团结协作的工作作风；希望尚未完成省卷出版任务的有关省（区、市）领导部门，继续加强领导，确保尚未出版的省卷如期于2006年全部出版，圆满完成修筑“中华民族文化长城”的伟大工程，共同建设充满生机和活力的、具有中华民族特色的社会主义文化。

“中国民族民间文艺集成志书”编纂出版工作先进集体、先进个人获奖名单

（按行政区划排列）

一、“组织工作集体奖”:（25个）

上海市文化广播影视管理局

安徽省文化厅

江西省文化厅

广西壮族自治区文化厅

海南省文化广播体育厅

云南省文化厅

西藏自治区文化厅

新疆维吾尔自治区文化厅

北京市文联

天津市文联

河北省文联

山西省文联

内蒙古自治区文联

辽宁省文联

吉林省文联

黑龙江省文联

上海市文联

福建省文联

山东省文联

广东省文联

广西壮族自治区文联

云南省文联

西藏自治区文联

甘肃省文联

新疆维吾尔自治区文联

二、“组织工作优秀集体奖”（12个）

内蒙古自治区文化厅

辽宁省文化厅

江苏省文化厅

山东省文化厅

湖南省文化厅

湖北省文化厅

河南省文化厅

江苏省文联

浙江省文联

湖南省文联

西藏自治区文联

宁夏回族自治区文联

三、“成果集体奖”（67个）

《中国民间歌曲集成》（地方卷编辑部）

安徽卷　广东卷　云南卷　西藏卷

《中国戏曲音乐集成》（地方卷编辑部）

海南卷　西藏卷　甘肃卷

《中国曲艺音乐集成》（地方卷编辑部）

河北卷　浙江卷　安徽卷　江西卷　广东卷

广西卷　云南卷　西藏卷　新疆卷

《中国民族民间器乐曲集成》（地方卷编辑部）

天津卷　黑龙江卷　安徽卷　江西卷　海南卷

广西卷　贵州卷　云南卷

《中国曲艺志》（地方卷编辑部）

天津卷　山西卷　黑龙江卷　浙江卷

福建卷　江西卷　广东卷　广西卷　四川卷

云南卷　西藏卷　陕西卷　甘肃卷　青海卷

宁夏卷　新疆卷

《中国谚语集成》（地方卷编辑部）

北京卷　天津卷　内蒙古卷　辽宁卷

黑龙江卷

安徽卷　山东卷　甘肃卷　新疆卷

《中国歌谣集成》（地方卷编辑部）

北京卷　天津卷　山西卷　内蒙古卷

黑龙江卷

辽宁卷　安徽卷　山东卷　广东卷　贵州卷

新疆卷

《中国民间故事集成》（地方卷编辑部）

天津卷　内蒙古卷　黑龙江卷　安徽卷

山东卷　广东卷　新疆卷

四、“特殊贡献个人奖”　（127人）

周述曾　于文青　董梦知（北京）

孙福海（天津）　李国春　王　杰

郑一民（河北）　成葆德　窦明生

郭士星　张　余（山西）　王世一
赵秉义　胡尔查（内蒙古）　郝　明
张淑霞　吴景春（吉林）　白亚光
李明明　杨士清　王益章（黑龙江）
阮可章（上海）　王　鸿　刘俊鸿（江苏）
余东东　蒋中崎　王　恬
季　沉（浙江）　葛　光　高余德
王体效（安徽）　陈济谋　柯子铭
钟天骥　叶清海（福建）　李　坚
盛肖梅　张　涛（江西）　张大经
魏占河（山东）　夏挽群（河南）
黄念清　陈汉明　刘御强
辜德祥（湖北）　龙海清（湖南）
李时成　周国瑾　杨明敬
刘志文（广东）　顾建国　邓如金
韦苏文（广西）　符策超　戴英杰（海南）
周正举　胡继先　黎本初（四川）
张继增　马香莲　韦兴儒（贵州）
张　桥　吴学源　杨利先（云南）
刘志群　格桑曲杰　才旦多吉（西藏）
李广顺　雷　达　梁澄清（陕西）
王正强　顾善忠　赵　毅
黄金钰（甘肃）　王承喜（青海）
王邦秀　杨建国　刘同生
杨继国（宁夏）　周　吉　王秉琏
马雄福（新疆）
余　从　薛若琳
刘文峰　包　澄　常静之　张　民
吴春礼　路应溹　王波云　周　良
蔡源莉　吴文科　孙景琛　梁力生
周　元　康玉岩　吴曼英　王曾婉
王民基　袁静芳　刘新芝　冯光钰
章　鸣　黄俊兰　刘锡诚　许　钰
张紫晨　刘魁立　贺　嘉　冯志华
张　文　马　捷　金茂年　朱芹勤
陶　立　李耀宗　刘晓路　樊祖荫
田联韬　戴宏森　伍国栋　乔建中
孙松林　周育德　田　青

进一步规范全国艺术科学规划课题管理工作

自《文化部关于加强全国艺术研究院所建设的意见》（文教科发[2002]52号）、《文化部教科司关于加强全国艺术科学规划在研课题管理的通知》（教科函[2002]12号）等文件发出及全国艺术科研规划管理暨培训工作会议以来，各地各单位艺术科学规划课题管理工作得到不同程度的加强，主要表现为年度检查的反馈率及质量、课题结项率等显著提高，课题有关变更事项的报批、成果鉴定等工作均有所改进。但在近期课题年度检查及有关变更事项报批、成果鉴定出版等工作中，仍存在着操作不规范的问题。为进一步规范课题管理，确保课题成果达到应有的质量，维护国家艺术科学规划课题的声誉，根据全国哲学社会科学规划办公室《关于加强和改进国家社会科学基金项目成果鉴定结项工作的意见》精神，文化部教科司就进一步规范全国艺术科学规划课题管理提出要求。

一、所有在研课题必须接受年度检查。各省、自治区、直辖市文化厅（局）及在京单位的科研管理部门，应按照我司暨全国艺术科学规划领导小组办公室当年年检工作通知规定的时间与内容要求，负责本省（区、市）或本单位在研课题年度检查的组织工作，对有关年检报表材料汇总后逐一进行严格审核并签署明确意见、集中报送；课题负责人应按《课题年度检查表》各项目要求如实详细填写课题进度、经费使用等情况，并提供阶段性成果的相关材料。

二、凡涉及课题组成员、课题原设计内容、课题完成时间、课题成果形式及名称的变更及境外出版等有关事项，必须按《全国艺术科学规划课题管理办法》的有关规定履行报批手续，未经批准一律不得自行更改、自行其事。

三、全国艺术科学规划课题实行通讯和会议两种鉴定方式。除重点课题及在京单位承担课题的成果由我司暨全国艺术科学规划领导小组办公室组织鉴定外，地方单位承担的年度、青年等课题成果均由我司暨全国艺术科学规划领导小组办公室委托各省、自治区、直辖市艺术科学规划领导小组办公室或文化厅（局）科研管理部门负责组织鉴定，课题负责人或基层科研管理部门不得自行选择鉴定专家和组织鉴定。课题负责人须先提出鉴定结项书面申请，鉴定组织者据此遴选5位同行鉴定专家（其中，外省、区、市专家不得少于3人）并将专家情况表一并报我司暨全国艺术科学规划领导小组办公室审定。各省（区、市）文化厅（局）科研管理部门要本着对国家艺术科学规划课题高度负责的精神，认真审核本省（区、市）课题成果的鉴定结果，提出明确、负责的意见。对于鉴定中发现政治上有问题或学术质量低劣的成果，要严格把关，不能结项。我司暨全国艺术科学规划领导小组办公室审核所有鉴定结果，并参考省（区、市）文化厅（局）科研管理部门的审核意见，决定项目是否结项及成果鉴定等级。

四、从“十五”规划课题开始，最终成果一律先鉴定后出版，未经鉴定一律不得先行出版；成果出版时应在封面统一标注“全国艺术科学‘X五’规划课题”字样，不得随意标注。

全国艺术科学“十五”规划2005年度课题申报、评审办法

为了做好全国艺术科学“十五”规划2005年度课题的申报、评审工作，现根据《全国艺术科学规划课题管理办法》和全国哲学社会科学规划办公室的有关规定，制定本办法。

第一章　课题申报

第一条　凡文化艺术工作者，文化艺术科研人员和热心于文艺科研的社会各界人士，均可根据《全国艺术科学“十五”规划2005年度课题指南》（以下简称《课题指南》）所提出的选题范围，向全国艺术科学规划领导小组办公室（以下简称“全国艺术科学规划办”）申报课题。

第二条　全国艺术科学规划办委托各省、自治区、直辖市文化厅（局）科教处（或艺术科研管理部门）和文化部民族民间文艺发展中心作为申报受理单位，具体负责有关工作。各省、自治区、直辖市文化厅（局）科教处（或艺术科研管理部门）负责受理本行政区划内单位人员的课题申报；文化部民族民间文艺发展中心负责受理在京单位人员的课题申报和所有申报材料的分类整理工作。

第三条　自2004年12月28日起开始受理课题申请，截止日期为2005年3月28日，受理期限为3个月。受理期间，在京单位申请者可向文化部民族民间文艺发展中心、地方单位申请者可向所在省、自治区、直辖市文化厅（局）科教处（或艺术科研管理部门）索取《课题指南》、《全国艺术科学规划课题申请、评审书》（以下简称《申请书》）、《全国艺术科学规划历年立项课题汇编》及本办法。

以上申报材料均同时在文化部及全国哲学社会科学规划办公室网站发布，需要者也可直接从网上查询、下载。文化部网址:http:// www.mcprc.gov.cn；全国哲学社会科学规划办公室网址：http://www.npopss-cn.gov.cn，上网后请点击“单列学科”中的“艺术学科”栏目。

第四条　申请人应按规定认真填写申请书，并按一式3份（1份原件，2份复印件）寄交课题申报受理部门。迟于规定截止日期（以邮戳为准）寄出的申请书，一律不进入本次评审。

申请人在报送申请书的同时，须通过邮局汇寄（或面交）评审补偿费（含计算机录入费）150元，由文化部民族民间文艺发展中心作为委托受理单位具体负责办理收费、登记及开具收据等事宜。凡只寄申请书而未交评审费的，一律不予评审。

第五条　申报全国艺术科学规划课题者，应符合如下条件：

1.具有中华人民共和国国籍，遵守中华人民共和国宪法，拥护社会主义制度和中国共产党的领导。

2.申请人必须真正承担和负责组织、指导课题的实施。

3.申请人当年只能申请一个国家课题，且不能作为课题组成员参加其他课题的申请；课题组成员亦不能同时参加二个以上（含二个）课题的申请；在研的省、部级以上（含省、部级）课题负责人（包括子课题负责人）不能申报，已完成课题研究者，应提供相关证明复印件，附于《评审书》中。

4.重点课题和年度课题的申请人应具有副高级以上专业职称（或相当于副高级以上专业职称）；申请重点课题的课题负责人，必须是完成过省、部级以上同专业研究课题的负责人。

5.申请青年基金课题者年龄不得超过39周岁（含39周岁，以申请截止日期为准）;不具备副高级以上专业职称的，须由两名具有正高级专业职称的同行专家推荐。

6.由多人参加的研究课题，必须注明一位负责人，负责人对该课题经费有最终支配权，其所在单位给予信誉保证；申请书必须由该负责人签名报出。

7.申请自筹经费课题，须有出资单位的经费资助证明。

8.申请人要如实填写申请材料，并保证没有知识产权争议。凡在课题申请中弄虚作假者，一经发现并查实后，取消个人5年申报资格，如获准立项一律按撤项处理。

9.全国艺术科学规划课题实行信誉管理制度，申请人在课题获准立项后及课题研究期间要遵守各项承诺，履行约定义务，按期完成研究任务；课题研究的最终成果实行匿名通讯鉴定制度，通过鉴定后方可出版，违反规定擅自出版者视为自行终止相关资助协议；成果鉴定为不合格或有信誉不良记录者，课题负责人五年内不得申请新课题。

第六条　申请人所在单位须对申请书进行全面审核，对申请人的政治表现、业务能力、科研条件等签署明确意见并承担课题管理及信誉保证。

第七条　课题负责人所在单位上一年的全国艺术科学规划课题按时完成率低于70%的，上报申请课题数不得超过其上一次申报课题总数的70%，按时完成率低于60%的本年度不得申报。

第八条　地方单位和人员的课题申请书，由各省、自治区、直辖市文化厅（局）科教处（或艺术科研管理部门）受理并审核后，在规定时间内统一寄送文化部民族民间文艺发展中心进行分类整理。

第二章　课题种类

第九条　由全国哲学社会科学基金资助的课题：

1.国家重点课题；

2.国家年度课题；

3.国家青年基金课题；

4.国家自筹经费课题。

第十条　由文化部资助的课题（课题负责人为文化部系统人员，课题组可适当吸收非文化部系统人员参加）：

1.文化部重点课题；

2.文化部青年专项课题；

3.文化部自筹经费课题。

第十一条　为支持地方和有关部门的艺术科研工作，“十五”期间，继续设立全国艺术科学规划自筹经费课题。此类课题列入全国艺术科学“十五”规划，由地方、有关部门或课题承担者自筹研究经费；所筹经费的使用不得违反国家有关财务制度。此类课题的申报、评审办法与资助课题的要求相同。

第三章　课题立项原则

第十二条　所选课题应以《课题指南》为依据。

第十三条　课题立论根据充足，学术思想严谨，研究内容和攻关目标明确，研究方法科学，研究计划可行，具备按计划完成研究任务的各项具体条件。

第十四条　课题组成员应具备课题研究所必须的业务水平、研究能力和健康条件，年龄、知识结构比较合理；其所在单位能为其研究工作提供必须的条件和时间。

第十五条　除特殊情况外，论文、研究报告须在1年内完成，专著须在2～3年内完成。除重要的基础理论研究外，鼓励以论文和研究报告作为最终研究成果进行申报。

第四章　课题评审程序

第十六条　课题评审工作由全国艺术科学规划领导小组及其下属的各学科规划小组承担，全国艺术科学规划办负责具体组织工作。

第十七条　全国艺术科学规划办负责各级申报课题的资格审查（资格审查的内容包括：申请者是否符合规定条件；申请书填写是否符合要求；申请手续是否完备；申请人所在单位是否符合申报条件等），资格审查结果记录备案。

第十八条　课题申请书经资格审查后，分类送各学科规划小组进行评审。对跨学科的综合性课题，届时组成综合评审组进行评审。

第十九条　课题评审以会议方式进行。先由学科规划小组成员分别审阅课题申请书，并提出本人评审意见，然后进行集体评议。

第二十条　在集体评议的基础上，学科规划小组采取投票方式，对申请课题进行表决，参加投票人数必须超过学科规划小组人数的三分之二以上（含三分之二）方为有效；赞成票须超过实际到会人数的三分之二以上（含三分之二）方可提名立项。

为提高评审质量，对申报课题数量过多的学科将实行初评程序。即全国艺术科学规划办根据申报情况，提出需要组织初评的学科，征得学科规划小组组长同意后，由学科规划小组组长主持，组织本学科有关专家对申报课题进行初评（条件、程序见前）。经初评中选的课题不得少于本学科计划立项数量的2～3倍，以利复评有较充分的选择余地。初评落选课题应存档备案，中选课题交由学科规划小组进行复评。

第二十一条　由学科规划小组通过的评审结果，经全国艺术科学规划领导小组审定批准，并报全国哲学社会科学规划办公室备案。

第五章　课题评审要求

第二十二条　各省（区、市）文化厅（局）及申请人所在单位科研管理职能部门要加强对课题申报工作的组织指导，严格把关，认真审核，努力提高申报质量；评审专家和有关工作人员必须严格遵守课题的申报、评审程序和有关规定，做好课题申报的受理和评审工作，保证立项课题的质量。

第二十三条　充分发扬学术民主。

第二十四条　坚持公平公正的原则。

第二十五条　课题评审中要妥善掌握各类课题的适当比例，其中，应用性研究课题一般不少于立项课题总数的60％。同时新兴、边缘、交叉学科的研究课题和对学科发展具有填补空白意义的基础性研究课题，以及一些重点、传统学科的“抢救”性研究课题也应占有一定比例。

第二十六条　申报课题要有比较充分的前期研究，同等条件下，有充分前期准备和阶段性成果者，优先立项。对少数民族地区、边远地区的申报课题，在同等条件下优先考虑。

第二十七条　属于下列情况之一的，不予立项：

1.编著或一般性的译著；

2.教材编写和一般性的工作研究；

3.以编纂丛书为目的；

4.“六五”至“九五”及“十五”规划2001年度、2003年度已立过项的选题，且此次申报论证中又无新的研究内容。

第二十八条　为保证申报和评审工作的公正性和严肃性，在评审工作进行期间，申报单位或个人均不得以任何名义走访、咨询学科评审组专家或邀请学科评审组专家进行申报辅导；参加评审的专家、领导、工作人员涉及与自已有关的课题时，一律采取回避措施。

第二十九条　在评审结果未正式公布之前，任何人不得对外泄露。

第六章　附　　则

第三十条　　本办法自公布之日起实行。未尽事宜将另行制定具体办法和措施，或根据实际情况予以研究解决。

第三十一条　　本办法的解释权和修改权属于全国艺术科学规划领导小组办公室。

全国艺术科学“十五”规划 2005年度课题指南

说　明

1.全国艺术科学“十五”规划2005年度课题立项的指导思想是：以马列主义、毛泽东思想、邓小平理论和“三个代表”重要思想为指导，全面贯彻党的十六大和十六届四中全会精神以及《中共中央关于进一步繁荣发展哲学社会科学的意见》，进一步解放思想，实事求是，与时俱进，坚持“二为”方向和“双百”方针，加强基础研究和学科建设，注重新兴、边缘、交叉学科和跨学科综合研究，积极探索建设社会主义先进文化的规律，推动中华文明传承和理论创新，为党和政府的科学决策服务，为社会主义物质文明、政治文明和精神文明建设服务，全面繁荣和发展艺术科学。

2.申报全国艺术科学“十五”规划2005年度课题要有新的眼光，新的时代精神，新的学术思想和新的治学方法,要立足当代中国，面向现代化，面向世界，面向未来，坚持理论联系实际，注重研究我国改革开放和中国特色社会主义文化事业建设中具有全局性、战略性和前瞻性的重要课题。要着眼于推进理论创新，鼓励大胆探索，充分反映本学科及相关学科领域研究新的进展，力求居于学科前沿。基础研究要力求具有原创性或开拓性，应用研究要具有针对性和实效性，力求避免低水平重复研究。

3.本《课题指南》所列条目分为两大类别，第一类为综合性研究，第二类为分类研究。目的在于大致确定2005年度我国文化艺术研究的重点领域和范围，为全国文化艺术科研机构、科研人员和社会各界有关人士提供研究参考，所列条目均可开展综合性研究或分类研究以及跨学科研究。申请者应根据自身研究实力和当地文化艺术资源优势及事业发展需求自行设计具体题目。

4.为切实提高规划水平和研究水平，2005年度规划课题要与学科建设、队伍建设、人才培养及科研结构调整、合理布局结合起来，加强协同攻关，加强整合创新。在选题设计上应注意处理好几个方面的关系：

（1）注意处理好总结历史、研究现实以及准确把握未来三者之间的关系，将综合研究和分类研究结合起来，使规划课题尽量体现出科学性、时代性和前瞻性。

（2）注意处理好理论与实践统一的关系，防止理论与实践脱节的倾向。

（3）注意处理好共性和个性的关系，既要认真开展对当前文艺建设和发展有普遍指导意义的课题研究，也要针对本学科领域和本地区存在的特殊问题，深入开展个案研究和实证性研究。

（4）在数量和质量上注意做到缩短战线，控制规模，注重立项课题的质量，杜绝低水平重复选题，切实提高全国艺术科学研究的整体水平。

（5）在研究方法上，提倡运用现代科技手段，提倡定性研究与定量研究相结合，提倡理论研究与实证研究相结合，实现研究方法的科学性、规范性和严谨性。

5.2005年是“十五”规划最后一年，根据突出重点、兼顾一般，控制规模，提高质量的要求，本年度规划课题应以我国文化建设与发展战略中急需解决的重大现实问题、热点难点问题和涉及文化建设现状的大型数据调查研究等应用对策研究为主攻方向，同时对在学科建设方面具有填补空白意义的基础理论研究、民族民间文化艺术遗产研究等集体攻关课题以及边远贫困地区和少数民族地区特别是西部地区文化艺术研究给予倾斜。

6.经过评审后，正式列入全国艺术科学“十五”规划2005年度课题的，多数应是国家急需的综合性应用课题；理论上有新的突破和建树、具有较高学术价值的基础理论课题和填补空白的课题。除重要的基础研究外，鼓励以论文和研究报告作为最终研究成果进行申报。

（一）综合研究

（1）中国共产党与中国文艺事业发展研究

（2）建设中国先进文化的理论与实践问题研究

（3） 中国艺术与民族精神研究

（4）小康社会与中国文化艺术建设研究

（5）战略机遇期中国文化艺术发展研究

（6）艺术科学学科现状及前沿问题研究

（7）中国群众文化现状及发展趋势研究

（8）中国国家艺术标准研究

（9）西部文化艺术研究

（10）艺术与科学、科技问题研究

（11）少年儿童艺术研究

（12）少数民族文化艺术研究

（13）宗教艺术研究

（14）海峡两岸文化交流现状与发展战略研究

（15）海外华语文化艺术研究

（二）分类研究

艺术基础理论研究

（1）马克思主义文艺理论研究

（2）中华艺术通论体系研究

（3）艺术原理与美学研究

（4）艺术批评学研究

（5）大众文艺现状及发展趋势研究

（6） 外国艺术史、艺术理论和艺术思潮译介与研究

戏剧（含曲艺、杂技、木偶、皮影）研究

（1）戏剧艺术现状与发展趋势研究

（2）中国戏剧历史研究

（3）戏剧理论与批评研究

（4）中外重要剧作家与作品研究

（5）外国戏剧与中外戏剧比较研究

（6）中国曲艺史论研究

（7）木偶、皮影史论研究

（8）杂技史论研究

音乐研究

（1）中国音乐史学研究

（2）通俗音乐现状及发展趋势研究

（3）民族音乐学研究

（4）音乐美学与音乐批评研究

（5）当代中国音乐创作研究

（6）中国歌剧艺术研究

（7）外国音乐及中外音乐文化比较研究

（8）作曲技术理论与音乐表演理论研究

美术研究

（1）中国美术史论研究

（2）现当代中国美术思潮与美术批评研究

（3）外国美术及中外美术比较研究

（4）中国传统美术技法研究

（5）民间美术研究

（6）中国书法、篆刻理论与批评研究

（7）艺术设计及史论研究

（8）建筑与环境艺术研究

（9）美术馆学研究

（10）摄影艺术研究

舞蹈研究

（1）中国舞蹈史学研究

（2）中国民间舞蹈现状及发展趋势研究

（3）舞蹈美学与批评研究

（4）舞蹈编导、表演研究

（5）舞剧艺术研究

（6）外国舞蹈与中外舞蹈文化比较研究

（7）民族民间舞蹈文化传承规律研究

电影电视广播艺术研究

（1）中国电影电视艺术现状及发展战略研究

（2）中国电影、电视剧历史研究

（3）电影、电视剧理论与批评研究

（4）当代中国电影电视艺术创作研究

（5）世界电影电视艺术发展趋势及产业化

研究

(6)海内外电影、电视剧艺术比较研究

(7)中外动画艺术及产业研究

(8)广播艺术研究

文化艺术管理研究

(1)当代中国文化体制改革研究

(2)文化发展规划与布局研究

(3)文化执法监督体系研究

(4)民族民间文化保护法律机制研究

(5)国家非物质文化遗产名录评定标准研究

(6)文化生态保护区的管理与建设研究

(7)文化市场、文化产业与文化经济政策研究

(8)中国对外文化艺术交流现状及发展战略研究

(9)城市社区文化特点、趋势及对策研究

(10)中国农村文化建设研究

(11)中国文化艺术人才管理现状及改革模式研究

(12)文化设施建设研究

(13)文化艺术信息化建设研究

(14)网络文化现状、发展趋势及对策研究

(15)文化娱乐业现状及发展趋势研究

(16)音像业现状及发展趋势研究

(17)文化产品出口政策研究

(18)国际传媒产业现状及发展趋势研究

(19)外国艺术法规译介与研究

开展全国艺术科学"十五"规划2005年度课题申报工作

根据《全国艺术科学研究"十五"(2001~2005年)规划要点》和本部工作计划，文化部决定自2004年12月28日起开展全国艺术科学"十五"规划2005年度课题的申报工作，并就有关事项发出通知。

1.艺术科学是哲学社会科学的重要组成部分，在先进文化建设中，具有重要的作用。各地应按照十六大和十六届四中全会精神以及《中共中央关于进一步繁荣发展哲学社会科学的意见》，进一步给予重视。要将艺术科学研究工作作为繁荣艺术的重要基础和体现，切实纳入工作计划，在经费、人员和组织机构方面给以支持，提供必要的条件，确保这一工作的正常开展。

2.全国艺术科学"十五"规划2005年度课题的申报受理工作于2004年12月28日开始。

各省、自治区、直辖市文化厅(局)科教处(或艺术科研管理部门)和文化部民族民间文艺发展中心作为申报受理单位，具体负责有关事宜。各省、自治区、直辖市文化厅(局)科教处(或艺术科研管理部门)负责受理地方有关人员的课题申报；文化部民族民间文艺发展中心负责受理在京单位人员的课题申报和所有申报材料的分类整理工作。

3.为保证全国艺术科学规划的延续性和立项课题的结项率，各受理单位和课题申请人所在单位及有关单位科研管理部门，要对包括《中国民族民间文艺集成志书》在内的全国艺术科学"七五"规划以来立项课题的完成情况进行全面检查，切实加强领导，抓紧完成1998年以前立项课题清理工作，对在研课题调整和充实科研力量，在经费和人员等方面提供条件，通过加强艺术科研改革和管理，确保全国艺术科学规划课题按期完成，在此基础上，积极开展全国艺术科学"十五"规划2005年度课题的申报组织工作。

4.各受理单位和课题申请人所在单位要按照有关要求，加强对课题申报工作的组织和管理，保证申报质量。要严格把关，对《全国艺术科学规划课题申报、评审书》的所有栏目内容，特别是对选题、课题设计的科学性和可行性、课题组是否具有完成研究任务的充分条件等，认真进行审核，签署明确意见。《全国艺术科学规划课题申报、评审书》中的课题设计论证活页上不得出现申请人姓名和所在单位名称(但必须注明申报课题的题目)，否则不予

评审。

5.申报课题所需要的各种材料，包括《全国艺术科学“十五”规划2005年度课题指南》、《全国艺术科学“十五”规划2005年度课题申报、评审办法》、《全国艺术科学规划历年立项课题汇编》、《全国艺术科学规划研究课题申报、评审书》（含课题设计论证活页）和《关于申报全国艺术科学“十五”规划2005年度课题的通告》，均同时在文化部网站（网址：http://www.mcprc.gov.cn）和全国哲学社会科学规划办公室网站发布（网址：http://www.npopss-cn.gov.cn,点击“单列学科”栏目），需要者可直接从网上查询、下载或向受理单位索取。

6.各地受理申报时间从2004年12月28日起至2005年3月28日止。申报单位必须于截止日期前将审查合格的《全国艺术科学规划课题申报、评审书》一式3份（1份原件，2份复印件）和评审补偿费（含计算机录入费）150元报送受理单位；各地受理单位必须于4月15日前（以邮戳为准）将所有申报材料及评审补偿费寄送文化部民族民间文艺发展中心，逾期不予受理。

关于修改《社会艺术水平考级管理办法》的说明

2002年6月17日，《社会艺术水平考级管理办法》（文化部令第24号）正式施行，为进一步整顿和规范艺术考级活动提供了法律依据，艺术考级开始步入有序健康发展的轨道。《办法》实施虽然只有2年，但在各级文化行政部门的共同努力下，已基本上扭转了艺术考级活动的混乱状况，取得了阶段性成绩。随着人民生活水平的不断提高和文化艺术事业的发展，艺术考级工作也出现了一些新情况、遇到了一些新问题，原有的《办法》已不能适应发展的需要。如：对设立机构级别的限制，违背公平准入原则；对于承办单位的限制影响了艺术考级事业的发展；对依法设立的艺术考级机构应给予充分的自主权利等。艺术考级机构和专家呼吁重视艺术考级标准及质量是目前政府管理的核心，期待我们对《办法》进行修改与完善，以确保艺术考级事业的健康发展。

我司根据艺术考级发展的实际情况及《行政许可法》的要求，主要从以下四个方面对《办法》进行了修改和补充：

1.根据公平准入原则，取消对申请单位的级别限制。原《办法》为解决艺术考级工作多头介入、各类艺术考级泛滥问题，对设立机构的级别、范围做出严格界定，起到了规范艺术考级工作的积极作用。但随着经济和文化事业的繁荣发展，很多地（市）级艺术学校、团体和单位的专业艺术水平和物质条件已有很大提高，与省级以上相关单位的差距越来越小，部分单位也完全具备申请设立考级机构并开展艺术考级活动条件。据此，《办法》（修改稿）将原《办法》第八条和第十八条删除，所有符合规定条件的艺术学校、团体和单位都有平等的机会申请开办艺术考级活动。为确保考级机构质量，《办法》（修改稿）增加了“申请单位自编并公开出版发行的艺术考级教材”的限定条件，从而有效地解决了机构数量与质量的矛盾，既宏观上控制了机构的相对数量，又体现公平准入原则和政府注重艺术考级机构质量的导向。

2.扩大了艺术考级机构自主权。主要表现在三个方面：（1）艺术考级机构自行决定承办单位。原《办法》规定，艺术考级机构委托的承办单位必须由承办单位所在地省、自治区、直辖市人民政府文化行政部门进行审批，以保证承办单位的质量。但经过我们实地调查，艺术考级机构通过2年的清理整顿，在承办单位的选择问题上已基本能够自律；同时考虑到不同专业艺术考级机构对承办单位的硬件要求存在较大差异，不宜对承办单位进行统一审批的实际情况，我们在《办法》（修改稿）中取消了省（自治区、直辖市）文化行政部门的承办单位审批权。（2）艺术考级机构自行决定考级证书规格。考级证书不仅是考生达到某级别艺术水平的证明，而且在某种程度上代表着考级机构质量与形象，因此根据考级机构及专家建议，我们在《办法》（修改稿）中删除了“艺术考级证书由文化部统一规格”的规定，只要求统一监制。（3）艺术考级机构自行组织辅导教师的培训工作。原《办法》规定，全国社会艺术水平考级中心负责“组织艺术考级辅导教师的培训工作”。对此，专家认为：考级中心是艺术考级的服务性机构，不具备专业能力组织辅导教师的培训工作，建议由考级机构或全国社会艺术水平考级工作专家指导委员会负责。我们采纳了专家意见，在《办法》（修改稿）中规定由全国社会艺术水平考级工作专家指导委员会指导考级机构开展辅导教师的培训工作。

3.取消承办单位审批权。主要从以下两个方面考虑：（1）取消承办单位审批权，可以减少艺术考级机构的审批环节，提高工作效率，降低政府行政成本和艺术考级机构的考级成本，符合政府高效率、低成本和便民的要求。（2）经过2年的规范整顿，艺术考级机构自律性有了很大的提高，有能力自行决定承办单位；而且承办单位与考级机构各项业务息息相关，由艺术考级机构自行决定承办单位，有利于考级工作的顺利开展，所以承办单位审批权也就没有了存在的必要性。

4.充分发挥专家作用。为使文化行政部门管理艺术考级的工作更科学、更规范，使艺术考级更加符合艺术教育规律、特点，根据“专家论证，政府决策”的指导思想，文化部组织成立了全国社会艺术水平考级专家指导委员会。作为艺术考级工作指导机构，在《办法》（修改稿）的管理机构章节中，增加了专家委员会的职能，主要内容包括：（1）开展艺术考级工作的有关政策、法规等方面的研究；（2）论证艺术考级专业目录；（3）论证艺术考级标准，审定艺术考级教学大纲；（4）制定艺术考级考官资格认定标准，审核艺术考级考官资格；（5）制定艺术考级辅导教师资格认定标准，指导艺术考级辅导教师的培训工作；（6）论证申请设立艺术考级机构的资格，并向审批机关提供书面论证结果。增加全国社会艺术水平考级工作专家指导委员会职能体现了政府管理的公正性、客观性、科学性、权威性和严谨性，得到了广大专家学者的肯定与支持。

以上是《办法》修改的几个主要方面，相关条款也做了相应的调整。同时，按照法律用语准确、简洁、规范和前后条文表述一致的要求，还对《办法》作了一些文字修改。

建议修改后的《社会艺术水平考级管理办法》仍以部长令的形式发布。

教育部文化部合作共建中央音乐学院、中央戏剧学院、中央美术学院

为进一步贯彻党的十六大精神以及新时期高等教育“巩固、深化、提高、发展”的工作方针，推进中央音乐学院、中央戏剧学院和中央美术学院的改革和发展，更好地为全国文化事业发展服务，教育部和文化部协商，就共建三所艺术院校达成共识。

1.中央音乐学院、中央戏剧学院和中央美术学院为教育部直属高校，由教育部和文化部共建，以促进三所院校的改革与发展，充分发挥各院校的专业的优势和办学特色，适应21世纪国家文化事业发展的要求，显著提高教育质量、学术水平和整体办学实力，成为我国文化艺术领域高层次人才培养、学术研究和艺术创作的重要基地。

2.教育部对三所院校的建设和发展包括中央音乐学院“211工程”建设给予必要的投入和条件保障。在学科建设、人才培养和科研等

方面充分考虑艺术院校的特殊性，给予必要的政策支持，同时，教育部将视条件和可能，在政党的经费投入之外，积极争取给予三校一定的专项经费投入支持，促使三所院校不断增强办学实力，提高教育质量和学术水平，在我国文化艺术教育事业中继续发挥作用。

3.文化部加强与三校间文化政策、信息的沟通，在三校艺术人才培养方向、规格、数量上继续提供指导。鼓励和支持文化企事业单位与三校采取多种方式的合作，共同培养文化事业发展所需各类高层次专业人才。

4.教育部和文化部共同支持三校开展面向文化行业的艺术科学研究。教育部支持三校继续发挥学科、人才优势，积极承担全国社会艺术科学研究课题和参与文化部科技立项。文化部将三校的艺术科学研究和文化科技统筹纳入全国科学和文化部科技发展规划，并支持三校同文化单位联合开课题攻关。在项目申报、立项、评审和鉴定等方面与文化行业其他部门一视同仁，一如既往地给予支持。

5.文化部将三校的艺术创作、对外文化交流统一纳入全国文化事业发展规划，继续给予支持和指导。在制定和实施国家重大文化项目建设和国际文化交流活动中注重艺术院校师生的广泛参与，继续发挥艺术院校艺术创作、展演和人才优势，促进文化行业与院校间的人才资源共享和基本原则项目合作。

6.文化部对三校的专业教学和艺术实践给予重视和支持。通过举办各类艺术院校的专业比赛、演出和展示活动，为艺术院校间的教学经验交流和学生艺术实践提供平台。加强行业需求信息采集，提供就业信息。

7.教育部积极支持三所院校主动接受文化部的行业指导和管理，充分发挥自身的科学优势和特色，为促进和繁荣我国文化艺术事业作出贡献。三所艺术院校要主动适应文化事业发展需要，为文化事业培养和输送各类各层次专业人才，积极配合文化系统做好艺术高职、中专师资培训工作，努力为全国文化事业发展服务。

8.尊重并维护学校依法自主办学的权力，尊重艺术教育、科研及创作规律，进一步创造条件，推进和支持各校深化校内管理体制改革，建立自主办学和自我约束相结合的运行机制。

9.相关具体问题，在共建中，由教育部、文化部和三所艺术院校加以研究决定。

文化政策法规

Cultural policies and regulations

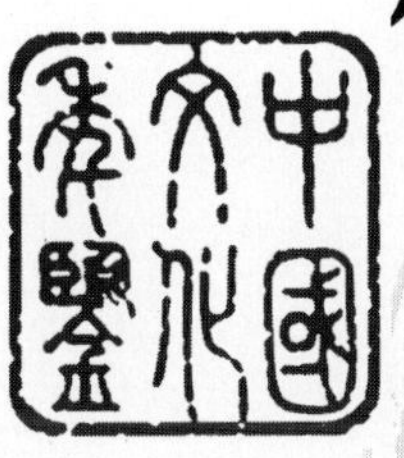

2004年文化政策综述

2004年，文化系统认真贯彻落实中央关于加强文化建设和深化文化体制改革的一系列精神，进一步加强和完善了文化政策体系建设，为促进文化事业和文化产业的协调发展，推动文化体制改革的不断深化提供了有力的支撑和保障。

一、关于健全公共文化服务体系建设政策的研究与制定

2004年，公益文化事业政策研究和制定呈现以下几个方面特点：一是文化部以维护和保障公民基本文化权益为出发点，首次提出了要"围绕维护广大人民群众基本文化权益和满足人民群众文化需求，积极构建布局合理、设施完善、功能齐备、服务方便的公共文化服务体系"的发展思路和政策目标，从"公益文化事业"到"公共文化服务体系"，体现了文化部门进一步强化转变政府职能，更加全面科学理解公益文化事业发展思路的转变。二是着力提高公共文化服务能力和水平，特别强调了公共文化政策对社会特殊群体的关注。2004年3月，为贯彻落实《中共中央、国务院关于进一步加强和改进未成年人思想道德建设的若干意见》(中发[2004]8号)精神，充分发挥公共文化设施在未成年人思想道德建设中的重要作用，文化部、国家文物局下发了《关于公共文化设施向未成年人等社会群体免费开放的通知》。《通知》规定，全国文化文物系统各级博物馆、纪念馆、美术馆对未成年人集体参观实行免票，对学生个人参观实行半票，对家长携带未成年子女参观，对未成年子女免票。对持有相关证件的现役军人、老年人、残疾人等特殊群体，实行门票免费或优惠。为进一步保障《通知》精神的落实，文化部会同国家发改委、教育部、科技部、民政部、财政部、国家文物局、解放军总政治部、中华全国总工会、共青团中央、全国妇联、中国科协等有关部门制定了《公益性文化设施向未成年人开放的实施意见》，对公益性文化设施免费向未成年人开放提出了明确具体的要求。这一政策的出台，在社会上产生了良好的反响，取得了显著的社会效益。为进一步解决进城务工人员文化生活贫乏问题，文化部发出了《关于高度重视农民工文化生活，切实保障农民工文化权益的通知》，对充分整合各有关部门资源，调动各有关方面的积极性，丰富进城务工人员文化生活，起到了积极推动作用。三是加强对基层公共文化设施建设的政策倾斜。文化部与国家发改委制定了《全国乡镇文化站建设规划》，计划在三年内对全国3000多个无文化站的乡镇进行资助，三年后基本能够填补目前乡镇无文化站的空白。同时，还修改《文化馆管理办法》，起草了《全国乡镇(街道)文化站评估办法及标准》等相关文件，进一步完善社会文化建设评估指标体系。四是加强了对农村文化建设的调研和有关政策的制定。2004年6月，文化部发出了《关于开展农村文化建设和农民自办文化调研工作的通知》，对农村文化建设和农民自办文化进行了调研，为中央、国务院制定关于进一步加强农村文化建设指导性意见和文化部制定支持鼓励农民自办文化的指导性文件，提供了政策依据。五是加大了对非物质遗产保护的政策制定力度。加强对历史文化遗产的保护是公共文化政策的重要内容。2004年，文化部、财政部起草下发了《关于实施中国民族民间文化保护工程的通知》、文化部关于《中国民族民间文化保护工程实施方案》、《国家级非物质文化遗产名录的标准与办法》等文件，成为建立中国非物质遗产保护体系的重要政策支撑。

二、关于促进文化产业发展的政策研究与制定

2004年，我国文化产业政策的制定取得了较大的突破，出台了若干对文化产业发展有很大影响的文件。一是进一步完善以公有制为主体、多种所有制共同发展文化产业的相关政策，加快了非公有制经济进入文化产业领域的步伐。2004年10月文化部制定了《关于鼓励、支持和引导非公有制经济发展文化产业的意

见》，进一步扩大文化产业准入领域，调动非公有制经济发展文化产业的积极性。《意见》强调了鼓励、支持和引导非公有制经济发展文化产业的重要意义，提出了按照“谁投资、谁决策、谁收益、谁承担风险”的原则，积极鼓励、支持和引导非公有制经济发展文化产业，对鼓励支持和引导非公有制经济发展文化产业的主要政策做出了明确的规定。《意见》明确提出，党的十六大以来，由于非公有制经济的积极参与，我国文化产业得以迅速发展，整体实力和竞争力不断增强，在国民经济中的比重有所提高。但是，总体上依然存在着影响非公有制经济发展文化产业的诸多问题，如非公有制经济与公有制经济待遇不平等，难以与其他市场主体平等地使用生产要素；非公有制文化企业投资经营的许多环节还存在着若干不合理的限制；政府管理体制和服务水平不能适应非公有制经济发展文化产业的要求等等。积极鼓励、支持和引导非公有制经济发展文化产业，有利于优化调整文化产业所有制结构，促进公有制的多种实现形式，同时，有利于创造就业机会，拉动内需，为广大群众提供丰富多彩的文化产品和文化服务。《意见》中涉及鼓励、支持和引导非公有制经济发展文化产业的主要政策是：进一步放宽市场准入，允许非公有制经济进入法律法规未禁止进入的文化产业领域；大力营造非公有制经济发展文化产业的良好政策环境和市场环境；继续深化文化体制改革，支持非公有制经济参与国有文化单位的重组改造；打破所有制界限，打破地区封锁和部门封锁，坚持非公有制文化企业与国有、集体文化企业同等待遇；进一步转变政府职能，强化服务意识；依法加强对非公有制文化企业的监督，切实改进管理方式；引导非公有制文化企业认真学习党和国家的路线、方针和政策，自觉遵守国家关于文化市场管理的各项政策法规；充分发挥工商联、商会、行业协会等社会团体和中介组织在引导规范非公有制文化企业发展中的作用等。《意见》明确提出，要通过鼓励、支持和引导非公有制经济发展文化产业，逐步形成以国有文化企业为主导、多种所有制经济共同参与、投资主体多元化、融资渠道社会化、投资方式多样化、项目建设市场化的文化产业发展新格局。《意见》又指出，政府要进一步转变职能，强化服务意识，为非公有制文化企业提供全面有效的服务，要把鼓励、支持和引导非公有制经济发展文化产业作为一项重要任务纳入工作的议事日程。同时，要积极争取当地党委和政府的领导，把鼓励、支持和引导非公有制经济发展文化产业纳入当地的国民经济和社会发展总体规划。二是制定出台了培育外向型文化企业，鼓励中国文化产品与企业“走出去”的政策。2004年12月，文化部《关于促进商业演出展览文化产品出口的通知》，将商业演出展览的出口，作为对外文化工作的重点，要求从政策和资金上为其提供有力保障。提出了文化部将建立国际商业演出展览产品信息库，向我国文化企业及单位及时提供国际商业演展市场信息、演出展览经纪机构、知名文化企业等介绍，支持有条件的文化企事业在境外建立演出展览分支机构，鼓励中国企事业与境外演出展览经纪机构合作，建立国际销售网络，鼓励非文化企业和社会资金参与商业演出展览产品的出口中。同时颁布了《国家商业演出展览文化产品出口指导目录》管理办法（试行）。

三、文化体制改革的政策研究与制定

文化体制改革是一项政策性很强的工作，只有不断地完善支持改革发展的保障政策，才能推动文化体制改革顺利进行。2003年国办发[2003]105号文件出台后，为试点地区文化产业的发展和经营性文化单位转企改制提供了政策保障。各改革试点地区根据国办发[2003]105号文件的精神，制定了各自支持文化产业发展和经营性文化事业单位转为企业的相关政策。北京市制定了《北京市人民政府办公厅关于印发文化体制改革试点中支持文化产业发展和经营性文化事业单位转制为企业的两个实施办法的通知》（京政办发[2004]40号），重庆市出台了《中共重庆市委重庆市人民政府关于积极培育文化市场加快发展文化产业的意见》（渝委发[2004]14号）和《重庆市人民政府办公厅关于印发文化体制改革试点中支持文化产业发展和经营性文化事业单位转制为企业的两个实施办法（试行）的通知》（渝办发[2004]106号），浙江省制定了《浙江省人民政府办公厅关于支持省级国有文化单位改革试点和文化产业发展的若干政策意见（试行）》（浙政办发[2004]16号）和《浙江省财政厅 浙江省国家税务局 浙江省地方税务局关于文化体制改革中若干税收政策问题的通知》（浙财教字[2005]70号），西安《西安市人民政府办公厅关于印发支持文化产业发展和经营性文化事业单位转制为企业的两个意见的通知》（市政办发[2004]111号）、《中共沈阳市委 沈阳市人民政府关于印发〈沈阳市文化体制改革试点工作若干政策规定〉的通知》（沈委发[2004]6号），丽江市制定了《关于全面开展文化体制改革工作的实施意见》（丽发[2004]19号）和《关于促进文化事业繁荣和加快文化产业发展的意见》（丽发[2004]20号）。这些政策的出台为各地的改革提供了具体的指导。第一，落实经营性文化事业单位转制为企业的有关规定。一是在推进国有文化资产授权经营方面，各地结合文化单位的特点，按照“遵循统一规则，实施单列操作”的思路，在地方文化体制改革领导小组的领导下，组建了文化领域国有资产监督管理工作小组。重庆市明文公布授权经营的申报和审批程序，推进国有资产的授权。二是在资产处置方面，各地都建立起完善的资产清查、审计、评估和核销体系。重庆市明确规定国有土地使用权的处置方式和盈余资金的使用方式；西安市明确将转制为非公有制企业的职工住宅、生活福利设施及占用的国拨土地从改制资产中剥离；浙江允许将转制时离退休人员养老医疗、经济补偿金、抚恤金、丧葬费等相关费用在国有资产中提留。三是在收入分配方面，各地按照市场经济原则和公司制要求，设计了适合当地市场行情的薪酬制度，逐步清理了工资外补贴、津贴、福利的发放。此外，浙江规定了改制的文化单位住房补贴办法，可参照单位所在地住房补贴政策和各单位经济实力。四是在社会保障方面，各地按照“老人老办法，新人新办法”的规定，逐步建立了适应企业要求的社保制度。五是在人员分流方面，各地按照劳动法、合同法规定，在自愿的基础上签订转岗、离岗、退岗协议，对提前离岗或退岗的人员给予适当的经济补偿，稳妥地推进富余人员分流工作。西安在此基础上，还规定了人均1.5万元的退岗补偿金制度和分流创业扶持制度以及允许病退离岗、早退离岗制度。第二，落实支持文化产业发展的有关规定。在财政税收方面，各地在贯彻105文件基础上，编订产业发展名录，引导产业发展，同时放宽对企业所得税的免税年限（明确规定为3年）。在工商管理方面，各地落实了注册资金允许分批注入和鼓励无形资产入股的规定。西安结合自身实际，将初次最低出资额降低到30%，突破了文件50%的限制。各地在认真贯彻国办发[2003]105号文件的基础上，结合地区特点和自身产业、事业结构特点，作了一些充实。北京在支持文化产业发展方面，制定了文化产业发展指导目录，分类指导了产业发展；细化了基础性公共广播电视服务的基本收费项目。在推进文化事业改制上，增加了转制范围的规定，列举了可以转制的单位。重庆在支持文化产业发展上，对转制单位分流人员兴办非主业的经济实体免交登记、公告费，申办个体工商户执照免收登记费和名称查询费，并给予三年免交管理费的优惠。在推进文化事业单位改制上，增加了转制类型的规定，明确了各类型单位的转制方向；在国有文化资产授权经营方面，细化了授权经营的申报和审批程序；在资产处置方面，明确将转让收入纳入到市财政体系，保证转企改制专款专用，同时细化了国有土地使用权的处置方式、规定了盈余资金的使用方式；在法人登记方面，明确规定对转企改制后单位放宽经营范围的限制。西安将首期出资额比例降低到30%，同时规定在完成注册一年之内，注册资本额需增加到50%以上。在国有资产的处置上，将转制为非公有制企业的职工住宅、生活福利设施及占用国拨土地从资产中剥离；明确规定转制前债务由转制后企业负担；规定产权置换收入需要上缴财政。在人员分流安置上，鼓励分流人员自主创业，并给予优惠的扶持政策；给予转制后被解除劳动关系的职工转制前工龄的经济补偿（标准是人均1.5万元）；按照工龄长短给予不同额度的求职安置费；允许单位自筹资金，解决本单位提前退休待遇；规定了病退的认定。在财政税收上，规定财政安排专项资金用于资产评估、财务审计、政策咨询。浙江在推进文化事业改制方面，规定了职工住房补贴的计发办法；规定转制时离退休人员养老医疗、经济补偿金、抚恤金、丧葬费等相关费用的提取办法；规定了国家划拨土地使用权的处置办法；规定了减免文化设施租赁费的情况；规定了对艺术团体改革成本的财政补助；规定对实行工效挂钩政策的企事业单位准予将实际发生的工资支出额在税前扣除。沈阳在对推进文化事业改制方面，增加了转企类型的规定，明确了各类型单位的转制方向；规定了提前退休的申报条件；规定了解除劳动关系的经济补偿标准。

2004年文化政策选编

关于公共文化设施向未成年人等社会群体免费开放的通知

各省、自治区、直辖市文化厅（局）、文物局（文管会），新疆生产建设兵团文化局，本部各直属单位：

为了落实《中共中央国务院关于进一步加强和改进未成年人思想道德建设的若干意见》（中发[2004]8号）精神，充分发挥公共文化设施在未成年人思想道德建设中的重要作用，进一步提高政府为全社会提供公共文化服务的水平，现就公共文化设施向未成年人等社会群体免费开放的有关事项通知如下：

一、从2004年5月1日起，全国文化、文物系统各级博物馆、纪念馆、美术馆要对未成年人集体参观实行免票；对学生个人参观可实行半票；家长携带未成年子女参观的，对未成年子女免票。对持有相关证件的现役军人、老年人、残疾人等特殊社会群体，也要实行门票减免或优惠。被确定为爱国主义教育基地的各级各类公共文化设施要积极创造条件对全社会开放。

二、公共文化设施在向未成年人等社会群体免费开放的同时，要坚持把社会效益放在首位，积极开展未成年人喜闻乐见的文化艺术活动，把思想道德建设内容融于其中，充分发挥对未成年人的教育引导功能。博物馆、纪念馆、美术馆要加强陈列设计，根据未成年人的心理特点和教育需求，举办学术性、专业性和知识性、趣味性、观赏性紧密结合的陈列和展览，增强吸引力和感染力。有条件的地方可根据本地实际，创办少儿图书馆等未成年人文化设施或场所。公共图书馆要通过开设少儿阅览室、举办面向未成年人的讲座与培训、设立少儿集体参观接待日等方式，有针对性地向未成年人提供服务，培养未成年人使用图书馆的意识，积极开展适合未成年人实际需求的各种文献信息服务。文化馆、文化站要加强少儿文化活动的辅导和培训工作，组织开展丰富多彩的少儿文化活动。

三、全国文化信息资源共享工程要根据未成年人成长进步的需求，精心制作知识性、趣味性、科学性强的文化信息资源；基层网点要完善服务环境，规范服务内容和方式，努力让健康的文化信息资源通过网络进入校园、社区、乡村、家庭，丰富广大未成年人的精神文化生活。各级博物馆、公共图书馆、纪念馆、美术馆等要积极利用互联网站，开设专门为未成年人服务的网页、专栏，提供为广大未成年人喜闻乐见的文化服务内容；组织开展各种形式的网上文化活动。

四、各级文化、文物部门可通过媒体，公共文化单位可在设施或场所的显著位置向公众公示、宣传和介绍公共文化设施向未成年人等社会群体免费开放的有关情况，方便群众了解、使用和监督。公共文化设施要充分发挥文化志愿者的积极作用，在售票窗口接待、参观场所引导、图书音像材料提供以及讲解安排等方面规范服务，为未成年人等社会群体参观创造良好的服务环境。古遗址、古建筑文物单位，特别是全国文物保护单位和列入世界文化遗产名录的文物保护单位，要妥善处理好扩大开放和有效保护文物安全的关系，根据本单位具体情况，落实免费开放措施，合理调控流量，积极预防可能出现的文物损坏、群体安全等问题。

五、各级文化、文物部门要积极争取财政部门的支持，落实公共文化设施向未成年人免费开放所需资金，落实配套设施建设和设备更新经费，对因免票或优惠所减少的收入，给予必要补偿。

公共文化设施向未成年人等社会群体免费开放，有利于发挥公益性文化事业的潜能，体现了“三贴近”的要求。各级文化、文物部门要高度重视这项工作，加强领导，认真部署，加强监督和检查，切实把这项工作落到实处。各地要在2004年12月前对本地落实通知要求情况进行检查和总结，并报告文化部和国家文物局。

特此通知。

中华人民共和国文化部
国家文物局
二OO四年三月十九日

文化部、国家发展改革委、教育部、科技部、民政部、财政部、国家文物局、解放军总政治部、全国总工会、共青团中央、全国妇联、中国科协关于公益性文化设施向未成年人免费开放的实施意见

为深入贯彻落实《中共中央国务院关于进一步加强和改进未成年人思想道德建设的若干意见》（中发[2004]8号）精神，充分发挥公益性文化设施在未成年人思想道德建设中的重要作用，现就进一步加大公益性文化设施向未成年人免费开放力度，提出以下实施意见：

一、加大公益性文化设施向未成年人免费开放力度

根据中央要求，享受国家财政支持的各级各类博物馆（院）、展览馆、美术馆、科技馆、纪念馆、烈士纪念建筑物、名人故居、公共图书馆、学校图书馆、文化馆（站）、文化宫（工人文化宫、工人俱乐部）、青少年宫、儿童活动中心等公益性文化设施要向未成年人免费或优惠开放。尚未实行免费或优惠开放的，要于2005年1月1日前，向未成年人免费或优惠开放。

博物馆（院）、展览馆、美术馆、科技馆、纪念馆、烈士纪念建筑物、名人故居要对学校组织的未成年人集体参观实行免票；对未成年人个人参观实行半价或1/4票价优惠；家长携带未成年子女参观的，对未成年子女免票。有条件的纪念馆可对公众免费开放。

文化馆（站）、文化宫（工人文化宫、工人俱乐部）、青少年宫、儿童活动中心要坚持面向未成年人、服务未成年人的宗旨，并与学校综合实践活动相衔接，积极开展教育、科技、文化、艺术、体育等适合未成年人参与的活动。凡学校组织在该设施内开展的集体文化活动免费。未成年人个人参与的文化活动实行半价优惠或免费。

公共与学校图书馆要在国家法定节假日设定“未成年人参观接待日”，免费接待未成年人参观；对未成年人的借阅行为实行免费，对未成年人复印等收费项目实行半价优惠。公共图书馆要开设免费的未成年人阅览室或未成年人多媒体阅览室；面向未成年人举办的讲座、培训、展览等各种活动免费；向中小学图书馆（室）以免费或半价优惠的方式提供适合未成年人阅读使用的文献资料。

要充分发挥各公益性文化设施提供精神文化服务、丰富群众文化生活、加强未成年人思想道德建设的重要作用，不能将公益性文化设施改作它用。主管部门要对所属的公益性文化设施和场所开放情况进行摸底清查，名不副实的要限期改正，被挤占、挪用、租借的设施和场所要限期归还，最迟要在2005年3月底以前清理完毕。

二、免费开展丰富多彩的活动，丰富思想道德建设内容

公益性文化设施在向未成年人免费开放的同时，要坚持把社会效益放在首位，坚持面向未成年人、服务未成年人的宗旨，区分不同层次未成年人的特点，采取各种措施，精心设计和组织开展内容鲜活、形式新颖、吸引力强的文化艺术活动，把思想道德建设内容与文化艺术活动紧密结合起来，通过寓教于乐的方式，使未成年人在自觉参与中思想感情得到熏陶，精神生活得到充实，道德境界得到升华。

博物馆（院）、纪念馆、烈士纪念建筑物保护单位、美术馆、展览馆、科技馆要加强陈列展览的预见性和计划性，提高展品设计和制作水平，努力发掘和展示常设展览和短期专题展览中的爱国主义和思想道德建设内涵。举办知识性、趣味性、观赏性紧密结合的陈列、展览、知识讲座等活动，不断增强陈列、展览、活动的吸引力和感染力。要注意针对未成年人的兴趣爱好，积极探索新的展示艺术和表现手法，注重高新技术和材料的合理运用。各类科技馆还要发挥以在校大学生为主体的青年志愿者辅导员的作用。充分利用多媒体等载体和采用亲身体验、自己动手等方式，激发未成年人对科学知识的兴趣和探索、创新精神。

青少年宫、文化宫（工人文化宫、工人俱乐部）、儿童活动中心、文化馆（站）、青少年科技活动中心要坚持公益性原则，从未成年人的需求出发，加强未成年人文化、科技等活动的辅导和培训工作，积极组织开展健康有益、丰富多彩的活动，激励和培养未成年人的参与意识和探索精神。组织未成年人业余合唱团（队）、舞蹈队及其他文艺团体，广泛开展歌咏、音乐、舞蹈等文艺表演、比赛和艺术创作活动；积极开展主题鲜明、小型多样的知识讲座、读书、艺术培训、科学体验、社会实践等活动以及民俗文化活动，让青少年和儿童在愉悦身心、锻炼身体的同时丰富知识，增长技能，陶冶情操。

公共图书馆要通过开设少儿阅览室、举办面向未成年人的讲座与培训、设立少儿集体参观接待日等方式，有针对性地向未成年人提供服务，培养未成年人使用图书馆的意识，积极开展适合未成年人实际需求的各种文献信息服务，让未成年人在使用图书馆（室）的过程中丰富知识，增长见识，提高能力。

各级各类学校图书馆要制订具体借阅办法，积极向本社区或本市（地区）范围内的未成年人开放。大专院校图书馆的读者可限定于中学就读和中学以上文化程度。

博物馆（院）、图书馆、纪念馆、美术馆、科技馆、文化馆（站）以及文化信息资源共享工程的各级中心要积极利用互联网站，根据未成年人成长进步的需求，精心制作知识性、趣味性、科学性强的文化信息资源，制作专门为未成年人服务的网站、网页、专栏，提供为广大

未成年人喜闻乐见的文化服务内容；组织开展各种形式的网上文化活动。

三、强化内部管理，提高服务水平

各级各类公益性文化设施在对未成年人等社会群体实施免费开放的同时，要按照“贴近实际，贴近生活，贴近未成年人”的要求，制

定各项制度，深化内部改革，强化内部管理，增强自身活力，改善服务质量，提高服务水平。

（一）完善工作制度

要根据本单位的实际情况和不断出现的新情况新问题，结合国内外针对未成年人开展活动的成功经验，制定和不断完善拓宽服务领域、改进服务方式、提高服务质量的工作制度，落实各项保障措施。

（二）健全安全管理制度

要根据本单位实际和免费开放后未成年人增多的情况，建立健全安全保卫制度和重大安全事故管理制度，制订预防和处置突发事件的安全预案，积极预防各种设施的损坏和安全事故的发生。属于文物保护单位的开放场所要妥善处理好扩大开放和有效保护文物的关系，采用合理安排开放时间和调整参观线路等各种方式，调控参观流量，确保文物与参观人员的安全。

（三）规范管理和服务

要进一步推行规范化管理和服务，引进先进的管理理念、科学的管理方式，因地制宜、因时制宜，提供更加周到、更加人性化的服务。进一步完善配套服务设施，提高设施利用率。同时净化、美化设施和场所环境，营造安全、优雅、洁净的参观、活动和休闲氛围。

（四）加强讲解员和辅导员队伍建设

要根据自身具体情况，采取聘请专业人员、招募志愿者等多种方式建立专兼职结合的讲解员和辅导员队伍。鼓励思想品德高、专业学识丰富、热心青少年教育、了解未成年人心理特点和需求的有志之士加入辅导员队伍。也可结合本单位实际，招募大、中学生加入讲解员队伍。要加强培训，不断提高辅导员、讲解员的思想素质和业务水平，充分发挥文化志愿者的积极作用。

（五）调整开放时间，充分利用节假日和各类纪念日

要认真贯彻落实《公共文化体育设施管理条例》第十七条规定："公共文化体育设施应当根据其功能、特点向公众开放，开放时间应当与当地公众的工作时间、学习时间适当错开"；"公共文化体育设施的开放时间，不得少于省、自治区、直辖市规定的最低时限。国家法定节假日和学校寒暑假期间，应当适当延长开放时间"；"学校寒暑假期间，公共文化体育设施管理单位应当增设适合学生特点的文化体育活动"。

各公益性文化设施要尽可能考虑到中小学生的学习时间和放假时间，因时制宜，调整服务时段，延长开放时间，充分满足未成年人课余时间和寒暑假期间参观、利用公益性文化设施的需要。

要充分利用国家法定节假日、传统节日，革命领袖、民族英雄以及科学文化艺术名人等杰出历史人物的诞辰和逝世纪念日，建党纪念日、红军长征、辛亥革命等重大历史事件纪念日，"九一八"、"南京大屠杀"等国耻纪念日，重大科学发现和技术发明纪念日，国家批准设立的科技活动周、学雷锋日、全国科普日、助残日以及未成年人的入学、入队、入团、成人宣誓等有特殊意义的重要日子，配合思想道德主题宣传教育活动，开展适合未成年人参加的各类文化活动。

（六）进行公示宣传

公益性文化设施管理单位要通过媒体，或在设施、场所的显著位置公示其服务项目、开放时间以及免费或优惠开放的详细情况，便于未成年人等社会群体了解、参观、使用和监督。

四、加大政府投入，争取社会赞助，积极建设未成年人活动场所，保证公益性文化设施免费开放

中发[2004]8号文件和《公共文化体育设施条例》明确要求，加强青少年宫、儿童活动中心等未成年人活动场所建设。各级政府要把未成年人活动场所建设纳入当地国民经济和社会事业发展总体规划。

各级发展改革部门要统筹安排投资，积极建设未成年人活动场所。大城市要逐步建立布

局合理、规模适当、功能配套的市、区、社区未成年人活动场所。中小城市要因地制宜重点建好市级未成年人活动场所。有条件的城市要辟建少年儿童主题公园。经过3至5年的努力，要做到每个县都有一所综合性、多功能的未成年人活动场所。拟建的文化馆（站）、科技馆、综合性的科技文化馆以及其他公益性文化设施，要按照服务对象向未成年人倾斜的原则，在设计和功能配套等方面考虑未成年人特点，适合未成年人使用。

各地在城市建设、旧城改造、住宅新区建设中，要配套建设可向未成年人开放的基层活动场所，特别是社区活动场所。

国家彩票公益金中应安排一定数额资金，用于未成年人活动场所建设。中央有关部门要对全国爱国主义教育示范基地以及中西部地区和贫困地区的未成年人活动设施建设，予以一定数额的补助，同时要制定优惠政策，吸纳社会资金，鼓励、支持社会力量兴办未成年人活动场所。

各级财政部门要按照中央统一部署，加大对公益性文化设施运转和进行管理、维护的经费投入力度，为免费开放工作提供切实的经费保障。认真落实公益性文化设施建设和设备更新经费，落实增强接待能力、增设服务项目、改进服务手段所需资金，落实人员培训经费及增加业务时间、增强业务强度的必要补助，保证公益性文化设施在免费和优惠开放后能够正常、高效运转。

公益性文化设施单位要测算本单位实施免费开放和丰富服务内容，提高服务水平所需补偿和社会资金，通过主管部门向同级财政部门申请。同时要根据本单位实际情况，合理规范、加强引导、积极扶持紧密结合自身业务、有利于未成年人更好地享受文化服务的经营措施，积极开发富有教育意义和鲜明特色的服务项目，并且把为观众服务的经营项目做大做活。同时争取社会资金的赞助和支持，不断增强自身发展的活力。逐步形成政府、社会多渠道投入的运行格局，进一步促进公益性文化设施更好地向未成年人等社会群体服务。

五、加强领导，切实做好公益性文化设施免费开放的组织协调工作

为逐步建立齐抓共管的领导体制和工作机制，根据中央文明委要求，文化部、国家发展改革委、教育部、科技部、民政部、财政部、国家文物局、解放军总政治部、中华全国总工会、共青团中央、全国妇联、中国科协决定组成“全国公益性文化设施专项工作小组”，各省、自治区、直辖市组成由文化厅（局）牵头，包括发展改革委、教育厅（教委）、科技厅（委、局）、民政厅（局）、财政厅（局）、文物局、解放军政治部、工会、团委、妇联、科协为成员单位的公益性文化设施专项工作小组。全国与各地公益性文化性文化设施专项工作小组要指导、督促各地公益性文化设施做好面向未成年人等社会群体的免费开放工作，并对各单位实施情况进行督促检查，对公益性文化设施开放中出现的问题和困难及时沟通、协调。

公益性文化设施向未成年人等社会群体免费开放，能够丰富未成年人精神文化生活。提高未成年人思想道德和科学文化素质，营造未成年人健康成长的良好文化氛围和社会环境，同时有利于发挥公益性文化事业的潜能，进一步提高政府为全社会提供公共文化服务的水平。各有关单位要以求真务实的精神，高度重视公益性文化设施向未成年人等社会群体免费开放工作，加强领导，认真部署，明确责任部门和责任人员，制定有效措施，切实把这项工作落到实处。

二OO四年十月十日

文华奖奖励办法

第一条　文华奖是中华人民共和国舞台艺术政府奖。

第二条　文华奖是旨在贯彻文艺为人民服务、为社会主义服务的方向和百花齐放、百家争鸣的方针；弘扬主旋律，提倡多样化；鼓励艺术关注现实和艺术创新；以公正性、权威性、导向性为原则，通过评奖，促进优秀剧节目的产生和艺术人才的成长；促进舞台艺术作品面向市场、面向观众；推动专业舞台艺术创作演出的繁荣发展。

第三条　文华奖每三年评选一次。

第四条　文华奖的评奖对象是整台的舞台艺术作品，包括戏曲、话剧、歌剧、音乐剧、舞剧、儿童剧及有整体构思、非组团组合的大型歌舞、乐舞、杂技、曲艺、木偶、皮影剧目等。

第五条　文华奖设文华大奖、文华新剧目奖和文华单项奖。文华单项奖包括文华剧作奖、文华导演奖、文华编导奖、文华音乐创作奖、文华舞台美术奖、文华表演奖六个奖项。为了鼓励获奖剧目多演出，特设荣誉奖，对获奖剧目演出场次累计儿童剧超过千场，其他品种超过五百场的剧目授予荣誉奖。

第六条　文华奖从获文华新剧目奖的剧目中产生。文华单项奖从获文华大奖、文华新剧目奖的剧目中产生。

第七条　文华奖每届获奖剧目总数不超过五十台，文华大奖不超过获奖剧目总数的百分之二十。各艺术门类的奖项额度，由评奖委员会根据舞台艺术创作演出的实际情况提出建议，报文化部审批核准。

第八条　参加文华奖评奖的剧目，必须符合下列条件：

（一）全国各专业艺术表演团体和其他所有制职业剧团创作演出的新剧目（包括改编、移植的剧目）；

（二）首演日在参评之日前五年以内；

（三）正式公演累计五十场以上（歌剧、昆曲公演二十场以上）；

（四）歌舞、乐舞、杂技、曲艺、木偶、皮影剧目新创作成分须占全剧目的三分之二以上。

第九条　各省、自治区、直辖市文化厅（局）负责本行政区域内艺术团体参评剧目的推荐申报；军队艺术团体参评剧目由中国人民解放军总政治部宣传部推荐申报；中央和国家有关部门与单位所属艺术团体的参评剧目，由其主管部门推荐审报；文化部所属艺术团体参评剧目直接向文化部申报。申报工作包括参评剧目的材料报送、资格审查和选拔推荐等方面。申报剧目数量以文化部当年度所发的申报通知为准。

第十条　评奖期间文化部设立文华奖评奖委员会，下设评奖办公室负责日常工作（办公室设在文化部艺术司）。

评委会委员的组成人员从文化部文学艺术专家库中随机抽取产生，并予以聘任。评委实行回避制度，参与参评剧创作、演出的专家（以节目单为准）不得担任评委。

第十一条　评奖办公室按照参评条件（符合本办法第八条）对申报剧目进行审核初选，符合条件者提交评委会进行评选。

第十二条　评委会根据评奖门类、按专业分组审看评奖办公室提供的初选剧目视盘或录像，并根据各艺术门类奖项额度，以分组投票的方式评选出文华新剧目奖。

第十三条　获新剧目奖的剧目必须参加三年一届的中国艺术节演出。

在艺术节期间，以评委会现场观看演出，同时邀请观众参与的方式，从获新剧目奖的剧目中评选出文华大奖；从全部获奖剧目中评选出文华单项奖。

第十四条　以上各项评奖结果由文化部审核后予以公布，并在该年度的中国艺术节期间举行颁奖仪式。

第十五条　评奖委员会成员和评奖办公室工作人员必须严格遵守评奖规定。评奖委员会成员在评奖中有违反规定徇私舞弊行为的，由文化部取消其评委资格。评奖办公室工作人员有上述行为的，由有关部门视情节轻重予以处理。

第十六条　参评单位和个人在申报和评奖过程中有弄虚作假行为的，由文化部取消其参加评奖的资格，并撤销已获得的奖项。

第十七条　本办法由文化部负责解释。

第十八条　第一届文华奖的评选办法可由评奖办公室根据本办法制定具体实施细则。

第十九条　本办法自2004年1月1日起

实施，此前的文华奖评奖办法自行废止。

文化部关于发布《文化部创新奖奖励办法》的通知

各省、自治区、直辖市文化厅（局），本部各司局，各直属单位：

为在文化艺术领域大力倡导科学思想、弘扬科学精神、积极引用现代科学技术，鼓励广大文化工作者的创造热情，使创新活动渗透到文化艺术生产、流通、服务和管理等各个环节，促进文化艺术事业繁荣和发展，特制定《文化部创新奖奖励办法》。现予以印发，请遵照执行。

文化部创新奖奖励办法

第一条　为在文化艺术领域弘扬科学精神，倡导科学方法，传播科学思想，鼓励和调动广大文化工作者理论创新、体制创新和科技创新的积极性，促进文化艺术事业的繁荣与发展，结合文化系统的实际情况，制订本办法。

第二条　文化部创新奖的评审、授予遵循公平、公正、公开的原则。

第三条　文化部创新奖每二年评审一次。

第四条　文化部创新奖每届奖励项目总数不超过15项，对其中特别优秀的项目授予特等奖，特等奖项目不超过2项。

第五条　文化部创新奖由文化部颁发奖状、奖金和证书。文化部创新奖特等奖项目每项奖金为3万元。

文化部创新奖项目每项奖金为1万元。

第六条　文化部创新奖授予在下列文化艺术实践中以科学理论、科学方法和科学技术实施创新，为推动文化艺术事业发展做出突出贡献的单位和个人：

（1）在艺术创作与演出中应用先进科学技术创造新的表现形式和积极探索新的表现手法，增强艺术表现力。

（2）在提供优质文化服务中运用先进科学技术实施创新，拓展服务功能，提高服务质量和水平。

（3）在文化体制改革中，引入先进的管理理念，运用科学的管理方法，提高运营效率和水平。

（4）在艺术教育与人才培养方面，应用先进科学技术手段，提高教育水平。

（5）在文化产业发展中与高新技术结合，提升文化产品的科技含量，实现文化产品的多层次增值和产业的跨越式发展。

第七条　本办法是针对相对完整文化创新实践过程的一种奖励，按项目指导思想的创新性和科学性，与文化工作结合紧密程度和产生的作用，取得的社会或经济效益及可借鉴推广应用价值四个条件进行综合评定。

（1）创新奖项目应有一套相对完整的科学理论、科学方法作指导，将科学理论、方法和技术创造性地应用在文化工作中，取得一定的社会效益或经济效益，具有一定的借鉴和推广应用价值。

（2）特等奖项目应有一套完整的科学理论、科学方法作指导，将科学理论、方法和技术创造性地应用在文化工作中，取得显著的社会效益或经济效益，具有较大的借鉴和广泛的推广应用价值。

第八条　文化部科技主管部门负责文化部创新奖评审的组织工作。

第九条　文化部设立文化部创新奖评审委员会负责具体评审工作。评审委员会由文化部有关部门领导和相关专家组成。

（1）评审委员会设主任委员1人，副主任委员2人，委员若干人，并设若干专业评审组。

（2）评审委员会委员实行聘任制，每届任期四年。

（3）评审委员会的办事机构（评审办公室）设在文化部科技主管部门，负责办理日常工作。

第十条　文化部创新奖的项目由所在省、自治区、直辖市文化主管部门推荐；文化部直属单位可直接推荐本单位的项目。

第十一条　推荐单位推荐项目和完成人

时，应征得完成单位和完成人的同意，并填写《文化部创新奖推荐书》（见附件），提供有效的证明和评价材料。推荐书及有关材料应当真实、完整。

推荐项目完成单位是指在项目策划、实施或推广等工作中提供必要条件，直接完成项目的基层单位。两个以上单位共同完成的项目，主持单位为第一完成单位。

推荐项目完成人是指对该项目完成做出突出贡献的主要人员。具备下列条件之一的，可以推荐为项目完成人：

（1）提出和确定总体方案设计的；

（2）直接参与项目策划、实施或推广过程并对解决疑难问题作出贡献的。

推荐项目完成人的限额为：特等奖15人，创新奖10人。

第十二条　推荐单位应当在奖励年度6月30日前向文化部创新奖评审委员会推荐本年度项目，逾期不予受理。

第十三条　评审办公室对受理的推荐项目进行形式审查，并为每个项目确定3名主审员负责主审。主审员在收到主审项目材料后，应当认真审查，在评审会前提出评审意见，并负责在专业评审组审议时介绍该项目情况；对不能主审的项目应当及时向评审办公室提出，由评审办公室处理。

第十四条　评审委员会依照下列规定评审：

（1）各评审专业组以会议方式或由文化部科技主管部门组织具有评审资格的专家以书面方式进行，产生初评结果。

（2）评审委员会以会议方式对初评结果进行评审，以记名投票表决产生最终评审结果。

（3）评审委员会的评审会议应当有三分之二以上的委员参加，票数超过实到评委半数以上，评审结果有效。

第十五条　文化部创新奖评审实行回避制度，作为被推荐项目的主要完成人的评委，评审与其有关的项目时应当回避；投票不记入实到评委人数。

第十六条　参加评审的项目，完成单位可派完成人赴现场答辩。

第十七条　文化部科技主管部门对评审结果进行审核后报文化部批准并公示。

第十八条　对已公示的获奖项目如有异议，应当自公示之日起一个月内向评审办公室提交异议书。

异议书应当写明项目名称、事实理由等事项，提供必要的证明材料，并写明自己的真实姓名、工作单位、联系方式。

凡涉及完成人、完成单位所完成项目的创新性、有效性等，以及推荐书填写不实所提出的异议，由评审办公室在收到异议书后一个月内会同该项目推荐单位协商提出处理意见报评审委员会裁决。

评审办公室负责将评审委员会裁决结果通知异议方、完成单位和完成人。

第十九条　弄虚作假或者以其他不正当手段骗取奖励的，由文化部科技主管部门报文化部批准后撤销奖励，追回奖状、证书及奖金。

第二十条　参与文化部创新奖评审活动的评委和有关工作人员在评审活动中弄虚作假、徇私舞弊的，一经发现将按有关规定严肃处理。

第二十一条　本办法由文化部负责解释。

第二十二条　本办法自2004年3月29日起施行。

文化部财政部关于实施中国民族民间文化保护工程的通知

文社图发[2004]11号

各省、自治区、直辖市文化厅（局）、财政厅（局），各计划单列市文化局、财政局，新疆生产建设兵团文化局、财政局：

为贯彻落实党的十六大和十六届三中全会精神，实践“三个代表”重要思想，进一步加强民族民间文化保护工作，继承和弘扬中华民族优秀文化传统，建设有中国特色的社会主义先进文化，文化部、财政部决定在全国实施中国民族民间文化保护工程（以下简称“保护工程”）。为此，特制定《中国民族民间文化保护工程实施方案》。现印发给你们，并就有关事项通知如下：

一、充分认识实施“保护工程”的重要性和紧迫性

我国各族人民在长期历史发展过程中创造的民族民间文化，丰富多彩、源远流长，是中华文化的根基和重要组成部分，是承载中华民族精神与情感的重要载体，也是维系国家统一、民族团结的基础和联系世界的桥梁。当前，我国的民族民间文化面临全球化和现代化的冲击，生存环境急剧恶化，许多宝贵的文化遗产正在消失，保护工作已刻不容缓。

“保护工程”是在以往民族民间文化保护工作成果的基础上，结合新时期的新情况和新特点，由政府组织实施推动的，对珍贵、濒危并具有历史、文化和科学价值的民族民间传统文化进行有效保护的一项系统工程。实施“保护工程”，是贯彻落实党的十六大精神和“三个代表”重要思想的重要举措，对于传承中华文明，发展先进文化；弘扬中华民族优秀文化传统，增强中华民族的凝聚力，维护国家的团结统一；坚持科学发展观，全面建设小康社会，实现经济社会的全面、协调、可持续发展；维护国家文化主权和文化安全，均具有重要的现实意义和深远的战略意义。

二、政府主导，社会参与，统筹规划，分步实施

保护民族民间文化遗产，是各级政府的重要职责。不仅要落实资金，还要组织力量，统筹规划，加强指导。但是，“保护工程”涉及面广，工作量大，必须要有社会的广泛参与。要坚持政府保护与民间保护相结合，财政投入与社会资金相结合。调动社会各方面积极性，共同搞好工程建设。

“保护工程”作为一项时间跨度长、涉及专业多、工作任务重的系统工程，要在全面普查，摸清家底的基础上，根据新形势的要求和经济社会发展的实际，制定全面的、长远的“保护工程”总体规划。同时，要分阶段提出目标、任务和要求，从实际出发，有重点、有步骤地循序渐进，逐步实施。各地要根据本地区实际情况，制定本地区“保护工程”规划与具体实施方案。

三、全面普查，摸清家底，突出重点，抓紧抢救

全面普查，摸清家底。这是“保护工程”的首要工作。要在充分利用十部中国民间文艺集成志书等工作成果和研究成果的基础上，广泛开展调查研究，全面了解和掌握全国各地各民族民间文化资源的分布情况、保护现状与存在问题，摸清历史家底，建立民族民间传统文化档案，编制民族民间文化保护目录清单。

保护工作要区分轻重缓急，对那些处于濒危状态且具有重大历史价值的民族民间文化门类，要优先安排，抓紧抢救；对那些濒危门类的民族民间文化传承人和年老体弱的民族民间文化传承人所掌握的知识和技艺，要尽快采取措施，进行抢救性记录；对那些珍贵的民族民间文化原始资料和实物，要授权有关单位积极征集，妥善保管。

四、先行试点，摸索经验，以点带面，扎实推进

“保护工程”作为一项探索性工作，要采取试点先行、以点带面的工作方式。选择一批具有重大历史价值、特色鲜明，又处于濒危状态急需抢救、工作基础好的项目，作为试点。综合性试点要从宏观管理角度，对民族民间文化保护的政策法规建设、投入机制、组织工作体系等进行探索，侧重制度建设与机制创新；专业性试点要针对某一门类民族民间文化现状，制定保护标准和具体保护措施，侧重探索专业门类民族民间文化保护的思路、办法和措施。试点工作要分级开展，分级管理。通过试点的探索与实践，摸索出不同地域、不同层面民族民间文化保护工作的经验，并在总结、交流试点经验的基础上，积极、稳妥地逐步在全国范围内推开。要充分发挥试点的典型示范和引导带动作用。

五、加强组织领导，落实保障措施

"保护工程"是一项国家重点扶持的文化建设工程，要从落实"三个代表"重要思想和十六大精神的高度，把"保护工程"摆上重要位置，认真研究，积极筹划，落实措施，组织实施。各级文化部门要充分发挥主导作用，与各有关单位分工负责，加强协调，形成合力，避免重复建设。各级财政部门要大力支持，积极配合，共同推进"保护工程"的顺利开展。中央财政已经设立了"保护工程"专项资金，重点支持国家级的试点、保护项目和国家级名录的建立、标准规范的制定、人员培训与宣传展示以及国家中心的建设等。地方各级财政部门也要将"保护工程"纳入财政预算，给予经费保障。目前，"保护工程"领导小组、专家委员会和国家中心已相继成立，开始运行。各地要因地制宜，成立相应的组织领导和工作机构，负责组织、协调和具体实施"保护工程"。

"保护工程"是新世纪开始实施的一项新型文化建设基础项目，在实施过程中要积极探索，勇于实践，及时总结经验，逐步创建有中国特色的民族民间文化保护制度。

特此通知。

附件：中国民族民间文化保护工程实施方案

二OO四年四月八日

附件：

中国民族民间文化保护工程实施方案

前　言

我国是一个历史悠久的文明古国，56个民族在长期的历史发展进程中，不仅创造了大量的有形文化遗产，也创造了丰富的无形文化遗产，包括各种神话、史诗、音乐、舞蹈、戏曲、曲艺、皮影、剪纸、绘画、雕刻、刺绣、印染等艺术和技艺及各种礼仪、节日、民族体育活动等。中华民族血脉之所以绵延至今从未间断，与民族民间文化的承续传载息息相关。民族民间文化是中华民族世代相传的文化财富，是我们发展先进文化的民族根基和重要的精神资源，是国家和民族生存和发展的内在动力。

当前，面临着来自全球化和现代化的挑战，我国民族民间传统文化生存环境急剧恶化，保护状况堪忧：大批有历史、文化价值的文化资源遭到不同程度破坏；一些依靠口头和行为传承的各种民间文艺、技术、礼仪、节庆、游艺等文化遗产正在不断消失；民族民间文化的传承后继乏人，一些传统技艺濒临灭绝；许多珍贵实物和资料流失境外；民族民间文化保护的法律体系尚未建立，民众的保护意识淡薄，保护工作资金短缺。

针对我国民族民间文化保护面临的严峻形势，采取有效措施，加强我国民族民间传统文化的保护，已刻不容缓。为此，将在全国范围内实施中国民族民间文化保护工程（以下简称"保护工程"）。

"保护工程"是在以往民族民间文化保护工作成果的基础上，结合新时期的新情况和新特点，由政府组织实施推动的，对珍贵、濒危并具有历史、文化和科学价值的民族民间传统文化进行有效保护的一项系统工程。

一、实施"保护工程"的必要性

（一）实施"保护工程"，是传承中华文明，建设有中国特色社会主义先进文化的现实需要

民族民间文化源于各族人民长期的生产生活实践，是中华民族保持对祖先的记忆和历史延续性的独特展现。其民族性与大众性特质，使它与有中国特色社会主义先进文化血脉相通；其贴近实际、贴近生活、贴近群众的生存状态，则给中国特色社会主义先进文化带来强劲的生命基因，增强吸引力和感召力，发挥独特的重要作用。民族民间文化是建设有中国特色社会主义先进文化的基础和源流。

（二）实施“保护工程”，是落实科学发展观，全面建设小康社会，实现经济社会全面、协调、可持续发展的重要举措

党的十六大报告提出“扶持对重要文化遗产和优秀民间艺术的保护工作”，党的十六届三中全会提出了科学发展观。要全面建设小康社会，实现经济和社会的协调发展，必须坚持以人为本，加强文化建设，构建人文环境。实施“保护工程”，保护和传承中华民族优秀传统文化，发挥文化资源、人文环境、民族素质等经济和社会可持续发展重要要素的功能，可以为我国经济和社会发展，提供精神动力、智力支持和必要条件。因此，对民族民间文化保护的重视与否，不仅是衡量一个国家和民族文明程度的重要标志，也是衡量一个社会能否保持可持续发展的重要因素。

（三）实施“保护工程”，是振奋民族精神、维护国家统一的迫切要求

民族民间文化熔铸着中华民族的生命力、创造力和凝聚力，是维系民族团结、国家统一的基础。实施“保护工程”，对于弘扬和培育民族精神，增强中华民族的凝聚力，维护民族团结和国家稳定，激励全国各族人民建设富强、民主、文明的伟大国家，实现中华民族的伟大复兴，有着十分重要而又不可替代的作用。

（四）实施“保护工程”，是维护我国文化主权的战略措施

随着经济全球化进程的加快，文化与经济和政治相互交融，在综合国力竞争中的地位和作用越来越突出。西方发达国家凭借强大的综合国力、先进的科技手段和发达的文化传播媒介，在文化上推行“单边主义”，导致了不同文化地域思维方式和文化价值观的冲突。一些西方发达国家企图引领世界文化的潮流，借以传播西方的价值观念，并对包括我国在内的发展中国家的民族民间传统文化造成了严重的冲击。因此，实施“保护工程”，保护我国民族民间文化，是坚持文化多样性、维护我国文化主权和文化安全、推动人类文明发展的一项重要的战略措施。

二、实施“保护工程”的基础条件

（一）多次开展调查，对我国民族民间文化资源有基本认识和了解

从20世纪50年代起，我国就开始对民族民间文化进行调查，对民间戏曲、文学、美术等各类艺术品种进行挖掘、搜集、整理和抢救；对全国范围内各少数民族的历史、风俗、语言等进行调查，出版了调查丛书等。特别是1979年以来开始的十部中国民间文艺集成志书的编纂工作取得了很大成就，目前全部298部省卷的编纂工作已基本完成，进入收尾阶段。这些工作使大量珍贵的民族民间文化资料得以留存，为“保护工程”提供了工作基础。

（二）采取一系列措施，重点扶持和抢救濒危文化遗产，弘扬民族民间文化

对濒临失传的民间绝技，国家一方面组织人员进行记录、整理，一方面给民间艺人一定资助，鼓励他们传承技艺。对具有重要价值的民族民间文化遗产，国家采取了重点扶持政策，如对京剧、昆曲，分别成立了振兴京剧指导委员会和振兴昆曲指导委员会，采取各种措施予以扶持。国家对少数民族地区文化设施建设、文艺人才培养、对外文化交流、文物保护实行特殊的优惠政策，实施了“万里边疆文化长廊工程”，开展了“民间艺术之乡”的命名。各地在建立民族文化生态保护区、保护传统工艺方面也都进行了有益的尝试。

（三）建立了较为健全的基层文化机构，拥有一支专业化工作队伍

目前，我国有3000多个群艺馆、文化馆和近40000个文化站，有各类博物馆1500多座，从事民族民间文化研究的大学、研究机构等约200家。在民族民间文化保护领域，专家学者和有识之士开展了大量学术和理论研究工作，积累了一大批研究成果。这些为实施“保护工程”奠定了组织基础、学术基础和人才基础。

（四）加快了民族民间文化保护立法进程

1998年以来，文化部和全国人大教科文卫委员会共同开展了广泛深入的民族民间文化保护立法调研。在此基础上，组织起草了《中华人民共和国民族民间传统文化保护法》（建议稿），于2002年8月上报全国人大。经过广泛征求意见和反复修改，目前该法律草案已列入全国人大立法计划。云南、贵州等省已率先出台了民族民间文化保护条例，为我国民族民间文化保护实行法律保障方面，提供了有益经验。

（五）国际上的一些成功做法，提供了参考借鉴

2001年联合国教科文组织开始“人类口头和非物质遗产代表作”的申报与确认工作，至今已公布二批。2003年10月，联合国教科文组织第32届大会通过了“保护非物质文化遗产国际公约”。世界许多国家在制定保护法，建立保护机构，调查、搜集、记录、整理、研究民间文学艺术，培养手工艺人，资助传承人和团体，建设生态博物馆，设立“国家遗产日”等多种形式的民族民间文化保护工作方面，取得不少成功的经验，为实施“保护工程”，提供了有益的借鉴。

三、“保护工程”的总体目标、方针和原则

（一）总体目标

保护工程的总体目标是：通过“保护工程”建设，到2020年，使我国珍贵、濒危并具有历史、文化和科学价值的民族民间文化得到有效保护，初步建立起比较完备的中国民族民间文化保护制度和保护体系，在全社会形成自觉保护民族民间文化的意识，基本实现民族民间文化保护工作的科学化、规范化、网络化、法制化。

（二）保护方针

“保护工程”实行保护为主、抢救第一、合理利用、继承发展的方针。正确处理抢救、保护和利用的关系，在确保我国民族民间文化获得有效保护的前提下，促进抢救、保护、利用的有机结合和协调统一。

（三）实施原则

“保护工程”的实施原则是：政府主导、社会参与；长远规划、分步实施；明确职责、形成合力。坚持立法保护与政策保障相结合，政府保护与民间保护相结合，决策系统与咨询系统相结合，财政投入与社会资金相结合，国内立法与国际立法相结合。

四、“保护工程”的保护对象、保护方式与实施内容

（一）保护对象

“保护工程”的保护对象主要是珍贵、濒危的并具有历史价值的民族民间传统文化，包括：传统的口述文学和语言文字；传统的戏剧、曲艺、音乐、舞蹈、美术、杂技等；传统的工艺美术和制作技艺；传统的礼仪、节日、庆典和体育活动等；与上述各项相关的代表性原始资料、实物和场所；其他需要保护的特殊对象等。

（二）基本保护方式

1.对民族民间传统文化进行全面普查、确认、登记、立档。

2.在真实记录的基础上进行整理、研究、出版，或以博物馆等妥善方式予以展示、保存。

3.通过建立文化生态保护区、命名民族民间文化艺术之乡，对原生态文化保存较为完整并具有特殊价值和浓郁特色的文化区域，进行动态的持续性保护。

4.通过对传承人的资助扶持和鼓励，建立民族民间文化传承机制。对优秀的民族民间文化进行宣传、弘扬和振兴。

（三）主要实施内容

1.全面普查，摸清家底，制定民族民间文化保护规划。

2.建立分级保护制度和保护体系，建立国家级民族民间文化保护名录和地方各级民族民间文化保护名录。

3.利用现代科技手段，对珍贵、濒危的并具有历史价值的民族民间文化进行系统的抢救和保护。

4.建立民族民间文化传承人（传承单位）的认定和培训机制，通过采取资助扶持等手

段，鼓励民族民间文化的传承与传播。

5.在民族民间文化形态保存较完整、并具有特殊价值、特色鲜明的民族聚集村落和特定区域，分级建立文化生态保护区；建立民族民间文化艺术之乡的申报、审核和命名机制。

6.合理开发利用民族民间文化资源，推动优秀的民族民间文化融入现代日常生活。

7.普及民族民间文化保护知识，提高全社会的民族民间文化保护意识。

8.建立起责任明确、运转协调的民族民间文化保护工作机制。

9.建立一支宏大的高素质的专业队伍，培养一大批热爱民族民间文化、专业知识精湛、具有奉献精神的民族民间文化保护工作者。

五、实施步骤

（一）实施时间

“保护工程”从2004年到2020年实施，分为三个阶段：第一期2004～2008年，为先行试点和抢救濒危阶段；第二期2009～2013年，为全面展开和重点保护阶段；第三期2014～2020年，为补充完善和健全机制阶段。

（二）2004～2008年第一期阶段目标

1.完成民族民间文化的普查摸底，建立能够全面反映中国民族民间文化基本面貌的档案资料数据库。

2.通过不同类型的分级试点，有效地抢救、保护一批珍贵、濒危的并具有历史价值的民族民间文化种类，及时总结试点经验并在全国范围内推广。

3.制定有关标准规范，分批建立国家级和地方各级民族民间文化保护名录。

4.研究、制定《民族民间传统文化传承人（传承单位）命名办法》、《民族民间文化艺术之乡命名办法》，并开始分批命名。

5.研究、制定民族民间文化保护的有关政策，推动《中国民族民间传统文化保护法》早日出台。

6.建立健全民族民间文化保护工作的组织体系，培养一批素质较高的专业队伍。

（三）2004～2008年第一期工作任务

1.开展普查：

在十部中国民间文艺集成志书和已有研究成果的基础上，制定民族民间文化普查方案，开展全国范围的调查摸底、确认、记录工作，建立民族民间文化保护目录清单。

2.制定规划：

在摸清家底的基础上，制定“保护工程”总体规划；制定“保护工程”实施方案和管理办法；下发有关文件。

3.先行试点：

通过专家论证，在全国范围内，确定综合性和专业性两种类型与不同专业门类项目的试点；分级、分批开展“保护工程”试点工作。通过试点的积极探索、实践，总结摸索保护经验，逐步在全国推广。

4.建立名录：

研究、制定有关标准规范与申报办法，开始建立国家级民族民间文化保护名录，公布2～3批。同时，积极促进地方各级民族民间文化保护名录的建立。

5.建立传承机制：

研究制定民族民间文化传承人（传承单位）的标准规范与命名办法，命名2～3批民族民间文化传承人（传承单位）。对有代表性并做出重大贡献的传承人（传承单位）授予相应称号。

6.命名民族民间文化艺术之乡：

研究、制定民族民间文化艺术之乡的有关标准与命名办法，对过去命名的民间艺术之乡进行审核，并新命名2批。

7.调研文化生态保护区建设：

在各地尝试建设民族民间文化生态保护区的实践中，积极开展调查研究，总结工作经验。

8.推动立法：

积极推动《中华人民共和国民族民间传统文化保护法》的立法进程。

9.教育培训：

研究、制定民族民间文化保护中长期教育

与培训规划和短期培训计划，分级分批对“保护工程”相关的不同层次、不同类别的人员进行教育与培训，逐步形成多层次、多学科和多形式的具有国家资质的民族民间文化人才教育培训基地。

10.宣传展示：

举办民族民间文化保护成果展览、民族民间文化艺术展演、民间工艺品博览会、中国民族民间文化节等各种活动。利用各种传播途径和灵活多样的手段，积极对“保护工程”进行广泛、深入的宣传，普及民族民间文化保护知识，激发和培养全社会的保护意识，营造良好的社会氛围。

11.建立数据库：

基本完成中国民族民间文化保护档案资料数据库的建设，建立集工作平台、宣传教育和检索服务等诸多功能为一体的“中国民族民间文化保护网站”。

12.研究交流：

举办国际、国内各种形式的研讨会、交流会，积极开展“保护工程”的政策研究、工作研究与学术交流，拓展提升研究水平。

13.申报“人类口头和非物质遗产代表作”：

完成向联合国教科文组织“人类口头和非物质遗产代表作”申报项目的遴选、评审及全部申报的文字、音像片的准备和制作工作，编撰出版我国的“人类口头和非物质遗产代表作”出版物。

六、组织机构

（一）“保护工程”领导小组

为实施“保护工程”，文化部、财政部联合国家民委、中国文联等有关部门成立中国民族民间文化保护工程领导小组，全面负责“保护工程”的组织领导和决策。组成人员如下：

组长：周和平　文化部副部长
　　　张少春　财政部部长助理
副组长：冯骥才　中国文联副主席、民间文艺家协会主席
　　　李　萍　财政部教科文司司长
　　　张　旭　文化部社会文化图书馆司司长
　　　金星华　国家民委文化宣传司司长
　　　王文章　中国艺术研究院常务副院长、党委书记
成员：高树勋　文化部政策法规司司长
　　　李　雄　文化部计财司司长
　　　吕章申　文化部人事司司长
　　　冯　远　文化部艺术司司长
　　　韩永进　文化部教科司司长
　　　丁　伟　文化部外联局局长
　　　陆耀儒　文化部办公厅副主任
　　　周小璞　文化部社会文化图书馆司巡视员
　　　王家新　财政部教科文司文化处处长
　　　刘　茜　中国艺术研究院副院长、中国民族民间文化保护工程国家中心主任
　　　李　松　文化部民族民间文艺发展中心主任
　　　白庚胜　中国文联民间文艺家协会分党组书记、副主席

领导小组下设办公室，办公室设在文化部社会文化图书馆司，承担“保护工程”领导小组的日常工作。

（二）“保护工程”专家委员会

为使“保护工程”科学、有序地进行，成立“保护工程”专家委员会，其主要职责是为“保护工程”提供专业咨询、论证、评审与业务指导。组成人员如下：

顾问：费孝通　北京大学教授、人类学家
　　　许嘉璐　全国人大常委会副委员长、语言学家
　　　周巍峙　中国文联主席
　　　季羡林　北京大学教授、文化学家、民间文艺学家
　　　任继愈　国家图书馆馆长、文化学家

贾　芝　中国社会科学院研究员、民间文艺学家
王朝闻　中国艺术研究院研究员、美学家
张　仃　清华大学教授、原中央工艺美术学院院长
主任：冯骥才　中国文联副主席、民间文艺家协会主席
副主任：周小璞　文化部社会文化图书馆司巡视员
张庆善　中国艺术研究院副院长
资华筠　中国艺术研究院舞蹈研究所研究员
刘魁立　中国社会科学院民族文学研究所研究员
委员：（按姓氏笔画排列）
马戎　北京大学社会学系主任、教授
乌丙安　辽宁大学民俗研究所教授
方李莉　中国艺术研究院中国文化研究所副所长、研究员
王安葵　中国艺术研究院戏曲研究所研究员
冯双白　中国艺术研究院舞蹈研究所所长、研究员
田青　中国艺术研究院宗教艺术研究中心主任、研究员
白庚胜　中国文联民间文艺家协会研究员
乔建中　中国艺术研究院研究员
刘锡诚　中国文联研究员
华觉明　中国科学院自然科学史研究所研究员
曲六乙　中国文联戏剧家协会艺委会副主任、中国傩戏研究会会长
宋兆麟　国家博物馆研究员
宋蜀华　中央民族大学民族学、社会学学院名誉院长、教授
陈绶祥　中国艺术研究院美术研究所副所长、研究员
周　明　中国文联戏剧家协会研究员
杭　间　清华大学美术学院艺术史论系主任、教授
郎　樱　中国社会科学院研究员
郝苏民　西北民族学院社会人类学、民俗学研究所所长、研究员
董晓平　北京师范大学民俗曲籍文字研究中心教授
靳之林　中央美术学院教授
蔡良玉　中国艺术研究院音乐研究所研究员
戴宏森　中国文联曲艺家协会研究员

（三）“保护工程”国家中心

“保护工程”国家中心设在中国艺术研究院内，主要承担“保护工程”的具体组织实施和联络交流工作。经费单独核算。

“保护工程”实行分级管理原则。各省、自治区、直辖市可根据本地的实际情况，建立相应的“保护工程”组织领导机构，负责协调、指导和组织实施当地的“保护工程”工作。

七、保障措施

（一）加强政策法规建设

研究制定有利于“保护工程”实施的相关政策。积极推动《中华人民共和国民族民间传统文化保护法》早日出台，并研究制定实施细则。各地要结合当地实际情况，制定本地区民族民间文化保护的法规，为民族民间文化保护工作提供法律保障。

（二）建立“保护工程”专项资金

中央财政设立“保护工程”专项资金，主要用于：民族民间传统文化重大项目的保护和研究；民族民间传统文化珍贵资料与实物的征集和收购；民族民间文化传承人的培养和资助；文化生态保护区、民族民间文化艺术之乡和传承单位的补助；贫困地区的民族民间文化

保护工作等。各地也应设立相应的专项资金。同时，积极吸纳社会资金。

专项资金的使用要参照中央财政项目管理的有关规定，制定具体的《中国民族民间文化保护工程专项资金管理办法》，专款专用，加强管理，严格费用核算，提高使用效益。建立事前审核、事中监督和事后考核的管理制度。

（三）建立政府主导、社会参与、职责明确、运转协调的工作机制

开展民族民间文化保护是各级政府的职责。各级文化部门和财政部门要密切配合，切实担负起责任，并积极主动地与民委、文联等各有关部门加强沟通与合作；同时，调动社会各方面的积极性，鼓励、吸纳社会力量的广泛参与，充分发挥文化系统、民委系统、文联系统、科研院所和大专院校以及有关企事业单位、社会团体和个人等各个方面的作用，相互配合，形成合力。建立职责明确、运转协调的工作机制。同时，研究制定“保护工程”管理办法等一系列规章制度与实施细则，进行科学管理。

（四）加强标准规范的制定，注重科研成果和现代技术的应用

“保护工程”是一项专业性、技术性很强的工作，要组织有关专家，研究制定“保护工程”各方面工作的标准规范。在工作中，要充分发挥“保护工程”专家委员会的咨询、论证和专业指导作用，充分利用各项科研成果，加强现代技术的运用，积极推动民族民间文化保护手段和工作方式的创新。

（五）加大人才培养力度，加强队伍建设

采用课堂讲授、函授、远程教育等多种形式，分级、分期、分批对“保护工程”有关管理人员、专业人员和民族民间文化传承人进行教育培训。鼓励和支持大专院校开设民族民间文化保护专业，大力培养民族民间文化保护和研究的专门人才，特别是培养一批懂专业、善管理的复合型人才。建立一支素质较高的保护工作专业队伍。

（六）加强宣传教育工作，营造良好社会氛围

充分利用报刊、出版社、广播电视、互联网等各种媒体，采用各种方式，加强对“保护工程”的宣传工作。鼓励和支持各级各类学校开展优秀民族民间文化的教学、研究活动。普及民族民间文化保护知识，增强全社会的民族民间文化保护意识，营造良好的社会氛围。

文化部关于鼓励、支持和引导非公有制经济发展文化产业的意见

各省、自治区、直辖市文化厅（局）、新疆生产建设兵团文化局，各计划单列市文化局：

为深入贯彻党的十六大、十六届三中和四中全会精神，在巩固发展公有制经济、发挥国有文化企业主导作用的基础上，进一步鼓励、支持和引导非公有制经济进入文化产业领域，推动我国文化产业快速发展，更好地满足人民群众日益增长的精神文化需求，我部现提出以下意见：

一、充分认识鼓励、支持和引导非公有制经济发展文化产业的重要意义

我国坚持公有制为主体、多种所有制经济共同发展的社会主义初级阶段的基本经济制度，宪法明确规定“国家保护个体经济、私营经济等非公有制经济的合法的权利和利益”。目前，非公有制经济作为我国社会主义市场经济的重要组成部分，在国民经济的许多领域包括文化产业领域发挥着重要作用。特别是党的十六大以来，由于非公有制经济的积极参与，我国文化产业得以迅速发展，整体实力和竞争力不断增强，在国民经济中的比重有所提高。但是，总体上依然存在着影响非公有制经济发展文化产业的诸多问题，如非公有制经济与公有制经济待遇不平等，难以与其他市场主体平等地使用生产要素；非公有制文化企业投资经营的许多环节还存在着若干不合理的限制；政府管理体制和服务水平不能适应非公有制经济

发展文化产业的要求等等。在深化文化体制改革、充分发挥国有文化企业主导作用的同时，按照“谁投资、谁决策、谁收益、谁承担风险”的原则，积极鼓励、支持和引导非公有制经济发展文化产业，有利于优化调整文化产业所有制结构，促进公有制的多种实现形式；有利于推进投融资体制改革，广泛吸纳社会资金发展文化产业；有利于推动经营性文化事业单位转企改制，实现股份制改造；有利于解放文化生产力，创造就业机会，拉动内需，增加城乡居民收入，多元化多渠道地为广大群众提供丰富多彩的文化产品和文化服务。

二、进一步放宽市场准入，允许非公有制经济进入法律法规未禁止进入的文化产业领域

抓紧制订文化产业投资指导目录，明确国家鼓励、限制和禁止投资的项目。凡已经允许外资进入的文化领域，都要积极鼓励和支持非公有制经济进入。进一步贯彻落实《文化部关于支持和促进文化产业发展的若干意见》，在演出业、影视业、音像业、文化娱乐业、文化旅游业、网络文化业、图书报刊业、文物和艺术品业以及艺术培训业等行业，已逐步放宽准入的基础上，进一步降低门槛，搞好服务，鼓励支持非公有制经济以独资、合资、合作、联营、参股、特许经营等多种方式进入。逐步形成以国有文化企业为主导、多种所有制经济共同参与、投资主体多元化、融资渠道社会化、投资方式多样化、项目建设市场化的文化产业发展新格局。

三、大力营造非公有制经济发展文化产业的良好政策环境和市场环境

各级文化行政部门要主动协调政府相关部门，采取各种政策措施，关心支持非公有制文化企业的发展。积极配合立法机关和有关部门，抓紧制定鼓励、支持和引导非公有制经济发展文化产业的各项政策和法规。对过去颁布施行的不利于非公有经济发展文化产业的政策和法规要进行认真清理，为非公有制经济发展文化产业创造一个良好的外部环境。在加快文化产品市场和生产要素市场建设、积极发展市场中介组织、完善文化市场管理机制的同时，不断提高市场监管水平，加大市场执法力度，严厉查处和制裁各种违法违规行为，依法保护知识产权权利人的合法利益，逐步形成统一开放、竞争有序的市场体系。

四、继续深化文化体制改革，支持非公有制经济参与国有文化单位的重组改造

鼓励非公有制经济以技术、品牌、知识产权等生产要素作价参股，或以投资、参股、控股、兼并、收购、承包、租赁、托管等形式，积极参与转制改企国有文化单位的资产重组，推动国有文化单位的产权结构调整。改制前已办理的各项专项审批手续和文化经营许可证不因其所有制性质的变化而取消。非公有制经济参与兼并、收购国有文化企业，可享受国家制定的有关政策待遇。

五、打破所有制界限，打破地区封锁和部门封锁，坚持非公有制文化企业与国有、集体文化企业同等待遇

鼓励支持非公有制文化企业积极参与文化产品出口、申报文化产业示范基地、政府文化项目采购和招投标。非公有制文化企业在申请文化经营许可证、资质证书以及命名、评比、表彰等方面，与国有、集体文化企业一视同仁。中央和地方建立的文化产业发展专项资金，对非公有制文化企业兴办的符合国家政策的产业项目，要与国有、集体文化企业同一程序、同一标准，给予积极支持。对有市场前景、发展潜力大、运行机制好的非公有制文化企业，要给予重点扶持，促其提升企业核心竞争力，鼓励跨地区、跨行业经营，尽快成长为具有国际竞争力的文化企业集团。

六、进一步转变政府职能，强化服务意识

各级文化行政部门要以符合社会主义市场经济发展的新观念、新思路、新方法和新举措，为非公有制文化企业提供全面有效的服务。及时发布文化产业政策、发展规划和市场供求等方面的信息，引导投资方向，抑制无序竞争，帮助非公有制文化企业随时了解国内外的技术、人才、市场、资源、资金等状况。努力创造条件，尽快实现通过中国文化产业网进行信息、技术、产品项目交易。逐步建立有利于非公有制文化企业创业的人才交流、技术和政策咨询、信息查询、高新技术产品和项目孵化、银行信贷担保等社会化服务体系。

七、依法加强对非公有制文化企业的监督，切实改进管理方式

各级文化行政部门要不断提高依法行政的能力和水平，注意引导非公有制文化企业健康持续发展。对产品内容健康、坚持依法经营、管理严格规范的非公有制文化企业，要给予积极支持并提供良好服务；对违法违规经营、扰乱市场秩序的，要依法给予处罚；多次受罚且屡教不改的，要坚决予以清除。要提高对非公有制文化企业的管理水平，制止乱摊派、变相摊派、巧立名目收取各种费用等不正当行为，不得强行要求非公有制文化企业参加各类评比、竞赛、联谊等活动。各级管理部门及工作人员，不履行法定职责，致使非公有制文化企业投资者、经营者、从业人员合法权益受到损害，或应当享有的权益未能享有的，应依法承担责任；违法行使职权，侵害非公有制文化企业合法权益并造成损害的，要依法承担赔偿责任。

八、引导非公有制文化企业认真学习党和国家的路线、方针和政策，自觉遵守国家关于文化市场管理的各项政策法规

对非公有制文化企业的有关人员要进行必要的业务培训和资质审查。支持非公有制文化企业加强内部管理，进行制度创新和机制创新。按照《公司法》的要求，非公有制文化企业要逐步完善法人治理结构，建立科学高效的决策、管理、运营体制和经营者激励与约束机制。推行民主管理，建立健全劳动合同制度、收入分配制度、劳动保护制度和社会保险制度。

九、充分发挥工商联、商会、行业协会等社会团体和中介组织在引导规范非公有制文化企业发展中的作用

深化文化行政体制改革，逐步将不宜由政府行使的管理职能下放给相关行业组织。引导非公有制文化企业实行行业自律，加强自我服务、自我教育、自我管理、自我维权。支持有条件的非公有制文化企业建立文化服务质量管理体系，积极参与质量管理体系认证，达到严格管理、降低成本、提高企业运转效率和服务质量的目的。

十、各级文化行政部门要把鼓励、支持和引导非公有制经济发展文化产业作为一项重要任务纳入工作的议事议程

要积极争取当地党委和政府的领导，把鼓励、支持和引导非公有制经济发展文化产业纳入当地的国民经济和社会发展总体规划。各文化体制改革试点单位要充分利用好国家给试点地区的支持文化产业发展的优惠政策，更好地鼓励、支持和引导本地区的非公有制经济发展文化产业。要转变思想观念，改进工作方法，提高工作效率，建立完善对非公有制经济发展文化产业的指导与服务体系，全方位地支持非公有制文化企业发展，进而推动我国文化产业整体水平的提高，实现文化产业的快速发展。

二OO四年十月十八日

国家统计局关于印发《文化及相关产业分类》的通知

国统字[2004]24号

各省、自治区、直辖市统计局，新疆生产建设兵团统计局，国务院各部门统计机构：

为贯彻落实党的十六大关于文化建设和文化体制改革的要求，改进和完善文化产业统计工作，规范文化及相关产业的口径、范围，我局在与中共中央宣传部及国务院有关部门共同研究的基础上，制定了《文化及相关产业分类》。现印发给你们，请遵照执行。

国家统计局
二OO四年三月二十九日

文化及相关产业分类

一、目的和作用

（一）为贯彻落实党的十六大关于文化建设和文化体制改革的要求，建立科学、系统、可行的文化产业统计，特制定本分类。

（二）本分类为推动我国文化体制改革，发展社会主义文化事业，建立和培育社会主义文化市场，界定和规范我国公益性文化活动和经营性文化活动提供参考与借鉴；为当前的社会主义文化建设、文化管理和文化统计提供科学、统一的范围与定义。

二、范围

（一）本分类在《国民经济行业分类》（GB／T4754—2002）的基础上，规定了我国文化及相关产业的范围，适用于统计及政策管理中对文化及相关活动的分类。

（二）本分类规定的文化及相关产业是指为社会公众提供文化、娱乐产品和服务的活动，以及与这些活动有关联的活动的集合。

（三）文化及相关产业的活动主要包括：

1.文化产品制作和销售活动；

2.文化传播服务；

3.文化休闲娱乐服务；

4.文化用品生产和销售活动；

5.文化设备生产和销售活动；

6.相关文化产品制作和销售活动。

三、分类原则

（一）以党中央、国务院的方针、政策为指导。本分类以党中央、国务院关于文化事业和文化产业的方针政策和改革精神为指导原则。

（二）兼顾部门管理和文化活动的自身特性。本分类在满足反映文化体制改革需要的同时，还兼顾了政府部门管理需要，同时考虑了文化活动的自身特点。

（三）以《国民经济行业分类》为基础。本分类的主要内容来源于《国民经济行业分类》，它是根据文化活动的特点将行业分类中相关的类别重新进行的组合。所以，本分类也是《国民经济行业分类》的派生分类。

四、分类方法

（一）本分类依据分类原则，将文化及相关产业划分为四层

第一层按照文化活动的重要性分为文化服务和相关文化服务两大部分，分别用第一部分、第二部分表示。

第二层根据部门管理需要和文化活动的特点分为9个大类，用汉字数字一、二……表示。

第三层依照产业链和上下层分类的关系分为24个中类，用阿拉伯数字表示。

第四层共有80个小类，它是第三层所包括的行业类别层，也是文化及相关产业的具体活动类别。该层不设顺序号，在右侧设置代码，为对应的“国民经济行业代码”。

（二）为了科学、完整、准确地反映分类的文化活动，本分类对部分内容作了特殊处理

1.在第三层部分中类下设置了过渡层，共有7个类别，用带括弧的阿拉伯数字表示。

2.在第四层部分小类（行业类别）下设置了延伸层，共38个类别。延伸层不设代码和顺序号，在相应的类别前用横线“—”表示。

3.第四层有部分小类（行业类别）的活动不是纯的文化活动，在相应的类别后用星号“*”表示。附件1对这些行业中的文化活动做了进一步解释。

五、文化及相关产业分类表

文化及相关产业分类

类别名称	国民经济行业代码
第一部分　文化服务	
一、新闻服务	
1. 新闻服务	
新闻业	8810
二、出版发行和版权服务	
1. 书、报、刊出版发行	
(1)书、报、刊出版	
图书出版	8821
报纸出版	8822
期刊出版	8823
其他出版	8829
(2)书、报、刊制作	
书、报、刊印刷	2311
包装装潢及其他印刷 *	2319
(3)书、报、刊发行	
图书批发	6343
图书零售	6543
报刊批发	6344
报刊零售	6544
2. 音像及电子出版物出版发行	
(1)音像制品出版和制作	
音像制品出版	8824
音像制作	8940
(2)电子出版物出版和制作	
电子出版物出版	8825
—电子出版物出版	
—电子出版物制作	
(3)音像及电子出版物复制	
记录媒介的复制 *	2330
—音像制品复制	
—电子出版物复制	
(4)音像及电子出版物发行	
音像制品及电子出版物批发	6345
音像制品及电子出版物零售	6545
3. 版权服务	
知识产权服务 *	7450
—版权服务	
三、广播、电视、电影服务	
1. 广播、电视服务	
广播	8910
—广播电台	
—其他广播服务	
电视	8920
—电视台	
—其他电视服务	
2. 广播、电视传输	
有线广播电视传输服务	603 1
—有线广播、电视传输网络服务	
—有线广播、电视接收	
无线广播电视传输服务	6032
—无线广播、电视发射台、转播台	
—无线广播、电视接收	
卫星传输服务 *	6040
3. 电影服务	
电影制作与发行	8931
—电影制片厂服务	
—电影制作	
—电影院线发行	
—其他电影发行	
电影放映	8932
—电影院、影剧院	
—其他电影放映	
四、文化艺术服务	
1. 文艺创作、表演及演出场所	
文艺创作与表演	9010
—文艺创作服务	
—文艺表演服务	
—其他表演服务	
艺术表演场馆	9020
2. 文化保护和文化设施服务	
文物及文化保护	9040
—文物保护服务	
—民族民俗文化遗产	

保护服务	
博物	9050
烈士陵园、纪念馆	9060
图书馆	9031
档案馆	9032
3. 群众文化服务	
群众文化活动	9070
—群众文化场馆	
—其他群众文化活动	
4. 文化研究与文化社团服务	
社会人文科学研究	7550
专业性社会团体 *	9621
—文化社会团体	
5. 其他文化艺术服务	
其他文化艺术	9090
五、网络文化服务	
1. 互联网信息服务	
互联网信息服务	6020
—互联网新闻服务	
—互联网出版服务	
—互联网电子公告服务	
—其他互联网信息服务	
六、文化休闲娱乐服务	
1. 旅游文化服务	
旅行社	7480
野生动植物保护 *	8012
—动物观赏服务	
—植物观赏服务	
其他浏览景区管理	
2. 娱乐文化服务	
室内娱乐活动	9210
游乐园	9220
休闲健身娱乐活动	9230
其他计算机服务	
七、其他文化服务	
1. 文化艺术商务代理服务	
文化艺术经纪代理	9080
其他未列明的商务服务 *	7499
—模特服务	
—演员、艺术经纪	

代理服务	
—文化活动组织、策划服务	
2. 文化产品出租与拍卖服务	
图书及音像制品出租	7321
贸易经纪与代理 *	6380
—艺术品、收藏品拍卖服务	
3. 广告和会展文化服务	
广告业	7440
会议及展览服务	7491
第二部分　相关文化服务	
八、文化用品、设备及相关文化产品的生产	
1. 文化用品生产	
文化用品制品	241
乐器制造	243
玩具制造	2440
游艺器材及娱乐用品制造	245
机制纸及纸板制造 *	2221
手工纸制造 *	2665
信息化学品制造 *	2665
照相机及器材制造	4153
2. 文化设备生产	
印刷专用设备制造	3642
广播电视设备制造	403
电影机械制造	4151
家用视听设备制造	407
复印和胶印设备制造	4154
其他文化、办公用机械制造 *	4159
3. 相关文化产品生产	
工艺美术作品生产	421
摄影扩印服务	8280
其他专业技术服务 *	7690
九、文化用品、设备及相关文化产品的销售	
1. 文化用品销售	
文化用品批发	6341
文具用品零售	6541
其他文化用品零售	6549
2. 文化设备销售	
通讯广播电视设备批发 *	6376
照相器材零售	6548

家用电器批发*	6374
家用电器零售*	6571
3. 相关文化部品销售	
首饰文化产品及收藏品批发*	6346
工艺美术品及收藏品零售	6547

注：1."*"表示该行业类别仅有部分活动属于文化及相关产业。

2.类别前加横线"一"表示行业小类的延伸层。

附件：

1.《含有部分文化活动的行业类别》。

2.《<文化及相关产业分类>编制说明》。

附件1：

含有部分文化活动的行业类别

包装装潢及其他印刷	包括的文化活动： 邮票、明信片及其他集邮品的印刷，广告宣传品印刷，扑克纸牌等文化产品的印刷。 不包括： 商标印刷，票证印刷，其他与文化无关的印刷。
记录媒介的复制	包括的文化活动： (1)音像制品的复制：磁带的复制、录像带的复制、光盘的复制； (2)电子出版物的复制：软盘的复制、光盘的复制； (3)其他与文化有关的记录媒介复制。 不包括： 数据的复制，与文化无直接关系的软件复制，与文化无直接关系的资料复制。
知识产权服务	包括的文化活动： 版权服务：版权代理服务，版权鉴定服务，版权咨询服务，海外作品登记服务，涉外音像合同认证服务，著作权使用报酬收转服务，版权贸易服务，其他版权服务。 不包括： 专利服务，商标服务，软件服务，集成电路布图设计代理服务，工商登记代理服务，其他未列明的知识产权服务。
卫星传输服务	包括的文化活动： (1)卫星广播传播服务：卫星广播传输、直播、覆盖服务，卫星广播接收服务、卫星广播监测服务。 (2)卫星电视传播服务：卫星电视传输、直播、覆盖服务，卫星电视接收服务、卫星电视监测服务。 不包括： 电信卫星传播服务。
专业性社会团体	包括的文化活动： 文化社会团体服务：与作家有关的社会团体服务，与记者有关的社会团体服务，与艺术家有关的社会团体服务，与演员有关的社会团体服务，与出版有关的社会团体服务，与音像制品有关的社会团体服务，与历史、考古有关的社会团体服务，其他与文化有关的社会团体服务。 不包括： 学术性社会团体服务，专业技术社会团体服务，卫生社会团体服务，体育社会团体服务，环境保护社会团体服务，其他与文化无直接关系的专业性社会团体服务。
野生动植物保护	包括的文化娱乐活动： 植物园保护管理活动，动物园管理活动，放养动物园管理活动，鸟类动物园管理活动，海洋馆、水族馆管理活动，其他动物观赏保护活动。 不包括： 动物保护专业机构服务，野生植物保护服务，其他野生动植物保护服务。
其他计算机服务	包括的文化活动： 互联网上网营业场所(网吧)服务。 不包括：

其他计算机服务	非网吧的计算机使用服务，计算机咨询服务，其他未列明的计算机服务。
其他未列明的商务服务	包括的文化活动： (1)模特服务：各种服装模特公司的活动，各种影视广告模特活动，各种艺术模特活动，其他模特活动； (2)演员、艺术家经纪代理：演员挑选活动，推荐经纪人活动，艺术家、作家经纪人活动，演员、模特经纪人活动； (3)大型活动文化商务服务：文艺晚会策划、组织活动，运动会策划、组织活动，大型庆典策划、组织活动，艺术、模特大赛策划、组织活动，艺术节、电影节等策划、组织活动，展览、博览会策划、组织活动，民族、民俗活动策划、组织服务，其他大型活动文化商务服务； (4)票务服务：文艺演出票务服务，展览、博览会票务服务，其他票务服务。 不包括： 企业中介代理服务，企业活动礼仪服务，企业形象宣传代理服务，代收代缴欠款服务，其他企业商务服务。
贸易经纪与代理	包括的文化活动： 文物、古董拍卖活动，艺术品拍卖活动，其他文化物品拍卖活动。 不包括： 大宗非文化产品的拍卖活动，行政、司法拍卖活动，其他非文化产品的拍卖活动。
机制纸及板制造	包括的文化活动： 新闻纸制造，其他印刷和绘图纸制造，书写纸制造。 不包括：
机制纸及板制造	卫生纸制造，包装用纸制造，瓦楞纸及瓦楞纸板制造，其他非文化用纸和纸板制造。
手工纸制造	包括的文化活动： 各种文化纸制造，各种宣纸制造，各种国画纸制造。 不包括： 其他非文化用手工纸制造。
信息化学品制造	信息化学品制造 包括的文化活动：电影胶片制造，摄影胶卷制造，感光纸制造，摄影用化学制剂制造，空白录音带制造，空白录像带制造，空白磁盘制造，空白光盘制造，空白唱片制造，其他各种与文化有关的信息化学品制造。 不包括： 电子半导体材料制造，其他与文化无直接关系的信息化学品制造。
其他文化、办公用机械制造	包括的文化活动： 纸张打孔机制造，削铅笔机制造，其他与文化有关的机械制造。 不包括： 票券打孔机制造，其他与文化无关的机械制造。
其他专业技术服务	包括的文化活动： 工艺美术设计服务，美术图案设计服务，展台设计服务，其他与文化有关的设计服务。 不包括： 工业产品设计服务，包装装潢设计服务，模型设计服务，其他专业设计服务。
通讯及广播电视设备批发	包括的文化活动： 广播设备批发，专用电视设备批发，电影设备批发，广播电视卫星传输设备批发。 不包括： 通讯设备批发。

家用电器批发	包括的文化活动： 家用电视机批发，家用摄像、放像设备批发，家用录音、收音及音响设备批发。 不包括： 与家用视听电器设备无关的家用电器的批发。
家用电器零售	包括的文化活动： 各种家用影视设备零售，各种家用音响设备零售。 不包括： 与家用视听电器设备无关的家用电器零售。

附件 2：

《文化及相关产业分类》编制说明

一、《文化及相关产业分类》制定背景和意义

为贯彻落实党的十六大关于文化建设和文化体制改革的要求，全面加强社会主义文化建设和深化文化体制改革，整合现有统计资源，充分发挥各部门文化管理的优势，建立科学的文化产业统计体系，全面系统地搜集和整理文化产业统计资料，2003 年 7 月 22 日成立了由中共中央宣传部牵头，国家统计局、文化部、国家广电总局、新闻出版总署、国家文物局、国家发展改革委、财政部、国家税务总局、国家工商总局等单位参加的“文化产业统计研究课题组”。在各部门的通力合作下，课题组完成了《文化及相关产业分类》(以下简称《文化产业分类》)的研制工作，并建议以国家统计局的名义印发。

《文化产业分类》的制定，为党中央、国务院推行文化体制改革，界定、规范我国的文化事业和文化产业提供了参考，同时也为课题组开展文化产业课题研究和建立、完善文化产业统计制度奠定了基础。

二、《文化产业分类》的制定方法

从广义上讲，文化是指人类创造的一切物质产品和精神产品的总和；狭义上是指语言、文学、艺术及一切意识形态在内的精神产品。《文化产业分类》从国家有关方针政策和课题组的研究宗旨出发，结合我国的实际情况，将其概念界定为：为社会公众提供文化、娱乐产品和服务的活动，以及与这些活动有关联的活动的集合。

根据上述界定，文化及相关产业的范围包括提供文化产品（如图书、音像制品等）、文化传播服务（如广播电视、文艺表演、博物馆等）和文化休闲娱乐（如游览景区服务、室内娱乐活动、休闲健身娱乐活动等）的活动，它们构成文化产业的主体；同时，还包括与文化产品、文化传播服务、文化休闲娱乐活动有直接关联的用品、设备的生产和销售活动以及相关文化产品（如工艺品等）的生产和销售活动，它们构成文化产业的补充。

为反映党中央关于文化建设和文化体制改革的要求，《文化产业分类》还可组合出文化产业核心层、文化产业外围层和相关文化产业层。

文化产业核心层：

（1）新闻服务

（2）出版发行和版权服务

（3）广播、电视、电影服务

（4）文化艺术服务

文化产业外围层：

（5）网络文化服务

（6）文化休闲娱乐服务

（7）其他文化服务

相关文化产业层：

（8）文化用品、设备及相关文化产品的生产

（九）文化用品、设备及相关文化产品的销售

三、《文化产业分类》的有关问题

（一）公益性文化单位和经营性文化单位

在统计分类中，行业与产业的概念是等同的，英语中都译为“industry”。国际上的有关分类一般翻译为“产业”，而我国相对应的分

类叫“行业”。

《文化产业分类》采用社会上普遍认同的“产业分类”名称，既包括了公益性的文化单位，又包括了经营性的文化单位。由于《文化产业分类》是依据活动的同质性原则划分，没有按照公益性和经营性划分，因此，无法用其划分公益性文化单位和经营性文化单位。

（二）关于“相关文化服务”

为了从产业链的角度观察文化活动，并进一步观察文化对社会经济的推动作用，《文化产业分类》设置了“相关文化服务”分层。“相关文化服务”主要包括以下几个方面的活动：一是制作文化产品的相关活动，即制作文化产品（如图书、音像制品等）所必须的设备和材料的生产经营活动；二是文化传播服务的相关活动，即提供文化传播服务（如广播、文艺创作、文艺表演等）所必须的设备和用品的生产经营活动；三是文化消费活动的相关活动，即文化消费（如看电视、玩电子游艺等活动）所必须的设备和用品的生产经营活动；四是含有较高文化内容的其他相关产品（如工艺品等）的生产经营活动。

根据以上内容，《文化产业分类》将“相关文化服务”归类为：

1.用品的生产和销售，包括：文具、乐器、玩具、印刷纸张、书写纸张、空白磁带、空白光盘、电影胶片、照相器材、摄影胶卷、游艺器材等的生产和销售活动；

2.设备的生产和销售，包括：新闻采编设备、广播设备、专业电视设备、电影设备、印刷专用设备、电视机、光碟机、收录机、音响设备等的生产和销售活动；

3.相关文化产品的生产和销售，包括：工艺品、摄影作品、专业设计等的生产和销售活动。

（三）关于行业小类的处理

1.《国民经济行业分类》是按照活动的同质性原则划分的，但从文化的角度观察，有些行业小类不是纯的文化活动。如行业小类“知识产权服务”，包括专利、商标、版权等服务，只有版权服务属于文化活动。为了在统计和管理中准确区分不属于文化产业的活动，我们在《文化产业分类》中对这类行业作了标记，并在附件中加以说明；

2.在《国民经济行业分类》中，有些行业划分得较粗，使得按行业划分文化产业时难以反映需单独观察的文化活动。为此，我们在《文化产业分类》的部分小类（即行业小类）下增设了延伸层，以便科学、完整、准确地反映该行业所描述的文化活动。

（四）关于边缘文化活动的确定

在确定文化及相关产业时，有关方面提出将教育、体育和自然科学研究纳入文化产业。我们认为，教育、体育和自然科学研究虽与文化有着紧密的联系，但它们已形成了自己完整的科学体系和分类体系。如果将其纳入文化产业，有可能削弱整体分类的文化特征。因此，《文化产业分类》暂不包括教育、体育和自然科学研究。另外，对公园管理、游乐园、休闲健身娱乐等边缘活动是否纳入文化产业，也存在不同认识。从表面看这些活动与文化的关系不太直接，但它们作为公众可直接参与的旅游娱乐消费，推动了我国文化市场的多元化发展和健康繁荣，反映了公众闲暇时间的分配和精神生活的质量，为此，我们将此类活动纳入文化产业。

2004年文化法规综述

2004年在我国法制史上有两个重要里程碑，一是国务院于2004年3月22日发布了《全面推进依法行政实施纲要》（以下简称《纲要》）；二是《行政许可法》于2004年7月1日起正式实施。以此为契机，我国文化法制建设也进入了新的阶段。

一、深入学习《纲要》，进一步明确文化立法指导思想

为适应全面建设小康社会的新形势和依法

治国的进程，《纲要》确立了建设法治政府的目标，明确规定了今后十年全面推进依法行政的指导思想和具体目标、基本原则和要求、主要任务和措施。这一纲领性的政策文件对于进一步明确文化立法的指导思想具有重要意义。文化立法要服务于将各级文化行政部门的职能真正转变到经济调节、市场监管、社会管理和公共服务上来，同时，要通过立法、执法、普法等一系列环节，使文化行政部门真正达到依法行政的要求，即合法行政、合理行政、程序正当、高效便民、诚实守信、权责统一。基于这种认识，今后文化立法工作的重点一是要加快修订完善文化市场管理方面的法规，使之更符合市场经济的规律，促进文化事业的繁荣发展；二是要加快制定公共文化服务方面的法律法规，如《非物质文化遗产保护法》、《图书馆法》等，切实保障公民基本文化权利的实现。

二、深化行政审批制度改革，全面贯彻《行政许可法》

按照《国务院批转关于行政审批制度改革工作实施意见的通知》（国发[2001]33号）和国务院行政审批制度改革工作电视电话会议的要求，在国务院行政审批制度改革领导小组的领导下，文化部积极认真地进行了行政审批制度改革。2004年6月29日，根据《国务院关于第三批取消和调整行政审批项目的决定》，文化部下发了《关于取消和下放第三批行政审批项目的通知》，取消文化部的行政审批项目6项，分别是：个体演员申领营业性演出许可证审批；设立营业性演出场所审批；设立美术品经营单位审批；外商投资的美术品经营单位审批；全国公益性大型群众文化艺术活动审批；利用互联网经营艺术品、音像制品、网络游戏、演出等活动及相关活动的审批。另外，将演出经纪机构邀请外国表演团体或个人来华在歌舞娱乐场所进行6个月以内的定点营业性演出的审批、演出经纪机构邀请港澳台表演团体或个人来内地进行营业性演出审批等两个行政审批项目下放至省、自治区、直辖市文化行政主管部门。行政审批事项清理结果，涉及到文化部一系列部门规章和规范性文件的修改，主要是：《美术品经营管理办法》、《营业性演出管理条例实施细则》、《社会艺术水平考级管理办法》、《文化部涉外文化艺术表演及展览管理规定》、《音像制品批发、零售、出租管理办法》、《互联网文化管理暂行规定》、《文化部社会团体管理暂行办法》。经过努力，这些部门规章和规范性文件已全部修改完毕，并于2004年7月1日公布施行，为在文化领域贯彻实施行政许可法奠定了坚实的基础。

三、建立健全相关的行政许可管理制度

文化部在行政许可法正式实施之前，按照许可法规定的便民、及时、公开、高效的原则，建立健全了相关的行政许可管理制度，对规范操作、减少环节、简化手续、改进方式、提高效率起到了巨大的促进作用。

1.建立统一受理、统一送达的制度，实行“一个窗口”对外。

2.积极创造条件，允许申请人通过信函、电报、传真、电子数据交换和电子邮件等方式提出申请，逐步做到制度化。

3.建立公示制度。目前，文化部所有行政许可的事项、依据、条件、数量、程序、期限以及需要提供的材料目录都已在政府网站上公布，社会公众可以随时查阅。

4.建立对被许可人的监督检查制度。

5.建立健全听证制度。

6.完善有关行政许可规范性文件的备案审查制度。

7.建立和完善行政审批责任追究制度。

为贯彻落实《行政许可法》，文化部制定了一系列相关配套文件，主要有：（1）《文化部行政许可管理办法》；（2）《文化部关于行政许可听证及备案工作的通知》；（3）《文化部行政许可公文处理办法》；（4）《文化部办公厅关于文化部实施的行政许可有关事项的公告》；（5）《文化部关于贯彻实施<行政许可法>，转变政府职能，改进和加强文化市场监管工作的通知》;(6)《文化部办公厅关于落实演出市场管理职责,规范演出市场行政行为的通知》;(7)《文化部办公厅关于建立全国营业性演出单位和个人公示系统的通知》;(8)《文化部办公厅关于印发<营业性演出许可证和演出场所经营单位、个体演员、个体演出经纪人备案证明式样、规格及填写规范>的通知》;(9)《文化部机关行政许可过错责任追究暂行办法》等。

四、文化法制建设方面的其他进展

除贯彻《全面推进依法行政实施纲要》、《行政许可法》之外,文化法制建设的其他方面也在稳步推进。2004年12月22日,国务院颁布了《著作权集体管理条例》,该条例全面规范了著作权集体管理组织的设立、著作权集体管理组织的机构、著作权集体管理活动、对著作权集体管理组织的监督等,对完善我国著作权制度具有重要意义。中共中央、国务院发出《关于进一步加强和改进未成年人思想道德建设的若干意见》后,文化部、国家文物局联合下发了贯彻该意见的通知,还专门下发了《关于公共文化设施向未成年人等社会团体免费开放的通知》。为了壮大我国文化产业,文化部还发布了《关于鼓励、支持和引导非公有制经济发展文化产业的意见》、《关于命名文化产业基地的决定》、《关于促进商业演出展览文化产品出口的通知》。另外,2003年10月,联合国教科文组织通过《保护非物质文化遗产公约》后,我国民族民间文化保护方面的法制建设也取得进展,文化部、财政部联合发出了《关于实施中国民族民间文化保护工程的通知》,更为可喜的是,继云南、贵州之后,福建省也于2004年9月24日出台了《福建省民族民间文化保护条例》,与此同时,保护非物质文化遗产的全国性立法也在积极推进,随着各项工作的深入进行,我国文化遗产保护方面的法律体系更加完善。

2004年文化法规选编

著作权集体管理条例

(国务院令第429号,2004年12月22日国务院第74次常务会议通过,自2005年3月1日起施行。)

第一章　总 则

第一条　为了规范著作权集体管理活动,便于著作权人和与著作权有关的权利人(以下简称权利人)行使权利和使用者使用作品,根据《中华人民共和国著作权法》(以下简称著作权法)制定本条例。

第二条　本条例所称著作权集体管理,是指著作权集体管理组织经权利人授权,集中行使权利人的有关权利并以自己的名义进行的下列活动:

(一)与使用者订立著作权或者与著作权有关的权利许可使用合同(以下简称许可使用合同);

(二)向使用者收取使用费;

(三)向权利人转付使用费;

(四)进行涉及著作权或者与著作权有关的权利的诉讼、仲裁等。

第三条　本条例所称著作权集体管理组织,是指为权利人的利益依法设立,根据权利人授权、对权利人的著作权或者与著作权有关的权利进行集体管理的社会团体。

著作权集体管理组织应当依照有关社会团体登记管理的行政法规和本条例的规定进行登记并开展活动。

第四条　著作权法规定的表演权、放映权、广播权、出租权、信息网络传播权、复制权等权利人自己难以有效行使的权利,可以由著作权集体管理组织进行集体管理。

第五条　国务院著作权管理部门主管全国的著作权集体管理工作。

第六条　除依照本条例规定设立的著作权集体管理组织外,任何组织和个人不得从事著作权集体管理活动。

第二章　著作权集体管理组织的设立

第七条　依法享有著作权或者与著作权有关的权利的中国公民、法人或者其他组织，可以发起设立著作权集体管理组织。

设立著作权集体管理组织，应当具备下列条件：

（一）发起设立著作权集体管理组织的权利人不少于50人；

（二）不与已经依法登记的著作权集体管理组织的业务范围交叉、重合；

（三）能在全国范围代表相关权利人的利益；

（四）有著作权集体管理组织的章程草案、使用费收取标准草案和向权利人转付使用费的办法（以下简称使用费转付办法）草案。

第八条　著作权集体管理组织章程应当载明下列事项：

（一）名称、住所；

（二）设立宗旨；

（三）业务范围；

（四）组织机构及其职权；

（五）会员大会的最低人数；

（六）理事会的职责及理事会负责人的条件和产生、罢免的程序；

（七）管理费提取、使用办法；

（八）会员加入、退出著作权集体管理组织的条件、程序；

（九）章程的修改程序；

（十）著作权集体管理组织终止的条件、程序和终止后资产的处理。

第九条　申请设立著作权集体管理组织，应当向国务院著作权管理部门提交证明符合本条例第七条规定的条件的材料。国务院著作权管理部门应当自收到材料之日起６０日内，作出批准或者不予批准的决定。批准的，发给著作权集体管理许可证；不予批准的，应当说明理由。

第十条　申请人应当自国务院著作权管理部门发给著作权集体管理许可证之日起３０日内，依照有关社会团体登记管理的行政法规到国务院民政部门办理登记手续。

第十一条　依法登记的著作权集体管理组织，应当自国务院民政部门发给登记证书之日起３０日内，将其登记证书副本报国务院著作权管理部门备案；国务院著作权管理部门应当将报备的登记证书副本以及著作权集体管理组织章程、使用费收取标准、使用费转付办法予以公告。

第十二条　著作权集体管理组织设立分支机构，应当经国务院著作权管理部门批准，并依照有关社会团体登记管理的行政法规到国务院民政部门办理登记手续。经依法登记的，应当将分支机构的登记证书副本报国务院著作权管理部门备案，由国务院著作权管理部门予以公告。

第十三条　著作权集体管理组织应当根据下列因素制定使用费收取标准：

（一）使用作品、录音录像制品等的时间、方式和地域范围；

（二）权利的种类；

（三）订立许可使用合同和收取使用费工作的繁简程度。

第十四条　著作权集体管理组织应当根据权利人的作品或者录音录像制品等使用情况制定使用费转付办法。

第十五条　著作权集体管理组织修改章程，应当将章程修改草案报国务院著作权管理部门批准，并依法经国务院民政部门核准后，由国务院著作权管理部门予以公告。

第十六条　著作权集体管理组织被依法撤销登记的，自被撤销登记之日起不得再进行著作权集体管理业务活动。

第三章　著作权集体管理组织的机构

第十七条　著作权集体管理组织会员大会（以下简称会员大会）为著作权集体管理组织的权力机构。

会员大会由理事会依照本条例规定负责召集。理事会应当于会员大会召开６０日以前将会议的时间、地点和拟审议事项予以公告；出席会员大会的会员，应当于会议召开30日以前报名。报名出席会员大会的会员少于章程规定的最低人数时，理事会应当将会员大会报名情况予以公告，会员可以于会议召开5日以前补充报名，并由全部报名出席会员大会的会员举行会员大会。

会员大会行使下列职权：

（一）制定和修改章程；

（二）制定和修改使用费收取标准；

（三）制定和修改使用费转付办法；

（四）选举和罢免理事；

（五）审议批准理事会的工作报告和财务报告；

（六）制定内部管理制度；

（七）决定使用费转付方案和著作权集体管理组织提取管理费的比例；

（八）决定其他重大事项。

会员大会每年召开一次；经10%以上会员或者理事会提议，可以召开临时会员大会。会员大会作出决定，应当经出席会议的会员过半数表决通过。

第十八条　著作权集体管理组织设立理事会，对会员大会负责，执行会员大会决定。理事会成员不得少于9人。理事会任期为4年，任期届满应当进行换届选举。因特殊情况可以提前或者延期换届，但是换届延期不得超过1年。

第四章　著作权集体管理活动

第十九条　权利人可以与著作权集体管理组织以书面形式订立著作权集体管理合同，授权该组织对其依法享有的著作权或者与著作权有关的权利进行管理。权利人符合章程规定加入条件的，著作权集体管理组织应当与其订立著作权集体管理合同，不得拒绝。

权利人与著作权集体管理组织订立著作权集体管理合同并按照章程规定履行相应手续后，即成为该著作权集体管理组织的会员。

第二十条　权利人与著作权集体管理组织订立著作权集体管理合同后，不得在合同约定期限内自己行使或者许可他人行使合同约定的由著作权集体管理组织行使的权利。

第二十一条　权利人可以依照章程规定的程序，退出著作权集体管理组织，终止著作权集体管理合同。但是，著作权集体管理组织已经与他人订立许可使用合同的，该合同在期限届满前继续有效；该合同有效期内，权利人有权获得相应的使用费并可以查阅有关业务材料。

第二十二条　外国人、无国籍人可以通过与中国的著作权集体管理组织订立相互代表协议的境外同类组织，授权中国的著作权集体管理组织管理其依法在中国境内享有的著作权或者与著作权有关的权利。

前款所称相互代表协议，是指中国的著作权集体管理组织与境外的同类组织相互授权对方在其所在国家或者地区进行集体管理活动的协议。

著作权集体管理组织与境外同类组织订立的相互代表协议应当报国务院著作权管理部门备案，由国务院著作权管理部门予以公告。

第二十三条　著作权集体管理组织许可他人使用其管理的作品、录音录像制品等，应当与使用者以书面形式订立许可使用合同。

著作权集体管理组织不得与使用者订立专有许可使用合同。

使用者以合理的条件要求与著作权集体管理组织订立许可使用合同，著作权集体管理组织不得拒绝。

许可使用合同的期限不得超过2年；合同期限届满可以续订。

第二十四条　著作权集体管理组织应当建立权利信息查询系统，供权利人和使用者查询。权利信息查询系统应当包括著作权集体管理组织管理的权利种类和作品、录音录像制品等的名称、权利人姓名或者名称、授权管理的期限。

权利人和使用者对著作权集体管理组织管

理的权利的信息进行咨询时，该组织应当予以答复。

第二十五条　除著作权法第二十三条、第三十二条第二款、第三十九条第三款、第四十二条第二款和第四十三条规定应当支付的使用费外，著作权集体管理组织应当根据国务院著作权管理部门公告的使用费收取标准，与使用者约定收取使用费的具体数额。

第二十六条　两个或者两个以上著作权集体管理组织就同一使用方式向同一使用者收取使用费，可以事先协商确定由其中一个著作权集体管理组织统一收取。统一收取的使用费在有关著作权集体管理组织之间经协商分配。

第二十七条　使用者向著作权集体管理组织支付使用费时，应当提供其使用的作品、录音录像制品等的名称、权利人姓名或者名称和使用的方式、数量、时间等有关使用情况；许可使用合同另有约定的除外。

使用者提供的有关使用情况涉及该使用者商业秘密的，著作权集体管理组织负有保密义务。

第二十八条　著作权集体管理组织可以从收取的使用费中提取一定比例作为管理费，用于维持其正常的业务活动。

著作权集体管理组织提取管理费的比例应当随着使用费收入的增加而逐步降低。

第二十九条　著作权集体管理组织收取的使用费，在提取管理费后，应当全部转付给权利人，不得挪作他用。

著作权集体管理组织转付使用费，应当编制使用费转付记录。使用费转付记录应当载明使用费总额、管理费数额、权利人姓名或者名称、作品或者录音录像制品等的名称、有关使用情况、向各权利人转付使用费的具体数额等事项，并应当保存10年以上。

第五章　对著作权集体管理组织的监督

第三十条　著作权集体管理组织应当依法建立财务、会计制度和资产管理制度，并按照国家有关规定设置会计账簿。

第三十一条　著作权集体管理组织的资产使用和财务管理受国务院著作权管理部门和民政部门的监督。

著作权集体管理组织应当在每个会计年度结束时制作财务会计报告，委托会计师事务所依法进行审计，并公布审计结果。

第三十二条　著作权集体管理组织应当对下列事项进行记录，供权利人和使用者查阅：

（一）作品许可使用情况；

（二）使用费收取和转付情况；

（三）管理费提取和使用情况。

权利人有权查阅、复制著作权集体管理组织的财务报告、工作报告和其他业务材料；著作权集体管理组织应当提供便利。

第三十三条　权利人认为著作权集体管理组织有下列情形之一的，可以向国务院著作权管理部门检举：

（一）权利人符合章程规定的加入条件要求加入著作权集体管理组织，或者会员依照章程规定的程序要求退出著作权集体管理组织，著作权集体管理组织拒绝的；

（二）著作权集体管理组织不按照规定收取、转付使用费，或者不按照规定提取、使用管理费的；

（三）权利人要求查阅本条例第三十二条规定的记录、业务材料，著作权集体管理组织拒绝提供的。

第三十四条　使用者认为著作权集体管理组织有下列情形之一的，可以向国务院著作权管理部门检举：

（一）著作权集体管理组织违反本条例第二十三条规定拒绝与使用者订立许可使用合同的；

（二）著作权集体管理组织未根据公告的使用费收取标准约定收取使用费的具体数额的；

（三）使用者要求查阅本条例第三十二条规定的记录，著作权集体管理组织拒绝提供的。

第三十五条　权利人和使用者以外的公民、法人或者其他组织认为著作权集体管理组织有违反本条例规定的行为的，可以向国务院著作权管理部门举报。

第三十六条　国务院著作权管理部门应当自接到检举、举报之日起60日内对检举、举报事项进行调查并依法处理。

第三十七条　国务院著作权管理部门可以采取下列方式对著作权集体管理组织进行监督，并应当对监督活动作出记录：

（一）检查著作权集体管理组织的业务活动是否符合本条例及其章程的规定；

（二）核查著作权集体管理组织的会计账簿、年度预算和决算报告及其他有关业务材料；

（三）派员列席著作权集体管理组织的会员大会、理事会等重要会议

第三十八条　著作权集体管理组织应当依法接受国务院民政部门和其他有关部门的监督。

第六章 法律责任

第三十九条　著作权集体管理组织有下列情形之一的，由国务院著作权管理部门责令限期改正：

（一）违反本条例第二十二条规定，未将与境外同类组织订立的相互代表协议报国务院著作权管理部门备案的；

（二）违反本条例第二十四条规定，未建立权利信息查询系统的；

（三）未根据公告的使用费收取标准约定收取使用费的具体数额的。

著作权集体管理组织超出业务范围管理权利人的权利的，由国务院著作权管理部门责令限期改正，其与使用者订立的许可使用合同无效；给权利人、使用者造成损害的，依法承担民事责任。

第四十条　著作权集体管理组织有下列情形之一的，由国务院著作权管理部门责令限期改正；逾期不改正的，责令会员大会或者理事会根据本条例规定的权限罢免或者解聘直接负责的主管人员：

（一）违反本条例第十九条规定拒绝与权利人订立著作权集体管理合同的，或者违反本条例第二十一条的规定拒绝会员退出该组织的要求的；

（二）违反本条例第二十三条规定，拒绝与使用者订立许可使用合同的；

（三）违反本条例第二十八条规定提取管理费的；

（四）违反本条例第二十九条规定转付使用费的；

（五）拒绝提供或者提供虚假的会计账簿、年度预算和决算报告或者其他有关业务材料的。

第四十一条　著作权集体管理组织自国务院民政部门发给登记证书之日起超过6个月无正当理由未开展著作权集体管理活动，或者连续中止著作权集体管理活动6个月以上的，由国务院著作权管理部门吊销其著作权集体管理许可证，并由国务院民政部门撤销登记。

第四十二条　著作权集体管理组织从事营利性经营活动的，由工商行政管理部门依法予以取缔，没收违法所得；构成犯罪的，依法追究刑事责任。

第四十三条　违反本条例第二十七条的规定，使用者能够提供有关使用情况而拒绝提供，或者在提供有关使用情况时弄虚作假的，由国务院著作权管理部门责令改正；著作权集体管理组织可以中止许可使用合同。

第四十四条　擅自设立著作权集体管理组织或者分支机构，或者擅自从事著作权集体管理活动的，由国务院著作权管理部门或者民政部门依照职责分工予以取缔，没收违法所得；构成犯罪的，依法追究刑事责任。

第四十五条　依照本条例规定从事著作权集体管理组织审批和监督工作的国家行政机关工作人员玩忽职守、滥用职权、徇私舞弊，构成犯罪的，依法追究刑事责任；尚不构成犯罪的，依法给予行政处分。

第七章 附 则

第四十六条　本条例施行前已经设立的著作权集体管理组织，应当自本条例生效之日起3个月内，将其章程、使用费收取标准、使用费转付办法及其他有关材料报国务院著作权管理部门审核，并将其与境外同类组织订立的相互代表协议报国务院著作权管理部门备案。

第四十七条　依照著作权法第二十三条、第三十二条第二款、第三十九条第三款的规定使用他人作品，未能依照《中华人民共和国著作权法实施条例》第三十二条的规定向权利人支付使用费的，应当将使用费连同邮资以及使用作品的有关情况送交管理相关权利的著作权集体管理组织，由该著作权集体管理组织将使用费转付给权利人。

负责转付使用费的著作权集体管理组织应当建立作品使用情况查询系统，供权利人、使用者查询。

负责转付使用费的著作权集体管理组织可以从其收到的使用费中提取管理费，管理费按照会员大会决定的该集体管理组织管理费的比例减半提取。除管理费外，该著作权集体管理组织不得从其收到的使用费中提取其他任何费用。

第四十八条　本条例自2005年3月1日起施行。

由文化部及地方文化行政部门实施的行政许可的有关事项

第一项

事项:

冠以“中国”、“中华”、“全国”等字样的营业性演出活动审批

依据:

《营业性演出管理条例》(国务院第229号令)

条件:

1.举办营业性组台演出的，应当由演出经纪机构承办。邀请外国文艺表演团体或者个人来华从事营业性演出的，或者邀请香港、澳门特别行政区、台湾地区文艺表演团体或者个人来境内从事营业性演出的，应当由承担涉外演出业务的演出经纪机构承办。

2.营业性文艺表演团体或者演出经纪机构举办营业性演出的，应当与演出场所签订演出合同，参加组台演出的单位和个人应当与演出经纪机构签订演出合同。演出合同应当载明下列事项:

(1)演出时间和场次;

(2)演出地点;

(3)主要演员和节目内容;

(4)演出票务安排;

(5)演出收支结算方式;

(6)其他需要约定的事项。

数量限制:

无

程序:

承办单位应当在演出日期前20日报国务院文化行政部门审批，经批准后，方可签订正式合同。但是，国家另有规定的除外。

期限:

20日

需要提交的材料目录:

1.演出申请书;

2.与演出相关的各类演出合同文本;

3.节目内容;

4.邀请外国文艺表演团体或者个人来华从事营业性演出，或者邀请香港、澳门特别行政区、台湾地区文艺表演团体或者个人来境内从事营业性演出，还应当提供外国或者港澳台文艺表演团体及演职人员名单、护照等身份证明文件、艺术水平和资信情况证明。

第二项

事项:

演出经纪机构邀请外国文艺表演团体或者

个人来华进行营业性演出

依据：

《营业性演出管理条例》（国务院第229号令）

条件：

1.邀请外国文艺表演团体或者个人来华从事营业性演出的，应当由承担涉外演出业务的演出经纪机构承办。

2.承办单位应当与演出场所签订演出合同，与参加演出的单位和个人签订演出合同。演出合同应当载明下列事项：

（1）演出时间和场次；

（2）演出地点；

（3）主要演员和节目内容；

（4）演出票务安排；

（5）演出收支结算方式；

（6）其他需要约定的事项。

数量限制：

无

程序：

承办单位应当在演出日期前20日报国务院文化行政部门审批，经批准后，方可签订正式合同。但是，国家另有规定的除外。

期限：

20日

需要提交的材料目录：

1.演出申请书；

2.与演出相关的各类演出合同文本（中外文）；

3.演出节目内容材料和节目录像带（光盘）；

4.外国文艺表演团体及演职人员名单、护照等身份证明文件、艺术水平和资信情况证明。

第三项

事项：

设立演出经纪机构审批

依据：

《营业性演出管理条例》（国务院第229号令）

条件：

1.有单位的名称、组织机构和章程；

2.有业务主管部门；

3.有具备相应业务水平的从业人员；

4.有固定的地址和业务范围；

5.有与其规模相适应的资金。

数量限制：

国务院文化行政部门负责制定全国演出单位的总体规划；省、自治区、直辖市人民政府文化行政部门应当依据国家的总体规划，确定本行政区域内演出单位的总量、布局和结构。

程序：

1.申请设立演出经纪机构，应当按照国家规定的审批权限向省级以上人民政府文化行政部门提出申请；经审核批准的，取得《营业性演出许可证》。

2.取得《营业性演出许可证》的，应当持证向工商行政管理部门申请注册登记，取得营业执照后，方可营业。

期限：

20日

需要提交的材料目录：

1.单位的名称、组织机构和章程；

2.业务主管部门同意证明；

3.主要负责人基本情况及简历，专业业务人员名单及简历；

4.住所情况和使用证明；

5.业务范围；

6.资金来源及其合法证明、资金数额。

第四项

事项：

设立营业性文艺表演团体审批

依据：

《营业性演出管理条例》（国务院第229号令）

条件：

1.有单位的名称、组织机构和章程；

2.有具备表演技能的演职人员；

3.有固定的地址和与演出需要相适应的器材设备；

4.有与其规模相适应的资金。

数量限制：

国务院文化行政部门负责制定全国演出单位的总体规划；省、自治区、直辖市人民政府文化行政部门应当依据国家的总体规划，确定本行政区域内演出单位的总量、布局和结构。

审批设立营业性文艺表演团体，应当符合文艺表演团体的总量、布局和结构规划。

程序：

1.申请设立营业性文艺表演团体，应当按照国家规定的审批权限向县级以上人民政府文化行政部门提出申请；经审核批准的，取得《营业性演出许可证》

2.取得《营业性演出许可证》的，应当持证向工商行政管理部门申请注册登记，取得营业执照后，方可从事营业性演出活动；但是，国家核拨经费的文艺表演团体除外。

期限：

20日

需要提交的材料目录：

1.单位的名称、组织机构和章程；

2.主要负责人基本情况及简历，主要演职人员名单及简历；

3.住所情况和使用证明；

4.资金来源及其合法证明、资金数额。

第五项

事项：

演出经纪机构承办组台演出活动审批

依据：

《营业性演出管理条例》（国务院第229号令）

数量限制：

无

程序：

演出经纪机构承办组台演出，应当在演出日期前20日报向其发放《营业性演出许可证》的部门审批；到演出经纪机构所在地以外的省、自治区、直辖市举办演出的，并报演出地有关的县级以上地方人民政府文化行政部门审批。

期限：

20日

需要提交的材料目录：

1.演出申请书；

2.与演出相关的各类演出合同文本；

3.演出节目内容材料。

第六项

事项：

占用非营业性演出场所举办营业性演出活动审批

依据：

《营业性演出管理条例》（国务院第229号令）

条件：

1.举办营业性演出时，场所容纳的观众不得超过额定人数。场所应当负责维护演出秩序，保障观众的安全。

2.演出方应当与场所签订演出合同，参加组台演出的单位和个人应当与演出经纪机构签订演出合同。演出合同应当载明下列事项：

（1）演出时间和场次；

（2）演出地点；

（3）主要演员和节目内容；

（4）演出票务安排；

（5）演出收支结算方式；

（6）其他需要载明的事项。

数量限制：

无

程序：

占用公园、广场、街道、宾馆、饭店、体育场（馆）或者其他非营业性演出场所举办营业性演出活动的，应当报经当地县级以上地方人民政府文化行政部门、公安机关和其他有关部门批准。

期限：

20日

需要提交的材料目录：

1.演出申请书；

2.与演出相关的各类演出合同文本；

3.演出节目内容材料。

第七项

事项：

进口音像制品审批

依据：

1.《音像制品管理条例》(国务院令第341号)

2.《音像制品进口管理办法》(文化部、海关总署令第23号)

条件：

1.音像制品成品进口业务由文化部指定的音像制品经营单位经营；未经文化部指定，任何单位或者个人不得从事音像制品成品进口业务。

2.图书馆、音像资料馆、科研机构、学校等单位进口供研究、教学参考的音像制品成品，应当委托文化部指定的音像制品成品进口经营单位办理进口审批手续。

3.音像出版单位可以在批准的出版业务范围内从事进口音像制品的出版业务。

数量限制：

无

程序：

1.音像制品进口单位向文化部提出进口申请；

2.向文化部提交报审材料；

3.文化部对进口节目进行内容审查；

4.文化部自收到申请之日起30日内作出批准或者不批准的决定。批准的发给批准文件，不批准的，说明理由。

期限：

30日

需要提交的材料目录

1.进口音像制品成品，应当向文化部提出申请并报送以下文件和材料：

(1)进口录音(像)制品报审表；

(2)进口协议草案；

(3)节目样片、中外文歌词；

(4)内容审查所需的其他材料。

2、进口用于出版的音像制品，应当向文化部提出申请并报送以下文件和材料：

(1)进口录音(像)制品报审表；

(2)版权贸易协议(中外文文本)草案，原始版权证明书，版权授权书和国家著作权认证机构的登记认证文件；

(3)节目样片；

(4)内容审查所需的其他材料。

3.进口用于展览、展示的音像制品，由展览、展示活动主办单位提出申请，并将音像制品目录和样片报文化部进行内容审查。海关按暂时进口货物管理。

第八项　音像制品经营许可

事项8.1：

设立音像制品零售、出租单位或个人申请从事音像制品零售、出租业务的审批

依据：

1.《音像制品管理条例》(国务院令第341号)

2.《音像制品批发、零售、出租管理办法》(文化部令第22号)

条件：

1.有零售、出租单位的名称或个人的经营字号；

2.有确定的业务范围；

3.有固定的经营场所，其中，在直辖市、省会城市和计划单列市市区内营业的，营业面积不得低于40平方米；

4.有适应业务范围和规模需要的注册资本；

5.有适应业务范围需要的专职从业人员；

6.法律、行政法规规定的其他条件。

数量限制：

音像制品零售、出租单位或个人申请从事音像制品零售、出租业务的设立和发展必须符合音像市场发展规划。

程序：

1.申请设立音像制品零售、出租单位或个人申请从事音像制品零售、出租业务，报所在地县级地方人民政府文化行政部门审批。文化行政部门应自收到申请之日起30日内作出批准或者不批准的决定。批准的，发给《音像制品经营许可证》并报上一级地方人民政府文化行政部门备案。

2.申请人持《音像制品经营许可证》到工商行政部门登记，依法领取营业执照。

期限：

30日

需要提交的材料目录：

1.音像制品零售、出租单位的名称、地址或从事音像制品零售、出租业务的个人经营字号、地址；

2.音像制品零售、出租单位的法定代表人或者主要负责人的姓名、住址或者从事音像制品零售、出租业务的个人的姓名、住址；

3.音像制品零售、出租单位或从事音像制品零售、出租业务的个人的资金来源及其合法证明、资金数额；

4.音像制品零售、出租单位经营场所的情况和使用权证明；

5.从业人员的资料。

事项8.2：

音像制品批发经营单位的审批

依据：

1.《音像制品管理条例》(国务院令第341号)

2.《音像制品批发、零售、出租管理办法》(文化部令第22号)

条件：

1.有音像制品批发单位的名称、章程；

2.有确定的业务范围；

3.有固定的经营场所，营业面积不低于100平方米；

4.有不低于100万元的注册资本；

5.有适应业务范围需要的组织机构和5人以上的专职从业人员；

6.法律、行政法规规定的其他条件。

数量限制：

音像制品批发单位的设立和发展必须符合音像市场发展规划。

程序：

1.申请设立音像制品批发单位，报所在地省、自治区、直辖市人民政府文化行政部门审批。文化行政部门应自收到申请之日起30日内作出批准或者不批准的决定。批准的，发给《音像制品经营许可证》并报文化部备案。

2.申请人持《音像制品经营许可证》到工商行政部门登记，依法领取营业执照。

期限：

30日

需要提交的材料目录：

1.音像制品批发单位的名称、地址；

2.音像制品批发单位的法定代表人或者主要负责人的姓名、住址；

3.音像制品批发单位的资金来源及其合法证明、资金数额；

4.音像制品批发单位经营场所的情况和使用权证明；

5.从业人员的资料。

事项8.3：

音像制品连锁经营单位的审批

依据：

1.《音像制品管理条例》(国务院令第341号)

2.《音像制品批发、零售、出租管理办法》(文化部令第22号)

条件：

1.有音像连锁经营单位的名称、章程；

2.有确定的业务范围；

3.有不低于500万元的注册资本，其中，从事全国性连锁经营的，注册资本不低于3000万元；

4.有10个以上音像制品连锁门店；

5.有适应业务范围需要的组织机构和15人以上的专职从业人员；

6.有向连锁门店提供经营指导和配送音像制品的能力；

7.法律、行政法规规定的其他条件。

数量限制：

音像制品连锁经营单位的设立和发展必须符合音像市场发展规划。

程序：

1.申请设立音像制品连锁经营单位，报所在地省、自治区、直辖市人民政府文化行政部门审批；申请设立全国性音像制品连锁经营单位，由其总部所在地省、自治区、直辖市人民政府文化行政部门审核同意后，报文化部审批。文化行政部门应自收到申请之日起30日内作出批准或者不批准的决定。

2.申请人持《音像制品经营许可证》到工商行政部门登记，依法领取营业执照。

期限：

30日

需要提交的材料目录：

1.音像制品连锁经营单位的名称、地址；

2.音像制品连锁经营单位的法定代表人或者主要负责人的姓名、住址；

3.音像制品连锁经营单位的资金来源及其合法证明、资金数额；

4.音像制品连锁经营单位组织机构和章程；

5.音像制品连锁经营单位总部和连锁门店经营场所的情况和使用权证明；

6.音像制品连锁经营单位总部和连锁门店管理人员的资料；

7.音像制品连锁经营单位配送机构、配送手段和配送管理制度的情况。

事项8.4：

设立中外合作音像制品分销企业的审批

依据：

1.国务院令第341号《音像制品管理条例》

2.文化部、商务部令第28号《中外合作音像制品分销企业管理办法》

条件：

申请设立中外合作音像制品分销企业的中国合作者和外国合作者应当具有举办音像制品分销企业相应的能力；应当能够独立承担民事责任，并且在申请前三年无违法记录。

中外合作音像制品分销企业应当符合以下条件：

1.具有独立的法人资格；

2、具备国家有关设立音像制品分销企业的条件；

3.具有与经营规模相适应的资金；

4.中国合作者在合作企业中所拥有的权益不得低于51%；

5.合作期限不超过15年。

数量限制：

中外合作音像制品分销企业的设立和发展必须符合音像市场发展规划。

程序：

1.中国合作者向拟设立中外合作音像制品分销企业所在地省、自治区、直辖市文化行政管理部门提出申请，省、自治区、直辖市文化行政管理部门审核同意后报文化部进行立项审批。文化部在30日内作出批准或者不批准的决定。

2.中国合作者自文化部批准立项之日起六个月，到商务部办理《外商投资企业批准证书》。

3、中国合作者自收到商务部颁发的《外商投资企业批准证书》之日起30日内，持文化部的立项批准文件和商务部颁发的《外商投资企业批准证书》向文化部申领音像制品经营许可证。

期限：

30日

需要提交的材料目录：

1.立项申请书：申请书应当载明拟设立中外合作音像制品分销企业的名称、地址、经营范围、投入资金来源和数额；

2.合作各方编制或认可的项目建议书或可行性研究报告；

3.合作各方的营业执照或注册登记证明文件、资信证明文件及法定代表人的有效证明文件；

4.(如果中国合作者以国有资产作为合作条件)国有资产管理部门对中国合作者拟投入的国有资产的评估报告确认文件；

5.文化部要求提供的其他材料。

第九项

事项：

设立娱乐场所经营单位的审核

依据：

《娱乐场所管理条例》(国务院令第261号)

条件：

设立娱乐场所经营单位，应当具备下列条件：

1.有单位名称、住所、组织机构和章程；

2.有确定的经营范围和娱乐项目；

3.有与其提供的娱乐场所项目相适应的场地和器材设备；

4.娱乐场所的安全、消防设施和卫生条件符合国家规定的标准。

娱乐场所不得在可能干扰学校、医院、机关正常学习、工作秩序的地点设立。娱乐场所的边界噪声必须符合国家规定的标准。

下列人员不得担任娱乐场所经营单位的法定代表人和主管人员，并不得参与娱乐场所的经营管理活动：

1.因犯有强奸罪，强制猥亵、侮辱妇女罪，组织、强迫、引诱、容留、介绍卖淫罪，赌博罪，制作、贩卖、传播淫秽物品罪，或者走私、贩卖、运输、制造毒品罪，曾被判处有期徒刑以上刑罚的；

2.因犯罪曾被剥夺政治权利的。

数量限制：

无

程序：

设立娱乐场所经营单位，应当经其所在地县级以上地方人民政府文化行政主管部门、公安机关和卫生行政部门在各自的职责范围内依照本条例的规定进行审核；经审核合格的，向工商行政管理部门申请注册登记，领取营业执照。

期限：

20日

需要提交的材料目录：

1.单位名称、住所、组织机构和章程；

2.娱乐项目及经营范围；

3.经营场所的情况和使用权证明；

4.法定代表人或者主要负责人及主管人员的姓名、住址及基本情况。

第十项

事项：

娱乐场所增加或者变更游戏机机型、机种、电路板核准

依据：

《娱乐场所管理条例》(国务院令第261号)

条件：

娱乐场所通过电子屏幕显示声光、影像的游戏机内设计和装置的游戏项目，不得含有条例禁止的内容。

娱乐场所使用的音像制品和电子出版物，必须是经依法批准的出版单位出版的或者经依法批准进口的。

游艺娱乐场所不得设置使用具有退币、退钢珠、退奖券等赌博功能的电子游戏机机型、机种、电路板。

数量限制：

无

程序：

娱乐场所增加或者变更游戏机型、机种、电路板的，应当报原审核的文化行政主管部门审核。

期限：

20日

需要提交的材料目录：

1.申请书；

2.营业执照副本；

3.需要增加或者变更的游戏机型、机种、

电路板等的名称、型号及内容介绍。

第十一项：设立互联网上网服务营业场所经营单位审批

事项11.1：

设立互联网上网服务营业场所经营单位审批

依据：

《互联网上网服务营业场所管理条例》（国务院令第363号）

条件：

1.设立互联网上网服务营业场所经营单位，应当采用企业的组织形式，并具备下列条件：

（1）有企业的名称、住所、组织机构和章程；

（2）有与其经营活动相适应的资金；

（3）有与其经营活动相适应并符合国家规定的消防安全条件的营业场所；

（4）有健全、完善的信息网络安全管理制度和安全技术措施；

（5）有固定的网络地址和与其经营活动相适应的计算机等装置及附属设备；

（6）有与其经营活动相适应并取得从业资格的安全管理人员、经营管理人员、专业技术人员；

（7）法律、行政法规和国务院有关部门规定的其他条件。

2.互联网上网服务营业场所的最低营业面积、计算机等装置及附属设备数量、单机面积的标准，由国务院文化行政部门规定。

3.审批设立互联网上网服务营业场所经营单位，还应当符合国务院文化行政部门和省、自治区、直辖市人民政府文化行政部门规定的互联网上网服务营业场所经营单位的总量和布局要求。

4.中学、小学校园周围200米范围内和居民住宅楼（院）内不得设立互联网上网服务营业场所。

数量限制：

审批设立互联网上网服务营业场所经营单位，应当符合国务院文化行政部门和省、自治区、直辖市人民政府文化行政部门规定的互联网上网服务营业场所经营单位的总量和布局要求。

程序：

1.设立互联网上网服务营业场所经营单位，应当向县级以上地方人民政府文化行政部门提出申请，文化行政部门应当自收到设立申请之日起20日内作出决定；经审查，符合条件的，发给同意筹建的批准文件。

2.申请人完成筹建后，持同意筹建的批准文件到同级公安机关申请信息网络安全和消防安全审核。公安机关应当自收到申请之日起20日内作出决定；经实地检查并审核合格的，发给批准文件。

3.申请人持公安机关批准文件向文化行政部门申请最终审核。文化行政部门应当自收到申请之日起15日内依据本条例第八条的规定作出决定；经实地检查并审核合格的，发给《网络文化经营许可证》。

4.对申请人的申请，文化行政部门经审查不符合条件的，或者公安机关经审核不合格的，应当分别向申请人书面说明理由。

5.申请人持《网络文化经营许可证》到工商行政管理部门申请登记注册，依法领取营业执照后，方可开业。

期限：

程序1、2、3的审批期限分别为20日、20日、15日。

需要提交的材料目录：

设立互联网上网服务营业场所经营单位，应当向县级以上地方人民政府文化行政部门提出申请，并提交下列文件：

1.名称预先核准通知书和章程；

2.法定代表人或者主要负责人的身份证明材料；

3.资金信用证明；

4.营业场所产权证明或者租赁意向书；

5.依法需要提交的其他文件。

事项11.2：

设立互联网上网服务营业场所连锁经营企业的审批

依据：

1.《互联网上网服务营业场所管理条例》（国务院令第363号）

2.文化部《关于加强互联网上网服务营业场所连锁经营管理的通知》（文市发[2003]15号）

条件：

申请设立互联网上网服务营业场所连锁经营企业应当符合《互联网上网服务营业场所管理条例》和国家有关规定，并具备下列条件：

1.有企业的名称、住所、组织机构和章程；

2.在一个省（自治区、直辖市）内从事连锁经营的，注册资本（金）或出资不得少于1000万元；从事全国性和跨省（自治区直辖市）连锁经营的，注册资本（金）或出资不得少于5000万元；

3.有与其连锁经营活动相适应并取得从业资格的经营管理人员、专业技术人员；

4.在一个省（自治区、直辖市）内从事连锁经营的，应当有不少于10家直营连锁门店；从事全国性和跨省（自治区、直辖市）连锁经营的，应当在不少于两个省（自治区、直辖市）内拥有不少于20家直营连锁门店；

5.直营连锁门店不得少于连锁门店总量的10%；从事特许经营活动应当依法签订特许经营合同；

6.具有与其连锁经营活动相适应并符合连锁经营规范的经营管理体系和向连锁门店提供长期经营指导的能力；

7.拥有统一的上网首页和对连锁门店统一实施的计算机远程管理系统；

8.法律法规和文化部规定的其他条件。

数量限制：

每个省（自治区、直辖市）审批设立的互联网上网服务营业场所连锁经营企业不超过3家，全国性互联网上网服务营业场所连锁经营企业原则上不超过10家。

程序：

1.文化部或省、自治区、直辖市文化行政部门收到互联网上网服务营业场所连锁经营企业设立申请后，经审查符合条件的，发给同意筹建的批准文件。

2.申请人完成筹建后，应当持符合规定数量的连锁门店《网络文化经营许可证》复印件、直营连锁门店的直营证明材料和特许连锁门店的特许经营协议书（合同）等证明材料向文化行政部门申请最终审核。

文化行政部门经实地检查并审核合格的，发给《网络文化经营许可证》；经审查不符合条件的，应当向申请人说明理由。

期限：

程序1、2的审批期限分别为20日、15日。

需要提交的材料目录：

申请设立互联网上网服务营业场所连锁经营的企业应当提供以下文件：

1.名称预先核准通知书或营业执照和章程；

2.法定代表人或主要负责人的身份证明等有关证明材料，主要经营管理人员、专业技术人员的从业资格等有关证明材料；

3.资金信用证明和符合本通知第四条规定数量的营业场所产权证明或者租赁意向书；

4.符合连锁经营规范的筹建方案；

5.符合国家法律法规规定的连锁经营管理制度及特许连锁门店的加盟章程；

6.作为统一上网首页的合作网站合作意向书或者自建网站的筹建方案；

7.统一计算机远程管理系统的筹建方案；

8.需要提交的其他文件。

第十二项

事项：

申请设立经营性互联网文化单位的审批

依据：

《互联网文化管理暂行规定》（文化部令第27号）

条件：

申请设立经营性互联网文化单位，应当符合《互联网信息服务管理办法》和《互联网文化管理暂行规定》的有关规定，并具备下列条件：

1.有单位的名称、住所、组织机构和章程；

2.有确定的互联网文化活动范围；

3.有适应互联网文化活动需要并取得相应从业资格的业务管理人员和专业技术人员；

4.有适应互联网文化活动需要的资金、设备和工作场所以及相应的经营管理技术措施；

5.法律、法规和文化部规定的其他条件。

数量限制：

无

程序：

申请单位所在地省、自治区、直辖市文化行政部门收到经营性互联网文化单位设立申请后，提出初审意见；初审合格的，报文化部审批；不合格的，应当通知申请者并说明理由。文化部根据初审意见和有关规定作出批准或者不批准的决定，并书面通知申请者；批准的，发给《网络文化经营许可证》；不批准的，应当说明理由。

期限：

初审20日，审批20日。

需要提交的材料目录：

申请设立经营性互联网文化单位应当提供以下文件：

1.申请书；

2.企业名称预先核准通知书或者营业执照和章程；

3.资金来源、数额及其信用证明文件；

4.法定代表人或主要负责人及主要经营管理人员、专业技术人员的资格证明和身份证明文件；

5.工作场所使用权证明文件；

6.依法需要提交的其他文件。

第十三项

事项：

互联网文化单位进口互联网文化产品内容审查

依据：

《互联网文化管理暂行规定》（文化部令第27号）《文化部关于加强网络游戏产品内容审查工作的通知》（文市发[2004]14号）

条件：

1.申请进口互联网文化产品的单位，需取得文化部核发的《网络文化经营许可证》。

2.互联网文化单位不得提供载有以下内容的文化产品：

（1）反对宪法确定的基本原则的；

（2）危害国家统一、主权和领土完整的；

（3）泄露国家秘密、危害国家安全或者损害国家荣誉和利益的；

（4）煽动民族仇恨、民族歧视，破坏民族团结，或者侵害民族风俗、习惯的；

（5）宣扬邪教、迷信的；

（6）散布谣言，扰乱社会秩序，破坏社会稳定的；

（7）宣扬淫秽、赌博、暴力或者教唆犯罪的；

（8）侮辱或者诽谤他人，侵害他人合法权益的；

（9）危害社会公德或者民族优秀文化传统的；

（10）有法律、行政法规和国家规定禁止的其他内容的。

数量限制：

无

程序：

经营性互联网文化单位首先应当按照国家有关规定对拟进口的互联网文化产品进行严格的自我审核；经审核无违法违禁内容的，向文化部提出申请，文化部根据有关法律法规和内容审查结果，作出批准或者不批准的决定。批准的，发给批准文件；不批准的，应当说明理由。

期限：

20日

需要提交的材料目录：

以进口网络游戏产品内容审查需要提交的材料为例：

（1）文化部进口网络游戏产品内容审查申报表和文化部进口网络游戏产品材料登记表；

（2）产品主题以及内容说明书；

（3）产品操作说明（中、外文文本）；

（4）产品样品（中、外文文本，包括网络游戏软件客户端程序，以CD-ROM或DVD光盘为载体）三份，并提供登录账号及其相应密码，该账号应具备最高管理权限（或最高游戏级别）；

（5）游戏中全部对白、旁白、描述性文字及游戏主题曲、插曲的歌词文本（中、外文文本）；

（6）产品版权贸易或运营代理协议（中、外文文本）、原始版权证明书、版权授权书副本或复印件；

（7）产品输出国家或地区对该游戏产品的分级评价或有关证明；

（8）申请单位的《网络文化经营许可证》和《营业执照》复印件；

（9）自行审核结果（含可能存在争议内容的相关说明）；

（10）内容审查所需的其他文件。

第十四项

事项：

营业性演出内容核准

依据：

《营业性演出管理条例实施细则》（文化部令第25号）

条件：

国家禁止举办含有下列内容的演出活动：

（1）危害国家安全、荣誉和社会稳定的；

（2）煽动民族分裂，侵害少数民族风俗习惯，破坏民族团结的；

（3）宣扬淫秽、色情、迷信或者渲染暴力的；

（4）表演方式恐怖、残忍，摧残演员健康的；

（5）利用人体缺陷或者以展示人体变异等招徕观众的；

（6）法律、行政法规规定禁止的其他内容。

数量限制：

无

程序：

营业性文艺表演团体进行营业性演出的，应当持《演出证》和演出节目资料报演出地县级以上文化行政部门核准；非国家核拨经费的营业性文艺表演团体还应当同时向核准机关提供工商行政管理部门核发的《营业执照》。

期限：

20日

需要提交的材料目录：

1.《演出证》；

2.《营业执照》；

3.节目内容。

第十五项：美术品进出口经营活动审批

事项15.1：

申办美术品进出口经营活动审批

依据：

《美术品经营管理办法》

条件：

开展美术品进出口经营活动的单位，应当具有从事美术品进出口业务的资质。

数量限制：

无

程序：

文化部在接到申请之日起15个工作日内做出批准或不批准的决定。批准的发给批准文件，不批准的应当说明理由。申报单位持文化部的批准文件办理进出境相关手续。

期限：

15日

需要提交的材料目录：

（1）进出口单位的资质证明；

（2）进出口美术品的来源地和目的地；

（3）进出口美术品的名录、图片和介绍；

（4）审批部门需要的其他材料。

事项 15.2:

涉外商业性美术品展览活动审批

依据:

《美术品经营管理办法》

条件:

涉外商业性美术品展览活动，应当由具备美术品进出口资质的经营单位主办。

数量限制:

无

程序:

省级文化行政部门在接到申请之日起15个工作日内提出初审意见，同意的报文化部审批，不同意的说明理由。

文化部在收到省级文化行政部门初审意见之日起15个工作日内做出批准或不批准的决定，不批准的向申请人说明理由。

申请单位持文化部的批准文件办理展品进出境相关手续。

期限:

30日

需要提交的材料目录:

主办单位应当在展览30日前，向举办地省级文化行政部门提出申请并报送以下材料:

（1）主办单位的资质证明；

（2）展览的活动方案；

（3）举办单位与其他相关单位签订合同或者协议；

（4）经费预算及资金来源证明；

（5）场地使用协议；

（6）国外来华参展的美术品的名录、图片和介绍；

（7）审批部门要求的其他材料。

第十六项

事项:

社会艺术水平考级机构设立审批

依据:

《社会艺术水平考级管理办法》

条件:

申请设立社会艺术水平考级机构的单位必须是具备下列条件的艺术学校、专业艺术团体、艺术事业单位和专业协会:

（1）独立的法人资格；

（2）主要业务与申请开办的艺术考级专业相关，并具有良好的艺术、学术水准和社会信誉；

（3）有自编并公开出版发行的艺术考级教材；

（4）申请开办的艺术考级专业必须有本单位的相应专业的考官，并且本单位的考官应当占考官总数的三分之二以上；

（5）适应艺术考级需要的场所和设施；

（6）专门负责艺术考级的工作机构和健全的规章制度。

数量限制:

设立社会艺术水平考级机构的审批必须符合文化部制定的艺术考级总体规划，符合文化部确定的艺术考级机构的数量、布局和结构。

程序:

1.申请开办省内艺术水平考级活动资格，报所在省（自治区、直辖市）人民政府文化行政部门审批；申请开办跨省艺术水平考级活动资格，报文化部审批。

2.审批机关作出决定之前，将申请单位的申请材料提交全国社会艺术水平考级工作专家指导委员会进行论证。

3.自受理申请之日起20日内，审批机关作出是否批准的决定。20日内不能决定的，经审批机关负责人批准，可以延长10日，并应当将延长期限的理由告知单位。专家指导委员会论证所需时间不计算在审批期限内。批准的，核发《社会艺术水平考级资格证书》；不予批准的，说明理由。

4.申请单位应当自收到《社会艺术水平考级资格证书》之日起30日内，持证书到当地人民政府物价部门办理收费许可，并向文化部和所在地省、自治区、直辖市人民政府文化行政部门备案。申请单位取得《社会艺术水平考级资格证书》和当地人民政府物价部门收费许可后，方可开办艺术考级活动。

期限：

20日

专家指导委员会论证所需时间由专家委员会书面通知申请人。

需要提交的材料目录：

1.申请书。申请书中应当载明拟开办的艺术考级专业，设置考场范围，考级工作机构及其负责人的基本情况，开办资金的数量和来源，收费项目和标准等内容；申请书由申请单位的法定代表人签署；

2.法人资格证明文件；

3.开办资金合法来源的证明文件；

4.考级工作机构的组成和工作规则；

5.考级工作机构主要负责人的证明文件；

6.考级工作机构办公地点和考试场地使用权的证明文件；

7.自编并公开出版发行的艺术考级教材；

8.拟聘请的艺术考级考官的材料；

9.审批机关要求提供的其他有关材料。

示范文本：

《社会艺术水平考级机构设立申请书》

文化部社会团体管理暂行办法

（文办发[2004]22号）

第一章　总　　则

第一条　　为了加强对以文化部为业务主管单位的社会团体（以下简称社会团体）的管理，促进社会团体健康发展，根据《社会团体登记管理条例》，制定本办法。

第二条　　社会团体必须遵守宪法、法律、法规和国家政策，不得反对宪法确定的基本原则，不得危害国家的统一、安全和民族的团结，不得损害国家利益、社会公共利益以及其他组织和公民的合法权益，不得违背社会道德风尚。

第三条　　文化部社会团体管理办公室是文化部管理社会团体的专门机构，全面负责社会团体的监督管理工作。

第四条　文化部人事司对社会团体成立、变更、注销及领导人员的选用予以指导和监督。

第五条　　文化部机关党委负责社会团体党的组织建设工作。

第二章　成立、变更和终止

第六条　　申请成立社会团体应当具备下列条件：

（一）以促进文化艺术事业的发展繁荣为宗旨，符合文化艺术发展规律，符合社会团体布局结构要求；

（二）由文化企业、事业单位、团体法人或在文艺界有较高知名度的个人自愿发起，有50个以上的个人会员或者30个以上的单位会员，个人会员、单位会员混合组成的，会员总数不得少于50个；

（三）属于文化部主管的业务范围，有规范的名称、组织机构、固定的住所和相应的专职工作人员，有独立承担民事责任的能力；

（四）有合法的、代表本社会团体成员意志的章程，章程的内容应当符合《社会团体登记管理条例》第十五条的规定；

（五）有合法的资产和经费来源，注册资金不少于10万元人民币。

第七条　　申请成立社会团体按下列程序进行：

（一）发起人向文化部社会团体管理办公室提交筹备成立申请文件（包括：成立申请书；章程草案；办公场所使用证明和当地派出所出具的同意接纳管辖证明；发起人和拟任负责人的基本情况、身份证明；会员名册；资金来源；拟设分支机构、代表机构名称、业务范围及活动地域等）；

（二）文化部社会团体管理办公室根据有

关规定对筹备成立申请文件进行审核，同意的，报文化部审查，不同意的，说明理由；

（三）文化部审查同意后向发起人出具批准文件；

（四）发起人取得文化部批准文件后，在文化部社会团体管理办公室指定日期将规定注册资金汇入指定账户，进行验资（社会团体获准成立登记后由验资部门将注册资金转入社会团体开设的账户；未获准登记或自行放弃申请登记的，验资部门向筹备组返还注册资金）；

（五）发起人持文化部批准文件及相关材料向登记管理机关进行筹备申请；

（六）获得登记管理机关批准筹备成立的社会团体，要按《社会团体登记管理条例》第十四条的规定完成筹备事宜，并向登记管理机关申请成立登记；

（七）办理完成登记后，社会团体凭《社会团体法人登记证书》申请刻制公章、开立银行账户；

（八）新成立社会团体应当在登记后30日内到文化部社会团体管理办公室备案。

第八条　未经登记的社会团体，不得以社会团体名义进行活动。

第九条　社会团体变更下列事项，应当报文化部社会团体管理办公室审查同意后，向登记管理机关申请变更登记：

（一）社会团体的名称；

（二）社会团体的业务范围；

（三）社会团体的业务主管单位；

（四）社会团体的法定代表人；

（五）社会团体的住址；

（六）社会团体的注册资金；

（七）社会团体分支机构、代表机构的名称、业务范围、主要负责人、活动地域和办公地址。

第十条　社会团体有下列情形之一的，应当报文化部社会团体管理办公室审查同意后向登记管理机关申请注销登记：

（一）完成或改变社会团体章程规定的宗旨的；

（二）分立、合并或自行解散的；

（三）由于其他原因终止的。

第十一条　社会团体在办理注销登记前，应当在文化部社会团体管理办公室的指导下，成立清算组织，完成清算工作，社会团体在清算期间不得开展清算以外的活动。

第十二条　社会团体终止或有重大变更事项与原社会团体名称、宗旨、性质、业务范围等不相一致的，不得再以原组织机构、名称进行活动。

第十三条　社会团体应当在完成变更、终止登记后10日内，向文化部社会团体管理办公室备案。

第十四条　社会团体成立后拟设立分支机构、代表机构的，应当经文化部社会团体管理办公室审查同意，向登记管理机关提交有关分支机构、代表机构的名称、业务范围、场所和主要负责人等情况的文件，申请登记。

第十五条　社会团体的分支机构、代表机构是社会团体的组成部分，不具有法人资格。

第十六条　社会团体的分支机构、代表机构应当接受所在社会团体的管理和监督，并按照其所属于的社会团体章程所规定的宗旨和业务范围，在该社会团体授权的范围内开展活动、发展会员。

第三章　组织建设

第十七条　社会团体最高权力机构是会员大会或会员代表大会，大会依照有关法规和章程开展活动。

第十八条　理事会或常务理事会是会员大会或会员代表大会的执行机构，由会员大会或会员代表大会选举产生，对会员大会或会员代表大会负责。

会员大会或会员代表大会闭会期间，社会团体重大事项由理事会或常务理事会决定。理事会或常务理事会中的人数应为单数，实行民主表决制度。

第十九条　理事会或常务理事会设理事长（会长）1名，副理事长（副会长）6名以内。

社会团体秘书长和副秘书长人数总和一般不超过5名。秘书长应为专职。

法定代表人一般应由理事长（会长）担任。如因特殊情况需要副理事长（副会长）或秘书长担任法定代表人的，应当报部审核，并经社会团体登记管理机关审批同意。

社会团体法定代表人应是文化系统内的工作人员（包括离退休人员）。

第二十条　秘书长以上负责人（不含名誉职务）应身体健康，能坚持正常工作，任期一般不超过两届，年龄一般不超过70周岁。

秘书长以上负责人入选要预先经其行政隶属单位或属地管理机构出具有效身份证明，按社会团体章程规定的程序由理事会选举产生后，报文化部社会团体管理办公室审核备案，再到登记管理机关办理登记事宜。

第二十一条　国家现职公务员一般不兼任社会团体领导职务，也不得兼任社会团体工作人员。确因工作需要担任领导职务和工作人员的，应当按干部管理权限及相关规定获得批准。

第二十二条　社会团体要按编制配备专职工作人员，实行聘任制度。社会团体专职工作人员的工资和保险福利待遇，参照国家对事业单位的有关规定执行。

第二十三条　社会团体专职工作人员的人事关系在聘任期间可由文化部文化艺术人才中心等人才机构代理，但不能计入文化部及所属机构职工队伍。社会团体终止的，其专职工作人员自行安置。

第二十四条　社会团体负责人和专职工作人员实行亲属回避制度。

第四章　监督管理

第二十五条　社会团体的经费原则上自筹。文化部社会团体管理办公室用于社会团体管理的必要支出由社会团体负责。社会团体不得无偿使用文化部的国有资产。

第二十六条　社会团体的资产来源必须合法，任何单位和个人不得侵占、私分或挪用社会团体的资产。

社会团体的经费，以及开展章程规定的活动按照国家有关规定所取得的合法收入，必须用于章程规定的业务活动，不得在会员中分配。

第二十七条　社会团体要加强财务管理，每年年终前向理事会或常务理事会报告有关财务收支情况。

第二十八条　社会团体不得从事营利性经营活动。社会团体如投资设立企业法人，或设立非法人的经营机构，按照民政部、国家工商局《关于社会团体开展经营活动有关问题的通知》（民社发[1995]14号）的规定执行。

第二十九条　社会团体开展业务活动涉及有关部门和单位行政审批事项的（依据《中华人民共和国行政许可法》立项的审批事项），应当按照相关规定申报审批。批准后方可进行活动。

社会团体面向社会开展业务活动不涉及行政审批事项的，应当在活动开始15日前将活动时间、地点、内容、参加人员、范围、组织机构、活动负责人及经费筹集使用等事项（全国性的系列活动要一事一报）报社会团体管理办公室备案，社会团体管理办公室应当自收到备案材料之日起10日内进行审核并给予答复。逾期不给予答复的，社会团体可以开展活动。社会团体不经过备案，或者在上述规定的期限内未得到答复的，不得擅自开展业务活动。

社会团体不得冠以文化部的名义开展活动。

第三十条　社会团体应当于每年3月31日前向文化部社会团体管理办公室报送上一年度的工作报告，经社会团体管理办公室初审同意后，于5月31日前报送登记管理机关，接受年度检查。

第三十一条　对运行规范并取得了突出成绩的社会团体，文化部通过适当的形式予以表彰。

第三十二条　社会团体违反《社会团体登记管理条例》以及本办法有关规定的，由文化部社会团体管理办公室进行通报批评，或由文化部提请登记管理机关依法予以处罚。

第五章 附　则

第三十三条　本办法由文化部负责解释。

第三十四条　本办法自2004年7月1日起实施。

社会艺术水平考级管理办法

（中华人民共和国文化部令第31号，2004年6月2日文化部部务会议通过，2004年7月1日发布，自2004年7月1日起施行）

第一章　总则

第一条　为了加强对社会艺术水平考级活动的管理，维护考生利益，促进社会艺术水平考级工作的规范化，保障社会艺术水平考级工作的质量，推动社会艺术教育事业的健康发展，制定本办法。

第二条　社会艺术水平考级（以下简称"艺术考级"）是指依照本办法取得资格的社会艺术水平考级机构（以下简称"艺术考级机构"），通过考试形式对学习艺术人员的艺术水平进行测评和给予指导的活动。

第三条　艺术考级必须以普及艺术教育，提高国民素质为宗旨，遵循艺术教育规律，坚持公开、公正、公平和自愿应试的原则，把社会效益放在首位。

第二章　管理机构

第四条　文化部负责全国艺术考级的规划、协调和监督管理工作，履行下列职能：

（一）组织制定和贯彻实施艺术考级的政策、法规；

（二）制定全国艺术考级工作规划，确定艺术考级机构的总量、布局、结构；

（三）审批跨省（自治区、直辖市）开办艺术考级活动的艺术考级机构；

（四）实施和指导实施对全国艺术考级活动的监督检查；

（五）组织开展对艺术考级机构的评估工作；

（六）负责全国社会艺术水平考级工作专家指导委员会的组织管理工作；

（七）协调有关部门对艺术考级工作的有关重大事项进行研究并做出决定。

第五条　县级以上地方人民政府文化行政部门负责在本行政区域内贯彻执行国家关于艺术考级的政策、法规，监督检查艺术考级活动。

省、自治区、直辖市人民政府文化行政部门负责审批在本行政区域内开办艺术考级活动的艺术考级机构。

第六条　全国社会艺术水平考级工作专家指导委员会是在文化部领导下的艺术考级指导机构，由文化部聘请专家组成，每届任期四年。其职责是：

（一）开展艺术考级工作有关政策、法规等方面的研究；

（二）审定艺术考级专业目录、艺术考级标准、艺术考级教学大纲；

（三）制定艺术考级考官资格认定标准，审定艺术考级考官资格；

（四）制定艺术考级辅导教师资格认定标准，指导艺术考级辅导教师的培训工作；

（五）制定艺术考级机构评估标准；

（六）论证申请单位开办艺术考级活动的资格，并向审批机关提供书面论证结果。

第七条　全国社会艺术水平考级中心，是在文化部领导和全国社会艺术水平考级工作专家指导委员会指导下的艺术考级工作服务机构，履行下列职责：

（一）宣传艺术考级的政策、法规，发布艺术考级工作信息；

（二）印发《社会艺术水平考级考官资格证

书》；

（三）监制《社会艺术水平考级证书》；

（四）组织协调艺术考级辅导教师的培训工作；

（五）组织开展艺术考级理论研究、学术交流和展演展示活动。

（六）完成文化部交办的其他工作。

第三章 艺术考级机构和考官

第八条　艺术考级机构是指根据本办法规定取得开办艺术考级活动资格的艺术学校、专业艺术团体、专业协会和艺术事业单位。

第九条　申请开办艺术考级活动的单位，应当具备下列条件：

（一）独立的法人资格；

（二）主要业务与申请开办艺术考级专业相关，并具有良好的艺术、学术水准和社会信誉；

（三）自编并正式出版发行的艺术考级教材；

（四）申请开办的艺术考级专业必须有本单位的相应专业的考官，并且本单位考官应当占考官总数的三分之二以上；

（五）适应艺术考级需要的场所和设施；

（六）专门负责艺术考级的工作机构和健全的规章制度。

第十条　申请跨省（自治区、直辖市）开办艺术考级活动的，报文化部审批；申请在所在地省、自治区、直辖市行政区域内开办艺术考级活动的，由所在地省、自治区、直辖市人民政府文化行政部门审批，并由省、自治区、直辖市人民政府文化行政部门报文化部备案。

第十一条　审批机关应当自受理申请之日起20日内，做出是否批准的书面决定。20日内不能做出决定的，经审批机关负责人批准，可以延长10日，并应当将延长期限的理由告知申请单位。批准的，核发《社会艺术水平考级资格证书》；不予批准的，应当书面说明理由。

审批机关做出决定前，应当将申请单位的申请材料提交全国社会艺术水平考级工作专家指导委员会进行论证。论证所需时间不计算在审批期限内，但应当将所需时间书面告知申请单位。

第十二条　申请开办艺术考级活动的单位应当提交下列材料：

（一）申请书。申请书中应当载明拟开办的艺术考级专业、设置考场范围、考级工作机构及其负责人的基本情况、开办资金的数量和来源、收费项目和标准等内容；申请书由申请单位的法定代表人签署；

（二）法人资格证明文件；

（三）考级工作机构的组成和工作规则；

（四）考级工作机构主要负责人的证明文件；

（五）考级工作机构办公地点和考试场地使用权的证明文件；

（六）自编并正式出版发行的艺术考级教材；

（七）拟聘请的艺术考级考官的材料；

（八）审批机关要求提供的其他有关材料。

第十三条　申请单位应当自收到《社会艺术水平考级资格证书》之日起30日内，持证书到当地人民政府物价管理部门办理收费许可，并向文化部和所在地省、自治区、直辖市人民政府文化行政部门备案。文化行政部门应当出具备案证明。

申请单位取得《社会艺术水平考级资格证书》和当地物价管理部门收费许可后，方可开办艺术考级活动。

第十四条　艺术考级机构连续2年不开展艺术考级活动的，由审批机关收回《社会艺术水平考级资格证书》。

艺术考级机构停办艺术考级活动的，应当自最近一次艺术考级活动结束之日起60日内，向审批机关提交停办报告，同时交回《社会艺术水平考级资格证书》。艺术考级机构不交回《社会艺术水平考级资格证书》的，由审批机关取消其开办艺术考级活动资格。

第十五条　艺术考级考官必须取得《社会艺术水平考级考官资格证书》，由艺术考级机构聘任。

第十六条　具备下列条件的专业人员可以通过艺术考级机构向全国社会艺术水平考级工作专家指导委员会申请《社会艺术水平考级考官资格证书》:

（一）10年以上专业艺术学习经历；

（二）5年以上所申请专业的艺术或者艺术教育工作经历；

（三）良好的示范、教学指导及鉴赏能力；

（四）良好的政治素质、道德修养。

第四章　考级管理

第十七条　艺术考级机构必须组建常设工作机构，配备专职工作人员，按照核准的艺术考级专业组织艺术考级活动。

第十八条　艺术考级机构可以在组织艺术考级前向社会发布考级简章。考级简章内容不得超出审批机关批准的开考专业及设置考场范围，必须注明收费项目和标准。考级简章发布前应报审批机关备案，审批机关应当出具备案证明。

第十九条　艺术考级机构可以委托相关单位承办艺术考级活动。承办单位应当具备下列条件：

（一）独立的法人资格；

（二）从事艺术教育、艺术表演、艺术培训、艺术研究等与艺术考级专业相关的业务；

（三）开展艺术考级活动必要的物质条件；

（四）良好的社会信誉。

艺术考级机构必须与承办单位签订合作协议，明确双方的权利和义务。承办单位必须在合作协议规定范围内，以艺术考级机构的名义开展活动，艺术考级机构对承办单位与艺术考级有关的行为承担法律责任。

第二十条　艺术考级机构委托承办单位承办艺术考级活动的，应当自合作协议生效之日起20日内，将承办单位的基本情况和合作协议报文化部及承办单位所在地省、自治区、直辖市文化行政部门备案。文化行政部门应当出具备案证明。

第二十一条　艺术考级机构应当在开展艺术考级活动前5日内，将考级时间、考级地点、考生数量、考场安排等情况报审批机关和艺术考级活动所在地文化行政部门备案。考场在省会（自治区首府、直辖市）城市的，报省（自治区、直辖市）文化行政部门备案；考场在其他城市的，报当地市文化行政部门备案；考场在县辖区内的，报当地县（市）文化行政部门备案。文化行政部门应当出具备案证明，并负责对艺术考级活动进行监督检查。

第二十二条　艺术考级的内容应当按照经审定的艺术考级教学大纲确定。

第二十三条　考场内执考考官由艺术考级机构派遣。同一考场内至少应当有1名相关专业的考官。

执考考官应当持有《社会艺术水平考级考官资格证书》，以备查验。

考官只能在《社会艺术水平考级考官资格证书》载明的受聘机构所开展的艺术考级活动中执考。

第二十四条　执考考官应当按照公布的艺术考级标准对考生的艺术水平作出评定，并提出指导性意见。

第二十五条　考场实行回避制度。与考生有亲属、师生等关系可能影响考试公正的考官，应主动回避。考生或未成年考生的监护人可以申请考官回避，经考场负责人核实后执行。应当回避而未回避的，经查证属实，考试结果无效。

第二十六条　考生通过所报艺术专业级别考试的，由艺术考级机构发给相应级别的《社会艺术水平考级证书》。

艺术考级机构应当自每次艺术考级活动结束之日起60日内将发放艺术考级证书的名单报所在地省、自治区、直辖市人民政府文化行政部门备案。文化行政部门应当出具备案证明。

第二十七条　艺术考级机构聘任的考官

及其工作机构主要负责人、办公地点有变动的，应当自变动之日起20日内，报审批机关备案。审批机关应当出具备案证明。

第二十八条　文化部对艺术考级机构实行评估制度，评估结果向社会公布。具体办法另行制定。

第五章　罚　则

第二十九条　未经批准擅自或者变相开办艺术考级活动的，由文化行政部门责令其停止违法活动并退还所收取的费用，宣布考试无效，并处以10000元以上30000元以下的罚款。

第三十条　艺术考级机构有下列行为之一的，由文化行政部门予以警告，责令改正并处以1000元以上3000元以下的罚款：

（一）未按规定报审批机关备案即发布考级简章的；

（二）组织艺术考级活动未按规定将考级时间、考级地点、考生数量、考场安排等情况报文化行政部门备案的；

（三）艺术考级活动结束后未按规定将发放艺术考级证书的名单报文化行政部门备案的；

（四）艺术考级考官及考级工作机构主要负责人、办公地点有变动未按规定向审批机关备案的。

第三十一条　艺术考级机构有下列行为之一的，由文化行政部门责令停止考级活动，宣布考试无效，并处以2000元以上5000元以下罚款；考生因此受到的损失由艺术考级机构赔偿：

（一）未按核准的艺术考级专业组织艺术考级活动的；

（二）执考考官及其行为不符合第二十三条和第二十四条规定的；

（三）未按规定要求实行回避的；

（四）考级过程中徇私舞弊、弄虚作假的。

第三十二条　艺术考级机构有下列行为之一的，由文化行政部门责令改正，给予停止1年艺术考级活动的处罚；情节严重的，取消开办艺术考级活动资格，收缴《社会艺术水平考级资格证书》：

（一）委托承办单位未按规定报文化行政部门备案或者委托的承办单位不符合规定的；

（二）发放未经监制的《社会艺术水平考级证书》的；

（三）向被宣布考试无效的考生发放《社会艺术水平考级证书》的；

（四）未经批准，擅自扩大设置考场范围的；

（五）违反物价管理部门核定的收费标准多收费的；

（六）阻挠、抗拒文化行政部门工作人员监督检查的。

第三十三条　文化行政部门的工作人员有下列行为之一的，给予行政处分；构成犯罪的，依法追究刑事责任：

（一）违反本办法规定，擅自批准不符合条件的艺术考级机构的；

（二）不履行监督职责，对艺术考级机构违法行为不予查处的；

（三）利用职权徇私舞弊、收受贿赂的。

第六章　附　则

第三十四条　本办法由文化部负责解释。

第三十五条　本办法自2004年7月1日起施行。文化部2002年5月17日发布的《社会艺术水平考级管理办法》同时废止。

中外合作音像制品分销企业管理办法

（文化部、商务部令第28号，自2004年1月1日起施行）

第一条　为了扩大对外文化交流和经济合作，加强对中外合作音像制品分销企业的管理，根据《中华人民共和国中外合作经营企业法》、《音像制品管理条例》等有关法律、法规，制定本办法。

第二条　在中华人民共和国境内设立的中外合作音像制品分销企业，适用本办法。

本办法所称的中外合作音像制品分销企业，是指外国的企业和其他经济组织或者个人（以下简称外国合作者）按照平等互利的原则，经中国政府有关部门批准，在中国境内与中国企业或者其他经济组织（以下简称中国合作者）合作设立的从事音像制品的批发、零售、出租业务的企业。

本办法所称的音像制品，是指录有内容的录音带、录像带、唱片、激光唱盘和激光视盘等。

第三条　中外合作音像制品分销企业必须遵守有关法律、法规，传播有益于经济发展和社会进步的思想、道德、科学技术和文化知识。

第四条　中外合作音像制品分销企业的正当经营活动及合作各方的合法权益受中国法律保护。

第五条　文化部和商务部以及文化部、商务部授权的省级文化、商务主管部门负责中外合作音像制品分销企业的审批和监督管理。

县级以上地方人民政府文化主管部门和商务主管部门依照各自的职责分工，负责本行政区域内中外合作音像制品分销企业的日常监督管理工作。

第六条　中外合作音像制品分销企业的设立和发展必须符合音像市场发展规划。

第七条　申请设立中外合作音像制品分销企业的中国合作者和外国合作者应当具有举办音像制品分销企业相应的能力；应当能够独立承担民事责任，并且在申请前三年无违法记录。

第八条　中外合作音像制品分销企业应当符合以下条件：

（一）具有独立的法人资格；

（二）具备国家有关设立音像制品分销企业的条件；

（三）具有与经营规模相适应的资金；

（四）中国合作者在合作企业中所拥有的权益不得低于51%；

（五）合作期限不超过15年。

第九条　中外合作音像制品分销企业申请从事音像制品连锁经营业务和利用信息网络经营音像制品的，应当按照国家有关音像制品连锁经营和利用信息网络经营音像制品的规定办理审批手续。

第十条　中国合作者以国有资产作为合作条件的，应当经其上一级国有资产管理部门批准，并按国有资产评估管理有关规定，由国有资产管理部门确认的评估机构对拟作为合作条件的国有资产进行评估。评估结果应根据国有资产管理的有关规定得到相应国有资产管理部门确认。

第十一条　设立中外合作音像制品分销企业从事音像制品批发等业务按照下列程序办理：

（一）中国合作者向拟设立中外合作音像制品分销企业所在地省、自治区、直辖市文化主管部门提出申请，省、自治区、直辖市文化主管部门审核同意后报文化部进行立项审批。文化部在30个工作日内做出批准或不予批准的决定；不予批准的，书面说明理由。

（二）中国合作者自文化部批准立项之日起六个月内，向拟设立中外合作音像制品分销企业所在地省、自治区、直辖市商务主管部门提出设立中外合作音像制品分销企业的申请，省、自治区、直辖市商务主管部门审核同意后报商务部审批。商务部在30个工作日内做出批准或不予批准的决定。经批准的，颁发《外商投资企业批准证书》；不予批准的，书面说明理由。

（三）中国合作者自收到商务部颁发的《外商投资企业批准证书》之日起30日内，持文化部的立项批准文件和商务部颁发的《外商投资企业批准证书》代拟设立的中外合作音像制品分销企业向文化部申领《音像制品经营许可证》。

（四）中国合作者自领取文化部颁发的《音像制品经营许可证》之日起30日内，持《音像制品经营许可证》和《外商投资企业批准证书》，依照工商管理规定，依法办理注册登记手续，领取《企业法人营业执照》。

第十二条　中国合作者向文化部提出立项申请时应当报送下列文件：

（一）立项申请书；

申请书应当载明拟设立中外合作音像制品分销企业的名称、地址、经营范围、投入资金来源和数额。

（二）合作各方共同编制或认可的项目建议书或可行性研究报告；

（三）合作各方的营业执照或注册登记证明文件、资信证明文件及法定代表人的有效证明文件；

（四）（如果中国合作者以国有资产作为合作条件）国有资产管理部门对中国合作者拟投入的国有资产的评估报告确认文件；

（五）文化部要求提供的其他材料。

第十三条　中国合作者向商务部提出设立申请时应当报送下列文件：

（一）设立申请书；

（二）合作各方共同编制或认可并经文化部批准的项目建议书或可行性研究报告；

（三）文化部对该合作项目的立项批准文件；

（四）由合作各方授权代表签署的拟设立中外合作音像制品分销企业的合同、章程；

（五）（如果中国合作者以国有资产作为合作条件）国有资产管理部门对中国合作者拟投入的国有资产的评估报告确认文件；

（六）合作各方的营业执照或注册登记证明文件、资信证明文件及法定代表人的有效证明文件；

（七）拟设立合作经营企业名称预先核准通知书；

（八）合作各方协商确定的合作企业董事长、副董事长、董事或联合管理委员会主任、副主任、委员的人选名单；

（九）商务部要求提供的其他材料。

第十四条　中外合作音像制品批发企业的重大变更，包括变更投资者、调整投资者的权益比例、变更投资额或合作条件、变更经营范围、变更经营年限以及设立分支机构，应当按照本办法第十一条的规定办理审批手续。

中外合作音像制品分销企业的其他变更，按有关外商投资企业的规定，报商务部批准或备案。中外合作音像制品分销企业变更法定地址、法定代表人、主要负责人、经营期满终止经营活动的，还应当在30日内报文化部备案。

第十五条　设立中外合作音像制品分销企业从事音像制品零售、出租业务按照下列程序办理：

（一）中国合作者向拟设立中外合作音像制品分销企业所在地省级文化主管部门提出申请，省级文化主管部门在30个工作日内做出批准立项或不予批准立项的决定；不予批准的，书面说明理由。

（二）中国合作者自省级文化主管部门批准立项之日起六个月内，向拟设立中外合作音像制品分销企业所在地省级商务主管部门提出设立中外合作音像制品分销企业的申请，省级商务主管部门在30个工作日内做出批准或不予批准的决定。经批准的，颁发《外商投资企业批准证书》；不予批准的，书面说明理由。

（三）中国合作者自收到省级商务主管部门颁发的《外商投资企业批准证书》之日起30日内，持省级文化主管部门的立项批准文件和省级商务主管部门颁发的《外商投资企业批准证书》代拟设立的中外合作音像制品分销企业向省级文化主管部门申领《音像制品经营许可证》。

（四）中国合作者自领取省级文化主管部门颁发的《音像制品经营许可证》之日起30日内，持《音像制品经营许可证》和《外商投资企业批准证书》，依照工商管理规定，依法办理注册登记手续，领取《企业法人营业执照》。

第十六条　中国合作者向省级文化主管部门提出立项申请时应报送下列文件：

（一）立项申请书；

申请书应当载明拟设立中外合作音像制品分销企业的名称、地址、经营范围、投入资金来源和数额。

（二）合作各方共同编制或认可的项目建议书或可行性研究报告；

（三）合作各方的营业执照或注册登记证明文件、资信证明文件及法定代表人的有效证明文件；

（四）（如果中国合作者以国有资产作为合作条件）国有资产管理部门对中国合作者拟投入的国有资产的评估报告确认文件；

（五）省级文化主管部门要求提供的其他材料。

第十七条　中国合作者向省级商务主管部门提出设立申请时应报送下列文件：

（一）设立申请书；

（二）合作各方共同编制或认可并经省级文化主管部门批准的项目建议书或可行性研究报告；

（三）省级文化主管部门对该合作项目的立项批准文件；

（四）由合作各方授权代表签署的拟设立中外合作音像制品分销企业的合同、章程；

（五）（如果中国合作者以国有资产作为合作条件）国有资产管理部门对中国合作者拟投入的国有资产的评估报告确认文件；

（六）合作各方的营业执照或注册登记证明文件、资信证明文件及法定代表人的有效证明文件；

（七）拟设立合作经营企业名称预先核准通知书；

（八）合作各方协商确定的合作企业董事长、副董事长、董事或联合管理委员会主任、副主任、委员的人选名单；

（九）省级商务主管部门要求提供的其他材料。

第十八条　中外合作音像制品零售、出租企业的重大变更，包括变更投资者、调整投资者的权益比例、变更投资额或合作条件、变更经营范围、变更经营年限以及设立分支机构，应当按照本办法第十五条的规定办理审批手续。

中外合作音像制品分销企业的其他变更，按有关外商投资企业的规定，报省级商务主管部门批准或备案。中外合作音像制品分销企业变更法定地址、法定代表人、主要负责人、经营期满终止经营活动的，还应当在30日内报省级文化主管部门备案。

第十九条　中外合作音像制品分销企业必须在批准的经营范围内，从事音像制品的经营活动。

第二十条　中外合作音像制品分销企业不得经营含有国家禁止传播内容的音像制品；不得经营非音像出版单位出版和非音像复制单位复制的音像制品；不得经营未经文化部批准的进口音像制品；不得经营侵犯他人著作权的音像制品。

第二十一条　中外合作音像制品分销企业不得从事音像制品进口业务。

第二十二条　未经批准，擅自设立中外合作音像制品分销企业或以其他方式利用外资从事音像制品分销业务的，由国家有关部门依法予以处罚，并追究有关责任人的责任。

第二十三条　中国香港特别行政区、澳门特别行政区和台湾地区的投资者在中国其他省、自治区、直辖市设立音像制品分销企业的，参照本办法执行。

第二十四条　本办法由文化部和商务部负责解释。

第二十五条　本办法及其附件自2004年1月1日起施行；2001年12月10日文化部、对外贸易经济合作部发布的《中外合作音像制品分销企业管理办法》同时废止。

附件：

为了促进香港、澳门与内地建立更紧密经贸关系，鼓励香港服务提供者和澳门服务提供者在内地设立音像制品分销企业，根据国务院批准的《内地与香港关于建立更紧密经贸关系的安排》和《内地与澳门关于建立更紧密经贸关系的安排》，现对《中外合作音像制品分销企业管理办法》中有关香港服务提供者和澳门服务提供者设立音像制品分销企业问题作出如下特别规定：

一、自2004年1月1日起，允许香港服务提供者和澳门服务提供者在内地以合资形式设立音像制品分销企业。

二、香港服务提供者和澳门服务提供者在合资企业中可以拥有多数股权，但不得超过70%。

三、香港服务提供者和澳门服务提供者在合作企业中可以拥有不超过70%的权益。

四、香港服务提供者和澳门服务提供者在内地投资设立合作音像制品分销企业的其他规定仍按《中外合作音像制品分销企业管理办法》执行。香港服务提供者和澳门服务提供者在内地投资设立合资音像制品分销企业的其他规定参照《中外合作音像制品分销企业管理办法》执行。

五、本特别规定中的香港服务提供者和澳门服务提供者应分别符合《内地与香港关于建立更紧密经贸关系的安排》和《内地与澳门关于建立更紧密经贸关系的安排》中关于“服务提供者”定义及相关规定的要求。

六、本特别规定由文化部、商务部按照各自的职责负责解释。

美术品经营管理办法

（文化部令第29号，自2004年7月1日起施行）

第一条　为了加强对美术品经营活动的管理，保护创作者、经营者、消费者的合法权益，促进美术品市场的健康发展，制定本办法。

第二条　本办法所称美术品，是指绘画作品、书法篆刻作品、雕塑雕刻作品、艺术摄影作品、装置艺术作品、工艺美术作品等及其上述作品的有限复制品。

本办法所称美术品经营活动，是指美术品的收购、销售、租赁、装裱、经纪、评估、咨询以及商业性美术品展览、比赛等活动。

第三条　文化部负责全国美术品经营活动的监督管理工作，制定美术品市场的发展规划，审批美术品进出口经营活动。

县级以上地方人民政府文化行政部门负责本行政区域内美术品经营活动的日常监督管理工作。

第四条　设立从事美术品经营活动的经营单位，应当符合以下条件：

（一）有经营单位的名称；

（二）有固定的经营场所；

（三）有与其经营规模相适应的资金；

（四）有相应的美术品经营的专业人员；

（五）法律、法规规定的其他条件。

符合上述条件的申请人，应当到其住所地县级以上工商行政管理部门申领营业执照，并在领取营业执照之日起15日内，到其住所地县级以上文化行政部门备案。

第五条　设立从事美术品进出口经营活动的单位，应当符合下列条件：

（一）有经营单位的名称；

（二）有相应的组织机构；

（三）有固定的经营场所；

（四）有不少于300万元人民币的注册资金；

（五）有相应的美术品经营的专业人员；

（六）有健全的外汇财务制度；

（七）有独立承担民事责任的能力；

（八）法律、法规规定的其他条件。

符合上述条件的申请人，应当按照国家关

于进出口经营资格的有关规定办理手续，并在领取营业执照之日起15日内，到住所地县级以上文化行政部门备案。

第六条　企业或者其他经营单位增设美术品经营业务，应当符合本办法有关规定，并在变更登记之日起15日内到住所地县级以上文化行政部门备案。

第七条　从事美术品进出口经营活动，应当向文化部提出申请并报送以下材料：

（一）进出口单位的资质证明；

（二）进出口美术品的来源地和目的地；

（三）进出口美术品的名录、图片和介绍；

（四）审批部门要求的其他材料。

第八条　文化部在接到申请之日起15个工作日内做出批准或不批准的决定。批准的发给批准文件，不批准的应当说明理由。申报单位持文化部的批准文件办理进出境手续。

第九条　涉外商业性美术品展览活动，应当由具备进出口资格的经营单位主办。主办单位应当在展览30日前，向举办地省级文化行政部门提出申请并报送以下材料：

（一）主办单位的资质证明；

（二）展览的活动方案；

（三）举办单位与其他相关单位签订的合同或者协议；

（四）经费预算及资金来源证明；

（五）场地使用协议；

（六）国外来华参展的美术品的名录、图片和介绍；

（七）审批部门要求的其他材料。

第十条　省级文化行政部门应当在受理申请之日起15个工作日内提出初审意见，同意的报文化部审批，不同意的说明理由。文化部应当在收到省级文化行政部门初审意见之日起15个工作日内做出批准或不批准的决定，不批准的向申请人说明理由。申请单位持文化部的批准文件办理展品进出境手续。

第十一条　文化部对当代艺术品精品实行保护，保护制度另行规定。

第十二条　禁止经营含有以下内容的美术品：

（一）反对宪法确定的基本原则的；

（二）危害国家统一、主权和领土完整的；

（三）危害国家安全或者损害国家荣誉和利益的；

（四）煽动民族仇恨、民族歧视，破坏民族团结，或者侵害民族风俗、习惯的；

（五）宣扬或者传播邪教、迷信的；

（六）扰乱社会秩序，破坏社会稳定的；

（七）宣扬淫秽、赌博、暴力、恐怖或者教唆犯罪的；

（八）侮辱或者诽谤他人，侵害他人合法权益的；

（九）危害社会公德或者民族优秀文化传统的；

（十）有法律、行政法规和国家规定禁止的其他内容的。

第十三条　美术品经营单位应当遵守以下规定：

（一）遵守国家有关法律和法规，接受文化行政部门的指导、监督和检查；

（二）有健全的经营管理制度；

（三）有美术品合法来源证明；

（四）经营的美术品明码标价；

（五）依法缴纳税费。

第十四条　美术品经营单位不得经营盗用他人名义的美术品。

从事美术品经纪活动的专业人员不得在两个或两个以上的美术品中介服务单位执业。

第十五条　县级以上文化行政部门应当建立美术品经营单位的信用档案，将企业的服务承诺、经营情况、消费者投诉情况记录在案，定期向社会公示。

第十六条　违反本办法第七条、第九条规定，擅自开展美术品进出口经营活动或者涉外商业性美术品展览活动的，由县级以上文化行政管理部门责令改正，并处5000元以上，30000元以下罚款。

第十七条　违反本办法第十二条规定的，由县级以上文化行政部门没收作品及违法所得，并处5000元以上30000元以下罚款，情节严重的提请工商部门吊销营业执照。

第十八条　违反本办法规定，有下列行为之一的，由县级以上文化行政部门责令改正，并视其情节轻重予以警告，或者并处2000元以上10000元以下罚款：

（一）未按本办法规定向文化部门备案的；

（二）未建立健全经营管理制度的；

（三）不能证明经营的美术品的合法来源的；

（四）经营的美术品没有明码标价的；

（五）从事美术品经纪活动的专业人员在两个或两个以上的美术品中介服务单位执业的。

第十九条　美术品经营单位的经营活动有侵犯他人著作权行为的，由著作权行政管理部门依照《中华人民共和国著作权法》的有关规定给予处罚；构成犯罪的，依法追究刑事责任。

第二十条　文化行政部门根据本办法的有关规定做出处罚决定时，应当出具《处罚决定书》。当事人对文化行政部门的行政处罚决定不服的，可以依法申请复议或者依法向人民法院提起诉讼。当事人逾期不申请复议，不向人民法院提起诉讼又不履行处罚决定的，做出处罚的机关可以申请人民法院强制执行。

第二十一条　本办法由文化部负责解释。

第二十二条　本办法自2004年7月1日起施行。1994年11月25日公布的《美术品经营管理办法》同时废止。

营业性演出管理条例实施细则

（文化部令第30号，自2004年7月1日起施行）

第一章　总　则

第一条　根据《营业性演出管理条例》（以下简称《条例》）制定本实施细则。

第二条　《条例》所称演出的范围包括音乐、戏剧、舞蹈、杂技、魔术、马戏、曲艺、木偶、皮影、朗诵、民间文艺、模特、服饰等现场文艺表演活动。

第三条　《条例》所称营业性演出包括下列方式：

（一）售票或包场的；

（二）支付演出单位或者个人报酬的；

（三）以演出为媒介进行广告宣传或者产品促销的；

（四）有赞助或者捐助的；

（五）以其他经营方式组织演出的。

第四条　国家依法维护营业性演出单位、演职员和观众的合法权益，禁止营业性演出中的不正当竞争行为。

营业性演出单位不得承担演出行政管理职能。

第二章　营业性演出单位

第五条　营业性文艺表演团体是指具备《条例》第九条规定条件，从事各类现场文艺表演活动的经营单位。

第六条　营业性演出场所是指具备《条例》第十一条规定条件，为营业性演出活动提供演出场地和相关服务的经营单位。

第七条　演出经纪机构是指具备《条例》第十三条规定条件，从事演出经营及演出经纪活动的单位，根据其可以从事的业务范围，分为演出公司和演出经纪公司。

演出公司是指可以从事演出的策划、组织、联络、制作、营销等经营活动和演出的代理、行纪、居间等经纪活动的经营单位。

演出经纪公司是指只能从事演出的代理、行纪、居间等经纪活动的经营单位。

第八条　个体演员是指以演出为职业、无固定工作单位的艺术表演人员。

第九条　设立营业性文艺表演团体和演出经纪机构，应当向具有审批权限的人民政府文化行政部门提出申请，并提交符合《条例》和本实施细则规定条件的证明文件，取得《营业性演出许可证》(以下简称《演出证》)。

中华人民共和国境内年满16周岁的公民从事个体演员职业的，应当持有效身份证件和证明其表演技能的材料向其户籍所在地县级以上地方人民政府文化行政部门登记备案，文化行政部门应当予以登记，并发给登记证明。

第十条　营业性演出单位的章程应当符合国家法律、法规的规定，并载明下列事项：

(一)宗旨；

(二)名称和住所；

(三)经济性质；

(四)注册资本数额和来源；

(五)经营范围；

(六)组织机构及其职权；

(七)法定代表人产生的程序和职权范围；

(八)财务管理制度和利润分配形式；

(九)劳动用工及收入分配制度；

(十)章程修改程序；

(十一)终止程序；

(十二)其他事项。

第十一条　设立营业性文艺表演团体应当符合《条例》第九条规定，并具备下列条件：

(一)有确定的文艺表演门类；

(二)有10万元以上注册资本

(三)有5名以上具备表演技能的演员。

第十二条　设立营业性演出场所，应当符合《条例》第十一条规定，营业性演出场所在取得营业执照之日起15日内向所在地县级以上文化行政部门备案。

第十三条　设立演出公司应当符合《条例》第十三条的规定，并具备下列条件：

(一)有100万元以上注册资本；

(二)有3名以上具备相应业务水平的经纪人员；

(三)有2名以上具有外语专业四级以上证书或者同等学历的人员；

(四)有取得专业证书的财务管理及企业管理人员。

第十四条　设立演出经纪公司应当具备下列条件：

(一)有20万元以上注册资本；

(二)有3名以上具备相应业务水平的经纪人员；

(三)有1名以上具有外语专业四级以上证书或者同等学历的人员；

(四)有取得专业证书的财务管理人员。

第十五条　经国务院文化行政部门核准取得承担涉外演出业务资格的演出公司，可以从事营业性涉外演出和营业性涉港澳台演出。演出公司申请取得承担涉外演出业务资格，应当具备下列条件：

(一)有500万元以上注册资本；

(二)有5名以上具备相应业务水平的经纪人员；

(三)有3名以上具有外语专业四级以上证书或者同等学历的人员；

(四)有取得专业证书的财务管理及企业管理人员；

(五)有2年以上从事演出经营的经历；

(六)有向国际推广中国优秀剧(节)目的良好业绩。

营业性涉外演出是指邀请外国文艺表演团体或者个人在境内独立从事或者通过组台形式从事的营业性演出活动。营业性涉港澳台演出是指邀请香港特别行政区、澳门特别行政区和台湾地区的文艺表演团体或者个人在中国内地(大陆)独立从事或者通过组台形式从事的营业性演出活动。

第十六条　申请设立演出公司、演出经纪公司，应当报所在地省级文化行政部门审批，经批准的，由省级文化行政部门核发《演出证》，并报国务院文化行政部门备案；

演出公司申请取得承担涉外演出业务资格，应当向所在地省级文化行政部门提出申请，由省级文化行政部门提出审核意见，报国务院文化行政部门审批，经批准的，由所在地省级文化行政部门换发《演出证》。

第三章 演出合同

第十七条 举办营业性演出活动，演出单位之间、演出单位与所邀请的演员之间、演出单位与有关的非演出单位之间应当签订书面演出合同。

演出合同包括：演出经营合同、演出经纪合同、演出场地租赁合同、演出器材租赁合同、演出赞助或投资合同等。

第十八条 签订演出合同必须符合法律、法规及本实施细则的规定。应当经过审批的营业性演出活动，经批准后，合同方可生效。

第十九条 演出合同应当载明《条例》第三十条规定的事项。

《条例》第三十条第六项“其他需要载明的事项”是指：

（一）演出活动名称；

（二）参加演出的营业性文艺表演团体；

（三）演出投资或者赞助的分成或回报方式；

（四）演出酬金、演出场地和器材租赁费用、演出经纪佣金及费用支付方式；

（五）演职员食宿、交通、医疗、保险等各种费用；

（六）争议的解决方式；

（七）违约责任；

（八）合同双方的名称、住所、通讯方式，合同签订日期和地点，当事人签字或者加盖公章；

（九）当事人认为应当约定的其他权利、义务等事项。

营业性涉外演出合同还应当载明合同当事人的国籍、住所、使用文字及其效力等内容。

第二十条 签订营业性涉外演出合同应当以中文文本为准，处理合同争议应当适用中华人民共和国法律、法规。

第四章 演出管理

第二十一条 演出公司申办营业性组合演出，应当向发放其《演出证》的文化行政部门提出申请并提供下列文件：

（一）演出申请书；

（二）与演出相关的各类演出合同文本；

（三）演出节目内容材料；

（四）营业性文艺表演团体的《演出证》。

第二十二条 演出公司申办营业性涉外演出，应当报国务院文化行政部门审批，但申办外国表演团体或者个人来华歌舞娱乐场所进行6个月以内的定点营业性演出，报演出所在地省级文化行政部门审批。

申办营业性涉港澳台演出，应当报演出所在地省级文化行政部门审批。

申办上述营业性演出活动，应当提供下列文件：

（一）演出申请书；

（二）与演出相关的各类演出合同文本（中外文）；

（三）演出节目内容材料和节目录像带（光盘）；

（四）外国或者港澳台文艺表演团体及演职人员名单、护照等身份证明文件、艺术水平和资信情况证明。

第二十三条 演出公司承办营业性演出活动应当履行下列义务：

（一）办理演出申报手续；

（二）安排演出节目内容及演出广告宣传等事宜；

（三）确定演出票价并负责演出活动的收支结算；

（四）签订与演出活动相关的合同并支付费用；

（五）依法缴纳或代扣代缴有关税费；

（六）自觉接受演出地文化行政部门的监督管理；

（七）其他需要承担的义务。

第二十四条 演出公司承办营业性涉外及涉港澳台演出，应当负责统一办理外国及港澳台文艺表演团体和个人的出入境手续，巡回演出的还要负责其全程联络和节目安排。

第二十五条 举办营业性演出，应当根据舞台设计要求，优先选用境内演出器材。

第二十六条　营业性文艺表演团体进行营业性演出的，应当持《演出证》和演出节目资料报演出地县级以上文化行政部门核准；非国家核拨经费的营业性文艺表演团体还应当同时向核准机关提供工商行政管理部门核发的《营业执照》。

第二十七条　邀请个体演员参加营业性演出应当签订演出合同。邀请营业性文艺表演团体的在职演员和专业艺术院校师生参加营业性演出，应当与其所在单位签订演出合同。

第二十八条　国家核拨经费的文艺表演团体邀请外国和港澳台的文艺表演团体或者演员参加本单位剧节目的创作和演出的，按规定程序分别报国务院文化行政部门和省级文化行政部门审批。

第二十九条　专业艺术院校经批准邀请到本单位从事教学、研究工作的外国和港澳台艺术专业人员，临时需要进行营业性演出的，应当委托取得承担涉外演出业务资格的演出公司承办，按规定程序分别报国务院文化行政部门和省级文化行政部门审批。

第三十条　任何单位举办公益性演出、募捐义演及节庆演出活动，如需通过本实施细则第三条规定的方式进行演出，应当委托演出公司承办，并按照规定办理审批手续。

参加公益性演出以及募捐义演演出活动的演职人员不得获取演出报酬；承办演出的演出公司应当将扣除必要的成本开支后的演出收入捐给社会公益事业。演出公司不得从中获取利润。

公益性演出及募捐义演的演出收入，包括门票收入、捐赠款物和广告赞助收入等。

必要的成本开支包括演职员食、宿、交通费用，演出所需舞台灯光音响、服装道具、舞美及场地等租用费、宣传费用等。

公益性演出及募捐义演结束后10日内，承办单位应当将演出收支结算报审批机关备案。

第三十一条　营业性演出活动的投资单位可以单独或者与其他单位联合作为演出主办单位，经核准可以享有演出的冠名权，并依照合同约定享有演出收入分配权。

第三十二条　营业性演出场所举办演出，应当符合国家关于公共场所安全管理的有关规定。

第三十三条　歌舞娱乐场所、宾馆、饭店、餐饮场所和其他场所需要在本场所内举办营业性演出的，应当符合《条例》第十一条的规定，向所在地县级以上文化行政部门备案，并在演出开始前5日内将演出节目资料报所在地县级以上文化行政部门核准。

第三十四条　应当经过审批的营业性演出活动，经批准后方可进行新闻宣传、出售门票。

第三十五条　观众凭演出票券观看演出，并接受演出工作人员验票。禁止伪造、加价倒卖演出票券。

第三十六条　营业性演出单位的负责人和经营管理人员应当经过文化行政部门的上岗培训和考核。具体办法由省级文化行政部门另行制定。

第三十七条　各级文化行政部门应当根据演出管理工作需要，建立演出动态信息上报制度、演出场所月报制度、演出从业人员岗位培训制度、演出市场巡查责任制度，加强对营业性演出的监督检查。

第五章　演出证管理

第三十八条　营业性文艺表演团体和演出经纪机构的《演出证》包括1份正本和2份副本，《演出证》正本应当悬挂在主要办公场所的醒目位置。

《演出证》由国务院文化行政部门设计，由省级文化行政部门按照国务院文化行政部门的设计要求印制，由发证机关填写、打印，加盖发证机关公章。

第三十九条　文化行政部门吊销营业性文艺表演团体或者演出经纪机构的《演出证》，应当通知工商行政管理部门变更其经营范围或吊销其营业执照。营业性文艺表演团体或者演出经纪机构按照国家规定应当办理工商登记，拒不办理，或者不符合工商登记条件的，文化行政部门应撤销批准文件并收回核发的《演出证》。

营业性文艺表演团体和演出经纪机构的《演出证》，除文化行政部门可以依法暂扣或者吊销外，其他任何单位和个人不得收缴、扣押。

第四十条　使用过期、无效、伪造、涂改的《演出证》从事营业性演出的，由文化行政部门予以收缴。构成犯罪的，依法追究刑事责任。

第四十一条　吊销、注销营业性文艺表演团体和演出经纪机构《演出证》的，应当报省级文化行政部门备案。吊销、注销演出经纪机构《演出证》的，还应当报国务院文化行政部门备案。

第四十二条　各级文化行政部门应当建立营业性文艺表演团体和演出经纪机构发证登记档案制度、发证统计制度和个体演员登记备案制度。

第四十三条　经批准核发《演出证》的营业性文艺表演团体和演出经纪机构，应当在90日内将工商行政管理部门核发的《营业执照》副本报发证的文化行政部门备案。逾期没有备案的，文化行政部门应收回已核发的《演出证》。

第六章　罚　则

第四十四条　违反本实施细则第二十三条、第二十四条规定，在演出经营活动中，不履行应尽义务，倒卖、转让演出活动经营权的，由文化行政部门依照《条例》第五十条规定给予处罚。

第四十五条　违反本实施细则第二十六条规定，未报演出地文化行政部门办理核准手续，从事营业性演出的，由演出地文化行政部门责令停止演出，没收违法所得，并处10000元以下的罚款。对非法营业性演出的器材、设备，文化行政部门可以先行登记保存。

第四十六条　违反广告管理法规发布营业性演出广告的，由工商行政管理部门依照《广告法》及有关广告管理法规处罚。

伪造或加价倒卖门票的，由公安机关依法处罚。

第四十七条　违反本实施细则第二十七条规定，邀请营业性文艺表演团体在职演员和专业艺术院校师生参加营业性演出，未与演员所在单位签订演出合同的，由文化行政部门依照《条例》第四十七条规定给予处罚；对演员个人依照《条例》第四十八条给予罚款。对邀请个体演员参加营业性演出未签订演出合同的，参照《条例》第四十七条、第四十八条规定给予处罚。

第四十八条　违反本实施细则第二十八条、第二十九条规定，邀请外国和港澳台的文艺表演团体或者演员参加本单位剧节目的创作和演出，或者邀请经批准到专业艺术院校从事教学、研究工作的外国和港澳台艺术专业人员从事营业性演出，不按规定程序办理审批手续的，由文化行政部门依照《条例》第四十条、第四十二条规定给予处罚。

第四十九条　违反本实施细则第三十条、第三十三条、第三十四条规定，未按规定程序办理审批手续，擅自举办演出的，或者进行演出宣传、出售演出门票的，由文化行政部门责令停止违法活动，没收违法所得，并处10000元以上30000元以下的罚款。

第五十条　歌舞娱乐场所、宾馆、饭店、餐饮场所和其他场所需要在本场所内举办营业性演出，未按规定备案的，由文化行政部门责令改正，可处1000元以上3000元以下的罚款；在本场所内举办营业性演出，未将演出节目资料报所在地县级以上文化行政部门核准的，由文化行政部门责令停止演出，没收违法所得，并处10000元以下罚款。对非法营业性演出的器材、设备，文化行政部门可以先行登记保存。

第五十一条　提供虚假文件，骗取《演

出证》或者演出批准文件的，由文化行政部门吊销《演出证》或者撤销批准文件。构成犯罪的，依法追究刑事责任。

第五十二条　文化行政部门对营业性文艺表演团体和演出经纪机构实施行政处罚的，应当将处罚决定记录在演出证上并加盖处罚机关公章，同时将处罚决定通知发证机关。

第七章　附　则

第五十三条　本实施细则施行前各级文化行政部门批准设立的各类营业性演出单位仍按原来批准的经营范围从事营业性演出活动。

第五十四条　本实施细则由国务院文化行政部门负责解释。

第五十五条　本实施细则自2004年7月1日起施行，2002年7月26日发布的《营业性演出管理条例实施细则》同时废止。

互联网文化管理暂行规定

（2003年5月10日文化部令第27号发布，2004年7月1日文化部令第32号修订）

第一条　为了加强对互联网文化的管理，保障互联网文化单位的合法权益，促进我国互联网文化健康、有序地发展，根据《互联网信息服务管理办法》以及国家有关规定，制定本规定。

第二条　本规定所称互联网文化产品是指通过互联网生产、传播和流通的文化产品，主要包括：

（一）专门为互联网传播而生产的网络音像（含VOD、DV等）、网络游戏、网络演出剧（节）目、网络艺术品、网络动漫画（含FLASH等）等互联网文化产品；

（二）将音像制品、游戏产品、演出剧（节）目、艺术品和动漫画等文化产品以一定的技术手段制作、复制到互联网上传播的互联网文化产品。

第三条　本规定所称互联网文化活动是指提供互联网文化产品及其服务的活动，主要包括：

（一）互联网文化产品的制作、复制、进口、批发、零售、出租、播放等活动；

（二）将文化产品登载在互联网上，或者通过互联网发送到计算机、固定电话机、移动电话机、收音机、电视机、游戏机等用户端，供上网用户浏览、阅读、欣赏、点播、使用或者下载的传播行为；

（三）互联网文化产品的展览、比赛等活动。

互联网文化活动分为经营性和非经营性两类。经营性互联网文化活动是指以营利为目的，通过向上网用户收费或者电子商务、广告、赞助等方式获取利益，提供互联网文化产品及其服务的活动。非经营性互联网文化活动是指不以营利为目的向上网用户提供互联网文化产品及其服务的活动。

第四条　本规定所称互联网文化单位，是指经文化行政部门和电信管理机构批准，从事互联网文化活动的互联网信息服务提供者。

在中华人民共和国境内从事互联网文化活动，适用本规定。

第五条　从事互联网文化活动应当遵守宪法和有关法律、法规，坚持为人民服务、为社会主义服务的方向，弘扬民族优秀文化，传播有益于提高民族文化素质、推动经济发展、促进社会进步的思想道德、科学技术和文化知识，丰富人民的精神生活。

第六条　文化部负责制定互联网文化发展与管理的方针、政策和规划，监督管理全国互联网文化活动；依据有关法律、法规和规章，对经营性互联网文化单位实行许可制度，对非经营性互联网文化单位实行备案制度；对互联网文化内容实施监管，对违反国家有关法规的行为实施处罚。

省、自治区、直辖市人民政府文化行政部门负责本行政区域内互联网文化活动的日常管理工作，对申请从事经营性互联网文化活动的单位进行初审，对从事非经营性互联网文化活动的单位进行备案，对从事互联网文化活动违反国家有关法规的行为实施处罚。

第七条　设立经营性互联网文化单位，应当符合《互联网信息服务管理办法》的有关规定，并具备以下条件：

（一）有单位的名称、住所、组织机构和章程；

（二）有确定的互联网文化活动范围；

（三）有适应互联网文化活动需要并取得相应从业资格的8名以上业务管理人员和专业技术人员；

（四）有100万元以上的资金、适应互联网文化活动需要的设备、工作场所以及相应的经营管理技术措施；

（五）法律、法规规定的其他条件。

审批设立经营性互联网文化单位，除依照前款所列条件外，还应当符合互联网文化单位总量、结构和布局的规划。

第八条　申请设立经营性互联网文化单位，应当向所在地省、自治区、直辖市人民政府文化行政部门提出申请，由省、自治区、直辖市人民政府文化行政部门初审后，报文化部审批。

第九条　申请设立经营性互联网文化单位，应当采用企业的组织形式，并提交下列文件：

（一）申请书；

（二）企业名称预先核准通知书或者营业执照和章程；

（三）资金来源、数额及其信用证明文件；

（四）法定代表人或者主要负责人及主要经营管理人员、专业技术人员的资格证明和身份证明文件；

（五）工作场所使用权证明文件；

（六）业务发展报告；

（七）依法需要提交的其他文件。

对申请设立经营性互联网文化单位的，省、自治区、直辖市人民政府文化行政部门应当自受理申请之日起20个工作日内提出初审意见上报文化部，文化部自收到初审意见之日起20个工作日内做出批准或者不批准的决定，批准的，发给《网络文化经营许可证》；不批准的，应当说明理由。

第十条　非经营性互联网文化单位，应当在设立以后60日内向所在地省、自治区、直辖市人民政府文化行政部门备案，备案材料包括以下内容：

（一）备案报告书；

（二）章程；

（三）资金来源、数额及其信用证明文件；

（四）法定代表人或者主要负责人及主要业务管理人员、专业技术人员的资格证明和身份证明文件；

（五）工作场所使用权证明文件；

（六）需要提交的其他文件。

第十一条　申请设立经营性互联网文化单位经批准后，应当持《网络文化经营许可证》，按照《互联网信息服务管理办法》的有关规定，到所在地电信管理机构或者国务院信息产业主管部门办理相关手续。

第十二条　互联网文化单位应当在其网站主页的显著位置标明文化行政部门颁发的《网络文化经营许可证》编号或者备案编号，标明国务院信息产业主管部门或者省、自治区、直辖市电信管理机构颁发的经营许可证编号或者备案编号。

第十三条　经营性互联网文化单位改变名称、业务范围，合并或者分立，应当依据本规定办理变更手续，并持文化行政部门核发的《网络文化经营许可证》到当地电信管理机构办理相应的手续。

非经营性互联网文化单位改变名称、业务范围，合并或者分立，应当在变更后60日内重新办理备案手续。

第十四条　互联网文化单位变更地址、法定代表人或者主要负责人，或者终止互联网文化活动的，应当在30日内到所在地省、自治区、直辖市人民政府文化行政部门办理变更或者注销手续，并到相关省、自治区、直辖市电信管理机构办理互联网信息服务业务经营许可证的变更或注销手续。经营性互联网文化单位办理变更或者注销手续须报文化部备案。

第十五条　经营性互联网文化单位自取得《网络文化经营许可证》并依法办理企业登记之日起满180日未开展互联网文化活动的，由文化部或者由原审核的省、自治区、直辖市人民政府文化行政部门提请文化部注销《网络文化经营许可证》，同时通知相关省、自治区、直辖市电信管理机构。

非经营性互联网文化单位停止互联网文化活动的，由原备案的省、自治区、直辖市人民政府文化行政部门注销备案，同时通知相关省、自治区、直辖市电信管理机构。

第十六条　互联网文化产品进口活动由取得文化部核发的《网络文化经营许可证》的经营性互联网文化单位实施，并报文化部进行内容审查。

文化部应当自收到内容审查申请书之日起20个工作日内（不包括专家评审所需时间）作出批准或者不批准的决定，批准的，发给批准文件；不批准的，应当说明理由。

经批准的进口互联网文化产品应当在其显著位置标明文化部的批准文号，不得擅自变更节目名称或者增删节目内容。自批准之日起一年内未在国内运营的，进口单位应当报文化部备案并说明原因；决定终止进口的，文化部撤销其批准文号。

互联网文化单位运营的国产互联网文化产品依照有关规定需要备案的，应当在正式运营以后60日内报文化部备案，并在其显著位置标明文化部备案编号。

第十七条　互联网文化单位不得提供载有以下内容的文化产品：

（一）反对宪法确定的基本原则的；

（二）危害国家统一、主权和领土完整的；

（三）泄露国家秘密、危害国家安全或者损害国家荣誉和利益的；

（四）煽动民族仇恨、民族歧视，破坏民族团结，或者侵害民族风俗、习惯的；

（五）宣扬邪教、迷信的；

（六）散布谣言，扰乱社会秩序，破坏社会稳定的；

（七）宣扬淫秽、赌博、暴力或者教唆犯罪的；

（八）侮辱或者诽谤他人，侵害他人合法权益的；

（九）危害社会公德或者民族优秀文化传统的；

（十）有法律、行政法规和国家规定禁止的其他内容的。

第十八条　互联网文化单位提供的文化产品，使公民、法人或者其他组织的合法利益受到侵害的，互联网文化单位应当依法承担民事责任。

第十九条　互联网文化单位应当实行审查制度，有专门的审查人员对互联网文化产品进行审查，保障互联网文化产品的合法性。其审查人员应当接受上岗前的培训，取得相应的从业资格。

第二十条　互联网文化单位发现所提供的互联网文化产品含有本规定第十七条所列内容之一的，应当立即停止提供，保存有关记录，向所在地省、自治区、直辖市人民政府文化行政部门报告并抄报文化部。

第二十一条　互联网文化单位应当记录备份所提供的文化产品内容及其时间、互联网地址或者域名，记录备份应当保存60日，并在国家有关部门依法查询时，予以提供。

第二十二条　未经批准，擅自从事经营性互联网文化活动的，由省级以上人民政府文化行政部门依据《无照经营查处取缔办法》第十七条的规定予以查处。

非经营性互联网文化单位逾期未办理备案手续的，由省级以上人民政府文化行政部门责令限期改正；拒不改正的，责令停止互联网文化活动，并处1000元以下罚款。

第二十三条　从事经营性互联网文化活

艺术家之窗

范扬

一九五五年生于香港，祖籍江苏南通。一九七八年入南京师范学院美术系学习，一九八二年毕业。原为南京师范大学美术学院院长、教授、博士生导师。中国美术家协会会员。现为文化部中国画研究院专职画家，山水画研究室主任。

范扬家学渊源，喜读群书，研读画史、画论及文化论著。他的画处处似有玄妙和禅机，看似满幅松散，实则画风强悍；看似无意，任凭情感的迸发，实则处处有心，不超法度之外。范扬的画是充满灵性的画，是图自然之性，不缠其形，追求内涵之神韵的画。

1994青海长云暗雪山　36x30纸本

2002风烟俱净　50x40纸本

2003阿罗汉图　68x50纸本

2003秋林晚翠　70x70纸本

2004瓜洲古渡　90x180纸本

"爱在人间" 残疾人文艺专场演出
这是"万紫千红"——第七届中国艺术节暨浙江省第五届广场群众文艺系列展演活动之一

"唱响文明赞歌"——浙江省"声乐走
"送书画、摄影"文化下乡活动
启动仪式

"唱响文明赞歌"——浙江省声乐专家辅导团和获奖青年歌手展演团文化下乡，赴革命老区长兴进行声乐辅导和示范性演出。

《亲山爱水——浙江省中国山水画家创作作品展》在杭州浙江展览馆开展，展出了全省18位山水画家的近百件作品

浙江省群众艺术馆

Zhejiang masses Museum of Art

第四届浙江省国际标准舞公开赛在富阳市举行

舞蹈《青石板》获全国第十三届"群星奖"，浙江省共有12件作品在本届评奖活动中荣获"群星奖"

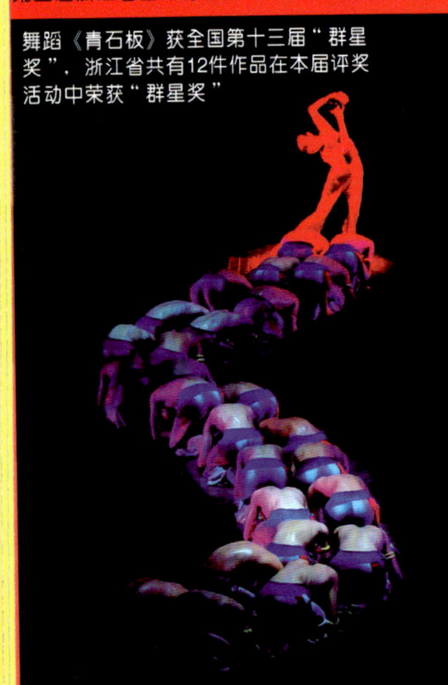

第七届中国艺术节开幕暨浙江省第五届广场文化艺术节开幕式大型文艺晚会《风从东海来

"群星璀璨"——全国第十三届"群星奖"颁奖晚会在浙江宁波隆重举行

神州风韵 中国民间艺术之乡剪纸邀请赛暨全国"十大神剪"命名授牌活动在桐庐举行

全国第十三届星奖评奖活动秀美术作品在浙江世贸隆重开幕，拉开了全国第三届"群星奖评奖活动的

动，违反本规定第十二条、第十三条、第十四条、第十九条、第二十条的，由省级以上人民政府文化行政部门予以警告，责令限期改正，并处5000元以下罚款。

从事非经营性互联网文化活动，违反本规定第十二条、第十三条、第十四条、第十九条、第二十条的，由省级以上人民政府文化行政部门予以警告，责令限期改正，并处500元以下罚款。

第二十四条　经营性互联网文化单位提供含有本规定第十七条禁止内容的互联网文化产品，或者提供未经文化部批准进口的互联网文化产品的，由省级以上人民政府文化行政部门责令停止提供，没收违法所得，并处10000元以上30000元以下罚款；情节严重的，责令停业整顿直至吊销《网络文化经营许可证》。构成犯罪的，依法追究刑事责任。

非经营性互联网文化单位，提供含有本规定第十七条禁止内容的互联网文化产品，或者提供未经文化部批准进口的互联网文化产品的，由省级以上人民政府文化行政部门责令停止提供，处1000元以下罚款。构成犯罪的，依法追究刑事责任。

第二十五条　违反本规定第二十一条的，由省、自治区、直辖市电信管理机构责令改正；情节严重的，由省、自治区、直辖市电信管理机构责令停业整顿或者责令暂时关闭网站。

第二十六条　经营性互联网文化单位运营进口互联网文化产品未在其显著位置标明文化部批准文号、擅自变更节目名称或者增删节目内容的，运营国产互联网文化产品逾期未报文化部备案或者未在其显著位置标明文化部备案编号的，由省级以上人民政府文化行政部门责令限期改正，并处5000元以下罚款。

非经营性互联网文化单位运营进口互联网文化产品未在其显著位置标明文化部批准文号、擅自变更节目名称或者增删节目内容的，运营国产互联网文化产品逾期未报文化部备案或者未在其显著位置标明文化部备案编号的，由省级以上人民政府文化行政部门责令限期改正，并处500元以下罚款。

第二十七条　本规定自2003年7月1日起施行。

中国文化年鉴

Chinese Culture Yearbook

文化设施建设

Cultural facilities

2004年全国文化设施建设综述

文化设施是文化事业赖以生存的基础，是文化事业发展的阵地和载体。随着物质生活水平的提高，人们对精神文化生活需求也日益提高。2004年，各级政府将加强文化建设工作是贯彻落实“十六大”会议精神和“三个代表”重要思想具体实践的高度来认识，逐年加大对文化投入的力度，加快建设各类文化设施，为广大群众提供更多的文化宣传阵地和休闲娱乐场所。

一

2004年，全国文化(文物)系统固定资产投资项目总数达到1353个，比上年增加191个，增长16.4%。计划总投资达305.8亿元，比上年增加39.9亿元，增长15.01%；计划施工面积（建筑面积）595.3万平方米；本年完成投资额为51.7亿元，比上年增加15.6亿元，增长63.6%。其中国家投资28.2亿元，占本年完成投资总额的54.5%。建成项目260个，比上年增加168个，增长64.6%，竣工面积49.9万平方米。

2004年，全国文化事业机构基建项目总数为929个，比上年增加214个，增长29.9%。计划总投资达213.2亿元，比上年增加26.7亿元，增长14.3%；施工面积（建筑面积）439.2万平方米，比上年增加17.6万平方米，增长4.2%；本年计划投资额为39.97亿元，比上年增加6.41亿元，增长19.1%。其中国家投资20.7亿元，比上年增加2.7亿元，增长15.0%；国家投资占本年计划投资额的比重为51.8%，比上年增加了0.2个百分点；本年完成投资额为37.2亿元，比上年增加11.7亿元，增长45.9%。全国文化基建建成项目294个，比上年增加76个，增长34.9%。竣工建筑面积45.1万平方米。

在文化基建项目中，全国有265个公共图书馆建设项目，占项目总数的28.5%，比上年增加0.4个百分点；面积占总数的26.8%，比上年增加3.4个百分点；国家投资占总数的30.7%，比上年增加21.3个百分点；实际完成投资额占总数的23.5%，比上年增加7.4个百分点。全国有386个群众艺术馆、文化馆、文化中心建设项目，比上年增加206个，增长114.4%；占项目总数的41.6%，比上年增加22个百分点；面积占总数的33.9%，比上年增加25.1个百分点；实际完成投资额占总数的27.8%，比上年增加20.9个百分点。

2004年，全国文物事业机构新建项目总数为158 个（不含文物维修项目），计划总投资达70.2亿元，施工面积（建筑面积）90.9万平方米。本年计划投资额为13.3亿元，其中国家投资5.2亿元，占本年计划投资额的比重为39.1%。本年完成投资额为10.4亿元。全国文物新建成项目53个，竣工面积1.5万平方米。

在文物新建项目中，全国有93个博物馆建设项目，占项目总数的58.9%， 面积占总数的74.7%，国家投资占总数的78.7%，实际完成投资额占总数的80.4%。

2004年全国文化文物事业的基建项目数、计划总投资额、本年计划投资额、实际完成投资额等各项指标的大幅度增加，是国家持续加大对中央级文化设施建设的投入力度，并通过转移支付加大了对地方文化设施建设补助的导向政策，推动了各地对文化设施建设投入的结果。

2004年，全国投资在亿元以上筹建准备开工的大型文化设施项目有国家博物馆、中国美术馆二期工程、国家话剧院、中国歌剧舞剧院、山西省大剧院、江苏省大剧院、浙江省美术馆、浙江省杭州碑林扩建工程、河南省艺术职业学院、湖南省群众艺术馆、湖南省岳阳文庙文化景区、广东省广州歌剧院、广东省广州图书馆新馆、深圳市博物馆新馆、广东省梅州黄遵宪纪念馆、广西民族博物馆等16个项目。

2004年，全国投资在5000万元以上的在建项目50个。其中投资在亿元以上的有：国家大剧院、国家图书馆二期工程、天津博物馆新馆、河北省秦皇岛市文化广场、山西省博物院、江苏省苏州市博物馆新馆、江苏省扬州雕刻印刷博物馆、浙江省杭州市大剧院、浙江省绍兴市鲁迅故里保护整治工程、福建省大剧院、福建省厦门市文化中心、河南省艺术中心、河南省图书馆博物馆综合大楼、河南省安阳市殷墟申报世界文化遗产、湖北省博物馆、湖北省艺术馆、湖南省博物馆、广东省博物馆、广东省汕头市图书馆、广东省汕头市博物馆、深圳大剧院、深圳音乐厅、深圳中心图书馆、深圳书城中心城、深圳市龙岗区文化艺术中心、深圳市福田区图书馆、海南省图书馆、四川省成都市金沙遗址博物馆、西藏文物维修工程、陕西省秦始皇兵马俑博物馆扩建工程、甘肃省博物馆等31个项目。

2004年，全国投资亿元以上的文化设施竣工项目有：北京市海淀剧院、江苏省南京博物院展厅、上海市青浦区博物馆新馆、浙江省杭州剧院、浙江省杭州少年儿童图书馆、浙江省嘉兴市博物馆、广东省广州市艺术博物馆、广东省深圳南山书城、四川省成都市图书馆等9个项目。

二

2004年，国家继续加大对中央重点文化项目建设的投资力度，通过对国家大剧院、中国美术馆扩改建工程、国家图书馆二期工程（中国数字图书馆）、国家博物馆、故宫大修等工程投入的导向政策，引导地方加大对当地文化建设的投入。

2004年，国家大剧院工程于2001年10月开工建设，施工进展顺利，计划2006年底完成。国家博物馆工程顶层加高方案得以论证通过，征地拆迁工作经过多方协调得以落实，建筑设计公开招投标顺利组织完成，并签署了设计合同，调整的工程可行性研究报告已编制完成并上报。国家图书馆二期工程暨国家数字图书馆工程，2003年1月批准立项后，已完成初步设计和施工、监理单位招投标，并按期顺利开工。中国美术馆二期扩建工程，经国务院批准立项。故宫博物院古建整体维修改造工程全面展开，整体规划中的各项修缮工作进展顺利，午门正楼修缮、珍宝馆和钟表馆改造均于年内竣工。中国国家话剧院剧场工程，中国歌剧舞剧院迁建工程选址工作，已趋于落实。

三

2004年第四季度统计显示，全国“两馆”建设进展顺利。2002年~2004年，中央共补助地方县级图书馆、文化馆等762个基层文化设施项目3.5亿元。全国762个项目的建设规模达127.04万平方米，计划总投资12.02亿元。其中，中央补助3.5亿元，占计划总投资29.1%；各地配套资金8.52亿元，占计划总投资70.9%，在各地配套资金中，省级共配套1.01亿元。

截至2004年底，全国中央补助的762个项目，已实际完成投资8.04亿元，占计划总投资的66.9%。其中，中央预算内投资实际完成2.93亿元，占实际完成投资总额的36.5%；各地自筹资金实际完成5.1亿元，占实际完成投资总额的63.5%，在自筹资金中省级配套资金完成0.7亿元,仅占实际完成投资总额的8.7%。

在中央补助762个项目中，有214个项目正处在设计及准备建设阶段，占中央补助项目总数的28.1%。建设规模33.66万平方米，占总规模的26.5%；计划总投资3.74亿元，占全国项目计划总投资的31.1%。其中，中央补助0.98亿元，地方自筹2.76亿元。已实际完成投资0.92亿元，仅占全部项目实际完成投资总额的11.3%。

全国有207个在建施工项目，占中央补助项目总数的27.2%。建设规模39.1万平方米，占总规模的30.8%；计划总投资3.66亿元，占全国项目计划总投资的30.4%。其中，中央补助0.9亿元，地方自筹2.73亿元。已实际完成投资2.27亿元，占全国实际完成投资总额的28.2%；占在建施工项目计划总投资额的61.9%。全国在建项目施工率超过全国平均水平（27%）的有河北、辽宁、湖南、广西、重庆、四川、贵州、云南、甘肃、宁夏等10个省区。

全国有341个县级图书馆、文化馆等建设项目竣工，占中央补助项目总数的44.8%。竣工面积54.27万平方米，占总建筑面积的42.7%。已竣工项目实际完成投资4.85亿元，占全国实际完成投资总额的60.4%。全国各地县级图书馆、文化馆建设项目竣工率超过全国平均水平（45%）的有河北、内蒙古、吉林、黑龙江、江西、湖北、云南、西藏、陕西、青海、新疆生产建设兵团等11个省（区）。除宁夏没有竣工，项目外，各地均有县级图书馆、文化馆建设项目竣工。内蒙古有41个建设项目竣工为最多，其次四川有28个竣工项目；新疆生产建设兵团建设项目全部竣工，吉林省建设项目竣工率最高，达85%，青海省县级图书馆、文化馆建设项目竣工率达66%。

尽管“两馆”建设在各级党政领导关心支持下取得了可喜成绩，但也存在着建设配套资金不到位，土地无偿使用、免征税费等优惠政策不落实，建设工程管理监督机制不健全等问题。如中央补助的762个项目，省级配套资金只有1.01亿元，仅占计划总投资的8.4 %，河北、内蒙古、吉林、黑龙江、安徽、西藏、宁夏、新疆生产建设兵团省级甚至没有一分配套资金，从实际完成投资情况看，省级配套资金也只完成6971万元，占完成投资总额的8.5%，配套资金到位率低。“两馆”建设项目开工率分布不平衡，各地开工差异较大，全国尚在设计准备阶段的项目占总项目数的比率高达28%，全国除新疆生产建设兵团外，各省（区）的均有项目处在设计阶段，其中11个省（区）的设计项目占本省（区）总项目数的比例高于全国平均水平（28%），新疆设计项目占总项目数比例最高，达55%；而全国“两馆”项目在建施工率只占项目总数的27%；全国“两馆”建设项目已经实施3年，但竣工率仅达到45%；其主要原因就是配套资金不到位，建设用地没解决，以及相应优惠政策不落实造成的。因此，希望各地党政领导继续关心支持文化设施建设，加大投入，保证各项优惠政策落实和配套资金到位，使“两馆”建设项目顺利实施，早日发挥作用。

中国文化年鉴

Chinese Culture Yearbook

地方文化事业

Local culture

北 京 市

综 述

2004年，在市委、市政府的领导下，北京市文化局各项工作取得了新的成绩，被评为政绩突出单位。

文化体制改革试点工作取得重大突破。北京儿童艺术剧院股份有限公司、北京歌舞剧院有限责任公司、朝阳区文化馆等试点单位的改革取得丰硕成果，为全面推进改革提供了有益的借鉴。北京儿艺采用与市场接轨的现代艺术生产管理机制，《迷宫》上演59场、收入636万元，创北京市新创儿童剧票房收入最高纪录。《HI！可爱》，首轮14场演出已被中演票务以260万元买断。"新北歌"在全市11家旅游饭店进行覆盖式演出22场，收入近百万元。精心打造的"北京之夜"歌舞晚会，演出收入创造出开业4年来的最高纪录。朝阳区文化馆全年举办大型公益活动30余次，演出200场，展览50余场，举办60余类2000余场社区培训班，培训量达30多万人次，接待群众100万人次，全年创收1179万元，并成为文化部批准的首批全国一级文化馆。

市属院团在国内外重大比赛中取得好成绩。14台剧目获20个奖项，8个节目获了奖，4部美术作品获5个奖项，1部学术著作获奖，64人获71个单项奖。其中中国杂技团《十三人顶碗》在蒙特卡罗国际杂技节上获得金奖。双人滚杯获法国希玛国际马戏节水晶杯大奖。北京人艺的《万家灯火》获2003、2004年度国家舞台艺术精品工程十大精品剧目。在日趋激烈的文化市场竞争中，国有院团占据了一定的市场份额，骨干作用进一步发挥出来。

世界优秀剧目云集北京，全年艺术活动此起彼伏。中法文化年、北京国际音乐节暨北京国际交响乐演出季、北京国际舞蹈季、新年音乐会等北京大型文化活动精彩连台，高潮迭起。春节期间，国内外39个艺术表演团体上演92台、264场次高水平、特色鲜明的剧目；"相约北京"联欢活动暨第二届国际戏剧演出季，来自世界五大洲的30多个演出团体、国内外最高水平的72台剧目登上首都舞台，演出230场，让16万人走进剧场；北京国际舞蹈季、新年音乐会，让北京观众以及来京的游人被北京浓厚的文化艺术氛围折服。

国庆活动组织出色，得到中央领导好评。在首都庆祝建国55周年游园活动领导小组的统一领导下，在5个重点公园里举办了游园活动，10个省市自治区和5个国家部委共同参与，举办了"庆祝中华人民共和国成立55周年成就展"，来自全国10个省市的3000余名演职人员参加了5个中心舞台、10个文艺活动区的演出。

维护外来务工人员的文化利益。积极响应市政府的号召，关心来京务工人员的文化生活，朝阳区文化馆开设了首家"民工影院"，为参与首都建设的来京务工人员免费放映电影。北京市河北梆子剧团和北京燕山情艺术团合办的京城首家来京务工人员"假日剧场"在"天桥乐"茶园正式启动。组织了"送片入校"活动，在60多所学校放映100场电影。

改革了行政审批制度，优化文化发展的环境服务。改革了行政审批制度，组建了行政许可受理处，将原来分布在多个处室的项目集中到一个大厅受理，实行一站式办公，一条龙服务，窗口式办结，平均每个项目的审批时间压缩了8.7天，提高了办事效率，减少了文化项目、文化企业进入市场的障碍，受到市有关部门和申办人的好评。

北京市文化局2004年大事记

北京儿童艺术剧院股份有限公司成立

1月16日北京市儿童艺术剧团正式改制为北京儿童艺术剧院有限公司，市委副书记龙新民、市委常委宣传部长蔡赴朝、市政协副主席张和平、中宣部改革办主任郛书林出席成立大会。会议由降巩民局长主持。该公司由北京青年报社控股，由北京市文化局下属北京文化设施运营管理中心、北京市教委下属北京高校房地产开发总公司、北京电视台下属北京电视事业开发集团、北京市文化发展中心共同参股组成。公司由北京青年报社社长张延平任董事长，王颖任总经理。这是北京文化体制改革试点的重点之一。

李长春同志到北京儿童艺术剧院股份有限公司调研

2月6日下午，中共中央政治局常委李长春到北京儿童艺术剧院股份有限公司调研，与参与北京儿童艺术剧院改制工作的负责人和演职员工代表座谈。李长春在讲话中强调，北京市要在“三个代表”重要思想的指导下，通过文化体制改革，大力发展文化事业和文化产业，创造新的经验，生产更多优秀精神文化产品，培养更多优秀艺术人才，在全国起到良好的示范作用。中宣部副部长李从军、文化部副部长陈晓光等随同调研，市委副书记龙新民陪同调研并主持座谈会。市委常委、宣传部长蔡赴朝汇报了北京儿童艺术剧院改制工作的有关情况。

李长春指出，北京市作为全国文化体制改革试点城市之一，市委、市政府认真贯彻党的十六大和十六届三中全会精神，深入贯彻落实全国宣传思想工作会议和全国文化体制改革试点工作会议精神，高度重视发展文化产业，努力探索文化体制改革新路子，北京儿童艺术剧院股份制改造很有特点，积累了新鲜经验，在全国具有很好的示范作用。

李长春说，以股份制的形式改造一般院团，这个改造途径非常好。改制解决了长期以来束缚文化生产力发展的体制弊端，使文化事业单位转制一步到位；有利于整合社会文化资源，增加对文化的投入；推动了政府职能转变，改变了文化单位政企不分、政事不分的局面。他要求，在改制过程中，要深入细致地做好思想政治工作 ，正确处理院团职工关心的问题，妥善处理各种利益关系。改制后的北京儿童艺术剧院股份有限公司要始终坚持先进文化的前进方向，坚持一业为主，多种业态经营，大力扶植优秀儿童戏剧的创作和演出，努力为少年儿童创造一个有利于健康成长的绿色文化空间，更好地满足少年儿童不断增长的精神文化需求。同时，面向市场，开发满足少年儿童精神生活需要的系列文化产品。

市政协副主席张和平等出席座谈会。

市委书记刘淇同志到北京市文化系统调研党建工作

为加强和改进党的基层组织建设，充分体现市委对党建工作的高度重视，市委书记刘淇同志于2004年5月15日上午冒雨来到北京市戏曲艺术职业学院，就北京市文化系统基层党的建设工作情况进行调研。市委副书记龙新民同志，市委副书记杜德印同志，市委常委、宣传部长蔡赴朝同志，市委副秘书长张清同志，市委组织部副部长朱秉春同志，市委宣传部副部长王荔茹同志参加了调研活动。市委副书记龙新民同志主持了调研座谈会。

刘淇等市领导首先兴致勃勃地观看了学院“保持党员先进性”宣传栏。随后，听取了市文化局党组书记、局长降巩民、市文联党组书记吕浩才、北京人艺党委书记马欣、北京京剧院党委书记刘胜利、北京石刻艺术博物馆书记肖纪龙关于加强基层党组织建设工作汇报。

首先由市文化局党组书记、局长降巩民同志结合文化工作的实际，分别就文化局系统深入开展“一把手工程”，不断加强领导班子建设、强化干部教育培训，不断提高领导班子的整体素质、抓年轻干部的培养、抓树立先进典型，发挥党员先锋模范作用、抓基层党组织建设几个方面的工作以及全局党建工作的整体情况作了汇报，就文化局系统在基层党建工作中存在的问题进行了深刻分析，提出了针对这些问题的思考和建议。与会领导就文化局系统干部队伍建设情况、股份制单位党建工作等情况进行了详细地了解。

市文联、北京人艺、北京京剧院、市文物局石刻艺术馆的同志分别汇报了单位基层党建工作的情况。

中国评剧院、中国杂技团、北京戏曲艺术学院、北方昆曲剧院、北京画院等单位的党委书记一起参加了座谈。

会上市委副书记杜德印同志就党建工作有关问题谈到：基层党组织建设是一个大问题，关系到巩固党的执政地位、涉及到党和群众的联系、密切党群关系的问题。在市场经济条件下，要结合艺术生产、艺术发展来加强基层党组织的建设，充分发挥党组织的政治优势、组织优势和联系群众的优势，充分调动人员积极性、提高人员素质。要解决好三个具体问题，一是艺术家入党的问题，二是股份制企业组织建设问题，三是文艺系统流动党员的管理问题。

市委书记刘淇同志先后就党建工作有关问题作了重要讲话。

最后市委副书记龙新民同志作了总结，他要求文化系统要认真落实刘淇同志重要讲话精神，以及杜德印副书记对党建工作的要求，进行一次深入的调查研究，总结经验，找出薄弱环节，创新好的办法，进一步加强和改进文化系统党的基层组织建设，提高党的凝聚力、战斗力、影响力来团结文化系统的广大干部群众，繁荣首都的文艺事业，创作出更多的艺术精品、培养更多的优秀人才，同时大力发展首都文化产业。

北京市文化局2004年应聘资格考评工作

为了吸引优秀人才充实市属艺术表演团体、局属各单位，局人事教育处会同局文化艺术人才服务中心于2003年12月~2004年4月组织实施了北京市文化局2004年的应聘资格考评工作。

根据市属各剧院团、局直属单位2004年人才需求情况，本次考评开设声乐、民族器乐、戏曲伴奏、钢琴、舞蹈、舞美灯光设计、舞美服装设计、音响设计、美术、影视表演、作曲、戏曲表演、昆曲表演、编剧等14个艺术表演专业以及艺术理论研究、中文编辑教育、外语、计算机、财会、图书馆学、经济管理、新闻、法律等9个综合类专业。2004年应聘资格考评工作于2003年12月22日报名开始拉开序幕，至2004年4月26日公布最后一批考生成绩止，历时4个多月。共接收580余名应届大中专毕业生报名信息。(其中大本以上学历人员占58.7%)，经筛选550人参加考评，实际参加考试人数为450人，其中328人获得合格证书，合格率为72.9%。

今年的考评工作，因为统一放在春节之后，时间安排非常密集；又新增艺术理论研究、舞美服装设计等新专业，难度比较大。但在各学校的大力配合和大家的共同努力下，经过前期精心的准备和合理的安排，历时4个多月，终于圆满完成。本着公开、公平、公正的原则，为局属各剧院团、事业单位择优吸纳优秀人才奠定了基础；同时考评方式、评委会组成、考评组织的权威性也得到了广大考生、学校和用人单位的认可。

2004年应聘资格考评工作已落下帷幕，希望通过今年的考评，为有意向进入文化系统的优秀毕业生提供一个公开、公平、公正的舞台；同时也希望能为市属艺术表演团体、局属各单位的人才选拔提供有益的帮助、有价值的参考。我局也将不断完善考评方式、考评大纲、考评试题、评委会组织，健全应聘资格考评制度，为局系统的人才选拔，为首都文化事业的发展作出应有的贡献。

市委常委尤兰田同志视察文化系统统战工作

2004年5月11日，市委常委、统战部部长尤兰田同志在市委统战部党外干部处处长马振生同志的陪同下，来到北京市文化局检查统战工作并听取了工作汇报。局党组书记、局长降巩民同志，党组成员、副局长李恩杰同志，组宣处副处长李萍同志参加了报告会，李恩杰同志就全局统战工作做了汇报。目前，文化局共有统战成员2277人，其中具有高级职称以上的统战成员400余人，民主党派成员196人，全国和北京市人大代表8人，全国和北京市政协委员27人。局党组对统战工作高度重视，对统战成员不仅在生活上照顾、工作上关心，而且在人员、经费上均给予保障。尤兰田同志在听取汇报后，对我局统战工作作了指示。她指出，几年来市文化局统战工作比较突出，说明局党组和局组织部门给予了高度的重视。今后要进一步调动党外人士的积极性，做好他们的培养、引导和教育工作，为他们发挥作用创造一个更好的环境。局党组要对各民主党派的基层组织建设给予一定的支持，在青年后备干部的培养上还要规范化。对无党派人士中的优秀分子，条件成熟的要吸收入党。

局党组书记、局长降巩民同志在听取尤兰田同志的指示后表示，市文化局今后将根据市委的要求，进一步加强统战工作，在局内重大问题上多听取党外人士的意见，调动他们的积极因素，充分发挥他们的作用。

邀请日本经纪人伊藤寿先生来京作专题报告

为配合文化体制改革，加大干部培训工作的力度，进一步提高我市文化经营管理干部队伍的整体素质，北京市文化局党组邀请日本著名经纪人伊藤寿先生于2004年5月9日在首都图书馆报告厅作了题为“国际演出的策划与市场运作”的专题报告。局党组书记、局长降巩民同志，局党组成员、巡视员冯守仁同志，局党组成员、副局长李恩杰同志，局党组成员、局纪检组长安树果同志与我市文化系统副处级以上干部以及负责演出经营的主要负责人参加了报告会。本次报告会还首次邀请了全市各社办文艺表演团体、演出场所和演出经纪机构的主要负责人参加了报告会，局党组成员、副局长李恩杰同志主持报告会。

伊藤寿先生自1989年起担任日本歌舞伎大师坂东玉三郎的经纪人，成功地将一大批日本歌舞伎、现代剧和电影作品推向市场。2002年起，伊藤寿先生开始策划、制作国际性戏剧、音乐的公演活动，在日本演艺界经纪人中享有较高声誉。本次受邀来京，伊藤寿先生以“国际演出的策划与市场运作”为题，介绍了自己在国际演出运作和策划中的经验及体会。

伊藤寿先生的报告主要分为三个部分，即涉外演出文案的制作，美、法、日等国演出季和音乐节的特点，文化产品出口中政府的作用。他指出，目前国内演出团体在背景资料里往往点缀很多很漂亮的图片，但是图片的说明过于简单，图片上、画面上的说明还有待改进。在谈到美、法、日等国演出季和音乐节的时候，他介绍了各国文化行政管理体制的特点，指出在策划文化交流活动时应当考虑到时间和季节的影响，准备工作最好提前一年甚至两三年就要开始进行。在谈到文化产品出口中政府的作用时，他指出要增加与各国使馆文化处的交流与沟通，在可能的情况下争取政府资金的支持。作为政府，应当提供一个可以资助经费的渠道，这个渠道应尽快建立起来。报告会结束前，伊藤寿先生还回答了现场听众的提问。

最后，局党组成员、副局长李恩杰同志代表局党组表示将在今年采取“请进来、走出去”的办法，对文化系统和全市从事演艺行业的专业人员进行这方面的培训，目的在于抓住奥运契机，把我市文化产业的发展推向一个新的阶段。作为文化行政管理部门，今后将进一步转变管理体制，服务要面向全社会，社办团体和演出经纪机构也应该包括进来，并希望大家能够通过今天的学习，吸收借鉴先进经验并运用于实际工作中，使我们的文化事业真正得到提高。

召开局属单位、剧场法人代表安全工作会议

2月20日，北京市文化局在中山公园音乐堂召开了局属单位、剧场法人代表及市文化局机关有关处室负责人参加的安全保卫工作大会。市文化局党组书记、局长降巩民、副局长王珠出席了会议。

会议传达了北京市消防局召开的关于全国“两会”消防安全保卫工作会议精神，布置了贯彻落实《中共北京市委、北京市人民政府关于在全市开展安全月活动的决定》在文化局系统开展“安全月”活动的具体工作方案和全国“两会”期间的安全工作。

会上，北京市文化局党组书记、局长降巩民作了讲话，他说：今天专门召开各单位法人代表参加的安全工作会议，是局党组研究决定召开的三个会议之一，是因为安全工作本身就是一项重要工作，近期又发生了多起重大安全事故，中央和北京市一再强调，因此我们必须高度重视。他对市文化局系统各单位作好安全工作强调了五点意见：一是要牢固树立首都安全意识，把安全工作作为各单位领导班子最高的工作原则之一抓紧抓好。二是要树立安全工作主体意识，抓好安全责任制落实。他强调：各单位法人代表是单位安全工作第一责任人，这个责任不可替代。各单位领导要认真按照安全责任制的要求，认真履行好工作职责，要以对党、对人民高度负责的精神，切实承担起为官一任保一方平安的政治责任。要加强对单位安全工作的领导，做到安全工作一把手亲自抓。三是要切实加强演出等大型文化活动的安全保卫工作。要坚决落实大型文化活动安全管理责任，严格执行《北京市大型社会活动治安管理规定》等有关法规的规定，按照“谁主办、谁负责”的原则,认真落实安全保卫工作方案，加强检查。各组织大型文化活动的单位要积极依靠公安部门，做好安全保卫工作，确保大型活动的安全顺利进行。四是要立足长远，建立健全长效的内部安全管理机制。各单位要从抓管理入手，进一步建立健全各项安全管理制度；要加强保卫组织建设，强化各级保卫部门安全的监督检查职责；要重视开展安全检查和宣传教育工作；要在抓落实上下工夫，严格制度，严格管理，确保各项管理制度落实到位；局系统各单位都要制定和要完善重大紧急突发事件处置预案，加强防范，积极开展演练活动，做到发生紧急突发事件能够有所准备，迅速反应，妥善处置。五是要认真按照市委、市政府的要求，认真研究，结合本单位实际，精心组织，抓好落实，要把“安全月”活动工作做得扎扎实实。

会上，市文化局副局长王珠结合这次密云县特别重大突发安全事故的调查处理工作对各单位做好安全工作作了重要讲话，她要求各单位回去后要立即召开会议，认真进行动员部署，抓好落实。按照市委市政府的统一部署，大力开展“安全月”活动，近期要确保在全国“两会”期间，绝不能发生任何安全问题。

会上还下发了《北京市文化局2004年安全保卫工作要点》、《北京市文化局关于在局系统消防安全重点单位建立、健全消防档案的通知》、《北京市文化局关于做好全国“两会”期间安全工作的通知》等文件。

召开2004年文化市场管理和社会文化工作会

2004年4月8日至9日，北京市文化局召开2004年文化市场管理和社会文化工作会。市文化局党组书记、局长降巩民、局巡视员冯守仁、副局长王珠、局纪检组长安树果出席会议，各区县文委主管文化市场和社会文化工作的领导及业务部门负责人参加会议。局市场处、社文处、人事处、政策法规处、办公室的负责同志参加会议。

会上，市文化局部署了2004年文化市场工作要点，有关部门介绍了北京市吸引优秀文化人才的政策和文化体制改革试点工作情况。大会表彰了2003年群众文艺创作中获奖单位及个人和2003年文化行政执法责任制先进单位。会议下发了“2003年社会文化工作和文化市场管理的总结”。

降巩民局长就文化主管部门做好职能转变工作并特别强调指出：今后我们工作的核心是要坚持以人为本，要以人民群众的利益作为一切工作的出发点和落脚点，要加大文化市场培育力度，加强文化设施建设，大力发展文化产业，不断满足人民群众日益增长的文化需求，为首都文化发展创造良好的体制环境。要树立全面、协调和可持续的科学发展观，以求真务实的精神做好政府职能转变工作。要按照“十六大”提出的对“一切妨碍发展的思想观念都要坚决冲破，一切束缚发展的做法和规定都要坚决改变，一切影响发展的体制弊端都要坚决革除”的指导思想，突破思想观念上、体制机制上对文化发展的束缚，真正打开文化市场这扇大门，让更多的人，更多的资金进入到文化这个大市场中来，这样才能使我们的文化产业、事业真正走向繁荣与发展。

各区县负责人认真讨论了降局长讲话，一致认为讲话切合实际，明确了2004年至2008年北京文化工作的重点及方针。大家表示回去后要认真贯彻讲话精神，结合本地区实际，认真做好文化主管部门职能转变工作，大力推进北京市的文化建设。

举办歌舞娱乐场所节目展演

1月10日晚，一场别开生面、异彩纷呈的歌舞娱乐场所节目展演颁奖晚会在王府井大饭店阳光俱乐部拉开了帷幕。这里有绚丽的舞台，这里有轻歌曼舞，这里有欢声笑语，这里有首都歌舞娱乐场所节目展演活动带给大家的火辣激情和缤纷色彩。

随着改革开放的不断深入，近年来我市歌舞厅、酒吧、宾馆饭店和餐厅等场所中的演出活动日趋繁荣，为丰富人民群众文化生活，促进首都经济发展和文化繁荣发挥了积极作用。为进一步促进我市文化娱乐市场的健康有序发展，作为塑造文化市场形象工程活动的重要组成部分，市文化局推出了此次全市歌舞娱乐场所节目展演活动。

展演节目由我市歌舞厅、酒吧、餐厅、宾馆、饭店等场所演出的歌舞、杂技、魔术、戏曲、曲艺、音乐等形式的健康、快乐、时尚的优秀节目组成。本次活动在全市文化行政管理部门的精心组织和积极参与下，首先选拔出歌舞、音乐、杂技等120余个节目，于2003年12月16日至30日在北京阳光俱乐部等9个场所进行展演。在此基础上，本着公平、公开、公正的原则，本次活动所邀请的专家评委们对参加展演的剧、节目进行打分，评选出最佳主持人奖1名、优秀节目一等奖3个、二等奖7个、三等奖若干及优秀演出单位奖、优秀组织单位奖等，在颁奖晚会上进行了表彰。

市政协副主席张和平、市委宣传部部长蔡赴朝等领导同志出席了颁奖晚会。

此次展演活动，旨在通过举办歌舞娱乐场所优秀节目展演及颁奖演出活动，引导歌舞娱乐场所规范、文明经营，提升娱乐场所的演出节目质量，提高娱乐市场的文化品位。并向社会展示我市歌舞娱乐场所演出节目的整体水平和艺术特色，同时，转变人们对娱乐场所的认识和观念，真正为广大人民群众营造健康文明的文化环境和休闲娱乐场所。

杜德印副书记到北京京剧院进行党建工作调研

2004年5月19日上午，市委副书记杜德印同志、市委副秘书长张清同志、市委组织部副部长朱秉春同志、市委宣传部常务副部长王学勤同志、市委宣传部副部长王荔茹同志来北京京剧院进行党建工作调研。市文化局党组书记、局长降巩民、市文化局党组成员、副局长李恩杰参加了党建工作调研会。

北京京剧院党委书记刘胜利同志首先汇报了近几年来北京京剧院党委贯彻党的十六大精神，以“三个代表”重要思想统领全局，在深化改革和艺术生产、人才培养、剧院管理等各项工作中，强化党的领导发挥基层党组织战斗堡垒作用和党员先锋模范作用的情况。北京京剧院院长王玉珍同志汇报了在《宰相刘罗锅》和《梅兰芳》创作过程中组建临时党支部，发挥了重要作用的事例。梅兰芳京剧团党支部书记王桂生、一团党支部书记朱强、剧院演出队党支部书记李宝顺、二团党支部书记李师友分别汇报了京剧院各团党组织开展活动的情况。

在京剧院的同志汇报情况过程中，与会的领导详细询问了党建工作的具体情况，对京剧院党建工作给予了充分肯定。最后，杜德印同志对京剧院党组织建设工作作了指示。

北京营业性电影放映单位、演出场所争创首都规范化服务行业活动

北京营业性电影放映单位和演出场所争创首都规范化服务行业活动从2004年4月份开始筹备，由北京演出行业协会和北京市电影发行放映协会组织实施。此项工作在市文化局的领导下严格按照市委宣传部和首都精神文明建设委员会办公室的要求，按步骤、分阶段地推进。

6月9日上午，北京市文化局在中山公园音乐堂会议厅召开了北京营业性电影放映单位、演出场所争创首都规范化服务行业动员大会。来自北京的30余家影剧院、20余家演出场所的同志参加了会议，拉开了北京文化行业争创首都文明行业活动的序幕。

会议由市文化局党组成员、副局长李恩杰主持。市文化局党组成员、副局长王珠宣读了文化局关于《北京营业性电影放映单位和演出场所开展规范化服务活动实施方案》的通知，市文化局党组书记、局长降巩民作了工作动员和部署。市委宣传部副部长王荔茹、首都精神文明建设委员会办公室副主任马润海等领导出席了会议并讲话，对北京营业性电影放映单位、演出场所争创首都规范化服务行业的工作提出了要求。

北京演出行业协会代表、中国剧院经理毕启亮，北京市电影发行放映协会代表、紫光影院经理符正秋分别代表参加这次争创首都规范化服务行业活动的北京营业性电影放映单位和演出场所发言，表示坚决以实际行动落实市文化局的工作部署，实现使首都的精神文明建设走在全国的前列的郑重承诺。

2004年11月2日下午，北京市文化局党组书记、局长降巩民主持召开党组专题会，重点研究北京营业性电影放映单位和演出场所争创规范化服务活动工作。会议首先由局组织宣传处处长李萍汇报了北京市营业性电影发行放映协会和北京市演出行业协会在争创首都规范化服务活动中的工作进展情况。

在听取汇报的基础上，局党组成员们纷纷发言，经过充分讨论酝酿，特别是主管组织宣传的李恩杰副局长和主管市场的王珠副局长都就各自分管的工作和承担的责任，就如何推进行业达标谈了个人的看法，他们一致强调，此项工作只能抓好，不能松懈，作为精神文明建设的重要阵地和窗口，担负着为全市人民提供精神文化产品的重任，在提高公民道德素质和文化素质中具有重要的作用，应该为首都的精神文明建设做出贡献，最后局党组书记、局长降巩民强调了精神文明建设的行业达标工作要以市文化局为主导、北京市营业性电影发行放映协会和北京市演出行业协会具体承办的领导体制，通过各协会的行业自律和行业监督，推动本行业创建工作向前发展。在实际工作中，市文化局应与市委宣传部基层处以及两个行业协会保持密切联系。为迎接检查验收工作的落实，局党组会决定立即在近日召开北京营业性电影放映单位和演出场所规范化服务活动领导小组会议，具体落实迎检工作部署。

为落实11月2日市文化局党组会关于对“争创首都规范化服务行业活动”的工作部署，11月4日下午，北京市文化局规范化服务领导小组工作会在市文化局会议室召开。市文化局党组书记、局长、规范化服务领导小组组长降巩民同志，市文化局党组成员、副局长、规范化服务领导小组副组长王珠同志，市文化局党组成员、副局长、规范化服务领导小组副组长李恩杰同志以及规范化服务领导小组成员：市文化局文化市场处处长杨洪义、市文化局组织宣传处处长李萍、北京市电影发行协会会长魏健、北京市演出行业协会副会长沈春友、北京市演出行业协会秘书长张树荣、北京市电影发行协会秘书长阮援朝参加了会议。

市文化局组织宣传处处长李萍向与会人员汇报了北京市营业性电影发行放映协会和北京市演出行业协会在争创首都规范化服务活动中的工作进展情况和目前即将迎接考评组检查验收需要做的准备工作。

随后，北京市电影发行协会会长魏健、北京市演出行业协会副会长沈春友分别汇报了各协会目前已开展的聘请社会监督员对场所贯彻实施标准情况以后的监督工作以及各场所之间开展的场所互查工作情况。

市文化局文化市场处处长杨洪义表示在领导小组的领导下,组宣处的积极配合下，落实迎检方案，协助两个协会顺利通过检查验收。

市文化局党组成员、副局长、规范化服务领导小组副组长李恩杰同志和王珠同志都分别强调了此次争创首都规范化服务行业活动的重要性，要求两个协会积极争取时间，开展自查整改，把行业达标的要求落到实处。

最后，市文化局党组书记、局长、规范化服务领导小组组长降巩民同志要求两个协会要具体落实好迎检工作，周密安排，扎实工作。同时决定，立即召开所有参创单位主要领导参加的迎接检查验收的动员大会，对此项工作进行进一步的动员和部署。

根据北京市文化局关于《营业性电影放映单位和演出场所开展规范化服务活动迎检工作方案》的工作部署，争取以优良的成绩迎接市规范化服务行业考评组的检查，北京市演出行业协会、营业性电影发行放映协会积极落实迎检方案的各项工作要求，分别于11月15日前开展了自查互查活动。

通过互查工作为各单位提供了交流、沟通的机会，使各场所间相互寻找差距，针对检查中发现的问题及时整改，达到相互学习、优势互补的目的，促进场所的经营管理，提高服务水平，为迎接市争创规范化服务考评组的检查做好准备，同时进一步提高观众满意度与京城各演出场所与影剧院的知名度，增强市场竞争力，为迎接奥运做好前期准备。

根据北京市文化局争创首都规范化服务行业活动领导小组的工作部署，为使争创首都规范化服务行业活动工作扎实有效，以优良的成绩迎接市考评组的检查，2004年11月15日晚，市文化局党组成员、副局长、争创首都规范化服务行业活动领导小组副组长李恩杰同志带队，市文化局争创首都规范化服务活动领导小组成员文化市场处处长杨洪义、组织宣传处处长李萍等一行8人对梨园剧场和首都时代影城进行了抽查。检查中具体对场所规范服务活动标准的公示情况、工作人员的岗位培训情况、岗位规范知晓情况、岗位规范执行情况进行了抽查。从抽查情况来看，场所公示服务标准、岗位规范化培训、岗位规范知晓情况和执行情况较好。但也发现了一些具体问题，主要是宣传力度不够，氛围的营造差距还太远，比如在梨园剧场这样涉外观众比较多的场所放置中英文规范化服务标准公示牌、剧场内商品销售人员应充分了解此项活动的内容，真正达到岗位规范化培训率100%，岗位规范知晓率100%。

2004年12月8日上午，在北京新闻大厦召开了北京营业性电影放映单位、演出场所争创首都规范化服务行业工作考评会。考评组11位评委和49家参创单位的同志共120余人参加了会议，拉开了北京文化行业争创首都文明行业活动考评工作的序幕。

会议由首都精神文明建设委员会办公室创建处处长张长江主持。市委宣传部副部长王荔茹、首都精神文明建设委员会办公室副主任滕毅等领导出席了会议。

市文化局党组书记、局长降巩民作了《北京市文化局关于创建首都精神文明行业规范化服务活动的工作报告》，他要求各单位要高度重视考评工作，积极整改检查中出现的问题，并巩固通过争创活动取得的成果，要坚持不懈地实行此次活动中制定的标准和规范，充分发扬此次活动中表现出来的优良作风。

消费者协会、北京日报及市长热线的同志就影剧院和演出场所的投诉问题发言并就票价、宣传、消费定位等提出建议。考评组组长周舜武同志发言。

市委宣传部副部长王荔茹同志对北京营业性电影放映单位和演出场所迎接考评检查工作作了具有指导意义的讲话，并针对做好此项工作提出了具体要求。

首都精神文明建设委员会副主任滕毅同志也作了重要讲话。

会后考评组一行对东方新世纪影城、大华电影院、新东安影城、长安大戏院4家单位的争创工作进行了考评。考评组按照规范化服务标准，对每家场所通过听取汇报、检查硬件环境、询问服务员等方式进行了细致认真的工作检查，并在检查后与参创单位负责人座谈交流考评意见。考评组充分肯定了4家单位的规范化服务工作，并高度评价了我市多厅影院的建设工作。针对检查中的情况，考评组也把自已的意见和建议与单位负责人及时进行了交流。

广泛开展“2004打开音乐之门暑期系列音乐会”和“暑期读书新航线”活动

今年暑假期间，市文化主管部门为深入贯彻《中共中央国务院关于进一步加强和改进未成年人思想道德建设的若干意见》，全面提高未成年人思想道德素质，丰富学生暑期文化生活，广泛开展了寓教于乐丰富多彩的暑期文化活动。“打开音乐之门暑期系列音乐会”十周年再创辉煌。为期48天的中山公园音乐堂“2004打开音乐之门暑期系列音乐会”于2004年8月28日晚圆满落下帷幕。担任本届音乐闭幕式演出的是北京交响乐团，由著名指挥家谭利华执棒，他们与德国钢琴家托米·贝洛夫合作演出了贝多芬《第三钢琴协奏曲》，并首次邀请了北京金帆少年交响乐团30名小乐手同台演出了《轻骑兵序曲》、《南国玫瑰圆舞曲》、歌剧《乡村骑士》间奏曲等。在北京市委宣传部和北京市文化局的大力支持下，今年中山公园音乐堂的“打开音乐之门暑期系列音乐会”，秉承其“高水准、低票价”的特点，得到了京城广大工薪阶层和众多音乐爱好者的认可和积极参与，48天共上演50场音乐会，平均上座率达到80%，其中12场音乐会门票售罄满场，短短一个半月近6万青少年和百姓走进了中山公园音乐堂，为暑假里的孩子们提供了一个好去处。

为了让偏远地区“希望小学”的孩子们有机会走进快乐音乐之门，感受社会的温暖关爱，今年的“2004打开音乐之门暑期系列音乐会” 中山公园音乐堂与北京青少年发展基金会、希望工程北京捐助中心联合推出“50场精彩演出牵手50所希望小学”活动，在北京城建集团一公司的捐助下，北京之光小学、华远希望小学、黄厂埔小学的150余名学生，成为首次受益的学生，他们走进音乐堂，跟其他小朋友一起享受音乐带来的乐趣。“此外，市少儿图书馆推出了“暑期读书新航线”活动。共举办“少图影视窗”、“童心舞台”、少儿英语培训、快乐阅读直通车、少儿网上智力大挑战、原创童谣大行动和专题书目推荐活动等8个系列活动，受到孩子和家长们的广泛好评，暑假期间共接待小读者3万余人次。

市委常委、宣传部长蔡赴朝到中国评剧院调研

8月24日下午3点，北京市委常委、宣传部部长蔡赴朝、常务副部长王学勤等在市文化局局长降巩民、副局长李恩杰等领导的陪同下，来中国评剧院调研。

蔡赴朝首先观看一团《长霞》剧组的排戏片段，他说：“中国评剧院是以弘扬主旋律，以排演现代戏为主的艺术院团。现在你们把任长霞的英雄事迹搬上评剧舞台很好，弘扬长霞精神。希望你们学习英雄、演英雄，真正排出一流的有思想性、教育性、欣赏性的新剧目。”

在剧院领导的陪同下，蔡赴朝等同志还巡视了剧院其他各团的排练厅及大剧院。随后评剧院的领导班子就评剧院情况以及近期工作做了汇报。

副市长孙安民到中国杂技团、北京国际艺术学校调研

8月27日上午，副市长孙安民到中国杂技团、北京市国际艺术学校调研。孙安民慰问了辛苦训练的杂技演员和学员们，并对 “中杂”近年来取得的成绩表示祝贺。他观看中国杂技团杂技演员们的训练和获奖节目演出，听取了中国杂技团的工作汇报，并视察了练功厅等设施。

孙安民说，作为北京市文艺团体的改革试点单位，“中杂”已经打下了良好的基础。但不能放松对改革的探索，还要大胆突破，解放思想。只有按照中央对文化体制改革的要求，按照市场化、产业化和企业化的运作方式制定改革方案，在较短时间内进一步拓宽市场，“中杂”才能取得更大发展。北京的演出市场巨大，希望“中杂”认真研究市场，做好定位，借文化体制改革的有利时机，建立有效机制，调整思路，发挥优势，继续保持辉煌。市文化局局长降巩民，副局长李恩杰一起陪同调研。

为期48天的中山公园音乐堂“2004打开音乐之门暑期系列音乐会”于2004年8月28日晚圆满落下帷幕。

音乐堂特别邀请中国木偶艺术剧团、中国儿童艺术剧院等艺术团体加盟，演出“木偶音乐故事”、儿童剧“走近莎士比亚”等新剧目，令“打开音乐之门”节目更加多元、更具亲和力，在“打开音乐之门”10年之际，中山公园音乐堂与北京大学百周年纪念讲堂合作，在大讲堂演出了音乐会歌剧、钢琴、萨克斯四重奏等3场精彩音乐会，“打开音乐之门”首次走进大学校园，受到高校学子们的欢迎。

文化部全国文化先进县复查工作小组在北京复查

根据《文化部关于开展全国文化先进县、全国文化工作先进集体复查工作的通知》（文人函[2004]879号）和《全国文化先进县、全国文化工作先进集体复查暂行办法》（文人发[2004]16号）文件精神，2004年10月13日至14日，文化部全国文化先进县复查工作小组对我市自1991年荣获全国文化先进县称号的11个区县进行了复查。

10月13日，文化部复查小组一行4人，在首都图书馆会议室听取了我局负责自查、复查工作领导小组组长冯守仁同志的汇报。

10月14日，文化部复查小组一行4人到我市2001年荣获全国文化先进县的昌平区进行了实地复查。在听取了昌平区委、区政府、区文委汇报后，又考察了昌平区南邵镇、北七家乡和海鶄村等乡镇、村级文化服务中心。

在听取了汇报和实地考察后，文化部复查小组对我市全国文化先进县的建设工作和复查工作给予了肯定。

北京歌剧舞剧院转制

作为我国文化体制改革的重点城市，北京市政府经过充分酝酿和准备，继北京儿艺与北京青年报成功联姻顺利转制之后，2004年8月10日上午在京举行新闻发布会，宣布：北京歌剧舞剧院作为第二个改革试点单位，今起转制，北京歌剧舞剧院改名北京歌剧舞剧有限责任公司，由首旅控股，首旅集团、歌华集团等联合投资。一石激起千层浪，此举再次令业界关注。

据了解，由北京歌舞团和北京曲艺团等组建的北京歌剧舞剧院，是一个隶属于北京市文化局的文化事业单位，在文化市场中已拳打脚踢了近10年，资产由原来的600万元净增至1900万元。艺术品种丰富，适应社会需求的层面宽泛，较强的市场运作潜能，这一系列良好业绩，是北京歌剧舞剧院成为文化体制改革试点单位的必要前提。

资金来源形式改变，投资者的利益决定了实体的性质。转制后的“北歌”，首先改变的将是生存方式。“北歌”转制后，院团性质产生根本性的改变，由原来依靠国家事业经费划拨生存的事业单位，成为由首旅、歌华和个别民营企业共同投资，利润和风险共担，首旅控股的有限责任公司。由不需过多考虑经济效益的事业单位，成为依靠实体自身产品的市场回报能力生存并给投资者带来收益的企业，如何实现对社会的服务，对文化市场包括国际文化旅游市场的积极介入，将是转制后“北歌”的行为重点。转制后，北京歌剧舞剧有限责任公司将成立由三方投资者组建的董事会，实行总经理负责制，总经理胡伟对董事会负责，董事长由首旅副总经理刘毅出任。

总经理胡伟作为原北京歌剧舞剧院院长，亲历了这次转制。他说，转制有两大要点也是难点，一是融资形式，一是人员去留。由于文化产业呈现出可观前景，优良资本开始向文化产业转移，融资难度相对减小。而人员去留则比较敏感，关系到人心向背。原“北歌”200多人，除因年近退休自愿提前离岗进入社保的20余人外，其余180名职工全部转入企业编制。采访中，记者发现，年轻人和个人业务能力较强的职工积极性最高，疑虑最少，他们普遍希望通过转制获得更多机会，更好地实现个人价值。一些人对国家宏观政策比较关注，认为文化团体企业化转制，符合社会历史发展潮流，是大势使然。“北歌”通常所谓的老弱病残人数不多，决策层很重视，表示将妥善解决这一问题，为今后文艺团体改革提供有益之鉴。

占有雄厚的股东资本，也即拥有一个有潜力的内涵，如何进行文化资本运作，尽快做出运营成绩，最终通过文化资本运作形成文化产业，成为税收增长点，是“北歌”转制的现实目标。在目前我国文化市场并不成熟和规范的大环境下，在保证社会效益的前提下，充分考虑经济效益，对精神产品的定位和市场的关系进行积极探索。这是“北歌”转制后要集中应对的要务。

一些关注体制改革的人士指出，文艺团体的改革，必须与文化市场的转型匹配，非营业性文艺团体与经营性文艺团体在有关政策和法律法规的指涉上要有所区分。为此，他们呼吁，尽快建立健全文化市场的法律法规建设，这是对改革先行者的支持，也是为今后文艺团体的改革清障扫路。

北京市在全国第十三届群星奖评奖活动中成绩优异

在代表全国群众文化最高水平的第十三届群星奖评奖活动中，北京代表队共获得奖项10个。其中，群星奖6个，优秀奖4个，在全部35个参赛队伍中名列前茅。北京代表队在本次群星奖评选活动的准备和比赛中，主要突出了以下特点：一是对改革后的首次评选充分重视。市文化局社文处和北京群众艺术馆在全市18个区县报送的上百个节目中精挑细选，最后确定了7类（音乐、舞蹈、戏剧、曲艺、美术、书法、摄影）的3个组别（老年、成人、少儿）的报送作品共62个。二是获奖作品全方位展示北京市群众文化整体水平。获奖作品中，表演形式有秧歌、快板、京韵大鼓、表演唱、相声、小品，题材包括了都市、农村、连队以及环保、奥运等，从不同侧面表现了北京日新月异、蒸蒸日上的精神风貌，突出了北京地域特色和群文特色。改革后的群星奖首次纳入中国艺术节，并随中国艺术节每3年评选一次，原有奖项统一精简为群星奖、优秀奖和纪念奖3个奖项，在提高了奖项含金量的同时，也增加了各地区报送节目的难度。

2004年北京市基层文化设施建设列入政府投资计划项目情况

为加快北京市基层文化设施建设，提高北京市基层文化设施建筑的总体水平，2004年，北京市发展改革规划委员会在北京市文化局的积极配合和参与下，认真研究了北京市近年的基层文化设施建设情况，根据近年基层文化设施建设蓬勃发展的良好势头以及我市未来几年内对先进、实用并贴近和满足市民日常文化生活文化设施的需求，做了认真科学的评估，将逐步改善我市各区县文化设施这一目标，纳入政府投资计划。2004年，被市发改委列入基层文化设施政府投资计划并确定投资金额的项目有：

项目名称	2004年政府投资数
宣武区长椿寺宣南文化博物馆	200万元
丰台区大红门街道外来人口集中地区基层文化建设示范工程	100万元
文化中心改造及图书馆网络体系建设	100万元
门头沟区区文化馆艺术培训楼	100万元
房山区蒲洼乡偏远山区基层文化建设示范工程	100万元
通州区梨园镇传统艺术与基层文化建设示范工程	150万元
大兴区区图书馆	200万元
庞各庄镇基层文化建设与主导产业相结合工程	100万元
平谷区区图书馆	300万元
昌平区新建区图书馆	300万元
密云县县文化馆新馆建设	300万元
怀柔区区图书馆建设工程	100万元
喇叭沟门乡基层文化建设与民俗旅游相结合示范工程	100万元
延庆县基层文化建设与民俗旅游相结合示范工程	100万元

县图书馆新馆及图书馆
信息资源共享工程　　　　　　　　300万元

以上共计15个基层文化设施建设项目，投资总额为2550万元，项目涉及我市11个区县的基础文化设施建设，是近年来，政府投资基层文化设施建设事业分布较为全面的一次，是整体规划文化设施建设的开端。同时，这与全市各区县的文化委员会的细致工作、共同努力和积极配合是分不开的。

目前，列入2004年政府投资计划项目表的以上各项工程资金，已划拨至对应区县的发展改革委员会，即将落实到位。

市文化局向城建集团赠送电影放映车

11月23日晚，市委宣传部常务副部长王学勤、市文化局局长降巩民等领导来到北京电视中心工地，和1000多名来京务工人员一起观看了文艺节目和电影。市文化局将一台电影巡回放映车赠送给城建集团，以支持其常年为来京务工人员放电影。降巩民说，市文化局今后还将通过为企业免费培训放映员、赠送放映设备、片租优惠等措施，鼓励和扶持企业的文化建设和发展，为来京务工人员办实事、做好事。

大红门地区流动人口文化艺术团取得良好效果

为满足流动人口日益增长的文化需求，在组织流动人口文化活动的基础上，大红门地区于今年6月成立了全市第一个流动人口文化艺术团。艺术团现有演出人员180多人,自成立后，组织了丰富多彩的文化活动,参加了丰台区夏日广场演出和多场小区文艺演出。目前，艺术团已组织成立了合唱团、时装表演队等10余个成人团队，少儿艺术团、足球队等10余个少儿团队，每周定期活动，并聘请专业教师进行辅导训练。艺术团的组建为探索和加强外来人口文化建设积累了有益的经验，促进了本地居民与外来人口间的相互交流和融合，吸引和凝聚外来人口，使他们找到了家的感觉，体验到了家的温暖，对流动人口的组织管理也起到了积极作用。

北京市四单位获文化产业示范基地称号

11月16日至19日，文化部在深圳市召开了全国文化系统文化产业工作会议。这是文化部正式召开的第一次全国性的文化产业工作会议，对推动我国文化产业发展具有里程碑的意义。会议上，孙家正部长发表了重要讲话，孟晓驷副部长作了工作报告。深圳、北京、四川、浙江4个省、市、特区的文化厅（局）领导在大会上发言。降巩民局长代表北京市文化局作了题为《深化体制改革，加强市场建设，推动文化产业发展》的发言。

为进一步深化文化体制改革，促进文化产业发展，文化部于11月10日印发了《文化部关于命名文化产业示范基地的决定》，在全国命名42个文化产业示范基地。北京市有4家文化经营单位榜上有名，它们是：北京市长安文化娱乐中心、北京保利文化艺术有限公司、北京儿童艺术剧院股份有限公司、北京麦乐迪餐饮娱乐管理有限公司。在全国文化系统文化产业工作会议上，举行了文化产业示范基地授牌仪式。国有文化企业江苏省文化产业集团有限公司、民营文化企业北京麦乐迪餐饮娱乐管理有限公司，作为首批文化产业示范基地的代表，在大会上作了典型发言。

北京市艺术系列高级职称首次试行社会化评审

2004年度北京市艺术系列高级职称评审工作日前结束，160人申报了艺术系列高级职称，86人通过了专家评议和答辩。本年度艺术系列高级职称评审工作首次试行了个人自主申报、社会统一评价的社会化评审方式，其主要特点是：一是申报人员无身份、单位限制。二是采取个人自主申报方式，无单位指标名额限制。三是评审实行统一标准，注重业绩情况。四是评审结果不再与待遇挂钩。五是评审结果要在网上进行公示，无疑义的再发证书。六是市文化局（具体由局人事教育处负责）只负责评审组织等服务工作，不再参与具体评审工作。

降巩民局长应邀出席亚洲文化合作论坛

11月14日至17日，第二届亚洲文化合作论坛在香港举行。市文化局局长降巩民应邀出席论坛，并在该论坛举行的“国家各省区市、港澳特区文化单位领导会议”上，作了题为《加入世界贸易组织条件下文化建设的策略选择》的发言。发言针对当前经济全球化日益加剧和我国加入世界贸易组织后不仅会在经济领域而且必将在文化领域实行更加开放的政策的客观形势，从政府职能的视角出发，提出了建立完善的政策支持体系、实施科学的发展策略、促进文化产业发展和文化建设繁荣的主张。该论坛是以“创意亚洲”为主题，旨在促进交流与合作，开拓亚洲文化产业市场。新加坡、泰国、韩国、日本等亚洲多国的文化部长和有关专家学者，中国文化部部长孙家正和国内20余个省市文化厅（局）领导及专家学者出席了此次论坛。

天津市

2004年是天津市实施“三步走”第二步战略部署的开局之年，也是文化建设扎实推进、取得显著成绩的一年。在市委、市政府领导下，文化系统高举邓小平理论和“三个代表”重要思想伟大旗帜，认真学习贯彻党的十六届三中、四中全会精神，牢固树立和全面落实科学发展观，深入落实市委八届五次、六次全会精神的部署，紧紧围绕“文化建设年”的目标，按照整体推进、协调发展，追求高水平、实现新跨越的要求，坚持方向，把握大局，立足建设，谋划发展，圆满完成了年初提出的各项任务，文化工作的思想建设、队伍建设、设施建设、制度建设和业务建设取得了新进展，实现了新突破，为文化事业的更大发展奠定了良好基础，为促进文化事业与经济社会协调发展做出了积极贡献。

一、以抢占先进文化制高点为中心，艺术创作取得丰硕成果

认真落实市委八届五次全会提出的“大力实施文化品牌战略，创作一批文化名品”的要求，把实施精品战略、多出优秀作品，积极抢占先进文化的制高点作为自觉追求和工作目标，在抓好评剧《凤阳情》、芭蕾舞剧《精卫》、木偶剧《华山小子》等作品加工与提高的同时，组织创作了京剧《妈祖》、河北梆子现代戏《恋猴山》、电视剧《张伯苓》等一批反映改革开放成果和独具天津特色的新作，排演了京剧《韩玉娘》等传统剧目，做到了每个艺术院团都有新剧目，使2004年成为天津市艺术创作的“大年”。广大文艺工作者发扬精益求精、团结拼搏的精神，“咬定青山不放松”，不见成果不撒手，经过艰苦的努力，推出了一批优秀作品，在国内外文艺比赛中创造了喜人成绩。京剧《楚宫恨》和《妈祖》参加第四届中国京剧艺术节，分别获得优秀保留剧目创新奖和优秀剧目奖，全市共获得各类奖项14个，位居全国参赛院团第一名；评剧《凤阳情》继获得第三届中国评剧艺术节14项大奖之后，2004年参加第七届中国艺术节演出，又荣获文化部第十一届文华新剧目奖和文华导演奖、文华表演奖，这是天津市作品连续第九次在此项评选中获奖，获得文华新剧目奖的剧（节）目达到12个；此外，话剧《军号响了》获得中国戏剧节小剧场演出8个奖项；杂技《陶艺》在第五届布达佩斯国际杂技节上获得银奖第一名，《腾飞·上九天－抛轿》获得第六届全国杂技比赛金狮奖；修改后的芭蕾舞剧《精卫》以崭新面貌呈现舞台；木偶剧《华山小子》应邀赴北京演出，获得广泛好评。各艺术院团积极开拓演出市场，加大演出力度，并举办了“海河情”、“国庆欢歌”、“走进农村校园”等慰问演出活动。全年共演出2407场，比2003年多演出282场；观众人数157.1万人次，比2003年增加82086人次，为繁荣文艺舞台，满足人民群众日益增长的文化需求发挥了积极作用。

二、以“展示天津、总结天津、发展天津”为宗旨，纪念建城600周年文化活动精彩纷呈

在全市举办的8项纪念建城600周年活动中，文化系统承担了同唱一首祝福天津歌曲、《风云600年》大型历史展览和纪念建城600周年文艺演出3项任务。我们按照“展示天津、总结天津、发展天津”的宗旨，把充分展示天津悠久的历史文化和人文风采作为自觉追求，把全力打造天津特色文化、全面提升城市文化品位贯穿始终，精心策划，精心组织，精心实施，广大文化艺术工作者团结一致，奋力拼搏，甘于奉献，这3项活动取得了圆满成功，在全市产生了热烈反响。“同唱一首祝福天津歌曲”经过歌曲征集、评选和推广3个阶段，吸引了众多市民群众积极参与，创作出一批赞美家乡、赞美时代、赞美生活的好歌，群众学唱、传唱活动在全市广泛开展，掀起了赞天津、唱家乡歌咏活动的热潮，形成了全市人人为天津祝福的良好氛围。12月16日，举行了全市纪念建城600周年群众歌咏大会，把文艺演出和群众歌咏结合起来，体现了全市群众文化活动的浩大声势和文化品位。《风云600年》大型历史展览推出了《天津人文说由来》、《中华百年看天津》、《渤海明珠耀北国》、《百年集珍——馆藏文物精品陈列》、《国瓷华彩——中国古代瓷器装饰艺术陈列》、《书法掠踪——中国书法艺术陈列》、《诗中有画、画中有诗——明清绘画陈列》、《砚寓儒雅——中国古砚艺术陈列》8个系列展览，集中展出珍贵文物1200多件，采用国际先进的主题单元式陈列和四维空间的展示理念，综合运用多种现代化的展示手段，凸显了天津在中国近代史上举足轻重的历史地位，充分展示了天津丰厚的历史文化，生动表现了天津人民取得的巨大成就。参观者络绎不绝，流连忘返，不少观众发出由衷赞叹：“天津博物馆不仅外形漂亮，展览更是美不胜收。”歌舞史诗《岁月》突破了一般的综艺演出形式，将古典舞、芭蕾舞、现代舞、武术、戏曲、曲艺、话剧、歌剧、影视资料等多种文艺形式融于一体，通过一幕幕恢弘的历史场景，将天津600年波澜壮阔的历史浓缩在如歌如泣的歌舞中，以较高的文化含量，深刻反映了天津的历史文化积淀，舞美、灯光、服饰、舞蹈设计、音乐编辑都达到了一个新的高度，在市领导的倡议下连演3场，受到观众的称赞。

三、以维护群众基本文化权益为着力点，社会文化丰富活跃

以创建全国和天津市先进文化区县为抓手，以农村乡镇和城市社区为重点，坚持不懈地加强群众文化的基本阵地、基本队伍、基本活动内容和基本活动方式的建设，进一步巩固和发展了全市群众文化工作在全国的优势地位。积极推动音乐、舞蹈、美术、摄影、书法等业余文艺创作，组织了参评全国“群星奖”作品选拔活动，选拔出62件优秀作品参加全国“群星奖”评选，获得4个“群星奖”和2个优秀奖，获奖总数在全国名列前茅。在第三届全国“四进社区”文艺展演活动中，天津市获得1金、1银、1铜和1个组织奖、2个优秀辅导员奖，河西区马场街等4个社区被评为全国文化先进社区。以丰富群众文化生活为着力点，举办了第七届“和平杯”中国京剧票友邀请赛、天津市第三届农民艺术节、第二届妈祖文化旅游节、第十八届“沽上春好”大型灯会、消夏纳凉等群众文化活动，社区文化、乡镇文化、校园文化、家庭文化、企业文化更加活跃。大力推动基层文化设施建设，在2003年建设39个达标宣传文化站的基础上，2004年又有62个宣传文化站完成了新建和改扩建任务；大港区文化艺术中心已建成，塘沽区图书馆、塘沽文化艺术中心、津南区文化艺术中心、北辰影剧院等项目相继启动。积极组织全市公共图书馆参加全国评估，在图书馆设施改造、设备更新、经费投入等方面做了大量工作，图书馆硬件建设和服务水平显著提高，得到文化部评估组的充分肯定。农村电影“2131”工程取得突出进展，为12个农业区县配备了19辆放映车、103台放映机和20个放映棚，并举办了农村电影放映员培训班，提前1年完成农村电影资助3年计划。推进民族民间文化保护工程，成立了天津市民族民间保护工程领导小组和专家小组，开展了民族民间艺术资源的普查，杨柳青木版年画被文化部列入中国民族民间保护工程第二批专业性试点，并举办了杨柳青木版年画研讨会和杨柳青画社藏品展。

四、以加强未成年人思想道德建设为重点，文博工作成绩显著

认真贯彻中央和我市关于加强未成年人思想道德建设的部署要求，经过充分酝酿和精心准备，从5月1日起，全市文化系统19家博物馆、纪念馆对本市有组织的未成年人集体参观实行免票；学生个人参观实行半票；家长携带未成年子女参观的，未成年子女免票；对持有相关证件的现役军人、老年人、残疾人等特殊社会群体，也按规定实行门票减免或优惠。各博物馆、纪念馆进一步加强和完善陈列设计，提高服务水平，推出了《毛泽东与天津展》、《纪念邓颖超诞辰一百周年展览》、《警卫秘书眼中的邓小平摄影展》、《红军长征西征胜利革命文物展》、《图说中华人民共和国宪法展》等20多项专题展览和宣传教育活动，接待观众百余万人次。各博物馆、纪念馆还主动适应新的形势，关注社会需求，增强服务意识，深入到学校、社区举行巡回展览和宣讲，充分发挥了公共文化设施在未成年人思想道德建设中的重要作用。平津战役纪念馆、周恩来邓颖超纪念馆被评为全国爱国主义教育示范基地先进单位，2名同志被评为先进工作者。天津自然博物馆"展览超市"获得2004年中国首届科普产品博览会"优秀科普产品银奖"。认真贯彻"保护为主，抢救第一，合理利用，加强管理"的方针，进一步加大对文物遗产的保护力度，完成了大沽口炮台遗址、利顺德饭店等全国文物保护单位的保护规划和维修方案并获国家文物局批准；加强了对金汤桥、福聚兴机器厂旧址、造币总厂旧址、严氏旧居、湛江路19号、张绍增旧居等文物史迹的保护；积极做好千像寺石刻造像群、天后宫和天妃宫遗址等申报第六批全国文物保护单位的工作。和平区被命名为全国文物工作先进区，成为我市继蓟县之后第二个获此荣誉的区县。

五、以天津博物馆落成开放为标志，文化设施建设实现历史性突破

历经3年的建设，投资3.3亿元、建筑面积35032平方米的天津博物馆正式建成，12月20日举行了隆重的落成典礼。该馆继2003年底被评为津门新十景之后，2004年又获得"鲁班奖"，成为全市又一座标志性文化设施。专家评审认为，天津博物馆在国内外应该占有一席之地，它是天津人民的骄傲。作为全市最大的社会历史类综合性博物馆，天津博物馆的建成开放，标志着天津市的文化设施建设迈上了一个新的台阶，对提高天津的文化品位，塑造天津的文化形象，展示天津文化的深厚底蕴和独特魅力，都将起到积极的作用。我们结合"三步走"第二步战略部署的实施，立足当前，着眼长远，认真做好《天津市文化设施建设规划（2004～2010）》的编制工作。经与有关部门多次研究，反复论证，确定了28个项目，争取市财政从2004年开始每年投入1亿元用于文化设施建设，到2010年共筹集10亿元，建设一批现代化的公益性文化设施，新建或改造一批影剧院和艺术院团团址，建设和修缮一批文化遗存项目。截至目前，兴华剧院（青年京剧团）前期准备工作基本就绪，即将动工；少儿文化中心（儿童艺术剧团）、戏剧学院的选址工作已经完成。此外，天津工艺美术学院新址投入使用，校舍面积由9.4亩增加到110亩，扩大了10倍，办学条件得到了根本改善。建成天津自然博物馆"海洋世界"展区，填补了天津市大型海洋世界的空白，4月份开馆以来接待观众达24万人次。

我们积极争取市委、市政府和市委宣传部对文化工作的关心与支持，文化事业经费投入明显增加。2004年市财政拨款达到18248.4万元，比2003年增加6107.1万元，增幅50.3%；市委宣传部支持1080万元，是2003年的9.7倍。两项合计19328.4万元，达到历史上的最高点。

六、以充分展示天津良好形象为目的，文化交流不断扩大

积极拓展文化交流渠道，加大向世界推介天津文化的力度，在交流的广度和深度上有了新的突破。全年共办理、审批对外文化交流项目82起、5690人次，对港澳台地区文化交流项目28起、277人次。对外文化交流呈现派出项目涉及门类增多引进项目渠道越来越广，政府交流项目份额减少、商业交流项目比重增加，大团队、长周期项目增多，成本高、影响小的项目减少的趋势。天津杂技团分别赴日本、美国、英国、西班牙、法国、德国、加拿大、菲律宾进行演出，国际演出市场不断扩大。华夏未来少儿艺术团“环球之旅”先后赴吉布提、阿联酋、爱沙尼亚、拉托维亚、乌克兰、白俄罗斯等地访演，近5年来足迹遍及50个国家和地区，展示了天津少年儿童的良好风貌，为扩大天津影响做出了积极贡献。华夏未来少儿文艺基金会、华夏未来少儿艺术团双双荣获全国先进民间组织称号。成功举办了2004天津国际少儿艺术节，共有27个国家和地区的34个少儿艺术团体和国内25个省、自治区、直辖市的36个少儿艺术团体、2500余名小演员汇聚津城，奏响了“和平，友谊，未来”的动人乐章。精心组织了韩国天津周、香港天津周系列文化活动，先后引进俄罗斯卡列金歌舞团、埃及国家交响乐团等，并组织德国莱茵国家交响乐团、德国凯萨斯图尔图尼堡青年铜管乐团分赴北京、上海、武汉、杭州、青岛等地巡回演出，丰富了群众文化生活，促进了文化交流。

七、以开展网吧专项整治活动为重点，文化市场逐步规范

坚持“以立为本，重在建设”，通过管理促进文化市场的有序繁荣和健康发展。在网络、音像、娱乐市场推广连锁化、品牌化、超市化等现代经营理念，取得了良好效果。首批4家连锁网吧投入运营，全市演出经纪机构达到58家，演出团体数量达到98家。按照国务院网吧专项整治工作电视电话会议精神和市委、市政府的部署，深入开展了网吧专项整治工作。全市文化系统累计出动文化稽查19529人次，检查场所3842家次，对162家违法经营场所给予了行政处罚，吊销网络文化经营许可证2家，网吧接纳未成年人、超时经营等违规经营现象大幅减少，市场秩序有了明显改观。我们与公安、工商部门建立联动机制的做法被文化部推广。加大对制售非法音像制品的打击力度，收缴并集中销毁违法音像制品60余万盒（张）。开展了第六届音像市场法制宣传周、“把盗版分子送上法庭”和“尊重知识，拒绝盗版”等活动，营造了保护知识产权、打击走私盗版活动的良好社会氛围。加强文化行政执法队伍建设，进一步规范执法行为，提高执法水平，举办了首届文化行政诉讼模拟法庭活动。认真贯彻落实《行政许可法》，集中清理涉及文化、文物工作的行政审批事项26件，成立了市文化局行政许可办公室，入驻市行政许可服务中心，一个窗口对外，逐步从审批为主管理转向服务为主管理。

八、以增强天津文化的总体实力和竞争力为目标，文化产业创造良好效益

积极制定和落实促进文化产业发展的政策措施，先后起草了《关于扶持文化事业和文化产业发展的若干经济政策》和《天津市文化局国有资产授权经营实施方案》，经过反复修改，数易其稿，分别上报市政府和市委宣传部。这些政策出台后，将对加快文化产业发展产生重要影响。大力支持和推进电影放映业、文艺演出业、文化娱乐业、艺术品拍卖业、文化旅游业等的发展，努力培育市场主体，文化企业的实力和活力进一步增强。西青区文化旅游发展有限公司被文化部命名为全国文化产业示范基地。文化系统文化企业经营收入比2003年增加7851万元，利润总额增加3678万元。全市电影票房收入突破2000万元，实现了近年来的最好成绩。市文物公司和国际拍卖公司通过积极培育市场，不断加大招商力度，提高拍品档次，拍卖交易额实现了历史性突破，累计达到2亿多元。“都市浪漫夜”芭蕾舞精品展演

活动引进中国芭蕾舞团《大红灯笼高高挂》、俄罗斯克里姆林宫芭蕾舞剧院《天鹅湖》等精品剧目，掀起了欣赏高雅艺术的热潮，票房收入创造了同类演出的最好水平。文化产业发展公司和市演出公司以市场手段跨区域运作演出，通过招标获得北京延庆第九届消夏避暑节的承办资格，取得了良好的经济效益。

九、以贯彻落实中央和天津市人才工作会议精神为动力，文化队伍建设力度加大

大力实施“人才兴文”战略，制定了《关于对高级人才实行岗位补贴和对有突出贡献人才进行奖励的办法》和《关于提高专业剧团特殊工种工作补助费的规定》，充分体现一流人才、一流业绩、一流报酬。在市委宣传部领导下，继续实施青年文艺人才工程，一批优秀青年文艺人才崭露头角。京剧《妈祖》全部由平均年龄仅25.5岁的青年演员担当主演，朝气蓬勃，充满活力，受到了领导、专家的广泛好评和关注。通过聘请教师对曲艺团青年队进行集中辅导培训，根据演员特点为他们编创曲目和举办专场演出，使我市曲坛呈现青年人才济济的喜人景象。采取积极措施提高艺术教育的办学层次和教育水平，经市政府批准成立了天津工艺美术学院。艺术院校录取高职新生710人，超额21%完成招生计划。积极推进文化事业单位用人制度改革，制定了《天津市文化系统事业单位全面推行聘用制工作的实施方案》、《天津市文化局事业单位人事代理的实施办法》和《天津市文化局事业单位工作人员考核的暂行办法》等相关配套政策措施，周密部署，稳步实施，圆满完成了文化事业单位人员聘用制改革工作，进一步激活了内部用人机制，在文化系统形成尊重知识、尊重人才、尊重劳动、尊重创造的浓厚风气和良好氛围。

河北省

综　述

2004年，河北省文化厅党组认真贯彻全省宣传思想工作会议精神，按照省委书记白克明提出的“强基层、创品牌、转机制”的总体要求，以“围绕全局谋大事，融入社会抓创新”为主导方针，团结务实，开拓创新，在厅机关开展了创建“四型机关”活动，以创建学习型机关为基础，提高机关干部政治业务素质；以创建规范型机关为保证，使各项工作有章可循，规范有序；以创建效率型机关为动力，形成勇于争先、誓争一流的工作氛围；以创建服务型机关为宗旨，进一步转变作风，提高服务水平，厅机关干部的精神面貌、工作作风有了明显转变。与此同时大力实施精品带动、基础建设、产业发展和人才兴文战略，各项工作取得良好成效。

专业艺术

省文化厅2004年在经费较为紧张的情况下，充分发挥各地、各团、艺研所、剧目工作室和广大文艺工作者的积极性，艺术生产取得明显成效，一是对2003~2004年度国家舞台艺术精品工程初选剧目评剧《胡风汉月》，第11届文华新剧目奖获奖剧目唐剧《人影》，省河北梆子剧院的《大都名伶》、《荆轲》以及出国参赛的杂技等重点剧（节）目进行了修改和提高。二是新创了京剧《珍妃》、《王安石》，话剧《李家庚》、《永不倾斜》，新排一台杂技出国晚会和参加第十届中国吴桥杂技艺术节的节目，并抓紧筹排民族歌舞《燕赵风韵》。省直院团全年共演出1446场，演出收入1294万元，比上年有较大幅度增长。三是组织了第四届中国评剧艺术节等大型文化活动，利用这个平台，推出了《香妃与乾隆》、《刘姥姥》、《月嫂》

等一批优秀剧目。四是配合中央电视台心连心艺术团，举办了纪念七届二中全会召开55周年暨建党83周年大型文艺晚会《情系人民》；承办了纪念邓小平诞辰100周年大型文艺演出《太行情深》；承办了庆祝建国55周年文艺晚会《祖国您好》；组织举办了“太行情·老区行”文艺巡演等一系列文艺活动，都得到了省领导和社会各界的充分肯定。五是紧紧围绕重要节庆日、纪念日和省委、省政府各项工作部署，举办了“庆五一”河北系列名家演出，系列美术作品展，交响乐2004音乐季演出，CCTV空中剧院——燕赵新京腔，庆新年交响音乐会，“河北文化周”燕赵艺术赴德国演出，公益话剧进校园等大小活动20多项，形成了规模，扩大了影响，营造了良好的社会氛围。组织丰富多彩、形式多样的剧（节）目，除在城市演出外，还深入农村、厂矿、学校、部队等基层单位演出，极大地丰富了城乡人民群众的文化生活，充分展示了我省广大文艺工作者的形象和风采，有力的促进了我省精神文明建设。

2004年我省专业艺术领域在全国性、国际性比赛中获奖100多项，唐剧《人影》获第11届文华新剧目奖并入选第三届国家舞台艺术精品工程初选剧目；史风敏、崔立国获“文华表演奖”；评剧《胡风汉月》获2003～2004年度国家舞台艺术精品工程提名；18集电视连续剧《当家的女人》获第24届全国电视剧“飞天奖”长篇电视剧二等奖；评剧《香妃与乾隆》、《刘姥姥》、《月嫂》获第四届中国评剧艺术节优秀剧目奖；歌曲《晒盐的汉子》获第四届中国音乐“金钟奖”作品奖；剧本《蓝花碗金豆子》（刘兴会创作）入选2003～2004年度全国舞台艺术精品工程优秀剧本，在7部入选作品中名列榜首；大厂县评剧团的小品《村口》获第四届全国小品大赛银奖；群舞《地道战》获第六届全国舞蹈比赛优秀组织奖；魔术《叠舞扇影》、《金鱼幻彩》分获“金菊奖”第三届全国魔术比赛银奖第一、二名；小戏《胡服骑射》、《金牌属于娘》获第二届中国滨州国际小戏艺术节金奖。演员王晓英、赵立华获第21届中国戏剧梅花奖；在第二届“中国戏曲红梅大赛”中，牛煜华、王铁、韩文梅获金奖，扈金娜等7人获银奖，我省总成绩名列全国第一。在“第八届中国少儿戏曲小梅花荟萃活动”中，王召栋、郭荷菊、田斌、许丽丽获金花奖，沈美苓获银花奖。

在艺术研究方面，2004年，省艺术研究所完成了《河北梆子大典传统剧目卷》的编校，国家重点科研项目《中国曲艺音乐集成·河北卷》的终审，《燕赵艺术史话·音舞曲杂》的编撰；完成了《河北梆子文化述论》、《艺术商品价值论》、《河北舞台艺术市场定价模型探析》等重点项目。同时在全省艺术创作中发挥了重要的咨询、指导、协调、参谋作用。

在艺术教育工作中，2004年，河北艺术职业学院深挖资源潜力，实行多层次、多形式的办学体系，以学院优势专业带动全院专业结构调整和学科建设工作。加强师资队伍建设，强化在职人员的专业培训，注重培养各专业青年学科带头人。扎实开展教学研究活动，在各学科建立学术研究组，提高教师学术研究能力，力争使学院成为培养河北优秀文艺人才的基地。同时下大力加快了学院的基础建设工作。

重要事件

【高雅艺术下基层演出活动】

上半年在全省范围内广泛开展了“坚持‘三贴近’，一心为人民”高雅艺术下基层文艺活动，全省100多个专业院团深入基层演出2000多场，进一步满足了广大人民群众的精神文化需求，丰富了基层特别是农村文化生活。

【“太行情，老区行”文艺巡演活动】

在省委宣传部的倡导、支持下，省文化厅组织省心连心艺术团于3月至9月在石家庄、邢台、邯郸、保定等太行山老、少、边、穷地区进行“太行情，老区行”文艺巡演活动，共演出120多场，观众近百万人次。巡演团以短小精悍、群众喜闻乐见的节目，大力宣传党的方针政策和省委、省政府的工作部署，为老区人民送温暖、送知识，受到了老区群众和社会各界的欢迎和好评。

【省文化厅成功配合中央电视台“心连心”艺术团在西柏坡演出】

6月20日，为庆祝建党83周年，纪念党的七届二中全会召开55周年，中央电视台心连心艺术团来到西柏坡，将大型文艺演出“情系人民”献给老区人民。省文化厅成功配合了这次慰问演出活动，从省河北梆子剧院、歌舞剧院、杂技团、石家庄市艺术学校、省军区抽调了505位演员，集中了10多位一级编导，在不到一周时间内，完成了整个演出的音乐构思和服装、化装、道具等准备工作。我省著名演员张秋玲和梅花奖获得者彭蕙蘅、许荷英、王洪玲联袂表演的河北梆子戏歌《越来越好》，受到观众的欢迎。优秀的组织工作得到了中央电视台的高度评价，河北省领导也给予了充分肯定。

【隆重纪念邓小平同志诞辰100周年大型演出《太行情深》】

8月18日下午，由省委宣传部、省文化厅、省广播电视局、邯郸市委市政府联合主办的纪念邓小平诞辰100周年大型演出《太行情深》，在河北涉县赤岸村八路军一二九师司令部旧址广场隆重举行。省委书记白克明，省长季允石及省四大班子有关领导、各设区市主要负责同志到现场与群众一起观看了演出。省文化厅高度重视这次活动的组织工作，许宁厅长专题听取工作汇报，要求举文化系统之全力，精心组织，细致谋划，突出特色，用实际行动缅怀一代伟人邓小平。冯韶慧副厅长多次召开专题调度会，认真进行创作安排，制定了详细的工作方案。这台节目立意深刻，气势恢弘，以音乐、舞蹈、小品故事等多种艺术形式讴歌了邓小平同志的丰功伟绩和河北人民在邓小平理论指导下所取得的辉煌成就。

【庆祝建国55周年大型晚会《祖国您好——燕赵儿女的心声》】

9月29日，由省委办公厅、省委宣传部、省文化厅主办的河北省庆祝新中国成立55周年大型综艺晚会《祖国您好——燕赵儿女的心声》在省会河北会堂隆重举行。省委书记白克明、省长季允石等省领导和全省各界群众2300余人观看了演出。正在河北访问的美国密苏里州州长鲍勃·宏顿先生及夫人应邀到场观看了演出。晚会浓墨重彩地讴歌了建国55年来特别是改革开放以来我国和我省所取得的巨大成就及燕赵儿女展现出的昂扬向上的精神风貌。为具体承办好这台晚会，省文化厅从5月开始抽调省直专业艺术院团编、导、演骨干组成编创组专题研究制定晚会策划方案，冯韶慧副厅长带领艺术处和编创组，多次召开会议对晚会的组织工作、节目创排等进行了周密部署，对节目进行精心加工、修改、完善，保证了良好演出效果。演出结束后，白克明等省领导上台同演职员亲切握手，对晚会给予高度评价。

社会文化

2004年，河北省群众文化工作者按照省委、省政府关于“强基层、创品牌、转机制”的总体要求和省文化厅党组关于“围绕全局谋大事，融入社会抓创新”的指导方针，团结务实，开拓创新，各项工作扎实推进，一些工作取得突破性进展。

（一）注重调查研究，努力探索群众文化工作新机制

通过对全省农村文化的基本情况、农民自办文化状况、农村文化建设经验、存在的困难和问题进行认真调研分析，提出了加强农村文化建设和发展农民自办文化政策性意见和建议，完成了《关于河北省农村文化建设和农民自办文化的调研报告》。此外，还先后组织力量对全省小城镇文化建设、基层两馆一站建设、外省市电影企业改制、群众文化事业发展等进行了专题调研和考察，并形成了较高质量的考察报告。

（二）谋划小城镇文化建设，开拓农村基层文化建设新思路

小城镇是农村发展的关键部位，对周边农村发展具有强大的辐射和带动作用。为深入贯彻党的十六大、十六届三中全会和省委六届五次全会精神，加强农村文化建设，配合省委城镇化战略的实施，积极谋划并推动小城镇文化建设，起草了《关于进一步加强全省小城镇文化建设的意见》，得到省委、省政府的充分肯定。省文化厅机关开展了“为小城镇文化建设建言献策”活动，并率先在省政府确定的50个重点镇和全省一半以上县城实施了文化信息资源共享工程、送书下乡工程和民族民间文化保护工程，拉开了全省小城镇文化建设的序幕。

（三）以彩色周末和假日文化工程为依托，不断拓展群众文化活动的广度和深度

一是今年彩色周末和假日文化工程继续发挥品牌优势，共举办广场演出8000多场次，参与演职员80余万人次，观众1000余万人次。二是不断拓展群众文化活动的领域，创新形式和内容。全省各地举办了多次大型民艺汇演、元宵灯展、民乐汇演、小戏小品调演、鼓乐大赛等群众文化活动。三是与省委宣传部、省文明办联合举办了“河北省首届社区文化艺术活动月”，集中展示了近年来文化艺术进社区活动取得的丰硕成果，推动了社区文化建设的深入开展。四是组织或参与组织举办了“祖国颂”文艺汇演、少数民族书画展、庆祝新中国成立55周年优秀影片展映等一系列品牌文化活动。

（四）以组织和参与国家群星奖、燕赵群星奖评选等一系列赛事为契机，深入推进群文精品创作工程

一是组织举办了“燕赵群星奖”评选活动。发动全省群文工作者和群文爱好者新创作品1000余件，组织举办了“河北省第七届燕赵群星奖评选活动”和“河北省燕赵群星奖美术、书法、摄影展”，其中89件作品荣获“燕赵群星奖”。二是组织参加了文化部群星奖评选活动，一举夺得6个群星奖和3个优秀奖，获奖数量位居全国第二，继续保持了连续7届获奖数量蝉联全国前三位的好成绩。三是与文化部社图司、唐山市人民政府联合举办了历届规模最大、选手最多、质量最高的“第三届中国评剧票友大赛”。四是组织有关单位参加了“全国特色文化广场评选”、“全国优秀文化社区评选”、“全国四进社区文艺展演”、“第十二届中国人口文化奖评选等活动。通过以上赛事的组织，推出了一批新人新作，积累了一大批群众文艺精品。

（五）以全省特色民族民间文化为载体，走出国门，弘扬燕赵文化

组织力量参加了2004年德国“河北文化周”活动，展示了燕赵文化及中华文化的丰富内涵和无穷魅力，光大了河北形象，提高了燕赵文化在国际上的知名度。

（六）强化农村电影“2131工程”，解决农民看电影难问题

一是积极争取国家和省农村电影“2131工程”专项资金420余万元，为农村电影“2131工程”的实施提供了有力的资金保障。二是完成了农村电影“2131工程”第三批资助放映设备、拷贝的分配工作。向全省44个贫困县赠送电影放映机90台、发电机38台，优秀故事片134部、科教片74部。截至10月份，全省农村电影放映达30余万场，70%以上农村实现或基本实现了“2131工程”目标。

重要事件

【庆祝建国55周年优秀影片展映活动】

9月20日至10月20日，河北省委宣传部、省文化厅、省总工会在全省共同举办“庆祝建国55周年优秀影片展映活动”，共组织放映优秀国产影片20余部，有《郑培民》、《张思德》、《小平，您好》、《邓小平1928》、《疑案忠魂》、《刻骨铭心》、《走近毛泽东》、《周恩来外交风云》、《大转折》、《大决战》等。在全省的30多家大型城市影院及全省100多所大中专院校，放映电影1058场，观众80多万人次，有力地配合了整个庆祝建国55周年活动的开展。

【参加“第七届‘和平杯’中国京剧票友邀请赛”】

10月16日~23日，我省5名优秀选手参加了在天津举办的“第七届‘和平杯’中国京剧票友邀请赛”。杨丽弘获“十大名票”，宋俊晓、赵建铃、韩丽获得“双十佳票友”，李国栋获得“优秀票友”；河北省群艺馆获“优秀组织工作奖”，苑文茜、石大光获“优秀组织工作奖”。获奖成绩在全国名列前茅。

【参加全国第十三届群星奖比赛名列前茅】

10月22日，文化部在浙江举办的全国第十三届群星奖比赛开幕，我省选送沧州的童声与二胡《七彩童年》、西河大鼓《俺村新事实在多》，保定的定州大秧歌《扒糕情》，石家庄的对口快板《不能没有它》，邯郸的美术作品《太行女》均获“群星奖”；承德的小话剧《红军宴》、沧州的音乐快板《晚霞如歌》，石家庄的摄影作品《新娘》获优秀奖。获奖数量位居全国第二，这是我省连续7年取得全国前3名的好成绩。

【参加全国特色文化广场评选活动】

11月5日，全国特色文化广场评选活动在江苏省吴江市举办。我省石家庄市文化广场、迁安市文化广场、承德市文体中心荣获“全国特色文化广场”。

【参加第三届全国“四进社区”文艺展演及“全国文化先进社区”评选活动】

11月26日~28日，由中央文明办、文化部组织的第三届全国“四进社区”文艺展演及“全国文化先进社区”评选活动在深圳市举办，我省音乐快板《晚霞如歌》等3个节目分获金、银、铜奖；石家庄市青园街道谈阁街社区获组织奖；沧州市群艺馆张占军和石家庄市群艺馆胡长键获优秀辅导员奖；沧州市运河区一中前街社区、唐山市路北区华岩东里社区、邯郸市铁路大院社区、石家庄市裕华区富强社区4个社区被命名为首批全国文化先进社区。

【参加“第二届中国南北民歌擂台赛”】

11月2日，“第二届中国南北民歌擂台赛”在山西省左权县落下帷幕。我省选手梁增斌、张美华、徐盛茂获得“优秀歌手奖”，张美华、徐盛茂并获得“最佳表演奖”，河北省文化厅获“优秀组织奖”。

图书馆

2004年，全省有各级公共图书馆146个，包括1个省级图书馆，11个地市级图书馆和134个县市级图书馆，总建筑面积达到24万平方米。从业人员1686人，其中高级职称125人，中级职称465人。公共图书馆总藏量达1179万册（件），其中古籍60.1万册、图书950.6万册、报刊127.2万册、缩微制品6.3万件、视听文献6.1万件，外文书刊13.5万册、其他28.7万册（件），开架书刊408.3万册，发放有效借书证40万个。阅览坐席1.8万个，其中少儿阅览坐席0.6万个。总流通人次601.8万人次，外借书刊文献540.7万册次，举办读者活动1357次，参加人数38.2万人次。解答读者咨询11.6万条，代检索课题2454项，编制二三次文献965种。

重要事件

【省委、省政府授予河北省图书馆文明单位称号】

到2004年底，河北省图书馆有藏书145.9万册（件），持证读者约15万人。有各类阅览室12个，阅览坐席1200个，文献外借处4个。可向社会提供中外书刊文献外借、馆内阅览、信息咨询、音像资料视听、数字文献借阅与加工、互联网信息浏览、专业培训辅导、公益性讲座与展览等多项服务，全年365天开馆。为使更多的人能够享受到图书馆的优质服务，努力拓展服务领域，发展了包括赵县图书馆、灵寿图书馆、二机厂、石家庄监狱等单位的馆外服务点，开展送书上门服务，并定期进行阅读辅导。同时省图围绕党和政府的中心工作，积极举办了一系列具有引领、示范作用的群众读书活动和送书下乡活动，营造起社会学习氛围。如在“非典”期间，配合河北省文化厅成功举办了假日网上读书公益文化活动；争取社会力量支持，成功举办了“海纳杯”全省图书馆知识竞赛和“我与图书馆”主题征文活动；在图书馆服务宣传周和读书月期间，着重开展了以“关注青少年阅读，开创美好人生”为主题的服务宣传周系列活动和2004年燕赵少年读书系列活动；顺利完成了全国送书下乡工程我省受赠县、乡镇图书馆（室）20余万册图书的接收、配送工作等。受到社会各界的广泛关注，得到了上级领导部门的肯定与表彰，取得了显著的社会效益。2004年8月，省委、省政府授予河北省图书馆2002～2003年度河北省文明单位称号。

【河北文化信息资源共享中心被文化部授予“先进单位”称号】

河北文化信息资源共享中心自2002年7月正式成立以来，在省委、省政府的高度重视下，在省文化厅、省财政厅的大力支持下，坚持以基础建设为重点，以队伍建设、平台建设、资源建设、网络建设为核心，不断开拓思路、拓展渠道，采取两条腿走路的方式，构建了全省的网络信息传输平台和技术交流平台。建成开通了共享中心电子阅览室，重新整合了河北省文化艺术网、河北历史遗产网、河北省图书馆网等3个网站的资源，全新改版了河北文化信息资源共享中心网站，组建了包括文物博览、杂技专栏、民间艺术、河北文化研究等具有河北特色的13个栏目。积极整合了一批优秀的特色地方文化艺术资源，制作数字资源50GB。建成了辐射市、县、乡镇、社区、院校、科研、军营和企业等不同层面和类型的基层网点。到2004年底已建成了省、市、县三级分中心和基层中心136个。初步建成了省中心和各市级分中心为骨干，以基层中心为扩展的网络体系，为全省基层中心的建设、服务、管理树立了样板。由于省中心工作有特色、有创新、成绩突出，2004年4月被文化部授予全国文化信息资源共享工程先进单位称号。

【省图完成《全省图书馆馆藏古籍善本联合书目》编辑工作】

为宏扬民族文化，加大我省图书馆馆藏古籍善本的开发和利用，省文化厅下发了编辑《全省图书馆馆藏古籍善本联合书目》的文件，由河北省图书馆负责组织和协调工作。省图随即组织业务骨干制定了《全省图书馆馆藏古籍善本联合书目》的入选标准、著录标准以及著录内容和细则下发到11个市级馆。从2004年1月开始，各馆陆续完成著录单1400份。到2004年底，省图完成了《全省图书馆馆藏古籍善本联合书目》的编纂和全省公共图书馆馆藏古籍善本联合书目数据库的建设工作。该书目收录了各馆馆藏古籍善本近1400种，录入书目数据库5000余条。

【《中国知识资源总库》河北省图书馆镜像站正式开通】

《中国知识资源总库》河北省图书馆镜像站经过2个月的试运行，于2004年2月正式开通。此次首批在省图落户的《中国知识资源总库》包括:《中国期刊全文数据库》、《中国优秀博士硕士学位论文全文数据库》、《中国重要会议论文全文数据库》和《中国重要报纸全文数据库》4个基本信息资源库的镜像站点。为让广大读者更方便、更快捷地利用《中国知识资源总库》镜像站的文献资源，省图为读者办理了检索阅读卡，持卡读者可以在省图局域网和任意一台计算机上网使用。《中国知识资源总库》落户省图，使省图成为全省最大的电子文献信息中心，对我省的政治、经济、文化、科技、教育将带来极其深远的影响。

【石家庄市图书馆向社会开放市政府文件阅览室】

2月14日，由石家庄市政府主办、市文化局和市图书馆承办的政府文件阅览室正式对读者开放。开办政府文件阅览室是石家庄市政府向公众全面开放非涉密文件，满足市民和投资者及时了解现行文件需求的一项重要举措。该阅览室收藏了2001年以来市政府及政府各部门出台的公开现行文件1300余份，各种法规性文件汇编和市政府公报百余册，内容涉及城建、房改、房屋拆迁、复员人员安置和离退休待遇等。该阅览室从周二到周六开放，市民凭身份证、工作证等有效证件，按规定履行登记手续，就可以免费检索、查阅所需文件。阅览室自开放以来，每天接待查阅者达上百人，受到广大市民和投资者的欢迎。

【“送书下乡工程”首批赠书送达基层】

5月25日，河北省文化厅、河北省财政厅在省图书馆举行“送书下乡工程”图书赠送仪式。河北省文化厅厅长许宁、副厅长赵景之、巡视员张希有、助理巡视员杨恩华，财政厅副厅长郭秀堂，文化部社图司图书馆处有关负责人及省文、财两厅相关处室领导和河北省图书馆馆长李春来出席图书赠送仪式，并向石家庄、邯郸、邢台和沧州市文化局代表赠书。省文化厅巡视员张希有、省财政厅副厅长郭秀堂在赠送仪式上讲话。仪式结束后，首批24090册图书被送到石家庄、邯郸、邢台、沧州市的7个县78个乡镇图书馆（室），与广大基层读者见面。

由文化部、财政部共同实施的“送书下乡工程”首批赠送河北图书近10万册由省图完成配送工作后，从2004年6月，陆续送达我省19个县和190个乡镇图书馆（室），对我省基层文化建设和文化扶贫工作起到了积极的推动作用。

【廊坊市图书馆新馆奠基】

7月31日，廊坊市图书馆新馆奠基仪式在廊坊市文化艺术中心隆重举行。市长王爱民、副市长王大虎出席了工程奠基仪式。王爱民市长代表市委、市政府指出，要高起点、高质量、高标准和高水平做好项目规划和施工，确保新图书馆早日竣工并投入使用。廊坊图书馆新馆位于市文化艺术中心东侧，分地下一层、地上五层，总建筑面积9647平方米，预计总投资5100万元，规划设计藏书60万册，读者座位694个。

【全省公共图书馆开展“燕赵少年读书系列活动”】

为充分发挥公共图书馆在未成年人思想道德建设中的作用，省文化厅在第四季度以全省公共图书馆为阵地开展了“燕赵少年读书系列活动”。全省11个市文化部门和图书馆学会10月~12月期间同时开展“百部未成年人思想道德教育优秀图书荐读”、“好书名篇诵读竞赛”、“燕赵少年读书征文”和评选“燕赵少年读书之星”等声势浩大的系列读书活动。全省共有54个市、县（区）图书馆、100余所中小学校累计30000余人参与了此次活动。举办诵读会33场，收到征文9865篇。省图组织专家评出征文一等奖30篇、二等奖60篇、三等奖120篇，读书之星20名。2004年12月30日在省图大厅举行了隆重的颁奖仪式，省文化厅有关领导出席了颁奖仪式并讲话。

此次活动引起社会各界广泛关注。全省各市主流媒体20余家进行了30余次的新闻、专题及图片报道。各地中小学校也把这次读书活动的开展与本校德育工作紧密结合起来，涌现出一批思想道德素质和知识水平非常突出的小读者，展示了新一代燕赵少年有理想、重知识的新风采。

【公共图书馆注重为残疾人服务】

2004年，我省公共图书馆注重为残疾人服务，经常组织图书馆青年志愿者，为残疾读者提供送书上门服务。市级图书馆大多开设了残疾人阅览室和盲人阅览室。省图在长安区残联开办了服务点，送书上门。唐山市图书馆为残疾人提供300多种图书报刊和300册盲文图书；定期组织残疾人参观图书馆，为残疾读者专门办理借书证，通过减免费用、延长借期和增加借书册数等服务措施和人性化服务举措，体现社会对残疾人的关爱。沧州市图书馆与市残联经常组织开展内容丰富的盲人读者活动。秦皇岛市图书馆盲人图书室采取有效措施强化服务。此举填补了我省图书馆的服务空白，受到社会各界好评。

文化市场

2004年是河北文化市场取得显著成效的一年。河北省文化厅按照“一手抓繁荣、一手抓管理”的方针，不断调整和优化文化市场经营结构，提升经营业态，确保了全省文化市场健康繁荣有序发展。

（一）大力提升经营业态，壮大文化产业

根据省委、省政府《关于进一步优化发展环境的若干规定》的要求，河北省文化厅出台了《关于促进文化市场繁荣健康发展的意见》。针对全省文化市场结构布局不合理、经营管理模式落后、经营场所小、散、乱等问题，综合考虑各地的经济发展水平、人口数量、地域特点、消费状况等多种因素，制定合理的文化市场宏观调控政策，积极鼓励吸引民间资本投资文化产业，壮大文化市场，鼓励发展连锁化、超市化、品牌化、规模化的文化企业，大力提升文化市场的经营业态。为打造“正版音像”基地，建立了河北音像人音像制品有限公司，并于11月26日成功地举办了华北正版音像制品订货会。与此同时河北精彩无限、石家庄新华书店、石家庄邮政音像等7家音像制品大型连锁经营单位取得了长足发展；发展了网通家园、联通网苑等网吧连锁直营店34家；审批了全省首家民营涉外演出公司河北碧海云天演出有限公司等16家演出经纪机构，培训发展了200多人的演出经纪人队伍；发展了滚石、金色年华、金永等著名娱乐业的品牌企业，文化市场呈现出了品牌化、规模化、连锁化、产业化的良好发展势头。

（二）加大对违法经营活动的打击力度

1.积极开展网吧专项整治行动。在全国率先开展了网吧专项治理。成立了专项治理工作领导小组，文化厅厅长许宁担任组长，并以省政府办公厅的名义印发《开展网吧等互联网上网服务营业场所专项整治的实施意见》，在全省范围内继续开展了大规模的执法检查活动。全省共受理群众举报7683件，批转、督办案件1256件，组织大规模的检查35次，出动执法人员70117人次，检查网吧等互联网上网服务营业场所23028家次，暂扣电脑设备1577台，处理违规经营场所1126家，罚款340万元，停业整顿785家，取缔561家，自行歇业255家，专项整治工作取得阶段性成果。

2.专项治理演出市场。年初发现一些地方有非法色情演出情况后，立即下发《通知》，要求进一步对娱乐场所、演出场所和农村庙会的演出活动加强管理，严厉打击色情等非法演出活动。省厅直接查处了石家庄热海歌剧院、邯郸名人会馆等非法演出活动，各地重点加强了对农村演出市场的监管，保持了全省演出市场的健康发展。

3.集中打击非法音像制品。2月，为解决鸦鸿桥音像市场盗版经营的问题，会同市、县、乡等有关人员召开专门会议，研究制定了整改方案和股份制改造方案。下半年，重点整顿了石家庄丽华音像城及周边区域，端掉非法音像制品仓库10余个，收缴非法音像制品800多万张，并对丽华音像城进行限期整改；省文化厅还组织专人对石家庄、邢台、邯郸、沧州、衡水、保定、廊坊等7个市的音像市场进行了检查，在全省通报检查结果，提出整改意见，音像市场的经营秩序有了明显改观。

4.集中清理非法托运站。6月初，会同石家庄市文化局在公安机关的配合下，对石家庄市新华瑞丰转运站托运大量盗版、淫秽音像制品进行了调查，有关涉案人员已交由公安机关立案处理。为了进一步加大对非法音像制品运输的打击力度，会同交通、公安、工商、新闻出版等部门联合开展了为期3个月的集中清理转运站专项行动，有力地震慑了不法分子。

5.专项整治中小学校、幼儿园周边文化市场。9月以来，会同公安、工商等部门开展了中小学校、幼儿园及周边地区综合治理工作。全省文化部门共清理中小学校周边200米内的游戏厅、网吧等对青少年健康成长带来负面影响的文化市场经营场所325家，净化了校园周边的文化环境。

6.专项清理非法网站和声讯台。7月，会同公安、通信部门集中开展了为期两个月的清理非法网站和声讯台的专项行动，共封堵、过滤非法网站、网页70多万次，查处利用网络出售淫秽物品、从事色情服务、传播有害信息等违法活动1000多件，以传播淫秽物品牟利罪判处张振有期徒刑三年六个月。

7.开展暑期文化市场专项行动。根据河北省的特殊地理位置和每年暑期北戴河的特殊政治任务的需要，重点加强对秦、唐、廊三市尤其是北戴河文化市场的监管工作。7月中旬，省文化厅对京秦沿线及北戴河、南戴河、山海关、黄金海岸等重点地区的文化市场进行巡查，并于7月下旬开始在北戴河设立暑期文化市场值班室，会同秦皇岛市和北戴河区加强对重点地区、重点市场的监管，确保了北戴河暑期文化市场的繁荣有序。

8.加强重点节庆、重要活动期间文化市场管理。针对元旦、春节“两节”、“五一”黄金周以及全国、省人大、政协“两会”期间等特殊时段的不同特点，制定专题工作方案。“五一”黄金周之前，开展了网吧市场“统一行动周”活动，以农村和城乡结合部为重点，全省统一行动，取缔了一批黑网吧，查处了一批违规接纳未成年人的经营场所，收到明显效果。在各个时段还派出人员到有关市进行检查督导，对工作不力的市县进行通报批评，确保了重点节庆和重要活动的顺利进行。

（三）积极研究探索文化市场管理长效机制

1.网吧监管平台基本完成。根据文化部的要求，按照“积极推进、稳妥实施、先行试点、逐步推开”的原则，在全省网吧开始安装网吧监管软件“净网先锋”，建设省、市、县三级网吧监控平台。全省11个地级市、175个县（区、市）11630台终端完成了监管软件的安装工作，省、市、县三级监管平台实现了联网。

2.建立网吧义务社会监督员队伍。根据目前全省网吧总体数量，按照一个网吧大体配置1名义务监督员的原则，向社会公开招聘义务监督员近6000名，以各级人大代表、政协委员以及部分教育工作者、街道办事处、居委会工作者和学生家长为骨干的网吧义务社会监督员队伍已经建成。一个群防联动的文化市场管理机制正在形成，对违规行为形成了震慑。此举得到了文化部、中央文明办的重视和肯定，中央电视台和新华社等国内主要新闻媒体进行了报道。

3.建设绿色网吧，培育网络“保姆”。5月成立了河北省第一家绿色网吧——“网通家园阳光地带”，树立了绿色网吧的经营典范。

4.启动农村演出市场预警机制。为了加强对农村庙会演出活动的监管，有效地防范非法色情演出的出现，经过反复研究试验，启动了全省农村演出市场预警机制，通过建立农村庙会演出数据库，结合河北省电子地图、万年历，依托河北文化市场网，在农村庙会开始前一周自动在河北文化市场网滚动报警。这一机制的建立，最大限度地预防非法演出活动的发生，收到了很好的效果。

5.加强文化市场的行业自律。行业协会、商会等民间组织在约束行业行为、维护行业利益和加强与政府部门的联系等方面发挥着重要作用，是连接政府与企业的桥梁。今年以来，我省大力扶植行业协会建设，音像业商会和网吧协会也正在积极筹建之中。这些行业组织在规范文化市场经营秩序方面将发挥重要作用。

（四）认真贯彻落实《行政许可法》

省文化厅共取消行政审批事项17项，下放审批事项6项，并规定在法规规定时限内提前1/3完成，研究制定了《文化市场准入、禁入、退出标准》。在行政审批过程中，推行一个窗口对外、一次性告知、首问负责、一站式服务、限时办结等制度。印发了《河北省文化厅行政许可管理办法》。对歌舞娱乐场所、电子游戏经营场所和互联网上网服务营业场所审批实行公示制度，广泛征求社会各界的反馈意见，增加审批工作的透明性。为推进政务公开和电子政务，建设了河北文化市场网站（www.hbcm.gov），向社会全面开放。

（五）加强调查研究文化市场

年初，围绕文化市场体系建设、文化市场长效管理机制建设、文化市场与文化产业的关系以及文化市场管理工作与建设文化大省的关系问题开展广泛深入的调查研究；针对黑网吧呈现向农村蔓延的趋势，对农村网吧进行了调研，并起草了《河北农村网吧的调查报告》，对加强农村网吧管理工作提出了意见和建议；就如何做好文化市场行政审批与《行政许可法》的对接工作，文化市场在小城镇建设中的地位和作用开展了专题调研；今年10月，组织专门人员对石家庄、邢台等7个市的音像市场进行专题调研，并在全省通报调研结果，提出整改意见。

（六）加强培训工作

为加强对文化市场管理人员的培训，便于管理人员运用相关的法律知识，编辑出版了《文化市场法律法规文件汇编》、《演出市场培训专用手册》、《音像市场培训专用手册》和《河北省互联网上网服务营业场所监管系统培训教材》；直接组织了两期演出经纪人培训班和音像制品新版防伪标识培训班，培训演出经纪人300余人，培训音像制品批发单位、连锁经营单位的负责人及业务骨干人员200多人，并在安装互联网上网服务营业场所监管系统工作中培训各级文化市场管理人员800余人、网吧经营业主5200多人。

重要事件

【省文化厅党组书记、厅长许宁受省政府委托向省人大作全省文化市场工作报告】

7月19日，省文化厅党组书记、厅长许宁受省政府委托，在河北省第十届人民代表大会常务委员会第十次会议上，作《关于我省文化市场管理工作的报告》。7月21日省人大常委会对这个报告进行了审议，对文化厅在文化市场管理工作中取得的成绩给予了充分肯定，认为前一阶段的文化市场管理工作做得很扎实、很深入、很细致；针对文化市场出现的问题，采取了有力的措施，取得了显著的成效。省人大常委会还对下一阶段文化市场的管理工作提出了指导性意见，建议继续加大对违法经营活动的打击力度，从根本上解决或防范一些不良文化现象对人民群众尤其是青少年的负面影响，同时对制约文化市场管理工作的编制、经费等问题呼吁有关部门认真研究解决。

文化产业工作

2004年我省文化产业工作，通过学习、实践，积累了丰富经验，在稳步拓展的基础上，圆满完成了全年工作安排。

一是不断学习，武装头脑。1月5日~9日，在河南省郑州市参加了由文化部召开的“全国文化产业处长会”，学习了孟晓驷副部长作的重要讲话。文化厅文化产业开发办公室受到表彰。4月3日~6日，赴陕西省西安市参观考察了“中国东西部文化产业博览会”，与兄弟省市进行了文化产业发展方面的交流。8月10日~12日，在承德参加了由省委宣传部举办的“全省文化体制改革暨文化产业高级管理人员培训班”的学习及交流。8月28日~30日，文化部在我省涿州市召开了“2004年全国文化系统文化产业工作会议预备会”，同各省市同行进行了交流。11月16日~18日，赴深圳市参加了由文化部召开的“全国文化系统文化产业工作会议”，对“首届深圳国际文化产业博览会”进行了考察、参观。通过不断学习、交流，较大幅度丰富、提高了工作水平。

二是努力完成各项工作。5月，完成了由省委宣传部组织编写的《2003年河北文化产业发展报告》（即文化产业蓝皮书）的编撰工作。9月1日~2日，陪同文化部文化产业司王永章司长等一行对石家庄市文化产业项目进行了考察。10月10日，对民营企业“河北三才实业集团”在正定县投资的“华夏武文化遗产大观”文化产业园区项目进行了调研及规划论证，并做了有关指导。10月28日~31日，应湖北省人民政府、武汉市人民政府邀请，组织我省文化产业展团赴湖北省武汉市参加了“武汉国际文化产业博洽会”，为促进全省文化产业发展和交流起到了很好的推动作用，同时也为我厅今后的文化产业工作积累了宝贵经验。文化厅文化产业开发办公室副主任宋波同志入选我省首批“四个一批”人才（文化产业类）。

重要事件

【河北省（香港）投资贸易洽谈会】

3月23日~25日，按照省政府的统一安排，组织我省文化产业项目参加了2004年河北省（香港）投资贸易洽谈会的参展工作。洽谈会期间，举办了“河北省文化产业项目招商发布会”，共发布文化产业招商项目22个，总招商额近30亿元。参展在香港引起轰动，成为大会一个亮点。

【全省第一个国家文化产业示范基地】

11月16日，文化厅选送的“吴桥杂技文化经营集团公司”被文化部批准为“国家文化产业示范基地”称号，并在全国文化系统文化产业工作会议期间由文化部授牌。

对外文化交流

2004年省文化厅审核办理对外及港澳台文化交流项目140起，1035人次，其中派出团组68个，524人次；来访团组72个，511人次，涉及20多个国家和地区；接待文化部外联局及驻外参赞8起，88人次，为做好今后工作积累了丰富而宝贵的经验。

一、高层次文化代表团出访，开拓了对外文化交流新渠道

2004年我省高层次文化代表团出访共7次：副省长孙士彬率河北省文化代表团出访法国、瑞典；省政协副主席刘健生率河北文物考察团出访墨西哥、加拿大；省委宣传部组团赴德国柏林和勃兰登堡州参加由河北省政府主办的“河北文化周”文化交流活动，文化厅厅长许宁随团出访；文化厅副厅长张希有赴香港参加第二届亚洲文化合作论坛；文化厅副厅长边发吉随文化部文化贸易考察团出访美国、加拿大；文化厅副厅长冯韶慧随文化部赴韩、日考察团出访韩国、日本；监察专员姚来茹率河北省杂技团出访加拿大。我省文化团组的出访，增进了与出访国的官方文化关系，开拓了我省对外文化交流新领域，取得了丰硕成果：一是汲取了国外办展、办节、运营方式等方面的经验。二是推介了河北艺术精品，光大了河北文化形象。三是通过考察、交流、研讨，了解了国外在文化产业发展方面所采取的有效措施，为我省开拓文化市场，做大做强文化产业积累了经验。四是借鉴国内文化贸易在海外开发的典范，积极拓展我省文化产品在国际市场上的发展空间。

二、增加创新意识，积极拓展国外演出市场

2004年我省专业艺术院团共有26个团组、314人次分赴美国、日本、韩国、澳大利亚、新西兰、德国、瑞典、瑞士进行了商业演出。有6个团组、83人次赴我国台湾、香港、澳门进行演出。其中河北省杂技团、河北省杂技集团、河北省京剧院、沧州市杂技团、邢台市杂技团等共演出1462场，观众约604万人，演出收入约3000万元。对提高我省文化艺术产品在国外的知名度，弘扬河北文化做出了积极的贡献。同时通过在外演出，与国外和港澳台地区艺术团体进行交流，学习到他们先进的管理经验和运营方式。

三、对外文化交流工作中的不足

通过总结和研究，我省对外文化交流需加强的方面，一是艺术节目要有精品。我省杂技演出每年赚取外汇占全省艺术团体国际商演创收外汇总额的80%，国际演出市场上到处活跃着我们杂技演员的身影，但至今也没有形成能叫得响的品牌。二是工艺品市场应进行组织规划。我省工艺品有着巨大的潜力，在保证质量的同时，要做好资源整合，统一规划组织，统一推介。

重要事件

【2004年德国“河北文化周”成功举办】

河北省人民政府主办的2004年德国“河北文化周”于5月12日~16日在德国柏林和勃兰登堡州举行，省委常委、宣传部长张群生率省文化经贸代表团出访，活动取得圆满成功。由省文化厅厅长许宁率领的文艺演出及民间工艺展示分团成为此次文化交流活动一大亮点，得到德国各界人士广泛关注和高度赞誉。

5月12日上午，“河北文化周”开幕式及开幕式文艺演出在柏林BCC会议中心开幕。张群生发表了热情洋溢的讲话。我国驻德大使马灿荣先生、柏林和勃兰登堡州地方官员也先后致词。在90分钟的演出中，我省演员充分展示了高超的艺术技艺和东方艺术美的神韵。舞蹈《美丽的东方》、《放风筝》、《踏歌》、《剑舞》，杂技《平衡》、《草原恋歌》，女子民乐合奏《花好月圆》等节目，特别是著名表演艺术家裴艳玲的昆曲《林冲夜奔》的精彩演出，征服了在场的德国观众。

【河北民间工艺亮相亚洲手工艺节】

8月6日~16日，应泰国文化部文委会邀请，河北省内画师张增楼、编结工艺师樊兰英赴泰国曼谷参加了为期10天的亚洲手工艺节。此次手工艺节是该国为庆祝诗丽吉皇后72岁生日，促进亚洲各国手工艺交流而举办的。开幕式当天，泰国文化部次长乍格鲁亲王亲临展演现场致辞，参观了河北省展台，对参展手工艺品赞不绝口。河北省为诗丽吉皇后制作的内画肖像作为国家礼物，由中国驻泰国大使送呈皇后本人，乍格鲁亲王代表皇室向河北参展团表示感谢。参展期间，河北省两名手工艺师与来自亚洲其他9个国家的手工艺师进行了现场手工艺制作表演。

文物考古和博物馆事业

2004年，全省文物工作以邓小平理论和“三个代表”重要思想为指导，认真贯彻落实党的十六大精神，树立和落实科学发展观，坚持文物工作方针，强化文物保护基础工作，深入贯彻执行《文物保护法》，加大文物执法力度，提高文物科学研究水平，加强未成年人思想道德建设，各项文物工作取得突出成绩。

一、重点工作完成情况

圆满完成西柏坡纪念馆和涉县129师纪念馆改陈任务，现已对外全面开放；山海关古城保护开发工作按计划进行。白克明书记、季允石省长多次到山海关现场调研，听取汇报，并提出指导性意见。《山海关古城文物保护规划》已报经省政府批准。钟鼓楼修复工程竣工，望洋门、迎恩门城楼及城台修缮加固工程进展顺利。山海关区人民政府因在古城保护工作中文物保护工作突出，12月21日，被文化部、国家文物局授予2004年度全国文物保护工作先进县称号；冉庄地道战遗址保护工作得到加强。制定了《冉庄地道战遗址保护工作计划》和《冉庄地道战遗址总体保护规划》，完成了部分民居建筑抢险加固工作。《冉庄地道战遗址整体维修方案》编制、纪念馆改进、文物征集等工作正在抓紧落实；积极配合南水北调工程做好文物保护工作。《南水北调中线工程总干渠暨天津干渠河北省文物调查报告》和《河北省文物保护专题报告》已通过专家评审。省政府专门下发《关于做好南水北调中线工程文物保护工作的通知》，现全线勘探和试掘工作正在抓紧进行；未成年人思想道德建设得到进一步加强。自5月1日在全省博物馆、纪念馆对未成年人集体参观实行免票以来，接待未成年人等社会群体70多万人次。结合未成年人的心理特点和教育需求，按照“三贴近”的原则，各级博物馆举办多个专业性、知识性和趣味性相结合的陈列展览；邺城遗址保护利用工作启动。加大了对邺城遗址的保护、研究和宣传工作。完成了邺城遗址地形地貌的测绘工作，制定了《邺城遗址保护开发利用工作计划》。《邺城遗址保护总体规划》正在抓紧编制。配合发展红色旅游项目，组织做好文物部门负责景点的文物建筑维修和陈列展览更新项目方案。

二、基础工作稳步推进

组织完成第五批全国重点文物保护单位（共30处）记录档案备案工作。圆满完成馆藏一级文物档案备案工作；对文物藏品保护管理人员实行资格认定。完成了石家庄市省级以上文物保护单位的调研评估、邯郸市博物馆、纪念馆调研工作；开展了高庄汉墓出土金属文物保护等工作；开展了“北朝长城东部遗迹综合考察分析”科研课题研究。编辑出版了《河北省博物馆50年》、《河北省文物研究所2003年文物考古年报》等专著。

三、世界文化遗产保护和文物维修工作

经省政府批准，成立了河北省世界文化遗产保护管理工作领导小组，协调解决世界文化遗产保护中的重大问题。承德市以避暑山庄肇建300周年为契机，实施了一系列精品打造工

程，集中对古建筑进行整修，对山庄周围环境进行综合整治。组织专业人员对明长城的保护利用情况进行深入调研，写出调研报告，针对存在的问题，提出了解决对策。清东陵景陵大碑楼保护修复、清西陵公主陵维修工作取得明显进展。

完成了景县开福寺舍利塔、满城汉墓防渗、易县紫荆关长城修复、正定北城门抢险加固等工程的维修项目。高碑店市开善寺、定州贡院、北响堂石窟加固、涿州双塔等跨年度维修工程进展顺利。

四、文物考古发掘工作

完成了陕京输气管道二期工程的考古发掘工作；完成了京承（北京——承德）、廊保（廊坊——保定）等建设项目的文物调查工作，发现各类文物遗存300余处，勘探总面积近1000万平方米，发掘面积3万余平方米，出土各类文物2000余件。其中，对滦平县康熙钓鱼台遗址的发掘，对研究清代行宫的布局、特点、用材、建筑方法等提供了第一手资料，补证了史籍的不足。

在主动性发掘项目中，易县北福地史前遗址发现的房址、陶刻面具、祭祀场等重要遗存，是探索北方早期新石器文化及旱地农业起源的重要线索，为研究早期新石器文化提供了新资料。

五、博物馆和爱国主义教育基地建设

充分发挥省博物馆等综合类博物馆龙头作用，各级博物馆、纪念馆按照“三贴近”的要求，年内共举办各类展览200余个，接待观众300多万人次。廊坊市投资2000万元兴建了廊坊博物馆，山海关长城博物馆改扩建工程完工，并推出新的展览，磁州窑博物馆正在建设，唐山博物馆新馆、定州市博物馆新馆正在筹建中。协助省委宣传部做好爱国主义教育基地建设有关工作，重点做好阜平城南庄晋察冀革命纪念馆陈列展览的形式设计。

六、文物对外宣传工作

组织参加了国家文物局在日本举办的《中国国宝展》、《中国历代王朝展》和在美国举办的《走向盛唐展》、《亚洲游戏历史文物展》。承德市文物局在香港历史博物馆举办了《承德避暑山庄珍藏展》。组织文物代表团赴加拿大、墨西哥、巴西等国家进行考察访问，扩大了文物对外交流与合作。

重要事件

【中共中央政治局常委李长春同志视察河北文物工作】

11月9日~10日，中共中央政治局常委李长春同志率中宣部副部长胡振民、文化部部长孙家正、国家文物局副局长张柏、国家旅游局副局长孙刚等一行在河北考察。考察团先后视察了清苑冉庄地道战遗址、直隶总督署博物馆、邯郸市博物馆和省博物馆等。9日，在省委书记白克明，省委常委、宣传部长张群生等陪同下到省博物馆视察。

【季允石省长到山海关现场办公】

6月2日，省长季允石、副省长才利民、柳宝全、孙士彬等领导，率领省直14个厅局的负责同志到山海关现场办公，就山海关古城保护开发进行了专题调研，对下一步工作提出了指导性意见。要求坚持整体设计，分步实施；统筹兼顾，精心组织。正确处理保护与开发关系，在保护中开发，在开发中保护，对重要文物坚持保护第一，修旧如旧，确保2008年奥运会到来之前初具规模、全面开放。与会的省直14个厅局领导，围绕古城保护开发中的问题，提出了具体的意见，表示全力支持。

【西柏坡纪念馆完成重新规划和改陈建设】

省委、省政府高度重视，专门成立了以省委副书记赵世居为组长的改陈建设协调领导小组，协调、督导改陈工作，自2003年开始，经过近一年多的努力，对西柏坡纪念馆进行重新规划和改陈建设。改建后的西柏坡纪念馆在保持原来建筑风貌的前提下，陈展面积由原来的2200平方米增加到4400平方米，展线长度由340米增加到1100米，展览由序厅和11个展室组成。除对陈展方式进行了调整外，还增加了新征集的照片35张、新文物60余件，增加场景景观、现代展示设施和艺术品40处。77名七届中央委员和候补委员的大型群雕、三大战役半景画、电报廊和“两个务必”雕塑墙，成为整个展馆中的亮点。这次改陈建设在内容上紧扣“新中国从这里走来”的主题，重点展示全国土地会议、三大战役和中共七届二中全会等重大历史事件，增加了“筹备建国”和“继往开来”的内容，使展览内容更丰富，主题更鲜明。展览大量运用生动形象的声、光、电等现代展示手段和景观、雕塑、油画等艺术表现手法。

【全省文物工作会议召开】

8月10日全省文物工作会议在秦皇岛市山海关区召开。省政府副省长孙士彬、国家文物局办公室主任彭常新出席会议并作重要讲话。部分文物比较集中的设区市主管副市长和省直有关部门的负责同志，各市文物（文化）局、省直文博单位和部分大型文博单位的负责同志、文物工作先进县（市、区）政府领导等80余名代表参加了会议。会议总结了2000年以来全省的文物工作，安排部署当前和今后一个时期的工作任务。表彰了一批全省文物工作先进县（市、区）、文物系统先进集体和先进工作者。

【河北博物馆筹建工作进展情况】

按照省委、省政府领导批示精神，上半年，在网上发布了概念设计招标公告，经评委会评选，在9家投标单位中确定了前三名优胜者。9月27日，省长办公会专题研究河北博物馆筹建项目，将省博物馆新馆定名为河北博物馆，10月初，《河北博物馆项目建议书》上报国家发改委。12月初，孙士彬副省长与省发改委、省文化厅有关领导赴京向国家发改委领导作了专题汇报。国家发改委领导原则同意列入“十五”规划，按其要求，委托省建筑设计研究院编制了《项目建议书（代可研报告）》。

【易县北福地史前遗址获重大发现】

在主动性发掘项目中，易县北福地史前遗址发现的房址、陶刻面具、祭祀场等重要遗存，是探索北方早期新石器文化及早期农业起源的重要线索，为研究早期新石器文化提供了新资料。该遗址是华北地区仅晚于徐水南庄头遗址的早期新石器时代遗存之一，也是目前我省境内发现的一个最大的新石器时代遗址。其中祭祀场所是河北新石器时代考古中的首次发现。考古专家认定这种浅浮雕和透雕陶刻人面纹饰在我国同时期遗址中还没有出现过，具有重要的学术价值，为研究原始宗教或巫术提供了新的重要资料。

【《秦皇岛市长城管理办法（暂行）》出台】

4月17日，秦皇岛市政府出台了《秦皇岛市长城管理办法（暂行）》，明确规定：将加大对拆毁长城和严重破坏长城行为的打击力度；县、区人民政府应当建立健全长城保护组织，逐步完善长城保护队伍；把长城保护经费纳入财政预算；鼓励单位和个人以各种形式参与长城保护工作；严格控制利用长城拍摄电影、电视和举办大型活动。这个管理办法将秦皇岛市行政区域内的长城主体以及与长城主体有关的城堡、关隘、烽火台、敌楼、城障等附属建筑及其他相关文物都纳入了保护范围。

重要会议、重要活动、重要文化设施建设

【河北文化工作调度会】

河北文化工作调度会6月21日~22日在石家庄市召开，副省长孙士彬出席会议并讲话，省文化厅党组书记、厅长许宁作工作报告，省文化厅党组副书记、副厅长赵景之作总结讲话。省政府副秘书长张绍廉，省委宣传部副部长吴晓林，省政协教科文卫体委主任谭玉琛，省人大教科文卫工委副主任王英志，省文联副主席郑一民，各市主管副市长，以及省发改委、省财政厅、省民宗厅等部门有关负责同志应邀出席会议。

会议期间，传达学习了全国文化信息资源共享工程会议、中国民族民间文化保护试点工

作交流会议和全省宣传思想工作会议精神。会上，省文化厅领导张希有、边发吉、张立柱、姚来茹、冯韶慧、杨恩华作了讲话，就主管工作进行了安排部署。省财政厅副厅长郭秀堂就发挥财政职能作用、促进文化繁荣发展作了讲话。石家庄市副市长李文起、邯郸市副市长辛宝山、唐山市副市长郭彦洪、沧州市副市长吕维彬和易县县长王舟、武强县县长赵维东等分别作了典型发言，介绍了本地发展文化事业的做法和经验。

全省各市文化局、财政局和厅机关、文物局机关各处室以及厅直各单位负责同志参加了会议。

【省文化厅举办两个《条例》学习班】

为准确领会和把握《中国共产党党内监督条例（试行）》和《中国共产党纪律处分条例》的精神实质和具体规定，进一步落实“树正气、讲团结、求发展”的要求，把文化战线的各级党组织建设成为带领广大干部职工建设文化大省的坚强领导核心，4月7日~9日，省文化厅举办了省直文化系统领导干部两个《条例》学习班，厅党组理论中心组成员，厅直各单位党政一把手以及厅机关、省文物局机关各处（室）主要负责人共53人参加了学习班。厅党组书记、厅长许宁在讲话中指出，各单位、各部门党组织要按照厅党组通知要求，把学习贯彻两个《条例》作为今后一个时期的重要政治任务，加强领导，周密部署，精心组织，真正做到认识到位，措施到位，工作到位，确保学习贯彻两个《条例》落到实处，切忌形式主义和官僚主义。

学习班结业时，厅党组成员、纪检组长、监察专员姚来茹同志作了总结讲话。全体学员进行了两个《条例》知识测试。

【“河北省第六届燕赵群星奖”评选活动】

2004年6月，省文化厅举办了第七届燕赵群星奖评选活动。燕赵群星奖是河北省文化厅为繁荣群众文艺创作，促进社会文化事业繁荣与发展而设立的我省社会文化艺术政府奖。评奖门类包括美术、书法、摄影、音乐、舞蹈、戏剧、曲艺等7个艺术门类，每个门类分成人、少儿和老年组3个组别。全省共创作3000余件作品，参加燕赵群星奖评奖的有340多件作品，90件作品荣获“燕赵群星奖”。此次评奖活动推出了一大批优秀群众文艺作品和群众文艺人才，丰富活跃了广大人民群众的精神文化生活。

【2004年河北省假日文化工程暨彩色周末活动】

5月1日~10月30日，全省举办“2004年省假日文化工程暨彩色周末活动”。各地举办大型广场及专题文艺演出8000场次，参演人员80万人次，观众1030多万人次，规模宏大，盛况空前。此项活动除充分发挥国办文化的主导作用外，还与文明社区、企业文化、文明生态村创建以及假日文化旅游等活动有机结合起来，努力调动全社会积极性，形成了多层次，多元化，多渠道、多领域广泛参与的新格局。

【2004年送电影进社区、进农村活动】

7月至10月，省文化厅在全省开展“2004年送电影进社区、进农村活动”，精选了300多支农村电影放映队和群众喜闻乐见的故事片和科教片1000多部，在全省11个设区市，156个县（市、区），2000多个乡镇、农村，送电影进社区、进农村1万多场，直接宣传观众600多万人次，是近年来组织的规模最大的一次活动，受到了人民群众的热烈欢迎。

【河北省首届社区文化艺术活动月】

8月15日~9月15日，河北省委宣传部、省文明办、省文化厅联合举办了河北省首届社区文化艺术活动月活动。全省各市社区广场、小区、空地，天天有活动，夜夜可闻鼓乐声，社区美术、书法、摄影展共展出美术、书法、摄影作品5000余件（幅），宣传群众3万余人次；社区读书成果演讲会吸引群众1.5万余人次；各市主要社区共放映爱国主义教育影片3000余场，宣传观众40万余人次。活动评出优秀文艺作品51件，优秀社区文化艺术辅导员60名，组织奖10个，极大地丰富了社区群众业余文化生活，取得了很好的社会效益。

【第三届中国评剧票友大赛】

9月17日~23日，文化部社图司、河北省文化厅、唐山市人民政府在唐山共同主办了“唐钢杯”第三届中国评剧票友大赛，评出中国评剧十大名票、十佳票友和十名优秀票友。河北选手贾风娟（唐山）、石淑媛（唐山）、于朵智（沧州）闯入决赛并荣获“十大名票”称号，刘然等5名小选手获少儿优秀表演奖。北京、天津、内蒙古、黑龙江、吉林、辽宁、河北代表队及7名领队分获组织奖和优秀组织奖。

【河北省图书馆学会首届年会】

12月28日~29日，省图书馆学会在石家庄市召开首届学术年会。来自全省各系统图书馆的72名代表出席了会议。中国图书馆学会副理事长、学术委员会主任、北京大学信息管理学院教授、博士生导师吴慰慈先生应邀到会并作学术报告。会上讨论了2005年学会工作计划，审议并通过了2004年财务工作报告，听取了2004年度学会工作总结和2005年工作要点。审批了2004年申请入会的新会员名单，讨论并审议了第六届学术委员会机构设置人选，宣布河北省图书馆学会第六届学术委员会机构正式成立，召开了第六届学术委员会第一次工作会议，讨论并原则通过了学术委员会工作简章草案。年会上，还对2004年学术征文工作进行了总结，为获奖单位和个人颁发了证书进行表彰；与会代表进行了学术交流和技术交流。

【2004年度市级图书馆馆长联席会】

9月25日~27日，河北省市级图书馆馆长联席会议在秦皇岛市隆重召开，省文化厅巡视员张希有，厅社文处和省图书馆、秦皇岛市文化局有关负责同志，来自全省11家市级图书馆的馆长共29名代表出席了会议。秦皇岛市委副书记聂瑞平到会看望了大家。

会上通报了全省的评估检查情况，各馆间交流了2003年馆长联席会以来的工作情况，重点总结了图书馆评估工作的经验；提出了很多建设性意见和建议。与会代表就深入贯彻落实《中共中央、国务院关于进一步加强和改进未成年人思想道德建设的若干意见》精神，在全省开展少儿读书系列活动问题进行了商定。会议期间，馆长们参观了秦皇岛图书馆新馆施工现场和秦皇岛图书馆。27日上午，省文化厅巡视员张希有在闭幕式上讲话。

【全省文化事业单位人事制度改革研讨会】

为积极做好文化事业单位人事制度改革前期准备工作。6月9日~15日，省文化厅组织召开了“全省文化事业单位人事制度改革研讨会”，通过交流经验，沟通信息，并组织与会人员赴全国改革试点地区辽宁省进行学习考察，通过会议研讨和实地考察，各级文化部门进一步统一了思想，并对文化事业单位人事制度改革的现状、思路和存在的问题有了更加清晰的认识和深入思考。会议印发了各市文化局文化事业单位人事制度改革进展情况及经验材料汇编，认真组织学习。

【省文化厅认真搞好体制改革工作调研】

针对我省文化事业单位发展现状，在深入调研的基础上，省文化厅起草了《当前文化体制改革存在的主要问题及文化事业单位人事制度改革的几点建议》，同时，对文化厅厅直单位人员构成状况进行摸底，搜集整理了《文化体制改革相关文件选编》，供有关单位参考。

【省文化厅做好控编减员工作】

按照省编委《关于成立全省财政供养人员总量控制工作协调小组及省直有关部门职责分工问题的通知》要求，组织实施了省直文化系统的控编减员和厅属事业单位清理整顿工作，完成了厅直属事业单位的核定编制数和实有在职人员数统计工作，并上报省机构编制总量控制办审核通过。

【重点文化设施和公共文化服务体系建设取得新进展】

2004年，在省文化厅积极努力下，河北剧场改造装修、河北画院改造扩建、省艺术职业学院校区改造和交响乐团、歌舞剧院业务综合楼等一批省直重点建设项目进展顺利；省图书馆整修复新和河北博物馆建设工程已完成立项。基层基础建设项目全面铺开，35个县级“两馆”已竣工或开工建设；农村电影“2131工程”争取专项资金420多万元，100多个县（市）已实现目标；文化信息资源共享工程完成第二阶段120个基层中心建设；民族民间文化保护工程和送书下乡工程稳步推进；为配合城市化战略的实施，积极谋划并推动小城镇文化建设，起草了《关于进一步加强全省小城镇文化建设的意见》，得到省委、省政府的充分肯定。

【第四届中国评剧艺术节】

由文化部艺术司、河北省文化厅、唐山市政府共同主办的第四届中国评剧艺术节于9月17日~26日举行。共有北京、天津、黑龙江、吉林、辽宁、内蒙古、河北7省市22个艺术院团、1600多名演职员23台剧目进行了46场展演。经过激烈角逐和专家认真评选，最后唐山市评剧团的《香妃与乾隆》、河北省丰润评剧团的《刘姥姥》、沈阳市评剧院的《闹牛记》、锦州市评剧团的《嘶台月》、中国评剧院一团的《刘巧儿新传》、石家庄市评剧院一团的《月嫂》获优秀剧目奖。《达瓦丹珠》等9个剧目获优秀演出奖。卫中、汉云、孙世纪等8人获优秀编剧奖。顾威等8人获优秀导演奖。樊纪忠、侯文恕等12人获优秀音乐创作奖。袁淑梅等25人获优秀表演奖。阎少哲等54人获表演奖。中国评剧艺术节培育了评剧艺术市场，促进了评剧艺术的发展，弘扬了民族文化，推动了我省精神文明建设，成为国内有广泛影响的文化品牌。

山西省

2004年，全省文化系统深入学习贯彻党的十六大和十六届三中、四中会全精神，坚持用“三个代表”重要思想统领文化建设，紧紧围绕省委、省政府调整产业结构、兴晋富民的战略目标，以文化艺术繁荣发展为中心，以深化改革、文化创新为动力，以推动优秀作品创作、基层文化建设、文化市场管理、艺术教育科研为重点，与时俱进，开拓创新，求真务实，努力为全面建设小康社会营造良好的文化环境。通过全省广大文艺工作者的努力，比较圆满地完成了各项任务。

一、思想理论建设进一步加强，“三个代表”重要思想深入人心

一年来，厅党组将学习贯彻十六大和十六届三中、四中全会精神作为全省文化工作的首要政治任务，自觉地用“三个代表”重要思想统领文化建设，把“三个代表”重要思想全面贯彻到文化事业发展的各个领域，体现在文化工作的各个方面，贯穿到文艺创作文化活动的全过程，并把“三个代表”重要思想作为文化事业发展的衡量标准。

中宣部、文化部、中国文联联合下发《关于在全国文艺系统开展向常香玉同志学习活动的通知》后，厅党组主持召开了省直文化系统学习人民艺术家常香玉的动员大会。要求省直文化系统广大干部职工要向常香玉同志学习。会后，全文化系统特别是省直五院团纷纷召开学习会、座谈会，谈心得、讲体会，以学习人民艺术家常香玉为重要内容的“三项学习教育”活动在省直文化系统蓬勃展开。

10月8日，党的十六届四中全会闭幕不久，厅党组组织全系统认真学习贯彻《中共中央关于加强党的执政能力建设的决定》，并作为各项工作的重中之重来抓。紧密联系文化工作实际，认真探讨如何加强党的执政能力建设，解决文化工作当前面临和今后可能遇到的新问题。通过学习，广大干部职工树立起了文化工作的政治意识、大局意识、责任意识，明确了建设文化强省的战略目标和各项任务。

二、舞台艺术百花绽放，好戏连台

2004年是舞台艺术大面积丰收、演出市场异常活跃的一年。

在第七届中国艺术节上，我省选送的“群

星奖”32个作品，获得5枚金牌。其中山西绛州鼓乐《黄河船夫》获大奖，名列“群星奖榜首”。在36个代表队中总分第四，并列第三，并且填补了我省“群星奖”摄影、儿童画两项空白。舞剧《西厢记》和儿童剧《我能当班长》均获文华新剧目奖，儿童剧《我能当班长》还成为入选“七艺节”的唯一一台儿童剧。

省曲艺团的小品《名副其实》赴长沙参加金狮奖第四届全国小品比赛，荣获金狮奖银奖。

省京剧院新编历史故事剧《走西口》赴上海参评第四届中国京剧艺术节，取得好成绩。

省歌舞剧院推出的《歌从黄河来——牛宝林个人演唱会》、交响乐《夏之梦——交响音乐会》得到观众和专家的好评。

11月16日~28日，山西省移植剧目调演在太原举行。共有7个地市、13台剧目参加了本次角逐，如此大规模的移植剧目调演在山西还是第一次。本次移植剧目调演共涉及了7个剧种，包括晋剧、蒲剧、北路梆子、上党梆子、豫剧、上党落子及话剧。所移植的剧目有获得文化部“文华奖”的，有入选全国舞台精品工程的，也有夺得“五个一”工程奖的，可谓好戏连台，亮点频频。近两万观众观看了演出。

12月3日~11日，“华夏文明看山西”文化艺术周在北京隆重推出，由省话剧院演出的话剧《立秋》、山西艺术职业学院演出的原创舞剧《一把酸枣》、山西省戏剧职业学院演出的大型民族交响乐《华夏之根》获得成功。话剧界、舞蹈界、音乐界的专家学者分别召开研讨会，对以上剧目给予了充分肯定。

2004年全省艺术表演团体积极送戏下乡，送戏到基层，参加多种节日庆典活动，极大地丰富了城乡人民的文化生活。1月初，在南宫和省演艺中心举办了“迎新年庆新春，蒲剧晋剧展演”活动。蒲剧《西厢记》、《烈士忠魂》，晋剧《白蛇传》、《杨门女将》等10多台剧目活跃了省城的节日气氛。2月初，为省政协委员和省人大代表举办了两场综合文艺晚会，晚会节目赢得了委员和代表们的高度赞扬。6月和7月，组织完成了7省区纪检工作会议文艺演出和全省人才工作会议大型文艺晚会。8月21日，创作排演了为纪念邓小平同志诞辰100周年的大型交响音乐会《人民心中的丰碑》。

三、“四基”建设扎实推进，群众文化工作取得突出成绩

一年来，我省按照“三坚持、四发展”的基层文化建设总体思路，在抓好公益性文化事业发展的同时，大力扶持和发展以民办文化为主体的文化大院、农民书屋、农村个体放映队和民间剧团。目前，在全省各级文化部门的大力倡导和不断重视下，群众参与文化建设的热情很高，民办文化蓬勃发展。据统计，全省目前有文化大院569个，农民书屋498个，农村个体放映队424个，民办剧团341个。这些农民自办文化分布广泛，其影响和辐射面几乎遍及整个农村地区。民办文化的发展，不仅丰富和活跃了基层广大农民群众的文化生活，同时也给山西的基层文化工作带来了蓬勃生机，引起了上级部门领导的高度重视。

4月4日，文化部副部长周和平一行4人赴长治、运城和晋中等地对民办文化进行了考察调研。

5月14日，文化部在第43期“文化要情”中向国务院反映了我省发展民办文化的情况。

5月18日，国务委员陈至立在文化部第43期“文化要情”上作出批示：扶持农民自办文化（包括放电影）是发展农村文化事业的好路子，建议进一步调研，制定政策并推广。

5月25日，中共中央政治局委员、中宣部部长刘云山在文化部第43期“文化要情”上作出批示：农民自办文化是满足农民文化需求的重要途径，要很好地总结山西的做法、宣传推广。

5月27日，中国文化报头版头条发表《民办文化活跃三晋大地》文章，详细报道了我省发展民办文化的情况。

6月2日，新华社记者赴汾阳、襄垣、昔阳等地进行了为期3天的实地采访，并写出专题报告向有关部门通报。

6月11日，文化部专门召开会议，传达两位中央领导的批示精神，安排部署全国以农民自办文化为主要内容的调研工作。

6月13日，文化厅向省委省政府主要领导和分管领导报告了中央领导对我省发展民办文化的批示情况。

6月18日，田成平书记对我厅呈报的《关于中央有关领导对我省发展民办文化作出批示的情况报告》作出批示：农村基层文化事业很薄弱，需要认真调研，并给予支持。农民自办文化是条好路子，应总结推广。

9月15日，人民日报发表《三晋新景观：农民自办文化》的通讯报道，肯定发展民办文化的做法。

目前，我们正按几位领导的批示积极工作，争取全省农民自办文化有一个更大的发展。

参加全国第十三届“群星奖”评奖比赛成绩喜人。经层层选拔,全省有5个节目赴杭州参加决赛并获得群星大奖，分别是：音乐类的绛州鼓乐《黄河船夫》、摄影类的《风景组照》、美术类的儿童蜡笔画《爱我中华》、广场舞蹈类的《高台花鼓》、戏剧类的小戏《偷南瓜》。获奖数量全国排名第四。

民族民间文化保护工程工作取得新的进展。一是确定了我省民族民间文化保护工程省级试点项目。综合试点项目1个，专业试点项目11个。二是国家民族民间文化保护工程项目“耍孩儿”剧种保护试点方案顺利通过国家论证，保护工作即将付诸实施。

送书下乡工程有声有色。我们把送书下乡与发展农民书屋有机结合起来，重点为一批示范性的农民书屋送书。厅党组成员兵分六路深入到市、县、乡等山庄窝铺，把书全部送到农民手中。党组书记、厅长成葆德还将农民代表请到一起座谈，征求他们对送书下乡的意见和建议，真正解决他们看书难的问题。2004年送书下乡工程涉及全省11个市，49个县，90个市、县、乡图书馆、图书室，共计8万余册，价值近百万元。

农村电影体制改革步伐加快，对农村个体电影放映户的扶持力度加大。全省命名表彰了50个农村个体电影放映示范户，每个示范户奖励拷贝2部。农村电影“2131工程”进展顺利。

与中国网通山西分公司联合举办百县、千乡、万部影片“金秋电影节”活动深受观众欢迎。该活动在全省11个市的100个县（区）举办，每个县（区）10个乡镇作为放映点，每个乡镇放映10部电影（5部科教片，5部故事片），共计放映影片1万部。

组织开展了一系列群众文化活动。成功组织举办了山西省第三届广场文化艺术节，展示了我省广场文化艺术的最高成就和最新成果。举办了第二届中国南北民歌擂台赛、山西省首届吹打乐大奖赛、山西省晋剧票友大赛、山西省第二届农民书画大赛、山西省第三届书法临摹大赛、山西省第二届民间歌手大赛、山西省庆祝建党83周年七一书画笔会、山西省“三晋印风”篆刻展等活动，这些活动的举办极大地丰富和活跃了广大人民群众的业余文化生活。

四、强化市场管理，推进法制建设

2004年，我们把宣传《中华人民共和国行政许可法》作为大力推进文化法制建设的具体措施，初步建立了行为规范、运转协调、公正透明、廉洁高效的文化行政管理体制，促进了文化市场的繁荣发展。

完成了文化行政审批项目的清理，完善了文化厅行政审批服务窗口的规章制度，基本做到了公正公开、廉洁高效、便民为民。认真开展了“全省网吧等互联网上网服务营业场所专项整治工作”。对全省境内的网吧等互联网上网服务营业场所存在的各种非法行为进行了严厉打击，并先后开展了“全省网吧专项整治统一行动周”和“暑假期间禁止未成年人进入网吧特别行动”，取得了一定的阶段性成果。截至8月20日，各级文化、工商、公安等部门累计出动执法人员达74500余人次，持续不断地对全省的2300多家网吧进行了全面检查，取缔了无照“黑网吧”525家，对1420多家违规经营网吧进行了处罚，吊销了83家网吧的《网络文化经营许可证》。各级联合执法队还深入到全省11个城市的城乡结合部及80多个县城、700多个农村乡镇进行了重点检查。并积极争取县、乡两级党委、政府的支持，鼓励网吧连锁企业通过兼并、收购等方式改造和提升现有的农村网吧。

动员社会各界参与网吧专项整治工作，形成全社会支持网吧专项整治行动的氛围。先后出台了《山西省网吧等互联网上网服务营业场所规范标准》、《网吧等互联网上网服务营业场所检查规范与处罚参考标准》等文件，为深入开展专项整治工作和严格执法提供了政策保障。

开展了打击"粗口歌"、"哈狗帮"等违法音像制品专项行动。

筹建了山西省文化厅网站和山西文化市场网，建设了山西省互联网上网服务营业场所经营技术管理系统中心。全省实现了网络监管平台联网，提高了对网吧等互联网上网服务营业场所专项整治工作的科学管理手段。

深入开展行风建设。我们在南宫广场进行了文化系统行风评议宣传咨询活动，倾听群众对文化系统行风建设的意见和建议。力争通过这次行风评议咨询活动，切实解决一些群众反映强烈的文化市场热点、难点问题。

五、深化改革，科教事业进一步发展

2004年，全省艺术教育工作坚持改革，坚持创新，出现了蓬勃发展的好势头。

尊重人才、吸引人才，实施人才强校战略。厅党组聘任晋剧艺术表演家王爱爱为省戏剧职业学院名誉院长，学院聘请田桂兰等我省晋剧各个行当的优秀艺术家成立戏曲教学指导组，对戏曲教学进行指导。王爱爱等一批优秀艺术家的加盟，提升了师资水平，优化了教师队伍结构，增强了学校的办学实力，晋剧教学方法有了明显改进，教学质量有了明显提高。在近期组织的实验班教学汇报演出中，学生的整体水平前进了一大步，专家指导教学初见成效。两所艺术院校还聘请一些国家级教学单位及省内外部分专家教授担任客座教授，进行学术指导和教学，收到了很好的效果。

加强对未成年人思想道德教育。切实改进学校德育工作，广泛开展精神文明创建活动和形式多样的社会实践、道德实践活动，积极营造有利于未成年人成长的良好的社会氛围和社会环境。省艺术职业学院、省戏剧职业学院利用学校的广播站、宣传栏等对党和国家的方针政策、国际国内的大事进行宣传，还不断举办各种有针对性的法制、心理讲座、主题班会等，使学生不断提高思想素质，加强自身道德修养。各校还组织学生进行社会实践活动，成立了青年自愿者服务队，对学校周围的养老院、街道办事处等单位进行自愿服务活动。省艺术职业学院举行校园辩论会、校园文化艺术节、中华古诗文诵读大赛、体育竞赛等活动，用学生喜闻乐见的形式对他们进行思想道德教育，引导他们保持蓬勃朝气、旺盛活力，使他们的思想道德素质、科学文化素质和健康素质得到全面提高。

重点扶持尖子人才。2004年，省文化厅专项拨出40万元，在省艺术职业学院和省戏剧职业学院分别开办舞蹈、戏曲、曲艺表演实验班，为山西艺术事业发展培养后备人才，并聘请北京和本省著名艺术家任教。

有效开展了一系列教学实践活动。省戏剧职业学院排演的民族交响乐《华夏之根》、省戏剧职业学院和省话剧院联合排演的儿童剧《我能当班长》、太原市艺术学校的《褐马鸡与少年》均受到少年儿童及社会各界的热烈欢迎。省艺术职业学院的舞剧《一把酸枣》正在紧张的排练中，准备在近期与观众见面。

成功举办纪念建国55周年全省艺术院校美术作品展，展出了近300幅作品，是从全省12所艺术院校学生和教师创作的600余幅作品中精选出来的。作品清新自然，热情奔放，富有朝气和活力，充分展示了我省美术教育工作所取得的丰硕成果。得到了美术界专家和观众的一致肯定。在7天的展出中，观众达5000多人次。

组织参加全国性的各项赛事，并取得好成

绩。在全国戏曲小梅花比赛中，我省12名小选手获得5朵状元花、7朵金花，获奖总数居全国之冠。

以提高教学质量、加强师资队伍建设为目的，成功组织了全省艺术院校戏曲专业教师业务测试。通过测试，各院校进一步加强和规范了专业课教学，提高了专业教师的综合素质。

继续加强对已立项的各级艺术科研项目的管理。严格按照文化部有关规定，对本省《中国板腔体剧种声腔源流考论》、《山西神庙剧场研究》、《山西戏曲数据库》等4个国家级艺术科研项目进行常规管理。已承担的国家级科研项目《中国曲艺志·山西卷》编撰工作基本完成，已向文化部上交初审稿。完成了对“第二届文化部艺术科学优秀成果奖”的初评和推荐工作。我省共推荐6个优秀成果参加文化部的评奖。完成了“晋剧传统伴奏乐器的改革创新”在文化部的立项工作。目前已与文化部签订了《科技项目专项合同》，很快就可以投入研制开发。

六、加强对口管理，对外文化交流空前活跃

2004年对外文化交流工作翻开了新的一页。集中表现在不断强化与欧美等发达国家的合作力度，连续性交流项目所占比重日益增大；提高交流层次，注重建立和加强官方文化关系；加强港澳台地区的合作交流等方面。

今年4月，省京剧院55人应邀赴比利时和法国参加圣吉兰国际民间艺术节取得圆满成功。6、7月间，大同市文化艺术学校舞蹈队赴以色列参加该国第十九届国际艺术节。我驻以色列大使和文化部外联局致函表扬了该团。8月，该艺术节主办机构以色列文化交流促进中心主任约瑟夫夫妇观摩我省第三届广场艺术节，表示愿意与我们建立长期稳定的合作关系。10月中旬，墨西哥著名艺术家奎瓦斯在太原举办个人画展；10月下旬，我厅应邀赴加拿大参加省图书馆对外捐赠仪式；11月中旬，成葆德厅长应香港特别行政区政府邀请参加“第二届亚洲文化合作论坛”。

七、狠抓勤政廉政，推进机关建设

今年以来，我们继续加强勤政廉政建设，制定了《山西省文化厅二00四年党风廉政建设及反腐败工作要点》。从加强领导干部廉洁自律，加大反腐倡廉宣传教育力度，加强对党员干部的监督，把党风廉政建设责任制落到实处等6个方面进行了分解细化。根据党风廉政建设责任制“一把手负总责”、“谁主管、谁负责”的原则，以及“党委统一领导，党政齐抓共管，纪委组织协调，部门各负其责，依靠群众参与”的领导格局和工作要求，我们逐步建立和完善了以党风廉政建设责任制为中心的管理制度，把党风廉政建设责任制作为一项政治纪律严格执行，做到“看好自己的门，管好自己的人”，有针对性地采取措施，做好工作，确保党风廉政建设和反腐败各项工作落到实处。

今年我们认真扎实地贯彻落实省“三项治理”领导组的各项决策，对“三项治理”工作进行周密细致的安排部署。目前清车工作已经基本结束，清房工作在省“三项治理”领导组的领导下，正在有条不紊地进行。

内蒙古自治区

艺　术

艺术创作和演出

对《内蒙古自治区2005～2007年重点剧节目创作规划》进行了调整和充实，确定了内蒙古民族歌舞剧院《成吉思汗》等11部区直艺术院团剧目、27部盟市剧节目为精品创作剧节目，对一批优秀剧节目进行了修改和提高。目前，区直和盟市艺术院团的一批重点剧节目如京剧《忽必烈大帝》、民族风情音乐剧《蒙古婚礼》、民族风情歌舞晚会《吉祥草原》、杂技团的杂技主题晚会《成吉思汗》、二人台移植剧目《三不愿意》、话剧《鲜卑岩祭火》、歌舞晚会《科尔沁风韵》、舞剧《都仁扎那》、歌舞剧《察哈尔蒙古婚礼》、大型漫瀚剧《阿拉坦可汗》、歌舞晚会《时尚乌海》、现代戏《乌兰图克》、歌舞晚会《寻梦赤峰》、歌舞《大地佛光》等正在排演或准备排演之中，预计在自治区成立60周年时，将在全区推出30台剧节目。此外，全区各地创作了一批精品剧目，如内蒙古民族歌舞剧院的晚会《我从草原来》、内蒙古曲艺团的《草原传奇》、呼伦贝尔市和通辽市联合创演的话剧《牛玉儒和他的亲人们》、包头市的话剧《牛玉儒》、呼和浩特市的二人台现代戏《好官牛玉儒》、新编历史晋剧《满都海》、通辽市的大型乐舞史诗《蒙古风》、兴安盟的歌舞剧《科尔沁婚礼》、乌兰察布市的东路二人台《书记过年》等，这些剧目有的晋京演出，有的在本地和外省区演出，均受到观众热烈的欢迎。鄂尔多斯市创作演出的大型民族舞蹈诗《鄂尔多斯·蒙古大婚》已入选“2005~2006年度国家舞台艺术精品工程”初选剧目。

全区各地艺术团体和演出中介机构不断探索开拓演出市场的新路子，成效显著。内蒙古演出服务中心邀请的萨摩亚艺术团、挪威的鲍勃·马利艺术团、中国曲协“送欢笑”小分队、红色经典百年电影音乐会以及著名喜剧表演艺术家陈佩斯及其舞台喜剧《阳台》在内蒙古自治区演出获得成功。话剧《牛玉儒》赴北京、南宁、贵阳、重庆、陕西等地演出，反响强烈。内蒙古民族曲艺团蒙古族说唱音乐剧《草原传奇》，晋京演出，受到好评。

今年全区三级艺术表演团体共演出12000余场，下基层演出5000余场，圆满完成了自治区党委和政府交给的下基层演出任务。

艺术活动丰富多彩

今年，内蒙古自治区艺术舞台空前活跃，艺术活动丰富多彩。7月，由自治区文化厅和自治区民委联合举办了首届内蒙古民歌暨第二届内蒙古长调歌曲演唱大赛，100余名歌手参加了复赛和决赛。8月11日~17日，第三届内蒙古自治区乌兰牧骑艺术节在鄂尔多斯市鄂托克旗举办。自治区区直及10个盟市的18支乌兰牧骑参加了艺术节。本届艺术节是内蒙古自治区乌兰牧骑成立48年来，规模最大、层次最高的一次艺术活动。8月下旬，自治区党委宣传部、自治区文化厅、文联、兴安盟盟委和盟行署联合举办了“全区首届乌力格尔艺术节”。此外其他盟市也举办了相应的各项文化艺术活动，如包头市举办了“中国·内蒙古第二届国际草原文化暨包头市第二十届鹿城文化节”，呼和浩特市举办了“第六届昭君文化节”，呼伦贝尔市举办了“绿色呼伦贝尔·中国第四届成吉思汗草原文化节”，通辽市举办了“蒙古王”杯第七届科尔沁艺术节等。全区各地全年共举办各类文化艺术活动近200项。艺术演出和活动对打造内蒙古自治区和各地的艺术品牌，继承、挖掘、弘扬和展示内蒙古自治区优秀的民族文化遗产，丰富和活跃各族群众的文化生活，促进民族艺术的进一步繁荣及建设民族文化大区作出了贡献。

艺术作品在全国比赛中获奖

许多艺术作品在全国比赛中频频获奖，为自治区赢得了荣誉。巴彦淖尔市歌舞剧团王战昕在中国第五届曲艺节演出中获最高奖精品奖；内蒙古二人台艺术团的李宁宁、乔宇杰在2005年全国蒲公英青少年优秀艺术新人选拔总决赛中获金奖，乔盼、李春霞在第三届中国南北歌王擂台赛中获铜奖；在中央电视台第五届“东阿阿胶杯”全国优秀青年京剧演员电视大赛决赛中，内蒙古京剧团的青年演员李继春获“荧屏奖”；包头市歌舞剧团西部风情合唱团参加由中国文联、中国音协、厦门市人民政府联合举办的“纪念中国人民抗日战争暨世界反法西斯战争胜利60周年”合唱展演获金奖；包头市艺研所宋晓岗改编的电视连续剧《鸣沙湾》获第25届中国影视大奖“飞天奖”优秀中短篇电视剧奖，郭长岐创作的二人台民间歌剧《土默川情歌》获第四届中国戏剧文学奖银奖。

艺术研究工作成效显著

由内蒙古艺术研究所负责撰写的国家重点

课题《中国音乐文物大系——内蒙古卷》已全部完稿；国家“十五”艺术科研课题《漠南草原戏剧研究》也已提交专家组评审。

社会文化

投入不断加大，文化基础设施建设呈现良好态势

2005年，内蒙古自治区的文化基础设施建设又有了新的进展。经过自治区文化厅积极争取，在自治区政府的重视和支持下，内蒙古博物馆建筑面积50000平方米，计划投资为4.3亿元；乌兰恰特大剧院建设面积17320平方米，计划投资1.2亿元。除首府城市加大文化基础设施建设力度以外，全区各盟市也纷纷建起了自己的博物馆、图书馆和文化馆等，包头市、赤峰市、通辽市和呼伦贝尔市博物馆，旅蒙商博物馆和集宁路遗址博物馆等博物馆开工建设，此外，也落实了将军衙署复原建设年度计划。

基层文化工作得到进一步加强，进一步加大了基层文化工作的力度，努力实现工作思路、重点、政策、措施等向基层文化工作转移。自治区文化厅先后研究制定了《关于进一步加强基层文化建设的意见》、《内蒙古自治区群众艺术馆、文化馆管理办法》、《全区文化先进旗县评选标准》、《全区文化先进旗县评选暂行规定》，并报经自治区政府批转全区实施，从政策上、制度上、法规和行政规章方面为基层文化工作提供了有力的保障和支撑。

民族民间文化保护工作取得新进展

今年内蒙古自治区民族民间文化保护工作的重点是民族民间文化资源普查、申报第一批国家级非物质文化遗产代表作、启动“蒙古族服饰艺术”国家级项目试点和与蒙古国联合申报蒙古族长调民歌为联合国教科文组织“人类口头和非物质文化遗产代表作”。对普查工作已进行了全面部署，全区第一次全面普查已经铺开，拟用3年时间完成。召开了“蒙古族服饰艺术”试点项目专家座谈会，对蒙古族服饰艺术已有成果进行清理，对重要资源分布地区开始进行田野调查。在自治区政府和文化部的重视支持下，经自治区文化厅积极主动工作，中蒙两国联合申报的蒙古族长调民歌已被选入联合国教科文组织“人类口头和非物质文化遗产代表作”。这是中蒙文化交流合作的一项重要成果，开创了我国与友邻国家就同质文化联合申报之先河，在国内外都具有重要的政治和文化意义。同时，完成了第一批国家级非物质文化遗产代表作内蒙古自治区25个项目的申报工作，召开了全区非物质文化遗产保护工作暨普查培训班。作为内蒙古自治区目前唯一的国家级试点项目“蒙古族服饰艺术”的保护工作，11月初，组织召开了专家座谈会，进一步明确了相关保护措施。着手中国非物质文化遗产保护成果展内蒙古成就展的筹备工作。

文化信息资源共享工程建设有了实质性突破

积极争取自治区党委、政府支持，自治区党委办公厅和政府办公厅转发了文化厅、财政厅联合制定的《关于加强全区文化信息资源共享工程建设的实施意见》，提出了实施目标和相关措施。自治区政府拨款100万元，用于共享工程自治区分中心建设，目前，有关设施设备正在进行政府采购，自治区分中心拟于年底投入运行。

电影“2131工程”继续稳步实施，制定下发了2005年度“2131工程”和“科普之春”电影汇映活动方案，免费向农村牧区投放了400多部科教片拷贝，全区农村牧区放映科教影片已达8000多场。9月，召开了全区农村牧区电影工作会议，自治区政府副主席乌兰出席会议并发表了重要讲话。会议总结了“十五”期间，自治区“2131工程”的进展情况，对加强农村牧区电影工作进行了全面部署。明确了内蒙古自治区“十一五”农村牧区电影工作的思路、目标和任务，表彰了36个全区农村牧区电影工作先进集体和14个先进个人。全年完成农村牧区电影放映16万场的预期目标。

群众文化活动丰富多彩，组织开展全区第四次“文化进社区”活动。举办了全区第二届

《佳艺奖》“利丰杯”少年儿童绘画、书法征稿与现场大赛，全区艺术摄影培训班、全区第三届摄影创作“十佳”作品评选等。组织参加了全国第二届民族乐器演奏比赛、全国青年合唱节、第三届南北民歌擂台赛、全国第三届“四进社区”文艺展演和成就展览。

文　物

文物保护工作成果显著

2005年内蒙古自治区文物工作以“打基础、抓管理、上项目、出成果”为重点，全区文物事业得到了进一步发展。今年，自治区文化厅重点加强了基础建设工作。在全区认真组织、部署了申报第六批全国重点文物保护单位工作，共向国家文物局推荐上报了50处申报第六批全国重点文物保护单位的材料。根据中央领导李长春同志的指示，会同东风航天城联合将一批已退役的航天发射基地申报为“第六批全国重点文物保护单位”。同时，专门召开会议、研究部署了锡盟及正蓝旗政府与北京、河北共同推进元上都、元中都和元大都联合申报世界文化遗产项目的工作，并认真完成了第四批内蒙古自治区重点文物保护单位的推荐工作，力争使全区自治区级重点文物保护单位的总数从158处增加到300处左右。初步完成了全国重点文物保护单位和申报第六批全国重点文物保护单位的“四有”档案的建立工作，开始了自治区重点文物保护单位现状调查，为全区文物保护和管理实现数字化奠定了基础。继续开展了全区馆藏一级文物鉴定工作，全区已鉴定一级文物共1522件。开展了全区馆藏二级和三级文物的鉴定及信息采集工作；开展了全区馆藏文物腐蚀状况的调查工作。完成了《大窑遗址总体规划》、《萨拉乌苏遗址保护总体规划》、《成吉思汗陵保护总体规划》、《阿尔寨石窟保护总体规划》的编制工作。

依法加强文物保护，推动文物立法工作。大力配合各级公安部门，依法严厉打击盗掘古墓和走私文物的犯罪活动。加强文物经费的管理与监督和使用工作，对重点文物保护工程实行招标和验收制度，在全区文博部门开展了对文物专项经费的审计工作。经过自治区人民政府第五次主席办公会研究决定，正式确定每年9月6日为“草原文化遗产保护日”，促进了内蒙古自治区的文物保护事业。完成了《内蒙古自治区文物保护条例》的修改，经自治区人大审议并原则上同意该条例草案。为了加强全区文物执法力度执法队伍建设，举办了两期文物行政执法人员培训班，培训干部150人，实行了持证上岗。为培养高级专业人才，在内蒙古大学举办了研究生班。共计培养专业人才50名。紧密配合铁路、公路、电厂等大型基本建设工程的文物保护和考古发掘工作。成立了自治区基本建设文物保护考古管理领导小组及办公室。并组织文物执法人员，对和林格尔县土城子古遗址被破坏事件予以严肃查处。

制订了辽上京、元上都、大窑、阿尔寨石窟、美岱召、居延等全国重点文物保护单位的保护规划和方案；开展了蒙古族等少数民族文物征集上报和立项工作。为加强文物保护工作，积极争取国家的支持，今年开始建立了全区重点文物保护单位项目库。完成了《内蒙古自治区“十一五”期间文物保护规划》和《内蒙古红色旅游规划》编制工作。

全区博物馆工作得到加强

完成了《内蒙古特色博物馆发展纲要》草拟工作，经自治区人民政府审议，批准实施。为推进我区各地博物馆建设的特色化进程，具有重要的指导意义。与此同时，进一步加强了全区各重点博物馆的“三贴近”工作，上半年免费接待中小学生15万人，举办了多次课外活动，取得了良好的社会效益。

文博科研学术工作取得显著成绩

组织撰写了《内蒙古文物考古丛书》和《蒙古族物质文化遗产研究》，完成了三、四部考古发掘报告的出版工作。7月份，会同中国陶瓷学会在内蒙古召开了“中国古代陶瓷”国际学术研讨会。同时，在鄂尔多斯召开了“中国·秦直道与草原文化学术会议”，在国内外宣传了秦直道为草原第一路。

文化市场

持续开展网吧专项整治

抓住未成年人禁入这个重点，加强了日常监管，严厉查处网吧的违规经营行为。乌海、包头等盟市与网吧经营业主签订守法经营协议书，成立网吧行业协会，对经营行为实行行业自律。组织全区开展了自治区、盟市、旗县区三级网吧远程计算机监控系统建设工作。目前，全区2700多家网吧7万多台计算机服务终端安装了“净网先锋”智能管理软件，实现了对全区在册网吧的实时全程监控，提高了监管效能。

强化对娱乐市场的监管

把好娱乐场所准入关，加强对歌舞娱乐场所表演和播放节目的审查，完善娱乐场所公示制度，进一步规范娱乐场所经营秩序。呼和浩特市、乌兰察布市等地将茶吧、酒吧等设有背景音乐和音像放映的场所纳入了文化市场管理，出台了管理办法。自治区和呼和浩特市认真落实中央领导批示精神，取缔了满都海西巷、丰州路无证照和集中经营的非法娱乐场所，维护了校园周边的正常秩序。

加强对农村牧区演出活动的管理

加大对演出市场特别是农村牧区演出市场的监管力度，建立重点场所、农村牧区交流文艺演出活动管理工作预案，坚持严格审批、严密监控，坚决遏制农村牧区大棚演出中的淫秽色情表演活动。2005年夏秋季的农村物资交流会和牧区那达慕大会中，自治区中西部地区共引进大棚演出团体20多个，都严格办理了审批手续，未出现违规演出或色情演出事件。

打击侵权盗版　保护知识产权

组织开展了第七届全区音像市场法制宣传周和“4·26世界知识产权日”宣传活动。在全区范围内组织开展了清理音像书刊、严厉打击压缩DVD和成系列违法音像制品、夏季文化市场督察行动等一系列专项行动，全区音像市场正版率有了明显提高。包头市以“创城迎会”为契机，在解决难题上求突破，做到了盗版音像制品全部下架，经营盗版音像制品的店档全部取缔。鄂尔多斯市、巴彦淖尔市等地还评选音像制品经营示范店，实行挂牌经营，起到了良好的示范和约束作用。

2005年，全区共出动执法检查人员63711人次，检查各类文化市场经营场所78237家（次），查处各类案件1024件，行政处罚1003起，移交司法机关处理2起，收缴各类非法音像制品333400张（盒），非法书刊83784册，非法电子游戏机、赌博电路版1377台（块），网吧电脑及附属设备1981件。文化市场经营秩序有了明显好转。

文化产业

进一步加强对文化产业发展的规划和指导

自治区厅进一步加强了对文化产业发展的具体指导，组织召开文化产业工作座谈会，深入研究探讨内蒙古自治区的文化产业的现状和理清文化产业发展思路。为了进一步摸清全区文化产业的发展状况，为文化产业的进一步发展提供可借鉴的经验，自治区文化厅组织专门人员到盟市地区进行文化产业调研工作，同时开展了全区文化产业典型征集和文化产业示范基地的评比工作。组织有关单位参加了首届西部文化产业博览会，在宣传自己优秀民族文化的同时，吸纳其他兄弟省份文化产业的成功经验。在“十一五”规划中，自治区文化厅又明确提出了全区文化产业的发展方向、目标、任务和保障措施，对全区的文化产业做了宏观部署。

对外及港澳台地区文化交流

自治区文化厅全年派出演出、展览和访问考察团组赴美国、俄罗斯、意大利、希腊、德国、奥地利、瑞士、英国、瑞典、土耳其、埃及、西班牙、日本、蒙古14个国家进行文化交流16起，184人次。审批对港澳台交流项目5起，52人次。邀请来自挪威、日本、蒙古和香港、澳门特区等21个国家和地区的艺术表演团（组）、书画、文物展览26起，624人次。其中，与蒙古国达成合作开展草原游牧民族考古项目和文物展览的友好协议，中蒙联合考古队在蒙古国开展了考古研究与发掘工作，这是内蒙古自治区首次派出考古队与国外考古队进行合作，意义十分重大。通过以上的文化交流活动，推动了内蒙古自治区民族文化在国际和港澳台地区的传播，扩大了草原文化的影响力和知名度。

大事记

1月~6月,内蒙古自治区文化厅开展了保持共产党员先进性教育活动。结合此项活动，为了加强机关建设，转变机关作风，提高办事效率，开展了机关建设年活动。

2月，内蒙古自治区文化厅开展向牛玉儒同志学习，争做“好干部，贴心人”争先创优活动。

3月，全区文化工作会议在呼和浩特市召开。

3月，自治区人民政府办公厅批转下发了文化厅起草的《关于进一步加强基层文化建设的意见》(内政办字[2005]67号)。这标志着内蒙古自治区基层文化建设将进一步加强。

4月，内蒙古博物馆、乌兰恰特大剧院和内蒙古体育馆三大重点工程奠基仪式在呼和浩特市举行。三项工程作为自治区成立60周年的献礼项目正式开工建设。

6月，中蒙两国联合考古研究暨文物展览合作项目签字仪式在呼和浩特举行，这项为期5年的合作项目填补了中蒙两国文物考古合作研究的空白。

6月，由中国社会科学院、中国人民大学、光明日报、香港凤凰卫视、内蒙古电视台和内蒙古仕奇集团联合主办的中国草原文化百家论坛在呼和浩特举行。

7月，内蒙古自治区政府决定从2005年起，将每年的9月6日设立为“内蒙古草原文化遗产保护日”。这是迄今为止全国首个文化遗产保护日。

7月，“中国·呼和浩特第六届昭君文化节”在呼和浩特市举行。

7月，内蒙古自治区文化厅和内蒙古自治区民委联合举办了首届内蒙古民歌暨第二届内蒙古长调歌曲演唱大赛。

7月，中国·秦直道与草原文化研讨会在鄂尔多斯市东胜区隆重举行，国内一些知名专家学者出席了会议。

8月，中国·内蒙古第二届国际草原文化节暨包头第二十届鹿城文化艺术节在包头市举行。

8月，第三届内蒙古自治区乌兰牧骑艺术节在鄂尔多斯市鄂托克旗举行。全区10个盟市的18支乌兰牧骑参加了文化艺术节。本次艺术节是内蒙古自治区乌兰牧骑成立48年以来规模最大、层次最高的一次艺术盛会。

8月，应“纪念世界反法西斯胜利60周年暨全球促进中国和平统一大会”组委会的邀请，齐·宝力高率“野马”马头琴乐团赴奥地利，在维也纳金色大厅进行了专场演出。这是内蒙古自治区民族艺术首次走进了世界音乐的最高殿堂，让更多人了解了内蒙古民族艺术的独特魅力。

8月，内蒙古首届乌力格尔艺术节在素有“乌力格尔之乡”美称的兴安盟科尔沁右翼中旗举行。

9月，全区农村牧区电影工作会议在呼和浩特市举行。

10月，内蒙古自治区二人台艺术团成立30周年庆典在呼和浩特隆重举行。

11月，内蒙古自治区非物质文化遗产普查工作正式启动。

11月，我国与蒙古国联合申报的“蒙古族长调民歌”被联合国教科文组织宣布为第三批

“人类口头和非物质遗产代表作”。

12月，在内蒙古自治区第十届人民代表大会常务委员会第十九次会议上正式审议表决通过了《内蒙古自治区文物保护条例（修正草案）》。

辽　宁　省

基本情况

2004年，全省文化工作坚持以邓小平理论和“三个代表”重要思想为指导，按照科学发展观的要求，紧紧围绕实现辽宁全面振兴与构建和谐辽宁这一中心，继续实施“打造精品、活跃基层、发展产业、注重人才”四大战略，推动了各项文化事业协调发展。

贯彻落实国家和省重大决策

一是制定了《辽宁省文化厅关于贯彻<中共中央国务院关于实施东北地区等老工业基地振兴战略的若干意见>全面推进辽宁文化建设的规划》；举办各类主题文化活动，为振兴老工业基地营造氛围，主要包括：举办“七彩夏风咏振兴”省直暨沈阳市舞台艺术演出季，在3个多月里演出了70余台优秀剧节目，并举办了工业题材话剧展演；举办“老基地新风采”系列社会文化活动，全省各市、县区共组织各类群众文艺比赛展览、优秀影片放映、读书活动和知识竞赛等500余项社会文化活动，历时7个月，参与群众近百万人。二是制定了《辽宁省文化厅贯彻落实<中共中央国务院关于进一步加强和改进未成年人思想道德建设的若干意见>的实施意见》；全省文化部门博物馆、纪念馆全部对未成年人等特殊社会群体免票，在“六·一”期间举办“老基地新风采”少年儿童文化艺术活动周，举办了优秀国产少年儿童影片展映、送优秀少儿文艺节目进校园展演和辽宁省首届“金虎杯”少儿艺术大赛等活动。努力解决网吧接纳未成年人进入问题。加强正面引导，召开了辽宁省“关心未成年人健康成长，创建良好网络环境动员宣讲大会”，宣传推广了大连、锦州等地好的经验和做法；同时，在对网吧专项整治中加大对网吧接纳未成年人违规行为的查处力度，对校园周边文化市场经营场所进行集中整治，使社会反映强烈的未成年人进入网吧势头得到了有效遏制。

专业艺术

成功举办了辽宁省第六届艺术节，推出了《女儿风流》、《带陌生女人回家》、《血胆玛瑙》等一批优秀剧目和优秀人才；成功尝试了“政府主导、市场运作、社会参与”的办节新路，为今后争取社会力量举办文化活动、发展文化产业探索出一条成功之路。艺术精品创作取得了新的突破。继歌剧《苍原》之后，辽宁人民艺术剧院的话剧《父亲》成功入选第二届国家舞台艺术精品工程十大精品剧目；在中国艺术节奖和文华奖两奖合一的第一年，辽宁人民艺术剧院同朝阳市话剧团联合创作的话剧《凌河影人》参加第七届中国艺术节，获第十一届文华大奖，又被确定为2005年度全国舞台艺术精品前30台剧目；沈阳歌舞团的舞剧《天祭》获文华新剧目奖；辽宁歌剧院“《苍原》、《沧海》——中国歌剧万里行”获中国演出家协会第二届“中国十大演出盛事奖”；在第八届中国戏剧节小剧场演出季中，抚顺歌舞话剧院的《带陌生女人回家》获金奖；在第四届中国评剧节中，沈阳评剧院的《闹牛记》和锦州评剧团的《新台月》获金奖；在中国京剧节、中国杂技节、武汉国际杂技节、上海国际芭蕾舞比赛等重要艺术活动中，辽宁省都取得了优异成绩。配合省政府组织了一系列重要演出活动。国庆节期间组织文艺节目进京参加北海公园游园演出，温家宝等党和国家领导人观看后给予好评；辽宁芭蕾舞团参加在人民大会堂举办的庆祝建国55周年大型文艺晚会演出，歌剧《苍原》进京参加国家舞台艺术精品工程“十大精品剧目”展演，为辽宁赢得了荣誉。启动了“高雅艺术普及工程”，推出了“星期音乐之旅”活动，促进了高雅艺术演出市场和观众群体的培育。

社会文化和图书馆事业

在举办“老基地新风采”系列文化活动的同时，举办了《祖国在我心中》大学生歌咏展演、辽宁省第六届少数民族文艺调演、“爱我家乡振兴辽宁”系列读书活动和图书馆服务宣传周、第六届艺术节“少儿文艺专场、群星奖获奖作品专场和企业文化专场；红塔集团及辉山乳业出资41万元，与省电影公司共同举办了公益电影广场放映活动，放映电影300余场；举办了纪念建党83周年和邓小平同志诞辰100周年影片展映活动；组织优秀作品参加了全国第十三届“群星奖”评奖，大连的小品《小岛情》、省群众艺术馆周卫的美术作品《一车东北老乡》、大连张德鹏的篆刻作品获国家群众文化政府最高奖——“群星奖”；在全国第三届“四进社区”文艺汇演评奖中，铁岭的拉场戏《打替班》获金奖，沈阳永丰社区、大连锦霞社区、鞍山石河社区、辽阳鹏程社区被中央文明办和文化部命名为“全国文化先进社区”；长海县剧团和辽阳市小戏《葡萄架下》剧组被中宣部、文化部命名为全国“服务农民服务基层”先进集体。省直和各市都普遍开展了公益活动社会化运作，有一些项目与企业成功合作，吸纳社会资金支持文化活动。落实省领导关于农村电影的批示，省政府分3年投入专项资金800万元扶持农村电影。成立了以副省长为组长的辽宁省民族民间文化保护工程领导小组，申请了专项资金，启动了民族民间文化保护工程。年内建成乡镇文化中心30个，创建省文化先进县3个，先进乡镇及街道35个，先进村及社区57个，民间文化艺术之乡4个。省财政投入专项资金600万元，对30个县图书馆和文化馆进行了扶持。继续推进文化信息资源共享工程建设，完成基层网点建设20个。开展了全省公共图书馆评估工作，一级馆达到20个，居全国前列，文化部评估组在对省图书馆及大连、沈阳等副省级城市图书馆工作给予了高度评价。辽宁北方院线公司不断壮大，全年电影票房收入达到4818万元，较去年有大幅度上升，仍居全国前列。

文物考古和博物馆事业

申报世界遗产工作取得圆满成功，五女山山城、沈阳故宫、清盛京三陵被列入《世界遗产名录》，使辽宁省拥有6处世界遗产地，迈入世界遗产大省行列。建国以来辽宁最大的文化建设项目辽宁省博物馆新馆正式开馆，推出《清宫散佚书画国宝展》等7个专题展览，取得了良好的社会效益和经济效益。“牛河梁遗址第十六地点”发掘项目入选2003年度“全国十大考古新发现”，使辽宁省第六次获此殊荣。继续开展了文物执法工作。依法审批和审核在牛河梁遗址、西炮台遗址、海棠山摩崖造像、元帅林等全国重点和省级文物保护单位保护区域内的建设项目。特别是在论证北京至四平高速公路建设项目过程中，协调有关部门4次修改建设方案，最终达到了既保护了文物，又促成了项目的双赢目的，得到国家文物局和省政府的充分肯定。依法进行涉案文物和拍卖标的鉴定27次。作为全国4个试点省份，辽宁省的文博信息网建设取得阶段性成果，文物调查及数据库管理系统建设已初步完成，顺利通过国家专家组的验收，标志着辽宁省此项工作在数据量、准确性、规范化等方面均走在试点省份前列。欧盟“亚洲城市计划”援助项目在辽宁省兴城市启动，由欧盟提供了50万欧元无偿援助。加强和健全文物保护管理机构，省文物局增设了文物执法监督处，成立了辽宁省文物保护中心。召开了全省文物工作会议。新宾县被评为全国文物工作先进县。

文化市场

继续坚持“繁荣为主、发展第一”的工作思路，促进文化市场建设。将打击盗版和推介正版有机结合，举办了我国北方最大规模的“2004辽宁正版音像制品推介会”，来自省内外的音像业代表240余人和上万名群众参加活动，取得了积极成果；组织开展了全省百家正版音像制品经营示范店评选活动和音像市场法制宣传活动，鼓励引导正版音像制品经营，有效扩大了正版制品在音像市场中的占有份额；全年集中销毁违法音像制品316万张；2003年7月15日省厅与沈阳市公安局破获的盗版光盘案成为全国保护知识产权十大案例之一。健全演出行业和中介机构，成立了辽宁省演出协会，形成了政府与行业、行业与社会之间的桥梁和纽带，继续举办了演出经纪从业人员培训班。按照国家统一部署，从3月份开始，开展了全省网吧等互联网上网服务营业场所专项整治工作，严厉查处网吧等互联网上网服务经营场所违法接纳未成年人进入和超时营业活动，净化和规范网络文化经营活动。专项整治以来，各市克服了人员少、经费不足的困难，夜以继日地工作，共受理举报近4000件，出动检查人员17万人次，检查网吧场所8万家次，平均每家检查超过10次，处罚网吧5800家次，受到停业整顿和吊销许可证处罚的1200余家，罚没收入600万元。共聘请网吧义务监督员4600人，建立网吧行业协会35个。锦州、鞍山、抚顺、铁岭都创造条件实现了零点切断。在专项整治工作中还组织了两次大规模的集中行动，有效遏制了网吧违法违规经营。

对外及港澳台地区文化交流

全省共实施对外及对港澳台文化交流项目157起，1409人次。派出交流项目68起，引进交流项目89起。在举世瞩目的中法文化年活动中，省博物馆馆藏精品参加了重点展览《神圣的山峰展》，辽宁芭蕾舞团打造的精品剧目《末代皇帝》被文化部指定为重点演出剧目，该剧在法国演出后，又赴西班牙商演，政府重大项目与商业运作相结合，既扩大了宣传，又取得了较好的经济效益。省博物馆和省考古研究所的文物精品参加国家在美国举办的《走向盛唐》展览，产生了极好的影响。在香港与香港文汇报联合举办“辽宁省博物馆新馆开馆暨《清宫散佚国宝特集》海外首发新闻发布会”，扩大了辽博新馆在海外的影响。在“走出去”战略的带动下，各市及省直艺术院团竞相打造面向国际市场的品牌产品，有越来越多的社会和民间力量也投入到赴外商演的组织联络中，商业性文化交流活动日益活跃，全年赴外商演创汇达2000万元。发挥政府主导作用，加大引进国外艺术精品的力度，采用市场化运作获得回报。年内引进10余个国家及地区的50余个艺术团组来辽宁演出，活跃了全省的文化市场。辽宁省演出公司与沈阳杂技团联合引进美国百老汇经典剧目《音乐之声》创下我省国外剧目在同一剧场连演一周的纪录。省艺术节以及沈阳、大连、鞍山等市在政府举办的大型活动中，邀请国外艺术团组参加，为活动增添了色彩。积极引进国外先进技术和智力为我所用，辽宁芭蕾舞团聘请的俄罗斯芭蕾舞专家沙沙荣获2004年度省政府颁发的“辽宁友谊奖”。加强对外文化的归口管理工作，召开了全省对外文化工作座谈会。

文化体制改革

按照中央和省委的统一部署，全省文化体制改革呈现规范有序、积极稳妥、扎实推进的良好态势。一是积累了初步经验，出了好的典型。沈阳市、锦州市在分类定性、分类改革方面进行了积极探索，取得了初步经验；辽宁歌舞团采取市场化运作方式，连续创作生产出几台有市场、有效益、受欢迎的好剧目，全年收入突破了1000万元；辽宁大剧院面向市场，走产业化发展道路，全年完成经营收入1100万元；辽宁民间艺术团做优做响二人转知名品牌，全年演出1065场，完成演出收入1300万元。二是在解决改革重点问题上取得新进展。以组建集团为突破口，重塑市场主体，沈阳市成立杂技演艺有限公司集团等5家较大型文化企业集团，实行公司运作，建立具有现代企业制度、能够适应市场变化的现代企业集团。大连市已完成大连市电影公司整体改制为企业，组建了文化资产经营公司，管理国有文化企事业单位资产经营。三是带动了面上改革，省直及各市文化事业单位劳动、人事、分配制度改革继续深化。在全省人事工作会上，文化厅介绍了人事制度和分配制度改革经验。

文化产业

召开了文化产业科（处）长会议，加强对文化产业工作的指导。邀请文化产业司领导来辽宁省进行文化产业讲座。确定了文艺演出业、艺术培训业、电影业和文化娱乐业优势产业，面向群众，面向市场，文化产业全面发展。2004年全省国内外演出收入首次突破5000万元，同比增长25.2%；其中省直院团演出收入达2492万元，同比增长21%。在全国文化产业工作会议上，文化厅作为全国4个典型之一介绍了经验。在首届深圳国际文化产业博览会上，辽宁省推介的47个项目全部入选《全国文化产业投融资项目手册》，沈阳故宫、营口市文化局、盘锦市兴隆台区分别设立展位，吸引了大量国内外参观者，进行招商引资，取得了明显效果。初步建立了全省文化系统文化产业项目库，开展了文化产业统计指标试填报工作。加大了对民营文化产业的指导和扶持力度，取得了新成效。盘锦市兴隆台区文化产业园区、辽宁民间艺术团、锦州辽西文化古玩商城和大连普利文化产业基地被文化部命名为国家文化产业示范基地。辽宁民间艺术团发展文化产业的经验在全国文化体制改革工作简报上向全国各地进行了广泛宣传。2004年，全省文化产业收入完成28亿元，增长16%；文化产业增加值完成15亿元，增长16%；上缴税金完成1.2亿元，增长20%；文化产业从业人员达19万人。

文化人物——宋国锋

国家一级演员。1950年8月生于赤峰市。1966年4月被选调到市乌兰牧骑当演员，后任副队长。1978年调入辽宁人民艺术剧院，历任演员、副队长、队长、副院长，现任辽宁人民艺术剧院、辽宁儿童艺术剧院院长兼党委书记，辽宁省文联副主席，辽宁省戏剧家协会主席。中国话剧艺术研究会副会长。曾先后在《于无声处》、《报春花》、《高山下的花环》、《秦始皇》、《李尔王》、《父亲》、《任弼时》、《凌河影人》等几十部大型话剧中担纲主角。曾获得：文化部颁发的"主演一等奖"；第五届中国戏剧"梅花奖"；第二届、第九届、第十一届"文华表演奖"；中国话剧第三届"金狮奖"；中国话剧90年"优秀表演奖"；中国戏剧第十七届梅花奖"二度梅"；第六届中国戏剧节"表演金奖"；上海"白玉兰奖"；全国话剧新剧目交流演出"优秀表演奖"等12次国家级大奖。此外，还曾10次获东北三省以及辽宁省级大奖。近几年来，由他主持创作并领衔主演的大型话剧有5台获中宣部"五个一工程奖"并3次荣膺戏剧类榜首；2000年他主演的话剧《父亲》荣获第九届"文华大奖"；第六届"中国艺术节大奖"；2003年由他主演的电影《父亲》在第27届开罗国际电影节评奖活动中，他本人获最佳男演员奖。话剧《父亲》被评为国家舞台艺术精品工程十大精品剧目；话剧《凌河影人》再度进入国家舞台艺术精品工程初选剧目；1986年被国务院批准为尖子演员。1991年被国务院批准享受"政府特殊津贴"；1996年被评为"辽宁省专业技术拔尖人才"，同年被授予"辽宁文艺新星"称号。1999年被授予"辽宁省德艺双馨文艺家"称号；2000年被评为全国文化战线先进工作者；2001年被评为辽宁省优秀专家。

优秀文化单位——辽宁人民艺术剧院

原名东北人民艺术剧院，1951年10月2日成立于沈阳，它的基础是东北鲁艺文学院实验剧院，东北音乐工作团，东北文工团和东北文教队。1953年鲁艺戏剧部并入，1954年8月东北行政区撤销，原辽东话剧团和辽西话剧团并入剧院，改名为辽宁人民艺术剧院，直属辽宁省人民政府。先后担任院长的有：塞克、安波、洛汀、白居、李默然、丁尼、辛微，现任院长宋国锋，名誉院长李默然。

建院以来，先后上演了古今中外剧目200余个，演出足迹踏遍祖国大江南北，演出本院创作的代表剧目有：《妇女代表》、《春风吹到诺敏河》、《洞箫横吹》、《红石钟声》、《白卷先生》、《秦始皇》、《报春花》、《高山下的花环》、《金石滩》、《爱洒人间》、《那一年在夏天》、《夕照》、《缘分》、《鸣岐书记》、《岁月》、《父亲》

等；上演的古今中外代表剧目有：《李闯王》、《日出》、《雷雨》、《家》、《曙光照耀莫斯科》、《尤利乌斯，伏契克》、《第一次打击》、《在那一边》、《吝啬鬼》、《原野》、《阿Q正传》、《秋瑾》、《骆驼祥子》、《第二个春天》、《于无声处》、《清宫外史》、《结婚》、《李尔王》等。剧院历届领导非常重视创作演出反映现实生活，与时代同步，与人民同心的话剧艺术作品，在辽宁乃至全国产生了广泛的社会影响。在长期的舞台艺术实践中涌现出一大批深受人民喜爱的表演艺术家：李默然、王秋颖、陈颖、赵凡、赫海泉、辛微、刘文治、宋国锋、王早来、周红等，同时剧院造就了一大批剧作家、舞台美术家和著名导演：洛汀、肖丁、崔淮、丁尼、刘喜廷、刘家荣、崔德志、房春如、杨淑慧、俞志先、潘固、王纪厚等。

历年来剧院在参加全国性演出评奖活动中一大批剧目和演职员获得了各种奖励和荣誉，特别是进入上个世纪90年代，剧院曾多次获得中宣部“五个一工程奖”，文化部“文华奖”、“文华大奖”、“曹禺戏剧金奖”、“中国艺术节大奖”；东北三省话剧节以及辽宁省艺术节大奖；今年，话剧《父亲》成功入选第二届国家舞台艺术精品工程十大精品剧目；辽宁人民艺术剧院同朝阳市话剧团联合创作的话剧《凌河影人》参加第七届中国艺术节，获第十一届文华大奖，又被确定为2005年度全国舞台艺术精品前30台剧目。一批造诣深、影响大、在全国享有一定知名度、深受广大观众喜爱和赞赏的艺术家在这里辛勤耕耘，一批青年艺术骨干在这片艺术的肥田沃土上茁壮成长。1999年3月辽宁儿童艺术剧院并入，使辽宁人民艺术剧院成为集话剧、儿童剧、声乐、舞蹈、电声乐团、电视艺术中心等为一体的国内大型专业艺术团体。

1984年剧院成立了电视剧部，先后拍摄电视剧180部集，译制国外影视剧5000多部集。曾获得辽宁、东北三省以及全国的各项奖励。目前的辽宁人艺电视艺术中心拥有先进的电视剧节目前后期生产的全套设备，拥有一支实力很强的从事电视剧生产的演职员队伍，剧院每年至少拍摄一部长篇电视连续剧。此外剧院拥有自己培养后备人才的基地，辽宁人民艺术剧院附属艺术学校，这所培养与使用紧密结合的艺术摇篮正在为话剧、儿童剧、音乐剧、电视剧，源源不断地培养各方面的专业后备人才。

重要会议

2月10日~11日，全省文化局长会议在辽宁大剧院召开。彭益民厅长传达了全国文化厅局长会议精神，并作了题为《紧紧围绕辽宁老工业基地振兴，积极推进全省文化建设》的工作报告，沈阳、大连、锦州市文化局，辽宁歌舞团、省电影公司、辽宁民间艺术团在会上作了经验介绍。省政府副省长滕卫平出席会议并讲话，省政协副主席张毓茂及省委宣传部、省人大教科文卫委领导出席会议，各市文化局长、厅机关正副处长、厅直单位领导班子成员共140余人参加了会议。

8月25日，全省文化局长座谈会在沈阳召开。会议传达了全国文化厅局长座谈会精神，总结了前段的工作，安排部署了今后4个月全省文化工作。彭益民厅长主持会议并讲话，厅党组成员参加了会议。

12月27日，辽宁省政府在沈阳召开全省文物工作会议。会议总结了近年来全省文物工作所取得的主要成绩，表彰了24个全省文物工作先进集体和37位先进个人，安排部署了后一时期的文物工作。国家文物局局长单霁翔、副省长滕卫平、省政协副主席赵新良出席会议，省政府副秘书长李宝忠主持会议，单霁翔、滕卫平分别发表了重要讲话，彭益民厅长作了题为《服务辽宁老工业基地振兴战略，全面做好新时期文物工作》的报告。省委宣传部、发改委、人事厅、财政厅等20个省直有关单位以及沈阳海关、大连海关的领导出席了会议，文化厅领导、机关处长和各市市政府、文化局、文物局、博物馆和省直文博单位负责人，受表彰的先进集体和先进个人代表总计

180余人参加了会议。

3月26日，省政府召开全省网吧等互联网上网服务营业场所专项整治电视电话会议。会议目的是贯彻落实国务院办公厅转发文化部等部委文件和全国电视电话会议精神。会上提出了《关于开展我省网吧等互联网上网服务营业场所专项整治的方案》，省文化厅厅长彭益民主持会议，副省长滕卫平作了重要讲话，省文化厅、工商局、教育厅、财政厅、文明办、共青团等8部门负责人参加了主会场的会议；各市主管副市长、副秘书长，文化、工商、公安等部门负责人在各市分会场参加了会议。

重大事件

4月8日，辽宁省演出协会成立。辽宁省演出协会是经省文化厅批准、省民政厅登记的非盈利性社会团体。协会将根据所定章程配合文化主管部门开展演出经营活动，规范演出行为、提高行业自律意识，培育健康、活跃的演出市场。

4月27日，辽宁杂技团成立。该团隶属于辽宁歌舞团，借助辽宁歌舞团、辽宁民族乐团多元艺术资源整合优势，采取股份制为投资方式，自负盈亏。该团成立后首台大型杂技节目《呼喊与细语》于29日在中华剧场作首场演出。

4月，辽宁省兴城市成为我国第一个被“亚洲城市计划”选定的无偿援助对象。“亚洲城市计划”是欧盟对外援助项目之一，其宗旨是加强欧盟与亚洲城市的交流和友谊，加强欧亚两大洲的联系。此次援助兴城项目合作期2年，资金总额80万欧元（包括兴城的配套资金18万欧元），重点实施以下项目：旅游开发、文化遗产保护和建设、城市再生、房屋改造及相关的基础设施建设研究、人员培训等。

5月9日，下发了《关于同意沈阳北市大观茶园为“辽宁省评剧历史博览基地”的批复》，命名沈阳北市大观茶园（现辽宁青年剧场）为“辽宁省评剧历史博览基地”。

6月28日～7月7日，第二十八届世界文化遗产大会在中国苏州召开。辽宁省五女山山城作为“高句丽王城、王陵及贵族墓葬”项目的组成部分、沈阳故宫作为“明清故宫”的扩展项目、清盛京三陵（抚顺的永陵、沈阳的福陵和昭陵）作为“明清皇家陵寝”项目顺利通过大会审议，被列入《世界遗产名录》。滕卫平副省长率领辽宁代表团参加了大会。

7月，盘锦市兴隆台区文化产业园区被文化部命名为国家文化产业示范基地。

9月2日，辽宁省文物保护中心正式成立，这是我厅直属的全额拨款文化事业单位之一。该中心定编17人，其职能是负责全省古建筑设计、施工、监理，全省馆藏二级以上文物、全省涉案文物、东北三省文物出境鉴定工作以及全省文博信息网的筹建和维护工作。

9月10日～25日，全国第十三届“群星奖”评奖在杭州举行，辽宁省选送的小品《小岛情》、美术作品《一车东北老乡》、书法作品《篆刻》获得“群星奖”，少儿舞蹈《剪纸鹤》、单弦《戒赌》、故事《大山里的孩子》、摄影作品《主人》获得优秀奖，另有14个舞蹈、曲艺及美术、书法、摄影作品获得纪念奖。

9月12日，文化部就丹东市文化局副局长刘桂腾同志负责的“十五”国家一般课题《中国东北少数民族萨满乐器研究》下发结项通知书，表明此课题经验收合格，准予结项。

9月26日，由辽宁人民艺术剧院和朝阳市话剧团联合排演的话剧《凌河影人》在杭州举办的第七届中国艺术节上荣获第十一届“文华大奖”，沈阳歌舞团的舞剧《天祭》获“文华新剧目奖”。

10月4日，省委书记闻世震、省长张文岳就《四库全书》归还辽宁的问题，写信向李长春同志反映情况，李长春同志批示：“至立并家正同志：这是个老问题。请在原有工作的基础上，努力找到双方都能接受的意见，报国务院研究。”

11月5日，应省文化厅和朝阳市政府的邀请，国家文物局考古专家组专家徐光冀、叶学明和辽宁省文物保护专家实地检查了朝阳北大街改造工程中的考古发掘工地和文物保护工作情况。这次考古发掘有三燕、北魏、隋、唐、辽、金、元等多个历史时期的遗存，特别是在三号地点发现的三门道城门址，应为龙城宫城的南门，是三燕国都龙城的重要标志，证明了三燕龙城所在地。

11月10日，盘锦市兴隆台区文化产业园区、辽宁民间艺术团、锦州辽西文化古玩商城和大连普利文化产业基地被文化部命名为国家文化产业示范基地。

11月12日，建国以来辽宁最大的文化建设项目、建筑面积2.89万平方米、总投资2.8亿元的辽宁省博物馆新馆举行开馆仪式。仪式由副省长李佳主持，国家文物局副局长童明康致辞祝贺，省委副书记王万宾发表讲话。省委书记、省人大主任闻世震，沈阳军区政委姜福堂上将，省委副书记、省长张文岳，文化部副部长郑欣淼，中国博物馆学会理事长张文彬等有关部门领导出席开馆仪式，来自国家博物馆、故宫博物院以及全国20个省、市、自治区和辽宁各市文化文物界、艺术收藏界的专家学者共计1000余人参加了开幕式。辽宁省博物馆特别顾问，香港著名慈善家、艺术家梁洁华博士也参加仪式。

11月15日，辽宁省民族民间文化保护工程领导小组成立，副省长滕卫平任组长，省文化厅厅长彭益民、省委宣传部副部长郭兴文、省政府办公厅副秘书长李宝忠、省财政厅副厅长阎伟任副组长，成员分别由各有关单位领导及部门负责同志担任。省委宣传部、省文化厅、省财政厅联合下发《关于实施辽宁省民族民间文化保护工程的通知》(辽文发［2004］28号)，公布了《辽宁省民族民间文化保护工程实施方案》，对全省民族民间文化保护工作提出了指导性意见。

11月16日～17日，国家文物局组织国家文物和计算机专家对辽宁省“文物调查及数据库管理系统建设”试点工作进行了验收，对辽宁省的工作给予了高度评价。

12月21日，文化部在北京召开2003～2004年度国家舞台艺术精品工程评选结果新闻发布会，辽宁人民艺术剧院的话剧《父亲》以第二名的排序成功入选本年度国家舞台艺术精品工程“十大精品剧目”。

重要活动

4月8日，省文化厅召开2004年度社会文化公益活动合作项目新闻发布会，向社会发布了30项公益文化活动，主要有老基地新风采系列活动、北方新音乐会、京剧名家名段演唱等。省市20余个新闻单位参加了发布会。

4月10日～16日，开展了全省网吧等互联网上网服务营业场所专项集中执法行动。此次行动重点查处未成年人进入、网吧超时营业等问题，全省各市共出动人员4518人次，检查场所7968家次，处罚748家，取缔非法经营场所16家，停业整顿124家，罚没电脑主机1842台。全省网吧场所的经营秩序有了明显好转。

4月26日，全国网吧场所专项整治统一行动周辽宁暨沈阳分会场启动仪式在辽宁大剧院广场举行。彭益民厅长主持启动仪式，沈阳市副市长王玲、中央督察组领导窦思恩分别作了讲话，省政府李宝忠副秘书长宣布活动周启动。省及沈阳市文化、公安、工商电信等200余名执法人员参加了仪式。

5月5日，省委副书记、省长张文岳在省委常委、宣传部长焦利陪同下视察了辽宁人民艺术剧院、辽宁歌剧院、辽宁歌舞团、辽宁芭蕾舞团，观看了排练，询问了演员工作和生活情况，听取了院团负责人的工作汇报并与编剧、导演和部分演员进行了座谈。

5月18日～19日，“辽宁省文化艺术优秀成果奖”评选举行。全省各级文化部门推荐的艺术研究、文物博物、群众文化研究、图书馆学、文化市场理论研究共5个方面的57个优秀成果参加评选，共评选出特别奖2个、一等奖6个、二等奖9个、三等奖11个。其中8个优秀成果被推荐参加文化部组织的全国艺术科研优秀成果奖评选。

5月23日,由省委宣传部、省文化厅、沈阳市委宣传部、沈阳市文化局共同主办的“七彩夏风咏振兴”省直暨沈阳市舞台艺术展演季活动开幕式在中华剧场举行，辽宁人民艺术剧院于当晚演出了工业题材话剧《那一年在夏天》。至8月底，省直和沈阳市9个专业艺术表演团体、沈阳音乐学院、部队艺术团体及省外、境外的艺术家们演出70余台优秀剧节目。

6月2日,由省委宣传部、省文化厅、省广电局、省文联共同主办的辽宁省“老基地新风采”系列社会文化活动暨少年儿童文化艺术活动周开幕式在沈铁文化宫举行。在此后的一个月里，先后举办的主要活动包括：少儿舞蹈比赛；少儿声乐比赛；少儿器乐比赛；老年、成年器乐比赛；老年、成年声乐比赛；辽教杯“爱我家乡振兴辽宁”读书活动百题知识竞赛；美术、书法、摄影展；少年、成年、老年戏剧、曲艺比赛等，形式多样，参与人员众多，极大地丰富了全省人民的文化生活，为振兴辽宁老工业基地增添了新的风采。

6月5日，辽宁歌剧院、辽宁乐团与辽宁大剧院联合推出《星期音乐之旅》首场演出，此后每周将在辽宁大剧院小剧场演出交响音乐会。演出旨在推广高雅艺术，培育观众群体。

6月，为贯彻落实全国加强和改进未成年人思想道德建设工作会议精神，为未成年人成长创造良好的社会环境，由省委宣传部、省文化厅、省教育厅、省妇联联合举办的“优秀国产少儿影片展映活动”在全省举行，一个月内参展影片有《少年英雄》、《飘扬的红领巾》、《花儿怒放》等20余部。

7月1日~9月30日，省文化厅、省教育厅、省总工会、团省委、省妇联共同在全省举办纪念建党83周年和邓小平同志诞辰100周年电影展映活动。展映期间，将展出《小平您好》、《邓小平1928》、《我的法兰西岁月》等新摄制的影片和《毛泽东的故事》、《开国大典》等复映影片30余部。

7月8日，辽宁省委、省政府召开“辽宁省申报世界文化遗产工作先进集体和先进个人表彰大会”。省委常委、宣传部长焦利主持会议，副省长滕卫平作了“申遗”工作回顾，省委常委、常务副省长许卫国宣读了表彰决定，省委副书记王万宾同志作了重要讲话。会上授予沈阳市政府、省文化厅等6家单位为“申报世界文化遗产工作突出贡献单位”，授予省委宣传部等8家单位为“申报世界文化遗产工作先进单位”，分别给王玲、常明等70人荣记个人一、二、三等功。

7月13日，辽宁省暨锦州市创建绿色“网吧”行动启动仪式在锦州举行，目的是通过动员全社会的力量，努力为未成年人创造有利于身心健康成长的社会文化环境。省文化厅、锦州市有关领导出席了仪式及会议，营口、盘锦、阜新、朝阳、葫芦岛五市的文化市场管理部门及锦州市市属的300多家“网吧”业主参加了会议。

7月，文化厅为了进一步深化人事制度改革，拓宽选拔人才渠道，为省直文化事业发展提供强有力的后备人才保证，开展了面向社会进行的公开招聘工作。本次公开招聘工作有36个专业60个门类共182个岗位面向社会吸纳人才，共有407人报名，实际参加应聘考试的360人，入围179人，各用人单位实际录用139人，其中11人为编制外合同制职工。

7月26日~28日，辽宁省艺术家“心连心”艺术团赴阜新、朝阳进行慰问演出。

8月5日~20日，根据文化部的统一部署，在全省开展了公共图书馆评估定级工作。全省共有54个图书馆参加了评估，其中市图书馆5个，市少儿图书馆4个，县区图书馆45个。

8月6日，中国网通辽宁省通信公司沈阳分公司赞助辽宁省第六届艺术节事宜达成协议。中国网通辽宁省通信公司沈阳分公司独家冠名赞助本届艺术节，名称为“小灵通杯”辽宁省第六届艺术节。

8月6日~8日，省文化厅与文化部市场司联合主办了2004年度辽宁正版音像制品推介会。同时，“倡导正版、抵制盗版”签名活动、全省集中销毁违法音像制品启动仪式正式开始。来自省内外的音像业及音像制品经营者代表240余人（其中香港地区等省外代表30余人）参加此次推介会。

8月18日，辽宁人民艺术剧院举行庆祝剧院成立50周年活动。中共中央政治局常委李长春发来贺信，文化部部长孙家正也发来贺信表示祝贺。辽宁省省委书记闻世震为辽艺题词，省长张文岳写来贺信。

8月12日～17日，应文化部邀请，朝鲜文化工作者代表团一行9人在文化部外联局刘东参赞等2人的陪同下，对沈阳、大连进行了友好访问。

9月2日～4日，由省民委、省文化厅主办的辽宁省第六届少数民族文艺调演在沈阳举行。全省14个市的少数民族演员表演的67个节目参加了演出。

9月29日，省文化厅、省教育厅、省财政厅、省广电局、团省委举办的“辽宁省《祖国在我心中》庆祝建国55周年大学生歌咏展演”活动，在沈阳中华剧场举行，全省11所高校的合唱队1100余名大学生参加演出。

10月1日，根据首都建国55周年庆祝活动领导小组的安排，辽宁省组织文艺节目晋京参加纪念建国55周年北海公园游园演出，党和国家领导人温家宝、吴官正等观看后给予好评；应文化部邀请，辽宁芭蕾舞团的舞蹈《共和国之恋》、《祖国，慈祥的母亲》参加了在人民大会堂举办的庆祝建国55周年大型文艺晚会演出，党和国家领导人胡锦涛等观看了演出。

10月1日，由省文化厅主办，省博物馆承办，“人民鉴赏家”杨仁恺先生九十寿辰庆祝活动在省博物馆举行。

10月25日～30日，彭益民厅长、省博物馆名誉馆长杨仁恺等一行9人，赴香港与《文汇报》联合举行了辽宁省博物馆开馆新闻发布会暨《清宫散佚国宝特集》首发式，并与有关方面进一步洽谈和落实下一步宣传和合作事项。

11月13日，辽宁省博物馆新馆首届展览对外展出，为期一个月。首届展览推出了《清宫散佚书画国宝展》、《中国古代碑志展》、《中国古代货币展》、《辽代瓷器精品展》、《清宫瓷器展》、《明清工艺品展》、《指画大师吴在炎捐献作品展》共7大展览。其中《清明上河图》、《簪花仕女图》等国宝级文物在辽沈的观众中引起极大反响，人们争相前往参观。

文化行政管理部门机构设置

全省文化行政管理部门为省、市、县三级政府行政机构，省级为省文化厅（文物局），市级为市文化局、县级为县文化局。省文化厅（文物局）机关现有编制49个，其中行政编制44个，事业编制（机关工人）5个，设办公室、人事教育处、监察处、计划财务处（文化产业处）、艺术处（外事处）、社会文化处、文化市场处、文物处（文物执法监督处）、机关党委、老干部处，共10个处室，党组成员5名，助理巡视员2名，处级以上领导干部17名。

文化艺术节庆活动

辽宁省第六届艺术节

“小灵通杯”辽宁省第六届艺术节于8月22日～9月2日在沈阳举行。文化部陈晓光副部长、省委王万宾副书记、省宣传部焦利部长、省政府滕卫平副省长等出席了在辽宁大剧院举行的开幕式；陈晓光致辞，滕卫平讲话；开幕式上演出了由盘锦市歌舞团、辽宁歌剧院共同创作的轻歌剧《红海滩》。本届艺术节期间，来自省内外的24个专业艺术表演团体，在沈阳13个剧场演出了27台剧节目共44场，演职人员有2000余人，观众近3万人。本届艺术节专业评奖综合类有10台剧目获优秀剧目奖，2台节目获优秀演出奖；单项类评出优秀编剧奖7个，优秀导演奖5个，优秀表演奖37个；节目类评出优秀表演、演奏奖9个，优秀编剧奖1

个，优秀导演奖1个。同时，有3台群众文化专场参加艺术节演出，共评出金奖、银奖各17个。全省200多个市县组织了330余场的文化广场活动，参与群众达60余万人。

吉林省

2004年，在省委、省政府的正确领导下，按照年初全省文化局长会议的部署，全省文化工作者比较好地完成了年初确定的工作任务和目标，各项文化事业稳步健康地向前发展。

艺术建设取得新成果

2004年，全省新创作剧（节）目150多个，全省艺术表演团体共演出6000多场，收入3000多万元，其中省直艺术表演团体演出670多场，收入760多万元。召开了吉林省2004年二人转·戏剧小品重点剧本讨论会和"创业潮"艺术创作研讨会。以歌曲《新松花江上》、《东北虎》和大型吉剧《祈太平》等为代表的各类剧（节）目受到广泛好评。在第四届全国小品比赛、第三届中国曲艺牡丹奖评比、第四届中国评剧节、全国相声小品邀请赛、第六届全国杂技比赛等各类艺术展演和比赛中取得了可喜的成绩。各类演出活动也十分活跃。组织了"上海——吉林·振兴老工业基地经济文化交流周"开幕式大型文艺晚会《多彩吉林》和吉林省暨长春市纪念邓小平同志诞辰100周年文艺晚会《光辉的旗帜》大型演出。组织有关艺术表演团体参加第六届亚洲艺术节开幕式文艺演出、第八届中国投资贸易洽谈 会《东北之夜》大型文艺晚会和吉林省暨长春市庆祝中华人民共和国成立55周年《祖国颂》文艺晚会。"三节"期间，组织了省委、省政府春节团拜会文艺演出、"吉林—香港节"、纪念吉林省人民代表大会成立50周年、接待广东省政府代表团、接待中华海外联谊会考察团等专场文艺演出。组织了"二人转演出周"，并坚持送戏下乡，丰富了广大人民群众的精神文化生活。

文化体制改革稳步推进

继续实施《关于进一步深化省直艺术表演团体改革的意见》，采取"借船出海"、"文企联姻"等措施，推动艺术表演团体拓宽融资渠道和演出市场，既兼顾了企业的利益，也为剧团的生存和发展增添了活力，收到很好的效果。继续全面推行以全员聘任制为重点的文化事业单位内部管理机制改革，重点进行了用人制度和分配制度改革。积极推进干部人事制度的改革，在全系统领导班子中实行了领导干部聘任制和任期工作目标责任制，并逐步完善聘任制、合同制和岗位目标管理责任制等。省图书馆和省博物院等单位努力在提高管理水平和两个效益上下工夫，打破了平均主义，强化服务意识，提高服务质量，有效地运用市场机制，取得了较好的社会效益和经济效益。经过一年多的努力，省博物院面貌焕然一新，全年创收60多万元。

基层文化工作取得新进展

培养了一批农村基层文化建设的典型，召开了全省农村基层文化工作经验交流会，推广了他们的成功经验。农民自办文化呈现良好的发展趋势，农村文化为农村经济建设服务的功能增强。城乡群众文化活动丰富多彩。通过组织吉林省"创业潮"群众文化月等活动，为"二次创业、振兴吉林"营造了良好的文化环境。在全国"群星奖"评比、全国京剧票友大赛、全国少数民族声乐大赛、全国特色文化广场评比等活动中也取得了较好成绩。

文博工作成绩显著

经过上下共同努力，主要在吉林省集安市的"高句丽王城、王陵及贵族墓葬"项目于2004年7月1日被第二十八届世界遗产大会批准列入《世界文化遗产名录》，带动了全省文物保护工作的发展。渤海国遗迹本体保护工作正有序地进行。组织编制完成汉书遗址、大金得胜陀颂碑、干沟子墓群等大遗址保护规划方案和吉林省文物保护"十一五"规划。完成了第六批全国重点文物保护单位的推荐工作。文物工作队伍建设及业务培训工作得到加强。博物馆工作及加强未成年人思想道德建设工作取得显著成绩。完成了馆藏一级文物档案报送工作。馆藏文物腐蚀调查工作全面启动。加强对文物市场和社会流散文物的管理，积极配合海关等部门查缴走私文物，有效地打击了文物走私犯罪活动。

文化市场健康规范发展

开展互联网上网服务营业场所专项整治工作，较好地规范了网络文化市场的经营秩序。贯彻压缩总量、提高质量的工作方针，全省网吧由文化部门接管时的4576家减少到3500余家，压缩了近1/3，并鼓励发展连锁网吧经营。积极筹建全省的网络管理平台，今年上半年可望正式运行，借助现代信息技术加强管理。规范净化了音像市场经营秩序，积极开展依法打击淫秽、盗版光盘行动。加强了电影发行放映管理，积极扶持农村电影先进典型。开展了全省民营文化产业调研及加强和改进未成年人思想道德工作调研。认真宣传贯彻《行政许可法》，举办法制培训班，加强了文化市场执法队伍建设，推动了依法行政工作。

对外文化交流丰富活跃

成功地举办了第六届亚洲艺术节。16个国家、17个专业艺术表演团体的460多名艺术家和8个国家的使节、文化参赞参加了本届艺术节，并举办了街路巡游、各国艺术团演出等系列活动，第六届亚洲艺术节受到了文化部、省政府领导和广大群众的高度赞誉。此外，还成功接待了泰国公主朱拉蓬来访。为了积极拓展国外演出市场、展览市场，先后派出省歌舞剧院、省吉剧团分赴韩国、印尼等国家交流演出。积极引进巴西歌舞团、俄罗斯国立小白桦歌舞团等国外优秀艺术表演团体来吉林省演出，全年共引进国外艺人来吉林省演出26次。

文化基础设施进一步改观

重点抓了基建维修项目的实施。积极争取国家和省、市、县加大对文化设施建设的投入，全省文化基础设施状况进一步改观。完成了省文化活动中心后续改造和省图书馆书库扩建工程；省博物院进行了展厅装修和办公区的改造，实现了全面对外开放。继续争取国家对县级文化馆、图书馆“十五”建设项目的资金支持。争取国家补助350万元，对长春市图书馆等3个建设项目实施了扩建，对11个文化设施进行了维修。

文化队伍建设和思想政治工作得到加强

积极组织开展了“解放思想、二次创业”教育实践活动、创建“学习型机关”活动和“争、创、评”活动，切实加强了党风廉政建设。

黑龙江省

综　述

2004年，黑龙江省文化工作全面推进，并在一些重要方面出现了新的亮点，取得了可喜业绩。到2004年底，全省共有文化（文物）事业单位1419个，文化（文物）系统职工12304人。其中专业艺术表演团体85个，从业人员5517人；艺术表演场所46个，从业人员523人；省、市、县三级群艺馆、文化馆145个，从业人员1894人；公共图书馆96个，从业人员1664人；公共博物馆46个，从业人员698人，行业博物馆11个；艺术教育、艺术创作、艺术研究、文化出版等其他文化事业机构39个，从业人员553人；文物管理机构83个，在编人员309人；文化市场管理稽查机构96个，在编稽查人员635人；有2300个农村电影放映队。

全省有全国文化先进县（区）19个，省级文化先进县（区）41个，全国边疆文化长廊建设先进地区20个，省级文化先进农场28个、省级文化先进林业局7个，有38个县（乡）被命名为“中国民间艺术之乡”。全省现有文物遗迹4500处，其中国家重点文物保护单位15处，省级文物保护单位212处，县市级文物保护单位350处。

文化经济政策和基础设施建设

2004年，黑龙江省各级政府进一步加大对文化事业的支持和投入力度。黑政办发[2003]14号文件（《黑龙江省人民政府办公厅转发省文化厅省计委省财政厅关于进一步支持文化事业发展若干政策的通知》）下发后，各级文化部门纷纷抢抓机遇，积极争取党委、政府的重视和有关部门的支持，努力落实文化经济政策，争取文化投入。据统计，目前已有伊春、鹤岗、双鸭山、绥化、鸡西、七台河等地市和一部分县出台了当地的配套性政策文件，一些市县通过政府常务会议等形式解决了一些长期存在的困难和问题。2004年，全省新增各类专项业务经费1316万元，文化（文物）事业费总支出39491万元，比上年增长9.1%，财政补助收入31586万元，比上年增长11.2%，其中省直事业费支出11711万元，比上年增长5.5%，财政补助收入12629万元，比上年增长26.33%。全省基础文化设施建设总投入1627万元，其中国家投资420万元，除国家和省下达的专项补助投入外，各地共配套投入文化设施建设资金6774万元。新建和改扩建文化设施项目28个，建设面积47754平方米，并维修了一批陈旧落后的文化设施，进一步落实基层文化工作基础。

专业艺术

2004年，黑龙江省专业艺术工作紧紧抓住创作和营销两个环节，在打造艺术品牌、争创市场效益方面取得显著成果。

在坚持“两个面向”打造艺术精品的方针指导下，经过几年的积累，全省精品生产呈现出良好发展势头：一是获奖数量多。共获中宣部“五个一工程奖”、上海“白玉兰”戏剧表演奖、中国戏剧红梅大奖等国家级各类奖项35个；重新修改提高的龙江剧《木兰传奇》和新创作的具有浓郁黑土地方特色的话剧《秋天的二人转》双双入选国家舞台艺术精品工程初选剧目，后者还荣获了国家文华新剧目奖和三项文华大奖。二是精品剧节目生产机制和品牌活动的运作机制不断更新。《秋天的二人转》首次实行制作人制度，整合省内顶级编、导演资源，面向全国营销，收入100多万元；大型评剧《任长霞》4个月在全省巡演30多场，收入20多万元；“中华吟”系列歌曲创作通过市场运营的方式，集中各方面优势，已完成17首优秀歌曲的策划制作；各地许多精品剧目、精品活动引入企业资金的活水，趟开了社会化运作的路子，越来越充满生机。全省各级专业艺术表演团体全年共演出18600场，比上年增加2000多场，经济效益良好。三是艺术生产、创作、演出的基础性工作得到加强。全省新剧目展演、全省地方戏作者笔会、全省管弦乐演奏员比赛等活动，有效地增加了我省艺术资源积累和人才积累。艺术科研工作取得了可喜成果，出色完成了2项国家级和5项省级艺术科研课题，圆满完成国家重点科研项目我省承担的7部文艺集成志书的编纂出版工作，荣获国家第四届文艺集成志书编纂出版成果特殊贡献奖。

文化工作的功能发挥得更充分，与政治经济工作的结合更紧密，社会影响更广泛。首届“黑龙江文化艺术之冬”活动，囊括专业和群文众多艺术门类，群众参与空前广泛，地域特色鲜明，成为黑龙江文化形象的新标志。首次采用省市联办的形式承办第二十七届“哈尔滨之夏”音乐会，集中省市优势力量，在层次、规模、影响等方面达到了近年来最好水平，实现“国际化方向，国家级标准，群众性参与”的目标；第十五届“哈洽会”大型文艺晚会《中国有个黑龙江》“突出特色、创办一流”，圆满完成了展示我省“美丽、富饶、开放、现代”的任务，获得了省领导、国际客商和广大观众的一致好评；承担黑龙江（香港）活动周演出任务，以省内最优秀艺术家组成的强大演出阵容，向香港人民奉献了一台具有鲜明地域特色的文艺节目，演出轰动港九，在让香港了解龙江、投资龙江、增进龙港友谊方面发挥了应有作用，受到了省委、省政府嘉奖；牡丹江京剧团的《智取威虎山》参加庆祝澳门回归5周年活动受到澳门同胞的热烈欢迎。为庆祝建国55周年、纪念邓小平诞辰100周年举办的演出活动，在营造节日氛围、振奋精神、鼓舞人心、活跃文艺舞台方面发挥了重要作用。各项文化工作紧密围绕党委政府中心工作，已经成为促进社会事业整体进步的重要力量。

群众文化工作

2004年，黑龙江省社会文化工作整体呈现良好局面，农村基层文化工作进一步加强，重点文化工程整体推进，群众业余文化生活丰富多彩。

有效实施重点文化工程。实施“送书下乡工程”，文化部、财政部向全省7个县、70个乡镇捐赠图书40222册，价值47万元；省文化厅、省财政厅共向5个县、63个乡镇送出图书93590册，价值100万元，极大缓解了当地群众读书难的状况。实施“文化信息资源共享工程”，已建成省、地、市、县、乡各级基层中心12家，其中7个地市级图书馆（哈尔滨、齐齐哈尔、佳木斯、伊春、鹤岗、牡丹江、鸡西市图书馆）、1个县级图书馆（同江市图书馆）、4个乡镇文化站（泰来县和平镇、同江市街津口乡、林甸县东兴乡、青冈县中和镇），即将投入使用；省级中心与省图书馆数字图书馆建设同步进行，已初具规模。实施“民族民间文化保护工程”。我省“赫哲族渔猎文化”已列入国家试点项目和省委调研课题，制订方案和调查摸底工作已经展开；实施“千里文明边防线工程”，积极向国家争取1800万元补助资金，确定重点地区，当年的补助资金已全部到位。开展全省国家级和省级文化先进县（区）复检和基层文化工作调研，有力推动了基层文化建设。

群众文化活动整体水平提高，品牌效应扩大。“城市之光”和“金色田野”系列文化活动在全省起到了明显的示范和导向作用，各地围绕这一主题开展的具有地方特色的一批群众文化活动固定下来，规模、质量、声势、影响逐年扩大提升，并呈现出社会共建、专群结合、内容与形式不断创新的特点。黑河等地的农民自办文化活动的兴起和发展给农村文化工作打开了新途径。刘云山同志对我省群众文化工作做出重要批示，新华社、人民日报、光明日报等中央媒体组成新闻采访团来我省采访，发表新闻通讯20多篇，进行了大规模宣传。全省“送文化下乡”和文化“四进社区”活动坚持经常，逐渐形成网络。全年送演出、展览5000余场次，放映电影75000多场，培训文艺骨干20000多人，分别与54个县、区、64个乡、村建立了联系点群众文艺创作出精品、上水平。老年舞蹈《渔歌》、少儿小品《校园外》获第十三届文化部“群星奖”。全省第十届“群星奖”比赛包括声乐（器乐）、戏剧、曲艺、舞蹈、美术、书法、摄影7大项，共有800多人参加比赛，是我省历年来参赛人数最多、赛时最长的一次“群星奖”比赛活动，涌现了一批新人新作。

文化市场工作

2004年，黑龙江省文化市场工作继续坚持整治与发展并重，文化市场繁荣有序。

以网吧专项治理为重点，对全省文化市场经营秩序进行持续整顿。全国工商、公安等9个部门共同部署的以打击“黑网吧”、保护未成年人为重点的“网吧”专项整治工作历时10个月，全省共开展集中检查1176次，出动人员11000人次，受理举报案件569起，取缔黑网吧236家，停业整顿298家，罚款总额超过100万元。对互联网上网服务营业场所连锁经营管理，本着从严审批、从严管理、从严控制总量、从严打击违法的原则鼓励连锁企业收购、兼并现有网吧，初步扭转了我省网吧多、乱、散、差的局面。开展歌舞娱乐场所专项检查工作，对色情、淫秽表演等违法违规活动进行了坚决打击，促进了歌舞娱乐场所规范经营和健康发展。组织全省音像市场治理冬季行动，全省共出动稽查人员4539人次，检查音像制品经营单位3700余家次，查扣DVD压缩碟等非法音像制品89700余盘。

运用现代高科技手段管理网吧，完成“净网先锋”网吧计算机监控系统安装建设工作，全省80余个县以上监控平台已全部投入使用，4182家网吧、近15万个终端均在系统控制之下，走在了全国前列。完成了黑龙江文化市场信息网、文化市场远程音视频会议系统、文化市场OA系统的开发建设工作，即将实现3套系统全省联网运行。这两大举措极大地提高了我省文化市场管理自动化、科学化程度，使全省文化市场的管理达到了新水平。

文艺演出市场出现新气象，一些项目的成功运作打开了良好局面，一系列市场运作的商业演出，规模大、层次高，经济效益可观，扭转了近年我省演出市场低迷的局面。

电影工作

继续实施农村电影“2131”工程，全年共下拨农村电影放映设备130余台、拷贝200多部，新组建了80多个农村电影放映队，培训农村电影放映技术人员40多名。成功举办了“全省农民电影节、送万场电影下乡活动”，通过影企联姻等形式，使全省大部分农民免费看到了电影。经多方沟通协调，将全省农村中小学爱国主义影片放映收费纳入了农村教育“一费制”代收费项目，目前已有半数市地很好地落实了学校爱教影片放映场次和收费标准，并为使这项工作持久开展，由省委宣传部牵头组成了文化、教育、广播电视、共青团、妇联等部门参加的“黑龙江省中小学影视教育工作协调委员会”。

城市电影业出现复苏，全省电影业的票房收入突破了1000万元，创近年新高。新成立了两条以放映配合加强未成年人思想道德建设的优秀影片和爱教影片为主的校园院线，初步运转良好。美国时代华纳公司和大连万达公司合作建成了有8个现代化放映厅的哈尔滨华纳万达多厅影院，填补了我省没有多厅影院的空白，运营前景十分看好。

对外文化交流

2004年，黑龙江省对外文化交流十分活跃，全年共完成交流项目71个，交流人数729人次，派出文化团组40个，涉及20多个国家和地区，接待各类文化艺术团组31个。派出团组中赴国外商演的比重有所加大，演出场次明显增加。代表国家、省市执行政府间文化交流任务的规模大，规格高，效果好，影响深远，在宣传、展示黑龙江，增进我省人民与所到国家地区人民友谊方面发挥了重要作用。其中以黑龙江省歌舞剧院为主体组成的中国艺术团代表国家出访蒙古，出色完成了中蒙建交55周年的演出任务，被文化部长孙家正誉为“十全十美”的演出。第二十七届哈洽会期间，共邀请美国铜管五重奏等10余个国家的音乐团组来哈演出，使“哈夏”真正成为了中外艺术交流的平台。各地充分利用地缘优势，不断巩固扩大与毗邻地区的文化交流，全省对俄、日、韩等国的交流不断向纵深发展。

文化体制改革

全省文化体制改革试点齐齐哈尔文化事业单位改革初步完成，通过整合资源，对原有艺术院团和研究单位或合并或重组，自收自支文化事业单位实现了事转企的平稳过渡，在人事制度、分配制度改革方面迈出了实质性步伐。改革后，齐市的文化事业单位由原来的18个减少到10个，通过竞争方式产生了市直文化事业单位的行政首长，专业人才得到合理使用和优化配置，分流人员得到妥善安置，文化艺术工作者的积极性得到了充分调动。各地的文化单位普遍进行了布局结构调整和内部机制转换。全省电影行业的改革推进较快。省直的文化事业单位改革撤销了3个不适应形势发展、难以维持的自收自支文化单位，合理地消化了人员。

文物保护工作

渤海上京龙泉府遗址保护工程正式列入国家重点项目。在国家和省各有关方面的高度重视关注和支持下，遗址的考古勘探发掘工作、周边环境整治工作、文物本体保护工作、遗址博物馆的规划设计工作、遗址保护立法工作等均在迅速有序推进，工作成效多次受到国家有关部门和领导的肯定。

文物保护工作在一年内同时完成了第六批国家级文物保护单位和第五批省级文物保护单位的全部推荐上报工作，编制上报了“十一五”期间我省文物事业保护规划的182个保护项目。文物保护“四有”建设完成了培训全国重点文物保护单位记录备案人员、提高全省文物保护监察员补助费、上报各级文物保护单位信息资料等大量基础性工作。

考古调查发掘工作全年共发掘遗址30处，面积达47000余平方米，出土文物6800余件。大型基本建设的文物保护工作已纳入政府依法行政序列，文物保护工作在经济建设中的影响出现了由被动到主动的可喜转变，全年基建勘探面积30余万平方米，在10余个项目中发现遗址47处，并提出了有针对性的保护发掘意见。磨盘山、尼尔基水库淹没区的考古发掘工作共发掘遗址30处，发掘面积近21000平方米，出土文物3000余件，其中尼尔基的发掘工作已全部结束。

博物馆工作

全省各级各类博物馆协调发展。新完成了一批新建博物馆陈列大纲设计和基本陈列对外开放工作。《飞向太空——中国载人航天之路特别展》、《阿穆尔流域那乃族民族文物展》、《海峡两岸书画交流展》等23个临时展览，以鲜明的思想性、现实针对性和知识趣味性吸引了大批群众进入博物馆参观。其中私营博物馆的藏品越来越多地进入省市博物馆展出，丰富了展品的内容，促进了私人博物馆行业的发展。积极探索博物馆共享展览资源的道路，《鲁迅读书的故事》、《毛泽东家史家事展》等实现了一家引进，多家展出，展览覆盖面拓宽，辐射力增强。博物馆文物藏品征集，鉴定及“三建”工作得到一定程度的推进。中国文物地图集黑龙江卷修改稿已完成。

博物馆配合加强和改进未成年人思想道德教育工作，自5月1日起，全省文博系统各级各类博物馆纪念馆对未成年人集体参观实行免票，个人参观实行半票，对持证军人、老年人、残疾人实行门票减免或优惠。各地博物馆积极克服经费紧张、观众阶段性爆满或人数骤增、管理难度加大的困难，充实展览内容，增加活动项目，提高服务质量，增强博物馆的吸引力和感染力。据不完全统计，全年全省各级博物馆、纪念馆参观人数增加30余万，累计接待未成年人60万人次。强化群教队伍技能训练，推进双语讲解水平。全省第四届博物馆、纪念馆讲解大赛，培养和发现了一批优秀的讲解员，促进了讲解水平的提高。省直和部分市县博物馆组成巡回展览小分队，常年坚持深入农村、厂矿和学校、社区巡展，观众达30余万人次。

地方性艺术节

第二十七届“哈尔滨之夏”音乐会，由国家文化部、黑龙江省人民政府、哈尔滨市人民政府共同承办的第二十七届“哈尔滨之夏”音乐会，于2004年8月6日开幕。本届“哈尔滨之夏”音乐会坚持“国际化方向，国家级水平，群众性参与”的指导思想，在继承历届“哈夏”优秀传统的基础上，力求做大做强，努力实现专业与业余相结合、严肃音乐与通俗音乐相结合、室内演出与广场演出相结合、文化与经贸旅游相结合，达到了中西文化荟萃、南北文化交融、促进本土文化发展的目的。音乐会历时

10天，规模、影响、层次均超过了以往各届，专业演出28台33场，每场均达到当前国内较高水准，群众文艺演出累计千余场，参与人数百万余人，营造了“出门即舞台，处处闻歌声”的良好文化氛围。

重要会议、重大事件、重要活动、重要文化设施建设

1月8日，“首届黑龙江文化艺术之冬暨哈尔滨第十六届冰雪电影艺术节”开幕，本次活动囊括专业和群文众多艺术门类，群众参与空前广泛，地域特色鲜明，成为黑龙江文化形象的新标志，18日，闭幕式暨2004年春节文艺晚会隆重举行，宋法棠、张左已等省四大班子领导莅临晚会现场观看了演出。

1月19日，由省委宣传部、省文化厅、黑龙江省报业集团、哈尔滨市教育局、中国运载火箭研究院主办，中华航天博物馆、北京市科协、黑龙江省博物馆承办的《飞向太空——中国载人航天之路》展览在黑龙江省博物馆开幕，省委宣传部常务副部长商伯成，省政协副主席张树平等出席开幕式。

2月1日~2日，省委宣传部召开全省宣传思想工作会议，同时召开全省地市文化局长会议，会议传达了全国宣传思想工作会议、全国文化厅（局）长会议、全国文物工作会议精神，总结了2003年全省宣传思想工作和文化工作，安排部署了2006年工作，省委常委、宣传部长孙启文作重要讲话。全省各市地宣传部长、文化局长，省委宣传部和省文化厅领导，省直宣传文化系统各单位、文化厅直各单位负责人参加会议。白亚光厅长作工作报告。

2月23日~26日，白亚光厅长与程幼东副省长向国务院领导汇报渤海上京龙泉府遗址保护工程各项工作情况。

3月23日，《黑龙江省文化厅关于进一步促进文化产业发展的意见》（黑文发[2004]68号）印发全省。

4月6日~12日，应蒙古科文教部邀请，受文化部指派，白亚光厅长率黑龙江艺术团赴蒙古国进行了为期7天的访问演出，共演出8场，受到文化部孙家正部长和蒙古总理恩赫巴亚尔的称赞。

4月25日~26日，国家文物局副局长张柏一行到我省检查渤海遗址保护工作，26日在牡丹江召开座谈会，厅领导白亚光、王珍珍参加座谈会，白亚光厅长代表渤海上京龙泉府遗址保护工程工作领导小组办公室汇报3月份以来的工作情况。

5月24日，由文化、教育、团委等部门联合举办的，以“尊重知识，拒绝盗版”为主题的全省音像市场法制宣传周活动全面启动。

5月28日~6月6日，白亚光厅长率哈尔滨民间艺术团赴马来西亚参加第五届国际艺术节。

6月15日晚，省文化厅主办的第十五届中国·哈尔滨经济贸易洽谈会开幕式大型文艺晚会《中国有个黑龙江》在省体育会展中心举行，省、市委、人大、政府、政协主要领导及中外客商一同观看了演出。

18日，黑龙江省歌舞剧院举行建院50周年庆祝大会，省委副书记刘东辉出席大会并讲话；全国政协委员、中国音协主席傅庚辰，省委常委、宣传部长孙启文，宣传部副部长商伯成等出席庆祝大会并观看了省歌舞剧院的专场演出。

7月8日，省政府副省长程幼东、副秘书长韩广儒一行到省文化厅调研，白亚光厅长汇报了全省上半年主要文化工作完成情况和下半年主要工作计划，程幼东副省长对下半年文化厅重点工作作出指示，指出保持主流文化的引领地位是文化工作的重要职能。

7月28日~29日，全省“金色田野”农民艺术节暨送万场电影下乡活动在黑河市举行开幕式，开幕式后召开了全省群众文化活动现场经验交流会，会议就黑河市农民自办文化现象进行研讨。

8月6日~15日，由黑龙江省人民政府、文

化部、哈尔滨市人民政府主办的第二十七届“哈尔滨之夏”音乐会开幕。期间，省文化厅举办了中央歌剧院合唱音乐会、黑龙江省歌舞剧院民族音乐会《黑土歌》黑龙江省歌舞剧院交响音乐会及开闭幕式文艺晚会等大型演出活动。

8月9日，为纪念邓小平同志诞辰100周年，省文化厅与省艺术学会联合举办了“深入学习邓小平文艺思想，促进我省文化事业与文化产业发展理论研讨会”，来自大省直文化系统的理论家、艺术家，省社科系统和部分高校的专家学者，及地市文化单位从事理论研究的人员参加了会议。

8月17日~18日，全省文化信息资源共享工程工作会议在哈尔滨市召开，会议研究部署了全省文化信息资源共享工程建设工作，布置了2004年文化信息资源共享工程基层中心试点工作任务，讨论了《黑龙江省文化信息资源共享工程实施方案》、《黑龙江省文化信息资源共享工程资金管理使用方案》、《基层中心硬件及网络设备验收暂行办法》、《黑龙江省文化信息资源共享工程管理暂行办法》、《黑龙江省文化信息资源共享工程资源建设方案》等一系列配套文件；白亚光厅长和宋宏伟副厅长分别作了《抓实效求发展全面推进黑龙江省文化信息资源共享工程建设》、《构建文化网络平台　引擎资源共享未来》的重要讲话；各地市文化局主管领导、文化科长、图书馆长，厅直有关单位和厅机关有关处室负责人参加了会议。

8月20日，由省委宣传部、省文化厅主办，革命领袖纪念馆承办的《纪念邓小平诞辰100周年图片展》开幕，省委宣传部常务副部长商伯成，厅领导王珍珍、宋宏伟、綦军出席开幕式并为开幕式剪彩。

8月30日，在中央音乐学院、中国交响乐基金会主办的“第二届国际管乐室内乐铜管独奏比赛”中，省歌舞剧院于学峰获第四名，这一成绩是目前全省在全国管弦乐比赛中获得的最好名次。

8月30日~9月6日，由主管厅长宋宏伟主持，社文图处牵头，组织机关相关处室分成4组，对全省20个国家级文化先进县和文化工作先进集体进行了复检，提出整改意见。

9月29日晚，为庆祝中华人民共和国成立55周年，省文化厅与省委宣传部、省军区政治部、省总工会、省教育厅、省文联、省广电局联合举办的《祖国，永远春天》大型歌咏晚会在北方剧场举行，省委、省人大、省政府、省政协四大班子领导观看了演出。

10月29日，黑龙江省第一个专门面向全省中小学校园发行放映的电影院线“黑龙江省超凡青少年电影院线有限公司”成立。

11月6日，“黑龙江（香港）经贸活动周”开幕，白亚光厅长出席相关活动并率艺术团进行演出。

12月13日~18日，省十届人大常委会召开第十二次会议，审议《关于全省文化事业和文化产业发展情况的调研报告》。

12月16日，在中国戏剧家协会和北京市奇豫剧团主办的第二届中国戏曲“红梅奖”大赛上，省京剧院的旦角演出马佳荣获“金梅奖”。

12月28日，哈尔滨万达国际电影城举行首映答谢电影观礼。哈尔滨万达国际电影城是由大连万达集团投巨资建立的五星级标准电影城，是哈尔滨第一家国际化水准、设施一流的多厅影院。影城共有8个现代化放映厅，可容纳2100名观众同时观看。影厅采用了国际上最先进的数码视听设备，给观看者前所未有的视听震撼。影院秉承了国际影院的全球统一风格，处处体现艺术和人本理念。

12月29日，黑龙江省图书馆试开馆。黑龙江省图书馆新馆2000年5月破土动工，2003年10月16日正式落成，是我省历史上规模最大的公共设施。新馆建筑工程总投资1.704亿元，总占地面积2.8万平方米，总建筑面积3.3万平方米，设计藏书规模350万册，总阅览座位1200余个，日接待到馆读者3000人次，接待互联网访问4万人次，是一座集检索、借阅、阅览、网络查询、展览展示、会议与学术交流等多种功能于一身的大型现代化图书馆和省数字化图书馆的中心馆。整座建筑具有合理高效、持续发展的使用功能，先进完善的设施，绿色生态、以人为本的空间环境，建筑形象生动新颖、精雅别致、主题突出，具有意蕴深远的文化品质，成为哈尔滨市建筑的又一华美乐章和我省的一座文化殿堂。

哈尔滨冰雕艺术展轰动美国

2004年10月，我省历史上最大规模的一支89人的冰雕队伍赴美国田纳西州的纳什维尔和佛罗里达州的奥兰多举办冰雕展。此次冰雕展是美国国际特别项目有限公司与我省文化厅文化艺术发展中心合作筹办的。双方首次合作即获巨大成功，在50天的展出中参观人数达27万人。仅在奥兰多一地就有14.8万人参观冰雕展，仅门票一项的收入达296万美元。人民日报驻美国华盛顿记者发表文章盛赞此次冰雕展的成功。美国主流媒体《纽约时报》对我们的成果给予了极高的评价。此次冰雕展的成功运作，为冰雪文化艺术打开美洲市场蹚开了路子，积累了经验。

《秋天的二人转》

由哈尔滨话剧院创作排演的三幕九场北国风情话剧，该剧讲述了生活在底层的人的喜怒哀乐，悲欢离合……揭示了或许在底层人的粗糙生活中，比在巧妙矫情的谎言中有更多的美，有更多的苦涩中的崇高。编剧杨利民，导演邢友江，舞美设计车承滨，制作人丁军。《秋天的二人转》2003年9月24日首演即引起很大轰动，2004年全年演出100多场，并成功进入2004年~2005年国家舞台艺术精品工程初选剧目。

机构设置

省文化厅内设13个职能处室：办公室、政策法规处、计划财务处、人事处、科技教育处、艺术处、对外文化联络处、市场处、电影处、文化产业处、社会文化图书馆处、文物保护处、博物馆处，并设有纪检监察室、离退休干部工作处，按照党章规定设置机关党委，成立了机关服务中心。有24个厅直属事业单位：黑龙江艺术职业学院、省歌舞剧院、省龙江剧院、省京剧院、省评剧院、省杂技团、省曲艺团、省博物馆、东北烈士纪念馆、省民族博物馆、革命领袖纪念馆、省群众艺术馆、省艺术研究所、省戏剧工作室、省考古研究所、北方文物杂志社、省文化市场管理站、北方剧场、省电影公司、省文化音像出版社、文化艺术发展中心、厅机关服务公司、厅房产管理所。

上 海 市

专业艺术

2004年上海市舞台作品创作、演出继续走高，无论是数量还是质量均呈良好态势。全年完成剧场演出14533场，已连续11年保持超万场（不含评弹和娱乐场所演出场次），比2003年增加23.6%。戏曲、戏剧方面涌现出一批基础好、有潜力的作品，新创作剧目50部（包括小剧场话剧），如京剧《成败萧何》、昆剧《一片桃花红》、越剧《衣卿相》、话剧《十月西行》《金锁记》、木偶剧《鼠精灵》、中篇评弹《弦索春秋》等。在创作新剧目的同时，戏曲院团还推出了一批改编、移植剧目。京剧院在本年度举办的第四届中国京剧艺术节上，参与演出了三台半大戏（半台演出为京昆合演《桃花扇》）和若干个武戏小戏，其中三台半大戏中就有新创、改变、加工后复演等不同类型，体现了较高的业务规划、运作能力。为海外观众度身定制的海外版京剧《白蛇传》参与中法文化年"法国年"在里尔、巴黎等地的演出，取得了很好的反响，为中国民族文化在海外的传播作出了积极的探索。沪剧创作上半年一度较为困难，年末，上海沪剧院推出生活喜剧《龙凤逞强》，题材涉及当代人们普遍关注的社会老龄化问题，发挥了沪剧贴近生活、贴近时代的长处，剧本基础较好，演员阵容也比较强大，使本年度沪剧创作的情况有所改观。

本年度话剧演出仍比较活跃，形成了颇受社会关注的“话剧现象”。纵观本年度话剧创作，几乎月月有新戏、日日有演出，题材范围也比较广，既有《十月西行》、《浴火忠魂》一类的主旋律作品，也有《长恨歌》、《金锁记》这样力图体现中国话剧品格和上海地域特色的创作，而萨特名剧《肮脏的手》与香港话剧团首次合作的《求证》（剧本曾获得托尼奖和普利策奖）等名剧演出也体现出较高的艺术水准。小剧场话剧除个别剧目外，基本上保证了一定的质量和比较严肃的创作态度，受到了青年观众尤其是白领阶层的欢迎。今年，上海话剧艺术中心携新创作的4台不同风格的优秀话剧在北京举行上海话剧展演，在北京掀起了上海话剧热，获得了良好反响。话剧艺术中心全年演出场次为286场，加上民营剧社上演的话剧作品，基本上保证天天有话剧演出，有时则是大小3个剧场同时开演。

与戏曲、戏剧相比，本年度音乐舞蹈创作存在着一定差距，虽然看似数量不少，但视野狭窄的问题表现得比较突出。本年度舞剧创作缺门，而且手头缺少酝酿相对成熟、具有操作性的项目，因此，业内专家对下一年度的舞剧创作仍表示担忧。歌剧创作较之前几年稍有起色，可以说是几年沉寂后的一个小高潮，涌现了大剧院版《赌命》、歌剧《半生缘》等多部创作剧目，但在创作上暴露了比较典型的技术层面上综合性较差的问题。本年度，专业人士创作的歌曲数量不多，约在20首左右，其中有水准的艺术歌曲、易于传唱的群众歌曲的创作仍比较缺乏。音乐作品是创作数量最多的一项，但有较大一部分为音乐学院师生的学术性作品，仅在贺绿汀音乐厅作内部演出，部分作品则是国外音乐机构的委约作品，首演在国外，以后则很少有机会在上海甚至国内演出。音乐作品创作和演出之间的关系问题仍是一个值得研究探讨的问题。而小舞蹈创作始终是近年来的一个薄弱环节，今年仍呈弱势。值得关注的是，在本年度上海交响乐团的首演曲目中，中国作曲家的新创首演的作品占了2/3。以往，交响乐通常以演奏外国曲目为主，提高中国交响作品的首演量曾作为政府的一项任务指标。近年来，通过政府导向性调控以及上海交响乐团的努力，中国交响乐作品的首演量在逐步提高，这是一个可喜的现象，对推广、发展中国交响乐具有十分积极的意义。

2004年本市重大演出活动高潮迭起，其中第五届上海优秀儿童剧展演活动、第四届中国京剧艺术节等都产生很大影响，尤其是第六届上海国际艺术节与国际文化政策论坛及第七届文化部长年会同时举办，凸显了国际性。为期一个月的上海国际艺术节，来自19个国家及地区的60台剧目演出106场，观众达40万人次。由文化部和上海市人民政府共同主办的第四届中国京剧艺术节12月1日~15日在上海举行，规模和活动内容都创历届京剧节之最，有15台剧目参演，并首次设立儿童京剧展演和武戏擂台赛两大板块，由于运作得当，采用低票价的市场策略，京剧节整体市场出票率高达95%，极大地满足了广大戏迷的看戏要求，在海内外产生极大的反响。

2004年对外文化交流演出也呈活跃态势，其中中法文化年“马赛上海周”、“阿拉木图文化周”、爱尔兰文化节等政府间国际文化活动频繁开展，世界名剧、名团到沪交流演出也掀起高潮，尤其是上海大剧院引进的跨年度演出的经典音乐剧《剧院魅影》创下国内引进剧目连续演出的票房和场次之最。

文化市场和文化产业

在文化部的指导和上海市委、市政府的领导下，上海市文化行政部门坚持一手抓繁荣、一手抓管理，2004年上海文化市场建设和文化产业的发展取得较好业绩，促进了文化与经济和社会的协调发展。

一、文化市场规范有序，市场体系日益完善

（一）以发展为第一要务，做好文化市场培育工作

1.演出市场继续保持良好势头。一是重大演出活动高潮迭起。第五届上海优秀儿童剧展演活动汇集了全国8个省市15台优秀儿童剧，共演出900余场，小观众70余万人次。上海之春国际音乐节引进10多个国家40余台剧目演出44场。第六届上海国际艺术节与国际文化政策论坛、第七届文化部长年会同时举办，国际性日益增强。艺术节期间19个国家及地区60台剧目演出106场，吸引观众40余万人次。文化部与上海市人民政府共同主办的第四届中国京剧艺术节获得圆满成功。二是大型演唱会热点依旧。港台艺人费玉清、蔡琴、爱尔兰“西城男孩”、英国歌手莎拉·布莱曼等36台计37场演出，比2003年大幅增加。三是对外文化交流活跃。在中法文化年的“马赛上海周”、“巴黎上海周”以及“阿拉木图文化周”等活动中，世界名团、名剧和名家频频汇聚，为观众提供了丰盛的海外文化大餐。四是派出演出不断增加。上海歌舞团《金舞银饰》、东方青春舞蹈团《野斑马》、上海交响乐团音乐会和上海民族乐团精品专场等已成为上海对外文化交流和外宣的品牌项目。五是演出场所面貌一新。兰心大戏院和逸夫舞台修葺一新重新开张，上海音乐厅平移改建两年后首演英国皇家爱乐乐团音乐会，东方艺术中心正式投入使用。

2.音像市场重点规范市场秩序。以规范音像市场秩序和壮大正版音像制品经营实力为重点，加强管理，为正版音像制品经营创造良好环境。一是放开音像制品经营单位审批数量的限制。二是加强音像制品知识产权保护宣传。第六届全国音像法制宣传活动期间，13家主要音像制品经营单位负责人就抵制盗版、努力为青少年提供健康音像制品向全市音像制品经营单位发出了倡议。三是支持连锁经营，促进规模发展。引进文化部批准的“浙江华人”、“中唱音像”等全国音像制品连锁经营企业来沪经营，新批准一家全市连锁经营企业。

3.娱乐市场着力优化产业结构。一是上半年通过“关闭两家规模小、经营差的歌舞娱乐场所，开设一家上规模的歌舞娱乐场所”，在贯彻国家政策、加强宏观调控前提下，促进产业结构调整。二是下半年以贯彻《行政许可法》为契机，放开娱乐项目（除电子游戏经营场所外）的市场准入，使娱乐市场发展进入了新阶段。三是积极推动娱乐市场品牌建设和规模经营，发挥“钱柜”、“好乐迪”、“汤姆熊”等本市、乃至全国知名的量贩式、大众化娱乐品牌市场主导作用。

4.网吧市场积极探索长效机制。在巩固专项整治成果基础上，加强建章立制。强化网吧属地管理，明确各区县管理部门对辖区内网吧负有日常监管、执法检查和行政处罚的责任。建立网吧行政管理执法情况报告制度，形成各部门协同管理、联合执法的格局。探索网吧连锁经营管理新模式，引导规模化、连锁化、品牌化网吧占据市场主流。建立网吧义务社会监督员制度，发动社会力量对网吧经营行为进行监督。共聘任网吧义务社会监督员729人，作用明显。

5.美术品市场回暖迹象明显。11月由文化部文化市场司主办、文化部文化市场发展中心和上海文化发展基金会联合举办的第五届中国艺术产业论坛在北京举行。论坛期间，在近60家国内外知名画廊参展的中国画廊推介展暨国际画廊邀请展上，有30余家国内知名画廊获得文化部市场司颁发的“中国诚信画廊”证书。其中，上海大朴堂画廊、兰莉画廊、圣菱画廊等9家画廊名列其中。

（二）以执法作为重要保障，确保文化市场规范有序

以网吧、音像市场为重点，加大执法力度，净化市场环境。2004年2月19日~12月31日网吧专项整治行动的开展，无证照或证照不全的网吧和变相经营网吧的行为基本清除，网吧接纳未成年人进入和利用互联网传播有害信息的违法现象得到明显遏制。据统计，专项整治

期间全市共出动检查人员12万余人次，罚款746万元，暂扣电脑等设备179台，责令停业整顿127家，吊销许可证2家，自行歇业2家。网吧违法接纳未成年人比例从2004年1月份专项整治前的6.4%下降到年底的1.1%。市和区县文化稽查机构加大查处力度，开展了音像制品治理的春季和冬季行动。全年共收缴非法音像制品400余万张，鉴定非法音像制品149万余张（种），集中销毁非法音像制品501万余张，对盗版等违法经营行为起到震慑作用，创造良好市场环境。

二、文化产业发展迅速，规模效应逐步体现

2004年全年完成剧场演出14533场，比上年增长23.6%；观众536万人次，比上年增加78万人次；演出总收入1.4亿元。至年底，全市共有文艺表演团体75家，从业人员3937人。其中，市级文艺院团16家，区属文艺院团13家，其他部队、企事业单位所办及民间职业剧团共46家。全市各类文艺表演团体全年在国内外演出12649场，演出收入9500万元。全市共有演出经纪机构103家，比上年增加8家。演出经纪机构注册资金为1.5亿元，从业人员890人，主营业务利润4100万元，上缴税金972万元。年内在上海音乐酒吧、音乐餐厅等娱乐场所演出的境外演出团队291支（次），来自31个国家和地区，演员1000余人。

至年底，全市共有音像制品批发、零售、出租经营单位1499家，其中音像制品批发单位50家，音像制品连锁经营单位12家，中外合作分销企业23家。全年音像制品经营收入12.8亿元，主营业务利润2.3亿元。

至年底，全市持有《文化经营许可证》的娱乐场所经营单位2706家，场所合计5329个。其中，舞厅566家，卡拉OK厅952家，卡拉OK包房1097家，音乐茶座381家，音乐餐厅467家，游戏机房32家，游乐场8家，小型游乐场128家，餐饮卡拉OK厅172家，餐饮卡拉OK包房125家，台球室850家。全市娱乐场所主营收入39.1亿元，主营业务利润7.2亿元，上缴税金4.7亿元。

至年底，全市共有网吧1411家，计算机135000余台，其中连锁经营企业10家，连锁门店334个。全年营业额达到8.28亿元，从业人员6809人。此外，至年底，全市共有37家互联网文化经营单位取得文化部核发的《网络文化经营许可证》。2004年，全市互联网文化经营单位主营收入13.6亿元，其中盛大网络主营收入为12.4亿元。

艺术科研与文化科技

一、安全播出工作

领导重视、周密部署、规范管理、狠抓落实，安全播出工作经受住了严格考验。做到了上海地区在安全播出保证期内广播电视播出未发生任何事故，停播时间为零秒。编制了广播电视安全播出应急预案。

二、数字电视工作

积极推动数字电视的发展。结合上海的实际情况，制订了上海市的有线广播电视数字化推进的初步计划。目前，数字电视已全部在上海地区的有线网络传输，数字电视用户已接近5万户。

完成了有线数字电视付费平台的建设。今年是广播影视数字发展年，为推进数字电视发展，我局组织完成了文广集团上海电视台全国性广播电视有线付费频道集成运营平台构建工作，并完成上星的传输工作，全国第一家广播电视有线数字付费平台集成运营机构正式运营。

三、网络整合工作

按照市委、市委宣传部要求，我局领导与宣传部领导深入宝山、闵行进行调研，制定了上海地区的有线网络整合方案。

四、频率管理工作

召开有线广播电视频率规划会议。针对即将要开播的新频道以及存在同频干扰的几个外地卫视频道的规划问题进行了研究，对新设的频道进行规划。

五、落实科学发展观，开展科研项目管理工作

1.申报首届《中华人民共和国文化部创新奖》工作：根据文化部首届《中华人民共和国文化部创新奖》的要求，征集组织到《历史话剧〈商鞅〉的理念创新及实践》、《“城市教室”上海图书馆市民讲座》、《大型舞蹈与服饰展演——〈金舞银饰〉》、《浦东新区成功引进“环球嘉年华”项目》和《青少年音乐（器乐）远程教学》等项目申报文化部首届《中华人民共和国文化部创新奖》。

2.局科技进步奖评奖工作：组织区县、文广集团、传媒集团《数字电视邻频双工器》、《“易播”硬盘播出系统》、《广播自动播出系统安全体系的研究》、《上海东方卫视新闻数字系统》、《广播中心直播室系统改造》、《上海广播大厦裙西影视工程系统项目》、《节目转录中心数字技术改造工程》、《广播总控录播安全系统》、《上海文化广播影视集团移动办公服务系统》、《上海文广人才招聘系统》、《合同管理系统》、《设备管理系统》、《建设数字化监测体系的设想》、《嘉定电视台设备数字化改造工程》和《幻维M—studio影视制作软件V1.0》等15个项目参加局科技进步奖评审工作。

3.组织参加广播电视技术维护竞赛。

4.组织了2004年度全国广播电视（发射系统）技术能手竞赛活动。

六、技术维护方面

1.完成每个季度、半年和全年的广播电视季度技术维护报表，并按要求上报广电总局。

2.“村村通”工作。制订了我市“村村通”广播电视的发展规划。

七、开展文化科技调研工作

为了贯彻落实党中央关于大力发展文化事业和文化产业的精神，满足人民群众的精神文化需求，促进本市文化事业和文化产业的发展，对上海文化科技现状进行调研。此次调研工作主要围绕上海市科教兴市战略纲要总体要求，为繁荣文化市场，增加文化与产业结合的紧密度，提高文化科技成果对文化产业的贡献率，摸清本市的文化科技发展，特别是文化设施现状和存在的问题。深入剖析瓶颈问题，重点研究目前急需突破的作为国际大都市的上海，如何增加文化事业的科技含量，特别用新技术武装本市剧场、舞台、剧目以及为繁荣文艺舞台服务，发展文化产业等方面存在的问题。同时，研究提出推进文化科技发展可操作政策举措，为领导研究制定促进本市文化科技发展的对策和措施提供可靠依据。

八、入网认定方面

对本市17家企业，30余种广播电视设备、器材进行了抽样、封检，并完成了50多家企业的年检，保证了上海企业生产的广播电视设备、器材的质量。

九、科教兴市工作

为全面贯彻落实《上海实施科教兴市战略行动纲要》，推进科教兴市重要大项目实施，我局推选的上海交通大学承担的数字广播电视标准列入首批的重大发展项目。与其他委办局共同制订了上海市科教兴市重大产业科技攻关项目指南。

上海市文化广播影视管理局科技处

二OO六年二月

重要会议

2004年1月17日，市文广局召开年度工作会议。局党委书记陈燮君在会上做重要讲话，他着重指出，文广影视事业的发展要善用机遇、善抓大事、谋发展，争取在新的一年中有所作为；要积极转变职能，推动文艺创作；要把科学方法论和哲学思想灵活运用到工作中去，创新思维，开阔思路，拓展视野，增强功能。局长穆端正在会上传达了全国文化厅局长会议精神和全国广播电视工作会议精神，并对市文广局2003年工作进行了总结，部署2004年工作。他强调，做好2004年工作必须做到4个切实，即切实转变政府职能，切实提高依法行政水平，切实保持良好的精神状态，切实狠抓工作落实。

2004年5月26日，市文广局召开“2004年上海市文广影视对外（港澳台）交流工作会议”。会议对2003年度本市文广影视对外（港澳台）交流工作进行了总结，传达了文化部孟晓驷副部长在全国文化厅局外事工作会议上的讲话。市文广局党委书记陈燮君宣读了文化部、市委宣传部对赴非洲访演团和市委宣传部对上海京剧院赴欧洲两国访演的嘉奖令，对进一步做好文广影视对外（港澳台）交流工作提出了要求。陈燮君强调，要充分认识胡锦涛总书记和李长春同志在全国宣传思想工作会议上有关对外文化交流工作的重要论述，增强新形势下做好文广影视对外交流工作的责任感；创新工作思路和机制，推进“走出去”工程，进一步做好信息统计和项目效益评估，开创对外交流工作新局面。市文广局局长穆端正作工作报告。市外办副主任邵慧翔对本市文广影视对外交流取得的成绩表示祝贺，并希望本市文广影视对外（港澳台）交流为国家总体外交和地方外事工作作出更大的贡献。

2004年7月8日~9日，全国广播影视局长座谈会在上海国际会议中心举行。中宣部副部长、国家广电总局党组书记、局长徐光春到会作重要讲话。中共上海市委副书记殷一璀代表市委、市政府到会致欢迎词。徐光春在讲话中总结了全国广播影视系统上半年工作情况，并对做好下半年工作提出了要求，他强调指出，要按照中央关于深化文化体制改革、发展文化事业和文化产业的要求，从实际出发，努力探索一条适应新形势、有中国特色社会主义广播影视繁荣发展的新路子。国家广电总局党组副书记、副局长赵实及副局长张海涛、胡占凡分别在会上作了讲话。国家广电总局、中央电视台，中央人民广播电台、中国国际广播电台领导赵化勇、杨波、李丹，中共上海市委常委、宣传部长王仲伟和市文广局局长穆端正及全国各省市自治区广电局、省级广播影视集团负责人共120余人出席会议。市文广局党委书记陈燮君、副局长梁晓庄和文广集团等负责同志列席了会议。

2004年8月13日，江浙沪文化厅局长联席会议首次在上海召开。会上，江浙沪三地文广局签署了《关于加强长三角文化合作的协议》，标志着长三角地区文化合作迈出了实质性步伐，对进一步加强长三角地区的文化合作具有重要的指导意义。《协议》提出，长三角地区进一步推进文化资源的整合、文化市场的培育、文化人才的交流、文化成果的共享、文化环境的营造，以促进长三角地区文化事业和文化产业协调发展，建设具有时代特征、中国特色、区域特点的长三角文化链，提升长三角文化在全国乃至世界文化格局中的地位。

2004年9月15日~16日，全国画院改革工作座谈会在上海举行。出席座谈会的有文化部副部长赵维绥，中宣部改革办副主任张晓虎，文化部政策法规司副司长雷喜宁，上海市委宣传部副部长郝铁川，市文广局党委书记陈燮君、局长穆端正、局艺术总监马博敏以及有关省、市、自治区的画院院长。会议由文化部政策法规司司长高树勋主持。与会者认为，画院应充分发挥美术创作的主力军作用，进一步深化体制改革，不断提高人才质量，增强创作实力，推出时代精品。

重大艺术活动

第六届上海国际艺术节——由文化部和上海市人民政府共同主办的第六届上海国际艺术节于2004年10月15日~11月18日在上海举行。本届艺术节盛况空前，共邀请了来自15个国家的58台优秀剧（节）目参演，其中国外剧目31台，国内27台，演出106场，观众逾40万人次。

上海参与中法互办文化年活动——由中法两国领导人亲自倡议并共同决定，2003年10月~2005年7月举办中法互办文化年。其中，2003年10月~2004年7月为中国年。在上海市政府的领导下，中法文化年上海组委会于2004年3月~7月，接连在法国组织了3项重大文化交流项目：在法国北部城市里尔举办了为期3个月的“上海一条街”；在法国南部的港口城市马赛举办“上海周”；在法国首都巴黎举办“上海周”。这3项活动从南到北，形成了一条纵贯法国的文化经线，向法国以至欧洲人民充分展示了上海的城市形象。

第四届中国舞蹈“荷花奖”决赛——由中国文联、中国舞协、上海市文联等主办的第四届中国舞蹈“荷花奖”决赛，于2004年2月29日~3月8日在上海举行，共有来自西藏、湖南、北京、上海等12个省市自治区的12台舞剧、10台舞蹈诗参赛，最终，舞剧《霸王别姬》、舞蹈诗《云南映象》获金奖。

第四届中国京剧艺术节——由文化部和上海市人民政府共同主办的第四届中国京剧艺术节于2004年12月1日~15日在上海举行，共有来自山东、宁夏、北京、上海等29个省市自治区的29台剧目参赛参演，最终，上海京剧院《廉吏于成龙》、北京京剧院《梅兰芳》、中国京剧院的《泸水彝山》获金奖。京剧节中还特设了武戏擂台赛、儿童题材京剧展演、纪念梅兰芳、周信芳诞辰110周年活动、“京剧的传承与发展”研讨会等多项专题性艺术活动。

（彭奇志）

重大活动

2004年4月25日，市振兴京剧促进会在兰心大戏院举行揭牌成立仪式。市人大常委会主任龚学平出席并和京剧表演艺术家尚长荣一起为上海市振兴京剧促进会揭牌。市文广局艺术总监马博敏出席揭牌仪式。市振兴京剧促进会成立后，将组织示范演出、挖掘整理传统经典剧目、加强与海内外人士交流等，促进推广传播京剧艺术。揭牌仪式后举行了祝贺演出，上海戏剧学院附属戏曲学校和戏曲舞蹈分院的7名学生作了汇报演出。

2004年4月26日，由上海市和阿拉木图市市长倡议、上海市文广局和阿市文化局主办的阿拉木图文化周，在上海大剧院开幕。开幕仪式由市文广局局长穆端正主持，副市长杨晓渡、阿市副市长穆尔金·阿力玛特·扎尔勒库夫维奇出席开幕式并致辞，哈萨克斯坦国家模范歌舞剧院的艺术家们献演了经典芭蕾舞剧《天鹅湖》。此次阿拉木图文化周的主要活动有4个部分：一是开闭幕式及舞台演出。由哈萨克斯坦国家模范歌舞剧院献演经典芭蕾舞剧《天鹅湖》、《吉赛尔》及歌剧《茶花女》；萨姆鲁克现代舞团演出现代舞《热兹特尔纳克》。二是电影展。展映哈萨克斯坦电影厂出品的故事片《奥特拉特的毁灭》、《蕾拉的祈祷》以及动画片《恶龙岛》。三是举办《阿拉木图当代美术家作品展》。四是萨兹根民间歌舞团深入徐汇区和长宁区进行5场演出。

2004年5月1日，由市文广局和市总工会、黄浦区委、区政府联合主办的“五月颂歌”—庆祝“五一”国际劳动节群众文化巡演开幕式活动在外滩黄浦公园新世纪广场举行，市领导陈良宇、韩正、殷一璀、王安顺、范德官、杜家毫、陈毫、杨晓渡、杨雄等出席了活动。在观看部分节目后，陈良宇、韩正等领导兴致勃勃地上台与市劳模、新四军老战士合唱团一同高唱《团结就是力量》，将开幕式演出推向了高潮。市文广局党委书记陈燮君代表主办单位宣布“群众文艺巡展系列活动”开幕。

2004年5月18日，国家财政部和文化部领导一行9人，按照国务院领导同志的批示，为研究确定国家大剧院经营管理模式来沪开展调研。财政部副部长楼继伟和文化部副部长周和平听取了上海大剧院的情况汇报，并就上海大剧院的经营运行情况、政府支持和资助情况、纳税和享受税收优惠政策情况，以及管理经验和存在的主要问题进行深入地调研，还视察了上海大剧院的各项设施。

2004年5月22日~23日，中共中央政治局委员、书记处书记、中宣部部长刘云山，中宣部副部长、中央文明办主任胡振民在中共中央政治局委员、市委书记陈良宇，市委副书记、市长韩正，市委副书记殷一璀，市委常委、市委宣传部部长王仲伟的陪同下，视察了东方网和上海中国画院等单位，听取了市文广局局长穆端正关于本市网吧管理情况和东方网股份有限公司总经理李智平关于东方网点建设和东方网事业发展情况的汇报。云山同志饶有兴致地询问了东方网点和全市连锁网吧的发展情况，还不时与参加视察调研的其他领导同志一起就本市网吧、短信、网上游戏的规范管理展开讨论。他指出，东方网点要在网吧整治建设中发挥带头作用，要利用中央技术平台和连锁管理，对网吧实施有效监管。上海要在网吧的综合治理、规范发展方面不断探索，总结经验，开拓创新，在全国发挥示范带头作用。

2004年5月27日，由市文广局和市文明办、上海警备区政治部、《解放日报》社、上海文广新闻传媒集团、黄浦区委、区政府联合主办的“爱我中华——上海，你是我心中的歌”庆祝上海解放55周年大型广场文化活动在南京路步行街举行。市委副书记殷一璀，副市长杨晓渡出席了活动。市文广局局长穆端正、副局长张哲参加了活动。广场文化活动分“解放上海”、“建设上海”、“展望上海”3个篇章，回顾解放上海的战斗历史，讴歌上海改革开放的今天，憧憬上海新一轮发展的宏伟蓝图。活动还特邀当年解放上海进驻南京路的参谋长、播报上海解放第一声的老播音员、《解放日报》新创刊时的老同志、当年目睹解放上海第一面红旗升起的见证者等有关人士参加。

2004年5月30日，“第十届全国美术作品展览·上海展暨庆祝上海解放55周年美术作品展”在上海美术馆开幕。副市长杨晓渡，市委宣传部纪检组组长洪纽一，市文广局党委书记陈燮君、艺术总监马博敏、副巡视员毛时安，市文联党组副书记迟志刚，市美术家协会主席方增先以及美术界、新闻界等500余人出席开幕式。本次美展参展者十分踊跃，应征作品1400余件，经过专家评审，从中推选出300件优秀作品参加金秋在北京举行的“第十届全国美术作品展览”。

2004年6月5日，第七届上海国际电影节开幕，国家广电总局和上海市领导赵实、殷一璀、王仲伟，赵化勇、胡炜、杨晓渡、谢丽娟等出席开幕式。组委会主席、副市长杨晓渡代表市政府和1700万上海人民向前来参加这一盛会的海内外嘉宾表示热烈的欢迎，本届电影节组委会主席、国家广电总局副局长赵实致开幕辞，并宣布第七届上海国际电影节开幕。组委会副主席、市文广局局长穆端正主持开幕式。中国文联副主席、中国电视艺术家协会主席杨伟光，中国文联副主席、国家广电总局副总编辑仲呈祥，中国文联副主席、中国电影家协会主席吴贻弓以及有关方面领导姜樑、陈燮君、叶志康、马旭明等出席了开幕式。

2004年6月5日，第十届上海电视节在上海新国际博览中心开幕，国家广电总局和上海市领导赵实、殷一璀、王仲伟、赵化勇、胡炜、杨晓渡、谢丽娟等出席开幕式。组委会主席、副市长杨晓渡在致欢迎辞中说，上海电视节是上海人民的艺术盛会，为上海这座城市注入了更多的艺术气质与时尚元素，也为上海人民打开了一扇探寻世界的窗口。国家广电总局副局长赵实致开幕词，并宣布第十届上海电视节开幕。中国文联副主席、中国电视艺术家协会主席杨伟光，中国文联副主席、国家广电总局副总编辑仲呈祥以及有关方面领导姜樑、宋超、陈燮君、穆端正等出席了开幕式，组委会副主席、文广集团总裁叶志康主持开幕式。

2004年8月19日~23日，由市文广局和市文联共同主办的《纪念邓小平诞辰100周年上海美术作品展》在上海图书馆举行。画展中的百幅作品，大多是上海老中青三代艺术家为“百年小平”精心创作的新作品，也有上海艺术家历年创作的优秀作品。这些作品画种丰富、风格多样，表现了上海人民对邓小平同志的一片深深的敬仰和爱戴之情。上海市委书记陈良宇，市长韩正，市人大常委会主任龚学平，市政协主席蒋以任，市委副书记罗世谦、殷一璀、王安顺，市委常委、宣传部部长王仲伟等市文广局领导穆端正、刘建、张哲、毛时安等参观了展览。

2004年9月13日~17日，世界卫生组织西太区第五十五届会议在本市召开，受国家卫生部和市政府委托，市文广局负责会议期间文艺活动的组织管理，包括开幕式演出、卫生部欢迎晚宴文艺演出、市政府晚宴伴宴演出等。市文广局高度重视这项任务，认真制订了可行性方案和组织管理措施，加强了与主办机构的协调沟通，确保了会议期间各项文艺活动取得圆满成功。文艺活动筹备期间，副市长杨晓渡现场审定演出方案，并作了重要讲话。演出得到了国家卫生部及31个与会国代表的好评，不少国家代表要求把演出节目制作成光盘带回国。

2004年9月28日，2004年上海双年展在上海美术馆开幕。副市长杨晓渡宣布2004年上海双年展开幕，市文广局局长穆端正、上海美术馆馆长方增先、双年展主策展人许江先后在开幕式上致辞，开幕式由市文广局艺术总监马博敏主持。出席开幕式的领导有市政府副秘书长薛沛建，市文广局党委书记陈燮君，2004年上海双年展荣誉委员徐肖冰，中国美术家协会副主席潘公凯，中国美术馆党委书记钱林祥以及来自海内外学术界、艺术界、新闻媒体和驻沪外交使节等各界人士3000余人。市政协副主席王荣华出席开幕酒会并致辞。

2004年10月15日~11月18日，第六届中国上海国际艺术节在上海隆重举行。本届艺术节共邀请了来自15个国家的58台优秀（剧）节目参演，其中国外（剧）节目31台，国内27台，演出106场，观众逾40万人次。本届艺术节舞台演出荟萃中外精品力作，云集世界大师名团，是一次名副其实的中外艺术的盛会。来自32个国家和地区、160余家中外著名艺术节、演出经纪机构、演出团体的400余名代表，加盟本届国际演出交易会，以各种形式达成合作意向的演出项目有124个。作为本届艺术节重要组成部分的展览、博览活动共有11项，其中不乏名家名作，有超过50万的市民和海内外游客参加了各项展、博览会。群文活动是艺术节的重要载体，本届艺术节除继续保留“天天演”等品牌外，重点增加“民间、民俗、民风”内容，“周周演”吸纳了青少年参演并策划系统活动。近百万市民参加了各种形式的群文活动，使艺术节成为展示和检阅群文活动的一大舞台。

2004年10月16日，由中华人民共和国文化部承办、上海市人民政府协办的国际文化政策论坛第七届部长年会，经过2天的会议落下帷幕。来自39个国家的文化部长和6个国际组织的代表集聚一堂，就传统文化继承与保护和现代化发展之间的关系进行了深入探讨，并围绕制定文化多样性国际公约进行了磋商。会议还听取了非政府组织文化多样性国际论坛和文化多样性联盟国际联络委员会代表的报告。这次会议的内容丰富，讨论热烈，达到了预期的目的。会议期间，代表们欣赏了第六届上海国际艺术节开幕式演出，登上东方明珠领略夜上海，游览豫园并观看了“天天演”，许多代表还分别参观了上海博物馆、上海美术馆、上海城市历史发展陈列馆，乘坐了磁浮列车。代表们对上海方面热情周到的款待和安排表示感谢。

2004年12月1日，第四届中国京剧艺术节在上海大舞台开幕。市委副书记、市长、第四届中国京剧艺术节组委会主席韩正，文化部副部长、第四届中国京剧艺术节组委会主席陈晓光，市委副书记殷一璀、副市长杨晓渡等出席开幕仪式。开幕仪式后，举行了京剧晚会《国色天香》演出，演出展现了中国京剧传统与创新结合的艺术魅力。市领导龚学平、殷一璀、周慕尧、胡炜、杨雄、谢丽娟，老领导陈铁迪，文化部、兄弟省市有关领导、艺术家知名人士和市文广局领导陈燮君、穆端正、刘建、梁晓庄、张哲、毛时安与7000多名观众出席了开幕式。

2004年12月8日，《法国印象派绘画珍品展》在上海美术馆开幕，这是中法文化年法国年的一个重大项目。开幕式由市文广局党委书记、上海博物馆馆长陈燮君主持，市人大常委会副主任胡炜、副市长杨晓渡、市政府副秘书长薛沛建出席开幕式并剪彩。此次《法国印象派绘画珍品展》展出51幅作品，其中38幅出自奥塞博物馆，12幅来自其他省份以及巴黎的博物馆，另外1幅为L. V. M. H. / MoetHennessy Loui s Vuit ton特地为此次展览而出借的珍品。本次展览旨在帮助中国公众了解印象派艺术的历史、主题和对20世纪西方绘画艺术发展所带来的影响。

2004年12月26日， 炫动卡通频道在上海国际新闻中心举行开播仪式。国家广电总局副局长胡占凡，市委副书记殷一璀，市委常委、宣传部长王仲伟，副市长杨晓渡和市文广局局长穆端正等各界领导嘉宾300余人到会，祝贺中国首家“全年龄、全卡通”的电视专业频道——炫动卡通频道的诞生。殷一璀为炫动卡通频道启动开播按钮，胡占凡和杨晓渡为炫动卡通频道成为首批“国家动画产业基地”揭牌。炫动卡通频道是通过卫星传送覆盖全国的专业电视频道，将每天播出18小时的节目，不仅有动画片，还有围绕“动漫”主题拍摄的专题类、综艺类、资讯类节目。

群众文化

2004年是贯彻党的十六届四中全会和上海市文化工作会议精神的重要一年，也是实施《上海市群众文化三年发展纲要》的第二年。上海的群众文化以“三个代表”重要思想为指导，坚持先进文化的方向，用科学的发展观统领群众文化工作，以满足群众对文化多样化的需求为目标，以贴近实际、贴近生活、贴近群众作为工作的出发点，以群众满意、喜欢、高兴为标准，群众文化事业取得创新发展。加强了对群众文化工作的调查研究，进行科学的规划布局，推进了阵地建设，确保了群众文化权益的实现；增强了群众文艺原创力，创作数量增加；加强了群众文化活动特色品牌建设，活动水平整体提升，群众的参与面扩大；壮大了群众文化队伍，群文人力资源得到了有效开发。“人人参与群众文化，人人建设群众文化，人人享有群众文化成果”的良好局面正在进一步形成。

群众文化设施不断完善。截至2004年底，超额完成了市政府实事项目，20个社区公共文化活动中心全面完成，四级文化设施网络得到进一步完善。全市公共图书馆面积比2003年增加1.07万平方米，增幅为3.6%，公共文化馆（站）、社区文化活动中心的面积比2003年增加近1.56万平方米，增长了2.6%。居委（村）小区多功能文化活动室的总面积为56万平方米，覆盖率达到94%。在市区两级财政支持下，去年新建“文化信息共享工程”基层中心11个，社区级基层中心66个。集文化馆、影剧院、博物馆为一体的南汇区文化艺术中心落成；面积达11948平方米的徐汇区西南文化艺术中心建成，并正式对外开放。

群众文化活动空前高涨。全年本市开展群众文化活动近10万场次，有组织的活动达4.3万场次，参与人次达1862万。市领导率先垂范亲自登上群众文化活动的舞台，参加上海市市级机关庆祝建国55周年歌咏比赛和文艺汇演。全市还举行了“赞美你，光荣的劳动者”。

2004年上海市庆祝“五一”国际劳动节文艺晚会，庆祝建国55周年大型游园等一系列有影响的群众文化特色活动。由市教委等单位主办的“多彩的生活、美好的家园”——2004年上海市学生戏剧节，搭建了校园文化艺术交流的平台，有360个创作节目参加评选，有近百万个学生参与活动，还开展“身边的故事——校园戏剧巡演”，丰富了学生的课余生活。由市计生委组织创作宣传计划生育的节目达80多个，送戏下乡36场。由市机关工委组织的群众性合唱活动有45个单位演出，节目91个，其中有29支队伍、1500多人组成的大合唱，声势浩大；上海市妇联以家庭为对象，举办了“文明在我家”——第八届家庭文化节，开展了200项活动，参与市民达百万，使全市的群文活动开展得红红火火。第六届中国上海国际艺术节群文开幕活动暨第四届上海宝山国际民间艺术节开幕式呈现亮点，其规模和水平都达到了历届之最，来自世界五大洲的17个国家和地区，19支艺术团队的500多名中外民间艺术家参加了表演，使艺术节群文活动开幕式的水平和层次跃上了一个新台阶。中法文化年巴黎“上海周”活动，民间艺人的手工展示和宝山竹乐表演受到了法国朋友的热烈欢迎，成为展现上海城市精神的有效载体。各区县文化部门也立足社区，以人为本，力求以多样化、个性化的群众文化活动满足不同人群的精神文化需要。

群众文化原创力有了新的增强。去年全市创作各类群文新品8122件，比2003年增加了2887件，获国家级奖项的有88个，其中有4个作品参加文化部第十三届群星奖评选荣获“群星奖”，4个作品荣获优秀奖。本市的民营文化在去年也有了突破性的进展，成为活跃在群众文化阵地上的一支新生力量。

根据文化部2003年组织实施的“中国民族民间文化保护工程”，上海市在2004年初建立了上海市民族民间文化保护中心，该中心设在上海市群众艺术馆。目前，上海市民族民间文化保护中心主要确定了5个方面的任务。上海民间曲艺南汇的锣鼓书被列入中国民族民间文化保护工程第二批专业性试点项目。青浦的“田山歌”和松江的“顾绣”为上海市市级保护项目。

群众文化事业激励机制逐步形成。2004年度“上海市群众文化奖励基金”申报评奖工作顺利完成，全市共申报了奖励项目146项，经评选共有113项获奖，涌现了一批群文先进集体和个人，总结和表彰了一批典型经验。本市的静安寺、梅园新村漕河泾街道和月浦镇被中央文明办和文化部评为文化先进社区。

群文队伍素质也在不断提高。全年市重点开设了合唱作品写作、小戏小品曲艺等创作培训、辅导班7个项目，共有近2000人次参加培训。在市文广局的统一部署下，按照分级培训的原则，各区县根据本地区社区的需求，共培训了社区文化指导员4092人次，培训数超过去年。

为推动群众文化工作的进一步发展，市文广局下发了《贯彻落实上海市文化工作会议精神，推进上海群众文化创新发展的意见》，对新时期上海群众文化建设的指导思想、原则、目标、重点任务和推进措施作了明确规定。

公共图书馆

2004年，上海市文化广播影视管理局根据文化部开展县以上公共图书馆评估定级的工作要求，对本市27家区县图书馆进行了实地考核，初定了地级一级馆17家，县级一级馆9家，地级二级少儿馆1家。为迎接评估，各区县共投入1296.73万元，馆舍面积扩大2389.5平方米，计算机增加517台。与1998年上一轮评估定级相比，2004年馆舍面积增加41.6%，购书经费增加106.82%，藏书量增加12.2%。

为贯彻落实上海市文化工作会议精神，积极营造上海国际大都市的知识服务体系，加强区县图书馆文献信息资源建设，满足市民学习求知的需要，上海市文化广播影视管理局组织专家开展全市区（县）图书馆购书经费调研，并完成调研报告。据调研报告，本市区县图书馆2003年购书经费为1653.1万元，比2003年增加78.2%；入藏图书增加85805册，比2003年增长23%。专家提出区县图书馆的购书经费增长速度还跟不上书价的增幅，购书经费与知识载体的变化还不相符，建议区县财政进一步加大投入。

上海市文献资源共建共享协作网成立10周年。10年来，协作网建立了全市性的文献资源共享平台，建立了协作网“开放研究室”，实现了网上联合编目和网上馆际互借研发，开启了网上知识导航站，实现了外刊采购协调，开办了高级研修班。上海市中心图书馆工作取得阶段性成果，实行了异地通借通还“一卡通”，并向社区延伸。21家区县分馆全部确定特色文献和特色服务项目，有力地促进服务水平和服务能力的提高。

2004年，上海市图书馆学会会刊《图书馆杂志》继获得新闻出版总署“方阵期刊”称号，又获得全国有关科研机构多项专业认定。主要有：连续第四次进入“图书馆学、情报学类核心期刊”；首批进入“中国人文社会科学期刊”；第二次进入“中文社会科学引文索引（CSSCI）来源期刊”等。

本市高校图书馆举办“数字图书馆原理和方法”讲习班，邀请国外著名专家来讲学。复旦大学成为高校人文社会科学文献中心（CASHL）的全国中心之一。松江大学城增加东华（16000平方米）、华政（24000平方米）、工技（25000平方米）3所大学图书馆。

2004年9月，上海图书馆在埃及亚历山大图书馆新设“上海之窗”，并赠送800册中文图书。“城市教室——上图讲座”荣获第六届中国最佳公共关系案例大赛银奖。区县图书馆贴近区域文化特点的特色服务开展得有声有色。如黄浦区图书馆的对劳教人员的人性化教育，徐汇区图书馆的社区矫正人员读书基地，长宁区图书馆的“虹桥文化论坛”，虹口区曲阳图书馆的影视文献特色服务，杨浦区图书馆的“知识杨浦”讲座平台，静安区图书馆的“第二课堂”，宝山区图书馆的“宝图市民讲座”，奉贤区图书馆的民间艺术活动等。

2004年12月15日，由上海交通大学和上海图书馆联合举办的第七届亚洲数字图书馆国际会议在上海光大会展中心隆重开幕，来自25个国家和地区的350多位与会代表参加。本届会议的主题是“数字图书馆：国际合作与相互发展”。会议共收到来自20多个国家和地区的投稿论文359篇，邀请了国内外8位专家作主题发言；举办了6场讲座，并组织专题展览会。

2004年10月，第二届上海国际图书馆论坛在上海图书馆召开，来自世界各地的50多位专家参加。2004年都柏林核心及元数据应用国际研讨会和第三届中日国际图书馆研讨会都顺利召开并获得相应成果。

2004年12月24日～26日，由上海市图书馆学会、江苏省图书馆学会、浙江省图书馆学会联合主办的首届“长江三角洲城市图书馆发展论坛”在上海市委党校举行。在会议期间举行的“16城市图书馆馆长圆桌会议”上，来自长三角地区各系统的91家图书馆签署了《关于全面推进和加强长江三角洲城市图书馆合作交流的意见》。此次论坛标志着长三角地区图书馆合作交流平台和工作机制的建立。

对外交流

2004年上海市文广影视交流项目全年出访达457批，3157人次；其中赴境外拍摄、采访达82批，304人次；文艺院团赴境外演出达113批，2081人次，演出场次为757场；业务谈判、参加国际多边会议等达211批，642人次；全年引进共532项，11142人次，其中：引进境外文艺团体来沪演出625场，涉及285个表演团体，7185人次；在商业娱乐场所演出的境外商业乐队达275个，3215人次；邀请境外影视制作公司来沪采访、拍摄影视剧（包括短片）共188批，832人次；国（境）外政府代表团来访28批，187人次，其中，部长团9批，47人次。

一、政府大型对外文化交流项目

2004年，上海文化广播影视管理局接受文化部“春节品牌”项目任务，于1月15日~2月4日组织上海文艺代表团赴非洲五国访演：3月6日，上海参与的在法国举办的中国文化年第一个大型综合性项目，为期近3个月的“里尔一条街”正式开街；4月26日~30日，阿拉木图文化周在上海隆重举办；5月12日~7月7日，作为中国与爱尔兰两国政府的文化交流项目，爱尔兰文化节顺利在上海举办；6月28日至7月4日，作为中国文化年闭幕系列活动的马赛“上海周”和巴黎“上海周”活动相继成功举办；9月23日~10月12日，应中国驻美大使馆邀请，上海文化广播影视管理局组派上海民族乐团赴美演出团横跨美国东西两岸巡演21场，并为大使馆国庆55周年庆典演出；10月14日~16日，国际文化政策论坛第七届部长年会在本市顺利召开，这也是上海首次承办最高级别的多边文化国际会议；2004年10月25

日~2005年1月7日，上海参加在爱尔兰举办的中国艺术节3个项目，即上海美术馆的《龙族之梦——中国当代艺术展》、上海话剧艺术中心的话剧《长恨歌》和上海音乐学院打击乐团演出的《打击乐专场》相继在爱尔兰的都柏林和科克市成功举行。

二、文广影视大型国际性节庆活动

2004年，中国上海国际艺术节、上海国际电影节、上海电视节、上海之春国际音乐节、上海美术双年展、上海国际芭蕾舞比赛、上海国际少儿文化艺术节、上海亚洲音乐节、上海艺术博览会、上海宝山国际民间艺术节、上海国际小剧场戏剧节、上海国际茶文化节、上海国际爵士乐周、歌剧大师班、国际动漫展和上海国际服装文化节，以及法国文化在上海和澳大利亚电影周等相继精彩举办，已成为上海的城市文化名片，建设国际文化交流中心的重要文化品牌。

三、连续引进国外优秀演出剧目

2004年，全市引进项目比上一年同期增加了33.67%。在平均每天一批次以上的引进规模中，名团、名剧和名家也频频会聚上海，如由世界著名指挥大师小泽征尔和祖宾梅塔分别担任指挥的奥地利维也纳爱乐乐团和以色列爱乐乐团、百老汇经典音乐剧《音乐之声》和《剧院魅影》、意大利著名盲人男高音歌唱家波切利、英国歌手莎拉布莱曼、美国魔术师大卫科波菲尔和法国印象派绘画珍品展等都相继来沪演出。同时，为满足人民群众日益增长的文化需求，元旦、春节、五一和国庆前后，又分别有俄罗斯国家大马戏团、爱尔兰“舞之魂”舞蹈团、美国“福克斯白老虎兄弟”马戏团、英国皇家爱乐乐团和俄罗斯国立“小白桦”歌舞团、克里姆林宫剧院芭蕾舞团等众多国外艺术表演团体和艺术家应邀来沪在上海大剧院、上海大舞台、美琪大戏院、上海音乐厅和浦东世纪公园“上海国际音乐嘉年华”等场馆演出。全年各文化演出经纪公司演出场所共引进285台节目，演出场次达625场。

四、文化广播影视派出项目增长较快

2004年，全市派出项目比上一年同期增加了46%，显示了政府大力推动的“走出去”工程在各从业单位的共同努力下已开始逐步发挥作用。上海马戏学校《倒立技巧》赴摩纳哥参加国际杂技节比赛获得金奖，为祖国赢得了荣誉；上海木偶剧团赴捷克参加布拉格国际木偶艺术节，一举获得了“最佳艺术创作奖”和“诗意表演奖”2个大奖，载誉归来；上海京剧院、上海交响乐团和上海东方青春舞蹈团等相继赴法国等欧洲国家巡演，展示了上海的文化艺术建设成就；新上海马戏团第七次赴美国作为期10个月的定点商演和上海杂技团《太极时空》剧组赴北美商演，显示了上海演出业参与国际文化市场的信心和实力；上海文广影视集团赴法国戛纳参加影视节目交易展，上海文广新闻传媒集团分别在加拿大和美国举办“上海电视周”和“上海广播周”以及东广音乐频率赴美现场向上海转播“格莱美”颁奖演唱会等展示了上海广播影视业的实力和风采。另外，中福会经招标授权匈牙利承办的“宋庆龄少儿艺术节”并组派东方小伙伴艺术团等赴匈牙利参加少儿艺术节以及赴朝鲜演出获得圆满成功。

五、与香港、澳门特别行政区和台湾地区的文化广播影视交流频繁

上海与港澳台的文化广播影视交流十分活跃，交流领域涉及文化广播影视的各个方面。2004年，全市共受理申报的港澳台来沪项目86批、1574人次（台湾项目40批、696人次）；赴港澳台项目98批、984人次（台湾项目45批、357人次），首次呈现了派出项目数大于引进的交流格局。香港文化周和台湾朱宗庆打击乐团、国光剧团、台北新剧团等演出、美术展览和文化参访团等相继应邀来沪交流；上海歌舞团《金舞银饰》剧组120余人及上海交响乐团、上海京剧院、上海歌剧院、上海民乐团、上海沪剧院、上海音乐学院、上海戏剧学院等本市大型文化访演团体相继应邀赴港澳台交流演出、展出和访问。

江苏省

综述

2004年，江苏省文化厅党组坚持以“三个代表”重要思想和科学发展观为指导，紧紧围绕省委提出的“两个率先”和文化大省建设战略目标，开拓进取、上下联动、团结一致，以良好的精神状态，加强重点文化工程和文化品牌建设。在实施舞台艺术精品工程、信息共享工程、重大文化活动项目、文化市场专项整治等方面，取得显著成效。

一、认真学习党的十六届三中、四中全会精神，坚持以科学发展观统领文化工作

厅党组一方面把学习贯彻党的十六届三中全会精神当做一项重要的政治任务来抓，要求各级文化部门、单位全面把握、深刻领会；另一方面，深入到基层一线开展调查研究。厅领导班子成员分别带领有关处室的同志，先后深入到宿迁、徐州、盐城、泰州、南通、苏州、无锡、连云港、南京等地，对基层文化建设、艺术创作与生产、文化市场管理、文物保护、文化体制改革等方面的课题展开调查研究，并帮助协调、指导文化工作中遇到的实际问题。厅领导撰写的《贯彻科学发展观，全面推进文化建设》、《建设沪宁沿线地区音像管理示范区的实践与思考》、《江苏省民间艺术资源情况的调查报告》等调研文章，为全省文化建设提出具有前瞻性、针对性和指导性的新理念、新见解。为了使科学发展观在文化工作中得到更好地贯彻落实，在8月份召开的全省文化局长会议上，厅长章剑华作题为《在科学发展观指导下，推进文化体制改革和文化品牌建设》的讲话，就文化工作如何协调发展提出更加明确的要求。

党的十六届四中全会把“不断提高建设社会主义先进文化的能力”作为加强党的执政能力建设的5项主要任务之一，提出积极推进文化体制改革，解放和发展文化生产力，制订文化发展纲要和文化体制改革总体方案等重大举措，极大地鼓舞和激励广大文化工作者的热情，这是发展文化事业的极好机遇。在11月份召开的文化理论创新工程论文交流暨颁奖大会上，厅领导要求文化部门的党员干部，一定要把科学发展观和加强党的执政能力建设结合起来，认真学习，深刻领会其中的内涵和重要意义，并贯穿在工作实践之中，不断增强发展先进文化、加快文化大省建设的能力。

二、牢牢抓住工作重点，合力攀登文化建设高峰

去年底，厅党组就集思广益，深入研究，形成2004年“三个六”（六个重点项目、六个重点工程、六个改革试点）重点工作，并以最早时间、最快速度进行工作部署。年初，统一组织分工，明确责任，强化落实，形成整体工作合力。对重点领域和关键环节，党组及时跟踪检查，研究协调，帮助解决工作中的难题和矛盾。实践证明，文化建设实施工程化、项目化运作是繁荣和发展文化事业最有效的途径和方法之一。

文化艺术工作硕果累累，以国家和省舞台艺术精品工程为推动力，全面启动江苏省艺术创作源头工程，新创和加工剧本达100部以上，并将优秀剧本向基层剧团推荐排演，艺术创作和艺术生产出现喜人的成绩。在第七届中国艺术节上，话剧《平头百姓》获第十一届文华大奖，2个剧目获文华新剧目奖，获奖排名全国第二；第十三届全国“群星奖”评比，江苏在全国名列前茅；第二十一届中国戏剧“梅花奖”评选，江苏2人入选。第十届全国美术展览，江苏入选获奖总数居全国前列，取得历史最好成绩。

为缅怀国画大师傅抱石对中国美术事业的卓越贡献，弘扬其艺术创新精神，由文化部、江苏省人民政府主办，省文化厅承办的“其命惟新——傅抱石百年诞辰纪念活动”，分别在北京、南京成功举行。系列活动包括《傅抱石百年诞辰作品展》、《民间珍藏傅抱石作品展暨傅抱石百年诞辰书法篆刻展》、出版发行《傅抱石作品集》、《傅抱石纪念文集》、《东山丝竹图》特种邮资明信片及专用邮品、重建傅抱石墓地等，得到社会舆论的一致好评。承办2004·中国南京世界历史文化名城博览会开幕晚会、文化名人对话、国际民族民间艺术展览、大卫·科波菲尔大型魔术演出等4项活动。举办庆祝中华人民共和国成立55周年《我和我的祖国》大型晚会。承办《第十届全国美术作品展览·综合展区》、《傅抱石奖·南京水墨画传媒三年展》和《林散之奖·南京书法传媒三年展》，举办《现代·都市水墨画展》、《江苏省美术作品展览》、第二届江苏省戏剧文学奖评选、全省小戏小品比赛等。“中法文化年——锦绣江苏”和“中华文化北非行——江苏文化周”等对外文化交流活动，受到各国友人的盛赞，凸显江苏文化的独特魅力。中秋国庆前夕，组织一台以“乡情·风情·亲情”为主题的文艺演出，进京慰问江苏建筑工人，表达省委、省政府对在京建筑工人的关怀和关爱，激励和振奋广大在京员工，也引起北京和江苏各大媒体的关注。

三、文化建设工程有效推进

全面实施民族民间文化保护工程和江苏省文物保护抢救工程。确定全省13个首批省级民族民间文化保护工程试点项目，苏州市被列为国家级综合试点区。文物保护抢救工程本着“重点支持、抢救第一”的原则，重点建设博物馆精品库房。沪宁沿线音像管理示范区建设，经过2年精心打造，全省音像管理已走出“一放就乱、一抓就死”的怪圈，步入健康有序的发展轨道。音像经营形成规模化、连锁化、规范化的新格局，音像市场繁荣出现新转机，五市正版音像制品市场占有率达80%以上，被文化部有关领导赞誉为“华东地区乃至全国知识产权保护的典范”。文化信息资源共享工程建设取得阶段性成果。在文化部召开的全国文化信息资源共享工程工作会议上，江苏省文化信息资源共享工程领导小组被评为“全国文化信息资源共享工程建设先进单位”。文化理论创新工程达到预期目的和效果，论文质量普遍较高，对未来全省文化建设具有启发和指导意义。标志性文化设施建设步入快速发展轨道。南京图书馆新馆主体工程已经封顶，并根据文献类型、服务对象和现代图书馆的特点，精心做好新馆的整体布局设计和施工。南京博物院老馆改造和省美术馆新馆建设2大项目被省委、省政府列为2004年社会事业重点建设项目。

四、文化改革试点稳步推进

文化厅认真贯彻省委办公厅、省政府办公厅《关于省属事业单位分类意见》和《关于省属生产经营类事业单位改革的实施意见》，结合江苏实际，重点在创新体制和搞活机制上开展文化改革试点。用人、干部和分配制度改革试点，引进社会资金举办文化事业试点，厅直部分文化事业单位撤并、整合试点，经营性文化事业单位转企改制试点，文艺团体与企业联姻试点，利用社会资金发展文化产业试点，6个改革试点稳步推进，取得有益的尝试和成效。随着国家政策和文化市场的逐步放开，无锡、苏州、南京、常州等市，利用社会资金举办文化事业、发展文化产业，江苏省文化多元化投入格局正在逐步形成。

五、基层文化建设速度加快，文化工作运行机制不断创新

基层文化工作得到各级党委、政府和有关部门的高度重视，建设速度显著加快。全省各地以创建全国和省文化先进县为抓手，不断加强“四基”建设，群众参与文化活动和文艺创作的热情空前高涨。

六、加大投入，文化设施建设取得新突破

近年来，省政府每年安排专项资金用于支持经济欠发达地区的文化建设和扶持无馆舍或面积不达标的文化馆、图书馆建设。至年底，全省30个无馆舍或面积不达标的文化馆、图书馆，10个建设竣工、12个在建、8个准备开工。各市、县财政对文化建设投入也在不断增加，全省兴建一批具有较高水准的文化馆、图书馆、博物馆。建筑面积2.14万平方米的徐州市图书馆，已落成并投入使用。宿迁市文化艺术中心，总投资7200万元，建筑面积2.4万平方米，是“五馆合一”的多功能艺术中心，被市政府列为为民办实事项目之一，已完成投资4400万元。南京市金陵图书馆新馆建设项目列为南京城市建设的重点工程，是河西新区重要的公共配套设施。正在建设之中的无锡江阴天华艺术中心，总投资4亿多元，建筑面积6.6万平方米，是国内县市级一流的文化设施。苏州市博物馆新馆建设，由世界建筑大师贝聿铭亲自担纲设计，是该市21世纪初重要的标志性建筑，工程进展顺利，联合国教科文组织世界遗产中心和国际古迹遗址理事会对这一建设项目作出充分肯定。扬州、镇江、连云港等地不断加大投入，新建、扩建或改建博物馆、纪念馆，工程进展顺利。全省基层文化站建设得到不断加强，不少乡镇正在建设或筹划建造多功能、现代化的文化娱乐中心。

七、打造品牌，文化工作呈现新亮点

全省各地坚持文化工作重在建设的指导思想，在文化工作的内容和形式、体制和机制、方式和方法上不断创新，既保证文化发展的正确方向，又保证全省文化事业的持续发展和繁荣。苏州市在第二十八届世界遗产大会期间，制定出台《“文化苏州”行动计划》，为全市文化建设确定目标和总体思路。为了巩固和加强古城保护的成果，积极营造全社会关心、重视文化遗产保护的良好氛围，该市把每年的6月28日确定为“遗产保护日”。泰州市召开全市文化工作会议，出台《关于加快文化事业建设若干经济政策的意见》。南京市在第四届南京文化艺术节期间，首次向国内外公开招标优秀剧（节）目，48个国内外知名艺术院团的89台优秀剧（节）目参加投标，同时推出4大系列50项活动。无锡市举办该市历史上规模影响大、活动项目多、参与人数广、社会反响好的第七届中国国际合唱节、太湖艺术节和“激情周末”3大艺术盛会，凸显无锡都市文化的开放性和融合性。扬州与央视国际频道合作的“烟花三月下扬州”大型文艺晚会和中国古筝艺术第五次学术交流会，取得圆满成功。常州市举办的中国国际数码卡通艺术周网络游戏大赛暨青少年游戏心理讲座，为加强和改进未成年人思想道德建设，做出有益的探索。徐州市努力拓展演出市场，积极开展“文化大篷车”系列活动，成功举办首届马可艺术节和中国徐州首届国际胡琴艺术节。淮安市组织实施宁连路沿线文化示范带工程，农村百里文明示范带创建活动，从“四基”建设入手，从乡村两级深化，由点到面逐步推进基层文化工作。连云港市精心策划组织“先进文化进万家”暨第五届“在海一方”广场文化系列活动，并着力在活动的内容和形式上创新；女子民乐团参加中法文化年交流活动，精湛的表演赢得法国友人的高度赞誉。南通市积极推广海安县文化馆、通州市文化馆“服务农业、服务农村、服务农民”的成功实践，开展群众文化“百千万”工程，以满足人民群众的精神文化需求。

八、注重积累，基层文化取得新成果

在全国文化先进县、全国文化工作先进集体复查工作中，全省有32个县（市区）通过核查验收，合格率达97%。江苏有31个群艺馆、文化馆被文化部评定为一级馆，总数名列全国第一。全省第二届“四特”评选命名，评选出6个特色文化之乡、10个特色文化团队、5个特色文化家庭和10个特色文化标兵，有力地促进特色文化建设。第六届江苏省“五星工程奖”，从各市选拔上报的美术、书法、摄影作品大赛和群文理论研究成果中，评出金奖30个，银奖58个，铜奖93个。组织参加第七届华东地区戏剧小品大赛，江苏获特等奖1个、金奖1个、银奖2个的优异成绩；在“第二届中国南北民歌擂台赛”上，获歌王奖1个、优秀歌手奖1个，省文化厅获优秀组织奖。

九、坚持文化工作协调发展，文化服务的质量得到有效提高

通过坚持文化工作的统筹兼顾，全面发展，完善行政许可制度和程序，提高服务水平和质量，使重点文化工作有新突破，常规文化

工作有新变化，文化工作所具有的影响力、辐射力和塑造力进一步得到增强。

十、加强未成年人思想道德建设

及时贯彻落实党中央、国务院和省委关于加强和改进未成年人思想道德建设的具体实施意见，从5月1日起，各地的博物馆、纪念馆、美术馆、图书馆对未成年人参观实行免费开放，充分发挥公益性文化设施的积极作用，努力为未成年人健康成长提供丰富多彩的文化产品和文化服务。加强对全省网吧等互联网上网服务营业场所进行专项整治，认真落实未成年人不得进入营业性网吧的规定，查处网吧接纳未成年人案件2889起，责令停业整顿415家，吊销《网络文化经营许可证》17家，会同有关部门，取缔关闭 “黑网吧”1635家，网吧非法接纳未成年人得到有效遏制。在集中整治的过程中，着眼于长效管理，加大网吧监管软件安装工程的进度，全省32万台机器近90%已安装监管软件。聘请万余名老干部、老战士、老教师、老专家、老模范担任网吧义务监督员，使未成年人进入网吧现象大幅度减少，受到中央和省委领导的赞扬。

十一、加强文物保护、管理和宣传工作

组织编制《江苏省文物事业发展“十一五”规划纲要（草案）》。经省政府同意，确定苏州江南水乡古镇、常州春秋淹城遗址、南京城墙、镇江三山风景名胜区、无锡惠山祠堂建筑群、淮安洪泽湖大堤等6处作为江苏世界文化遗产预备清单项目。做好历史文化名城名镇的保护，新增千灯、黄桥、荡口三镇为省级历史文化名镇。审核推荐81处有较高历史、艺术和科学价值的文物保护单位，申报第六批全国重点文物保护单位。成立南水北调东线江苏段文物保护领导小组、协调小组和项目规划组，对工程沿线进行勘察，编制出《南水北调东线江苏段文物保护规划》。开展一、二、三级博物馆风险单位的安防达标工作和文物保护单位“四有”档案、馆藏一二级文物纸质档案备案等工作。深入开展文物保护宣传。在“5·18博物馆日”、“江苏省文物局成立大会暨江苏省文物保护工作座谈会”、2004年度“文物保护宣传周”期间，通过专题访谈、文物知识普及讲座、聚焦江苏文物摄影艺术大赛等活动，采取多种形式宣传江苏文物保护工作，取得良好的宣传效果，有效提升江苏省文物工作的影响力。

十二、进一步规范文化市场秩序

加强各地文化市场执法队伍的协作互动，组织开展大规模收缴非法音像制品行动，举行声势浩大的统一销毁仪式，销毁非法音像制品1200万张，表明江苏打击侵权盗版、保护知识产权的严正态度和坚强决心。净化文化演出市场，会同公安机关开展打击色情淫秽演出的专项执法行动，查处庙会大棚非法演出300起，取缔色情淫秽演出场所13家，6名淫秽演出组织者受到刑事处罚。开展“诚信经营演出市场”创建评选活动，放宽市场准入，鼓励和保护合法竞争。全省民营演出企业已经占据行业总量的90%以上，涌现出南京“阳光大舞台”、无锡“红磨坊”等一批雅俗共赏、群众欢迎、效益良好的演艺业龙头企业。加快电影市场开放力度，上影华纳影城和华夏大地院线相继在江苏落户，加入院线的影院已扩大到103家。

十三、加快文化法制建设进程

按照省人大、省政府的部署和要求，开展行政许可实施主体和有关法规、规章、规范性文件的清理。省文化厅作为文化行政许可的实施主体，到2004年底为止，获准实施的行政许可项目共计51项。起草《江苏省公共图书馆管理办法（草案）》，会同省法制办开展立法调研，对有关条文做出修改、完善后提交省政府常务会议讨论。经过认真调研，多方征求意见，起草《江苏省公共文化馆、文化站管理办法》上报省政府，积极争取列入2005年省政府立法计划。

十四、加强党风廉政建设和文化干部队伍建设

年初，召开党风廉政建设暨机关作风建设工作会议，全面贯彻落实党风廉政建设责任制，狠抓以领导干部廉洁自律为重点的反腐败

三项任务落实。组织党员干部学习两个《条例》，开展“增强纪律观念，自觉接受监督”主题教育等活动，以“五个一”为载体，推动学习的深入。为了保障两个《条例》得到贯彻落实，厅党组对重大事项决策程序、干部选拔任用、财务管理和监督等方面做出具体规定。全年先后举办第二期全省文化局长培训班、第三期中青年干部培训班、群文专业继续教育高级培训班、全省图书馆长培训班，不断充实和提高文化干部的政治、经济、法律、管理以及相关专业知识和能力。对厅机关及厅直单位中青年业务骨干进行理论学习和拓展训练，进一步提高青年干部的文化艺术素养、语言表达能力、团队协作能力。全年进行两次机关处室和直属单位领导干部的调整，把一些中青年干部放到重要岗位锻炼，既优化干部队伍结构，又加强干部交流和培养使用的力度。

重要会议、活动、设施建设

【江苏省新人新作歌舞大赛】

1月4日~6日，江苏省新人新作歌舞大赛在南京举行决赛。此次大赛全省共申报110个节目，经初选，有48个节目参加了决赛，共评出声乐表演奖、声乐创作奖、舞蹈表演奖、舞蹈创作奖及表演奖创作奖等奖项，一批具有时代气息的作品和艺术新人脱颖而出。

【现代·都市水墨画展】

1月18日上午，由江苏省文化厅主办，省国画院、省美术馆承办的《现代·都市水墨画展》在省美术馆开幕，展出作品268幅。现代都市水墨画创作活动是江苏省一项重点文化工程，通过组织全省性美术创作和展览，倡导现代观念、现代题材、现代语言、现代画风。本次活动共收到近500件作品，评出学术成就奖14名、金奖6名、银奖12名、铜奖18名、优秀奖69名、优秀组织奖11名，另有163件作品入选。

【江苏省公布第三批省级历史文化名镇】

江苏省人民政府在各地申报、省建设厅和省文化厅评审的基础上，于2004年1月18日发文（苏政办发[2004]3号文件），公布昆山市千灯镇、泰兴市黄桥镇、无锡市荡口镇为江苏省历史文化名镇。此前，省政府先后于1995年、2001年公布两批省级历史文化名镇，至此，江苏省省级历史文化名镇共13个。

【《金陵寻梦》奏响维也纳金色大厅】

1月28日~2月5日，南京民族乐团先后在维也纳金色大厅举办《金陵寻梦——猴年中国新年音乐会》，在德国曼海姆玫瑰园音乐厅举办音乐会。这次出访创下了金色大厅演出的“四个第一”纪录：第一个代表中国进入金色大厅演奏新年音乐会的地方艺术团体；第一次售完1700张大厅和包厢票、300张站票；第一次演奏完4首备用曲子；第一次被卢永华大使夫妇、张炎大使夫妇联合隆重宴请的艺术团体。

【新型饱水木质文物脱水加固剂的研究】

2004年1月，新型饱水木质文物脱水加固剂的研究课题通过省科技厅组织的专家鉴定。这是南京博物院针对江苏木质文物急需保护的需要向省科技厅申请并获得立项的科研课题。该加固剂是以乙二醛、尿素为主要原料，以乙醇、聚乙烯醇等多元醇为改性剂合成的一种用于饱水木质文物脱水加固的材料。该技术在全省许多地方得到应用，取得良好的效果。

【第六届江苏省“五星工程奖”】

第六届江苏省“五星工程奖”评选活动从2月16日开始，评选项目为美术、书法、摄影作品和群文理论研究成果。共收到全省各地报送的美术作品190件，书法作品181件，摄影作品148件，群文理论文章66篇。经过专家组和群众评委的评审，评选结果于7月15日揭晓，共评出金奖30个、银奖58个、铜奖93个。

【江苏省民族民间文化保护工程】

2004年2月，江苏省民族民间文化保护工程启动。省委、省政府设立“保护工程”专项资金；省文化厅建立健全省保护工程领导小组、专家委员会和省级保护中心等组织工作机构，起草、下发有关文件，举办江苏省民族民间文化保护工程第一期培训班，开展“民族民间文化艺术传承与保护”征文评奖活动，召开江苏省民族民间文化艺术传承与保护理论研讨会，出版《江苏省民族民间文化艺术传承与保护优秀论文集》。第一批13个省级试点项目和1个国家级试点项目的《目标任务书》通过专家论证，工作人员全部落实到位。

【江苏省音像制品分销协会成立】

3月5日，江苏省音像制品分销协会成立大会在南京举行，文化部市场司、省人大常委会教科文卫委员会、省文化厅、省民政厅以及中国音像协会、美国电影协会、广东音像联合体等有关方面领导出席大会。会议选举产生协会组织机构及理事会会长，省文化厅副厅长尹明为名誉会长。《中国文化报》、《扬子晚报》、《现代快报》、《江苏卫视》等新闻媒体作现场报道。

【东部文化西部行·西部文化东部行】

江苏省人民政府、陕西省人民政府共同主办，两省文化厅承办“东部文化西部行·西部文化东部行”文化交流活动。3月26日，江苏携滑稽戏《一二三，起步走》赴西安上演。8月15日~17日，陕西的大型眉户现代戏《迟开的玫瑰》和秦腔历史剧《西湖遗恨》在南京上演。演出期间，两省艺术家举行“苏陕戏剧名家座谈会”，交流艺术创作和演出经验。

【中国戏曲现代戏优秀保留剧目展演】

4月4日，中国戏曲现代戏优秀保留剧目展演在常州市红星大剧院开幕。展演历时7天，参加展演的共有评剧、吕剧、淮剧、沪剧、锡剧等8个剧种10台戏，其中7台戏是演出了600场至2000多场的优秀保留剧目。展演期间，举行了学术研讨会。本次展演共评出突出贡献奖、艺术家突出贡献奖、优秀演出奖、演员单项奖4个奖项。

【中国南京世界历史文化名城博览会】

4月30日~5月6日，由文化部、建设部、国家文物局等部门主办，江苏省文化厅和南京市政府承办的2004中国南京世界历史文化名城博览会在南京举办。在这项重大活动中，省文化厅承办了“名城会”开幕晚会、文化名人对话、国际民族民间艺术展览、大卫·科波菲尔大型魔术演出等活动；南京市文化局承担了“名城会”《狂欢节·文化巡游》大型群文活动，闭幕式《好一朵茉莉花》大型文艺晚会，邀请佛罗伦萨贝利尼博物馆来宁举办展览等28项文化活动。

【国际民族民间文化艺术博览会】

4月30日~5月6日，“名城会”重要活动之一“国际民族民间文化艺术博览会”系列活动在南京博物院举行。活动共分2个部分：一、举办广场活动“动手有功——中外大学生民间手工艺作品大赛”；二、举办14个专题展览，文化部部长孙家正、国家文物局副局长董保华以及省、市各级领导，中外历史文化名城的市长及嘉宾观看了展览。

【两岸三地联合演奏《和平颂》】

由南京市文化局与南京民族乐团策划，特聘著名作曲家赵季平历经两年倾心创作，汇集南京民族乐团、香港中乐团、台北市立国乐团等两岸三地十余家单位248名演员倾情演绎的大型民族交响乐《和平颂》，于5月1日、2日在南京文化艺术中心大剧院隆重上演，开创了两岸三地民乐演奏家联合演出的新纪元，首次奏响了以侵华日军南京大屠杀历史事件为背景的大型民族交响乐。文化部部长孙家正，省、市领导以及国内有关音乐专家观看了演出。

【“世界历史文化名城文化名人对话——文化与城市性格”论坛】

5月2日、3日，由南京图书馆承办的“名城会”大型活动之一“世界历史文化名城文化名人对话——文化与城市性格”论坛，在南京博物院举行。来自美国、日本、德国、韩国等国的中外文化名人齐聚一堂，就“文化与城市性格”展开交流与研讨。会后，编印出版《世界历史文化名城文化名人对话——文化与城市性格》。

【“中国文化年·锦绣江苏”系列活动】

5月10日，“中国文化年·锦绣江苏”第二阶段系列活动之一《江南文人思想与中国园林艺术——中国江苏文物精品展》在法国上塞纳省布伦市阿尔贝卡博物馆开幕。展出两汉以来27件（套）文物精品，与展馆自身的园林环境浑然一体，引起法国观众的浓厚兴趣。原定10月上旬结束的展览，应法方要求延展一个月。5月9日~20日，秀女乐坊·江苏省女子民乐团（连云港歌舞剧院女子民乐队）一行24人出访法国，配合展览在省会楠泰尔市举办3场《锦绣江苏》音乐会。副省长张桃林率江苏省文化、教育代表团专程前往出席上述活动。

10月12日，第三阶段重点项目《中国江苏当代版画展》在巴黎近郊的索市拉开帷幕。11月~12月，江苏省南通少儿杂技团前往法国北部里尔、加莱的巡回演出，为在法国举办了一年的“中国文化年·锦绣江苏”全部活动画上一个圆满的句号。

【国际民间艺术节组织理事会亚大分会授予常熟市“古琴之乡”称号】

5月中旬，国际民间艺术节组织理事会（CIOFF）亚大分会2004春季会议在常熟市举行。来自韩国、日本、泰国、印尼、土耳其、菲律宾等国家及中国内地和台湾地区的30名代表参加了会议。来宾们参观常熟的文化设施，观看“常熟情韵”民间文艺演出。会议期间，常熟市被国际民间艺术节组织理事会亚大分会授予“古琴之乡”称号，并颁发奖牌。

【中央领导视察江苏省演艺集团】

6月10日，中央政治局常委李长春、文化部部长孙家正等领导一行在省委书记李源潮、副书记任彦申等陪同下视察江苏省演艺集团，听取省演艺集团的改革工作汇报。李长春要求江苏省政府扶持改革，“花钱买体制”，把江苏省演艺集团的试点工作抓好。

【无锡“6·29”集中执法行动】

6月29日，江苏省文化市场稽查总队调集南京、扬州、镇江、常州、张家港等地稽查执法队伍，在无锡文化、公安等部门配合下，组成80余人的联合执法力量，分9个小组对无锡市11个经营非法音像制品的门面店及仓库实施集中执法行动。执法行动持续近12个小时，共计摧毁地下库房5处，收缴非法音像制品40卡车计177余万张，成为江苏音像市场管理史上一次性收缴非法音像制品数量最多的一次。

【首届江苏省艺术中专校专业教师技能比赛】

省文化厅举办的首届江苏省艺术中专校专业教师技能比赛于2003年11月启动，共有4个专业（声乐、器乐、舞蹈、美术）的在职专业教师参加了比赛。比赛分为各校自行选拔节目，组织专家评委对录像作品进行初评，组织现场决赛等几个环节。声乐、器乐、舞蹈3个专业的决赛，于2004年6月在常州举行。此项活动充分调动了教职工的积极性，极大地推动了全省艺术中专学校的各项工作。

【第七届中国国际合唱节】

7月26日~8月1日，文化部外联局、无锡市政府等单位主办的第七届中国国际合唱节在无锡举行。8支外国合唱团队和国内20多个省、市、地区的67支合唱团队3300余人，以歌会友，25台演出精彩纷呈，1.5万余人次登台竞歌。合唱节期间，举办了中外团队专场音乐会、“广场合唱之声”展示演出、合唱大师班讲座等丰富多彩的活动。

【其命惟新——傅抱石百年诞辰纪念活动】

由文化部与江苏省人民政府共同主办，江苏省文化厅与省国画院承办的“其命惟新——傅抱石百年诞辰纪念活动”，于8月~10月在京、宁两地开展。主要内容有：在北京举办傅抱石百年诞辰作品展览、傅抱石百年诞辰学术论坛；在南京举办傅抱石百年诞辰作品展、民间珍藏傅抱石作品展暨傅抱石百年诞辰书法篆刻展、复建傅抱石之墓等；组织出版《傅抱石》作品集、《傅抱石纪念文集》，发行以傅抱石代表作《东山丝竹图》为主题的特种邮资明信片以及个性化邮票、打孔宣传纪念片等邮品。

【中华文化北非行·中国江苏文化周】

“中华文化北非行”是文化部组织，江苏与广东、四川和深圳4省市集约参加的文化交流行动，在北非埃及、摩洛哥、突尼斯、阿尔及利亚、苏丹和毛里塔尼亚等6国举办大规模文化交流和宣传活动。

8月26日~9月8日，省文化厅副厅长尹明率领江苏省文化代表团暨无锡市歌舞团、无锡书画院一行41人，分别在摩洛哥、突尼斯的9个城市举办“中国江苏文化周”《无锡绘画艺术展》和大型舞台艺术表演《江南好》。无锡市歌舞团还被特邀代表中国参加著名的摩洛哥“瓦利利国际艺术节”，并在首都拉巴特的穆罕默德五世国家大剧院举行专场演出。

【庆祝中华人民共和国成立55周年江苏省美术作品展览】

9月20日，由江苏省文化厅、省美术家协会主办的《庆祝中华人民共和国成立55周年江苏省美术作品展览》在省美术馆开幕，共展出作品675件，这些作品是从全省各地各单位选送的1200余幅作品中评选出的。主展厅设在省美术馆，展出中国画、油画、水彩画（粉画）、版画、雕塑和壁画；分展厅设在南京艺术学院和南京美术馆，分别展出漆画、年画、连环画、宣传画、漫画、插图等。

【欧盟资助徐州建立音乐教育基地】

9月20日，徐州文化艺术学校欧盟音乐教育徐州培训基地举行隆重的揭牌仪式及开学典礼。此项目欧盟出资65%，奥地利雷欧本音乐学校、德国曼哈姆市音乐学校和徐州文化艺术学校共同承担35%的办学经费及教学任务，徐州文化艺术学校具体组织实施。该项目是欧盟首项对中国文化领域方面的资助，欧盟资助艺术教育事业在全球尚属首次。

【“乡情·风情·亲情”慰问演出】

2004年中秋月圆前夕，由江苏省文化厅、省政府驻京办事处、北京市西城区委、西城区政府主办，江苏省文化馆与中共北京市西城区委宣传部等单位承办的“乡情·风情·亲情”进京慰问江苏建筑工人文艺演出在北京广播剧场和2处建筑工地举行。

9月24日晚，来自江苏和北京两地的12个节目在北京广播剧场演出；9月25日上午、下午，慰问团分别来到位于朝阳区胜古庄危改小区二期工地和金海国际花园工地，两地的演出都因为工人们早早地进场而提前开始，工人们的热情感染了每一位上场的演员。

【承办《第十届全国美术作品展览·综合展区》】

9月28日~10月12日，由中国文化部和中国美协主办、江苏省文化厅和省美术家协会承办的《第十届全国美术作品展览·综合展区》在江苏省美术馆举行。江苏具体负责漆画、连环画、年画、宣传画、漫画、插图等画种作品展览的各项工作。本次画展共收到各省、市、自治区和部队送选作品731件，有442件入选，连同评委的作品共展出458件。在“综合展区”的评比中，江苏的入选、获奖数均列全国第一，获金奖1件、银奖5件、铜奖13件、优秀奖4件，与上一届仅获2件优秀奖相比，江苏的漆画、连环画、年画、漫画、宣传画、插图诸画种的创作取得重大进步。

【第二届江苏省小戏小品大赛】

10月26日~29日，由省文化厅、省文联、南通市人民政府主办的第二届江苏省小戏小品大赛在南通市举办。各市选送28个节目参赛，大赛共评出节目一等奖2名、节目二等奖14名、节目三等奖12名和单项奖若干。《捡来的手机》、《面试》获节目一等奖。

【傅抱石奖·南京水墨画传媒3年展】

由江苏省人民政府主办，省文化厅（省国画院、省美术馆、江苏广电总台、南京广电集团）承办的《傅抱石奖·南京水墨画传媒三年展》，于11月1日~10日在省美术馆展出。该美术活动是江苏重点文化工程之一，以其独特而富有创造性的奖项设置、大胆利用现代传媒的新颖方式，受到海内外美术界的关注和参与，展出了160多位来自中国大陆、港澳台地区以及美、日、韩、马来西亚等国家的当代知名水墨画家的200幅近作。

【首届长江文化艺术周】

11月初，由江苏省文化厅、省文联和张家港市人民政府共同主办，沪、川、湘、鄂、赣、皖、青、渝等8省市协办的“首届长江文化艺术展示周”在张家港市举行。全国政协副主席李蒙、江苏省和苏州市有关领导出席了开幕式。活动期间，推出了“长江颂”中国当代著名书法家精品展、“相聚张家港”文艺晚会、2004（张家港）长江流域地方戏曲发展联盟研讨会、戏剧节戏剧汇演以及“长江城 长江人”长江名城文化风情电视片展播等项目。

【全国特色文化广场颁奖暨展示活动】

11月6日~7日，首届全国特色文化广场颁奖暨展示活动在吴江市平望镇举行。本次活动由中国群众文化学会、中国文化报社主办，文化部社图司特别支持。在各省文化主管部门的组织下，全国151个城市178个文化广场参加评选，最后评出60个“全国特色文化广场”。来自全国近30个省、自治区和直辖市的60个文化广场，通过展览展示了各具特色的广场文化活动。活动期间，对全国广场文化论文评选获奖作者予以表彰，并举行了专题研讨会。

【第四次中文文献资源共建共享合作会议】

11月17日~18日，由南京图书馆主办的第四次中文文献资源共建共享合作会议在南京国际会议中心举行。来自中国大陆、台湾、香港、澳门及美国、英国、日本、新加坡等国家和地区的公共图书馆、高校图书馆和相关科研单位的36家中文收藏单位的65位知名专家学者出席会议。“中文文献资源共建共享合作会议”是以中文文献为主轴，跨地域跨国界的合作务实会议，是迄今为止世界各地中文图书馆界最广泛的盛会。

【文化理论创新工程】

2004年，江苏省文化厅在全省文化系统首次实施文化理论创新工程，得到全省文化系统干部职工的积极响应，共收到各类稿件108篇，评选出一等奖4篇，二等奖11篇，三等奖15篇。11月19日，召开文化理论创新工程论文交流表彰会。编辑出版文化理论创新工程论文丛书《文化与时代同步》及《文化与城市性格》。

【全省统一销毁非法音像制品】

11月24日，全省统一销毁非法音像制品活动在各地同步举行，主会场设在南京市，其他12个省辖市同时设立分会场。江苏省人民政府、省人大常委会、省委宣传部、省政府办公厅、省公安厅、省工商局、省知识产权局、省新闻出版局、省整顿和规范市场经济秩序办公室、省“扫黄打非”办公室等有关方面人员出席南京主会场仪式。副省长张桃林下达销毁命令，20余辆满载非法音像制品的货车驶向销毁现场。同日，全省计有1200万张非法音像制品被销毁。

【首届江苏省“茉莉花杯”民歌大奖赛】

11月30日~12月4日，由江苏省文化厅、扬子晚报社、扬州市人民政府主办的首届江苏省“茉莉花杯”民歌大奖赛在扬州市举行。大赛分专业组、业余组和少年组进行。来自全省各市、艺术院校及部队的300余名选手参加初赛，经过初赛、复赛和决赛，3个组各产生一等奖1名、二等奖2名、三等奖3名，展示了江苏艺术人才的实力。

【纪念昆曲列为“人类口述和非物质遗产代表作”3周年暨虎丘曲会】

11月，江苏省委宣传部、省文化厅和苏州市政府共同举办纪念昆曲列为“人类口述和非物质遗产代表作”3周年暨2004虎丘曲会。纪念活动期间，举行纪念徐凌云诞生120周年暨“继”字辈联谊会折子戏演出专场、省昆优秀青年演员折子戏专场等演出活动；举办第五届虎丘曲会，汇集了来自海内外近40个曲社的数百名曲友和昆曲演员；开通“中国昆曲网”，让古老的昆曲利用现代科技走遍全球。

【林散之奖·南京书法传媒3年展】

由江苏省人民政府主办，省文化厅（省国画院、省书法研究院、省美术馆、南京广电集团）承办的《林散之奖·南京书法传媒3年展》，于12月1日~10日在省美术馆、南京市美术馆、省国画院金陵美术馆举办。该活动在各大书画专业报刊发布征稿启事，收到远至美国、日本、法国、韩国、新加坡等国外及国内30个省市自治区的稿件6800余件。11月30日晚，在南京电视台演播大厅举行颁奖晚会。

【江苏省文物局成立】

12月8日上午，江苏省文物局成立大会暨江苏省文物保护工作座谈会在南京双门楼宾馆隆重召开。国家文物局局长单霁翔、江苏省委副书记任彦申等出席会议并讲话。成立大会上，举行江苏省文物局揭牌仪式、江苏省文博网站开通仪式、国家文物局向江苏省文物局赠送文物行政执法车车牌仪式。会后，举行江苏省文物工作座谈会，座谈会上宣布2004年江苏省文物保护宣传周正式开始。

【江苏省戏曲票友大赛】

12月16日~18日，由江苏省委宣传部、省文化厅联合主办，省文化馆承办的江苏省戏曲票友大赛决赛暨颁奖晚会在南京举行。本次大赛自5月份发动以来，参加初赛的人数超过5000人，有农民、工商业者、教师、学生、公务员等，年龄从5岁到80多岁，文化程度从不识字的农民到博士生。经过初赛产生的80名选手，参加在宁举行的京、昆、锡、越4个剧种的现场决赛，4个剧种分别评选产生了“十佳票友”和“优秀票友”。

【第二届李剑晨奖·水彩画双年展】

由江苏省文化厅和中国美协水彩画艺委会主办的《第二届李剑晨奖·水彩画双年展》，于2004年12月26日~2005年1月9日在省美术馆展出。本届画展聘请国内著名水彩画家及评论家组成评委会，共收到来自全国各省、市的720余件作品。经评选，共评出160件入选作品，其中金奖2件、银奖6件、铜奖15件。画展活动起到繁荣水彩画创作，促进当代水彩画艺术发展的作用。

【南京博物院老馆改造和省美术馆新馆建设】

南京博物院老馆改造和省美术馆新馆建设两大项目被省委、省政府列为2004年社会事业重点建设项目。至年底，南京博物院老馆改造工程已完成对老馆建筑结构抗震检测和组织专家对原立项方案的评估论证工作，在此基础上提出新的改造思路，计划投资3亿元，改造扩建面积3万平方米，上报省政府重新立项。省美术馆新馆项目筹备工作进展顺利，上报《江苏省美术馆新馆项目建议书》，省政府已批复立项。

【第二届江苏省特色文化建设评选命名】

省文化厅在总结首届“四特”评选经验的基础上，开展第二届“四特”评选命名活动。全省共申报特色文化之乡17个，特色文化团队35个，特色文化家庭30个，特色文化标兵35个。经评审，2004年12月，共命名第二批特色文化之乡6个，特色文化团队10个，特色文化家庭5个，特色文化标兵10位。

【江苏文化信息资源共享工程建设】

2004年底，江苏省已完成300个文化信息资源共享工程基层点的签约计划，建成229个基层点，全国“共享工程”江苏省分中心已初具规模。按照国家中心提出的统一标准和规范，加工制作并完成江苏省文化信息资源数据，包括地方戏曲137部和以江苏画家库、作家库为特色的“江苏人物”数据库系统，按时向国家中心上交数字资源任务。在文化部召开的全国文化信息资源共享工程工作会议上，江苏省文化信息资源共享工程领导小组被评为“全国文化信息资源共享工程建设先进单位”。

【聘请“五老”担任网吧义务监督员】

江苏省文化厅和省关心下一代工作委员会联合发出《关于组织老同志参加网吧义务监督工作的通知》后，全省各级文化行政部门年内共聘任1.2万余名老干部、老战士、老专家、老教师、老模范等老同志担任网吧义务监督员，加强对网吧场所的日常巡查，使未成年人进入网吧等违规行为大幅度减少，网吧经营秩序明显好转，群众举报比往年同期下降68%。聘请“五老”担任网吧义务监督员的做法受到李长春、刘云山等中央领导和江苏省委书记李源潮的肯定。

江苏省文化厅、江苏省文物局领导名录

江苏省文化厅领导及处室负责人

（2004年1月1日~12月31日）

江苏省文化厅领导

厅　长　　章剑华

副厅长　　尹　明（女）
　　　　　王慧芬（女）
　　　　　高　云（11月任）
纪检组长　王世华
党组成员　马　宁（4月任）
江苏省文化厅处室负责人
办公室
主　任　　沙夕九（10月免）
副主任　　嵇亚林（2月任）
　　　　　冯锦文（10月任）
　　　　　徐循华（2月免）
　　　　　万永华（女，10月免）
计财处
处　长　　韩　虹（女）
副处长　　姚　宁（女）
人事处
处　长　　吴晓林
副处长　　谈道纪
　　　　　刘　宝（10月任）
艺术处
处　长　　汪人元（2月任）
　　　　　章松林（2月免）
副处长　　陈新建
市场（外事）处
处　长　　褚志强
副处长　　陈朋山
　　　　　万永华（10月任）
　　　　　冯锦文（10月免）
社文处
处　长　　方标军（2月免）
副处长　　徐循华（2月任）
　　　　　谷　峰（女）
文物处（9月撤销）
处　长　　龚　良（12月免）
科教与产业处
处　长　　胡清亮（2月免）
副处长　　司志林（2月任）
　　　　　黄鲁闽（2月任）
直属机关党委
书　记　　肖恒杰
副书记　　沙夕九（10月任）
副书记　　车　宁
老干部处
副处长　　路承佳
纪检组、监察室
副组长、主任　　赵　林
监察室副主任　　戴宁华
江苏省文物局领导及处室负责人
江苏省文物局领导
局　长　　王慧芬（女，12月任）
副局长　　龚　良（12月任）
江苏省文物局处室负责人
综合管理处
处　长　　刘谨胜（12月任）
副处长　　苏同林（12月任）
文物保护处
处　长　　龚　良（兼）
副处长　　束有春（12月任）
博物馆处
副处长　　李民昌（12月任）
法规处（执法督察处）
处　长　　张　农（12月任）

浙　江　省

专业艺术

2004年，浙江省77个专业艺术表演团体共演出1.31万场次，其中国内演出1.25万场次，观众量1662.5万人次，其中农村演出0.63万场，农村观众量1101.7万人次。1、狠抓精品创作，在国家级艺术大奖评比中实现历史性突破。为备战“七艺节”，全省共创作新剧目40余台，呈现出近年来少有的繁荣景象。在本届艺术节，浙江省共有7台剧目入围参评演出，评奖结果，音乐剧《五姑娘》、甬剧《典妻》荣获“文华大奖”；绍剧《真假悟空》荣获“文华大奖特别奖”；越剧《藏书之家》、《流花溪》，音乐剧《蓝眼睛·黑眼睛》，舞剧《玉鸟》获“文华新剧目奖”；20余人获“文华奖”单项奖，在全国各省、区、市中名列前茅，实现了浙江省文艺作品在国家级艺术大奖评比中历史性的突破，为浙江争得了荣誉。2、统筹安排艺术节剧目演出，实现社会效益和经济效益的有机统一。承担了“七艺节”繁重的剧目演出安排工作，统筹考虑评奖工作需要和市场演出规律，努力实现社会效益和经济效益的有机统一。艺术节期间，共安排各类评奖、祝贺演出近250场，并组织有关院团、艺术家分赴社区、学校、基层为广大群众慰问演出。按照“文华奖”评奖规则，严格要求本省拟参评剧目加强市场演出，接受市场和群众的检验，锤炼艺术过硬、市场欢迎、群众满意的艺术精品。我们推荐参评“文华奖”的近10台剧目，演出场次均达到50场以上，取得了良好的社会效益和经济效益。3、精心准备开幕式大型文艺晚会，为“七艺节”赢得头彩。配合文化部和组委会，承担了“七艺节”开幕式大型文艺晚会《洒满阳光的天堂》的组织策划、统筹协调等工作，精心准备，精益求精，力争为“七艺节”赢得头彩。开幕式大型文艺晚会于9月10日晚在省黄龙体育中心体育馆成功上演，中共中央总书记、国家主席胡锦涛同志发来贺信，中共中央政治局委员、书记处书记、中宣部部长刘云山同志，全国人大常委会副委员长李铁映同志出席了开幕式。开幕式文艺演出坚持公益性活动的要求，采用“政府组织，企业赞助”的办法，邀请来自最基层的工人、教师、医务人员、外来打工人员等近30000人免费观看了艺术节开幕式的7场预演，使艺术的盛会真正成为人民的节日。4、周密细致做好“文华奖”评奖服务接待工作。国家舞台艺术最高奖——文化部“文华奖”首次纳入中国艺术节，在本届艺术节上来自全国各省区市的51台优秀剧目激烈角逐第十一届“文华大奖”和各单项奖。为确保“文华奖”评奖工作的顺利进行，我们进行了周密细致的部署，分工协作，责任到人，为“文华奖”评委和各参评艺术院团提供了良好的服务，赢得了广泛好评。

文化市场

全省文化系统审批管理的文化经营单位有3.4万余家，其中娱乐业10000多家，网吧6000多家，演出业1200多家，音像业8300多家，画店、画廊及文物经营单位等500多家，图书报刊业近8000家。进一步加大对文化市场的管理力度,召开了全省文化市场专项整治工作电视电话会议，组织开展以演艺娱乐场所和网吧等互联网上网服务营业场所为重点的文化市场专项整治行动。江浙沪两省一市第十一届演出业务洽谈会在杭州举行，会议期间，江苏省文化厅、浙江省文化厅、上海市文化广播影视局就长三角文化市场、演出市场加强合作，实现市场一体化签署了《江浙沪加强文化市场合作与发展意向书》、《长三角区域演出市场合作与发展实施意见》。贯彻落实中央关于在文化体制改革综合试点地区建立文化市场综合执法机构的意见，积极稳妥地推进文化市场综合执法机构改革。认真贯彻实施《行政许可法》，切实转变政府职能，进一步改进和加强文化市场监管工作。积极探索文化市场长效管理机制，创新文化市场监管模式，收到良好成效。据不完全统计，2004年，全省文化部门共受理举报6171件，出动检查人员112705人次，检查文化经营单位178890家次，取缔无证经营户3232家，收缴各类非法物品2483769余件，其中非法音像制品2011630张（盒），非法书报刊441963本，非法演出器材、电子游戏机等其他物品30176件。对3618家违法经营单位进行了行政处罚，其中取消经营资格239家，罚款人民币共计15004538元。网吧监控软件已全面安装并投入运行。文化市场信息管理系统软件升级改造工作取得实质性进展。在全省建立文化市场管理工作评估制度，全面促进文化市场监管规范化、法制化建设。2004年，浙江省文化文物市场稽查队荣获全国文化市场行政执法先进集体称号。

文化产业

积极参与浙江省文化体制改革综合试点工作，完成了浙江省文化体制改革典型案例的收集与整理工作，以及省文化体制改革总体方案与相关配套政策的起草与修改。积极筹建浙江省文化发展（集团）有限公司，对组建方案作了多次的修改和完善。组织起草了《浙江省文化厅关于推进文化产业发展的若干意见》。积极组织各市上报文化产业示范基地材料，建立省级文化产业示范基地联系，并推荐杭州宋城集团、华宝斋富翰文化有限公司等单位上报文化部备选国家文化产业示范基地。积极做好浙江省标志性建筑——西湖文化广场文化部分的功能与布局、平面布置方案，水、电、风技术论证等工作。积极探索农村电影放映结合市场化运作的新路子。完成了《浙江省农村电影调查及其产业化发展走向》研究课题，并筹备全国首个农村电影数字化放映试点区按照市场化运作的相关工作。全省城市电影发行放映市场继续稳步发展，全年城市影院共放映电影238892场，观众556.5975万人次，放映收入12165.678万元，三项指标分别比上年增长27.5%、12.16%和37.75%。

作为第七届中国艺术节的承办省，按照“政府主导、社会参与、市场运作”的思路，和“人民的节日，艺术的盛会”的宗旨。积极主动地、创造性地开展各项工作，制订出台《第七届中国艺术节筹资工作方案》，积极寻找中介代理机构，向社会发布“七艺节”社会合作项目公告，充分挖掘“七艺节”的资源，优化资源配置，探索新时期举办中国艺术节的新路子。先后有超过150家社会法人通过捐赠、合作等方式直接支持参与了“七艺节”，社会筹资折合价值2568万元。加上杭州、宁波、温州、绍兴、嘉兴5个承办城市共向社会筹措资金（实物）5000余万元。

社会文化和图书馆事业

“七艺节”各奖项的评选同时揭晓，在评选出的12个文华大奖中，浙江省参演的甬剧《典妻》、音乐剧《五姑娘》榜上有名；绍剧《真假悟空》获得文华大奖特别奖；开幕式大型文艺晚会《洒满阳光的天堂》和群文开幕演出《风从东海来》获得中国艺术节特别奖；越剧《流花溪》、《藏书之家》，音乐剧《蓝眼睛·黑眼睛》，舞剧《玉鸟》获得文华新剧目奖。此外，还评出文华单项奖180余个。

9月9日作为新世纪第一次国家艺术盛会，第七届中国艺术节是中国艺术节历史上规模最大、时间最长、参加人员最多的一次。在杭州、宁波、温州、绍兴、嘉兴5个主会场、分会场，51台全国第十一届文华奖参评剧目演出102场，邀请了41台全国省区市及港澳台和外国祝贺演出剧目演出近130场；全省11个市90个县（市、区）还不同程度地举办各类群众文化活动600余场次；安排了全国第十三届“群星奖”7个门类、16场评奖决赛演出和3个终评展览；举办各类展览展示、学术研讨及交流项目24个。本届艺术节参加各类演出、展览和研讨活动的人员达1.5万人，直接参与各项活动的观众近100万人次，前所未有的盛大规模、整体水平、创新机制和人民群众的广泛参与，充分体现了“发展先进文化、振奋民族精神”的主题和“艺术的盛会，人民的节日”宗旨。

对浙江东海明珠工程创建、申报单位进行验收，浙江省共有29个县（市、区）获全国、省级文化先进县称号，374个镇（乡、街道）获浙江东海文化明珠称号。

至2004年底，全省图书馆84个，总藏书2087万册，群艺馆12个，文化馆87个，文化站1535个。全省公共图书馆进一步强化服务意识，提高服务质量，努力做好外借、阅览等读者接待工作。据统计，上半年全省公共图书馆总流通人数500多万人次，浙江图书馆总流通人数58万人次。同时，各级图书馆充分发挥在传播知识、传递信息、开发智力、培养人才、提高素质等方面的优势，开展了形式多样、有针对性的读书、展览活动。

对外文化交流、对港澳台地区文化交流

2004年，全省实施对外、对港澳台文化交流项目共206起，4457人次（含港澳台74起，1383人次）。其中，派出艺术表演、展览及其他文化交流团组50起，681人次；引进外国和港澳台地区艺术表演、艺术展览人员交流团组156起，3776人次。圆满完成“第七届中国艺术节”国际文化交流活动工作任务。组织实施了来自美国、德国、匈牙利、日本、韩国以及香港、澳门、台湾5个国家和3个地区的10个演出团体的11台剧目在杭州、宁波、绍兴、温州、嘉兴市演出26场。在杭州主会场演出的6台剧目受到公众和新闻媒体的赞誉，本届艺术节邀请的外国及港澳台演出剧目不仅丰富多彩，更引人瞩目的是邀演剧目的艺术质量是历届中国艺术节最高的，吸引35011人观看演出，成为“七艺节”演出的一个亮点。艺术节期间接待了来自40个国家和港澳台地区343名各界嘉宾来杭州主会场观摩演出和参观访问。完成了《灿烂的浙江文化》外宣片（共四辑:《浙江的表演艺术》、《浙江的文物博物》、《浙江的民间工艺》、《浙江的艺术场馆》）的制作,填补了浙江省对外交流资源宣传的空白。

文物考古和博物馆事业

博物馆事业健康发展。博物馆基础设施建设进展顺利，中国水利博物馆、浙江美术馆已正式开工建设，浙江自然博物馆新馆、浙江省博物馆武林馆区的内部装修和陈列布展方案的编制已取得阶段性成果,杭州西湖博物馆、杭州韩美林艺术馆、德清县博物馆、丽水处州青瓷博物馆等先后建成开放。博物馆藏品征集工作扎实推进，为规范省直博物馆文物藏品的征集管理工作，省文化厅与省财政厅联合制定了《浙江省省直博物馆藏品征集经费管理办法》，根据此管理办法，省级博物馆全年共征集藏品800余件；另外，浙江美术馆（筹）及杭州、湖州、嘉兴等地的文物征集工作也取得不俗的成绩，其中，杭州市文博系统全年征集文物总数达到2000余件，创历史新高。全省馆藏书画文物的巡回鉴定工作继续进行，绍兴、嘉兴两市国有文物收藏单位书画文物的鉴定工作基本完成。全省文物系统国有馆藏一级珍贵文物建档备案工作全部完成，浙江省文物局被授予“馆藏一级珍贵文物建档备案工作先进集体”荣誉称号，浙江自然博物馆标本藏品档案被评为“优秀档案”，我省另有2人因建档备案工作成绩显著，被评为先进个人。展览展示工作再创佳绩，全省各博物馆努力改善服务条件，提高服务质量，做好免费、优惠开放工作，全年共推出展览展示项目近500个，参观人次约800万，社会效益显著，其中浙江省博物馆的《黄宾虹年系列展》、中国丝绸博物馆的《黄金·丝绸·青瓷——马可·波罗时代的时尚艺术展》、浙江自然博物馆的《仿生学》等多个特色展览，得到广泛好评；浙江省参评“全国十大精品陈列”，获历年来的最好成绩。中国丝绸博物馆“中国丝绸文化陈列”获全国十大精品陈列大奖，余杭江南水乡博物馆“江南水乡文化陈列”和温州市博物馆的“温州人陈列”分别获得“最佳服务奖”和“最佳内容奖”，使浙江省成为本次唯一同时获得3个奖项的省份。

组织开展第六批全国重点文物保护单位、第五批省级文物保护单位和第三批历史文化保护区申报推荐工作。为提升不可移动文物保护等级，今年完成了第六批全国重点文物保护单位和第五批省级文物保护单位的推荐申报工作。向国家文物局上报第六批全国重点文物保护单位推荐项目78处，与现有全国重点文物保护单位合并项目6处；全省各地共正式上报第五批省级文物保护单位申报项目353处，向

当代博物馆展示理念高级研讨会
中国自然科学博物馆协会教育工
江自然博物馆承办。杭州市园文
家在杭博物馆，在吴山广场举办
动，推出了文艺表演、有奖竞答
定、文物征集、博物馆咨询和特
宣传等文化活动。

为纪念抗战胜利60周年，浙
办了“血与火的记忆——纪念浙
胜利60周年”特展，并组织浙江
副会长刘容光为浙江理工大学师
历史，牢记使命——纪念中国人
利60周年”的报告。

8月19日，浙江省文物局与
馆联合举办的《文明的曙光——
精品展》在中国国家博物馆开幕
博界的一件盛事，也是浙江专题
文化殿堂的首次整体展示。此次
半月，展出的200余件良渚文化
玉器、陶器、石器、丝织品等多
了良渚文化的先进性，显示出良
造力。

“爱鸟周”期间，浙江自然博
金港校区联合举办主题为“蓝天
类摄影展，与省林业厅、湖州市
家单位联办2005年浙江省爱鸟
保护宣传月活动。

2004年9月10日~26日，
术节在浙江省举办，全国第十三
活动作为“七艺节”内容之一同
行。本届群星奖评奖作了改革，
和“蒲公英奖”合并为“群星奖
办一个单项艺术门类评奖改为
与中国艺术节同步；评奖门类
法、摄影、音乐、舞蹈、戏剧、
每个门类分成人、少儿和老年组
门类设15个奖，每组各设5个奖
予“中华人民共和国文化部群星
并颁发证书、奖牌。

10月11日，中国丝绸博物馆

省政府上报第五批省级文物保护单位推荐项目163处，与现有省级文物保护单位合并项目16处；第三批省级历史文化保护区的申报推荐工作也已在全省正式启动，目前已完成申报材料的汇总工作，并开始组织对部分历史文化保护区的考察。

艺术科研与文化科技

按照国家文物局的要求，完成了《全省馆藏珍贵文物的腐蚀损失调查》，为制定“十一五”文物保护科技工作规划打下了基础。浙江省文物保护科研基地完成浙江古窑址标本中心、马定祥中国钱币研究中心和古籍书库建设，完成文物保护技术楼设施设备规划编制。国家和省文博科研课题进展顺利，“纺织品保护技术规范研究”等课题完成年度研究计划，《崧泽文化与良渚文化比较研究》、《辽代丝织品的鉴定与保护》、《中国植物染料研究及在纺织品文物复制上的应用》等3项课题通过国家文物局专家组的结项验收。杭州市连续几年采用高科技手段进行信息采集，实施了全国重点文物保护单位灵隐飞来峰造像保护一期工程。

政策法规

积极申报省人大立法计划和省政府计划规章项目，调研并完成《浙江省文物保护管理条例》修订稿，并召开专题座谈会进行反复论证和修改完善，要求列入2005年度省人大一类立法项目；《浙江省文化市场稽查条例》已于2003年列入省人大5年立法计划，已开始进行立法调研工作；结合浙江省民族民间艺术保护工作形势，在大量调研、研讨的基础上起草了《浙江省民族民间艺术保护条例》（草稿），争取列入2005年度省人大一类立法项目。会同省政府法制办，在去年召开省有关部门参加协调会的基础上，吸收各方意见，反复论证修改，提交法制办审阅，争取在今年底明年初颁布实行。以上立法计划和规章计划项目建议都已上报省人大常委会法工委和省政府法制办。大力加强法制宣传和普法教育。严格执行行政规范性文件和重大具体行政行为备案制度，及时向省政府法制办报送了文化厅规范性文件文本与制定说明、备案报告。认真组织县以上文化市场管理部门和执法机构负责人进行法规和执法技能培训。以学习贯彻行政许可法、牢固树立依法行政观念、提高办案质量和计算机网络操作技术，取得了较好的效果。各地在日常执法办案过程中，也高度重视执法程序和执法文书的规范，严格持证执法、依法行政，确保查处违法行为的正确率和结案率，不断提高办案质量，至今未有行政处罚案件提起行政复议或行政诉讼。和公安、工商等部门进一步加强协作机制，完善联席会议制度、信息通报制度、联合执法制度和责任追究倒查制度。各地文化行政部门以大案要案查处为中心，不断加大对文化市场非法经营活动的打击力度，接连捣毁一批非法音像制品地下仓库，破获一批淫秽色情表演案件，并严格依照有关法定程序向公安部门移送涉嫌犯罪案件34起。

优秀文化单位

馆藏一级文物建档备案工作走在全国前列，浙江省文物局被授予“馆藏一级珍贵文物建档备案工作先进集体”荣誉称号，浙江自然博物馆标本藏品档案被评为“优秀档案”。浙江省博物馆在全国省级博物馆中率先实行了向全社会的常年免费开放，得到社会各界的广泛赞誉。

文化工作重要会议

1月4日~6日，浙江省群众舞蹈大赛初赛入选节目加工会在杭召开。

2月26日，全省调研工作年会召开，就群文调研和“七艺节”的新闻宣传工作进行布置、交流。

2月16日，全省群文美
普陀区召开。

2月19日，全省群众音
会议在杭召开。

△ 全省群众舞蹈工作会

2月25日～26日，全省
在杭召开。

2月29日，全省群文培
杭召开。

3月7日，全省备选全
类作品加工会在杭召开。

3月10日～13日，全省
在衢州召开。

3月29日～30日，全省
会召开。

4月7日～9日，浙江省
大）会议在宁波召开。

4月24日～26日，省群
决赛在富阳市举行，从全省
蹈中选拔出来的34个节目
赛。经评选，《青石板》、《
等12个节目获舞蹈创作金
叮当》、《天职》等12个节
《柳绿桃红春来早》、《打茶
舞蹈音乐创作金奖。这些获
艺节”的“群星奖”舞蹈

4月27日～30日，为
国第十三届“群星奖”评比
举办浙江省书法创作讲习

5月10日～25日，为
国第十三届“群星奖”评比
举办浙江省群星中国画创

12月2日～3日，省群
群艺馆召开浙江省“五个一
讨会。

12月28日～30日，
文活动总结表彰会暨2005
作部署会在杭召开。

为了强化责任意识，

年，特别是广大青年学生提供优秀音像制品的倡议书。

对盗版音像制品的连续打击，为正版音像制品发行开辟了市场空间。省新华书店和省外文书店一直是我省音像制品发行的主要渠道，2003年以前，两家的销售总额不足100万元，经过严厉打击盗版，经营额比过去增长20%，正版率高达95%以上。

3. 演出市场。

在演出市场全面开放的新形势下，我们坚持宏观调控，本着控制总量，严格审批，强化监管，规范运作的原则，审慎审批大型节庆组台演出，优先审批专业艺术表演团体的整建制演出，鼓励举办弘扬民族优秀文化的演出。2004年，合肥等地的演出市场十分活跃，各类演出异彩纷呈，高雅演出占据了市场主流。全年共审批大型组台演出和涉外、涉港澳台演出60项，核准15个国家级文艺团体来皖演出21场。其中中国京剧院、中央芭蕾舞团等专业艺术团体和“高炉之夜”、“古井之夜”等大型文艺演出健康高雅，社会效益和经济效益俱佳。

各地文化部门进一步加强演出市场监管。2004年3月～6月，省文化厅会同省公安厅在全省开展了打击公共娱乐服务场所色情淫秽表演等违法犯罪活动专项行动，查处了宣城市个别娱乐演出场所的色情演出，查处了丽妍季节集团未经审批擅自举办的费翔演唱会、合肥文武学校未经审批擅自组织俄罗斯歌舞演出等一批违法违规演出，进一步规范了演出经营行为。

考古文博

1. 文物维修。

2004年，抢救维修15处重点文物保护单位，具体是：徽州区潜口民宅显村古戏台及珠川洪宅、徽州区呈坎五房厅、蚌埠市汤和墓偏殿修复工程、太和县文庙大成殿、泾县新四军军部司令部（大夫第）、亳州市古地道抢险加固工程、当涂县黄山塔、金寨县立夏节起义旧址、巢湖市中庙抢修工程、肥东县渡江战役总前委华东局旧址、合肥市庐州府城隍庙戏台、怀远县教会建筑旧址、黟县宏村乐叙堂、寿县孔庙、无为县米公祠、潜山县太平塔。圆满超额完成任务。

2. 文物保护。

今年各地认真贯彻省政府《关于进一步加强文物工作的通知》（皖政［2003］27号）精神，依法落实文物保护“五纳入”要求，将文物保护纳入领导责任制，加强文博机构建设和文物保护工作。如马鞍山市成立文物保护委员会，专门负责协调处理文物保护工作的重大事项，加大保护力度；阜阳市颍东区根据实际情况，依法成立文物管理所，将文物保护纳入规范化管理；桐城市为加强省保单位桐城文庙的保护工作，将政府部分办公区域无偿划归市博物馆使用；繁昌县将文物保护纳入领导承包责任制，纳入领导考核机制，进一步促进文物保护事业健康有序发展。今年12月繁昌县被评为2004年度全国文物工作先进县。

3. 考古发掘。

开展配合阜（阳）六（安）高速公路、铜（陵）汤（口）高速公路、沿江高速公路芜（湖）——大（渡口）段、亳阜高速公路取土场工程、宣杭铁路复线、淮北卧龙湖煤矿建设、宿州电厂建设、浙皖公司在寿春城遗址范围内的建设等重点建设工程，共进行35个考古勘探发掘项目，共发掘古文化遗址20处、古墓葬500多座，出土了一大批珍贵文物。组织开展对霍邱、六安、寿县、亳州、宿州、黄山区等考古工地的检查。督促省考古所抓紧按计划完成考古发掘资料的整理工作，目前潜山薛家岗遗址、马鞍山朱然墓的发掘报告和资料整理工作已基本完成。

4. 文物安全保卫。

继续开展创建馆藏文物安全年活动，及时转发国家文物局等上级部门有关加强文物安全文件，并根据本省实际情况，下发了春节安全通知、“五一”安全通知、“十一”安全通知和元旦、春节安全通知等。同时针对汛期文物安全，要求各市认真做好准备，认真消除隐患。

制定了《文物系统突发事件应急管理办法》，报送了《重大文物行政执法案例》国家文物局。积极向国家文物局报名参加全国文物安全技防培训班，加强地方保卫人员的业务培训。同时切实做好局机关安全保卫工作，办公秩序井然；认真完善安全保卫资料建档工作。不断加强文物安全检查。3月参加省政府安全生产检查组，对黄山、池州、宣城等市包括重要文物场所进行安检，对发现的问题和隐患，要求各地立即整改，并向省政府作了汇报。4月~7月，根据公安部、国家文物局等4部委要求，省文物局联合省公安厅、宗教局等部门开展为期3个月以古建筑消防为重点的集中整治活动，目前取得了阶段性胜利。2004年度再次实现了全省馆藏文物安全年。

5. 文物行政执法工作。

继续督促、指导各地查处各类文物违法案件；认真配合公安等相关部门，继续加大打击各种文物犯罪力度，全年查处和破获了多起文物案件，如泾县、定远、桐城等地。积极配合省公安厅做好“3·25”文物专案的涉案文物移交接收工作。“3·25”文物专案是由公安部挂牌督办、安徽省公安厅侦办的一起特大文物盗掘、倒卖、走私案件。前后历时2年多，共抓获境内外文物犯罪嫌疑人38名，追缴各类文物459件，其中国家一级文物11件，二级文物28件，三级文物81件，一般文物339件，并查清50件珍贵文物的境外流向，彻底摧毁了以杜敏为核心的犯罪团伙及6条文物走私通道。这是近年来在安徽乃至全国侦破的盗掘古墓葬、倒卖、走私文物案件中最成功的典型案例，影响深远，意义重大，得到各级政府和部门的重视。我们努力争取省领导和国家文物局支持，多次与省公安厅会商，已将涉案文物全部移交省博物馆。这是建国以来全国公安系统移交涉案文物最成功的首例办案有功人员表彰和奖励。省政府为此专门召开会议，给予办案有功人员表彰并举办移交文物特展。

6. 博物馆工作。

为贯彻落实中共中央、国务院《关于进一步加强和改进未成年人思想道德建设的若干意见》(中发[2004]8号)精神，进一步提高文化文物系统为未成年人提供服务的水平，省文物局及时转发文化部、国家文物局的文件，并要求各地结合当地实际制定本地区、本单位对未成年人和社会特殊群体参观实行免费或优惠方案，针对免费开放后可能出现的问题，做好预案，妥善处理好扩大开放和有效保护文物的关系，在确保文物安全和参观秩序正常衔接的前提下，最大限度地向社会开放，为社会提供良好的参观环境和优质的服务。为做好“五一”对青少年及社会特殊群体免费开放，节前各地博物馆都充分发挥馆藏优势，推出一系列专题陈列，如皖西博物馆“馆藏精品文物陈列”、和县博物馆“和县猿人遗址出土文物陈列”、安庆市博物馆“夏明远艺术馆陈列”、“安庆市青少年书法篆刻作品展”、屯溪博物馆举办了“西冷印社老社员美术作品展”等。“五一”以来，我省文物系统46座博物馆、纪念馆及爱国主义教育基地，克服各种困难，全部对中小学生、现役军人、残疾人、持有老年证的老年人实行免费开放，受到了社会各界观众的好评和青少年学生的喜爱。重点支持淮北市博物馆、和县博物馆等建设，两馆均于年内建成并对外开放。

艺术表演团体改革

按照皖政办[2003]6号《关于进一步深化省直六家艺术表演团体改革的若干意见》，自2003年9月动员大会以来，省直6家院团认真制订实施方案和配套政策，通过艰苦细致的工作，到2004年年初，顺利完成了深化改革的实施工作。改革使各院团的艺术生产和演出出现了新的生机和活力，广大演职员思想观念和精神风貌正在发生令人瞩目的变化。一批文艺骨干积极参加“走进基层看安徽”活动，增添了创作的激情。省委领导同志到省直6家院团调研、听取汇报后，对改革取得的明显成效给予肯定。2004年，省直6家院团的演出场次和演出收入均创历史新高。其中，安徽省黄梅戏剧院演出199场，演出收入350万元；安徽省歌舞剧院演出突破500场（510场），演出收入215万元；安徽省话剧团演出357场，演出收入105万元；省杂技团演出190场，演出收入42万元；安徽省京剧团5月开展“京剧经典折子戏专场”巡回演出，共演出10场，全年演出25场，演出收入10多万元；安徽省徽剧团演出28场，演出收入8万元。全省演出市场在全面开放形势下，有序升温，全年共审批大型组台演出和涉外、涉港澳台演出60项，8个国家级文艺团体来皖演出21场，满足了市场需求，培育了演出市场。

文化交流

2004年，全省共派出对外文化交流出访团组25起389人次，出访国家有法国、意大利、美国、埃及、韩国、日本等14个国家以及港、澳、台地区。接待泰国、韩国、日本、德国、澳大利亚等9批政府官方人员来皖访问369人次，办理来皖商业演出团组33起350人次。其中，黄梅戏前往法国参加中法建交40周年庆典和在巴黎举办的中国文化年活动，并在比利时、荷兰、意大利3国进行巡回演出，受到欢迎。由省文化厅组织的安徽省凤台县花鼓灯艺术团赴法国参加5个国际民间艺术节，到8个城市巡回演出，与26个国家的代表队同台献艺，引起轰动。安徽民间舞蹈跻身国际舞台，由省文化厅组建的中国安徽省艺术团代表我国赴乌克兰参加第四届国际民间舞蹈节比赛，表演的舞蹈节目《雪域卓玛》获得大赛金奖，独舞《鼓童》获得特别技巧奖。对港澳台文化交流异常活跃，以杂技、歌舞为主组建的安徽省艺术团于国庆期间赴香港参加国庆活动，他们以出色的表演、敬业的态度博得了中联办宣传文化部领导以及香港各界的高度赞誉。安庆市组织了黄梅戏艺术团赴澳门演出，同样获得澳门各界的好评。

在接待来访方面，从2003年起，省文化厅连续2年在中秋、国庆期间，邀请台湾省著名艺术家来本省演出、访问，并精心打造“两岸情”音乐会。2004年中秋，台北市国乐团一行70余人来本省与安徽艺术家联袂演出了2台精彩的节目。11月，安徽民乐团到台湾省进行访问演出，促进了两岸文化交流。这一年，省文化厅还分别接待了泰国选举委员会访华团、韩国政府公务员访华团、澳大利亚北部省友好访问团到安徽的参观访问。

重大活动

1. 第七届安徽省艺术节。

第七届安徽省艺术节2004年10月12日~30日在合肥隆重举行。开幕式、闭幕式、全省戏剧调演、声乐比赛、舞蹈比赛、美术和书法作品展览、青少年器乐（专业）演奏大赛、民族器乐作品创作比赛、广场演出等10大系列活动构成省七艺节的主体内容。省七艺节期间，数千名文艺工作者登台献艺，数十台异彩纷呈的优秀节目，数十场欢快热烈的广场演出，连同赏心悦目的美术书法展览，荟萃展示了4年来的艺术新成果。整个艺术节综合性质突出、创新效益明显、新人新作可喜、社会影响广泛。尤其是各市积极参与，认真组织，展示水平，推出新作新人，仅淮北市就独获81个奖项，实现了“荟萃艺术佳作、促进文艺繁荣、丰富群众生活、弘扬先进文化”的办节宗旨。

2. 第六届省花鼓灯会。

省文化厅和蚌埠市联合主办的第六届安徽省花鼓灯会于2004年10月29日~11月1日在蚌埠市举行，内容的丰富性、题材的多样性、参与的广泛性构成本届灯会的特色。全省15个市和厅直单位组成的17个代表队参会，1100多名演职员汇聚珠城蚌埠，演出花鼓灯、凤阳花鼓、寿州锣鼓和各地民歌等节目100多个，较历届规模最大、人数最多、节目最为丰富、交流最为广泛，展示了鲜明的地方特色、民族风格和中国气派，推动了花鼓灯和其他民族民间艺术的保护和发展。

各市都成功举办了一系列文艺演出和文化节庆活动，淮南市举办了首届中国少儿舞蹈艺术节，黄山市承办了第六届国际民间艺术节，宣城市承办了第十一届中国曹禺戏剧奖“飞彩杯”全国小戏小品大赛等。

机构设置

设置7个职能处室局，分别是：办公室（外事处）、计划财务处（文化产业处）、艺术处、社会文化处（电影事业管理处）、文物事业管理局、文化市场管理局、人事处，此外还有纪检组（监察室）、机关党委（厅直工会）、离退休工作处。

福建省

综述

2004年全省文化系统以邓小平理论和“三个代表”重要思想为指导，全面贯彻落实十六大和十六届三中、四中全会精神，按照省委书记卢展工同志提出的关于加快文化事业发展“关键要靠领导、靠引导、靠扶持、靠创新、靠积累、靠发展”的指示精神，以思想建设引领发展，以深化改革谋求发展，以项目带动促进发展，以队伍建设保障发展，以产业开拓推动发展，在统筹兼顾的基础上形成加快发展的合力，文化建设取得新成效。

艺术生产

梨园戏《董生与李氏》以精致细腻的舞台呈现和鲜明的剧种特色入选第二批“国家舞台艺术精品剧目”，省政府对该剧创作生产单位省梨园戏实验剧团给予通报表彰并奖励100万元。同时，舞剧《惠安女人》、木偶戏《钦差大臣》入选2004～2005年度国家舞台艺术精品工程初选剧目。闽剧《贬官记》继去年入选首批“国家舞台艺术精品剧目”之后，晋京参加全国舞台艺术精品剧目展演和元旦、春节期间文化下乡和慰问演出。舞剧《惠安女人》（由福建省歌舞剧院创作演出）、莆仙戏《江上行》（由福建省莆仙剧院创作演出）和木偶戏《钦差大臣》（由泉州市木偶戏剧团创作演出）获第11届国家舞台艺术“文华新剧目”奖，至此福建省已连续11届共23个剧目获得“文华奖”，在全国位列三甲。群文类作品舞蹈《乡婆》、摄影《童趣》和书法《四条屏》获得第十三届“群星奖”金奖，至此福建省已连续9届蝉联金奖，获奖数量位居全国前列。在第六届全国杂技“金狮奖”比赛中，省杂技团创作演出的杂技节目《行为艺术一度》为福建省首夺“金狮奖”。省京剧团《赚历城》参加第四届中国京剧节武戏擂台赛，青年演员田磊获金奖。由文化部主办、省文化厅和厦门市人民政府承办的第六届全国舞蹈比赛在厦门举行，福建省参赛节目获3个一等奖、6个二等奖、9个三等奖，是在历届全国舞蹈比赛中成绩最好的一次。举办全省第五届中青年演员比赛，计有98位青年戏剧、歌舞演员分获金、银、铜奖。围绕国庆55周年、纪念邓小平同志诞辰100周年等重大节庆活动，全省组织开展丰富多彩的文艺展演活动，大力弘扬民族精神，展现时代风貌，唱响社会主义文艺主旋律。主要有：“3·24” 纪念福建省企业家发出“松绑放权”倡议书20周年文艺晚会，“5·16”世界闽商大会晚会，庆“八一”、赞英雄（郑忠华）文艺晚会，“祖国颂”国庆55周年晚会，“10·25”世界友城大会晚会，纪念邓小平同志诞辰100周年文艺演出等一系列重要演出活动，同时还完成接待中央领导同志来闽考察时的文艺接待任务。

在艺术科研中取得一批重要学术成果。已经出版或完成《福建傀儡戏史论》（上、下）、《莆仙戏与宋元南戏、明清传奇》、《文化心理与戏曲美学》、《梨园千秋丛书·闽剧》等一批学术专著，《福建古南戏研究与保护》等一批重点课题获得文化部立项。“十部中国民族民间文艺集成志书·福建卷”的编纂工作历时17年已全部完成。

民族民间文化保护

省文化厅召开全省民族民间文化保护工程会议，提出福建省民族民间文化保护工程实施意见，为确定一批省级民族民间文化保护试点及民族民间文化产品生产基地进行了扎实的前期准备。泉州市被文化部确定为国家级民族民间文化保护综合性试点，成为全国6个国家级综合性试点之一。南音申报联合国非物质文化遗产有实质性进展，位列我国申报备选名录第一位。省人大颁布了《福建省民族民间文化保护条例》，使民族民间文化保护工作纳入法制化轨道，福建省成为全国第三个省人大立法机构出台保护条例的省份。为该《条例》2005年1月1日正式实施宣传造势，由省文化厅主办了“寿山石·中国印”邀请展等“2004福建省民间艺术精品系列展示”活动。

社会文化工作

“福建文化信息网”基层工作站点已增至69个，初步形成了覆盖9个设区市、县、乡的三级文化信息服务网络。在文化部召开的“全国文化信息资源共享工程建设经验交流会”上，福建省文化信息网络工程建设领导小组、惠安县政府、福州市金城社区被文化部表彰为“全国文化信息资源共享工程建设先进单位”。在历时2年多的全国群艺馆、文化馆首次评估定级工作中，全省有厦门市群艺馆等11个单位被文化部命名为一级馆，顺昌县文化馆等27个单位为二级馆，安溪县文化馆等14个单位为三级馆，其中一级馆的数量在全国居第六位。在加强农村基层文化建设中，确定了全省第二批扶持建设项目共计89项，下达专项建设资金1000万元，其中县及县以下建设项目达65项，民族民间文化保护项目14项。南平市以创新机制为导向，走社会文化社会办的路子，去年又成功举办了第二届公益文化项目推介会，共推出涉及文化精品工程、文化设施建设、专业剧团冠名、文艺演出活动、专题展览、电影放映、文物保护等文化项目366个，仅在推介会现场即签约209项，合作金额达1209.8万元。

按照“三贴近”的要求，在全省城乡开展了丰富多彩的群众文化活动。除了元旦、春节、五一、国庆等重大节庆的文艺活动及常年坚持文化下乡之外，举办了福建省第九届少儿音乐、舞蹈、服饰大赛，第六届少儿美术、书法、摄影、手工制艺大赛，全省第三届少儿民乐大赛，以及组织优秀作品参加全国第三届“四进社区”文艺展演大赛等一系列重点群众性文艺活动。在全国第三届“四进社区”赛事中，舞蹈《山风客韵》获得金奖，同时福州市鼓楼区河南社区、厦门市思明区育秀社区、泉州市丰泽区丰泽社区、三明市梅列区小蕉社区等4个城市社区入选“全国先进文化社区”。全省图书馆、美术馆对未成年人免费开放，并提供办阅等系列优惠。省文化厅会同省总工会、团省委在全省联合开展逐级评选“六十佳”活动（“十佳文化馆”、“十佳图书馆”、“十佳工人文化宫”、“十佳青少年宫”、“十佳艺术团”、“十佳民间职业剧团”）。

文化市场

在网吧专项整治工作中，首批聘请了网吧义务社会监督员781人，动员社会力量共同参与网吧监管，省文化厅制定《网吧违法行为举报奖励办法》，向全省公布了各地的举报电话号码，运用奖惩机制强化对网吧的社会监督。全省各级文化行政部门共受理群众举报2252件，出动检查5.57万人次，配合工商部门取缔黑网吧709家，通知电信部门停止网吧互联网接入764家，共立案查处违法网吧3884家次。在音像市场的整规中，先后对电影《江湖》等违法音像制品和走私拷贝，以及粗口歌、哈狗帮、摇头玩等违法音像制品进行了重点打击，并对学校及校园周边文化市场环境进行重点整治，坚决杜绝粗口歌等违法音像制品进入学校或校园周边地区。全省各级文化行政部门共检查音像制品经营单位 1. 09 万家次，收缴非法音像制品 76. 87 万张（盘）。为加强和改进歌舞娱乐场所管理，在全省开展歌舞娱乐场所专项检查，重点查处歌舞厅、迪吧、各种类型的演艺吧等场所违法违规经营活动，配合公安部门查处利用歌舞娱乐场所进行色情淫秽表演、营业性陪侍等违法经营活动，以及无证或未经审批的演员和单位在场所内从事演出活动。与此同时，积极引进来自俄罗斯、奥地利、美国、比利时 、阿根廷、菲律宾、德国等十几个国家及香港、台湾地区的芭蕾舞、钢琴、交响乐、马戏等优秀节目 100 批（次），演员人数达 1832 人次，在全省共演出 210 场，丰富了群众的文化生活。此外，在元旦、春节期间，全省共组织 1078 支电影放映队开展送电影下乡活动，共放映 4. 2 万多场，观众达 281 多万人次。

对外文化交流

全省文化系统审批办理出访的对外、对港澳台交流项目计 55 批，1204 人次，来访项目 100 批，1741 人次。在 5 月的“首届世界闽商大会”和 10 月的“福建国际友城大会”晚会期间，分别举办了 2 台具有地域特色和民族风情的福建歌舞、杂技、戏曲、民乐等大型综艺晚会，受到与会来宾的好评。福建省组织厦门市南乐团和泉州市木偶剧团先后赴法国参加“中国文化年”交流活动；厦门“小白鹭”民间舞团和厦门“群星”民乐团赴保加利亚参加第二届中国文化节活动；省杂技团应邀赴土耳其参加“中国文化日”活动；在埃及首都开罗举办“福建民间美术展览”。此外，福建省的木偶、杂技、歌舞、闽剧、歌仔戏、闽剧、高甲戏等多个艺术表演团体分别出访捷克、波兰、法国、新加坡、印尼、科威特、菲律宾、文莱以及香港、澳门等欧亚国家和地区。

在闽台文化交流中，由中华联谊会、厦门市政府和省文化厅联合举办“海峡两岸歌仔戏艺术节”，两岸专家学者和歌仔戏演职人员约 900 多人参加，其中境外来宾约 200 人，台湾来宾 150 多人。进行了优秀剧目展演、学术研讨会、图片展、青年演员比赛和民间职业广场演出等丰富多彩的活动。台湾中华诗学研究会代表团一行 18 人应邀来闽与福建东南诗社、省老艺协会共同参加了诗词吟唱会及研讨会。“厦门、高雄、基隆三市书画联展”在厦门举行，展出作品达 170 多幅，其中高雄 35 幅，基隆 55 幅。此外，“莆田妈祖文物展”先后在台北、台南展出。泉州木偶戏剧团的《钦差大臣》在台北亲子剧场公演，由宁德畲族歌舞团、省艺术馆、省杂技团组成的福建省“情满中秋”综艺团到金门演出。

文化遗产保护

昙石山遗址的规划保护工作受到各级领导和有关部门高度重视和支持。来闽的中央领导多次参观视察昙石山文化遗址，江泽民同志亲自题写“昙石山文化遗址”。省委书记卢展工同志对昙石山的保护建设作出重要批示，提出明确的要求。省政府多次召开专题会议，专项研究、科学论证昙石山建设工作遗址保护和省昙石山遗址博物馆建设问题。省文物部门集中力量，组织考古专业人员开展昙石山遗址考古发掘，邀请中国文物研究所与福建博物院文物保护中心联合编制《福建省昙石山遗址保护和建设规划》并已上报审批。昙石山遗址规划依法划定了重点保护区、一般保护区和建设控制地带，总面积设定为 112 亩，分为主展馆、发掘现场展示区、民俗文化展示区及遗址公园 4 大部分，分期分批建设。“福建土楼”是中国申报世界文化遗产“预备清单”中已通过世界遗产中心的审查并被受理的 5 个项目之一，“海上丝绸之路：泉州史迹”正在通过协商，以跨国项目的形式进行申报。召开了新一届文物管理委员会全体成员会议，启动第六批全国和全省重点文物保护单位的遴选、推荐和申报工作，有49处“国保”单位经省政府审定同意上报国家文物局审核，待国务院核定公布；同时，有105处“省保”单位已通过预审，提请省政府核定公布。晋江市入选第二批“全国文物先进县（市）”。全省相继组织完成了三明万寿岩旧石器时代遗址的第一、二期加固保护工程，并顺利通过省级初验收；南安蔡氏古民居建筑群、马尾船政建筑群等全国重点文物保护单位保护规划及其维修工程的方案已编制呈批；厦门胡里炮台的克虏伯大炮除漆防腐保护工程，通过方案审批；泰宁尚书第建筑群第二期工程进入招标阶段；漳州江东桥维修工程经过3年筹备正式启动；顺昌宝山寺大殿维修工程接近竣工。组织完成了国家文物局下达的《文物出境进境审核管理办法》、《博物馆等级评定标准》两项课题的调研和起草文本任务。龙岩市大力整合革命历史文化资源，打造红色旅游品牌，投入3000多万元，将古田会议会址修葺并扩展到古田会议旧址群，以亮丽的风采迎接古田会议召开75周年。按照《文化部、国家文物局关于公共文化设施向未成年人等社会群体免费开放的通知》要求，“五一”以来，全省文化系统的84家博物馆、纪念馆全部对未成年人免费开放，其中有条件的博物馆、纪念馆还实行对社会全体人员免费开放。

机构设置

省文化厅是省政府成员单位，厅机关内设办公室、艺术处、社会文化处、文化市场处、对外处、计划财务处、人事教育处、机关党委会、监察室、文物局等10个处（室、局）。同时根据发展文化产业的需要，设立了产业办的临时机构。

厅直属单位有省图书馆、省博物院、省艺术研究所、省艺术馆、福建艺术职业学院、省电影公司、省文化稽查总队、省歌舞剧院、省人民艺术剧院、省实验闽剧院、省杂技团、省京剧团、省芳华越剧团、省文艺音像出版社等30个企事业单位。省直文化系统编制2246人，离退休人员1093人，其中离休138人。

全省现有文化部门机构总数为9654个（其中艺术业187个、图书馆业83个、群众文化业1071个、艺术教育业4个、文化市场经营单位8101个、文艺科研9个、文物业123个、其他文化产业72个、非文化及相关产业4个），从业人员62345人。

2004年度，各设区市及县（市、区）文化行政管理部门机构设置总计88个，设区市级9个，县（市、区）级79个，具体分布如下：福州市14个：福州市文化局、鼓楼区文体局、台江区文体局、仓山区文体局、马尾区文体局、晋安区文体局、闽侯县文体局、连江县文体局、罗源县文体局、闽清县文体局、永泰县文体局、平潭县文体局、福清市文体局、长乐市文体局；厦门市5个，即：厦门市文化局、湖里区文体局、集美区文体旅游局、同安区文体局、翔安区教育文化体育局；莆田市4个，即：莆田市文化与出版局、荔城区文体局、秀屿区文体局、仙游县文体局；三明市13个，即：三明市文化与出版局、梅列文体局、三元区文体局、明溪县文体局、清流县文体局、宁化县文体局、大田县文体局、尤溪县文体局、沙县文体局、将乐县文体局、泰宁县文体局、建宁县文体局、永安市文体局；泉州市12个，即：泉州市文化局、鲤城区文体局、丰泽区文体局、洛江区文体局、泉港区文体局、惠安县文体局、安溪县文体局、永春县文体局、德化县文体局、石狮市文体局、晋江市文体局、南安市文体局；漳州市12个，即：漳州市文化与出版局、芗城区文体局、龙文区文体局、龙海市文体局、云霄县文体局、漳浦县文体局、诏安县文体局、长泰县文体局、东山县文体局、南靖县文体局、平和县文体局、华安县文体局；南平市11个，即：南平市文化与出版局、延平区文体局、顺昌县文体局、浦城县文体局、光泽县文体局、松溪县文体局、政和县文体局、邵武市文体局、武夷山市文体局、建瓯市文体局、建阳市文体局；龙岩市8个，即：龙岩市文化与出版局、新罗区文体局、长汀县文体旅游局、永安县文体局、上杭县文体局、武平县文体局、连城县文体局、漳平市文体局；宁德市10个，即：宁德市文化与出版局、宁德市蕉城区文体局、霞浦县文体局、古田县文体局、屏南县文体局、寿宁县文体局、周宁县文体局、福安市文体局、福鼎市文体局、柘荣县文体局。

江西省

综述

2004年江西的文化工作在江西崛起中展现了新的风采。伴随着江西经济和社会发展的大好形势，以繁荣发展为中心，以改革创新为动力，以"三贴近"为基本要求，在服务人民群众，弘扬民族精神，促进经济建设，推动社会发展方面，发挥了积极而有成效的作用。全省文化工作像烂漫的山花绽放出异彩新枝：艺术精品生产硕果累累，大型原创舞剧《瓷魂》获文华大奖、赣剧《詹天佑》获文华新剧目奖；社会文化红红火火，文化活动好戏连台，我省共有3个节目和作品获文化部群星奖；文化市场结构优化，繁荣有序，文化产业呈现良好发展态势；文物工作取得了保护和利用双效并举的好成绩；对外文化交流日益频繁，全年对外交流项目创下历史新高，使得江西文化工作在国内外产生了广泛影响。

艺术生产实现了新飞跃

全省艺术精品生产无论在数量上还是在质量上，都较往年有大幅度的提升。艺术精品的不断涌现，充分展示了我省艺术生产的实力和水平。通过"三个一"工程的实施，全省共创作生产新剧（节）目1100余个，比上年增加52%。其中有一大批反映江西革命历史和民间传统文化的优秀作品以及反映江西崛起、讴歌美好生活的现实题材的优秀作品。这些贴近实际、贴近现实、贴近生活的优秀作品为群众喜闻乐见并具有较高的艺术水准。

社会文化工作提高到新水平

全省围绕构建公共文化服务体系，加大了文化设施建设的投入，实施了文化信息资源共享工程和民族民间文化保护工程，开展了形式多样、主题鲜明的社会文化活动，使全省乡村和社区成为传播先进文化的大舞台。各地文化设施建设出现了大发展的良好态势，景德镇市图书馆、赣县客家文化城等一批文化设施陆续竣工，全省新建成并投入使用的图书馆、文化馆9个，正在建设中的25个。全省正在逐步形成以国办文化设施为主导、以各行各业和社会力量兴办文化设施为补充的社会大文化格局，为全面推进城乡小康文化协调发展、构建公共文化服务体系夯实了基础。各地文化部门广泛开展丰富多彩的群众文化活动，创造了一大批特色文化典型，提升了群众文化品位。全省"文化下乡"和"文化进社区"活动规模之大、参与人数之多、社会影响之广，都达到了新的水平，有力地促进了城乡文化的协调发展和全面繁荣。全省各级各类文艺表演团体精选了一批优秀剧目，深入基层演出9300余场，开展文化进社区文艺演出活动8100余场，观众达956万人次，比上年增加45%。省文化厅与有关部门联合开展的"阳光行动——百部优秀影片神州行"送电影下乡活动，放映范围覆盖全省近千个农村乡镇，共放映9.6万余场，观众达2300余万人次，比上年增长15%。

文化产业发展出现了新亮点

全省文化系统解放思想、深化改革，以创新促进文化产业的发展。各地文化体制改革和经营机制创新试点工作也各具特点，成效显著，培育了一大批文化市场竞争主体，解放和提高了文化生产力。省文化厅在省赣剧院、江西艺术剧院、江西书画院开展了文化事业单位人事和分配制度改革试点工作，着力建立符合艺术规律、市场规律的艺术生产机制和企业管理机制。萍乡市人民剧院大胆改革旧体制，促进文化产业大幅跃升和增长，2004年完成产值1060万元，剧院的固定资产由改革前的70.5万元一跃上升为4000多万元。各级文化部门放宽市场准入条件，向社会资本开放文化领域经营项目，积极开展招商引资活动，省文化厅争取到被省政府列为省直招商引资重点调度单位。2004年全省文化系统文化产业经营单位达到10274个，从业人员41589人，经营总收入12.2亿元，增长36.9%，增幅比上年高出近8个百分点，呈现出持续快速发展的强劲势头。

文化市场呈现繁荣发展的新局面

全省文化部门坚持专项整治与日常监管相结合、压缩总量与调整结构相结合、严格执法与正面引导相结合、部门管理与社会化管理相结合的管理模式，通过转变政府职能、创新管理机制、发动社会力量广泛参与、建立高科技的监控手段等措施，进一步加强了文化市场管理力度，优化了文化市场环境。在抓好市场整治规范的同时，各地十分注重调整结构，扶优扶强，积极引导文化经营单位向规模化、品牌化、规范化方向发展，促进文化市场的结构升级和持续繁荣。经过一段时间的努力，全省文化市场出现了3个显著变化：一是逐步建立起公开公平、竞争有序的市场环境，恶性竞争、无序发展的现象得到遏制；二是依法经营、规范经营得到越来越多的文化经营单位的认同和遵守，全省对违规经营的举报同比下降了70%；三是出现了结构优化、产业升级的良好趋势。以网吧为例，去年全省网吧经营单位减少了29%，一大批规模小、档次低以及有违规行为的网吧被关闭；同时有12%的网吧达到规模化经营的要求。一大批服务优质、环境优雅、效益优良的规模化、品牌化、特色化的文化经营单位正在兴起。

对外文化交流有了新突破

各地文化部门精心策划组织了一系列丰富多彩的高档次、高品位、高水准的对国外、对港澳台、对省外文化交流和宣传活动，在国内外产生了广泛而积极的影响。《燃烧的辉煌——12至18世纪景德镇陶瓷杰作展》在法国巴黎展出，参加在法国举办的“中法文化年”活动，受到法国总统希拉克的赞誉；省杂剧团年初赴印度、巴基斯坦访问演出，受到两国观众的热烈欢迎。这些对外文化交流活动，既展示了中华民族的文化魅力，加深了与各国人民的友谊，又宣传了江西，扩大了江西的影响。对港澳台文化工作得到加强，赣南客家歌舞团赴台湾演出获得圆满成功，为反对文化台独、加强两岸文化认同、实现人心回归作出了积极努力。各地积极实施“走出去”战略，文化贸易开始起步。精心筹备并组织了诸如《景德镇千年陶瓷文物展》等一批文化展演项目出国(境)出省展出，扩大了我省文化产品出口，创近10年来我省对外展出经济效益的最佳纪录。

未成年人思想道德教育工作取得了新成效

全省文化部门充分发挥文化工作优势，积极开展未成年人思想道德教育活动，创作排演一批优秀少儿剧目，为未成年人提供了精美的文化产品。省话剧团移植的优秀儿童轻喜剧《一二三，起步走》，省木偶剧团创排的木偶戏《少年英雄王二小》等4个新剧目，省京剧团排演的新编历史儿童京剧《岳家小将》等剧目，具有较强的思想感染力，适应少年儿童的欣赏水平和特点，公演后受到省内外观众和社会各界的好评。各地充分发挥文化设施的育人作用，举办丰富多彩的有益于未成年人健康成长的活动。省图书馆为未成年人举办各类少儿讲座和培训班，开展爱国主义教育影片、科普片的免费播映，开设少儿网站专栏，主动为中小学校开展思想道德建设活动提供相关书籍。省博物馆在“六一”国际儿童节期间，推出了《灿烂的赣文化展》、《民族精神代代传暨童心江西秀》等活动，吸引前来参加活动的未成年人达3万余人次。各地努力净化文化市场，为未成年人成长营造良好的社会文化环境。广泛发动社会力量参与网吧等文化市场的管理与监督，南昌、赣州等地图书馆为未成年人提供健康、安全的上网场所，建设健康有益的网络文化；与省委宣传部、团省委等单位联合推出“网络妈妈”刘焕荣的先进事迹，指导未成年人安全上网、健康上网，引导未成年人增强自我保护意识，收到了良好的效果，产生了广泛的社会影响。

文博工作拓展了新局面

全省文博系统坚持文物保护与考古发掘相结合、文物陈列展示与社会教育功能相结合、文物对外展出与国际学术交流相结合、发挥红色古色文物资源优势与文化旅游相结合，进一步扩大了江西文物工作的影响，提升了江西文物工作在全国的地位。全省第三次文物普查工作全面铺开，并取得丰硕成果；文物保护工作有序进行，完成了全国重点文物保护单位记录档案建档备案工作；组织了第五批省级文物保护单位、第六批全国重点文物保护单位的推荐申报工作；历史文化名村（镇）工作有了新进展。考古方面捷报频传，景德镇珠山明、清御窑遗址和玉山渎口窑、丰城港塘遗址等都有重大收获。博物馆工作取得新进展。设施建设备受瞩目，井冈山革命博物馆的改扩建和井冈山革命纪念地旧址旧居的维修工程成为中宣部确定的全国爱国主义教育基地“一号工程”；文博宣教工作精彩纷呈，承办了国家文物局主办的“全国文博宣传教育工作会议”，全年总计推出陈列展览320个，接待观众700余万人次；爱国主义教育基地建设长足进步，全省省级爱国主义教育基地增至58处；文物外展赞誉不绝，景德镇陶瓷文化对外交流创历史辉煌。同时，基础工作得到夯实，完成了全省国有馆藏一级文物纸制档案建档工作和馆藏二级文物鉴定工作，部署馆藏三级以上文物完善建账建档和卡片登录工作，并于年末启动了全省馆藏文物腐蚀损失调查工作。

人才队伍建设迈出了新步伐

全省文化系统一手抓文化干部队伍建设，一手抓文化人才培养，开展了多种形式的专题和岗位技能培训活动，有效提高了广大文化干部队伍和文化专业人才的业务素质。自2001年以来，全省文化系统评审正高职称76人，其中破格15人；副高职称647人，其中破格175人；中级职称900多人，初级职称1300多人。一大批优秀专业人才脱颖而出，极大地改善了文化系统的人才结构。全省各级文艺院校、文化企事业单位也十分重视社会文化人才培训，采取了许多行之有效的措施和办法，举办各种类型的文化艺术培训班，培养了大批文化艺术人才，锻造了一支过得硬的文化队伍。

重大事件、重要活动和会议

【大型原创舞剧《瓷魂》获文华大奖】

由江西省歌舞剧院、江西艺术职业学院创作演出的大型原创舞剧《瓷魂》，继2003年获得全国舞剧大赛一等奖和文化部第十一届文华新剧目奖并进入国家舞台艺术精品工程初选后，2004年9月18日~19日，参加在杭州举行的第七届中国艺术节在杭州萧山剧院进行演出。舞剧《瓷魂》荣获文化部第十一届“文华大奖”，并同时获得“文华编导奖”、“文华音乐创作奖”、“文华舞台美术奖”、“文华表演奖”、“观众最喜爱的演员奖”等6个单项奖。并于11月参加第六届上海国际艺术节，在上海大剧院连续演出两场，场场爆满，受到观众的好评。

【赣剧《詹天佑》获文华新剧目奖】

由鄱阳县赣剧团创作演出的大型赣剧《詹天佑》于2004年9月19日~20日在绍兴参加了第七届中国艺术节的演出，荣获文化部第十一届“文华新剧目奖”和“文华表演奖”、“观众最喜爱的演员奖。鄱阳赣剧团是全国唯一一个参加第七届中国艺术节的县级剧团。

【第七届中国艺术节上我省优秀剧（节）目摘金夺银】

2004年9月在杭州举办的第七届中国艺术节上，我省除舞剧《瓷魂》、赣剧《詹天佑》获得奖项外，还组织了26个音乐、舞蹈、戏曲、曲艺类节目，27幅美术、书法、摄影类作品参加了中国艺术节“群星奖”的比赛。其中，抚州市老年独角戏《王妈妈爱鸡》、老年曲艺宜春评话《小平小道》、老年摄影《母亲归来》荣获七艺节“群星奖”。

【京剧《岳家小将》获儿童京剧特别奖】

由省京剧团创作演出的京剧儿童剧《岳家小将》于2004年12月13日~15日，参加在上海举行的第四届中国京剧艺术节演出，在上海浦东新舞台演出5场，剧场气氛热烈，受到观众的好评，《岳家小将》获本届中国京剧艺术节儿童京剧特别奖。

【举办“三个一”文艺调演活动】

2004年9月19日~9月20日，省委宣传部、省文化厅在江西艺术剧院主办了2004年“三个一”文艺创作调演活动。“三个一”活动以一首歌曲、一个舞蹈、一个小品为主要参赛形式，特别鼓励反映现实生活的短小精悍的作品。全省共有16支代表队，62个新创作的剧节目参加了调演。南昌市等7个市委宣传部、文化局与部分省直单位获优秀组织奖，活动评出演出奖62个，创作奖31个。

【举办“爱心助学、真情奉献——江西书画名家助学义捐笔会”】

2004年8月10日，省文化厅在江西书画院“名家艺术沙龙”举办了“爱心助学、真情奉献——江西书画名家助学义捐笔会”，在昌的知名书画艺术家50多人参加了笔会，当场创作书画作品50多幅，还有部分书画家将义捐作品送到现场。笔会所有收入全部捐献给了省少年儿童基金会。

【全国弋阳腔学术研讨会在弋阳举行】

2004年10月27日，由中国艺术研究院、江西省艺术研究所、弋阳县人民政府联合主办的“全国弋阳腔学术研讨会”在弋阳举行。省政府秘书长魏小琴、省文化厅副厅长王晓庆出席了研讨会，研讨会就如何深入挖掘，保护弋阳腔开展了学术讨论。

【全省公共文化设施向未成年人免费开放】

根据《中共中央、国务院关于进一步加强和改进未成年人思想道德建设的若干意见》精神和《文化部、国家文物局关于公共文化设施向未成年人等社会群体免费开放的通知》要求，省文化厅及时向全省文化系统转发了《文化部、国家文物局关于公共文化设施向未成年人等社会群体免费开放的通知》和文化部、国务院文物局关于落实《中共中央、国务院关于进一步加强和改进未成年人思想道德建设的若干意见》的通知，印发了《江西省博物（纪念）馆向未成年人等社会群体免费开放暂行办法》。从2004年5月1日起，全省公共文化设施对未成年人集体参观实行免票，对学生个人参观实行半票，家长携带未成年人子女参观的，对未成年人子女免票。全省文化系统在省文化厅的统一部署下，积极开展未成年人思想道德建设工作，努力营造有利于未成年人全面健康成长的文化环境。全年公益性文化设施免费接待未成年人200多万人次。

【开展全国、全省社会文化先进县复查工作】

自2004年6月份起，省文化厅组织对1991年以来文化部授予的本省13个“全国文化先进县”、22个“全国文化工作先进集体”以及省政府命名的26个“全省社会文化先进县”开展了复查。省文化厅组织了4个复查小组分别深入到了37个县、22个全国文化工作先进集体，召开了40余次汇报会，就复查单位文化建设情况进行了深入细致的核查。经过复查，对2个全国文化先进县提出了限期整改的要求。

【实施江西民族民间文化保护工程】

2004年9月，省政府办公厅转发了《省文化厅省财政厅关于江西民族民间文化保护工程实施方案的通知》，启动了江西民族民间文化保护工程，组织对珍贵、濒危并具有历史、文化和科学价值的民族民间传统文化进行更加有效保护。至2004年年底，全省确定了民族民间文化保护项目初期目录71个，实施国家级保护项目1个（弋阳腔）和省级保护项目1个（萍乡千神傩面具）。11月3日，成立了江西民族民间文化保护工程省级中心，中心分为协调综合组、咨询论证组、资料网站组，分别由省群众艺术馆、省艺术研究所、省艺术档案馆负责组成。12月22日~23日，在南昌召开了江西民族民间文化保护工程工作会议。

【省委书记孟建柱深入省图书馆考察调研】

12月11日，省委书记孟建柱轻车简从，到省图书馆考察工作。在省委宣传部副部长、省文化厅党组书记、厅长李玉英，省文化厅副厅长王晓庆的陪同下,孟建柱仔细察看了省图书馆的17个阅览室，详细了解了省图书馆各方面的情况。在考察中，孟建柱指出，一个不重视文化工作的领导，不是一个合格的领导。他强调，要坚持科学发展观，促进社会全面协调发展，就必须不断提高建设社会主义先进文化的能力，加快文化事业的发展。在省委书记孟建柱的关心下，省委宣传部从省宣传文化专项资金中拨出100万元用作省图书馆的购书经费，省财政将从2005年开始，每年增拨150万元作为省图书馆的购书经费。

【全省第三次文物普查工作成果丰硕】

全省第三次文物普查工作在省政府组织下顺利结束，全面、系统地掌握了我省文物资源的数量、分布和保存情况，为文物事业的发展奠定了科学有据的工作基础。据统计，全省共查明不可移动文物7983处，其中古文化遗址794处，古墓葬1112处，古建筑4176处，石窟寺及石刻591处，近现代重要史迹和代表性建筑1179处；全国重点文物保护单位24处105个点，省级文物保护单位259处，市、县级文物保护单位1847处；馆藏文物总数达302763件，其中一级1266件，二级8891件，三级41832件；新发现不可移动文物3516处，可移动文物（社会流散文物）5000余件。10月25日，在江西省博物馆隆重举行了《江西省第三次文物普查成果展》。

【开展“赣江千里行——文物大省在行动”大型宣传活动】

为充分展示我省丰富的文物资源，宣传我省文物工作的成果，提高全社会依法保护文物的意识，省文化厅于2004年3月~12月组织开展了“赣江千里行——文物大省在行动”大型宣传活动，组织新华社、江西电视台、《江西日报》记者到文博单位采访，及时报道文物工作新成就。该活动共在省各媒体推出宣传我省文物工作的稿件20余篇，提高了社会各界对文物保护工作的认识，有力地推动了我省文物保护工作。

【婺源县被评为“全国文物工作先进县”】

婺源县依托古村民居文物发展旅游，进行文物旅游景区（点）建设，实现文物保护与利用“双赢互利”目的，成立了文物、城建、土管、旅游等部门人员组成的历史文化名村建设工作小组，对各村、镇农户迁、拆、建房具体指导，有效保护了古村民居历史环境风貌和徽派建筑特点，工作成绩突出，2004年被文化部、国家文物局授予“全国文物工作先进县”。

【我省组织文物保护执法检查】

为督促解决执法中发现的问题，进一步提高全省文物保护执法水平，省人大教科文卫委员会和省文化厅于2004年下半年联合开展了全省文物保护执法检查。11月下旬，4个检查组分赴各地进行文物执法检查，重点查处擅自改变文物管理体制问题的解决处理情况；在文物保护单位保护范围、建设控制地带违法建设问题的解决处理情况；深入了解各地文物保护“五纳入”落实情况、各级文物保护单位的保护管理现状、各级博物馆馆藏文物的保护管理现状以及文物安全达标情况。

【中国井冈山干部学院现场教学点整体维修全面完成】

省文化厅将中国井冈山干部学院基本教学点与备选教学点的保护维修和讲解宣教工作列为工作重中之重，组织了专门力量，加大了工作力度，确保了工作任务的按时完成。国家文物局和省文物专家组多次赴井冈山实地考察，了解文物维修项目、专项经费使用情况，省文化厅和井冈山市委市政府联合组成井冈山革命旧址维修保护工作领导小组，负责井冈山革命旧址保护维修工程的管理、经费使用、工程招投标等工作。至2004年底，井冈山革命旧址文物本体维修工程已全面完成。

【组织“井冈杯”全省十佳文博讲解员比赛】

7月，省文物局举办“井冈杯”全省十佳文博讲解员比赛暨中国井冈山干部学院教学点汇报讲解，来自全省各设区市和省直博物馆、纪念馆的12支代表队共48名选手参加了比赛。经激烈角逐，马健等荣膺“十佳”，井冈山革命博物馆代表队荣获团体一等奖。省委副书记王君、省人大副主任万学文等为获奖者颁发了奖杯和证书。其中4名优秀讲解员并参加中国博物馆学会组织的全国博物馆“雷锋杯”讲解大赛。

【举办“首届中国万年国际稻作文化旅游节”】

2004年9月20日~23日，省文化厅、省旅游局和上饶市政府在万年县联合主办了“首届中国万年国际稻作文化旅游节”，文化旅游节围绕“万年县是世界稻作文化的起源地之一”这一独特的文化资源安排了一系列丰富多彩的活动，其中最为瞩目的是第四届农业考古国际学术讨论会的召开，来自海内外的80余位专家学者出席了盛会，提交大会学术论文50余篇。

【景德镇珠山明、清御窑遗址被评为2003年度“全国十大考古新发现”】

2004年4月由北京大学考古文博学院、江西省文物考古研究所、景德镇陶瓷考古研究所联合发掘的景德镇珠山明、清御窑遗址被评为2003年“全国十大考古新发现”，这是我省连续两次获此殊荣。此次考古发掘揭开了明清御窑的历史之谜，首见许多御窑遗物，为研究、探讨明代早、中期御窑的范围、烧成技术、产品特征和管理制度等提供了新的科学资料。

【玉山渎口窑考古重大发现】

5月~7月，省文物考古研究所为配合浙赣电气化铁路改造工程，对玉山渎口青瓷窑场进行了抢救性发掘，共出土器物包括有窑工具支烧垫墩、轮轴帽、辗轮和壶、碗、盏、罐等各类生活用具2000余件。玉山渎口窑以烧造青瓷为主，制品胎多灰白，色较深，质粗而坚，釉色青中闪黄，流釉明显，开片少，装饰技法主要为画花或刻花，花样简单，是我省东部紧邻浙江的一处中型烧造青瓷器的民间窑场。据考古推断，该窑场始烧于晚唐，终烧时间约当在北宋中晚期。其发掘为研究赣浙两省窑业的相互交流提供了新的实物资料与佐证，填补了江西陶瓷史上的一段空白，该考古发现获“中国重要考古发现”称号。

【《燃烧的辉煌——12~18世纪景德镇陶瓷杰作展》参加中法文化年活动在法国展出】

5月11日~7月31日，由景德镇陶瓷馆承办的《燃烧的辉煌——12~18世纪景德镇陶瓷杰作展》，由文化部派出，参加“中法文化年”活动，在法国巴黎中国文化中心展出。这次展览展出了60件（套）元、明、清3个朝代景德镇古代官窑出产的部分精美瓷器，其中一级12件，二级28件。5月11日在法国巴黎举行了展览开幕式及有关学术活动。中共中央政治局常委李长春在文化部部长孙家正的陪同下参观了展览，法国政要出席了开幕式。法国总统希拉克和我国文化部部长孙家正分别为展览题词。希拉克题词盛赞“瓷器艺术是中国文化精华之一，它使得中华文化闻名世界，尤其享誉欧洲”。法国欧洲时报、中国新华社、中央电视台、中国国际广播台、香港凤凰卫视、江西日报等分别作了报道。

【江西省杂技团赴印度、巴基斯坦访问演出】

1月13日~2月2日，江西省杂技团一行30人，由文化部作为我国“春节文化”品牌派往印度、巴基斯坦访问演出。1月20日中国驻印度大使馆在新德里举办“中国文化之夜”，各国驻印度大使馆的官员出席了这次晚会，江西省杂技团的精湛技艺，赢得了观众的阵阵掌声。这次访演共演出15场，取得圆满成功。

【赣南客家采茶歌舞团赴台湾省访问演出】

2月18日~26日，赣南客家采茶歌舞团一行35人，应台湾中国青年大陆研究文教基金会的邀请，由中华文化联谊会和宋庆龄基金会派出赴台湾省台北市、台北县、桃园县、新竹县、苗栗县等地演出5场，观众达5000人次。富有赣南客家风情的歌舞节目深受台湾同胞的欢迎。访问团还参访了台湾省戏曲专科学校，与该校师生座谈及艺术交流活动，参观了宜兰市传统艺术中心，木雕博物馆、台北故宫博物院等。

【《景德镇千年陶瓷文化展》在日本展出】

1月19日开始景德镇陶瓷馆《景德镇千年陶瓷文化展》在日本东京、大阪、横滨、清森、仙台、扎幌等地巡回展览一年，本次展览共展出文物80件，现代瓷43件。1月19日~25日，《景德镇千年陶瓷文化展》代表团一行6人，随展人员4人，在日本东京参加了展览开幕式。该展览是近20年来，江西省在国外展出最长的一个陶瓷精品展览，获纯利润11万美元。

【《景德镇千年陶瓷文化展》在日本展出】

1月19日开始景德镇陶瓷馆《景德镇千年陶瓷文化展》在日本东京、大阪、横滨、清森、仙台、扎幌等地巡回展览一年，本次展览共展出文物80件，现代瓷43件。1月19日至25日，《景德镇千年陶瓷文化展》代表团一行6人，随展人员4人，在日本东京参加了展览开幕式。该展览是近20年来，江西省在国外展出最长的一个陶瓷精品展览，获纯利润11万美元。

【开展网吧市场专项整治　建设网吧监控平台】

2004年，根据文化部和省委、省政府统一部署，全省开展了声势浩大的网吧等互联网上网服务营业场所专项整治工作，重点打击“黑网吧”、网吧经营场所非法接纳未成年人、超时经营以及网上传播色情、暴力、赌博和愚昧迷信的有害信息等违法违规经营行为，共取缔“黑网吧”1026家，因严重违规被吊销许可证的网吧277家，责令停业整改的网吧771家，网吧经营单位由整治前的5600家减少到3964家。在专项整治期间，全省停止审批设立新的网吧经营场所。在抓好专项整治工作的同时，省文化厅积极指导和推行网吧的结构调整，鼓励符合开办条件的连锁经营网吧，通过收购、兼并、合资等方式对网吧市场进行重组，省文化厅制定下发了《江西省网吧等互联网上网服务营业场所连锁经营管理暂行办法》，批准了中国电信江西分公司所属的绿色网盟、长城宽带的网吧连锁经营落户江西，在全省开展网吧连锁经营业务。与此同时，省文化厅还积极创新网吧市场的监管手段，按照统筹规划、分布实施，全省联网、分级监控，功能完备、标准统一的原则，组织建立了全省联网的网吧监控管理平台，对全省每个网吧的每台计算机统一安装指定的经营管理系统软件，在省、市、县文化市场管理部门分别建立与之联网的管理监控平台。

【开展第六届全省音像市场法制宣传周活动】

2004年5月24日~30日，全省各级文化市场管理部门联合当地教育部门、共青团组织开展了为期一周的第六届全省音像市场法制宣传周活动。在全省倡导尊重知识，拒绝盗版，引导音像连锁企业以最优惠的价格向广大青少年学生提供正版音像制品，在大中小学校园、青少年群体中广泛宣传打击侵权盗版、保护知识产权的重要意义，教育广大音像经营者，切实维护著作权人的合法权益；继续开展了“把盗版者送上法庭”活动，坚决打击盗版团伙的违法经营行为；各设区市于5月29日9时统一举行了销毁盗版音像制品60余万张、百名学生“尊重知识、拒绝盗版”签名、向学生赠送正版音像制品以及百家音像经营单位开展倡仪和承诺签名活动。

【规范电子游戏、歌舞娱乐市场经营秩序】

为配合全国组织开展集中打击赌博违法犯罪活动专项行动，全省各级文化市场管理和稽查部门，组织开展了对电子游戏机市场、歌舞娱乐市场的专项整治。针对电游市场赌博机有所反弹，赌博行为屡禁不止的情况，各地及时专题研究赌博机整治办法，制定了行动方案，对带有赌博行为的电子游戏场所进行了全面清查和集中整治。对歌舞娱乐和演出场所加强监管，针对一些歌舞娱乐场所夜间超时、超音量经营，影响周边居民休息等问题，在省综治委的指导下开展了对歌舞娱乐场所的专项检查行动，并对存在问题的场所下发了整改通知书，确保了歌舞娱乐场所的规范经营和健康发展。全省文化市场管理部门共检查电子游戏机经营场所12043家次，收缴电子游戏赌博机5639台，检查演出单位1733 家次，检查歌舞娱乐场所19385家次。

【大力实施农村电影“2131 工程”】

全省农村电影“2131 工程”以国家和省里资助的设备拷贝为基础，扩大农村电影队数量，在全省建立了5个拷贝交易中心。积极开拓农村电影市场，抓住每年爱国主义教育影片放映时机，采取“影企联姻”及送电影下乡等形式，常年组织电影小分队深入乡镇、村和中小学校进行电影放映。与浙江传化花王有限公司合作承办了“百场电影下乡村、进社区”活动，为群众放映电影100场，观众达10万余人次。与浙江横店影视集团合作，组建10个电影放映队，于6月份在井冈山市、永新县及吉安县重点乡镇学校开展了100场的电影慰问放映活动。9月份又与省广播电视局、江西日报社、江西移动通信有限责任公司在全省联合主办并开展“阳光行动──百部优秀影片神州行”活动，在全省农村陆续放映2000场电影。

2004年江西省文化厅机构设置情况

2004年，江西省文化厅内设机构11个：办公室、计划财务处、人事处、艺术处、文化市场管理处（省文化市场局）、社会文化处、外事处、文物处（省文物局）、直属机关党委、纪检组（监察室）、文化产业处。

山东省

综述

2004年是山东省文化工作有较大发展的一年。一年来，全省文化系统在省委、省政府的领导下，认真落实“三个代表”重要思想，牢固树立科学的发展观，大力加强执政能力建设，认真贯彻党的十六届三中、四中全会精神，解放思想，更新观念，开拓创新，与时俱进，有力地推动了全省文化事业的繁荣发展。

一、文化体制改革继续深化

一年来，山东省文化系统把改革作为解放文化生产力，促进文化事业不断发展的根本动力，不断加大改革力度，文化体制改革得到进一步深化。一是改革的目的更加明确，改革的意识大大增强。全省各艺术院团大胆探索，主动改革，有的剧团全面实行了竞争上岗，扩大了聘任制的实施范围；有的在剧目生产上实行了股份合作；有的与企业联姻，采取市场化运作，取得了很好成效，出现了济南吕剧院、邹城市豫剧团等一批好的典型。省直的演出补贴办法修改后，把演出场次和收入作为考核的硬指标，实施效果显著。省吕剧院排演大型剧目《补天》，演出收入达到130多万元。济南市儿童剧《宝贝儿》演出超千场，被文化部授予“文华荣誉奖”。省直6院团，在今年政治性演出比较多的情况下，演出场次、演出收入比往年有明显增长。市、县文艺团体也出现了一批演出收入超百万的好的典型。二是改革的范围进一步扩大。过去改革主要是在艺术表演团体，现在各公益性事业单位、经营性文化企业，都进行了改革的尝试和探索。公益性事业单位在转换机制、深化内部三项制度改革上，力度进一步加大；经营性文化单位在面向市场、创新体制上，取得新的成效。省电影公司用股份制的办法，建设了电影城。淄博市电影公司积极开展艺术演出中介服务，取得了很好的效益。全省大部分电影公司、影院、剧场和文物商店，都得到了新的发展。三是积极争取政策支持。文化体制改革，离不开财政的投入和相关政策支持。去年，青岛、济宁、聊城等地在改革中积极争取政府支持，出台了一些支持改革的新政策，为改革的顺利进行提供了切实的政策保证。此外，省吕剧院等24个省级文化体制改革试点单位的改革方案经批准后，正在积极组织实施。改革的深化，为文化事业的进一步繁荣发展注入了新的生机和活力。

二、艺术创作取得优异成绩

各级文化部门围绕繁荣创作这个中心，实施精品战略，推动了全省艺术创作演出的发展。全省艺术创作取得丰硕成果。京剧《春秋霸主》和山东梆子《山东汉子》分获文华新剧目奖。省杂技团节目《蹬人》、《皮条》，济宁杂技团节目《双爬杆》分获全国杂技比赛金奖，济南杂技团《转台高椅造型》获银奖。吕剧《补天》、儿童剧《宝贝儿》入选2004～2005年度国家舞台艺术精品工程初选剧目。京剧《李清照》获第四届中国京剧艺术节优秀剧目奖。在全国“群星奖”评选中，山东省获得4个群星奖、5个优秀奖和7个纪念奖。在全国第十届美展评选中，我省获1金6银13铜。全省文艺演出活动异彩纷呈。先后组织了第八届艺术节，国庆55周年大型文艺晚会，国庆美术、书法、摄影、文物展，十佳文化广场调演等系列活动。举办了全省吕剧中青年演员比赛，“唱山东”歌曲、舞蹈、小品新创作作品征集评选等活动。此外，还配合党和政府的中心工作，举办了一系列演出活动。先后为全国宣传工作座谈会、“慈善一日捐”活动，庆祝人民代表大会制度建立50周年、为奥运喝彩、亚足杯、亚洲合作对话外长会议、“山东名牌产品万里行”等举办了系列文艺演出。各市也都配合当地工作，举办了一批规模大、水平高、深受群众欢迎的各种类型的演出活动，为丰富群众精神文化生活，促进当地的经济建设做出了积极的贡献。

三、基层文化建设进一步加强

基层文化工作以创建社会文化先进县为推动，取得了新成果。一是创建先进县活动有新进展。组织开展了第六批社会文化先进县的评选，同时开展了首批山东省社会文化先进乡镇的评选，进一步推动了创建活动的深入、全面发展。同时，还组织了全国文化先进县的复查、全国公共图书馆评估定级等工作。二是全省广场文化活动空前活跃。省城知识广场举办文化活动70多场，观众12万余人次。去年，全省广场文化活动搞得轰轰烈烈，是规模最大、时间最长、参与人数最多的一年。三是群众性展览、演出活动丰富多彩。先后举办了全国第三届油画精品展、“新山东，新风貌”系列展示活动、文化馆（站）业务技能考核、华东7省市相声小品大赛、“全省民间剪纸艺术大赛”、全省首届四进社区文艺展演等活动。四是文化信息资源共享工程建设得到进一步加强。省“中心”的建设已初步完成。到目前，全省已建成110多个分中心。五是电影工作扎实推进。组织了千片进村和电影下乡等活动。此外，各级文化部门还积级参与当地党委政府为发展经济、招商引资而举办的大型文化活动。如青岛啤酒节、淄博陶瓷博览会、泰山登山节、潍坊风筝节、临沂书圣文化节、济宁孔子文化节、聊城江北水城文化节、菏泽牡丹花会等，极大地丰富和活跃了群众的文化生活。

四、文化市场管理进一步强化

坚持“一手抓繁荣，一手抓管理”，一是对音像市场。在整顿的同时，推动连锁经营，支持有条件、有实力、依法经营的企业做大、做强。在全省统一开展了销毁非法音像制品活动，销毁违法音像制品500万盘（盒），全省正版音像制品市场占有率达到75%以上 。二是加强对“网吧”市场的管理。对“网吧”连锁经营进行了公开招标，吸引一些有实力的企业进入“网吧”经营领域。为了完善管理手段，通过招标，对全省的“网吧”统一安装了监控软件，积极开展监控平台建设。目前，已有14个市建成了监控平台，其他各市正在建设之中。三是娱乐市场、美术艺术品市场、文物流通市场等，都得到了进一步规范，促进了全省文化市场健康、有序地发展。

五、文物工作进一步规范

文物工作认真学习贯彻文物法律法规，加强文物保护法的执法工作，重点文物保护单位的管理体制得到理顺和加强。在考古发掘方面。章丘危山汉墓、临沂洗砚池晋墓发掘入选全国十大考古新发现。在文物保护方面。青岛德国总督府、曲阜颜庙、蓬莱水城等重大维修工程已经开工，齐长城保护工程也已启动，与瑞士合作的临朐白龙寺遗址发掘、与德国合作的摩崖石刻调查等取得较快进展。在提高展览水平、吸引观众方面。一是加大了对全省讲解员队伍的培养力度，讲解员队伍整体素质进一步提高，并在全国大赛中取得团体三等奖的好成绩。二是举办了有特色的展览活动，如省博物馆举办了“秦始皇兵马俑展”、“青州佛像展”等展览，取得了两个效益的双丰收；各市也都举办了丰富多彩的文物展览活动，逐步改变了过去门庭冷落的局面。

六、艺术教育、文化科技和法规建设取得明显成效

艺术科学教育方面。先后组织了全省文化艺术科学优秀成果和重点课题评审活动，建立了全省文化艺术科学成果库；举办了全省艺术学校专业技能大赛，进一步提高了山东省艺术教育水平；全省艺术考级工作也有新的进展。去年，山东省有4所艺术中专被公布为国家级重点中专，在全国名列前茅；有两部作品在全国艺术院校戏曲比赛中获奖；有一项文化科技成果获得山东省科学技术奖二等奖；有两项科技成果通过了省部级鉴定。文化法规方面。对地方法规涉及的25项文化行政许可事项，进行了清理。向省人大、省政府法制办报送了本年度文化立法计划项目，有一项被省政府列为2005年度立法确保项目。

七、对外文化交流进一步扩大

省杂技团、济南市杂技团，积极开拓国际市场，长期在国外演出，既宣传了山东的形象，又获得了很好的经济效益。中法文化年——“孔子文化展”在国内外产生较大影响。“山东博兴窖藏佛像展”赴日、“孔子文化展”赴西班牙、“青州佛教造像展”赴美等展出活动也都取得圆满成功，进一步推动了山东省对外文化交流工作。

八、文化产业取得新发展

为促进文化产业发展，一是加强文化产业的理论研究和培训。编辑了全省文化产业理论研究成果集，并与山东大学联合对全省的文化产业骨干进行培训，提高了文化产业队伍的素质。二是抓好典型。召开了全省文化产业经验交流会，有11个单位在会上作了经验介绍，总结推广了一批好的典型。三是大力扶持民营文化企业。积极为民营文化企业创造发展的良好条件。全省的文化个体户、文化经营者，都应被看做民营文化企业，这也是我们产业发展中的一个亮点。在政策上对他们进行积极扶持，出现了一批优秀的民营文化企业。如爱书人公司被文化部命名为“文化产业示范基地”等。民营文化企业已成为促进文化事业繁荣、满足人民群众文化生活的一支重要力量。

重要会议、重大事件、重要活动和文化设施等情况

1. 2004年1月18日在山东会堂举行山东省、济南军区暨济南市新春双拥大型文艺晚会。

2. 山东省文化厅于2004年1月17日下午在济南召开省会城市文化市场经营单位法人和主要负责人座谈会，听取他们对繁荣文化市场的意见和建议。

3. 赴法国“孔子文化展”是文化部主办的“中国文化年”的重要展览之一。法国时间2004年1月27日，胡锦涛总书记在希拉克总统的陪同下，参观了这一展览。希拉克总统盛赞山东省举办的“孔子文化展”是所有展览中最为成功的一个展览。

4. 2004年山东省人大对全省文物工作“一法一条例”的贯彻落实情况进行了视察。

5. 2004年3月~8月,“山东青州佛教造像展”继在德国、瑞士、英国展出之后,在美国华盛顿赛克勒美术馆展出,被称为该馆举办过的最好的展览之一。这个展览是山东省对外文化交流的又一品牌项目。

6. 2004年4月、7月,组织“山东日照农民画展”分别赴法国、马来西亚展出,获得成功。

7. 2004年5月~8月,“孔子文化展”继巴黎展出之后,在西班牙名城巴塞罗那展出,观众超过15万人。经过10多年的精心打造,《孔子文化展》已经成为山东对外文化交流的著名品牌。

8. 2004年5月1日起山东省国有博物馆全面对未成年人和在校学生免费开放。

9. 2004年5月举办了山东省艺术学校专业技能大赛舞蹈、声乐、美术、中青年教师4项技能比赛。全省共有19 所艺术学校参赛,入选节目和美术作品622个,参赛师生1285人次。经专家评审,评出一等奖109个,二等奖120个,三等奖174个,优秀奖30个,创作奖9个,优秀指导教师奖112个。

10. 为迎接全国文化(艺术)馆和公共图书馆评估,山东省文化厅分别组织了4个评估检查组,继2003年对130家文化(艺术)馆进行评估检查的基础上,2004年6月~9月对101家公共图书馆进行了评估检查,最后经文化部专家组确定,山东省国家一级文化(艺术)馆14个,一级图书馆26个,二级文化(艺术)馆18个,二级图书馆44个,三级文化(艺术)馆13个,三级图书馆23个,在全国名列前茅。

11. 2004年6月上旬到10月中旬,山东省图书馆知识广场每周3场电影,1场文艺演出,再加上各类讲座、读者座谈会、报告会以及展览等活动,平均每年32场。山东省文化厅2004年与有关部门联合评选出10个“山东省十佳文化广场”,21个“山东省优秀文化广场”。

12. 2004年7月,举办了山东省吕剧中青年演员比赛。全省各地在初赛基础上选报了101个节目、115名演员参加了复赛。经过遴选,有49个节目、59名演员于7月20日~22日,在百花剧院进行了6场决赛,经过评委认真评选,共评出一等奖 22 名,二等奖 35 名,三等奖 38名,组织奖9个。

13. 为加快吕剧音乐创作人才的培养,推动吕剧音乐的创新与发展, 2004年7月30日~9月7日,举办山东省吕剧音乐创作培训班。来自全省各级吕剧院团的24名音乐人员参加了这次培训。通过学习,学员初步了解了吕剧音乐的起源、发展状况及吕剧音乐创作的初步方法和要领,初步具备了吕剧音乐创作的本领。

14. 2004年8月23日~25日,山东省文化局长座谈会。参加人员:各市文化局长、厅领导班子全体成员。会议学习“三个代表”、科学发展观的重要思想,重要研究和探讨了深化文化体制改革和文化产业发展问题,对文化单位实行股份改造问题进行了重点探讨。廓清了发展文化产业与发展文化事业、发展文化产业与深化文化体制改革、发展文化产业与文化全面繁荣的关系。根据山东的实际,进一步明确了深化改革、发展文化事业的切入点。

15. 2004年山东省博物馆联合济南、青岛、烟台博物馆推出了“首届博物馆藏品精品展览季”活动。“秦始皇兵马俑巡回展”,是近年来在全国有影响的展览之一,山东省博物馆采用了市场运作的方式,创造了单个展览的最高数字,观众达到11.5万人,收入达到65万元,实现了社会效益与经济效益的双丰收。

16. 在2004年全国讲解员比赛中,山东省派省博物馆、蒲松龄纪念馆、潍坊市博物馆、蓬莱阁管委会4名讲解员参赛,获得二等奖1名、三等奖1名并获得团体三等奖。

17. 2004年,山东省文化厅与山东大学联合举办了文化产业干部培训班,全省文化系统45人参加了培训,对市场经济知识、文化产业理论与实践进行了系统学习,对推动全省文化产业发展起到了积极作用。

18. 2004年9月29日在山东会堂举办山东省庆祝中华人民共和国成立55周年大型文艺晚会。

19. 2004年举办了纪念邓小平诞辰100周

年图片展和纪念建国55周年全省美术、书法、摄影、文物精品展览，共展出600多件美术书法摄影作品和100多件文物精品。

20. 山东省文化信息资源共享工程从2003年2月正式启动，并于2004年投资1200多万元在省图书馆建成了省级技术服务平台。

21. 2004年为参加全国第十届美展，山东省组织了专题创作和大型备选作品展览，省内展出各类美术作品1000多幅。在这届全国美展上，山东省实现了金奖零的突破，共获得1金6银13铜的好成绩。

22. 2004年9月25日~10月4日，举办了第八届山东文化艺术节。（具体情况见第四部分。）

23. 从2003年开始，开始部署了第六批山东省“社会文化先进县”创建活动。从2004年10月~12月，经过4个组2个多月的评选，有8个县（市、区）被命名为第六批山东省“社会文化先进县”。

24. 2004年，山东省吕剧院创作演出的吕剧《补天》、济南市儿童艺术剧院的儿童剧《宝贝儿》入选2004~2005年度国家舞台艺术精品工程初选剧目。京剧《春秋霸主》、山东梆子《山东汉子》荣获文化部第十一届“文华新剧目奖”和多个单项奖。2004年，济南市儿童艺术剧院《宝贝儿》因演出超千场，荣获文化部“文华荣誉奖”。

25. 2004年，在文化部第六届“金狮奖”全国杂技比赛中，山东省杂技团的杂技《蹬人》、《皮条》，济宁市杂技团的《攀——双爬杆》获“金奖”；济南市杂技团《心之攀——转台高椅造型》获银奖。聊城市杂技团《舞叉闹海》获铜奖。卢立新、娜尔斯等12人获编导奖、指导教师奖、道具奖。

26. 2004年，山东省吕剧院的《补天》、《李二嫂改嫁》获文化部中国戏曲现代戏年会主办的中国戏曲现代戏优秀保留剧目展演优秀演出奖，高静、焦黎等5人获优秀主角奖，黄继森、胡静华等7人获优秀配角奖。

27. 2004年第七届中共山东省委宣传部“精品工程”评奖中，青岛的《寻找爸爸毛泽东》、《北斗星》获“精品工程”特别奖，东营的《潮涌黄河口》、淄博的《马夫掌鞭》等15台剧目获戏剧类“精品工程”奖，歌曲《爱的诉说》获歌曲类“精品工程”奖。

28. 2004年，省直6院团共演出901场，收入6358745元。2005年截至到9月底，省直院团演出场663场，收入6156409元。各市、县级艺术团体平均每年演出2万余场，观众人数达4000万人次，活跃和丰富了广大人民群众的文化生活。

29. 2004年，完成了《山东省重点文物保护项目及经费需求“十一五”规划》的编制上报工作。

30. 2004年在文化部举办的全国艺术院校戏曲戏剧比赛中，济南艺校参赛的吕剧《搬窑》，获得戏曲青年组二等奖，赵兰英、张新两位老师获得“园丁奖”；烟台艺校参赛的吕剧《打神告庙》，获优秀表演奖。

31. 2004年潍坊艺校、烟台艺校、临沂艺校、泰安艺校、青岛艺校（2005年）5所学校被公布为国家级重点中专，占全国艺术类重点中专的20%以上，走在了全国的前列。

32. 2004年组织了山东省艺术科学重点课题和艺术科学优秀成果奖评选活动。经专家评审，全省共评选出重点课题152项，优秀成果奖316项。

33. 2004年，建立了山东省文化艺术科学成果库，在山东省文化厅网站开通使用，这是我国第一个艺术科学成果库，包括成果库、课题库、专家库3个子库，戏剧戏曲研究、音乐研究、舞蹈研究、美术研究等9个学科版块。

34. 2004年由山东省图书馆完成的科研项目“山东省图书馆信息网络技术研究与应用”获山东省科学技术二等奖。

35. 山东剧院维修改造于2001年4月工程正式开工后，于2004年10月工程竣工，交付使用。总建筑面积12870平方米。截至目前，财政已拨款7000万元。

36. 2004年11月~2005年10月，省杂技团

创作杂技剧《安徒生童话》,以50人的强大阵容赴德国、比利时、荷兰等国家商演,演出306场。杂技团在欧洲的演出,受到广泛好评,向世界宣传了中国,让欧洲了解了山东,取得了社会效益和经济效益的双丰收。

37. 历山剧院维修工程于2003年6月工程正式开工，并于2004年10月工程竣工。建筑面积4000平方米，财政拨款1020万元,发改委拨款560万元。

38. 2004年12月,组织“博兴铜佛像展”赴日本山口县展出。

山东省文化行政管理部门机构设置情况

山东省文化厅（省文物事业管理局）机关行政编制56名，离退休干部工作人员编制6名，内设办公室、计划财务处（挂文化产业处牌子）、人事处、艺术处、科教法规处、文化市场处（挂电影处牌子）、社会文化处、文物处、外事处（挂港澳台文化事业办公室牌子）。另外，还设离退休干部处、机关党委及机关服务中心。全省政府文化管理机构158个。此外，山东省文化系统企业事业单位2825个（包括文物企事业单位163个），从业人员24751人（包括文物企事业单位3841）；现有专业艺术表演团体121个，艺术表演场所105座，文化（艺术）馆159个，图书馆136个，博物馆66个，艺术创作、研究机构57个，文化站1912个，中等艺术学校8所。

第八届山东文化艺术节

2004年9月25日~10月4日，举办了第八届山东文化艺术节，集中展示山东省近年来文化艺术工作的新成果、新人才、新风貌。本届艺术节从全省各市、省直艺术院团推荐选送的戏曲、话剧等30余台剧（节）目中，选拔出15台艺术精良、风格各异的剧（节）目调济南参加艺术节演出。经评委认真评选，有5个剧目获得“艺术节大奖”、9个剧目获“新剧目奖”、12个剧目获“演出奖”、5个剧团乐队获“伴奏奖”；另有3台歌舞晚会获音乐舞蹈曲艺杂技类“新剧目奖”和演出奖，403人次获得编剧、导演、作曲、舞美设计、表演等各种单项奖。

河　南　省

综　述

2004年，全省文化系统坚持以邓小平理论和“三个代表”重要思想为指导，围绕省委、省政府关于文化建设的工作部署，按照整体推进，重点突破的工作思路，努力推动文化事业和文化产业协调发展，全省广大文化工作者以建设文化河南、实现由文化资源大省向文化强省跨越为总体思路，以提高建设社会主义先进文化能力为出发点，以深化改革为动力，以满足人民群众不断增长的文化生活需求为宗旨，一手抓文化事业的繁荣，一手抓文化产业的发展，各项文化工作取得较大进展，在全面建设小康社会、实现中原崛起的过程中较好地发挥了文化工作的功能和作用。

一、重点工作取得突破性进展

圆满完成省委、省政府交办的《让中原告诉世界》、《河南风情》和《榜样》3场规格高、规模大、艺术水准高的文艺晚会，有力地配合了中国河南第三届国际投资贸易洽谈会、广州第95届中国出口商品交易会开幕招待会和纪念焦裕禄逝世40周年等全省重点工作，产生了明显的社会效益，得到了省委、省政府领导的肯定和社会各界的高度赞扬。

在第七届中国艺术节上，大型豫剧古装戏《程婴救孤》荣获全国专业舞台政府最高奖——第十一届“文华奖”第一名，实现了我省在这一奖项中零的突破。该剧还获得编剧、导演、表演、舞美和全国观众最喜爱的戏剧5个单项奖；曲剧《惊蛰》荣获编剧、导演、舞美3项单项奖。我省参演剧目获得第十一届“文华奖”评选单项奖总数第一。

在第十三届“群星奖”的角逐中，我省参赛舞蹈《bia ji bia》、曲艺《咏梅》、吹打乐《春满中原》和任天顺的成人书法、段宝林的行书等5个节目荣获群文类政府最高奖——群星奖。

大型现代戏《村官李天成》晋京演出受到党和国家领导人曾庆红、李长春、陈至立等的高度评价，并成功进入2003~2004年度国家舞台艺术精品工程初选剧目，荣获国家舞台精品工程提名奖。

郑、汴、洛舞台艺术精品工程系列剧目，省歌舞剧院、郑州市文化局、开封市文化局、洛阳市文化局排演的大型情景交响音乐《木兰诗篇》、原创舞剧《风中少林》、歌舞剧《清明上河图》、舞蹈诗《河洛风》完成了创作、排练，相继面向市场演出。

电影戏曲片《七品知县卖红薯》荣获第十届中国电影“华表奖”优秀戏曲片奖。

河南艺术中心建设工程进展顺利，完成桩基2223根，完成投资20643万元。

河南艺术职业学院建设工程完成了一期工程建设，实现了秋季招生入学目标。

经过积极争取，殷墟申报世界文化遗产工作迈出了坚实的一步，国家文物局已决定于2006年将殷墟申报项目提交联合国教科文卫委员会世界遗产大会表决。

全省民族民间传统文化保护工作正式启动，46个项目被列入我省首批保护名录。

成功举办了首届河南省重大社会文化项目推介活动，面向全省推出重大文化项目78个，吸纳社会资金2500余万元。

配合经济建设考古发掘工作成绩显著，全年实施考古发掘项目50余项，发掘面积近10万平方米，出土文物约2万件。

全省馆藏文物数据库建设取得阶段性成果。在全国率先建立了馆藏文物数据库省级平台，并实现与中国文物交流中心数据库的联通与互访。采集馆藏三级以上珍贵文物数据90000余件，10000余件馆藏一、二级文物进入数据库。

二、理清思路，狠抓落实，全面推进各项业务工作

（一）发挥文化优势，为加强未成年人思想道德建设提供有力的文化支持

根据中央8号文件精神和省委、省政府统一部署，加强领导，精心组织，从繁荣未成年人文艺创作、净化文化市场环境、活跃未成年人生活等方面加强未成年人思想道德建设工作，全面实施图书馆、博物馆、纪念馆等公共文化设施对未成年人免费开放，为未成年人参观提供优质服务。全省各级公益文化场所从5月1日起全部向未成年人免费开放，并组织专家、军人、老红军等，建立了专兼职辅导员队伍，开展义务辅导与讲解。对全省图书馆、博物馆、纪念馆等文化设施向未成年人免费开放进行了检查和指导，切实把免费开放的规定落到实处。

为推动全省动漫和电子游戏产业的发展，协调有关部门成立专项工作领导小组，起草了《支持动漫和电子游戏产业发展方案》，建立了联席会议制度，并确定了政府主导、实施精品工程、筹建产业振兴基地、加强专业人才培养和市场监督管理的工作思路。为未成年人营造文明健康的文化市场环境。开展了全省网吧等互联网上网服务营业场所专项整治工作，加强了对无证经营、违法接纳未成年人、超时经营和运行不良游戏的技术监管；开展了校园周边经营性娱乐场所整治，进一步优化了校园环境。同时，通过聘请人大代表、政协委员、教师、家长为文化市场义务监督员，对网吧经营活动进行监督，为未成年人开辟健康有益的绿色网络空间。

积极组织开展丰富多彩的未成年人文化活动。组织省直文艺工作者创作、排练了大型人偶剧“森林里的故事”、音乐剧“一二三，齐步走”等一批反映少儿生活题材的歌舞剧、木偶剧等文艺作品。受到中小学校广大师生的欢迎和好评。指导全省各级文化单位利用暑期和节假日，策划、组织面向未成年人的“发现的快乐”文物探宝、文物知识讲座、少儿科普书展、爱国主义影片展演、书法绘画比赛等面向未成年人的系列活动，活跃了青少年的文化生活。河南博物院被命名为全国“小公民道德建设活动实践基地”。

（二）大力推进文化产业发展

按照“一年打基础，二年抓突破，三年要跨越”的工作思路，积极慎重，稳步推进，文化产业工作取得阶段性成效。受政府委托代拟了《关于大力发展河南文化产业的意见》草案，提出我省文化产业发展的总体框架和措施。成立了河南省文化产业协会，为加强文化产业行业指导、行业自律、行业交流与合作，维护文化产业企业利益，推动全省文化产业全面发展奠定了坚实的基础。开展了全省文化资源存量调查，编制了《河南省文化产业合作项目指南》，收录近500个文化产业合作项目，为国内外投资客商了解河南文化产业项目提供重要信息源。

积极探索文化产业发展的新路子，构建文化产业发展的新模式。探索文化与旅游、媒体、社会资本结合发展文化产业的路子，取得了初步成果。与媒体结合，第一次引入境外媒体和品牌发展文化产业。为了真实展现厚重河南、文化河南，进一步树立和宣传河南的良好形象，与香港阳光电视集团合作，联合摄制《中原列传——文化河南》电视系列专题片，其中，名城、名人各20集，名寺名观10集。该片完成后，将在多家频道播出，并通过阳光卫视发行系统在海外华语观众圈和英语观众圈广泛发行，覆盖港澳台、东南亚及欧美地区。与旅游结合，实施“郑汴洛文艺精品工程”，精心打造了《木兰诗篇》、《风中少林》、《清明上河图》、《河洛风》等精品剧目，对带动河南“三点一线”旅游产业发展发挥了重要作用。与社会资本结合，策划实施了首届河南省重大社会文化项目推介活动，吸纳社会资金超过2500万元，走出了社会公益文化活动社会办的新路子。由文化厅、文物局主办，河南博物院具体承办的文化专业网——“河南文化网”正式开通，成为宣传和展示我省文化事业和文化建设的重要平台。

支持省电影公司围绕发展抓改革，围绕市场抓机遇，使该公司3年跨出3大步，一跃进入全国先进行列。省电影公司按照现代企业制度，深化内部管理机制改革，以河南奥斯卡电影院线有限责任公司为依托，积极开拓市场，在西安、上海、洛阳等地区投资建设现代化影城，成为我省第一家真正进入市场、融入市场的具有一定实力和竞争力的大型文化企业集团。为了整合全省杂技资源，提高杂技竞争实力，做好建立河南省杂技集团的筹备工作，组建了河南省文化艺术音像公司，大力发展具有“中原风情”特色的河南音像产业。

（三）以繁荣艺术生产为中心，强化艺术生产机制建设

引导文艺工作者把握艺术创作生产规律，坚持两个效益的统一，牢固树立精品意识、市场意识，艺术生产出现了可喜的局面。

一是艺术精品不断涌现。配合国家舞台艺术精品工程，加大重点剧目的创作力度，创新内容和形式，注重打磨和提高，推出了一批思想性、艺术性、观赏性俱佳的品牌剧目。大型豫剧《程婴救孤》荣获全国专业舞台政府最高奖“文华奖”第一名；曲剧《惊蛰》在第七届中国艺术节上荣获3个单项奖。大型现代豫剧《村官李天成》成功入选2003～2004年度国家舞台艺术精品工程初选剧目，并被评为国家舞台艺术精品工程提名奖。该剧还受到曾庆红、李长春、陈至立等党和国家领导人的高度评价。《木兰诗篇》、《风中少林》、《河洛风》、《清明上河图》等精品剧目的推出，改变了我省的艺术格局，将我省的高雅艺术生产推上了一个新的高度，而且向全国人民展现了中原文化的迷人魅力，在全国舞台艺术上卷起了一阵“河南风”。《木兰诗篇》被专家誉为对于改变人们对河南文化结构的看法具有标志性的意义。音乐《热巴舞曲》、双人舞《金子、虎子》、新编历史豫剧《情验》、现代豫剧《红灯记》等在全国比赛中获奖。

二是全省各地创作生产了一批精品力作。郑州市的大型现代豫剧《嵩山长霞》、平顶山市的大型现代豫剧《任长霞》、三门峡市的《杨八姐游春》、漯河市的《白发亲娘》、驻马店市的现代豫剧《忠诚卫士》等优秀剧目的创作、演出，不仅使我省的舞台艺术呈现出可喜的繁荣局面，也丰富了人民群众的精神文化生活。

三是演出力度不断加大。各艺术表演团体坚持以精品树立形象，以演出创造效益，逐步拓宽省外演出市场，多次赴北京、山东、上海等地演出，取得了良好效果。

四是艺术生产筹资渠道不断拓宽。各艺术表演团体积极谋求与企业合作，利用社会资金发展文化事业。省直艺术表演团体通过企业冠名、联合制作等形式，吸收社会资金384万元，有效缓解了资金缺乏的困境，提高了艺术生产能力和艺术院团的活力。

五是艺术教育逐步活跃。与大河网、大河报共同举办了社会艺术教育“百位名师”评选活动，47万人参加了网上投票，共评出音乐类、舞蹈类、美术类 “名师”33位。

我省的京剧演出有了新突破，第一次参加中国京剧节。省京剧院编排的折子戏《三岔口》在 “第四届中国京剧节”上，受到了专家和观众的一致好评。

（四）加强基层文化建设，活跃城乡群众的文化生活

按照省委、省政府“一定要把河南艺术中心建设成精品工程”的要求，河南艺术中心建设围绕确保质量、加快进度的目标，掀起了第一阶段施工高潮。按照高起点、高质量的要求，对施工设计进行了全面修订，对施工总承包、桩基施工、电梯设备等采购项目进行了公开招标。全年完成地下桩基2463根，完成投资20643万元。河南艺术职业学院建设项目投资规模近1亿元，建设项目总面积34600平方米，在国家没有投入的情况下，我们采取资产置换等方法，自筹资金3000多万元，完成了一期工程，实现了当年秋季招生入学目标。

争取国家、省财政投入7000多万元，补助新建、扩建和改造市县博物馆、图书馆、文化馆40多个，维修文物保护单位30个，有力地支持了基层文化建设。特别是安阳、鹤壁、新乡等市文化中心的建设和郑州、洛阳、南阳等市文化设施的不断完善，使我省城市文化设施建设进入了一个新的阶段。

重要文化活动规模和影响进一步扩大。按照“有规模、有影响、上水平”的原则，成功举办了一系列重大文化活动。配合中国河南第三届国际投资贸易洽谈会、第95届“广交会”、纪念焦裕禄逝世40周年，成功举办了《让中原告诉世界》、《河南风情》、《榜样》3场大型文艺晚会，有力地配合了全省重点工作。同时，洛阳牡丹花会、开封菊花节会、南阳“两节一会”等大型文艺演出以及新乡、焦作、安阳、三门峡、濮阳、周口等地文化部门配合当地中心工作举办的大型文艺演出，成功地展示了河南改革开放取得的伟大成就，重塑了河南人民开放、文明的新形象，丰富了全省艺术舞台和人民群众的文化生活，受到了省委、省政府和社会各界的广泛好评。

全面启动了全省民族民间文化保护工程，46个项目被列入首批保护名录。命名表彰了8个省级文化先进县、75个省级文化先进乡镇、14个省级民间艺术之乡。

广泛开展基层文化活动，全省119个县级广场文化活动常年不断。各级文化部门积极探索基层文化活动形式和内容，在首次“全国特色文化广场评选暨展示”活动中，郑州绿城广场、鹤壁新世纪广场、焦作东方红广场被评为“全国特色文化广场”。以完善全省基层文化设施网络为重点，推进基层文化“四基”建设，提高社会文化工作整体水平，推动各级公益文化单位强化业务建设，提高服务水平。全国文化信息资源共享工程河南分中心被评为建设先进单位。

为了丰富广大农村地区的文化生活，组织了8场示范性文化下乡活动和10多场赴艾滋病疫情高发村慰问演出。2004年，全省各级文化部门组织艺术团体赴农村演出2.6万场，放映电影2.9万场，培训农村文艺骨干约2万人次，指导、帮助、扶持村级文化活动室5000多个。丰富了人民群众的精神文化生活，展示了中原文化的迷人魅力。

（五）加强治理整顿，推动文化市场体系建设

积极推进文化市场体系建设。制定了《2004～2010年河南省文化市场发展规划》，提出加强文化市场建设和管理总体框架，明确文化市场各门类发展目标；引导互联网上网服务营业场所规模化、连锁化、品牌化，积极配合中国联通、中国网通河南通信公司等11家企业在我省开展连锁网吧经营。

以扶持宝丰等地民间艺术团体为导向，促进基层演出市场进一步活跃和繁荣。切实抓好全省农村演出市场的发展、规范、培训和引导。配合文化部在宝丰县成功举办了“首届农村演出市场建设暨全国民间职业演出团体团长学习班”，并组织了民间艺术展演专题文艺晚会、第二届民间魔术节、民间艺术发展论坛等系列活动，受到了文化部的高度评价，在全国文化市场工作会议上介绍经验，产生了较大影响。

深入贯彻《行政许可法》，认真落实行政许可和证照清理工作，制定《河南省文化行政审批服务厅操作规程》，进一步完善文化服务大厅设施和功能，文化市场管理和服务水平不断提高。扩展河南省文化市场信息网功能，全省文化市场管理和服务水平不断提高。对全省各级文化市场管理稽查人员进行集中培训，进一步提高了管理和执法水平。

开展了文化市场整治活动。以取缔黑网吧、禁止未成年人进入、打击网上传播有害信息为重点，开展了声势浩大的全省网吧等互联网上网服务营业场所专项整治工作。全省各级文化部门积极发挥牵头作用，会同公安、工商、教育、通信管理等部门加大检查执法力度，取缔1700余家黑网吧，向司法机关移送案件36起，在全省4500多家网吧安装了计算机经营管理系统。以打击侵权盗版为重点，开展音像市场整治，全省收缴非法音像制品300余万张，极大震慑了违法经营者。全省各级文化部门积极发挥牵头作用，建立健全联席会议、联络人会议、综合执法、暗访督查工作机制，积极探索社会监督、技术监管长效机制，网吧经营秩序得到了明显好转，得到了全国网吧专项整治工作协调小组的充分肯定。

以市场化运作为导向，推进农村电影放映“2131工程”的实施。全省农村电影放映30余万场，又有500余个乡镇实现了“2131工程”目标。我省以市场化运作发展农村电影放映事业的做法，得到了李长春同志和国家广电总局领导的肯定。

（六）认真贯彻“保护为主，抢救第一，合理利用，加强管理”的方针，加强文物保护、利用和管理，促进文博事业全面发展

全年实施考古发掘项目50余项，发掘面积近10万平方米，出土文物约2万件；配合南水北调工程文物抢救保护工作取得积极进展，完成了对341个文物点的保护、发掘、搬迁、复查和环境评估工作，并通过了国家专家审查和肯定。省文物考古研究所主持的“郑州大师姑夏代城址”考古发掘项目被评为年度全国十大考古新发现。濮阳市被国务院批准为国家历史文化名城；郑州市被国家权威组织列入中国八大古都。河南博物院“两汉四神云气图壁画保护”科研成果获得国家文物局“科研创新奖”二等奖。在全国率先建立了馆藏文物数据库省级平台，并实现与中国文物信息咨询中心数据库的联通与互访。

殷墟申报世界文化遗产迈出了坚实的步伐。国家文物局已决定将殷墟申报项目提交联合国教科文委员会世界遗产大会表决时间，由原来确定的2008年提前到2006年，目前各项准备工作正扎实有序进行。

全面实施博物馆“三贴近”建设，河南博

物院的陈列水平、科研水平、讲解水平都迈出了较大步伐。河南博物院《天地经纬——汉代地动仪、元代观星台综合展示》工程年底完成，并对外开始展出，省长李成玉、副省长王菊梅等领导给予了充分肯定。加强讲解员队伍建设，举办了全省“商都杯”讲解员讲解大赛；组团参加全国“雷锋杯”讲解员大赛，荣获团体一等奖。

以贯彻文物保护法为主线，加强法制建设，完善管理机制，推进文物保护和博物馆建设共同发展。积极做好修订《河南省〈文物保护法〉实施办法》和出台《河南省历史文化名城保护管理条例》的前期准备工作；严格审批文物经营许可证，进一步规范文物市场。加强重点文物保护单位的规范化管理，调整了738处国家级和省级文物保护单位保护范围，对仰韶村遗址、唐恭陵等全国重点文物保护单位的保护规划进行论证。强化文物建筑保护维修工程的方案制定、立项审批和施工检查等环节，确保工程质量和进度，完成了登封法王寺塔、启母阙、洛阳山陕会馆等保护维修。狠抓文物安全技术防范工程达标工程，实施《河南省文物安全保卫工作规定》，文物安全保卫工作良好形势得到进一步巩固。

（七）发挥文化资源优势，不断扩大对外文化交流

围绕我省对外开放战略，整合资源，策划项目，采取政府组织和民间交流并重，友好交流与商业性演出相结合的方式，多层次、多方位地开展对外文化交流工作，不断扩大中原文化的影响力。全年完成包括民乐、杂技、武术、少儿艺术、文物展览、书画展览等在内的对外文化交流项目120多项。积极推动对外商业演出，组织杂技、武术等节目常年对外演出，打造品牌，不断扩大国外演出市场份额。成功组织了法国“河南文化周”、省少儿艺术团代表国家参加国际少儿艺术节赴美交流、“中原文化非洲行”等系列活动，大型原创舞剧《少林雄风》在北美演出受到了广泛欢迎。

文物对外展览取得丰硕成果。在日本、比利时独立举办了《洛阳之梦——唐三彩展》、《中国古代动物艺术——来自河南博物院的珍宝展》。河南博物院第一次引进高水平的欧洲文物展览《古罗马文明展》，取得了良好的效果。对外合作项目不断增加，洛阳文物局成功承办了中意合作文物保护修复培训班；郑州杂技团被文化部选定，成为中国为苏丹共和国培养国家杂技团演员的基地；我省与日本考古科研机构开展的“唐三彩窑址调查与研究”和“铜镜的调查与研究”取得初步成果。

启动了“少林功夫”加入联合国“人类口头及非物质文化遗产代表作”的申报工作。成功举办了海峡两岸第四届河洛文化与豫剧理论研讨会，组织两岸艺术家开展演出和学术研究等活动，继续保持海峡两岸文化交流良好态势。

机构设置情况：省文化厅内设办公室、计财处、人事科技教育处、社会文化处、艺术处、文化市场管理处、对外文化交流联络处、老干部处、厅直党委、纪检组10个处室。

重要文化活动、重大事件

李长春、陈至立等党和国家领导人高度评价豫剧现代戏《村官李天成》

5月16日晚，中共中央政治局常委李长春在京观看了河南省豫剧三团演出的大型豫剧现代戏《村官李天成》。

《村官李天成》是国家舞台艺术精品工程入选剧目，是文化部、中国文联、北京市委、市政府等共同主办的“第二届北京国际戏剧演出季”选演的两部地方现代戏之一。该剧以“三农”问题为切入点，塑造了一个带领群众跨越小农经济藩篱、闯市场脱贫致富的基层干部形象。该剧直面农村产业调整、社会转型的种种现实矛盾，准确把握时代精神，以起伏跌宕的戏剧冲突、真切生动的人物情感以及浓厚的思想意蕴，展现了20世纪90年代中原农村的壮丽生活画卷，表现了中原农民从“传统型”走向“现代型”的巨大跨越，主人公李天成的形象充分体现了农村党的基层干部与时俱进的时代品格和崇高的精神境界。

李长春同志指出，《村官李天成》这个现代剧目是一个非常成功的剧目，是一个把思想性、艺术性、观赏性紧密融为一体的精品佳作，全剧生动体现了“三个代表”重要思想，深刻反映了农村的深刻变革和新面貌、新气象，是贯彻党的十六大和十六届三中全会精神的生动体现，是贴近实际、贴近生活、贴近群众的一个典范。剧中塑造的李天成这个人物，是众多农村优秀基层干部的一个缩影。这台戏对于贯彻中央2004年1号文件，是一个鲜活、生动的教材。是一个弘扬主旋律非常成功的精品力作。该剧的成功实践充分证明，弘扬主旋律的作品也完全能够做到思想性、艺术性、观赏性相统一。对这种弘扬主旋律的作品，政府要支持，要想办法让这个戏唱遍全国。中央各主要媒体要发表文艺评论，把这个戏推介给广大观众。要把这台戏的演出作为贯彻中央2004年1号文件的一个具体步骤，作为把学习贯彻“三个代表”重要思想引向深入的一种形式。建议河南省把这台戏搬上屏幕、搬上银幕。陈至立同志指出，这是一部艺术精品，祝贺河南省豫剧三团的同志们为全国人民献上了一部好戏。这台好戏是深刻体现“三个代表”重要思想的一部生动教材。它是新时代的赞歌，共产党员的赞歌，创业的赞歌，唱出了共产党人的一身正气，唱出了共产党人的思想境界，也唱出了中国特色社会主义道路的无限光明的前景，如果在全国播放，将给广大党员、群众以力量、以鼓舞、以希望。

5月16日~17日，省豫剧三团排演的大型豫剧现代戏《村官李天成》应邀参加“第二届北京国际戏剧演出季”，取得了巨大成功。李长春、陈至立等领导同志以及全国思想政治工作领导小组成员在文化部部长孙家正、中国文联党组书记李树文、中宣部副部长李从军、中共北京市委副书记龙新民、中共河南省委副书记王全书等的陪同下，分别于5月16日、17日观看了演出。

常香玉被追授“人民艺术家”荣誉称号

常香玉“人民艺术家”荣誉称号追授仪式于7月27日在北京人民大会堂河南厅举行。中央、国务院有关领导同志向常香玉家属颁发荣誉证书并作重要讲话。中央电视台在当晚《新闻联播》播发新闻。

六大创新开创文化强省建设新局面

——河南省召开全省文化局长、文物局长会议

2月19日，河南省文化局长、文物局长会议在郑州召开。省委副书记王全书、副省长王菊梅、省委宣传部副部长王岭群出席了会议，各省辖市文化局、厅直单位以及厅机关各处室负责人150余人参加了会议。河南省文化厅党组成员、厅长郭俊民同志作了工作报告，总结了2003年全省文化工作，同时对2004年工作做出部署。王全书、王菊梅等领导作重要讲话。

2004年，河南文化工作以繁荣和发展为主题，以文化创新为动力，本着整体推进、重点突破的思路，努力推动全省文化事业和文化产业进一步发展。艺术方面，重点做好第三届中国河南国际贸易洽谈会文艺晚会和第95届广交会开幕式文艺晚会的策划、排练和演出工作，做好第七届中国艺术节和第六届全国舞蹈、杂技比赛参赛项目的组织准备工作，积极申报2004~2005年度国家舞台艺术精品工程。社会文化活动方面，积极探索动员社会力量参与公益文化建设的新路子。制定全省公共图书馆、文化馆3年建设规划，确保“十五”末实现“县县有图书馆、文化馆”的目标。文化市场方面，以音像、网络文化和娱乐市场为重点，继续整顿和规范文化市场秩序，繁荣城乡演出市场。深化电影发行放映单位的体制和机制改革，争取全年有500个乡镇实现“2131”目标。文物工作方面，积极配合南水北调等国家大型建设工程，开展文物调查、勘探和保护。做好殷墟申报世界文化遗产工作。对外文化交流方面，认真筹备中法文化年“河南文化周”和与美国俄勒冈州互派艺术团演出活动。

继续推动对台文化交流，组织在台湾举办《中国佛教艺术展》、召开第四届豫台河洛文化暨豫剧理论研讨会。做好“少林功夫”申报联合国“人类口头及非物质文化遗产代表作”项目的准备工作。

大型文艺晚会《让中原告诉世界》圆满成功

2004年4月12日，第三届中国河南国际投资贸易洽谈会开幕式大型文艺晚会《让中原告诉世界》在河南体育中心举行，晚会取得圆满成功。本场晚会由河南省人民政府主办，河南省文化厅具体承办。本场晚会以“文明、开放的河南大地，诚信、进取的中原儿女”为主题，集舞蹈、歌曲、武术、杂技、豫剧等艺术门类为一体，打造热烈、隆重、喜庆、祥和的主题风格。是一场全方位展示河南省政治、经济、文化建设成果，多角度展现全省人民改革开放、团结奋进、艰苦创业、文明诚信的高水平、高规格晚会，对于促进全省全面建设小康社会、实现中原崛起，对于在国际、国内树立河南省的良好形象，“让河南走向世界，让世界了解河南”将有着极大的推动作用。

为了确保晚会的顺利实施，省政府成立了第三届中国河南国际投资贸易洽谈会开幕式文艺晚会组委会。省人民政府副省长史济春同志担任组委会主任，河南省人民政府副秘书长王春生同志、省委宣传部副部长张锐同志、省文化厅厅长郭俊民同志、省商务厅厅长李清树同志为副主任。委员由省直和郑州市政府等18家单位的领导人担任，分别负责此次晚会的经费落实、现场保卫和车辆交通、现场直播和宣传报道、医疗救助、电力保障和有关协调等工作。省文化厅具体负责整台晚会的具体策划和实施。

本场晚会有以下几个特点：一、省委、省政府高度重视。省政府已多次召开省长办公会，就晚会筹备工作进行协调，省主要领导也在不同场合多次强调晚会的重要意义，对于举办一场晚会而言，这是前所未有的。二、这是一台主题鲜明的文艺晚会。晚会以《牡丹之约》、《豫苑春秋》、《神州武魂》、《中州连五洲》、《让中原告诉世界》等5组气势磅礴、色彩缤纷的大型歌舞节目作为主体框架，既展示了河南悠久的历史文化底蕴，又展示了河南改革开放的新形象，具有鲜明的时代特色。三、本场晚会是一台高规格、高水平、高起点的晚会。晚会邀请的策划、主创人员有：总导演陈维亚，音乐总监关峡，电视总导演郎昆，以及凯传、任志萍、刘麟、沙晓岚、邓锐斌等都是国内一流的艺术家。舞台设计由香港著名舞台艺术设计师周炳坤担任，中国歌舞团、河北歌舞剧院等作为本场演出基本队伍。港台著名歌手李玟、萧亚轩、容祖儿、郭富城以及内地著名歌唱家彭丽媛及刘欢、那英、滕格尔等艺术家的精彩演唱，中央电视台杨澜、朱军等著名主持人担任本场晚会主持。晚会的舞美和服装在现代时尚的风格中融入具有河南文化底蕴的殷墟甲骨文、商鼎、龙门石窟等意象，晚会的音响和绚丽多彩的冷烟火也将使观众感受到无穷的魅力。四、整场晚会由中央电视台现场录播，直升飞机定位航拍，并通过卫星向全世界播放。五、本场晚会的另一个特点是实行市场化运作。这是我省对这类大型文艺活动运作方式的初步尝试，也是利用社会力量办文化、促进先进文化多种实现方式的大胆探索。

5月1日起全省各级公共文化设施向未成年人等社会群体免费开放

为了落实《中共中央、国务院关于进一步加强和改进未成年人思想道德建设的若干意见》精神，充分发挥公共文化设施在未成年人思想道德建设中的重要作用，进一步提高政府为全社会提供公共文化服务的水平，省文化厅向各省辖市文化局、文物局，省图书馆、群众艺术馆、美术馆发出通知，要求从2004年5月1日起，全省各级文化、文物系统管理的博物馆、纪念馆、美术馆要对未成年人集体参观实行免票；对在校学生个人参观可实行半票；家长携带未成年子女参观的，对未成年子女免票。对现役军人、老年人、残疾人等特殊社会群体，也要实行门票减免或优惠。被确定为爱国主义教育基地的各级各类公共文化设施要积极创造条件对全社会开放。

通知强调公共文化设施在向未成年人等社会群体免费开放的同时，要坚持把社会效益放在首位，积极开展未成年人喜闻乐见的文化艺术活动，把思想道德建设内容融于其中，充分发挥对未成年人的教育引导功能。博物馆、纪念馆、美术馆要加强陈列设计，根据未成年人的心理特点和教育需求，举办学术性、专业性和知识性、趣味性、观赏性紧密结合的陈列和展览，增强吸引力和感染力。有条件的地方可根据本地实际，创办少儿图书馆等未成年人文化设施或场所。公共图书馆要通过开设少儿阅览室、举办面向未成年人的讲座与培训、设立少儿集体参观接待日等方式，有针对性地向未成年人提供服务，培养未成年人使用图书馆的意识，积极开展适合未成年人实际需求的各种文献信息服务。文化馆、文化站要加强少儿文化活动的辅导和培训工作，组织开展丰富多彩的少儿文化活动。

加强文化信息资源共享工程建设，要根据未成年人成长进步的需求，精心制作知识性、趣味性、科学性强的文化信息资源；基层网点要完善服务环境，规范服务内容和方式，努力让健康的文化信息资源通过网络进入校园、社区、乡村、家庭，丰富广大未成年人的精神文化生活。各级博物馆、公共图书馆、纪念馆、美术馆等要积极利用互联网站，开设专门为未成年人服务的网页、专栏，提供为广大未成年人喜闻乐见的文化服务内容；组织开展各种形式的网上文化活动。

通知要求，公共文化单位要在设施或场所的显著位置向公众公示、宣传和介绍公共文化设施向未成年人等社会群体免费开放的有关情况，方便群众了解、使用和监督。对外开放的文物单位要根据本单位具体情况，落实免费开放措施，合理调控流量，积极预防可能出现的文物损坏、群体安全等问题。

郑州大师姑夏代城址全国十大考古新发现

在日前揭晓的2003年全国十大考古新发现中，郑州大师姑夏代城址发掘项目榜上有名。郑州大师姑夏代城址总面积51万平方米，自2002年10月开始，由郑州文物考古研究所负责发掘。该遗址是我国迄今为止发现的惟一一座二里头文化城址，它填补了我国夏代城址考古的空白，为进一步研究我国古代的城市发展、夏代城市结构、中国古代文明之源以及研究夏代晚期夏商文化关系、夏商交替年代等提供了珍贵的资料，具有十分重要的学术价值。

河南博物院荣获“全国职工职业道德建设先进单位”荣誉称号

该称号由全国总工会、全国职工职业道德建设协调领导小组授予，省工会也把河南博物院确定为“全省职工文化素质教育基地”。

抓重点出精品推动舞台艺术事业全面繁荣——我省召开2004年全省艺术创作工作会议

2004年全省艺术创作工作会议日前在郑州召开。来自各省辖市文化局，省直院团，巩义、项城、永城、固始、邓州等5个省直管市（县）文化局以及有关单位负责同志参加了会议。省委宣传部副部长王岭群出席会议并作了重要讲话，文化厅党组成员、巡视员刘清俭出席了会议，省文化厅副厅长董文建作了主题报告。

会议传达了2004年全国艺术创作工作会议精神，总结了去年以来全省艺术创作情况，并安排了今明两年艺术创作工作。会议指出，全省文艺工作者要以“三个代表”重要思想为指导，以与时俱进的创作精神和求真务实的工作态度，抓重点，出精品，努力推动河南舞台艺术事业的全面繁荣。要采取切实有效措施，认真贯彻“三贴近”原则，努力创作更多思想性、艺术性、观赏性相统一的优秀舞台艺术作品，全面提升河南艺术在全国的影响力。

王岭群同志在讲话中要求，全省文艺工作者要正确认识艺术创作工作的发展形势，准确把握时代对艺术创作的要求，不断创新，努力为全省人民创作出更多更好的优秀作品，进一步提高全省人民的精神文化生活，为全省经济建设和社会发展服务。刘清俭同志在会上就全省文化系统深入学习常香玉、任长霞先进事迹作了动员，进行了安排部署。

省文化厅出台《河南省文化市场行政审批服务厅操作规程》

为贯彻《中华人民共和国行政许可法》，依法规范有关行政许可处理工作，提高行政效率，省文化厅出台了《河南省文化市场行政审批服务厅操作规程》。《规程》主要包括以下内容：

一、对申办事项，工作人员应根据法规对所申报材料进行初审。申请事项属于文化厅职权范围，且申请材料齐全、符合法定条件的，应当受理行政许可申请，填写“河南省文化市场行政审批服务厅受理通知书”，加盖“河南省文化厅行政许可文书收发专用章”，并在2日（工作日，下同）内转有关人员审核办理。

二、经办人员接到申办材料要及时进行审核，除法律、法规另有规定外，应当在正式受理10日内，将行政许可申请审批决定初审稿办理完毕，报请厅领导审签。对所申请的证书、批复或上报文件应当在正式受理18日内办理完毕，并转交服务厅，由工作人员在2日内通知申办人领取证件、批件或寄送上报文件。依法作出不予行政许可决定的，经办人必须说明理由和法律依据，并告知申请人享有依法申请行政复议或提起行政诉讼的权利。

三、对需开具“河南省营业性演出介绍信”和“进入歌舞娱乐场所营业演出介绍信”的演出单位，由服务厅对材料进行初审、经办人员审核后，由处长审批。原则上应当日办理完毕。

四、省辖市文化市场管理部门领取空白证书，要按类别认真填写“河南省文化经营单位登记表”和“河南省文化市场证书申领表”。经服务厅人员审核后，经主管处长审批后领取。

五、服务厅工作人员接到举报电话，要在“文化市场受理举报电话登记本”认真记录，当日转交有关人员办理。

六、加强档案、资料的管理。各类通知书和经办材料至少保留一年。对举办法人单位的材料按照企业归档，在企业存续期间妥善保管，企业依法撤消后至少保留3年。

李成玉省长视察河南艺术中心建设工地时做重要指示

2004年8月17日下午，中共河南省委副书记、省长李成玉、省委常委、郑州市委书记李克到河南艺术中心建设工地视察工作。李成玉省长、李克书记听取了省文化厅崔为工副厅长关于艺术中心工程建设的情况汇报，详细询问了工程进展情况、施工图设计等问题，实地察看了建设工地现场，并对艺术中心下一步建设提出要求。

李成玉省长指出，艺术中心建成后，要进行规范股份制运作。郑州市委、市政府对艺术中心建设大力支持，将项目占地计价7500万元入股，要抓紧和郑东新区协商合作事项，尽快办理正规股份合作手续，建立艺术中心项目法人。省政府已把艺术中心这个重点项目的建设责任落实到人，在施工中也要把责任落实到人，确保质量，如果在质量、招标、资金管理等方面出了问题，就要追究相关人员的责任。

李成玉省长强调，省政府和郑州市政府为艺术中心建设创造了这么好的条件，一定要把工程保质保量干好，按照演出功能要求，达到国内一流水准。对于外立面、玻璃弧墙等关键部位材质的选择，既要注重功能需要，又要注重美观，不能降低标准，在预算资金范围内，要尽可能使用好的材料，只要是建设和功能需要，省政府在资金上可以给予支持。项目业主和施工单位一定要以崇高的责任感和历史使命感，认真对待，切实搞好工程建设。艺术中心建设要保持良好的进展态势，在加快建设进度的同时，时刻把工程质量放在重中之重的位置，在施工的每个阶段、每个环节都要高标准、严要求，确保工程质量，务必把艺术中心建成精品工程。艺术中心建成后既要是郑州市标志建筑，又要是河南省的标志性建筑，在国内的省会城市中也应该是最好的。

拍摄电视系列片《中原列传——文化河南》

2004年8月15日，河南省文化厅举行新闻发布会，宣布由省文化厅主办，阳光电视集团（杨澜）参与承办的拍摄大型电视系列片《中原列传——文化河南》。河南省人民政府副省长王菊梅、河南省文化厅厅长郭俊民、阳光媒体投资有限公司董事长、主持人杨澜、阳光电视集团国内总裁西冰，郑州、洛阳、开封、南阳和巩义、偃师等省内历史文化名城的主要负责同志，以及省会有关作家学者和主要新闻媒体的记者出席了新闻发布会。

河南是中华文明的发祥地之一，在五千年的中华文明史中，河南这片热土上诞生了灿若星辰的政治家、思想家、文学家和科学家，如老子、庄子、张衡、杜甫、范蠡、吕不韦、韩愈、白居易、朱载堉等。由于得天独厚的地理条件，也诞生了许多凝聚着深厚文化内涵的古寺名刹和中原历史文化名城，也是中华民族的宝贵文化资源。为了让世界更好地了解河南，多方位、深层次地了解厚重的中原历史文化，河南省文化厅与阳光电视集团有限公司（杨澜）决定拍摄大型电视系列片《中原列传——文化河南》。该片将采用电视艺术的手法，在海内外的电视屏幕上，真实的再现一个历史和现实都充满光明与希望的河南，打造中原文化品牌。

为加强和保障拍摄工作的顺利进行，河南省人民政府专门成立了“文化河南宣传领导小组”，由副省长王菊梅任组长，省长助理马万令、省文化厅厅长郭俊民和河南电视台台长周绍成任副组长。下设办公室，省文化厅副厅长李庚香任办公室主任，河南大象影视制片公司总经理王谦和河南省文化艺术音像出版社社长魏周兴任副主任，与阳光电视集团共同组建《中原列传——文化河南》摄制组。

《中原列传——文化河南》计划拍摄50集，每集30分钟。其中：中原历史文化名人20集；中原名寺名观10集；中原名城20集。《中原列传——文化河南》将于2005年9月30日前全面拍摄结束，2005年10月开始全面播出。目前，中原名城部分已有夏商之墟偃师、中原名市巩义、历史文化名城浚县、濮阳等近10个县市完成了前期撰稿和拍摄工作。

该片将在河南卫视和河南电视台公共频道播出，同时在阳光卫视播出，并通过阳光卫视发行系统在海外华语观众圈和英语观众圈推广发行，覆盖港澳台、东南亚及欧美地区。该片还将制作成精美的光盘和图书同时在海内外发行。

重大社会文化项目推介会签约仪式隆重举行

为加强和提倡社会文化社会办，让热心公益事业的企业和单位在企业形象和产品宣传方面找到相应的方式和途径，更加积极地参与到文化建设中来。河南省文化厅开展了2004年重大社会文化项目推介活动，并于前不久举办了2004年首届河南省重大社会文化项目推介会签约仪式。河南省人民政府省长助理马万令、省委宣传部常务副部长马正跃、省文化厅厅长郭俊民、省人大、省政协有关领导以及参加签约的企业代表出席了签约仪式。

签约仪式上，中国人民财产保险股分有限公司河南省分公司、北京龙进文化传播有限公司、大河报、口子酒集团公司、张弓酒业集团、机械工业第六设计院等14家企业和单位与省文化厅、开封市文化局、鹤壁市文化局、河南省豫剧一团、二团、三团等单位签约，签约金额达2130万元。

河南省人民政府省长助理马万令在讲话中指出：繁荣发展文化事业，是全面建设小康社会、奋力实现中原崛起的重要内容。要进一步创新文化建设思路，拓宽文化建设发展途径，整合各种资源，全面提高文化发展能力。文艺工作者要坚持科学的发展观，积极主动地研究和适应新形势下文化工作的新情况，站在发展大文化的高度，设计和推出更加符合市场规律的文化项目，吸引更多的社会力量参与其中，真正做到社会文化社会办。

省文化厅厅长郭俊民同志指出：举办河南省重大社会文化项目推介会，目的在于调动社会各界参与文化建设的积极性，发挥资源优势，盘活文化资产，提高全省文化工作的知名度和影响力，同时也为社会各界与全省文化系统的合作提供一个交流平台，促进文企联谊，用更加有效的手段活跃和丰富人民群众精神文化生活，提高群众文化活动水平，为我省的经济和社会的发展营造良好的人文环境。

8月18日，河南省文化厅召开了2004年河南省重大社会文化项目推介会新闻发布会，将精选出的大型群众文化活动、庆典活动、文艺比赛、演出团体冠名、系列演出活动及民族民间文化保护等78个项目定为首届推介会的推介项目，并在大河报刊登了两个整版广告，同时印制了设计精美的《2004年河南省重大社会文化项目推介会说明书》发放到各项目单位、新闻媒体及省内大中型企业和一些中介机构。这些所推介的项目，在内容、规模、形式等方面具有多样性，适应了不同行业、不同企业、不同层次的需要，也为社会各界参与文化活动提供了更加符合实际需求的载体，同时，这些项目具有较强的针对性和实效性，调动了企业和社会各界参与文化活动的积极性。

此次活动省文化厅共接待咨询120余家（次），已完成或签约项目29个，实际吸纳社会资金2517.5万元。其中，第22届中国开封菊花花会大型文艺晚会、河南家具文化节、第二届河南省合唱节、全国“新丝路”模特大赛河南分赛区、河南省青少年国标舞大赛等活动均已取得了圆满成功。

电影戏曲片《七品知县卖红薯》荣获第十届中国电影“华表奖”优秀戏曲片奖

8月28日，第十届中国电影“华表奖”和第七届夏衍电影文学奖颁奖晚会在北京隆重举行。由鹤壁市文化局、中纪委方正出版社、长春电影制片厂、吉林省纪委联合摄制的电影戏曲片《七品知县卖红薯》荣获第十届中国电影“华表奖”优秀戏曲片奖。这是我省第一次获得中国电影“华表奖”戏曲片奖。

全国共有140余部电影参加本届中国电影“华表奖”评选，有17部电影入围。《七品知县卖红薯》是本届中国电影“华表奖”优秀戏曲片奖的唯一获得者。

河南省民族民间文化保护工程全面启动

9月7日，由河南省文化厅、财政厅、教育厅、民委、文物局、文联、社科联等单位共同参与的“河南省民族民间文化保护工程”在全省正式启动。“河南省民族民间文化保护工程”是由政府组织实施推动的，对珍贵、濒危并具有历史、文化和科研价值的民族民间文化进行有效保护的一项系统工程。工程的实施将以政府主导、社会参与、长远规划、分步实施、明确职责、形成合力为原则，力争到2020年使全省民族民间文化得到有效保护，初步建立起比较完备的民族民间文化保护制度和保护体系，在全社会形成自觉保护民族民间文化的意识，基本实现民族民间文化保护工作的科学化、规范化、网络化、法制化。

为推动民族民间文化保护工作，由河南省文化厅、财政厅、教育厅、民委、文物局、文联、社科联等单位共同组成了“河南省民族民间文化保护工作领导小组”，并成立了河南省民族民间文化保护中心，公布了《河南省民族民间文化保护工程实施方案》、河南省民族民间文化保护工作专家委员会名单、第一批河南省民族民间文化保护名录和首批试点项目。

被列入第一批“河南省民族民间文化保护工程”保护名录的项目有46个，包括南阳板头曲、信阳民歌和皮影、官会响锣（项城市）、驻马店大铜器、道口秧歌、开封麒麟舞、朱仙镇木版年画、焦作花鼓戏、宝丰马街书会、洛阳河洛大鼓、黄河澄泥砚（郑州市）、三门峡社火等。

副省长王菊梅出席启动仪式并作了重要讲话。王菊梅同志指出，各地要以“三个代表”重要思想为指导，进一步提高对基层文化建设和民族民间文化保护工作重要性的认识，突出重点，扎实推进，努力推动全省基层文化建设和民族民间文化保护工作健康发展。王菊梅同志说，基层文化建设是社会主义文化事业的基础，基层文化工作水平的高低、质量的好坏，是衡量一个民族文化素质的重要标志。加强基层文化建设对于全面建设小康社会，实现中原崛起具有十分重要的意义。各级政府和有关部门一定要从实践“三个代表”重要思想，提高全省人民整体素质，维护改革、发展、稳定大局的高度，充分认识加强基层文化建设和民族民间文化保护工作的重要性和紧迫性。

王菊梅同志指出，基层文化建设要抓住重点，扎实推进。省政府从今年开始，已经增加了县（市、区）图书馆、文化馆设施建设补助费。对于列入“十五”期间国家和省补助的县级图书馆、文化馆建设项目，当地政府要保质保量按时完成建设任务。要把基层文化设施建设纳入城乡建设规划，城市社区新建居民小区和经济开发区必须规划和配套建设相应的文化设施。对于新建的公益性文化设施，当地政府要在各方面给予优惠和扶持。要加强现有基层文化设施的管理和利用，增强兼容性和共享性，提高使用率，充分发挥现有设施的作用。要不断壮大基层文化工作队伍，不断丰富、创新基层文化活动内容和形式，多组织一些提高智力、陶冶情操、培养爱好、展示特长的群众文化活动，进一步提高基层文化活动的品位。要大力加强基层文化市场管理，保证全省文化市场健康发展。

王菊梅同志强调，民族民间文化是中华文化的根基和重要组成部分，抢救、保护和弘扬、发展民族民间文化，是当前和今后很长一段时期内各级政府、有关部门的一项重要工作，也是基层文化工作的一个重要组成部分。各级政府要负起责任，把基层文化建设和民族民间文化保护工作摆上重要位置，建立严格的目标管理责任制和责任追究制度，确保工作到位，责任到位，措施到位，努力形成政府领导、部门实施、社会各界共同参与的工作机制，确保基层文化和民族民间文化保护工作的顺利开展。

河南省参加第七届中国艺术节满载而归

由文化部主办的第七届中国艺术节于9月10日在浙江杭州拉开帷幕。根据安排，《程婴救孤》于9月18日、19日在杭州东坡大剧院演出两场，《惊蛰》于9月22日、23日在绍兴绍剧艺术中心演出。省豫剧二团排演的大型豫剧古装戏《程婴救孤》，在全国选送的51台剧目中脱颖而出，荣获第十一届“文华奖”第一名，实现了河南省戏剧在全国专业舞台政府最高奖中零的突破。《程婴救孤》还获得编剧、导演、表演、舞美和全国观众最喜爱的戏剧5项单项奖；南阳市曲剧团排演的曲剧《惊蛰》荣获编剧、导演、舞美3项单项奖。我省参演剧目获得单项奖总数名列全国第一。

在第十三届“群星奖”的角逐中，我省参赛舞蹈《bia ji bia》、曲艺《咏梅》、吹打乐《春满中原》和任天顺的成人书法、段宝林的行书等5个节目荣获群文类政府最高奖——群星奖。

社会艺术教育“百位名师”评选揭晓

9月10日晚，由省文化厅、大河网、大河报共同主办的河南省首届社会艺术教育“百位名师”评选活动颁奖仪式在省艺术学校举行。国家文化部教育科技司副司长王丰、省人大教科文卫委副主任赵忠远、省委宣传部副部长常法武、省政协教科文卫体副主任郭政凌、省文化厅厅长郭俊民、副厅长李庚香等出席颁奖仪式。

这次活动旨在唤起社会各界对社会艺术教育的重视，推动社会艺术教育事业健康有序发展，形成各艺术门类的社会艺术教育教师梯队，建立一支规模适当、素质优良、结构合理、相对稳定，能够适应我省社会艺术教育改革与发展需要的高素质的艺术教师队伍，为振兴我省社会艺术教育事业发挥更大的作用，为我省培养出更多的社会艺术人才。此次评选活动历时近3个月，共评出了音乐类、舞蹈类、美术类“名师”33位。文化部教科司王丰司长在讲话中指出，在艺术教育界举办“百位名师”评选活动，河南是第一家，走在了全国的前列。

此次社会艺术教育"百位名师"评选活动在一定程度上规范了我省的社会艺术水平考级工作，对于提高社会艺术教育教师队伍的整体素质，加强社会艺术教育教师队伍建设，推进我省社会艺术教育事业的有序发展有着一定的积极作用。

完成网吧等互联网上网服务营业场所计算机经营管理系统建设并实现联网运行

根据《互联网上网服务营业场所管理条例》和《河南省网吧等互联网上网服务营业场所专项整治工作方案》的要求，全省各级文化行政管理部门完成了全省网吧计算机监管系统的建设，在全省4500多家网吧的服务器和计算机上安装了监管软件，并建设了省、市、县三级计算机管理中心，建成了全省联网、分级监管、标准统一、功能完备的远程计算机监管体系。目前，该系统已对全省网吧的经营活动实行全程实时监管。

计算机经营管理系统具有3大功能：一是防止未成年进入网吧功能。该系统将实施对计算机操作系统的控制权，在没有输入顾客信息并得到验证之前，不允许使用该计算机。系统根据登记的顾客身份信息，自动判断顾客的年龄，对年龄不满18周岁的未成年人不允许使用计算机。系统对于虚假的身份信息还具有合理性的甄别功能。二是营业时间管理功能。通过省级管理端可以制定网吧的营业时间政策。政策制定后，当网吧超时营业时，系统将进行"超时营业报警"或"超时营业自动关闭终端机"两种方式，发出报警或者对计算机进行关机。三是游戏管理功能。在省级管理端定义了不良游戏和不良游戏网站后，系统将制定不良游戏和不良游戏网站列表，当有人在网吧的某一台终端中运行不良游戏或浏览不良游戏网站时，系统会根据设定采取重新启动终端机、关闭终端机等远程控制，从而实现对网吧终端机的实时监控。根据文化部的统一部署，已对涉嫌暴力、色情、赌博等不健康内容的6款游戏以及涉嫌未经批准擅自从事网络游戏经营活动4家网络游戏运营商采取技术措施予以查处。此外，该系统还具有信息交流功能、自我保护功能、日志记录功能、处罚信息管理功能、统计分析功能等。

我国驻美国大使馆高度评价河南文化代表团访美活动

日前，我国驻美国大使馆和驻芝加哥总领事馆分别给省文化厅发来函电，充分肯定河南文化代表团出对弘扬中原文化、促进中美友好合作的积极意义，并对我省为配合我国外交大局所做的工作表示感谢。受文化部和河南省政府委派，由河南省文化厅郭俊民厅长率领的河南省文化代表团一行25人，于2004年9月12日~10月5日在美国华盛顿地区、堪萨斯州、芝加哥等地进行了一系列的文化交流活动，受到我国驻美国大使馆的高度评价和当地民众、华人华侨的热烈欢迎，我国驻美国大使馆称赞此次活动"有力地配合了我国外交大局"。

应华盛顿地区费尔法斯特"国际少儿艺术节"组委会的邀请，河南省文化代表团参加了在华盛顿举办的"国际少儿艺术节"。河南省文化代表团还参加了芝加哥华人"庆祝中华人民共和国成立55周年"的国庆大游行等系列活动、"华盛顿地区第六届中国文化节"，并为艺术节进行了专场演出。

此次河南少儿艺术团由新乡市杂技团和河南省中国功夫团的小演员组成，他们之中年纪最小的10岁，最大的18岁。演出节目包括杂技《转花盘》、《溜冰》、《车技》等和八段锦、达摩杖、小洪拳等武功表演。美国最大的中文报纸《世界日报》及《美中新闻》、《芝加哥时报》、《LEADER》、《DAILY NEWS》等媒体均对河南文化代表团的访问活动做了报道并给予很高的评价。

濮阳市晋升为国家历史文化名城

2004年10月1日，国务院批准将河南省濮阳市列为国家历史文化名城。至此，我省的国家级历史文化名城已有8座（洛阳、安阳、开封、郑州、商丘、南阳、浚县、濮阳），位居全国第一。濮阳市历史悠久，文化积淀厚重，最早的历史可以追溯到距今七八千年前的裴李岗文化时期，秦汉以来先后有东郡、澶州、开州等称谓。保存至今的历史遗存有西水坡遗址、卫都高城遗址、春秋戚城遗址、五代澶州城遗址、仓颉陵、子路墓祠、回銮碑、原中共中央北方局和平原分局旧址等。

河南省文化产业协会成立

2004年10月28日，由省内多家文化产业单位联合发起组建的河南省文化产业协会正式成立。这是为加快我省文化产业发展步伐，加强我省文化产业行业指导、行业自律、行业研究、行业交流与合作，维护协调文化产业单位利益关系，经省民政厅批准而成立的行业中介组织。来自全省文化系统60余位代表参加了成立大会。

会议通过了协会章程，选举产生了第一届理事会，王菊梅、马万令、郭俊民担任名誉会长，袁其法、薛德星、何琳、何白鸥、李庚香担任名誉副会长，葛纪谦担任协会会长，邓本章、朱夏炎、周绍成、陈雪枫 、付永水、邵富根、胡葆森、罗林芳、王大同、谷珂丰担任副会长，万捷担任秘书长。

河南省文化产业协会由河南省电影公司、省文化艺术音像出版社、河南时尚广告文化传播有限公司共同发起，由河南省知名企业集团，著名专家学者和重要新闻媒体组成，主要职责是组织开展理论研究，制定行业规范，开展行业自律，维护协调利益关系，进行信息交流，举办人才培训，提供咨询服务等。文化产业协会成立后，在加快文化产业发展步伐，推进文化产业实现跨越式发展的进程中，着重做好以下3个方面的工作：

一是认真履行协会的行业管理和中介职责，逐步建立健全行业自律机制。

二是为文化产业企业做好服务工作。在全行业中积极开展信息交流，及时提供国内外文化产业领域的最新研究成果和发展动态，促进沟通与合作。加强行业理论研究，办好学术研究刊物，定期开展理论研讨，指导文化产业健康发展。

三是加强协会自身建设。尽快建立健全各项规章制度，健全工作机构，提高工作效率和运转效能，切实为文化产业企业办实事、办好事，不断提高行业协会的公信力、凝聚力和号召力，真正把协会办成全省文化产业企业向往的组织。

河南文化产业围绕跨越式发展扎实推进

2004年，省文化厅围绕省委、省政府提出的加快发展文化产业的要求，按照“一年打基础，二年抓突破，三年要跨越”的工作思路，积极慎重，稳步推进，文化产业工作取得阶段性成效。

一、重点工作扎实推进，初见成效

（1）广泛调研论证，代拟文化产业发展意见。为了加快发展河南文化产业，受省政府委托，省文化厅代拟了《关于大力发展河南文化产业的意见》草案。目前，初稿已呈报省政府。

（2）进行资源普查，建立文化产业项目库。今年以来，省文化厅组织力量对全省文化资源存量进行了一次全面系统的调查摸底，编制了《河南省文化产业合作项目指南》一书。该书对我省文化产品、文化服务、文化旅游、文艺演出、剧目加工制作、文化设施建设等进行了分门别类的汇总，收录了近500个文化产业合作项目，是发布河南文化产业合作信息的重要平台，也是了解河南文化产业项目的重要信息源。

（3）举办重大社会文化项目推介会，吸引社会资金参与文化建设。今年8月，召开了首届河南省重大社会文化项目推介会，在《大河报》把78个全省性重大文化项目面向社会公布。此次活动预计总融资量将超过2000万元，其中，欧凯龙家具连锁企业投资130万元和河南省菁滢文化交流发展有限公司共同举办了“河南家具文化节”。中国人民财产保险公司河南省分公司投资24万元和河南省合唱协会共同举办了“第二届河南省合唱节”。第二十二届中国开封菊花花会大型文艺晚会以247万元的价格由北京文化企业承办。

（4）筹建文化产业协会，发挥协会自律维权作用。10月28日，河南省文化产业协会成立暨第一次代表大会召开。该协会主要职责是组织开展理论研究，制定行业规范，开展行业自律，维护协调利益关系，进行信息交流，举办人才培训，提供咨询服务等。

（5）拍摄文化专题片，让文化河南走向世界。为了进一步宣传河南，由省政府立项，省文化厅主办，香港阳光电视集团（杨澜）承办，进行了《中原列传——文化河南》电视系列专题片的启动和前期工作。该片计划拍摄50集，每集30分钟。目前，前期撰稿和整体摄制工作、融资工作，都进展顺利。

（6）文企联动，以产业发展带动事业繁荣。今年以来，省直艺术表演团体已吸收资金384万元。省豫剧一团吸收投资252万元，排了9部新戏，是前5年新排剧目的总和。豫剧三团获赞助40万元；省话剧团获赞助30万元，豫剧二团获赞助30万元。艺术团体开始逐步走出困境，提高了艺术生产能力，也为社会资本投入艺术生产探索了新路子。

（7）评选“百位名师”，规范社会艺术教育培训市场。省文化厅与大河网、大河报共同举办社会艺术教育“百位名师”评选活动。共评出了音乐类、舞蹈类、美术类 “名师”33位。此项活动对于提高社会艺术教育教师队伍的整体素质，加强社会艺术教育教师队伍建设，推进我省社会艺术教育事业的有序发展起到积极作用。

二、整合资源，研究筹建文化产业集团

（1）重点突破，策划组建河南省影视文化集团公司。河南省电影公司是国家广电总局、省文化厅批准的全省惟一一家省级电影公司。近年来，该公司发展势头迅猛，资产总额已达7593万元，2003年的营业收入达1442万元，今年有望达到2000万元。目前省电影公司正在西安、郑州、洛阳3市与有关企业合作兴建5座大型影城，建成后，该公司直属的放映群落将达到9个影院、60块银幕、近15000个座位，无论票房收入、观众流量，还是竞争实力、市场影响都将居全国电影放映行业前列。

按照“先机制，后体制；先发展，后产权”的原则，加快省电影公司发展，使之成为“河南省影视文化集团公司”的核心公司。重点要扩大市场影响，使奥斯卡院线公司进入全国强势院线的行列，进军影片摄制、后电影产品开发等领域，同时，制定企业改制方案，使电影公司成为一个投资多元化、资产人格化、管理科学化的电影产业公司。

（2）整合资源，筹建河南杂技集团。全省有6个市级杂技团和一所中专杂技学校，600个具有一定规模的民营杂技团。目前，省文化厅正着手以河南省（濮阳）杂技团为龙头，以郑州、周口、开封、新乡、漯河、驻马店、濮阳市民间艺术发展中心等杂技团体为主体，以濮阳杂技学校为基地，整合全省杂技、魔术资源，成立松散型的河南杂技集团。最大限度的实现资源整合，利益共享。

（3）组建河南文化艺术音像公司，发展音像产业。该公司由河南省文化艺术音像出版社和郑州凯盛商贸有限公司联合成立，主营音像制品的出版发行、零售、出租及相关制品的设计、制版，大型文艺演出和展览活动等。目前，河南省文化艺术音像有限公司前期组建工作已完成，拟于12月中旬正式挂牌开业。

河南省3处广场被评为“全国特色文化广场”

在日前由中国群众文化学会、中国文化报社共同主办的首次“全国特色文化广场评选暨展示”活动中，河南省郑州市的绿城广场、鹤壁市的新世纪广场、焦作市的东方红广场被评为“全国特色文化广场”。此次活动旨在通过评选来进一步推动广场群众文化活动的开展，使广大人民群众能够享受到越来越丰富的精神文化食粮。来自29个省、自治区和直辖市151个城市的178个广场参加了评选，其中有60个荣获“全国特色文化广场”。

河南省进一步加强农村演出市场管理工作

近年来，河南省农村演出市场日趋活跃，但在一些地方的农村演出市场中，仍然存在演出内容格调低下、无证演出团体非法演出等现象。为规范农村演出市场，确保演出市场安全健康有序发展，省文化厅要求全省各级文化行政部门采取切实措施，进一步加强农村演出市场管理工作：

（1）严格审查演出团体的演出资格和演出内容，严禁接纳无证照演出单位从事营业性演出活动。进一步加大对庙会、物交会等集市活动中各种演出娱乐场所的监管和执法力度，凡演出团体所持的《营业性演出许可证》没有注明发证机关、联系电话及经办人姓名的，可视为无效证件，对可疑团体要与发证机关核实。

（2）各地文化行政部门积极会同公安、工商等部门，加强对演出活动的跟踪管理和现场监督。对组织或从事色情淫秽表演或有暴力、严重政治问题表演的，或者以此进行演出宣传、招徕观众的，依法从严追究演出地的组织者、演出团体负责人及表演者的责任，没收非法演出活动的设备并予以重罚，构成犯罪的要坚决追究刑事责任。

（3）对占用公园、广场、街道、宾馆、饭店、体育场（馆）或者其他非营业性演出场所举办营业性演出活动的，必须报经当地县级以上地方人民政府文化行政部门、公安机关和其他有关部门批准。

（4）各级文化行政部门要认真收集并准确掌握本辖区的演出团体情况、庙会和各种演出娱乐场所情况以及演出活动情况，建立重点场所、庙会等活动管理预案和演出动态上报制度。

（5）各级文化行政部门要在物交会、庙会正式举办前，协同公安、工商等部门提前制定演出活动的管理和安全工作方案，坚决杜绝淫秽色情表演和不安全因素的发生。凡未经文化及有关部门审批进行演出活动的，要立即制止并迅速报告，同时提请公安、工商等部门依照各自权限和职能处理。

（6）坚持“守土有责”和责任追究制，落实“谁组织谁负责，谁审批谁负责”的原则，各级文化行政部门明确责任，将演出审批、现场监督、依法管理等责任环节落实到人，确保任务到位、组织到位、责任到位、措施到位、处罚到位，保证演出市场健康有序发展。对瞒报、漏报、玩忽职守和因管理不力造成严重后果的，要严肃追究责任。

省4个社区被命名为“全国群众文化先进社区”

在刚刚结束的全国第三届四进社区文艺展演、全国文化先进社区命名表彰暨经验交流会上，开封市鼓楼区州桥办事处包南社区、许昌禹州市颍川街道办事处东关社区、焦作市解放区焦西街道办事处电建社区、郑州市管城区陇海马路街道办事处陇海东路第一社区等4个社区被命名为“全国群众文化先进社区”。

“四进社区”工作由中央文明办、中央综治办、文化部、卫生部、国家体育总局、中国科协、全国总工会、团中央、全国妇联等9部委从2002年联合发起，具体内容是推进“科教、文体、法律、卫生”进社区。此次评选活动在深圳市举行。

第四届海峡两岸河洛文化暨豫剧发展理论研讨会在郑州召开

日前，由省文化厅、省政府新闻办公室、省政府台湾事务办公室主办的第四届海峡两岸河洛文化暨豫剧发展理论研讨会在郑州召开。来自台湾师范大学、台湾文化大学、台湾国光剧团豫剧队、郑州大学、河南省社会科学院、河南博物院、河南省艺术研究院等研究机构和艺术表演团体的有关专家学者约50人参加了研讨会。此次研讨会围绕河洛文化及两岸豫剧交流与合作对豫剧发展的影响和促进作用这个主题，对“两岸豫剧的交流与人才培养”、“豫剧在现代剧场中的生存之道”、“豫剧新编剧目的发展方向”、“豫剧市场的开发与培育”等议题进行深入的交流与研讨。 研讨会期间，海峡两岸豫剧表演艺术家在河南卫视《梨园春》栏目合作演出了豫剧传统剧目。其中台湾“豫剧皇后”王海玲与我省著名表演艺术家虎美玲联袂演出了《秦少游与苏小妹》片段；省豫剧二团李树建与台湾豫剧新秀萧扬玲合作演出了《清风亭》选段。

2004年全省专业声乐、器乐大赛圆满结束

由河南省文化厅主办，黄河科技大学音乐学院承办的2004年全省专业声乐、器乐大赛日前在郑州结束。此次大赛旨在繁荣人民群众精神文化生活，推动全省音乐艺术事业的发展，发现和选拔优秀人才，为全国专业音乐赛事活动储备优秀人才。

全省有近千人参加了本次比赛，通过复赛，有90名声乐选手和50名器乐选手进行了决赛。通过复赛和决赛，共评出声乐获奖选手90名，器乐获奖选手50名。

本次比赛运用竞争机制和激励机制，调动了全省广大专业音乐艺术工作者的积极性和创造性，是我省最大规模的一次专业音乐艺术盛会，展示了近年来全省声乐、器乐创作演出方面的成就，锻炼了我省中青年音乐艺术队伍，达到了预期目的，取得了圆满成功。

省文化市场管理迈出新步伐

2004年省文化市场管理工作围绕“建设文化市场，发展文化产业，繁荣文化事业”这个主题，坚持“一手抓繁荣，一手抓管理的方针”，制定了文化市场各门类发展目标和加强文化市场建设和管理的保障措施，突出工作重点，加强队伍建设，初步实现了文化市场健康、繁荣、有序、发展。

（1）以开展网吧专项整治和打击经营非法音像制品为重点,加强文化市场集中整治和日常监管。全省各地各有关部门相互配合，紧紧抓住取缔黑网吧、禁止接待未成年人、打击网上传播有害信息3个重点开展工作。全省文化、工商、公安等部门共出动执法人员22万余人次，检查网吧20万余家次，暂扣没收电脑设备2万余台，限期整改1488家,责令停业整顿1193家,取缔黑网吧1700余家,向司法机关移送案件36起。在网吧专项整治中，为18个省辖市4500多家网吧计算机安装了远程计算机经营管理系统，实现了对网吧实行全程实时监管。加大了对经营侵权盗版等非法音像制品的打击力度。省文化厅直接查办督办收缴的非法音像制品已达220余万张，进一步净化了我省音像市场。

积极引导互联网上网服务营业场所向规模化、连锁化、主题化、品牌化方向发展。目前，获文化部批准在全国经营的10家网吧连锁企业中，已有7家在我省经营。中国网通河南通信公司等4家企业获准在全省开展连锁网吧经营业务。积极倡导、扶持音像连锁经营、超市经营，鼓励采取引资和资金重组的形式，组建规模较大、档次较高的音像超市和连锁企业。目前，我省音像连锁企业已发展到6家，音像批发单位41家。

以打击农村庙会、物交会违法违规演出为重点，加强演出市场监管。下发了《关于进一步加强和改进演出市场管理工作的通知》、《关于进一步加强农村庙会、物交会演出管理工作的紧急通知》等一系列文件。查处了濮阳市台前县、信阳市明港镇等庙会、物交会上一些民办团体的非法演出，取缔了12家证照不全或非法演出的表演团体。

认真开展了校园周边文化环境的整治工作。各级文化行政部门严格执行中小学校园周边200米范围内和居民住宅楼（院）内不得设立网吧的规定，目前，全省各地校园周边200米内的网吧、电子游戏室及歌舞娱乐场所基本清理完毕。

对电子游戏经营场所，把重点放在打地下、打转移、打反弹上，加强平时监管力度，对非法电子游戏经营场所发现一家，查处一家。

（2）以扶持宝丰等地民间艺术团体、推进农村电影放映市场化运作为导向，促进文化市场尤其是农村文化市场进一步活跃和繁荣。制定了《进一步落实宝丰民间职业表演团体发展措施》，整顿、取缔规模小、条件差和有严重违法演出行为的团体。经过整顿和规范，目前该县有表演团体1000多家，从业人员5万余人。

以市场化运作为导向，建立和完善政府扶持、市场运作、社会参与、有偿服务的农村电影工作机制，积极推进“2131工程”的实施。今年全省农村电影放映30余万场，有500个乡镇实现了“2131工程”目标。开封县电影公司研制出的“电影大棚”通过广电总局验收，目前已售出270余套，受到农村电影行业广泛好评。我省以市场运作推进农村电影放映事业的做法，得到了中央领导和国家广电总局领导的肯定。

（3）以贯彻实施《行政许可法》为中心，加强依法行政建设，全省文化市场管理和执法工作进一步规范。成功举办了3期全省文化市场管理稽查人员培训班。来自全省18个省辖市、99个县（市）、47个区文化市场管理稽查机构及厅文化市场处共755名管理执法人员参加了培训。这是我省自文化市场管理稽查工作开展以来参加人数最多、授课内容最丰富的一次，受到各级文化市场管理稽查部门和参加学员的普遍欢迎。围绕提高能力、素质，加强自身建设，制定了《省文化厅文化市场处加强廉政建设的规定》，保障了各项工作的有效开展。

省图书馆与人大河南校友会联合举办“中原崛起”系列讲座

12月25日，2005年1月1日、8日和15日，省图书馆与中国人民大学河南校友会联合举办“中原崛起”系列讲座。

“中原崛起”系列讲座共分4讲，分别由河南省社科院研究员韩宇宏、河南省发改委城市处处长、高级经济师段建新、河南省委党校经济学部主任赵新浩、河南财经学院法律系副主任、博士徐强胜等就中原崛起与文化建设、中原城市群战略构想、中原崛起与“三农”问题、公司治理结构的若干问题等作专题报告。

李玉东馆长指出，为落实徐光春书记的重要讲话精神，培养和造就一批高素质的人才队伍，实现中原崛起，省图书馆专门邀请人大河南校友会的专家学者举办“中原崛起”系列讲座。该讲座的成功举办，将会为振兴河南，实现中原崛起，起到很好的宣传造势作用。

《常香玉研究》正式出版

2004年6月1日，由省文化厅厅长郭俊民主编、省图书馆陶善耕等参与编纂、大众文艺出版社出版的我国第一部有关常香玉与豫剧艺术渊源、流派和发展的史实性专著《常香玉研究》正式出版。

《常香玉研究》属文化部重点调研课题，该书以“穷人常香玉”、“艺人常香玉”、“女人常香玉”、“名人常香玉”和“老人常香玉”等5个章节为切入点，将常香玉作为一个特定历史时期的自然人、社会人，一个女人、一个妻子、一个母亲、一个老人、一个普通的演员等来探究和描述，寻觅她人生的奋斗历程，勾勒她伟大和无私的人性。

河南省图书馆世纪论坛报告会已举办79期

世纪论坛系列知识讲座自开办以来，至2004年底，已连续举办79期。该论坛邀请省内外知名人士作政治、时事、经济、文化、教育、科技等讲座，扩大了图书馆的业务层面和服务范围，取得了良好的社会效益。

世纪论坛邀请了河南省文联、省作协、省文物研究所、河南卫视等单位的专家学者，以及河南社科界、医药界、音乐界、艺术界等知名人士作报告。同时，论坛还和各级政府部门、高校、科研等单位建立业务协作关系，邀请国内外的专家学者来河南作报告。如中科院、国务院发展中心、中国人民大学、北京大学等单位专家学者以及美籍华人、印度计算机专家等，为广大读者提供了广阔的交流平台。

河南省图书馆“世纪论坛”报告会始于2000年10月，“世纪论坛”开办以来，先后接待社会各阶层人士及图书馆读者万余人次，每场均达150余人。

王菊梅副省长视察省图书馆

2004年2月17日下午，河南省副省长王菊梅视察了省图书馆。王副省长察看了社科图书外借处、普通古籍库和善本古籍库，详尽询问了省图书馆古籍藏量和保管条件。在期刊阅览室、报纸阅览室、电子阅览室和自修室等，王菊梅同志对省图书馆的学术氛围和读书环境表示满意。

湖 北 省

综 述

2004年，全省文化工作以党的十六届三中全会、四中全会精神为指导，在省委、省政府的领导下，牢牢把握改革发展繁荣主题，围绕全省文化建设“十大工程”，积极推进文化体制改革，精心组织艺术生产，不断强化基层文化建设，切实加强文化市场管理，认真做好文物保护和利用，广泛开展公益文化项目推介和文化产业招商活动，经过一年的艰苦努力，文化建设“十大工程”中已有不少取得明显成效。文华大厦、省京剧院剧场竣工投入使用；省博物馆扩建工程进展顺利，省艺术馆、三峡文物保护中心相继动工兴建；京剧《膏药章》被评为全国十大精品剧目；网吧监管平台全面建成。文化事业和文化产业取得可喜成绩，发展态势良好，文化工作的地位和影响得到全面提升。

一、以精品生产为龙头，创作和演出均获佳绩

（一）狠抓创作，精品生产继续保持强劲的发展势头

一年来，全省文化工作把多出优秀作品作为贯彻落实“三个代表”重要思想、大力宏扬先进文化的一项重要举措和提升地方文化发展水平的一项硬指标，通过组织实施舞台艺术精品工程，一批优秀作品脱颖而出，形势喜人。

京剧《膏药章》入选全国十大精品剧目，实现历史性突破；楚剧《娘娘千岁》、京剧《三寸金莲》参加第七届中国艺术节获文化部第十一届“文华新剧目奖”;话剧《临时病房》参加全国小剧场话剧比赛获优秀剧目奖等多个奖项;京剧《樊姬夫人》、《襄阳米颠》参加第四届中国京剧艺术节双获银奖。话剧《临时病房》、豫剧《山野秀才》、宜城花鼓《宋玉》、楚剧《风雨情缘》4台剧目入围2004年省舞台艺术精品工程备选剧目。省歌剧舞剧院音乐剧《大三峡》剧本入选国家精品工程十大新创剧本等。群众文化成绩不俗。在第七届中国艺术节暨全国第十三届“群星奖”评奖活动中，我省5件作品获奖，获奖数居全国第四，创我省参加全国“群星奖”历史最好成绩。在全国第三届“四进社区”文艺展演中，我省作品荣获1金2银的好成绩。

（二）开拓市场，艺术价值经济价值更加统一

注重艺术创作演出的市场效果，加强对优秀作品的推介，使得艺术作品与市场的结合更加紧密。全省专业剧团闯市场，求生存，谋发展，全年演出16800多场，创收2000多万元。大型经典剧目《洪湖赤卫队》演出突破1000场。针对海外市场打造的电影《惊情神农架》进入后期制作。不少作品，在得到专家认可的同时也受到老百姓的欢迎，武汉话剧团的小品剧《你和我》等一批作品以其较高的思想性、艺术性和观赏性而获得良好的社会效益和经济效益。

（三）丰富活动，人民群众的文化生活更加活跃

一年来，把开展大型文化活动，作为丰富群众文化生活，扩大文化工作影响的一项重要举措和抓手加以强化和推进，取得显著成效。

一系列大型活动反响甚好。纪念邓小平诞辰100周年大型文艺晚会、世界人口与发展论坛大型文艺晚会、庆祝建国55周年大型文艺晚会、第二届全国亿万妇女健身活动展示大会闭幕式文艺晚会及接待党和国家领导人专场文艺演出等均取得良好效果，得到省委、省政府领导及有关方面的好评。第十届湖北省美术作品展盛况空前，共有965件作品参展，其中123件作品参加第十届全国美术作品展览，获得8项奖励。

文化活动的形式和内容更加丰富。组织开展的省第九届“楚天群星奖”比赛、第三届全省少儿声乐大赛、全省中老年戏曲演唱大赛、“楚天风采杯”文明社区知识电视比赛、全省中小学生美术、书法、摄影比赛及全省各地举办的一系列文化节赛活动成为丰富群众文化生活的有效载体，得到广大群众的积极响应和广泛参与。

二、以服务基层为宗旨，社会文化工作成效显著

（一）积极配合农村税费改革和乡镇综合配套改革，努力探索新形势下农村文化工作的新思路、新办法

一是认真总结推广农民群众自办文化的经验,多形式、多渠道解决农村文化面临的困难。在认真调查研究的基础上，配合省委宣传部，以省委、省政府的名义在宜昌和襄樊召开了全省农村基层文化建设现场会，总结推广了两地创办“文化中心户”、“文化科技屋”的经验。二是建立乡镇文化工作联系点，积极探索和创新乡镇文化建设新路子。三是确立了“保职能、保阵地、保经费、保牌子”和“由养人向养事转变，由政府包办向政府主办、社会承办、农民自办相结合转变”的农村文化工作新思路。

（二）坚持送建结合，进一步夯实农村文化工作基础

继续深入开展农村文化创建活动。通过复查、申报工作，巩固和扩大文化先进县创建成果。把送文化下乡活动作为服务农民、服务农村的一个行之有效的措施扎实开展，受到广大群众的热烈欢迎。2004 年，全省共送书 30 多万册、送戏 8 万多场、送电影 15 万多场。文化部、中央电视台对我省广泛开展送书下乡活动在红安县进行了现场直播。

（三）不断加强文化信息资源共享工程建设，切实做好民族民间文化保护工作

把文化信息资源共享工程作为利民惠民的一个有效途径，累计投资 2500 万元建成了较为完善的文化信息资源网络。全省签订协议的基层中心达到 95 家，资源建设总量达到了 104GB，服务范围已延伸到农村、学校、军营和社区。我省分中心和孝感基层中心被评为全国文化信息资源共享工程先进单位。加强公共图书馆建设。全省 103 个公共图书馆图书总藏量突破 1800 万册。省图书馆成功举办百年庆典活动。

加强民族民间文化保护工作。与省财政厅联合出台了民族民间文化抢救保护办法，抢救保护工作在全省普遍展开。宜昌市成为国家首批 18 个签订试点协议的单位。

三、以强化管理为手段，文化市场健康发展

（一）认真开展网吧专项整治活动，大力发展连锁经营，网吧经营秩序明显好转

抓住网吧这个文化市场中的难点、热点问题，开展了以查处网吧接纳未成年人、超时限营业、擅自停止技术监管等为重点的专项整治工作。截至去年 11 月底，全省共出动检查人员 77186 人次，检查网吧 93705 家次，查处违规经营网吧 7506 家次，暂扣电脑等设备 6195 台（套），责令停业整顿 1247 家次，吊销文化经营许可证 116 家。专项整治行动取得显著成效。充分发挥高科技在网吧管理中的作用，全面完成省、市、县三级网吧监管系统建设任务。引导网吧行业逐步向规范有序方向发展，已有 10 家网吧连锁经营企业在我省发展连锁门店达 270 余家。网吧的经营格局和结构进一步优化。

（二）发展正版经营，打击盗版行为，正版音像制品占有率进一步提高

积极引导和推进正版音像制品上市上架，发展武汉博大音像超市、武汉各大商场内的音像超市及襄樊、十堰、荆州、黄石、宜昌、黄冈等地一批正版音像店。加强正版宣传，举办了湖北省暨武汉市第六届音像市场法制宣传周，发放宣传资料 28000 余份、宣传画 7000 余份，展示正版音像制品 4000 余个品种共 15 万盘。通过抓重点案件，打击音像市场违法违规行为。先后查处了武汉市京汉大道一带贩卖盗版音像制品的窝点、宜昌市夷区长江市场盗版音像制品近 30 万盘、武汉市珞瑜路一线 DVD 压缩碟等非法音像制品近 10 万张。全省正版音像制品市场占有率继续上升。

（三）淫秽色情演出活动得到有效遏制，演出市场日趋活跃

对淫秽色情等非法演出活动始终保持高压态势，进行严厉打击。重点查处了阳新县城区永成娱乐城涉嫌色情表演、黄梅县梅川镇的色情表演等违法经营活动。同时，不断降低演出市场的准入门槛，积极推进演出市场开放，新审批社会和行业外演出经营（经纪）机构和场所（团体）达12家，审批大型及涉外演出100余场（次），促进了演出市场的繁荣与发展。

四、以文物安全为重点，文博工作进一步加强

认真贯彻“保护为主，抢救第一，合理利用，加强管理”的文物工作方针，狠抓文物保护基础建设，文物保护单位“四有”工作得到加强。组织开展全省文博单位馆藏一级文物巡回鉴定定级工作，鉴选出一级文物454件（套），至此，我省经鉴定确认的馆藏一级文物总数达到1727件（套）。为充分发挥博物馆、纪念馆在未成年人思想道德建设中的重要作用，去年“五一”起，全省博物馆、纪念馆全部实行了向未成年人免费开放。全力抓好省博物馆扩建工程，综合陈列馆完成结构封顶开始外装修，楚文化馆陈列布展即将完成，一座标志性的文化设施已初见雏形。

认真履行文物管理部门的职责，积极配合重点工程做好文物保护工作。三峡库区地下20个项目、31900平方米的田野考古工作基本结束。秭归、兴山和巴东地面文物复建工程取得显著成效。南水北调中线工程丹江口水库淹没区文物保护工作得到加强，编制了《南水北调中线工程文物保护规划》。对淹没区内的重点文物进行抢救性发掘，完成发掘面积4800多平方米，发掘古墓葬60多座。确保了文物安全，确保了重点工程建设顺利进行。

整治文物安全工作中的薄弱环节，会同公安等部门开展了全省古建筑消防安全专项治理工作，督促整改了消防隐患，全省古建筑消防安全形势进一步好转。加大对以盗掘、破坏古建筑、古墓葬为重点的文物犯罪的打击力度，先后查处了当阳玉泉寺破坏文物案件、沙洋某开发公司在纪山楚墓群违法搞旅游开发、随州擂鼓墩古墓被盗案件。

五、以招商引资为契机，文化产业发展势头良好

年初，厅党组确定把大力发展文化产业，作为建设中西部文化强省的一项重要任务来抓，充分利用文化资源优势，通过对文化产业项目和公益文化项目包装宣传，面向社会捆绑推介，增强文化产业的发展后劲，拓宽公益文化事业发展路子。成功举办了“2004年公益文化项目推介和文化产业招商活动”，组织推出了108个公益文化和文化产业项目，引进资金达1. 55亿元。同时，积极参加省政府组织的赴港招商活动，促成省电影公司与百老汇戏院中国有限公司签订了价值2000万元的合同。认真参与组织并积极参加武汉国际文化产业博洽会。组织推出了81个、资金额度达13. 3亿元的招商项目，现场签约资金达2. 59 亿元。

一年来，我省银兴、天河两条电影院线不断拓宽市场，继续保持强劲的发展势头，成功引进全球电影巨头美国时代华纳公司在武汉落户。全省共完成电影票房收入6400万元，比上年同期增长48. 8%，高于全国平均增长数28个百分点，在全国排第七位。

六、以我为主，对外文化交流更加活跃

坚持“以我为主”的方针，不断扩大我省对外文化交流的规模，进一步拓宽领域，提高效益，努力打造湖北文化在国际上的知名度。去年，我省对外文化交流共派出400多人次，出访了德国、西班牙、日本等20多个国家和我国台湾省，共接待了来自法国、挪威、俄罗斯、巴西等30 多个国家和地区共1770人次来鄂进行文化交流。

省京剧院《三打白骨精》、省歌舞剧院《钟鸣楚天》分赴日本和西班牙进行商业演出获得圆满成功；湖北艺术代表团访演南太平洋3国得到高度评价。成功举办“中国湖北省——韩国友好周”文化交流活动，促进了我省与韩国在文化、经贸等领域的交流与合作，得到了省领导及韩国驻华大使的高度赞许。先后引进了维也纳莫扎特乐团、德国杜伊斯堡爱乐乐团、俄罗斯国立芭蕾舞团、爱尔兰踢踏舞蹈团等数十个艺术团体到我省演出，丰富了湖北的演出市场。

七、以场馆建设为重点，“八艺节”筹备工作整体推进

5月9日，省长、省筹委会主任罗清泉等参加召开第二次筹委会，研究部署了筹备工作。组织起草了《第八届中国艺术节场馆建设规划》并经省政府印发。省领导和我厅多次到主分会场对场馆建设情况进行检查督办，收到良好效果。目前，规划兴建、改造的25个场馆，省京剧院剧场、武汉人民剧院、宜昌五一剧场竣工投入使用，省艺术馆、武汉琴台大剧院、宜昌均瑶剧场、荆门群众文化中心正式动工建设。经与宜昌市和三峡总公司协商，基本确定闭幕式在三峡工程截流园举行。加大“八艺节”宣传力度，引起社会各界的关注与支持，建成“湖北文化网·八艺节网站”。

为了学习借鉴浙江举办“七艺节”的经验，文化厅和“八艺节”承办城市分别派出人员到浙江学习，并组织参加了“七艺节”闭幕式湖北内容的演出，得到了文化部和浙江有关方面的好评。

加大“八艺节”筹资力度，在省委、省政府领导及有关部门的关心支持下，争取体育彩票公益金的任务基本落实。

八、以文化体制改革为动力，班子和队伍建设进一步加强

以事业单位为突破口，不断深化文化体制改革，直属事业单位人员聘用制改革全面完成，全省各级文化部门和单位的改革全力推进，文化系统干部职工的思想观念和精神面貌正在发生可喜的变化。

以提高执政能力为重点，加强文化系统干部队伍建设。先后对省话剧院、省歌剧舞剧院、省群众艺术馆、省博物馆、省文物总店等单位的领导班子及厅机关干部进行了考核和调整，班子的凝聚力和战斗力进一步增强。

加强理论学习，提高执政水平。以党的十六大、十六届三中、四中全会精神为重点，通过举行专题学习辅导报告会等形式组织党员干部广泛开展理论学习活动，我厅党组中心组在省直机关党组中心组学习经验交流会上发言。认真开展行评“回头看”活动，受到省行评办的好评。

加大审计监督力度，做好反腐倡廉工作。先后完成对省群艺馆等单位和省京剧院剧场等工程的专项审计工作。认真贯彻执行党风廉政建设和反腐败工作目标责任书，对厅直单位150多名副处以上干部进行了专项清理，无违纪违规问题发生。开展了经常性安全大检查，确保了文化系统的安全。加强对原“法轮功”练习者的教育转化工作，维护了稳定。

积极争取经费，较好地解决了厅直单位离休干部医疗费问题。建立健全了文化系统工会组织和职工代表大会。厅团委获得全省“五四”红旗团委和省直机关“五四”团委荣誉称号。28件人大、政协建议、提案的办结率和见面率达到100%，满意率达98%以上。全年接待群众来信来访48件，均得到妥善处理。

一年来，文化工作取得显著成绩，为今后的发展奠定了良好的基础。但仍存在一些问题和不足。一是随着文化体制改革的整体推进，社会保险等一些深层次的矛盾逐步显现，影响了改革的进度。二是农村文化工作不平衡，不少乡镇文化阵地流失、人员出走、活动停止的问题比较突出。三是文化事业、文化产业发展缺乏系统完善的政策支持。四是“八艺节”筹备工作尤其是场馆建设的质量和速度尚需进一步提高和加快。

重要会议

2月13日~14日，全省文化工作会议在武汉召开，来自全省各市、州、县文化局、省直文化单位和厅机关各处室负责人共190 多人参加会议。会议传达贯彻了全国文化厅局长会议、全省宣传思想暨文化建设会议精神和省委书记俞正声等在省直文化单位调研时的讲话精神，总结2003年全省文化工作，研究部署2004年工作。省委常委、省委宣传部部长张昌尔作了重要讲话，省文化厅厅长蒋昌忠为大会作了工作报告。

2004年4月11日~12日，《中国曾侯乙编钟》编纂工作会在武汉市召开。中国艺术研究院院长、党委书记王文章，国家文物局党组副书记、副局长张柏，中国版权协会常务副理事长陈克勤，湖北省文化厅党组书记、厅长蒋昌忠，副厅长、文物局长沈海宁出席了会议。参与编纂工作的中国科学院、中国艺术研究院、故宫博物馆、上海博物馆、北京大学、武汉大学、武汉音乐学院、文化艺术出版社、湖南省博物馆、湖北省社科院、湖北省博物馆等单位的32位专家学者参加了会议。会议讨论通过了编纂大纲及编写工作计划进度，宣布编写工作正式启动，该书计划2007年出版，纪念曾侯乙墓发掘30周年，并为同年在湖北举办的"第八届中国艺术节"献礼。

2004年5月9日，第八届中国艺术节湖北省筹备委员会第二次全体（扩大）会议在武汉召开，会议由湖北省人民政府副省长、省筹委会副主任韩忠学主持，湖北省人民政府省长、省筹委会主任罗清泉，省委常委、常务副省长、省筹委会副主任周坚卫出席会议并作重要讲话。会议听取了湖北省文化厅、湖北省发改委、武汉市人民政府、宜昌市人民政府、黄石市人民政府、襄樊市人民政府、荆门市人民政府负责同志关于场馆建设、剧目建设、资金筹措等筹备工作情况汇报，在肯定2003年省筹委会第一次会议以来所取得的成绩的同时，对下一阶段的工作进行了部署和要求。

重要事件

2004年2月23日，湖北省京剧院京剧《膏药章》入选2003~2004年度国家舞台艺术精品工程初选剧目。

2004年3月22日，湖北省博物馆为陕西黄帝陵复制的战国曾侯乙编钟，在黄帝陵安全组装并通过验收，作为祭器参加2004年清明公祭轩辕黄帝活动后，永久陈列于黄帝陵。曾侯乙编钟此前已复制3套，分别收藏于湖北省博物馆、随州市博物馆和台湾民族音乐中心，此次复制在原有科研成果基础上创造性地采取了一些新的工艺，各项技术指标均优于所约定的标准，是迄今4套复制品中技术最为成熟的一套。

2004年5月，湖北省地方戏曲艺术剧院创作的楚剧《娘娘千岁》和武汉市京剧团创作的《三寸金莲》获第十一届文华新剧目奖。

2004年5月12日，开放性的"湖北民族民间文化保护专项资金"正式设立，五粮液集团两湖春酒业首期捐赠人民币40万元。该专项资金的设立，一方面可以直接资助湖北民族民间文化的调查、保护、科研、宣传及数据库建设；另一方面可以通过五粮液集团的捐赠行动，感召更多的社会团体、企业和个人（包括港澳台及海外人士）加入湖北民族民间文化保护行动。

2004年6月18日，第八届中国戏剧节小剧场演出季结束，湖北省话剧院创作演出的小剧场话剧《临时病房》获"优秀剧目奖"，编剧沈虹光和演员肖慧芳、王学俊分别获"优秀编剧奖"和"优秀表演奖"，演员刘瑜和舞美设计薛殿杰、曹良俊、王海珊分别获"表演奖"和"舞美设计奖"。

2004年6月，湖北省艺术职业学院宋红亮以一曲《闹龙宫》，在文化部科教司、田汉基金会、中国艺术教育学会、辽宁省蚁力神天玺集团公司联合举办的"蚁力神杯"全国艺术院校戏曲戏剧表演比赛中，获得青年京剧组一等奖。

2004年7月，在文化部与长沙市人民政府联合举办的"金狮奖第四届全国小品比赛"中，武汉市楚剧团的戏曲小品《三媳妇拜寿》和武汉市话剧院的小品《球迷》分别获金奖和银奖。

2004年7月20日，湖北省辛亥革命博物馆被中宣部、民政部、人事部、文化部评为"全国爱国主义教育示范基地先进单位"称号。

2004年7月22日，接群众举报，湖北省文化厅文化市场稽查总队会同宜昌市文化局、公安部门一举端掉了宜昌市内6个盗版音像制品窝点，查获盗版音像制品近30万盘，其中淫秽音像制品2万余盘。因涉嫌刑事犯罪，有3人被警方传讯。这是自2001年全国开展音像市场专项整治以来，湖北省查获的最大一起盗版制品案件。

2004年9月1日，湖北省群众艺术馆与神农架林区歌舞团联合选送的土家族舞蹈《出来哒》，在中国·贵州"花溪之夏"艺术节的"西部舞蹈比赛"中，获一等奖。

2004年9月9日，由湖北省博物馆、辛亥革命博物馆、武汉市博物馆、武汉市革命纪念馆6名讲解员组成的湖北代表队，在"雷锋杯"全国博物馆讲解大赛中，获团体一等奖。

2004年9月25日，全国第十三届"群星奖"评奖活动结束，湖北省选送的男声表演唱《峡江船工号子》（宜昌秭归）、童话京剧《大森林的故事》（荆州）、单口相声《卖鱼》（省群艺馆）、美术《沐浴》（荆门）、少儿书法（荆州）5件作品获"群星奖"，获奖总数为全国第三，创历史最佳成绩。

2004年12月28日，湖北省音像制品分销协会在武汉正式成立。全省各地文化部门代表及音像协会代表参加了成立大会，文化部文化市场司及上海、江西、河南、四川、安徽、广西、贵州等省（市）文化厅（局），中国音像协会、广东、山东、上海等地音像协会分别发来贺电、贺信。

重要活动

2004年3月15日，湖北省文化厅和武汉市文化局联合在武汉剧院广场举行了"2004年集中销毁违法音像制品暨音像制品经营示范店授牌大会"，对170万张违法音像制品进行了集中销毁，对19家音像制品经营示范店进行了授牌。

2004年5月～12月，湖北省文物局组织文物鉴定专家组，到全省各文博单位，进行了为期半年的巡回鉴定。经鉴定，湖北省一级文物总数达1727件（套）、二级文物19480件（套）、三级文物195386件（套）。

2004年5月11日，首届湖北文化新闻奖揭晓，全省各级文化单位和新闻媒体160多位作者的83件作品参评，共评出一等奖作品6件、二等奖作品10件、三等奖作品15件，文化部副部长周和平、湖北省委宣传部常务副部长袁炎舫、湖北省文化厅厅长蒋昌忠、湖北省新闻工作者协会主席李德华等领导为获奖者颁奖 。湖北文化新闻奖是经湖北省委宣传部批准，湖北省文化厅、湖北省新闻工作者协会于2003年共同设立的，旨在表彰奖励为宣传湖北文化建设作出突出贡献的优秀文化新闻工作者。

2004年5月14日～18日，由湖北省人民政府与韩国驻华大使馆共同举办的"中国湖北省·韩国友好周"活动在武汉成功举办。文化交流是活动的重要内容，分为韩国图片展、韩国电影展和韩国文艺演出3大部分。韩国图片展共展出150多幅图片，展示了韩国的文化传统、自然风光、民俗庆典等韩国风情；韩国电影展展出韩国影片6部，使观众从不同角度感受了韩国人的真实生活；韩国文艺演出，有韩国街舞、古典舞蹈、现代打击乐、跆拳道等表演。活动期间，观众达30000多人，新华社、人民日报、长江日报、楚天都市报、湖北电视台、武汉电视台等十几家新闻媒体对活动进行了报道。湖北省省长罗清泉、副省长韩忠学，韩国驻中国大使馆金夏中大使、魏启出公使及文化参赞、经济参赞等出席了韩国文艺演出、宴会等活动。宾主就湖北省与韩国的交流与合作进行了有益探讨，并对湖北省与韩国在文化、经贸等领域的合作前景表示乐观。

2004年5月26日～7月4日，应日本经济新闻社、日本青少年文化中心邀请，湖北省京剧院赴日本进行了为期39天的巡回演出，共演出34场，演出总收入1700余万日元（合人民币130余万元），足迹踏遍日本的东京、大阪、长崎、福冈、宫崎、大津、名古屋等城市，所到之处均受到当地观众的热烈欢迎。在日演出期间，日本经济新闻社、日本青少年文化中心、日本全日空、东芝株式会社、松下株式会社、佳能株式会社、新日本监查法人、日本21世纪委员会、朝日新闻社、电通株式会社、日中友好协会社长、日本共产党总书记、中国驻日本大使馆文化参赞、人民日报日本支局局长等出席了欢迎会并先后观看了演出，对演出给予了高度的评价。

2004年6月22日，为庆祝2004年鄂港经济合作洽谈会的举行，答谢香港特区政府多年来对湖北经济、社会发展的支持，促进湖北与香港更加紧密的经贸合作，湖北省歌剧舞剧院在香港新光戏院专场演出了大型乐舞《钟鸣楚天》，演出赢得了香港各界人士的热烈欢迎，取得圆满成功。香港凤凰卫视、《大公报》、《文汇报》等多家新闻单位对演出盛况进行了报道。

2004年8月1日，为庆祝中华人民共和国成立55周年，湖北省文化厅、湖北省文联、湖北省美术家协会联合举办了“第十届湖北省美术作品展”，展览为期6天，全省16个市、州、高等院校的美术创作单位的共965件作品参评，共评出入选作品419件，其中金奖5件，银奖10件，铜奖25件，优秀奖83件及佳作奖若干件，并从中选出123件作品推荐参加“第十届全国美术作品展”。

2004年9月～2005年2月，由湖北省文化厅、省文物局主办，湖北省博物馆承办的《荆楚辉煌——湖北楚文物精品展》，在广东省博物馆进行了为期5个月的展出。展出的文物是在全省范围内挑选的包括曾侯乙墓、铜绿山古矿冶遗址、望山楚墓、包山楚墓、郭店楚墓、九连墩楚墓等重大考古发现出土的精品文物，以青铜器、漆木器为主，共计102件（套），其中包括湖北省博物馆的国宝越王勾践剑。

2004年10月，受长江水利委员会委托，湖北省文物考古研究所组织省内大专院校及有关市（县、区）30个单位的88名文物保护工作者，再次深入丹江口水库湖北淹没区进行调查、复核、试掘。整个工作历时一个月，通过复查，对该区域文物的分布、内涵、特征、价值等有了较为深入的认识，完成了《丹江口水利枢纽大坝加高工程水库淹没区湖北省文物保护专题报告》。

机构设置

2004年湖北省文化厅系统共有26个单位（含厅机关、文物局），在职人员2809人，其中：

1.厅机关现有在职人员55人。内设办公室（同时挂“对外文化联络处”牌子）、人事处、计划财务处、艺术与科教处、社会文化处、文化市场处、文化产业处、机关党委、监察室、离退休干部处。

省文物局内设机构：综合处、文物处、博物馆处、文物安全鉴定处、三峡（南水北调）文物保护办公室。

2.全额拨款事业单位11个，现有在职人员861人，副厅级2个，正处级9个；差额拨款事业单位7个，现有在职人员792人，正处级7个；自收自支事业单位5个，现有在职人员205人，正处级4个，正科级1个；国有企业2个，现有在职人员112人，正处级2个。

3.厅系统有正高108人，副高298人，中级429人。

4.厅系统党员人数940人，团员数157人，学生团员数1100人。

文化艺术节庆活动

2004年，湖北省举办了纪念邓小平诞辰100周年大型文艺晚会、世界人口与发展论坛大型文艺晚会、庆祝建国55周年大型文艺晚会、第二届全国亿万妇女健身活动展示大会闭幕式文艺晚会、第十届湖北省美术作品展、第九届“楚天群星奖”比赛、第三届全省少儿声乐大赛、全省中老年戏曲演唱大赛、“楚天风

乐大赛、全省中老年戏曲演唱大赛、“楚天风采杯”文明社区知识电视比赛、全省中小学生美术、书法、摄影等一系列文化艺术节庆活动，成为丰富群众文化生活的有效载体，得到广大群众的积极响应和广泛参与。

湖南省

综述

2003年，湖南文化系统始终坚持以邓小平理论和“三个代表”重要思想为指导，积极落实有关文化建设和文化体制改革的各项任务，大力发展文化事业和文化产业，广大文化艺术工作者创造性地劳动，克服“非典”造成的影响，在文化工作的各个方面都取得了令人瞩目的成绩。这些成绩主要体现于：以举办湖南艺术节为龙头，带动了文艺事业的进一步繁荣；以“四基”建设为重点推动了各项社会文化事业的全面发展；以“繁荣发展”为主题，进一步规范了文化市场秩序；以盘活文化资源为基点，加大了全省文化产业工作的力度；以文物保护“五纳入”为抓手，促进了全省文博事业的进一步发展。

在2003年湖南文化事业发展的基础上，2004年，湖南文化系统以繁荣、发展为中心，以改革、创新为动力，全面推进湖南文化建设，又取得了显著的成绩，集中体现于：狠抓舞台艺术精品工程，大力推进专业艺术生产，并取得了新的突破；以满足群众基本文化生活需求为目的，切实加强基层文化工作，使基层文化活动有声有色；立足文化产业重点开发项目，强力推进文化产业工作，使湖南省文化产业发展初见成效；以网吧专项整治为重点，深入开展文化市场管理工作，使全省文化市场秩序进一步规范；以举办“非洲艺术节”为契机，努力使文化交流上规模、上档次，并取得了明显成效；文物工作以基础工作为重点，狠抓落实，稳步推进，取得了较大成绩；以提高执政能力为目的，加强行业管理，保证了各项文化建设的健康发展。

专业艺术

2003年，3年一届的全省新剧（节）目会演正式更名为“湖南艺术节”，这次艺术节从11月26日开幕到12月10日闭幕，历时15天，来自全省12个市（州）、8个省直艺术单位的23台剧（节）目参演，涵括了花鼓戏、湘剧、昆剧、京剧等13个艺术品种，涌现了一大批优秀剧（节）目，如花鼓戏《老表轶事》、《老骆轶事》、《村官是个堂客们》，木偶戏《石三伢子》，舞剧《古汉伊人》、《远山鼓谣》，常德汉剧《紫苏传》等。本届艺术节在完善评奖机制、引进观众评委、加大市场营销力度等方面，都取得了积极成果和可贵的经验，被社会各界称赞为“一次具有开拓意义的、低投入、高回报”的成功的艺术活动。

2003年初，湖南省花鼓戏剧院的新创剧目《老表轶事》、《郑培民》晋京演出，受到了中央组织部、文化部领导及首都观众的热烈欢迎。第七届中国映山红民间戏剧节于2003年也在湖南长沙举行，湖南推荐了4台剧目参赛，其中，舞剧《远山鼓谣》、花鼓戏《玩不啰》获金奖。另外，木偶戏《石三伢子》参加第二届全国木偶皮影比赛获金奖；舞剧《古汉伊人》参加第六届全国舞剧比赛，在全国15台参赛剧目中夺得演出大奖、2个最佳、3个优秀单项奖。歌剧《沥沥太阳雨》荣获第九届中宣部精神文明建设“五个一工程”奖，花鼓戏《老表轶事》、《郑培民》、木偶剧《石三伢子》和歌曲《山寨素描》获湖南省委宣传部2001～2002年度“五个一工程”奖。舞剧《边城》的舞美设计参加第二届全国舞台美术展览，获金奖。

2004年，湖南省精心打磨首届“湖南艺术节”中涌现的有潜力的好作品，取得了重大突破，湖南省花鼓戏剧院的《老表轶事》、省木偶皮影艺术剧院的《石三伢子》参加第七届中国艺术节暨文化部第十一届文华奖评选，《老表轶事》获文华大奖，《石三伢子》获文华新剧目奖。此外，《老表轶事》和长沙市花鼓戏剧团的《秋天的花鼓》入选国家舞台艺术精品工程初选剧目。

文化市场

2003年，湖南文化市场工作坚持以发展为第一要务，在促进繁荣的同时，狠抓市场秩序的整顿和规范。以解决未成年人禁入为重点，加强了对网吧等互联网上网服务营业场所的监管，通过严格执法和重新审核换证，取缔了一批黑网吧，吊销了一批严重违法违规经营场所的经营许可证。全省网吧等互联网上网服务营业场所总量压减21.7%。为改变网吧过多过滥的状况，积极支持开展连锁经营，走规模经营、品牌经营之路，规范网吧经营行为做出了贡献。与此同时，积极推进实施网络文化市场计算机监管平台的建设工作，对网吧全面实施经营技术管理措施，努力提高网络文化市场科学化管理水平。组织开展了音像市场法规宣传活动，为时一周，并在全省开展了严厉打击非法音像制品的集中执法行动，有效遏制了新形式的违法经营活动蔓延的势头，巩固了音像市场专项治理成果，严厉打击利用各类娱乐场所从事色情或变相色情活动以及赌博或变相赌博活动，进一步消除文化娱乐市场中存在的黄赌毒等社会公害，抵制带有迷信、愚昧、颓废、庸俗等色彩的落后文化，规范了娱乐市场。以农村集镇和城乡结合部为重点，组织开展了全省演出市场集中执法行动，进一步规范了演出市场。另一方面，积极争取国家“2131工程”专项资金的支持，解决农民看电影难的问题，全年共争取该项资金161万元，资助全省38个县（市、区）农村电影放映流动车5台，16毫米电影放映设备170套，放映大棚5套，发电机5套，16毫米电影拷贝资金18.5万元，保证了农村电影“2131工程”顺利实施。组织召开了全省文化市场稽查工作会议，查处了一批大案要案，进一步整顿和规范了市场经营秩序。由于强化了管理措施，提高了服务质量，湖南全省的文化市场进一步繁荣，尤其是湖南的“歌厅文化现象”在国内声名远播，中央领导李长春、刘云山等到湖南考察文化工作时，对此给予了充分肯定。最近，文化部决定，全国娱乐场所演出节目推介会在湖南召开，总结交流娱乐场所管理经验，引导娱乐业健康发展。

2004年，湖南文化市场进一步加大了整治、规范力度，全省收缴非法音像制品210余万张，收缴违禁电子游戏机517台、电路板1600多块，取缔违法经营场所41家，查处非法演出团体23个，取缔无证无照或证照不全的黑网吧686家，关闭不符合条件网吧2213家，拆除违规接纳未成年人的网吧2937家次，吊销92家网吧《网络文化经营许可证》。郴州市文化局在文化市场管理中，突出乱源防范，一举捣毁了两条非法光盘生产线，为规范文化市场做出了积极的贡献。我省的网吧专项整治工作得到了全国人大、文化部有关领导的充分肯定，尤其是大学生家长和学校老师，对网吧整治工作给予了很高的评价。

社会文化和图书馆事业

2003年，湖南省文化厅加大了基层文化工作力度，使基层文化活动日趋活跃。在文化部主持召开的“中国民间艺术之乡”命名暨经验交流会上，浏阳市永和镇等4个乡镇被文化部命名为“中国民间艺术之乡”。湖南省“三湘群星”奖和“三湘蒲公英” 奖的评奖活动，办得很成功，推出了一批贴近生活、贴近群众，具有较高艺术水准的艺术作品，也发现了一批资质较好的艺术人才。为了让更多群众欣赏到优秀的农村小戏，省文化厅组织“群星艺术团”，创作排练了一批群众喜闻乐见的优秀节目，到宁远、新田、长沙等地巡回演出，开展送戏下基层、进社区活动，同时，还配合省委宣传部实施“基层文化扶持工程”，开展了为基层送书活动，受到基层群众的广泛欢迎。2003年，永顺县文化馆、岳阳市群众艺术馆群星艺术团《情歌》剧组、衡东县花鼓戏剧团被评为“全国首届服务基层文化活动”先进单位，受到中宣部、文化部的表彰。

2003年，中国·湖南首届民族民间文化艺术博览会筹备工作已经启动，在筹备过程中，基本掌握了全省民族民间文化保护项目的相关情况，收集了一大批民间艺术的图片、文字资料，对下一步挖掘、整理、保护民族民间文化项目打下了基础。

2003年，湖南全面启动了“文化信息共享工程”，为推动这项工程的顺利实施，省文化厅与省财政厅共同组建了相应的领导班子及办事机构，联合印发了《关于实施湖南省文化信息资源共享工程的通知》。8月份，省文化厅、省财政厅联合召开了各市（州）文化局、财政局负责人参加的全省文化信息共享工程工作会议，参观了浏阳市图书馆基层分中心，并就基层网点建设的相关问题进行了交流和探讨。为支持省级中心的建设，省财政投入360万元在湖南图书馆建设了中心机房，同时，全省范围内建成的27个基层中心以及网点也陆续向社会开展服务，省文化厅从文化维修费中挤出资金44万元，对基层中心和网点进行了补贴。

2004年年初，湖南文化系统组织了省直艺术表演院（团）参加省委省政府组织的“五下乡”（文化、科技、医药、计划生育宣传、法律咨询免费服务）演出活动，随后，又组织了有关表演院（团）成立文艺演出小分队，赴全省各地演出，受到群众的热烈欢迎。全省第四届“三湘蒲公英奖”比赛和全省“三湘群星奖”比赛推出了一批思想性、艺术性较强的好作品，其中，岳阳市的花鼓小戏《补票》、常德丝弦《俏婆婆上大学》参加第七届中国艺术节获群星奖。在省直单位的带头和示范下，各地文化部门组织的群众性广场文化活动异彩纷呈，送戏下乡、送电影下乡、送书下乡蔚然成风，全省7个农村电影放映队，14名农村电影放映员受到文化部表彰奖励；长沙市文化部门积极争取政府支持，文艺下乡活动卓有成效，娄底、常德、衡阳、株洲等地广场文化活动有声有色。湖南图书馆、省少儿图书馆坚持以人为本，提高服务质量，在文化部评估工作中获得好评，湘西自治州在州委州政府的重视和支持下，在保护民族民间文化方面作了大量工作，被列为全国民族民间文化保护3个综合试点地区之一。湘潭市文化局参与承办的“首届中国（湘潭）齐白石国际文化艺术节”，内容丰富，影响很大。其他各地也结合当地实际情况，开展了丰富多彩的群众文化活动。

附：全国公共图书馆第三次评估定级湖南省地县图书馆结果（2004年）

一级图书馆：

常德市图书馆、株洲市图书馆、衡阳市图书馆、岳阳市图书馆、湘潭市图书馆、平江县图书馆、宁乡县图书馆、涟源市图书馆、华容县图书馆、炎陵县图书馆、邵东县图书馆、临澧县图书馆、永州芝山区图书馆、浏阳市图书馆、衡东县图书馆、双峰县图书馆、临湘市图书馆。

二级图书馆：

攸县图书馆、衡阳市少儿图书馆、望城县图书馆、沅江市图书馆、娄底娄星区图书馆、长沙市图书馆、新化县图书馆、石门县图书馆、醴陵市图书馆、汝城县图书馆、安化县图书馆、益阳资阳区图书馆、茶陵县图书馆、怀化鹤城区图书馆、汨罗市图书馆、洞口县图书馆、嘉禾县图书馆、桃江县图书馆、资兴市图书馆、益阳市图书馆、沅陵县图书馆、永顺县图书馆、衡南县图书馆、靖州县图书馆、湘潭县图书馆、澧县图书馆、辰溪县图书馆、衡阳县图书馆、常德鼎城区图书馆、株洲县图书馆、城步县图书馆、邵阳县图书馆、麻阳县图书馆、绥宁县图书馆。

三级图书馆：

保靖县图书馆、湘阴县图书馆、桂阳县图书馆、花垣县图书馆、永兴县图书馆、道县图书馆、津市图书馆、新田县图书馆、古丈县图书馆、江华县图书馆、江永县图书馆、新晃县图书馆、双牌县图书馆、桃源县图书馆、永州冷水滩区图书馆、慈利县图书馆、桂东县图书馆、洪江市图书馆、宜章县图书馆、邵阳市少儿图书馆、吉首市少儿图书馆、怀化鹤城区少儿图书馆、邵阳市松坡图书馆、祁东县图书馆、冷水江市图书馆、祁阳县图书馆、芷江县图书馆、溆浦县图书馆、湘乡市图书馆、宁远县图书馆、新邵县图书馆、怀化市洪江区图书馆、常宁县图书馆、隆回县图书馆、南县图书馆、新宁县图书馆。

文化产业

2003 年，湖南省文化厅厅直系统文化产业工作成效显著，通过市场运作，招商引资，签订了 4 个合作开发项目的正式合同，合同总金额 3.5 亿元，预计可开发建筑面积 12 万平方米。湖南大剧院主楼续建项目进展顺利；省木偶皮影艺术剧院、省杂技团与投资方合作兴建兆盛景园的设计报批等前期工作基本完成；湖南省演出公司成功实现招商，引资合作建设芙蓉演艺中心（原湖南剧院），已签订了正式合同书；省花鼓戏剧院引入资金，盘活资产，使原有设施发挥了更大的经济效益。本年度，部分市（州）专门设立了文化产业机构。各地充分结合当地实际情况，拓宽融资渠道，相继建立或改造了一批文化基础设施，如岳阳市“汇泽商业文化广场”，设计容纳了多个文化产业项目，裙楼商场已实现了营业；湘潭大剧院和市文化馆也已竣工；长沙市简牍博物馆即将开馆；常德市滨湖剧院完成改造正式营业，并建成文化一条街，实现了美术作品、民间艺术、仿古及旅游文化产品规模化经营；郴州市文化局引进外资兴建了大富豪娱乐城，并已规划投资成立中国郴州（国际）矿物晶体奇石市场；衡阳市进步电影院自筹资金改造和红旗影剧院招商引资改造工程均已完成，正式营业；怀化市艺术培训大楼建设竣工投入使用。此外，各地还有部分项目尚在建设当中，或已签订合同，正在规划，如张家界市中心图书馆、民族影视城、张家界图书城等项目已完成了立项、设计工作；株洲市文化局签订了“宏泰商业文化广场” 合作开发合同和建设“同德天桥大厦”建设合同；湘西州文化局民族文化城和州民族影剧院正在立项筹备阶段；益阳市博物馆项目已完成定点、规划设计等工作；常德市德山影剧院已动工，常德大剧院也即将动工建设；怀化市金鹰文化商贸广场已完成投资 600 万元；各州市文化局共招商引资 5600 万元进行文化设施建设和改造。

2004 年，被列为湖南省文化重点建设项目的湖南大剧院续建工程全面竣工；被列为省文化产业重点工程项目和省重点工程建设项目的湖南芙蓉演艺中心已破土动工；省群众艺术馆新馆建设项目前期准备工作进展顺利。招商引资合作开发的省木偶皮影艺术剧院、省杂技团建设项目国研艺苑大厦，前期准备工作也在有条不紊地进行；省文化物资公司的合作开发项目取得进展，已与投资方签订合作开发意向书。同时，各市（州）文化部门也根据省文化厅的统一部署，加大了管理和指导文化产业发展的工作力度，一大批文化产业项目已经或即将发挥效益，如岳阳市“汇泽商业文化广场”2003 年底竣工以来，实现了“开门红”，营销总额过亿元。岳阳汇泽文化发展有限公司、湖南红太阳娱乐有限公司被文化部授予“全国文化产业示范基地”的称号。全省文化产业呈现出良好的发展势头，较好地实现了产业发展与事业繁荣的互动。

2004 年 4 月，湖南省文化厅举办了一期厅直系统文化产业经营管理骨干培训班，使厅直系统文化产业的发展和经营管理再上一个新的台阶。

对外和对港澳文化交流

2003 年，由于“非典”疫情的影响，湖南对外文化交流受到较大的冲击，相对往年明显减少。很多艺术表演院团与外商签订的演出协议最终不得不放弃。尽管如此，湖南省杂技团还是成功地赴瑞典、德国、日本、美国等国，共演出204场，受到了外国观众的欢迎。湘西自治州歌舞团（现改名为湖南省民族歌舞团）一行65人赴香港、澳门进行了为期10天的商业演出和民族工艺品展示。

2004年湖南的对外文化交流活动无论从交流规模还是交流层次上都达到了新的水平。由省举办的“湖南非洲艺术节”获得了巨大成功，南非、埃及等9个非洲国家艺术团，在岳阳、衡阳、常德、娄底、郴州等10个市（县）进行了24场访问演出，观众反应十分热烈。“湖南非洲艺术节”期间，莫桑比克、刚果（布）、尼日利亚、肯尼亚、埃塞俄比亚等非洲5国部长级政府文化代表团，访问了湖南长沙市和张家界市。

文物考古和博物馆事业

2003年，湖南省组织了全省文物保护“五纳入”工作检查，各级文物部门围绕“五纳入”开展工作，有效推进了文博事业的发展。完成了邵阳北塔、宁远文庙等一批全国重点文物保护单位的维修保护工作；启动了玉蟾岩遗址、老司城遗址、里耶古城遗址保护方案的制定；编制了国家文物保护单位张谷英古民居群、任弼时故居、唐生智故居的维修保护方案；完善了澧县城头山古城遗址保护规划；进行了慈利县战国墓的发掘，并积极筹备了沅陵黔中郡大墓及宁远玉蟾岩古舜帝陵的考古发掘前期准备工作。对岳阳楼主楼进行了油漆及屋面维护。省文物保护单位祁阳文昌塔的维修也已完成，并验收合格。

2003年，湖南省组织了一次较大规模的对全国重点文物保护单位、省级文物保护单位的消防大检查，对一些消防安全隐患及时进行了整改。组建了全省各市（州）、县文物行政执法队伍。

本年度，国家建设部、国家文物局授予湖南省张谷英村“中国历史文化名村”称号，年底召开的文物局长会议上，南岳区被评为“全国文物工作先进县”，并受到表彰。

湖南省博物馆成功举办了《郑培民同志先进事迹展览》等一批高档次的展览，江泽民、朱镕基、李长春、曾培炎、陈至立等党和国家领导人对省博物馆新馆建设、陈列展览、社会服务等给予了肯定和赞扬。

2004年，湖南完成了第六批全国重点文物保护单位共30处的申报工作，以及毛泽东故居、宁远文庙等一批文物维修工程。宁远古舜帝庙遗址、道县玉蟾岩遗址、宁乡黄材西周遗址等各项考古发掘工作都取得喜人成绩。里耶秦简和三国吴简的保护工作进展顺利。

《湖南省文物保护条例》修订草案经省政府第40次常务会议讨论通过，并已提交省人大审议，使得文物执法工作力度明显加强。全省“十一五”期间文物保护项目及经费需求规划的编制上报已经完成。文物有效保护和合理利用工程已初见成效，如湘西凤凰县、岳阳张谷英村等，正在走出一条文物保护、旅游发展和小康建设相结合的新路。2004年凤凰县接待游客达140万人次；张谷英村门票收入200余万元，农副产品销售额达800余万元。据不完全统计，本年度全省重要文物景点、博物馆、纪念馆接待观众、游客达600万人次，门票收入突破3亿元。

2004年，全省博物馆、纪念馆共举办和引进各类陈列展览190个，积极向未成年人免费开放，取得了很好的社会效益。省博物馆免费接待未成年人达15万人次，韶山毛泽东纪念馆达35万人次，花明楼刘少奇纪念馆达30万人次。

附1：2003、2004年境外文化艺术表演团体（展览）来湘情况一览表

序号	团体名称	时间	地点	人数/场次
1	俄罗斯艾斯特拉达歌舞团	03.8.28～04.2.28	湖南境内	300人/5场
2	吉尔吉斯坦娜拉达歌舞团	03.10～04.2	湖南境内	12人/场
3	古巴圣地亚哥热带舞团	03.4～04.4	湖南境内	23人/场
4	俄罗斯“彩虹”舞蹈团	03.9～04.8	湖南境内	15人/场
5	哈萨克斯坦舞之星舞蹈团	03.9～04.8	湖南境内	25人/场
6	美籍华人费翔	03.12～04.1	湖南境内	1人/场
7	香港歌手谢霆锋	2004.2.14	贺龙体育场	1人/1场
8	俄罗斯普希金芭蕾舞团	2004.1	大剧院	49人/2场
9	俄共青城标准舞双人表演	03.10～04.5.31	湖南境内	2人/场
10	俄布拉戈维申斯克歌舞团	2004.3.20～3.25	湖南境内	28人/场
11	美国魔术师大卫·科波菲尔	2004.5	国际会展中心	100人/5场
12	盛中国、濑田裕子音乐会	2004.2.13	田汉大剧院	2人/1场

附2：2003、2004年出访艺术团队（展览）情况一览表

序号	申报单位	人数	时间	出访国家和地区	领队	备注
1	省杂技团	10人/场	04.1.27～7.27	日本	尹邦清	商演
2	湖南艺术职业学院	15人	04.2.4～2.20	美国	吴爱华	文化交流
3	湖南飞燕艺术团	6人/场	04.1.11～2.11	英国	韩克亭	文化交流
4	湖南综合艺术团	10人/16场	04.1.21～2.6	英国	陈介辉	取消
5	省木偶皮影艺术剧院	12人/4场	04.1.13～1.20	香港	李建新	文化交流
6	路桥艺术团	31人/	04.1.7～2.3	新加坡	唐富军	文化交流
7	冷水滩少儿艺术团	23人/	04.1.16～2.3	新加坡	王崇福	文化交流
8	长沙市文化交流团	54人/	04.2.19～22.	新加坡		文化交流
9	中外文化交流中心	2人	03.12.28～04.2.20	中国台湾	戴星元	展览
10	常德市文化局	19人/25场	04.5.5～6.11	马来西亚		文化交流
11	湖南省博物馆	1人	04.2.28～04.3.3	韩国	李建毛	文化展览

艺术科研与文化科技

纪念祁剧诞生500年科研成果

2004年，为纪念祁剧诞生500年，湖南出版了4部艺术研究专著：湖南省艺术研究所编、甘肃文化出版社出版21万字的研究性纪念专辑《祁剧研究论文集》；欧阳友徽编撰、香港天马出版有限公司出版32万字的《中国祁剧》；欧阳友徽编撰《祁阳文史》第16辑（内部资料）80万字的《祁阳祁剧》；中共祁阳县委、县人民政府编，包含387帧祁剧名人演出、生活的照片，系统介绍祁剧演艺史的《祁剧画册》。

“湖南戏剧文化现状的调查与研究”课题

2004年，湖南省艺术研究所申报的“湖南戏剧文化现状的调查与研究”课题，已被列入全国艺术科研规划中的国家年度课题，予以立项。

“湖南戏剧文化现状的调察与研究”课题，包括“湖南专业戏剧现状调查与研究”、“湖南民间职业戏剧现状调查与研究”、“湖南社会戏剧文化现状调查与研究”、“湖南戏剧文化遗产调查与保护研究”、“湖南戏剧教育调查与研究”5个子课题。其中第5个子课题由湖南艺术职业学院承担，最终成果将以40万字的论著成书出版。这是继《湖南地方剧种志》丛书荣获文化部首届全国艺术科研成果一等奖、目连戏·傩戏研究课题顺利通过中华社会科学研究基金课题完成验收后，湖南省艺术研究所承接的又一项大型国家级艺术科研项目。课题工作现已全面展开。

湖南艺术职业学院声乐教学研讨会

2004年11月2日~5日，来自全国近20所艺术职业院校的40余位专家、老师齐聚湖南艺术职业学院，就民族声乐教学的改革与发展进行研讨。此次研讨会的宗旨是：传播民族音乐文化、加强声乐教学研究、促进院校交流合作、提高办学水平。

2日上午，代表们参观了学院校史陈列馆、实验剧院、琴房、教学楼、学生公寓等。尔后，在南院多媒体教室举行了研讨会开幕式。开幕式由主管教学的刘一矛副院长主持，湖南省文化厅吴爱华副厅长代表文化厅对与会领导、来宾表示热烈的欢迎和诚挚的问候，对学院取得的成就给予了充分肯定，希望学院通过教学科研，不断提高办学水平和办学品位，为建设文化大省提供有力的人才支撑。易介南院长代表学院致欢迎词，就艺术职业院校的办学定位作了研究性论述。他回顾学院50多年的办学经验，阐述了学院升格为高职院校所面临的机遇和挑战，剖析了湖南艺术职业学院确立的“围绕舞台、造就人才”的办学理念，介绍了学院在教育观念、培养目标、师资建设、科研创作、实践教学、学科建设等方面所取得的改革经验。文化部科教司教育处牛耕夫处长讲了话，他从艺术创作、地域特色、横向比较、艺术观念、艺术实践等方面对本次声乐研讨会提出了几点具体建议。浙江艺术职业学院党委副书记林国荣，作为与会代表发了言。音乐系主任欧阳党文教授对民族声乐专业建设、课程设置、教学改革及努力方向发表了看法。

会议期间，学院组织专家，代表听了音乐系声乐教师教学公开课，观摩了该院学生、教师演出的2场音乐会，召开了教学座谈会，进行了论文研讨。4天时间里，大家进行了广泛的交流与切磋，为艺术职业院校民族声乐教学的改革与发展出谋划策、建言献计。与会代表纷纷表示此次研讨会的开展必将对艺术职业院校民族声乐教学改革起到积极的推动作用。

文物考古和博物馆事业

2003年，湖南省组织了全省文物保护“五纳入”工作检查，各级文物部门围绕“五纳入”开展工作，有效推进了文博事业的发展。完成了邵阳北塔、宁远文庙等一批全国重点文物保护单位的维修保护工作；启动了玉蟾岩遗址、老司城遗址、里耶古城遗址保护方案的制定；编制了国家文物保护单位张谷英古民居群、任弼时故居、唐生智故居的维修保护方案；完善了澧县城头山古城遗址保护规划；进行了慈利县战国墓的发掘，并积极筹备了沅陵黔中郡大墓及宁远玉琯岩古舜帝陵的考古发掘前期准备工作。对岳阳楼主楼进行了油漆及屋面维护。省文物保护单位祁阳文昌塔的维修也已完成，并验收合格。

2003年，湖南省组织了一次较大规模的对全国重点文物保护单位、省级文物保护单位的消防大检查，对一些消防安全隐患及时进行了整改。组建了全省各市（州）、县文物行政执法队伍。

本年度，国家建设部、国家文物局授予湖南省张谷英村“中国历史文化名村”称号，年底召开的文物局长会议上，南岳区被评为“全国文物工作先进县”，并受到表彰。

湖南省博物馆成功举办了《郑培民同志先进事迹展览》等一批高档次的展览，江泽民、朱镕基、李长春、曾培炎、陈至立等党和国家领导人对省博物馆新馆建设、陈列展览、社会服务等给予了肯定和赞扬。

2004年，湖南完成了第六批全国重点文物保护单位共30处的申报工作，以及毛泽东故居、宁远文庙等一批文物维修工程。宁远古舜帝庙遗址、道县玉蟾岩遗址、宁乡黄材西周遗址等各项考古发掘工作都取得喜人成绩。里耶秦简和三国吴简的保护工作进展顺利。

《湖南省文物保护条例》修订草案经省政府第40次常务会议讨论通过，并已提交省人大审议，使得文物执法工作力度明显加强。全省“十一五”期间文物保护项目及经费需求规划的编制上报已经完成。文物有效保护和合理利用工程已初见成效，如湘西凤凰县、岳阳张谷英村等，正在走出一条文物保护、旅游发展和小康建设相结合的新路。2004年凤凰县接待游客达140万人次；张谷英村门票收入200余万元，农副产品销售额达800余万元。据不完全统计，本年度全省重要文物景点、博物馆、纪念馆接待观众、游客达600万人次，门票收入突破3亿元。

2004年，全省博物馆、纪念馆共举办和引进各类陈列展览190个，积极向未成年人免费开放，取得了很好的社会效益。省博物馆免费接待未成年人达15万人次，韶山毛泽东纪念馆达35万人次，花明楼刘少奇纪念馆达30万人次。

艺术教育

湖南省文化厅厅直系统文化产业经营管理骨干培训班

2004年4月16日，由省文化厅举办的厅直系统文化产业经营管理骨干培训班圆满结束。厅直系统14个单位100名中层以上管理骨干参加了这次培训。培训班聘请了湖南大学、湖南女子大学和湖南第一律师事务所3位教授授课，讲授了现代管理与企业发展、成本核算、资本运作、组织管理与团队建设、人力资源与企业文化、协调与控制、礼仪与企业形象、文化产业经营管理中的法律常识等课程。通过培训，大家对新形势下文化产业经营管理有较清醒的认识，对文化产业企业的总体组织结构和管理运作有了较全面的了解，大家从思想上增强了紧迫感和责任意识，进一步解放了思想，转变了观念，开阔了视野。举办这次培训班，将对厅直系统文化产业的经营与管理起到引路和促进作用，通过对骨干的培训，带动周围其他人的积极性，从而使厅直系统文化产业的发展和经营管理上一个新的台阶。

邵阳市艺术学校全面实施人事制度改革

2004年11月上旬，邵阳市艺术学校发放10月份工资与津贴进行重大改革，档案工资只占70%，其余工资部分及津贴全部按竞聘的新岗位领取，这标志着该校实现了从身份管理向岗位业绩管理的转变。

近年来，随着教育体制的逐步深化，该校在新形势下，机构设置不够合理、职工竞争意识薄弱、人浮于事、责任心不强等问题日益凸现。学校领导班子认为，要想走出困境，谋求更大发展，进行一场内部改革势在必行。他们按照“精简、公正、公平、公开、竞聘”等原则，推行按岗定酬、岗变薪变的改革目标，实现了精简机构，理顺职能，职务能上能下，待遇能高能低，为艺校在新时期的进一步发展打下了良好的基础。

该校以“岗变薪变”为核心，扎实推进改革，激活用人机制。首先，学校宣布全员待岗，公布竞选岗位职数，任职资格条件，只要符合竞争上岗资格条件的职工均可自主选择岗位，还可根据自身条件破格申报相应高于现任职务的岗位，行政管理人员符合条件的也可竞聘教师岗位，教师可以竞聘管理岗位。其次，竞争上岗后所有人员待遇与岗位挂钩，打破原有的档案工资分配制度，根据工作岗位高低、责任大小、工作绩效重新进行分配，坚持岗变薪变。即月薪＝月档案工资×70%+岗位津贴。岗位津贴标准按具体岗位制定，真正实行效益与公平相结合的利益分配方式。全校教职员工通过自愿报名、竞职演讲、民主测评、择优录用、优化组合，能者上、庸者下，优胜劣汰。

通过竞聘，大批优秀人才脱颖而出，充分调动了全体教职员工的积极性，形成合力，提高工作效率。为了巩固改革成果，推动各项工作的快速发展，学校将每个层次的工作岗位相应制定了年度工作目标，下达了量化工作任务，成立了行政管理与教学教研两个年度考核评审组，专门负责业绩考评计分，把年度业绩得分作为下一年度岗位聘任的最主要的依据。同时，进一步实施目标责任制管理，进一步健全各项规章制度，办公室会同教务科、学生科共同建立教职员工业绩档案，加强制度落实，以业绩论英雄的业务管理模式激活学校发展的内在动力。

政策法规

《湖南省文物保护条例》

2004年11月，其修订草案经省政府第40次常务会议讨论通过，并已提交省人大审议，这使得湖南文物执法工作力度明显加强。

文化人物

范正明

一级编剧。男，1929年3月出生，湖南长沙人。中共党员，中国文化部编剧讲习会结业。曾任湖南省戏剧家协会主席，湖南省文联执行主席，中国戏剧家协会理事。现为湖南省戏剧家协会名誉主席，中国戏曲学会常务理事， 湖南省文化记者与企业家联谊会会长。

范正明同志多年来出版戏剧作品40余件，其中《百花公主》获湖南省文艺创作奖。《芙蓉》文学奖、其改编的湘剧高腔《琵琶记》上、下集，获文化部授予的“文华”剧本奖；与人合作的宽银幕电影《一个女人的命运》被列为建国35周年献礼片；电影故事片《国歌》获得夏衍文学剧本二等奖并被列为建国50周年献礼片；电视《湖南和平起义》获得全国电视片“飞天奖”二等奖；其改编的湘剧高腔《白兔记》获湖南省首届田汉戏剧奖剧本一等奖。

彭俐侬

（1930.4.8～1985.1.16）女，湘剧表演艺术家。湖南长沙人。幼年从父彭菊生学戏，10岁登台献艺。1942年参加中兴湘剧团进行抗日宣传。湖南和平解放后参加中国人民解放军十二兵团政治部洞庭湘剧团（后改为湖南省湘剧团）。主演过《江汉渔歌》等新剧。1952年饰演《琵琶上路》中的赵五娘，获第一届全国戏曲会演大会二等表演奖。其主演的湘剧《拜月记》拍成电影，使湘剧第一次登上银幕。1956年加入中国共产党，历任湖南省湘剧院副院长、湖南省艺术学校副校长、中国戏剧家协会湖南分会副主席等职、中国文联委员，中国剧协理事，湖南省剧协副主席。彭俐侬擅长青衣，兼工花旦。代表剧目有《拜月记》、《断桥》、《生死牌》、《追鱼记》、《思凡》等。

陈芜

湖南省花鼓戏剧院一级编剧。1933年5月生于长沙水陆洲。童年和少年时代是在洞庭湖畔的乡村度过的。1949年考入湖南省湘江文工团，从事专业创作。后来，由于连绵不断的运动，长期中止了创作。粉碎“四人帮”以后才恢复创作生涯。代表作有花鼓戏剧本《牛多喜坐轿》（获文化部优秀剧本奖）、《野鸭洲》（获全国现代戏代表作奖），电影剧本《流浪汉与天鹅》（获广电部优秀电影奖、塔什丁国际艺术节大奖）。

出版了《当代湖南戏剧家选集·陈芜卷》、《陈芜喜剧选》等著作。

刘振球

1940年12月2日生，湖南湘潭市人。湖南省歌舞剧院一级作曲，湖南音乐家协会副主席，湖南省民族管弦乐学会会长、湖南省艺术专修学院名誉院长、音乐系客座教授。曾创作大型歌剧、音乐剧《中原女烈》、《现在的年轻人》、《高山下的花环》、《斑竹泪》、《蜻蜓》、《带血的百鸟图》（与人合作）、《公寓·13》（与人合作）、《深宫欲海》、《董事长的故事》、《从前有座山》、《鸣凤之死》、《巴黎的火炬》、《长岛人歌》、《火云鸟》、《安重根》、《秧歌浪漫曲》、《巫山神女》、《绿色日记》、《四毛英雄传》、《秋千架》、《沥沥太阳雨》（与人合作）、《雁鸣湖》（与人合作），舞剧《古汉伊人》（与人合作）等。

另有电影音乐：《毛泽东在1925》、《刘少奇的44天》、《血鼓》（与人合作）、《野鸭洲》（与人合作）；电视剧音乐：《失望人的希望》、《瓜儿甜蜜蜜》、《乡里妹子》、《屈原》等。戏曲（参与作曲或配器）音乐有：花鼓戏《简车谣》、湘剧《李白戏权贵》、采茶戏《榨油坊风情》；话剧音乐有（十几部）：代表作《水下村庄》、《望断云天》、《竹影清风》等；歌曲有（数百首）：代表作《莫说山歌不是歌》、《山乡小渡船》等。著有《湖南文艺百家文库·音乐方阵·刘振球卷》。

优秀文化单位

2003年“全国首届服务基层文化活动”先进单位：

永顺县文化馆、岳阳市群众艺术馆群星艺术团《情歌》剧组、衡东县花鼓戏剧团。

2004年，国家建设部、国家文物局授予张谷英村“中国历史文化名村”称号。

2004年全国文物工作先进县（区）：

南岳区

2004年全国文化先进县（市）：

资兴市

芷江侗族自治县

2004年全国文化工作先进集体：

怀化市艺术馆

凤凰县阳戏剧团

湖南艺术职业学院

湖南省花鼓戏剧院

娄底市文化局

2004年全国文化系统先进工作者：

沈继安　岳阳市文化局局长

常书智　湖南图书馆党委书记、馆长

彭德成　湖南省歌舞剧院党委书记、院长

曹汝龙　长沙市湘剧院院长

张陆雄　邵阳市群众艺术馆一级导演

石煌远　沅陵县文化馆馆员

廖正华　益阳市群众艺术馆副研究馆员

谢胜文　宁乡县文体局局长

株洲炎帝广场被评为全国特色文化广场

2004年11月6日，湖南株洲炎帝广场被中国群众文化学会正式批准为“全国特色文化广场”，株洲市文化局也被评为“全国广场文化先进组织”。

参加本次评选活动申报的有全国192个文化广场，株洲炎帝广场以“富有地方特色的文化活动，标识性的设施建设风格，相对完善的管理运作体系”为湖南赢得此项殊荣。

株洲炎帝广场“周周乐”广场文化活动在株洲家喻户晓，每逢周末，广大市民争先涌向广场内观看文艺节目，从1998年11月15日举行首场演出起从未间断，到2004年11月6日，5年时间里共演出182场，演出节目1870个，参演人员达到41200多人，观众达到224万人次。目前，株洲炎帝广场“周周乐”文化活动已成为湖南群众文化活动的品牌。

重要会议

全国文化信息资源共享工程电视电话会议

2003年6月12日上午，全国文化信息资源共享工程电视电话会议在北京召开，湖南分会场出席会议的有湖南省文化厅副厅长吴爱华、文化厅社文处处长邹健、湖南图书馆馆长常书智、各地市文化局、图书馆负责人及部分基层代表。

会议主要总结了共享工程自启动以来的工作，部署了2003年的任务。共享工程国家中心主任、国家图书馆副馆长张晓星对前段的工作做了总结，文化部副部长、共享工程领导小组副组长周和平在讲话中充分肯定了共享工程实施一年多来取得的成果，并对后段的工作提出了要求。

散会后，省文化厅社文处组织与会人员浏览了刚开通的湖南文化信息网，并部署了下阶段的工作，还准备召开各市（州）文化局、财政局负责人参加的全省共享工程工作会议。

全省文化信息共享工程工作会议

2003年8月，省文化厅、省财政厅联合召开了各市（州）文化局、财政局负责人参加的全省文化信息共享工程工作会议，参观了浏阳市图书馆基层分中心，并就基层网点建设的相关问题进行了交流和探讨。

湖南省文化厅厅直系统党风廉政建设暨纪检监察工作会议

2004年2月24日上午，省文化厅党组召开厅直系统党风廉政建设暨纪检监察工作会议，传达学习中纪委第三次全会、国务院第二次廉政工作会议、省纪委第五次全会暨全省反腐败工作会议和中央领导同志讲话的重要精神，部署了2004年的工作任务。会议由厅党组副书记、副厅长吴爱华主持，厅党组成员、纪检组长杨福杰作题为《坚持用“三个代表”重要思想为指导，求真务实，认真抓好厅直系统党风廉政建设和纪检监察工作》的报告，厅党组书记、厅长金则恭作了重要讲话。厅机关副处以上干部、厅直系统各单位党政主要负责人和纪委书记、监察室主任、专（兼）职纪检监察干部近100人参加了会议。

金则恭同志在讲话时强调：过去的一年，厅直系统在党风廉政建设方面取得了较好的成绩，但反腐倡廉是一项长期的任务，不能有半点松懈。目前，在党员干部队伍中确实存在不少问题，中央和省委有针对性地制定了一系列规定和纪律，这需要大家自觉遵守执行。根据文化系统的实际，今年要重点抓好几项工作：一是要进一步抓好党风廉政的学习教育，认真贯彻落实好上级会议精神。特别要抓好两个条例的学习教育，各单位领导班子要结合学习召开一次以廉政为主题的民主生活会；二是要进一步修订完善党风廉政责任制度，增强领导干部廉洁自律的自觉性。各单位在研究部署工作时，一定要把党风廉政建设作为一项必不可少的重要内容，一把手要真正担负起第一责任人的职责；三是要结合文化系统的实际，突出工作重点。今年要把对文化市场管理和执法监察、对基本建设工程的监督、对财务管理的监督等几项工作扎扎实实抓好；四是要做好违纪违法案件的查处工作，对群众反映和举报的问题要做到及时处理。

杨福杰同志在工作报告中首先回顾总结了去年的工作，并根据上级的要求和结合文化系统的实际，提出了今年要着重抓好的6项工作：一是要认真抓好中纪委、省纪委和国务院、省政府会议精神的传达学习和贯彻落实，各单位要结合实际制订具体工作规划；二是要把搞好党风廉政学习和宣传教育放在很重要的位置，在加强经常性教育的同时，今年要突出抓好两个条例和“四大纪律、八项要求”的学习教育；三是要继续抓好党风廉政建设责任制的落实；四是切实做好查办违纪违法案件和加强执法监察工作，今年要重点抓好对文化市场管理、执法方面的监察和对厅直系统大型基建工程的监督；五是加强制度建设，健全监督机制。今年要求厅直各单位要普遍建立和完善领导干部廉政责任制度、人事管理制度、办事公开制度、国有资产和财务管理制度、公用物资采购制度、公务接待和用车制度等6个方面的规章制度；六是进一步加强纪检监察干部队伍的自身建设。

2004年谷雨戏剧文学社年会

2004年谷雨戏剧文学社年会于7月27日~29日，在长沙蓉园宾馆召开。这是谷雨社老社长陈健秋先生逝世之后，谷雨社成员的第一次聚会。

谷雨社是戏剧湘军的一支劲旅，在全国享有盛名。社长陈健秋去世之后，群龙无首，广大社员期望重振谷雨社雄风。在这种情况下，文化厅、艺术处进行了协调和引导，终于召开了这次会议。

7月27日下午，谷雨社成员和部分活跃在湖南剧坛的戏剧作者来到了宾馆，大家见面分外高兴，畅叙友情。28日上午，会议正式开始，在艺术处处长何开明的提议下，全体起立，为前社长默哀3分钟。接着，谷雨社社员交流了近3年来各自的创作情况，及对湖南戏剧创作、谷雨社前景谈了自己的看法。艺术处副处长刘振平对《谷雨戏剧社章程》（修改稿）作了情况说明。然后，周祥辉副厅长、省委宣传部文艺处龚政文处长作了讲话。中途，与会全体代表进行了合影。下午，在社员大会上，大家鼓掌通过，吸收了一批新社员。接着，新老社员就在今后如何进一步增强谷雨社的团队精神，为繁荣湖南的戏剧创作，作了发言。发言结束后，大家通过民主协商的方式，对谷雨社的领导人的产生统一了思想；根据实际工作需要，指派省艺术研究所剧目室成员、谷雨社社员袁克平担任谷雨社干事，负责具体事务性工作，以无记名投票方式选举出吴傲君为新任社长。

省文化厅委托省艺术研究所对谷雨社的一些事务性工作进行代理。省艺术研究所所长邹世毅、副所长谢惠钧出席了会议。

长沙市落实简牍博物馆开馆专题会议

2004年11月，长沙市委常委、宣传部长谢建辉召集市委宣传部、市建委、市财政局、市文化局、市城管局、市招标办、市拆迁办、天心区政府等单位负责人在市简牍博物馆会议室针对市简牍博物馆陈列装饰招投标、建设工程和陈列资金及白沙路出口等问题进行专题研究，以确保博物馆年底如期开馆。

市简牍博物馆位于长沙市建湘南路天心公园（天心阁）对面，是全国唯一的集简牍保护、研究和展示于一体的专题博物馆，是国家重要文物保护科研基地，被列为市委、市政府重点工程和国家发改委、文物局督办的全国重点项目。会议要求市建委、财政、文化、城管、招标办、天心区政府等相关责任单位要加强领导、高度重视，认真贯彻落实市委、市政府相关决议，确保年底开馆。市文化局作为开馆的责任单位，实行一把手为第一责任人、分管领导和简牍博物馆法人代表具体负责的职责制度。

重大事件

李铁映向湖南图书馆赠书

2003年11月，湖南图书馆常书智、张勇两位馆长欣喜地收到了李铁映副委员长的著作——《论民主》。

《论民主》是一函八册的线装书，系中国社会科学出版社和人民出版社联合出版，由杭州富阳古籍印刷厂以“华宝斋”牌古籍宣纸印就，装帧古朴、大气，为当代罕见的新线装书。

谭盾在湘西演出《地图——寻回消失中的根籁》

2003年11月26日晚，著名旅美作曲家谭盾指挥上海交响乐团与英国大提琴家安西－卡图恩和苗家女歌手龙仙娥合作，在湘西凤凰县古城北门的沱江码头上演他创作的交响乐作品《地图——寻回消失中的根籁》。

《地图》全曲共分10个乐章，其中心部分是由摄影机真实记录的湘西少数民族音乐，这是谭盾于1999年和2001年两次深入湘西土家族、苗族、侗族采集的原始声像素材。在创作过程中，影像中的本土音乐原汁原味地与现场交响乐融为一体，既完好地保存了本土音乐本身的纯粹性，又使其在与西方交响乐新的融合中得到升华。

这部在田野里和高科技音响实验室里完成的作品，将通过现代的多媒体与交响乐团结合的手法，以凤凰北门城楼为背景，在临时搭建于沱江上的舞台上演。湖南卫视的转播设备来了3卡车，光摄像机就有8台。该演出为义演，观众为凤凰古城的居民和从山里赶来的少数民族农民，他们站满沱江两岸的山头，欣赏古城文化与现代文化结合的产物。

“一馆三中心”奠基

2003年11月29日，长沙市标志性文化设施——长沙市群众艺术馆、妇女儿童活动中心、社会科学活动中心和文学创作中心建设项目在长沙雨花区体育新城中心区内破土动工。省委常委、市委书记梅克保，市委副书记吴志雄，市委常委、宣传部长谢建辉，市人大常委会副主任张菊萍为“一馆三中心”奠基培土。

“一馆三中心”北临劳动东路，东接焰火广场，南倚风景优美的月光山体育文化休闲公园，周边有现代化游泳跳水中心和网球中心，占地约50亩。建筑主体分两大部分，主楼内设艺术长廊、学术报告厅、信息发布厅、网络中心、科技展示厅、交流厅、雕塑书画创作室、体操房、音乐教室、多媒体阅览室、舞蹈教室等，共5层，另有一个容纳800人的剧场，总建筑面积2868平方米，总投资8000万元，2004年12月竣工投入使用。

“一馆三中心”建成后，对于丰富少年儿童及广大人民群众业余文化生活，提高全民素质，提升精神文明水平具有十分重要的意义。

株洲市专业剧团改革拉开序幕

从2004年4月27日起，株洲市对市歌舞剧团、市花鼓戏剧团连续进行为期4天的业务考评工作，此次考评拉开了株洲专业剧团进一步深化改革，转变机制的序幕。

随着市场经济的发展和文化体制改革的深入推进，株洲市剧团体制改革积极寻求新思路，此次业务考评不论职称、职务，凡30年工龄以下的演职员全员下岗，重新考评聘任，考评结果作为聘用和核定岗位、收入的标准。株洲市专业剧团机制改革还将采取改变拨款方式，变人头经费为事业经费；改变用人机制，变因人设岗为因岗聘人，改变剧目生产方式，变团长负责制为导演（制片人）负责制等办法。

常德文艺团体受企业青睐

2004年4月16日，常德市文化局、金健米业集团先后与常德市歌舞团、常德市汉剧团签署为期19年的协议，歌舞团、汉剧团双双冠名“金健”，至2009年，金健米业每年分别为两个文艺团提供文艺创作、演出经费10万元，至2009年增为每年30万元，并对两团体获省以上奖项给予相应奖励。

作为中国粮食第一股的上市公司金健米业，一贯注重企业文化，更深谙文化在经济中的作用，这次更是慧眼独具，抓住歌舞团将赴马来西亚交流、汉剧团将赴港澳台演出的契机，不失时机为两单位冠名。

一日签两约，文企联姻好事迭现，这既是企业与文化联合、共谋发展的需要，也体现了当今地区经济文化发展的必然趋势。文企联姻使得企业能借文化之名宣传品牌，文化能借企业之力加快发展，共同创作更好更多的艺术精品，互利互惠，互补双赢。

隆回花瑶山歌独具魅力　歌手荣膺全国大奖

2004年8月26日晚，从第二届全国南北民歌擂台赛颁奖晚会上传来喜讯：隆回县文化局选送的两对花瑶歌手荣获大奖，奉族总、唐双珍情歌对唱组合荣获优秀歌手奖和最佳表演风格奖，陈世达、戴碧生呜哇山歌组合荣获最佳歌手奖和薪传奖，隆回县文化局荣获优秀组织奖。奉族总、唐双珍情歌对唱组合已被国家文化部选中，并赴北京参加了8月29日、30日举行的汇报演出。

第二届全国南北民歌擂台赛是国家文化部民族民间文艺发展中心、中国民间文化遗产抢救保护工程领导小组、山西省文化厅共同主办的，包括台湾在内的全国20个省（区）选送的100个节目参加了本次擂台赛。隆回花瑶歌手在擂台赛上一展歌喉，独特的民族风格、粗放的瑶山韵味征服了评委和观众，专家学者对隆回花瑶产生了浓厚兴趣，中央电视台、新华社等媒体对该县参赛歌手和领队进行了采访，中央电视台音乐频道还为隆回花瑶歌手录制了专题节目，择日在中央电视台播出。

南岳举办中华佛教音乐会

2004年10月18日晚，中华佛教音乐会在佛教圣地南岳衡山隆重举行。300余名僧人参加演出，上万名观众观看了表演。这是中华佛乐团继在港、澳、台地区和美国、加拿大演出后，首次在中国内地大规模演出。

音乐会上，五台山器乐合奏《大乘经》庄严舒缓，悠扬动听，北京雍和宫喇嘛表演的跳布扎《金刚驱魔舞》热烈奔放，犹如龙狮虎吼，令观众大开眼界。而瞻礼《金刚舍利》，更是将晚会推向了最高潮。《少林功夫》、《普安咒》等节目，令观众一饱眼福，叹为观止。晚会还特邀著名影视名星佛都居士曾志伟、黄安，歌星黄思婷同台献技。

重要活动

祁剧诞生500年庆祝活动

2004年11月28日~30日，由湖南省文化厅、永州市委、市政府主办，祁阳县委、县政府承办的纪念祁剧诞生500年庆祝活动在祁阳隆重举行。湖南省委常委、省委宣传部长蒋建国，省文化厅厅长金则恭，副厅长周祥辉，永州市委副书记、市长刘爱才等同志，以及来自省内外的专家学者共1000余人参加了庆祝活动，蒋建国同志发表了重要讲话。

整个纪念活动隆重热烈，主要活动内容有纪念祁剧诞生500年报告会、研讨会，祁阳县祁剧团演出了大型祁剧《孟丽君》（节选），来自全国11个祁剧团的节目演出及一台综合性文艺节目演出。此前，还分别出版了《中国祁剧》《祁剧研究文集》《祁剧画册》《祁阳祁剧》等祁剧艺术研究专著。

重要文化场馆建设

湖南文化广场

2003年7月27日上午，湖南省文化产业重点工程——湖南文化广场首期工程启动仪式在湖南大剧院前坪广场举行。

湖南文化广场是由湖南大剧院与中国保利集团南方保利公司共同投资兴建的湖南省重要的文化产业项目，总投资5.2亿元。首期工程主要是在湖南大剧院现有裙楼基础上加盖楼层，主建筑27层，达99.99米高，总建筑面积约3.8万平方米，2004年7月完成建设并投入使用。建成后的湖南文化广场成为长沙市一个集文化、娱乐、休闲、商务等多种功能于一体的标志性建筑。

岳阳汇泽影城

投资1600多万元的岳阳汇泽影城（前身为岳阳影剧院）于2004年5月16日开放。岳阳汇泽商业文化广场地处岳阳城区政治、经济、文化、商业、娱乐休闲中心。汇泽影城多项目同楼共栖，优势互补，人流共享，是大型购物、电影娱乐、休闲住宿3大构架中的一个子系统，又是集电影放映、电影后商品销售、影视文化体验、娱乐休闲于一体的具鲜明电影特色的独立实体，室内2台观光电梯、22台自动扶梯、主楼5台直通电梯及室外观光电梯交错运行，是中南地区最先进最亮丽的娱乐休闲圣殿，是洞庭湖畔的一颗璀璨明珠。汇泽影城总建筑面积3800平方米，总坐席达708个。影城采用当今国际最流行的色调和风格进行装饰，宽敞明亮的大厅，配上大幅动感影片宣传画面，室内灯箱电影特色浓郁，使人有一种步入电影圣殿之感。汇泽影城，按行业五星级标准进行硬件建设，按不同功能、不同风格、不同档次、不同座席数分别设置为贵族型豪华厅、多功能影剧大厅、情侣厅等6个放映厅，各影厅分别配置世界最先进DTS数字影院系统和

SR·D杜比数字环音系统及数码视频点播系统。电脑化内部管理、银行式电脑自动售票，当日上演影片每隔半小时重复放映。

机构设置

湖南省文化厅下设办公室、计划财务与产业处、艺术处、社会文化处、文化市场及电影处、人事教育处等6个职能处室。按有关规定还设置了机关党委、纪检组（监察室）、老干办、机关后勤服务中心、文化市场稽查队等机构。湖南省文物局（副厅级）下设3个处室：综合处（加挂政策法规处牌子）、文物保护处、博物馆处（加挂流散文物办公室牌子）。湖南省文化厅下辖直属单位22个：湖南省湘剧院、湖南省花鼓戏剧院、湖南省京剧团、湖南省歌舞剧院、湖南省话剧团、湖南省杂技团、湖南省木偶皮影戏剧院、湖南省演出公司、湖南省文化音像出版社、湖南省电影公司、湖南省文化物资公司、湖南省文化娱乐中心、湖南图书馆、湖南省少年儿童图书馆、湖南省群众艺术馆、湖南省艺术研究所、湖南省艺术学校、湖南省电影学校、湖南省博物馆、湖南省考古研究所、湖南省文物商店、湖南省文化厅艺术幼儿园。湖南省文化厅下属市（州）级文化局14个：长沙市文化局、株洲市文化局、湘潭市文化局、衡阳市文化局、岳阳市文化局、常德市文化局、邵阳市文化局、益阳市文化局、怀化市文化局、郴州市文化局、娄底市文化局、湘西自治州文化局、永州市文化局、张家界市文化体育局。各市（州）文化局下设各县（区）文化局（馆），各县文化局下设各乡文化站。

文化艺术节庆活动

湖南省首届“三湘群星”奖大赛

2003年8月22日，由湖南省文化厅、邵阳市人民政府联合主办，湖南省群众艺术馆、邵阳市文化局承办的全国第十一届群星奖戏剧·曲艺选拔赛暨湖南省首届“三湘群星奖”大赛在邵阳市隆重举行。湖南省文化厅厅长刘健民、副厅长吴爱华及邵阳市有关领导出席并为获奖作品颁奖。

本次大赛历时2天，共有来自全省各市（州）的13支代表队参加了比赛，节目形式丰富多彩，有花鼓小戏、小品、丝弦、快板、音乐剧等，堪称一次三湘文艺群星荟萃的大比武。经过紧张的比赛，由常德市选送的丝弦《特别新娘》、岳阳市选送的花鼓小戏《买瓜》、《情歌》、衡阳市选送的小品《桥》、邵阳市选送的花鼓戏《祭鸡》、小品《第二个春天》、怀化市选送的小品《营养不良》、郴州市选送的小品《屋顶上》、娄底市选送的小品《关键一票》、长沙市选送的音乐剧《堆雪狮》共10件作品获金奖，并将代表湖南省参加全国第十一届群星奖大赛，其余13件作品荣获银奖。

2003年湖南艺术节（首届）

2003年11月26日~12月10日，湖南艺术节在株洲市举行，共有来自全省12个市（州）、7个省直艺术单位的23台剧（节）目（包括开幕式：大型杂技晚会《东方神韵》，闭幕式：大型歌咏活动《工人之歌》）参演，其中的参赛新创剧（节）目21台，参演的剧种有：花鼓戏、湘剧、湘昆、祁剧、汉剧、京剧、话剧、歌剧、歌舞剧、舞剧、舞蹈诗、木偶剧、皮影戏13个艺术品种，评出花鼓戏《老表轶事》等10台金奖剧（节）目，湘剧《亲亲社区》等9台剧目获艺术节银奖；木偶剧《石三伢子》（省木偶皮影艺术剧院）、花鼓戏《轱辘声声》（株洲市花鼓戏剧团）荣获艺术节特别奖。湖南省杂技团参加艺术节开幕式演出的大型晚会《东方神韵》、株洲市参加艺术节闭幕式演出的大型合唱节目《工人组歌》同获艺术节特别纪念奖。此外，共有曹汝龙、刘惠、王永光、汪荡平等262位同志荣获编剧、导演（编导）、主演（或配演）、音乐、舞美等优秀单项奖或单项奖。

第七届中国“映山红”民间戏剧节

2003年10月25日~11月18日，第七届中国“映山红”民间戏剧节在湖南长沙市举行，湖南、河南、浙江、山西、上海、福建、辽宁、广东、安徽的18个民间职业剧团1000人左右，豫剧、越剧、眉户戏、花鼓戏、辽剧、闽剧、粤剧、黄梅戏、坠子戏、舞剧10个剧种的38个剧目演出35场，观众2.5万人次。湖南方面参演剧目有：湖南省民众花鼓戏剧团《玩不喽》（获金奖）、《秦雪梅教子点元》，湖南（湘乡）水府旅游区艺术团（花鼓戏）《傻村官》、《恭喜发财》、《珍珠塔》，湖南郴州市安仁花鼓戏剧团《药都传奇》、《木乡长》，湖南省吉首市民族艺术团（舞剧）《远山鼓谣》（获金奖）。另外，长沙市花鼓戏剧院《万年牌》、浏阳市花鼓戏剧团《书记有本难念的经》、《清明案》为祝贺献演剧目。

广东省

专业艺术

2004年，广东省专业艺术创作与演出活跃发展，成功举办了一系列具有庆典性、导向性、纪念性、公益性的大型综合晚会。艺术精品战略结出累累硕果，在国际和全国艺术活动中共获奖109项。组建了广东星海演艺集团这一集约化经营实体，积极推动粤、港、澳3地粤剧申报世界文化遗产和设立了粤剧艺术琼花奖，进一步健全了广州、深圳、珠海、汕头、佛山、梅州、湛江、韶关等8个创作基地，推动不同艺术门类的发展，建立健全艺术精品的激励机制，推进“广东省舞台艺术精品工程”的实施。

广东舞台艺术取得历史性突破

9月26日，广东歌舞剧院创作的舞剧《风雨红棉》在浙江绍兴摘取了第十一届文华大奖的桂冠。广东实现了文华大奖“零纪录”的突破，这是广东舞台艺术发展的一个新的里程碑。粤剧动画电影《刁蛮公主憨驸马》获第十届中国电影华表奖最佳美术片奖，佛山青年粤剧团李淑勤获第二十一届中国戏剧“梅花奖”。广东话剧院吴苏妹、黄海忠分获第五届中国话剧表演“金狮奖”和舞台美术“金狮奖”。广州杂技团在第六届全国杂技比赛中获3个金奖。广东粤剧院《刺客》、广州红豆粤剧团《苦凤莺怜》之“余侠魂诉情”在第二届“中国戏曲演唱红梅大赛”中双获金奖。深圳艺术学校选手在第五届日本亚洲肖邦国际钢琴比赛中获3个金奖，在亚洲青少年音乐比赛中获第一名。广州芭蕾舞团选手在第三届上海国际芭蕾舞比赛中获第一名。广东话剧院话剧《院子里有棵橄榄树》获第八届中国戏剧节“都宝杯”小剧场演出季8个奖项。广东省策划并组织创作的《东方红日》、《生命》在全国第十届音乐作品（交响音乐）评比中分获三等奖和优秀作品奖。

举办第四届羊城国际粤剧节

10月31日~11月5日，第四届羊城国际粤剧节在广州举行，海内外近100个社团、约2000余人在市内8个剧场参加演出，共演出36场，上座率达到90%以上。

举办第九届广州国际艺术博览会

12月16日~20日，第九届广州国际艺术博览会在广州举行，吸引了法国、西班牙、意大利、俄罗斯、韩国、新加坡、澳大利亚等国家和地区的20多家参展商。此次艺博会参展艺术品近万件，接待观众近4万人次，实现交易额1200多万元。

社会文化

全省基层文化工作会议隆重召开

12月21日~22日，广东省基层文化工作会议在广州召开，近300人出席了会议。会议表彰了13个实施南粤锦绣工程文化先进县；表彰了在实施省人大山区建设议案中，为改变山区文化生活贫乏落后状况而作出积极努力的先进单位；表彰了一批自改革开放以来在我省基层文化事业中作出了突出贡献、取得了优异成绩的先进集体和先进工作者。确定了当前和今后广东省基层文化建设的目标、任务和工作重点，为加快全省基层文化的建设步伐指明了方向。广东省委省政府继扶持山区基层文化建设之后，又决定2004年到2007年共拨出1亿元专款，用于改善扶持东西两翼等经济欠发达地区公益性文化设施建设，对全省基层文化建设再上新台阶必将起到积极的推动作用。

继续推进文化信息资源共享工程基层中心和网点建设

至2004年10月止，广东省已发展共享工程基层信息服务点3600多个。这些信息服务点可以免费检索广东省数字图书馆的文献目录，通过网上参考咨询和电子邮件向最终用户传递文献原文。广东全省8个城市举办了12期基层服务点的培训班，共有600多人参加了培训，有力地推动了共享工程的建设和人才培养。2004年广东省被文化部授予“全国文化信息资源共享工程建设先进单位”称号。

成功举办广东省第六届少儿艺术花会暨CIOFF第三届亚洲儿童民间艺术节

7月22日~28日，由广东省文化厅、省教育厅、省妇联、省少儿文艺工作协调委员会、国际民间艺术节组织理事会（CIOFF）中国委员会（中国群众文化学会）联合主办，深圳市盐田区人民政府、深圳市文化局承办的“广东省第六届少儿艺术花会暨CIOFF第三届亚洲儿童民间艺术节”在深圳市盐田区文化中心广场隆重举办。全省22个代表队2000多名小演员和亚太地区的韩国、蒙古、土耳其、泰国等8个国家和港澳台地区及25个兄弟省市共55个优秀少儿艺术团队3600多位小演员参加了比赛、展演、观摩、交流、踩街、巡游等活动。33场优秀节目送到了深圳市20个社区，观众人数达50多万人。

民族民间文化保护工程

2004年，广东省文化厅命名了第四批37个省民族民间艺术之乡，全省民间艺术之乡总数达到了123个。首次命名了7名“广东省优秀民间艺术师”。湛江市“雷州石狗文化”被列入全国民族民间文化保护工程试点。

参加全国第七届艺术节“群星奖”比赛取得优异成绩

9月10日~26日，由国家文化部主办的第七届中国艺术节在浙江举行，广东省选送的32件作品入围参加了第七届中国艺术节社会文化政府最高奖“群星奖”的决赛。经过激烈竞争，广东省的合唱《欢乐的社区欢乐的家》（深圳市）、粤曲《情醉珠江》（广州市）、摄影《神州梦圆》（深圳市）和《童心》（湛江市）、书法《章草》（韶关市）等5件作品喜获“群星奖”。

举办“歌唱祖国”百歌颂中华歌咏活动

9月18日~19日，广东省第六届“百歌颂中华”歌咏活动在广东电视台演播厅隆重举行，共有36支合唱团进入复赛，21支合唱团参加决赛。经评委评选，共决出6个金奖、7个银奖、8个铜奖和15个优秀奖。另外，合唱大赛组委会还结合平时的活动开展情况评出了10个组织奖。

圆满完成广东省参加首都国庆游园活动

10月1日，广东省参加首都游园活动文艺演出的300多名演职员在北京天坛公园组织了两台文艺演出和民间工艺展示等游园活动。中央领导贾庆林、李长春，广东省委副书记蔡东士、省政府副省长雷于蓝等领导出席观看了演出，游园活动取得圆满成功。

送戏下乡

2004年，广东省文化厅将全省群众文艺作品的部分获奖作品汇编成《作品选集》，印发到全省艺术馆、文化馆站。组织了16支业余文艺团队送戏下乡，巡回演出1368场次。

公共图书馆

广东流动图书馆自2003年11月启动以来，相继建成兴宁、雷州、南雄、澄海、梅县等19个分馆，目前已开馆的19个分馆全年共接待读者57万人次、阅览图书172万册次、解答读者咨询5万多条。广东流动图书馆的实施，有效地促进了基层图书馆的发展和县域经济社会文化的协调发展。广东流动图书馆无论是物流创意、投入规模、服务模式以及流动半径，都是我国图书馆发展史上一个崭新的里程碑。

全省公共图书馆评估定级工作顺利结束

8月中下旬，广东省文化厅组织图书馆评估定级工作领导小组和省评估专家组成员分成四个小组分赴全省各地对51个地级市公共图书馆和初评在750分以上的县级公共图书馆进行了第三次评估验收。10月中旬，文化部组织图书馆评估专家组对广东省3个“副省级”以上图书馆进行了评估验收，对全省图书馆工作给予了很高的评价。

粤港澳图书馆合作

6月15日~19日，广东省文化厅组织粤港澳图书馆联络小组成员对广州、深圳、佛山、东莞、中山市和澳门特别行政区的10多所公共图书馆进行了专业考察与业务交流，三地艺术交流取得了实质性进展。深圳图书馆与香港公共图书馆已实现Z39.50系统书目数据库技术上的联通互查。广东省立中山图书馆、深圳图书馆、香港公共图书馆、澳门中央图书馆已在各自的网站上建立参考资讯网页及馆讯专页，并互相实现了链接。

开展图书馆服务宣传周活动

5月底~6月初，广东省文化厅组织全省公共图书馆举办了图书馆服务宣传周活动，开展了一系列内容广泛、形式多样、丰富多彩的图书馆服务宣传周活动，吸引了广大群众和未成年人的积极参与，收到预期效果。

文化产业

2004年，广东文化产业迎来了良好的发展机遇，获得进一步的发展。根据省委省政府建设文化大省战略部署，全省各地加快文化体制改革的步伐，文化产业呈现出蓬勃发展的势头。目前，一个包括演艺业、娱乐业、音像业、电影业、文物业、文化会展业、文化旅游业、网络文化业、工艺美术业、文艺培训业等行业，由本体产业、交叉产业、延伸产业综合构成的文化产业体系已初步形成。据不完全统计，截至2004年底，仅广东省文化系统的产业机构数就达20487个，从业人员194497人，总产出102.34亿元，增加值31.74亿元。

文化产业招商引资取得新进展

2004年，广东省文化厅加大了全省文化产业项目招商引资力度，文化产业投融资机制改革取得新突破。据初步统计，全省各市文化产业招商引资项目共有281个，计划引资总额约为68.98亿元。11月18日，广东省文化厅在首届“深圳国际文化产业博览会”上举行了建国以来首个“广东省文化产业项目招商引资签约仪式暨项目推介会”，来自全省13个市的17个文化产业招商引资项目在签约仪式上签订合同、合作协议或意向，总签约额将近10亿元人民币。

对外文化交流

2004年度，广东省涉外和涉港澳台地区双向交流项目达956批次、12788人次。其中出境项目406个6609人次，入境项目550个6179人次。

积极参与中外文化活动

6月15日~21日，为配合“中法文化年”大型双边活动，在法国普阿蓝大区马赛市举办了“广东文化周”。6月21日~26日，在西班牙加泰罗尼亚省首府巴塞罗那市举行了西班牙“广东文化周”。7月18日~28日，在突尼斯首都突尼斯城和第二大城市苏斯举行突尼斯“广东文化周”。7月4日~16日，广州市少年宫艺术团一行30人受文化部委托赴摩洛哥访问演出，参加“中华文化北非行”活动，获得了圆满成功。此外，2004年，广州市政府在法国里昂市举办了“广州文化周”，深圳市政府在法国维埃纳省举办了“深圳文化周”活动，深圳市政府与德国纽伦堡市合作在深圳举办了“纽伦堡文化周”活动。上述文化交流项目的成功举办，集中展示了我国岭南文化多姿多彩的优秀传统特色和继承发展的崭新面貌，展示了广东省经济建设的巨大成就和社会进步，在当地形成巨大反响，当地传媒大量报道，一时掀起“中国热”的浪潮。

继续推进粤港澳三地文化合作

2004年，粤港澳文化合作取得了较大的实质性进展。成功合办“粤港青年文化之旅”。应香港康乐及文化事务署邀请，广东省文化厅选派了33名来自广州、中山、佛山、深圳的青年乐手赴香港参加了两期“2004香港青年音乐营” 的训练和演出活动。粤港澳三地政府合作，于2004年7月向文化部共同申报粤剧列入“人类口述和非物质遗产代表作”的工作。

文化市场

2004年，广东省各级文化行政部门认真贯彻落实省委、省政府关于加强文化市场管理、繁荣文化市场的一系列工作部署，扎实工作，努力开创文化市场管理新局面，取得了良好的工作成效。

网吧市场整治

经过一年多的专项整治，取得了显著成效。据统计，全省共出动执法人员228041人次，检查网吧65657家次，查处接纳未成年人进入的网吧2209家，取缔无证照网吧5772家，查扣设备84959台（套），无证照或证照不全的“黑网吧”得到了有效的清理，违法接纳未成年人进入的问题得到最大程度遏制，全省网吧的经营秩序有了较为明显的改观。

音像市场管理

经过一年多的全面清查和治理整顿，据不完全统计，全省文化行政部门共查缴违法音像制品8600余万张盒（全省为1.1亿张盒），会同公安机关查获地下光盘生产线2条。检查音像门店6.5万间次，处理音像门店2000余间次，全省中等以上城市音像门店公开销售违法音像制品的情况得到了一定程度的遏制。与此同时，全力清查收缴“万能DVD”盗版光盘，加大查办大案要案力度，在有关部门配合下共查处10万张以上盗版光盘案近300宗，一批违法犯罪分子被依法惩处。目前，广东省共有音像零销、出租门店6600间，录像放映室约2800间，音像批发单位213个，市场总量总体保持压缩态势，音像制品连锁经营稳步推进。

举办首届中国国际音像博览会

9月26日~29日，首届中国国际音像博览会在广州成功举办。展览面积约18000平方米，境内外参展单位226家，客商达成合作意向约3.4万单，涉及金额近10亿元，受到国内外音像业同行的一致好评。

演出市场

广东省现有演出经纪机构90家，其中民营51家；全省演出团队总数596个，演出场所2565间，其中影剧院、音乐厅、体育场（馆）520间，可接纳营业性演出的歌舞娱乐场所、文化广场2045间。建立营业性演出项目审批互联网发布制度，组织培训了演出经纪人106名。加强粤港澳以及泛珠三角区域演出合作，在首届泛珠三角区域文化合作会议上，各合作成员单位就实行区域内演出资源共享、繁荣演出市场方面达成了共识。

娱乐市场管理

按国务院《娱乐场所管理条例》等要求，对广东全省新建宾馆、酒店确需配套的娱乐场所严格审核，严格控制申请开办自助式卡拉OK娱乐超市。7月，成功举办了“2004广东省歌舞娱乐场所优秀演出节目汇演”活动。来自全省15个地级以上市的38个优秀节目参加了本次汇演，演员人数达330多人，演出节目异彩纷呈，内容丰富多彩，充分展示了我省娱乐场所的演出水平。

电影发行管理

广东省拥有电影院线4条，覆盖影院145间，全年放映场次达17.4万场，观众人数达725.8万人次，票房收入达1.79亿元，名列全国前茅。广东省电影公司作为文化体制改革试点单位，于年底前成功转制。广东省农村电影“2131工程”也取得了可喜的成绩，全年放映场次78062场，观众达2659万人次，名列全国前茅，受到国家广电总局的表扬。

文博工作

概况

2004年，广东省文化厅完成了全省48处全国重点文物保护单位、268处省级文物保护单位、1928处市县级文物保护单位和216个文物博物馆机构的信息收集工作和全省1130件（套）馆藏一级文物档案报国家文物局备案工作；启动了二、三级馆藏文物建档工作；完成了第五批全国重点文物保护单位“四有”档案工作并报国家文物局备案；在全省文物普查的基础上，对未公布为文物保护单位的古村镇、古遗址、古墓葬、近现代重要史迹等各类不可移动文物依法进行登记保护；完成了第六批全国重点文物保护单位的评审申报工作和第五批广东省文物保护单位的申报工作；规划先行，科学保护，完成了全国重点文物保护单位深圳大鹏所城、东莞可园和省级文物保护单位东莞南社村古建筑群、塘尾村明清古建筑群、大岭山抗日根据地旧址、村头遗址、三水大旗头村古建筑群、深圳中英街界碑、电白冼夫人墓城等多项质量较高的文物保护规划；根据国家文物局的部署，启动了全省馆藏文物数据库建设和馆藏文物腐蚀损失调查工作；对全省文物基础工作进行了抽查，为《广东省县域历史文化资源》的编撰和今后文物博物馆事业的发展奠定了坚实的基础。

文物保护

广东省博物馆新馆、海上丝绸之路博物馆、河源石峡恐龙遗址公园、曲江马坝人遗址公园、南越国官署遗址公园、虎门炮台遗址公园等重点工程已列入《广东省建设文化大省建设纲要》。广东各地不断探索文物保护新方法、新路子，在正确处理文物保护与经济建设关系上有所突破，如开平碉楼委托政府管理、始兴满堂围村民自愿将产权交给政府、东莞南社村制定了保护文物的村规民约、三水大旗头村引入企业资金参与文物保护与利用工作、广州北京路千年古道原址保护等。树立典型，以点带面，广东省文化厅选定三水大旗头村古建筑群和龙门廖氏宗祠作为示范单位，各市文化部门按文化厅要求报送了示范单位名单。

文物考古

广东省文物考古研究所配合基本建设工程完成了广贺高速公路、西部沿海高速公路、梅江电厂等19个基建工程项目的考古调查、勘探工作和鹅塘遗址、东莞水濂山遗址等17个项目的考古发掘。广州市文物考古研究所完成文物调查、勘探面积40万多平方米，发掘面积约4万平方米，发掘古墓葬670多座。“南海I号”沉船探摸和打捞方案、广州南越国官署遗址和大学城发掘都是全国重要的考古成果。

文物管理

召开广东省文物经营管理工作会议，重新审批、审核文物商店和文物拍卖企业，通过合作经营的方式，依法解决了原有大部分文物商店因《文物保护法》修订和《文物保护法实施条例》颁布实施面临的经营资质问题。查扣了某公司准备申报出口的45件金元时期珍贵墓葬彩绘石雕，其中一级文物4件，二级文物18件，三级文物23件，查扣如此多的高级别文物案件，为全省历年之最。接收广州海关移交文物3000多件、广东省地质博物馆移交珍贵标本40000多件，丰富了省博物馆的藏品。将1987年原广东省文物管理委员会办公室接收省外贸遗留文物10182件、铜钱209.5公斤全部移交广东省博物馆。基本解决了1987年广东省文物总店接收265682件省外贸库存一般文物造成的历史债务问题，长达17年的外贸文物遗留问题得以妥善解决。

粤港澳合作

“5.18国际博物馆日”大型活动首次在粤港澳三地互动；“粤港澳文物大展——东西汇流”协议书、展品和图录等各项准备工作就绪；香港城市大学为广东省文物鉴定站培训利用热释光技术鉴定古陶瓷人员已经开始；广东省考古所协助香港古物古迹办事处整理考古发掘资料和撰写工作报告正在进行；三地文化信息网络已经开通；合作申报人类口述和非物质文化遗产、编辑粤剧资料工作顺利进行等。随着粤港澳更紧密经贸合作关系（CEPA）的落实，三地的区域文物合作大有可为。

业务培训

广东省文化厅举办了文物保护单位记录档案备案工作规范、“十一五”文物保护项目经费需求规划方案编制工作、文物经营管理、古陶瓷鉴定、古建筑保护、文物博物馆安全技术防范、馆藏文物数据库管理系统建设和馆藏文物腐蚀损失调查等8个培训班，为提高文物保护管理水平，促进文物博物馆事业发展发挥了重要指导作用，提供了有力保障。

申报世界文化遗产

在每个国家每年只许申报一处的严峻形势下，广东开平碉楼已被列入2007年我国申报世界文化遗产预备名单，广州西汉南越国遗迹申报世界文化遗产工作按进度推进。

科研出版工作

为贯彻广东省委、省政府发展县域经济工作会议精神，落实张德江书记关于对广东历史人文资源的保护、开发进行系统调研的批示精神，广东省文化厅决定编辑出版《广东县域历史文化资源》丛书。完成了《广东省文物志》二审稿、《宝境湾遗址发掘报告》和“全国文物考古综合数据库规划研究》课题。

社团工作气氛活跃

10月26日，广东省民间组织管理局批复同意筹备成立省古玩协会。省文博学会在深圳召开了“广东省文博事业与文化大省建设研讨会”。

博物馆

重点建设项目顺利推进

广东省博物馆新馆建设的前期工作实现了由国际邀请竞赛向国际邀请招标的顺利过渡，完成了设计招标和基坑开挖支护工程招标，确定香港许李严建筑师有限公司为设计中标单位，12月12日举行了广东省博物馆新馆开工仪式，钟阳胜、林树森、李兰芳、雷于蓝、张广宁等省市领导出席了仪式；完成了广东海上丝绸之路博物馆建设场地征地、通电、通水、道路和可行性报告等前期准备工作，12月6日举行了奠基仪式；广州圣心大教堂、虎门上横档炮台、潮州广济桥等多项重大文物修缮工程相继动工，广州光孝寺大雄宝殿和伽蓝殿、番禺虎门炮台二期工程、东莞大岭山抗日根据地旧址等10处文物修缮工程竣工。

举办国际博物馆日系列活动

5月18日，广东全省博物馆免费开放。广州、深圳、东莞等地利用电视、广播、报刊等公众媒介和有奖测验、免费展览等活动，提高公众保护文物的意识。

博物馆展出异彩纷呈

广东省文博单位坚持“三贴近”，认真贯彻《中共中央、国务院关于进一步加强和改进未成年人思想道德建设的若干意见》，免费向未成年人开放。惠及全省的“广东博物馆陈列交流协作网”于3月启动，加入的成员单位已有27个，省博物馆利用馆藏文物制作的《古董里的故事》、《绚丽华彩的广彩瓷器》、《珠联璧合——广东省博物馆藏楹联书法展》、《广东省自然保护区暨珍稀动物展》等7个展览在全省部分博物馆流动展出，展览所到之处，受到群众的热烈欢迎。迄今为止，陈列展览协作交流网络的总参观人数近60万人次，取得了良好的社会效益。根据广东省委张德江书记的指示，成功举办了《珠联璧合——泛珠三角文物精华展》和《荆楚辉煌——湖北省楚文物精品展》，创下了我省举办展览的4个“前所未有”：展览规模之大前所未有，文物精品之集中前所未有，展览涉及的地域之广前所未有，购票参观观众人数之多前所未有。仅国庆期间，参观人数就超过6万人次。

广西壮族自治区

综　述

2004年，广西文化系统认真学习贯彻“三个代表”重要思想和党的十六大、十六届三中、四中全会以及自治区党委八届四次、五次全会精神，按照自治区党委、政府和文化部的部署，以繁荣发展为第一要务，积极探索新形势下广西文化事业和文化产业发展的新途径，各项工作取得了较大进展。

（一）推进文化改革创新的意识逐步增强，利用市场机制优化配置文化资源水平不断提高

2004年，文化厅直属文化事企业单位深化改革工作全面铺开，以实施人事制度改革为重点的直属单位改革成果突出。各市、县文化体制改革工作因地制宜继续推进。全自治区文化系统各单位走向市场能力不断增强，产业化运作力度加大，文化资源优化配置水平逐步提高，文化体制改革成果亮点纷呈：

努力推进内部管理体制改革取得新突破。推行领导班子目标管理责任制，实行定性考核与定量考核相结合，改进直属单位领导班子、领导干部管理办法。出台《文化厅直属事业单位新进人员公开招聘办法》，制定统一规范的《聘用合同书》，全面推行人员聘用制度，直属事业单位补充工作人员，坚持“凡进必考”原则，实行公开招考、择优聘用，建立文化厅“管编制、管程序”，用人单位“管招考、管聘用”的选人、用人新机制。制定《广西文化厅直属专业艺术表演团体经费投入方式改革试行办法》，创新直属剧团拨款方式，采取剧团经费与演出场次、营业演出收入“双挂钩”办法，有效激活调动了剧团开拓市场、增加演出的积极性，效益显著提高，2004年，厅属8个剧团商业演出共938场，观众约170.5万人次，收入约707.77万元，其中观众人数和演出收入与去年同比增长86%和126%，基本完成全年预定的演出任务。同时，广西的重点剧目演出收入累计创新高，如柳州市的民族音画《八桂大歌》在区内外城市累计演出已达75场，观众12.67万人次，收入500.72万元，打破广西原创剧目年内演出的最高场次和演出收入的纪录；广西歌舞剧院的民族歌舞诗《漓江诗情》在区内外演出累计达87场，观众14.9万人次，收入138.5万元，还创造了在南宁连演13场的演出和收入最高纪录；南宁市民族歌舞《美丽壮锦》仅上半年就演出20场，收入95万元。玉林、防城港、梧州等市县剧团通过改革不断增强走向市场的能力，取得良好的社会经济效益。

积极探索产权制度改革取得新成效。自治区直属国有文化单位采取部分产权制度改革的多种灵活方式，推进文化体制机制创新取得了突破性进展。广西演出公司以国有资本参股的办法，引进广州市演出电影公司和广州嘉裕集团的资金联合控股，吸纳民营资本和职工入股，组建广西红五星影业有限责任公司，共同经营“红五星电影超市”，经济效益显著。广西新联影业有限责任公司在前两年进行院线整合的基础上，2004年吸纳华纳万达影城等优势电影院加盟，票房收入达2000多万元，比上年增长57%，又与中国电影集团、广东华影院线合作筹建优势互补的“中华南方新干线”大型集团，使广西电影新联院线实现更大的跨地域合作，我区的电影主体市场规模将更加壮大。广西艺术学校与深圳市中时富投资发展有限责任公司联合投资创办的“广西演艺职业学院”获自治区人民政府批准并正式招生，广西歌舞剧院也与该公司共同投资300万元组建了广西漓江时代有限责任公司，投资600万元创作音乐剧《阳朔西街》。广西话剧团进行了剧目股份制的探索，采用股份制创作生产的话剧《雷雨》、《马兰花》取得了较好的经济效益。这些改革措施，促进了内外资源的优化配置和整合，对干部职工的激励作用已初步显现，单位的精神面貌呈现了新的活力和气象。

（二）实施舞台艺术精品工程的意识逐步增强，优秀剧（节）目在全国全区比赛会演中喜获丰收

2004年，广西继续加大舞台艺术精品创作生产力度，促进了城乡舞台艺术的繁荣，在参与全国比赛和举办全区赛事活动中取得骄人成绩：

艺术精品剧目喜获全国大奖。广西创作的民族音画《八桂大歌》入选2003~2004年度国家舞台艺术精品工程“十大精品剧目”，并获得文化部第十一届全国“文华大奖”以及文华音乐创作、舞台美术、编导3个单项奖，还获“观众最喜爱的剧目奖”。壮族舞剧《妈勒访天边》以第11名的成绩滚动进入2004—2005年度国家舞台艺术精品工程初选剧目，桂林市桂剧团《大儒还乡》入选“2003~2004年国家舞台艺术精品工程”剧本征集获奖名单。在第六届全国舞蹈比赛中，广西艺术学院中专部《追潮》获创作金奖、表演银奖，《壮族大歌》获创作、表演银奖。全国流行音乐新人选拔赛中，由胡红一作词、何超立作曲的歌曲《蝴蝶吻花山》获“声乐组合与流行歌手独唱新作品创作一等奖”。在第二届国际小戏艺术节中，南宁市粤剧团的邕剧小戏《开泰新声》（三姐与秀才）获“剧目金奖”、“稀有剧种保护奖”两项集体奖，以及优秀编剧、优秀导演、优秀表演和优秀音乐设计等4个单项奖；广西彩调团的彩调小戏《追》获“剧目大奖”及优秀表演、优秀编导、优秀编剧及音乐创作等5个单项奖。广西京剧团的京剧《霸王别姬》赴上海参加第四届中国京剧艺术节获剧目奖，张丽萍等3人获表演奖。

舞台艺术精彩纷呈佳作迭出。2004年，全国全区赛事活动催生了一批优秀剧（节）目和艺术人才。在柳州市举行的第十三届全国少数民族艺术孔雀奖暨第五届全国少数民族声乐比赛中，广西有一名选手获二等奖，4名选手获三等奖。第六届广西剧展小戏调演共33台小戏，涵盖了桂剧、彩调剧、壮剧等13个剧种，评出7个“桂花金奖”，9个“优秀剧目奖”等系列奖项；第六届广西剧展总展演13个剧目中，评出桂花金奖4个、桂花一等奖5个、桂花二等奖4个，以及多个单项奖。“八桂群星奖”农村文艺会演在第一阶段各市共有207个节目参演举行14台晚会的基础上，入选第二阶段南宁会演的有93个节目，分6场演出，一批优秀节目分获一、二、三等奖，其中防城港市的老年独弦琴独奏《京家阿伯踩竹乐》和柳州市的少儿舞蹈《超嘎声声》参加全国第十三届“群星奖”决赛分获群星奖和优秀奖，同时广西推荐参加全国社区艺术节节目评奖，获银奖1个，铜奖2个。第五届广西中等艺术教育“红铜鼓”专业比赛，在20所学校选送的147个参赛节目中，涌现了大批的艺术新人新作。这些赛事活动，集中反映了广西舞台艺术创作生产的广度和深度。

庆典活动演出获得广泛好评。广西歌舞团的民族歌舞诗《漓江诗情》随广西党政代表团赴广东答谢演出，组织百色市右江民族歌舞团、隆林各族自治县民族歌舞团代表广西参加首都国庆55周年游园活动文艺演出深受好评；组织举办“纪念邓小平同志诞辰100周年文艺晚会”以及为“西部发展论坛文艺招待会”、“世界华人华商经济论坛文艺招待会”、“中国——东盟博览会”宴请各国政要和民族礼仪迎送国内外来宾演出等，出色地完成了自治区党委、政府交给的各项演出任务，营造了广西良好的文化氛围。

（三）深入开展文化活动“三贴近”的意识逐步增强，文化建设的基础性工作扎实推进

开展城乡文化活动特别是未成年人文化工作、文化下乡活动、文化市场监控整治、文化艺术人才培训以及机关作风整顿等基础性工作都取得新的进展。

基层群众文化活动扎实深入。2004年全区基层群众文化活动丰富多彩，农村业余文艺演出活跃；节庆文化、周末广场文化活动形成制度，南宁市“南湖南广场”、北海市“北部湾广场”、桂林市“中心广场”、柳州市“江滨社区广场”4个广场被评为2004年“全国特色文化广场”；南宁市新竹社区、桂林九岗岭社区、柳州五菱社区、梧州市步埠社区4个社区获2004年“全国文化先进社区”，各市文化进社区服务活动取得新的成效。桂林市坚持25年举办“漓江之声”群众歌咏活动、柳城县举办的“百村百戏”演出活动、百色市开展文体“10个千”活动、南宁市“生态文明村”建设、防城港市把建设28个村文化室列入“兴边富民”三级联创的目标管理责任制，以及玉林、贵港两市连片创建的“玉贵走廊”等建设模式创意独特，风采粲然。广西“文化信息资源共享工程”领导小组成为获得文化部表彰的全国7个先进单位之一，有2个基层网点获全国基层中心建设先进单位，在2003年已建成80个基层中心的基础上，完成了30个基层中心的建点任务，“知识工程”、“边境文化长廊”等文化工程建设也扎实推进。

文化下乡活动持续深入开展。据不完全统计，全自治区一年来送戏下乡近7546场次、观众达547.9万多人，电影下乡7.5万多场、观众2125.6万多人次，送书下乡52.3万多册，发放科普资料55.3万多份。其中，自治区直属8个剧团深入县（市）、乡（镇）、村（屯）演出共244场、观众达50.9万人次，送戏进工地为农民工慰问演出10场、观众1万多人次。“知识工程”办公室将15.2万册图书发送到14个县、154个乡镇、50个村级图书馆（室），流动汽车图书馆下乡发放科普资料近1000多万份；配合第十四届全国书市在桂林市举办，组织开展的“读书征文”活动，共收到来自厂矿、大中专院校、机关、部队等读者征文共777篇，评出一、二、三等奖10名。

未成年人文化工作不断加强和活跃。2004年，广西加强和改进未成年人的文化工作，加大公益性文化设施向未成年人免费开放的力度。广西博物馆从2004年开始举办的各种展览，都向全自治区少年儿童免费敞开参观；桂林市博物馆、纪念馆等辖区内文物设施对未成年人集体参观实行免票和免费讲解，学生个人参观以及家长携未成年子女参观的实行半票；广西各级公共图书馆、少儿图书馆和阅览室都免费向未成年人开放，各地还通过以文补文收入和发动社会捐赠等多种办法，增加未成年人的读物；各级群艺馆、文化馆（站）仅“五一”假期举办各艺术门类培训班596期，参加培训的青少年学生达29800多人（次），丰富了未成年人节假期的文化生活，提高了未成年人的艺术素养。尤其是河池市多年来开展的“乡土文化进校园”活动富有成效，还拍摄4集特别节目在央视七套《东方儿童》栏目播出；来宾市历时2个月举办“电影进校园”活动放映138场，观看学生15.8万人。全自治区未成年人文化工作出现了良好的发展势头。

文化市场在整治中规范发展。自治区吴恒副主席亲自主持广西网吧专项整治电视电话会议，成立了由吴副主席担任组长的专项整治协调小组，在各级党委、政府的领导下，经各级文化、工商、公安、精神文明办、教育、电信、财政、共青团、法制等部门近一年的专题整治，广西网吧专项整治工作取得了明显成效，一年来全自治区各地文化执法部门共出动检查81352人次，检查文化经营单位和娱乐场所达121698家次，受理举报案件1941件，立案调查1796件，收缴非法音像制品132.5万张（盒）、电子游戏机1863台、网吧电脑及附属设备1702盒（件），罚款425.7万元，停业整顿887家，取消经营资格83家。在加强整治的同时努力做好文化市场的发展繁荣工作，审批同意“深圳华瑞投资有限公司”等3家公司设立广西连锁网吧经营活动，引导互联网上网服务营业场所向规模化、连锁化方向发展；批准了“广西南宁市邮政局雅风苏州音像批发部”等6家音像批发连锁店，大力扶持发展正版音像超市和连锁经营；与自治区商务厅、南宁海关共同建立音像制品出口信息定期交流制度，为从事民族音像产品出口业务的单位和个人设立“绿色通道”。顺利完成了全自治区1.2万家文化市场经营单位的年审换证工作。百色市文化市场管理办公室、桂林市文化稽查队荣获文化部全国文化市场行政执法先进集体，河池市文化市场管理科科长刘青等3位同志获全国文化市场行政执法先进个人。

（四）树立以项目为中心发展文化产业的意识逐步增强，民族民间文化和文物保护工作及重点设施建设步伐继续加快

强化以项目建设为抓手，推进文化加快发展，是我们思考、谋划广西文化建设的着眼点和立足点。2004年，全自治区民族民间文化和文物保护工作、重点文化产业项目和文化基础设施建设继续加快步伐，呈现整体推进的态势。

招商引资发展文化产业成效显著。2004年全自治区文化产业招商引资项目8个，吸引资金总额2.27亿元。此外，引资近1亿元的大型山水实景演出《印象·刘三姐》2004年共演出291场，观众35.5万人次，创收3000多万元，上缴利税180万元，市场反映强烈，成为中外游客喜爱的文化产品。《印象·刘三姐》与桂林《愚自乐园》一起，入选文化部首批命名的42个“全国文化产业示范基地”之列。北海市文化局大力推介文化产业项目，主动寻找合作开发商，促成多家企业与市电影公司、图书馆、歌舞团、群艺馆等单位对接联合开发签约，其中，市电影公司与中国有色十六冶北海房地产综合开发公司合作总投资1.5亿元，北海市滨城电影院改造项目目前已到位资金5000万元。南宁、贺州、桂林等市文化局也加大招商引资工作力度，开发了一批新的文化产业项目。成立了广西文化产业协会，完成了《加快广西文化产业发展课题研究》，为自治区党委、政府决策提供依据。

民族民间文化保护工作进展良好。2004年，广西实施“民族民间文化保护工程”开局良好，自治区成立了民族民间文化保护工程领导小组和专家委员会，组织开展项目库建设工作；召开全自治区民族民间文化保护工作会议，对今后广西民族民间文化保护工作进行了部署；积极参与自治区人大常委会关于《广西壮族自治区民族民间传统文化保护条例》的起草修改工作。对国家级试点项目“广西红水河流域铜鼓艺术保护工程”的普查工作已全面展开，公布了广西第一批6个民族民间文化保护项目，授予东兰县的铜鼓艺术、马山县壮族多声部民歌、融安县大将镇彩调和长安镇文扬、金秀县瑶族绝技、博白县采茶戏、凌云县民间音乐、阳朔县高田镇雕刻工艺等8个为“广西民间艺术之乡”。

民族生态博物馆建设和文物保护工作成绩突出。南丹县白裤瑶、三江县侗族、靖西县壮族等3个民族生态博物馆的建成，标志着广西成为继贵州之后我国第二个建设民族生态博物馆群体的省（区）份。柳州市博物馆的改造以及宁明“花山岩画”、桂林“桂海碑林”、西林宫保府等12项国家和自治区重点文物保护维修工程筹备工作正在抓紧进行。顺利完成了广西第六批全国重点文物保护单位的评选工作，28个单位材料申报文本已上报国家文物局；阶段性地完成了国家文物局布置的全区第一至第五批全国重点文物保护单位建档段材料整理及全区馆藏一级文物档案整理工作，并上报国家文物局。配合基本建设进行了桂林至兴安、全州高速公路沿线和昭平金牛坪、来宾滴水河等水电站淹没区的考古调查，开展梧州至岑溪、桂林至阳朔等高速公路的考古勘探，进行百色水利枢纽工程淹没区、岑溪至梧州高速公路、马江至贺州高速公路、合浦麻纺厂汉墓、崇左汽车站用地等古遗址、古墓葬的抢救性发掘。合浦汉代始发港研究项目大浪古城的勘探和发掘、湘江流域原始文化遗址调查、宁明花山岩画风化机理研究项目和花山岩画保护规划前期基础资料准备、檀河遗址灌浆加固试验均有重大成果。

文化基础设施建设稳步推进。据不完全统计，2004年全自治区市、县、乡新建及维修的图书馆、文化馆、博物馆、文化站等基础设施建设共有262个，地方财政资金投入共计2.36亿多元。完成了全州、横县、宾阳等一批县级电影院的改造扩建项目。广西木偶剧团儿童剧场、广西图书馆的扩改建项目已建成竣工。特别是南丹白裤瑶、三江侗族和靖西壮族3个民族生态博物馆已建成并陆续开馆，成为2004年文化基础设施建设中一个独特耀眼的亮点。广西歌舞团综合演出排练场已完成土建工程，广西民族博物馆项目已进行“三通一平”。广西自然博物馆、广西新竹电影大厦、广西“刘三姐”艺术中心、广西群艺馆大厦、广西民族文化博览园、桂林戏剧主题公园、“刘三姐”文化主题社区开发工程等一批大型文化项目的前期筹备工作已陆续展开；厅党组成员和各处室分别与上述项目建立工作联系制度，分头负责，为加快筹建工作做好协调服务工作。同时，柳州、贺州、贵港、防城港、河池、南宁市等各地一批文化设施的新建、改扩建和报建项目也正在加紧进行。

（五）扩大民族文化开放交流的意识逐步增强，开展与泛珠三角区域文化合作取得实质性进展

2004年，广西实施民族文化“走出去”与“请进来”战略，推进与泛珠三角区域文化合作交流项目的落实工作取得了具体成效。

对内对外文化交流日益活跃。广西2004年共有12个艺术表演团体到8个国家和地区进行交流演出，特别是广西艺术团赴奥地利维也纳参加广西新春文化周的演出、《广西古代文物巡回展览》赴法国6个城市的展出以及广西木偶剧团赴香港演出、广西甲天下艺术团赴越南演出获得成功。引进105个国内艺术表演团体来我区演出1192场次，引进15个国外艺术表演团体来我区演出约900场，邀请27个国家的34个团队共计255人参加南宁国际民歌艺术节演出，进入广西娱乐场所驻场演出的外国表演队8个共演出865场，均比上年增长2~3倍，促进了全自治区演出市场的成熟和活跃。柳州市、防城港市、玉林市等一些艺术表演团体赴广东、江浙、上海、云南等省市的商业演出取得了良好的社会经济效益，广西博物馆赴北京参加全国“百家博物馆形象展示”和崇左市组织花山文化遗产展示参加在苏州举办的第二十八届世界遗产博览会活动等，进一步增强了广西民族文化的影响力。

参与泛珠三角区域文化合作有序进行。9省2区博物馆共同举办“珠联璧合——泛珠三角文物精华展”，建立了泛珠三角区域文化合作联席会议制度，建设区域文化资讯网和区域图书馆“网上参考咨询”系统，实行区域文艺演出“一卡通”的“直通车”经营合作机制，加强区域文化市场管理合作以及区域文博研究、考古发掘、展览交流合作，建立区域文化合作项目库和文化人才培养交流机制等。同时，加强与广东的文化交流合作，引进深圳华瑞投资有限公司资金共同投资1000万元成立广西网友信息文化有限公司经营连锁网吧项目，两省区共同组织开展客家文化研究、客家山歌（歌曲）演唱会和一台客家风情歌舞节目创排演出，组织广西音像影视产品参展深圳国际文化产业博览会，两省区数字图书资源和地方文献信息资源等方面合作进展顺利。

（六）服务全区经济建设大局的意识逐步增强，文化队伍整体素质和依法行政水平明显提高

广西各级文化主管部门切实把开展定点扶贫工作和发展县域经济联系点的工作，作为增强文化工作服务经济建设全局的一个具体措施来落实，以此作为提高文化队伍素质和强化机关作风及政务建设的一个有效手段。

定点扶贫县和发展县域经济联系点工作扎实开展。2004年文化厅在那坡县德隆乡平达村的定点扶贫工作投入6万元，帮助该村那并屯修建屯级路1.7公里；为百迭屯新修一座饮水池，解决45户共188人的饮水问题；为平北屯购买1100米水管建好了饮水池，基本上落实了另外3个自然屯的屯级路有关建设规划，并与当地党委政府一起，在推动扶贫点优势产业开发、促进农民增收和加强基层组织建设等方面做了有关的调查、规划工作，为今后工作开展奠定了较好的基础。文化厅负责定点联系昭平县发展县域经济工作，派出一位处级干部由自治区党委组织任命挂任副县长，由厅领导带队考察了相关的项目，商定了下一步工作任务；支持昭平中共广西省工会黄姚旧址维修补助经费6万元，捐赠图书，拟定了举办有关文化培训班的计划。各市文化局也为定点扶贫联系点做了大量的实事。

文化队伍建设和专业艺术人才培养进一步加强。按照2004年文化艺术人才培训工作计划，文化厅安排专项培训经费70万元，通过重点送培、专家授课、外出考察、专题研讨、以会代训、集中整训等形式，不断丰富培训内容，努力拓宽培训渠道。一年来共举办文化市场和文物保护执法、行政许可法、文化产业经营管理、文化经纪培训班、民族民间文化保护研修班等各类培训班14个，累计培训872人（次）。同时，着重抓学科带头人的培训，取得明显成效，王颁同志获"第七届青年科技奖"、陈运发同志获"广西第三批中青年出国培训人选"，广西选送艺术、文物等专业优秀人才赴上海戏剧学院、国家文物局和北京大学进修班学习。整个文化系统队伍建设和人才培养呈现良好态势。

文化行政执法软环境和机关作风明显改善。结合《行政许可法》的正式实施，文化厅制定了《政务公开制度》、《限时办结制度》、《首问责任制度》、《廉政建设制度》等17个机关管理制度，并开始实施，进一步对机关及其工作人员的依法行政、职能转变、宏观管理、作风纪律、服务质量以及党风廉政建设等方面作出严格的规范和要求；完善目标管理责任制，实行量化指标风险抵押，进行岗位职责绩效管理，促进了机关的作风转变，提高了行政管理效能，为加快文化改革发展营造了较好的政务软环境。

在肯定成绩的时候，广西文化工作仍然存在着诸多的难点问题：文化体制改革仍然滞后，文化工作整体创新能力有待加强，文化产品和文化服务还不能满足人民群众日益增长的文化需求，特别是一些边远贫困地区农民的文化生活依然十分贫乏；全自治区文化市场监督检查经费未能按照自治区人民政府[2000]202号文件规定得到落实，文化市场稽查机构编制人员亟待解决，个别地段场所文化市场管理仍有死角；文化产业管理体制不顺，广西文化产业规划还未制定，文化企业规模不大，竞争能力不强，文化产品科技含量不高，效益不太好；复合型、高层次文化艺术人才缺乏，队伍整体素质有待提高，机关作风尚需进一步改进等等，这些长期积累制约全局的矛盾和问题，有历史原因也有客观原因，有主观原因也有自身工作要求标准提高的因素。只要不断发现工作中的新情况，不断按高标准严要求解决发展中存在的问题，广西文化建设就会在迎接新挑战中取得新的胜利。

重点项目及重要活动

（一）舞台艺术

专业舞台艺术概况

2004年广西有专业艺术表演团体119个，从业人员4422人。各专业艺术表演团体创作、生产剧（节）目105个，其中大型剧（节）目13个，小型剧（节）目92个。全年演出1.19万场，观众1552.8万人，演出总收入1.2亿元，总支出1.18亿元。

年内，广西专业文艺创作有新的收获。推出大型桂剧《柳宗元》、《大儒还乡》以及现代京剧《霸王别姬》。一批文艺佳作获奖。自治区直属剧团全年组织商业演出793场，境外演出218场；观众总数170.31万人次，总收入485.54万元。

大型交响民族史诗《壮天歌》首演

2004年9月16日晚，由广西艺术学院创作并演出的大型交响民族史诗《壮天歌》在广西艺术学院会演中心举行首场演出。自治区领导人袁凤兰、刘新文等与首府观众2000多人观看演出。《壮天歌》分天梦·布洛陀、天鼓·百鸟衣、天籁·壮歌王等5个乐章。全曲很好地表现了壮族的历史与文化、向往与希望。

民族歌舞乐《句町情韵》上演

2004年9月17日，由西林县组织创作的民族歌舞乐《句町情韵》在南宁上演。自治区党委副书记潘琦等与南宁首府观众2000多人观看演出。该剧取材于源远流长的古句町文化，内容蕴涵壮、苗、瑶、彝等民族文化精髓，是一台原汁原味的歌舞乐节目，由歌、舞、乐13段（个）节目组成。它浓缩了古句町歌舞乐精华，采用现代、前卫的艺术手法表现古句町传统优秀文化，舞台设计大器，有较强的震憾力。

民族歌舞诗《漓江诗情》改版上演

由广西歌舞剧院创作并演出的民族歌舞诗《漓江诗情》经过第三次修改后于2004年再度公演，并以其隽美的画面和精妙的构思赢得观众好评。《漓江诗情》自2001年公演以来，曾向广西参加党的十六大代表汇报演出、随广西党政代表团赴广东举行专场文艺晚会演出及建党55周年献礼演出等重大活动中受到观众欢迎，还先后赴梧州、贺州、贵港、东莞、湛江、广州等地演出，累计演出87场，观众14.9万人次，收入138.5万元。改版后的《漓江诗情》年内在南宁演出18场。

第五届全国少数民族声乐比赛在柳州举行

2004年10月30日，由文化部、国家民委、广电总局和自治区人民政府联合主办，自治区文化厅、民委、广电局和柳州市、南宁市人民政府承办的第五届全国少数民族声乐比赛在柳州市拉开帷幕，来自全国各地的59个单位共22个少数民族的71名选手参赛。评出特别奖3人，一等奖4人，二等奖6人，三等奖9人，优秀奖17人。其中，广西选手获二等奖1人，三等奖4人。

第六届广西戏剧展览

2004年5月23日~30日，第六届广西戏剧展览小戏展演在桂林举行，有33台小戏参加展演，评出桂花金奖7个，优秀剧目奖9个。2004年12月25日~2005年1月10日，第六届广西戏剧展览总展演在南宁举行，有13台大型剧目参演，评出桂花金奖4个，一等奖5个，二等奖4个。其中，广西壮剧团新编历史壮剧《瓦氏夫人》、柳州市桂剧团新编历史桂剧《柳宗元》、广西京剧团现代京剧《霸王别姬》和桂林市桂剧团新编历史桂剧《大儒还乡》获桂花金奖。

专业舞台艺术主要获奖剧（节）目

《八桂大歌》（民族音画）获文化部第十一届文华大奖（文华音乐创作奖、文华舞台美术奖、文华编导奖），入选2003年~2004年国家舞台艺术精品工程十大精品剧目，在第七届中国艺术节观众投票中获观众最喜爱的剧目奖；《妈勒访天边》（壮族舞剧）入选2004年~2005年国家舞台艺术精品工程初选剧目；《大儒还乡》（新编历史桂剧）入选2003年~2004年国家舞台艺术精品工程剧本征集获奖剧目；《追》（彩调小戏）获山东博兴第二届国际小戏艺术节剧目大奖（优秀表演奖、优秀编导奖、优秀编剧奖、音乐创作奖）；《开泰新声》（邕剧小戏）获山东博兴第二届国际小戏艺术节剧目金奖和稀有剧种保护奖（优秀编剧奖、优秀导演奖、优秀表演奖、优秀音乐设计奖）；《追潮》（舞蹈）获第六届全国舞蹈比赛创作金奖；《壮族大歌》（舞蹈）获第六届全国舞蹈比赛创作银奖；《蝴蝶吻花山》（歌曲）获全国流行音乐新人选拔赛声乐组合与流行歌手独唱新作品创作一等奖；《霸王别姬》（现代京剧）获上海第四届中国京剧艺术节剧目奖。

（二）社会文化

自治区民族民间文化保护工作会议

2004年5月28日~30日在河池举行。各市、县分管文化的领导和文化局局长以及专家学者共70多人参加。会议传达全国民族民间文化保护工程试点工作交流会议精神，部署广西民族民间文化保护工程工作任务，公布广西民族民间文化保护工程首批试点项目和第二批民间艺术之乡、民间特色艺术之乡名单，并在南丹县里湖乡举行广西首个国家级试点项目红水河流域铜鼓艺术保护工程启动仪式。会议期间，与会代表就广西民族民间文化保护工作交流经验，并提出许多建设性意见。

八桂群星奖农村文艺会演

2004年3月~6月，广西举办八桂群星奖农村文艺会演。会演分两个阶段进行。第一阶段为3月~5月，分别在各市举行，参演节目153个。5月9~18日，自治区派出评选组与各市评委联合评出进入第二阶段会演的初选剧（节）目。第二阶段为6月10月~13日，在南宁举行。参加第二阶段会演剧（节）目92个，演员900多人。评出剧（节）目一等奖27个，二等奖65个，三等奖61个；评出优秀组织奖8个，组织奖7个。其中防城港市独弦琴独奏《京家阿伯踩竹乐》和柳州市舞蹈《超嘎声声》被推荐参加于9月在浙江举行的全国第十三届群星奖评奖活动，分获群星奖和优秀奖。

自治区基层文化建设经验交流会

2004年9月16日~17日在玉林举行。自治区副主席吴恒出席会议并讲话。自治区财政厅、发改委、教育厅、体育局、科技厅、农业厅等有关部门负责人，14个地级市分管文化的领导和文化局局长共80多人参加。与会代表围绕农村文化建设主题交流经验，并参观玉林市玉州区莲塘村、北流市罗政村等一批农民自办文化的先进典型。会上授予南宁、柳州、桂林、河池4市2004年自治区基层文化建设先进单位称号。

广西第二届社区文化艺术节节目获奖

2004年9月，广西第二届社区文化艺术节在南宁举行。从12个市推荐的43个节目评选出14个优秀节目参加艺术节展演活动。在此基础上，精选出3个节目参加全国第三届“四进社区”文艺展演评奖，其中桂林市秀峰区九岗岭社区的天琴弹唱《漓水谣》进入深圳主会场展演并获得银奖，另外2个节目获得铜奖。

民族民间文化保护工程项目实施

2004年广西实施民族民间文化保护工程。其中国家级试点项目红水河流域铜鼓艺术普查工作于7月启动，河池市组织文化部门干部职工200多人，着重对东兰、南丹两县开展普查。第一阶段历时近2个月，基本摸清铜鼓的世存状况，发现一些新的铜鼓线索和一批铜鼓，取得阶段性成果。自治区级6个试点项目中有4个也于年内付诸实施。其中平果县壮族嘹歌文化普查工作成效明显，计划出版的4部歌集在年内陆续问世。梧州龙母文化、环江毛南族傩文化、宜州下枧河流域刘三姐歌谣以及马山壮族多声部民歌等项目，也以召开座谈会、访问等形式，开展初步摸底和资料征集工作。

（三）文物博物

文物博物事业概况

2004年广西有文博事业机构112个，其中各类博物馆、纪念馆49个，各级文物保护管理所（站）58个，文物考古队3个，文物商店4个，其他文物机构1个，职工总数1054人。拥有业务用房13万平方米，文物库房1.4万平方米。总收入6532.2万元，其中地方财政补助2990.8万元，事业收入1995.4万元。文物商店销售额274.5万元，缴税21.3万元。全年举办陈列、展览211次，参观人数157.7万人次。各级文物保护单位22处62点，自治区级文物保护单位276处，市、县级文物保护单位1661处。国家对各级文物保护单位的抢救维修和保护补助经费650.6万元。各级博物馆、纪念馆和文物管理机构收藏文物29.81万件，其中一级文物289件，二级文物3785件。

文物保护

投入637万元，对部分文物保护单位进行保护维修。其中包括全国重点文物保护单位贺州市临贺故城，北海市北海近代建筑医生楼、英国领事馆旧址，桂林市靖江王陵——康僖王陵，三江侗族自治县岜团桥，百色市中国工农红军第七军军部旧址；自治区级文物保护单位南宁市共青团南宁地委旧址，柳州市东门城楼，凭祥市万人坟，西林县岑氏土司府，钟山县英家起义地址，防城港市白龙炮台；市、县级文物保护单位南宁市两湖会馆旧址、邕宁区五圣宫，柳州市廖磊公馆，桂林市广西艺术馆旧址，合浦县武圣宫等。年内，三江侗族自治县被评为全国文物保护先进县。

考古勘探发掘

经国家文物局批准，广西考古工作者对合浦县大浪古城遗址，百色市杨屋遗址，田东县高岭坡遗址、么会洞遗址，宁明县鱼化石等进行科学研究及考古发掘。为配合国家和自治区重点工程建设进行考古发掘的遗址有：百色水利枢纽工程水淹区的百色市百达遗址、阳圩烽火台遗址、营盘遗址，田东县弄瓦龙五庙遗址和八六坡遗址，乐滩电站水淹区的马山县六卓岭遗址，桂林至梧州高速公路沿线的临桂县钱村古村落遗址和昭平县柴围岭（李家寨）遗址，岑溪至梧州高速公路沿线的岑溪市胜塘遗址等。

花山岩画保护工程

全国重点文物保护单位花山岩画位于宁明县耀达乡，总面积8000多平方米，共有图像1900多个，是战国至东汉时期壮族先民的遗迹。5月，针对现存花山岩画的岩壁裂隙渗水、岩石片状剥落、岩溶腐蚀、人为污染等现象，国家文物局和自治区人民政府达成协议，共同做好花山岩画的保护工作。7月，作为保护的基础工程花山登山步道建成。8月，国内岩溶地质、岩画保护及文物规划方面的知名专家对花山岩画实地考察并召开专题研讨会。11月，成立由自治区人民政府和自治区文化厅、发改委、建设厅、国土资源厅、民委、旅游局、环保局、林业局等部门，以及崇左市、宁明县政府组成的广西花山岩画保护与开发协调领导小组及办公室，全面负责和协调花山岩画保护与开发工作。同月，花山岩画近景立壁摄影完成，勘测、测绘工作开始进行。

广西民族博物馆建设

自治区重点建设项目广西民族博物馆位于南宁市青秀山风景区的文化区，计划投资总额2.5亿元，规划用地8.67公顷，建筑面积5万平方米。项目工程分两期进行。设计方案最终确定由广西建筑综合设计院承担。年内，筹建办公室全面开展工程基建和文物调查、征集、陈列展览等前期工作，施工设计方案也基本完成。12月，项目工程动工建设，预计2007年底完工并对外开放。

广西博物馆成立70周年

广西壮族自治区博物馆的前身是1934年在南宁创立的广西省立博物馆，1958年广西壮族自治区成立后改为现名。1978年，位于南宁市民族大道的新博物馆大楼建成，占地面积5万多平方米，建筑面积2万多平方米。作为博物馆室内民俗陈列展览的延伸，在博物馆大楼后面还建设了民族文物苑。馆藏文物5万多件，其中馆藏铜鼓数量居国内首位。2004年7月1日，广西博物馆举行建馆70周年庆祝活动，自治区党政领导和国家文物局、博物馆及部分省、直辖市、自治区文博单位负责人应邀出席庆祝大会。期间，举办广西文物展览和学术研讨会。《广西考古文集》、《百色旧石器》、《广西铜镜》、《广西博物馆文集》、《广西博物馆古陶瓷精粹》等专著同时出版。

重要会议和学术交流

3月，自治区副主席吴恒率广西文物管理委员会成员及各地级市分管文物工作的副市长考察龙州县、凭祥市、合浦县和北海市的文物保护工作，并召开自治区文物工作会议。4月，为规范文物行政许可和执法工作，举办自治区文物行政执法培训班，各级文物管理人员130人参加培训。11月，中国古脊椎动物学会第九届年会在南宁举行，国内外知名专家、学者共90多人参加会议。12月，由自治区党委宣传部、自治区文化厅和北海市人民政府共同举办的合浦——海上丝绸之路始发港理论研讨会在合浦举行，近百名专家学者参加会议。同月，湘、桂、黔3省（自治区）侗族文物保护工作研讨会在三江侗族自治县举行，国家文物局及3省（自治区）有关部门领导人和专家共100多人参加会议。

（四）公共图书馆

公共图书馆概况

2004年，广西有县级以上公共图书馆96个，其中自治区级2个，市级11个，县级83个。

广西图书馆改扩建

2002年10月通过自治区计委立项，2003年7月开工，建设项目投资总额5000万元。2004年11月1日，工程全部竣工并投入使用。改建后新馆主体分为阅览大楼、书库大楼、馆舍面积2.2万平方米增至3.16万平方米，可容藏书量由200万册增至400万册，阅览座位由1500

个增至3500个。阅览大楼设施更新，书库大楼业务功能增强，全馆布局更为合理，读者服务条件改善。

送书下乡工程实施

年内，自治区文化厅制定2004～2006年广西送书下乡工程实施方案，有计划地向部分贫困县和部分乡（镇）、村示范图书馆（室）赠送农村适用图书。3月，在南宁举行年度送书下乡活动启动仪式，将国家有关部门、自治区文化厅和社会各界捐赠的15.2万册图书以及第十四届全国书市捐赠的价值100万元的图书，发送河池、百色等14个市、县的154个乡（镇）、50个行政村图书馆（室）。同时投入送书下乡工程专项资金20万元，采取补助拉动方式为有关县图书馆配送图书，为农村图书馆（室）赠送农村适用图书。

文化信息资源共享工程建设

年内，广西图书馆、广西桂林图书馆与广东省相关图书馆以馆际协助、资源共享的方式联合开展“知识导航——网上参考咨询”服务，为广西文化信息资源共享工程合法利用数字化文献资源提供新的模式，丰富了文化信息资源共享的内容。全国文化信息资源共享中心广西分中心全年加工文化信息数字资源达到40G，主要有彩调剧、桂剧、壮剧、歌舞晚会、历年南宁国际民歌艺术节开幕式晚会等具有地方特色的戏剧、音乐和一批反映桂林、北海等地风情的多媒体资源。自治区文化厅完成与20个基层文化信息中心及下属网点联网，并为广西文化信息资源共享分中心和年内建立的30个基层中心配置一批设备。

图书馆宣传周活动

5月22日～29日在广西各地开展。期间，自治区知识工程办公室组织开展中国——东盟博览会知识竞赛活动，举办中国——东盟博览会知识讲座，宣传博览会及东盟10国知识。各地也结合实际，组织开展讲座、座谈和送书下乡等读书宣传活动。

读书征文活动

5月12日～22日，第十四届全国书市在桂林举办。期间，自治区知识工程办公室组织开展以“读书——永远的追求”为主题的第十四届全国书市读书征文活动，自治区内各大中专院校、机关、工厂、部队及图书馆广大读者踊跃参加，共收到征文280多篇，评出一、二、三等奖共20篇。

（五）文化产业

文化产业概况

2004年广西有文化产业机构1.6万个，从业人员6.79万人。其中，文化部门产业机构2134个，从业人员1.49万人；其他部门文化产业机构1.39万个，从业人员5.3万人。在文化部门产业机构中，国有机构1820个，集体机构44个，其他270个。

年内，自治区文化厅与清华大学联合完成《广西文化产业2005～2015年发展总体规划思路研究》课题，自治区文化厅与广西社会科学院合作完成自治区党委、政府重大课题《关于加快广西文化产业发展的实施意见》。桂林广维文华旅游文化产业有限责任公司投资建设的“刘三姐歌圩”和桂林愚自乐园获文化部授予的国家文化产业示范基地称号。自治区文化厅还举办文化产业经纪人高级培训班2期，培训140多人，并组织有关文化产业人员与授课专家互动交流，效果良好。

文化产业人才培训

2004年7月10日～13日，自治区文化厅在南宁举办广西文化经纪人高级培训班，各市文化局，文化厅直属单位及文化产业企业从业人员110多人参加培训。培训班主要结合案例进行理论分析，阐述文化经纪人在市场培育过程中的地位和作用，分析文化经纪人与文化产业发展和文化市场中的经纪技巧和艺术产品经营规律等。期间，外请专家与学员就广西文化经纪与广西文化产业发展等问题进行研讨，拓展文化产业经营人才的经营思路与经营理念。9月8日～27日，文化部委托中央文化管理干部学院为广西举办一期文化产业经营管理培训班，并对培训班实行资金补贴。33人参加培训。培训班采取专题讲座和案例分析相结合的方式，系统讲授中国文化产业概况与发展、国际文化产业、文化产业政策、文化管理等相关知识。

广西文化产业协会成立

2004年12月24日在南宁成立。首批会员单位60个。会长由桂林广维文华旅游文化产业有限责任公司副董事长梅帅元担任。该协会成立后将组织开展有利于经验交流、技术推广、产品推广、产品开发、理念策划、企业管理及市场开发的学术会、座谈会、研讨会、交流会、展览会等活动，为广西广大文化产业工作者提供一个研究、交流的平台，提高政府和文化产业企业协调、沟通的效率，推动广西文化产业的繁荣发展。

（六）文化市场管理

文化市场管理概况

2004年广西有文化市场经营单位1.66万个，其中歌舞、游戏游艺娱乐场所4967个，音像制品批发、零售、出租、放映场所6319个，互联网上网服务营业场所444.1个，演出经营单位345个，艺术品经营单位54个，其他文化市场经营单位501个，从业人员7.52万人。经营场所总面积15.69亿平方米。文化市场经营单位注册资本21.74亿元，营业收入15.06亿元，实现利润2.25亿元，缴税1.38亿元。各级文化市场行政管理机构151个，职工总数555人。

年内，广西文化市场管理以网络文化市场、音像市场为重点，加强法制化、规范化、网络化管理，促进文化市场规模化、连锁化经营。继续整顿文化市场秩序，打击非法经营活动，培育和繁荣文化市场。先后举办文化行政执法培训班2期，培训各级文化市场管理、稽查机构行政执法人员150人，主要学习课目为国务院颁发的音像制品管理条例、营业性演出管理条例、互联网上网服务营业场所管理条例、娱乐场所管理条例等。经考核，参加培训的人员全部合格，取得全国统一颁发的文化市场稽查证。

这一年，百色市文化市场管理办公室、桂林市文化稽查支队被评为全国文化市场行政执法先进集体，任保胜、石建中、刘青评为全国文化市场行政执法先进个人，余卫平评为全国学校及周边治安综合治理先进个人。广西文化市场办公室（广西文化稽查总队）、梧州市文化局、百色市文化市场管理办公室评为自治区“扫黄打非”先进集体，宁秀育、陈海良评为自治区“扫黄打非”先进个人。

音像市场管理

2004年广西进一步整合音像市场，发展音像连锁超市、电子商务等现代经营方式。年内批准注册音像批发连锁企业6家。各级文化部门相继成立音像制品鉴定委员会，加强维护音像制品著作权人、音像制品经营者和消费者的合法权益。组织开展新春统一销毁违法音像制品80多万盒（张），其中南宁市销毁27万盒（张）。5月，旨在提高青少年知识产权保护意识，以“尊重知识、拒绝盗版”为主题的第六届广西音像市场法制宣传月活动在各地展开。期间,各级文化部门出动人员5073人次，宣传车356辆次，通过张挂横幅、张贴标语和宣传画，发放资料设点提供咨询服务等形式，广为宣传知识产权保护的重大意义。年内，各级文化行政执法部门查处违法大案要案7件，查获违法音像制品39.7万盒（张）。

演出市场管理

2004年广西出台相关政策和法规，进一步规范演出市场管理，改善演出市场环境，激发社会资金投入演出市场的积极性，经营性演出项目市场运作日趋活跃。全年进入广西演出的外地表演团队380个，共演出1740场；外国表演团队18个，共演出890场次，其中进入娱乐场馆演出151场，游乐场所演出472场，剧院场馆演出225场，公园演出42场。此外，参加南宁国际民歌艺术节演出活动的有27个国家34个团队共255人。自治区演出公司全年运作商业演出109场，其中国内表演团体演出60场，涉外演出49场，缴税53万元。大型山水实景演出《印象·刘三姐》全年演出291场，观众35.5万人次，票房收入3000万元，缴税180万元。

互联网上网服务营业场所管理

2004年广西加强网吧等互联网上网服务营业场所专项整治，重点是取缔无证照或证照不全的黑网吧，整治以电脑学校、劳动职业技术培训班、电子阅览室、计算机房等名义变相经营网吧的行为，净化和规范网络文化经营行为等。通过专项整治，黑网吧猖獗的违法行为和网吧接纳未成年人的现象得到有效遏制，网吧经营业主守法经营意识得到加强，经营秩序好转，经营行为规范。开展“绿色网吧”创建活动，选择一批守法经营环境良好、技术措施过硬的网络文化经营单位作为青少年的安全放心网吧，逐步实现在禁止未成年人进入网吧方面由“堵”向“疏”的转变。

娱乐市场管理

2004年广西各级文化部门加强电子游戏、歌舞娱乐场所管理，查处电子游戏场所有奖游戏、赌博游戏等非法经营活动，基本遏制未成年人进入的现象；配合公安部门打击利用娱乐场所进行吸毒、贩毒违法活动，与公安消防部门开展娱乐场所消防安全大检查。歌舞娱乐市场步入健康发展的轨道。

（七）南宁国际民歌艺术节

大地飞歌开幕式晚会

2004年11月3日晚，中国——东盟博览会暨南宁国际民歌艺术节开幕式晚会“大地飞歌·2004”在南宁民歌广场举行。出席晚会的中外领导人有中国国务院副总理吴仪，柬埔寨首相洪森，老挝总理本南，缅甸总理梭温，泰国副总理比尼，越南副总理范家谦，中国政协副主席李兆焯、黄孟复等。南宁市市长林国强主持开幕式，自治区党委副书记、南宁市委书记李纪恒致开幕词，自治区主席陆兵宣布开幕。晚会由董卿、任鲁豫主持。一曲高亢悠长的《山歌情》拉开晚会序幕。《抛绣球》、《黄扬扁担》、《思情鬼歌》、《五洋》、《赶牲灵》、《太阳出来喜洋洋》、《幸福歌》等中国民歌被来自全国各地及广西的歌手全新演绎，带来阵阵清新之风；奥地利维也纳国家民族歌剧院合唱团的20多位洋“阿牛”和一群地道的广西“黑衣壮”姑娘对起山歌，而维也纳国家民族歌剧院合唱团的女演员们则和陕北的乡土歌王赵大地对起《想亲亲》，中西合璧迸发闪亮的火花；印度尼西亚小歌后Christine的《宝贝》、瑞典女歌星艾米利亚的《大大的世界》、澳大利亚罗伯逊兄弟的《这里》以及摩尔多瓦舞蹈团的《乡村霍拉舞》等，赢得全场喝彩；张学友的《爱是永恒》、沙宝亮和宁静的《藤缠树》、孙楠的中国——东盟博览会会歌《相聚到永久》，引起全场观众的共鸣；著名歌唱家宋祖英激情捧出的《龙的情怀》把晚会推向高潮。晚会在宋祖英和维也纳国家民族剧院合唱团等合唱的《大地飞歌》歌声中落幕，历时近4个小时，中外观众5万多人。

风情东南亚·相聚南宁晚会

2004年11月2日晚在南宁南湖南广场举行。由南宁市人民政府与阳光文化媒体集团共同主办，杨澜、程前主持。自治区领导人曹伯纯、马庆生、郭声琨、李纪恒、辛荣国等出席。这场民族艺术盛会自始自终贯穿着“风情——相聚”的主题，突显“欢聚、风情、迎宾”的特色，汇集东盟10国的众多艺术家以及各国原汁原味、独具风格的文艺精品。晚会在蓝色、绿色、金色3个板块中，强调了东盟各国共同的海洋、丛林、阳光特性，传出和平、友谊、团结、合作、发展的信息。其中，印尼的《眼镜舞》、菲律宾的《伊哥洛特人》、老挝的《素旺情歌》、马来西亚的《缤纷舞彩图》、泰国的《哆来咪》、缅甸歌舞《新米节》等，给观众耳目一新的感觉。中国影视歌星戴娆、歌坛新秀阿朵以及西藏的“哈拉玛”组合、新疆的艾尔肯乐队等，把浓郁的中国民族风情呈献给观众。歌星眉佳的《女人花》，姜育恒的《跟往事干杯》、《驿动的心》、《再回首》，李玟的《月光爱人》、《想你365天》、《So Crazy》一次次地点燃观众的热情。晚会在偶像派歌手满江、冯瑞丽重新演绎的主题歌《阿伊莎娜·妮娅》歌声中结束，历时3个小时，观众近2万人。

东南亚国际时装秀

2004年11月4日晚在广西体育馆举行。由南宁市人民政府和中国服装协会共同主办。60名来自马来西亚、泰国、越南、印度尼西亚、韩国、新加坡以及中国新丝路模特公司的模特为近万名观众献上一台充满东南亚韵味的时装表演。晚会在广西黑衣壮原生态无伴奏合唱团姑娘一曲《酒歌》歌声中开场。在“风情——东盟魅惑”板块中，马来西亚、越南、泰国、印度尼西亚的服装设计师以巧夺天工的剪裁，向观众展示多姿多彩的东南亚服饰文化；在“风尚——时尚先锋”板块中，韩国著名设计师金铃珠以自然、飘逸的风格对服装时尚进行诠释和表达；在“风尚——与世同行”板块中，中国内地和香港、澳门的时装设计师以中华民族的服饰文化底蕴，展现中国服装的时尚品位；在“风行——希望之城”板块中，历届新丝路中国模特大赛总决赛的冠军悉数登场，亚洲“美皇后”、中国名模李冰、吴英娜、关琦以及来自东南亚地区和亚洲其他国家的模特同台亮相，豪华炫目的时装、气质不凡的模特让观众目不暇接。晚会在黑衣壮原生态无伴奏合唱团表演的原生态四声部侗族大歌《蝉之歌》歌声中结束，历时1个半小时。

摩尔多瓦之夜晚会

2004年11月5日晚在南宁剧场举行。自治区领导人刘奇葆、潘琦、李纪恒、李金早与摩尔多瓦文化部官员、南宁市有关领导以及中外观众2000多人一起欣赏这台具有浓郁民族气息的音乐歌舞晚会。晚会由来自东欧的摩尔多瓦笛子国家歌舞团演出，以管弦乐演奏和民族歌舞为主，富有活力的民族舞蹈和动人的音乐，让邕城观众赏心悦目。晚会历时近2个小时。

中华情·中国——东盟博览会盛典之夜大型演唱会

2004年11月6日晚在广西体育场举行。由自治区人民政府和中央电视台共同主办，中央电视台海外中心、广西电视台承办，胡瓜、梦桐、李朝珍、刘欣共同主持。自治区领导人曹伯纯、陆兵、马庆生、刘奇葆、马铁山、潘琦、李纪恒、岳世鑫等出席。晚会以“热情友好、自强开放、沟通融合、协调发展、展望未来、拥有共同的明天”为主题。广西青年歌手肖燕一曲《美丽的广西》拉开晚会大幕。来自广西壮族、瑶族和台湾高山族等少数民族的歌手演唱的《漓江情》、《站在高岗上》、《听花山》等地方特色浓郁的歌曲，让观众领略到多姿多彩的少数民族风情。无论是老牌歌手文章演唱印尼民歌《梭罗河》，还是来自马来西亚的著名歌星阿牛演唱的《用马来西亚天气说爱你》，都洋溢着浓郁的东南风情。台湾歌手周传雄的《我的心太乱》、《记事本》，香港艺人张柏芝的《星语心愿》、《夸张一夜》、《忘了忘不了》，黎明的《心在跳》、《越夜越有机》，点燃现场5万名观众一浪接一浪的热情。晚会在主题曲《中华情》歌声中谢幕，历时近3个小时。

南宁·东南亚国际旅游美食节

2004年10月30日~11月7日在南宁青秀山美食广场举行。本届美食节专门开辟一个8000平方米的美食广场，并特别设立泰国园、缅甸园、新加坡园等主题园区，展示东南亚美食文化和餐饮特色。在东南亚美食园内，游客一边大啖美食，一边还能欣赏到地道的异国风情歌舞。美食节共设展位188个，有200多家餐饮企业参展，吸引游客17万多人次，喝掉啤酒30多吨，吃掉烤全羊700多只，销售总额达到400多万元。美食节创造两项世界之最：一是建造世界最长的竹制风雨桥（总长521米）；二是一人烤100只全羊（一名厨师一次烧烤100只全羊半成品）。

美丽壮锦大型歌舞晚会

2004年11月4日晚在南宁人民会堂举行。晚会精选历届南宁国际民歌艺术节精品原创歌曲，并挖掘一批韵味极浓的壮族多声部民歌，用小韵、水情、乡梦、飞歌4个篇章把八桂大地的山、水、歌、舞贯穿起来，表现广西壮族人民勤劳勇敢、能歌善舞的民族风情和精神面貌。晚会精心编排了《壮家山歌迎太阳》、《凤凰飞来铜鼓响》、《美丽神奇的地方》、《山歌年年唱春光》、《梦壮乡》、《壮乡春早》、《大地飞歌》等19组歌舞，让观众领略了壮族的独特、多彩的风情以及民俗文化、汉语、壮语相结合的壮族山歌演唱方式更是让人耳目一新。晚会历时2个多小时，观众近2000人。

中国——东盟博览会焰火晚会

2004年11月5日晚在南宁江滨休闲公园举行。绚烂绮丽的11颗“流星”烟花(寓意东盟和中国“10+1”)划破夜空，拉开晚会第一幕“五洲宾朋聚绿城”的亮丽面纱。接着，300米宽的跨江双层瀑布焰火从邕江大桥飞流直下，绚丽多姿，动人心魄。随着晚会第二幕“携手同创新纪元”和第三幕“中国——东盟更辉煌”的拉开，3万多枚礼花弹时徐时急升腾，绽放在邕江上空，其造型或似金蛇狂舞，或似龙腾虎跃，流光溢彩，令人目不暇接。38分钟的焰火将南宁夜空装扮得五彩缤纷、璀璨迷人。

自治区文化厅机构设置

广西文化厅机关设有11个处(室)：办公室(挂对外文化联络处的牌子)、人事教育处、计划财务处、艺术处、社会文化处、文化市场处、文化产业处、文物处、离退休人员工作处、机关党委、纪检监察室。此外，还有自治区审计厅派驻的文体新闻处。

海 南 省

文化艺术

文化基础设施建设

总建筑面积25000平方米、概算投资11450万元的海南省图书馆，主体工程于9月30日全部封顶，网络与数字化工程初步设计和装修工程设计方案已经专家组评审确定，将于近日进入施工，整个工程计划于明年底竣工交付使用。各市县基础文化设施建设取得成效，文昌市文化馆综合大楼、临高县文化图书大楼建成投入使用，儋州市图书馆、澄迈县图书文化综合楼年内完成基建工程。

海南礼仪歌舞创作推广

3月，省委宣传部、省文化广电出版体育厅组织海南省礼仪歌舞创作组一行15人赴临高、儋州、保亭等地进行环岛采风活动。采风结束后，创作组集中进行了封闭式创作，推出了《海南欢乐歌》、《海南欢乐舞》等一批优秀的具有浓郁海南乡土特色的礼仪歌舞作品，在全省引发了礼仪歌舞表演的热潮。

“群星奖”评奖活动

5月，举行海南省参加全国第十三届群星奖舞蹈、音乐、戏剧、曲艺选拔大赛，参赛作品328个，评出一等奖7个，二等奖9个，三等奖27个，优秀奖285个，组织工作奖17个，辅导奖85个。6月，举行海南省参加全国第十三届群星奖美术书法摄影作品选拔大赛，参赛作品887件，评出一等奖7个，二等奖15个，三等奖23个，优秀奖57个，入选奖89个，佳作奖5个。9月，选送表演类节目19个、美术摄影书法作品27件参加在浙江举办的全国第十三届“群星奖”评奖活动，获群星奖1个，优秀作品奖2个，组织奖4个。其中海南省群众艺术馆杨许耀的摄影作品《网中情结》获得群星奖，填补了海南省摄影作品未获得全国群星奖的空白。

广场文艺展演

4月，省委宣传部、省文化广电出版体育厅联合在澄迈县绿地广场成功举办了2004年海南省东西南北中广场文艺展演。本次展演参赛节目61个，作品内容丰富、形式多样、特色突出，具有较高的艺术水平。经评比，共评出一等奖11个，二等奖20个，三等奖22个，创作奖8个，组织工作奖6个。

社区文化建设

全省各级文化部门共开展各类文化进社区活动600多场次。推荐《百姓的菜篮》、《快乐的摩登》、《月光洒落的地方》3个文艺节目参加全国第三届“四进社区”文艺展演评比，获金奖1个，铜奖2个。海口市龙华区滨濂村社区、琼海市嘉积镇登仙岭社区、儋州市那大镇东风社区3个社区被评为全国群众文化先进社区。

老年文化教育

7月，海南省老年文体大学在海南省群众艺术馆设立分校。10月，海南省老年文体大学选送的舞蹈节目《捡螺舞》和《逸情南山》，参加2004年全国部分省市中老年文艺表演邀请赛海南赛区选拔赛，分获二等奖和三等奖。这两个节目将代表海南省参加11月举行的全国总决赛。中国部分省份老年才艺邀请赛在海口举行。

海南省民族民间文化保护工程启动

9月底，制定出台《海南省民族民间文化保护工程实施方案》，成立海南省民族民间文化保护工程领导小组、专家组和省级中心，在全省启动海南省民族民间文化保护工程。10月，海南省民族民间文化保护工程省级中心设在海南省群众艺术馆。

文化下乡

全省送戏下乡820场、送书下乡202万册（含有偿）、送电影下乡1550场（含收费），超额完成今年文化下乡工作任务。省歌舞团先后到西沙群岛、琼海、文昌、定安等市县（驻军部队）演出歌舞节目50场，观众5万多人次；省民族歌舞团与省汽车运输总公司合作开展送戏下乡，先后到三亚、万宁、陵水等10个市县、部队进行巡回演出15场，观众近10万人；省琼剧院赴文昌、定安、澄迈等9个市县为农民群众演出294场，观众20多万人次；省群众艺术馆赴白沙、昌江、东方等11个市县巡回演出17场，观众6万多人次。省新华书店送书下乡近100万册（含有偿），向琼海市会山镇赠送了价值近5万元的图书；海南出版社、南海出版公司、南方出版社共捐送下乡图书2000多册。保亭县先后组织200多部电影拷贝投放农村放映，全县放映电影300多场，观众40多万人次。在全国文化、科技、卫生“三下乡”评选表彰中，保亭县文化广电出版体育局获先进集体称号，儋州市唐宝山山歌剧团团长唐宝山获先进个人称号。

乡镇文化站基本情况调查

7月~9月，省文体厅和省委宣传部有关处室联合开展了全省乡镇文化站基本情况调查。通过调查，摸清了各市县乡镇文化站的基本情况和存在问题，为下一步制定海南省市县乡镇文化站发展规划和政策提供了依据。

文化信息资源共享工程

设在省图书馆四楼的全国文化信息资源共享工程海南省分中心，已进入网络与数字化工程初步设计和装修设计阶段，预计将于明年底交付使用。海口市基层中心已挂牌成立，乐东县图书馆、海口市图书馆开设图书网站，三亚市图书馆、乐东县图书馆和海口市琼山区图书馆设立了多媒体阅览室。

图书馆评估定级

6月~8月，对全省15个县级以上公共图书馆（儋州、琼海、琼中、临高4个市县图书馆因建馆等原因未能参加评估）进行评估定级。经评估，海口市图书馆634分，三亚市图书馆603分；全省县级馆750分以上2个，600分以上2个，530分以上5个，430分以上2个，370分以上2个。

图书馆宣传周系列活动

5月~6月，在全省普遍开展了“图书馆宣传周”、“图书馆服务进社区”、“全民读书月”活动，加大了对“十六大”精神和先进文化的宣传，开展了图片展览、新书目介绍、演讲会、读书征文、服务进社区、进军营等活动，建立“流动图书点”，取得了良好的社会效益。

舞台剧《根本利益》公演

由我国旅欧剧作家阿丁编剧和执导、海南省群众艺术馆组织排演的海南省首部舞台剧《根本利益》在海口市人大会堂公演，8月~11月赴各市县巡回演出，受到好评。该剧根据何建明同名长篇报告文学改编，是一部从“三个代表”重要思想高度出发，以活生生的生活现实，正面描写党群关系、党的作风建设，并把反腐斗争和党风廉政建设结合起来，为维护广大人民群众的根本利益而大声疾呼的艺术作品。对全省广大党员、干部起着积极的教育作用。

舞蹈

1月15日，省民宗厅、省妇联、省协联合在陵水县香水湾举办“黎族服饰形象小姐大奖赛”，来自全国各地41位黎族佳丽参赛，来自昌江县的钟霞获冠军，海口市琼山区的王雪纯获亚军，陵水县的郑小燕获季军。此次比赛开创了国内形象小姐比赛新标准，不强调选手的身高，而侧重其综合素质。2月8日，省舞协理事颜业岸辅导的舞蹈《边关沉月》，会员张侃、李思辅导的舞蹈《玉魂》在“全国首届中小学艺术展演”中均获表演一等奖。3月，省舞协主席蒙麓光获全国“三·八红旗手”称号。7月28日~8月3日，省舞协会员李穆英率“小椰花”舞蹈团赴天津参加中国人民对外友好协会和天津市政府联合主办的“2004年天津国际少儿文化艺术节”。8月2日，省舞协会员刘汝丹编导的少儿集体舞《快乐摆摆摆》获“蒲公英艺术新人选拔大赛”一等奖；8月14日，省舞协会员王英玉、王淑兰编导的舞蹈《同乐》、颜业岸编导的舞蹈《春华秋实》同获“‘红舞鞋杯’ 全国首届校园舞蹈大赛”表演一等奖；8月18日，省舞协会员辜杰红编导的舞蹈《午间乐》获“全国首届儿童舞蹈录像大赛”创作、表演铜奖。9月中旬，王英玉、王淑兰编导的少儿舞蹈《鸡娃娃》获央视《舞蹈世界》栏目“舞林传奇比赛”最佳表演奖；9月25日~26日，应第七届中国艺术节组委会特邀，舞蹈《达达瑟》作为节目展演剧目参加演出。

戏曲　音乐

2004年，对海南黎族歌舞诗《达达瑟》进一步精品化，并向文化部申报2004~2005年度舞台艺术精品工程奖。省琼剧院创作排演省重点剧目、新编历史琼剧《鉴真大和尚传奇》，经进一步修改提高，拟参加“五个一工程”申报。根据市场需求创作现代琼剧《冼娘子》、《枯涩的爱》、《椰海开始的动荡》等3个剧本。省歌舞团创作的《椰叶弯弯》、《我在海南过大年》等具有海南特色的10多个歌舞音乐新节目在海内外演出，指导创作的重点作品《海之南·火山》舞台脚本完成。组织琼剧《鉴真大和尚传奇》创作演出研讨会、《冼娘子》剧本研讨会，举行海南黎族歌舞诗《达达瑟》赴杭州祝贺展演新闻发布会，并在《中国文化报》、《人民画报》“海南风采”特刊、《海南日报》、海南电视台等10多家新闻媒体进行宣传报道，制作《达达瑟》、《鉴真大和尚传奇》宣传光盘。

2004年，海南省在全国获奖主要有：在全国“蒲公英”艺术新人选拔大赛中，省艺校声乐专业应届毕业生陈媚媚获青年组通俗唱法金奖，舞蹈专业应届毕业生杨蜜获舞蹈类青年组金奖，两位学生的指导老师杨俊鹏、彭玉明获园丁奖。在文化部等主办的“蚁力神杯”全国戏曲戏剧院校（中南片）大赛中，省文化艺术学校参赛的琼剧片段《常青指路》获一等奖、《红叶题诗·还扇》获二等奖，林飞获主角三等奖，吴巧音获优秀奖，孙陈、邓秀蓉获园丁奖。在中国文联、中华全国总工会、国务院国有资产监督管理委员会、中央电视台联合主办的庆祝建国55周年全国产业（企业）文艺展演中，省民族歌舞团排演的《海汽·椰风》专场歌舞晚会获金奖。歌舞节目《巴姐风采》获“优秀新作奖”，苏燕获“优秀主持人奖”。在文化部举办的“第四届全国文艺集成志书编撰出版成果表彰暨总结大会”上，省文体厅获“组织工作奖”，符策超、戴英杰获“特殊贡献个人奖”，陈世文、张拔山、谢成驹、周经魁等14人被评为先进个人。

文艺演出活动

省内文艺团体圆满完成省委、省政府交给的各类演出任务。全年政治性和会展业演出主要有：1月，组织演员参加由省委宣传部主办、省文体厅协办的“2004‘航天之歌’海南新年交响音乐会”，省四套班子领导和近3000名观众欣赏了音乐会；省歌舞团参加“2004海南省级干部春节团拜会”文艺演出。3月，省歌舞团、省民族歌舞团、省琼剧院140多名演职员参加“第八届世界乡团联谊大会”博鳌专场演出。4月，省歌舞团、省艺校等单位参加由省委宣传部、省文体厅、椰树集团主办的“海南省庆‘五一’暨刘媛媛个人演唱会”。7月，省歌舞团、省艺校等单位参加由省委宣传部和省文体厅主办的“海南省庆祝建党83周年暨纪念邓小平诞辰100周年”文艺晚会。8月，组织4个演出小分队分别随省委、省人大、省政府、省政协的海南省“八一”建军节“情暖子弟兵”慰问团赴海口、文昌、定安、琼中、三亚等地驻琼军警部队进行慰问演出。9月，省歌舞团、省艺校、省琼剧院等单位40多名演职员为省发改厅组织召开的“全国加快公共两个体系建设工作会议”会议代表演出歌舞专场。10月，省歌舞团、省艺校等单位参加由省委宣传部、省文体厅、海口市委宣传部、海南广播电视台联合主办的“海南省暨海口市庆祝建国55周年文艺晚会”演出；11月，组织全省11个市县、340多名演职员参加由省民宗厅和省文体厅主办的“全省首届少数民族文艺调演”，此次比赛设音乐创作奖、编导奖、声乐演唱奖、舞蹈作品奖及团体奖等多个奖项，22名演员获优秀演员奖；省歌舞团、省艺校、海口市经济技术职业学院、亚安舞校、海南中学、保亭县民族舞团等单位900多名演员参加“首届中国青年欢乐节暨海南岛第五届欢乐节开幕式”演出；省歌舞团30多名演职员赴博鳌为“中国科协2004年学术年会海南省政府招待会”演出；省歌舞团为来自世界各地参加“海内外华人商会交流会”的500多名会议代表演出海南民族风情歌舞节目；省歌舞团为海南师范学院5周年院庆进行海南黎族歌舞诗《达达瑟》专场演出；省歌舞团、省艺术学校等单位为参加“文明礼赞”精神全国农村文明建设工作交流会演出。

文物考古

概况

2004年，完成全国重点文物保护单位五公祠海南第一楼，丘濬故居，省级文物保护单位聚奎塔，市、县级文物保护单位郭母李太夫人王夫人纪念亭的维修；完成本省“十一五”文物保护项目和经费需求规划的制定；完成本省第四批、第五批全国重点文物保护单位记录档案的备案；完成由省委宣传部组织的“文化产业发展战略与体制改革课题”之子课题“文博业”的研究；成立省文物保护管理办公室专家组，调整省文物鉴定专家组成员；完成崖城历史文化名镇文物保护规划、全国重点文物保护单位东坡书院保护规划、中和古城保护规划、省级文物保护单位陵水县苏维埃政府旧址保护方案的编订；完成全国重点文物保护单位落笔洞遗址保护展示规划并通过省级评审上报。年内，澄迈县获“全国文物工作先进县”称号，受到文化部和国家文物局表彰。

单霁翔来琼调研

2月27日~29日，国家文物局局长单霁翔在文化部办公厅主任李景和和国家文物局办公室主任彭常新等同志陪同下，对海口市、文昌市、琼海市和三亚市进行了为期2天的工作调研。海口市市长陈成同志向单霁翔同志汇报了近年来琼山历史名城的保护和更名的准备工作情况。单霁翔同志肯定了海口市为历史名城保护所做的工作和努力。在调研期间，单霁翔分别就名城保护、博物馆建设、文物保护等问题与省、市、县领导交换了意见。

沿海水下文物调查培训班

沿海水下文物调查是国家水下考古“十五”计划的重要项目之一，为配合此项目的推进和实施，海南省拟于今年上半年开展全省沿海地区水下考古调查工作。为了做好沿海水下文物的普查工作，省文管办在2月19日~20日在琼海市举办了沿海水下文物调查培训班，邀请国家博物馆水下考古学研究中心及省内文物鉴定专家讲授水下考古知识，沿海地区博物馆和有关乡、镇文化站的负责同志共33名学员参加培训班。

澄迈福安窑址发掘

3月~4月，省文物保护管理办公室、省博物馆（省文物考古研究所）组织对澄迈县山口乡福安村福安窑址进行了第二次发掘清理工作，发现残窑4座，出土罐、碗、碟、杯、盘、钵、盏、壶、香炉、烟斗、匣钵、博弈器和垫具等文物2000多件，为研究当时海南民窑的形制结构和烧造特点及探讨当时的经济文化生活提供了科学资料。

大隆水库淹没区考古调查

8月，为配合省重点工程大隆水库水利枢纽工程建设，根据大隆水库指挥部的请求，依照《中华人民共和国文物保护法》的有关规定，省文管办指派省博物馆（省文物考古研究所）对大隆水库淹没区进行了文物调查。考古调查队在三亚市天涯镇的大龙村、二龙村、崖城镇的从毛村、扎青村、三毛村、乐东县保国农场25队发现零星的新石器时代石器和清代陶瓷器残片和铜钱，但未发现具有学术研究价值的文化堆积层，淹没区地面也未发现有文物价值的遗存。该项工作的开展为工程顺利进行提供了条件。

第六批全国重点文物保护单位申报工作

9月~12月，省文物保护管理办公室组织完成本省陈道叙周氏墓、灵照墓、陵水县苏维埃政府旧址、甘泉岛唐宋遗址、北礁沉船遗址、海口近现代建筑群、秀英炮台、蔡家宅、韩家宅、宋氏祖居、儒符石塔、伊斯兰教徒古墓群、母瑞山革命根据地旧址、文昌学宫、溪北书院、儋州古城、临高角灯塔、郭母李太夫人王夫人纪念亭、神霄玉清万寿宫诏碑、珠崖岭城址、东山岭摩崖石刻群和李硕勋烈士纪念亭等22处文物申报第6批全国重点文物保护单位的工作。

博物馆

概 况

全年接待观众约45万人，门票收入约180万元。组织开展全省馆藏文物腐蚀损失调查，为有效保护提供依据；完成省博物馆临时库房、定安县博物馆的安防工程并开始试运行；选送文物16套39件参加泛珠三角区域文化合作项目“珠联璧合——泛珠三角文物精品联展”；完成全省馆藏一级文物记录档案备案工作；为海口市公安局美兰分局鉴定涉案钱币一批；接收省高级人民法院移交的三级文物铜佛像一尊。

“5·18国际博物馆日”宣传活动

5月18日前后，省文物保护管理办公室以纪念“5·18国际博物馆日”宣传活动为契机，围绕“博物馆和非物质遗产”主题，开展对“保护为主、抢救第一、合理利用、加强管理”的文物工作方针和《文物保护法》的宣传，呼吁各级政府和全社会关注支持文物工作，共同保护本省历史文化遗产。这次活动内容包括：省委领导视察五公祠、府城文庙大成殿、鼓楼、古城墙、丘濬故居、一大旧址等各级文物单位；邀请文博界专家、收藏家、文化界名流召开文物工作座谈会，为海南文物事业献计献策；开展广场文物法律咨询图片展览，邀请文博界、法学界人士免费提供文物法律服务和文物鉴定服务；免费发放《中华人民共和国文物保护法》单行本，制作宣传车上街宣传；在全国重点文物保护单位五公祠露天演奏海南民乐、中国民乐等。5月18日，五公祠、海瑞墓、丘濬故居、中共琼崖一大旧址等所有具备开放条件的博物馆、纪念馆、革命旧址全天免费开放。

重点博物馆

海南省博物馆（海南省文物考古研究所）顺利完成了临时文物库房的搬迁，使博物馆的文物登记建档和鉴定定级等基础工作得以正常进行；组织文物16套39件参加泛珠三角区域文化合作项目“珠联璧合——泛珠三角文物精品联展”；配合省博物馆工程的前期工作，多次召开论证会讨论陈列主题方案，初定南海水下考古、黎族棉纺织工艺、海南历史文明之光、特区成就展、地方戏曲（琼剧、临高木偶、儋州调声、黎族鼻萧等）、琼崖纵队和华侨史等6个基本陈列，为下一步陈列主题的论证打下了基础；对澄迈福安古窑址进行了第二期考古发掘；配合9+2文物精品展，征集了一批黎族服饰和地方文物，征集并拍摄了海南树皮布及制作过程；根据省领导批示，接受胡绳家人捐献古字画1件；完成《中国文物地图集·海南分册》的修改补充和完善工作。

海南省民族博物馆　深入乐东县、五指山市的部分乡镇村，开展文物普查工作，征集部分珍贵的文物；完成第一期馆刊样书的编辑工作；调查研究黎族土司制度和传统丧葬习俗；与日本国立历史民俗博物馆、中央民族大学民族学研究院签订《中国海南省民族地区关于人与自然共存的研究》课题的合作协议书，并正式启动调查研究工作；与中国民族博物馆签订了《关于民族文物征集、研究的合作协议书》；做好《黎族文物图典》拍摄、编写的前期准备工作。

海口市博物馆　全年接待观众约27.7万人次，门票收入157万元。历史文化名城更名申报系列工作取得重大进展：组织完成历史文化名城更名申报材料（文字、图片、音像等）的编写，完成历史文化名城保护管理办法草拟，协助市规划局历史文化名城保护规划纲要编制，协助历史文化名城专著《海口史略》和画册《历史文化名城——海口》；顺利完成对琼山市博物馆划转接收和对原琼山市47处文物保护单位进行管理接收工作，确保了文物的安全；完成全国重点文物保护单位丘濬墓的扩建详细性建设规划编制工作；开展对全国重点文物保护单位丘濬故居及墓、海瑞墓和中共琼崖第一次代表大会旧址的安防设计委托工作；协助市文体局处理"市保"单位天后宫保护工作、吴贤秀墓保护用地和陈公墓异地搬迁保护；开展对"市保"单位琼山学宫（文庙）大成殿的保护维修方案设计工作；征集明代碑座1件，清代碑刻1方，发现待征集宋代宣和御碑碑座1件。

海南省全国重点文物保护单位名单

序号	类别	名称	时代	地址
1	古遗址	落笔洞遗址	旧石器时代	三亚市
2	古墓葬	海瑞墓	明	海口市
3	古建筑	美榔双塔	元	澄迈县
4	古建筑	丘濬故居及墓	明	海口市
5	古建筑	东坡书院	明、清	儋州市
6	古建筑	五公祠	宋～清	海口市
7	近现代重要史迹及代表性建筑	中共琼崖第一次代表大会旧址	1926年	海口市

海南省文物保护单位名单

序号	类别	名称	时代	地址
1	古遗址	大港村遗址	新石器时代	陵水县
2	古遗址	石贡遗址	新石器时代	陵水县
3	古遗址	付龙园遗址	新石器时代	东方市
4	古遗址	甘泉岛唐宋遗址	唐、宋	西沙群岛
5	古墓葬	伊斯兰教徒古墓群	唐、宋	三亚市
6	古墓葬	军屯坡珊瑚石椁古墓群	唐	陵水县
7	古墓葬	唐胄墓	明	海口市
8	古建筑	儒符石塔	南宋～元	海口市
9	古建筑	龙梅太史坊	明	定安县
10	古建筑	聚奎塔	明	琼海市
11	古建筑	文昌学宫（文庙）	清	文昌市
12	古建筑	临高学宫（文庙）	清	临高县
13	古建筑	崖城学宫（文庙）	清	三亚市
14	古建筑	府城鼓楼	明、清	海口市
15	古建筑	琼台书院奎星楼	清	海口市
16	古建筑	儋州古城	明、清	儋州市
17	古建筑	王氏宗祠	清	定安县
18	古建筑	胡氏宗祠	清	定安县
19	石窟寺及石刻	宋徽宗“神霄玉清万寿宫诏”碑	宋	海口市
20	石窟寺及石刻	东山岭摩崖石刻群	宋～近代	万宁市
21	近现代重要史迹及代表性建筑	陵水县苏维埃政府旧址（琼山会馆）	1927年	陵水县
22	近现代重要史迹及代表性建筑	陵水县农民协会旧址（顺德会馆）	1926年	陵水县
23	近现代重要史迹及代表性建筑	云龙改编旧址	1938年	海口市
24	近现代重要史迹及代表性建筑	中共琼崖特委琼崖纵队总部旧址	1945年	儋州市
25	近现代重要史迹及代表性建筑	冯白驹故居	现代	海口市
26	近现代重要史迹及代表性建筑	杨善集故居	现代	琼海市
27	近现代重要史迹及代表性建筑	王文明故居	现代	琼海市
28	近现代重要史迹及代表性建筑	冯平故居	现代	文昌市
29	近现代重要史迹及代表性建筑	宋氏祖居	清末	文昌市
30	近现代重要史迹及代表性建筑	张云逸故居	现代	文昌市
31	近现代重要史迹及代表性建筑	秀英炮台	清	海口市
32	近现代重要史迹及代表性建筑	日军侵琼田独死难矿工遗址	现代	三亚市
33	近现代重要史迹及代表性建筑	日军侵琼八所死难劳工遗址	现代	东方市

文化市场

2004年，全省有文化市场经营单位3540家，其中，音像制品经营单位1000家，网吧860家，图书批发、零售、出租点310家，歌舞娱乐场所535家，电子娱乐场123家，电影发行、放映单位208家，营业性演出团体73个，营业性演出场所69家，台球室126家，保龄球馆10家，旱北海场7家，印刷厂256家。为规范文化市场经营秩序，为未成年人创造良好的社会文化环境，根据国家有关部门部署，开展网络、音像、娱乐、"扫黄打非"等专项整治。全年出动执法检查人员近10万人次，检查文化市场经营场所、单位3万多家次，停业整顿、取缔非法经营场所236家，查缴各类非法书报刊15万多份。文化市场立案920多宗，结案730多宗，罚款近120万元。举办建省以来首次"扫黄打非"成果展览。开展演出活动5300多场次。

娱乐演出市场

进一步规范电子游戏经营秩序。6月，开展全省电子游戏经营场所专项整治活动，重点打击和防止利用电子游戏机进行变相赌博的现象。鼓励和扶持演出市场，支持国内外精品演出。举办"红色经典"、"云南映像"、"殷承宗钢琴独奏音乐会"、"蝴蝶是自由的"、"卓依婷演唱会"，以及星级酒店驻店涉外演出5300多场，引进演出团体350多个。打击和抵制包括人体彩绘在内的各种色情表演活动，拒绝在海南举办格调不高争议较大的中国西部人体模特大赛总决赛，维护健康的市场秩序。倡导歌舞娱乐场所禁止未成年人进入活动，配合公安部门打击娱乐场所"黄、赌、毒"行为。

音像市场

着重加大对盗版音像制品的日常检查和音像连锁的巩固推动。开展全省音像市场法制宣传活动。重点研究音像连锁"统一配送"等难点问题，突出对大案要案的执法力度。5月9日，海口市琼山区文体局、区公安分局和省文化市场稽查总队联合行动取缔1家淫秽出版物批发窝点，收缴淫秽书刊650册、淫秽光碟8000多张。5月25日，省文化市场稽查总队在海口查获3个非法出版物批发窝点，收缴非法图书5450册、盗版VCD7712张，是全省年内查获的最大一宗非法出版物案。6月4日，海口市文化稽查大队在几所学校附近查获不良口袋本图书3000多册。3月31日，根据文化部收到的儋州市存在盗版光盘批发的举报，省文化市场稽查总队依法对儋州亿客隆音像店进行检查，查获《碟圣》、《金曲经典》等CD、VCD盗版光盘1.31万盒（张），有力打击了盗版音像制品行为。

网络文化市场

3月初下发《关于贯彻落实全省网吧等互联网上网服务营业场所专项整治方案的通知》重点整治网吧接纳未成年人、超时经营等行为。4月26日～30日，在全省开展网吧专项整治统一行动周活动，8月23日～27日，在全省开展清查学校周边200米违规网吧，责令海口联通网苑等8家网吧限期搬迁。依托社会参与和媒体监督健全整治机制。省文化市场稽查总队与《南国都市报》联合向社会聘请280多名义务监督员，在全国首创网络社会义务监督员制度。专项整治期间，文化市场稽查部门检查网吧9000多家次，查处违规网吧600多家次，登记保存设备1300多件，罚没款90多万元，吊销"网络文化经营许可证"20多家、停业整顿140多家，向工商部门移交"黑网吧"140多家。通过整治，接纳未成年人进入、超时经营等突出问题得到有效遏制。

对外文化交流

2004年，全省对外文体交流43个项目，521人次。其中本省团体和个人赴外交流26项，316人次，涉及143个国家和地区；来访17批，205人次，涉及19个国家和地区的团组和个人。从类别分，文化艺术考古类28项，433人次；体育类10项，65人次；广电类3项，16人次；新闻出版类2项，7人次。

出访

全年赴外交流26项，316人次，涉及14个国家和地区。主要有：2月，省文体厅厅长徐庄等一行7人赴法国、荷兰、比利时、德国、奥地利5国考察数字电视。5月27日海南影业公司一行3人前往泰国联系拍摄电视剧《湄南河，清澜湾》等事宜。5月29日~6月4日，省琼剧院一行40人赴香港进行文艺交流活动。6月3日，付利随国家体育总局组团赴日本参加第25届世界业余围棋锦标赛。7月2日，成得利华等2人随国家体育总局组团赴泰国参加第18届亚洲保龄球锦标赛。8月5日~15日，省琼剧院二团一行56人赴泰国进行文化交流演出。8月8日，省文体厅厅长徐庄前往希腊执行奥运会工作任务。8月24日~9月2日，体育彩票业务交流。9月9日~18日，省歌舞团姜影随宣传组团赴马来西亚参加中国与马来西亚建交30周年庆典演出。9月17日~24日，省文体厅叶志春经香港赴台湾参加游泳和救助研讨会。9月20日~10月20日，省文化艺术学校陆宇圣随省教育厅组团赴欧洲考察。9月26日~27日，省文体厅副厅长陈亚俊一行3人赴香港洽谈建立琼港文化体育合作交流有关事宜。10月30日~11月13日，省文体厅副厅长周忠良一行6人赴英国、德国考察。11月3日~13日，由省琼剧院、海口琼剧团、省文化艺术学校部分演员组成“中国海南琼剧团”一行43人赴新加坡参加海南会馆琼州天后宫成立150周年庆典活动。11月13日~17日，马仲川随省外宣办赴香港参加“海洽会”媒体宣传策划。11月14日~18日，省歌舞团一行25人赴香港为“海洽会”演出。11月14日~16日，省文体厅陈亚俊、陈文宝赴香港分别参加“海洽会”和亚洲文化合作论坛。11月16日~25日成丽华等2人赴荷兰参加世界十瓶保龄球队标赛。12月5日~12日，海口市琼剧团一行55人赴港演出。12月10日~13日，省文体厅厅长徐庄一行6人赴香港参加“泛珠三角图书精品展暨香港新华书城开业典礼”。2004年12月24日~2005年1月10日，海口市琼剧团一行55人赴泰国演出。

来访

外宾来访15批，205人次，包括19个国家和地区的团组和个人。3月26日~6月26日，哈萨克斯坦水上芭蕾演员一行6人应邀在博鳌金海岸温泉大酒店表演水上芭蕾。4月13日~10月13日，巴拉圭Los Rios latinos乐队一行4人、意大利弗朗明歌乐队一行4人和保加利亚钢琴师应三亚喜来登酒店邀请驻店演出。5月24日~28日，香港基层体育组织骨干访问团一行17人访琼。5月25日~11月25日，5名哈萨克斯坦演员应邀在海口欧陆情餐饮文化传播有限公司驻店演出。5月29日，省演出公司与海南高唐文化传播有限公司共同邀请韩国田娜莉等7名歌手与内地及香港4名歌手在海口举行中韩青年歌手青春之歌海南演唱会。6月1日，美籍华人殷承宗钢琴独奏音乐会在海口市人大会堂举行。6月15日，来自澳大利亚等11个国家的28名外籍运动员和11名外籍教练员参加了2004年FINA横渡琼州海峡游泳比赛。2004年7月1日~2005年2月1日，乌克兰利盟艺术中心舞蹈团一行12人在三亚市亚龙湾环球城大酒店驻店演出。7月23日、8月20日、9月18日省演出公司与海南诚利集团有限公司邀请台湾歌手卓依婷，在海口体育馆、儋州灯光球场和琼海灯光球场举办3场演唱会。8月26日~27日，乌兹别克斯坦国家马戏公司“明星狗剧院”46人在海口市人大会堂演出剧目《灰姑娘》。9月20日~10月20日，越南中央轻音乐歌舞团一行26人访琼演出。2004年9月~2005年2月，泰国大象表演团9人10象在琼海市博鳌瀚海渡假村驻店演出。9月24日、25日，10月22日、29日，12月12日、13日，台湾歌手林进璋等5名歌手与内地5名歌手在海南举行南方力加群英汇演出。2004年9月30日~2005年3月31日，哈萨克斯坦阿拉木图市水上芭蕾表演队一行6人在博鳌金海岸大酒店驻店演出。

重庆市

综述

一、重庆文化建设的主要成就

2004年，我们大力建设社会主义先进文化，努力推进文化建设和文化体制改革，不断满足全市人民群众的精神文化生活需求，各项文化工作取得了新的进展。在文艺精品、群众文化、基层文化建设、三峡文物保护抢救、文化设施建设、文化市场规范、重大文化活动举办等方面取得了可喜的成绩。

1.着力抓好重大文化活动，以文化的独特魅力展示重庆城市形象。

圆满完成了一系列大型活动和重要接待演出任务，成功举办了重庆黔江·首届中国武陵山民族文化节、首届群众文化展演周、重庆第三届学生艺术节、"花儿朵朵向太阳"系列少儿文艺活动、庆祝建国55周年群众文艺调演等9项大型群众文化活动。组织开展了纪念邓小平同志诞辰100周年戏剧、舞蹈演出，绘画比赛，诗歌朗诵，文博展览等一系列文化活动。特别是2004年中国亚洲杯足球赛决赛抽签仪式电视直播文艺晚会演出、第九届中国重庆三峡国际旅游节开幕式文艺演出，以其鲜明的巴渝文化特色，征服了国内外来宾和广大观众。

2.深入实施精品战略，文艺舞台多姿多彩。

2004年，市属专业艺术院团在各类艺术比赛中获45项奖项，其中：沈铁梅被评为首批"新世纪百千万人才工程"国家级人选；重庆杂技艺术团《空竹》获第六届金狮奖全国杂技比赛银奖；重庆市曲艺团创作的曲艺小品《喜洋洋》获金狮奖全国第四届小品比赛铜奖，刘怀云获表演奖；重庆国画院周顺恺创作的《巴金》绘画作品获第二届中国人物画展优秀奖；重庆市京剧团程联群获第十一届文华表演奖，张立获第四届中国京剧节"武戏擂台赛"铜奖，何漫清获第二届中国戏曲"红梅大赛"金奖；重庆市话剧团郝鹏寿获中国话剧金狮奖表演奖。

川剧《金子》赴京参加了国家舞台艺术精品工程十大精品剧目展演。中央电视台11频道《锦绣梨园》栏目编播了"重庆川剧巴渝风"专题节目，扩大了川剧在全国的影响。川剧新编历史剧《长乐悲歌》赴京演出，受到好评。

组织大型话剧《郑培民》赴四川成都、德阳、南充等地巡回演出7场，推动了成渝两地文化艺术交流。重庆市歌舞团引入市场机制，排练、上演了著名音乐家施光南等根据鲁迅同名小说创作的大型歌剧《伤逝》。重庆市京剧团赴香港成功举办了《厉家班风雨七十载》商演。重庆市话剧团为未成年人排练、上演了新编童话剧《兔子和枪》。

全市各专业艺术院团演出2900余场，送文化下乡演出200余场，观众约400万人次。组织举办了重庆市庆祝建国55周年文艺演出等各类文艺晚会20余台，举办各类大中型艺术展览、比赛活动40余项。

3.群众文化工作充满生机，群众文化活动异彩纷呈。

建成市级文化先进区县2个：南岸区、梁平县。新建文化馆5个、文化宫1个、图书馆2个，文化站76个、示范文化站20个，解决了50个挂牌文化站的设施问题；新建文化馆老年大学7所。

重庆市文化信息资源共享网络正式开通，建成投入使用的全国文化信息资源共享工程重庆分中心的基层中心12个。启动了重庆市民族民间文化保护工程，完成了保护工程初期目录登记和第一批省级试点项目方案。铜梁龙被文化部确定为中国民族民间文化保护工程国家试点项目之一。

2004年，参加全国第十三届"群星奖"，获"群星奖"4个，优秀奖8个。全市4个社区被评为全国文化先进社区。

2004年，举办了元旦春节国庆系列节庆群文活动、庆祝建国55周年群众文艺调演、第八届三峡库区艺术摄影作品联展、“千叶杯·晚报之星”重庆市第二届青年歌手大赛、首届重庆市群众文化展演周、重庆第三届学生艺术节等一系列群众文化活动。全市40个区县举办了各具特色的节日群文活动400余场。举办图书馆周末知识讲座74期。

4.加大文物保护力度，三峡文物抢救保护进展顺利。

顺利收回全国重点文物保护单位中共代表团驻地旧址、中美合作所气象台旧址和省级文物保护单位新华日报总馆旧址。完成了江津陈独秀旧居陈列纪念馆、宋庆龄旧居陈列馆等10余项抢险加固维修工程。完成了江北区大石坝恐龙化石抢救性发掘。配合市政工程基础设施建设，完成了重庆工商大学汉代墓葬发掘、重庆化龙桥旧城改造项目、潼南崇龛镇明代墓葬及江山多娇天池林海工程考古发掘等大量的文物勘探、调查及发掘工作。完成了歌乐山烈士陵园和红岩革命纪念馆红色旅游景区规划、《酉阳龚滩古镇搬迁保护规划》、通远门古城墙公园环境及景观设计等6个文物保护规划。推出了大型艺术景观《红岩启示录》。《三峡移民精神颂》大型展览在全市巡回展出，成为重庆市培育和塑造三峡文化品牌的新亮点。举办了大规模的“5·18国际博物馆日”文物宣传展示活动，接待群众近5万人，受到广大市民的热烈欢迎。

重庆代表队参加全国“雷锋杯”文博讲解员大赛，荣获团体二等奖和个人一等奖1个、个人三等奖1个的较好成绩。

三峡文物抢救保护进展顺利。地下文物田野阶段工作即将结束。完成地面文物年度计划项目44个。白鹤梁题刻水下保护工程围堰于2005年1月14日正式合龙。张飞庙、石宝寨保护工程和大昌古镇搬迁复建工程按计划推进。组织编制了2004年~2009年重庆库区三四期移民阶段文物保护项目及投资流程倒计时工作计划。按照三峡工程156米提前蓄水的要求，对有关计划进行了调整。评选出了三峡工程重庆库区2003年度十项重要考古发现。出版了《1999年度重庆库区三峡考古发掘项目报告集》及《三峡文物珍存·地下文物卷》学术研究成果。

5.积极培育文化产业。

大力扶持地方特色文化产业发展。对重点地区重点项目如沙坪坝区推出的关于重庆“都市文化产业园”建设的构想、南岸区“文化市场一条街”建设、大足县的“鲤鱼灯”项目、綦江农民版画公司组建等进行重点指导。放宽民营资本投资文化产业的准入门槛，吸引民营企业进军重庆，UME重庆国际电影城开门营业，成为重庆市发展都市影业的一支新生力量。重庆万和影业有限公司销售收入2926万元，跻身全国35条院线的第十一位。达标三级电影院2个、二级电影院1个。积极招商引资，指导市电影公司与印尼康威公司合资组建了“重庆新时空家庭娱乐中心有限公司”，与保利集团文化艺术公司就唯一影院改造、组建新的院线及文化旅游项目开展等进行洽谈并签订了合作意向书。成立了重庆迅博票务有限公司。吸引社会资金参与举办重庆市首届电视歌手大赛，在市场与文化活动的结合上迈出可喜的一步。

继续推进重庆市农村电影放映“2131工程”，全市农村电影放映8.3万场。开展“送电影下乡”活动，免费为农民放映电影1900余场，观众115万人次。

6.文化市场进一步规范和繁荣。

强力开展网吧专项整治，探索长效管理机制建设。全市出动检查人员9.5万余人次，依法检查网吧近10万户次，取缔无照经营黑网吧524户，查封违法经营场所136处，停业整顿261户，吊销《网络文化经营许可证》44户，罚款300余万元，没收违法所得14.48万元，没收或暂扣电脑6000余台。出台了《关于互联网上网服务营业场所分类编组管理的实施办法》、《关于规范网吧等互联网上网服务营业场所接入服务的办法》和《关于利用课余时间向中小学生开放校内计算机网络设施的实施办法》等3个试行办法。网吧经营秩序有了很大好转。

开展了歌舞娱乐场所、电子游戏经营场所专项检查和音像制品市场秩序整治工作。依法检查歌舞娱乐场所2140户次，查处淫秽、不健康表演42起，检查电子游戏经营场所4213户，停业整顿216户，罚款21万余元，收缴非法音像制品100余万盒（张）。

全年共审批大型演出活动47个；审批成立文化经营单位 8个，其中互联网上网服务营业场所连锁经营单位1个、娱乐场所2个、演出公司4个、音像制品连锁经营单位1个；审核音像制品连锁经营单位开店计划83个。

7.扎实推进文化设施建设。

重庆中国三峡博物馆大规模陈列布展工作全面展开。重庆市委、市政府常务会审议通过了重庆大剧院、重庆图书馆、山城电影院建筑设计方案。重庆图书馆于2004年12月29日正式开工。重庆美术馆项目已委托设计单位重新讨论设计方案。国泰大戏院项目已于2004年底收回5个建筑设计征集方案，并完成方案的专家评审工作。红岩广场正式竣工开放，完成抗建堂、山城曲艺场装修并投入使用。完成了重庆都市区城市总体规划中文化设施规划的修编工作。

8.对外对港澳台文化交流进一步扩大和深化 。

2004年全市对外文化交流活动共计100余起，交流人数300余人次，其中出国和出境（港、澳、台）考察任务15起，90人次；接待国外及港澳台来访24起，130余人次；组织赴国外、境外演出、展览10余起，文化外事交流活动60余起。

与驻渝各领馆友好合作关系稳步发展。引进了《英国时尚家居展》；举办了英国电影节；有效促进了重庆博物馆与国外博物馆之间的交流和合作；加强图书馆对外交流，主动争取到美领馆向重庆图书馆赠送一批工具书，争取到香港汉荣书局石景宜、石汉基赠送重庆市图书约9万册，价值400万港币。

9.积极稳妥地推进文化体制改革试点。

按照中央和重庆市的文化体制改革有关精神，以破除发展障碍，加快文化发展为动力，深入开展调查研究，广泛进行思想发动，精心制定了改革方案，先易后难，积极稳妥地推进文化体制改革。

一是启动运行了“红岩联线”，以红岩革命纪念馆和歌乐山革命纪念馆为核心，整合重庆市各区县及周边地区的革命文化资源，资源共享、优势互补、共同发展壮大。“红岩联线”建立后，迅速显现出了体制优势，连续推出了《邓小平与重庆》、《澳门特别行政区成立5周年》、《俄罗斯当代油画素描》、《毛泽东像章》、《陈独秀旧居复原陈列》等展览，产生了较大反响。

二是按“新单位、新机制”要求，精心筹备组建重庆中国三峡博物馆。

三是确定重庆市歌舞团为专业艺术院团体制改革试点单位，着力重点推进改革试点工作。

10.政策法规工作有序推进。

积极推进了文物立法工作。按市人大立法计划，经多次修改论证，并在充分征求意见的基础上，完成了《重庆市文物保护条例》（草案送审稿）。

完成了政府规章《重庆市电影管理办法》、《重庆市营业性演出管理办法》的修订起草工作。

积极开展了重庆市“十一五”文化发展规划的制定工作。

贯彻执行《行政许可法》，开展了行政许可项目和行政许可实施主体的清理工作，加强了行政许可服务窗口规范化建设，制定了《重庆市文化局行政许可管理暂行办法》。

二、重庆文化的基本情况

全市现有文化单位2000多个，其中专业剧团28个、公共图书馆42个、艺术馆1个、文化馆40个、乡镇（街道）文化站1228个、博物馆纪念馆28个、文物管理所40个、艺术学校1个、艺术研究所1个、国画院1个、电影放映单位782个。全市不可移动文物点12898处，其中世界文化遗产1处，全国重点文物保护单位13处，市级文物保护单位148处，区县文物保护单位1131处。现有馆藏文物34万件、化石及动植物标本11万余件。全国文化先进县9个，市级文化先进县8个，全国特色文化单位5个，市级特色文化单位23个。

重要会议、重大事件、重要活动、重要文化设施建设

［川剧《金子》参加首届国家舞台艺术精品工程十大精品剧目展演］

重庆市川剧院根据曹禺先生话剧《原野》改编创作的川剧《金子》于2004年1月5日~6日在北京民族文化宫大剧院参加了由文化部、财政部举办的2002~2003年度国家舞台艺术精品工程十大精品剧目展演。中共中央政治局委员、中组部部长贺国强，全国人大副委员长成思危、许嘉璐，原全国人大副委员长王光英等及中央有关部、委、局领导出席观看了演出，并上台祝贺演出成功。

2月24日，重庆市委、市政府召开表彰会，对重庆市川剧院川剧《金子》入选2002~2003年度国家舞台艺术精品工程十大精品剧目给以表彰，表彰《金子》剧组为繁荣和发展我国舞台艺术创作做出了重要的贡献，并奖励人民币100万元。

［举办纪念邓小平诞辰100周年系列活动］

邓小平诞辰100周年之际，重庆隆重举办了系列纪念活动：

8月23日举办了“重庆市文化系统纪念邓小平诞辰100周年音乐诗歌朗诵会”专场演出，市人大、市政府、市政协等有关领导与文化系统部分党员及离退休老同志400多人观看了演出。市话剧团、市歌剧院、市川剧院、沙坪坝区文化馆等单位的文艺工作者联袂表演了歌曲、川剧演唱、诗歌朗诵等节目，以精彩的演出深情地表达了对小平同志的无限怀念之情。

市川剧院举行了纪念邓小平诞辰100周年优秀传统折子戏专场演出；市歌舞团参加东方电视台在广安举行的“纪念邓小平诞辰100周年大型歌舞晚会”演出。

举办了《邓小平与重庆》大型图片展，通过300张珍贵翔实的档案资料、图片文字生动地反映邓小平对重庆的深切关怀、巨大支持以及丰功伟绩，展览展出后引起很大反响。市博物馆为邓小平接受新学教育的地方——广安北山小学进行复原陈列，复原后的广安北山小学成为广安纪念邓小平系列参观点之一。

举办了“纪念邓小平同志诞辰100周年电影汇映活动”，在全市40个区县（自治县、市）的各类影院放映了《邓小平在1928》、《法兰西岁月》、《邓小平》等10余部影片。

重庆国画院画家创作的作品参加了文化部、中国画研究院举办的《世纪丰碑邓小平伟人风采绘画作品展》及中国美协举办的《纪念邓小平诞辰100周年美术展》等展览。

［举行重庆市庆祝建国55周年系列文艺展演］

“重庆市庆祝建国55周年文艺晚会”于9月29日在大礼堂隆重举行。晚会通过《傲雪红梅》、《魅力之城》、《光荣与梦想》等板块歌颂了建国55周年所取得的辉煌成就，整个晚会场面壮观，震撼人心，尾声全场高唱《歌颂祖国》，用歌声把最真挚的祝福献给祖国。直属艺术院团、大专院校及重庆武警总队等500余人参加了演出。市领导与3000余名观众观看了演出。

为庆祝建国55周年，各专业艺术院团推出了10余台歌舞、川剧、京剧、杂技、曲艺、话剧、音乐晚会，演出80余场。

举办了《庆祝中华人民共和国成立55周年·重庆市中国画作品展览》，展出了来自全市各美术院校、美术团体、专业画院、市属文化单位和区县、部队的126位画家的120幅作品，画家们通过一幅幅绘画作品，歌颂伟大的

祖国，赞美大好河山，刻画现实人物，展现时代精神。

［《重庆情怀· 中国画作品集》出版］

由重庆国画院编辑的大型画册《重庆情怀·中国画作品集》于2004年10月由重庆出版社出版。画集荟萃了上个世纪三四十年代至今85位画家表现重庆、三峡风情的142件作品，其中有国画大师徐悲鸿、张大千、傅抱石、李可染、蒋兆和、关山月等几十位曾在重庆生活、教学和创作的著名画家的精品，有来自中国画研究院、北京画院、北京市美协、四川省美协和重庆国画院画家表现重庆新貌的精品，有重庆国画院历年来参加全国美展和历届院展的佳作。重庆市政府市长王鸿举为画集撰写了前言。

《重庆情怀·中国画作品集》是迄今为止最集中、最完整的表现重庆这座中国特大城市的中国画图卷。画集的编辑出版，不仅对树立重庆的文化形象，彰显重庆的文化精神，诠释重庆的文化内涵等诸方面具有积极的意义，而且在城市山水的中国画表现上具有学术意义。

该画集还于2004年11月作为大陆美术家访问团访问台湾时的礼品，赠送给台北故宫博物院、台师大等，受到台湾业界人士的高度赞赏。

［重庆红岩广场及大型艺术景观《红岩启示录》建成开放］

重庆市政府为民办实事的民心工程——“红岩广场”于2004年1月16日中共中央南方局成立65周年纪念日正式竣工开放，并在红岩革命纪念馆举办了大型艺术景观《红岩启示录》开展仪式。重庆市领导、原南方局老同志以及各界人士代表2000余人参加了仪式。“红岩广场”工程的竣工和大型艺术景观《红岩启示录》的展出，既为重庆市民和全国观众提供了更加优良的参观环境和更为新颖的参观内容，也体现了重庆市加强革命文化建设投入，探索和推进文化体制改革的力度和深度。

位于原中共中央南方局旧址的红岩广场，占地17000平方米，建筑面积5000平方米，投资2392万元，气势恢弘，庄严雄伟，巍然矗立在嘉陵江畔的红岩山崖上。大型艺术景观《红岩启示录》，15个景观场景以历史文物、照片、声像资料、雕塑、场景油画等为基本元素，采用声、光、电等现代化科技手段，艺术地再现了抗日战争时期和解放战争初期，以周恩来同志为首的中共中央南方局领导国统区人民进行革命斗争的历史和精神风貌。

［重庆红岩联线文化研究发展中心正式启动］

备受关注的重庆文化体制改革试点项目——重庆红岩联线文化研究发展中心（“红岩联线”）于 4月17日在红岩革命纪念馆举行了启动仪式。“红岩联线”的建立，是重庆市文博系统文化体制改革迈出的坚实的一步，是文化体制改革试点中围绕体制机制创新而开展的一项卓有成效的探索，是重庆市文化体制改革以来取得的第一项具有开创意义的阶段性成果。“红岩联线”是以红岩革命纪念馆和歌乐山革命纪念馆为核心，以宣传、展示、研究、开发为内容，以整合重庆市各区县及周边地区的革命文化资源，为重庆市革命文化资源的深度开发和利用提供了一个崭新的平台，在充分尊重各参与单位革命文化资源的特色和管理的相对独立性的前提下，形成整体优势，在更高层次、更广范围内发掘革命文化资源，更好地发挥革命文化的社会功能。

［重庆市江北区大石坝发现恐龙化石］

2004年3月，在重庆市江北区大石坝嘉陵江中河漫滩上发现了恐龙化石。经文物工作者清理发掘及现场勘查，发现化石分布很广，在约2000平方米的范围内，随处可见零星的恐龙化石，其中有一具化石估计长度达17米以上，保存达80%以上，完整程度罕见。经专家初步判断，这具化石为侏罗纪晚期蜥脚类恐龙，距今约1.4亿年以上。这是继上个世纪50年代在重庆市合川发现马门溪龙后的又一重大发现，也是在重庆主城区范围内发现的最完整的恐龙化石之一。这一发现对研究四川盆地及长江流域的古地质、古气候将有重要的科学价值。

［重庆綦江发现大规模植物化石］

一批具有重要科研价值的植物化石于2004年12月在重庆綦江县古兰镇发现，其集中分布在约500平方米的范围内，化石埋藏在中侏罗纪沙溪庙组上部一套厚层状中粗粒岩屑砂岩层中。经初步鉴定，此地埋藏的木化石应为松杉科裸子植物，是中生代（恐龙时代）生长在这一地区的大型乔木，地质年代距今约1.4亿年。所有木化石尚未完全暴露，已经暴露的植物树干（木）化石共有8棵，露出好的一棵长13米，直径约1米，这批木化石以硅化为主，但局部也有较深程度的炭化和一定程度的黄铁矿化。据掌握的资料初步判断，当地出土的木化石是西南地区仅次于四川江安夕家山硅化木群的大面积分布，埋藏非常集中，对于古植物面貌研究及对重建该地区的古地理、古气候、古环境具有重要意义。

［香港汉荣书局总经理石汉基先生向重庆市40个区县公共图书馆捐赠了价值400万港币图书］

全国政协委员、香港汉荣书局董事、总经理石汉基先生和其父石景宜先生长期支持内地文化教育事业，曾多次向全国各地公共图书馆、大专院校图书馆捐赠港台版图书300多万册，价值超过2亿港币。2004年，石氏父子为支持重庆直辖市的文化事业建设，促进海峡两岸文化交流，决定向重庆市40个区县（自治县、市）公共图书馆赠送价值400万港币的港台版中文图书88600余册。并向重庆图书馆和重庆市博物馆分别赠送了珍贵图书资料和文物字画。此次香港汉荣书局向重庆市赠送的图书门类涉及20多种，并有不少稀有和珍贵的书籍典藏。

［举办首届重庆市群众文艺展演周］

为了繁荣群众文艺创作，重庆市文化局决定从2004年起，每3年举办一届重庆市群众文艺展演周活动，集中组织对全市群众音乐、舞蹈、戏剧、曲艺、美术、书法、摄影等7个门类作品进行展示和评选，推荐优秀作品申报“文化部群星奖”。

首届重庆市群众文艺展演周于6月26日~7月2日在重庆市大渡口区、南岸区、渝中区同时举行。主要活动有广场舞蹈专场、舞蹈专场、音乐专场、戏剧曲艺专场等7场文艺演出和美术、摄影、书法展览。本届展演周共收到全市各区县选送的音乐、舞蹈、戏剧、曲艺作品111件，美术、摄影、书法作品400余件。经评选，共有238件作品获奖，并从获奖作品中选定了60件节目（作品）申报“文化部群星奖”。

［重庆群众文化在全国第十三届群星奖评选中大放光彩］

全国第十三届群星奖评奖活动于9月10日~25日在浙江省举行，集中对近年来群众文艺创作的美术、书法、摄影、音乐、舞蹈、戏剧、曲艺等7个艺术门类的作品进行了评奖。重庆市共有27件美术、书法、摄影作品和6个表演艺术类节目入选参加本届群星奖评奖的优秀作品展览和现场决赛。其中有4件作品荣获“中华人民共和国文化部群星奖”，8件作品荣获优秀作品奖，9件作品获纪念奖。获得“中华人民共和国文化部群星奖”的重庆市第一中学创作和演出的舞蹈《竹韵》还参加了颁奖晚会《群星璀璨》文艺演出。

［铜梁龙舞艺术被列入“中国民族民间保护工程”试点项目］

2004年4月13日，“中国民族民间文化保护工程试点工作交流会”在云南省大理召开，会上公布了中国民族民间文化保护工程第二批试点项目。重庆市铜梁龙舞艺术被列为中国民族民间文化保护工程试点项目。

铜梁龙舞艺术是重庆民族民间文化的佼佼者，也是巴渝文化中具有代表性的传统优秀文化。铜梁龙舞系列有铜梁大龙、稻草龙、火龙、板凳龙、荷花龙等10多种，与生产、生活紧密联系，是当地民风民俗的生动体现。在地方政府的支持，文化主管部门的引导和大力扶持下，近几年来发展迅猛，已成为当地群众喜爱的文化活动。铜梁龙舞表演团9月26日参加了第六届中国民间艺术节与全国各地43个民间团体的民间工艺大师、艺术家、民间艺人同台竞技，获得金奖，这是铜梁龙舞列入中国民间民族文化保护工程之后获得的第一次国家级大奖。

［举办“重庆市未成年人思想道德建设电影汇映月”活动］

为进一步加强和改进未成年人思想道德建设，充分发挥优秀国产影片在青少年成长期间起到的潜移默化的教育作用，加强对广大未成年人进行爱国主义教育、革命传统教育和思想道德建设，于5月29日～6月30日在全市城乡开展了“未成年人思想道德建设电影汇映月”活动，以配合各个学校开展未成年人思想道德建设工作和丰富青少年业余时间的文化娱乐生活。

“电影汇映月”期间，全市近50家电影院、700支农村电影队放映了《国歌》、《张鸣歧》、《离开雷锋的日子》等56部影片，共放映了100多场，近10万未成年人进电影院观看了影片。

［中法文化年“图卢兹·重庆文化艺术节”在法国图卢兹大放异彩］

继中国农历新年——春节期间，中国北京市在巴黎举办的中法建交40周年庆典活动之后，作为“中法文化年——友好城市活动”项目中的重要组成部分的“图卢兹·重庆文化艺术节”于2月11日～3月1日在法国图卢兹举行。

“图卢兹·重庆文化艺术节”是由重庆市政府和图卢兹市政府共同协商、联合主办的一次政府间大型文化交流活动。这是自1982年重庆与图卢兹建立友好城市关系以来两市举办的规模最大，内容最丰富的文化交流活动。由重庆市副市长余远牧率领的重庆文化艺术代表团为法国观众献演了国家舞台艺术精品之一的川剧《金子》、展出现代美术展《彼此》，中国传统戏曲服饰和铜梁龙狮、巴渝茶艺表演等，为图卢兹营造喜庆祥和的中国新年氛围，让法国人民也赶了一场中国庙会，体会中国文化的无限魅力。这是重庆自直辖以来举办的最大规模的一次对外文化交流活动，深深地吸引了图卢兹市民，也赢得了中国驻法使馆、文化部以及法国文艺界的高度评价。法国媒体对艺术节各项活动进行了大篇幅报道，极好地宣传了艺术节，宣传了新重庆。

［重庆艺术家莱茵河上显风采］

7月20日～24日，重庆市市长王鸿举率领的政府代表团对德国杜塞尔多夫市进行友好访问，两市签署了友好城市协议。为配合这次访问，重庆市文化局局长王洪华率文化艺术代表团随行出访。23日晚，杜塞尔多夫市为庆祝两市建立友城关系，在莱茵河上的一条豪华游轮上举行了一场盛大的庆祝酒会，两市的艺术家们在游轮上同台演出。沈铁梅、王毅、刘光宇、张礼慧等知名艺术家向参加庆祝活动的杜塞尔多夫市的各界要人表演了川剧、民乐、歌舞等精彩的节目，其高超的表演和精湛的技艺让德国人叹服。重庆艺术家的杰出表现使重庆这座中国城市给德国人民留下了深刻而美好的印象，为重庆市与杜塞尔多夫市的友谊增添了艺术的芬芳。

［重庆市成功举办“香港电影欣赏周”］

重庆市文化局与香港特区政府驻京办、重庆市外经贸委在“重庆·香港周”期间举办了“香港电影欣赏周”，并于5月28日举行了首映式。副市长余远牧偕重庆有关部门负责人，香港特区政府驻京办主任梁宝荣偕香港特区政府影视及娱乐事务管理处官员、香港电影金像奖协会负责人及影星代表等出席了首映式。重庆市文化局局长王洪华受市领导委托代表重庆市政府和重庆市文化艺术界在首映式上致辞，香港影视及娱乐事务管理处处长黄浪诗、香港影业代表文隽也分别在首映式上致辞。

此次“香港电影欣赏周”是“重庆·香港周”的重要内容之一，是重庆市直辖以来规模最大的一次电影周。从5月28日～6月1日，环艺、国泰2家电影院共放映了《美丽任务》、《恋之风景》等8部港产影片24场，观众6000多人次。电影欣赏周突出了群众的参与性，影院上座率均超过80%，受到各阶层观众的称赞和欢迎。

［在渝隆重举办英国电影节］

为促进中英文化交流，推动两国电影市场的多元化发展与交流，为广大观众提供多种风格的影片，由重庆市电影公司与英国总领事馆文化教育处联合主办，重庆万和影业有限公司协办的“东原地产英国电影节”于11月5日隆重开幕。本次英国电影节为期9天，从11月5日～14日在重庆环艺电影城、国泰电影院、西南政法大学电影院等6家影院，放映了《月历俏佳人》、《BJ单身日记》等9部原版优秀英国影片。电影节期间共放映了51场，观众5000余人次。

［重庆艺术学校赴乌克兰留学生在国际比赛中喜创佳绩］

2004年11月19日，一年一度的“21世纪艺术与教学”国际管乐比赛在乌克兰美丽的沃尔热列市隆重举行。此次比赛吸引了来自世界各地的近400名选手参加。代表乌克兰国立音乐学院参赛的重庆艺校10名留学生，在众多参赛高手中脱颖而出，获得独奏比赛第一名、独奏优秀奖和重奏比赛的第一名的骄人成绩。

［完善监督机制，探索建立文化市场长效管理机制］

在网吧专项整治工作中，继续完善监督机制，坚持定期邀请部分市人大代表、政协委员参与对各区县（自治县、市）网吧专项整治工作的检查工作。

积极探索建立文化市场长效管理机制，出台了《关于互联网上网服务营业场所分类编组管理的实施办法》、《关于规范网吧等互联网上网服务营业场所接入服务的办法》和《关于利用课余时间向中小学生开放校内计算机网络设施的实施办法》等3个试行办法。试行办法出台后，全市40个区县（自治县、市）和2个开发区按照各自区域内的网吧规模、地域分布划分了494个编组，并聘请了1300余名网吧监督员劝导未成年人远离网吧、举报监督网吧违法违规经营行为，网吧监督员向有关部门举报网吧违法违规经营行为100余件，有关部门查处70余件。全年接群众举报4000余件，有关部门查处1000余件。网吧经营秩序有了很大好转，广大群众对整治效果比较满意。

文化行政部门机构设置情况

2004年11月29日，重庆市文化局和重庆市广播电视局合署办公，共设15个处室：办公室、政策法规处、计划财务处、社会文化图书馆处、艺术处、文物保护处（挂博物馆处牌子）、宣传处（挂电影电视剧处牌子）、社会广电管理处、科技处、产业发展指导处、外事处（挂港澳台文化广播电视事务处牌子）、人事处、离退休人员工作处，市纪委、监察局派驻纪检组、监察室和审计处合署办公，机关党委。

重庆市文化艺术节庆活动

［隆重举办“重庆黔江·2004年中国武陵山民族文化节”］

9月26日，举办了重庆黔江·2004年中国武陵山民族文化节开幕式暨大型民族歌舞晚会，国家有关部委及湘、鄂、黔等环武陵山各省、地、州、县和重庆市的有关领导、嘉宾和土家族苗族等各族群众近3万人出席了开幕式并观看晚会。全国人大常委会副委员长许嘉璐，重庆市委书记黄镇东，市长王鸿举，国家民委、文化部社图司等为艺术节发来了贺电。

在开幕式上表演了大型民族歌舞晚会《神奇武陵·欢乐黔江》，整台晚会全面展现了武陵山地区土家族、苗族等少数民族迁徙拓荒、狩猎耕织、征战除患、劈石筑路、改革开放、奔向小康等战贫斗困历史长卷和浓厚历史文化底蕴。

［举行了第九届中国重庆三峡国际旅游节开幕式文艺演出］

由国家旅游局、重庆市政府主办的第九届中国三峡国际旅游节于9月18日正式开幕，在开幕式上成功举办了《神奇的三峡》大型文艺演出，使来自亚洲、欧洲、非洲的17个国家的驻华大使和夫人、10多个国家和地区的旅行商、境外数十个旅游团队的1000多位客人和重庆市数万群众领略了巴渝文化的独特魅力。

《神奇的三峡》大型文艺表演以巴渝大地3000年深厚的文化底蕴为依托，以隆重、热烈、欢乐为主调，以民间艺术与高雅、经典的艺术形式相结合，以本土和国内外优秀的节目资源相结合，用板块结构和歌舞为主的表现形式，向国内外宾客介绍和展示了长江三峡的自然环境、人文景观和具有浓郁地方特色的民族风情。该表演分为《序》、《山水田园》、《放歌三峡》、《魅力重庆》、《尾声》5个板块。黔江、沙坪坝、铜梁、九龙坡、渝中、江北、渝北等区县及直属专业艺术院团、武警重庆总队、重庆隆鑫控股有限公司、工业集团有限公司、重庆长安跨越车辆有限公司等单位、院校的6000余人参加演出。其气势恢宏，具有巴渝文化独特魅力的表演得到了国务院、国家旅游局、省市代表团、重庆市有关领导及国外嘉宾的高度评价。

四川省

专业艺术

全省舞台艺术持续实施精品战略，优秀作品不断亮相。四川省川剧院演出的大型川剧“舞台艺术精品工程十大精品剧目”，成为四川省第七届中国艺术节的时尚诗乐舞《大唐华章》荣获第十一届“文华新剧目奖”、“文华编剧奖”、“文华导演奖”、“文华表演奖”、“文华舞台艺术奖”。四川省参加第六届全国舞蹈比赛的群舞《岁月如歌》、《俏花旦》等节目荣获6枚金奖。四川省“纪念邓小平同志诞辰100周年”剧目展演活动，更是好戏连台。其中有4台展示老中青三代川剧人风貌的川剧经典作品演出和省领导、川剧界著名人士参加的“小平同志与川剧”座谈会。省、市、县各级开展的专业剧团文化下乡活动，把多种形式的丰富上乘的精神食粮，奉献给广大基层群众和贫困、民族地区农牧民众。

2004年，经过精心筹备，四川省文化厅成功举办了“小平同志与川剧”座谈会；圆满完成了配合“澳门——四川合作发展周”、“泛珠江三角洲9＋2经济合作论坛”宣传活动，在澳门和广州上演了精彩节目，受到社会各界一致好评。新创编的川剧《望娘滩》和传统川剧《白蛇传》完成了赴外省的巡回演出任务；省川剧院新排剧目《心有泪千行》、四川人民艺术剧院新创禁毒宣传剧《成都24小时天籁之声》、省歌舞剧组织的“2004年沟通之旅大型文艺巡演”等，完成了在全省的巡回演出，并取得了良好的社会效益和经济效益。成都市举办的“春熙不眠之夜”大型文艺活动取得了良好反响；雅安市举办了大型“国际茶文化节”颇具影响；阿坝州举办的旅游发展大会演出了“大九寨风”等一批文艺节目；南充、德阳等市举办的各种文化活动丰富了人民群众文化生活。由省直和成都市有关文艺剧院团组成的“文化列车同心艺术团”，分赴资阳、眉山、乐山等地开展送文化下乡活动，受到基层群众广泛欢迎。各市州文化馆、文化站下基层辅导、排演小型剧（节）目500多个，组织群众文艺演出1000多场，举办各类展览近200次，辅导业余文艺活动积极分子近2万人。

社会文化

全省社会文化工作立足基层面向群众，规范管理不断完善。省文化厅连续下达4个基层文化建设规范性文件，即《四川省基层文化建设先进单位评选标准》、《四川省特色文化之乡、民间艺术之乡评选标准》、《四川省文化信息工程服务站建设标准（细则）》、《四川省示范性乡镇宣传文化中心建设标准》，推动着全省创建文化先进县、文化先进乡镇、特色文化之乡、民间艺术之乡、示范性乡镇（街道）宣传文化中心，示范性文化信息服务中心、基层文化建设先进单位等活动有声有色地开展起来，推动着具有地域风采、民族风格、时代特色的群众文化活动空前活跃起来。在全省启动“四川省2004‘共享工程’乡镇社区服务行活动”的大好形势下，成都、德阳市有4个社区荣获全国文化先进社区称号。

2004年，省文化厅召开了“全省社会文化工作会议”；主办了“四川省关心下一代文艺调演”；认真开展了全国第三次公共图书馆评估工作，对全省181个县区现有的县区级公共图书馆113个中的91个进行评估定级，参与面为80.5%，其余对在新建、暂缓馆的评估。21个市州有公共图书馆共104个，占全省公共图书馆的比例为77.6%。年内，省文化厅验收了四川省第五批省级文化先进县14个、文化先进乡镇90个、首批四川省民间艺术之乡30个、特色文化之乡35个。对全省40个示范性宣传文化服务中心、60个示范性文化信息共享工程服务中心建设情况进行调研并予以奖励、资助。2004年，四川省群众文化战线参加全国比赛活动取得优秀成绩：获中国第七届艺术节“群星奖”6个、优秀奖7个；获全国少数民族文艺演出“骏马奖”最佳组织奖、最佳导演奖、表演一等奖；获全国“四进社区”文艺展演金奖1个、组织奖1人；成功地举办了全省群众声乐、舞蹈大赛和全省群众美术、书法、摄影大赛。

全省基层基础设施建设与时俱进再谱新篇，“两馆”新姿不断展现。2004年，全省及时下达基层图书馆、文化馆建设补助项目28个；会同省发改委下达示范性乡镇宣传文化中心建设项目20个；会同省财政厅下达年度文化维修项目33项，维修面积9000平方米。省文化厅争取文化部投入送书下乡工程经费127万元，赠送四川文化信息服务站设备价值30万元，共享工程基层服务站经费90万元。四川省新兴的基层文化设施和活动建设，成为当今农村群众文化事业发展的极好载体。同时，为促使基层群文单位“机构、编制、人员、经费”的进一步解决和落实，省里拨出专项经费380万元，用于奖励文化先进县、示范性乡镇宣传文化中心、文化信息基层服务建设。

公共图书馆

全省公共图书馆事业向现代化型全面发展，服务方式不断整改。根据四川省委、省人大、文化部全国公共图书馆评估定级专家组对四川省公共图书馆工作的整改要求，省文化厅从全省实际出发，制定下达了《关于深化四川省图书馆体制改革实施方案》以及《省级公共图书馆评估标准细则》。

2004年，以省馆为龙头，全面改善和加强各级公共图书馆业务建设，并进一步实施科学化、规范化管理，省文化厅要求全省140多个公共图书馆切实做好服务工作：一是注重文献建设和文献整序工作，正确处理好藏与用，综合性藏书与专题性藏书，普通读物与重点藏书的关系。二是抓好信息化建设，促进信息网络技术的应用与业务工作的有机结合，建立图书馆网上参考咨询服务体系，实现读者服务自动化及阅览统计自动化。三是强化业务研究与辅导职能，拓展参考咨询、辅导、信息资源与学术研究工作领域，加大与科研、两校、企业的合作力度，开发信息资源及开辟重大课题。四是发挥服务职能作用，坚持新书阅览室及现刊阅览室全年开放制度，力求简化办证方法和借阅方式，增加新书（刊）品种入藏数量及文献借阅量。五是突破信息开发职能，加快数据库建设并编制信息产品，拓展信息网络上的服务项目，规范有偿服务与无偿服务形式、内容与标准。六是加大环境建设，加强阅览室的环境整治工作力度，重点加强新书阅览室、报刊室和外借室的环境整治，为读者营造一个良好的阅读环境。

四川省图书馆是全省唯一的省级图书馆，四川省委和省政府已将省图书馆新馆建设纳入四川文化重点建设项目规划之列，并已立项。2004年，四川省图书馆基础业务建设取得了突破性进展，有以下显著特点：一是该馆坚持一手抓传统业务工作，一手抓信息化发展。努力建立复合型图书馆，并以信息化发展促进业务工作全面开展，切实加强文献采集、整序和二、三次文献加工以及专题数据库建设、文献数字化、多媒体文献利用、网络化建设、文化信息资源共建共享工程等业务工作。按照文献建设方针，正确处理藏与用、综合性藏书与专题性藏书、重点藏书的关系，并加大地方文献资料体系建设的力度。尤其是在书目数据库建设方面，完成了全国联合编目中心四川分中心的各项工作；与成都市图书馆、乐山市图书馆及有关部门共15个单位签订了书目数据加工协议；为成都军区宣传部、新华书店集团等单位提供书目数据20余万条，建立了广泛的合作关系，拓展了新的业务领域。二是该馆建设完成OA办公平台和光纤存贮服务体系，自主开发研制9个大型数据库，资源总量已达600GB。尤其是编制的大型数据库，制作规划与拓展到位，制作工艺精湛，数据控制规范，已初步形成网上数字资源和服务体系。三是坚持在本馆及全省开展“图书馆少儿网上读书”活动、科技讲座、“送书下乡工程”和“科技活动周”等服务活动。先后深入到阿坝藏族羌族地区及老少边穷地区开展“乡村、社区服务行”活动，为蒲江县、仪陇县、广安市等基层服务站安装卫星设备计15套，并已建设完成文化信息资源共享工程基层服务站95个。同时加大对边防哨所等部队的服务，与成都军区政治部合作，深入西藏墨脱县驻军，建立了4个“共享工程”卫星服务站。该馆还借助社会力量，整合资源，与四川移动合作开发基础无线通讯服务体系，完成了信息化平台建设和制定资源加工与服务建设中长期规划，基本实现了图书馆工作信息化。四是该馆十分重视和加强服务工作，开展多种形式的服务活动。利用编印的读者手册（中英文）和《农村实用技术资源库》VCD光盘及农副业参考资料等开展“科技活动周”和“送书下乡”活动，为读者提供广泛服务。开辟新书推荐目录向读者介绍图书馆及推荐新书，让读者多读书，读好书。为省十届人大二次会议提供文献信息服务。编印《川图特讯》为省级领导提供决策参考信息。在蒲江县开展“乡村、社区服务行”活动，为基层服务站安装卫星设备、赠送图书及光盘信息资料。该馆计划建成基层服务网点114个，今年新建60个，确保“共享工程”在四川按计划、分步骤实施和稳步推进。积极参与由省委宣传部牵头的德阳市、广汉市连山镇第四届“迎新春科技赶场”活动。年内已完成对四川省图书馆互联网站的全面改版，初步建立起网上图书馆联盟。

文化产业

全省文化产业在崛起中开拓前进，经营规模不断创新。文化部于2004年11月19日命名四川“四川自贡中国彩灯文化发展园区”、“成都武侯锦里旅游文化经营管理公司”、“四川建川实业集团”、“四川广元市女皇文化园”为全国文化产业示范基地。这4个示范园区，成为四川省文化系统文化产业规范经营、科学开发、管理创新系统工程中的佼佼者。中共四川省委、省人民政府于2005年1月10日授予四川省电影公司经理、党委书记张北川、成都武侯祠博物馆馆长张丽君、德阳市杂技团团长周小衡等“四川省文化经营管理突出贡献者”称号，他们3人成为四川文化产业发展的领军人物和先进典型。

2004年，省文化厅召开“全省文化产业科（处）长会议”，安排部署全年文化产业工作，并就开展文化产业调研提出明确要求，并组织人员深入德阳、自贡、广元、内江、遂宁、南充、达州、甘孜、阿坝等9个市州调研全省文化资源和文化产业发展状况，初步形成《四川文化产业工作报告》，总结典型经验，全面分析全省文化产业发展现状和存在的问题，并提出相关对策。省文化厅成功举办第五届中国西部国际博览会西部文化产业博洽会，其主要展览内容涵盖世界文化遗产类、民族民间文化类、文博旅游类、文化设施类、音像制品类及民族民间工艺美术藏品类等。参展地区以四川为主，包括北京、上海、陕西、广州等各省市自治区文化旅游企事业单位。整个文化产业展区面积达4000平方米左右，参展文化产品2万余件，推出重点招商引资项目250余个。本届博洽会共接待参观者20余万人次。在四川澳门合作发展周活动中，省文化厅与省旅游局共同组成四川旅游文化分团，赴澳门开展四川文化旅游专题项目推介洽谈，其中成都兴文投资有限公司与澳门信德集团现场达成文化旅游景点开发合作协议，并与香港长和实业投资公司签署了旅游产品营销合作意向协议，省文化厅积极参与首届“泛珠三角区域经贸合作洽谈会”、“四川——北京经贸合作活动”，并取得圆满成功。认真做好文化类民办非企业单位审查管理工作，召开了省级文化类民办非企业单位座谈会，探索促进文化类民办非企业单位之间的合作发展机制。

对外及港台文化交流

全省对外文化交流活动更加活跃，对外“辐射”不断增强。中法文化年“中国四川出土文物展”在法国举办3个月，观众达12万人次，成为2004年度四川对外文化交流活跃的龙头和亮点。同年举办的“四川文化南美行”、“四川文化北非行暨埃及——四川文化周”、赴日“四川当代文物展”以及“四川文化走进台湾”等文化交流活动，受到国际友人以及台湾同胞的热烈欢迎，有力地提高了巴蜀文化的知名度，扩大了“四川走向世界”新的空间。四川2004年出访项目69批，1082人次，涉及31个国家和地区；来访项目30批，149人次，涉及12个国家和地区。全年全省文化产品境外展演直接经济收入达2186万元，同比增长36%，为四川经济建设作出了积极贡献。

2004年，省文化厅与意大利皮埃蒙特区文化部签署了《两省区文化交流协议备忘录》，与南非“国家大剧院”、埃及国家博物馆等就商业演出、艺术展览与交流达成了合作意向，确定了法国知名女画家德尼斯女士“法国文化年”期间在四川省举办画展等文化交流项目。邀请并接待了英国、美国、“法国F组合焰火表演”等8个国外和港澳台地区文化团组来川文化交流访问、演出。组织了甘孜州歌舞团赴韩国参加首届“世界文化开放大会”并荣获“世界和平奖”；自贡灯贸管理委员会赴韩国举办灯展；绵阳艺术学校参加土耳其“伊斯美尔国际民间艺术节”活动，并获得金奖等。

博物馆

全省文物保护和利用工作积极稳步发展，新的领域不断扩大。国内外关注的广汉“三星堆遗址”文物展，在美国、德国、加拿大、澳大利亚、日本等国展出引起强烈轰动。四川4处世界遗产“峨眉山——乐山大佛”、“青城山——都江堰”、“九寨沟自然风景区”、“黄龙风景名胜区”等处文物资源，得到妥善保护。截至2005年2月底，四川拥有国家级重点文物保护单位62处、省级文物保护单位339处、各级博物馆及纪念馆97座，共收藏文物134万件，其中一级文物7653件。2004年全省完成文物勘探项目248个，其中完成了成都“金沙遗址”范围内32700平方米考古发掘和遗址出土象牙的封护工作。2004年度全省文物保护维修项目95个，专项补助总经费1020万元，全年国家、省级、市（州）级政府用于文物保护维修费总计5000万元，从而使四川文物保护、考古发掘和博物馆业务工作各个方面获得了新的提升。

2004年，省文化厅、省文物局召开了市州文化局分管局长的全省文物工作会议，对全省贯彻落实文物保护“四有”“五纳入”工作再次提出了明确要求，并进一步对此项工作的落实作了部署。年内，“国保”单位记录档案工作完成良好，并完成了“第六批全国重点文物保护单位”申报工作，报请省政府公布了“四川省文化保护单位”增补名单，新增省级文物保护单位190处。《中国文物地图集·四川分册》15000多个条目的初稿编纂完成。全省文博系统一级文物的统计工作、博物馆登记备案工作也已完成。为贯彻落实中央《关于加强未成年人思想道德建设的若干意见》的精神和博物馆工作"三贴近"的要求，四川省文物系统的博物馆、纪念馆已全部免费接待未成年人。年底，已免费接待未成年人42万人次，为未成年人思想道德建设作出了积极贡献。

四川省博物馆由于搬迁旧馆，全馆在闭馆期间仍利用馆藏文物和专业队伍积极开展相关业务活动。该馆成功制作了《百年小平——纪念邓小平同志诞辰100周年》图片巡回展，精选图片270余幅、文字资料和讲解词3万余字，较全面地反映了一代伟人邓小平同志光辉的一生。赴武胜县踏勘策划，制作了《古塞遗韵》展览。审阅、修改了重庆博物馆《移民精神颂——三峡百万移民展览》陈列大纲。按照国家文物局、省文物局的安排，该馆鉴选万佛寺石刻、新都马家乡战国时期青铜器等数十件文物，分别参加2004年在日本、美国、法国、韩国举办的《中国国宝展Ⅱ》、《苏醒的四川文明——三星堆和金沙遗址的秘宝展》、《走向盛唐》、《英雄时代展》等展览。赴法国参加"中法文化展"交流活动的展品，已在北京世纪坛展出。该馆科研专家还被聘任担当国家重大科技攻关项目《文物保护关键技术与中华文明起源研究》、全国文物博物馆单位重大人文科学研究课题《四川汉代画像砖研究》、国家重大社会科研课题《文物保护对国民经济和社会发展的主要贡献预研究》以及《世界遗产地博物馆建设与管理研究》的有关策划工作。该馆每月末举行学术讲座，除邀请馆外的专家、教授到馆讲授、座谈外，讲座的选题内容也日益丰富，延伸到文化产业、职业道德、商务礼仪等各方面，拓宽了专业技术人员和全馆职工的视野。全年共聘请馆内外专家在馆举办学术讲座11次。全馆业务人员在全国及省级以上刊物发表学术专著、文章42（部）篇，已完稿尚未发表的22篇，发表（展出）美术作品13件。魏学峰副馆长主编的书籍《美术考古》，已由四川美术出版社出版。

考古与文物

全省文物考古研究工作成绩斐然，考古发掘不断推进。2004年，四川完成勘探文物项目248个。对瀑布沟电站建设库区3处文物遗存、"西攀高速公路"建设沿线以及遂渝铁路、南渝高速公路、隆叙铁路、泸州火电站、高县火电站、锦屏水电站的建设等开展了考古调查和发掘工作，先后派出4支考古工作队在西昌、汉源、石棉等地发掘出一批珍贵文物。开展了三峡库区忠县中坝遗址资料整理工作。完成了金沙遗址范围内32700平方米考古发掘和遗址出土象牙的封护工作。编制了《紫坪铺水利工程淹没区内地面文物搬迁方案》，完成了紫坪铺水电站淹没区文物复查工作和地面文物搬迁测绘工作。对宜宾、阆中、广汉、都江堰等地发生的破坏文物保护违法违规事件，依法予以了严肃查处。共查处并纠正违法事件5起，追缴茂县别立村砖石墓被盗文物240件、泸县宋墓被盗文物2000多件，依法惩处全国重点文物保护单位——罗家坝遗址被盗案违法犯罪分子4人、追缴国家珍贵文物青铜器7件，挽回了巨大的文物损失，打击了犯罪分子的嚣张气焰。

2004年，省文物考古研究所完成了《泸县宋墓》考古发掘报告编写工作；完成多处地面文物及古建筑的维修设计，其中包括乐山灵宝塔、温江陈家院子、安县开禧寺等；完成发掘广汉烟墩子遗址、姜维城遗址、剑南春酒厂遗址任务，并及时整理出发掘资料；完成中日合作南方丝绸之路第二期调查工作；继续开展中日合作文物保护项目——绵阳永兴汉墓出土漆木器的保护，完成本所文物保护中心建成西南地区文物（青铜、石质类）保护重点实验室建设方案的编写和上报工作；与中国社科院考古所、成都市文物考古研究所共同举办《长江上游文明化进程》学术讨论会，中国社会科学院考古所研究员王仁湘的《西南地区史前衬花陶工艺研究》和四川省考古研究所的《岷江上游考古发掘新进展》学术报告受到与会同仁的欢迎；举办了有全国多数考古部门所长参加的《中国西部考古所长论坛》，就西部考古事业的发展共商大计，取得了良好效果。

群众文化

全省群众文化工作日新月异蓬勃开展，先进单位不断涌现。2004年12月30日，省政府以川府函[2004]286号发出的《关于表彰第五批文化先进县的通知》指出：自1994年开展文化先进县创建活动以来，各级政府在邓小平理论和“三个代表”重要思想的指引下，进一步加强对创建文化先进县工作的领导，加强对文化事业的投入，有力地促进了基层文化事业的繁荣和发展。经过近年来的创建，四川省又一批县（市、区）经过检查验收达到了四川省文化先进县的标准。为了肯定成绩、鼓励先进，省政府决定授予成都市武侯区等14个县（市、区）“四川省文化先进县”荣誉称号。希望受表彰的县（市、区）珍惜荣誉，再接再厉，与时俱进，不断创新。各级政府要进一步加强基层文化事业建设，促进经济和社会事业的协调发展，为把我省建成西部经济和文化强省作出新的贡献。

受省政府表彰的四川省第五批文化先进县是：

成都市：武侯区、成华区
雅安市：荥经县
乐山市：沐川县
眉山市：仁寿县、洪雅县
德阳市：罗江县
资阳市：简阳市
内江市：隆昌县
凉山彝族自治州：普格县、美姑县
宜宾市：兴文县
南充市：营山县
达州市：渠　县

2004年12月24日，省文化厅以川文发[2004]58号文发出的《关于表彰四川省第五批省级文化先进乡镇首批省级民间艺术（特色文化）之乡的通知》指出：自1994年开展文化先进县、文化先进乡镇创建活动以来，各县（市、区）党委、政府以邓小平理论为指导，认真贯彻落实“三个代表”重要思想和川委办[2002]24号文件精神，不断加大对创建文化先进乡镇的领导力度，增加对基层文化事业的投入，有力地促进了基层文化建设的繁荣和发展。2004年省文化厅开展了四川省第五批文化先进乡镇和四川省首批省级民间艺术（特色文化）之乡的申报工作，经检查验收，申报的乡镇中有150个已分别达到省级文化先进乡镇和省级民间艺术（特色文化）之乡的标准。为肯定成绩，鼓励先进，推动我省基层文化建设上新台阶，尽快达到省委、省政府建设西部文化强省的要求，省文化厅决定授予成都市武侯区簇桥乡等81个乡镇为“四川省文化先进乡镇”；达州市大竹县石河镇等64个乡镇为首批省级“民间艺术（特色文化）之乡”的荣誉称号。希望受表彰的乡镇珍惜荣誉，再接再厉，与时俱进，不断进步。各级文化部门要进一步贯彻落实省委办[2002]24号文件和全省基层文化工作会议精神，加大投入，加强基层文化建设，促进我省经济和社会事业的发展，为把我省建成西部经济和文化强省而努力工作。受省文化厅表彰的四川省第5批文化先进乡镇是：

1. 成都市（9个）

武侯区：簇桥乡　龙泉驿区：洪河镇
彭州市：天彭镇　邛崃市：茶园乡
都江堰市：天马镇　蒲江县：大塘镇
新津县：永商镇　新都区：木兰镇
双流县：中和镇

2. 泸州市（2个）

合江县：凤鸣镇　叙永县：叙永镇

3. 遂宁市（3个）

船山区：镇江寺街道办事处
射洪县：洋溪镇
大英县：蓬莱镇

4. 德阳市（4个）

广汉市：连山镇　绵竹市：什地镇
绵竹市：金花镇　罗江县：慧觉镇

5. 内江市（1个）
威远县：镇西镇
6. 宜宾市（6个）
珙县：底洞镇　筠连县：筠连镇
南溪县：南溪镇　长宁县：花滩镇
翠屏区：象鼻镇　江安县：江安镇
7. 乐山市（2个）
峨眉山市：花桥镇　沙湾区：沙湾镇
8. 雅安市（5个）
雨城区：草坝镇　荥经县：严道镇
天全县：新庙乡　汉源县：九襄镇
名山县：蒙顶山镇
9. 广元市（4个）
旺苍县：黄洋镇　苍溪县：永宁镇
市中区：嘉陵街道办事处、东坝街道办事处
10. 凉山彝族自治州（8个）
喜德县：博洛拉达乡
西昌市：海南乡
甘洛县：新觉镇　布拖县：布托镇
越西县：越西镇　德昌县：巴洞镇
宁南县：华弹镇　冕宁县：泸沽镇
11. 广安市（5个）
邻水县：城北镇　华蓥市：观音溪镇
岳池县：新场镇　武胜县：万隆镇
广安区：穿石镇
12. 资阳市（5个）
雁江区：雁江镇
安岳县：岳阳镇、龙台镇
简阳市：简城镇　乐至县：天池镇
13. 达州市（3个）
宣汉县：明月乡　大竹县：杨家镇
开江县：新太乡
14. 绵阳市（5个）
三台县：刘营镇　梓潼县：许州镇
游仙区：玉河镇、忠心镇、街子乡
15. 阿坝藏族羌族自治州（2个）
若尔盖县：唐克乡　理县：桃坪乡
16. 南充市（8个）
顺庆区：大林乡　阆中市：江南镇
南部县：建兴镇　嘉陵区：火花镇
蓬安县：兴旺镇　西充县：晋城镇
高坪区：高坪镇　营山县：郎池镇
17. 自贡市（1个）
荣县：龙潭镇
18. 攀枝花市（2个）
仁和区：大田镇　盐边县：岩口镇
19. 眉山市（6个）
东坡区：万胜镇　彭山县：黄丰镇
洪雅县：罗坝镇　仁寿县：大化镇
青神县：黑龙镇　丹棱县：仁美镇

二00四年十二月二十二日

受省文化厅表彰的四川省首批民间艺术（特色文化）之乡是：

1. 达州市（1个）
大竹县：石河镇——吹打乐之乡
2. 泸州市（1个）
纳溪区：天仙镇——民歌之乡
3. 乐山市（5个）
夹江县——秧歌之乡
吴场镇——高桩彩绘之乡
沐川县：沐溪镇——草龙舞之乡
五通桥区：金粟镇——灯舞之乡
市中区：白马镇——龙狮舞之乡
4. 雅安市（1个）
荥经县：六合乡——砂器塑造艺术之乡
5. 凉山彝族自治州（8个）
喜德县——彝族漆器艺术之乡
冕宁县：和爱乡——藏族民歌之乡
雷波县——彝族民歌之乡
普格县——彝族火把文化之乡
布拖县——彝族火把文化之乡
美姑县——彝族毕摩文化之乡
盐源县：泸沽湖镇——摩梭文化之乡
会理县：关河乡——民间器乐乡
6. 甘孜藏族自治州（11个）
色达县——格萨尔藏剧之乡
甘孜县——藏族踢踏舞之乡
德格县——藏族民间绘画艺术之乡
新龙县——新龙歌庄之乡

石渠县——真达歌庄之乡
得荣县——九步歌庄之乡
泸定县：岚安乡——民间艺术歌舞之乡
白玉县：河坡乡——藏族民间手工艺之乡
理塘县：高城镇——马术之乡
康定县：炉城镇——康定情歌之乡
丹巴县——藏寨风情文化之乡

7. 成都市（10个）
彭州市：桂花乡——西蜀陶艺之乡
双流县：中和镇——莲箫艺术之乡
龙泉驿区：柏合镇——草编艺术之乡
都江堰市：聚源镇——竹雕艺术之乡
龙泉驿区：洛带镇——客家水龙文化之乡
崇州市：怀远镇——书画之乡
青羊区：苏坡乡——书画之乡
彭州市：敖平乡——风筝制作艺术之乡
新都区：大丰镇——楹联之乡
新都区：斑竹园镇——书画之乡

8. 绵阳市（2个）
梓潼县：大新乡——大花灯之乡
马鸣乡——阳戏之乡

9. 阿坝藏族羌族自治州（2个）
理县：蒲溪乡——羌族沙郎舞之乡
马尔康县——嘉绒锅庄艺术之乡

10. 资阳市（2个）
雁江区：小院镇——石刻艺术之乡
安岳县：石羊镇——石刻艺术之乡

11. 南充市（7个）
阆中市：老观镇——灯戏之乡
宝台镇——皮影之乡
民德乡——翻山铰子舞之乡
高坪区：东升镇——书法之乡
西充县：祥龙乡——板凳龙舞之乡
南部县：双峰乡——傩戏之乡
江南镇——竹马、牛灯之乡

12. 眉山市（2个）
洪雅县——民间艺术台会
东坡区——诗书画之乡

13. 德阳市（1个）
什邡市——书法之乡

14. 遂宁市（1个）
射洪县：明星镇——高跷狮子舞之乡

15. 宜宾市（4个）
筠连县：武德乡——书画之乡
解放乡——大唢呐之乡
江安县：江安镇——长江雅（奇）石之乡
翠屏区：李庄镇——草龙舞之乡

16. 广安市（2个）
邻水县：九龙镇——民间龙舞之乡
关河镇——民间吹打乐之乡

17. 广元市（3个）
苍溪县：江南镇——唢呐之乡
元坝区——民间狮舞之乡
市中区：三堆镇——唢呐之乡

18. 攀枝花市（1个）
米易县：新山乡——傈僳族民间舞蹈之乡

贵州省

【《依依山水情》杂技主题晚会】

该晚会在2003年度获国家舞台艺术精品工程十大精品后，于2004年1月12日~13日在北京参加了国家舞台艺术精品工程十大精品剧目展演。又于2004年1月26日~2月23日在匈牙利、意大利、法国举办的艺术节（赛）取得很好成绩，其中《烛影摇红——女子造型》在匈牙利布达佩斯第五届国际马戏节杂技比赛中获特别奖；《秋千顶技》在意大利罗马金色马戏艺术节上获银奖；《梅颂——转毯造型》在法国巴黎第二十五届明日国际杂技比赛中获“未来共和国奖”。

【京剧《巾帼红玉》】

该剧由贵阳市京剧团编排，在第七届中国艺术节中荣获第十一届文华新剧目奖，陈泽恺获文华剧作奖，侯丹梅获文华表演奖。

【新创剧目】

根据贵州省"五个一工程"戏剧组确定的2004年度贵州省"五个一工程"重点剧目，组织对反映"西电东送"题材的话剧《燃烧的河》、川剧《乌江的守望者》、地方戏曲《屯堡人》的立本排练。

【艺术科研】

《贵州民族民间文化艺术生态保护与民族地区社会发展》论文集由贵州民族出版社正式出版，其中《黔东南苗族舞蹈保护与社会进步》一文获"中国舞蹈荷花奖理论奖"。

【"两馆"建设】

2004年，贵州省委、省政府把开工建设20个县级文化馆（图书馆）作为十件实事之一。省文化厅为确保10件实事的落实，将其列为重点目标予以管理，成立了领导小组和督察小组，明确了责任处室，各市、州、地文化局也相应成立了"两馆"建设领导小组，明确了责任人。2004年5月19日，省文化厅召开了"两馆"建设工作会议，与各项目县分别签订了责任书。2004年10月19日，又召开了"两馆"建设督察工作会议。到2004年底，20个"两馆"建设项目全部开工建设。

【民族民间文化保护工程】

自2003年国家启动中国民族民间文化保护工程以来，特别是文化部在贵州省召开首次中国民族民间文化保护试点工程会议后，贵州加大了民族民间文化保护工作的力度，首先，《贵州省民族民间文化保护条例》经省人大公布于2003年1月1日正式施行，使贵州省民族民间文化保护工作有法可依，从而更加科学化、规范化、网络化、法制化；其次，经省政府批准，成立了以省政府副省长吴嘉甫为主任的"贵州省民族民间文化保护委员会"，使贵州省的民族民间文化保护工作有了组织上的保证；三是开展普查，摸清家底。8月~11月在全省范围内开展了民族民间文化普查，从而为编制贵州省民族民间文化保护名录、划定民族民间保护区、确定民族民间文化之乡、命名民族民间文化传承人和单位、抢救具有重要历史文化价值且濒临消亡的民族民间文化项目、制定可行的民族民间文化保护措施等做了基础性工作；四是草拟了《贵州省民族民间文化保护委员会工作制度》（讨论稿）和《贵州省民族民间文化保护工程规划纲要》（2005~2020）（讨论稿），其中，《贵州省民族民间文化保护工程规划纲要》（2005~2020）（讨论稿）于12月24日通过了专家论证，使贵州省民族民间文化保护有计划可循、有制度可遵；五是贵州省从江、威宁两地在云南召开的第二次中国民族民间文化保护试点工程会议上，被列为专业试点"农业文化遗产保护"项目；六是举办了首期贵州省民族民间文化普查骨干培训班，来自全省9个市（州、地）的76名专业骨干参加了培训。

【送文化下乡】

先后组织送文化下乡艺术团赴关岭、三都、丹寨等9县10乡（镇），演出20场，放映电影20场，赠送图书4000余册，赠送电影拷贝45个，特别是在元旦春节期间，在全省开展了送电影下乡活动，共有130部故事片、240部科教片分别送到86个县（市、区、特区）的农村为农民群众免费放映，而历时2个月的第五届农民电影节，为农民群众放映电影达2500场，受到了当地政府和人民群众的欢迎。在中央文明办、文化部组织的第三届全国"四进社区"文艺展演暨"全国先进文化社区"评选中，贵阳市北京路社区、安顺市西秀区南街社区被评为"全国文化先进社区"。

【群星奖】

经专家评选，文化厅共推荐音乐作品6件、舞蹈作品7件、戏剧作品4件、曲艺作品2件、美术作品9件、书法作品7件参加全国群星奖评选。其中，少儿音乐作品《好久没有唱山歌》获群星奖，美术作品《农家小院》获优秀奖。

【文化信息资源共享工程】

2004年，由于国家和各级政府的支持，先后建起了黔南州图书馆、黔东南州图书馆、兴义市图书馆、遵义县图书馆、黎平县肇兴乡宣传文化站等10余个基层点。举办了文化信息资源共享工程技术培训班，来自各地群众艺术馆、文化馆、图书馆的30余名学员参加了培训。

【贵州省图书馆】

历经8年建设，于2004年12月18日正式开馆。

【少儿艺术事业】

2004年授予遵义市湄潭县童欣儿童文化园省级农村儿童文化园的称号，举办了全省少儿舞蹈创作研讨班。

【抢救地坪风雨桥】

2004年7月20日，黎平县地坪乡发生特大山洪，全国重点文物保护单位地坪风雨桥在被冲毁时，当地干部群众300多人不顾个人安危自发地投入对文物的抢救，在县乡政府的组织指挥下，抢回了地坪风雨桥73%的原构件，为地坪风雨桥的修复创造了条件。当地干部群众这种奋勇抢救文物的精神和当地政府有效的组织，得到了国家文化部、国家文物局和贵州省人民政府的特别表彰和奖励。

【文物基础建设】

组织申报第六批全国重点文物保护单位，经专家审定，提出34处申报第六批全国重点文物保护单位；组织开展了全国重点文物保护单位记录档案备案工作，举办了贵州省“全国重点文物保护单位记录档案备案工作培训班”，对10处文保单位进行了督察和指导。完成了遵义会议会址司令部消防设施建设，制定了全国重点文物保护单位安顺府文庙、息烽集中营旧址、云山屯的消防安全方案。举办了全国重点文物保护单位档案备案工作、文物保护项目及资金需求、夜郎考古、馆藏文物腐蚀损失调查等培训班，共培训文物工作人员82人。启动了全国重点文物保护单位海龙屯、可乐遗址等保护规划制定工作。

【文物保护、规划、维修】

完成镇远青龙洞危岩加固工程、石阡万寿宫维修工程、印江严氏宗祠二期主体维修工程、沿河土地湾黔东特区革命委员会旧址维修工程等；完成了镇远青龙洞维修设计方案等；编制了《贵州省文物保护项目及经费需求“十一五”规划》。

【博物馆工作】

2004年5月1日全省博物馆开始实行对未成年人等社会群体免费开放。举办了全省博物馆讲解员比赛，其中4名优胜者在全国博物馆讲解员比赛中，获得了团体三等奖、一个人三等奖、三个人优秀奖。中挪生态博物馆建设进入第三阶段，10月15日，锦屏隆里生态博物馆资料信息中心建成并正式对外开放，黎平堂安生态博物馆资料信息中心主体工程竣工。

【文物考古和发掘】

结合威宁中水考古调查和发掘，省文物考古研究所与四川大学共同承办了贵州考古培训班；完成了彭水、沙沱、鱼塘、大花水电站库区等10余个基建工地、水淹区的文物调查、保护规划工作；完成了三板溪电站、构皮滩电站库区文物保护勘察工作。

【文物先进县（市）】

2004年，经国家文物局评定，湄潭县为全国文物先进县（市）。

【文化市场管理】

2004年，贵州文化市场管理部门以网吧整治，规范经营行为，促进文化市场的健康和繁荣为重点，充分发挥文化主管部门的职能作用，对全省网吧进行了全面彻底的检查清理，检查网吧经营单位29503户（次），受理群众举报653件，聘请义务监督员3192名，填写全省网吧专项整治民意调查表2000余份，共查处违法违规经营网吧938户。其中，给予警告的378户，停业整顿的248户，吊销《网络文化经营许可证》42户，同时，通过建立行业协会、责任追究制度、入场身份登记和场地巡查制度、实施网吧经营管理技术监控等，网吧等互联网上网服务营业场所经营行为进一步得到了规范。2004年12月8日~12日，由国家工商行政管理总局、文化部、公安部等有关负责人组成的国务院“网吧”专项整治检查验收组对贵州省贵阳、遵义、安顺和黔东南进行了全面检查，对贵州省的“网吧”专项整治工作给予了充分肯定。

此外，2004年，全省文化市场管理部门检查音像经营单位5980户（次），收缴非法音像制品110余万张（盒）。捣毁“地下”电子游戏赌博窝点20余处，捣毁赌博机2717台，收缴电脑板3900余块，收缴小型水果机2000余台。组织开展了公众聚集场所特别是歌舞娱乐场所的安全检查集中行动。与省教育厅、团省委在贵州大学联合举办了第六届音像市场法制宣传活动，千余名大中学生在“经营盗版违法，使用盗版有害；打击走私盗版，保护知识创新”的横幅上签名。

【文化法制建设】

初步完成了《贵州省民族民间文化保护条例实施细则》（草案）的起草、调研及论证；完成了《贵州省文化市场管理条例（草案）》的立法调研。《贵州省文化市场稽查办法（草案）》已基本成稿。加强了《贵州省民族民间文化保护条例》的宣传，制作《来自大山的呼唤——贵州民族民间文化保护》宣传片。

2004年，按照省行政审批领导小组办公室的要求，全面清理了文化市场、文物、社会文化等行政许可规章8件48项，制定了《贵州省文化厅行政许可管理办法》、《贵州省文化厅受理行政许可申请和送行政许可决定有关事宜的规定》、《贵州省文化厅实施行政许可责任追究办法》、《贵州省文化厅行政许可监督检查办法》、《贵州省文化厅实施行政许可听证工作程序》、《贵州省文化厅实施行政许可听取意见规定》等配套制度。制作了《文化市场行政处罚审批呈报表》、《文化市场检查工作日志》等8种文书、表格，使文化市场行政执法行为更为科学、规范。

【文化执法先进单位、个人】

贵州文化稽查总队和桐梓县文化稽查大队被评为“全国文化市场行政执法先进集体”，贵阳市文化稽查队段盛康、毕节地区文化市场稽查队史建萍、镇远县文化稽查队莫章镇被评为全国文化市场行政执法先进个人。

【文化产业】

2004年，共申报贷款贴息项目7个，其中新报项目2个，续报项目3个，分别是贵阳市息烽县图书馆重建项目、黔西南州电影文化中心综合楼扩建项目、兴义市电影多功能厅改革项目、凯里市文化产业发展中心项目、从江县民族文化中心大楼项目、遵义杂技大厦后续工程项目、印江县文化馆综合业务用房项目，共获省政府贷款贴息90万元。

【文化交流】

2004年，对外及对港澳台文化交流项目共计33起，681人次。其中出访29起，582人次；来访4起，99人次。涉及法国、德国、匈牙利、挪威、瑞士、英国、乌克兰、俄罗斯、白俄罗斯、阿尔巴尼亚、日本、苏丹等十几个国家和我国香港、澳门、台湾地区。

云南省

综述

2004年，是云南文化工作的改革年、丰收年、繁荣年。一年来，在省委、省政府的领导和文化部的指导下，全省文化战线认真贯彻落实党的十六大精神，以邓小平理论和“三个代表”重要思想为指导，坚持“二为”方向、“双百”方针和“三贴近”原则，文化工作在改革中推进，在创新中发展，亮点频出，捷报频传，硕果累累，跃上了新的台阶，在民族文化大省的建设上取得了重要成果和新的突破，得到了文化部的充分肯定和各方面的好评，在全国产生了较大影响。

文化体制改革平稳推进

认真贯彻省委、省政府关于文化体制改革的精神和部署，全省文化系统文化体制改革总体呈现平稳推进的良好态势。进一步加大了人事制度、管理制度、分配制度的改革力度。作为公益性文化事业改革试点单位的省图书馆，顺利完成第一、第二及第三阶段初期的改革工作，出台了12项改革的措施办法。在人事制度改革上，中层干部竞争上岗，一般干部双向选择，进人向社会公开招考，择优录用并实行人事代理；在分配制度改革上，绩效挂钩，实行新的岗位工资，收入向一线和主要岗位倾斜。作为经营性文化改革试点单位的昆明市电影发行放映公司，已成功组建了昆明影业有限责任公司，除新昆明影城仍为国有控股外，其余组建为民进国退的民营公司，转企改制工作已基本完成。作为经营性专业文艺团体改革试点单位的省杂技团在完成全员聘用后，制定了新的分配制度，初步建立了以岗定酬、以剧目核算、按角色分配的新机制，正结合云南演艺集团的组建实施整体改制。全国试点地区丽江市及省级试点地区大理州、腾冲县的文化体制改革均取得了突破性进展。

同时，加大布局结构调整力度，重新科学合理地配置文化资源。云南电影学校和省艺术学校成功合并，教育资源得到合理配置；在此基础上，省文化厅职工大学和省艺术学校合并组建云南文化艺术职业学院，第一年招生成功，运转良好。云南新闻图片社、云南民族文化音像出版社和云南少数民族语译制中心等3个业务相近的单位合并，实行三块牌子一套班子，减少了行政人员，进行了资源重组。在省杂技团、云南艺术剧院、省演出公司、园通影剧院的基础上组建云南演艺集团；组建中的云南演艺集团积极开拓国内外市场，按市场配置演艺资源，取得了良好的社会效益和经济效益。省电影公司国企改革方案经多次反复修改论证，已完成并上报审批。全省18家影院组成云南影业院线公司。

专业艺术

舞台艺术精品工程成效斐然，文艺创作演出全面繁荣。2004年，是云南省艺术创作思路调整并经6年积累迎来的丰收之年，也是云南省艺术作品在全国获奖最高、数量最多的一年，打造出了以《凤氏彝兰》为代表的一大批艺术精品，并努力推向市场，取得了良好的社会效益和经济效益。在文化部举办的第七届中国艺术节上，云南省成为获奖最多的省份之一。京剧《凤氏彝兰》夺得文华大奖和剧作奖、导演奖、表演奖3个文华单项奖，并荣获国家舞台精品工程入选剧目、文华新剧目奖、曹禺戏剧奖剧作提名奖，这是时隔12年云南省继舞剧《阿诗玛》之后又一台荣获文华大奖的剧目。同时，在本届艺术节上，话剧《打工棚》获得文华新剧目奖和导演奖、表演奖两个文华单项奖以及组委会“观众最喜爱剧目奖”、“观众最喜爱演员奖”。此外，在2004年里，云南省杂技《浪桥飞人》、《转碟》分别获得第六届全国杂技比赛金狮奖、银狮奖；舞蹈《云南映象》、《母亲河》分别获得第四届中国舞蹈“荷花奖”金奖、银奖；云南代表队在2004年全国青年歌手电视大奖赛专业组集体决赛中荣获第4名，创造了云南省参赛历史最好成绩；在第十届全国美术作品展览中，云南省选送的作品获得2个铜奖、8个优秀奖；在第六届全国舞蹈比赛中，云南省选送的《牛角梳》、《火》、《踩云彩》分别获得创作三等奖、表演三等奖；在第十三届全国孔雀奖少数民族声乐比赛中，云南省选手1人获得二等奖、1人获得优秀演唱奖。这些都是云南省近年来努力建设民族文化大省、全面繁荣文艺创作、大力实施舞台艺术精品工程取得的一系列重要成果。

社会文化

以创建文化先进县为龙头，以不断完善省州县乡四级社会文化网络为目标，大力推进以“基本阵地、基本队伍、基本活动内容、基本活动方式”为主要内容的基层社会文化建设。继续实施“千里边疆文化长廊工程”、“贫困县乡两馆一站基层文化设施建设工程”、“百县千乡宣传文化中心建设工程”，文化基础设施建设得到进一步加强，工作条件逐步得到改善。2004年共争取“两馆一站”建设国家补助资金近千万元。省图书馆、红河州图书馆、思茅市图书馆竣工并投入使用，一批乡镇文化站进行了新建或扩建。按照文化部颁标准，完成了对全省文化（群艺）馆、图书馆的评估定级。其中，有54个文化（群艺）馆达到国家三级以上标准，占总数的36%；有89个公共图书馆达到国家三级以上标准，占总数的61%。

坚持一手抓普及、一手抓提高，社会文化活动日益丰富多彩，创作演出水平明显提高。文化下乡活动及文化"四进社区"活动蓬勃开展。与省委宣传部、省文明办、云南电视台联合举办首届社区文艺展演获得成功。各州市文化（群艺）馆、图书馆、文化站等社会文化工作部门，除了开展经常性文化活动外，还把文化与经贸、旅游、科技推广结合起来，开展形式多样的文化培训、展览及服务活动，受到人民群众的欢迎。在注重普及群众文化活动的同时，狠抓文艺精品创作，在全国性赛事中获得多个奖项。在第十三届全国群星奖评比中，云南省选送的舞蹈《比比高》、方言小品《心灵的阳光》、哈尼族女声小合唱《巴哈伢咪》获得综合类群星奖，傈僳族舞蹈《我们打歌多快活》获得优秀作品奖，获奖作品数量在西部地区名列前茅。在第三届全国四进社区文艺展演中，云南省选送的苗族舞蹈《帽儿尖尖帽儿圆》、独唱《香格里拉赞》获得金奖，白族舞蹈《彩蝶飞花》、器乐合奏《欢乐的香堂人》获得银奖，小品《冲突》获得铜奖。

农村电影放映"2131"工程成效显著。临沧、文山、红河、曲靖、怒江、丽江、大理、楚雄等州市已成立电影管理站，落实了编制和人员。向全省16个州市配送了价值1900余万元的农村电影流动放映车、放映机、发电机、拷贝、放映大篷等设施。2004年全省电影放映11万余场，观众2800多万人次，农村电影放映普及率达78.8%，深受广大农民群众的欢迎。城市影院现代化水平得到进一步提升，已有17家影院加入全国电脑售票系统。正式启动云南省"文化信息资源共享工程"，已建成33个基层站点并投入使用。

各级图书馆、文化馆为加强和改进未成年人思想道德建设，做了大量卓有成效的工作。全省县以上公共图书馆均设有少儿阅览室及为中小学生服务的文化设施，免费向未成年人开放。开展"未成年人文化教育系列活动"，收到了良好的社会效益。成功举办了第十届全国少儿电子琴大赛云南选拔赛、少儿歌曲卡拉OK大赛等。

依法加强文化遗产保护工作

进一步加强文化遗产保护和管理工作。为加强对丽江古城的保护，省文化厅会同省发改委、省建设厅等部门向省政府上报了《关于加强丽江古城世界文化遗产保护管理工作的意见》，省政府已批转执行。依法加强对历史文化名城（镇、村）的管理，积极申报禄丰黑井镇、石屏郑营村、孟连娜允镇、会泽娜姑镇为国家级历史文化名镇；省政府批准公布通海县为历史文化名城以及姚安光禄镇、盐津豆沙关为历史文化名镇（村）；对建水建中路、团山民居等历史街区（村、镇）的保护规划进行了论证并提出审核意见。

文物维修保护和考古发掘工作成绩突出。2004年落实文物保护项目11个，争取到较多的国家文物保护补助经费。论证审批了弥渡永增玉皇阁、剑川兴教寺等26个省级文物保护单位的维修方案，完成了富源中山礼堂、大姚石羊文庙等12个省级文物保护单位的维修项目以及昆明高（峣）——海（口）公路建设区内两处佛教石刻、小湾电站库区青龙桥及邻近摩崖石刻的迁移保护工作。对文物维修设计和施工进行资质管理，促进了文物保护工作的规范化。考古发掘工作取得新成绩，完成29项基本建设工程内的文物考古调查勘探工作，既保护了文物，又支持了地方经济建设；完成大理银梭岛贝丘遗址、元谋姜驿恐龙化石等4项发掘工作，促进了云南新石器时代和恐龙化石研究工作的进一步开展。

进一步发挥博物馆功能。完成省博物馆安

防、水电和实验室改造等建设项目，组织制定了保山市、楚雄市、玉溪市博物馆安防工程设计方案。举办了一系列文物陈列展览，扩大文物对外交流。在北京、广州举办“云南文明之光——滇王国青铜文物展”获得成功，引起社会各界的极大关注，较好地宣传了云南的古滇文化；选送7件珍贵文物赴日本参加“中国国宝展”受到赞誉；先后举办“邓小平同志诞辰100周年图片展览”等9个大型专题展览，取得了良好的社会效益。各级博物馆、纪念馆、烈士陵园充分发挥爱国主义教育基地的作用，免费向未成年人开放，积极主动地为青少年健康成长提供良好的活动场所和优良服务。

继续加强文物保护的基础性工作。开展全国重点文物保护单位记录档案和馆藏珍贵文物藏品建档工作，已完成云南省的全国馆藏一级文物413件（套）的建档工作，保山、红河、楚雄、昭通等州市已完成珍贵文物藏品档案录入计算机工作。省文化厅与省公安厅、省旅游局、省宗教局等部门联合开展云南省古木建筑消防安全专项整治活动，及时消除火灾隐患。积极开展第六批全国重点文物保护单位申报工作，推荐上报项目57项。《云南省志·文物志》的编写历时20年，正式出版发行。在省委、省政府的关心和重视下，省编委批准成立云南省文物局，并于2004年初正式挂牌，为依法加强我省历史文化遗产保护和利用提供了组织保障。

民族民间文化保护工作进展顺利。全面启动民族民间文化保护工程，开展业务培训和普查试点工作，取得了较好成效。中国民族民间文化保护工程国家中心与我省正式签订协议，批准了我省的实施方案，将云南列为全国的综合试点省区之一。

文化市场

进一步整治文化市场，不断规范市场秩序。按照国务院的统一部署，在全省开展互联网上网服务营业场所专项整治工作，依法查处了一批违法违规行为，取缔了一批“黑网吧”，进一步建立健全管理制度。在专项整治期间，依法处罚违规网吧2521家次，吊销网络经营许可证52家，取缔“黑网吧”98户。继续以昆明市及各州市中心城市为重点，进一步治理整顿音像市场，着力查处“黑批发”、“黑仓库”等地下发行网点。按照全国的统一部署，在全省开展了保护知识产权专项行动，2004年共收缴非法音像制品180余万盒（张）。进一步规范歌舞娱乐场所经营秩序，打击非法演出以及色情、淫秽表演、陪侍等活动。适时整治电子游戏经营场所违法经营行为，依法收缴违规电子游戏机4092台，停业整顿181家，取消娱乐场所文化审核合格证23家。始终保持对文化市场违法违规行为的高压态势，及时查破大案要案。省文化厅与省公安厅、昆明市文化局、昆明市公安局联合行动，一举查获一起涉嫌盗版光盘50多万张和盒式磁带13万盒的大案。

巩固治理整顿成果，抓好市场繁荣。加强云南省音像制品批销中心建设，建立批发单位的仓库登记备案制度，我省音像制品正版率提升到全国第六位。大力拓展演出市场，依法审批了13家非公有制演出经纪机构，引进一批国内外优秀文艺节目。积极扶持连锁网吧的发展，至2004年全省已有经文化部审批和省文化厅审批的连锁网吧6家，共设立25家门店。开展以“尊重知识，拒绝盗版”为主题的第六届音像市场法制宣传周活动，举办“云南省第二期演出经纪从业人员培训班”。

集中整治学校及其周边文化市场秩序，重点查处网吧经营场所接纳未成年人、超时限经营以及利用电子游戏进行赌博等违法行为。同时，与教育部门等一道在中小学校广泛开展了“远离歌舞厅”、“远离电子游戏”、“远离网吧”、“不让黄赌毒进我家”活动，增强青少年抵御不良文化侵蚀的意识和能力。

认真贯彻落实行政许可法，切实加强稽查队伍建设。文化市场管理工作的重心下移，除法律、法规规定必须由省级文化行政部门审批的文化经营项目外，均交由州、市、县（区）

文化行政部门负责。一些地区新成立了文化市场稽查队伍，明确了稽查人员执法身份。丽江市完成了文化综合执法试点工作。

文化产业

对全省文化系统文化产业发展规划进行了修改，确定了较为切合实际的文化产业发展目标。同时，积极开拓国内外两个演出市场，文化产业呈现出加快发展的良好态势。一是加快了文化产业集团的组建和发展。云南演艺集团正在按照现代企业制度的模式进行改制和组建；一些自收自支的文化事业单位已在进行改制前的各项准备工作。二是“走出去”与“引进来”并举，积极拓展国内外两个演出市场，我省文艺精品剧（节）目与演出市场在实现有机衔接方面获得了重大进展。云南省大型原生态舞蹈《云南映象》走产业化路子已见明显成效，并成功地打开了国外市场。《丽水金沙》、《母亲河》、《梦幻彩云南》、《红土恋歌》、《挑战巅峰——精品杂技晚会》、《支花篮》等一批优秀剧目成功地进行了商业演出，获得了良好的社会效益和经济效益，赢得社会各界广泛好评。省歌舞剧院、省杂技团、昆明市歌舞团赴美国、英国、泰国、澳大利亚举办“中国春节品牌演出活动”，使云南省优秀的歌舞剧（节）目很好地利用“春节”这一中华民族的传统节日，在国外演出市场弘扬中华文化和云南民族歌舞。三是积极参加云南文化产业上海推介周活动、厦门中国投资贸易洽谈会、武汉国际文化产业博览会、深圳全国文化产业博览会等，取得积极效果。四是充分利用现代信息网络技术宣传、发掘云南省丰富的文化资源，成功地举办了云南省首届网络歌手大赛、云南省首届电子竞技大赛。五是经省编委批准，2004年省文化厅设立文化产业处，加强了对全省文化系统文化产业发展的宏观指导和管理。

对外、对港澳台文化交流

2004年共派出各类对外文化艺术团组和个人31起、622人次；同时，接待外国艺术团组和个人22起、468人次。全年共派出赴港澳台文化交流团组和个人13起、338人次；同时，接待港澳台文化交流团组和个人4起、195人次。2004年，云南省出访和接待人员与2003年相比均翻番，再创历史新高，为服务国家外交大局、服务祖国统一大业、服务云南省对外开放和经济建设做出了新的贡献。

重要文化活动、重大事件

京剧《凤氏彝兰》荣获文华大奖

2004年9月在浙江省杭州举办的第七届中国艺术节上，由云南省京剧院创作演出的原创新编京剧《凤氏彝兰》夺得文华大奖，这是时隔12年云南省继舞剧《阿诗玛》之后又一台荣获文华大奖的剧目；同时，该剧还荣获3个文华单项奖，分别为：李莉、佳蓓获剧作奖，张树勇获导演奖，程联群（凤彝兰饰演者）、周凯（赵明德饰演者）获表演奖。由云南省话剧团创作演出的话剧《打工棚》也在本届艺术节上荣获文华新剧目奖和2个文华单项奖，分别是：潘伟行获导演奖，王砚辉获表演奖；该剧同时还荣获本届艺术节特设的组委会“观众最喜爱剧目奖”，演员王砚辉获组委会“观众最喜爱演员奖”。本届文华奖共评选出文华大奖12台和文华单项奖180个。在12台文华大奖获奖剧目中，《凤氏彝兰》排名第二。云南省是本届艺术节获奖最多的省份之一，省委、省政府专门致电予以通报表彰。

文华奖是文化部主办的我国专业舞台表演艺术政府最高奖，从1991年设立迄今已举办11届。中国艺术节奖设立于1987年，由文化部主办，已举办7届。本届文华奖首次将“文华奖”与“中国艺术节奖”合并，并将演出场次、观众人数、票房收入等作为评奖的重要参数，“含金量”特别高。

云南省新剧（节）目展演

由省委宣传部和省文化厅联合举办的“云南省庆祝中华人民共和国成立五十五周年新剧（节）目展演”，于2004年10月9日~21日在昆明举行，共有13台剧（节）目参加展演，演出24场，观众达3万余人次。这次参演的13台剧（节）目，是从我省近年来新创作的40余台剧节目中选拔出来的，涉及滇剧、花灯、彝剧、傣剧、舞剧、舞蹈诗、交响乐等艺术门类。

经过评审，共有13个剧（节）目获综合奖，其中，新剧（节）目金奖4名，分别是：傣剧《南西拉》、彝族花灯歌舞小戏《红河乡土情》、舞剧《聂耳》、花灯歌舞《云岭华灯》；新剧（节）目银奖4名，分别是：花灯剧《古湄歌》、滇剧《陈圆圆与吴三桂》、乐舞《鼓舞七乡》、音乐会《彩云音诗之（二）》；新剧（节）目铜奖5名，分别是：彝剧《臧金贵》、花灯剧《金碧坊》、舞蹈诗《香格里拉》、舞蹈诗《乌蒙彝风》、音乐会《云岭交响》。单项奖获奖情况是：剧作一、二等奖7个，导演、编导一、二等奖11个，音乐创作一、二、三等奖17个，舞台美术一、二等奖15个，表演及集体表演一、二、三等奖44个。另外，还评出新剧（节）目组织奖4个。这些作品既具有浓郁的地方民族文化特色，又具有时代精神和现实意义，艺术形象鲜活，受到了专家的好评、观众的欢迎及社会各届的广泛关注和赞誉。2年一届的新剧（节）目展演历时10年，已成功举办五届。

云南美术作品展览

由云南省文化厅、云南省美术家协会共同举办的“国庆五十五周年云南美术作品展览”，于2004年7月12日~18日在云南美术馆、云南省博物馆和昆明市博物馆分两轮展出，这是我省历届大型综合性美术作品展览中规模最大的一次。本次展览收到作品1218件，最终展出584件。云南美术作品展览是5年一届的全省综合性美术展览，是对云南省5年来美术事业发展的总结与检阅，是云南省美术界的一项重要活动。经过评选，云南省选送了121件作品参加第十届全国美展，其中有65件作品入选第十届全国美展。最终，云南省共有10件作品在第十届全国美展上获奖：铜奖2件，分别是版画《替代·镜头1-2-3》（郝平），版画《高原春秋》（李永刚）；优秀奖8件，其中国画1件、版画4件、雕塑1件、水彩1件、年画1件。

在金狮奖第六届全国杂技比赛中获大奖

由文化部主办的金狮奖第六届全国杂技比赛于2004年10月1日~7日在广州举行，共有43个团队、65个节目、1000多名杂技演员参加比赛。云南省杂技节目《浪桥飞人——大鹏》获得金奖、《转碟——茶花赋》获得银奖。这是云南省杂技团继上一届首次获得金狮奖以来，获得的又一次好成绩。4年一届的金狮奖全国杂技比赛代表了中国杂技的最高水平。

国庆五十五周年文艺晚会《云岭高歌颂祖国》

为了庆祝中华人民共和国成立五十五周年，由中共云南省委、省政府和中共昆明市委、市政府主办，省委宣传部、省文化厅承办的“云南省暨昆明地区庆祝中华人民共和国成立五十五周年文艺晚会《云岭高歌颂祖国》”于2004年9月29日在昆明举行。这台晚会阵容强大、气势恢弘。来自省级及昆明市的专业文艺团体、省市艺术院校、昆钢、驻昆某部和各条战线的群众参加了演出。整台晚会热情讴歌了中华人民共和国建国五十五周年，特别是改革开放以来我省社会主义建设取得的巨大成就，充分展示了云南经济发展、社会进步、民族团结和边疆安宁的崭新形象，抒发了云南各族人民全面建设小康社会、奔向美好明天的豪情壮志。

《云南风》大型文艺演出

2004年10月，在省委、省政府于上海举办的云南文化产业上海推荐周活动上，大型文艺晚会《云南风》作为推荐周活动的开幕文艺演出在上海图书馆举行，上海市领导及上海文化产业界人士近千人出席了晚会。晚会以浓郁的民族风情、鲜明的地方艺术特色、高质量且形式多样的表演受到了上海观众的极大欢迎。在此期间，还为曾参加过云南边疆建设的上海知青进行《云南风》专场演出，引起了强烈反响。

由云南省花灯剧团、云南省歌舞剧院、云南艺术学院、临沧民族歌舞团、昆明市歌舞团、兰坪县文工团及我省部分外地歌手参加演出的大型文艺晚会《云南风》，是一台集云南民族风情、地方艺术特色和多种艺术表演形式于一体、精品荟萃的高质量综艺晚会。其在上海的成功演出，让更多的人欣赏到了丰富多彩的云南民族民间艺术，领略了云南民族文化的魅力，凸现了云南民族文化产业的巨大潜力，受到了省委、省政府领导的高度赞扬。

剧本创作招标

在云南省2003～2004年度剧本创作招标中，共收到省内外作者及有关单位报送的投标剧本57个。其中，大戏37个（现代戏21个、新编历史剧和传统戏16个）、中型戏1个（现代戏）、小戏19个（现代戏18个、传统戏1个）。经过评审，有2件作品中标，分别是：薛子言创作的大型白剧《彩蝶纷飞》，李应该创作的新编历史故事剧《状元与师傅》；有4件作品入围，分别是：李世勤创作的现代戏曲《绣女与游魂》，白平创作的小彝剧《伙子村长》，包钢创作的现代花灯剧《香格里拉悲喜恋》，玉溪市艺术创作研究所创作的大型音乐舞蹈诗画《水之韵》。在投标剧本中，现代题材所占的比重比往届大，这些剧本关注社会现实生活，讴歌改革开放，展示当代人的心灵世界，突出了地方民族特色，适合剧团上演，并具有一定的市场前景。

举办西部舞蹈编导培训

为促进西部地区舞蹈艺术事业的繁荣发展，进一步推动和提高西部地区舞蹈艺术创作水平，由文化部艺术司和云南省文化厅联合主办的西部（云南）舞蹈编导培训班，于2004年11月1日~25日在昆明举办，来自广西、贵州和云南省省直各剧（院）团及13个州、市共30余名中青年舞蹈编导人员参加培训。本届培训班聘请了一批全国知名专家学者授课，讲授了现代舞基训与编导、民间舞蹈动作分析与即兴（造型、节奏、旋律）、独舞技法、双人舞技法、三人舞技法、群舞技法等课程。通过培训，不但使参训学员开拓了思路，更新了观念，提高了编舞技能，增强了创新能力，同时还增进了云南省舞蹈界编导和西部兄弟省区之间的互相学习与交流。

参加第六届全国舞蹈比赛

由文化部主办、厦门市人民政府和福建省文化厅共同承办的第六届全国舞蹈比赛，于2004年5月下旬至6月中旬在福建省厦门举行。本届比赛共有166个新创作品、1300多名演员参加角逐。在云南省选送的11个参赛剧（节）目中，有4个剧（节）目进入复、决赛，其中3个剧（节）目获奖。云南省歌舞剧院陶春创作的双人舞《牛角梳》获创作三等奖，钱学涛、马晓娟获表演三等奖；北京舞蹈学院于晓雪创作、云南艺术学院附属艺术学校演出的群舞《火》获创作三等奖、表演三等奖；红河州歌舞团王佳敏、梁芳、郭玲、何军创作的群舞《踩云彩》获创作三等奖、优秀组织奖。这是我省在历届全国舞蹈比赛中获奖较多的一次。

参加第十三届孔雀奖全国少数民族声乐比赛

由文化部、国家民委、广电总局和广西壮族自治区人民政府联合主办的第十三届孔雀奖全国少数民族声乐比赛，于2004年11月在广西南宁国际民歌艺术节期间举行。本届大赛共有来自全国的20个少数民族的71名选手参加了复赛，有36名选手进入决赛。在我省选送的27名选手中，有9名选手进入复赛、决赛。最终，武警云南总队政治部文工团的藏族选手陈芳获演唱二等奖，云南艺术学院音乐学院的白族选手李建英获优秀演唱奖。这是我省在历届孔雀奖全国少数民族声乐比赛中获得的最好成绩。

举办《情牵彩云南》——第二十四届全国最佳邮票评选颁奖晚会

由中华全国集邮联合会、人民邮电出版社、中国集邮总公司、国家邮政局邮票印制局、人民日报社、中央电视台、工人日报社、中国青年报社、人民邮电报社等9家单位联合主办，云南省邮政局、云南省文化厅、云南电视台承办的“情牵彩云南——第二十四届全国最佳邮票评选颁奖晚会”，于2004年5月30日晚在昆明世博园举办。晚会将邮票和云南秀丽的山水、浓郁的民族风情融合在一起，舞美华丽，色彩绚烂，演员众多，场面宏大，是云南第一台邮票题材的大型歌舞晚会。晚会上，还揭晓了最佳邮票奖、专家奖、最佳印刷奖、最优秀邮票奖和特别奖。晚会节目由云南电视台进行录播，并在中央电视台第三套节目中播出。

云南文化艺术职业学院

经云南省人民政府批准，云南文化艺术职业学院于2004年9月成立。云南文化艺术职业学院是在原国家级重点中专云南省艺术学校与原省文化厅职工大学基础上组建而成的，是以培养实用型中高级文化艺术人才为主要办学方向的高等职业学院，行政隶属省文化厅。学院编制310人，现有专任教师132人，其中高级职称26人，中级职称65人。设有校本部、圆通、关上3个校区，是中国音乐学院、北京舞蹈学院云南函授站常设点。学院现开设音乐、舞蹈、戏曲、戏剧、美术、杂技、舞台灯光与音响、群众文化艺术、文物博物管理、图书馆学等18个大、中专专业，学习形式有普通全日制、函授、成人脱产培训等。云南文化艺术职业学院为社会培养了大批合格的文化艺术人才，很多人在艺术事业上颇有建树，如荣获法国国际音乐指挥比赛第二名、现任中国国家交响乐团常任指挥的李心草；获全国少数民族声乐比赛“金凤奖”的杨学进等。

参加全国第十三届群星奖评奖活动

2004年9月13日~25日，全国第十三届群星奖评奖活动在浙江省举行。本届“群星奖”与少儿文艺“蒲公英奖”两奖合一，分音乐、舞蹈、戏剧、曲艺、美术、书法、摄影7个门类和成人、少儿、老年3个组别，并首次把“群星奖”评奖活动纳入中国艺术节。云南省共选送27件美术、书法、摄影作品，24个音乐、舞蹈、戏剧、曲艺节目参评。最终，昆明市的少儿傣族舞蹈《比比高》、曲靖市的方言小品《心灵的阳光》、玉溪市的哈尼族女声小合唱《巴哈伢咪》分别获“群星奖”，保山市的老年傈僳族舞蹈《我们打歌多快活》获优秀作品奖。

民族民间传统文化保护工程

由于在民族民间文化保护工作上力度大、成效明显，2004年4月12日~17日，文化部在云南省大理州召开了全国民族民间文化保护工程试点工作交流会，来自全国各地的130余名有关负责人参加了会议。省文化厅、大理州人民政府在大会上作了经验交流。云南的民族民间文化保护工作受到了文化部的肯定和各省、市、区的高度赞扬。根据会议精神，省文化厅制定了民族民间文化保护工程云南省综合试点实施方案，明确了实施民族民间文化保护工程的指导思想和工作方针，提出了全面系统地普查民族民间文化资源、完善地方性民族民间文化保护法规、建立民族民间文化分级保护制度、建立云南省民族民间文化资源档案和信息数据库、制定保护规划、落实保障措施等主要任务。实施方案经省政府批准，于2004年10月报文化部专家委员会评审通过。云南省与中国民族民间文化保护工程国家中心签订了《中国民族民间文化保护工程试点项目任务书》，民族民间文化保护工程在全省全面启动。

参加第三届全国“四进社区”文艺展演

2004年11月24日~28日，中央文明办、文化部、中央电视台在广东省深圳市共同举办第三届全国“四进社区”文艺展演。云南省选送的5个节目全部获奖：藏族女声独唱《香格里拉赞》、苗族舞蹈《帽儿尖尖帽儿圆》获金奖，白族舞蹈《彩蝶飞花》、彝族土巴拉器乐演奏《欢乐的香堂人》获银奖，哑剧小品《冲突》获铜奖。其中，《彩蝶飞花》被选调参加了主会场演出。

我省首批全国文化先进社区

在2004年11月召开的全国群众文化先进社区命名表彰会上，昆明市五华区华山西路社区、昆明市西山区永兴路社区和红河州个旧市金湖西社区获首批“全国文化先进社区”称号。其中，红河州个旧市金湖西社区代表在会上作了经验交流。

云南省首届社区文艺展演

2004年，省文化厅与省委宣传部、省文明办在全省组织开展了首届社区文艺展演活动，并于2004年11月18日~20日在昆明进行了集中展示，全省16个州（市）共37个节目参加了展演。最终，玉溪市代表队的舞蹈《帽儿尖尖帽儿圆》等6个节目获一等奖，迪庆州代表队的舞蹈《塔城热巴》等12个节目获二等奖，楚雄州代表队的舞蹈《恻楞恻楞波格勒》等18个节目获三等奖，并评出组织奖10个。获奖的优秀节目分别深入昆明市五华、盘龙、西山和官渡4个区的社区进行了演出，受到社区居民的欢迎。

农村电影放映“2131工程”

2004年度农村电影“2131工程”免费放映电影117956场次，观众2800余万人次，农村电影放映普及率达78.8%，全省443个乡镇实现“一村一月放映一场电影”。截至2004年底，资助全省农村电影放映流动车31辆、电影放映机358台、发电机40台、16毫米电影拷贝1530余个。2004年，怒江州贡山县农村电影管理站、昆明市西山区电影公司、红河州河口县国办第一放映队等云南省10个农村电影放映队被文化部命名为“送电影下乡”活动优秀农村电影放映队，云南省电影放映员王兴遵、王富有、帕保安等20人被文化部命名为优秀农村电影放映员。

文化“三下乡”集中示范活动

由省级14个部委厅局组织的“云南省2004~2005年度文化、科技、卫生‘三下乡’集中示范活动”，于2004年10月14日在云南省昭通鲁甸县举行。省委常委、省委宣传部部长晏友琼，省政协副主席和占钧、省长助理邹纲仁等领导出席了集中示范活动。在集中示范活动期间，省文化厅向鲁甸县捐赠了18余万元的物品；省级艺术表演团体与鲁甸县的文艺工作者同台演出，为当地数万观众献上了一台感人至深、精彩纷呈的文艺演出；省图书馆在当地开展了科普宣传和赠书活动；同时还为当地群众举行了广场电影晚会。

城市影院

至2004年，云南省城市影院整合为2条院线。以新建设电影院为主的昆明市3家影院加入了中影星美院线（跨省院线）；以新昆明电影院、西南电影超市为主，各州市17家城市影院、47块银幕组成了本土院线“云南荣滇影业院线有限公司”。2004年，全省共收缴电影专项资金近75万元，创历年最高，受到国家广电总局的表彰。

云南省图书馆盲人阅览室

2004年12月，云南省图书馆盲人阅览室对盲人读者免费开放。省图书馆盲人阅览室的建立，为盲人共享社会文明成果提供了一个良好的平台，受到盲人朋友的欢迎和社会各界的好评，收到了良好的社会效益。由于在盲人阅览室方面工作卓有成效，云南省图书馆获得国际图联颁发的“古斯特读书奖”。

国立西南联大纪念馆建成

2004年11月7日，由教育部、中共云南省委、云南省政府、云南省教育厅及云南省师范大学共同投资建设的西南联大旧址保护及“一二·一”运动纪念馆改扩建工程，历时7个月圆满竣工。工程除对原“一二·一”运动纪念馆馆舍及外环境进行全面整治外，还新建了国立西南联合大学纪念馆，并对原来西南联大及“一二·一”运动的展览进行了全面的改版和布展。新建的国立西南联合大学纪念馆及“一二·一”运动纪念馆分别陈列展出西南联大校史、“一二·一”运动历史以及李公仆和闻一多先生的生平事迹3个展览，共计展出696幅历史图片、12幅图表、161件实物，计300余万字，是目前全国有关西南联大及“一二·一”运动资料最多、最集中的展馆。展览采用现代化的陈列布展手段，以历史图片（包括历史资料的照片）和文字为主，通过实物、照片、图表、模型、绘画、雕塑、景观等多种形式，并辅以声光电等科技手段（在云南省首家采用智能照明系统和全息半透明膜投影系统），使整个展览具有较强的吸引力和感染力。国立西南联合大学纪念馆的建成，对弘扬西南联大精神、唱响爱国主义教育的时代主旋律具有积极的意义。

云南禄丰恐龙化石赴日本展览

为增进中日两国的文化交流和人民之间的友谊，云南省文化厅应日本经济新闻社邀请，于2004年7月~9月，在日本东京千叶县幕张国际展览馆举行“惊异的大恐龙博”恐龙化石展览。这次展览的展品主要是从云南省禄丰县恐龙博物馆、中国科学院古脊椎动物古人类研究所和中国大连自然博物馆租借的化石组成。此次展览，中方向日方提供展品43件（套），主要有金山龙、禄丰龙、小许氏禄丰龙、阿纳川街龙部分化石和复制品、禄丰龙头骨化石包（进行现场修理演示）、川街1号发掘坑模型20平方米等，展品保价总计为226万美元。此次禄丰恐龙化石赴日展览，在日本大受欢迎，共有40余万人参观了展览，极大地宣传了禄丰恐龙化石，提高了云南在日本的知名度，取得了较好的社会效益和经济效益。

开展馆藏文物腐蚀损失调查

2004年，根据国家文物局关于开展馆藏文物腐蚀损失调查工作的要求，省文物局作为项目承办单位，及时成立了云南省项目办公室，具体负责全省馆藏文物腐蚀损失普查工作，重点调查工作由云南省博物馆承担。此次调查范围是全省各级国有文物收藏单位，包括种类博物馆、纪念馆、文物考古研究机构（考古所、队、站）、古建所、文管所、文保所；调查对象主要包括金属、石质、陶瓷、纸质、纺织品、竹木漆器、其它（象牙、馆藏壁画、皮革、骨器）等7大类文物。省项目办公室工作成立后，对全省国有文物收藏单位进行了摸底调查，并对后续工作进行了研究部署。2004年11月27日~30日，省文物局在昆明举办了国有馆藏文物腐蚀损失普查技术培训班，全省藏品在600件以上的国有文物收藏单位负责人参加了此次培训。开展国有馆藏文物腐蚀损失调查，是馆藏文物保护的基础性工作，旨在全面深入了解馆藏文物的损失状况，特别是珍贵文物的腐蚀危害程度，掌握文物保存管理现状及馆藏文物保护经营投入产生的效益，为“十一五”期间采取更有效的文物保护对策、进一步推广先进的文物防腐蚀措施提供科学依据。

全国文物行政执法工作会在云南召开

2004年11月9日~12日，全国文物行政执法工作会议在昆明召开。国家文物局副局长董保华、云南省副省长邵琪伟、国务院法制办公室有关负责同志出席会议，国家文物局相关司处负责同志，各省、自治区、直辖市文物行政部门负责同志40余人参加会议。会上，国家文物局副局长董保华作了《切实加强文物法制机构建设，加大文物行政执法力度》的讲话，邵琪伟副省长介绍了云南文物资源状况和云南文物行政执法情况。陕西省文物局、山西省文物局、河南省文物局、河北省文物局、北京市文物局、四川省文物局、新疆维吾尔自治区文物局等单位在会上作了交流发言。会议期间，国家文物局为省级文物行政执法督察机构配发了第二批“文物执法督察车”。

云南铁路博物馆建成开馆

2004年12月28日，经云南省文化厅批准设立，由昆明铁路局投资500万元建成的云南铁路博物馆对外开放。云南铁路博物馆系铁路专业博物馆，总建筑面积3176平方米，分为综合馆和机车车辆馆。现馆藏寸轨、米轨、准轨的文物、资料、模型、照片9593件。其中，一级文物8件，二级文物10件，三级文物118件。综合馆以文物、老照片、资料、模型为主，机车车辆馆以机车、车辆等大型实物为主。云南铁路博物馆收藏和陈列的文物在全国独具特色。有旧中国最早的3条殖民铁路之一的滇越铁路的文物，有旧中国民族工商者抵御外辱而自筹资金、自主修建、自主经营的个碧石铁路公司的文物，有在抗日烽火中因日军入侵而未修建成的滇缅铁路和叙昆铁路的文物。

《猎鹿与剽牛——古滇国文物展》在香港历史博物馆展出

2004年11月9日~2005年1月24日，《猎

鹿与剽牛——古滇国文物展》在香港历史博物馆展出，共展出118件套珍贵的青铜器，这是继北京、广州展出之后云南青铜器首次在香港展出。展品中有国内独一无二的铜棺、江川李家山出土的牛虎铜案、官渡羊浦头出土的彩绘漆木器等珍稀文物等。展品充分地反映了古代滇国青铜器丰富的内涵、独特的风格、生动的表现力以及精湛的铸造工艺，展现了滇文化的历史画面和2000多年前古滇国深厚的文化底蕴和文化内涵。这也是云南青铜器在世界青铜文化上占有重要一席之地的原因。此次云南青铜器在香港的展出，受到香港各界人士的广泛关注与好评，在为期 2个月的时间里共有数万人前来观看展览。展览开幕的当天，香港的各家新闻媒体和电视台都进行了报道。通过《猎鹿与剽牛——古滇国文物展》的展出，进一步加强云南与香港文化艺术界的交流，弘扬了中华民族文化，促进了两地文化的共同繁荣。

云南省博物馆馆藏廖新学油画得到修复和保护

2004年8月，云南省博物馆完成了馆藏廖新学油画作品的修复和保护项目，使214幅受损程度严重的油画作品面貌焕然一新。廖新学先生是我省早期留学法国学习西方绘画的一代绘画大师，是公认的云南现代美术教育的开拓者和奠基人，他一生创作了大量的绘画和雕塑作品，曾9次荣获法国春季沙龙、秋季沙龙的金、银、铜奖。1948年回国后，在昆明胜利堂举办的个人画展轰动了全省，在艺术界产生巨大反响。云南省博物馆收藏有廖先生的各类作品2000余件，其中有布面油画214幅，具有重要的历史、艺术和经济价值。由于多种原因，这些作品长期以来没有得到很好的保护，致使部分作品受到不同程度的损伤。 2004年8月云南省博物馆自筹经费3万余元，对馆藏廖新学油画进行了修复和保护。通过此次修复，为这批作品长期保存下去创造了条件。

《云南省志·文物志》出版发行

2004年3月，《云南省志·文物志》由云南人民出版社发行。本志记录了自1906年~2000年近百年来，云南省文物博物馆事业从创业、发展到壮大的历程及重大事件等。本志由述、记、志、图、表、录等6种体裁构成，采用章、节、目的结构形式。全志分设12章、66节、1385目，配置彩色图版24页82幅、插图照片62幅、线图48张、表26个，总计142.4万字，收录的文物范围包括具有历史、艺术、科学价值的古文化遗址、古墓葬、古建筑、历史文化名城（镇、村）、石窟寺和石刻；与重大历史事件、革命运动和著名人物有关的具有重要纪念意义、教育意义和史料价值的建筑物、遗址、纪念物；馆藏反映历史上各时代珍贵的艺术品、工艺美术品，反映各民族社会制度、社会生产、社会生活的代表性实物；重要的革命文献资料，具有历史、艺术、科学价值的手稿、古旧图书资料等也收录其中。本志书是解放50多年来云南省首次出版的文物专题内容的一部大型工具书，内容丰富、翔实，对宣传云南各民族的历史文化将起到积极的作用。

《中华人民共和国文物保护法》宣传画册

2004年10月，云南省文物局、昆明市文化局、昆明市官渡区文体局共同编辑完成《文物法》宣传画册，彩印万册发送全省各地州、市、县的文化、文物基层单位。画册依据2002年10月28日新修订的《文物保护法》及2003年7月1日公布施行的《文物保护法实施条例》，以图文并茂的形式，通俗易懂、完整、准确、生动、直观地反映文物保护法和实施条例逐项条文的原意，特别设置“知识窗”栏目宣传普及文物基本常识45条，附“云南省全国重点和省级文物保护单位分布图”、“云南省地州、市级文博机构名录”。宣传画册的编印，对宣传普及文物保护法，提高各级文物行政部门和各有关部门依法行政水平，提高人民群众自觉保护文物的意识起到了积极作用。

网吧专项整治

按照全国的统一部署，2004年2月~12月，在各级党委、政府的领导下，由文化部门牵头，以公安、工商、教育、财政、法制、文明办、通信管理、团省委等部门为主，在全省开展互联网上网服务营业场所专项整治工作，依法取缔“黑网吧”，严厉查处网吧接纳未成年人和超时限经营行为，进一步规范网吧经营活动，保护未成年人健康成长。在专项整治期间，全省共依法取缔“黑网吧”98户，处罚违规网吧2521家次，吊销《网络文化经营许可证》21本，自行歇业171家。

破获云南省首起伪造文化部批文诈骗案

2004年12月，云南省文化市场稽查队根据群众举报，配合昆明市公安局迅速破获一起伪造文化部批文进行诈骗的案件，抓获犯罪嫌疑人1人。据查，犯罪嫌疑人宁某从2004年9月开始，利用伪造文化部批文，以帮助他人办理网吧经营许可证为由，先后多次行骗。

云南省文化厅下放网络文化市场管理权限

为简化审批程序，落实工作责任，确保监管到位，加大宏观调控和督察督办力度，省文化厅将网吧审批和管理权限下放到各州、市文化行政管理部门。各州、市文化行政管理部门在分清事权的基础上，也尽量把文化市场的日常管理权限下放到区、县（市）基层文化行政管理部门。文化市场管理权限下放后，各级文化行政管理部门严格按照国家相关法律法规和规章的有关规定，严把审批关，切实加强日常管理，文化市场的管理工作得到进一步加强。

商演市场

大力推行演出经纪人制度和签约制度，积极发展演出经纪机构，努力壮大演出经营力量，不断规范全省演出经纪机构。依据《营业性演出管理条例》及其实施细则的规定，在严格把关、层层审批的基础上，2004年审批了13家演出经纪机构，先后引进了如《神秘园》、《拇指姑娘》、《孙楠演唱会》、《印度经典电影歌舞》等国内外精品剧（节）目，丰富了人民群众的文化生活。

举办第二期演出经纪从业人员培训班

2004年4月，省文化厅举办“云南省第二期演出经纪从业人员培训班”，来自全省各地的130多名演出经纪从业人员参加了培训。培训除向参训人员介绍演出市场的现状、运作模式等专业知识外，还邀请省政府法制办、公安、工商、税务等相关部门的同志为参训人员讲授有关的法律、法规和政策。培训课程结束后，参加培训的130多名学员全部参加了考试，经审核合格后领取了《云南省演出经纪从业人员培训合格证书》。

深入治理音像市场

2004年，全省音像市场治理工作继续以昆明市、各州市中心城市为重点地区，重点查处“黑批发”、“黑仓库”等地下发行网络，及时查处大案要案。2004年9月，省文化市场稽查队及昆明市文化市场稽查队在公安机关的配合下，一举查获一起涉嫌经营盗版光盘50多万张和盒式磁带13万盒的大案，并依法移交司法机关处理。2004年，全省各级文化行政部门共收缴非法音像制品180多万盒（张），有力地打击了盗版违法犯罪活动。同时，通过巩固和加强对云南省音像制品批销中心的管理和建设，疏通正版音像制品流通渠道，努力提高音像市场的正版率，积极促进音像市场繁荣。

第六届音像市场法制宣传周

2004年5月24日~30日，云南省各级文化部门会同教育、共青团等部门，在全省开展了以“尊重知识，拒绝盗版”为主题的第六届音像市场法制宣传周活动。这次宣传周活动，着重面向广大青少年进行宣传教育，对增强青少年知识产权保护意识、自觉抵制盗版音像起到了积极作用。在宣传周活动期间，发放宣传材料155000余份，设立咨询点25个，销毁非法音像制品100余万盒（张），部分音像批发单位向希望小学捐赠了一批优秀的正版音像制品。同时，为配合音像市场法制宣传周，全省各级文化行政部门在此期间组织了集中执法行动，加强了对经营者的宣传教育，取得了较好成效。

文化资源信息化战略合作

2004年7月9日，云南省文化厅与云南省电信有限公司在昆明签署了云南省文化资源信息化战略合作框架协议，双方正式建立合作关系，开展基于文化资源信息整合、电子政务、网站建设等涉及文化资源电子信息化建设范畴的多层次、多样化的广泛合作。此举旨在通过现代信息技术，整合图书、影视、音乐、舞蹈、戏曲、美术、文博等各类文化资源，创建一个不受时空限制的网上文化传播平台。协议的签署，对云南省文化产业信息化建设及发掘、宣传、弘扬云南优秀民族文化，为人民群众提供现代化优质文化服务，具有积极意义。

云南省首届网络歌手大赛

2004年8月28日~29日，云南省云港杯“欢乐梦想”网络歌手大赛在昆明举行总决赛。大赛由省文化厅指导，省文化厅产业处、云南信息港主办，采用网上报名、网上传送音乐作品、网上投票评选的方式进行了初赛和复赛。参赛选手来自各省、自治区、直辖市和港台地区，以及美、英、德、法、澳大利亚、新加坡、俄罗斯、加拿大等国。本次大赛为云南省首届、全国首创的一种新的文艺比赛形式，作为文化艺术与现代互联网传播技术相结合的新产物，开创了互联网歌曲创作、演唱比赛、网民互动投票等新形式，在群众性、互动性以及广泛性、时效性方面，都达到了一定的高度，获得广大网民认可和较好社会反响，在拓展文化产业发展新途径方面做了积极探索。

云南省文化厅文化产业处成立

2003年10月29日,省编制委员会正式批准云南省文化厅设立文化产业处，核定行政编制3名，处级领导职数1名。2004年2月，云南省文化厅设立文化产业处。主要职责是：研究制定并贯彻实施全省文化产业发展规划和文化产业法规政策；指导文化产业布局、结构调整和体制改革；扶持和促进文化产业的建设和发展；协调文化产业运行中的重大问题；汇总编报全省文化产业统计资料，督促检查文化产业工作等。

对外文化交流

2004年共派出各类对外文化艺术团组和个人31起、622人次，出访美国、加拿大、英国、法国、德国、澳大利亚、新西兰、巴西、阿根廷、日本、韩国、俄罗斯、泰国、缅甸、越南等26个国家。其中，原生态民族舞蹈《云南映象》受国务院新闻办派遣，配合胡锦涛主席出访南美，由省委副书记丹增带队前往巴西、阿根廷访问演出，直接为我国的总体外交服务，推动云南民族文化走向世界；云南省歌舞剧院受文化部派遣，作为中国政府的文化使者，由省委宣传部晏友琼部长带队分别出访美国、乌克兰、俄罗斯；云南省杂技团分别赴泰国、菲律宾和南非、刚果（布）、喀麦隆、加纳、马里、佛得角访问演出，思茅市民族歌舞团赴波兰参加7个国际民间艺术节演出，禄丰恐龙化石赴日本展出，巩固和发展友好合作关系，获得广泛的赞誉，在国际上展现了云南的民族文化艺术；云南省侨办联合昆明市民族歌舞团、红河州民族歌舞团，分别前往泰国、澳大利亚访问演出；云南吉鑫宴舞艺术团赴缅甸演出，昆明彩虹杂技团赴越南商业演出，中国民间艺术彩灯暨杂技第七次赴越南商业展演，对于培育和发展我省的文化产业发挥了积极的促进作用。

接待外国艺术团组和个人22起、468人次，来自美国、巴西、法国、意大利、奥地利、日本、韩国、澳大利亚、新加坡、菲律宾、老挝、缅甸、泰国、加拿大等17个国家。其中，老挝、缅甸、泰国、柬埔寨、越南艺术团前来西双版纳州参加第十届澜沧江——湄公河边境文化艺术节演出，规模和水平都超过以往，对推动大湄公河次区域经济贸易、文化旅游的合作与发展发挥了积极作用。美国得克萨斯州泰勒市文化艺术代表团访问曲靖市，并结为友好城市，促进了两市经济文化交流。“法国文化周”在昆明举办，作为“中法文化年”互办项目之一，既展示了法国的文化与科技，同时也提高了云南的知名度。文山州成功举办铜鼓暨民族历史文化国际研讨会，促进了边疆民族地区的经济、社会、文化发展。韩国民族服饰及手工艺品前来昆明展出交流，蒙古“月石”民间艺术团、巴西国家综艺歌舞团前来昆明演出，这些活动不仅带来了各国的文化艺术，活跃了云南省的群众文化生活与文化市场，而且增进了相互了解与友好合作。

对港澳台文化交流

全年共派出赴港澳台文化交流团组和个人13起、338人次。其中，丽江古城东巴宫艺术团、云南省歌舞剧院、云南文化艺术职业学院、昆明市红叶少儿合唱团、红河哈尼族彝族州蒙阳古乐团分别赴香港演出，云南省博物馆赴香港举办古滇青铜文物展览，德宏傣族景颇族自治州民族艺术团、云南艺术学院舞蹈团、云南吉鑫宴舞艺术团分别赴澳门交流演出，使港澳同胞目睹了丰富多彩的云南民族文化艺术，从而吸引游客和投资，扩大了我省与港澳之间经贸、文化、旅游的交流与合作。红河哈尼族彝族州民族歌舞团赴台湾交流演出，昆明市摄影家1人荣获台湾摄影比赛金奖，受到了台胞的热烈欢迎和赞赏，增进了两岸同胞的骨肉亲情和对中华文化同根同源、祖国大陆与台湾不可分割的共识。同时，接待港澳台文化交流团组和个人4起、195人次。

“情系香格里拉——两岸文化联谊行”活动

为贯彻中央对台工作有关精神，2004年7月，省文化厅承办了国台办、文化部交办的“情系香格里拉——两岸文化联谊行”活动。此次活动先后在昆明、迪庆、丽江等地举行，接待台港澳及大陆文化机构负责人、文艺界知名人士、新闻媒体负责人157人。为期10天的考察访问获得圆满成功，得到国台办、文化部的充分肯定，获得了两岸四地嘉宾的一致好评。

西藏自治区

综 述

2004年，在自治区党委、政府的正确领导下，以邓小平理论和“三个代表”重要思想为指导，深入学习贯彻党的十六大、十六届三中、四中全会和中央第四次西藏工作座谈会精神，认真贯彻落实区党委六届五次、六次全委（扩大）会议、全区宣传思想工作座谈会精神和自治区关于文化工作的部署及要求，牢固树立科学发展观，围绕中心，服务大局，努力繁荣发展社会主义文化，重振文艺创作、演出之雄风，丰富活跃人民群众精神文化生活，做了大量工作，取得了一定成绩。

一、2004年主要工作

（一）加强政治理论学习，注重队伍、制度建设，推进各项工作健康发展

一年来，我们把深入学习贯彻十六大、十六届三中、四中全会精神，认真贯彻落实区党委六届五次、六次全委（扩大）会议、全区宣传思想工作座谈会精神和自治区关于文化工作的部署及要求，作为重要的政治任务，全面推进厅系统干部职工的理论武装工作。紧密结合文化厅系统实际，把学习理论、提高认识、统一思想与解决问题和推进工作有机结合起来。通过自学、集中学习研讨、听取辅导讲座等多种方式，深入领会和践行“三个代表”重要思想，树立和落实科学发展观，提高文化系统干部职工对建设先进文化科学内涵和根本要求的认识，深刻把握中央和区党委关于新时期文化工作的方针、政策，努力把广大文化工作者的思想统一到中央和区党委的精神上来，把中央和区党委关于文化工作的方针、政策和部署落实到实际工作中去。高度重视党风廉正建设，按照教育、监督、惩处并重的要求，对各级领导干部做到“警钟长鸣”，充分发挥党组织的战斗堡垒作用和共产党员的先锋模范作用，围绕全面增强我区先进文化建设能力，繁荣文艺，重振文艺创作、演出之雄风，加快文化发展提出了许多新的工作思路、新的办法。

与此同时，为了推进工作，确保各项工作的顺利进行，我们进一步加强了厅系统干部队伍建设，加大了干部职工的政治理论和业务素质的培训力度。2004年共选派14名县处级干部，4名厅领导参加各类培训，选送20多名业务骨干到内地接受专业培训，在区内举办了多种形式的业务培训，机关部分处室对所属相关业务人员实施了在职轮训。在加强人才培训的同时，2004年厅系统选拔任用了一批中青年干部，新评聘了33名中高级专业技术人员专业技术职称，调整充实了机关部分处室和厅属部分单位的领导班子，加强了各单位的专业技术队伍建设。修改完善了厅系统财务管理规章和机关后勤管理办法等一系列规章制度，切实加强了财务管理和机关后勤保障工作。加强了文化厅机要网站、文化信息、政务督查及信访等工作，改善了工作环境和工作条件，有力地促进了各项工作的健康发展。

（二）繁荣创作演出，文艺舞台日趋活跃

2004年我区文化艺术部门，深入贯彻落实自治区领导关于重振文艺创作、演出之雄风的重要指示精神，进一步明确创作方向，调整创作思路，整合全区创作力量，发挥艺术家们的集体智慧，紧紧围绕中心、服务大局，以多出人才、多出作品、繁荣文艺、满足需要为目的，以青藏铁路建设等重大现实题材为重点，以歌曲创作为突破口，制定了短、频、快和中长期相结合的创作规划和重大题材、重点剧（节）目、优秀剧（节）目实施方案及奖励办法。努力在我区文艺创作生产中引进运用激励竞争机制和经济手段，极大地激发了广大文艺工作者的创作热情，有效促进了艺术生产力发展。在全区掀起了繁荣创作，重振创作、演出之雄风的热潮，艺术创作与生产成效显著，文艺舞台日趋活跃。

2004年的艺术生产、舞台演出，围绕自治区党委、政府的中心工作和各项重大节庆活动，创作了一批以发展为主题，贴近生活、贴近实际、贴近群众，歌颂党、歌颂祖国、歌颂新西藏和反映西藏各族人民精神风貌的文艺（剧）节目。成功地推出了反映青藏铁路建设的大型主题歌舞晚会《雪域彩虹》；与区党委宣传部、西藏电视台等部门共同主办了2004年藏历新年电视文艺晚会《阳光西藏》；成功举办了“七一”专场音乐晚会《向着太阳歌唱》、纪念邓小平同志诞辰100周年专题晚会《春天的故事》、“六省七方经济协调会”专场晚会《拉萨欢歌》的创作演出；创作上演了纪念抗英100周年大型话剧《宗山魂》；组织参加了第六届全国舞蹈比赛、第七届中国艺术节演出和首都庆祝建国五十五周年游园活动文艺演出等一批有较大影响的专业文艺活动，在社会上引起较大反响，深受群众欢迎，得到了自治区领导的充分肯定。

2004年，区直专业艺术团体累计共获国家级奖项20多项。其中，第六届全国舞蹈比赛中我区共获8个奖项；第七届艺术节新编藏戏《卓瓦桑姆》分别获“文华新剧目奖”、“文华优秀导演奖”、“文华优秀表演奖”、“文华优秀作曲奖”；自治区歌舞团组织创作的歌曲《圆梦新天路》获中宣部颁发的“五个一工程奖”。

据不完全统计，2004年以来专业艺术团体新创歌曲120首；新编藏戏、话剧小品10个；推出全新大型歌舞晚会10台；区直三团演出各种文艺剧（节）目200多场，观众达50多万人次，其中农牧区演出100场，观众达20余万人次。2004年我区文艺舞台日趋活跃，文艺影响力不断扩大，重振文艺创作、演出之雄风的序幕已经拉开。

此外，由我厅承担的7大艺术集成志书编纂工作进度明显加快，已由原来的全国倒数第一位，跃升为2004年全国30个省区的第十八位。自治区藏戏艺术中心和区歌舞团搬迁等建设项目已立项，前期工作已基本完成。

（三）狠抓基层文化建设，社会文化不断发展

2004年我区社会文化工作，继续深入贯彻落实《西藏自治区人民政府关于进一步加强我区基层文化建设的决定》（藏政发[2002]47号）精神，紧紧围绕自治区工作大局和“三农”工作，坚持面向基层，面向群众，全面加强社会文化阵地、文化队伍、文化活动内容和方式的建设，努力满足广大人民群众日益增长的精神文化需求，各方面工作都取得了明显成效。

一是较好地解决了民间艺术团的待遇等问题，稳定了基层文化队伍。在广泛深入调查研究的基础上，自治区文化厅、财政厅、人事厅、劳动和社会保障厅联合下发了《关于贯彻落实藏政发[2002]47号文件中民间艺术团有关政策的实施意见》，对我区现有的17支民间艺术团的性质、管理体制、用人机制、分配制度、经费来源及运行机制等提出了明确的意见。目前有的地区县民间艺术团录用工作已完成，有的正在完成之中。《意见》的出台，较好地解决和改善了长期以来困扰我区民间艺术团生存和发展的后顾之忧问题，有效地稳定了农牧区文艺队伍，激发了基层文艺工作者的工作积极性和创作热情，促进了基层文化事业的发展。

二是为农牧区所办的5件实事，进展顺利。目前20个县级综合文化活动中心建设已安排落实了12个，其余8个也将陆续安排建设；17支民间艺术团送戏下乡540场的任务已基本完成；送书下乡5万册的任务在国家文化部、国家出版业协会的大力支持下已得到落实；培训100名乡镇文化站长的工作已圆满结束；建设20个文化信息资源共享工程三级卫星接收站，目前已落实5个，其余的设备已到位正待安装。

三是为了进一步推动基层文化建设，11月中旬，在林芝地区成功召开了全区基层文化建设现场会。会议总结交流了近年来我区基层文化工作情况和经验，研究部署了今后一个时期的基层文化工作。区党委常委、宣传部部长苟天林，区政府副主席郝鹏出席会议并作了重要讲话。会议传达了区党委六届六次全委（扩大）会议和全区宣传思想工作座谈会精神，听取了马如龙同志代表文化厅所作的工作报告，参观了林芝地区和米林县基层文化建设及活动开展情况，向20个基层文化建设示范点授牌。会议还讨论修改了《西藏自治区县综合文化活动中心和乡（镇）文化站管理办法》和《西藏基层文化建设“十一五”发展规划思路》两个征求意见稿。全区基层文化建设现场会的召开，进一步拓展了我区基层文化建设的思路，进一步明确了目标，增强了信心，将对我区基层文化建设产生积极作用。

四是积极开展群众文化活动，丰富活跃群众文化生活。各级各类社会文化单位，在积极组织开展日常文化活动的同时，围绕重大节庆，成功举办了一系列有一定影响的展演活动。其中，在北京举办的“首都国庆游园活动《西藏成就展》”获得圆满成功。胡锦涛总书记参观展览后发表了重要讲话；在拉萨举办的“西藏各族各界庆祝建国五十五周年大型歌咏演唱会”盛况空前，催人奋进；成功举办了“新时代、新少年”全区第二届少儿文艺调演、“迎国庆”首届民间艺术之乡文艺展演、民族区域自治法颁布２０周年成就展、《中国留学人员回国成就展》西藏展区的展览、“欢度新春佳节、喜迎藏历新年2004‘四进社区’健身舞比赛”、优秀读者演讲比赛等一批有较大影响的展览演出活动。自治区图书馆共接待读者11000余人次，其中少儿读者850余人次，借阅图书22000余册，同时出动汽车图书馆26台次，为28个单位送书上门，提供咨询，办理借书证等。自治区群艺馆为基层15个单位辅导培训400节课时，创作辅导节目15个，培训约2500人次。这些活动在社会上引起较大的反响，得到了自治区领导的充分肯定和高度赞扬，丰富活跃了我区各族群众的精神文化生活。

五是积极组织参加全国性群众文化活动，取得了优异的成绩。我区13个群众文艺作品参加全国第十三届“群星奖”的评奖，获“群星奖”1项，“优秀奖”1项，获“纪念奖”4项；

职工文艺节目《牧民情怀》，在深圳参加全国“四进社区”展演活动获得铜奖；那曲地区选派的4名优秀民间歌手代表西藏参加第五届中国西部民歌（花儿）歌手邀请赛获优秀组织奖、1个金奖、2个银奖；昌都县民间艺术团参加首届中国青年文化周民族歌舞邀请赛，获优秀组织奖和优秀表演奖；自治区群艺馆组织拉萨市区少儿参加由文化部中外文化交流中心、青岛市文化局、青岛市四方区人民政府共同主办的2004年“双新杯”全国少儿自绘文化衫大赛，我区获得4个一等奖、6个二等奖、5个三等奖。

（四）文物保护进一步加强，“四有”工作成效显著

我区文物保护工作，认真贯彻“保护为主、抢救第一，合理利用、加强管理”的方针，坚持“抓重点、顾全局、打基础、促发展"的工作思路，依法行政，依法保护文物，进一步加大文物工作的宏观管理和指导力度。在人少事多的情况下，较好地完成了全年各项工作任务。

一是积极配合和参与西藏3大重点文物保护维修工程办公室工作，出色地完成各项任务，确保了维修工程顺利进行。参加了“第28届世界遗产委员会会议”，经中国代表团审定同意，我区代表以《世界遗产布达拉宫历史建筑群保护管理状况》为题向大会有理、有力地作了说明。

二是文物“四有”等基础工作得到进一步加强。开展了9处第五批全国重点文物保护单位记录档案和备案，布达拉宫、罗布林卡、西藏博物馆、山南雅砻博物馆馆藏国家一级文物藏品的挑选、鉴定和确认工作；完成了罗布林卡一级文物藏品定级工作；完成了我区全国重点文物保护单位23处的保护范围、建设控制地带的划定和全区第六批全国重点文物保护单位的申报及馆藏文物腐蚀损失的调查统计工作。

三是积极组织全区考古专业人员完成了青藏铁路西藏段羊八井加日岗遗址的考古后续工作，并着手撰写青藏铁路考古发掘专业资料。

四是完成了国家文物局主办、区文物局承办的历时30天，来自甘肃、青海、四川、云南、广东省和我区地（市）的38名学员参加的“藏族文物鉴定建档培训班”的接待、授课及辅导工作；16人次参加了国家文物局举办的省级博物馆、古建所、考古所及世界遗产等单位负责人培训班；组织举办了全区20余人次的“全国重点文物保护单位记录档案”培训班。这些举措为提高现有人员的专业水平，进一步加强文物保护工作奠定了基础。

五是落实责任，督促检查，确保文物安全。协同有关部门开展了“全区文物古建筑消防安全年”宣传活动及西藏古建筑消防专题调研工作。布达拉宫管理处、西藏博物馆各自筹措20余万元资金对监控消防系统进行了较大规模的维修、整改，会同公安、消防单位对区直文博单位进行安全大检查，及时消除各种安全隐患，堵塞漏洞，确保了文物安全万无一失。

六是文物对外开放力度进一步加大。截止到今年10月底，布达拉宫、罗布林卡、西藏博物馆共接待国内外游客636467人次，其中免费接待未成年人、教师、军人和优惠接待离退休人员达10余万人次，有力的促进了我区文化旅游业的发展。

（五）培育文化市场，健全管理体系，推进文化产业的发展

坚持“一手抓繁荣、一手抓管理，促进文化市场健康发展”的文化市场管理工作方针，积极开展工作，使文化市场逐步走向繁荣、健康、有序发展的轨道。

一是不断加大市场监管力度，确保文化市场健康、有序的发展。始终把严厉打击达赖集团利用文化市场进行的各种渗透破坏活动和查处非法接纳未成年人、打击提供色情、变相色情服务以及确保歌舞娱乐场所的消防安全作为工作重点，加大文化经营场所的监管力度。开展了歌舞娱乐场所专项整治和规范行动；开展了防火安全整治、校园周边文化市场治安秩序专项治理工作；开展了对反动、淫秽、色情、迷信、暴力等内容的非法音像制品及侵犯知识产权的盗版走私等非法音像制品的查处；开展了网络文化市场的专项整治工作。据不完全统计，全区各级文化市场主管部门，2004 年共检查歌舞娱乐场所 2790 家 / 次，出动检查人员 1689 人次，查处了一家从事色情、淫秽表演的音乐茶园；检查音像制品经营场所 2251 家 / 次，出动执法人员 1118 人 / 次，共收缴非法音像制品 10585 盒（盘），并查处了 1 家长期从事非法音像制品刻录的窝点；共检查网吧 1103 家次，出动检查人员 2161 人次，罚款 3.86 万元，暂扣电脑等设备 24 台，责令停业整顿 16 家，吊销《网络文化准营证》1 家。有效维护了文化市场的正常经营秩序，较好地保护了消费者和经营者的合法权益，促进了文化市场的健康、有序、繁荣、发展。2004 年日喀则地区文化局文化市场管理科和昌都地区文化局文化市场管理科被文化部授予“全国文化市场行政执法先进集体”称号。

二是积极培育市场、促进文化市场的繁荣发展。按照政府引导、行业自律的原则，召开了由文化市场经营单位法人代表参加的座谈会和交流会，听取对发展我区非公有制经济优惠政策、培育文化市场的意见及建议。召开了部分规模大、具有良好社会效益和经济效益的网吧经营者座谈会，为成立全区网络经营者协会奠定了基础。同时，根据自治区人大的要求，召开相关部门参加的协调会，对我区文化市场管理暂行条例提出了修改意见：完成了涉及我区文化、文物系统行政审批项目的清理和审批权限下放工作；积极鼓励扶持具备条件的单位和个人依法组建演出公司、开办演出经纪机构、开展各种商业性演出活动，填补了我区经营性演出机构的空白。此外，成功举办了第二届拉萨市区歌舞娱乐场所优秀文艺节目汇演，促进了文化市场的繁荣。

三是深入调研，积极探索发展文化产业的路子。继续深入贯彻落实《自治区人民政府关于加快发展我区文化产业的若干意见》（藏政发[2002]48 号）文件精神，积极开展调查研究和理论研讨工作，努力整合文化资源，开拓文化市场。对厅系统及旅游等相关部门的文化资源进行了调查摸底，并着手启动厅系统文化产业项目库建设，为更好地整合资源，寻求合作，有计划地启动和发展文化系统文化产业奠定了基础；我区文化产业发展基金使用管理办法已拟定送审待批。文化产业发展基金申报的各项前期工作已就绪；申请成立“西藏文化发展有限公司”的各项申报工作已基本完成；部分单位参加了由文化部主办的首届深圳“国际文化产业博览会”项目推介与洽谈也初见成效。为进一步加强交流，吸引投资，促进合作，整合资源，推进我区文化产业发展创造了条件。

（六）拓展交流渠道，加大对外文化交流力度

坚持“以我为主，以事实为主，以正面宣传为主”的工作原则，采取多种形式，拓宽交流渠道，积极主动开展工作，成效显著。《雪域藏珍——中国西藏文物展》继续在美国展出，受到广泛赞誉；瑞士贝齐文化基金会与我合作开展阿里地区壁画保护维修项目的前期考察工作已完成。配合国家的总体外交，参加了在美国、俄罗斯、韩国和尼泊尔等国家的文艺演出及交流活动。接待了一批国外文化界友好人士在藏的参观考察。全年共承办了 16 项文化交流项目，派出 7 个团组，共 28 人次；接待 9 个团组，共 36 人次。

二、收获和体会

回顾一年来的工作，我们深切体会到：要繁荣发展我区社会主义文化事业，第一，建设先进文化是方向。我们的各项工作都必须以“三个代表”重要思想为统领，把“三个代表”重要思想贯穿于各项工作之中，始终坚持先进文化的前进方向。第二，抓创作、促繁荣是根本。必须牢牢把握文艺工作的“二为”方向和“双百”方针，坚持贴近实际、贴近生活、贴近群众，坚持对外文化交流，努力以思想性、艺术性、观赏性相统一的优秀作品赢得群众、繁荣市场、占领阵地。第三，以农牧区为重点的基层文化建设是基础。这既是践行“三个代表”重要思想的具体体现，全面建设小康社会的内在要求，也是树立和落实科学发展观，加强和提高建设先进文化能力的必然要求。第四，加强队伍建设，提高综合素质是关键。面对新形势、新任务，必须努力造就一支政治可靠、业务精通、作风过硬，富有创新能力和奉献精神的文化工作队伍。第五，加强领导是保障。要繁荣发展我区社会主义文化事业，各级党组织都要站在党和国家事业发展全局的高度，站在提高党的领导能力和执政水平的高度，围绕中心、服务大局，切实加强党对文化工作的领导。

一年来，我们在自治区党委、政府的领导下，在区党委宣传部的有力指导下，在有关部门的大力支持下，在广大文化工作者的共同努力下，各项工作取得了一定成绩。但是，我们也要清醒地看到，我们的工作中还存在着一定的“不适应”、“不符合”的问题。一是现行的文化管理体制、运行机制、工作方式与先进文化发展的需要还不相适应；二是文化产业起步艰难、发展不快，文化资源的优势还没有得到充分利用；三是文化事业发展不平衡，基层农牧民，特别是边远地方的农牧民群众的文化生活依然十分贫乏；四是繁荣文艺，重振创作、演出之雄风和满足人民群众精神文化生活需要的任务还十分艰巨。五是文化艺术人才队伍建设有待充实加强。

重要活动、重大事件

自治区文化厅2004年大事记

1月1日，由自治区文化厅主办，自治区群艺馆承办的“迎新年、谋跨越、奔小康”群众文艺演出在龙王潭公园举行。自治区气象局、交通厅、联通公司、移动公司以及自治区、拉萨市各老年活动中心等12个单位的近百名业余演员表演了14个健康向上、形式多样的文艺节目。自治区党、政、军、警领导荀天林、向巴嘎登、吴英杰、益希单增、吴传玖、刘成俊以及自治区党委宣传部和文化厅的领导与近千名观众一起兴致勃勃地观看了演出。

1月1日，由区党委宣传部、区文化厅主办，区歌舞团承办的2004年新年音乐会《腾飞的西藏》，在自治区政协礼堂隆重举行。自治区领导布穷、德吉措姆、荀天林、阿扣、吴英杰、次仁卓嘎、扎门·赤来旺杰及西藏军区、武警西藏总队、区党委宣传部、区文化厅、区计委、区支铁办等单位负责人和各族各界人士观看了首场演出。

1月10日，自治区文化厅组织自治区歌舞团、话剧团和藏剧团24名优秀演员组成“三下乡”演出团，由文化厅副厅长辛高锁带队，深入到日喀则地区日喀则市、聂拉木、定日、拉孜县及樟木口岸等附近的行政乡村、部队哨所以及沿途兵站、道班进行了文艺演出。此次演出活动历时8天，总行程近2000公里，共演出10场，观众人数达20000余人次。

1月18日，自治区文化厅、财政厅、人事厅、劳动和社会保障厅联合下发了《关于贯彻落实藏政发[2002]47号文件中民间艺术团有关政策的实施意见》，对《西藏自治区人民政府关于进一步加强我区基层文化建设的决定》（藏政发[2002]47号）中县级民间艺术团的有关扶持政策提出了切实可行的贯彻意见。对我区现有的17支民间艺术团的定位、管理体制、用人机制、分配制度、经费来源及管理使用、运行机制等方面提出了明确的意见。

2月5日，由自治区精神文明办、文化厅联合主办，自治区群艺馆承办的“欢度新春佳节、喜迎藏历新年2004‘四进社区’健身舞比赛”在龙王潭公园举行。自治区老干部活动中心、拉萨市老干部活动中心、龙王潭老年晨练点、八一社区、俄杰塘社区、扎细新村社区等6个社区（单位）的100余名老同志参加了比赛。自治区党委常委、宣传部长荀天林、自治区人大副主任群培、自治区政府副主席吴英杰、自治区政协副主席益西丹增以及自治区党委宣传部、文化厅、老干局、体育局等有关单位的领导观看了演出并为获奖单位颁了奖。

2月10日，文化厅向全区安排部署了春节、藏历年、寒假期间互联网上网服务营业场所专项整治行动，要求各地（市）立即组织人员，对本地“网吧”等互联网上网服务营业场所进行全面细致的突击检查和整治行动，以严厉查处未成年人进入“网吧”等互联网上网服务营业场所为工作重点，并要求各地（市）文化市场管理部门对“网吧”等互联网上网服务营业场所法人代表（负责人）开展一次普遍的教育警示活动，对接纳未成年人的违法经营场所要严格按照《互联网上网服务营业场所管理条例》规定从快从重处罚。

2月13日，全区文化局长、文物局（科）长会议在拉萨隆重开幕。会议总结了2003年文化工作，安排部署了2004年文化工作。

2月13日，由自治区党委宣传部和自治区文化厅联合主办，区歌舞团承办，区歌舞团、拉萨市民族艺术团、区话剧团参演的以歌颂青藏铁路建设为主题的“欢度藏历木猴年暨进藏铁路建设新创文艺晚会”——《雪域彩虹》在西藏人民会堂上演。自治区领导徐明阳、德吉措姆、向巴嘎登、阿扣、顿珠等观看了演出并亲切慰问了演职人员。自治区有关部门、单位的领导及参加全区文化局长、文物局（科）长会议的代表，参加全国劳模“三金”会议的代表，全区文艺界代表和拉萨市各族各界群众代表近千人观看了演出。

2月14日，文化部财政部“送书下乡工程”图书赠送仪式在拉萨举行。自治区文化厅领导向日喀则地区文化局和林芝地区文化局负责人转交了文化部、财政部赠送的378种，2268册图书。自治区人大副主任群培、自治区政府副主席郝鹏、自治区政协副主席益西单增、自治区党委宣传部、自治区人事厅、编办、计委、建设厅、文联、广电局、新闻出版局等部门的有关领导和参加全区文化局长、文物局（科）长会议代表等100余人参加了赠送仪式。

2月23日，自治区文化厅组织区直三团在布达拉宫广场举行迎新春大型文艺演出。

2月29日，中共中央宣传部、国家人事部、教育部和科技部在北京展览馆主办了《中国留学人员回国创业成就展》。其中，西藏展区由西藏展览中心筹办，展览以我区独特的自然风光和人文景观衬托整个展览，在有限的空间里展示了回国留学人员立志高原的创业成果和在党中央的亲切关怀和全国各省市的无私援助下，我区各项事业所取得的辉煌成就，进一步向国内外展示和宣传了一个政治稳定、民族团结、经济发展、各项事业欣欣向荣的新西藏。本次展览受到了中央领导和参加全国“两会”代表及首都各界的好评。

3月10日，文化厅召开了文化系统2003年度社会治安综合治理工作总结表彰大会暨2004年度社会治安综合治理目标管理责任书签字仪式。会议总结了文化厅系统2003年度社会治安综合治理工作，安排部署了2004年工作重点，对2003年度厅系统综治工作中涌现出的先进集体和先进个人进行了表彰奖励。会上，文化厅厅长江央分别同厅属13个单位负责人签订了2004年度社会治安综合治理目标管理责任书。

3月15日，共青团中央、文化部对涌现出的一大批青少年宫先进典型进行了表彰。其中，我区群艺馆群丹洛珠同志被共青团中央、文化部授予“全国青少年宫优秀教师”称号，西藏雪莲少儿艺术团教师多吉卓嘎被授予“全国青少年宫优秀工作者”称号，西藏巴松措青少年活动营地被授予“全国先进青少年宫”称号。

3月份，经那曲地区文化局推荐，区电视台选送，那曲地区艺术团优秀独唱演员诺桑，代表西藏参加了中央电视台举办的2004年“清逸佳雪杯CCTV西部民歌电视大赛”，他参赛的曲目《金色的山峰》、《藏北天堂》获得原声民歌独唱组银奖，为我区争得了荣誉。

3月29日~4月2日，自治区文化厅组成调研组，由辛高锁副厅长带队，先后赴林芝地区工布江达县的仲村、尼比村、阿沛村、巴河镇；米林县丹娘乡、岗嘎村、雪卡村、南伊珞巴民族乡、琼林村、南伊村、才招村、米林村、邦加村；林芝县真巴村、公众村等3县、3乡、12村，就乡村文化建设进行了实地调研。

4月13日，自治区文化厅就全区文化市场非典型肺炎防治工作中涌现出的先进集体和先进个人进行了表彰。拉萨市文化局文化市场管理办公室等4个文化市场管理部门被评选为“全区文化市场防治非典型肺炎工作先进集体”；达瓦同志等9名文化市场工作者被评为“全区文化市场防治非典型肺炎工作先进个人”。

4月14日，文化厅党组理论学习中心组召开学习会，传达学习郭金龙书记在区党委理论学习中心组（扩大）学习会上的讲话和徐明阳常务副书记和荀天林部长在观看及表彰2004藏历新年电视文艺晚会《阳光西藏》的指示、讲话，以及荀天林部长在听取文化厅工作汇报后的讲话精神。会议就进一步学习贯彻落实好自治区领导的讲话精神做了研究和部署。

4月19日，为迎接“五一”国际劳动节、纪念“五四”运动85周年，抒发青年人的情怀，讴歌时代主旋律，展示广大青年的良好精神风貌。文化厅直属机关党委举办了以“勤于学习、善于创造、甘于奉献”为主题的厅系统青年演讲比赛活动。文化厅、文物局机关主要领导和全体干部职工、厅系统各单位的领导和所有团员青年共100多人出席和参加了本次活动。

4月29日~5月23日，由自治区文化厅举办的第二届拉萨市区歌舞娱乐场所优秀文艺节目汇报演出，以弘扬“祖国好、社会主义好、改革开放好、民族团结好”为主旋律，组织拉萨市新世纪民族歌舞厅、JJ民族娱乐中心等6家歌舞场所的81名演员和36个优秀文艺节目，先后在“五一”、拉萨市旅游文化节、纪念毛泽东同志在延安文艺座谈会上的讲话发表62周年期间，分别在区群艺馆、龙王潭公园、堆龙德庆县、曲水县、达孜县等地演出14场，观众达38000余人次，演出获得巨大成功，群众反响强烈，进一步繁荣和活跃了我区演出市场，丰富了群众文化生活。

5月10日，为认真贯彻落实中央和自治区领导对西藏文物古建筑消防安全工作的重要批示精神，进一步加强和改进我区文物古建筑保护单位的消防安全工作，全面贯彻实施自治区人民政府关于2004年我区“文物古建筑消防安全宣传年”的工作部署。自治区文物局协同拉萨市文物局在大昭寺广场设立宣传点，开展了声势浩大的宣传活动。活动期间，工作人员用藏汉两种语言播放了《西藏自治区文物古建筑单位消防安全管理办法》，向群众散发了《西藏自治区文物单位消防安全管理办法》、《中华人民共和国文物保护法及实施条例》、《拉萨市老城区保护管理暂行规定》、《寺庙和农牧区防火常识》等宣传材料。通过宣传活动，在全社会大力倡导和树立保护文物人人有责的思想观念，营造人人爱护祖国文物，人人关心文物保护的良好社会氛围，对促进社会各界进一步全面、完整、准确地把握和执行《中华人民共和国文物保护法》和新时期文物工作方针，统一思想认识和行动等方面起到了积极作用。

5月26日，自治区文化厅召开厅系统文化信息工作会议。会议传达学习了自治区党委常委、宣传部部长荀天林同志的讲话，学习了宣传部有关领导在全区宣传信息工作会议上的工作报告等，认真总结了近年来文化厅系统工作经验，安排部署了今年和今后一个时期文化信息工作。

5月26日~6月18日，自治区副主席尼玛次仁会同区党委宣传部、区人民政府有关部门的同志，在文化厅党组书记马如龙及有关处室负责人的陪同下先后到文化厅所属自治区话剧团、藏剧团、歌舞团、艺术研究所以及拉萨市民族艺术团等单位进行调研。

6月1日，为了庆祝“六一”国际儿童节，丰富节日拉萨少年儿童的文化生活，罗布林卡管理处向全市儿童免费开放了各园林景点，并免费为“六一”儿童节售书活动中各售书摊点提供了摊位。仅“六一”全天共接待少年儿童达6000人次，其中动物园免费接待了学生团体及孤儿院的孩子300余人次。自治区党委常务副书记徐明阳，区党委常委、宣传部部长荀天林，自治区副主席、政府秘书长白玛赤林，自治区政协副主席顿珠以及有关单位领导来到罗布林卡儿童售书活动现场，看望了前来购书的孩子们。

6月3日，在厦门举办的第六届全国舞蹈比赛中，我区选送的9个节目中有6个节目进入复赛，其中有4个节目进入决赛，通过紧张的角逐，共荣获8个不同的奖项。其中，女子三人舞《彩蝶戏鼓》、女子群舞《春到高原》和《西藏红》获表演三等奖，双人舞《羚羊的情怀》获优秀表演奖；同时，上述4个节目又均获优秀创作奖。6月9日，我区参赛演员载誉而归，自治区党委常委、宣传部部长荀天林、自治区政府副主席尼玛次仁、区党委宣传部常务副部长格桑朗杰以及区文化厅党组书记马如龙等领导前往歌舞团迎接。

6月4日，自治区党委常委、宣传部部长荀天林、常务副部长格桑朗杰、副部长王明星一行就宣传文化系统贯彻全区宣传信息工作会议精神，响应区党委工作号召，抓好当前重点工作的落实情况和围绕响应区党委工作号召，以优异成绩迎接自治区成立40周年，各单位的计划、项目和进展情况进行调研。文化厅党组书记马如龙代表厅党组向调研组汇报了文化厅系统今年的重点工作以及自治区成立40周年大庆的文化活动安排。

6月17日，区党委宣传部常务副部长格桑朗杰、区文化厅党组书记马如龙、副厅长辛高锁、区文联党组副书记杨世君等部门领导及有关处室负责人和专家在文化厅召开会议，就国庆55周年我区承担的在北京举办文艺演出、文艺活动和展览等庆祝活动进行了动员、部署和落实。

6月21日~7月6日，由中宣部、中央文明办、国家文化部艺术司、西藏文化厅联合举办了西藏作曲理论培训班。来自中央音乐学院的3位博士、3位资深教授、专家认真系统地向学员们讲授了和声、复调、作品分析、配器、世界音乐、电脑音乐的发展、作曲等内容。自治区歌舞团、自治区藏剧团、西藏大学艺术学院、西藏军区政治部文工团以及各地、市文艺团体的专业作曲和业余作曲爱好者近40人参加了本次培训。

6月22日，青藏铁路西藏境内铺轨仪式在安多举行，文化厅组织大型艺术团赴现场举行庆典演出。

6月29日，为慰问青藏铁路建设者，自治区文化厅在西藏人民会堂举办了大型文艺晚会《雪域彩虹》，文艺晚会以大型歌舞《欢腾草原》拉开序幕，台上的演出精彩纷呈，台下的观众掌声、笑声彼此起伏。整台晚会热情讴歌了青藏铁路建设者不畏艰险、奉献高原、造福西藏人民的高尚情怀，反映了西藏人民迎铁路、盼铁路的喜悦心情。自治区领导观看了演出，在演出结束后与广大演职人员亲切握手，祝贺演出获得成功，并对演出给予了高度评价。

6月30日，为纪念中国共产党建党83周年，自治区文化厅在西藏人民会堂举办了专场音乐晚会《向着太阳歌唱》。整台晚会通过演员们的精湛表演，使观众深刻感受到祖国改革开放的滚滚春潮和现代化建设一浪高过一浪的雄伟势头，掌声迭起，气氛热烈，演出获得成功。自治区主要领导分别发表了热情洋溢的讲话，充分肯定了广大演职人员所作的努力，并希望广大文艺工作者创作演出更多的政治性、思想性、艺术性较强的作品，向人民群众奉献更多更好的精神食粮。

7月份，国家中心为我区的昌都地区图书馆、拉萨市当雄县综合文化活动中心、林芝地区米林县综合文化活动中心、日喀则地区萨迦县综合文化活动中心、阿里地区扎达县综合文化活动中心等5个国家信息资源共享工程基层示范点，配备了总投资为141400元的卫星信号接受设备、联想万全服务器、应用软件、雅图投影机、投影屏幕等设备。首批文化信息资源共享基层示范点在我区的建成投付使用，有力地提升我区基层文化设施的科技含量、服务手段和服务水平，极大丰富当地群众的精神文化生活，推进基层文化的发展。

7月6日，自治区文化厅在政协礼堂为“六省七方”经济协调会举办大型专场文艺晚会《西藏欢歌》。来自区歌舞团、拉萨市民族艺术团、西藏军区文工团、武警西藏总队文工团、西藏大学艺术系的演员们，以饱满的热情为客人们演出了《欢腾的西藏高原》、《欢迎你到西藏来》、《踏地狂舞》、《家是中华》、《美酒献给六省七方代表》、《热巴欢歌》等优秀歌舞节目。演出结束后，区党委书记郭金龙在接见演员时，对晚会给予了高度评价。他指出：“此台晚会编排的不错，有新内容、新形式，是一台艺术质量较高的晚会，通过这台晚会，我们看到了西藏舞台艺术的亮点”。他希望全区文艺工作者以此为新的起点，以此为新的动力，再接再厉，为实现重振雄风而努力奋斗。

7月13日，自治区文化厅组织召开了繁荣发展文化市场经验交流会议，来自拉萨市区各文化经营场所168位代表参加了会议。会议总结了“第二届拉萨市区歌舞娱乐场所优秀文艺节目汇演”情况，向获得“第二届拉萨市区歌舞娱乐场所优秀文艺节目汇演”优秀组织奖的6家文化经营场所颁发了奖牌。马如龙书记代表文化厅党组作了《加强管理，依法经营，促进我区文化市场繁荣发展》的重要讲话。新世纪夜总会、新沙龙国际娱乐总会、好望角网吧、拉萨超音波音像总汇等文化经营场所代表作了经验交流发言，并宣读了《树立守法诚信自律的经营理念创造健康向上的文化市场环境》的倡议书，同时，与会各文化经营场所代表举行了“我为繁荣发展文化市场作贡献”倡议签名仪式。

7月14日，中组部考察组组长、国家机关工委副书记黄燕明看望了文化厅系统第三批援藏干部。

7月15日，自治区文化厅纪检组组织厅系统全体在职党员进行了党风廉政建设知识测试。在岗的厅领导、县（处）级干部及256名党员参加了测试。

7月15日，文化厅纪检组组织人员到厅系统各支部，就党风廉政建设工作必须贯彻“三个代表”重要思想，既要从严治标、惩治腐败，又要着力治本、预防腐败，必须坚持惩防并举、注重预防，建立健全教育、制度、监督并重的惩治和预防腐败体系问题，进行了党课巡回教育和党风廉政建设有关知识讲解。

7月初至7月18日，为纪念江孜抗英斗争100周年活动，由自治区纪念江孜抗英斗争100周年活动领导小组办公室主办，自治区文化厅承办，自治区话剧团创作并演出的大型话剧《宗山魂》，连续演出16场，观众达2万多人次，在社会上引起强烈反响。自治区党政军领导观看了演出，并给予了高度评价。区政府办公厅以明传电报的形式向区直、中直、西藏军区、武警等部门和单位下发了通知，要求区直各单位将《宗》剧作为爱国主义重点剧目集体组织观看。这在我区文艺演出史上尚属首次。

7月22日，由区党委宣传部、区文化厅、区文联、区广电局、西藏大学、拉萨市委在区政协礼堂举办了纪念邓小平诞辰100周年大型晚会《春天的故事》。近300名专业演员和群众演员参加了演出。区党委书记郭金龙，区党委常务副书记、自治区主席向巴平措等自治区党委、人大、政府、政协、部队的领导同志等500多名各界人士一起观看了演出。晚会结束后，自治区党政军领导在接见演员时对晚会给予了高度评价，郭金龙书记表示，西藏各族人民非常敬仰和爱戴邓小平同志，这台晚会表达了全区党员干部和各族人民对邓小平同志的衷心爱戴和深切怀念，表达了我们在邓小平理论和“三个代表”重要思想指引下，建设团结、富裕、文明的社会主义新西藏的共同决心。晚会节目很精彩，有创意，有新意，振奋人心，令人鼓舞。他希望全区各文艺团体和广大文艺工作者，都要努力创作、演出像这台晚会一样的好作品、好节目。

7月22日，为了加强文化厅系统各单位的财务管理工作，保证系统各单位会计资料真实、完整，给经济决策提供可靠的、实事求是的科学数据，有效避免会计事务中的虚假行为，加强财务管理和监督，提高经济效益，维护社会主义市场经济秩序，文化厅计财处邀请财校老师在厅机关举办了《会计法》讲座。厅属各单位主管财务领导和全体财务人员参加了此次讲座。

8月6日~8日，由自治区文化厅、自治区教育厅主办，自治区群艺馆承办的“新时代、新少年”全区第二届少儿文艺调演在拉萨举行。来自拉萨、日喀则、山南、昌都、那曲等5个地（市）和自治区群艺馆少儿艺术团等6个代表队的35个节目，280余名演职人员参加了调演。自治区群艺馆少儿艺术团的舞蹈《飞铃踏舞》等6个节目获金奖；日喀则地区代表队的舞蹈《春到高原》等10个节目获银奖；昌都地区代表队的弦子舞《喜悦》等10个节目获铜奖；自治区群艺馆代表队、日喀则地区代表队、昌都地区代表队等3个单位获优秀组织奖。

8月8日，昌都地区昌都县民间艺术团代表西藏参加了由团中央、文化部、广东省团委、深圳市团委联合举办的首届中国青年文化周民族歌舞邀请赛，获得本次比赛的优秀组织奖和优秀表演奖。

8月16日，自治区文化厅举办了纪念川、青藏公路通车50周年大型文艺晚会《五彩路》。

8月份，为了加大我区音像市场整治力度，确保音像市场正常经营秩序。根据国家文化部要求，自治区文化厅向全区下发了关于查缴非法音像制品的通知，部署了查缴任务。同时，会同拉萨市文化市场管理办于2004年8月11日~13日对拉萨市区的46家音像制品零售、出租、放映店进行了检查，收缴了部分非法音像制品。据统计，此次全区共收缴非法音像制品162盘（张），其中:《西域情歌·摇滚篇》非法音像制品23盘（张），《粗口歌、哈狗帮、摇头玩》等非法音像制品139盘（张）。

9月1日，在西藏博物馆举行了张伟元先生西藏民俗人物系列版画作品捐赠仪式。在捐赠仪式上，张伟元先生将其精选的60幅黑白版画作品捐赠给西藏博物馆。这批作品的入藏，既充实、完善了博物馆藏品种类，填补了该馆内现代美术作品的空白，同时又丰富了馆藏，增加了博物馆的看点。

9月7日，为切实转变文化行政管理职能，进一步推进我区文化行政体制改革，加强文化经营场所的属地管理，进一步开放市场和促进市场繁荣。自治区文化厅将直管的23家文化经营场所正式移交拉萨市文化局，加强日常监管。

9月10日~26日，第七届中国艺术节在浙江杭州市隆重举行。由西藏藏剧团改编创作的大型传统藏戏《卓瓦桑姆》和演职人员一行70人，社文口代表40余人，共110余人代表我区参加了第七届中国艺术节的演出活动。我区新编大型传统藏戏《卓瓦桑姆》获得本届艺术节的“文华新剧目奖”，区藏剧团演员小次旦多吉获得“文华导演奖”，边多获得“文华音乐创作奖”，参旦、尼玛康珠、次仁拉姆获得“文华表演奖”。同时，在全国第十三届“群星奖”决赛中，我区群众文艺作品取得优异成绩。日喀则地区群艺馆老年艺术团的舞蹈《后藏情》、山南地区群艺馆的藏戏荟萃《雪域的祝福》；美术作品《欢迎你到山南来》、《甲谐》、《米拉热巴》、《后藏父子》；书法作品《菩萨蛮》、《高原气象》、《中国出了一个邓小平》、《求知》；摄影作品《牧女的新生活》、《历史的见证》、《戏》等13个群众文艺作品进入选了决赛。在决赛中，日喀则地区群艺馆老年艺术团的舞蹈《后藏情》获得最高奖——“群星奖”，山南地区群艺馆的藏戏荟萃《雪域的祝福》获“优秀奖”，书法、摄影、美术作品均获“纪念奖”。

9月21日~23日，由自治区文化厅主办，自治区群艺馆承办的“迎国庆”全区首届民间艺术之乡文艺展演在拉萨举行。来自拉萨、日喀则、山南、林芝、昌都、那曲等6个地市15个民间艺术之乡的300余名演职人员参加了此次展演。最终，自治区文化厅授予参加此次展演的15个民间艺术之乡“优秀演出队”，日喀则、昌都、山南地区获得了“组织奖”。

9月26日~10月12日，由西藏纪念《中华人民共和国民族区域自治法》颁布实施20周年和评选表彰民族团结活动小组主办，区民宗委、文化厅承办，西藏展览中心策划，西藏图书馆协办的《纪念〈中华人民共和国民族区域自治法〉颁布实施20周年成就展》在西藏图书馆隆重开幕。自治区党政军领导徐明阳、胡春华、苟天林、平措、多嘉、李功民等出席开幕式并剪彩。自治区副主席甲热·洛桑丹增主持了开幕式。自治区党委常委、宣传部部长苟天林代表自治区党委、政府在开幕式上作了重要讲话。此次成就展紧紧围绕“共同团结进步，共同繁荣发展”这一主题，运用众多文字、图片、雕塑、实物等形式，生动、形象、客观、全面地介绍了民族区域自治制度在西藏的建立和发展过程，讲述了《民族区域自治法》颁布实施20年来，西藏在政治、经济、文化、教育、卫生、科技、国防等领域所取得的巨大成就。展览举办期间，各族各界观众络绎不绝，有近20000人参观此次成就展。

10月1日，大型歌舞晚会《祖国吉祥》和区歌舞团学员班歌舞专场及大型展览《建国55周年北京游园活动（西藏自治区成就展）》在北京中山公园为国庆55周年庆典和中央首长演出。胡锦涛总书记即席作了重要讲话，他指出：“和平解放50多年来，西藏的面貌发生了翻天覆地的变化，各项事业取得了巨大成就，这是西藏各族人民艰苦奋斗的结果，是中央关心和全国各省（区、市）无私援助的结果。希望西藏自治区各级党委紧紧抓住稳定和发展两件大事，珍惜来之不易的大好局面，把西藏的事情办好”。

10月3日~4日，受自治区党委、政府委托，西藏自治区歌舞团在圆满完成国庆55周年北京游园活动的演出任务后，分别赴北京市朝阳区、丰台区举行了两场“西藏自治区慰问首都人民专场文艺演出”，演出获得了圆满成功。这次慰问演出表达西藏各族人民对党中央、国务院和全国人民的深厚感情；展示了全区各族人民在祖国大家庭中积极向上、奋发进取的精神风貌；进一步唱响了共产党好、社会主义好、改革开放好、民族团结好的主旋律。使更多的观众了解了西藏人文风情、品味了西藏独特的文化魅力，取得了良好的社会效益，得到了首都各界观众的高度赞誉。

10月2日，为了配合中国驻尼泊尔大使馆开展庆祝中华人民共和国成立55周年活动，应中国驻尼泊尔大使馆邀请，受区党委、政府委派，我区赴尼泊尔演出团一行26人，精心组织了10余个具有浓郁民族特色、反映当代西藏人民精神风貌的歌舞节目，在自治区宣传部常务副部长格桑朗杰带领下，赴尼泊尔访问演出。在尼泊尔期间，访问演出团在尼泊尔首都加德满都比兰德拉国际会议中心，举行了首场中华人民共和国55周年国庆招待演出，尼泊尔王储、尼泊尔高层官员以及各国驻尼泊尔大使共500余人观看了演出。演出会全场多次响起雷鸣般的掌声，观众们对演员们的精湛表演交口称赞。同时，代表团在尼泊尔还举办了反映当代西藏的图书展览，也受到了当地各阶层人士的喜爱和好评。

10月9日，文化厅为进一步深入整顿全区文化市场秩序，切实加强对网吧的管理。组织了部分具有较大经营规模、社会信誉较好、有一定代表性的“网吧”经营者，就成立全区网吧经营者协会筹备工作召开了座谈会。

10月11日~14日，应文化部孙家正部长邀请，瑞士联邦委员兼内政部长库什潘一行在赴上海出席国际文化政策网络会议之前，抵达拉萨对西藏进行友好访问和考察。自治区主席向巴平措会见并宴请了瑞士联邦委员兼内政部长库什潘一行。瑞士联邦委员兼内政部长库什潘一行在藏访问考察期间，先后对山南部分文物保护点、布达拉宫、罗布林卡、大昭寺、西藏博物馆、关帝庙、觉木林寺、小昭寺等进行了参观考察。并就小昭寺部分建筑维修等文物保护合作与区市文化文物部门进行座谈，经广泛交换意见，双方商定由瑞士联邦政府出资人民币120万元对小昭寺部分建筑进行维修。同时，拉萨市外事办、市文物局还分别同瑞士联邦内政部文化局、瑞士外交部对外文化政策中心签署了会谈备忘录。

10月14日，中国书刊业协会科技发行委员会向我区基层图书馆捐赠图书仪式在西藏图书馆举行。自治区党委常委、宣传部长荀天林，自治区副主席武继烈出席捐赠仪式。文化厅党组书记马如龙发表了讲话。科技发行委副秘书长鲍黎钧代表捐赠单位讲话并向基层图书馆捐赠图书。文化厅巡视员索娜向捐赠单位颁发荣誉证书并献哈达。此次捐书活动，中国书刊业协会科技发行委员会及其所属24家出版社共向我区基层图书馆捐赠各类科技图书2万余册，价值33万余元，同时派出由12家出版社15名同志组成的赴藏考察团参加捐赠仪式并深入拉萨、林芝、山南等地，实地参观考察我区文化设施和文化事业发展状况。

10月份，第五届中国西部民歌（花儿）歌手邀请赛在宁夏回族自治区首府银川举行。来自10个省（区）109名歌手的64个曲目参加了比赛。受自治区文化厅指派，那曲地区文化局选出了4名原声态优秀民歌歌手，代表西藏参加了本届邀请赛。在历时4天的比赛中，西藏代表队精心组织，周密安排，面对众多的专业和业余优秀歌手，不畏强手，奋力拼搏，以良好的精神状态，昂扬的斗志，获得了大赛优秀组织奖，并取得了1个金奖、2个银奖的优异成绩。

10月18日~22日，第二届全国少数民族曲艺展演在广西南宁举行。我区的5个曲艺节目在本届曲艺展演中获得优异成绩。其中，群口相声《文物的呼声》获一等奖；扎念弹唱《退休老人赞天路》、说唱表演《吉祥的妙音》获二等奖；四人折嘎《吉祥的祝福》、古尔鲁《赞故乡》获三等奖。西藏代表团获得组织奖。我区著名表演艺术家土登获得本届展演“最佳演员奖”。同时，在展演期间还举办了学术研讨会，我区艺术研究所索次同志撰写的论文《西藏曲艺事业的现状和发展》受到中国曲协刘兰芳以及各位专家的高度评价，新华通讯社、中国新闻社、人民画报、南方早报等新闻媒体对其进行了采访报道。

10月21日~23日，为了使全面开展了网吧等互联网上网服务营业场所专项整治工作完全落到基层，落到实处，切实掌握基层网吧管理工作的第一手情况，组成调研组分别赴拉萨市林周县、墨竹工卡县、达孜县、曲水县、堆龙德庆县和山南地区贡嘎县、桑日县、琼结县等地专门就网吧的管理、接纳未成年人进入、无证经营的“黑网吧”和网上传播有害文化信息情况为工作重点进行了调研。

11月3日~19日，自治区话剧团组织了由国家一级演员1人，国家二级演员2人组成的25人下乡演出队，带着深受群众喜爱的农牧区题材的话剧小品和部分新节目，赴拉萨市林周县九乡一镇（含六个村）开展送戏下乡演出。此次演出历时16天，共演出33场，观众达2万人次，演出队所到之处受到当地群众的热烈欢迎。

11月9日~11日，全区基层文化建设现场会在林芝召开。自治区党委常委、宣传部长荀天林，自治区政府副主席郝鹏出席了会议。各地市行署专员、市长，自治区有关委、办、厅、局领导和各地市文化局、文化厅直属单位领导及20个示范点代表98人参加了会议。自治区党委常委、宣传部长荀天林和自治区政府副主席郝鹏分别代表党委、政府作了重要讲话；马如龙书记代表文化厅作了工作报告；江央厅长作了会议小结；辛高锁副厅长宣布了《西藏自治区文化厅关于确定全区基层文化建设示范点的决定》，会议讨论修改了《西藏自治区基层文化建设“十一五”规划思路》（征求意见稿）和《西藏自治区综合文化活动中心和乡（镇）文化站管理办法》（征求意见稿）。对全区基层文化建设进行了安排部署。

11月23日~24日，自治区文化厅党组书记马如龙一行赴山南地区洛扎、隆子、琼结、措那和对口帮扶点措美县的乡、村进行调研。为隆子县送去价值19万余元的文化活动设备；参加了洛扎县综合文化活动中心竣工活动。

11月25日，自治区文化厅厅长江央率文艺专家组赴日喀则地区岗巴、南木林两县进行基层文化工作调研，为两县综合文化活动中心转赠了由政府采购中心配备的配套设备，听取了县委、县府及宣传部门对基层文化工作的开展及使用情况，并对县、乡文化设施的“建、管、养、用”提出了明确要求。

12月6日~18日，全区县、乡镇文化馆（站）长第二期培训班在拉萨结业，标致着文化厅年初制定的2004年为基层培养100名县、乡、镇文化馆（站）长的任务圆满完成。这次培训班分两期进行，第一期从8月26日~9月10日，共16天，第二期从12月6日~18日，共13天，两期累计29天。来自全区7地市、70余个县的103名来自基层第一线的文化工作者参加了两期培训班。通过培训，使学员们认清了我区基层文化建设现状和任务，明确了我们所处的位置和努力的方向，掌握了群众文化活动的组织开展、展览的策划布展、图书的管理等业务知识，提高了基层文化工作的一些基本知识和技能，了解了民族民间文化保护、文化信息资源共享、社会艺术水平考级等新知识，为下一步在全区范围内开展这些工作奠定了基础。

12月份，第三届全国“四进社区”文艺展演活动节目评选工作和首批“全国文化先进社区”评选命名工作圆满结束。我区社区舞蹈《牧女情怀》代表西藏参加了在深圳举行的展演活动，获得铜奖；自治区交通厅的小品《初识养路工》和女声独唱《九龙·我的故乡》获得铜奖；自治区歌舞团德吉获优秀辅导员奖；拉萨市城关区党当巴社区、拉萨市城关区俄杰塘社区、昌都地区昌都县城关镇齐齿街居委会、山南地区乃东县泽当镇泽当居委会获“文化先进社区”称号。

12月20日，由文化部、国家文物局在北京召开的全国文物工作先进县表彰大会上，我区推荐的山南地区乃东县被评为全国文物工作先进县并受到表彰。

陕西省

综　述

2005年是全面完成“十五”计划的重要一年。一年来，陕西文化系统在省委省政府领导下，认真学习、贯彻党的十六大和十六届三中、四中、五中全会和省委十届六次、七次全会精神，以科学发展观统领全局，自觉地服从于、服务于全省工作大局，以发展为主题、以繁荣为中心、以改革为动力，一手抓公益性文化事业、一手抓经营性文化产业，各项工作保持了持续发展的好势头，为建设西部经济强省、构建和谐陕西创造了良好的文化氛围。在“全国文化工作先进集体和全国文化系统先进工作者、劳动模范”评选中，陕西省6个单位获全国文化工作先进集体，9人获全国文化系统先进工作者。

专业艺术

一年中，继续积极实施国家舞台艺术精品工程，以纪念抗日战争胜利60周年、长征胜利70周年和陕西省第四届艺术节为契机，加大对艺术创作的指导力度，推出了一批弘扬时代主旋律、具有浓郁陕西特色和生活气息的优秀作品。眉户剧《迟开的玫瑰》入围2005年度国家舞台艺术精品工程初选剧目，歌剧《张骞》入围2006年度国家舞台艺术精品工程初选剧目。秦腔新编历史剧《凤鸣岐山》参加了第九届中国戏剧节，荣获优秀剧目奖。秦腔新编历史剧《杜甫》参加了2005年西北秦腔艺术节，荣获优秀剧目奖并名列榜首，《雀台歌女》获剧目奖。陕西省的皮影节目参加了唐山国际皮影艺术节，获优秀短剧奖、优秀剧目奖、优秀表演奖、优秀编剧奖和雕刻奖，省民间艺术剧院获综合奖。在中央电视台第五届CCTV优秀青年演员电视大赛上，省京剧团演员获铜奖。

在美术创作方面，陕西国画院郭全忠的《选村官》获第三届全国画院优秀作品展最佳作品奖，张立柱的《离乡岁月》在纪念世界反法西斯战争胜利60周年国际美术作品展上，获优秀作品奖，苗重安、雷珍民获第十二届全球中华文化艺术薪传奖。省雕塑院在“中国抗日战争暨世界反法西斯战争胜利60周年美展”、“第二届北京国际美术双年展”、“纪念香港回归八周年美展”、曲阳国际雕刻大赛等活动中，都有多件作品参展并获奖，他们创作并建树的大型浮雕《鼎盛长安》、《古风新韵》等，为古城西安增添了新的风采，得到了社会各界的高度评价。

重大文化活动

围绕全省中心工作，精心组织系列文化活动。国庆前夕，隆重举办了陕西省第四届艺术节，艺术节期间，来自全省的20多个艺术团体汇聚西安，推出新剧（节）目29台，同时还举办了全省艺术类民间组织摄影书画作品展、戏曲理论研讨会等。这是继2002年第三届艺术节后的又一次艺术盛会，是对陕西省3年来艺术创作成果的一次集中展示，推出了一批优秀作品和艺术新人，在陕西省掀起了一个繁荣文化的热潮。为纪念抗战胜利暨世界反法西斯战争胜利60周年，举办或联办了大型交响乐合唱音乐会、书画展览、电影放映等多项活动。为接待中央领导同志来陕视察，精心策划组织了一台水平较高的京剧晚会。举办了第六届少儿戏曲“小梅花”评奖活动、第六届陕西省声乐比赛，承办了省政府清明公祭黄帝陵大典乐舞演出、第九届西洽会文艺演出，承办了省委省政府春节团拜会文艺演出、省政府慰问长庆油田职工文艺演出、慰问省天然气总公司演出等多项演出活动。承办了2005年度全国艺术创作会议，提出了振兴陕西京剧的实施方案，并报省政府审定。

社会文化

以创建文化先进县为抓手，大力推进基层重点文化项目建设。深入开展了文化先进县创建活动，修订并印发了新的《陕西省文化先进县评选复查办法》和《陕西省文化先进县评选复查标准》。对申报第五批省级文化先进县的6个县、区进行了考核，对已命名的9个第三批文化先进县进行了复查，同时，检查验收了2003年复查后正在整改的3个文化先进县。完成了全国送书下乡工程第三批和陕西省送书下乡工程第二批图书的接收、采购、分包和发送工作，共向95个县（区）图书馆、130个文化站、38个村文化室赠书196933册。组织了向全省公共图书馆赠送《国务院公报》和《陕政公报》及两个刊物的宣传、推介工作。文化信息资源共享工程进展顺利，农村基层服务点已达到41个。农村电影“2131”工程稳步推进，全年全省农村共放映电影305892场，较上年增长了2%，101个涉农县区中共有88个县区达标，其中10个县首次达标，达标县占涉农县的87%，比上年增长3个百分点，我厅被国家广电总局评为全国先进组织单位，并确定为“十一五”全国农村电影试点省。

群众文化活动

加强对群众文化活动的指导，群众文艺创作活跃。与有关部门一起组织了“三下乡”示范活动，举办了全省音乐舞蹈干部创作培训班和全省农村小戏曲艺新民歌作品改稿培训会，编辑出版了优秀作品集向基层推广。全省各级文化部门组织了丰富多彩的文化下乡活动，极大地活跃了群众文化生活，澄城县文化馆获得全国“三下乡”活动先进单位称号。组织参加了第七届全国老年合唱节，主办了陕西省第六届舞蹈大赛、陕西省民歌大赛、陕西省群众秦腔演唱大赛，指导有关单位举办了“曲江之春”文化旅游艺术周活动。在第四届全国“四进社区”文艺展演活动中，陕西省获银奖1个、

化产业招商引资项目332个，项目总投资203.21亿元人民币，有4个文化产业重点项目签约，总投资额3.19亿元人民币。博览会上，陕西省还组织了演出团，在主会场广场舞台和演出舞美馆舞台，进行了两场以“开放的陕西欢迎您”为主题的综合文艺演出，并每天在陕西展区表演陕北民歌、提线木偶等极具陕西特色的节目。本届博览会，陕西省荣获最佳组织奖、最具人气奖、最佳设计展览奖3项大奖，综合评比位居参展省份第一名。

对外及港澳台地区文化交流

加大对外及港澳台地区交流的项目准备和推介，策划录制了陕西地方戏曲、皮影木偶、杂技武术等外宣音像资料，分发到驻160多个国家的使领馆，组织了两个陕西文化走向国际市场的交流座谈会。2005年共受理对外及港澳台地区文化交流项目107个，洽谈2006年对外及港澳台地区文化交流项目12个。

接待了来自美国、日本、德国、韩国、以色列及港澳台等20个国家和地区的41批380人次的文化团组来陕进行文化交流，其中包括希腊、韩国、蒙古、马耳他等11个国家的政府文化部长和重要文化团组，成功接待了台北市文化局参访团。同时，还接待了我国在11个国家和港澳地区派驻的文化参赞、官员来陕考察访问。

组派办理了58批550人次的陕西文化团组和个人赴19个国家和地区进行文化交流。为贯彻中央“把春节打造成宣传中国、传播中华文化有效载体和知名品牌”的要求，组织实施了陕西皮影赴马耳他和塞黑两国、陕歌唐乐舞赴日本、陕西锣鼓队赴香港、西安鼓楼艺术团赴台湾的“三国两地闹新春”活动，着力打造陕西文化品牌。省杂技团参加了第七届意大利拉蒂纳国际马戏节，荣获唯一的一枚金牌和一枚银牌，并获意大利拉蒂纳市的“市长奖”。省杂技团还参加了第二届俄罗斯国际马戏节并获特别奖。省歌舞剧院选派演员，参加了在日本举办的第四届佐祖卡华人国际声乐比赛，获优秀比赛奖。组派了赵长军武术学院赴奥地利、德国等地参加《国王与我》音乐剧的商演活动，陕西省演员受到奥地利总统接见。组派了西安歌舞剧院赴瑞士参加国务院新闻办举办的宣传演出活动。渭南少儿艺术团赴乌克兰参加第五届国际儿童文化艺术节，获4项大奖。尤其是省民间艺术剧院的木偶、皮影节目参加在美国举办的“中国文化节”，受到了美国专家和观众的高度评价，这是陕西省首次与美方联合打造节目、用英语演出并进入主流社会，扩大了陕西文化的影响。

陕西省文化建设发展“十五”回顾

实施精品战略，文艺创作进一步繁荣。“十五”期间共创作各类剧目600多部，其中搬上舞台的有100多部，共获全国性奖项700多个，其中10多部作品分别获中宣部“五个一工程”奖、文化部“文华大奖”、“文华新剧目奖”。举办了首届秦腔艺术节、庆祝建国55周年暨纪念振兴秦腔20周年优秀剧（节）目展演、第三、四届全省艺术节等一系列重大文化活动。基层文化建设得到进一步加强，全省有28个县被省政府命名为省文化先进县，其中17个被文化部命名为全国文化先进县，较好地发挥了示范带动作用；广泛开展了“文化下乡”、“文化进社区”活动，已有84个县实现了电影放映“2131”目标；未成年人思想道德建设得到进一步加强；民间文化保护工作成绩显著。文化市场在规范中继续繁荣，依法持续开展了音像制品、电子游戏网吧等专项整治活动，有力地打击了文化市场非法经营行为；先后主办了3届“陕西·西安国际”音乐节，组织了“东部文化西部行”、“西部文化东部行”活动和东西部演出交易会；网吧连锁经营粗具规模，文化市场健康有序发展。对外文化交流进一步活跃，组派了众多优秀节目出访，积极拓展海外演出市场。共受理对外（含港澳台）文化交流项目756个，接待来自65个国家和地区的310批文化团（组）、3500多人（次）来陕举办展览和演出等。组派了文化艺术团组276批，2700多人次赴50多个国家和地区进行了文化交流。文化基础设施建设有了新进展，5年中陕西省新建县级文化馆、图书馆47个，宣传文化中心12个，乡镇文化站190个。建成了陕西省图书馆新馆、陕西省美术博物馆、延安文化艺术中心等一批重点文化设施，投资2946万元维修改造了西安人民剧院。加快文化信息化建设，建成了陕西文化信息网，初步实现了先进文化传播手段的突破；实施了文化信息资源共享工程，建成了以省图书馆网络系统为平台的省级分中心和41个基层中心。文化产业有了显著发展，命名了35个文化产业示范基地（单位），建立了陕西省“文化产业招商引资项目库”，吸纳民间资金，建设了一批文化产业基础设施；成功举办了第八届西洽会文化产业博览会、陕港经贸合作周“华夏魂之旅”文化旅游展览演出活动、第九届西洽会文化旅游产品开发促进活动，组团参加了首届西部（昆明）文化产业博览会，积极鼓励非公有制文化企业的发展，初步形成了演出业、娱乐业、民间工艺品业、网络文化业和文化旅游业为主的文化产业发展格局。

文化建设发展“十一五”规划目标

1．构建艺术精品生产体系，促进艺术事业繁荣。继续实施精品战略，弘扬主旋律，坚持多样化，力争5年中创作出具有较高思想性、艺术性、观赏性的剧（节）目20部左右。积极做好重点剧（节）目的宣传评介和扶持工作，力争在全国“五个一”工程奖、“文华奖”、“梅花奖”等评奖活动中取得佳绩。繁荣文艺舞台，活跃演出市场。坚持文艺下乡、送戏下乡，丰富广大农村群众精神文化生活。

2．构建公共文化服务体系，提高公共文化服务质量和水平。继续以城市社区和农村乡镇为重点，大力加强基层文化建设，积极带动群众性文化活动，加强群众文艺创作。加强乡镇（街道）文化站和村级文化室的阵地建设，不断丰富和活跃群众文化生活。加强非物质文化遗产保护工程。积极推进农村电影放映“2131”工程。努力提高文化先进县的建设水平，充分发挥其示范带动作用。

加大基础文化设施建设力度。坚持从实际出发，优先安排社会急需的群众文化活动基础设施，继续实施对市、县、乡镇“两馆一站一院”建设和维修改造项目的扶持，对已有的省戏曲研究院排练场、陕西省美术博物馆等重要文化设施进行改造，使其成为设备齐全、功能完善、技术先进的场馆；争取将陕西民间艺术博览馆、陕西少儿图书馆、陕西杂技训练基地等项目列入省上“十一五”基本建设计划。

加快文化信息化建设步伐。制订出台《陕西省文化信息化“十一五”规划》，继续实施文化信息资源共享工程，建成200个基层中心，至“十一五”期末，初步形成覆盖全省文化系统的信息网络。

3．构建文化市场管理体系，规范活跃文化市场。繁荣文化市场，进一步活跃文娱演出市场，积极促进演出网络建设，继续办好每年一届的中国东西部演出交易会等活动。规范音像市场和网络文化市场，引导未成年人健康上网，对网吧经营实行严格审批，总量控制，合理布局，大力推行连锁网吧经营。积极发挥行业协会作用，促进文化市场规范繁荣。

4．构建对外文化交流体系，大力拓展文化外交。发掘陕西文化资源，开发特色文化项目，扩大对外文化交流。促进高层次文化交流。精心组织开发多门类的文化演展项目，积极引进国外（港、澳、台）优秀文化艺术，繁荣陕西文化市场。

5．构建文化产业体系，增强文化产业的实力和竞争力。充分利用陕西省丰富的文化资源优势，大力发展文化系统文化产业。构筑以西安为中心，关中、陕北、陕南3大板块联动，以文艺演出业、文化娱乐业、文化旅游业、民间艺术品业、文化网络业为重点，以一批文化产业示范基地、示范单位和文化企业为支撑的文化产业发展基本格局，推动全省文化系统文化产业跨越式发展。到“十一五”末，全省文化系统文化产业的产值、税收、从业人数明显提高；初步形成布局合理、管理有序、特色浓郁、效益显著的文化产业体系。

6. 构建艺术创新体系，促进艺术事业发展。以机制体制创新为重点，积极推进文化管理体制改革。要进一步转变政府职能，逐步建立党委领导、政府管理、行业自律、企事业单位依法运营的文化管理体制和文化产品生产经营机制。

7. 构建文化人才体系。努力造就高素质文化人才队伍，加强专业艺术人才、文化经营人才和行政管理人才3支队伍的培养，拓宽人才选拔途径，以适应文化建设的需要。

甘肃省

综　述

2004年，我们全省文化系统在省委、省政府的正确领导和文化部指导下，认真贯彻落实党的十六大和省委十届四次全委会议精神，用“三个代表”重要思想指导文化工作，以繁荣、发展为中心，以改革创新为动力，以项目建设为载体，使全省文化工作取得了新的成绩，呈现了良好的发展态势。

一是体制机制创新有了新进展

经过充分调研和多方努力，在省财政厅大力支持下，2004年，省直专业艺术表演院团开始实行演出补贴制。有力地激活了省直8个院团的演出积极性，演出场次大幅增长，既丰富了群众文化生活，也增加了院团的收入，不仅为省直院团改革的深化奠定了基础，而且对促进院团面向市场调整创作思路起到了积极的作用。甘肃敦煌艺术剧院以品牌参股的方式，加盟五粮液集团“丝路花雨”酒品牌的做法，探索了一条艺术品牌以无形资产作为资本，步入市场寻求发展的路子。省曲艺团与重庆宗申集团合作组成“情系甘肃”送文化下乡演出团赴各地演出，开辟了文企联姻送文化下乡的新途径。省歌剧院集资创作的大型乐舞《敦煌韵》，积极探索市场运作模式，在首届深圳国际文化产业博览会期间演出，收入37万元，并参加了以李膺副省长为团长的省政府慰问驻港部队代表团的演出活动，受到官兵的好评，最近又签订了60场的演出合同，已赴广东演出，表现出良好的市场前景。武威市秦剧团、金昌市艺术团、酒泉市歌舞团等单位在人事制度改革和分配制度改革方面进行了有益的探索，取得了较好的效果。白银市图书馆、群艺馆作为白银市事业单位改革试点单位，全面推行中层干部竞争上岗、全员聘用制和津贴工资二次分配制度，以岗定薪，以绩奖励，充分调动了全体职工的积极性和创造性。甘南州出台了《州直文化事业单位改革方案》，目前正在抓紧组织落实。围绕《行政许可法》的实施，各级文化行政部门积极进行法规培训、行政审批制度改革、实施行政审批限时办结制，增强了工作透明度，为基层服务、为群众服务的意识不断增强。2004年，省文化厅根据新的形势，本着逐步转变职能、提高工作效率的目的，对原有的目标管理办法进行了改进、完善，通过一年的运行，大家普遍反映良好。

二是以项目建设带动文化发展的意识普遍增强

这是全省文化系统2004年工作的一个突出亮点。在省上重点文化基础设施建设方面，文溯阁《四库全书》藏书楼建设、省博物馆改扩建工程完成了年度建设任务，省图书馆改扩建工程和计算机网络改造工程顺利完工。对这几项工程，省委、省政府领导高度重视，苏荣书记、陆浩省长、李膺副省长等先后视察工程进展情况，对施工质量和工程进展给予了充分肯定。年内，全省县级“两馆”及乡镇文化站建设也在稳步推进。“十五”期间，国家规划列入我省59个县级图书馆、文化馆建设投资项目，在资金配套过程中又确定了3个省级补助项目。至2004年底，已安排项目47个，国家投资、省级配套资金已下达3315万元，项目下达所在地、县计划配套资金2013万元。现已竣工和主体完工的项目有26个，在建的18个，准备开工的3个。2003年度农村小康文化专项补助资金安排补助的11个乡镇文化站，已竣工和主体完工的7个，在建的4个。2004年，各地所安排的一批重点文化设施也先后竣工或开建。兰州市文化艺术综合楼开工建设，东方红影城竣工并投入运营。建筑面积6000平方米的武威市群艺馆综合楼投入使用。集图书馆、博物馆、科技馆于一体的金昌“三馆”建设工程即将动工。建筑面积12000平方米、投资980万元的金张掖文化艺术园主体工程已经完工。安西县投入500万元对县文化广场进行改造。敦煌市投资480万元，新建了7个社区文化活动中心。金塔县投入128万元用于乡镇文化站改造和更新设备，投入120万元新建4个社区文化活动中心。阿克塞县投资850万元建成了县影剧院。甘南州民俗群艺博物馆已经完成了70%的工程量。平凉市博物馆国家二级馆标准化建设项目基本完成。定西市的陇中书画院已投入使用，“陇中文化城”开工建设，市秦剧团开发工程主体已完成。

继2003年首次举办特色文化大省宣传周活动之后，2004年又成功举办了以宣传展示民族民间民俗文化为主要内容的特色文化大省宣传周，活动历时10天，可以说，特色文化大省宣传周这一项目已成为宣传我省特色文化的平台，展示文化建设成就的窗口。

三是艺术创作和演出不断进步

在艺术创作方面，年内，召开了全省艺术创作工作会议，出台了“五年创作规划”，制定了《甘肃省舞台艺术创作管理暂行办法》等6个相关文件，对重点剧目的确定、资金投入产出的管理考核、重大活动的招标、创作人员深入生活等方面做出了明确的规定。2004年，兰州歌舞剧院的大型舞剧《大梦敦煌》入选2003～2004年度国家舞台艺术精品工程10大精品剧目；省话剧院话剧《老柿子树》参加第七届中国艺术节，被评为观众最喜爱的剧目，并获第11届文华新剧目奖、编剧奖、表演奖；省陇剧院青年演员边肖获第21届中国戏剧梅花奖；省京剧团京剧《雁荡山》参加第四届中国京剧艺术节获集体表演奖。全省各专业艺术院团全年共演出14000多场，省直8个院团积极开拓演出市场，全年演出936场，比2003年增长143场，增幅达18%。省文化厅举办了全省秦腔旦角大赛和艺术科学论文评奖活动。庆阳市举办了全市新创剧目调演，有9台新创剧目参加了调演。

四是城乡群众文化生活日趋丰富

年内，全省各级群艺馆、图书馆、文化馆，针对评估工作中存在的问题，强化管理，不断调整工作思路，树立群众第一的观念，积极开展送戏、送书画、送辅导下乡进社区等活动，不断为基层提供形式多样的文化服务。在送书下乡活动中，全省24个县级图书馆、220个乡镇文化站受到资助，受赠图书达到10多万册。同时，各级文化部门和文化单位利用元旦、春节、五一、国庆以及文化节会，因地制宜，积极组织、引导群众开展丰富多彩、健康向上的文化活动。平凉、临夏、陇南、白银等地举办的老年广场舞蹈节、周末社区文化艺术节、校园音乐节、民俗艺术节、花儿会、歌迷会、戏迷会等文化节会，形式多样，异彩纷呈。武威市先后开展民间小曲调演、民族歌舞比赛、太平鼓、攻鼓子、秧歌舞表演等活动，特色鲜明，社会反响很大。张掖市各县区广场文化活动丰富多彩，群众参与面广，成为群众文化活动的一大亮点。酒泉市的广场文化艺术节已举办3届，参演节目1500多个、观众近30万人次；该市各县、区有届次、系列化的广场文化、社区文化、农民文化活动四季不断。金昌市组织的“送文化进社区”集中月活动已坚持了3年。全省许多县区还积极探索新形势下农村基层文化活动新的方式，已涌现出一批自乐班、家庭文化室、阅览室等，受到农民群众的欢迎。

五是文物工作成绩显著

一是打防并举，进一步加强文物安全工作。省文物局与省公安厅联合召开了全省首次文物安全工作会议，安排部署了当前和今后一个时期全省文物安全工作。对出现安全隐患的典型案例进行了通报，要求相关单位限期整改。2004年，全省馆藏文物无安全事故发生，野外文物安全形势基本平稳，零星盗掘古墓葬和遗址现象经过打击已得到有效遏制。二是文物保护基础工作和维修工作取得新进展。向国家文物局推荐了我省第六批全国重点文物保护单位48处。制定了第五批全国重点文物保护单位保护范围和建设控制地带划定方案。完成了全省馆藏一级文物纸质档案备案工作。投入资金600余万元，开展了民乐圆通寺塔维修等重点文物保护维修工程，进展顺利。由敦煌研究院实施的援藏三大重点文物保护维修工程进展顺利，得到国家文物局和西藏方面的高度评价。三是保护先行，配合基本建设积极开展文物调查及考古发掘工作。组织开展了312国道清水至嘉峪关段高速公路、安西至敦煌铁路、天水至宝鸡高速公路沿线文物考古调查，制定了保护方案。西部原油成品油管道工程文物调查已经与有关单位达成了协议。会同有关单位开展了环青藏高原古代游牧民族文化和早期秦文化遗存调查工作，取得了阶段性成果。西河滩遗址年度考古发掘工作圆满结束，取得重大收获，发现了一批墓葬及重要遗迹。四是积极推进文物科研和文博信息化建设跃上新台阶。全省文物科技工作取得突出进展。敦煌研究院“敦煌莫高窟第85窟保护修复研究”和省博物馆“潮湿环境下壁画地加固保护材料与技术研究”两项课题获得2004年度文物保护科学和技术创新二等奖,敦煌研究院还被列为国家文物局三大重点科研基地之一的古代壁画保护重点科研基地;承担和参与了多项国家文博基础研究试点项目,取得了重要阶段性成果。由财政部和国家文物局布置的以馆藏珍贵文物调查及数据库管理系统建设为核心的我省文博信息化建设试点工作，经过近两年的紧张工作，已基本完成试点任务。此外，还成功举办敦煌研究院成立60周年暨常书鸿先生诞辰100周年纪念活动。

六是文化产业的发展势头令人喜悦

2004年，省政府出台《关于加快和促进文化产业发展的意见》，各级文化部门依托特色文化资源发展文化产业的意识越来越强。兰州市举办了第二届文化项目推介活动，兰州文化实业发展总公司被文化部命名为全国文化产业示范基地。嘉峪关市依托关城，经过多年努力，去年建成总投资5700多万元，集文化展示、旅游观光、休闲娱乐为一体的关城文化旅游景区，占地面积4平方公里；投资900多万元，建成以长城文化和丝绸之路文化为内涵，以戈壁风光、西北民俗风情为依托，集观光、探险、休闲、娱乐、怀古游历于一体的长城第一墩游览景区，去年， 全市文化系统的文化产业年产值达到2000万元。庆阳市继续依托民间民俗文化资源，加大文化产业开发力度，去年共生产各类民俗文化产品150万件以上，产值超过2000万元。这些都成为全省文化产业发展的亮点。2004年，在各级文化部门和单位的积极支持下，省上成功举办了甘肃省第二届文化旅游产品博览交易会，参加了首届深圳国际文化产业博览会，把甘肃历史悠久、内涵丰富的文化产品搬上市场舞台，举办了首批全省文化系统文化产业干部培训班，国家人事部也为我省举办了一期文化产业开发与管理培训班。

七是文化市场整顿规范成效显著

一年来，各级文化行政部门不断加强依法管理，进一步净化文化市场。在音像市场管理方面，调整结构，规范经营，加大日常监管力度。在网吧管理方面，年初在全省范围内安排部署了以净化网络文化环境、严厉打击违法经营活动为主要内容的“阳光行动”之后，又在全省范围内开展了为期10个月的网吧专项整治行动，有力地遏制了网络文化市场管理混乱、经营无序、总量失控和违规经营等突出问题。为了对网吧进行全天候的监督管理，年内，全省还建成了省级管理中心1个，市级9个，县（区）级53个。在演出市场管理方面，对全省演出经纪机构、营业性演出团体进行了整顿，按照“谁审批、谁管理、谁负责”的原则，落实管理责任制，加强了对涉外演出活动资质的审查和节目的把关。在大案、要案的查处中，省文化市场稽查队充分发挥职能作用，通过暗访调查，在公安和市、州文化部门的协助下，一举捣毁了临夏两个加工、销售盗版音像制品窝点；查处了天水一起经营盗版音像制品案，有效净化了文化市场，得到社会广泛肯定。

八是民族民间文化保护工程开始启动

为了切实加强我省民族民间文化保护工作，按照文化部、财政部实施中华民族民间文化保护工程的有关精神，省政府高度重视，成立了省民族民间文化保护工程领导小组和办公室以及专家指导委员会，建立了部门联席会议制度，制定了工程《实施方案》；各市、州文化局密切配合，对本地区民族民间文化保护工程涉及项目进行了普查，摸清了民族民间文化资源的分布及类型，确定了全省10个试点项目。经过认真筹备，10月中旬省政府召开了全省民族民间文化保护工作会议，省文化厅与省财政厅联合下发了《关于实施甘肃省民族民间文化保护工程的通知》，启动了全省民族民间文化保护工程。平凉、张掖、甘南、临夏等市州也制定了本地的实施方案和保护规划，建立了工作机构，张掖等市还确定了本地的保护试点项目。为进一步推动民族民间文化保护工作，举办了首届甘肃省民族民间文化艺术节，有10个市州组织了本地的民族民间艺术精品参加了演展活动。

2004年全省文化工作中存在的问题和不足主要有：一是思想解放和观念的转变还适应不了新形势需要，如何提高建设先进文化的能力、如何在文化建设中落实科学发展观，强化文化创新，改进工作薄弱环节，学习、思考、实践得还不够；二是以市场为导向创作的剧目少，有些专业表演艺术院团没有自己的拳头品牌产品，省内外演出市场还有待于进一步开拓；三是县级文化馆、图书馆项目建设存在配套资金不能及时到位、个别工程进展不理想等。

重要会议、重要事件、重要活动和重要文化设施

［全省文化局处长会议］

2月9日，全省文化局处长会议在兰州召开。会议以邓小平理论和“三个代表”重要思想为指导，传达了全国文化厅局长会议精神，回顾总结了2003年全省文化工作，分析了当前我省文化工作面临的新形势和新任务，紧紧围绕如何抓项目建设这个关键，安排部署了2004年的工作任务。省文化厅印发了《关于以项目建设带动全省文化建设发展的若干意见》，并与市（州、地）文化局处签订了42个项目的“两馆一站”建设专项工作责任书。印发了《甘肃省文化厅目标管理办法（试行）》。

［全省文化市场管理骨干培训班］

3月17日~19日，省文化厅举办全省文化市场管理骨干培训班。各市、州和甘肃矿区文化出版局文化市场科（处）长或稽查队长、部分县（区）文化市场管理骨干、省文化市场稽查队和省文化厅相关处室的同志共35人参加了培训。培训班总结了前一段时间全省文化市场管理工作的基本经验；研究探讨了推进全省网络文化营业场所监管平台建设；进一步部署了对网吧等互联网上网服务营业场所的专项整治工作。

［甘肃敦煌艺术剧院以《丝路花雨》品牌参股加盟甘肃花雨酒业有限公司］

4月9日，甘肃敦煌艺术剧院以精品舞剧《丝路花雨》这一品牌为资本，折股加盟甘肃花雨酒业有限公司的项目签字仪式隆重举行。这标志着甘肃敦煌艺术剧院在开发利用艺术资源，发挥品牌效益，将资源优势转化为资本优

势方面，迈出了成功的一步，也为甘肃艺术院团开拓市场提供了成功范例。这次加盟合作项目，敦煌艺术剧院以100万元的有偿付费允许甘肃花雨酒业有限公司对《丝路花雨》的名称拥有有限使用权，并将这100万元作为原始股参股，成为花雨酒业有限公司的单位股东，股权占该公司1600万元注册资本的6.25%。同时，敦煌艺术剧院还与花雨酒业有限公司签订了每年包演30场、为期3年的演出合同，花雨酒业有限公司将舞剧《丝路花雨》的演出作为特有的营销模式，积极开拓营销市场，包演场次的一切成本费用由花雨公司承担，并另支付敦煌艺术剧院每场5万元的演出费和演出补贴。此外，花雨公司还将分两次投资60万元更新《丝路花雨》的音响、服装、道具等，并随着市场的扩大，不断加大对《丝路花雨》剧目的投入。

［全省“5.18”国际博物馆日活动］

以“博物馆与无形遗产”为主题，全省“5·18”国际博物馆日活动的规模、活动方式比往年均有较大改进，特别是省文物局会同兰州市文化出版局及在兰各行业博物馆、民间组织在兰州举办的大型集中宣传活动，取得了良好效果，在社会各界引起很大反响。

［纪念毛泽东同志《在延安文艺座谈会上的讲话》发表62周年系列纪念活动］

为了纪念毛泽东同志《在延安文艺座谈会上的讲话》发表62周年，进一步繁荣和发展我省文化事业，推动特色文化大省建设，“5·23”期间，全省文艺战线开展了各种形式的纪念活动。省直院团面向基层，面向群众，组织开展了以送文化下乡为主的演出活动。甘肃敦煌艺术剧院承办了“在‘5·23’讲话精神指引下《丝路花雨》25周年辉煌历程回顾与展望系列活动”，省话剧团在张掖等地演出小剧场话剧《单身公寓》，省歌剧院在兰州黄河剧院演出了2场大型专题交响音乐会，省陇剧院赴皋兰县演出了移植陇剧《死水微澜》，省秦剧团赴酒泉演出了秦腔《清风亭》，省京剧团在永登县演出了京剧综艺晚会，省曲艺团在靖远县演出了曲艺小品晚会，省杂技团在兰州一中演出了杂技晚会。5月20日~23日，大型民族舞剧《丝路花雨》的演出、在“5·23”讲话精神指引下《丝路花雨》25周年辉煌历程回顾与展望座谈会和兰州东方红广场的文化活动，将“5·23”纪念活动推向了高潮。

［全省艺术创作工作会议］

省文化厅于6月初组织召开了全省艺术创作会议，会议认真分析了近年来全省艺术创作生产和舞台精品工程建设的现状，探讨了在市场经济条件下舞台艺术创作如何繁荣发展的基本思路，研究了如何进一步发挥甘肃文化资源优势，创作具有广泛演出市场的艺术精品，讨论了2004年~2008年舞台艺术创作五年规划和促进全省艺术创作、生产、演出的管理办法。

［甘肃省2004年~2008年舞台艺术创作五年规划出台］

为了提高我省舞台艺术原创力，繁荣舞台艺术创作，满足人民群众不断增长的精神文化需求，省文化厅印发了《甘肃省2004年~2008年舞台艺术创作五年规划》。《规划》确定，今后5年我省舞台艺术的创作目标是：着力抓出一批突出敦煌文化、丝绸之路文化、民族民间文化，展示具有甘肃特色文化资源优势的作品，为宣传甘肃服务；推出一批具有当代特色，贴近实际、贴近生活、贴近群众的不同艺术门类、不同艺术品格的戏剧精品，努力使现实题材的创作有一个飞跃；加大创作力度，获得一定数量的剧目储备，重视二度创作的加工修改，注重市场的分析、论证，创、排、演相一致，形成创作演出的良性循环；适应特色文化大省建设，推出一批优秀剧目，造就一批艺术人才，营造良好文化氛围。《规划》指出，今后5年要实施精品战略，要求省直院团和市地一级的艺术院团创作演出新创剧目2台~3台，其中要有重点剧目1台。全省新剧（节）目创作总量在40台以上，从中遴选出重点剧目10台~12台，推出精品剧目2台~3台。

［全省首次文物安全工作会议］

为全面分析“九五”以来全省文物安全工

作形势，总结文物安全工作的经验教训，探索全面加强文物安全工作的新思路和新途径，6月11日，省文物局与省公安厅联合召开了全省首次文物安全工作会议，安排部署了当前和今后一个时期全省文物安全工作，出台了省文物局和省公安厅《防范和打击文物犯罪联席会议制度》，讨论修改了《甘肃省重大文物安全事故行政责任追究办法》和《甘肃省文物安全保卫工作管理办法》。

［全省博物馆及开放的全国重点文物保护单位讲解员讲解技巧与业务培训班］

7月5日~7日，组织举办了全省博物馆及开放的全国重点文物保护单位讲解员讲解技巧与业务培训班，经比赛选拔出优秀选手参加了“雷锋杯”全国博物馆讲解大赛，两名选手获个人三等奖，甘肃省代表队获团体三等奖。

［省文化厅举办甘肃省文化产业干部培训班］

7月19日~25日，省文化厅举办了全省文化产业干部培训班，来自14个市、州文化部门和省直15个单位的分管领导或中层干部参加了培训。培训班邀请了省委党校、西北师大、兰州商学院专家、学者及省内文化产业的实业界人士，讲授了文化产业的基本理论、政策法律法规知识、企业管理知识（含项目管理知识）、金融及资本运营知识、财会税收知识、市场营销知识和文化产业实务。

［全省民族民间保护工作会议］

经过认真筹备，10月11日~12日，省政府召开了全省民族民间文化保护工作会议，省文化厅与省财政厅联合下发了《关于实施甘肃省民族民间文化保护工程的通知》，启动了全省民族民间文化保护工程。李膺副省长作了重要讲话，省文化厅、财政厅、发改委、民族事务委、国土资源厅等部门的领导作了大会发言。

［省人民政府出台《关于加快和促进文化产业发展的意见》］

为贯彻实施省委，省政府推动我省经济跳跃式发展战略决策，加快特色文化大省建设，充分发挥我省“敦煌、丝路、黄河、多民族”文化旅游资源优势，推动我省文化经营项目向产业化、规模化和高科技方向发展，提高文化产业的整体实力。使其成为我省新的经济增长点。甘肃省人民政府于2004年10月12日制定出台了《关于加快和促进文化产业发展的意见》，并下发各市州人民政府贯彻执行。《意见》科学地阐发了我省发展文化产业的重要性，并从规划体系、管理体制、创新体制，激励机制、优惠政策、人才培训等方面提出了意见，对加快和促进全省文化产业发展，推动“特色文化大省”建设具有十分重要的作用。

［甘肃省2004年特色文化大省宣传周］

为加快特色文化大省的建设步伐，11月12日~18日，甘肃省2004年特色文化大省宣传周暨首届甘肃省民族民间文化艺术节在兰州举办。本次宣传周的主要活动有：甘肃民族民间民俗艺术展览、甘肃民歌表演比赛、甘肃民族民间舞蹈表演比赛、甘肃民间民俗艺术图片资料展览、西部文化论坛——甘肃民族民间文化保护与发展战略研讨会、定西市专场文艺演出、通渭县农民书画展览。特别是首届甘肃省民族民间文化艺术节，突出民族特色、民间特色、地域特色，荟萃了甘肃各族人民创造的灿烂辉煌的文化遗产，展示了甘肃民族民间文化在华夏文明中的历史地位和独特魅力。

［文溯阁《四库全书》藏书楼建设工程］

截至年底，已完成主体工程。

［文博信息化建设试点工作］

由财政部和国家文物局布置的以馆藏珍贵文物调查及数据库管理系统建设为核心的文博信息化建设试点工作自启动以来，在国家文物局和中国文物信息咨询中心的指导下，由省文物局牵头，全省各级文物行政管理部门紧密配合，经过近两年的紧张工作，2004年已基本完成试点任务。全省馆藏三级以上文物的调查及数据采集和审核工作已全部完成，共采集三级以上珍贵文物文字数据108311条，二维影像数据141465幅，视频文件450个，全省馆藏珍贵文物数据库基本建成，甘肃省文物数据中心基础设施建设初具规模。在全省文博系统进行了信息化普及培训。全省文博信息网络二级节点建设已确定敦煌研究院开始试点。“甘肃文物”网站建设进展顺利，年底已开通。通过此项工作，更新了观念，锻炼了队伍，为我省文博信息化事业奠定了坚实基础。

甘肃省文化行政管理部门机构设置情况

2004年，省文化厅内设职能处室有：办公室（加挂政策法规处）、计划财务处、人事教育处、艺术处、文化市场处（加挂文化产业处）、社会文化处、对外文化联络处、机关党委、监察室等9个。省文物局为省文化厅管理的二级局，局机关下设办公室、政策法规处、文物处、博物馆处4个部门。

至2004年底，全省14个市、州、地政府、行署均设有文化行政管理部门。分别为：兰州市文化出版局、天水市文化文物出版局、白银市文化出版局、金昌市文化出版局、嘉峪关市文化广播电视局、武威市文化新闻出版局、酒泉市文化出版局、张掖市文化出版局、庆阳市文化出版局、平凉市文化出版局、陇南地区文化出版局、定西市文化出版局、临夏州文化出版局、甘南州文化出版局。

全省87个县、市、区均设有文化局或文化体育局等文化行政管理部门。

省级以上文化艺术节庆活动

［甘肃省少儿文化艺术节］

2月10日晚8时，省文化厅在人民剧院举行了甘肃省少儿文化艺术节颁奖晚会暨优秀节目汇报演出，标志着甘肃省少儿文化艺术节圆满结束。甘肃省少儿文化艺术节2003年8月12日在兰州开幕，分两个阶段进行，第一阶段器乐类评奖表演活动在去年8月举行，来自全省11个地区的700余名少儿器乐爱好者参加了21种乐器的表演评奖。经过初、复评两个阶段26场的角逐，评出器乐类一等奖19名，二等奖55名，三等奖107名，优秀奖62名。第二阶段舞蹈、声乐、课本剧和美术、书法展演评奖活动在2004年2月上旬举行，有107个舞蹈、163个声乐节目和4个校园课本剧近1300余名少年儿童参加了表演评奖，全省10个市地选送了350余名少儿美术、书法爱好者近400幅作品参评。

［全省秦腔旦角大赛］

为积极推进特色文化大省建设步伐，弘扬优秀传统文化，丰富全省戏曲舞台艺术，不断发现、推出优秀艺术人才，由甘肃省文化厅、天水市人民政府共同主办，天水市文化文物出版局、天水市秦剧团承办的全省秦腔旦角大赛于2004年7月12日~17日，在陇上文化名城——“羲皇故里”天水市举办。甘肃省秦剧团、甘肃省陇剧院及兰州、天水、酒泉、张掖、武威、金昌、定西、平凉、庆阳、陇南等市20个专业艺术表演团体的88名参赛选手登台竞技。

青 海 省

综 述

2004年，全省各级文化部门，在省委、省政府及各级党委、政府的领导下，以党的十六大精神为指导，认真落实科学发展观，以丰富和活跃群众文化生活为根本出发点，坚持一手抓文化事业，一手抓文化产业，着力在创新中求发展，特色上做文章，改革上求深入，各项文化工作呈现出与时俱进、全面发展的良好态势。

截至2004年底，全省各类文化事业机构共2360个，其中：艺术表演团体12个，专业剧场1座；三级公共图书馆38个，州级群艺馆8个，县级文化馆43个，农牧区乡镇文化站173个；文化艺术学校1所，艺术研究、文物科研单位各1个；综合性博物馆16个，文物保护管理单位23个，民族语影视译制机构2个；各类文化经营机构及场所2024个；在册的电影放映、发行、管理机构108个。全省文化单位从业人数达7961人，其中经营、管理人员为5379人。

专业艺术

艺术创作：艺术观念在深入改革中得到更新，艺术生产模式由封闭走向开放。针对青海省编、导、演等关键艺术人才缺乏的实际情况，在省文化厅的大力支持下，省戏剧艺术剧院引进外地智力资源联合创作了历史题材京剧《天马歌》，在第四届中国京剧艺术节评奖活动中，该剧作为西北地区唯一入选的参赛剧目，2004年12月赴上海角逐奖项，荣获优秀剧目奖（银奖），国家一级演员杨海东等获3个单项奖，为青海赢得了荣誉。省民族歌舞剧院神话舞剧《七彩鸟》文学剧本修改完成。西宁市秦剧团大型秦腔现代戏《母亲》排练上演。同时，组织艺术专家组对2003年全省文艺调演获得一等奖剧目话剧《客来福来》、歌舞剧《姜国王子》、藏戏《纳桑贡玛的悲歌》、歌舞剧《彩虹飞落的地方》进行了深入研讨，为进一步修改提高打好了基础。

文艺演出：省直两院出色地完成了元旦、春节、第五届青恰会、青海藏毯国际展览会、庆祝中华人民共和国成立55周年大型专题晚会等13项重大庆典演出任务。特别是5月~6月，为配合全省民族团结进步创建活动，省直两院组建3支小分队，深入黄南、玉树、海西等地，巡回演出70多场，获得各有关方面的好评。年内，全省各专业艺术表演院团坚持深入基层、深入群众，完成"送戏下乡"等各类公益性、营业性演出1075场，极大地活跃、丰富了青海省各族群众的文化生活。

艺术研究：国家级课题《青海土族文化艺术研究》、部级课题《青海面具艺术》、省级课题《青海黄南藏戏》全部结项。内部刊物《昆仑文荟》全年4期按期出版。

艺术教育：为适应市场需求，省艺术学校调整专业学科，不断扩大教学规模，使在校生达800余人，比2000年增长了4倍。累计培养各类专业艺术人才600余人，就业率达95%以上（其中舞蹈专业达100%）；还短期培训民间艺术人才、管理人员338人次。各类民办艺术培训事业蓬勃发展。

文化市场

针对社会反映的突出问题，在全省组织开展了持续时间长、打击力度大的网吧专项整治行动，在取缔黑网吧、防止未成年人进入和打击不良网络文化信息等方面取得了显著成效。各地文化部门通过加大舆论宣传力度、公布举报电话、设立举报奖励、成立行业协会、聘请义务监督员等措施，广泛发动社会各阶层的力量，加强社会监督，初步形成了政府、社会、家长、学校四位一体的群防体系，使网吧管理逐步向政府管理、行业自律、社会监督、依法经营的方向发展。全省文化部门共出动执法人员10023人（次），检查网吧经营单位4626家（次），查处违规接纳未成年人网吧63家（次），停业整顿196家，暂扣电脑设备297台。通过专项整治，有力地震慑了网吧违法违规行为，使网吧违法经营活动蔓延的势头得到了明显遏制，群众反映强烈的突出问题得到有效缓解。以查缴有严重政治问题、淫秽、盗版音像制品为重点，对音像市场进行了全面清理整顿。全省文化部门共出动2473人次，检查音像经营单位1751家（次），收缴非法音像制品6.9万盒（盘），严厉打击了音像市场非法经营活动，进一步规范了音像市场经营秩序。

对各类非法经营活动保持依法打击的同时，注重疏导、规范和教育，通过开展法制宣传、举办培训班、发展连锁经营等措施，促使文化市场健康规范发展。格尔木市文化体育广播电视局市场科、西宁市城西区社会发展局文化稽查大队和大通县社会发展局张建国被文化部授予"全国文化市场行政执法先进集体"、

"全国文化市场行政执法先进个人"荣誉称号。制定出台了《关于建立青海省文化市场管理工作督导评议制度的意见》、《青海省举报网吧接纳未成年人违法行为奖励办法》、《青海省音像制品连锁经营管理工作的通知》等规章制度，进一步完善了文化市场管理法规。

文化产业

积极探索青海省文化产业发展的路子，从实际出发，确立了以工艺美术行业为突破口，加快文化产业发展的思路，采取有力措施，全力推进。通过实施"走出去"的战略、举办第二届青海民族民间工艺美术展、举办全省农牧民文化技能技艺培训班、组织农牧民文化创业带头人外出学习考察、成立青海省民族民间艺术品工艺美术协会、培育市场主体等措施，全省工艺美术产业得到了较快发展，涌现了一批有实力、有影响的民营实体。西宁新奇工艺装饰有限公司被文化部命名为"文化产业示范基地"。演出业日趋活跃：省直两院演出收入超过200万元；以贵南县沙沟乡、平安县阿伊赛迈为代表的民间歌舞队，积极拓展省外演出市场，走出了一条文化增收的新路子。各类文化单位依托文化事业发展文化产业，取得了较好的经济效益，厅直事业单位依托主业创收达547.5万元。省厅还积极培育文化市场主体，全年累计批准成立31家文化类民办非企业单位。经反复修改完善，省直经营性文化单位转企改制方案已呈报省政府待批准。

社会文化和图书馆事业

社会文化工作重心下移，通过抓设施、抓载体抓活动，扎实有效地推进基层文化建设。

一是以县级"两馆"工程为龙头加强基础文化设施建设，不断完善公共文化服务网络。

兴建了同仁、大通、河南、乌兰4县综合文化楼，开工建设大柴旦综合文化楼，久治等4县项目前期工作准备就绪。

二是开展"送书下乡"工程。

在文化部的大力支持下，分两批向青海省15个国家扶贫开发重点地区的5个州级图书馆、15个县级图书馆、80个乡镇图书室赠送了农村适用图书8万多册，价值106万元。同时，从国台办机关党委、九州出版社为海北州图书馆、祁连县图书馆争取5000余册图书，价值15万元。

三是积极推进文化信息资源共享工程建设。

以省图书馆为主体的省级分中心运转良好，社会效益显著，年接待读者3000人次以上。基层分中心建设进展顺利，建成格尔木市图书馆、西宁市城西区东社区等15个点并投入运行。

四是积极做好民族民间文化保护工程的起步工作。

成功申报同仁"热贡艺术"为中国民族民间文化保护工程国家级试点项目，民和土族"纳顿"为省级试点项目。《"热贡艺术"保护方案》已被文化部批准实施。经省编委批准，成立了青海省民族民间文化保护中心。

五是引导开展有特色、有影响的区域性节庆活动。

目前，全省各类节庆活动多达15个，一个上下结合、互为补充、各具特色、覆盖城乡的节庆活动网络正在形成。

六是鼓励、引导和扶持农牧民自办文化。

各级文化部门通过不同方式扶持"文化中心户"、民间业余剧团等农牧民自办文化，使其显现出勃勃生机和活力。全省96个民间业余剧团，421家各类文化中心户已成为农牧区先进文化建设的重要力量。

七是积极开展丰富多彩的广场文化活动。

各地文化部门组织开展了主题鲜明、健康有益、形式多样的广场文化活动，有力地丰富了各族群众的文化生活。为引导全省群众性广场文化活动健康发展，省文化厅举办了西宁地区“祝福祖国”广场文艺演出，表彰命名了近几年涌现出来的广场文化活动先进单位、先进集体和先进个人。

八是以锻炼队伍、展示成果为目的，积极参与重要赛事活动。

在第十三届“群星奖”评选、第二届中国南北原生态民歌擂台赛、第三届全国社区文艺展演等6项群文重大赛事活动中，青海省选手共获24个奖项。

九是加强对全省农牧区电影“2131工程”的监督和管理，广泛开展送“电影下乡”活动。

各地文化部门充分发挥农牧区电影放映队和“流动电影服务车”的作用，积极开展送“电影下乡”活动，各级文化部门全年累计送电影下乡5200余场，观众达190余万人次。大通县电影公司等6支农村电影放映队、杨海青等12名农村优秀电影放映员被文化部授予“优秀农村电影放映队”、“优秀农村电影放映员”称号，并予以表彰；省民族语影视译制中心年内完成藏语电影译制片12部，译制地方语影片2部，购置转录拷贝19个，荣获第十届全国少数民族题材电视“骏马奖”一等奖1个、优秀译制片奖3个。

对外、对台港澳文化交流

配合省委、省政府的开放战略，以宣传青海、扩大青海知名度及交流、借鉴、提高为目的，配合有关方面组织了新西兰中国青海民族民间文化艺术展、澳门《申岁满盈西北情——青海、甘肃春节习俗展》、黄南州歌舞团赴澳门演出、玉树州民族歌舞团赴台湾文化交流演出等文化交流活动，均获得圆满成功，受到了当地民众的热烈欢迎。按要求向中央外宣办三局推荐上报了“青海歌舞荟萃”、青海服饰展、热贡艺术展、湟中农民画展、青海柳湾彩陶展、藏戏等部分适合国外观众欣赏、适合出访演出、展览的文化项目资料。

文物考古和博物馆事业

大力加强文物保护、管理、发掘和研究工作。一是重视文物保护的基础性工作。省政府审核公布了第七批省级文物保护单位。经专家论证，推荐西宁市沈那遗址等13处单位为青海省第六批全国重点文物保护单位。编制完成了“十一五”全省文物保护项目及经费需求规划。开展了部分全国重点文物保护单位记录档案和馆藏一级文物建档工作。二是以基本建设工程为重点，做好田野考古发掘工作。对公伯峡库区、民和回族土族自治县胡李家、喇家等8处遗址进行了抢救性发掘。其中，公伯峡库区出土文物400余件。三是实施古建筑维修工程。争取资金200余万元，对同仁年都乎寺、玉树桑周寺、门源南关清真寺、乐都柳湾玉佛寺等一批古建筑进行了维修保护。中山纪念堂修建工程、循化奄古录清真寺迁建工程、喇家遗址博物苑一期工程正在有序进行。引进民间资本维修“馨庐”（原马步芳公馆），工程进展顺利。都兰吐蕃文化保护中心主体工程通过竣工验收。四是文物展览和展出工作卓有成效。各级博物馆认真落实公共文化设施向未成年人等社会群体免费开放的措施，全年共接待未成年人观众22570人次。省博物馆发掘服务潜力，推出各类展览13个，年接待观众近10万人次。青海柳湾彩陶博物馆实施“走出去”的战略，经多方努力，首次在上海师范大学博物馆、江苏南京博物院举办了《江河源头的史前文化——青海柳湾彩陶展》，社会反响强烈，实现了青海彩陶文物整体外展零的突破。

人才队伍建设

按照思想解放、团结协调、开拓进取的要求，切实加强厅系统领导班子建设：创新考核办法，注重考核实效，重视考核成绩的参照作用，补充调整了厅机关和厅直单位厅、处两级后备干部库，确定了3名副厅级后备干部和34名处级后备干部；加大干部交流力度，调整和充实了部分领导班子，使厅系统领导班子的知识结构、年龄结构更趋于合理，班子的整体功能得到了提高，班子的团结和活力得到了增强。加大急需人才的培养力度：在有关部门的大力支持下，选送专业艺术院团的10名编导人员、5名舞美人员赴中央民族大学和中央民族歌舞剧院学习深造；经过积极争取，配合国家有关部门在青海省先后举办了文化部西部戏剧编导培训班、国家文物局首届西部文博管理干部培训班、全国文化信息资源建设版权培训班，为我省艺术编导、文博、网络管理人员创造了业务培训的机会；完成了特贴专家、四个一批人才、晚霞奖人选、青年人才库的推荐上报工作。进一步完善职称评审工作：在充分调查论证的基础上，重新修订了艺术、图书资料、群文、文博、工艺美术5个专业的职称评定条件；加强了评委会和评委库建设，注重将学术水平较高、贡献突出、公道正派、有议事能力的专家学者充实到各级评委库，以保证评审工作的客观性和公正性。

党风廉政建设

以落实党风廉政建设责任制为切入点，认真开展了“三项清理”工作，“三纠正”、“两落实”工作；实行诫勉谈话制度和廉政谈话制度；联系工作实际，加强党风廉政建设教育，特别是抓好对领导干部的廉洁自律教育，从源头上预防和治理腐败；坚决查处违法违纪案件，对个别人违法进行考古发掘、违规收费、虚报冒领民工工资问题进行了严肃查处；以工程项目和干部任免为重点，加强执法监察，严格履行监督职能。这些工作为文化事业的健康发展起到了保驾护航的作用。

机关作风建设

坚持以邓小平理论和“三个代表”重要思想武装头脑、指导实践、推动工作：厅党组中心学习组全年集体学习达20次；策划推出了10期“青海文化知识讲座”，邀请省内知名专家学者主讲，社会反响热烈；编辑出版了《青海文化论集》丛书；围绕文化产业发展问题，特邀请文化部文化产业司司长王永章举办了文化产业发展报告会。以建设人民满意的省直机关为目标，在厅机关组织开展了“建设学习型、效率型、服务型”三型机关活动，通过开展这项活动，厅机关形成了出实招、办事实、讲学习、讲效率、比服务的良好风气。积极开展民族团结进步创建活动，着力在“实”字上下功夫，努力为民族地区群众办实事、办好事，进一步增强了厅系统各级干部的服务意识、大局意识。制定出台《省文化厅进一步推行政务公开工作的意见》、《省文化厅督察工作若干规定》等规范性文件，进一步促进了机关建设的制度化、规范化。

重要文化会议

全省文化局长会议

2003年12月29日~30日，全省文化局长座谈会在西宁召开。全省六州一地57个县（区、市）的文化局长、省直文化系统各部门、各单位负责人参加了会议。会上，曹萍厅长作了重要讲话。她要求全省文化战线进一步统一思想，明确任务，狠抓落实，重点做好5个方面的工作：一是以“三个代表”重要思想统领文化建设全局，紧密联系新时期文化领域工作实际，把“二为”方向、“双百”方针和弘扬主旋律、提倡多样化的要求贯彻落实到文化工作实践中，始终坚持先进文化的前进方向；二是深化文化体制改革，为文化事业发展提供动力，不断增强文化事业的活力，多出精品、多出优秀人才的管理体制和运行机制；三是树立项目意识，扎扎实实做好文化项目工作；四是创造良好的用人机制，加强文化队伍建设。五是继续发扬艰苦奋斗精神，保持与时俱进、奋发向上的良好精神面貌，正视困难，敢于大胆地试、大胆地闯，求真务实，切实把群众的文化利益维护好、实现好，为全面建设小康社会提供精神动力和智力支持。

重大事件、重要活动

1月28日，青海省艺术团圆满完成为期7天的赴澳门演出任务，顺利返回西宁。此次赴澳门展览演出活动是应澳门民政总署邀请，经文化部港澳台司批准进行的。展览演出团由黄南藏族自治州民族歌舞团和省博物馆32人组成，省文化厅厅长曹萍任团长。于2004年1月20日~26日赴澳门参加“2004年澳门——万家喜庆贺猴年”演出活动和“申岁满盈西北情——青海、甘肃春节习俗展”活动。这是澳门回归祖国后青海省与澳门首次开展的大型文化交流活动。

4月5日~10日，第八届中国东西部合作与投资贸易洽谈会暨文化产业博览会在陕西省美术博物馆举行。为充分展示、宣传西部大开发为青海民族工艺美术产业发展带来的新成果，扩大交流青海工艺美术企业在产业化、品牌化方面取得的宝贵经验，青海省文化厅组织青海工艺美术厂、青海环艺科技艺术有限公司、湟中县文化馆等单位及青海昆仑珠宝行、黄南藏族自治州金轮热贡艺术品公司、西宁新奇特装饰艺术公司、青海高原藏文化壁挂艺术研究院等民营企业的1000余个品种的工艺美术品，到西安进行了学习、交流、展示和展销活动。

5月，省文化厅举办为期10天的首届全省部分贫困地区农牧民文化技能技艺培训班，来自西宁、海东、海北、海南、黄南等地14个县区、囊括青海省6个主体民族的23名刺绣、剪纸、雕塑、绘画方面的民间艺人，经过系统授课、实地参观、观摩考察后，由衷地感到，只要有政府部门的积极引导、大力支持和组织整合，依托青海省丰厚的民间民俗文化资源和众多散布在民间具有一技之长的艺人，小小的刺绣、剪纸、绘画、雕塑等民间手工艺制品，一定能够走向市场，做成产业，为贫困地区的广大农牧民群众脱贫致富打开一条增收之路。

6月~10月，省文化厅举办青海文化知识讲座。旨在进一步向宣传文化战线工作者普及我省民族民间文化知识，增强广大干部热爱青海、勤奋敬业、求真务实、为民服务的朴素情怀，更好地肩负起完成我省“两大历史任务”的重要使命。讲座邀请青海省文化理论界、实业界知名专家就青海民族文化、昆仑神话、“花儿”、民族工艺美术、艺术、文化市场、书法、考古和民族宗教等10个专题进行讲解。讲座一经推出，受到各方关注和认可，普遍认为这是在中央提出建设“学习型社会”、“学习型政府”的大背景下，具有示范、引导、辐射作用的好形式，是宣传文化工作者理论学习和文化知识学习的最好延伸和补充。文化知识讲座的举办，有利于青海文化知识的普及，能够激发机关工作人员了解、学习青海文化知识的兴趣，增强民族自豪感和使命感，更好地为青海的建设服务。

7月，青海省送往天津市艺术学校学习京剧专业的小学员，在家乡父老面前上演一场名为《梅花初绽》的精彩少儿京剧专场汇报演出。博得了在场观众和家长的热烈掌声。省政协副主席陈瑞珍、省委宣传部副部长周贤安、省文联主席樊光明、团省委书记尼玛卓玛、省文化厅厅长曹萍、副厅长王承喜及有关部门负责同志观看了演出，并亲切接见了天津艺术学校赴宁指导老师和全体学员，对演出给予了充分肯定。

7月18日~20日，由省文化厅和格尔木市委、市政府主办、格尔木市文化广播电视局和省艺术研究所承办的2004年昆仑文化学术研讨会在格尔木市举办。研讨会开幕式由省文化厅厅长曹萍主持，格尔木市委副书记、市长杜捷致开幕词，省政府副秘书长解源介绍了青海省情。省政协副主席蒲文成等领导出席了开幕式。大陆和台湾的20多名专家学者以及格尔木市有关部门近300人参加了会议。

10月1日，省文化厅在新宁广场隆重举行

广场文化活动先进单位、集体和个人表彰仪式“祝福祖国”广场文艺演出。经过基层推荐、组织考察、审批，授予新宁广场管理处等2家单位“广场文化活动先进单位”荣誉称号，授予中心广场三江源藏族舞蹈健身点等5个集体“广场文化活动先进集体”荣誉称号，授予苏春香等22名个人“广场文化活动先进个人”荣誉称号。副省长邓本太等领导同志出席表彰仪式并为获奖者颁奖。

重要文化设施建设

重点文化建设项目稳步推进

以文化部组织实施的重点文化工程为依托，提出并实施的四项重点文化建设项目稳步推进。

一是县级“两馆”工程进展顺利

计划总投资740万元的11个项目中同仁、大通回族土族自治县、河南蒙古族自治县、乌兰4县综合文化楼已竣工，大柴旦综合文化楼已开工建设，久治、治多、囊谦、达日等4县已做好前期工作。

二是“送书下乡”工程受益显著

在文化部的大力支持下，先后分两批向青海省15个国家扶贫开发重点地区的5个州级图书馆、15个县级图书馆、80个乡镇图书室赠送了农村适用图书8万多册，总价值近百万元，有效地缓解了基层图书馆（室）文献陈旧老化的矛盾。为确保这些图书的管理和使用，省文化厅与受赠县文化部门负责人签订了使用协议。同时，经过省文化厅积极牵线搭桥，国台办机关党委、九州出版社向海北州图书馆、祁连县图书馆捐赠了价值15万元的5000余册图书。

三是青海文化信息资源共享工程建设进展顺利

省级分中心进一步完善服务功能、不断扩大社会效益，运行良好。基层分中心建设各项前期工作准备就绪。11月底前同仁县、门源回族自治县、大通回族土族自治县图书馆等10个基层分中心的设备将安装到位，当地群众可通过现代高新技术享受到快捷、便利的文化信息服务。由中央文明委等部门资助青海省的价值16.74万元的5套共享工程设备及时安装到格尔木市图书馆及西宁市大堡子镇等4个乡镇文化站。

四是青海民族民间文化保护工程起步较为顺利

同仁“热贡艺术”被列入中国民族民间文化保护工程第二批国家级试点项目，民和土族“纳顿”被列入省级试点项目。在深入调研、反复论证的基础上，按照工程保护方案规范要求，及时制定上报了同仁“热贡艺术”保护方案，待文化部正式批准后即可组织实施。

机构设置情况

省文化厅机关设置有：艺术处、社会文化处、市场法规处、办公室、财务产业处、人事处、厅机关党委、文物局、省纪委驻文化厅纪检组（与监察处合署办公）。在职正式干部、职工39人，离退休35人。在职厅级干部6人，处级干部20人。

省文化厅现有直属企事业单位17个：省民族歌舞剧院、省戏剧艺术剧院、省图书馆、省文化馆、省文学艺术研究所、省民族语影视译制中心、省博物馆、省文物考古研究所、省文化艺术学校、省文物管理局、省工艺美术管理中心、省馨庐文管所、省柳湾彩陶博物馆、省电影公司、省文物商店、省人民剧院、省文化厅招待所。其中前13个为处级事业单位，省文物局和省工艺美术管理中心依照公务员制度管理；省电影公司为处级企业单位，省文物商店、省人民剧院、省文化厅招待所为科级企业单位。在职职工人数为869人，离退休人员661人；处级干部47人；在职专业技术人员598人，其中正高11人，副高93人，中级317人，初级177人，享受国家特殊津贴、有突出贡献专家及省部级优秀专家、优秀人才13人。

文化艺术节庆活动

第二届青海民族民间工艺美术品展

7月18日~8月3日，第二届青海民族民间工艺美术品展在西宁举办。本届“民族工艺美术品展”是我省重点推出的展会活动之一。本届展会特点明显：一是展会的规模大、档次高。参展的品种涉及我省民族服饰、民族首饰、民族日用银器、民族工艺画、藏传佛教艺术、玉石雕刻、艺术藏毯等21大类的5850多个品种，共有39家企业参展。除省内企业外，还有外省企业参展。二是展会内容丰富。组织开展了招商引资、项目洽谈、优秀工艺品评选、民间艺人现场制作、现场销售等多项活动，提高了展会的综合效益。

宁夏回族自治区

综　述

组织优秀歌舞节目晋京参加国庆游园文艺联欢活动；话剧《农机站长》入选国庆55周年现代剧目展演；眉户剧《大棚情缘》入选文化部定向基层推荐优秀演出剧目；圆满承办了第六届金狮奖全国杂技比赛西北大区预选赛，银川市杂技团的《转动地圈》获得全国银奖。舞蹈《梆声映彩虹》、秦腔《争种责任田》获全国舞蹈、戏剧优秀奖；京剧《新闹龙宫》参加全国京剧艺术节，获特别奖；区歌舞团张家明获全国中青年器乐比赛大提琴金奖。组织宁夏艺术团赴挪威参加“宁夏宣传周”的展览和文艺演出活动；组织花儿歌舞剧《海风吹绿黄土地》随自治区党政代表团参加闽宁第八次协作会演出。安排新建了19个农村基层乡镇文化中心，并补配了设备，改善了基层文化工作条件。初步建成了“文化信息资源共享工程”宁夏分中心，建立了8个市（县、区）文化信息资源共享工程基层示范点。启动了宁夏民族民间文化保护工程，泾源回族《踏脚》被列为第二批全国民族民间文化保护试点项目。举办了全区首届“四进社区”文艺展演暨第五届全区“群星奖”和第五届中国西部民歌“花儿”歌手邀请赛等活动；组织参加全国首届“新苗奖”少儿艺术比赛，获得4金3银的好成绩。在全区开展了“清凉·宁夏”为主题的广场文化活动2000多场（次）。完成了10处全国重点保护单位和一级品文物建档工作；完成了西夏陵三号陵、同心清真大寺、108塔的基础设施建设。编写出版了《中国文物地图集·宁夏分册》等4个报告和专著；在北京、深圳、美国举办了“西夏文物精品展”和 “贺兰山岩画展”、“固原文物精品展”、“中国恐龙大展”，扩大和提高了宁夏文物工作的知名度。引进剧目21台，演出160多场，丰富了宁夏回族自治区人民群众的文化生活。检查音像制品经营单位550家，收缴盗版音像制品16万张（盘），处罚违规经营单位80多家，取缔无证经营摊点70多个，集中销毁各种盗版书刊、光盘和电脑软件4.81万盘/册，保护了知识产权，有效地净化了文化市场。全区检查网吧4000家/次，取缔“黑网吧”68家，处罚违规经营328家，吊销网络经营许可证8家，查扣电脑设备1137台。完成了直属16个处级事业单位的人事制度改革方案，并组织实施。

机构设置

文化厅机关内设10个处室（含机关党委），公务员32名，在职干部职工55人，离退休人员44人。厅直属企事业单位23个，在职干部职工1212人，离退休人员625人，其中离休干部127人。

新疆维吾尔自治区

综　述

2004年，新疆维吾尔自治区文化工作，在自治区党委、人民政府的正确领导和文化部的具体指导下，以邓小平理论和“三个代表”重要思想为指导，认真学习贯彻党的十六大和十六届三中、四中全会精神，坚持科学发展观，切实加强各级领导班子建设，不断增强凝聚力、战斗力，把开展意识形态领域反分裂斗争再教育，与开展自治区第22个民族团结教育月活动，“四个认同”教育活动，“三项教育”活动结合起来，进一步增强各族文化工作者的政治素质和业务素质，努力提高建设社会主义先进文化的能力，在各族文化工作者的共同努力下，全区各项文化事业都取得了丰硕的成果，推动了自治区文化文物事业的发展和繁荣。

文艺舞台进一步繁荣。2004年，我区各类文艺节目在全国性比赛中取得突出成绩。大型民族歌舞《喀什噶尔》获得文化部第十一届文华新剧目奖；杂技《达瓦孜》荣获全国杂技最高奖“金狮奖”；第二届全国少数民族曲艺展演，《阿迪江明白了》获一等奖，小品《唐僧减员》荣获第四届全国小品大赛中银奖和编剧奖；独舞《山里人》在第六届全国舞蹈比赛中，获优秀表演奖和优秀创作奖；在韩国举办的“奥林匹克”舞蹈比赛中新疆歌舞团演员还获得“世界和平”奖。自治区直属艺术团体、和田新玉歌舞团参加了在北京人民大会堂和劳动人民文化宫举办的建国55周年系列庆祝活动。各地隆重举办了纪念邓小平同志诞辰100周年文艺活动，形成了声势和高潮。在各州庆和各民族传统节日期间，文艺舞台丰富多彩。克拉玛依市的水节，吐鲁番地区的灯展，克州的《欢腾的克孜勒苏》歌舞晚会，巴州举办的“祝福你巴音郭楞”颁奖晚会通过国际互联网同步向52个国家和地区直播，喀什地区举办了首届残疾人文艺会演，阿勒泰地区的雪雕比赛，乌鲁木齐市配合国际服装节、乌洽会、冰雪旅游节等举行了一系列的演出活动，石河子豫剧团演出的《古玛河》搬上舞台并晋京演出，塔城地区将文艺晚会进行全场录制在新疆卫视台播放；这些健康向上，内容丰富的艺术活动，把我区文艺舞台的繁荣推向高潮。由自治区党委宣传部、自治区文化厅主办、新疆歌剧院排演的大型音乐剧《冰山上的来客》，于12月26日正式公演后，商业演出达18场，受到社会的广泛关注。新疆艺研所完成了《中国曲艺志》（新疆卷）的复审；国家艺术科研重点课题《刀郎木卡姆的生态和形态研究》专著正式出版发行。

基层文化工作步入健康、有序的发展轨道。经过积极、主动有效的工作，自治区文化厅重点申报的中国新疆维吾尔木卡姆“人类口头和非物质遗产代表作”项目，已由国家上报联合国教科文组织。组织评选并由政府表彰了自治区第四批共7个文化先进县（市），到年底，自治区级文化先进县占全区县（市）的25%。并对1991年以来被表彰为全国文化先进县的12个县（市）进行了复查。对11个地州市图书馆进行了评估，对67个县级图书馆的评估结果进行了审核。在阿克苏地区和温宿县成功召开了“自治区基层文化建设经验交流现场会”，温宿县等7个单位在大会上分别交流了开展基层文化建设的经验和做法。将国家文化部、财政部实施“送书下乡工程”，资助我区174万元的15万册新书，全部分发到48个县（市）图书馆和130个乡镇文化站，受到基层农牧民的广泛好评。组织开展了由宣传部、文化厅组织的全区第三次百日广场文化竞赛活动，共举办各类群众文艺演出4077场次，比上年增加1644场，群众参演人员达74.1万人次，比上年增加27.6万人次。自治区农村电影有1/3的县、市已实现了“2131”目标；城市电影票房达2000万元，名列西北5省区之首。新疆人民剧场电影放映票房收入730万元，位居国内前10位。

规范经营秩序，发展繁荣文化市场。始终坚持“一手抓繁荣、一手抓管理”的工作方针，采取有力措施，扩大市场准入，健全统一开放、竞争有序的文化市场体系。全区建立连锁、批发和音像超市21家；审批6家具有实力的网吧连锁店，停止审批非连锁网吧；推进文化娱乐市场调整结构、发展多功能综合经营。树立典型，提升文化市场经营的形象，在全区文化文物工作会议上，有42家经营户、18个先进集体、16位先进个人受到表彰奖励。积极引进国内外高雅演出节目，先后在部分地市举办了盛中国夫妇钢琴、小提琴音乐会和俞丽拿《梁祝》音乐会，西域情歌演唱会及周边国家艺术团的演出活动，丰富了演出市场，取得了良好的社会和经济效益。依法加强对文化市场整顿和规范力度，在网吧专项整顿和规范中，各级文化行政部门共出动文化市场稽查人员8万多人次，取缔黑网吧160余家，停业整顿200余家，查缴违法音像制品23万张（盒），行政罚款190余万元。在全疆建立了文化市场监督员制度，聘请1000名义务监督员，加大社会的监督力度。与电台联合举办了行风热线直播节目，主管厅领导与有关处室负责人现场解答听众提问，宣传文化市场管理的法律法规，引起很大反响，针对民语非法音像制品泛滥的苗头，在全疆开展了宣传周活动，散发宣传材料7万份。关闭了乌市二道桥、山西巷一带民语非法音像制品部分经营场所，有效地遏制了民语非法音像制品批销漫延的趋势，有力地推动了文化市场朝着健康规范的方向发展。

对外文化交流取得显著成绩。去年，文化厅审批对外及港澳台文化（文物）交流项目68项，748人；其中派出团组43个，前往20个国家和地区。接待来访团组25个，共232人，来自12个国家和地区。组派新疆歌舞团、阿克苏塔里木歌舞团、木卡姆团、杂技团等5个团组赴阿曼、意大利、瑞士、文莱、印度尼西亚、加拿大、香港等国家和地区进行文化交流。演出46场，观众达16万人次。在自治区党政领导的带领下，去年8月组派新疆歌舞团参加了在哈萨克斯坦举办的《新世纪·新新疆》文化周活动，产生深远的政治影响。12月16日在小岛康誉新疆优秀文化文物事业奖颁奖大会上。全区19名优秀文化文物工作者和1个优秀集体获奖。在各有关部门的积极配合下，《新疆文化艺术集锦》中英文画册正式出版。

文物保护、宣传、立法工作取得新进展。以宣传贯彻《文物保护法》为契机，大力转变作风，积极推动文物保护与研究的不断深入，形成了良好的发展态势。一是配合大中型基本建设和水利、公路建设，开展考古调查发掘工作，一批重点文物抢救维修工程全面铺开。二是全面开展全国重点文物保护单位记录档案备案和全区馆藏文物藏品登记建档工作。三是各地博物馆、纪念馆向未成年人实行免费开放，取得了良好的社会效益；四是完成编制并上报国务院《丝绸之路（新疆段）重点文物抢救保护计划》，为下一步工作的开展奠定了坚实的基础；五是开展“第二届文物保护宣传周”活动，并向全区14个地州市配发了文物行政执法专用车；起草了《自治区〈文物保护管理办法〉》和楼兰故城、尼雅故城遗址保护管理办法等。加快伊犁将军府、克孜尔千佛洞岩体加固、交河古城瞭望塔加固等工程的实施，启动了北庭故城西大寺等一大批维修工程。

2004年文化事业基本概况

【文化艺术工作】

2004年，全疆共有文化艺术表演团体87个，演职员3803人；各类艺术表演场所35个，职工398人，座席29907个。

全年新排上演剧目18个，演出9600场次，其中在农村演出4800场次，观众总人数564万。全年演出收入800万元，事业支出12153万元，其中从业人员劳动报酬7160万元，排练制作费328万元，演出费328万元。

【社会文化工作】

2004年，全疆有群众艺术馆15个，举办各类展览91项，组织群众性文化艺术活动424

次，各类文化艺术培训班283次；文化馆92个，藏书55.9万册，举办各类展览571个，组织群众性文化艺术活动3081次，各类文化艺术培训班521次；文化站1132个，其中乡镇文化站994个，藏书218万册，全年举办各类展览1709个，组织群众性文化艺术活动9413次，各类文化艺术培训4783次。

【文化设施建设】

2004年，全疆各级政府继续加大对文化设施建设，相继开工建设、建成一批图书馆、文化馆等基层文化设施。在2003年竣工的文化设施9个，已开工建设的5个，筹建的21个，计划总投资4297万元，建筑面积10.7万平方米。

【公共图书馆】

2004年，全疆有公共图书馆92个，职工909人，总藏书量763.4万册，累计发放借书证13.6万个，全年书刊文献外借74.9万次，书刊文献外借118.1万册次，图书购置费308万元，新购藏书12万册（件）。为读者举办各种活动6355次。

【文化市场】

2004年，全疆共有区、地、县三级文化市场管理机构104个，文化市场管理人员533人，各类文化经营单位9243家，其中歌舞娱乐场所1392家，网吧等互联网上网服务营业场所1936家，音像制品批发单位10家，音像制品零售、出租3379家，音像放映30家，电子游艺厅630家，文化艺术经纪与代理业9家，其他文化经营单位1857家。从业人员21984人。主营收入107704.4万元，上缴主营税金及附加6395.8万元，共创造增加值64012.9万元。

【对外文化交流】

2004年，开展对外及对港澳台地区文化交流项目68项，748人次；其中派出团组43个，前往20个国家和地区。接待分别来自12个国家和地区，来访团组25个、232人次。组派新疆歌舞团、阿克苏塔里木歌舞团、新疆木卡姆艺术团、新疆杂技团等5个团组，分赴阿曼、意大利、瑞士、文莱、印度尼西亚、加拿大、香港等国家和地区进行文化交流，共演出46场，观众达16万人次。8月，组派新疆歌舞团参加了在哈萨克斯坦举办的“新世纪·新新疆”文化周活动。接待阿富汗文化与信息部长、联合国教科文组织非物质遗产处处长等官员来疆进行访问。《新疆文化艺术集锦》中英文画册正式出版。

【文物工作】

全疆共有文物保护业机构103个，从业人员802人；全区有博物馆28座。其中：自治区级1座，地市级12座，县（市）级15座，总面积24323平方米；全区共收藏文物藏品116753件，其中一级品706件；全区现有全国重点文物保护单位41处、自治区级文物保护单位262处、县（市）级文物保护单位673处，初步查明的文物点4000余处。

重要活动

【新世纪首届新疆舞蹈、声乐、民族器乐决赛成功举行】

3月1日，由自治区文化厅举办的新世纪首届新疆舞蹈、声乐、民族器乐3项比赛在乌鲁木齐落下帷幕。本次比赛是近年来在全疆举办的一次规模较大的舞蹈、声乐、民族器乐艺术赛事。各地州市共有371件作品申报参赛，其中声乐作品164首、舞蹈作品152个、民族器乐作品55首，均是近3年以来新疆各族艺术工作者创作的新作品。通过比赛进一步提高了自治区舞蹈、声乐、民族器乐的创作和表演水平，同时展示了新疆少数民族歌舞、器乐和声乐艺术独特而又迷人的魅力和风采。发现和推出了一批优秀人才和观众喜爱的优秀作品，对促进新疆音乐歌舞艺术的繁荣和发展，将起到积极的促进作用。比赛结束后对获奖作品颁发了奖状和证书。

【新疆杂技享誉寿光】

4月18日~24日，新疆杂技团赴山东寿光市为第五届中国（寿光）国际蔬菜科技博览会进行演出。具有浓郁新疆民族特色的歌舞杂技节目。受到当地群众的热烈欢迎，尤其是“高空王”阿迪力表演的达瓦孜，在当地引起了轰动。期间，新疆杂技团还分别为寿光市三元朱村和潍坊市“风筝节”举行了专场演出。

【歌舞《天山的祝福》晋京演出成功】

4月16日~5月3日，由新疆歌剧团最新编排的集歌舞、戏剧小品、音乐剧为一体的、具有浓郁新疆本土气息的大型民族歌舞《天山的祝福》，先后在中央民族文化宫大剧院、北京展览馆、中央民族大学、保利大剧院、天津八一礼堂进行了公演。精彩的演出受到首都各界人士的热烈欢迎。全国人大副委员长司马义·艾买提在中央民族文化宫大剧院观看了首场演出，并亲切接见了全体演职人员。中央电视台第三套节目、中央人民广播电台国际部、北京人民广播电台、戏剧电影周报等各大媒体纷纷对演出进行了宣传报道。

【《古道新彩——中国西部丝绸之路美术作品展览》在美巡展】

3月20日，《古道新彩——中国西部丝绸之路美术作品展览》开幕式，在美国首都华盛顿隆重举行。中国驻美大使杨洁篪及美国社会各界100多人出席了开幕仪式。杨洁篪大使对这次展览活动的成功举办给予高度评价，本次展览是第一次由中、美两国官方在美国共同举行的。展出作品共计76幅，其中52幅是新疆各民族画家的作品（包括11幅麦盖提农民画作品）。展览在美国社会产生了较大影响，对加强中美文化交流和两国人民的了解起到了积极的促进作用。展览将在美国各州巡展2年，并出版展览专集画册。

【爱乐乐团赴阿克苏地区演出】

3月下旬~4月上旬，新疆爱乐乐团赴阿克苏地区阿瓦提县、乌什县、阿克苏市和拜城县进行慰问演出，这是新疆爱乐乐团首次到南疆演出，所到之处受到当地各族群众的热烈欢迎。3月27日，爱乐乐团在“中国棉城”阿瓦提县举办了 “阿瓦提之春”音乐会。800多名正在参加县城绿化植树和春耕的干部群众，放下坎土曼，来不及掸去身上的尘土，就直接赶到剧场观看演出。音乐会演奏了《北京喜讯传边塞》、《茉莉花》、《卡门》等10多首群众喜闻乐见的曲目。轻松愉快的圆舞曲、大型交响乐作品、民族器乐独奏等节目不断赢得了观众的掌声。在乌什县演出时，虽然演出条件简陋，但1500个观众席座无虚席，还有很多观众是站着观看完1小时40分钟的演出。

【新疆歌舞团赴上海参加“魅力新疆 走进神奇的吐鲁番”宣传演出博得喝彩】

4月20日，新疆歌舞团在上海大剧院举行“魅力新疆——走进神奇的吐鲁番”首场宣传演出。可容纳2000多人的上海大剧院座无虚席，具有浓郁地方特色的《天山鼓韵》、《我们新疆好地方》等节目，给上海观众带来了美的享受，整台晚会沉浸在一片欢乐的气氛中，并不时赢来阵阵雷鸣般的掌声。此次“魅力新疆——走进神奇的吐鲁番”宣传中，新疆歌舞团还先后在上海明珠塔会议中心、港汇区、徐汇区和上海市党校演出了8场，观众达数万人。很多过去在新疆工作生活过的上海支边青年得知新疆歌舞团来沪演出消息后，都专程前来观看了演出，精彩的演出为广大观众留下深刻的印象。同时也产生了良好的社会效益和经济效益。

【木卡姆艺术团赴南北疆下乡演出】

4月3日~5月23日，新疆木卡姆艺术团赴南北疆各地农村巡回演出30场，观众达3万多人次，在50天的演出中，演员们不辞辛苦，倾情演出，丰富了各族群众的文化生活，受到了各地群众的热烈欢迎。

【喀什地区诺鲁孜节文艺调演获得圆满成功】

5月19日，“喀什地区民族团结杯——诺鲁孜节文艺调演”在喀什市五一剧场举行。来自地区所属12个县市和驻地解放军代表队的400多名文艺工作者，演出了40个优秀文艺节目。莎车县、泽普县、叶城县获得团体一等奖，麦盖提县等4个县获得团体二等奖，塔什库尔干县等5个县获得团体三等奖；2人获最佳创作奖，2 人获最佳编导奖，4 名演员获最佳歌手奖，6 名演员获最佳表演奖；12 个县（市）及解放军代表队获组织奖。

【喀什噶尔“七艺节”演出受到热烈欢迎】

9月10日和11日，在杭州举办的第七届中国艺术节上，喀什地区歌舞团演出的大型民族歌舞《喀什噶尔》，以其浓郁的民族风格、生活与时代气息和强烈的艺术感染力，受到观众的热烈欢迎。自治区党委常委、宣传部部长吴敦夫亲切勉励参加演出的演职人员，要不断耕耘，创作出更多更好的反映时代特点，反映“三贴近”的艺术精品，让全国人民了解新疆，大力宣传反映我区，反映民族团结、社会进步和两个文明建设所取得的巨大成就。

【喀什噶尔获文华新剧目奖】

5月13日，由我区推荐的大型民族歌舞《喀什噶尔》，获得文化部第十一届文华新剧目奖，并获得第七届中国艺术节参演资格。

【山里人、远古灯舞等获创作奖】

5月23日~6月3日，由文化部主办的第六届全国舞蹈比赛在厦门举行，由新疆推荐的单人舞《山里人》获优秀创作奖和优秀表演奖，群舞《远古灯舞》获创作三等奖和优秀组织奖。

【高空走钢丝等获金奖】

6月25日，新疆杂技团《高空走钢丝》、《空中恋人》、滑稽《塑像》等节目，在第六届全国杂技比赛西北大区预选赛获得金奖，《晃板弹碗》获铜奖。

【小品唐僧减员获银奖】

6月23日~26日，由文化部主办的金狮奖第四届全国小品比赛在湖南长沙举行，新疆歌剧团的小品《唐僧减员》获银奖和编剧奖。

【达瓦孜获“金狮奖”】

10月1日~7日，在广州举办的第六届全国杂技大赛上，新疆杂技团的高空《达瓦孜》，荣获全国杂技最高奖“金狮奖”，这是我区近10年来首次夺得该奖，同时，该团的《滑稽——塑像前的恋人》获“铜狮奖”。

【第二届全国少数民族曲艺展演获奖】

由中国文联、国家民委、广西壮族自治区人民政府和中国曲艺家协会联合主办的第二届全国少数民族曲艺展演于10月18日~22日在广西南宁举行。我区参演的节目取得优异成绩，其中新疆歌舞团的双人表演唱《阿迪力江明白了》获一等奖，新疆歌剧院的民族器乐演唱《出嫁前的聚会》获二等奖。

【音乐剧《冰山上的来客》即将搬上舞台】

12月7日，在音乐剧《冰山上的来客》即将搬上舞台之际，文化厅召开了《冰》剧创作、排练情况通报会。文化厅党组书记吕家传在会上指出，经过两年多时间的酝酿、选题、策划、创作，今年下半年《冰》剧正式投入了排练，在各方面的大力支持下，全体演职人员演职人员发扬艰苦创业和忘我的工作精神，精心排练，精心创作，保证了《冰》剧的艺术水平和排演进度。吕家传要求全厅各单位要统一认识，满腔热情地关注《冰》剧、宣传《冰》剧、帮助《冰》剧，使《冰》剧真正成为一台社会效益和经济效益双赢的精品剧目。要增强精品意识，坚持“三贴近”原则，力争使《冰》剧进入“五个一工程”和“国家舞台艺术精品工程”，以优异的成绩向自治区成立50周年献上一份厚礼。文化厅副厅长韩子勇对剧目的创作和排练情况进行了全面的总结并对下一步的工作进行了安排部署。

【举办民族民间文化保护管理人员培训班】

为推动自治区民族民间文化保护工程的健康发展，自治区文化厅于2004年10月18日~21日，在乌鲁木齐举办了“自治区民族民间文化保护工程第二期管理人员培训班”。来自各地州市文化部门的负责人及专业人员共88人参加了培训。在4天的学习中，学员认真听取了自治区有关专家的辅导讲座，对拟在吐鲁番、喀什、伊犁等地设立维吾尔木卡姆传承中心等问题进行了认真研讨。

【对口支援扶贫点】

10月30日~11月7日，文化厅派专人赶赴对口扶贫点——喀什地区疏勒县塔孜洪乡，将25台21英寸电视机和价值12800元的演出服送到了贫困农民家中与乡中心小学，受到了当地群众和师生的热烈欢迎。

【“五一”文化活动为黄金周添彩】

“五一”黄金周期间，自治区文化厅举办了系列文化活动，丰富了群众的文化生活。

5月1日~3日新疆杂技团在乌鲁木齐市人民公园和二道桥国际大巴扎大剧院表演了精湛的杂技节目，观众达近万人；新疆歌舞团为“火洲”吐鲁番市2万名各族群众和游人演出了一场“葡萄沟之夏”歌舞晚会，精彩的演出博得了广大观众的阵阵掌声，取得了良好社会效益和经济效益。

5月1日~7日自治区博物馆共接待未成年人1200人次，国内外观众3000人次；自治区图书馆将五一期间的开馆时间延长至11个小时。每天有数百名读者涌入图书馆在“书海”中汲取“营养”，获取信息，共接待各层次读者近5000人次。为方便读者就读，图书馆还免费安排车辆接送500多名读者到馆，受到读者的好评。节日期间，图书馆少儿馆还举办了“中考优秀生报告会”以普及科学知识和宣传爱国主义思想为主题的“电影周”活动和“图书馆网上阅读”知识讲座等形式多样，内容丰富的文化活动，产生了良好的社会效益。节日期间，自治区各大影院也异常火爆，共上映新片38部，放映电影1247场次，观众达31729人次，放映收入509881元。

【新疆木卡姆保护工程试点工作全面启动】

被国家文化部列为“全国民族民间文化艺术保护工程首批试点项目”的“中国新疆维吾尔木卡姆”的各项工作于2月全面启动。经过一年的努力，“中国新疆维吾尔木卡姆”申报联合国“人类口头与非物质遗产代表作”专题片制作和申报书《中国新疆维吾尔木卡姆艺术》的编写工作已经完成。在文化部的指导下，有关各方通力合作，进一步加快了“中国新疆维吾尔木卡姆”申报为联合国“人类口头与非物质遗产代表作”的工作步伐，为申报工作奠定了坚实基础。

【自治区命名第三批民族民间艺术之乡】

2月，自治区命名伊犁州察布查尔锡伯自治县（锡伯族民间表演艺术）、伊犁州察布查尔锡伯自治县爱新舍里镇（锡伯族贝伦舞、民歌、念说）、伊犁州伊宁县吐鲁番于孜乡（维吾尔民族歌舞）、伊犁州新源县（哈萨克族阿肯弹唱）、伊犁州巩留县阿尕森乡（哈萨克族阿肯弹唱）、乌鲁木齐市新市区地窝堡乡（维吾尔舞蹈纳孜库木）、昌吉州米泉市长山子镇（回族花儿）、昌吉州米泉市柏杨河哈萨克民族乡（哈萨克族阿肯弹唱）、昌吉州昌吉市六工镇（汉族戏曲、回族花儿）、阿勒泰地区阿勒泰市汗德尕特蒙古族乡（蒙古族长调、喉迷、托布秀尔）、吐鲁番地区吐鲁番市三堡乡（维吾尔民族歌舞）、巴州库尔勒市哈拉玉宫乡（维吾尔族麦西来甫）、巴州且末县阔什萨特玛乡（汉族民间社火）、巴州尉犁县兴平乡（维吾尔歌舞、罗布淖尔民间狮子舞）、巴州博湖县乌兰再格森乡（蒙古族托布秀尔乐器、民间长调、江格尔说唱）、阿克苏地区阿克苏市喀拉塔勒镇（维吾尔多浪歌舞）、阿克苏地区库车县墩阔坦镇（维吾尔民族歌舞）、塔城地区沙湾县（汉族民间秧歌、社火）等18个县（乡、镇）为自治区第三批“民族民间艺术之乡”。

【64台电影机发往13个地州】

为进一步加强我区农村电影放映工作，丰富农牧区各族群众的文化活动。全国农村电影放映“2131工程”领导小组2003年度资助我区的64台16毫米电影放映机、4台发电机，已与2月份开始陆续发往和田地区墨玉县等13个地州的37个县。

【6万多册图书分配给全疆48个县（市）区】

为支持老少边穷地区的文化事业发展，有效地帮助贫困地区县图书馆、乡镇图书馆（室）解决藏书贫乏、购书经费短缺的问题，由文化部、财政部2003年资助我区的63882册图书，已配给全疆48个县（市、区）图书馆和130个乡镇（场）文化站，受到广大农牧民群众的普遍欢迎。

【汪媛获全国歌唱大赛金奖】

2月2日，富蕴县第二小学三年级学生汪媛在共青团中央和全国少工委联合主办的“2003首届中国少年儿童艺术节”歌唱大赛全国总决赛上，获得儿童A组金奖。

【新疆少儿声乐、民族器乐比赛在乌鲁木齐举办】

由自治区少儿文化艺术委员会、自治区文化厅共同举办的新疆“兆承杯”少儿声乐、民族器乐比赛，于5月2日~6日在乌鲁木齐举行。来自全区10个地州市的906名各族少年儿童参加了比赛，经过预赛和决赛，声乐赛场决出了一等奖9名，二等奖27名，三等奖77名，优秀奖79名；民族器乐赛场决出了一等奖16名，二等奖26名，三等奖42名，优秀奖79名。这次少儿声乐、民族器乐比赛的成功举办，对促进我区少儿艺术教育事业的健康发展起到了很好的导向作用。

【自治区举办首期群众合唱指挥培训班】

由自治区文化厅举办的全区首期群众合唱指挥培训班，于5月4日~8日在乌鲁木齐举行。来自全区11个地州市群艺馆、文化馆、厂矿企业和社区的29名文艺骨干参加了培训学习。

【努力营造未成年思想道德建设良好的文化氛围】

中共中央、国务院下发《关于进一步加强和改进未成年人思想道德建设的若干意见》后，自治区文化厅充分发挥文化工作的优势，结合本地区实际制订周密的实施计划，在各有关部门的配合下，开展了一系列培养未成年人良好思想道德规范的文化艺术活动并取得初步成效，为推进自治区未成年人思想道德建设营造了良好的文化氛围。

一是积极发挥博物馆爱国主义教育基地重要作用。自治区文化厅与文物局根据文化部通知精神，要求全区所有博物馆、纪念馆等公共文化设施，免费向未成年人等社会群体开放。同时，要求抓紧落实林则徐纪念馆、林基路纪念馆的建设，切实发挥爱国主义教育基地在未成年人进行爱国主义、新疆历史教育的直观认同和启蒙课堂教育中的导向作用。自治区博物馆从5月1日起实行以来，已免费接待1300名中小学生。5月18日是国际博物馆日，自治区博物馆接待1000余人前来参观。并把每年举办的文物周宣传日扩展到中小学校，激发了广大青少年热爱祖国、热爱新疆的热情。

二是图书馆是青少年获取知识的集中场所。新疆图书馆在建立少儿图书室的基础上，成立了“少儿图书银行”，充分发挥了少儿图书的流通作用，也增加了图书馆少儿图书藏书量。同时自治区图书馆采取组织中小学生参观图书馆；请优秀教师到馆辅导；开展读书竞赛活动；在聋人学校设立流动服务站等措施，调动起广大青少年多读书、读好书的积极性。

三是少儿文艺活动，是对青少年学生进行思想道德教育的阵地。文化厅于5月1日~6日举办了大型“少儿声乐、民族器乐”比赛。5月中旬赴中小学校进行文艺慰问演出。新疆杂技团的小演员演出队也到各地、州、市中小学校进行演出。“六一”前夕，举办全区的庆“六一”少儿文艺专场演出。5月~6月，文化厅演出管理中心引进江苏省梆子剧团，到新疆各地、州、市演出校园话剧《风筝·飞起来》。一系列的少儿文艺活动，使广大青年学生在文化的熏陶中受到教育，提高其综合素质。

四是加强网吧等互联网上网管理，是当前对未成年人教育和引导的热点问题。文化厅在5月1日假期过后，组织了两个检查组，到南北疆进行对黑网吧、接纳未成年人上网为重点的大检查。尤其严格执行“中、小学校周边200米内不得设立网吧”的规定，使网吧管理工作有了新的进展。

五是一部好的电影，影响一代人。新疆电影公司从5月26日开始，对各大影剧院发行“儿童影片展”拷贝，举办儿童影片展，同时将把《闪闪红星》、《雷锋》等一批具有代表性的适合对青少年教育的老影片，重新组织放映，让广大青少年从中受到教育，陶冶新时代接班人的情操。

【新疆人民剧场整修一新，效益显著】

为庆祝自治区成立50周年，自治区电影公司和人民剧场共同筹集资金200万元，在演映活动不停止的情况于，于5月8日~6月18日，对人民剧场作了继1999年之后的第二次较大规模的整修和设备更新，全面改善了剧场的各项服务功能，使人民剧场这座近代优秀建筑更具现代气息，1 6个月共放映中外影片51部、6686场，接待各族观众近50万人次，票房收入达344万元，比去年同期增加156万元，增长89%，创历史新高。取得显著的社会效益和经济效益。

【自治区举办未成年人题材优秀国产影片展映月活动】

为配合自治区深入开展的加强和改进未成年人思想道德建设工作，丰富各族青少年的暑期文化生活，自治区党委宣传部、文明办、文化厅、教育厅联合下发文件，决定于6月~7月在全区组织开展未成年人题材国产优秀影片展映月活动。自治区电影公司专门组织了《灿烂的季节》、《真情三人行》等一批题材丰富、风格各异、适合未成年人观看的优秀国产影片供全区各地放映。

为开展好此项活动，各地影院对集体组织未成年人观看爱国主义教育影片的，将施行票价下浮50%的政策。

【我区基层文化阵地建设进入快速发展期】

“十五”以来，在全区基层文化阵地建设方面，自治区文化厅与自治区计委密切配合，使我区85个县级图书馆、文化馆新建或扩建项目列入了国家计委、文化部“十五”文化设施建设规划，争取到国家“两馆”建设补助资金4030万元。近3年来，已落实到位补助项目62个、补助资金3040万元，项目惠及我区13个地州的53个县。同时，中央文明办和文化部等部门，在实施“百县千乡宣传文化工程”中，共资助我区10个县级文化中心项目、4个边境口岸文化中心项目、56个乡镇宣传文化站项目，总投资达到1800万元。文化部边疆文化长廊补助资金先后资助我区600多万元，安排了近百个县、乡文化设施建设或维修项目。国家广电总局和国家计委，通过实施农村电影放映“2131工程”和“西新工程”，5年来共资助我区流动放映车57辆、放映设备269台（套)、电影拷贝700多个，总价值1120余万元。在积极争取中央支持的同时，自治区计划、财政部门也不断加大对文化设施建设的支持力度，5年来自治区本级用于基层文化阵地建设的基建投资和财政补助，总额达到1000余万元。2003年，自治区又从文化事业建设费中拨出1830万元用于支持基层宣传文化事业发展。随着上述建设项目的完成，我区县级两馆新增馆舍面积约为4万平方米，新建和改扩建的图书馆将达到60%、文化馆将达到37%。未建图书馆的县（市）将由20个减少到9个，总普及率将达到90%，比“九五”末提高26个百分点。有馆无舍的县图书馆将由31个减少至1个，有馆无舍的文化馆将由23个减少至5个。农村电影放映车辆、设备、拷贝投放基层后，已帮助恢复和新建国办农村电影队300余个，促进了农村电影放映的恢复性发展，全区已有近1/3的县（市）基本实现了一村一月放一场电影的“2131工程”目标。

【《瀚海春晓》等舞蹈获群星奖】

9月25日，由文化部举办的第十三届全国“群星奖”比赛，在宁波举行。我区选送的老年组独舞《瀚海春晓》和新疆生产建设兵团的少儿组群舞《小小冬不拉》分别荣获本届“群星奖”大奖。

【举办民族民间文化保护工程培训班】

为推动自治区民族民间文化保护工程的健康发展，自治区文化厅于2004年10月18日~21日，在乌鲁木齐举办了“自治区民族民间文化保护工程第二期管理人员培训班”。来自全疆13个地（州、市)、16个县（市）的文化部门负责人及专业人员共88人参加了培训。在4天的学习中，学员认真听取了自治区有关专家的辅导讲座，系统学习了民族民间文化保护工程普查和申报方法，并对将在吐鲁番、喀什、伊犁等地，设立维吾尔木卡姆传承中心进行了认真研讨。通过培训，进一步提高了基层文化部门对做好民族民间文化保护工作重要性的认识，为做好普查和申报方法奠定基础。

【全区各地加强对民族民间文化的保护】

为适应文化发展和当地群众的需要，全区各地采取有效措施，进一步加强对民族民间文化的保护工作。

察布查尔锡伯自治县，全面规划建立民族文化生态保护区，坚持举办“西迁艺术节”，让锡伯族“贝伦舞”进入中小学校课堂；巴州和博州围绕弘扬“东归”爱国主义精神和民族传统文化，坚持开展以“那达慕大会”为主要形式的民族民间文化活动;伊犁州各地举办形式多样深受群众欢迎“阿肯弹唱会”；和布克赛尔蒙古自治县在小学生中培养演唱《江格尔》的小选手；鄯善县在学校建立木卡姆演唱队；阿瓦提县首创刀朗麦西来甫健身操并在中小学校推广；麦盖提县政府把优秀民间艺人纳入城镇“低保”，积极举办民间艺术传承人培训班，在全县中小学校普及麦西来甫；哈密市对优秀民间艺术传承人给予政府补贴等，使优秀民族文化在基层精神文明建设中发挥越来越大的作用。

【四社区被命名为“全国文化先进社区”】

在11月27日召开的全国文化先进社区命名表彰会上，克拉玛依市克拉玛依区天上街道油南红光社区、乌鲁木齐市沙依巴克区友好南路街道明园有色社区、昌吉市北京南路街道地质村社区、阿克苏市红桥街道多浪社区等4个社区被命名为“全国文化先进社区”。在第三届全国“四进社区”文艺展演活动评选中，我区选送的舞蹈《天山风采》荣获金奖、舞蹈《瀚海春晓》获银奖、舞蹈《顶碗舞》获铜奖。

【加强对社会艺术水平考级机构监督管理】

自治区社会艺术水平考级，自2002年7月纳入文化行政管理之后，自治区文化厅采取有力措施，全面加强了对全疆社会艺术水平考级工作的监督和管理，取得显著成效。一是根据文化部的有关规定，结合新疆实际，出台了《关于做好自治区社会艺术水平考级工作的通知》等规范性文件，对自治区考级机构的申报、审批和管理，对跨省考级机构的管理，对规范考级收费等，都做出了明确规定；二是对全区180名考官核发考官证书，建立全疆考级学生数据库；三是出台了《新疆维吾尔自治区文化厅关于实行社会艺术水平考级教师资格认证制度的暂行规定》，在认证、申报、分级、管理、培训考核等方面做出了规定；四是整合人才资源，成立美术、舞蹈、声乐等7个专家组，加强沟通和管理；五是加强对考级工作的现场监察；六是严格日常管理和年检制度，对存在严重违规行为的考级机构进行严肃查处。如：新疆友浦艺术培训中心在2003年度考级活动中，存在呈报备案的报考简章与实际对外公布不相符、超标准收费、擅自组织当地教师为考官及考场组织工作混乱等严重违规行为，经自治区社会艺术水平考级工作领导小组办公室研究，撤消了新疆友浦艺术培训中心社会艺术水平考级承办机构资格。

【阿克苏市重视农村电影工作】

2004年，阿克苏市十分重视做好农村牧区的电影发行放映工作，继续加大对农村电影“2131工程”投入力度，在2003年拨款10万元的基础上，2004年为“2131工程”增补经费5万元，确保了农村电影放映工作的顺利实施，受到各族农牧民普遍欢迎。

【文化厅部署网吧专项整治工作】

根据文化部的通知要求，自治区文化厅统一部署在全疆开展网吧等互联网上网服务营业场所专项整治工作。此专项整治行动历时半年，整治的重点是网吧无证经营、接纳未成年人进入和网上传播有害文化信息等违法行为。

【一季度自治区文化市场执法检查取得成效】

一季度，自治区各级文化市场行政管理部

门加大文化市场执法力度，共出动检查人员22930人次，检查经营单位19148家次。共受理举报557件，立案调查761件，办结案件310件。收缴非法音像制品41598张（盒），非法书报刊15585本（册），电子游戏机902台，网吧电脑及附属设备277件，电影放映设备1套。共警告经营单位918次，罚没510481元，没收违法所得3591元，没收非法物品8237件，停业整顿267家，取消经营资格30家。有力地打击了文化市场各种违规经营活动，净化了文化市场。

［依法加强演出市场的管理］

为切实加强对演出市场的管理，规范演出经营，近日，自治区文化厅印发了《新疆维吾尔自治区营业性演出场所管理暂行办法》、《新疆维吾尔自治区营业性文艺表演团体及个体演员管理暂行办法》，以加强对我区演出市场的管理，规范演出市场经营行为。

【新疆网吧专项整治统一行动周拉开帷幕】

4月26日，根据国务院办公厅《关于开展网吧专项治理统一行动周活动的紧急通知》精神，自治区在新疆人民剧场广场举行网吧专项治理统一行动周动员大会。自治区副主席库热西·买合苏提在大会上作动员讲话。这次自治区网吧专项治理统一行动周的重点是网吧接纳未成年人、超时营业和黑网吧等问题。同时加强对城乡结合部、乡镇农村网吧管理，要从严从快查处一批群众反映强烈的典型案件，对专项治理中发现的大案、要案以及为违法经营活动提供保护伞等问题，要发现一起，查处一起，决不姑息。自治区网吧等互联网上网服务营业场所专业治理工作领导小组办公室将组织督查组赴各地进行督查。

【我区网吧专项整治工作取得阶段性成果】

今年以来，我区各级文化行政部门认真落实全国网吧专项整治工作电视电话会议精神，深入组织开展网吧专项整治工作。截至8月底，全疆检查网吧市场出动人员22000余人（次），检查网吧等互联网上网服务营业场所8000余场（次），查处违法经营场所500余家，其中停业整顿300余家，取缔黑网吧和违规问题严重的网吧40余家，罚款90余万元，使我区网吧等互联网上网服务营业场所经营次序较之以往有了很大的改善。同时进一步落实地方领导责任制和部门管理责任制，出台新的管理制度；成立网吧经营者协会，加强行业自律；建立网吧专项整治工作社会监督机制，有力地推动了网吧市场的规范经营行为。

［全国网吧专项整治工作检查组来我区检查指导］

9月18日~9月25日，由公安部公共信息网络安全管理监察局副局长顾建国为组长的全国网吧专项整治工作检查组，对我区网吧专项整治工作进行了检查。并在部分地州市召开座谈会，全面了解我区网吧整治工作。

顾建国希望各级文化市场管理部门要进一步加大工作力度，加强对网吧的管理工作，加强法制教育，采取有力措施，防止经营场所接纳未成年人上网、超时营业等问题的反弹；防止黑网吧向城乡结合部和农村蔓延，造成新的社会问题；防止无序发展，恶性竞争；积极探索和建立网吧管理长效机制。

【自治区对全疆网吧专项整治工作进行督查】

为贯彻落实国务院办公厅《关于开展网吧等互联网上网服务营业场所专项整治意见的通知》和自治区人民政府办公厅《关于转发自治区文化厅等9部门关于开展网吧等互联网上网服务营业场所专项整治实施方案的通知》（新政办发[2004]85号）精神，从5月下旬以来2个月的时间里，自治区网吧专项整治领导小组先后派出督查组赴南疆5地州、吐鲁番、哈密以及乌鲁木齐市地市对网吧治理工作进行了督导。7月12日~7月16日，自治区网吧等互联网上网服务营业场所专项整治领导小组副组长、文化厅党组成员、纪检组长逯新华带领督查组，又对塔城地区5县2市及奎屯市网吧等互联网上网服务营业场所专项整治情况进行了督查与指导，进一步加大网吧的监管力度。

通过督查，发现部分地区在依法管理和监督网吧经营的工作中仍然存在一定的薄弱环节，如一些网吧对上网人员有效身份、上网内容等记录情况不充分、不完整；个别网吧仍然有接纳未成年人现象。其主要原因，一是少数经营者法律法规意识淡漠；二是对文化行政管理部门的稽查工作存有侥幸心理，打“擦边球”；三是宣传教育工作还存在一定死角；四是文化行政执法队伍经费不足、人员不够、装备落后，在很大限度制约了执法工作深入开展到各个角落。

督查组针对存在的问题，要求各地文化部门要主动联合各成员单位，继续加大工作力度，建立长效管理机制，加强网吧监管，按照“打防并举、疏堵结合、趋利避害、标本兼治”的工作思路，全面推进专项治理工作的实施，确保实现专项整治预期目标，为未成年人健康成长创造良好的社会环境。

【新疆歌舞誉满香江】

应香港联艺机构公司的邀请，新疆歌舞团一行77人于2004年1月27日~2004年2月2日赴香港参加由特区政府康乐文化事务署主办的演出活动。新疆歌舞团共为香港观众演出了3场具有浓郁民族风格的新疆歌舞，观众反响非常热烈，每个节目都报以热烈的掌声，演出结束后许多观众仍久久不肯离去。精彩的节目，婀娜多姿的舞蹈，优美动听的音乐介绍给香港观众带来了美的享受，博得了一片赞誉声。多家媒体对新疆歌舞团此次赴港演出活动进行详细报道 。

【阿克苏塔里木歌舞团赴阿曼参加艺术节取得圆满成功】

1月31日~2月8日，阿克苏地区塔里木歌舞团一行28人，赴阿曼参加“马斯喀特国际民间艺术节”活动，歌舞团的精彩演出，展示了新疆民族歌舞的迷人魅力，受到阿曼观众的热烈欢迎。艺术节组委会主席马斯喀特市市长高度赞扬了中国新疆阿克苏地区塔里木歌舞团的精彩演出，阿曼国家电视台等各新闻媒体对艺术团演出进行了现场直播和报到。

【乌鲁木齐市文化交流团赴菲律宾演出受到热烈欢迎】

应菲律宾上好佳公司邀请，乌鲁木齐市文化交流团于1月30日，赴菲律宾首都马尼拉进行了为期10天的友好访问演出。热情、欢快的新疆歌舞深受当地居民的欢迎，应广大观众的强烈要求，原定的9场演出，增加到了11场。马尼拉多家新闻媒体对演出进行了报道，并给予高度评价。中国驻菲律宾大使在演出间隙，亲切会见了文化交流团一行。

【阿勒泰地区文化代表团访问哈萨克斯坦东哈州】

应哈萨克斯坦共和国东哈州的邀请，阿勒泰地区文化代表团一行21人，于3月19日~23日赴哈萨克斯坦东哈州进行了为期5天的访问演出，热情欢快的哈萨克舞蹈，受到观众热烈欢迎，演员们良好的精神风貌给当地群众留下了深刻的印象

【阿富汗文化与信息部部长访问文化厅】

4月6日，阿富汗文化与信息部部长赛义德·迈哈杜姆·拉西姆等一行4人，在国家文化部外联局有关人员的陪同下对自治区文化厅进行访问，双方就加强文化交流进行了友好的交谈。文化厅党组书记吕家传代表文化厅向对方赠送了全套12木卡姆VCD。韩子勇副厅长代表文化厅向阿富汗客人介绍了新疆文化事业发展的情况。厅长祖农·库提鲁克、厅党组成员、纪检组长逯新华，厅党组成员、副厅长姚家华等参加会见，访问结束前双方合影留念。

【新疆木卡姆艺术团赴印尼商演获得成功】

新疆木卡姆艺术团一行20人，应印度尼西亚“印华百家姓协会”和印中友好协会雅加达分会邀请，于7月22日~10月16日赴印尼进行商业演出活动。商演期间，艺术团行程2万多公里，先后在瓜哇岛等9个省区、共25个城市进行巡回演出30场，观众达6万人以上。艺术团的精湛表演，受到当地华人社团及社会各界的热烈欢迎，获得了良好的经济效益。

【联合国教科文组织官员来疆考察】

应文化部的邀请，联合国教科文组织非物质遗产处处长斯密特一行，于10月29日抵达乌鲁木齐。考察了解我区喀什、吐鲁番等地民间艺术麦西来甫的有关情况。自治区主席司马义·铁力瓦尔地、自治区副主席库热西·买合苏提先后会见了斯密特一行。文化厅党组书记吕家传陪同客人进行了考察活动。

【新疆歌舞团赴文莱演出获得成功】

应文莱国邀请，新疆歌舞团于11月21日~28日赴文莱国进行文化交流和访问演出活动。访问演出期间，演员们克服了时差、季差和水土不服等不利因素，为文莱观众表演了精彩的具有鲜明特色的新疆歌舞，受到观众的热烈欢迎，访问演出获得圆满成功。文化厅党组成员、新疆歌舞团团长卡米力在接受当地媒体采访时，介绍了新疆在党和国家的民族区域政策和宗教政策正确指引下，社会主义建设取得的巨大成就，从而加深了文莱人民对新疆的了解。我国驻文莱大使馆对新疆歌舞团的出色表现专门发来了感谢信。

【新疆考古所“小河队”荣获自治区 “五一文明岗”称号】

5月25日下午，自治区总工会和自治区文明办在自治区考古研究所举行了隆重的授牌仪式，授予自治区文物考古研究所“小河考古队”为自治区“五一文明岗”荣誉称号。自治区总工会主席买买提江·艾买提、自治区文化厅厅长祖农·库提鲁克、自治区文明办主任孙新刚、自治区文化厅党组成员、纪检组长逯新华出席了授牌仪式。

【吉林台水库等国家重点工程考古调查和清理发掘年内完成】

为配合国家重点水利工程勒克县吉林台水库、特克斯县恰普其海水库、塔里木河上游塔什库尔干县下坂地水库建设的顺利进行，新疆文物考古研究所于5月开始，对上述3个水库工程建设所涉及古代遗址和墓葬进行考古调查和清理。其中包括吉林台水库库区38座古墓葬，恰普其海水库库区26座古墓葬和700平方米的重点勘察，下坂地水库库区2000平方米的重点勘察调查工作，整个工作计划在年底全部完成。此外，新疆文物考古研究所还将对伊犁河流域开发工程和阿勒泰地区克孜加尔水库建设及福海——恰库尔图镇公路建设所涉及的古代遗址和墓葬进行考古调查和抢救性清理发掘。

【杜秦瑞听取关于文物立法工作汇报】

2月18日，自治区人大常委会副主任杜秦瑞听取了自治区文物局关于《自治区实施〈文物保护法〉办法》进展情况工作汇报后，杜秦瑞指出，1988年自治区人大颁布的《新疆维吾尔自治区文物保护管理若干规定》实施以来，在我区文物保护和管理工作方面发挥了重要作用。但随着社会主义市场经济的不断发展，《规定》已不适应当前社会的发展要求，尤其是新修订的《中华人民共和国文物保护法》公布实施以后，对抓紧起草出台《新疆维吾尔自治区实施〈文物保护法〉办法》提出了要求。因此要抓紧部署实施办法的工作计划，认真调研，广泛征求意见，加快立法进度，争取早日提交自治区人大审议颁布。

【阿勒泰地区文管所升为副县级单位】

2月10日，阿勒泰地区机构编制委员会下发了《关于地区文物保护管理所更名的通知》（阿地机编字［2004］15号）文件，将阿泰地区文物保护管理所更名为阿勒泰地区文物局，机构规格为副县级。

【董保华副局长到自治区文物局检查指导工作】

4月14日上午，国家文物局副局长董保华在自治区文物局检查指导工作时指出，要以中央和自治区加强新疆文物建设的部署为契机，进一步加大文物保护的力度，提高依法行政和科学管理的水平，严厉打击文物违法活动。自治区文物局局长盛春寿向董保华汇报了自治区文物保护工作的情况。

【林基路烈士纪念馆被授予“自治区关心下一代革命传统教育基地”】

3月31日，“自治区关心下一代革命传统教育基地”授牌仪式在库车县林基路烈士纪念馆举行。林基路烈士纪念馆，既是我区重要的革命文物保护单位，也是加强民族团结，反对民族分裂，维护祖国统一的重要教育基地。1996年5月，该馆就被库车县委、县政府命名为“爱国主义和青少年教育基地”。1998年1月被阿克苏地区命名为“爱国主义教育基地”2001年被列为自治区“青少年爱国主义教育基地”。建馆20多年来，共接待各界人士150余万人次，为自治区精神文明建设和加强民族团结，反对民族分裂，维护祖国统一做出了重要贡献。

【取消门票制昌吉州博物馆敞开大门迎接各方观众】

为落实中央宣传思想工作会议精神和中央、国务院《关于进一步加强和改进未成年人思想道德建设的若干意见》“公共文化设施要对未成年人集体参观，实行免费开放”及“三贴近”的精神，昌吉州博物馆已于2004年元月起取消了门票制，让博物馆的大门向社会各界群众敞开，这是我区第一个实施全年免费开放的博物馆。从取消门票制以来近3个月的实践，州博物馆已接待各界观众达3000余人次，取得了良好的社会效益。

【吴官正视察石河子军垦博物馆】

6月12日，中共中央政治局常委、中纪委书记吴官正，在中共中央政治局委员、自治区党委书记王乐泉的陪同下，视察了石河子军垦博物馆。视察结束后，吴官正指出：石河子军垦博物馆作为爱国主义教育基地，是兵团人屯垦戍边、艰苦奋斗的一个缩影。我们要继续弘扬老一辈们伟大的艰苦创业精神，充分发挥好其对加强未成年人思想道德教育的宣传作用，要按照“三贴近”的要求，把军垦博物馆建设好。随后，吴官正在留言簿上亲笔签名并与全馆工作人员合影留念。自治区主席司马义·铁力瓦尔地、兵团司令员张庆黎、政委陈德敏陪同视察。

【自治区文物局统一配发文物行政执法车】

6月25日，自治区文物行政执法车发车仪式在新疆人民剧场广场隆重举行。自治区人大常委会副主任杜秦瑞出席并作重要讲话，自治区文化厅党组书记吕家传、自治区文物局局长盛春寿以及自治区、乌鲁木齐市有关部门的领导出席发车仪式。近年来，我区文物保护工作在中央和自治区各级党委、政府的关心支持下，经过广大文物工作者的辛勤努力，各项工作都取得了很大的成绩，为进一步加强我区文物执法工作，严厉打击各种文物违法犯罪活动，在国家文物局和自治区的大力支持下，自治区文物局决定为各地州市文物管理部门配备文物行政执法车，旨在切实推进全区文物行政执法工作走上法制化、规范化的轨道。在激扬的乐曲声中，14辆标有“文物行政执法”字样的白色吉普车驶出广场奔赴各地。

【八路军驻新疆办事处纪念馆为干警“送展上门”】

7月2日，在隆重纪念中国共产党建党83周年之际，由“八路军驻新疆办事处纪念馆”优秀讲解员和业务人员组成的宣教小组，来到乌鲁木齐市水磨沟区公安分局看守所举办了3场别开生面的展览。纪念馆的同志为50余名干警和武警战士讲解了《八路军驻新疆办事处对抗战的军事支援》、《毛泽民同志在新疆的丰功伟绩》、《林基路同志维护民族团结的光辉事迹》，使干警和武警战士接受了一次生动的党史教育。

【新疆代表队获“雷锋杯”讲解大赛三等奖】

9月5日~8日，全国博物馆“雷锋杯”讲解大赛，在抚顺市举行。来自全国25个省区102名选手参加了比赛。由自治区博物馆努尔古丽、昌吉州博物馆王卉秋、吐鲁番地区博物馆邓永红、石河子军垦博物馆朱伟丽组成的新疆代表队在比赛中，荣获集体三等奖，王卉秋荣获个人三等奖，其余3位选手荣获优秀奖。

【苏公塔二期拓展工程竣工并通过验收】

吐鲁番国家重点文物保护单位苏公塔，二期拓展工程，经过近5个月的紧张施工，于8月19日竣工通过验收。苏公塔是新疆最重要的古代伊斯兰建筑之一，是我区研究伊斯兰教发展史的重要实例。在吐鲁番地委、行署的关心支持下，工程在保持文物原有风貌的同时，最大限度地挖掘火洲旅游文化内涵，以展现火洲独特的文化底蕴和迷人的风采。

【八路军驻新疆办事处纪念馆维修工程竣工】

10月底，八路军驻新疆办事处纪念馆，对院内土木结构的二层楼旧址进行抢救性维修。经过8天的紧张施工，纪念馆旧址的外墙平整如新，恢复了往昔庄重古朴的色彩。

重大事件

【达列力汗检查自治区图书馆安全生产工作】

3月3日上午，自治区人大常委会副主任达列力汗率检查组对自治区图书馆消防安全生产工作进行了检查。达列力汗在文化厅厅长祖农·库提鲁克和副厅长韩子勇的陪同下，对自治区图书馆消防安全生产制度和措施的具体落实情况进行了详细的了解和查看。图书馆馆长张君超汇报了图书馆消防安全生产面临的问题和采取的应对措施。达列力汗走到灭火器前提问当班工作人员，如何使用，工作人员立刻按程序进行了摸拟操作。达列力汗对认真贯彻国务院和自治区关于安全生产工作等一系列重要指示提出了要求。文化厅厅长祖农·库提鲁克表示，要切实把文化系统安全生产的各项制度措施落到实处，加强对安全生产工作的领导，确保文化系统各项工作的正常开展。下午，文化厅就抓好全疆文化系统安全生产工作向达列力汗做了专题汇报。

【新疆油画学会成立】

3月20日，新疆油画协会成立大会在乌鲁木齐举行。自治区党委副书记努尔·白克力到会祝贺并作重要讲话。自治区党委常委、宣传部长吴敦夫、自治区副主席库热西·买合苏提、自治区文化厅党组书记吕家传、中国油画学会主席詹建俊等出席成立大会。努尔·白克力副书记和中国油画学会主席詹建俊先生为油画学会揭牌。

中国美协油画艺委会主任朱乃正先生、中国美协油画艺委会秘书长张祖英先生以及新疆艺术学院、新疆师范大学、新疆教育学院的师生和各地州市的部分油画家近500人参加了成立大会。

【吴敦夫到自治区图书馆调研】

6月2日，自治区党委常委、宣传部部长吴敦夫来到自治区图书馆进行调研，对进一步加强图书馆建设和发展图书馆事业做了重要指示。

吴敦夫强调，图书馆作为宣传文化工作的重要阵地，要在构建“学习型社会”进程中，努力探索在新的历史时期，为未成年人思想道德建设，创造优良的学习环境的新途径，更好地为读者和广大青少年服务。同时要深入开展“三项教育”活动，努力发展图书馆事业，切实发挥公共图书馆社会主义文化阵地的重要作用，积极为我区经济社会发展，发挥桥梁和纽带作用。

【吴敦夫来新疆歌剧团调研】

6月4日上午，自治区党委常委、宣传部长吴敦夫率调研组来到新疆歌剧团进行调研并指出，文艺工作者要深入基层，创作出贴近实际、贴近生活、贴近群众，弘扬时代主旋律的精品剧（节）目，努力提高省级艺表团体的艺术水平。要切实抓好《冰山上的来客》剧目的排练工作，向毛泽东诞辰111周年和自治区成立50周年纪念活动献礼。

【国家“丝绸之路新疆段重点文物保护项目”调研组来我区进行考察】

8月11日~20日，由国务院办公厅、财政部、国家文物局等国家有关部门组成的“丝绸之路新疆段重点文物抢救保护项目”调研组一行6人先后到吐鲁番地区、昌吉州、阿克苏地区等地重点文物保护单位进行考察，并参观视察了自治区文物考古研究所、吐鲁番地区博物馆和林基路纪念馆等文博单位。考察期间，调研组与各地党政领导及文物工作者就当前文物保护工作面临的机遇及问题、文物保护与开发利用、文物环境整治等方面的问题进行了座谈，自治区人民政府副秘书长阿日甫在座谈中汇报了我区文物保护工作的基本情况和面临的问题，自治区文物局局长盛春寿出席座谈并陪同，对重点文物保护项目进行考察。

【新疆歌剧院正式成立】

10月9日,新疆歌剧院挂牌仪式在乌鲁木齐举行。由原新疆歌剧团更名后的新疆歌剧院，将在更广泛的领域里与国内外歌剧院同行进行交流，进一步增强在国内外演出市场的竞争力。

新疆歌剧团成立于1952年。是目前新疆维吾尔自治区唯一一个从事表演歌剧艺术的团体。新中国成立50多年来，在党和政府对少数民族文化艺术的高度重视和亲切关怀下，各族艺术工作者创作演出了大批弘扬时代精神，贴近实际，贴近生活，贴近群众并受各族人民喜爱，具有浓郁地方特色的音乐剧、歌剧、话剧及音乐歌舞等舞台艺术作品。如：维吾尔剧《木卡姆先驱》、《古兰木罕》、《艾里甫与赛乃木》，移植剧目《红灯记》、《母与子》，移植国外优秀剧目《货郎与小姐》、《一仆二主》，以及莎士比亚名剧《训悍记》等大、中型剧目90余部。并有多部剧目荣获国家文化部“优秀剧目奖”、“文华奖”和中宣部精神文明建设“五个一工程”奖等国家和自治区的各类奖项，为繁荣新疆文化艺术事业做出了积极的贡献。

目前，剧院排演的大型音乐剧《冰山上的来客》，是由我国观众十分喜爱电影《冰山上的来客》为原型而改编的音乐剧，剧院演职人员将力求在电影舞台化、音乐流行化、主题鲜明化、人物生动化等方面有一个新的突破；努力将该剧打造成一部具有强烈震撼力和感染力，集思想性、艺术性和观赏性相统一的艺术精品，该剧将成为新成立的新疆歌剧院奉献给各族观众的首部精品力作。

【王乐泉来自治区直属艺表团体和文化单位调研】

12月14日上午，中共中央政治局委员、自治区党委书记王乐泉对新疆歌舞团、新疆木卡姆艺术团、新疆歌剧院、新疆杂技团、自治区博物馆和图书馆进行视察和调研。

王乐泉深入到新疆歌舞团、木卡姆艺术团、杂技团等单位的排练现场检查了演职人员的基本功训练和舞蹈排练，实地查看了排练场地基本设施情况，听取了各有关单位领导的情况介绍，并不时与演职人员进行了亲切交谈，还高兴地与部分演职人员合影留念，使各族文艺工作者深受鼓舞。在来到新疆歌剧院视察时，王乐泉等领导同志应邀兴致勃勃地观看了由歌剧院排演并将于12月26日公演的大型音乐剧《冰山上的来客》片断。

在自治区博物馆和图书馆调研时，王乐泉在仔细听取了情况汇报后表示，要抓紧研究解决自治区直属艺表团体以及博物馆、图书馆发展面临的问题，发展繁荣自治区文化事业，为自治区成立50周年大庆活动奠定坚实的基础。

自治区党委副书记、自治区主席司马义·铁力瓦尔地、自治区党委副书记努尔·白克力、自治区党委常委、宣传部长吴敦夫、自治区党委副秘书长、党委办公厅主任李屹、自治区人民政府副秘书长阿日甫、自治区计委主任刘晏良、自治区财政厅厅长李学军以及文化厅党组书记吕家传、厅长祖农·库提鲁克、副厅长艾尼瓦尔·阿不都许库尔、韩子勇、文物局局长盛春寿、副局长姚家华、新疆歌舞团团长卡米力·吐尔逊等陪同视察。

【国家文物局局长单霁翔一行来疆检查指导工作】

11月17日~21日，国家文物局局长单霁翔来到新疆就贯彻国务委员陈至立关于对乌拉泊古城保护、昌吉州博物馆建设重要批示精神的落实情况进行检查，同时对实施丝绸之路（新疆段）文物保护抢救工程进行前期调研。单霁翔考察了乌鲁木齐、石河子、阿克苏地区、昌吉州等7处全国重点文物保护单位和一批自治区、县级文物保护单位及博物馆。听取了文物工作情况的汇报，对做好今后新疆文物保护工作提出了明确的要求。自治区文物局局长盛春寿陪同检查。

【《新疆维吾尔自治区吐鲁番交河故城遗址保护管理条例》颁布】

11月26日，经新疆维吾尔自治区第十届人民代表大会常务委员会第十三次会议审议通过，《新疆维吾尔自治区吐鲁番交河故城遗址保护管理条例》，将于2005年1月1日起实施。随着我区改革的不断深入和社会主义市场经济的不断完善，现行的《管理办法》已不能适应形势发展的要求。为适应新形势的发展，重新颁布《管理条例》，加强对交河故城遗址的保护管理，进一步提高我区文物保护和管理水平，特别是配合国家将交河故城正式申报为“丝绸之路中国段”世界文化遗产项目，将具有积极的意义。

重要会议

【自治区文化文物工作会议在乌鲁木齐召开】

2月23日，自治区文化文物工作会议在乌鲁木齐召开。自治区党委副书记努尔·白克力在讲话中强调，繁荣发展社会主义文化事业，是培育和弘扬民族精神的重要任务。要突出重点、抓住关键，扎实推进文化文物的改革与发展。

自治区党委常委、宣传部长吴敦夫、自治区人大副主任杜秦瑞等领导出席会议。会议由文化厅党组书记、副厅长吕家传主持。自治区党委副秘书长景海燕，自治区人民政府副秘书长阿日夫同志，自治区党委宣传部副部长段桐华，文化厅党组副书记、厅长祖农·库提鲁克，党组成员、纪检组长逯新华，党组成员、副厅长艾尼瓦尔·阿不都许库尔，党组成员、文物局局长盛春寿，党组成员、副局长姚家华，党组成员、歌舞团团长卡米力·吐尔逊等领导出席会议。

努尔·白克力指出，文化作为综合国力的象征，在综合国力竞争中的地位和作用越来越突出，文化的力量深深熔铸在民族的生命力、创造力和凝聚力之中，大力加强文化建设，是我们一项重要任务。积极稳妥的推进文化体制改革，形成有利于人才辈出的文化管理体制和运行机制，充分调动广大文化工作者积极性、创造性，推动文化创新、多出精品，不断为先进文化建设做出新的贡献。

祖农·库提鲁克在会上做了工作报告，总结了过去一年全区文化工作主要成绩和经验，对2004年文化工作的主要任务进行了安排部署；盛春寿做了文物工作报告，安排了2004年文物工作的主要任务；会上，命名了自治区第三批民族民间艺术之乡；宣布了2003年度自治区百日广场文化活动竞赛单位名单和第四个“全民读书月”活动获奖名单；颁发了全国“送书下乡工程”2003年度资助我区图书和全国农村电影“2131”工程资助我区电影放映设备。

吕家传要求全区各级文化部门要认真学习贯彻全国、自治区宣传思想工作会议精神，全面落实自治区文化文物会议部署的各项工作任务，解放思想，更新观念，树立创新的意识，努力开创全区文化文物工作的新局面。

来自自治区党委宣传部、自治区人大教科文卫委员会、自治区人民政府办公厅、自治区政协文体卫委以及发展改革委员会、财政厅、广电局、新闻出版局、自治区文联、兵团文化局等有关部门和单位的领导，以及各地州市主管文化工作的领导、文化局长、文物局（所）长和文化厅机关和直属单位共100余名会议代表参加了会议，并对2004年文化、文物工作报告和自治区文化事业《中长期发展规划》（征求意见稿）进行了深入的讨论，提出了不少好的意见和建议。

【全疆文化系统办公室主任座谈会在乌鲁木齐召开】

为提高办公室主任的综合素质和工作能力，4月8日~9日，自治区文化系统办公室主任座谈会在乌鲁木齐召开，这是多年来文化厅首次采取以会代训的方式，举办的全疆文化系统办公室主任会议。文化厅党组书记吕家传在开幕式上作了重要讲话，来自全疆各地州市文化（体）局和文化厅直属各单位的办公室主任

40余人参加了会议。座谈会邀请自治区党委有关部门的同志就公文处理、信息、保密等工作进行了辅导讲座。

【文化厅深入开展意识形态领域反分裂斗争再教育暨开展第22个民族团结教育月活动】

4月28日，自治区文化厅召开意识形态领域反分裂斗争再教育暨开展第22个民族团结教育月活动干部动员大会，厅党组书记、副厅长吕家传在会上作了动员讲话。会议对进一步深入开展分列斗争再教育和认真开展自治区第22个民族团结教育活动作了安排部署。

【文化厅举办意识形态领域反分裂斗争再教育学习班】

5月18日~28日，文化厅举办了两期意识形态领域反分裂斗争再教育骨干学习班，文化厅直属单位和机关副处级以上领导干部、部分副高以上专业技术职称人员共135人参加了培训。自治区党委宣传部副部长段桐华、文化厅党组书记吕家传、纪检组长逯新华、副厅长韩子勇、自治区党校副校长朿迪生分别为学习班作了专题辅导。通过学习中央关于维护新疆稳定等一系列文件精神，研读“四个认同”读本，听取专题辅导报告，座谈讨论、撰写心得体会，联系单位实际查摆问题，使学员进一步领会了中央、自治区党委有关维护新疆稳定和加强反分裂斗争指示的精神实质，加深了对“四个认同”重要意义的认识，认清了意识形态领域反分裂斗争的长期性、复杂性、艰巨性及文化工作者在反分裂斗争中肩负的重任。

【自治区文化建设经验交流现场会在阿克苏地区温宿县召开】

由新疆维吾尔自治区人民政府召开的全疆文化建设经验交流现场会，于6月21日~22日，在阿克苏地区和温宿县举行。自治区党委常委、宣传部长吴敦夫，自治区副主席库热西·买合苏提出席会议并作了重要讲话。会议由自治区人民政府副秘书长阿日甫·卓热别克主持。

这次会议共完成了4项任务：一是自治区人民政府命名表彰了自治区第四批共7个文化建设先进县；二是现场观摩了阿克苏地区和温宿县文化建设成果和农民自办文化的经验；三是系统总结交流了5年来全区文化建设的工作和各地的经验；四是围绕贯彻中央关于新疆发展与稳定重大战略部署工作。

吴敦夫同志在讲话中指出，文化事业重在建设，贵在积累。各级宣传文化部门要抓住“文化兴边”的战略机遇，坚持“一个中心”做到“两个必须”，落实“三项保障”和“五个加强”。坚持“一个中心”就是坚持用先进文化占领阵地为中心。做到“两个必须”，一是必须立足长远，通过制定长期政策和发展规划，大力发展和广泛传播社会主义先进文化；二是必须立足于全局，要采取经济、政治和文化手段相结合，形成反分裂斗争的强大合力，从根本上解决新疆稳定和发展的问题。落实“三项保障”就是要从观念、领导、投入3个方面为确保“文化兴边”战略规划的实施，给予切实保障。实施“文化兴边”战略，要着重加强5个方面的建设。一是要加强文化领域的思想建设，二是要加强文化阵地建设，三是要加强文化队伍建设，四是要加强文化法制建设，五是要大力推进社区文化建设。

库热西·买合苏提副主席要求各地要认真贯彻会议精神，开创自治区文化建设的新局面。

文化厅党组书记吕家传在会上介绍了我区开展创建文化建设先进县（市、区）、实施国家农村电影放映“2131”工程和“西新工程”、“丝绸之路”边疆文化长廊建设工程、民族民间文化保护工程、文化信息资源共享工程、国家“送书下乡工程”等进展情况。文化厅厅长祖农·库提鲁克在会上作了《抓住机遇，加快发展，努力把我区文化事业建设提高到一个新水平》的工作报告。会上，自治区人民政府命名表彰昌吉市、呼图壁县、库车县、温宿县、轮台县、叶城县、洛浦县等7个县（市）。与会代表现场观摩了温宿县引导农民自办文化的“小康文化户”、“文化中心户”等建设经验和阿克苏地区文化建设的成果，普遍感到很受启发，很有借鉴的价值。

【全国文物商店经营与发展理论研讨会在乌鲁木齐召开】

7月18日，全国文物商店经营与发展理论研讨会在乌鲁木齐召开。国家文物局博物馆司司长孟宪民作了重要讲话，自治区文化厅党组书记吕家传在会上致辞。这次会议的主要议题是，针对全国文物商店在市场经济条件下，面临的困境和现状，讨论今后文物商店改制及经营发展的有关问题，旨在为即将开展的全国文物商店改革和加强管理提供有益思路。南京博物院院长徐湖平、中国文物信息咨询中心流通协调处处长范庆柱等作了大会发言。来自全国各省、市、自治区30余家文物商店的领导与专家出席了会议。

【全国文化系统第二次工会工作会议在乌鲁木齐召开】

由中国教科文卫体工会和文化部共同举办的全国文化系统第二次工会工作会议，于9月27日~29日在乌鲁木齐召开。文化部机关党委常务副书记王吉、中国教科文卫体工会副主席万明东作重要讲话，自治区文化厅厅长祖农·库提鲁克、自治区文化厅党组成员、纪检组长逯新华出席会议，自治区教育工会主席潘静敏代表自治区总工会到会祝贺，逯新华在会上致辞。来自26个省、自治区、直辖市文化主管部门和基层党政领导、工会干部及文化部机关、直属单位工会共100多名代表参加了会议。

陕西、新疆、河南等省区的代表在会上进行了交流发言。会议还就文化体制改革中工会的主要任务、如何切实维护职工合法权益及新时期把握工会工作的特点和规律等问题进行了座谈讨论。

【文化厅党组对厅系统学习贯彻十六届四中全会精神作出安排部署】

10月8日~10日，文化厅党组分别召开了党组中心组和机关、直属单位领导干部会议，对学习贯彻十六届四中全会精神作出安排部署。厅党组书记吕家传强调指出，学习贯彻十六届四中全会精神，对于加强党的执政能力建设，全面推进中国特色社会主义伟大事业和党的建设的伟大工程以及国家的长治久安都具有十分重大的意义；文化工作者要全面领会和把握十六届四中全会的精神实质。不断提高各级党组织和各级领导干部的领导水平和领导能力；不断增强广大文化工作者走中国特色社会主义道路的信心，努力开创自治区文化工作的新局面。

【王乐泉强调，以改革促发展繁荣我区文化事业】

12月14日下午，中共中央政治局委员、自治区党委书记王乐泉主持召开自治区党委财经领导小组会议，专题研究解决自治区艺表团体以及博物馆、图书馆发展建设面临的问题和困难。在听取了自治区文化厅党组书记吕家传的工作汇报后，充分肯定了自治区文化事业发展取得的巨大成就。针对当前我区落后的文化艺术生产力与人民群众日益增长的文化需求不相适应，文化生产力发展滞后于经济发展等问题，王乐泉强调，我区艺表团体体制改革要在人事厅、文化厅、财政厅等部门充分调研和科学论证的基础上，慎重积极稳妥地推进;要加快我区文化资源的整合,充分挖掘我区丰富的文化艺术资源，加快制定文化产业发展的政策，积极推进我区文化产业的发展。由文化厅等有关厅局对文艺骨干和高级人才进行调研，改善在一线的文艺工作者生活、医疗待遇。王乐泉要求加快“新疆歌舞团体训练中心”等基础设施的建设，自治区博物馆、图书馆等单位的基础设施及消防工程要尽快启动实施。自治区博物馆要在50年大庆前开展，为自治区成立50周年大庆增添光彩。

自治区党委副书记、自治区人民政府主席司马义·铁力瓦尔地，自治区党委副书记、自治区政协主席艾斯海提·克里木拜，自治区党委副书记、政法委书记张秀明、自治区党委副书记努尔·白克力，自治区党委常委、宣传部部长吴敦夫，自治区党委常委、党委秘书长符强等领导出席会议。

【小岛康誉新疆文化文物事业优秀奖颁奖仪式在乌鲁木齐举行】

12月14日，2004年度“小岛康誉新疆文化文物事业优秀奖”颁奖仪式在乌鲁木齐隆重举行。自治区副主席库热西买合苏提出席并为获将单位和个人颁奖。和田地区新玉歌舞团荣获文化事业优秀集体奖，李季莲、王卫东等19位同志分别荣获优秀个人奖。

自治区副主席库热西买合苏提在颁奖仪式上对小岛康誉多年来支持新疆文化文物事业发展所做的贡献给予了高度评价，并希望小岛康誉先生与文化厅的友好合作关系日益增进和发展，为中日两国间的文化交流做出新的贡献。

为推动新疆文化文物事业的繁荣发展，1999年小岛康誉先生与自治区文化厅签订协议,由小岛康誉先生从1999年起至2009年，10年间每年出资10万元人民币，用于奖励为新疆文化、文物事业做出突出贡献的优秀集体和个人。和田地区新玉歌舞团荣获“小岛康誉新疆文化事业优秀集体奖”，李季莲、陈建平、阿里木江·阿不都拉、何玉玲、香翠珍、赵新军、吐尔地·依明、林鸿生、吾斯满·艾买提等9名同志荣获“小岛康誉新疆文化事业优秀个人奖”；王卫东、阮秋荣、安尼瓦尔·哈斯木、梁涛、屈江、朱信云、马迎霞、阿里木·热西提、郭静、殷春茂等10名同志荣获“小岛康誉新疆文物事业优秀个人奖”。

重要文化设施

【伊犁博物馆新馆开馆】

9月5日，为庆祝新疆伊犁哈萨克自治州成立50周年，伊犁哈萨克自治州博物馆新馆举行隆重的开馆典礼，中央慰问团，自治区代表团，自治州党委、人大、政府、政协领导为博物馆开馆剪彩。伊犁州博物馆坐落在伊宁市，新馆建筑总面积4900平方米。藏有珍贵文物3000多件，汇集了阿尔泰山、塔尔巴哈台山和天山文物瑰宝，其中包括2000年以来在尼勒克县吉林台、特克斯县恰普奇海库水库区发掘出土的文物精品、伊犁草原历史文化陈列和伊犁哈萨克自治州民族民俗陈列等。

机构设置

自治区文化厅机关机构设置：

办公室、计划财务处、人事教育处、艺术处、社会文化（少儿、电影）处、文化市场管理处、对外文化联络（港澳台地区文化事务）处、文化产业管理处、老干部工作处、机关党委、纪检组（监察室）、工会工作委员会。

按公务员管理的事业单位：自治区文物局（副厅级）、文化市场稽查总队、机关生活服务中心。

自治区文化厅直属文化单位：

新疆歌舞团、新疆歌剧院、新疆木卡姆艺术团、新疆话剧团、新疆杂技团、新疆京剧团、新疆画院、新疆艺术研究所、新疆群艺馆、新疆图书馆、新疆文化艺术电影干部学校、新疆博物馆、新疆考古研究所、新疆龟兹石窟研究所、新疆文物总店、新疆文物古迹保护中心、新疆演出展览中心、新疆电影发行放映公司、新疆人民剧场、乌鲁木齐团结剧场。

队伍建设

2004年，自治区文化厅系统现有干部职工1186人。现有党员647人。文化厅机关现有干部职工109人。其中，厅级领导干部9人，副处级以上领导干部 43人；研究生学历 10人，本科学历42人，大专学历35人，中专（高中）以下学历23人。厅直属单位现有副处级以上领导干部58人。全厅系统现有专业技术人员810人。其中正高职职称69人，副高职职称188人，中级职称356人，助理（员）197人。

表彰先进

【迪丽娜尔等获自治区“双十佳”】

4月5日，在自治区第六届职工职业道德“双十佳”表彰大会上，新疆歌舞团国家一级演员迪丽娜尔·阿不都拉同志荣获2004年全国“五一”劳动奖章，自治区图书馆被评为自治区职工职业道德先进集体，新疆歌剧团努斯来提·瓦吉丁同志被评为自治区职工职业道德“双十佳”称号同时荣获开发建设新疆奖章。

【妥晓英荣获抗击非典优秀工会干部”称号】

12月，全国教科文卫工会发出通报，对在抗击“非典”斗争中，做出突出贡献的全国教科文卫体系统先进集体和先进个人进行表彰。自治区图书馆工会主席妥晓英同志荣获“全国教科文卫体工会系统抗击“非典”优秀工会干部”称号。

新疆生产建设兵团

一、文化建设工作基本情况

兵团现有总人口260万人，14个师（垦区），4个军垦新兴城市，175个农牧团场，2200多个基层农牧连队，4674个公交建商企业，有健全的科研、教育、文化、卫生、体育金融、保险等社会事业和司法机构。2005年，兵团文化工作坚持以邓小平理论和“三个代表”重要思想为指导，认真贯彻党的各项路线、方针、政策，坚持文艺“二为”方向和“双百”方针，按照全面贯彻科学发展观和构建和谐兵团的要求，把文化工作重心放到基层，组织召开了兵团基层宣传文化思想工作会议，通过现场观摩和经验交流，明确了今后一个时期基层宣传文化工作的任务。认真贯彻兵团党委五届七次全委（扩大）会议精神，编制了《兵团文化事业和文化产业“十一五”发展规划》。实施了文艺“双优”（优秀创作人才、优秀文艺节目）工程。坚持开展“送文化下基层”活动，慰问演出400余场；重点开展了“兵团文艺基层行”活动，演出68场，观众达29万人次。各师、团场、企业广泛开展了广场艺术节、社火、作品展览、少儿才艺表演、电影大篷车等各种形式的群众文艺活动。通过加强基层文化工作，进一步丰富了职工群众的精神文化生活。

二、专业艺术

兵团现有9个专业文艺团体，包括兵团歌舞剧团、兵团杂剧团、兵团秦剧团、兵团豫剧团、农三师文工团、农八师石河子市歌舞话剧团、农八师石河子市豫剧团、农九师豫剧团、兵团武警文工团。各文艺团体深入基层演出，深受广大职工群众的喜爱。全年各专业艺术团体共演出910场次，观众达97.28万人次。加大创作力度，排练演出一批具有军垦特色的新型节目和传统剧目。兵团歌舞团大型主题晚会“绿洲兵团——我的家”深受观众的欢迎，也赢得了专家的赞誉。各文艺团体在体制改革中进行了商业运作的尝试。如，兵团歌舞团进行了“南航安全飞行50周年庆祝晚会”和上海电视台联合录制的“西气壮歌晚会”、“上海市国际服装节”开幕式晚会、“吐鲁番葡萄节”晚会、自治区“七一”建党晚会《党啊，亲爱的母亲》等活动，通过这些活动，扩大了影响，拓展了演出市场，同时也取得了良好的社会效益。农八师石河子市歌舞话剧团找市场、求发展，开展送文化下乡，开拓演出市场，先后与石河子大学医学院第一附属医院及兵团有关企业联合做宣传，排练了专题歌舞晚会，赴博乐、沙玛两县及团场演出，截止到9月底，完成演出场次104场，演出收入约16万元，预算外收入约50万元。农八师石河子市豫剧团全年演出56场，其中营业性演出40场，公益性演出16场，创收70740元。为新疆电视台文艺三十分栏目录制现代豫剧《古玛河》专题节目，为新疆电台录制了《古玛河》全剧录音，并获自治区戏曲广播剧一等奖。

三、文学创作

坚持深入基层，贴近实际，贴近生活、贴近群众，以饱满的激情，进行了艰辛的文学艺术创作，向人民群众奉献琳琅满目的文学艺术作品。作家韩天航创作出了一批在兵团、在新疆乃至在全国有一定反响的文学作品，其中篇小说《重返石库门》获兵团“五个一工程奖”，他本人被兵团授予“德艺双馨艺术家”、被自治区授予“先进工作者”光荣称号；农七师梁永善创作的中国画《哈纳斯》，2001年7月获得北京中国书画研究会举办的“中国画作品展”作品研究奖；奎屯棉纺织厂词作者张剑敏创作的歌词《生命之歌》，收入《世纪之春中国民族歌曲选粹（二）》暨“中国民族歌曲演创大奖赛” 指定歌曲；作品《青春在这里闪光》在全国农行系统小品比赛中获三等奖。与此同时产生了报告文学《镇边将军张仲瀚》、电视连续剧《热血兵团》等一批优秀作品。

四、文化市场管理

文化市场发展迅速，经营管理日趋规范，随着兵团经济的不断发展，职工收入的逐年增加，群体文化消费能力不断提高，文化市场的发展为丰富职工群众的文化生活发挥了积极作用。

1. 加强对文化市场的监管。

自2005年年初开始，在全兵团辖区范围内，广泛开展了网吧专项整治工作活动，全兵团各师（团）范围内共开展集中整治行动4次，出动文化、公安、综合治理等检查人员3000多人次，对兵团辖区内的4000家文化经营场所，进行了普遍的检查。通过专项整治，网吧和各种文化经营场所违法违规经营的现象得到了初步遏制，对在现场检查中发现的问题均做出了相应的妥善处理。网吧市场的经营秩序明显得到好转，网吧管理的长效规范机制也正在逐步地建立健全。基层各师（团）文化市场执法人员在网吧的专项治理整顿工作中，克服了工作多、兼职多、人手少等许多困难，加强巡查、加大监管、严格执法，付出了巨大的劳动，许多同志为了检查网吧超时经营、节假日未成年人进入等现象，经常放弃节假日，进行现场检查。许多师（团）为了营造网吧整治工作的良好氛围，纷纷聘请了一批网吧义务监督员，从而有效保证了对网吧的社会监督，在第一时间掌握网吧管理资料。农六师五家渠市建立了网吧业主自律公约，有效地从源头上规范网吧的道德经营，被国家文化部授予“全国基层文化市场管理先进集体”称号。

2.规范执法人员的执法行为。

为了规范行政执法行为，促进基层文化市场管理人员依法行政，健全兵团文化市场的管理体系，兵团文化局与文化部市场司联系，自2005年4月开始，针对基层各师（团）文化市场管理人员因证件过期、人员流动等原因而不具备执法资格的情况，积极主动地采取措施，及时为基层各师（团）200多名文化市场管理执法人员换发了全国统一的“中华人民共和国文化市场稽查证”，购买了由文化部统一印制的文化市场执法证件，为兵团各师（团）300多名文化市场监管人员换发了因过期作废的证件，解决了基层执法监管人员不能持证上岗的难题。

3.加大对基层文化市场执法人员培训力度。

为加强兵团辖区内的文化市场管理，解决基层执法人员缺乏培训的问题，提高文化市场管理和执法人员的政策水平及业务技能，同时，交流文化市场管理和执法工作经验，贯彻落实重新修订的《营业性演出管理条例》精神，兵团文化局于2005年11月在乌鲁木齐举办了 “兵团文化市场管理人员培训班”。来自兵团各基层单位的40多名新上岗执法人员参加了为期10天的培训，培训内容涉及到文化市场管理基本理论、基本内容、工作要求、执法范围、责任制度、相关法规以及文化市场的各种行政处罚程序和音像制品防伪识别，文化市场稽查队伍作风建设等。同时，编辑印发了一套4万多字的兵团文化市场法律法规知识手册，免费发放到基层各单位文化市场执法人员手中，使兵团的文化市场执法队伍建设和业务培训工作有了一个新的发展。

4.各基层单位文化市场管理工作日趋规范。

各基层单位不断加强了文化市场管理工作。如，农九师党委宣传部、文化局召开了由各团场宣传科长、网吧经营人员共计40多人参加的会议。会上学习了《中共中央国务院关于加强和改进未成年人思想道德建设的若干意见》、《互联网上网服务营业场所管理条例》、《关于开展网吧等互联网上网服务营业场所专项整治的意见》等文件精神。师文化局与各团场宣传科签订了文化市场管理责任书，进一步明确了职责和奖罚规定，把文化市场管理纳入精神文明考核的一项重要内容。农七师先后制定了《农七师文化市场管理实施细则》、《农七师网吧违规经营处罚标准》等，使管理规范化；并经常对辖区内的文化市场开展文化稽查工作，对那些违规接纳未成年人进入网吧的、贩卖出售出租淫秽、色情、暴力和非法政治性出版物和光盘的、娱乐场所经营赌博行为的，按照国家相关法律法规要求，联合公安等有关职能部门，对违规业主进行警告、罚款、停业整顿和吊销文化经营许可证的处罚。在网络文化市场中，各学校加强对青少年的教育，不少单位举行了告别网吧仪式，设立网吧义务监督员，成立青少年网络协会并发起“绿色通道”建设推进活动，形成了强大的舆论氛围，为青少年提供健康有益的绿色网上空间，倡导积极向上的网络文化。这些举措，为未成年人健康成长营造了良好的氛围，受到社会的好评。

五、文化产业

兵团题材电视剧与电影的拍摄成为热点：农七师电视台组织拍摄的5集电视纪录片《感动荒原》获兵团《辉煌50年》专题展播一等奖，《守望生命河》获《激情岁月》专题展播一等奖。韩天航编剧、投资100余万元，由西安电视剧制作中心拍摄的20集电视连续剧《热血兵团》将于2005年12月1日在哈尔滨、昆明、银川等18家全国省会及地方台公开播放。张新荃编剧的电影《雪猎》将于2005年年底封镜，在中央电视台电影频道播出。

各单位认真组织实施了下团入连的“双百工程”。开展“送电影下基层”活动，全年兵团放映近2000场，观众达59万人次。

六、社会文化和图书馆事业

群众文化活动丰富多彩，精彩纷呈。各单位广泛开展了健身月、体育节活动，国际乒乓球邀请赛、体育运动会、文体旅游节、职工文艺汇演、社火艺术节、元宵灯展、迎新春文艺晚会等一系列大型活动。还经常性地开展群众喜闻乐见的“家乡戏大家唱”、“卡拉OK演唱会”、“才艺表演”、“故事会”、“趣味运动会”等文化活动，如，农八师文体局举办了社区文化艺术展演、第二届“百日广场文化”竞赛活动、师市第五届老年艺术节等丰富多彩的群众文化活动，2005年群文活动获“自治区第二次百日广场文化活动竞赛先进市”称号；电影公司获自治区电影行业“电影放映先进单位”。这些群众文化活动极大地满足了职工群众日益增长的精神文化需求。

2005年群众文化获得全国诸多奖项，其中：推选参加了由人事部、文化部主办的全国先进文化县活动中，143团荣获“全国先进文化团场”；辅导排练的石河子希望小学少儿合唱团，代表兵团参加“全国希望工程青少年歌咏比赛”，荣获全国第一名；组织参加的“全国少儿声乐大赛”获少年组二等奖1名、儿童组三等奖2名并获优秀老师奖；组织参加的由自治区文联主办的全国少儿舞蹈大赛中，石河子市二小的《绿洲小骑士》获3个金奖，同时获全国“小河碑”一等奖。2005年8月农七师“锦韵职工业余合唱团”又在中国文联、中国音乐家协会在厦门联合举办的“纪念反法西斯战争胜利60周年”合唱比赛中获得铜牌。

各单位图书馆树立 “读者至上，服务第一”的意识，开展了科技周、全国图书馆服务宣传周等社会活动。2005年农八师图书馆被评为兵团级“精神文明单位”、自治区“红旗卫生单位”、“师市双拥模范先进单位”。

兵团博物馆充分发挥自身优势，大力宣传军垦文化，接待参观人数约14万人次，其中国家级团体2396人，区外团体30858人，本市团体29765人，外宾202人，军人7480人，离退休人员1273 1人，零散客人1 5647人，学生26455人，全年门票收入62多万元。博物馆新馆改扩建后，充分发挥了军垦博物馆的爱国主义教育基地和革命传统教育基地的重要作用。作为兵团红色旅游主要景点，文管办在坚持贯彻“一手抓管理，一手促繁荣”方针的指引下，内抓管理，外树形象，努力提高办事效率。作为坚持“六个一”的服务标准：一张笑脸相迎、一把椅子让座、一杯清茶暖心、一腔热情待人、一身正气办事、一番好话送人，取得了好的效果。

七、加强了文物保护和考古工作

2005年兵团加强了文物保护和考古工作。农三师图木舒克市是富有历史韵味的地方，举世闻名，2000多年的历史使图木舒克神秘而又呈现魅力。该市成立了历史文化研究会和历史文物管理所，并请专家进行历史文化普查，收集历史图片千余张，取得了13项发现（发现了西域最早的崖刻佛像、一批汉唐烽燧、汉唐屯垦遗址、汉唐古城、摩尼教遗址、一批塞人古墓群、古炼铁意志、古炼铜意志、古制陶遗址、清代数座炮台、早期拱拜子、一段古丝绸之路、一批自然人文景观），建成了历史文化陈列馆，军垦文物展览馆和军垦历史陈列馆，3个展馆有图片810张，历史文物1818件。目前，以图木舒克市市政府名义公布了第一批文物保护点33处。农一师阿拉尔市位于文化底蕴深厚的塔里木盆地，饮誉中外的塔里木河穿越而过，聚居有汉、维、回等多个民族。其历史文化资源丰富多样，生态景观独具一格，丝路屯垦与民族风情异常浓郁，极具文化研究和旅游开发价值。阿拉尔，古名“昆岗”，具有巨大人文优势和丰富文化资源。远古时代就有人类频繁活动，境内发现距今2000多年前欧罗巴人种古墓群。西汉以来，绿洲丝绸之路的南线与中线围着塔里木盆地南北两缘展开，贯穿期间的龟兹于阗道沟通南北，伴随班超通西域逐渐兴盛发展，阿拉尔市恰好位于该道关键转接点，留下了许多文明遗址。农一师阿拉尔市依托塔里木大学，重点围绕“昆岗古墓”将展开对阿拉尔市境内的古代文明进行系统研究、抢修和保护。2005年博物馆全年征集文物330件，图片近100幅，音像资料200多分钟，经自治区文物专家鉴定，2件为二级古代文物，24件为三级古代文物；积极发掘文物，对文物进行保护和维修。2005年获“全疆文物先进单位”称号。

八、文化设施建设

在党中央、国务院及有关部门的关心和支持下，兵团发扬艰苦奋斗、自力更生的光荣传统，在经济十分困难的情况下，建设了1座兵团文化活动中心，3座师文化活动中心，112座团场文化活动中心，1000余座连队文化活动室。这些文化设施对促进兵团精神文明建设，丰富职工群众文化生活发挥了重要作用，有力地推动了兵团文化事业发展。同时实施“文化信息资源共享工程”、“西新工程”，建立了31个基层文化信息资源共享工程。

文化荣誉单位

Professional arts

故宫博物院

故宫博物院是在明、清皇宫（紫禁城）及其收藏的基础上建立起来的，以明清宫廷历史、宫廷建筑和古代艺术为主要内容的综合性国家级博物馆，院藏文物150万件（套），占全国馆藏文物的1/6。隶属文化部。

紫禁城建于明永乐十八年（1420），占地72万余平方米。故宫现存多为清朝建筑，共有房屋8700余间，建筑面积约17万平方米，是我国也是世界上现存规模最大、最完整的古代宫殿建筑群，1961年3月被国务院列为第一批全国重点文物保护单位，1987年12月被联合国教科文组织列入《世界遗产名录》。

2005年是故宫博物院建院80周年。为纪念这一盛事，故宫博物院从2004年开始即按照“节约办事、突出特色、面向国际、扩大影响”的宗旨开展了一系列学术活动和文化交流活动，以进一步让更多的人了解故宫，并以此为契机促进国内外博物馆界的交流与合作。主要内容包括展览、学术出版、学术研讨会与学术交流、古建大修、形象宣传、庆典日活动等6个方面。故宫博物院80周年庆典活动不仅得到了党中央和国务院的关心和指导，还得到了社会各界的普遍关注，取得了良好的效果。

近些年来，故宫博物院遵循“保护为主、抢救第一、合理利用、加强管理”的文物工作方针，在古建筑和文物的保护、展示以及学术科研等方面取得了巨大的进步。2002年，故宫博物院启动了以“完整保护，整体维修”为原则的百年来最大规模的修缮工程。2003年起开始制定《故宫博物院2003～2020年发展总体规划纲要》并于2005年发布实施。郑欣淼院长于2003年提出的“故宫学”的概念，两年来已经得到越来越多的认同和支持。2005年年初,《故宫保护总体规划大纲》获得国家文物局的批准，明确了故宫保护与使用的指导思想、基本对策和措施。《故宫博物院2004～2010年藏品管理工作规划》也于2004年制定并实施。正在制定的还有人才建设、学术研究等专项规划。这些规划的认真实施，必将使故宫博物院进入一个全面发展的崭新阶段。

文化部副部长郑欣淼兼任故宫博物院院长。

明十三陵

明十三陵位于北京昌平区境内的天寿山麓，是明朝(1368~1644)13位皇帝的陵墓群，距北京约50公里，陵区总面积约80平方公里。

明十三陵陵寝建筑具有规模宏大、体系完整和保存较为完整的特点。明十三陵作为中国古代帝陵的杰出代表，展示了中国传统文化的丰富内涵，具有极高的历史和文物价值。1961年，十三陵被公布为全国重点文物保护单位。1982年，国务院公布八达岭——十三陵风景区为全国重点风景名胜保护区。1991年，十三陵被国家旅游局确定为“中国旅游胜地四十佳”之一。1992年，十三陵被“北京旅游世界之最”评选委员会评为“世界上保存完整埋葬皇帝最多的墓葬群”。1999年，被国家旅游局评定为“AAAA级旅游区”。2003年7月3日，经联合国世界遗产组织第27届大会通过，明十三陵列入《世界遗产名录》。

明十三陵，作为中华民族古老文化的一部分，就像一颗璀璨的明珠，镶嵌在首都北京，昔日生生不可侵犯的皇家陵寝，今日已成为驰名中外的旅游胜地。

万里长城天下第一雄关——居庸关长城

居庸关长城是早已列入《世界文化遗产名录》的中国万里长城的重要组成部分，是万里长城久负盛名的关隘。这里山峦重叠，溪水长流，植被繁茂，景色怡人。早在金代便以“居庸叠翠”名列“燕京八景”之首，清乾隆皇帝曾亲笔手书“居庸叠翠”。居庸关长城集雄、奇、险、峻于一身，古时就被称为“天下第一雄关”。居庸关除建有南北券城、城楼、敌台、水门等功能各异的配套建筑，构成完整严密的军事防御体系以外，城内还有元代所建过街塔塔基，名为“云台”，是现存元代石雕艺术的精美杰作。

中国人民解放军总政治部话剧团

中国人民解放军总政治部话剧团，前身为总政治部文艺工作团话剧团，1953年5月组建于北京，是目前全军编制等级最高、编制员额最多的戏剧艺术表演团体。总政话剧团设有创作室、演员队、舞台美术中心、电视剧艺术中心和八一剧场，专业设备齐全，艺术人才众多，创演实力雄厚。

总政话剧团组建以来，坚持为人民服务、为社会主义服务、为提高部队战斗力服务的方向，坚持以军事题材创作演出为主，先后推出了在军内外产生广泛影响的话剧《万水千山》、《南方来信》、《东进！东进！》、《决战淮海》、《李大钊》、《女兵连来了个男家属》、《洗礼》、《黄土谣》以及音乐话剧《桃花谣》等200余部大小剧目，演出累计近万场，观众近1400万人。几十年来，总政话剧团涌现出一批又一批艺术水准较高的创作和表演艺术家。他们在努力探索话剧艺术的同时，不断开拓进取，为繁荣军旅话剧事业做出了重要贡献。毛泽东、邓小平、江泽民等三代领导人先后观看总政话剧团的演出，给予了较高评价。

话剧《万水千山》（陈其通编导）参加全国第一届话剧会演，荣获编剧、导演、舞美设计及制作、全面管理一等奖；话剧《冲破黎明前的黑暗》（傅铎编剧、丁里和李吟谱导演）获全军文艺会演导演、舞台制作和管理一等奖；话剧《东进！东进！》（所云平编剧、鲁威和王寅申导演）在建国30周年献礼演出中获编剧一等奖、演出二等奖；上世纪80年代中后期，总政话剧团以强大演出阵容，排演的大型话剧《决战淮海》、《中国1949》、《最危险的时候》等剧目，在舞台上塑造了毛泽东、周恩来、朱德、刘少奇、邓小平等老一辈无产阶级革命家形象。话剧《天边有一簇圣火》演出超过百场，受到军内外观众的热烈欢迎，并荣获文化部首届文华大奖以及剧本、表演单项奖；《冰山情》、《李大钊》、《女兵连来了个男家属》、《最危险的时候》等剧目先后获文华新剧目奖；创作于1998年抗洪之后的话剧《洗礼》，在军内外产生强烈反响，荣获文华大奖及导演、表演单项奖。《最危险的时候》、《女兵连来了个男家属》、《洗礼》以及《桃花谣》等剧目还获得中宣部颁发的“五个一工程”奖及军内外各项大奖。面世于新世纪的话剧《零号防空洞》、《老兵骆驼》以及音乐话剧《桃花谣》以创新的姿态和全新的样式在军内外产生广泛反响。音乐话剧《桃花谣》一经推出，剧中插曲“桃花谣”和“摘一朵红桃花送给你”即唱响大江南北，被列为纪念建党80周年献礼作品。话剧《黄土谣》演出125场，迎接社会各界观众40000余名，深受专家青睐，该剧获得全军第八届文艺会演优秀剧目奖，荣获“2004～2005国家舞台艺术精品工程十大精品剧目”，第九届中国戏剧节“特别优秀剧目”奖、首届中国戏剧节·曹禺剧本奖。

20世纪90年代以来，总政话剧团的小品和电视剧创作也得到了迅猛发展。小品《全都忙》、《纠察》、《歪打正着》、《对手》受到军内外观众的普遍欢迎，电视剧《两个姑娘两个兵》、《十五的月亮》、《坐标》、《长征岁月》、《妈妈今夜去远航》、《激情燃烧的岁月1、2》、《林海雪原》、《大宋提刑官》、《民族英雄马本斋》等作品多次获奖。

军事博物馆

一、民族先锋——中国共产党抗日战争英烈展

为纪念中国人民抗日战争暨世界反法西斯战争胜利60周年，经中央军委批准，由总政治部主办、中国人民革命军事博物馆承办的“民族先锋——中国共产党抗日战争英烈展”，2005年8月~10月在北京展出。

展览以“中国共产党在全民族抗战中的先锋作用”为主题，通过展示一批有代表性的抗战英烈和英雄群体的典型事迹，弘扬中国共产党为民族解放英勇奋斗的民族先锋精神，阐明中国共产党不仅是中国工人阶级的先锋队，同时是中国人民和中华民族的先锋队。

展览共展出图片389幅。序厅宏观地展示了中国共产党在抗日战争中的中流砥柱和民族先锋作用。展览的主体部分围绕民族精神展开，分为“勇赴国难，冲锋在前”、“坚守气节，宁死不屈”、“群众至上，舍身为民”、“生命不息，奋斗不止”4个部分，重点展示了左权、彭雪枫、杨靖宇、赵尚志、赵一曼等26位英烈和狼牙山五壮士、刘老庄连、八女投江等4个英雄群体。为了全面反映中国共产党在抗战中牺牲的英烈，还展出了党领导的人民抗日武装力量1453名团以上干部名录，陈列了全国大部分省、市、自治区的革命烈士名册，在大屏幕上滚动播放100余位中国共产党抗日英烈的图像，并以图表的形式展示中国共产党及其领导的武装力量在抗战中牺牲的烈士的数字。展览还设置了“抗日歌曲系列”和“抗日证章、锦旗系列”2个专题，丰富了展览的内容，从不同侧面反映了展览的主题。

展览共展出各种文物477件，其中有些是国家一级文物，如左权的手枪、杨靖宇的印章、赵一曼的粗瓷大碗、黄河大合唱的总谱手稿等。还有30余件文物是第一次进京展出。这些珍贵文物，从不同侧面见证了党领导的人民抗日武装抗战的历史，折射出了中国共产党抗日英烈的民族精神。

展览形式新颖，以陈列艺术和科技手段突出表现“中国共产党在抗日战争中先锋作用”这一主题。展览的形式设计注重空间形态和展示造型的有机结合，强调光效、色调、材料质地的强化性与多义性，采用复原场景、艺术品及科技手段的结合。这些手段的运用，不仅突出了主题，而且增加了展览的吸引力，给观众留下深刻的印象。

这次展览，还邀请了著名抗日英烈的亲属和抗日英雄群体的代表出席了开幕式。他们在展览现场向观众介绍革命先烈的英雄事迹，畅谈继承革命先烈的遗志，弘扬先辈的革命精神。从而，使观众通过英烈的亲属更加形象、生动地了解了革命英烈的事迹，加深对党的民族先锋精神的理解。

展览开幕后，受到广大观众和新闻媒体的广泛好评。许多单位把这个展览当作保持共产党先进性教育的生动课堂，组织党员到这里学习抗战英烈的英雄事迹和革命精神。中央电视台、《人民日报》、《解放军报》等10多家新闻单位不仅以各种形式进行报道，有些还出专版、举办专题节目进行宣传。中国人民解放军总政治部将此展览拍成专题片，刻录光盘，编成小册子下发部队。

二、全新革命战争“三馆”对外开放

2004年2月18日，土地革命战争馆、抗日战争馆、全国解放战争馆（以下简称“三馆”），经过几年的精心调整，以崭新的面貌向观众开放。

“三馆”是全国唯一全面展示中国共产党领导的22年（1927-1949年）革命战争的基本陈列，也是全国展示规模最大的中国革命战争史陈列。展览具有鲜明的军事特色，它以军事史为主要陈列内容，以中国共产党领导的武装斗争史为陈列主体。在展览编排中，历史与专题相结合，采用“系列”的陈列办法，展示了革命圣地、革命烈士、军事院校、军旗、军服、军事证章等内容。

在“三馆”展出的3300余件文物中，90多

件为国家一级文物，300多件是第一次展出，堪称我军历史上“第一”的文物，其中包括我军的第一面军旗、我军的第一部电台、我军最高军事领导机构的第一枚印章——中革军委之印等。“三馆”还制作和展出了一些新景观，如土地革命战争馆中反映红军不怕流血牺牲，不畏艰难困苦的长征精神的 “红军过雪山”景观。抗日战争馆中揭露日军侵华罪恶的“日军侵华暴行”景观。全国解放战争馆中展现以毛泽东为主席的中共中央、中央军委运筹帷幄、决胜千里气魄的“走向胜利”景观。在“三馆”展出的艺术精品中，包含了潘鹤创作的《艰苦岁月》、四川美术学院集体创作的《红军过草地》、潘鹤和梁明诚创作的《大刀向鬼子们的头上砍去》、程允贤等人创作的《解放全中国》等雕塑精品和何孔德创作的《井冈山会师》、高虹创作的《决战前夕》、陈逸飞等创作的《攻占总统府》等军事历史题材的名画。这些珍贵的文物、景观和艺术品，见证了我军历史的发展，记录了人民军队的战斗历程，提高了整个展览的表现力度。

革命战争“三馆”展出后，引起了社会的广泛关注，参观人群络绎不绝。在国家文物局举办的“第六届”（2003～2004年度）全国博物馆十大陈列展览精品评选中，革命战争“三馆”获十大陈列展览精品奖。

海军军乐团

海军军乐团在2004年坚持以军乐业务为中心工作，始终立足于整体水平的提高，在业务建设上不断进行交响乐管乐化的探索，按照单位职能与使命，圆满完成演出礼仪任务。

3月份,海军军乐团派遣军乐援外专家小组，执行为期一年的为马里国家军乐团的军援教学任务。小组成员迅速适应非洲地区工作和生活环境，按照预定计划方案，认真教学。经过400天的教学训练，马方乐团演奏技能取得大幅度的进步，成为西非地区首屈一指的专业演奏队伍。专家小组工作成绩显著，受到马里总统和国防部的高度评价并分别授予“马里国家高级军官”勋章和“马里国家骑士”勋章的最高荣誉。

4月底，派遣演出分队，第二次随海军舰艇编队执行停靠香港特别行政区的礼仪和演出任务。在港期间以严整的军容、娴熟的演奏技艺、风格多样的表演形式，完成了编指领导交给的各项任务。此次共执行音乐会演出5场、队列行进吹奏表演6场、军游活动6次（约10公里）、执行甲板招待会演奏2次。演出活动受到香港市民和驻港部队官兵的欢迎与好评，观众达上万人次，展现了我人民海军的“窗口”形象。香港的凤凰台、翡翠台、本港台、大公报等主要新闻媒体和中央电视台均对演出进行了跟踪报道。

7月间，军乐团赴浙江舟山、辽宁葫芦岛执行了海军“6·28”和“094”礼仪演奏任务。在要求标准高、时间紧、任务重又长途跋涉、天气炎热的情况下，执行演练、礼仪活动12场次，圆满完成任务。

8、9月份，参加了总政组织的驻京部队老干部纪念邓小平诞辰100周年大型演唱会。军乐团进行了全面的筹划工作，改编、编配乐曲22首，排练、彩排近50次。演出获得了极大成功，受到驻京老干部和总政机关领导的一致称赞。

10月初，应商务部的邀请，军乐团赴广西南宁市参加了“中国——东盟博览会”开幕式礼仪演奏。

11月下旬，军乐团在北京国家图书馆音乐厅举办了专场交响管乐音乐会。力图在交响乐管乐化的道路上进行大胆的尝试，基本上达到了拓宽管乐的演奏曲目、挖掘管乐器演奏技术潜力的目的。受到京内管乐界专家、老师的好评和赞同。中央电视台音乐频道多次滚动式播出，进一步扩大了海军军乐团在社会上、在同行中的影响。

12月28日，在海军机关大礼堂，连续第9年成功举办了2005年新年音乐会。

年内，完成了军委首长、海军首长接待来华访问的英国、澳大利亚、韩国、巴基斯坦、阿尔及利亚、孟加拉等国家军队高级将领的伴宴、演出接待工作。受到军委、海军首长的好评，得到了外军友人的认可。完成了海军机关、地方政府和有关单位的庆“八一”、“七一”等重大节日庆典活动的演出演奏任务近100场次，既扩大了在地方的影响，又取得了较好的社会效益。

二炮文工团

第二炮兵政治部文工团成立于1966年7月1日。是二炮部队唯一的一支综合性的专业文艺团体。该团下设：歌队、舞蹈队、乐队、曲艺队、舞美队、创作室、办公室。现任团长张良,政治委员刘永江。

二炮文工团始终坚持文艺为人民服务、为社会主义服务、为部队服务的方向，继承和发扬我军文艺工作的优良传统 。30多年来，从祖国的西北荒原大漠到西南亚热带雨林，从东北高山峻岭到东南沿海之滨都留下了他们的足迹。演出上万场，受到军内外观众的高度赞誉。曾排练和演出过大型歌舞“长剑之歌”、“祖国不会忘记”、“越过海洋的握手”、“和平颂”、“天疆壮歌”等。造就了一批具有较高知名度的艺术家和演员，如板胡演奏家张长城、歌唱家张暴默、相声表演艺术家贾冀光、词作家晨枫等。 特别是近年来该团的歌舞艺术更有了长足的进步， 多次参加全国、全军在人民大会堂、首都体育馆、中国剧院、八一大楼、京西宾馆、保利剧院、天桥剧场等举行的重大演出和地方的大型演出活动。培养并拥有在全国、全军有一定影响和知名度较高的各类专业艺术人才，他们是：二胡演奏家陈耀星，著名小品演员潘长江 ，著名相声表演艺术家魏兰柱、姜忠实、刘国建、彭子义，青年歌唱家李丹阳、张华敏、田美荣、陈思思、刘建国、耿为华、于丽娜、赵景春、张晓芬、刘迎春和青年歌手张龙英、乔军、陈永峰、刘晓春、吴兢、李竞以及优秀青年舞蹈演员黄英、陶蕾、李倩、魏思佳、 词作家徐小帆、云剑，曲作家楚兴元、陈春光，舞蹈编导家邓锐斌、余大鸣、谢克等。该团还有一支形象好、基本功扎实、舞台表现力强、享有盛名的年轻的舞蹈队和设备齐全，能承揽各种大型文艺晚会的舞台美术工作队。他们以最饱满的热情、精湛的艺术表演和一流的灯光、音响，为广大的军内外观众奉献出一台台精彩的晚会，并带去全体演职员美好的祝福。

真诚地欢迎您随时和我们进行业务交流，以建立我们之间永存的友谊。

中国煤矿文工团

中国煤矿文工团诞生于1947年东北矿区。是国家级艺术院团中历史最长的。属国家A级表演院团。

几十年来，中国煤矿文工团在创建、发展、壮大的过程中得到了党和国家历届领导人的亲切关怀和热情支持。几代艺术家始终坚持先进文化的发展发向，坚持“面向矿山，服务矿工”的宗旨，努力实践，走出了一条全心全意为社会主义服务的文艺之路，足迹遍及祖国各地。其间创作、演出、拍摄了大批优秀剧(节)目，多次荣获“五个一工程奖”、“文华奖”、“梅花奖”、“飞天奖”、“金狮奖”、“荷花奖”、“金唱片奖”、“金鹰奖”、“牡丹奖”、“乌金奖”、“孔雀奖”等奖项。全团有国家一级演员30余人，有中国作协、剧协、音协、舞协、曲协、视协、影协、美协会员百余人。

作为中国人民的文化使者，全团或部分演员曾先后出访过美国、加拿大、日本、朝鲜、波兰、保加利亚、罗马尼亚、泰国、新加坡、希腊、塞浦路斯、意大利、西班牙、德国、韩国、俄罗斯、印度尼西亚、格鲁吉亚、马来西亚、突尼斯、阿尔及利亚、摩洛哥、埃及、巴基斯坦、澳大利亚、新西兰、巴布亚新几内亚、芬兰、巴西等国和我国台湾、香港、澳门地区，为祖国赢得了荣誉，受到各国人民的好评。

中国煤矿文工团(正局级)设有：艺术会、歌舞团、话剧团、说唱团、演出业务办公室、电视录音部、创作室、物业管理中心、党委办公室、老干部处和艺术学校等正处级单位。

中国煤矿文工团团长、著名表演艺术家瞿弦和为全团确立的艺术宗旨是：“精深、精湛、精致·热情、深情、激情”。

2005年，在中国煤矿文工团的直接上级单位——国家安全生产监督管理总局领导的关心支持下，为配合安全文化建设需要，经中编办批准，在“中国煤矿文工团”的名称之外，加挂了“中国安全生产艺术团”的牌子，属“一个机构，两块牌子”。

中国煤矿文工团暨中国安全生产艺术团将竭诚为您提供最精美的艺术服务。

中国铁路文工团

中国铁路文工团近3年来，积极主动地开展体制改革试点工作，并取得了一定的成绩。2004年制定了《中国铁路文工团全员聘用制度实施方案（试行）》，对分团和开办的公司进行整顿和合并、撤销。对一些社会上招聘的演员实行签约制。

2004年12月8日~12日，话剧团排练的小话剧《你过得还好吗》，应日本有关方面邀请，参加了日本关西亚洲戏剧节。

这年，共演出了569场，获得各种奖项58项。主要有：侯耀文获得中央电视台综艺频道“全国‘十佳’最受观众欢迎演艺人员奖”；刘玉华获得中国杂技家协会颁发的“德艺双馨”称号。

2005年是该团建团55周年。10月编辑出版了《飞驰的风采》大型作品集一套（三卷），收集了该团人员创作的话剧、相声、小品、歌曲等作品170万字。

10月，侯耀文被聘为全国铁路系统预防艾滋病宣传活动大使。

12月28日，铁道部对中国铁路文工团总团领导班子进行重大调整：免去陈旭光党委书记、总团长职务；由党委副书记兼纪委书记、副团长薛川负责全面工作。

创作了铁路歌曲30首，并制作了CD、VCD光盘。

2005年共演出570场。获得各种奖项20个。主要有：张国立主演的电视连续剧《五月槐花香》获得“飞天奖”优秀电视剧二等奖。

2006年一开年，总团就组织干部及骨干演员学习中央关于文化体制改革的文件。为探索文工团的改革，适应文化演出市场，制定了超常规的巡演计划，并首次打破分团界限，组成三个演出团，从3月27日开始，在全国18个铁路局（集团公司）进行名为“激情跨越”的慰问演出。截止到7月17日，圆满完成了这次大型慰问演出，100多天内，行程近百万公里，演出300多场，受众面达100多万人次，产生了极大的影响，文工团所到的省市媒体及中央电视台对此进行了有关报道。

中国评剧院

一、2004年艺术成就与合作经验综述

2月，自同名小说改编的评剧《贫嘴张大民的幸福生活》被评为北京市第九届“五个一”工程入选作品奖。

由中国评剧院改编演出了1000多场的优秀评剧传统剧目《杨三姐告状》参加了在扬州举办的中国戏曲现代戏研究会主办的“中国戏曲现代戏优秀保留剧目展演”，并荣获“中国戏曲现代戏突出贡献奖”等奖项。扮演杨三姐的谷文月获优秀主角奖。李金铭、刚立民、张连喜获优秀配角奖。

与北京市计生委联合制作并成功运作的大型当代评剧《刘巧儿新传》，演出超过50场，收入超过50万元。该剧参加了9月份的唐山评剧艺术节，获得了“优秀剧目奖”、“优秀作曲奖”、

"优秀编剧奖"，谷文月等4人获"优秀表演奖"。该剧目还参加了文化部举办的"庆祝中华人民共和国建国55周年"现代戏展演。

著名评剧表演艺术家马泰和著名评剧作曲家贺飞先后逝世，为纪念他们对评剧艺术的突出贡献，举办了两场分别名为"高原风景"和"大河奔流"的音乐演唱会，同时举行了两个大型图片展览，生动地展示了艺术家的风采和贡献，数百名评剧爱好者和观众参加了两位艺术家的追思会。

与北京同仁堂公司合作排演了同仁堂题材的大型评剧《乐家老铺》。主演刘萍、王全有。

4月，于2002年由时任政协主席李瑞环亲自挂牌的"白派剧团"正式组建，白派第四代传人、国家一级演员王冠丽任团长。陆续恢复演出了白派传统剧目《秦香莲》、《朱痕记》、《打狗劝夫》、《劝爱宝》等，先后在北京、天津、宝坻等地演出，赢得了广大的评剧观众。

一团排演了描写任长霞的大型当代评剧《长霞》，得到了北京市委宣传部、政法委和公安部宣传局的大力支持。北京市委副书记龙新民、强卫，市委常委宣传部长蔡赴朝观看了此剧，并给予了充分肯定和高度评价。该剧数易其稿，经过5个月的艰苦排练，于12月底与观众见面，引起了社会强烈反响。

由中国评剧院影视部与中央电视台联合制作的评剧电视连续剧《包公智斗》系列的第四部《包公嫁女》和《包公休妻》共8集完成制作，在11频道播出，获得广泛好评。

以剧院二团年轻学员为主的、与北京戏曲职业学院联合举办的"评剧大专班"在剧院开业。

在北京博卡先锋软件有限公司的协助下，建立中国评剧院网站，打开了信息化时代中国评剧院与广大观众戏迷交流的新渠道。

二、2004年剧院组织机构设置和队伍建设

中国评剧院下设4个艺术生产和经营单位，分别是：一团、二团、白派团3个演出团和影视部。其中，一团是主演演出团，集中了剧院主要演员；二团是以大专班青年演员为主组成的新的演出创作团体；白派团以研究白派艺术、恢复白派传统剧目为主要工作；影视部也是年轻的队伍，几年来已经制作了20集评剧电视剧，为剧院挖掘资源潜力、制作评剧影视作品、开辟评剧新的发展空间和阵地为主。

北京新文化运动纪念馆

北京新文化运动纪念馆位于东城区五四大街29号，是建立在原北京大学红楼旧址上的纪念馆。北大红楼是新文化运动的堡垒，1919年，这里曾孕育了伟大的"五四"爱国运动，以李大钊、陈独秀为代表的中国早期马克思主义者在这里播撒了中国革命的火种。1961年，红楼被国务院公布为全国重点文物保护单位。2002年4月新文化运动纪念馆正式开馆。纪念馆现有《新文化运动陈列》、《蔡元培与北大红楼》、李大钊办公室和毛泽东工作过的阅览室旧址复原等多项展览。2004年4月，纪念馆又推出了《新文化运动主将——陈独秀》展览，是新文化运动纪念馆专题陈列的重要组成部分。

2004年，纪念馆积极配合各单位、各中小学校开展各种宣传教育活动和共建活动，充分发挥了纪念馆的宣传教育功能和基地教育作用。纪念馆从5月1日开始对前来参观的中、小学生集体观众实行免票，对中、小学生个人予以半票优惠；结合今年博物馆的宣传主题"博物馆与无形遗产"，积极参与在文化宫组织的5.18博物馆宣传周活动；8月，纪念馆还参加了北京市文物局和北京市教委联合推出的北京市中、小学生"参观护照"活动；同时，积极响应市委宣传部举办的"逛京城"系列活动和东城区爱教基地领导小组开展的"掀开历史画卷，激荡爱国情怀"教育基地参观寻访活动。截止到2004年11月中旬，纪念馆共接待观众12000余人，其中中小学生占总人数的25%以上。

中国木偶艺术剧团

一、2004年以来所取得的突出成就、典型经验和基本情况综述与分析

（一）突出成就

1. 2004年5月8日，剧团荣获“北京市科学技术普及工作先进集体”奖牌。

2. 2004年8月，剧团承办的“新编科普木偶剧《南极精灵》首演”活动荣获2004年北京科技周“最佳活动奖”。

3. 2004年12月，剧团获得“北京市校外教育先进集体”奖状和证书。

（二）典型经验和基本情况综述

中国木偶艺术剧团成立于1995年5月5日，是我国第一个国家专业木偶表演团体，是国际木偶联合会会员单位。1995年建成全国第一个木偶演出场所——中国木偶剧院。剧团现隶属于北京市文化局。剧团成立50年来，始终以“继承并发扬优秀的民族木偶艺术遗产、学习外国先进经验、创造我国社会主义新形式的木偶艺术，为人民服务，以服务儿童为主”为建团方针，创作了数百个以弘扬真善美为思想内容的不同表演形式的木偶剧作品，深受各界人士喜爱。在获得良好社会效益的同时，经济效益不断增长，2005年剧团、剧院木偶戏演出场次1312场，演出收入654万元。单场收入创历史新高，达到了3万多元。2004年、2005年分别创作了大型木偶童话剧《绿野仙踪》和《胡桃夹子》，并进行了公演。其中《绿野仙踪》大胆启用了新学员。

二、2004年以来文化工作重要会议、重大事件、重要活动、重要文化设施等

（一）重大事件及重要活动

1. 2004年7月，创办了“木偶动态”，每月出版一期。

2. 2005年1月，剧院推出小红帽免费送票业务。

3. 2005年2月，剧院票务中心成立，并与保利剧院、中山音乐堂、中演票务通签订联网售票协议，与中复电讯、中国票务网签订联合促销协议。

4. 2004年1月21日~27日，剧团5位同志随北京市文化局组团赴法国参加盛装游行活动。

5. 2004年2月~3月，剧团赴韩国演出《美人鱼》、《绿野仙踪》。

6. 2004年“六一”期间，剧团首次与中山音乐堂合作，共同推出了以木偶形式演绎的交响乐——“木偶音乐故事”。

7. 2004年7月1日~10日，布达佩斯木偶剧院一行十三人携木偶剧《亚诺什勇士》来京进行交流演出。

8. 2005年1月~2月，赴韩国商演《美人鱼》、《绿野仙踪》。

9. 2005年5月18日，剧团举办北京科技周少儿科普木偶剧大赛。

10. 2005年7月22日~8月28日，剧院举办国际木偶演出季，先后有加拿大、葡萄牙、日本、英国的木偶剧团来京演出。

11. 2005年10月23日，剧团参加海峡两岸文化节暨京台文化周两岸民间文艺展演活动。

12. 2005年11月，剧团演员参与演出了奥组委、中央电视台举办的“2008奥运吉祥物发布晚会”，所持吉祥物木偶由本团神奇玩偶中心制作。

（二）重要文化设施建设

1. 2004年9月22日，中国木偶剧院完成了内部和外部设施改造，共投资196.5万元。

2. 2005年8月~9月，剧院安装了大屏幕显示器，并进行了内部装修、添置了数字化放映设备，共计投资97.28万元。

三、2004年度单位的组织机构设置、队伍建设等基本情况

（一）组织机构

中国木偶艺术剧团、中国木偶剧院实行总经理负责制，下设综合办公室、财务部、行政部、演员管理部、演出经营部、艺术生产管理部、剧院业务部、舞台技术部、神奇玩偶中心。

（二）队伍建设

2004年，市文化局对剧团领导班子做了重

大调整，任命周春宁同志为剧团、剧院总经理，游广红同志为党总支书记。新一届领导总结经验，规范管理，加强干部队伍建设。2月25日，剧团首次召开了部分中层管理干部岗位竞聘会。

北京市规划展览馆

北京市规划展览馆为国家4A级景区、全国文明诚信（窗口）单位、北京市爱国主义教育基地，2004年 9月24日对外开放，位于北京市中心天安门广场东南侧，是全面展示北京城规划建设发展的历史、现状和未来的大型专题展览馆。

通过运用先进的科技手段，丰富多彩的展示内容,生动有趣的表现形式详尽介绍了北京——这座世界名城悠久的发展历史、灿烂的城市文明和当代城市规划建设的全景风貌，展示了北京城市发展的美好明天。内容全面、展品丰富、环境清雅、优质服务。许多展品同时又是不可多得的艺术精品，有的堪称世界之最，令人驻足回味。

开馆仅一年多的时间，我们已经接待了70多个国家的领导人等贵宾，全国以及世界各地的观众100多万人，丰富的展示内容和热情优质的服务获得了高度评价。北京市规划展览馆的知名度在国内外不断提高，已成为展示北京、展示中国的重要窗口和重要的国事与外事接待单位。这里,是您了解北京过去、现在和未来的最佳场所。

同时，北京市规划展览馆设有2100平方米的临时展区、VIP会议室和多媒体会议（放映）厅等设施，可承接临时展览、各类会议等，可为高水平的中外文化科技交流展示活动提供高水平的场地与接待服务。我们成功承办了北京“迎接2005年驻华使馆新年酒会”；柏林、巴黎、伦敦、北京4城市规划展；中法文化交流年活动期间的“法国视觉”建筑艺术展；亚洲城市中国展等高水平、高规格的重要活动和展览。北京市规划展览馆已成为国内外规划建设发展与文化展示和专家学者相互交流学习的平台。

天津博物馆

天津博物馆2004年12月正式建成开放。建筑外形为自湖面振翅欲飞的天鹅，线条流畅，极富时代感与艺术性。该项工程被建设部授予鲁班奖及詹天佑奖。

天津博物馆是一座大型历史艺术类综合性博物馆。馆藏各类文物20万件。

天津博物馆目前常设的基本陈列有：《中华百年看天津》、《百年集珍——馆藏文物精品陈列》、《书法掠踪——中国古代书法艺术陈列》、《诗中有画、画中有诗——明清绘画陈列》、《国瓷华彩——中国古代瓷器装饰艺术陈列》及《砚寓儒雅——中国古砚艺术陈列》。珍品荟萃，特色鲜明，在国内独树一帜，折射出天津丰厚的文化底蕴。

该馆注重文化交流，开馆以来先后引进、举办了各类展览40余个，其中《台湾山水堂藏玉特展》、《秦兵马俑大型国宝珍品巡回展》、《北京猿人与天津——探寻头盖骨遗失之迷》等展览引起社会各界广泛关注与好评。

天津博物馆秉承“三贴近”原则，面向全社会服务。一楼序厅对广大市民免费开放，并设置了市民休息座椅、多媒体触摸屏、语音导览机及轮椅；培养双语及手语讲解员；该馆还坚持为贫困大学生等提供免费服务，组建了一支300余人的志愿者队伍，架筑与社会沟通的桥梁。

开馆以来，天津博物馆共接待各级、各界贵宾、学者1万余人次。如：2005年9月24日，江泽民同志来天津博物馆参观视察；2005年5月28日，斐济总理和夫人来天津博物馆参观；这些接待活动都充分展示了天津博物馆的文化优势和文化魅力，提高了知名度和影响力，打造了天津博物馆这一文化品牌。

天津博物馆共设置14个部门，包括：党委办公室（人事部）、办公室、财务部、保卫部、行政设备部、历史研究部、器物研究部、书画研究部、宣传教育部、文物保护技术部、图像信息部、图书资料部、展览展示中心和经营部。

天津博物馆专业技术人员总数已达172人，其中高级职称36人。馆内学习风气浓厚，注重对年轻专业技术人员的培养，打造了一支老、中、青相结合的高水平专业人员队伍。

2005年，该馆被评为省级爱国主义教育基地。

天津市曲艺团

近年来，天津市曲艺团秉承“三个代表”重要思想，旨在传承民族艺术，弘扬民族艺术精神，变被动为主动，变“等、靠、要”为“主动出击，寻求市场，上门服务”，正将“传统保守”的运行机制向着“开放型”市场运行机制方向转化。

特别是在天津市委市政府的大力倡导和支持下，天津市曲艺团在继承和发展曲艺艺术上培养了一批卓有成就的中年表演艺术家，尤其是近年来在天津市委宣传部组织实施了青年文艺人才工程后，天津曲艺更是焕然一新，春意浓浓。在青年文艺人才工程中，推出了各个曲种、不同流派的青年优秀人才和领军人物，王莉、王哲、张楷、冯欣蕊就是在这次青年人才工程中涌现出的具有较高艺术水准和知名度的优秀青年鼓曲演员。充分展示了天津作为“曲艺之乡”所拥有的雄厚实力和后备力量，现已被天津市委宣传部、天津市文化局列为优秀人才工程培养之列。

自2004年到2006年间在全国各大曲艺赛事中屡获殊荣，2004年在“侯宝林奖”中华青少年曲艺大赛中我团获金、银、铜奖各1名，优秀表演奖2名，表演奖2名的佳绩，在各参赛团体中名列第一，充分展示了天津作为“曲艺之乡”雄厚的实力和对后备力量储存的优势；6月在文化部举办的“金狮杯”第四届全国小品比赛中参赛小品获铜奖和表演奖各1枚；9月在第三届中国曲艺牡丹奖上获文学奖2名，表演奖2名，音乐唱腔设计奖1名；年底在“立白杯”第二届北京相声小品全国邀请赛中，参赛的男女相声获得作品二等奖、表演二等奖及优秀组织奖。

2005年在由中国文联、中国曲协主办的第五届中国曲艺节上该团推出一台具有浓郁地域风情和原汁原味的大型综合曲艺晚会，并进京演出，全场11个节目均获精品节目奖，并获得第五届中国曲艺节嘉奖奖杯和协作表彰奖。

2006年在第四届中国曲艺牡丹奖中获得表演奖和新人奖各1名。

为发挥文艺轻骑兵的作用和打造先进文化前进方向，全团近年来一直致力于“文艺为人民服务”的宗旨，坚持“三贴近”、深入基层，进行各种慰问演出，为振兴、弘扬民族曲艺艺术做出应有的贡献！

天津市南开区文化和旅游局

天津市南开区文化和旅游局系政府文化和旅游管理部门。近年来，该局不断强化管理和服务职能，为繁荣本区文化和旅游事业做出了卓越贡献。在2004年4月2日，举办了群文工作者——丁润洪文化情结畅谈会，并为丁润洪颁发了“德艺双馨”荣誉证书；7月1日，《行政许可法》实施，全面推行了“并联审批、超时默许”工作机制并荣获全国地方政府创新奖；7月~9月，为迎接天津建城600年及第二届中国·天津妈祖文化旅游节的举行，斥资230余万元对天后宫进行整修；9月，举办了第二届天津·鼓楼国际民俗风情旅游节，来自美国、芬兰等15个国家的民间艺术团体参加演出，在国内外产生较大影响；古文化街海河楼商贸区一期工程完成，并正式开街；9月25日，举办了第二届中国·天津妈祖文化旅游节，来自我国香港、澳门和台湾地区及东南亚的海内外宾朋2300多人参加了活动，其中台湾地区客人达1200多人。活动包括大型开幕式、民间祭拜、皇会踩街、经贸洽谈、学术研讨等内容，极大的促进了海内外宾朋的文化经贸交流；12月22日，中国第一家捐赠博物馆——老城博物馆正式开馆。2005年6月，南开区经文化部复审再次获得“全国文化先进区”的光荣称号；6月28日，天津市公安局、南开区政府与中央电视台联合举办了“警民一家亲”“激情广场大合唱”活动。

现如今，正值“十一五”开局之年，全局上下正以饱满的工作热情，投身于文化和旅游事业，力争再创佳绩。（苟英华）

河北省群众艺术馆

河北省群众艺术馆始建于1956年。目前，省文化艺术中心、省民族民间文化研究保护中心与其合署办公，全年365天开馆服务，向社会提供音乐、舞蹈、戏剧、曲艺、美术、书法、摄影、文学创作、群文理论研究、群文专业培训辅导、民族民间文化挖掘整理、非物质文化遗产保护、公共文化讲座和展览等多项公共文化服务。

2004年以来，省群艺馆（中心）以邓小平理论和“三个代表”重要思想为指导，坚持“二为”方向和“双百”方针，坚持“三贴近”原则，紧紧围绕构建“和谐河北”和建设文化大省这个中心，常年组织举办全省群众文化系统业务干部培训、业余文艺人才辅导培训工作，建立了农村、校园、厂矿、军营、机关、社区群众文艺辅导基地40多个。承办了国家级、省级重大赛事活动26项（次）：组织承办了第七届河北省“燕赵群星奖”；组织参加了第十三届“全国群星奖”评奖活动，共有5个节目（作品）荣获“群星奖”，3个节目（作品）荣获优秀奖；组织参加了“和平杯”中国京剧票友邀请赛，获得“十大名票”1人，“双十佳票友”3人；组织承办了第三届中国评剧票友比赛；组织承办了连续11年的“彩色周末”广场文化活动；组织了河北省省直机关《祖国颂》文艺晚会；组织了《田园放歌》——河北省创建文明生态村专题文艺晚会和河北省第二届少数民族文艺调演；组织承办了“和谐之声”——第一、第二届河北省社区文化艺术活动月优秀节目展演等大型文艺活动。常年组织举办各类艺术培训班30多个，月参加培训人数近1000人（次），特别开展了免费为老年人文化服务活动，较好地发挥了阵地辅导功能。非物质文化遗产保护取得了阶段性成果，为庆祝文化遗产日举办了全省非物质文化遗产保护成果展览。编辑出版了《2004年河北群众文化论汇编》（上下集）、《2005年河北群众文化论文集》。省群众文化学会被评为省级优秀社团。依托省群艺馆成立了河北省民间艺术团、河北省少儿艺术团、河北省老年合唱团、河北省老年艺术大学，并多次在国内外获奖。这些活动都得到了文化部及河北省委、省政府的充分肯定。目前，正在筹建1万多平方米的新馆。

河北省石家庄市新华区文化体育局

新华区文体局通过把握管理创新和繁荣社区文化创新，抓好出版物、网吧、音像、娱乐等市场规范管理，促进了文体工作的繁荣发展。坚持以“彩色周末”活动为龙头，以全民健身活动为载体，文体活动的形式及文艺创作具有鲜明特性，取得了明显成效。在省、市组织的大型群文活动和各类比赛中24支代表队伍获第一名7个、第二名6个、第三名8个、优秀奖3个，9个文艺节目获编导奖，区文体局获优秀组织奖。新华艺术团创作的《小山村的歌》等获市委宣传部“弘扬西柏坡精神”有奖征文一等奖。第21届全国摄影艺术展览中新华摄影协会3位影友榜上有名。书法协会参加“汇雅”杯全国中国书画大赛、第八届“希望”杯全国师生书画印大赛和“光荣杯”国际书法

大赛，获学生特等奖12个、一等奖17个、二等奖15个、三等奖12个，2个“优秀美术教育家”称号。（袁铁生）

河北省张家口市桥西区文化体育旅游局

桥西区文体旅游局对大境门西段长城进行了加固防渗等抢救性修缮，对大境门城楼及马道作了防渗处理，委托唐山东陵古建所编制了大境门东段长城抢救性修复方案；对堡子里古街区保护修复；加快旅游软件的建设，成立了“旅游联谊会”，建立景区景点管理长效机制；借助各大媒体、报纸加大旅游宣传力度，扩大桥西区景点知名度。文化旅游局深入到文化广场举行了 “保护文化遗产、守护精神家园”万人签名大型宣传活动；完成西夹道城墙排险工程；申报市文物保护单位9处。（朱军）

河北省行唐县文化体育局

行唐县文化体育局是2002年5月机构改革而成立。行唐县文化体育局是人民政府赋予对全县文体事业管理的职能部门，设有办公室、文化市场管理科、旅游规划科。

下属单位有：业余体校、文化馆、图书馆、文物保护管理所、电影发行放映公司、新华书店、旅游公司、人民礼堂。主要职能是：贯彻执行上级有关法律、法规；负责制定全县文化、体育、发展规划；指导、开展全民文化体育活动，丰富群众精神生活，满足城乡人民日益增长的文化生活需求；负责县内文物的维修、开发、保护与管理；依法管理文化、体育、旅游、新闻出版、版权市场，查处管理范围内的各种非法经营活动，扫黄打非；繁荣城乡文化体育事业，为经济建设服务。（王海陆）

河北省赞皇县文化体育局

2004年4月赞皇县建成了总投资120万元，建筑面积2020平方米的群众文化活动中心，并于10月投入使用，活动中心集图书、阅览室、娱乐、放映、排练为一体；2004年国庆节期间引进资金520万元，对县电影院进行了改建，改建工作于10月完成；2004年9月，在全党开展保持先进性教育活动中，赞皇县丝弦剧团排演了大型现代丝弦剧《七品村官》，并在河北省“戏苑乡音”栏目播出，2006年7月11日又参加了第七届河北省戏剧节，获得巨大成功。

“铁龙灯”是民间舞蹈与民间音乐相结合的产物，经过县文体局的恢复和整理，2006年3月，“赞皇铁龙灯”列入了河北省非物质文化遗产保护项目。（程占文）

河北省平山县文化局

河北省平山县文化局内设文物局、新闻出版局、文联。设办公室、财务室、文化市场、文物管理4个股室。下辖新华书店、文化馆、图书馆、博物馆、电影公司、河北省梆子剧团、战国中山国文物管理所7个单位。全系统干部职工210人。2004年以来，文化局在搞好送文化下乡的同时，把送戏下乡与建立不走的农民文艺队相结合、送图书下乡与建立农村图书室相结合、送电影下乡与培养农村电影队相结合、使全县目前80%以上的村成立起自已的文艺队伍，建立起图书室。建成了县城及西柏坡新华书店。当年毛泽东在西柏坡题写了“新华书店”店名。在县城建设了文化活动中心。建设了战国中山文物博物馆。完成了古中山国遗址保护项目规划。公布了10处县级非物质文化遗产。县剧团排演的《柏坡情》、《戎冠秀》两出革命现代剧目分获省、市级奖励。林山万寺塔林被公布为全国重点文物保护单位。全县共有国家级文物保护单位3处、省级文物保护

单位5处。（辛东录）

河北省张家口市文化局

现代晋剧《天漠滩》晋京参加第三届“北京国际戏剧演出季”获得圆满成功。小品《有界无痕》、《花灯情》在河北省第二届少数民族文艺调演活动中荣获一等奖。市文化局精心组织了春节、元宵节和纪念抗日战争胜利60周年、庆祝建国56周年、张家口对外开放10周年等重大节日纪念日的文化活动。建成4个县区文化中心和2个大型文化广场，完成市级文化信息资源共享工程分中心建设，农村电影“2131”工程全市达标率达78%。

蔚县剪纸、康保县二人台被文化部办公厅列入第一批国家非物质文化遗产名录推荐名单；蔚县暖泉镇和怀来县鸡鸣驿村被建设部、国家文物局授予全国第二批“中国历史文化名镇（村）”；建国北社区被中央文明办和文化部命名为第二批“全国文化先进社区”；5名民间艺人入选首批百名河北省民族民间文化传承人。（邓幼明）

河北省承德市文化局

近年来，承德市累计投资1.5亿元，新建翻建了一大批文化基础设施，进一步提升了市级文化设施的形象。同时加大了对基层文化建设的投入力度。全市组织创作的文艺作品总量1800余件，荣获国家级奖励32项，省级奖励264项；文化部门多年来开展了图书赶集、科技信息咨询、建立科技联系户活动；承德市“彩色周末”文化广场活动已连续举办了10年，2002年以来共举办各类演出1090场，创作排演突出主旋律、地方特色、普及性的文艺作品1700余个，承德市文体中心文化广场被评为“全国特色文化广场”。

目前，承德市文化市场发展经营单位1800余户，基本形成了布局相对合理、经营活跃有序、管理活而不乱的包括演出市场、书报刊市场、电影市场、歌舞娱乐市场、音像市场、网络市场等在内的综合型文化市场体系。

（刘晓滨）

河北省平泉县文化旅游局

平泉县文化旅游局内设办公室、文化市场办公室、文化艺术股、文联办公室、旅游办公室。局下属文化馆、图书馆、文物保护管理所、电影公司。

2004年以来，我局被河北省新闻出版局评为文化（出版）市场管理先进集体；被市委市政府、市文化局评为“彩色周末”工作先进单位；省文化厅领导同意推荐我县申报全国文化先进县。

每年春节期间组织全县花会180余拨，其中到县城演出40拨，参加表演达1.6万人，有4个村办业余剧团在开展演出活动。在春节期间，我局还开展文化三下乡活动。每年在电影院广场文艺演出40场，放映优秀爱国主义影片100场。我县“两团三队”坚持常年活动，县“心灵之声”残疾人艺术团每年在县内外演出300场以上，县老年“手拉手艺术团”一年来在全县演出50多场。县电影放映队购置车辆和流动电影放映大棚，一年来在全县农村中小学校放映优秀影片1000多场。每年上街搞宣传活动在100场以上。县礼议庆典乐队全年演出在100场以上。

建成平泉县博物馆图书馆综合楼，总建筑面积3200平方米。马双福同志创作的燕山大板《将军探嫂》、快板书《较量》等节目参加省演出并获河北省燕赵群星奖。散文《一个曾令风云失色的民族》获河北省报纸副刊文艺作品类二等奖。我县推荐文化馆马双福同志参加“红色金龙杯”，李润杰金像奖在全国快板新作品展演比赛，马双福创作的快板书《画眉张力战眉太后》荣获最佳创作奖，由马双福辅导的演员马明哲表演节目荣获最佳表演奖。

目前，我县文化经营和摊点已民展到240家，从业人员达3700人，全县文化市场已经形成一定规模，呈现出较为繁荣、健康、有序的景象。省、市领导多次来我县检查工作都给予较高评价，被市局评为整顿文化市场先进单位。（郭凤池）

河北省丰宁县文化体育局

丰宁满族自治县文化体育局下设人秘股、文化艺术股、体育股、市场稽查队、新闻出版股5个股室和文化馆、图书馆、文保所、剧团、剧场、电影公司6个事业单位。

丰宁为河北省首批文化先进县，被文化部命名为全国剪纸艺术之乡。2004年张冬阁剪纸作品《锦绣中华》获黑龙江省第五届剪纸艺术节全国剪纸作品展金奖。文艺创作者张东阁被市委、市政府授予第三届艺术繁荣奖，程世文、卢云成被授予文艺繁荣优秀奖。2004年12月滕腾作品集《中国滕氏布糊画》出版。2004年该局被评为出席市、县“彩色周末”活动先进单位。县图书馆已被文化部命名为二级图书馆。“网吧”治理经验在《中国人大》杂志刊登。同时该局被评为承德市“关心下一代”工作先进单位。满族博物馆为河北省第一家满族博物馆，经过两年的艰苦努力，完成展览的布展工作，被授予市级爱国主义教育基地称号。（竹国军）

山海关长城博物馆

山海关长城博物馆地处国家级历史文化名城——山海关古城“天下第一关”城楼南侧200米，占地1.21公顷，建筑面积3000多平方米，馆舍环境优雅，文物藏品丰富，是中国三大长城主题博物馆之一，也是河北省、秦皇岛市、山海关区三级爱国主义教育基地。

2004年，博物馆策划启动了扩建改陈项目并得到河北省委宣传部和市区两级政府的大力支持，项目列入河北省爱国主义基地重点建设和山海关古城保护开发启动项目，总投资620万元人民币，清华美院设计施工，当年10月1日完成，通过审查验收正式对外开放。

这个完全由山海关长城博物馆专业人员创作的长城主题陈列名为《华夏脊梁》，她以中国长城为主要展示内容，陈列面积1600平方米，展线490米，展出各类图片、图表210幅，文物280余件（套），雕塑艺术品13件，模型景观9组，多媒体2组。陈列共分“中华瑰宝、世界奇迹”、“雄关漫道、龙首春秋”、“金戈铁马、烽火硝烟”、“名关风物、人文荟萃”、“爱我中华、修我长城”5部分、16个展示单元，陈列展览信息量大，紧扣时代脉搏，体现了中国长城研究的最新成果，内容和形式设计有新的探索和突破，陈列风格自然流畅，具有很强的学术品位和艺术感染力，特别是巧妙设计的参与性内容，吸引了每一个来馆的参观者。在2005年第六届“全国博物馆十大陈列展览精品”评选活动中，荣获“精品奖”。

自改陈以来，山海关长城博物馆的工作及业务环境都得到很大改善，公共设施到位，服务周到规范，研究成果丰硕，成为河北省及秦皇岛市的窗口单位，成功接待了贾庆林、王兆国、刘云山等一大批党和国家领导人及海内外参观者20万人次，得到了高度的评价和赞誉，产生了令人瞩目的社会效益和经济效益，年度被评为省、市文物工作先进单位和多种荣誉称号。

河北省秦皇岛市北戴河文化旅游局

北戴河区文化局设办公室、文化科、市场科3个科室。下属文化馆、文保所2个单位。

2004年以来，秦皇岛市北戴河区文化局新建并开放北戴河展览馆、奥运文化公园。申报北戴河近代建筑第六批“国保”候选项目。举办了第三届北戴河“集发杯”全国中老年秧歌艺术节、北戴河区纪念毛泽东词《浪淘沙·北戴河》创作50周年暨庆“七一”文艺晚会、毛泽东词《浪淘沙·北戴河》创作50周年大型摄影展、永远的辉煌第六届中国（北戴河）老年合唱节在老虎石广场隆重举行；举办了“中油华奥杯”第五届全国公路轮滑锦标赛、北戴河奥林匹克大道公园开园仪式。

2005年，举办了京秦两地戏曲票友演唱会、中国当代名人书画展、北戴河浪漫之夏文艺专场晚会、笔墨在当代·2005中国画名家邀请展、崔瑞鹿写意花鸟画展、北戴河“浪漫之夏”专场文艺晚会。（周金捍）

河北省滦县文化体育局

2004年以来，滦县被文化部命名为全国文化先进县；被河北省文化厅授予河北省基层文化工作先进集体；被河北省新闻出版局授予全省新闻出版市场监管工作先进集体；连续3年被唐山市委、市政府命名为“扫黄打非”工作先进单位。

2004年以来，全县对文化事业基础设施投入累计达3000多万元。改建扩建了综合文化活动中心；兴建了时代广场、人民广场及新城福至园公园；县图书馆建成了“网络信息服务中心”，实现了优秀文化信息资源的共享。在光明影剧院隆重举行了庆祝建国55周年《我爱你中国》及《爱我滦州 再创辉煌》大型歌舞晚会。坚持开展文化“三下乡”活动，年均送戏下乡130场，送电影下乡1000场，送图书下乡20000册。

2004年以来创市级15件，省级4件，国家级2件，刘庆彬表演的秧歌小品《丑斗妞》曾被中央电视台《东西南北中》栏目录制；雷庄镇石佛口皮影剧团演唱的皮影《打金牌》被中央电视台戏曲栏目录制并播放；滦县战地民兵演出队自编自演的快板舞《请老师》被北京军区、解放军总政治部授予表演二等奖。全国著名儿童作家北董发表儿童小说50多部。滦县现拥有省级作家10多人，市级作家近百人。

（吉明海）

河北省高碑店市文化体育局

高碑店文化体育局下设办公室、文化股、体育股、文化市场稽查队、图书馆、文物保护所、文化馆、业余体校，现有干部职工87人，专业技术人员39人。

2004年2月13日和3月1日，我市作为基层县市代表参加全省体育工作座谈会和全省工作会议；5月举办了省书协副主席任桂子回乡书法展，参展作品60余件；7月19日省委宣传部、省文化厅、省电影公司在我市高二文化广场举行了河北省送万场电影首映式；8月，我市举办了首届演奏音乐会；11月，我市举办了“河北鹏达杯”全国武术散打邀请赛；2005年，我市翻建图书馆和文化馆工程启动；8月承办了2005“鲁能杯”中国乒乓球俱乐部超级联赛河北体彩女队主场比赛；8月下旬，举办纪念抗日战争胜利60周年大型书画展；9月举办了白沟游文化节；11月20日，由河北省文物局组织的开善寺保护工程专家论证会在我市召开。

2004年，我局荣获“全国群众体育先进集体”称号，2005年我市被国家文化部命名为“全国文化先进县”，连续9年被保定市文化局、体育局评为“工程实绩突出单位”。（贾志民）

河北省清苑县文化体育局

清苑县文化体育局内设办公室、文化股、体育股3个股室，辖9个下属事业单位。

2004年以来，文化局坚持开展彩色周末、暑期电影月、农民花会进城等多种形式的文化活动，加强了农村文化建设工作；2005年5月，举行了全县农村文化体育设施建设启动仪式，目前已完成50余个行政村文化体育站室建设。文体局连续6年荣获保定市实绩突出单位称号。

2005年12月，哈哈腔作为清苑县特有的剧种，被列入全国首批非物质文化遗产保护项目；冉庄地道战遗址是全国百家爱国主义教育示范基地，是国家发改委支持的全国12个红色旅游基地，2005年冉庄地道战遗址的文物保护、红色基地建设、景区基础设施建设3项工程举行了奠基仪式。（郑建国）

河北省吴桥县文化体育局

河北省吴桥县是驰名中外的杂技之乡，是世界杂技艺术的发祥地。目前，以杂技文化为内涵，杂技旅游、杂技教育、杂技演出、杂技魔术服装道具、纪念品5大主体架构的产业格局已初具规模，并逐步壮大，年综合收入占全县GDP的比重逐年增加。2005年，全县杂技产业总收入达1.85亿元，占全县GDP的6.8%。

2004年10月21日，吴桥县被正式命名为“中国杂技之乡”；11月16日~19日，在深圳召开的全国文化系统产业工作会议上，被授予“国家文化产业示范基地”荣誉称号。2004年以来，为保护吴桥杂技的无形资产，有效整合杂技资源，吴桥县开展了“吴桥杂技”注册工作。

在2005年11月6日闭幕的第十届中国吴桥国际杂技艺术节上，吴桥杂技团和吴桥杂技艺术学校参赛节目《节日——女子造型》荣获金狮奖，被誉为当今杂技舞台上难得一见的艺术佳作。（杨洪志）

河北省邢台市文化局

邢台市文化局是邢台全市文化、文物、新闻出版的行政主管部门，局机关编制31人，内有8个科室。2004年，按照抓重点、破难点、培植闪光点的工作思路，取得较大成绩。

组织全市各知名作者创作了《郭守敬》、《十八魁》等5个新剧本；3个演出团体通过引人才、练技能、排新戏等措施，取得了较好的社会效益和经济效益。继续加强文化基础设施建设，致力于健全农村文化网络，推进“文化资源共享工程”和“彩色周末”文化工程，活跃群众文化生活。坚持开放帮扶，加强市场监管，筹建了3000多平方米的成龙图书城；引进全国连锁的“金永练歌城”；以网络文化市场和书刊市场为重点，查处了一批大案要案。配合国家重点工程搞好文物勘探发掘，以第七批国家重点文物保护单位申报和非物质文化遗产申报为工作切入点，提高公民的文物保护意识，推动文物保护工作的质量。（刘振国）

河北省邢台县文化体育局

局机关设办公室、文化体育股和文化市场股3个职能股；下属文化馆、图书馆、文物保管所、新华影剧院、电影发行放映公司、豫剧团等事业单位；另有文联、“抗大”陈列馆2个副科级事业单位。

2004年，全县文体设施更为完善，文体活动开展广泛而又活跃。拥有文化广场、文体活动室、农村图书室等的农村超过200个。开展文体活动农村达到2/3强。全县拥有6个省级宣传文化示范村。全县有各种群众文体组织和队伍200多支（个），每年参加文体活动人数超过10万人次，举办各类文体活动200多场次。主要活动有全县春节干部职工联欢会和戏曲晚会、首届民间艺术节、“庆七一颂党恩”歌咏比赛、书画展、电影周、文艺晚会等系列文化活动。全年创作各类文学、文艺、书画等作品300多件，举办各类展览10余次。网吧、印刷、演出等文化市场平稳发展，经营单位增到100多户。全县形成以县图书馆为中心覆盖全县2/3农村的图书网络。截至2004年全县县级以上文物单位增至43处。（吴国辉）

河北省平乡县文化体育局

平乡县文化体育局设有办公室、文化股、体育股、文化市场股和文物稽查队。下属单位有：文化馆、图书馆、文保所、电影院。县文化体育局连年评为“先进文化体育县”，被县委、县政府命名为“文明单位”。

2004年正月成功地举办了“梅花拳武术交流会”；2005年，积极申报国家级非物质文化遗产梅花拳代表作。在局长刘兰彬的领导下，组成专门班子，精心制作文本。内容详尽规范的文本受到文化部副部长周和平的亲切称赞；2006年5月，国务院公布第一批国家级非物质文化遗产，梅花拳作为体育竞技类项目名列其中。（刘兰彬）

河北省邯郸市文化局

邯郸市文化局内设办公室、人事处、监察室、机关总支、计划财务处、社会文化处、艺术处、市场管理处、演出管理处（演出公司）、老干部处、新闻出版处、稽查所、艺术研究所和后勤服务中心等14个处室，下辖20个直属单位。

2004年，市平调落子剧团创排的《胡服骑射》、《黄粱美梦》和《邯郸学步》3个地方小戏，荣获“第二届中国·滨州国际小戏艺术节”金奖和银奖，邯郸市荣获“稀有剧种保护奖”；市东风剧团创排的大型现代戏《戎冠秀》，被河北省委宣传部列入2004～2005年度重点剧目；市数字图书馆二期工程于10月份开工；启动建设投资6000万元的图书大厦；总投资2亿元的邯郸市文化艺术中心项目建设被列入全市“民心工程”；举办了为期半年的“邯郸市首届广场电影文化节”和“文化邯郸·彩色周末”活动；2004年，共有11件作品获“燕赵群星奖”，并有8件作品上报文化部，参加全国群星奖的评选；对网吧进行了专项整顿，对出版经营单位进行了严格检查；配合省考古队，启动了赵王城遗址发掘工作；完成了我市第六批全国重点文物保护单位的申报工作。（白刚）

河北省邯郸市丛台区文化体育教育局

丛台区文化馆定期组织开展文化下乡活动、彩色周末活动、电影进校园、进社区等活动，创作了一批群众喜闻乐见的文化精品。先后参加邯郸市首届民间艺术节、中原民间艺术节，获优秀组织奖，其中广厦小区夕阳红布贴画小组创作的布贴书法王羲之《兰亭序》被市博物馆永久收藏。我区夕阳红艺术团在全国秧歌大赛中获优胜奖、省健身球操优胜奖。由我馆创作并表演的小品《相亲》代表邯郸市参加省第二届社区文艺表演获省一等奖，并在文化部“四进社区”文艺展演中获银奖。

区文化馆着力抓好“两馆”一站一室建设，全区1乡10办、79个社区居委会均建立了文化站（室），设有文化娱乐室、图书室等。苏曹文化站、四季青办事处文化站、中华办事处文化站、丛东办事处文化站等10个文化站，成为市达标文化站，其中柳林桥办事处文化站被评为市红旗文化站，四季青办事处被评为省文化建设先进乡镇。（张俊兴）

河北省邯郸市邯山区文化局

邯山区位于邯郸市区西南部，辖1乡1镇10个街道办事处，辖区有古赵王城遗址、晋冀鲁豫烈士陵园等历史文化资源，有高教区、体育场（馆）、文化宫、滏阳公园等多处文化休闲场所。

2006年元宵节，利用穿区而过的滏阳河举办了邯山区首届元宵河灯文化节等系列文化活动；在挖掘保护非物质文化遗产方面也取得了可喜成绩，经挖掘整理的“大隐豹彩布拧台”

参加了河北省首届非物质文化遗产保护成果展，连同“张庄桥河灯”两项获河北省首批非物质文化遗产保护项目。

辖区共有各具特色秧歌队、艺术团等业余文艺队伍百余支，常年活动在大小广场、社区和农村。区文化局积极走“文企联姻”之路，先后与创维集团、珍奥核酸公司、赵王酒业、大名府酒业等多家驻区企业联合举办形式多样的文化活动近50场，活跃了群众业余文化生活。贸西办事处“大家乐豫剧团”是自发组织的业余文艺团体，在文教体局的支持下，创办了“魅山邯山”戏曲大舞台，每周六晚上在社区广场义务为辖区群众演出清唱或化妆折子戏。2006年又组织举办了15场豫剧票友擂台赛，每场观众都在千人以上。由于文化活动开展得丰富、活跃，邯山区文化局连续多年被市文化局评为文化工作先进单位。（裴相峰）

河北省邯郸市复兴区文化教育体育局

邯郸市复兴区文化局下辖有文化馆、图书馆2个单位，下设7个文化站，58个文化室。2004年成立了复兴区兰嫂艺术团，并深入部队进行慰问演出，在每年的教师节、六一儿童节举办专场文艺演出。成立复兴区残疾人艺术团。2005年开始谋划新的复兴区文化中心建设，2006年进行包装改造。

2004年以来，元旦、春节、元宵节、五一、十一等节假日在辖区举办丰富多彩的群众文化活动2100多场；每年共举办大型社区文化活动50场，中型120场，小型500场；坚持每周四晚铁路大院俱乐部的专场戏迷演唱会，共组织150场次。组织了复兴区首届文体艺术节，组织擂风鼓和剪纸参加邯郸市首届民间艺术节，组织民间花会表演队参加了首届中原民间艺术节。剪纸“邯郸成语典故”参加了河北省非物质文化遗产展览。组织了复兴区第一、二届广场电影文化节和多姿多彩的文化下乡活动100场。

2004年以来，各类文艺作品多次获得各类各级奖项，办事处被评为《河北省城市体育先进社区》。（裴献堂）

山西省太原市文化局

新创艺术作品106部，改编艺术作品148部,移植艺术作品180部。共获全国奖21项、大区奖21项、省级奖254项。推出“梅花奖”演员1名，“白玉兰奖”演员1名和“红梅奖”、“杏花奖”演员19名。儿童剧《褐马鸡与少年》获文化部展演三等奖，晋剧《范进中举》参加第七届中国上海国际艺术节演出成功。

成功举办了纪念太原建城2500年庆典文艺活动和三届中国·晋阳文化艺术节。推出一批群众文艺作品，获国家级集体奖19个、个人奖23个，省级集体奖55个、个人奖80个。全市有9个公共图书馆和33个农民书屋，11个文化馆和1122个文化站、室、院，24个文化广场和416个文化活动点，36个资源共享站、点，1051支业余文化活动队伍；实施了农村电影放映“2131工程”。组建了太原电影集团；建立了全国第一个网吧电子监控系统，被文化部评为“全国文化市场管理先进单位”。

市图书馆新馆投入使用。筹建太原音乐厅。改造了东安等影剧院。建成了梨园文化中心等综合文化场所。2004年度，全市文化系统文化产业机构3208个，从业人员23730名，实现总产值9.1亿元，增加值3.3亿元，上缴税金1.4亿元，居全省首位。（王立斌）

山西省大同市文化局

大同市文化局内设科室8个，所属单位有文化艺术学校、艺术研究所、歌舞剧院、晋剧院、北路梆子剧团、要孩儿剧团、图书馆、少年儿童图书馆、群众艺术馆、电影公司、文化市场稽查队11个，目前全市文化系统干部职工1500名。从2004年以来，全市文化工作取得了显著的成绩：专业文艺工作者创作的戏剧、小品、舞蹈、歌曲等作品150多（部）件，其中有多件作品获省部级以上奖励，现有两名全国戏剧梅花奖得主；每年举办一次精品剧目展演活动；在全省率先举办了两届文化项目推介会；2004年要孩儿剧种入选国家民族民间文化遗产保护名录，2006年要孩儿和灵丘罗罗腔两个剧种入选国家首批非物质文化遗产名录；群众文化有声有色，每年在云冈旅游节期间举办的文化活动丰富多彩；全市文化市场健康有序发展；积极开展文化下乡活动，有1人获全国“三下乡”先进个人。（李恒瑞）

山西省阳泉市文化新闻出版局

2004年，阳泉市文化局开展了文化事业单位人事制度改革工作；创作了5部戏曲剧本、31部曲艺小品、40余首歌曲、18个舞蹈作品，两部作品荣获山西省“五个一工程奖”；举办了加强和改进未成年人思想道德建设文艺演出、“群星风采”广场文化系列活动、纪念邓小平诞辰100周年专题晚会、庆祝建国和人民政协成立55周年群众歌咏演唱会等10余项大型文化活动；市艺校应邀参加了纪念我国航天飞行成功一周年文艺晚会的演出。

各级图书馆增加了电子阅览、网上图书项目，文化信息资源共享工程进一步完善；进一步落实了农村电影“2131”工程，全年放映电影2500余场次；投资135万元对一批文物保护单位进行了维修保护，有4处古建筑被确定为省级重点文物保护单位；全年引进外来演出团体55个，共演出2300余场；开展了对网吧、歌舞娱乐等场所的8次专项治理行动；全年投资歌舞娱乐、网络文化、音像图书零售等达到2000余万元。2004年文化产业营业收入5310万元，创税480万元。（周建新）

山西省长治市文化新闻出版管理局

长治市文化新闻出版局下属5个职能科室，16个下属单位，全系统人数742人。

2004年1月长治县八卦秋和花灯、平顺县北社的四景车、潞城市的晃杠、壶关县的迓鼓通过中央电视台除夕特别节目《一年又一年》向全国人民播放；截止到4月全市共有民办文化大院1210个、农民书屋71个、民营剧团89个、农村个体电影放映队85个；7月，在全省首届民间吹打乐大赛上，郊区建斌艺术团代表我市参加荣获一等奖；8月，襄垣县文化馆承办了全国文化系统老年大学试点工作经验交流会，并在文化部首次组织的评估中定为全国一级馆；9月，长子县王长宁的根雕《富贵蛟龙》、市杂技团《滚灯》参加第六届中国民间艺术节获金奖、银奖；10月，长治县选送的潞安大鼓《不了情在歌声里》荣获全国第三届“四进社区”比赛银奖，襄垣鼓书《春风拂柳》荣获全国“侯宝林杯”曲艺比赛铜奖；11月上党鼓书《千秋万代怀邓公》荣获全国戏曲“牡丹奖”；12月，现代戏《希望的田野上》和歌曲《百姓当家人》荣获全省“五个一工程奖”。（陈秀英）

山西省晋城市文化新闻出版局

2004年2月、2005年2月晋城市文化局举办了两届“凤鸣春晓”上党梆子优秀剧目展演，完成了现代戏《赵树理》的剧本创作，并于2005年底搬上舞台进行了彩排；上党梆子、上党八音会和阳城生铁冶铸技艺被列入国务院批准核定的首届非物质文化遗产保护项目中；农村电影放映“3121”工程和“三级联创”活动不断向纵深发展，2个全国文化先进县接受了省文化厅代表文化站的复查验收。

2004年7月、2005年11月先后举办了两届中国新闻摄影“金镜头”颁奖典礼活动，为扩大晋城影响，提高晋城知名度，促进晋城市对外开放和发展文化旅游产业起到了积极的推动作用。

我们提出了“一园两区”（文化产业区、皇城相府旅游文化景区、王莽岭自然奇观文化景区）的发展构想，为全市文化产业发展指明了方向。据统计，全市现有各类文化服务经营性企业1095家。（张秋旺）

山西省忻州市文化新闻出版局

忻州市文化新闻出版局设办公室、人事科、社文科、艺术科、文物科、新闻出版科。下属单位有戏研所、北路梆子剧团、北路梆子青年团、二人台艺术团、艺术馆、电影公司、东风电影院、文物管理处、博物馆、三晋文化研究会、视导室等共11个，市直文化系统总人数为421人。

2005年，举办了全市春节元宵节活动；二人台和凤秧歌节目在中央电视台《魅力12》栏目录制播放；开展全市“三下乡”大行动；举办全市社区文艺骨干广场舞蹈培训班；举办了城区第三届广场文化活动；北路梆子、二人台等8个项目申报国家级非物质文化遗产保护名录；举办了纪念建党84周年和抗战胜利60周年大型文艺晚会和书画展；指导各县（市、区）共发展农村文化大院213个，中央电视台《焦点访谈》栏目进行了报道；参加山西省第十届“杏花奖”评比活动，《黄河管子声》获“杏花新剧目奖”，7名演员获“杏花奖”；举办了全市新人新作艺术大赛和迎新年文艺晚会。

（潘孝忠）

山西省晋中市文化局

2004年，晋中成功承办了“中国第六届民间艺术节”、“第二届中国南北民歌擂台赛”等全国、全省大型文化活动，承办了“全国小提琴大赛”晋中赛区选拔赛、“山西省首届民间吹打乐大赛”和“山西省晋剧票友擂台赛”等活动。

《偷南瓜》获全国第十三届“群星奖”。少儿舞蹈《激情正舞》在山西省第三届广场文化艺术节上荣获金奖；小品《欢迎你到榆次来》荣获第六届全国民间艺术节金奖第一名；舞蹈《大红灯笼高高挂》荣获全国少儿舞蹈大赛金奖，《小牧民》、《金太阳》双双荣获全省少儿舞蹈“小荷花”杯金奖。

左权民歌、小花戏被文化部确定为“中国民族民间文化保护工程”项目，祁县城赵镇被文化部命名为“中国民间艺术之乡”，祁县剪纸作品参加了“中国民间艺术之乡艺术作品展示”。中宣部、文化部授予祁县的权勇与和顺县的杨大牛为优秀农村电影放映员，并进行了表彰。（党富华）

山西省平遥县文化局

目前，我县文化产业经营户已达100余家，为我县经济和文化繁荣做出了积极的贡献。

2004年以来，在全系统内认真开展了保持共产党员先进性教育活动；通过深化改革，进一步解放和发展文化生产力；两年来共组织和配合开展了各类大型文化活动60余场次；推出了一批在全国和省市都具有一定分量和质量的文艺作品，另外还有100多件书画作品参加了各类书画大展；依照《国家级非物质文化遗产代表作申报评定暂行办法》，组织实施了《平遥推光漆工艺》、《平遥弦子书》、《平遥雕刻艺术》、《平遥面塑》项目国家级非物质文化遗产代表作申报工作，其中，《平遥推光漆工艺》已由国务院列入第一批国家级非物质文化遗产名录；进一步推进了基层文化建设，大力实施农村电影“2131”工程，积极开展文化“三下乡”活动；“平遥古城文化艺术宫”工程已初步敲定建筑设计方案，全面启动电影公司、大剧院、图书馆的搬迁改造工程，村镇文化中心建设已经启动，由平遥国际金融家俱乐部有限公司投资的大剧院改造工程进展顺利，2006

年初将投入营运；加大“扫黄打非”工作力度；积极有序地开展宣传培训工作；开展专项整治活动，启动了网吧监控平台；启动了“文化行政执法工程”，促进了文化事业和文化产业的健康有序发展。（何建寰）

山西省临汾市文化新闻出版管理局

2004年，临汾市艺校完成了资产置换，被列为国家级重点中专；市影剧院装修改造工程竣工，成功申办了2005年第九届“小梅花”大赛；3月份，召开了全市建设文化强市动员会；全市全年启动36个基础设施建设项目。

市局围绕庆祝建国55周年和纪念邓小平诞辰100周年，在重大节庆日普遍组织举办了形式多样的文化活动。在春节、元宵节期间，组织举办了市区广场文化活动、大型灯展、焰火晚会和戏剧歌舞晚会；从7月份开始，又组织举办了第二届广场文化消夏活动月。

在参加各级各类文艺活动、比赛中，获得众多奖项。

市县两级文化行政部门对全市文化市场进行了全方位的整顿，对全市各县市区的网吧进行了集中统一稽查，严厉打击盗版盗印教辅活动，对驻临记者站、工作站、通联站进行了逐一排查，这项工作受到了国家新闻出版总署和全国“扫黄”办的肯定，《焦点访谈》制作节目进行了播放。（曹鹏）

山西省霍州市文化体育局

霍州市文化体育局内设办公室、文化科、体育科、新闻出版科。近年来，多次荣获省、市先进集体称号。

2003年，霍州市率先开展了创建文体先进乡镇（村）活动，完成了各乡镇文化站的组建，发展文体协会24个，100多个分协会；2004～2005年，山西省大运会体育走廊工程为我市投资100余万元兴建了40余处文体活动场所。

霍州威风锣鼓，现已发展到40余支锣鼓队，4000余人，2003年曾两赴黄河壶口参加了《黄河神韵》节目和《黄河风光片的拍摄》；2005年8月进京参加了中央电视台主办的“爱我中华”纪念抗战胜利60周年歌曲大联唱大型文艺晚会，随后投资40万元对霍州威风锣鼓进行创新；2005年，代表山西省参加了上海国际旅游节的开幕式表演。2006年，晋南威风锣鼓被列为国家非物质文化遗产保护项目。

（张黎明）

山西省运城市文化局

2004年以来，运城市文化局创作了《山妹》、《十里花香》、《娘啊娘》、《山村母亲》等10多部新剧目，《山妹》和《十里花香》获第七、第八届全国映山红剧目的调演金奖，《娘啊娘》、《山村母亲》获山西省优秀剧目创作奖，全市16支专业剧团和18支民间剧团常年活跃在基层，每年演出均在4000场次以上，演员吉有芳获第二十一届“梅花奖”；闫惠芳获第七、第八届映山红金奖，贾菊兰获全国“红梅奖”金奖，王苗苗获银奖。艺术教育以戏曲为重点。从娃娃抓起，全市共有小梅花奖演员8名，其中杨洁获第九届“小梅花荟萃”表演第一名。

“五个一工程”硕果累累，建设398个农村文化活动室；1200多个农村图书室（含农民自办）；1500个农村文艺表演队，1112个农村文化大院，在全市农村迅猛发展。农村文艺表演队“绛州鼓乐”和“稷山花鼓”分别获文化部第十三届“群星奖”；稷山花鼓还在2005年全国华夏一绝表演大赛中获银奖。加大监管力度，文化市场向规模化发展，在管理上坚持繁荣和监管并重的原则。运城市的民间文学类的“董永传说”，民间音乐类的“绛州鼓乐”，民间舞蹈类的“高跷”（高跷走兽），传统戏剧类的“蒲州梆子”和“锣鼓杂戏”等5项被列为

第一批国家级非物质文化遗产。（米永祯）

山西省吕梁市文化新闻出版（版权）局

吕梁市文化新闻出版局内设办公室、人事教育科、艺术科、社会文化科、新闻出版科、监察室;下辖10个直属事业单位，1个集体企业。

2004年以来召开了全市文化新闻出版工作会议，全市社会文化工作会议，全市文化馆长、图书馆长会议，全市艺术创作会议，全市非物质文化遗产保护工作会议。

全市已有2个全国文化先进县，2个国家一级图书馆，6个国家三级图书馆，2个全国文化活动先进社区，获得全国农村电影“2131工程”先进集体称号，第一批国家级非物质文化遗产保护项目数量名列全省第一。各类专业、民营艺术团体已发展到40多家，市歌舞剧院编创的舞蹈《杏花飘香》在“山西省首届荷花杯舞蹈比赛”中获金奖；歌曲《黄河之水天上来》、现代戏《酸枣坡》、广播剧《老孟家事》均获2004年全省“五个一工程奖”。通过扫黄打非、双考期间的网吧整顿、连续3年的打击盗版教材教辅等专项行动，进一步规范了全市文化新闻出版市场。截至目前，全市文化经营单位已突破1000家，从业人员突破万人，年直接创造GDP近5亿元，拉动经济效用达15亿~20亿元，与5年前相比各项指标均翻了两番以上。（杜旭华）

山西省孝义市文化局

孝义市文化局，目前全单位共有干部职工319名，内设机构有办公室、文化科、艺研室；下设有文化市场管理中心、文化市场稽查大队、文化馆、图书馆、文工团、碗碗腔剧团、皮影木偶剧团、电影公司、孝义市艺术学校、东风剧院、曲艺队11个单位；同时全市各乡镇街道办事处设有16个乡镇文化服务中心。大型舞蹈《胜溪春潮》获得了全国第六届民间艺术节金奖，并参加了和中央电视台“百花迎春”春节文艺晚会、北京电视台“凤舞神州”2005年中国民间艺术文艺新春联欢会;《孝义皮影》、《孝义碗碗腔》列入了全国非物质文化遗产保护名录；大型碗碗腔现代戏《酸枣坡》获得了山西省精神文明建设“五个一”工程奖，并拍成音乐电影电视剧；市电影公司被国家广电总局授予了农村电影放映集体；新义街道办事处长安社区被评为全国先进文化社区。（田云年）

内蒙古自治区呼和浩特市文化局

呼和浩特市文化局内设办公室、文化科、艺术科、党办、人劳科、计财科。局属二级单位有16个，工作人员1302人。2004年，建成宣传文化中心2座，示范文化站11个。

近年来，市文化局创排的专业艺术精品层出不穷。市文物事业管理处对88个古建筑进行了筛选，艺术馆完成了对市文化局及本馆档案的整理、立卷工作，完成了市文化局大事记的续写。市文化市场管理办公室对网吧开展了专项集中整治活动，并对文化市场经营活动进行了有效监督，打击了非法出版物的经营活动，规范了出版物市场。

文化局精心组织了2004年春节、元宵活动，全市共有9个旗县区近万人参加，有20多支表演队伍参与演出；深入开展了“送文化下乡”活动，文化局被自治区授予全区“科技、文化、卫生”三下乡先进集体。成功举办了第三届国际民间艺术节、内蒙古第二届情歌演唱大赛、优秀剧节目展演、昭君墓民俗文化活动和第五届广场消夏文化活动。（王黑小）

内蒙古自治区和林格尔县文化体育局

和林格尔县文化体育局设办公室、体育股、文化市场稽查队，下辖文化馆、图书馆、文物管理所和乌兰牧骑剧团。全系统现有工作人员60人。

2004年9月承办了埃塞俄比亚国家剧院艺术团赴和林格尔慰问演出；2005年8月26日，《同一首歌》走进和林格尔，并捐赠一所“希望小学”。近年来，成功举办了三届“盛乐之春”春节、元宵节群众文化活动；举办了三届“盛乐金秋”文化旅游节；组织、承办了第五、六届昭君文化节和林格尔分会场的群众文化活动；举办了露天千人舞会、老年文艺表演和电影放映周活动；举办了第一届“移动杯”通俗歌手大奖赛；推进“送文化下乡工程”的实施，3年累计下乡演出700多场（次）；实施“科普之春”电影放映活动演出600多场（次），并协助中央七套“乡村大世界”完成了节目录制工作。

和林格尔县被文化部命名为“中国民间剪纸艺术之乡”，2006年8月15日将举办“第二届国际剪纸艺术节”。（王建功）

内蒙古自治区包头市文化局（新闻出版、版权局）

包头市文化局、新闻出版（版权）局机关内设办公室、政工科、艺术科、社会文化科、文化市场管理科、新闻出版（版权）管理科、监察室和文化产业科共8个科室。全局现有企事业单位18个，干部职工总数1205个。

2005年，圆满完成了“创城、迎会、办节”和全年各项工作任务，被评为全国版权保护工作先进集体，共荣获中国舞蹈“荷花奖”、中国戏剧文学奖、第二届全国群众创作歌曲大赛等国家级奖11项，获得了第三届全区乌兰牧骑艺术节优秀组织奖等自治区和其他各类奖29项，出色完成“中国·内蒙古第二届国际草原文化节暨包头第二十届鹿城文化艺术节”各项工作任务；成功举办了第八届包头市新年音乐会、第二届包头民族音乐会暨张凤莲独唱音乐会、厚瑞杰舞蹈作品专场晚会和“手牵手”大型综艺晚会等品牌晚会；成功举办了春节元宵节大型文化活动、第五届社区之光文艺汇演、第六届少儿艺术节、鹿城美风采大赛等系列群众文化艺术活动。市图书馆成功晋升为全自治区唯一的盟市级国家一级图书馆，被全国妇联命名为“全国巾帼文明岗”，并被评为全国文化先进集体。（洪涛）

内蒙古自治区乌海市文化新闻出版局

近年来，乌海专业演出300余场，新创作小戏小品40个，歌曲80首，舞蹈38个。实施精品战略，歌曲、舞蹈、图书7件作品获全区“五个一工程奖”。

在第二届内蒙古情歌大赛上，我市声乐演员获二等奖和优秀表演奖。在全区专业文艺调演中获团体铜奖，单项节目获1金、2银、2铜。在全国少儿风采大赛上，舞蹈《草原吉祥》获得一等奖；在“全国第二届中老年舞蹈大赛”上获得民族民间舞表演大奖；在中、日、韩国际少儿艺术展示活动中，获得1金、3银、2铜6个奖项。歌曲《西水人》，荣获“华光杯”全国企业歌曲电视大奖赛优秀歌曲、作曲奖；歌曲《黄土情》，荣获中国轻音乐协会举办的全国民歌大赛优秀歌曲奖。在文化部举办的国际诗、书、画、印大展中，我市选送的1件篆刻作品获铜奖。参加了中国·呼和浩特第六届昭君文化节和韩、中艺术文化交流及第47届清风明月艺术节。

先后完成乌海文体中心、乌海博物馆、乌海市影剧院内部改造装修和外围整修，乌海书画院碑廊围栏修复、游园改造等新建、改扩建工程。建成了海勃湾区综合文化大楼和乌达区青少年校外活动中心；市科技馆、图书馆、奥林匹克体育中心，海南区文化图书大楼正在建设中。（化金贵）

内蒙古自治区乌海市海勃湾区文化局

海勃湾区文化单位只有一个，海勃湾区文化局与文化馆、图书馆是一套人员3块牌子。现有工作人员13人。现文化局常年开办各类培训班，主要有青少年美术班、幼儿舞蹈班、青年健身班、声乐班、电子琴班、书法班等。

2004年海勃湾区为了迎接自治区“两个文明现场会”在我市的召开，组织开展了“文明健康行”大型文体系列活动。各乡镇街道办事处“文明健康行”活动不断推陈出新，乡镇举办的农民运动会令人耳目一新，“官请民”看电影活动受到了居民和农民们的欢迎，在学校和企事业、驻区部队举办的活动主要有足球、蓝球、排球、乒乓球、拔河、跳棋、象棋、歌咏比赛等，“生富杯”乡、镇、街道办事处书画、手工艺作品展更是让市民们大饱了一次眼福，在短短的几个月时间里“文明健康行”活动在全区范围内风靡一时，全区90%以上的社区村委会都开展了活动，参与群众达15.82万人，举办各类文体活动据统计达213场。社区文化艺术到2004年已连续举办了5届、广场消夏艺术节8届，同时开展的文艺创作主要有群口快板《喜迎盛会乐万家》、《你是一个好人》，大型歌伴舞《海勃湾》、《雄狮之湾》群众文化的广泛开展和社区文化的日益繁荣，有力地带动了全区文化事业的蓬勃发展，激发了全区各族干部群众热爱海勃湾，建设海勃湾的热情。（李平）

内蒙古自治区赤峰市文化局

赤峰市文化局下设社会文化科、文物科、艺术科、人事科、党办、办公室6个科室；直属单位有：博物馆、图书馆、文物店、民族歌舞团、民族艺术剧院、图片社、书画院、群众艺术馆、红旗剧场、昭乌达剧场、文化市场稽查队和文化艺术创作研究中心。

2004年以来，市文化局精心组织了元宵焰火晚会、欢乐赤峰新春歌会、新春秧歌大赛、“绿鸟鸡杯”放歌新城区大型文艺演出等活动；筹办了央视“心连心”艺术团来赤峰慰问演出；成功接待越南中央歌舞剧院友好演出团体来我市友好演出；组队赴韩国进行了文化交流，取得圆满成功。《大漠绿海》和《神鹿情缘》代表自治区参加了第四届中国评剧艺术节演出，分获优秀奖和演出奖；在第五届中国舞蹈“荷花奖”民族民间舞蹈大赛上，《巴林蒙古女性》一举夺得铜奖；《草原艺术论》正式出版；组建了文物行政执法稽查大队，加大了对文物犯罪的打击力度；成功举办了中国北方古代文化第三届国际学术研讨会；全面启动了特色博物馆建设体系；全面启动市直文化单位改革。（于建设）

内蒙古赤峰市红山区文化体育局

2004年3月，邀请北大教授严文明先生到“红山后遗址群”实地考察，为“红山后遗址群”申报全国重点文物保护单位工作做好理论论证，同时完成内蒙古自治区的推荐意见。电影公司加入了辽宁北方院线股份有限公司。2004年6月建设红山文化信息库，完成重点文物保护单位的档案资料的搜集工作。7月，协办“首届红山文化国际研讨会”。7月文化馆被国家文化部正式下文命名为国家一级馆，社区文化工作经验在自治区文化工作会议上进行了经验交流。8月中央电视台《探索与发现》栏目在我区拍摄的以“红山文化”为主题的电视片的播出，使“红山文化”为更多的人所熟知。11月成立文化市场稽查协管队，利用“教育巡警”的现有体制，在解决未成年人进入网吧这一社会热点难点问题上，作出了有益的探索。2005年1月文化大厦竣工交付使用，区图书馆、民族少儿图书馆、文物管理所和文化市场管理办公室等单位迁入文化大厦新址办公。2月“红山后遗址群”申报为全国重点文物保护单位的项目通过国家专家组的评审，进入国务院的最后审批阶段。5月划定“赤峰街传统民居、商肆建筑保护区和景区”、“赤峰兴教寺古建筑群保护区和景区”两处重点保护单位。从7月份开始，在全局范围内认真开展了保持共产党员先进性教育活动。8月份完成了关于《赤峰雅乐》申报国家级非物质文化遗产的前期申报工作。（姜玉洁）

内蒙古自治区宁城县文化体育局

近年来，宁城县不断加大投入，基础设施建设得到进一步加强。乌兰牧骑兴建了1800平方米的办公室和排练厅；新华书店兴建了集营业、办公、住宅于一体的大楼；民族影剧院与电影公司对原有楼房进行了扩建；文化局新建了4000平方米的文化广场大楼。

宁城县每年都组织精彩的文化活动，4月举办大明庙会，7月举办打虎石旅游文化节。并在“五一”、“七一”、“八一”、“十一”期间举办大型广场文化活动。

近年来，宁城县的文化事业蓬勃发展。电影工作认真贯彻“2131”工程，每年演出3000场次以上，受到国家有关部门表彰；被国家授予“郑振铎王治秋文物保护”先进集体奖和自治区文化厅打击走私盗掘文物先进集体；乌兰牧骑每年演出300场以上，获人事部、文化部授予的“先进文化集体”称号。（吴京民）

内蒙古自台区通辽市文化局（新闻出版、版权局）

2004年以来，通辽市委、市政府提出“打造科尔沁文化品牌，建设科尔沁文化大市”的工作目标，在精品建设、队伍建设、基础设施等方面迈出了坚实的一步。2005年，举办了第七届科尔沁艺术节，艺术节荟萃了全市8个专业艺术表演团体8台文艺节目，其中，由市民族歌舞团创作的大型蒙古族乐舞史诗《蒙古风》以其恢宏的气势和浓郁的民族风格，在自治区内外引起了强烈反响，特别是在北京保利剧院演出，被业内称为“史诗化的歌舞乐，艺术化的蒙古史”。继“蒙古风”之后，通辽市奈曼旗乌兰牧骑创作的蒙古族歌舞剧《诺恩吉雅》又被自治区党委宣传部、文化厅列入重点剧节目之中。2004～2005年，8个专业文艺团体共下乡演出达1500多场，商业演出500多场。

全市共有7处国家级重点文物保护单位。蒙古族安代、蒙古族乌力格尔、蒙古族四胡等科尔沁文化名品被正式列入首批国家级“非物质文化遗产”名录。开鲁县农村电影工作、科尔沁左翼中旗的“达尔罕民间艺术团”受到文化部的表彰奖励，在2005年全区文化市场管理工作评比中，通辽市位居12个盟市之首。

2004年投入使用的科尔沁博物馆建设面积22000平方米。是自治区东部最大的综合型博物馆，建筑面积8000平方米的图书馆新馆正在建设之中，市民族歌舞团、市群众艺术馆更新了办公场所和排练、辅导场地。旗县市区的文化设施建设也都有了明显改观。（杨宝　）

内蒙古自治区库伦旗文化广播电视局

2004年春节，旗乌兰牧骑主办了春节联欢会，并通过旗电视台进行全程转播，具有浓郁地方特色和民族特色的歌舞节目受到了广大群众的欢迎；8月，举办了隆重的“民族文化周”活动，历时10天，包括大型安代舞表演、乌兰牧骑专场演出及民歌大奖赛等10项内容，参加群众达3万人次;2005年4月27日，“安代”广场文化活动正式启动，继启动仪式之后，先后开展了"家庭零暴力"广场文艺晚会、历时3天的"安代广场大家唱"文化活动、"革命歌曲广场演唱会"等活动，每日平均参与活动群众达1500人；"十一"前夕，库伦旗举办了规模盛大的"第二届安代艺术节"，内容包括千人安代舞表演、民间才艺展演、篝火晚会等活动，经过精心策划，认真安排，活动取得圆满成功。直接参与演出人员达3000余人，观众人数达5万余人；8月，建于库伦镇东梁新区政府楼南侧、广场西侧的库伦旗文化活动中心正式开工，该中心占地1.5万平方米，建筑面积3700平方米，总投资410万元，于2006年6月30日交工，2006年7月正式投入使用。

（哈斯额尔敦）

内蒙古自治区呼伦贝尔市文化局（新闻出版、版权局）

呼伦贝尔市文化局下辖专业艺术表演、公共图书、群众艺术、文化馆（站）、文物博物、专业教育、文化市场管理、电影发行放映7个系列。

2004年，呼伦贝尔市民族博物馆一期工程顺利完工；举办了"中国·成吉思汗草原文化节"、"银色呼伦贝尔冬季旅游节"、"2004年中国成吉思汗文化论坛"；排演了大型民俗歌舞《巴尔虎婚礼》、《布里亚特婚礼》、大型北方民族舞蹈集《录梦呼伦贝尔》、大型歌舞晚会《崛起～呼伦贝尔》，舞蹈《布里亚特情韵》获第六届全国舞蹈大赛编导、表演丙项三等奖，在2004年全区文艺汇演中《寻梦呼伦贝尔》获金奖；在自治区第三届乌兰牧骑艺术节上，我市三支乌兰牧骑获金奖、一支乌兰牧厅获银奖。

2004年以来，电影"2131"工程和"科普之春"汇映活动中，放映电影28805场，观众达187.3万人次，农牧区电影覆盖率达92.6%。

截至2005年，呼伦贝尔被文化部表彰为"边疆文化长廊建设先进单位"，2个旗市被自治区命名为"全国先进文化县"，5个旗市被自治区命名为"全区文化先进旗县"，6个乡镇被命名为"民族歌舞之乡"或"民间书画之乡"。

（诺敏）

内蒙古自治区满洲里市文化局

满洲里市文化局下属中苏人民友谊宫（文化馆）、歌舞团、博物馆、图书馆、文物管理所、文化市场管理所等6个事业单位，编制84人。

2004年6月，满洲里"第三届中·俄·蒙三国交界地区旅游节"暨第二届中国十大演出盛事颁奖晚会在互贸区广场举行，满洲里市文化局、文物管理所对扎赉诺尔鲜卑古墓群运用卫星定位技术划定了保护范围，朝鲜平壤歌舞团应邀来满洲里市演出；7月，满洲里市歌舞团赴俄罗斯赤塔市、红石市演出两场；同时，俄罗斯赤塔市、红石市歌舞团来满洲里演出；2005年6月，满洲里市博物馆新馆对外开放，新馆址为俄罗斯哥特式建筑，同时，沙俄监狱陈列馆改造完成,对外开放；11月2日，国家文物局长单霁翔来满洲里市对扎赉诺尔鲜卑古墓群晋升国家级文物保护单位进行调研；11月8日，满洲里市图书馆晋升国家二级馆;2006年2月，满洲里市文化市场管理所荣获内蒙古自治区"扫黄打非"先进集体；6月，扎赉诺尔鲜卑古墓群晋升为国家级文物保护单位。

（吴铁英）

内蒙古鄂尔多斯市东胜区文化局

东胜区文化局内设办公室、群艺室、社文办、电影办、文化稽查大队。下设区文物管理所、区文化馆、区少儿图书馆、区歌舞剧团、区礼仪演出服务中心，3个乡镇文化站，9个街道办事处文化站。

歌舞剧团演出的《老油坊》获自治区"萨

日纳艺术工程”奖；地方歌剧《柳绿沙原》荣获自治区“五个一工程”奖；《考验》、《回望故乡》、《仰望国旗》、《过大年》等连获大奖。《吉祥的鄂尔多斯》、《路魂》分别获第二届全国“四进社区”文艺展演活动银奖、铜奖。2005年7月，承办了中国秦直道与草原文化理论研讨会，并建成了中国第一个秦直道博物馆；2006年4月到8月，东胜区文化局组织了由社区居民举办的“魅力东胜大型迎宾舞”活动。2006年8月，开始创作30集大型电视连续剧《千古一道》的剧本，同时正在筹备该电视剧的拍摄工作。承办了中国内蒙古第三届国际草原文化节暨首届鄂尔多斯国际草原文化节闭幕式文艺晚会。

近年来，东胜市先后被内蒙古自治区命名为全区文化先进市，被国家文化部命名为全国文化先进市；东胜区铜川镇文化站被国家评为服务农民、服务基层先进集体；东胜区文化局电影放映队连续两年被评为全国优秀放映队和电影放映先进集体；东胜区公园街道办事处园林社区被评为全国文化先进社区。（张光耀）

内蒙古自治区准格尔旗广播电视局

“十五”期间，在准旗经济快速发展的同时，文化事业也取得了全面发展，全旗文化工作亮点不断，文广系统发生了翻天覆地的变化。先后兴建了文化大楼，建立了国家三级图书馆、电子阅览室、文化资源共享工程信息室、文物陈列室、文物数据库、网络文化市场计算机远程监管平台和健身健美活动室、文体娱乐室，实现了广播电视节目数字化采编播，扫除了57个收看不到电视节目的盲点村。全旗共有9个文化站。目前，全旗文化站房舍面积达到6650多平方米，藏书1.8万余册。2003年成功举办第三届漫瀚调艺术节。2001年~2005年连续5年被市文化局评为目标考核一等奖，连续5年荣获市广播电视目标考核第一名，2005年又被国家文化部授予全国文化先进旗的荣誉称号。

5年来，准3旗乌牧创作和排练的舞蹈作品13件，漫瀚调艺术作品8件，小戏、小品共9件，歌曲31首，共计61件作品（其中获省级一等奖1个、二等奖1个，市级二等奖1个、三等奖1个）；成功编演了7台文艺晚会（其中获市文艺汇演优秀奖3个）；目前，正在推出民族风情歌舞诗画《漫瀚情歌》大型剧目品牌。（王俊凤）

内蒙古自治区乌兰察布市文化新闻出版局

乌兰察布市文化新闻出版局内设有办公室、社会文化科、艺术科、文化市场管理科和新闻出版科，局属11个单位：民族艺校、博物馆、图书馆、群艺馆、歌舞团、二人台实验剧团、晋剧团、艺研所、文化市场稽查队、书画院、电影公司。

2004年，组织完成《蓝色的乌兰察布》春节电视文艺晚会；在首届“晋蒙陕冀”二人台电视艺术大赛内蒙古赛区中，获一等奖2项，二等奖3项，三等奖2项。东路二人台《风雨山乡路》获总决赛优秀表演奖并晋京汇报演出；组织举办了乌兰察布市首届广场文化艺术节；圆满完成“金雕飞起的乌兰察布”撤盟设市庆典专场文艺演出、“相约神州家园”那达慕专场文艺演出活动；参加自治区专业文艺调演，获一等奖1项、二等奖2项、三等奖3项，整台晚会《乌兰察布畅想》获优秀演出奖，市文化局获组织奖。2005年，组建成立了乌兰察布文化艺术创作研究交流中心和乌兰察布市书画院；主办了纪念建党84周年“辉煌的历程——中国共产党人”保持共产党员先进性教育文化艺术宣传周；主办了乌兰察布市第二届广场文化艺术节；承办完成了“国际蒙古族服装、服饰艺术节”闭幕式文艺晚会；我市书画院王云山同志在“全国第二届电视书法大赛”中荣获篆刻银奖；市文化局完成了130万字的《中国东

路二人台艺术通典》的编撰工作。（王芳）

内蒙古自治区乌兰察布市集宁区文化局

2004年以来，加强了基层群众文化工作，在乌兰察布市率先开展了送文化进社区、下农村活动，内容有文艺演出、电影放映和图片展览，长年在66个社区乡镇巡回展演；2004年4月时区青艺团实行了体制改革，使青艺团走出一条文化产业开拓创新、加快发展的新路子；承办了多次文艺晚会和焰火晚会；2004年人民剧院克服困难，采取多种形式投资100多万元，建成乌兰察布市第一家豪华立体声影院，并加入中国星美电影线，被命名为集宁区“中学生爱国主义教育基地；2005年集中整顿了存在安全隐患并扰民的茶吧、酒吧，并积极引导，使其健康有序地发展；2005年8月，建成了集宁区图书馆，并投入使用，现有藏书8万册，添补了集宁没有图书馆这一空白。（刘飞明）

内蒙古自治区丰镇市文化体育局

2004年，丰镇市文体局圆满完成了组织、排练、演出庆祝乌兰察布撤盟设市庆典晚会，并先后组织举办了全市城内中小学生合唱比赛；“六一”全市少儿美术展；庆“七一”建党83周年文艺晚会等。8月上旬，在乌兰察布首届广场艺术节上获得了“表演一等奖”、“创作一等奖”等10多个奖项。以社区为基础，广泛开展群众性文化活动。城区5个办事处所辖的30多个社区居委会，普遍都有文艺表演队、秧歌队等并且都能经常性开展活动。重拳出击，整顿和规范我市的文化市场。4月下旬、“五一”长假期间、7月上旬，会同公安、工商、消防等部门对全市各类文化经营场所进行了统一清查整顿。图书馆、文化馆在没有办公经费的条件下，积极主动想办法，开展日常业务工作。电影公司积极创造条件，深入乡镇放映故事片200余场、科教片200场。文管所积极主动配合上级业务部门搞好各类考古研究工作。歌剧团（乌兰牧骑）始终坚持“二为”方向，贯彻“双百”方针，搞好编创演出任务。创作了地方戏《真情》获得了自治区“五个一工程”戏剧奖，并晋升为自治区一类乌兰牧骑，2005年~2006年连续举办了两届春节电视文艺晚会。（王效飞）

内蒙古自治区察哈尔右翼前旗文化广播电视局

察哈尔右翼前旗文化广播电视局组建于2004年9月，局机关内设办公室、综合业务股和计财股3个股室。下辖图书馆、文化馆、文物管理所、文化稽查和乌兰牧骑。全旗有2个乡镇文化站工作运转良好。

2005年7月，经自治区文化厅批准，我旗顺利恢复了乌兰牧骑，经过精心培育，加强管理，2006年6月8日，旗乌兰牧骑进入全区二类乌兰牧骑行列。2006年6月19日，电影“2131”工程放映活动在我旗启动；7月18日~25日，我旗成功组织了首届“黄旗海之夏”文化节。（王素芳）

内蒙古自治区巴彦淖尔市文化体育局

2004年，内蒙古巴彦淖尔市出台了《关于进一步加强文化发展的意见》等政策性文件。市文体局围绕“撤盟设市”庆典，成功组织了巴彦淖尔市成立庆典晚会《甜蜜的巴彦淖尔》，并由内蒙古卫视现场直播，央视西部频道多次播出。我市的恐龙和犀牛化石随内蒙古博物馆组织的“听到恐龙的脚步声”外展赴日本展出。新建了市文化体育大楼和市歌舞剧团艺术大楼等文体基础设施。

2005年，成功举办了历时26天的首届中国河套文化艺术节，组织了开幕式、闭幕式文艺焰火晚会、全市专业文艺会演、业余文艺会演、业余歌手大赛、大合唱比赛、全国著名书画家眼中的巴彦淖尔大型笔会等30多项活动。乌拉特前旗乌兰牧骑被评为全国文化单位先进集体、临河区文体局被文化部、广电总局评为“科普之春”电影放映工作优秀组织奖。

两年来，共有30多件作品获得国家级、自治区级奖励，其中《王婆骂假》获中国第五届曲艺节最高奖精品奖、大型现代戏《乌兰图克》等获内蒙古“五个一工程”奖。

（刘还俊）

内蒙古巴彦淖尔市临河区文化体育局

临河区文体局机关下设文化艺术股、体育股、文化市场管理股、老年体协、文化市场稽查队、办公室，设二级单位4个，即文化馆、图书馆、歌舞剧团、青少年业余体校。2004年以来，区文体局先后被评为全国全民健身先进单位、自治区首届二人台艺术电视大赛优秀组织奖、全国农村电影工作组织奖、自治区“扫黄打非”先进集体。

2004年以来，全区共建城乡文体站18个，村、组、社区文体活动室530个，各办事处60%以上的辖区单位有文体活动室；每年都围绕重大节日组织开展庆元旦文艺演出、春节、元宵节系列活动等大型文体活动20多次，参与人数达20万余人；成功完成2004年撤盟设市文体表演任务和2005年中国首届河套艺术节临河区第六届蜜瓜节的各项文化活动任务；文化市场健康发展，把文化市场稽查纳入长效管理机制，文化市场中未成年人大幅减少，实现了健康有序发展；文体产业形成规模，互联网、音像、图书、印刷、保龄球馆、奇石展览等行业发展至300多家。（王春叶）

内蒙古自治区乌拉特前旗文化体育广播电视局

乌拉特前旗文化体育局现有在职职工15名，内设文化艺术股、体育股、文化市场股、办公室。隶属的二级单位有文化馆、图书馆、乌兰牧骑、电影发行放映管理站。

2004年，乌兰牧骑参加了自治区人民政府在京举办的旅游宣传周活动民族艺术展演；2005年，乌兰牧骑参加了马彦淖尔市首届“河套文化节”获专业文艺汇演金奖，并被评为“全国先进文化集体”；连续参加了3届乌兰牧骑艺术节，并被评为自治区“十佳”乌兰牧骑。电影发行放映管理站连续5年(2001年~2005年）被自治区评为全区农牧区电影放映先进集体。

2004年，先后建成了影剧院、乌兰牧骑艺术大楼、文化馆、图书馆综合大楼。小佘太秦长城被列入国家第四批文物保护单位，苏独仑沃野镇古城遗址列入国家第六批文物保护单位；乌拉山赵长城、九原郡遗址群等4处文物点列入区保护单位。（刘荣）

内蒙古自治区兴安盟文体广电局

2004年以来，兴安盟文化工作获国家、自治区二等以上表彰奖励集体389次，个人505人次。

2004年以来，5个团队有2个晋升为全区一类乌兰牧骑,2个被评为全区“三下乡”活动先进集体。为参加汇演和各种比赛，共创作542部作品，其中12件获全区精神文明建设“五个一工程”奖。编排了大型歌舞剧《科尔沁婚礼》，在全区专业团队文艺调演中，代表兴安盟参加演出获铜奖。在2004年首届中国蒙古舞蹈大赛中，兴安盟自己创作的2个舞蹈《阿尔山姑娘》和《哈布特根》分获2项铜奖。

2004年，为了进一步挖掘旅游文化，树立兴安民族文化形象，盟委宣传部与盟文体广电局、盟外事旅游局等共同编著出版了《绿色兴安》精品图集和《兴安旅游景点传说与史话》一书，填补了兴安盟旅游文化的空白。

2003年配合百县千乡宣传文化建设工程，扎赉特旗宣传文化中心落成。2004年，总投资950万元，建筑面积5000平方米的突泉宣传文化大楼于2005年投入使用；科右中旗、阿尔山市文化中心，结合百县千乡宣传文化工程，上级投资及地方配备资金也已到位；2005年科右前旗宣传文化中心通过“两馆一站”建设工程，所需资金全部到位。 （包文诚）

内蒙古自治区乌兰浩特市文化体育局

乌兰浩特市文化体育局下辖文化馆、图书馆、文艺创编室、文化市场管理办公室、体育馆、业余体校6个单位。

2004年，承办了“2004·乌兰浩特·（金飞马杯）国际女子网球挑战赛”；举行了“与祖国同行·激情广场大家唱”文化艺术节；送文化下乡10余次，为农民放映露天电影40场；元宵节举办一年一度的大秧歌汇演；举办了由全国30个门球队232名运动员参加的全国友好城市门球邀请赛。对网吧、歌舞娱乐场所进行了集中整治。

2005年，有2位同志分别被授予“全国文化工作先进个人”和“全国体育工作先进个人”称号；在全区青少年田径比赛中，1人获第三名、1人获第四名、2人获第八名；开展了“党在我心中”社区文化艺术年活动；对全市54家网吧全部安装了“净网先锋”三级平台监控软件；举办了春节大秧歌汇演；全年创作发表各类文艺作品300多件，多篇作品在区内外获奖；在“‘科尔沁王杯’内蒙古自治区第二届东部蒙古族民歌大赛”上，获一等奖1个、三等奖2个；在市区广场和公园分别安装了价值25万元的体育健身设施；加强了对文化市场整顿力度。 （孙长富）

内蒙古自治区阿尔山市文化体育广播电视局

2004年7月28日，由内蒙古自治区人民政府主办，内蒙古自治区旅游局、阿尔山市人民政府承办的2004阿尔山内蒙古圣水节在阿尔山市举行，中央广播艺术团在节日期间举办了阿尔山之夏民族歌舞晚会；7月15日~18日，“聚焦西部——内蒙古行”全国著名美术家采风团来阿采风；8月24日~26日，蒙古国外交部邻国局局长恩赫图尔、新闻司司长嘎尼巴勒率领蒙古国《日报》、《蒙古国新闻报》、《真理报》、《世纪新闻报》、TV—5电视台5大媒体记者一行9人到阿尔山市进行考察、采访；12月18日，由内蒙古自治区人民政府主办，内蒙古自治区旅游局、阿尔山市人民政府承办的阿尔山内蒙古（太伟）首届开雪节暨第三届冰雪节在阿尔山市举行。 （郝必斯）

内蒙古自治区锡林郭勒盟文化局

2004年是锡林郭勒盟建设民族文化大盟的开局之年，全盟文化建设取得了显著成效：创作了情景舞剧《元都古韵》、《都仁扎那》。创编了《神马颂》、《马背雄鹰》、《锡林彩虹》等一批剧（节）目。在全区专业艺术文艺团体调演中，我盟参赛的“锡林彩虹”综艺晚会获团体铜奖和组织工作奖；单项节目中，获金奖1个、银奖2个、铜奖1个。全区首届中国“成吉思汗杯”蒙古舞蹈大赛，群舞《圣洁的祝福》获创作银奖、表演铜奖，《飞快的骏马》获创作、表演铜奖。开展了“锡林郭勒”为主题征歌活动，《神马颂》获得了全区建设民族文化大区征歌一等奖。在全国首届校园舞蹈比赛中《嬉戏的牧童》获得金奖，《园丁颂》获银奖。舞蹈《小搏客》在全国少儿舞蹈音乐大赛中获金奖。举办了“人民音乐家额尔登格从艺52周年作品音乐会”、“鑫泰杯”蒙古族服饰和民族民间手工艺品展演大赛。承办了“网通杯”中国蒙古族服装服饰大赛。推出了“锡林河之夏”——“锡林广场”群众文化系列活动。

我盟基础设施建设力度加大，兴建各类文化项目。元上都申报世界文化遗产已被列入预备清单。组建了锡林郭勒盟民族文化产业开发公司和阿拉腾珠兰民族文化艺术发展交流中心，积极开拓文化产业。（李询）

内蒙古自治区锡林浩特市文化体育局

锡林浩特市文化体育局内设文化股、体育股、文化市场管理办公室、创作研究室、办公室5个股室。下属乌兰牧骑、体育中心、文化馆、文物管理所4家单位。现有在职职工67人。

近年来，专业艺术团体乌兰牧骑先后创作了《绿色的奔》、《筷子的神韵》、《奶茶飘香》，歌曲《远方的爱》、《我的祖父母》等音乐、歌曲、舞蹈作品100余件。2004年，组织了大型文艺晚会《牧歌》，2005年编创了大型歌舞剧《敖包相会》。全面落实全盟群众文化体育工作“433321”工程，积极组织开展大型文化体育活动，2004年~2005年市文化局连续两年被市委、市政府评为实际突出领导班子。2005年被盟体育局评为落实全盟文体目标先进单位。全市现有各类文化娱乐场所276家，市文化局每年都开展专项清理整顿20余次，坚持日常检查100余次，有效地净化了市文化市场。

2004年，通过多方筹资对贝子庙进行了整体修复，翻译出版了《蒙古学问寺》。2006年贝子庙被正式命名为国家级重点文物保护单位。（包柱）

辽宁大剧院

2004年辽宁大剧院在全剧院广大干部职工的共同努力下，全面完成了年初制定的各项经营任务。一年来，大剧院领导班子紧紧围绕改革试点和经营发展两个中心，精心工作、稳步推进，各项工作均取得了明显成效。

煤矿文工团、中国广播艺术团、兰州歌剧舞剧院、空政歌舞团、英国皇家音乐学院铜管乐团等艺术团体的187场演出在大小剧场举行。先后承办了舞剧《红梅赞》、《大梦敦煌》、《音乐之声》，相声剧《明春曲》、《殷承宗钢琴独奏音乐会》、《盛中国钢琴、小提琴音乐会》等优秀剧（节）目及“中国北方吉他艺术节”、“韩国周”、“辽宁电视台庆五一晚会”、“少儿艺术周声乐比赛”、“中国当代杰出华人音乐家音乐会”、“新年音乐会”等大型活动。与辽宁歌剧院联合推出的、以小剧场为主要阵地的《星期音乐之旅》于2004年5月底拉开帷幕，“高水准、低票价”的活动宗旨，让更多的观众走进剧院，为保护和弘扬省内优秀传统文化起到积极的作用，受到媒体的广泛关注，取得了良好的社会效益。

2004年依照三星级评定条件，大剧院软、硬件设施条件具备，正式向省旅游局提出申请，经有关领导实地考核，已经获得三星级审批。

1.“先行之春”大型交响音乐会（2004年1月11日）。

2004年1月11日晚“先行之春”东北大振兴沈阳先行大型交响音乐会在我院举行，晚会由市委宣传部、沈阳电视台联合主办。

市委书记张行湘、市人大常委会主任崔文信、市政协主席赵金城和“两会”代表、委员一道观看了演出。演出结束后，市领导上台与演职人员握手致意。

2.2004年中国网通沈阳通信之夜沈阳春节晚会（2004年1月17日）。

由中国煤矿文工团的瞿弦和、金铭、邓玉华、罗宁娜、胡月、黄鹤翔、曾静等艺术家联袂打造的“2004年中国网通沈阳通信之夜”沈阳春节晚会，在辽宁大剧院举行。市委书记张行湘、市长陈政高、市人大常委会主任崔文信、市政协主席赵金城与劳动模范、社会各界代表一起观看了演出。

副市长王玲在致辞中代表市委、市政府祝全市人民新春快乐！

3.大梦敦煌（2004年3月25日）。

应省第六届艺术节之邀，国家舞台艺术精品工程处选剧目——兰州歌舞剧院《大梦敦煌》莅临辽宁大剧院，2004年3月25日、26日公演二场，给辽沈人民带来了艺术的震撼和享受。

恢弘的音乐、舞美，浓郁的大漠风情，凄美的爱情故事及演员高超的艺术功底，深深地打动了观众，剧场内掌声不断。

4.中国北方剧院联盟（2004年10月19日）。

由辽宁大剧院倡议的中国北方剧院联盟第一次会议于2004年10月19日在沈阳召开。邀请了包括辽吉黑3省及北京地区“三省一市”的5家剧院（场）团体参加。包括：北京天桥剧场、辽宁大剧院、营口辽河大剧院、吉林剧场、抚顺市演出公司、抚顺大剧院（排名不分先后）。

本次联盟会议为北方地区演出场所内外沟通、协作搭建了信息交流平台、诚信合作平台和票务流通平台，会议结束后，联盟成员呈请辽宁大剧院起草联盟宣言及联盟章程。

5.第三届中国北方新年音乐会（2004年12月31日）。

第三届中国北方新年音乐会以维也纳音乐会加舞蹈的演出形式于12月31日晚在辽宁大剧院公演。此次新年音乐会上献艺的是来自“钢琴诗人肖邦”故乡的波兰爱乐乐团。

辽阳市图书馆

2004年，辽阳市图书馆的人员编制是54人，馆领导班子成员4人，高级职称4人，中级职称36人。全馆共设10部门即：行政办公室、业务辅导部、开发部、技术部、电子阅览室、报刊阅览部、采编部、外借部、信息咨询部、音像部。馆藏各类型文献58万册（件）。

近两年来，面对迅猛发展的信息社会对图书馆事业提出的严峻挑战，辽阳市图书馆党政班子认真疏理思路，认清自身在环境设施、服务水平、人员素质等诸方面的不足，加大改革步伐，2004年在全市文化系统中率先实行人员聘用制改革，优化了队伍结构，增强了职工的忧患意识和竞争意识，充分调动了职工的工作积极性和主动性。全馆抓管理，重建设，务实效，努力建设节约型单位，提高经费使用效率，同时通过多方争取，得到了上级主管部门及市委、市政府的重视与支持，使图书馆事业的资金投入逐年增加。2004年投入100多万元实施了综合环境改造工程，使馆舍环境和基础设施得到了显著改善，整体面貌焕然一新。同时建成“文化信息资源共享工程”市级分中心，利用本馆电子阅览室和多功能报告厅为广大读者提供丰富的文化信息资源，特别是专门针对未成年人开展的一些服务，深受学生和家长的欢迎。拿出专项资金选派业务骨干到高校去进修深造，两年来先后选派了3名职工到高等院校深造，为事业发展储备人才，队伍整体战斗力显著提高。对外服务坚持每周开放60小时以上，坚持全年开放362天，为读者提供便捷、高效、优质的服务，并通过本馆网站向社会提供24小时的信息服务，让图书馆现代化服务进入了千家万户。服务中坚持把以人为本的理念贯穿始终，如对残疾人、困难职工免费办理借书证，建立盲人读书室和青少年阅览室，电子阅览室免费向未成年人开放等。在信息服务上，坚持贴近生产第一线，直接面向基层群众，每年下乡不少于50次，举办各种农民培训班5次以上。经常性开展读者活动，2004年举办了“爱我家乡振兴辽阳系列读书活动”，取得了广泛的社会效益，扩大了社会影响。

由于辽阳市图书馆能够充分利用馆藏文献

资源，宣传普及文化科学技术知识，在本市的精神文明建设中发挥了重要作用，自身事业也取得了稳步快速发展，所以近两年得到了各级政府和上级主管部门的多次表彰。2004年，经严格的评估审核，辽阳市图书馆被国家文化部首次命名为“一级图书馆”；2005年被人事部、文化部评为“全国文化工作先进集体”；并且连续第三次被省委、省政府授予“省文明单位”称号。同时，还获得了市文明单位、先进党支部、社会治安综合治理先进集体、拥军优属先进集体等项荣誉称号。

辽宁省沈阳市文化局

2004年以来，沈阳市文化局坚持“依托文化主业、发展文化产业、壮大文化事业”的工作思路，解放思想，扎实苦干，取得显著成绩。专业表演艺术成果丰硕，沈阳京剧院成功进入全国重点院团行列，舞剧《天祭》荣获第十一届“文化新剧目奖”。群众文化形成品牌，举办了首届中国沈阳香格蔚蓝新春灯会，成立了沈阳市民间自娱自乐活动者协会和沈阳市合唱协会。文博事业取得历史性突破，清沈阳故宫、清福陵、清昭陵成功列入世界遗产。文化设施建设加速推进，沈阳市图书馆新馆成为标志性文化设施。文化产业蓬勃发展，首届2005年中国东北文化产业博览会被文化部指定为东北唯一的国家级文化展会。较好地完成了文化体制改革试点任务，组建了沈阳杂技演艺集团有限公司、沈阳演艺集团、沈阳书业集团，成立了沈阳电影有限公司。（谢石）

辽宁省朝阳市文化局（新闻出版、版权局）

2004年9月，由辽宁省朝阳市文化局组织创作，朝阳市话剧团首演，辽宁人民艺术剧院与朝阳市话剧团联合复排的辽西风情话剧《凌河影人》在浙江杭州举办的第七届中国艺术节暨第十一届中国文华大奖的评奖展演中，获得金奖，并获4个文华大奖单项奖。2005年11月，《凌河影人》入选第三届国家舞台艺术精品工程十大精品剧目。

2004年以来，朝阳市的文物考古发掘工作取得重大收获。发现了十六国三燕龙城宫城南门遗址。牛河梁红山文化遗址参加了在苏州举办的第二十八届世界遗产大会展览。“牛河梁遗址第十六地点”发掘项目入选2003年度“全国十大考古新发现”。“三燕龙城宫城南门遗址”项目入选2004年度“全国十大考古新发现”。

2005年10月，朝阳市文化局党委书记、局长张汉良被文化部、人事部授予全国文化系统先进工作者荣誉称号；朝阳县评剧团被授予全国文化工作先进集体荣誉称号。（张汉良）

辽宁省阜新市太平区教育文化体育局

辽宁省阜新市太平区文化馆隶属于区教育文化体育局，现有在岗职工11人。太平区文化馆机构设置为美术摄影部、文艺辅导部、创编调研部、行政办公室。近年来，太平区文化馆组织和开展了形式多样、内容丰富的群众文化活动，以节庆为龙头的区级示范性活动红红火火，社区文化广场活动常年不断，校园文化活动异彩纷呈。太平区文化馆几年来连续举办5届社区艺术节、12届少儿文化艺术节。文化馆舞蹈干部创作的少儿舞蹈《鸿雁的向往》获国家文化部第十三届“群星奖”纪念奖、教育部艺术展演三等奖、省教育厅特别奖、省第六届艺术节、省第六届少数民族调演、省“老基地，新风彩”舞蹈比赛获3项金奖。文化馆美术干部辅导的美术作品在省“老基地，新风彩”美术、书法比赛中荣获二等奖。文化馆被评为省三级档案先进集体称号。（皮相友）

辽宁省本溪市文化局（新闻出版局、版权局）

本溪市文化局内设办公室、党委工作部、监察处、老干部处、人事处、艺术处、社文处、新闻出版处、文化市场处9个行政处室。

2005年，市文化局加强了文化基础设施项目建设，新博物馆建设规划用地1.5万平方米，建筑面积6000平方米，计划总投资3000万元；完成连山关等3个乡镇文化中心站建设；南芬区图书馆建设项目争取国家、省专项资金15万元。桓仁县米仓沟将军墓、上古城古墓遗址、本溪县庙后山古人类遗址申报"国保级"文物单位取得成功；市歌舞团、群星合唱团承办了《为了和平》大型音乐会；市话剧团与通辽市文化局剧目室合作排演了大型话剧《牛玉儒和他的亲人们》；评剧团精心创排"玫瑰奖"节目和儿童音乐剧参加省赛事调演，取得优秀成绩；广场活动期间，共演出29场；文化电影广场晚会、各种纪念演出等文化系列活动不断推出。全年共组织各种社会文化活动200余场。"乞粒舞"、"社火"、"辽砚"等4项地域民族非物质文化遗产代表作分别列入国家和省级传承保护项目。开展网吧集中整治行动，加强了对音像零售店和出租业户的检查和整顿。

（赵连成）

辽宁省鞍山市文化局

鞍山市文化局内设艺术处、社文处、文物处、新闻出版处、文化产业处、办公室局属单位16个，全系统人员编制1200人。2004年以来，我市创建全国文化先进县（区）1个，全国文化先进社区1个，中国民间艺术之乡2个。市图书馆、铁东区图书馆进入国家一级馆。我市被评为全省"扫黄打非"先进试点市，市版权局被评为全国先进集体。海城小孤山仙人洞、析木石棚被国务院确定为全国重点文物保护单位。

2004年成功举办了首届"中国鞍山文化体制改革和文化产业发展高级研讨会"。

2005年"把盗版教材教辅读物赶出校园活动"的经验，《中国新闻出版报》整版篇幅予以报道。《千山寺庙音乐》、《海城高跷秧歌》、《岫岩玉雕工艺》等被文化部批准为第一批国家级非物质文化遗产。海城喇叭戏《跷中情》获得中国第九届戏剧节优秀入选剧目奖，儿童话剧《红烛红》获得全国第五届优秀儿童剧目展演祝贺演出奖。在省第五、六届艺术节中我市有4部剧目获得金银奖。（刘耀庭）

辽宁省海城市文化局

2005年，海城高跷秧歌、海城喇叭戏、海城民间鼓乐正在申报国家级非物质文化遗产保护项目，并已顺利通过省级验收，正等待国家专家组的验收；海城皮影戏、海城回族鼓子秧歌申报省级保护项目，并已取得阶段性成果。海城高跷秧歌参加了沈阳首届国际旅游节开幕式、国家文化部在浙江临安举行的"华夏一绝"全国民间艺术表演大赛、在南京举行的第十届全运会开幕式演出、在广东佛山举办的第七届亚洲艺术节。举办了"巨伦杯"乒乓球比赛，承办了全国青少年肯德基3人篮球对抗赛，业余体校参加了2005年鞍山地区少年体育比赛，获金牌46枚、银牌28枚、铜牌12枚、团体总分554分，金牌、总分名列鞍山地区第一名。

我局通过自筹资金，对市级文物保护单位铁塔和省级文物保护单位"山西会馆"集中修复；成立了各种体育协会和群众体育组织，为群众性的体育活动开展提供了有效地载体和组织体系上的保证；争取了30余万元资金，对牛庄镇体育场所进行了全面维修。文体局根据上级有关精神，结合海城的实际情况，对海城的文化市场进行了全面的清理整顿，深入开展网吧专项治理和"扫黄打非"活动。（李恒品）

辽宁省大连市文化局

2004年，大连市有专业艺术团体和单位9个，市直专业剧团共计完成国内演出350余场，深入农村演出40余场，赴国外演出600余场，举办了新春音乐会、春节京剧晚会等重大艺术演出，并在各级艺术活动中取得优异成绩；大连电影放映公司全年放映电影新片92部，6月，大连市文化局、教育局联合开展了首届优秀儿童影片展映及影评活动；大连市有国家文化先进县（市）区6个，辽宁省文化先进县（市）区2个，万里边疆文化长廊建设成绩显著地区2个，全国文化建设先进社区1个，辽宁省文化先进街道16个，省文化先进乡镇27个，省文化先进社区23个，省文化先进村24个；大连市共有不可移动文物1358处，其中全国重点文物保护单位7处，省级文物保护单位26处，市级文物保护单位133处，县（区）级文物保护单位136处。

2004年大连市继续加大力度培育和规范文化市场；开展了网吧等互联网上网服务营业场所专项整治；加大对音像市场的管理力度；清理整顿全市报刊社记者站；治理整顿出版物市场。（洪文成）

辽宁省大连市西岗区文化体育局

两年来西岗区文艺作品精品纷呈，竹笛与模特《江沐沦》在第四届全国“四进社区”文艺展演活动中获金奖。每年定期对7个街道文化站长和45个社区文体专干就群众文化、文化市场管理以及数字化图书业务进行了全面系统地培训，提升群众文化活动档次。为了加大专业辅导力度，增强特色基地建设，制定了专业干部进社区辅导工作制度，并建立了业务干部基层辅导档案。积极参加各种节日庆典活动，并组织社区艺术团于6月~10月到辖区街道、社区进行巡回演出。建立了区、街、社区三级数字化图书网络系统，实现了资源共享、网上借阅、通借通还、一卡通用。强化“一老一小”读者队伍建设，建立了未成年健康活动基地和未成年德育教育基地，充分利用“智慧泉”小读者俱乐部和“常青树”老年读书乐园开展特色服务，策划精品读书活动。（辛兵）

辽宁省营口市文化局（新闻出版局、版权局）

2004年，营口市文化局举办了营口市2004年迎春戏曲文艺晚会、国庆招待会、春节茶话会、英国及韩国企业家营口活动周文艺演出活动。举办了红十字会成立100周年、纪念邓小平诞辰100周年、“五一”劳动节、第20个教师节、勿忘“九一八”、“3.15”维权日等20多台纪念日专场文艺演出。成功组织承办了营口第十届望儿山母亲节的文化活动。

2004年创建省级文化中心2个，省级先进乡镇（办事处）、先进村（社区）9个；市级先进乡镇（办事处）、先进村（社区）20个。

加强了文化市场管理，组织了网吧、音像、歌舞娱乐、演出、电子游戏5个专项整顿。深入开展“扫黄打非”专项治理工作。开展了印刷业专项清理整顿工作。（高洪涛）

辽宁省盘锦市文化局（新闻出版局、版权局）

2005年，市文化局在重大节日和纪念日举办了不同形式的社会文化活动，高跷秧歌健身舞等群众喜闻乐见的文化活动长年不断。大洼县二界沟“古渔雁民间故事”已通过文化部的评审，即将列入国务院非物质文化遗产保护名录。专业艺术水平不断提高，创作了一批剧（节）目，市专业文艺表演团体年演出400余场，城乡文艺舞台进一步活跃。文化市场健康发展，市场体系进一步健全，管理机制不断完善，开展了“扫黄打非”斗争，违法违规经营行为受到严厉打击，维护了良好的经营秩序。新闻出版（版权）工作进一步规范，产业结构不断优化。文博事业快速发展，开展了全市文物普查，民俗文物征集700余件，文物保护法宣传不断加大力度，文物保护措施进一步落实，修复盘锦古长城已列入全省文物保护“十一五”规划。文化产业起步发展，盘锦市文化产业发展规划进一步完善，辽河文化产业园先进典型的示范作用得到较好发挥，演出业、大众娱乐业、音像业、文博业、艺术培训业、图书发行业、新闻出版印刷业的文化主体产业的市场体系基本形成并稳步发展。（王永恒）

辽宁省兴城市文化局

兴城市文化局下设办公室、文艺科、文化科、文物科，基层单位有图书馆、新华书店、影剧院、电影公司、文化市场稽查大队、文物管理处。

2004年，欧盟援助亚洲城市项目选择了兴城，兴城市文化局是具体合作单位。两年中，开发了一座具有辽西民宅风格的四合院，成立了兴城古城游客中心，出版了“兴城古城”画册，提出了兴城古城的申遗，兴城城墙作为“中国明清古城墙”项目之一已于2006年进入中国申遗名单。兴城市文化局与兴城市机关工委联合聘请了100名“五老”网吧义务监督员，有效加强了对网吧的监管，2005年的10月，省机关工委和省文化厅联合在兴城召开了网吧管理研讨会，兴城市文化局和机关工委在大会上作了经验发言。兴城古城于2005年被评为4A级景区，年接待中外游客达百万人次。

（郭长林）

吉林省民族乐团

中国吉林省民族乐团独立组建于1985年，前身为吉林省歌舞剧院民族乐团（1978年）。乐团现有业务及行政人员79人，其中大学毕业45人，中专毕业25人，一级作曲指挥2人，一级演奏员12人，一级演员4人，二级作曲、演员、演奏员40人，现已组成了一支由专业院校毕业生与高级职称人员为主体的艺术团队。

过去20年来，乐团自己创作民族声、器乐作品600余部（首），获国家级奖项近40余部（首），如：民族管弦乐《日月潭边》、编鼓与乐队《跑火池》、古筝独奏《铁马吟》等，省级获奖200余部（首），如：民族管弦乐《长白山幻想曲》、筝群与乐队《君子兰》、女高与乐队《春江花月夜》、《蜀道难》等。乐团的创作与演出形成了以突出东北地方特色，兼容古今中外，演出热情奔放又不失委婉细腻的艺术风格，被外界称之为“关东乐派的一支劲旅”。

乐团有在国内外均具影响的老一代作曲家、指挥家朱广庆（曾任团长兼首席指挥）、张式功（曾任首席指挥），他们的创作精品硕果累累，如朱广庆的《跑火池》、《君子兰》、《驷马铜铃》、《风雪爬犁》等，张式功的《日月潭边》、《文成公主》、《长白山幻想曲》、《第一唢呐协奏曲》等，以上作品在国内外经常上演，很多作品已录制出版发行。有二胡演奏家赵国梁、李德武，古筝演奏家赵登山，唢呐演奏家李秋奎，打击乐演奏家于延河等老一代资深演奏家，他们不仅业务造诣深厚，演奏技术精湛深受群众欢迎，而且创作了大量作品，对提高乐队声誉并形成自己的风格都起到了重要作用。乐团还拥有一支阵容庞大的声乐队伍，其中包淑芳等都是深受专家好评和观众喜爱的歌唱家。

尤其是王少君院长担任民族乐团团长时，作为文化交流的使者、乐团艺术家曾访问过朝鲜、印度、加拿大、日本及香港、台湾地区，所到之处，无不受到国际友人和华人的高度评价和热烈欢迎。乐团还以雄厚的实力、整齐的阵容、独特的风格和优秀的作品参加了国内一系列重要演出，如“哈尔滨之夏”音乐周、长春音乐周、沈阳音乐周、中国艺术、北京“龙年音乐周”等。

乐团现任团长、艺术总监（兼吉林省歌舞团艺术总监），国家一级作曲家、指挥家李志祥，毕业于沈阳音乐学院作曲系，以其艺术严谨、治团有方，作风民主、经营有道而赢得全团拥戴。

曾创作的舞剧音乐有《太阳契丹》、《关东女人》、《土尔扈特婚礼》；交响合唱《我和祖国》、《内蒙古礼赞》；音乐剧《约定》；马头琴协奏曲《归》；民族器乐曲《昭君行》、《胡笳十八拍》、《江沐沦》；舞蹈音乐《孟克珠岚》、《马舞》、《筷子》、《腊月》、《情思》、《浪不够》、《跳不够》、《转不够》、《美不够》；歌曲《唱不尽草原风光好》、《九十九》、《祖国啊祖国》、《唱中华》、《敖包又相会》、《中华好大一个家庭》等各类音乐作品800余部（首），其中60多首音乐作品分别获得国家级、省市级创作奖。100余首音乐作品分别由中央电台、电视台、中国国际广播电台以及多家省级电台、电视台、媒体及刊物播出、出版。

其中舞剧《太阳契丹》、《关东女人》分别荣获1997年、2001年全国舞剧比赛、中国“荷花杯”舞蹈大赛银奖，“新剧目”及“优秀剧目”奖。马头琴协奏曲《归》分别荣获1997年全国马头琴大赛作品创作“一等奖”、自治区首界民族器乐作品大赛作品创作“一等奖”、自治区政府“萨日娜”创作一等奖。民族器乐作品《庆寿》、《昭君行》、《江沐沦》等8首乐曲荣获1988年全国首界民族器乐作品大赛“展播奖”。舞蹈音乐《孟克珠岚》分别荣获1990年全国少数民族舞蹈（独、三、双）比赛“作曲奖”，自治区政府“萨日娜”创作“一等奖”。舞蹈《欢腾的草原》、《情思》、《腊月》、《新春锣鼓》、《喊春》、《红火》、《转不够》、《醉妞》分别荣获国际舞蹈秧歌大赛，全国“荷花怀”舞蹈大赛，央视“星光怀”电视晚会大赛，创作、表演“金、银、铜奖”。歌曲《敖包又相会》、《中华好大一个家庭》分别荣获2002年全国广播新歌评比“一、二等奖”。近年来分别5次荣获自治区党委“五个一工程奖”，5次荣获自治区政府“萨日娜”创作奖。

国家一级作曲，作曲家、指挥家赵黎东，毕业于沈阳音乐学院作曲系，先后师从中央音乐学院指挥系李华德、徐新教授学习合唱与乐队指挥。撰有多篇音乐理论文章并创作歌曲200余首，独立创作的吉剧《一夜皇妃》音乐获国家第四届文华奖，《火焰山》音乐获长白山文艺奖。

国家二级作曲，作曲家林华秀，毕业于吉林艺术学院，创作歌词100首，歌曲800余首。

国家二级作曲家金光日，毕业于吉艺术学院。

青年笙演奏家张晓东、王友新、张振军；竹笛演奏家陈立新；胡琴演奏家刘冠廷；二胡演奏家董碧海、康建平、李延薇；琵琶演奏家沈虹、李鹏，扬琴演奏家商楠；打击乐演奏家李延海、易大鑫、于冰；唢呐演奏家王庆忠、曲国凤等。

中年歌唱家王艳、魏波；青年歌唱家王波等。

以上中青年艺术家风华正茂，承上启下，于艺术实践中迅速成长，在国际国内各项赛事中均取得了可喜成绩，正以出众的艺术才华，时尚的美学理念效劳于乐团，服务于吉林大众，充分发挥着骨干作用。

乐团目前所经营的艺术项目有：

《九女霓裳》

由年轻美貌的7位女演奏家和2位民族歌唱家组成，乐器配置：二胡2把（兼中胡、高胡、京胡等），琵琶2把（兼柳琴、月琴、中阮、大阮等），古筝2架（兼古琴），唢呐1支（兼八乌、葫芦丝、筚篥等），民族声乐2人，该组合灵活小巧，典雅别致，特别适合表演中国古典器乐声乐作品，9位音乐家演奏演唱技术娴熟，在表现中国古典音乐美方面十分见长，演奏演唱形式多样，既有清新淡雅的独奏、独唱、重奏、重唱；又有浓淡相宜张弛有致，配合默契的合奏和表演唱，作品形式不拘一格，该组合创建2年来在我省各地已经小有名气，初步形成了独有的特色品牌。

《女子小乐队》

由10位年轻美貌的青年女演奏家组成，乐器配置：二胡2把（兼中胡、高胡、京胡等），琵琶1把，中阮1把，大阮1把，古筝1架（兼古琴），扬琴1台，竹笛1支（兼萧、口笛、排萧等），笙1支（传统二十一簧和改革三十六簧），打击乐1人。该组合乐器配置科学合理，声部齐全，表现力丰富，能够演奏各种风格、各个时期、各种流派的器乐曲，吹打弹拉丰富多彩，10位音乐家演奏技术娴熟，不仅表现中国乐曲十分见长，演奏外国作品也惟妙惟肖，有独奏、重奏、合奏，作品形式不拘一格，该组合创建一年来在我省各地也已小有名气，并形成了自己的特色品牌。

《女子乐坊》

由12位年轻美貌的青年演奏家组成，乐器配置：二胡4把（兼中胡、高胡、京胡等），琵琶2把，古筝1架（兼古琴），扬琴1台，竹笛1支（兼萧、口笛、排箫1架（传统二十一簧和改革型三十六簧），唢呐1支（兼八乌、葫芦丝、筚篥等），打击乐1人。该组合时尚火爆，活泼清新，解放了传统演奏一律坐姿的呆板状态，以动态演奏，兼有柔美舞姿，为观众提供了全新的视觉感受；伴奏采用极具震撼力的MIDI制作，有很强的艺术表现力，作品具有强烈的东北地方特色和通俗流行风格，民族音色色彩斑斓，MIDI伴奏音乐电味十足，非常适合当代青年观众的审美需求。

《民族交响乐队》

乐队组建于20世纪60年代，凝聚了几代卓越的关东音乐家们的艺术结晶。编制齐全，训练有素。唢呐组、关东打击乐组尤为强劲，在表现东北粗犷火爆，大喜大悲的艺术特色方面十分见长。弦乐组、弹拨乐器组柔美细腻，控制与音色具佳。40多年来积累了大量中外优秀曲目，既有东北特色的绝大部分创作曲目与传统曲目；又有建国以来以彭修文先生为代表的民族音乐家们的大部分创作改编作品；和近代以谭盾为首的青年作曲家们的新民族音乐作品。题材广泛，体裁多样，可以同时展示不同风格的大型音乐多套。

近年来，曾多次受国家文化部派遣、友好国家邀请，赴美国、英国、日本、意大利、东欧、非洲、印度及我国香港、台湾等国家和地区进行访问与商业性演出，所到之处反响甚佳。

乐团年平均演出80场左右，既有大型民族管弦乐，也有中小型声器乐组合；既有浓郁东北特色的鼓吹乐，也有声情并茂的民族声乐；既登上过人民大会堂的高雅舞台，也在中小学校的课堂上演讲过民族音乐。演出不拘场所与环境，形式多样灵活，根据演出对象的不同，可以随时组成各种形式的演出阵容以满足各方面的需求。

乐团有着严格的管理机制，全团演职人员爱岗敬业，演出作风严肃认真，得到上级领导、专家和广大观众的一致好评。在当今深化文化体制改革的大潮中，乐团正以蓬勃的朝气、搏击的雄姿向前迈进，为建成我国一流水准的大民族乐团而努力奋斗。

吉林省长春市二道区河文化体育局

2004年以来，二道河区文化局元旦、春节和“十五”元宵灯节共组织节庆联欢、秧歌大赛15次，各种民间艺术活动表演等，参加人数达2万多人。认真组织广场文艺演出活动100多场。参加演出人员2000余人，观众达12万余人。

全区共有32个社区，活跃着13个社区的20支社区文化队伍，参与人数高达10万余人；全区共有街、乡（镇）文化服务中心（点）12处，2个标准图书馆、6个标准图书室、12个图书流动站；共有区级文物遗址13处。东站十委社区和英俊镇同市图书馆建立了协作馆关系，成为我区的2家协作馆，实现了社区分馆与长春市图书馆的通借通阅，以及数字的资源共享。

2004年以来，区文化局不断加强队伍建设，通过建立文化市场长效管理机制、加强未成年人思想道德建设工作，有力推进了文化市场产业发展。（赵忠玲）

吉林省长春市双阳区文化体育局

双阳区辖8个乡镇（街），35万人口。区文化体育局下设文化市场稽查大队、文化馆、图书馆、评剧团、影剧院、电影公司、文物管理所、戏剧创作室、业余体校9个职能部门。

近年来，区文化体育局积极推进社区文化、街道文化、校园文化、企业文化建设。2004年5月，举办了歌手大赛；8月举办了社区文化艺术节；9月举办了老年艺术节；10月举办了国庆焰火晚会。深入开展“三下乡”活动，年平均送戏下乡88场，观众达15.6万人；送电影100余场；送图书5000册。由剧作家张福先创作的《三嫂》在第四届中国评剧艺术节上获综合奖，在第九届中国评剧艺术节上荣获优秀剧目奖。区文化稽查部门常年对出版物市场、音像市场、网络文化市场进行整顿，使我区的文化市场进入了良性发展的轨道。

（赵军）

吉林省吉林市文化局

一年来共创作《走向明天》、《多彩的吉林》、《关东情》等大型文艺晚会10余台，创作各类剧（节）目50多个。吉林市歌舞团连续第7年参加了中央电视台春节联欢晚会、戏曲晚会和元宵晚会的演出；与总政歌舞团合作排练了《一个士兵的日记》，得到高度的评价；全年组织开展了各类群众文化活动50余项，全市近30万人参加。举办了吉林市第六届“松花江之夏”和“松花江金秋”广场文化活动周；举办了“牛子厚创办喜富连成社100周年纪念活动”，中央电视台新闻频道、戏曲频道对活动盛况进行了专题报道。

完成了吉林文庙、明代阿什哈达造船遗址、苏密城申报第六批国家重点文物保护单位的基础材料准备工作。

对文化产业进行有效管理、正确引导，为其创造了公平竞争的市场环境，实现系统文化产业收入年均增长20%的发展目标。（张国利）

吉林省桦甸市文化新闻出版局和体育局

2004年，桦甸市文化局开展各类文化活动25项,其中举办大型系列广场文化活动13次；公共图书馆服务功能进一步加强，完成全国文化信息资源共享工程县级分中心组建工作；认真贯彻落实农村电影“2131工程”，放映电影1000余场；送文艺下乡30场；送图书6000册；送电影66场；市歌舞团连续8年参加中央电视台春节戏曲晚会演出；组织全市民间画作者及作品参加文化部在浙江省嘉兴市举办的中国第七届艺术节，1人被评为中国现代民间绘画优秀画家；积极开展“扫黄打非”和网吧专项治理活动，联合公安等部门开展集中整治活动6次；苏密城遗址申报国家文物保护单位工作顺利开展。

2004年，共有3个行政村被吉林市文化局命名为“先进文化科技示范村”，3个社区被吉林市文化局命名为“先进文化中心”；顺利通过全国文化先进县（市）的复查。（刘润书）

吉林省辽源市文化局

在由省文化厅、省群众艺术馆共同举办的吉林省新春春联、剪纸作品展览中，辽源市共有30件作品入选并获得好成绩。其中春联作品获一等奖1人、二等奖3人、三等奖5人；

剪纸作品获一等奖1人、二等奖2人、优秀奖1人；市群众艺术馆获优秀组织奖。元宵节期间举办了大型花灯展。市文化局组织市群众艺术馆协调两区文化馆，对近20个社区文化资源进行有机整合，形成了10个各具特色的小区板块。

“辽源之春·琵琶独奏音乐会”分别在北京中央音乐学院和长春吉林艺术学院音乐厅隆重举行并圆满结束。龙山区山湾乡成功举办了第六届农民艺术节，东丰县农民画已走向世界。由市戏剧创作室专业人员创作、市艺术团排演的未成年人思想道德定向剧目暨文艺专场演出“诚信校园”在市内各区县演出;由市艺术团演出的“阳光辽源”专场文艺晚会成功举办。

市文化馆免费接待未成年人参观达1万余人次;市博物馆内装、古城墙遗址保护工程等正在进行。

组织开展了全市网吧专项整治工作;开展了“扫黄打非”斗争，为全市经济发展和青少年健康成长创造良好的文化环境;积极开展了打盗维权，有力促进了辽源版权产业发展。

（闫玉清）

吉林省延边州文化局

2004年，延边州文化局成功举办第六届亚洲艺术节延边分会场的演出。自5月24日起，延边州暨延吉市“长白之夏”广场文化活动拉开全州系列广场文化活动帷幕以来，全州共举行各种广场文化活动270余场，表演节目3500多个，演员25500多人次，观众累计达90多万人次。

延边州渤海遗址被国家列入申报世界文化遗产项目。我们在配合省对渤海遗址考古发掘中，共清理墓葬9座、塔墓1座、古井1座，发掘面积为1600平方米，出土文物百余件。其中，皇后的墓碑及1只完整的汉白玉狮子，均可定为国家一级文物，填补了渤海遗址的历史空白，也是2004年全国考古的重大发现。

舞蹈《美阿里》（延边大学艺术学院）获第六届全国舞蹈比赛创作表演三等奖。该节目还获得第六届全国民间艺术节金奖，并应邀参加了中央电视台在人民大会堂举办了国庆晚会。金顺姬（延边大学艺术学院）获第二届中国南北民歌擂台赛最佳歌手奖。（金永哲）

吉林省通化市二道江区文化新闻出版和体育局

2004年以来二道江区文体局，注重抓好社区文化建设，文化馆积极培训社区文艺骨干，组建社区民乐队，积极开展丰富多彩的文化活动，每年都组织全民健身展示、扭秧歌、太极拳等比赛。开展社区文艺演出、广场演出等文艺活动，受到了老百姓的欢迎。

积极开展文化下乡活动，通过送戏剧、送图书刊物、组织文艺演出等形式，活跃农村文化生活，满足农民群众的精神文化需求，每年我们组织3至5次到基层。

通过开展一系列活动，使全区的文化生活丰富多彩，人们讲文明、树新风、蔚然成风。

（刘初英）

吉林省珲春市文化新闻出版和体育局

2004年文体局以“三个代表”重要思想统领全市文化体育工作，以繁荣和发展为第一要务，以体制改革和机制创新为动力，一手抓文化体育事业繁荣，一手抓文化体育产业发展，努力实施打造精品，活跃基层战略，提升珲春城市文化品位，增强人民文化素质和身体素质，进一步开创文化体育工作新局面的总体思路。对全市群众文化、演艺事业、文博管理、图书阅览、影视教育、文化市场等部门和单位工作提出了一系列新的要求。并广泛开展广场文化活动、送文化下乡，建立图书流通站，电影巡回放映、全民健身等活动，收到良好的效果，被延边州评为年度“广场文化先进单位”。硬件建设方面，投资270万元全面装修改造了市影剧院；完成了市文化中心大楼的续建工程，迁居新楼，改善了文化馆、歌舞团、图书馆的办公、活动条件；成立了文化体育产业办公室，全年文化体育产业创收实现110万元。（金正国）

吉林省和龙市文化局

和龙地处祖国的东北边陲，是朝鲜族聚居的地区，特殊的地理环境和风土人情积淀了丰厚的文化底蕴，使和龙的群众文化工作走在了前面，1993年被命名为全国首批“全国文化先进县”。

为大力弘扬和发展先进文化，近年来，和龙市的群众文化工作者不断适应新形势、开拓新视野，以基层文化建设工作为重点，以明星文化争创活动为载体，以系列广场文化活动为舞台，每年都举办五、六十场的专场文艺演出，极大地调动了业余文艺骨干和基层单位的积极性，唱响时代主旋律，秀出了和龙人的时代风采，向全市人民展示基层文化建设成果，丰富城乡居民的业余文化生活，形成和龙市群众文化活动的一道靓丽的风景线。（全成一）

吉林省汪清县文化新闻出版和体育局

汪清县文化新闻出版和体育局内设4个职能科室。直属文化馆、图书馆、文化市场管理办公室、文物管理所、影剧院（含电影公司）、新华书店等6个企事业单位。辖11个乡镇（街道）文化站。

县图书馆曾多次被吉林省文化厅评为“一等馆”、“十优图书馆”和全省图书馆“先进单位”；两次被文化部命名为全国“文明图书馆”和“国家二级图书馆”；有4个乡镇分别被国家、省、州命名为“农民书画之乡”、“象帽舞之乡”和“朝鲜族歌舞之乡”等文化特色乡镇；有3个乡镇被省文化厅评为“百镇辐射工程”先进乡镇；有8个单位被州文化局命名为“文化明星”单位；汪清县被文化部授予“全国文化先进县”荣誉称号。

2005年，“象帽舞”表演队进京参加了“庆祝中华人民共和国建国五十六周年”、“2005中国民族文化博览会暨中国少数民族绝技艺术展演”活动，取得“特别贡献奖”和“优秀组织奖”。“象帽舞”被列入第一批国家级非物质文化遗产名录。百草沟遗址被国务院批准为“国家级重点文物保护单位”。（宋爱国）

东北烈士纪念馆

哈尔滨解放后，为缅怀和纪念在东北抗日战争和解放战争中牺牲的革命先烈，东北行政委员会决定改伪满警察厅旧址为东北烈士纪念馆，于1948年10月10日正式建成开馆。半个多世纪以来，东北烈士纪念馆一直发挥着弘扬民族精神、对青少年进行思想道德教育的重要作用。2004年被中宣部等四部委联合评为“全国爱国主义教育示范基地先进集体”。

1946年哈尔滨解放后，东北行政委员会主持征集了大量东北抗日战争时期和解放战争初期的文物和文史资料、照片，作为全国建立最早的革命纪念馆，这部分文物资料当时全部由东北烈士纪念馆收藏。在此基础上，东北烈士纪念馆研究也取得了显著的成就，在全国近现代史研究中占有了一定的位置。

2005年，为迎接世界反法西斯战争胜利60周年，东北烈士纪念馆于8月15日推出《黑土英魂——东北抗日战争时期烈士事迹陈列》和《伪满警察厅旧址复原陈列》。新的基本陈列在尊重历史、发掘新材料的情况下，艺术地再现了东北抗日战争时期的历史环境及杨靖宇、赵尚志、赵一曼、李兆麟等烈士的英雄事迹，努力做到思想性和艺术性的有机统一。省委书记宋法棠、省长张左以及省四大班子主要负责人出席了开幕式，中央电视台新闻联播等26家新闻单位和栏目对这一消息给予了报道。同时为了配合共产党员先进性教育活动，东北烈士纪念馆筹办了专题展览《光辉的誓言——永远保持共产党员先进性》，推出了题为“学习先烈精神，坚定共产党员理想信念”的保持共产党员先进性教育专题报告，为黑龙江省先进性教育开设了特殊课堂。

为纪念世界反法西斯战争和中国人民抗日战争胜利60周年，还连续举办系列活动。与《黑龙江日报》社联合举行“胜利之旅——重走抗联路”活动；与省书协、省书法活动中心联合举办了黑龙江省纪念抗日战争胜利60周年书法名家笔会；与黑龙江省邮政局联合举办的纪念世界反法西斯主题邮票展；主办了以“勿忘‘九一八’”为主题的文艺演出；推出了《历史的瞬间——苏联红军在东北》展览；与黑龙江江龙集团合作推出“一日走百年”活动；与省委、省委宣传部、省党史委联合举行了纪念赵一曼烈士座谈会等。以出版物的形式纪念抗日战争胜利60周年，与人民出版社、欧亚出版社联合出版画册《历史的瞬间——苏联红军在东北》；与人民出版社合作出版《血沃关东十四年》；重新撰写修订《东北抗日联军第三军》、《东北抗日联军第九军》军史；撰写《赵一曼传》，黑龙江人民出版社出版；编写《革命英烈画传》，黑龙江省文艺出版社出版。

为加强宣传教育力度，提高东北烈士纪念馆宣教队伍的接待能力和接待水平，东北烈士纪念馆面向社会公开招聘了9名优秀合同制讲解员，在省讲解员大赛中取得了团体一等奖和个人一、二、三等奖的好成绩。在全国讲解比赛中，获得了个人二等奖和优秀奖的成绩。保证了东北烈士纪念馆爱国主义教育示范基地作用的有效发挥。

通过不断深入研究、发掘东北抗日战争的历史，东北烈士纪念馆以自己的个性和特色，在新的历史时期继续为弘扬民族精神、为构建和谐社会作出贡献。

黑龙江省哈尔滨市动力区文化体育旅游局

哈尔滨市动力区文化体育旅游局成立于1996年6月，下设7个职能科室。近年来，动力区文化体育旅游局文化、体育工作多次受到国家、省、市的表彰和奖励，合唱团多次获得国际、国家、省、市演唱金奖。

近年来，局合唱团在参加国际、国家、省、市合唱比赛中，获得第二届奥林匹克合唱比赛混声合唱和有伴奏民谣两项银奖，同时还多次获得省、市合唱比赛的金奖，合唱团组建10年来，已在广场、企业、军营、农村为广大人民群众演出100余场次，受到了群众的好评。动力区文化体育旅游局还连续6届获得“中国·哈尔滨之夏”音乐会先进单位，市级精神文明单位。每年都精心策划安排百余场群众文化活动，满足了人民群众文化需求，丰富了人民群众文化生活。　（王秉辉）

黑龙江省哈尔滨市平房区教育科技局

哈尔滨市平房区位于哈尔滨市西南隅，总面积94平方公里，总人口17.8万人。其中农村人口4.5万人。

平房区高度重视文化建设，充分发挥地区文化资源优势，努力打造特色文化。在2001年政府机构改革中把原来的区教委、文化局、体育局、科委合并，成立了教育科学技术局，集中精兵强将统抓全区文化体育工作。几年来大力推动企业文化、社区文化、校园文化、村镇文化、广场文化和冰雪文化建设。全区现有大型文化宫4个；职工文化娱乐中心7个；区级文化馆1个；区级图书馆1个；街道和村镇文化工作站10个。各个企业、社区、学校、机关及村屯建立的文化活动室、图书馆、阅览室、体育活动室等186个。全区现有专兼职文体工作人员和活动骨干1000多人。群众自发组织的老年合唱团、文艺表演队、服装表演队、健身表演队、秧歌表演队、书画摄影协会、集邮协会、大众健身协会等群众团体76个，常年活跃在基层社区。据不完全统计，全区常年参加各项文体活动的市民已达10万余人，占总人口的65%。每年举办的哈尔滨之夏平房卫星城音乐会已成为全区人民传统的文化活动。

（陈禄）

黑龙江省双城市文化局

双城市文化局2005年10月从教育局中独立出来，下设办公室、业务股、产业股3个股室共9名工作人员。下设文化馆、图书馆、文物管理所、书画院、歌舞团、民间艺术剧院、电影公司、电影院、文化市场管理办公室9个基层单位。

2004年以来，我局成功地组织了书画、舞蹈、声乐、器乐等文艺大赛20余次，并于2000年开始至今组织了每年一届的“古堡之夏”百日百场群众文化活动，极大的丰富了双城人民的精神文化需要。我局经多方沟通、协调有关部门，并得到市委、市政府的认可，于2006年年初市委常务会讨论通过将建设“文化会展中心”、建设“图书阅览中心”纳入“双城市国民经济和社会发展第十一个五年规划”中。

（郑孟楠）

黑龙江省齐齐哈尔市文化局

齐齐哈尔市文化局内设党委工作部、办公室、艺术科、文化科、新闻出版（版权）科。下属事业单位有：图书馆、群众艺术馆、文物管理站、博物馆、文化市场管理处、戏曲剧院、话剧团、马戏团、艺术团和艺校。

2004年，市文化局主办了第三届新年音乐会；全年专业剧团下乡演出1000余场次；在全国第十三届“群星奖”评选活动中，群舞《渔歌》获金奖；在全省群众文化工作评比中，连续4年名列第一；11月，与嘉定区文化广播电视管理局联合举办了“仙鹤飞翔的地方”摄影和书画展；市博物馆全年举办各类展览27个；市图书馆被评为国家一级馆。

近年来，市文化局加大了文化市场管理的力度，并广泛开展了普法宣传和辅导培训工作。市新闻出版局被评为2004年度全省新闻出版行政执法工作优秀达标单位、全省“正行风、促发展”民主评议行风先进单位，文化局被评为全市行政执法先进单位。（徐朝晖）

黑龙江省齐齐哈尔市铁锋区文化体育局

铁锋区文体局所属事业单位有区文体活动中心、区文化市场管理所2个。铁峰区文化市场现有经营业户111家，全区有文化广场40余处，各街乡的活动群体有30多个。

近年来各乡镇结合本地的实际，制定了活动计划，每年都开展摄影比赛、秧歌比赛、健身操比赛、文艺汇演等，极大地丰富了农民群众的业余生活。2004年下半年，区文化局为各乡镇申报了维修扩建乡镇文化站、文化广播服务中心及图书室的项目。2006年，根据中办发[2005]27号文件《中共中央办公厅国务院办公厅关于进一步加强农村文化建设的意见》精神，依据齐齐哈尔市文化局《关于社会主义新农村文化建设2006-2010年规划》，结合铁峰区农村文化工作的实际，制定了《铁锋区文体局社会主义新农村文化建设五年规划（2006~2010年）》、《铁锋区文体局社会主义新农村文化建设实施方案》。

社区文化活动的水平逐年提高，社区先后参加了全市3届社区文艺汇演及铁峰区的社区

文艺演出及观鹤节、绿博会等大型文艺演出，举办了社区艺术节、社区秧歌展演及社区大合唱等活动。（陈静波）

黑龙江省富裕县文化体育局

富裕县文体局现有编制6人，下设一类事业单位体育训练中心、文化馆、图书馆、文物管理所、文化市场管理所和二类事业单位龙江剧团，共6个直属单位。

1991年富裕县被国家文化部、人事部授予“全国文化先进地区”的荣誉称号，1993年被文化部命名为“全国漫画艺术之乡”、被黑龙江省人民政府命名为“首批全省文化工作先进县”。

2004年以来各类创作作品已达到1000余件篇（幅），获国家、省、市级各类奖项200多个。2004年举办了富裕县首届金秋民族风情节。2005年1月，召开了富裕县第三届文联代表大会。2005年9月，“富裕漫画”作为我县的品牌文化，在“东北三省文化产业博览会”上，夺得了优秀奖。2005年10月，投资360万元在城南新区兴建了文体中心综合楼，总面积为2780平方米，内部除办公室外，还有图书馆、博物馆，同时内部还新增了一些体育活动场所。2006年初，召开了2006年度全县文化工作会议。2006年6月21日，成功举办了黑龙江省第十二届漫画展暨富裕漫画20年精品回顾展。（杨万良）

黑龙江省伊春市文化局

2004年市文化局以繁荣和发展小兴安岭文化事业为重点，以“造就大森林文艺劲旅”为目标，取得了丰硕成果。话剧《青山常在》、评剧《仙翁山传奇》参加了省委宣传部、省文化厅举办的“黑龙江省首届文化艺术之冬——全省新剧目调演”，两台剧目全部荣获一等奖，市文化局获优秀组织奖。话剧《青山常在》荣获了国家林业局颁发的“森林文化奖”，评剧《仙翁山传奇》参加了第四届中国评剧艺术节的演出荣获优秀剧目奖。

群众文化围绕主题，突出地方特色，安排了“大森林之声”系列文化活动和“城市之光”群众广场文化活动，在省、市取得了很好的成绩，其中有多个节目获省一等奖，市文化局荣获优秀组织工作奖。生态旅游文化活动，以广场演出拉开序幕，为“二次创业，富民兴市”全面建设小康社会营造昂扬向上、团结奋进的文化氛围。（尹维岭）

黑龙江省伊春市伊春区文化体育局

近年来，伊春区文化局以“群众艺术节”、“七月放歌”广场活动为重点，开展了系列文化活动。创作了诗朗诵《我如此爱你，伊春》、京韵大鼓《歌唱马永顺》、小品《家乡好》等一大批优秀文艺节目，其中《我如此爱你，伊春》、《家乡好》获全市“大森林之声”文艺调演优秀创作奖，《我如此爱你，伊春》被选调到省里参加广场文艺演出。组织参加全省第十届“群星奖”比赛，获金奖1个，银奖5个，铜奖4个，被评为全市“打造精品、培育新人”先进单位。每年都组织文艺演出小分队深入到村屯送文化下乡，每年春节都举办全区迎新春团拜会暨军警民联欢会，连续3年成功的举办了群众艺术节“七月放歌”、“党在我心中”等大型系列文化活动。（刘荣凡）

黑龙江省双鸭山市文化局

双鸭山市文化局内设5个行政业务科室，4个党群科室；下辖科级文化事业单位9个，文化系统共有职工214人。

市文化局以市“全国十佳检查官”张会杰为原型创作了大型龙江剧《女检查官》，于2005

年参加了黑龙江省第二届“白淑贤”杯暨地方戏调演评比，获优秀剧目银奖，文化局获优秀组织奖；舞蹈《兴安岭上的鄂伦春》在中央电视台主办的“CCTV第六届背背佳杯全国少儿电视大赛”中获金奖和优秀组织奖；三人舞《渔船、渔叉、小渔娃》在全省文化精品工程评比中荣获黑龙江省文化精品二等奖；2004、2005年，开展了“城市之光”广场文化和“金色田野”农村文化活动；每年组织文艺团体深入社区、企业、农村演出200余场；创办了《艺术家工作室》，每年举办美术、书法、舞蹈等培训班20余个；双鸭山市图书馆在社区、农村建立流动图书站，接待读者5万余人;市影剧院被市委宣传部确立为爱国主义教育基地，每年放映电影超过200部；2004、2005年共发现文物遗址50余处，双鸭山市文管站被国家测绘局批准为丁级测绘资质单位，是全国唯一一家具有测绘资质的单位；加大了“扫黄打非”力度，开展网吧专项治理，文化市场得到净化。（黄丽艳）

黑龙江省牡丹江市文化局

牡丹江市文化局（对外还挂新闻出版局牌子），内设办公室、组织人事科、文化科、艺术科、文博图科、新闻出版科、文化市场管理办公室7个职能科室，局机关编制33人；直属单位共有13个：京剧团、评剧团、艺术剧院、艺术创作研究所、艺术学校、群众艺术馆、朝鲜民族艺术馆、图书馆、朝鲜民族图书馆、文物管理站、文化市场稽查支队、儿童影剧院、博物馆。

2004年牡丹江市文化局提供各种宣传性演出100余场。创作演出了3部寓教于乐的舞台剧目，举办了全市青少年“独唱、独奏、独舞”比赛、“走进音乐厅”等丰富多彩的文化活动。复排了评剧《毛泽东在1960》，参加第四届中国评剧艺术节荣获9项大奖。创作了戏剧小品《校园外》，荣获文化部第十三届“群星奖”。市歌舞艺术剧院共参加各级歌舞类节目演出168场。打造了“金色田野”、“城市之光”、新春秧歌大赛、金秋节系列文化活动等品牌。重点开展了“扫黄打非” 和网吧市场专项治理行动。

积极推进渤海上京城遗址保护工程和市博物馆图书馆建设工程。完成了渤海遗址文物保护总体规划和文物本体保护总体方案。建筑面积12000平方米的图书馆和7000平方米的博物馆工程基本竣工。（丁汉荣）

上海市长宁区文化局

2005年10月，长宁区被国家文化部、人事部授予“全国文化先进区”荣誉称号。长宁区多媒体产业园被评为国家文化产业示范基地。

组织开展了“七个一百”、“文化三进社区”等活动。几年来，培育出1077支群文团队和965名社区文化指导员,创作了1078件文艺作品，组织放映公益电影2000场，组织公益文化活动317场，为居民和外来务工者送书6万多册，受益人数近45.6万人；创建了各具特色的“校园文化”、“机关文化”、“企业文化”、“会所文化”，举办“虹桥文化论坛”、虹桥文化之秋”、“小平之歌”、“凝聚力之歌”、中山公园“周周演”等各类文化活动。

加强了对文化经营场所的管理，3年来，区文化行政执法大队出动检查21580人次，检查场所13780家（次），收缴非法出版物138万件，连续4年获上海市一等奖。（胡以申）

上海市杨浦区文化局

2004年，上海市杨浦区文化系统共有文化单位13家，区级文化设施13个，建筑面积54575.9平方米。

2004年，区政府公布“旧上海市图书馆”等11处建筑为第一批区级文物保护单位，区文化局公布“裕丰纺织株式会社”等11处建筑为第一批杨浦区登记不可移动文物，第一批区级文物保护单位揭牌仪式于9月在复旦大学举行。区委宣传部和文化局9月底组织“绿杨抒怀”——杨浦区庆祝建国55周年大型歌会。区文化局主办第十五届杨浦、虹口、浦东、南汇、松江五区元宵迎春书画笔会。全年共开展各类群众文艺活动512场。长篇评弹《筱丹桂之死》创作演出20周年纪念演出在美琪大戏院举行。小品《发廊茉莉》获得全国“曹禺杯”戏剧小品比赛业余组一等奖。新四平电影公益展映活动观众达247837人次。区文化稽查队对游戏机房未成年人的进入、设置使用赌博机等违法行为进行整顿，破获全市范围内规模最大、数量最多的地下老虎机案件。

江苏省文物局

江苏历史悠久，文物资源丰富。全省现被列为各级文物保护单位约有2800处，其中省级文物保护单位541处，全国重点文物保护单位53处100多个点。有世界文化遗产2处：苏州古典园林和明孝陵；有被列为人类口述与非物质文化遗产代表作的昆曲和古琴艺术；有各类博物馆、纪念馆180多家，馆藏文物约90万件，其中一级文物1934件/套，馆藏文物的数量和质量位居全国前列。全省现有国家历史文化名城7座（南京、扬州、苏州、徐州、淮安、镇江、常熟），省级历史文化名城6座（高邮、泰州、常州、兴化、江阴、无锡），国家历史文化名镇7座（角直、周庄、同里、溱潼、黄桥、沙溪、木渎），省级历史文化名镇13座（角直、周庄、同里、东山、西山、光福、木渎、震泽、沙溪、丁蜀、千灯、黄桥、荡口）。我省还有历史文化保护区3处（无锡古运河历史文化保护区、南通濠河历史文化保护区、大丰莫堰镇古盐运集散地保护区）。

省文物局成立后，按照“健全法规，提高素质，打响品牌，扩大交流，加强保护”的工作思路，通过扎实有效地开展工作，使全省文物工作取得了可喜的成绩。文物法制建设得到进一步加强，率先起草了《江苏省非物质文化遗产保护条例》等相关法规；文物品牌已逐步形成，每两年举办一届全省文物节，特别是第二届江苏省文物节取得圆满成功，《江苏国宝展》、《江苏绝技展》、《海外中国文物回流展》、《传统与现代——意大利建筑遗产保护与复原展》深受广大人民群众欢迎，影响大、反响强烈；文物基础工作进一步夯实，2005年，江苏省文物局被评为“全国重点文物保护单位记录档案备案工作先进集体”和“全国馆藏一级文物建档备案工作先进集体”；田野考古工作取得新成果，江苏无锡鸿山越国贵族墓被评为“2004年度全国十大考古新发现”，宁常、镇溧高速公路抢救性考古发掘抢救项目——江苏句容、金坛市周代土墩墓被中国社会科学院评为“2005年中国6项考古新发现”。博物馆、纪念馆事业有了新发展，南京博物院的《泗水王陵考古展》和苏州昆曲博物馆的《中国昆曲博物馆陈列》获得第六届全国博物馆十大陈列展览最佳形式设计奖和最佳制作奖。

江苏省南京市文化局

2005年，全市文化（文物）系统在市委、市政府的正确领导下，各项工作取得了新进展、新成绩。

首部系统展示2000多年南京历史文化精彩的大型音乐舞诗画《神韵金陵》于5月1日起在南京文化艺术中心正式公演。大型民族交响乐《和平颂》作为国家文化部主办的“纪念中国人民抗日战争暨世界反法西斯战争胜利60周年”系列活动的开幕式演出剧目，于5月9日~10日在北京人民大会堂演出，受到党和国家领导人及省市领导的高度评价。

以文化馆、图书馆的评估工作为契机，推动两馆建设；配合城市建设，做好考古发掘。加强文物保护，凸显名城特色；开展了文博展览、展演和展映活动；推进演出市场建设。建

成并运营了1912酒吧一条街，吸引了众多市民前来休闲娱乐；网吧市场管理逐步走向规范化。（陈光亚）

江苏省南京市玄武区文化局

2004年以来，玄武区积极开展了“玄武之春”文化活动、社区文化艺术节、长江路文化艺术节等各类群众文化活动100余场次；多次组织开展民间艺术资源和特色文化调研工作；区少儿图书馆被评为国家一级图书馆，积极举办了“小蜜峰”周末乐园活动，并已建成文化信息资源共享工程基层网点。

玄武区现有各级文化保护单位74处，其中全国重点文物保护单位明长城在区内绵延10公里。2004年，全区完成了3家文物保护单位申报全国重点文物保护单位和19处历史文物申报市级文物保护单位的材料上报工作；玄武区现有文物经营单位600余家，区文化局在繁荣文化市场的同时，加大执法力度，深入开展“扫黄打非”专项整治，对校园周边的文化场所开展了专项整顿，抓好长效管理。

2004年以来，玄武区群文创作取得众多各级各类奖项。2004年，区文化局被评为全市广播电视先进集体、境外卫星传播秩序专项整治先进单位、南京市文联工作先进集体、全市广播电视社会管理先进单位、省市红领巾读书征文比赛先进集体、社会治安综合治理先进集体，荣获“南京特色文化成果展”组织奖、文物核查工作优秀组织奖和区（县）文化馆业务考评一等奖。（肖海林）

江苏省南京市白下区文化局

2005年，白下区文化局通过了全国文化工作先进区复查，文化馆、图书馆被再次评估为国家一级馆；成功举办了纪念郑和下西洋600周年系列纪念活动，被南京市政府授予郑和下西洋600周年纪念活动有功单位；推出新街口都市时尚文化广场系列活动、太平南路都市外语文化广场、都市戏曲、都市图书驿站等特色文化活动；依法加强对区域内文物的有效保护，积极推进金陵刻经雕版印刷术申报首批国家级非物质文化遗产申报工作；积极扶持文化经营单位向规模化、品牌化、规范化方向发展；深入开展“扫黄打非”专项斗争，进一步规范了文化市场秩序，净化了市场环境；2005年，全局荣获南京市广播电视系统先进集体，市“扫黄打非”工作先进集体，文化文物工作先进区，市区县、企业文联先进集体，“做文明南京人，当十运东道主”百场文艺演出进社区活动优秀组织奖，地下文物保护优秀奖和文博教育优秀奖，艺术生产先进集体，第十届全国推新人（文艺）大赛南京赛区组织奖。

（张振荣）

江苏省南京市秦淮区文化局

2004年1月18日、19日，由秦淮区政府主办的“秦淮神韵”——大型历史名篇音乐朗诵会在夫子庙秦淮剧场隆重举行；由中国音乐家协会表演艺术委员会、江苏省音乐家协会和南京市秦淮区人民政府联合举办的——“梦里秦淮”全国歌手唱秦淮大赛，于2004年10月15日在南京电视台举行；2005年1月，秦淮区组织灯彩艺人创作《金鸡吉祥》、《秦淮娃娃闹春乐》、《金鸡报晓》3个灯组，参加2005中国·沈阳国际新春灯会，分别获第七届中国民间文艺最高奖“山花奖”金、银奖及优秀奖，获奖规格、获奖率位居全国第一；南京市政府将“秦淮灯会”作为文化空间项目，申报首批国家级非物质文化遗产。2005年5月，经国务院批准“秦淮灯会”被列入首批国家级非物质文化遗产保护项目。（高安宁）

江苏省南京市浦口区文化局

浦口区文化局内设有办公室、文化文物科、文化市场科（含产业科、文化市场稽查队）。

2004年，地方民间特色节目《狮娃》、《狮虎双雄》参加了中国南京历史文化名城博览会、杭州西湖博览会的表演。组织“林散之、胡小石、高二适、萧娴”书画作品参加名城会、“金陵十二家书画精品展”，与青岛博物馆联合举办《力驱蛟龙——林散之书法艺术展》和《一代草圣林散之——林老的生平及诗书画艺术》讲座，编辑出版了《金陵四老馆馆藏精品书法集》。动工兴建胡小石纪念馆，努力打响浦口“书法之乡”的文化品牌。排演现代纪实扬剧《大泉魂》，先后在10余个地区，演出近150场。少儿器乐《林海畅想》荣获“全国儿童音乐舞大赛”创作表演金奖，2篇征文荣获全国“亚农杯”农民读书征文三等奖荣誉，《大泉魂》等4件作品获南京市文学艺术奖。区文化馆获国家一级馆，区图书馆争创国家一级馆，通过省市的验收。编辑出版了《浦口区历史文物图集》。加强对网吧、娱乐、校园周边地区等文化市场的集中专项整治，进一步规范了文化市场秩序。（李珉）

江苏省徐州市文化局

2004年，徐州市文化局首次开展“文化大篷车工程”，组织全市文艺工作者深入全市114个乡（镇）进行文艺演出；成功举办中国徐州首届马可艺术节；举办“动感古彭——艺术名家贴近百姓文艺演出”和“先进文化进万家广场演出”活动20余场。柳琴戏《枣花》等10余个作品，荣获省、市“五个一工程”奖和市重点文艺作品奖。贾汪区青山泉镇马庄村孟庆喜家庭荣获“江苏省特色文化家庭”称号；举办徐州市第六届“联通杯”农民歌手大赛、《马可歌曲大家唱》广场文艺演出；推荐徐州市图书馆、邳州市图书馆、沛县图书馆申报国家一级图书馆，新沂市图书馆申报国家二级图书馆。推荐花厅遗址、大墩子遗址、徐州汉画像石墓群、户部山民居群申报第六批全国重点文物保护单位，划定龟山楚王汉墓等19处全国、省级文物保护单位保护范围和建设控制地带；徐州汉兵马俑博物馆、邳州博物馆主体建设基本完工，徐州市淮海战役烈士纪念塔扩建工程奠基开工。切实加大网吧整治力度。同时，打建结合，规范音像市场，文化市场经营秩序得到不断净化。（单兴强）

江苏省连云港市文化局

2004年，江苏连云港市召开全市艺术生产工作会议，出台《关于扶持我市艺术生产的若干措施》，市属剧团演出近300场。40多件文艺作品在国家、省以上展赛中获奖，淮海戏《代代乡长》获省“五个一工程”奖。5月9日至20日，受文化部和省政府委托，连云港市歌舞剧院女子民乐团以江苏女子民乐团的名义参加中法文化年活动，在法国、比利时演出6场；举办“先进文化进万家”暨第五届“在海一方”广场文化系列活动，设立4个专题特色广场，全市举办各类广场文化活动130多场，受众近300万人次；启动非物质文化遗产保护工作，《海州五大宫调》被列入省首批保护项目；市图书馆接待读者346545人次，市少儿图书馆接待小读者近30万人次，建立13个馆外流动送书点；加大文物保护力度，完成一批省、市级文物单位的维修保护。加强文化市场管理，开展网吧专项整治，文化市场进一步繁荣，新增各类文化娱乐场所19家。（田明）

江苏省连云港市新浦区文化体育局

2004年2月5日下午，新浦区文化局与中脉科技连云港分公司协办的“中脉科技·欢度元宵节·支持奥运申吉'猴年元宵节'"广场演出拉开帷幕，现场还进行由市民、学生自发签名支持奥运申吉活动;5月8日，新浦区文化局组织基层社区的文体骨干组成的新浦区健身秧歌队，代表连云港市参加由国家体育总局在徐州举行的2004年"妇幼保健杯"全国健身秧歌大赛，分别获得中年组规定套路和自选套路二等奖;8月13日，新浦区文化局举办了"新浦区第二届社区艺术节"，共有8个单位选送的节目参加了演出; 2004年10月3日~5日在市体育馆举办了为期3天的"中国·连云港首届全国太极拳剑交流展示大会"，来自全国9个省、市、自治区28支代表队300余名运动员参加本次大会;新浦区文化局拍摄的20集电视连续剧《今夜无人作证》，于2003年11月7日开拍，2004年1月1日封镜，在历经3个月的后期制作后，VCD、DVD已在全国发行。目前，电视剧的全国发行已全面启动。（张慧萍）

江苏省赣榆县文化局

赣榆县文化局下设8个科室、10个直属单位，其中8个事业单位，文化系统在职职工248人。"十一五"期间，赣榆县将加大文化设施建设力度。从2006年起，年内新建、改（扩）建13个镇综合文化站，年底建成并对外开放，全县18个镇达到镇镇有文化站，争创2个省级先进文化站；实施"农家书香"工程，50个村建立文化大院，培育文化大户100家，2006年9月，投资1500万元，在赣榆县滨海新城建成文体大厦，建筑面积12000平方米。2008年达到镇镇有万册图书馆，村村有文化大院，县级文化馆、图书馆达到二级馆水平；组织开展"送科普、送戏、送电影下乡"活动；搞活艺术生产，利用5年的时间，叫亮一座山（抗日山），唱好一支歌，写好一本书，拍好一个剧，办好一个节（徐福节），敲响一面鼓（赣榆锣鼓），建好一条街（文化一条街）；整合一切文化资源，壮大文化产业；成立网吧管理协会、音像管理协会、出版物管理协会、印刷业管理协会、娱乐业管理协会，规范和繁荣文化市场，文化市场经营单位数量达到逐年递增10%；进一步深化文化体制改革，创新文化体制、机制；实施人才高地战略，优化人才队伍，打造人才辈出、人尽其才的正规化和智能化文化队伍。（王学济）

江苏省灌云县文化体育局

灌云县文化局下辖图书馆、文化馆、博物馆、剧目室、淮海剧团、影剧院、人民剧场、文化市场管理站和李汝珍纪念馆。

2004年灌云县文化局狠抓了文艺创作，在市级以上报刊发表和展演的文艺作品400多件。大型话剧剧本《和风解冻》获第四届中国戏剧文学奖铜奖；戏曲剧本《不解缘》入围江苏省第四届戏剧文学奖初评；歌曲《青莲》获中纪委"反腐倡廉"征歌一等奖；全县开展的先进文化进万家活动，共举办小型演出活动1030多场；大中型广场演出140场；按乡镇集中展示演出40场； 2004年8月中共连云港市委宣传部在灌云召开了全市城乡共建先进文化村观摩会。（陈守金）

江苏省淮安市文化局

2005年,《闪闪的红星》在"六一"前夕应文化部等四部委邀请晋京展演；《豆腐宴》参加第九届中国戏剧节获得优秀剧目入选奖；淮海戏《临时爸爸》参加全国儿童戏剧展演获得剧目奖；《永恒的彩霞》获中国戏剧文学奖剧本奖；《董小宛》获第十九届"田汉文学奖"三等奖。成功承办首届江苏省少儿戏曲"小梅花"大赛。淮海高胡《泛风光》在第九届全国少儿戏曲"小梅花"大赛中获得金奖。省淮海剧团被文化部表彰为全国文化工作先进集体，省长荣京剧院被评为全省文化工作先进集体。

成功举办抗日战争胜利60周年、中共中央华中分局暨苏皖边区政府成立60周年纪念活动和中国剧协梅花奖艺术团“梅香淮安”慰问演出；举办了首届淮安市少儿艺术节；在第四届江苏省少儿艺术节上，取得2金7银3铜的好成绩。

加大了文物保护与管理力度，组建文物保护监督员队伍；加强文化市场管理；举办第二届中国淮安印刷机械及包装器材展销会；整合周恩来故居、周恩来纪念馆、周恩来童年读书处，组建周恩来纪念地管理局。周恩来故居被列入全国百个红色旅游经典景区。周恩来纪念馆被全国精神文明建设工作指导委员会表彰为全国精神文明建设工作先进单位，被国家发改委公布为全国红色旅游景点景区、国家4A级旅游景区。（郑泽云）

江苏省淮安市楚州区文化局

楚州区是国务院颁布的第二批历史文化名城，全区现有国保单位2个，省保单位9个，市保单位47个。辖10个乡镇文化中心和100个村级文化大院。

近年来，对区文化馆进行了装修，对区博物馆进行了修建，区电影院恢复了城乡电影放映，全面实施了“2131工程”。全区举办了大型系列文艺演出14场，夏季广场纳凉晚会22场，市淮安剧二团演出68场。全年举办了各类培训班12个，参训1000多人（次）。建立了网吧行业协会，加强了对网吧的监管力度，加强了对文化市场管理。

歌曲《编个红红的中国结》和《乡下父母》分别荣获“中国民族歌曲演创大奖赛”银奖和入选奖；小品《伞》获《中国曹禺戏剧奖·小品小戏评选》三等奖；12幅博里农民画参加中国第七届艺术节和省第三届现代民间画作品展，分获一、二、三等奖；16幅书画作品入选“第六届江苏省五星工程奖”评选，获2银3铜；南闸民歌《荷花爱藕藕爱莲》获第二届农民艺术节“五个一”工程奖。（张继元）

江苏省淮安市淮阴区文化局

2005年，淮阴区文化局荣获区“人口与计划生育工作先进单位”、“城市建设与管理先进单位”等荣誉称号。在市文化局目标综合考评中被评为先进单位，市场办荣膺省“服务基层、服务农民先进集体”称号。

2005年，淮阴区文化局与王营镇党委、政府联合举办了“王营镇迎新春晚会”；承办了“我爱你淮阴”大型春节团拜会；与楚州区文化局联办了“楚州·淮阴”书画名家作品巡回展；策应市、区联动了“三下乡”活动；组织了花船、跑驴、花车等民间文艺，举行了贺新春文艺演出；举行了庆五一大型文艺晚会；举办了淮阴区“交通风采杯”青年歌手卡拉OK大奖赛；举办了“交通风采”庆七一大型文艺晚会；组织参加了淮安市首届省少儿艺术节；参加了第四届少儿艺术节；组织参加了市“社保情”老年文艺节目比赛活动；举办了农村文艺调演。

2005年，先后开展了春节和暑期特别活动，对全区的网吧、游戏机室等文化娱乐场所进行了检查，共计300多次，对外公布了24小时举报电话，有力促进了文化行业健康发展。

（朱爱民）

江苏省金湖县文化局

金湖县文化局下辖金湖县市场办、金湖县图书馆、金湖县文化馆、金湖影剧院、金湖电影院、金湖县淮剧团等几家单位。

2004年,金湖县文化局开展有规模的文化活动40多项次，其中专场文艺演出16场次，开展文化下乡和进社区活动7场次。影响较大的有元旦、春节10大群众文化系列活动，第四届荷花艺术节开幕式“盛世荷风”文艺晚会，第四届群文新作调演，首届社区（广场）文化艺术周，宣传中央一号文件精神暨全民创业专场文艺演出，电信杯“文明之光”国庆文艺晚会等。全年在市以上发表、参展、获奖的各类文艺作品50多件（幅），在县以上新闻单位用稿30篇（幅）。其中获奖作品8件。金湖娃艺术团被省文化厅命名为“特色文化团队”。金湖秧歌、金湖剪纸、金湖艺术编织被省市文化主管部门命名为“特色文化项目”。 全年放映电影300场，观众8.1万人次，发行收入0.6万元，放映收入6.5万元。县文化市场管理工作坚持抓热点、抓重点、抓难点，努力加强市场监管，促进文化市场健康有序发展。（王永泉）

江苏省盱眙县文化局

在省农民艺术节、市农村文艺调演中，盱眙县文化局组织参加节目获二、三等奖各1个；在省市少儿艺术节中，美术作品获省二等奖1名，优秀奖1名；小品《县长买瓜》参加淮安市电视小品大赛，获得一等奖，参加全省小戏小品大奖赛获三等奖，并获优秀表演奖和表演奖。

2005年，文化局组织参加了省农民艺术节、市农村文艺调演和省市少儿艺术节，并取得了优异成绩；组织举办了第五届中国龙虾节；县黄梅戏剧团国庆期间联合县第一山公园管理所组织演出了胜地之光——祭孔六艺表演活动。“三馆一中心”建设工程于2005年10月份正式开工建设。

2005年，黄花塘新四军军部旧址被公布为全国“红色旅游”经典景区之一，4月18日上午在黄花塘军部纪念馆前举行了“红色旅游”启动仪式。（杨勇）

江苏省洪泽县文化局

2004年，洪泽县文化局投资4000万元建成苏北一流的文化中心,总建筑面积16220平方米，内含文化馆、图书馆、博物馆、青少年宫、会展大厅等；首套洪泽湖文艺丛书2辑9册出版发行，束其虎、孙林、张一彬的书法篆刻作品入选全国性书法展或获奖；8月，举办首届中国洪泽湖水上运动会暨中国洪泽湖旅游文化节；10月，刘一航参加第十届全国运动会开幕式演出。12月，举办中国洪泽湖文化研讨会；建成全国第一家以湖泊命名的博物馆——洪泽湖博物馆，洪泽湖大堤2006年5月被公布为全国重点文物保护单位；成立洪泽湖书画院、洪泽湖文化研究会和洪泽湖少儿京剧团。（夏护国）

江苏省扬州市文化局

2005年，扬州市文化局承办了中国·扬州“烟花三月”国际经贸旅游节闭幕式、“扬州礼赞”大型文艺晚会、“党旗在我心中”卖场文艺演出、中国·扬州第五届海内外京剧票友联谊会、“文化进社区”广场宣传服务活动、“欢乐扬州·扬州市民日”活动、“桩基之夏”纳凉晚会、三州（扬州、徐州、苏州）中国画联展等文化活动。在第四届全国“四进社区”文艺展演活动中，有152个社区被命名为“全国文化先进社区”，92名社区文化辅导员获得了“全国社区文化优秀辅导员”荣誉称号，121个社区文艺节目分获金银铜奖，23个单位获得本次活动的组织奖。2005年，创作、出版了一大批优秀文化艺术作品。

全年组织集中检查60多次，出动执法人员2.3万人（次），检查各类经营单位1.1万家（次），网吧管理成效显著，实施了“网络文明工程”。

2005年，有3座县级图书馆、2座文化馆已开工建设或竣工，2个乡镇文化站标准化建设试点工程建成并对外开放，扬州市图书馆等4家单位被评为国家一级馆，高邮市图书馆等2家被评为二级图书馆。至2005年底共建成“共享工程”基层点38个。（陆苏华）

江苏省苏州市文化局

2005年，苏州市文化建设取得了可喜的突破和显著成绩。经过10年艰苦探索的《昆曲遗产保护、继承、弘扬工程》课题，获首届文化部创新奖特等奖；列为全国艺术科学规划课题的《迈向“文化苏州”研究》高质量完成；《苏南建筑遗产评估体系及应用研究》课题获国家文物局2005年度文物保护科学和技术创新奖二等奖。

公布了首批控制保护古村落名单、首批市级非物质文化遗产代表作名录和第三批控制保护古建筑名单；举行了苏州市第一个“文化遗产日”系列活动；举办了“中国非物质文化遗产保护·苏州论坛”；国家昆曲遗产保护研究中心在苏州挂牌。

经国家广电总局批准的“国家级动画产业基地”正式在苏州工业园区国际科技园揭牌成立，成为了全国15个国家级基地之一；市委、市政府隆重表彰奖励入选“国家舞台艺术精品工程”精品剧目的现代儿童剧《一二三，起步走》剧组，省、市政府分别为该剧组记集体一等功、二等功；优秀遗产艺术昆曲、评弹在台港澳地区及韩国等海外演出获盛誉；依法管理力度加大，广电网络化建设有了新发展，文化市场走上连锁化、规模化、规范化发展之路，农村有线电视进村入户进一步推进；文化体制改革不断推进，两个效益连年提升，呈良性循环发展。（苏夫民）

江苏省苏州市吴中区文化体育局

近年来，吴中区文体局、文化馆在围绕党的中心工作，承办、协办区里重大文化活动中担当越来越重要的角色。全区已建成可开展各类文体活动的广场18个。

2005年以来，全区总共推出了29场演出、268个节目，两年总共新创节目90多个；10月，继甪直镇后，木渎镇也被授予“中国历史文化名镇”称号；“甪直水乡服饰”、“香山古建营造工艺”于9月申报“国家级非物质文化遗产”代表作录；长安街道“宝带桥”、甪直“保圣寺罗汉塑像”等被列为全国重点文物保护单位。

歌曲《走江苏爱江苏》先后获得“钟山奖”二等奖和“金钟奖”，《太湖之恋》获得省五星工程奖，《爱的阳光》在苏州市“保持共产党员先进性教育”文艺汇演中广受好评；小品《金榜题名》获江苏省小品会演三等奖；少儿作品《回家》获江苏省校园歌曲大赛一等奖；摄影《轻歌曼舞》获文化部第十二届“群星奖”铜奖；文学作品《喜爱“长颈鹿”的兄妹》、群众文化理论《高扬先进文化旗帜组建多模式业余团队》、国画《江南春韵》、小品《乡长找鸡》等一批精品力作均在全国或江苏省获奖。

（李强）

江苏省昆山市文化广播电视管理局

昆山市文化广播电视管理局内设党政办公室、宣传科等6个职能科室，下辖广播电视台、科博中心等14个企事业单位。

昆山市文广局通过不断改版进一步明确广播电视频道、栏目定位，《昆视新闻》、《城市报道》、《老尹侃新闻》成为当地观众喜爱的名版栏目。2005年，昆山电视台对外发稿近千条，在中央电视台播发新闻稿名列全省县级市第一，连续3年获省电视新闻繁荣奖。社会文化工作深入发展，群众文化设施三级网络已经健全，市文化馆达到部颁发“一级馆”标准，各镇都建立了文广站，村村都成立了俱乐部和文化活动室。投资数亿建造了科技文化博览中心、市图书馆等文化设施。广电网络建设扎实推进，实现有线电视村村通，2003年获江苏省有线电视示范市称号，目前全市有线电视用户累计达18.5万户，有线电视数字化工程已经启动。按照“主攻广告创收、扩大网络创收、巩固文化创收”的经营策略，2005年全系统经营创收突破1个亿，居全省县级市前列。（管凤良）

江苏省太仓市文化广播电视管理局

太仓市文化广播电视管理局内设办公室、社会文化（广电管理）科、文化市场管理科、文物科和文化市场稽查大队。辖文化馆、图书馆、博物馆、宋文治艺术馆、影剧公司4家单位。

全年共举办各类文化活动280余项，观众43万多人次。成功举办了第二届中国太仓郑和航海节、凤凰号下西洋启航仪式、太仓江南丝竹晋京赴宁展演、首届市民读书节、机关文体艺术节、第三届社区文化艺术节等大型活动；创作各类艺术作品40多件，入选和获奖作品国家级8件；开展了网吧整治和“扫黄打非”集中行动38次。

2004年，太仓市文化广播电视管理局积极推进文化强市建设，年内通过了“江苏省群众文化先进县（市）”复查和“全国文化先进县（市）”省级核查，市文化馆跨入国家一级馆行列。　（黄友良）

江苏省常熟市文化局

2004年，常熟市文化局围绕“文化名市”建设目标，承办了江苏省基层文化工作会议、国际民间艺术组织理事会（西奥夫CIOFF）亚大分会2004年春季会议；与江苏省文化厅联办了纪念翁同逝世100周年系列活动；举办了首届常熟市社区文化节、第二届常熟市读书节及首届常熟市少儿艺术节；散文集《蓝调江南》、短篇弹词《千里寻宝》、书画作品《水乡秋韵》、《王维诗》等一批艺术精品获得国家级奖项；成立了“虞山琴派艺术工作室”；常熟图书馆新馆开放投入使用；举办市级广场文艺40余场，观众达10万人次，石梅广场获“全国特色文化广场”称号；评弹艺术馆、古琴艺术馆、美术馆工程相继开工；2项文献编纂整理工程被列入国家重点项目，新增市级文保单位6处，33处历史建筑被市政府公布为常熟市首批控制性保护建筑；文化市场管理与繁荣并举，呈健康发展态势。年内，常熟市经省复评验收，再次被评为省群众文化先进市；被CIOFF亚大分会授予“古琴之乡”称号；常熟市文化局获“全国特色文化广场活动组织奖”。

（庞欢）

杭州金海岸娱乐有限公司

杭州金海岸娱乐有限公司创建于1996年，是集文化娱乐演艺、旅游演艺、演出经纪等于一体的综合性文化娱乐民营股份制企业。公司注册资金2035万元，员工及演员1160人。公司成立以来，积极探索文化市场娱乐消费需求，从多元化、多功能的娱乐模式中开拓了具有浓郁地方特色、为广大观众喜闻乐见的新型文化娱乐形式——金海岸演艺大舞台。目前公司在杭州拥有：金海岸娱乐城、杭州剧院“浙江红磨房美食演艺有限公司”、东坡大剧院“西湖之夜”大型旅游演艺专场和“金海岸东坡大舞台”、与杭州电视台影视频道合作的“金海岸快乐七点档”栏目；在浙江其他地区拥有：金华青少年影剧院、义乌信联剧院、诸暨大舞台；在江苏拥有：常州亚细亚影视城、常州白露大剧院、镇江工人文化宫等9家金海岸连锁企业11家演艺大舞台，有自已培养成长的金海岸艺术团及引进的乌克兰基辅歌舞团、四川省舞蹈学校、广西杂技团、广西歌舞团、武僧团、越剧团、女子乐坊等8个艺术演出团体，每天驻场演员600余人。公司凭借涵盖全国的演艺嘉宾网络和汇聚国内外编导、制作、舞美、灯光音响等专业技术人员，构建了具有一定规模和支撑实力的演艺阵容。

每年365天，天天演出，观众保持在250万人以上。

“金海岸演艺大舞台”这种介于传统剧场与歌舞娱乐场所之间的独特“娱乐演艺”模式，是公司根据杭州地域文化娱乐特色，结合观众观赏休闲的需求，经市场长期实践证明、深受广大人民群众喜爱的文化娱乐演艺形式：以主持人诙谐幽默、音乐歌舞、激情摇滚、戏曲小品、搞笑反串、魔术杂技等多种既符合时代发展的欣赏需求，又通俗易懂的艺术表演形式，节目短小精悍、节奏明快、演员观众激情互动、雅俗共赏、风格对比明显，常换常新。金海岸演艺大舞台开办7年多来，天天演出、场场爆满，在浙江省乃至全国演艺界触发了“金海岸”效应，仿效建立的演艺舞台接踵而来。

公司积极参与文化体制改革。2003年在省文化厅的关心和支持下，接盘了处于杭州剧院的“浙江红磨房美食娱乐有限公司”，10月创建了中外文化交融的“金海岸红磨房大舞台”；在市文化局、市旅委会、市风景名胜管委会的大力支持下，公司和杭州市文化中心合作，投入近1000万元，在2004年7月推出了“西湖之夜”大型旅游演艺专场，并激活了国有企业东坡大剧院的正常经营，解决安置了18位文化中心的员工，保障了文化中心的经济利益；2006年3月，杭州电视台影视频道与公司连手打造“本土化、平民化、娱乐化”的《金海岸快乐七点档》，一个全新的文化娱乐形式，受到了广大杭州市民的喜爱，电视收视率不断上升，成为杭州的主要文化娱乐电视栏目。

2005年，公司采取文化与旅游相结合、舞台艺术与西湖实景相交融的独特形式“西湖之夜”大型旅游演艺专场，深受中外游客的欢迎，多次受到省市有关领导和新闻媒体的高度评价并被誉为杭州的金名片；公司董事长韩建鸥先生因此而荣获杭州市委颁发的“杭州文化突出贡献奖”。

2005年12月，公司董事长代表公司出席湖南长沙“中国首届剧场论坛”并作为特邀嘉宾作了演讲，首先向全国演艺同行提出“娱乐演艺”的规模现状和发展趋势，引起了全国文化演艺和娱乐界的热烈响应。

作为一家民营企业能得到政府和社会的肯定，其实际意义已超出其本身含义。其实，在“金海岸”发展连锁演艺大舞台和文化娱乐项目时，无一不是在当地政府和有关部门的关注、支持下建立起来。因此，公司在取得较好经济效益的同时，不忘回报社会，积极参与社会公益性活动，为广大观众提供时尚健康的文化娱乐演艺节目，倡导广大市民远离毒品、告别赌博、享受健康的精神文明生活，累计提供赞助经费达100余万元；曾多次与共青团杭州市委、文化广播新闻出版局、钱江晚报等新闻媒体共同组织“金海岸杯”卡拉OK大奖赛和青年才艺大奖赛的活动，参与每年的西博会狂欢节、元宵灯会和钱江观潮节，以及共建文明社区和组织居民观赏金海岸演艺等公益性活动。尤其是2006年春节，由杭州市委宣传部和杭州市文广电集团主办、金海岸承办的送春风活动，“西湖之夜”演艺专场加演4场免费为各社区居民和在杭打工的农民兄弟姐妹们开放，并提供茶水服务，获得了市委的嘉奖。公司还年年被当地政府评为先进单位、纳税大户、重点企业。2006年5月，公司被文化部命名为第二批国家文化产业示范基地。

从目前我国演艺产业总体规模偏小、市场化程度还不高的背景下来看，“金海岸”所取得的效益在全国是不多见的。这归结于公司灵活的民营机制，依托市场、创新和务实的精神，严密的组织管理体制，严格的规章制度和工作规程，富有实效的激励制度，有良好的企业文化，有团结并富有战斗力的领导班子，有兢兢业业、努力工作的员工。公司坚信，在全国全面推进文化体制改革、发展大文化产业的大环境下，“金海岸”的文化产业发展方向将逐步形成演出团体、演出公司和演出基地三类演出经济实体的基础上，形成演艺创作、经营为一体的文化产业链，引进发达国家先进的艺术经营管理模式和高科技专业技术人才，以中国几千年沉淀的巨大文化历史底蕴、低成本的丰富的演出资源，打造特色鲜明、自身优势明显的现代文化企业品牌，为文化体制改革做出有益的探索，为繁荣文化市场、为发展大文化产业做出应有的贡献。

杭州金海岸娱乐有限公司历年荣誉称号

年　度	荣誉称号
1999年上半年	先进集体
1999年度	发展经济先进集体
2000年上半年	纳税大户
2002年度	浙江新世纪名店
2003年度	区重点企业
2003年度	四星级企业
2004年度	区重点企业
2004年度	五星级企业
2004年度	浙江省重质量创品牌优秀单位
2004年度	安全质量标准化达标单位
2004年度	浙江诚信十佳休闲娱乐场所
2004年度	青年文明号
2005年度	区重点企业
2005年度	浙江省商业信誉跟踪优秀单位
2005年度	建设学习型企业先进单位
2005年度	杭州文化突出贡献奖
2006年	国家文化产业示范基地

浙江省杭州市文化广电新闻出版局

2004年，杭州市文化局以举办第七届中国艺术节为契机，狠抓艺术生产，着力繁荣、活跃文艺舞台。舞剧《玉鸟》、越剧《流花溪》荣获“文华新剧目奖”；6人次获3项“文华奖”单项奖；舞蹈《红结儿》、《临安水龙》，小品《汇报咏叹调》、少儿绘画《在西湖边晨练》分别摘取“群星奖”。艺术节期间还上演了40多台剧（节）目，举办近100场演出，举行19项展览展示活动。全年共组织各类演出460场，极大的丰富了广大百姓的文化生活。进一步加快了基层文化的建设步伐。以“群众满意”为标准，着力规范和繁荣文化市场，在由文化部和浙江省文化厅组织的专项检查中，认为杭州文化市场的管理总体处于全省和全国领先水平，群众反映突出的网吧接纳未成年人的问题得到有效遏制。（陈健一）

浙江省杭州市余杭区文化广电新闻出版局（体育局）

2005年根据中央、省市文件精神撤销余杭区文化体育局、区广播电视局，组建余杭区文化广电新闻出版局（体育局），成立余杭区文化市场行政执法大队，完成文化体制改革。可同时接纳读者2000余人总投资近4000万元的余杭区图书新馆开馆；建筑面积15690平方米，总投资7400万元的余杭区游泳馆正在紧张施工中，将于2006年底投入使用。成功举办第七届中国艺术节、全国第十三届“群星奖”评奖活动戏剧专场决赛、“同一首歌——走进余杭”大型文艺演出、“良渚文化”杯全国越剧演唱大赛等全国级大型文化活动。话剧《汇报咏叹调》成为第一个进入中央电视台春节文艺晚会成功演出的南方小品；“余杭滚灯”出访法国。

（金国祥）

浙江省杭州市萧山区文化广播电视局

区文化广播新闻出版局内设办公室、组织人事科、文化科、体育科、文化市场管理科、文物科、广电新闻出版科（文化产业科）。局下属8个事业单位：图书馆、文化馆、博物馆、文化市场行政执法大队、体育中心、少体校、绍剧团、电影公司。

2004年以来，规划建设了文化中心、博物馆，修复了江寺古建筑群，整体改造了体育中心；跨湖桥遗址公园立项工作正在筹建当中。连续两年实施千场文体活动工程和开展千场电影下乡进社区，举办了新年音乐会、元宵灯会、文化艺术节等大型文化活动和文化下乡、全民健身等群众性文体活动。萧山绍剧团赴欧洲演出深受欢迎，萧山太极拳协会赴香港参赛摘金夺银，萧山画院与台北联袂举行书画交流，与日本滨松音乐艺术团互访交流，举办了世界华人篮球赛、世界杯乒乓球赛、亚洲男排挑战杯赛等一系列活动。

萧山2005年被复评为全国文化先进县（区）、全国基层文化市场管理先进集体、全国文化先进区、浙江省首批体育强区。跨湖桥文化被正式命名,跨湖桥遗址和茅湾里窑址被评为全国重点文物保护单位。体育中心青少年体育俱乐部被评为全国先进青少年体育俱乐部，萧山图书馆获评国家一级图书馆。（来宏明）

浙江省临安市文化广电新闻出版局

临安市文化广电新闻出版局围绕市委市政府建设“吴越文化名城”的目标，文化工作取得了优异成绩。全市有全国重点文物保护单位2处4项，省级历史文物保护区1处，省级文物保护单位7处。2005年，有18件钱氏王室珍贵文物参加韩国《世界青瓷展——青瓷的色与形》世界陶瓷博览会。临安市积极开展“东海文化明珠工程”等各项创建工作，目前，全市有省级“东海文化明珠”15个，杭州市级“东海文化明珠”5个，省级民间艺术之乡1个，杭州市特色文化乡镇3个。全市每年组织开展各类基层文化活动2000余场次，全市性大型示范文化活动10余次，2005年实施“千百十”文化工程，2006年实施“百姓阳光”文化工程，连续4年举办“吴越风情”广场文化艺术节，连续14年举办“吴越风”元宵灯会。临安市1993年12月被文化部命名为“中国民间艺术之乡”,2004年被列为浙江省首批民族民间艺术普查综合试点县（市），民族民间艺术节目“临安水龙”、“吴越双狮”、“猪八戒背媳妇”先后应邀赴法国威尼斯参加狂欢节，2004年“临安水龙”获文化部“群星奖”。（章燕）

浙江省宁波市文化广电新闻出版局

宁波市、县、乡、村4级公共文化服务体系初步形成，宁波大剧院、音乐厅、美术馆等一批现代化文化设施陆续投入使用；切实加强文物保护和历史文化名城建设，广场文化、社区文化、农村文化活动好戏连台，文艺精品创作有重大突破，涌现出《典妻》、《阿育王》等一批精品剧目；文化体制改革成效明显，文化产业稳步发展，广播影视、新闻出版、文化市场繁荣；干部人才队伍建设进一步加强，制定出台了《2004～2006宁波市文化系统人才队伍建设规划》。

2004年9月，圆满完成第七届中国艺术节宁波分会场工作；2005年8月1日，中共宁波市委十届四次全体会议召开，通过了《中共宁波市委关于推进文化大市建设加快社会事业发展的决定》；10月7日～18日，第三届中国国际声乐比赛在宁波成功举办；11月16日～12月1日，第九届中国戏剧节暨第十二届BESETO（中韩日）戏剧节在宁波成功举办。（柴英）

浙江省宁波市江东区文化广电新闻出版局

江东区总面积37.66平方公里，辖7个街道，下设72个居民委员会，总人口30万。全区共有文化广场47个，社区图书阅览室56个。

近年来，连续5届成功举办了社区文化艺术节，持续3年深入开展了“百场文化”进社区活动。开展了“走进江东”、“温馨港湾”、“和谐江东”、“春风暖流行动”、“党在我心中”、“粽香情谊浓，家园和睦亲”、“群众歌曲”大家唱、“激情广场”大家跳等文艺晚会和文化活动。组建了“民工腰鼓队”、“军嫂腰鼓队”、“田园腰鼓队”和“京韵腰鼓队”等社区艺术团体。

创作了组合曲《民工锣鼓队》、《老宁波看新宁波》，音乐情景剧《快乐四点钟》，歌曲《捕渔归》，小品《给咖啡加点糖》、舞蹈《花季女孩》、器乐《天一随想》等50余件文艺作品。组队参加省市组织的各类大奖赛达37次，共获奖项60个。2004年度宁波市第八届音乐舞蹈节上，江东区选送的5个节目取得了7金3银的好成绩，团体总分名列全市第一，并获得最佳组织奖。在2005年浙江省首届组唱类创作演唱大赛中，《民工锣鼓队》、《老宁波看新宁波》两部作品获得了3金1银的好成绩，其中《民工锣鼓队》还作为浙江省惟一基层节目，参加了中共浙江省委、省政府主办的2006年新春团拜会。（郝军海）

浙江省宁波市鄞州区文化广电新闻出版局

2004年10月，建成了总投资1亿元、占地68亩的区文化广场；2005年1月，建成了总投资1.93亿元、建筑面积2.28万平方米的区文化艺术中心；投资2.5亿元、占地86亩、建筑面积2万平方米的博览馆筹建工作也已全面展开。

2004年9月承办了第七届中国艺术节邱隘分会场的全国“群星奖”音乐专场比赛。我区被文化部、国家文物局评为全国文物工作先进区（县）。

2005年，承办了“第九届中国戏剧节暨第十二届中韩日戏剧节”鄞州分会场演出、第二届中国文化设施建设与经营管理论坛。全区20个镇乡全部被命名为省、市东海文化明珠，3个镇被命名为“省民间艺术之乡”，建成了2个省级“蒲公英”儿童文化园和8个市级村落文化、校园文化、企业文化示范点。（周海明）

浙江省慈溪市文化广电新闻出版局

浙江省慈溪市是中国越窑青瓷的故乡和中国民间绘画画乡,全国文化先进县（市）。近年来，该市着力推进农村文化建设，文化设施不断改善，拥有全国一级图书馆、文化馆，2004年动工建设的现代化图书馆、书城已经投入使用，总建筑面积4万平方米，总投资1.4亿元，全市现有东海文化明珠镇14个，村落文化宫118个；文化活动蓬勃兴盛，每年组织开展“千场电影百场戏”送农村、村落（社区）文化活动月、新慈溪人文化活动月等系列活动，引进20场以上高水准文艺演出，全市各地每年组织开展的具有一定规模的文化活动达1000场；基层文艺队伍茁壮成长，通过有力的政策扶持和系统的业务辅导，全市共有业余文艺队伍886支，文艺骨干1万余人，成为丰富农村文化生活的极其活跃的因素。（沈建国）

浙江省奉化市文化广电新闻出版局

奉化市地处长江三角洲南翼的东海之滨，负山枕海，素有“浙东后花园”之美称，现有人口48.5万，辖6个镇、5个街道，是中国民间艺术（布龙艺术）之乡和中国现代民间绘画之乡，“奉化布龙”已被列入首批国家级非物质文化遗产名录。

近年来，奉化市文化设施不断改善，新建了建筑面积5000平方米的国家一级图书馆一座，占地面积2.7万平方米的文化广场一个，并对原有的剧院、电影公司进行了体制改革，全市有“东海文化明珠”乡镇11个，“全球生态500佳”之一的滕头村村落文化建设更是闻名遐迩；文化活动蓬勃开展，推行“广场文化大家办”，每年举办有一定规模的广场文化活动在80场左右，“千场电影百场戏剧进农村”活动得到农民群众的普遍欢迎，节庆文化活动规模大、档次高；特色文化建设成绩显著，在“奉化布龙”成功申遗的基础上，“奉化吹打”、“翻簧竹器”、“宁波滩簧”、“宁波走书”、“耕人书会”等一批地方特色文化的传承、保护和创新、发展工作扎实开展；基层文艺队伍茁壮成长，现有业余文艺团队40多个，业余文艺骨干3000左右，成为农村文化生活的主力军。

（汪建芳）

浙江省象山县文化广电新闻出版体育局

2004年，象山县组织验收通过13个县市级示范点。象山艺校成立企业化运行的艺术剧团，并开展下乡巡回演出受到好评。县图书馆、县文化馆分别通过国家一级馆验收，其中县图书馆的“知识拥军”工作成果显著，得到了《解放军报》、中央电视台“军事栏目”等新闻媒体的报道。

举办了第七届中国开渔节《同一首歌·走进象山》主题歌会、开船仪式文艺表演、祭海仪式狂欢活动等7项指令性活动，联办了石浦“三月三、踏沙滩”系列民俗文化活动，承办了宁波市第二届农民文化艺术节开幕式暨民间艺术大会串等系列活动，还积极开展以“文化春风遍象山行动”为主题的各项文艺活动。涌现了一批优秀群众文艺作品，并在各级各类比赛中取得优异成绩。张苍水兵营遗址、渔山灯塔、渔港古镇石浦分别申报第六批国家级、省级文保单位和国家级历史文化名镇。加大对各类娱乐场所及文化市场治理力度。同时还通过举办各类经营者培训班和成立行业协会，切实提高文化市场经营户的法制意识与自律行为。

（吴开方）

义乌市婺剧团

义乌市婺剧团成立于1955年,其前身是金华徽班徐乐舞台，50多年来，义乌婺剧团本着弘扬时代主旋律，为普通百姓传播历史文化知识，营造祥和欢乐氛围的理念，恰当地兼顾自审的“造血功能”和市场竞争实力，坚持每年演出200场以上，被评为华东二省一市“重合同守信誉”演出单位，浙江省文化厅授予“送戏下乡先进单位”，多次被金华市委宣传部、义乌市委宣传部评为“宣传工作先进集体”。为讴歌家乡，讴歌“勤耕好学、刚正勇为、诚信包容”的义乌精神，创作演出了大型历史剧《英雄泪》、《义乌兵》、《清风魂》、《朱一帖传奇》,现代戏《拨浪鼓金曲》等剧目。其中《义乌兵》、《拨浪鼓金曲》曾荣获全国、省、市戏剧节优秀剧目大奖、优秀演出奖，获浙江省委宣传部精神文明建设“五个一工程”奖。为中央领导和美国、日本友人及台湾同胞招待演出。鉴于剧团对婺剧艺术继承、发展和精神文明建设所作的贡献，两次受义乌市人民政府集体记功表彰。被义乌市委评为“先进基层党组织”。

义乌市婺剧团硬件设施完善、剧目艺术水平高雅、演职人员阵容强大，半数以上具备中、高级职称。《义乌兵》、《临江会》、《九件衣》、《八仙过海》等剧目被中央电视台、浙江电视台录制并多次播出。

目前，在义乌市委、市政府的关心下，占地建筑面积2450平方米的剧团新团部正在开工建设，将在2007年初落成并投入使用。

浙江省台州市路桥文体中心

浙江省台州市路桥文体中心座落于腾达路世纪广场东侧，2002年4月18日土建开工，2003年10月建成并投入使用，2004年7月荣获浙江省建筑工程“钱江杯”奖。该中心由一个椭圆形的主体建筑和东南辅助用房组成，占地68.51亩，建筑面积为27153平方米，总投资近2亿元。是一个融体育比赛、文艺演出、大型会议、展览展销、文体产业经营、文体业务培训为一体的多功能、综合性文体场馆。中心功能定位超前，建筑结构新颖别致，配套设施先进合理，是目前国内外罕见的具有两用功能的现代化大型文化体育设施。

路桥文体中心按现代化企业管理的要求建立了一家国有独资公司——路桥区文体中心有限公司（隶属于路桥区文体局），对文体中心实行全面的管理和经营。该中心以满足人民群众日益增长的文化体育需求为出发点，科学统筹，服务社会，真抓实干，开拓创新，用市场理念经营文体产业，充分发挥文体中心的最大效能，积极争创现代一流场馆，出色地完成了区里交给的各项工作任务，成功地举办了国内外各类大型文体活动，群众性文体活动开展得热火朝天，造就培养了一批文化体育经营管理人员，实现了场馆的正常运行管理，社会效益和经济效益取得了双丰收。

1. 连续承办2004年~2005年、2005年~2006年两届全国女排联赛，我们精心策划、精心组织、接待规范、安保严密，很好地完成了全国联赛组委会交给的各项工作任务，受到了联赛组委会领导、技术代表、裁判员、教练员、运动员及社会各界的一致好评和充分肯定，《浙江日报》、《浙江体坛报》、女排国家队主教练陈忠和等都给予高度评价。由此，路桥赛区两届被国家排管中心评为全国女排联赛优秀赛区，是全国唯一一家县级区的赛区；被省体育局授于2005年全国女排大奖赛最佳赛区。

2. 两年多来，我们成功举办了各类大型文体活动60次70场，其中国家级活动14次30场，特邀国外团体演出和比赛各2场（次），文艺性活动20次，有中国乒乓球俱乐部超级联赛、2004年全国男子篮球青年联赛、2004年世界摩登舞、拉丁舞中国锦标赛、2004年~2005年、2005年~2006年两届全国女排联赛、2005年全国女排大奖赛、全国职工风采大奖赛等。

3. 据统计，两年多来，台州公司举办的各类体育比赛、文艺演出等活动，参加的观众人数达25万多人，极大地丰富了人民群众的文体生活，为台州市创建“文体大市”奠定了良好的群众基础。如主办的“魔幻之夜大型经典晚会”，特邀来自美国拉斯维加斯魔术大师福克斯白老虎兄弟的动物魔术表演，异国风情的经典杰作引起市民的强烈反响，使得台州市观众平时只能在荧屏、银幕上看到的世界顶尖艺术表演，如今在家门口就能欣赏得到。

浙江省温州市文化广电新闻出版局

温州市文化局下设办公室、人事教育处、计财产业处、文化艺术处、市场管理处、文物管理处、印刷发行处、版权管理处。局属单位14个。在全国率先启动乡村电子信息馆建设，建成东海明珠、金海岸文化明珠乡镇99个，全国文化信息资源共享基层分中心52个，初步形成市、县、乡三级文化网络。市属剧团开拓演出市场，全年演出达300余场。

全市国办艺术表演团体9个，获得中国戏曲学会奖、曹禺剧本奖、文华新剧目奖、文华表演奖等国家级奖项。

温州现有全国重点文保单位7个，省级文保单位58个，收藏文物4万多件，一级文物176件。民族民间艺术得到保护。申报省保项目7个，国保项目8个。黄杨木雕、剪纸、瓯绣、发绣、瓯塑等在国内外享有盛誉。

2004年温州文化产业单位近14000个，从业人员15万多人，全年经营收入230多亿元。

（瞿纪凯）

浙江省温州市鹿城区文化广电新闻出版局

鹿城区文化广电新闻出版局内设办公室、文化艺术管理科、文化市场管理科、广播电视管理科4个职能科室和区文化市场行政执法大队，下属单位为市歌舞团、区文化馆、鹿城文化中心。

2004年，鹿城区各类文艺节目获国家级奖项3项，获省级6项。如女声小合唱《香香花为媒》获2004年浙江省鲁迅文艺优秀成果奖；在全国第十三届“群星奖”大赛中，获音乐类群星奖；第九届全国精神文明建设“五个一工程”奖《介姆飞过青又青》在2004年浙江省群众舞蹈大赛中获创作、表演、音乐3项金奖；获文化部“群星奖”的参评奖。曲艺温州莲花

《二妹劝姐》获浙江省第二届曲艺新作大赛表演一等奖，创作二等奖；获文化部“群星奖”的参评奖。有计划地组织文化下乡活动，赠送书法作品共300余幅；举办29场广场、节庆文艺演出；举办了温州市首届城市社区舞蹈大赛；成立温州市首家露天影院；“拦街福”、“中秋小摆设”、“珠灯”等作为非物质文化遗产重点项目上报省文化厅。（吴东来）

浙江省温州市龙湾区文化广电新闻出版局

2003年11月在区文化局、广电局的基础上，组建龙湾区文化广播电视局，于2005年8月在温州市龙湾区文化广播电视局基础上组建温州市龙湾区文化广电新闻出版局。

2004年，龙湾区举办了第三届音乐舞蹈节，各乡镇(街道)均参加比赛。在华东六省一市小品相声邀请赛上，文化广电新闻出版局的小品《最后一间夫妻房》获创作表演双金奖。在全市法制文艺节目比赛中，龙湾区参赛的相声《法制漫谈》获二等奖，并代表温州市参加全省法制文艺汇演。在全省第二届群舞大赛中，龙湾区参演的《江南拾韵》获得了金奖。

2005年，龙湾区专门召开了传达贯彻建设文化大区工作会议动员大会，文化大区建设拉开了序幕。以蒲州街道浦江社区为试点，以创建“文化先进社区”为目标，进行广场文艺活动。在各乡镇开展“走向文明”文艺宣传巡回演出。参加了温州市第二届社区舞蹈大赛，由我局创作的舞蹈《放飞梦想》获创作表演金奖。12月28日由区委宣传部、区文化广电新闻出版局、区文联、市历史学会等部门联合举办纪念张璁诞辰530周年大会暨学术报告会。纪念大会暨学术会圆满成功，受到社会各界一致的赞誉和充分肯定。

2006年7月经改制组建国有独资温州龙湾文化发展公司。（叶自力）

浙江省温州市瓯海区文化广电新闻出版局

瓯海是温州的3个建城区之一，经济的迅猛发展吸纳了70多万名外来务工人员。为了丰富与活跃外来务工人员文化生活，我们开展了“共同的家园——服务新瓯海人文化系列活动”，活动由“关注民工群体，共筑美好家园”、“关爱民工生活，送文化到工地、到车间”、“展现民工风采，争当新瓯海人”、“弘扬民工文化，共创和谐瓯海”等4大系列14个文化活动组成。共举行包括文艺、电影、图书在内的文化下乡50场次，举办声乐、征文、摄影等7项比赛，共有600多名外来务工人员报名参加了各项比赛活动，组建了“瓯海区民工艺术团”、参与活动观众达到20多万人次。（周向勇）

浙江省乐清市文化广电新闻出版局

乐清市文化局下辖文化市场稽查大队、文化馆、图书馆、文物馆、越剧团、剧院、电影放映发行公司7个文化事业单位。

2004年以来，乐清市成功举办首届工艺美术节，期间组织了各类活动并编辑出版《乐清工艺美术》一书；奥地利节日乐团来乐清进行文化交流、访问演出，期间乐清市民族乐团与节日乐团演出了一场具有鲜明乐清特色的民族音乐会；建立浙江省首个残疾人读书基地；组建成立了乐清市文化广电新闻出版局和文化市场行政执法大队；推出“激情周末”广场文化季系列活动；白龙山石殿和大乌石雷公殿（古戏台）被浙江省人民政府确定为第五批省级文物保护单位，倪文西故居为乐清市级文物保护点;细纹刻纸和黄杨木雕被文化部公布为第一批国家非物质文化遗产名录推荐项目名单；向浙江省文化厅申报首饰龙和抬阁为第三批浙江省民族民间艺术保护项目；开展“先进文化进校园”系列活动，进校园文艺演出10场，送电

影270场，乡土人文知识讲座和艺术讲座20场。（宋方志）

浙江省永嘉县文化广电新闻出版局

2004年9月17日，永昆《杀狗记》参加全国第七届艺术节温州分会场演出，取得较大的成功，共获13个奖项；9月25日《中国昆曲精选剧目曲谱大成·永昆卷》由上海音乐出版社出版发行。2005年，永嘉昆曲被列为“首批国家级非物质遗产代表作”。2006年6月10日，永嘉县文化广电新闻出版局在杭州和永嘉上塘同时举办“文化遗产日”系列宣传活动。

认真抓好永昆抢救、保护和振兴工作。组织永昆排演《折桂记》，参加7月7日在江苏举行的中国第三届昆曲艺术节，取得了好成绩。国家文化部表彰了22位为拯救中国昆曲作出突出贡献的“昆曲优秀主创人员”，我市剧作家张烈、作曲家朱壁金获殊荣。2006年，我县芙蓉村古建筑群列入第六批全国重点文物保护单位名单。（赵伟荣）

浙江省平阳县文化广电新闻出版局

近年来，平阳县文化广电新闻出版局推出了《雁荡小奇兵》和《雪剪梅》等舞蹈剧目。《田间风景线》获全国“群星奖”银奖，木偶剧《神气的雀灵》获全国“金狮奖”金奖。舞蹈《萧江大鼓》参加全国七艺节开幕式演出并应邀赴澳门参加妈祖文化旅游节演出。小品《镜子》作为浙江省唯一节目参加了CCTV全国第五届戏曲小品大赛总决赛。

2004年开展文化遗产保护工作，实施“平阳乡土文化”工程，现已编纂发行《平阳历代名人》、《平阳木偶戏》、《平阳民间演唱艺术》、《平阳文物图录》，并拍摄制作了《红色平阳》、《南雁之春》VCD。现已整理出40多项首批浙江物质文化遗产保护名录。结合文化遗产保护组织了为时3天的全县民间布袋木偶戏汇演和民间演唱艺术演唱会。2006年4月，顺溪古建筑群被列为国家级文物保护单位，全县文保单位已有国保2处。规划落实200亩文化艺术中心用地，首期建设影剧院已着手启动。（张邦胜）

安徽省五河县文化体育局

五河县文化体育局下辖文化馆、图书馆、文化市场管理办公室、文物管理所、红旗影剧院、电影公司、体育场、文体艺术装潢中心8个单位，全县15个乡镇均建有文化站，干部职工总数180余人。

2004年以来，五河县文化体育局先后组织了民歌对唱、联唱、表演唱参加了安徽省人民政府和文化部、中央电视台等单位举办的活动。五河民歌《大米好吃要把秧栽》、《怎么不是的嗨》参加安徽省2004年在蚌埠举办的第六届花鼓灯会获最佳演出奖；《再唱摘石榴》、《洗白衣》参加安徽省第七届艺术节获优秀演出奖；《摘石榴》参加安徽省委宣传部、安徽省文化厅举办的2006新年交响音乐会；《摘石榴》、《洗白衣》、《王三姐赶集》参加安徽省第三届民歌歌会，获特别荣誉奖；《摘石榴》、《洗白衣》参加文化部2005南北民歌擂台赛，获优秀传承奖。五河县实验小学根据五河民歌素材编排的舞蹈、歌表演分别参加2005年和2006年安徽省少儿文艺调演，均获一等奖。（裴锦茹）

安徽省合肥市文化局

合肥市文化局2004年9月举办了“2004合肥文化项目推介会”，按照“面向市场、服务为本、共赢互利、务求实效”的原则，组织了50多个文化项目整体向社会推介，吸引社会资金，与近20家企事业单位签订了20多个项目的合作协议，合作金额及合作意向达1770万元，这项活动在全省是首次。

2005年7月，合肥市庐剧院应香港特区政府康乐文体署和香港中华城有限公司邀请赴香港演出大型庐剧《李清照》和《新白蛇传》，并举办了庐剧唱腔讲座；2005年，《合肥市出版物市场管理办法》和《合肥市地方文献样本缴送办法》相继颁发施行；2005年12月，赖少其艺术馆在合肥市政务文化新区内建成开放，该馆建筑面积3000平方米，收藏300幅书画艺术珍品，突出展现赖少其作为“新徽派美术”大师的成就和贡献；合肥地方戏曲庐剧2005年申报国家非物质文化遗产。 （黄先明）

安徽省宿州市文化局

2005年，在全省规划题材剧本评比中，宿州局报送的《秋月煌煌》、《阳光下的呼唤》、《马娘娘选总管》3部作品入围；小戏《二嫂上轿》参加了中央电视台小品小戏大赛，9月参加安徽省第二届小品小戏大奖赛，获演出一等奖，4个单项一等奖；在第八届映山红戏剧节上，宿州市2台小戏获演出一等奖，演员获6个单项奖。

2005年10月，从各县选拔5名选手参加了安徽省民歌歌会，获三等奖1个、优秀演唱奖3个，文化局获优秀组织奖；全年认真开展了社区文化活动和文化下乡活动。桥区栏杆镇文化站电影放映队获全国2131农村电影放映先进集体称号；桥区观李社区获全国文化先进社区称号；泗县大路口乡镇横刘村文化室获全国服务基层、服务农民先进集体称号；萧县电影公司放映队获全国送电影下乡先进单位称号。

2005年，对网吧进行了专项治理，加强了网吧管理；泗州戏、萧县民间书画、灵璧钟馗画被确定为省级非物质文化遗产保护项目；积极做好文物发掘保护工作，并成立了市文物管理委员会；严厉打击非法出版物，开展了“知识产权宣传周”活动，打击盗版音像制品专项活动。 （居树超）

安徽省阜阳市文化新闻出版（版权）局

2004年，阜阳市文化工作坚持“两为”方向和“双百”方针，围绕参加安徽省第七届艺术节开展了一系列活动，阜阳市曲剧团演出的大型现代曲剧《红灯·绿灯》获得演出、编剧、作曲、表演一等奖。阜阳市梆子剧团演出的《窗外情》获得演出、导演、表演3个一等奖。10月29日举办的第六届安徽省花鼓灯会，阜阳选送的5个节目全部获奖，《花鼓娘子》、《大姑娘美》获一等奖，《丰收》、《农家乐》、《花鼓娃》分别获得二、三等奖。在第七届中国艺术节“中国剪纸艺术博览会”上，阜阳市入选作品达40幅，程建礼剪纸作品获金奖，顾淮南、韩翰、关亚民、韩萍等10位获银奖。文化市场管理工作严管重罚，繁荣有序。文物工作稳步开展，市政府拨款组织人员对“女郎台”进行为期60天的发掘，共清理战国至汉代墓葬11座，出土一批较为珍贵的文物。（杨维洪）

安徽省界首市文化局

为丰富群众文化生活，举办了异彩纷呈的文艺演出活动，特别是重大节日期间专题文艺活动更是丰富多彩。组织参加了全国首届和安徽首届手工艺展销会，界首彩陶荣获全国民间手工艺品最高奖项“山花奖”，彩陶、剪纸、刺绣分获安徽省金、银、铜3个大奖。2005年，成立了界首市彩陶研究会，界首彩陶被国家正式公布确定为全国第一批非物质文化遗产。

为加快农村文化建设步伐，提高农民业余文化生活水平，进一步加大了文化三下乡活动力度，每年此项活动受益群众达5万余人次。抓管理促繁荣，文明执法，严管重罚，依法打击文化、新闻出版市场违规经营行为。设立网吧电子监控平台，探索监管长效机制。

加快文化扶贫步伐，巩固“杜鹃花”工程建设，推进文化产业快速发展。 （王云）

安徽省蚌埠市文化新闻出版（版权）局

专业文化谱写新篇章，泗州戏剧团升格为安徽省泗州戏剧院，歌舞团升格为安徽省花鼓灯歌舞剧院。2004年10月，举办了第六届安徽省花鼓灯会。2005年，召开“蚌埠双墩文化遗址学术研讨会”。实施“三千双百”工程，非物质文化遗产保护取得新成就，建成中国花鼓灯第一村、中国花鼓灯博物馆、中国花鼓灯艺术研究室，花鼓灯、泗州戏双双入选中国非物质文化遗产保护名录。文化产业经营单位达4000家，年营业收入12亿多元，从业人员3.5万人，年上缴税收6000万元左右。全市文化产业已形成一个包括文化娱乐业、出版发行业、音像制品业、文艺演出业、艺术教育业等多门类、投资经营主体和消费层次多元化的文化产业和市场的新格局。文化市场繁荣有序，南山文化市场一条街已具备相当规模，正在申报全国文化产业发展示范基地；余庆巷、华海仿古玉器经营市场在省内外具有一定影响；建成皖北最大的二级书刊批发市场、蚌埠图书城。文化设施建设取得新成就，淮河文化广场、蚌埠市图书馆、蚌埠大剧院等一批新的文化设施相继落成，汤和墓园已成为蚌埠市文化旅游新的亮点。 （谢克林）

安徽省淮南市文化局

现有文化单位17个、370多人。2004年以来，淮南市文化局深化改革，加强管理，文化艺术创作再创新成绩。

2004年首届中国少儿舞蹈艺术节在淮南成功举办，淮南市文化局精心策划，高水平的组织完成了开幕式、精品展演、比赛演出和闭幕式，在艺术节赛事上，淮南市共获得5个金奖，6个银奖；淮南市成功举办了第六届淮南市少儿文化艺术节，并获得11个一等奖、6个二等奖、2个三等奖，淮南市文化局获优秀组织工作奖，获奖成绩位居全省首位；2004年12月18日，安徽省《淮南子》研究会成立大会暨第一次会员代表大会胜利召开，大会通过了《安徽省〈淮南子〉研究会章程》，研究会将致力于《淮南子》学术的研究，文化价值的开发研究，弘扬淮南地方历史文化；淮南市组织了200多人的演出队伍参加了第七届安徽省艺术节和第六届安徽省花鼓灯会，淮南市节目获多个奖项，市文化局获优秀组织奖；2004年凤台县花鼓灯艺术团赴法国进行了为期40天的“中法文化年”巡回展演；按照市委、市政府总体要求，成功地组织实施了第十一届中国豆腐文化节开幕式暨《同一首歌·走进淮南》大型演唱会；2004年，淮南市文化局与职教中心联合创办了淮南市艺术学校，成为花鼓灯艺术培养的又一基地；成功举办了众多文艺演出活动，丰富了城乡群众文化生活。 （曹怀山）

安徽省滁州市文化局、新闻出版（版权）局

何郢商代遗址迄今为止，是东南地区发现的最具规模的商周时期祭祀活动遗迹。2004年经全国评审，何郢商周遣址考古发掘获2002～2003年度“田野考古二等奖”（一等奖空缺）；2004年，现代京剧《村支书张太昌》赴省演出获得成功，该剧共获10个奖项；2005年，占地面积17460平方米，总建筑面积20320平方米，总投资近亿元的滁州大剧院于12月18日正式破土动工。2005年，天长市铜城镇文化站站长高天祥同志获得“全国文化系统先进工作者”荣誉称号；天长市电影公司经理邱越飞同

志荣获“全国农村电影放映先进个人”荣誉称号；定远县电影公司荣获“全国农村电影放映先进集体”荣誉称号。2005年完成了全市网吧监管系统建设工程；市歌舞团与中央电视台合作，应邀参加“南湖情缘·龙盛之夜——巨星演唱会”；5月28日，闵惠芬二胡独奏民族音乐会在滁州举办；凤阳花鼓正式入选“第一批国家非物质文化遗产名录”。（汤国建）

安徽省马鞍山市文化新闻出版局

马鞍山市文化新闻出版局下辖群众艺术馆、李白研究所、图书馆、文物管理所、歌舞团、黄梅戏剧团、艺术实验中心、文艺创作室、工人剧场、电影公司和老年大学等11个单位。

2004年以来，马鞍山市新建的博物馆、大剧院、图书馆三大文化设施网络用地面积14万平方米，建筑面积8.2万平方米。市群众艺术馆为二级馆，市图书馆为一级馆，市老年大学为省级示范学校，幸福广场荣获“全国特色文化广场”称号。儿童音乐剧《男子汉行动》完成单剧目演出200余场，获第五届全国优秀儿童剧展演三等奖。黄梅戏《红罗帕》在长安大戏院成功演出。黄梅戏《黄梅雨》获省艺术节9项大奖。新增省保5处，李白墓成为全国重点文物保护单位，当地民歌入选首批全国非物质文化遗产名录。出版了《江东名城马鞍山》文化丛书和《李翰林集》。烟墩山遗址、五担岗遗址的科学发掘将城市历史上溯到5300年前。第一届中国诗歌节精彩纷呈。通过建立健全市、区两级市场管理体制，提高执法人员素质，加强制度建设和行业协会建设，聘请义务监督员等措施，使文化市场繁荣、健康、有序发展，满足了市民的文化需求。（王平）

安徽省铜陵市文化局

局属文化企事业单位现有12个，机关内设办公室、组织人事科、文化科、艺术科、新闻出版版权管理科、文管办和文化市场稽查大队，文化系统共有职工440人。

2004年，市艺术剧院正式挂牌成立。《青铜之恋》成功晋京演出。铜陵市文化局创作研究室高国强创作的九重奏《青玉案·元夕》在第七届安徽省艺术节上获得民族器乐作品创作比赛唯一的一等奖。市政府首次对全市基层文化建设工作进行督查。铜陵市开展“第三届社区文化活动月”。铜官山区40个社区文化站正式揭牌授牌。中国古代青铜文明暨《青铜文化研究》学术研讨会在我市召开。举办首届农村文艺调演。朱兰田同志编导的民族舞《大鞭子赶着风雨走》在全国中老年舞蹈大赛上获得最高奖——“牡丹金奖”。市文物管理所唐杰平同志获国家考古发掘队领队资格。

2005年1月12日，集中销毁违法音像制品42000余盘、盗版书报刊5540册（份）、电子出版物、盗版软件4170张。8月1日，文化市场举报热线电话12318开通。2005年9月27日~10月18日，铜陵市举办首届文化艺术节，直接参与活动的群众达5万余人次，观众达20万人次。《青铜文化研究》刊物获国家工商总局商标注册。（胡凤林）

安徽省桐城市文化新闻出版（版权）局

桐城市文化局内设办公室、人事科、财务科、文化科和文化市场管理办公室（新闻出版科）等职能科室。辖博物馆、图书馆、文化馆、剧团、电影公司、剧目创作室等6个事业单位。全系统共有职工150余人。

每年，我市专业、业余作者在国家、省、市级报刊发表各类诗歌、散文、小说、学术论文、摄影作品达1000余篇；近年来，我市各类文艺演出、比赛不断，深入开展了文化“三下乡”活动；深化了文化体制改革；加大投入力度，建成了一大批公共文化设施；不断扩大了对外文化交流；印刷包装产业基地形成。

2001年，我市荣获“全国文化先进市”称号；2004年，通过文化部的全国文化先进市复查验收；2005年，我局被省人事厅、省新闻出版局评为全省新闻出版工作先进集体。（金猛）

安徽省六安市文化局

2004年，为纪念一代伟人邓小平同志诞辰100周年，由六安市作者创作、编排的大型现代庐剧系列剧《刘邓在皖西》，多次在中央电视台和省台播映；皖西庐剧团赴芬兰访问演出；第二届“中国滨州博兴国际小戏艺术节”，庐剧小戏《小艾送饭》一举夺得演出金奖、优秀表演奖、表演奖、编剧奖和导演奖5项殊誉；小品《两个猎人一只兔》在第十一届“飞彩杯”全国百优小品大赛中，获剧目银奖。

寿县为纪念毛泽东同志诞辰110周年暨中共小甸集特支成立80周年，举办“江山多娇大型书画作品邀请展”、“丁豪和她的学生独唱音乐会”。安徽省第六届花鼓灯会上，《寿州锣鼓》荣获一等奖，《一绣百花开》和《拾玉镯》分别荣获二等奖。

切实加强文化市场监管，以网吧整治为重点。期间，查获一起非法音像制品地下批发经营案。

《皋陶魂·历史文物精品陈列》，推出近20年来六安出土的文物精品300余件。2004年喜添六安古城墙、毛坦厂老街等10处省保单位。寿县作为历史文化名城和全市唯一的文化先进县，投资3500万元的全省县级最大的楚文化博物馆竣工在即，修复了文庙，完成重立孔子及“四配”塑像，制作10余幅匾额楹联和《孔子圣迹图》巨型浮雕。（黄道甫）

安徽省池州市文化局（新闻出版、版权局）

安徽省池州市文化局以邓小平理论为指导，践行“三个代表”重要思想，认真贯彻落实科学发展观，全面推进文化事业繁荣和文化产业发展，为池州的三个文明建设做出了积极贡献。

组织创作的大型黄梅戏《魂断杏花村》2004年8月晋京汇报演出获演出成功奖；组织专门班子着手编制池州傩等活态文化抢救保护、挖掘整理及传承利用3年、5年和10年规划，积极申报国家级文化遗产名录，2006年5月20日，经国务院正式批准，池州古戏曲“池州傩”、“青阳腔”正式列为国家级非物质文化遗产代表作名录；以创建“杜鹃花工程”点为抓手，扎实推进农村文化工作。为加快全市省、市、县三级“杜鹃花工程”点建设步伐，市局每年底对全市农村文化工作暨“杜鹃花工程”实施情况进行检查考核，以此推动全市农村文化工作的开展；以安全保护工作为重点，确保文物和文化市场的安全。（吴松柏）

安徽省宣城市文化新闻出版（版权）局

宣城市有文化行政主管部门8个，行政编制103人，有各类文化企事业单位58个，从业人员607人。

2004年8月第二届宣城艺术节在市红星礼堂隆重举办，5天时间，共演出7场，参赛节目98个；10月，第十一届中国曹禺戏剧奖“飞彩杯”全国小品小戏大赛在宣城隆重举办，中国戏剧家协会对本次大赛组织工作给予了高度评价，宣城市选送的皖南花鼓戏现代小戏《送瓜苗》、喜剧小品《包袱》双双夺得演出一等奖；2004年，我们加强了对互联网上网服务营业场所的管理，大力整顿了演出市场，会同公安机关严厉查处游戏机赌博。

目前，宣城市拥有县级以上重点文物保护单位193处，其中全国重点文物保护单位有8处，省级文物保护单位45处，县级文物保护单位140处，有国家级爱国主义教育基地和省级爱国主义教育基地各1处。（葛祥普）

泉州市木偶剧团2004年以来十大主要业绩

1. 组织实施赴法国、日本、新加坡、美国、泰国、荷兰、西班牙及港、澳、台地区访演18次。

2. 2004年《钦差大臣》入选“第七届中国艺术节”荣获文化部“第十一届文华新剧目奖”、“文华集体表演奖”、“文华剧作奖”、“文华导演奖”。

3. 2005年木偶剧《钦差大臣》入选“2004～2005国家舞台艺术精品工程精品剧目提名”。

4. 2005年，应邀赴联合国总部（美国纽约）举办“2005联合国中国春节文艺晚会”；并在耶鲁大学、哥伦比亚大学、纽约大学、康州大学等地交流访演。

5. 2005年被授予“联合国南南合作网木偶艺术项目示范基地”。

6. 2005年荣膺人事部、文化部“全国文化工作先进集体”称号。

7. 2005年荣获“第二十五届西班牙托洛萨国际木偶节金奖。”

8. 2005年与中共泉州市委宣传部、泉州广电集团联合拍摄13集提线木偶电视连续剧《雪域金猴》，2006年1月由中央电视台、泉州电视台播出。

9. 2006年2月赴台参加“情声艺动·相约东南”大型电视晚会。获“两岸交流特殊贡献奖”。

10. 2006年2月泉州提线木偶戏正式入选“首批国家级非物质文化遗产保护项目”。

福建省福州市鼓楼区文化体育局

2000年鼓楼区被评为“福建省文化先进区”，2001年被评为“全国先进文化区”。鼓楼区文化体育局有局办公室、文化科、体育科，下属单位有鼓楼区文化馆、鼓楼区博物馆。

区文化馆先后在辖区内组建以三山艺术团为龙头的18支“三山”系列文艺团体，三山艺术团自成立以来，年年被邀参加省乃至全国性各种大型文艺晚会演出，并荣获全国及省、市各奖项达100多个。其中2004年创作编排表演的舞蹈《花间曲》获全国第二届“四进社区”文艺展演银奖，2005年舞蹈《古巷悠悠》获文化部第三届社区文艺节展演银奖。区文化馆自1993年被文化部命名为“标准文化馆”后，2005年又被评上全国“一级文化馆”、全省十佳文化馆，三山艺术团连续两次被评为全省十佳艺术团。

鼓楼区现有文化经营单位569家，辖区文化娱乐场所点多面广。2004年以来，文化科坚持不懈地开展“扫黄打非”、市场整治、网吧专项整治等行动，文化科多次被省市评为“扫黄打非”先进单位。

鼓楼区有省市区级文物保护单位100多个，其中“三坊七巷”已列入国家级文物保护单位，区文体局为辖区文物保护的管理部门，多次被评为神州文物工作先进单位。（刘正辉）

福建省泉州市文化局

2004年，泉州市梨园戏《董生与李氏》入选国家舞台艺术精品工程十大精品剧目，木偶戏《钦差大臣》入选国家舞台艺术精品工程初选项目；泉州市被确定为国家级民族民间文化保护工程综合性试点城市；成功举办了第三届中国泉州“海上丝绸之路”文化节、首届社区文化周、第十五届“威远楼之夏”戏剧展演等文化节庆活动；承办国际传统音乐学会第三十七届世界年会；省级“海上丝绸之路”保护规划开始实施；南音、梨园戏、提线木偶戏赴巴黎参加“中法文化年”活动。

2005年，泉州市通过全国文化模范市复查，石狮被评为全国文化先进县，鲤城金山获全国文化先进社区称号，1个文化户获全国服务农村、服务基层先进文化户称号；市木偶剧团被国家人事部、文化部评为全国文化工作先进集体；成功举办第四届泉州“海上丝绸之路”文化节暨第八届中国泉州国际南音大会唱；有11个项目入选第一批国家非物质文化遗产名录；泉州艺校经省政府批准成为省重点职业中专；市木偶剧团应邀赴纽约联合国总部举行联合国中国春节文艺晚会；赴沙特阿拉伯和阿曼举办了“中国文化周‘海上丝绸之路文化展’”。（龚万年）

福建省泉州市洛江区文化体育局

福建省泉州市洛江区文体局利用节庆举办全区性歌咏比赛、南音会演和文艺晚会。特别是文艺会演，都是以基层单位自己编导的节目为主要内容，要求有创意、坚持主旋律。

组织排练男声四重唱节目参加福建省经贸委、文化厅、福建省企业与企业家联合会举办的全国企业家活动家日暨企业松绑放权20周年“企业雄风”大型文艺晚会，福建省第二届社区文化艺术演出，荣获创作奖及表演奖。选送节目参加全省侨联系统文艺调演，荣获表演二等奖。

认真贯彻落实中央、省、市、区《关于进一步加强和改进未成年人思想道德建设的若干意见》和第十七次全国“扫黄打非”电视电话会议精神，建设2个扫黄打非“五个一工程”试点，加强村（居、社区）文化阵地建设，进一步改善群众文化活动条件。成立区南音协会万安街道分会、马甲分会及河市分会。（卢恩水）

福建省晋江市文化体育局

1998年，国家体育总局授予晋江市“全国体育先进县”荣誉称号；2001年，文化部授予晋江市“全国文化先进县”荣誉称号；2004年，国家文物局授予晋江市“全国文物工作先进县”荣誉称号。

高甲戏《金魁星》在1997年演出屡获奖，1998年荣获文化部戏剧最高奖，2000年市高甲戏剧团赴港演出。1999年，晋江市获泉州六运会金牌、总分双第一；神话剧《五里长虹》获文化部第九届“文华新剧目奖”；2000年，晋江市举办了第九届运动会；晋江市农民男子篮球队在全国第四届农运会篮球比赛获得第一名；2002年，《晋江文化丛书》（第二辑）出版；木偶剧《清源仙女》在福建省第二十二届戏剧会演中获多个奖项；市庆10周年文艺活动异彩纷呈，并举办了“安踏杯”国际篮球邀请赛、“喜得龙杯”超级国手乒乓球邀请赛、“双丽杯”男子篮球邀请赛；2003年，晋江市体育代表团获泉州市第七届运动会总锦标第一名。

晋江市博物馆新馆2002年12月18日建成开馆；晋江市祖昌体育馆于2002年12月18日举行剪彩仪式；晋江市游泳馆于2002年12月17日举行剪彩仪式。（范清靖）

福建省南安市文化体育局

南安市文化局下设4个科室，1个文化市场稽查大队、15个事业单位、26个文体服务中心。根据2006年福建省厅相关政策，南安市67个行政村现编制412位村级文化协管员。2004年以来，南安市优秀文艺作品屡获佳绩。有40部作品在各级各类比赛中取得好成绩；高标准通过“全国文化先进县（市）”国家级的复查；市文化馆被文化部命名为二级馆；继续实施农村电影“2131”工程和开展爱国主义影片进校园活动，每年组织放映电影场次、观众人数、放映收入、发行收入均在福建省前列。南安市电影公司在2005年8月再次荣获“全国农村电影工作先进集体”；“纸扎”、“掷铙拔”被选入全国民族民间传统文化保护工程泉州市重点项目。南安市英都镇的“拔拔灯”被福建省政府公布为福建省首批非物质文化遗产代表作；每两年举办南音大会唱等一系列活动；2006年，南坑窑址弥陀造像、寮仔窑遗址等4处文物古迹被福建省政府公布为第六批省级文物保护单位。

近年来，先后开展网吧百日专项整治，“实名行动”、“零点行动”、“平安行动”、“取黑行动”、校园周边文化环境、音像市场“阳光行动”、“反盗版百日行动”、文化市场集中执法季等一系列行动，有效遏制了文化市场违法违规经营势头。启动了12318和13805964123文化市场举报电话。　（黄则法）

福建省安溪县文化体育局

现有县级文化馆、博物馆、图书馆、高甲戏剧团、电影公司和茶文化艺术团等6个文化事业单位，2005年组建安溪县茶文化艺术团，全县24个乡镇都组建乡镇文化体育服务中心，100％的村设立宣传文化活动室，有民间文化团队128个。

近年来，建设了中国茶都茶文化博览馆、茶叶公园、凤山公园、十里诗词长廊、金钱山公园、大龙湖、义庙文化广场、茶都公园、高甲戏剧团扩建等一大批投资多、影响大的文化设施。2005年在茶都广场、文庙广场、县体育场等大型公共场地及各乡镇举办活动102场，参与活动演出和比赛的人员5000多人次，观众20多万人次。6月和11月分别组织举行“安溪铁观音神州行”南线行和北线活动。行程20000多公里，先后举办“汕头访商、广州论道、深圳品茗、长沙造势、北京谢知音、济南结新朋、西安传雅韵”等茶事活动。2004年6月和2006年2月，安溪茶文化艺术团分别赴法国、比利时参加中法文化节等活动，表演茶艺、茶歌、茶舞。　（王亚菲）

福建省德化县文化体育局

完善县、乡、村三级文化网络建设，推进社区文化、企业文化、校园文化和村镇文化的繁荣发展，加强乡镇文体服务中心建设。

2004年举办了第四届瓷都广场文化节，开创“文艺三十分”文艺表演新形式；创作了《巍巍戴云山》、《中国白》、《我爱绿色瓷都》、《走进戴云好运来》等一批有地方特色的歌曲作品；翻译出版《中国白——福建德化瓷》一书。2005年6月，德化县图书馆正式被文化部命名为“国家二级图书馆”称号；德化瓷烧制技艺被列入国家第一批非物质文化遗产保护名录，屈斗宫陶瓷古窑址被国家列入“十一五”时期100处重大遗址保护专项进行保护；在全县范围内开展涉台文物和非物质文化遗产普查。

扎实开展“省级先进文化县”的创建活动；制定并实施全县“百场万人文化活动”，丰富市民文化生活；兴建福建省唯一的陶瓷专业馆——德化陶瓷博物馆，将于2006年10月1日正式开馆。　（杨奇平）

福建省厦门市文化局

2004年，厦门市文化部门在多项文艺大赛中取得优异成绩。成功举办了第六届全国舞蹈比赛、海峡两岸歌仔戏艺术节，成功申办2006年第四届奥林匹克国际（中国·厦门）合唱比赛，完成厦门市第八届南音唱腔比赛、第二届鼓浪屿钢琴艺术节等大型文化艺术活动；举办了元旦、春节、元宵、“九八”贸易洽谈会、中秋、国庆等重大节日举办系列文艺演出、焰火晚会，广泛深入开展文化“三下乡”和“四进社区”等活动，组建了“外来青年合唱团”和“外来青年艺术团”。市文化局完成全国“群星奖”厦门少儿组作品和第十届全国美展厦门作品推荐工作。老朋友艺术团老年舞蹈《乡婆》获文化部第十三届“群星奖”金奖。举办各类美术展览50多场；协办了厦门首届“松下杯”青年DV艺术节。成立了鹭岛中小学生艺术团。举办了中国美术馆藏儿童美术作品PHE世界儿童美术作品大巡展、厦门“思明杯”全国少儿音乐舞蹈邀请赛、第六届全国少儿小提琴演奏赛、第八届南乐唱腔比赛、首届企业文化节、全国第五届刻字艺术展暨第八届国际刻字艺术交流展、第十届全国美术作品展览厦门雕塑展。“温馨厦门”广场文化活动。明德英文图书馆，被命名为全国首批“小公民道德建设实践基地”。（罗才福）

江西省南昌市文化局

南昌市文化局机关内设6个职能处室：办公室、组织人事处、艺术处、文化市场处、社会文化处、文物处。1个机关党支部。局系统下属市歌舞剧团、市采茶剧团、八一起义纪念馆、八大山人纪念馆、市群众文化艺术馆、市文化稽查支队等文化企事业单位共20个。全系统人员总数972人。

2004年5月1日~6日，南昌市采茶剧团改编整理的传统小戏《秧麦》在第二届中国滨洲·博兴国际小戏艺术节获得艺术节金奖及导演奖、剧本整理改编奖、作曲奖等5个奖项；6月18日，西湖区图书馆电子阅览室建立的“大眼睛”社区网站正式运行，每周二、五由专人辅导，免费为未成年人开放；11月19日~22日，南昌市采茶剧团一行40余人赴澳门访问演出，先后在澳门理工学院和澳门科技大学演出两场;八一起义纪念馆改、扩建工程项目正式立项，改、扩建后的八一起义纪念馆园区占地面积将由目前的5903平方米扩大到7403平方米，整个复原、扩建工程计划于2007年7月以前全面竣工，2007年8月1日，崭新的八一起义纪念馆正式对外开放；全市第三次文物普查工作基本完成，查阅各类文献资料700余册，出动普查人员1356人次，访问知情人千余人，普查乡镇、街道57个，村626个，普查原有文物保护单位106处，新发现登记文物点286个。

（黄中平）

江西省九江市文化局

2004年以来，九江文化系统艺术创作新作迭出、好戏连台，一批精品在国家、省级大赛中获得殊荣。承办了“图书馆的区域合作与发展理论研讨会”暨第八届全国中小型图书馆联合会年会”；举办了中国江西傩文化艺术周四国艺术团九江文化友好交流演出和乌克兰女钢琴演奏家的“公爵钢琴之夜”专场文艺晚会；参加全国七艺节、国际小戏艺术节等全国性赛事；与秦皇岛市联合举办了书画联展。两年多来，我市积极做好了文物保护工作。申报了第五批省级文物保护单位29处，并举办了“九江市第三次文物普查成果展”。湖口的青阳腔、星子的金星砚技艺、修水的全丰花灯被列入国务院批准的首批国家级非物质文化遗产名录。开展了全市网吧专项整治行动。市文化市场稽查支队，被文化部授予“全国先进集体”，支队队长吴伙记荣获全省先进工作者的光荣称号。

2003年7月，建筑面积1.4万平方米，投资2000多万元的市图书馆全面竣工，并正式对外开放；投资300多万元建设了滨江大道的锁江楼、观鱼轩等文化景点已于2005年国庆对外开放。新建了“九江影都”、建设了江洲八景之一濂溪墓景区。（郭建林）

江西省景德镇市文化局

2004年以来，景德镇的文化事业发展日新月异，结出累累硕果。实施精品工程，第六届全省音舞节荣获“优秀剧目奖”等16项大奖；

丰富群众文化活动，开展为期4个月的《欢庆瓷都千年华诞，共塑瓷都新形象》主题教育群众文艺会演系列活动，并连续举办27届群众歌咏月活动；有效整合文化资源，将民间资金大量引入演艺、娱乐、休闲等文化领域，同引资取得明显成效；文博旅游形势喜人，共接待游客27万余人，创收600余万元；文化产业呈良好发展态势，新创增加值1.6亿元；文化遗产和文物保护迈上新台阶，“景德镇手工制瓷技艺”和“景德镇传统瓷业营造技艺”被列入第一批国家非物质文化遗产名录，御窑遗址被评为“国家重点文物保护单位”，御窑遗址考古成果被评为全国十大考古新发现；对外交流步伐加快，陶瓷精品展览和女子瓷乐表演足迹遍布世界各地，受到热烈欢迎；成功举办一系列颇具影响力的大型活动，如中华京剧票友艺术节、世界陶艺家瓷都行活动、全国中小型公共图书馆研讨会、中国古陶瓷学会2004景德镇年会等，在海内外引起了强烈的反响。

（江华）

江西省鹰潭市文化局

2004年，组织策划和举办了8台重大文艺演出，尤其是组织参加全省“三个一”（一首歌曲、一个小品、一个舞蹈）文艺创作工程调演成绩斐然，歌曲《这山、这水》获全省表演一等奖、创作一等奖；舞蹈《畲乡花朝节》获表演三等奖、创作奖；小品《母子情》获表演三等奖。全市共组织送戏下乡33场次；送图书5000册（本），送电影18场次，送春联500余幅。文化市场管理方面，全年共开展专项整治60次。全年文化市场代征税收110余万元。全面完成了全省第三次文物普查工作任务。以服务会议为中心，重点抓了影剧院的生产经营，全年实现经营收入412646元。

4月~6月，全市开展了大规模的文物普查；6月30日晚上，举办了庆祝中国共产党成立83周年文艺晚会；8月10日，市文化局在贵溪市滨江乡召开了全市农村基层文化经验交流现场会；8月20日晚，举办了纪念邓小平同志诞辰100周年文艺晚会。（王辉）

江西省贵溪市文化广播电视局

贵溪市文化广播电视局下辖文化单位共8个：文化馆、图书馆、信江电视台、电影公司、影剧院、艺术团、文化市场稽查大队、群众文化股（机关），共有干部职工84人。

在市委、市政府的正确引导下，文化广播电视局认真按全国文化先进县（市）标准，努力做好各项工作，于2004年顺利通过了文化部“全国文化先进市”的复评，第二次被文化部评为“全国文化先进市”荣誉称号。

文化广播电视局文化市场大队成功的文化市场管理方式中“群众放心网吧”评比活动，得到上级部门和广大群众一致好评，同时被载入《中国新时期文化市场执法丛书》及《江西省文化市场网》向全国、全省推广。基层文化建设成效显著，文化广播电视市周坊、志光、塘湾、河潭等乡镇文化站获“全省百强文化站”，滨江、东门、雄石、冷水、文坊等乡镇达鹰潭市一级文化站标准。目前，文化广播电视市一级站达50%，二级站达42%。（严芬芳）

江西省萍乡市文化局

2004年以来，萍乡市文化局共获得省以上奖励215项，其中2005年4月开始创作的萍乡采茶戏《燃烧的玫瑰》在江西第七届玉茗花戏剧节上夺得剧目、编剧等6个一等奖；并于2006年7月作为全国10台剧目之一，参加中宣部文艺局、文化部艺术司、北京市委宣传部举办的“庆祝中国共产党成立85周年现代戏展演”；同时被文化部选中参加2006年底文化部主办的全国地方戏优秀剧目（南片）评比展演。通过市场运作拍摄的22集电视连续剧《铁色高原》

2005年被作为压轴大戏在央视一套黄金时段热播。市人民剧院体制改革成效显著，2005年受到文化部、人事部的表彰；目前全市文化单位改革正在进行，中宣部文化体制改革试点工作领导小组刊登了我市的改革经验。全市三县两区都建立了新的集文化局、文化馆、图书馆为一体的综合设施；2004年招商引资1000余万元建立了建筑面积达6000平方米的市图书馆；2005年，芦溪县招商引资1400余万元，建立了面积达7600平方米的县艺术中心；目前，市博物馆、市人民剧院、市采茶歌舞剧团、市萍乡剧院、市文化局办公楼的改造工作正在筹措资金着手建设。2005年，市文化局荣获“全省特色文化先进单位”、“全省第三次文物普查先进单位”等荣誉称号。（邓建萍）

江西省赣州市文化局

近两年，赣州市文化工作取得了可喜的成绩，开创了全新的局面：文艺创作演出超历史，由市文化局组织参加全国、全省各类文化艺术、文博演讲比赛活动81次，共获奖709项，其中获国家级奖和省级一等奖101项，外派参加省各项比赛和文艺活动人员2300多人次，组织创作戏剧、歌曲、舞蹈、美术等各类文艺作品2100余件（个），获省以上奖项达146件（个）；开展全市性群众文化活动7800余场次，其中大型群众文化活动256场次；在全市农村共建有各类特色文化村87个，兴国山歌、赣州采茶戏入选首批国家非物质文化遗产名录；开展了6次对外文化交流，有13个专题节目在中央电视台播出；全市文化产业从业人员达40880人，文化经营单位1456个，经营收入25432万元，税收和利润3486万元；在国务院公布并连续8年实现文物安全年；2005年创建全国文化先进县1个，全国先进集体6个，全国先进个人2人，是前5年的总和。2004年和2005年，市文化局分别被省文化厅评为全省目标考评先进单位和特色文化工作先进单位。（夏之雨）

江西省南康市文化局

南康市文化局内设机构有人事秘书科、艺术科（戏剧创作研究室）、文化市场科（文管办）。所属二级单位有文化馆、图书馆、博物馆、采茶剧团，有21个乡镇文化站。2001年3月，南康被省政府命名为“全省社会文化先进市”；2004年，顺利通过了全省社会文化先进市的复评。

从2001年开始，市广场文化活动每月2次，有300多个机关单位、乡镇、企业参加了演出；社区文化、企业文化、乡村文化也丰富多彩；各种文艺团体、学会、协会活动频繁。从1993年开始，“南康之声”文化艺术节每年一届，至2004年共举办了11届；多年来，共创作歌曲100多首、舞蹈60多个、戏剧小品50多个，2000年4月，在江西省首届农民艺术节获组织一等奖；2001年8月参加华东地区话剧小品大赛获二等奖；2002年4月参加江西省第二届艺术节2个节目获一等奖。2005年获中宣部文化部表彰“服务农村、服务基层”先进单位。2004年，投资8000万元新建文化艺术中心，占地90亩，建筑面积4万平方米。（张选平）

江西省赣县文化局

赣县文化局内设人秘股、艺术股、文化市场稽查大队。直属文化事业单位有县采茶剧团、县博物馆、县文化馆、县图书馆、县戏剧创作研究室、县电影公司、县影剧院等单位。自2000年以来，连续6年创全市文化目标管理考评综合先进单位殊荣。

2004年赣县文化（馆）大楼建成并投入使用，占地600平方米，总建筑面积2490.58平方米，总投资156万元，集办公、培训、展览、排练、娱乐于一体。10月30日~11月8日，世界客属第十九届恳亲大会（赣县点）暨中国客家文化节在赣县客家文化城隆重举行。2005年9月27日~10月7日，中国客属第三届联谊大会暨中国（赣州）客家旅游文化节在赣县举办，赣县客家文化城为4省10市（县）客家歌手大赛，全国客家天使形象大赛，“火之焰”民俗民韵风情晚会提供了表演及展示平台。（曹慧明）

江西省抚州市文化局

近年来抚州市文化局在元旦、春节、五一、七一、国庆等重大节庆、纪念日，均开展了各类型的广场、社区文化活动或专题文艺晚会。全市组织举办各类文艺演出322场，展览623次，开展读书活动40次，举办辅导培训89期，送戏下乡1537场，送图书4万余册，送电影13954场；积极开展社会文化先进县及百强乡镇文化站、村级文化大院的三级创建活动，临川区被评为全国社会文化先进县。

积极调整文化市场结构，大力培育文化市场发展，进一步加强了“扫黄打非”和文化市场专项整治，规范了文化市场经营秩序，加强对网吧等互联网营业场所的管理，保障互联网上网服务营业场所经营活动健康有序。开展了多场文化市场专项整治。（傅威）

江西省吉安市文化局

吉安市辖1市、2区、10县，吉安市文化局2004、2005连续两年被评为全省文化工作目标管理考评先进单位。局机关设4科室，共15人；直属事业单位14个，共325人。

2004年以来，吉安文化事业硕果累累。采茶戏《乡里法官》获中宣部第九届“五个一工程”奖，小品《猫眼看人》获第七届华东地区小品相声大赛金奖，《岁月》获第六届全国舞蹈比赛创作三等奖，获全省性文艺比赛优秀组织奖4次，一等奖30个，二、三等奖77个。新赣剧团被评为“全国‘三下乡’先进集体”。遂川县大汾农民剧团被评为全国服务农民服务基层文化工作先进民营文艺表演团体。吉州区文山街道西苑社区被评为全国文化先进社区。泰和县电影公司被评为全国农村电影工作先进集体。青原区渼陂村被评为第二批中国历史文化名村。

2005年，省政府拨出6000万元农村文化建设“三项活动”专项资金，吉安市213个乡（镇）2541个行政村共获得839万元。（鲍建军）

江西省九江市话剧团

在2004年至2005年所取得的年度成就、文化事业的改革与发展、文化管理的各项基本情况。

1998年一场突如其来的特大洪水给九江的大地上造成了极大的灾难，在党中央及各地领导的关怀和指导下，全国人民与中国人民解放军紧急动员起来，投入了伟大的抗洪斗争，九江市话剧团为了配合当前局势，慰问一线的解放军抗洪英雄，在领导的布置下，群策群力，以一个精典小品《红星闪闪》将当年抗洪斗争胜利后九江人民勇抗灾难，重建家园和军民鱼水情深的故事展现在人们的面前……

剧中以部队某部参谋来灾区招兵，灾区民众踊跃参军的动人情景，充分利用导演与演员的相互配合用幽默感人的故事讲述了这一段不寻常的经历。该剧在慰问南京军区抗洪五周年的演出获得盛誉之后，参加了全国曹禺杯小戏小品大赛，荣获剧目三等奖，并在江西省首届小戏小品大赛中一举夺冠，荣获作品一等奖。

2004年，此剧被中国剧协选中，参加全国获奖作品评议会，九江市话剧团虚心求教，在中国剧协文艺中心周光主任的帮助下，与解放军总政治部话剧团著名编导陈家陡老师取得联系，在九江话剧团诚恳的请求下，陈家陡老师以一个艺术家的风范、以他对文艺事业的追求，慨然应允为九江市话剧团呈现一个作品，随之，一个精典小品《不可改变的道理与规章》应运而生了……

该剧依照以人为本的中心概念，以艺术加

荒诞的手法将剧情展现在观众面前，排演中总政李文启导演亲临九江，执导这部作品后经陈家陡导演再次加工排练，九江市话剧团终以这部作品在全国首届“罗西尼杯”小戏小品在珠海的大赛中夺魁，荣获剧目金奖，九江市话剧团由此迈进了进军全国的冲刺行列。

获奖之后，由中央电视台春节晚会剧组发函邀请，此剧于除夕之夜参加春晚特别节目直播演出，九江市话剧团一行4人（团长领队及3位演员）终于如愿以偿，登上了中央电视台春晚特别节目的演播舞台，为此由中央电视台改名后的小品《小门卫》为我们江西打响了进军中央台的第一枪。

回顾过去的数年中，九江市话剧团在新的领导班子的正确引导下，发动群众，献计献策，极大的调动和发挥了广大演职员工们的生产积极性，由我团自己创作的10多个小品参加了江西省、市各种大型会议及晚会的演出，并以此精彩节目走进大学、军营和农村，为广大的民众服务，深受观众的喜爱，为党的文艺事业作出了应有的贡献。

2004年是九江话剧团奋起的一年，2005年是九江话剧团辉煌的一年，诚然，一个市级演出团体取得这么优秀的成绩是与党的领导与各级领导的关怀与支持是分不开的，我们有信心，也有能力在今后的岁月中更加努力，开创文艺繁荣新的、更美好的前程。

江西省吉安市文化局

吉安市辖1市、2区、10县，吉安市文化局2004、2005连续两年被评为全省文化工作目标管理考评先进单位。局机关设4个科室，共15人；直属事业单位14个，共325人。

2004年以来，吉安文化事业硕果累累。采茶戏《乡里法官》获中宣部第九届“五个一工程”奖，小品《猫眼看人》获第七届华东地区小品相声大赛金奖，《岁月》获第六届全国舞蹈比赛创作三等奖，获全省性文艺比赛优秀组织奖4次,一等奖30个,二、三等奖77个。新干剧团被评为“全国‘三下乡’先进集体”。遂川县大汾农民剧团被评为全国服务农民服务基层文化工作先进民营文艺表演团体。吉州区文山街道西苑社区被评为全国文化先进社区。泰和县电影公司被评为全国农村电影工作先进集体。青原区渼陂村被评为第二批中国历史文化名村。

2005年，省政府拨出6000万元农村文化建设“三项活动”专项资金，吉安市213个乡（镇）2541个行政村共获得839万元。（王绍德）

山东省济南市文化局

济南市文化局推出了京剧《李清照》、都市情景剧《泉城人家》等一批优秀剧目，加工修改了舞蹈诗《沂蒙风情画》、儿童剧《少年大舜》、校园剧《魔方幻想曲》等。在省级以上各类文化艺术赛事中共获奖励320余项，其中全国级奖励54项。儿童剧《宝贝儿》被文化部授予“文华荣誉奖”称号；杂技《转台高椅》在第六届全国杂技比赛上获“银狮奖”；歌曲《我心中圣洁的雪浪花》获中国优秀群众创作歌曲大赛金奖。

全年共派出10余批次文化代表团分赴美、法、韩、英等10余个国家以及台湾地区进行文化交流活动。成立了全市网络文化协会，建立了网吧义务监督员队伍，重点开展了网吧等互联网上网服务营业场所集中整治活动，促进了文化市场繁荣有序发展，营造了良好的城乡文化环境。（邹卫平）

山东省济南市天桥区文化局

济南市天桥区文化局下属事业单位2个：天桥区文化馆、天桥区文化市场稽查队。天桥区文化馆1952年成立（座落在济南市济泺路219号，占地面积4316平方米），全额事业单位，天桥区文化市场稽查队1997年1月成立，人员由文化局内部调剂使用，目前，区文化局和区文化馆、区文化市场稽查队实行统一的管理体制，文化局下设办公室、财务室、文艺辅导部、美术摄影部、图书馆、文化市场稽查队。截至2005年12月，文化局编制5人，实有7人，文化馆编制21人，实有23人。

天桥区文化局始终坚持以邓小平理论和“三个代表”重要思想为指导，认真贯彻落实科学发展观，坚持“两为”方向“双百”方针，围绕区委、区政府的工作重点，广泛开展群众文化活动，2004年以来，相继举办了“社区之歌”文化艺术节、“情注‘背街小巷’、弘扬社区文化、构建和谐社区”、“相约‘文博’，科学发展”、“知荣辱、树新风”系列广场文化活动，全区广场文化、社区文化、农村文化、校园文化蓬勃发展，形成了以节庆日活动为龙头，以季节为阶段、以社区文化和广场文化活动为重点，大中型活动与日常性活动相结合的社会文化活动新格局，文化活动已从最初的政府主办逐步发展为政府主导、社区主办、社会参与，全区社会文化工作取得了显著成效。区文化局连续3年荣获市文化市场管理先进单位，荣获广场文化、职工文艺会演等优秀组织工作奖，2002年荣获山东省依法行政先进单位，2005年荣获山东省文化市场管理先进单位荣誉称号，2005年天桥区北园街道办事处被授予全国先进文化社区，药山街道办事处被授予省先进文化社区。（王希君）

山东省高唐县文化体育局

山东省高唐县是文化部1996年命名的“中国书画艺术之乡”，文化体育局下辖文化馆、孙大石美术馆、高唐画院、图书馆、电影公司、金城文化艺术中心，并领导县体育运动管理中心（正科级单位）和各乡、镇、街道文化站。全系统共有工作人员168人。2004年12月，被省委、省政府命名为“山东省社会文化先进县”。

两年来，我们紧紧抓住申报山东省社会文化先进县的契机，投入上亿元资金加大对文化的投入。先后新建了建筑面积4000多米的图书馆大楼，扩建了建筑面积4000多平方米的孙大石美术馆，兴建了文化广场、书画一条街、书画研究院、李苦禅纪念馆等文化设施。

每年都举办大量内容、形式多样的群众文化活动。此外，培植文化产业，健全了文化市场管理体系，加大了“扫黄打非”和对文化市场的管理力度。加强了对重点文物的保护，对有代表性的地方民族民间特色艺术加大扶持。每年举办书画展览上百次，发展了以书画为主的文化产业（其中书画装裱店30余家，书画经营户100余家）。（秦秉云）

山东省乐陵市文化局

乐陵市文化局下设文化馆、图书馆、文化娱乐中心、剧团、艺术团、电影公司、河北梆子剧团及16个乡镇文化站，全系统共有技术人员50余人。每年结合“文化三下乡”活动，下乡演出100场次以上、电影发行放映100场次；剧团每年演出达350场次以上。

2005年9月16日成功举办了第16届中国乐陵金丝小枣节暨经贸洽谈会。枣节庆典包括开幕式广场大型文艺演出、娱乐中心文艺卖场演出和群众演出3项文化活动；2005年，营建了以地域文化为载体的“乐福洲”枣乡公园。（谭化民）

山东省东营市文化体育局

东营市文化体育局，内设办公室、艺术科、社会文化体育科、文化体育市场管理办公室、新闻出版管理科、竞赛训练科，行政编制27人。下属10个企事业单位，事业编制总额271人，现实有干部职工229人，具有专业技术职务的

180人，其中高级职称38人。

2005年，在市委、市政府的正确领导下，全市文化事业快速发展。市历史博物馆获全国文化系统先进单位；市文体局获1996年~2005全省文化下乡先进集体、全省卫生先进单位、全省老年曲艺大赛优秀组织奖；创作排演了大型吕剧《孙武》，准备参加山东省第八届“精品工程”戏曲精品评选；承办了山东省地方戏小戏新作剧目会演、“晋冀鲁豫津”5省市曲艺小品新作大赛等多项全国全省性的文化比赛和活动；节假日和纪念日举办了各类精彩的文艺演出活动。组织了第二届“黄河口文化艺术节”，全年演出35场，观众累计约7万多人次。艺术团多名声乐演员在全国和全省歌曲演唱大赛中获奖；王方晨等7名创作人员在省以上专业刊物发表作品30余篇，获11项奖励；招商引资完成7500万元，超额275%。从上级争取无偿资金共计172万元，超额72%完成特殊贡献目标任务。 （曹金生）

山东省淄博市张店区文化局

2005年，区文化局成功组织了2005年元宵节系列文化活动、庆祝张店建区50周年“潘成之春”大型文艺演出、建区50周年工业产品贸易周活动、百事新星大赛淄博赛区总决赛、庆祝山东省第十一届环卫工人节文艺演出、纪念抗日战争60周年书画摄影展、夏季广场系列文化活动、庆七一诗歌朗颂会暨社区文艺调演等，承办了“淄博市首届邻居节”开幕式文化活动、2005中国（淄博）国际陶瓷博览会暨第十三届世界瓷砖大会开幕式。

元宵灯会被评为“山东省知名文化品牌”，科技园社区被推荐为文化部文化资源共享工程基层点，潘庄社区被评为“全国文化先进社区”，凯瑞园社区被评为省级文化先进社区。区文化局开展了首届优秀文化社区、优秀文化广场评选活动，涌现出一批先进典型。

加强对文化经营场所的治理，进一步规范了全区文化市场的经营秩序，有力地配合了文明城区创建工作，区文化局被区委、区政府表彰为“创建省级文明城区工作先进集体”。

（继光明）

山东省高密市文化局

高密市文化局成立于1978年，局内设办公室、文艺科、旅游管理科、财务科、文化市场管理办公室。下属文化馆、图书馆、博物馆、艺术剧院、电影公司、文化市场6家单位。

高密市文化局于1993年12月被文化部命名为“中国民间艺术之乡”。省委、省政府授予高密市“社会文化先进县”称号。每年组织春节系列文化活动。图书馆在第三次全国公共图书馆评估定级中被文化部评为“二级图书馆”。在2005年中华青少年精英演艺人才选拔大赛中，文化馆辅导的55名中小学板胡、二胡演奏生获金奖21名，银奖5名，铜奖29名。艺术剧院与齐鲁音像出版社合作拍摄茂腔戏VCD20余部。郑玄墓被确定为省级文物保护单位。积极挖掘开发扑灰年画等民俗艺术产业。2006年高密茂腔、高密扑灰年画被确定为第一批非物质文化遗产保护项目。组织专门人员编撰《中国木版年画集成·高密卷》。成立了民间文化艺术中心。中国民间文化遗产工程委员会、中国民协授予高密市为民间文化遗产保护贡献奖。2006年，积极争取建设资金，协助市委、市政府建设以图书馆、博物馆、科技馆为主建筑的大型综合性文化广场。 （郭言兴）

山东省诸城市文化局

山东省诸城市文化局下辖23个乡镇街道办事处。5个事业单位：文化馆、图书馆、博物馆、艺术馆、电影公司。2004年2月上旬至8月中旬，诸城博物馆对馆藏100余件北朝佛教石雕造像进行了抢救性修复；4月1日，“臧克家悼念会”在密州宾馆举行，在吕标马耳山举行了臧克家骨灰撒放仪式；5月8日，诸城文化局配合中央七台乡村大世界栏目组在障日山庄录制“青山绿水障日山”节目；5月19日，诸城文化馆臧恒望同志当选山东省第五届美术家协会理事；5月28日，诸城博物馆有2件北朝佛教石雕造像，作为国宝级文物赴日本展出；7月8日，诸城图书馆再次通过了国家一级图书馆的验收；7月28日诸城市文化市场招考了7名稽查队员；9月27日，《诸城文化志》正式出版发行；10月28日，诸城图书馆馆长唐琦同志当选为潍坊市图书馆学会副理事长；11月6日，在障日山举行了“山东当代文学院院务会暨山东省作协障日山笔会”；12月16日至18日，诸城艺术团举办庆祝建团五十周年茶话会和建团五十周年专场文艺晚会；12月，诸城文化馆臧恒望的年画作品《禧盈千花帐》入选在北京举办的“第十届全国美展获奖作品展”，并获优秀奖，由中国美术馆收藏，并前往参观获奖作品展。　（李洪波）

山东省龙口市文化局

山东省龙口市文化局下辖文化馆、博物馆、图书馆、吕剧团、剧院、画院、文学创作室、第二文化馆、电影公司等10个下属单位。1991年开始创建全国社会文化先进县（市）工作，1994年5月被评为全国社会文化先进市，2005年3月，东江镇被授予首批山东省社会文化先进乡镇，11月，“文明之夏”广场文化活动荣获“山东省社会文化活动知名品牌”，2006年3月，怡园南区龙正艺术团被山东省文化厅命名为“优秀庄户剧团”。

龙口市文化局自己创作并演出的小品、小戏多次在文化部、中国戏剧家协会等举办的调、汇演中获奖。与此同时，龙口的文学创作、美术创作也取得了显著的成绩，出版了几百部小说集、散文集、历史传记、人物传记和诗歌集；美术作品也屡屡在国展中获银奖、铜奖和优秀奖。　（徐宝勤）

山东省蓬莱市文化局

蓬莱市文化系统现有文化馆、图书馆、藏书馆、书画院、文化市场稽查队5家事业单位；1个专业艺术表演团体（蓬莱市艺术团）、2个文化企业（电影戏剧公司和爱书人音像批销中心）、1个民办非企业文化单位（蓬莱市文化艺术发展中心）。2005年设立文化产业办公室。

2004年以来，市文化局不断加强文化阵地建设，投资几亿元新建了蓬莱村、八仙过海口、蓬莱文化市场、戚继光故里磨盘文化一条街、蓬莱市文化信息共享工程分中心；连续成功举办了第五、六、七届中国蓬莱“和平颂”国际青少年文化艺术盛典，分会场做到了美国、法国、韩国，海滨文化广场被评为全国特色文化广场；新编、上演了大型现代歌舞剧《魂系仙境》；文化产业发展飞快，年收入达6亿多元；文化市场管理繁荣有序，连年被山东省和烟台市评为先进单位。　（王作鹏）

山东省青岛市文化局

青岛市文化局内设办公室、政工处、机关党委、监察室、工会、团委、文化市场处、艺术处、社会文化处、文化产业处10个处室和文物局机关1个，下属26个事业单位。

2004年以来，青岛市文艺创作和演出取得丰硕成果，在各类评奖中获得众多奖项；加大了文化设施建设力度，市政府投资10多亿元兴建、改建、扩建了一大批文化设施，积极实施“文化家园”工程，四级文化设施网络基本形成；举办了万余项城市文化活动，建立了由1200名专业业余文艺骨干组成的群文辅导团；文化市场依法行政能力不断增强，青岛市被文化部授予全国文化市场管理先进单位；在全国率先推出文化产业统计体系，首创“公益文化项目推介会”和建立“文化项目推介网”网站；推出招商项目近千项，吸引社会投入文化建设的资金20多亿元；一批重大文化产业项目开工建设。2004年文化产业增加值突破百亿大关，2005年青岛市文化产业增加值达到124亿元，占全市GDP的4.6%，文化产业从业人员19万，占全社会就业总量的4%。

对全市131处历史优秀建筑和20处文化名人故居进行挂牌标识。公布了全市第七批47处市级文物保护单位，完成了第二批182处历史优秀建筑申报工作；文化体制改革稳步推进。对外文化交流空前活跃；文化队伍素质不断提高，文艺人才不断涌现。（亢清泉）

山东省即墨市文化局

即墨市文化局行政编制8人，内设办公室、社会文化与艺术科；下辖文化馆、图书馆、博物馆、柳腔剧团、剧院、电影发行放映公司、文化市场稽查队，辅导24处镇、街道科技文化服务中心。

2004年，市文化局举办了元宵节大型民舞表演和彩车巡游活动、首届“田横祭海民俗文化节”、柳腔庄户剧团进城亮相展演、第五届“即墨之夏”广场文化艺术节、庆祝建国55周年大型歌咏比赛、“万民同乐迎新年”系列文化活动，组织演员赴中央电视台为“民歌中国”栏目演唱民歌，参加青岛市级以上文艺会演12次。出版纪实文学、诗集、戏剧集、散文集6部。在全国美协、书协等举办的书画展中展出作品25件。特邀坦桑尼亚艺术团进行演出。电影工作走“影企联姻”之路，全年放映10500场。文化市场管理全年稽查728次，出动2591人次，对全市网吧安装经营管理软件。（辛修慧）

山东省日照市文化局（新闻出版局）

日照市文化局内设办公室、机关党委、计财科、文化科、艺术科、文化市场管理科等科室。下属单位有10个：市艺术馆、市艺术团、市艺术学校、市图书馆、市美术馆、市博物馆、市文学戏剧创作办公室、市文化市场稽查支队、石臼影剧院、市电影公司。

2005年，市文化局成功举办了第十届电影金凤凰奖颁奖活动；隆重召开了“2005中国·日照龙山文化与早期国家国际学术研讨会”；广泛开展了各类群众文化活动。

目前，全市共有省级社会文化先进县2个、先进乡镇3个，省级“优秀文化广场”2个，省级“文化先进社区”5个，“山东省社会文化活动知名品牌” 2个，有全国重点文物保护单位5家。省级重点文物保护单位14家。全市所有乡镇都建立了文化站，70%以上的行政村建立了文化大院，形成了市、县、乡、村四级文化网络。日照市文化局于2004年被省文化厅授予“广场文化活动特殊贡献奖”，2004、2005连续两年被省文明委评为省级“文明机关”；2005年，局长赵斌荣获了“全国文化系统先进工作者”荣誉称号。（赵斌）

山东省济宁市文化局

市杂技团创作演出的节目《攀——双爬杆》在2004年全国第六届杂技比赛中，一举夺得“金狮奖”的金奖；曲艺表演唱《女人家·男人家》代表山东省在2003年第二届全国“四进社区”文艺展演评选中，获得铜奖并参加了主会场的演出；市吕剧团演员刘世福荣获2004年中国曲艺“牡丹奖”。

实施“创建工程”和“知识工程”，创建了8个“全省社会文化先进乡镇”；先后成功举办了中国（济宁）京杭大运河文化艺术节、第八届农民文化艺术节、第六届职工文化艺术节，积极协办了国际孔子文化节、嘉祥石雕艺术节、微山荷花节、梁山水浒节等多项节庆活动。“激情广场大家唱”连续两年在文化广场成功举办，文化广场被评为全省第四批“十佳文化广场”。文化产业发展迅速，截止到2004年底，全市文化系统管理和指导的文化产业经营单位4000余个，资产总额7.5亿元，从业人员7万余人，文化产业年增加值29亿元。不断加大对违法违规经营活动的查处力度，积极扶持培育健康的文化娱乐项目，文化市场得到了较快发展。（樊刚）

山东省曲阜市文化局

2004年，曲阜市文化局全面开展建设“平安曲阜”系列文化活动。积极创作了一批关于平安建设的文艺节目，组织开展了文艺演出、书画摄影展以及采风、笔会、书画捐赠、全民读书、送电影下乡、送戏下乡等活动。深入地开展了文化下乡活动。成功举办了第八届农民文化艺术节暨2004年新春文化活动和庆祝建党83周年、建国55周年和纪念邓小平诞辰100周年各项文化活动。不断健全多层次多体制的群众文化网络，全市形成了以市直属文化单位为龙头，乡镇（街道）文化站为枢纽，村街文化大院为基础，文化专业户为补充的多层次、多体制的群众文化网络；加强了文化市场管理，深入开展了创建文明网吧活动，对印刷行业进行了集中整治。（孔祥金）

山东省兖州市文化局

两年来，兖州市文化局举办了中韩实力派5人美术作品展、庆祝中国人民政协成立55周年美术书法作品展、“清风杯”书画作品展；出版诗集3部，长篇小说1部，中篇小说1部，论文集、学术专著10部；2000余件美术书法摄影作品参加了各种展览，在国家、省级展览比赛中入选或获奖的作品100余件，创作或获奖的音乐、舞蹈作品100件。诗集《贝壳说》获山东省齐鲁文学奖，散文《泰山横北郭》获人民文学“泰山杯”散文奖。编排《孔繁森》、《村支书刘运库》、《任长霞》等一批经典剧目，在全省都有很大的反响，豫剧团被省委宣传部命名为“县级剧团的一面旗帜”；编创的新渔鼓调说唱《红包》在第五届中国曲艺节上获“精品剧目奖”。组织了“中国新闻摄影家‘走进兖州’主题摄影”、“中国文艺名家兖州行”、山东省艺术家兖州采风活动。

出版了《李白在兖州》、《兖州揽胜》、《天下第一剑纵横谈》、《李白、杜甫在兖州》、《兖州史话》等一系列书籍，有10个课题获山东省文化艺术科学优秀成果奖或被确定为重点课题，论文《李白来山东、家居在兖州》、专著《李白在兖州》分别获济宁市社会科学优秀二、三等奖，《兖州花棍舞》、《兖州市文化系统双文明管理》等6个课题获一等奖。

兖州市是山东省首批社会文化先进市，1997年被文化部命名为全国文化先进市，群众文化活动丰富多彩。两年来举办了春节文艺联欢晚会、农民文化艺术节、社区文化艺术节、民间艺术展演等一系列活动，编排上演各类文艺节目近500个。成立了廉政文化艺术团、双拥文化艺术团。（仇立彬）

山东省泰安市文化局

泰安市直文化系统共有干部职工557人，其中局机关工作人员42人，科室9个；下属单位12个，其中全额事业单位5个，差额事业单位2个，自筹自支事业单位1个，企业单位3个，民办非企业单位1个。

2004年7月5日，市委常委会听取了文化工作专题汇报，9月12日，下发了《中共泰安市委泰安市人民政府关于加快文化体制改革和发展的意见》；11月，市文物管理职能由泰山管理委员会划归泰安市文化局；2005年，创作演出了山东梆子《碧霞元君》，邀请全国著名曲作家孟庆云，词作家阎肃等创作了大型组歌《日出泰山东方红》，共12首，播出后引起良好反响。

泰安市艺术馆被评为全国先进文化集体。（胡立东）

山东省莱芜市文化局

莱芜市文化局下设10个下属单位，共有在职干部职工242人，管理着市文化中心、人民剧院、电影院3处国有不动资产。2004年以来，先后被授予全省“三下乡”活动先进单位、全省文化市场管理工作先进单位、全省文化艺术科学工作组织奖等荣誉称号。

2004年，《钓鱼人》被评为省精品工程，实现了精品工程“五连冠”；与山东电视台联合举办了莱芜市首届“绿色钢城颂”群众文艺创作表演大赛暨“大家一起来”广场文艺表演活动；莱芜梆子现代戏《钓鱼人》参加第八届省文化艺术节开幕式演出，分获表演一等奖，编剧、导演、作曲、灯光二等奖；“科字号”文化下乡服务“三农”工程拉开序幕，市梆子剧团连续两年在全市20个乡镇进行巡回演出；举办了莱芜市第二届招商大会、中国（莱芜）首届钢铁博览会文艺晚会暨焰火晚会；与中央电视台联合举办了“激情广场大家唱”莱芜大型广场演出活动；在全省地方戏小型戏曲新创作剧目会演中，小戏《随礼》获剧目一等奖、表演一等奖和导演奖、优秀创作奖及优秀编剧奖，《嘶马河畔》获三等奖；莱芜梆子优秀演员赴韩国访问演出。（陈君业）

山东省惠民县文化旅游局

为全面宣传惠民县文化旅游资源、打造孙子文化品牌，2002年开始，中国孙子兵法城开始筹建，2004年全面竣工并对外开放。孙子兵法城占地7000亩，其中武圣府工程占地260亩，秦汉建筑风格，由15座以展示孙子兵法为主的大殿和224间以展示三十六计为主的厢房组成。为进一步推动孙子文化建设，我们成功举办了3届孙子文化旅游节。2004年～2005年期间，举办了第二、第三届孙子文化旅游节。2届旅游节期间，为扩大旅游节的影响，在北京人民大会堂举办新闻发布会，邀请多家新闻媒体来惠民采访。期间，山东电视台“大家一起来”栏目在孙子兵法城进行了精彩表演，还先后开展了经贸洽谈、孙子兵法高层论坛等系列活动。（王振华）

河南省郑州市文化局（文物管理局）

近年来，郑州市文化局坚持体制改革，构建文化产业格局。对新组建的郑州歌舞剧院进行股份制改造，注册成立了郑州中远演艺娱乐有限公司。中央领导先后对郑州歌舞剧院体制机制创新做出批示。中宣部、文化部组织专题调研组来郑调研歌舞剧院体制机制创新情况。坚持文艺创新，实施艺术精品战略，拓展社会文化服务功能。郑州歌舞剧院创作生产的大型民族舞剧《风中少林》，荣获全国舞蹈“荷花奖”金奖，入选“国家舞台精品工程”。政治局常委李长春观看演出时，给予高度评价。2004年，公益文化场馆在全国率先向全社会公众免费开放，观众人数猛增。坚持理念创新，彰显城市文化内涵。坚持文化遗产保护与开发并举，积极开展古都学术研讨活动，深入挖掘城市历史文化内涵，积极开展对外文化交流，加入“世界历史都市联盟”，古都郑州进一步走向世界。（孔小红）

河南省荥阳市文化局

近3年来，我们充分利用文化历史资源着

力打造中国象棋故里、郑氏祖地、汉文化名城三大品牌，成功举办了中国·荥阳首届郑氏文化节、织机洞遗址与东亚旧石器国际学术研讨会、首届中国象棋文化节等节会活动。

2004年10月29日~31日成功举办了中国·荥阳首届郑氏文化节。文化节吸引了来自美国、泰国、马来西亚、台湾等15个国家和地区，及26个省市自治区的1400名郑氏后裔来荥阳拜祖寻根；2005年10月22日~24日，荥阳市人民政府与北京大学中国考古学研究中心、郑州市文化（文物管理）局联合举办了织机洞遗址与东亚旧石器国际学术研讨会；2005年11月10日~12日成功举办了首届中国象棋文化节。在文化节期间，我们与中央电视台3频道合作组织一期《想挑战吗》栏目，并举行万人同场竞技大赛、河南省象棋锦标赛、中国象棋文化论坛、中国象棋车轮战等活动。此次文化节对弘扬中国象棋文化内涵意义深远，也充分展示了荥阳作为中国象棋故乡的文化内涵、文化魅力和发展潜力。（张顺林）

河南省灵宝市文化局

灵宝市文化局内设办公室、人事财务科和社会文化科。下设11个二级机构和15个乡镇文化站。全系统共有干部职工370人。

2005年，立体声影院进行了改造；拓展建设了村级文化大院；“双节”期间，协助焦村镇组织了5000多人的表演队伍到城区进行社火表演；在“纪念老子诞辰2757周年”活动期间，函谷关组织书画作品展，展出作品52幅；开展了“金城之夜”广场文化活动和文化下乡活动；市文化局创作编排的大型现代眉户剧《望郎山》，在三门峡市第四届戏剧大赛中获得金奖；大型现代禁毒戏《烟祸》，演出后引起强烈轰动；民间艺术团体赴国外演出；在河南省“愚公杯”第四届青少年歌手大赛，取得3金、1银、1铜的好成绩；搜集整理了民间故事、歌谣、谚语；整理《灵宝民间剪纸作品集》，搜集剪纸作品362幅；精心组织“社区文化大展示活动”；组织纪念世界反法西斯战争胜利及中国人民抗日战争胜利60周年活动；完成了第六批国保单位函谷关、第二批三门峡市级文物保护单位麻衣和尚塔、菩萨堂、员家大院的申报工作；对西坡遗址进行考古发掘，将包括西坡遗址在内的北阳平遗址群正式列入国家100处重点大遗址保护专项；并组织召开全市文物工作会议。

文化市场监察大队对网吧和文化市场进行了集中整顿和清理，取得显著成效。

（杨连珍）

河南省新安县文化局

新安县文化系统现有职工170多人，2002年，文化局加挂“新安县新闻出版局”牌子，局下设办公室和文化事业股。局下属千唐志斋博物馆、文化馆、图书馆、文物保护管理所、新安县人民政府新闻出版文化市场管理办公室、青年实验曲剧团、电影公司、剧院、项目工作组9家单位。2005年，建成的占地13800平方米的文化馆、博物馆和图书馆现在已经正式启用。

近年来，文化局着力加强了文化队伍建设，通过多种途径、多种方式不断地提高全体干部职工的政治素质、文化素质和专业技术水平；2002年7月，开始筹建占地35亩的文化中心，总投资2000万元，于2005年12月建成并投入使用。

经过不懈努力，新安县文化局被评为“河南省文化（文物）执法先进单位”、“文物工作先进单位”，新安县被评为“市先进文化县”。

（武慧芳）

河南省伊川县文化旅游局

2005年，伊川县文化旅游局投资200万元建成了文化局综合办公大楼；投资520万元建成了宣传文化中心；对程园进行了集中修葺整理；斥资10万对伊川书院进行了修葺。文化旅游局在节假日期间举办了狮舞、铜器、文艺汇演、烟火晚会、灯谜晚会、踩街游行、演唱会、书画展、图书赶集、戏曲擂台赛等文艺活动；组织县内文艺团体送戏下乡；创作了大型音乐剧《玉儒壮歌》、大型神话聊斋戏《阴阳界》，新编历史剧《包公拜师》、《包公卖铡》和现代戏剧小品《书中情》、《相女婿》等，均参加洛阳市新剧作年度评审并获奖；成功举办了“迎国庆爱伊川”硬笔书法大赛；豫剧、曲剧两团在各地巡回演出500余场；编写了《中国历史名人与伊川》大型系列丛书；深入开展了网吧治理和“扫黄打非”行动，伊川县被洛阳市委、政府授予“扫黄打非”先进单位和新闻出版管理先进单位，县文化市场管理办公室还被洛阳市文化局、人事局授予先进集体。

（李耀曾）

河南省沁阳市文化局

2004年以来，沁阳市文化局积极举办了元旦、春节文艺汇演、唢呐大赛等各类大型文化艺术活动；目前有95%以上的村街已建立了农村文化中心，2005年通过了“全国先进文化县（市）”复查；参演节目先后在河南省民间艺术汇演戏剧比赛、省第十届县（区）级文艺团体戏剧大赛中荣获多项金奖，创作的大型现代怀梆剧《王东明》入选省“五个一工程”，“怀梆艺术”、“唢呐”被列入国家第一批非物质文化遗产名录；积极接待各类演出团体，开展各类专场放映和电影宣传活动；不断加大了文化市场管理力度，对全市网吧、歌舞娱乐场所、新闻出版及音像、演出市场进行定期不定期专项集中整治活动，每年开展“扫黄打非”专项整治活动6~8次；实现文物安全工作第21个馆藏文物安全年，并积极争取资金对文物景点、基础设施进行了维修改造；配合全市基本建设做好文物勘探工作。朱载堉纪念馆通过国家级AA景区、焦作市文明风景区验收。目前共有全国重点文物保护单位3处，省级文物保护单位14处，市级文物保护单位87处。（苏明武）

河南省新乡县文化旅游局

2004年，新乡县文化旅游局举办了小宁佛村第二届“梨园春”戏曲大赛；与县妇联、县司法局等相关单位联合在七里营镇龙泉村组织开展了“送文艺、图书、法律、医疗”四下乡活动；在全县人大、政协两会召开期间，组织鼓队进行助兴演出，组织了“电影周”活动；联合教育局对中小学生进行优秀影片巡回播放活动，并在小冀镇开展了万人签字活动；为迎接五一、纪念五四运动85周年，组织了以“青春畅想曲”为主题的文艺汇演；举办了庆祝县政府成立20周年书画作品展；参与组织了新乡县“庆七一·电力杯”颂歌献给党暨十大功德人物颁奖文艺汇演。

新乡县全年各业余文艺工作者参加国家、省、市级各类赛事、展览50余次，其中国家级30余次，6人入展作品30余件，省、市级20余次，近30人入选作品或获奖50余件（项）；在省级以上杂志、刊物发表各类文学作品16篇，市级50余篇。　（孔庆国）

河南省鹤壁市文化局

2004年，鹤壁市文化局举办了“2004年新年戏曲晚会”；5月鹤壁市豫剧一团与河北省企业联合办团；8月5日，开展了“三项学习教育”活动；9月，文化局创作的古装喜剧《七品知县卖红薯》，荣获第十届中国电影“华表奖”优秀戏曲片奖；9月组织举办了“鹤壁市庆祝建国55周年《祖国颂》合唱比赛”。全年共开展各类广场文化活动201场。

2004年，建成了总投资4000多万元的鹤壁市文化中心；开展了网吧专项整顿活动，对文化市场进行了集中治理；国家重点工程“南水北调鹤壁段”文物调查、试掘工作于8月27日全面铺开，9月11日顺利结束。

2004年，鹤壁市新世纪广场被评为“全国特色文化广场”，市文化局获“全国特色文化广场评选活动组织奖”；市文化局和市群众艺术馆分别被评为“全国服务基层服务农民文化先进集体”和“全省文化下乡工作先进集体”；浚县被命名为“河南省先进文化县”。

（陈高潮）

河南省林州市文化局

组建了林州市红旗渠艺术团（群众文化艺术辅导中心），事业编制20人；成立了林州市艺术学校（中专班）；投资30万元购置了文化下乡流动舞台车1部；投资10万余元购置流动图书车1部；投资14万元安装防盗安监设施，对博物馆馆藏文物进行保护；投资20万元对省级文物保护单位惠明寺进行了维修；配合安林高速公路建设，搞好县级文物保护单位慈源寺的整体搬迁工作；林州市文化馆、图书馆先后被国家文化部评定为县级一级文化馆、县级一级图书馆；配合红旗渠精神在全国巡回宣传，创作编演了大型音乐舞蹈史诗《红旗渠颂》，投入演员150人，投入资金450万元，是林州文化史上投资最多、规模最大的一项重大艺术工程，准备在全国巡演；举办了庆祝红旗渠通水40周年暨林州撤县建市10周年大型演唱会，林州市红旗渠艺术团、河南省歌舞剧院、河南省少林武术队以及田震、巩汉林、关牧村、李金斗等大腕明星同台演出；林州市稀有剧种“四股弦”被确定为河南省民族民间文化艺术遗产保护工程首批试点项目；红旗渠申报“国保”工作进展顺利。（王宏）

河南省濮阳市文化局（出版局）

2004年，濮阳市文化局在市委、市政府的领导下，重点突破、整体推进，各项事业取得较大发展。濮阳县被命名为“河南省先进文化县”，市区6乡镇（办事处）被命名为“河南省文化先进乡镇（办事处）”。

2004年新创作剧（节）目32个，获省以上奖励8项；全市23个艺术团体演出6800多场次，市豫剧团先后演出13场，受到广泛好评。2004年参加各类赛事活动，获省以上奖励85项，其中金奖23个，银奖13个，组织奖12个，其他奖励8项。市（县）剧团在国内外巡回演出10余场。接待众多国内外艺术团体至濮阳演出，丰富了群众的文化生活。2004年组织了13次广场演出，33次电影广场活动、文化进社区68次，文化下乡51次。建立了160支文化活动团体。（刘乡英）

河南省开封市文化局

开封是国务院首批公布的24座历史文化名城之一。全市共有各类文化文物遗址遗迹1300余处，其中文物古迹241处，包括国家级文物13处。开封现有公共图书馆6个、博物馆1个、群艺馆1个、文化馆10个、文化站116个、艺术学校1所、文物管理机构9个、国有专业艺术团体9个、影视娱乐集团1个、社会文化娱乐场所742个、文化产业经营户7137个。开封盘鼓先后参加了香港、澳门回归祖国庆典表演及建国50周年庆典表演，并多次代表河南省参加全国大赛，现在开封仅30人以上的盘鼓队伍就有200多个，从业的盘鼓队员已超过5000人。

市文化局积极做好文化经营单位转企改制工作，将市电影公司、人民会场、大众剧院等6家经营性文化事业单位进行资源整合，成立开封市影视娱乐集团；积极推荐我市的优秀文化产品，参加“首届河南优秀文化产品评选”

活动。积极做好古城墙保护开发项目以及刘家胡同民俗街区开发项目、古州桥地下博物馆、新郑门遗址博物馆、延庆观、繁塔、山陕甘会馆的开发扩建准备工作，进一步充实宋文化旅游主题内容。朱仙镇木版年画被国务院批准为第一批国家级非物质文化遗产名录。（申亚平）

河南省商丘市文化（新闻出版）局

2004年以来，商丘市文化事业实现重大突破。豫剧《浣纱记》在省十届戏剧大赛上，获河南文华大奖，并被列为2006年度全省重点加工提高剧目；全国十运会“华夏文明之火”采集仪式的迎宾文艺晚会和第四届商丘木兰文化节迎宾文艺晚会，获得巨大成功；商丘市豫剧院新开辟北京、广州、深圳、珠海、石家庄等地的演出市场，并打开了商丘对台文化交流的大门；“情系瓯江·感知商丘”——商丘文化温州行活动，扩大了商丘文化对外的吸引力和感染力;“扫黄打非”、文化市场管理工作突出，在全省率先实行“绿色网吧”工程，省委书记徐光春批示在全省大力推广；民族民间文化四平调、大铙、锔缸挑被列为省级非物质文化遗产，同时四平调已报国家非物质文化遗产项目；招商引资一个亿建设的商丘文化步行街竣工，并成功引进外来投资兴建豫东文化广场和商丘中环生活广场星级电影城。（高继锋）

河南省漯河市文化局

戏曲电视剧《白发亲娘》荣获省“五个一工程”奖；有26部戏曲小品，分别由安徽音像出版社出版，广东中童文化传播公司面向全国发行，大型古装戏《巾帼雄风》，在全省戏剧大赛中，获文华新剧目奖、银奖和多个单项奖。创编的杂技精品“溜冰顶技”、“东方神灯”、“晃板踢碗”获省第六届杂技大赛金、银、铜奖。大型现代戏《母女恩怨》获省民间戏剧节金奖。创作编排了《巾帼雄风》、《都是小组惹的“祸”》、《骗局》、《梨花泪》、《三女拜寿》、《程婴救孤》等多部现代戏，到各地演出1700多场次，取得了良好社会效益和经济效益。市剧团与汇通集团、下岗职工艺术团与银鸽集团的成功联姻，以企养文，以文促商的模式，有效促进了文化产业的快速发展。

舞阳县获全国文化先进县殊荣，市图书馆被评为国家一级图书馆，县区文化馆、图书馆普遍达到国家三级馆水平，新建了市县图书馆电子阅览室，市博物馆信息共享资料库，把乡镇文化站建设纳入县区考核目标体系，投资1.5亿元的市科教文化中心已于10月19日在淞江新区奠基，文化基础设施建设有了新的起点。成功举办首届许慎文化国际研讨会，为弘扬许慎文化打下了坚实基础。（李德宝）

河南省平顶山市文化局

2005年，平顶山市文化局举办了平顶山市第20届民间艺术表演、图书馆服务宣传周、广场文化、为农民工送电影、“艺术天地”个人才艺展示月月行、“保持共产党员先进性大型诗史《共产党人》”专题文艺演出、平顶山市第三届青少年器乐（钢琴、电子琴、手风琴）大赛、反腐倡廉歌曲创作演出、“美丽的家园——平顶山”少儿书画展等文化活动。组织参加了第四届全国“四进社区”文明展演、第四届河南省青少年歌手比赛、省第九届音乐舞蹈大赛、省六一少儿文艺演出评比、省第九届艺术摄影展、首届中国音乐学院考级大赛、全国常派青年演员大赛、河南省第十届戏剧大赛、省第四届青年戏曲演员大赛和第三届中国戏曲红梅奖选拔赛等省级以上文艺赛事，共获得奖项40多个。

坚持不懈开展“扫黄打非”斗争，开展了以保护知识产权为主要目的的打击侵权盗版活动，网吧专项整治工作。（贾宪生）

河南省平顶山市卫东区文化局

近年来，卫东区文化工作在各级领导的关心支持下，取得了可喜成绩。由区委、区政府投资400余万元建成了区文化中心大楼，并投资300余万元对全区文化设施进行了维修重建。

近年来，区文化局积极举办了社区文化艺术节、民间艺术表演赛、送文化下乡、广场文化活动、消夏文艺晚会、电影巡回展、秧歌舞大赛等众多文化活动。区文化局扶持帮助建成了100余支文艺队伍、37个社区文艺协会、社区文化中心和农村文化大院，其中五一社区被中央文明办和国家文化部授予“全国文化社区”荣誉称号。区文化局连年被授予全市文化系统先进单位，获各种奖项50余次。区文化局深入开展了“扫黄打非”专项治理活动和保护知识产权活动，加大了对文化市场的监管力度。

辖区现有省级文物保护单位1处，市级文物保护单位5处。为加强对文物保护工作的领导，成立了文物保护管理委员会，并由区政府拨付专款对区内遗址进行了保护、修复。

（李卿）

河南省舞钢市文化局

2005年，舞钢市各项事业全面发展，荣获“中国优秀旅游城市”称号。

2004年举办了“明珠之夜大型文艺晚会”；2005年举办了“创建中国优秀旅游城市迎验专题文艺晚会”，并参加了平顶山第二十一届民间艺术大赛，荣获3金5银的好成绩；2006年6月举办了国家级的诗坛盛会“舞动的舞钢工资——中国·舞钢诗会”，出版了《当代诗人舞钢歌咏集》。舞钢獐画走出国门，参加国际大赛频频获奖。现在正演现代戏《魂归长梦》，参加全国和河南省“五个一工程”评奖活动。舞钢市文化活动中心2005年立项，2006年动工建设，建筑面积15000平方米，总投资3000万元，文化中心建成后将成为舞钢的标志性建筑。（陈广民）

河南省宝丰县文化局

宝丰县文化局现有演出团体1200多家，从业人员5万多人。

2004年5月，文化部在宝丰县举办了“全国民间职业演出团体团长学习班”、国务院法制办和文化部“《营业性演出管理条例》修改征求意见座谈会”，举办了河南省文化厅“演出市场法制建设暨2004年河南·宝丰民间艺术发展论坛”；8月，马街书会被确定为“河南省民族民间文化遗产保护工程”首批试点项目之一；9月成立了“宝丰县民间表演团体行业管理协会”。

2005年2月，宝丰县组织民间演出团晋京参加中宣部、文化部组织举办的慰问在京务工人员演出活动；4月，召开了“河南省农村演出市场工作现场会暨第二届河南·宝丰民间艺术发展论坛”；7月，召开了“河南省非物质文化遗产保护暨2005年社会文化工作会议”；11月，清凉寺汝官窑遗址入选大遗址保护专项资金项目库、宝丰文化中心大楼开工建设；12月宝丰县文化局被授予全国服务农民服务基层“文化市场管理先进集体”荣誉称号；12月举行了“宝丰韵·中原情”民间艺术展演；12月31日，马街书会被文化部公示为“第一批国家非物质文化遗产名录推荐项目名单”。（樊玉生）

河南省方城县文化局

方城县文化局内设人秘股、文化艺术股、文化市场办公室、新闻出版管理办公室、文化市场稽查大队。下属事业单位有：戏曲创作工作室、文物管理委员会室、文化馆、博物馆、图书馆、豫剧团、人民剧场、电影公司。

2004年，方城县完成燕山水库淹没区的文物调查工作；建成占地2050平方米的宣传文化中心；建成了“南阳文化文艺学校方城教学部”。2005年，独树镇派出所移交的清代文物——石狮一对，被南阳市文物鉴定小组定为国家三级文物；成立了“方城县文物管理局”；申报平高台遗址为第六批国家文物保护单位。

（刘金祥）

河南省淅川县文化局

2005年以来，淅川县文化整体工作荣获县委、政府“综合目标先进单位”，文物安全荣获南阳市文化局“先进单位”称号，在南阳市首届曲艺大赛、第六届戏剧大赛等项赛事活动中，均获市先进单位。

戏工室和文化馆创作编排了多项文艺作品参加了南阳市在郑州举办的首届“大调新韵”曲艺大赛；县文化局组织参加了南阳市“五朵山杯”舞龙舞狮争霸赛，并荣获集体二等奖；出版发行了《淅川版画》；与县局联合开展了“电力与社会”卖场文艺宣传活动；举办了春节大型综合文艺晚会、元宵节焰火晚会；组织了“范蠡杯”书法精品展；举办了伟人毛泽东大型实物及事迹专题展览活动；开展了电影专场宣传和优秀影片放映活动；开展了税法知识及爱残助残宣传影片放映活动；认真组织实施了农村电影“2131”工程；扎实开展了“送戏下乡”活动；全年开展各类出版物专项治理行动5次，切实加大网吧日常监管和专项治理工作力度。县电影公司被国家广播电影电视总局授予“全国农村电影工作先进集体”称号，荆关镇被建设部、国家文物局命名为第二批全国历史文化名镇。（凌飞）

河南省周口市文化局（新闻出版局）

周口市文化局内设办公室、社会文化科、艺术科、文物科、文化市场科、新闻出版科、人事科、财务科、机关党委，下辖群众艺术馆、市豫剧团、文物考古管理所、艺术创作室、平粮台古城博物馆、民俗博物馆、电影公司、周口人民会堂、文化市场稽查队、演出管理站。

周口市文化局广泛开展了丰富多彩的群众文化活动；抓创作出精品，繁荣艺术创作和演出事业；加大了执法力度，净化和规范了文化和新闻出版物市场；加强了文物的保护和利用；文化产业取得了新进展。

2004年10月首届中华姓氏文化节，在淮阳县举行，首届中华姓氏文化节族谱展共征集到64个姓氏，1200本族谱。2005年11月周口市人民政府、鹿邑县人民政府承办了“自然·和谐·发展——弘扬老子文化国际研讨会”在鹿邑县举行。（胡兆瀛）

河南省驻马店市文化局

2004年以来，驻马店市文化局组织创作了《平安是福》、《平安谣》等一批文艺作品；举办了全市第二届文艺汇演；组织了以“建设平安驻马店”为主题的广场文化活动14场，演出各类文艺节目125个；与市委宣传部联合主办了“移动杯”全市第二届县区之歌、行业之歌等大赛；5月到7月举办了2004广场系列文化活动；在第七届全国东西合作经贸洽谈会期间，组织举办了全市民间文艺表演赛；上蔡、汝南分别组织举办了“中国上蔡第二届重阳文化节”、“汝南县梁祝文化重阳文化艺术节”；组织参加了2004年河南省群星奖评选活动；组织参加了河南省第十一届歌曲创作评选活动；组织参加了河南农民艺术暨第二届河南省农村摄影大展。全年获省、市创作奖、成果奖、演出奖、征文奖18项。

2004年，市文化局依法行政，加强管理，积极做好文物钻探与考古发掘工作；加大了执法力度，对文化市场进行6项专项治理16次集中统一行动；全市全年共开展大的“扫黄打

非”集中行动16次，出色地完成了全年的“扫黄打非”任务。（张新国）

湖北省图书馆

一、百年庆典盛大隆重，抒发世纪文化情怀

2004年11月29日，来自省内外的领导和国内图书馆及文化界同仁近千人云集武汉市蛇山南麓，欢聚一堂，共同庆祝湖北省图书馆建馆100周年。中共中央政治局委员、省委书记俞正声发了贺信。文化部副部长周和平，省委常委、常务副省长周坚卫，省委常委、宣传部部长张昌尔，省人大常委会副主任贾天增，省政协副主席王少阶等出席庆典。周和平、周坚卫作了重要讲话。

大会还收到原全国政协副主席王文元、文化部部长孙家正、省政协主席王生铁等领导同志以及国内外55家图书馆发来的贺信、贺电。香港著名出版家石景宜先生向省图书馆捐赠了珍贵图书。百年馆庆活动的成功举办，全面展示了百年老馆的发展成就、综合实力和整体形象，彰显了百年老馆的风采，深受广大来宾的好评和称赞。

二、高层学术论坛，共谋辉煌未来

为加强对外学术交流，扩大图书馆的社会影响，2004年11月29日，我们与湖南图书馆联合举办了“中国图书馆馆长论坛暨2004年西南公共图书馆业务研讨会”。此次大会的主题为“中国图书馆事业百年”，馆长万群华、原国家图书馆副馆长、中国图书馆学会副理事长孙蓓欣、武汉大学信息管理学院教授、博导彭斐章分别在大会上作了题为“传承创新 再铸辉煌——湖北省图书馆百年回顾与展望”、“图书馆的以人为本管理”、“近百年来我国图书馆学、情报学教育回顾与展望”的主旨报告，精辟生动的论述不时赢得了全场听众的热烈掌声。

三、百年书画展览，彰显大家风范

作为湖北省图书馆百年庆典系列活动一部分的“湖北省图书馆百年馆庆名家书画展”，2005年11月28日在湖北省美术院隆重开幕。此次书画展共展出300多幅书画作品，大多是国内著名书画大师专为省图书馆百年所赠的心血之作，其中不乏难得一睹的名家作品：沈鹏的诗人情怀、欧阳中石的师道境界、刘艺先生的儒雅恢弘，无不浸润于笔墨之中；周韶华的大家气象、冯今松的舒雅超然、陈立言的淋漓豁达、冯远的古朴神韵，亦尽显尺幅之上。这些作品受到了来宾们的连连称赞，认为其足以给人很高的艺术享受。

四、回眸百年辉煌，再现世纪风采

馆庆期间，举办了“湖北省图书馆百年馆史图片资料展览”，全面展示了我馆百年风雨的历程，再现了百年的辉煌、当今的风采。百年馆史展分为：旧中国时期、新中国时期、改革开放时期三大篇章共8个部分，展出了湖南官报（1905年)、兰陵街馆舍外景（1908年)、《武汉日报》报道本馆设立流通书库（1934年）等极其珍贵的史料图片400余幅，同时在展览上还陈列了省图书馆早期借阅证、参考咨询记录本等实物数十件。许多鲜为人知的老照片是第一次展示，整个展览图文并茂，形象生动，参观人次达数千人。一些曾经在省图书馆工作过的老同志们，看了展览感慨万千，激动地说：“看到这些东西让我们想起了很多人很多事，真没想到今天能又让我们重温了过去的时光！”文化部副部长周和平、文化部社会文化图书馆司副司长刘小琴、省文化厅厅长蒋昌忠等领导观看了展览并给予了高度评价。

五、编纂系列丛书，展示文化底蕴

百年馆庆期间，编辑出版了：《湖北省图书馆百年纪事》、《湖北省图书馆藏古籍善本图录》、《百年树人——湖北省图书馆同仁文集》、《精神家园——我与湖北省图书馆》、《湖北省图书馆百年馆庆名家书画集》、《2004年中南、西南省（市）、自治区公共图书馆学术论文集》、《楚天智海——走进湖北省图书馆》纪念光盘、

《湖北省图书馆百年馆庆纪念邮册》等8种出版物。为百年馆庆提供了保障，增加了丰富的内涵，也展示了湖北省图书馆深厚文化底蕴。

六、关注残疾人事业，扩大服务领域——盲文图书馆正式对全省盲人朋友开放

2004年4月14日，“盲文图书馆”揭牌仪式在湖北省图书馆隆重举行，省残疾人联合会理事长邹成贵、副理事长陈火文、副理事长韦会林、省文化厅助理巡视员郑如立、省文化厅社文处处长徐永胜，及湖北省图书馆馆长万群华、馆党委书记汤旭岩等领导出席了揭牌仪式。“盲文图书馆”是经湖北省文化厅批准，由湖北省图书馆和省残疾人联合会联合组建的，它填补了湖北省无盲文图书馆的空白，是造福于盲文读者的一件大好事！从此，湖北省54万盲人朋友有了自己的学习和交流的平台。关注弱势群体，竭诚为弱势人群服务，一直是省图书馆努力的方向，近几年来省图书馆在这方面做了大量的工作，坚持在为弱势人群服务的广度和深度上下工夫。当第14个全国助残日即将来临之时，省残疾人联合会和湖北省图书馆积极响应、共同努力，在不到2个月的时间里，迅速做好了“盲文图书馆”的筹建工作。目前，“盲文图书馆”配有电脑、录音机等设备，免费提供给盲人读者使用，并收录有医学、科学、文学、音乐、语言、教育、历史、政治、法律等类盲文图书119种283册，还拥有部分推拿、按摩、小说、电影录音、广播剧、诗歌、乐曲、相声、教育、法规类有声读物，所有馆藏均免费供盲人读者借阅。

七、“我读书、我快乐”——“童之趣杯”征文活动传遍荆楚大地

为积极营造全社会都来关心未成年人健康成长的良好社会氛围，为未成年人提供更多更好的文化服务。2004年，省知识工程领导小组决定在全省举办以“我读书、我快乐”为主题的首届“童之趣杯”少儿读书节征文活动。本次征文活动由省知识工程领导小组办公室主办，湖北省图书馆承办。5月30日上午，湖北省图书馆2号楼大厅举行了隆重的首届“童之趣”少儿读书节开幕仪式。省文化厅社文处黄念清副处长、张良菊科长，省图书馆贺定安副馆长，武汉市四十五中学语文组组长舒方，武汉市张家湾小学政教主任冯耀武，武汉市张家湾小学科技辅导教师、享受专项津贴的专家欧阳天晶，湖北省体育幼儿园李园长等参加开幕仪式。该项活动坚持以读书育人为宗旨，以创新为特色，注重实效，在全省广大少年儿童中开展丰富多彩、广泛深入的读书活动。征文通知发出后，各地、市、州“知识工程”领导小组办公室立即行动，周密策划、精心组织，各级图书馆积极配合、大力宣传，在此基础上，得到了社会各界的广泛的支持，图书馆与学校、社区组织开展了广泛的形式多样的读书活动。如：报告会、征文朗诵会、现场征文大赛、组织读书小组、推荐馆藏文献、编制专题索引、导读书目、争当“小小图书管理员”的社会实践活动等。此次读书活动得到广大中、小学生的积极响应，并在中、小学生中营造读书、求知的良好氛围。据不完全统计，全省约有16000名中、小学生积极参加了此次读书活动。通过省图少年儿童书刊部同志们3个多月的共同努力，共收到来自全省各地图书馆、学校、社区等近50多家单位，经过初评推荐的优秀征文580篇。我们分别于9月24日组织专家小组对各地推荐的优秀文章进行初评；10月13日进行终评。评选出一等奖24篇；二等奖48篇；三等奖104篇；组织奖20个。

八、湖北省共享工程分中心被评为“全国文化信息资源共享工程建设先进单位”

2004年4月10日，“全国文化信息资源共享工程工作会议”在南京举行。文化部副部长周和平、江苏省人民政府副省长张桃林等领导和来自全国的共享工程各省级分中心负责人参加会议。周和平作了重要讲话，文化部社文图司副司长刘小琴作了工作报告。大会对35个全国文化资源共享工程建设先进单位进行了表彰，湖北省共享工程分中心被评为先进单位。

湖北省文化信息资源共享工程分中心建立于2002年，是第一批被国家中心确立的5个省级试点分中心之一。在省委、省政府、省财政的大力支持下，湖北省的共享工程取得了实质性的进展。目前，全省“共享工程”已投入资金达1300多万元，与省分中心签订基层中心建设协议的总数已达69家，已建成并对外服务的基层中心33家，已完成60GB数据量的湖北省文化信息资源数据库建设，包括文物库、讲座库、民间美术库、地方戏剧库、优秀人物库，并纳入了网上发布。据不完全统计，全省对外服务的基层中心，月服务人数达10.5万人次。湖北省文化厅社文处处长徐永胜、省图书馆副馆长贺定安作为湖北省共享工程各省级分中心负责人参加会议。

九、文化部全国公共图书馆评估专家组到馆指导工作

2004年10月27日，以文化部社文图司巡视员周小璞为副组长，上海图书馆馆长助理周德明同志为组长的文化部全国公共图书馆评估专家组一行，在省文化厅厅长蒋昌忠、副厅长沈海宁、省财政厅科教文处副处长牟发兵等领导的陪同下，来到湖北省图书馆，受到了以省图书馆馆长万群华、党委书记汤旭岩为首的全体工作人员的热烈欢迎。评估工作汇报大会在省图书馆科技楼的贵宾室举行，汇报大会由省文化厅副厅长沈海宁主持，省文化厅厅长蒋昌忠致欢迎词，热情地欢迎评估专家组到省图书馆指导工作，并简要介绍近几年省图书馆在迎评创建工作上所付出的努力。馆长万群华以图文并茂的方式，作了题为“争创一流业绩，力求长足发展”的评估工作报告，报告分“以评促建，成效显著”、“改革创新，全面发展”、“明确方向，与时俱进”3个部分，对自1998起5年以来省图书馆的各项工作进行了全面细致的汇报，数字准确、事例详实，以求真务实的态度，向评估专家组展示了省图书馆迎评创建工作成绩和不足。在汇报会后，专家组开始对省图书馆进行全面、深入、细致的评估考察工作，专家们用了2天的时间，严肃认真、一丝不苟地核对了图书馆的107卷汇报档案和各种实物证明材料，同时还委派专人在馆领导班子和有关工作人员的陪同下，来到中文报刊部、特藏部、中文图书借阅部、电子阅览室等各个部室，走到广大读者中、基层工作人员中实地核查。10月29日下午，由省文化厅副厅长沈海宁主持召开了评估工作反馈意见会。周司长对省图书馆近几年的评估创建工作给予了充分的肯定，“有一个突出的感觉，就是旧貌换新颜，变化很大”。她高度评价了我馆的迎评创建工作，认为省文化厅和图书馆对此次评估工作十分重视，以评促建，变压力为动力，层层细化落实，从材料看来，达到或超过了评估的要求。

十、以人为本，深化人事制度改革

在前两年人事改革的基础上，省图书馆2003年6月正式启动人员聘用制度改革，经过深入学习文件精神，组建改革领导机构；充分进行调查论证，完善改革实施方案；扩大宣传积极动员，统一思想提高认识等一系列工作，同时在改革过程中坚决实行“阳光操作”，积极维护职工权益，历时9个月，于2004年3月底基本完成，改革取得了圆满成功。通过竞争，共有158位职工走上新的工作岗位，其中，有22位中层干部通过考试、考核、竞争演讲等方式竞争上岗，4位中层干部通过任命上岗，132位职工通过考试、考核、答辩等形式竞争上岗,未聘2人。从2004年4月1日起，全馆按照新的岗位管理工作模式运行。经过8个月的实践证明，改革为图书馆事业注入新的生机和活力，促进了发展，充分调动了职工的积极性，全馆上下呈现出一派爱岗敬业、文明规范的可喜景象。

十一、2004年全省市、州图书馆馆长会议隆重召开

2004年2月10日~12日，湖北省市、州图书馆馆长会议在鄂东古城黄冈召开。省文化厅副厅长张儒芝、社文处处长徐永胜、黄冈市市委常委、宣传部长王静平、副市长梅香雪、市委宣传部副部长汪金元、市文化局局长刘明

华、副局长史乐萌、省图书馆馆长万群华、副馆长胡银仿等出席会议，来自全省30余家公共图书馆的40多位馆长参加了会议。会议由省图书馆馆长万群华主持。省文化厅副厅长张儒芝作了重要讲话。他首先肯定了全省公共图书馆所取得的成绩，并概括为4句话：环境改善，发展健康，亮点不少，潜力很大。具体表现在：文化信息资源共享工程建设取得明显成效；《湖北省公共图书馆条例》的贯彻落实呈良性发展态势；进一步整治内外环境，服务条件有了较大改善；迎行评、战非典，读者工作生气蓬勃；人事制度改革积极稳妥地向前推进；队伍建设得到加强。张厅长还对2004年全省公共图书馆工作提出了明确要求：（1）明确“三年三大步”目标，进一步深化改革，推动图书馆事业全面发展。（2）夯实基础，抓好软、硬件建设。（3）深入开展优良服务，为全面建设小康社会提供强大的精神动力和智力支持。

省文化厅社文处处长徐永胜在大会上作了主题发言，他对全省图书馆事业的发展和“三年三大步”规划提出了建设性的意见。省厅社文处张良菊科长代表社文处安排了2004年有关工作。

会上，全省市、州图书馆和部分与会县市区图书馆馆长根据省厅领导同志的讲话精神，结合本馆实际进行了交流，馆长们除了总结2003年工作外，重点谈了2004年的工作计划以及“三年三大步”的打算。按照大会安排，省图书馆还与各市、州图书馆就已经签署的湖北地区“馆际互借”、“联合目录”、“联合编目”等共建共享协议的落实情况进行了总结和研讨；省图书馆学会秘书长胡银仿就今年的全国公共图书馆评估工作及学会有关工作作了布置；省图书馆辅导部就有关问题与各馆进行了交流。

省图书馆万群华馆长作了总结发言。万馆长强调今年图书馆工作重点：一是要继续抓好制度改革，进一步调动干部职工积极性，充分发挥技术骨干的积极作用。在去年的人事制度改革基础上，继续健全和完善各项规章制度，实行岗位目标管理。二是要抓住机遇，这是图书馆事业发展的关键。特别是要借第三次全国图书馆评估达标工作的开展，使图书馆各项工作再上新的台阶。三是要继续抓好人员素质教育，要以人为本。广泛开展优质服务活动，搞好读者工作，努力贴近社区，贴近基层，贴近群众。四是要继续抓好资源建设，完善共享工程工作，开发馆藏资源，充分利用网上资源优势，建立数据库和编制二、三级文献。五是要争取领导对图书馆工作的重视，积极争取资金的投入，同时抓好自身创收和管理工作。

十二、省领导关注图书馆事业建设发展，百年省图新馆建设列入“十一五”发展规划

2004年1月6日，中央政治局委员、湖北省委书记俞正声、副书记邓道坤、省委常委宣传部长张昌尔、副省长蒋超良等一行在省文化厅厅长蒋昌忠、副厅长张儒芝的陪同下，视察了湖北省图书馆。俞正声在大门口与早已等候在那里的馆长万群华、馆党委书记汤旭岩等馆领导亲切握手，并先后视察了省图书馆读者书社、少儿部、中文报刊部、特藏部、视频点播室、电子阅览室等一线读者服务部门。在视察过程中，俞书记指出，图书馆面向的是全社会最广大的群众，服务面广，群众受益面大，特别是在当今信息社会，图书馆作为一个文化信息传播的重要窗口，有着举足轻重的作用。省图书馆目前的环境、条件比较差，规模比较小，又没有发展空间。俞正声强调，湖北省文化设施建设下一步就是图书馆，要重点建设图书馆，要建一个新馆，成为中西部第一流的现代化图书馆。

2004年10月底，俞书记给省图书馆发来贺信，庆祝湖北省图书馆建馆100周年。贺信中提到，省政府已将新馆建设列入“十一五”文化建设项目。希望图书馆的同志们认真学习贯彻党的十六大和十六届四中全会精神，始终把握先进文化的前进方向，牢固树立科学的发展观和人才观，以改革的精神、务实的作风抓好

各项工作，转变观念、开拓进取，将湖北省图书馆建设成我国中西部第一流的现代化图书馆，为实现全面建设小康社会的宏伟目标作出更大的贡献!

2005年11月，省委副书记、省长罗清泉到省图书馆视察时指示，新馆建设要“一次规划、一次布局、分期建设”，一期新建5万平方米，二期再建5万平方米，要为创造全国一流图书馆打好基础。

为了贯彻省委、省政府领导的指示精神，省文化厅调整了省图书馆新馆建设前期筹备工作领导小组，由厅长担任组长，领导小组下设筹备工作办公室，由馆长担任主任，负责做好新馆建设的前期筹备工作。

在各级领导的关心和支持下，省图书馆新馆建设工作，正在有条不紊地开展之中。

武汉市硚口区文化体育局

武汉市硚口区文化体育局内设办公室、文化科、体育科、综合管理科，下辖区文化馆、区图书馆、区文化管理行政执法队和区业余体校，共有干部职工67人。是“全国文化先进区”。近年来，文化体育局全面实施“素质文化、品牌文化、经营文化、社会文化”四大工程，狠抓“创新、创业、创作、创建、创收”，坚持文化创新，在素质文化工作上取得了新的突破；坚持盘活资源，在文化产业开发上取得了新的突破；坚持优势互补，在社会文化发展上取得了新的突破；坚持发展品牌，在文化事业创新上取得了新的突破，全面推进了硚口地区小康和谐文化建设。近年来，该局先后受到中央及省市有关部门的表彰，先后获得全国群星奖和其他一系列国内外文化大奖，共培养产生了14位世界冠军。（徐春林）

湖北省武汉市青山区文化体育局

“十五”时期，全区文体工作者高举邓小平理论和“三个代表”重要思想的伟大旗帜，深入贯彻党的十六届三中、四中、五中全会精神，紧紧围绕全区改革发展稳定大局，以科学发展观统领文体事业发展全局，全区文体工作者求实创新、开拓进取，圆满完成了区委、区政府下达的各项目标任务。2001年青山区荣获全国“武术之乡”称号，2004年8月通过了全国文化模范区的复查，区文化馆和图书馆被国家文化部分别授予一级馆称号，区文体局荣获湖北省文化市场管理先进单位和武汉市文化市场管理先进集体、全市体育工作先进单位。中心学习组连续5年被区委评为优秀中心学习组，区文体局连续5年评为全区安全生产优胜单位。多项工作得到市文化局、市新闻出版局和市体育局的关注和好评，全国文化模范区和全国“武术之乡”的地位得到了进一步巩固。（薛波）

湖北省武汉市汉南区文化体育局

武汉市汉南区文化体育局坚持以弘扬时代主旋律为主题。以改革创新发展为动力，以满足广大人民群众日益增长的精神文化需求为出发点，着力搭建形式多样的服务平台，努力践行先进文化，为全区“三个文明”建设做出了积极贡献。

2005年区政府投入100余万元，用于区图书馆、文化馆的硬件达标以及文体休闲健身中心的建设。丰富多彩的文体活动已形成了品牌效应，如：太白诗会、汉南之夏、迎春长跑、武汉青年歌手大奖赛，特别是武汉（汉南）甜玉米文化节已被中华文化促进会的“节庆协作体理事会”正式吸纳为节庆成员。在第三届全国“新人、新词、新曲”大赛上，由我局选送的张念同学荣获特别金奖。

汉南具有悠久的历史文化底蕴，与“北京

人”齐名的“沈阳人”的发现，填补了古人类研究的空白，将武汉市的历史推进了1～5万年。出土的精美绝伦殷商青铜御樽，作为湖北省博物馆的馆徽而名震中外。（何同兴）

湖北省武汉市蔡甸区文化体育局

蔡甸区拥有得天独厚的自然资源和丰富的文化底蕴，近些年，区文化工作开展得有声有色。区委、区政府于2004年制发了《关于进一步加强全区基层文化体育工作的意见》的文件，对全区的文化工作提出了明确而具体的要求，在各级领导和文化工作者的共同努力下，蔡甸区的文化活动开展得红红火火，真正做到了“月月有活动、季季有亮点、次次有特色、常年不断线”。贯穿全年的“四季歌”活动，在区文体局的具体组织和指导下越唱越响。“四季歌”活动分别为“莲城之春”系列文化活动，“武汉之夏”系列文化体育活动，“欢乐金秋”莲花奖系列文学艺术展活动，“动感冬季”文化体育比赛活动。在每一个季节都安排有10多项至20多项不同类型的文化活动，加上各街道自行组织的活动，全年全区举办各种文化活动近200场次，充分满足了不同阶层、不同年龄段的人民群众对精神文化生活的需求。（朱建春）

湖北省十堰市文化体育局

2004年，全市各地围绕着重大节假日和当地中心工作，通过组织各种文化活动，极大地丰富和活跃了城乡群众的文化生活。举办了春节广场文化活动、纪念建党83周年文艺调演、庆祝建国55周年“祖国颂”大型文艺晚会、“十堰大舞台”开播晚会、首届名旦名丑赛演、“武当杯”歌手大赛、老年少儿系列文化活动、“春满十堰”专场演出及接待浙江省党政代表团和全国政协南水北调视察团专场演出等活动。文化市场秩序明显，积极探索“网吧”管理措施，其管理工作经验在全省推广；坚持开展“扫黄打非”活动。维护知识产权。启动了首次“9.15武当山世界文化遗产保护日”，加大对文物保护法规宣传力度。郧县成为全省唯一的全国文物先进县。民间文化保护取得实质进展，伍家沟民间故事、武当武术、武当道观音乐、“房陵文化圈”被列入全省民间文化遗产重点发掘工程。

全年共征集剧本30多件，集中修改、创作了《武当情恨》、《社区轶事》等8部大戏，有20部作品搬上舞台演出；选拔美术、书法、摄影、音乐、舞蹈、戏剧共6个艺术门类60件作品参加第九届“楚天群星奖”评奖，荣获1金2银8铜。（赵国平）

湖北省郧西县文化体育局

2004年，郧西县图书馆在全国开展公共图书馆评估定级工作中，投资100万元进行维修与建设，经专家评审组检查验收，被文化部命名为国家一级馆；专业演出自编自演剧（节）目30余个，获得市以上奖12个；在参加全国“婚育新风进万家”演出活动中，郧西县文体局被国家10部委和湖北省联合授予“全国婚育新风进万家演出活动先进单位”和“全省婚育新风进万家演出活动先进单位”荣誉称号；参加市专业演出比赛的8部作品获9个市级奖；书法根雕摄影赏石作品有16件获得市级以上奖；创作出版文学作品15部，在第九届百花书会作品征文评奖活动中，2部作品分别获得湖北省文化厅的创作奖和优秀奖；新发掘文物点14处，出土珍贵文物1000多件；银武高速公路、十漫段，在郧西发现恐龙蛋化石，现已采取保护措施。（邹观禄）

湖北省襄樊市文化体育局

襄樊市文化体育局下辖文化（文物）机构169个，共有干部职工1905人，文化站100个。

2004年5月，在湖北省文化厅组织的2002、2003两个年度省舞台艺术精品工程评选中，襄樊市京剧团新编古装京剧《襄阳米颠》获两个年度10台备选剧目第二名；6月，在湖北省第九届“楚天群星奖”中，共有29件文艺作品获奖；12月上旬，《襄阳米颠》在第四届中国京剧艺术节上荣获银奖第一名以及优秀编剧奖、优秀舞美设计奖、优秀表演奖等5个单项奖。

2004年，襄樊市文化（文物）事业总收3720.75万元，全年剧团演出1776场，剧场放映1405场，新购图书29142册，群文单位举办展览206个、组织文艺活动426次、举办训练班167次，文博单位文物藏品36720件，参观21.4万人次。（文治金）

湖北省襄樊市襄阳区文化新闻出版版权局

2004年，我区的文化文艺创作捧金夺银。区文化局辅导创作的21件作品参加“湖北省第八届中小学生美术、书法、摄影大赛”时，获1金2银3铜7优；选送37件作品参加襄樊市首届“群星奖”角逐，获4金3银5铜8优；选送11件作品参加湖北省“楚天群星奖”评奖，获4银1铜6优，获奖数量、获奖等次在全省县市区中名列第一；参加全市《楚风汉韵看襄樊，激情飞扬闹新春》舞龙舞狮大赛，获得全市最佳组织奖和演出比赛冠军；豫剧团全年演出125场，现代豫剧《山野秀才》被列为“2004年度湖北省舞台艺术精品工程”备选剧目；启动了广场文化演出活动，全年演出19场，还组织了“襄阳区企业家联谊会”、“襄阳区迎春书画影展”、“区工会第一次代表大会胜利召开文艺晚会”、“纪念邓小平诞生100周年文艺晚会”和“美术、书法摄影展”、“迎中秋、庆十一民营企业演唱会”等一系列活动；文化新闻出版市场繁荣有序，全年共进行各种检查46次件。（刘德贤）

湖北省荆门市文化局

2004年以来，市艺术剧院排演的大型湖北现代花鼓戏《十二月等郎》入选国家舞台艺术精品工程30台初选剧目；油画《沐浴》获国家群星奖；成功承办了第五届中国记者节颁奖文化晚会；《生命的长度》、《都市的狼》、《竹河旧事》等一批文学作品相继出版。

深入开展了电子游戏、音像、网吧、演出等文化市场一系列专项整治活动，市场经营秩序得到了进一步规范。文物保护工作扎实推进，实现了连续5个文物安全年。市博物馆被批准为国家一级风险单位。世界文化遗产钟祥明显陵完成了陵区监控设施的全国改造；沙洋县完成了纪山楚墓群地震监测报警系统工程；全市文化信息资源共享工程建成并投入运行；投资7000万元的体育文化活动中心2005年5月破土动工，2007年建成投入使用。（张四海）

湖北省孝感市文化体育局

近年来，孝感市专业艺术创作取得了新成绩，一批作品在省参赛得奖，演出市场进一步活跃。文明单位先后出资在人民广场举办文化艺术活动，年开展演出50多场，放映电影100多场。全市群艺馆、文化馆（站）共举办展览63次，组织文艺活动231次，举办各种类型的训练班48次。参加市级以上各类比赛，取得优异成绩。大悟白果树湾新五师旧址、应城板门湾古遗址等2处文物保护单位成为国家级文物保护单位，省级文物保护单位21个，市县乡三级文物保护网络已经形成。成功举办了首届孝感文化艺术节。编纂出版了《孝感文化史》（1949～2000）。

应城市再次通过全国文化先进县市验收，2005年安陆市通过了省级文化先进县市检查验收。市图书馆被评为全国7个基层文化信息资源共享工程先进集体之一和全国先进单位。《董永故事传说》、《汉川善书》2个项目已列入全国重点非物质文化遗产名录。积极开展“2131”工程，全市年放映电影近2万场。全市建有113个乡镇文化（体）站和文化科技服务中心。建立了网吧协管联盟，加强了对网吧的管理。（彭经纬）

湖北省汉川市文化体育局

2004年以来，汉川市文学艺术创作涌现出诗集《水味歌谣》、《随风歌唱》，小说《大野》等在全国有一定影响的文学作品；2005年，福星楚剧团排演的大型现代戏《人在福中》获国家文化部主办的第八届中国映山红民间戏剧节金奖；10月，市歌舞团排练的本土原创地方小调《咿呀调》参加央视“激情广场”走进孝感大型演出活动获得极大成功。2005年地方曲艺“汉川善书”列入全国首批非物质文化遗产保护目录。争取了2007年第九届中国映山红民间戏剧节和2007年湖北省花期联会楹联文化节的举办权。汉川市宣传文化中心大楼建设项目已列入中央文明委“百县千乡”宣传文化工程第二批建设计划，工程有望于2007年开工。（杨金安）

湖北省咸宁市文化局

2004年全市7个专业剧团开展了湖北省百团上山下乡新春暨金秋巡回演出，“纪念邓小平百年诞辰”活动，年演出896场，观众86.48万人次；全年组织开展大型群众文化活动20次。咸宁市2004年《迎春放歌》春节文艺晚会、元宵民间文化展演、“3.18”庆祝建市五周年、“庆七一·大家乐”广场文体活动周“康福杯”戏曲演唱比赛，国庆55周年文艺晚会及民间戏剧歌舞乐展演、《在希望的田野上》送戏进村文艺晚会，全市第六届中小学生、幼儿美术书法比赛。参加了全省第八届中小学生幼儿美术书法比赛。全市7个市县区图书馆举办了第五届全民读书月暨第十六届图书馆服务宣传周活动。

文化市场管理稽查人员在全市范围内开展了为期10个月的网吧专项整治，开展了第六届音像市场法制宣传月活动和“扫黄打非”，出动宣传车、执法检查车43台次，印发宣传资料12265份，组织专业学习300人次。完成了国家重点文物保护单位李自成墓、北伐战争汀泗桥战役遗址的档案编制工作，全市7个博物馆对一、二、三级馆藏文物进行了全面清理并对一、二级馆藏文物鉴定建档，其中一级文物12件、二级文物54件。申报大夫第、赤壁古战场、向阳湖文化名人旧址为第六批国家重点文物保护单位，申报通山、通城、赤壁、咸宁4个系统为全国第四批文化名镇。市艺术学校美术专业被省教育厅命名为“省级重点专业”。文化广场总投资2000万元，建筑面积约1万平方米，集文化娱乐、购物休闲等功能于一体，2004年底建成。（王胜宏）

湖北省鄂州市文化体育局

内设办公室、人事教育科、文化艺术科、群众体育科、体育竞赛训练科、新闻出版科、文物科、文化体育市场管理科、产业科和监察室。下设市新华书店、省京剧二团、市群众艺术馆、市图书馆、市博物馆、市业余体校、市明塘体育中心、市文化市场稽查大队、市艺术创作研究所、市影视艺术中心和演出公司。

2004年，举办“周周乐”广场文化活动62期，演出节目1000余个；以建国55周年文艺展演为龙头，各区、街办及市直各战线举办的文艺调（会）演约有70余（台）场。凤凰广场荣获全国特色文化广场，樊口、寒溪社区被评为全省体育先进社区。在第八届“楚天群星奖”、第八届湖北省中小学生（幼儿）书法美术摄影大赛中，我市获“楚天群星奖”金奖1个、铜奖2个、优秀奖13个，我局获优秀组织奖；在全省第十届美展中，入围作品6幅，获全省佳作奖1幅。由鄂州中专、省京剧二团创作排练的舞蹈《凤兮归来》，荣获湖北省舞蹈大赛专业艺术院校组创作二等奖和表演三等奖。田克华同志的《鄂东牌子锣的保护与发展》被省群艺馆推荐参加全国评奖并被评为二等奖。

（夏建国）

湖北省宜昌市文化局

宜昌市文化局内设局办公室、人事科、计财科、艺术科、社会文化科、新闻出版科、文化市场管理科、文物科8个科室，全局在职干部职工23人。

2003年，宜昌市被文化部选定为全国民族民间文化抢救保护3个综合性试点单位之一，并于2004年率先成为全国第一批签署《试点项目任务书》的单位；在第七届中国艺术节上，选送的《峡江船工号子》夺得全国群星奖；组团参加首届武汉国际文化产业博洽会，签约13个项目，项目总投资9亿多元；市文化局被文化部授予全国文化市场行政执法先进集体称号。2005年，宜都市荣获全国文化先进市称号，枝江市荣获全国文物工作先进（县）市称号；解放军影院荣获全国文化工作先进集体称号；全年共有10个项目生产单位和个人夺得国家级奖项；2006年，“屈原故里端午节习俗”、“土家族撒叶儿嗬”等7个非物质文化遗产项目被列入全国首批非物质文化遗产保护名录；新增当阳关陵三游洞摩崖石刻等6处国家级文物保护单位；大型民族风情音画《楚水巴山》首演成功，被文化部选拔赴广州参加2006年全国歌舞、杂技优秀剧目展演。（冯万林）

湖北省潜江市文化局（新闻出版局）

潜江市文化局、潜江市新闻出版局实施两块牌子一套班子体制，所属单位有文物事业管理局（博物馆）、图书馆、群艺馆、湖北省实验花鼓剧院、文化市场稽查大队、新华书店、电影公司、潜江剧院共8个，在编人员472人。

湖北省潜江市是楚文化的发祥地之一，是“全国文化先进地区”、全省首批“文化先进县”。2004年11月，成功举办了中国（潜江）曹禺文化周，共举办各种活动20多项，各学校、社区及有关区、镇群众文化团体踊跃参加，调动群众演员3000多人，观众达50余万人次。2004年11月，成功举办了曹禺学术研讨会，来自世界10多个国家和地区的专家学者云集潜江进行学术交流，在国内外产生巨大影响。

截至2005年，潜江市文化局（潜江市新闻出版局）已先后8次被省扫黄办评为“‘扫黄打非’先进集体”。潜江市花鼓剧院连续10年荣获全省“百团上山下乡”演出先进集体。

（郑学国）

湖南省木偶皮影艺术剧院简介

湖南省木偶皮影艺术剧院初建于1956年，现有木偶和皮影两个演出团。

湖南木偶皮影艺术剧院在继承优秀传统艺术的基础上对木偶皮影进行了大量的改革和创新，使古老的木偶皮影艺术焕发出新的艺术青春，赢得了国内外普遍的赞誉。皮影戏被法国《费加罗报》赞为“比金子还要贵重的皮影戏”；木偶戏在澳大利亚国际木偶节上被誉为“特殊的表演艺术和技巧，尚未有能与之媲美”。

湖南木偶皮影戏具有自己独特的艺术风格和地方色彩，广泛流传于湖南各地。木偶戏夸张与写实相得益彰，皮影戏尤以童话剧和寓言剧独树一帜，深受广大观众特别是少年儿童的喜爱。众多获奖剧目蜚声国内外。

在国际交往中，湖南木偶皮影艺术剧院经常受文化部委派，接待国外政府首脑和知名人士；多次代表国家出访亚洲、欧洲、美洲的20

多个国家和地区；多次荣获国际、国内大赛的最高奖项。1965年在罗马尼亚举行的第三届国际木偶节上，皮影戏获“最佳演出奖”；1966年在越南，湖南木偶皮影艺术剧院获“一级劳动勋章”；1983年在澳大利亚国际木偶节上，木偶戏《金鳞记》获“荣誉奖”；1993年，大型木偶剧《火云鸟》获国家文化部颁发的“文华新剧目奖”；1997年皮影戏《三只老鼠》获文化部颁发的“文华新节目奖”；2000年，木偶戏《猎人海力布》、皮影戏《三只老鼠》在捷克布拉格国际木偶节上获“最佳传统表演奖”；同年在斯洛文尼亚第十一届国际木偶节上，皮影戏《龟与鹤》、《三只老鼠》获“二十五星”大奖；2003年，在全国“金狮奖”木偶皮影比赛中，大型木偶剧《石三伢子》获“金奖”，皮影剧《肥猫哥儿》、《会摇尾巴的狼》获“银奖”，《猩猩与天鹅》获“铜奖”；2004年，大型木偶剧《石三伢子》获文化部“文华新剧目奖”。2005年大型木偶童话剧《马兰花》入选全国优秀儿童剧展演。11月，应邀赴西班牙参加二十七届国际木偶艺术节“中国之窗”演出活动，载誉而归。同时湖南木偶皮影艺术剧院剧目还多次在湖南省新剧（节）目汇演中获“优秀剧目奖”及湖南省“五个一工程奖”。2006年，美国、西班牙、日本、澳大利亚、越南等国都在与湖南木偶皮影艺术剧院洽谈文化交流演出的事宜。现已与美国、日本达成了长期合作意向。

湖南木偶皮影艺术剧院每年都创作了不同风格、不同形式内容的新剧目。恰逢湖南木偶皮影艺术剧院今年建院50周年，我们将一如既往地为繁荣木偶皮影艺术、为促进国际文化交流和友好往来，做出不懈努力。

湖南省岳阳市文化局

岳阳市文化局下辖文物管理处、图书馆、群众艺术馆、岳阳楼文物管理所、花鼓戏剧团、巴陵戏剧团、歌舞团、电影公司等24个二级机构。

近几年来，岳阳文化事业日趋繁荣，在全国全省获各类金奖300余个。戏曲电影《乡长本姓赵》获中宣部“五个一工程”奖。3个小戏获全国金奖，我市文化艺术精品生产连续多年名列全省前茅。南湖广场文化活动于2001年启动，至今已举办150场，观众达200多万人次。“情系农民”送文艺下乡活动已在全市170多个乡镇演出200多场。市县两级采用大篷车形式送电影到2000多个村组，受到了老百姓的普遍欢迎，真正做到了文化部门买单，老百姓看戏。

岳阳文化产业开发于2003年正式启动，3年多时间，即已涉及房地产开发、影视娱乐、艺术培训、商务酒店、购物休闲、特色文化景区开发建设等多个领域。目前已开发4大项目；汇泽文化广场占地9992平方米，总建筑面积5万平方米，总投资2.7亿元；文化艺术培训中心总建筑面积4.8万平方米，总投资6000万元。岳阳文庙特色文化景区总建筑面积10万平方米，总投资3.7亿元；岳阳影业艺术大厦总建筑面积4万平方米，总投资6000万元。文化产业初步形成了4大特色板块，即以汇泽影城为平台的电影超市产业板块、以文庙景区为平台的历史文化产业板块、以培训中心为平台的艺术培训产业板块、以百盛和君临大酒店为平台的文化服务产业板块。到2005年底，我市文化产业累计上缴税收1740万元，上缴利润1570万元。2004年被文化部定为首批“国家文化产业示范基地”。（沈继安）

湖南省洪江市文化局

洪江市文化局内设人秘股、业务股，下辖文化馆、图书馆、文化市场稽查大队、文艺轻骑队、电影公司、人民剧院、芙蓉楼管理所、文物管理所。

2004年1月15日，举办了“电信之春”春节文艺晚会，演出了歌舞《金猴闹春》、《欢天喜地奔小康》、《家乡的月亮》、《特快专递》、《村头喜事》；3月22日，洪江市文化局组建的“促农增收闹春耕”文艺宣传队，来到洪江市沙湾乡进行首场演出，从而拉开了为期一个月的送戏下乡活动；10月5日，计划建筑面积达2600平方米，总造价280万元的洪江市文化活动中心大楼破土动工；12月7日，成功地承办了《青春新洪江》大型广场文艺演出，创作演出了《一片冰心在玉壶》、《杂交水稻的故乡》、《画中就是我的家》等大型歌舞。2005年6月，湖南省农民秧歌舞代表队，在武汉举办的全国秧歌舞大赛中获金奖；6月27日，洪江市文化局与硖洲乡政府在洪江市人民剧院举办“关爱女孩行动”专场文艺晚会；7月~10月洪江市文化局“促农增收”文艺宣传队在全市25个乡镇巡回演出。（向海忠）

广东音像城

作为首个被文化部授予“国家级音像制品批发市场”牌匾的正版音像制品批发市场，广东音像城自开业以来，取得了良好的经济效益和社会效益。

2004年11月，广东音像城整体进入首届中国国际音像博览会，在近3000平方米的展览厅充分展示了广东音像城的品牌形象，被业界誉为“音博会一个引人瞩目的亮点”。

2005年，在国家鼓励国产音像制品“走出去”和广东建设文化大省的新形势下，广东音像城有限公司率先创立了全国第一家音像制品进出口服务中心——广东音像制品进出口服务中心；并联合城内全体单位、中国音像商务网、中国音像协会、广东省社会文化管理协会筹建了广东音像城反盗版维权服务中心，为广东音像企业“走出去”、健康地发展提供相关的配套服务。

为拓展更广阔的市场空间，2005年、2006年广东音像城联合城内180多家经营单位先后举办了规模盛大的2005、2006年春季订货会，成交额都过亿元，对广东音像业乃至全国音像业的繁荣发展产生了积极深远的影响；2006年中国国际音像博览会2006年发烧天碟展销会的举办对提高人们的音乐鉴赏能力、鼓励原创音乐发展都有极其重要的意义。

2006年5月，广东音像城又一个直属分公司——中国（香港）音像城将在香港新界开业。足见其一直保持着良好健康的发展势头。

中凯文化集团

中凯文化集团以弘扬优秀民族文化，振兴民族影视产业为理念和宗旨，是中国音像行业的排头兵，更是民族影视产业反盗版维权的旗舰品牌，长年致力于配合政府部门打击盗版的工作。随着中国加入WTO，中凯抓住机遇，迎接挑战，发展成为集影视、音像策划发行、光盘生产、版权交易、影音高科技产品开发以及明星演艺、影视节目数字化、网络化经营的大型文化企业集团。

多年来，中凯文化先后与中央电视台、北京“华谊兄弟”、“新画面”电影公司、香港电视广播有限公司（TVBI）、香港“寰亚”、“寰宇”、“中国星”、“美亚”电影公司，以及韩国MBC影业集团合作，成功发行了《笑傲江湖》、《射雕英雄传》、《长征》、《大宅门》、《康熙王朝》、《历史的天空》、《亮剑》、《汉武大帝》、《神雕侠侣》、《加油金顺》等百余部优秀电视剧，以及《无极》、《千里走单骑》、《如果爱》、《天下无贼》、《手机》、《十面埋伏》、《孔雀》、《青红》、《无间道》等众多优秀的电影音像精品。

中凯文化高度重视知识产权保护工作，常年致力于推进民族影视产业反盗版维权工作向前发展，到目前，公司100多名专业维权人员（获文化部颁发的音像市场监督员证书），长年驻扎在各主要城市，担负着监控市场，配合管理部门查缴盗版的重任。此外，通过与全国上百家律师事务所的稳固合作，中凯文化正努力实现着“把盗版者送上法庭”的庄严承诺。

中凯文化的系列举措和成绩，引起了社会各界的广泛认可和好评，近年来，中凯文化屡获社会殊荣：2000～2004年被广东省工商行政管理局连续授予“重合同、守信用企业”荣誉称号；2004年9月，在文化部和广东省人民政府主办的首届中国国际音像博览会上，获得“全国十大优秀音像分销单位”荣誉称号；2004年10月，获人民日报社新闻中心评选的“全国诚信单位”称号；2004年10月，中凯文化董事长郭子龙先生被任命为中国工商理事会常务理事；2004年11月，在中国企业文化促进会首届中国智能产业大会上获《中国文化产业杰出贡献奖》；2004年12月，获中国质量信誉监督协会授予的“全国质量信誉好口碑示范单位”称号。2005年2月，获商务部国际贸易经济合作研究院颁发的企业诚信等级证书。2005年7月，公司董事长郭子龙先生被中国音像协会授予副会长职务，2006年3月，中凯文化获得国家版权局颁发的“2005年度全国版权保护示范单位”荣誉称号等，不胜枚举的众多奖项展现了一个文化产业知名企业的风采。

广东省广州市文化局

2005年，我市先后成功举办首届广州民俗文化艺术节、国际博物馆日宣传活动周、第三届羊城新秀歌手大赛、第五届中国音乐金钟奖、第十届广州国际艺术博览会、第三届广东省音乐舞蹈花会等大型文化活动。

基层群众文化不断创新发展。结合“2131”工程，积极组织送电影下乡活动，仅元旦、春节期间就放映200多场。在第三届广东省音乐舞蹈花会中获得10个金奖、10个银奖，全省排名第一；天河区实施“文化优区”战略取得阶段性成效，获得国家文化部和人事部授予的“全国文化先进区”称号。花都区文化馆被推荐为全国农村基层文化建设先进单位；共派出文化团体86批880人次，引进文化交流团体共21批273人次；城市考古工作不断有新的发现，“南汉二陵”入选“2004年度全国十大考古新发现”；开展了网吧专项整治和保护知识产权专项行动；粤绣、牙雕、广东音乐、粤剧和狮舞列入国家非物质文化遗产名录。番禺区沙湾镇被国家建设部、文物局评为全国历史文化名镇。（陶诚）

广东省广州市天河区文化广电新闻出版局

天河区文化广电新闻出版局（版权局）设4个职能科（室）；办公室、社会文化科、文化市场管理科（加挂版权科牌子）、广播电视科（与区文化市场管理工作领导小组办公室合署办公，加挂区“扫黄打非”工作领导小组办公室牌子），辖区文化市场综合行政执法队、区文化馆、区图书馆、区博物馆等单位。

2004年，召开了天河区文化工作会议暨扫黄打非表彰大会；举办了贯穿全年的“绚丽天河”文化艺术节；进行了全区文物博物资源的普查与调研。2005年，召开了天河区宣传文化工作会议；天河文化科技交流团赴英国伯明翰参加“广州文化周”演出；举办了“绚丽天河”文化艺术节和首届广州乞巧文化节；天河合唱团、天河广东音乐团首次举办“畅想天河”联合音乐会；初步编撰完成《广州市文物普查汇编·天河区卷》。2006年，召开了天河区宣传文化工作会议；举办了“时代先锋·唱响天河”天河区第二届合唱节；举办了“绚丽天河”文化艺术节和第二届广州乞巧文化节。天河区获得“全国文化先进县（区）”称号（2005年），天河区文化馆获得“国家一级文化馆”称号（2004年），天河区图书馆获得“国家一级图书馆”称号（2004年）。（李伟明）

广东省清远市文化广电新闻出版局

清远市文化局内设9个职能科（室），机关

行政编制43名，后勤服务事业编制6名，直属管理1个行政事业单位。清远市的大文化建设工件，在中共清远市委、市人民政府的正确领导下，坚持以邓小平理论、“三个代表”重要思想和道学发展观为指导，以机构改革为契机，整合资源，承前启后，勇于创新，扎实开展了保持共产党员先进性教育活动，干部队伍的素质进一步提升，各项事业全面推进。文化方面；各种节庆群众文化活动异彩纷呈，成功举办了清远市第三届广场文化艺术暨首届企业文艺调演，并荣获广东省十佳文化广场；通过“以地换房”，新图书馆、博物馆大楼顺利落成；通过“精品战略”，文艺创作又出了一批优秀作品，其中戏剧《杰出人物》荣获2004年“中国曹禺戏剧奖·小品小戏评选”业余组剧目一等奖和优秀编剧奖；通过加大稽查和整治力度，音像、演出和网吧等文化市场经营活动进一步规范。（程雪芳）

广东省清远市清城区文化体育局

清远市清城区文化体育局下辖文化馆、图书馆（博物馆），设办公室、文化股、体育股，区文学艺术界联合会和区文化市场领导小组办公室合署办公。

2004年以来，成功地组织第二届中国华南（清远·清新）农业博览会“清城专场”演出和第四届“金叶杯”清远市文化艺术节“清城专场”演出，其中博爱小学表演的《小蚂蚁》荣获一等奖；组织参加第三届“北江之春”舞蹈大赛，获银奖2个，铜奖1个，创作奖2个；成功地举办了迎国庆·贺中秋和谐社区盛世歌暨“广东社区文化直通车”启动大型晚会；出版三期《峡江文艺》，黄景祥创作的粤剧小品《二叔返山塘》荣获市群众文艺创作作品一等奖；汤惠群出版诗集《哭泣的玫瑰》、欧炯常出版散文集《心声》。（罗延安）

广东省连州市文化局

连州市文化局内设办公室、群众文化股、文化市场管理股，现有干部9人。

2004年连州市文化局按照广东省十佳文化广场和一级馆标准规划建设的连州文化广场（二期）、文化馆、图书馆工程基本竣工。文化馆投资900万元，建筑面积4400平方米；图书馆投资1100万元，建筑面积6600平方米。全年的群众文化精彩纷呈。以建国55周年、建市10周年为主线，先后举办了庆祝建市10周年歌咏（合唱）邀请赛、粤湘桂26县政协联谊晚会、关爱女孩行动综合晚会、乡镇首届乡村广场艺术节和市直专场文艺晚会等活动，2004年共表演节目150多个，观众人数近10万人次。创作一批群艺作品送省、市参赛评奖，获省三等奖1件，清远市一等奖2件、二等奖1件、三等奖2件。文化市场管理日趋规范，文博、图书、电影发放、农村文化进步加强。（黄誉建）

广东省汕头市文化广电新闻出版局

汕头市文化局内设7个科室，直属机构2个，直属管理事业单位20个，全系统年末在职人员996人。

2004年以来，市直文艺团体每年送戏到乡村、部队、学校在1000场次左右，观众近20万人次；举办“2004汕头市少儿艺术花会”；送电影下乡达数百场；送书总数达5万余册;全年共派出团体11批，453人次。9月举办集中销毁走私盗版光盘等非法音像制品现场会，公开销毁580万张非法音像制品。文化产业发展速度加快，印刷业、音像生产业列入全市八大支柱产业，汕头已迈进全省及全国的印刷强市行列，并成为全国、全省的可录类光盘生产基地。文具业迅猛发展。龙湖区2004年被评为“广东省实施《南粤锦绣工程》文化先进区”。市博物馆新馆于2004年9月完成新馆舍二至

四层楼内部装修，并成功承办第十届全国美展水彩、粉画展。市图书馆新馆已全面完成装修及配套建设。（姚英杰）

广东省汕头市金平区文化局

汕头市金平区下有17个街道160个社区居委会。2003年以来，群众性精神文明创建活动广泛开展，石炮台街道获全国精神文明建设先进单位称号，同益街道、市粤东印刷厂获省文明单位称号，张跃飞、林岳霞两户家庭获全国“五好家庭”称号，金厦街道百合社区、岐山街道马西社区、东方街道金苑社区获省文明社区称号，另有31个单位或个人获得市级荣誉称号。2004年开始，每年围绕确定的主题，广泛开展全区性的全民读书活动月活动，取得显著效果。城区文明程度和市民文明素质不断提高，涌现了“模范居委会主任”杨静娟、“拥军模范”翁锐秋等一批先进典型。

社区文化生活丰富多彩，骆驼舞、双咬鹅、赛龙舟、标旗锣鼓、潮州大锣鼓等传统民俗文体活动得到继承和发展。基层文化阵地建设不断加强，区图书馆、文化馆、各街道文化站以及村（居）一级的文化广场、图书馆、文化活动室逐步发展，并成立了书法、美术、音乐舞蹈专业文艺协会。金平区辖内旅游资源丰富，拥有众多民俗生态旅游区以及被列为省市重点文物保护单位的“广东东江各属行政委员公署”旧址、“八一南昌起义军总指挥部”旧址等一批名胜古迹和景区景点。（林健）

广东省汕头市濠江区文化局

濠江区文化局成立以来，多次举办书画展览、灯谜会猜、征联征对、象棋比赛、潮州音乐会等具有我区特色的文化活动。2005年参加第16届广东省群众美术书法摄影作品展，20件作品全部入选，并有2件作品获优秀奖。2004年组建了“濠江潮乐团”，并先后赴广州、上海、北京、香港等地演出，弘扬潮州音乐艺术，每次都载誉而归。2005年10月，濠江潮乐团代表广东省赴山西省临汾市参加“第七届中国民间文艺山花奖·中国民间鼓舞鼓乐展演”，在全国17个省市自治区22支代表队的激烈角逐中，以一曲潮州大锣鼓的经典曲目《六国封相》的精彩表演，一举荣获中国民间文艺最高奖“山花奖”。（吴继儒）

广东省南澳县文化广电新闻出版局

南澳县是广东省唯一海岛县。素有“闽粤咽喉，潮汕屏障”之称。全县总面积111.53平方公里，总人口约7.2万人。县委、县政府历来重视文化工作，特别是近年来提出了“发展生态经济，建设生态文化”的目标，文化大县建没步伐扎实推进。

用科学发展观指导文化发展。南澳根据上级有关文化发展的一系列文件精神，结合当地实际，作出了《关于加快文化大县建设的决定》，制订了《“十一五”文化发展规划》。同时，新成立了“南澳县文化广电新闻出版局”及文化市场综合执法队。

以基础设施建设推动了文化公共服务体系的发展。近年来共投入1510多万元建成了“三馆二场一厅”，即第一个广东省海防史博物馆、南澳县文化馆、图书馆、文化广场、全民健身广场及潮剧排练厅。同时配套建设了镇村一批文化站、室。

以特色文化品牌带动了新农村文化建设。全县共有文物保护单位36处，其中省保1处。已向汕头市申报了“特色文化之乡——后宅镇元宵渔灯赛会”，汕头市第一批非物质文化遗产代表作——“南澳车鼓舞”。举办了“迎春系列文艺活动”、“青年卡拉OK大赛”、“舞蹈大赛”、“和谐南澳器乐演奏晚会”等一系列深受人民群众喜爱的文艺活动。特别是潮剧《刘恒登基》等大戏赴香港演出，得到好评。同时去年还新修订出版了25万字的《南澳县文物志》3000册，通过特色品牌，从而有效地带动了海岛文化事业和文化产业的发展。（陈义兴）

广东省深圳市文化局

深圳市文化局内设八处一室，行政编制60人。直属代管行政事务机构3个，事业单位22个。市文化系统共有干部职工1089人。

2004、2005年,深圳市“两城一都一基地”（图书馆之城、钢琴之城、设计之都和动漫基地）建设稳步推进，公共文化服务体系进一步完善。2004年，创作的歌曲《又见西柏坡》获得中国音乐电视的“最佳美声作品奖”和第十八届中国电视文艺“星光奖”；成功举办了首届深圳国际文化产业博览会。2005年，创办了深圳外来青工文化节；第六届深圳读书月举办了各类活动130多项，参与人数650万人次。2004、2005年深圳共获得省级以上各类文化奖项1125项，其中国际级136项，国家级454项，省级535项。

2005年深圳文化及其相关产业的增加值为300.46亿元，占全市GDP的比重6.1%；按可比价格计算，比2004年增长16.2%，形成新闻出版业、印刷复制业、文化旅游业、创意设计业、动漫游戏业等优势重点行业。2004年、2005年深圳市对网吧、音像市场和书报刊市场进行了专项整治，开通了12318文化市场举办投诉电话，推行标准化执法和刑事打击违法经营行为。深圳市文化稽查大队被文化部评为全国文化市场执法先进集体。2004年，深圳市派出各类文化项目赴国外22批，109人；赴港澳台137批，655人。“深圳文化周”成为对外文化交流的品牌，分别走进埃及、美国。境外来访的各类文化项目共计56批。2005年被确定为深圳市“文物保护年”，开展了“深圳改革开放十大历史性建筑”评选等13项活动。（陈威）

广东省珠海市文化局

2004年，珠海市文化局举办了珠海市新春交响音乐会、庆祝珠海市第五次被授予全国双拥模范城荣誉称号暨军民联欢晚会、珠海市春节文艺晚会、珠海市第十七届青少儿艺术花会、少儿花会美术作品展览、庆祝珠海市第六次荣誉广东省双拥模范城暨“八一”节军民联欢晚会、纪念邓小平诞辰100周年《邓小平您好》文艺晚会、庆祝建国55周年暨第二十三届滨海之声音乐会、香洲区庆祝建国五十五周年暨建区20周年文艺晚会、“我为党旗添光彩”文艺晚会。全年开展各类广场文化活动1933场（次），观众达263万人（次）；坚持开展了科技、医疗、文化“三下乡”活动；深入开展游艺经营场所、歌舞娱乐场所、网吧等专项整治和扫黄打非活动；积极实施“213”工程，全年巡回放映442场，观众人数196150人次；进一步加强印刷出版物管理，全年共出动检查人员10142人次，整治和规范了出版物市场秩序。

群众艺术馆2004年被国家文化部评为“一级群众艺术馆”；被广东省评为广东省基层文化工作先进集体；被广东省文化厅评为特级群众艺术馆；被珠海市评为创建双拥模范城工作先进集体。（古锦其）

佛山市群众艺术馆

一、突出成绩和基本情况综述

在新的文化建设形势下，注重理论联系实际，承办《永葆共产党员先进性主题晚会》、《反腐倡廉小品大赛》等。在佛山市构建公共文化服务体系中，打造流动演出网。承办“第七届亚洲艺术节·欢乐亚洲嘉年华”街路巡演和广场演出活动。建立了文化志愿者队伍。

弘扬岭南传统文化，举办了佛山市粤曲大赛及《魅力佛山·名家新曲颂佛山》晚会。注重历史民间艺术的继承，佛山剪纸、木版年画、石湾公仔、广东醒狮、佛山粤剧、龙舟说唱等6项申报成功第一批国家级“非物质文化遗产保护名录”。承办“广东省文化遗产展览·佛山展区”的工作。

将群众文化推向深入，加强创作力度，把“百花奖”的文学台本转变为舞台展演。开展公益性文化扶助，把贫困家庭的孩子、残疾人等群体为扶助对象，免费提供学习机会。

不断探索，使文化事业与经济企业达成互动。借助媒体力量办活群众文化活动。出版《基石——佛山市群众文化作品集》，建立社会文化网站。把佛山群众文化渗透到社会每一个角落。

佛山市群众艺术馆现任馆长黄白龙，副馆长黄好春、袁新荣、夏金旺。下设6个部门，创作辅导部、美术部、艺术培训部、信息调研部、活动策划部、办公室。

二、重大会议、活动文化设施的建设

2004年7月承办“琼花焕彩粤剧文化艺术节”，历时一个月。

2005年6月市民族民间文化保护工程办公室挂牌成立。

2005年7月构建公共文化服务体系，启动“百场公益流动演出”活动。

2005年11月，承办第七届亚洲艺术节街路巡演和广场演出大型活动。亚洲艺术节是我国举办的国家级区域性国际艺术节。

2005年12月，参与筹办《全国农村公共文化服务工作经验交流会议暨文化馆改革与发展座谈会议公共图书馆讲座工作会议》。

2006年1月，举办佛山市粤曲大赛及《魅力佛山·粤韵2006名家新曲颂佛山》晚会。影响颇广。

广东省肇庆市文化广电新闻出版局

肇庆市文化广电新闻出版局现有机关工作人员35人，设8个职能科室，辖11个直属单位。

2005年，肇庆市文化广电新闻出版局坚持“文化上山下乡”、“短平快”文艺创作和农村电影“2131”工程，被广东省授予“民族团结进步”模范集体，鼎湖电影放映队被文化部评为“送电影下乡”活动优秀农村电影放映队，广宁县彭天华同志被评为优秀农村电影放映员。挖掘整理了宋文化、包公文化、端砚文化、六祖禅宗文化、龙母文化等特色文化，整理出版了反映具有浓郁地方特色的《走进肇庆》、《肇庆历史文化风貌》、《肇庆发现之旅——古村落》等多部文化旅游丛书，组织创作排演了《龙母传奇》、《包公兴端州》等地方题村的大型粤剧。举办了全国财政学会年会（肇庆）文艺晚会；成立了肇庆市文化广电新闻出版局、肇庆市文化市场综合执法大队。成功举办了国家历史文化名城2005年年会暨第12次学术研讨会。（叶峥嵘）

广东省阳江市文化广电新闻出版局

2004年，阳江市文化事业得到有效发展。设立了“南海1号”后勤保障基地；做好了“广东海上丝绸之路博物馆”建设场地环境评估、项目立项、水文地质评估等筹建工作，于2004年12月6日举行了奠基仪式；群众文化队伍建设有了新发展，阳春市文体局、江城区一条龙演出队被评为全省基层文化先进集体；组织了元旦、春节、邓小平诞辰100周年纪念日的文艺晚会和庆祝“七一”文艺晚会、阳江市旅游十景命名周年志庆暨阳东县迎国庆文艺晚会、“南海开渔节”文艺晚会、第四届旅游文化节文艺晚会等专题文化活动，开展14天的曲艺展演广场文化活动，送电影下乡403多场，送戏下乡510多场；有36篇（件）作品参加省级以上评选入选或获奖。

全年出动行政执法人员2573人次，清理检查全市文化市场各类场所772家，净化了文化市场经营环境。（冯绍文）

广东省阳春市文化体育广电新闻出版局

近年来，阳春市新建了一批档次高、质量好的标志性文化设施项目，投资规模和建设规模有了较大的增长，完成了东湖公园、中心广场、体育馆等项目的建设工作；通过比赛、调赛、汇演、展览等多种形式，积极组织和开展丰富多彩、群众喜闻乐见的文化活动，深入开展了农村电影放映和“广场四个一”活动；组织了《大地阳春》专题文艺晚会、“劳动者之歌”文艺晚会、“为民务实清廉、树立良好形象”专题文艺晚会、庆祝建党83周年“颂歌献给党”专题文艺晚会、庆祝建国55周年文艺晚会、2004年阳春市第二届山水游文化节“全球通杯”旅游使者竞选大赛等文化活动，送电影下乡160多场，送戏下乡230多场；创作的大型音乐组曲《阳春组歌》，在参加中央电视台举办的首届“诗仙太白杯”形象歌曲音乐电视展播活动中，荣获城市类最佳城市形象歌曲奖。

阳春市文化体育局被评为广东省基层文化工作先进集体，覃炳英同志被评为广东省基层文化工作先进工作者；合水镇文化站被评为广东省特级文化站，春湾镇文化站被评为广东省一级文化站。（覃炳英）

广东省茂名市文化广电新闻出版局

茂名文化局按照建立一支政治强、业务精、纪律严、作风正的文化广电新闻出版队伍的要求，建立起一支团结务实，廉洁高效的文化队伍。通过举办各种特色文艺活动，打造茂名特色文化品牌和文化精品，出色完成了各项任务。其中张绍永创作的小戏《牛县令判牛》在第四届中国戏剧文学奖·小型剧本评奖活动中，荣获二等奖；“茂名市民间民俗艺术展演”活动，充分展示了茂名市民间民俗艺术的风采和魅力；组织民间舞蹈“跳花棚”参加“岭南民间艺术汇演”获金奖；少儿舞蹈《小尾巴》参加全国第三届“小荷风采”少儿舞蹈展获“小荷之星”奖。为基层培训艺术创作和粤剧骨干200多人次，组织文化活动30多次，送戏下乡189场、送电影近6000场、送书下乡近10万册。通过提高依法行政能力、加强市场监管力度、规范市场经营行为，营造了良好的文化市场环境。（黄刚）

广西壮族自治区南宁市文化局

南宁市有专业艺术表演团体8个，公共图书馆14个，市级群众艺术馆1个，县区文化馆12个；全市有乡镇文化站及图书室102个，村文化室及图书室614个；全市文物管理机构10个，市博物馆1个。

1999年以来，南宁市成功举办了每年一次的南宁国际民歌艺术节，其开幕式晚会《大地飞歌》成为中国有影响力的文艺晚会，2005年南宁国际民歌艺术节荣获国际节庆协会（IFEA）颁发的全球节庆行业综合大奖，成为中国唯一获得国际奖项的节庆活动。2005年，该艺术节入选首批广西壮族自治区文化产业示范基地。南宁市群艺馆被中国文化部评为国家一级馆。2005年，南宁市艺术剧院的大型壮族舞剧《妈勒访天边》获2004~2005年度国家舞台艺术精品工程十佳剧目。

2005年，南宁市文化局组织完成第一批国家级、自治区级的非物质文化遗产代表作的申报工作。维修了邕江防洪古堤、古城墙（清代）；修复了自治区级文物保护单位昆仑关战役遗址；修复市级文物瓮中捉鳖单位广西高等法院办公楼旧址；建设双孖井街景和在邕江边设立邓颖超同志出生地纪念石刻；对邕宁电报局旧址、黄旭初旧居等文物瓮中保护单位实行保护性开发；2005年成立了南宁孔庙管理所。

（陈晓玲）

广西壮族自治区南宁市青秀区文化体育局

2004年，广西壮族自治区南宁市青秀区积极组织、举办了众多文艺汇演和广场文化活动。开展了“文化三下乡”活动，多次组织晚会、电影到农村进行法律、计生宣传，其中文娱晚会8场、电影10场。并组织新城区文化站、津头乡文化站开展对社区、农村、企业等基层单位进行业务文艺辅导；积极开展了“知识工程”读书、送书活动。

2004年，新城区文化局被评为南宁市广场文化活动先进单位，打造出了一个“全国特色文化广场”。文化局组织创作的舞蹈《远嫁》、小品《告状》分别荣获2004年广西“群星奖”农村文艺汇演表演二等奖，其中舞蹈《远嫁》还荣获南宁市2004年农村文艺汇演表演二等奖、创作奖。（黄海燕）

广西壮族自治区南宁市江南区文化馆

南宁市江南区文化馆内设办公室、阅览室、娱乐室、培训部、排练厅、舞厅等，在编人员10名。江南区文化馆常年广泛发动和积极组织群众参与社会文化活动。每年除搞好元旦、春节、五一、七一、十一等重大节庆活动外，还着重组织、抓好“文化下乡”、“文化进社区”、校园文化、社区文化、机关文化、农村特色文化建设等工作和活动，着重组织参加国家级、省市级重大展、演、赛文化艺术活动，积极举办社区和乡镇群众文化骨干培训。

江南区文化馆曾被文化部授予“全国标准文化馆”，被广西文化厅授予“全区文化系统先进单位”，被南宁市文明委授予“群众文化进广场先进单位”，被南宁市文化局等授予“文化系统先进集体”，被中共南宁市委宣传部等授予“群众文化进社区先进单位”。曾荣获“南宁民歌艺术节组织活动先进单位”，2005年获“南宁市创建全国文明城市活动先进集体”等称号。（龙肖胜）

广西壮族自治区南宁市西乡塘区文化体育局

2004年以来，西乡塘区文化体育局组织开展了丰富多彩的群众性文化和体育活动，并多次获组织奖。极大地丰富了人民群众的文化体育生活。

积极开展了网吧、音像出版物、书刊杂志等文化经营项目的专题整治工作，规范了文化市场经营行为，净化了学校周边学习环境和市民生活环境。

做好了文化娱乐场所的安全生产工作和禁毒工作，确保了文化娱乐事业的健康发展。区文化体育局加大了对有线电视网络的维护工作，完成了全辖区“村村通”广播电视统计上报工作。（梁结珠）

广西壮族自治区宾阳县文化体育局

2004年，宾阳县文化体育局举办文化工作业务培训班6期，培训人员120人次，参与各类文艺活动72场次，文艺辅导200人次，新创文艺作品3篇（件）。节日期间安排有专场文艺晚会，共组织文艺演出12场次，参演人员达320人。参与指导税务、计生、教育等部门举办各类文艺活动4次。组织农村业余文艺队演出8场次，举办全县农村文艺汇演2场。组织游彩架、高跷表演队参加南宁市国际民歌节“香雪制药——八桂狂欢游”获盛装表演最佳创意奖。电影行业深入农村电影“2131”放映工程，全年共放映3180场次。为农村送出书籍1000多册，发送资料2300多份。加强市场执法力度，全年开展大型检查活动3次，日常巡查达180个工作日。结合“5·18”文物宣传到街头发传单、搞咨询，宣传文物法相关法规。图书馆全年新购图书950册，增加藏书2200册，添置电脑11台，藏书量达到124392册，全年共发放借书证2993个，送书下乡31012册，邮寄预约借书75册，帮助读者复印、代查各种资料180条20项，全年借阅量达170034人次310915册次。（韦梦飞）

广西桂林市文化局

桂林市文化局设有办公室、人事教育科、计划财务科、艺术科、文物科、社文科、文化市场管理科、文化产业科、监察室、党办10个科室，下属31个基层单位。

2004年以来，桂林市群众艺术馆、叠彩区文化馆被文化部评为国家一级文化馆，灵川县九屋镇图书馆获得“全国文化信息资源共享工程”建设先进单位。一批优秀专业艺术作品喜获大奖。阳朔县被评为“全国文化先进县”，市中心广场被评为全国“特色文化广场”，秀峰区九岗岭社区、市中心广场社区被评为“全国文化先进社区”。桂海碑林博物馆被评为全国文物系统先进集体，灵川县大圩镇被评为“中国历史文化名镇”，灌阳县荣获“全国文物工作先进县”称号。开通了文化市场24小时举报电话“12318”。文化稽查支队获得全国文化市场行政执法先进集体、区“扫黄打非”工作先进集体。桂剧团曾定国在第九届中国戏剧节获得“优秀表演奖”，桂林画院院长张复兴被国家科委授予“优秀人民艺术家”称号，曲艺团李伟群团长获全国“德艺双馨”会员称号。市文化局冼培芳局长被评为“全国文化系统先进工作者”，谢文富副局长被评为全国文化市场管理先进个人。（冼陪芬）

广西桂林市七星区文化体育局

桂林市七星区文化和体育局，下辖七星区文化馆，乡文化广播站2个，村级文化室30个，4支彩调队、3支声乐队、22支舞蹈队、5支狮子队、1支腰鼓队等文艺队伍35支，47支体育队伍，71个文体活动点。

2005年共在117个点开展群文活动121次；每月在甲天下广场举办2～3场群众性文艺演出，活跃广大市民的文化生活。2004～2005年组织为民下乡服务队共189人，分别到乡村进行了文艺演出10场次；献送新春对联1256幅；组织群众参与有奖猜谜3560人次；为村民免费医疗义诊1480人次，赠送有关科普资料、书籍1860（册）。免费发放避孕药具1858人次；解答村民咨询2920人次。在3个自然村（屯）进行试点，建设了3个文化室，总建筑面积260平方米，并安装了部分健身器材。

2005年，区委、区政府把村村通广播电视工程建设工作纳入区委、区政府工作的议事日程，加大投入，抓紧抓好抓落实。到目前为止，我区80个自然村（屯）中，已完成了72个村（屯）通广播电视，占91%。剩下朝阳乡2个和华侨旅游经济区6个，力争在2006年投入80万元，全部村（屯）通广播电视。（曾令辉）

广西壮族自治区阳朔县文化体育局

阳朔县文化体育局共有干部职工15人，下设政秘股、社文股、群体股3个股室。2004年以来文化事业局加大对文化事业的投入，投入上百万元新建了3个宣传文化站，使文化基础设施日渐完善。以重大节庆活动为龙头，以广场文化、社区文化、校园文化、企业文化、老年文化、村镇文化为重点，积极推动全县群众文化活动广泛深入地开展，形成了“大型活动精心提炼，中型活动月月出现，群众活动常年不断线”的良好局面。12月，举办了融漓江山水之美和人文风情为一体的阳朔第六届漓江渔火节、第二届金橘交易会，活动内容丰富，以文化装点的渔火节、金橘交易会给广大人民群众带来了看得见，摸得着的实惠，有数万中外游客前来参加活动，近百家新闻媒体进行报道。落户阳朔县的广西壮族自治区区文化厅重点文化产业项目《印象·刘三姐》大型山水实景演出2004年被文化部评为“文化产业示范基地”。高田镇荣获“广西民族民间艺术之乡”荣誉称号。创作的舞蹈《是喜是忧》获广西八桂群星奖二等奖。（刘建强）

广西壮族自治区桂林市全州县文化体育局

全州县文化体育局共有二层机构5个，共有干部职工152人。文化体育局连续3年荣获桂林市文化工作目标管理一等奖，连续4年获市新闻出版、版权工作目标管理一等奖，2004年获县目标管理岗位责任制先进单位一等奖。

2004年，县文化局创作的《零点行动》节目参加自治区“八桂群星奖”比赛获二等奖；“苏柳歌”《美丽全州我的家乡》在第二十五届“漓江之声”活动中获一等奖；2005年推选的农民才艺优秀节目获桂林市一等奖；全年各类广场演出活动共举办16场，全县送戏下乡、企业文化、校园文化各种形式的文化活动共360多场，送电影下乡768场。9月，投资650万元建设的影视娱乐文化中心大楼正式交付使用；县桂剧团排练厅、县文化馆综合大楼投入建设。广泛开展了法律、法规、政策的宣传和“扫黄打非”行动。（刘俊春）

广西壮族自治区灌阳县文化局

灌阳县文化局下设新闻出版（版权）局、文化市场办（含文化市场稽查队）、文化馆、图书馆、文物管理所、文工团、电影公司等6个单位。灌阳县现有38处石器时代的文化遗址，白沙、古城岗等文化遗址，隋朝时代的古墓。2005年被评为全国文物工作先进县。

近年来，县文化局组建各种业余文艺团体达70多支，并开展了各种健康有益的文体活动。深入开展了文化、科技、卫生、法制“四下乡”活动。2004年以来，全县共创作文艺节目100多个，其中彩调剧《瑶山情》、《三个女人一条圩》等小戏在参加桂林历届戏剧展演中均获二等奖，其中《三个女人一条圩》参加自治区彩调大赛荣获二等奖。在桂林市农民彩调卡拉OK大赛和山歌擂台赛中，我县代表队分别获一等奖和二等奖。在26届“漓江之声”中获一、二等奖各1名，三等奖2名。（龙晓红）

广西恭城瑶族自治县文化旅游局

恭城瑶族自治县文化旅游局行政编制8人、事业编制75人。下设纪检组、办公室，辖文化馆、图书馆、文物所、文工团、文管办、电影公司等单位。

2004年，中央财政拨款50万元、自治区财政拨款20万元、县自筹73万元建设了一座1040平方米的文化中心综合大楼，解决了多年来县文化馆没有权属馆址的困难。县文工团送戏下乡128场、横向演出108场、走向市场演出78场，共演出307场，为瑶乡文艺团队的发展走出了一条新路子。电影公司每年送电影下乡，实施电影“2131”工程放映780场，全县每1村（行政村）每2个月放1场电影的计划，为实现“2131”工程工作计划迈出了新的步伐。2005年，瑶乡学子3人考入清华大学、3人考入北京大学、2人考入中国人民大学，县委、政府在恭城文庙举行了颁奖大会，并成立了恭城“孔学研究会”。（李杰）

广西壮族自治区梧州市文化局

梧州市文化局内设5个职能科室，全市现有专业艺术表演团体6个；市级公共图书馆1个，县级图书馆4个，县级文化馆4个，乡镇文化站57个；市级文博单位3个，县级文博单位4个；书画文艺创作机构3个；文化企业单位3个；业余文艺团体245个；重点文物保护单位117处，其中国家级3处，自治区级15处，市、县级99处，爱国主义教育基地2个。

2004年10月，梧州市歌舞团随市政府代表团应邀赴法国巴黎参加旅法华人社团庆祝国庆55周年文艺演出活动；梧州藤县农民狮队参加马来西亚“云顶”杯世界狮王争霸赛取得第一名，荣获“东方狮王”称号。2006年8月，以该农民狮队为原型，我市与北京东方明星数字影视中心联合拍摄数字电影《东方狮王》；2005年，由我市创作的渔鼓说唱《爱心桥》、表演唱《老梁拒烟》分别荣获全国第四届社区文艺汇演银奖和铜奖；2006年5月，梧州粤剧团赴香港进行文化交流演出取得圆满成功。

（王上进）

广西壮族自治区玉林市文化局

2004年，玉林市文化局主办或协同有关部门组织举办各类文化艺术活动30多次。举办了“动感玉林”、“三环之光”、“卓越玉柴”等3台大型文艺晚会，并组织了“美丽的家园——书法、美术、摄影作品展”等丰富多彩的群众文化活动。成功举办了2005年广西农村农民“希望的田野”迎新年大型文艺演出活动，编排了《烈火英魂》、“打击六合彩”等各类专题文艺晚会下乡巡演及赴广西边关慰问演出，先后“选戏下乡”681场，观众达86万多人次。一批艺术精品在全国、全区各类重大文艺赛事或活动中取得优异成绩——歌曲《重返校园的小阿妹》入选中宣部、文化部等7部委联合推荐的“百首爱国主义歌曲”，书法《行书》、《金刚经》获得全国“群星奖”纪念奖，《李家寨轶事》等3件美术作品入选第十届全国美术作品展览舞蹈；《林中雀》获全国舞蹈比赛广西壮族自治区选拔赛一等奖，小戏《门神下乡》获广西第六届剧展小戏总展演“桂花金奖”，《火红的日子》等6件美术作品在“庆祝中华人民共和国成立五十五周年广西美术作品展览”中获奖。我市组织参加2004年广西“八桂群星奖”，共有71件（个）作品获奖。

截至2004年底，全市建设达标的乡镇宣传文化站56个，建成村级文化室或图书馆（室）691个，农民书房（室）702个，电子信息馆48个，宣传长廊144个；建设有一定规模的农村文化广场（公园）50个；成立农民业余文艺队800多支。

2004年，全市投入网吧整治的人次多达14027人次；检查网吧49134家次。网吧违法违规经营行为得到了有效遏制，文化市场得到净化，为未成年人的健康成长营造了良好的文化环境。（李克）

广西壮族自治区钦州市文化局

2004年，钦州市文化局大力推进文化钦州建设，在打造地方文化品牌方面作了尝试。邀请了著名作词家石顺义等人赴钦州采风，创作了《湾湾歌》、《可爱的母亲城》、《故乡的脚步声》3首歌曲；邀请中央电视台戏剧音乐部和著名歌唱演员汤灿莅临钦州，现场实景拍摄《湾湾歌》、《可爱的母亲城》音乐电视，并在中央电视台播出，积极组织文化项目晋京参加广西文化周活动。组织节目参加广西八桂群星奖农村文艺会演，钦州市获得全区一等奖2个、二等奖4个、三等奖5个、优秀奖3个、创作奖1个、优秀演员奖3个，优秀组织奖1个，个人组织奖4个；取得了钦州10多年来参加上级组织会演未有过的好成绩。女声三重唱《竹梆敲起来》还入选群星奖。市文化馆黄道鸿美术作品《涨潮》获文化部第十二届“群星奖”

优秀奖。首届中国钦州国际海豚节暨三娘湾第二届艺术节《月圆三娘湾》大型文艺晚会获得圆满成功；浦北县举办了《激情蕉乡》2004中国浦北首届烟花节大型明星演唱会；对全市网吧进行集中清理整治；铺开了大规模的刘冯故居环境整治工作；筹备了冯子才爱国主义业绩展览；2004年，钦州市投资总额5500多万元的城市标志性建筑市文化艺术中心；灵山县建成投资3200多万元的文体中心。

文化下乡活动持久深入开展，送戏下乡208场次，观众84万多人；电影下乡15000多场，观众530多万人次；送书下乡2.1万册；举办文化科技培训班54期，发放文化科普资料6.1万份。市知识工程办公室、村级图书馆（室）送去图书共45000册。（黄文生）

广西壮族自治区北海市文化局

北海市有文化单位41个，在编职工645人。2004年，北海市文化局共创作各类艺术作品259件，其中获省级以上奖项作品78件，省级以上发表（展出或演出）作品181件。其中，温红玲参赛的粤剧《打神》获全国“红梅奖”银奖；水彩画《祥和渔家》等7件作品入选第十届全国美展并获广西美术作品展一等奖；歌曲《白鹭情》获全国少数民族曲艺汇演金奖；广场文化活动有声有色，北部湾广场被评为“全国特色文化广场”。“八桂群星奖”全区农村文艺会演成绩显著。参加广西壮族自治区比赛排名全区第二，舞蹈《呢螺呢》《跳动的银滩》被作为广西赛区的选送节目参加“全国群星奖”比赛。有9个社区文化建设创建点达标，《社区大妈》等3个优秀节目在广西第二届文化艺术节上获奖。市图书馆被列入“全国文化信息资源共享工程”西部地区100个基层示范点之一。共投入130多万元对文物进行维修和保护。年内开展整治行动440次，举办培训班6期，共有900多人次参加培训学习。积极推进“2131工程”、市电影公司全年放映1134场，收入22.9万元，并与中国有色十六冶北海房地产公司签订了投资1.5亿元的北海市电影院改造项目。（李沛新）

广西壮族自治区百色市文化局

2004年，百色市文化局创作了各类艺术作品共983个，专业艺术团体演出976场，观众86万人次，送戏下乡680场，观众65万人次。其中《醉了瑶山》、《青青划笛》、彩调剧《杨老七》、小粤剧《追鞋》、末伦《春暖虎帐》、小壮剧《山花笑》、小品《过年》等一批优秀作品在参加全国、全区的各种赛事中获奖。

全市组织举办各类群众文化活动176个，参与人数2万多人次，观众达40多万人次。靖西县文化资源普查、平果县壮族嘹歌2个项目被列为全区第一批6个试点项目之一。靖西县生态博物馆项目建设进展迅速。

在全区率先开展“绿色网吧”试点创建活动，依托网络文化市场资源，在百色城内选择一批信誉良好、守法经营、环境优良、安全技术措施符合规定要求的网络文化经营单位作为青少年安全放心网吧。加大执法力度，深入开展“扫黄打非”工作。市文化稽查支队荣获“全区‘扫黄打非’行动先进集体”称号，市文化市场管理办公室荣获“全国文化市场行政执法先进集体”称号，分别获自治区“扫黄打非”领导小组、国家文化部的表彰。

加大文化基础设施建设的投入力度。总投资1907.5万元，新建了84个乡（镇）文化站办公楼，建筑面积达38672平方米。落实了隆林县文化馆、田林县图书馆。在右江河谷沿线选择了20个有条件的乡（镇）作为文化信息资源共享工程项目示范点，基层由于开展各项活动出色，被国家文化信息资源共享工程领导小组授予“全国共享工程基层中心先进单位”荣誉称号。

文化艺术人才的培养方面，按照《广西2001-2010年文化人才培养计划》的要求，采

取“请进来，走出去”的办法，积极开展文化人才培训活动。（黄如松）

广西壮族自治区来宾市文化局

组织瑶族艺术团6月14日赴法国敦刻尔克市进行为期7天的展示中国——文化交流活动，举办全市文艺汇演；抓好网络文化建设，活跃基层文化，打造桂中山歌文化品牌，举办“三月三”情歌山歌大赛及桂中山歌歌王选拔赛暨广西山歌王擂台赛，积极实施“知识工程”和“2131工程”；深入开展“扫黄打非”工作，收缴非法音像制品18000多碟，开展网吧等互联网上网服务营业场所整治，净化和规范网络文化市场；公布来宾市第一批22处重点文物保护单位，来宾市是盘古文化的重要发祥地新闻发布会后，积极开展盘古文化调研，出版了《多维视野的壮族文化——来宾市盘古考察与研究》；大力发展文化产业，拓展发展路子，抓好部门、企业合作及外出商演工作；加强文化基础设施建设，开创文化新局面，壮族山歌舞剧《麒·麟·月》参加广西第六届剧展获演出二等奖，彩调剧《鸡为媒》、《偷牌》获广西第六届剧展农村题材小戏总展演优秀剧目奖、优秀编剧奖等6个奖项，参评“八桂群星奖”喜获丰收。（张桂龙）

海南省海口市群众艺术馆

海口市群众艺术馆是在文化馆基础上发展起来的。其前身海口市人民文化馆创建于1951年4月。1987年3月正式改名为海口市群众艺术馆。

该馆人员编制18个，分为5部1室，即文学戏剧部、美术摄影部、音乐舞蹈部、老人少儿部、调研部和办公室。现有高级职称5名，中级职称4名，初级职称5名。

该馆在邓小平同志南方讲话的理论指导下，敢想敢干，积极争取省、市政府部门和各有关单位的支持与帮助。经过几年努力，终于在1997年建成一座高17层、总面积14698平方米，总投资达4000多万元的艺术馆活动大楼，这是海南省目前规模最大、设施设备较全的群众艺术馆。活动大楼设有音乐、舞蹈、美术、戏剧等门类的培训大厅、大型展览厅、音乐厅、小影宫、成人舞场、健身俱乐部、乒乓球俱乐部等。是一座功能齐全且配套设施日益完善的综合性群众活动中心。

多年以来，该馆坚持以人为本，统筹规划，在建设好海口艺术馆这项大型公共文化设施的基础上，依托资源优势，坚持文艺为人民服务，为社会主义服务的方向，以服务市民、活跃群众文化生活，繁荣群众文化事业为宗旨，积极、主动、创造性地开展丰富多彩的群众文化活动，每年举办全市性的大型活动15次以上，展览不少于10次，培训各类人才2000多人次，取得了显著的社会效益。

繁荣文艺创作，为人民生产精神食粮。自1997年以来，该馆创作、辅导、展览、发表的文艺作品约5000多件，其中获国家级奖励的有100多件，获省级奖励的有500多件。2001年度创作、辅导的作品获得全国金奖10个，银奖7个，铜奖11个。尤其由本馆业务干部参与创作的大型黎族歌舞诗《达达瑟》荣获“文华新剧目奖”和“文华编导奖”。

扎实的基础设施设备加上全馆同志多年不懈的努力，海口群艺馆赢得了应有的社会地位和荣誉。该馆先后荣获“全国少年儿童文化工作先进集体”、“全国文化工作先进集体”、海南省文化科技卫生“三下乡”活动先进单位、海南省农村文化工作先进集体、“全国精神文明建设先进单位”等荣誉称号，2004年被文化部授予国家“一级群众艺术馆”。

海南省海口市文化体育局

海口市文化体育局内设有办公室、文化

科、艺术科、竞技体育科、群众体育科、文化市场管理科等6个科室；下辖基层事业单位有17个。

2004～2005年，共有131件作品在国家级刊物发表，在各类展出及汇演中获奖。开展了“欢天喜地过大年”、“金鸡报晓闹元宵”元旦春节系列活动、钢琴音乐会、大致坡琼剧专场展演、换花节和冼夫人文化节等大型广场群众性文化活动。截至2005年10月底，共举办大型群众文化活动50场，文化下乡活动30场，“四进社区”活动20场。2004年成功举办了第七届中国（海口）合唱节。市琼剧团全年演出136场，观众达20万人次；其他专业和民营剧团演出达5229场，观众百多万人次；海口市积极引进各类文艺演出团体，共引进外省演出团体54个，使海口市舞台丰富多彩。艺术团表演的舞蹈《百舸争流》、群众艺术馆表演的舞蹈《幸福吉祥》、椰苗舞蹈团表演的舞蹈《中国娃》荣获全省广场文艺汇演一、二等奖；红蜻蜓舞蹈团表演的舞蹈《嬉雨》荣获全国2005年中华民族歌舞大赛最佳作品奖。（丁国新）

海南省海口市美兰区文化体育局

海南省海口市美兰区文体局下辖四镇九街。自1991年建局以来，始终认真贯彻“为人民服务，为社会主义服务”和“百花齐放、百家争鸣”的方针，积极实施《全民健身计划纲要》，按照弘扬主旋律的要求，坚持面向社会、服务社区的原则，发挥社会办文化体育的积极性，利用社区丰富的文体资源，大力培育和开展具有特色的文体项目，群众性文化体育工作蓬勃发展。先后荣获“第五次全国体育场地普查先进单位”、“全国群众体育先进单位”、“全国全民健身周活动先进单位”、“第二届世界太极拳健康大会一等奖”；演丰镇被评为“全国亿万农民健身活动先进乡镇”；白沙街道白沙坊社区被评为“全省群众体育先进单位”。

（邓其仓）

海南省三亚市文化体育局

三亚市文化出版体育局机关定编18人，内设办公室、文化科、体育科、市场科4个科室。下属单位有图书馆、群众艺术馆、博物馆、文化市场稽查大队、业余体校和电影公司。全市现有118处不可移动的文物点，19处文物保护单位。

近年来，三亚市成功举办了一至七届香港三亚国际帆船赛暨“西岛杯”环海南岛大帆船接力赛；举办了第五十三、五十四、五十五届世界小组总决赛；举办了2003、2004年“海上升明月，天涯共此时”三亚中秋大欢乐节；成功举办了亚洲职业高尔夫球三亚公开赛、中国武术散打王争霸赛，组织举办了三亚市第二届运动会，并取得了27枚金牌；举办了“TCL高尔夫球精英赛”、南山大佛开光大典活动、第十四届中国金鸡百花电影节、第六届海南欢乐节、首届（三亚）国际电视广告艺术金椰子周活动；成功举办了三亚市“三月三”大型文体活动、TCL高尔夫精英赛——三亚2006、全国定向越野锦标赛和世界第一届大力士赛。

（杨浩强）

重庆市合川图书馆

重庆市合川图书馆位于合阳城交通街140号，建筑面积为4770.71平方米，该馆总藏书18万多册，其中，古籍线装书6200册、地方文献3000册。有办公室、采编部、辅导部、读者工作部等4部室。现有在职职工10人，其中，中级职称3人，本科学历9人。并设有8个服务窗口：图书外借处、报刊阅览室、少儿阅览室、电子阅览室、工具书查阅室、资料室、鱼城书屋、报刊查阅处。

2004年以来，被评为合川市级平安建设先进单位、市级文明单位、“先进职工之家”。在迎接全国第三次公共图书馆评估中，被评为国家二级图书馆。本馆取得多项成绩的原因在于：一是解放思想、开拓进取，改变了“等、靠、要”这种阻碍发展的传统模式；二是继续深化了人事制度改革，完善了各项规章制度；三是加强了人员综合素质培训，把职工素质作为重要任务来抓。

2004年以来，本馆争取了国家和地方财政资金110万元，完成了图书馆自动化管理系统的各项工作，建立了能同时容纳百人查询的电子阅览室，结束了本馆自建立以来近50年的手工操作方式，迈上了一个新台阶。

2004年以来，本馆新办外借证、阅览证3800个；接待读者总人数295500人；外借内阅书刊11835362册次。

总之，随着图书馆新的管理机制的正常运行，我们以崭新的面貌迎接新的挑战，为繁荣本地经济和精神文明建设以及图书馆事业贡献智慧和力量。

重庆市渝中区文化广电新闻出版局

2004年以来，重庆市渝中区文化广电新闻出版局汇聚了以沈铁梅为代表的一批知名艺术人才队伍，创作了《金子》等一批文艺作品；解放碑CBD广场周末音乐会、重庆半岛文化艺术节成为了享誉西部乃至全国的群文活动品牌；城区形成了专业文化队伍、群众文化队伍和职工文化队伍竞相发展的良好局面；市区两级政府先后投入近10亿元修建了三峡博物馆、湖广会馆、通远门城墙公园、城市规划展览馆等大型文化设施及社区达标文化站和示范图书馆；恢复建设和保护了湖广会馆、洪涯洞等94处市、区级文物。

切实加大了政府扶持引导力度，加快了文化产业发展速度，形成了以新闻出版、广播影视、文化娱乐、文化旅游为重点的4大文化产业。城区文化产业增加值已占全区GDP的5.4%。在加速发展的同时，切实加强市场监管，通过建立行业协会，形成统一规范、竞争有序的文化市场。

近年来，渝中区先后获得“全国文化先进区”、“全国文物保护先进单位”等国家级荣誉称号23项，重庆市级荣誉称号29项。

（曾君岳）

重庆市万州区文化广播电视新闻出版局

重庆市万州区文化广播电视新闻出版局内设科室9个，下属事业单位16个，基层文化站52个，行业协会6个，在职职工908人。全区有城区全国特色文化广场1个，农村文化阵地126个，市级宣传文化中心9个。各类文化经营户2126家，文化产业总产值4亿多元。

2005年，文化促进会、新闻出版者协会、网吧自律小组等行业组织建立，加强了对文化市场管理；完成农村“村村通”工程150个盲村建设任务，农村广电覆盖率达到94%；积极实施了万州区图书馆、“巴楚文博苑”项目，举办“新三峡、黄果树双瀑联动万人组诗”、“创卫生城市文艺展演季”、“海峡两岸书画家共绘新三峡”等大型活动25起；三峡文化网成功开办；有37件优秀作品荣获9项先进集体和个人市级以上奖励，2首反腐倡廉新创歌曲代表重庆参加中纪委比赛，响水镇农民艺术团被评为“全国服务农民服务基层文化工作先进民营文艺表演团体”；全年开展文化市场检查与专项整治749次；艺术团体完成商演278场；完成下中村遗址第四次大规模发掘和全区优秀近现代建筑调查工作。（廖华）

重庆市江津市文化广电新闻出版局

近年来，江津市开展了“滨江之夏”周末文化广场活动、“三基”巡演活动、“四下乡”活动和农村电影放映活动。“滨江之夏”周末文化广场每年集中举办10余场，先后受到了央视《焦点访谈》、《人民日报》等媒体报道。

异彩纷呈的“三基”（计生、国土、环保）巡演活动被群众亲切地称为“江津的心连心艺术团”。文化、科技、教育、卫生“四下乡”活动被中宣部、文化部等14个部委评为全国先进。活跃在广大农村的电影“2131工程”，经央视《焦点访谈》等媒体的报道后，工作经验已在全国推广。2005年3月，全面推行了“网吧联营”管理经验，受到重庆市文化主管部门和执法部门的充分肯定，中央人民广播电台、《重庆日报》等媒体作了报道。

江津市拥有国家级历史文化名镇1个，重庆市级文物保护单位14处，2004年被评为“全国文物工作先进县”。投资1000万元，对陈独秀旧居进行了修复，经修复的陈独秀旧居于2004年7月正式对外开放。（韩明）

重庆市璧山县文化广电新闻出版局

璧山县文化广电新闻出版局下设文化科、文化市场产业科、体育科、广电科和办公室。下属单位有：文化馆、图书馆、体育场（馆）管理中心、文物管理所、新华书店、电影公司、川剧团、天籁文化发展有限公司、文体协会和13个乡镇、街道文体站。

2004年，共组织各类文艺演出32场（次），节目450个，演员3500多人。成功举办了璧山县首届企业文艺调演；第二届中国西部鞋业博览会系列文化活动；国家舞台艺术精品工程川剧《金子》的演出；纪念邓小平诞辰100周年的文艺演出；承办了“群星炫舞夜·银钢摩托文艺晚会”。

全年共创作各类作品250个（件），其中歌舞《三峡新校我的家》获全国校园中学生文艺调演一等奖；2004年成立了璧山县作家协会等9个文化社团。（张明合）

四川省成都市文化局

2004年，成都市文化局推进了局属文化事业单位体制和人事制度改革，为文化事业和文化产业快速发展奠定了良好的体制和机制基础；组织实施了“成都文化年”系列活动，有效地张扬了成都文化的地位和作用；创建全国文明城市和推进城乡一体化文化带动工程，实现基层文化建设大发展；搭建了文化产业投融资平台，开创了文化产业工作新局面；艺术生产、社会文化、市场管理以及各区（市）县文化工作等都取得了崭新的成绩，为文化强市作出了突出贡献。有12个农村乡镇被评为省级文化先进乡镇。

积极开展了丰富多彩的群众文化活动。在为期10个月的网吧专项整治中，开展了“绿色行动”、“蓓蕾行动”、“零点行动”、“护苗行动”等系列活动。加大了对文化音像市场的管理力度，保证了文化市场健康有序的发展。为进一步推动成都市农村电影放映“2131工程”和城乡一体化进程，举办了“成都首届农民电影周”。（朱树喜）

四川省成都市武侯区文化体育局

成都市武侯区被国务院定位为高科技文化区。现辖13个街道办事处，88个社区居委会，幅员面积76.56平方公里，人口52.66万人。

武侯区是国务院定位的高科技文化区，2005年被国家科技部评为“全国科技进步先进区”。

武侯区文化体育局加大了基础设施建设。先后修建落成了武侯区文体活动中心，并被国家体育总局命名为首批国家级全民健身活动中心。建成了我区图书馆和文化馆，并被文化部评为二级图书馆和三级文化馆。

几年来，我区共举行大型文化体育活动30余次，为农村、社区送戏下乡20余场次，放映农村电影1000余场。连续举办了十七届“武侯闹春”大型文化活动，每年一届校园文化艺术节、两年一届“文化武侯、魅力社区”社区艺术节以及连续举办了3届“玉林之夜”大型文艺汇演、机投镇被国家体育总局授予了“亿万农民体育先进乡镇”、玉林街办被国家体育总局授予“全国群众体育工作先进单位”荣誉称号；簇桥乡健身秧歌队荣获了全国第二届健身秧歌大赛二等奖、置信社区《欢乐的彝家》、致民路街办《古董花瓶》分别获得全国“四进社区”银奖、铜奖等全国奖项。

我区共有文化经营单位1200余家，据不完全统计，截至目前全区文化产业GDP达8亿余元，解决就业人口1.2万余人。（唐玉琦）

四川省双流县文化体育局

2004年~2005年，双流县文化事业取得了辉煌成就，获得了“全国先进文化县”、“四川省文明单位”、“四川省第三届旅发大会金龙银狮金奖”、“市文化建设优秀单位”、“成都市文化市场管理工作先进集体”、“成都市两馆建设先进单位”、“成都市反腐倡廉歌曲创作评比活动优秀奖”、“成都市第六届新创歌曲演唱会组织工作奖”等全国、省、市、县各类殊荣、表彰、奖励100余项。

积极筹备、组织了“欢乐五月之夜”、“庆七一‘丰碑颂’”等大型文娱演出共40余场，协办和承办了“中国西部（成都·双流）民间收藏精品博览”等大型文化活动10余台；积极开展文化下乡活动；积极组队参加全国、省、市各种表演、展演活动；培育打造“龙狮队”、“威风锣鼓队”群众特色队伍20余家；与美国新泽西州米尔维尔市结成友好姊妹城市。（黄忠群）

四川省广元市文化局（新闻出版、版权局）

2004年以来，广元市文化局新创建省级文化先进县1个，全国民间艺术之乡2个，省级先进文化乡镇19个，省特级文化站12个，一级文化站28个，市级小康文化村20个。农村电影“2131工程”大力实施，组建农村电影队222个，国家信息资源共享工程广元分中心和两个基层分中心基本建成。

创排了大型情节组舞《武则天》和长篇电视剧《少年武则天》，组织开展了“皇泽钟声”文化活动。创排了《红土地上的歌》。举办了全市民间文艺汇演、全市民歌调演；成功上演了“女皇故里·和谐广元”大型广场民间文艺演出，青川“薅草锣鼓”、市上“女儿节”被国家和省分别列入非物质文化遗产保护项目。组织创作了一批“歌唱广元”的歌曲，一大批作品获得奖励。

全市文化系统共开工建设文化产业项目22个，总投资1.4亿元；“女皇文化园”被文化部首批命名为全国文化产业示范基地，文化市场营销产值由2000年的7000多万元，增长到2005年的1.46亿元，实现了产值翻番的目标。（张显学）

四川省绵阳市文化局

市文化局下设办公室、文艺科、市场科、新闻出版科、人事科5个职能科室。市级国有文化企事业单位7个，在职人员238人。

2004年以来，先后举办了“亚洲龙舟锦标赛”、“第十三届世界拳击锦标赛”、“四川省新剧目展演”等大型文艺演出活动，重点剧目《黄颜色·绿颜色》实现公演并被列入四川省舞台艺术精品剧目。市艺术学校于2004年、2005年先后两次参加国际文化艺术节，取得优异成绩。市艺术剧院于2005年被中宣部等部门表彰为全国“三下乡”先进集体。2005年，绵阳市召开全市文化体制改革和文化产业发展大会。2005年，以绵阳博物馆为基础，开工建设投资达1.4亿元的绵阳科技博物馆，从而使市本级重大文化基础设施建设投资达到3亿元。

到2005年底，全市建成成规模的文物旅游景区3处，各类文化经营单位达5200余家，总资产逾11亿元，年总产值突破13亿元，从业人员达3.5万余人。（马宗舜）

四川省绵阳市涪城区教育文化体育局

绵阳市涪城区教育文化体育局下设文体卫股、文化稽查队、文化馆、电影公司和少年宫。

四川省绵阳市涪城区以文化活动为载体，在全区农村广泛深入开展“文明在农家”活动；2004年和2005年分别建立了杨家镇邹盛椿健华图书馆和石洞乡牛松林健华图书馆。涪城区在1998年荣获“全国文化先进县”称号之后，2004年顺利通过全国文化先进县复查。社区文化蓬勃开展，展开了“激情社区大家唱”活动和涪城区迎春广场文艺演出。农村电影放映工作运行良好，连续7年被评为四川省“2131工程”先进单位。（顾建）

四川省盐亭县文化旅游局

盐亭县文化旅游局内设办公室、文化股、旅游股和文化稽查队。

2004年2月，原盐亭县新华书店改制为四川新华发行集团；3月，盐亭县电影公司改制为盐亭县影视艺术中心，盐亭县文化馆、盐亭县图书馆、盐亭县文物保护管理所合并，改制为盐亭县文化馆。2005年1月，四川新华发行集团改制为四川新华文轩连锁股份有限公司盐亭分公司；3月，盐亭县川剧团改制为民营性企业；5月，母亲节期间，清华学子代表团来盐亭嫘祖陵祭祖；8月，中央电视台“异想天开”栏目组来盐亭拍摄“给母亲的献礼”记录片。2006年3月，广西电视台“寻找金花”栏目组来盐亭完成拍摄工作，四川省文化研究院来盐宁考察了清代三座“砖石碑坊”；4月，盐亭县被列入四川省县级文化信息资源共享工程试点县；5月，盐亭县人民政府“2131”工程正式启动；6月，刘立喜的山水画展在四川省美术馆成功举行；7月，县文化旅游局聘请22名网吧义务监督员。（胡斌）

四川省南充市文化局（新闻出版、版权局）

2005年，南充歌舞剧院和蓬安县联合创作的歌曲《时代先锋》被评为四川省保持共产党员先进性教育歌曲二等奖，歌曲《平安人生路》荣获四川省首届声乐大赛作品创作一等奖，《月夜出征》、《嘉陵江上大舞台》、《忙吧，朋友》分别荣获2005年全国歌曲创作比赛一、二、三等奖。西华师大舞蹈《共产党员好比种子》被评选为优秀节目，市文化馆获四川省首届声乐大赛三等奖。南充歌舞剧院被国家人事部、文化部评为全国文化工作先进集体。营山县被授予“四川省文化先进县”荣誉称号，南充市15个乡镇被评为省级文化先进乡（镇），启动了阆中市创建市级文化先进县工作。

全市开展各项群众文化活动230多场次，大型活动80余场次，送文化下乡演出近50场，举办节庆书画摄影作品展览30多次。全市224个农村电影放映队共放映电影18051场，观众达1126万人次；加强网吧管理长效机制建设，深化了全市网吧管理工作；省大木偶剧院先后到韩国、马来西亚、新加坡等地商演，并与韩方签订了长期演出合同;市杂技团被省文化厅评为对外文化交流先进集体。（郭宪伟）

四川省广安市文化体育局

广安，世纪伟人邓小平的故乡。2004年以来，广安市文化体育局以纪念邓小平同志诞辰

100周年为契机，积极推动文化事业全面发展，多次受到国家文化部、文物局，省文化厅、文物局的表彰。

广安市先后投资800万元和2500万元建成了全省一流的市文化馆和全国一流的市图书馆，开辟了邓小平文献研究室专馆，成为全国性的邓小平业绩和理论研究中心；协助中央电视台、上海文广传媒集团成功举办了《百年情思》、《小平，您好》等大型文艺演出活动；常年开展武胜县龙舟旅游文化节、岳池县农家文化节、华蓥市梨花节、广安区“广安·龙安柚”品果节等地方文化活动；全市5个县、市、区已建成2个国家级文化先进县，3个省级文化先进县；“2131工程”积极推进，岳池天平镇电影放映队、鱼峰乡电影放映队分别荣获文化部2004年度、2005年度农村电影先进集体称号；深入开展了“扫黄打非”斗争；文物保护科学规范，走上规范化、科学化轨道。

精心打造出了“小平故里行，华蓥山上游”，武胜龙舟文化节等5大特色文化品牌，不断培育壮大文化产业。（杨利民）

四川省遂宁市文化局（新闻出版、版权局）

遂宁市文化局设办公室、文艺科、产业科、市场科、新闻出版科，下辖稽查支队、创作办公室、文博图书馆、电影公司、川剧团、杂技团、春苗杂技团等9家单位。

2004年以来，遂宁市文化局加强基础设施建设，通过争取资金、市场运作，新建了市宋瓷博物馆、市文化馆、市图书馆新馆等大型文化基础设施。积极探索文化产业发展新路子，文化产业发展势头良好。文化市场管理健康有序，集中整治成效显著。群众文化、文艺创作、文博、电影放映、图书借阅等蓬勃发展。全市105个乡镇均建成宣传文化服务中心，建成省级示范性中心5个，“全国文化先进县”、“中国书法艺术之乡”、“全国龙舞之乡”各1个。两支杂技团长期在美国、韩国定点演出，即将动工建设遂宁杂技培训基地。我局还以人才为根本，以队伍建设为核心，建立了一支素质全面的干部职工队伍。（涂红）

四川省乐山市文化新闻出版局

2004年以来，乐山市全面实现了县县有图书馆、文化馆；市图书馆荣获国家人事部、文化部2005年“全国文化先进集体”光荣称号；成功举办庆祝建市20周年大型诗、乐、舞晚会《腾飞吧·乐山》和第十五届中国“兰博会”文艺演出；推出大型诗乐舞剧《沫若·女神》和大型川剧《大佛·海通》两大精品之作，荣获2005年四川省优秀剧目奖；文艺创作进一步繁荣，荣获“四川省艺术创作组织工作优秀奖”；乐山市为文庙、沙湾郭沫若旧居、峨眉山古建筑群等6处文保单位申报成为全国重点文物保护单位；夹江县“传统手工造纸技艺”申报成为全国非物质文化遗产，文化市场管理有序，健康发展。

2005年，荣获四川省“扫黄打非”先进集体和四川省十佳“青少年维权岗”单位。乐山市乌木珍品文化博物苑有限责任公司、夹江天福观光茶园有限公司被四川省文化厅命名为四川省文化产业示范单位。（廖克全）

四川省自贡市文化局（新闻出版、版权局）

2004年~2005年，自贡市文化新闻出版工作整体推进，亮点纷呈，再上台阶，获国家、省、市各类奖励201项，文化强市成效显著。舞蹈《盐路向天边》获全国第十三届群星奖，川剧《人迹秋霜》首获四川省“五个一工程”奖，川剧《刘光第》列入2005年四川省舞台艺术精品工程，在四川省新剧目展演中获得7

个奖项；成功举办了自贡市第十届艺术节；专业团体共演出3018场，举办各类群众文化活动1003场。自贡恐龙博物馆被评为四川省的2个重点博物馆之一；完成西秦会馆第三期、富顺文庙、荣县大佛、东源井、夏洞寺等重点维修工程；出版了《西秦会馆》等2部专著;全市文物景点接待观众680万余人次。2005年自贡市对外文化交流项目在四川省市、州名列第一。自贡恐龙化石出展日本和我国香港特区等国家和地区，接待观众500万余人次；专业艺术团体先后赴日本、越南、印尼、南非、希腊、佛得角等国演出1256场。两年共查处违规文化娱乐场所200多个，查缴各类非法出版物5500余册、非法电子出版物25400余张（盘）。全市共有文化经营单位（个人）2219家，实现文化产业收入11亿多元，年增长达12.2%。

（彭南）

四川省泸州市文化局

泸州市文化局机关行政编制17人，设5个职能科室，直属8个事业单位。

2004年以来，全市有组织的广场群众文化活动达1320余场，参与群众120余万人次。“酒城之夜”、“忠山之秋”、“五月的花海”、“激情广场大家唱” 已成为群众喜爱的文化品牌。

文艺创作喜获丰收，音乐、舞蹈、话剧等诸多节目获国家和省级奖励。基层文化建设不断巩固，送文化下乡坚持不懈，农村电影“2131工程”进一步巩固，受到全国表彰。2004年以来，共开展送文化下乡280余场，发放科普资料60个专题6万余份。

积极推行网吧定点和规模化、连锁化经营成效显著，成为文化市场管理工作亮点。

全市共有全国重点文物保护单位5处、省级文物保护单位14处、市级81处、县级162处，首批国家级非物质文化遗产2项。

（王一平）

四川省宜宾市文化局

2004年，宜宾市共有文化娱乐经营单位1642家。3月~12月，在全市范围组织开展了网吧等互联网——服务营业场所专项整治行动；11月，市文化局在全市开展音像出租业专项整治；全市各级文艺社团积极开展文艺创作，参加各类比赛，取得了较好成绩；酒都剧场接待演出和会议119场；市政府投资60多万元对云南会馆进行了整治修复。

2004年，宜宾市积极组织开展了多项文艺活动，6月25日~26日，宜宾首届“酒都风情”——全市业余文艺团体展演活动在合江门广场隆重开幕；8月20日晚，宜宾市纪念邓小平诞辰100周年歌咏大会在合江门广场隆重举行；8月11日晚，在合江门广场举办了纪念邓小平诞辰100周年党风廉政建设专题文艺晚会；精心打造了大型地域风情歌舞《金沙水拍》；精心组织了文化下乡活动，全年组织文化下乡活动4次。

组织参加四川省第五批文化先进县、文化先进乡镇和首批民间艺术（特色文化）之乡创建活动。（何政军）

四川省达州市文化局

2004年，达州市进一步确立了建设文化强市的战略目标。全市共组织创作、出版了长篇小说8部，短篇小说15部，电影、电视剧5部，各类优秀剧（节）目20余个，书法、美术、摄影作品70余件。戏剧小品《生命的留言》获“全省重大文艺成果奖”，参加了“第七届中国艺术节暨全国第十三届‘群星奖’评奖演出”获优秀奖。大型少儿音乐剧《地球村的儿女们》获全省“五个一工程”奖。承办了文艺演出60余场；开展送文化下乡20余场；举办全市书法、美术、摄影展4次。

新建了5个“文化资源信息‘共享工程’基层服务站”。全市现成立有农村电影放映队223

个，市文化局及大竹、开江、宣汉3个县被省文化厅表彰为全省实施农村电影“2131工程”先进单位。

认真开展了整治网吧等互联网上网服务营业场所工作，扎扎实实地开展了“扫黄打非”，2004年，完成了市红旗电影城的改造，成立了四川省星美数码网点经营管理有限公司达州分公司和四川省全年实现产业收入60余万元；2005年，达州市有4个文化产业先进单位已被省里推荐参加全国文化产业理论研讨暨表彰会议。（陈先杰）

四川省资阳市文化体育局

资阳市文化局机关在编职工14人，内设办公室、文化市场科、新闻出版科、社会文化科、文物科；直属事业单位1个。

全市有各级地面文物保护点1100余处，各级文物保护单位有97个，全市有馆藏文物3800余件，其中经国家权威机构鉴定的一级文物11个、二级文物25件。2004年以来，资阳市先后举办了“中国移动通信杯百镇（社区）文艺巡演”、“四川省首届声乐大赛——资阳分赛暨资阳市十佳歌手大赛”、“第六届中国特产文化节暨第二届中国安岳柠檬节”等大型活动，资阳市创建成了四川省文化先进市，乐至县建成了图书馆，安岳县建成了文化馆，资阳市动工建设艺术中心，全市重大文化基础设施建设投入上亿元；建成了9个省级宣传文化示范中心；到2005年底，全市建成省级以上文化旅游景区4处，各类文化新闻出版经营单位3300家，从业人员2万余人，年产值和营业额约5亿元。

2004年安岳县川剧团被评为中宣部、文化部表彰的全国“服务基层、服务农村”先进集体，2005年简阳市文化馆被评为全国文化工作先进集体，安岳县文物局被评为全国文物工作先进集体。（吴秀英）

四川省简阳市文化体育局

2004年，简阳市文化局下属文化馆、图书馆、艺术团、电影公司、水上运动学校、文化稽查队、文物管理所等7个文化体育事业单位，共有职工129人。全市各类文化经营户共计643户，其中歌舞娱乐场所144家，音像制品158家，电子游戏96家，网吧56家。

2004年，简阳市在地级以上发表各类文艺作品1300余件，其中在全国发表展出作品26件、省级268件、地区级906件；国家级获奖18件、省级获奖32件、地区级获奖108件。2004年，总投资6330万元、占地70多亩的文化广场和文化艺术中心投入建设，2006年7月，文化广场基本竣工，文化中心将于10月1日前竣工。

2004年，简阳市被评为第五批四川省文化先进市；2005年，简阳市文化馆被文化部、人事部评为全国文化先进集体。（凌亚平）

四川省眉山市文化体育局（新闻出版、版权局）

眉山，为四川省历史文化名城，2000年撤地设市。全市六区县均为省级文化先进县。青神县是全国唯一的“中国竹编艺术之乡”，丹棱县被命名为“中国民间唢呐艺术之乡”，彭山县是“中国长寿之乡”。眉山与杭州、建阳鼎足而为中国三大刻板印书中心。

全市有市、县级文化馆7个，图书馆7个，博物馆4个。有专业艺术表演团体1个，业余艺术表演团体12个，各类业余群众文化队伍442支，业余文艺骨干达1万多人，群众文化活动蓬勃开展。历史遗存丰富，有各类文物点1100多处，三苏祠、彭山江口崖墓、江渎涯墓、青神瑞峰崖墓群、眉山报恩寺、仁寿三堡牌坊、牛角寨石窟等7处为国家重点文物保护单位。东坡文化节、彭祖寿星节、青神竹编、丹棱唢呐、洪雅台会、仁寿抬工等民俗活动影响深远。全市文化市场经营单位2000余家，年产值约3.5亿元。三苏故里眉山，正向着建设中国西部文化名市的目标阔步前进。（李建章）

四川省眉山市东坡区文化体育局

眉山市东坡区原名眉山县，曾被四川省人民政府命名为历史文化名城和省级文化先进县。2000年，撤县设区。

2004年，市、区两级党政机关联手实施打造中国诗书城文化发展战略，陆续建成了诗书城公园、东坡湖广场、阳光音乐广场、万景激情广场等文化场所景观设施，恢复重建了“远景楼”，新建广播电视中心、体育中心、会展中心，老人少儿活动中心工程也进入实施。在加强基础文化设施建设的同时，全面推进了地区、乡、村三级文化网络组织体系建设，壮大了各类群众艺术队伍，开展了文化艺术创作演展评赛与培训辅导研习活动。成功举办了4届广济乡桃花会、2届土地乡苏公陵清明节公祭三苏大典、1届尚义镇橙香节、1届修文镇民俗文化节等大型农村文化主体活动；成功举办了首届地方文献展、第二届川剧艺术节和首届川剧艺术联谊会演周活动；区川剧团全年完成演出演唱任务160余场；电影公司全年下乡巡回放映1500余场次；夕阳红艺术团也积极开展了文化下乡活动。（李永攀）

四川省阿坝州文化局

2005年，全州有文化馆14个，乡镇文化站48个，2个“中国民间艺术之乡”、1个“四川先进文化县”、5个“四川省先进文化乡镇”、4个“乡镇文化宣传示范中心”、2个“四川省民间艺术之乡”；1个全国“四进社区”先进社区。

近年来，四川省阿坝州文化局举办了四川省第三届少数民族艺术、中国四川第一届、第二届国际熊猫节、建州五十周年庆典开幕式《腾飞阿坝》和文艺晚会《阿坝情》、中国四川国际旅游发展大会开幕式《大九寨风》、“心连心”艺术团赴阿坝州慰问演出、南国冰雪节暨大九寨冰瀑节、首届嘉绒锅庄节、第四届四川省少数民族体育运动会开幕式、闭幕式的文艺演出。

阿坝州深入开展阿坝州网吧专项整治行动，州文化新闻出版局被省新闻出版局评为“优秀青少年维权岗”、“四川省首届未成年人保护先进集体”，被省“扫黄打非”工作领导小组评为2005年“扫黄打非”有功集体。

2005年九寨天堂艺术团被省文化厅授予“四川省文化产业示范单位”，九寨沟高原红艺术团、九寨沟喜来登民族歌舞团被授予“四川省文化产业先进经营单位”，州文化局被授予“四川省文化产业先进集体”。黑水卡斯达温列入首批国家级非物质文化遗产目录。（冯青龙）

四川省九寨沟县文化体育局

九寨沟县文化体育局内设办公室、文化市场管理股、群众艺术综合股、群众体育综合股；下辖文化馆。

2004年，九寨沟县荣获中央电视台CCTV西部民歌电视大赛“清逸·佳雪”杯民歌保护奖；完成了第五次全国体育场地普查工作；文化艺术中心建设工程正式启动；配合州文化局、州电影公司开展电影巡回大展演送文化下乡活动。

2005年，成功举办了九寨沟县元宵节文艺晚会、州县两会文艺演出、九寨沟门票价格听证会文艺晚会、九寨沟民俗风情月、禁毒动员大会文艺演出、第二批先进性教育活动文艺演出、中国·四川阿坝第二届国际熊猫节暨边街啤酒咂酒狂欢夜文艺演出等活动。成立了县文化艺术服务中心。（刘善刚）

四川省甘孜藏族自治州文化局（新闻出版、版权局）

甘孜州文化局内设办公室、文化市场科、社会文化艺术科、民族文化产业科、新闻出版办公室和文化市场稽查大队。内设事业机构有格萨尔文化资源开发领导小组办公室、文物局、文艺创作办公室。

2004年，州文化局举办了“中国·甘孜首届国际狂欢节”、参加了中央电视台音乐频道专题节目和《让世界了解你》栏目“康定情歌”专题节目的录制；全州民族文化产业发展大会、“第四届康巴艺术节暨首届中国·甘孜香格里拉国际旅游节”在康定举行；州歌舞团参加了在韩国举办的“首届世界文化开放发展大会”，并获得 “世界和平奖”；全州有10处遗址、遗产被四川省人民政府公布为第六批四川省重点文物保护单位。全州全年累计投资950多万元，完成了文化活动中心项目建设。全州举办各类演出638场。开展“送文化下乡”演出513场，送电影下乡放映700余场，送图书11739册（套）。全年民营文化企业迅速发展，文化产业从业人员达到2868人,文化产业收入达到7838万元，文化产业税收已超过250余万元。 （宋兴富）

四川省凉山州文化局

2004年5月，凉山州文化新闻出版工作及表彰会议在西昌举行；6月，四川省文化市场计算机监管中心凉山州分中心建立；7月，凉山州歌舞团一台演出节目，在中央电视台“魅力12”栏目播出；8月，第四届凉山彝族国际火把节隆重举办；10月，彝汉双语相声《语言专家》获第二届全国少数民族曲艺展演比赛二等奖，州文化局、州曲协荣获组织工作奖；12月，凉山州启动民族民间文化普查工作。

2005年春节前夕，凉山州歌舞团赴京向中纪委、国家粮食总局等中央国家机关汇报演出，取得成功，受到中央领导吴官正等的亲切接见。1月~7月，凉山州州直文化系统下属140个支部，共122名党员认真开展“保持共产党员先进性教育”活动；5月凉山州在四川省民运会上表演的《抢羊》、《斗羊》、《跳火绳》等节目获得3个金奖和2个银奖；凉山彝族火把节被列入第一批国家级非物质文化遗产名录，凉山州境内的西昌大洋堆遗址、凉山大古墓、昭觉博什瓦黑岩画等3处文保单位入选全国重点文物保护单位。 （焦新康）

贵州省贵阳市文化局

2004年，贵阳市文化局举办了2004年春节戏曲晚会、“省、市双拥联欢晚会”、新春音乐会、兰花博览会颁奖文艺晚会、金阳“迎春花会”、工商联成立50周年纪念典礼、全球化制造高级论坛及21世纪仿真技术研讨会、首届“中国城市森林论坛”音乐会、“南明河三年变清”庆功大会、纪念红军长征70周年文艺晚会《长征组歌》、贵阳市第四个国防教育日等文艺演出。京剧《巾帼红玉》获第十一届国家文华新剧目奖；参加中国第七届艺术节获得了文华新剧目奖、文华剧作奖、表演奖、观众最喜爱演员奖等4个奖项；音乐作品《好久没有唱山歌》在中国第七届艺术节暨全国第十三届“群星奖”评比中获“群星奖”。开展了“南明河文化”宣传系列活动，举办广场文艺演出24场，全年演出不少于600场，送电影下乡2000场，在全省范围内公开征集“歌唱母亲河”创新歌词活动。召开了全市“扫黄打非”工作会和全市文化市场管理工作会，开展了“扫黄打非”集中行动53次。完成了电子出版物市场的接收和移交工作。 （胡支祥）

贵州省六盘水市文化局

六盘水市文化局下设综合科（文物管理科）、新闻出版管理科、文化市场管理科、办公室，下辖7个事业单位：市图书馆、市文工团、市群众艺术馆、市文物管理所、市文化稽查队、市演出管理所、市创作室，3个企业：市电影公司、市影剧院、市新华书店。

图书馆现有业务楼2606平方米，藏书15万册；群众艺术馆主要负责群众文化辅导和培训工作；文工团负责文化三下乡和市的各项大型活动的庆典演出；文物管理所负责全市内的文物考古发掘和文物管理工作；文化稽查队担任着市中心区文化市场稽查和全市文化市场督查的任务；演出管理所主要负责管理和接待来我市演出的演出团体；创作室主要负责全市的文化创作和辅导工作，现在主要从事文化志的编写；电影公司承担着全市电影发行、放映管理、放映员培训和完成政府的“2131工程”；影剧院成立于1981年7月，现有职工26人，固定资产340万元；新华书店负责全市50多万中小学生课本的订购、发行和其他图书的发行、销售。　（高荣光）

贵州省遵义市文化局

2004年，遵义市杂技团在国际上连获世界级金奖，赴日本、德国、美国、巴西等14个国家和地区演出1106场次，观众达92万人次。市文工团参加了纪念小平同志诞辰100周年大型文艺演出和市直机关《迎国庆·唱成就》歌咏比赛，湄潭县文工团排练的花灯剧《湄河人家》参加了全市“四在农家”巡回演出。

市文化局精心组织、举办了双拥春节联欢晚会、“五一”、“六一”联欢晚会，纪念邓小平诞辰100周年文艺演出、“国庆”文艺演出及“两会”期间一系列文化活动。组织市群众艺术馆深入到部队、工矿、学校、街道、农村和社区进行文艺演出30多场。开展了第五届农民电影节放映活动。举办“航天及陆、海、空军事科普教育展”；开展了歌舞娱乐场所整顿工作。对互联网上网服务营业场所开展专项治理。规范和整顿文化演艺市场。“扫黄打非”成果显著,印刷管理稳步发展。

加强文物保护，文博事业取得了新进展。2004年，湄潭县被文化部、国家文物局授予“全国文物工作先进县”称号，该县也是贵州省唯一的“全国文物先进县”称号获得者。另外，桐梓县文化稽查大队2004年度荣获文化部授予的“全国文化市场行政执法先进集体”称号。　（杨文铁）

贵州省遵义市汇川区文体广播电视局

内设综合科、文广科、旅游科3个室，编制7人。下设文化稽查大队、文物管理所2个事业单位，编制10人。

2004年6月18日，组织了庆祝汇川区成立大型文艺演出；9月30日，为庆祝建国55周年组织了“祖国颂”大型文艺演出；12月17日，为纪念“遵义会议”召开70周年，组织全区机关、驻区单位和学校进行了长征组歌万人大合唱演出活动。2005年2月～6月组织开展了汇川区“多彩贵州”歌唱比赛；7月～9月为纪念抗日战争胜利60周年开展了百场电影放映活动；10月20日举行了汇川区首届农民艺术节；11月25日举办了“圣火2008·魅力遵义”大型电视演唱会；2006年1月～4月组织进行了汇川区“多彩贵州”旅游形象大使比赛；6月9日，为纪念中国共产党成立85周年组织了弘扬长征精神，高唱廉政歌曲大型合唱比赛。

（吴建渝）

贵州省毕节地区文化局

2004年以来，我区文艺创作展演成绩累

累。花灯小戏《山坳上》、快板书《陈庚与小红军》、方言诗《把关》获贵州省政府第二届文艺评奖三等奖；在贵州省群星奖选拔中有4部作品获奖；在世界少儿和平绘画展中获金牌6枚、银牌6枚、铜牌10枚；3名农民画家获第七届中国艺术节优秀画家荣誉称号；大型民族歌舞《乌蒙魂》获贵州省第三届少数民族文艺汇演创作金奖、舞美金奖和组织奖；戏剧小品《哑女》在全国第六届残疾人文艺汇演中荣获金奖；喜剧小品《老子房子儿子》获第五届中国曲艺节精品节目奖；小品《山乡诊所》在参加贵州省卫生厅、中医药管理局主办的文艺调演中获二等奖；小品《雨夜》获贵州省少儿题材小品小戏创作比赛二等奖；相声《随便吃》获贵州省第八届杜鹃曲艺节创作奖；"铃铛舞"参加中国第七届民间艺术节获山花奖；我区威宁县歌手杨郢鑫获中国南北民歌对抗赛银奖；在贵州省第七届少儿艺术节上，我区小演员声乐5人组合《阿西里西》获艺术节最高奖项"小杜鹃"奖，独唱《苗家小阿妹》、舞蹈《春姑娘与小精灵》获优秀奖；在"多彩贵州"歌唱大赛中，我区3位歌手荣获银瀑奖、1位歌手获铜鼓奖、3个节目获优秀奖。（聂华）

贵州省大方县文体广播电视局

贵州省大方县文体广播电视局下属单位有文化馆、图书馆、奢香博物馆、文物管理所、文化稽查队、民族文工队、电影公司、新华书店、体育服务中心（副科级）、广播电视台、有线电视站、文化招待所。

2004年以来，在县委、在政府的领导下，全县文化工作有了很大发展。新建县文化馆1200平方米，形成了全县群众文化活动的培训、教学、活动基地，县图书馆完成了资源共享工程，馆藏图书达13万册。文物管理工作成绩突出，省、县级文物保护单位有2处升格为国保。奢香博物馆接待游客达6万人次。承办了具有地方特色的"中国奢香文化节"和"国际杜鹃花节"，"大方辣椒节"等文化、经济活动。文化市场进入了法制管理的轨道。大方现代民间绘画制作作品160多件，在香港、浙江萧山、贵阳等地展出。灯谜、书法、音乐、曲艺等协会群众性活动十分踊跃。农村电影放映队每年完成农村放映150场次。（刘福泉）

贵州省纳雍县文化广播体育电视局

2005年8月纳雍县苗族芦笙技巧舞《滚山珠》，参加中国贵州黄果树瀑布艺术节开幕式演出2场；9月16日，苗族芦笙技巧舞《滚山珠》参加贵州省大型民族歌舞"多彩贵州风"演出，共演出80多场；9月25日，苗族芦笙技巧舞《滚山珠》作为国家级非物质文化代表作申报获省文化厅通过，已报文化部最后核准；10月，苗族芦笙技巧舞《滚山珠》艺术团，已被贵州省文化厅评为国家级优秀民间表演团体，上报文化部审批；12月8日，苗族芦笙技巧舞《滚山珠》商标注册，已获国家工商管理总局商标局受理，获得了专利权。2006年4月16日，《滚山珠》赴贵阳市参加大型民族歌舞"多彩贵州风"演出70多场。（尚金文）

贵州省江口县文化体育广播电视局

江口县境内的梵净山被誉为"天下众多名岳之宗"，山上现有多处省级重点文物保护单位，山上40多万亩的原始森林，被科学工作者誉为重要的"自然基因库"。

2004年，江口县文化广播电视局制作了《侗寨苗寨——苗捍溪》、《城煌庙与大佛寺》等反映民族风情的电视专题片20余部；对全县的文物进行了普查；《醉羌年》、《闹钱杆》分别获全区舞蹈表演创作二、三等奖，《土家山寨背篓多》获表演唱优秀奖；举办了"梵净大舞台——激情广场"大型群众性文艺汇演活动；在全县6乡52村放映电影66场，观众达3万多人；举办了首届“新宇”杯梵净山民族文化节目调演；在县文化馆举办了“渝杯”铁路开通庆典大型文艺晚会；积极配合县委宣传部组织了国酒茅台杯“2006多彩贵州旅游形象大使”江口县海选大赛活动；配合共青团江口县委、江口县教育局举办了第二届“烟草杯”少儿艺术暨中小学艺术表演选拔活动；文化稽查大队积极开展了“扫黄打非”和网吧专项整顿等各项整治活动。（龙建军）

贵州省黔东南洲文化局

2004年以来，在中央电视台CCTV西部民歌大赛上，台江苗族多声部情歌合唱荣获金奖、黎平侗族大歌获银奖、剑河苗族飞歌获铜奖；第二届中国南北民歌擂台赛上，从江侗族大歌荣获歌王奖；榕江县民族艺术团排演的侗族曲艺《说不完的情和爱》荣获全国曲艺展演二等奖；在贵州省“多彩贵州”创作歌曲评选活动中，歌曲《木鼓敲起来》获全省唯一的一等奖，《我的心丢了》获二等奖；黎平岩洞、江口侗歌童声合唱团在昆明举办的第三届中国童声合唱节上夺得金奖和5个单项奖。黎平侗族艺术团被中宣部、文化部评为“服务农民服务基层全国先进集体，并应邀出席苏州世界文化遗产大会，赴乌克兰、俄罗斯参加中国文化年演出。

全年全州完成重点民族民间文化普查项目72个。由州文化、旅游、文联、广电部门合力完成的文化旅游宣传片《走进黔东南》VCD、DVD光碟于8月份出版发行；台江苗族剪纸艺人潘套九、王安丽获中央美院与联合国教科文组织人类口头和非物质遗产代表作《走近母亲河——中国民间剪纸天才传承者的生活和艺术》展览入选证书及天才传承者图文库录入证书；黎平地坪乡政府因抢救国保文物地坪风雨桥构件有功，被国家文物局授予“文物保护”特别奖，另有14人被授予先进个人称号。

（刘必强）

贵州省黎平县文化体育广播电视局

近年来，黎平县文化事业取得新成绩，侗族文化传承得到发展。县文体广播电视局先后派出辅导员460多人次，进行各种艺术培训80多场次；认真开展“文化三下乡”和组织文化节会活动，全年共送戏下乡62场，放映电影520场，派出演员720多人次，组织农村节日文艺活动36场次；组织侗族大歌演员参加了各种文艺比赛，共获得4个金奖，2个银奖，3个优秀奖的好成绩，组织侗族民间表演队参加了中国太湖第二届国际民乐节和挪威世界音乐节；积极推进遗产申报工作，侗族大歌、侗戏、侗族琵琶歌被文化部列为首批国家级非物质文化遗产名录，同时，侗族大歌、侗戏、侗族琵琶歌、“月也”、摔跤等5个项目被列入省级首批非物质文化遗产名录；文物保护和管理得到有效加强，县黎平会议会址被评为第六批国家重点文物保护单位，述洞鼓楼、何公祠、高近戏楼、秦溪凌云塔、岑登粮仓、肇兴鼓楼花桥群等6处文物被列为第四批贵州省级文物保护单位。（龙盛瑜）

贵州省黔南布依族苗族自治州文化局

2004年2月，挪威国家文物局局长达格一行到三都县考察文物工作；3月，都匀市被授予“贵州省级文化先进市”称号，都匀市歌舞团赴香港特区参加国际花卉展览文艺汇演，黔南州文化局文物科何仕霞参加了中央电视台举办的《民歌·中国》演出；4月，财政部4位博士及专家，到贵州考察文物工作，黔南州文化局配合举办了贵州南部荔波综合旅游区宣传推介活动，黔南州文化局《黔南文物摄影图片》在都匀地区大中专院校举行校园巡展活动；6月，在厦门举行的第六届全国舞蹈比赛中黔南州都匀市歌舞团创作表演的群舞《苗山节拍》获优秀表演奖，"百县千乡宣传文化工程"考察团，到三都水族自治县宣传文化中心考察宣传文化工程建设及精神文明建设情况；9月，黔南州歌舞团创作、演出的苗族舞蹈《筛》在第六届中国民间艺术节上获银奖；10月，文化部人事司张波副处长到都匀市就"两馆"建设、文化创建等工作进行考察，在全国青少年艺术英才推选大赛中黔南州选手张帆获葫芦丝专业少年组金奖和巴乌专业少年组铜奖、陈实获舞蹈专业少年组银奖。　（赵天恒）

贵州省三都水族自治县文体广播电视局

三都水族自治县文化活动中心，占地3463平方米，总投资219万元。内设民族文化馆、图书馆、文管所和民族艺术团。

围绕"宣传民族文化，打好民族品牌"，中心为活跃群众文化生活和对外宣传作出了极大努力。2004年，中心艺术团创作的舞蹈《泐虽的吼声》获黔南州"好花红"艺术节一等奖、"花溪之夏"中国西部舞蹈大赛特别奖和优秀奖；"中国贵州三都水族端节"成功举办。2005年三都水族的端节、和水书、马尾绣顺利地被列入国家第一批非物质文化遗产保护名录。作为全国唯一的水族自治县，近年来，在各级各部门的关心支持下，三都民族文化工作取得了突飞猛进的发展。　（韦家永）

贵州省兴义市文化体育广播电视局

2005年，兴义市将抓好文化项目与文化载体建设相结合，取得了可喜的成绩：组织开展"元宵之夜"、"欢乐万峰林"、"五彩黔西南"、"多彩贵州"、"三下乡"、"片区运动会"等大中型文艺演出80多场次，观众达30多万人次；全市青少年取得全国钢琴、民乐、声乐、舞蹈等比赛一等奖3个，二等奖4个，三等奖2个，省级金奖2个，一等奖1个，二等奖2个，三等奖3个，州级奖项10多项，促进了文化教育事业的繁荣发展；组织"布依八音"队伍参加黄果树杯首届"多彩贵州"歌唱大赛，获得第三名；组织"百人布依八音队"参加"五彩黔西南"广场民族文化旅游周大型民族歌舞表演，参加"走近布依八音"专场表演，参加"多彩贵州风"系列演出活动。2005年12月，兴义市布依族八音坐唱被列入第一批国家级非物质文化遗产代表作名录。稳步推进"2131工程"，促进电影事业健康发展。2005年10月，兴义市文化稽查队获"全国文化市场管理工作先进单位"荣誉称号。　（田进岭）

云南省昆明市文化局（新闻出版局）

昆明市文化局（新闻出版局）内设9个职能处室，下属21家单位和企业。全市共有各级文物保护单位331个，其中国家级16项，省级49项，市级35项。全市14个县（市）区中，被文化部命名的国家级文化先进县3个，民间绘画之乡3个，省级文物县4个。

2005年9月12月～17日，举办了首届中国昆明"聂耳杯"合唱节，共有108支合唱团6000余人参加；创作编排了音乐剧《郑和与海》，首场公演20场；《美丽的大脚》、《驼峰情》在第二届中国舞蹈节暨第五届中国舞蹈"荷花奖"评奖中荣获三等奖，彝族神鼓舞荣获第七届中国民间艺术表演奖"山花奖"，歌曲《同心浇开和谐花》获中纪委《纪检监察之歌》优秀奖；2006年4月建成了昆明市文化艺术生产基地。　（朱建国）

云南省保山市文化局

保山市文化局下设8个职能科室：办公室、文化艺术科、文化产业科、文化市场管理科、"扫黄打非"办公室、文化稽查队、文物科和

"2131工程"办公室。

2004年，保山市文化局成功举办了"中国保山南方丝绸古道商贸旅游节暨2004年端阳花市"、"2004年中国保山市澜沧江啤酒狂欢节"、"世界反法西斯战争滇西抗战胜利60周年系列活动"和"第五届腾冲火山热海旅游节"等四大节庆活动。全市共创作出各类文艺作品60余件。其中：隆阳区文化馆创作出版了10集电视连续剧《哀牢归汉》；市文化馆创作的美术作品《红土》、《节日里的德昂少女》、《出行》分别获创作云南省"彩云奖"银奖、铜奖、优秀奖；小戏《审大憨》获省第二届文化艺术基金会三等奖；隆阳区文化馆创作的舞蹈《水鼓德昂娃》、《咖啡红了》参加第四届全国校园春节联欢晚会节目征集评选活动，分别获得二、三等奖；2004年"保山三馆文化广场"被评为"全国特色文化广场"。（赵家华）

云南省永善县文化局

2004年，文化体育局下设办公室、社文股、体育股、文化稽查队。下辖图书馆、文化馆、电影放映公司、新华书店和18个乡镇文化站。2004年以来，每年举办大型春节游园活动、文化"三下乡"活动、图书馆宣传周等活动；深入开展文化市场专项整治活动；举办"放歌溪洛渡"等大型文艺演出3场；举办各类书画摄影展共6次；2004年10月，永善文化在昆亮相，共展出各类作品96件；2005年4月~6月，开展民族民间传统文化普查，挖掘出大量的民间歌曲、舞曲舞谱，编印《永善打鼓草》一本，其中普查整理出的108个民族民间传统文化项目纳入县级非物质文化遗产保护名录，列入市保护名录12项，向国家申报1项；发现古象化石和西汉古墓群。2004年12月，永善县宣传文化中心破土动工，并上报3个乡镇文化站建设立项。（韩先露）

云南省丽江市文化广电新闻出版局

丽江市文化广电新闻出版局现下属有3个县处级单位，8个科级事业及企业单位，近300多人。

两年多来，丽江市文化广电新闻出版局全面完成了文化体制改革全国试点单位的改革任务；先后承办了《千里走单骑》首映式、东巴国际文化艺术节等大型文化艺术活动；先后成立了行业协会，开通了"12318"举报电话，各区县成立文化市场执法大队；2005年文化产业产值达5.4亿元，占全市GDP的9%；新开办了丽江电视台公共频道及丽江人民广播电台，全面完成了广播电视村村通工程建设的任务。全市现有国保级文保单位5个，省级14个。

丽江市文化广电新闻出版局先后被文化部授予"全国文化工作先进集体"，被市委、市政府授予"民族团结模范先进集体"和"深化国企改革先进集体"称号，《丽水金沙》被文化部命名为"全国文化产业示范基地"并获"荷花奖"表演奖，有多人多次受到省市有关部门的表彰奖励。（和慧军）

云南省镇沅彝族哈尼族拉祜族自治县文化体育局

镇沅彝族哈尼族拉祜族自治县文化体育局共有干部职工14名，下辖文化馆、图书馆、电影公司、新华书店和11个乡镇文化站共86人。

2004年4月，挖掘整理出《苦聪人蜂筒鼓舞》，组成100人的表演队参加思茅撤地设市广场展演，荣获优秀表演奖；2004年6月~2005年8月，对全县民族民间传统文化进行了全面普查，实施抢救、保护文化项目7个，有1人被省厅表彰，有3人被市局表彰；2005年5月，成功举办了自治县成立15周年庆祝活动，同时还举办了全县第四届民族民间文艺汇演；投资200万元的县宣传文化中心建成投入使用；

2006年4月，自创节目苦聪人祭祀舞蹈《畬葩舞》、《阿哥阿妹对歌来》在思茅市首届民族传统体育运动会上荣获表演三等奖。（杨云智）

云南省临沧市文化局

临沧市现有文化机构141个，在职职工714人。下属文化行政机构9个、专业表演团队7个、公共图书馆9个、文化馆9个、文化站89个、文物管理保护机构4个、农村电影业务管理站9个、电影发行放映机构9个、艺术研究所1个、艺术活动中心1个。

2004年以来，临沧启动并组织实施了农村电影“2131工程”，每年为山区免费放映电影24000多场，2005年，市农村电影业务管理站被评为全国文化工作先进集体，受到文化部表彰。傣族、佤族和拉祜族等民族语电影工作成绩显著，荣获国家“骏马奖”优秀奖。公布县级传统文物保护名录948项，市级文化保护名录200项，省级非物质文化遗产保护名录9项，沧源佤族《木鼓舞》和“临沧傣族构皮手工造纸工艺”被国务院公布为国家级非文化遗产。成功举办了两届“中国临沧佤族文化旅游节”，每年都举办临沧市茶文化文博会，沧源自治县佤族“摸你黑”——“司岗里狂欢节”，耿马自治县傣族“泼水节”和永德县“芒果节”。

（张龙明）

云南省德宏傣族景颇族自治州文化局

云南省德宏州共有文化单位38个。其中：文化行政管理部门7个，公益性文化事业单位21个，艺术表演团体5个，文化企业5个。全州共拥有州级图书馆1个，县级图书馆6个；州级文化馆1个，县级文化馆6个；州级文艺表演团体3个，县级文艺表演团体2个。全州50个乡镇中，已初步建立了文化站（含宣传文化中心）。全州拥有全国重点文物保护单位1处，云南省文物保护单位7处，德宏州文物保护单位3处，县市文物保护单位20余处。全州共有文化市场经营户1401户，从业人员4000余人。全州有407支业余文艺演出队，59支农村电影放映队。全州文化系统在职人员538人，其中州直225人，各县市（区）313人。2004年，德宏州开展了丰富多彩的文化下乡活动，精心组织、完成各类文艺演出任务。（杨成礼）

云南省瑞丽市文化局

瑞丽市文化局下设办公室、财务室、文化市场股、文化稽查队、“2131工程”办公室，共有干部职工14人。下辖市文化馆、图书馆、民族艺术团、文物管理所。

2004年完成各种演出任务66场，观众达23万余人次。成功承办了“第四届中缅胞波狂欢节”广场大型文艺表演；组织参加全省（州）社区文艺汇演、全州少儿卡拉OK歌曲赛，并分获省、州二、三等奖；各乡镇文化站全面开展农村群众文化活动；承办了瑞丽市“玉博会”大合唱比赛；瑞丽市民族艺术团编创民族歌舞节目和傣戏剧目下乡慰问演出24场，观众8万余人次；瑞丽市文物管理所完成市级文物保护单位喊沙奘寺的重建设计工作，并开展重建工程；农村电影“2131工程”办公室积极发展农村电影事业，全年放映150次，共410场，观众62500人次。全市共有13种文化经营项目，经营户281户，年内对文化市场管理以网吧、音像制品专项治理为重点的整治活动和“扫黄打非”活动。（康丽年）

云南省红河哈尼族彝族州文化局

2004年，《花腰女》参加“第二届全国少数民族曲艺展演”，荣获二等奖；大型哈尼族、彝族舞蹈《红河》在第十届滇中南艺术节荣获综合一等奖和多项单项奖；《踩云彩》在第六届全国舞蹈比赛中，荣获创作类三等奖和组织奖；州歌舞团在澳大利亚10天的演出和在台湾33天的巡演；《红河乡土情》参加云南新剧目展演获金奖；优秀彝族歌手李怀秀、施万恒和红河县多声部演唱队参加"CCTV西部民歌电视大赛"，分别荣获"金奖"、"优秀表演奖"和"组织奖"；州歌舞团的李怀秀、李怀福姐弟参加"第十一届全国青年歌手电视大奖赛"获非专业组荧屏奖；在中国南北民歌擂台赛中，李怀秀、李怀福又以总分第一名的成绩荣获"歌王"称号。

全州97个农村电影放映队分别到137个乡镇，1163个行政村，共放映科教片、故事片2000多部次，共万余场次；州图书馆完成了信息网络工程方案的设计和招标；州博物馆的布展工作正按计划进行；红河州还率先在全省各州市中成立了版权局，加强了对知识产权的监管。（李正有）

云南省迪庆藏族自治州文化局

迪庆藏族自治州至2005年底，共有文物、文化事业单位46个，人员309人。其中，专业艺术团队3个，艺术表演场馆3个，公共图书馆3个，文化馆4个，乡镇文化站29个，文物保护管理机构2个，博物馆1个，新华书店3个，农村电影管理站1个。

民族歌舞团创作编排的民俗舞蹈诗《卡瓦博格礼赞》、《香格里拉》在全省新剧目展演中均获得较好成绩。"十五"期间，全州共创作歌舞节目56个，一大批文艺作品和专业技术人员获得省级以上奖励。认真实施了"千里边疆文化长廊工程"和"贫困地区贫困县'两馆一站'建设工程"。"十五"期间完成了迪庆州图书馆的建设、迪庆州文化馆综合楼的建设，完成了维西县文化馆、图书馆，德钦县文化馆的建设，新建7个乡（镇）文化站。实施农村电影免费放映"2131工程"，"十五"期间，已组建农村电影放映队54个，设立放映点194个，放映26570场（次）。全州现有各级文物保护单位47个，文博机构3个。

近年来，文化局不断加强市场监管，文化市场治理整顿工作成效显著，深入开展了"扫黄打非"工作，加大了市场监管力度，加强了对网吧的管理。（浦江）

云南省西双版纳州文化体育局

州文化局内设办公室、文化艺术科、体育科、文化市场管理科。全州现有文化事业单位48个，有被公布的重点文物保护单位17个。

2006年6月，《西双版纳傣族泼水节》、《傣族慢轮制陶》、《傣族章哈》等3个项目被国务院公布为首批国家级非物质文化遗产代表作，勐海曼短佛寺被列为全国第六批文物保护单位。

近年来，每年都组织参与了春节慰问、五一、国庆等节庆及与企事业合作的各类文艺晚会演出；每年4月中旬的泼水节，州文化局都举办系列群众文化活动；举办了"第10届中老缅泰柬越6国边境地区文化艺术节"、"澜沧江杯"歌唱西双版纳歌曲大赛。州文化局和勐海、勐腊县图书馆积极参与"国家文化信息资源共享工程"；州文物管理所与勐泐文化园合作筹建"历史文化博物馆"；完成了州电影公司的改制及全部资产处置；州歌舞团分别与泰国泰中友好协会代表团和日本黎明女声合唱团在景洪进行演出交流；完成了州文化馆新馆，基诺乡、大渡岗、勐阿和关累等乡镇文化站建设。（黄中兴）

西藏自治区拉萨市文化局

拉萨市文化局下设办公室、文化市场办、文化艺术科、新闻出版科4个科室，下属单位有文物局、市民族艺术团、市新华书店、市群艺馆。全系统有200多名干部职工。

2004年，建成了由国家投资110万元修建的达孜县综合文化活动中心；“新拉萨、新雪顿”文艺活动期间组织安排文艺活动10多场次；市群众文化培训站，于2004年8月动工建设；我局主办编排的专题文艺节目——《天上彩虹》进行了两场公演；我区著名曲艺艺术家土登、米玛两位同志于2004年2月21日赴美参加由“拉兹当代西藏文化图书馆”举办的西藏喜剧艺术表演；在2004年拉萨市首届旅游文化艺术节期间，我局安排组织18场文艺演出活动；市群艺馆积极为城镇及区市各单位编排、辅导、创作各类文艺节目80余人次，在各类演出比赛中获得优异成绩；与区文化厅联合举办“庆五一第二届拉萨市区歌舞娱乐场所优秀文艺节目汇演”；市民族艺术团曲艺队，参加在广西南宁举办的第二届全国少数民族曲艺展演，荣获多个奖项。文化市场办被自治区评为区级“青年文明号”。在区文物局的协助下完成了第五批全国重点文物保护单位小昭寺所藏327件（套）文物的鉴定，建档工作。

（王秀梅）

西藏自治区拉萨市城关区文化局

拉萨市城关区文化局与城关区委宣传部、区文明办、区广电局、外宣局合署办公，现有13人。

两年来，文化局进一步加强基层宣传文化阵地建设，现有的16个村级文化站（室）共投资160万元，给文化室配备了家庭影院、科技图书等设施，明显改善了文化室的基础设施条件。在村（居）委会配备文化宣传员，制定、修订多项规章制度并挂牌上墙，规范了文化室管理。同时，加强了对文艺队伍的建设，逐步建成了5种体系的文艺队伍，常年活跃在基层，参加各类活动。

两年来，文化局组织了10余次“三下乡”、“四进社区”活动，举办了城关区首届干部职工运动会和城关区首届电视颁奖晚会和首届旅游文化艺术节等大型活动，在西藏40大庆、雪顿节以及地方节日期间等组织12个民间艺术团体演出30余场，组织20000余名群众参加各项文化活动。（刘晓莉）

西藏自治区山南地区文化广播电影电视局

2004年，投资修建了错那县综合文化活动中心和洛扎县综合文化活动中心。地区艺术团和地区群艺馆为农牧区演出63场，观众达10.9万人次。共创作新作品26个，修改5个作品。艺术团全年在拉萨、泽当共演出35场，观众达28929人次。群众艺术馆全年接待、市场演出共30场，观众达1300多人次。2个艺术团体在参加的由国家、自治区组织的所有大型演出活动中，全年获得国家级奖项3个，自治区级奖项10多个。

群艺馆在“五一”期间举办了“2004山南地区美术、书法、摄影展”；和地区教体局联合举办了“山南地区纪念江孜抗英斗争100周年暨庆‘六一’文艺汇演”；参加自治区党委宣传部、自治区教育厅举办的“纪念江孜抗英斗争100周年”文艺演出，舞蹈《抗英颂》获创作奖。

深入开展了专项治理工作，共出动执法人员120人（次），动用车辆56多台（次）。完成了6处文物保护单位共计500余件文物的建档、7个县级文物保护单位836件文物照片档案和博物馆馆藏476件文物照片档案的登记等工作。乃东县获得全国文物先进县称号。

（赤列坚增）

西藏自治区阿里地区文化局

阿里地区文化局下设直属科室有：文物管

理科、市场管理科、办公室、收发室。下属单位有：象雄艺术团、群众艺术馆、新华书店。

2003年，全面启动了古格王国遗址群壁画抢救性临摹项目，截至目前，该项目已完成取样稿200平方米，壁画取样稿1:1上布50平方米的抢救工作任务；对非物质文化遗产进行了全面的整理，并收集成册；2004年，阿里地区的红色岩石砌巨字“毛主席万岁”申报上海大世界吉尼斯总部，并于2005年5月23日收到确认通知书；2005年，在西藏自治区成立40周年全区民间文艺调演中，取得了团体第一名的成绩，获金奖3项、银奖5项、铜奖2项和综合性优秀组织奖。（米玛次仁）

西安儿童艺术剧院

2004年以来西安儿童艺术剧院在西部大开发战略中，乘风破浪，全力以赴。全体演职人员以效益和效率为核心，解放思想，转变观念，求真务实、紧密团结，在业务生产和精神文明建设方面，取得了优异成绩。

2004年各项演出计482场。新创作剧目4台。童话剧《玫瑰园》分别获得陕西省第九届精神文明建设“五个一”工程优秀作品奖；西安市第四届精神文明建设“七个一”工程优秀作品特别奖；被省委省政府评为“未成年人思想道德教育先进单位”；李思源同志获第五届中国话剧“金狮奖”表演奖。

2005年各项演出计513场。新创作剧目4台。校园青春剧《青春战队》在陕西省第四届艺术节调演上荣获优秀剧目奖等9个奖项，17人次的奖励；童话剧《小猴聪聪》、《我们和老师一起过生日》分别获得陕西省首届少儿艺术节调演优秀剧目奖等7个奖项13人次的奖励。获得2005年度精神文明建设先进单位，文化产业示范单位，书记兼院长张绍军同志被文化部、人事部授予全国文化系统先进工作者。

2006年仅上半年已完成演出场次235场。新创作大戏2台，童话剧《木偶奇遇记》、童话剧《拇指姑娘》，小戏《淘气包变乖了》，童话剧《玫瑰园》入选参加全国第三届少数民族调演。

2004年以来，西安儿童艺术剧院的演出足迹遍布三秦大地，江、浙、沪、广东、海南、北京、青岛等地。

近两年西安儿童艺术剧院在艺术生产建设方面总结了一些经验：抓创作。

演绎经典剧目，赶排现实题材。西安儿艺一直把编导力量的培养和剧本创作作为艺术生产的头道“工序”，剧院在经费紧张的情况下，积极主动为主创人员创造、争取更多的学习和观摩机会。数次、数批组织专业人员赴上海、青岛等地交流经验，学习座谈。在多年的创作实践中，西安儿艺已摸索出一套结合市场和自身特点的即：话剧和歌舞相结合，自创和移植相结合，大戏和小戏相结合，童话故事和现实生活相结合的艺术风格。

西安儿艺将寓教于乐的“母子场”明确定位为弘扬中华传统美德的阵地，启蒙少儿美育教育的舞台。

填补了低幼儿童演出市场的空缺。剧目一经推出，即受到广大学龄前儿童和年轻父母的热烈欢迎。争取把周末“母子场”的小剧目做成西安的大舞台，这一经验已被外省的兄弟单位借鉴，并取得了良好的社会效益和经济效益。

以真诚开拓市场，以信誉赢得观众。

由于我们狠抓艺术质量，因此许多演出公司在联系演出时都对儿艺的剧目实行“免检”，近年西安儿童艺术剧院多次被邀赴北京、上海等地巡回演出时，引起了轰动和当地媒体的广泛关注，甚至被称为“儿艺现象”。在市场方面，张绍军院长明确提出“以真诚开拓市场，以信誉赢得观众”，他总结了西安儿艺近10年的市场演出经验：靠艺术质量和市场规律占领市场；靠新闻媒体和推销培养市场；靠更新剧目和风格多样扩大市场；靠中介公司和合理运作发展市场。

2004年以来西安儿艺在两个文明方面下大

力度，切实加强和改进党的作风建设，深入推进反腐倡廉工作，狠抓演职人员的政治思想工作，把两个文明建设作为与时俱进、实践“三个代表”的重要内容贯穿落实到剧院各项工作的始终，取得良好成效。按照“三个代表”的要求，坚持理论联系实际，结合市场，因地制宜地提出新的发展思路、制定新的发展规划、作出新的发展部署。明确提出儿艺的院团精神和“三不变”的经营理念。这就是“无论市场经营怎么变，西安儿艺坚持与时俱进的时代精神不变；坚持为广大少年儿童服务的文艺宗旨不变；坚持经济效益和社会效益相结合的经营理念不变。西安儿艺的院团文化和院团精神在近年持续、稳定的发展中逐渐形成，在今后的演出中把西安儿艺的团队和奋进意识撒遍所到之处。

陕西省西安市文化局

西安市文化局内设办公室（政策法规处）、文化经济处、组织人事处、艺术处、社会文化处、文化市场处、纪检监察室，有直属单位16个。

2004年以来，西安市艺术创作与生产繁荣，创作出了一批优秀剧目。举办了红五月音乐会、夏日广场群众文化活动、ICOMOS（世界古遗址）第十五届大会、“关爱女孩成长 关心母亲健康”活动文艺演出。开展了全市网吧专项整治和打击非法盗版音像制品等活动。西安市文化局参加了陕西省民间艺术作品展览，户县被文化部命名为农民画之乡，周至县集贤镇被省文化厅命名为古乐之乡，蓝田县被省文化厅命名为玉雕之乡。组织西安摄影家代表团赴韩国庆州进行为期10天的艺术交流活动。西安歌舞剧院赴香港参加了2004西安——香港经济项目合作推介会和巴黎举办的“中法文化周”活动。

建成了“大唐芙蓉园”、“大雁塔北广场”、“西安曲江海洋世界”等重大文化旅游项目。并先后成功承办了世界古遗址大会、欧亚经济论坛、曲江论坛等国际会议。西安曲江新区文化产业投资（集团）有限公司被文化部命名为“国家文化产业示范基地”。（严彬）

陕西省西安市灞桥区文化体育局

2003年灞桥区文化体育局提出了创建省级文化强区目标，成立了创建工作领导小组，健全了区、街、村文化阵地网络，完善了各种制度措施，坚持以节日文化活动为重点，组织群众开展丰富多彩、健康向上的文化娱乐活动；坚持把文化工作重点放在农村和社区；坚持抓好文化队伍建设，相继完善了“灞陵书画协会”、“灞柳文学学会”等专业社团；坚持深入持久，做好文物的普查、保护、宣传工作；坚持合理布局、优化结构的工作思路，积极培育文化市场；坚持抓好全民健身广场和体育网络建设；坚持正确的舆论导向，不断扩大提升灞桥的知名度；坚持齐抓共管，搞好全区的创建协调工作。

通过近3年的不懈努力，文化事业的改革和发展稳步推进，文化投入力度大幅度提升，文化基础设施得到加强和完善，文化管理和文物保护取得可喜成绩。（姚改利）

陕西省西安市阎良区文化体育广播电视局

阎良区文化体育局内设行政办公室、文化工作办公室等5个工作办公室，局属4个基层单位。

2004年以来，共组织区级大型导向性文化活动20项100多场次。深入开展文化进社区下乡活动，全年送戏、文艺节目下乡5场，送春联、书画200余幅，赠送科技图书3500余册，送电影下乡285场次；举办了航空城元宵节锣鼓赛、健身秧歌大赛；5月~6月，举办了“魅力之春——文明的阎良、文明的我”系列文化活动；5月份举办了“庆祝人大制度建立50周年”红五月音乐会；7月举办了“与阎良人民心连心”、“文明的阎良——文明的我”大型文艺演出2场；7月~9月，以“欢乐夏日”为主题，全区迎宾等社区组织文艺爱好者共举办秦腔晚会等小型多样的文化活动10余场，区电影公司举办社区电影晚会60余场，文化活动更加贴近群众。2004年12月，阎良影城在阎良城区中心落成并开业；8月，阎良新华书店实现连锁经营；含宣传室、图书室在内的关山文化站建成并举办了关山农民书画展。(魏煊)

陕西省西安市长安区文化体育广播电视局

2004年，长安区文化局在元宵节期间举办了 “新长安之春”灯谜灯展活动，5月举办了“吉源杯·红五月音乐会”，7月举办了纪念邓小平诞辰100周年秦腔邀请大赛；2005年在广东惠州成功举办了“长安书画精品展”活动;在西安国际展览中心举办了“美丽的长安书画展”活动;举行了“北京昌平·陕西长安书画联赛”;组织了陕西省“美丽的祖国、敬爱的党——好电影送孩子”优秀国产影片放映活动启动仪式;7月成功举办了首届礼仪小姐大赛；举办了全区秦腔清唱大赛；2006年5月份，何家营鼓乐应邀晋京演出；12月4日~7日，应世界文化联盟大会邀请，何家营鼓乐成功赴约旦为大会演奏，并访问了约旦国王。

2004年，文化局荣获西安市基层文化工作先进单位、元旦春节群众文化活动组织工作先进单位荣誉称号，荣获西安市“红五月音乐会”优秀组织奖，韦兆竹艺被评为省民间艺术展一等奖。2005年荣获全省文化系统“创佳评差”竞赛活动先进单位，区电影公司被评为“全国农村电影工作先进集体”，灵沼乡回鹤庄袁晓东文化大院（户）被评为“全国服务基层、服务农村工作先进集体”，区电影公司被省文化厅评为“2131”工程保障工作先进单位。

（冯西安）

陕西省延安市文化局

延安市文化局坚持举办春节文化系列活动，每年抽调各县区及厂矿企事业单位5000多人的文艺演出队伍，向市民进行过街演出，观众达到20多万人。2004年8月，延安市第三届小戏调演在延安大礼堂举行，全市参演节目129个，演出13场，共评出一、二、三等奖30多个。10月，延安市第三届城区校园文艺汇演在延安举办， 226个节目参加了演出，评出舞蹈、声器乐、曲艺一等奖15个，极大地活跃了城区的校园文化生活。

为了加强延安非物质文化遗产保护工作的力度，市政府在普查的基础上向文化部申报了延川小程村原生态文化、黄陵县清明公祭和民祭、安塞腰鼓、洛川蹩鼓、陕北民歌等7项国家级重点保护项目。成立了由主管书记和市长任组长的领导非物质文化遗产保护工程常设机构。

由安塞县民间艺术团创作并演出的大型民歌史诗《信天游》在延安文化艺术中心连演52场，现场观众累计3万余人。由延安歌舞剧团创作演出的大型综艺节目《宝塔高·延水长——延安精神礼赞》参加了全省第四届艺术节，荣获综合一等奖、单项一等奖13个、单项二等奖14个。（郝东明）

陕西省延长县文化体育事业局

延长县文体事业局举办了为庆祝我县石油产量突破10万吨大关排练的《延水新歌》广场演出、庆祝建国五十五周年千人大型歌咏晚会“五二三”文化艺术人才选拔赛、延长至大宁马头关公路黄河大桥奠基仪式晚会等30余场代表延长文艺水准的活动，极大地鼓舞了全县人民，使延长的文体事业呈现出繁荣景象。文艺及体育在市组织的调演和比赛中多次获奖。

翠屏山公园、"陆一井"恢复改造及景区建设、东征会议旧址建设等一大批旅游景点正在形成。民间艺术开发形成了以虎头梆子、仿汉画像石、陕北民歌、剧为主，以延长剪纸、麻毛刺绣、布堆画、泥塑、根雕等为辅的文化旅游纪念品，表演艺术。文化、体育、广电基础设施得到了初步改善、新闻宣传、对外文化交流使延长的知名度有了较大的提升。（秦志东）

陕西省安塞县文化局

2004年以来，安塞县文体事业局依托深厚的文化底蕴，加强文化建设，积极开展对外文化交流，以建设全省文化名县为目标，着力做大做强文化产业。先后举办了三届安塞杯"陕北过大年"全国摄影大赛、三届腰鼓大赛、三届民歌大赛、首届剪纸大赛、首届农民画大赛、大型山地腰鼓拍摄等一系列大型文化活动。2005年5月编排了大型陕北民歌史诗《信天游》并参加了陕西省第四届艺术节演出。开发了剪纸影集、剪纸印花台布、门帘、台历、挂历、个性化邮票珍藏折、剪纸扑克、文化衫、《安塞腰鼓》、《安塞民歌》DVD光盘等腰鼓、剪纸、农民画3个系列30多种文化旅游产品。被授予"全省文化先进县"和"全国文化先进县"称号。2006年5月被文化部命名为国家文化产业示范基地。（韩杰浩）

陕西省志丹县文化体育事业局

志丹县文体事业局属县政府直属的行政职能部门，局机关编制6人，在岗8人；系统内有7个下属事业单位，其中科级建制6个，分别是：志丹县体育指导中心、志丹县文工团、志丹县新华书店、志丹县文物管理所、志丹县文化图书馆、志丹县电影发行放映公司；副科级建制1个，即：志丹县文化市场稽查队，全系统共有人员114名，其中大专以上学历29人，中专36人，高中及其以下49人。

2005年经全体职工的共同努力，奋力拼搏被县委县政府评为先进工作部门，创建"安全志丹"先进单位，年底顺利通过市级文化先进县验收，成为延安市第二个市级文化先进县。（沙建勤）

陕西省洛川县文化体育事业局

洛川县文体事业局代管广播电视局和文物旅游局。下辖6个事业单位，在职职工114人。

2004年以来，创作各类文艺作品300多篇（首），其中《果乡情韵》专场文艺晚会在延安市第三届小戏调演中获得了优秀组织奖和9个单项奖；民间艺人的作品获得各类奖项15个；杨梅英获得"杰出民间艺术家"荣誉称号；春节前后，组织了春联义写、县城秧歌汇演、电影公映活动，参加了延安市组织的戏曲公演和秧歌调演活动，鳌鼓在全市秧歌调演中被评为最受群众欢迎的节目；组织纪念抗战胜利60周年暨洛川会议召开68周年、中国·陕西国际果品交易会暨第二届东盟——中日韩果品企业家圆桌会议专场晚会20多场。深入开展了非物质文化遗产普查，普查出优秀民间艺术创作者926人，经过申报，鳌鼓被国务院公布为首批国家级非物质文化遗产保护名录。开展了"网吧"专项整治活动，同时开展了音像、图书、歌舞娱乐场所整顿。完成了文化图书综合楼、文化娱乐市场3号楼建设工程，进一步改善了文化基础设施；先后组织鳌鼓赴户县参加了中国农民画艺术节陕西鼓舞大赛，赴宜君县参加了宜君避暑山庄旅游节，参加陕西省文化厅组织的陕西香港文化周活动。（李小龙）

陕西省铜川市文化局

2004年铜川市的群众文化活动形式多样、异彩纷呈，元月份，组织举办了“爱我中华，爱我铜川”摄影作品展，共展出优秀摄影作品120余幅；春节期间举办了广场文化活动，充实了群众的节日文化生活；3月份组织歌手参加省旅游歌曲大赛，铜川市选送的歌手获银奖；4月份在全市中小学组织放映预防青少年犯罪的法制教育片《为了明天》；5月23日举办了纪念毛泽东同志《在延安文艺座谈会上的讲话》发表62周年书画义写义画活动，为群众创作书画作品200余幅；“六一”举办了“环保杯”少儿书画大赛优秀作品展；7月份举办了6幕剧《春阳撒人间》公演活动；8月份举办了为期20天的第十一届消夏纳凉晚会；9月份组织了大片《十面埋伏》的放映活动；10月份组织举办了庆祝建国55周年“燃气杯”书画展，共展出精品书画作品80余件；11月份组织举办了“千年陶瓷古镇活化石”民俗摄影展，展出6位摄影作者265幅作品，12月底组织举办了迎新春文艺晚会，邀请省文艺界名流来铜演出，给铜川的人民群众奉献了一场精美的文化大餐。（刘学敏）

陕西省蒲城县文化局

蒲城县文化体育局事业局全系统共有干部职工2116名。下设办公室和文化股，有社会文化市场管理办公室、文化馆、图书馆、戏校、电影公司、剧团、影剧院6个下属单位，26个文艺团体。

2004年，蒲城县文化局被渭南市文化局评为文化产业先进单位、文化下乡工作先进单位；被市文化局、广电局评为戏曲新剧调演优秀组织奖、戏曲小品小戏调演组织奖等；2005年我们引资4300万建成了蒲城县文化中心，建有蒲城县大剧院、宣传文化中心等。目前正资助建成党睦镇、平路庙乡、椿林乡文化站，党睦镇水南村文化广场、罕井镇浮阴文化活动中心等一批村级文化活动场所。2005年我们以重大节日为契机，开展了“农民篮球赛”、“广场综艺展演”、“万人同唱祖国好歌咏比赛”等多项大型群众文化活动。2004年以来，蒲城县每年创作各类文艺作品210篇左右，约有百余篇在各类报刊发表，创作文艺节目25个，电视专题片5部，新编、改编、创作文艺节目5个；对网吧进行了多次专项治理，把安全稳定工作真正落到实处。（万少平）

陕西省泾阳县文化体育广电局

泾阳县文体事业局下辖县文化馆、永乐文化馆、图书馆、电影公司、文化市场稽查队、电视台，现有人员334人。2004年，被市上命名为市级文明单位标兵，被省广电局评为最佳单位。2005年，被省委命名为省级文明单位，被省卫生厅命名为省级卫生先进单位。

2004年投资100余万元，完成了县电视台后续工程及设备的更新，投资10万元将机关绿化，硬化，美化，亮化;2004年以来，泾阳县文学作品在地市级以上刊物发表小说、诗歌、散文等各类文学作品150篇（首），出版了泾阳县作家协会会员作品选《蓦然回首》、冯日乾的纪实文学作品《乱世红白黑》等;计有100多幅书法作品在地市级以上报刊发表。先后有20多人次获得全国省、市级书法美术一、二、三等奖;近年来，泾阳县剧团年均演出350余场次。2005年，为配合党员先进性教育活动，县剧团赶排了秦腔现代剧《泾河村的带头人》和秦腔唱段《是党员就应该常吃亏》;2004年~2005年，全县大型演出活动达到20多次，全县共放映电影6000场次，基本实现了“2131”工程目标，多次被省市评为“电影发行放映先进单位”。（刘吉庆）

陕西省宝鸡市文化局

宝鸡市文化局内设办公室、人事教育科、艺术科、文化市场管理科、新闻出版科、机关后勤服务所。局属单位有人民剧团、歌舞团、话剧团、豫剧团、剧院、图书馆、群众艺术馆、文艺创作研究室、电影发行放映公司、河滨影剧院、文化市场稽查大队、新华书店。

2004年以来，市文化局举办了元宵节社火游演、春节文化周、“两节一会”文艺晚会、广场纳凉晚会、全球华人省亲祭祖晚会等连续性经典活动。2005年，协助央视举办了《鸡年话宝鸡》、《激情广场》、《城市请柬》等节目；多次与其他地市开展了美术、书法、摄影交流展。2005年，我市申报的凤翔泥塑、凤翔木版年画、宝鸡社火被列入国家首批非物质文化遗产保护名录。群众艺术馆被评为国家一级馆。市群众艺术馆荣获全国文化工作先进集体，市文化局党组书记、局长蔡宏斌同志荣获全国文化系统先进工作者光荣称号。市文化局局长蔡宏斌、市群众艺术馆馆长赵德志随陕西省代表团赴京参加了全国文化系统“三先”表彰会。（李栋成）

陕西省宝鸡市陈仓区文化文物旅游局

陕西省宝鸡市陈仓区位于“八百里秦川”西端，我国民间社火就发源于此。“陈仓社火”在2005年被列为国家第一批非物质文化遗产保护名录。2005以来，陈仓区重点以现代歌舞、秦腔、相声、小品、快板、三句半、诗朗诵、武术、腰鼓、秧歌等文艺形式为定位，举办“周末广场文化活动”。二是抓住机遇，把发展文化产业作为促进文化事业发展的内动力，在挖掘推介上使真功，出成效。现已挖掘社火马勺脸谱、剪纸、泥塑、彩绘、刺绣、布艺、皮影、黑陶、木雕、石雕、面花、烙画等民间工艺美术12个品种，民间艺人达500多人，优秀民间美术工作者36人，年创产值300多万元。三是结合地域文化传统重点抓好3个特色镇文化站，54个重点村文化室建设，力争在“十一五”期间，全区18镇338村均建有文化站（室）。发展民间表演团体150个，演出队伍1800余人。（吴双虎）

陕西省榆林市榆阳区文化局

2002年4月由榆林市文化文物旅游办公室改为现在的榆林市榆阳区文体事业局，目前共有干部职工8名，下属单位有星元图书馆、文化馆、文工团、电影公司、电影院、影剧院、镇川放映站、文物管理委员会办公室、走马梁文管所、青云寺观文管所。

2004年以来，每逢周六，榆阳区文体事业局都在世纪广场组织开展“激情广场大家唱”文艺活动，截至目前，共演出59场，演出节目1050个，参演人员达到7700多人，观众达90万人次。

榆阳区文体事业局举办了全区第一、二届农村民歌大赛，大赛分为初赛、复赛、决赛3个阶段，比赛歌手由24个乡镇组织。2006年，8月中旬将举办第三届农村民歌大赛。这是建国以来，榆阳区文体事业举办的规模最大的农村民歌荟萃赛事，对建设榆阳区文体事业社会主义新农村建设有积极的促进作用。（米国林）

陕西省府谷县文化体育事业局

府谷县文化体育事业局下辖体育活动中心、文管办、文化馆、图书馆、电影公司、影剧中心、文工团、文化市场稽查队8个事业单位，共有干部职工230名。2001年，我县被省政府命名为“陕西省体育先进县”，2003年，府谷县被省政府命名为“陕西省文化先进县”。

2004年正月十五府谷县举办了元宵节大型文艺活动，有秧歌、高跷、灯谜、戏曲、灯游会等，有近10万群众参加；2004年对府谷县的国家级重点文物保护对象府州旧城南门瓮城进行了维修；11月15日，府谷县晋剧团改名为文工团，共有男女职工52人，2005年在府谷县各地演出367场次，丰富了府谷县人民群众的文化生活。2005年9月，全省陕北民歌大赛府谷初赛在府谷宾馆举行，共有26名选手参加了比赛，其中高巧萍获三等奖。府谷县电影公司组织了8个电影放映队在农村巡回放映2500多场，完成了农村电影放映“2131”工程的任务。2006年4月24日，由榆林市星海文化传播有限责任公司主办的“黄河之声大型明星演唱会”在府谷高石崖镇演出，共有7000多人观看了演出，反响较大。5月1日，由县工会主办举行了全县职工文艺汇演，共有32个单位的职工参加了演出，文体系统的参赛节目“青青草”获一等奖，文体系统获组织奖。

（郝振亚）

陕西省佳县文化体育事业局

佳县文体事业局是县级人民政府文化、文物行政管理职能部门，下设有文化、文物事业单位8个（文化馆、图书馆、影剧院、电影院、电影公司、晋剧团和2个文物管理所）全系统有干部职工201人。为了充分发挥社会文化团体的作用，2004年以来，先后成立了书画艺术协会、摄影协会、剪纸协会和诗词楹联学会等。

为了繁荣发展佳县文化事业，文化事业局每年年初组织全系统干部职工召开一次文化文物工作会议；2005年6月成功接待了“上海民族乐团”在佳县举行的大型音乐会；2005年6月~8月协助“地方文化国际考察项目组”在佳县进行了为期2个月的地方文化考察；2005年全面实施了农村电影放映“2131”工程，获榆林市农村电影放映“2131”工程先进单位奖励。（刘建兴）

甘肃省兰州市文化出版局

兰州市文化出版局设办公室、人事处、计财处、文艺处、市场处、出版版权处、纪检监察室，有直属单位12个，在职职工915人。2005年市文化出版局荣获全国文化工作先进集体。

《大梦敦煌》荣获2003~2004年度国家舞台艺术精品工程“十大剧目”之首，2005年7月赴澳大利亚悉尼和墨尔本商业演出26场；豫剧《山月》参加第九届中国戏剧节，被评为“优秀剧目”；连续5年举办了新年音乐会和春节文化庙会、黄河风情文化周；连续4年举办文化项目推介会；举办两届“兰州合唱节”；举办农民艺术节，2000多名农民参加演出，展出农民美术作品及工艺品2500多件；每年举办《大河魂》主题大型画展；举办两届高水平艺术节；成功举办第三届秦腔艺术节，兰州市被确定为秦腔艺术节的常设举办地，并被命名为“中国秦腔发展基地”。金城大剧院近1万平方米改扩建工程竣工并投入运行；兰州东方红影城建成五星级影院；市戏剧艺术综合楼得到彻底维修；9000多平方米的兰州文化艺术综合楼即将竣工；解放电影院整体改造建设工程竣工。（王有伟）

甘肃省白银市文化出版局

白银市文化出版局内设办公室、文化艺术科、新闻出版科、文物科4个科室，下属市群众艺术馆、市图书馆、市文化市场稽查队3个事业单位，共有职工85个。2004年以来，举办了迎新春大型艺术灯展和鼓乐龙狮焰火晚会，开展了纪念邓小平诞辰100周年暨白银市首届文化月、白银市恢复建市20周年暨第二届文化艺术节、两岸三地明星演唱会等特色活动。加快图书馆建设，投资20万元购进《四库全书》一套，建成全国文化信息资源共享工程白银分中心，市图书馆晋升为国家一级馆。争取资金83万元对省级文保单位郭蛤蟆城和仁和村古民居进行抢救维修，开展野外文物盗窃事件的专项治理。开展“网吧”专项治理和中学生“告别网吧”、“放心网吧”评选活动，在全市“网吧”安装监控软件——“净网先锋”，增强了监控功能。坚持开展“扫黄打非”行动，强化对印刷复印企业的依法管理，规范出版物市场。投资140多万元，启动建设2个县图书馆，改建农村文化站15个、村书库14个。

（崔雪刚）

甘肃省白银市白银区文化体育局

白银市白银区文化体育局下属8个事业单位：有白银区文化馆、白银区少儿图书馆、白银区影剧院、白银区文化市场稽查队、白银区文化活动中心、白银农村儿童文化园、白银区业余体育学校和白银区青少年体育俱乐部。

在党员先进性教育活动中，白银区文化体育局被中共白银区委授予“党员先进性教育活动工作先进单位”。白银区文化体育局积极开展“甘肃省文化先进社区”、“甘肃省省级示范村书库”创建活动，积极开展送文化下乡活动，成功举办了2届打造文化品牌，塑造白银精神的“金凤凰”白银少儿艺术大赛、组织了元旦春节大型群众文体活动、白银市舞龙舞狮鼓类比赛、庆“三八”巾帼风采演讲赛、庆“六一”白银少儿国学经典诵读大赛、庆“七一”反腐倡廉演唱会、庆祝白银恢复建市20周年文艺晚会及大型明星演唱会、“烛光之约”首届白银市诗歌散文音乐会、纪念中国人民抗日战争暨世界反法西斯战争胜利60周年文艺演出、中秋书画联谊会和国庆文艺演出等。深入开展了文化经营场所专项治理和文化市场集中整顿工作，繁荣了文化市场。（顾振邦）

甘肃省庆城县文化出版局

庆城县文化局内设人秘股、业务股、财务股，现有干部职工11名。领导班子被县委、政府评为好班子。

在各级党委、政府的正确领导与支持下，庆城县形成了县、乡、村三级文化网络，为两个文明建设作出了积极贡献，庆城县被省委、省政府命名为“省级文化先进县”。庆城县作为庆阳香包的原发地，连续参加了五届中国庆阳端午香包民俗文化节，各类大件作品在香包节上展出，吸引了众多客商，被中国民俗协会副主席勒之村先生命名为“中国之最”，被香包节组委会连续5年评为一等奖。目前，庆城县已发展香包刺绣、剪纸为主的民俗文化企业23个，重点制作产业400多个，刺绣能手8000余人，从业人员1万人，先后有158人被命名为国家级、省级、市级工艺美术大师和县级刺绣能手，年可制作刺绣作品50多万件，销售率在80%以上，创经济收入百万元。推动了全县经济的快速发展。（赵安荣）

甘肃省平凉市文化馆

平凉市文化馆内设机构为办公室、美术辅导部、文艺辅导部、文化产业部、社会文化培训部、非物质文化遗产保护中心。

近年来，平凉市文化馆多次承办了国家省市大型节会文化活动。2004年，举办了平凉城区“广场文化周”活动。2005年“文化春节系列”活动中，举办的“全市首届春官赛诗会”，受到省文化厅奖励。积极开展基层群众辅导工作，举办了众多培训活动组建了“崆峒艺术团”、秦腔团、民乐队、中老年歌舞队等群众表演队伍。

2003年在“中国青少年艺术新人选拔赛”中，1人荣获一等奖，1人荣获二等奖，2人荣获三等奖；文化馆干部职工撰写的理论文章有14篇在省以上刊物发表，并有3部获省以上奖励；多年来，有1200余件（次）作品在省以上刊物发表或获奖1200余件（次）。打击乐奖《春风又到玉门关》在“全国民间音乐、舞蹈大赛”上获“丰收奖”、小说《扶我上战马的人》获全国优秀短篇小说奖、散文《春到崂山》获全国二等奖、音乐作品《陇东高原的呼唤》获省创作二等奖、摄影作品《山妹子》曾获全国水墨新人奖、美术作品《荷》获省美术展三等奖、国画《春韵》获17届西交会美术精品展金奖。(口玉明)

甘肃省临夏回族自治州文化出版局

临夏回族自治州文化出版局隶属于临夏州人民政府，国家行政机关单位、干部职工共22人，下设人事秘书科、文化艺术科、新闻出版科、文物科、文化市场科、文化稽查大队等6个科室。创作排演了大型花儿剧《雾茫茫》等优秀作品，编辑出版了《花儿论坛》、《红莲花儿美》等民族民间文化系列丛书和VCD光盘；组织专业人员创作了大量美术、书法、摄影作品，并多次举办展览活动；建成了10个图书馆、文化馆；组织实施全国非物质文化遗产保护工作；申报了莲花山花儿等11项首批国家级非物质文化遗产名录；启动了全国文化信息资源共享工程，建成了临夏州图书馆电子阅览室；成立了“临夏州民间文化发展中心”和“临夏州大夏文化发展责任公司”；在全州“网吧”场所安装了“净网先锋”网络管理软件。

(马丰春)

甘肃省甘南藏族自治州文化出版局

甘南藏族自治州文化出版局内设行政办公室、社会文化科、市场出版科、艺术科4个行政科室。

2004年，州县专业(业余)剧团组团承担了在省城兰州举办的甘南州《香巴拉在呼唤》大型互动电视文艺演出活动，荣获全国电视节目“骏马奖”。在“全省民族民间文艺艺术节”上，舞蹈《扎西温巴》、《雪山脚铃》分别获民间舞大赛一、二等奖。2004年举办了中国·甘南第五届“香巴拉”旅游艺术节。2005年举办了中国·甘南第六届“香巴拉”旅游艺术节。承办了甘肃省“兰恰全”大型广场文艺演出任务，取得了各方一致好评。

2005年州歌舞团赴瑞士、德国出访，创排的“一江三河”风情歌舞节目在北京演出4场。举办了“甘南州首届香巴拉杯新创歌曲、优秀歌手选拔赛”。州藏剧团参加“寻梦‘香巴拉’甘南旅游宣传团”，在西安、银川及省内的田水、平凉等市进行巡回宣传演出。2006年，甘南州文博大楼总投资708万元，已完成主体工程。各县市“两馆”从2004年开始投资建设，相继于2005年底竣工。继续开展歌舞娱乐场所等专项治理行动，建立了全州“网吧”监控视窗，开通了全国文化市场监管“12318”专线举报电话。州文化市场稽查队荣获2004年甘肃省“扫黄打非”工作先进集体。

(云旦龙珠)

青海省玛沁县文化体育广播电视局

玛沁县文化体育广播电视局下辖文化馆、电视台、文化稽查队和电影管理站4个行政事业单位。

2004年，玛沁县组织文艺表演队、体育竞赛队、服饰表演队参加了“庆祝果洛藏族自治州建政50周年暨第二届玛域格萨尔文化旅游节大型活动”；组织了百马骑队和摩托车队，玛沁县特有的走马队参加了全省民运会。2005年，文化体育广播电视局对拉加寺建立了省级文物档案，并准备申报国家级重点保护单位。

近几年，我们加强了文化市场管理，协调有关部门打击非法、违法活动，文化体育广播局文化稽查队2005年被评为省级先进单位；2005年完成电影放映68场次，一名放映员分别被国家广电总局和省广电局评为“优秀放映员”。(特保)

青海省称多县文化教育局

称多县文化教育局现有县文化馆、新华书店县级文化机构及7个乡镇文化站。共有522名教职工和39名工作人员。

近年来，每逢重大节假日文化教育局都积极组织开展丰富多彩的文体节目和表演竞技活动。主要开展的文体活动有：唱歌、跳舞、举重、摔跤、干果雪达、拔河、拉绳、赛马、赛牛、马术表演、足球、篮球等。2005年8月4日，首次举办了称多县三江岩嘎觉悟文化旅游节。

县文化教育局积极组织文化节目表演参加各级各类文艺演出、比赛活动，并取得优异成绩，我县被省体育局授予“全省民族体育先进集体”。在主管局和县委宣传部统一安排下，认真开展“三下乡”活动，已在乡、村累计放映电影280场次，在县直两校放映100多场次的爱国主义电影。（旦增）

青海省治多县文化教育局

近年来，青海省治多县文化局在县委县政府的领导下，认真落实工作，规范文化市场，大力发展文化事业，为建设社会主义新牧区作出了突出贡献。

2004年8月，举办了传统的“赛马节”；10月，落实执行“西新”和“2131”工程。2005年5月，为江庆玛尼厂石堆申办文物保护；10月，“两馆”落成，填补了治多县文化馆、图书馆的空白；广播电视“村村通”工程进展顺利，年内完成了2村2套地面卫星接收设备；设立了扶持乡村中心文化户，发掘保护藏族传统文化。（罗西）

青海省曲麻莱县文化教育局

曲麻莱县的文化事业近年来在县委、县政府的大力支持下，取得了喜人的成就。干部群众的业余文化生活逐步丰富起来，县城文化馆等文化基础设施建设自2004年以来分期建成并已投入使用。乡级文化场馆建设也纳入了规划之中；截至目前，全县基本实现了县城有线电视网络入户率达至98%以上，乡乡能收看到闭路电视，村村通广播电视率也达到95%以上。文化基础设施建设基本实现了县有文化馆、图书馆和新华书店，乡村级因地制宜分别开办了简易文化活动室和图书室。同时，为了进一步推动基层文化生活，于2005年组建了黄河源民间艺术歌舞团，赴基层及外地开展了巡回演出。2006年7月又成功举办了中国青海首届汽车摩托车狂欢节暨首届黄河源民族文化旅游节。（春雾）

宁夏回族自治区银川市文化广播电视局

银川市文化广播电视局内设7个科室，下属11个单位。2004年，市文化广播电视局承办了中央电视台“心连心”慰问演出、第十三届中国金鸡百花电影节、中国秦腔四大名旦、四小名旦“唱响大西北·银川展风采”巡演、第五届中国曲艺节银川分会场、“同一首歌——走进塞上湖城银川”大型演唱会等活动，连续举办三届“湖城之夏·广场文化季”、“千场电影下基层”等活动，全市举办各类广场文化活动1500多场（次），放映电影14000多场（次），30多万人次参与活动，观众达300多万人（次）。市杂技团赴43个国家和地区演出，被文化部评为“全国文化工作先进集体”；市秦腔剧团团长柳萍荣获中国戏剧“梅花奖”、中国秦腔四大名旦；市说唱艺术团的宁夏坐唱作品荣获文化部“文华奖”、中国曲艺“牡丹奖”及第五届中国曲艺节晋京演出优秀节目奖。在全国率先开通“12318”文化市场举报电话，成立互联网服务、书报刊行业发行等协会。投资1.5亿元、占地面积4万平方米的银川艺术中心、

西塔戏园等项目即将开工建设。市图书馆、市群众艺术馆被评为国家一级图书馆和一级群众艺术馆。（郭正祥）

宁夏回族自治区石嘴山市惠农区文化体育局

惠农区文化体育局，下属部门有文化市场稽查大队、体育管理中心、区文化馆、图书馆、电影公司，人员编制总数40人。

近年来，我区逐步建立健全了三级文化网络体系。2004年至2005年，惠农区积极组织参加各类文艺比赛，选送的音乐、美术、文学作品共荣获国家级奖60项，获得自治区级各类奖项120多项。组织文艺编创人员创作了艺术作品。文化广场演出达到151场（次），深受群众的喜爱。一些大型的文化活动通过企业冠名的市场化运作方式、联办的方式进行，收到了良好的经济和社会效益。文化市场管理逐步规范。

2004年初，根据文化部要求，在全区范围内集中开展网吧整治行动，历时1年； 7月~12月底，区文化体育局组织开展了各类文化活动及文艺比赛；2005年12月，开展了第一批党员先进性教育，为期半年；2005年两会、春节、正月十五组织开展了丰富的文艺活动；全年开展各类文化活动72场次。2005年底，区文化体育局又荣获“全国文化工作服务于基层服务于农民先进集体”的称号，受到中宣部、文化部的表彰奖励。（徐永宏）

宁夏回族自治区吴忠市文化体育局

吴忠市文化体育局下属文化馆、图书馆、文物管理所、文化市场稽查队、业余体校、宣传文化中心、新华书店、电影公司、电影院、金积影剧院10个部门，现有职工337人。

近年来，市文体局成功组织举办了吴忠撤地设市庆典、中国第十三届西部商品交易会大型文体系列活动、中国宁夏（吴忠）民间艺术游、中国宁夏（吴忠）清真美食节、高峡长河旅游节、吴忠市机关首届运动会、全区“小灵通”歌手大赛吴忠复赛区、吴忠市首届运动会等文化体育活动。不断加强了基础设施建设，新建、扩建、改建县级文化体育基础设施9个，乡镇文化体育中心（站）23个，城市社区文化体育中心44个，创建农村文化体育中心户518户，同时积极落实全民健身路径工程和“体育下乡、篮球进村”工程，全市共有8个乡镇、200个行政村、319个村级、13个乡级、220个文化体育中心户、全市28个小区受到了器材捐赠，深受群众欢迎。强化了依法管理，依法行政，大力规范文化市场经营秩序，2004年、2005年文化体育局被文化部、国家体育总局分别授予文化行政执法先进集体和全民健身周优秀组织奖称号。（张铭生）

宁夏回族自治区中卫市文化体育局

中卫市文化体育局（新闻出版局）内设办公室、文化科、体育科、新闻出版科。下辖市文化馆、市图书馆、市博物馆、市青少年儿童业余体校、市文化市场稽查队5家事业单位。

2004以来，区文化体育局积极开展各项工作，通过不懈努力，取得优异成绩。城区、海原县荣获了“全国先进文化县”桂冠，获得了“中国枸杞之乡”、“中国花儿之乡”称号；市文化馆先后进入了“全国先进文化馆”、“全国标准文化馆”行列，市图书馆被评定为“全国二级图书馆”、“全国百家期刊阅览室”、“全国百家期刊阅览室十佳”；市博物馆被吴忠市确定为文物“四有”建设示范点；市新华书店连续被评为“十佳窗口”、“先进集体”，被验收为市级“文明单位”。我局先后获得了国家体育总局授予的全民健身周活动优秀组织奖、先进单位、第五次体育场地普查先进集体，自治区民委、自治区体育局授予的自治区民族体育先进集体、自治区“扫黄打非”领导小组授予的全区“扫黄打非”行动先进集体，自治区党委宣传部、区文化厅授予的全区第二届社火大赛组织奖，市委、政府授予的全市宣传思想工作先进集体、全市政协提案承办工作先进单位等荣誉。（毕彦华）

新疆维吾尔自治区乌鲁木齐市文化局（新闻出版局、版权局）

局机关设有政治处、办公室、社会文化处（文物处）、艺术处、新闻出版版权处、图书馆、市革命历史纪念地管理中心、市文物保护管理所、市艺术创作研究中心、市艺术剧院、市京剧团、市秦剧团、市群众艺术馆、电影发行放映公司、文化市场稽查大队。全市共有74个文化站，其中69个达到自治区标准；共有416个文化室，其中217个达到市级标准。

2005年，成功承办自治区成立50周年庆典《绚丽天山》演出。“文化三下乡”为农牧民送去精彩的文艺节目。“新春交响音乐会”、“劳动者之歌音乐会”、丝绸之路国际服装服饰节、首届城市运动会、自治区第十一届运动会开（闭）幕式文艺表演。市图书馆、博物馆建成投入使用。深入开展了“扫黄打非”工作。

2005年，市文化局被评为先进集体，文化市场稽查大队被评为全国“扫黄打非”有功集体。党组书记王晓燕同志荣获2003年~2004年全市科技进步优秀党政一把手称号。

（李永胜）

新疆维吾尔自治区乌鲁木齐头屯河区文化体育局

乌鲁木齐市头屯河区文体局成立于1999年，主管全区的文化、体育、文化市场工作，有工作人员11人。

头屯河区文化馆成立于1980年，编制5人；头屯河区街道办事处文化建立于1990年，占地400平方米；火车西站街道办事处文化站建于1993年，1998年过自治区级标准文化站的验收；王家沟街道办事处文化站建立于1993年，1995年通过自治区级标准文化站验收；乌昌路街道办事处文化站建立于1996年，1999年顺利通过了自治区级标准文化站的验收；头屯河区文化市场成立于1993年，现有经营户171户；北站西路街道办事处文化站于2006年3月建成。（史学民）

新疆维吾尔自治区克拉玛依市文化体育局

近年来，克拉玛依市积极构筑以普及文化、特色文化、精品文化三大板块为内容的文化大区格局。重点开展了对辖区文化资源的调查摸底工作。广泛开展了大型系列文化活动：成功地举办了第二届文化艺术节，举办了开幕式暨庆祝克拉玛依油田勘探开发50周年大型文艺晚会，邀请了中国文联曲艺艺术团来我区慰问演出；举办了以克拉玛依河中心景区为环境背景、文化集市为创新形式的艺术节闭幕式。文化艺术节开幕式、闭幕式期间举办了百人歌咏比赛、“秧歌舞、健身操大赛”、青少年环保服饰大赛、首届家庭才艺大赛和纪念反法西斯战争胜利60周年图片展等10余项活动，共演出各类文艺节目185个。开展百日广场文化活动536场次，受益观众达20万人次。在水节活动中，举办了系列文化活动8场，参加比赛的人员达4000余人，观众达10万人次以上。认真落实国家“2131”工程，组织开展百部爱国主义影片进农村、进社区活动。顺利通过了文化部、自治区文化厅文化建设先进区的复评工作。同时获得3年连续“自治区百日广场文化活动先进区”称号。（高原）

新疆自治区克拉玛依市独山子区文化体育局

区文化局在每年5月~10月都会开展“百日广场文化”活动竞赛。举办各种大型演出50余场，广场文体活动223场，观众人数达10万余人次。近年来，我区组织了“面向新世纪，迎接大发展”大型文艺晚会、大型新世纪游园会、春风节文艺晚会、“三八”服装比赛及“三八”系列活动、庆“五一”劳动者之歌大型文艺晚会、庆七一“党在我心中”综艺晚会、迎“国庆”文艺晚会、庆“国庆”厂区书法展、“十佳环卫女工”颁奖晚会、网络文学创作大赛、网络文学吟诵大赛，专门以独石化一线倒班工人为主题举办了一线特殊贡献奖颁奖晚会，十大杰出青年颁奖晚会等活动。

3年多来参加市级以上文体竞赛活动147次，获得各类奖牌375枚。我区获自治区文化厅2004年 “百日广场”文化活动先进县（区）、国家文化部第二届“四进社区”文艺展演组织奖、获全国石油全民健身月优秀组织奖。

（杜新兰）

新疆维吾尔自治区克拉玛依市白碱滩区文化体育局

近年来，区政府文化局不断加大文化建设的投入力度，使文化建设中人的塑造同城区的塑造相得益彰。建造了中心文化广场，对30个居民小区全面进行了改造，并在城区合理布局了15个文化休闲广场，建造了以居民文化活动场所为主的20多个社区服务中心，配置了文化健身设施。全面推进群众文化活动，社区文化、企业文化、校园文化、军营文化、广场文化各显特色，舞蹈、书法、摄影、信鸽、垂钓、集邮等文化活动蓬勃发展。白碱滩区在争创“全国文化建设先进县（区）”5年间,全区经济、生态环境建设都取得了显著成果。

经过多年的努力，白碱滩区经济和社会建设取得了突出的成果，先后荣获国家级“科技进步先进城区”、“计划生育优质服务区”，自治区级“文明城区”、“社区建设示范区”、“文化建设先进区”等多项荣誉称号。（韩德胜）

新疆维吾尔自治区石河子市文化体育局

农八师、石河子市文化体育局，是政府主管文化体育工作的职能部门。下辖歌舞话剧团、豫剧团、图书馆、群艺馆、军垦博物馆、业余体校、书画院、艺术创研室、文化市场管理办公室、文化稽查队、电影公司等单位。共有干部职工245人。

2004年以来文体局在师市党委的领导下，以邓小平理论和“三个代表”重要思想为指导，文化工作坚持“二为”方向，贯彻“双百”方针，以建设有中国特色社会主义先进文化为中心，广泛深入地开展了各类专业性和群众性的文化活动，文化活动形式丰富多彩，文化市场繁荣兴旺，文艺创作成果丰硕，音乐、舞蹈、戏剧、书法绘画、摄影水平不断提高，精品涌现，硕果累累，文博事业繁荣兴旺，军垦博物馆已成为兵团军垦特色的代表性红色旅游亮点。近两年来，文体局的文化工作整体水平有了很大的提高，使垦区的文化事业全面健康发展。（桑志田）

新疆维吾尔自治区喀什地区文化体育局

喀什地区文化局下设办公室、组织人事科、文化艺术科、文化市场科、体育科共5个科室，直属单位有地区歌舞剧团、喀什艺术学校、图书馆、群艺馆、文管所、电影公司、五一剧场、体育场、体育运动学校。现有职工415人。

2004年，地区文化局创编的大型歌舞剧《喀什噶尔》获全国舞台精品剧目前30名、自治区首届“天山文艺奖”、第十一届全国“文华新剧目奖”最高殊荣、文华表演艺术奖、文华音乐创作奖、文华舞台美术奖。全年共放映电影11083场次，观众3974512人。现有国家级文物5处，自治区级93处，县市级423处。

地区文化局加强对文化市场监管，加大了对网吧的管理力度，有效维护了地区文化市场的有序发展。（吾拉木江·肉孜）

新疆维吾尔自治区麦盖提县文化体育局

麦盖提县是闻名全国的“中国刀郎木卡姆之乡”、“中国刀郎麦西莱甫之乡”、“中国刀郎农民画之乡”。

2004年以来，麦盖提县加大了对“刀郎文化”的宣传力度，目前，有意向开发文化产业的商家有5户。2002年以来，县委、县人民政府对刀郎木卡姆民间艺人进行了经济扶持，并于2006年成立了“民间艺人协会”，县文化广电局还积极抓好了民间艺术之乡和民间艺术大师的申报工作。

2004年1月，麦盖提县选手参加了中央电视台举办的“清逸·佳雪杯”西部民歌大赛，获得拉弹类金奖，县文体广电局被授予“民歌保护奖”；2005年，还先后到法国、日本和深圳等地进行了文化交流活动。

2005年联合国教科文组织正式宣布新疆维吾尔木卡姆为世界人类口头与非物质文化遗产保护项目；2006年3月，文化部确立麦盖提县“刀郎麦西莱甫”为国家级非物质文化遗产项目。（祖农·司拉木）

新疆维吾尔自治区喀什岳普湖县文化体育局

岳普湖县文体局下设行政办公室、文化馆、图书馆、文工团、体育中心、文管所和9个乡镇文化站，有干部职工76人。

近年来，县文化局举办了庆古尔邦节买西来甫舞表演活动、庆元宵节社火表演暨灯展、庆祝“三八”妇女节健美操比赛和排球比赛、庆“诺鲁孜节”大型民族歌舞表演、健美操表演、秧歌表演和羽毛球、篮球、拔河比赛等文体活动。还组织开展了“百日广场”文化活动；县“文艺轻骑”每年都排练3台新的文艺节目，在全县9个乡镇巡回演出200场；文工团在达瓦昆风景区接待国内外游客和新闻媒体20余次；深入实施“2131工程”，成立了5 个县农村电影放映队； 积极参加各类体育竞技活动；深入农村开展文化“四下乡”活动。

文化稽查大队全年对文化市场进行了60次检查，出动人次160余人，没收了2000余盘盗版音像制品。（阿不力·米提斯地克）

新疆阿克苏地区文化体育局

阿克苏地区文体局下设办公室、新闻发展科、体育科、社会文化科，文体系统基层党委。

2004年，新疆维吾尔自治区文化建设现场会在阿克苏市和温宿县召开；局属二级单位在各类比赛、汇演中取得优异成绩。阿克苏地区境内克孜尔尕哈烽燧、克孜尔尕哈石窟、克孜尔尕哈千佛洞、森姆赛木石窟和苏巴什佛寺遗址共5处遗址被列入“丝绸之路新疆段文物保护工程”。

2004年国家文化部授予阿克苏地区阿瓦提县城乡电影队、拜城县农村直属电影队、库车县直属电影队“优秀放映队”称号，同时授予乌什县托什干河畔电影队的艾合买提·卡斯木同志、新和县尤努都斯巴格镇电影队的努尔东·热依木同志和温宿县托乎拉电影队的肉孜·阿孜同志为“优秀放映员”称号。2005年温宿县马背电影队被国家文化部、人事部评为“全国文化先进集体”；拜城县文体广电局被国家广电总局授予全国农村电影工作组织奖；阿克苏市喀拉塔勒镇电影队买合木提·铁木尔被国

家广电总局授予“全国农村电影工作先进个人”。（吐尔洪·阿不都热合曼）

香港话剧团

香港话剧团于1977年成立，2001年开始公司化经营，获香港特区政府资助，以非牟利的专业艺术演出发展优质、具创意兼多元化的中外名剧及本地原创戏剧作品。全团共有51人，包括艺术舞台及行政人员。

2004年3月话剧团改编英国黑色喜剧的《家庭作孽》为本地背景，继参加第32届香港艺术节接连演出31场，刷新建团27年以来演出场数的纪录。

“非典”以后，香港话剧团联合香港中乐团和香港舞蹈团制作了一部励志的音乐剧《酸酸甜甜香港地》于10个月内3度演出。话剧团和舞蹈团更携手于9月赴杭州和上海分别参加“第七届中国艺术节”和为上海慈善基金会作筹款演出。两名演员获得第15届上海“白玉兰戏剧表演艺术奖”配角奖及提名奖，开创香港舞台剧演员首次荣获该奖项的纪录。

艺术总监毛俊辉于2004年底为上海话剧艺术中心执导百老汇剧《求证》，并担任女主角。该中心剧组亦于翌年来港演出，以普通话版本和话剧团的粤语版本同期上演，令港、沪两地剧艺交流迈出一大步。

为纪念郑和下西洋600周年，话剧团于2005年5月制作原创历史剧《郑和与成祖》，成功展示了与本港电影导演、电视编剧及舞台设计的跨地域合作。

8月，话剧团重演《新倾城之恋》，邀请香港电影金像奖影帝梁家辉参加演出。并于10月应邀赴上海公演，成为上海国际艺术节的贺节剧目，并开创香港剧团首次以全粤语在内地演出的先河。

话剧团在第14届香港舞台剧中获20项提名及12个奖项，3位本团的资深演员分别凭《一缺一》、《桃花扇》和《家庭作孽》获最佳女主角、最佳女配角及最佳男配角奖。此外，话剧团荣获“杰出外地市场拓展大奖”的荣誉。又在第15届香港舞台剧中获17项提名及7个奖项，其中两位演员分别凭《生杀之权》和《求证》获最佳男主角及最佳男配角。

香港舞蹈团

香港舞蹈团于1981年由前市政局创办，致力推广和发展具有香港艺术特色的中国舞蹈。2001年4月公司化并注册成为慈善及非牟利艺术团体，由香港特别行政区康乐及文化事务署资助。

香港舞蹈团多年来不断与本港、内地及海外的舞蹈编导合作，除了演出古典和民族舞蹈外，更创作以中国和香港题材为主的舞剧，体现了中国传统美学与现代舞台艺术的融合。其中深受观众欢迎及评论界赞赏的代表作包括《玉卿嫂》、《胭脂扣》、《梁祝》、《自梳女》、《斑斓蜀风》、《边城》、《尘埃落定》等。

为了进一步发展本地舞蹈创作的空间及培育本地舞蹈人才，香港舞蹈团自2005年起借着“八楼平台”计划，提供一个集创作、表演、教育、示范和培养观众的剧场空间，让观众可以近距离接触舞蹈表演者，加强艺术创作的互动以及演员与观众之间的交流。

香港舞蹈团致力推广中国舞蹈文化至社会各阶层，因此经常到访学校及社区作示范演出，举办导赏、讲座、展览、暑期舞蹈营及夜间舞蹈课程等外展教育活动，更于2006年成立儿童团，让更多青少年有机会亲身体验舞蹈的魅力，为香港培育新一代的优秀年青舞者。

香港舞蹈团同时亦积极争取到内地及海外巡回演出的机会，以促进跨境的文化交流，并让独具香港艺术特色的中国舞蹈在国际舞台上绽放光芒。

澳门特别行政区政府文化局

澳门特别行政区政府文化局是负责澳门文化事务的公共行政机构，以推动澳门文化事业、促进本地文化繁荣、建设高素质人文社会为己任，开展多种类型的文化活动，鼓励和扶持本地文艺创作，着重培育本地艺术文化人才，保证和推广以中华文化为主体，中西合璧、兼容并蓄的多元文化特色。澳门特区政府文化局现任局长为何丽赞女士。

2005年，文化局在“加强澳门社会人文建设”方针的指引下，不论在推广历史文化、培育本地艺术发展、开展艺术教育，以及加强区域文化合作等方面，均取得可喜成绩。

在中央人民政府的大力支持下，澳门特区政府及广大居民经过多年努力，澳门申报世界遗产的项目“澳门历史城区”，于2005年7月15日在南非举办的第二十九届世界遗产委员会会议上，获21个成员国全体一致通过，列入联合国教科文组织《世界遗产名录》，成为中国第31处世界遗产。

“澳门历史城区”成功申报次日，文化局随即举办“让我们一起欢呼——《澳门：世界遗产》明信片全球寄发活动”，鼓励市民把这一喜悦讯息广泛传播；同时又举行以“澳门历史城区”为题的展览，以及印制澳门世界遗产资料夹中、英、葡3语版本，广泛派发至全澳学校、政府部门及社团组织等，通过艺术展品及资讯性丰富的出版物，把“澳门历史城区”的内涵作进一步推广。

为彰显文物建筑的价值，文化局积极推行“文物再利用”，引用文艺活动于古老教堂、炮台，以及百年大宅和剧院等处演出，为这些珍贵的文物建筑注入生气和活力。

2005年文化局属下的澳门演艺学院舞蹈学校与上海市舞蹈学校联合开办“全日制中等专业舞蹈课程”，开创了澳门专业舞蹈教育的先河。在普及艺术教育方面，澳门乐团及澳门中乐团定期走进学校、社区；每年主办澳门国际音乐节、澳门艺术节、澳门青年音乐比赛等，也积极举办各类型讲座及工作坊等，致力提升广大市民及年青一代的文化素质。

2005年澳门乐团成功以“文化大使”身份首次走访北京、天津、南京、无锡、杭州、宁波、上海等内地多个文化重地，并得到内地古典音乐界的高度赞扬。

2005年4月28日、29日在东莞市举行的《粤港澳第六次艺文合作高峰会》上，三地在多个文化领域合作均取得可喜的成果，包括联合主办《粤港澳文物大展——东西汇流》于三地巡回展出、推出“粤港澳图书馆快讯”、成立“粤港澳文化资讯网”、进行“粤港澳三地居民艺文消费行为调查”等，并加强粤剧的推广工作，包括进行《粤剧大辞典》的编纂工作，以主题形式举办“粤剧日”等。

此外，澳门文化局更参与了由香港特别行政区政府主办的“亚洲文化合作论坛2005”，以及亚洲地区文化合作盛事“亚洲文化部长论坛”，大大加强了澳门与内地及亚洲各地区在文化领域上的交流与合作。

敦煌研究院

Dunhuang Research Institute

1、敦煌研究院院史陈列馆开馆剪彩仪式
2、敦煌研究院院长樊锦诗在纪念活动上致辞
3、新建成的敦煌研究院资料中心
4、常书鸿先生铜雕像揭幕仪式
5、敦煌研究院院长樊锦诗在纪念活动上致辞

2004年石窟研究国际学术会议

Shi Sanling

十三陵

简介

明十三陵位于北京昌平区境内的天寿山麓，距北京约50公里，陵区总面积约80平方公里。

明十三陵作为中国古代帝陵的杰出代表，展示了中国传统文化的丰富内涵，具有极高的历史和文物价值。1961年，十三陵被公布为全国重点文物保护单位。1982年，国务院公布八达岭——十三陵风景区为全国点风景名胜保护区。1991年，十三陵被国家旅游部门确定为“中国旅游胜地四十佳”之一。1992年，十三陵被“北京旅游世界之最”评选委员会评为“世界上保存完整埋葬皇帝最多的墓葬群”。1999年，被国家旅游局评定为“AAAA级旅游区”。2003年7月3日，经联合国世界遗产组织第二十七届大会通过，明十三陵列入《世界遗产名录》。

CHAN

畅游十三陵

CHANG YOU SH

■ 定陵大门

■ 神道

■ 长陵鸟瞰

YOU SHI SANLING

长陵祾恩殿

万里长城天下第一雄关

城楼

翠屏湖

居庸关长城

JU YONGGUAN CHANG CHENG

居庸关长城是早已列入《世界文化遗产名录》的中国万里长城的重要组成部分，是万里长城久负盛名的关隘。早在金代便以“居庸叠翠”名列“燕京八景”之首，清乾隆皇帝曾亲笔手书“居庸叠翠”。居庸关长城集雄、奇、险、峻于一身，古时就被称为“天下第一雄关”。居庸关除建有南北券城、城楼、敌台、水门等功能各异的配套建筑，构成完整严密的军事防御体系以外，城内还有元代所建过街塔塔基，名为“云台”，是现存元代石雕艺术的精美杰作。

人字长城

中国评剧团

1、第四届中国评剧艺术节

2、白派团赴宝坻演出，众多评剧界老艺术家主动前去助阵 李福安(左二)、刘小楼(右二)、齐建波(右)、王冠丽(左)合影

3、主管领导观看《长霞》并与演职员合影

4、著名评剧艺术家马泰先生追思会现场

5、著名评剧艺术家马泰先生追思会现场

1 2 3 4 5

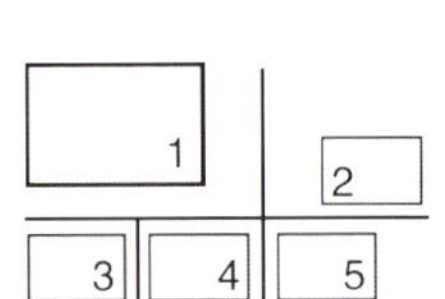

《长 霞》

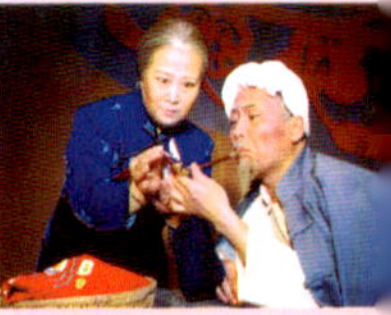

《刘巧儿新传》

《桃花盛开的地方

辽宁大剧院

liaoning dajuyuan

liaoning dajuyuan

1、舞剧《大梦敦煌》

2、先行之春文艺晚会

3、网通之夜春节联欢晚会

4、星期音乐之旅系列音乐会

5、第三届中国北方新年音乐会

6、中国北方剧院（场）联盟会

陕西省歌舞剧院

西北文艺工作团

陕西省歌舞大剧院模式

《张　骞》

《白纻舞》

吉林省民族乐团

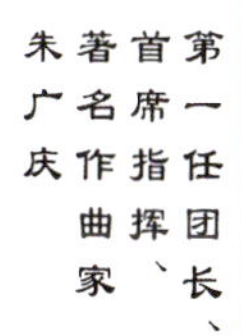

第一任团长、首席指挥、著名作曲家朱广庆

著名作曲、指挥家张式功

团长、国家一级指挥李志祥

常任指挥赵黎东

吉林省歌舞剧院民族乐团大型民族管弦乐合奏演出剧照

北京新文化运动纪念馆

北京新文化运动纪念馆位于东城区五四大街29号，是建立在原北京大学红楼旧址上的纪念馆，北大红楼是新文化运动的堡垒。1919年，这里曾孕育了伟大的五四爱国运动；以李大钊、陈独秀为代表的中国早期马克思主义者在这里播撒了中国革命的火种。1961年，红楼被国务院公布为全国重点文物保护单位。2002年4月新文化运动纪念馆正式开馆。纪念馆现有《新文化运动陈列》、《蔡元培与北大红楼》、李大钊办公室和毛泽东工作过的阅览室旧址复原等多项展览。

《新文化运动的主将——陈独秀》主题陈列展厅

李大钊办公室旧址复原

新文化运动陈列展厅

东城区新党员宣誓大会

东城区新党员宣誓大会

北京市27中"青年的先锋 时代的召唤"主题团日

浙江省台州市文体中心

浙江省台州市路桥文体中心坐落于腾达路世纪广场东侧，2002年4月18日土建开工， 2003年10月建成并投入使用，2004年7月荣获浙江省建筑工程“钱江杯”奖。该中心由一个椭圆形的主体建筑和东南辅助用房组成，占地68.51亩，建筑面积为27153平方米，总投资近2亿元。

该中心是一个融体育比赛、文艺演出、大型会议、展览展销、文体产业经营、文体业务培训为一体的多功能、综合性文体场馆。中心功能定位超前，建筑结构新颖别致，配套设施先进合理，是目前国内外罕见的具有两用功能的现代化大型文化体育设施。

"3、15"诚信维权暨宝岛金曲回顾特别晚会

1500平方米的大型训练馆

成功举办了中国乒乓球俱乐部超级联赛

河北省群众藝术馆

—— 河北省群众艺术馆概况 ——

河北省群众艺术馆建于 1956 年。目前，省文化艺术中心、省民族民间文化研究保护中心与其合署办公，全年 365 天开馆服务，向社会提供音乐、舞蹈、戏剧、曲艺、美术、书法、摄影、文学创作、群文理论研究、群文专业培训辅导、民族民间文化挖掘整理、非物质文化遗产保护、公共文化讲座和展览等多项公共文化服务。

图片说明：

1、《田园放歌》——河北省创建文明生态村专题文艺晚会

2、河北省"首届社区文化艺术活动月"优秀节目展演

3、河北省省直机关庆祝建国 55 周年《祖国颂》文艺晚会

4、中共河北省委书记白克明等省领导同志观看河北省第二届少数民族文艺调演

5、省委常委、宣传部长赵勇、省政府副省长孙士彬参观河北省非物质文化遗产保护成果展

6、副省长孙士彬同志到省群艺馆检查工作

陕西省艺术学校

① 办学签字张浩讲话

② 揭牌仪式

③ 陕西省图书馆和省艺校领导合影

④ 西安建筑科技大学副校长王晓昌和陕西省艺术学校张浩校长签字

⑤ 郭茜表演

⑥ 学校大门

义乌市婺剧团

义乌市婺剧团成立于1955年，其前身是金华徽班徐乐舞台，五十多年来，义乌婺剧团本着弘扬时代主旋律，为普通百姓传播历史文化知识，营造祥和欢乐氛围的理念，恰当地兼顾自审的"造血功能"和市场竞争实力，坚持每年演出200场以上，被评为华东二省一市"重合同守信誉"演出单位，浙江省文化厅授予"送戏下乡先进单位"，多次被金华市委宣传部、义乌市委宣传部评为"宣传工作先进集体"。

北京市规划展览馆

"北京湾"铜雕

奥运会和残奥会旗

展览馆外景

北京城市规划大模型

多媒体数字立体影片—《新北京》

多媒体影院

湖北省图书馆

万群华馆长参加全国文化“三先”表彰会

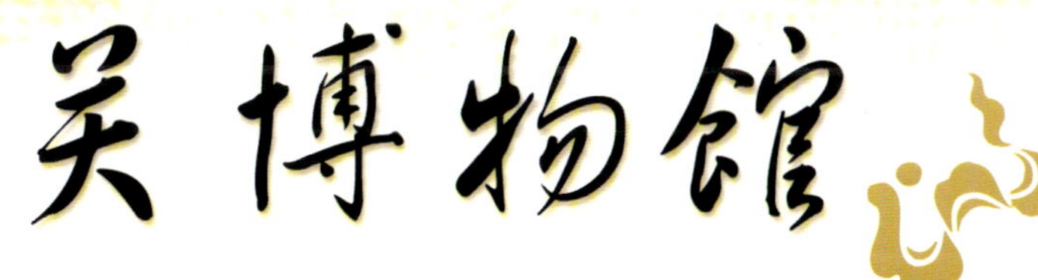

百年馆庆书画展

建馆百年庆典

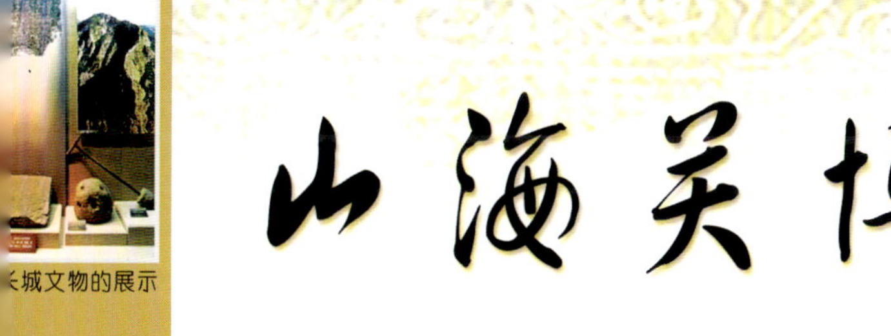

百年馆长论坛

温铁军报告会

盲文图书馆揭牌

长城文物的展示

山海关博物馆

山海关长城博物馆地处国家级历史文化名城——山海关古城“天下第一关”城楼南侧200米，占地1.21公顷，建筑面积3000多平方米，馆舍环境幽雅，文物藏品丰富，是中国三大长城主题博物馆之一，河北省、秦皇岛市、山海关区三级爱国主义教育基地。

1、“名关风物、人文荟萃”长城文化的展厅
2、“空间环境理念”大文物展柜
3、“长城建筑精华”展厅一角
4、改陈后的山海关长城博物馆序厅
5、接受爱国主义教育的小学生参观“长城炮阵”
6、2005年8月10日，全国人大副委员长王兆国同志来馆参观指导工作

无锡歌舞团

《红河谷》剧照

《红河谷》剧照

《红河谷》剧照

《阿炳》剧照

海口市群众艺术馆大楼

1、海口欢乐日社区广场文艺演出

2、第二届世界太极拳健康大会开幕式

3、荣获国家“一级群众艺术馆”揭牌仪式

4、第六届中国海南欢乐节海口欢乐日民族舞风情展演

5、文化下乡

6、2006年海口“万春会”广场文艺演出

海南省海口市群艺馆

泉州市木偶剧团

1、泉州市木偶剧团于联合国总部专场献演

2、联合国大会主席让·平，联合国秘书长安南先生夫人娜内，联合国第一副秘书长陈健、中国驻联合国代表王光亚大使夫人丛军、美国华纳文化中心总裁王凡与泉州市木偶剧团团长王景贤合影留念

3、无人不爱的泉州木偶

获多项大奖的《钦差大臣》剧照

中国木偶艺术剧团

装修后的剧院

中国木偶艺术剧团中层管理岗位竞聘

中国木偶艺术剧团成立于1955年5月5日，是我国第一个国家专业木偶表演团体，是国际木偶联合会会员单位。1995年建成全国第一个木偶戏演出场所——中国木偶剧院。剧团现隶属于北京市文化局。剧团成立50年来，始终以“继承并发扬优秀的民族木偶艺术遗产、学习外国先进经验、创造我国社会主义新形式的木偶艺术，为人民服务，以服务儿童为主”为建团方针，创作了数百个以弘扬真善美为思想内容的不同表演形式的木偶剧作品，深受各界人士喜爱。

《胡桃夹子》剧照

在奥运吉祥物发布会上展示木偶吉祥物

《绿野仙踪》剧照

在海峡两岸文化节暨京台文化周演出

科技周少儿木偶短剧表演赛

地址：北京市朝阳区安华西里甲1号

辽阳市图书馆

辽阳市图书馆外景

(1) 对老人、儿童、残疾人等读者在诸多方面给予照顾
(2) 快捷的图书借阅服务
(3) 经常性举办读书竞赛活动
(4) 报刊阅览室
(5) 定期举办“共享工程优秀影片展映活动”
(6) 环境幽雅宽敞的电子阅览室
(7) 深入农村开展文化下乡活动

(1)

(2)

(5)

(4)

(3)

展览-光辉的历程开幕

天津博物馆2004年12月正式建成开放。建筑外形为自湖面振翅欲飞的天鹅，线条流畅，极富时代感与艺术性。该项工程被建设部授予鲁班奖及詹天佑奖。

中国文化遗产日开幕

中法艺术联展开幕

天津博物馆是一座大型历史艺术类综合性博物馆。馆藏各类文物20万件。

京猿人头盖骨展览”开幕

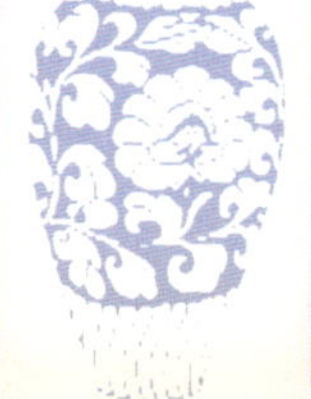

“中国文化遗产日”市领导参观

“兵马俑展览”开幕式

名家新曲颂佛山

中凯文化董事长
郭子龙先生

1、中央电视台在国际音像博览会期间采访郭子龙先生
2、中凯文化获得国家版权局颁发的“2005全国版权保护示范单位荣誉称号”
3、文化部主管领导刘玉珠为中凯文化颁奖

中凯文化集团以弘扬优秀民族文化，振兴民族影视产业为理念和宗旨，是中国音像行业的排头兵，更是民族影视产业反盗维权的旗舰品牌，长年致力于配合政府部门打击盗版的工作；随着中国加入WTO，中凯抓住机遇，迎接挑战，发展成为集影视、音像策划发行、光盘生产、版权交易、影音高科技产品开发以及明星演艺、影视节目数字化、网络化经营的大型文化企业集团。

中凯文化 ZOKE CULTURE 中凯文化集团简介

（右一）　中凯文化获得国家质量信誉监督协会授予的“质量信誉好口碑示范单位”
（右一）　经国家商务部国际贸易经济合作研究院的严格评定，中凯文化获得AA1级企业诚信等级证书

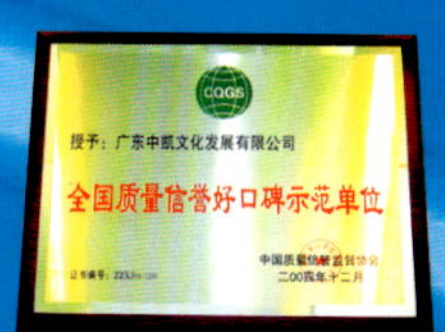

广东音像城

1、发烧天碟展销会开幕式
2、春季订货会宾客盈门
3、广东音像城“蓝色星球，同一个家”赈灾义卖现场
4、广东音像城春季订货会开幕式

背景为：广东音像城全貌

西安儿童艺术剧院

童话剧《玫瑰园》
入选参加第三届全国少数民族调演

校园青春剧
《我们和老师一起过生日》

童话剧《丑小鸭》

校园青春剧《青春战队》

童话剧《皇帝的新装》

2006年新创剧目《拇指姑娘》

《村头》

《秋天的庭院》

蒋智南：

1963年生，1988年毕业于中央工艺美术学院，中国美协水彩画艺委会副秘书长，全国水彩画、粉画展第七届评委。清华大学美术学院副教授。

《霜晨》

《曙光》

黄铁山：

1939年生，1959年毕业于湖北美术学院。中国美协理事、中国美协水彩画艺委会主任、湖南省文联副主席，全国第二、三、四、五、六、七届水彩画、粉画展评委会副主任、主任。全国美展第七、八、九、十届总评委。研究馆员，享受国务院突出贡献专家特殊津贴。

山水画天地

《白洋淀上》

《屏山春色》

张克让：

1937年生，1964年毕业于鲁迅美院版画系。中国美协水彩画艺委会秘书长，全国第二、三、四、五、六、七届水彩画、粉画展评委，全国美展第九、十届评委。中国美术出版总社编审。

《鲜果》

《秋》

刘寿祥：

1958年生，1981年毕业于湖北美术学院，中国美协水彩画艺委会副秘书长。全国第五、六、七届水彩画、粉画展评委。全国美展第十届评委。湖北美院教授。

关维兴：

1940年生，1964年毕业于鲁迅美院油画系，进修于罗马尼亚博巴教授油画训练班。中国美协理事、中国美协水彩画艺委会副主任，全国第二、三、四、五、六、七届水彩画、粉画展评委。全国美展第九、十届评委，一级美术师，享受国务院有突出贡献专家特殊津贴。

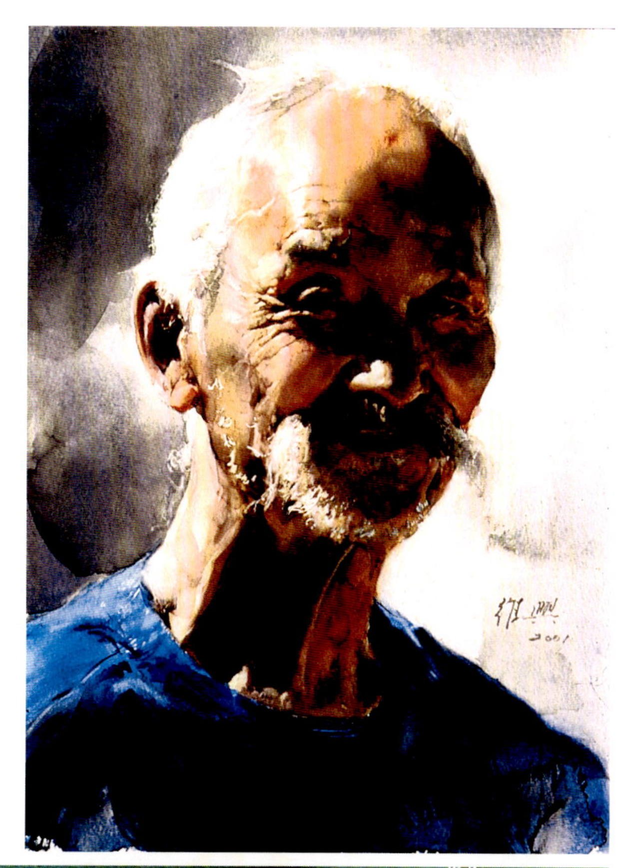

《东北老汉》

《苗 女》

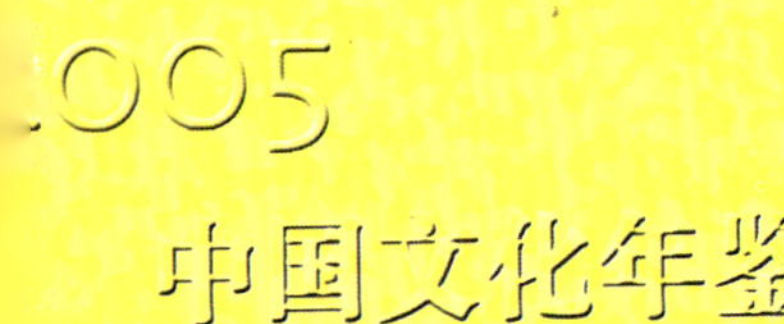